# प्रकाशकीय

अभी देश आज़ाद नहीं हुआ था लेकिन फिज़ाँ में आज़ादी की बयार अपनी रवानगी में बह रही थी. एक तरफ़ जहाँ आज़ादी को ले कर लोगों में जोश व उत्साह था वहीं दूसरी तरफ़ देश के बँटवारे की आशंका भी थी. संक्रमण के उस दौर में ही राजकमल प्रकाशन प्रा. लि. ने **28** फ़रवरी 1947 को सृजन की यह राह चुनी. कठिन हालात में हमने साहित्य, कला, इतिहास, दर्शन आदि के स्पर्श से अपने स्वाधीन राष्ट्र की खोज अपनी भाषा हिन्दी में करनी शुरू की, जिसका चेहरा धीरे-धीरे इन संघर्षों के बीच बनना शुरू हुआ. मुक्तिबोध के शब्दों में कहें तो "तब हमारे पास ईमान का डंडा, बुद्धि का बल्लम, अभय की गेती, हृदय की तगारी थी. हमें बनाने थे आत्मा के, मनुष्य के नए नए भवन, हमने अभिव्यक्ति के सारे ख़तरे उठाए."

सृजनपथ के इस कठिन सफ़र में हमने हज़ारों कालजयी कृतियों का प्रकाशन किया और अभिव्यक्ति के तमाम ख़तरे उठाते हुए हिन्दी भाषी बौद्धिक मानस के निर्माण एवं विकास में अपना विनम्र योगदान दिया जो संभवतः हिन्दी प्रकाशन जगत में मात्रा और गुण की दृष्टि में सर्वाधिक है.

हर वर्ष राजकमल समूह तकरीबन 150 नई किताबें प्रकाशित कर रहा है. यदि दैनिक औसत निकाला जाए तो पुनर्मुद्रण सहित प्रतिदिन लगभग तीन पुस्तकें प्रकाशित करने का हमारा रिकार्ड है.

'आलोचना' और 'नई कहानियाँ' जैसी हिन्दी की विशिष्ट पत्रिकाएँ भी हमने प्रकाशित कीं. 'आलोचना' का प्रकाशन आज भी जारी है. मुख्यतः, हिन्दी प्रदेश हमारा लक्ष्य क्षेत्र है और हिन्दी पाठकों तक पहुँचना हमारा ध्येय. प्रत्येक हिन्दी भाषी पाठक तक अपनी पहुँच सुनिश्चित करने के लिए हमने सस्ते मूल्यों पर उत्कृष्ट पुस्तकों के पेपरबैक संस्करण निकालने शुरू किए. इस दिशा में हमारा प्रयास निरन्तर जारी है.

हमने समाज के लगभग हर वर्ग के लिए हर विषय पर किताबें प्रकाशित कीं. छह दशकों की इस जोखिमपूर्ण यात्रा में हमने लेखकों और पाठकों की एक पीढ़ी तैयार की, जो विद्वान लेखकों और गंभीर तथा सुधी पाठकों के सहयोग से ही संभव हो सका है. बच्चों, किशोरों व प्रौढ़ों--सबके लिए हमने साहित्य, कला, विज्ञान, क़ानून, स्वास्थ्य, शिक्षा, स्त्री विमर्श व दलित साहित्य, मीडिया आदि विषयक पुस्तकें प्रकाशित कीं तथा भारतीय परंपरा और संस्कृति का प्रसार करने का विनम्र प्रयास किया. मौलिक हिन्दी ग्रन्थों के साथ-साथ हमने अन्य भारतीय भाषाओं व श्रेष्ठ विदेशी साहित्य का अनुवाद प्रकाशित किया, ताकि हमारे पाठक समकालीन सृजन की शैली व कथ्य से अवगत हो सकें. 'विश्व क्लासिक शृंखला' हमारी ऐसी महत्त्वाकांक्षी योजना है, जिसके तहत हमने लेव तोल्सतोय, जैक लण्डन, मोपासां. गिओर्गी प्लेखानोव, कोंस्तांतिन फेदिन, सिंक्लेयर लुइस, मिखाइल शोलोखोव, स्तांधाल, मेरी वोल्स्टनक्राफ़्ट. चेखव आदि महान रचनाकारों की पुस्तकें सजिल्द और पेपरबैक संस्करणों में प्रकाशित की हैं.

हमने मैथिली के समकालीन प्रतिनिधि पाँच रचनाकारों की कृतियों को मूल मैथिली में प्रकाशित किया है. मूर्द्धन्य लेखकों और पाठकों के बीच निरन्तर संवाद का कार्यक्रम 'लेखक-पाठक संवाद' भी हमने चलाया है, जिसे काफ़ी सराहा गया है. संथाली में पुस्तकें प्रकाशनक्रम में हैं.

हिन्दी के वरिष्ठ रचनाकारों की रचनाओं को समग्र रूप से रचनावलियों और संचयिताओं के रूप में प्रस्तुत करने की हमारी कोशिशों को भी सराहा गया है. इस क्रम में अब तक हमने सूर्यकान्त त्रिपाठी निराला,

हज़ारीप्रसाद द्विवेदी, हरिवंशराय बच्चन, हरिशंकर परसाई, गजानन माधवन मुक्तिबोध, नागार्जुन, फणीश्वरनाथ रेणु, सआदत हसन मंटो, रामवृक्ष बेनीपुरी, महात्मा ज्योतिबा फुले, राहुल सांकृत्यायन आदि की रचनावलियाँ तथा अज्ञेय, मैथिलीशरण गुप्त, नामवर सिंह, रघुवीर सहाय, भवानी प्रसाद, श्रीकान्त वर्मा आदि की महत्त्वपूर्ण रचनाओं की संचयिताएँ प्रकाशित की हैं. प्रमुख रचनाकारों की चित्रावलियाँ प्रकाशित करने का सौभाग्य भी हमें प्राप्त हुआ है.

हम नोबेल पुरस्कारप्राप्त कामीला खोसे सेला और बुकर पुरस्कारप्राप्त अरुंधति रॉय की किताबों के प्रकाशन के लिए गौरव का अनुभव करते हैं. अभी तक हमारे प्रकाशन की लगभग पच्चीस पुस्तकों को साहित्य अकादमी पुरस्कार से सम्मानित होने का गौरव प्राप्त हुआ है. हमारे पाँच लेखकों को ज्ञानपीठ सम्मान व चार लेखकों को सोवियत लैंड नेहरू पुरस्कार से सम्मानित किया जा चुका है, जो हमारे लिए प्रसन्नता की बात है. विभिन्न राज्यों की अकादमियों और अन्य सम्मानों/पुरस्कारों से हमारे रचनाकार लगभग हर वर्ष सम्मानित होते रहे हैं.

किसी भी समृद्ध भाषा की सब से बड़ी विशेषता यह है कि उसके शब्दकोशों में प्रत्येक शब्द का बहुत ही वैज्ञानिक और व्यवस्थित ढंग से स्पष्ट निरूपण हो, ताकि उसके प्रयोगों के संबंध में किसी भी प्रकार के भ्रम या संदेह के लिए कोई अवकाश नहीं बचे. हमने भाषा की समृद्धि और विकास को ध्यान में रखते हुए पालि-हिन्दी शब्दकोश, हिन्दी-हिन्दी शब्दकोश, हिन्दी-अंग्रेजी कोश, अंग्रेजी-हिन्दी मुहावरा कोश, मानविकी पारिभाषिक शब्दकोश शृंखला, राजनीति कोश, अर्थशास्त्र कोश आदि प्रकाशित किए हैं. *अरविंद सहज समांतर कोश* इसी दिशा में अपनी तरह का अकेला प्रयास है. हम आगे भी इसी तरह के मानक शब्दकोशों का प्रकाशन करते रहेंगे. गंभीर व सुधी पाठकों द्वारा इसमें किसी संशोधन व परिष्कार हेतु सुझाव व प्रतिक्रिया आने पर हम सहर्ष उन पर विचार करेंगे.

इतना ही नहीं, हमने संकट के क्षणों में सामाजिक सक्रियता बढ़ाने का भी प्रयास किया और सुनामी जैसी प्राकृतिक आपदा में पीड़ितों के सहायतार्थ धन जुटाया.

सामाजिक संलग्नता और सृजन के इस कठिन सफ़र में पाठकों का सहयोग और निरन्तर संवाद ज़रूरी है. कम मूल्य में श्रेष्ठ साहित्य उपलब्ध कराना शुरू से ही हमारा ध्येय रहा है और हमारा यह प्रयास आगे भी जारी रहेगा.

**—अशोक महेश्वरी**

# अरविंद
# सहज समांतर कोश

## शब्दकोश भी - थिसारस भी

अपनी तरह का पहला और अत्यंत उपयोगी यह कोश भारत की, और हिंदी की, एक बहुत बड़ी कमी को पूरा करता है.

थिसारस होने के बावजूद, इस का आयोजन सामान्य कोशों की तरह चिरपरिचित अकारादि क्रम से किया गया है. इस कारण पाठक को शब्दों के अर्थ और अर्थों के शब्द खोजने में आसानी होगी. शब्दों के पर्याय बताने के साथ साथ यह सपर्यायों और विपर्यायों की ओर भी ध्यान आकर्षित करता है.

*अरविंद सहज समांतर कोश* हमारी समृद्ध संस्कृति का दर्पण है. 21वीं सदी के तेज़ी से बदलते जीवन की माँग पूरी करने के लिए यह नवीनतम शब्द संपदा को स्थान देता है.

**अरविंद कुमार** (जन्मः मेरठ, 1930) एम.ए. (अँगरेजी)

1945 से हिंदी और अँगरेजी पत्रकारिता से जुड़े रहे हैं. आरंभ में दिल्ली प्रैस की *सरिता, कैरेवान, मुक्ता* आदि पत्रिकाएँ. 1963-78 मुंबई से *टाइम्स आफ़ इंडिया* की पाक्षिक पत्रिका *माधुरी* का समारंभ और संपादन. 1978 में *समांतर कोश* पर काम करने के लिए वहाँ से स्वेच्छया मुक्त हो कर दिल्ली चले आए. बीच में 1980 से 1985 तक *रीडर्स डाइजेस्ट* के हिंदी संस्करण *सर्वोत्तम* का समारंभ और संपादन. एक बार फिर पूरे दिन *समांतर कोश* पर काम. *समांतर कोश* का प्रकाशन 1996 में हुआ. उस के बाद से द्विभाषी हिंदी-भाषी डाटाबेस बनाने में व्यस्त. इस में सक्रिय सहयोगी हैं पत्नी कुसुम कुमार. अनेक फुटकर कविताएँ, लेख, कहानियाँ चित्र, नाटक, फ़िल्म समीक्षाएँ...

**कुसुम कुमार** (जन्मः मेरठ, 1933) बी.ए., एल.टी.

दिल्ली में कई वर्ष निजी स्कूलों में हिंदी और अँगरेजी का अध्यापन. दिल्ली के ही सरकारी हायर सैकंडरी स्कूल में 1959 से 1965 तक अध्यापिका.

**प्रकाशित पुस्तकें--**

**अरविंद कुमार और कुसुम कुमार -**

*समांतर कोश - हिंदी थिसारस*
*शब्देश्वरी - देवीदेवताओं के नामों का समांतर कोश*

**अरविंद कुमार -**

*सहज गीता- सहज संस्कृत पाठ और सहज हिंदी अनुवाद*
*विक्रम सैंधव- जूलियस सीज़र का भारतीय काव्य रूपांतर*
*अँगरेजी-हिंदी जूलियस सीज़र*
*फ़ाउस्ट - एक त्रासदी*
*सीता निष्कासन*
*Banishment of Sita*

*पत्र व्यवहार का स्थायी पता*
द्वारा श्रीमती मीता लाल
ब्लाक 3, विला 1, ईरोज़ गार्डन, चार्मवुड विलेज
नई दिल्ली 110044

e-mail: samantarkosh@yahoo.com

अरविंद

# सहज समांतर कोश

## शब्दकोश भी - थिसारस भी

अरविंद कुमार  कुसुम कुमार

कंप्यूटर प्रोग्रामिंग और डाटा रूपांतरण

**डाक्टर सुमीत कुमार**

राजकमल प्रकाशन

ISBN : 978-81-267-1103-1

**मूल्य** : ₹899

**पहला संस्करण** : 2006
**तीसरा संस्करण** : 2018

**प्रकाशक** : राजकमल प्रकाशन प्रा. लि.
1-बी, नेताजी सुभाष मार्ग, दरियागंज
नई दिल्ली-110 002

**शाखाएँ** : अशोक राजपथ, साइंस कॉलेज के सामने, पटना-800 006
पहली मंजिल, दरबारी बिल्डिंग, महात्मा गांधी मार्ग, इलाहाबाद-211 001
36 ए, शेक्सपियर सरणी, कोलकाता-700 017

वेबसाइट : www.rajkamalprakashan.com
ई-मेल : info@rajkamalprakashan.com

**मुद्रक** : बी.के. ऑफसेट
नवीन शाहदरा, दिल्ली-110 032

ARVIND SAHAJ SAMANTAR KOSH (Lexicon)
*by* Arvind Kumar, Kusum Kumar

# प्रस्तुति

प्रस्तुत है ***अरविंद सहज समांतर कोश.***

उन्नीसवीं सदी आधुनिक हिंदी की तैयारी की सदी थी. उस के पहले दशक में इंशा अल्लाह ख़ाँ ने *रानी केतकी की कहानी* (1803) लिखी (जिस में हिंदवी छुट किसी और बोली का पुट न मिले). और अस्सीआदि दशक के अंत में रैवरेंड जे न्यूटन ने *एक ज़मींदार का दृष्टांत* कहानी (1887) लिखी. इन दोनों के बीच स्वामी दयानंद (1821-1883) ने समाज सुधार आंदोलन में हिंदी को माध्यम बनाया और भारतेंदु हरिश्चंद (1850-1885) ने उसे परंपरा से जुड़ी नई सांस्कृतिक भूमि दी.

बीसवीं सदी ने हिंदी का चतुर्दिक विकास देखा. महात्मा गाँधी (1869-1948) के नेतृत्व में हिंदी राजनीतिक संवाद की भाषा और जनता की पुकार बनी. पत्रकारों ने इसे माँजा, साहित्यकारों ने सँवारा. उन दिनों सभी भाषाओं के अख़बारों में तार द्वारा और टैलिप्रिंटर पर दुनिया भर के समाचार अँगरेजी में आते थे. इन में होती थी एक नए, और कई बार अपरिचित, विश्व की अनजान अनोखी तकनीकी, राजनीतिक, सांस्कृतिक शब्दावली जिस का अनुवाद तत्काल किया जाना होता था ताकि सुबह सबेरे पाठकों तक पहुँच सके. कई दशक तक हज़ारों अनाम पत्रकारों ने इस चुनौती को झेला और हिंदी की शब्द स्ंदा को नया रंगरूप देने का महान काम कर दिखाया. पत्रकारों ने ही हिंदी की वर्तनी को एकरूप करने के प्रयास किए. तीसादि दशक में फ़िल्मों को आवाज़ मिली. बोलपट या टाकी मूवी का युग शुरू हुआ. अब फ़िल्मों ने हिंदी को देश के कोने कोने में और देश के बाहर भी फैलाया. संसार भर में भारतीयों को जोड़े रखने का काम बीसवीं सदी में सुधारकों, स्वतंत्रता सेनानियों, पत्रकारों, साहित्यकारों और फ़िल्मकारों ने बड़ी ख़ूबी से किया.

मध्ययुगीन भावभूमि में पनपी, अँगरेजी से आक्रांत शासन और शिक्षा प्रणाली से दबी भाषा को बड़ी छलाँग लगा कर संसार की आधुनिकतम भाषाओं के समकक्ष आना था. बीसवीं सदी में ही हिंदी वालों ने आधुनिक कोशकारिता में क़दम बढ़ाए. सदी के पूर्वार्ध में *हिंदी साहित्य सम्मेलन* और *काशी नागरी प्रचारिणी सभा* जैसे संस्थानों ने हिंदी के विशाल कोश बनवाए. 1947 में स्वाधीनता के साथ ही विकास का नया युग आरंभ हुआ. सदी के उत्तरार्ध में क़दम रखते ही 26 जनवरी 1950 को भारत का संविधान लागू हुआ और हिंदी को भारत की राजभाषा का दर्जा प्राप्त हुआ. एक दो वर्ष बाद ही *ज्ञानमंडल वाराणसी* ने *बृहत् हिंदी कोश* प्रकाशित किया, जो तभी से अपने तमाम नए संस्करणों के साथ अब तक हिंदी हिज्जों का मानक कोश बना हुआ है. पंडित नेहरू (1889-1964) और मौलाना आज़ाद (1888-1958) ने नई हिंदी शब्दावली के विकास के लिए अनेक तरह के आयोग गठित किए. अनेक कोशकारों को अनुदान दिए गए. इस प्रकार हमारी हिंदी खुले मैदानों की जन सभाओं में, सिनेमाघरों में, विद्यालयों के प्रांगणों में, विश्व साहित्य से प्रेरित मनों में, अनुवादों में, स्वतंत्र रचनाओं में और दफ़्तरों की मेज़ों तक पर बनती सँवरती रही.

सातवीं सदी में छोटे से क्षेत्र में सुगबुगाती खड़ी बोली अब इक्कीसवीं सदी में विश्वभाषा बन चुकी है. सच यह है कि आज जो हिंदी है वह कभी किसी एक धर्म की भाषा नहीं रही. न ही अब वह किसी एक प्रदेश या देश तक सीमित है. भारत से बाहर मारीशस, फीजी, गायना, सूरीनाम, त्रिनिदाद, अरब अमीरात, इंग्लैंड, अमरीका, कनाडा आदि अनेक देशों में लोग इसे दैनिक व्यवहार में लाते हैं. बोलने समझने वालों की संख्या

में आज यह संसार की दूसरी या तीसरी भाषा है. दुनिया भर में फैले हिंदी वाले अलग अलग जगहों से नई जानकारी और नई शब्दावली से इसे समृद्ध कर रहे हैं. हिंदी की सब से बड़ी शक्ति यह है कि हर सभ्यता और संस्कृति से यह विचार और शब्द अपने में समोती रहती है. आज यह काम बड़े पैमाने पर हो रहा है.

टैलिविज़न, कंप्यूटर और इंटरनैट हिंदी के विकास की नई संभावनाएँ ले कर आए हैं. तेज़ी से एक नई हिंदी बन रही है. इस नई सदी के अंत तक हिंदी में कितने बदलाव आएँगे, यह अभी कहा नहीं जा सकता. यह बात पक्की है कि जो हिंदी बनेगी वह पूरी तरह जीवंत भाषा होगी...

महाप्रयास की पिछली सदी में बड़े काम हुए. बड़े सपने देखे गए. ऐसा ही एक सपना मैं (अरविंद कुमार) ने देखा था. रोजट के अँगरेजी थिसारस के प्रथम प्रकाशन के ठीक सौ साल बाद 1952 में उस का अनुपम कोश पहली बार मेरे हाथ लगा. और मैं ने एक सपना देखा... *हिंदी में भी कोई ऐसा कोश बनेगा. इतनी सारी समितियाँ और आयोग बने हैं, हिंदी कोशकारिता में एक उबाल सा आया है. इस उबाल में से हिंदी थिसारस भी निकलेगा.* इंतज़ार में बीस साल बीत गए...

1963 से मैं मुंबई में ***माधुरी*** पत्रिका का संपादक था. 26 दिसंबर 1973 की रात को अचानक कौंधा कि किसी ने अब तक हिंदी थिसारस नहीं बनाया तो इस का मतलब है कि यह काम मुझे ही करना है. सपना मेरा है, मुझे ही साकार करना होगा. मन स्फूर्ति से भर गया.

सुबह सैर के समय मैं ने कुसुम से उस सपने के बारे में बताया और कहा कि मुझे यह करना है. यह पूरा करने के लिए संभवतः मुझे संपादकी छोड़ कर वापस घर जा कर शायद आयहीन हो कर जैसे तैसे गुज़ारा कर के यह काम करना पड़े. एक पल सोचे बग़ैर कुसुम ने हाँ कर दी. अब हम दोनों दंपति होने के साथ साथ सहकर्मी हो गए. वहीं हैंगिंग गार्डन की तरो ताज़ा हवा में पूरी योजना और कार्यक्रम बना लिए गए. हम लोगों ने कुछ समय संदर्भ सामग्री इकट्‌ठा करने और विशेष तरह के इंडैक्स कार्ड आदि बनाने में लगाया. फिर घर पर सुबह शाम *किताब* पर काम कर के देखा. (तब से अब तक हमारे परिवार में ***समांतर कोश*** *किताब* के नाम से ही जाना जाता है.) 19 अप्रैल 1976 को हम ने नासिक नगर में गोदावरी स्नान के बाद *किताब* पर बाक़ायदा काम शुरू किया. 1978 में, जब बच्चे शिक्षा के हिसाब से शहर बदलने लायक़ हो गए, तो हम मुंबई से विदा हो कर दिल्ली घर चले आए.

जिस काम के कुल दो साल में पूरा हो जाने की कल्पना की गई थी, उस में पूरे बीस साल लग गए. जो काम कार्डों पर शुरू हुआ था, 1993 से वह कंप्यूटर पर चला गया. सच तो यह है कि कार्डों पर काम करने के लिए हमें सहायकों की पूरी फ़ौज चाहिए होती. और बीसियों साल लगे रहते तो भी आधुनिक तकनीक के बिना, हम दो जन वह काम कभी पूरा नहीं कर पाते. इस नई तकनीक तक हम कभी न पहुँचते यदि नए विचारों वाली नई पीढ़ी के हमारे बेटे डाक्टर सुमीत कुमार, *ऐमबीबीऐस, ऐमऐस,* ने हमें कंप्यूटर के उपयोग के लिए मज़बूर न कर दिया होता और ईरान में डाक्टरी कर के कंप्यूटर के लिए आर्थिक संसाधन न जुटाए होते. यही नहीं सुमीत ने अपने आप पढ़ कर कंप्यूटर विद्या सीखी और ***समांतर कोश*** बनाने के लिए प्रविधि भी बनाई.

यह छोटी सी कहानी 20वीं सदी में तकनीक के विकास की कहानी भी है. और नई दुनिया के *रोजट थिसारस* से प्रेरित और देश की समृद्ध कोश परंपरा के *निघंटु* और *अमर कोश* जैसे ग्रंथों से वर्तमान और भविष्य को जोड़ने वाले हमारे थिसारस की राम कहानी भी.

यह कोई *अघटन घटना घटीयसी* नहीं थी कि जिस सदी में हिंदी भाषियों द्वारा आधुनिक कोशकारिता आरंभ की गई, उस का अंत होते होते हिंदी में पहला आधुनिक थिसारस ***समांतर कोश*** भी आ गया.

और यह भी आश्चर्यजनक नहीं है कि इक्कीसवीं सदी में प्रवेश के पाँच वर्ष बाद अब एक नई तरह का ***अरविंद सहज समांतर कोश*** हम दे पा रहे हैं.

***समांतर कोश*** का पहला प्रकाशन दिसंबर 1996 में हुआ. उस में हमारे 4,50,000 से अधिक अभिव्यक्तियों के डाटाबेस में से चुनी गई 1,60,850 अभिव्यक्तियाँ थीं. इन्हें 1100 शीर्षकों के अंतर्गत 23,759 उपशीर्षकों में रखा गया था. आगे बढ़ती हिंदी ने कोश को भारी समर्थन दिया. कुछ ही सप्ताह बाद उस का रीप्रिंट हुआ, और अब भी होता रहता है.

प्रकाशन के तुरंत बाद जनवरी 1997 से ही हम लोग डाटा के परिष्कार में लग गए थे.

1. जो अभिव्यक्तियाँ ***समांतर कोश*** में सम्मिलित की गई थीं, उन्हें फिर से जाँचा गया. किसी भाव विशेष के लिए कुछ आवश्यकता से अधिक पाई गईं (जैसे शिव के लिए 700). उन्हें कम किया गया.
2. कुछ महत्त्वपूर्ण भाव छूट गए थे, उन्हें सम्मिलित किया गया.

इस में हमें सब से बड़ी सहायता मिली हिंदी डाटा को द्विभाषी बनाने से.

हम हिंदी डाटा में समकक्ष अँगरेजी शब्दावली सम्मिलित कर रहे थे. हमारे विचार से सांस्कृतिक वैश्वीकरण से जुड़ना 21वीं सदी में देश की प्राथमिकताओं में से एक है. कंप्यूटरित हिंदी संकलन में उपयुक्त अँगरेजी अभिव्यक्तियाँ जोड़ना हमें इस दिशा में अत्यावश्यक क़दम लगा. यह काम दो चरणों में किया गया. पहले चरण में हिंदी डाटा को आधार बना कर अँगरेजी शब्द डाले गए. इस में आरंभिक इनपुट हमारी बेटी मीता ने दिया. उस ने ***समांतर कोश*** के सभी हिंदी शीर्षकों और उपशीर्षकों के लिए हाशियों में अँगरेजी अर्थ लिख दिए. अब हमारा काम था कि उन को आधार बना कर उपयुक्त अँगरेजी शब्द खोजें और लिखें. स्वाभाविक ही था कि इस प्रक्रिया में अँगरेजी की अपनी अनेक महत्त्वपूर्ण अभिव्यक्तियाँ छूट जातीं. इस लिए दूसरे चरण में अँगरेजी शब्दकोशों को ए से ज़ैड तक छाना गया. आवश्यक शब्दों को हिंदी के समकक्ष रखा गया. बहुत से ऐसे भाव और नए तकनीकी विकास सामने आए जो हमारे डाटा में नहीं थे. इस से ***समांतर कोश*** वाले डाटा को आधुनिकतम बनाने में अमूल्य सहायता मिली.

परिष्कार के इन दोनों चरणों के पूरा होने में सात से अधिक साल लगे. इस द्विभाषी संकलन में अब 8,50,000 से अधिक प्रविष्टियाँ हैं. यदि इस में वे अभिव्यक्तियाँ भी जोड़ ली जाएँ जो हमारे मूल डाटा में थीं और नए डाटा में अभी तक सम्मिलित नहीं की गई हैं, तो यह संख्या 10 लाख पार कर जाएगी. संभवतः, यह विश्व की विशालतम कंप्यूटरित द्विभाषी (अँगरेजी-हिंदी) शब्दावली है.

हमारा शब्द संकलन *फ़ौक्सप्रो* नाम के कंप्यूटर प्रोग्राम में डाटाबेस फ़ाइल है. डाटाबेस एक तरह की तालिका होती है. इस का लाभ यह होता है कि एक बार डाटा तैयार हो जाए तो उसे उलट पलट कर देखा जा सकता है. इस कच्चे माल को तरह तरह से मैनीपुलेट कर के कई तरह के कोश बनाए जा सकते हैं. हर कोश के लिए उस तालिका में एक एक रिकार्ड को चयनचिह्नित या शौर्ट लिस्ट करना होता है. यह काम श्रमसाध्य है और समयसाध्य भी.

***अरविंद सहज समांतर कोश*** उसी परिष्कृत डाटा का पहला फल है.

इस के बाद अनेक आकार प्रकार के हिंदी थिसारसों की रचना के साथ साथ जिन अन्य थिसारसों के निर्माण की संभावना है और जिन में हमारी तत्काल और सहज रुचि है, वे हैं :

- **हिंदी-अँगरेजी थिसारस.** हर वर्ग के हिंदी भाषी के लिए आज अँगरेजी भाषा का सम्यक् ज्ञान आवश्यक हो गया है. विश्वज्ञान को आत्मसात करने और विदेशों से संपर्क के लिए हमारे पास अँगरेजी सुलभ साधन है. अपनी सीमित अँगरेजी शब्द संपदा को बढ़ाना आज हिंदी-विरोध नहीं, बल्कि हमारी क्षमताओं का विकास है. हिंदी-अँगरेजी कोश इस में सहायक नहीं हो पाते. अकेली अँगरेजी के थिसारसों का उपयोग पाठक न जानता है, न सही तरह से कर पाता है, न उसे अपने संदर्भ से जोड़ पाता है. उसे चाहिए ऐसा थिसारस जो हिंदी शब्दों के सामने न सिर्फ़ अनेक हिंदी विकल्प रखे, बल्कि उन से भी ज़्यादा अँगरेजी शब्द पेश करे, ताकि वह अपने काम की अँगरेजी पा सके.

- **अँगरेजी-हिंदी थिसारस.** दिन रात हमें अँगरेजी शब्दावली से काम पड़ता है और उस के लिए हिंदी शब्दावली की तलाश रहती है. लेकिन हमारी तलाश अपंग रहती है. द्विभाषी कोश हैं. लेकिन उन की अपनी सीमाएँ हैं. उन का काम अर्थ बताना है, दूसरी भाषा के कई शब्द देना नहीं. प्रस्तावित द्विभाषी थिसारस पाठक को शब्दों के जगमग मणि भंडार में खड़ा कर देंगे. एक ही भाव के लिए अँगरेजी और हिंदी के अनेक शब्द.

- **भारत के लिए बिल्कुल अपना अँगरेजी थिसारस.** हमारी राय में यह अन्य थिसारसों जितना ही महत्त्वपूर्ण है. संसार में अँगरेजी थिसारसों की कमी नहीं है. लेकिन वे सभी अमरीकी या ब्रिटिश पाठकों को ध्यान में रख कर बनाए गए हैं. भारतीय अँगरेजी पाठक के लिए अँगरेजी थिसारस असंतोषजनक सिद्ध होते हैं. वे विश्वज्ञान को हमारे संदर्भों से नहीं जोड़ते. हम ने अपने द्विभाषी डाटा को पूरी तरह अंतरराष्ट्रीय रखते हुए, उस में भारतीय आवश्यकताओं का पूरा ध्यान रखा है. इसे दो संस्करणों में उपलब्ध कराने का विचार है. उच्च स्तर का अधिक शब्दों वाला संस्करण और भारतीय स्कूलों के लिए अलग से छोटा संस्करण.

*अरविंद सहज समांतर कोश*
*उन सब अनाम और सनाम लोगों को समर्पित है*
*जिन्होंने पिछली दो सदियों में हिंदी को आगे बढ़ाया*
*और उन्हें भी जो*
*इक्कीसवीं सदी में हिंदी को आधुनिक विश्वभाषा बना कर रहेंगे*

*औरोविल*
*5 मई 2005*

*अरविंद कुमार*
*कुसुम कुमार*

# क्या है अरविंद सहज समांतर कोश

- लिखते लिखते हम कोई शब्द लिखना चाहते हैं. वह शब्द हम अच्छी तरह जानते हैं, लेकिन याद नहीं आता. क़लम की नोंक पर वह कहीं अटक सा गया लगता है.
- जब ज़ोर डालने के लिए बात कई शब्दों में या कई तरह से कहनी हो. तो चाहिए एक जैसे कई शब्द.
- कई बार हमारे पास बहुत हलका शब्द होता है. लगता है कोई भारी सा शब्द ठीक रहेगा. इस के विपरीत, कभी भारी भरकम औपचारिक शब्द की जगह चाहिए होता है हलका फुलका अनौपचारिक शब्द.
- कभी हमें संबद्ध शब्द चाहिए होते हैं, तो कभी विपरीत.
- यह भी होता है कि मन में कोई संदर्भ है, अर्थ है. परिभाषा है, लेकिन शब्द नहीं है. तब हमें बड़ी बेताबी से ज़रूरत होती है किसी ऐसे सहायक की जो उस संदर्भ/अर्थ/परिभाषा का शब्द बता दे.

ऐसी सभी स्थितियों में *थिसारस* या *समांतर कोश* काम आता है. यह है शब्द संपदा बढ़ाने का सर्वोत्तम साधन, शब्दशक्ति का स्रोत.

संसार को सब से पहला थिसारस भारत ने दिया--प्रजापति कश्यप का ***निघंटु***. छठी या सातवीं सदी में बना ***अमर कोश*** विश्वविख्यात है. धीरे धीरे हमारी कोशकारिता का विकास रुद्ध हो गया. औद्यागिक युग में इंग्लैंड पूरे संसार में पाँव पसारने लगा. अँगरेजी कोशकारिता को नई ऊर्जा मिली. सैमुअल जानसन (1709-1795) रचित अँगरेजी का पहला कोश 1755 में प्रकाशित हुआ... एक और सदी बीतते न बीतते 1852 में पीटर मार्क रोजट (1779-1869) का पहला अँगरेजी थिसारस छपा. तब से अँगरेजी और विश्व कोशकारिता में क्रांतिकारी परिवर्तन और परिष्कार होते रहे हैं. रोजट का मूल थिसारस बहुत छोटा था. बाद में उस में 1,000 अतिरिक्त शब्द जोड़े गए. पिछले चार दशकों से अँगरेजी थिसारसों का शब्द भंडार अंतरराष्ट्रीय और आकार सुविशाल होता जा रहा है.

थिसारसों का विन्यास संदर्भ क्रम या विषय क्रम से होता रहा है. हमारे ***समांतर कोश*** का विन्यास भी विषयानुसार है. अब थिसारसों के लिए एक **नया विन्यास** प्रचलन में आ रहा है. यह है पाठकों का सुपरिचित **कोशक्रम.**

***अरविंद सहज समांतर कोश*** की रचना कोशक्रम से की गई है.

यह शब्द को अर्थ, अर्थ को शब्द और भाव को अभिव्यक्ति देता है. विस्मृत को स्मृत कराता है. यह अपने आप में इंडैक्स भी है--किसी एक शब्द से अन्य अनेक पर्यायों तक पहुँचाता है, संबद्ध शब्द (सपर्याय) बताता है और विपरीत शब्द (विपर्याय) का संकेत देता है.

***अरविंद सहज समांतर कोश*** में 78,955 चुनी अभिव्यक्तियाँ और पौने पाँच लाख से अधिक शब्द है.

## • 21वीं सदी के लिए आवश्यक शब्दावली

हिंदी हमेशा से नए शब्दों का स्वागत करती रही है. उन्नतिशील भाषाओं का यह एक महान गुण है. संस्कृत मूल की भाषा होने के कारण संस्कृत शब्द तो हमारे अपने हैं ही, हमारे शब्द भंडार में तुर्की, अरबी, फ़ारसी, उर्दू, अँगरेजी, फ़्राँसीसी, पुर्तगाली, तमिल, कन्नड़ शब्द भरे पड़े हैं. तकनीक के विकास के साथ साथ हिंदी तेज़ी से नए शब्द अपनाती जा रही है. ***अरविंद सहज समांतर कोश*** में बिना किसी आपत्ति के ऐसे तमाम शब्द हैं. इस में पारंपरिक से ले कर आधुनिकतम शब्दावली तक का संकलन किया गया है. उदाहरण के लिए ***अंकगणित*** शीर्षक के अंतर्गत *भूलिकर्म, पाटीगणित* और *संख्यान* जैसे शब्द हैं जो भारत में अंकगणित के विकास की प्रक्रिया दर्शाते हैं तो अँगरेजी *अरिथमैटिक* भी है. इस प्रकार यह कोश इतिहास और वर्तमान के बीच एक सेतु बन जाता है, प्राचीन के बारे में पाठक की उत्सुकता शांत करता है. प्राचीन शब्दों के अंत में ब्रैकेट में (प्रा) लिख दिया गया है. इस का लाभ यह है कि कोई पाठक इन का प्रयोग वर्तमान संदर्भ में नहीं करेगा. इसी प्रकार ***अंगरक्षक*** के साथ *बाडीगार्ड* शब्द है, ***अंतरावासी*** के साथ *इनटर्न* और *इनमेट* हैं. ***कूरियर*** को *अँगाड़िया* से जोड़ा गया है.

बात यहीं समाप्त नहीं हो जाती. *अंतरिक्ष पत्तन (कास्मोड्रोन), अंतरिक्ष यान (स्पेस शिप), अंतरिक्ष यात्री (ऐस्ट्रोनोट), कालयंत्र (टाइम मशीन), स्कूबा डाइविंग, सर्फ़िंग, इंटरनैट, इनफ़ौर्मेशन हाईवे (सूचना महापथ), वर्ल्डवाइड वैब, कंपयूटर, लैपटौप, पामटौप, सुपर कंप्यूटर, कैल्कुलेटर, सीपीयू, हार्डवेअर* जैसे शब्द भी ***अरविंद सहज समांतर कोश*** में हैं, जो आज हमारे दैनिक जीवन का अंग बन गए हैं.

इस कोश का विषय विस्तार अंतरराष्ट्रीय स्तर है. भारत के सभी राज्य और राजधानियाँ तो हैं ही, उन देशों के नाम भी हैं जिन से आज हमारा संपर्क होता है : संयुक्त राज्य अमरीका, कनाडा, इंग्लैंड, जरमनी, पाकिस्तान, अफ़ग़ानिस्तान, ईरान, म्यान्मार, चीन... उन के स्थानीय नाम, राजधानियाँ, डालर, पौंड, यूरो आदि करंसियाँ...

## • सोदहारण शब्दार्थ कोश

पर्यायों का संकलन इस प्रकार किया गया है कि शब्द का अर्थ अपने आप स्पष्ट हो जाए. आवश्यकता पड़ने पर उदाहरण दिए गए हैं. ***अनुमान*** में आप को मिलेंगे *ज्ञात के आधार पर अज्ञात का ज्ञान, प्रत्यक्ष से अप्रत्यक्ष का ज्ञान,* जब कि ***अटकल*** के साथ हैं *अस्पष्ट ज्ञान से अज्ञात की कल्पना, आधारहीन अनुमान, तीर तुक्का, दूर की कौड़ी;* ***अहोरात्र***--*एक दिन एक रात, पूरा दिन, सौर दिवस, वर्ष 1/365-366;* ***आग्नेयास्त्र***--*बंदूक़ पिस्तौल, बारूदी हथियार* के बाद *तोप, बम, बारूदी सुरंग, मशीनगन* आदि सपर्याय के संकेत से अर्थ पूरी तरह स्पष्ट हो जाता है.

***एकेश्वरवाद***--*ईश्वर एक है, एको ब्रह्म द्वितीयो नास्ति, लाइलाह इलल्लाह, सर्वे खल्विदं ब्रह्मा* आदि न केवल मूल शब्द का अर्थ स्पष्ट करते हैं, बल्कि पाठक को उस के भाव में गहराई तक पैठने का मौक़ा देते हैं.

***आरोह क्रम***--*आरंभ से अंत क्रम, उत्तरोत्तर क्रम, एकोत्तर क्रम, सीधी गिनती* जैसे शब्दों से अर्थ स्पष्ट होता है, *1 2 3, अ आ इ ई, सा रे गा मा,* आदि उदाहरणों से भाव पूरी तरह समझ में आ जाता है. इस के विपरीत--

***अवरोह क्रम***--*अंत से आरंभ क्रम, अधिक से कम क्रम, अवक्रम, उतरता क्रम* से अर्थ स्पष्ट होता है और *3 2 1, ह ष श स, सा नि धा पा,* आदि उदाहरण भाव को पूरी तरह समझा देते हैं.

उल्लेखनीय है कि **आरोह क्रम** और **अवरोह क्रम** भारतीय कोशों में बिल्कुल नई तरह की प्रविष्टियाँ हैं, लेकिन कंप्यूटर युग में अपरिहार्य हैं.

- **ज्ञानकोश**

***अरविंद सहज समांतर कोश*** इस प्रकार बनाया गया है कि किसी छोटे मोटे तत्काल या इंस्टैंट ज्ञानकोश का काम दे सके. ***समुद्र*** के 45 पर्यायवाचियों के बाद प्रमुख समुद्रों की सूची मिल जाती है, जैसे, *अतलांतिक महासागर, अरब सागर, उत्तर ध्रुव महासागर, दक्षिण ध्रुव महासागर, प्रशांत महासागर, बंगाल की खाड़ी, भूमध्य सागर, हिंद महासागर.* साथ साथ ***पौराणिक सप्त सागरों*** की सूची भी उपलब्ध है. ***साग सब्ज़ी*** के बाद ही प्रमुख सब्ज़ियों की सूची मौजूद है. आज हिंदी पाठक की रुचि विज्ञान के विषयों में भी है. ***रासायनिक तत्त्व*** प्रविष्टि के बाद सभी तत्त्वों को अकारादि क्रम से गिनाया गया है--जो किसी भी हिंदी कोश में उपलब्ध नहीं हैं. रासायनिक तत्त्व का संदर्भ पंचभूतों से जोड़ा गया है...

- **समग्र भारत का दर्पण**

विज्ञान है तो धर्म भी है. भारत के सभी प्रमुख धर्मों--हिंदू, जैन, बौद्ध, सिख, इसलाम, ईसाई, पारसी, यहूदी--को पूरा स्थान दिया गया है. उन के प्रमुख ग्रंथ, देवी देवता, तीर्थंकर, गुरु, पैग़ंबर, उपासनालय, मठ मंदिर, पूजा पाठ, व्रत उपवास, रोज़ा नमाज़, संस्कार आदि अपने पूरे गौरव के साथ यहाँ उपस्थित हैं.

हमारा विश्वास है कि अपनी तरह का यह एकमात्र कोश छात्रों से ले कर
प्रौफ़ैसरों, लेखकों, पत्रकारों, अनुवादकों, विज्ञापनकर्मियों के काम आएगा.

—

# अरविंद सहज समांतर कोश का उपयोग ऐसे करें...

हर दाहिने पेज में नीचे कोशक्रम छपा है. वर्णमाला में हैं **अ आ इ ई उ ऊ ऋ ए ऐ ओ औ अं अः**, कोशों में होता है **अं अः अ आ इ ई उ ऊ ऋ ए ऐ ओ औ.**

कुछ लोग देवनागरी वर्णक्रम के अभ्यस्त नहीं हैं. कोशों का उपयोग पहली बार करने वाले पाठक इसे सहायक पाएँगे...

हर बाएँ पेज में नीचे छापे गए हैं कुछ आवश्यक संकेत--

(प्रा) प्राचीन शब्द, अब अप्रचलित
*तिरछे* शब्द स्वतंत्र शीर्षक भी हैं
●सपर्याय ■विपर्याय

पर्याय शब्दों में किसी के पीछे (प्रा) छपा है, जैसे ***अंकगणित*** के सामने **धूलिकर्म (प्रा).** ऐसे शब्दों का उद्देश्य पाठक को रोचक जानकारी देना मात्र है.

ये संकेत उन पैराग्राफ़ों में हैं जिन में मुख्य शब्द के बाद व्याकरण के *संज्ञा* आदि संक्षिप्त निर्देश हैं--*सं(ज्ञा), सर्व(नाम), क्रि(या), वि(शेषण), क्रि(या)वि(शेषण), मु(हावरा), कारक.* इन के बाद वाले शब्द पर्याय हैं. ● और ■ चिह्नों के बाद के शब्द सपर्याय और विपर्याय हैं. दो उदाहरण--

**अंकुश** *सं* औगा, काटकी (बंदर भालू), कोंचनी, कोंचा, कोचनी, गजबाँक, पैना, बेधिया, वक्रकील, वेधनी, सेकड़ा, ●एड़, गला रस्सी, ●चाबुक, ●ज़ंजीर, ●नकेल, लगाम.

**आधुनिक** *वि* अद्यतन, अधुनातन, अधुनातम, अपटुडेट, अपूर्व, अपौराणिक, अभिनव, अर्वाचीन, आजकल का, नए ज़माने का, नया/नई, नवयुगीन, *नवीन*, न्यू, माडर्न, मौड, मौडर्न, *वर्तमान*, ●अत्याधुनिक, ●अपारंपरिक, ■ऐतिहासिक, ■प्रागितिहासिक, ■भूतकालीन.

सपर्याय किसी शब्द के पर्याय नहीं होते बल्कि उस से संबद्ध होते हैं. **एड़, गला रस्सी, चाबुक** आदि शब्द **एड़** के समकक्ष हैं, पर्याय नहीं. ***आधुनिक*** के बाद **ऐतिहासिक, प्रागिहासिक, भूतकालीन** उस के विपरीत शब्द हैं. *नवीन* और *वर्तमान* तिरछे अक्षरों में छपे हैं. इन के पैराग्राफ़ों में जा कर अन्य अनेक शब्द मिल सकते हैं.

यह आवश्यक नहीं है कि संबद्ध या विपरीत शब्दों के लिए कोश में स्वतंत्र शीर्षक भी हों. इन का उद्देश्य केवल संकेत करना है.

**शब्दकोश/इंडैक्स/अर्थ से शब्द/परिभाषा से शब्द** आदि के कुछ उदाहरण नीचे हैं. इन सब में **मुख्य शब्द** के बाद बराबर का चिह्न (=) लगा है. इन से स्पष्ट हो जाएगा कि ***अरविंद सहज समांतर कोश*** कितने स्तरों पर सहायक सिद्ध होता है.

***अंक*** = अक्षर, एक, खेल रन, गोदी, चिह्न, दाग़, धारावाही क़िस्त, नाटक अंक, पत्रपत्रिका अंक, पूर्णांक, बग़ल, मुहर चिह्न, शरीर, संख्या, संस्करण.
**अँगूठे से चौथी उँगली** = कनिष्ठिका उँगली.
**अंबी सूखी फाँक** = अमहर.
**अंबी सूखी फाँक चूर्ण** = अमचूर.
**ईश्वर सत्ता में अविश्वास** = नास्तिकतावाद.
**ईश्वर सत्ता में विश्वास** = आस्तिकतावाद.

*अंक* के बाद जो शब्द लिखे हैं वह *अंक* के अर्थ तो है ही, उन्हें अकारादि क्रम से खोडने पर उन के पर्याय भी आप को मिलेंगे. इस प्रकार यह इंडैक्स का काम देता है. *अँगूठे से चौथी उंगली, अंबी..., ईश्वर...* आदि पैराग्राफ़ अर्थ को शब्द देते हैं, तो *कनिष्ठिका, अमहर, नास्तिकतावाद* आदि को खोज कर उन के पर्याय पाने का रास्ता भी बताते हैं

## टेस्ट टैस्ट... डाक्टर डॉक्टर डौक्टर

अँगरेजी में स्वरों की संख्या और उच्चारण हिंदी से भिन्न है. अँगरेजी के *ऍ ॅ* के लिए हिंदी में आम तौर पर *ए े* लिखते हैं, जब कि इस का निकटतम उच्चारण *ऐ* है. कोशिश की गई है कि निकटतम उच्चारण लिखे जाएँ, जैसे, *स्वाद* के लिए *टेस्ट*, *परीक्षा* के लिए *मैच* और *टैस्ट*, *भाव (रेट)*, चूहा *(रैट)... एम, ऐम, एस, ऐस, ट्रैंड, फ़ैस्टिवल...*

इसी प्रकार *ा ॉ ौ* हैं. जनता ने *डॉक्टर* के *डाक्टर* को मान्यता दे रखी है. *ॉ* के साथ यह समस्या भी है कि कोशक्रम में उसे कहाँ रखें, *आ* के बाद, *ओ* के या फिर *औ* के बाद. इसलिए इस कोश में *ॉ* का उपयोग कहीं नहीं है,

पाठकों से प्रार्थना है कि ऐसे किसी शब्द को खोजते समय े और ै तथा ा और ौ दोनों विकल्पों को तलाशें.

# अरविंद सहज समांतर कोश

ॐ = ओम.
अँ = अनुनासिक वर्ण.
अं = अनुस्वार.
**अंक** = अक्षर, एक, खेल रन, गोदी, चिह्न, दाग़, धारावाही क़िस्त, नाटक अंक, पत्रपत्रिका अंक, पूर्णांक, बग़ल, मुहर चिह्न, शरीर, संख्या, संस्करण.

**अंक** *सं* आँकड़ा, *चिह्न*, नंबर, *प्रतीक*, मार्क, *संख्या*, संख्या अंक, संख्या पद, हिंदसा, •संख्या.

**अंक अंत** = यवनिका पात.

**अंक कंबीनेशन** *सं* अंकक्रम, *संख्याक्रम*, •कंबीनेशन लौक, •चाबी, •ताला.

**अंकक्रम** = अंक कंबीनेशन.
**अंकक्रम से बंद होने और खुलने वाला ताला** = कंबीनेशन लौक.

**अंकगणित** *सं* अंकतंत्र, अंकविद्या, अंकशास्त्र, अरिथमैटिक, जोड़ घटा गुणा भाग, धूलिकर्म (प्रा), पाटीगणित (प्रा), व्यक्तगणित (प्रा), व्यवहारगणित (प्रा), संख्यान (प्रा), हिसाब, •ज्यामिति, •बीजगणित.

**अंक घड़ी** = घड़ी सूची.
**अंकज्योतिष** = न्यूमरोलाजी.
**अँकटी** = रोड़ी.
**अँकड़ी** = हुक.
**अंकतंत्र** = अंकगणित.
**अंकति** = अग्नि.
**अंकन** = उत्कीर्णन, चित्रांकन, चिह्नन, मूर्तिकर्म, लेखन.
**अंकनी** = पैंसिल.
**अंकपलई** = कूटलेख, कूट लेखन, जोड़ कर्म.
**अंकपालि** = आलिंगन, गोदी.
**अंकपाली** = परिचारिका.
**अंकपूरण** = गुणन कर्म.
**अंकमुख** = नाट्य आरंभ.
**अंकरा** = तुर्कीः राजधानी.
**अँकरास** = अकड़ाहट.
**अँकरी** = रोड़ी.
**अंकलोप** = घटान कर्म.
**अँकवार** = आलिंगन, गोदी.
**अंकविद्या** = अंकगणित.
**अंकशायिनी** = पत्नी.
**अंकशायी** = सहशायी.
**अंकशास्त्र** = अंकगणित, न्यूमरोलाजी, सांख्यिकी.
**अँकसी** = हुक.
**अँका/अँकी** = आकलित.
**अँकाई** = आकलन, उत्कीर्णन, चिह्नन.
**अंकालिंगन** = आलिंगन.
**अंकिकी** = सांख्यिकी.
**अंकित** = उत्कीर्ण, चित्रित, चिह्नित, दस्तावेज़ित, लांछित, लिखित.
**अंकित करना** = उकेरना.
**अंकिनी** = सुंदर स्त्री.
**अंकिश्त** = कोयला.
**अंकीय पट** = यवनिका.
**अँकुड़ा** = लटकन छल्ला.
**अंकुड़ा** = लंगर, हुक.
**अँकुड़ी** = हल अँकुड़ी, हुक.
**अँकुड़ी पट्टी** = वैलक्रो.
**अँकुड़ी फाल** = हल फाल.
**अँकुड़ेदार छड़** = लग्गी काँटा.
**अंकुर** = अर्बुद, कली, किशलय, पौद, प्रारंभिक अवस्था.

**अंकुर** *सं* अँखुआ, *आँख*, कन्नी, कल्ला, *किशलय*, कोंपल, गोंफा, गोभा, चश्म, जरई, डोंड़ी, नवांकुर, पोई, *पौद*, बीजांकुर, बोंड़ा, भुंजरिया, *सूँड़*, *हाथ*, •अंकुरण बिंदु, •जड़, •पौद, •बीज.

**अंकुर आना** = अँकुराना.

**अंकुरण** *सं* अवरोह, उगन, उगाव, उठन, उत्स्फोटन, उद्गम, उद्‌बुजन, प्ररोहण, प्रस्फुरण, प्रोद्भवन, फुटाव, बीजन, बीजांकुरण, वृद्धि, स्फुटन, *स्फुरण*, •आमूलन, •उद्‌बुजन.

**अंकुरण बिंदु** *सं* अँखुआ, *आँख*, *गाँठ*, चश्म, •पौद.

**अँकुरना** = अँकुराना.
**अंकुर निकलना** = अँकुराना.
**अंकुर फूटना** = अँकुराना.
**अंकुर रोपना** = रोपना.

**अँकुराना** *क्रि* अंकुर आना, अँकुरना, अंकुर निकलना, अंकुर फूटना, अंकुरित होना, अँखुआना, उकसना, *उगना*, *उगना*, *उठना*, कलयाना, *निकलना*, फनगना, *फूटना*, बीजना, •उगना, •उबजना, •शाखा निकलना.

**अंकुरितयौवना** = किशोरी.
**अंकुरित होना** = अँकुराना.
**अंकुश** = नियंत्रण, सत्ताधिकार.

**अंकुश** *सं* औगा, काटकी (बंदर भालू), कोंचनी, कोंचा, कोचनी, गजबाँक, पैना, बेधिया, वक्रकील, वेधनी, सेकड़ा, •एड़, •गला रस्सी, •चाबुक, •ज़ंजीर, •नकेल, •लगाम.

**अंकुशधारी** = हाथीवान.
**अंकुश मारना** = कोंचना.
**अंकुशहीन** = निरंकुश, स्वेच्छाचारी.
**अंकुशहीनता** = अनियंत्रण, एकतंत्र.

**अंकुशित** = नियंत्रित, शासित.
**अंकुशी** = हाथीवान.
**अँकुसी** = लग्गी काँटा, लटकन छल्ला.
**अँकुसी बाँस** = लग्गी काँटा.
**अंकेक्षक** = लेखा परीक्षक.
**अँखड़ी** = आँख.
**अँखमूँदनी** = आँख मिचौनी.
**अँखियन (बहु)** = आँख.
**अँखियाँ (बहु)** = आँख.
**अँखुआ** = अंकुर, अंकुरण बिंदु.
**अँखुआना** = अँकुराना.
**अंग** = अंश, गोदी, घटक, वक्ष, शरीर, स्तन.

**अंग** *सं* अवयव, *कल*, गात, गात्र, पक्ष, शरीर अंग, *साधन*, हिस्सा, ●उपांग, ●**शरीर**.

**अंग अनुपात** = देहानुपात.
**अंग अनुपात नियंत्रण** = डायटिंग.
**अंग अनुभूति** = अनुभूति.
**अंग करना** = अपनाना.
**अंगग्रह** = अकड़ाहट.
**अंगघात** = पक्षाघात.
**अंगच्छेद** = अंगछेदन.
**अंगछेद** = आपरेशन.

**अंगछेदन** *सं* अंगच्छेद, उच्छेदन, कटाई, *विच्छेदन*.

**अंगज** = कामदेव, पुत्र, वासना.
**अंगज/अंगजा** = वैध (संतान).
**अंगजा** = पुत्री.
**अंगजाड्य** = अकड़ाहट.
**अंगजात** = वैध (संतान).
**अंग टूटना** = थकना.
**अंगड़खंगड़** = जीर्णशीर्ण, रद्दी.

**अँगड़ाई** *सं* अकरास, अंग विक्षेपण, हाथ उठा कर बदन तोड़ना मरोड़ना कर्म.

**अँगड़ाई लेना** = जागना.
**अंगतारा** = नारंगी.
**अंगत्राण** = कवच.
**अंगद** = बाज़ूबंद, वानर सूची.
**अंगददेव** = सिख गुरु सूची.
**अंगदर्शी** = चिपकते साइज़ का.□
**अंगदीप्ति** = सौंदर्य.

**अंगदीप्ति** *सं* अंगेट, आभा, ओज, जलाल, तेज, दमक, दीप्ति, नूर, ●सौंदर्य, ●स्वास्थ्य दशा.

**अंग धारना** = पहनना.
**अंग न समाना** = पुलकना, हुलसना.
**अँगना** = आँगन.
**अंगना** = प्रलोभिनी, सुंदर स्त्री, स्त्री.
**अंगन्यास** = शरीर मुद्रा.
**अंगपाली** = आलिंगन.
**अंग प्रतिरोपण के लिए रचित मानव** = साइबर्ग.
**अंग भंगिमा** = नाज़नखरा, भंगिमा.
**अंगभू** = पुत्र.
**अंगभूत** = समाविष्ट.
**अंगमर्द** = मालिशिया.
**अंगमर्दन** = मालिश.
**अंगमर्दी** = मालिशिया.
**अंगमुद्रा** = भंगिमा.
**अंगरंजन** = नाट्य मेकअप.

**अंगरक्षक** *सं* उपरक्षक, ओपची, गार्ड, निगरान, निगहबान, परिचर, पृष्ठगोप, बाडीगार्ड, *रक्षक*, शरीर रक्षक, ●कमांडो, ●पहरेदार, ■आक्रांता.

**अंगरक्षी** = कवच.
**अँगरखा** = अचकन.
**अँगरना** = इठलाना.

**अंगराग** *सं* अंगलेप, उपराग, उबटन, उबटना, चर्चिक्य, *पराग*, मृगरोचना, *राग*, *लेप*, विलेप, ●बानतेल, ●लेप.

**अंगराज** = कर्ण.
**अँगरी** = कवच.
**अंगरुह** = ऊन, शरीर रोम.

**अँगरेज** *सं* अंगरेज़ (प्रचलित) (अप्रेय), अंग्रेज़ (प्रचलित) (अप्रेय), आंग्ल, इंगलिश, इंगलिशमैन, इंग्लिश (विकल्प), इंग्लिशमैन (विकल्प), ऐंग्लो-सैक्सन, गोरे मुँह का बंदर, फिरंग, फिरंगी, ब्रिटिशर, साहब, ●ऐंग्लो-इंडियन.

**अंगरेज़ (प्रचलित) (अप्रेय)** = अँगरेज.

**अँगरेज विषयक** *वि* अँगरेजी, आंग्ल, इंगलिश, इंग्लिश (विकल्प), ऐंग्लिकन, ऐंग्लो, विलायती, साहबी.

**अँगरेज स्त्री** *सं* मेम, मेमसाहब, मैम, लेडी.

**अँगरेजी** = अँगरेज विषयक, अँगरेजी भाषा, भारत राजभाषा सूची, भारत राष्ट्रभाषा.
**अँगरेज़ी (अप्रेय)** = अँगरेजी भाषा.
**अँगरेजी अंक** = अंतरराष्ट्रीय अंक.
**अँगरेजी टोपी** = टोप.

**अँगरेजी भाषा** *सं* अँगरेजी, अँगरेज़ी (प्रचलित) (अप्रेय), अंग्रेज़ी (प्रचलित) (अप्रेय), अंग्रेजी (विकल्प), इंग्लिश, भारत राजभाषा, ●भारोपीय भाषा, ●यूनाइटिड किंगडम.

**अंग लगाना** = अपनाना.
**अंगलेट** = क़द क़ामत, देहानुपात.
**अंगलेप** = अंगराग, मरहम.
**अंगवस्त्र** = पुरस्कार सूची, सम्मान उपहार.
**अंगविकल** = विकलांग.
**अंगविक्षेप** = नृत्य.
**अंग विक्षेपण** = अँगड़ाई, नर्तन.
**अंग विभाग** = उपांग.
**अंग विस्तार** = उपांग.
**अंगसंग** = संभोग.
**अंगसंगी** = सहशायी.
**अंग संचालन** = नृत्य.
**अंगसंधि** = अवयव संधि.
**अंगसखा** = अंतरंग मित्र.
**अंग सिकोड़ना** = लजाना.
**अंगसिहरी** = ज्वर कंपन.
**अंगहार** = नृत्य.
**अंगहीन** = कामदेव, लँगड़ा लूला/लँगड़ी लूली, विकलांग.
**अंगाकड़ी** = बाटी.
**अंगाड़िया** = कूरियर.
**अंगानुपात** = देहानुपात.
**अंगानुभूति** = अनुभूति.
**अंगार** = अंगारा, कोयला.
**अंगारक** = अंगारा, कारबन, मंगल ग्रह.
**अंगारकाड़ी** = माचिस.
**अंगारपेटी** = माचिसपेटी.
**अंगारमणि** = मूँगा.

 (प्रा) प्राचीन शब्द, अब अप्रचलित - *तिरछे* शब्द स्वतंत्र शीर्षक भी हैं ●सपर्याय ■विपर्याय

अंगारा = तप्त.

**अंगारा** *सं* अंगार, अंगारक, अंगारी, अग्निखंड, आग, *कोयला*, गुल, जलता कोयला, दहकता कोयला, पतंगा, परकाला, भभूका, लुक, लूका, शरर, शरारा, शोला, शोशा, •कोयला, •चिंगारी, ▪राख.

**अंगारिका** = अँगीठी, ईख.
**अंगारिणी** = अँगीठी.
**अठंगारित** = दग्ध.
**अंगारिता** = अँगीठी.
**अंगारी** = अंगारा, अँगीठी, कवच, चिंगारी, बाटी.
**अंगारी (ईख)** = पल्लव.
**अंगारीकृत** = दग्ध.
**अंगारोद्केट** = कार्बोहाइड्रेट.
**अंगारोस** = कार्बोहाइड्रेट.
**अंगिका** = ब्लाउज़.
**अँगिया** = ब्रा, ब्लाउज़.

**अँगिया** *सं* बाडिस, बाडी, स्त्री वक्ष तंग परिधान, •ब्रा, •ब्लाउज़.

**अंगिरा** = ऋषि सूची, सप्तर्षि.

**अंगिरा** *सं* अथर्ववेद प्रणेता, अथर्वा, आग्नेय.

**अंगीकरण** = आदान, पारण.
**अंगीकार करना** = अपनाना.
**अंगीकारना** = अपनाना.
**अंगीकार्य** = न्यायसंगत.
**अंगीकृत** = स्वीकृत.
**अंगीकृति** = स्वीकारोक्ति.
**अँगीठा** = अँगीठी.
**अँगीठी** = अग्निपात्र.

**अँगीठी** *सं* अंगारिका, अंगारिणी, अंगारिता, अंगारी, अँगीठा, गोरसी, झँझरी, बोरसी, सिगड़ी.

**अंगीय** = पार्श्वीय.
**अंगुल** = उँगली.
**अंगुलि** = उँगली.
**अंगुलिका** = उँगली.
**अंगुलित्र** = अंगुश्ताना.
**अंगुलिवेष्टन** = दस्ताना.
**अंगुली** = उँगली.
**अंगुली चिह्न** = उँगली छाप.
**अंगुली पर्व** = उँगली पोरवा.
**अंगुली मुद्रा** = अँगूठी.
**अंगुलीयक** = अँगूठी.
**अंगुश्तनुमा** = प्रसिद्ध, बदनाम.
**अंगुश्तरी** = अँगूठी.

**अंगुश्ताना** *सं* अंगुलित्र, अस्थिमुद्रिका (प्रा), उँगली कवच, गोह दस्ताना, शृंग मुद्रिका (प्रा), •दर्ज़ी, •सिलाई, •सूई.

**अंगुश्ते नर** = अँगूठा.
**अंगुष्ठ** = अँगूठा.
**अंगुष्ठमात्रक** = ठिंगना/ठिंगनी.
**अँगुसी** = हल अँकुड़ी.
**अंगुसी** = लग्गी काँटा.

**अँगूठा** *सं* अंगुश्ते नर, अंगुष्ठ, करवीर, ठूँसा, ठेंगा, ठोंसा, वृद्धांगुलि, वृद्धा, हाथ अँगूठा, हूठा, •उँगली.

**अँगूठा छाप** = उँगली छाप.
**अँगूठाछाप** = असाक्षर.

**अँगूठी** *सं* अंगुली मुद्रा, अंगुलीयक, अंगुश्तरी, छल्ला, मुंदरी, मुद्रा, मुद्रिका, *मुहर*, रिंग, वलय, •उँगली.

**अँगूठी पहनाई** = सगाई.
**अँगूठे से चौथी उँगली** = कनिष्ठिका उँगली.
**अँगूठे से तीसरी उँगली** = अनामिका उँगली.
**अँगूठे से दूसरी उँगली** = मध्यमा उँगली.
**अँगूठे से पहली उँगली** = तर्जनी उँगली.
**अंगूर** = फल.

**अंगूर** *सं* अमृतफला, कपिल द्राक्षा, गुच्छफल, गोस्तना, ग्रेप्स, दाख, द्राक्ष, द्राक्षा, मधुरसा, *रसा*, रसाला, स्वादुफला, •किशमिश, •मुनक्क़ा.

**अंगूर की बेटी** = मदिरा, मद्य.
**अंगूर नीबू रस अम्लव्य** = टाटरी.
**अंगूर मद्य** = ब्रांडी, मदिरा.
**अंगूर मुनक्क़ा** = मुनक्क़ा.
**अंगूरी** = मदिरा.
**अंगूरी शराब** = मदिरा.
**-अंगेज़** = उत्तेजक, प्रेरणाप्रद.
**अँगेजना** = अपनाना.
**अंगेट** = अंगदीप्ति, सौंदर्य.
**अँगोछा** = तौलिया, नैपकिन.
**अँगोछी** = धोती.
**अंग्रेज़ (प्रचलित) (अप्रेय)** = अँगरेज.
**अंग्रेज़ी (प्रचलित) (अप्रेय)** = अँगरेजी भाषा.
**अंग्रेजी (विकल्प)** = अँगरेजी भाषा.
**अंधिया** = छलनी.
**अंघ्रि** = जड़.
**अंघ्रिप** = वनस्पति.
**अंचति** = अग्नि.
**अँचरा** = पलाव.
**अंचल** = क्षेत्र, जनपद आदि, तट, पलाव.
**अंचलाधीश** = जनपद समूह प्रसासक.
**अंचलीय** = क्षेत्रीय.
**अंचलेश्वर** = जनपद समूह प्रसासक.
**अंचित** = वक्राकार, सुंदर, सुडौल.
**अंचित केश** = घुंघराले केश.
**अंछर** = अभिमंत्रण, मंत्र काट, वशीकरण.
**अंज** = कमल, जलज.
**अंजन** = अग्नि, काजल, छिपकली, पश्चिम दिशा, रात, स्याही, हनुमान.
**अंजन (पश्चिम)** = दिग्गज (दिशा).
**अंजनकेश** = दीपक.
**अंजनकेश/अंजनकेशिनी** = कृष्णकेशी.
**अंजनगिरि** = नीलगिरि.
**अंजनहारी** = पलक फुंसी.

**अंजनहारी** *सं* भृंगी, भृंगीकीट.

**अंजना** = छिपकली, पलक फुंसी, व्यंजना शक्ति, स्त्री.
**अंजनासुत** = हनुमान.
**अंजनिका** = चुहिया, छिपकली.
**अंजनियारी** = पलक फुंसी.
**अंजनी** = स्त्री.
**अंजनीनंदन** = हनुमान.
**अंजरपंजर** = अस्थिपंजर.
**अंजर पंजर ढीले होना** = थकना.
**अंजलि** = उपहार, बालिश्त, संग्रह.

**अंजलि** *सं* अंजलि पात्र, अंजली, अंजुरी, अंजुली, ओक, करतल, करपात्र, करसंपुट, चुल्लू, पाणि, पाणि पल्लव, *पाली*, *बालिश्त*,

संपुट, *हथेली*, हस्तांजलि, •हथेली.

**अंजलि (जैसेः गीतांजलि)** = संकलन पुस्तक.

**अंजलिका** = चुहिया.

**अंजलि पात्र** = अंजलि.

**अंजलिबद्धन** *सं* आनति, करबद्धन, *नमस्कार*, •अभिवादन, •नमस्कार, •हैंडशेक.

**अंजली** = अंजलि.

**अंजसा** = देखते देखते.

**अंजहा** = अनाज मंडी.

**अंजही** = अनाज मंडी.

**अंजाम** = अंत, परिणाम, समापन, समापन.

**अंजिष्ठ** = चमकदार.

**अंजिष्णु** = चमकदार.

**अंजी** = चक्की.

**अंजीर** = फल.

**अंजीर** *सं* काकोदुंबरिका (प्रा), फ़िग, भूकेश, वृत्त (प्रा).

**अंजील** = बाइबिल.

**अंजुमन** = आकाश गंगा, उत्तम जनसमूह, संस्था, सभा, समिति.

**अंजुरी** = अंजलि.

**अंजुली** = अंजलि.

**अँजोरा** = प्रकाश.

**अँजोरी** = चाँदनी.

**अंझा** = अनुपस्थिति.

**अंटशंट** = अप्रासंगिक, क्रमहीन, बकवास, बकवासपूर्ण, विविधा.

**अंटसंट** = अप्रासंगिक, विविधा.

**अंटा** = लच्छी.

**अंटागुड़गुड़** = मदिरोन्मत्त.

**अंटाचित** = चित, पराजित, मदव्यग्रस्त, मदिरोन्मत्त.

**अंटार्कटिक क्षेत्र** = दक्षिण ध्रुव क्षेत्र.

**अँटिया** = बंडल.

**अँटियाना** = लपेटना.

**अंटी** = अटेरन, गाँठ, घुंडी, मित्रताभंग, लच्छी, लपेट, वैमनस्य.

**अंटीगर** = जुआरी.

**अंटी बनाना** = लपेटना.

**अंटीबाज़** = जुआरी, ठग.

**अंटीमार** = जुआरी.

**अँटौतल** *सं* अँधियारी, अँधेरी, अँधोटी, अनवट, आँख आवरण, कुलह, *घूँघट*, नेत्र आवरण, •आईपैच, •घोड़ा, •बैल.

**अँठई** = किलनी.

**अँठली** = गुठली.

**अंठी** = गाँठ, गुठली, घुंडी.

**अँठुली** = गुठली.

**अंड** = अंडा, परमाणु, वीर्य.

**अंडकोश** = ब्रह्मांड.

**अंडचक्र** = अंडाकार चक्र.

**अंडज** = नर पक्षी, पक्षी.

**अंडजा** = कस्तूरी, मादा पक्षी.

**अंडजेश्वर** = गरुड़.

**अंडपीत** = अंडा ज़र्दी.

**अंडबंड** = अप्रासंगिक, गाली, बकवास, बकवासपूर्ण, बेतहाशा, विविधा.

**अंडमान निकोबार** = भारत राज्य प्रदेश.

**अंडमान निकोबार** *सं* अंडमान निकोबार द्वीपसमूह, •बंगाल की खाड़ी, •भारत राज्य प्रदेश सूची.

**अंडमान निकोबारः राजधानी** *सं* पोर्ट ब्लेयर.

**अंडमान निकोबार द्वीपसमूह** = अंडमान निकोबार.

**अंडरग्राउंड रेलवे** = भूमिगत रेलगाड़ी.

**अंडरग्राउंड सीवर** = भूमिगत नाला नाली.

**अंडरण** = गर्भाधान.

**अंडरवर्ल्ड** = अपराध जगत.

**अंडरवीअर** *सं* अंतर्पट, अंतर्परिधान, अंतर्वस्त्र, *होज़ियरी*, •जाँघिया, •पेटीकोट, •बनियान, •ब्रा, •रुमाली, •लँगोट, •शमीज़.

**अंडरस्टैंडिंग** = सामंजस्य.

**अंडवृत्त** = अंडाकार चक्र.

**अंडश्वेत** = अंडा सफ़ेदी.

**अंडस** = बाधा.

**अंडा** = खाद्य अंडा, प्रारंभिक अवस्था, शून्य प्राप्तांक, सिफ़र.

**अंडा** *सं* अंड, ऐग, बैजा, बैदा, •कोया, •प्यूपा, •लार्वा.

**अंडाकार** = गोलप्राय.

**अंडाकार चक्र** *सं* अंडचक्र, अंडवृत्त, अंडाकार वृत्त, लंबवृत्त, लंबा गोल घेरा, •चक्र.

**अंडाकार पिंड** = गोलप्राय पिंड.

**अंडाकार वृत्त** = अंडाकार चक्र.

**अंडाकृति** = गोलप्राय पिंड.

**अंडा ज़र्दी** *सं* अंडपीत, अंडा पीला भाग, ज़र्दी.

**अंडाद** = अंडाहारी.

**अंडा पीला भाग** = अंडा ज़र्दी.

**अंडाशी** = अंडाहारी.

**अंडा सफ़ेदी** *सं* अंडश्वेत, सफ़ेदी.

**अंडाहारी** *सं* अंडाद, अंडाशी, •निरामिषाहारी.

**अँडिया** = अटेरन, अनाज बाल.

**अंतः** = आंतरिक, आत्मा.

**अंतःकरण** = अंतरात्मा.

**अंतःकरण और धार्मिक स्वतंत्रता का अधिकार** = मूल अधिकार सूची.

**अंतःकरणीय** = मनोविज्ञानीय.

**अंतःदर्शन** = आत्मनिरीक्षण.

**अंतःपटी** = लैंडस्केप चित्र.

**अंतःपुर** = ज़नानख़ाना, शयनकक्ष.

**अंतःपुर दास** *सं* ख़ोजा, वैदेह, शंड, सौविद, *हिजड़ा*.

**अंतःपुर दासी** *सं* असिक्नी, महिषी, लौंडी, सैरंध्रिका, सैरंध्री, सैरिंध्रिका.

**अंतःपुर वास** = परदानशीनी.

**अंतःपुरवासिनी** = परदानशीन.

**अंतःपुरिका** = परदानशीन.

**अंतःप्रकृति** = आत्मा, स्वभाव.

**अंतःप्रज्ञा** = आत्मज्ञान.

**अंतःप्रेरणा** = अंतरात्मा आदेश, इड.

**अंतःसंज्ञा** = अचेतन मन.

**अंतःसलिला** = सरस्वती नदी.

**अंतःस्थ चिंतन** = ध्यान.

**अंतःस्फोट** = पिचकन.

**अंतःस्फोट होना** = पिचकना.

**अंतःस्वत्व** = इड.

**अंत** = उपपत्ति, उपसंहार, कथा फलागम, चरम अवस्था, छोर, नाटक अंत, नाश, निश्चय, पराकाष्ठा, परिणाम, पुस्तक अंत सूची, प्रलय,



(प्रा) प्राचीन शब्द, अब अप्रचलित - *तिरछे* शब्द स्वतंत्र शीर्षक भी हैं •सपर्याय ■विपर्याय

मृत्यु, यवनिका पात, यात्रा अंत, विराम, समापन, सीमा, सीमारेखा.

**अंत** *सं* अंजाम, अस्त, आख़िर, इति, ख़ात्मा, परिणति, *विराम*, समाप्ति, सरअंजाम, •उपसंहार, •प्रलय, •मृत्यु, •सीमा, ▪आदि, ▪आरंभ, ▪से, ▪स्रोत.

**अंतक** = नाश कर्ता, मारने वाला, यमराज, यमराज, शिव.
**अंतकर** = नाश कर्ता.
**अंत करना** = उजाड़ना, मारना, रोकना.
**अंत कर्ता** = नाश कर्ता.
**अंतकर्मा** = यमराज.
**अंतकारी** = नाशकारी, मारक, समापन कर्ता.
**अंतकाल** = मृत्युकाल.
**अंतकालीन** = मरणासन्न.
**अंत को प्राप्त** = मृत.
**अंतक्रम** = अंताक्षर क्रम.
**अंतगत** = पूर्णकृत, मृत.
**अंतगति** = मृत्यु.
**अंतच्छद** = परदा.
**अँतड़ी** = आँत, ताँत.
**अंततः** = आख़िरकार.
**अंत तक** = आयुपर्यंत.
**अंततोगत्वा** = आख़िरकार.
**अंत नक्षत्र** = ब्लैक होल.
**अंत नहीं है** = नेति.
**अंत नोट** = पाद टिप्पणी.
**अंतपुर** = ज़नानख़ाना.
**अंत में** = आख़िरकार.
**अंतरंग** = अंतरंग मित्र, अंतरावासी, आंतरिक, गोपनीय, परिवारीय, मन.

**अंतरंग** *वि* अंतरतम, अंतस्तम, अनन्य, अपना/अपनी, अभिन्न, अभिन्नहृदय, *आंतरिक*, आत्मीय, आपसी, एकजान, एकदिल, एकप्राण, एकरूप, एकात्म, क़रीबी, ख़ास, खुसूसी, गहरा/गहरी, गाढ़ा/गाढ़ी, घना/घनी, घनिष्ठ, घुला मिला/घुली मिली, जिगरी, दिली, नज़दीकी, निकटतम, निकटस्थ, पक्का/पक्की, पुराना/पुरानी, प्यारा/प्यारी, प्रगाढ़, *प्रिय*, भीतरी, लँगोटिया, समीपतम, समीपी, सुप्रिय, सुबंधु, हार्दिक, हृद्य, •अंतरंगतम, •परिवारीय, ▪अघनिष्ठ, ▪अज्ञात, ▪अल्पपरिचित.

**अंतरंगतः** = हार्दिकतः.

**अंतरंगतम** *वि* अंतरतम, अभिन्नतम, एकदिल, क़रीबतरीन, घनिष्ठतम, निकटतम, प्रियतम, बिल्कुल अपना, मधुरतम, समीपतम.

**अंतरंग मित्र** *सं* अंगसखा, *अंतरंग*, अंतरंगी, अभिन्न, अभिन्न मित्र, ख़ास दोस्त, गहरा दोस्त, गुइयाँ, घनिष्ठ मित्र, जिगरी यार, दो जिस्म एक जान, पक्का दोस्त, प्रियसख, प्रियसुहृद, मन का मीत, मनमितवा, मनमीत, मितवा, याड़ी, यार, *संगतिया*, संगती, सँगाती, साथी, सुबंधु, •मित्र, •रहस्यभागी.

**अंतरंग सचिव** = निजी सचिव.
**अंतरंग सभा** = कार्यसमिति.
**अंतरंग से** = हार्दिकतः.
**अंतरंगी** = अंतरंग मित्र.
**अंतर** = अंतराल, अचेतन मन, अपवाद, असामंजस्य, आंतरिक, आत्मा, घटान फल, दूरी, परजन भावना, परिवर्तन.
**अंतर काल** = अंतरिम काल.
**अंतर क्षेत्र** = सीमेतर क्षेत्र.
**अंतरक्षेत्रीय** = अंतरप्रदेशीय.

**अंतरक्षेत्रीय** *वि अंतर्क्षेत्रीय*, *परिक्षेत्रीय*, बाहरी, ▪अंतर्क्षेत्रीय.

**अंतरगोत्र विवाह** *सं* अन्य गोत्र में विवाह, गोत्रेतर विवाह, •बहिर्गमन.

**अंतरग्नि** = पाचन शक्ति.
**अंतरचक्र** = दिशा मंडल.
**अंतरछिद्रित** = विद्ध.

**अंतरजातीय** *वि* अंतर्जातीय (विकल्प), एकाधिक जातीय, बहुजातीय.

**अंतरजातीय विवाह** *सं* अन्य वर्ण में विवाह, जातीतर विवाह, वर्णेतर विवाह.

**अंतरण** = स्थानांतरण.
**अंतरतम** = अंतरंग, अंतरंगतम.
**अंतरदेशीय** = अंतरराष्ट्रीय.

**अंतरधर्म विवाह** *सं* अकबरी विवाह, धर्मेतर विवाह.

**अंतर निकालना** = घटाना.
**अंतरपतित आय** = दलाल शुल्क.
**अंतर पुरुष** = आत्मा, ईश्वर.
**अंतरप्रदेशस्तरीय** = अंतरप्रदेशीय.

**अंतरप्रदेशीय** *वि अंतरक्षेत्रीय*, अंतरप्रदेशस्तरीय, अंतरप्रांतीय, अंतरप्रांतीय, अंतरप्रादेशिक, अंतरराज्यीय, ▪प्रदेशीय.

**अंतरप्रभव** = संकरित.
**अंतरप्रांतीय** = अंतरप्रदेशीय, अंतरप्रदेशीय.
**अंतरप्रादेशिक** = अंतरप्रदेशीय.
**अंतरप्रादेशिक मार्ग** = राष्ट्रीय राजमार्ग.
**अंतरभिमुखी** = अंतर्मनस्क.
**अंतरयुक्त** = भिन्न.
**अंतररहित** = सटा/सटी.
**अंतरराज्यीय** = अंतरप्रदेशीय, राष्ट्रीय.
**अंतरराज्यीय मार्ग** = राष्ट्रीय राजमार्ग.

**अंतरराष्ट्रीय** *वि* अंतरदेशीय, अंतर्देशीय (विकल्प), अंतर्राष्ट्रीय (विकल्प), इंटरनेशनल, बहुदेशीय, बहुराष्ट्रीय, मल्टिनेशनल, •परराष्ट्रीय, •विश्वीय, •स्वदेशी, ▪क्षेत्रीय, ▪राष्ट्रीय, ▪स्वदेशी.

**अंतरराष्ट्रीय अंक** *सं* 1 2 3 4 5 6 7 8 9 0, अँगरेजी अंक, अरबी अंक, भारतीय अंक, हिंदसा, •देवनागरी अंक.

**अंतरराष्ट्रीयकरण** *सं* भूमंडलीकरण, विश्वीकरण, वैश्वीकरण.

**अंतरराष्ट्रीय राजनीति** = अंतरराष्ट्रीय संबंध.
**अंतरराष्ट्रीय व्यापार** = निर्यात व्यापार.

**अंतरराष्ट्रीय संबंध** *सं* अंतरराष्ट्रीय राजनीति, कूटनीतिक संबंध, विदेश संबंध, •राजदूतावास, •राजनयिक.

**अंतरवेधी** = वेधकारी.
**अंतरसंस्कृतीय** = विश्वीय.
**अंतरसांस्कृतिक** = विश्वीय.

**अंतरस्थ** = आंतरिक.
**अंतरहीन** = सटा/सटी.
**अंतरहीनता** = सादृश्य.
**अँतरा** = तेइया ज्वर.
**अंतरा** = इस बीच, एकोत्तरावृत्तिशील, कभी कभी.

**अंतरा** *सं* अस्थायी, कड़ी, गीत अंतरा, *पद*, ●गीत, ■स्थायी.

**अंतरागत** = प्रविष्ट.
**अंतरागम** = प्रवेश.
**अंतरागमन** = आप्रवासन.
**अंतरागामी** = प्रवेशशील.

**अंतरागामी** *वि* अंतर्गामी, अंदर आता, आगमनशील, आता/आती, *प्रवेशशील*.

**अंतरागार** = ज़नानख़ाना.
**अंतरात्मा** = आत्मा.

**अंतरात्मा** *सं* अंतःकरण, अंतर्ब्रह्म, अंतश्चेतना, आंतरिक चेतना, आंतरिक प्रेरणा, *आत्मा*, ईगो, कांशैंस, नैतिक स्वत्व, भीतर वाला, रूह, *विवेक*, विवेका, सविवेक अहं, सुपर ईगो, *हृदय*, ●मन.

**अंतरात्मा आदेश** *सं* अंतःप्रेरणा, अंतर्नाद, अंतश्चेतना, आंतरिक चेतना, आंतरिक प्रेरणा, इलहाम, ईश्वरीय आदेश, कानशैंस, दिल की आवाज़, दैवी प्रेरणा, *प्रेरणा*, भगवान प्रेरणा, ●कर्तव्य.

**अंतरादिक्** = उपदिशा.
**अँतराना** = छाँटना.
**अंतरानुभूति** = अंतर्बोध, पूर्वज्ञान.
**अंतरानुभूतिपूर्ण** = बोधक्षम.
**अंतराल** = अंतरिम काल, दूरी, मध्यांतर, मध्यावकाश, लंबाई, विस्तार, शून्य स्थान, स्थान.

**अंतराल** *सं* अंतर, अलग्नता, अवकाश, गुंजाइश, घई, *दूरी*, *पोल*, फ़ासला, बीच, व्यवधान, *स्थान*, स्पेस, ●दूरी, ●मध्य.

**अंतराल करना** = विलगाना.
**अंतरालकालीन** = अंतरिम.
**अंतराल में** = इस बीच, पर्यंत.

**अंतरालवर्ती** = अंतरिम.
**अंतरालहीन** = सटा/सटी.
**अंतरालित** = विलग्न.
**अंतरालीन** = अंतरिम, माध्यमिक अवस्था वाला.
**अंतरालीय** = अंतरिम, मध्यमीय, माध्यमिक अवस्था वाला.
**अंतरावधि** = मध्यांतर.

**अंतरावासी** *सं अंतरंग*, अंतर्वासी, अंतेवासी, *आवासी*, इनटर्न, इनडोर, इनमेट, भितरिया, ■बहिर्वासी.

**अंतराविष्ट** = अंतर्स्थापित, समाविष्ट.
**अंतरावेश** = समावेश.

**अंतरिक्ष** *सं* अनंत आकाश, *आकाश*, उच्चाकाश, ख, द्युलोक, *नाक*, पृथ्वीतर आकाश, बाह्य आकाश, बृहदाकाश, बृहद् आकाश, महाकाश, *शून्य*, स्पेस, ●आकाश, ●ब्रह्मांड.

**अंतरिक्ष उड़ान** = अंतरिक्ष यात्रा.
**अंतरिक्ष के पार** = दूरता उक्ति.
**अंतरिक्ष देवता** = इंद्र.

**अंतरिक्ष पत्तन** *सं* कास्मोड्रोन, नक्षत्र पत्तन, भूमि पत्तन, स्पेस स्टेशन, ●प्रक्षेपस्थल, ●हवाई अड्डा.

**अंतरिक्ष यात्रा** *सं* अंतरिक्ष उड़ान, दिगंत यात्रा, बाह्याकाश यात्रा, ●कालयंत्र, ●खोज यात्रा, ●साहस यात्रा.

**अंतरिक्ष यात्री** = खोज यात्री.

**अंतरिक्ष यात्री** *सं* ऐस्ट्रोनौट, कास्मोनाट, खगोल यात्री, स्पेसमैन, ●साहसिक यात्री.

**अंतरिक्ष यान** *सं* दिगंत यान, दूरयान, रौकेट, *रौकेट यान*, स्पेसशिप, ●उड़न तश्तरी, ●कालयंत्र, ●कृत्रिम उपग्रह, ●चंद्रयान, ●चंद्ररथ, ●नभयान, ●मंगलयान, ●राकेट यान, ●स्पेस शटल.

**अंतरिक्ष युग** = आधुनिक काल.

**अंतरिक्षीय** = ब्रह्मांडीय.

**अंतरिक्षीय एकक** *सं* किलोमीटर पंदरह करोड़ (लगभग), खगोलीय एकक, ज्योतिषिक इकाई, नक्षत्रीय इकाई, पृथ्वी सूर्य औसत दूरी, भगोलीय एकक, मील सवा नौ करोड़ (लगभग), ●पारसैक, ●प्रकाश वर्ष.

**अंतरिक्षीय एकक 206,265** = पारसैक.
**अंतरिक्षीय धुंध** = नीहारिका.
**अंतरित** = अपवादित, विलग्न.
**अंतरिम** = स्थानापन्न.

**अंतरिम** *वि* अंतरालकालीन, अंतरालवर्ती, अंतरालीन अंतरालीय, अंतरिम कालीन, अल्पकालीन, इंटैरिम, इस बीच का, *कामचलाऊ*, कुछ दिनों का, तदर्थ (समिति), फ़ौरी, बीच का, *मध्यकालीन*, ●कामचलाऊ, ●स्थानापन्न.

**अंतरिम काल** = अवधि.

**अंतरिम काल** *सं* अंतर काल, *अंतराल*, *अवधि*, कालांतर, कालांतराल, बीच का वक़्त, मध्यकाल, मध्यवर्ती काल, युगांतर, युगांतराल, ●अवधि.

**अंतरिम काल में** = इस बीच.
**अंतरिम कालीन** = अंतरिम.
**अँतरिया** = तेइया ज्वर.
**अंतरीप** = प्रायद्वीप.
**अंतरीय** = आंतरिक.
**अँतरौटा** = अस्तर, पेटीकोट, शमीज़.
**अंतर्** = अंदर.
**अंतर्कलाप** = संपर्क जाल.

**अंतर्क्षेत्र** *सं अंतर्भाग*, अंतर्भूमि, आंतरिक क्षेत्र, इंटीरियर, तटेतर क्षेत्र, मध्यवर्ती भाग, ●उपक्षेत्र, ●मध्यभाग, ■परिक्षेत्र, ■सीमांत.

**अंतर्क्षेत्रीय** = अंतरक्षेत्रीय.

**अंतर्क्षेत्रीय** *वि* अंदरूनी, *आंतरिक*, ■अंतर्क्षेत्रीय, ■सीमावर्ती.

**अंतर्गत** = अंदर, पराधीन, समाविष्ट.

 (प्रा) प्राचीन शब्द, अब अप्रचलित - *तिरछे* शब्द स्वतंत्र शीर्षक भी हैं ●सपर्याय ■विपर्याय

**अंतर्गामी** = अंतरागामी, प्रवेशशील.
**अंतर्गुट** = संपर्क जाल.
**अंतर्गेह** = ज़नानख़ाना.
**अंतर्घट** = मन.
**अंतर्चक्र** = दिशा मंडल.
**अंतर्छिद्रण** = वेधन.
**अंतर्छेदन** = वेधन.
**अंतर्जल डाइविंग** = स्कूबा डाइविंग.
**अंतर्जातीय (विकल्प)** = अंतरजातीय.
**अंतर्जाल** = इंटरनैट, जाल, संपर्क जाल.
**अंतर्ज्ञान** = अंतर्बोध, आत्मज्ञान, भाव.
**अंतर्ज्ञानपूर्ण** = बोधक्षम.
**अंतर्ज्वाला** = क्रोध, शोक.
**अंतर्तम** = आंतरिक, मन.
**अंतर्तम कक्ष** = गर्भगृह.
**अंतर्दर्शन** = आत्मनिरीक्षण.
**अंतर्दिशा** = उपदिशा.
**अंतर्दृष्टि** = अंतर्बोध.
**अंतर्देशीय (विकल्प)** = अंतरराष्ट्रीय.
**अंतर्द्वंद्व** = आत्मनिरीक्षण, दुबिधा, मनस्ताप.
**अंतर्धान** = अदृश्य, तिरोभाव.

**अंतर्धान** *वि* अंतर्हित, *अदृश्य*, अदृश्यभूत, अदृष्ट, अप्रत्यक्ष, अलक्ष्य, अलख, अव्यक्त, उड़न छू, ओझल, ककक, ग़ायब, *गुप्त*, ग़ैबी, छू मंतर, तिरोभूत, तिरोहित, नदारद, लीन, लुका/लुकी, लुप्त, विलीन, विलुप्त, साफ़, ●अदृश्य, ■दृश्यमान, ■प्रकट.

**अंतर्धानन** = छू मंतर कर्म.
**अंतर्ध्वंस** = तोड़फोड़.
**अंतर्नाद** = अंतरात्मा आदेश.
**अंतर्निविष्ट** = समाविष्ट.
**अंतर्निहित** = अंतर्स्थापित, मौलिक (अधिकार), व्यंजनार्थक.
**अंतर्निहित अर्थ** = व्यंजनार्थ.
**अंतर्निहित स्वार्थ** = स्वार्थ.
**अंतर्पट** = अंडरवीअर, परदा.
**अंतर्परिधान** = अंडरवीअर, शमीज़.
**अंतर्परीक्षण** = चैकअप.
**अंतर्परीक्षा** = चैकअप, चैकअप.
**अंतर्प्रवेशन** = अंतर्स्थापना.
**अंतर्बोध** = अनुभूति, आत्मज्ञान.

**अंतर्बोध** *सं* अंतरानुभूति, अंतर्ज्ञान, अंतर्दृष्टि, अक़्ल, इंट्यूशन, ग्रहण शक्ति, ज़ेह्न, ज्ञानचक्षु, ज्ञानदृष्टि, *ताक*, *ताड़*, दख़ल, दिमाग़, दृष्टि, *पकड़*, पहचान, *पहुँच*, पैठ, प्रज्ञा, प्रज्ञाशक्ति, बूझ, *बोध*, बोध क्षमता, भाँप, मनश्चक्षु, माद्दा, शीघ्रबोध, समझबूझ, सहज ज्ञान, सहज बुद्धि, सहजानुभूति, सूझ, सूझबूझ, ●पकड़, ●विवेक, ●सहसा कल्पना.

**अंतर्ब्रह्म** = अंतरात्मा.
**अंतर्भाग** = अंतर्क्षेत्र.

**अंतर्भाग** *सं* अभ्यंतर, आंतरिक भाग, उदर, *गर्भगृह*, *पेट*, भीतर, भीतरी भाग, *मध्य*, *हृदय*, ●मध्यभाग, ●मर्मस्थल, ■बाह्यभाग, ■सीमांत.

**अंतर्भाव** = तिरोभाव, व्यंजनार्थ, व्याख्या.
**अंतर्भूत** = समाविष्ट.
**अंतर्भूत घनत्व** = पेटा.
**अंतर्भूति** = लेखा प्रविष्टि.
**अंतर्भूमि** = अंतर्क्षेत्र, भूगर्भ.
**अंतर्मंडल** = संपर्क जाल.
**अंतर्मन** = अचेतन मन.

**अंतर्मनस्क** *वि* अंतरभिमुखी, अंतर्मुखी, अंतर्लीन, अकेला/अकेली, *अमिलनसार*, अलग थलग, *अवाचाल*, असामाजिक, आत्मकेंद्रित, आत्ममनस्क, *आत्मलीन*, आत्माभिमुखी, *एकांतप्रिय*, एकांत प्रेमी, *एकाकी*, खोया खोया/खोई खोई, मूक, *मौन*, विचारमग्न, स्वलीन, ●अरसिक, ●मित्रहीन, ●स्वल्पभाषी, ■बहिर्मनस्क, ■बातूनी, ■मिलनसार.

**अंतर्मानस** = अचेतन मन.
**अंतर्मार्ग** = आगमन मार्ग, प्रवेश द्वार.
**अंतर्मुखी** = अंतर्मनस्क.
**अंतर्यामी** = आत्मा, ईश्वर.
**अंतर्योग** = एकाग्रता, ध्यान.
**अंतर्राष्ट्रीय (विकल्प)** = अंतरराष्ट्रीय.
**अंतर्लंब** = लंबरेखा.
**अंतर्लीन** = अंतर्मनस्क, तल्लीन.
**अंतर्लीनता** = दिवास्वप्न.
**अंतर्वती** = गर्भवती.
**अंतर्वर्ती** = आंतरिक.
**अंतर्वस्त्र** = अंडरवीअर.
**अंतर्वासन** = नज़र क़ैद.
**अंतर्वासी** = अंतरावासी.
**अंतर्विरोध** = गृहयुद्ध.
**अंतर्विस्फोट** = पिचकन.
**अंतर्वेद** = उत्तर भारत.
**अंतर्वेदना** = शोक.
**अंतर्वेधन** = वेधन.
**अंतर्वेधन करना** = वेधना.
**अंतर्वेधित** = विद्ध.
**अंतर्वेधी** = वेधकारी.
**अंतर्वेश्म** = ज़नानख़ाना.
**अंतर्व्याप्ति** = व्याप्ति.

**अंतर्व्याप्ति** *सं* गति, गम, *पहुँच*, पैठ, *प्रवेश*, रसाई.

**अंतर्शक्ति** = प्राणशक्ति, मनोबल.
**अंतर्स्थान** = नितल.

**अंतर्स्थापना** *सं* अंतर्प्रवेशन, आरोपण, घुसाई, प्रविष्टायन, प्रवेशन, भराई, वेध, समावेशन, स्थापना, ●भराई.

**अंतर्स्थापित** *वि* अंतराविष्ट, अंतर्निहित, अंदर रखा, घुसा/घुसी, *प्रविष्ट*, प्रविष्टायित, बीच में लगा, मध्यगत, *संस्थापित*, सन्निवेशित, स्थापित.

**अंतर्स्थित** = आंतरिक.
**अंतर्स्फोट** = पिचकन.
**अंतर्हास** = मुस्कान.
**अंतर्हित** = अंतर्धान, व्यंजनार्थक.
**अंतवंत** = क्षणभंगुर, मर्त्य.
**अंतवर्ण** = शूद्र.
**अंतवासिनी** = चंडालिनी.
**अंतवासी** = चंडाल.
**अंतशय्या** = अरथी, चिता, मृत्युशय्या, श्मशान.
**अंतश्चेतना** = अंतरात्मा, अंतरात्मा आदेश.
**अंत समय** = मृत्युकाल.
**अंतसर्ग** = प्रत्यय.
**अंतसूची** = इंडैक्स.
**अंत से आरंभ क्रम** = अवरोह क्रम.
**अंत से दूसरा** = उपांतिम.
**अंतस्तम** = अंतरंग.
**अंतस्तल** = मन.
**अंतस्थ** = पश्चतम.

**अंतस्सलिला** = सरस्वती नदी.
**अंतस्सार** = दम.
**अंतहीन** = अगणनीय, अनंत, अमर, अविराम, असीम, सुलभ.
**अंतहीनता** = अमरता, अमूर्त स्थान.
**अंत होना** = उजड़ना.

**अंताक्षर क्रम** *सं* अंतक्रम, अंताक्षरी क्रम, अंत्यक्षर क्रम, अकारांत क्रम, अक्षरांत क्रम, तुकक्रम, रदीफ़ क्रम, ह ष श स, ■अक्षरक्रम.

**अंताक्षरी** *सं* अंतिम अक्षर के अनुसार कविता/गीत की खोज, अंत्याक्षरी, कविता/गीत पाठ प्रतियोगिता, क़ाफ़ियाबाज़ी, बैंतबाज़ी, •कवि सम्मेलन, •काव्य समस्या पूर्ति, •डिबेट, •पहेली, •प्रतियोगिता.

**अंताक्षरी क्रम** = अंताक्षर क्रम.
**अंतिका** = भट्ठी.
**अंतिम** = अंतिम स्थानीय, अनिरसनीय, चरम, निर्धारित, पश्चतम, फ़ाइनल, विवादातीत, सीमावर्ती.

**अंतिम** *वि* अंतिमतम, अंत्य, अवम, आखिरी, इंतिहाई, किनारे वाला, *चरम*, छोरस्थ, *नितांत*, नितांत अंतिम, परम, *पश्चतम*, पिछला/पिछली, बाद का, लास्ट, सिरे का, •उपांतिम, •छोरस्थ, •पश्चतम, •पिछला/पिछली, •फ़ाइनल, •सीमावर्ती, ■आदिम, ■आरंभिक, ■पहला/पहली.

**अंतिम अक्षर के अनुसार कविता/गीत की खोज** = अंताक्षरी.
**अंतिम अर्ध** = उत्तरार्ध.
**अंतिम अवसर** = निर्णायक अवसर.
**अंतिम अवस्था** = चरम अवस्था.
**अंतिम अवस्था वाला** = चरम.
**अंतिम कष्ट** = मृत्युकष्ट.
**अंतिम घड़ियाँ गिनता** = मरणासन्न.
**अंतिम घड़ी** = डैडलाइन, निर्णायक अवसर.
**अंतिम चांद्र मास** = फाल्गुन मास.
**अंतिमतम** = अंतिम.
**अंतिम तीर्थंकर** = महावीर.
**अंतिम दम तक** = आयुपर्यंत.
**अंतिम दिन** = क़यामत दिन, डैडलाइन.

**अंतिम फ़ैसला** *सं* आख़िरी फ़ैसला, जय या पराजय, निबटारा, निर्णय, फ़ैसला, हार या जीत, ■जयपराजयहीनता.

**अंतिम भोज** = कम्यूनियन.
**अंतिम यात्रा** = मृत्यु, शवयात्रा.
**अंतिम यात्रा पर निकलना** = मरना.
**अंतिम रजस्राव** = रज निवृत्ति.
**अंतिम वर्ण स्वर सामंजस्य** = तुक.
**अंतिम शय्या** = चिता, मृत्युशय्या.
**अंतिम शेअर** = ग़ज़ल समापन शेअर.
**अंतिम श्वास** = मृत्युकाल.
**अंतिम संघर्ष** = निर्णायक अवसर, मृत्युकष्ट.
**अंतिम संस्कार** = मृतक संस्कार.
**अंतिम सत्य** = ईश्वर.
**अंतिम समय** = निर्णायक अवसर.
**अंतिम समाधि** = आत्मबलि, मृत्यु.
**अंतिम सीमा** = सीमारेखा.
**अंतिम से दूसरा** = उपांतिम.
**अंतिम से पहला** = उपांतिम, सेमीफ़ाइनल.

**अंतिम स्थानीय** *वि अंतिम*, आखिरी, पिछड़ा/पिछड़ी, पिछला/पिछली, *फिसड्डी*, •फिसड्डी, ■प्रथम स्थानीय.

**अंतिमांक** = नौ.
**अंती** = चूल्हा.
**अंतेवास** = ज़नानख़ाना.
**अंतेवासी** = अंतरावासी, छात्रावासी.
**अंत्य** = अंतिम, फाल्गुन मास, शूद्र.
**अंत्यक्षर क्रम** = अंताक्षर क्रम.
**अंत्यज** = चंडाल, शूद्र.
**अंत्यजा** = चंडालिनी, शूद्र स्त्री.
**अंत्यमूल** = वर्गमूल.
**अंत्ययुग** = कलियुग.
**अंत्य वर्ण** = शूद्र.
**अंत्याक्षरी** = अंताक्षरी.
**अंत्यानुप्रास** = तुक.
**अंत्याश्रम** = संन्यास आश्रम.
**अंत्याश्रमी** = संन्यासी.
**अंत्येष्टि** = मृतक संस्कार, सोलह संस्कार सूची.
**अंथऊ** = डिनर.
**अंदर** = अधिकरण कारक विभक्ति, गहरे, नितल, नीचे, प्रवेश द्वार, बीच में, मन, में, समाविष्ट.

**अंदर** *क्रिवि* अंतर, अंतर्गत, दर, दरमियान, बीच, बीच में, भीतर, मधे, मध्य में, मध्ये, माँझ, माहीं, में, •गहरे, •घिरा/घिरी, •मध्य में, •सीमा में, ■दूरी पर, ■बाहर.

**अंदर अंदर** = चोरी छिपे, हार्दिकतः.
**अंदर आता** = अंतरागामी.
**अंदर करना** = घोंपना.
**अंदर का रास्ता** = प्रवेश द्वार.
**अंदर को फूटना** = पिचकना.
**अंदरख़ाने** = चोरी छिपे.
**अंदर बाहर** = हर ओर.
**अंदर बैठाना** = जड़ना.
**अंदर रखना** = भरना.
**अंदर रखा** = अंतर्स्थापित, आंतरिक.
**अंदरला/अंदरली** = आंतरिक.
**अंदर से** = हार्दिकतः.
**अंदर ही अंदर जलना** = सुलगना.
**अंदरी** = आंतरिक.
**अंदरूनी** = अंतर्क्षेत्रीय, आंतरिक, आत्मिक, आध्यात्मिक, गोपनीय, निम्नतलीय, मनोविज्ञानीय, मर्मस्थ, सीमांतर्गत.
**अंदलीब** = बुलबुल.
**अंदाज़** = नाज़नख़रा, विधि, शरीर मुद्रा, शैली.
**अंदाज़न** = लगभग.
**अंदाज़पीटी** = नख़रीली.
**अंदाज़पीर** = नख़रीला.
**अंदाज़पीरी** = नाज़नख़रा.
**अंदाज़ा** = अनुमान, बजट.

**अंदाज़ा** *सं अनुमान*, अनुमानन, उद्भावना, उभावना, *कल्पना*, खयाल, गुमान, तगदमा, धारणा, बूझ, *विचार*, •अटकल, •अनुमान.

**अंदाज़े से** = लगभग.
**अंदिका** = बड़ी बहन.
**-अंदेश (जैसे: दूरअंदेश)** = दर्शक, विचारशील.
**अंदेशा** = अविश्वास, आशंका, चिंता, जोख़िम, भय.
**अंध** = अंधा/अंधी, उल्लू.
**अंध-** = मतांध.
**अंधकघाती** = अग्निदेव.



(प्रा) प्राचीन शब्द, अब अप्रचलित - *तिरछे* शब्द स्वतंत्र शीर्षक भी हैं •सपर्याय ■विपर्याय

**अंधकार** = अज्ञान, छाया, निराशा, रात.

**अंधकार** *सं* अँधियार, अँधियारा, अँधियारी, अँधेरा, अप्रकाश, अमा, अवतमस, *कालिमा*, *काली*, गहनता, तम, तमस, तमिस्र, तामस, तारीकी, तिमिर, धुंधकार, प्रकाशहीनता, प्रकाशाभाव, *रात*, शर्वर, •कालिमा, •कोहरा, •छाया, •ब्लैक आउट, •रात, •सूर्यास्त, ▪चमक, ▪प्रकाश, ▪सूर्योदय, ▪स्पष्टता.

**अंधकार नाशन** = आलोकन.
**अंधकारपूर्ण** = कुदृश्य, चिंताजनक, धूपहीन, धूम्रपूर्ण, निराशाजनक, हतोत्साहक.

**अंधकारपूर्ण** *वि* अंधकाराच्छन्न, अँधियारा/अँधियारी, अँधेरा/अँधेरी, अनालोकित, *अप्रकाशित*, काला/काली, तमोमय, तारीक, धुँधला/धुँधली, धुएँला/धुएँली, धूमिल, निष्प्रभ, प्रकाशहीन, बुझा/बुझी, मलिन, हीनांशु, •ताराहीन, •भुतहा/भुतही, •मेघाच्छन्न, ▪आलोकित, ▪चमकदार, ▪दीप्त.

**अंधकार में** = चोरी छिपे.
**अंधकाराच्छन्न** = अंधकारपूर्ण.
**अंधखोपड़ी** = मंदधी.
**अंधड़** = आँधीधूल.
**अंधड़ी** = तूफ़ानी.
**अंधतामिस्र** = नरक.
**अंधबाई** = आँधीधूल.
**अंधभक्ति** = अंधविश्वास, कल्ट.
**अंधमति** = मंदधी.
**अंध महासागर** = अतलांतिक महासागर.

**अंधविश्वास** *सं* अंधभक्ति, अंधश्रद्धा, ज्योतिष विश्वास, तंत्रमंत्र विश्वास, निराधार विश्वास, पूर्ण श्रद्धा, भूतप्रेत विश्वास, भ्रमविश्वास, मिथ्या विश्वास, शकुन अपशकुन विश्वास, श्रद्धा, स्वप्न फल विश्वास, •अवैज्ञानिक दृष्टिकोण, •आस्था, •गंडा तावीज़, •मतांधता, ▪विज्ञान.

**अंधविश्वासपूर्ण** = अंधविश्वासी, अवैज्ञानिक, तर्कहीन, मतांध.
**अंधविश्वासी** = मतांध.

**अंधविश्वासी** *वि* अंधविश्वासपूर्ण, अंधश्रद्धालु, अंधा/अंधी, *अज्ञानी*, आस्थावान/आस्थावती, भोला/भोली, भ्रमविश्वास पूर्ण, भ्रमविश्वासी, मिथ्या विश्वासी, *विश्वासी*, शकुन विश्वासी, श्रद्धालु, •अज्ञानी, ▪ज्ञानी.

**अंधश्रद्धा** = अंधविश्वास.
**अंधश्रद्धालु** = अंधविश्वासी.
**अंधसमर्थक** = अंधानुगामी.
**अंधा/अंधी** = अंधविश्वासी, अंधानुगामी, अदूरदर्शी, अशिक्षित, असावधान, मतांध, विवेकहीन.

**अंधा/अंधी** *वि* अंध, अचक्षु, अनक्ष, अनयन, अनेत्र, घ्राणचक्षु, दिव्यचक्षु, दृष्टिहीन, नयनहीन, नेत्रहीन, नैनहीन, प्रकाशहीन, प्रज्ञाचक्षु, सूरदास, •अर्धांध, •काणा/काणी, •विकलांग.

**अंधाकुप्प** = ब्लैक आउट.
**अंधा तारा** = वरुण ग्रह.
**अंधाधुंध** = बेतहाशा.
**अंधाधुंध वध** = जनसंहार.

**अंधानुकरण** *सं* अंधानुकृति, अंधी नक़ल, •भेड़चाल.

**अंधानुकरण कर्ता** *सं* अंधानुकर्ता, नक़लची.

**अंधानुकर्ता** = अंधानुकरण कर्ता.
**अंधानुकृति** = अंधानुकरण.
**अंधानुगमन** = भेड़चाल.

**अंधानुगामी** *वि* अंधसमर्थक, अंधा/अंधी, भीड़ानुगामी, लकीर का फ़क़ीर, •उग्रवादी, •मतांध, •रूढ़िवादितापूर्ण, •हठी.

**अंधानुयायिता** = भेड़चाल.
**अंधानुसरण** = भेड़चाल.
**अंधा बनाना** = ठगना.
**अंधा होना** = प्रेम करना.
**अंधिका** = रात.
**अँधियार** = अंधकार, कोहरा.
**अँधियारा** = अंधकार.
**अँधियारा/अँधियारी** = अंधकारपूर्ण.
**अँधियारी** = अँटौतल, अंधकार.

**अंधी गली** *सं* कूचाबंद, चोरगली, बंद गली, •गली.

**अंधी नक़ल** = अंधानुकरण.
**अंधे के हाथ बटेर** = अप्रत्याशित लाभ.
**अंधेर** = अत्याचार, अन्याय, कुशासन, पक्षपात, हेकड़ी.
**अंधेर खाता** = अत्याचार, अन्याय, हेकड़ी.
**अंधेरगर्दी** = अत्याचार, अन्याय, कुशासन, हेकड़ी.
**अंधेर नगरी** = कुशासन.
**अँधेरना** = बदलाना.
**अँधेरा** = अंधकार, उदासी.
**अँधेरा/अँधेरी** = अंधकारपूर्ण, कुदृश्य, ताराहीन, धूपहीन, मेघाच्छन्न.
**अँधेरा उजाला** = उत्थानपतन, भाग्यचक्र.
**अँधेरा पखवाड़ा** = कृष्णपक्ष.
**अँधेरा होने पर** = सायंकाल में.
**अँधेरी** = अँटौतल, आँधीधूल.
**अँधेरी देना** = ठगना.
**अँधेरी रात** = अमावस रात.
**अँधेरे मुँह** = प्रातःकाल में.
**अँधेरे में** = चोरी छिपे.
**अँधोटी** = अँटौतल.
**अँधौरी** = घमोरी.
**अंध्र** = आंध्र प्रदेश, आंध्र प्रदेशीय.
**अंपायर** = रैफ़री.
**अंब** = आम, आम वृक्ष, आम वृक्ष, जल, माता.
**अंबज** = आम.
**अंबर** = अमृत, आकाश, ओढ़नी, कपास, कस्तूरी, केसर, परिधान, मेघ, वस्त्र, साड़ी.
**अंबरचर** = उड्डयनशील, पक्षी, विद्याधर.
**अंबरचारी** = ग्रह.
**अंबरद** = कपास.
**अंबरपुष्प** = दूरता उक्ति.
**अंबरमणि** = सूर्य.
**अंबरलेखी** = गगनचुंबी.
**अंबरांत** = क्षितिज, पलाव.
**अंबराई** = आम्रवन.

**अंबरारंभ** = क्षितिज.
**अंबरीष** = आँवला, आमड़ा, नरक सूची, भाड़.
**अंबष्टा** = आँवला.
**अंबष्ठिका** = ब्राह्मी.
**अंबा** = आम वृक्ष, पार्वती, माता.
**अंबा (पुनर्जन्म)** = शिखंडी.
**अंबाड़ा** = आमड़ा.
**अंबार** = ढेर, भंडार.
**अंबारख़ाना** = भंडारघर, मालगोदाम.
**अंबारी** = मंडप, महमिल, सन, हौदा.
**अंबिका** = माता.
**अंबिका दासी पुत्र** = विदुर.
**अंबिकेय** = गणेश, स्कंद.
**अंबी** = कच्चा आम, कच्चा आम.
**अंबी सूखी फाँक** = अमहर.
**अंबी सूखी फाँक चूर्ण** = अमचूर.
**अंबु** = जल.
**अंबुकण** = जल बूँद.
**अंबुक्रिया** = पितृतर्पण.
**अंबुग** = जलचर.
**अंबुचर** = जलचर, मछली.
**अंबुज** = कपूर, कमल, चंद्रमा, जलज, बेंत, शंख, सारस.
**अंबुजाक्ष** = सुनयन.
**अंबुजाक्षा** = सुंदर स्त्री, सुनयना.
**अंबुजात** = जलज.
**अंबुजासना** = लक्ष्मी देवी.
**अंबुद** = वर्षा मेघ.
**अंबुधर** = मेघ, वर्षा मेघ.
**अंबुधि** = समुद्र, हौज़.
**अंबुनिधि** = समुद्र.
**अंबुपति** = वरुण, समुद्र.
**अंबुपात** = निर्झर.
**अंबुवाह** = मेघ.
**अंबुवाह/अंबुवाहिनी** = पनहार.
**अंबुवाहक/अंबुवाहिका** = पनहार.
**अंबुवेतस** = बेंत.
**अंबुशायी** = नारायण (नर).
**अंबोह** = समूह.
**अंब्रैला** = छाता.
**अंभ** = आकाश, जल.
**अंभज** = जलज.
**अंभोज** = कमल, जलज, शंख.
**अंभोजिनी** = कमलसर.
**अंभोद** = वर्षा मेघ.
**अंश** = उद्धरण, कतरन, कोणांश, खंड, घटक, भिन्नांक, मात्रा, शेयर.

**अंश** *सं* *अंग*, अणु, *कण*, *कला*, *खंड*, पर्व, *पुरज़ा*, बखरा, बाँट, भाग, विग्रह, *विभाग*, शाख़, संभाग, हिस्सा, ●घटक, ■संपूर्ण.

**अंशकरण** = दाय विभाजन.
**अंशदान** = चंदा, सहकर्म.
**अंशदेय** = चंदा, सावधिक देय.
**अंशधर** = साझेदार.
**अंशधारी** = शेयरधारी, साझेदार.
**अंशपत्र** = शेयर पत्र.
**अंशभाग** = लाभांश.
**अंशभागी** = साझेदार.
**अंश विभाजन** = दाय विभाजन.
**अंश संख्या** = भिन्नांक.
**अंशहारी** = शेयरधारी.
**अंशहीन** = संपूर्ण.
**अंशांक** = भिन्नांक.
**अंशाधिकार** = साझेदारी.
**अंशाधिकारी** = साझेदार.
**अंशित** = खंड खंड, विभाजित.
**अंशी** = अवतार, शेयरधारी, साझेदार.
**अंशीय** = आंशिक.
**अंशु** = किरण, सूर्यकिरण.
**अंशुक** = वस्त्र.
**अंशुमान** = आदित्य सूची, चंद्रमा, रोएँदार, सूर्य.
**अंशुमान/अंशुमती** = चमकदार.
**अंशुमाली** = सूर्य.
**अंसल** = बलिष्ठ, साझेदार.
**अँसुआ** = आँसू.
**अँसुवन (बहु)** = आँसू.
**अ** = पहला/पहली.
**अ-** = रहित.
**अआ** = आरंभिक ज्ञान.
**अआइ** = वर्णमाला.
**अ आ इ ई** = अक्षर क्रम, आरोह क्रम.
**अ आ इ ई उ ऊ ऋ ए ऐ ओ औ अं अः** = स्वर अक्षर.
**अ उ म्** = ओम.
**अऊत** = पुत्रहीन.
**अऋण** = ऋणमुक्त.
**अऋणी** = ऋणमुक्त.
**अकंटक** = अनवरुद्ध, शत्रुहीन.
**अकंठ** = वाचाहीन.
**अकंप** = कंपनहीन.
**अकंपित** = कंपनहीन.
**अकच** = गंजा/गंजी.
**अकच्छ** = कामुक, नग्न, लंपट.
**अकच्छक** = कामुक.
**अकटिबद्ध** = अप्रतिबद्ध, असन्नद्ध.
**अकट्टर** = उदारमनस्क.
**अकठिन** = सहज, सह्य.
**अकठोर** = मंदस्वरीय, सहमत्य, सौम्य.
**अकड़** = अकड़ की चाल, अकड़ाहट, अहंकार.

**अकड़** *सं* अकड़तकड़, अकड़फों, अकड़बाज़ी, आटोप, आत्मगौरव, आत्ममहिमा, ऐंठ, घमंड, टर, दर्प, *फूँक*, बादशाहत, रुआब, रौबदाब, हिमाक़त, ●अहंकार, ●आत्मप्रशंसा, ●डींग, ●धृष्टता, ●हेकड़ी, ■विनम्रता.

**अकड़ की चाल** *सं* *अकड़*, अकड़ तकड़, अभिमान गति, इठलाहट, ऐंठ, गर्व गति, *दिखावा*, बाँकपन, बान, मकड़, रानाई, सिंह गति.

**अकड़ तकड़** = अकड़, अकड़ की चाल.
**अकड़न** = अकड़ाहट.
**अकड़ना** = ठिठुरना, तनना.
**अकड़ने वाला** = अकड़बाज़, हेकड़ीबाज़.
**अकड़फों** = अकड़.
**अकड़बाज़** = हेकड़ीबाज़.

**अकड़बाज़** *वि* अकड़ने वाला, अकड़ू, अकड़ैत, *अहंकारी*, ऐंठू, गब्बर, घमंडी, टर्रा/टर्री, दंभी, मग़रूर, सरमस्त, ●आत्मप्रशंसक, ●धृष्ट, ●हेकड़ीबाज़, ■विनम्र, ■सौम्य.

**अकड़बाज़ी** = अकड़.
**अकड़ा/अकड़ी** = अनम्य, लचकहीन, शीताकुल.
**अकड़ाना** = तानना.
**अकड़ाव** = अकड़ाहट.
**अकड़ाहट** = मोच.

**अकड़ाहट** *सं* अँकरास, अंगग्रह, अंगजाड्य, *अकड़*, अकड़न, अकड़ाव, ऐंचन, ऐंठन, जकड़न, जकड़ाव, तनापन, पकड़न, *मरोड़ा*, मुर्री, संधिजाड्य, ●कमेड़ा, ●मोच.

**अकड़ू** = अकड़बाज़, हेकड़ीबाज़.

**अकड़ैत** = अकड़बाज़.
**अकथन** = अनुच्चारण, गोपन.
**अकथनीय** = अनभिव्यंजनीय, गोपनीय.
**अकथित** = अनभिव्यक्त, अनुच्चारित, गुप्त, व्यंजनार्थक.
**अकथित अनुमति** = मौन अनुमति.
**अकथित अर्थ** = व्यंजनार्थ.
**अकथ्य** = अचर्चनीय, अज्ञेय, अनभिव्यंजनीय, गोपनीय, वर्णनातीत.
**अकधक** = अविश्वास, आशंका, दुबिधा.
**अकनना** = सुनना.

**अकनना** *क्रि* आहट लेना, कान खड़े करना, कान देना, कान लगा कर सुनना, कान लगाना, कान लगाना, टोहना, ढुकना, ढूँकना.

**अकबक** = आशंका, बकवास.
**अकबकाना** = भरमाना, सकपकाना.
**अकबर** = महान.
**अकबर धर्म** = दीन इलाही.
**अकबरी विवाह** = अंतरधर्म विवाह.
**अकर** = असाध्य, करमुक्त.
**अकरण** = अकर्म.
**अकरणीय** = अनैतिक.

**अकरणीय** *वि* अकर्तव्य, अकार्य, अकृत्य, अठान, अविधेय, •असंगत, ▪करणीय.

**अकरा/अकरी** = महँगा/महँगी.
**अकरापन** = महँगापन.
**अकरास** = अँगड़ाई.
**अकरुण** = निर्दय, व्यंग्यात्मक.
**अकर्कश** = कोमल.
**अकर्ण** = बहरा/बहरी, साँप.
**अकर्णगोचर** = अश्रुतिगम्य.
**अकर्ण्य** = अश्रुतिगम्य.
**अकर्तव्य** = अकरणीय.
**अकर्ता** = अकर्मा, ईश्वर, परमपुरुष, प्रयासहीन.
**अकर्तार** = अकर्मा.
**अकर्तृक** = अपौरुषेय.

**अकर्म** *सं* अकरण, अकार्य, अक्रिया, कर्महीनता, क्रिया अभाव, शांति, •निवृत्ति, ▪कर्तृत्व, ▪कर्म, ▪कार्य, ▪प्रवृत्ति.

**अकर्मठ** = निष्क्रिय, प्रारब्धवादी.
**अकर्मण्य** = आलसी, कामचोर, निष्क्रिय, प्रयासहीन, प्रारब्धवादी.
**अकर्मण्यता** = अप्रयास, आलस, निरुत्साह.
**अकर्मा** = प्रयासहीन.

**अकर्मा** *सं* अकर्ता, अकर्तार, कर्महीन, निष्कर्म, •निष्क्रिय, ▪कर्ता.

**अकर्मी** = कामचोर.
**अकलंक** = अनिंदनीय, निर्दोष, निष्कलंक, परिपूर्ण.
**अक़ल** = अंतर्बोध.
**अक़ल चकराना** = सकपकाना.
**अकल दाढ़** = अक्कल दाढ़.
**अकलात्मक** = कलाहीन, फूहड़.
**अकलुष** = अनिंदनीय, अस्पर्शित, स्वच्छ.
**अकलुष इस्पात** = स्टेनलैस स्टील.
**अकल्क** = विशोधित.
**अकल्प** = अनियंत्रणीय.
**अकल्पनीय** = अविचारणीय, असंभव, आश्चर्यजनक, गुह्य, चमत्कारपूर्ण, दुरारूढ़.
**अकल्पनीयता** = असंभवता.
**अकल्पित** = अपौरुषेय, अरचित, अविचारित.
**अकल्प्य** = अविचारणीय.
**अकल्मष** = अनिंदनीय, निष्कलंक, परिपूर्ण, पापहीन.
**अकल्याण** = अहित, रोग.

**अकल्याण** *सं* अनर्थ, अनिष्ट, अपनय, अपहानि, अपाय, अभद्र, अमंगल, अशिव, अशुभ, अश्रेयस, क्षति, क्षति, दुरवस्था, बुरा, बुराई, *हानि*, •अपकार, •अहित, •ह्रास, ▪कल्याण, ▪लाभ.

**अकल्याणकर** = अशुभसूचक.
**अकल्याण कर्ता** = अपकारी.
**अकल्याण कामना** = दुष्कामना, शाप.
**अकल्याणकामी** = अशुभचिंतक.
**अकल्याणकारी** = अनिष्टकारी, दुर्भाग्यप्रद.
**अकल्याण सूचक** = अशुभसूचक.
**अकल्याणहीन** = अहानिकारक.
**अक़ल्लीयत** = अल्पसंख्या.
**अकसर** = प्रायः, बारंबार, सुलभ.
**अकसर नहीं** = शायद ही कभी.
**अकसी** = ईर्ष्यालु.
**अकसीर** = अचूक (औषध), अचूक औषध, चिकित्साकारी.
**अकसीरगर** = कीमियागर.
**अकस्मात** = आकस्मिक.

**अकस्मात** *क्रिवि* अचानक, अचानचक, एक दम, *एकबारगी*, एकाएक, एकाएकी, औचक, झम से, यक बयक, यकबारगी, यकायक, सहसा, हठात, •संयोगवश.

**अकांड** = अनपेक्षित.
**अकांड तांडव** = वितंडावाद, हुड़दंग.
**अकाउंट** = लेखा, लेखाशीर्षक.
**अकाउंट बुक** = बहीखाता.
**अकाउनटैंट** = लेखापाल.
**अकाचित** = मैट प्रिंट.
**अकाज** = दुष्कर्म, हानि.
**अकाट** = अखंडनीय, अटूट.
**अकाट्य** = अखंडनीय, अटूट, अनिरसनीय, अनिवारणीय.
**अकाट्य वचन** = अखंडनीय वचन.
**अकाड़ी** = कर्णधार.
**अकातर** = साहसी.
**अकादमिक** = पुस्तकीय, विद्वत्तापूर्ण, शास्त्रीय (कला), शिक्षालयी, सिद्धांतीय.

**अकादमिक** *वि* अध्यापकीय, प्राध्यापकीय, विद्यालयी, विद्यालयीय, *विद्वत्तापूर्ण*, शिक्षकीय, शिक्षणालयीय, •अव्यावहारिक ज्ञान, •विद्वत्तापूर्ण, •शिक्षालयी.

**अकादमी** = गुरुकुल, महाविद्यालय, विद्यालय, विश्वविद्यालय.
**अक़ानीम** = ईसाई धर्मग्रंथ.
**अकाम** = अनासक्त, लालसाहीन, संतोषी.
**अकाम कर्म** = निष्काम कर्म.
**अकामना** = अनपेक्षा.
**अकाम्य** = अवांछनीय.
**अकाय** = निराकार.
**अकारण** = उद्देश्यहीनतः, निष्कारण.
**अकारणतः** = उद्देश्यहीनतः.
**अकारत** = लाभहीन.

**अकारथ** = अनुपयोगी, उद्देश्यहीनतः, निरर्थक, लाभहीन.
**अकारथता** = निरर्थकता.
**अकारांत क्रम** = अंताक्षर क्रम.
**अकारादि क्रम** = अक्षर क्रम.

**अकारादि क्रमिक** *वि* अक्षरक्रमिक, अ से ह तक, वर्णक्रमिक.

**अकार्य** = अकरणीय, अकर्म, दुष्कर्म.
**अकार्यरत** = अप्रवृत्त.
**अकार्यान्वित** = अकृत, अपूर्णकृत.
**अकाल** = असामयिक, ईश्वर, कुअवसर, दुर्भिक्ष.

**अकालजात** *वि* अकाल प्रौढ़, अकालोत्पन्न, असमय, *असामयिक*, कुसमय, बेफ़सल, *बेमौसम*, •अर्धविकसित, •असामयिक, •पूर्वजात, •बेमौसम.

**अकालतः** = बेमौसम.
**अकाल धर्म** = सिख धर्म.
**अकाल पुरुष** = ईश्वर.

**अकाल प्रसूत** *वि* अठमासा, अठवाँसा, *पूर्वजात*, सतमासा/सतमासी, सतवाँसा, •अकालजात.

**अकाल प्रौढ़** = अकालजात.
**अकाल बेला** = कुअवसर.
**अकालोत्पन्न** = अकालजात.
**अकाल्पनिक** = तथ्यात्मक, यथार्थ.
**अकाल्पनिकता** = यथार्थता.
**अकाव्यात्मक** = गद्यात्मक.
**अकासी** = चील, ताड़ी, नीरा.
**अकिंचन** = कंगाल, गुमनाम, दिवालिया, निम्नकुलीन, निर्धन, परावलंबी, प्रयासहीन, महत्त्वहीन.
**अकिंचनता** = दिवाला.
**अक़ीदत** = आस्था, विश्वास.
**अक़ीदतमंद** = पूजाभावी.
**अक़ीदा** = आस्था, धर्म, विश्वास.
**अकीर्त** = गुमनाम.
**अकीर्ति** = गुमनामी.
**अकीर्तिकर** = निंदनीय, निंदात्मक.
**अकुंठ** = तीक्ष्ण.
**अकुंठित** = तीक्ष्ण, सक्षम.
**अकुटिल** = छलहीन, शिशुवत, सरलचित्त.
**अकुटिलता** = शिशुवत्ता.
**अकुटुंब** = परिवारहीन.
**अकुपंचर (हिंदी बोलचाल)** = ऐकुपंक्चर.
**अकुमार/अकुमारी** = कौमार्यनष्ट.
**अकुमारता** = अकौमार्य.
**अकुल** = निम्नकुलीन.
**अकुलागत** = अनानुवंशिक.
**अकुलाता/अकुलाती** = कंपनशील, भयभीत.
**अकुलाना** = काँपना, डरना.
**अकुलाहट** = कंपन, धैर्यभंग.
**अकुलीन** = जातिहीन, निम्नकुलीन, निम्नवर्णीय.
**अकुशल** = अदक्ष, अनुभवहीन, नौसिखिया.

**अकुशल** *वि अदक्ष*, अनाप्त, अनिपुण, अप्रवीण, घोंचू, *फूहड़*, बेहुनर, शंठ, सिलबिल, •अदक्ष, •अनुभवहीन, •अयोग्य, •नौसिखिया, ▪कुशल, ▪दक्ष.

**अकुशल कर्मी** = अनाड़ी.
**अकुशल श्रमिक** = श्रमिक.
**अकुशाग्र** = मंदधी.
**अकूटकृत** = असली, प्राकृतिक.
**अकूत** = अगणनीय.
**अकूपार** = असीम, कछुआ.
**अकूर्च** = गंजा/गंजी.
**अकृत** = अघटित, अनपका/अनपकी, अपूर्णकृत, अपौरुषेय, अरचित.

**अकृत** *वि* अकार्यान्वित, अनकिया/अनकी, अनिष्पन्न, अनिष्पन्न, अनिष्पन्न, अनिष्पादित, असंपन्न, असंपादित, असाधित, असिद्ध, टला/टली, टाला/टाली, *स्थगित*, ▪कृत.

**अकृतकार्य** = असफल.
**अकृतज्ञ** = कृतघ्न.
**अकृतज्ञता** = कृतघ्नता.
**अकृतबुद्धि** = अल्पज्ञ.
**अकृतशुल्क** = करमुक्त.
**अकृतात्मा** = अज्ञानी, असंस्कृत.
**अकृतार्थ** = असफल.
**अकृतार्थता** = कृतघ्नता.
**अकृती** = प्रयासहीन.
**अकृत्य** = अकरणीय, दुष्कर्म.
**अकृत्रिम** = अनाभूषित, अपौरुषेय, असली, पाखंडहीन, प्राकृतिक, भावपूर्ण, मौलिक, स्वाभाविक.
**अकृत्रिम तालाब** = झील.
**अकृपण** = दानशील.
**अकृपणता** = अपव्यय.
**अकृषित** = अहलित.

**अकृषित (अनाज)** *वि* अकृष्ट, अनजुती अनबोई भूमि में उगा, अनबोया/अनबोई, अपने आप उपजा, इंद्रकृष्ट (प्रा), खुदरौ, जंगली, प्रकृत, *बन*, *वन्य*, स्वयंभू, ▪कृषित (अनाज).

**अकृष्ट** = अकृषित (अनाज), अहलित.
**अकृष्ट भूमि** = परती.
**अकेला** = अपत्नीक, विधुर.
**अकेला/अकेली** = अंतर्मनस्क, अनुपम, अपरिचित, अपारस्परिक, अपुनरावृत्त, अविवाहित, आवासीहीन, एकमात्र, एकाकी, परित्यक्त, परिवारहीन, पृथक, मित्रहीन.
**अकेला एक आदमी** = व्यक्ति.
**अकेला दुकेला/अकेली दुकेली** = कम, कुछ.
**अकेलापन** = एकांतवास, एकाकीपन, वैयक्तिकता.
**अकेली** = अपति, कुँवारी, कुँवारी, विधवा.

**अकेले** *क्रिवि* अकेले अकेले, अलग अलग, अलग स्वर में, असंगठिततः, एकताहीनतः, विभक्ततः, ▪इकट्ठे, ▪सब एक साथ.

**अकेले अकेले** = अकेले.
**अकेले का/अकेले की** = एकस्वामीय.
**अकेले में** = चोरी छिपे.
**अकेश** = गंजा/गंजी.
**अकोट** = अगणनीय, सुपारी.
**अकोमल** = अभावुक, खुरदुरा/खुरदुरी, सहानुभूतिहीन, सुगठितकाय.
**अकोमलकाय** = सुगठितकाय.
**अकोमलांग** = सुगठितकाय.
**अकोविद** = अविद्वान.

**अकोसना** = सरापना.
**अकौआ** = काकल.
**अकौटा** = अक्षदंड.
**अकौमार्य** = संभोग.

**अकौमार्य** *सं* अकुमारता, कौमार्यहीनता, क्षतता, क्षतयोनिता, *भोगविलास*, विवाहितता, विषय भोग, संभोगितता, •कौमार्यनाश, •संभोग, ▪कौमार्य.

**अक्कल दाढ़** *सं* अकल दाढ़, प्रज्ञा दंत, बुद्धि दंत.

**अक्का** = माता.
**अक्कास** = चित्रकार, फ़ोटोग्राफ़र.
**अक्कासी** = चित्रांकन, फ़ोटोग्राफ़ी.
**अक्खड़** = कटुभाषी, कलहप्रिय, धृष्ट, स्पष्टवादी.
**अक्खा/अक्खी** = संपूर्ण.
**अक्तूबर** = मास सूची.
**अक़्द** = इसलामी विवाह, वचन.
**अक़्दनामा** = शपथपत्र.
**अक़्दबंदी** = इसलामी विवाह, विवाह.
**अक्रम** = अप्रासंगिक, क्रमहीन, क्रमहीन, निश्चल.
**अक्रम चयन** = रैंडम चयन.
**अक्रमतः** = संयोगवश.
**अक्रमिक** = क्रमहीन.
**अक्रांत** = अपराजित.
**अक्रिय** = घटनाहीन, निष्क्रिय, प्रयासहीन.
**अक्रिय करना** = रोकना.
**अक्रियता** = विलंब.
**अक्रिया** = अकर्म, अप्रयास, विश्राम.
**अक्रियात्मक** = असाध्य.
**अक्रियित** = विरामित.
**अक्रीत** = उधार का.
**अक्रूर** = अहिंसक, दयालु, सभ्य.
**अक्रूरता** = अहिंसा.
**अक्रोधी** = प्रशांत.
**अक़्ल** = बुद्धि.
**अक़्ल का क़ुसूर** = मूर्खता.
**अक़्ल का दुश्मन** = मूर्ख.
**अक़्ल का पूरा (व्यंग्य)** = मूर्ख.
**अक़्ल का मारा** = मूर्ख.
**अक़्ल की दुम** = मूर्ख.
**अक़्ल दौड़ाना** = सोचना.
**अक़्लमंद** = दूरदर्शी, बुद्धिमान, विवेकी.
**अक़्लमंदी** = बुद्धिमत्ता.
**अक्लम** = अनथका/अनथकी.
**अक़्ल से ख़ारिज** = मंदधी, मूर्ख.
**अक्लांत** = अनथका/अनथकी, विश्रांत.
**अक्लिष्ट** = अतकनीकी, पठनीय, पौप, बोध्य, सहज, सुलझा/सुलझी, स्पष्ट.
**अक्लिष्ट (भाषा)** = बोलचाल की (भाषा).
**अक़्ली** = बुद्धीय, विचारित.
**अक्वणित** = अध्वनित.
**अक्षंतव्य** = अक्षम्य.
**अक्ष** = अक्षदंड, काला नमक, गोटी, चौपड़, जोतगाड़ी, पासा.

**अक्ष** *सं* अक्षकीलक, अक्षधुर, ऐक्सल, ऐक्सिस, *कील*, कीलक, *कीला*, कीली, चक्र धुरी, *चूल*, धुरा, धुरी, पिंडल, मदार, मेरु, राछ, •अक्षदंड, •पहिया.

**अक्षक** = अक्षदंड.
**अक्ष कर्ण** = कर्णभुजा.
**अक्षकीलक** = अक्ष.
**अक्ष चिकित्सा** = ऐकुपंक्चर.
**अक्षत** = अनाहत, अभंजित, कौमार्यवान, जौ, संपूर्ण, सर्वांग संपूर्ण.
**अक्षतता** = कुमारीत्व, कौमार्य.
**अक्षतयोनि** = कौमार्यवती.
**अक्षतयौवना** = कौमार्यवती.
**अक्षता** = कौमार्यवती.
**अक्षति** = कल्याण.
**अक्षतिग्रस्त** = अनाहत.

**अक्षदंड** *सं* अकौटा, *अक्ष*, अक्षक, अक्षल, अचक्रित अक्षदंड, ऐक्सल ट्री, चूल कीला, चूलदंड, *डंडा*, धुरीदंड, पहिया धुरा, मेरुदंड, *वंश*, सर्रा, स्वाइवल रौड, •पहिया.

**अक्षधर** = बैल.
**अक्षधुर** = अक्ष.
**अक्षपटल** = न्यायालय भवन.
**अक्षबिंदु** = पहिया नाभि.
**अक्षम** = कंगाल, नपुंसक, विकलांग.

**अक्षम** *वि* अपंग, *अयोग्य*, अशक्त, असमर्थ, *असहाय*, कमज़ोर, क्षमताहीन, क्षीण, दुर्बल, नाक़ाबिल, नाकारा/नाकारी, नाचार, *निर्बल*, पंगु, पोच, बेकस, बेकाम, बेकार, बेचारा/बेचारी, बेबस, लाचार, शक्तिहीन, सामर्थ्यहीन, हीनबल, •विकलांग, •साधनहीन, ▪सक्षम.

**अक्षमा** = ईर्ष्या, क्रोध, प्रतिशोध.
**अक्षमाला** = जपमाला.

**अक्षम्य** *वि* अक्षंतव्य, अनपसर, अनिवार्य, अनुचित, अन्यायपूर्ण, *अपरिहार्य*, अरोध्य, क्षमा अयोग्य, ▪क्षम्य.

**अक्षय** = अनंत, अपरिवर्तनीय, अमर, ईश्वर, चिरयुवा, ब्रह्म, शाश्वत.
**अक्षयता** = अमरता.
**अक्षय तीज** = जैन उत्सव.
**अक्षय धाम** = मोक्षलोक.
**अक्षयधाम** = मोक्ष.
**अक्षयलोक** = मोक्षलोक, स्वर्ग.
**अक्षर** = अनाश्य, अपरिवर्तनीय, अमर, आत्मा, ईश्वर, परमाणु, ब्रह्म, ब्रह्मा, शाश्वत, शिव.

**अक्षर** *सं अंक*, आखर, *वर्ण*, शब्द न्यूनतम घटक, हर्फ़, •व्यंजन अक्षर, •स्वर अक्षर, •वर्णमाला, •शब्द.

**अक्षर क्रम** *सं* अ आ इ ई, अकारादि क्रम, आदिक्रम, आद्यक्षर क्रम, क ख ग घ, प्रथम अक्षर क्रम, प्रथमाक्षर क्रम, *वर्णक्रम*, ▪अंताक्षर कर्म.

**अक्षरक्रमिक** = अकारादि क्रमिक.
**अक्षरगणित** = बीजगणित.
**अक्षरचंचु** = सुलेखक.
**अक्षरजीवी** = लेखक.
**अक्षरज्ञ** = साक्षर.
**अक्षरज्ञान** = साक्षरता.
**अक्षरता** = अमरता.
**अक्षरदर्शक** = औप्टिकल कैरेक्टर रीडर.
**अक्षरधाम** = मोक्षलोक.
**अक्षरपाठक** = औप्टिकल कैरेक्टर रीडर.
**अक्षरपाठित्र** = औप्टिकल कैरेक्टर रीडर.
**अक्षरपूजक** = रूढ़िवादी.
**अक्षरपूजा** = रूढ़िवाद.
**अक्षरमाला** = वर्णमाला.

**अक्षरमुख** = विद्यार्थी.
**अक्षरमैत्री** = तुक.
**अक्षरयोजन** = टाइपसैटिंग.
**अक्षर विन्यास** = लिपि, वर्तनी.
**अक्षर व्यंजन** = व्यंजन अक्षर.
**अक्षर साधन** = प्रेतसिद्धि.
**अक्षर स्वर** = स्वर अक्षर.
**अक्षरांग** = लिपि.
**अक्षरांत क्रम** = अंताक्षर क्रम.
**अक्षरा** = भाषा.

**अक्षरारंभ** *सं* उपनयन, *उपनयन संस्कार*, ओनामासी, ओम नमः सिद्धं, *गुरुकुल*, जनेऊ, दीक्षा, बिस्मिल्लाह, मकतब, मकतब, *यज्ञोपवीत*, विद्यारंभ संस्कार, •आरंभिक ज्ञान, •आरंभिक ज्ञान, •उपनयन संस्कार, •विद्यारंभ, ▪दीक्षांत, ▪दीक्षांत समारोह.

**अक्षरी** = वर्तनी.
**अक्षरेखा** = अक्षांश रेखा.
**अक्षरौटी** = वर्णमाला.
**अक्षल** = अक्षदंड.
**अक्षांतर** = अक्षांश, अक्षांश रेखा.
**अक्षांतर रेखा** = अक्षांश रेखा.

**अक्षांश** *सं* अक्षांतर, भगोलीय अक्षांश, भूमध्यरेखा से उत्तर-दक्षिण दूरी, लैटिट्यूड, •देशांश.

**अक्षांश रेखा** *सं* अक्षरेखा, अक्षांतर, अक्षांतर रेखा, अक्षांश वृत्त, अक्षांश समांतर, लैटिटूड लाइन, •कर्करेखा, •भूमध्य रेखा, •समांतर.

**अक्षांश वृत्त** = अक्षांश रेखा.
**अक्षांश समांतर** = अक्षांश रेखा.
**अक्षि** = आँख.
**अक्षिगत** = अवलोकित.
**अक्षिगोल** = आँख डेला.
**अक्षिताल** = आँख लैंस.
**अक्षिनिमेष** = निमिष.
**अक्षिपटल** = आँख परदा.
**अक्षिविक्षेप** = चितवन.
**अक्षुण्ण** = अनष्ट, अनाहत, अभंजित, अविभक्त, सलामत.
**अक्षुर मघ** = अहुरमज़्द.
**अक्षोट** = अख़रोट.
**अक्षोड** = अख़रोट.
**अक्षौहिणी** = सेना.
**अक्स** = चित्र, परछाईं, प्रतिबिंब, फ़ोटोग्राफ़, मुहर चिह्न.
**अक़्स** = ट्रेसिंग.
**अक्सरीयत** = बहुसंख्या.
**अखंड** = अटूट, अभंजित, अविभक्त, अविभाज्य, अविराम, आद्योपांत, ईश्वर, एकजुट, संपूर्ण, सर्वांग संपूर्ण, सविस्तार.
**अखंडतः** = विस्तारपूर्वक, शत प्रतिशत, संपूर्णतः.
**अखंडता** = एकता.
**अखंडनीय** = अटूट, अनिरसनीय.

**अखंडनीय** *वि* अकाट, अकाट्य, अछेद्य, *ठोस*, तर्कपूर्ण, दृढ़, पुख़्ता, मज़बूत, युक्तिसंगत, *संगत*, सही, सिद्ध, *सुदृढ़*, •अनिरसनीय, •अप्रवादित, •असंदिग्ध, •तथ्यात्मक, •विवादातीत, •सटीक, ▪खंडनीय.

**अखंडनीय वचन** *सं* अकाट्य वचन, पत्थर की लकीर, *वेदवाक्य*, सत्यवचन, •दृढ़ वचन.

**अखंड पंजाब** = पंजाब.

**अखंड पाठ** *सं* आदि से अंत तक पाठ, निरंतर पाठ, साकल्य वचन, •धर्मपाठ.

**अखंडयोनि** = कौमार्यवती.
**अखंडवीर्य** = कुँवारा.
**अखंडित** = अभंजित, अविराम.
**अखंड्य** = अविभाज्य.
**अखड़ैत** = कुश्तीबाज़, प्रतियोगी.
**अख़नी** = रसा, सूप.
**अख़बार** = समाचार पत्र.
**अख़बारनवीस** = पत्रकार.
**अख़बारनवीसी** = पत्रकारिता.
**अख़बार वाला** = पत्र पत्रिका विक्रेता.

**अख़रोट** *सं* अक्षोट, अक्षोड, कोलक, चौमग़ज़ा, रेखाफल.

**अख़लाक़** = सदाचार.
**अखाड़ा** = कुश्ती मैदान, चौकड़ीघर, जिमनेज़ियम, मठ, मनोरंजन स्थान, रंगभूमि, रणभूमि, साधु मंडली.
**अखाड़िया** = कुश्तीबाज़.
**अखाड़ेबाज़ी** = कुश्ती.
**अखाड़े में आना** = ललकारना.
**अखाड़े में उतरना** = ललकारना.
**अखादे** = ख़ाली पेट.
**अखाद्य** = अनाहार्य, अपाच्य, कुस्वादिष्ठ.
**अखित** = जौ.
**अखिन्न** = अनथका/अनथकी, प्रसन्न.
**अखिल** = देशस्तरीय, ब्रह्मांडीय, विश्वीय, संपूर्ण, सृष्टि.
**अखिलदेशस्तरीय** = देशस्तरीय.
**अखिल भौम** = विश्वीय.
**अखिल विश्व** = सृष्टि.
**अखिल विश्वीय** = विश्वीय, सृष्टीय.
**अखिलात्मा** = ईश्वर.
**अखिलेश** = ईश्वर.
**अखूट** = अगणनीय.
**अखेदी** = खेदहीन.
**अखोर** = रद्दी.
**अखोह** = असमतल भूमि.
**अख़्तर** = तारा, नक्षत्र.
**अख़्तरशनास** = खगोलविद.
**अख़्तरशुमार** = खगोलविद.
**अख़्तरशुमारी** = ज्योतिष, निद्राहीनता.
**अख़्तियार** = अधिकार, कार्यक्षेत्र, सत्ताक्षेत्र.
**अख्यात** = गुमनाम.
**अख्याति** = गुमनामी.
**अगंड** = रुंड.
**अगंता** = घरघुसरा/घरघुसरी.
**अगंता/अगंत्री** = अवहनीय, स्थावर.
**अगंतुक** = घरघुसरा/घरघुसरी, स्थावर.
**अगंभीर** = अविचारशील, ऊपरी (दृष्टि), चंचल, पौप.
**अगंभीर (अपराध)** = क्षम्य.
**अगंभीरता** = चंचलता.

**अगंभीर नाटक** *सं* उछलकूद, कामेडी, धमाचौकड़ी, प्रहसन, सुखांत, हासदी, हास्य, हास्य नाटक, •नाटक, •सुखांत नाटक, ▪गंभीर नाटक.

**अगंभीर मनस्क** = चंचल.
**अगंभीरमनस्क** = विनोदप्रिय.
**अग** = अवहनीय, पर्वत, वृक्ष, स्थावर.
**अग-** = अगला/अगली.

**अगच्छ** = अचल, अवहनीय, वृक्ष.
**अगजग** = सृष्टि.
**अगजग में** = हर ओर.
**अगठित** = अरचित.
**अगड़धत्त** = महाकाय.
**अगड़म बगड़म** = जादू खेल, बकवास, रद्दी.
**अगड़ा/अगड़ी** = अगड़ी जाति का.
**अगड़ी** = चटकनी.

**अगड़ी जाति** *सं* अगड़े, फ़ौरवर्ड क्लासेज़, •अनुसूचित जाति, •पिछड़ी जाति.

**अगड़ी जाति का** *वि* अगड़ा/अगड़ी, *उन्नत*, ▪पिछड़ी जाति का.

**अगड़े** = अगड़ी जाति.
**अगढ़** = अपरिष्कृत.
**अगढ़नीय** = अनम्य.

**अगणनीय** *वि* अंतहीन, अकूत, अकोट, अखूट, अगणित, अगण्य, अगाध, अगिन, अचीता/अचीती, अटाटूट, अट्ट, अतुल, अतुल, अतुलित, अथाह, अथाह, *अनंत*, *अनंत*, अनगिन, अनगिनत, अनुमानातीत, अपरिगणनीय, अपरिमित, अपरिमेय, अपार, अपार, अप्रत्याशित, अमित, अमित, असंख्य, असंख्यक, असमाप्य, *असीम*, असीमित मात्रा वाला, कल्पनातीत, निस्संख्य, निस्सीम, बेअंत, बेशुमार, बेशुमार, बेहद, बेहिसाब, मात्रा में अनियत, यत् परो नास्ति, विपुल, संख्यातीत, संख्याहीन, सीमातीत, सीमाहीन, •अत्यधिक, •अधिक, •अधिकतम, •अनेक, •अमाप्य, ▪कुछ, ▪परिगणनीय.

**अगणमान्य** = अप्रतिष्ठित.
**अगणित** = अगणनीय.
**अगण्य** = अगणनीय, अप्रतिष्ठित, गुमनाम, महत्त्वहीन, साधारण.
**अगति** = अप्रगति, विकल्पहीन.
**अगतिक** = अवहनीय, विकल्पहीन, साधनहीन, स्थावर.
**अगत्वर** = अवहनीय.
**अगदंकर** = चिकित्साकारी.
**अगद** = औषध, चिकित्सित, विषहरण विज्ञान, स्वस्थ.
**अगदतंत्र** = आयुर्वेद आठ अंग सूची, विषहरण विज्ञान.
**अगन** = अग्नि.
**अगनि** = अग्नि.
**अगनेत** = दक्षिण पूर्व दिशा.
**अगम** = अवहनीय, दुर्गम, पर्वत, स्थावर.
**अगमनशील** = अवहनीय, स्थावर.
**अगम्य** = अगाध्य, अज्ञेय, अपारगम्य, गहन (वन), दुर्गम.
**अगम्यगा** = कुलटा.
**अगम्यागामी** = लंपट.
**अगर** = अगरु, यदि.
**अगरचे** = यद्यपि.
**अगरचे मगरचे** = किंतु परंतु.
**अगरतला** = त्रिपुराः राजधानी.

**अगरबत्ती** *सं* अगरु बत्ती, ऊदबत्ती, •धूप बत्ती, •पूजा.

**अगर मगर** = किंतु परंतु, दुबिधा, बहानेबाज़ी.
**अगर वृक्ष और काष्ठ** = अगरु.
**अगरिष्ठ** = घीतेलहीन, पौप, हलका/हलकी.
**अगरिष्ठ आहार** = कच्चा खाना.

**अगरु** *सं* अगर, अगर वृक्ष और काष्ठ, अगुरु, ऊद, तैलागुरु, पिण्याक, *लोबान*, वंशिक, श्याम धूप.

**अगरु बत्ती** = अगरबत्ती.
**अगलबगल** = निकट ही.
**अगला** = पूर्वज.
**अगला/अगली** = अगेती (फ़सल), आगामी, आसन्न, उत्तम, उत्तरवर्ती, दक्ष, निकट, नेता, पूर्वज, पूर्ववर्ती, प्रथम स्थानीय, भविष्यकालीन, महत्त्वपूर्ण.

**अगला/अगली** *वि* अग-, अग्र-, अग्रभागीय, अग्रवर्ती, अग्रस्थ, अग्रिय, आगे वाला, पहला/पहली, पूर्व, *पूर्ववर्ती*, पूर्वस्थ, प्राक्, प्राग्, प्राङ्, प्राच्, सामने वाला, •आदि, ▪अंतिम, ▪पिछला/पिछली.

**अगला दिन** = कल.
**अगला/पिछला परसाल** = त्योरस.
**अगला/पिछला वर्ष** = परसाल.
**अगला मोरचा** = युद्धाग्र.
**अगली चौकी** = अग्र चौकी.
**अगली पंक्ति** = सेनाग्र.
**अगली पीढ़ी** = युवाजन.
**अगली सुबह** = हैंगओवर.
**अगले** = पूर्वज समष्टि, वंशज समष्टि, संतान.
**अगवाँसी** = हल अँकुड़ी.
**अग़वा** = अपहृत, अपहृत व्यक्ति.
**अगवाड़ा** = सामने वाला आँगन.

**अगवाड़ा** *सं* अगाड़ा, अगाड़ी, -अग्र (जैसेः सेनाग्र), अग्रभाग, अग्रांश, आगा, चेहरा, पूर्वभाग, फ्रंट, मुख, मुहरा, रुख़, सामना, ▪पार्श्व, ▪पिछवाड़ा.

**अगवाड़े** = आगे.
**अगवानी** = वरयात्रा स्वागत, स्वागत.

**अगवानी** *सं* अभ्यागम, इस्तिक़बाल, स्वागत के लिए आगे बढ़ना कर्म.

**अगस्त** = मास सूची.
**अगस्ति** = अगस्त्य.
**अगस्त्य** = ऋषि.

**अगस्त्य** *सं* अगस्ति, अब्धिप, आग्नेय, उर्वशीपुत्र, कलशज, कुंभज, घटज, पीताब्धि, महामुनि, मित्र-उर्वशी पुत्र, मैत्र, मैत्रावरुणि, विंध्यारि, •दक्षिण भारत.

**अगहन** = मार्गशीर्ष मास.
**अगहनी** = ख़रीफ़ फ़सल.
**अगाऊ** = पुरोगामी.
**अगाड़** = छज्जा, निगाली.
**अगाड़ा** = अगवाड़ा.
**अगाड़ी** = अगवाड़ा, आगे, आगे आगे, कमीज़ पल्ला.
**अगाध** = अगणनीय, अगाध्य, अबोध्य, भावपूर्ण.
**अगाध्य** = अज्ञेय, कूटबद्ध.

**अगाध्य** *वि* अगम्य, अगाध, अगाह, अतल, अथाह, अनवगाह्य, *अपारगम्य*, अपार्य, गहरा/गहरी, डुबाऊ, तलहीन, थाहहीन, बहुत गहरा, बेअंत, बेहाथ, •अमाप्य,

▪गाध्य.

**अगाह** = अगाध्य, अबोध्य.
**अगिन** = अगणनीय, अग्नि.
**अगिनगोला** = बम.
**अगिनबान** = रौकेट यान.
**अगिया** = अग्नि.
**अगिया बैताल** = बड़वा दीप्ति, श्मशान दीप्ति.
**अगियारी** = अग्निपात्र, अग्नि मंदिर, अग्नि मंदिर.
**अगिर** = अग्नि, स्वर्ग.
**अगिरौका** = देवता.
**अगिहाना** = अग्निपात्र, अलाव.
**अगीर्ण** = अनुच्चारित.
**अगुआ** = उपद्रव नेता, नेता, नौकायन पाइलट, परिवार अध्यक्ष, प्रबंधक, प्रवक्ता, मार्गप्रदर्शक, मुखिया.
**अगुआई** = दिग्दर्शन, नेतृत्व, मार्गप्रदर्शन, वरयात्रा स्वागत, स्वागत.
**अगुच्छन** = बिखराव.
**अगुण** = अपरिभाष्य, दुर्गुण, निराकार.
**अगुण काल** = अनादि अनंत काल.
**अगुणगान** = गुमनामी.

**अगुणज्ञ** *वि* *अज्ञानी*, अतत्त्वज्ञ, अनजान, *अनुदार*, अपारखी, गँवार, नाक़दरा/नाक़दरी, नासमझ, बेक़दरा/बेक़दरी, लाक़द्र, •सुरुचिहीन, ▪गुणज्ञ.

**अगुणी** = अयोग्य, दुर्गुणी, प्रतिभाहीन.
**अगुप्त** = अगोपनीय, स्पष्ट.

**अगुप्त** *वि* अगुह्य, अगूढ़, *आम*, उघड़ा/उघड़ी, उभरा/उभरी, खुला/खुली, ज़ाहिर, *ज्ञात*, दृष्ट, नुमायाँ, *प्रकट*, फ़ाश, रहस्यहीन, विज्ञात, व्यक्त, *सर्वज्ञात*, सार्वजनिक, •अगोप्य, •अनावृत, •कूटपठित, ▪कूटबद्ध, ▪गुप्त, ▪गोपनीय, ▪निषिद्ध, ▪परदानशीन, ▪भूमिगत.

**अगुप्ततः** = खुले आम.
**अगुरु** = अगरु, स्वशिक्षित, हलका/हलकी.
**अगुह्य** = अगुप्त, अगोपनीय, अगोप्य, बोध्य, स्पष्ट.
**अगूढ़** = अगुप्त, बोध्य, बोध्य, सहजीकृत.
**अगृह** = बेघर, वानप्रस्थ आश्रमी.
**अगेंद्र** = हिमालय.
**अगेती** = अगेती (फ़सल), अगेती फ़सल.

**अगेती (फ़सल)** *वि* अगला/अगली, अगेती, अग्रिम, जल्दी उगने वाला, पहला, पूर्व, •पूर्वजात, ▪पछेती (फ़सल).

**अगेती फ़सल** *सं* अगेती, अग्रिय, •पछेती फ़सल, •फ़सल मौसम.

**अगेह** = बेघर, वानप्रस्थ आश्रमी, संन्यासी.
**अगेहा** = संन्यासिनी.
**अगेहिनी** = संन्यासिनी.
**अगोचर** = अज्ञेय, अदृश्य, इंद्रियातीत, निराकार, स्पर्शागोचर.
**अगोट** = आड़, शरणस्थल.
**अगोटना** = घेरना.

**अगोटना** *क्रि* अहाता बनाना, अहाते में लेना, खूँटना, गोंठना, गोठना, *घेरना*, *घेरना*, घेरा बनाना, घेरा बाँधना, चाँकना, छेंकना, परकोटा बनाना, परिधि में लेना, परिसर बनाना, बंद करना, बाड़ लगाना, बाड़ा बनाना, बेड़ना, *रोकना*, रोक लगाना, वरजना, •घेराबंदी करना.

**अगोपनीय** *वि* *अगुप्त*, अगुह्य, *अनावृत*, *आम*, *प्रकट*, सर्वजनीन, •अगोप्य.

**अगोप्य** *वि* अगुह्य, अगोह्य, अविलोपनीय, उघड़ा/उघड़ी, उजागर, खुला/खुली, *प्रकट*, *बेपरदा*, *भ्रमहीन*, साफ़, *स्पष्ट*, •अगुप्त, •अगोपनीय, •प्रकट, •स्पष्ट.

**अगोह्य** = अगोप्य.
**अगौड़ी** = अग्रदेय, बयाना.
**अगौण** = मुख्यकोटीय.
**अग्नन** = अग्न्याधान.
**अग्नयुत्पात** = उल्कापात.
**अग्नि** = अग्निदेव, चिताग्नि, ज्वाला, ताप, पंचभूत सूची, पाचन शक्ति, पित्त.

**अग्नि** *सं* अंकति, अंचति, अंजन, अगन, अगनि, अगिन, अगिया, अगिर, अझूना, अनल, अनिलसखा, अर्क, अर्चिष्मान, अर्दनि, अशनि, असितग्रीव, आँच, आग, आगि, आतिश, इरम्मद, उदर्चि, ज्योति, *ज्वाला*, तमोघ्न, तेज, दव, *दहन*, *दावा*, धूमकेतु, पचि, पवि, पाचक, पावक, फ़ायर, मरुत्सखा, यज्ञबाहु, लौ, वह्नि, वायुसखा, शिखी, शिशिरघ्न, शुचि, शेखावत, सप्तजिह्व, सप्तार्चि, समिध, स्वाहाप्रिय, हिमारि, हुताशन, •अरणि, •ज्वाला, •ताप, •दहन, •धुआँ.

**अग्निक** = बीर बहूटी.
**अग्निकण** = चिंगारी.
**अग्निकर्म** = शवदाह.

**अग्निकांड** *सं* अग्निदाह, आगज़नी, *दहन*, दाह, •ज्वलन.

**अग्निकाष्ठ** = अरणि, अरणि.
**अग्निकुंड** = अग्निपात्र, यज्ञकुंड.
**अग्निकोण** = दक्षिण पूर्व दिशा.
**अग्निकोणाधिप** = अग्निदेव.
**अग्निकोणीय** = दक्षिण पूर्वी.
**अग्निक्रीड़ा** = आतिशबाज़ी.
**अग्निखंड** = अंगारा.
**अग्निगार** = अग्नि मंदिर.
**अग्निचय** = अग्न्याधान.
**अग्निजिह्व** = देवता.
**अग्निजिह्वा** = ज्वाला.
**अग्निजीवी** = लोहार.
**अग्निज्वाल** = ज्वाला.
**अग्निज्वाला** = ज्वाला.
**अग्नित्र** = लाइटर.

**अग्नित्र** *सं* इग्नाइटर, इग्नित्र, ज्वलक, ज्वलित्र, प्रज्वलित्र, लाइटर, •अग्न्याधान, •अरणि, •चक्रमक़, •चक़मक़, •दाहक, •धौंकनी, •फुँकनी, •माचिस, •लाइटर, ▪अग्निशामित्र, ▪दमकल.

**अग्निद** = शवदाह कर्ता.
**अग्निदमनक** = द्रोण.
**अग्निदमनी** = मकोय.
**अग्निदाता** = शवदाह कर्ता.



(प्रा) प्राचीन शब्द, अब अप्रचलित - *तिरछे* शब्द स्वतंत्र शीर्षक भी हैं •सपर्याय ▪विपर्याय

**अग्निदान** = अग्न्याधान, शवदाह.
**अग्निदाह** = अग्निकांड, दहन, शवदाह.
**अग्निदिव्य** = अग्निपरीक्षा.
**अग्निदेव** = पारसी धर्मावलंबी.

**अग्निदेव** *सं* अंधकघाती, *अग्नि*, अग्निकोणाधिप, अग्नि देवता, असितार्चि, आग्नेयी पति, उदर्चि, घृतकेश, घृतार्चि, धूमकेतु, नाचिकेत, परमेष्ठी, पर्वेश, पवि, वाजपति, वैश्वानर, सप्तजिह्व, सप्तार्चि, स्वाहापति, हविर्भोजी, होता, होमि.

**अग्नि देवता** = अग्निदेव.
**अग्निधान** = अग्निपात्र.
**अग्निधारक पात्र** = अग्निपात्र.
**अग्निन** = अग्न्याधान.
**अग्निपरीक्षा** = कठिन कार्य, कठिन परीक्षा.

**अग्निपरीक्षा** *सं* अग्निदिव्य, अग्निशुद्धि, *कठिन परीक्षा*, परीक्षा की घड़ी, •राम, •रामायण, •श्रीलंका, •सीता.

**अग्नि पर्वत** = ज्वालामुखी.

**अग्निपात्र** *सं* *अँगीठी*, अगियारी, अगिहाना, अग्निकुंड, अग्निधान, अग्निधारक पात्र, आतशगाह, कौड़ा, तेमनी, •अँगीठी, •अलाव, •ओवन, •तंदूर, •भट्ठा, •भट्ठी, •भाड़, •यज्ञवेदी.

**अग्नि पुराण** = पुराण सूची.
**अग्निपूजक** = पारसी, पारसी धर्मावलंबी.
**अग्नि प्रतिष्ठा** = अग्न्याधान.
**अग्नि प्रस्तर** = चक़मक़.
**अग्निबाण** = प्रक्षेपास्त्र, रौकेट यान.
**अग्निबाहु** = धुआँ.
**अग्निमंथन काष्ठ** = अरणि.

**अग्नि मंदिर** *सं* अगियारी, अगियारी, अग्निगार, अग्न्यागार, अग्न्यालय, आतशख़ाना, आतिशगाह, पारसी मंदिर, •पारसी धर्म.

**अग्निमणि** = आतशी शीशा, चक़मक़.
**अग्निमांद्य** = बदहज़मी.
**अग्निरक्षक** = भृगु.

**अग्निरजा** = बीर बहूटी.
**अग्निरोधी** = अग्निवारक.
**अग्निवर्धक** = पाचकता वर्धक.
**अग्निवर्षा** = बमबारी.

**अग्निवारक** *वि* अग्निरोधी, अग्निसह, *अदहनशील*, अदह्य, अदाह्य, तापरोधी, तापसह, फ़ायरप्रूफ़, •अदहनशील, •जलवारक.

**अग्निवाह** = धुआँ.
**अग्नि शर्मा (पूर्व नाम)** = वाल्मीकि.
**अग्निशलाका** = माचिस.
**अग्निशामक गाड़ी** = दमकल.
**अग्निशिखा** = ज्वाला.
**अग्निशुद्धि** = अग्निपरीक्षा.
**अग्निशेखर** = केसर, स्वर्ण.
**अग्निष्टोम** = यज्ञ.
**अग्निसखा** = धुआँ.
**अग्निसह** = अग्निवारक.
**अग्निसात** = दग्ध.
**अग्निहोत्र** = आहुति.
**अग्नीध्र** = यज्ञ.
**अग्न्यागार** = अग्नि मंदिर.

**अग्न्याधान** *सं* अग्नन, अग्निचय, अग्निदान, अग्निन, अग्नि प्रतिष्ठा, आग लगाई, आदीपन, इंधन, इग्नीशन, जलाई, जलाना क्रिया, *जलावन*, प्रज्वलन, समिंधन, सुलगाई, •अग्नित्र, •अरणि, •माचिस.

**अग्न्याधान करना** = सुलगाना.
**अग्न्यालय** = अग्नि मंदिर.
**अग्रंथित** = अनाबद्ध.
**अग्र** = अपर (अधिकारी), आगे, उत्तम, नोक, प्रसिद्ध, महत्त्वपूर्ण, सर्वसत्ताधारी.
**अग्र-** = अगला/अगली.
**-अग्र (जैसेः सेनाग्र)** = अगवाड़ा.
**अग्रकर** = हाथ उँगली.
**अग्रक्रमण** = पुरोगमन.
**अग्रगंता** = खोज यात्री, नेता, पुरोगंता.

**अग्रगंता** *सं* नई परंपरा बनाने वाला व्यक्ति, *नेता*, पायोनियर, मार्गदर्शक, युग परिवर्तक, युग प्रवर्तक, •आधुनिकतावादी, •युगांतरकारी, •सुधारवादी, ▪मतानुगामी.

**अग्रगण्य** = प्रतिष्ठित, प्रधान.
**अग्रगति** = अग्रगमन, प्रगति.
**अग्रगमन** = ओवरटेकिंग, पुरोगमन, प्रगति, मार्गप्रदर्शन.

**अग्रगमन** *सं* अग्रगति, अग्रदिशा गमन, पुरस्सरण, बढ़न, •पुरोगमन, •प्रगति, ▪पश्चगमन.

**अग्रगामिता** = प्रगतिवाद.
**अग्रगामी** = आधुनिकतावादी, नेता, पुरोगामी, प्रगतिवादी, प्रगामी, महत्त्वाकांक्षी.
**अग्रगामी मार्गप्रदर्शक** = मार्गप्रदर्शक.

**अग्रगामी सेना** *सं* अग्रिम दस्ता, अरावल दस्ता, करावल दस्ता, करौल, टोही दस्ता, पेशख़ेमा, वैनगार्ड, सफ़रमैना, सैपर्स, स्काउट दल, हरावल दस्ता, हारावल, •युद्धाग्र, •सेनाग्र, ▪पृष्ठरक्षक सेना.

**अग्रचर** = मार्गप्रदर्शक.
**अग्रचिंतित** = पूर्वविचारित, प्रत्याशित.

**अग्र चौकी** *सं* अगली चौकी, आउटपोस्ट, सीमा चौकी.

**अग्रज** = बड़ा भाई.

**अग्रज** *वि* *जेठ*, जेठा/जेठी, ज्येष्ठ, प्रवर, बड़ा/बड़ी, वय में बड़ा, वरिष्ठ, •प्रथमज, ▪अनुज, ▪मझला/मझली, ▪समवयस्क.

**अग्रज/अग्रजा** *वि* अग्रजन्मा/अग्रजन्मी, ज्येष्ठ/ज्येष्ठा, पूर्वज/पूर्वजा, बड़का/बड़की, बड़ा/बड़ी, वरिष्ठ, •पूर्वज, ▪अनुज/अनुजा.

**अग्रजन्मा** = बड़ा भाई.
**अग्रजन्मा/अग्रजन्मी** = अग्रज/अग्रजा.
**अग्रजा** = बड़ी बहन.
**अग्रजाति** = ब्राह्मण.
**अग्रणी** = उत्तम, नेता, प्रबंधक.
**अग्रतः** = सब से पहले.

**अग्रतम** *वि* अग्रिमतम, पूर्वतम, प्राग्तम, सब से अगला, •पहला/पहली, ▪पश्चतम.

**अग्रता** = महत्त्व.
**अग्रथित** = अव्यवस्थित.
**अग्रदिशा गमन** = अग्रगमन.
**अग्रदूत** = मार्गप्रदर्शक, संदेशवाहक.
**अग्रदृश्य** = दृश्याग्र.

**अग्रदेय** *सं* अगौड़ी, अग्रिम, अग्रिम दायाद, अग्रिम देय, अग्रिम धन, उठौनी, नज़राना, पेशगी, *बयाना*, साई, •ऐडवांस बुकिंग, •देयता, •बयाना.

**अग्रधावक** = पुरोगंता.
**अग्रपाद** = पैर उँगली.
**अग्रपूज्य** = गणेश.

**अग्रप्रेषित** *वि* पुनर्प्रेषित, फ़ौरवर्डिड.

**अग्रबीज** = पेड़ पौधा क़लम.
**अग्रभाग** = अगवाड़ा, दृश्याग्र, सेनाग्र.
**अग्रभाग में** = आगे.
**अग्रभागीय** = अगला/अगली.
**अग्रभू** = अग्रभूमि, लक्ष्यचक्र.
**अग्रभूमि** = दृश्याग्र.

**अग्रभूमि** *सं* अग्रभू, अग्रस्थान, फ़ोरग्राउंड, •पार्श्व, ▪पिछवाड़ा, ▪पीठ, ▪पृष्ठभूमि.

**अग्रमहिषी** = पटरानी.
**अग्रयान** = सेनाग्र.

**अग्रयान** *सं* इंजन, कर्षक यान, चालक यान, *ट्रैक्टर*, ▪अनुयान.

**अग्रलेख** = संपादकीय लेख.
**अग्रवर्ती** = अगला/अगली, पूर्ववर्ती, प्रधान, प्रसिद्ध, मुख्य (समाचार), वरिष्ठ (कर्मचारी).
**अग्रशाला** = बरामदा.
**अग्रसंकेत** = शकुन.
**अग्रसंगत** = भविष्यसंगत.
**अग्रसर** = उत्थानशील, उदीयमान, प्रगामी, प्रगामी, प्रगामी, प्रसारशील, महत्त्वाकांक्षी, विकासशील.
**अग्रसरण** = प्रगति.
**अग्रसूचना** = पूर्वसूचना.
**अग्रसोची** = दूरदर्शी.
**अग्रस्थ** = अगला/अगली, पुरस्कार विजेता.
**अग्रस्थान** = अग्रभूमि, प्रथम स्थान.

**अग्रहस्त** *सं* अरत्नि, प्रकोष्ठ, प्रबाहु, हस्ताग्र, *हाथ*, •कलाई, •पहुँचा.

**अग्रहायण** = मार्गशीर्ष मास.
**अग्रांश** = अगवाड़ा, तारा उच्चता माप.
**अग्रांशु** = केंद्रबिंदु.
**अग्रा** = तारा उच्चता माप.
**अग्राधिकारी** = अपर (अधिकारी), प्रधान.
**अग्रानीक** = सेनाग्र.
**अग्राम्य** = अपालतू, नगरीय, नागरतापूर्ण, सभ्य.
**अग्राशन** = चढ़ावा.
**अग्रासन** = सम्मान स्थान.
**अग्राह्य** = अनाहार्य, अपाच्य, अबोध्य, असमर्थनीय, अस्वीकार्य, आपत्तिजनक, तर्कहीन, निषिद्ध.
**अग्राह्यता** = अनर्गलता.
**अग्रिम** = अगेती (फ़सल), अग्रदेय.
**अग्रिमतम** = अग्रतम.
**अग्रिम दस्ता** = अग्रगामी सेना.
**अग्रिम दायाद** = अग्रदेय.
**अग्रिम देय** = अग्रदेय.
**अग्रिम धन** = अग्रदेय.
**अग्रिम मोरचा** = युद्धाग्र.
**अग्रिम संदेश** = पूर्वसूचना.
**अग्रिम सूचना** = पूर्वसूचना.
**अग्रिय** = अगला/अगली, अगेती फ़सल, उत्तम.
**अग्रेसरिक** = नौकायन पाइलट.
**अग्लानि** = खेदहीन.
**अघ** = दुर्जनतापूर्ण.
**अघट** = अघटित, अप्रासंगिक, असंभव.
**अघटनीय** = अनम्य, असंभव, असंभव.
**अघटनीयता** = असंभवता.
**अघटित** = अरचित, भविष्यकालीन.

**अघटित** *वि* *अकृत*, अघट, अनहुआ/अनहुई, अनागत, अभूत, असंभूत, असृष्ट, ▪घटित.

**अघट्य** = असंभव, असंभव, दुरारूढ़.
**अघट्य** = अनम्य.
**अघन** = विरल.
**अघर्म** = अतिशीतल.
**अघात** = छका/छकी, भरपेट.
**अघात्य** = अहंतव्य.
**अघाना** = छकना, छकाना.
**अघाया/अघाई** = छका/छकी, तृप्त.
**अघायु** = पापी.

**अधिकारी** = आज्ञादाता.
**अधिया** = गाउन.
**अघोर** = अप्रबल, कोमल, विनम्र, शिव, सौम्य.
**अघोरनाथ** = शिव.
**अघोर सिद्धि** = प्रेतसिद्धि.
**अघोरी** = घिनौना/घिनौनी.
**अघोष** = ध्वनिहीन.
**अघोषित** = अनभिव्यक्त, अविज्ञापित.
**अघ्न्य** = अहंतव्य.
**अर्घ्य** = बलिवस्तु.
**अचंचल** = एकाग्रचित्त, गंभीर, दायित्वपूर्ण, धीर, निश्चल, निश्चल (जल), संयमित.
**अचंचलता** = एकाग्रता, गंभीरता, साधना.
**अचंचल होना** = ठहरना.
**अचंड** = अप्रबल.
**अचंभा** = आश्चर्य, चमत्कार, जिज्ञासा, विचित्र वस्तु.
**अचंभित** = चकित.
**अचकचाना** = चौंकना, भरमाना, सकपकाना.
**अचकचाया/अचकचाई** = चकित.

**अचकन** *सं* अँगरखा, शेरवानी, •कोट.

**अचक्रित अक्षदंड** = अक्षदंड.
**अचक्रिल** = सीधा/सीधी.
**अचक्षु** = अंधा/अंधी.
**अचगरा/अचगरी** = नटखट.
**अचगरी** = शरारत.
**अचतुर** = अदक्ष, फूहड़, सरलचित्त.
**अचपल** = गंभीर, चंचल.
**अचपलता** = गंभीरता.
**अचपलाहट** = चंचलता.
**अचभौन** = विचित्र वस्तु.
**अचर** = अचल, अपरिवर्तनीय.
**अचरज** = आश्चर्य, विचित्र वस्तु.
**अचरजकारी** = आश्चर्यजनक, विचित्र.
**अचरज भरा** = आश्चर्यजनक, विचित्र.

**अचर्चनीय** *वि* अकथ्य, अनाम्य, अनुच्चारणीय, अनुच्चार्य, अनुल्लेखनीय, अवचनीय, अवाच्य, *निषिद्ध*.

**अचर्चित** = गुमनाम.

 (प्रा) प्राचीन शब्द, अब अप्रचलित - *तिरछे* शब्द स्वतंत्र शीर्षक भी हैं •सपर्याय ▪विपर्याय

**अचर्चित** *वि* अनुल्लिखित, अपरिचर्चित, अवहेलित, *उपेक्षित*, छोड़ा/छोड़ी, त्यक्त/त्यक्ता, दरकिनार, दरगुज़र, परित्यक्त/परित्यक्ता, •अप्रतिष्ठित.

**अचल** = अपरिवर्तनीय, कर्मकांडीय, खूँटी, ढेर, धीर, पर्वत, संकल्पशील.

**अचल** *वि* अगच्छ, अचर, अजंगम, अविचल, ख़ड़ा/ख़ड़ी, नग, निचल, बरक़रार, सुस्थिर, स्थविर, *स्थिर*, •निश्चल, •निश्चल (जल), •प्रशांत, •विजड़ित, •स्थित, ▪अस्थिर, ▪जंगम, ▪लड़खड़ाता/लड़खड़ाती, ▪सचल.

**अचलकीला** = पृथ्वी.
**अचल संपत्ति** = आवास भूखंड, भूसंपत्ति.

**अचल संपत्ति** *सं* ग़ैरमनक़ूला जायदाद, घरद्वार, ज़मीन जायदाद, स्थावर संपत्ति, •चल संपत्ति, •संपत्ति, •संपत्ति.

**अचला** = पृथ्वी.
**अचलाधिप** = हिमालय.
**अचलायमान** = धीर, संकल्पशील.
**अचाक्षुष** = अदृश्य, इंद्रियातीत, इंद्रियातीत.
**अचानक** = अकस्मात, आकस्मिक.
**अचानक आक्रमण** = छापा.
**अचानक प्राप्ति** = अप्रत्याशित लाभ.
**अचानचक** = अकस्मात, आकस्मिक.
**अचापल्य** = गंभीरता.
**अचार** = चिरौंजी.

**अचार** *सं* अथान, कटवार, मसालेदार सुरक्षित आहार, •चटनी.

**अचारज** = धर्मज्ञानी.

**अचारदान** *सं* अमृतबान, इमरतबान, *जार*, बोट, मरतबान.

**अचारीकृत** = परिरक्षित (आहार).
**अचारु** = अव्यवस्थित, फूहड़.
**अचाहा/अचाही** = अवांछित.
**अचिंत** = निश्चिंत.
**अचिंतक** = अविचारशील, जल्दबाज़, विवेकहीन.
**अचिंतनीय** = अविचारणीय.
**अचिंतित** = अनपेक्षित, अयोजित, अविचारित, उपेक्षित, निश्चिंत, निश्चिंत, निष्कारण, प्रशांत, शोकहीन.
**अचिंत्य** = अविचारणीय.
**अचिकित्सित** = जीर्ण (रोग).
**अचिकित्स्य** = जीर्ण (रोग).

**अचिकित्स्य** *वि असाध्य*, आशातीत, *गंभीर*, *चिंताजनक*, चिकित्सातीत, दुस्साध्य, *निराशाजनक*, लाइलाज, लाहल.

**अचिरंतन** = क्षणभंगुर.
**अचिर** = अभी अभी, अल्पजीवी, क्षणिक, निकट भूतकाल, निकट भूतकाल में.
**अचिरजीवी** = अल्पजीवी.
**अचिरप्रभा** = विद्युल्लेखा.
**अचिरभा** = मेघविद्युत.
**अचीता/अचीती** = अगणनीय, अनपेक्षित, अविचारित.
**अचूक** = अचूक (औषध), कल्याणकारी, चिकित्साकारी, लक्ष्यवेधी, सफलताप्रद.

**अचूक (औषध)** *वि* अकसीर, अचूक, अमोघ, कारगर, *प्रभावशाली*, फ़ायदेमंद, बाअसर, बेचूक, मुफ़ीद, रामबाण, लाभकर.

**अचूक औषध** *सं* अकसीर, रामबाण, रामबाण औषध, शक्तिशाली औषध, •सर्वरोग औषध.

**अचूकता** = लक्ष्यसिद्धि.
**अचेत** = असावधान, सुप्त.

**अचेत** *वि* अचेतन, अजागरूक, अजाग्रत, गतचेतन, ग़ाफ़िल, चेतनाहीन, *जड़*, देहातीत, नष्टचेतन, निश्चेतन, प्रलीन, बेख़बर, बेसुध, बेहोश, मूर्छित, लाइल्म, सुधबुधहीन, सुधहीन, स्तब्ध, हतज्ञान, हृतमानस, •अजैव, •अनुभूतिहीन, •सुप्त, ▪जाग्रत, ▪सचेत, ▪सावधान.

**अचेतन** = अचेत, अजैव, असावधान, निष्क्रिय, मृत, शिथिलकाय, श्वासहीन.
**अचेतनक** = संज्ञाहर औषध.
**अचेतनता** = निरुत्साह.

**अचेतन पदार्थ** = अजैव पदार्थ.

**अचेतन मन** *सं* अंतःसंज्ञा, अंतर, अंतर्मन, अंतर्मानस, अचेतना, अतंश्चेतना, अहं, आत्मत्व, इड, •चेतन मन.

**अचेतना** = अचेतन मन, निस्संज्ञा.
**अचेष्ट** = निश्चल, प्रयासहीन.
**अचेष्टा** = अप्रयास, आलस.
**अचैना** = आधार सूची, कुंदा.
**अच्छ** = सुंदर.
**अच्छरा** = अप्सरा.
**अच्छा** = कल्याण, प्रेमी, प्रेमी, सदाचारी, सुंदर, हाँ, हित.
**अच्छा/अच्छी** = अनुकूल, अवसरानुकूल, अविकृत, असली, अस्पर्शित, आनंदप्रद, आशाप्रद, आहार्य, उच्चमानक, उत्तम, उदारमनस्क, उदाहरणीय, उपभोग्य, उपयोगी, उर्वर, करणीय, कर्तव्यपरायण, कलात्मक, कल्याणकारी, चयनीय, चिकित्साकारी, चिकित्सित, तर्कसंगत, ताज़ा, दक्ष, दयालु, देवदूतीय, धनप्रद, धनाढ्य, निस्स्वार्थ, नैतिक, नैसर्गिक, न्यायपर, न्यायप्रिय, पठनीय, परीक्षित, पसंद, पुण्यपूर्ण, पोषक, प्रशंसनीय, प्रासंगिक, प्रिय, मरम्मतकृत, महान, मित्रतापूर्ण, योग्य, रोचक, लाभप्रद, वांछनीय, विशोधित, व्यवस्थित, शुभसूचक, शोभनीय, सज्जनतापूर्ण, सत्यपूर्ण, सद्व्यवहारी, सफलताप्रद, सम्माननीय, सहनशील, सहयोगपूर्ण, सुखद, सुडौल, सुपाच्य, सुविधाजनक, सुविन्यस्त, सुवेशित, सौभाग्यप्रद, स्वच्छ, स्वस्थ, स्वादिष्ठ, स्वास्थ्यप्रद, स्वीकार्य.

**अच्छा/अच्छी** *वि* अच्छा भला/अच्छी भली, *आला*, इष्ट, *उत्तम*, उपयुक्त, *उपयोगी*, उम्दा, खरा/खरी, ख़ासा/ख़ासी, ख़ूब, गुणयुक्त, गुणी, चंगा/चंगी, चोखा/चोखी, चौकस, *ठीक*, दुरुस्त, नीका/नीकी, नेक, बढ़िया, भला/भली, *योग्य*, लायक़, *वांछनीय*, सद्गुणी, सही, •असली, •बेहतर, ▪अवमानक, ▪कामचलाऊ, ▪बुरा/बुरी.

**अच्छाई** = आदर्शवाद, ईमानदारी, निष्ठा, नैतिकता, पतिव्रत, महानता, विवाह निष्ठा, सदाचार, सद्‌व्यवहार, सौंदर्य, सौमनस्य.

**अच्छाई** *सं* अच्छापन, उच्चता, उपयोगिता, खरापन, ख़ूबी, गुण, गुणवत्ता, निकाई, निपुणता, नेकी, प्रशंसनीयता, बड़ाई, बढ़ियापन, भलाई, भलापन, *महानता*, श्रेयता, सआदत, सद्‌गुण, सीरत, ●उत्तमता, ●उपयोगिता, ●महानता, ●सज्जनता, ■दुर्गुण, ■बुराई.

**अच्छा करना** = सुधारना, सुधारना.
**अच्छा कहना** = सराहना.
**अच्छा काम** = सत्कर्म.
**अच्छा खाना** = स्वादिष्ठ आहार.
**अच्छा ख़ासा/अच्छी ख़ासी** = धनाढ्य, मध्यमस्तरीय.
**अच्छा ख़ासी/अच्छी ख़ासी** = मध्यवित्त.
**अच्छा चालचलन** = सदाचार.
**अच्छा ज़माना** = उत्कर्ष काल.
**अच्छा जी** = हाँ.
**अच्छा नतीजा** = सुपरिणाम.
**अच्छा निशाना** = लक्ष्यसिद्धि.
**अच्छापन** = अच्छाई.
**अच्छा बना/अच्छा बनी** = सुविन्यस्त.
**अच्छा बरताव** = सद्‌व्यवहार.
**अच्छा बिच्छा/अच्छी बिच्छी** = चिकित्सित, स्वस्थ.
**अच्छा बुरा** = उत्थानपतन, भाग्यचक्र.
**अच्छा बुरा कहना** = धिक्कारना.
**अच्छा भला/अच्छी भली** = अच्छा/अच्छी.
**अच्छा भाग्य** = सौभाग्य.
**अच्छा मित्र** = निरस्वार्थ मित्र.
**अच्छा लगना** = फबना.
**अच्छा वक़्त** = इष्टयोग, उत्कर्ष काल, सौभाग्य, स्वर्णयुग.
**अच्छा समय** = सौभाग्य.
**अच्छिद्र** = अनिंदनीय, छिद्रहीन, छिद्रहीन, जलवारक, ठोस, परिपूर्ण.
**अच्छिद्रित** = अविद्ध.
**अच्छिद्रिल** = छिद्रहीन.
**अच्छिन्न** = अभंजित.
**अच्छी** = उर्वर, प्रेमिका, प्रेमिका, सुंदर स्त्री.
**अच्छी ख़बर** = सुसमाचार.
**अच्छी तरह** = कुशलतः, विधिपूर्वक.
**अच्छी नस्ल का** = कुलीन.
**अच्छी बात** = मृदुभाषण.
**अच्छी लिखाई** = सुलेख.
**अच्छी साइत** = इष्टयोग.
**अच्छी सीख** = सुपरामर्श.
**अच्छी स्मरणशक्ति** = स्मृतिधरता.
**अच्छी हालत** = समृद्धि, सुपरिस्थिति.
**अच्छे** = गुरुजन, वृद्धजन.
**अच्छे दिन** = उत्कर्ष काल, स्वर्णयुग.
**अच्छे बुरे का ज्ञान** = विवेक.
**अच्छे समय का मित्र** = सस्वार्थ मित्र.
**अच्युत** = अनष्ट, अपरिवर्तनीय, अमर, ईश्वर, कृष्ण, विष्णु, संकल्पशील.
**अच्युतवास** = पीपल, वटवृक्ष.
**अच्युताग्रज** = इंद्र, बलराम.
**अछंदबद्ध** = छंदहीन.
**अछरी** = अप्सरा.
**अछल** = छलहीन.
**अछूत** = अस्पृश्य.
**अछूत** = शूद्र.
**अछूतता** = अस्पृश्यता.
**अछूता** = कौमार्यवान.
**अछूता/अछूती** = अप्रभावित, अस्पर्शित, निष्कलंक.
**अछूती** = कौमार्यवती.
**अछेद्य** = अखंडनीय, अटूट, अविभाज्य, ठोस, दुर्गम, रुद्ध.
**अछोर** = असीम.
**अछोह** = निर्दय, परजन भावना.
**अजंगम** = अचल, अवहनीय, निश्चल, स्थावर.
**अज** = अजन्मा/अजन्मी, अनादि, बकरा, भेड़ा, मेष राशि.
**अजक/अजका** = मेमना.

**अजगर** *सं* अज़दहा, चक्रमंडली, पाइथन, बोआ, बोड़ा, शयथ, शयालु, ●साँप.

**अजगरी वृत्ति** = अप्रयास.
**अजगाव** = राशिचक्र, शिवधनुष.
**अजगुत** = अभूतपूर्व, विचित्र, विचित्र वस्तु.
**अजग़ैबी** = परलौकिक.
**अजज़ा** = पंचभूत.
**अजटित** = वहनीय, विलग्नीय.
**अजटिल** = अतकनीकी, पठनीय, बोलचाल की (भाषा), सहज, सुलझा/सुलझी.
**अजड़** = जैव.
**अजड़ा** = लाल मिर्च.
**अजथ्या** = सोनजूही.
**अज़दहा** = अजगर.
**अजननी** = वंध्या.
**अजनबी** = अज्ञात, अपरिचित, असामान्य, परजन.
**अजनबीपन** = अपरिचय, परजन भावना.

**अजनाकीर्ण** *वि* असघन, ख़ाली, खुला/खुली, चौड़ा/चौड़ी, छीदा/छीदी, फैला/फैली, भीड़हीन, *विरल*, विस्तृत, शांत, सुनसान, ●आवासीहीन, ■जनाकीर्ण.

**अजन्म** = अनस्तित्व, अनादि.
**अजन्मजात** = अनानुवंशिक.
**अजन्मा** = ईश्वर.

**अजन्मा/अजन्मी** *वि* अज, अजात, अनागत, अनुत्पन्न, अनुद्‌भूत, अपेक्षित, अभूत, असंजात, असंभूत, ■जन्मा/जन्मी.

**अजपति** = मंगल ग्रह.
**अजपथ** = आकाश गंगा.
**अजपाल** = गड़रिया.
**अजबंधु** = मूर्ख.
**अजब** = अभूतपूर्व, आश्चर्य, विचित्र.
**अज़मत** = ऊँचाई, प्रतिष्ठा, महत्त्व, महानता, वैभव.
**अजमल** = सुंदर.
**अजमीढ़** = ऋषि.
**अजमोदा** = अजवायन.
**अजमोदिका** = अजवायन.
**अजय** = अजेय.
**अजया** = बकरी, भाँग.
**अजर** = अनंत, अनाश्य, अमर, ईश्वर, ग्वार फली, चिरयुवा, देवता.
**अजर अमर** = अपरिवर्तनीय, अमर.
**अजरता** = अमरता.
**अजरा** = चिरयौवन.
**अजर्जर** = अविकृत.
**अजर्य** = अपाच्य, चिरयुवा, चिरयौवन.
**अजर्यता** = अमरता.
**अज़ल** = सृष्टिकाल.
**अजवायन** = मसाला सूची

 (प्रा) प्राचीन शब्द, अब अप्रचलित · *तिरछे* शब्द स्वतंत्र शीर्षक भी हैं ●सपर्याय ■विपर्याय

**अजवायन** *सं* अजमोदा, अजमोदिका, जवनी, तीव्रगंधा, दीपनी, नानख़्वाह, यमानी, •जीरा, •धनिया, •मेथी.

**अजवीथी** = आकाश गंगा, राशिचक्र.
**अज़ सर ता पा** = शीश-पाद पर्यंत.
**अजस्त्र** = अविराम.
**अज़हद** = अत्यधिक, असीम, विस्तीर्ण.
**अज़हर** = चमक, चमकदार.
**अजहुँ** = अब तक, वर्तमान में.
**अजा** = बकरी, भेड़.
**अज़ा** = दुःख, पीड़ा, मृत्यु संवेदना, शोक.
**अज़ाख़ाना** = मृत्यु शोक गृह.
**अजागरण** = निद्रा.
**अजागरूक** = अचेत, अदूरदर्शी, अनेकाग्र, असावधान, समाजविरोधी.
**अजाग्रत** = अचेत, सुप्त.
**अज़ाज़ील** = शैतान.
**अजाजीव** = गड़रिया.
**अजात** = अजन्मा/अजन्मी.
**अजातपक्ष** = अजातपक्ष शिशु पक्षी.

**अजातपक्ष शिशु पक्षी** *सं* अजातपक्ष, अपत्र, गेदा, पंखपूर्व पक्षी शिशु, पोटा/पोटी, •शिशु पक्षी.

**अजातशत्रु** = शत्रुहीन.

**अजातश्मश्रू** *वि* अयाना/अयानी, अल्पवयस्क, कमसिन, चिकना/चिकनी, तूवर, दाढ़ी मूँछ हीन, पोगंड, मकुना, •मूँछहीन, ▪दाढ़ीदार, ▪मुच्छड़.

**अजातारि** = युधिष्ठिर, शत्रुहीन.
**अजाति** = जाति निर्वासित, जातिहीन.
**अज़ादार** = मातमदार, मृत्यु संवेदना कर्ता.
**अज़ादारी** = मातम, मृत्यु संवेदना.
**अजान** = अज्ञानी, विवेकहीन.

**अज़ान** *सं आवाहन*, नमाज़ बुलावा, *निमंत्रण*, पुकार, बुलावा, सदा, •आवाहन, •मसजिद.

**अज़ान देने वाला धर्माधिकारी** = मुअज़्ज़िन.
**अजानपन** = अविवेक.
**अजाना/अजानी** = अज्ञात, अपरिचित.
**अज़ानी** = मुअज़्ज़िन.
**अजापालन** = भेड़बकरी पालन.
**अजाप्रिया** = झड़बेरी.
**अज़ाब** = दंड, पापफल, पीड़ा, संकट.
**अजा मांस** = बकरा मांस.
**अजायब (बहुवचन)** = विचित्र वस्तु.
**अजायबख़ाना** = अजायबघर.

**अजायबघर** *सं* अजायबख़ाना, अद्‌भुतालय, कौतुकागार, कौतुकालय, *भंडार*, म्यूज़ियम, विचित्रालय, *संग्रहालय*, •चिड़ियाघर.

**अजार** = रोग.
**अजारज** = वैध (संतान).
**अजा शिशु** = मेमना.
**अजित** = अजेय, अपराजित, गौतम बुद्ध.
**अजितनाथ** = तीर्थंकर सूची.
**अजिन** = चमड़ा, चमड़ा थैला, चर्म आसन, छाल, त्वचा, धौंकनी, मशक, हिरन.
**अजिनपत्रिका** = चमगादड़.
**अजिर** = आँगन, शरीर.
**अजिल्द पुस्तक** = पेपरबैक पुस्तक.
**अज़ीज़** = अनुग्रह पात्र, प्रेमी, मित्र, संबंधी, स्वजन.
**अज़ीज़/अज़ीज़ा** = प्रिय, प्रेमपात्र/प्रेमपात्रा.
**अज़ीज़ जानना** = प्रेम करना.
**अज़ीज़दारी** = परिवार संबंध, मित्रता.
**अज़ीज़ मानना** = प्रेम करना.
**अजीत** = अजेय, अपराजित.
**अजीब** = आश्चर्यजनक, तुड़ा मुड़ा/तुड़ी मुड़ी, विचित्र, सनकी.
**अजीब चीज़** = विचित्र वस्तु.
**अजीबो ग़रीब** = विचित्र.
**अज़ीम** = ईश्वरीय, ऊँचा/ऊँची, बृहत्, महान, विस्तीर्ण.
**अज़ीमुश्शान** = भव्य.
**अजीरन** = कुपथ्याहार, जीर्ण (रोग), जीर्ण रोग, बदहज़मी.
**अजीरन (बोलचाल)** = जीर्णशीर्ण.
**अजीर्ण** = कुपथ्याहार, जीर्ण (रोग), बदहज़मी.
**अजीर्ण (बोलचाल)** = जीर्णशीर्ण.
**अजीर्ण (रोग)** = जीर्ण (रोग).
**अजीर्णहर** = पुदीना.
**अजीवंत** = निष्क्रिय, प्रयासहीन, हतोत्साहित.
**अजीवंतता** = आलस, निरुत्साह.
**अजीव** = अजैव, अजैव पदार्थ.
**अजीवित** = अस्तित्वहीन, मृत, श्वासहीन.
**अजूबा** = चमत्कार, नावल्टी, विचित्र वस्तु.

**अजेय** *वि* अजय, अजित, अजीत, अदमनीय, अदम्य, अनाक्रम्य, अपराजेय, अभेद्य, *अमिट*, अयोध्य/अयोध्या, अविचल, अविजेय, आक्रमणातीत, उद्दंड, उद्दाम, *कठिन*, घोर, तेज़, दमदार, दुरतिक्रम, दुराक्रम, *दुर्गम*, *दुर्गीकृत*, दुर्जेय, दुर्दम्य, दुर्दांत, दुर्योध, *दुर्योधन*, दुर्योध्य, दृढ़, परिरक्षित, प्रचंड, *प्रबल*, बलवान, बलशाली, *बलिष्ठ*, भीषण, *वशातीत*, विकट, विकराल, *शक्तिशाली*, *सुदृढ़*, •रक्षित, •शक्तिशाली, ▪असुरक्षित, ▪जेय, ▪निर्बल.

**अजैव** *वि* अचेतन, अजीव, अधिभौतिक, अनात्म, आधिभौतिक, क्षयी, चैतन्यहीन, *जड़*, जीवनहीन, *धात्विक*, पार्थिव, *भौतिक*, स्थूल, •मृत, ▪जैव, ▪सचेत.

**अजैव पदार्थ** *सं* अचेतन पदार्थ, अजीव, अधिभूत, अनात्म, अनुभूतिहीन जगत, इनैनिमेट मैटर, इनौर्गैनिक मैटर, जड़ पदार्थ, जड़ प्रकृति, जड़ सृष्टि, तन्मात्र, *धातु*, *पंचभूत*, पत्थर, माटी, माद्दा, स्थूल विषय, •प्रकृति, ▪जैव पदार्थ.

**अज्जका** = वेश्या.
**अज़्ज़ा वजल्ला** = अल्लाह.
**अज्ञ** = अज्ञानी, व्यवहार अकुशल.
**अज्ञता** = अज्ञान, मूर्खता.
**अज्ञात** = अनपेक्षित, अनसुना/अनसुनी, अपरिचित, अपरिभाष्य, अविज्ञापित, असामान्य, गुप्त, गुमनाम, नामहीन (रचना), परलौकिक, प्रागितिहासिक, भुतहा/भुतही, मित्रहीन, रहस्यपूर्ण, संदेहजनक.

**अज्ञात** *वि* अजनबी, अजाना/अजानी, अज्ञातपूर्व, अदृष्ट, अनजाना/अनजानी, अनदेखा/अनदेखी, अनधिगत, अननुभूत, अनभिज्ञात, अनवगत, अनसमझा/अनसमझी, अनसुना/अनसुनी, अनोखा/अनोखी, *अपरिचित*, अपूर्व, अप्रज्ञात, अप्रतीत, अप्रमित, अविज्ञात, अविदित, अविदित, असंज्ञात, नया/नई, नामालूम, नामालूम, नावाकिफ़, बेमालूम, ●गुप्त, ●विचित्र, ●विस्मृत, ■ज्ञात, ■परिचित, ■प्रकट, ■लोकप्रिय.

**अज्ञात आकाश यान** = उड़न तश्तरी.
**अज्ञात काल** = प्रागितिहास.
**अज्ञात खोज** = खोज यात्रा.
**अज्ञातता** = गुमनामी, रहस्य.
**अज्ञात द्वारा रचित** = नामहीन (रचना).
**अज्ञातनाम** = गुमनाम, नामहीन, नामहीन (रचना).
**अज्ञात परिणाम** = रैंडम चयन, शेर बकरी.
**अज्ञात परिणाम खोज** = प्रयोग.
**अज्ञातपूर्व** = अज्ञात, अभूतपूर्व.
**अज्ञात प्रतिभाशाली व्यक्ति** = छिपा रुस्तम.
**अज्ञात यान** = उड़न तश्तरी.
**अज्ञात वस्तु** = कोई.
**अज्ञातवासी** = भूमिगत.
**अज्ञात व्यक्ति** = कोई.
**अज्ञात व्यक्ति द्वारा रचित** = नामहीन (रचना).
**अज्ञात स्थान पर** = कहीं.
**अज्ञाता** = अज्ञानी.
**अज्ञान** = अशिक्षा, असाक्षरता, निद्रा, माया, मूर्खता, मोह, वासना, स्मृतिनाश.

**अज्ञान** *सं अंधकार*, अज्ञता, अनजानपन, अनभिज्ञता, *अपरिचय*, अमति, अविद्या, *अशिक्षा*, असूचना, ग़ैर जानकारी, जहालत, जाहिली, ज्ञानाभाव, तमिस्र, तामस, बेख़बरी, *भ्रम*, *माया*, *मोह*, विकार, ●अशिक्षा, ●ग़लतफ़हमी, ●मूर्खता, ●स्मृतिनाश, ■ज्ञान, ■शिक्षा, ■सूचना.

**अज्ञानपूर्ण** = अज्ञानी.
**अज्ञान हर्ता** = प्रबोधक.
**अज्ञानी** = अंधविश्वासी, अगुणज्ञ, अनुभवहीन, अवयस्क, अविद्वान, अशिक्षित, असाक्षर, नौसिखिया, मंदधी, मूर्ख, विवेकहीन, विश्वासशील.

**अज्ञानी** *वि* अकृतात्मा, अजान, अज्ञ, अज्ञाता, अज्ञानपूर्ण, अनजान, अनभिज्ञ, अपढ़, अप्रज्ञ, *अशिक्षित*, जाहिल, ज्ञानहीन, नादान, नादान, नासमझ, पिछड़ा/पिछड़ी, भोला/भोली, *मूर्ख*, लंठ, हीनमति, ●अंधविश्वासी, ●अनुभवहीन, ●अल्पज्ञ, ●असाक्षर, ●नौसिखिया, ●मंदधी, ■ज्ञाता, ■ज्ञानी.

**अज्ञापक** = स्वल्पभाषी.
**अज्ञेय** = अस्पष्ट (स्वरीय), इंद्रियातीत, ईश्वर, क्लिष्ट (भाषा), गुप्त, गुह्य, चमत्कारपूर्ण, रहस्यपूर्ण, सुराग़हीन.

**अज्ञेय** *वि* अकथ्य, अगम्य, *अगाध्य*, अगोचर, अथाह, अनधिगम्य, अनवगाह्य, अनिरूप्य, अप्रमेय, अबोधगम्य, *अबोध्य*, अवर्ण्य, अविज्ञेय, अवेद्य, चिंतनातीत, ज्ञानातीत, तर्कागम्य, तर्कातीत, बुद्धि से परे, बोधातीत, विचारातीत, समझ के परे, ●अज्ञात, ●अतिप्राकृतिक, ●अपरिभाष्य, ●अबोध्य, ●इंद्रियातीत, ■ज्ञेय, ■बोध्य.

**अज्ञेयता** = अनर्गलता, कूटभाषा.

**अज्ञेयवाद** *सं* ईश्वर को जाना नहीं जा सकता, भौतिक जगत से परे ज्ञान असंभव है, संशयवाद, ■ज्ञेयवाद.

**अज़्म** = संकल्प.
**अज्वलनशील** = अदहनशील.
**अझूना** = अग्नि.
**अटंबर** = ढेर.
**अट** = बाज़ार.
**अटक** = अवरोध, प्रतिबंध, बाधा, विलंब.
**अटक अटक कर बोलना** = हकलाना.
**अटकता/अटकती** = हकला/हकली.
**अटकन** = बाधा, हिचक.
**अटकना** = बिगड़ना, रुकना, हकलाना, हिचकना.

**अटकना** *क्रि* अड़ना, *उलझना*, खुँसना, टँगना, *फँसना*, *बँधना*, बिरमना, ●चिपकना.

**अटकल** *सं* अस्पष्ट ज्ञान से अज्ञात की कल्पना, आधारहीन अनुमान, तीर तुक्का, तुक्का, दूर की कौड़ी, निराधार अनुमान, ●अंदाज़ा, ●अनुमान.

**अटकल के सहारे** *क्रिवि* अटकल पच्चू, अललटप्पू, तुक्के से, बिना विचारे, यूँ ही.

**अटकल पच्चू** = अटकल के सहारे.

**अटकलबाज़** *सं* तुक्केबाज़, बुझक्कड़, लाल बुझक्कड़.

**अटका/अटकी** = अवरुद्ध, विलंबित.
**अटका (जगन्नाथ)** = नैवेद्य.
**अटकाना** = जड़ना, फँसाना, रोधना, लगाना, लटकाना.

**अटकाना** *क्रि* अड़ाना, उढ़काना, *उलझाना*, खोंसना, टाँकना, टाँचना, *टिकाना*, *फँसाना*, *फाँसना*, *रखना*, *रोकना*, *लगाना*, *लटकाना*, ●उलझाना.

**अटकापन** = गतिरोध.
**अटकाव** = अवरोध, उलझन, बाधा, विलंब.
**अटन** = गश्त, पर्यटन, भिक्षाटन.
**अटपटा/अटपटी** = अप्रासंगिक, विचित्र.
**अटरंडम** = संयोगवश.
**अटरम शटरम** = विविधा.
**अटरिया** = छत.
**अटल** = अपरिवर्तनीय, अवश्यंभावी, एकनिष्ठ, धीर, निर्धारित, प्रभावातीत, प्रवाल द्वीप वलय, प्रारब्धाधीन, वीर, संकल्पशील, साहसी, हठी.
**अटलता** = साहस.
**अटलनीय** = अवश्यंभावी, प्रारब्धाधीन.
**अटलनीयता** = अवश्यंभावना.
**अटविक** = वनीय.
**अटवी** = वन.
**अटहर** = ढेर, पगड़ी, लपेट.

**अटा** = गश्त, ढेर, पर्यटन.
**अटाटूट** = अगणनीय.
**अटाट्या** = पर्यटन.
**अटाट्या** = गश्त.
**अटाना** = जड़ना.
**अटारी** = छत, दृश्यावली कक्ष, बरसाती कमरा, बहुखंडी भवन.
**अटाला** = असबाब, छत, ढेर, थोक, बहुखंडी भवन, महल.
**अटाली** = छत.

**अटिकाऊ** *वि* अदृढ़, अल्पस्थायी, कच्चा/कच्ची, *क्षणभंगुर*, नापायदार, •अल्पजीवी, •भंगुर, ▪टिकाऊ.

**अटूट** = अनाश्य, अमर, अविभाज्य, अविराम, क्रमिक.

**अटूट** *वि* अकाट, अकाट्य, अखंड, *अखंडनीय*, अछेद्य, *अनाश्य*, अभंग, अभंगुर, अभंजनशील, अभंजनीय, अभंज्य, *अमिट*, कड़ा/कड़ी, कड़ियल, चट्टानी, *टिकाऊ*, दृढ़, नाशहीन, पक्का/पक्की, मज़बूत, वज्रांग, सख़्त, *सुदृढ़*, •अनाश्य, •अभंजित, ▪भंगुर.

**अटूट संबंध** = विवाह.
**अटेरन** = कंकालमात्र.

**अटेरन** *सं* अंटी, अँडिया, अड्डा, •पेचक, •लटई.

**अटेरन कर देना** = थकाना.
**अटेरन होना** = दुबलाना.
**अटेरना** = लपेटना.
**अटेरा** = चक्कर.
**अटैंशन** = एकाग्रता, सलामी.
**अटैक** = आक्रमण.
**अटैची** = ब्रीफ़केस, संदूक़.
**अटैनडैंट** = परिचारक.
**अटैशी केस** = ब्रीफ़केस, संदूक़.
**अटैस्टिड** = सत्यापित.
**अटैस्टेशन** = सत्यापन.
**अट्ट** = अगणनीय, ऊँचा/ऊँची, टाँड़, भवन शिखर, रेशमी वस्त्र.
**अट्टसट्ट** = बकवास, रद्दी.

**अट्टहास** *सं* अतिहास, उत्प्रास, उद्धस्, उन्मुक्त हास, क़हक़हा, खक्खा, खिलखिलाहट, ठहाका, ठहाका, प्रहास, महाहास, मुक्तहास, *हँसी*, हास, हाहा, हाहा हीही, हाहा हूहू, हीही, हूहू, हेंहें, होहो, •उपहास, •खिल्ली, ▪आर्तनाद, ▪मुस्कान.

**अट्टहास करना** = हँसना.
**अट्टहासी** = हँसता/हँसती.
**अट्टा** = मचान.
**अट्टाल** = छत, पहरा मीनार.
**अट्टालकीय** = महल जैसा.
**अट्टालिका** = गगनचुंबी भवन, बहुखंडी भवन, महल.
**अट्टालिकाकार** = भवन निर्माता, राजगीर.
**अट्ठा** = आठ समुदाय.
**अट्ठारह** = अठारह.
**अट्ठी** = आठ समुदाय.
**अट्या** = पर्यटन.
**अठ** = आठ, आठ समुदाय.
**अठ-** = आठवाँ/आठवीं.
**अठखेलिया** = नटखट.
**अठखेली** = अलमस्ती, आनंदक्रीड़ा, इठलाहट.
**अठन्नी** = सिक्का सूची

**अठन्नी** *सं* अधेली, रुपया.5.

**अठभुज** = अष्टभुज, अष्टभुजीय.
**अठभुजा** = अष्टभुज, अष्टभुजीय.
**अठमासा** = अकाल प्रसूत.
**अठवाँसा** = अकाल प्रसूत.
**अठवाड़ा (बोलचाल)** = सप्ताह.
**अठान** = अकरणीय, असाध्य.
**अठाना** = जड़ना.

**अठारह** *सं* **18**, अट्ठारह, अष्टादश, सतरह जमा एक.

**अड़ंगा** = अवरोध, बाधा, स्पीड ब्रेकर.
**अड़ंगा डालना** = रोधना.
**अड़ंगा लगाना** = रोधना.

**अड़ंगेबाज़** *सं* अड़ियल, अवबाधक, अवरोधक, अवरोधी, *खच्चर*, प्रतिबाधी, बाधयिता, बाधिता, रोधी, विघ्नकर्ता, *विरोधी*, व्यवधाता, व्याघाती, संरोधी, ▪अविलंबी.

**अड़** = नाका, बाँध, बारेज, विलंब, शत्रुता, हठ.
**अड़चन** = अवरोध, बाधा, हिचक.
**अड़चन डालना** = रोधना.
**अड़डंडा** = चटकनी, बँड़ेर, सीढ़ी डंडा.
**अड़पोपो** = पाखंडी.
**अड़तल** = आड़.
**अड़दब** = आड़.
**अड़ना** = अटकना, झेलना, ठिनकना, धक्कामुक्की करना.
**अड़बंगा/अड़बंगी** = कठिन, विचित्र, सनकी.
**अडल (मलयालम)** = प्रवाल द्वीप वलय.
**अड़वार** = थूनी.
**अड़वाल** = थूनी, सहारा दीवार.
**अड़स** = कार्क.
**अड़हुल** = जवाकुसुम.
**अड़ा/अड़ी** = विलंबित.
**अड़ाअड़ी** = प्रतिद्वंद्विता, शत्रुता.
**अड़ाड़** = ढेर.
**अड़ाना** = अटकाना, ठूँसना, रोधना.
**अड़ापन** = गतिरोध.
**अड़ार** = आखेटबाड़ा, ईंधन दुकान, ढेर.
**अडिग** = अनुशासनप्रिय, एकनिष्ठ, धीर, पुरुषोचित, मतांध, वीर, संकल्पशील, हठी.
**अडिगता** = मनोबल, साहस, हठ.
**अड़ियल** = अड़ंगेबाज़, अनुदार, अनुशासनप्रिय, कठोर (अधिकारी), कामचोर, खेदहीन, जीर्ण (रोग), तर्कहीन, पूर्वग्रहपूर्ण, प्रभावातीत, मतांध, रूढ़िवादितापूर्ण, व्यवहार अकुशल, हठी.
**अड़ियल नहीं** = व्यवहारकुशल.
**अड़ियलपन** = अवज्ञा.
**अड़ी** = आपात्काल, संकट.

**अड़ूब** *वि* आवातित, *काष्ठीय*, ख़ाली, खोखला/खोखली, फूला/फूली, *भारहीन*, वायवी, *शून्य*, हलका/हलकी, हवाई, *हवादार*, हवा भरा, •तरणशील.

**अड़ोस** = पड़ोस.
**अड़ोसपड़ोस** = पड़ोस.
**अड़ोसीपड़ोसी** = पड़ोसी.
**अड्डा** = अटेरन, कढ़ाई फ़्रेम, करघा, केंद्रस्थान, क्लब, घर, चौकड़ीघर, चौखटा, जुआघर, ट्रांसपोर्ट नगर, पक्षी

छतरी, पड़ाव कार्यालय, मद्यशाला, सेना चौकी, स्टेशन.
**अड्डेबाज़** = मिलनसार.
**अड्डेबाज़ी करना** = मिलना जुलना.
**अढलनीय** = अनम्य.
**अणिमा** = आत्मा, प्राणशक्ति, योगसिद्धि.
**अणु** = अंश, कण, खंड, घटक, परमाणु, मोलक्यूल.
**अणु अस्त्र** = आण्विक अस्त्र.
**अणुक** = रैडिकल, सूक्ष्म.
**अणु नित्य है और प्रपंच का कारण है** = अणुवाद.
**अणु बम** = ऐटम बम.
**अणुमात्र** = छोटे साइज़ का, सूक्ष्म.
**अणुमात्रिक** = सूक्ष्म.
**अणुयुग** = आधुनिक काल, नवयुग.
**अणु रेणु** = त्रसरेणु.
**अणुल** = रैडिकल.

**अणुवाद** *सं* अणु नित्य है और प्रपंच का कारण है, जीव अणु है, परमाणुवाद, ●दर्शन शास्त्र.

**अणुवीक्षण यंत्र** = खुर्दबीन.
**अणुव्रीहि** = चावल, धान.
**अणुशक्ति** = परमाणु ऊर्जा.
**अतंत्र** = अराजकतापूर्ण.
**अतंद्र** = निद्राहीन, सावधान.
**अतंद्रा** = जाग्रत अवस्था, निद्राहीनता, सावधानी.
**अतंश्चेतना** = अचेतन मन.
**अतः** = इस लिए, फलस्वरूप.
**अतःपरं** = इस के बाद.
**अतएव** = इस लिए.
**अतकनीकी** = सहजीकृत.

**अतकनीकी** *वि* अक्लिष्ट, अजटिल, अशास्त्रीय, गैरतकनीकी, सरल, *सहज*, *साधारण*, *सामान्य*, स्थूल, ■तकनीकी.

**अतकनीकी बोली** = जनभाषा.
**अतटस्थ** = पक्षधर.
**अतत्त्व** = अपदार्थ.
**अतत्त्वज्ञ** = अगुणज्ञ.
**अतत्पर** = असन्नद्ध.

**अतत्पर** *वि* अनविलिंग, अनातुर, अनिच्छु, अनिच्छुक, अनिच्छुकतापूर्ण, अनुत्साही, अनुत्सुक, अनुद्यत, अप्रस्तुत, अव्यवसायी, असहयोगी, *आलसी*, उत्साहहीन, *कामचोर*, झिझकू, टालमटोलू, टालू, ढीला/ढीली, *निष्क्रिय*, मट्ठर, लद्धड़, *विमुख*, *विरुद्ध*, *विरोधी*, शांत, *शीतल*, *संदेहशील*, संशयी, सहयोगहीन, सुस्त, स्फूर्तिहीन, हिचकता/ हिचकती, हिचकिचाता/ हिचकिचाती, हिचकू, ●असन्नद्ध, ■आतुर, ■चुस्त, ■तत्पर, ■परिश्रमी.

**अतथ्य** = ग़लती, तथ्यहीन.
**अतथ्यपरक** = असटीक, भावनाधारित.
**अतप** = अतिशीतल, पाखंडहीन.
**अतर** = इत्र.
**अतरसों** = परसों.
**अतरौटा** = इत्रदानी.
**अतर्क** = तर्कहीन, मतांध.
**अतर्कित** = अविचारित.
**अतर्पण** = अतृप्ति.
**अतल** = अगाध्य.
**अतलता** = गहराई.
**अतलांतिक** = अतलांतिक महासागर.

**अतलांतिक महासागर** *सं* अंध महासागर, अतलांतिक, ऐटलांटिक ओशन.

**अतल्लीन** = अनेकाग्र.
**अतसी** = अलसी.
**अता** = दान, प्रदत्त, प्रदान.
**अताई** = ईश्वरीय, स्वशिक्षित.
**अताई हकीम** = नीम हकीम.
**अतापता** = पता निर्देश, पाद टिप्पणी, विषय सूची, संदर्भ, स्थानचिह्न.

**अतापता** *सं* इशारा, पहेली संकेत, *संकेत*, *सुझाव*, सूझ, हवाला.

**अतापता तक न मिलना** = उजड़ना.
**अताबख़्श** = दानी.
**अतालिया** = इटली.
**अताशे** = राजनयिक.
**अति** = अत्यधिक, अत्याचार, अधिक.
**अति अलंकृत** = अत्यलंकृत.
**अति आनंद** = आनंदातिरेक.
**अतिकथ** = अतिशयोक्तिपूर्ण.
**अतिकर्मण्य** = कार्योन्मादी, कार्योन्मादी.
**अतिकर्मण्यता** = अत्युत्साह.
**अतिकर्मिता** = अत्युत्साह.
**अतिकाय** = महाकाय.
**अतिकाल** = दीर्घ काल, विलंब.
**अतिकालीन** = समयोपरांतीय.
**अतिकृत** = उल्लंघित.
**अतिक्रम** = उल्लंघन.
**अतिक्रमण** = उल्लंघन, विजय.

**अतिक्रमण** *सं* अतिचार, अतिलंघन, अधिक्रमण, अधिलंघन, *आक्रमण*, आक्रांति, *उल्लंघन*, *घुसपैठ*, चढ़ाई, बलात् प्रवेश, सीमातिक्रमण, सीमालंघन, सीमोल्लंघन, ●राष्ट्रजय, ■रक्षा.

**अतिक्रमित** = आक्रांत.
**अतिक्रमी** = घुसपैठिया.
**अतिक्रांत** = उल्लंघित.

**अतिक्रांता** *सं* अधिक्रांता, अधिलंघक, *आक्रांता*, उल्लंघक, *घुसपैठिया*, चढाई करने वाला, सीमाक्रांता, सीमा लंघक, सीमोल्लंघक, हमलावर, ●आक्रांता, ●घुसपैठिया.

**अतिक्रिया** = अत्युत्साह.
**अतिक्षीणकाय** = कंकालमात्र.
**अतिगंध** = गंधक, चंपा.
**अतिगमन** = ओवरटेकिंग.
**अतिगूढ** = अबोध्य, कूटबद्ध, रहस्यपूर्ण.
**अतिग्राह** = सम्यक् ज्ञान.
**अतिचर्या** = असंयम.
**अतिचार** = अतिक्रमण, असंयम, उल्लघन, उल्लंघन, स्वेच्छाचार.
**अतिचारी** = उग्रवादी, संयमहीन.
**अतिचित्र** = कार्टून, कैरिकेचर.
**अतिजव** = द्रुत.
**अतिजीवी** = उत्तरजीवी.
**अतितीव्र महँगा कंप्यूटर** = सुपर कंप्यूटर.
**अतितृष्णा** = लोभ.
**अतिथि** = निमंत्रित व्यक्ति, भोजातिथि, मुलाक़ाती.

**अतिथि** *सं* अभ्यागत, *आगंतुक*, *आगत*, आतिथ्य, आया गया, *गृहागत*, गैस्ट, नेवतहरा, पाहुन, पाहुना/पाहुनी, प्राहुण (प्रा), मेहमान, विज़िटर, शुभागत,

■मेज़बान.

**अतिथिकक्ष** = गैस्टरूम.
**अतिथि क्रिया** = सत्कार.
**अतिथि गृह** = गैस्टरूम, गैस्टहाउस.

**अतिथिपरायण** *सं* खुशदिल, ज़िंदादिल, *मिलनसार*, शिष्टाचारी, सत्कारकारी, सोशल, स्वागतकारी, ●दावतबाज़.

**अतिथि पूजा** = सत्कार.
**अतिथि भवन** = गैस्टहाउस.
**अतिथि यज्ञ** = सत्कार.
**अतिथि शाला** = गैस्टहाउस.
**अतिथि सेवा** = सत्कार.
**अतिदानी** = दानवीर.
**अतिदूर** = दूरतम.
**अतिध्वनिक** = पराध्वनिक.
**अतिनैतिक** = अविलासी.
**अतिपरिवर्तन** = कायापलट.
**अतिपीड़ा** = छटपटाहट.
**अतिप्रकृत** = गुह्य, भुतहा/भुतही.
**अतिप्राकृतिक** = इंद्रियातीत, गुह्य, चमत्कारपूर्ण, भुतहा/भुतही, मिथकीय.

**अतिप्राकृतिक** *वि* अलौकिक, *दिव्य*, दैव, दैवी, *मायावी*, *रहस्यपूर्ण*, लोकबाह्य, लोकातिग, स्वर्ग्य, ●अज्ञेय, ●अप्राकृतिक, ●दिव्य, ●नैसर्गिक, ●मायावी, ●मिथकीय, ●रहस्यपूर्ण.

**अतिबल** = महारथी, विजयवाहिनी.
**अतिभाषी** = बातूनी.
**अतिभोगिनी** = कुलटा.
**अतिभोगी** = कामुक, लंपट.
**अतिभोजी** = बहुभक्ष.
**अतिमंगल्य** = बिल्व.
**अतिमंडित** = अत्यलंकृत.
**अतिमांस** = मोटा/मोटी.
**अतिमात्र** = अत्यधिक.

**अतिमानव** *सं* अतिमानुष, अधिमानुष, उपदेव, देवयोनि, महामानव, सुपरमैन, ●देवता.

**अतिमानवीय** = दिव्य.
**अतिमानुष** = अतिमानव, परलौकिक.
**अतिमित** = अत्यधिक.
**अतिमुक्तक** = तेंदू.
**अतिरंजना** = अतिशयोक्ति, कैरिकेचर.
**अतिरंजित** = अतिशयोक्तिपूर्ण, सुरंजित.
**अतिरथ** = महारथी.
**अतिरथी** = महारथी.
**अतिरात्र** = मध्यरात्रि.
**अतिरिक्त** = अधिक, अनावश्यक, अनुपूरक, अवांछनीय, अविक्रीत, घटान फल, सुलभ.

**अतिरिक्त** *वि* अधि, *अधिक*, अलग, अलावा, *अवशिष्ट*, आवश्यकता से अधिक, इतर, उपयोगातिरिक्त, ऐक्स्ट्रा, ज़ायद, ज़्यादा, फ़ज़ूल, फ़ालतू, फ़ालतू, फ़ुज़ूल, *बक़ाया*, बचा खुचा/बचा खुची, *बहुत*, व्यतिरिक्त, ●अधिक, ●अनावश्यक, ●अवशिष्ट, ●अवांछनीय, ●इत्यादि, ●भी, ■आवश्यक, ■सिवा, ■ही.

**अतिरिक्त अंश** = परिशिष्ट.
**अतिरिक्ततः** = और.
**अतिरिक्तता** = अपवाद.
**अतिरिक्त देय** = बोनस.
**अतिरिक्त पूर्ति** = अनुपूर्ति.
**अतिरिक्त माल** = लुभाव.
**अतिरिक्त मास** = मलमास.
**अतिरिक्त लाभ** = बोनस.

**अतिरिक्त स्थान** *सं* अवकाश, गुंजाइश, जगह, ढील, *परछा*, प्लेस्थान, ●स्थानाभाव.

**अतिरूप** = सुंदर.
**अतिरेक** = असंयम, उल्लंघन, भोगविलास.
**अतिरेकपूर्ण** = अतिशयोक्तिपूर्ण, संयमहीन.
**अतिरेकी** = विलासितापूर्ण, संयमहीन, स्वेच्छाचारी.
**अतिलंघन** = अतिक्रमण.
**अतिलाभ** = बोनस.
**अतिलाभ अर्जन** = मुनाफ़ाख़ोरी.
**अतिवक्ता** = बकवासी.

**अतिवर्षा** *सं* अतिवृष्टि, अधिवृष्टि, आँधीपानी, आसार, कालवर्षा, कालवर्षा, कालवृष्टि, कालवृष्टि, ख़राब मौसम, घनघोर वर्षा, छटा, झंझा, झंझावात, झड़ाझड़ी, तीव्र वर्षा, तूफ़ानी वर्षा, थंडर स्टौर्म, दुर्वृष्टि, दुर्वृष्टि, धड़ाका, धाराधार वर्षा, धारापात, धारावर्ष, धारासंपात, धारासार, धुँधार, धुआँधार, धुआँधार वर्षा, पनकाल, पनकाल, प्रलय वर्षा, प्रलय वर्षा, प्रवर्षा, *बाढ़*, भारी वर्षा, भीषण वर्षा, महावर्षा, महावर्षा, महावृष्टि, महावृष्टि, मूसलाधार वर्षा, मोटी धार वाली बारिश, *लड़ी*, वेग वृष्टि, ●अनवरत वर्षा, ●बारिश, ●हिमपात, ■दुर्भिक्ष.

**अतिवाद** = अतिशयोक्ति, आतंकवाद, कटुभाषण, गालीगलौज, डींग, बकवास.
**अतिवादी** = आतंकवादी, उग्रवादी, डींगबाज़, बातूनी.
**अतिवृद्ध** = जर्जर वृद्ध.
**अतिवृष्टि** = अतिवर्षा.
**अतिव्यय** = अपव्यय.
**अतिव्ययी** = अपव्ययी.
**अतिशय** = अत्यधिक, नितांत, सुलभ.
**अतिशयता** = समृद्धि.
**अतिशयी** = उत्तम, पराकाष्ठागत.
**अतिशयोक्ति** = गर्वोक्ति, डींग, शब्दाडंबर.

**अतिशयोक्ति** *सं* अतिरंजना, अतिवाद, अत्युक्ति, उत्प्रास, चमत्कारोक्ति, चोज, तूमार, नमकमिर्च, बढ़ा कर कही बात, बतंगड़, ●गर्वोक्ति, ●डींग, ●शब्दाडंबर, ■अल्पोक्ति.

**अतिशयोक्ति अलंकार** *सं* अत्युक्ति अलंकार, *डींग*, व्यतिरेक, ●विस्मयोक्ति.

**अतिशयोक्तिपूर्ण** = अहंकारी, आश्चर्यजनक, दुरारूढ़.

**अतिशयोक्तिपूर्ण** *वि* अतिकथ, अतिरंजित, अतिरेकपूर्ण, *अयथार्थ*, अलंकृत, *अविश्वसनीय*, आडंबरपूर्ण, उच्च, काल्पनिकता-पूर्ण, चमत्कारोक्तिपूर्ण, डींगपूर्ण, ढट्ढा/ढट्ढी, तोड़ा मरोड़ा/तोड़ी मरोड़ी, दिखावटी, दूर की कौड़ी, बढ़ा चढ़ा/बढ़ी चढ़ी, बनावटी, लच्छेदार, विश्वासातीत, शायराना,

सनसनीख़ेज़, सातिशयोक्ति, सोत्रास, हवाई, •अविश्वसनीय, •आश्चर्यजनक, •डींगपूर्ण, •भव्य, ■अल्पोक्तिपूर्ण, ■यथार्थ, ■विश्वसनीय.

**अतिशीघ्र** = तत्काल.

**अतिशीतल** *वि* अघर्म, अतप, *असह्य*, कँपाता/कँपाती, कड़ाके का, काटता/काटती, चुभता/चुभती, ठंडा/ठंडी, ठंडा ठार, ठंढा/ठंढी (विकल्प), ठार, *तीक्ष्ण*, तीखा/तीखी, *तुषार*, ध्रुवीय, *पहाड़ी*, बर्फ़ानी, बर्फ़ीला/बर्फ़ीली, शीत, *शीतल*, सर्द, सिअरा/सिअरी, सियरा/सियरी, सीरा/सीरी, सुशीतल, सुशीम, *हिमालयी*, हिमीय, •शीताकुल, ■गरम, ■गुनगुना/गुनगुनी.

**अतिश्रेष्ठ** = उत्तम.
**अतिश्वेत** = बर्फ़ीला सफ़ेद.
**अतिसंचय** = जमाख़ोरी.
**अतिसंध** = वचनभंग.
**अतिसरलित** = अतिसहजीकृत.
**अतिसरलीकरण** = अतिसहजीकरण.
**अतिसहजित** = अतिसहजीकृत.

**अतिसहजीकरण** *सं* अतिसरलीकरण, मोटी मोटी बात, मोटी मोटी व्याख्या, लाल बुझक्कड़ी, विकृत व्याख्या, •सहजीकरण.

**अतिसहजीकृत** *वि* अतिसरलित, अतिसहजित, तुड़ा मुड़ा/तुड़ी मुड़ी, मोटा मोटा, विकृत.

**अतिसार** *सं* आँव, आमातिसार, ग्रहणी, पेचिश, मरोड़े, संग्रहणी, •दस्त.

**अतिसूक्ष्म** = सूक्ष्म.
**अतिस्वन** = पराध्वनि.
**अतिस्वनिक** = पराध्वनिक.
**अतिस्वप्न** = स्वप्निल.
**अतिहास** = अट्टहास.
**अतींद्रिय** = आत्मा, इंद्रियातीत.
**अतीक्ष्ण** = खुट्टल.
**अतीत** = पुराना/पुरानी, प्राचीन, भूतकाल, भूतकालीन, मृत.
**अतीत काल** = भूतकाल.
**अतीतकालीन** = भूतकालीन.

**अतीत जन** *सं* खूसट, गए ज़माने के लोग, दादा दादी, दादा नाना, दादे परदादे, बड़े बूढ़े, बुड्ढे खूसट, •पूर्वज समष्टि, •वृद्धजन.

**अतीत ज्ञान** = स्मृति.
**अतीतता** = पुरायुग.
**अतीत प्रेमी** = अतीतवादी.
**अतीत में** = भूत काल में.
**अतीतवादविरोधी** = आधुनिकतावादी.

**अतीतवादी** *सं* अतीत प्रेमी, पिछड़ा/पिछड़ी, पुराणपंथी, पुरातनता प्रेमी, पुरातनपंथी, पुरातनवादी, प्राचीनवादी, •आदिसिद्धांतवादी, •रूढ़िवादी, ■आधुनिकतावादी, ■भविष्यवादी.

**अतीत स्मरण** = अनुस्मरण.
**अतीव** = अत्यधिक, नितांत, सुलभ.
**अतुंग** = नीचा/नीची.
**अतुंद/अतुंदिनी** = छरहरा/छरहरी.

**अतुकांत** *वि* तुकहीन, बेतुक, बेतुका/बेतुकी, *मुक्त*, ■तुकांत.

**अतुल** = अगणनीय, अगणनीय.
**अतुलनात्मक** = अनुपम.
**अतुलनीय** = अनुपम, भिन्न.
**अतुलित** = अगणनीय, सुलभ.
**अतुल्य** = असमाकार, भिन्न, विषमपार्श्व.
**अतुल्यदर्शी** = पक्षपाती.
**अतुष्ट** = अतृप्त, असंतुष्ट.
**अतुष्टि** = अतृप्ति, रूठन.
**अतुष्ट्य** = अप्रसीद्य.
**अतृप्त** = भूखा/भूखी.

**अतृप्त** *वि* अतुष्ट, अपूर्णकाम, अपूर्णेच्छ, अपूर्त, *अप्रसन्न*, अशांत, *असंतुष्ट*, खिन्न, *दुःखी*, नाखुश, प्यासा/प्यासी, बेकल, भूखा/भूखी, मन मारा, •असंतुष्ट, ■तृप्त, ■प्रशांत.

**अतृप्ति** *सं* अतर्पण, अतुष्टि, अपूर्ति, *अप्रसन्नता*, असंतुष्टि, *असंतोष*, ख़ालीपन, प्यासापन, भूखापन, •असंतोष, •दुःख, ■तृप्ति, ■लालसा, ■संतोष.

**अतेज** = अप्रबल, धुँधला/धुँधली, हतोत्साहित.
**अतोषणीय** = अप्रसीद्य, असंतोषी.
**अतोष्य** = अप्रसीद्य.
**अत्ता** = बड़ी बहन, माता, मौसी, सास.
**अत्तार** = औषध विक्रेता, गंधजीवी.
**अत्तिका** = माता.
**अत्यंत** = अत्यधिक, नितांत, बहुत, सुलभ.
**अत्यंत आवश्यक** = तात्कालिक.
**अत्यंततः** = संपूर्णतः.
**अत्यधिक** = बहुत, सुलभ.

**अत्यधिक** *वि* अज़हद, अति, अतिमात्र, अतिमित, अतिशय, अतीव, अत्यंत, *अधिक*, अधिमात्र, अनापशनाप, अरबों, आत्यंतिक, इंतिहाई, करोड़ों, कोटिक, ख़ूब, घना/घनी, घनेरा/घनेरी, घोर, चकाचक, *चरम*, ढेर सारा, तमाम, तीन सौ पैंसठ, *नितांत*, निहायत, परम, पृथुल, प्रचुर, *बहुत*, बहुत अधिक, बहुत ज़्यादा, बहुत सारा, बहुतेरा/बहुतेरी, बहुल, बेढब, बेतरह, बेहद, भरपूर, *भारी*, *भीम*, भीषण, भूयिष्ठ, भूरि, मह, *महान*, महीयस, लाखों, विपुल, विराट, विशाल, सैकड़ों, हज़ारों, •अगणनीय, •अधिकतम, •पर्याप्त, •सुलभ, ■कम, ■कुछ.

**अत्यधिक परिवर्तन** = कायापलट.
**अत्यय** = नाश.
**अत्यलंकृत** = तड़कभड़कदार.

**अत्यलंकृत** *वि* अति अलंकृत, अतिमंडित, झमाझम, भड़कदार, भड़कीला/भड़कीली, मँढा/मँढी, मनियार, •तड़कभड़कदार.

**अत्यल्प** = अल्पतम, छोटे साइज़ का, सूक्ष्म.
**अत्याग** = परिग्रह.
**अत्याचार** = अंधेर खाता, अन्याय, अपराध, तानाशाही राज्य, दमन, हिंसा.

**अत्याचार** *सं* अंधेर, अंधेरगर्दी, अति, अनाचार, अनीति, *अन्याय*, *अपकार*, अमानवीयता, उत्पीड़न, कदाचार, *क़हर*, क़ह्र, क्रूरता, ग़ज़ब, ज़फ़ा, ज़बर्दस्ती, ज़ुल्म, ज़ुल्मो सितम, ज़ोरज़ुल्म, ज़्यादती, तशद्दुद, तानाशाही, *दमन*, *दुराचार*, धींगामुश्ती, नादिरशाही, नृशंसता, पददलन, परिपीड़न, पाशविकता, बर्बरता, मर्दन, मारकाट, रक्तपात, सख़्ती, सितम, *हिंसा*, ●आतंक, ●जनसंहार, ●यातना, ■अहसा, ■करुणा, ■दया, ■सहानुभूति.

**अत्याचारपूर्ण** = यातनाप्रद, रक्तपातपूर्ण.

**अत्याचारिता** = एकतंत्रवाद.

**अत्याचारी** = आततायी, तानाशाह, दमनशील.

**अत्याचारी** *सं* अनाचारी, *अन्यायी*, असुर, *आततायी*, कसाई, क़हरी, *चंडाल*, *जल्लाद*, ज़ालिम, ज़ुल्मी, *तानाशाह*, दस्यु, दानव, दैत्य, नादिरशाह, निर्दयी, पिशाच, बर्बर, बेदर्दी, *राक्षस*, सितमगर, ●निर्दय.

**अत्याज्य** = अत्यावश्यक, अपरिहार्य, अवैकल्पिक, महत्त्वपूर्ण, वैवश्यक.

**अत्याधुनिक** *वि* आधुनिकतम, आफ़बीट, *उन्नत*, *क्रांतिकारी*, नवीनतम, पूर्णतः नवीन, माडर्न, ●आधुनिक, ●नवीन.

**अत्यावश्यक** = अपरिहार्य, तात्कालिक, वैवश्यक.

**अत्यावश्यक** *वि* अत्याज्य, अनिवार्य, *अपरिहार्य*, *आधारभूत*, *महत्त्वपूर्ण*, मूलभूत, लाज़िमी, संबद्ध, *संलग्न*, ●अवैकल्पिक, ●तात्कालिक.

**अत्याहार कर्ता** = बहुभक्ष.

**अत्याहारी** = बहुभक्ष.

**अत्याहारी** *वि* औदरिक, खाऊ, गाऊघप, घस्मर, ठूँसू, देहंभर, नदीदा/नदीदी, बहुभोजी, भोजन लोलुप, मरभुक्खा/मरभुक्खी, *लोभी*, ■अल्पाहारी, ■डायटर.

**अत्युक्ति** = अतिशयोक्ति.

**अत्युक्ति अलंकार** = अतिशयोक्ति अलंकार.

**अत्युत्तम** = उत्तम, उत्तम अवस्था सूचक शब्द.

**अत्युत्साह** *सं* अतिकर्मण्यता, अतिकर्मिता, अतिक्रिया, उग्रता, उग्रानुभूति, उत्कटता, तेज़ी, दृढ़ानुगमन, प्रबलता, ●उत्साह, ●कार्योन्माद.

**अत्युल्लास** = सुखभ्रांति.

**अत्र** = इस पार, उपस्थित, धरातल पर, निकट ही, यहाँ.

**अत्रस्त** = साहसी.

**अत्रि** = ऋषि सूची, सप्तर्षि.

**अत्रि** *सं* इंदुजनक, भौम, सोमहोता, स्थापत्य कला उपदेशक, स्वायंभुव.

**अत्रिज** = दत्तात्रेय, दुर्वासा.

**अत्वरा** = विलंब.

**अथ** = आदि, आरंभ, इस के बाद, वर्तमान में.

**अथक** = अथकनीय.

**अथकनीय** *वि* अथक, अनथक, अनथक, उद्यमशील, *करतबी*, कर्मशील, कर्मिष्ठ, गुडाकेश, थकानहीन, दृढ़कारी, *परिश्रमी*, मेहनती, सत्त्वशाली, स्फूर्त, ●चुस्त, ●परिश्रमी, ■कामचोर.

**अथच** = और, और भी, भी.

**अथरा** = टब, नाँद.

**अथर्व** = अथर्ववेद.

**अथर्वण** = अथर्ववेद.

**अथर्ववेद** = वेद.

**अथर्ववेद** *सं* अथर्व, अथर्वण, चौथा वेद, ब्रह्मवेद, ●वेद.

**अथर्ववेद उपवेद** = आयुर्वेद, वास्तुशास्त्र.

**अथर्ववेद प्रणेता** = अंगिरा.

**अथर्वा** = अंगिरा, ऋषि सूची, भृगु.

**अथवा** *संयोजक अन्यथा*, आया, किंवा, बजाए, बदले, बदले में, या, वा, विकल्पतः, स्थान पर, स्थाने, ●दो में से एक, ●वैकल्पिक, ■इत्यादि, ■और.

**अथवा चिह्न** *सं* /, और/अथवा, ●बटा चिह्न.

**अथान** = अचार.

**अथाह** = अगणनीय, अगणनीय, अगाध्य, अज्ञेय, समुद्र.

**अद** = गणना.

**अदक्ष** = अकुशल, ग़ैरपेशेवर (कलाकर्मी), प्रतिभाहीन.

**अदक्ष** *वि अकुशल*, अचतुर, अदीक्षित, *अनभ्यस्त*, *अनाड़ी*, अनिपुण, अपटु, अप्रवीण, अप्रौढ़, अमेच्योर, उज़बक, गँवार, गुणहीन, दक्षताहीन, निपुणताहीन, *नौसिखिया*, बचकाना/बचकानी, बेहुनर, ●अयोग्य, ■कुशल, ■दक्ष.

**अदग्ध्य** = अदहनशील.

**अदत्त** = देय.

**अदत्त** *वि* अनभुगताया/अनभुगताई, अप्रदत्त, *अवशिष्ट*, खड़ा/खड़ी, छूटा/छूटी, *बक़ाया*, बक़िया, बचा/बची, भुगतान अकृत, रहा/रही, शेष, शेष, ■प्रदत्त.

**अदत्तचित्त** = अनेकाग्र.

**अदत्तावधान** = अनेकाग्र.

**अदद** *सं* आइटम, *चीज़*, जिंस, दाना, नग, पीस, ●असबाब, ●लगेज, ●सामान.

**अदन** = बाग़े अदन, भक्षण, स्वर्ग.

**अदन बाग़** = बाग़े अदन.

**अदना** = छोटा/छोटी, महत्त्वहीन, लघुकाय.

**अदब** = आदर, शिष्टाचार, संस्कृति, साहित्य, सुरुचि.

**अदब क़ायदा** = सभ्यता.

**अदबकार** = लेखक.

**अदब की जगह** = सम्मान स्थान.

**अदबनवाज़** = साहित्य प्रेमी.

**अदब लिहाज** = आदर.

**अदबी** = साहित्यिक.

**अदबी जलसा** = साहित्य गोष्ठी.

**अदबीयत** = साहित्य प्रेम.

**अदम** = यमलोक.

**अदम-** = रहित.

**अदम आबाद** = यमलोक.

**अदम का रास्ता लेना** = मरना.
**अदम तशद्दुद** = अहिंसा.
**अदमनीय** = अजेय.
**अदम मौजूदगी** = अनुपस्थिति.
**अदमित** = अनियंत्रित, अपराजित.
**अदम्य** = अजेय, अनियंत्रणीय, अनुशासनहीन, अपालतू, अशाम्य, प्रबल, वन्य, वशातीत.
**अदम्यता** = वीरता.
**अदय** = निर्दय.
**अदयालु** = सहानुभूतिहीन.
**अदरक** = मसाला सूची

**अदरक** *सं* आर्द्रक, उषण, शृंगवेर, •मिर्च, •सोंठ.

**अदर्प** = विनम्र.
**अदर्पी** = विनम्र.
**अदर्शनीय** = कुरूप.
**अदर्शित** = अनभिव्यक्त.
**अदल** = न्याय.
**अदलबदल** = उथलपुथल, प्रतिस्थापना, वस्तु विनिमय.
**अदलाबदला** = प्रतिस्थापना, वस्तु विनिमय.
**अदलाबदली** = प्रतिस्थापना, वस्तु विनिमय, समाकलन.
**अदलीय** = गुटनिरपेक्ष.
**अदवाइन** = पैताना.
**अदह** = ऐस्बैस्टस.
**अदहनशील** = अग्निवारक.

**अदहनशील** *वि* अज्वलनशील, अदग्ध्य, अदहनीय, अदह्य, अदाह्य, अप्रज्वलनशील, ज्वलनहीन, निर्दहन, फ़ायरप्रूफ़, •अग्निवारक, ▪दहनशील.

**अदहनीय** = अदहनशील.
**अदह्य** = अग्निवारक, अदहनशील, ऐस्बैस्टस.
**अदा** = इठलाहट, चंचलता, चुकता, नाज़नख़रा, भंगिमा, शरीर मुद्रा, शैली.
**अदा करना** = ख़र्चना, चुकाना, चुकाना.
**अदाकार** = अभिनेता.
**अदाकारा** = अभिनेत्री.
**अदाकारी** = अभिनय.
**अदातव्य** = अदेय, अदेय.
**अदान** = परिग्रह.
**अदानीत्व** = परिग्रह.
**अदाबदी** = प्रतिद्वंद्विता.
**अदाय** = अदेय.
**अदायगी** = अभिनय, नाटक, भुगतान, मंचन.

**अदायागत** *वि* अपैतृक, ग़ैरपुश्तैनी, ग़ैरमौरूसी, ▪दायागत.

**अदार** = विधुर.
**अदालत** = न्यायालय, न्यायालय भवन.
**अदालती** = नैयायिक.
**अदालती समन** = समन.
**अदालते आलिया** = उच्च न्यायालय.
**अदावत** = कलह, शत्रुता.
**अदावतपेशा** = कलहप्रिय.
**अदावती** = शत्रुतापूर्ण.
**अदाह्य** = अग्निवारक, अदहनशील.
**अदिति** = पृथ्वी, प्रकृति, माता.

**अदिति** *सं* आदित्य माता, इंद्रमाता, दाक्षायणी, देवता माता, सुरावती, ▪दिति.

**अदिति (अवतार)** = देवकी.
**अदितिज** = आदित्य, देवता.
**अदितिनंदन** = देवता.
**अदितिपुत्र** = देवता.
**अदिति संतान** = आदित्य.
**अदिन** = दुर्भाग्य.
**अदिव्य** = इहलोकतांत्रिक, इहलौकिक.
**अदिष्ट** = अनवश्यंभावी, अनिर्धारित.
**अदीक्षित** = अदक्ष, अप्रशिक्षित, अशिक्षित.
**अदीप्त** = धुँधला/धुँधली.
**अदीब** = लेखक.
**अदुरारूढ़** = बुद्धिग्राह्य.
**अदुर्गित** = असुरक्षित.
**अदूर** = निकट ही.

**अदूरदर्शी** *वि* अंधा/अंधी, अजागरूक, अप्रज्ञ, अल्पदर्शन, अल्पदृष्टि, चुँधा/चुँधी, स्वल्पदर्शी, स्वल्पदृग, ▪दूरअंदेश.

**अदूरदृष्टि** = निकटदृष्टिग्रस्त.
**अदूषणीकरण** = विसंक्रमण.
**अदूषित** = अविषाक्त, अस्पर्शित, परिपूर्ण, विशोधित, संक्रमणरुद्ध, स्वच्छ.
**अदृढ़** = अटिकाऊ, अस्थिर, ढीला/ढीली, निर्बल, प्रभावशील, भंगुर, वहनीय, विचलनशील, शिथिलकाय, सहमत्य.
**अदृढ़मत** = दृढ़मतहीन.
**अदृश्य** = अंतर्धान, इंद्रियातीत, ईश्वर, कुदृश्य, गुह्य, प्रारब्ध, रहस्यपूर्ण.

**अदृश्य** *वि* *अंतर्धान*, अगोचर, अचाक्षुष, अदृश्यमान, अदृष्टिगोचर, अनवलोक्य, अप्रकट, अप्रत्यक्ष, अलक्ष्य, अलख, असमक्ष, अस्पष्ट, ओझल, ग़ायब, *गुप्त*, तिरोभूत, निरन्वय, प्रच्छन्न, लुप्त, लोचनातीत, विलुप्त, •अंतर्धान, •अपारदर्शी, •कुदृश्य, •गुप्त, •सूक्ष्म, ▪अनावृत, ▪दृश्यमान.

**अदृश्यकरण** = छू मंतर कर्म.
**अदृश्य भवन** = तिरोभाव.
**अदृश्यभूत** = अंतर्धान.
**अदृश्यभूति** = तिरोभाव, तिरोभाव.
**अदृश्यमान** = अदृश्य.
**अदृश्य मोड़** = दुर्घटना क्षेत्र.
**अदृश्यीकरण** = छू मंतर कर्म.
**अदृष्ट** = अंतर्धान, अज्ञात, अनदेखा/अनदेखी, अस्तगत, पूर्वकर्म फल, पूर्वकर्म फल, प्रारब्ध, भाग्य.
**अदृष्ट नियंता** = प्रारब्ध विधाता.
**अदृष्टपूर्व** = अभूतपूर्व.
**अदृष्ट फल** = पूर्वकर्म फल.
**अदृष्टिगोचर** = अदृश्य.

**अदेय** *वि* अदातव्य, अदातव्य, अदाय, दाय नहीं, •अनादेय.

**अदेव** = धर्महीन, राक्षस.
**अदेवता** = राक्षस.
**अदेवमातृक** = वर्षाहीन.
**अदेववाद** = नास्तिकतावाद.
**अदेह** = कामदेव.
**अदैव** = कर्तृत्ववाद, कुयोग.
**अदैहिक** = स्पर्शागोचर.
**अदोलित** = निश्चल.
**अद्धम** = मध्यबिंदु.
**अद्धम में** = अधरास्ते.
**अद्धा** = मद्य.
**अद्धा/अद्धी** = आधा/आधी.
**अद्भुत** = अभूतपूर्व, असामान्य, आश्चर्यजनक, चमत्कारपूर्ण, विचित्र,

विचित्र वस्तु.
**अद्भुत कल्पना** = विज्ञान कथा.
**अद्भुत कार्य** = चमत्कार, स्टंट.
**अद्भुत रस** = नवरस.

**अद्भुत रस** *सं* आश्चर्योत्पादन, *फ़ैंटेसी*, विचित्र रस.

**अद्भुत वस्तु** = विचित्र वस्तु.
**अद्भुतालय** = अजायबघर.
**अद्य** = अब, आज, वर्तमान काल, वर्तमान में.
**अद्यकाल** = वर्तमान काल.
**अद्यतन** = आधुनिक.
**अद्य दिन** = आज.
**अद्य पर्यंत** = अब तक.
**अद्यापि** = अब तक, अब भी, वर्तमान में.
**अद्यैव** = अभी, वर्तमान में.
**अद्रव** = गाढ़ा/गाढ़ी, ठोस.
**अद्रव्य** = अपदार्थ.
**अद्रि** = पर्वत.
**अद्रिज** = गेरू.
**अद्रिजा** = गंगा नदी, पार्वती.
**अद्रिद्रोणी** = घाटी.
**अद्रिराज** = हिमालय.
**अद्रिवह्नि** = दावा दीप्ति.
**अद्रिसार** = लोहा.
**अद्रीश** = हिमालय.
**अद्वय** = अनुपम, एकमात्र.
**अद्विज** = निम्नवर्णीय.

**अद्विज वर्ण** *सं* कर्मी, चौथा वर्ण, निम्नजाति, निम्नवर्ण, नीच वर्ण, नीची जाति, *पिछड़ी जाति*, शूद्र वर्ण, हीन वर्ण, •वर्ण, ▪द्विज वर्ण.

**अद्वितीय** = अनुपम, एकमात्र.
**अद्वेष** = सौमनस्य.
**अद्वेषी** = ईर्ष्याहीन.
**अद्वैत** = ब्रह्म.
**अद्वैतता** = आत्मानंद.

**अद्वैतता** *सं* अद्वैत भाव, अभिन्नता, एकाकारता, एकात्मता, ऐकात्म्य, ऐक्य, तादात्म्य, भेदहीनता, मैं मैं न रहा तू तू न रहा, वहदत, सायुज्य, •पूजा.

**अद्वैत भाव** = अद्वैतता.
**अद्वैतवाद** = वेदांत दर्शन.

**अद्वैतवाद** *सं* आत्मा और ईश्वर एक हैं, एकात्मवाद, पुरुष और प्रकृति अभिन्न हैं, पुरुष और प्रकृति एक हैं, प्रत्यभिज्ञा दर्शन, शंकरवाद, शिव और ईश्वर एक हैं, ▪द्वैतवाद.

**अद्वैतवादी** = वेदांतवादी.
**अध-** = अर्धरिक्त.
**अधकचरा/अधकचरी** = अधपका/अधपकी, अनुभवहीन, अविचारित, पूर्वजात.
**अधकपाली** = आधासीसी.
**अधकिया** = अपूर्णकृत.
**अधखिलन** = अर्धप्रस्फुटन.

**अधखिला/अधखिली** *वि* अधखुला/अधखुली, अधमुँदा/अधमुँदी, अर्धनिमीलित, अर्धप्रस्फुटित, कम खिला/कम खिली, मुकुल, मुकुलित.

**अधखुला/अधखुली** = अधखिला/अधखिली.
**अधगला/अधगली** = अधपका/अधपकी.
**अधगोरा/अधगोरी** = ऐंग्लो-इंडियन.
**अधनाढ्य** = निर्धन.
**अधन्ना** = सिक्का सूची

**अधन्ना** *सं* अधन्नी, आना.5, *टका*, पुराना पैसा 2.

**अधन्नी** = अधन्ना.

**अधपका/अधपकी** *वि* अधकचरा/अधकचरी, अधगला/अधगली, अर्धपक्व, अल्पपक्व, खड़ा/खड़ी (दाल), •अनपका/अनपकी, •पका/पकी.

**अधपके बालों वाला** = धूसरकेशी.
**अधपढ़ा/अधपढ़ी** = अल्पशिक्षित.
**अधबना/अधबनी** = अपूर्णकृत.
**अधबीच** = अधरास्ते.
**अधभरा/अधभरी** = अर्धरिक्त.
**अधम** = अश्लील, कामुक, गुंडा, दुराचारी, दुर्जन, दुर्जनतापूर्ण, निम्नवर्णीय, निर्लज्ज, परगमनपूर्ण, पापी, बुरा/बुरी, भ्रष्ट, स्वार्थी.

**अधम** *वि* अवम, ओछा/ओछी, कमअसल, कमज़र्फ़, कमीन, कमीना/कमीनी, कर्मचांडाल, कलंकी, *कुत्ता*, कुत्सित, क्षुद्र, क्षुद्रकर्मा, क्षुद्रात्मा, खोटा/खोटी, गर्हित, घटिया, चरित्रहीन, चांडाल, छिछोरा/छिछोरी, छूछा/छूछी, छोटा/छोटी, ज़लील, टुच्चा/टुच्ची, दुष्ट, नालायक़, *निकृष्ट*, निखद, नीच, नीचकर्मी, पाजी, बदज़ात, बदमाश, हक़ीर, हीन, हेच, हेय, •कृतघ्न, •घिनौना/घिनौनी, •दुराचारी, •निंदनीय, •निर्लज्ज, •पापी, •बेईमान, •विश्वासघाती, •स्वार्थी, ▪उत्तम, ▪उदाहरणीय, ▪महान.

**अधम काव्य** = चित्रालंकार.
**अधमजन** = निम्नवर्णीय.
**अधमरा/अधमरी** = अर्धमृत.
**अधमांग** = पैर.
**अधमाधम** = निकृष्ट.
**अधमुँदन** = अर्धप्रस्फुटन.
**अधमुँदा/अधमुँदी** = अधखिला/अधखिली.
**अधमुआ/अईमुई** = अर्धमृत.
**अधर** = अधरस्थित, होंठ.
**अधर कोर** = होंठ कोर.
**अधरपान** = चुंबन.

**अधरस्थित** *वि* अधर, अनरखा/अनरखी, उठा/उठी, उड़ता/उड़ती, *निराधार*, लटकता/लटकती, •निराधार, •लटकता/लटकती.

**अधरास्ते** *क्रिवि* अद्धम में, अधबीच, अधराह, कार्य मध्य में, दरम्यान, बीच, *बीच में*, मँझधार में, मध्य में, ▪अंत के निकट, ▪आख़िरकार.

**अधराह** = अधरास्ते.
**अधरौष्ठ** = होंठ.
**अधर्म** = अन्याय, दुराचार, दुष्कर्म, पाप.
**अधर्मी** = दुराचारी, धर्महीन, नास्तिक, पापी.
**अधवा** = अपति.
**अधसाला** = अर्धवार्षिक.
**अधातु** = अपदार्थ.
**अधारी** = रकसैक.
**अधार्मिक** = धर्महीन, पापपूर्ण, शंकालु.
**अधि** = अतिरिक्त, अधिक, अनावश्यक.

**अधिक** = अतिरिक्त, अत्यधिक, अनावश्यक, उत्तर अवस्था सूचक शब्द सूची, बहुत, बहुसंख्यक, सुलभ.

**अधिक** *वि* अति, *अतिरिक्त*, अधि, अधिमात्र, अनल्प, अन्यून, इक्कीस, ज़्यादा, बढ़ कर, सवाई, सवाया, *सवैया*, *सिवा*, •अगणनीय, •अत्यधिक, •अधिकतम, •पर्याप्त, •सुलभ, ▪कमतर, ▪कुछ.

**अधिक अच्छा** = बेहतर.
**अधिक करना** = बढ़ाना.
**अधिक क्या बस...** = संक्षेपतः.

**अधिकतम** *वि नितांत*, बहुतम, *बृहत्तम*, बृहद, विशाल, विशालतम, सब से अधिक, सब से ज़्यादा, सर्वाधिक, सर्वोपरि, •अगणनीय, •अत्यधिक, •अधिक, ▪अल्पतम.

**अधिकतम अच्छा** = उत्तम.
**अधिकतम ऊँचा** = उच्चतम.
**अधिकतम नीचा** = निम्नतम.
**अधिकतम बुरा** = निकृष्ट.
**अधिकतर** = उत्तर अवस्था सूचक शब्द सूची, प्रायः.
**अधिकता** = समृद्धि.
**अधिक बड़ा** = बृहत्तर.
**अधिक बुरा** = बदतर.
**अधिक मास** = मलमास.
**अधिक मूल्य का** = महँगा/महँगी.
**अधिकरण** = अधिग्रहण, अध्याय, आधार, नियमानुकूलन, नियुक्ति, न्यायालय, संस्था.

**अधिकरण कारक विभक्ति** *कारक अंदर*, *दर*, *पर*, महँ, मह, महिं, माहिं, *में*, •अंदर, •स्थित.

**अधिकरणी** = अध्यक्ष.
**अधिक लंबा** = साइज़ से बड़ा.
**अधिक वांछनीय** = बेहतर.
**अधिक से कम क्रम** = अवरोह क्रम.
**अधिकांश** = बहुसंख्यक.
**अधिकार** = कार्यक्षेत्र, दक्षता, प्रताप, लाइसैंस, वर्चस्व, विशेषाधिकार, सत्ताक्षेत्र, सत्ताधिकार, स्वामित्व.

**अधिकार** *सं* अख़्तियार, इख़्तियार, इजारा, चलती, ज़ोर, दख़ल, *दावा*, पावर, *बस*, राइट, *वर्चस्व*, वश, *शक्ति*, सामर्थ्य, स्वत्व, *स्वेच्छा*, हक़, हक़ूक़ (बहु), हुक्म, •आजीविका अधिकार, •जीवन अधिकार, •न्यायिक अधिकार, •मूल अधिकार, •विशेषाधिकार, •ऐटर्नी अधिकार, •प्रभुसत्ता, •विकल्प, ▪कर्तव्य, ▪दायित्व, ▪नौकरी.

**अधिकार क्षेत्र** = कार्यक्षेत्र, सत्ताक्षेत्र.
**अधिकारगत** = अधिकारागत.
**अधिकार ग्रहण** = कार्यग्रहण, सत्तारोहण.
**अधिकार चिह्न** = बैज.
**अधिकारदत्त** = अधिकृत.
**अधिकार दाता** = लाइसैंसर.
**अधिकार दावा** = दावा.
**अधिकार पत्र** = अनुमति पत्र, पट्टा.
**अधिकारपूर्ण** = अधिकारागत, सुपात्र.

**अधिकारपूर्ण** *वि* अधिकारशाली, असरदार, ज़बरदस्त, ज़ोरदार, *प्रबल*, प्रभविष्णु, प्रभुताशाली, *भारी*, रोबदार, •अत्याचारपूर्ण, •संकोची, ▪विवश.

**अधिकारपूर्णता** = स्वजन भावना.
**अधिकार प्रदत्त** = अधिकृत.
**अधिकार प्रदत्त व्यक्ति** = ऐटर्नी.
**अधिकार प्रदर्शक** = दावेदार.
**अधिकार प्रदर्शन** = दावा.
**अधिकार प्रदान** = नियमानुकूलन, नियुक्ति, समाज सुधार.
**अधिकार भागी** = सुपात्र.
**अधिकार भोगी** = अधिकारागत.
**अधिकार माँग** = दावा.
**अधिकारयुक्त** = अधिकृत.
**अधिकारशाली** = अधिकारपूर्ण.
**अधिकार शुल्क** = रायल्टी.
**अधिकारसंगत** = अधिकारागत.
**अधिकार सीमा** = कार्यक्षेत्र, सत्ताक्षेत्र.
**अधिकार स्थापना** = अधिग्रहण.
**अधिकारहीन** = अनधिकृत.
**अधिकारांतर्गत** = स्वामित.

**अधिकारागत** *वि* अधिकारगत, *अधिकारपूर्ण*, अधिकार भोगी, अधिकारसंगत, *अर्जित*, आप्त, उचित, उयपुक्त, न्यायपूर्ण, *न्यायसंगत*, प्राप्य, *योग्य*, *संगत*, समई, सही, •अधिकारसंगत, •अधिकृत, •डीफैक्टो, •दावेदार, ▪अनधिकृत.

**अधिकारी** = अधिकृत, अनुमति दाता, उत्तराधिकारी, कथा नायक, पदाधिकारी, प्रबंधक, प्रभुसत्ताधिकारी, प्रशासक, भूस्वामी, राज्य सेवा कर्मी, सुपात्र, सुपात्र, स्वामी.
**अधिकारी गण** = नौकरशाही, राज्य सेवा.
**अधिकारी दल** = प्रबंध समिति, राज्य सेवा, सत्तापक्ष.
**अधिकृत** = अधीनित, अनुमत, अप्रवादित, उपनिवेशित, नियमानुकूलित, नियुक्त, वैध.

**अधिकृत** *वि* अधिकारदत्त, अधिकार प्रदत्त, अधिकारयुक्त, अधिकारी, अधिष्ठित, आधिकारिक, प्रत्यायित, बाइख़्तियार, साधिकार, *स्वीकृत*, ▪अधिकारसंगत, ▪अनधिकृत.

**अधिकोश** = बैंक.
**अधिक्रमण** = अतिक्रमण, उल्लंघन, ओवरटेकिंग.
**अधिक्रमित** = आक्रांत.
**अधिक्रांता** = अतिक्रांता.
**अधिक्षेत्र** = कार्यक्षेत्र.
**अधिक्षेप** = कटाक्ष.
**अधिगत** = अधीनित, अध्यीत, उपनिवेशित, गिरफ़्तार, ज्ञात, लिया/ली.
**अधिगति** = अधिग्रहण.
**अधिगम** = क़ुर्क़ी.
**अधिगृहीत** = अधीनित, राष्ट्रीयकृत.
**अधिगोपन** = भावगोपन.
**अधिग्रहण** = क़ुर्क़ी, ज़ब्ती, परराष्ट्र जय.

**अधिग्रहण** *सं* अधिकरण, अधिकार स्थापना, अधिगति, अधिहरण, *अपहरण*, कंट्रोल, क़ब्ज़ा, क़ाबू, *ग्रहण*, दख़ल, वशानयन, स्वत्व हरण, हरण, •क़ुर्क़ी, •छीन, •ज़ब्ती, ▪अपरिग्रह, ▪स्वत्वत्याग, ▪हस्तांतरण.

**अधिग्रहणशील** = परिग्रही, लोभी.

**अधिग्रहीत** = उपनिवेशित.
**अधिचित्र** = कार्टून, कैरिकेचर.
**अधितंत्रवादी** = साम्राज्यवादी.
**अधितंत्रात्मक** = साम्राज्यात्मक.
**अधित्यका** = पठार, पठार भूमि, पर्वत प्रदेश.
**अधिदर्शक** = ओवरसीअर.
**अधिदान** = बोनस.
**अधिदेव** = इष्टदेव, ईश्वर.
**अधिदेवता** = इष्टदेव.
**अधिदैव** = दिव्य.
**अधिध्वनिक** = पराध्वनिक.
**अधिनाथ** = अध्यक्ष, प्रभुसत्ताधिकारी, भूस्वामी, महाप्रबंधक, राजा, सम्राट.
**अधिनायक** = तानाशाह, नेता, मुखिया.
**अधिनायकतावाद** = तानाशाही राज्य.
**अधिनियम** = क़ानून.
**अधिनिर्णय** = जजमैंट.
**अधिप** = अध्यक्ष, प्रभुसत्ताधिकारी, भूस्वामी, राजा.
**अधिपति** = परिवार अध्यक्ष, प्रभुसत्ताधिकारी, भूस्वामी, सम्राट, स्वामी.
**अधिपुरुष** = ईश्वर.
**अधिपूर्ति** = अनुपूर्ति.
**अधिप्रमाणन** = सत्यापन.
**अधिप्रमाणित** = सत्यापित.
**अधिभू** = पट्टेदार.
**अधिभूत** = अजैव पदार्थ, पदार्थ, ब्रह्म, माया.
**अधिभोक्ता** = पट्टेदार, प्रभुसत्ताधिकारी.
**अधिभोग** = स्वामित्व.
**अधिभोग अधिकार** = पट्टेदारी.
**अधिभोग क्षेत्र** = पट्टेदारी.
**अधिभोग पत्र** = अनुमति पत्र, पट्टा.
**अधिभोगिता** = पट्टेदारी.
**अधिभोगी** = पट्टेदार.
**अधिभौतिक** = अजैव, शारीरिक, शारीरिक.
**अधिमात्र** = अत्यधिक, अधिक.
**अधिमानवीय** = दिव्य.
**अधिमानुष** = अतिमानव.
**अधिमास** = मलमास..
**अधियज्ञ** = यज्ञीय.
**अधियारिन** = सपत्नी.
**अधिरथ** = सारथी.
**अधिरथ-राधा पोषित पुत्र** = कर्ण.

**अधिराज** = राजा, सम्राट.
**अधिराज्य** = साम्राज्य.
**अधिरोहण** = सत्तारोहण, सवारी.
**अधिलंघक** = अतिक्रांता.
**अधिलंघन** = अतिक्रमण, उल्लंघन, ओवरटेकिंग.
**अधिलंघन करना** = पिछाड़ना.
**अधिलाभ** = बोनस.
**अधिलोक** = सृष्टि.
**अधिवक्ता** = प्रवक्ता, वकील.
**अधिवर्ष** = लीप ईयर.
**अधिवानर** = मिसिंग लिंक, मिसिंग लिंक.
**अधिवास** = निवास, पड़ाव.
**अधिवासित** = सुगंधित.
**अधिवासिता** = निवासिता.
**अधिवासी** = आवासी, निवासी, पड़ोसी.
**अधिवीक्षक** = ओवरसीअर.
**अधिवृद्धि** = गूमड़.
**अधिवृष्टि** = अतिवर्षा.
**अधिवेशन** = सभा.

**अधिवेशन** *सं* इजलास, जलसा, *दीवान*, बैठक, मजलिस, शिविर, सत्र, *सभा*, सम्मेलन, सैशन, •संसद, •समागम.

**अधिष्ठाता** = अध्यक्ष, प्रभुसत्ताधिकारी, भूस्वामी, महाप्रबंधक, संस्थापक.
**अधिष्ठान** = निवास, संस्था.
**अधिष्ठापक** = संस्थापक.
**अधिष्ठापन** = संस्थापना.
**अधिष्ठापना** = मंदिर प्रतिष्ठापना, संस्थापना.
**अधिष्ठापित** = नियुक्त, संस्थापित.
**अधिष्ठित** = अधिकृत, नियुक्त, संस्थापित, स्थित.
**अधिसंख्य** = बहुसंख्यक.
**अधिसंख्यक** = बहुसंख्यक.
**अधिसूचना** = घोषणा.
**अधिस्थगन** = स्थगन.
**अधिस्थगित** = स्थगित.
**अधिस्वन** = पराध्वनि.
**अधिस्वामित्व** = एकस्वामित्व.
**अधिस्वामी** = अध्यक्ष, एकाधिकारी, सर्वोच्च सत्ताधारी.
**अधिहरण** = अधिग्रहण.
**अधिहृत** = ज़ब्त.

**अधीक्षक** = इंस्पैक्टर.
**अधीन** = अवर (कर्मचारी), पराधीन.
**अधीन कर्ता** = परराष्ट्र जेता.
**अधीनता** = पराधीनता.
**अधीन देश** = उपनिवेश.
**अधीनन** = परराष्ट्र जय.
**अधीनस्थ** = अवर (कर्मचारी).
**अधीनस्थ कर्मचारी** = अवर कर्मचारी.

**अधीनित** *वि अधिकृत*, अधिगत, अधिगृहीत, *उपनिवेशित*, क़ब्ज़े वाला, जयकृत, जयित, जीता/जीती, धृत, *पराजित*, पराधीनकृत, पराधीनित, मक़बूज़ लिया/ली, विजित, *व्याप्त*. •उपनिवेशित, •पराजित, •पराधीन.

**अधीर** = आतुर, कायर, चिंतित, जल्दबाज़, विचलनशील.
**अधीर/अधीरा** = चंचल.
**अधीरता** = आतुरता, छटपटाहट.
**अधीश** = एकाधिकारी, प्रभुसत्ताधिकारी, भूस्वामी, सम्राट, स्वामी.
**अधीश्वर** = ईश्वर, एकाधिकारी, प्रभुसत्ताधिकारी, स्वामी.
**अधीश्वीरी** = स्वामिनी.
**अधुना** = वर्तमान में.
**अधुनातन** = आधुनिक.
**अधुनातम** = आधुनिक, फ़ैशनानुकूल.
**अधूरा/अधूरी** = अपूर्णकृत, आंशिक, आधा/आधी, विकलांग, स्थगित.
**अधृतात्मा** = विचलनशील.
**अधृति** = हिचक.
**अधेड़** = मध्यवयस्क, वयस्क.
**अधेड़ अवस्था** = मध्यावस्था.
**अधेला** = सिक्का सूची

**अधेला** *सं* अधेली, धेलचा, धेला, पुराना पैसा.5.

**अधेली** = अठन्नी, अधेला.
**अधैर्य** = आतुरता, हिचक.
**अधो-** = निम्न, नीचे.
**अधोकर्ष** = अवनति, पतन.
**अधोकाष्ठ** = चौखट अधोकाष्ठ.
**अधोकाष्ठा** = निम्नदिशा.
**अधोगत** = अवनत.
**अधोगति** = अवनति, अवनति काल,

अवरोहण, कुपरिस्थिति, दुराचार.
**अधोगमन** = अवनति, अवरोहण, अस्तगमन, दुराचार, पतन.
**अधोगामी** = अवनतिशील, ढलानदार, निम्नोक्त.

**अधोगामी** *वि* अधोन्मुख, अवरोही, उतरता/उतरती, गिरता/गिरती, ढलता/ढलती, निम्नग, निम्नगामी/निम्नगामिनी, ▪उड्डयनशील.

**अधोतल** = तहख़ाना, नितल, भूगर्भ.
**अधोतलीय** = निम्नतलीय.
**अधोदिशा** = निम्नदिशा, निम्नबिंदु.
**अधोनिलय** = नरक.
**अधोन्मुख** = अधोगामी, अवनतिशील, ढलानदार.
**अधोपतन** = अवनति, दुराचार, पतन, परगमन.
**अधोपातन** = गिराई.

**अधोप्रवाह** *सं* अवप्रवाह, जल नीचे बहना क्रिया, ढलन, *ढाल*, *प्रवाह*.

**अधोबिंदु** = निम्नदिशा, निम्नबिंदु.
**अधोभाग** = निम्नभाग.
**अधोभूमि** = तलहटी.
**अधोमार्ग** = सुरंग.

**अधोमुख** *वि* अधोमुखी, अवाचीन, उलटा/उलटी, औंधा/औंधी, पट (कुश्ती), *विपरीत*, *व्यस्त*, ▪ऊर्ध्वमुख.

**अधोमुखी** = अधोमुख.
**अधोयंत्र** = अलैंबिक.

**अधोरेखांकित** *वि* अधोरेखित, ध्यान आकर्षण के लिए चिह्नित, रेखांकित, हाइलाइटित.

**अधोरेखा** *सं* ज़ोर, निचली रेखा, मद्द, ▪शिरोरेखा.

**अधोरेखित** = अधोरेखांकित.
**अधोलंब** = साहुल.
**अधोलिखित** = निम्नोक्त.
**अधोलोक** = पाताल लोक.
**अधोवस्त्र** = धोती.
**अधोस्थ** = निम्न.
**अधोस्थापन** = धराई.

**अधोस्वस्तिक** = निम्नदिशा, निम्नबिंदु.
**अध्यक्ष** = कार्यक्रम ऐंकर, नियंत्रक, परिवार अध्यक्ष, महापौर, महाप्रबंधक, मुखिया, राज्याध्यक्ष, सदन संचालक, सभापति, सर्वोच्च सत्ताधारी, सुपरवाइज़र.

**अध्यक्ष** *सं* अधिकरणी, अधिनाथ, अधिप, अधिष्ठाता, अधिस्वामी, आला अफ़सर, आला अफ़सर, इनचार्ज, उच्चाधिकारी, ऐग्ज़क्टिव, कमान, कर्ताधर्ता, कार्याध्यक्ष, *ख़लीफ़ा*, चीफ़, तंत्री, निर्देशक, प्रधान अधिकारी, प्रधान कर्मचारी, प्रधानोत्तम, *प्रबंधक*, बौस, महाध्यक्ष, महाप्रभु, मीर, *मुखिया*, संचालक, संयंता, सरताज, सरदार, सर्वाधिकारी, सर्वाध्यक्ष, सर्वेश्वर, सर्वोच्च अधिकारी, सर्वोच्च पदाधिकारी, सुपरिनटैंडैंट, •निदेशक, •प्रबंधक, •प्रशासक, •फ़ोरमैन, •मुखिया, •सुपरवाइज़र, ▪अवर कर्मचारी, ▪असिस्टैंट.

**अध्यक्षर** = ओम.
**अध्यक्षहीन** = प्रबंधकहीन.
**अध्ययन** = अनुसंधान, आलक्षण, तथ्यान्वेषण, निबंध, पठन, परख, प्रयोग, विवेचना, विश्लेषण, व्याख्या, शिक्षार्जन, सर्वे.

**अध्ययन** *सं* अनुशीलन, गवेषणा, जाँच, ज्ञानार्जन, *पठन*, पढ़न, पढ़ाई, परिशीलन, पारायण, संधान, स्टडी, •पठन, •शिक्षा, •शिक्षार्जन, •होमवर्क.

**अध्ययन कक्ष** *सं* पढ़ाई का कमरा, स्टडी, स्टूडियो, •पुस्तक अलमारी, •वाचनालय.

**अध्ययन करना** = पढ़ना लिखना.
**अध्ययन गोष्ठी** = सैमिनार.

**अध्ययन घंटा** *सं* क्लास, *घंटा*, पीरियड, बैठक, सैशन.

**अध्ययनपरायण** = अध्ययनशील.
**अध्ययनपूर्ण** = विद्वत्तापूर्ण.

**अध्ययनशील** *वि* अध्ययनपरायण, अध्यवसायी, किताबी, किताबी कीड़ा, *गंभीर*, *पढ़ाकू*, परिश्रमशील, *परिश्रमी*, मेहनती, विद्याभ्यासी, स्वाध्यायशील, स्वाध्यायी.

**अध्ययनशील व्यक्ति** = पढ़ाकू.
**अध्ययन शुल्क** = विद्या शुल्क.

**अध्ययन सत्र** *सं* टर्म, वर्षार्ध, शिक्षालय सत्र, सत्र, सैमस्टर.

**अध्ययन सभा** = सैमिनार.
**अध्यवसाय** = साधना.
**अध्यवसायहीन** = विचलनशील.
**अध्यवसायी** = अध्ययनशील, परिश्रमी.
**अध्यवेक्षक** = ओवरसीअर.
**अध्यात्म** = अध्यात्म ज्ञान.
**अध्यात्मचिंतक** = दार्शनिक.
**अध्यात्म चिंतन** = अध्यात्म ज्ञान, दर्शन शास्त्र.

**अध्यात्मज्ञ** *सं* अध्यात्म ज्ञानी, अध्यात्म दर्शी, अध्यात्मवेत्ता, ईश्वर ज्ञानी, चिद्रूप, चिन्मय, ज्ञाननिष्ठ, ज्ञानमय, *ज्ञानी*, तत्त्वज्ञ, तत्त्वदर्शी, तत्त्ववेत्ता, देवचिंतक, ब्रह्मज्ञानी, विज्ञानी, वेत्ता, सत्त्वदर्शी, •धर्मज्ञानी.

**अध्यात्म ज्ञान** *सं* अध्यात्म, अध्यात्म चिंतन, अध्यात्मवाद, अध्यात्म विद्या, अस्तित्व बोध, आत्मा परमात्मा संबंध ज्ञान, इलाहियात, इल्मे इलाही, *ज्ञान*, *ज्ञानयोग*, तत्त्वज्ञान, तत्त्वविचार, देवचिंतन, धर्मबोध, धार्मिकता, परम ज्ञान, परमार्थ ज्ञान, परलोक विचार, पराविद्या, परिज्ञान, ब्रह्मविचार, ब्रह्मविद्या, मोक्षशास्त्र, सहज ज्ञान, सूक्ष्म ज्ञान, सृष्टि विचार, •धर्मज्ञान, •योगाभ्यास, •सम्यक् ज्ञान, •स्थितप्रज्ञता, ▪विज्ञान.

**अध्यात्म ज्ञानी** = अध्यात्मज्ञ, धर्मज्ञानी.
**अध्यात्म दर्शी** = अध्यात्मज्ञ.
**अध्यात्मवाद** = अध्यात्म ज्ञान.
**अध्यात्म विद्या** = अध्यात्म ज्ञान.
**अध्यात्मवेत्ता** = अध्यात्मज्ञ, दार्शनिक.
**अध्यात्मीय** = आध्यात्मिक.

**अध्यादेश** *सं* आज्ञप्ति, आदेश,

आर्डिनैंस, *घोषणा*, *निदेश*, परवानगी, फ़रमान, •क़ानून.

**अध्यापक** *सं* *अभिवक्ता*, आख्याता, आचार्य, उपाध्याय, *गुरु*, *ज्ञानी*, टीचर, ट्यूटर, पंडित, भट्टाचार्य, मास्टर, मास्टर जी, मियाँ जी, मुदर्रिस, मौलवी, विद्यागुरु, विद्वान, शास्ता, शिक्षक, शिक्षादाता, स्कूल टीचर, स्कूल मास्टर, •अध्यापिका, •निजी शिक्षक, •प्रशिक्षक, •प्राध्यापक, •लैक्चरर, ▪विद्यार्थी.

**अध्यापकीय** = अकादमिक.
**अध्यापन** = शिक्षकीय प्रवचन.

**अध्यापन** *सं* आलोकदान, कोचिंग, ज्ञानदान, टीचिंग, ट्यूशन, *दिग्दर्शन*, दिशादर्शन, पढ़ाई, *परिष्कार*, मार्गदर्शन, मार्जन, विद्यादान, शिक्षण, शिक्षादान, संस्कार प्रदान, सिखाई, सुसंस्करण, स्कूलिंग, •प्रशिक्षण, •विद्यालय, •शिक्षार्जन.

**अध्यापन करना** = पढ़ाना.
**अध्यापन शुल्क** = विद्या शुल्क.

**अध्यापिका** *सं* उस्तानी, गुरुआनी, बहन जी, मिस, शिक्षिका, •अध्यापक.

**अध्यापित** = शिक्षित.
**अध्याय** = शिक्षा पाठ.

**अध्याय** *सं* अधिकरण, अनुच्छेद, उल्लास, कांड, चैप्टर, परिच्छेद, *पाठ*, बाब, मंडल, लंभक, विच्छेद, *विभाग*, सबक़, समुल्लास, सर्ग, सूरत, स्कंध, •नाटक अंक, •पाठ्य विषय, •प्रकरण, •भूमिका, •विषय.

**अध्याय तालिका** = विषय सूची.
**अध्याहर्ता** = तर्कवेत्ता.
**अध्याहार** = अनुमान.
**अध्यीत** = विचारित.

**अध्यीत** *वि* अधिगत, अनुशीलित, अवगत, गृहीत, जाँचा/जाँची, जाना/जानी, *ज्ञात*, देखा भाला/देखी भाली, पठित, पढ़ा/पढ़ी, परखा/परखी, *परीक्षित*, बूझा/बूझी, विदित, शीलित, समझा/समझी, समझा बूझा/समझी बूझी, सीखा/सीखी, सोचा समझा/सोची समझी, •तथ्यान्वेषित, •परीक्षित, •शिक्षित.

**अध्यूढ़** = उन्नमित.
**अध्येता** = विद्यार्थी, वैज्ञानिक, व्याख्याता.
**अध्रुव** = अनवश्यंभावी, अस्थिर, विचलनशील, संदेहजनक, सहमत्य.

**अध्वनि** *सं* आहटहीनता, ख़ामोशी, चुप्पी, ध्वनिहीनता, निश्शब्दता, निस्तब्धता, नीरवता, बेआवाज़ी, *मौन*, शब्दहीनता, शांति, शांतिपूर्णता, सन्नाटा, स्वरहीनता, ▪कोलाहल, ▪गर्जन, ▪ध्वनि, ▪हल्लागुल्ला.

**अध्वनित** = ध्वनिहीन.

**अध्वनित** *वि* अक्वाणित, अनादित, अमुखरित, अशब्दित, अस्वनित, अस्वरित, •ध्वनिहीन.

**अध्वर** = यज्ञ.
**अध्वर्युवेद** = यजुर्वेद.
**अध्वस्त** = अनष्ट.
**अध्वा** = पिंडकक्षा.
**अनंग** = कामदेव, मन.
**अनंगक्रीड़ा** = कामकेलि.
**अनंगलेख** = प्रेमपत्र.
**अनंगवती** = कामुकी, कुलटा.
**अनंगीकार्य** = अर्हताहीन, अस्वीकार्य.
**अनंत** = अगणनीय, अगणनीय, अमर, अमूर्त स्थान, अविराम, असीम, ईश्वर, ब्रह्म, ब्रह्मांड, ब्रह्मांडीय, शाश्वत, शेषनाग.

**अनंत** *वि* अंतहीन, अक्षय, अजर, *अमर*, •अमर, ▪अनादि, ▪नाश्य.

**अनंत आकाश** = अंतरिक्ष.
**अनंत आकाशीय** = ब्रह्मांडीय.
**अनंत चतुर्दशी** = जैन उत्सव.
**अनंत जीवन** = अमरता.
**अनंतता** = अनादि अनंत काल, अमरता, अमूर्त स्थान.
**अनंतधाम** = क़ब्र, मोक्षलोक.
**अनंतनाग** = आकाश गंगा.
**अनंतनाथ** = तीर्थंकर सूची, शेषनाग.
**अनंत निद्रा** = मृत्यु.
**अनंतर** = अविराम, फिर, बाद में, सटा/सटी.
**अनंतलोक** = मोक्षलोक.
**अनंतवान** = असीम.
**अनंत विश्राम** = मृत्यु.
**अनंत विश्राम करना** = मरना.
**अनंतशीर्ष** = शेषनाग.
**अनंत स्थान** = अमूर्त स्थान.
**अनंबर** = नग्न.
**अन-** = पराया/पराई, रहित.
**अनकंप** = कंपनहीन.
**अनकटा/अनकटी** = आद्योपांत, संपूर्ण.
**अनकनक्टित** = औफ़लाइन.
**अनकमाया/अनकमाई** = अनर्जित.
**अनक़रीब** = अभी, आसन्न, आसन्नतः, निकट, निकट ही, लगभग.
**अनकसा/अनकसी** = ढीला/ढीली.
**अनकस्मात** = उद्देश्य से, सकारण.
**अनकहा/अनकही** = अनभिव्यक्त.
**अनकिए** = यंत्रचालिततः.
**अनकिया** = अकृत, अपूर्णकृत.
**अनकिया/अनकी** = अकृत.
**अनक्ष** = अंधा/अंधी.
**अनक्षर** = असाक्षर.
**अनक्षुण्ण** = अविराम.
**अनख** = ईर्ष्या, क्रोध, खीज, नज़र टीका.
**अनखना** = रूठना.
**अनखाए** = ख़ाली पेट.
**अनखाया/अनखाई** = अनुपभुक्त, भूखा/भूखी.
**अनखिला/अनखिली** = कली जैसा, मुँदा/मुँदी.
**अनखिला फूल** = कली.
**अनखी** = क्रोधी.
**अनखुला/अनखुली** = आबद्ध, मुँदा/मुँदी.
**अनगढ़** = अपरिष्कृत, अपूर्णकृत, असंस्कृत, कलाहीन, कुडौल, कुविन्यस्त, फूहड़, वन्य, सृष्टिकालीन.
**अनगला/अनगली** = अनपका/अनपकी.
**अनगिन** = अगणनीय.
**अनगिनत** = अगणनीय.
**अनगिने** = बेतहाशा.
**अनग्न** = वेशित, श्लील.

**अनघ** = अर्जुन, परिपूर्ण, पापहीन, पुण्य, शोकहीन, सुंदर.
**अनचाहा/अनचाही** = अलोकप्रिय, अवांछित, नापसंद.
**अनचाहे** = विवशतः.
**अनचीता/अनचीती** = अनपेक्षित, अवांछित.
**अनचीन्हा/अनचीन्ही** = अपरिचित.
**अनचुपड़ा/अनचुपड़ी** = घीतेलहीन.
**अनछिदा/अनछिदी** = अविद्ध.
**अनछुआ/अनछुई** = अनुपभुक्त, अनुपभुक्त, अप्रभावित, अस्पर्शित.
**अनछुई** = कौमार्यवती.
**अनजान** = अगुणज्ञ, अज्ञानी, अनुभवहीन, अवयस्क, अशिक्षित, असाक्षर, गुमनाम, व्यवहार अकुशल, शिशुवत.
**अनजानपन** = अज्ञान.
**अनजाना/अनजानी** = अज्ञात, अपरिचित, गुमनाम, परलौकिक.
**अनजानापन** = गुमनामी.
**अनजुता/अनजुती** = अहलित.
**अनजुती अनबोई भूमि** = परती.
**अनजुती अनबोई भूमि में उगा** = अकृषित (अनाज).
**अनटिकापन** = ख़ानाबदोशी.
**अनटूटा/अनटूटी** = अभंजित.
**अनट्रेन्ड** = अनसधा/अनसधी.
**अनड्वान** = वृष राशि.
**अनढँका/अनढँकी** = अनावृत.
**अनढँपा/अनढँपी** = अनावृत.
**अनत** = अपराज़ित.
**अनतिरेक** = संयम.
**अनतिशय** = समशीतोष्ण.
**अनथक** = अथकनीय, अथकनीय, धीर, परिश्रमी.
**अनथक प्रयत्न** = साधना.
**अनथका/अनथकी** = विश्रांत.

**अनथका/अनथकी** *वि* अक्लम, अक्लांत, अखिन्न, *अम्लान*, अश्रांत, तरो ताज़ा, *ताज़ा*, ताज़ादम, हरित, हलका/हलकी, हृष्ट, ●अथकनीय, ●आलस्यहीन, ●चुस्त, ■थका/थकी.

**अनदेखा/अनदेखी** = अज्ञात, अभूतपूर्व, उपेक्षित, विचित्र.

**अनदेखा/अनदेखी** *वि* अदृष्ट, अनवलोकित, अलक्षित, *गुप्त*, परोक्ष, ■अवलोकित.

**अनदेखी** = अपमान, अवज्ञा, उपेक्षा.
**अनदेखी करना** = सहना.
**अनद्यतन** = प्राचीन.
**अनधिक** = अल्पलभ्य, कम, कुछ.
**अनधिकार** = अनधिकृत.
**अनधिकार प्रवेश** = घुसपैठ.
**अनधिकारी** = अपात्र, अयोग्य.

**अनधिकृत** *वि* अधिकारहीन, अनधिकार, *अनियमित*, *अवैध*, ग़ैरक़ानूनी, ग़ैरसरकारी, निरधिकार, ■अधिकारसंगत, ■अधिकृत.

**अनधिगत** = अज्ञात, अप्राप्त.
**अनधिगम्य** = अज्ञेय.

**अनधुला/अनधुली** *वि* अप्रक्षालित, अप्रक्षालित, अस्वच्छ, गंदा/गंदी, चिक्कट, चीकट, मलिन, मैला/मैली, मैला कुचैला/मैली कुचैली, ■धुला/धुली.

**अनध्यीत** = असमाधानित.
**अननुकूल** = अप्रासंगिक, असंगत.
**अननुकूलता** = असामंजस्य.
**अननुकृत** = मौलिक.
**अननुकृति** = मौलिक कृति.
**अननुज्ञा** = अस्वीकृति.
**अननुभूत** = अज्ञात, अभूतपूर्व.

**अननुभूति** *सं* अनात्मता, अनुभूति अभाव, अनुभूतिशून्यता, अनुभूतिहीनता, निर्विकारता, भावशून्यता, भावहीनता, ●अचेतता, ●निस्संज्ञा, ■अनुभूति.

**अननुमत** = अवैध, असमाविष्ट, अस्वीकृत, निषिद्ध.
**अननुमति** = असमावेश, अस्वीकृति, प्रतिबंध.
**अननुरक्त** = अनासक्त, अप्रवृत्त.
**अननुरूप** = अनुपम, भिन्न.
**अननुशासन** = अनियंत्रण.
**अननुशासित** = अनुशासनहीन, संयमहीन, स्वेच्छाचारी.
**अननूदित** = मौलिक.
**अननूदित कृति** = मौलिक कृति.
**अनन्नास** = फल.

**अनन्नास** *सं* अनानास (विकल्प), पाइन ऐपल.

**अनन्य** = अंतरंग, अनुपम, एकनिष्ठ, यही, सदृश.
**अनन्यचित्त** = एकाग्रचित्त.
**अनन्यमनस्क** = एकाग्रचित्त, तल्लीन.
**अनन्यमनस्कता** = एकाग्रता.
**अनन्यमना** = एकाग्रचित्त.
**अनन्यमानस** = एकाग्रचित्त, तल्लीन.
**अनन्याधिकार** = एकाधिकार.
**अनन्याधिकारीय** = एकस्वामीय.
**अनन्वय** = असंपर्क.
**अनपंग** = सर्वांग संपूर्ण.

**अनपका/अनपकी** *वि* *अकृत*, अनगला/अनगली, अनबना/अनबनी, *अपक्व*, अपचित, अपरिपक्व, अपरिपाचित, असिद्ध, कच्चा/कच्ची, सीधा/सीधी, ●अधपका/अधपकी, ■पका/पकी, ■सुपक्व.

**अनपका प्रदत्त आहार** = सीधा खाना.
**अनपकारक** = अहानिकारक, पीड़ाहीन.
**अनपढ़** = अशिक्षित, असाक्षर.
**अनपढ़ता** = अशिक्षा, असाक्षरता.
**अनपढ़ा/अनपढ़ी** = अशिक्षित, असाक्षर.
**अनपत्य** = उत्तराधिकारीहीन, निस्संतान.
**अनपदेश** = कुतर्क.
**अनपनत्व** = परजन भावना.
**अनपभ्रंश** = तत्सम (शब्द).
**अनपराधी** = निर्दोष.
**अनपवाद** = नियम.
**अनपवादीय** = अपवादहीन.
**अनपसर** = अक्षम्य.
**अनपहचाना/अनपहचानी** = अज्ञात, गुमनाम.
**अनपहरणीय** = मौलिक (अधिकार).
**अनपहरणीय अधिकार** = मूल अधिकार.
**अनपावना** = अनादेय.
**अनपेक्ष** = अनावश्यक, असंबंधित, इच्छाहीन, निष्पक्ष, विरक्त, संतोषी.
**अनपेक्षा** = अनिच्छा.

**अनपेक्षा** *सं* अकामना, अनाशा, अप्रत्याशा, अवांछा, आशाहीनता,

निरपेक्षा, •अप्रतीक्षा, ■अपेक्षा, ■अप्रतीक्षा.

**अनपेक्षित** = अनावश्यक, अवांछित, आकस्मिक, संयोगजन्य.

**अनपेक्षित** *वि* अकांड, अचिंतित, अचीता/अचीती, *अज्ञात*, अनचीता/अनचीती, अप्रत्याशित, *अयोजित*, *अविचारित*, असाधारण, *आकस्मिक*, इत्तिफ़ाक़िया, दैवागत, नैमित्तिक, यादृच्छिक, •आकस्मिक, •संयोगजन्य, ■इच्छित, ■प्रतीक्षित, ■प्रत्याशित.

**अनबचा/अनबची** = अनवशिष्ट.
**अनबदला/अनबदली** = अपरिवर्तित.
**अनबन** = कलह, मित्रताभंग, शत्रुता.
**अनबना/अनबनी** = अनपका/अनपकी, अरचित.
**अनबसा/अनबसी** = आवासीहीन.
**अनबिंधा/अनबिंधी** = अविद्ध.
**अनबिका/अनबिकी** = अविक्रीत.
**अनबिगड़ा/अनबिगड़ी** = अविकृत.
**अनबुझा चूना** = कलई चूना.
**अनबुलाया/अनबुलाई** = अनिमंत्रित, अनिमंत्रित.
**अनबुसा/अनबुसी** = ताज़ा.
**अनबूझ** = अबोध्य, असमाधान्य, सुराग़हीन.
**अनबूझा/अनबूझी** = असमाधानित.
**अनबोया/अनबोई** = अकृषित (अनाज).
**अनबोल** = मौनावलंबी.
**अनबोला/अनबोली** = मौनावलंबी.
**अनब्याहा/अनब्याही** = अविवाहित.
**अनभरा/अनभरी** = रिक्त.
**अनभाता/अनभाती** = नापसंद.
**अनभिग्रहण** = असमावेश.
**अनभिज्ञ** = अज्ञानी, अनुभवहीन, अपरिचित.
**अनभिज्ञता** = अज्ञान.
**अनभिज्ञात** = अज्ञात, अपरिचित.
**अनभिभूत** = अपराजित.
**अनभिमान** = विनम्र.
**अनभिमानी** = विनम्र.
**अनभिराम** = कुरूप, सौंदर्यहीन.
**अनभिरूप** = सौंदर्यहीन.
**अनभिलषित** = अवांछित.
**अनभिलाष** = इच्छाहीन, लालसाहीन, विरक्त, संतोषी.
**अनभिलाषा** = अनिच्छा.
**अनभिलाषी** = अप्रतिबद्ध, अमहत्त्वाकांक्षी, इच्छाहीन, लालसाहीन, विरक्त, संतोषी.
**अनभिव्यंजक** = अभिव्यक्तिहीन.
**अनभिव्यंजन** = अनुच्चारण.

**अनभिव्यंजनीय** *वि* अकथनीय, अकथ्य, अनभिव्यक्तव्य, अनुच्चारणीय, अवाच्य, निर्वाच्य.

**अनभिव्यक्त** = गुप्त.

**अनभिव्यक्त** *वि* अकथित, अघोषित, अदर्शित, अनकहा/अनकही, अनुक्त, अनुच्चरित, *अनुच्चारित*, अप्रकट, *अप्रकाशित*, अभाषित, अवर्णित, अव्यक्त, अशब्दित, अस्वरित, *गुप्त*, प्रच्छन्न, बेकहा, मनोगत, मनोगुप्त, •गुप्त, ■अभिव्यक्त, ■अभिव्यक्त, ■उद्घाटित (रहस्य).

**अनभिव्यक्तव्य** = अनभिव्यंजनीय.
**अनभिव्यक्ति** = भावगोपन.
**अनभिव्यक्ति भाव** = भावगोपन.
**अनभिहित** = अपरिभाषित.
**अनभीष्ट** = अवसरप्रतिकूल, अवांछित, खेदजनक, नापसंद.
**अनभुगताया/अनभुगताई** = अदत्त.
**अनभ्यस्त** = अदक्ष, अनुभवहीन.

**अनभ्यस्त** *वि* अनादी, *अनुभवहीन*, अपरिपक्व, आदतहीन, बचकाना/बचकानी, भुलाया/भुलाई, भूला बिसरा/भूली बिसरी, *विस्मृत*, •अनुभवहीन, ■अभ्यस्त.

**अनमँगाया/अनमँगाई** *वि* अनमाँगा/अनमाँगी, अनायाचित, अप्रार्थित, अयाचित.

**अनमना/अनमनी** = उदास, दुःखी.
**अनमनापन** = उदासी.
**अनमाँगा/अनमाँगी** = अनमँगाया/अनमँगाई.
**अनमित्र** = शत्रुहीन.
**अनमिला/अनमिली** = अमिश्रित.
**अनमुरझाया/अनमुरझाई** = अम्लान.
**अनमेल** = असंगत, असामंजस्य, असामंजस्य, भिन्न, सामंजस्यहीन.
**अनमोल** = मूल्यातीत.
**अनम्य** = अनुदार, खेदहीन, धीर, प्रभावातीत, लचकहीन, हठी.

**अनम्य** *वि* अकड़ा/अकड़ी, अगढ़नीय, अघटनीय, अघट्य, अढलनीय, अनाकार्य, अमृदुल, अरूप्य, अलेप्य, अविनम्य, आहनी, *कठोर*, कड़क, कड़ा/कड़ी, *ठोस*, दृढ़, रुक्ष, शैल्य, सख़्त, *सघन*, •कठोर, •ठोस, •मतांध, •लचकहीन, •संकल्पशील, •सुदृढ़, •हठी, ■कोमल, ■नम्य.

**अनम्रता** = अहंकार, दुर्व्यवहार.
**अनय** = अन्याय, दुराचार.
**अनयन** = अंधा/अंधी.
**अनरँगा/अनरँगी** = रंगहीन.
**अनरखा/अनरखी** = अधरस्थित.
**अनरस** = असत्कार, उपेक्षा.
**अनरीति** = कुप्रथा, दुर्व्यवहार.
**अनर्गल** = अनियंत्रणीय, अप्रासंगिक, अवसरप्रतिकूल, असंगत, बकवासपूर्ण, मदिरोन्मत्त.

**अनर्गल** *वि* *असंगत*, असंबद्ध, इधर उधर का, ऊटपटाँग, ऊलजलूल, प्रलापी, बहका/बहकी, बहका बहका, बेतुका/बेतुकी, बेसिरपैर, भटका/भटकी, भ्रांत, विशृंखल, हौचपौच, •अप्रासंगिक, •भ्रमित.

**अनर्गलता** *सं* अग्राह्यता, अज्ञेयता, अयोग, असंगति, असंगति, असंबद्धता, उद्भ्रांति, चित्तभ्रांति, •मनोक्षेप, •सनक, •हिस्टीरिया, ■संगतता.

**अनर्जन** = बेरोज़गारी.

**अनर्जित** *वि* अनकमाया/अनकमाई, खून पसीने का नहीं, मुफ़्त का, यूँ ही मिला, ■अर्जित.

**अनर्थ** = अकल्याण, अहित, क़हर, दुर्घटना, हानि.
**अनर्थक** = अर्थहीन, निष्कारण, निरर्थक, निस्सार, लाभहीन.
**अनर्थकारी** = अनिष्टकारी, अनिष्टकारी.
**अनर्थ बोध** = ग़लतफ़हमी, वैराग्य.
**अनर्ह** = अपात्र, अर्हताहीन.

**अनलंकृत** = अनाभूषित, अल्पोक्तिपूर्ण.
**अनलंकृत भाषा** = बोलचाल की भाषा.
**अनल** = अग्नि, वानर सूची.
**अनलगा/अनलगी** = विलग्न.
**अनललाह** = अहं ब्रह्मास्मि.
**अनलस** = चुस्त.
**अनलहक़** = अहं ब्रह्मास्मि, अहं ब्रह्मास्मि.
**अनलोड करना** = उतारना.
**अनल्प** = अधिक.
**अनवगत** = अज्ञात.
**अनवगाह्य** = अगाध्य, अज्ञेय.
**अनवच्छिन्न** = अभंजित, अविराम, शाश्वत, सटा/सटी.
**अनवट** = अँटौतल.
**अनवधान** = असावधान.
**अनवधि** = अवधिहीन.
**अनवम** = उत्तम, पराकाष्ठागत.
**अनवर** = उत्तम, दीप्तांग.
**अनवरत** = अपलक, अविराम, अविराम, लगातार, शाश्वत, सटा/सटी.
**अनवरततः** = लगातार.

**अनवरत वर्षा** *सं* उलद, झड़ाझड़ी, झड़ी, झड़ी, धाराधार वर्षा, धारावर्ष, धारासंपात, प्रधार, लगातार बारिश, *लड़ी*, वृष्टि, ●अतिवर्षा.

**अनवरुद्ध** = अविराम, बहता/बहती, हवादार.

**अनवरुद्ध** *वि* अकंटक, *अनाबद्ध*, अबाध, अवरोधहीन, अव्यवधान, आज़ाद, *उन्मुक्त*, खुला/खुली, निर्बाध, निर्विघ्न, निष्कंटक, बंधनहीन, बाधाहीन, *मुक्त*, रोधहीन, विघ्नहीन, स्वतंत्र, ●अप्रतिबंधित, ●उन्मुक्त, ●स्वाधीन, ■घिरा/घिरी, ■निषिद्ध.

**अनवलंबनीय** = अविश्वसनीय, असटीक, छकड़ा.
**अनवलंबित** = तथ्यहीन, निराधार.
**अनवलोकित** = अनदेखा/अनदेखी.
**अनवलोक्य** = अदृश्य.

**अनवशिष्ट** *वि* अनबचा/अनबची, अशेष, अशेष, ख़त्म, खपा/खपी, ख़ाली, ग़ायब, चुका/चुकी, तमाम, तमाम, था/थी, नदारद, निरवशेष, निश्शेष, विगत, समाप्त, समाप्त, ●शेषफलहीन, ●सकल, ■अवशिष्ट, ■अविक्रीत.

**अनवश्यंभावी** *वि*-अदिष्ट, अध्रुव, अनियत, *अनिर्धारित*, अनिश्चित, अल्पसंभावित, अविहित, *अस्थिर*, अस्पष्ट, कच्चा/कच्ची, दुविधाग्रस्त, निवार्य, *परिवर्तनशील*, *वैकल्पकि*, शंकनीय, *संदिग्ध*, संदेहास्पद. ●अनिर्धारित, ●असंभव, ■अवश्यंभावी, ■पूर्वनिर्धारित.

**अनवसर** = कुअवसर.
**अनवसरवादी** = निष्ठावान.
**अनवस्था** = अनस्तित्व.
**अनविलिंग** = अतत्पर.
**अनवीकरण** = अपरिवर्तन.
**अनवीन** = चिरपरिचित, सर्वज्ञात.
**अनवेक्ष** = अनासक्त.
**अनवेक्षा** = उपेक्षा.
**अनवेक्षित** = उपेक्षित.
**अनशन** = उपवास, भूख हड़ताल.
**अनशन व्रत** = भूख हड़ताल.
**अनश्वर** = अमर, ईश्वर, शाश्वत.
**अनश्वरता** = अमरता.

**अनश्वरवाद** *सं* अनादि अनंतवाद, कुछ भी नष्ट नहीं होता, नित्य बुद्धि, नित्यवाद, संसार नित्य है, ●दर्शन शास्त्र.

**अनष्ट** *वि* अक्षुण्ण, अच्युत, अध्वस्त, *अवशिष्ट*, अविध्वस्त, अविलुप्त, असमाप्त, अह्रस्त, बचा/बची, *रक्षित*, शेष, संरक्षित, ■नष्ट, ■मृत.

**अनसकरा/अनसकरी** = पक्का खाना.
**अनसजा/अनसजी** = अनाभूषित.
**अनसटा/अनसटी** = पृथक.

**अनसधा/अनसधी** *वि* अनट्रेन्ड, *अप्रशिक्षित*, *अशिक्षित*, ●अपालतू, ■पालतू, ■प्रशिक्षित.

**अनसमझा/अनसमझी** = अज्ञात, असमाधानित, रहस्यपूर्ण.
**अनसाइंटिफ़िक** = अवैज्ञानिक.
**अनसार** = रक्षक.
**अनसिला कपड़ा** = वस्त्र.
**अनसीखा/अनसीखी** = अप्रशिक्षित.
**अनसुना/अनसुनी** = अज्ञात, अभूतपूर्व, ध्वनिहीन.

**अनसुना/अनसुनी** *वि अज्ञात*, अश्रुत, ●ध्वनिहीन, ■सुना/सुनी.

**अनसुलझा/अनसुलझी** = असमाधानित.
**अनसूय/अनसूया** = ईर्ष्याहीन.
**अनसोचा/अनसोची** = अभूतपूर्व.
**अनसोचे** = संयोगवश.
**अनसोया/अनसोई** = निद्राहीन.
**अनसौर्टिड** = क्रमहीन.

**अनस्तित्व** *सं* अजन्म, अनवस्था, अपदार्थता, अभव, अभावे, अविद्यमानता, असंभूति, असत्ता, नाठ, *नाश*, नेस्ती, *शून्य* ●अलभ्यता, ●प्रलय, ●मृत्यु, ■अस्तित्व.

**अनस्तित्वमान** = अवर्तमान.
**अनस्थिर** = अनियमित, अवसरवादितापूर्ण, अस्थिर, जोखिमपूर्ण, निष्ठाहीन, परिवर्तनशील, परिवर्तनशील, सनकी.
**अनहद्** = असीम.
**अनहद नाद** = योगध्वनि, शब्दब्रह्म.
**अनहितू** = अशुभचिंतक.
**अनहुआ/अनहुई** = अघटित, अभूतपूर्व.
**अनहोनी** = अभूतपूर्व, असंभव, असंभव, असंभव घटना, असंभवता, काल्पनिक, दुर्घटना.
**अनहोनी घटना** = असंभव घटना.
**अनहोनी बात** = असंभव घटना.
**अनांतरिक** = अस्वाभाविक, बाह्य.
**अनांदोलित** = अप्रभावित, कंपनहीन.
**अनाउंसमैंट** = घोषणा.
**अनाउंसर** = कार्यक्रम उद्घोषक, घोषणा कर्ता.
**अनाकर्षक** = अमनोरंजक, अरोचक, उबाऊ, कुरूप, सौंदर्यहीन.
**अनाकलनीय** = अमाप्य.
**अनाकल्य** = अमाप्य.
**अनाकांक्षा** = अनिच्छा.
**अनाकांक्षित** = अवांछित.
**अनाकांक्षी** = अमहत्त्वाकांक्षी.
**अनाकांक्ष्य** = अवांछनीय.
**अनाकार** = इंद्रियातीत, निराकार.

**अनाकार्य** = अनम्य.
**अनाकुल** = निश्चिंत, प्रशांत, शोकहीन.
**अनाक्रम्य** = अजेय.
**अनाक्रामक** = अहिंसक, रक्षात्मक.

**अनाक्रामक** *वि* अप्रचंड, असैन्य, •अनाहतिकारक, •अहिंसक, •रक्षात्मक, ▪आक्रामक, ▪वन्य.

**अनागत** = अघटित, अजन्मा/अजन्मी, अनासन्न, आगामी, आसन्न, भविष्यकालीन.
**अनागत काल** = भविष्य काल.
**अनागत रोग चिकित्सा** = रोगवारण.

**अनागरिक** *सं* अनिर्वाचक, अमतदाता, अवासी, ▪नागरिक.

**अनागार** = ख़ानाबदोश, बेघर, संन्यासी.
**अनाचरणीय** = अनैतिक, निषिद्ध.
**अनाचार** = अत्याचार, कुप्रथा, घोटाला, दुराचार, हेकड़ी.
**अनाचारिणी** = कुलटा.
**अनाचारी** = अत्याचारी, दुराचारी, पापी.
**अनाच्छादन** = अनावरण.
**अनाच्छादित** = अनावृत, अपरिधानित, छतहीन.
**अनाच्छादित क्षेत्र** = बाह्यक्षेत्र.
**अनाज** = सीधा खाना.

**अनाज** *सं* अनाज दाना, अन्न, एकदल धान्य, खाद्यान्न, ग़ल्ला, तंडुल, दाना, धान्य, नाज, फूडग्रेन, *बीज*, शस्य, •दाल, •बीज.

**अनाज सूची** *सं* कंगुनी, कूटू (यह अनाज नहीं है), कोदों, *खेसारी*, *गेहूँ*, चना (यह दलहन है अनाज नहीं), *चावल*, *जौ*, *ज्वार*, *बाजरा*, मकई, रगी, राई, साँवाँ.

**अनाज गोदाम** *सं* अन्नभंडार, अन्नागार, आहार भंडार, कुठार, कुठियार, कोठा, कोठार, कोष्ठ, कोष्ठागार, चबारा, चून चबारा, चौबारा, धान्यागार, नाज गोदाम, बख़ार, बखारी, *भंडारा*, •अन्न ढेर, •कोल्ड स्टोरेज.

**अनाज ढेर** = अन्न ढेर.
**अनाज दाना** = अनाज.

**अनाज बाल** *सं* अँडिया, कंटिका, कणरी, कणिश, ख़ोशा, तोक्म, बाल, *बाली*, *मंजरी*, शूक, सिट्टा.

**अनाज मंडी** *सं* अंजहा, अंजही, ग़ल्ला मंडी, दाल बाज़ार, दाल मंडी, नाज बाज़ार, नाज मंडी, मंडी, •परचूनिया.

**अनाज मद्य** = जिन.
**अनाज सूखा छिलका** = भूसा.
**अनाज्ञाकारिता** = अवज्ञा.
**अनाज्ञाकारी** = अवज्ञाकारी.
**अनाडंबर** = पाखंडहीन.
**अनाड़ी** = अदक्ष, अनार्य जातीय, अनुभवहीन, अयोग्य, अविद्वान, असंस्कृत, नौसिखिया, फूहड़, मूर्ख, व्यवहार अकुशल, सरलचित्त.

**अनाड़ी** *सं* अकुशल कर्मी, कामबिगाड़ू, बिलल्ला/बिलल्ली, बौड़म, *भैंस*, भोंदू, *मूर्ख*, लल्लू, लूलू, सिड़बिल्ला/सिड़बिल्ली, •अदक्ष, •फूहड़.

**अनाड़ी चिकित्सक** = नीम हकीम.
**अनाड़ीपन** = मूर्खता.
**अनाढ्य** = निर्धन.
**अनातुर** = अतत्पर, अप्रतिबद्ध, निश्चिंत, प्रशांत, सावधान, स्वस्थ.
**अनातुरता** = सावधानी.
**अनातोलिया** = तुर्की.
**अनात्म** = अजैव, अजैव पदार्थ, शारीरिक, शारीरिक.
**अनात्मज** = अवैध (संतान).
**अनात्मता** = अननुभूति.
**अनात्मीयता** = परजन भावना.
**अनात्म्य** = परजन भावना.
**अनाथ** = असहाय, पिताहीन, भिखारी, माताहीन, साधनहीन.

**अनाथ** *वि* अभिभावकहीन, आवारा, पितामाताहीन, यतीम, लावारिस, संरक्षणहीन, •पिताहीन, •माताहीन, •स्वामीहीन, ▪उत्तराधिकारीहीन, ▪निस्संतान.

**अनाथ आश्रम** = अनाथाश्रम.
**अनाथालय** = अनाथाश्रम, समाजसेवी संस्था.

**अनाथाश्रम** *सं* अनाथ आश्रम, अनाथालय, आश्रम, आश्रय, ख़ैरातख़ाना, मुहताजख़ाना, यतीमख़ाना, लंगरख़ाना, शरण गृह, •नारी निकेतन, •विधवाश्रम, •वृद्धाश्रम.

**अनादर** = अपमान.
**अनादरकृत** = अपमानित.
**अनादरपूर्ण** = अपमानजनक.
**अनादर्श** = आदर्शहीन.
**अनादि** = असीम, ईश्वर, शाश्वत.

**अनादि** *वि* अज, अजन्म, आदिहीन, आरंभहीन, जन्महीन, प्रारंभहीन, ▪अनंत.

**अनादि अनंत काल** *सं* अगुण काल, अनंतता, अनादिता, कालपुरुष, कालहीनता, *त्रिकाल*, निरंतर काल, निरवधि काल, महाकाल, शाश्वत काल, सतत काल, •कालचक्र, •त्रिकाल.

**अनादि अनंतवाद** = अनश्वरवाद.
**अनादित** = अध्वनित.
**अनादिता** = अनादि अनंत काल.
**अनादिनिधन** = ईश्वर.
**अनादिमता** = सभ्यता.
**अनादी** = अनभ्यस्त.
**अनादृत** = अपमानित.

**अनादेय** *वि* अनपावना, अप्राप्तव्य, •अदेय, •अप्राप्त.

**अनाद्यंत** = शाश्वत.
**अनानास (विकल्प)** = अनन्नास.

**अनानुवंशिक** *वि* अकुलागत, अजन्मजात, अपित्रागत, अपैतृक, अवंशागत, ग़ैरपुश्तैनी, ग़ैरमौरूसी, स्वार्जित (संपत्ति), ▪आनुवंशिक.

**अनापद** = सुरक्षित.
**अनापदा** = सुरक्षा.
**अनापशनाप** = अत्यधिक, बकवासपूर्ण, बेतहाशा, सुलभ.
**अनाप्त** = अकुशल, अर्हताहीन, अवांछनीय, असंगत, ग़लत, प्रतिभाहीन, सामंजस्यहीन.
**अनाबद्ध** = अनवरुद्ध.

**अनाबद्ध** *वि* अग्रंथित, अबद्ध, उद्ग्रंथित, *उन्मुक्त*, उन्मोचित, खुला/खुली, ग्रंथिमुक्त, ग्रंथिहीन, निर्बंध, निर्बाध, बंधनहीन, *मुक्त*, मोचित, विमुक्त, विमोचित, ●दासता मुक्त, ●मुक्त, ●सुलझा/सुलझी.

**अनाबद्ध होना** = खुलना.
**अनाभाव** = समृद्धि.

**अनाभूषित** *वि* अकृत्रिम, अनलंकृत, अनसजा/अनसजी, अमंडित, अलंकारहीन, आडंबरहीन, आभूषणहीन, खाली, तड़कभड़कहीन, नंगा/नंगी, *प्राकृतिक*, मामूली, सज्जाहीन, *सहज*, सादा/सादी, *साधारण*, सूफ़ियाना/सूफ़ियानी, हलका/हलकी, ●साधारण, ■आभूषित, ■दिखावटी.

**अनाम** = ईश्वर, गुमनाम, जन साधारण, नामहीन, नामहीन (रचना).
**अनाम जन** = जन साधारण.
**अनामय** = स्वस्थ.
**अनामा** = नामहीन, मलमास.
**अनामिका** = अनामिका उँगली.

**अनामिका उँगली** *सं* अँगूठे से तीसरी उँगली, अनामिका, तीसरी उँगली, ●उँगली.

**अनामित** = अपरिभाषित.
**अनाम्य** = अचर्चनीय, अपरिभाष्य.
**अनायक** = नेताहीन.
**अनायाचित** = अनमँगाया/अनमँगाई.
**अनायास** = संयोगवश.
**अनायोजित** = अयोजित, कुप्रबंधित, क्रमहीन, निष्कारण.
**अनार** = आतिशबाज़ी सूची, आतिशबाज़ी अनार, फल.

**अनार** *सं* कुचफल, डालिम, दाड़िम, द्रुमसार, बिहीदाना, मणिबीज, शुकादन.

**अनारदाना** = मसाला सूची

**अनारदाना** *सं* अनार सूखा दाना, दारो, नारदाना, ●खटास.

**अनार सूखा दाना** = अनारदाना.
**अनार्तव** = पूर्वजात, बेमौसमी.
**अनार्द्र** = जलहीन.
**अनार्द्रण** = सुखाई.
**अनार्य** = अनार्य जातीय.

**अनार्य जाति** *सं* म्लेच्छ, ●आर्य जाति.

**अनार्य जातीय** *वि अनाड़ी*, अनार्य, बर्बर, म्लेच्छ, ●आर्य जातीय.

**अनालोकित** = अंधकारपूर्ण.
**अनावरण** = अभिव्यंजन, उद्घाटन, खुलाई, प्रदर्शन.

**अनावरण** *सं* अनाच्छादन, अपिधानन, उघड़ाई, उन्मोचन, निरावरण, ●उद्घाटन, ●निर्वसनन, ■आवरण, ■स्ट्रिपटीज़िंग.

**अनावरण कर्ता** = उद्घाटक.
**अनावर्तित** = अपुनरावृत्त.
**अनावर्ती** = अपुनरावृत्त.
**अनावलंब** = बेरोज़गार.
**अनावलंबन** = स्वावलंबन.
**अनावश्यक** = अवांछनीय, महत्त्वहीन.

**अनावश्यक** *वि अतिरिक्त*, अधि, *अधिक*, अनपेक्ष, *अनपेक्षित*, आवश्यकता से अधिक, इतर, ग़ैरज़रूरी, ज़ायद, ज़्यादा, फ़ालतू, फ़ुजूल, वृथा, व्यर्थ, *सिवा*, सिवाय, ●अवशिष्ट, ■आवश्यक.

**अनावश्यक औपचारिकता** = खटराग.
**अनावश्यकता** = अरिक्त पद.
**अनावासित** = आवासीहीन, गहन (वन).
**अनावासी** = बहिर्वासी.
**अनावाहित** = अनिमंत्रित, अनिमंत्रित.
**अनाविष्ट** = प्रशांत.
**अनावृत** = अगोपनीय, अपरिधानित, उद्घाटित, छतहीन, प्रदर्शित.

**अनावृत** *वि* अनढँका/अनढँकी, अनढँपा/अनढँपी, अनाच्छादित, आवरणहीन, उघड़ा/उघड़ी, *उद्घाटित*, खुला/खुली, *नग्न*, निरावरण, *प्रकट*, *बेपरदा*, साफ़, *स्पष्ट*, ●अगुप्त, ●दृश्यमान, ■अदृश्य, ■आवृत, ■गुप्त, ■परदानशीन.

**अनावृत होना** = खुलना.
**अनावृष्टि** = अवर्षा.
**अनाशंकित** = निश्चिंत.
**अनाशा** = अनपेक्षा.
**अनाशी** = अमर.
**अनाश्य** = अटूट, अमर.

**अनाश्य** *वि अक्षर*, अजर, *अटूट*, अभंगुर, *अमर*, *अमिट*, *अमिट*, अविनश्वर, अविनाशी, ध्रुव, मुस्तक़िल, *स्थायी*, ●अटूट, ●अमर, ●टिकाऊ, ●शाश्वत, ■नाश्य.

**अनाश्यता** = अमरता.
**अनाश्रय** = बेघर, साधनहीन.
**अनासक्त** = विरक्त.

**अनासक्त** *वि* अकाम, अननुरक्त, अनवेक्ष, अनीह, अप्रसक्त, अभोक्ता, अमम, अमोही, अरत, अराग, अलिप्त, अवधूत, अविषय, अविषयासक्त, असंग, असंपृक्त, *असांसारिक*, आसक्तिहीन, उदासीन, तटस्थ, निरपेक्ष, निरीह, निर्बंध, निर्मम, निर्मोह, निर्मोही, निर्लिप्त, निर्वेदपूर्ण, निष्काम, निस्पृह, पराङ्मुख, *प्रशांत*, बंधनहीन, बेनियाज़, बैरागी, भावशून्य, भोगानुभूति अतीत, ममताहीन, मोहहीन, यती, रागहीन, वासनाहीन, विकाम, विदेह, विषयासक्तिहीन, शांत, *स्थितप्रज्ञ*, *स्थिर*, ●स्थितप्रज्ञ, ■आसक्त, ■विलासप्रिय.

**अनासक्ति** = कर्मफलत्याग, निष्काम कर्म, वैराग्य.

**अनासक्ति** *सं* अनीहा, अप्रवृत्ति, अमोह, अरति, अवधूतता, असम्मोह, आसक्तिहीनता, उदासीनता, कैवल्य, तितिक्षा, निरपेक्षता, निर्मोह, निर्लिप्तता, निर्वेद, भोगानुभूति अतीतता, रागहीनता, वासनाहीनता, विषयवासनाहीनता, शम, शांति, सुखदुःखहीनता, ●अप्रवृत्ति, ■आसक्ति, ■प्रलोभन.

**अनासन्न** *वि* अनागत, अनिकट, असमीप, दूर, •आगामी, •भविष्यकालीन, ▪आसन्न.

**अनासिर** = पंचभूत.
**अनास्था** = अविश्वास.
**अनाहत** = सलामत.

**अनाहत** *वि* अक्षत, अक्षतिग्रस्त, अक्षुण्ण, अहत, आहतिहीन, क्षतिहीन, चंगा/चंगी, चाक़चौकस, *ठीक*, ठीकठाक, दुरुस्त, बेदाग़, सकुशल, *सलामत*, सही सलामत, *सुरक्षित*, *स्वस्थ*, ▪असुरक्षित, ▪आहत, ▪नष्ट.

**अनाहत नाद** = शब्दब्रह्म.

**अनाहतिकारक** *वि* अभयानक, अहानिकर, डंकहीन, दंशहीन, निरापद, भोला/भोली, सीधा/सीधी, •अनाक्रामक, •क्षम्य, •निहत्था/निहत्थी, •पालतू, ▪आहतिकारक, ▪ख़तरनाक.

**अनाहार** = उपवास.
**अनाहारता** = भूख.
**अनाहारी** = उपवासी.
**अनाहार्य** = अपाच्य.

**अनाहार्य** *वि* अखाद्य, अग्राह्य, अपथ्य, अभक्ष्य, अभोज्य, असेव्य, अस्वादिष्ठ, नीरस, ˘संबद्धः कुपथ्याहार, ˘संबद्धः स्वादहीन, ▪आहार्य.

**अनाहूत** = अनिमंत्रित, अनिमंत्रित.

**अनिंदनीय** *वि* अकलंक, अकलुष, अकल्मष, अच्छिद्र, अनिंद्य, अनुकरणीय, कलंकहीन, कलुषहीन, खोटहीन, दोषहीन, निंदातीत, निंदा से परे, निखोट, *निर्दोष*, निर्मल, *निष्कलंक*, निष्कलुष, बेखोट, बेदाग़, लांछनहीन, विशुद्ध, शुद्ध, साफ़, •अनुपम, •उत्तम, •उदाहरणीय, •परिपूर्ण, •प्रशंसनीय, ▪निंदनीय.

**अनिंद्य** = अनिंदनीय, परिपूर्ण, सुंदर, सुडौल.
**अनिकट** = अनासन्न, दूर.
**अनिकटता** = दूरी.
**अनिकट भविष्य में** = कभी भविष्य में.
**अनिकेत** = बेघर, भिखारी, संन्यासी.
**अनिग्रह** = अपव्यय, असंयम.
**अनिग्रही** = संयमहीन, स्वेच्छाचारी.
**अनिग्रहीत** = अनियंत्रित.
**अनिच्छ** = लालसाहीन.
**अनिच्छनीय** = अवांछनीय, निकृष्ट.
**अनिच्छा** = अस्वीकृति, आलस, संकोच.

**अनिच्छा** *सं* *अनपेक्षा*, अनभिलाषा, अनाकांक्षा, अनिच्छुकता, अनीप्सा, अनीहा, अराग, अस्पृहा, इच्छाहीनता, कामनाहीनता, तुष्टि, *तृप्ति*, निरपेक्षता, निरपेक्षा, निरीहता, निष्कामता, निष्कामना, बेनियाज़ी, रागहीनता, विरक्ति, *संतोष*, •अमहत्त्वाकांक्षा, •अरुचि, •तृप्ति, •नापसंदगी, •वैराग्य, ▪इच्छा, ▪उत्साह, ▪जिजीविषा, ▪प्रत्याशा, ▪महत्त्वाकांक्षा, ▪लालसा.

**अनिच्छित** = अवांछित, नापसंद.
**अनिच्छु** = अतत्पर, संतोषी.
**अनिच्छुक** = अतत्पर, अप्रतिबद्ध, अवज्ञाकारी.
**अनिच्छुकता** = अनिच्छा, संकोच.
**अनिच्छुकतापूर्ण** = अतत्पर.
**अनित्य** = अनियमित, इहलौकिक, क्षणभंगुर, भंगुर, मर्त्य, विचलनशील.
**अनिदर्शित** = अप्रमाणित.
**अनिदेशित** = नेताहीन.
**अनिद्र** = निद्राहीन.
**अनिद्रा** = जाग्रत अवस्था, निद्राहीनता.
**अनिपुण** = अकुशल, अदक्ष.

**अनिमंत्रित** *वि* अनबुलाया/अनबुलाई, अनबुलाया/अनबुलाई, अनावाहित, अनावाहित, अनाहूत, अनाहूत, बिनबुलाया/बिनबुलाई, •अनावाहित, ▪निमंत्रित.

**अनिमित्त** = अपशकुन.
**अनिमिष** = अपलक.
**अनिमेष** = अपलक, निद्राहीन.
**अनियंत्रण** = अप्रतिबंध, असंयम, एकतंत्र, मद झूम.

**अनियंत्रण** *सं* अंकुशहीनता, अननुशासन, अनियम, अबंधन, आज़ादी, खुली छूट, छूट, ढील, नियमहीनता, •स्वावलंबन, ▪अनुशासन, ▪नियंत्रण.

**अनियंत्रणीय** *वि* अकल्प, अदम्य, *अनर्गल*, अनियम्य, असंयत, आज़ाद, उच्छृंखल, उद्दाम, क़ाबू से बाहर, दुरतिक्रम, दुरवग्रह, *निरंकुश*, निरातंक, बेलगाम, भिन्नमर्यादी, सरकश, स्वच्छंद, स्वतंत्र, •अजेय, •वन्य, ▪नियंत्रणीय.

**अनियंत्रित** = अव्यवस्थित, उन्मुक्त, कुप्रबंधित, निरंकुश, मदिरोन्मत्त, स्वेच्छाचारी.

**अनियंत्रित** *वि* अदमित, अनिग्रहीत, अनिरुद्ध, अनिर्बंध, *अप्रतिबंधित*, अबंधन, अबद्ध, अयंत्रित, *उन्मुक्त*, नियंत्रणहीन, बंधनहीन, *मुक्त*, •अजेय, •निरंकुश, •स्वाधीन, ▪नियंत्रित.

**अनियत** = अनवश्यंभावी, अनियमित, अनिर्धारित, क्रमहीन.
**अनियतकालिक** = अनियमित, अवधिहीन.
**अनियत क्रम** = रैंडम चयन.
**अनियततः** = शायद.
**अनियम** = अनियंत्रण, अव्यवस्था.
**अनियम शासन** = एकतंत्र.
**अनियमित** = अनधिकृत, अनिरंतर, अवैध, क्रमहीन, न्यायविरुद्ध, समय अपालक.

**अनियमित** *वि* अनस्थिर, अनित्य, अनियत, अनियतकालिक, अनियमित आवृत्तिशील, अनिश्चित, असतत, *असामान्य*, कच्चा/कच्ची, कभी कभी होने वाला, *क्रमहीन*, *ग़लत*, छिटपुट, छुटपुट, नियमहीन, *परिवर्तनशील*, बेक़ायदा, शृंखलाहीन, •अनिरंतर, ▪क्रमबद्ध, ▪नियमित.

**अनियमित आवृत्तिशील** = अनियमित.
**अनियमिततः** = कभी कभी.
**अनियमितता का नियमानुकूलन** =

नियमानुकूलन.
**अनियम्य** = अनियंत्रणीय, वशातीत.
**अनियोजित** = अयोजित.
**अनिरंतर** = क्रमहीन, क्षणभंगुर.

**अनिरंतर** *वि अनियमित*, असतत, *क्रमहीन*, तारतम्यहीन, रुक रुक कर होने वाला, लगातार न होने वाला, विरामपूर्ण, विरामशील, सविराम, •अक्रमिक, •अनियमित, ▪लगातार.

**अनिरसनीय** = अनुल्लंघनीय, मौलिक (अधिकार).

**अनिरसनीय** *वि अंतिम*, अकाट्य, *अखंडनीय*, अनिराकरणीय, *अनुल्लंघनीय*, अपराकरणीय, *अपरिवर्तनीय*, *अमिट*, पक्का/पक्की, *सुदृढ़*, *स्थायी*, •अंतिम, •अखंडनीय, •अनुल्लंघनीय, •आधारभूत, •मौलिक (अधिकार), •वैवश्यक, ▪निरसनीय.

**अनिराकरणीय** = अनिरसनीय.
**अनिराश** = उत्साहित.
**अनिरुद्ध** = अनियंत्रित, वशातीत.
**अनिरूप्य** = अज्ञेय.
**अनिर्णय** = अनिश्चय, जयपराजयहीनता, दुबिधा, भ्रम, मार्गभ्रम, हिचक.
**अनिर्णयात्मक** = दुबिधाजनक.
**अनिर्णीत** = जयपराजयहीन, दुबिधाग्रस्त, परिवर्तनशील, रहस्यपूर्ण, विचाराधीन, विवादित.
**अनिर्णीतता** = अनिश्चय.
**अनिर्दय** = अहिंसक, क्षमाशील, दयालु.
**अनिर्दिष्ट** = अनुमानित, अपरिभाषित, निषिद्ध, रहस्यपूर्ण.
**अनिर्देशित** = नेताहीन.
**अनिर्धारण** = अनिश्चय.
**अनिर्धारित** = अनवश्यंभावी, अपरिभाषित, असटीक.

**अनिर्धारित** *वि* अदिष्ट, अनियत, अनिश्चित, अनैकांतिक, अप्रतिपन्न, अविधानित, *अस्थिर*, क्या पता हाँ क्या पता ना, न हाँ न ना, वादग्रस्त, *संदिग्ध*, सविकल्प, सविकल्पक, •दुबिधाग्रस्त, •विचाराधीन, •विवादित, •वैकल्पिक, ▪असंदिग्ध, ▪निर्धारित.

**अनिर्बंध** = अनियंत्रित, अप्रतिबंधित, वशातीत.
**अनिर्भर** = असापेक्ष, निराधार.
**अनिर्भरणीय** = अविश्वसनीय.
**अनिर्मित** = अरचित.
**अनिर्वचनीय** = अपरिभाष्य, वर्णनातीत.
**अनिर्वाचक** = अनागरिक.
**अनिर्वाचित** = मनोनीत.
**अनिर्वाच्य** = वर्णनातीत.
**अनिर्वार्य** = अप्रतिरोध्य.
**अनिर्वाह** = अवज्ञा, असामंजस्य, वचनभंग.
**अनिर्वाह्य** = असह्य, असाध्य, क्षमतातीत.
**अनिल** = वायु.
**अनिलकुमार** = भीम, हनुमान.
**अनिलसखा** = अग्नि.
**अनिलसार** = तेंदू.
**अनिलात्मज** = हनुमान.
**अनिवारणीय** = अपरिहार्य, अप्रतिरोध्य.

**अनिवारणीय** *वि* अकाट्य, अनिवार्य, *अपरिहार्य*, अबाध्य, अरोध्य, अवारणीय, अवार्य, निरुपाय, •अप्रतिरोध्य, •अवश्यंभावी, ▪निवार्य, ▪प्रतिरोध्य.

**अनिवार्य** = अक्षम्य, अत्यावश्यक, अनिवारणीय, अनुल्लंघनीय, अपरिहार्य, अवश्यंभावी, अवैकल्पिक, आधारभूत, मौलिक (अधिकार), वैवश्यक, वैवश्यक.
**अनिवार्य कर्म** = रूटीन कार्य.
**अनिवार्यतः** = अवश्यमेव, विवशतः.
**अनिवार्यता** = अवश्यंभावना.

**अनिवासी** *वि* अवासी, नौनरैज़िडेंट, •प्रवासी, •बहिर्वासी, ▪निवासी.

**अनिश्चय** = ख़तरा, चिंता, दुबिधा, भ्रम, मार्गभ्रम, हिचक.

**अनिश्चय** *सं* अनिर्णय, अनिर्णीतता, अनिर्धारण, अप्रतिपत्ति, असमंजस, द्वंद्व, *विचलन*, शशोपंज, •आशंका, •चिंता, •दुबिधा, •भ्रम, •मार्गभ्रम, •हिचक, ▪अवश्यंभावना, ▪निश्चय, ▪संकल्प.

**अनिश्चयात्मक** = दुबिधाजनक.
**अनिश्चित** = अनवश्यंभावी, अनियमित, अनिर्धारित, अनिश्चिताकारीय, अयोजित, अस्पष्ट (कथन), जयपराजयहीन, जोखिमपूर्ण, दुबिधाग्रस्त, दुबिधाजनक, नाटकीय, परिवर्तनशील, विचाराधीन, विवादित, संदेहशील.
**अनिश्चिताकार** = अनिश्चिताकारीय.

**अनिश्चिताकारीय** *वि* अनिश्चित, अनिश्चिताकार, अनेकरूप, अस्पष्ट, चल, चलरूप, चलरूपाकार, *परिवर्तनशील*, विकारशील, •अपरिभाष्य, •कामरूपी, ▪ठोस, ▪साकार.

**अनिषिद्ध** = अनुमत, अप्रतिबंधित, धर्मसंगत, विधिसंगत.
**अनिषिद्ध विचार अभिव्यक्ति** = अभिव्यक्ति अधिकार.
**अनिषेध** = अप्रतिबंध.
**अनिष्ट** = अकल्याण, अनिष्टकारी, अनिष्टकारी, अवांछित, अहित, दुर्भाग्यप्रद.
**अनिष्टकर** = अनिष्टकारी, अशुभसूचक, आहतिकारक, विषाक्त.

**अनिष्टकारी** *वि* अकल्याणकारी, अनर्थकारी, अनर्थकारी, अनिष्ट, अनिष्ट, अनिष्टकर, अपकर्षकारी, अपकारक, अपकारक, *अपकारी*, *अपकारी*, अप्रीतिकर, अभद्र, अमंगल, अमंगलकारी, अमांगलिक, अरिष्ट, अशंभु, अशिव, अशुभ, अशुभ, अशुभकर, असत्, असत्, असाधु, अहितकर, अहितकारी, कल्याणहीन, कु-, खर, खल, *ग़लत*, दुष्ट, दोषकर, दोषकारक, दोषकारी, दोषकारी, द्वेषपूर्ण, नुकसानदेह, बद, बाधी, बुरा/बुरी, मनहूस, *विपरीत*, स्याह, हानिकर, हानिकर, हानिकारक, हानिकारक, हानिकारी, हानिकारी, हानिपूर्ण, *हानिप्रद*, हिंसात्मक, हिंसात्मक, •अशुभचिंतक, •दुर्भाग्यप्रद,

■कल्याणकारी, ■सफलताप्रद.

**अनिष्ट ग्रहयोग** = अनिष्ट योग.
**अनिष्टचिंतन** = दुष्कामना.

**अनिष्ट योग** *सं* अनिष्ट ग्रहयोग, अयोग, अशुभ मुहूर्त, *कुयोग*, बुरी साइत, ■इष्टयोग, ■इष्टयोग.

**अनिष्ट संभावना** = आशंका, ख़तरा.
**अनिष्टसाधक** = अपकारी.
**अनिष्टसूचक** = अशुभसूचक.
**अनिष्ट सूचना** = अपशकुन.
**अनिष्ठ** = अप्रतिबद्ध, कर्तव्यच्युत, निष्ठाहीन, विचलनशील.
**अनिष्ठा** = असावधानी, परगमन.
**अनिष्णात** = अविद्वान.
**अनिष्पक्ष** = पक्षधर, पक्षपाती.
**अनिष्पन्न** = अकृत, अकृत, अकृत, अपूर्णकृत, स्थगित.
**अनिष्पादित** = अकृत, अपूर्णकृत, स्थगित.
**अनिष्पाद्य** = असाध्य.
**अनी** = कण, छोर, जूताग्र, धार, नोक, समूह, सेना.
**अनीक** = पंक्ति, युद्ध, समूह, सेना.
**अनीकिनी** = थलसेना, सेना.
**अनीड़** = बेघर.
**अनीति** = अत्याचार, अन्याय, दुराचार, दुर्व्यवहार, पक्षपात.
**अनीतिपूर्ण** = अनैतिक, दुर्व्यवहारी.
**अनीति मार्ग** = दुराचार.
**अनीप्सा** = अनिच्छा.
**अनीप्सित** = अवांछित.
**अनीय** = अल्पतम, सूक्ष्म.
**अनीश** = स्वामीहीन.
**अनीश्वर** = नास्तिक, स्वामीहीन.
**अनीश्वरता** = नास्तिकतावाद.
**अनीश्वरवाद** = नास्तिकतावाद.
**अनीश्वरवादी** = धर्महीन, नास्तिक.
**अनीस** = संगी.
**अनीसून** = सौंफ.
**अनीह** = अनासक्त, अमहत्त्वाकांक्षी, असांसारिक, इच्छाहीन, प्रयासहीन, लालसाहीन, विरक्त, संतोषी.
**अनीहा** = अनासक्ति, अनिच्छा.
**अनु** = पीछे पीछे.
**अनु-** = ओर, पिछला/पिछली, पीछे.
**अनुकंप** = गुंजन, प्रतिध्वनि.
**अनुकंपन** = गुंजन, झनझनाहट.
**अनुकंपनीय** = करुणाजनक.
**अनुकंपा** = अनुग्रह, दया.
**अनुकंपी** = अनुकूल, हमदर्द.
**अनुकथन** = पुनरुक्ति, वृत्तांत.
**अनुकथा** = उपसंहार.
**अनुकरण** = अभिनय.

**अनुकरण** *सं* अनुकर्म, *अनुकृति*, *अनुगमन*, अनुसरण, देखादेखी, नक़ल, हिर्साहिर्सी, ●अंधानुकरण, ●अनुकृति, ●चौर्य कृति, ●प्रतिलिपि, ■मौलिकता, ■सृजन.

**अनुकरण कर्ता** *सं* अनुकर्ता, अनुहारी, नक़लची, नक़लची बंदर, ●नक़्क़ाल, ■सर्वप्रथम कर्ता.

**अनुकरणीय** = अनिंदनीय, उदाहरणीय, परिपूर्ण, प्रशंसनीय, सदाचारी, सम्माननीय.
**अनुकरणीय आदर्श** = आदर्श व्यक्ति.
**अनुकरणीय उदाहरण** = आदर्श व्यक्ति.
**अनुकर्ता** = अनुकरण कर्ता.
**अनुकर्म** = अनुकरण, अनुपालन.
**अनुकर्षण** = आकर्षण, कर्षण.
**अनुकांक्षी** = इच्छुक, तत्पर.
**अनुकाम** = इच्छुक, परगमनपूर्ण.
**अनुकूल** = अनुसार, अवसरानुकूल, आशाप्रद, तर्कसंगत, प्रसन्न, प्रासंगिक, विधिसंगत, संगत, सहमत्य, सुविधाजनक.

**अनुकूल** *वि* अच्छा/अच्छी, अनुकंपी, अनुगुण, अनुग्रहपूर्ण, *अनुग्रही*, अविरुद्ध, इष्ट, उपयुक्त, कृपापूर्ण, माफ़िक़, *मित्रतापूर्ण*, मुआफ़िक़, शुभ, सद्भावपूर्ण, समर्थनपूरण.

**अनुकूल करना** = मनवाना.
**अनुकूलकारी** = सहमतकारी.
**अनुकूलतः** = अनुसार, धारा के साथ.
**अनुकूलता** = अनुग्रह, सहमति.
**अनुकूल दैव** = सौभाग्य.
**अनुकूलन** = उद्विकास, पूर्वाभ्यास.
**अनुकूल परिस्थिति** = सुयोग.
**अनुकूल प्रतिकूल चिंतन** = विमर्श.
**अनुकूल होना** = पसीजना.
**अनुकृत** *वि* अमौलिक, नक़ल, *नक़ली*, ■मौलिक.

**अनुकृति** = अनुकरण, कूटकृति, पुतला, प्रतिलिपि.

**अनुकृति** *सं* अमौलिक कृति, कापी, *छाया*, नक़ल, ●अनुकरण, ■मौलिक कृति.

**अनुक्त** = अनभिव्यक्त.
**अनुक्रम** = क्रम, परिपाटी, परिशिष्ट.
**अनुक्रमण** = अनुगमन.
**अनुक्रमणिका** = इंडैक्स.
**अनुक्रमणी** = इंडैक्स.
**अनुक्रमतः** = क्रमशः.
**अनुक्रमहीन** = क्रमहीन.
**अनुक्रमिक** = आरोहक्रमिक, क्रमिक.
**अनुक्रमित** = क्रमिक.
**अनुक्रमेण** = क्रमशः.

**अनुक्षितिज** *वि* अनुप्रस्थ, आड़ा/आड़ी, क्षितिजीय, क्षैतिज, *चित*, डला/डली, *पट*, पड़ा/पड़ी, पसरा/पसरी, लंबायमान, संस्थित, ●लेटा/लेटी, ●समतल, ■प्रतिक्षितिज.

**अनुगंता** *सं* *अनुगामी*, अनुचर, अनुयायी, अनुसर, चरणानुग, पदानुसर, पश्चगंता, सहचर, ●पिछलग्गू, ●मतानुगामी, ■पुरोगंता.

**अनुगंध** = सुराग़.
**अनुगत** = आनुवंशिक.
**अनुगति** = अनुगमन.
**अनुगम** = अर्थबोध.
**अनुगमन** = अनुकरण, मतानुगमन.

**अनुगमन** *सं* अनुक्रमण, अनुगति, अनुचरण, अनुचर्या, अनुवर्तन, अनुसरण, आनुगत्य, पदानुसरण, पृष्ठागमन, ■पुरोगमन.

**अनुगामी** = अनुगंता, आज्ञाकारी, पिछलग्गू, मतानुगामी, संगी.

**अनुगामी** *वि* अनुवर्ती, पश्चागामी, ■पुरोगामी, ■मुखिया.

**अनुगामी दल** *सं* अनुचर, चेले चपाटे, चेले चाँटे, जन, *जनता*,

*पिछलग्गू*, *शिष्य*, ●कल्ट, ●मतानुगामी, ■नेता.

**अनुगुंजन** = गुंजन.
**अनुगुंजित** = गुंजायमान.
**अनुगुण** = अनुकूल.
**अनुगूँज** = गूँज, प्रतिध्वनि.
**अनुग्र** = अप्रबल, प्रशांत, संयमित.
**अनुग्रह** = दया, दान.

**अनुग्रह** *सं* अनुकंपा, अनुकूलता, आत्मीयता, आनुकूल्य, *आशीर्वाद*, इनायत, *उपकार*, कृपा, ख़ुदावंदी, प्रियता, फ़ज़्ल, बंदानवाज़ी, बंधुता, *मित्रता*, मेहर, *सहायता*, *सामंजस्य*, साम्य, सौजन्य, *सौमनस्य*, ●आशीर्वाद, ●दयादृष्टि, ●सरपरस्ती, ■अपकार, मेहरबानी.

**अनुग्रह कर्ता** = अनुग्रही.
**अनुग्रह काल** = मोहलत.

**अनुग्रह पात्र** *सं* अज़ीज़, कृपापात्र, चहेता/चहेती, प्यारा/प्यारी, स्नेहपात्र, स्नेहभाजन, ●प्रेमपात्र/प्रेमपात्रा, ■सरपरस्त.

**अनुग्रहपूर्ण** = अनुकूल.
**अनुग्रह भाव** = दयादृष्टि.
**अनुग्रही** = अनुकूल, दयालु.

**अनुग्रही** *सं* अनुग्रह कर्ता, उपकारक, *उपकारी*, साज़गार, हितकर, हितकारक, हितकारी, हितैषी, ●शुभचिंतक, ●सरपरस्त.

**अनुग्रहीत** = कृतज्ञ.

**अनुघटी** *वि* अवाक्, क्लाकवाइज़, दक्षिणमुखी, दक्षिणाभिमुख, दक्षिणावर्त, दक्षिणावर्ती, दक्षिणोन्मुख, दाहिने घूमता, परिक्रमाशील, प्रदक्षिण, सीधा/सीधी, ■प्रतिघटी.

**अनुघटी घूर्णन** = प्रदक्षिणा.
**अनुघटी परिक्रमा** = प्रदक्षिणा.
**अनुचक्र** = स्पाइरल.
**अनुचक्रिल चक्र** = स्पाइरल.
**अनुचक्रिल वृत्त** = स्पाइरल.
**अनुचर** = अनुगंता, अनुगामी दल, असिस्टैंट, आज्ञाकारी, कार्यकर्ता, नौकर, मतानुगामी.
**अनुचर गण** = कर्मचारी दल.
**अनुचरण** = अनुगमन, मतानुगमन.
**अनुचरता** = नौकरी.
**अनुचर दल** = कर्मचारी दल.
**अनुचर समष्टि** = कर्मचारी दल.
**अनुचरी** = नौकरानी.
**अनुचर्या** = अनुगमन.
**अनुचिंतन** = अनुस्मरण, आत्मनिरीक्षण, पुनर्विचार, पुनर्विचार, स्मृतिलाभ.
**अनुचित** = अक्षम्य, अनैतिक, अप्रासंगिक, अवसरप्रतिकूल, अवांछनीय, अविचारित, अवैध, अशालीन, असंगत, असमर्थनीय, आपराधिक, ग़लत, तर्कहीन, दंडनीय, निंदनीय, निषिद्ध, बुरा/बुरी.
**अनुचित यौन आचरण** = परगमन.
**अनुचिह्न** = सुराग़.
**अनुच्च** = नीचा/नीची.
**अनुच्चरित** = अनभिव्यक्त, अनुच्चारित.

**अनुच्चारण** *सं* अकथन, अनभिव्यंजन, अस्वरण, उच्चारण अभाव, लोप, लोप, ■उच्चारण.

**अनुच्चारणीय** = अचर्चनीय, अनभिव्यंजनीय.
**अनुच्चारित** = अनभिव्यक्त.

**अनुच्चारित** *वि* अकथित, अगीर्ण, अनुच्चरित, अव्यक्त, अस्फुट, लोप्य, साइलैंट, सार्य, ■उच्चारित.

**अनुच्चार्य** = अचर्चनीय.
**अनुच्छिष्ट** = अनुपभुक्त.
**अनुच्छेद** = अध्याय, उपधारा, पैराग्राफ़.
**अनुज** = छोटा भाई.

**अनुज** *वि* अवर, कनिष्ठ, छोटा/छोटी, न्यूनवयस्क, वय में छोटा, हेठा/हेठी, ■अग्रज, ■मझला/मझली, ■समवयस्क.

**अनुज/अनुजा** *वि* अनुजात/अनुजाता, कनिष्ठ/कनिष्ठा, छुटका/छुटकी, छोटा/छोटी, ■अग्रज/अग्रजा.

**अनुजन्मा** = छोटा भाई.
**अनुजा** = छोटी बहन.
**अनुजात/अनुजाता** = अनुज/अनुजा.
**अनुजीवी** = उत्तरजीवी, परावलंबी.
**अनुज्ज्वल** = धुँधला/धुँधली.
**अनुज्ञा** = अनुमति, अनुमति पत्र, लाइसैंस.
**अनुज्ञात** = आज्ञापित.
**अनुज्ञाता** = अनुमति दाता.
**अनुज्ञापक** = अनुमति दाता, लाइसैंसर.
**अनुज्ञापत्र** = अनुमति पत्र, पट्टा, लाइसैंस.
**अनुज्ञापन** = नियमानुकूलन.
**अनुज्ञापित** = अनुमत, नियमानुकूलित.
**अनुज्ञेय** = स्वीकार्य.
**अनुतप्त** = तप्त, दुःखी, पश्चात्तापपूर्ण, प्रायश्चित्तपूर्ण.
**अनुतर्ष** = प्यास, लालसा.
**अनुताप** = खेद, पश्चात्ताप.
**अनुतोष** = वित्तीय सहायता.
**अनुत्तम** = उत्तम.
**अनुत्तर** = निरुत्तर.
**अनुत्तीर्ण** = असफल.

**अनुत्तीर्ण** *वि* *असफल*, नाकाम, नाकामयाब, परीक्षा में असफल, फ़ेल, ●असफल, ■उत्तीर्ण, ■सफल.

**अनुत्तेजना** = एकाग्रता, धैर्य.
**अनुत्तेजित** = गंभीर, धीर, निश्चिंत, प्रशांत, सावधान.
**अनुत्तेज्य** = स्थितप्रज्ञ.
**अनुत्पन्न** = अजन्मा/अजन्मी.
**अनुत्पादक** = अनुर्वर, फलहीन, वंध्य, सृजनहीन.
**अनुत्पादनशील** = सृजनहीन.
**अनुत्साह** = आलस, निरुत्साह, हतोत्साहित.
**अनुत्साही** = अतत्पर, हतोत्साहित.
**अनुत्सुक** = अतत्पर, अप्रतिबद्ध, निश्चिंत, प्रशांत.
**अनुदक** = जलहीन, सूखा/सूखी.
**अनुदग्र** = नीचा/नीची.
**अनुदर/अनुदरा** = छरहरा/छरहरी, पतली कमर वाला.
**अनुदर/अनुदरी** = छरहरा/छरहरी, पतली कमर वाला.
**अनुदरा** = सुंदर स्त्री.
**अनुदान** = दान, निर्वाह वृत्ति, मानदेय, वित्तीय सहायता.
**अनुदार** = अगुणज्ञ, अल्पव्ययी, असहनशील, उग्रवादी, कंजूस,

क्षमाहीन, मतांध, स्वार्थी.

**अनुदार** *वि* अड़ियल, *अनम्य*, असहिष्णु, *कठोर*, क्षुद्रहृदय, *निर्दय*, लचर, *संकीर्ण*, संकुचित, हठधर्मी, •असहनशील, •क्रोधी, •पक्षपाती, •पूर्वग्रहपूर्ण, •भेदभावपूर्ण, •मतांध, •स्वार्थी, •हठी, ▪विशालहृदय.

**अनुदारता** = असमानतावाद, परिग्रह.
**अनुदारतावादी** = आदिसिद्धांतवादी, मतांध.
**अनुदिन** = प्रतिदिन, लगातार.
**अनुदिश** = ओर.
**अनुदेश** = आज्ञा, निदेश, परामर्श.
**अनुद्धत** = अप्रबल, विनम्र, सभ्य.
**अनुद्‌भट** = अप्रबल, सभ्य.
**अनुद्‌भूत** = अजन्मा/अजन्मी.
**अनुद्यत** = अतत्पर, अप्रतिबद्ध, असन्नद्ध.
**अनुद्यम** = अप्रयास, प्रयासहीन.
**अनुद्यमी** = आलसी, प्रयासहीन.
**अनुद्योग** = अप्रयास.
**अनुद्योगी** = प्रयासहीन.
**अनुद्विग्न** = अलमस्त, अलमस्त, आशापूर्ण, निश्चिंत, प्रशांत, शोकहीन.
**अनुद्वेलित** = कंपनहीन, निश्चल (जल), स्थिर.
**अनुधारा** = धारा के साथ.
**अनुनय** = गिड़गिड़ाहट, निवेदन, प्रसन्नन, प्रार्थना, मनुहार, याचना.
**अनुनय करना** = गिड़गिड़ाना.
**अनुनय विनय** = गिड़गिड़ाहट, याचना.
**अनुनय विनय करना** = गिड़गिड़ाना.
**अनुनयी** = निवेदक, विनम्र.
**अनुनाद** = गूँज, प्रतिध्वनि.
**अनुनादित** = गुंजायमान.
**अनुनासिक** = अनुनासिक वर्ण.

**अनुनासिक चिह्न** *सं* ँ, अर्धचंद्र, अर्धानुनासिक, चंद्रबिंदु, चंद्रा मस्ते.

**अनुनासिक वर्ण** *सं* अँ, अनुनासिक, नासिक्य, •अनुस्वार.

**अनुन्नत** = अवनत, पिछड़ा/पिछड़ी, पिछड़ी जाति का.
**अनुन्नति** = विकासरोध, विकासरोध.
**अनुपकार** = अपकार, अपकार, अपकार.
**अनुपजाऊ** = अनुर्वर, वंध्य.
**अनुपजाऊ ज़मीन** = ऊसर.

**अनुपथ** = पगडंडी.
**अनुपद** = पीछा.

**अनुपभुक्त** *वि* अनखाया/अनखाई, अनछुआ/अनछुई, अनछुआ/अनछुई, अनुच्छिष्ट, अनुपभोगित, अनुपयोगित, अप्रयुक्त, अभुक्त, अव्यवहृत, *अस्पर्शित*, कोरा/कोरी, नया/नई, नया नकोर/नई नकोर, रखा/रखी, रहा/रही.

**अनुपभुक्ता** = कौमार्यवती.
**अनुपभोगित** = अनुपभुक्त.

**अनुपभोग्य** *वि* अनुपयोग्य, अभोग्य, *अवांछनीय*, अव्यवहार्य, असेव्य, *परित्याज्य*, वृथा, व्यर्थ, व्यर्थ का, ▪उपभोग्य.

**अनुपम** = अभूतपूर्व, उत्तम, परिपूर्ण.

**अनुपम** *वि* अकेला/अकेली, अतुलनात्मक, अतुलनीय, अद्वय, अद्वितीय, अननुरूप, अनन्य, अनुपमेय, अनूठा/अनूठी, अनूप, अनोखा/अनोखी, अनौपम्य, अपनी मिसाल आप, अपने जैसा एक, अप्रतिम, अप्रतिरूप, अलग, असपत्न, असमान, उदाहरणहीन, उपमाहीन, एक अकेला, *एकमात्र*, तुलनाहीन, दूसरा नहीं, दृष्टांतहीन, द्वितीयो नास्ति, नादिर, निराला/निराली, निरुपम, न्यारा/न्यारी, प्रतिद्वंद्वीहीन, प्रतियोगीहीन, बिरला/बिरली, बेजोड़, बेटक्कर, बेमिसाल, *भिन्न*, यकलौता/यकलौती, लाखों में एक, लाजवाब, लामिसाल, लासानी, वन ऐंड ओनली वन, वाहिद, विनूठा/विनूठी, सब से हट कर, सर्वश्रेष्ठ, सर्वोत्तम, हट कर, •उत्तम, •विशेष, ▪साधारण.

**अनुपमेय** = अनुपम, उत्तम.
**अनुपयुक्त** = अनुपयोगी, अप्रासंगिक, अप्रासंगिक, अर्हताहीन, अवसरप्रतिकूल, अवांछनीय, असंगत, बुरा/बुरी, साइज़ से छोटा.
**अनुपयुक्त अवसर** = कुअवसर.
**अनुपयुक्तता** = बुराई.

**अनुपयोगित** = अनुपभुक्त.
**अनुपयोगी** = निरर्थक, बुरा/बुरी.

**अनुपयोगी** *वि* अकारथ, अनुपयुक्त, *अयोग्य*, अलाभप्रद, असार्थक, उपयोगहीन, किस काम का, ख़राब, निकम्मा/निकम्मी, निरर्थक, निरुपयोगी, निष्प्रयोजन, बुरा/बुरी, बेकाम, बेकार, बेकार का, बेमतलब, बेमानी, बेसूद, मूल्यहीन, मोघ, *रद्दी*, *लाभहीन*, वाहियात, व्यर्थ, हीन, हेच, हेठा/हेठी, •अक्रेय, •अवांछनीय, ▪उपयोगी.

**अनुपयोगी वस्तु** = कूड़ा, रद्दी.
**अनुपयोग्य** = अनुपभोग्य.
**अनुपल** = लगातार.
**अनुपलब्ध** = अप्राप्त, अलभ्य, खोया/खोई, नष्ट, विलुप्त (जीव).
**अनुपलब्धि** = विलब्धि.
**अनुपस्थित** = अलभ्य, अवर्तमान, चंपत.

**अनुपस्थित** *वि* अन्यत्र, अप्रत्यक्ष, *अवर्तमान*, अविद्यमान, असमुपस्थित, ऐब्सैंट, ग़ायब, ग़ैरमौजूद, ग़ैरहाज़िर, नदारद, नहीं है, •अलभ्य, •बाहरगाँव, ▪उपस्थित.

**अनुपस्थिति** = शून्य स्थान.

**अनुपस्थिति** *सं* अंझा, अदम मौजूदगी, अप्रत्यक्षता, अभाव, अविद्यमानता, असन्निधि, असमक्षता, असमुपस्थिति, असान्निध्य, असामीप्य, ग़ैरमौजूदगी, ग़ैरहाज़िरी, छुट्‌टी, नागा, •अनस्तित्व, •रहितता, •हड़ताल, ▪उपस्थिति.

**अनुपात** = दर, देहानुपात.

**अनुपात** *सं* *तुलना*, निसबत, परस्पर मात्रा, परिमिति, मात्रा सापेक्ष संबंध, मिलान, रेशियो, सम्मिति, सापेक्ष माप, •दर.

**अनुपातयुक्त** = सुडौल.

**अनुपातयुक्त** *वि* आनुपात, आनुपातिक, आनुपातीय, उतना जितना/उतनी जितनी, जितना

उतना/जितनी उतनी, *संगत*, संतुलित, संहित, सानुपात, *सापेक्ष*, ■अनुपातहीन.

**अनुपातहीन** = कुडौल.

**अनुपातहीन** *वि अव्यवस्थित*, असंतुलित, असमपार्श्व, कम अधिक, *कुडौल*, छोटा बड़ा, परस्पर अनुचित, परस्पर असंगत, बेहिसाब, संतुलनहीन, ■अनुपातयुक्त.

**अनुपाय** = असहाय, विकल्पहीन, साधनहीन.

**अनुपाल** = रक्षक.

**अनुपालक** = आज्ञाकारी, कार्यान्वियक, गार्ज़ियन, परंपरावादी, रक्षक.

**अनुपालन** = कार्यान्विति, मतानुगमन, साधना.

**अनुपालन** *सं* अनुकर्म, अनुसरण, *आचरण*, आज्ञापालन, आदेशपालन, कार्यान्वयन, *कार्यान्विति*, तामील, निदेशपालन, निर्वाहन, पालन, फ़रमानी, *व्यवहार*, ●मतानुगमन, ●विनम्रता, ■अवज्ञा, ■उल्लंघन, ■वचनभंग.

**अनुपालित** = सुरक्षित.

**अनुपूरक** *वि अतिरिक्त*, आपूरक, कंप्लिमैंटरी, *परिशिष्ट*, पूरक, प्रकीर्ण, प्रपूरक, संपूरक, सप्लिमैंटरी, ■आवश्यक, ■सिवा.

**अनुपूरक अंश** *सं* तितिम्मा, पूरक, पूरक अंश, प्रपूरक, ●परिशिष्ट.

**अनुपूरण** = अनुपूर्ति.

**अनुपूर्ति** = क्षतिपूर्ति.

**अनुपूर्ति** *सं* अतिरिक्त पूर्ति, अधिपूर्ति, अनुपूरण, कुमक, पुनःपूर्ति, पुनर्पूर्ति, पूर्ति, प्रपूर्ति, फिर से पुरौती, संपूर्ति, ●आपूर्ति, ●रसद.

**अनुप्रयोज्य** = विनियोज्य.

**अनुप्रवाह** = धारा के साथ.

**अनुप्रस्थ** = अनुक्षितिज, लेटा/लेटी.

**अनुप्राणक** = उत्साहप्रद, स्वास्थ्यप्रद.

**अनुप्राणित करना** = जिलाना.

**अनुप्रास** *सं* अनुप्रास अलंकार, *आवृत्ति*, दोहराव, ध्वनिसाम्य, ध्वन्यावृत्ति, पदमैत्री, पुनरावृत्ति, प्रास, वर्ण साम्य, वर्णावृत्ति, व्यंजन आवृत्ति, व्यंजन साम्य, ●आवृत्ति, ध्वनिसाम्य, ●सादृश्य.

**अनुप्रास अलंकार** = अनुप्रास.

**अनुप्रासयुक्त** = सानुप्रास.

**अनुप्रासित** = सानुप्रास.

**अनुप्रेक्षा** = ध्यान.

**अनुबंध** = ठेका, संबंध, सौदा.

**अनुबंध** *सं* इक़रार, इजारा, ऐग्रीमैंट, कंट्रैक्ट, क़रार, क़रारदाद, कावेनैंट, ठहराव, ठहरौनी, पटौनी, पण, प्रसंविदा, फ़ैसला, बंध, बंधन, मुआहिदा, रज़ामंदी, *वचन*, वादा, वायदा, *शपथ*, *संधि*, संविदा, सट्टा, सत्य (प्रा), *समझौता*, समय (प्रा), *सहमति*, *सौदा*, ●गारंटी, ●ठेका, ●दायित्व, ●वचन, ●संकल्प, ●संबंध, ■परंतुक, ■शर्त.

**अनुबंध अपालन** = वचनभंग.

**अनुबंधक** = अनुबंधकारी, अनुबंधिता.

**अनुबंधकारी** *वि* अनुबंधक, आबद्धक, परिसीमक, प्रतिबंधक, *बंधक*, बाइंडिंग, सीमांकक, ●अनिरसनीय, ●गारंटीयुक्त, ●वैवश्यक.

**अनुबंध पत्र** = गारंटी कार्ड.

**अनुबंधभंग** = वचनभंग.

**अनुबंधित** = गारंटीयुक्त, वैवश्यक.

**अनुबंधित** *वि आबद्ध*, ठहरा/ठहरी, तय, *नियंत्रित*, नियत, निश्चित, प्रतिबंधित, प्रतिबद्ध, बंधकित, बँधा/बँधी, बंधित, बदा/बदी, बद्ध, बद्धप्रतिज्ञ, मुक़र्रर, वचनबद्ध, शर्तबंद, *सहमत*, *स्थिर*, ●अनुबंधकारी, ●निर्धारित, ●शपथित.

**अनुबंधिता** *सं* अनुबंधक, अनुबंधी, *ठेकेदार*, मुक़िर, समझौता कर्ता, ●वचनदाता.

**अनुबंधी** = अनुबंधिता.

**अनुबद्ध** = संबंधित, संलग्न.

**अनुबद्धन** = आबद्धन.

**अनुबोध** = बोध, स्मृतिलाभ, स्मृतिलाभ.

**अनुभव** = अनुभूति, अभ्यास, दक्षता, स्मृति.

**अनुभव** *सं अभ्यास*, *आलब्धि*, उपलब्धि, करते की विद्या, कर्म से प्राप्त ज्ञान, जानकारी, *ज्ञान*, तजरबा, परिचितता, परिपाक, प्रयोग से प्राप्त ज्ञान, लब्धि, व्यावहारिक ज्ञान, समझ, होशियारी, ●अनुभूति, ●अभ्यास, ●अर्हता, ●दक्षता, ●प्रौढ़ता, ■अनभ्यस्तता.

**अनुभव कराना** = सिखाना.

**अनुभव क्षमता** = अनुभूति.

**अनुभवगत** = यथार्थ, विज्ञानसंगत.

**अनुभवगम्य** = यथार्थ, विज्ञानसंगत.

**अनुभवजन्य** = विज्ञानसंगत.

**अनुभव पर पुनर्विचार** = पुनर्विचार.

**अनुभवप्राप्त** = अनुभवी.

**अनुभव प्राप्ति** = अभ्यास.

**अनुभवसिद्ध** = परीक्षित.

**अनुभवहीन** = अनभ्यस्त, व्यवहार अकुशल, शिशुवत.

**अनुभवहीन** *वि अकुशल*, *अज्ञानी*, अधकचरा/अधकचरी, अनजान, अनभिज्ञ, *अनभ्यस्त*, *अनाड़ी*, *अपक्व*, अपरिपक्व, अप्रगल्भ, अप्रौढ़, अभुक्तभोगी, *अयोग्य*, असिद्ध, कच्चा/कच्ची, कमसिन, नातजर्बेकार, नादान, बचकाना/बचकानी, *मूर्ख*, ●अनभ्यस्त, ●अयोग्य, ●अर्हताहीन, ●फूहड़, ■अनुभवी, ■ज्ञानी, ■दक्ष, ■प्रौढ़.

**अनुभवातीत** = स्पर्शागोचर.

**अनुभवी** = दक्ष, प्रौढ़, वरिष्ठ (कर्मचारी).

**अनुभवी** *वि* अनुभवप्राप्त, उस्ताद, *कुशल*, खाया खेला/खाई खेली, *खिलाड़ी*, खुरांट, खेला खाया/खेली खाई, घुटा/घुटी, चलता/चलती, *चुस्त*, जानकार, *ज्ञानी*, तजरबेकार, *दक्ष*, पक्का/पक्की, *पक्व*, पटु, पहुँचा/पहुँची, पुराना/पुरानी,

पैठा/पैठी, *प्रशिक्षित*, *प्रौढ़*, भुक्तभोगी, मँजा/मँजी, शातिर, सिद्ध, सीखा/सीखी, स्याना/स्यानी, होशियार, •दक्ष, •योग्य, •व्यावहारिक, ■अनुभवहीन, ■नौसिखिया.

**अनुभाग** = नगर खंड.

**अनुभाग** *सं एकक*, *प्रशाखा*, यूनिट, *विभाग*, सैक्शन, सैल, •विभाग.

**अनुभाव** = भंगिमा.

**अनुभाव** *सं अभिनय*, अभिव्यंजना, *अभिव्यक्ति*, इज़हार, गमक, चित्त विकार, चेष्टा, प्रतिबिंबन, *प्रदर्शन*, *भाव अभिव्यक्ति*, भाव प्रदर्शन, रसकार्य, *व्यवहार*, संवेदन, हावभाव, •विभाव, ■अप्रदर्शन.

**अनुभूत** = ज्ञात, परीक्षित, यथार्थ.

**अनुभूत** *वि* जाना/जानी, *ज्ञात*, प्रतीत, भुक्त, महसूस, विदित, संप्रतीत, संभुक्त, संवेदित, •अनुभूतिप्रवण, •ज्ञात, ■अज्ञात.

**अनुभूति** = ज्ञानेंद्रिय, भाव, रसानुभूति, स्पर्श अनुभूति.

**अनुभूति** *सं* अंग अनुभूति, अंगानुभूति, *अंतर्बोध*, *अनुभव*, अनुभव क्षमता, इंद्रियानुभूति, एहसास, चेत, *चेतना*, चैतन्य, जीवनचिह्न, प्रतीति, प्रमा, *भाव*, *मन*, मनश्चेतना, मनोज्ञान, मनोनुभूति, मानस, वेदना, शरीर संज्ञा, संचेतना, *संज्ञा*, संवेदना, सेंद्रिय ज्ञान, सैंसेशन, •अनुभव, •अभिव्यक्ति, •चेतना, •ज्ञानेंद्रिय, •बोध, •भाव, •रसानुभूति, ■अननुभूति, ■निस्संज्ञता.

**अनुभूति अभाव** = अननुभूति.
**अनुभूतिगम्य** = इंद्रियगम्य.
**अनुभूतिगम्यतावाद** = इंद्रियगम्यतावाद.
**अनुभूति जगत** = चेतन जगत.
**अनुभूतिप्रवण** = भावुक.

**अनुभूतिप्रवण** *वि* अनुभूतियुक्त, इंद्रियानुभूतियुक्त, संज्ञ, संज्ञी, संवेदनपूर्ण, संवेदनशील, संवेदनशील, संवेदनापूर्ण, सचित्त, सचिन, सचैतन्य, सज्ञान, ससंज्ञ, सानुभूति, सेंद्रिय, स्वसंज्ञ, •अनुभूत, •सचेत, ■अनुभूतिहीन.

**अनुभूतिप्रवणता** = भावुकता.
**अनुभूतियुक्त** = अनुभूतिप्रवण.
**अनुभूति विकार** = मनोविकार.
**अनुभूतिशून्य** = अनुभूतिहीन.
**अनुभूतिशून्यता** = अननुभूति.
**अनुभूतिहीन** = स्पर्शानुभूतिहीन.

**अनुभूतिहीन** *वि* अनुभूतिशून्य, असंज्ञ, *जड़*, निर्विकार, पत्थर, प्रतिक्रियाहीन, भावनाहीन, विकारहीन, *शून्य*, सुन्न, सूना/सूनी, •अचेत, •अभावुक.

**अनुभूतिहीन जगत** = अजैव पदार्थ.
**अनुभूतिहीनता** = अननुभूति.
**अनुभूतींद्रिय** = ज्ञानेंद्रिय.
**अनुभूत्य** = इंद्रियगम्य, स्पर्शगम्य.
**अनुभोग** = उपभोग.
**अनुभ्राता** = छोटा भाई.
**अनुमंता** = अनुमति दाता.
**अनुमत** = वैध, स्वीकृत.

**अनुमत** *वि अधिकृत*, अनिषिद्ध, अनुज्ञापित, अनुमतिदत्त, अनुमतिप्राप्त, अभिसम्मत, खुला/खुली, प्राधिकृत, मान्य, समनुज्ञात, सम्मत, सम्मतिप्राप्त, सहमति प्रदत्त, *स्वीकृत*, •नियमानुकूलित, •संपुष्ट, •सहमत, ■अस्वीकृत.

**अनुमति** = पारण, लाइसैंस, स्वीकृति.

**अनुमति** *सं* अनुज्ञा, *आज्ञा*, *आशीर्वाद*, इजाज़त, खुशी, छूट, परमिशन, प्रार्थना स्वीकृति, मंज़ूरी, मरज़ी, रज़ा, रज़ामंदी, रजायस, सम्मति, *सहमति*, *स्वीकृति*, *हाँ*, •पूर्ण अनुमति, •मौन अनुमति, •आज्ञा, •लाइसैंस, •संपुष्टि, ■अस्वीकृति, ■निषेध, ■प्रतिबंध, ■विरोध, ■वीटो.

**अनुमतिदत्त** = अनुमत.

**अनुमति दाता** *सं* अधिकारी, अनुज्ञाता, अनुज्ञापक, अनुमंता, अनुमति प्रदाता, सम्मति प्रदाता, सहमति दाता, स्वीकर्ता, स्वीकृति दाता.

**अनुमति धारक** = लाइसैंसी.
**अनुमति न देना** = ठुकराना.
**अनुमति पत्र** = पट्टा, प्रवेश पत्र, लाइसैंस.

**अनुमति पत्र** *सं* अधिकार पत्र, अधिभोग पत्र, अनुज्ञा, अनुज्ञापत्र, परमिट, *प्रमाणपत्र*, लाइसैंस, सनद, सम्मति पत्र, •पट्टा, •फ्रैंचाइज, •लाइसैंस.

**अनुमति प्रदाता** = अनुमति दाता.
**अनुमतिप्राप्त** = अनुमत, नियमानुकूलित.
**अनुमतियोग्य** = स्वीकार्य.
**अनुमतिहीनता** = अस्वीकृति.
**अनुमा** = अनुमान.
**अनुमान** = अंदाज़ा, पूर्वज्ञान, बजट.

**अनुमान** *सं अंदाज़ा*, अध्याहार, अनुमा, अनुमिति, क़यास, कूत, ख़याल, गुमान, ज्ञात के आधार पर अज्ञात का ज्ञान, तख़मीना, प्रत्यक्ष से अप्रत्यक्षः ज्ञान, प्राक्कथन, *विचार*, समझ, सानगुमान, •आकलन, •उद्भावना, •तुक्का, •पूर्वानुमान.

**अनुमानन** = अंदाज़ा.
**अनुमान से** = लगभग.
**अनुमानातीत** = अगणनीय.
**अनुमानित** = असटीक, प्रत्याशित.

**अनुमानित** *वि* अनिर्दिष्ट, अनुमित, *अस्थिर*, आसपास, क़रीब, कल्पित, नज़दीक, निकटीय, *प्रत्याशित*, फ़र्ज़ी, माना/मानी, मोटा मोटा, *लगभग*, समझा/समझी, समीप, •असटीक, ■आकलित, ■सटीक.

**अनुमापक** = आकलन कर्ता.
**अनुमित** = अनुमानित.
**अनुमिति** = अनुमान.
**अनुमृता** = सती.
**अनुमोदन** = संपुष्टि, सहमति, सिफ़ारिश.

**अनुमोदन** *सं* ताईद, *समर्थन*, सैकंडिंग, •प्रतिपादन, •प्रशंसा, •मंडन, •सहमति.

**अनुमोदनीय** = समर्थनीय.
**अनुमोदित** = शास्त्रसंगत.

**अनुयान** *सं* कृष्टयान, जुड़वाँ ठेला, जुड़ा यान, ट्रेलर, ■अग्रयान.

**अनुयायी** = अनुगंता, परंपरावादी, मतानुगामी.
**अनुयायी/अनुयायिनी** = पक्षधर.
**अनुयोक्ता** = तथ्यान्वेषण आयोग, शिकायत कर्ता.
**अनुयोग** = तथ्यान्वेषण आयोग.
**अनुरंजक** = आनंदप्रद, प्रसन्नताप्रद, संतोषप्रद.
**अनुरंजन** = आरंजन, प्रसन्नन, सामनीति.
**अनुरंजित** = प्रसन्न, मनोरंजित.
**अनुरक्त** = आसक्त, प्रेमासक्त, लाल, व्यस्त, संसिक्त.
**अनुरक्त करना** = मोहना.
**अनुरक्ति** = आसक्ति, प्रेम, सांसारिकता.
**अनुरणन** = टनटन.
**अनुरणित** = झंकृत.
**अनुरत** = तल्लीन, प्रेमासक्त, व्यस्त.
**अनुरति** = आसक्ति, प्रवृत्ति, सांसारिकता.
**अनुराग** = आसक्ति, प्रेम, भक्ति, रोमांस, वात्सल्य.
**अनुरागपूर्ण** = प्रेममय/प्रेममयी.
**अनुरागमय** = प्रेममय/प्रेममयी.
**अनुरागिनी** = प्रेमिका, प्रेमिका.
**अनुरागी** = प्रेममय/प्रेममयी, प्रेमासक्त, प्रेमी, रूमानी.
**अनुरागी/अनुरागिनी** = भक्त.
**अनुराधा** = नक्षत्र सूची.
**अनुरिक्थ** = रिक्थ.
**अनुरूप** = अनुसार, आवश्यकतानुरूप, तुलनीय, सदृश.
**अनुरूपक** = पुतला.
**अनुरूपता** = सादृश्य.
**अनुरोदन** = मातम, मृत्यु संवेदना.
**अनुरोध** = आग्रह, निवेदन, प्रार्थना, मँगाई, याचिका.
**अनुरोधक** = निवेदक.
**अनुरोध कर्ता** = निवेदक.
**अनुरोधन** = मँगाई.

**अनुरोधी** = निवेदक.
**अनुर्वर** = उजाड़, कल्पनाहीन, फलहीन, वंध्य, सृजनहीन.

**अनुर्वर** *वि* अनुत्पादक, अनुपजाऊ, अनुर्वरित, *ऊसर*, *कल्लर*, *परती*, बंजर, बाँझ, बेकार, *वंध्य*, शुष्क, सूखी, हलकी, •फलहीन, •मरुथलीय, •सृजनहीन, ■उर्वर.

**अनुर्वर भूमि** = ऊसर.
**अनुर्वरित** = अनुर्वर.
**अनुलंब** = प्रतिक्षितिज, लंबरेखा.
**अनुलंबित** = प्रतिक्षितिज.
**अनुलक्ष्य** = लक्ष्यवेधी.
**अनुलग्न** = संलग्न.
**अनुलग्नक** = परंतुक.
**अनुलग्न करना** = लगाना.
**अनुलाप** = पुनरुक्ति.

**अनुलाप** *सं* एक ही कथन पुनः पुनः कथन, दोहराव, पुनरावृत्ति, *पुनरुक्ति*, *राग*, •पुनरुक्ति, •वार्तालाप.

**अनुलिपि** = प्रतिलिपि.
**अनुलोम** = आरोहक्रमिक, धारा के साथ.
**अनुल्लंघनकारी** = परंपरावादी.
**अनुल्लंघनीय** = अनिरसनीय, पवित्र, मौलिक (अधिकार).

**अनुल्लंघनीय** *वि* *अनिरसनीय*, अनिवार्य, *अपरिहार्य*, अलंघनीय, अलंघ्य, *पवित्र*, पावन, बुनियादी, सर्वमान्य, •अत्यावश्यक, •मौलिक (अधिकार).

**अनुल्लंघनीय अधिकार** = मूल अधिकार.
**अनुल्लंघनीय मर्यादा** = मर्यादा रेखा.
**अनुल्लंघित** = पवित्र.
**अनुल्लिखित** = अचर्चित, गुमनाम.
**अनुल्लेखनीय** = अचर्चनीय, मध्यमस्तरीय, महत्त्वहीन, साधारण.
**अनुवंश शृंखला** = वंश.
**अनुवंशागत** = आनुवंशिक.
**अनुवंशीय जाति** = प्रजाति.
**अनुवर्तन** = अनुगमन.
**अनुवर्ती** = अनुगामी, उत्तरवर्ती.
**अनुवर्ष देय** = वर्षदेय.
**अनुवाचन** = धर्मपाठ, मंत्रपाठ.

**अनुवात** = धारा के साथ.

**अनुवाद** *सं* उल्था, ट्रांसलेशन, तरजुमा, भाषांतर, •दुभाषिया कर्म, •मौलिक कृति.

**अनुवादक** *सं* उल्थाकार, ट्रांसलेटर, भाषांतरकार, •दुभाषिया, •विवेचक, ■लेखक.

**अनुवादित** *वि* अनूदित, ट्रांसलेटिड, पुनर्कथित, भाषांतरित, •रूपांतरित, ■मौलिक.

**अनुवादी** = पर्यायवाची.
**अनुवार्षिकी** = वर्षदेय.
**अनुवासित** = सुगंधित.
**अनुविद्ध** = विद्ध.
**अनुविधान** = अनुशासन.
**अनुविन्यास** = क्रम.
**अनुवेधन** = वेधन.
**अनुवेश** = आप्रवासन, आप्रवेश.
**अनुवेश पत्र** = वीज़ा.
**अनुशंसा** = समर्थन, सिफ़ारिश.
**अनुशंसित** = लोकप्रिय, सिफ़ारिशी.
**अनुशय** = आसक्ति, ईर्ष्या, शत्रुता, शोक.
**अनुशयान/अनुशयाना** = खेदपूर्ण, दुःखी, प्रौढ़.
**अनुशयी** = खेदपूर्ण, दुःखी, पश्चात्तापपूर्ण.
**अनुशासक** = प्रशासक.

**अनुशासक** *सं* अनुशासी, अनुशास्ता, प्रशास्ता, *शासक*, शास्ता, •अनुशासन, •नियंत्रक, •प्रबंधक, •प्रशासक, •सुनियोजक.

**अनुशासन** = दंड, नियंत्रण, प्रबंध, व्यवस्था, संयम, साधना, सुशासन.

**अनुशासन** *सं* अनुविधान, आत्मानुशासन, कठोरता, डिसीप्लिन, दृढ़ता, *नियंत्रण*, नियम पालन, पाबंदी, *प्रतिबंध*, *संयम*, सख़्ती, •नियंत्रण, •व्यवस्था, •सुशासन, •सेना, ■अराजकता, ■कुप्रबंध, ■भेड़चाल.

**अनुशासनपर** = आज्ञाकारी.
**अनुशासनपूर्ण** = सुशासित.

 (प्रा) प्राचीन शब्द, अब अप्रचलित - *तिरछे* शब्द स्वतंत्र शीर्षक भी हैं •सपर्याय ■विपर्याय

**अनुशासनप्रिय** = कठोर (अधिकारी).

**अनुशासनप्रिय** *वि* अडिग, अड़ियल, अविचल, कट्टर, *कठोर*, कड़ा/कड़ी, दृढ़, नियमप्रिय, पक्का/पक्की, •कठोर (अधिकारी), •क्षमाहीन, •लचकहीन, ■सौम्य.

**अनुशासनहीन** = संयमहीन, स्वेच्छाचारी.

**अनुशासनहीन** *वि* अदम्य, अननुशासित, नियंत्रणहीन, विनय प्रमाथी, ■अनुशासित, ■सुशासित.

**अनुशासनहीनता** = कुप्रबंध.
**अनुशासनाधीन** = अनुशासित, नियंत्रित, प्रबंधित.
**अनुशासनीय** = शासकीय.
**अनुशासित** = अविलासी, दंडित, नेतायुक्त, प्रबंधित, योजित, व्यवस्थित, शासित, संयमित, सुशासित.

**अनुशासित** *वि* अनुशासनाधीन, *कठोर*, *नियंत्रित*, *नियमित*, *प्रशिक्षित*, शांत, *शिक्षित*, संयत, सुविनय, •प्रबंधित, •प्रशिक्षित, •संयमित, ■अनुशासनहीन, ■वशातीत, ■संयमहीन.

**अनुशासी** = अनुशासक.
**अनुशास्ता** = अनुशासक, उपदेशक, धर्मज्ञानी.
**अनुशास्य** = शास्य.
**अनुशीतक** = कूलर.
**अनुशीतित्र** = कूलर.
**अनुशीलन** = अध्ययन, साधना, होमवर्क.
**अनुशीलित** = अध्यीत.
**अनुशोच** = खेद, पश्चात्ताप.
**अनुश्रव** = वैदिक परंपरा.
**अनुश्रुत** = पारंपरिक, मिथकीय.
**अनुश्रुति** = मिथक, मिथकावली, वैदिक परंपरा.
**अनुषंग** = अवसर, मिलन.
**अनुषक्त** = संबंधित.
**अनुष्ठातव्य** = आरभ्य, करणीय.
**अनुष्ठाता** = आरंभ कर्ता, यजमान, यजमान.
**अनुष्ठान** = आरंभ, कार्य, धर्मकर्म, मंगलोत्सव, संकल्प, संकल्प, समारोह.
**अनुष्ठेय** = आरभ्य.

**अनुसंधान** = आलब्धि, खोज यात्रा, तथ्यान्वेषण, तलाश.

**अनुसंधान** *सं* *अध्ययन*, अन्वीक्षण, अन्वेषण, खोज, गवेषणा, टोह, *तलाश*, रिसर्च, वेध, वैज्ञानिक अनुसंधान, व्यवस्थित अध्ययन, शोध, संधान, •आविष्कार, •जिज्ञासा, •प्रयोग, •विज्ञान, •सर्वे.

**अनुसंधान कर्ता** *सं* अनुसंधानी, अन्वेषक, अन्वेषण कर्ता, अन्वेषी, रिसर्चर, शोधक, शोध कर्ता, संधान कर्ता, •जिज्ञासु, •विश्लेषक.

**अनुसंधान परिणाम** = आविष्कार.
**अनुसंधान यात्रा** = खोज यात्रा.
**अनुसंधान शाला** = प्रयोगशाला.
**अनुसंधानशील** = आविष्कारशील.
**अनुसंधानात्मक** = प्रयोगात्मक.
**अनुसंधानाधीन** = प्रयोगात्मक.

**अनुसंधानित** *वि* अन्वेषित, गवेषित, निरूपित, शोधित, संधित, •आलब्ध.

**अनुसंधानी** = अनुसंधान कर्ता, प्रयोगशाला, वैज्ञानिक, व्याख्याता.
**अनुसंधि** = मिलीभगत.
**अनुसमर्थक** = मंडन कर्ता, समर्थक.
**अनुसमर्थन** = मंडन, संपुष्टि, समर्थन.
**अनुसमर्थनीय** = समर्थनीय.
**अनुसर** = अनुगंता.
**अनुसरण** = अनुकरण, अनुगमन, अनुपालन, मतानुगमन.

**अनुसार** *क्रिवि* *अनुकूल*, अनुकूलतः, अनुरूप, बराह, भाँति, माफ़िक़, मुताबिक़, यथा, स्वरूप, हस्ब, •अन्यथा, •कारणतः, •कैसे, •विधिपूर्वक.

**अनुसारणा** = पीछा.

**अनुसूचित जाति** *सं* शीड्यूल्ड कास्ट, •अगड़ी जाति.

**अनुसूची** = इंडैक्स, परिशिष्ट.
**अनुस्तरणी** = आवरक वस्तु.
**अनुस्तर विभाजन** = चिराई.
**अनुस्पंदन** = झनझनाहट, प्रतिध्वनि.

**अनुस्मरण** = संस्मरण.

**अनुस्मरण** *सं* अतीत स्मरण, अनुचिंतन, अनुस्मृति, ख़याल, चिंतन, परिचिंतन, पिछली बातें, पुनः स्मरण, पुरानी यादें, प्रिय संस्मरण, प्रियस्मरण, प्रियस्मृति, याद, यादगार, यादें, विगत संस्मरण, *संस्मरण*, संस्मृति, सुख संस्मरण, सुमरण, सुस्मरण, स्मरण, •अविस्मरण, ■विस्मरण.

**अनुस्मरणात्मक** = संस्मरणात्मक.
**अनुस्मृत** = स्मृत.
**अनुस्मृति** = अनुस्मरण.
**अनुस्यूत** = ग्रंथित.

**अनुस्वार** *सं* अं, बिंदु रेखक, •अनुनासिक वर्ण.

**अनुस्वार चिह्न** *सं* ं, नुक़्ता, *बिंदी*.

**अनुहारी** = अनुकरण कर्ता.
**अनूठा/अनूठी** = अनुपम, अभूतपूर्व, आश्चर्यजनक, विचित्र.
**अनूढ़/अनूढ़ा** = अविवाहित.
**अनूदित** = अनुवादित.
**अनूप** = अनुपम, जलाशय, तालाब, सुंदर.
**अनृणी** = ऋणमुक्त.
**अनृत** = असत्य, झूठ.
**अनृतभाषी** = असत्यवादी, असत्यवादी.
**अनृतवादी** = असत्यवादी, असत्यवादी.
**अनृती** = असत्यवादी.
**अनेक** = एकताहीन, बहुवचनीय.

**अनेक** *वि* इकोतर, इकोत्तर, एक अधिक, एक से अधिक, एकाधिक, एकोत्तर (जैसेः एकोत्तर सौः एक सौ एक), कई, कतिपय, *कुछ*, चंद, *नाना*, *बहुत*, बहुल, *विविध*, •अगणनीय, •अधिक, •बहुत, •विविध, •सब, ■एक, ■एकमात्र, ■कम, ■कुछ, ■कोई.

**अनेक आकार वाला** = अनेकाकारीय.
**अनेक कंपनियों में नियोजक कंपनी** = म्यूचुअल फ़ंड.
**अनेकता** = विविधता.
**अनेकदा** = बारंबार.

**अनेकदा** *क्रिवि* अनेक बार, एकाधिक बार, कई बार, कितनी ही बार, बहुत बार, बहुधा, सौ बार, हज़ारहा, हरचंद, हर बार, •एक बार, •प्रायः, •बारंबार.

**अनेक प्रकार का** = विविध.
**अनेक बार** = अनेकदा.
**अनेक मोड़** = सर्पिल मोड़.
**अनेकरूप** = अनिश्चिताकारीय, अनेकाकारीय, अनेकाकारीय, कामरूपी, परिवर्तनशील, विविध, विविध.
**अनेकरूपता** = विविधता.
**अनेकरूपीय** = अनेकाकारीय.
**अनेकलोचन** = इंद्र.
**अनेकविध** = विविध.
**अनेकविधता** = विविधता.
**अनेक विषय विद्वान** = सर्वज्ञ.
**अनेकांगी** = बहुपार्श्वीय.
**अनेकांत** = परिवर्तनशील.
**अनेकांतवाद** = स्याद्वाद.
**अनेकाकार** = अनेकाकारीय.

**अनेकाकारीय** *वि* अनेक आकार वाला, अनेकरूप, अनेकरूप, अनेकरूपीय, अनेकाकार, नानारूप, बहुरूप, बहुरूपी, बहुरूपीय, विचित्राकार, विश्वरूपी, •कामरूपी.

**अनेकाग्र** *वि* अजागरूक, अतल्लीन, अदत्तचित्त, अदत्तावधान, अनेकाग्रचित्त, अलिप्त, असचेत, *असावधान*, चंचलचित्त, ध्यानहीन, प्रमादी, बेध्यान, •दायित्वहीन, ■एकाग्रचित्त, ■तल्लीन.

**अनेकाग्रचित्त** = अनेकाग्र.
**अनेकाग्रचित्तता** = चंचलता.
**अनेकार्थक** = अनेकार्थी, अस्पष्ट (कथन).

**अनेकार्थी** *वि* अनेकार्थक, व्यभिचारी, श्लिष्ट, श्लेषार्थक, ■एकार्थी.

**अनेकेश्वरवाद** *सं* प्रकृति पूजा, बहुदेववाद, ब्रह्मांड पूजा, विश्वदेवतावाद, विश्वपूजा, शिरकत, सर्वदेवतावाद, सर्वदेव स्वीकृति, सर्वेश्वरवाद, •आस्तिकतावाद, •दर्शन शास्त्र, •देवपूजा, ■एकेश्वरवाद.

**अनेतर** = यही, ही.
**अनेत्र** = अंधा/अंधी.
**अनैकांतिक** = अनिर्धारित, मिश्रित.
**अनैक्य** = एकताहीनता, मतभेद, विविधता.
**अनैतिक** = आपराधिक, निंदनीय, न्यायहीन, पापपूर्ण.

**अनैतिक** *वि अकरणीय*, अनाचरणीय, अनीतिपूर्ण, अनुचित, अविहित, *असंगत*, असम्यक्, ख़राब, खल, खोटा/खोटी, *ग़लत*, नाजायज़, नावाजिब, नीतिविरुद्ध, नीतिहीन, पतित, बुरा/बुरी, बेजा, हराम, •अवैध, •पापपूर्ण, ■छलहीन, ■नैतिक, ■पापहीन.

**अनैतिकता** = परगमन.
**अनैतिक व्यवहार** = भ्रष्टाचार.
**अनोकशायी** = बहिर्वासी, भिखारी, संन्यासी.
**अनोखा** = सुंदर.
**अनोखा/अनोखी** = अज्ञात, अनुपम, अभूतपूर्व, आश्चर्यजनक, भिन्न, विचित्र.
**अनोखी** = सुंदर स्त्री.
**अनोखी कृति** = जुगाड़.
**अनोखी बात** = विचित्र वस्तु.
**अनौपचारिक** = घर जैसा.

**अनौपचारिक** *वि* अविधिवत, आडंबरहीन, तड़कभड़कहीन, *दैनिक*, बेतकल्लुफ़ाना, *साधारण*, *सामान्य*, •मित्रतापूर्ण, •साधारण, •सामान्य, ■औपचारिक, ■दिखावटी.

**अनौपचारिक कमरा** = लौबी.
**अनौपम्य** = अनुपम.
**अनौरस** = अवैध (संतान).
**अन्** = रहित, विपरीत.
**अन्न** = अनाज, खाद्य पदार्थ.
**अन्नकिट** = फोक, विष्ठा.
**अन्नकूट** = अन्न ढेर, दीवाली उत्सव समूह.
**अन्नग्रहण** = भक्षण.
**अन्नजल** = खाद्य पदार्थ, गुज़रबसर.

**अन्न ढेर** *सं* अनाज ढेर, अन्नकूट, धान्यकूट, धान्यशैल, •अनाज गोदाम.

**अन्नदा** = अन्नपूर्णा, दुर्गा.
**अन्नदाता** = ईश्वर, ऐंप्लायर, किसान, वृत्तिदाता.
**अन्नद्वेषी** = अल्पाहारी.
**अन्न नली** = आहार नली.
**अन्नपाक** = पाचन.

**अन्नपूर्णा** *सं* अन्नदा, अन्नपूर्णेश्वरी, •वनदेवी.

**अन्नपूर्णा पर्वत** = पर्वत सूची भारत उपमहाद्वीप.
**अन्नपूर्णेश्वरी** = अन्नपूर्णा.
**अन्नप्राशन** = भक्षण, सोलह संस्कार सूची.

**अन्नप्राशन संस्कार** *सं* खीर खिलाई, खीर चटाई, पसनी, पासनी.

**अन्नभंडार** = अनाज गोदाम.
**अन्नमय कोश** = शरीर.
**अन्नमल** = फोक, विष्ठा.
**अन्नवाहिनी** = आहार नली.
**अन्न विकार** = जैव पदार्थ.
**अन्न वितरण** = भंडारा.
**अन्नशेष** = उच्छिष्ट आहार.
**अन्नसत्र** = भंडारा.
**अन्ना** = ताऊ, दाई, धाय माँ, माता.
**अन्नाकाल** = दुर्भिक्ष.
**अन्नागार** = अनाज गोदाम.
**अन्नाद्य** = सीधा खाना.
**अन्नाहारी** = निरामिषाहारी.
**अन्नोत्पादक** = किसान.
**अन्नोत्पादन** = कृषि.
**अन्नोत्सर्ग** = चढ़ावा.
**अन्य** = इत्यादि, और, कोई और, परजन, भिन्न, भिन्नकोटीय, वैकल्पिक.
**अन्य अपि** = और भी, भी.
**अन्य उपाय** = विकल्प.
**अन्य का** = पराया/पराई.
**अन्य का पुनर्कथन** = उद्धरण.
**अन्य काल** = तब.
**अन्य का वचन अनुकथन** = सहमति.
**अन्य का वचन समर्थन** = सहमति.
**अन्यगा** = कुलटा.
**अन्यगामिनी** = कुलटा.

**अन्य गोत्र में विवाह** = अंतरगोत्र विवाह.
**अन्यचित्त** = उदास.
**अन्यजन** = परजन.
**अन्यजन भावना** = परजन भावना.
**अन्यतम** = उत्तम.
**अन्यता** = परजन भावना.
**अन्यत्र** = अनुपस्थित, कहीं और, कहीं और, बाहरगाँव.
**अन्यथा** = अथवा.

**अन्यथा** *क्रिवि* अन्य प्रकार, इतरतः, इस के अतिरिक्त, और तरह, किसी और तरह, नतरु, नहीं तो, नातर, वग़रना, वरंच, वरना, विभाँति, ●अनुसार, ●और भी, ●किसी भी क़ीमत पर, ●बल्कि, ■किंतु.

**अन्य देश** = विदेश.
**अन्य देशीय** = विदेशी.
**अन्य धर्मी** = परधर्मी.
**अन्यनाभि** = परवंशी.
**अन्य पुरुष** = वह.
**अन्य पुरुष सर्वनाम** = सर्वनाम.
**अन्यपुष्ट** = परपालित.
**अन्य प्रकार** = अन्यथा.
**अन्य प्रकार का** = भिन्न.
**अन्यभाव** = द्वैतता.
**अन्यभृत** = परपालित.
**अन्यमनस्क** = उदास, चिंतित.
**अन्यमनस्कता** = उदासी.
**अन्यवंशीय** = परवंशी.
**अन्य वर्ण में विवाह** = अंतरजातीय विवाह.
**अन्यसंगम** = परगमन.
**अन्य संभावना** = विकल्प.
**अन्य से भिन्न स्व भाव** = आत्मज्ञान.
**अन्य स्थान पर** = कहीं और.
**अन्यादृश** = भिन्न.
**अन्यापि** = और भी.
**अन्याय** = अत्याचार, असमानतावाद, कुशासन, पक्षपात, पाप.

**अन्याय** *सं* अंधेर, अंधेर खाता, अंधेरगर्दी, *अत्याचार*, अधर्म, अनय, अनीति, असमानता, गैरइनसाफ़ी, ज़ुल्म, तरफ़दारी, धाँधली, नाइनसाफ़ी, न्यायहीनता, *पक्षपात*, बेइनसाफ़ी, बेईमानी, भेदभाव, मनमानी, सितम, ●अत्याचार, ■नैतिकता, ■न्याय.

**अन्याय के विरुद्ध शांतिपूर्ण संघर्ष** = सत्याग्रह.
**अन्यायपूर्ण** = अक्षम्य, न्यायहीन.
**अन्यायी** = अत्याचारी, पक्षपाती.

**अन्यायी** *वि कुटिल*, नाइनसाफ़, नाइनसाफ़, बेइनसाफ़, बेदादपेशा, वैधर्मिक, सितमगर, ●अत्याचारी, ●न्यायहीन, ■न्यायप्रिय.

**अन्यारा/अन्यारी** = सदृश.
**अन्यावलंबी** = परावलंबी.
**अन्याश्रित** = परावलंबी.
**अन्यून** = अधिक.
**अन्योन्य** = पारस्परिक.
**अन्वय** = उपपत्ति, संबंध.
**अन्वयन** = करण, कार्यान्विति.
**अन्वयागत** = आनुवंशिक.
**अन्वयी** = समकोटीय.
**अन्ववाय** = जाति, वंश.
**अन्वित** = कृत, संबंधित.
**अन्विति** = कार्यान्विति.
**अन्वीक्षण** = अनुसंधान, तथ्यान्वेषण, तलाश.
**अन्वीक्षा** = तलाश, ध्यान.
**अन्वेषक** = अनुसंधान कर्ता, आविष्कर्ता, पुरातत्त्ववेत्ता, वैज्ञानिक.
**अन्वेषण** = अनुसंधान, आविष्कार, नावल्टी.
**अन्वेषण कर्ता** = अनुसंधान कर्ता.
**अन्वेषणपूर्ण** = गवेषणात्मक.
**अन्वेषणशील** = आविष्कारशील.
**अन्वेषणा** = तलाश.
**अन्वेषित** = अनुसंधानित, आविष्कृत, रचित.
**अन्वेषी** = अनुसंधान कर्ता, आविष्कर्ता, प्रश्न कर्ता, विश्लेषक.
**अपंग** = अक्षम, असहाय, लँगड़ा/लँगड़ी, विकलांग, विवश.
**अपंगु** = सर्वांग संपूर्ण.
**अपंडित** = अविद्वान.
**अपंथ** = मार्गच्युत.
**अप-** = भ्रष्ट.
**अपकर्ता** = अपकारी, अपकारी, शत्रु.
**अपकर्म** = अपकार.
**अपकर्ष** = अवनति, पतन, ह्रास.
**अपकर्षक** = नाश कर्ता, निंदक.
**अपकर्षकारी** = अनिष्टकारी, कुव्यसनकारक.
**अपकार** = अत्याचार, शत्रुता.

**अपकार** *सं* अनुपकार, अपकर्म, अपकृति, अपकृत्य, अपकृत्य, *अहित*, आँच, क्षति, *घात*, चपत, नुकसान, बुरा, बुराई, हानिकरण, ●आघात, ●प्रहार, ●हानि, ■उपकार, ■दया, ■सहायता.

**अपकारक** = अनिष्टकारी, आहतिकारक, दुर्भाग्यप्रद.
**अपकारहीन** = अहानिकारक.
**अपकारी** = अनिष्टकारी, अनिष्टकारी, शत्रु.

**अपकारी** *वि* अकल्याण कर्ता, अनिष्टसाधक, अपकर्ता, अपकर्ता, बाधिता, बुरा करने वाला, बुरा करने वाला, ■उपकारी.

**अपकाष्ठा** = निम्नदिशा.
**अपकाष्ठागत** = अवनत.
**अपकीर्त** = अलोकप्रिय, बदनाम.
**अपकीर्ति** = बदनामी.
**अपकीर्तिकर** = निंदनीय.
**अपकीर्ति कर्ता** = निंदक.
**अपकृति** = अपकार.
**अपकृत्य** = अपकार, घोटाला, दुष्कर्म.
**अपकृष्ट** = अवनत, नष्ट, निकृष्ट, बुरा/बुरी.
**अपक्रमण** = रणत्याग.
**अपक्रोशपूर्ण** = अपशब्दात्मक.
**अपक्व** = अनपका/अनपकी, अनुभवहीन, अपरिष्कृत, अर्धविकसित, अल्पायु, अवयस्क, अविचारित, पूर्वजात, प्रयोगात्मक.

**अपक्व** *वि कचिया*, कच्चा/कच्ची, दूधिया, हरा/हरी, ●अर्धविकसित, ■पक्व.

**अपक्व आहार** = कच्चा खाना.
**अपक्ष** = गुटनिरपेक्ष.
**अपक्षधर** = गुटनिरपेक्ष.
**अपक्षय** = अवनति, कुपोषण, घटोतरी, नाश, ह्रास.
**अपक्षरण** = क्षरण.
**अपक्षीय** = गुटनिरपेक्ष.

**अपगति** = अवनति, दुर्भाग्य, पतन.
**अपगमन** = तिरोभाव.
**अपगुण** = दुर्गुण, बुराई.
**अपगुणी** = दुर्गुणी, बुरा/बुरी.
**अपघात** = विश्वासघात, हत्या.
**अपघाती** = हत्यारा.
**अपच** = बदहज़मी.
**अपचय** = घटोतरी, ह्रास.
**अपचार** = दुराचार.
**अपचारी** = कुटेवी.
**अपचित** = अनपका/अनपकी.
**अपछाया** = डरावा, बुरी नज़र, भूत, भूतबाधा.
**अपटी** = क़नात, नेपथ्य यवनिका.
**अपटु** = अदक्ष.
**अपटुडेट** = आधुनिक, फ़ैशनानुकूल.
**अपठनीय** = उबाऊ, कुलिखित.

**अपठनीय** *वि* अपाठ्य, *अरोचक*, क्लिष्ट, गहन, दुरूह, दुर्बोध्य, नीरस, शुष्क, ●कुलिखित, ■पठनीय.

**अपठनीय लिखाई** = कुलेख.
**अपढ़** = अज्ञानी, अशिक्षित, असाक्षर.
**अपति** = कुँवारी, विधवा.

**अपति** *वि* अकेली, अधवा, पतिहीना, ●अपत्नीक, ●तलाक़शुदा.

**अपत्नीक** *वि* अकेला, अस्त्रीक, छड़ा, छड़ा छटाँक, पत्नीरहित, पत्नीहीन, *विधुर*, ●अपति, ■सपत्नीक.

**अपत्र** = अजातपक्ष शिशु पक्षी.
**अपथ** = मार्गच्युत.
**अपथ्य** = अनाहार्य, अपाच्य, कुपथ्याहार, रोगकारक, सड़ा/सड़ी.
**अपद** = संसर्पी.
**अपद चरण** = सवारी.
**अपदस्थ** = सत्ताच्युत, सेवाच्युत.
**अपदस्थीकरण** = सेवाच्युति.
**अपदस्थीकृत** = सेवाच्युत.
**अपदार्थ** = अयथार्थ, महत्त्वहीन, शून्य, स्पर्शागोचर.

**अपदार्थ** *सं* अतत्त्व, अद्रव्य, अधातु, अभूत, अवस्तु, अविषय, असत्त्व, अहिरण्य, *शून्य*, ●पदार्थ. ●प्रतिपदार्थ.

**अपदार्थता** = अनस्तित्व.
**अपदार्थीय** = इंद्रियातीत.
**अपदेवता** = भूत, राक्षस.
**अपदेश** = अस्पष्टवादिता.
**अपद्रव्यण** = अपमिश्रण.
**अपध्वंस** = गर्भपात, नाश, पतन.
**अपध्वंसी** = नाशकारी.
**अपध्वस्त** = नष्ट, वैभवखंडित.
**अपनत्व** = परिवार संबंध, व्यक्तित्व, स्वजन भावना.
**अपनत्वपूर्ण** = परिवारीय, ममतापूर्ण, मित्रतापूर्ण.
**अपनय** = अकल्याण.
**अपनयन** = अपहरण.
**अपनयन** = घटान कर्म.
**अपना/अपनी** = अंतरंग, परिवारीय, ममतापूर्ण, मित्रतापूर्ण, मेरा/मेरी, वैध (संतान), व्यक्तिगत, संबंधी, सहवंशी, सहोदर, स्वदेशी, स्वरचित.
**अपना अनोखापन** = व्यक्तित्व.
**अपना आपा** = आत्मज्ञान.
**अपना करना** = अपनाना, ख़रीदना.
**अपना देश** = स्वदेश.
**अपना धंधा करने वाला** = स्वनियोजित.
**अपना धंधा करने वाला व्यक्ति** = स्वधंधी.
**अपना नहीं** = पराया/पराई.

**अपनाना** *क्रि* अंग करना, अंग लगाना, अंगीकार करना, अंगीकारना, अँगेजना, अपना करना, अपना बनाना, *मिलाना*, *लेना*, स्वांगीकृत करना, स्वीकार करना, स्वीकारना, ●समावेश करना, ■त्यागना, ■निकालना, ■रद्दी करना.

**अपनापन** = आत्मा, परिवार संबंध, ममता, मित्रता, वात्सल्य, वैयक्तिकता, व्यक्तित्व, सहानुभूति, स्वजन भावना, स्वभाव, स्वामित्व.
**अपनापा** = स्वजन भावना.
**अपना बनाना** = अपनाना.
**अपनाम** = बदनाम.
**अपनायत** = आपसदारी, स्वजन भावना.
**अपना राज** = स्वाधीनता.
**अपना राष्ट्र** = स्वदेश.
**अपना सुधार करना** = सुधरना.
**अपना हाथ जगन्नाथ** = स्वावलंबन.
**अपना होना भाव** = स्वजन भावना.
**अपनी अपनी ढपरी अपना अपना राग** = असामंजस्य.
**अपनी अपनी दिशा में जाना** = असामंजस्य.
**अपनी आँखों** = देखते देखते.
**अपनी आँखों देखने वाला** = प्रत्यक्षदर्शी.
**अपनी इच्छा से** = स्वेच्छया.
**अपनी ओर खींचना** = खींचना.
**अपनी कहानी** = आत्मकथा.
**अपनी धरती** = स्वदेश.
**अपनी पत्नी** = स्वपत्नी.
**अपनी प्रशंसा** = आत्मप्रशंसा.
**अपनी बात मनवाना** = मनवाना.
**अपनी बात से फिरना** = मुकरना.
**अपनी मिसाल आप** = अनुपम.
**अपनी रक्षा** = आत्मरक्षा.
**अपनी सरकार** = स्वाधीनता.
**अपने** = स्वजन.
**अपने आप** = यंत्रचालिततः.
**अपने आप उपजा** = अकृषित (अनाज).
**अपने को सुधारना** = सुधरना.
**अपने गोत्र में विवाह** = सगोत्र विवाह.
**अपने जैसा एक** = अनुपम, एकमात्र.
**अपने पैरों** = पैदल.
**अपने मुँह मियाँ मिट्ठू** = आत्मप्रशंसक.
**अपने में खोयापन** = दिवास्वप्न.
**अपने में मग्न** = आत्मलीन.
**अपने रंग में रँगना** = मोहना.
**अपने राम** = मैं.
**अपने लोग** = स्वजन.
**अपने सगे** = स्वजन.
**अपने से बात करना** = बड़बड़ाना.
**अपभय** = भयहीन.
**अपभयकारी** = दंडात्मक.
**अपभयन** = तर्जन.
**अपभाषा** = गालीगलौज.
**अपभाषी** = कटुभाषी, कलहप्रिय.
**अपभ्रंश** = पतन, विकृति.
**अपभ्रष्ट** = अवनत, आउट आफ़ आर्डर, भ्रष्ट (पुण्यस्थान).
**अपमान** = तिरस्कार.

**अपमान** *सं* अनदेखी, अनादर, अपशब्द, अप्रतिष्ठा, अवमान, अवमानना, अवमूल्यन, अवहेलना,


(प्रा) प्राचीन शब्द, अब अप्रचलित - *तिरछे* शब्द स्वतंत्र शीर्षक भी हैं ●सपर्याय ■विपर्याय

असम्मान, आक थू, *उपहास*, *उपेक्षा*, किरकिरी, *गाली*, छीछालेदर, छीछी, ज़िल्लत, *तिरस्कार*, तौहीन, थुक्का फ़ज़ीहत, थुड़ी, थूत्कार, थूथू, दुत्कार, दुर दुर, *निंदा*, निरादर, पराभव, प्रतिष्ठाहानि, फ़ज़ीहत, बुरा भला, बेक़द्री, मज़ाक़, मानभंग, रुसवाई, लाक़द्री, व्रीड़ा, हक़ारत, हतक, हिक़ारत (विकल्प), हेठी, •गाली, •निंदा, •बदनामी, •मानहानि, •लांछन, ▪आदर, ▪प्रशंसा, ▪बधाई, ▪सम्मान.

**अपमानकारी** = अपमानजनक.
**अपमानजनक** = अपशब्दात्मक, लज्जाजनक.

**अपमानजनक** *वि* अनादरपूर्ण, अपमानकारी, अपमानपूर्ण, अपमानात्मक, अवमाननापूर्ण, अशिष्ट, आदरहीन, कुत्सित, गर्हित, जघन्य, निंदाजनक, *निंदात्मक*, निंदापूर्ण, निरादरपूर्ण, मानभंजक, मानहानि कारक, मानहानिपूर्ण, *लज्जाजनक*, •व्यंग्यात्मक, ▪आदरपूर्ण.

**अपमानपूर्ण** = अपमानजनक.
**अपमानात्मक** = अपमानजनक.
**अपमानित** = निंदित, वैभवखंडित.

**अपमानित** *वि* अनादरकृत, अनादृत, अवगणित, अवज्ञात, अवमानित, अवहेलित, *आहत*, *उपेक्षित*, कलंकित, ज़लील, तर्जित, तिरस्कृत, दुत्कृत, दुरदुराया/दुरदुराई, निरादृत, पराभूत, *पीड़ित*, बेआबरू, बेइज़्ज़त, बेक़द्र, भग्नमान, रुसवा, *लांछित*, हतमान, हतादर, •असत्कृत, •लांछित, ▪उपाधित, ▪पूजित, ▪प्रशंसित.

**अपमार्ग** = दुराचार.

**अपमिश्रक** *सं* अपमिश्रण कर्ता, खोट मिलाने वाला, •कूटकार, •बेईमान.

**अपमिश्रण** *सं* अपद्रव्यण, अवमूल्यन, खोट मिश्रण, मिलावट, *मिश्रण*, संकरण, ह्रासन, •धातु मिश्रण, •बेईमानी, •मिलावटी, ▪विशोधन.

**अपमिश्रण कर्ता** = अपमिश्रक.
**अपमिश्रित** = मिलावटी.
**अपयश** = बदनामी.
**अपयशकर** = निंदनीय, निंदात्मक.
**अपयशी** = बदनाम.
**अपयान** = पलायन, व्यवस्थित पलायन.
**अपरंच** = और भी, तदापि, फिर, बाद में, भी.

**अपरंतुक** *वि* अविकल्प, अविवादित, अशर्त, *असंदिग्ध*, असीमित, एकांतिक, गारंटीड, दिष्ट, *नितांत*, नियत, पक्का/पक्की, परंतुकताहीन, परंतुकहीन, परंतुहीन, पूर्णाधिकारयुक्त, भ्रांतिहीन, *विवादातीत*, शर्तहीन, *संपूर्ण*, *स्पष्ट*, •अनुबंधकारी, ▪परंतुकतापूर्ण.

**अपरंपार** = असीम.
**अपर** = अपर (अधिकारी), उत्तरवर्ती, ऊँचा/ऊँची, पराया/पराई.

**अपर (अधिकारी)** *वि* अग्र, अग्राधिकारी, अपर, *आला*, उच्च, उच्च (अधिकारी), ऊपर वाला, चीफ़, *प्रधान*, प्रमुख, बड़ा/बड़ी, वरिष्ठ, वरीय, सीनियर, सुपर, हाई, •वरिष्ठ (कर्मचारी), ▪अवर (कर्मचारी).

**अपरतंत्र** = स्वाधीन.
**अपर दक्षिण** = दक्षिण पश्चिम दिशा.
**अपरपक्ष** = प्रतिपक्ष.
**अपरलोक** = परलोक, स्वर्ग.
**अपरवश** = स्वाधीन.
**अपरस्पर** = अपारस्परिक, असापेक्ष.
**अपरस्परता** = असामंजस्य.
**अपराकरणीय** = अनिरसनीय.
**अपराग** = विलगाव.
**अपराग्नि** = चिताग्नि.

**अपराजित** *वि* अक्रांत, अजित, अजीत, अदमित, अनत, अनभिभूत, अपरास्त, अविजित, खड़ा/खड़ी, प्रतिरोधपूर्ण, लड़ता/लड़ती, हठीला/हठीली, •अजेय, •जयपराजयहीन, ▪पराजित.

**अपराजिता** = उत्तर पूर्व दिशा, दुर्गा.
**अपराजेय** = अजेय.
**अपराद्ध** = सिद्धदोष.
**अपराध** = घोटाला, दुष्कर्म, पाप.

**अपराध** *सं* *अत्याचार*, असामाजिक व्यवहार, कदाचार, कपट, करतूत, करनी, *कारनामा*, कारसाज़ी, कुटिलता, क़ुसूर, क्राइम, ख़ता, *खोट*, ग़लत काम, *ग़लती*, गुनाह, *घात*, *छल*, जुर्म, *दुराचार*, *दुर्व्यवहार*, *दुष्कर्म*, दुष्कृत्य, दोष, पातक, *पाप*, बुराई, बुरा काम, *भूल*, व्यभिचार, व्युत्क्रम, सियाही, स्याहकारी, •अपहरण, •आर्थिक अपराध, •उठाईगीरी, •ग़बन, •घोटाला, •चोरबाज़ारी, •चोरी, •छल, •जमाख़ोरी, •जहाज़ बटमारी, •डकैती, •तस्करी, •पाकेटमारी, •फ़ौजदारी, •बटमारी, •ब्लैकमेल, •भ्रष्टाचार, •मुनाफ़ाख़ोरी, •रिश्वतख़ोरी, •लूट, •लूटपाट, •दुष्कर्म, ▪क़ानून, ▪क्षमा, ▪गुप्तचर्या, ▪दंड, ▪न्याय, ▪पुलिस, ▪प्रायश्चित्त.

**अपराध अनावरण** *सं* खोजबीन, छानबीन, जाँच पड़ताल, *तथ्यान्वेषण*, तफ़तीश, तहक़ीक़ात, पूछगछ, •गुप्तचर्या, •पीछा, •प्रतिगुप्तचर्या, •सुराग़.

**अपराध कर्ता** = अपराधी.
**अपराध क्षमा** = क्षमा.

**अपराध घटना** *सं* कांड, *घटना*, वाक़या, वारदात, •फ़ौजदारी, •हत्या.

**अपराध जगत** *सं* अंडरवर्ल्ड, गुंडे मवाली, चोरचकार, बुरे लोग, •अपराधी संगठन, •गुंडागर्दी.

**अपराध जगत सदस्य** *सं* *अपराधी*, कुकर्मी, *गुंडा*, चोट्टा, *चोर*, *ठग*, डकैत, *दुर्जन*, बदमाश, लफंगा, लुच्चा, *लुटेरा*, •गुंडा, •पापी.

**अपराध जगत सरदार** *सं* उस्ताद,

चीफ़, डौन, बौस, माफ़िया सरदार, *मुखिया*, सरदार.

**अपराध परीक्षा** = सुनवाई.

**अपराधपूर्ण** = आपराधिक, दंडनीय, निंदनीय.

**अपराधपूर्ण मारण** = हत्या.

**अपराध बोध** = पश्चात्ताप, प्रायश्चित्त.

**अपराधमुक्त** *वि* *उन्मुक्त*, छुटा/छुटी, छुड़ा/छुड़ी, छूटा/छूटी, दोषमुक्त, निरपराध, *निर्दोष*, *निष्कलंक*, पाक बरी, बेदाग, *मुक्त*, मुक्तदोष, रिहा, साफ़, ●ख़ारिज़, ■गिरफ़्तार, ■दंडित.

**अपराध मुक्ति** *सं* दोषमुक्ति, निवारण, माफ़ी, *मुक्ति*, रिहाई, सफ़ाई, ●ज़मानत, ●परोल, ■गिरफ़्तारी, ■दंड.

**अपराध सहयोगी** = सहअपराधी.

**अपराध स्वीकृति** = स्वीकारोक्ति.

**अपराधहीन** = निर्दोष, पापहीन.

**अपराधी** = अपराध जगत सदस्य, कूटकार, चोर, सिद्धदोष.

**अपराधी** *सं* अपराध कर्ता, कल्की, *गुंडा*, गुनहगार, दुष्कर्मी, दोषी, पातकी, *पापी*, प्राप्तदोष, मुजरिम, *सिद्धदोष*, ●गुंडा, ●सह अपराधी, ■गुप्तचर, ■न्यायाधीश, ■सिपाही.

**अपराधीन** = स्वाधीन.

**अपराधीनता** = स्वाधीनता.

**अपराधी संगठन** *सं* गिरोह, माफ़िया, ●अपराध जगत.

**अपराधी सहायक** = सहअपराधी.

**अपरामर्श** = अमंत्रणा.

**अपरार्ध** = उत्तरार्ध.

**अपरास्त** = अपराजित.

**अपराह्न** = पीऐम.

**अपराह्न** *सं* अपराह्न काल, तिपहर, तिपहरी, तीसरा पहर, पराह्न, मध्याह्न उपरांत काल, महाह्न, ●सायंकाल, ■पूर्वाह्न.

**अपराह्न काल** = अपराह्न.

**अपरिगणनीय** = अगणनीय.

**अपरिग्रह** *सं* अपरिग्रह वृत्ति, असंकलन, उदारता, खुला हाथ, त्याग, *परित्याग*, ■परिग्रह.

**अपरिग्रह वृत्ति** = अपरिग्रह.

**अपरिग्रही** *वि* त्यागशील, त्यागी, नकिंचन, निष्परिग्रह, स्वार्थहीन, ●संतोषी, ■परिग्रही, ■लोभी.

**अपरिग्राह्य** = असमर्थनीय, अस्वीकार्य.

**अपरिचय** = अज्ञान.

**अपरिचय** *सं* अजनबीपन, अपरिचितता, परिचयहीनता, बेगानगी, ■परिचय.

**अपरिचर्चित** = अचर्चित.

**अपरिचित** = अज्ञात, असामान्य, मित्रहीन.

**अपरिचित** *वि* अकेला/अकेली, अजनबी, अजाना/अजानी, *अज्ञात*, अनचीन्हा/अनचीन्ही, अनजाना/अनजानी, अनभिज्ञ, अनभिज्ञात, नावाकिफ़, *पर*, परिचयहीन, बिराना/बिरानी, बेगाना/बेगानी, बेजाना/बेजानी, ■परिचित, ■मिलनसार, ■लोकप्रिय.

**अपरिचितता** = अपरिचय, गुमनामी.

**अपरिणय** = कौमार्य.

**अपरिणीत/अपरिणीता** = अविवाहित.

**अपरिधानन** = निर्वसनन, स्ट्रिपटीज़िंग.

**अपरिधानित** = नग्न.

**अपरिधानित** *वि* अनाच्छादित, *अनावृत*, अवस्त्र, उघड़ा/उघड़ी, चीरहीन, चीरहृत, *नग्न*, निर्वसन, परिधानहीन, विवसन, विवस्त्र, ●अनावृत, ●नग्न, ■वेशित, ■वेशित.

**अपरिपक्व** = अनपका/अनपकी, अनभ्यस्त, अनुभवहीन.

**अपरिपाचित** = अनपका/अनपकी.

**अपरिभाषित** *वि* अनभिहित, अनामित, अनिर्दिष्ट, *अनिधारित*, अस्पष्ट, *संदिग्ध*, ●अवैज्ञानिक, ●संदिग्धार्थी, ■परिभाषित, ■सटीक.

**अपरिभाष्य** *वि* अगुण, *अज्ञात*, अनाम्य, अनिर्वचनीय, अपरिमेय, अवर्णनीय, गुणातीत, नामातीत, निर्गुण, निर्वचनीय, परिभाषातीत, पहचानहीन, लक्षणहीन, लक्षणातीत, *वर्णनातीत*, शब्दातीत, सीमातीत, ●अज्ञेय, ●अनिश्चिताकारीय, ●अस्पष्ट (स्वरीय), ●निराकार, ●रहस्यपूर्ण, ●वर्णनातीत.

**अपरिमित** = अगणनीय, असीम.

**अपरिमेय** = अगणनीय, अपरिभाष्य, अमाप्य.

**अपरिम्लान** = अम्लान.

**अपरिवर्तन** = यथापूर्वता, रूढ़िवाद.

**अपरिवर्तन** *सं* अनवीकरण, अभ्रंश, अविकार, परिवर्तन अभाव, समवस्था, समस्थिति, ●पिछड़ापन, ●यथापूर्वता, ●रूढ़िवाद, ■क्रांति, ■नवीनता, ■परिवर्तन.

**अपरिवर्तनवाद** = प्रतिक्रियावाद.

**अपरिवर्तनवादी** = आदिसिद्धांतवादी, प्रतिक्रियावादी, यथास्थिति वादी, रूढ़िवादी.

**अपरिवर्तनशील** = अपरिवर्तनीय, कर्मकांडीय, चिरयुवा, नियमित, निष्ठावान, परंपरावादीय, रूढ़िवादितापूर्ण.

**अपरिवर्तनशीलता** = निष्ठा.

**अपरिवर्तनीय** = अनिरसनीय, आधारभूत, कठोर (अधिकारी), प्रभावातीत, मतांध.

**अपरिवर्तनीय** *वि* अक्षय, *अक्षर*, अचर, *अचल*, अच्युत, अजर अमर, अटल, अपरिवर्तनशील, अविकार, अविकारशील, अविकारी, *अव्यय*, कालातीत, चिरस्थायी, जराहीन, तय, दृढ़, नियत, निर्विकार, निश्चित, निष्ठ, पक्का/पक्की, परिवर्तनहीन, रूढ़, विकारहीन, *शाश्वत*, सतत, समरस, सुनिश्चित, *स्थायी*, *स्थित*, ●अनिरसनीय, ●अवश्यंभावी, ●निष्ठावान, ●फ़ाइनल, ●शाश्वत, ●संकल्पशील, ■परिवर्तनशील.

**अपरिवर्तित** = अप्रभावित, अविविध.

**अपरिवर्तित** *वि* अनबदला/अनबदली, जैसा था, जैसे का तैसा, ज्यों का त्यों, निर्विकार, परंपरागत, पहले जैसा, *पारंपरिक*, पुराना/पुरानी, पूर्ववत, यथापूर्व, यथावत, वही, विकारहीन, वैसा ही, ▪आधुनिक ▪नवीकृत, ▪परिवर्तित.

**अपरिवार** = परिवारहीन.
**अपरिशोधित** = असंशोधित.
**अपरिश्रम** = अप्रयास.
**अपरिश्रमी** = प्रयासहीन.
**अपरिष्कृत** = अपशब्दात्मक, असंस्कृत, कलाहीन, पिछड़ा/पिछड़ी, भँड़ौआ, वन्य.

**अपरिष्कृत** *वि* अगढ़, अनगढ़, *अपक्व*, अप्रशस्त, अमार्जित, अविकसित, अशोधित, *असंस्कृत*, *आदिम*, उजड्ड, क्रूड, खुरदुरा/खुरदुरी, भद्दा/भद्दी, भोंडा/भोंडी, रफ़, विकासहीन, स्थूल, •असंस्कृत, •फूहड़ •वन्य, ▪परिपूर्ण.

**अपरिष्कृत धातु** = खनिज.
**अपरिसीम** = असीम.
**अपरिहार्य** = अक्षम्य, अत्यावश्यक, अनिवारणीय, अनुल्लंघनीय, अप्रतिरोध्य, अवश्यंभावी, मौलिक (अधिकार), वैवश्यक, वैवश्यक.

**अपरिहार्य** *वि* अत्याज्य, *अत्यावश्यक*, *अनिवारणीय*, अनिवार्य, अवश्य करणीय, *अवैकल्पिक*, अहम, *आवश्यक*, ज़रूरी, प्राथमिक, बुनियादी, मस्ट, लाज़िम, लाज़िमी, *वैवश्यक*, •अनुल्लंघनीय, •तात्कालिक, ▪अनावश्यक.

**अपरिहार्यतः** = अवश्यमेव.
**अपरिहार्यता** = अवश्यंभावना, प्रारब्ध.
**अपरीक्षित** = अविचारित, असत्यापित.
**अपरुष** = कोमल, मंदस्वरीय, सह्य, स्त्रियोचित.
**अपरूप** = कुडौल, कुरूप, कुवेशित, फूहड़, विद्रूप.
**अपरूप करना** = तोड़ना मरोड़ना.

**अपरोक्ष** = दृश्यमान, प्रत्यक्ष दृष्ट, स्पष्ट.
**अपरोधित** = असमाविष्ट.
**अपर्ण** = पल्लवहीन.
**अपर्णा** = पार्वती.
**अपर्यंत** = असीम.
**अपर्याप्त** = अर्हताहीन, निराशाजनक, साइज़ से छोटा.

**अपर्याप्त** *वि* अपुष्कल, अपूर्ण, अयथेष्ट, अल्प, असंतोषजनक, असम्यक्, आवश्यकता से कम, ऊँट के मुँह में ज़ीरा, *कम*, किंचित्, *कुछ*, चंद, थोड़ा/थोड़ी, नाकाफ़ी, बहुत कम, यत्‌किंचित्, •कम, •कुछ, ▪पर्याप्त, ▪सुलभ.

**अपर्याप्त आय** = परावलंबन.
**अपलक** = निद्राहीन.

**अपलक** *क्रिवि* अनवरत, अनिमिष, अनिमेष, आँखें फाड़े, एकटक, घूरते, टकटकी से, टुकुर टुकुर, ताकते, निर्निमेष, पलक झपकाए बिना, बिना पलक गिराए, बिना पलक झपकाए, मुँह बाए, *लगातार*, •खुले आम.

**अपलक देखना** = ताकना.
**अपलब्धि** = विलब्धि.
**अपलम चपलम** = तत्काल, द्रुततः.
**अपलापी** = असत्यवादी.
**अपलाभ** = मुनाफ़ाख़ोरी.
**अपलाभ सर्जन** = मुनाफ़ाख़ोरी.
**अपलाभिया** = मुनाफ़ाख़ोर.
**अपलाभी** = मुनाफ़ाख़ोर.
**अपलायन** = प्रतिरोध.
**अपलाषी** = लोभी.
**अपलिखित राशि खाता** = बट्टा खाता.
**अपल्लव** = पल्लवहीन.
**अपल्लवित** = पल्लवहीन.
**अपवंचन** = प्रवंचन, लूट.
**अपवंचित** = प्रवंचित.
**अपवक्ता** = कटुभाषी, कलहप्रिय, निंदक.
**अपवचन** = गाली, निंदा.
**अपवचनपूर्ण** = अपशब्दात्मक.
**अपवर्जन** = तर्जन.
**अपवर्जित क्षेत्र** = निषिद्ध क्षेत्र.
**अपवाची** = कटुभाषी, निंदक.
**अपवाद** = अफ़वाह, असमावेश, निंदा.

**अपवाद** *सं* अंतर, अतिरिक्तता, अलगाव, अलहदगी, *असमावेश*, असामान्यता, छूट, नियमबाह्यता, पृथकता, भेद, रिआयत, विभेद, विवर्जन, विशेष स्थिति, स्थितिविशेष, •सिवा, ▪नियम.

**अपवादक** = खंडन कर्ता.
**अपवादयुक्त** = अपवादित.
**अपवादहीन** = न्यायानुकूल.

**अपवादहीन** *वि* अनपवादीय, एकांत, ऐकांतिक, *नियमित*, निरपवाद, सनियम, ▪अपवादित.

**अपवादित** *वि* अंतरित, अपवादयुक्त, अलग, अलहदा, *असमाविष्ट*, इतर, *पृथक*, *भिन्न*, विलग, सापवाद, •असमाविष्ट, ▪अपवादहीन, ▪समाविष्ट.

**अपवादी** = खंडन कर्ता.
**अपवाह** = जल निकास.
**अपवाहित** = घटाया/घटाई.
**अपवित्र** = गंदा/गंदी, पापपूर्ण, भ्रष्ट (पुण्यस्थान), मिलावटी.

**अपवित्र** *वि* अपावन, अपुण्य, अपुनीत, अपूत, अमृष्ट, अशुद्ध, अशुभ, नापाक, *भ्रष्ट*, विकारी, •उच्छिष्ट, •पापपूर्ण, •भ्रष्ट (पुण्यस्थान), ▪पवित्र.

**अपव्यय** *सं* अकृपणता, अतिव्यय, अनिग्रह, अर्थदूषण, असंचय, उड़ाई, उदारता, ऐयाशी, ऐश्वर्य, खपाई, खिंडाई, खुला ख़र्च, खुलापन, खुला हाथ, गँवाई, दुर्व्यय, फुजूलखर्ची, बरबादी, लुटाई, संचयहीनता, •असंयम, •दिखावा, •दुरुपभोग, •विलासिता, ▪अल्पव्यय, ▪कंजूसी, ▪संचयन.

**अपव्ययी** *वि* अतिव्ययी, असंयमी, उड़ाऊ, उदार, खपाऊ, ख़र्चीला/ख़र्चीली, ख़र्राच, खिंडाऊ, गँवाऊ, फ़ुज़ूलख़र्च, बहाऊ, बहुव्ययी, मुक्तहस्त, लुटाऊ, व्ययशील, व्ययी, शाहख़र्च, •विलासप्रिय, •संयमहीन,

■अल्पव्ययी.

**अपशकुन** *सं* अनिमित्त, अनिष्ट सूचना, अपसगुन, अमंगल, अशकुन, अशुभ शकुन, कुलक्षण, कुसंकेत, बदसगुन, *संकट सूचना*, ●आशंका, ●पनौती, ■शुभ शकुन.

**अपशकुनपूर्ण** = अशुभसूचक.
**अपशकुन सूचक** = अशुभसूचक.
**अपशब्द** = अपमान, गाली, निंदा.
**अपशब्दयुक्त** = अपशब्दात्मक.

**अपशब्दात्मक** *वि* अपक्रोशपूर्ण, *अपमानजनक*, *अपरिष्कृत*, अपवचनपूर्ण, अपशब्दयुक्त, अमुद्रणीय, अशिष्ट, अशोभनीय, *अश्लील*, असभ्य, कुवचनपूर्ण, गलीज़, गालीगलौजदार, गालीदार, *निंदात्मक*, भोंड़ा/भोंड़ी, ●अशालीन, ●असंस्कृत, ●निंदनीय.

**अपशोक** = शोकहीन.
**अपश्चात्तापी** = खेदहीन.
**अपश्री** = वैभवहीन.
**अपसंचय** = जमाख़ोरी, परिग्रह.
**अपसंचयी** = जमाख़ोर.
**अपसगुन** = अपशकुन.
**अपसर (ज्यामिति)** = दूरी.
**अपसरण** = पलायन, व्यवस्थित पलायन.
**अपसर्जन** = परित्याग.
**अपसर्पण** = व्यवस्थित पलायन.
**अपस्कर** = गुदा, विष्ठा.
**अपस्पर्श** = स्पर्शानुभूतिहीन.
**अपस्मार** = मिरगी.
**-अपह (जैसे: विषापह)** = नाशकारी.
**अपहत** = आहत, नष्ट, हत्याकृत.
**अपहत्या** = जनसंहार, हत्या.
**अपहरण** = अधिग्रहण, चोरी, छीन, लूट.

**अपहरण** *सं* अपनयन, उड़ाई, किडनैपिंग, भगाई, मनुष्य हरण, रंगदारी, हरण, ह्वति, ●अधिग्रहण, ●फिरौती, ●ब्लैकमेल, ●विमान बटमारी.

**अपहरण** = घटान कर्म.
**अपहरण करना** = चुराना.
**अपहरण कर्ता** = अपहर्ता.
**अपहरण धन** = फिरौती.

**अपहर्ता** = चोर, लुटेरा.

**अपहर्ता** *सं* अपहरण कर्ता, अपाहरक, आहर्ता, किडनैपर, धरैया, पकड़ने वाला, बंधक कर्ता, बंधकी, भगाने वाला, हर, हरण कर्ता, हर्ता, ●अपराधी, ●आतंकवादी, ●ब्लैकमेलर.

**अपहानि** = अकल्याण.
**अपहास** = खिल्ली.
**अपहित** = अहित, अहित.
**अपहृत** = चुरा/चुरी.

**अपहृत** *वि* अग़वा, आहृत, उठा/उठी, उड़ाया/उड़ाई, छीना/छीनी, पकड़ा/पकड़ी, परिहृत, बंदी, *बंधक*, भगाया/भगाई, हृत.

**अपहृत व्यक्ति** *सं* अग़वा, बंदी, *बंधक*, बंधक व्यक्ति.

**अपह्नव** = गोपन, झूठ, झूठा बहाना.
**अपह्नुति** = गोपन, झूठ.
**अपह्नोता** = असत्यवादी.
**अपांपति** = वरुण.
**अपाच्य** = घीतेलयुक्त.

**अपाच्य** *वि* अखाद्य, अग्राह्य, अजर्य, *अनाहार्य*, अपथ्य, अभक्ष्य, असेव्य, अस्वास्थ्यकर, कच्चा/कच्ची, कुपथ्य, कुपाच्य, गरिष्ठ, गला/गली, दुष्पाच्य, दूषित, *भारी*, सड़ा/सड़ी, हानिकारक, ●घीतेलयुक्त, ■खाद्य, ■पोषक.

**अपाठ्य** = अपठनीय, कुलिखित.
**अपात्र** = अयोग्य.

**अपात्र** *वि* अनधिकारी, अनर्ह, *अयोग्य*, कुपात्र, ■योग्य, ■सुपात्र.

**अपान** = गुदा, पंचप्राण.
**अपान द्वार** = गुदा.
**अपाप** = पापहीन.
**अपाय** = अकल्याण.

**अपारंपरिक** *वि* अपौराणिक, अरूढ़िगत, अवंशानुगत, नवचलित, परंपरातीत, परंपराविरोधी, माडर्न, रीतिविरुद्ध, *विपरीत*, विलोम, ●अभूतपूर्व, ●आधुनिक, ●आधुनिक, ●नवीन, ■पारंपरिक.

**अपार** = अगणनीय, अगणनीय, अपारगम्य, असीम.
**अपारखी** = अगुणज्ञ.
**अपारगम्य** = अगाध्य, गहन (वन), दुर्गम.

**अपारगम्य** *वि* अगम्य, अपार, अपार्य, दुरंत, दुरतिक्रम, दुष्पार्य, दुस्तर, ●रुद्ध, ■पारगम्य.

**अपारदर्शी** *वि* अपारदृश्य, अस्वच्छ, आधूमित, कुहरित, धुँधला/धुँधली, धुंधुरित, धुमैला/धुमैली, पारांध, मलिन, स्मोक्ड, ■पारदर्शी.

**अपारदृश्य** = अपारदर्शी.

**अपारस्परिक** *वि* अकेला/अकेली, अपरस्पर, असंबद्ध, एकतरफ़ा, एकदिश, *एकपक्षीय*, एकांगी, परत्वपूर्ण, ■पारस्परिक.

**अपार्टमैंट** = फ़्लैट.
**अपार्थिव** = अपृथ्वीय, परलौकिक.
**अपार्य** = अगाध्य, अपारगम्य, गहन (वन), दुर्गम.

**अपालतू** *वि* अग्राम्य, अदम्य, अशांत, आवारा, *उन्मुक्त*, *ख़तरनाक*, खुला/खुली, छुट्टा/छुट्टी, जंगली, टेढ़ा/टेढ़ी, दरिंदा, परिया, पशुतापूर्ण, पाशविक, *प्रबल*, बनचर, बनैला/बनैली, बर्बर, बेढब, लावारिस, वनचर, वनेचर, *वन्य*, वहशी, विकट, सड़कछाप, सहराई, *साँड़*, हज़ारी बज़ारी, ●अनसधा/अनसधी, ●ख़तरनाक, ■पालतू.

**अपावन** = अपवित्र, गंदा/गंदी.
**अपाहरक** = अपहर्ता.
**अपाहिज** = विकलांग, विकलांग व्यक्ति.

**अपाहिज गाड़ी** *सं* पंगुगाड़ी, व्हील चेयर, ●ऐंबुलैंस, ●स्ट्रैचर.

**अपि** = और, भी.
**अपितु** = किंतु, बल्कि, भी.
**अपितृक** = पिताहीन.

**अपित्रागत** = अनानुवंशिक.
**अपिधानन** = अनावरण.

**अपिवानर** *सं* अभिवानर, एप, नृवानर, बनमानुस, वनमानुष, *वानर*, •उरांग उटान, •गिब्बन, •गुरिल्ला, •चिंपाज़ी, •बंदर, •मानव, •मिसिंग लिंक.

**अपीज़मैंट** = तुष्टीकरण.
**अपीड़क** = पीड़ाहीन.
**अपीनस** = जुकाम.
**अपील** = आकर्षण, फ़रियाद, याचिका, सौंदर्य.

**अपील** *सं* अभ्यर्थना, अर्ज़, उच्च विचार प्रार्थना, गुहार, दरख़्वास्त, दुहाई, *निवेदन*, निहोरा, न्याय की पुकार, पुकार, पुनरावेदन, *प्रार्थना*, *फ़रियाद*.

**अपीलार्थी** *सं* *आवेदक*, ख़्वास्तगार, गुहारी, दुहाई दाता, *निवेदक*, न्यायप्रार्थी, न्यायाकांक्षी, प्रार्थी, फ़रियादी, सवाली.

**अपीलिंग** = आकर्षक, प्रलोभनकारी, प्रेम्य, रोचक, सुंदर.
**अपुण्य** = अपवित्र.
**अपुत्र** = निस्संतान, पुत्रहीन.

**अपुनरावृत्त** *वि* अकेला/अकेली, अनावर्तित, अनावर्ती, अनावृत्त, अपुनरावृत्तिशील, अपुनर्भूत, अप्रत्यावर्तित, आवृत्तिहीन, *एकाकी*, *दुर्लभ*, पुनरावृत्तिहीन, •एक बार, ▪आवृत्तिशील.

**अपुनरावृत्तिशील** = अपुनरावृत्त.
**अपुनर्भूत** = अपुनरावृत्त.
**अपुनीत** = अपवित्र.
**अपुरुष** = नपुंसक, हिजड़ा.
**अपुरुषार्थ** = अप्रयास.
**अपुरुषार्थी** = प्रयासहीन.
**अपुरुषोचित** = कायर.
**अपुष्कल** = अपर्याप्त, कम, कुछ.
**अपुष्ट** = कुपोषित, प्रवादित, विचलनशील.
**अपुष्ट समाचार** = अफ़वाह.
**अपुष्प** = पुष्पहीन.
**अपुष्पित** = पुष्पहीन.

**अपूत** = अपवित्र, उच्छिष्ट, निस्संतान, पुत्रहीन.
**अपूता** = निस्संतान, पुत्रहीन.
**अपूरणी** = सेमल वृक्ष.
**अपूर्ण** = अपर्याप्त, अपूर्णकृत, आंशिक, रिक्त, विकलांग.
**अपूर्णकाम** = अतृप्त, असफल.

**अपूर्णकृत** *वि* अकार्यान्वित, *अकृत*, अधकिया, अधबना/अधबनी, अधूरा/अधूरी, अनकिया, अनगढ़, अनिष्पन्न, अनिष्पादित, अपूर्ण, अपूर्त, अर्धकृत, अर्धरचित, असंपन्न, असंपादित, असंपूर्ण, असमाप्त, असमाप्त (कार्य), असिद्ध, *आंशिक*, आधा/आधी, आधा अधूरा/आधी अधूरी, कच्चा/कच्ची, कार्याधीन, छूटा/छूटी, बचा/बची, बनता/बनती, बाक़ी, रचनाधीन, रहा/रही, शेष, •अरचित, •आंशिक, •खुदरा, •संक्षिप्त, •सृजनाधीन, ▪पूर्णकृत, ▪संपूर्ण.

**अपूर्णांक** = भिन्नांक.
**अपूर्णेच्छ** = अतृप्त, असंतुष्ट.
**अपूर्त** = अतृप्त, अपूर्णकृत, रिक्त (पद).
**अपूर्ति** = अतृप्ति.
**अपूर्व** = अज्ञात, अभूतपूर्व, आधुनिक, आश्चर्यजनक.
**अपूर्वपति** = कुँवारी.
**अपूर्वपत्नी** = कुँवारा.
**अपृथक** = मिश्रित, सटा/सटी.

**अपृथ्वीय** *वि* अपार्थिव, अभौम, पृथ्वीतर, •नैसर्गिक, •परलौकिक, ▪पृथ्वीय.

**अपेक्षणीय** = वांछनीय.
**अपेक्षा** = अर्हता, आवश्यकता, तुलना, प्रतीक्षा, प्रत्याशा.

**अपेक्षा** *सं* अर्हा, *आशा*, उम्मीद, चाह, तवक़्क़ो, *प्रत्याशा*, व्यपेक्षा, •प्रतीक्षा, •संभावना, ▪अनपेक्षा.

**अपेक्षा विपरीत परिणाम** = ऐंटीक्लाईमैक्स.
**अपेक्षित** = अजन्मा/अजन्मी, आवश्यक, इच्छित, पूर्वविचारित, प्रतीक्षित, प्रत्याशित, योजित.

**अपेक्षी** = आवश्यकताग्रस्त, इच्छुक, प्रतीक्षारत, प्रत्याशा कर्ता.
**अपैतृक** = अदायागत, अनानुवंशिक, पिताहीन.
**अपोज़ीशन** = प्रतिपक्ष.
**अपोत्तेजक** = उकसाऊ.
**अपोत्तेजना** = उकसावा.
**अपोत्तेजित** = दुष्प्रेरित.
**अपोत्साह** = उकसावा.
**अपोत्साहित** = दुष्प्रेरित.
**अपोलो** = सुंदर पुरुष.
**अपोषण** = कुपोषण, सुखंडी.
**अपोषित** = कुपोषित.
**अपोसल** = ईसा संदेश वाहक, उपदेशक.
**अपोसल वृत्तांत** = बाइबिल.
**अपौराणिक** = अपारंपरिक, आधुनिक.
**अपौरुषेय** = आध्यात्मिक, ईश्वरीय, परलौकिक.

**अपौरुषेय** *वि* अकर्तृक, अकल्पित, *अकृत*, अकृत्रिम, अमानुषिक, असृष्ट, ईश्वरीय, खुदाई, प्रकृत, *प्राकृतिक*, मानव अरचित, *सहज*, स्वयंभू, स्वोत्थ, ▪मानवनिर्मित.

**अपौरुषेय धर्मग्रंथ** *सं* आसमानी किताब, इलहामी किताब, ईश्वरीय वचन, मुक़द्दस किताब, श्रुत ग्रंथ, श्रुति, •धर्मग्रंथ, ▪पौरुषेय धर्मग्रंथ.

**अप्पू** = शुभंकर.

**अप्पूघर** *सं* आनंद वन, झूला घर, डिज़्नीलैंड, मनोरंजन उद्यान, •जायंट व्हील.

**अप्रकट** = अदृश्य, अनभिव्यक्त, कुदृश्य, गुप्त, धुँधला/धुँधली, निराकार, व्यंजनार्थक, संदिग्धार्थी.
**अप्रकटन** = भावगोपन.
**अप्रकट्य** = गोपनीय.
**अप्रकाश** = अंधकार.
**अप्रकाशित** = अंधकारपूर्ण, अनभिव्यक्त, कुदृश्य.

**अप्रकाशित** *वि* अप्रचारित, अमुद्रित, अवितरित, पांडुलिपित अवस्था में, ▪प्रकाशित.

**अप्रकृत** = अप्राकृतिक, मानवनिर्मित.

**अप्रकृति** = परमपुरुष.
**अप्रक्षालित** = अनधुला/अनधुली, अनधुला/अनधुली, गंदा/गंदी.
**अप्रखर** = अप्रबल, कोमल, खुट्टल.
**अप्रख्यात** = अविज्ञापित, गुमनाम.
**अप्रगति** = पिछड़ापन, विकासरोध.

**अप्रगति** *सं* अगति, असंचलन, देरी, प्रगतिहीनता, मंदगति, मंदता, रुकावट, *विलंब*, *स्तंभ*, स्थिरता, •गतिरोध, •विराम, ▪प्रगति.

**अप्रगल्भ** = अनुभवहीन, अवयस्क.
**अप्रगाढ़** = पतला (द्रव).
**अप्रचंड** = अनाक्रामक, अप्रबल.
**अप्रचलित** = अलोकप्रिय, पुराना/पुरानी, फ़ैशन के बाहर.

**अप्रचलित** *वि* अप्रयुक्त, गया/गई, गया बीता/गई बीती, जूना/जूनी, त्यक्त, पुराना/पुरानी, पूर्व, बीता/बीती, भूला/भूली, भूला बिसरा/भूली बिसरी, लुप्त, विगत, विलीन, विलुप्त, *विस्मृत*, समाप्त, •नष्ट, ▪आधुनिक, ▪पारंपरिक, ▪प्रचलित.

**अप्रचारित** = अप्रकाशित, अविज्ञापित.
**अप्रचुर** = कम, कुछ.
**अप्रज्ञ** = अज्ञानी, अदूरदर्शी, अविद्वान, अशिक्षित, मंदधी, विवेकहीन.
**अप्रज्ञात** = अज्ञात.
**अप्रज्वलनशील** = अदहनशील.
**अप्रतिकार** = क्षमा.
**अप्रतिकारपूर्ण** = सहनशील.
**अप्रतिद्वंद्व** = निर्विरोध.
**अप्रतिपक्ष** = निर्विरोध.
**अप्रतिपत्ति** = अनिश्चय.
**अप्रतिपन्न** = अनिर्धारित, अप्रमाणित.
**अप्रतिबंध** = एकतंत्र.

**अप्रतिबंध** *सं* *अनियंत्रण*, अनिषेध, अबंधन, अवर्जना, आज़ादी, उन्मुक्तता, खुलापन, खुली छूट, छूट, निषेधहीनता, रोकटोकहीनता, स्वच्छंदता, स्वतंत्रता, •असंयम, ▪तर्जन, ▪निषेध, ▪प्रतिबंध.

**अप्रतिबंधित** = अनियंत्रित, निरंकुश.

**अप्रतिबंधित** *वि* अनिर्बंध, अनिषिद्ध, *अप्रतिबद्ध*, अबाध, अवर्जित, अवर्जित, आज़ाद, *उन्मुक्त*, खुला/खुली, निर्बाध, निषेधहीन, प्रतिबंधहीन, स्वतंत्र, •अनवरुद्ध, •अनाबद्ध, ▪अवैध, ▪निषिद्ध.

**अप्रतिबद्ध** = अप्रतिबंधित, मुक्त.

**अप्रतिबद्ध** *वि* अकटिबद्ध, अनभिलाषी, अनातुर, अनिच्छुक, अनिष्ठ, अनुत्सुक, अनुद्यत, अप्रस्तुत, अवचनबद्ध, असंपृक्त, शंकाशील, शंकी, हिचकता/हिचकती, •अतत्पर, •असन्नद्ध, •निष्ठाहीन, ▪कटिबद्ध.

**अप्रतिभ** = प्रतिभाहीन, मंदधी, लजीला/लजीली, हतोत्साहित.
**अप्रतिम** = अनुपम, विचित्र.
**अप्रतिरूप** = अनुपम.
**अप्रतिरोध** = पलायन, पलायनवाद.

**अप्रतिरोध्य** *वि* अनिर्वार्य, *अनिवारणीय*, *अपरिहार्य*, अबाध्य, अरोध्य, अवारणीय, अवार्य, बेतरह, बेपनाह, ▪प्रतिरोध्य.

**अप्रतिवीर्य** = महारथी.
**अप्रतिशोध** = क्षमा.
**अप्रतिशोधी** = सहनशील.
**अप्रतिष्ठत** = बदनाम.
**अप्रतिष्ठा** = अपमान.

**अप्रतिष्ठित** *वि* अगणमान्य, अगण्य, *आम*, *उपेक्षित*, कमहैसियत, गरिमाहीन, गौरवहीन, छोटा/छोटी, *नामहीन*, निस्तेज, प्रतापहीन, प्रतिष्ठाहीन, बेइक़बाल, बेधाक, बेनाम, बेवक़त, *महत्त्वहीन*, मानहीन, मामूली, *साधारण*, *सामान्य*, हतौजा, हलका/हलकी, हीन, हेठा/हेठी, •अचर्चित, •अलोकप्रिय, •एकाकी, •गुमनाम, •बदनाम, •महत्त्वहीन, •साधारण, ▪प्रतिष्ठित, ▪प्रसिद्ध.

**अप्रतीक्षा** = आतुरता.
**अप्रतीत** = अज्ञात.
**अप्रतीति** = अविश्वास.
**अप्रत्यक्ष** = अंतर्धान, अदृश्य, अनुपस्थित, रहस्यपूर्ण.

**अप्रत्यक्षता** = अनुपस्थिति.
**अप्रत्यावर्तित** = अपुनरावृत्त.
**अप्रत्याशा** = अनपेक्षा.
**अप्रत्याशित** = अगणनीय, अनपेक्षित, अयोजित, असामान्य, आकस्मिक, आश्चर्यजनक.

**अप्रत्याशित लाभ** *सं* अंधे के हाथ बटेर, अचानक प्राप्ति, आकस्मिक लाभ, गड़ा खज़ाना, *जैकपॉट*, तुक्का, बिल्ली के भागों छींका, मुँहमाँगी मुराद, *लाटरी*, *बरदान*, *सौभाग्य*, •बोनस, •लाभ, •संयोग.

**अप्रत्याशित विजेता** = छिपा रुस्तम.
**अप्रदत्त** = अदत्त, देय.
**अप्रदर्शन** = गोपन.
**अप्रदान** = कंजूसी.
**अप्रधान** = गौणकोटीय, महत्त्वहीन.
**अप्रधान तत्त्व** = पुट.
**अप्रबंध** = अव्यवस्था, कुप्रबंध.
**अप्रबंधित** = अराजकतापूर्ण, अव्यवस्थित, कुप्रबंधित, प्रबंधकहीन.

**अप्रबल** *वि* अघोर, अचंड, अतेज, अनुग्र, अनुद्धत, अनुदभट, अप्रखर, अप्रचंड, कमज़ोर, *कोमल*, क्षीण, ठंडा/ठंडी, धीमा/धीमी, नरम, *निर्बल*, निस्तेज, फोका/फोकी, बेजान, *मंद*, मंदा/मंदी, मद्धम, माँदा/माँदी, मुलायम, मृदु, मृदुल, शिथिल, *शीतल*, *सहज*, *सह्य*, *सौम्य*, हलका/हलकी, •निर्बल, •प्रभावहीन, •सह्य, ▪प्रबल.

**अप्रबुद्ध** = मंदधी, विवेकहीन.
**अप्रभ** = धुँधला/धुँधली.
**अप्रभावकर** = प्रभावहीन.
**अप्रभावकारी** = प्रभावहीन.
**अप्रभावशाली** = प्रभावहीन.
**अप्रभावशील** = प्रभावातीत.

**अप्रभावित** *वि* अछूता/अछूती, अनछुआ/अनछुई, अनांदोलित, *अपरिवर्तित*, अप्रभाव्य, अलिप्त, अविकार, निर्विकार, *निश्चल*, पूर्ववत, बेअसर, सर्द, •प्रभावशील, •प्रभावातीत, ▪प्रभावित.

**अप्रभावी** = प्रभावहीन.

 (प्रा) प्राचीन शब्द, अब अप्रचलित - *तिरछे* शब्द स्वतंत्र शीर्षक भी हैं •सपर्याय ▪विपर्याय

**अप्रभावोत्पादक** = प्रभावहीन.
**अप्रभाव्य** = अप्रभावित.
**अप्रमत्त** = गंभीर, सावधान, स्वस्थमनस्क.
**अप्रमाण अभियोग** = मिथ्या आरोप.
**अप्रमाणित** = असत्यापित, प्रयोगात्मक, प्रवादित.

**अप्रमाणित** *वि* अनिदर्शित, अप्रतिपन्न, असिद्ध, ■प्रमाणसिद्ध.

**अप्रमाणीकृत** = असत्यापित.
**अप्रमाण्य** = तर्कहीन.

**अप्रमाण्य** *वि* अप्रमेय, असिद्ध्य, ●अवैज्ञानिक, ●खंडनीय, ●तथ्यहीन, ■प्रमाण्य.

**अप्रमाद** = सावधानी.
**अप्रमादी** = सावधान, स्वस्थमनस्क.
**अप्रमित** = अज्ञात, असीम.
**अप्रमुख** = गौणकोटीय, महत्त्वहीन.
**अप्रमेय** = अज्ञेय, अप्रमाण्य, अमाप्य, असीम.
**अप्रयत्न** = अप्रयास.
**अप्रयत्नतः** = यंत्रचालिततः.
**अप्रयत्नशील** = प्रयासहीन.

**अप्रयास** *सं* अकर्मण्यता, अक्रिया, अचेष्टा, अजगरी वृत्ति, अनुद्यम, अनुद्योग, अपरिश्रम, अपुरुषार्थ, अप्रयत्न, कर्महीनता, जड़ता, निश्चेष्टा, निष्क्रिया, नैष्कर्म्य, ●कामचोरी, ■प्रयास, ■महत्त्वाकांक्षा, ■साधना.

**अप्रयासी** = प्रयासहीन.
**अप्रयुक्त** = अनुपभुक्त, अप्रचलित.

**अप्रवादित** *वि अधिकृत*, अमिथ्या, *असंदिग्ध*, आधिकारिक, *तथ्यात्मक*, निर्विवाद, निश्चित, पक्का/पक्की, पुष्टिकृत, प्रमाणित, प्रवादहीन, प्रामाणिक, भरोसेमंद, *यथार्थ*, वास्तविक, *सत्य*, सही, स्रोताधारित, ●असंदिग्ध, ●तथ्यात्मक, ●प्रमाण्य, ●सत्यपूर्ण, ■तथ्यहीन, ■प्रवादित.

**अप्रवाह** = जल अप्रवाह.
**अप्रवाहित** = निश्चल (जल).
**अप्रवाहित (जल)** = निश्चल (जल).
**अप्रवीण** = अकुशल, अदक्ष.

**अप्रवृत्त** *वि* अकार्यरत, अननुरक्त, अरत, ख़ाली, प्रवृत्तिहीन, *विमुख*, सावकाश, ●निवृत्त, ■व्यस्त.

**अप्रवृत्ति** = अनासक्ति.
**अप्रवेश** = असमावेश.
**अप्रवेश्य** = दुर्गम.
**अप्रशंसा** = गुमनामी, निंदा.
**अप्रशंसित** = गुमनाम.
**अप्रशम्य** = अप्रसीद्य.
**अप्रशस्त** = अपरिष्कृत.
**अप्रशाम्य** = अप्रसीद्य.
**अप्रशिक्षित** = अनसधा/अनसधी.

**अप्रशिक्षित** *वि* अदीक्षित, अनसीखा/अनसीखी, अविकसित, कच्चा/कच्ची, नया/नई, बेहुनर, सिखतड़, ●अदक्ष, ■प्रशिक्षित.

**अप्रसक्त** = अनासक्त.
**अप्रसन्न** = अतृप्त, उदास, कृतघ्न, क्रुद्ध, खीजा/खीजी, दुःखी, रूठा/रूठी.

**अप्रसन्न** *वि असंतुष्ट*, *क्रुद्ध*, खिंचा/खिंची, नाखुश, नाराज़, बेज़ार, बेदिल, म्लान, रंजीदा, रुष्ट, सूजा/सूजी, ●उदास, ●दुःखी, ■तृप्त, ■पूर्णेच्छ, ■प्रशांत, ■प्रसन्न, ■संतुष्ट, ■सुखी.

**अप्रसन्नता** = अतृप्ति, क्रोध, खीज, रूठन.

**अप्रसन्नता** *सं असंतोष*, *क्रोध*, नाखुशी, नाराज़गी, नाराज़ी, बेज़ारी, रंजिश, रंजीदगी, ●क्रोध, ●घृणा, ●दुःख, ■प्रसन्नता.

**अप्रसन्न होना** = रूठना.
**अप्रसन्न्य** = अप्रसीद्य.
**अप्रसाद्य** = अप्रसीद्य.
**अप्रसिद्ध** = अविज्ञापित, गुमनाम.
**अप्रसिद्धि** = गुमनामी.

**अप्रसीद्य** *वि* अतुष्ट्य, अतोषणीय, अतोष्य, अप्रशम्य, अप्रशाम्य, अप्रसन्न्य, अप्रसाद्य, *अशाम्य*, असंतोष्य, तुनकमिज़ाज, दुराराध्य, नकचढ़ा/नकचढ़ी, नक्कू, ■आशुतोष, ■प्रसीद्य.

**अप्रसू** = वंध्या.
**अप्रस्तुत** = अतत्पर, अप्रतिबद्ध, असन्नद्ध.
**अप्राकृत** = अस्वाभाविक, परलौकिक.
**अप्राकृतिक** = मानवनिर्मित, रंगमंचीय.

**अप्राकृतिक** *वि* अप्रकृत, अवास्तविक, असहज, असाधारण, कृत्रिम, घासलेटी, झूठा/झूठी, *नक़ली*, बनावटी, *विपरीत*, ●अतिप्राकृतिक, ●अस्वाभाविक, ●चमत्कारपूर्ण, ●मानवनिर्मित, ●मायावी, ●विचित्र, ■प्राकृतिक, ■स्वाभाविक.

**अप्राकृतिक जलाशय** = तालाब.
**अप्रागैतिहासिकता** = सभ्यता.
**अप्राप्त** = खोया/खोई, विलुप्त (जीव).

**अप्राप्त** *वि* अनधिगत, अनुपलब्ध, अलब्ध, नहीं मिला, ●अनादत्त, ●अनादेय.

**अप्राप्तकाल** = अर्धविकसित.
**अप्राप्तभोजन** = भूखा/भूखी.
**अप्राप्तयौवन** = अवयस्क.
**अप्राप्तवय** = अवयस्क.
**अप्राप्तव्य** = अनादेय, अलभ्य.
**अप्राप्ति** = विलब्धि.
**अप्राप्य** = अलभ्य, खोया/खोई, दुर्लभ, नष्ट, विलुप्त (जीव).
**अप्राप्य राशि** = डूबा ऋण.
**अप्रामाणिक** = असत्यापित, तथ्यहीन, संदेहजनक.
**अप्रामाणिक सिक्का** = खोटा सिक्का.
**अप्रायः** = कभी कभी.
**अप्रार्थित** = अनमँगाया/अनमँगाई.
**अप्राशन** = उपवास.
**अप्रासंगिक** = अवसरप्रतिकूल.

**अप्रासंगिक** *वि* अंटशंट, अंटसंट, अंडबंड, अक्रम, अघट, अटपटा/अटपटी, अननुकूल, *अनर्गल*, अनुचित, अनुपयुक्त, अनुपयुक्त, अयथोचित, *असंगत*, *असंबंधित*, असंबद्ध, असमीचीन, असम्यक्, ऊटपटाँग, ऊलजलूल, *ग़लत*, नामाकूल, नामौजूँ, प्रसंगहीन, प्रसंगेतर, बेजा, बेठिकाना, बेतुका/बेतुकी,

बेतुका/बेतुकी, बेमौक़ा, बेसिरपैर, बेहूदा/बेहूदी, वाहियात, विशृंखल, विषयेतर, व्यर्थ, •अवसरप्रतिकूल, ▪अवसरानुकूल, ▪प्रासंगिक.

**अप्रियंवद/अप्रियंवदा** = कटुभाषी
**अप्रिय** = अमनोरंजक, अरोचक, अलोकप्रिय, कुरूप, कुस्वादिष्ठ, क्रोधजनक, घिनौना/घिनौनी, दुःखद, नापसंद, फूहड़, भँड़ौआ, सुरुचिहीन.
**अप्रियभाषी** = कटुभाषी, कलहप्रिय.
**अप्रीति** = शत्रुता.
**अप्रीतिकर** = अनिष्टकारी, नापसंद, निर्दय.
**अप्रेत** = अवांछित.
**अप्रेय** = अवांछनीय, अस्वीकार्य, नापसंद.
**अप्रेरक** = हतोत्साहक.
**अप्रेरणाप्रद** = हतोत्साहक.
**अप्रैल** = मास सूची.
**अप्रैल फ़ूल** = शरारत.

**अप्रैल फ़ूल** *सं* अप्रैल फ़ूल दिवस शिकार, उपहास दिवस शिकार.

**अप्रैल फ़ूल दिवस** *सं* **1** अप्रैल, उपहास दिवस, पुराना नववर्ष दिवस, मूर्ख दिवस, •नटखटपन.

**अप्रैल फ़ूल दिवस शिकार** = अप्रैल फ़ूल.
**अप्रोत्साहक** = हतोत्साहक.
**अप्रौढ़** = अदक्ष, अनुभवहीन, अर्धविकसित, अल्पायु, अवयस्क, सरलचित्त.
**अप्सर** = जलचर.
**अप्सरस्पति** = इंद्र.
**अप्सरा** = गंधर्व स्त्री, जलपरी, परी, सुंदर स्त्री.

**अप्सरा** *सं* अच्छरा, अछरी, अमरांगना, इंद्रपरी, गंधर्वी, दिव्यांगना, देवदूती, देवनर्तकी, देववधू, देवांगना, सुंदरी, सुरकामिनी, सुरलोक सुंदरी, सुरसुंदरी, सुरांगना, स्वर्ग स्त्री, हूर, •देवदूत, •परी, •मिथक.

**अप्सराधिपति** = कामदेव.
**अप्सरा लोक** = परीलोक.

**अप्सरासमान** = सुंदर.
**अप्सरेश** = इंद्र.
**अफ़ग़ानिस्तान** = भारत खंड देश क्षेत्र.

**अफ़गानिस्तान** *सं* आरियाना, आर्याना, खुरासान (मध्य कालीन नाम), पख़्तूनिस्तान, बख्त्र (प्रा), बल्ख, बैक्ट्रिया (प्रा), •पठान.

**अफ़ग़ानिस्तानः राजधानी** *सं* काबुल.

**अफ़गानिस्तान से मिस्र** = पश्चिम एशिया.
**अफ़यून** = अफ़ीम.
**अफरना** = फूलना.
**अफ़रातफ़री** = धक्कमधक्का, हलचल.
**अफराना** = फुलाना.
**अफराव** = फुलाव.
**अफल** = फलहीन, लाभहीन, वंध्य.
**अफलित** = फलहीन.
**अफ़वाह** = झूठ.

**अफ़वाह** *सं अपवाद*, अपुष्ट समाचार, उड़ती ख़बर, कच्ची ख़बर, कपोल कल्पना, कर्णोपकर्णिका, *कहानी*, कानाकानी, ख़बर, गौसिप, जनप्रवाद, जनश्रुति, जनापवाद, प्रवाद, विजल्प, श्रुति, सुनी सुनाई बात, हवा, •कानाफूसी, ▪तथ्य, ▪समाचार, ▪सूचना.

**अफ़वाहबाज़** *सं* गपबाज़, गपिया, गपोड़, गपोड़िया, गपोड़ी, गप्पी, गप्पो, जटल्ली, प्रवादक, प्रवादी, लबरा/लबरी, लबार, लबारिया, वाग्दुष्ट, विजल्पक, •असत्यवादी, •भय प्रसारक, ▪संवाददाता.

**अफ़सर** = पदाधिकारी, प्रशासक.
**अफ़सर की कार्यालय में घिराई** = घेराव.
**अफ़साना** = उपन्यास, कहानी, गप.
**अफ़सानानवीस** = उपन्यास लेखक, कहानी लेखक.
**अफ़सानानिगार** = कहानी लेखक.
**अफ़सूँ** = जादू, वशीकरण.
**अफ़सोस** = खेद, पश्चात्ताप, शोक.
**अफ़सोस करना** = पछताना.

**अफ़सोसनाक** = करुणाजनक, खेदजनक.

**अफारा** *सं* उदराध्मान, पेट फूलना रोग, *फुलाव*, बाय गोला, वात प्रकोप, वायुगंड, •फुलाव, •बदहज़मी.

**अफ़ीम** *सं* अफ़यून, अहिफेन, ओपियम, नागफेन, पोस्त, •चरस, •धतूरा, •भाँग, •मारफ़ीन, •हेरोइन.

**अफ़ीम क़िवाम** = चंडू.
**अफ़ीम कोकीन** = मदव्य.
**अफ़ीमची** = आलसी.

**अफ़ीमची** *सं* अफ़ीम सेवी, अफ़ीमी, अफ़्यूनी, अहदी, पीनकी, पोस्ती.

**अफ़ीम पिनक** = पिनक.
**अफ़ीम सत** = मारफ़ीन.
**अफ़ीम सूखे बीज** = खसखस.
**अफ़ीम सेवी** = अफ़ीमची.
**अफ़ीमी** = अफ़ीमची.
**अफुल्ल** = मुँदा/मुँदी.
**अफ़्यूनी** = अफ़ीमची.
**अफ़्रीका** = महाद्वीप नाम सूची.

**अफ़्रीका** *सं ज़ंग*, सहरा मरुथल भूमि, हबश देश, •मिस्र.

**अफ़्रीका दक्षिणतम देश** = दक्षिण अफ़्रीका.
**अफ़्रीकी अपिवानर** = गुरिल्ला, चिंपाज़ी.
**अफ़्रीकी गधा** = ज़ेबरा.
**अबंधन** = अनियंत्रण, अनियंत्रित, अप्रतिबंध.
**अबंधु** = मित्रहीन.
**अब** = वर्तमान काल, वर्तमान में.

**अब** *क्रिवि* अद्य, *अभी*, *आज*, इस समय, इहकाल, •कब, •जब, •वर्तमान काल, ▪तब.

**अब का** = वर्तमान.
**अब के उपरांत** = अब के बाद.
**अब के पूर्व** = अब से पहले.
**अब के बाद** = भविष्य काल में.

**अब के बाद** *क्रिवि* अब के उपरांत, अब से, आइंदा, *आगे*, आगे से,

 (प्रा) प्राचीन शब्द, अब अप्रचलित - *तिरछे* शब्द स्वतंत्र शीर्षक भी हैं •सपर्याय ▪विपर्याय

इस के बाद, इस से आगे, भविष्य में, •से.

**अब तक** *क्रिवि* अजहुँ, अद्य पर्यंत, अद्यापि, *अब भी*, अबलों, *अब से पहले*, अबहुँ, अभी तक, आज तक, *पहले*, पहले से अब तक, पुरा, भूतकाल में.

**अब तक जीवन काल** = वय.
**अब तक भी** = अब भी.
**अबतर** = अवनत, बुरा/बुरी.
**अबतरी** = अवनति, कुपरिस्थिति, विकृति.
**अबद्ध** = अनाबद्ध, अनियंत्रित, मुक्त, वशातीत.
**अबध्य** = अहंतव्य.
**अब भी** = अब तक.

**अब भी** *क्रिवि* अद्यापि, अब तक भी, अभी तक, आजकल भी, आज भी, इन दिनों भी, वर्तमान में भी.

**अबरक** = अभ्रक.
**अबरस** = चितकबरा/चितकबरी.
**अबरा** = अबरी.
**अबरी** = अभ्रक, रैपर, वाल पेपर.

**अबरी** *सं* अबरा, आवरक, •काग़ज़, •रैपर.

**अबरू** = भौंह.
**अबल/अबला** = निर्बल.
**अबलक़** = काला सफ़ेद, चितकबरा/चितकबरी.
**अबला** = स्त्री.
**अबलिष्ठ** = निर्बल.
**अबलिष्ठ होना** = दुबलाना.
**अबलों** = अब तक.
**अब से** = अब के बाद.
**अब से पहले** = अब तक, भूत काल में.

**अब से पहले** *क्रिवि* अब के पूर्व, आज के पूर्व, •पहले.

**अब ही** = अभी, तत्काल.
**अबहुँ** = अब तक.
**अबहुधा** = कभी कभी.
**अबहुल** = अल्पलभ्य, कम, कुछ.
**अबांधव** = मित्रहीन.
**अबा** = गाउन, लबादा.
**अबाध** = अनवरुद्ध, अप्रतिबंधित, अविराम.
**अबाध्य** = अनिवारणीय, अप्रतिरोध्य, वशातीत.

**अबाबील** *सं* भांडीक.

**अबार** = विलंब.
**अबाहु** = लूला/लूली.
**अबीज** = बीजहीन.
**अबुद्धि** = मंदधी, मूर्ख, विवेकहीन.
**अबू** = पिता.
**अबूझ** = अबोध्य, असमाधान्य, अस्पष्ट (स्वरीय), सुराग़हीन.
**अबृहद** = संकीर्ण.
**अबे तबे की बोली** = गालीगलौज.
**अबेर** = विलंब.
**अबोध** = विवेकहीन, सरलचित्त.
**अबोधगम्य** = अज्ञेय, अबोध्य.
**अबोध्य** = अज्ञेय, असमाधान्य, अस्पष्ट (स्वरीय), हकला/हकली.

**अबोध्य** *वि* अगाध, अगाह, अग्राह्य, अतिगूढ, अनबूझ, अबूझ, अबोधगम्य, अमूर्त, *कठिन*, कूट, क्लिष्ट, *गंभीर*, गहन, *गुह्य*, गूढ़, *जटिल*, दुरूह, दुर्ग्राह्य, दुर्ज्ञेय, दुरबोध्य, निगूढ़, पेचीदा, बारीक़, मुश्किल, विषम, सख़्त, *सूक्ष्म*, •अज्ञेय, •असमाधान्य, •स्पष्ट, ▪बोध्य.

**अबोल** = मौनावलंबी.
**अबोला/अबोली** = गूँगा/गूँगी, मौनावलंबी.
**अब्ज** = अरब, कपूर, कमल, चंद्रमा, जलज, धन्वंतरि, शंख.
**अब्जदेव** = धन्वंतरि.
**अब्जनयन** = सुनयन.
**अब्जनयना** = सुंदर स्त्री, सुनयना.
**अब्जलोचना** = सुंदर स्त्री, सुनयना.
**अब्जा** = लक्ष्मी देवी.
**अब्जिनी** = कमल, कमलसर.
**अब्द** = वर्ष, संवत्सर.
**अब्दकोश** = अलमनाक, इयरबुक, कैलेंडर.
**अब्दज्ञ** = ज्योतिषी.
**अब्दिक** = वर्षीय.
**अब्दीय** = वर्षीय.
**अब्धि** = समुद्र.
**अब्धिज** = अश्विनी कुमार, शंख.
**अब्धिजा** = लक्ष्मी देवी.
**अब्धिप** = अगस्त्य.
**अब्धिफेन** = समंदर झाग.
**अब्धि मंडूकी** = मोती सीप.
**अब्बा** = पिता.
**अब्बा जान** = पिता.
**अब्बास** = सिंह.
**अब्बासी** = लाल.
**अब्बू** = पिता.
**अब्र** = बरसात, मेघ.
**अब्राहम वंशज** = यहूदी.
**अभंग** = अटूट, अभंजित, अविभाज्य, अविराम.
**अभंगुर** = अटूट, अनाश्य, अमर.
**अभंजनशील** = अटूट.
**अभंजनीय** = अटूट.

**अभंजित** *वि* अक्षत, अक्षुण्ण, अखंड, अखंडित, अच्छिन्न, अनटूटा/अनटूटी, अनवच्छिन्न, अभंग, अभग्न, अविकल, अविक्षत, अविखंडित, *अविभक्त*, *एक*, खंडहीन, तमाम, पूरा/पूरी, पूर्ण, मुकम्मल, मुसल्लम, *संपूर्ण*, *सकल*, *सब*, समग्र, समूचा/समूची, *सलामत*, सही सलामत, सहीह सलामत, साबुत, सारा/सारी, सालिम, •अटूट, •अविकृत, ▪टूटा/टूटी.

**अभंज्य** = अटूट.
**अभक्ष्य** = अनाहार्य, अपाच्य, धर्मनिषिद्ध (आहार).
**अभग्न** = अभंजित.
**अभद्र** = अकल्याण, अनिष्टकारी, अश्लील, असंस्कृत, असौम्य, धृष्ट, भँड़ौआ.
**अभय** = भयहीन, साहस.
**अभय आश्वासन** = अभयदान.
**अभयकरण** = अभयदान.
**अभयदान** = परित्राण.

**अभयदान** *सं* अभय आश्वासन, अभयकरण, अभय वचन, आश्वासन, जान की अमान, जान की ख़ैर, दंडमुक्ति, भयमुक्ति, रक्षा आश्वासन, समाश्वासन, सुरक्षा

गारंटी, •जीवन रक्षा.

**अभयभीत** = भयहीन.
**अभय वचन** = अभयदान, सांत्वना.
**अभय वन** = अभयारण्य.
**अभयानक** = अनाहतिकारक, अहानिकारक, अहिंसक, निहत्था/निहत्थी.

**अभयारण्य** *सं* अभय वन, आश्रयारण्य, राष्ट्रीय उद्यान, वनाश्रय, सैंक्चुअरी, •अहिंसा, •पक्षी अभयारण्य, •वन.

**अभव** = अनस्तित्व, प्रलय.
**अभागा/अभागिन** = असफल, दुर्भाग्यशाली, शापग्रस्त.
**अभागा/अभागी** = शापग्रस्त.
**अभाव** = अनस्तित्व, अनुपस्थिति, नाश, मृत्यु, विलब्धि.
**अभावग्रस्त** = आवश्यकताग्रस्त, निर्धन, भुक्खड़.
**अभावपूर्ति** = आपूर्ति.
**अभावुक** = वस्तुपरक, विचारित.

**अभावुक** *वि* अकोमल, निर्विकार, निर्वेद, परुष, भावनाहीन, शांत, शुष्क, •अनुभूतिहीन, •भावहीन, •वस्तुपरक, ■भावुक.

**अभाषण** = मौन व्रत.
**अभाषण व्रत** = मौन व्रत.
**अभाषित** = अनभिव्यक्त.
**अभिकथित** = कथित.
**अभिकरण** = दलाली.
**अभिकर्ता** = ऐटर्नी, दलाल.
**अभिकलन यंत्र** = कंप्यूटर.
**अभिकलित्र** = कंप्यूटर.
**अभिकल्पना** = परिकल्पना.
**अभिकाम** = इच्छुक.
**अभिक्रंद** = आर्तनाद.
**अभिक्रम** = आरंभिक कर्म, प्रयास.
**अभिक्रिया** = प्रतिक्रिया.
**अभिखंडित** = निरस्त.
**अभिख्यात** = प्रसिद्ध.
**अभिगृहीत** = दत्तक, लिया/ली.
**अभिग्रहण** = बोध.
**अभिग्रहीत** = ज़ब्त.
**अभिग्रहीता** = प्राप्ता.
**अभिग्राही** = परिग्रही.
**अभिघाती** = प्रहारक.
**अभिचर** = नौकर, परिचारक.
**अभिचार** = अभिमंत्रण, वशीकरण.
**अभिचारक** = अभिमंत्रक, जादूगर.
**अभिचारिका** = जादूगरनी.
**अभिजन** = गृहस्थ, नौकर, वंश, संगी, स्वजन.
**अभिजात** = उच्चवर्गीय, उत्तम, कुलीन, विद्वान व्यक्ति.
**अभिजात वर्ग** = कुलीन समाज.
**अभिजित** = विजेता.
**अभिज्ञ** = ज्ञानी, ज्ञानी, दक्ष, शिक्षित.
**अभिज्ञात** = प्रतिष्ठित, प्रसिद्ध, सर्वज्ञात.
**अभिज्ञान** = नाम, पहचान चिह्न, स्मृतिलाभ.
**अभिज्ञान पत्र** = परिचय पत्र, प्रमाणपत्र.
**अभिज्ञानात्मक** = संस्मरणात्मक.
**अभिज्ञापक** = बोधप्रद, सूचनादाता.
**अभिज्ञापन** = घोषणा.
**अभित्यक्ता** = फ़रार.
**अभिधम्म** = त्रिपिटक भाग.
**अभिधा** = अभिधा शक्ति, नाम, शब्द, संज्ञा.
**अभिधात्मक** = शब्दार्थिक.
**अभिधात्मक अर्थ** = अभिधार्थ.
**अभिधात्मकता** = अभिधा शक्ति.
**अभिधान** = नाम, परिभाषा, शब्द.
**अभिधायक** = अर्थद्योतक, बोधप्रद, सूचनादाता.

**अभिधार्थ** *सं* अभिधात्मक अर्थ, अभिधेय, असंदिग्ध अर्थ, नामवाची अर्थ, निर्दिष्ट अर्थ, मोटा अर्थ, मोटी बात, लफ़्ज़ी मानी, वाच्य अर्थ, वाच्यार्थ, शब्दार्थ, शाब्दिक अर्थ, सीधा अर्थ, स्थूल अर्थ, स्पष्ट अर्थ, •अर्थ, •लक्षणार्थ, •व्यंजनार्थ.

**अभिधार्थक** = शब्दार्थिक.

**अभिधा शक्ति** *सं* अभिधा, अभिधात्मकता, शब्दार्थ, शाब्दिकता, •लक्षणात्मक शब्द, •व्यंजना शक्ति, •शब्दशक्ति.

**अभिधेय** = अभिधार्थ, नाम.
**अभिनंदक** = अभिवादक, भक्त, सम्मान कर्ता, सम्मान कर्ता.
**अभिनंदन** = अभिवादन, धन्यवाद, प्रशंसा, बधाई, शाबाशी, सम्मान समारोह, स्वागत, स्वागत समारोह.
**अभिनंदन उपहार सूची** = सम्मान उपहार.
**अभिनंदन कर्ता** = सम्मान कर्ता.

**अभिनंदन ग्रंथ** *सं* कीर्तिग्रंथ, प्रशंसावली, *संस्मरण*, •अभिनंदन पत्र.

**अभिनंदननाथ** = तीर्थंकर सूची.

**अभिनंदन पत्र** *सं* अभिनंदन फलक, कीर्तिपत्र, कीर्तिलेख, ताम्रपत्र, प्रतिष्ठा पत्र, प्रशंसा पत्र, प्रशंसा फलक, प्रशस्ति, प्रशस्ति पत्र, फलक, मानपत्र, सम्मानपत्र, सरनामा, •अभिनंदन ग्रंथ, •प्रशंसा, •सम्मान समारोह.

**अभिनंदनपूर्ण** = बधाई पूर्ण, स्वागतपूर्ण.
**अभिनंदन फलक** = अभिनंदन पत्र.
**अभिनंदन समारोह** = सम्मान समारोह, स्वागत समारोह.
**अभिनंदना** = प्रशंसा.
**अभिनंदनात्मक** = प्रशंसात्मक.
**अभिनंदनीय** = पूजनीय, सम्माननीय.
**अभिनंदित** = पूजित, प्रचारित, प्रशंसित, सम्माननीय.

**अभिनंदित** *वि* अभिवंदित, *उपाधित*, गणादृत, जयजयकृत, *प्रशंसित*, महिमान्वित, महिमामंडित, स्तुत.

**अभिनंदी** = सम्मान कर्ता, सम्मान कर्ता.
**अभिनय** = अनुभाव, झूठ, नक़्क़ाली, नाटक, भंगिमा, भाव अभिव्यक्ति.

**अभिनय** *सं* अदाकारी, अदायगी, *अनुकरण*, ऐक्टिंग, *कला*, कलाकारी, नक़ल, नटकर्म, नाट्य, भावप्रदर्शन, रंगावतरण, *लीला*, हावभाव प्रदर्शन, •अभिनेता, •अभिनेत्री, •नक़्क़ाली, •नाटक, •फ़िल्म, •रिहर्सल, •संवाद.

**अभिनय कर्ता** = अभिनेता.
**अभिनय कर्मी** = अभिनेता.
**अभिनयन** = मंचन.
**अभिनयपूर्ण** = रंगमंचीय.
**अभिनय भाव** = भावाभिनय.

**अभिनय मुद्रा** = भंगिमा.
**अभिनय वेश** = नाट्यवेश.
**अभिनय स्थल** = रंगमंच.
**अभिनव** = अभूतपूर्व, आधुनिक, आविष्कृत, नवरचित, नवीन.
**अभिनव सृष्टि** = सृजन.
**अभिनियोग** = ध्यान.
**अभिनिवृत्ति** = निवृत्ति.
**अभिनिश्चित** = निर्धारित.
**अभिनिष्क्रमण** = वानप्रस्थाश्रम प्रवेश.
**अभिनिष्पत्ति** = रसानुभूति.
**अभिनीत** = मंचित.
**अभिनेतव्य** = मंचनीय.

**अभिनेता** *सं* अदाकार, अभिनय कर्ता, अभिनय कर्मी, ऐक्टर, कथक, *कलाकार*, कुशीलव (प्रा), कौशीलव (प्रा), धर्मीपुत्र (प्रा), *नट*, *नटनागर*, नाटकधर, नाटकिया, नाटकी, नाट्यकार, नाट्यधर, *नायक*, *बहरूपिया*, भरतपुत्र, रंगचर, रंगजीवी, रंगावतारक, रूपधारी, शैलूष (प्रा), सर्वरूप (प्रा), •अभिनेत्री, •कठपुतली, •नक़्क़ाल, •नट, •नाटक.

**अभिनेत्री** = सुंदर स्त्री.

**अभिनेत्री** *सं* अदाकारा, ऐक्ट्रैस, *कलाकार*, तारिका, नटनी, *नटी*, *नर्तकी*, *नायिका*, शैलूषिका (प्रा), •अभिनेता.

**अभिनेय** = मंचनीय.
**अभिन्न** = अंतरंग, अंतरंग मित्र, मिश्रित, सदृश.
**अभिन्नतम** = अंतरंगतम
**अभिन्नता** = अद्वैतता, सादृश्य.
**अभिन्न मित्र** = अंतरंग मित्र.
**अभिन्नहृदय** = अंतरंग.
**अभिपिता** = गार्ज़ियन.
**अभिप्राय** = अर्थ, उद्देश्य, कथावस्तु, मत, व्यंजनार्थ.
**अभिप्रायतः** = उद्देश्य से.
**अभिप्रेत** = इच्छित, पसंद, प्रिय.
**अभिप्रेय** = पसंद, मनोग्राह्य, वांछनीय, समर्थनीय, स्वीकार्य.
**अभिभावक** = गार्ज़ियन.
**अभिभावकहीन** = अनाथ.

**अभिभावित** = परपालित.
**अभिभाषण** = भाषण.
**अभिभूत** = पराजित, पराधीन, प्रभावित, वशीकृत.
**अभिभूत करना** = चकराना.
**अभिभूतकारी** = उन्मादक, प्रभावशाली.
**अभिभूति** = पराजय.
**अभिमंचित** = मंचित.
**अभिमंडन** = मंडन.

**अभिमंत्रक** *सं* अभिचारक, इंद्रजालिक, ओझा, ओझा, कापालिक, टुनहाया/टुनहाई, टोटकाहाई, टोनहा/टोनहाई, टोनहाया/टोनहाई, तंत्र क्रिया विशेषज्ञ, तंत्रसाधक, तंत्री, *तांत्रिक*, परीख़्वान, परीख्वान, मंत्रक, मंत्रकारी, मंत्रज्ञ, मंत्रवादी, मंत्रसाधक, मघवा, मांत्रिक, *मायावी*, सम्मोहनकारी, सयाना, *साधक*, सिद्ध, हाज़िराती, •प्रेतसाधक, •भूतहंता.

**अभिमंत्रण** = जादू खेल.

**अभिमंत्रण** *सं* अंछर, अंछर, अभिचार, अमल, अमल, अमलीयात, करावा, कुजंत्र, कुजंत्र, *कृति*, कृत्या, चार्म, जंतरमंतर, जंत्रमंत्र, *जादू*, जादूटोना, *जादूमंतर*, जादूमंतर पाठ पढ़ंतर, टोटका, टोना, टोनाटोटका, तंत्र, तंत्रक्रिया, तंत्रक्रिया साधन, तंत्रमंत्र, तंत्र साधन, तांत्रिक कर्म, पढ़ंत, पढ़ंत, *प्रयोग*, *फूँक*, *मंत्रपाठ*, मंत्रप्रयोग, मंत्रसाधन, मंत्रोपचार, मूलकर्म, मूलकर्म, मोहन, यंत्रसाधन, लटका, विद्या, संप्रयोग, सदक़ा, सम्मोहन, सहर, *साधन*, स्पैल, हीमिया, •गंडा तावीज़, •गुह्यविद्या, •जादू, •पनौती, •हिप्नोटिज़्म.

**अभिमंत्रण काट** = मंत्र काट.

**अभिमंत्रित** *वि कृत*, टोटका कृत, टोना कृत, परीज़दा, फूँका/फूँकी, मंत्रचालित, मंत्रमुग्ध, मंत्रसिद्ध, मंत्राविष्ट, मंत्रित, *साधित*, सिद्ध, •जादूकृत, •लुब्ध.

**अभिमत** = पूर्वानुमान, मत.
**अभिमति** = मौन अनुमति.
**अभिमन्यु** = अभिमानी.

**अभिमन्यु** *सं* आर्जुनि, सौभद्र, सौभद्रेय, •अर्जुन.

**अभिमन्यु पौत्र** = जनमेजय.
**अभिमान** = स्वाभिमान.

**अभिमान** *सं* आपा, *गरमी*, गरिमा, गर्व, गुमान, गौरव, नाज़, फ़ख्र, मान, शान, •अहंकार, •आत्ममोह, •रूपाभिमान, •श्रेष्ठ ग्रंथि, •स्वाभिमान, ▪अपमान, ▪तिरस्कार.

**अभिमान गति** = अकड़ की चाल.
**अभिमानहीन** = विनम्र.
**अभिमानिनी** = नख़रीली, सुंदर स्त्री.
**अभिमानी** = वीर.

**अभिमानी** *वि अभिमन्यु*, अभिमानी/अभिमानिनी, *उन्नतमस्तक*, गर्वित/गर्विता, गर्वी/गर्विणी, गर्वीला/गर्वीली, गर्वोन्नत, गहेला/गहेली, गुमानी, दर्पी, नाज़ाँ/नाज़नीन, फ़ख्री, मन्यु, मन्युमान, मानी/मानिनी, •अहंकारी, •उन्नतमस्तक, •महान, •राजसी, •वीर, •साहसी, •सिंहसमान, •स्वाभिमानी, ▪अधम, ▪विनम्र.

**अभिमानी/अभिमानिनी** = अभिमानी.
**अभिमुख** = प्रवृत्त.

**अभिमुख** *वि* आमने सामने, उन्मुख, *ओर*, तरफ़, तिरेसठ (63), दूबदू, प्रतिमुख, मुखातिब, रूबरू, समक्ष, सम्मुख, सामने, •अधोमुख, •उपस्थित, •ऊर्ध्वमुख, ▪विमुख.

**अभियंता** = इंजीनियर, स्थपति.
**अभियंत्र भौतिकी** = यांत्रिकी.
**अभियांत्रिक** = इंजीनियर, मरम्मत कर्मी.
**अभियांत्रिकी** = इंजीनियरिंग, यांत्रिकी.
**अभियाचक** = भिखारी.
**अभियाचना** = गिड़गिड़ाहट, निवेदन, प्रार्थना, याचना.
**अभियाचना करना** = गिड़गिड़ाना.

**अभियात्रा** = खोज यात्रा, साहस यात्रा.
**अभियान** = आक्रमण, खोज यात्रा, जन आंदोलन, प्रस्थान, साहस यात्रा, सेना प्रयाण.

**अभियान** *सं* *आपरेशन*, *उद्यम*, उपक्रम, महाभियान, महायात्रा, मिशन, मुहिम, मोरचा, *यज्ञ*, •प्रयास, •साधना.

**अभियान कर्ता** = अभियानी.
**अभियान कार्यालय** = पड़ाव कार्यालय.
**अभियान केंद्र** = पड़ाव कार्यालय.
**अभियानी** = खोज यात्री, साहसिक यात्री.

**अभियानी** *सं* अभियान कर्ता, प्रयाणी, *महारथी*.

**अभियुक्त** = आरोपित व्यक्ति, प्रतिवादी.

**अभियुक्त** *वि* असामी, आक्षेपित, आरोपग्रस्त, आरोपित, उत्तरदाता, कटघरे में खड़ा, दाग़ी, दोषारोपित, *प्रतिवादी*, मुलज़िम, *लांछित*, •सिद्धदोष, ▪अभियोगी.

**अभियोक्ता** = अभियोगी.
**अभियोग** = आरोप, मुक़दमा, शिकायत.
**अभियोग कर्ता** = अभियोगी.
**अभियोग पत्र** = आरोप पत्र.
**अभियोग परीक्षा** = सुनवाई.

**अभियोगी** *सं* अभियोक्ता, अभियोग कर्ता, आक्षेपी, आरोपक, आरोप कर्ता, आरोपी, *आवेदक*, दोषारोपक, पूर्वपक्षी, प्रार्थी, फ़रियादी, मुक़दमा करने वाला, वादी, सवाली, •प्रतिवादी, •मुक़दमा, ▪अभियुक्त, ▪प्रतिवादी.

**अभिरक्षक** = गार्ज़ियन, पहरेदार.
**अभिरक्षित** = परपालित.
**अभिरत** = कार्यरत, लगनशील, व्यस्त.
**अभिरति** = आसक्ति, साधना.
**अभिराम** = आकर्षक, कल्याणकारी, दर्शनीय, नैसर्गिक, प्रलोभनकारी, प्रेम्य, मोहक, सुंदर, सुखद, सुरम्य.
**अभिरुचि** = आसक्ति, प्रवृत्ति, शौक़.
**अभिरूप** = कलात्मक, दर्शनीय, सुंदर, सुरम्य, सुरुचिपूर्ण.

**अभिलक्षित** = संकेतित.
**अभिलाप** = बात, वार्तालाप.
**अभिलाष** = इच्छा.
**अभिलाषा** = इच्छा, उद्देश्य, महत्त्वाकांक्षा.
**अभिलाषाहीन** = अमहत्त्वाकांक्षी, लालसाहीन, संतोषी.
**अभिलाषी** = इच्छुक.
**अभिलिखित** = दस्तावेज़ित.
**अभिलेख** = दस्तावेज, पट्टा, पुरालेख.
**अभिलेख पंजी** = बहीखाता.
**अभिलेख पाल** = अभिलेखाध्यक्ष.
**अभिलेख संग्राहक** = अभिलेखाध्यक्ष.

**अभिलेखागार** *सं* आर्काइव्ज़, दफ़्तरख़ाना, *दस्तावेज*, पुरालेख भवन, पुरालेख संग्राहलय, रिकार्डरूम, लेखागार, *संग्रहालय*, सरकारी दस्तावेज़ संकलन, •संग्रहपाल.

**अभिलेखाध्यक्ष** *सं* अभिलेख पाल, अभिलेख संग्राहक, पुरालेख पाल, रिकार्ड कीपर, रिकार्ड बाबू, •संग्रहपाल.

**अभिलेखित** = दस्तावेज़ित.
**अभिवंदक** = अभिवादक.
**अभिवंदन** = प्रशंसा, शाबाशी.
**अभिवंदना** = नमस्कार, प्रशंसा, स्तोत्र.
**अभिवंदित** = अभिनंदित.
**अभिवक्ता** = अध्यापक, कथन कर्ता, कथा उद्घोषक, कार्यक्रम ऐंकर, घोषणा कर्ता, प्रचारक, प्रतिनिधि, प्रतिपादक, प्रवक्ता, भाषणदाता, मंडन कर्ता, लैक्चरर, वकील, समर्थक, समाचार पाठक.

**अभिवक्ता** *सं* अभिवाचक, अभिवेदक, अभिव्यंजक, कथक, कम्यूनिकेटर, ज्ञापक, *प्रकाशक*, *प्रचारक*, वक्ता, व्यक्ता, संज्ञापक, संज्ञापयिता, संप्रेषक, •प्रवक्ता.

**अभिवाचक** = अभिवक्ता.

**अभिवादक** *सं* अभिनंदक, अभिवंदक, अभिवादयिता, अभिवादी.

**अभिवादन** = स्वागत.

**अभिवादन** *सं* अभिनंदन, अभ्यर्थना, आदाब, ग्रीटिंग, दुआ सलाम, *नमस्कार*, प्रणाम, बंदगी, *संबोधन*, *स्वागत*, •गुड ईवनिंग, •गुड नाइट, •गुड मार्निंग, •नमस्कार, •सत श्री अकाल, •सलाम, •हैंडशेक, •कोरनिश, •चरणस्पर्श, •दंडवत, •शुभकामना.

**अभिवादयिता** = अभिवादक.
**अभिवादी** = अभिवादक.
**अभिवानर** = अपिवानर.
**अभिवृद्धि** = बढ़ोतरी.
**अभिवेदक** = अभिवक्ता.
**अभिव्यंजक** = अभिवक्ता, अभिव्यक्तिपूर्ण.
**अभिव्यंजन** = उच्चारण, प्रदर्शन, साहित्य सृजन.

**अभिव्यंजन** *सं* *अनावरण*, अभिव्यक्ति कर्म, *उद्घाटन*, *कथन*, *ज्ञापन*, प्रकटन, प्रकाशन, विचार प्रकटन, वेदन, संज्ञापन, संप्रेषण, संवेदन, सूचन, स्वरण.

**अभिव्यंजना** = अनुभाव, अभिव्यक्ति, भाव अभिव्यक्ति.
**अभिव्यंजनापूर्ण** = भावोत्पादक.
**अभिव्यंजित** = अभिव्यक्त.
**अभिव्यक्त** = कथित, दृश्यमान, रचित, लिखित (साहित्य).

**अभिव्यक्त** *वि* अभिव्यंजित, उच्चरित, *कथित*, गदित, *प्रकट*, प्रकटित, *प्रकाशित*, वर्णित, वाचित, विवक्षित, व्यंजित, व्यक्त, व्याहृत, शब्दित, संप्रेषित, संभाषित, संवेदित, स्वरित, •कथित, •रचित, ▪अज्ञात, ▪अनभिव्यक्त, ▪गुप्त.

**अभिव्यक्त करना** = कहना.
**अभिव्यक्त भाव विशेष** = बात.
**अभिव्यक्त विचार** = बात.
**अभिव्यक्ति** = अनुभाव, कथन, कुंठामोचन, भाव अभिव्यक्ति, वाचन.

**अभिव्यक्ति** *सं* अभिव्यंजना, इज़हार, *उक्ति*, उद्गार, *कथन*, *कथ्य*, कम्यूनिकेशन, ज्ञप्ति, प्रस्तुति, *भाव अभिव्यक्ति*, वाणी, विचार

अभिव्यक्ति, विज्ञप्ति, व्यंजना, •अनुभाव, •अनुभूति, ▪अनभिव्यक्ति, ▪भावगोपन, ▪भावदमन.

**अभिव्यक्ति अधिकार** *सं* अनिषिद्ध विचार अभिव्यक्ति, अभिव्यक्ति स्वतंत्रता, प्रकाशन स्वतंत्रता, मताभिव्यक्ति स्वतंत्रता, स्वतंत्रता, *स्वाधीनता*, ▪सैंसरशिप.

**अभिव्यक्ति इच्छा** *सं* कथन इच्छा, छपास, भड़ास, विवक्षा.

**अभिव्यक्ति कर्म** = अभिव्यंजन.
**अभिव्यक्ति निषेध** = वाचा प्रतिबंध.
**अभिव्यक्तिपूर्ण** = भावोत्पादक.

**अभिव्यक्तिपूर्ण** *वि* अभिव्यंजक, अर्थपूर्ण, ओजपूर्ण, *काव्यात्मक*, जागता/जागती, जीता जागता, जीवंत, *जीवित*, ज़ोरदार, तेज़, पुरज़ोर, *प्रबल*, प्रेरक, फड़कता/फड़कती, बोलता/बोलती, भावनापूर्ण, *भावपूर्ण*, मार्मिक, मुखर, सचेतन, सजीव, समर्थ, *स्पंदनशील*, हार्दिक, हृदयस्पर्शी, •कलात्मक, •चित्रात्मक, •भावपूर्ण, •भावोत्पादक, •मार्मिक (उक्ति), •साहित्यिक, ▪अभिव्यक्तिहीन, ▪प्रभावहीन.

**अभिव्यक्ति प्रतिबंध** = वाचा प्रतिबंध.
**अभिव्यक्ति स्वतंत्रता** = अभिव्यक्ति अधिकार.

**अभिव्यक्तिहीन** *वि* अनभिव्यंजक, जड़, निर्विकार, निर्वेद, पत्थर, पाषाणवत, *भावहीन*, *शून्य*, ▪अभिव्यक्ति, ▪अभिव्यक्तिपूर्ण, ▪अभिव्यक्तिपूर्ण, ▪भावोत्पादक.

**अभिव्यापक** = व्यापक.
**अभिव्याप्त** = व्याप्त.
**अभिव्याप्ति** = व्याप्ति.
**अभिशंका** = आशंका, चिंता, चिंतानुभूति, संदेह.
**अभिशप्त** = दुर्भाग्यशाली, शापग्रस्त.
**अभिशाप** = क़हर, जीर्ण रोग, मिथ्या आरोप, शाप.
**अभिषव** = आसवन, यज्ञ.
**अभिषिक्त** = सत्तासीन.

**अभिषिक्त** *वि* अभिसिंचित, मूर्धाभिषिक्त, स्नात, स्नानाभिषिक्त.

**अभिषिक्त भोज** = कम्यूनियन.
**अभिषेक** = सत्ताभिषेक.

**अभिषेक** *सं* जलाभिषेक, जलाभिसिंचन, संस्कारीय स्नान, *सिंचन*, स्नानाभिषेक, •तिलकार्पण, •सत्ताभिषेक, •सत्ताभिषेक.

**अभिषेक कर्ता** = अभिषेक्ता.

**अभिषेक्ता** *सं* अभिषेक कर्ता, अभिसिंचक.

**अभिसंधान** = पूर्वानुमान.
**अभिसंधि** = मिलीभगत.
**अभिसम्मत** = अनुमत, स्वीकृत.
**अभिसर्ग** = सृजन.
**अभिसार** = अभिसार स्थल, डेटिंग, मिलन, रोमांस.

**अभिसार** *सं* डेट, नायक नायिका समागम, प्रियमिलन, भेंट, *मिलन*, *मुलाक़ात*, *संगति*, संघट्टना (प्रा), •अभिसारिका, •आलिंगन, •डेटिंग, •मिलन.

**अभिसार स्थल** *सं अभिसार*, एकायन, गुप्त स्थान, ठहराव, मिलनस्थल, रांदेवू, संकेत स्थल, सहेट.

**अभिसारिका** *सं नायिका*, निशाचरी, *प्रेमिका*, मिलनगामिनी, •अभिसारी.

**अभिसिंचक** = अभिषेक्ता.
**अभिसिंचित** = अभिषिक्त.
**अभिसृष्टि** = सृजन, सृष्टि रचना.
**अभिस्थित** = स्थित.
**अभिस्रावणी** = डिस्टिलरी.
**अभिस्रावित** = आसवित.
**अभिहत** = आहत.
**अभिहत** = गुणित.
**अभिहति** = गुणन कर्म, गुणन फल, लक्ष्यसिद्धि.
**अभिहव** = आवाहन, यज्ञ.
**अभिहार** = चोरी, लूट, शस्त्रधारण.
**अभिहित** = धर्मसम्मत, निदेशित.
**अभिहूत** = आवाहित.
**अभी** = अब, आसन्नतः, तत्काल, तात्कालिक, निकट भूतकाल.

**अभी** *क्रिवि* अद्यैव, अनक़रीब, अब ही, अभी हाल, अविलंब, *आसन्नतः*, इसी पल, इसी समय, एक दम, जल्द ही, जल्दी, *तत्काल*, *देखते देखते*, फुरती से, यहीं, लगे हाथ, शीघ्रतः, सद्य, *सीधे*, हाल ही, •तत्काल, •तभी, •द्रुततः.

**अभी अभी** = नवीनतम समाचार.

**अभी अभी** *क्रिवि* अचिर, अभी कल, अभी हाल, अभी हाल में, कम देर पहले, कुछ देर पहले, सद्य, हाल ही में.

**अभी कल** = अभी अभी, निकट भूतकाल.
**अभी का** = नवीन, वर्तमान.
**अभीत** = भयहीन.
**अभी तक** = अब तक, अब भी.
**अभीप्सा** = इच्छा.
**अभीप्सित** = इच्छित.
**अभी बना** = ताज़ा, नवीन.
**अभीरु** = भयहीन.
**अभीष्ट** = इच्छित, उद्देश्य, पर्याप्त, प्रिय, योजित, वांछनीय, स्वीकार्य.
**अभीष्ट/अभीष्टा** = प्रेमपात्र/प्रेमपात्रा.
**अभीष्ट सिद्धि** = इच्छापूर्ति, सफलता.
**अभी हाल** = अभी, अभी अभी, निकट भूतकाल, निकट भूतकाल में.
**अभी हाल में** = अभी अभी.
**अभी होने वाला** = आसन्न.
**अभुक्त** = अनुपभुक्त.
**अभुक्तभोगी** = अनुभवहीन.
**अभुक्ता** = कौमार्यवती.
**अभूत** = अघटित, अजन्मा/अजन्मी, अपदार्थ, अभूतपूर्व, अस्तित्वहीन.
**अभूतपूर्व** = आश्चर्यजनक.

**अभूतपूर्व** *वि* अजगुत, अजब, अज्ञातपूर्व, अदृष्टपूर्व, अद्भुत, अनदेखा/अनदेखी, अननुभूत, अनसुना/अनसुनी, अनसोचा/अनसोची, अनहुआ/अनहुई, अनहोनी, *अनुपम*, अनूठा/अनूठी, अनोखा/अनोखी, अपूर्व, अभिनव,

अभूत, असाधारण, *क्रांतिकारी*, नया, नया/नई, नया नवेला/नई नवेली, नवल, *नवीन*, नवेला/नवेली, नूतन, न्यू, विलक्षण, ●अपारंपरिक, ●असामान्य, ●उल्लेखनीय, ●नवीन, ■साधारण.

**अभूतपूर्व उपलब्धि** = कीर्तिमान.
**अभूतपूर्व वस्तु** = नावल्टी.
**अभूतपूर्व सफलता** = कीर्तिमान.
**अभूतपूर्व सिद्धि** = कीर्तिमान.
**अभेद** = सादृश्य.
**अभेद्य** = अजेय, अविभाज्य, गहन (वन), दुर्गम, सघन, सुरक्षित.
**अभोक्ता** = अनासक्त, वैरागी.
**अभोगिता** = कौमार्यवती.
**अभोगी** = अविलासी.
**अभोग्य** = अनुपभोग्य.
**अभोजन** = उपवास.
**अभोज्य** = अनाहार्य, धर्मनिषिद्ध (आहार).
**अभौतिक** = आत्मिक, आध्यात्मिक, इंद्रियातीत, निराकार, परलौकिक, स्पर्शागोचर.
**अभौम** = अपृथ्वीय.
**अभ्यंतर** = अंतर्भाग, तहख़ाना, नितल, भूगर्भ, मध्य.
**अभ्यंतरीय** = आत्मिक.
**अभ्यर्थक** = भक्त.
**अभ्यर्थन** = गिड़गिड़ाहट.
**अभ्यर्थना** = अपील, अभिवादन, गिड़गिड़ाहट, निवेदन, पूजा, प्रार्थना, याचना.
**अभ्यर्थी** = आवेदक, निवेदक.
**अभ्यर्पण** = समर्पण.
**अभ्यर्पयिता** = समर्पक.
**अभ्यर्पित** = उपहृत.
**अभ्यसित** = साधित.
**अभ्यस्त** = आदी, दक्ष, प्रशिक्षित, रूटीनी.

**अभ्यस्त** *वि आदी*, आप्त, *कुशल*, जाननहार, *ज्ञाता*, *ज्ञानी*, तैयार, परिपक्व, *परिपूर्ण*, प्रयोगज्ञ, *प्रौढ़*, रवाँ, वेत्ता, *शिक्षित*, संसिद्ध, सधा/सधी, *साधित*, सिद्ध, सीखा/सीखी, सीखा सिखाया/सीखी सिखाई, सुजान, सुपक्व, *सुशिक्षित*, सुसिद्ध, सुहस्त, ●दक्ष, ●प्रशिक्षित, ■अनभ्यस्त, ■अनुभवहीन, ■नौसिखिया.

**अभ्यस्तता** = दक्षता.
**अभ्याकांक्षा** = इच्छा.
**अभ्यागत** = अतिथि, पहुँचा/पहुँची.
**अभ्यागम** = अगवानी.
**अभ्यागमन** = आगमन, पहुँच, प्रवेश.
**अभ्यापात** = क़हर.
**अभ्यास** = अनुभव, आदत, कोशिश, ड्रिल, ड्रैस रिहर्सल, प्रशिक्षण, युद्ध अभ्यास, रट्टा, रिहर्सल, लक्ष्य अभ्यास, साधना, स्वरसाधना.

**अभ्यास** *सं अनुभव*, अनुभव प्राप्ति, *आदत*, क़वायद, कार्याभ्यास, *क्रिया*, चर्या, जानकारी, *ड्रिल*, तैयारी, *दक्षता*, बान, मश्क़, महारत, मामूल, *मुहावरा*, रबत, रियाज़, शीलन, *साधना*, ●अनुभव, ●आदत, ●कोशिश, ●ज्ञान, ●पूर्वाभ्यास, ●प्रशिक्षण, ●रिहर्सल, ●साधना.

**अभ्यास करना** = सीखना.
**अभ्यास कराना** = सिखाना.
**अभ्यासी** = साधक.
**अभ्युत्थान** = उत्थान, उदय, उन्नति, समृद्धि.
**अभ्युत्थित** = उदित, उन्नत.
**अभ्युदय** = उदय, उन्नति, विकास, समृद्धि, सौभाग्य.
**अभ्युपगत** = प्राप्त.
**अभ्रंश** = अपरिवर्तन.
**अभ्र** = आकाश, बरसात, मेघ.

**अभ्रक** *सं* अबरक, *अबरी*, जंबुर, माइका, ●काँच.

**अभ्रपिशाच** = राहु.
**अभ्रांत** = भ्रमहीन, स्पष्ट.
**अभ्रित** = मेघाच्छन्न.
**अमंगल** = अकल्याण, अनिष्टकारी, अपशकुन, अमंगल कार्य, अशुभसूचक, दुर्भाग्य.
**अमंगल उत्सव** = अमंगल कार्य.
**अमंगलकामना** = दुष्कामना.
**अमंगलकारी** = अनिष्टकारी, अशुभसूचक, दानवीय.

**अमंगल कार्य** *सं* अमंगल, अमंगल उत्सव, अशुभ संस्कार, मृतक आदि संस्कार, शोककार्य, शोकावसर, ■मंगलोत्सव.

**अमंगलसूचक** = अशुभसूचक.
**अमंडित** = अनाभूषित.

**अमंत्रणा** *सं* अपरामर्श, न करने का परामर्श, हतोत्साहन, ●तर्जन, ●प्रतिबंध, ■अनुमति, ■प्रोत्साहन.

**अमंद** = अम्लान, द्रुत, परिश्रमी, प्रबल.
**अमचूर** = मसाला सूची

**अमचूर** *सं* अंबी सूखी फाँक चूर्ण, ●अमहर.

**अमड़ा** = आँवला, मसाला सूची
**अमतदाता** = अनागरिक.
**अमतांध** = उदारमनस्क.
**अमति** = अज्ञान.
**अमत्सर** = ईर्ष्याहीन.
**अमन** = शांतिकाल, सुरक्षा, सुशासन.
**अमन चैन** = सुरक्षा.
**अमनपसंद** = शांतिप्रेमी.
**अमनस्क** = उदास.
**अमनुष्य** = अमानव, अमानवीय, वन्य.
**अमनो अमान** = सुशासन.
**अमनोरंजक** = अरोचक.

**अमनोरंजक** *वि* अनाकर्षक, अप्रिय, *अरोचक*, आमोदप्रमोदहीन, *उबाऊ*, नीरस, बेलुत्फ़, मनोरंजनहीन, *रसहीन*, *साधारण*, ■मनोरंजक, ■रोचक.

**अमम** = अनासक्त, निस्स्वार्थ, सहानुभूतिहीन.
**अममता** = परजन भावना.
**अमय** = रोग.
**अमर** = अनंत, अनाश्य, इंद्र, ईश्वर, देवता, शाश्वत, स्वर्ण.

**अमर** *वि* अंतहीन, अक्षय, *अक्षर*, अच्युत, अजर, अजर अमर, *अटूट*, *अनंत*, अनश्वर, अनाशी, *अनाश्य*, अभंगुर, अमर्त्य, *अमिट*, अविकारी, अविनाशी, *अव्यय*, कालजयी, कालहीन, कालातीत, क्षयहीन, चिरंजीवी, चिरंतन, चिर,

*चिरकालीन*, *चिरजीवी*, जन्ममृत्यु से परे, ध्वंसहीन, नाशहीन, नित्य, निर्जर, पुनरुज्जीवी, बेअंत, मरजीवा, मरजीवी, मरणातीत, मृत्युंजय, मृत्युहीन, विनाशहीन, *शाश्वत*, सदाबहार, सनातन, *स्थायी*, *स्थिर*, •अंतहीन, •अटूट, •अनंत, •अनाश्य, •चिरजीवी, ▪क्षणभंगुर, ▪नाश्य, ▪मर्त्य.

**अमरकंटक** = पर्वत सूची भारत उपमहाद्वीप.
**अमरण** = अमरता.
**अमरण मंत्र** = मृत्युंजय मंत्र.
**अमरतटिनी** = गंगा नदी.
**अमरतरु** = कल्पवृक्ष.

**अमरता** *सं* अंतहीनता, अक्षयता, अक्षरता, अजरता, अजर्यता, अनंत जीवन, अनंतता, अनश्वरता, अनाश्यता, अमरण, अमिटता, कालहीनता, कालातीतता, क्षयहीनता, ध्वंसहीनता, नाशहीनता, नित्यता, मरणातीतता, मृत्युंजयता, मृत्यु पर विजय, मृत्युहीनता, शाश्वतता, सनातनता, समयहीनता, समयातीतता, स्थायित्व, •अमृत, •चिरयौवन, •जीवन रक्षा, •टिकाऊपन, •शाश्वतता, ▪मर्त्यता.

**अमरत्व** = युद्धमृत्यु.
**अमरदारु** = देवदारु.
**अमरदास** = सिख गुरु सूची.
**अमरधाम** = स्वर्ग.
**अमरनाथ** = इंद्र.
**अमरपक्ष** = पितृपक्ष.
**अमरपद** = मोक्ष.
**अमरपुर** = स्वर्ग.
**अमरपुष्पक** = गोखरू.
**अमरराज** = इंद्र.
**अमर लोक** = मोक्षलोक, स्वर्ग.
**अमर लोक चले जाना** = मरना.
**अमरस** = आम रस.
**अमरस पपड़ी** = आम पापड़.
**अमरांगना** = अप्सरा, देवी.
**अमरा** = गिलोय.
**अमराई** = आम्रवन.
**अमराचार्य** = बृहस्पति.
**अमराद्रि** = सुमेरु पर्वत.
**अमरापगा** = आकाश गंगा.
**अमरारि** = राक्षस.
**अमरालय** = स्वर्ग.
**अमराव** = आम्रवन.
**अमरावती** = स्वर्ग.
**अमरी** = देवी.
**अमरीका** = अमरीका द्वय, संयुक्त राज्य अमरीका.
**अमरीका द्वय** = महाद्वीप नाम सूची.

**अमरीका द्वय** *सं* अमरीका, अमरीकी महाद्वीप द्वय, नई दुनिया, पश्चिम, पश्चिमी गोलार्ध.

**अमरीका द्वय (मुख्य खंड)** *सं* 1 उत्तर अमरीका, 2 मध्य अमरीका, 3 दक्षिण अमरीका.

**अमरीकी महाद्वीप द्वय** = अमरीका द्वय.
**अमरीकी मुद्रा** = डालर.
**अमरूद** = फल.

**अमरूद** *सं* अमृतफल, जामफल, पेरु, बिही, सफ़रचंद.

**अमरेश** = इंद्र.
**अमरेश्वर** = इंद्र.
**अमर्त्य** = अमर, देवता.
**अमर्याद** = असीम, संयमहीन.
**अमर्यादा** = स्वेच्छाचार.
**अमर्यादित** = असीम, संयमहीन, स्वेच्छाचारी.
**अमर्ष** = ईर्ष्या, क्रोध.
**अमर्षी** = ईर्ष्यालु.
**अमल** = अभिमंत्रण, अभिमंत्रण, आचरण, उपभोग, कार्यान्विति, पापहीन, पालिशदार, प्रताप, प्रभाव, लोकव्यवहार नियम, व्यवहार, हिप्नोटिज़्म.
**अमल इस्पात** = स्टेनलैस स्टील.
**अमल करना** = करना.
**अमल दख़ल** = स्वामित्व.
**अमलदार** = ऐटर्नी, पट्टेदार, प्रभुसत्ताधिकारी.
**अमलदारी** = कार्यक्षेत्र, पट्टेदारी, सत्ताक्षेत्र, सत्ताधिकार.
**अमल पट्टा** = पट्टा.
**अमला** = कर्मचारी दल, कौमार्यवती, लक्ष्मी देवी, शीतला, श्रमिक दल.
**अमलात्त** = खट्टा/खट्टी.
**अमलिन** = अस्पर्शित, स्वच्छ.
**अमली** = परिश्रमी, मदसेवक, व्यावहारिक.
**अमलीयात** = अभिमंत्रण.

**अमहत्त्वाकांक्षी** *वि* अनभिलाषी, अनाकांक्षी, अनीह, अभिलाषाहीन, आकांक्षाहीन, उत्साहहीन, निरभिलाषी, निराकांक्षी, निरीह, महत्त्वाकांक्षाहीन, •अतत्पर, •उद्देश्यहीन, ▪उत्साही, ▪महत्त्वाकांक्षी.

**अमहर** = मसाला सूची

**अमहर** *सं* अंबी सूखी फाँक, खटाई, •अमचूर, •खटास.

**अमांगलिक** = अनिष्टकारी.
**अमांसल** = छरहरा/छरहरी.
**अमांसाहारी** = निरामिषाहारी.
**अमा** = अंधकार, अमावस्या, रात.
**अमाउंट** = धनराशि, मात्रा, संख्या.
**अमातृक** = माताहीन.
**अमात्य** = परामर्श दाता, मंत्री.
**अमात्य कक्ष** = दरबारे ख़ास.
**अमान** = जीवन रक्षा, शरण, सलामती, सुरक्षा.
**अमानत** = धरोहर, न्यास, बंधक, बंधक दायित्व, बंधक वस्तु, वंशचिह्न, संस्कृति.
**अमानतदार** = बंधक ऋण दाता.
**अमानत में ख़यानत** = ग़बन.
**अमानव** = अमानवीय, मानवेतर.

**अमानव** *सं* अमनुष्य, *जानवर*, मानवेतर जीव, मानवेतर प्राणी, ▪मानव.

**अमानवीय** = क्षमाहीन, मानवेतर.

**अमानवीय** *वि* अमनुष्य, *अमानव*, अमानवोचित, अमानुषिक, *कठोर*, दयाहीन, बर्बर, •कठोर (व्यवहारी), •दानवीय, •निर्दय, •वन्य, ▪मानवोचित.

**अमानवीयता** = अत्याचार.
**अमानवोचित** = अमानवीय.
**अमानिया** = अस्पर्शित, विशोधित.

**अमानी** = अमानी काम.

**अमानी काम** *सं* अमानी, अमानीदारी, उजरती काम, खुदरा काम, छुट्टा काम, •ठेका, ▪रोज़ंदारी.

**अमानीदार** *सं* उजरतदार, उजरतिया, उजरती श्रमिक, *ठेकेदार*, •रोज़ंदार, •श्रमिक.

**अमानीदारी** = अमानी काम.
**अमानुष** = दानवीय, मानवेतर, वन्य.
**अमानुषिक** = अपौरुषेय, अमानवीय.
**अमानुषी** = परलौकिक, मानवेतर.
**अमानुषीय** = परलौकिक, मानवेतर.
**अमान्य** = अर्हताहीन, अलोकप्रिय, अवैध, अवैध (संतान), असमर्थनीय, अस्वीकार्य, अस्वीकृत, आपत्तिजनक, तर्कहीन, निषिद्ध, बदनाम.
**अमाप** = अमाप्य, असीम.

**अमाप्य** *वि* अनाकलनीय, अनाकल्य, अपरिमेय, अप्रमेय, अमाप, अमित, मापातीत, •अगणनीय, •अगाध्य, •असीम, ▪माप्य.

**अमाय** = छलहीन, विरक्त, संन्यासी.
**अमाया** = यथार्थता.
**अमायावी** = विज्ञानसंगत.
**अमारण** = अहिंसा.
**अमारणीय** = अहंतव्य.
**अमार्ग** = दुराचार, मार्गच्युत, मार्गभ्रम.
**अमार्जित** = अपरिष्कृत, असंशोधित, गंदा/गंदी.
**अमावट** = आम पापड़.
**अमावस** = अमावस रात, अमावस्या.

**अमावस रात** *सं* अँधेरी रात, अमावस, *अमावस्या*, कालनिशा, श्यामा, ▪चाँदनी, ▪पूर्णिमा.

**अमावस्या** = अमावस रात.

**अमावस्या** *सं* अमा, अमावस, कुहू, कृष्ण पक्ष अंतिम तिथि, नष्टेंदुकला, पंचदशी, पक्षांत, पित्र्या, मावस, ▪पूर्णिमा.

**अमिट** = अजेय, अटूट, अनाश्य, अनाश्य, अनिरसनीय, अमर, अवश्यंभावी, स्मरणीय.

**अमिट** *वि* अमेट्य, गहरा/गहरी, जमा/जमी, दृढ़, प्रगाढ़, •अटूट, •अमर.

**अमिटता** = अमरता.
**अमिट रेख** = प्रारब्ध लेख.
**अमित** = अगणनीय, अगणनीय, अमाप्य, असीम.
**अमिताभ** = बोधिसत्त्व.
**अमित्र** = अशुभचिंतक, परित्यक्त, मित्रहीन, शत्रु.
**अमित्रता** = शत्रुता.
**अमिथ्या** = अप्रवादित, तथ्यात्मक, यथार्थ, सत्याधारित.
**अमिय** = अमृत.
**अमिय मूरि** = संजीवनी.
**अमिलन** = वियोग.
**अमिलनसार** = अंतर्मनस्क, एकांतप्रिय, मित्रहीन.

**अमिलनसार** *वि* अशिष्ट, असामाजिक, असुशील, आत्मकेंद्रित, •एकाकी, ▪मिलनसार.

**अमिलनसारता** = एकांतवास.
**अमिश्र** = अमिश्रित.
**अमिश्रित** = असली, विशोधित, शुद्धवर्णीय.

**अमिश्रित** *वि* अनमिला/अनमिली, अमिश्र, अयौगिक, अलग, असम्मिश्रित, *एकाकी*, *केवल*, कोरा/कोरी, खरा/खरी, खालिस, निखालिस, निखोट, निपट, निरा/निरी, *पृथक*, बेमिलावट, महज़, विशुद्ध, शुद्ध, सिर्फ़, स्वतंत्र, •विशोधित, •विशोधित, ▪मिलावटी, ▪मिश्रित.

**अमी** = अमृत.
**अमीकर** = चंद्रमा.
**अमीत** = शत्रु.
**अमीन** = करसंग्राहक, कर्ता, कुर्क़ी अमीन, बंधक ऋण दाता, भूसर्वेक्षक, विश्वसनीय.
**अमीन पैमाइश** = भूसर्वेक्षक.
**अमीर** = कुलीन समाज, धनाढ्य, नेता, पदाधिकारी, पोताध्यक्ष, प्रभुसत्ताधिकारी, मुखिया, शासक, सर्वोच्च सत्ताधारी, सामंत, सार्थपति, सेठ.
**अमीरउमरा** = कुलीन समाज.
**अमीरज़ादा** = बड़ा आदमी पुत्र, राजकुमार.

**अमीरात** *सं* अरब अमीरात, ट्रशल स्टेट्स (पूर्व नाम), यूनाइटिड अरब ऐमीरेट्स, संयुक्त अरब अमीरात.

**अमीरातः राजधानी** *सं* आबु धाबी.

**अमीराना** = राजसी.
**अमीरुल बहर** = पोताध्यक्ष.
**अमीरुल मोमिनीन** = मुहम्मद.
**अमुक** = कोई, जना.

**अमुक** *वि* कौन कौन, ढिमका/ढिमकी, ढिमाका/ढिमाकी, फ़लाँ, फ़लाना, वह वह, •कोई.

**अमुखर** = अवाचाल, स्वल्पभाषी.
**अमुखरित** = अध्वनित.
**अमुख्य** = गौणकोटीय, महत्त्वहीन.
**अमुग्ध** = बुद्धिमान.
**अमुत्रलोक** = परलोक.
**अमुद्रणीय** = अपशब्दात्मक, अश्लील.
**अमुद्रित** = अप्रकाशित.
**अमूढ़** = बुद्धिमान, शिक्षित.
**अमूमन** = प्रायः.
**अमूर्त** = अबोध्य, आध्यात्मिक, इंद्रियातीत, ईश्वर, निराकार.
**अमूर्त भगवान भक्ति** = निराकार पूजा.

**अमूर्त स्थान** *सं* अंतहीनता, *अनंत*, अनंतता, अनंत स्थान, *आकाश*, खला, दिग्दिगंत, *प्रसार*, *विस्तार*, *शून्य*, सूनापन, स्पेस.

**अमूल** = काल्पनिक, जड़हीन, तर्कहीन, निराधार.
**अमूल्य** = मूल्यातीत.
**अ-मृत** = जीवित.
**अमृत** = सोमरस.

**अमृत** *सं* अंबर, अमिय, अमी, अमृतजल, अल अकसीर, आबे हयात, क्षीरज, जीवनजल, देवता पेय, *पीयूष*, मृत्युंजय जल, यौवन जल, रसायनी, समुद्र नवनीतक, सुधा, सुधारस, सोम, •अमरता,

●मृत संजीवन, ●मैन्ना, ●विषघ्न, ●संजीवनी, ■विष.

**अमृतजल** = अमृत.
**अमृतप** = देवता.
**अमृतफल** = अमरूद, नारंगी.
**अमृतफला** = अंगूर, मुनक्क़ा.
**अमृतबान** = अचारदान.
**अमृतमय** = अमृतीय.
**अमृतमूरि** = संजीवनी.
**अमृतलता** = गिलोय.
**अमृतलोक** = स्वर्ग.
**अमृतांशु** = चंद्रमा.
**अमृता** = गिलोय, तुलसी.

**अमृतीय** *वि* अमृतमय, ऊर्जायक, *कल्याणकारी*, जीवनप्रद, पुनरुज्जीवक, प्राणद, प्राणप्रद, *लाभप्रद*, शुभ, संजीवक, सुधामय, ■विषाक्त.

**अमृतेश** = देवता.
**अमृदुल** = अनम्य, खुरदुरा/खुरदुरी.
**अमृष्ट** = अपवित्र.
**अमेच्योर** = अदक्ष, ग़ैरपेशेवर (कलाकर्मी), नौसिखिया.
**अमेत्य** = अमिट.
**अमेदस्क/अमेदस्किनी** = छरहरा/छरहरी.
**अमेधावी** = प्रतिभाहीन.
**अमेरिका** = संयुक्त राज्य अमरीका.
**अमोक्ष** = आवागमन चक्र.
**अमोघ** = अचूक (औषध), चिकित्साकारी, लक्ष्यवेधी.
**अमोनियम हरिद** = नौसादर.
**अमोरी** = आँवला, कच्चा आम.
**अमोल** = मूल्यातीत.
**अमोह** = अनासक्ति.
**अमोही** = अनासक्त, निर्दय, विरक्त.
**अमौलिक** = अनुकृत, रूपांतरित.
**अमौलिक कृति** = अनुकृति.
**अम्माँ** = माता.
**अम्मा** = परिचारिका, माता.
**अम्मान** = जोर्डनः राजधानी.
**अम्मारी** = महमिल, हौदा.
**अम्मी** = माता.
**अम्मी जान** = माता.
**अम्मी** = माता.
**अम्ल** = खट्टा/खट्टी, मट्ठा, षड् स्वाद सूची, सिरका.

**अम्ल** *सं* ऐसिड, तेज़ाब, शौक्तिक, ●रसायन, ■क्षार.

**अम्ल जंभीर** = नीबू.
**अम्लता** = खटास.
**अम्ल परीक्षा** = कसौटी कर्म.
**अम्लसार** = नीबू.
**अम्लाधिक्य** = उदर अम्लता आदि.
**अम्लान** = अनथका/अनथकी, नवीन, मनोरंजित.

**अम्लान** *वि* अनमुरझाया/अनमुरझाई, अपरिम्लान, अमंद, खिला/खिली, *ताज़ा*, नया/नई, *स्वस्थ*, हरा/हरी, हरा भरा/हरी भरी, हरित, ■मुरझाया/मुरझाई.

**अम्लानता** = खिलावट, चुस्ती.
**अम्लिका** = इमली.
**अम्लित** = अम्लीय.
**अम्लिमा** = खटास.

**अम्लीय** *वि* अम्लित, आम्ल, ऐसिडो, काटता/काटती, तिक्त, *तीक्ष्ण*, तीखा/तीखी, तुर्श, तेज़, तेज़ाबी, शौक्त, शौक्तिक.

**अम्हौरी** = घमौरी.
**अयंत्र यान** = ग्लाइडर.
**अयंत्रित** = अनियंत्रित, निरंकुश, मानवचालित.
**अयंत्रीकृत** = मानवचालित.
**अयथापूर्व** = परिवर्तित.
**अयथार्थ** = अतिशयोक्तिपूर्ण, अव्यावहारिक, असत्य, इंद्रियातीत, काल्पनिक, तथ्यहीन, मायावी.

**अयथार्थ** *वि अपदार्थ*, अवास्तविक, *काग़ज़ी*, *काल्पनिक*, ख़्याली, छद्म, झूठा/झूठी, डमी, *निराधार*, फ़र्ज़ी, बेबुनियाद, मनघड़ंत, *मानसिक*, *मायावी*, वस्तुशून्य, वायवी, *स्वप्निल*, हवाई, ●तथाकथित, ●नक़ली, ●यथार्थाभासी, ■यथार्थ.

**अयथार्थता** = भावुकता, यथार्थाभास.
**अयथार्थ बोध** = ग़लतफ़हमी, भ्रम.
**अयथार्थवादी** = व्यवहार अकुशल, स्वप्नद्रष्टा.
**अयथेष्ट** = अपर्याप्त.
**अयथोचित** = अप्रासंगिक.
**अयन** = संक्रम, संचलन.
**अयन सीमा** = अयनांत.

**अयनांत** *सं* अयन सीमा, संक्रांति, ●उत्तर अयनांत, ●दक्षिण अयनांत, ●विषुव.

**अयश** = गुमनामी, निंदा, लांछन.
**अयस** = इस्पात, खनिज, धातु, लोहा, लौह, शस्त्र.
**अयसीय** = धात्विक.
**अयस्कांत** = चुंबक पत्थर.
**अयस्कार** = लोहार.
**अयाचित** = अनमँगाया/अनमँगाई.
**अयातयाम** = ताज़ा.
**अयान** = पदचर.
**अयाना/अयानी** = अजातश्मश्रू, अल्पायु, अवयस्क, व्यवहार अकुशल, सरलचित्त.
**अयानापन** = शिशुवत्ता.
**अयाल** = कुटुंब, शरीर रोम, संतान.

**अयाल** *सं* केशर, घोड़ा गरदन लंबे बाल, ललाम, सटा, ●शरीर रोम.

**अयालदार** = संतानवान.
**अयुक्त** = असंगत, असंबंधित, ग़लत, तर्कहीन, विलग्न, सामंजस्यहीन.
**अयुक्ति** = कुतर्क, पार्थक्य.
**अयुग्म** = पृथक.
**अयुद्धक** = सिविलियन.
**अयो-** = लौह.
**अयोग** = अनर्गलता, अनिष्ट योग, पार्थक्य, वियोग.
**अयोग्य** = अक्षम, अनुपयोगी, अनुभवहीन, अपात्र, अर्हताहीन, छकड़ा, प्रतिभाहीन.

**अयोग्य** *वि* अगुणी, अनधिकारी, *अनाड़ी*, *अपात्र*, नाक़ाबिल, नाकाम, नामाकूल, नालायक़, निकम्मा/निकम्मी, निखद, बेकार, हीन, हेठा/हेठी, हेय, ●अकुशल, ●अक्षम, ■दक्ष, ■योग्य, ■सक्षम.

**अयोजित** = अनपेक्षित, अविचारित, अव्यवस्थित, निष्कारण, प्रबंधकहीन.

**अयोजित** *वि* अचिंतित, अनायोजित, अनियोजित, अनिश्चित, अप्रत्याशित, *अविचारित*, *अव्यवस्थित*, आशु, *उद्देश्यहीन*, कच्चा/कच्ची, कार्यक्रमहीन, *क्रमहीन*, *तात्कालिक*, *दिशाहीन*, बिखरा/बिखरी, बेतरतीब, योजनाहीन, शृंखलाहीन, ●कुप्रबंधित, ■क्रमबद्ध, ■योजित.

**अयोजिततः** = संयोगवश.
**अयोध्य/अयोध्या** = अजेय.
**अयोध्यापति** = राम.
**अयोनिजा** = सीता.
**अयौगिक** = अमिश्रित.
**अय्यार (विकल्प)** = मायाकार.
**अरंजित** = रंगहीन.
**अरंड ककड़ी** = पपीता.
**अर** = अरा.
**अरक़** = मद्य.
**अरक़ (विकल्प)** = अर्क़, इत्र, ताड़ी.
**अरकटी** = कर्णधार.
**अरक्षा** = असुरक्षा.
**अरक्षित** = असुरक्षित.
**अरघट्ट** = रहँट.

**अरघा** *सं* अर्घ, गौरीपट्ट, जलद्रोणी, जलधरी, जलहरी, देवद्रोणी, लिंगवेदी, ●शिवलिंग.

**अरचित** *वि* अकल्पित, *अकृत*, अगठित, *अघटित*, अनबना/अनबनी, अनिर्मित, असृष्ट, कच्चा/कच्ची, *प्राकृतिक*, ●अपूर्णकृत, ■रचित.

**अरज** = कपड़ा चौड़ाई, प्रार्थना.
**अरजस्क** = धूलिहीन.
**अरणि** = पीपल.

**अरणि** *सं* अग्निकाष्ठ, अग्निकाष्ठ, अग्निमंथन काष्ठ, पर्णिका, वैजयंती, संघातिका, हविर्मंथ, ●अग्नि, ●यज्ञ.

**अरण्य** = वन.
**अरण्यमुद्ग** = मोठ.
**अरण्ययान** = वानप्रस्थाश्रम प्रवेश.
**अरण्यराज** = सिंह.

**अरण्यरोदन** *सं* निरर्थक प्रार्थना, निष्फल निवेदन, ●अश्रवण, ●इच्छा अपूर्ति, ●रुदन.

**अरण्यवास** = वानप्रस्थ आश्रम.
**अरण्यवासी** = वानप्रस्थ आश्रमी.
**अरण्यश्वान** = गीदड़, भेड़िया.
**अरण्यानी** = गहन वन, वनदेवी.
**अरण्यायन** = वानप्रस्थाश्रम प्रवेश.
**अरत** = अनासक्त, अप्रवृत्त, विरक्त.
**अरति** = अनासक्ति, अरुचि.
**अरत्नि** = अग्रहस्त.
**अरथ** = पदचर.
**अरथी** = शवयात्रा.

**अरथी** *सं* अंतशय्या, टिकठी, पँजरी, विमान, शव यान, शिविका, ●कफन, ●ताबूत, ●मृत्यु, ●शवगृह, ●श्मशान.

**अरथी उठना** = मरना.
**अरथी निकलना** = मरना.
**अरथीवाहक** = शवयात्री.
**अरदावा** = घुटा पदार्थ, दरदराया/दरदराई.
**अरदास** = उपहार, निवेदन, पूजा, प्रार्थना, भजन.
**अरन** = आधार सूची, वन.
**अरना** = नीलगाय, वनीय.
**अरब** = अऱब वासी, सऊदी अरब.

**अरब** *सं* 1,00,00,00,000, अब्ज, बिलियन, महार्बुद, शत कोटि, सौ करोड़.

**अरब अमीरात** = अमीरात.
**अरबपति** = अऱबपति/करोड़पति.

**अरबपति/करोड़पति** *सं* अरबपति, करोड़पति, कोटीश्वर, कोट्यधीश, सौलखिया, ●लखपति.

**अरब वासी** *सं अरब*, अऱबी, ताज़ी, सामी.

**अरबी** = अऱब वासी.

**अरब सागर** *सं* ऐरेबियन सी, वरुण (प्रा), वरुण सागर (प्रा), वरुण कशा (प्रा), वारुकसु (ज़ेंद अवेस्ता).

**अरबिस्तान** = सऊदी अरब.
**अरबी** = अरबी भाषा.
**अरबी अंक** = अंतरराष्ट्रीय अंक.
**अरबी चिकित्सा** = यूनानी चिकित्सा.
**अरबी फ़ारसी** = क्लिष्ट भाषा.

**अरबी भाषा** *सं* अरबी, इराक़ी, ताज़ी.

**अरबों** = अत्यधिक.
**अरम** = सीरिया.
**अरमणीय** = सौंदर्यहीन.
**अरमान** = महत्त्वाकांक्षा, लालसा.
**अरम्य** = अरोचक, सौंदर्यहीन.
**अररना** = ढहना, दरदराना, पीसना.
**अररना दररना** = दरदराना.
**अरराना** = ढहना.
**अरलोन** = रासायनिक धागे और वस्त्र.
**अरविंद** = कमल, सारस.
**अरविंदनयन** = सुंदर नयन, सुनयन.
**अरविंदनयना** = सुंदर स्त्री, सुनयना.
**अरविंदनयनी** = सुनयना.
**अरविंदिनी** = कमलसर.
**अरवी** = सागसब्ज़ी.

**अरवी** *सं* कंदा, गुइयाँ, घुइयाँ, बंडा, ●कंदमूल, ●खाद्य कंद.

**अरस** = रसहीन, स्वादहीन.
**अरसना परसना** = छूना.
**अरसा** = अवधि, काल, दीर्घ काल, युग, विलंब.
**अरसिक** = गंभीर.

**अरसिक** *वि* खुश्क, खूसट, *गंभीर*, नीरस, बेशौक़, मनोरंजनहीन, *रसहीन*, रुक्ष, रूखा/रूखी, विरत, शुष्क, सुखहीन, सूखा/सूखी, हासहीन, हास्यहीन, ●अंतर्मनस्क, ■रसप्रेमी.

**अरहड़** = अरहर.
**अरहन** = आलन.
**अरहर** = दलहन.

**अरहर** *सं* अरहड़, आढकी, तुअर, तुवर, तुवरी, तूअर, तूर, तूवरी, तोमरिका, तोर, पीतपुष्पा, रहर, रहरी, वर्णा, साँभर दाल.

**अरा** = रेडियस.

**अरा** *सं* अर, *किरण*, छड़, *डंडा*, तीली, रश्मि, स्पोक, ●पहिया.

•रेडियस.

**अराग** = अनासक्त, अनिच्छा, अरुचि.
**अराजक** = अराजकतापूर्ण, अव्यवस्थित.
**अराजकता** = अव्यवस्था, असुरक्षा, उपद्रव, भीड़तंत्र.

**अराजकता** *सं* *अव्यवस्था*, अशांति, *असुरक्षा*, अस्थिरता, उपद्रवग्रस्तता, बग़ावत, बदअमनी, बदअमली, *भीड़तंत्र*, भीड़ राज्य, विप्लव, शासनहीनता, शासनिक अव्यवस्था, •कुप्रबंध, •कुशासन, •भीड़तंत्र, •लूटपाट, ▪सुशासन.

**अराजकतापूर्ण** = कुशासित.

**अराजकतापूर्ण** *वि* अतंत्र, अप्रबंधित, अराजक, *अव्यवस्थित*, *अस्थिर*, क़ानूनव्यवस्थाहीन, कुशासनपूर्ण, दुराजकतापूर्ण, बेलगाम, शासनहीन, •अव्यवस्थित, •कुशासित, ▪सुशासित.

**अराजवीजी** = विद्रोही.
**अराज़ी** = कृषिभूमि.
**अराबा** = जोतगाड़ी, रथ.
**अरावल दस्ता** = अग्रगामी सेना.
**अरावली पहाड़ियाँ** = पर्वत सूची भारत उपमहाद्वीप.
**अरिंदम** = परराष्ट्र जेता.
**अरि** = शत्रु.

**अरिक्त पद** *सं* अनावश्यकता, आजीविकाहीनता, जगह ख़ाली नहीं है, भरापन, ▪रिक्त पद.

**अरिथमैटिक** = अंकगणित.
**अरिदमन** = परराष्ट्र जेता.
**अरिमर्दन** = शत्रुघ्न.
**अरिष्ट** = अनिष्टकारी, अशुभसूचक, ख़तरा, दुर्घटना, दुर्भाग्यप्रद, नीम, महामारी, लहसुन, शत्रु.
**अरिहन** = तीर्थंकर.
**अरिहीन** = शत्रुहीन.
**अरीठा** = रीठा.
**अरु** = और.
**अरुग्ण** = स्वस्थ.
**अरुचि** = खीज.

**अरुचि** *सं* अरति, अराग, विरक्ति, विराग, •अनिच्छा, •उपेक्षा, •निरुत्साह, ▪प्रलोभन, ▪प्रवृत्ति.

**अरुचिकर** = अरोचक, कुस्वादिष्ठ, घिनौना/घिनौनी, नापसंद.
**अरुण** = अरुण ग्रह, गुलाबी, ग्रह सूची, लाल, सिंदूर, सूर्य.
**अरुण काल** = प्रातःकाल.

**अरुण ग्रह** *सं* अरुण, यूरेनस.

**अरुणचूड** = मुरगा.
**अरुणता** = गुलाबीपन.
**अरुणाचल प्रदेश** = भारत राज्य प्रदेश.

**अरुणाचल प्रदेशः राजधानी** *सं* इटा नगर.

**अरुणात्मज** = अश्विनी कुमार, कर्ण, शनि ग्रह, सुग्रीव.
**अरुणिम** = गुलाबी, लाल.
**अरुणिमा** = गुलाबीपन, लालिमा.
**अरुणोदय** = बोधोदय, सूर्योदय.
**अरुणोपल** = माणिक.
**अरुवा** = उल्लू.
**अरूढ़िगत** = अपारंपरिक.
**अरूप** = कुरूप, निराकार, विद्रूप, सौंदर्यहीन.
**अरूप्य** = अनम्य.

**अरेंज्ड मैरिज** *सं* योजित विवाह, परिवारायोजित विवाह, ▪विवाह, ▪प्रेमविवाह, ▪स्वयंवर विवाह.

**अरैस्ट** = गिरफ़्तारी.
**अरोक** = अविराम.
**अरोग** = चिकित्सित, स्वस्थ.
**अरोचक** = अपठनीय, अमनोरंजक, उबाऊ, उबाऊ, कुस्वादिष्ठ, रसहीन, शब्दाडंबरपूर्ण.

**अरोचक** *वि* अनाकर्षक, अप्रिय, *अमनोरंजक*, अरम्य, अरुचिकर, *अविविध*, आकर्षणहीन, आनंदहीन, उतारचढ़ावहीन, *उबाऊ*, कुरोचक, घटिया, घिसा पिटा/घिसी पिटी, नागवार, *नापसंद*, नीरस, फीका/फीकी, बदमज़ा, बुरा/बुरी, बेमज़ा, बेरंग, बेलुत्फ़, बेस्वाद, बोझिल, बोर, मनोरंजनहीन, *रंगहीन*, *रसहीन*, रुचिहीन, रोचकताहीन, विरस, शुष्क, सपाट, सूखा/सूखी, *स्वादहीन*, •अदर्शनीय, •अपठनीय, •अमनोरंजक, •कलाहीन, ▪मनोरंजक, ▪रोचक.

**अरोध्य** = अक्षम्य, अनिवारणीय, अप्रतिरोध्य, वशातीत.
**अर्क** = अग्नि, चमक, चिंगारी, प्रकाश, सूर्य, सूर्यकिरण.
**अर्क़** = इत्र, ताड़ी, निष्कर्ष.

**अर्क़** *सं* अरक़ (विकल्प), आसव, आसुत, ऐसैंस, डिस्टिलेट, द्रव, *निर्यास*, सत, सार, •इत्र, •निष्कर्ष.

**अर्ककर** = सूर्यकिरण.
**अर्ककांता** = जवाकुसुम.
**अर्कज** = अश्विनी कुमार, शनि ग्रह.
**अर्कजा** = यमुना नदी.
**अर्कनंदन** = अश्विनी कुमार, यमराज.
**अर्कप्रिया** = जवाकुसुम.
**अर्कबंधु** = गोतम.
**अर्कभक्ता** = जवाकुसुम.
**अर्करिपु** = राहु.
**अर्कसुत** = अश्विनी कुमार.
**अर्कसोदर** = ऐरावत.
**अर्की** = मोर.
**अर्गल** = साँकला.
**अर्गला** = चटकनी, साँकला.
**अर्गली** = साँकला.
**अर्घ** = अरघा, मूल्य.

**अर्घदान** *सं* अर्घ्य, जलप्रदान, समर्घ्य.

**अर्घवृद्धि** = मूल्यवृद्धि.
**अर्घ्य** = अर्घदान, उपहार, पूजनीय, महँगा/महँगी, सम्माननीय.
**अर्चक** = पुजारी, भक्त.
**अर्चना** = कीर्तन, पूजना, पूजा.
**अर्चना करना** = पूजना.
**अर्चनीय** = पूजनीय, सम्माननीय.
**अर्चा** = कीर्तन, पूजा.
**अर्चि** = किरण, चिंगारी, ज्वाला.
**अर्चित/अर्चिता** = पूजित.
**अर्चिमान** = सूर्य.
**अर्चिष्मान** = अग्नि.
**अर्ज़** = अपील, चौड़ाई, निवेदन, प्रार्थना,

याचना.

**अर्जक** = कमाने वाला.

**अर्ज़दाश्त** = उपहार, रिमाइंडर, समर्पण.

**अर्जन** *सं* अर्थागम, आगम, आजीविका अर्जन, आमद, आमदनी, *आय*, उपार्जन, कमाई, धनप्राप्ति, धनार्जन, *प्राप्ति*, लब्धि, वित्तागम, ●आजीविका, ●कर, ●धंधा, ●बचत, ●लाभ, ●वेतन, ■बेरोज़गारी, ■व्यय.

**अर्जन करना** = कमाना.

**अर्जनहीन** = बेरोज़गार.

**अर्जनहीनता** = बेरोज़गारी.

**अर्ज़नामा** = निमंत्रण पत्र, याचिका.

**अर्ज़हाल** = निवेदन, निवेदन, याचना.

**अर्जित** = अधिकारागत.

**अर्जित** *वि आलब्ध*, उपार्जित, कमाया/कमाई, दस्तयाब, *प्राप्त*, मिला/मिली, लब्ध, हासिल, ■अनर्जित.

**अर्जित करना** = कमाना.

**अर्जित कराना** = कमवाना, दिलाना.

**अर्ज़ी** = आवेदन पत्र, निवेदन, याचिका.

**अर्ज़ीनवीस** = याचिका लेखक.

**अर्ज़ीनामा** = आवेदन पत्र, याचिका.

**अर्जुन** = पांडव सूची.

**अर्जुन** *सं* अनघ, इंद्रसुत, कपिध्वज, कर्णारि, कुरुश्रेष्ठ, कुरुसत्तम, कृष्णसख, कृष्णसारथी, कौंतेय, गांडीवधारी, गुडाकेश, धनंजय, परंतप, *पांडव*, पांडुनंदन, पार्थ, बृहन्नला (अज्ञातवास नाम), *भारत*, मध्यम पांडव, वासवी, श्वेताश्व, सव्यसाची, ●अभिमन्यु, ●कर्ण, ●कुंती, ●कृष्ण, ●दुर्योधन, ●द्रौपदी.

**अर्जुनदेव** = सिख गुरु सूची.

**अर्जुनध्वज** = हनुमान.

**अर्जुनसखा** = कृष्ण.

**अर्जुनोपदेश** = गीता.

**अर्जुनोपम** = सागौन.

**अर्जेंट** = तात्कालिक.

**अर्जेंटली** = तत्काल.

**अर्ण** = जल, जलधारा, लहर, समुद्र लहर.

**अर्णव** = मणि, लहराता/लहराती, समुद्र, समुद्र लहर.

**अर्णवनेमि** = पृथ्वी.

**अर्णवमल** = समंदर झाग.

**अर्णवोद्भव** = चंद्रमा.

**अर्णवोद्भवा** = लक्ष्मी देवी.

**अर्णा** = नदी.

**अर्थ** = उद्देश्य, धन, परिभाषा, पाद टिप्पणी, पृथ्वी, मूल्य, व्याख्या, स्वार्थ, हित.

**अर्थ** *सं* अभिप्राय, आभास, आशय, *कथ्य*, *तथ्य*, तात्पर्य, थीम, *ध्वनि*, *बोध*, *भाव*, भावना, भावार्थ, मंतव्य, मंशा, मतलब, मर्म, माना, मानी, माने, मायना, *विचार*, सार, ●अभिधार्थ, ●लक्षणार्थ, ●व्यंजनार्थ, ●टिप्पणी, ●परिभाषा, ●व्याख्या, ●शब्द.

**अर्थ (जैसेः क्रयार्थ)** = लिए

**अर्थक** = अर्थद्योतक.

**अर्थकर** = सार्थक.

**अर्थकाम** = धनकाम.

**अर्थक्वेक** = भूकंप.

**अर्थ ग्रहण** = अर्थबोध.

**अर्थ ग्रहण करना** = समझना.

**अर्थतः** = अर्थात.

**अर्थदंड** *सं* जुरमाना (विकल्प), जुर्माना, *डाँड़*, तावान, *दंड*, धनदंड, फ़ाइन, मुआवज़ा, हरजाना.

**अर्थद** = धनप्रद, लाभप्रद.

**अर्थदूषण** = अपव्यय.

**अर्थद्योतक** *वि* अभिधायक, अर्थक, अर्थसूचक, अर्थी, अर्थीय, -जन्य, द्योतक, *परिचायक*, बोधक, मानी, लक्षक, वाचक, वाची, व्यंजक, संज्ञक, संसूचक, सूचक, ●लक्षणार्थक, ●व्यंजनार्थक, ●शब्दार्थिक.

**अर्थध्वनि** = व्यंजनार्थ.

**अर्थना** = प्रार्थना.

**अर्थपति** = कुबेर.

**अर्थपिशाच** = धनलोलुप, सूदख़ोर.

**अर्थपूर्ण** = अभिव्यक्तिपूर्ण, अर्थयुक्त, उद्देश्यपूर्ण, उपयोगी, विचारित, सारपूर्ण.

**अर्थ प्रदान** = वित्तीय सहायता.

**अर्थ प्राप्त होना** = समझना.

**अर्थ फ़्लैक्स** = ऐस्बैस्टस.

**अर्थबैंक** = मिट्टी बाँध.

**अर्थबोध** *सं* अनुगम, अर्थ ग्रहण, *ग्रहण*, *बोध*, भावग्रहण, शब्दार्थ ग्रहण, शब्दार्थ बोध, शाब्द बोध.

**अर्थयुक्त** *वि* अर्थपूर्ण, महार्थ, युक्तार्थ, साभिप्राय, *सारपूर्ण*, सारवान, *सार्थक*, सार्थवान, सुसार, ●अभिव्यक्तिपूर्ण, ■अर्थहीन.

**अर्थ विज्ञान** = अर्थशास्त्र.

**अर्थविश्लेषक** = भाष्यकार.

**अर्थव्याख्या** = व्याख्या.

**अर्थशक्ति** = शब्दशक्ति.

**अर्थशास्त्र** = राजनीति विज्ञान, हिंदु विधि संहिता.

**अर्थशास्त्र** *सं* अर्थ विज्ञान, आर्थिकी, इकोनोमिक्स, वित्तशास्त्र, संपत्ति शास्त्र, ●राजनीति विज्ञान.

**अर्थ समझ में आना** = समझना.

**अर्थसहाय** = वित्तीय सहायता.

**अर्थसिद्धि** = कार्यपूर्ति, सफलता.

**अर्थसूचक** = अर्थद्योतक.

**अर्थसौंदर्य** = काव्य अलंकार.

**अर्थहीन** = उद्देश्यहीन, निर्धन, निरर्थक.

**अर्थहीन** *वि* अनर्थक, असार, निरर्थक, *निस्सार*, बेमतलब, बेमानी, *भावहीन*, व्यर्थ, व्यर्थ, *सारहीन*.

**अर्थहीनता** = निरर्थकता.

**अर्थागम** = अर्जन.

**अर्थात** = इस लिए.

**अर्थात** *वि* अर्थतः, आशय यह है *कि*, मतलब, मतलब यह है, मतलब है कि, माने, मायने, मुदा, यानी, याने, ●इस लिए.

**अर्थान्वित** = मार्मिक (उक्ति), सार्थक.

**अर्थापत्ति** = उपपत्ति, परिणाम.

**अर्थार्थी** = धनकाम.

**अर्थालंकार** *सं* उक्ति वैचित्र अलंकार, उक्ति वैचित्र्य, ललित अर्थ अलंकार, वाक् चमत्कार अलंकार, सुंदर भाव, सुंदर भाव अलंकार, •काव्य अलंकार, •शब्दालंकार.

**अर्थित** = मँगाया/मँगाई, योजित.
**अर्थी** = अर्थद्योतक.
**अर्थीय** = अर्थद्योतक.
**अर्थे** = उपलक्ष्य में, लिए.
**अर्थेच्छुक** = धनकाम.
**अर्दन** = वध.
**अर्दनि** = अग्नि.
**अर्दली** = चपरासी.
**अर्दित** = हत्याकृत.
**अर्ध** = आधा/आधी.
**अर्धकथित सत्य** = अर्धसत्य.
**अर्धकृत** = अपूर्णकृत.
**अर्धगंगा** = कावेरी नदी.
**अर्धचंद्र** = अनुनासिक चिह्न, अर्धचंद्रमा.

**अर्धचंद्रमा** *सं* अर्धचंद्र, अर्धेंदु, आधा चाँद, कर्करेट, चंद्रार्ध, •दूज का चाँद, •पूर्ण चंद्रमा.

**अर्धचंद्राकार** = धनुषाकार, नवचंद्राकार.
**अर्धज्ञान** = अल्पज्ञान.
**अर्धदिन** = मध्याह्न.
**अर्धनारीश्वर** = शिव.
**अर्धनारीश्वरी** = पार्वती.
**अर्धनिमीलित** = अधखिला/अधखिली.
**अर्धपक्व** = अधपका/अधपकी.

**अर्धप्रस्फुटन** *सं* अधखिलन, अधमुँदन, मुकुलन, मुकुलन, •प्रस्फुटन.

**अर्धप्रस्फुटित** = अधखिला/अधखिली.
**अर्धबिंदु** = मध्यबिंदु.
**अर्धमात्रा** = ह्रस्व मात्रा.
**अर्धमात्रिक** = आधा/आधी, ह्रस्व.
**अर्धमानव** = मिसिंग लिंक.
**अर्धमास** = पखवाड़ा.
**अर्धमासिक** = पाक्षिक.

**अर्धमृत** *वि* अधमरा/अधमरी, अधमुआ/अईमुई, •मरणासन्न.

**अर्धरचित** = अपूर्णकृत.
**अर्धरात्रि** = मध्यरात्रि.

**अर्धरिक्त** *वि* अध-, अधभरा/अधभरी, आधा/आधी, उथला/उथली, कम भरा, छिछला/छिछली, •उथला/उथली, •रिक्त.

**अर्धवर्षीय** = अर्धवार्षिक.

**अर्धवार्षिक** *वि* अधसाला, अर्धवर्षीय, छमाही, छह महीनों में होने वाला, षण्मासिक, हर छठे महीने होने वाला, •वार्षिक.

**अर्धविकसित** *वि अपक्व*, अप्राप्तकाल, अप्रौढ़, अविकसित, *असामयिक*, कच्चा/कच्ची, कालपूर्व, जल्दी का, पहले का, प्राक्तन, समय से पहला, समय से पूर्व का, •अकालजात, •अल्पायु, ▪विकसित.

**अर्धविराम** *सं* ;, सैमीकोलन, •पूर्णविराम, •पूर्णविराम, •वाक्य विराम.

**अर्धव्यास** = रेडियस.
**अर्धशतक** = पचास.
**अर्धशताब्दी** = पचास वर्ष, स्वर्ण जयंती.
**अर्धशताब्दी जयंती** = स्वर्ण जयंती.
**अर्धशताब्दीय** = पचास वर्षीय.
**अर्धशती** = पचास, पचास वर्ष, स्वर्ण जयंती, स्वर्ण जयंती.

**अर्धसत्य** *सं* अर्धकथित सत्य, आधा सच, सत्याभास, •गोपन, •झूठ, •सत्य.

**अर्धांग घात** = पक्षाघात.
**अर्धांगिनी** = पत्नी.
**अर्धानुनासिक** = अनुनासिक चिह्न.
**अर्धायु** = मध्यावस्था.
**अर्धार्ध** = चौथाई.
**अर्धावस्था** = मध्यावस्था.
**अर्धेंदु** = अर्धचंद्रमा.
**अर्धोष्ण करना** = उसनाना.
**अर्पक** = समर्पक.
**अर्पण** = उपहार, चढ़ावा, दान, देवोपहार, प्रदान, बलिदान, बलिवस्तु, समर्पण.
**अर्पणा** = उपहार, समर्पण.
**अर्पयिता** = उपहार दाता, समर्पक.
**अर्पित** = उपहृत, पहुँचाया/पहुँचाई, प्रदत्त, समर्पित, हस्तांतरित.
**अर्पित आहार** = देवोपहार.
**अर्पित बलि** = बलिवस्तु.
**अर्बुद** = दस करोड़.
**अर्बुद** = बवासीर, सूजन.

**अर्बुद** *सं अंकुर*, *गाँठ*, *गुठली*, गुल्म, ट्यूमर, रसौली, स्फोट, •गूमड़, •फुंसी, •सूजन.

**अर्भ** = कुश घास.
**अर्भक** = पशु शिशु, लार्वा.
**अर्यमा** = आदित्य सूची, सूर्य.
**अर्या** = वैश्य स्त्री.
**अर्याणी** = वैश्य स्त्री.
**अर्वाक सुत** = धन्वंतरि.
**अर्वाचीन** = आधुनिक, निकट भूतकालीन, वर्तमान.
**अर्श** = आकाश, छत, बवासीर.
**अर्हत** = तीर्थंकर, योग्य, सम्माननीय.
**अर्हत** = गौतम बुद्ध, तीर्थंकर, पूजित, बोधिसत्त्व.

**अर्हत** *सं सर्वज्ञ*, सर्वोच्च बौद्ध अधिकारी, सार्व, •लामा.

**अर्हता** = दक्षता.

**अर्हता** *सं अपेक्षा*, अर्हा, क्वालीफ़िकेशंस, पात्रता, माद्दा, लियाक़त, वांछित योग्यता, संगतता, समर्हता, •अनुभव, •योग्यता.

**अर्हतासंपन्न** = प्रशिक्षित.

**अर्हतासंपन्न** *वि* उपयुक्त, क्वालिफ़ाइड, *चयनीय*, दुरुस्त, *पर्याप्त*, मान्य, *योग्य*, योग्यतासंपन्न, लायक़, *वांछनीय*, संतोषजनक, समर्ह, *स्वीकार्य*, •अनुभवी, •आजीविका योग्य, •दक्ष, •प्रशिक्षित, •योग्य, •सुपात्र, ▪अपात्र.

**अर्हताहीन** *वि* अनंगीकार्य, अनर्ह, अनाप्त, अनुपयुक्त, *अपर्याप्त*, अमान्य, *अयोग्य*, *अवांछनीय*, असम्यक्, *अस्वीकार्य*, *नापसंद*, योग्यताहीन, •अनुभवहीन, •अयोग्य, ▪अर्हतासंपन्न.

**अर्हनाथ** = तीर्थकर सूची.
**अर्हा** = अपेक्षा, अर्हता, पूजा.
**अर्हित** = पूजित, प्रशंसित.
**अर्ह्य** = पूजनीय, प्रशंसनीय, श्रेयाधिकारी, सम्माननीय.
**अलं** = इत्यलं.
**अलंकरण** = आभूषण, कढ़ाई कर्म.
**अलंकरोति इति अलंकार** = काव्य अलंकार.
**अलंकर्ता** = कढ़ाई कर्मी.
**अलंकार** = आभूषण, उत्तम व्यक्ति या वस्तु, उपाधि, काव्य अलंकार, नाट्यवेश, वेश, शिक्षा उपाधि, सम्मान उपहार.
**अलंकारपूर्ण** = कलात्मक.
**अलंकारहीन** = अनाभूषित.
**अलंकृत** = अतिशयोक्तिपूर्ण, आभूषित, उपाधित, पाखंडपूर्ण, प्रसाधित, प्रसाधित, शोभनीय, सज्जित, सज्जित, सुंदर.
**अलंकृत करना** = सजाना, सिंगारना.
**अलंकृत भाषा** = शब्दाडंबर.
**अलंघनीय** = अनुल्लंघनीय, दुर्गम.
**अलंघ्य** = अनुल्लंघनीय, दुर्गम.
**अल अकसीर** = अमृत.
**अलक** = केश, घुँघराले केश, लट.
**अलक़त** = कटाई, हत्या.
**अलक़त क़िस्सा** = संक्षेपतः.
**अलकनंदा** = गंगा नदी.
**अलकपाश** = लट, शिखा.
**अलक लड़ैता** = लड़बावला/लड़बावली.
**अलका** = कुबेर नगर, लड़की.
**अलकाधिप** = कुबेर.
**अलकापति** = कुबेर.
**अलकापुरी** = कुबेर नगर.
**अलकावली** = केश, घुँघराले केश, लट.
**अलकेश** = इंद्र.
**अलक्त** = लाक्षा.
**अलक्षित** = अनदेखा/अनदेखी.
**अलक्ष्य** = अंतर्धान, अदृश्य, दिशाहीन, रहस्यपूर्ण, सुराग़हीन.
**अलख** = अंतर्धान, अदृश्य, ईश्वर.
**अलख निरंजन** = ईश्वर.
**अलग** = अतिरिक्त, अनुपम, अपवादित, अमिश्रित, असहमत, असामान्य, एकताहीन, एकाकी, कटा/कटी, जाति निर्वासित, जाति निर्वासित, तलाक़शुदा, धर्मच्युत, निर्वासित, निष्कासित, परवंशी, परित्यक्त, पृथक, भिन्न, भिन्नकोटीय, विचित्र, विपंक्तिकृत, विपरीत, विभाजित, विभाजित, विलग्न, विशेष, व्यक्तिगत, सेवाच्युत.
**अलग अलग** = अकेले, खुदरे में.
**अलग करना** = काटना, चीरना, चुनना, छाँटना, फाड़ना, विलगाना, हटाना.
**अलग तरह का** = भिन्न, भिन्न.
**अलग थलग** = अंतर्मनस्क, एकांतप्रिय, एकाकी, गुटनिरपेक्ष, पृथक.

**अलगनी** *सं* कपड़े सुखाने की रस्सी, *डोरी*, *तार*, *रस्सी*, लंगली, •डोरी, •धुलाई, •रस्सी.

**अलग पहचान** = वैयक्तिकता, व्यक्तित्व.
**अलग रख कर** = सिवा.
**अलग राय** = मतभेद.
**अलग स्वर में** = अकेले.
**अलग होना** = फटना, बिछुड़ना.
**अलगाना** = छाँटना, विलगाना.
**अलगाव** = अपवाद, एकांतवास, दांपत्य विच्छेद, दाय विभाजन, दाय विभाजन, द्वैतता, पार्थक्य, बहिष्कार, विदा, वियोग, विलगाव, विसंयोग, वैराग्य, सेवाच्युति.
**अलगाववाद** = प्रजातिवाद.
**अलगौझा** = दाय विभाजन, विलगाव, विलगाव.
**अलग्न** = दूर, पृथक, पृथक, विलग्न.
**अलग्नता** = अंतराल, दूरी, पार्थक्य, पार्थक्य.
**अलचकदार** = लचकहीन.
**अलचकीला** = लचकहीन.
**अलजब्रा** = बीजगणित.
**अलटापलटी** = प्रतिस्थापना, वस्तु विनिमय.
**अलफ़ोंसो** = आम.
**अलबत्ता** = अवश्यमेव, हाँ.
**अलबम** = फ़ाइल, विविधा.

**अलबम** *सं* ऐल्बम, पोर्टफ़ोलियो, फ़ोल्डर, ब्रोश्यर, संकलिका, संग्रहिका, स्मारिका, •फ़ाइल.

**अलबी तलबी** = क्लिष्ट भाषा.
**अलबेट** = मरोड़, लपेट.
**अलबेला** = सुंदर, सुंदर पुरुष.
**अलबेला/अलबेली** = अलमस्त, छबीला/छबीली, विचित्र.
**अलबेलापन** = अलमस्ती.
**अलबेली** = सुंदर स्त्री, सुंदर स्त्री.
**अलब्ध** = अप्राप्त, अलभ्य.
**अलब्धि** = विलब्धि.

**अलभ्य** *वि* अनुपलब्ध, *अनुपस्थित*, अप्राप्तव्य, अप्राप्य, अलब्ध, *अवर्तमान*, नदारद, मुहाल, लुप्त, विलीन, विलुप्त, •अल्पलभ्य, •खोया/खोई, •दुर्लभ, ▪लभ्य, ▪सुलभ.

**अलभ्यता** = विलब्धि.
**अलम** = ध्वज, शोक.
**अलमनाक** = कैलेंडर.

**अलमनाक** *सं* अब्दकोश, कार्य पुस्तिका, कृषि पुस्तिका, कैलेंडर, *डायरी*, वर्ष पुस्तिका, वर्षबोधिनी.

**अलमबरदार** = ध्वजवाहक, पक्षधर.
**अलमस्त** = विनोदप्रिय.

**अलमस्त** *वि* अनुद्विग्न, अनुद्विग्न, अलबेला/अलबेली, अल्हड़, आज़ाद, आलारासी, उदमादा/उदमादी, *उन्मुक्त*, औघड़, औला दौला/औली दौली, कठमस्ता, क़लंदर, दिलचला/दिलचली, दीवाना/दीवानी, फक्कड़, फ़क़्रामस्त, बिंदास, बेपरवा, बेफ़िक्रा, मतवाला/मतवाली, मदमाता/मदमाती, मनचला/मनचली, मनमौजी, मलंग, मस्त, मस्त मौला, मस्ताना/मस्तानी, मौजी, रँगीला/रँगीली, सरमस्त, हँसमुख, हसमुख, •उन्मुक्त, •चंचल, •निश्चिंत, ▪परिश्रमी, ▪सावधान.

**अलमस्ती** = गजगति, हुड़दंग.

**अलमस्ती** *सं* अठखेली, अलबेलापन, अल्हड़पन, उदमातापन, *उन्माद*, उन्मुक्तता, कल्लोल, केलि, क्रीड़ा, क्रीड़ाप्रियता, खुलापन, *खेल*, फक्कड़बाज़ी, फक्कड़ी, फ़क़्रामस्ती, बंधनहीनता, बदिासपन, बेपरवाही, बेफ़िक्री,

मतवालापन, मन की मौज, मनमस्ती, मनमौज, मनमौजीपन, मलंगी, मस्तमौलापन, मस्तानापन, मस्ती, मौज, मौजमस्ती, *रंग*, रंगरेली, सरमस्ती, स्वच्छंदता, हँसमुखता, •निश्चिंतता, •मनोरंजन, •हुड़दंग, ■चिंता, ■दुःख, ■शोक.

**अलमारी** *सं* आधानी, आलमारी, कबर्ड, कबाड, काबीना, कैबिनेट, चैस्ट, *डोली*, *धानी*, •ख़ाना, •साइडबोर्ड.

**अलमारी ख़ाना** = ख़ाना.
**अलर्क विद्या** = तर्कशास्त्र.
**अललटप्पू** = अटकल के सहारे.
**अलल बछेड़ा** = घोड़ा शिशु.
**अलल बछेड़ी** = बछेड़ी.
**अलवाँत** = प्रसूता.
**अलवाँती** = प्रसूता.
**अलविदा** = विदा.
**अलस** = आलसी, तंद्रिल, थका/थकी.
**अलस गति** = गजगति, लस्तपस्त चाल.
**अलसगामी** = मंद.
**अलस पवन** = बयार.
**अलसान** = आलस.
**अलसाया/अलसाई** = आलसी.
**अलसी** = तिहलन.

**अलसी** *सं* अतसी, उमा, क्षुमा, क्षौम, तीसी, सुनीला, सुवर्चला.

**अलसेट** = आलस.
**अलसेटिया** = आलसी.
**अलसौंहा/अलसौंही** = आलसी.
**अलस्सुबह** = प्रातःकाल में.
**अलहदगी** = अपवाद, पार्थक्य, बहिष्कार, विदा, विभाजन, विसंयोग.
**अलहदा** = अपवादित, जाति निर्वासित, विभाजित, विलग्न, विलग्न, सेवाच्युत.
**अल हिलाल** = दूज का चाँद.
**अलाबू** = घिया.
**अलाउंस** = भत्ता.
**अलानिया** = खुले आम.
**अलापना** = गाना.
**अलापी** = राग गायक.
**अलाबास्टर** = जिप्सम.
**अलाभकर** = लाभहीन, लाभहीन.
**अलाभप्रद** = अनुपयोगी, निरर्थक, लाभहीन, हानिप्रद.
**अलामत** = पहचान चिह्न, लक्षण.
**अलार्म** = घंटी, टनटन, संकट सूचना, समय सूचना.
**अलार्म घड़ी** = घड़ी सूची.
**अलार्म बैल** = संकट सूचना.
**अलाव** = धूनी.

**अलाव** *सं* अगिहाना, अश्मंत, अहरा, कौड़ा, तपनी, •धूनी.

**अलावा** = अतिरिक्त.
**अलिंद** = आला, चबूतरा, छज्जा, डेवढ़ी, द्वारमंडप, भ्रमर.
**अलि** = भ्रमर.
**अलिखित** = मौखिक.
**अलिजिह्वा** = काकल.
**अलिपिबद्ध** = मौखिक.
**अलिप्त** = अनासक्त, अनेकाग्र, अप्रभावित, असांसारिक.
**अलिप्रिय** = कमल, रक्तकमल.
**अलिप्रिया** = पाटलि.
**अलिफ़बेपे** = आरंभिक ज्ञान, वर्णमाला, साक्षरता.
**अली** = प्रेमी, प्रेमी.

**अली** *सं* असदुल्लाह, मीर अली, मीरे अरब, मुहम्मद दामाद, सफ़दर, हुसैन पिता.

**अली पुत्र** = हसन, हुसैन.
**अलील** = बीमार.
**अली समर्थक मत** = शीया मत.
**अलुमिनम** = अलुमिनियम.

**अलुमिनियम** *सं* अलुमिनम, एक रुपहली हलकी धातु, ऐलुमिनियम, ऐल्यूमीनीयम.

**अलुमीनियम** = रासायनिक तत्त्व सूची.
**अलूना/अलूनी** = नमकहीन.
**अलेप्य** = अनम्य.

**अलैंबिक** *सं* अधोयंत्र (प्रा), आसवन यंत्र, आसवनी, ऐलैंबिक, डमरुयंत्र (प्रा), *डिस्टिलर*, पातालयंत्र (प्रा), बक (प्रा), बकयंत्र (प्रा), *भट्ठी*, भभका, स्वेदनिका, स्वेदित्र, •साइफ़न.

**अलोकप्रिय** = बदनाम, मित्रहीन.

**अलोकप्रिय** *वि* अनचाहा/अनचाही, अपकीर्त, *अप्रचलित*, अप्रिय, अमान्य, *अवांछित*, अव्यापक, *असफल*, *अस्वीकृत*, *नापसंद*, *निंदित*, •अचर्चित, •अपमानित, •अप्रतिष्ठित, •फ़ैशन के बाहर, •बदनाम, ■प्रसिद्ध, ■लोकप्रिय.

**अलोकमान्य** = बदनाम.
**अलोना/अलोनी** = नमकहीन, स्वादहीन.
**अलोभी** = संतोषी.
**अलोम** = केशहीन.
**अलोल** = कंपनहीन.
**अलोलता** = एकाग्रता.
**अलोलुप** = संतोषी.
**अलौकिक** = अतिप्राकृतिक, असामान्य, ईश्वरीय, गुह्य, चमत्कारपूर्ण, जादुई, दिव्य, नैसर्गिक, परलौकिक, भुतहा/भुतही, मिथकीय, रहस्यपूर्ण, विचित्र, विशेष, सुंदर.
**अलौकिक कृत्य** = चमत्कार.
**अलौकिक घटना** = चमत्कार.
**अलौकिक ज्ञान** = गुह्यविद्या.
**अलौकिक प्रेम** = ईश्वर प्रेम.
**अलौकिक शक्ति** = जादूगरी.
**अलौकिक सिद्धि** = योगसिद्धि.
**अल्क़ली (अरबी)** = क्षार.
**अल्कुहल (अरबी)** = अल्कोहल.
**अल्कोहल** = मद्य.

**अल्कोहल** *सं* अल्कुहल (अरबी), मद्यल, मद्यसार, मद्याहल, •मद्य.

**अल्ट्रासाउंड** = पराध्वनि.
**अल्प** = अपर्याप्त, अल्पलभ्य, अल्पसंख्यक, कम, कमतर, कुछ, केवल, क्षणिक, क्षम्य, छोटा/छोटी, लघुकाय, संकीर्ण.
**अल्प अवधि** = अल्पकाल.
**अल्प उष्ण** = गुनगुना/गुनगुनी.

**अल्पकाल** *सं* अल्प अवधि, एक दिन, कम समय, *क्षण*, क्षणिक काल, *घड़ी*, घड़ी दो घड़ी, चार दिन, चुटकी, *झपकी*, दो चार दिन, दो चार पल, दो दिन, पलछिन, पल दो पल, ■अनाहतिकारक, ■दीर्घ काल.

**अल्पकालीन** = अंतरिम, अल्पजीवी.

**अल्पजीवी** *वि* अचिर, अचिरजीवी, अल्पकालीन, *अल्पायु*, अस्थायी, चंदरोज़ा, चलाचल, दो चार घड़ी का, दो चार दिन का, दो दिन का, लघुजीवी, ●अटिकाऊ, ●क्षणभंगुर, ■चिरजीवी, ■चिरस्थायी, ■टिकाऊ.

**अल्पज्ञ** *वि* अकृतबुद्धि, अल्पज्ञानी, अल्पविद्वान, कठमुल्ला, कमअक़्ल, कमइल्म, कूपमंडूक, टुटपुँजिया, थोथा चना, नीमटर, *नीम हकीम*, बहुगुरु, बुझक्कड़, लाल बुझक्कड़, ●अज्ञानी, ●नीम हकीम, ●नौसिखिया, ●फूहड़.

**अल्पज्ञान** *सं* अर्धज्ञान, कमइल्मी, कूपमंडूकता, नीम हकीमी, बुझक्कड़ी, लाल बुझक्कड़ी, संकुचित ज्ञान, सतही ज्ञान, ●अज्ञान, ●अटकलबाज़ी, ●ग़लतफ़हमी.

**अल्पज्ञानी** = अल्पज्ञ.
**अल्पतनु** = छरहरा/छरहरी, ठिंगना/ठिंगनी.
**अल्पतम** = निकृष्ट, सूक्ष्म.

**अल्पतम** *वि* अत्यल्प, अनीय, कनिष्ठ, कमतरीन, किंचिन्मात्र, ज़रा सा, तनक सा, तनि, तनिक, तन्नक, तुनक, थोड़ा सा, नामचार, नाममात्र, नामालूम, न्यूनतम, *पुट*, पुटमात्र, बहुत कम, बेमालूम, मात्र कुछ, रंच, रंचमात्र, लघुतम, *लव*, लेशमात्र, सब से कम, *सूक्ष्म*, सूक्ष्मतम, ●अपर्याप्त, ●कम, ●कमतर, ●केवल, ■अधिकतम.

**अल्पतर** = उत्तर अवस्था सूचक शब्द सूची, कमतर.
**अल्पदर्शन** = अदूरदर्शी.
**अल्पदा** = कभी कभी.
**अल्पदृष्टि** = अदूरदर्शी.
**अल्पधी** = मंदधी.
**अल्पना** = रंगोली.
**अल्पपक्व** = अधपका/अधपकी.

**अल्पपरिचय** *सं* जान पहचान, दुआ सलाम, दूर की जान पहचान, परिचय मात्र, बोलचाल, सलाम अलैक, साहब सलामत, सूरत आशनाई.

**अल्पपरिचित** *वि* कम जाना पहचाना/कम जानी पहचानी, दुआ सलामी, सहजोदासीन, सूरत आशना.

**अल्पबुद्धि** = मंदधी.
**अल्पभार** = हलका/हलकी.
**अल्पभाषी** = वाक्संयमी, स्वल्पभाषी.
**अल्पभोजन** = डायटिंग, पथ्याहार.
**अल्पभोजी** = अल्पाहारी.
**अल्पमत** = अल्पसंख्या.
**अल्पमध्यम/अल्पमध्यमा** = पतली कमर वाला.
**अल्पमध्यमा** = सुंदर स्त्री.
**अल्पमात्र** = सूक्ष्म.
**अल्पमूल्य** = सस्ता/सस्ती.
**अल्पलब्ध** = अल्पलभ्य.

**अल्पलभ्य** *वि* अनधिक, अबहुल, अल्प, अल्पलब्ध, इना गिना/इनी गिनी, एकाध, कतिपय, *कम*, कम उपलब्ध, थोड़ा/थोड़ी, थोड़े, परिमित, बिरला/बिरली, *विरल*, ●अलभ्य, ●दुर्लभ.

**अल्प वय** = बचपन.
**अल्पवय** = अल्पायु.
**अल्पवयस्क** = अजातश्मश्रु, अल्पायु, अवयस्क, कली जैसा.

**अल्पवर्षा** *सं* कण वर्षा, कणी, क्षणिक वर्षा, क्षीण वर्षा, *छिड़काव*, *छिड़काव*, *छींट*, छींटा, छींटा, झड़, झींसी, टपका टपकी, *फुहार*, बूँदाबाँदी, बूँदाबाँदी, मंदवर्षा, रिमझिम, रुन्नक झुन्नक, लहरा, *सिंचन*, सीकर, हलकी बारिश, ■अतिवर्षा.

**अल्पवादी** = स्वल्पभाषी.
**अल्पविकसित** = पिछड़ा/पिछड़ी.
**अल्पविद्वान** = अल्पज्ञ.

**अल्पविराम** *सं*, , कौमा, ●वाक्य विराम.

**अल्पव्यय** = अल्पव्ययी, सस्ता/सस्ती.

**अल्पव्यय** *सं* अनुपभोग, *कंजूसी*, कतरब्योंत, कम ख़र्च, कमख़र्ची, कमख़र्चीलापन, किफ़ायत, किफ़ायतशारी, कृपणता, *नियंत्रण*, *बचत*, ब्योंत, मित व्यय, संचय, *संयम*, सख़्ती, हिसाब, ●कंजूसी, ●कंजूसी, ●व्यय, ■अपव्यय.

**अल्पव्यय यात्रा** = हिचहाइकिंग.
**अल्पव्यय यात्री** = हिचहाइकर.
**अल्पव्ययी** = कंजूस.

**अल्पव्ययी** *वि अनुदार*, *अल्पव्यय*, *कंजूस*, कमख़र्च, किफ़ायतशार, किफ़ायती, मितव्ययी, संचयी, सख़्तपंजा, सूम, स्वल्पव्यय, ■अपव्ययी.

**अल्पशिक्षित** *वि* अधपढ़ा/अधपढ़ी, कम पढ़ा/कम पढ़ी, *नीम हकीम*, विद्वत्कल्प, ●अशिक्षित.

**अल्पशीतल** = शीतल.
**अल्पष्ठी** = फ़ालसा.
**अल्पसंख्य** = अल्पसंख्यक.
**अल्पसंख्यक** = अल्पसंख्या.

**अल्पसंख्यक** *वि* अल्प, अल्पसंख्य, *कम*, थोड़ा/थोड़ी, थोड़े, माइनरिटी, ■बहुसंख्यक.

**अल्पसंख्यक संस्कृति/भाषा/लिपि रक्षा का अधिकार** = मूल अधिकार सूची.

**अल्पसंख्या** *सं* अक़ल्लीयत, अल्पमत, *अल्पसंख्यक*, ■बहुसंख्या.

**अल्पसंभावित** = अनवश्यंभावी.
**अल्पसदृश्य** = लगभग सदृश.
**अल्पस्थायी** = अटिकाऊ.
**अल्पाकार** = लघुकाय.

**अल्पाधिक** *वि* कम अधिक, कम ज़्यादा, कमो बेश, घटबढ़, थोड़ा बहुत, न्यूनाधिक, ●लगभग.

**अल्पायु** = अल्पजीवी.

**अल्पायु** *सं* कम उम्र, चार दिन, छोटी उमर, दो चार दिन, ■दीर्घ आयु.

**अल्पायु** *वि अपक्व*, अप्रौढ़,

अयाना/अयानी, अल्पवय, अल्पवयस्क, उदयशील, कमसिन, *कोमल*, छोटा/छोटी, नन्हा/नन्ही, नया/नई, *नवीन*, न्याना/न्यानी, बच्चा/बच्ची, बढ़ता/बढ़ती, बालक, •अर्धविकसित, •अवयस्क, •लड़का.

**अल्पाशन** = डायटिंग.
**अल्पाहार** = उपाहार, डायटिंग.
**अल्पाहार कर्ता** = डायटर.
**अल्पाहारी** = डायटर.

**अल्पाहारी** *वि* अन्नद्वेषी, अल्पभोजी, पथ्याहारी, परिमिताहारी, प्रमिताशी, मितभोजी, मिताशी, मिताहारी, संयताहारी, संयमी, स्वल्पाहारी, ■अत्याहारी, ■भोजन प्रेमी.

**अल्पित** = छोटे साइज़ का.
**अल्पोक्त** = सूक्तिवत.

**अल्पोक्ति** *सं* ऊनोक्ति, घटा कर कही बात, •वर्णन, ■अतिशयोक्ति.

**अल्पोक्तिपूर्ण** *वि* अनलंकृत, *सहज*, सादा/सादी, साल्पोक्ति, सीधा/सीधी, ■अतिशयोक्तिपूर्ण.

**अल्पोच्च** = नीचा/नीची.
**अल्मानिया (अरबी)** = जरमनी.
**अल्ल** = गोत्र.
**अल्लम गल्लम** = बकवास, बकवासपूर्ण.
**अल्ला** = अल्लाह.
**अल्लामा** = मुल्ला, विद्वान व्यक्ति.
**अल्लाह** = ईश्वर.

**अल्लाह** *सं* अज़्ज़ा वज़ल्ला, अल्ला, अल्लाह ताला, इलाह, इलाही, करीम, ख़ालिक, खुदा, खुदावंद, खुदावंद, खुदावंद करीम, ग़रीबनवाज़, परवरदिगार, पाक परवरदिगार, फ़त्ताह, मस्जूद, मस्जूद, मालिक, माशूक़े हक़ीक़ी, मौला, रब, रहमान, रहमान, रहीम, रहीम, वाहिद, सत्तार, सुबहान, हक़, हक़ताला, हफ़ीज़, हफ़ीज़, हाकिम, हाफ़िज़, •ईश्वर.

**अल्लाह को प्यारा होना** = मरना.

**अल्लाह ताला** = अल्लाह.
**अल्लाह मियाँ का पिछवाड़ा** = दूरता उक्ति.
**अल्लाह वाला** = धर्माचारी.
**अल्लाही** = ईश्वरीय.

**अल्लाहो अकबर** *मु* ईश्वर महान है.

**अल्सर** = फोड़ा.
**अल्हड़** = अलमस्त, अवयस्क, किशोर, नवयुवक/नवयुवती, शिशुवत, सरलचित्त.
**अल्हड़पन** = अलमस्ती, नवयौवन.
**अल्हिना** = मेहँदी.
**अवंध्य** = जननक्षम.
**अवंश** = निम्नकुलीन, निस्संतान.
**अवंशागत** = अनानुवंशिक.
**अवंशानुगत** = अपारंपरिक.
**अवकण** = मोलक्यूल.
**अवकलना** = समझना.
**अवकाश** = अंतराल, अतिरिक्त स्थान, अवकाश दिवस, दीर्घ अवकाश, विश्राम, शून्य स्थान.
**अवकाश काल** = दीर्घ अवकाश.
**अवकाश दिन** = सप्ताहांत.

**अवकाश दिवस** *सं* अवकाश, छुट्टी, छुट्टी का दिन, पूरी छुट्टी, *सप्ताहांत*, •अवकाश अनुमति, •दीर्घ अवकाश, •विश्राम, •सप्ताहांत, ■कार्य दिवस.

**अवकाशपूर्ण** = विश्रांत.
**अवकाशप्राप्त** = रिटायर्ड, वृद्ध.
**अवकाश प्राप्ति** = सेवा निवृत्ति.
**अवकाश यात्रा** = सैरसपाटा.
**अवकाश वृत्ति** = पैंशन.
**अवकाशहीन** = व्यस्त.
**अवकाष्ठा** = निम्नदिशा.
**अवकीलक** = सुंबा.
**अवकुंचन** = कमेड़ा, सिकुड़न.
**अवकुंचित** = मुँदा/मुँदी.
**अवकुत्सित** = निंदित.
**अवक्तव्य** = झूठ.
**अवक्र** = सीधा/सीधी.
**अवक्रतः** = सीधे.
**अवक्रता** = सीध.
**अवक्रम** = अवरोह क्रम.
**अवक्रमिक** = अवरोहक्रमिक.

**अवक्रमित** = बहिष्कृत.
**अवक्षेप** = आरोप.
**अवखाद** = पशु चारा.
**अवगणना** = असत्कार, निंदा.
**अवगणित** = अपमानित.
**अवगत** = अध्यीत, ज्ञात.
**अवगति** = पतन.
**अवगमन** = अवरोहण.
**अवगाढ़** = डोब.
**अवगाह** = डुबकी, डूब.
**अवगाहना** = सोचना.
**अवगुंठन** = गोपन, घूँघट, परदानशीनी.
**अवगुंठन पट** = घूँघट.
**अवगुंठनवती** = परदानशीन.
**अवगुंठनहीन** = बेपरदा.
**अवगुंठनहीनता** = बेपर्दगी.
**अवगुंठित** = गुप्त, परदानशीन.
**अवगुण** = दुर्गुण, बुराई.
**अवगुणी** = दुर्गुणी.
**अवगूहन** = भावगोपन.
**अवग्रह** = प्लुत मात्रा चिह्न.
**अवघात** = हत्या.
**अवघूर्ण** = भ्रमवात.
**अवचनबद्ध** = अप्रतिबद्ध.
**अवचनीय** = अचर्चनीय.
**अवचूरिका** = टिप्पणी.
**अवचूर्णित** = चूर्णित.
**अवचेतन** = अवचेतन मन.

**अवचेतन मन** *सं* अवचेतन, अवचेतना, उपचेतना, सबकौंशस, सुप्त चेतना.

**अवचेतना** = अवचेतन मन.
**अवच्छेद** = विसंयोग.
**अवज्ञ** = अवज्ञाकारी.
**अवज्ञा** = उपेक्षा, कर्तव्यच्युति.

**अवज्ञा** *सं* अड़ियलपन, अनदेखी, अनाज्ञाकारिता, अनिर्वाह, अवज्ञाकारिता, अवहेलना, अविनय, आज्ञा अपालन, आज्ञा उल्लंघन, आज्ञाभंग, उदूली, *उपेक्षा*, *उल्लंघन*, *कामचोरी*, ख़िलाफ़वरज़ी, ढिठाई, धृष्टता, नाफ़रमानी, बग़ावत, बेनियाज़ी, *विद्रोह*, हठधर्मिता, हुक्म उदूली, •कामचोरी, •तिरस्कार, ■अनुपालन, ■आज्ञाकारिता,

■कार्यान्विति.

**अवज्ञा कर्ता** = अवज्ञाकारी.
**अवज्ञाकारिता** = अवज्ञा.

**अवज्ञाकारी** *वि* अनाज्ञाकारी, अनिच्छुक, अवज्ञ, अवज्ञा कर्ता, उदूल, उद्दंड, उद्धत, उपेक्षक, उल्लंघक, गुस्ताख़, *धृष्ट*, नाफ़रमाँ, बेपरवाह, *विद्रोही*, सरकश, सरज़ोर, सरहंग, हुक्म उदूल, •अतत्पर, •अहंकारी, ■आज्ञाकारी, ■संकोची.

**अवज्ञात** = अपमानित.
**अवतंस** = आभूषण, कर्णफूल, माँग टीका, मुकुट.
**अवतमस** = अंधकार.
**अवतरण** = अवरोहण, उद्धरण, धरावतरण, यात्रा अंत, सहसा आगमन.
**अवतरणिका** = मंगलाचरण.
**अवतरित होना** = उतरना.
**अवतल** = नतोदर.
**अवतार** = जन्म, पुनर्जन्म.

**अवतार** *सं* अंशी, अवतारी, वपु, वपुक, •तेजोमंडल.

**अवतार सूची** *सं* 1 मत्स्य, 2 कूर्म, 3 वराह, 4 नृसिंह, 5 वामन, 6 परशुराम, 7 राम, 8 कृष्ण, 9 बुद्ध, 10 कल्कि.

**अवतार कथा** = पुराण कथा.
**अवतार काल** = जीवन काल.

**अवतारवाद** *सं* परमात्मा अवतार लेता है, •दर्शन शास्त्र.

**अवतारी** = अवतार.
**अवतीर्ण** = आगत.
**अवत्वरित** = मंदित.
**अवदरण** = फटाई.
**अवदहन** = दहन.
**अवदाघ** = गरमी, ताप.
**अवदात** = उज्ज्वल, पालिशदार, स्वच्छ.
**अवदाह** = ताप.
**अवदीर्ण** = कटा/कटी, टूटा/टूटी.
**अवदोह** = दोहन.
**अवद्य** = परित्याज्य.

**अवध** = अहिंसा.
**अवधान** = एकाग्रता, ध्यान, स्मृतिधरता.
**अवधानी** = ध्यानी, स्मृतिधर.
**अवधारण** = सीमांकन.
**अवधारणीय** = विचारणीय.
**अवधारित** = स्थित.
**अवधि** = अंतरिम काल, काल, युग.

**अवधि** *सं अंतरिम काल*, अरसा, *काल*, कालावधि, टर्म, *तारीख़*, दौर, नियत काल, बँधा काल, *बेला*, मियाद, मुद्दत, वक़्त, वक़्फ़ा, समय, •कालांतराल, •डैडलाइन, •मोहलत.

**अवधि में** = इस बीच, पर्यंत.
**अवधियुक्त** = सावधिक.
**अवधि वृद्धि** = मोहलत.
**अवधि समाप्ति** = डैडलाइन.
**अवधि सीमा** = डैडलाइन.
**अवधिहीन** = शाश्वत.

**अवधिहीन** *वि* अनवधि, अनियतकालिक, ग़ैरमियादी, बेमुद्दती, •शाश्वत, ■सावधिक.

**अवधिहीनता** = दीर्घ काल.
**अवधूत** = अनासक्त, वैरागी, संन्यासी.
**अवधूतता** = अनासक्ति.
**अवधेय** = विचारणीय.
**अवधेश** = दशरथ, राम.
**अवध्य** = अहंतव्य.
**अवध्वस्त** = नष्ट.
**अवनत** = अवनमित, नतोदर.

**अवनत** *वि* अधोगत, अनुन्नत, अपकाष्ठागत, अपकृष्ट, अपभ्रष्ट, अबतर, ख़राब, गिरा/गिरी, घटा/घटी, जर्जर, जीर्ण, निम्नगत, नीचा/नीची, पड़ा/पड़ी, पतित, पिछड़ा/पिछड़ी, बिगड़ा/बिगड़ी, *भ्रष्ट*, विकृत, •अवनतिशील, ■उन्नत.

**अवनत करना** = झुकाना.
**अवनतता** = पिछड़ापन.
**अवनत होना** = झुकना.
**अवनति** = दुराचार, पदावनति.

**अवनति** *सं* अधोकर्ष, अधोगति, अधोगमन, अधोपतन, अपकर्ष, अपक्षय, अपगति, अबतरी, क्षय, गिरावट, घटती, घटी, च्युति, तनज़्ज़ुली, *पतन*, *पिछड़न*, प्रतिविकास, विकार, *हानि*, *ह्रास*, •निम्नबिंदु, •पिछड़ापन, ■उन्नति, ■विकास, ■सुधार.

**अवनतिकारी** = कुव्यसनकारक.
**अवनति काल** = पतझड़.

**अवनति काल** *सं* अधोगति, कुसमय, ग्रहदशा, *पतझड़*, पतन काल, बुरा वक़्त, बुरे दिन, ■उत्कर्ष काल.

**अवनतिशील** = ह्रासशील.

**अवनतिशील** *वि अधोगामी*, अधोन्मुख, अवरोही, *अस्तगामी*, उतरता/उतरती, क्षयशील, क्षयी, गिरता/गिरती, घटता/घटती, डूबता/डूबती, ढलता/ढलती, पतनशील, पतनोन्मुख, *पश्चगामी*, पिछड़ता/पिछड़ती, प्रतिगामी, बिगड़ता/बिगड़ती, मिटता/मिटती, विकारशील, *ह्रासशील*, •ह्रासशील, ■उदीयमान, ■विकासशील.

**अवनद्ध** = आबद्ध.

**अवनमित** *वि अवनत*, आड़ा/आड़ी, आनमित, *कुटिल*, ख़म, झुका/झुकी, झुकावदार, टेढ़ा/टेढ़ी, तिर्यक, दबा/दबी, नत, नमित, नीचा/नीची, नीमा/नीमी, *वक्र*, •कोणाकार, ■उन्नमित, ■चढ़ानदार, ■सीधा/सीधी.

**अवनमित होना** = झुकना.
**अवनि** = पृथ्वी.
**अवनिज** = मंगल ग्रह.
**अवनितल** = धरातल.
**अवनिपति** = राजा.
**अवनिपाल** = पर्वत.
**अवनिसुत** = मंगल ग्रह.
**अवनिसुता** = सीता.
**अवनींद्र** = राजा.
**अवनीश** = राजा.
**अवनीश्वर** = राजा.
**अवन्य** = नगरीय, सभ्य.
**अवन्यता** = सभ्यता.
**अवपतित** = गिरा/गिरी.

**अवपात** = छापा, पतन.
**अवप्रवाह** = अधोप्रवाह.
**अवप्राणित** = विरामित.
**अवप्रेरित** = विरामित.
**अवबाधक** = अड़ंगेबाज़.
**अवबोध** = बोध, बोध.
**अवबोधक** = प्रबोधक, बोधप्रद.
**अवबोध्य** = ज्ञेय.
**अवम** = अंतिम, अधम.
**अवमज्ज** = डुबकी.
**अवमज्जन** = डाइविंग.
**अवमान** = अपमान.

**अवमानक** *वि* ख़राब, गुणवत्ताहीन, गुणहीन, घटिया, निकम्मा/निकम्मी, *निम्न*, निम्नकोटीय, निम्नस्तरीय, नीचा/नीची, बुरा/बुरी, विगुण, सबस्टैंडर्ड, सस्ता/सस्ती, हीन, हीनस्तरीय, •मध्यमस्तरीय, •मिलावटी, ▪अच्छा/अच्छी, ▪उच्चमानक.

**अवमानना** = अपमान, मानहानि.
**अवमाननापूर्ण** = अपमानजनक.
**अवमानित** = अपमानित.
**अवमूल्यन** = अपमान, अपमिश्रण, मूल्य कटौती.
**अवमूल्यित** = मिलावटी.
**अवयव** = अंग, घटक, पुरज़ा.

**अवयव संधि** *सं* अंगसंधि, *गाँठ*, ग्रंथि, जोड़, पर्व, पोर, पोरवा, संधिग्रंथि, •अंग, •गाँठ.

**अवयस्क** *वि अज्ञानी*, अनजान, *अपक्व*, अप्रगल्भ, अप्राप्तयौवन, अप्राप्तवय, अप्रौढ़, अयाना/अयानी, अल्पवयस्क, अल्हड़, कच्चा/कच्ची, कमउम्र, कमसिन, छोटा/छोटी, नादान, नाबालिग़, नासमझ, बेसमझ, •अल्पायु, •शिशुवत, ▪प्रौढ़, ▪मध्यवयस्क, ▪वयस्क.

**अवयस्कता** = बचपन.
**अवर** = अनुज, अवर (कर्मचारी), निम्नतलीय.

**अवर (कर्मचारी)** *वि* अधीन, अधीनस्थ, अवर, छोटा/छोटी, जूनियर, निचला/निचली, मातहत, सब-, सहकारी, सहयोगी, सहायक, •कनिष्ठ (कर्मचारी), ▪अपर (अधिकारी).

**अवर कर्मचारी** *सं* अधीनस्थ कर्मचारी, *असिस्टैंट*, नायब, मातहत, सब-, सहकर्मी, सहकारी, सहयोगी, सहायक, •असिस्टैंट.

**अवरकालीन** = समयोपरांतीय.
**अवरत** = निवृत्त, विरामित.
**अवरति** = निवृत्ति, विराम.
**अवरुद्ध** = अहाताबंद, घेराबंद, दमित (भाव), बंद, रुद्ध, वाचारुद्ध, स्थगित.

**अवरुद्ध** *वि* अटका/अटकी, अवरोधित, उलझा/उलझी, घिरा/घिरी, घेरा/घेरी, जाम, थमा/थमी, नाकाबंद, *नियंत्रित*, निरुद्ध, निरोधित, प्रतिरुद्ध, फँसा/फँसी, *बंद*, बाधाग्रस्त, बाधित, रुँझा/रुँझी, रुँधा/रुँधी, रुका/रुकी, *रुद्ध*, *विद्ध*, विरोधित, साबाध, स्तंभित, स्तब्ध, *स्थगित*, *स्थित*, हत, •अहाताबंद, •निषिद्ध.

**अवरुद्ध (जल)** = निश्चल (जल).
**अवरुद्धकंठ** = भावपूर्ण, वाचारुद्ध.
**अवरुद्ध करना** = रोधना.
**अवरुद्धता** = गतिरोध.
**अवरोक्त** = निम्नोक्त.
**अवरोध** = बाधा, बैरियर, विकासरोध.

**अवरोध** *सं* अटक, अटकाव, अड़ंगा, अड़चन, आरोध, ख़लल, निग्रह, *बाधा*, रोका, रोध, व्यवधान, •बाड़, •बैरियर, •ब्रेक.

**अवरोधक** = अड़ंगेबाज़.
**अवरोधक लगाना** = रोधना.
**अवरोधन** = भिड़ाई, रुँझाई, वारण.
**अवरोधना** = आकांक्षादमन.
**अवरोधपूर्ण** = अवरोधात्मक.
**अवरोधहीन** = अनवरुद्ध.
**अवरोधात्मक** = खंडनात्मक.

**अवरोधात्मक** *वि* अवरोधपूर्ण, प्रतिरोधात्मक, बाधक, बाधात्मक, बाधापूर्ण, रोधक, रोधकात्मक, रोधात्मक, विघ्नकर, विघ्नकारी, व्यवधानात्मक, ▪सहयोगपूर्ण.

**अवरोधित** = अवरुद्ध.
**अवरोधी** = अड़ंगेबाज़.
**अवरोपित** = उन्मूलित.
**अवरोह** = अंकुरण, अवरोहण, अस्तगमन, ढलान, स्वरावरोह.

**अवरोह क्रम** *सं* 3 2 1, अंत से आरंभ क्रम, अधिक से कम क्रम, अवक्रम, उतरता क्रम, उलटा क्रम, *उलटी गिनती*, ऊपर से नीचे क्रम, एकोन क्रम, घटता क्रम, न्यूनक्रम, प्रतिक्रम, प्रतिलोम क्रम, विपरीत क्रम, विलोम क्रम, सा नि धा पा, ह ष श स, हीनक्रम, ▪आरोह क्रम.

**अवरोहक्रमिक** *वि* अवक्रमिक, उतरता/उतरती, उलटा/उलटी, ऊपर से नीचे, गिरता/गिरती, घटता/घटती, प्रतिलोम, विलोम, ह से अ तक, ▪आरोहक्रमिक.

**अवरोहण** *सं* अधोगति, अधोगमन, अवगमन, अवतरण, अवरोह, उतरन, उतराई, गिरन, गिराव, निपतन, *पतन*, •डूब, •ढलान, •धरावतरण, ▪उत्थान.

**अवरोहण करना** = उतरना.
**अवरोहशाखी** = वटवृक्ष.
**अवरोहित** = गिरा/गिरी.
**अवरोही** = अधोगामी, अवनतिशील, अस्तगामी, ढलानदार.
**अवर्ग** = जातिहीन.
**अवर्जना** = अप्रतिबंध.
**अवर्जित** = अप्रतिबंधित, अप्रतिबंधित, विधिसंगत.
**अवर्ण** = रंगहीन.
**अवर्णनीय** = अपरिभाष्य, वर्णनातीत.
**अवर्णित** = अनभिव्यक्त.
**अवर्ण्य** = अज्ञेय, वर्णनातीत.
**अवर्तमान** = अनुपस्थित, अलभ्य, अस्तित्वहीन.

**अवर्तमान** *वि* अनस्तित्वमान, *अनुपस्थित*, अवर्ती, अविद्यमान, असंवर्तमान, असत्, *अस्तित्वहीन*, व्यावृत्त, ▪वर्तमान.

**अवर्ती** = अवर्तमान.

**अवर्षा** *सं* अनावृष्टि, खुश्की, *दुर्भिक्ष*,

वर्षाहीनता, सूखा, ▪अतिवर्षा, ▪बरसात, ▪बाढ़.

**अवर्षित** = वर्षाहीन.
**अवलंब** = आधार, बैसाखी, लंबरेखा, लाठी, सरपरस्त.
**अवलंबन** = आधार, परावलंबन.
**अवलंबनहीन** = बेरोज़गार.
**अवलंबनहीनता** = बेरोज़गारी.
**अवलंबन होना** = सँभालना.
**अवलंबनीय** = विश्वसनीय.
**अवलंब रेखा** = लंबरेखा.
**अवलंबित** = आधारित.
**अवलंबितता** = परावलंबन.
**अवलंबी** = परावलंबी.
**अवलयित** = सीधा/सीधी.
**अवलि** = पंक्ति.
**अवलिप्त** = अहंकारी.
**अवली** = पंक्ति, पर्वतश्रेणी, संग्रह, समूह, सीरीज़.
**अवली (जैसेः भजनावली)** = संकलन पुस्तक.
**अवलुंचन** = नुँचाई.
**अवलेप** = लेप.
**अवलेह** = चटनी, मरहम.
**अवलोकक** = दर्शक.
**अवलोकन** = दृश्य अनुभूति.

**अवलोकन** *सं* अवेक्षण, आलोचन, ईक्षण, जोहन, दर्शन, *दृष्टिपात*, देखन, निरीक्षण, निहारन, प्रेक्षण, प्रेक्षा, मुलाहज़ा, विलोकन, वीक्षण, वीक्षा, वेक्षण, समालोकन, समालोचन, समीक्षण, •आँख, •इंस्पैक्शन, •ओवरसीइंग, •झलक, •झाँक, •ताक, •विहंगावलोकन, •सुपरविज़न, ▪अनवलोकन, ▪प्रदर्शन.

**अवलोकन करना** = देखना.
**अवलोकनीय** = दर्शनीय, विचारणीय.

**अवलोकित** *वि* अक्षिगत, ईक्षित, दर्शित, दिखा/दिखी, दीद, दृष्ट, दृष्टिगत, देखा/देखी, प्रेक्षित, वीक्षित, •प्रत्यक्ष दृष्ट, •प्रदर्शित, ▪अनदेखा/अनदेखी.

**अवलोक्य** = दर्शनीय.
**अवलोक्यतः** = देखते देखते.

**अवश** = विवश.
**अवशवर्ती** = वशातीत.
**अवशाधीन्य** = वशातीत.
**अवशिष्ट** = अतिरिक्त, अदत्त, अनष्ट, अविक्रीत, रद्दी.

**अवशिष्ट** *वि* अवशिष्टांशीय, असमाप्त, फ़ाज़िल, फ़ालतू, *बक़ाया*, बचा/बची, बचा खुचा/बचा खुची, बरक़रार, रहा/रही, *शिष्ट*, शेषांशीय, •अविक्रीत, ▪अनवशिष्ट, ▪संपूर्ण.

**अवशिष्ट अंश** = शेष अंश.
**अवशिष्ट चिह्न** = अवशेष.
**अवशिष्ट देय** = बक़ाया.
**अवशिष्ट भाग** = फोक.
**अवशिष्टांश** = उच्छिष्ट आहार.
**अवशिष्टांशीय** = अवशिष्ट.
**अवशेष** = खँडहर, घटान फल, वंशचिह्न, शेष अंश, सुराग़.

**अवशेष** *सं* अवशिष्ट चिह्न, ऐंटीक, *खँडहर*, *चिह्न*, ध्वंसावशेष, *नमूना*, पुरा अवशेष, पुरावस्तु, भग्नांश, भग्नावशेष, •जीवाश्म, •पादपाश्म, •मृद्‌भांडांश, •खँडहर, •चिह्न, •धरोहर, •पुरालेख, •स्मृतिचिह्न.

**अवशेषन** = घटान कर्म.
**अवशेष स्तूप** = स्तूप.
**अवशेषित** = घटाया/घटाई.

**अवशोषक** *वि* आचूषक, प्रशोषक, *शोषक*.

**अवशोषण** *सं* *आचूषण*, चूषण, चूस, परिशोष, शोषण, सोख, सोखाई, •समावेश, •स्पंज.

**अवशोष पत्र** = ब्लाटिंग पेपर.

**अवश्यंभावना** *सं* अटलनीयता, अनिवार्यता, अपरिहार्यता, अवश्यता, दिष्टता, दृढ़ता, नियति, निर्धारितता, निश्चितता, पक्कापन, पूर्वनिश्चितता, बदी, भवितव्यता, लिखनी, विहितता, शुदनी, होतव्यता, होनहार, होनी, •संभावना, ▪अनिश्चय, ▪आशंका, ▪भिखारिन, ▪संदिग्धता, ▪संयोग.

**अवश्यंभावी** = नियमित.

**अवश्यंभावी** *वि* अटल, अटलनीय, अनिवार्य, *अपरिहार्य*, *अमिट*, अवश्य, *असंदिग्ध*, एकांतिक, तय, दृढ़, ध्रुव, *निर्धारित*, निश्चित, पक्का/पक्की, बँधा/बँधी, भवितव्य, मुक़र्रर, लाज़िमी, शर्तिया, सुनिश्चित, हो कर रहेगा, होगा/होगी ही, होनहार, होनी, •आसन्न, •पूर्वनिर्धारित, •प्रारब्धाधीन, ▪अनवश्यंभावी, ▪असंभव.

**अवश्य** = अवश्यंभावी, अवश्यमेव, हाँ.
**अवश्य करणीय** = अपरिहार्य.
**अवश्यतः** = अवश्यमेव.
**अवश्यता** = अवश्यंभावना.

**अवश्यमेव** *क्रिवि* अनिवार्यतः, अपरिहार्यतः, अलबत्ता, अवश्य, अवश्यतः, असंदिग्धतः, एक दम, और नहीं तो, कतअन, क़तई, कदापि, ज़रूर, जो भी हो, ध्रुवतः, नितराम, *नितांत*, नियततः, निर्धारिततः, निश्चय ही, निश्चिततः, निस्संदेह, निस्संदेहतः, पक्के तौर पर, पुष्टतः, पै, बहरहाल, बिना शक, बिलाशक, बिल्कुल, बेगुमान, बेचूक, बेशक, बेशुबह, मुतलक़, यक़ीनन, लाज़िमी तौर पर, शत प्रतिशत, शर्तिया, संदेहहीनतः, सच, सनिश्चय, सरासर, सर्वथा, सोलह आने, सौ फ़ी सदी, हर हाल में, हर्गिज़, *हाँ*, हो न हो, •भले ही, ▪शायद.

**अवश्याय** = ओस, तुषार.
**अवष्टंभ** = शिलान्यास.
**अवसन्न** = श्वासहीन.
**अवसन्नभाग्य** = दुर्भाग्यशाली.
**अवसर** = उत्सव, बारी, सुअवसर.

**अवसर** *सं* अनुषंग, आगति, औसर, *काल*, *घड़ी*, ठाँव, डौल, डौला, *दिन*, नौबत, *पल*, प्रसंग, *महल*, *मुहूर्त*, मौक़ा, वक़्त, समय, •बारी, •संयोग, •सुअवसर.

**अवसरचारी** = अवसरवादितापूर्ण.

**अवसरप्रतिकूल** *वि* अनभीष्ट, *अनर्गल*, अनुचित, अनुपयुक्त, *अप्रासंगिक*, *अवांछनीय*, *असंगत*, असमीचीन, *असामयिक*, नामुनासिब, नावाजिब, बेजा, बेतुका/बेतुकी, बेमौक़ा, विसंगत, •अप्रासंगिक, •अवांछनीय, ▪अवसरानुकूल, ▪समयानुसार.

**अवसर प्रतीक्षा** = घात.

**अवसरवादितापूर्ण** *वि* अनस्थिर, अवसरचारी, *अवसरवादी*, झूठा/झूठी, ढुलढुल, दोलायमान, *निष्ठाहीन*, *परिवर्तनशील*, बेमुरौवत, बेलिहाज़, मतलबपरस्त, मतलबी, *स्वार्थी*, •कुटिल, •निष्ठाहीन, •विचलनशील, ▪निष्ठावान, ▪विश्वसनीय, ▪संकल्पशील.

**अवसरवादी** = अवसरवादितापूर्ण, दलबदलू, निष्ठाहीन.

**अवसरवादी** *सं* कार्यसाधक, गिरगिट, ज़मानासाज़, तोताचश्म, *बिकाऊ*, समझौतावादी, सुविधावादी, स्वार्थपंडित, स्वार्थवादी, •दलबदलू, •निष्ठाहीन.

**अवसर विशेष** = उत्सव, जयंती.

**अवसरसाधक** = निष्ठाहीन.

**अवसरानुकूल** *वि* अच्छा/अच्छी, *अनुकूल*, अवसरोचित, आप्त, इष्ट, उचित, उपयुक्त, कालोचित, *ठीक*, प्रसंगानुकूल, *प्रासंगिक*, बजा, मुनासिब, यथासमय, वक़्ती, *संगत*, समयानुकूल, समीचीन, सामयिक, •वांछनीय, •समयानुसार, ▪अप्रासंगिक, ▪असंगत.

**अवसरोचित** = अवसरानुकूल.

**अवसर्पिणी** = युग.

**अवसाद** = उदासी, गाद, थकान, निरुत्साह, शोक, ह्रास.

**अवसादकारी** = निराशाजनक.

**अवसादन** = म्लानन.

**अवसादहीन** = शोकहीन.

**अवसादित** = उदास, हतोत्साहित.

**अवसान** = मृत्यु, समापन.

**अवसेचन** = छिड़काव.

**अवस्कर** = कूड़ा, विष्ठा.

**अवस्तु** = अपदार्थ, महत्त्वहीन, शून्य.

**अवस्तुदर्शन** = मायादर्शन.

**अवस्त्र** = अपरिधानित, नग्न.

**अवस्त्रीकरण** = निर्वसनन.

**अवस्था** = परिस्थिति, वय, विकास अवस्था, स्वास्थ्य दशा.

**अवस्थान** = विराम.

**अवस्थित** = स्थित.

**अवस्थित करना** = रखना.

**अवस्थिति** = स्थिति.

**अवह** = अवहनीय.

**अवहनन** = फटकाई.

**अवहनीय** = भारी.

**अवहनीय** *वि* अगंता/अगंत्री, अग, अगच्छ, अगतिक, अगत्वर, अगम, अगमनशील, अजंगम, अवह, अवाह्य, असंचल, निरुद्ध, सुस्थिर, *स्थिर*, •स्थावर, ▪वहनीय, ▪सचल.

**अवहार** = युद्धविराम.

**अवहास** = खिल्ली.

**अवहेलना** = अपमान, अवज्ञा, असत्कार, असावधानी, उपेक्षा, कर्तव्यच्युति, तिरस्कार.

**अवहेलनाकृत** = उपेक्षित.

**अवहेलित** = अचर्चित, अपमानित, उपेक्षित, उपेक्षित.

**अवांछनीय** = अनुपभोग्य, अर्हताहीन, अवसरप्रतिकूल, आपत्तिजनक, क्रोधजनक, नापसंद.

**अवांछनीय** *वि* अकाम्य, *अतिरिक्त*, अनाकांक्ष्य, अनाप्त, *अनावश्यक*, अनिच्छनीय, अनुचित, अनुपयुक्त, अप्रेय, त्याज्य, *नापसंद*, नामाकूल, नामुनासिब, नावाजिब, निरर्थक, फ़ज़ूल, फ़ालतू, व्यर्थ, व्यर्थ, •अनावश्यक, •अवांछित, •अवैध, ▪पसंद, ▪वांछनीय, ▪स्वीकार्य.

**अवांछा** = अनपेक्षा.

**अवांछित** = अलोकप्रिय, खेदजनक, रद्दीकृत.

**अवांछित** *वि* अचाहा/अचाही, अनचाहा/अनचाही, अनचीता/अनचीती, *अनपेक्षित*, अनभिलषित, अनभीष्ट, अनाकांक्षित, अनिच्छित, अनिष्ट, अनीप्सित, अप्रेत, निरर्थक, *परित्याज्य*, बेकार, व्यर्थ, •अवांछनीय, •नापसंद.

**अवांछित पौध** = खर पतवार.

**अवांतर दिशा** = उपदिशा.

**अवाक्** = अनुघटी, अस्पष्ट (उच्चारक), निरुत्तर, भावपूर्ण, लज्जित, वाचारुद्ध, वाचाहीन.

**अवाचाल** = अंतर्मनस्क.

**अवाचाल** *वि* अमुखर, अवार्तालापी, ख़ामोश, गुमसुम, चुप, शांत, •अस्पष्ट (उच्चारक), •वाचाहीन, •स्वल्पभाषी.

**अवाची** = दक्षिण दिशा.

**अवाचीन** = अधोमुख, दक्षिणी.

**अवाच्य** = अचर्चनीय, अनभिव्यंजनीय.

**अवारणीय** = अनिवारणीय, अप्रतिरोध्य.

**अवार्ड** = उपाधि, जजमैंट, पुरस्कार.

**अवार्तालापी** = अवाचाल.

**अवार्य** = अनिवारणीय, अप्रतिरोध्य.

**अवासित** = आवासीहीन.

**अवासी** = अनागरिक, अनिवासी.

**अवास्तविक** = अप्राकृतिक, अयथार्थ, तथ्यहीन, भुतहा/भुतही, मायावी, रंगमंचीय, स्पर्शागोचर.

**अवास्तविकता** = झूठ.

**अवाह्य** = अवहनीय.

**अवि** = बकरा, भेड़ा.

**अविक** = हीरा.

**अविकटता** = सहजता.

**अविकल** = अभंजित, अविभक्त, आद्योपांत, प्रशांत, सर्वांग संपूर्ण, सविस्तार.

**अविकलांग** = सर्वांग संपूर्ण.

**अविकल्प** = अपरंतुक.

**अविकसित** = अपरिष्कृत, अप्रशिक्षित, अर्धविकसित, कली जैसा, कुपोषित, पिछड़ा/पिछड़ी, प्रारंभिक.

**अविकसितकाय** = कुपोषित.

**अविकसितता** = पिछड़ापन.

**अविकार** = अपरिवर्तन, अपरिवर्तनीय, अप्रभावित.

**अविकारशील** = अपरिवर्तनीय.
**अविकारी** = अपरिवर्तनीय, अमर, प्रभावातीत, शाश्वत, सुदृढ़.
**अविकारी शब्द** = अव्यय.
**अविकास** = कुपोषण, पिछड़ापन, विकासरोध.
**अविकृत** = ताज़ा, परिपूर्ण, विशोधित, सुरम्य.

**अविकृत** *वि* अच्छा/अच्छी, अजर्जर, अनबिगड़ा/अनबिगड़ी, कर्मक्षम, काम का, *कार्यरत*, चलता/चलती, चालू, चौकस, *ठीक*, ठीकठाक, त्रुटिहीन, दुरुस्त, दोषहीन, निखोट, *सलामत*, सही, साबुत, सालिम, *स्वस्थ*, ▪आउट आफ़ आर्डर, ▪छकड़ा, ▪जीर्णशीर्ण.

**अविक्रीत** *वि अतिरिक्त*, अनबिका/अनबिकी, *अवशिष्ट*, फ़ालतू, बक़िया, बचा खुचा/बचा खुची, शेष, शेषांश, •अवशिष्ट, •कटपीस, ▪ख़त्म, ▪बिका/बिकी.

**अविक्षत** = अभंजित.
**अविक्षिप्त** = स्वस्थमनस्क.
**अविखंडित** = अभंजित.
**अविख्यात** = अविज्ञापित, गुमनाम, गुमनाम.
**अविचल** = अचल, अजेय, अनुशासनप्रिय, आलस्यहीन, कठोर (अधिकारी), धीर, निश्चल, निष्ठावान, पुरुषोचित, पूर्वग्रहपूर्ण, प्रभावातीत, भयहीन, मतांध, वीर, संकल्पशील, हठी.
**अविचलता** = मनोबल, हठ.
**अविचलन** = एकाग्रता, धैर्य, प्रतिरोध.
**अविचलनशील** = आत्मविश्वासी, आलस्यहीन.
**अविचलित** = एकाग्रचित्त, संकल्पशील, सहानुभूतिहीन, स्थिर.
**अविचार** = अविवेक, जल्दबाज़ी.
**अविचारक** = अविचारशील.

**अविचारणीय** *वि* अकल्पनीय, अकल्प्य, अचिंतनीय, अचिंत्य, अविचार्य, •अविचारित, •असाध्य, •औचित्यहीन, •दुरारूढ़.

**अविचारशील** *वि* अगंभीर, अचिंतक, अविचारक, अविचारी, चंचलचित्त, चिंतनहीन, छिछला/छिछली, छूँछा/छूँछी, निर्विवेक, विचारहीन, *विवेकहीन*, सतही, हलका/हलकी, •जल्दबाज़, ▪विचारशील.

**अविचारित** = अनपेक्षित, अयोजित, निष्कारण, मूर्खतापूर्ण (कृत्य).

**अविचारित** *वि* अकल्पित, अचिंतित, अचीता/अचीती, अतर्कित, अधकचरा/अधकचरी, अनुचित, *अपक्व*, अपरीक्षित, *अयोजित*, अविमर्शित, कच्चा/कच्ची, जल्दबाज़ी भरा, *तात्कालिक*, नामाकूल, फ़ौरी, मूर्खतापूर्ण, विचारहीन, *विवेकहीन*, •अयोजित, •असंगत, ▪पूर्वचिंतित, ▪विचारित.

**अविचारी** = अविचारशील, जल्दबाज़.
**अविचार्य** = अविचारणीय.
**अविच्छिन्न** = अविभक्त, सटा/सटी.
**अविच्छिन्नतः** = लगातार.
**अविजडित** = विलग्नीय.
**अविजड़ित** = वहनीय.
**अविजित** = अपराजित.
**अविजेय** = अजेय.
**अविज्ञप्त** = अविज्ञापित.
**अविज्ञात** = अज्ञात.
**अविज्ञानीय** = अवैज्ञानिक.

**अविज्ञापित** *वि* अघोषित, *अज्ञात*, अप्रख्यात, अप्रचारित, अप्रसिद्ध, अविख्यात, अविज्ञप्त, •गुमनाम, •विस्मृत, ▪विज्ञापित.

**अविज्ञेय** = अज्ञेय.
**अवितरित** = अप्रकाशित.
**अविदित** = अज्ञात, अज्ञात, गुप्त, गुमनाम, गुमनाम.

**अविद्ध** *वि* अच्छिद्रित, अनछिदा/अनछिदी, अनबिंधा/अनबिंधी, अवेधित, •छिद्रहीन.

**अविद्य** = अविद्वान.
**अविद्यमान** = अनुपस्थित, अवर्तमान, अस्तित्वहीन, मृत.
**अविद्यमानता** = अनस्तित्व, अनुपस्थिति.
**अविद्या** = अज्ञान, अशिक्षा, माया, वासना.

**अविद्वान** *वि* अकोविद, *अज्ञानी*, *अनाड़ी*, अनिष्णात, अपंडित, अप्रज्ञ, अविद्य, गँवार, •अल्पज्ञ.

**अविधानित** = अनिर्धारित.
**अविधिवत** = अनौपचारिक.
**अविधेय** = अकरणीय.
**अविध्वस्त** = अनष्ट.
**अविनम्य** = अनम्य.
**अविनम्र** = अहंकारी, दुर्व्यवहारी, धृष्ट.
**अविनय** = अवज्ञा, अहंकार, उपेक्षा.
**अविनश्वर** = अनाश्य.
**अविनाशी** = अनाश्य, अमर, शाश्वत.
**अविनीत** = असौम्य, अहंकारी, दुर्व्यवहारी, धृष्ट.
**अविपाल** = गड़रिया.
**अविभक्त** = अभंजित, एकजुट.

**अविभक्त** *वि* अक्षुण्ण, अखंड, अविकल, अविच्छिन्न, अविभाजित, *एक*, *संपूर्ण*, संयुक्त, *सकल*, समग्र, समूचा/समूची, साबुत, सारा/सारी, सालिम, •अविभाज्य, •एकजुट, •संपूर्ण, •सकल, ▪ध्रुवीकृत, ▪विभाजित.

**अविभक्ततः** = इकट्ठे.
**अविभाजित** = अविभक्त, एकजुट, सर्वसहमत.
**अविभाजित अंश** = पूर्णांश.
**अविभाजित पंजाब** = पंजाब.

**अविभाज्य** *वि* अखंड, अखंड्य, अछेद्य, *अटूट*, अभंग, अभेद्य, एकतापूर्ण, दृढ़, संयुक्त, •अविभक्त, •युतिहीन.

**अविभूषित** = स्पष्टोक्त.
**अविमर्शित** = अविचारित.
**अविरक्त** = आसक्त.
**अविरत** = अविराम.
**अविरल** = अविराम, गाढ़ा/गाढ़ी, लगातार, सघन.
**अविरलतः** = लगातार.
**अविरह** = मिलन.
**अविरहित** = सहित.

**अविराम** *वि* अंतहीन, अखंड, अखंडित, अजस्र, *अटूट*, *अनंत*,

अनंतर, अनक्षुण्ण, अनवच्छिन्न, अनवरत, अनवरत, *अनवरुद्ध*, अबाध, अभंग, अरोक, अविरत, अविरल, इकतार, इकतार, चिरंतन, तारतम्यपूर्ण, तारबद्ध, धाराप्रवाह, नित्य, निरंतर, बेरोक, मुसलसल, रात दिन, *लगातार*, विरामहीन, शृंखलित, सतत, सदा, •शाश्वत.

**अविरामतः** = लगातार, लगातार, हमेशा.
**अविरुद्ध** = अनुकूल.
**अविरोध** = एकता, निर्विरोध.
**अविरोधित** = निर्विरोध.
**अविलंब** = अभी, तत्काल, तात्कालिक.

**अविलंबी** *वि* आशु, चपल, *चुस्त*, चेतन, *तात्कालिक*, तीव्र, तेज़, *द्रुत*, द्रुतकारी, फुरतीला/फुरतीली, शीघ्रकारी, सामयिक, स्फूर्त, •आतुर, •तत्पर, ▪आलसी, ▪फिसड्डी.

**अविलासी** *वि* अतिनैतिक, *अनुशासित*, अभोगी, आत्मसंयमी, *आदर्शवादी*, कट्टर, *कठोर*, *कठोर*, कोरा/कोरी, जितेंद्र, *जितेंद्रिय*, धर्मीकर्मी, *धीर*, धीर गंभीर, निग्रही, *नियंत्रित*, *नैतिक*, नैतिकतावादी, नैष्ठिक, पारसा, भोगत्यागी, भोगलिप्साहीन, भोगविलासहीन, विलासहीन, संयमी, *सदाचारी*, स्वसंयमी, •वैरागी, •संयमित, ▪जितेंद्रिय, ▪विलासप्रिय.

**अविलुप्त** = अनष्ट, प्रचलित.
**अविलोपनीय** = अगोप्य.
**अविलोम** = आरोहक्रमिक.
**अविवाद** = सर्वसहमति.
**अविवादित** = अपरंतुक, असंदिग्ध, विवादातीत, सर्वसहमत.
**अविवाद्य** = विवादातीत.
**अविवाहित** = कौमार्यवान, विवाह्य.

**अविवाहित** *वि* अकेला/अकेली, अनब्याहा/अनब्याही, अनूढ़/अनूढ़ा, अपरिणीत/अपरिणीता, अविवाहित/अविवाहिता, कुँआरा/कुँआरी, कुँवारा/कुँवारी, कुमार/कुमारी, छड़ा/छड़ी, निरूढ/निरूढा, फुटकर, फुटकल, बाल ब्रह्मचारी/बालब्रह्मचारिणी, बिनब्याहा/बिनब्याही, ब्रह्मचारी/ब्रह्मचारिणी, •एक, •एकाकी, •वाग्दत्त/वाग्दत्ता, •विवाहकांक्षी, •विवाहाकांक्षिणी, ▪विधुर, ▪विवाहित, ▪विवाहित.

**अविवाहित/अविवाहिता** = अविवाहित.
**अविवाहित जीवन** = ब्रह्मचर्य आश्रम.
**अविवाहित पुरुष** = कुँवारा.
**अविवाहित स्त्री** = कुँवारी.
**अविवाहिता** = कुँवारी, कौमार्यवती.
**अविविध** = अरोचक, आरोहअवरोहहीन, इकरंगा/इकरंगी, उबाऊ, घटनाहीन, रूटीनी.

**अविविध** *वि* *अपरिवर्तित*, इकसार, *उबाऊ*, एकधा, एकरंग, एकरस, एकविध, एकसमान, नीरस, फीका/फीकी, शुष्क, सपाट, समरस, सादा/सादी *साधारण*, •एकमात्र, ▪विविध.

**अविवेक** = जल्दबाज़ी, दुस्साहस, मूर्खता.

**अविवेक** *सं* अजानपन, अविचार, नासमझी, मूढ़ता, विचारहीनता, विवेकहीनता, हिमाक़त, •अव्यावहारिकता, •जल्दबाज़ी, •दुस्साहस, •मूर्खता, ▪विवेक.

**अविवेकी** = विवेकहीन, व्यवहार अकुशल.
**अविशाल** = लघुकाय, संकीर्ण.
**अविशिष्ट** = साधारण.
**अविशेष** = सामान्य.
**अविश्वसनीय** = अतिशयोक्तिपूर्ण, असटीक, असत्यवादी, आश्चर्यजनक, जादुई, दुरारूढ़, निष्ठाहीन, विचलनशील, विश्वासघातपूर्ण, संदेहजनक, समय अपालक.

**अविश्वसनीय** *वि* अनवलंबनीय, अनिर्भरणीय, अविश्वस्त, अविश्वास पात्र, निभरोस, बदनीयत, बेईमान, बेवफ़ा, वादाफ़रामोश, विश्वास अपात्र, •अतिशयोक्तिपूर्ण, •अनियमित, •अवसरवादितापूर्ण, •तथ्यहीन, •बेईमान, ▪छलहीन, ▪तथ्यात्मक, ▪विश्वसनीय, ▪विश्वास पात्र.

**अविश्वस्त** = अविश्वसनीय.
**अविश्वास** = धर्मद्रोह, नास्तिकतावाद.

**अविश्वास** *सं* अंदेशा, अकधक, अनास्था, अप्रतीति, प्रतिशंका, बदगुमानी, बेएतबारी, भरोसाहानता, विश्वासहीनता, शंकाग्रस्तता, *संदेह*, •आशंका, ▪आस्था, ▪विश्वास.

**अविश्वास पात्र** = अविश्वसनीय.
**अविश्वासी** = धर्महीन, नास्तिक, निराशावादी, बहम का पुतला, मूर्तिभंजक, शंकालु, संदेहशील.
**अविष** = अविषाक्त, विषघ्न.
**अविषम** = समसंख्यक.
**अविषय** = अनासक्त, अपदार्थ.
**अविषयासक्त** = अनासक्त.

**अविषाक्त** *वि* अदूषित, अविष, *अहानिकारक*, निर्विष, विषहीन, •विषघ्न, ▪विषाक्त.

**अविस्तीर्ण** = संकीर्ण.
**अविस्तृत** = संकीर्ण.

**अविस्मरण** *सं* चिरस्मरण, याद, विस्मरण अभाव, सदा स्मरण, •अनुस्मरण, •स्मृति.

**अविस्मरणीय** = स्मरणीय.
**अविस्मृत** = स्मृत.
**अविहित** = अनवश्यंभावी, अनैतिक, अवैध, ग़लत, तर्कहीन, निषिद्ध, न्यायविरुद्ध, न्यायहीन.
**अविहीन** = सहित.
**अवीचि** = नरक.
**अवेक्षक** = इंस्पैक्टर.
**अवेक्षण** = अवलोकन.
**अवेक्षा** = आदर, इंस्पैक्शन.
**अवेक्षाहीन** = उपेक्षापूर्ण.
**अवेद्य** = अज्ञेय.
**अवेधित** = अविद्ध.
**अवेध्य** = कवचित, ठोस, दुर्गम, रुद्ध.
**अवेस्ता** = ज़ेंद अवेस्ता.
**अवैकल्पिक** = अपरिहार्य.

**अवैकल्पिक** *वि* अत्याज्य, अनिवार्य, *आवश्यक*, लाज़िमी, *वैवश्यक*, •अत्यावश्यक, •अपरिहार्य, ▪वैकल्पिक.

**अवैज्ञानिक** *वि* अंधविश्वासपूर्ण, अनसाइंटिफ़िक, अविज्ञानीय, *असंगत*, चमत्कारी, चामत्कारिक, *तर्कहीन*, तिलिस्मी, *धार्मिक*, *निराधार*, प्रमाणहीन, बेबुनियाद, *मायावी*, युक्तिहीन, विज्ञान असंगत, विज्ञानविरुद्ध, •अप्रमाण्य, •असंगत, •असटीक, •अस्वीकार्य, •तर्कहीन, ▪प्रमाण्य, ▪विज्ञानसंगत.

**अवैतनिक कार्यकर्ता** = स्वयंसेवक.
**अवैतनिक देय** = मानदेय.
**अवैध** = अनधिकृत, आपराधिक, तर्कहीन, तस्कृत, दंडनीय, निंदनीय, निषिद्ध.

**अवैध** *वि* अननुमत, *अनियमित*, अनुचित, अमान्य, अविहित, अवैधानिक, *असंगत*, असंवैधानिक, *अस्वीकार्य*, *ग़लत*, ग़ैरआईनी, ग़ैरक़ानूनी, नाजायज़, नावाजिब, नियम प्रतिकूल, नियमविरुद्ध, *निषिद्ध*, बेक़ायदा, बेजा, बेज़ाब्ता, वर्जित, विधानविरुद्ध, विधिविरुद्ध, •न्यायविरुद्ध, •न्यायहीन, ▪वैध.

**अवैध (संतान)** *वि* अनात्मज, अनौरस, अमान्य, ग़ैरक़ानूनी, जारज, दोग़ला/दोग़ली, नाजायज़, रामजना/रामजनी, विवाहेतर, हरामज़ादा/हरामज़ादी, हरामी, ▪वैध (संतान).

**अवैध प्रेम** = परगमन.
**अवैध बाज़ार** = चोर बाज़ार.
**अवैध यौन आचरण** = परगमन.
**अवैध यौन संबंध** = परगमन.
**अवैध यौन संबंध रखने वाली स्त्री** = कुलटा.
**अवैधव्य** = सुहाग.
**अवैधानिक** = अवैध.
**अवैयक्तिक** = वस्तुपरक, सामाजिक, सामूहिक.
**अवैराग्य** = आसक्ति.
**अवैवश्यक** = वैकल्पिक.

**अव्यक्त** = अंतर्धान, अनभिव्यक्त, अनुच्चारित, आत्मा, ईश्वर.
**अव्यक्तगणित** = बीजगणित.
**अव्यक्त भाव** = व्यंजनार्थ.
**अव्यक्तिगत** = सामूहिक.
**अव्यथक** = पीड़ाहीन.
**अव्यभिचार** = विवाह निष्ठा.
**अव्यय** = अपरिवर्तनीय, अमर.

**अव्यय** *सं* अविकारी शब्द, कारकहीन शब्द.

**अव्ययसाध्य** = सस्ता/सस्ती.
**अव्ययी** = कंजूस.
**अव्यर्थ** = उपयोगी, लक्ष्यवेधी, सार्थक.
**अव्यवधान** = अनवरुद्ध.
**अव्यवसायी** = अतत्पर, आलसी, प्रयासहीन, विचलनशील.
**अव्यवसायीय** = अव्यावसायिक.
**अव्यवस्था** = अराजकता, उपद्रव, कुप्रबंध, कुशासन.

**अव्यवस्था** *सं* अनियम, अप्रबंध, *अराजकता*, अस्तव्यस्तता, अस्थिरता, *कुप्रबंध*, कुव्यवस्था, खरमंडल, गड़बड़, गड़बड़ झाला, गड़बड़ी, गपड़चौथ, गोलमाल, दुर्व्यवस्था, फैलाबिखरापन, बदअमली, बदइंतज़ामी, *बिखराव*, बेतरतीबी, भ्रांति, व्यवस्थाहीनता, हरबोंग, हेराफेरी, •उपद्रव, •भ्रम, ▪व्यवस्था, ▪सुप्रबंध, ▪सुशासन.

**अव्यवस्थापित** = अव्यवस्थित.
**अव्यवस्थित** = अनुपातहीन, अयोजित, अराजकतापूर्ण, कुप्रबंधित, कुशासित, क्रमहीन, जटिल.

**अव्यवस्थित** *वि* अग्रथित, अचारु, *अनियंत्रित*, अप्रबंधित, *अयोजित*, अराजक, अव्यवस्थापित, असंगठित, असंघटित, असंयत, अस्तव्यस्त, अस्तव्यस्त, *अस्थिर*, *कुप्रबंधित*, कुव्यवस्थित, *क्रमहीन*, गड़बड़, गडमड, प्रबंधहीन, बिखरा/बिखरी, बेढंगा/बेढंगी, बेतरतीब, योजनाहीन, व्यवस्थाहीन, •अयोजित, •विधिहीन, ▪व्यवस्थित.

**अव्यवस्थित पलायन** = भगदड़.
**अव्यवस्थित समूह** = भीड़.
**अव्यवहारकुशल** = भावुक.
**अव्यवहार्य** = अनुपभोग्य, असाध्य.
**अव्यवहृत** = अनुपभुक्त.
**अव्यस्त** = निष्क्रिय.
**अव्यस्तता** = विश्राम.
**अव्याकुल** = प्रशांत.
**अव्यापक** = अलोकप्रिय.
**अव्यापारिक** = अव्यावसायिक.
**अव्यावसायिक** = लाभहीन.

**अव्यावसायिक** *वि* अव्यवसायीय, अव्यापारिक, ग़ैरबाज़ारू, ▪व्यावसायिक.

**अव्यावहारिक** = असाध्य, आदर्शवादी, भावुक.

**अव्यावहारिक** *वि* *अयथार्थ*, *असंभव*, *काल्पनिक*, *विवेकहीन*, सैद्धांतिक, हवाई, •असाध्य, •क्षमतातीत, ▪व्यावहारिक, ▪साध्य.

**अव्यावहारिक ज्ञान** *सं* काल्पनिक संसार, किताबी ज्ञान, सैद्धांतिकता.

**अव्वल** = उत्तम, उत्तम अवस्था सूचक शब्द सूची, पराकाष्ठागत, पहला/पहली, प्रथम स्थानीय.
**अशंक** = निश्चिंत, सुरक्षित.
**अशंकित** = संदेहहीन.
**अशंकी** = संदेहहीन.
**अशंभु** = अनिष्टकारी.
**अशकुन** = अपशकुन.
**अशक्त** = अक्षम, अशस्त्रीकृत, असहाय, निर्बल, विवश.
**अशक्त होना** = दुबलाना.
**अशक्य** = असाध्य, क्षमतातीत.
**अशत्रु** = शत्रुहीन.
**अशन** = भक्षक, भक्षण.
**अशनि** = अग्नि, इंद्रवज्र.
**अशब्द** = गूँगा/गूँगी, ध्वनिहीन.
**अशब्दित** = अध्वनित, अनभिव्यक्त, व्यंजनार्थक.
**अशयन** = जाग्रत अवस्था.
**अशय्याशायी** = भूमिशायी.
**अशरण** = असहाय, बेघर, साधनहीन.
**अशरफ़** = कुलीन.
**अशरफ़ी** = गुल मोहर, सिक्का सूची

**अशरफ़ी** *सं* गिन्नी, मोहर, सुवर्ण, *स्वर्ण*, स्वर्ण सिक्का.

**अशरीर** = कामदेव, निराकार.
**अशर्त** = अपरंतुक.
**अशस्त्र** = निहत्था/निहत्थी.
**अशस्त्रीकरण** = निश्शस्त्रीकरण.

**अशस्त्रीकृत** *वि* अशक्त, निःशस्त्रीकृत, निरस्त्र, *निर्बल*, निशस्त्रीकृत, निश्शस्त्रीकृत, शस्त्रहीन, •निर्बल, ▪शस्त्रसज्जित.

**अशांत** = अतृप्त, अपालतू, उत्तेजित, उथलपुथलपूर्ण, उपद्रवग्रस्त, कोलाहलपूर्ण, चिंतित, तूफ़ानी, दुःखी, लहराता/लहराती, हंगामेदार.
**अशांत करना** = उकसाना, खिजाना, डिगाना, हिलाना.
**अशांतचित्त** = चिंतित.
**अशांति** = अराजकता, उत्तेजना, उपद्रव, क्रोध, चिंता, चिंता, जन आंदोलन, धैर्यभंग, पीड़ा, भय, युद्ध.
**अशाम्य** = अप्रसीद्य.

**अशाम्य** *वि* अदम्य, अशाम्य (अग्नि), क़ाबू से बाहर, फैलता/फैलती, फैला/फैली, बढ़ता/बढ़ती, बस के बाहर, बेक़ाबू, भड़कता/भड़कती, लपटता/लपटती, लहकता/लहकती, ▪शाम्य.

**अशालीन** = धृष्ट.

**अशालीन** *वि* अनुचित, अशिष्ट, अशील, *असंगत*, असंसदीय, असभ्य, असांसदिक, नामाकूल, नामुनासिब, निर्मर्याद, बेजा, शीलहीन, संसद अयोग्य, सभा अयोग्य, •अपमानजनक, •अश्लील, •असंस्कृत, •धृष्ट, •निर्लज्ज.

**अशाश्वत** = इहलौकिक, क्षणभंगुर, परिवर्तनशील.
**अशास्त्रीय** = अतकनीकी, पौप, लोक (कला), शास्त्रविरुद्ध, सहजीकृत.
**अशिक्षा** = अज्ञान.

**अशिक्षा** *सं अज्ञान*, अनपढ़ता, अविद्या, बेइल्मी, बेपढ़ालिखापन, •अज्ञान, ▪शिक्षा.

**अशिक्षित** = अज्ञानी, अनसधा/अनसधी, पिछड़ा/पिछड़ी.

**अशिक्षित** *वि* अंधा/अंधी, *अज्ञानी*, अदीक्षित, अनजान, अनपढ़, अनपढ़ा/अनपढ़ी, अपढ़, अप्रज्ञ, अश्रुत, कोरा/कोरी, गँवार, जाहिल, निगुरा/निगुरी, निरक्षर, बेइल्म, बेपढ़ा/बेपढ़ी, *मूर्ख*, विद्याविहीन, विद्याहीन, •अप्रशिक्षित, •अल्पशिक्षित, •असंस्कृत, •असाक्षर, ▪कुशिक्षित, ▪ज्ञानी, ▪शिक्षित.

**अशिव** = अकल्याण, अनिष्टकारी.
**अशिष्ट** = अपमानजनक, अपशब्दात्मक, अमिलनसार, अशालीन, अश्लील, असंस्कृत, अहंकारी, दुर्व्यवहारी, धृष्ट, निर्लज्ज, हेकड़ीबाज़.
**अशील** = अशालीन, हेकड़ीबाज़.
**अशुद्ध** = अपवित्र, असंशोधित, उच्छिष्ट, गंदा/गंदी, ग़लत, मिलावटी, सड़ा/सड़ी.

**अशुद्धार्थित** *वि* ग़लत समझा, ग़लत समझा गया, तोड़ा मरोड़ा/तोड़ी मरोड़ी, बिगड़ा/बिगड़ी, बिगाड़ा/बिगाड़ी, भ्रांतार्थित, ▪शुद्धार्थित.
**अशुद्धाशय** = असत्यवादी.
**अशुद्धि** = खोट, ग़लती.
**अशुद्धि परीक्षा** = प्रूफ़ रीडिंग.
**अशुभ** = अकल्याण, अनिष्टकारी, अनिष्टकारी, अपवित्र, अशुभसूचक, दुर्भाग्य, दुर्भाग्यप्रद.
**अशुभकर** = अनिष्टकारी.
**अशुभकामना** = दुष्कामना.

**अशुभचिंतक** *वि* अकल्याणकामी, अनहितू, अमित्र, असदाशय, अहितकामी, अहितू, ईर्ष्यापूर्ण, खोटा/खोटी, दिल का काला, दिल का खोटा, दुरात्मा, दुर्भावी, दुश्चिंतक, दुष्काम, दुष्कामी, दुष्टात्मा, द्वेषी, नज़र लगाऊ, बदअंदेश, बदख़्वाह, बदचश्म, बदनज़र, बदनिगाह, बुरा/बुरी, बुरा चाहने वाला, बुरी नज़र वाला, स्याहदिल, •ईर्ष्यालु, ▪शुभचिंतक.

**अशुभचिंतन** = दुष्कामना.
**अशुभ मुहूर्त** = अनिष्ट योग.
**अशुभ शकुन** = अपशकुन.
**अशुभ शकुनपूर्ण** = अशुभसूचक.
**अशुभ संभावना** = आशंका.
**अशुभ संस्कार** = अमंगल कार्य.
**अशुभ समाचार** = कुसमाचार.
**अशुभसूचक** = हतोत्साहक.

**अशुभसूचक** *वि* अकल्याणकर, अकल्याण सूचक, अनिष्टकर, अनिष्टसूचक, अपशकुनपूर्ण, अपशकुन सूचक, अमंगल, अमंगलकारी, अमंगलसूचक, अरिष्ट, अशुभ, अशुभ शकुनपूर्ण, अहितकारी, काला/काली, *ख़तरनाक*, खर, दुर्भाग्यसूचक, बुरा/बुरी, मंगली, स्याह, •अनिष्टकारी, •दुर्भाग्यप्रद, •पनौती लगा, ▪आशीर्वादात्मक, ▪शुभसूचक.

**अशून्य** = ठोस, भरा/भरी, सघन.
**अशेष** = अनवशिष्ट, अनवशिष्ट, भक्षित.
**अशोक** = शोकहीन.
**अशोक चक्र ध्वजा** = तिरंगा झंडा.
**अशोधित** = अपरिष्कृत.
**अशोध्य ऋण** = डूबा ऋण.
**अशोभनीय** = अपशब्दात्मक, कुडौल, भँड़ौआ.
**अश्मंत** = अलाव.
**अश्मंतक** = कचनार.
**अश्म** = पाषाण.
**अश्मर** = पथरीला/पथरीली.
**अश्रप** = राक्षस.
**अश्रव्य** = अश्रुतिगम्य.
**अश्रांत** = अनथका/अनथकी, विश्रांत.
**अश्राव्य** = अश्रुतिगम्य.
**अश्रु** = आँसू.
**अश्रुत** = अनसुना/अनसुनी, अशिक्षित, ध्वनिहीन.
**अश्रुति** = बहरा/बहरी.

**अश्रुतिगम्य** *वि* अकर्णगोचर, अकर्ण्य, अश्रव्य, अश्राव्य, अस्पष्ट, अस्फुट, कर्णातीत, क्षीण, दबा/दबी,

धीमा/धीमी, *मंद*, मंदा/मंदी, मद्धम, हलका/हलकी, •अस्पष्ट (स्वरीय), •ध्वनिहीन, •मंदस्वरीय, ▪घोर, ▪श्रुतिगम्य.

**अश्रुपात** = रुदन.

**अश्रुपात** *सं* अश्रुवर्षा, *रुदन*, वाष्पमोक्ष, वाष्पवृष्टि, •आँसू.

**अश्रुपात करना** = रोना.
**अश्रुपूरित** = अश्रुपूर्ण.
**अश्रुपूर्ण** = दुःखी, भावुक, रुदनशील, शोकपूर्ण.

**अश्रुपूर्ण** *वि* अश्रुपूरित, अश्रुमुख, अश्रुस्नात, आँसू भरा/आँसू भरी, *उदास*, करुण, कातर, कारुणिक, गलिताश्रु, गीला/गीली, छलछल, छलछलाता/छलछलाती, डबडब, डबडबाता/डबडबाती, दुःखकातर, *दुःखी*, नम, पुरनम, रुदनपूर्ण, रोता/रोती, विगलित, *शोकपूर्ण*, *सजल*, साश्रु, •उदास, •करुणाजनक, •पीड़ित, •रुआँसा/रुआँसी, •रोता/रोती, ▪हँसता/हँसती.

**अश्रुपूर्णता** = भावुकता.
**अश्रुमुख** = अश्रुपूर्ण, रुदनशील.
**अश्रुवर्षा** = अश्रुपात.
**अश्रुविगलित** = भावुक.
**अश्रुस्नात** = अश्रुपूर्ण.
**अश्रेय** = बुराई.
**अश्रेयस** = अकल्याण.
**अश्लिष्ट** = एकार्थी, बोलचाल की (भाषा).
**अश्लील** = अपशब्दात्मक, निर्लज्ज, भँड़ौआ.

**अश्लील** *वि अधम*, अभद्र, अमुद्रणीय, अशिष्ट, *उत्तेजक*, उरियाँ, *कामुक*, कामुकतापूर्ण, कुत्सित, कुरुचिपूर्ण, गंदा/गंदी, गर्हित, चरित्रहीन, *धृष्ट*, नंगा/नंगी, *नग्न*, *निर्लज्ज*, निश्शील, पतित, फ़ाश, बेहया, बेहिजाब, बेहूदा/बेहूदी, भंड, भोंड़ा/भोंड़ी, लंपटतापूर्ण, *लज्जाजनक*, लज्जाहीन, शर्मनाक, *सुरुचिहीन*, •कामोद्दीपक, •दुराचारी, •निंदनीय, ▪लजीला/लजीली, ▪शिष्ट, ▪श्लील.

**अश्लील भाषा** = गालीगलौज.
**अश्व** = घोड़ा.
**अश्वक** = घोड़ा.
**अश्वक/अश्वका** = घोड़ा शिशु.
**अश्वका** = बछेड़ी.
**अश्वगोष्ठ** = अस्तबल.
**अश्वत्थ** = पीपल.

**अश्वत्थामा** *सं* कृपीसुत, द्रोणपुत्र, द्रौणी.

**अश्वदंष्ट्रा** = गोखरू.
**अश्वपति** = घुड़सवार.
**अश्वपाल** = कोचवान.
**अश्वबलि** = अश्वमेध.
**अश्वमक्षी** = डाँस.
**अश्वमुख** = किन्नर.

**अश्वमेध** *सं* अश्वबलि, अश्वयज्ञ, क्रतुराज, चक्रवर्ती यज्ञ, जययज्ञ, राजसूय, विश्वविजय यज्ञ, हय मेध, •पशुबलि, •विश्वविजय.

**अश्वयज्ञ** = अश्वमेध.
**अश्वयान** = घोड़ागाड़ी.
**अश्वयान चालक** = कोचवान.
**अश्लेषा** = नक्षत्र सूची.
**अश्वशाला** = अस्तबल.
**अश्वसेना** = सेना चार प्राचीन अंग.

**अश्वसेना** *सं* अश्वानीक, कैवलरी, घुड़सवार सेना, घुड़सेना, रिसाला, •थलसेना, •पदसेना.

**अश्व सैनिक** *सं* अश्वारोही, *घुड़सवार*, रिसालदार, *सवार*, •पैदल सैनिक.

**अश्वा** = घोड़ी.
**अश्वानीक** = अश्वसेना.
**अश्वारोही** = अश्व सैनिक, घुड़सवार.
**अश्वासुर दर्शन** = दुःस्वप्न.
**अश्विनी** = घोड़ी, नक्षत्र सूची.

**अश्विनी कुमार** *सं* अब्धिज, अरुणात्मज, अर्कज, अर्कनंदन, अर्कसुत, अश्विनी युगल, आश्विनेय, गदांतक, दस्र, देव चिकित्सक, देवभिषज, देववैद्य, नासत्य युगल, नासिक्य, बड़वा सुत, भिषग्वर, यमज, रवितनय, रविनंदन, रविपुत्र, रविसुत, रविसूनु.

**अश्विनी युगल** = अश्विनी कुमार.
**अश्वेत** = काला/काली.
**अशशाम (अरबी)** = सीरिया.
**अष्ट** = आठ, आठवाँ/आठवीं.
**अष्ट-** = आठवाँ/आठवीं.
**अष्टक** = आठ समुदाय.
**अष्टक (पाश्चात्य संगीत)** = सप्तक.
**अष्टका** = आठ समुदाय.
**अष्टकोण** = अष्टभुज, अष्टभुजीय.
**अष्टदल** = आठ समुदाय.
**अष्टपद** = कीट, मकड़ी.
**अष्टभुज** = अष्टभुजीय.

**अष्टभुज** *सं* अठभुज, अठभुजा, अष्टकोण, अष्टभुजा, आक्टेगन, औक्टेगन, •आठ.

**अष्टभुजा** = अष्टभुज, दुर्गा.

**अष्टभुजीय** *वि* अठभुज, अठभुजा, अष्टकोण, *अष्टभुज*, •अष्टपार्श्वीय.

**अष्टम** = आठवाँ/आठवीं.
**अष्टमक** = आठवाँ/आठवीं.
**अष्टयोग** = योगांग.
**अष्टसिद्धि सूची** = योगसिद्धि.
**अष्टांग** = आठ समुदाय, योगांग.
**अष्टांग दंडवत** = दंडवत.
**अष्टांग योग** = योग.
**अष्टादश** = अठारह.
**अष्टावक्र** = ऋषि सूची, कुबड़ा/कुबड़ी, तुड़ा मुड़ा/तुड़ी मुड़ी, विद्रूप.
**असंकर** = शुद्धवर्णीय.
**असंकलन** = अपरिग्रह.
**असंकल्प** = दुबिधा, हिचक, हिचक.

**असंकोच** *सं* उदारता, खुलापन, संकोचहीनता.

**असंकोची** = संकोचहीन.
**असंक्रमित** = संक्रमणरुद्ध.
**असंक्षिप्त** = आद्योपांत, सविस्तार.
**असंक्षिप्ततः** = विस्तारपूर्वक.
**असंख्य** = अगणनीय.
**असंख्यक** = अगणनीय.
**असंग** = अनासक्त, निष्काम कर्म,

परमपुरुष.
**असंगठन** = एकताहीनता.
**असंगठित** = अव्यवस्थित, एकताहीन.
**असंगठिततः** = अकेले.
**असंगत** = अनर्गल, अनैतिक, अप्रासंगिक, अवसरप्रतिकूल, अवैज्ञानिक, अवैध, अशालीन, असमर्थनीय, कुतर्कीय, ग़लत, तर्कहीन, दंडनीय, निंदनीय, न्यायहीन, परस्परविरोधी, बकवासपूर्ण, मूर्खतापूर्ण (कृत्य), विपरीत, सामंजस्यहीन.

**असंगत** *वि* अननुकूल, अनमेल, *अनर्गल*, अनाप्त, अनुचित, अनुपयुक्त, अयुक्त, नामाकूल, नामौजूँ, परस्पर असंगत, बेतुका/बेतुकी, बेमेल, *विरुद्ध*, विसंगत, संगतिहीन, ●अप्रासंगिक, ●असंबंधित, ●विपरीत, ■अवसरानुकूल, ■संगत.

**असंगत तर्क** = कुतर्क.
**असंगति** = अनर्गलता, अनर्गलता, असामंजस्य, असामंजस्य, असामंजस्य, एकांतवास, विलगाव, विसंयोग.
**असंगम** = असंपर्क, वियोग.
**असंघटित** = अव्यवस्थित.
**असंचय** = अपव्यय.
**असंचल** = अवहनीय.
**असंचलन** = अप्रगति.
**असंचल होना** = ठहरना.
**असंजात** = अजन्मा/अजन्मी.
**असंज्ञ** = अनुभूतिहीन, स्पर्शानुभूतिहीन.
**असंज्ञक** = संज्ञाहर औषध.
**असंज्ञा** = निस्संज्ञा.
**असंज्ञात** = अज्ञात.
**असंज्ञान** = निस्संज्ञा.
**असंत** = दुर्जन, दुर्जनतापूर्ण.
**असंतति** = निस्संतान.
**असंतान** = निस्संतान.
**असंतुलन** = असामंजस्य, पागलपन.
**असंतुलित** = अनुपातहीन, असमभार, कुडौल, भेदभावपूर्ण, लड़खड़ाता/लड़खड़ाती.
**असंतुलितता** = पागलपन.
**असंतुष्ट** = अतृप्त, अप्रसन्न, कृतघ्न, रूठा/रूठी.

**असंतुष्ट** *वि* अतुष्ट, अपूर्णेच्छ, *निराश*, ●अतृप्त, ■पूर्णेच्छ, ■संतुष्ट.

**असंतुष्टि** = अतृप्ति.
**असंतोष** = अतृप्ति, अप्रसन्नता, उपद्रव.

**असंतोष** *सं* आकुलता, *आतुरता*, इच्छा, ईप्सा, *छटपटाहट*, तृष्णा, पिपासा, *प्यास*, बुभुक्षा, बेकली, बेसब्री, *भूख*, भूखापन, *लालसा*, *वासना*, संतोषहीनता, ●अतृप्ति, ●आसक्ति, ●ईर्ष्या, ●लालसा, ■तृप्ति, ■संतोष.

**असंतोषजनक** = अपर्याप्त, आपत्तिजनक, निराशाजनक.
**असंतोषी** = आतुर, लोभी.

**असंतोषी** *वि* अतोषणीय, *आतुर*, क्षुधित, तृषित, नदीदा/नदीदी, पिपासु, प्यासा/प्यासी, बेकल, बेसब्र, भूखा/भूखी, लालची, लालसी, लोलुप, संतोषहीन, ●परिग्रही, ●लोभी, ●स्वार्थपूर्ण, ■संतोषी.

**असंतोष्य** = अप्रसीद्य.
**असंदिग्ध** = अपरंतुक, अप्रवादित, अवश्यंभावी, विवादातीत, विश्वसनीय, स्पष्ट.

**असंदिग्ध** *वि* अविवादित, *ठीक*, निर्विवाद, निर्विवादित, निश्चायक, निश्चित, प्रमाणातीत, मान्य, मुक़र्रर, यक़ीनी, विवादहीन, *विवादातीत*, संदेहातीत, सुनिश्चित, *स्वीकृत*, ●अप्रवादित, ●प्रमाणसिद्ध, ●विश्वसनीय, ■अनधिकृत, ■तथाकथित, ■दुबिधाजनक, ■विवादित, ■संदिग्ध.

**असंदिग्ध अर्थ** = अभिधार्थ.
**असंदिग्धतः** = अवश्यमेव.
**असंपन्न** = अकृत, अपूर्णकृत, निम्नवित्त, निर्धन.
**असंपर्क** = एकांतवास, किनाराकशी, बहिष्कार.

**असंपर्क** *सं* अनन्वय, असंगम, असंबंध, ●विलगाव.

**असंपर्कित** = औफ़लाइन.
**असंपादित** = अकृत, अपूर्णकृत.
**असंपाद्य** = असाध्य.
**असंपूर्ण** = अपूर्णकृत, आंशिक.
**असंपृक्त** = अनासक्त, अप्रतिबद्ध, गुटनिरपेक्ष, सहानुभूतिहीन.
**असंबंध** = असंपर्क, एकांतवास, किनाराकशी, बहिष्कार.
**असंबंधित** = अप्रासंगिक.

**असंबंधित** *वि* अनपेक्ष, अयुक्त, असंबद्ध, निरन्वय, विविक्त, संबंधहीन, ●असंगत, ■संबंधित.

**असंबंधितता** = परजन भावना.
**असंबद्ध** = अनर्गल, अपारस्परिक, अप्रासंगिक, असंबंधित, असापेक्ष, गुटनिरपेक्ष, तर्कहीन.
**असंबद्धता** = अनर्गलता.
**असंभव** = अव्यावहारिक, असाध्य, दुरारूढ़.

**असंभव** *वि* अकल्पनीय, अघट, अघटनीय, अघटनीय, अघट्य, अघट्य, अनहोनी, अनहोनी, असंभावित, असंभाव्य, ग़ैरमुमकिन, दुष्कल्प्य, नामुमकिन, मुहाल, स्वप्नातीत, ●अनवश्यंभावी, ●असाध्य, ■अवश्यंभावी, ■सहज.

**असंभव घटना** *सं* अनहोनी, अनहोनी घटना, अनहोनी बात, असंभव बात, आकाश कुसुम, ●कठिन कार्य, ●दिवास्वप्न, ●फ़ैंटेसी.

**असंभवता** *सं* अकल्पनीयता, अघटनीयता, अनहोनी, असंभाविता, असंभाव्यता, ●असंभावना, ■संभावना, ■संभावना.

**असंभव बात** = असंभव घटना.

**असंभावना** *सं* असंयोग, आशाहीनता, ●असंभवता, ■प्रत्याशा, ■संभावना.

**असंभावनापूर्ण आशा** = मिथ्या आशा.
**असंभावित** = असंभव.
**असंभाविता** = असंभवता.
**असंभाव्य** = असंभव.
**असंभाव्यता** = असंभवता.

**असंभुक्ता** = कौमार्यवती.
**असंभूत** = अघटित, अजन्मा/अजन्मी, आगामी.
**असंभूति** = अनस्तित्व.
**असंभोगितता** = कुमारीत्व.
**असंभोगिता** = कौमार्यवती.
**असंयत** = अनियंत्रणीय, अव्यवस्थित, निरंकुश, संयमहीन.
**असंयम** = कुपथ्याहार.

**असंयम** *सं* अतिचर्या, अतिचार, अतिरेक, अनिग्रह, *अनियंत्रण*, आत्मसंयम अभाव, उच्छृंखलता, उन्मुक्तता, नियम अपालन, बदपरहेज़ी, मनमानी, संयमहीनता, स्वानुशासनहीनता, •अपव्यय, •अप्रतिबंध, •स्वेच्छाचार, ▪अनुशासन, ▪नियंत्रण, ▪संयम.

**असंयमित** = वासनापूर्ण.
**असंयमी** = अपव्ययी, कुलटा, विलासितापूर्ण, संयमहीन.
**असंयोग** = असंभावना, वियोग.
**असंयोजित करना** = विलगाना.
**असंलग्न** = असमाविष्ट, गुटनिरपेक्ष, पृथक, विलग्न.
**असंवर्तमान** = अवर्तमान.
**असंवेदनशील** = सहानुभूतिहीन.
**असंवैधानिक** = अवैध.
**असंशयालु** = संदेहहीन.
**असंशयी** = संदेहहीन.

**असंशोधित** *वि* अपरिशोधित, अमार्जित, अशुद्ध, नातराश, रूढ़, •मौलिक, ▪संशोधित.

**असंसदीय** = अशालीन.
**असंसारी** = असांसारिक.
**असंस्कृत** = अपरिष्कृत, पिछड़ा/पिछड़ी, भँड़ौआ.

**असंस्कृत** *वि* अकृतात्मा, अनगढ़, *अनाड़ी*, *अपरिष्कृत*, अभद्र, अशिष्ट, असभ्य, *आदिम*, उज़बक, कुढंगा/कुढंगी, गँवार, जंगली, जाहिल, *फूहड़*, बदतमीज़, बर्बर, बेअदब, बेढंगा/बेढंगी, बेशऊर, बेसलीक़ा, बेहूदा/बेहूदी, भद्दा/भद्दी, रुचिहीन, *वन्य*, वहशियाना, वाहियात, शिष्टाचारहीन, शीलहीन, संस्कारहीन, सभ्यताहीन, हुड्ड, •अपरिष्कृत, •अशिक्षित, •अहंकारी, •धृष्ट, •भँड़ौआ, ▪शिष्ट, ▪सभ्य, ▪सुसंस्कृत.

**असंस्तुत** = गुमनाम, गुमनाम.
**असंस्थित** = विचलनशील.
**असंस्मृत** = विस्मृत.
**असंहार्य** = अहंतव्य.
**अस** = ऐसे.
**असकल** = आंशिक.
**असक्रिय** = निष्क्रिय.
**असक्रियित** = विरामित.
**असख** = मित्रहीन.
**असघन** = अजनाकीर्ण, गम्य, पतला (द्रव), विरल, वेध्य, सुरम्य.
**असचेत** = अनेकाग्र.
**असजग** = असावधान, कर्तव्यच्युत.
**असज्जन** = दुर्जन, दुर्जनतापूर्ण.
**असज्जित** = असन्नद्ध.

**असटीक** *वि* अतथ्यपरक, अनवलंबनीय, *अनिर्धारित*, *अनुमानित*, *अविश्वसनीय*, असावधानीपूर्ण, असूक्ष्म, अस्पष्ट, *ग़लत*, तक़रीबन, दोषपूर्ण, *निकट*, पूरा सही नहीं, मोटा मोटा, *लगभग*, •असंगत, •ग़लत, ▪ठीक, ▪सटीक.

**असतत** = अनियमित, अनिरंतर, परिवर्तनशील.
**असतमफ़रोशी** = वेश्यावृत्ति.
**असतर्क** = असावधान, कर्तव्यच्युत.
**असती** = कुलटा.
**असतीत्व** = परगमन.
**असत्** = अनिष्टकारी, अनिष्टकारी, अदर्तमान, असत्य, अस्तित्वहीन, अहित, बुरा/बुरी.

**असत्कार** *सं* अनरस, अवगणना, अवहेलना, असम्मान, *उपेक्षा*, *तिरस्कार*, बेक़द्री, लापरवाही, सत्कार अभाव, सत्कारहीनता, •उपेक्षा, ▪अतिथिपरायणता, ▪सत्कार.

**असत्ता** = अनस्तित्व.
**असत्त्व** = अपदार्थ.
**असत्पुत्र** = कपूत.
**असत्य** = खंडनीय, झूठ, तथ्यहीन, दुष्प्रचार, मिथ्या साक्ष्य.

**असत्य** *वि* अनृत, *अयथार्थ*, असत, कल्पित, *काल्पनिक*, कूट, गढ़ंत, गढ़ा/गढ़ी, *ग़लत*, झूठा/झूठी, तोड़ा मरोड़ा/तोड़ी मरोड़ी, थोथा/थोथी, दिखावटी, फ़र्ज़ी, बनावटी, मनगढ़ंत, मिथ्या, सत्येतर •तथ्यहीन, •पाखंडपूर्ण, •पापपूर्ण, •मायावी, •सत्याभासी, ▪यथार्थ, ▪सत्यपूर्ण.

**असत्य कथन** = मिथ्या साक्ष्य.
**असत्य प्रचार** = दुष्प्रचार.
**असत्यभाषी** = असत्यवादी.
**असत्यवादी** = बहानेबाज़.

**असत्यवादी** *सं* अनृतभाषी, अनृतभाषी, अनृतवादी, अनृतवादी, अनृती, अपलापी, अपह्नोता, *अविश्वसनीय*, अशुद्धाशय, असत्यभाषी, असत्यशील, असत्यात्मा, कपटी, गपोड़ा/गपोड़ी, गपोड़ा/गपोड़ी, गपोड़ा/गपोड़ी, गप्पी, छली, झूठा/झूठी, झूठा/झूठी, झूठा/झूठी, बुरा/बुरी, बेईमान, मिथ्याभाषी, मिथ्याभाषी, मिथ्यावादी, मिथ्यावादी, मृषाभाषी, लबाड़िया, लबारिया, लाईमान, लाईमान, वितथवादी, ह्नोता, •अफ़वाहबाज़, •असत्य, •बेईमान, ▪सत्यवादी, ▪सत्यवादी.

**असत्यशील** = असत्यवादी.
**असत्यात्मा** = असत्यवादी.

**असत्यापित** *वि* अपरीक्षित, *अप्रमाणित*, अप्रमाणीकृत, अप्रामाणिक, ▪सत्यापित.

**असदस्यीकरण** = असमावेश.
**असदाचार** = दुराचार.
**असदाचारिणी** = कुलटा.
**असदाशय** = अशुभचिंतक.
**असदाशयता** = दुष्कामना.
**असदुल्लाह** = अली.
**असदृश** = भिन्न.
**असदृश्य** = भिन्न, विषमपार्श्व.
**असद** = बुरा/बुरी, स्वार्थी.

**असद्भाव** = वैमनस्य.
**असद्भास** = विपरीताभास.
**असद्वृत्ति** = दुराचार.
**असद् व्यवहार** = दुर्व्यवहार.
**असद्व्यवहारी** = दुर्व्यवहारी.
**असनपर्णी** = थूहर.
**असनातन** = क्षणभंगुर, परिवर्तनशील, परिवर्तनशील.

**असन्नद्ध** *वि* अकटिबद्ध, *अतत्पर*, अनुद्यत, अप्रस्तुत, असज्जित, ▪आतुर, ▪सन्नद्ध.

**असन्नारी** = कुलटा.
**असन्निकट** = दूर.
**असन्निधि** = अनुपस्थिति, वियोग.
**असन्निहित** = दूर, पृथक.
**असपत्न** = अनुपम, एकमात्र, एकस्वामीय, शत्रुहीन.
**असफल** = अनुत्तीर्ण, अलोकप्रिय, निराश, निर्धन, पराजित, लक्ष्यच्युत.

**असफल** *वि* अकृतकार्य, अकृतार्थ, *अनुत्तीर्ण*, अपूर्णकाम, अभागा/अभागिन, असिद्धकार्य, असिद्धार्थ, कमनसीब, टाँय टाँय फिस, *दुर्भाग्यशाली*, नाकाम, नाकामयाब, *निराश*, निष्फल, भग्नमनोरथ, भाग्यहीन, विफल, व्यर्थ, हतभाग्य, हारा/हारी, हीन, •उदास, •पराजित, ▪विजयी, ▪सफल.

**असफल लक्ष्य** = लक्ष्यच्युति.
**असबाब** = लगेज, सामान.

**असबाब** *सं* अटाला, बैगेज, बोरिया बधना, बोरिया बिस्तर, यात्रा सामान, *लगेज*, लाव लश्कर, *सामान*, •बिस्तरबंद, •रकसैक, •संदूक़.

**असभ्य** = अपशब्दात्मक, अशालीन, असंस्कृत, वन्य.
**असभ्य भाषा** = गालीगलौज.
**असमंजस** = अनिश्चय, दुबिधा, समस्या, हिचक.
**असमंजसकारी** = दुबिधाजनक.
**असमंजसग्रस्त** = दुबिधाग्रस्त.
**असमंजसहीन** = संकल्पशील.
**असम** = असमभार, असमाकार, भारत राज्य प्रदेश सूची, भेदभावपूर्ण, विषमपार्श्व.

**असम** *सं* अहम, अहोम, आसाम, •भारत राज्य प्रदेश सूची.

**असमः राजधानी** *सं* दिसपुर.

**असमक्ष** = अदृश्य.
**असमक्षता** = अनुपस्थिति.
**असमचेता** = विचलनशील.
**असमत** = पतिव्रत, प्रतिष्ठा, सदाचार.
**असमतफ़रोश** = वेश्या.
**असमतल** = दुर्गम, पर्वतीय.

**असमतल** *वि* उच्चावच, उतारचढ़ावदार, उन्नतावनत, ऊँचा नीचा/ऊँची नीची, ऊबट, ऊबड़खाबड़, ऊभट, कटावदार, *कठिन*, खुरदुरा/खुरदुरी, गह्वर, टेढ़ा/टेढ़ी, तरंगित, *दुर्गम*, नाहमवार, बीहड़, लहरदार, लहरिल, लहरी, विकट, विषमतल, विषमस्तरीय, विसम, स्थूलोच्च्य, •कठिन, •दुर्गम, •पथरीला/पथरीली, •पर्वतीय, ▪समतल.

**असमतल भूमि** *सं* अखोह, उतारचढ़ाव, ऊँचनीच, ऊबड़खाबड़ भूमि, दुर्गम भूमि, *पथरीली भूमि*, बीहड़, राँकड़, •पथरीली भूमि, •बीहड़ भूमि, ▪समतल भूमि.

**असमदर्शन** = पक्षपात.
**असमदर्शी** = पक्षपाती, विचलनशील.
**असमपार्श्व** = अनुपातहीन, विषमपार्श्व.
**असमबाण** = कामदेव.
**असमबुद्धि** = विचलनशील.

**असमभार** *वि* असंतुलित, *असम*, असमान, उलरुआ, उलाड़, उलार, झुका/झुकी, ▪समभार.

**असममित** = विषमपार्श्व.
**असमय** = अकालजात, असामयिक, पूर्वजात, बेमौसम.
**असमयानुसार** = असामयिक, बेमौसम.
**असमरूप** = भिन्न.
**असमर्थ** = अक्षम, निर्बल, विकलांग, विवश.
**असमर्थन** = अस्वीकृति, विरोध.

**असमर्थनीय** *वि* अग्राह्य, अनुचित, अपरिग्राह्य, अमान्य, *असंगत*, *अस्वीकार्य*, *ग़लत*, त्याज्य, नामुनासिब, नावाजिब, बुरा/बुरी, वर्ज्य, •अस्वीकार्य, •खंडनीय, •निंदनीय, ▪समर्थनीय, ▪स्वीकार्य.

**असमलक्षण** = भिन्न.
**असमांतर** = कोणाकार, विकर्णयुक्त.

**असमांतर** *वि* दूर जाता, मिलता/मिलती, •कोणाकार, •विकर्णयुक्त, •विषमपार्श्व, ▪समांतर.

**असमाकार** *वि* अतुल्य, *असम*, असमान, छोटा बड़ा, न्यूनाधिक, *भिन्न*, विषम, •भिन्न, ▪समाकार.

**असमागम** = वियोग.

**असमाधानित** *वि* अनध्यीत, अनबूझा/अनबूझी, अनसमझा/अनसमझी, अनसुलझा/अनसुलझी, *अहलित*, चिंतनाधीन, •जटिल, ▪समाधानित.

**असमाधान्य** = सुराग़हीन.

**असमाधान्य** *वि* अनबूझ, अबूझ, *अबोध्य*, उलझनपूर्ण, उलझा/उलझी, *कठिन*, *जटिल*, दुर्बोध्य, पेचीदा, *भारी*, *भ्रामक*, मुश्किल, सख़्त, समझ से परे, *समस्यात्मक*, *सूक्ष्म*, ▪बोध्य, ▪सहज.

**असमान** = अनुपम, असमभार, असमाकार, भिन्न, भिन्नकोटीय, भेदभावपूर्ण, विषमपार्श्व.
**असमान अधिकार** = असमानतावाद.
**असमानता** = अन्याय, असमानतावाद.
**असमानतापूर्ण** = भेदभावपूर्ण.

**असमानतावाद** *सं* अनुदारता, *अन्याय*, असमान अधिकार, असमानता, असमानाधिकार, असाम्य, अस्पृश्यतावाद, ऊँचनीच, छुआछूतवाद, जातपाँत, भेदभाव, भेदभाववाद, विषमता, •अस्पृश्यता,

•लिंगवाद, •वर्गभेद, •संप्रदायवाद.

**असमानतावादी** = प्रजातिवादी.
**असमानता समापक** = भेदभाव समापक.
**असमानाधिकार** = असमानतावाद.
**असमाप्त** = अनष्ट, अपूर्णकृत, अवशिष्ट.
**असमाप्त (कार्य)** = अपूर्णकृत.
**असमाप्य** = अगणनीय.
**असमाविष्ट** = अपवादित.

**असमाविष्ट** *वि* अननुमत, अपरोधित, असंलग्न, असम्मिलित, *अस्वीकृत*, छोड़ा/छोड़ी, त्यक्त/त्यक्ता, निरोधित, *निषिद्ध*, रोक लगा/रोक लगी, वर्जित, वारित, •अपवादित, •अस्वांगीकृत, •परित्यक्त, •सिवा, ▪समाविष्ट.

**असमावेश** = अपवाद.

**असमावेश** *सं* अननुमति, अनभिग्रहण, *अपवाद*, अप्रवेश, असदस्यीकरण, असमाहार, *अस्वीकृति*, छूट, नामंज़ूरी, निषेध, *बाधा*, मनाही, रोक, •अपवाद, •निर्वासन, •परित्यजन, •परित्याग, •बहिष्कार, ▪चयन, ▪समावेश.

**असमाहार** = असमावेश.
**असमिया** = भारत राष्ट्रभाषा सूची, भारतीय लिपि सूची.
**असमीचीन** = अप्रासंगिक, अवसरप्रतिकूल, आपत्तिजनक, कुतर्कीय.
**असमीप** = अनासन्न, दूर.
**असमीपता** = दूरी.
**असमुपस्थित** = अनुपस्थित.
**असमुपस्थिति** = अनुपस्थिति.
**असमृद्ध** = निर्धन, सर्वहारा वर्गीय.
**असम्मत** = अस्वीकृत, शास्त्रविरुद्ध.
**असम्मति** = असहमति, अस्वीकृति.
**असम्मान** = अपमान, असत्कार, तिरस्कार.
**असम्मिलित** = असमाविष्ट.
**असम्मिश्रित** = अमिश्रित.
**असम्मोह** = अनासक्ति.
**असम्यक्** = अनैतिक, अपर्याप्त, अप्रासंगिक, अर्हताहीन, न्यायहीन.
**असरंदाज़** = प्रभावशाली.

**असर** = छाप, नशा, प्रताप, प्रभाव.
**असर डालना** = उकसाना.
**असरदार** = अधिकारपूर्ण, उत्साहप्रद, चिकित्साकारी, नाटकीय, प्रतिष्ठित, प्रभावशाली, प्रेरणाप्रद, भावोत्पादक, मादक, सहमतकारी.
**असर पिज़ीर** = प्रभावित.
**असरिया** = शरणागत.
**असर्वांग** = आंशिक.
**असल** = असली, मूलधन, मौलिक कृति, वैध (संतान).
**असला** = शस्त्रास्त्र.
**असली** = कुलीन, तथ्यात्मक, प्राकृतिक, मौलिक, यथार्थ, वैध (संतान), सत्याधारित, सहोदर.

**असली** *वि* अकूटकृत, अकृत्रिम, अच्छा/अच्छी, *अमिश्रित*, असल, कूटहीन, खरा/खरी, ख़ालिस, खोटहीन, चोखा/चोखी, टकसाली, नक़ली नहीं, प्रकृत, प्रमाणित, प्रामाणिक, बढ़िया, बारहबानी, बेमिलावट, *विश्वसनीय*, शुद्ध, सच्चा/सच्ची, हक़ीक़ी, •मौलिक, ▪जादुई, ▪दिखावटी, ▪नक़ली, ▪मायावी, ▪मिलावटी.

**असली दोस्त** = निस्स्वार्थ मित्र.
**असलीयत** = यथार्थता.
**असवाधानी** = भूल.
**असवार** = घुड़सवार, सवार.
**असवारी** = सवार, सवारी.
**असह** = असहनशील, असह्य.
**असहकर्म** = असहयोग.
**असहकार** = असहयोग.
**असहकारिता** = असहयोग.
**असहचर** = एकांतप्रिय.
**असहचर्य** = एकांतवास.
**असहचर्या** = एकांतवास.
**असहज** = अप्राकृतिक, अस्वाभाविक, कठिन, चिंतित.
**असहनशील** = क्रोधी.

**असहनशील** *वि अनुदार*, असह, असहिष्णु, *कट्टर*, *मतांध*, *संकीर्ण*, संकीर्णहृदय, संकुचित, *संप्रदायवादी*, •उग्रवादी, •क्षमाहीन, •मतांध, ▪विशालहृदय, ▪सहनशील.

**असहनशीलता** = धर्मयुद्ध, प्रजातिवाद.
**असहनीय** = असह्य.
**असहमत** = विरुद्ध.

**असहमत** *वि* अलग, मतभेदपूर्ण, *विभाजित*, विसंगत, समतभेद, ▪सहमत.

**असहमति** = अस्वीकृति, आपत्ति, एकताहीनता, मत परिवर्तन, विरोध, विवाद.

**असहमति** *सं* असम्मति, *आपत्ति*, इनकार, ग़ैररज़ामंदी, नाइत्तिफ़ाक़ी, विमति, विसंवाद, वैमत्य, •नहीं, •मतभेद, ▪अनुबंध, ▪सहमति.

**असहमति योग्य** = आपत्तिजनक.
**असहमत्य** = आपत्तिजनक.
**असहयोग** = राजद्रोह, सत्याग्रह.

**असहयोग** *सं* असहकर्म, असहकार, असहकारिता, नौनकोआपरेशन, *सहयोगहीनता*, सहायता अभाव, ▪सरपरस्ती, ▪सहयोग, ▪सहायता.

**असहयोगवादी** = सत्याग्रही.
**असहयोगी** = अतत्पर.
**असहाय** = अक्षम, असुरक्षित, गाय समान, निर्बल, परित्यक्त, बेघर, भिखारी, मित्रहीन, विकलांग, विकल्पहीन, विवश, साधनहीन.

**असहाय** *वि अनाथ*, अनुपाय, अपंग, अशक्त, अशरण, गतिहीन, निराश्रय, निरीह, निरुपाय, निस्सहाय, पंगु, बेचारा/बेचारी, बेबस, बेसहारा, लाचार, *विवश*, सहायकहीन, सहायताहीन, हताश्रय, •निहत्था/निहत्थी, •परित्यक्त, •मित्रहीन, •विकल्पहीन, •साधनहीन, ▪सक्षम.

**असहाय क्रोध** = खीज.
**असहायतः** = विवशतः.
**असहायता** = कुपरिस्थिति, सहयोगहीनता.
**असहिष्णु** = अनुदार, असहनशील, मतांध.
**असहिष्णुता** = आतंकवाद.
**असह्य** = अतिशीतल, नारकीय.

**असह्य** *वि* अनिर्वाह्य, असह, असहनीय, उदग्र, *कठिन*, *कठोर*, कड़ा/कड़ी, कड़ाके का/कड़ाके की, कड़ियल, तीव्र, दारुण, दुस्सह, दुस्सह्य, नागवार, प्रचंड, *प्रबल*, बरदाश्त के बाहर, *भारी*, सख़्त, •असौम्य, ▪सह्य.

**असांसदिक** = अशालीन.
**असांसारिक** = अनासक्त.

**असांसारिक** *वि* अनीह, अलिप्त, असंसारी, उदासीन, ग़ैरदुनियावी, बेनियाज़, बैरागी, रागहीन, •परलौकिक, •व्यवहार अकुशल, ▪सांसारिक.

**असांस्रारिक** = स्थितप्रज्ञ.
**असा** = डंडा.

**असाक्षर** *वि* अँगूठाछाप, *अज्ञानी*, अनक्षर, अनजान, अनपढ़, अनपढ़ा/अनपढ़ी, अपढ़, कुपढ़, कोरा/कोरी, जाहिल, निरक्षर, बेपढ़ा/बेपढ़ी, विद्याविहीन, •अशिक्षित, ▪शिक्षित, ▪साक्षर.

**असाक्षरता** *सं* *अज्ञान*, अनपढ़ता, काला अक्षर, कुपढ़ता, जहालत, निरक्षरता, •अज्ञान, ▪शिक्षा, ▪साक्षरता.

**असाढ़** = आषाढ मास.
**असाधन** = साधनहीन.
**असाधारण** = अनपेक्षित, अप्राकृतिक, अभूतपूर्व, असामान्य, आश्चर्यजनक, उल्लेखनीय, गुह्य, चमत्कारपूर्ण, जादुई, दुर्लभ, परलौकिक, भव्य, विचित्र, संग्रहणीय.
**असाधारणतः** = कभी कभी.
**असाधारण योद्धा** = महारथी.
**असाधित** = अकृत.
**असाधु** = अनिष्टकारी, दुर्जनतापूर्ण.
**असाध्य** = अचिकित्स्य, क्षमतातीत, जीर्ण (रोग).

**असाध्य** *वि* अकर, अक्रियात्मक, अठान, अनिर्वाह्य, अनिषाद्य, अव्यवहार्य, *अव्यावहारिक*, अशक्य, असंपाद्य, *असंभव*, नामुमकिन, बस के बाहर, लाहल, वशेतर, *विवेकहीन*, •कठिन, ▪सहज, ▪साध्य.

**असाध्वी** = कुलटा.
**असान्निध्य** = अनुपस्थिति.

**असापेक्ष** *वि* अनिर्भर, अपरस्पर, असंबद्ध, निरपेक्ष, स्वतंत्र, ▪सापेक्ष.

**असाबरदार** = द्वारपाल.

**असामंजस्य** *सं* अंतर, अननुकूलता, अनमेल, अनमेल, अनिर्वाह, अपनी अपनी ढपरी अपना अपना राग, अपनी अपनी दिशा में जाना, अपरस्परता, असंगति, असंतुलन, *कलह*, कुसंगतता, दुस्संगतता, परस्पर अनिर्वाह, परस्पर असंगति, परस्पर असंगति, बेतालापन, बेतालापन, बेमेलपन, भेद, विसंगतता, विसंगति, वैपरीत्य, वैपरीत्य, संभेद, सामंजस्यहीनता, •अपरस्परता, •अव्यवस्था, •असंगति, •असहयोग, •वैमनस्य, •शत्रुता, ▪सामंजस्य.

**असामयिक** = अकालजात, अर्धविकसित, अवसरप्रतिकूल, बेमौसमी.

**असामयिक** *वि* अकाल, असमय, असमयानुसार, समयविपरीत, •अकालजात, •समय के बाद, •समय से पहले, ▪समयानुसार.

**असामयिकतः** = समय के बाद.
**असामाजिक** = अंतर्मनस्क, अमिलनसार, मित्रहीन.
**असामाजिकता** = एकांतवास.
**असामाजिक व्यवहार** = अपराध.
**असामान्य** = अनियमित, आश्चर्यजनक, चमत्कारपूर्ण, चिंतित, दुरारूढ़, दुर्लभ, प्रसिद्ध, विचित्र, सुंदर.

**असामान्य** *वि* अजनबी, *अज्ञात*, अद्‌भुत, *अपरिचित*, अप्रत्याशित, अलग, अलौकिक, असाधारण, *उल्लेखनीय*, कोई कोई, ख़ास, ग़ज़ब का, ग़ैरमामूली, *दुर्लभ*, न्यारा/न्यारी, बिरला/बिरली, *भिन्न*, *विचित्र*, विशिष्ट, विषम, •अप्रचलित, •अप्राकृतिक, •अभूतपूर्व, •आश्चर्यजनक, •उल्लेखनीय, •भिन्न, •विचित्र, •विशेष, •स्मरणीय, ▪साधारण, ▪सामान्य.

**असामान्यतः** = कभी कभी.
**असामान्यता** = अपवाद.
**असामी** = अभियुक्त, आरोपित व्यक्ति, ऋणग्रस्त, किसान, क्लायंट, स्वामी.
**असामीप्य** = अनुपस्थिति.
**असाम्य** = असमानतावाद.
**असार** = अर्थहीन, निष्कारण, निरर्थक.
**असार संसार** = इहलोक.
**असार्थक** = अनुपयोगी, निरर्थक.
**असावधान** = अनेकाग्र, कर्तव्यच्युत.

**असावधान** *वि* अंधा/अंधी, *अचेत*, अचेतन, अजागरूक, अनवधान, असजग, असतर्क, उदासीन, ग़ाफ़िल, ध्यानहीन, प्रमद, प्रमादी, बेख़बर, बेध्यान, बेपरवाह, लापरवाह, विचारहीन, सावधानीहीन, सोया/साई, •अनेकाग्र, •आलसी, •विस्मरणशील, ▪कर्तव्यपरायण, ▪सावधान.

**असावधानी** = जल्दबाज़ी, दुरुपभोग.

**असावधानी** *सं* अनिष्ठा, अवहेलना, कमतवज्जही, कार्य अनिष्ठा, ग़फ़लत, *चूक*, च्युति, प्रमाद, बेख़बरी, बेध्यानी, बेपरवाही, भूलप्रवणता, भ्रमितता, लापरवाही, *विस्मरण*, सावधानीहीनता, •अनेकाग्रता, •ग़लती, •जल्दबाज़ी, •भूल, ▪सावधानी.

**असावधानीपूर्ण** = असटीक.
**असाहसी** = कायर.

**असिंचित** *वि* इंद्रकृष्ट, कठ, *कठोर*, खुश्क, निर्जल, पपड़ाया/पपड़ाई, बारानी, वर्षावलंबित, वर्षासिंचित, शुष्क, सिंचनहीन, सूखा/सूखी, ▪सिंचित.

**असि** = कृपाण, तलवार.
**असिक्नी** = अंतःपुर दासी.
**असिजीवी** = तलवारधारी, सैनिक.
**असित** = ऋषि सूची, काला/काली,

नीला/नीली.
**असितग्रीव** = अग्नि.
**असितांबुज** = नीलकमल.
**असितार्चि** = अग्निदेव.
**असितोपल** = नीलम.
**असिद्ध** = अकृत, अनपका/अनपकी, अनुभवहीन, अपूर्णकृत, अप्रमाणित.
**असिद्धकार्य** = असफल.
**असिद्धार्थ** = असफल.
**असिद्ध्य** = अप्रमाण्य.
**असिधारी** = तलवारधारी.
**असिस्टैंट** = अवर कर्मचारी.

**असिस्टैंट** *सं* अनुचर, एड-डी-कौंग (हिंदी उच्चारण), डिप्टी, दुसरिहा, नायब, *प्रतिनिधि*, वाइस-, संगी/संगिनी, सहकर्मचारी, सहकर्मी, सहकारी, सहयोगी, सहायक, •क्लर्क.

**असीम** = अगणनीय, खुला/खुली, विस्तीर्ण.

**असीम** *वि* अंतहीन, अकूपार, अछोर, अज़हद, *अनंत*, अनंतवान, अनहद, *अनादि*, अपरंपार, अपरिमित, अपरिसीम, अपर्यंत, अपार, अप्रमित, अप्रमेय, अमर्याद, अमर्यादित, अमाप, अमित, असीमित, आद्यंतहीन, आरंभहीन, आरंभांतहीन, ओरछोरहीन, छोरहीन, निस्सीम, प्राचीरहीन, फैला पसरा/फैली पसरी, बेदरोदीवार, बेदीवार, बेहद, विराट, *विस्तीर्ण*, विस्तृत, सर्वतोमुख, सार्वलौकिक, सीमातीत, सीमाहीन, •अमाप्य, ▪सीमाबद्ध.

**असीमित** = अपरंतुक, असीम, खुला/खुली.
**असीमित मात्रा वाला** = अगणनीय.

**असीसना** *क्रि* आशीर्वाद देना, कल्याणकामना करना, दुआ देना, भला चाहना, सिर सूँघना, ▪सरापना.

**असुंदर** = कलाहीन, कुरूप, सौंदर्यहीन.
**असुंदर हस्तलेख** = कुलेख.

**असु** = प्राणशक्ति.
**असुगम** = कठिन, क्लिष्ट (भाषा), समस्यात्मक.
**असुत** = पुत्रहीन.
**असुप्त** = जाग्रत.
**असुप्ति** = जाग्रत अवस्था.
**असुर** = अत्याचारी, अहुरमज़्द, राक्षस, राहु, शैतान.
**असुरक्षा** = अराजकता.

**असुरक्षा** *सं* अरक्षा, *अराजकता*, अस्थिरता, रक्षाहीनता, •अराजकता, •ख़तरा, •भीड़तंत्र, •संकट, ▪शरण.

**असुरक्षित** = जोखिमपूर्ण, फिसलनयुक्त, संकटग्रस्त.

**असुरक्षित** *वि* अदुर्गित, अरक्षित, *असहाय*, कच्चा/कच्ची, क्षेमहीन, खुला/खुली, बचावहीन, रक्षकहीन, रक्षाहीन, संकटापन्न, संशयात्मक, सुरक्षाहीन, •संकटग्रस्त, ▪रक्षित, ▪सुदृढ़.

**असुरगुरु** = शुक्राचार्य.
**असुरद्रोही** = देवता.
**असुरमघ** = अहुरमज़्द.

**असुरवध** *सं* असुरसंहार, उद्धार, तारण, देवता द्वारा असुर वध, निस्तार, संहार, समुद्धार, •वध.

**असुरसंहार** = असुरवध.
**असुर स्त्री** = राक्षस स्त्री.
**असुरा** = वेश्या.
**असुराचार्य** = शुक्राचार्य.
**असुरारि** = देवता, विष्णु.
**असुरीय** = दानवीय.
**असुलभ** = दुर्लभ.

**असुविधा** *सं* कठिनाई, ज़हमत, झंझट, झाँझा, दिक़्क़त, परेशानी, बखेड़ा, सिरदर्द, सुविधाहीनता, •समस्या, ▪सुख, ▪सुविधा.

**असुविधाजनक** = थकाऊ.
**असुशील** = अमिलनसार.
**असुहाना/असुहानी** = पीड़ाप्रद.
**असूक्ष्म** = असटीक.
**असूचना** = अज्ञान.

**असूयक** = निंदक.
**असूया** = ईर्ष्या, छिद्रान्वेषण, वैमनस्य.
**असूर्यंपश्या** = परदानशीन.
**असृजनशील** = सृजनहीन.
**असृजनात्मक** = सृजनहीन.
**असृष्ट** = अघटित, अपौरुषेय, अरचित.
**असेव्य** = अनाहार्य, अनुपभोग्य, अपाच्य.
**अ से ह तक** = अकारादि क्रमिक, आरोहक्रमिक.

**असैंबलित** *वि* असैंबल्ड, जुड़ा/जुड़ी, जोड़ कर बना, पुरजे जोड़ कर बना, बँधा/बँधी, बद्ध, भागयुक्त, यंत्रित, संकलित, •रेडीमेड.

**असैंबली** = सभा.
**असैंबल्ड** = असैंबलित.
**असैनिक** = सिविलियन.
**असैनिकिकरण** = विसैन्यीकरण.
**असैन्य** = अनाक्रामक.
**असैन्यीकरण** = विसैन्यीकरण.
**असैन्यीकृत** = विसैन्यीकृत.
**असौज** = आश्विन मास.
**असौम्य** = अहंकारी, दुर्व्यवहारी, धृष्ट, भँड़ौआ, वन्य.

**असौम्य** *वि* अभद्र, अविनीत, कटु, *कठोर*, कड़ियल, कर्कश, खक्खट, खुश्क, *गरम*, *तीक्ष्ण*, तीखा/तीखी, तीव्र, तेज़, पत्थर, परुष, *प्रबल*, बदमिज़ाज, मुँहफट, रूखा/रूखी, •असह्य, •आक्रामक, •क्रोधी, •चंचल, •तूफ़ानी, •धृष्ट, ▪कोमल, ▪प्रशांत, ▪विनम्र, ▪सौम्य.

**अस्करी** = सैनिक.
**अस्तंगत** = अस्तगत.
**अस्तंगति** = सूर्यास्त.
**अस्तंगमन** = अस्तगमन.
**अस्तंगमनशील** = अस्तगामी.
**अस्तंगामी** = अस्तगामी, मरणासन्न.
**अस्त** = अंत, अस्तगत, नष्ट, नाश, सूर्यास्त.
**अस्तकाल** = सायंकाल.
**अस्तकालीन** = अस्तगामी, सायंकालीन.

**अस्तगत** *वि* अदृष्ट, अस्तंगत, अस्त, ओझल, *गत*, गुरूब, डूबा/डूबी, ढला/ढली, लुप्त, विलीन, ▪उदित.

**अस्तगमन** *सं* अधोगमन, अवरोह, अस्तंगमन, अस्ताचल गमन, गुरूब, छिपन, डूब, ढलन, *पतन*, •सायंकाल, ▪उदय.

**अस्तगामी** = अवनतिशील.

**अस्तगामी** *वि* अवरोही, अस्तंगमनशील, अस्तंगामी, अस्तकालीन, उतरता/उतरती, *गमनशील*, गामी, गिरता/गिरती, घटता/घटती, छिपता/छिपती, जाता/जाती, डूबता/डूबती, ढलता/ढलती, पतनशील, पतनोन्मुख, •अवनतिशील, ▪उदीयमान.

**अस्त दिशा** = पश्चिम दिशा.
**अस्तबल** = पशुशाला.

**अस्तबल** *सं* अश्वगोष्ठ, अश्वशाला, घुड़साल, तबेला, वाजिशाला, स्टाल, स्टेबल, हयालय.

**अस्त भाग्य** = दुर्भाग्य.
**अस्तभाग्य** = दुर्भाग्यशाली.
**अस्तर** = पलस्तर.

**अस्तर** *सं* अँतरौटा, अस्तर कपड़ा, पहल, भितल्ला, •पैडिंग, •बुकरम, •भरावट.

**अस्तर कपड़ा** = अस्तर.
**अस्तव्यस्त** = अव्यवस्थित, अव्यवस्थित, क्रमहीन.
**अस्तव्यस्तता** = अव्यवस्था.
**अस्त होना** = उजड़ना, ढलना.
**अस्ताचल को जाना** = ढलना.
**अस्ताचल गमन** = अस्तगमन.
**अस्ताचल दिशा** = पश्चिम दिशा.
**अस्तित्व** = जीवन.

**अस्तित्व** *सं* इहलौकिकता, *जीवन*, जीवितता, भव, भूति, मौजूदगी, वजूद, वर्तमानता, विद्यमानता, सत्ता, सत्त्व, हस्ती, होनी, •आवागमन चक्र, •जीवन, ▪अनस्तित्व.

**अस्तित्व काल** = जीवन काल.
**अस्तित्व ग्रहण** = जन्म.
**अस्तित्व दान** = जनन.
**अस्तित्वनष्ट** = नष्ट, हत्याकृत.
**अस्तित्व प्रदान** = सृजन.
**अस्तित्व बोध** = अध्यात्म ज्ञान.
**अस्तित्वमय** = जीवित.
**अस्तित्वमान** = जीवित, वर्तमान.
**अस्तित्व में लाना** = बनाना.
**अस्तित्व में होना** = जीना.
**अस्तित्वलोप** = नाश.
**अस्तित्ववाद** = आस्तिकतावाद.
**अस्तित्ववादी** = आस्तिक.
**अस्तित्वहीन** = अवर्तमान, नष्ट, मृत, शून्य.

**अस्तित्वहीन** *वि* अजीवित, अभूत, *अवर्तमान*, अविद्यमान, असत्, कहीं नहीं, नदारद, नेस्त, •नष्ट, ▪अस्तित्वशाली, ▪जीवित.

**अस्तित्व होना** = जीना.
**अस्तिवाद** = आस्तिकतावाद.
**अस्तिवादी** = आस्तिक.
**अस्तोदय** = उत्थानपतन, भाग्यचक्र.
**अस्त्र** = बाण, शस्त्र.
**अस्त्रधारी** = शस्त्रसज्जित.
**अस्त्रफला** = चीड़.
**अस्त्रविराम** = युद्धविराम.
**अस्त्रवेद** = धनुर्वेद.
**अस्त्रशस्त्र** = शस्त्रास्त्र.
**अस्त्रशाला** = शस्त्रागार.
**अस्त्रागार** = शस्त्रागार.
**अस्त्रीक** = अपत्नीक.
**अस्थमा (हिंदी उच्चारण)** = दमा.
**अस्थाणु** = विचलनशील.
**अस्थायी** = अंतरा, अल्पजीवी, परिवर्तनशील, मर्त्य, वहनीय.
**अस्थायी भाव** = संचारी भाव.
**अस्थायी युद्ध समाप्ति** = युद्धविराम.
**अस्थायी वास** = पड़ाव.
**अस्थावर** = अस्थिर, वहनीय, विचलनशील.
**अस्थास्नु** = वहनीय.
**अस्थि** = भस्मावशेष, हाथीदाँत.

**अस्थि** *सं* करंक, कीकस, बोटी, बोन, वज्र, शल्य, सक्थि, हड्डी, हाड़, •अस्थिपंजर.

**अस्थिकलश** *सं* अस्थिपात्र, अस्थिमंजूषा, धातुगोप, पुष्पकलश, भस्मावशेष कलश, •भस्मावशेष, •शवदाह, •स्तूप.

**अस्थिपंजर** *सं* अंजरपंजर, कंकाल, ठटरी, ठाटर, *ढाँचा*, पंजर, हटौती, हड़ावल, हड़ौती, हड्डी पसली, •अस्थि, •ढाँचा.

**अस्थिपात्र** = अस्थिकलश.
**अस्थिबंधन** = स्नायु.
**अस्थिमंजूषा** = अस्थिकलश.
**अस्थिमज्जा** = मज्जा.
**अस्थिमुद्रिका** = अंगुश्ताना.
**अस्थिर** = अनवश्यंभावी, अनिर्धारित, अनुमानित, अराजकतापूर्ण, अव्यवस्थित, उत्तेजित, उथलपुथलपूर्ण, एकताहीन, चंचल, चिंतित, जोखिमपूर्ण, दुबिधाग्रस्त, निष्ठाहीन, मनोविकारग्रस्त, लड़खड़ाता/लड़खड़ाती, विचलनशील.

**अस्थिर** *वि* अदृढ़, अध्रुव, अनस्थिर, अस्थावर, कच्चा/कच्ची, काँपता/काँपती, गिरता/गिरती, *चंचल*, चलाचल, डिगता/डिगती, ढुलमुल, नापायदार, *परिवर्तनशील*, लड़खड़ाता/लड़खड़ाती, *विचलित*, स्खलित, •उत्तेजित, •कंपनशील, •भयभीत, •विचलित, ▪अचल, ▪निश्चल, ▪सुदृढ़, ▪स्थिर.

**अस्थिरकारी** = विचलनकारी.
**अस्थिरगामी** = लड़खड़ाता/लड़खड़ाती.
**अस्थिरचित्त** = चिंतित, मनोविकारग्रस्त.
**अस्थिरचित्तता** = मनोविकार.
**अस्थिरता** = अराजकता, अव्यवस्था, असुरक्षा, मनोविकार, लड़खड़ाहट, हिचक, हिचक.
**अस्थिर होना** = डगमगाना, लड़खड़ाना.
**अस्थिशेष** = कंकालमात्र, भस्मावशेष.
**अस्थिसंभव** = इंद्रवज्र.
**अस्थिसार** = मज्जा.
**अस्निग्ध** = घीतेलहीन.

**अस्पताल** *सं* आरोग्य शाला, *क्लीनिक*, चिकित्सालय, दवाख़ाना, रुग्णालय, शफ़ाख़ाना, हस्पताल, हास्पिटल, •नर्सिंग होम, •पागलख़ाना, •वार्ड, •सैनेटोरियम.

**अस्पताल गाड़ी** = ऐंबुलैंस.
**अस्पताल वार्ड** = वार्ड.
**अस्पर्शित** = अनुपभुक्त.

**अस्पर्शित** *वि* अकलुष, अच्छा/अच्छी, अछूता/अछूती, अदूषित, अनछुआ/अनछुई, अमलिन, अमानिया, अस्पृष्ट, कोरा/कोरी, निर्मल, *पवित्र*, *स्वच्छ*, ●निष्कलंक, ■स्पर्शित.

**अस्पष्ट** = अदृश्य, अनवश्यंभावी, अनिश्चिताकारीय, अपरिभाषित, अश्रुतिगम्य, असटीक, अस्पष्ट (उच्चारक), अस्पष्ट (कथन), अस्पष्ट (स्वरीय), कुदृश्य, कुलिखित, कूटबद्ध, क्लिष्ट (भाषा), धुँधला/धुँधली, रहस्यपूर्ण, श्लेषोक्तिपूर्ण, संदिग्धार्थी, समस्यात्मक, हकला/हकली, हकला/हकली.

**अस्पष्ट (उच्चारक)** *वि* अवाक्, अस्पष्ट, गलबलिया, *जटिल*, मिनमिन, मिनमिनाता/मिनमिनाती, *वाचारुद्ध*, हकलाता/हकलाती, ●अवाचाल.

**अस्पष्ट (कथन)** *वि* अनिश्चित, अनेकार्थक, अस्पष्ट, अस्पष्ट कथित, अस्पष्टवादितापूर्ण, अस्पष्टोक्तिपूर्ण, उभयार्थक, गोल गोल, गोलमटोल, गोल मोल, दुबिधापूर्ण, श्लेषार्थ, *संदिग्ध*, संदिग्धार्थ, संशयात्मक, ●उभयार्थक, ●भ्रामक, ●संदिग्ध, ●संदिग्धार्थी, ■शब्दार्थिक.

**अस्पष्ट (स्वरीय)** *वि* *अज्ञेय*, अबूझ, *अबोध्य*, अस्पष्ट, दबा/दबी, मिनमिन, ●अश्रुतिगम्य, ●तोतला/तोतली, ●नैंकना/नैंकनी, ●फुसफुसाता/फुसफुसाती, ●मंदस्वरीय, ●हकला/हकली.

**अस्पष्ट उत्तर** = अस्पष्टवादिता.
**अस्पष्ट कथित** = अस्पष्ट (कथन).
**अस्पष्ट ज्ञान से अज्ञात की कल्पना** = अटकल.
**अस्पष्टता** = अस्पष्टवादिता.
**अस्पष्ट बात करने वाला** = बहानेबाज़, बहानेबाज़.
**अस्पष्ट लिखित** = कुलिखित.
**अस्पष्ट लेख** = कुलेख.

**अस्पष्टवादिता** *सं* अपदेश, अस्पष्ट उत्तर, अस्पष्टता, अस्पष्टोक्ति, *किंतु परंतु*, ख़ामोशी, गोलमटोल बात, चुप्पी, टरकाव, टालमटोल, तीन पाँच, दोमुँही बातें, निरुत्तरता, *बहानेबाज़ी*, यद्वा तद्वा, लागलपेट, *वाक्छल*, हीलेबाज़ी, ●कुतर्क, ■उत्तर, ■स्पष्टवादिता.

**अस्पष्टवादितापूर्ण** = अस्पष्ट (कथन), संदिग्धार्थी.
**अस्पष्टवादी** = बहानेबाज़, बहानेबाज़.
**अस्पष्टोक्ति** = अस्पष्टवादिता.
**अस्पष्टोक्तिपूर्ण** = अस्पष्ट (कथन).
**अस्पृश्य** = संक्रामक.

**अस्पृश्य** *वि* अछूत, दलित, ●पिछड़ी जाति का.

**अस्पृश्य (पुरानी मान्यता)** = कुष्ठ रोगी.

**अस्पृश्यता** *सं* अछूतता, ऊँचनीच, छुआछूत, छूतछात, द्विजअद्विज भेद, हरिजन भेद, ●प्रजातिवाद.

**अस्पृश्यतावाद** = असमानतावाद.
**अस्पृश्यतावादी** = प्रजातिवादी.
**अस्पृष्ट** = अस्पर्शित, निष्कलंक.
**अस्पृष्टा** = कौमार्यवती, कौमार्यवती.
**अस्पृहा** = अनिच्छा.
**अस्पृही** = संतोषी.
**अस्फुट** = अनुच्चारित, अश्रुतिगम्य.
**अस्फुट आवाज़ में बोलना** = फुसफुसाना.
**अस्मिता** = आत्मज्ञान, वैयक्तिकता, व्यक्तित्व.
**अस्मितीय** = व्यक्तिगत.
**अस्मृत** = विस्मृत.
**अस्मृति** = विस्मरण.
**अस्र** = रुधिर.
**अस्रज** = मांस.
**अस्रप** = राक्षस, रुधिरपायी.
**अस्रष्टा** = सृजनहीन.
**अस्राव्य** = रुद्ध.
**अस्ला** = शस्त्रागार.
**अस्वकीय** = पराया/पराई.
**अस्वचालित** = मानवचालित.
**अस्वच्छ** = अनधुला/अनधुली, अपारदर्शी, कुदृश्य, गंदा/गंदी, धुँधला/धुँधली, संक्रामक.
**अस्वच्छता** = प्रदूषण.
**अस्वतंत्र** = पराधीन, सापेक्ष.
**अस्वनित** = अध्वनित.
**अस्वभावज** = अस्वाभाविक.
**अस्वर** = व्यंजन अक्षर.
**अस्वरण** = अनुच्चारण.
**अस्वरित** = अध्वनित, अनभिव्यक्त.
**अस्वस्थ** = बीमार.
**अस्वस्थता** = रोग.
**अस्वस्थ मनस्क** = मनोविकारग्रस्त.
**अस्वादिष्ट** = स्वादहीन.
**अस्वादिष्ठ** = अनाहार्य.
**अस्वाधीन** = पराधीन.

**अस्वाभाविक** *वि* अनांतरिक, अप्राकृत, असहज, अस्वभावज, आदत्त, उपोढ़, ऊपरी, सायास, ●अप्राकृतिक, ●दिखावटी, ■स्वाभाविक.

**अस्वामी** = स्वामीहीन.
**अस्वास्थ्यकर** = अपाच्य, रोगकारक, संक्रामक.
**अस्वास्थ्यकारक** = रोगकारक.
**अस्वीकार** = अस्वीकृति.
**अस्वीकार करना** = ठुकराना.
**अस्वीकारात्मक** = नकारात्मक.
**अस्वीकार्य** = अर्हताहीन, अवैध, असमर्थनीय, आपत्तिजनक, तर्कहीन, तस्कृत, निषिद्ध.

**अस्वीकार्य** *वि* अग्राह्य, अनंगीकार्य, अपरिग्राह्य, अप्रेय, अमान्य, *आपत्तिजनक*, ●अवैध, ●असंगत, ●आपत्तिजनक, ●तर्कहीन, ■स्वीकार्य.

**अस्वीकृत** = अलोकप्रिय, असमाविष्ट, नापसंद.

**अस्वीकृत** *वि* अननुमत, अमान्य, असम्मत, ठुकराया/ठुकराई, नामंज़ूर, *निषिद्ध*, प्रत्याहत, रीजैक्टिड, वर्जित, विरोधित, सहमति अप्राप्त, सहमतिहीन, ●अस्वीकार्य, ●नहीं, ●नापसंद,

■स्वीकृत.

**अस्वीकृत करना** = ठुकराना.

**अस्वीकृति** = असमावेश, आपत्ति, धर्मद्रोह, प्रतिबंध, प्रतिरोध, मत परिवर्तन, विरोध.

**अस्वीकृति** *सं* अननुज्ञा, अननुमति, *अनिच्छा*, अनुमतिहीनता, असमर्थन, असम्मति, *असहमति*, अस्वीकार, इनकार, नकार, *नहीं*, ना, नामंज़ूरी, निरसन, निराकरण, निषेध, *प्रतिबंध*, प्रतिषेध, प्रार्थना अस्वीकृति, भ्रंश, मनाही, मुमानियत, रोक, रोकटोक, वर्जन, व्यावृत्ति, सहमति अप्राप्ति, हटक, •असहमति, •आपत्ति, •नहीं, •प्रतिबंध, •मुकरन, •वीटो, ■चयन, ■स्वीकृति, ■हाँ.

**अस्वीकृति चिह्न** *सं* x, कट्टम, *कट्टा*, काटा, काटा निशान, क्रौस, नापसंद चिह्न, ■स्वीकृति चिह्न.

**अस्सऊदिया (स्थानीय)** = सऊदी अरब.

**अस्सी** *सं* 80, आठ गुना दस, चार कौड़ी, चार बीसी.

**अहं** = अचेतन मन, आत्मज्ञान, मैं.

**अहं और मनसिजा स्रोत** = इड.

**अहंकार** = आत्मज्ञान.

**अहंकार** *सं अकड़*, अनम्रता, अविनय, अहम्मन्यता, आडंबर, आत्मगौरव, *आत्मप्रशंसा*, आत्ममहिमा, आत्मश्लाघा, इतराहट, ऐंठ, खुदनुमाई, गरब, गर्व, गुमान, गुरूर, गौरव प्रदर्शन, घमंड, ठसक, डींग, तेवर, दंभ, दर्प, दिमाग़, *नशा*, नाज़, फ़ख्र, बददिमाग़ी, बू, मिज़ाज, शानचीपन, शेख़ी, स्वमन्यता, स्वश्लाघा, हवा, •अभिमान, •धृष्टता, •नाज़नख़रा, •मुँहज़ोरी, ■तिरस्कार, ■विनम्रता.

**अहंकारहीन** = विनम्र.

**अहंकारी** = अकड़बाज़, आत्ममोहग्रस्त.

**अहंकारी** *वि अतिशयोक्तिपूर्ण*, अवलिप्त, अविनम्र, अविनीत, अशिष्ट, *असौम्य*, अहम्मन्यक, उत्कट, उद्दाम, ऐंठू, खुदपरस्त, गबरा/गबरी, गब्बर, गरबीला/गरबीली, गर्वी, गर्वोन्मत्त, गुस्ताख़, घमंडी/घमंडिन, टर्रू, डिंभिया, दंभी, दर्पी, दर्पी/दर्पिणी, दिमाग़दार, दुर्मद, दृप्त, धृष्ट, प्रमद, बददिमाग़, बदमिज़ाज, मगरा/मगरी, मग़रूर, मतवाला/मतवाली, मदमत्त, मदांध, मिज़ाज वाला, मिज़ाजी, मिथ्या अभिमानी, शानची, शेख़ीख़ोर, सरमस्त, *हेकड़ीबाज़*, •अभिमानी, •आत्मप्रशंसक, •आत्ममोहग्रस्त, •क्रोधी, •खेदहीन, ■विनम्र, ■संकोची, ■सुसंस्कृत.

**अहंकारोक्ति** = गर्वोक्ति.

**अहं तत्त्व** = आत्मज्ञान.

**अहंतव्य** *वि* अघात्य, अघ्न्य, अबध्य, अमारणीय, अवध्य, असंहार्य, अहन्य, अहिंस्य, आश्रम मृगो अयं न हंतव्यं,न हंतव्यम, ■हंतव्य.

**अहंप्रथमिका** = आपाधापी, प्रतियोगिता.

**अहं ब्रह्मास्मि** *मु* अनललाह, अनलहक़.

**अहंवाद** = गर्वोक्ति, डींग.

**अहंवादी** = डींगबाज़.

**अहत** = अनाहत.

**अहतोत्साहित** = उत्साहित.

**अहत्या** = अहिंसा.

**अहद** = एकमात्र, मनोबल, वचन, विवाह, संकल्प.

**अहदनामा** = गारंटी कार्ड, शपथपत्र.

**अहदी** = अफ़ीमची, आलसी, फिसड्डी.

**अहन्य** = अहंतव्य.

**अहबाब** = मित्र मंडली.

**अहम** = अपरिहार्य, असम, तात्कालिक महत्त्वपूर्ण, मुख्य (समाचार), मौलिक (अधिकार).

**अहमक़** = मंदधी, मूर्ख.

**अहमक़पन** = मूर्खता.

**अहमक़ाना** = मूर्खतापूर्ण (कृत्य).

**अहम्मन्यक** = अहंकारी, आत्ममोहग्रस्त.

**अहम्मन्यता** = अहंकार.

**अहरा** = अलाव, जलावन, पड़ाव.

**अहरी** = प्याऊ, हौज़.

**अहल** = अहलित.

**अहलकार** = कर्मचारी, कार्यकर्ता.

**अहलि** = अहलित, परती.

**अहलित** = असमाधानित.

**अहलित** *वि* अकृषित, अकृष्ट, अनजुता/अनजुती, अहल, अहलि, इंद्रकृष्ट, खुदरौ, *परती*, हल न चला, ■हलित.

**अहलित भूमि** = परती.

**अहल्या** = परती.

**अहल्या** *सं* गोतम पत्नी, गोतमी, पाषाणी, मैत्रेयी, •गोतम.

**अहल्या जार** = इंद्र.

**अहल्या पति** = गोतम.

**अहवाल** = वर्णन, वृत्तांत, स्वास्थ्य दशा.

**अहस्तांतरणीय** = मौलिक (अधिकार).

**अहाता** = परिसर, भवन परिसर, महल्ला, सामने वाला आँगन.

**अहाता दीवार** = परकोटा.

**अहाताबंद** *वि अवरुद्ध*, घिरा/घिरी, परिधित, *बंद*, बाड़दार, बाधित, महदूद, रुद्ध, वरित, वेष्टित, सीमांकित, ■अनवरुद्ध, ■खुला/खुली, ■विस्तीर्ण.

**अहाता बनाना** = अगोटना.

**अहाते में लेना** = अगोटना.

**अहानिकर** = अनाहतिकारक, अहिंसक, पालतू, संक्रमणरुद्ध.

**अहानिकारक** = अविषाक्त, पीड़ाहीन.

**अहानिकारक** *वि* अकल्याणहीन, अनपकारक, अपकारहीन, अभयानक, गऊ, गो समान, बेज़रर, भोला/भोली, सीधा/सीधी, हानिहीन, •जोखिमहीन, •सरलचित्त, ■अनिष्टकारी, ■ख़तरनाक.

**अहिंसक** = निरामिष (आहार), रक्तपातहीन, सत्याग्रही.

**अहिंसक** *वि* अक्रूर, *अनाक्रामक*, अनिर्दय, अभयानक, अहानिकर, अहिंसावादी, अहिंस्र, करुण,

करुणामय, *कोमल*, कोमलमनस्क, *दयालु*, पुरअमन, *प्रशांत*, शांत, *शांतिप्रेमी*, संवेदनशील, हिंसाहीन, •अनाक्रामक, •उदारमनस्क, •क्षमाशील, •सौम्य, ▪अत्याचारपूर्ण, ▪ख़तरनाक, ▪निर्दय, ▪भयानक, ▪हिंस्र, ▪हिंस्त्र.

**अहिंसा** *सं* अक्रूरता, अदम तशद्दुद, अमारण, अवध, अहत्या, अहिंसा परमो धर्मः, उदारता, *करुणा*, कोमलमनस्कता, जियो और जीने दो, दयालुता, *धर्म*, शांतिप्रियता, संवेदनशीलता, सज्जनता, *सहअस्तित्व*, सहिष्णुता, •क्षमा, •गांधीवाद, •गौतम बुद्ध, •महावीर, ▪अत्याचार, ▪जनसंहार, ▪यातना, ▪हत्या, ▪हिंसा.

**अहिंसा परमो धर्मः** = अहिंसा.
**अहिंसावाद** = गांधीवाद.
**अहिंसावादी** = अहिंसक.
**अहिंस्य** = अहंतव्य.
**अहिंस्र** = अहिंसक, रक्तपातहीन.
**अहि** = नाभि, राहु, साँप.
**अहिच्छत्रक** = कुकुरमुत्ता.
**अहित** = अपकार, हानि.

**अहित** *सं* *अकल्याण*, अनर्थ, अनिष्ट, अपहित, अपहित, असत्, आँच, *आपत्ति*, *चोट*, *ज़रर*, *ठोकर*, नुकसान, बदी, बुरा, बुराई, व्यथा, संघात, हति, *हानि*, •अपकार, •दुर्व्यवहार, •नाश, •बुरी नज़र, ▪आशीर्वाद, ▪उपकार, ▪कल्याण, ▪हित.

**अहितकर** = अनिष्टकारी, आहतिकारक, रोगकारक, हानिप्रद.
**अहितकामी** = अशुभचिंतक.
**अहितकारी** = अनिष्टकारी, अशुभसूचक, आहतिकारक, दुर्भाग्यप्रद, सड़ा/सड़ी.
**अहितचिंतन** = दुष्कामना.
**अहित चेतावनी** = धमकी.
**अहितू** = अशुभचिंतक, शत्रु.
**अहिफेन** = अफ़ीम.
**अहिभोजी** = गरुड़.
**अहिरण्य** = अपदार्थ.
**अहिरिपु** = मोर.

**अहिवात** = सुहाग.
**अहीर** = गोप, ग्वाला.
**अहीरनी** = गोपी.
**अहीश** = शेषनाग.
**अहुत** = ध्यानयोग.

**अहुरमज़्द** *सं* अक्षुर मघ, असुर, असुरमघ, अहुरमज़्द (पारसी), उरमज़्द (पारसी), गरुड़ाकार, धर्म-नेकी-प्रकाश देवता, धीयस, पारसी ईश्वर, *मग*, मघ, मज़्द, विवेकात्मा, •ईश्वर.

**अहुरमज़्द (पारसी)** = अहुरमज़्द.
**अहूठन** = आधार सूची, कुटाई ठीहा.
**अहेतुक** = तर्कहीन.
**अहेर** = आखेटपात्र.
**अहेरी** = शिकारी.
**अहोम** = असम.
**अहोरात्र** = पृथ्वी धुरी चक्रण काल, लगातार.

**अहोरात्र** *सं* आठ पहर, एक दिन एक रात, एक पूरा दिन, *दिन*, दिन रात, दिवस, पूरा दिन, रात दिन, रोज़, वर्ष 1/365-366, *वार*, सौर दिवस, •तारीख़, •दिन, •रात, •वार.

**अहोरात्र 1/24** = घंटा.
**अहोरात्र 1/30** = मुहूर्त.
**अहोरात्र 1/8** = पहर.
**अहोरा बहोरा** = बारंबार.
**अह्दशिकनी** = वचनभंग.
**अह्रस्त** = अनष्ट.
**आँक** = आकलन, आकलन.
**आँकड़ा** = अंक.
**आँकड़े** = सांख्यिकी.
**आँकना** = आज़माना.

**आँकना** *क्रि* आकलन करना, कूतना, जोखना, थाहना, नापजोख करना, *मापना*, मूल्यांकन करना.

**आँकमिचौनी** = लुकाछिपी.
**आँकुड़ा** = हुक.
**आँकुड़ा लग्गी** = लग्गी काँटा.
**आँकुड़ी** = हुक.
**आंकुशिक** = हाथीवान.
**आँख** = अंकुर, अंकुरण बिंदु, छिद्र, जाल छेद, दृश्य अनुभूति, लक्ष्यकेंद्र, विवेक, सुरुचि, सूई नाका.

**आँख** *सं* अँखड़ी, अँखियन (बहु), अँखियाँ (बहु), अक्षि, आँखड़ी, ईक्षण, ऐन (ऐनक में उपलब्ध), गो, चक्षु, चश्म, दीठि, दीदा, दृग, दृगेंद्रिय, दृष्टि, दृष्टींद्रिय, नज़र, नयन, नयना, निगाह, नेत्र, नैन, नैना, लोचन, विलोचन, वीक्षण, •अवलोकन, •काजल, •कान, •कोर्निया, •नाक, •पलक, •भौंह.

**आँख आवरण** = अँटौतल.
**आँख उठा कर न देखना** = लजाना.
**आँख उलट जाना** = मरना.
**आँख ऊँची न होना** = लजाना.
**आँख ऊपर न उठाना** = लजाना.
**आँख का अंधा** = मूर्ख.
**आँख का काँटा** = शत्रु.
**आँख काजल** = काजल.
**आँख का तारा** = पुत्र, सुंदर पुरुष.
**आँख का पानी** = लज्जा.
**आँख की किरकिरी** = शत्रु.
**आँख कीचड़** = आँख मैल.
**आँख की पुतली** = प्रेमपात्र/प्रेमपात्रा.
**आँख की पुतली फिरना** = मरना.
**आँख के बदले आँख** = प्रतिशोध.
**आँख के सामने** = देखते देखते.
**आँख खुलना** = जागना.
**आँख खोलना** = चेताना, पढ़ाना, मनाना.
**आँख गड़ाना** = ताकना.
**आँख गीली होना** = रोना.
**आँख गोलक** = आँख डेला.
**आँख चीर चीर कर देखना** = ताकना.
**आँख झपकते** = तत्काल.
**आँख टँगना** = मरना.
**आँख डबडबाना** = रोना.
**आँखड़ी** = आँख.

**आँख डेला** *सं* अक्षिगोल, आँख गोलक, *कौड़ी*, डेला, पुतली.

**आँख तर होना** = रोना.
**आँख दिखाना** = डाँटना.
**आँख (दृष्टि)** = इंद्रिय सूची.
**आँख न जमना** = चुँधियाना.
**आँख नम होना** = रोना.

**आँख नाक** = मुखमंडल.
**आँख नीची करना** = लजाना.
**आँख पथराना** = मरना.

**आँख परदा** *सं* अक्षिपटल, दृष्टिपटल, नेत्रपटल, रूपाधार.

**आँख बंद होना** = मरना.
**आँख बचा कर** = चोरी छिपे.
**आँख बचाना** = लजाना.
**आँख भँव** = भौंह.
**आँखमटक्का** = दीदारबाज़ी.
**आँख मटक्का करना** = प्रेम करना.

**आँख मिचौनी** *सं* अँखमूँदनी, आँख मिचौली, चोर सिपाही, छुपम छुपौवल, भागमभाग, *लुकाछिपी*, •झाँ.

**आँख मिचौली** = आँख मिचौनी.
**आँख मिलना** = प्रेम करना.
**आँख मुँदना** = मरना, सोना.

**आँख मैल** *सं* आँख कीचड़, *कीचड़*, दीढ़, नेत्रमल, लीबड़.

**आँख लग जाना** = सोना.
**आँख लगना** = प्रेम करना.
**आँख लाल पीली करना** = डाँटना.

**आँख लैंस** *सं* अक्षिताल, काचक, चंद्रक, नेत्रक, नेत्र लैंस, मणिक, *लैंस*.

**आँख से आँख मिलाना** = प्रेम करना.
**आँखें गड़ा कर देखना** = ताकना.
**आँखें चार करना** = प्रेम करना.
**आँखें चार होना** = प्रेम करना.
**आँखें तरेरना** = डाँटना.
**आँखें फाड़े** = अपलक.
**आँखें लड़ना** = प्रेम करना.
**आँखें लड़ाना** = प्रेम करना.
**आँखों का तारा** = प्रेमपात्र/प्रेमपात्रा, लाड़ला/लाड़ली.
**आँखों की ठंडक** = प्रेमपात्र/प्रेमपात्रा.
**आँखों के सामने** = देखते देखते.
**आँखों देखते** = खुले आम, तत्काल, देखते देखते.
**आँखों देखने वाला** = प्रत्यक्षदर्शी.
**आँखों देखा** = तथ्यात्मक.
**आँखों देखा/आँखों देखी** = प्रत्यक्ष दृष्ट.
**आँखों देखी** = प्रत्यक्ष दृष्ट, प्रत्यक्ष साक्ष्य.
**आँखों में धूल झोंकना** = ठगना.
**आँखों में रखना** = दुलारना.
**आँखों से** = देखते देखते.
**आँखों से लगा कर रखना** = दुलारना.
**आँगन** = घर.

**आँगन** *सं* अँगना, अजिर, कोर्ट, चौक, *परिसर*, प्रांगण, *सहन*, •पीछे वाला आँगन, •सामने वाला आँगन.

**आँगन दीवार** = परकोटा.
**आँगनबाड़ी** = गृह उपवन.
**आंगिरस** = बृहस्पति.
**आँगी** = ब्लाउज़.
**आंग्ल** = अँगरेज, अँगरेज विषयक.
**आंग्ल-भारतीय** = ऐंग्लो-इंडियन.
**आँच** = अग्नि, अपकार, अहित, संकट, हानि.
**आँचल** = घूँघट, पलाव.
**आंचल** = भिक्षा भांड, स्तन.
**आंचलिक** = क्षेत्रीय.
**आंजनेय** = हनुमान.
**आँट** = गाँठ, दाँव, प्रतिद्वंद्विता, शत्रुता.
**आँटी** = लच्छी.
**आँठी** = गुठली, थक्का.

**आँत** *सं* अँतड़ी, आंत्र, पुरीतत, मलवाहिनी, मलाशय, •उदर.

**आंतरिक** = अंतरंग, अंतर्क्षेत्रीय, आत्मिक, आधारभूत, गोपनीय, चरित्रीय, निम्नतलीय, भावनाधारित, भावपूर्ण, मनोविज्ञानीय, मर्मस्थ, मानसिक, व्यंजनार्थक, स्वाभाविक.

**आंतरिक** *वि* अंतः, *अंतरंग*, अंतर, अंतरस्थ, अंतरीय, अंतर्तम, अंतर्वर्ती, अंतर्स्थित, अंदर रखा, अंदरला/अंदरली, अंदरी, अंदरूनी, आभ्यंतरिक, बिच, बिचला/बिचली, बीच का, भितरयि, भितल्ला भितल्ली, भीतरला/भीतरली, भीतरी, मध्यवर्ती, •केंद्रीय, •मध्यमीय, •मध्यीय, •मर्मस्थ, ▪बाह्य, ▪सीमावर्ती.

**आंतरिक अनुभूति** = भाव.
**आंतरिक अर्थ** = व्यंजनार्थ.
**आंतरिक इंद्रिय** = मन.
**आंतरिक ऊर्जा** = प्रेरणा.
**आंतरिक क्षेत्र** = अंतर्क्षेत्र.
**आंतरिक गुण** = स्वभाव.
**आंतरिक चेतना** = अंतरात्मा, अंतरात्मा आदेश.
**आंतरिकतः** = हार्दिकतः.
**आंतरिक दुःख** = शोक.
**आंतरिक ध्वनि** = योगध्वनि.
**आंतरिक प्रेरणा** = अंतरात्मा, अंतरात्मा आदेश.
**आंतरिक भाग** = अंतर्भाग.
**आंतरिक शक्ति** = प्राणशक्ति.
**आंतरिक स्थान** = नितल, मध्य.
**आंतरिक स्वत्व** = इड.
**आंतरिक्ष** = ब्रह्मांडीय.
**आँतों की ऐंठन** = मरोड़ा.
**आंत्र** = आँत.
**आंत्र ज्वर** = टायफ़ाइड.
**आंत्रप्रनेर** = उद्योगपति.
**आंत्रप्रैन्योर** = पूँजीपति.
**आंदोलक** = उत्तेजक.
**आंदोलन** = उत्तेजना, कंपन, जन आंदोलन, तरंग.
**आंदोलन कर्ता** = आंदोलनकारी, राजनेता, सुधारवादी.

**आंदोलनकारी** *सं* आंदोलन कर्ता, उपद्रवकारी, *क्रांतिकारी*, जननेता, जननौकर, झंडाबरदार, ध्वजाधारी, नारेबाज़, *नेता*, *प्रचारक*, बाग़ी, भड़काने वाला, लड़ाका, लीडर, लोकनेता, *विद्रोही*, विप्लवी, संग्रामी, संघर्षी, *सैनिक*, •उपद्रवी, •नेता.

**आंदोलन नारा** = नारा.
**आंदोलनपूर्ण** = उथलपुथलपूर्ण, उपद्रवग्रस्त.

**आंदोलनात्मक** *वि* आंदोलनीय, *उकसाऊ*, *उत्तेजक*, उत्तेजनाप्रद, ज़ोरदार, नारेबाज़ीपूर्ण, *प्रभावशाली*, भड़काऊ, भड़काऊ, सांदोलन.

**आंदोलनीय** = आंदोलनात्मक.
**आंदोलित** = उत्तेजित, उथलपुथलपूर्ण,

चिंतित, भयभीत, भावपूर्ण, संचलनशील.

**आंदोलित करना** = कँपाना, भड़काना, हिलाना.

**आंदोलित होना** = हिलना.

**आँधी** = क्रांति, क्रांति विस्फोट, ब्लिट्ज़.

**आँधी** *सं* चंडवात, झंझा, झक्कड़, *तूफ़ान*, प्रकंपन, प्रकोप, प्रभंजन, वात्या, •चक्रवात, •धूल, •वायु, ▪बयार.

**आँधीधूल** *सं* अंधड़, अंधबाई, अँधेरी, झक्कड़, धक्कड़, *धूल*, धूलधक्कड़, धूल भरी आँधी, पिशाच, वात्या, •तूफ़ान.

**आँधीपानी** = अतिवर्षा, तूफ़ान.

**आँधी बरसात** = तूफ़ान.

**आंध्र** = आंध्र प्रदेश, आंध्र प्रदेशीय.

**आंध्र देश** = आंध्र प्रदेश.

**आंध्र प्रदेश** = भारत राज्य प्रदेश.

**आंध्र प्रदेश** *सं* अंध्र, आंध्र, आंध्र देश, तेलुगु देश, दक्कन, निज़ाम हैदराबाद (पूर्वनाम), हैदराबाद (विलुप्त राज्य), •भारत राज्य प्रदेश सूची.

**आंध्र प्रदेशः राजधानी** *सं* हैदराबाद.

**आंध्र प्रदेशीय** *वि* अंध्र, आंध्र, तेलुगु, तैलंगी.

**आंबिकेय** = गणेश, धृतराष्ट्र.

**आँबी** = कच्चा आम.

**आँय बाँय** = बकवास.

**आँय बाँय शाँय** = बकवास.

**आँव** = अतिसार.

**आँवठ** = किनारा, बरतन मुँह.

**आँवठ गरारी** = गीयर.

**आँवला** = मसाला सूची, सागसब्ज़ी.

**आँवला** *सं* अंबरीष, अंबष्टा, अमड़ा, अमोरी, आमलक, आम्रातक, आम्रातक, धात्रीफल, राजबदर, सेव्या, •कसैलापन, •बहेड़ा.

**आंशिक** = अपूर्णकृत.

**आंशिक** *वि* अंशीय, अधूरा/अधूरी, अपूर्ण, असंपूर्ण, असकल, असर्वांग, खंडीय, •आधा, •चौथाई, •तिहाई, •दो तिहाई, •पौना, ▪संपूरण.

**आंशिक विवाह विच्छेद** = दांपत्य विच्छेद.

**आंसरिंग मशीन** = टेलिफ़ोन.

**आँसू** *सं* अँसुआ, अँसुवन (बहु), अश्रु, टसुआ, नयनजल, नयनवारि, नेत्रांबु, •अश्रुपात, •दिखावटी आँसू, •रुदन, •हर्षाश्रु.

**आँसू आना** = रोना.

**आँसू चूना** = रोना.

**आँसू टपकाना** = रोना.

**आँसू पोंछना** = बहलाना.

**आँसू बहाना** = रोना.

**आँसू भरा/आँसू भरी** = अश्रुपूर्ण.

**आँहाँ** = नहीं.

**आइंदा** = अब के बाद, कभी भविष्य में, भविष्य काल.

**आइंस्टाइनीयम** = रासायनिक तत्त्व सूची.

**आइंस्टीनी स्पेस** = दिक्काल.

**आइज़ोल** = मिज़ोरमः राजधानी.

**आइटम** = अदद.

**आइडिया** = कल्पना.

**आइडियोलाजी** = विचारधारा.

**आइडैंटिटी कार्ड** = पहचान पत्र.

**आइडैंटिफ़िकेशन** = साधारणीकरण.

**आइडैंटीटी** = पहचान पत्र, वैयक्तिकता, व्यक्तित्व.

**आइबिस** = आटि.

**आइल** = मध्यवीथी.

**आइलैंड** = द्वीप.

**आइवरी** = हाथीदाँत.

**आइस** = आइसक्रीम, बर्फ़.

**आइसक्रीम** *सं* आइस, *बर्फ़*, बर्फ़ीली क्रीम, मलाई का बर्फ़, •कुलफ़ी, •मलाई बरफ़.

**आइस फ़ैक्टरी** = बर्फ़ख़ाना.

**आइस रिंक** = स्केटिंग रिंक.

**आइस्ड** = हिमीकृत.

**आई** = माता.

**आई (बोलचाल)** = मृत्यु.

**आईग्लास** = लैंस.

**आईटी** = सूचना तकनीक.

**आईन** = संविधान.

**आईना** = दर्पण.

**आईनी** = वैध.

**आईपीस** = लैंस.

**आईमैक्स** = सिनेमा परदा.

**आउट** = निर्गम द्वार, बाहर.

**आउट आफ़ आर्डर** *वि* अपभ्रष्ट, ख़राब, *गलत*, टूटा/टूटी, ठप, थमा/थमी, दोषी, नादुरुस्त, पुराना/पुरानी, *बंद*, बिगड़ा/बिगड़ी, बुरा/बुरी, *भ्रष्ट*, मरम्मत योग्य, रुका/रुकी, विकृत, •छकड़ा, ▪अविकृत.

**आउट आफ़ फ़ैशन** = फ़ैशन के बाहर.

**आउट आफ़ स्टेशन** = बाहरगाँव.

**आउटडेटिड** = फ़ैशन के बाहर.

**आउटडोर** = बहिर्वासी.

**आउटडोर** *वि* खुले में होने वाला, घर के बाहर होने वाला, बाहर होने वाला, मैदान में होने वाला, •छतहीन, ▪इनडोर.

**आउटपोस्ट** = अग्र चौकी.

**आउटफ़िट** = वेश.

**आउटराइट** = एकस्वामीय.

**आउटलाइन** = बाह्य रेखा.

**आउटहाउस** = उपभवन.

**आउटिंग** = पिकनिक.

**आऊँगा/आऊँगी** = होऊँगा/होऊँगी.

**आएँगे/आएँगी** = होंगे/होंगी.

**आएगा/आएगी** = होगा/होगी.

**आए दिन** = लगातार.

**आकंपित** = कंपनशील, भयभीत.

**आक छीं** = छींक.

**आक थू** = अपमान.

**आकर** = घर, संग्रह, संदर्भ पुस्तक.

**आकर (जैसेः दस आकर)** = गुणित.

**आकर ग्रंथ** = संदर्भ पुस्तक.

**आकर्णन** = श्रवण.

**आकर्णित** = सुना/सुनी.

**आकर्षक** = चुंबकीय, ध्यान आकर्षक, प्रलोभनकारी, प्रेम्य, मोहक, रोमांचक, सुंदर.

**आकर्षक** *वि* अपीलिंग, अभिराम, आमंत्रक, खींचता/खींचती, *चुंबकीय*, जादुई, *निमंत्रक*, मनमोहक, मुग्धकर, *मोहक*.

 (प्रा) प्राचीन शब्द, अब अप्रचलित - *तिरछे* शब्द स्वतंत्र शीर्षक भी हैं •सपर्याय ▪विपर्याय

लुभाऊ, लुभावना/लुभावनी, विमोहक, सम्मोहक, •मनोग्राह्य, •रोचक, •सुंदर, ■कुरूप, ■घिनौना/घिनौनी, ■विकर्षक, ■सौंदर्यहीन.

**आकर्षक अतिरिक्त माल** = लुभाव.
**आकर्षकता** = सम्मोहिनी, सौंदर्य.
**आकर्षक समाचार** = समाचार शीर्षक.
**आकर्षक सामग्री** = मुख्य आकर्षण.
**आकर्षक होना** = रुचना.
**आकर्षण** = आसक्ति, कैरिज़्मा, गुरुत्वाकर्षण, जनरोचक तत्त्व, पसंदगी, प्रलोभन, प्रोत्साहक वस्तु, रुचि, लुभाव, लुभाव, सम्मोहिनी, सम्मोहिनी, सौंदर्य.

**आकर्षण** *सं* अनुकर्षण, *अपील*, कशिश, खिंचन, खिंचाव, चुंबक, *मोह*, मोहिनी, *राग*, •कैरिज़्मा, •प्रलोभन, •मोह, ■विकर्षण.

**आकर्षण बिंदु** = मुख्य आकर्षण.
**आकर्षणहीन** = अरोचक, सौंदर्यहीन.
**आकर्षित** = मोहित, लुब्ध.

**आकर्षित** *वि* आकृष्ट, खिंचा/खिंची, ■विकर्षित.

**आकर्षित करना** = मोहना, रुचना, ललचाना.
**आकलक** = आकलन कर्ता.

**आकलन** *सं* अँकाई, आँक, आँक, कनकूत, कलन, कूत, कूत, कूत, कैंडा, जायज़ा, तक़दमा, तखमीन, परिमाप, मूल्यांकन, *लेखा*, संख्यान, ससंदर्भ अनुमान, साधार अनुमान, •मूल्यांकन.

**आकलन करना** = आँकना.

**आकलन कर्ता** *सं* अनुमापक, आकलक, कनहा, कुतवार, कुनेरा, कूतने वाला.

**आकलित** = गिना/गिनी, संग्रहित.

**आकलित** *वि* अँका/अँकी, ऐन, ऐन मैन, क़रीने क़यास, कूता/कूती, जँचा/जँची, जाँचा/जाँची, टकसाली, *तर्कसंगत*, दिष्ट, दुरुस्त, निश्चित, परिकलित, बिल्कुल, भरोसेमंद, *विश्वसनीय*, *संगत*, सम्यक्, साधार, •अधिक आँका, •अनुमानित, •कम आँका, •तथ्यान्वेषित, •विवेचित, •समीक्षित, ■अनुमानित.

**आकलित करना** = गिनना.
**आकस्मिक** = अनपेक्षित.

**आकस्मिक** *वि* *अकस्मात*, अचानक, अचानचक, *अनपेक्षित*, अप्रत्याशित, इकबारगी, इत्तफ़ाक़िया, •संयोगजन्य, ■पूर्वयोजित, ■विचारित.

**आकस्मिक लाभ** = अप्रत्याशित लाभ.
**आकांक्षा** = आवश्यकता, इच्छा, महत्त्वाकांक्षा, लालसा.
**आकांक्षा दमन** = आकांक्षादमन.

**आकांक्षादमन** *सं* अवरोधना, आकांक्षा दमन, आकांक्षारोध, आत्मदमन, आत्मनियंत्रण, इच्छावरोध, इनहिबिशन, कांक्षारोध, *दमन*, *नियंत्रण*, *प्रवंचन*, *भावदमन*, मनोबाधा, *रोधना*, स्वदमन, स्वनियंत्रण, स्वरोध, •प्रवंचन.

**आकांक्षा दर्शन** = दिवास्वप्न.
**आकांक्षामोचन** = कुंठामोचन.
**आकांक्षारोध** = आकांक्षादमन.
**आकांक्षाहीन** = अमहत्त्वाकांक्षी, इच्छाहीन.
**आकांक्षित** = आवश्यक, इच्छित.
**आकांक्षी** = लोभी.
**आकांक्षी/आकांक्षिणी** = इच्छुक, तत्पर.
**आक़ा** = ऐंप्लायर, दासस्वामी, वृत्तिदाता.
**आकाड** = इराक़.
**आकार** = क़द क़ामत, डिज़ाइन, भूत, माप, वर्गफल, शरीर, साइज़, हुलिया.

**आकार** *सं* आकार रूप, आकृति, आयतन, कलेवर, कामत, काय, काया, घट, डौल, *ढाँचा*, तन, दृश्यरूप, देह, निकाय, *पिंड*, पैकर, बदन, *बनावट*, मूरत, *मूर्ति*, रूप, रूप आकार, रूपरंग, रूपाकार, वपु, विग्रह, शक्ल, *शरीर*, साकार रूप, सूरत, सोम, स्वरूप, •साँचा, •साइज़.

**आकारगोपन** = भावगोपन.
**आकार छाया** = परछाईं.
**आकारदाता** = रूप प्रदाता.
**आकार दान** = रूप प्रदान.
**आकार देना** = गढ़ना, ढालना, थापना, बनाना.
**आकार प्रकार** = लक्षण.
**आकार प्रदान** = मूर्तिकर्म, रूप प्रदान.
**आकार माप** = साइज़.
**आकार में छोटा** = साइज़ से छोटा.
**आकारयुक्त** = साकार.
**आकार रूप** = आकार.
**आकार रेखा** = बाह्य रेखा.
**आकारवान** = साकार, सुंदर, सुंदरकाय.
**आकार से बड़ा** = साइज़ से बड़ा.
**आकारहीन** = निराकार.
**आकार्य** = नम्य.
**आकाश** = अंतरिक्ष, अमूर्त स्थान, उच्चबिंदु, पंचभूत सूची, शून्य स्थान.

**आकाश** *सं* अंबर, अंभ, अभ्र, अर्श, आसमान, ख, गगन, नभ, नभस्थल, नील गगन, मेघपथ, लोकाकाश, वितान, वियत, व्योम, •अंतरिक्ष, •क्षितिज, •खमध्य, •ब्रह्मांड, •वातावरण, ■पृथ्वी.

**आकाश आरोहण** = नभोत्तरण.
**आकाश और काल** = दिक्काल.
**आकाश की ओर** = ऊपर की ओर.
**आकाश कुसुम** = असंभव घटना, कठिन कार्य, दिवास्वप्न, दूरता उक्ति, फ़ैंटेसी, मायादर्शन.
**आकाश के तारे** = दूरता उक्ति.
**आकाश गंगा** = मंदाकिनी.

**आकाश गंगा** *सं* अंजुमन, अजपथ, अजवीथी, अनंतनाग, अमरापगा, आकाश गंगा मंदाकिनी, आकाश नदी, इंद्रपथ, उर्ज्जानी, कहकशाँ, किराती, क्षीरसागर, खगंगा, छायापथ, देवकिनी, देवापगा, द्युधुनि, नभसरिता, *नाग*, पितृपथ, भगवत्पदी, *मंदाकिनी*, मिल्की वे, यममार्ग, वसुधारा, विबुधतटिनी, विरजा, व्योम गंगा, *शेषनाग*, सिद्धापगा, सुरवीथी, सोमधारा,

स्वर्ग गंगा, स्वर्गापगा, स्वर्सरिता, स्वातिपंथ, हमारी मंदाकिनी, •नीहारिका, •ब्रह्मांड, •मंदाकिनी.

**आकाश गंगा मंदाकिनी** = आकाश गंगा.
**आकाशगमन** = उड्डयन, विमान यात्रा.
**आकाशगामिनी** = परी, विद्याधर स्त्री.
**आकाशगामी** = उड्डयनशील, नभचर.
**आकाश चमस** = चंद्रमा.
**आकाशचर** = नभचर, विद्याधर.
**आकाशचरी** = परी.
**आकाशचर्या** = उड्डयन.
**आकाशचारिणी** = विद्याधर स्त्री.
**आकाशचारी** = उड्डयनशील, पक्षी.
**आकाशचुंबी** = गगनचुंबी.
**आकाश दिशा** = उच्चदिशा.
**आकाश दीप** = प्रकाशस्तंभ.
**आकाश नदी** = आकाश गंगा.

**आकाश पिंड** *सं* खपिंड, गगनविहारी, ज्योतिष्क, तारक पिंड, *तारा*, व्योमगामी, व्योमचर, व्योमचारी, •तारा, •ब्लैक होल.

**आकाश मार्ग** = नभमार्ग.
**आकाश में उड़ने वाला यान** = नभयान.
**आकाश में काल्पनिक नगर दर्शन** = मायादर्शन.
**आकाश में जाना** = उड़ना.
**आकाश यात्रा** = विमान यात्रा.
**आकाश यान** = नभयान.
**आकाश रेखा** = क्षितिज रेखा.
**आकाश वचन** = भविष्यवाणी.
**आकाशवाणी** = देववाणी, भविष्यवाणी.

**आकाशवाणी** *सं* गगन गिरा, चित्रोक्ति, व्योमध्वनि, स्वर्गवाणी, •देववाणी, •भविष्यवाणी.

**आकाश शाला** = तारांगण.
**आकाशशीर्ष** = खमध्य.
**आकाशसेना** = नभसेना.
**आकाशी** = उच्चतम, मंडप.
**आकाशी झूला** = जायंट व्हील.
**आकाशीय कुंडली** = मंदाकिनी.
**आकीर्ण** = व्याप्त, सघन.
**आकुंचन** = सिकुड़न.
**आकुंठित** = खुट्टल.
**आकुल** = आतुर, उत्तेजित, चिंतित, भयभीत, भावपूर्ण.
**आकुलता** = असंतोष, पीड़ा, भय.
**आकुलताकारी** = चिंताजनक.
**आकृति** = आकार, डिज़ाइन, मूर्ति, हुलिया.
**आकृति प्रदान** = रूप प्रदान.
**आकृति भुजा** = भुजा.
**आकृतियुक्त** = साकार.
**आकृतिहीन** = निराकार.
**आकृष्ट** = आकर्षित, मोहित.
**आक्टेगन** = अष्टभुज.
**आक्रंद** = आर्तनाद, आवाहन, डाँट, युद्धनाद.
**आक्रम** = आक्रमण.
**आक्रमण** = अतिक्रमण, प्रहार, हिंसा.

**आक्रमण** *सं* अटैक, *अभियान*, आक्रम, *आघात*, *घात*, चढ़ाई, चार्ज, *छापा*, झपट्टा, धाड़, धाव, धावा, *प्रहार*, मिशन, मुहिम, सैनिक अभियान, हमला, हल्ला, •अतिक्रमण, •घेराबंदी, •बमबारी, •युद्ध, ▪प्रतिरोध, ▪रक्षा.

**आक्रमण कर्ता** = आक्रांता, प्रहारक.
**आक्रमणकारी** = आक्रांता.
**आक्रमणकृत** = आक्रांत.
**आक्रमण नाद** = युद्धनाद.
**आक्रमण प्रतीक्षा** = घात.
**आक्रमण प्रतीक्षा स्थान** = घातस्थान.
**आक्रमण बिंदु** = युद्धाग्र.
**आक्रमण मुद्रा** = पैंतरा.
**आक्रमण रोध** = प्रतिरोध.
**आक्रमणातीत** = अजेय.
**आक्रमणात्मक** = आक्रामक.
**आक्रमणाधीन** = आक्रांत.
**आक्रमणीय** = जेय.
**आक्रमित** = आक्रांत.
**आक्रम्य** = जेय.
**आक्रय** = ख़रीद.
**आक्रांत** = पददलित, पराजित, पीड़ित.

**आक्रांत** *वि* अतिक्रमित, अधिक्रमित, आक्रमणकृत, आक्रमणाधीन, आक्रमित, *उल्लंघित*, क्रांत, पराक्रांत, लंघित, ▪रक्षित.

**आक्रांत करना** = हराना.
**आक्रांता** = अतिक्रांता.

**आक्रांता** *सं* आक्रमण कर्ता, आक्रमणकारी, छापामार, झपट्टामार, प्रहर्ता, प्रहारी, हमलावर, •अतिक्रांता, ▪अंगरक्षक, ▪रक्षक.

**आक्रांति** = अतिक्रमण.
**आक्रामक** = कलहप्रिय, क्रोधी, ख़तरनाक, प्रहारक, युद्धोत्सुक, वन्य.

**आक्रामक** *वि* आक्रमणात्मक, खूँख़ार, झपटू, तेज़, दंशी, प्रचंड, *प्रबल*, मरखना/मरखनी, युद्धक, लड़ोकना/लड़ोकनी, विहिंस्र, हथछुट, हथछोड़, *हिंस्र*, •असौम्य, •ख़तरनाक, ▪अनाक्रामक, ▪रक्षात्मक.

**आक्रीड** = क्रीड़ा उपवन.
**आक्रुष्ट** = शापग्रस्त.
**आक्रोश** = क्रोध, डाँट, रूठन, शाप.
**आक्रोशित** = क्रुद्ध.
**आक्लेद** = सीलन.
**आक्षेप** = आपत्ति, आरोप, निंदा, लांछन.
**आक्षेपित** = अभियुक्त.
**आक्षेपी** = अभियोगी.
**आक्सीजन** = रासायनिक तत्त्व सूची.
**आख** = खुरपा.
**आखन** = खुरपा.
**आखनिक** = चूहा.
**आखर** = अक्षर.
**आखात** = उत्खनन, कुदाल, खंती, खनन, फावड़ा.
**आख़िर** = अंत, आख़िरकार, किंतु, छोर, परिणाम, समापन.
**आख़िर एक दिन** = आख़िरकार.

**आख़िरकार** *क्रिवि* अंततः, अंततोगत्वा, अंत में, आख़िर, आख़िर एक दिन, आख़िर में, कभी न कभी, करते करते, करते कराते, कालांतर में, चलते चलाते, पश्चात, फिर एक दिन, बारे, युगांतर में, युगांतरे, समाप्ततः, होते हवाते, होते होते, •अंत तक, •समय बीतते, ▪आरंभ से, ▪कार्य मध्य में.

**आख़िरत** = परलोक.
**आख़िर में** = आख़िरकार.
**आखिरी** = अंतिम स्थानीय.

**आख़िरी** = अंतिम.
**आख़िरी** = सीमावर्ती.
**आख़िरी कूच करना** = मरना.
**आख़िरी घंटा** = डैडलाइन.
**आख़िरी घड़ी** = मृत्युकाल.
**आख़िरी दिन तक** = आयुपर्यंत.
**आख़िरी फ़ैसला** = अंतिम फ़ैसला.
**आख़िरी शेअर** = ग़ज़ल समापन शेअर.
**आख़िरी साँस** = मृत्युकाल.
**आख़िरी साँस तक** = आयुपर्यंत.
**आख़िरी से पहला** = उपांतिम.
**आख़िरी हिसाब किताब** = क़यामत दिन.
**आखु** = कुदाल, चूहा, फावड़ा.
**आखुवाहन** = गणेश.

**आखेट** *सं* क्रीड़ा, खेट, खेदा, गेम, मारण, मृगया, *शिकार*, *हत्या*, *हिंसा*, ●बहेलियागीरी, ●मछलीमारी, ●मृगया, ●घात, ●पाश, ●पीछा, ●शिकारी, ●हाँका, ●हिंसा.

**आखेटक** = आखेटजीवी, शिकारी.

**आखेट चारा** *सं* चारा, चुग्गा, दाना, पाड़ा, *प्रलोभन*, *स्वर्णमृग*, ●कट्टा, ●मछली चारा.

**आखेटजाल** = पाश.

**आखेटजीवी** *वि* आखेटक, आखेटोपजीवी, खेट, खेटकी, नाशी, परघाती, परजीवी, मारू, मृगजीवी, मृगाजीव, वनगोचर, *शिकारी*, सूनी, हिंसालु.

**आखेट ध्वनि** = हाँका.
**आखेट पशु** = शिकार.

**आखेटपात्र** *सं* अहेर, पाड़ा, *लक्ष्य*, *वेध्य*, *शिकार*, ●कट्टा, ■शिकारी.

**आखेटपाश** = पाश.

**आखेटबाड़ा** *सं* अड़ार, *गोला*, *घेरा*, बाड़ा, ●घेरा.

**आखेट मंच** = मचान.
**आखेट वन** = आखेट स्थल.

**आखेट स्थल** *सं* आखेट वन, जंगल, मृगकानन, मृगदाव, मृगया वन, रखौत, शिकारगाह, सैदगाह.

**आखेट हाँका** = हाँका.
**आखेटोपजीवी** = आखेटजीवी.
**आख़ोर** = पशु चारा, रद्दी, सानी नाँद.
**आख़ोर की भर्ती** = कूड़ा ढेर.
**आख्या** = उक्ति, व्याख्या.
**आख्यात** = ऐतिहासिक, कथित, कथित, प्रसिद्ध.
**आख्याता** = अध्यापक, कथन कर्ता, सूचनादाता.
**आख्याति** = कथन.
**आख्यान** = कथन, कहानी, पुराण कथा, बात, मिथक, वर्णन, वृत्तांत.
**आख्यानक** = कथावस्तु.
**आख्यायिका** = कहानी, क़िस्सा, छोटी कहानी, पुराण कथा, वृत्तांत.
**आगंतुक** = अतिथि, आप्रवासी, पर्यटक, मुलाक़ाती.

**आगंतुक** *सं* आने वाला, नवागंतुक, प्रवेश कर्ता, प्रवेष्टा, विज़िटर, शुभागंतुक, शुभागत, ●अतिथि, ●आप्रवासी, ●प्रवेश कर्ता, ■गंता, ■निर्गंता.

**आग** = अंगारा, अग्नि, क्रुद्ध, क्रोध, ताप.
**आग उठाना** = सुलगाना.
**आगज़नी** = अग्निकांड.
**आगत** = अतिथि, उदित, घटित, दायागत, पहुँचा/पहुँची, प्रविष्ट, प्राप्त, वर्तमान.

**आगत** *वि* अवतीर्ण, आपन्न, आया/आई, *उपस्थित*, पहुँचा/पहुँची, समापन्न, समुपागत, हाज़िर, ●पहुँचा/पहुँची, ■अनागत, ■आगामी, ■गत.

**आगतस्वागत** = सत्कार.
**आगति** = अवसर, आगमन, पहुँच.
**आगबबूला** = क्रुद्ध.
**आग बुझना** = बुझना.
**आग भड़कना** = दहकना.
**आग भड़काना** = दहकाना.
**आगम** = अर्जन, आगमन, आगमन मार्ग, आय, ज्ञान, प्रवेश, प्राप्ति, वेद.
**आगमन** = आप्रवासन, पहुँच, प्रवेश, यात्रा अंत.

**आगमन** *सं* अभ्यागमन, आगति, आगम, आमद, आवन, आवरी, तशरीफ़ आवरी, दर्शन प्रदान, पदार्पण, पधराहट, *पहुँच*, शुभागमन, समागमन, समुपस्थिति, ●आप्रवासन, ●पहुँच, ●पुनरागमन, ●प्रवेश, ●वीज़ा, ●स्वागत, ■अनागमन, ■गमन, ■निर्गम, ■प्रस्थान, ■विदा.

**आगमन कक्ष** = स्वागत कक्ष.
**आगमन मार्ग** = प्रवेश द्वार.

**आगमन मार्ग** *सं* अंतर्मार्ग, आगम, इन, ऐंट्री, *पहुँच*, प्रवेश पथ, प्रवेश मार्ग, *मार्ग*, ●प्रवेशस्थल.

**आगमनशील** = अंतरागामी, उदीयमान, प्रवेशशील.
**आगमन स्थल** = प्रवेश द्वार, प्रवेशस्थल.
**आगम निगम** = वेद.
**आगम शास्त्र** = तर्कशास्त्र.
**आगमसोची** = दूरदर्शी.
**आगमी** = ज्योतिषी.
**आगम्य** = प्रमाण्य.
**आगल** = आगे.
**आग लगाई** = अग्न्याधान.
**आग लगाना** = जलाना.
**आगस्ती** = दक्षिण दिशा.
**आगा** = अगवाड़ा, कमीज़ पल्ला, मस्तक, मुखमंडल, शिश्न, सामने वाला आँगन.
**आग़ा** = दासस्वामी, बड़ा भाई.
**आग़ाज़** = आदि, आरंभ.
**आगापीछा** = आपत्ति, दुबिधा, मीनमेख, विमर्श, हिचक.
**आगापीछा करना** = सकुचना, हिचकना.
**आगापीछा सोचना** = सोचना परखना.
**आगामी** = आसन्न, प्रत्याशित, भविष्यकालीन.

**आगामी** *वि* अगला/अगली, अनागत, असंभूत, आने वाला, *निकट*, भावी, ●अजन्मा/अजन्मी, ●आसन्न, ●प्रतीक्षित, ●प्रत्याशित, ●भविष्यकालीन, ■आगत, ■व्यतीत.

**आगामी काल** = भविष्य काल.
**आगार** = कमरा, खान, घर, दुकान, भंडार, भंडारघर, भवन, संग्रहालय, सेना चौकी, स्रोत.
**आगाह** = ज्ञानी.

**आगाह करना** = चेताना.
**आगाही** = चेतावनी, सूचना.
**आगि** = अग्नि.
**आगे** = अब के बाद, आगे आगे, इस के बाद, दूर, पहले, फिर, बाद में, भविष्य काल में, सब से पहले, समय से पहले, से.

**आगे** *क्रिवि* अगवाड़े, अगाड़ी, अग्र, अग्रभाग में, आगल, *पहले*, सामने, ■पीछे.

**आगे आगे** *क्रिवि* अगाड़ी, *आगे*, आगे की ओर, *पहले*, पुरस्तात, पूर्व, प्रथम, सामने, ■पीछे पीछे.

**आगे की ओर** = आगे आगे.
**आगे निकल जाना** = पिछाड़ना.
**आगे निकलना** = उभरना, पिछाड़ना.
**आगे पीछे** = निकट ही.
**आगे वाला** = अगला/अगली.
**आगे से** = अब के बाद.
**आगे से पीछे मोड़** = पूरा मोड़.
**आग़ोश** = गोदी.
**आग्नेय** = अंगिरा, अगस्त्य, दक्षिण पूर्वी.
**आग्नेय पर्वत** = ज्वालामुखी.

**आग्नेयास्त्र** *सं* बंदूक़ पिस्तौल, बारूदी अस्त्र, बारूदी हथियार, •ऐटम बम, •तोप, •ध्वंसास्त्र, •पिस्तौल, •बंदूक़, •बम, •बारूदी सुरंग, •मशीनगन.

**आग्नेयी पति** = अग्निदेव.
**आग्रह** = पूर्वग्रह, हठ.

**आग्रह** *सं* अनुरोध, इसरार, ज़िद, ज़ोर, तक़ाजा, फ़रमाइश, बल, *हठ*, •आज्ञा, •इच्छा, •माँग, ■प्रार्थना.

**आग्रहपूर्ण** *वि* ज़ोरदार, बार बार, *लगातार*, सतत, सहठ, साग्रह, हठपूर्ण.

**आग्रही** = पूर्वग्रहपूर्ण, हठी.
**आघाट** = सीमारेखा.
**आघात** = आक्रमण, चोट, ठोकर, प्रहार, मनोघात, व्रण, हानि.

**आघात** *सं* चपत, चपेट, *चोट*, *चोट*, थाप, प्रहति, *प्रहार*, मार, मार, संघट्ट, •अपकार.

**आघातक** = प्रहारक.
**आघात कर्ता** = प्रहारक.

**आघात चिराव** *सं खरोंच*, खोंच, खोंप, चिरन, चिराव, फटन, फटाव.

**आघात नील** *सं* चित्ती, *दाग़*, *नील*, •त्वचाचिह्न.

**आघात रगड़** *सं* घर्ष, घर्षण, घिसटन, घिसन, घिस्सा, छिलन, दरेरा, रगड़, रगड़ा, रगस, •फफोला.

**आघात सीमा** = प्रहार सीमा.
**आघोषणा** = मुनादी.
**आचक्षण** = आस्वादन.

**आचमन** *सं* कुल्ला, कुल्ली, मुखशोधन, •ग़रारा, •दंत मार्जन, •स्नान.

**आचय** = ढेर.
**आचरण** = अनुपालन, कार्यान्विति, चरित्र, व्यवहार.

**आचरण** *सं* अमल, आचार, आचारव्यवहार, क्रियाकलाप, चर्या, चलन, चालढाल, ढंग, ढब, ढर्रा, तरीक़ा, तौर, तौरतरीक़ा, रंगढंग, रफ़्तार गुफ़्तार, रवैया, रीति, वर्तन, वृत्ति, शील, •अनुपालन, •कर्तव्य, •कर्म, •चरित्र, •मर्यादा, •व्यवहार, •स्वभाव.

**आचरण सीमा** = मर्यादा.
**आचरणहीन** = दुराचारी.
**आचरणीय** = करणीय.

**आचरणीय** *वि* उचित, कृत्य, चरितव्य, चर्य, *योग्य*, विहित, *वैध*, समुचित, हलाल, •करणीय, •नैतिक, •वांछनीय, •स्वीकार्य.

**आचरित** = कृत.
**आचार** = आचरण, चरित्र, नियम, लोकव्यवहार नियम, सदाचार.
**आचारभ्रंश** = दुराचार.
**आचारभ्रष्ट** = दुराचारी, दुर्व्यवहारी.
**आचारवर्जित** = बहिष्कृत.
**आचारवान** = शिष्ट, सदाचारी.
**आचारविचार** = नैतिकता, संस्कृति.
**आचारविचार समष्टि** = सभ्यता.
**आचार वृत्ति** = मनोवृत्ति.
**आचारव्यवहार** = आचरण, परंपरा.
**आचारसंहिता** = विधिसंहिता.
**आचार समष्टि** = चरित्र.
**आचार सीमा** = मर्यादा.
**आचारहीन** = दुराचारी.
**आचार्य** = अध्यापक, उपदेशक, गुरु, धर्मगुरु, धर्मज्ञानी, धर्माधिकारी, मठाधीश, लैक्चरर, वैद्य.
**आचार्यीय** = मठाधीशीय.
**आचूषक** = अवशोषक.
**आचूषण** = अवशोषण, सुखाई, स्तनपान.

**आचूषण** *सं चुसकी*, चुसाई, चुसौअल, चूषण, चूस, चूसन, •अवशोषण, •चुबलाई.

**आच्छन्न** = मेघाच्छन्न, वर्षापूर्ण.
**आच्छन्न होना** = बदलाना.
**आच्छाज** = छज्जा.
**आच्छाजित** = छतदार.
**आच्छाद** = आवरक वस्तु, छत, परिधान.
**आच्छादक** = आवरक वस्तु.
**आच्छादन** = आवरक वस्तु, गोपन, ग्रहण, छद्म, परिधान, वस्त्र.
**आच्छादनहीन** = छतहीन.
**आच्छादित** = आलेपित, गुप्त, ग्रहणग्रस्त.
**आच्छादित करना** = ढाँपना.
**आछन्न** = कुदृश्य.
**आज** = अब, वर्तमान काल, वर्तमान में.

**आज** *सं* अद्य, अद्य दिन, आज का दिन, ■कल.

**आजकल** = वर्तमान काल, वर्तमान में.
**आजकल का** = आधुनिक, वर्तमान.
**आजकल भी** = अब भी.
**आजकल में** = आसन्नतः.
**आज का** = वर्तमान.
**आज का दिन** = आज.
**आज के पूर्व** = अब से पहले.
**आज तक** = अब तक.
**आजन्म** = आयुपर्यंत.
**आजन्म ब्रह्मचारी** = भीष्म.
**आज भी** = अब भी, वर्तमान में.

**आज़माइश** = कोशिश, परख.

**आज़माना** *क्रि आँकना*, कर के देखना, *कसना*, कसौटी पर कसना, काम कर के देखना, जाँचना, ट्राई करना, *देखना*, देखना भालना, नमूना देखना, परखना, परचना, परीक्षा करना, *पैठना*, *मापना*, मूल्यांकन करना, वापर के देखना, •चखना, •चैक करना.

**आज़माया/आज़माई** = परीक्षित.
**आज़मूदा** = परीक्षित.
**आज से पहला या अगला दिन** = कल.
**आजा** = दादा.
**आज़ाद** = अनवरुद्ध, अनियंत्रणीय, अप्रतिबंधित, अलमस्त, उन्मुक्त, मुक्त, स्वाधीन.
**आज़ाद करना** = छोड़ना.
**आज़ादख़याल** = उदारमनस्क.

**आज़ादख़याल** *वि* द्रोही, *विद्रोही*, स्वतंत्र चिंतक, स्वतंत्रचेता, स्वतंत्र विचार वाला, •उदारमनस्क, •दृढ़मतहीन.

**आज़ादतबीयत** = उदारमनस्क.
**आज़ादी** = अनियंत्रण, अप्रतिबंध, पूर्ण अनुमंति, मुक्ति, स्वाधीनता, स्वाधीनता प्राप्ति, स्वावलंबन, स्वेच्छा, स्वेच्छाचार.
**आज़ादी का दीवाना** = स्वाधीनता सेनानी.
**आजिज़** = पीड़ित, विनम्र.
**आजिज़ी** = गिड़गिड़ाहट.
**आजी** = दादी.
**आजीवन** = आयुपर्यंत.
**आजीविका** = आय, गुज़रबसर, धंधा.

**आजीविका** *सं आय*, आय साधन, आयस्रोत, ऐंप्लायमैंट, कमाई, कामकाज, कामधाम, गुज़ारा, *जीवन*, जीवनयापन साधन, जीवन वृत्ति, जीविका, पेटपालन, भर्या, रोज़ी, रोज़ी रोटी, रोटी कपड़ा, रोटी रोज़ी, वृत्ति, *साधन*, हीला, •अर्जन, •गुज़रबसर, •धंधा, •नौकरी, •व्यापार, ▪बेरोज़गारी.

**आजीविका अधिकार** *सं* कर्म अधिकार.

**आजीविका अर्जन** = अर्जन.
**आजीविका एजेंसी** = आजीविका कार्यालय.

**आजीविका कार्यालय** *सं* आजीविका एजेंसी, ऐंप्लायमैंट ऐक्सचेंज, कामदिलाऊ एजेंसी, कामदिलाऊ कार्यालय, प्लेसमैंट एजेंसी, भरती दलाल, रोज़गार एजेंसी, रोज़गार कार्यालय, सर्विस एजेंसी.

**आजीविका दाता** = ऐंप्लायर, वृत्तिदाता.
**आजीविकायुक्त** = बारोज़गार.
**आजीविका हरण** = सेवाच्युति.
**आजीविकाहीन** = बेरोज़गार.
**आजीविकाहीनता** = अरिक्त पद, बेरोज़गारी.
**आजीवी** = कर्मचारी, धंधी.
**आज्ञप्त** = आज्ञापित.
**आज्ञप्ति** = अध्यादेश.
**आज्ञा** = अनुमति.

**आज्ञा** *सं* अनुदेश, आदेश, आर्डर, *कथन*, कलाम, कहा, कही, *निदेश*, निर्देश, परवाना, प्रत्यादेश, *फ़तवा*, फ़रमान, *बात*, रजायस, लफ़्ज़, *वचन*, *शासन*, समादेश, हदीस, हिदायत, हुक्म, •अध्यादेश, •अनुमति, •आग्रह, ▪अवज्ञा, ▪उपेक्षा, ▪निवेदन, ▪प्रार्थना, ▪फ़रियाद, ▪वचन.

**आज्ञा अपालन** = अवज्ञा.
**आज्ञा उल्लंघन** = अवज्ञा.
**आज्ञाकारी** = कर्तव्यपरायण, गाय समान, तत्पर, शास्य.

**आज्ञाकारी** *वि अनुगामी*, अनुचर, अनुपालक, अनुशासनपर, आज्ञापालक, *आदरपूर्ण*, आदेश पालक, चाकर, ताबेदार, फ़रमाबरदार, बंदा, बालबाँधा, भृत्यतापूर्ण, यथोक्तकारी, वचनकारी, वशगामी/वशगामिनी, वशानुग, *विनम्र*, विनयशील, सेवाभावी, हुक्मबरदार, ▪अवज्ञाकारी, ▪धृष्ट.

**आज्ञाता** = आज्ञादाता.

**आज्ञादाता** *सं* अधिकारी, आज्ञाता, आज्ञापक, आदेशक, आदेशदाता, आदेष्टा, मालिक, *स्वामी*.

**आज्ञानुसार** *क्रिवि* आज्ञानुसारतः, आदेशानुसार, कथनानुसार, यथाकथित, यथाज्ञा, यथादेश, यथानिर्दिष्ट, यथोक्त.

**आज्ञानुसारतः** = आज्ञानुसार.
**आज्ञापक** = आज्ञादाता.
**आज्ञापत्र** = राज्यादेश.

**आज्ञापत्र** *सं* आदेश, आदेशपत्र, चिट्ठी, परवाना, *फ़तवा*, फ़रमान, हुक्मनामा, •धर्मादेश, •राज्यादेश.

**आज्ञापालक** = आज्ञाकारी.
**आज्ञापालन** = अनुपालन.

**आज्ञापित** *वि* अनुज्ञात, आज्ञप्त, आदेशित, *कथित*, कहा/कही, *निदेशित*, बताया/बताई, संविहित, समाज्ञप्त, •संकेतित.

**आज्ञाभंग** = अवज्ञा.
**आज्ञामानव** = रोबट.
**आज्य** = घी.
**आटविक** = वनीय.
**आटा** = चूरा.

**आटा** *सं* चून, पिसान, •गेहूँ आटा, •चना आटा, •चौरेठा, •बेसन, •मक्का आटा, •मैदा, •चूरा, •दलिया, •पलोथन, •बूर, •रवा, •सत्तू.

**आटा करना** = पीसना.
**आटा चावल** = परचून.
**आटा दाल** = परचून.
**आटा बनाना** = पीसना.

**आटि** *सं* आइबिस, आडि, दिधार, दोचोरा, बक, बुज्जा, बुज्झा, सफ़ेद बुज्जा, हरजोता.

**आ टिकना** = आ बसना.
**आटोक्रैट** = एकतंत्र शासक.
**आटोनमी** = स्वाधीनता.
**आटोप** = अकड़, दिखावा.
**आटोबान** = मोटर मार्ग, राजमार्ग.
**आटोमैटिक** = यंत्रचालित.

**आटोमैटिक टैलर मशीन** = एटीऐम.
**आटोमोबाइल** = मोटर गाड़ी.

**आठ** *सं* 8, अठ, अष्ट, सात जमा एक.

**आठ गुना दस** = अस्सी.
**आठ जमा एक** = नौ.
**आठ पहर** = अहोरात्र.

**आठवाँ/आठवीं** *वि* 8वाँ, अठ-, अष्ट, अष्ट-, अष्टम, अष्टमक, •आठ.

**आठ समुदाय** *सं* अट्ठा, अट्ठी, अठ, अष्टक, अष्टका, अष्टदल, अष्टांग, •आठ.

**आठीनियम** = गुरुकुल.
**आठों पहर** = लगातार.
**आठों याम** = लगातार.
**आडंबर** = अहंकार, तड़कभड़क, मेघ गर्जन, वाक्छल, शब्दाडंबर, सजावट.
**आडंबरपूर्ण** = अतिशयोक्तिपूर्ण, तड़कभड़कदार, रंगमंचीय, शब्दाडंबरपूर्ण.
**आडंबरपूर्ण भाषा** = शब्दाडंबर.
**आडंबरहीन** = अनाभूषित, अनौपचारिक, पाखंडहीन, बोलचाल की (भाषा), साधारण.
**आडंबरी** = पाखंडी.
**आड़** = घातस्थान, ढाल, दीवार, परदा, बैरियर, शरणस्थल.

**आड़** *सं* अगोट, अड़तल, अड़दब, आवरण, आश्रय, ओट, ओटक, कमरकोट, छिपाव, *टट्टी*, *दीवार*, *पट*, *परदा*, व्यवधान, *शरण*, स्क्रीन, •गड्ढा, •गुफा, •छद्मवेश, •धूम्र आवरण, •परदा दीवार, •मुखौटा, •सुरक्षा.

**आड़ करना** = छिपाना.
**आड़ में** = चोरी छिपे.
**आड़ में जाना** = छिपना.
**आड़ा** = बँड़ेर.
**आड़ा/आड़ी** = अनुक्षितिज, अवनमित, आड़ा तिरछा/आड़ी तिरछी, कोणाकार, क्रूसाकारीय, झुका/झुकी, वक्राकार, विकर्णयुक्त.

**आड़ा तिरछा/आड़ी तिरछी** *वि* आड़ा/आड़ी, आड़ा बेड़ा/आड़ी बेड़ी, काटता/काटती, ▪सीधा/सीधी.

**आड़ा बेड़ा/आड़ी बेड़ी** = आड़ा तिरछा/आड़ी तिरछी.
**आडि** = आटि.
**आडिऐंस** = श्रोता, सुहृदजन.
**आडिटर** = लेखा परीक्षक.
**आडिटोरियम** = नाट्यागार, प्रेक्षागार, सभागार, सिनेमाघर.
**आडियो** = श्रव्य.

**आडियो कैसेट** *सं* आडियो टेप, *कैसेट*, *टेप*, टेप रिकार्ड, श्राव्य कैसेट.

**आडियो टेप** = आडियो कैसेट.
**आड़ी शहतीर** = बँड़ेर.

**आड़ू** *सं* आरुक, सप्तालु, सफतालू.

**आड़े** = पार्श्व की ओर.

**आड़े तिरछे** *क्रिवि* इधर उधर, काटते, टेढे, तिरछे, •आरंपार.

**आढकी** = अरहर.
**आढ़त** = दलाल शुल्क.
**आढ़त शुल्क** = दलाल शुल्क.
**आढ्य** = धनाढ्य, भरा/भरी.
**आणविक** = भौतिक.
**आणविक अस्त्र** = आण्विक अस्त्र.
**आणविक युद्धाग्र** = ऐटम बम.
**आणविक शक्ति** = परमाणु ऊर्जा.

**आण्विक अस्त्र** *सं* अणु अस्त्र, आणविक अस्त्र, आण्विक शस्त्र, थर्मोन्यूक्लीअर अस्त्र, परमाणु अस्त्र.

**आण्विक शस्त्र** = आण्विक अस्त्र.
**आतंक** = प्रताप, भय.

**आतंक** *सं* उद्वेग, तंक, तहलका, त्रास, दबदबा, दहल, दहशत, पैनिक, भयातंक, भीति, संत्रास, सनसनी, हड़कंप, हैबत, हौल, •उग्रवाद, •जनसंहार, •दमन, •भय, •रोमांच, ▪सुरक्षा.

**आतंकपूर्ण** = भयानक.
**आतंक फैलाना** = डराना.

**आतंकवाद** *सं* अतिवाद, असहिष्णुता, इंतहापसंदी, उग्रवाद, लड़ाकापन, हिंस्रता, •अत्याचार, •उग्रवाद, •भय, ▪अहिंसा.

**आतंकवादी** = उग्रवादी.

**आतंकवादी** *सं* अतिवादी, आतंकी, *उग्रवादी*, कट्टर, खाड़कू, फ़िदायीन, मुजाहिद, •अपहर्ता, •भय.

**आतंकित** = भयभीत.
**आतंकित करना** = डराना.
**आतंकित होना** = डरना.
**आतंकी** = आतंकवादी.
**आतताई** = हत्यारा.
**आततायी** = अत्याचारी, दमनशील, दानवीय, रुधिरपिपासु.

**आततायी** *सं* *अत्याचारी*, उत्पीड़क, *कठोर*, क्रूर, *चंडाल*, ज़ालिम, ज़ुल्मी, दुःखदाता, *निर्दय*, निर्दयी, नृशंस, यंत्रणादाता, व्यथयिता, सितमगर, •तानाशाह, ▪रक्षक.

**आतप** = ज्वर, ताप, धूप.
**आतपत्र** = छाता.
**आतपत्रक** = छाता.
**आतपहीन** = धूपहीन.
**आतप्त** = गरम, तप्त.
**आतर्पण** = तर्पण.

**आतशक** *सं* उपदंश, *गरमी*, पौक्स, फ़रंग, फिरंग रोग, बादे फ़िरंग, सिफ़लिस, •यौन रोग.

**आतशख़ाना** = अग्नि मंदिर.
**आतशगाह** = अग्निपात्र.
**आतशी शीशा** = खुर्दबीन.

**आतशी शीशा** *सं* अग्निमणि, तपन मणि, दीप्तोपल, पढ़ने के लिए बड़ा दिखाने वाला शीशा, मैग्नीफ़ाइंग ग्लास, रविरत्न, *रीडर*, सूर्यकांत मणि, सूर्यमणि, •दूरबीन, •लैंस, ▪खुर्दबीन.

**आता/आती** = अंतरागामी, आसन्न, ज्ञात, प्रवेशशील, भविष्यकालीन.
**आतापी** = चील.
**आतिथेय** = निमंत्रक, मेज़बान.

**आतिथ्य** = अतिथि, सत्कार.
**आतिश** = अग्नि.
**आतिशगाह** = अग्नि मंदिर.
**आतिशज़न** = चक़मक़.
**आतिशपरस्त** = पारसी धर्मावलंबी.
**आतिशबाज़ी** = दीवाली.

**आतिशबाज़ी** *सं* अग्निक्रीड़ा, फ़ायरवर्क्स, *फुलझड़ी*, मणिमाला, रोशनी, सितारा, •दीवाली, •विवाह, •समारोह.

**आतिशबाज़ी सूची** *सं अनार*, आफ़ताबी, *ऐटम बम*, क्रैकर, चक्री, चमकी, टारपीडो, तड़तड़ी, पटपटी, *पटाका*, *फिरकी*, *फुलझड़ी*, *बम*, रौकेट, *लड़ी*, सुर्रा, •तड़तड़ाहट.

**आतिशबाज़ी अनार** *सं अनार*.

**आतिशबाज़ी चक्री** *सं* चक्री, चक्री आतिशबाज़ी, चरखी, जिरंडोल.

**आतिशबाज़ी छछूँदर** *सं* छछूँदर, सुरसुरी, स्क्विब.

**आतिशबाज़ी सुर्रा** *सं* बान, रौकेट, सुर्रा, हवाई.

**आतुर** = असंतोषी, उत्साही, तत्पर, पीड़ित, भयभीत, भावपूर्ण, रोमांचित, लोभी.

**आतुर** *वि* अधीर, *असंतोषी*, आकुल, आमादा, उतावला/उतावली, उत्कंठित, उत्सुक, उद्यत, *गरम*, तैयार, बेक़रार, बेकल, बेचैन, बेताब, बेसब्र, विकल, व्याकुल, •इच्छुक, •जल्दबाज़, ▪आलसी, ▪निश्चिंत, ▪बहानेबाज़, ▪संकल्पशील.

**आतुरता** = असंतोष, जल्दबाज़ी.

**आतुरता** *सं* अधीरता, अधैर्य, अप्रतीक्षा, उतावलापन, उतावली, उत्कंठा, उत्सुकता, कुलबुलाहट, *छटपटाहट*, बेक़रारी, बेकली, बेताबी, बेसबरापन, *लालसा*, विकलता, व्यग्रता, •जलदबाज़ी, •हड़बड़ी, ▪धैर्य, ▪प्रशांतता, ▪संयम, ▪सावधानी.

**आतोमोस** (ग्रीक) = परमाणु.
**आत्म** = मैं.
**आत्मकथन** = भूमिका.
**आत्मकथा** = संस्मरण.

**आत्मकथा** *सं* अपनी कहानी, आटोबायग्राफ़ी, आत्मचरित, आपबीती, *डायरी*, तुज़ुक, मेरी कहानी, राम कहानी, *संस्मरण*, स्वकथा, स्वजीवनी, •गद्य, •जीवनी, •निजी डायरी, •संस्मरण.

**आत्मकृत वचन** = आत्मसात् वचन.
**आत्मकेंद्रित** = अंतर्मनस्क, अमिलनसार, आत्मलीन, कृतघ्न.
**आत्मक्षमता** = आत्मविश्वास.
**आत्मगोपन** = लुकाछिपी.
**आत्मगौरव** = अकड़, अहंकार, स्वाभिमान.
**आत्मग्राही** = स्वार्थी.
**आत्मग्लानि** = पश्चात्ताप.
**आत्मघात** = आत्मनाश, आत्महत्या.
**आत्मघातक** = आत्मघाती.

**आत्मघाती** *वि* आत्मघातक, आत्मद्रोही, आत्मनाशी, आत्महा, स्वघाती, स्वनाशक, स्वनाशी, •मानवघाती, •हत्या इच्छुक, •हत्यारा.

**आत्मघोष** = कौआ, मुरगा.
**आत्मचरित** = आत्मकथा.
**आत्मचालित** = यंत्रचालित.
**आत्मचिंतन** = आत्मनिरीक्षण.
**आत्मज** = पुत्र.
**आत्मज/आत्मजा** = वैध (संतान).
**आत्मजन** = स्वजन.
**आत्मजय** = इंद्रियनिग्रह, संयम.
**आत्मजा** = पुत्री.
**आत्मजात** = पुत्र.
**आत्मजेता** = संयमित.

**आत्मज्ञान** *सं* अंतःप्रज्ञा, अंतर्ज्ञान, *अंतर्बोध*, अन्य से भिन्न स्व भाव, अपना आपा, अस्मिता, अहं, *अहंकार*, अहं तत्त्व, आत्मतत्त्व, आत्मदर्शन, आत्मन्, आत्मबोध, आत्मसाक्षात्कार, आत्मानुभूति, आपा, इड, ईगो, औतोस, खुदी, द्वैत, भूतादि, *मैं*, मैं भाव, मैं होना भाव, विदर्शना, संज्ञान, सत्ताबोध, सहज ज्ञान, सहजानुभूति, सोऽहं, स्वज्ञान, स्वतत्त्व, स्वत्व, स्वदर्शन, स्वबोध, स्वयं भाव, •आत्मा, •केवल ज्ञान.

**आत्मज्ञानजन्य आनंद** = आत्मानंद.

**आत्मज्ञानी** *सं* आत्मदर्शी, आत्मद्रष्टा, तत्त्वदर्शी, *योगी*, स्वदर्शी.

**आत्मतः** = यंत्रचालिततः.
**आत्मतत्त्व** = आत्मज्ञान.
**आत्मता** = स्वभाव.

**आत्मतुष्ट** *वि* खुदपसंद, खुदबीन, गर्वी, नाज़ाँ, •आत्मप्रशंसक.

**आत्मत्याग** = आत्मबलि.
**आत्मत्यागी** = आत्मबलिदानी, निस्स्वार्थ.
**आत्मत्व** = अचेतन मन, आत्मा.
**आत्मदमन** = आकांक्षादमन.
**आत्मदर्पी** = आत्मप्रशंसक.
**आत्मदर्शन** = आत्मज्ञान, आत्मनिरीक्षण.
**आत्मदर्शी** = आत्मज्ञानी.
**आत्मद्रष्टा** = आत्मज्ञानी.
**आत्मद्रोह** = आत्मनाश.
**आत्मद्रोही** = आत्मघाती.
**आत्मद्वेष** = आत्मनाश.

**आत्मनाश** *सं* आत्मघात, आत्मद्रोह, आत्मद्वेष, स्वनाश, •आत्मबलि, •आत्महत्या.

**आत्मनाशी** = आत्मघाती.
**आत्मनिंदक** = पश्चात्तापी.
**आत्मनिग्रह** = संयम.
**आत्मनिग्रही** = संयमित.
**आत्मनियंत्रण** = आकांक्षादमन, धैर्य, संयम.
**आत्मनियंत्रित** = संयमित.

**आत्मनिरीक्षण** *सं* अंतःदर्शन, अंतर्दर्शन, अंतर्द्वंद्व, अनुचिंतन, आत्मचिंतन, आत्मदर्शन, आत्ममंथन, आत्मसंघर्ष, आध्यान, ऊहापोह, चिंतन, *ध्यान*, *मंथन*,

मनोमंथन, स्वचिंतन, स्वनिरीक्षण, स्वमंथन, •पुनर्विचार.

**आत्मनिर्भर** = स्वनियोजित, स्वावलंबी.
**आत्मनिर्भरता** = आत्मविश्वास, स्वावलंबन.
**आत्मनिवेदन** = प्रार्थना.
**आत्मनिष्ठ** = भावनाधारित.
आत्मन् = आत्मज्ञान, आत्मा, ईश्वर, ब्रह्म.
**आत्मपरिचय पत्र** = विज़िटिंग कार्ड.
**आत्मपरिवर्तन** = आत्मोन्नति.

**आत्मप्रशंसक** *वि* अपने मुँह मियाँ मिट्ठू, आत्मदर्पी, आत्मप्रशंसी, गलगाजी, गालबजाऊ, घमंडी, दंभी, हवाबाज़, •अहंकारी, •आत्मतुष्ट, •डींगबाज़.

आत्मप्रशंसा = अहंकार.

**आत्मप्रशंसा** *सं* अपनी प्रशंसा, घमंड, स्वप्रशंसा, हजो, •अहंकार, •डींग, •प्रशंसा, ▪आत्मनिंदा, ▪निंदा.

आत्मप्रशंसी = आत्मप्रशंसक.
आत्मबल = आत्मविश्वास, मनोबल.
आत्मबलि = युद्धमृत्यु.

**आत्मबलि** *सं* अंतिम समाधि, आत्मत्याग, आत्मबलिदान, आत्माहुति, आत्मोत्सर्ग, *आहुति*, उत्सर्ग, क़ुरबानी, जाननिसारी, जीवनदान, जीवनोत्सर्ग, त्याग, प्राणदान, प्राणाहुति, प्राणोत्सर्ग, *बलिदान*, शरीरार्पण, शहादत, शौटीर्य, *समर्पण*, सरफ़रोशी, स्वबलिदान, हाराकीरी, •जौहर प्रथा, •सती प्रथा, ▪आत्महत्या.

आत्मबलिदान = आत्मबलि.

**आत्मबलिदानी** *सं* आत्मत्यागी, जाँनिसार, जीवन दानी, परवाना, प्राणदानी, बलिदानी, शहीद, सरफ़रोश, •स्वाधीनता सेनानी.

आत्मबोध = आत्मज्ञान.
आत्मभू = ईश्वर, कामदेव, ब्रह्मा.
**आत्ममंथन** = आत्मनिरीक्षण.
**आत्ममनस्क** = अंतर्मनस्क.

**आत्ममहिमा** = अकड़, अहंकार, स्वाभिमान.
**आत्ममहिमामंडित** = आत्ममोहग्रस्त.
**आत्ममानी** = स्वाभिमानी.

**आत्ममोहग्रस्त** *वि अहंकारी*, अहम्मन्यक, आत्ममहिमामंडित, आत्ममोहित, गबरा/गबरी, गर्वोन्मत्त, नरगिसी विकारग्रस्त, स्वमोहित.

**आत्ममोहित** = आत्ममोहग्रस्त.

**आत्मरक्षा** *सं* अपनी रक्षा, जान बचाव, बचाव, *रक्षा*, *सलामती*, स्वरक्षा, हिफ़ाज़त.

**आत्मरूप** = स्वभाव.
**आत्मलीन** = अंतर्मनस्क.

**आत्मलीन** *वि* अपने में मग्न, आत्मकेंद्रित, बेख़ुद, बेध्यान, बेसुध, स्वकेंद्रित, स्वलीन, •समाधिस्थ.

**आत्मविश्वास** = कर्तृत्ववाद.

**आत्मविश्वास** *सं* आत्मक्षमता, आत्मनिर्भरता, आत्मबल, इच्छाशक्ति, भरोसा, *मनोबल*, संकल्प शक्ति, स्वतंत्रता, स्वबल, •महत्त्वाकांक्षा, •साहस, •स्वाभिमान, ▪आशंका, ▪दुबिधा, ▪संकोच.

**आत्मविश्वासपूर्ण** = आत्मविश्वासी.
**आत्मविश्वासवाद** = कर्तृत्ववाद.
**आत्मविश्वासहीन** = प्रारब्धवादी, विचलनशील.
**आत्मविश्वासहीनता** = प्रारब्धवाद.
**आत्मविश्वासी** = कर्तृत्ववादी, संकल्पशील.

**आत्मविश्वासी** *वि* अविचलनशील, आत्मविश्वासपूर्ण, थिर, दृढ़, निश्चयी, निष्ठ, पक्का/पक्की, *प्रशांत*, प्रशांतचित्त, *भीष्म*, *संकल्पशील*, समचेता, समशील, सात्मविश्वास, *स्वस्थमनस्क*, •धीर, •निश्चिंत, •साहसी, •स्वावलंबी, ▪भयभीत, ▪भ्रमित, ▪विचलित.

**आत्मविस्मृत** = तल्लीन.

**आत्मशिक्षा** = स्वशिक्षा.
**आत्मशुद्धि** = प्रायश्चित्त.
**आत्मश्लाघा** = अहंकार.
**आत्मश्लाघापूर्ण दावा** = डींग.
**आत्मसंकल्प** = आत्मोन्नति संकल्प.
**आत्मसंघर्ष** = आत्मनिरीक्षण.
**आत्मसंतोष** = संतोष.
**आत्मसंदेह** = दुबिधा.
**आत्मसंभव** = ब्रह्मा.
**आत्मसंयम** = इंद्रियनिग्रह, संयम.
**आत्मसंयम अभाव** = असंयम.
**आत्मसंयमी** = अविलासी, जितेंद्रिय.

**आत्मसमर्पण** *सं* शस्त्रत्याग, शस्त्रसमर्पण, *समर्पण*, हिरासत, •पराजय, •युद्धांत.

**आत्मसम्मान** = स्वाभिमान.
**आत्मसम्मानहीन** = निर्लज्ज.
**आत्मसाक्षात्कार** = आत्मज्ञान.
**आत्मसात** = समाविष्ट.

**आत्मसात् वचन** *सं* आत्मकृत वचन, स्वगत कथन, •जनांतिक वचन, •संवाद.

**आत्मसुखाय** = स्वेच्छया.
**आत्मसुधार** = आत्मोन्नति.
**आत्मसुधार संकल्प** = आत्मोन्नति संकल्प.
**आत्मस्थ** = गंभीर, लालसाहीन, स्थितप्रज्ञ.
**आत्मस्वीकृति** = कनफ़ैशन, स्वीकारोक्ति.

**आत्महत्या** *सं* आत्मघात, ख़ुदकुशी, स्यूसाइड, स्वघात, •जौहर प्रथा, •सती प्रथा, ▪आत्मबलि.

**आत्महा** = आत्मघाती.
**आत्महित** = स्वार्थ.
**आत्मा** = अंतरात्मा, ईश्वर, प्राणशक्ति, ब्रह्म, भूत, मन, व्यक्तित्व, शक्ति, साहस, स्वभाव.

**आत्मा** *सं* अंतः, अंतःप्रकृति, अंतर, अंतर पुरुष, *अंतरात्मा*, अंतर्यामी, *अक्षर*, अणिमा, अतींद्रिय, अपनापन, अव्यक्त, आत्मत्व, आत्मन्, आपा, क्षेत्रज्ञ, क्षेत्रविद, क्षेत्री, चित्, चैतन्य, *जीव*, जीवात्मा, देही, धाता, निजत्व,

पशु, पुद्गल, पुरिशय, *पुरुष*, प्राणात्मा, प्राणाधिप, भूतात्मा, मन बुद्धि चित्त अहंकार, रूह, शरीरधारी, शरीरी, सर्वग, *सूक्ष्म*, स्वबीज, *हंस*, *हृदय*, •अंतरात्मा, •अचेतन मन, •अहं तत्त्व, •ईश्वर, •जीव, •ब्रह्म, •भूत, •मन, •व्यक्तित्व, •स्वभाव.

**आत्मा और ईश्वर एक हैं** = अद्वैतवाद.
**आत्मा और परमात्मा भिन्न हैं** = द्वैतवाद.
**आत्माधिक/आत्माधिका** = प्रेमपात्र/प्रेमपात्रा.

**आत्मानंद** *सं* *अद्वैतता*, आत्मज्ञानजन्य आनंद, दिव्यानंद, निर्वाण, परमानंद, प्रहर्ष, प्रह्लाद (प्रा), ब्रह्मानंद, महानंद, हर्षोत्कर्ष, •आनंदातिरेक.

**आत्मानुभूति** = आत्मज्ञान.
**आत्मानुशासन** = अनुशासन, संयम.
**आत्मानुशासी** = न्यायपर, संयमित.
**आत्मा परमात्मा के बीच पुरोहित आवश्यकता** = पुरोहितवाद.
**आत्मा परमात्मा संबंध ज्ञान** = अध्यात्म ज्ञान.
**आत्मा परमात्मा संबंध विषयक** = धर्म.
**आत्मा फिर से जन्म लेती है.** = पुनर्जन्मवाद.
**आत्माभिमान** = स्वाभिमान.
**आत्माभिमानी** = स्वाभिमानी.
**आत्माभिमुखी** = अंतर्मनस्क.
**आत्मावलंबन** = स्वावलंबन.
**आत्मावलंबी** = स्वनियोजित, स्वावलंबी.
**आत्माहीन** = खेदहीन.
**आत्माहुति** = आत्मबलि.
**आत्मिक** = परिवारीय.

**आत्मिक** *वि* अंदरूनी, अभौतिक, अभ्यंतरीय, *आंतरिक*, आत्मीय, *आध्यात्मिक*, पौद्गलिक, रूहानी, ▪भौतिक, ▪शारीरिक.

**आत्मीय** = अंतरंग, आत्मिक, चरित्रीय, परिवारीय, मेरा/मेरी, व्यक्तिगत, संबंधी, सहवंशी, सहोदर, स्वदेशी.
**आत्मीय/आत्मीया** = मेरा/मेरी.
**आत्मीय जन** = स्वजन.
**आत्मीयता** = अनुग्रह, आपसदारी, परिवार संबंध, मित्रता, स्वजन भावना, स्वामित्व.
**आत्मीयतापूर्ण** = मित्रतापूर्ण.
**आत्मीय रूप** = स्वभाव.
**आत्मीय व्यवहार** = आपसदारी.
**आत्मोत्सर्ग** = आत्मबलि.
**आत्मोद्धार** = आत्मोन्नति.
**आत्मोद्भव** = पुत्र.
**आत्मोद्भूत** = स्वयंभुव.

**आत्मोन्नति** *सं* आत्मपरिवर्तन, आत्मसुधार, आत्मोद्धार, नया अध्याय, सैल्फ़ इंप्रूवमैंट, सैल्फ़हैल्प, •पदोन्नति.

**आत्मोन्नति करना** = सुधरना.

**आत्मोन्नति संकल्प** *सं* आत्मसंकल्प, आत्मसुधार संकल्प, नववर्ष संकल्प, •आत्मोन्नति, •संकल्प.

**आत्मौपम** = समव्यवहारी.
**आत्यंतिक** = अत्यधिक.
**आत्रेयी** = रजस्वला.
**आथोरिटी** = संस्था, सत्ताधिकार.
**आदंश** = डंक.
**-आद (जैसेः क्रव्याद)** = भक्षक.
**आदग्ध** = तप्त, दग्ध.
**आदग्धक** = दाहक.
**आदग्धन** = दहन.
**आदत** = अभ्यास, कुटेव, स्वभाव.

**आदत** *सं* *अभ्यास*, टेव, ढब, तौर, तौरतरीक़ा, बरताव, बान, रबत, *शैली*, *स्वभाव*, हैबिट, •कुटेव, •मनोवृत्ति.

**आदत का ग़ुलाम** = आदी.
**आदत डालने वाला** = कुव्यसनकारक.
**आदतन दोहराए शब्द** = तकिया क़लाम.
**आदतहीन** = अनभ्यस्त.
**आदती** = कुव्यसनकारक.
**आदत्त** = अस्वाभाविक, दत्तक, लिया/ली, लिया/ली.
**आदत्त कराना** = कमवाना, दिलाना.
**आदत्त होना** = पाना.
**आदम** = मानव.

**आदम** *सं* आदिपुरुष, *प्रजापति*, प्रथम पुरुष, बाबा आदम, हज़रत आदम, •बाग़े अदन, •मनु, •हौवा.

**आदम औलाद** = मानव.
**आदमख़ोर** = मनुष्यभक्षक.
**आदमज़ाद** = मानव.
**आदमज़ादी** = स्त्री.
**आदमन** = स्त्री.
**आदम पत्नी** = हौवा.
**आदम पहला आवासस्थान** = बाग़े अदन.
**आदम हौवा** = प्रथम दंपति.
**आदम हौवा उपवन** = बाग़े अदन.
**आदमी** = जना, पति, पुरुष, मानव, व्यक्ति.
**आदर** = प्रशंसा, भक्ति, सम्मान.

**आदर** *सं* अदब, अदब लिहाज, अवेक्षा, आदरसत्कार, *आस्था*, इज़्ज़त, क़द्र, ख़ातिर, पूछगछ, लिहाज, वंदना, श्रद्धा, *सत्कार*, सम्मान भाव, •पूजा, •भक्ति, ▪उपेक्षा, ▪निंदा.

**आदरणीय** = पवित्र, पूजनीय, महान, सम्माननीय.
**आदरणीयता** = पवित्रता.
**आदरपूर्ण** = आज्ञाकारी.

**आदरपूर्ण** *वि* आदरात्मक, प्रशंसापूर्ण, प्रेमपूर्ण, बाअदब, मानात्मक, *विनम्र*, शिष्टतापूर्ण, सम्मानपूर्ण, सम्मान सूचक, सम्मानात्मक, सुशील, •औपचारिक, ▪अपमानजनक, ▪निंदात्मक, ▪मानहानिपूर्ण.

**आदरपूर्ण तुम** = आप.
**आदरसत्कार** = आदर, भक्ति, सत्कार.
**आदरसूचक शब्द** = उपाधि.
**आदर स्थान** = सम्मान स्थान.
**आदरहीन** = अपमानजनक.
**आदरहीन तुम** = तू.
**आदरात्मक** = आदरपूर्ण.
**आदर्श** = आदर्श व्यक्ति, उच्चमानक, उत्तम, उदाहरणीय, दर्पण, नमूना, परिपूर्ण, प्रशंसनीय, मानक, मानकयुक्त, शास्त्रीय (कला), सम्माननीय.

**आदर्श** *सं* ईमान, उच्च आदर्श,

उच्चता, उच्च विचार, उच्च सिद्धांत, उसूल, जीवन मूल्य, *धर्म*, महान आदर्श, *महानता*, *मूल्य*, *सिद्धांत*, •कर्तव्य, •मरयादा, •सूत्रवाक्य.

**आदर्श आचरण** = आदर्शवाद.
**आदर्शन** = प्रदर्शन.
**आदर्श पुरुष** = मर्यादा पुरुष, महापुरुष.
**आदर्श वाक्य** = नीतिवाक्य.

**आदर्शवाद** *सं* अच्छाई, आदर्श आचरण, आदर्शवादी व्यवहार, आदर्श व्यवहार, उच्चमनस्कता, *नैतिकता*, सत्याचरण, सैद्धांतिकता, •महानता, •सदाचार, ▪आदर्शहीनता, ▪व्यावहारिकता, ▪सांसारिकता.

**आदर्शवादपूर्ण** = आदर्शवादी, व्यवहार अकुशल.
**आदर्शवादी** = अविलासी, उत्कृष्टता प्रेमी, व्यवहार अकुशल, सत्यवादी.

**आदर्शवादी** *वि अव्यावहारिक*, आदर्शवादपूर्ण, उच्च, उच्चादर्शी, उच्चादर्शी, उसूलों का पक्का, *महान*, *महान*, माननीय, *रूमानी*, सिद्धांतवादी, •उच्चाशय, •उदाहरणीय, •व्यवहार अकुशल, •सदाचारी, ▪आदर्शहीन, ▪व्यवहारवादी.

**आदर्शवादी व्यवहार** = आदर्शवाद.

**आदर्श व्यक्ति** *सं* अनुकरणीय आदर्श, अनुकरणीय उदाहरण, *आदर्श*, उदाहरण, चरणचिह्न, नज़ीर, *नमूना*, महाशय, रोल मौडल, •महापुरुष.

**आदर्श व्यवहार** = आदर्शवाद.

**आदर्शहीन** *वि* अनादर्श, निरादर्श, बेअसूल, लाईमान, सिद्धांतहीन, ▪आदर्शवादी.

**आदर्शारोपण** = नायक पूजा.
**आदर्शित** = प्रदर्शित.
**आदर्शीकरण** = नायक पूजा.
**आदर्शोक्ति** = उक्ति.
**आदर्श्य** = उदाहरणीय.

**आदहन** = दहन.
**आदात (बहु)** = चरित्र.
**आदाता** = दानप्राप्ता, प्राप्ता.
**आदान** = उगाही.

**आदान** *सं* अंगीकरण, *ग्रहण*, *परिग्रह*, परिग्रहण, प्रापन, लेन, स्वीकरण, *स्वीकृति*, •उगाही, •क्रय, •प्राप्ति, ▪अनादान, ▪प्रदान, ▪भुगतान, ▪हस्तांतरण.

**आदानपत्र** = ख़रीद आर्डर.
**आदानप्रदान** = आपसदारी.

**आदानप्रदान** *सं* आदानप्रदान संबंध, *आपसदारी*, देय आदेय, देवा लेई, निर्वाह, परस्परता, मामला, लेनदेन, लेना देना, लेवा देई, *व्यवहार*, व्यावहारी, हिसाब किताब, •आपसदारी, •प्रतिक्रिया, •वस्तु विनिमय, •सहावलंबन.

**आदानप्रदानपूर्ण** *वि* आपसी, दोतरफ़ा, *पारस्परिक*, लेनदेनपूर्ण, व्यवहारपूर्ण, व्यवहारीय, •पारस्परिक.

**आदानप्रदान संबंध** = आदानप्रदान.
**आदानित** = मँगाया/मँगाई.
**आदान्य** = आदेय.
**आदाब** = अभिवादन, सभ्यता.
**आदाय** = आदेय.
**आदायी** = प्राप्ता.
**आदि** = आरंभ, इत्यादि, पहला/पहली.

**आदि** *सं* अथ, आग़ाज़, *आरंभ*, इब्तिदा, *उदय*, उद्भव, उपक्रम, उपारंभ, *घर*, चलन, *छोर*, *जन्म*, नवोदय, प्रभात, *प्रस्ताव*, प्रारंभ, *बीज*, मूल, शुरुआत, शुरू, सिरा, •पूर्वपीठिका, •स्रोत, ▪अंत, ▪उपसंहार.

**आदिक** = इत्यादि.
**आदिकर्ता** = ईश्वर, संस्थापक, सृष्टि रचेता.
**आदिकवि** = वाल्मीकि.
**आदिकारण (वेदांत)** = ब्रह्म.
**आदिकारण अनुमान** = रोग निदान.
**आदिकाल** = सृष्टिकाल.
**आदिकाव्य** = रामायण.

**आदिक्रम** = अक्षर क्रम.
**आदिग्रंथ** = गुरुग्रंथ.
**आदितेय** = देवता.
**आदित्य** = इंद्र, देवता, वरुण, वैवस्वत मनु, सूर्य.

**आदित्य** *सं* अदितिज, अदिति संतान, *देवता*, द्वादश.

**आदित्य सूची** *सं* अंशुमान, अर्यमा, इंद्र, त्वष्टा, धाता, पूषा, भग, *मित्र*, *वरुण*, विवस्वान, *विष्णु*, *सूर्य*.

**आदित्यभक्ता** = सूरजमुखी.
**आदित्य माता** = अदिति.
**आदित्यवार** = रविवार.
**आदित्यसूनु** = कर्ण, यमराज, शनि ग्रह, सुग्रीव.
**आदिदेव** = नारायण (नर).
**आदिनारी** = हौवा.
**आदिपुरुष** = आदम, नारायण (नर), ब्रह्मा, मनु, वंश प्रवर्तक, संस्थापक.
**आदिपूरुष** = ईश्वर.
**आदिबुद्ध** = ईश्वर.
**आदिम** = अपरिष्कृत, असंस्कृत, आरंभिक, पहला/पहली, प्रागितिहासिक, प्राचीन, सृष्टिकालीन.

**आदिम** *वि* आदिमकालीन, आद्य, *आरंभिक*, पूर्वकालीन, *प्रागितिहासिक*, *विस्मृत*, शुरुआती, •आरंभिक, •ऐतिहासिक, •सृष्टिकालीन.

**आदिम काल** = प्रागितिहास, प्रागितिहास काल, सुदूर भूतकाल, सृष्टिकाल.
**आदिमकालीन** = आदिम, प्रागितिहासिक.
**आदिम चेतना** = इड.
**आदिम मानव** = आदिमानव.
**आदिम वासी** = आदिवासी, आदिवासी.
**आदिम स्वत्व** = इड.
**आदिमानव** = मिसिंग लिंक.

**आदिमानव** *सं* आदिम मानव, पुरामानव, पूर्वमानव, प्रागितिहासिक मानव.

**आदिरस** = शृंगार रस.
**आदिराज** = मनु.
**आदिरूप** = प्रारूप.

**आदिल** = न्यायप्रिय.

**आदिवासी** *सं* आदिम वासी, आदिम वासी, गोंड़, टोडा, पुरातन जन, पुराने वासी, प्रारंभिक वासी, भील, मुंडा, शबर, संथाल, •क़बायली, •गुहावासी, •मूल आवासी, •वनवासी.

**आदिशक्ति** = दुर्गा.
**आदिष्ट** = निदेशित.
**आदिसर्ग** = सृष्टि रचना.

**आदिसिद्धांतवादी** *सं* अनुदारतावादी, अपरिवर्तनवादी, *उग्रवादी*, कट्टरपंथी, दुराग्रही, पुनरुत्थानवादी, फ़ंडामैंटलिस्ट, मूल सिद्धांतवादी, संस्थापकवादी, •अतीतवादी, •परंपरावादी, •मतांध, •रूढ़िवादी, ▪मतद्रोही, ▪सुधारवादी.

**आदिसृष्टि** = सृष्टि रचना.
**आदि से अंत तक** = आद्योपांत, विस्तारपूर्वक.
**आदि से अंत तक पाठ** = अखंड पाठ.
**आदिहीन** = अनादि.
**आदी** = अभ्यस्त, रूटीनी.

**आदी** *वि* *अभ्यस्त*, आदत का ग़ुलाम, पक्का/पक्की, लती, व्यसनी, •हठी.

**आदी करना** = सिखाना.
**आदी करने वाला** = कुव्यसनकारक.
**आदी कारक** = कुव्यसनकारक.
**आदीकारी** = कुव्यसनकारक.
**आदीपन** = अग्न्याधान.

**आदेय** *वि* आदान्य, आदाय, आलभ्य, ग्राह्य, परिग्राह्य, *पाना*, पावना, प्राप्तव्य, प्राप्य, मिलने वाला, *लभ्य*, लहना, *लेना*, लेहना, ▪देय.

**आदेयी** = प्राप्ता.
**आदेश** = अध्यादेश, आज्ञा, आज्ञापत्र, ख़रीद आर्डर, जजमैंट, टैस्टामैंट, धर्म सिद्धांत, माँग, सूत्रवाक्य.
**आदेश अधिकार** = सत्ताधिकार.
**आदेशक** = आज्ञादाता.
**आदेशदाता** = आज्ञादाता.
**आदेशपत्र** = आज्ञापत्र, ख़रीद आर्डर.
**आदेश पालक** = आज्ञाकारी.
**आदेशपालन** = अनुपालन.
**आदेशानुसार** = आज्ञानुसार.
**आदेशित** = आज्ञापित, निदेशित, प्रबंधित, मँगाया/मँगाई.
**आदेशिततः** = विवशतः.
**आदेष्टा** = आज्ञादाता.
**आद्यंतयुक्त** = आद्योपंत, साकार, सीमाबद्ध.
**आद्यंतहीन** = असीम.
**आद्य** = आदिम, आरंभिक, पहला/पहली, प्रारंभिक, सृष्टिकालीन.
**आद्यकवि** = ब्रह्मा.
**आद्यक्षर क्रम** = अक्षर क्रम.
**आद्य प्रारूप** = प्रारूप.
**आद्या** = दुर्गा.
**आद्योपांत** = विस्तारपूर्वक, सविस्तार.

**आद्योपांत** *वि* अखंड, अनकटा/अनकटी, अविकल, असंक्षिप्त, आदि से अंत तक, आद्यंतयुक्त, आरंभ से अंत तक, तमाम, पूरा/पूरी, *संपूर्ण*, *सकल*, समग्र, समूचा/समूची, •शब्द प्रतिशब्द, •सविस्तार.

**आध** = आधा/आधी.
**आधरण** = धराई.
**आधा/आधी** = अपूर्णकृत, अर्धरिक्त.

**आधा/आधी** *वि* 1/2, 50 प्रतिशत, अद्धा/अद्धी, अधूरा/अधूरी, अर्ध, अर्धमात्रिक, आध, एक बटा दो, दो में से एक भाग, निस्फ़, *नीम*, पचास प्रतिशत, फ़िफ़्टी फ़िफ़्टी, •आंशिक, ▪संपूर्ण.

**आधा अधूरा/आधी अधूरी** = अपूर्णकृत.
**आधा उबालना** = उसनाना.
**आधा चाँद** = अर्धचंद्रमा.
**आधाता** = बंधक ऋण दाता.
**आधान** = धारण.
**आधानन** = धारण.
**आधानित** = आधारित, स्थित.
**आधानी** = अलमारी, डिब्बा.
**आधा महीना** = पखवाड़ा.
**आधार** = आधार भुजा, आस्था, कारण, टेकनी, ढाँचा, तर्क, थूनी, दृष्टिकोण, नीवँ, प्रमाण, भवन आधार भूमि, भूमिका, मेहराब शिखर पत्थर, लय, स्थिति.

**आधार** *सं* अधिकरण, अवलंब, अवलंबन, आलंब, आश्रय, आसरा, *घर*, *जड़*, जमावट, टेक, *धानी*, *नीवँ*, पाया, *पीठ*, पुश्त, बिना, बुनियाद, बेस, भूमि, मूल, सहारा, स्टैंड, •ढाँचा, •पुस्तक आधार, •स्थिति.

**आधार सूची** *सं* अचैना, अरन, अहूठन, उठंग, उत्तंभ, उद्‌घन, ऐरन, *कंधा*, *क़ब्ज़ा*, *कुंदा*, *कुरसी*, *कुहनी*, *गद्दी*, गाटर, गोड़ा, घड़ौंची, घन, *चबूतरा*, चरण, *चौकी*, *जैक*, टेक, *टेकनी*, *ठीहा*, डाट, *ढाँचा*, *तख़्त*, तला, तली, थमला, थूना, *थूनी*, *थूनी*, निहठा, निहाई, *नीवँ*, *नेमि*, *पटरा*, *पटरी*, पाँवफाँस, *पाड़*, पायदान, पाया, *पीठ*, पुश्ता, पेंदा, पैड, *पैडस्टल*, *पैर*, प्लेटफ़ार्म, फ़ुटबोर्ड, बुनियाद, बेंटा, बैठक, *बैसाखी*, ब्रैकेट, *मंच*, *मंच*, मसनद, मुट्‌ठा, *मूठ*, *रकाब*, लट्‌ठा, *लाठी*, *सिरहाना*, सिल्ली, स्टैंड, *स्तंभ*, *हत्था*, हैंडल.

**आधार कथा** = पूर्वपीठिका.
**आधारण** = धराई.
**आधार दिशा** = निम्नदिशा.
**आधार देना** = टिकाना, थामना.
**आधार पर** = धरातल पर.
**आधार पर उतरना** = टिकना.
**आधारपूर्ण** = तर्कसंगत.

**आधार भुजा** *सं* *आधार*, आधार रेखा, आश्रय रेखा, टेक रेखा, त्रिकोण समकोण सम्मुख भुजा, निम्नभुजा, निम्नरेखा, बेस, •निम्नभाग.

**आधारभूत** = अत्यावश्यक, मौलिक (अधिकार).

**आधारभूत** *वि* अनिवार्य, *अपरिवर्तनीय*, *आंतरिक*, धुरीय, निहित, नैष्ठिक, प्रमुख, प्राथमिक, बुनियादी, *महत्त्वपूर्ण*, मुख्य, मूलगत, मूलभूत, *मौलिक*,

सन्निहित, •अत्यावश्यक, •अनिरसनीय, •अपरिहार्य, •निर्णायक, •प्रधान, •मौलिक (अधिकार).

**आधारभूत अधिकार** = मूल अधिकार.
**आधार भूमि** = भूमिका.
**आधार मंत्र** = गुर.
**आधारयुक्त** = तथ्यात्मक.
**आधार रेखा** = आधार भुजा.
**आधारशिला** = आरंभिक कर्म, नीवँ पत्थर.
**आधारहीन** = कुतर्कीय, जड़हीन, तथ्यहीन, तर्कहीन, निराधार, निष्कारण.
**आधारहीन अनुमान** = अटकल.
**आधार होना** = थामना, सँभालना.

**आधारित** *वि* अवलंबित, आधानित, आलंबित, आश्रित, आसीन, खड़ा/खड़ी, गड़ा/गड़ी, जमा/जमी, जमाया/जमाई, टिका/टिकी, धरा/धरी, धृत, निर्भर, निवेशित, निष्ठ, निहित, न्यस्त, बैठा/बैठी, मुनहस्सर, रखा/रखी, रोपित, लंबित, लेटा/लेटी, विन्यस्त, संस्थ, संस्थित, समारोपित, साधार, साधारित, स्थ, स्थानस्थ, स्थापित, *स्थित*, •विजड़ित, ▪निराधार, ▪लटकता/लटकती.

**आधारित करना** = टिकाना.
**आधारित होना** = टिकना.
**आधा सच** = अर्धसत्य.

**आधासीसी** *सं* अधकपाली, माइग्रेन, •पीड़ा.

**आधि** = ख़ज़ाना, पूँजी, बंधक, बंधक वस्तु, मूलधन, रोग.
**आधिकारिक** = अधिकृत, अप्रवादित.
**आधिकारिक कथा** = मुख्य कथा.
**आधिकारिक घोषणा** = प्रैस विज्ञप्ति.
**आधिकारिक वस्तु** = मुख्य कथा.
**आधिदैविक** = आध्यात्मिक, दिव्य.
**आधिधारी** = बंधक ऋण दाता.
**आधिपत्य** = सत्ताक्षेत्र, स्वामित्व.
**आधिपत्य अधिकार** = पट्टेदारी.
**आधिपत्यधारी** = प्रभुसत्ताधिकारी, भूस्वामी.
**आधिपत्य पत्र** = पट्टा.
**आधिपत्यशील** = लोभी.
**आधिपत्य स्थापना** = परराष्ट्र जय.
**आधिपाल** = बंधक ऋण दाता.
**आधिभौतिक** = अजैव, शारीरिक, शारीरिक.
**आधी घरवाली** = साली.
**आधी छुट्टी** = मध्यावकाश.
**आधी रात** = मध्यरात्रि.
**आधी रात से पहले** = पीऐम.
**आधुनिक** = फ़ैशनानुकूल.

**आधुनिक** *वि* अद्यतन, अधुनातन, अधुनातम, अपटुडेट, अपूर्व, अपौराणिक, अभिनव, अर्वाचीन, आजकल का, नए ज़माने का, नया/नई, नवयुगीन, *नवीन*, न्यू, माडर्न, मौड, मौडर्न, *वर्तमान*, •अत्याधुनिक, •अपारंपरिक, ▪ऐतिहासिक, ▪प्रागितिहासिक, ▪भूतकालीन.

**आधुनिक काल** *सं* अंतरिक्ष युग, अणुयुग, इंडस्ट्रियल एज, इक्कीसवीं सदी, औद्योगिक काल, परमाणु युग, मौडर्न एज, यंत्रयुग, *वर्तमान काल*, •नवयुग, ▪प्राचीन काल.

**आधुनिकतम** = अत्याधुनिक.

**आधुनिकतावादी** *सं* अग्रगामी, अतीतवादविरोधी, नववादी, नवीनतावादी, *प्रगतिवादी*, •अग्रगंता, •भविष्यवादी, •सुधारवादी, ▪अतीतवादी, ▪अतीतवादी, ▪परंपरावादी.

**आधुनिक युग** = नवयुग, वर्तमान काल.
**आधुनिकीकरण** = नवीकरण.
**आधुनिकीकृत** = जीर्णोद्धृत.
**आधूमित** = अपारदर्शी.
**आधोरण** = हाथीवान.
**आध्यात्मिक** = आत्मिक, धर्मशील, धर्मसंगत.

**आध्यात्मिक** *वि* अंदरूनी, अध्यात्मीय, *अपौरुषेय*, अभौतिक, अमूर्त, आधिदैविक, दैविक, *धार्मिक*, पौरुषेय, रूहानी, लोकोत्तर, •आत्मिक, •गुह्य, •धार्मिक, •रहस्यपूर्ण, ▪इहलौकिक, ▪भौतिक, ▪सांसारिक.

**आध्यात्मिक गुरु** = धर्मज्ञानी.
**आध्यात्मिकता** = आस्तिकतावाद.
**आध्यान** = आत्मनिरीक्षण, ध्यान.
**आनंद** = किलकारी, चटखारा, नशा, प्रसन्नता, मनोरंजन, हँसी.

**आनंद** *सं* आनंदमंगल, आमोद, आह्लाद, उछाह, उत्स, *उत्साह*, उमंग, उल्लास, खुशी, ज़ौक़, नंदन, प्रमोद, *प्रसन्नता*, *प्रह्लाद*, मंगल, मज़ा, मनमौज, मस्ती, मोद, मौज, *रंग*, *रस*, *लहर*, लास, लुत्फ़, शादकामी, शादी, *सुख*, सुखानुभूति, हँसीखुशी, हर्ष, हर्षोल्लास, हिलोर, हुलास, ह्लाद, •अलमस्ती, •मनोरंजन, •विजय, •विनोद, •सफलता, •सौभाग्य, •हँसी, ▪उदासी, ▪दुःख, ▪मातम, ▪शोक.

**आनंद अश्रु** = हर्षाश्रु.
**आनंद आना** = हुलसना.
**आनंदकंद** = आनंदप्रद.
**आनंद करना** = हुलसना.

**आनंदक्रीड़ा** *सं* अठखेली, आमोदप्रमोद, उछलकूद, कल्लोल, किलकिल, कुरला, कुरेर, कुलेल, केलि, कौतुक, क्रीड़ा, खिलवाड़, *खेल*, खेलकूद, खेलतमाशा, खेला, मस्ती, मोद, मौजमस्ती, रसकेलि, *लीला*, *विहार*, हँसीखेल.

**आनंदगद्गद** = आनंदित.
**आनंद जल** = हर्षाश्रु.
**आनंद देना** = हुलसाना.
**आनंदधाम** = सुखधाम.
**आनंद ध्वनि** = किलकारी, ताली, हर्षध्वनि.
**आनंदना** = हुलसना.
**आनंदपूर्ण** = उत्सवपूर्ण, बधाई पूर्ण.
**आनंदप्रद** = आशाप्रद, मनोरंजक, रोचक, विश्रामप्रद, समशीतोष्ण, सुखद, सुरम्य, स्वादिष्ट.

**आनंदप्रद** *वि* अच्छा/अच्छी, अनुरंजक, आनंदकंद, आनंदवर्धक, आमोदक, नंदन, नंदिवर्धन, नर्मद, प्रमोदप्रद, प्रह्लादक, प्रियंक/प्रियंका, प्रियंकर, प्रीतिद, मज़ेदार, मोदक, मोदप्रद, रंजक, रसभीना, रसमय, रसमसा/रसमसी, रसाल, रसीला/रसीली, *राम*, सरस, *सुखद*, सुनंदन, *सुरम्य*, हर्षजनक, हर्षद, हर्षवर्धक, हर्षवर्धन, हर्षुल, ह्लादक, •प्रसन्नताप्रद, •मनोरंजक, •रोचक, ▪करुणाजनक, ▪दुःखद, ▪निराशाजनक, ▪पीड़ाप्रद, ▪शोकपूर्ण.

**आनंदप्रिय** = रसप्रेमी.
**आनंद प्रेमी** = विनोदप्रिय.
**आनंद बधावा** = मंगलोत्सव.

**आनंद भंग** *सं* टाँय टाँय फिस, रंगभंग, रंग में भंग, हँसी में खँसी.

**आनंद भंग कर्ता** *सं* कबाब में हड्डी, दाल में कंकड़, दूध में मक्खी, मज़ा किरकिरा करनै वाला, रंग भंग कर्ता, रंग में भंग डालने वाला, ▪मनोरंजित कर्ता, ▪विनोद कर्ता.

**आनंद भोग** = भोगविलास, मनोरंजन.
**आनंदभोगपूर्ण** = विलासितापूर्ण.
**आनंदभोगी** = रसप्रेमी, विलासप्रिय.
**आनंद भ्रांति** = सुखभ्रांति.
**आनंदमंगल** = आनंद, भोगविलास.
**आनंद मनाना** = हुलसना.
**आनंदमय** = आनंदित, उत्सवपूर्ण.
**आनंद लूटना** = हुलसना.
**आनंद लेना** = तापना, हुलसना.
**आनंदलोक** = स्वर्ग.
**आनंद वन** = अप्पूघर, क्रीड़ा उपवन.
**आनंदवर्धक** = आनंदप्रद.
**आनंदवाद** = भोगवाद.
**आनंदवादी** = भोगवादी.
**आनंदविभोर** = आनंदित.
**आनंदविह्वल** = आनंदित.
**आनंदशील** = विलासप्रिय, हँसता/हँसती.
**आनंद शोक आदि मनोविकार** = भाव.
**आनंदहीन** = अरोचक, स्वादहीन.
**आनंदहीनता** = उदासी.

**आनंदातिरेक** *सं* अति आनंद, आनंदोत्कर्ष, गद्गदता, पुलक, प्रमोद, प्रहर्ष, *प्रह्लाद*, बहिश्त, मदातिरेक, मनमौज, रभस, *रोमांच*, विहर्ष, हर्ष, हर्षातिरेक, हर्षोत्कर्ष, हीडोनिया (मनोविज्ञान), ह्रष्टि, •आनंद, •रोमांच, •सुखभ्रांति.

**आनंदानुभूति** = काव्यरस, नशा, रसानुभूति.
**आनंदाश्रु** = हर्षाश्रु.
**आनंदित** = प्रसन्न, मनोरंजित.

**आनंदित** *वि* आनंदगद्गद, आनंदमय, आनंदविभोर, आनंदविह्वल, आनंदी, आनंदोन्मत्त, आह्लादित, उत्फुल्ल, उत्सवी, उल्लसित, किलकता/किलकती, खिला/खिली, खुश, गद्गद, चहचहाता/चहचहाती, निहाल, पुलकित, प्रफुल्ल, प्रमुदित, *प्रसन्न*, प्राप्तानंद, बहाल, बाग़ बाग़, मस्त, मुग्ध, मुदित, रंजित, लहलह, लहलहाता/लहलहाती, लहालोट, लोटपोट, विभोर, विभोर, शाद, शादमान, सातवें आसमान पर, सानंद, सुप्रसन्न, सोल्लास, हर्षविभोर, हर्षविभोर, हर्षान्वित, हर्षित, हर्षोन्मत्त, हुलसा/हुलसी, हुलसित, ह्रष्ट, ह्लादित, •तृप्त, •पूर्णेच्छ, •प्रसन्न, •रोमांचित, •सफल, ▪दुःखी, ▪निराश, ▪पीड़ित.

**आनंदित करना** = हुलसाना.
**आनंदित होना** = पुलकना, हुलसना.
**आनंदी** = आनंदित, विनोदी, हँसता/हँसती.
**आनंदोत्कर्ष** = आनंदातिरेक.
**आनंदोत्सव** = मंगलोत्सव.
**आनंदोद्गार** = हर्षध्वनि.
**आनंदोन्मत्त** = आनंदित.
**आन** = वचन, शपथ, हठ.
**आनक** = ढोल.
**आनक दुंदुभि** = वसुदेव.
**आन करना** = ठिनकना.
**आनत** = झुका/झुकी.
**आनत होना** = झुकना.
**आनतान** = तड़कभड़क, नाज़नख़रा.
**आनति** = अंजलिबद्धन, विनमन.
**आनद्ध** = आबद्ध, ग्रंथित.
**आनद्धन** = आबद्धन.
**आनन** = मुँह, मुखमंडल.
**आनन फ़ानन** = तत्काल.
**आनबान** = प्रतिष्ठा, वैभव, हठ.
**आनबान वाला** = हठी.
**आनमित** = अवनमित.

**आनयन** *सं* आंहरण, उपनयन, नयन, परिणयन, प्रणयन, लाना कर्म, लिवाई, विनयन, सन्नयन, समानयन, समुपनयन, •आवाहन, •स्वागत, ▪पहुँचाई, ▪प्रेषण.

**आनयन कर्ता** = लाने वाला.
**आनर्त** = नृत्य.
**आनर्तन** = नर्तन.
**आन वाला** = संकल्पशील, हठी.
**आना** = आ बसना, जानना, पहुँचना, समझना, समझना, सिक्का सूची

**आना** *सं* इकन्नी, गंडा, पुराना पैसा 4, पुराना रुपया 1/16.

**आना** *क्रि* चरणरज से पवित्र करना, तशरीफ़ लाना, दया करना, दर्शन देना, पधारना, पवित्र करना, *पहुँचना*, शुभागमन करना, शोभा बढ़ाना, •लौटना, ▪जाना, ▪निकलना, ▪बिछुड़ना.

**आना 1/6** = पैसा.
**आना 16** = रुपया.
**आना 4** = चवन्नी.
**आना.5** = अधन्ना.
**आनाकानी** = आपत्ति, बहानेबाज़ी, मीनमेख.
**आना जाना** = आपसदारी, यातायात.
**आनिल** = वायु विषयक.
**आनी जानी** = क्षणभंगुर.
**आनीत** = लाया/लाई.
**आनुकूल्य** = अनुग्रह.
**आनुक्रमिक** = आरोहक्रमिक, क्रमिक.
**आनुगत्य** = अनुगमन.
**आनुतोषिक (बतर्ज पारितोषिक)** = वित्तीय सहायता.
**आनुपात** = अनुपातयुक्त.

**आनुपातिक** = अनुपातयुक्त.
**आनुपातीय** = अनुपातयुक्त.
**आनुपूर्वी** = परिपाटी.
**आनुवंशिक** = दायागत, पारंपरिक, प्राचीन.

**आनुवंशिक** *वि* अनुगत, अनुवंशागत, अन्वयागत, उत्तराधिकार में प्राप्त/प्राप्य, उत्तराधिकारागत, कुलक्रमागत, कुलागत, क्रमागत, *क्रमिक*, ख़ानदानी, गुणसूत्रीय, जद्दी, जनेटिक, जन्मगत, जन्मजात, जन्मागत, जातिगत, *जातीय*, दायाद, परंपरागत, पारिवारिक, पुराना/पुरानी, पुश्तैनी, पैदाइशी, *प्राप्त*, फ़ितरती, बीजागत, मौरूसी, वंशागत, वंशानुक्रमागत, वंशीय, विरासती, ●दायागत, ●पारंपरिक, ●पैतृक, ●प्राचीन, ●मातृक, ■अनानुवंशिक.

**आनुवंशिक जाति** = प्रजाति.
**आनुषंगिक** = गौणकोटीय, तथ्यात्मक, संदर्भीय, संयोगजन्य, सपर्याय.
**आनुषंगिक कथा** = गौण कथा.
**आनुषांगिक उत्पाद** = गौण उत्पाद.
**आने को कहना** = बुलाना.
**आनेता** = लाने वाला.
**आने वाला** = आगंतुक, आगामी, भविष्यकालीन.
**आने वाला काल** = भविष्य काल.
**आने वाले दिनों में** = भविष्य काल में.
**आने वाले दिनों में** = कभी भविष्य में.
**आन्वीक्षिकी** = तर्कशास्त्र.
**आप** = जल.

**आप** *सर्व* आदरपूर्ण तुम, भवत/भवती, भवान, मध्यम पुरुष, श्रीमान, सम्मान सूचक तू, ●तुम, ●वे.

**आप आप** = यंत्रचालिततः.
**आप और मैं** = हम.
**आप का** = पराया/पराई.
**आप का घर** = श्रोता घर.
**आप का नाम** = श्रोता नाम.
**आपण्य** = विक्रेय.
**आपतन** = पतन.
**आपत्कालिक** = आपात्कालीन.
**आपत्ति** = असहमति, अहित, अहित, दुर्घटना, विरोध, संकट.

**आपत्ति** *सं असहमति*, *अस्वीकृति*, आक्षेप, आगापीछा, आनाकानी, आब्जैक्शन, उज्र, एतराज़, *किंतु*, *किंतु परंतु*, *चुनौती*, झिझक, टीकाटिप्पणी, *नहीं*, परंतु, *प्रतिरोध*, *प्रश्न*, *यदि*, *विरोध*, शंका, *संकोच*, ●खंडन, ●छिद्रान्वेषण, ●नहीं, ●मीनमेख, ●शिकायत, ■मंडन, ■संपुष्टि, ■समर्थन, ■स्वीकृति.

**आपत्तिजनक** = अस्वीकार्य.

**आपत्तिजनक** *वि* अग्राह्य, अमान्य, *अवांछनीय*, असंतोषजनक, असमीचीन, असहमति योग्य, असहमत्य, *अस्वीकार्य*, क़ाबिले ऐतराज़, विरोधजनक, विरोधपूर्ण, साक्षेप, ●अस्वीकार्य, ●खंडनीय, ●निंदनीय, ●विवादित, ■विवादातीत, ■स्वीकार्य.

**आपत्ति निवारण** = स्पष्टीकरण.
**आपत्ति निवारण करना** = मनवाना, मनाना.
**आपत्तिपूर्ण** = खंडनात्मक.
**आपत्ति मिटाना** = मनाना.
**आपत्तिशील** = संदेहशील.
**आपदा** = क़हर, संकट.
**आपदाग्रस्त** = संकटग्रस्त.
**आपदा निवारण** = परित्राण.
**आपदापूर्ण** = ख़तरनाक.

**आपद्धर्म** *सं* आपात्कालीन आचरण, आपात्कालीन आचार, संकटकालीन आचार, ●कालधर्म.

**आपन्न** = आगत, घटित, प्राप्त, संकटग्रस्त.
**आपबीती** = आत्मकथा.

**आपराधिक** *वि* अनुचित, *अनैतिक*, अपराधपूर्ण, *अवैध*, *ग़लत*, ग़ैरक़ानूनी, *छलपूर्ण*, *न्यायहीन*, वर्जित, ●अनैतिक, ●दंडनीय.

**आपरेशन** = अभियान, शल्य चिकित्सा.

**आपरेशन** *सं* अंगछेद, ओटी (डाक्टरी बोलचाल), चीरफाड़, डाक्टरी चीरफाड़, शल्यकर्म, शालाक्य (प्रा), सर्जरी, ●मरहम पट्टी करना.

**आपस का** = पारस्परिक.
**आपसदारी** = आदानप्रदान, परिवार संबंध, स्वजन भावना.

**आपसदारी** *सं* अपनायत, आत्मीयता, आत्मीय व्यवहार, *आदानप्रदान*, आना जाना, उठना बैठना, गिव ऐंड टेक, गुज़र, ताल्लुक़, निबाह, निभाव, निर्वाह, पण, परस्पर व्यवहार, प्रीति, प्रीतिरीति, प्रेम व्यवहार, बरताव, बसर, भाईचारा, भ्रातृत्व, *मिलना जुलना*, मेलजोल, मेलमिलाप, रब्तज़ब्त, रस्म, राहचाह, राहरस्म, राहरीति, राहो रस्म, लेनदेन, लेना देना, वास्ता, *व्यवहार*, संगसाथ, समन्वय, सहचर्या, सहचार, साँठगाँठ, साथ, स्वजन व्यवहार, हेलमेल, ●सहकर्म, ●सहयोग, ●सहावलंबन, ●सामंजस्य.

**आपस वाले** = स्वजन.
**आपसी** = अंतरंग, आदानप्रदानपूर्ण, घर जैसा, परिवारीय, पारस्परिक, ममतापूर्ण, सामंजस्ययुक्त.
**आपसी भाषा** = स्लैंग.
**आपसी लड़ाई** = गृहकलह.
**आपसी समझ** = सहमति, सामंजस्य.
**आपसी समझयुक्त** = सामंजस्ययुक्त.
**आप ही आप** = यंत्रचालिततः.
**आपा** = अभिमान, आत्मज्ञान, आत्मा, चेतना, बड़ी बहन, व्यक्तित्व, स्वभाव, स्वाभिमान.
**आपात** = कूद.

**आपात्काल** *सं* अड़ी, ऐमर्जैंसी, कठिन काल, ख़स्ता हालत, गाढ़ा वक़्त, गाढ़े दिन, दुर्दिन, दुष्काल, नाज़ुक वक़्त, परीक्षा काल, परीक्षा की घड़ी, बुरा वक़्त, बुरी घड़ी, मुसीबत का पहाड़, विपत्ति काल, विपदा काल, विषम काल, संकट काल, सख़्त घड़ी.

**आपात्कालीन** *वि* आपत्कालिक,

*तात्कालिक*, संकटकालीन.

**आपात्कालीन आचरण** = आपद्धर्म.
**आपात्कालीन आचार** = आपद्धर्म.

**आपात्कालीन द्वार** *सं* पलायन मार्ग, बचाव, भागने का द्वार, रक्षामार्ग, •उपद्वार, •पार्श्वद्वार, •पृष्ठद्वार.

**आपात् स्थिति** = संकटावस्था.
**आपाद** = प्राप्ति.
**आपादन** = पहुँचाई.
**आपादमस्तक** = शीश-पाद पर्यंत.
**आपाधापी** = खींचातानी, धक्कामुक्की, लूटपाट.

**आपाधापी** *सं* अहंप्रथमिका, उपराउपरी, छीनाझपटी, जकंदनि, दौड़धूप, *धक्कमधक्का*, धींगामुस्ती, भागदौड़, भागमभाग, मारामारी, लूटखसोट, स्वहित साधन, स्वार्थ साधन, स्वार्थसिद्धि, हमाहमी, हति साधन, •धक्कामुक्की, •प्रतियोगिता, ▪स्वार्थहीनता.

**आपाधापीपूर्ण** = स्वार्थपूर्ण.
**आपान** = मद्यपान.
**आपान** = पानगोष्ठी.
**आपान कर्ता** = पीने वाला.
**आपानन** = तृषाशमन.
**आपानन** = पानगोष्ठी.
**आपानित** = पिया/पी.
**आपीड** = मुकुट.
**आपीड़न** = दमन.
**आपीत** = पिया/पी.
**आपूर** = प्रवाह, भरा/भरी, लबालब.
**आपूरक** = अनुपूरक, सप्लायर.
**आपूरण** = आपूर्ति, भराई.
**आपूर्ण** = भरा/भरी.
**आपूर्ति** = क्षतिपूर्ति.

**आपूर्ति** *सं* अभावपूर्ति, आपूरण, आवश्यकता पूर्ति, पुरौती, पुरौनी, पूरण, पूर्ति, प्रपूर्ति, बंदोबस्त, माँग पूर्ति, *रसद*, संपूर्ति, संभरण, सप्लाई, •अनुपूर्ति, •प्रदान, •सप्लायर, ▪आवश्यकता, ▪माँग.

**आपूर्ति कर्ता** = सप्लायर.
**आपृच्छक** = प्रश्न कर्ता.
**आपृच्छा** = जिज्ञासा, पृच्छा.

**आपेक्षिक** = तुलनात्मक.
**आपेरा हाउस** = नाट्यागार.
**आप्त** = अधिकारागत, अभ्यस्त, अवसरानुकूल, गौतम बुद्ध, तर्कसंगत, न्यायानुकूल, प्रमाणसिद्ध, प्रासंगिक, यथार्थ, विचारित, विनियोज्य, संगत, सत्याधारित.
**आप्तगर्भा** = गर्भवती.
**आप्त मान** = मानक.
**आप्त वचन** = उपदेश.
**आप्त श्रुति** = वेद, स्मृतिग्रंथ.
**आप्तागम** = वेद, स्मृतिग्रंथ.
**आप्ति** = उपपत्ति, प्राप्ति.
**आप्तोक्ति** = सूत्रवाक्य.
**आप्रवास** = आप्रवासन.
**आप्रवास करना** = आ बसना.

**आप्रवासन** *सं* अंतरागमन, अनुवेश, *आगमन*, आप्रवास, आव्रजन, इमिग्रेशन, परदेश आगमन, *प्रवेश*, बाहर से आ बसना कर्म, संप्रवास, •आगमन, •प्रवास.

**आप्रवासी** *सं आगंतुक*, आवासक, आव्रजक, इमिग्रैंट, उपनिवेशक, ग़ैरमुल्की, देसावरी, परदेसी, बसिया, बाहरी, *विदेशी*, विलायती, •आवासी, •नवागंतुक, •निवासी, •परदेशी, •प्रवासी.

**आप्रवाह** = प्रवाह.

**आप्रवेश** *सं* अनुवेश, ऐडमिशन, दाख़िला, *प्रवेश*, सदस्यीकरण, *समावेश*, •कूटशब्द, •टिकट, ▪असदस्यीकरण.

**आप्लावन** = आर्द्रण.
**आप्लावित** = बाढ़ग्रस्त, सिंचित.
**आप्लुत** = बाढ़ग्रस्त.
**आफ़त** = आफ़त की पुड़िया, क़हर, खटराग, ख़तरा, हुड़दंगई.
**आफ़त का परकाला** = दुर्जन.
**आफ़त का मारा** = संकटग्रस्त.
**आफ़त की परकाला** = आफ़त की पुड़िया.

**आफ़त की पुड़िया** *सं* आफ़त, आफ़त की परकाला, बला, बुरी बला, मुसीबत, संकटप्रद वस्तु, *हत्या*.

**आफ़त मोल लेना** = खटना.
**आफ़ताब** = सूर्य.
**आफ़ताबी** = आतिशबाज़ी सूची, सनशेड.
**आफ़बीट** = अत्याधुनिक.
**आफ़शोर** = तटातीत.
**आफ़िस** = कार्यालय, पद.
**आफ़िस बीअरर** = पदाधिकारी.
**आफ़िसर** = पदाधिकारी.
**आबंटन** = दाय विभाजन.
**आबंटन करना** = बाँटना.
**आबंटित करना** = बाँटना.
**आबंधन** = आबद्धन.
**आबंधित** = आबद्ध.
**आब** = क़लई, चमक, जल, धार, पुष्परस, मद्य, सजावट.

**आब** *सं* आभा, ओज, कांति, *चमक*, जौहर, दमक, द्युति, नूर, पानी, रत्न आभा, लश, लशकारा, •अंतश्चंद्रता.

**आबकार** = डिस्टिलर, मद्य विक्रेता.
**आबकारी** = उत्पादन कर.
**आबगुल** = गुलाब जल.
**आबताब** = वैभव, सजावट.
**आबदाना** = गुज़रबसर.

**आबदार** *वि* आभायुक्त (रत्न), कांतिपूर्ण, *चमकदार*, पानीदार, लसित, शुभ्र, सप्रभ, सुच्छाय.

**आबद्ध** = अनुबंधित.

**आबद्ध** *वि* अनखुला/अनखुली, अवनद्ध, आनद्ध, आबंधित, ग्रथित, ग्रस्त, नद्ध, *बंद*, बंधनयुक्त, बँधा/बँधी, बद्ध, संबद्ध, संयुक्त, सन्निबद्ध, •अचल, •ग्रंथित, •नियंत्रित, •पिंजरे में बंद, •संलग्न, •सिला/सिली.

**आबद्धक** = अनुबंधकारी, रोमांचक.

**आबद्धन** *सं* अनुबद्धन, आनद्धन, आबंधन, जुड़ाई, जोड़, नँधाई, नद्धन, निबंधन, बंधन, बँधाई, बद्धन, *युति*, संधिकरण, संबद्धन, संयुति, *संयोजन*, सिलाई, •भिड़ाई, •संलग्नन, ▪अनाबद्धन, ▪खुलाई,

■विलग्नन.

**आबद्ध होना** = बँधना.
**आबनूस** = काष्ठ.

**आबनूस** *सं* आलु, काली भारी लकड़ी वाला पेड़, शिखींद्र.

**आबनूस हिंदी** = तेंदू.
**आबनूसी** = कृष्णवर्ण.
**आबपाशी** = सिंचन.
**आबरू** = सम्मान.
**आबरूदार** = प्रतिष्ठित.
**आबला** = छाला.
**आबशार** = नदी उद्गम, निर्झर.

**आ बसना** *क्रि* आ टिकना, *आना*, आप्रवास करना, आबाद करना, आ रहना, आवासित करना, इमिग्रेट करना, खूँटा गाड़ना, *जमना*, *टिकना*, *पहुँचना*, फिर से बसाना, *बसना*, *बसाना*, बसेरा करना, मुक़ाम करना, रहने लगना, ●आना, ●जा बसना, ●पहुँचना, ●बसना.

**आबाद** = आवासित, समृद्ध.
**आबाद करना** = आ बसना.
**आबादी** = जनसंख्या, महल्ला.
**आबादी गिनती** = जनगणना.
**आबादी घनत्व** = जनसंख्या घनत्व.
**आबादी वाला** = आवासित.
**आबाल वृद्ध** = सब एक साथ.
**आबिद** = भक्त.
**आबिल** = दलदली.
**आबु धाबी** = अमीरातः राजधानी.
**आबू पर्वत** = पर्वत सूची भारत उपमहाद्वीप.
**आबे हयात** = अमृत.
**आबोहवा** = जलवायु.
**आब्ज़र्वर** = प्रेक्षक.
**आब्ज़र्वेटरी** = वेधशाला.
**आब्ज़र्वेशन** = आलक्षण.
**आब्जैक्शन** = आपत्ति.
**आब्दिक** = वर्षीय.
**आब्दिकी** = इयरबुक.
**आभरण** = आभूषण, नाट्यवेश.
**आभा** = अंगदीप्ति, आब, खिलावट, चमक, सजावट, सौंदर्य.
**आभा देना** = चमकना.
**आभा मंडल** = तेजोमंडल.
**आभामंडित** = चमकदार.
**आभा मुकुट** = तेजोमंडल.
**आभायुक्त** = आलोकित.
**आभायुक्त (रत्न)** = आबदार.
**आभार** = कृतज्ञता.
**आभार प्रदर्शन** = धन्यवाद.
**आभारी** = कृतज्ञ.
**आभास** = अर्थ, परछाईं, पुट, प्रतिबिंब, भ्रम, भ्रमदर्शन, व्यंजनार्थ, शकुन, संकेत.
**आभासित** = आलोकित, चमकदार, लगभग सदृश, व्यंजनार्थक.
**आभासी** = लगभग सदृश.
**आभाहीन** = धुँधला/धुँधली.
**आभुक्त** = भक्षित.
**आभूषण** = उत्तम व्यक्ति या वस्तु.

**आभूषण** *सं* अलंकरण, अलंकार, अवतंस, आभरण, उत्तंस, गहना, छल्ला, ज़ेवर, ज्वैलरी, भूषण, *मणि*, *रत्न*, रत्नाभूषण, विभूषण, विभूषा, *संपत्ति*, ●अँगूठी, ●कंठमाला, ●कड़ा, ●करधनी, ●कर्णफूल, ●चाँदी, ●चूड़ी, ●जूड़ा पिन, ●नथ, ●नाक कील, ●पाज़ेब, ●बाज़ूबंद, ●बिछुआ, ●बुंदा, ●ब्रूच, ●माला, ●रत्न, ●सज्जा, ●स्वर्ण, ●हँसली.

**आभूषणकार** = सुनार.

**आभूषण मंजूषा** *सं* कास्केट, डिबिया, पिटारी, *पेटी*, मंजूषा, रत्न आभूषण मंजूषा, रत्न मंजूषा, रत्नाभूषण मंजूषा, संपुट.

**आभूषणहीन** = अनाभूषित.
**आभूषित** = सज्जित.

**आभूषित** *वि* अलंकृत, आमंडित, कलित, *प्रसाधित*, बना ठना/बनी ठनी, भूषित, मंडित, रत्नाभूषित, रत्नालंकृत, लदा फँदा/लदी फँदी, विभूषित, शोभित, *सज्जित*, *समृद्ध*, *सुंदर*, ●वेशित, ●सज्जित, ■अनाभूषित.

**आभोग** = उपभोग, फन, भक्षण.
**आभोगी** = विलासप्रिय.
**आभोग्य** = उपभोग्य.
**आभोज्य** = आहार्य, पाच्य.
**आभ्यंतर** = भूमिगत नाला नाली.
**आभ्यंतरिक** = आंतरिक.
**आमंडित** = आभूषित, सज्जित.
**आमंत्रक** = आकर्षक, निमंत्रक, मोहक.
**आमंत्रण** = निमंत्रण, सम्मोहन कर्म, सम्मोहिनी.
**आमंत्रण देना** = न्योतना.
**आमंत्रणा** = विचारविमर्श.
**आमंत्रयिता** = निमंत्रक.
**आमंत्रित** = निमंत्रित.
**आमंत्रित करना** = न्योतना.
**आम** = अगुप्त, अगोपनीय, अप्रतिष्ठित, आम वृक्ष, आम वृक्ष, पौप, फल सूची, बोलचाल की (भाषा), सर्वज्ञात, सर्वसहमत, सामाजिक, सामान्य, सामूहिक.

**आम** *सं* अंब, अंबज, आम फल, आम्र, प्रियक, फलश्रेष्ठ, मदिरासख, माकंद, मैंगो, रसाल, ●अंबी, ●कोयल.

**आम सूची** *सं* अलफ़ोंसो, क़लमी आम, तोतापरी, दसहरी, बंबइया, बनारसी, मलीहाबादी, मालदह, लँगड़ा, सफ़ेदा, सब्ज़ा, हापुस.

**आम आदमी** = जन साधारण.
**आम इमली पका पेय** = पना.
**आम ख़बर** = मुनादी.
**आमख़ास** = ज़नानख़ाना, दरबारे ख़ास.

**आमड़ा** *सं* अंबरीष, अंबाड़ा, मधुराम्लक.

**आम तौर पर** = प्रायः, लगभग.
**आमद** = अर्जन, आगमन, आय, आवक, जमा प्रविष्टि, पहुँच, प्रवेश, प्राप्ति.
**आमदन** = आय.
**आमदनी** = अर्जन, आय, लाभ.
**आमदरफ़्त** = यातायात.
**आमना सामना** = भेंटवार्ता, मुठभेड़.
**आमने सामने** = अभिमुख.

**आम पापड़** *सं* अमरस पपड़ी, अमावट, सूखा आम रस, ●आम रस.

**आम फल** = आम.

**आमफ़हम** = पौप, बोलचाल की (भाषा).
**आमफ़हम ज़बान** = बोलचाल की भाषा.
**आमफ़हम भाषा** = जनभाषा.
**आमय** = रोग.
**आमरण** = आयुपर्यंत.
**आमरण अनशन** = आमरण भूख हड़ताल.
**आमरण उपवास** = आमरण भूख हड़ताल.

**आमरण भूख हड़ताल** *सं* आमरण अनशन, आमरण उपवास.

**आम रस** *सं* अमरस, •आम पापड़, •पना.

**आम राय** = सर्वसहमति.
**आमर्दन** = दमन.
**आमलक** = आँवला.

**आमलेट** *सं* ख़ागीना, तला अंडा, •सौफ़्टबौइल्ड अंडा, •हार्डबौइल्ड अंडा, •अंडा भुरजी, •उबला अंडा, •पैनकेक.

**आम लोग** = जन साधारण.
**आमवात** = कोष्ठबद्धता, गठिया.

**आम वृक्ष** *सं* अंब, अंब, अंबा, *आम*, *आम*, कामवल्लभ, कामवल्लभ, कामशर, कामशर, कामायुध, केशवायुध, केशवायुध, कोकिलावास, कोकिलोत्सव, च्यूत, पिकबंधु, पिकबंधु, प्रियांबु, मधुदूत, मधुद्रुम, मधूली, मन्मथालय, रसालय, लक्ष्मीश, वसंत द्रुम, वसंतद्रुम, शिववल्लभ, स्त्रीप्रिय.

**आम सहमति** = सर्वसहमति.

**आम हड़ताल** *सं* दुकान बंद, नगर बंद, *बंद*, व्यापार बंद, •हड़ताल.

**आमातिसार** = अतिसार.
**आमादगी** = पैतरा.
**आमादा** = आतुर, कटिबद्ध, तत्पर, युद्धोत्सुक, सन्नद्ध.
**आमाशय** = उदर.
**आमिल** = ऐटर्नी, कर्ता, भूतहंता.
**आमिश्रण** = मिश्रण.
**आमिश्रित** = मिश्रित.
**आमिष** = खाद्य मांस, मांस, सामिष (आहार).
**आमिषाहारी** = मांसाहारी.
**आमी** = कच्चा आम.
**आमीन** = एवमस्तु.
**आमीलित** = मुँदा/मुँदी.
**आमुख** = पूर्वपीठिका, भूमिका.
**आमुदित** = मनोरंजित.
**आमूलचूल** = संपूर्णतः.
**आमूलचूल परिवर्तन** = कायापलट.

**आमूलित** *वि* जड़दार, जमा/जमी, जमा/जमी, दृढ़, दृढ़ारूढ, प्ररूढ़, *प्रौढ़*, बद्धमूल, समूल, स्थिरपद, ▪उन्मूलित.

**आमृत्यु** = आयुपर्यंत.
**आमेलन** = मिश्रण.
**आमोचक** = मुक्तिदाता.
**आमोचन** = प्रक्षेपण, मुक्ति.
**आमोद** = आनंद, किलकारी, मनोरंजन, मुस्कान, हँसी.
**आमोद उपवन** = क्रीड़ा उपवन.
**आमोदक** = आनंदप्रद, प्रसन्नताप्रद.
**आमोदन** = प्रसन्नन.
**आमोदप्रमोद** = आनंदक्रीड़ा, भोगविलास, मनोरंजन.
**आमोदप्रमोदपूर्ण** = मनोरंजक.
**आमोदप्रमोदहीन** = अमनोरंजक.
**आमोदप्रिय** = रसप्रेमी, विनोदप्रिय.
**आमोद भवन** = ऐश्वर्य भवन.
**आमोदयात्रा** = सैरसपाटा.
**आमोद वन** = क्रीड़ा उपवन.
**आमोद विहार** = सैरसपाटा.
**आमोदस्थान** = मनोरंजन स्थान.
**आमोदी** = विनोदप्रिय.
**आमोदोद्यान** = क्रीड़ा उपवन.
**आमोदोपवन** = क्रीड़ा उपवन.
**आम्नात** = उक्ति.
**आम्नाय** = मिथकावली, वंश, वेद.
**आम्र** = आम.
**आम्र कुंज** = आम्रवन.

**आम्रवन** *सं* अंबराई, अमराई, अमराव, आम्र कुंज, •कुंज.

**आम्रातक** = आँवला, आँवला.
**आम्ल** = अम्लीय.
**आय** = अर्जन, आजीविका, जमा प्रविष्टि.

**आय** *सं* आगम, *आजीविका*, आमद, आमदन, आमदनी, इनकम, कमाई, धनलाभ, पैदा, *प्राप्ति*, *लाभ*, वित्तागम, हाथ का मैल, •आजीविका, •धन, •पारिश्रमिक, •पैंशन, •बचत, •बोनस, •वेतन, ▪व्यय.

**आयकर चोरी धन** = काला धन.
**आयडिया** = सुझाव.
**आयत** = बृहत्.

**आयत** *सं* (संख्या 6640), क़ुरान वाक्य.

**आयत** *सं* चतुरस्त्र, समकोण, समकोण चतुर्भुज, समायत.

**आयतन** = आकार, पेटा, मंदिर, मात्रा, विस्तार, साइज़.
**आयतन माप एकक** = लीटर.
**आयताकार वर्ग** = वर्ग.
**आयति** = वर्गफल.
**आयद** = विनियोज्य.
**आयर** = आयरलैंड.
**आयरन** = इस्तिरी, ठीहा, रासायनिक तत्त्व सूची, लोहा.

**आयरलैंड** *सं* आयर, ऐमरल्ड आइल, ऐरिन, ऐरी, हीबेरनिया (प्रा).

**आय व्यय अनुमान** = बजट.
**आयव्ययक** = बजट.
**आय व्यय प्रावधान** = बजट.
**आय व्यय बही** = कैशबुक.
**आयशा** = ख़दीजा.
**आयस** = धात्विक, लोहा, लौह.
**आयसाधन** = आजीविका.
**आयसीय** = लौह.
**आयस्त्रोत** = आजीविका.
**आयहीन** = बेरोज़गार.
**आया** = अथवा, क्या, नर्स, परिचारिका.
**आया/आई** = आगत, पहुँचा/पहुँची, प्रविष्ट.
**आया कि** = क्योंकि.
**आया गया** = अतिथि.
**आयाचन** = मँगाई.
**आयाचन पत्र** = ख़रीद आर्डर.
**आयाचना** = निवेदन, मँगाई.
**आयाचित** = मँगाया/मँगाई.

आयाचित करना = मँगाना.
आयात = आयात व्यापार.

**आयातक** *सं* आयात कर्ता, इंपोर्टर, •निर्यातक.

आयात कर्ता = आयातक.

**आयात व्यापार** *सं* आयात, आयाति, इंपोर्ट, इंपोर्टिंग, •निर्यात व्यापार, •सार्थ.

आयाति = आयात व्यापार.

**आयाम** *सं* तरफ़, *दिशा*, पक्ष, पहल, पहलू, *पार्श्व*, फलक, बाज़ू, रुख़, •एक आयाम, •दो आयाम •तीन आयाम, •चार आयाम, •घनत्व, •दिक्काल, •दिशा, •पार्श्व, •स्थिति.

आयामयुक्त = साकार.
आयामहीन = निराकार, शून्य.
आयामहीनता = आयामहीन बिंदु.
आयामहीन प्रकल्प = आयामहीन बिंदु.

**आयामहीन बिंदु** *सं* आयामहीनता, आयामहीन प्रकल्प, निराकार निरायाम स्थिति, निरायाम प्रकल्प, नुक़्ता, पाइंट, *बिंदु*, लंबाई चौड़ाई गहराई रहित प्रकल्प, *शून्य*, *सिफ़र*, सूक्ष्म बिंदु, •बिंदु.

आयामी = साकार.
आयाराम गयाराम = दलबदलू.
आयास = प्रयास, श्रम.
आयासहीन = प्रयासहीन.
आयासी = प्रयत्नशील.
आयु = जीवन काल, वय.
आयुकाल = जीवन काल.
आयुक्त = नियुक्त.
आयु ढलना = बुढ़ाना.
आयुध = शस्त्र.
आयुधजीवी = सैनिक, सैनिक.
आयुधशाला = शस्त्रागार.
आयुधहीन = निहत्था/निहत्थी.
आयुधागार = शस्त्रागार.

**आयुपर्यंत** *क्रिवि* अंत तक, अंतिम दम तक, आख़िरी दिन तक, आख़िरी साँस तक, आजन्म, आजीवन, आमरण, आमृत्यु, जब तक दम है, जब तक साँस में साँस है, जब तक साँस है, जीते जी, जीवनपर्यंत, जीवन भर, ताउम्र, मरते दम तक, मृत्युपर्यंत, यावज्जीवन, साँस रुकने तक, •अवधिहीनतः.

**आयुरेखा** *सं* जीवन रेखा, •भाग्यरेखा.

आयुर्द्रव्य = औषध.
आयुर्वेद = आयुर्वेदिक चिकित्सा.

**आयुर्वेद** *सं* अथर्ववेद उपवेद, चिकित्सा शास्त्र, •वैद्यक.

**आयुर्वेद आठ अंग सूची** *सं* अगदतंत्र, काय चिकित्सा तंत्र, कुमारतंत्र, भूतविद्या तंत्र, रसायन तंत्र, वाजीकरण तंत्र, शल्यतंत्र, शालाक्य तंत्र.

आयुर्वेद प्रवर्तक = धन्वंतरि.

**आयुर्वेदिक चिकित्सा** *सं* *आयुर्वेद*, वैद्यक.

आयुष = जीवन काल.
आयुष्काम = दीर्घायुष्काम.
आयुष्कामी/आयुष्कामिनी = दीर्घायुष्काम.
आयुष्मान/आयुष्मती = चिरजीवी.
आयुष्य = जीवन काल, दीर्घायु.
आयोग = संस्था.

**आयोग** *सं* कमीशन, काउंसिल, बोर्ड, •संस्था.

आयोजक = प्रायोजक, संयोजक.
आयोजन = आरंभिक कर्म, उद्यम, क्रम, प्रबंध, प्रायोजन, व्यवस्था, संयोजन, समारोह.
आयोजन सहयोग = प्रायोजन.
आयोजना = निर्माण परिकल्पना, योजना, व्यूह.
आयोजित = क्रमबद्ध, पूर्वविचारित, योजित, संगीतबद्ध.
आयोजित विवाह = अरेंज्ड मैरिज.
आयोडीन = रासायनिक तत्त्व सूची.
आरंजक = आरंजन कर्मी, प्रभावशाली.

**आरंजन** *सं* अनुरंजन, रंग प्रदान, रँगाई, रंजन, संरंजन.

**आरंजन कर्मी** *सं* आरंजक, पुताई कर्ता, पोतने वाला, रंगकर्मी, रंगकार, रंगसाज़, रँगिया, लेपी.

आरंजित = रंगीन.
आरंजित करना = लीपना.

**आरपार** *क्रिवि* आरपार, इधर से उधर तक, इधर से उधर तक, इस छोर से उस छोर तक, काटते, काने, पार, वारपार, •आड़े तिरछे.

**आरंभ** = आदि, उद्‌घाटन, कार्य, प्रयास, प्रवर्तन, मंगलाचरण, यात्रा आरंभ, शिलान्यास, संस्थापना, सृष्टि रचना, स्रोत.

**आरंभ** *सं* अथ, अनुष्ठान, आग़ाज़, *आदि*, आरब्धि, इब्तिदा, उठान, *उदय*, उद्‌घात, उपक्रम, उपारंभ, कार्यारंभ, छिड़ाई, छेड़, *जन्म*, ठान, नवारंभ, पुरश्चर्या, प्रक्रम, *प्रचलन*, *प्रवर्तन*, प्रारंभ, प्रारब्धि, *योग*, शुरुआत, शुरू, श्रीगणेश, संप्रवर्तन, समारंभ, समुदय, सूत्रपात, *स्रोत*, •कारण, •पुनरारंभ, •पूर्वपीठिका, •प्रवर्तन, •योजना, ▪अंत, ▪विराम, ▪समापन.

आरंभ 15 जुलाई 622 = हिजरी संवत.
आरंभ-अब जीव काल = वय.
आरंभक = आरंभ कर्ता, प्रवर्तक.
आरंभ कर्ता = प्रवर्तक.

**आरंभ कर्ता** *सं* अनुष्ठाता, आरंभक, आरब्धा, *उद्‌घाटक*, कार्यारंभक, *जनक*, जन्मदाता, *प्रवर्तक*, समारंभ कर्ता, सलामी (बल्लेबाज़), ▪आरंभिक, ▪समापन कर्ता.

आरंभ काल = प्रारंभिक अवस्था, सृष्टिकाल.

**आरंभ संकेत सूची** *सं* *उलटी गिनती*, एक दो तीन, एक दो तीन चार (संगीत), *घंटी*, झंडी, तीन दो एक, *तूर्यनाद*, धमाका, *बिगुल*, शंखनाद, *सीटी*, हरी झंडी.

आरंभ से = से.
आरंभ से अंत क्रम = आरोह क्रम.

**आरंभ से अंत तक** = आद्योपांत, आरोहक्रमिक, विस्तारपूर्वक.
**आरंभहीन** = अनादि, असीम.
**आरंभांतहीन** = असीम.
**आरंभिक** = आदिम, पहला/पहली, प्रयोगात्मक, प्रागितिहासिक, प्रातःकालीन, प्रारंभिक, सृष्टिकालीन.

**आरंभिक** *वि आदिम*, आद्य, इबतिदाई, उभरता/उभरती, नया/नई, निकलता/निकलती, प्राइमरी, प्राथमिक, *प्रारंभिक*, मूल, शुरुआती, ●सृष्टिकालीन, ■अंतिम, ■चरम, ■फ़ाइनल.

**आरंभिक अभ्यास** = पूर्वाभ्यास.
**आरंभिक अर्ध** = पूर्वार्ध.
**आरंभिक अवस्था** = प्रारंभिक अवस्था.
**आरंभिक अवस्था वाला** = प्रारंभिक.

**आरंभिक कर्म** *सं* अभिक्रम, आधारशिला, आयोजन, आरंभिक क्रियकलाप, इबतिदा, उठान, उत्क्रम, *उदय*, उपक्रम, गर्भावस्था, ग्राउंडवर्क, *चौखट*, ठान, तैयारी, दहलीज, *नींवँ*, पहल, पहल, पहला क़दम, पहली सीढ़ी, पुराक्रम, पूर्व अभ्यास, पूर्वकर्म, पूर्वरंग, *पूर्वाभ्यास*, पेशक़दमी, पेशकश, प्रक्रम, प्रत्युत्क्रम, प्रथम चरण, प्रयाण, *प्रवेश*, *प्रस्ताव*, प्राक्रम, प्रारंभ, फ़ील्डवर्क, *भूमिका*, भूमिपूजन, श्रीगणेश, समारंभ, समुद्यम, समुपक्रम.

**आरंभिक काल** = प्राचीन काल.
**आरंभिक क्रियकलाप** = आरंभिक कर्म.

**आरंभिक छंद** *सं* गीत आरंभिक भाग, पहला छंद, प्रमुख, मुखड़ा, ●स्थायी.

**आरंभिक ज्ञान** *सं* अआ, अलिफ़बेपे, एबीसीडी, ककहरा, कखग, *नर्सरी*, प्रथम पाठ, मूलसूत्र, ●अक्षरारंभ, ●अक्षरारंभ.

**आरंभिक बाल अवस्था** = शैशव.
**आरंभिक मूँछ** = नई मूँछ.
**आरंभिक योजना** = परिकल्पना.
**आरंभिक रूप** = प्रारंभिक अवस्था.

**आरंभिक लक्षण** = पूर्वलक्षण.
**आरंभिक लक्षणयुक्त** = प्रारंभिक.
**आरंभिक वक्तव्य** = भूमिका.
**आरंभिक शेअर** = ग़ज़ल आरंभिक शेअर.
**आरंभिक सायंकाल** = गोधूलि बेला.
**आरंभित** = चालित, संस्थापित.

**आरंभित** *वि* आरब्ध, उठाया/उठाई, उद्यमित, उपक्रांत, चलाया/चलाई, नियोजित, प्रचालित, प्रवर्तित, *प्रवृत्त*, प्रारंभित, शुरू, संप्रवर्तित, समारब्ध, हाथ में लिया, ●चालित, ■पूर्णकृत, ■विरामित.

**आरकेस्ट्रा** = वाद्यवृंद, वाद्यवृंद.
**आरक्त** = गुलाबी.
**आरक्षक** = रक्षक.
**आरक्षण** = ऐडवांस बुकिंग.
**आरक्षित** = भंडारित, रक्षित.

**आरक्षित** *वि* नामचिह्नित, नाम लिखा, नामांकित, निश्चित, पूर्व आक्रीत, प्रतिदत्त, बंधकित, बुक्ड, *मनोनीत*, *रक्षित*, रखा/रखी, रिज़र्व, रिज़र्व्ड, सुनिश्चित, *सुरक्षित*, ●ख़रीदा/ख़रीदी.

**आरचर्ड** = फलोपवन.
**आरचित** = रचित.
**आरज़ू** = इच्छा, लालसा.
**आरज़ूमंद** = इच्छुक, तत्पर, लोभी.
**आरजे** = कार्यक्रम ऐंकर.
**आरण्य** = वन, वनीय.
**आरण्यक** = वनवासी, वनीय.

**आरण्यक** *सं* वानप्रस्थ वेद, वेदांश, ●छांदोग्य आरण्यक, ●बृहदारण्यक.

**आरण्यक अंतिम भाग** = वेदांत.
**आरता** = आरती, आरती, वरस्वागत, स्वागत.
**आरती** = पूजा, भजन, स्वागत.

**आरती** *सं* आरता, आरती वंदन, दीपाराधन, दीपाराधना, नीराजन, वंदन, वंदना, ●कीर्तन, ●गीत, ●पूजा, ●भजन, ●स्वागत, ●स्वागत.

**आरती वंदन** = आरती.

**आरपार** = आरंपार.
**आरपार करना** = वेधना.
**आरपार गमन** = पारंगमन.
**आरपार दिखता** = पारदर्शी.
**आरपीऐम (बीज नाम)** = चक्र गति माप.
**आरबिट्रेटर** = पंच.
**आरब्ध** = आरंभित, संस्थापित.
**आरब्धा** = आरंभ कर्ता, प्रवर्तक.
**आरब्धि** = आरंभ.
**आरभटी** = साहस.

**आरभ्य** *वि* अनुष्ठातव्य, अनुष्ठेय, इतिकरणीय, *करणीय*, करने योग्य, ठानने योग्य, ठान्य, राध्य, विधेय, समारभ्य, ●व्यावहारिक, ●साध्य.

**आरम** = सीरिया.
**आरव** = आवाहन, कोलाहल.
**आरसी** = दर्पण.
**आ रहना** = आ बसना.

**आरा** *सं* आरी, करपत्र, करपत्री, *करवट*, करौता, ●बसूली, ●रंदा.

**आराकश** *सं* कराँती, क्राकचिक (प्रा).

**आराकाटी** = कर्णधार.
**आराधक** = तीर्थयात्री, पुजारी, प्रशंसक, प्रेमी, प्रेमी, भक्त.
**आराधन** = प्रसन्न.
**आराधना** = पूजा, भक्ति.
**आराधनीय** = सम्माननीय.
**आराधयिता** = भक्त.
**आराधिका** = पुजारिन, प्रेमिका.
**आराधित** = पूजित.
**आराध्य** = पवित्र, पूजनीय, प्रशंसनीय, सम्माननीय.
**आराध्यता** = पवित्रता.
**आराध्य देवता** = इष्टदेव.
**आराध्य देवी** = इष्टदेवी.
**आराम** = उपवन, क्रीड़ा उपवन, निद्रा, बौद्ध मठ, मठ, राहत, विश्राम, सहजता, सुख, सुविधा.
**आरामगाह** = पांथशाला, शयन कक्ष.
**आरामतलब** = आलसी, मंद.
**आरामतलबी** = आलस.
**आरामदेह** = गदीला/गदीली, घर जैसा, विश्रामप्रद, सुखद.

**आरामपसंद** = आलसी.
**आरामपसंदी** = आलस.
**आराम से** = समय के बाद.
**आराव** = आवाहन.
**आरियाना** = अफ़गानिस्तान, ईरान.
**आरी** = आरा, कारंडव.
**आरी जैसा दाँता** = दाँता.
**आरुक** = आड़ू.
**आरुण्य** = गुलाबीपन.
**आरुष्ट** = रूठा/रूठी.
**आरूक** = आलू बुख़ारा.
**आरूप** = प्रारूप.
**आरूपण** = रूप प्रदान.
**आरूपित** = चित्रित.
**आरूप्य** = नम्य.
**आरेख** = ट्रेसिंग, ड्राविंग चित्र.
**आरेखा** = ट्रेसिंग.
**आरोग्यकर** = चिकित्साकारी.
**आरोग्यजीविता** = सुजीविता.
**आरोग्यदान** = चिकित्सा.
**आरोग्यपूर्ण** = स्वस्थ.
**आरोग्यप्रद** = चिकित्साकारी.

**आरोग्य लाभ** *सं* इलाज, *चिकित्सा*, पुनरुत्थान, *प्रगति*, फ़ायदा, बेहतरी, भला, *राहत*, रोगमोक्ष, *लाभ*, शफ़ा, *सुधार*, स्वास्थ्यलाभ, •कायाकल्प, •नर्सिंग, ■रोग.

**आरोग्य शाला** = अस्पताल.
**आरोध** = अवरोध.
**आरोप** = उलाहना, निंदा, लांछन, शिकायत.

**आरोप** *सं* अभियोग, अवक्षेप, आक्षेप, इलज़ाम, इस्तिगासा, चार्ज, *दावा*, दुहाई, दोषारोप, नालिश, *लांछन*, *वाद*, वादपत्र, •अभियुक्त, •अभियोगी, •प्रत्यारोप, •मुक़दमा, •शिकायत.

**आरोप उत्तरदाता** = प्रतिवादी.
**आरोपक** = अभियोगी.
**आरोप कर्ता** = अभियोगी, शिकायत कर्ता.
**आरोपग्रस्त** = अभियुक्त.
**आरोपण** = अंतर्स्थापना, रोपण.

**आरोप पक्ष** *सं* आरोप लगाने वाला पक्ष, आरोपी पक्ष, मुक़दमा करने वाला पक्ष, •अभियोगी, ■बचाव पक्ष.

**आरोप पत्र** *सं* अभियोग पत्र, चार्जशीट, दोषपत्र, दोषारोप पत्र, *फ़रियाद*, फ़र्द जुर्म, वादपत्र, •मिथ्या आरोप, ■आरोप उत्तर.

**आरोप परीक्षा** = सुनवाई.
**आरोप लगाने वाला पक्ष** = आरोप पक्ष.
**आरोपित** = अभियुक्त, लांछित.

**आरोपित व्यक्ति** *सं अभियुक्त*, असामी, *प्रतिवादी*, मुलज़िम, •अपराधी, •मुक़दमा, •मुवक्किल, •सिद्धदोष, ■अभियोगी.

**आरोपी** = अभियोगी, शिकायत कर्ता.
**आरोपी पक्ष** = आरोप पक्ष.
**आरोप्य** = दंडनीय.
**आरोह** = उत्थान, उदय, चढ़ान, स्वरारोह.
**आरोह अवरोह** = उत्थानपतन.

**आरोह अवरोह** *सं* उतारचढ़ाव, *उत्थानपतन*, गीतक्रम, *तरंग*, लहरा, स्वर आरोह अवरोह, स्वरसंक्रम, स्वरसरिता.

**आरोहअवरोह क्रम** = लय.
**आरोहअवरोहपूर्ण** = लयपूर्ण.
**आरोहअवरोहशील** = उथलपुथलपूर्ण, परिवर्तनशील, लयपूर्ण, लहराता/लहराती, संगीतमय.
**आरोहअवरोहहीन** = उबाऊ, समतल.

**आरोहअवरोहहीन** *वि अविविध*, इकसार, उतारचढ़ावहीन, *उबाऊ*, एक तान वाला, एकसुरा/एकसुरी, चपटा/चपटी, परिवर्तनहीन, सपाट, समरस, ■लयपूर्ण.

**आरोह क्रम** *सं* 1 2 3, अ आ इ ई, आरंभ से अंत क्रम, उत्तरोत्तर क्रम, एकोत्तर क्रम, कम से अधिक क्रम, चढ़ता क्रम, पूर्वापरता, बढ़ता क्रम, समुत्क्रम, सा रे गा मा, सीढ़ी क्रम, सीधा क्रम, सीधी गिनती, •क्यू, ■अवरोह क्रम.

**आरोहक्रमिक** *वि* अनुक्रमिक, अनुलोम, अविलोम, अ से ह तक, आनुक्रमिक, आरंभ से अंत तक, उत्क्रमिक, उत्तरोत्तर, *क्रमिक*, चढ़ता/चढ़ती, पूर्वापर, बढ़ता/बढ़ती, सीधा/सीधी, ■अवरोहक्रमिक.

**आरोहण** = यात्रा आरंभ, सत्तारोहण, सवारी.
**आरोहण पशु** = सवारी पशु.
**आरोहणिका** = ऐलिवेटर.
**आरोहणी** = लिफ़्ट.
**आरोहशील** = उड्डयनशील, उत्थानशील.
**आरोही** = उत्थानशील, उदीयमान, चढ़ानदार, सवार.
**आर्क** = चक्रचाप.
**आर्कटिक** = उत्तर ध्रुव क्षेत्र.
**आर्कटिक क्षेत्र** = उत्तर ध्रुव क्षेत्र.
**आर्कटिक प्रदेश** = उत्तर ध्रुव क्षेत्र.
**आर्काइव्ज़** = अभिलेखागार.
**आर्किपेलागो** = द्वीपावली.
**आर्कियोलाजिस्ट** = पुरातत्त्ववेत्ता.
**आर्केड** = छतदार मार्ग, शौपिंग सैंटर.
**आर्क्टिक ओशन** = उत्तर ध्रुव महासागर.
**आर्गनाइज़र** = प्रायोजक.
**आर्गनाइज़ेशन** = कंपनी, संस्था.
**आर्गोन** = रासायनिक तत्त्व सूची.
**आर्जव** = ईमानदारी.
**आर्जुनि** = अभिमन्यु.
**आर्ट** = कला, चित्रकला, दक्षता, शिल्प.
**आर्ट गैलरी** = चित्रशाला.
**आर्टपीस** = कलाकृति.
**आर्ट सैंटर** = चित्रशाला.
**आर्टिफ़िशल इनसैमिनेशन** = कृत्रिम गर्भदान.
**आर्टिलरी** = तोपसेना.
**आर्टिस्ट** = कलाकार.
**आर्डर** = आज्ञा, ख़रीद आर्डर, जजमैंट, माँग, व्यवस्था.
**आर्डर देना** = ख़रीदना.
**आर्डर प्रेषण** = मँगाई.
**आर्डरली** = चपरासी.
**आर्डिनैंस** = अध्यादेश.
**आर्णव** = समुद्रीय.
**आर्त** = दुःखी, पीड़ित.
**आर्तध्वनि** = आर्तनाद.
**आर्तनाद** = संकट सूचना.

**आर्तनाद** *सं* अभिक्रंद, आक्रंद, आर्तध्वनि, आर्तस्वर, उद्राव, करुण क्रंदन, करुण पुकार, कहो राम, किलक, किल्ली, कीक, कुहराम, *कूक*, कोहराम, क्रंद, क्रंदन, क्रोश, चिंघाड़, चिल्लपों, चल्लिवाँस, चिल्लाहट, चीख़, चीख़ पुकार, *चीत्कार*, ढाढ़, त्राहि त्राहि, दहाड़, पीड़ित पुकार, पुकार, बावैला, राव, रुदन अभिरुदन, *रोना*, रोना धोना, रोर, रौल, रौला, विलाप, विश्राव, शोर, शोरशराबा, हाय, हायतौबा, हाय हाय, हाहाकार, •कोलाहल, •चीत्कार, •रुदन, ▪अट्टहास, ▪आह, ▪सिसकी.

**आर्तनाद करना** = रोना.
**आर्तनादी** = रोता/रोती.
**आर्तबंधु** = परित्राता.
**आर्तव** = मौसमी, रज, रजस्राव.
**आर्तवदोष** = रजदोष.
**आर्तवी** = रजस्वला.
**आर्तस्वर** = आर्तनाद.
**आर्थराइटिस** = गठिया.
**आर्थिक** = वित्तीय.
**आर्थिक सहायता** = वित्तीय सहायता.
**आर्थिकी** = अर्थशास्त्र.
**आर्थोडौक्स** = परंपरावादीय.
**आर्द्र** = गीला/गीली, वर्षद, वर्षापूर्ण, सजल, सीलनदार.
**आर्द्रक** = अदरक.
**आर्द्रज** = सोंठ.

**आर्द्रण** *सं* आप्लावन, डुबाई, तराई, भिगोई, *सिंचन*, सेराई, ▪सुखाई.

**आर्द्रा** = नक्षत्र सूची.
**आर्बिट्रेशन** = पंचाट.
**आर्मामैंट** = शस्त्रास्त्र.
**आर्मी** = थलसेना.
**आर्य** = आर्य जाति, आर्य जातीय, आर्य समाजी, कुलीन पुरुष, यजमान, यजमान.

**आर्य जाति** *सं* आर्य, •अनार्य जाति.

**आर्य जातीय** *वि* आर्य, आर्ष, काकेशियाई, •अनार्य जातीय, •द्रविड़ जातीय.

**आर्य देश** = उत्तर भारत.
**आर्य भाषा** = संस्कृत भाषा.
**आर्यभूमि** = उत्तर भारत.
**आर्य वर्ण** = वर्ण.

**आर्य समाज** *सं* स्वामी दयानंद द्वारा स्थापित सुधार संस्था.

**आर्य समाज वर्ग** = वर्ण.
**आर्य समाज संस्थापक** = स्वामी दयानंद.

**आर्य समाजी** *सं* आर्य.

**आर्या** = कुलीन स्त्री.
**आर्या** = सास.
**आर्याना** = अफ़गानिस्तान, ईरान.
**आर्यावर्त** = उत्तर भारत, भारत.
**आर्यावर्तीय** = उत्तर भारतीय.
**आर्ष** = आर्य जातीय, वेदीय.
**आर्सेनिक** = रासायनिक तत्त्व सूची.
**आलंकारिक** = तड़कभड़कदार.
**आलंब** = आधार, शरणस्थल.
**आलंबन** = परावलंबन, लटकन, साधन.
**आलंबनहीन** = निराधार.
**आलंबित** = आधारित, स्थित.
**आलऔलाद** = संतान.
**आलक्षक** = प्रेक्षक.
**आलक्षण** = प्रदर्शन.

**आलक्षण** *सं* *अध्ययन*, आब्ज़र्वेशन, ग़ौर, *ताक*, ध्यानपूर्वक अवलोकन, निगाह, निरख, निरीक्षण, पड़ताल, *परीक्षण*, प्रेक्षण, *लक्षण*, वीक्षण, संलक्षण, समालोकन, सम्यक् अवलोकन.

**आलक्षित** = प्रदर्शित, संकेतित.
**आलजाल** = बकवासपूर्ण, संपर्क जाल.
**आलज्जित** = लज्जित.
**आलथी पालथी** = पालथी.

**आलन** *सं* अरहन, आशजौ, पुटकी, रसेदार भाजी आदि गाढ़ा करने का द्रव्य, •प्यूरे, •स्टौक.

**आलपर्पज़** = बहुउपयोगी.

**आलपिन** *सं* आलपीन (विकल्प), काँटा, पिन, पिनआल, •क्लिप, •ड्राइंग पिन, •सेफ़्टी पिन, •स्टैपल.

**आलबाल** = संतान.
**आलब्ध** = अर्जित, पुनर्प्राप्त, लभ्य, लिया/ली, सुलभ.

**आलब्ध** *वि* उपलब्ध, खोजप्राप्त, खोजा/खोजी, गवेषित, टोहा/टोही, ढूँढा/ढूँढी, तलाश से मिला, तलाशा/तलाशी, पाया/पाई, *प्राप्त*, मार्गित, मिला/मिली, मृगित, लब्ध, हासिल, •अनुसंधानित, •पुनर्प्राप्त, ▪खोया/खोई.

**आलब्धा** = खोजी, प्राप्ता.
**आलब्धि** = अनुभव, उपपत्ति, कथा फलागम, प्राप्ति, लाभ, सफलता.

**आलब्धि** *सं* *अनुसंधान*, उपलब्धि, खोज, खोज प्राप्ति, तलाश सफलता, पाना कर्म, पुनर्प्राप्ति, *प्राप्ति*, मिलना स्थिति, सार्थक तलाश, •तलाश, ▪विलब्धि.

**आलभ्य** = आदेय, लभ्य.
**आलम** = सृष्टि.
**आलमारी** = अलमारी.
**आलय** = कमरा, भंडार, भंडारघर, भवन, संग्रह, संग्रहालय, संस्था, स्रोत.
**आलय (जैसेः शिवालय)** = घर.
**आलराउंड** = बहुउपयोगी.
**आलवाल** = थाला.

**आलस** *सं* अकर्मण्यता, अचेष्टा, अजीवंतता, *अनिच्छा*, अनुत्साह, अलसान, अलसेट, आरामतलबी, आरामपसंदी, आलस्य, कर्महीनता, काहिली, ढिलाई, ढील, *थकान*, निकम्मापन, निठल्लापन, निष्क्रियता, पोस्तीपन, माँदगी, शिथिलकायता, शिथिलता, सुस्ती, •अनिच्छा, •विलंब, •विश्राम, ▪चुस्ती, ▪परिश्रम, ▪साधना.

**आलसी** = अतत्पर.

**आलसी** *वि* अकर्मण्य, अनुद्यमी, *अफ़ीमची*, अलस, अलसाया/अलसाई, अलसेटिया, अलसौंहा/अलसौंही, अव्यवसायी, अहदी, आरामतलब, आरामपसंद, आलसी/आलसिन, काहिल, ठंडा/ठंडी, ढिल्लड़, ढीलमढाला/

ढीलमढाली, ढीला/ढीली, तंद्री, निढाल, *निष्क्रिय*, पलंगतोड़, पीनकी, पोस्ती, प्रमादी, बिलल्ला/बिलल्ली, बेजान, बोदा/बोदी, *मंद*, मट्ठर, लीचड़, लूलू, शिथिल, सुस्त, ●तंद्रिल, ●थका/थकी, ●निष्क्रिय, ■चुस्त, ■परिश्रमी, ■सक्रिय.

**आलसी/आलसिन** = आलसी, फिसड्डी.
**आलस्य** = आलस, तंद्रा, पिनक, मदालस.

**आलस्यहीन** *वि* अविचल, अविचलनशील, जितश्रम, निरालस, *लगनशील*, *संकल्पशील*, ●अनथका/अनथकी, ●परिश्रमी.

आला = अच्छा/अच्छी, अपर (अधिकारी), ईश्वरीय, उत्तम, उत्तम अवस्था सूचक शब्द सूची, उपकरण, ऊँचा/ऊँची, पराकाष्ठागत, प्रतिष्ठित, प्रशंसनीय, महान, मूल्यातीत, यंत्र.

**आला** *सं* अलिंद, *ख़ाना*, गोखा, *घर*, ताक़, *धान*, मोखा, शैल्फ़, ●दराज़, ●पलेंडी.

**आला (जैसेः शिवाला)** = घर.
**आला अफ़सर** = अध्यक्ष, अध्यक्ष.
**आलाइश** = विष्ठा.
**आलातरीन** = उत्तम.
**आलान** = बेड़ी.
**आलाप** = तरन्नुम, तान, बात, वार्तालाप, संवाद.
**आलापक** = गायक.
**आलापिका** = गायिका.
**आलाबू** = तूँबा.
**आलारासी** = अलमस्त.
**आलिंगन** = मिलनी.

**आलिंगन** *सं* अंकपालि, अँकवार, अंकालिंगन, अंगपाली, कंठालिंगन, कौली, गलबाँही, गले लगाई, जफ़्फ़ी, प्रेमपाश, प्रेमालिंगन, बग़लगीरी, बाहुपाश, भुजपाश, भुज बंधन, *मिलन*, लिपटन, संग, *संगम*, सम्मिलन, स्नेहपाश, स्नेहालिंगन, ●चुंबन.

**आलिंद** = भ्रमर.

**आलि** = भ्रमर.
**आलिखित** = चित्रित, लिखित.
**आलिप्त** = आलेपित, आसक्त, तल्लीन, प्रेमासक्त, संसिक्त.
**आलिप्सा** = विलासिता.
**आलिप्सु** = विलासप्रिय.
**आलिम** = मुल्ला, विद्वान व्यक्ति.
**आलिम फ़ाज़िल** = विद्वान व्यक्ति.
**आलिव** = जैतून.
**आली** = उत्तम, सहेली.
**आलीन** = आलेपित.
**आलीशान** = भव्य, महान, राजसी, वैभवशाली, सुंदर.
**आलुंचन** = नुँचाई.
**आलुंठन** = लूट.
**आलु** = आबनूस.
**आलुब्ध** = लुब्ध.
**आलू** = सागसब्ज़ी.

**आलू** *सं* आलू कंद, पटैटो, बटाटा, ●कंदमूल, ●खाद्य कंद.

**आलू कंद** = आलू.
**आलू गोदाम** = कोल्ड स्टोरेज.
**आलूचा** = फल.

**आलूचा** *सं* गर्दालू, भोटिया बादाम, शनालू.

**आलू टिकिया** *सं* आलू बल्ला, आलू भल्ला, *बल्ला*, भल्ला, ●कटलेट.

**आलू बल्ला** = आलू टिकिया.

**आलू बुख़ारा** *सं* आरूक, गर्दालू, वाताम बदर, सूखा आलूचा.

**आलू भल्ला** = आलू टिकिया.

**आलू लच्छा** *सं* लच्छा, ●सेव.

**आलेख** = पुरालेख, प्रालेख, लेख.
**आलेखन** = चित्रांकन, लेखन.
**आलेखनी** = तूलिका.
**आलेखित** = दस्तावेज़ित.
**आलेप** = पलस्तर, मरहम, लेप.

**आलेप** *सं* प्रलेप, *लपेट*, लाग, लीप, *लेप*, ●पलस्तर.

**आलेप करना** = लीपना.
**आलेपन** = लिपाई पुताई.

**आलेपन** *सं* चर्चण, पुचारा, प्रलेपन, *मंडन*, लगाई, लिपटाई, लिपाई, लीप, लेपन, सनाई.

**आलेपन करना** = लीपना.
**आलेपनी** = तूलिका.

**आलेपित** *वि* आच्छादित, आलिप्त, आलीन, आवृत्त, चर्चित, पुता/पुती, प्रलेपित, मंडित, मँढ़ा/मँढ़ी, लपेटा/लपेटी, लिपटा/लिपटी, लिपा/लिपी, लिपा पुता/लिपी पुती, लिप्त, लिसा/लिसी, विलिप्त, संलिप्त, सना/सनी, ●रंगीन, ■अनालेपित.

**आलेपित करना** = लीपना.
**आलोक** = चमक, ज्ञान, प्रकाश.

**आलोकक** *सं* उज्ज्वलक, उज्ज्वलक, उद्भासक, कांतिकर, चमकाने वाला, चमकाने वाला, द्योतक, *प्रकाशक*, प्रदीपक, प्रभासक, भासक, भ्राजक, विद्योतक, विभासक, संदीपक, ●आलोकन, ●दीपक.

**आलोकचित्र** = फ़ोटोग्राफ़.
**आलोकदान** = अध्यापन.
**आलोकन** = प्रदर्शन.

**आलोकन** *सं* अंधकार नाशन, उद्भासन, उद्योतन, चमकाई, ज्योतन, दमकाई, दीयाबाती, द्योतन, प्रकाशन, *प्रदर्शन*, प्रद्योतन, प्रभासन, भासन, संदीपन, ●आलोकित, ●प्रकाश उपकरण, ●प्रदर्शन, ■अवलोकन.

**आलोकनीय** = दर्शनीय.

**आलोकप्रद** *वि* उद्योतकर, कांतिप्रद, *चमकदार*, जगमग, जलता/जलती, ज्वलंत, तमहर, दमकता/दमकती, दीपंकर, दीप्तिकर, द्योतकर, प्रकाशद, प्रकाशप्रद, प्रदीप, प्रभाकर, प्रभासक, भास्कर, संदीप, सुदीप, ●आलोकित, ●चमकदार.

**आलोकित** = चमकदार, तारायुक्त, तारे जैसा, प्रदर्शित.

 (प्रा) प्राचीन शब्द, अब अप्रचलित - *तिरछे* शब्द स्वतंत्र शीर्षक भी हैं ●सपर्याय ■विपर्याय

**आलोकित** *वि* आभायुक्त, आभासित, उज्ज्वलित, उद्दीप्त, उद्योतित, चमकता/चमकती, जगमग, ज्योतित, ज्वलित, दीप्त, द्योतित, *प्रकाशित*, प्रज्वलित, प्रदीप्त, प्रभासित, विलोकित, संदीप्त, •आलोकप्रद, •चमकदार, ▪अंधकारपूर्ण, ▪धुँधला/धुँधली, ▪बुझा/बुझी.

**आलोकित करना** = दिखाना.
**आलोकित होना** = चमकना.
**आलोक्य** = दर्शनीय.
**आलोचक** = छिद्रान्वेषक, निंदक, विपक्षधर, समीक्षक.
**आलोचकीय प्रतिभा** = गुणज्ञता.
**आलोचन** = अवलोकन.
**आलोचना** = छिद्रान्वेषण, निंदा, शिकायत, समीक्षा.
**आलोचना करना** = धिक्कारना.
**आलोचनात्मक** = निंदात्मक.
**आलोचित** = निंदित.
**आलोच्य** = निंदनीय.
**आलोड़न** = मंथन.
**आलोड़ना** = मथना.
**आलोपन** = छू मंतर कर्म.
**आलोभ** = प्रलोभन.
**आल्टर** = बलिवेदी, यज्ञवेदी.
**आल्माइटी** = परमपिता.
**आल्हा** = वीरकाव्य.
**आवक** = प्राप्तिपत्र.

**आवक** *सं* आमद, आवती, *प्राप्ति*, *रसीद*, रिसीट, •आनयन, ▪जावक, ▪पहुँचाई.

**आवक पत्र** = प्राप्तिपत्र.
**आवचक** = नाला नाली.
**आवती** = आवक.
**आवन** = आगमन.
**आवनेय** = मंगल ग्रह.
**आवभगत** = सत्कार.
**आवरक** = अबरी, आवरक वस्तु, रैपर, वाल पेपर.

**आवरक वस्तु** *सं* अनुस्तरणी, आच्छाद, आच्छादक, आच्छादन, आवरक, आवरण, उपरना, ओढ़न, ओढ़ना, कवर, *चादर*, *परदा*, प्रच्छद, प्रावार, वरक.

**आवरण** = आड़, आवरक वस्तु, आवरण पृष्ठ, ऐप्रन, खोल, गोपन, गोपन, ग्रहण, घातस्थान, घूँघट, चादर, छत, छद्म, छद्मवेश, त्वचा, परदा, परिधान, पुस्तक आवरण, मंडप, रैपर.
**आवरण डालना** = ढाँपना.
**आवरण पट** = परदा.

**आवरण पृष्ठ** *सं* आवरण, कवर पेज, मुखपृष्ठ, वेष्टक, *शीर्षक*, •पुस्तक आवरण, •शीर्षक.

**आवरण हटाना** = उघाड़ना.
**आवरणहीन** = अनावृत.
**आवरणहीनता** = बेपर्दगी.
**आवरणहीना** = बेपरदा.
**आवरी** = आगमन.
**आवर्जित** = परित्यक्त.
**आवर्त** = चक्कर, भँवर.
**आवर्तन** = चक्रावर्तन, पृथ्वी आवर्तन, मंथन.
**आवर्तन काल** = पृथ्वी धुरी चक्रण काल.
**आवर्तनशील** = आवृत्तिशील, चक्रणशील.
**आवर्तिता** = आवृत्ति.
**आवर्ती** = आवृत्तिशील, चक्रावृत्तिशील.
**आवर्षण** = छिड़काव.
**आवश्यक** = अपरिहार्य, अवैकल्पिक, तात्कालिक, मौलिक (अधिकार), वैवश्यक, वैवश्यक.

**आवश्यक** *वि* अपेक्षित, आकांक्षित, इच्छनीय, इच्छित, *उपयोगी*, कांक्ष्य, काम का, *चाहिए*, ज़रूरी, दरकार, वांछित, वांटिड, •अत्यावश्यक, •अवैकल्पिक, •तात्कालिक, ▪अनावश्यक, ▪अनुपूरक.

**आवश्यकता** = माँग, रिक्त पद.

**आवश्यकता** *सं* *अपेक्षा*, आकांक्षा, इच्छा, कमी, क्षुधा, ग़रज़, चाहत, ज़रूरत, हाजत, •अत्यावश्यकता, •माँग, •रहितता, ▪अतिरिक्तता, ▪अनावश्यकता, ▪अनिच्छा, ▪आपूर्ति.

**आवश्यकताग्रस्त** = निर्धन.

**आवश्यकताग्रस्त** *वि* अपेक्षी, अभावग्रस्त, ख़्वाहिशमंद, ज़रूरतमंद, तलबगार, हाजतमंद, हाजती, हीन, •निर्धन, •प्रयोजनार्थी.

**आवश्यकतानुकूल** = आवश्यकतानुरूप, पर्याप्त.
**आवश्यकतानुरूप** = पर्याप्त.

**आवश्यकतानुरूप** *वि* अनुरूप, आवश्यकतानुकूल, आवश्यकतानुसार, उपयुक्त, जितना चाहिए उतना, *ठीक*, बराबर, मुनासिब, यथाभीष्ट, यथायोग्य, यथावश्यक, यथेच्छ, यथोचित, वाजिब, समीचीन, समुपयुक्त, •इच्छित, •पर्याप्त.

**आवश्यकतानुसार** = आवश्यकतानुरूप.
**आवश्यकता पूर्ति** = आपूर्ति.
**आवश्यकता सर्वेक्षण** = मार्केट सर्वे.
**आवश्यकता से अधिक** = अतिरिक्त, अनावश्यक.
**आवश्यकता से कम** = अपर्याप्त.
**आवश्यकता है** = चाहिए.

**आवाँ** *सं* ओवन, किल्न, कुम्हार आवाँ, कुम्हार भट्ठी, दाश्त, पाकपुटी, *पौटरी*, *भट्ठी*, •कुम्हार, •भट्ठी.

**आवागमन** = आवागमन चक्र, यातायात.
**आवागमन चक्र** = इहलोक.

**आवागमन चक्र** *सं* अमोक्ष, आवागमन, आवाजाही, इहलौकिकता, गमनागमन, जन्ममरण चक्र, जीवन बंधन, जीवन मरण चक्र, दुःखायतन, प्रपंच, बंधन, भवजाल, भवबाधा, भवसागर, मोक्षहीनता, संसार, संसार बंधन, संसार सागर, सृष्टिचक्र, •अस्तित्व, •इहलोक, •जीवन, ▪मोक्ष.

**आवागमन लोक** = इहलोक.
**आवाज** = ध्वनि.
**आवाज़** = आवाहन, कंठध्वनि, गायक, गायिका, नारा, फ़रियाद, वाचा, संबोधन.
**आवाज़ देना** = पुकारना, बुलाना.

**आवाज़ बैठना** = भर्राना.
**आवाज़ लगाना** = पुकारना.
**आवाज़ लौटना** = गूँजना.
**आवाजाही** = आवागमन चक्र, यातायात, हलचल.
**आवातित** = अडूब, न्यूमैटिक.
**आवापन** = बिखराव.
**आवाम** = जनता, जन साधारण.
**आवार** = घेरा.
**आवारगी** = आवारागर्दी.
**आवारा** = अनाथ, अपालतू, कामचोर, कुलटा, गुंडा, घुमक्कड़, दिशाहीन, बेघर, भिखारी, लंपट.
**आवारागर्द** = घुमक्कड़, दिशाहीन.

**आवारागर्दी** *सं* आवारगी, कूचागर्दी, भटकन, भटकाव, •ख़ानाबदोशी, •घुमक्कड़ी.

**आवाल** = थाला.
**आवास** = घर, निवास.
**आवासक** = आप्रवासी, आवासी.
**आवास करना** = रहना.
**आवास देना** = बसाना.

**आवासन** *सं* आवास प्रदान, ठहराई, निवासन, निवेशन, बसाई, बसावट, रिहाइश, स्थापन, •प्रवास.

**आवास प्रदान** = आवासन.

**आवास भूखंड** *सं* *अचल संपत्ति*, ख़ित्ता, गृहभूमि, ज़मीन, जायदाद, टुकड़ा, प्लाट, भूखंड, भूमि, *संपत्ति*, •भूसंपत्ति.

**आवास सघनता** = जनसंख्या घनत्व.
**आवास स्वामी** = मकान मालिक.
**आवासहीन** = आवासीहीन, बेघर, विस्थापित.
**आवासित** = सुगंधित, स्वादयुक्त.

**आवासित** *वि* आबाद, आबादी वाला, *उपनिवेशित*, गुंजान, गुलज़ार, बसा/बसी, बसाया/बसाई, भरा/भरी, रौनक़दार, वासित, शादमान, •जनाकीर्ण, ■आवासीहीन.

**आवासित करना** = आ बसना, बसाना.
**आवासिता** = निवासिता.

**आवासी** = अंतरावासी, किराएदार, नागरिक, निवासी.

**आवासी** *सं* अधिवासी, आवासक, *निवासी*, बसिया, बाशिंदा, *बासी*, रहवाल, रहवासी, रैज़िडैंट, वासी, साकिन, •आप्रवासी, •नागरिक, ■प्रवासी.

**आवासीय** = इनडोर, घर जैसा.

**आवासीहीन** *वि* अकेला/अकेली, अनबसा/अनबसी, अनावासित, अवासित, आवासहीन, *उजाड़*, ख़ाली, ग़ैरआबाद, जनहीन, निर्जन, बियाबान, विजन, वीरान, *शून्य*, सुनसान, सूना/सूनी, •अजनाकीर्ण, •अनिवास्य, •एकाकी, ■आवासित, ■बेघर.

**आवाहक** = निमंत्रक.
**आवाहन** = अज़ान, उद्बोधन, चुनौती, निमंत्रण, मँगाई, माँग, युद्धनाद, संयोजन, समन.

**आवाहन** *सं* अभिहव, आक्रंद, आरव, आराव, आवाज़, आहव, *आहुति*, आहूति, आह्वान, *उद्बोधन*, गुहार, चिल्लाहट, चीख़, जुहार, जोहार, टेर, *डाक*, दावत, दुहाई, *निमंत्रण*, पुकार, प्रणाद, बाँग, बुलाई, बुलावट, बुलावा, बुलाहट, विक्रुष्ट, विक्रोश, विक्रोशन, *विवाद*, सदा, समावाहन, समाहूति, हँकराव, हँकरावा, हँकार, हाँक, हूति, हेला, •निमंत्रण, •संबोधन, ■प्रेषण.

**आवाहन करना** = न्योतना, बुलाना, ललकारना.
**आवाहन कर्ता** = निमंत्रक.
**आवाहित** = निमंत्रित, मँगाया/मँगाई.

**आवाहित** *वि* अभिहूत, आहूत, तलब, बुलाया/बुलाई, माँगा/माँगी, याचित, वांछित, समाहूत, हूत, •संकेत से बुलाया.

**आविक** = ऊनी.
**आविद्ध** = छिद्रित, पंक्चरित, विद्ध.
**आविर्भाव** = जन्म.
**आविर्भूत** = जन्मा/जन्मी.

**आविर्मूलित** = उन्मूलित.
**आविष** = विषजन्य.
**आविषालु** = दुर्गंधपूर्ण.
**आविष्कर्ता** = विश्वकर्मा, स्रष्टा.

**आविष्कर्ता** *सं* अन्वेषक, अन्वेषी, आविष्कारक, इनवैंटर, *निर्माता*, *प्रवर्तक*, रचेता, •आविष्कार, •इंजीनियर, •निर्माता, •वैज्ञानिक, •स्रष्टा.

**आविष्कार** *सं* अनुसंधान परिणाम, अन्वेषण, इनवैंशन, ईजाद, *उत्पाद*, उपज, उपलब्धि, खोज, नई चीज़, नवनिर्माण, लब्धि, वैज्ञानिक अन्वेषण, वैज्ञानिक आविष्कार, संधान, *सृजन*, •अनुसंधान, •आविष्कर्ता, •कल्पना, •कृति, •जुगत, •प्रयोग, •सृजन.

**आविष्कारक** = आविष्कर्ता.

**आविष्कारशील** *वि* अनुसंधानशील, अन्वेषणशील, प्रयोगशील, विज्ञानशील, शोधनशील, शोधशील, •उत्पादनशील, •सृजनशील.

**आविष्कारात्मक** = प्रयोगात्मक.

**आविष्कृत** *वि* अन्वेषित, अभिनव, ईजाद, नया/नई, नवनिर्मित, *नवरचित*, नवाविष्कृत, नवोन्मेषित, निर्मित, •आलब्ध, •रचित.

**आविष्ट** = उत्तेजित, क्रुद्ध, भावपूर्ण.
**आवृत** = कुदृश्य, कूटबद्ध, ग्रहणग्रस्त.
**आवृत्त** = आलेपित, घिरा/घिरी.
**आवृत्ति** = अनुप्रास, चक्कर, धारावाही क़िस्त, पत्रपत्रिका अंक, संस्करण.

**आवृत्ति** *सं* आवर्तिता, दोहराव, परावृत्ति, पुनः आवृत्ति, पुनः पौनिकता, पुनरावृत्ति, पुनर्भवन, पुनर्भूति, पौनःपुन्यं, प्रत्यावृत्ति, फिरत, फ़्रीक्वैंसी, *बारी*, •नियमितता, •शाश्वतता, ■अपुनरावृत्ति.

**आवृत्ति क्रम** = संख्याक्रम.

**आवृत्तिशील** *वि* आवर्तनशील,

आवर्ती, गश्ती, *परिचित*, पलटता/पलटती, पुनरावृत्तिशील, बार बार होने वाला, रैकरिंग, *साधारण*, *सामान्य*, होता रहने वाला, •एकोत्तरावृत्तिशील, •चक्रावृत्तिशील, •औसत, •नियमित, •पाक्षिक, •मासिक, •वार्षिक, •साप्ताहिक, ▪अनियमित, ▪अपुनरावृत्त.

**आवृत्तिहीन** = अपुनरावृत्त.
**आवृद्धि** = बढ़ोतरी.
**आवेग** = उत्तेजना, चुस्ती, तीव्रोन्माद.
**आवेगन** = वेगवृद्धि.
**आवेग शक्ति** = ऊर्जा.
**आवेदक** = अपीलार्थी, अभियोगी, निवेदक.

**आवेदक** *सं* अभ्यर्थी, आवेदन कर्ता, उम्मीदवार, कैंडिडेट, पद आवेदक, प्रत्याशी, प्रार्थी, •कर्मचारी, •प्रत्याशा कर्ता.

**आवेदन** = निवेदन, याचिका.
**आवेदन कर्ता** = आवेदक, निवेदक.
**आवेदन पत्र** = याचिका.

**आवेदन पत्र** *सं* अर्ज़ी, अर्ज़ीनामा, पद आवेदन पत्र, सेवा आवेदन पत्र, •बायोडाटा, •रिक्त पद, ▪त्यागपत्र, ▪नियुक्ति पत्र.

**आवेदन पत्र लेखक** = याचिका लेखक.
**आवेश** = उत्तेजना, उन्माद, क्रोध, तीव्रोन्माद, प्रेरणा.
**आवेश आना** = भड़कना.
**आवेशकर** = उन्मादक, क्रोधजनक.
**आवेशपूर्ण** = उत्तेजित.
**आवेश में आना** = भड़कना.
**आवेशहीन** = प्रशांत.
**आवेष्टन** = वेष्टन.
**आव्रजक** = आप्रवासी.
**आव्रजन** = आप्रवासन.
**आशंकनीय** = संदेहजनक.
**आशंका** = चिंता, जोखिम, संकोच, संदेह.

**आशंका** *सं* अंदेशा, अकधक, अकबक, अनिष्ट संभावना, अभिशंका, अशुभ संभावना, खटका, *ख़तरा*, ख़दशा, घबराहट, *चिंता*, डबका, ढबका, *दुबिधा*, धकधकी, धड़का, धुकधुकी, धुकुर पुकुर, फ़िक्र, *भय*, भीति, शंका, शक, *संदेह*, संशय, साँसा, हानि संभावना, हुकुरपुकुर, •अनिश्चय, •कहीं ऐसा न हो, •जोख़िम, •दुबिधा, •धकधक, ▪अवश्यंभावना, ▪आत्मविश्वास, ▪निश्चिंतता.

**आशंकाजनक** = जोखिमपूर्ण.
**आशंकित** = चिंतित.
**आशंसा** = प्रसिद्धि, मंडन.
**आशंसी** = प्रशंसक, प्रशंसागायक.
**आशजौ** = आलन.
**आशना** = जार, प्रेमासक्त, प्रेमी, लंपट.
**आशनाई** = परगमन.
**आशय** = अर्थ, उदर, उद्देश्य, व्यंजनार्थ.
**आशयन** = शयन.
**आशय यह है** = अर्थात.
**आशा** = अपेक्षा, प्रतीक्षा, महत्त्वाकांक्षा.

**आशा** *सं* आश्रय, आस, आसउम्मीद, इच्छा, उम्मीद, *प्रत्याशा*, भरोसा, शुभ संभावना, सपना, •अपेक्षा, •आत्मविश्वास, •इच्छा, •काश, •प्रत्याशा, •मनोबल, •महत्त्वाकांक्षा, •मिथ्या आशा, •साहस, ▪चिंता, ▪निराशा, ▪निरुत्साह, ▪पस्ती.

**आशागज** = दिग्गज.
**आशाजनक** = आशाप्रद.
**आशा ठगिनी** = मिथ्या आशा.
**आशातीत** = अचिकित्स्य.
**आशा तो है** = शायद.
**आशादर्शन** = दिवास्वप्न.
**आशान्वित** = आशापूर्ण.
**आशा पिशाचिका** = मिथ्या आशा.
**आशापूर्ण** = आशाप्रद.

**आशापूर्ण** *वि* अनुद्विग्न, आशान्वित, आशावान/आशावती, आशी, आश्वस्त, उत्साहपूर्ण, *उत्साही*, खिला/खिली, *गुलाबी*, *प्रसन्न*, शांत, *स्थिर*, •आशाप्रद, •आशावादी, •उत्साही, •निश्चिंत, ▪उदास, ▪निराश.

**आशाप्रद** = शुभसूचक.

**आशाप्रद** *वि* अच्छा/अच्छी, *अनुकूल*, *आनंदप्रद*, आशाजनक, *आशापूर्ण*, *उत्साहप्रद*, *गुलाबी*, प्रोत्साहक, मांगलिक, *वसंती*, विश्वासप्रद, शुभ, संभावनापूर्ण, •प्रेरणाप्रद, ▪चिंताजनक, ▪दुःखद, ▪निराशाजनक.

**आशाभंग** = उत्साहभंग, निराशा.

**आशावादी** *वि आस्तिक*, धृतात्मा, *विश्वासी*, सकारवादी, स्वप्नदर्शी, •कर्तृत्ववादी, •परिश्रमी, •भविष्यवादी, •महत्त्वाकांक्षी, •सक्रिय, •साहसी, ▪निराशावादी.

**आशावान/आशावती** = आशापूर्ण.
**आशाहीन** = इच्छाहीन, निराशाजनक, निराशावादी, मरणासन्न.
**आशाहीनता** = अनपेक्षा, असंभावना.
**आशिक़** = प्रेमासक्त, प्रेमी.
**आशिक़मिज़ाज** = रूमानी.
**आशिक़ा** = प्रेमिका.
**आशिक़ाना** = प्रेममय/प्रेममयी.
**आशिमा** = द्रुतवेग.
**आशियाँ** = घर.
**आशियाना** = घर, नीड़.
**आशी** = आशापूर्ण, प्रत्याशा कर्ता, भक्षक.
**आशीर्वचन** = आशीर्वाद.
**आशीर्वाद** = अनुग्रह, अनुमति, प्रसाद, प्रायोजन, वरदान, संरक्षण, सहायता.

**आशीर्वाद** *सं* आशीर्वचन, आशीष, आसीस, कृपा, दुआ, *प्रसाद*, मंगलवाद, मंगलशब्द, शुभाशीर्वाद, शुभाशीष, स्वस्ति, स्वस्तिवाचन, •वरदान, •शुभकामना, •स्वस्तिपाठ, ▪दुष्कामना, ▪बुरी नज़र.

**आशीर्वाद देना** = असीसना.
**आशीर्वादपूर्ण** = आशीर्वादात्मक.

**आशीर्वादात्मक** *वि* आशीर्वादपूर्ण, आशीषात्मक, *कल्याणात्मक*, मंगलपूर्ण, मंगलात्मक, स्वस्तिपूर्ण, ▪अनिष्टकारी, ▪अशुभसूचक,

■शत्रुतापूर्ण.

**आशीष** = आशीर्वाद, वरदान.
**आशीषात्मक** = आशीर्वादात्मक.
**आशु** = अयोजित, अविलंबी, जुगाड़ित, द्रुत.

**आशुकवि** *सं* तुरंत कविता रचने वाला कवि.

**आशु कविता** *सं* तत्काल रचित कविता, मानसी काव्य.

**आशुकोपी** = क्रोधी, खीजा/खीजी.
**आशुगामी** = द्रुत.
**आशुतोष** = शिव.

**आशुतोष** *वि* उदार, औढर, खुले दिल वाला, प्रशम्य, प्रशाम्य, *प्रसीद्य*, भोला/भोली, शाम्य, सहज आराध्य, सहज तुष्ट, सहज मान जाने वाला, सुतोष, •दयालु, •शिव, ■अप्रसीद्य, ■क्रोधी.

**आशु वितरण** = ऐक्सप्रैस डिलीवरी.
**आशोधन** = समाकलन.
**आश्चर्य** = चमत्कार, जादू, रहस्य, विचित्र वस्तु.

**आश्चर्य** *सं* अचंभा, अचरज, अजब, कुतूहल, तअज्जुब, वंडर, विस्मय, संभ्रम, सरप्राइज़, हैरत, हैरानी, •चमत्कार, •रहस्य, ■सामान्यता.

**आश्चर्यचकित** = चकित.
**आश्चर्यचकित करना** = चकराना, चौंकाना.
**आश्चर्यजनक** = चमत्कारपूर्ण, जादुई, रंगमंचीय, रोमांचक, विचित्र.

**आश्चर्यजनक** *वि* अकल्पनीय, अचरजकारी, अचरज भरा, अजीब, *अतिशयोक्तिपूर्ण*, अद्‌भुत, अनूठा/अनूठी, अनोखा/अनोखी, अपूर्व, अप्रत्याशित, *अभूतपूर्व*, *अविश्वसनीय*, असाधारण, *असामान्य*, आश्चर्यपूर्ण, कमाल का, कल्पनातीत, कुतुहलजनक, *चमत्कारपूर्ण*, चमत्कारी, चौंकाऊ, *प्रशंसनीय*, *भव्य*, *विचलनकारी*, *विचित्र*, विलक्षण, विस्मयंकर, विस्मयकारी, विस्मयजनक, शानदार, सनसनीख़ेज़, हैरतअंगेज़, •अतिशयोक्तिपूर्ण, •अभूतपूर्व, •असामान्य, •उल्लेखनीय, •चकित, •जादुई, •रहस्यपूर्ण, •विचित्र, ■सर्वज्ञात, ■सामान्य.

**आश्चर्यजनक कार्य** = करतब.
**आश्चर्यपूर्ण** = आश्चर्यजनक, नाटकीय, विस्मयोक्तिपूर्ण.
**आश्चर्य विषय** = विचित्र वस्तु.
**आश्चर्यात्मक** = विस्मयोक्तिपूर्ण.
**आश्चर्यान्वित** = चकित.
**आश्चर्यित करना** = चकराना.
**आश्चर्योक्ति** = विस्मयोक्ति.
**आश्चर्योत्पादन** = अद्‌भुत रस.
**आश्यान** = हिमित.
**आश्रम** = अनाथाश्रम, आश्रम धर्म, उपवन, उपासनालय, एकांत स्थान, क्रीड़ा उपवन, गुरुकुल, जैन मठ, मठ.

**आश्रम धर्म** *सं* आश्रम.

**आश्रम मृगो अयं न हंतव्यं न हंतव्यम** = अहंतव्य.
**आश्रमवासिनी** = मठवासिनी.
**आश्रमवासी** = मठवासी.
**आश्रमस्थान** = मठ.
**आश्रमी** = मठवासी.
**आश्रय** = अनाथाश्रम, आड़, आधार, आशा, घर, टेकनी, वक्ता घर, शरण, शरणस्थल, सरपरस्ती, सहायता, स्थिति.
**आश्रयग्राही** = शरणार्थी.
**आश्रयण** = धारण.
**आश्रयदाता** = शरणदाता.
**आश्रय देना** = बसाना.
**आश्रययुक्त** = शरणागत.
**आश्रय रेखा** = आधार भुजा.
**आश्रयस्थल** = शरणस्थल.
**आश्रयहीन** = बेघर.
**आश्रयारण्य** = अभयारण्य.
**आश्रवण** = श्रवण.
**आश्रित** = आधारित, परावलंबी, शरणागत, शरणार्थी.
**आश्रितता** = परावलंबन.
**आश्रित राग** = रागिनी.
**आश्रित होना** = टिकना.
**आश्रुत** = सुना/सुनी.
**आश्वस्त** = आशापूर्ण, विश्वासी.
**आश्वस्त करना** = मनाना.
**आश्वास** = विश्वास.
**आश्वासक** = वचनदाता.
**आश्वासन** = अभयदान, प्रशमन, प्रोत्साहन, भयोपशमन, सांत्वना.
**आश्वासन देना** = बहलाना.
**आश्वासपूर्ण** = सांत्वनाप्रद.
**आश्विन** = आश्विन मास, भारतीय मास सूची.
**आश्विन कृष्पक्ष** = पितृपक्ष.
**आश्विन पूर्णिमा से अमावस्या तक पक्ष** = पितृपक्ष.

**आश्विन मास** *सं* असौज, आश्विन, ईष, कुआर, क्वार.

**आश्विनेय** = अश्विनी कुमार, नकुल, सहदेव.
**आषाढ** = आषाढ मास, बरसात, भारतीय मास सूची.

**आषाढ मास** *सं* असाढ़, आषाढ, आसाढ़, क्रतु, शुचि.

**आषाढस्य प्रथम दिवसे (कालिदास)** = प्रथम वर्षा दिन.
**आषाढाभव** = मंगल ग्रह.
**आसंग** = आसक्ति, सकाम कर्म.
**आसंदी** = भवन आधार भूमि.
**आस** = आशा, इच्छा, प्रतीक्षा.
**आसउम्मीद** = आशा.
**आसऔलाद** = वंशज समष्टि, संतान.
**आसक्त** = प्रेमासक्त, वशीकृत.

**आसक्त** *वि* अनुरक्त, अविरक्त, आलिप्त, दीवाना/दीवानी, धत्ती, फ़िदा, मुग्ध, *मोहित*, रमा/रमी, रागान्वित, लिप्त, *लुब्ध*, संलिप्त, संसक्त, *समर्पित*, सम्मुग्ध, सम्मोहित, •लुब्ध, •वशीकृत, •सांसारिक, ■अनासक्त, ■विरक्त.

**आसक्ति** = सकाम कर्म, सांसारिकता.

**आसक्ति** *सं* अनुरक्ति, अनुरति, अनुराग, अनुशय, अभिरति, अभिरुचि, अवैराग्य, *आकर्षण*, आसंग, उत्कटता, *उलझन*, कशिश, कश्मल, कषाय, कामवृत्ति, चाह, चाहत, तमिस्र, *प्यास*, बंधन, बैराग, *भूख*, मनोराग, *माया*, मार,

 (प्रा) प्राचीन शब्द, अब अप्रचलित - *तिरछे* शब्द स्वतंत्र शीर्षक भी हैं •सपर्याय ■विपर्याय

*मोह*, रग़बत, *राग*, रागानुराग, लगंत, *लगन*, लगाव, लगी, *लव*, लाग, लागी, लौ, *वासना*, विकार, विमोह, विषय वासना, व्यामोह, *शौक़*, संग, संसक्ति, सम्मोह, •उन्माद, •प्रेम, •लालसा, •वासना, •सांसारिकता, ▪अनासक्ति, ▪वैराग्य.

**आसक्तित्याग** = वैराग्य.
**आसक्तिपूर्ण कर्म** = सकाम कर्म.
**आसक्तिहीन** = अनासक्त.
**आसक्तिहीन कर्म** = निष्काम कर्म.
**आसक्तिहीनता** = अनासक्ति.
**आसज्जन** = प्रसाधन.
**आसन** = उपदेश मंच, कुरसी, नीवँ, पद, पालथी, पैंतरा, योग आसन, योगांग सूची, सिंहासन.

**आसन** *सं* *गद्दी*, चटाई, बैठक, बैठन, सीट, •कुश आसन, •चर्म आसन. •पटरा.

**आसन ग्रहण करना** = बैठना.
**आसन ग्रहीत** = बैठा/बैठी.
**आसनधारी** = सत्तासीन.
**आसन पाटी ले कर पड़ना** = रूठना.
**आसन लेना** = बैठना.
**आसन्न** = तात्कालिक.

**आसन्न** *वि* अगला/अगली, अनक़रीब, अनागत, अभी होने वाला, *आगामी*, आता/आती, *निकट*, निकट भविष्य का, बस सामने, शीघ्र आने वाला, सन्निकट, समक्ष, समीप, समुपस्थित, होने ही वाला, •अवश्यंभावी, •प्रतीक्षित, •शीघ्यूलित, ▪व्यतीत.

**आसन्नतः** = अभी.

**आसन्नतः** *क्रिवि* अनक़रीब, *अभी*, आजकल में, आसन्न भविष्य में, *कभी*, कुछ ही दिनों में, जल्द, जल्द ही, जल्दी, *देखते देखते*, निकट भविष्य में, *निकट ही*, बस अभी, बहुत जल्दी, शीघ्र, शीघ्र ही, सद्य, सामने, सिर पर, हाल में, हाल ही में, •वर्तमान में, ▪कभी भविष्य में, ▪निकट भूतकाल में, ▪भूत काल में.

**आसन्न भविष्य में** = आसन्नतः.
**आसन्नमृत्यु** = मरणासन्न.
**आसपड़ोस** = पड़ोस.
**आसपास** = अनुमानित, इधर, कहीं, तुलनीय, निकट ही, पड़ोस, लगभग.
**आसपास का** = लगभग सदृश.
**आसपास की भूमि** = परिक्षेत्र.
**आसपास रखना** = सटाना.
**आसपास वाला** = पड़ोसी.
**आसमान** = आकाश, ब्रह्मांड.
**आसमान का तारा** = कठिन कार्य.
**आसमान छूता** = गगनचुंबी, महँगा/महँगी.
**आसमान दिखाना** = हराना.
**आसमानी** = ईश्वरीय, नीला/नीली, नैसर्गिक, ब्रह्मांडीय.
**आसमानी किताब** = अपौरुषेय धर्मग्रंथ, क़ुरान.
**आसमानी कुलाबा** = दिवास्वप्न.
**आसरा** = आधार, परावलंबन, प्रतीक्षा, बैसाखी, वक्ता घर, शरण, शरणस्थल.
**आसव** = अर्क़, मद्य, रस.
**आसवक** = डिस्टिलर.

**आसवन** *सं* अभिषव, खिंचाई, चुलाई, डिस्टिलेशन, भभका, शुंडार, संधा, संधा, संधान, स्वेदन, ▪अंतर्स्रावण.

**आसवन यंत्र** = अलैंबिक.
**आसवनी** = अलैंबिक, डिस्टिलरी.

**आसवित** *वि* अभिस्रावित, आसुत, कढ़ा/कढ़ी, कशीद, खिंचा/खिंची, चुआया/चुआई, डिस्टिल्ड, संधित, सुत.

**आसाढ़** = आषाढ मास.
**आसादन** = निथराई.
**आसान** = निवार्य, बोध्य, सहज, सहजीकृत, सह्य, सुलभ, सुविधाजनक.
**आसान काम** = सहज कार्य.
**आसानी** = सहजता, सुविधा.
**आसानी से नहीं** = प्रयत्नपूर्वक.
**आसाबरदार** = छड़ीबरदार.
**आसाम** = असम.
**आसार** = अतिवर्षा, नीवँ, पूर्वलक्षण, शकुन.
**आसीन** = आधारित; बैठा/बैठी, स्थित.
**आसीन होना** = बैठना.
**आसीस** = आशीर्वाद.
**आसुत** = अर्क़, आसवित.
**आसुर** = काला नमक, दानवीय.
**आसुरी** = राक्षस स्त्री, शैतानी, सरसों.
**आसेब** = भूतबाधा.
**आसेवन** = भक्षण.
**आसेवित** = उपभुक्त.
**आसेवी** = उपभोक्ता, भक्षक, विलासप्रिय.
**आसेव्य** = उपभोग्य.
**आसोत्र** = डिस्टिलरी.
**आस्ट्रेलिया** = महाद्वीप नाम सूची.

**आस्ट्रलेशिया** *सं* आस्ट्रेलिया और दक्षिण पश्चिम प्रशांत महासागर.

**आस्ट्रेलिया** = आस्ट्रलेशिया.
**आस्ताँ** = मठ.
**आस्ताना** = इसलामी मठ, घर, चौखट अधोकाष्ठ, मठ.
**आस्ताव** = स्तोत्र.
**आस्ति** = निधि, संपत्ति.
**आस्तिक** = आशावादी.

**आस्तिक** *सं* अस्तित्ववादी, अस्तिवादी, आस्तिकतावादी, आस्तिकवादी, ईमान वाला, ईश्वरवादी, *विश्वासी*, सेश्वर, हक़परस्त, •धर्मशील, ▪नास्तिक.

**आस्तिकता** = आस्तिकतावाद.

**आस्तिकतावाद** *सं* अस्तित्ववाद, अस्तिवाद, आध्यात्मिकता, आस्तिकता, आस्तिकवाद, आस्तिक्य, ईमान, ईश्वर अस्तित्ववाद, ईश्वरवाद, ईश्वर सत्ता में विश्वास, ईश्वर है, धर्ममूल, *विश्वास*, *स्वीकृति*, हक़्क़ानियत, •अनेकेश्वरवाद, •एकेश्वरवाद, •दर्शन शास्त्र, ▪नास्तिकतावाद.

**आस्तिकतावादी** = आस्तिक.
**आस्तिकवाद** = आस्तिकतावाद.
**आस्तिकवादी** = आस्तिक.
**आस्तिक्य** = आस्तिकतावाद.

**आस्तीन** *सं* बँहोली, बाँह, बाँही, बाहँ, स्लीव, •कलाई पट्टी,

•बग़ली.

**आस्तीन का साँप** = विश्वासघाती.
**आस्तीन बटन** = कफ़ लिंक्स.
**आस्थगित** = स्थगित.
**आस्था** = आदर, धर्म, भक्ति, विश्वास.

**आस्था** *सं* अक़ीदत, अक़ीदा, *आधार*, एतक़ाद, एतमाद, ट्रस्ट, *तकिया*, *निष्ठा*, पतियार, फ़ेथ, भरोसा, भावना, मान्यता, मान्यता, यक़ीन, *विश्वास*, श्रद्धा, •अंधविश्वास, •आदर, •परंपरा, •भक्ति, ▪संदेह.

**आस्थायोग्य** = पूजनीय, सम्माननीय.
**आस्थावान** = पूजाभावी.
**आस्थावान/आस्थावती** = अंधविश्वासी.
**आस्थाहीन** = शंकालु.
**आस्थाहीनता** = नास्तिकतावाद.
**आस्फोट** = ताल.
**आस्फोटक** = तालधारक.
**आस्यूत** = सिला/सिली.
**आस्रप** = रुधिरपायी.
**आस्रव** = निर्यास.
**आस्वनित** = ध्वनिपूर्ण.
**आस्वाद** = पसंदगी, रुचि, रुचि, स्वाद.

**आस्वादक** *सं* चखने वाला, चखैया, चाशनीगीर (मुग़ल), रसज्ञ, रसास्वादी, स्वादज्ञ, स्वाद परीक्षक, स्वादी.

**आस्वादन** = कला आस्वादन.

**आस्वादन** *सं* आचक्षण, चक्षण, चखाई, चखाव, चखौती, चसक, टेस्टिंग, *परख*, पूर्वास्वादन, बानगी, रसास्वादन, लज़्ज़तचशी, स्वादन.

**आस्वादन करना** = चखना.
**आस्वाद्य** = आहार्य, स्वादिष्ठ.

**आह** *सं* उच्छ्वास, उसाँस, कराह, गहरा साँस, निसास, शोकोच्छ्वास, हाय, •खेद, •रुदन, •सिसकी, ▪आर्तनाद, ▪हँसी.

**आह आना** = कराहना.
**आहट** = ध्वनि, पदचाप, मंदध्वनि.
**आहट लेना** = अकनना.
**आहटहीनता** = अध्वनि.
**आहत** = अपमानित, पीड़ित.

**आहत** *वि* अपहत, अभिहत, कटा/कटी, क्षत, क्षतविक्षत, क्षतिग्रस्त, घायल, चिरा/चिरी, चोट खाया, चोट लगा, ज़ख़्मी, *पीड़ित*, प्रहत, मजरूह, हत, •कटा/कटी, •पीड़ित, ▪अनाहत, ▪रक्षित, ▪सलामत.

**आहति** = चोट, दुर्घटना.

**आहतिकारक** *वि* अनिष्टकर, अपकारक, अहितकर, अहितकारी, क्षतिकारक, घातक, चुटैल, नुकसानदेह, बुरा/बुरी, *हानिप्रद*, •अनिष्टकारी, •अपकारी, •दुर्भाग्यप्रद, •मारक, •हिंस्र.

**आहतिहीन** = अनाहत.
**आहन** = लोहा.
**आहनगर** = लोहार.
**आहनन** = कुटाई.
**आह निकलना** = कराहना.
**आहनी** = अनम्य, कठोर, बलिष्ठ, लौह.
**आह भरना** = कराहना, रोना.
**आहरण** = आनयन, भक्षण.
**आहर्ता** = अपहर्ता, यजमान, लाने वाला.
**आहव** = आवाहन, यज्ञ.
**आहवन** = आहुति.
**आहार** = आहार मात्रा.

**आहार** *सं* खाद्य, *खाना*, ग़िज़ा, जेवना, *थाली*, दाना, पथ्य, *पोषण*, प्राश, भक्ष, भोजन, *रोटी*, •उपाहार, •डिनर, •ब्रेकफ़ास्ट, •भोज, •मैन्यू, •लंच.

**आहार अभावग्रस्त** = भुक्खड़.
**आहार अवकाश** = लंच ब्रेक.
**आहार कक्ष** = भोजन कक्ष.

**आहार काल** *सं बेला*, भोजन काल.

**आहार काल सूची** *सं* 1 ब्रेकफ़ास्ट टाइम, 2 ब्रंच, 3 लंच टाइम, 4 डिनर टाइम.

**आहार गंध** = आहार सुवास.
**आहार गृह** = भोजनालय.
**आहार ग्रहण** = भक्षण.
**आहार चौक** = भोजनालय समूह.
**आहार ठेला** = भोजन ठेला.

**आहारत्याग** = उपवास.

**आहार नली** *सं* अन्न नली, अन्नवाहिनी, आहारवाहिनी, आहारिका, *कंठ*, *गला*, ग्रसनी, ग्रास नली, भोजन नली, •श्वासवाहिका.

**आहार नली द्वार** = कंठ.
**आहार नियंत्रण** डायटिंग, पथ्याहार.
**आहार पक्वन** = रसोई कर्म.
**आहार पदार्थ** = खाद्य पदार्थ.
**आहार परोसना** = परोसना.
**आहार पाक** = पाचन.
**आहार बाज़ार** = भोजनालय समूह.
**आहार भंडार** = अनाज गोदाम.
**आहार भंडार अलमारी** = रैफ़्रिजरेटर.
**आहार मसाला** = मसाला.

**आहार मात्रा** *सं आहार*, ख़ूराक़, ग़िज़ा, भोजन मात्रा, •अल्पाहार, •डायटिंग, •भरपेट आहार.

**आहार या रसोई पात्र** = बरतन.
**आहारवाहिनी** = आहार नली.
**आहार वितरण** = भंडारा.

**आहारसंपन्न** *वि* खुशहाल, धनधान्यपूर्ण, धान्यपूर्ण, धान्यशाली, धान्यसंपन्न, शस्यशाली, शस्यसंपन्न, सहधान्य, *सुखी*, •मध्यवित्त, •स्वावलंबी, ▪भुक्खड़.

**आहार सुवास** *सं* आहार गंध, *गंध*, चसक, ज़ायक़ा, लज़्ज़त, लुत्फ़, वास, *सुगंध*, सुवास, *स्वाद* •मसाला.

**आहार सुवासव्य** = मसाला.
**आहार सूची** = मैन्यू.
**आहार स्निग्धव्य** = घी तेल.
**आहारिका** = आहार नली, मैन्यू.

**आहारिकीविद** *सं* डायटीशन, •पोषण विशेषज्ञ.

**आहारी** = भक्षक.
**आहार्य** = पाच्य.

**आहार्य** *वि* अच्छा/अच्छी, आभोज्य, आस्वाद्य, *उपभोग्य*, खाद्य, खाने योग्य, ग्राह्य, पथ्य, भक्ष्य, भोग्य,

भोजनीय, भोज्य, *रोचक*, सुपथ्य, सेव्य, *स्वादिष्ठ*, स्वाद्य, ■अनाहार्य.

**आहिस्ता** = मंद, मंदतः.
**आहिस्ता आहिस्ता** = चोरी छिपे, मंदतः.
**आहिस्ता चलना** = विचरना.
**आहिस्ता चाल** = मंदवेग.
**आहुति** = आत्मबलि, आवाहन, पुरोडाश, बलिदान, बलिवस्तु.

**आहुति** *सं* अग्निहोत्र, आहवन, आहुतिदान, बलि, *बलिदान*, यज्ञाहुति, स्वाहाकार, हव्यार्पण, होम, •चढ़ावा, •यज्ञ, •समिधा.

**आहुति दाता** = यज्ञहोता.
**आहुतिदान** = आहुति.
**आहूत** = आवाहित, मँगाया/मँगाई.
**आहूति** = आवाहन.
**आहृत** = अपहृत, चुरा/चुरी.
**आहेय** = सर्पीय.
**आह्निक** = दैनिक.
**आह्लाद** = आनंद.
**आह्लादक** = मनोरंजक.
**आह्लादित** = आनंदित.
**आह्वान** = आवाहन, चुनौती, युद्धनाद.
**इंक** = स्याही.
**इंकपौट** = दवात.
**इंक़लाब** = क्रांति.
**इंक़लाबी** = क्रांतिकारी, परिवर्तनकारी.
**इंग** = भंगिमा, संकेत.
**इंगन** = संचलन.
**इंगलिश** = अँगरेज, अँगरेज विषयक.
**इंगलिशमैन** = अँगरेज.
**इंगलिस्तान** = यूनाइटिड किंगडम.
**इंगलैंड** = यूनाइटिड किंगडम.
**इंगित** = निदेश, व्यंजनार्थ, संकेत, संकेतित.
**इंगित अर्थ** = व्यंजनार्थ.
**इंगिता** = इंडैक्स.
**इंग्लिश** = अँगरेजी भाषा.
**इंग्लिश (विकल्प)** = अँगरेज, अँगरेज विषयक.
**इंग्लिशमैन (विकल्प)** = अँगरेज.
**इंग्लिस्तान (विकल्प)** = यूनाइटिड किंगडम.
**इंग्लैंड** = यूनाइटिड किंगडम क्षेत्र.
**इंग्लैंड (विकल्प)** = यूनाइटिड किंगडम.

**इंच** *सं* गज 1/36, पाइंट 72, फ़ुट 1/12, लाइन 12, सूत 10, सूत 16, सूत 8, •गज़.

**इंच 1/10** = सूत.
**इंच 1/16** = सूत.
**इंच 12** = फ़ुट, फ़ुटा.
**इंच 1/8** = सूत.
**इंच 36** = गज़.
**इंच 39.3701** = मीटर.
**इंच 9** = बालिश्त.
**इंजन** = अग्रयान, रेलगाड़ी इंजन.

**इंजन** *सं* इंजन यंत्र, *कल*, चालक यंत्र, चालित्र, मशीन, मोटर, *यंत्र*, संचालन यंत्र, •मोटर इंजन, •रेलगाड़ी इंजन, •वाष्प इंजन, •विद्युत इंजन, •इंजीनियरिंग.

**इंजन यंत्र** = इंजन.
**इंजरी** = चोट.
**इंजीनियर** = मरम्मत कर्मी, स्थपति.

**इंजीनियर** *सं* अभियंता, अभियांत्रिक, तंत्री, तकनीशियन, यंत्रशास्त्री, यंत्री, संयंत्री, •आविष्कर्ता, •स्थपति.

**इंजीनियरिंग** *सं* अभियांत्रिकी, तंत्रविद्या, तक्षिकी, तांत्रिकी, यंत्रविद्या, यंत्रवेद, यंत्रशास्त्र, यंत्रिकी, •इंजीनियर, •यांत्रिकी.

**इंजील** = बाइबिल.

**इंजेक्शन** *सं* गोदनी, *टीका*, शौट, सुई, •वैक्सीन.

**इँटकोहरा** = इंटोरा.
**इंटरकौम** = टेलिफ़ोन.
**इंटरनेशनल** = अंतरराष्ट्रीय.

**इंटरनैट** *सं* अंतर्जाल, इनफ़ौर्मेशन हाइवे, वर्ल्ड वाइड वैब, वैब, •ई-मेल, •डाटा संप्रेषण गति, •ब्रौड बैंड, •वाचा-मेल, •वैब पेज, •सूचना महापथ.

**इंटरनैट जगत** *सं* साइबर स्पेस.

**इंटरनैट पर अनकनक्टिड** = औफ़लाइन.
**इंटरनैट पर कनक्टिड** = औनलाइन.

**इंटरवल** = मध्यांतर.
**इंटरव्यू** = भेंटवार्ता.
**इंटरव्यूअर** = भेंटवार्ता कर्ता.
**इंटरव्यू कर्ता** = भेंटवार्ता कर्ता.
**इंटरस्टेट** = राष्ट्रीय राजमार्ग.
**इंटरस्टेट हाइवे** = राष्ट्रीय राजमार्ग.
**इंटीरियर** = अंतर्क्षेत्र.
**इंटीरियर डैकोरेटर** = गृहसज्जाकार.
**इंटीरियर डैकोरेशन** = गृहसज्जा.
**इंटैरिम** = अंतरिम.

**इंटोरा** *सं* ईंटकोहरा, ईंट रोड़ी, कंकड़, कंकड़ी, गिट्टी, *रोड़ी*, •ईंट.

**इंट्यूशन** = अंतर्बोध.
**इंट्रोडक्शन** = परिचायन.
**इंडस** = सिंधु नदी.
**इंडस्ट्रियल एज** = आधुनिक काल.
**इंडस्ट्रियलिस्ट** = उद्योगपति.
**इंडस्ट्री** = उद्योग, फ़िल्म जगत.
**इंडिकेटर** = दिशा निर्देश, संकेतक.
**इंडिकेशन** = संकेत.
**इंडिगो** = नील, वर्णाली रंग सूची.
**इंडिपैंडैंस डे** = स्वतंत्रता दिवस.

**इंडियन ऐंपायर** *सं* ब्रिटिश साम्राज्य, ब्रिटेन अधीन भारत, •भारत.

**इंडियन ओशन** = हिंद महासागर.
**इंडियन कौर्न** = मक्का.
**इंडियन चैरी** = बेर.
**इंडियन पीनल कोड** = भारतीय दंडसंहिता.
**इंडिया** = भारत.
**इंडीयम** = रासायनिक तत्त्व सूची.
**इँडुरी** = ईंडुरी.
**इंडैक्स** = संकेतक.

**इंडैक्स** *सं* अंतसूची, अनुक्रमणिका, अनुक्रमणी, अनुसूची, इंगिता, उत्तरवर्ती सूची, कुंजी, *तालिका*, निदेशिका, संकेतिका, •विषय सूची.

**इंडैक्सित** = क्रमबद्ध.
**इंडो-इंग्लिश** = ऐंग्लो-इंडियन.
**इंडोचाइना** = हिंदचीन अंतरीप.

**इंडोनेशिया** *सं* हिंदेशिया.

**इंडोनेशियाः राजधानी** *सं* जकार्ता.

**इंतकाम** = प्रतिशोध.

**इंतक़ाल** = मृत्यु.

**इंतख़ाब** = निर्वाचन.

**इंतज़ाम** = प्रबंध, व्यवस्था.

**इंतज़ामिया** = प्रबंध समिति.

**इंतज़ार** = घात, प्रतीक्षा.

**इंतज़ारी** = प्रतीक्षा कर्ता.

**इंतहापसंदी** = आतंकवाद.

**इंतिक़ाल फ़रमाना** = मरना.

**इंतिहा** = उत्कर्ष काल, पराकाष्ठा, सीमा.

**इंतिहाई** = अंतिम, अत्यधिक, चरम, पराकाष्ठागत.

**इंदर** = इंद्र.

**इंदर देवता** = इंद्र.

**इंदराज** = लेखा प्रविष्टि.

**इंदिरा** = लक्ष्मी देवी, सजावट.

**इंदिरालय** = नीलकमल.

**इंदीवर** = नीलकमल.

**इंदु** = चंद्रमा, सिंधु नदी.

**इंदुकर** = चंद्रकिरण.

**इंदुकांता** = केवड़ा.

**इंदुज** = बुध ग्रह.

**इंदुजनक** = अत्रि.

**इंदुजा** = नर्मदा नदी.

**इंदुदेश** = भारत.

**इंदुपुत्र** = बुध ग्रह.

**इंदुमणि** = मोती.

**इंदुमती** = पूर्णिमा.

**इंदुवदन** = सुंदर.

**इंदुवदना** = सुंदर स्त्री.

**इंद्र** = आदित्य सूची, चेतन मन.

**इंद्र** *सं* अंतरिक्ष देवता, अच्युताग्रज, अनेकलोचन, अप्सरस्पति, अप्सरेश, *अमर*, अमरनाथ, अमरराज, अमरेश, अमरेश्वर, अलकेश, अहल्या जार, *आदित्य*, इंदर, इंदर देवता, इंद्रदेव, इंद्र देवता, कुलिशधर, कुलिशपाणि, गगनपति, गोत्रभिद, घनवाहन, जंभहा, जंभारि, जयंत पिता, जीमूतवाहन, त्रिदशपति, त्रिदशेश्वर, दस्युहा, दानवारि, दिवस्पति, देव, देवताधिप, देवराज, देवराज इंद्र, देवेंद्र, देवेश, द्युपति, नमुचिरिपु, नाकेश, नेत्रयोनि, परमेश्वर, पर्वतारि, पुरंदर, पुलोमारि, पूर्व दिशापति, पौलोम, प्राचीपति, बलद्वेषी, बलारि, बासव, बृहद्रथ, मखहा, मघवा, मरुत्पति, महेंद्र, मातलिसारथी, मेघवाहन, राजन, राजा इंदर, वज्रपाणि, वज्रहस्त, वज्रायुध, वज्री, वर्षा देवता, वासव, विबुधराज, विश्वंभर, विश्वानर, वृत्रघ्न, वृत्रहा, वृत्रारि, वैजयंत, शंबरघ्न, शंबरारि, शक्र, शचिनाथ, शचींद्र, शचीपति, शतमख, शतमन्यु, शुनाशीर, श्वेतवाजी, श्वेतवाहन, सहस्रचक्षु, सहस्रनयन, सहस्रनेत्र, सहस्रलोचन, सितकुंजर, सितवारण, सुरकेतु, सुरनायक, सुरपति, सुरभानु, सुरश्रेष्ठ, सुरसाहब, सुराधिप, सुरेंद्र, सुरेश, सुरेश्वर, स्वर्ग देवता, हरिवाहन, हर्यश्व, •नारद, •बारिश, •शची, •शची, •स्वर्ग.

**इंद्रकुंजर** = ऐरावत.

**इंद्रकृष्ट** = असिंचित, अहलित, परती.

**इंद्रकृष्ट** = अकृषित (अनाज).

**इंद्रकोश** = छज्जा, मचान.

**इंद्रगज** = ऐरावत.

**इंद्रगुरु** = बृहस्पति, बृहस्पति ग्रह.

**इंद्रगोप** = बीर बहूटी.

**इंद्रचाप** = इंद्रधनुष.

**इंद्रजाल** = जादू, जादू खेल, जादूगरी, मायाजाल, मायादर्शन.

**इंद्रजालग्रस्त** = जादूकृत.

**इंद्रजालिक** = अभिमंत्रक.

**इंद्रजालीय** = जादुई.

**इंद्रदेव** = इंद्र.

**इंद्र देवता** = इंद्र.

**इंद्रधनुष** = दिव्यास्त्र.

**इंद्रधनुष** *सं* इंद्रचाप, इंद्रायुध, घनकोदंड, देवायुध, रेनबो, शक्रधनुष, सुरचाप, सुरेंद्रचाप, हरिचाप, •बारिश, •मेघ, •शिवधनुष.

**इंद्रधनुष रंग** = वर्णाली रंग.

**इंद्रधनुष वर्णक्रम** = वर्णाली.

**इंद्रधनुषी** = सतरंगा/सतरंगी.

**इंद्रनिधि भंडारी** = कुबेर.

**इंद्रनील** = नीलम.

**इंद्रनीलक** = पन्ना.

**इंद्रपथ** = आकाश गंगा.

**इंद्रपरी** = अप्सरा.

**इंद्रपुरी** = स्वर्ग.

**इंद्र पुरोहित** = बृहस्पति, बृहस्पति ग्रह.

**इंद्रप्रस्थ** = दिल्ली.

**इंद्रबहूटी** = बीर बहूटी.

**इंद्रमाता** = अदिति.

**इंद्ररथ** = सप्तर्षि मंडल.

**इंद्रलुप्त** = केशहीन सिर.

**इंद्रलुप्ति** = गंजापन.

**इंद्रलोक** = स्वर्ग.

**इंद्रवज्र** = दिव्यास्त्र सूची.

**इंद्रवज्र** *सं* अशनि, अस्थिसंभव, इंद्रायुध, कुलिश, जंभारि, दधीचि अस्थि, पबि, बज्र, मथी, वज्रायुध, वज्राशनि, वज्रास्त्र, शतधार.

**इंद्रवधू** = बीर बहूटी.

**इंद्रवाहन** = ऐरावत.

**इंद्रशत्रु** = प्रह्लाद.

**इंद्र सावर्णि मनु** = मनु सूची.

**इंद्रसुत** = अर्जुन, बाली.

**इंद्रसेनानी** = स्कंद.

**इंद्र हाथी** = ऐरावत.

**इंद्रा** = शची.

**इंद्राणी** = शची.

**इंद्रानुज** = विष्णु.

**इंद्रायुध** = इंद्रधनुष, इंद्रवज्र.

**इंद्राशन** = भाँग.

**इंद्रिय** = शिश्न.

**इंद्रिय** *सं करण*, गो, ज्ञान और कर्म साधन, माध्यम, •कर्मेंद्रिय, •ज्ञानेंद्रिय.

**इंद्रिय सूची** *सं* 1 आँख (दृष्टि), 2 कान (श्रवण), 3 नाक (घ्राण), 4 जीभ (स्वाद), 5 त्वचा (स्पर्श), 6 हाथ (कर्म), 7 पाँव (चलन), 8 वाचा (वाणी), 9 गुदा (मलत्याग), 10 उपस्थ (जनन).

**इंद्रियगम्य** = विज्ञानसंगत, स्पर्शगम्य.

**इंद्रियगम्य** *वि* अनुभूतिगम्य, अनुभूत्य, इंद्रियगोचर, इंद्रियग्राह्य, गोचर, वेद्य, •ज्ञेय, ▪तर्कगम्य.

**इंद्रियगम्यतावाद** *सं* अनुभूतिगम्यतावाद, ऐंद्रिक अनुभूति ही ज्ञान का एकमात्र स्रोत है.

**इंद्रियगोचर** = इंद्रियगम्य, यथार्थ.
**इंद्रियग्राह्य** = इंद्रियगम्य.
**इंद्रियजन्य आनंद** = विलासिता.
**इंद्रियजय** = इंद्रियनिग्रह.
**इंद्रियजित** = जितेंद्रिय.
**इंद्रियदमन** = इंद्रियनिग्रह, जितेंद्रिय.
**इंद्रियनिग्रह** = कौमार्य.

**इंद्रियनिग्रह** *सं* आत्मजय, आत्मसंयम, इंद्रियजय, इंद्रियदमन, इच्छानिग्रह, तौबा, निग्रह, *नियंत्रण*, भोगत्याग, यति धर्म, यम, *योग*, *संतोष*, *संयम*, •तपस्या.

**इंद्रियनिग्रही** = जितेंद्रिय.
**इंद्रियपरायण** = विलासप्रिय.
**इंद्रियपरायणता** = विलासिता.
**इंद्रियराज** = मन.
**इंद्रियवाद** = भोगवाद.
**इंद्रियवादी** = भोगवादी.
**इंद्रिय सुखभोग** = विलासिता.
**इंद्रियसुखभोगवाद** = भोगवाद.
**इंद्रियसुखभोगवादी** = भोगवादी.
**इंद्रियातीत** = रहस्यपूर्ण, स्पर्शागोचर.

**इंद्रियातीत** *वि* अगोचर, अचाक्षुष, अचाक्षुष, *अज्ञेय*, *अतिप्राकृतिक*, अतींद्रिय, *अदृश्य*, अनाकार, अपदार्थीय, अभौतिक, अमूर्त, *अयथार्थ*, इंद्रियों से परे, गुणातीत, *निराकार*, वायवी, •अज्ञेय, •स्पर्शागोचर.

**इंद्रियानुभूति** = अनुभूति, सौंदर्य बोध.
**इंद्रियानुभूतियुक्त** = अनुभूतिप्रवण.
**इंद्रियों से परे** = इंद्रियातीत.
**इंद्री** = पुरुष जननेंद्रिय.
**इंद्रीय** = ऐंद्रिक.
**इंधन** = अग्न्याधान.
**इंधरौड़ा** = ईंधन दुकान.
**इंपीरियलिज़्म** = साम्राज्यवाद.
**इंपोर्ट** = आयात व्यापार.
**इंपोर्टर** = आयातक.
**इंपोर्टिंग** = आयात व्यापार.
**इंप्रिंट** = छाप, मुद्रण, मुहर चिह्न, संस्करण.

**इंप्रूवमैंट** = उन्नति, विकास.
**इंप्रैशन** = मुद्रण.
**इंप्रोवाइज़र** = जुगाड़िया.
**इंप्रोवाइज़ित** = जुगाड़ित.
**इंप्रोवाइज़ित कृति** = जुगाड़.
**इंप्रोवाइज़ेशन** = जुगत.
**इंफाल** = मणिपुरः राजधानी.
**इंश्योरैंस** = बीमा.
**इंसाफ़ (विकल्प)** = न्याय.
**इंसिनरेटर** = भट्ठी.
**इंस्क्रिप्शन** = पुरालेख.
**इंस्टालमैंट** = धारावाही क़िस्त.
**इंस्टिगेट करना** = उकसाना.
**इंस्टीट्यूट** = महाविद्यालय, संस्था.
**इंस्टीट्यूशन** = महाविद्यालय, संस्था.

**इंस्पैक्टर** *सं* अधीक्षक, अवेक्षक, जाँच पड़तालिया, नाज़िर, निरीक्षक, विधि निरीक्षक, •ओवरसीअर, •सुपरवाइज़र.

**इंस्पैक्शन** *सं* अवेक्षा, जाँच पड़ताल, देखभाल, देखरेख, निरख, निरीक्षण, पड़ताल, पर्यवेक्षण, मुआयना, •चैकिंग, •तथ्यान्वेषण, •परीक्षण, •सुपरविज़न.

**इक** = एक.
**इकट्ठ** = एकता, ढेर, समागम.
**इकट्ठा** = थोक में बिकाऊ.
**इकट्ठा/इकट्ठा** = संग्रहित.
**इकट्ठा/इकट्ठी** = एकजुट, पंक्तिबद्ध.
**इकट्ठा करना** = बटोरना.
**इकट्ठे** = एकबारगी, एकमुश्त, सब एक साथ.

**इकट्ठे** *क्रिवि* अविभक्ततः, एकतः, एकतापूर्वक, एक साथ, ज़ोर से, मिल कर, संगठिततः, संयुक्ततः, *सब*, समवेततः, समूहतः, सम्मिलिततः, साथ साथ, सामूहिकतः, •सब एक साथ, •सहयोगपूर्वक, ■अकेले.

**इकतार** = अविराम, अविराम, मिश्रित, रवानीदार.
**इकन्नी** = आना, सिक्का सूची
**इकबारगी** = आकस्मिक.
**इक़बाल** = प्रताप, स्वीकारोक्ति.
**इक़बाले जुर्म** = स्वीकारोक्ति.

**इकमंज़िला/इकमंज़िली** = एकखंडीय.

**इकरंगा/इकरंगी** *वि अविविध*, एकरंगीय, एकवर्ण, सपाट, ■तिरंगा/तिरंगी, ■दुरंगा/दुरंगी, ■बहुरंगा/बहुरंगी, ■विविध.

**इकरवाँ** = मिश्रित.
**इकरस** = मिश्रित.
**इकराम** = दया, दान.
**इकरामी** = धर्मार्थ.
**इक़रार** = अनुबंध, ठेका, वचन, संधि.
**इक़रारनामा** = गारंटी कार्ड.
**इकलखुरा/इकलखुरी** = स्वार्थी.
**इकलिप्स** = ग्रहण.
**इकलीसिया** = गिरजाघर.
**इकलौता/इकलौती** = एकमात्र.
**इकसार** = अविविध, आरोहअवरोहहीन, समतल.
**इकहरा/इकहरी** = छरहरा/छरहरी.
**इकाई** = एकक, वैयक्तिकता, व्यक्ति.
**इकोतर** = अनेक.
**इकोत्तर** = अनेक.
**इकोनोमिक्स** = अर्थशास्त्र.

**इक्कल दुक्कल** *सं* कीड़ी काड़ा, चिबिड्डी, हापस्कौच.

**इक्का** *सं* एक्का, जुतका, यक्का, •घोड़ागाड़ी, •ताँगा.

**इक्का दुक्का/इक्की दुक्की** = कुछ.
**इक्कीस** = अधिक, उत्तर अवस्था सूचक शब्द सूची, बेहतर.
**इक्कीसवीं सदी** = आधुनिक काल, नवयुग.
**इक्के दुक्के** = शायद ही कभी.
**इक्केवान** = कोचवान.
**इक्षु** = ईख, मूँज.
**इक्षुज** = गुड़.
**इक्षुरस** = शीरा.
**इक्षु शर्करा** = शर्करोस.
**इक्षुसागर** = पौराणिक सप्तसागर.
**इख़राज** = व्यय.
**इख़्तियार** = अधिकार, वर्चस्व, स्वामित्व.
**इख़्तियारी** = वैकल्पिक.
**इख़्तिलाफ़** = शत्रुता.

**इगलू** *सं* ऐस्किमो घर, हिमकुटी, हिमगृह.

**इगारह** = ग्यारह.
**इग्नाइटर** = अग्नित्र.
**इग्नित्र** = अग्नित्र.
**इग्नीशन** = अग्न्याधान.

**इच्छद** *वि* इच्छापूरक, उदार, कामद, कामदुघ्, कामप्रद, काम्येष्टि, मनोरथप्रद, मुक्तहस्त, वरद, सर्वकामदुघ्, सर्वप्रद, •दानशील, •पूर्णेच्छ.

**इच्छनीय** = आवश्यक, वांछनीय, संग्रहणीय.
**इच्छा** = असंतोष, आवश्यकता, आशा, उत्साह, उद्देश्य, दोहद, प्रतीक्षा, प्रवृत्ति, प्रेरणा, भूख, वासना.

**इच्छा** *सं* अभिलाष, अभिलाषा, अभीप्सा, अभ्याकांक्षा, आकांक्षा, आरज़ू, आस, इश्तियाक़, इष्टि, ईप्सा, कांक्षा, कामना, ख़्वाहिश, चाह, चाहत, जी, तबीअत, तमन्ना, दिल, *दोहद*, नज़र, निगाह, नीयत, *प्यास*, *भूख*, मंशा, *मन*, मनीषा, मनोकामना, मनोभिलाषा, मनोरथ, मनोवांछा, मरज़ी, मुराद, *राग*, वांछा, *विचार*, *शौक़*, स्पृहा, हवस, हाजत, •अपेक्षा, •आशा, •आसक्ति, •ईर्ष्या, •उद्देश्य, •काश, •तलाश, •पसंदगी, •प्रत्याशा, •प्रार्थना, •मन्नत, •महत्त्वाकांक्षा, •लालसा, •लोभ, •वासना, •स्वप्न, ▪अनिच्छा, ▪तृप्ति.

**इच्छा करना** = चाहना.
**इच्छाकार** = कामरूपी.
**इच्छाकारी** = कामरूपी.
**इच्छा केंद्र** = मन.
**इच्छा के विपरीत** = विवशतः.
**इच्छा जगाना** = ललचाना.
**इच्छाधीन** = वैकल्पिक.
**इच्छानिग्रह** = इंद्रियनिग्रह.
**इच्छा निवृत्ति** = वैराग्य.
**इच्छानुकूल** = प्रत्याशित.
**इच्छानुकूलतः** = स्वेच्छया.
**इच्छापत्र** = वसीयत.
**इच्छापूरक** = इच्छद.
**इच्छा पूरक मणि** = पारस पत्थर.
**इच्छा पूरी करना** = छकाना.
**इच्छा पूर्त कर्ता** = वरदाता.
**इच्छापूर्ति** = सफलता.

**इच्छापूर्ति** *सं* अभीष्ट सिद्धि, इच्छाप्राप्ति, इच्छासिद्धि, इष्टलाभ, *तर्पण*, *तृप्ति*, मंगल, मनोरथ सिद्धि, मन्नतपूर्ति, लब्धि, लालसापूर्ति, संतुष्टि, *सफलता*, सर्वसिद्धि, सिद्धि, •कृतज्ञता, •तृप्ति, •प्रसन्नता, •संतोष, ▪असफलता, ▪कृतघ्नता, ▪भावदमन.

**इच्छापूर्ति कामना** = मन्नत.
**इच्छाप्राप्ति** = इच्छापूर्ति.
**इच्छाभोगिनी** = कुलटा.
**इच्छारूप** = कामरूपी.
**इच्छारूपी** = कामरूपी.
**इच्छार्थ** = उद्देश्य, स्वेच्छया.
**इच्छावती** = कामुकी.
**इच्छावरोध** = आकांक्षादमन.
**इच्छाशक्ति** = आत्मविश्वास, जिजीविषा, मनोबल.
**इच्छासिद्धि** = इच्छापूर्ति.
**इच्छाहीन** = लालसाहीन, विरक्त, संतोषी.

**इच्छाहीन** *वि* अनपेक्ष, अनभिलाष, अनभिलाषी, अनीह, आकांक्षाहीन, आशाहीन, निरपेक्ष, निरभिलाष, निराकांक्ष, निरीह, निस्पृह, बेउम्मीद, स्पृहाहीन, •निराश, •प्रयासहीन, •लालसाहीन, •विरक्त, •संतोषी, ▪महत्त्वाकांक्षी, ▪लोभी.

**इच्छाहीनता** = अनिच्छा.
**इच्छा होना** = चाहना.
**इच्छित** = आवश्यक, पसंद, प्रिय, वैकल्पिक.

**इच्छित** *वि* अपेक्षित, अभिप्रेत, अभीप्सित, अभीष्ट, आकांक्षित, इष्ट, ईप्सित, कांक्षित, चाहा/चाही, चिरकांक्षित, चिराकांक्षित, दयित/दयिता, *पसंद*, *प्रत्याशित*, प्रार्थित, *प्रिय*, प्रेय, मक़सूद, मन का, मनचाहा/मनचाही, मनचीता/मनचीती, मनभाया/मनभाई, मन मर्ज़ी का, मनमाना/मनमानी, मनीषित, मनोनुकूल, मनोभिलषित, मनोवांछित, मुँहमाँगा/मुँहमाँगी, लालसित, लिप्सित, वांछित, वांटिड, समीहित, स्वेच्छित, स्वैच्छिक, हृद्‌गम, हृद्य, •इच्छुक, •पसंद, •वांछनीय, ▪अपर्याप्त, ▪नापसंद.

**इच्छित है** = चाहिए.
**इच्छु** = इच्छुक.
**इच्छुक** = तत्पर.

**इच्छुक** *वि* अनुकांक्षी, अनुकाम, अपेक्षी, अभिकाम, अभिलाषी, आकांक्षी/आकांक्षिणी, आरज़ूमंद, इच्छु, कांक्षी, -काम, कामी/कामिनी, ख़्वाहिशमंद, तालिब, नदीदा/नदीदी, पिपासु, प्यासा/प्यासी, भूखा/भूखी, मनोकामनापूर्ण, लालची, लालसी, लालायित, *लोभी*, लोलुप, वांछी, सकाम, हसरती, •आतुर, •आसक्त, ▪इच्छाहीन, ▪लालसाहीन, ▪विरक्त, ▪संतोषी.

**इच्छुकता** = स्वेच्छा.
**इच्छुकतापूर्ण** = तत्पर.

**इज़राइल** *सं* इज़रीअल, इस्रीअल, यिस्राईल (हिब्रू).

**इज़राइलः राजधानी** *सं* जेरूसलम.

**इज़राइल और जोर्डन में विभाजित देश** = फ़िलीस्तीन.
**इज़रीअल** = इज़राइल.
**इजलास** = अधिवेशन, दरबार, न्यायालय, सभा, समारोह.
**इज़हार** = अनुभाव, अभिव्यक्ति, प्रदर्शन.
**इजाज़त** = अनुमति.
**इज़ाफ़ा** = बढ़ोतरी.
**इज़ाफ़ा करना** = बढ़ाना.
**इज़ार** = पाजामा.
**इज़ारबंद** = नाड़ा.
**इजारा** = अधिकार, अनुबंध, एकाधिकार, ठेका, दावा, पट्टा.
**इजारेदार** = दावेदार, पट्टेदार.
**इजारेदारी** = पट्टेदारी, स्वामित्व.
**इज़्ज़त** = आदर, सम्मान.
**इज़्ज़तदार** = प्रतिष्ठित.
**इज़्म** = धर्म, वाद.

**इज्य** = पूजनीय.
**इज्या** = पूजा, यज्ञ.
**इटरबीयम** = रासायनिक तत्त्व सूची.

**इटली** *सं* अतालिया, इटालवी गणराज्य, इटालवी प्रायद्वीप, इतालिया (लैटिन), इताल्या (स्थानीय), गणराज्य इटली.

**इटली प्राचीन भाषा** = लैटिन भाषा.
**इटा नगर** = अरुणाचल प्रदेशः राजधानी.
**इटालवी गणराज्य** = इटली.
**इटालवी प्रायद्वीप** = इटली.
**इटैलिक** = इटैलिक्स टाइप.
**इटैलिक्स** = इटैलिक्स टाइप.

**इटैलिक्स टाइप** *सं* इटैलिक, इटैलिक्स, तिरछे लिखे अक्षर, •टाइप फ़ेस.

**इट्चर** = लंपट.
**इट्रीयम** = रासायनिक तत्त्व सूची.
**इठलाऊ** = नख़रीला.
**इठला कर चलना** = इठलाना.
**इठलाना** = इतराना, विचरना.

**इठलाना** *क्रि* अँगरना, इठला कर चलना, इतराना, *उमगना*, झमकना, ठमकना, ठसकना, ठुमकना, ठुमकारना, थिरकना, *नाचना*, मकड़ाना, मटकना, मठराना, •चलना, •नाचना.

**इठलावन** = इठलाहट.
**इठलाहट** = अकड़ की चाल.

**इठलाहट** *सं* अठखेली, अदा, इठलावन, इतरावनि, इतराहट, ऐंठ, ऐंठ चाल, ख़िराम, छमक, झटकमटक, झनक, झमक, ठमक, ठसक, ठसका, ठुमक, ठुम्मक, ढुरकन, तेवर, थिरक, थिरकन, दिखावट, *दिखावा*, मटकन, वैभव प्रदर्शन, शान, शोख़ी, हुमक, हुमच, •अकड़, •अहंकार, •चंचलता, •नाज़नख़रा, •रूपाभिमान.

**इड** = अचेतन मन, आत्मज्ञान.

**इड** *सं* अंतःप्रेरणा, अंतःस्वत्व, अहं और मनसिजा स्रोत, आंतरिक स्वत्व, आदिम चेतना, आदिम स्वत्व, इडा, ईशा, विस्फूर्ति, स्फूर्ति.

**इडा** = इड, दुर्गा.
**इडा मनु** = प्रथम दंपति.
**इतना/इतनी** = केवल.

**इतना/इतनी** *वि* इति, इत्ता (इत्ती), नपा तुला/नपी तुली, नियत, निश्चित, बँधा/बँधी, महदूद, मात्रा में नियत, *यह*, सीमित, सुनिश्चित, •उतना/उतनी, •कितना/कितनी, •जितना/जितनी.

**इतना ही नहीं यह भी** = भी.
**इतनी देर में** = इस बीच.
**इतने में** = इस बीच, पर्यंत.
**इतमीनान** = बीमा, विश्वास, सांत्वना.
**इतर** = अतिरिक्त, अनावश्यक, अपवादित, इत्यादि, इत्र, कोई और, पराया/पराई, भिन्न, भिन्नकोटीय, सुगंध.
**इतरतः** = अन्यथा.
**इतरता** = परजन भावना.
**इतराऊ** = नख़रीला.
**इतराना** = इठलाना.

**इतराना** *क्रि* इठलाना, गर्वित होना, *चढ़ना*, *चमकना*, ठसकना, दंभ दिखाना, दर्प दिखाना, *फूलना*, मटकना, वैभव प्रदर्शन करना, शान दिखाना, शान से दिखाना.

**इतराने वाला** = नख़रीला.
**इतरावनि** = इठलाहट.
**इतराहट** = अहंकार, इठलाहट.
**इतरेतर** = पारस्परिक.
**इतवार** = रविवार.
**इतालवी नान** = पीज़ा.
**इतालिया (लैटिन)** = इटली.
**इताल्या (स्थानीय)** = इटली.
**इति** = अंत, इतना/इतनी, इत्यलं, केवल, नाश, पुस्तक अंत सूची, मृत्यु, समापन, समापन.
**इतिकथ** = तथ्यहीन.
**इतिकरणीय** = आरभ्य.
**इतिकर्तव्य** = करणीय.
**इतिमात्र** = केवल.
**इतिवृत्त** = इतिहास, कथावस्तु, कहानी, जीवनी, निजी डायरी, पुराण कथा, बायोडाटा, लौगबुक, वृत्तांत, संस्मरण.

**इतिश्री** = पुस्तक अंत.
**इतिहास** = निजी डायरी, बायोडाटा, मिथक, संस्कृति, सुदूर भूतकाल.

**इतिहास** *सं* इतिवृत्त, काल वर्णन, तवारीख़, *तारीख़*, पुराकथा, पुरावृत्त, हिस्टरी, •पुरातत्त्व, •प्रागितिहास, •परंपरा, •भूतकाल, •वृत्तांत, •स्मृति.

**इतिहासकार** *सं* इतिहासज्ञ, इतिहास लेखक, पुराकालज्ञ.

**इतिहास क्रम** = कालक्रम.
**इतिहास क्रमिक** = कालक्रमिक.
**इतिहासज्ञ** = इतिहासकार.
**इतिहास पुराण** = पुराण.
**इतिहास लेखक** = इतिहासकार.
**इतिहास से पहले का** = प्रागितिहासिक.
**इत्तफ़ाक़िया** = आकस्मिक, संयोगजन्य.
**इत्तला** = गुप्त सूचना, सूचना.
**इत्ता (इत्ती)** = इतना/इतनी.
**इत्तिफ़ाक़** = एकता, संयोग, सर्वसहमति.
**इत्तिफ़ाक़न** = संयोगवश.
**इत्तिफ़ाक़िया** = अनपेक्षित.
**इत्तिला** = तथ्य.
**इत्तिहाद** = एकता.

**इत्यलं** *मु* अलं, इति, और नहीं, *काफ़ी*, *बस*, बस काफ़ी है, *बहुत*, •चाहिए, •पर्याप्त.

**इत्यादि** *मु* अन्य, *आदि*, आदिक, इतर, यह भी, ये भी, वग़ैरह, वह भी, साथ, साथ साथ, •और, •और भी, ▪अथवा.

**इत्र** *सं* अतर, अरक़ (विकल्प), *अर्क़*, इतर, ऐसेंशियल औइल, ऐसेंस, *गंध*, गंध तेल, परफ़्यूम, सुगंध सार, सुगंधित तेल, सैंट, •अर्क़, •गुलाब जल.

**इत्रदान** = इत्रदानी.

**इत्रदानी** *सं* अतरौटा, इत्रदान, क़राबा, करौती.

**इत्रफ़रोश** = गंधजीवी.
**इत्वरी** = कुलटा.
**इथियोपियाई काला संग मरमर** = कसौटी पत्थर.

**इदं** = यह.
**इदंतन** = वर्तमान.
**इदारा** = कंपनी, कार्यालय, संस्था.
**इधर** = इस पार, इस बीच, निकट ही.

**इधर** *क्रिवि* आसपास, इधर कहीं, इस ओर, इस दिशा में, इस स्थान पर, इसी स्थान पर, यहीं, यहीं कहीं, ■उधर.

**इधर उधर** = आड़े तिरछे, कहीं कहीं, निकट ही, हर ओर.
**इधर उधर का** = अनर्गल, विविध.
**इधर उधर का सामान** = विविधा.
**इधर उधर की बात** = गपशप.
**इधर कहीं** = इधर.
**इधर की उधर लगाने वाला** = गुटबाज़.
**इधर के उधर तक** = आरपार.
**इधर से उधर तक** = आरपार.
**इध्म** = ईंधन, समिधा.
**इन** = आगमन मार्ग, प्रवेश द्वार.
**इनकम** = आय.
**इनकार** = असहमति, अस्वीकृति, धर्मद्रोह, स्पष्ट अस्वीकृति.
**इनकार करना** = ठुकराना.
**इनकार्पोरेशन** = लिमिटेड कंपनी.
**इनक्वायरी** = तथ्यान्वेषण, पृच्छा.
**इनक्वायरी कमीशन** = तथ्यान्वेषण आयोग.
**इनगौट** = धातु पिंड.
**इनचार्ज** = अध्यक्ष, महाप्रबंधक, सुपरवाइज़र.
**इनटर्न** = अंतरावासी.
**इनडैंट** = जावकपत्र.
**इनडोर** = अंतरावासी.

**इनडोर** *वि* आवासीय, कक्षीय, घर में किया जाने वाला, घर में होने वाला, छत के नीचे होने वाला, भीतर होने वाला, ●छतदार, ■आउटडोर.

**इन दिनों** = वर्तमान में.
**इन दिनों भी** = अब भी.
**इनफ़ैंटाइल पैरालिसिस** = पोलियो.
**इनफ़ैंट्री** = पदसेना.
**इनफ़ैक्शन** = संक्रमण.
**इनफ़ैक्शस** = संक्रामक.
**इनफ़ॉर्मेशन** = सूचना.
**इनफ़ॉर्मेशन टैक्नोलाजी** = सूचना तकनीक.
**इनफ़ॉर्मेशन हाइवे** = इंटरनैट.
**इनफ़ॉर्मेशन हाईवे** = सूचना महापथ.
**इनमेट** = अंतरावासी.
**इन-लाज** = वैवाहिक संबंधी.
**इनलेइंग** = जड़ाई, पच्चीकारी.
**इनले करना** = जड़ना.
**इनलेड** = रत्नजटित, विजड़ित.
**इनवाइट करना** = न्योतना.
**इनविटेशन** = निमंत्रण.
**इनविटेशन कार्ड** = निमंत्रण पत्र.
**इनविटेशन लैटर** = निमंत्रण पत्र.
**इनवैंटर** = आविष्कर्ता.
**इनवैंशन** = आविष्कार.
**इनवैस्टिगेशन** = तथ्यान्वेषण.
**इनवौइस** = जावकपत्र.
**इनसाँ** = मानव.
**इनसान** = जना, मानव.
**इनसानियत** = करुणा, मानव जाति, सहानुभूति.
**इनसानी** = मानवीय, मानवोचित.
**इनसाफ़** = न्याय.
**इनसाफ़पसंद** = न्यायप्रिय.
**इनसिग्निया** = पुरस्कार सूची, प्रतीक.
**इनसैंटिव** = प्रोत्साहक वस्तु.
**इनहिबिशन** = आकांक्षादमन.
**इना गिना/इनी गिनी** = अल्पलभ्य, कुछ.
**इनाम** = पुरस्कार, बख़्शीश.
**इनाम इकराम** = बख़्शीश.
**इनायत** = अनुग्रह, दया.
**इनिंग** = बारी.
**इनिंग्स** = खेल चाल.
**इने गिने** = कम.
**इनैनिमेट मैटर** = अजैव पदार्थ.
**इनौगरेशन** = उद्घाटन.
**इनौगैनिक मैटर** = अजैव पदार्थ.
**इन्क्वायरर** = तथ्यान्वेषक.
**इन्डिपैंडैंस** = स्वाधीनता.
**इन्फ़ौमैटिक्स** = सूचना विज्ञान.

**इन्फ़्लूएंज़ा** *सं* खाँसी जुकाम, फ़्लू, शीत ज्वर, श्लेष्मा ज्वर.

**इन्वैस्टिगेटर** = तथ्यान्वेषक.
**इन्सान (विकल्प)** = मानव.
**इफ़रात** = समृद्धि.
**इफ़्तार** = उपवास अंत, रोज़ा इफ़्तार.
**इफ़्तारी** = रोज़ा इफ़्तार.
**इबतिदा** = आरंभिक कर्म.
**इबतिदाई** = आरंभिक, प्रयोगात्मक.
**इबरत** = दंड.
**इबरतअंगेज़** = दंडात्मक.
**इबरानी** = यहूदी.
**इबलीस** = शैतान.
**इबादत** = पूजा, भक्ति.
**इबादतकदा** = उपासनालय, मसजिद.
**इबादतगार** = भक्त.
**इबादतगाह** = उपासनालय, मसजिद.
**इबादतगुज़ार** = भक्त.
**इबारत** = गद्य, पाठ.
**इब्तिदा** = आदि, आरंभ.
**इब्न** = पुत्र.
**इब्ने मरियम** = ईसा मसीह.
**इब्रानी** = यहूदी.
**इभपोट/इभपोटा** = हाथी शिशु.
**इभराज** = ऐरावत.
**इभानन** = गणेश.
**इभी** = हथिनी.
**इमकान** = पूर्वलक्षण.
**इमदाद** = दान, वित्तीय सहायता, सहयोग.
**इमरतबान** = अचारदान.
**इमला** = श्रुतिलेख.
**इमली** = मसाला सूची

**इमली** *सं* अम्लिका, चुक्रिका, वृक्षाम्ल, शाकाम्ल, ●खटास, ●हरी इमली.

**इमली जैसा स्वाद** = खटास.
**इमाम** = नेता.

**इमाम** *सं* नमाज़ नेता, नमाज़ी, पेशवा, सैयद, ●उपदेशक, ●ख़लीफ़ा, ●पीर, ●फ़तवा, ●मसजिद, ●मुफ़्ती, ●मुल्ला, ●वाइज़.

**इमामत** = नेतृत्व.
**इमाम भाषण** = खुतबा.
**इमाम हुसैन** = हुसैन.
**इमाम हुसैन शहादत मास** = रमज़ान.
**इमारत** = भवन.
**इमारती ठेकेदार** = निर्माण ठेकेदार.
**इमारती लकड़ी** = काष्ठ.
**इमिग्रेट करना** = आ बसना.

**इमिग्रेशन** = आप्रवासन.
**इमिग्रैंट** = आप्रवासी.
**इमेज** = चित्र, फ़ोटोग्राफ़
**इमैजिनेशन** = कल्पना.
**इमोशन** = भाव.
**इम्तहान** = परीक्षा.
**इम्दाद** = सहायता.
**इम्यूनाइज़ेशन** = विसंक्रमण.
**इयत्ता** = मात्रा.

**इयरबुक** *सं* अब्दकोश, आब्दिकी, कैलंडर, *डायरी*, वर्षबोधिनी, वार्षिकी, •कैलेंडर, •डायरैक्टरी.

**इरण** = मरुथल, रेहदार.
**इरम्मद** = अग्नि, बड़वा दीप्ति, मेघविद्युत.

**इराक़** *सं* आकाड (प्रा), ईराक़, बेबिलोनिया (प्रा), मैसोपोटामिया (प्रा), सुमेर (प्रा), सुमेरिया (प्रा), सुहरावर्द.

**इराक़ः राजधानी** *सं* बग़दाद.

**इराक़ी** = अरबी भाषा.
**इरादतन** = उद्देश्य से.
**इरादा** = उद्देश्य, संकल्प.
**इरादे का पक्का** = संकल्पशील, साधक.
**इरान** = ईरान.
**इरा पिरा/इरी पिरी** = व्याप्त, व्याप्त, संसिक्त.
**इरावती** = दुर्गा.
**इरावान** = मेघ.
**इरिगेशन** = सिंचन.
**इरिण** = ऊसर.
**इरीडीयम** = रासायनिक तत्त्व सूची.

**इरेज़र** *सं* मार्जक, *रबड़*, •ज्यौमैट्री बाक्स, •डस्टर.

**इर्दगिर्द** = निकट ही, पड़ोस.
**इर्वारु** = ककड़ी.
**इलज़ाम** = आरोप.
**इलस्ट्रेटिड** = सचित्र.

**इलस्ट्रेशन** *सं* कथादृश्य, घटना दृश्य, दृश्य, बिंब, वर्णन चित्र, वर्णनात्मक चित्र, •चित्र.

**इलहाम** = अंतरात्मा आदेश, पूर्वज्ञान.
**इलहामी** = पैग़ंबरी.
**इलहामी किताब** = अपौरुषेय धर्मग्रंथ.
**इला** = इलायची.
**इलाक़ा** = क्षेत्र, जागीर.
**इलाक़ाई** = क्षेत्रीय.
**इलाज** = आरोग्य लाभ, चिकित्सा, मरम्मत.
**इलाज करने वाला** = चिकित्सक.
**इलाम** = ईरान.
**इलायची** = मसाला सूची

**इलायची** *सं* इला, एला, त्रिपुटा, बहुला, •छोटी इलायची, •बड़ी इलायची, •लौंग, •सौंफ.

**इलास्टिक** = लचकदार.
**इलाह** = अल्लाह, ईश्वर.
**इलाहाबाद** = गंगा यमुना संगम.
**इलाहियात** = अध्यात्म ज्ञान.
**इलाही** = अल्लाह, ईश्वरीय.
**इलूज़न** = भ्रमदर्शन.
**इलेक्टोरेट** = निर्वाचन क्षेत्र.
**इलैक्ट्रिक ऐनर्जी** = विद्युत ऊर्जा.
**इलैक्ट्रिक पावर** = विद्युत ऊर्जा, विद्युत ऊर्जा.
**इलैक्ट्रिसिटी** = विद्युत ऊर्जा, विद्युत ऊर्जा.
**इलैक्ट्रीशियन** = विद्युत कर्मी.
**इलैक्ट्रोनिक मेल** = ई-मेल.
**इलैक्ट्रोनिक सूचना जाल** = सूचना महापथ.
**इलैक्शन** = निर्वाचन.
**इलैवंथ अवर** = निर्णायक अवसर.
**इल्तिजा** = प्रार्थना, याचिका.
**इल्म** = ज्ञान, तकनीक, बोध, शिक्षा.
**इल्मी** = शिक्षालयी.
**इल्मे इलाही** = अध्यात्म ज्ञान.
**इल्लत** = कुटेव, खटराग.
**इल्ली** = लार्वा.
**इल्ले (तमिल)** = नहीं.
**इव** = मानो.
**इवोल्यूशन** = उद्विकास.
**इशरत** = भोगविलास, समृद्धि.
**इशरतगाह** = ऐश्वर्य भवन.
**इशारा** = अतापता, निदेश, संकेत.
**इशू** = पत्रपत्रिका अंक, संस्करण.
**इश्क़** = प्रेम.
**इश्क़ मज़ाज़ी** = मानव प्रेम.
**इश्क़ मुहब्बत** = प्रेम.
**इश्क़ लड़ाना** = प्रेम करना.
**इश्क़ हक़ीक़ी** = ईश्वर प्रेम.
**इश्तियाक़** = इच्छा.
**इश्तिहार** = पोस्टर, विज्ञापन, हैंडबिल.
**इश्तिहारबाज़ी** = प्रौपेगैंडा.
**इश्तिहारी** = विज्ञापित.
**इषु** = बाण.
**इषुधि** = तरकस.
**इष्ट** = अच्छा/अच्छी, अनुकूल, अवसरानुकूल, इच्छित, उद्देश्य, कल्याण, कल्याणकारी, पर्याप्त, पसंद, पूजनीय, पूजित, प्रिय, योजित, वांछनीय, स्वीकार्य, हित.
**इष्टकामना** = कल्याणकामना.
**इष्टचिंतक** = शुभचिंतक.

**इष्टदेव** *सं* अधिदेव, अधिदेवता, आराध्य देवता, इष्ट देवता.

**इष्ट देवता** = इष्टदेव.

**इष्टदेवी** *सं* आराध्य देवी, कुलदेवी.

**इष्टयोग** *सं* अच्छा वक़्त, अच्छी साइत, बरसायत, *मुहूर्त*, *योग*, शुभ ग्रहयोग.

**इष्टलाभ** = इच्छापूर्ति, सफलता.
**इष्टि** = इच्छा.
**इष्टिकान्यास** = शिलान्यास.
**इस** = यह.
**इस अवधि में** = इस बीच.
**इस आधार पर** = इस लिए.
**इस ओर** = इधर, इस पार.
**इस कारण** = इस लिए, कारणतः, क्योंकि.
**इस काल में** = इस बीच, वर्तमान में.
**इस का वह** = परस्परविरोधी, विपरीत.
**इस के अतिरिक्त** = अन्यथा.
**इस के आगे नहीं** = तक.
**इस के उपरांत** = इस के बाद.
**इस के बाद** = अब के बाद.

**इस के बाद** *क्रिवि* अतःपरं, अथ, *आगे*, इस के उपरांत, इस से आगे, एतदुपरांत, एतद्पश्चात.

**इस छोर पर** = इस पार.
**इस छोर से उस छोर तक** = आरंपार.
**इस तट पर** = इस पार.
**इस तरह** = ऐसे.

**इस दिशा में** = इधर.
**इस दौर में** = इस बीच.
**इस दौरान** = इस बीच.
**इस निमित्त** = इस लिए.
**इस पर** = तदा.
**इस पर भी** = यद्यपि.

**इस पार** *क्रिवि* अत्र, इधर, इस ओर, इस छोर पर, इस तट पर, उरे, पास, *यहाँ*, वरे, ■उस पार, ■दूरस्थ तट पर.

**इस पार या उस पार** = निर्णायक अवसर.

**इसबगोल** *सं* ईसबगोल, सफगोल, स्निग्धजीरक, स्निग्धबीज, स्पगलम, ●कोष्ठबद्धता, ●विरेचक औषध.

**इस बीच** = पर्यंत.

**इस बीच** *क्रिवि अंतरा*, अंतराल में, अंतरिम काल में, अवधि में, इतनी देर में, इतने में, इधर, इस अवधि में, इस काल में, इस दौर में, इस दौरान, *तक*, *तब तक*, तब लौं, तावत्, दौरान, *पर्यंत*, फ़िलहाल, बीच, *बीच में*, मध्य में, यावत्, होने तक, ●पर्यंत, ●पहले.

**इस बीच का** = अंतरिम.
**इसराइली** = यहूदी.
**इसरायली** = यहूदी.
**इसरार** = आग्रह.
**इसलाम** = इसलाम धर्म.

**इसलाम धर्म** *सं* इसलाम, इस्लाम (विकल्प), ईमान, दीन, मुसलमानी धर्म, मुहम्मद धर्म, ●शीया मत, ●सुन्नी मत, ●सूफ़ी मत, ●ईसाई धर्म, ●क़ुरान, ●मसजिद, ●मुसलिम, ●मुहम्मद, ■मूर्तिपूजा.

**इसलाम धर्म विषयक** = इसलाम धर्मीय.
**इसलाम धर्मावलंबी** = मुसलिम.

**इसलाम धर्मीय** *वि* इसलाम धर्म विषयक, इसलामी, इस्लामी (विकल्प), दीनी, मुसलमानी, *मुसलिम*, *मुहम्मदी*, मोहम्मदी.

**इसलाम प्रवर्तक** = मुहम्मद.

**इसलामी** = इसलाम धर्मीय.
**इसलामी क़ानून** = इसलामी विधि.

**इसलामी धर्म आदेश** *सं* सहीह, हदीस, हिदायत.

**इसलामी धर्म गुरु** = पीर.

**इसलामी धार्मिक पाठशाला** *सं* मकतबा, मदरसा, ●गुरुकुल.

**इसलामी पूजास्थल** = मसजिद.

**इसलामी मठ** *सं* आस्ताना, ख़ानक़ाह, ख़ानगाह, दरगाह, बगीची.

**इसलामी विद्वान** = मुल्ला.

**इसलामी विधि** *सं* इसलामी क़ानून, इसलामी संहिता, फ़िक़ाह, शरअ, शरीअत, शरीयत, सुन्नत.

**इसलामी विवाह** *सं* अक़्द, अक़्दबंदी.

**इसलामी संवत** = हिजरी संवत.
**इसलामी संहिता** = इसलामी विधि.
**इस लिए** = लिए.

**इस लिए** *क्रिवि* अतः, अतएव, *अर्थात*, इस आधार पर, इस कारण, इस निमित्त, इस वास्ते, एतदर्थ, चुनाँचे, चूँकि, यह देखते, यूँ, यों, लिहाज़ा, सुतरां, सो, ●उस लिए, ●फलस्वरूप, ■क्यों.

**इस वास्ते** = इस लिए.
**इस विधि** = ऐसे.
**इस सब पर भी** = तदापि.
**इस समय** = अब, वर्तमान में.
**इस से आगे** = अब के बाद, इस के बाद.
**इस से तो** = बल्कि.
**इस से पहले** = भूत काल में.
**इस स्थान पर** = इधर, यहाँ.
**इस स्थान में** = यहाँ.
**इसी** = यही.
**इसी पल** = अभी, तत्काल.
**इसी समय** = अभी, तत्काल.
**इसी स्थान पर** = इधर.
**इस्तरी (विकल्प)** = इस्तिरी.
**इस्तिक़बाल** = अगवानी, सम्मान समारोह, स्वागत.

**इस्तिग़ासा** = आरोप.
**इस्तिबाग़** = बपतिस्मा.

**इस्तिरी** *सं* आयरन, इस्तरी (विकल्प), प्रैस, *लोहा*.

**इस्तिरी करने वाला** = इस्तिरी कर्मी.

**इस्तिरी कर्मी** *सं* इस्तिरी करने वाला, कुंदीगर, प्रैस करने वाला.

**इस्तीफ़ा** = त्यागपत्र, सत्तात्याग.
**इस्तेमाल** = उपभोग, उपयोग.
**इस्तेमालशुदा** = उपभुक्त, सैकंड हैंड.
**इस्थमस (अशुद्ध)** = थलडमरुमध्य.
**इस्पंज** = स्पंज.
**इस्पनाक** = पालक.

**इस्पात** *सं* अयस, कांतलौह, काललौह, पिंडायस, फ़ौलाद, लोहसंकर, लोहसार, शस्त्रायस, स्टील, स्टेनलैस मिश्रातु, ●मिश्र इस्पात, ●स्टेनलैस स्टील, ●दाग़वारक, ●लोहा.

**इस्फ़ंजा** = स्पंज.
**इस्म** = नाम.
**इस्मत** = पतिव्रत.
**इस्म शरीफ़** = श्रोता नाम.
**इस्मस** = थलडमरुमध्य.
**इस्रीअल** = इज़राइल.
**इस्लाम (विकल्प)** = इसलाम धर्म.
**इस्लामाबाद** = पाकिस्तानः राजधानी.
**इस्लामी (विकल्प)** = इसलाम धर्मीय.
**इस्लामी न्यायाधीश** = क़ाज़ी.
**इस्लाह** = संशोधन.
**इह** = यह.
**इहकाल** = अब, वर्तमान काल, वर्तमान में.
**इहकालीन** = वर्तमान.
**इहलोक** = जीव समष्टि, पृथ्वी, मानव जाति.

**इहलोक** *सं* असार संसार, *आवागमन चक्र*, आवागमन लोक, कर्मक्षेत्र, जगत, जीवलोक, दुःखलोक, दुनिया, नरलोक, पृथ्वीलोक, भवलोक, भवसागर, मर्त्यलोक, मायालोक, मिथ्यालोक, मृत्युलोक, लीलास्थली, ●आवागमन चक्र, ●जीवन, ■परलोक, ■मोक्ष.

**इहलोकतंत्रवाद** = इहलोकतंत्र वाद.

**इहलोकतंत्र वाद** *सं* इहलोकतंत्रवाद, धर्मनिरपेक्षता, पंथनिरपेक्षता वाद, संप्रदाय निरपेक्षता, सर्वधर्म समभाव, सैक्यूलरिज़्म, •भेदभावहीनता, •राष्ट्रवाद, •लोकतंत्र, ▪संप्रदायवाद.

**इहलोकतंत्रीय** = इहलोकतांत्रिक.

**इहलोकतांत्रिक** *वि* अदिव्य, इहलोकतंत्रीय, इहलौकिक, धर्मनिरपेक्ष, लौकिक, सैक्यूलर, •निष्पक्ष, •भेदभावहीन, •लोकतांत्रिक.

**इहलोक यात्रा समाप्त होना** = मरना.
**इहलोकवाद** = चार्वाकवाद, नास्तिकतावाद, भौतिकतावाद.

**इहलोकवाद** *सं* परलोक नहीं है, संसारवाद, सांसारिकतावाद, सैक्यूलरिज़्म, •दर्शन शास्त्र, •भौतिकतावाद.

**इहलोकवादी** = धर्महीन, नास्तिक, भौतिकतावादी.
**इहलौकिक** = इहलोकतांत्रिक, मर्त्य, शारीरिक, सांसारिक.

**इहलौकिक** *वि* अदिव्य, अनित्य, अशाश्वत, जागतिक, जीवलोकीय, दुनियावी, पार्थिव, *पृथ्वीय*, भुवर्लोकीय, भूलोकीय, *भौतिक*, भौम, मर्त्यलोकीय, मिथ्या, लौकिक, *सांसारिक*, *साधारण*, स्थूल, •पृथ्वीय, ▪आध्यात्मिक, ▪परलौकिक.

**इहलौकिकता** = अस्तित्व, आवागमन चक्र, सांसारिकता.
**ईंगुर** = सिंदूर.
**ईंच** = बानतेल.
**ईंचें** = बानतेल.
**ईंट** = धातु पिंड.

**ईंट** *सं* ईंटा, ख़िश्त, गुम्मा, •कच्ची ईंट, •पकी ईंट, •फ़ायरब्रिक, •बहुत पकी ईंट, •लखौरिया ईंट, •हल्की ईंट, •इंटोरा, •चिनाई, •टाइल, •पथेरा/पथेरी, •भट्ठा, •भवन.

**ईंट का जवाब पत्थर** = प्रतिशोध.
**ईंट चिनाई** = चिनाई.
**ईंट भट्ठा** = भट्ठा.
**ईंट रोड़ी** = इंटोरा.
**ईंट लगाई** = चिनाई.
**ईंट से ईंट बजाना** = ढहाना.
**ईंटा** = ईंट.
**ईंडुरी** = ईंडुरी.

**ईंडुरी** *सं* इँडुरी, ईंडुरी, कुँड़रा, गिंडुरी, गुंडली, गेंडुरी, गोंडरी, बींड़ा, सिरोना.

**ईंधन** = जलावन.

**ईंधन** *सं* इध्म, काठ, *जलावन*, फ़्यूअल, *लकड़ी*, समिंधन, •लकड़ी.

**ईंधन गैस** *सं* ऐलपीजी, ऐलपीजी, *गैस*, चूल्हा गैस, द्रवित पैट्रोलियम गैस, रसोई गैस, सीऐनजी, •ईंधन, •पैट्रोल.

**ईंधन दुकान** *सं* अड़ार, इंधरौड़ा, टाल, लकड़ी दुकान.

**ई** = ईसा के बाद, यह, संवत्सरे.
**ईक्वेटर** = भूमध्य रेखा.
**ईक्षण** = अवलोकन, आँख.
**ईक्षित** = अवलोकित.

**ईख** *सं* अंगारिका, इक्षु, उषा, ऊख, कर्कशा, गन्ना, गाँडा, पोंडा, पौंड्रक, पौंढा, पौढ़ा, मधुतरु, रसाल, रसाला, रसाली, शूगरकेन, साँठ, •गुड़, •चीनी.

**ईख मद्य** = रम.
**ईख शर्करा** = शक्कर.
**ईगल** = गिद्ध.
**ईगो** = अंतरात्मा, आत्मज्ञान.
**ईजाद** = आविष्कार, आविष्कृत.
**ईजान** = यज्ञ पुरोहित.
**ईजिप्ट** = मिस्र.
**ईडन** = बाग़े अदन.
**ईति** = महामारी.
**ईद** = उत्सव.

**ईद** *सं* ईदैन (दोनों ईद), खुशी का त्योहार, •ईदुल अज़्हा, •ईदुल फ़ितर, •उर्स, •बारावफ़ात.

**ईद का चाँद** = दुर्लभ, दूज का चाँद.
**ईदगाह** = मसजिद.
**ईदुज़्ज़ुहा** = ईदुल अज़्हा.

**ईदुल अज़्हा** *सं* ईदुज़्ज़ुहा, ईदे क़ुरबानी, बक़रीद, •ईद.

**ईदुल फ़ितर** *सं* चाँद की ईद, बूढ़ी ईद, मीठी ईद, रमज़ानी ईद, सिवैयाँ ईद, हिलाली ईद, •ईद, •रमज़ान.

**ईदृश** = ऐसे.
**ईदे क़ुरबानी** = ईदुल अज़्हा.
**ईदे मिलाद** = बारावफ़ात.
**ईदैन (दोनों ईद)** = ईद.
**ईपू** = ईसा से पहले, संवत्सरे.
**ईप्सा** = असंतोष, इच्छा, लालसा.
**ईप्सित** = इच्छित.
**ईमान** = आदर्श, आस्तिकतावाद, इसलाम धर्म, ईमानदारी, धर्म, भक्ति.
**ईमानदार** = छलहीन, निस्स्वार्थ, न्यायप्रिय, विश्वसनीय, सत्यपूर्ण, समव्यवहारी.

**ईमानदार** *वि* कपटहीन, खरा/खरी, निश्छल, निष्ठापूर्ण, बाईमान, भरोसेमंद, भला/भली, शुद्धाशय, सच्चा/सच्ची, सत्यकाम, सत्यनिष्ठ, सरल, साफ़, साफ़दिल, सीधा/सीधी, सुहृद, •छलहीन, •निस्स्वार्थ, •सदाचारी, ▪कुटिल, ▪बेईमान.

**ईमानदारी** *सं* अच्छाई, आर्जव, ईमान, खरा खेल, खुलापन, छद्‌महीनता, छलहीनता, दयानतदारी, *निष्ठा*, बाईमानी, भरोसेमंदी, सचाई, सच्चाई, सत्यनिष्ठा, सत्यवृत्ति, साफ़दिली, स्पष्टता, •नैतिकता, •सत्यवादिता, •स्वार्थहीनता, ▪छल, ▪दिखावा, ▪बेईमानी, ▪भ्रष्टाचार, ▪विश्वासघात.

**ईमानफ़रामोश** = विश्वासघाती.
**ईमान वाला** = आस्तिक, पूजाभावी.

**ई-मेल** *सं* इलैक्ट्रोनिक मेल, ई-संदेश, मेल, *संदेश*, •अवांछित ई-मेल, •इंटरनैट, •डाटा संप्रेषण, •पत्र, •वाचा-मेल, •वैब पेज.

**ईयर** = संवत्सर.
**ईयरली** = वर्षीय.
**ईर** = भार पशु.
**ईरम** = सीरिया.
**ईराक़** = इराक़.

**ईरान** *सं* आरियाना, आर्याना, इरान, इलाम, ईलम (प्राचीन क्षेत्र), पर्शिया, पारस, फ़ारस, मीडिया (प्रा), •पारसी धर्म.

**ईरानः राजधानी** *सं* तेहरान.

**ईरानी** = पारसी.
**ईर्म** = कंधा-कुहनी हाथ.

**ईर्षणीय** *वि* ईर्ष्य, ईर्ष्याजनक, ईर्ष्याप्रद, ईर्ष्यायोग्य, उत्कृष्ट, कांक्ष्य, काम्य, द्वेष्य, बढ़िया, *वांछनीय*, स्पृह्य, •उत्तम, •लोकप्रिय, •सफल, •समृद्ध, •सुंदर, •सौभाग्यशाली.

**ईर्षा (विकल्प)** = ईर्ष्या.
**ईर्षालु** = ईर्ष्यालु.
**ईर्ष्य** = ईर्षणीय, ईर्ष्यालु.
**ईर्ष्या** = दुष्कामना, प्रतियोगिता, वैमनस्य.

**ईर्ष्या** *सं* अक्षमा, अनख, अनुशय, अमर्ष, असूया, ईर्षा (विकल्प), कीना, कुढ़न, खार, खुंस, खुन्नस, जलन, डाह, द्वेष, प्रतिस्पर्धा, प्रद्वेष, मत्सर, मात्सर्य, रश्क, *राग*, रीस, लाग, लागडाट, विद्वेष, वैर, स्पर्धा, हिर्स, •दुष्कामना, •प्रतिद्वंद्विता, •वैमनस्य, ▪शुभकामना, ▪सहयोग.

**ईर्ष्याग्रस्त** = ईर्ष्यालु.
**ईर्ष्याजनक** = ईर्षणीय.
**ईर्ष्यापूर्ण** = अशुभचिंतक, ईर्ष्यालु, शत्रुतापूर्ण.
**ईर्ष्याप्रद** = ईर्षणीय.
**ईर्ष्यायोग्य** = ईर्षणीय.

**ईर्ष्यालु** *वि* अकसी, अमर्षी, ईर्षालु, ईर्ष्य, ईर्ष्याग्रस्त, ईर्ष्यापूर्ण, कीनाकश, कीनावर, जलनख़ोर, जलने वाला, द्विष्, द्वेषी, द्वेष्टा, मत्सरपूर्ण, मत्सरी, विद्वेषी, स्पर्धी, •अशुभचिंतक •सौतिया ▪ईर्ष्याहीन, ▪शुभचिंतक.

**ईर्ष्याहीन** *वि* अद्वेषी, अनसूय/अनसूया, अमत्सर, दुर्भावहीन, द्वेषहीन, नेकदिल, नेकनीयत, मत्सरहीन, विद्वेषहीन, वीतमत्सर, वैरहीन, सदाशय, साफ़दिल, •उच्चाशय, •स्थितप्रज्ञ, ▪ईर्ष्यालु.

**ईल द फ़्राँस (पूर्वनाम)** = मारीशस.
**ईलम (प्राचीन क्षेत्र)** = ईरान.
**ईव** = हौवा.

**ईवटीज़िंग** *सं* छेड़, छेड़खानी, छेड़छाड़, टीज़िंग, *दुर्व्यवहार*, लड़कियों से छेड़छाड़.

**ईवैंट** = घटना.
**ईश** = ईश्वर, स्वामी.
**ईश उपनिषद** = उपनिषद.
**ईशचाप** = शिवधनुष.
**ईशदूत** = ईसा संदेश वाहक, पैग़ंबर.
**ईशसखा** = कुबेर.
**ईशा** = इड, पार्वती, समृद्धि.
**ईशान** = प्रकाश, विष्णु, शिव.
**ईशान कोण** = उत्तर पूर्व दिशा.
**ईशान कोणीय** = उत्तर पूर्वी.
**ईशानी** = दुर्गा.
**ईशानीय** = उत्तर पूर्वी.
**ईशु** = ईसा मसीह.
**ईश्वर** = प्रारब्ध विधाता, विष्णु, शिव, स्वामी.

**ईश्वर** *सं* अंतर पुरुष, अंतर्यामी, अंतिम सत्य, अकर्ता, अकाल, अकाल पुरुष, अक्षय, *अक्षर*, अखंड, अखिलात्मा, अखिलेश, अच्युत, अजन्मा, अजर, *अज्ञेय*, *अदृश्य*, अधिदेव, अधिपुरुष, अधीश्वर, *अनंत*, अनश्वर, *अनादि*, अनादिनिधन, अनाम, अन्नदाता, *अमर*, अमूर्त, अलख, अलख निरंजन, *अल्लाह*, अव्यक्त, आत्मन्, आत्मभू, *आत्मा*, आदिकर्ता, आदिपूरुष, आदिबुद्ध, इलाह, ईश, ऊपर वाला, *एक*, एक ओंकार, करतार, करुणानिधान, करुणानिधि, *कर्ता*, कर्तार, कालपुरुष, कुंभकार, ख़ुदा, ख़ुदा, गाड, घटघटवासी, चराचरगुरु, चिन्मय, चैतन्य, जगकारण, जगतपिता, जगतारण, जगत्पिता, जगदीश, जगदीश्वर, जगन्नाथ, जगन्निवास, जनार्दन, जीवेश, *जेहोवा*, ज्ञानगुणसागर, ठाकुर, त्रिभुवनेश, त्रिलोकीनाथ, त्रिलोकेश्वर, दाता, दीनबंधु, दीनानाथ, देव, धाता, निरंजन, *निराकार*, निर्विकार, परब्रह्म, *परमपिता*, *परमपुरुष*, परमब्रह्म, परमात्मन्, परमात्मा, परमेश्वर, परात्पर, परेश, *पुरुष*, पुरुषोत्तम, प्रभु, फ़ादर, बनावनहार, *ब्रह्म*, ब्रह्मन्, भगवंत, भगवान, भवभंजन, महाप्रभु, महेश, मालिक, मौला, रचयिता, रचेता, रब, रमैया, *राम*, लार्ड, विधाता, *विधि*, विराट पुरुष, विश्वंकर, विश्वंभर, विश्वकर्ता, *विश्वकर्मा*, विश्वनाथ, विश्वात्मा, विश्वेश्वर, वैराज, *शिव*, *सत्य*, सनातन, सरजनहार, सर्वशक्तिमान, सर्वेश्वर, साहब, सृष्टिकर्ता, *स्रष्टा*, *स्वयंभुव*, *स्वामी*, •अल्लाह, •अहुरमज़्द, •आत्मा, •ओम, •जेहोवा, •परमपिता, •ब्रह्म, •विराट पुरुष, •शब्दब्रह्म, ▪शैतान.

**ईश्वर अर्पण** = कर्मफलत्याग.
**ईश्वर अस्तित्ववाद** = आस्तिकतावाद.
**ईश्वर आज्ञा** = धर्मादेश.
**ईश्वर एक है** = एकेश्वरवाद.
**ईश्वर और जगत एक हैं** = वेदांत दर्शन.
**ईश्वर कीर्तन** = कीर्तन.
**ईश्वर कृपा** = ईश्वर दया.
**ईश्वर को जाना जा सकता है** = ज्ञेयवाद.
**ईश्वर को प्यारा होना** = मरना.
**ईश्वर गुणगान** = कीर्तन, भजन.
**ईश्वर ज्ञान** = धर्मज्ञान.
**ईश्वर ज्ञानी** = अध्यात्मज्ञ.
**ईश्वरदत्त** = ईश्वरीय.

**ईश्वर दया** *सं* ईश्वर कृपा, देवानुग्रह, भगवद् कृपा, सलवात.

**ईश्वर दर्शन** *सं* तजल्ली, दर्शन, दिव्यदर्शन, प्रभुदर्शन, •देवदर्शन, •प्रकटन.

**ईश्वर नहीं है** = नास्तिकतावाद.
**ईश्वर निषधक** = नास्तिक.
**ईश्वर पुत्र** = ईसा मसीह.
**ईश्वर प्रकृति प्रथम अवतार** = परमपुरुष.
**ईश्वर प्रदत्त** = ईश्वरीय.

**ईश्वर प्रेम** *सं* अलौकिक प्रेम, इश्क़ हक़ीक़ी, दिव्य प्रेम, ▪मानव प्रेम.

**ईश्वरमय** = धर्मशील.
**ईश्वर महान है** = अल्लाहो अकबर.
**ईश्वर महिमा अपार है** = नेति.
**ईश्वरवाद** = आस्तिकतावाद.
**ईश्वरवादी** = आस्तिक.
**ईश्वर विधान** = प्रारब्ध.
**ईश्वरशत्रु** = शैतान.
**ईश्वर संसार का दृष्टामात्र है** = सांख्यवाद.
**ईश्वर सत्ता में अविश्वास** = नास्तिकतावाद.
**ईश्वर सत्ता में विश्वास** = आस्तिकतावाद.
**ईश्वर स्मरण** = पूजा.
**ईश्वर स्रष्टा और संचालक है** = एकेश्वरवाद.
**ईश्वर है** = आस्तिकतावाद.
**ईश्वरा** = दुर्गा.
**ईश्वरी** = ईश्वरीय, लक्ष्मी देवी, स्वामिनी.
**ईश्वरीय** = अपौरुषेय.

**ईश्वरीय** *वि* अज़ीम, अताई, *अपौरुषेय*, अलौकिक, अल्लाही, *आला*, आसमानी, इलाही, ईश्वरदत्त, ईश्वर प्रदत्त, ईश्वरी, उपास्य, ऐश्वर, खुदाई, ग़ैबी, *दिव्य*, दैव, दैविक, दैवी, दैवीय, *नैसर्गिक*, परमेश्वरीय, *परलौकिक*, पारमेश्वर, ब्राह्म, भागवत, *महान*, स्वर्गीय, हक़ीक़ी, हक़्क़ानी, •अतिप्राकृतिक, •दिव्य, •नैसर्गिक, •सत्त्वगुणी, ▪दानवीय.

**ईश्वरीय आदेश** = अंतरात्मा आदेश.

**ईश्वरीय ज्ञान द्वारा मोक्ष संभव ह** = ज्ञेयवाद.
**ईश्वरीय दूत** = देवदूत.
**ईश्वरीय देन** = प्रतिभा.
**ईश्वरीय वचन** = अपौरुषेय धर्मग्रंथ, बाइबिल.

**ईश्वरीय संकट** *सं* क़हर, क़हे इलाही, खुदा का क़हर, खुदा की मार, ग़ज़ब, दुर्दैव, दैव कोप, दैवी संकट, प्रकोप, बलाए आसमानी.

**ईश्वरीय संदेशवाहक** = पैग़ंबर.
**ईश्वरीय सृष्टि** = सृष्टि.
**ईष** = आश्विन मास.
**ईषदुष्ण** = गुनगुना/गुनगुनी.
**ईषिका** = सींक.
**ईषित्व** = योगसिद्धि.
**ई-संदेश** = ई-मेल.
**ईसबगोल** = इसबगोल.
**ईसवी** = ईसवी संवत, ईसा के बाद.

**ईसवी संवत** *सं* ईसवी, ईसवी सन, ईसा जन्म संवत, क्रिश्चन ऐरा, *सन*, •विक्रमी संवत.

**ईसवी सन** = ईसवी संवत.
**ईसा** = ईसा मसीह.
**ईसाइयत** = ईसाई धर्म.
**ईसाइयत ग्रहण** = बपतिस्मा.
**ईसाई** = ईसा विषयक.

**ईसाई** *सं* ईसाई धर्मावलंबी, कलीसाई, क्रिश्चियन, क्रिस्तान, खिष्टी, खिस्तान, नस्रानी, सलीबी.

**ईसाई त्रिमूर्ति प्रथम तत्त्व** = परमपिता.

**ईसाई धर्म** *सं* ईसाइयत, ईसा धर्म, खीस्ती धर्म, नस्रानियत, •कैथलिक मत, •प्रोटैस्टैंट मत, •इसलाम धर्म, •ईसा मसीह, •गिरजाघर, •बाइबिल, ▪यहूदी धर्म.

**ईसाई धर्म आदेश** = मूसा आदेश.

**ईसाई धर्मग्रंथ** *सं* अक़ानीम, •बाइबिल.

**ईसाई धर्म नियम** *सं* कैनन, *नियम*, विनियम.

**ईसाई धर्म विषयक** *वि* क्रिस्तानी, खिष्टीय, •गिरजाघरीय.

**ईसाई धर्मावलंबी** = ईसाई.

**ईसाई धार्मिक पाठशाला** *सं* कनवैंट, मौनैस्ट्री, •गुरुकुल.

**ईसाई मठ** *सं* कनवैंट, ननरी, पार्सनेज, प्रैस्बिटरी, मिशन, मौनैस्ट्री, विकारेज, सेवाश्रम, सैमिनारी.

**ईसाई मठाधीश** = पादरी.

**ईसा के बाद** *क्रिवि* ई, ईसवी, एडी, ▪ईसा से पहले.

**ईसा जन्म** = क्रिसमस.
**ईसा जन्म दिवस** = क्रिसमस.
**ईसा जन्म संवत** = ईसवी संवत.
**ईसा दूत** = ईसा संदेश वाहक.
**ईसा धर्म** = ईसाई धर्म.
**ईसा पुनरुत्थान दिवस** = ईस्टर.
**ईसापूर्व** = ईसा से पहले.
**ईसा बलिदान दिवस** = गुड फ़्राइडे.

**ईसा मसीह** *सं* इब्ने मरियम, ईशु, ईश्वर पुत्र, ईसा, उद्धारक, क्राइस्ट, खुदा का बेटा, खीस्त, *गड़रिया*, गलीलियावासी, जीसस, जेसू, जोशुआ, त्राता, पथप्रदर्शक, *पैग़ंबर*, मरियम सुत, मसीह, मसीहा, यीशु, सलीबी, हज़रत ईसा, •क्रूसयंत्र, •बाइबिल, •मूसा.

**ईसा माता** = मरियम.

**ईसा विषयक** *वि* ईसाई, क्रिस्तानी, खृष्टीय, खिष्टी, खिष्टीय, खिस्ती, खिस्तीय, मसीहाई, मसीही.

**ईसा शिष्य** = ईसा संदेश वाहक.
**ईसा संदेशवाहक** = ईसा संदेश वाहक.

**ईसा संदेश वाहक** *सं* अपोसल, ईशदूत, ईसा दूत, ईसा शिष्य, ईसा संदेशवाहक, ऐपोसल, धर्मदूत, शब्द प्रचारक.

**ईसा संदेश वाहक सूची** *सं* ऐंड्रू, जान, जूड, जूडास इस्कैरियट, जेम्स कनिष्ठ, जेम्स ज्येष्ठ, थामस, थैडियस, पाल, पीटर, फ़िलिप,

बार्थोलोम्यू, मथियास, मैथ्यू, साइमन.

**ईसा से पहले** *क्रिवि* ईपू, ईसापूर्व, बीसी, ■ईसा के बाद.

**ईस्ट** = एशिया, पूर्व दिशा.

**ईस्टर** *सं* ईसा पुनरुत्थान दिवस, *वसंत*, ●क्रिसमस, ●गुड फ़्राईडे.

**ईस्टर रविवार से पहला शुक्रवार** = गुड फ़्राईडे.

**ईस्वर को जाना नहीं जा सकता** = अज्ञेयवाद.

**उंगल** = उँगली.

**उँगलियाँ चाटना** = चटखारना.

**उँगली** = पैर उँगली.

**उँगली** *सं* अंगुल, अंगुलि, अंगुलिका, अंगुली, उंगल, दीधिति, फ़िंगर, शक्वरी, शलाका, ●अँगूठा, ●अनामिका उँगली, ●कनिष्ठिका उँगली, ●तर्जनी उँगली, ●मध्यमा उँगली, ●अँगूठी, ●छँगुलिया, ●नख.

**उँगली कवच** = अंगुश्ताना.

**उँगली गाँठ** = उँगली पोरवा.

**उँगली छाप** *सं* अंगुली चिह्न, अँगूठा छाप, उँगली निशान, *छाप*, फ़िंगर इंप्रैशन, फ़िंगर प्रिंट, ●पदचिह्न, ●सुराग़.

**उँगली निशान** = उँगली छाप.

**उँगली पोरवा** *सं* अंगुली पर्व, उँगली गाँठ, ग्रंथि, पर्व, पोरवा.

**उँगली सहित पंजा** = हाथ पंजा.

**उँचा/उँची** = उच्चस्वरीय.

**उँचाई** = ऊँचाई, चढ़ान.

**उँचान** = ऊँचाई, चढ़ान.

**उंछजीवी** = उंछाहारी.

**उंछशील** = उंछाहारी.

**उंछहारा** = उंछाहारी.

**उंछहारी** = उंछाहारी.

**उंछाहारी** *सं* उंछजीवी, उंछशील, उंछहारा, उंछहारी, उंछोपजीवी, कणाद, शिलाहारी, सिलहारा, सिलियार, सिलियारा.

**उंछोपजीवी** = उंछाहारी.

**उँटहार** = ऊँट सवार.

**उँटहारा/उँटहारी** = ऊँट सवार.

**उँडलना** = उमगना.

**उँडेलना** *क्रि* उड़ेलना, डालना, *ढालना*, *देना*, *भरना*, ●ढालना, ●ढुलकाना, ■उलीचना.

**उंबर** = चौखट शीर्ष.

**उंस** = प्रेम.

**उँह** = नहीं.

**उऋण** = ऋणमुक्त.

**उकट पुराण** = निंदा.

**उकताऊ** = उबाऊ.

**उकताहट** = ऊब.

**उकलना** = उखड़ना.

**उकलाई** = मिचलाहट, वमन.

**उकलाहट** = मिचलाहट.

**उकलैदिस** = ज्यामिति.

**उकसना** = अँकुराना.

**उकसाई** = उकसावा.

**उकसाऊ** = आंदोलनात्मक, उत्तेजक, भावोत्पादक.

**उकसाऊ** *वि* अपोत्तेजक, कुप्रेरक, दुष्प्रेरक, फुसलाऊ, बरगलाऊ, बहकाऊ, बिदकाऊ, भड़काऊ, *भ्रामक*, ●उत्तेजक.

**उकसाना** = दहकाना, भड़काना.

**उकसाना** *क्रि* अशांत करना, असर डालना, इंस्टिगेट करना, उचटाना, उत्तेजित करना, उभारना, कुप्रेरित करना, कोंदना, खटकाना, ग़लत बढ़ावा देना, *चढ़ाना*, चलाना, झिंझोड़ना, दुष्प्रेरित करना, *फुसलाना*, बरगलाना, बलकाना, बहकाना, *बिगाड़ना*, बिदकाना, *भड़काना*, *भरना*, *भरमाना*, लगाना बुझाना, सनकाना, सिसकारना, हड़काना, *हिलाना*, ●ब्रेनवाश करना, ●ललचाना.

**उकसाने वाला** = भावोद्दीपन कर्ता.

**उकसाने वाला** *वि* उपजापक, उपजापी, कुप्रेरक, दुष्प्रेरक, फुसलाने वाला, बहकाने वाला, भड़काने वाला, ●प्रेरयिता, ●विध्वंसोत्तेज्क.

**उकसाया/उकसाई** = दुष्प्रेरित.

**उकसावा** *सं* अपोत्तेजना, अपोत्साह, उकसाई, उत्तेजन, उत्तेजन, उत्प्रेरण, उपजाप, कनफुसकी, कुप्रेरणा, दुष्प्रेरणा, *फुसलावा*, बहकावा, भड़कावा, शह, ●कुपरामर्श, ●प्रेरणा, ●ब्रेनवाशिंग, ■प्रशमन, ■सांत्वना.

**उकीर्णक** = उत्कीर्णक.

**उकेरक** = उत्कीर्णक.

**उकेरना** *क्रि* अंकित करना, *उतारना*, उत्कीर्ण करना, उरेहना, *काढ़ना*, *कुरेदना*, खचना, *खरोंचना*, खाँचना, *खुरचना*, *खोदना*, *छेदना*, नकासना, नक़्क़ाशी करना, *लिखना*, ●काटना, ●खरोंचना.

**उकेरा/उकेरन** = मूर्तिकार.

**उकेरा/उकेरिन** = उत्कीर्णक.

**उकेरा/उकेरी** = उत्कीर्ण.

**उकेलना** = उधेड़ना.

**उक्त** = कथित, कथित.

**उक्ति** = अभिव्यक्ति, उद्धरण, कटाक्ष, कथन, कहावत, धर्मादेश, बात, रिमार्क, रिमार्क, वक्तव्य.

**उक्ति** *सं* आख्या, आदर्शोक्ति, आम्नात, उद्‌गार, *उद्धरण*, उवाच, *कथन*, कथनी, *कथ्य*, कलाम, *कहना*, कहनी, कहा, कही, कोटेशन, गुफ़्त, *नीतिवाक्य*, फ़िक़रा, *बयान*, *बात*, बानी, बैन, बोल, भखनी, भणित, भाषित, महावाक्य, मोटो, *वचन*, *वाक्य*, वाणी, *विचार*, संभाषित, सदुक्ति, समुद्‌गार, सिद्धांत वाक्य, सुकथित, सुकथ्य, सुख़न, सुभाषित, सुवचन, *सूक्त*, सूक्ति, ●अतिशयोक्ति, ●अल्पोक्ति, ●पुनरुक्ति, ●मर्मोक्ति, ●रहस्योक्ति, ●विपरीतोक्ति, ●उद्धरण, ●बात, ●वक्तव्य.

**उक्ति चिह्न** *सं* ' ', " ", उद्धरण चिह्न, ●कोलन.

**उक्तिपूर्ण** = मार्मिक (उक्ति).

**उक्ति प्रत्युक्ति** = वार्तालाप.
**उक्ति वैचित्र अलंकार** = अर्थालंकार.
**उक्ति वैचित्र्य** = अर्थालंकार.
**उखड़ता दम** = मृत्युकष्ट.
**उखड़ना** = चिरना, नुँचना, भागना.

**उखड़ना** *क्रि* उकलना, उच्छिन्न होना, उत्पटित होना.

**उखड़ा/उखड़ी** = उन्मूलित, विस्थापित.
**उखड़ाई** = उन्मूलन, निराई.

**उखड़ाई** *सं* उखाड़, *उच्चाटन*, उच्छेदन, उज्जड़न, उत्पाटन, *उन्मूलन*, उपाड़, लुंचन, विस्थापन, विस्थापना, समुत्पाटन, •उत्खनन, •निराई, •नुँचाई, ■जड़ाई, ■फ़िटिंग, ■विजड़न.

**उखा** = हँडिया.
**उखाड़** = उखड़ाई, उन्मूलन, तोड़फोड़.
**उखाड़ना** = नोचना, हटाना.

**उखाड़ना** *क्रि* उचटाना, उच्छेदन करना, उच्छेदित करना, *उठाना*, उत्पाटन करना, उपाड़ना, *काढ़ना*, *खींचना*, खोद निकालना, *तोड़ना*, *निकालना*, विस्थापित करना, *हटाना*, •उजाड़ना, •निराना, •नोंचना, •हटाना, ■गाड़ना, ■जड़ना, ■ठोंकना, ■मँढ़ना, ■लगाना.

**उखाड़ने वाला** = उच्छेत्ता, उन्मूलक.
**उखाड़पछाड़** = उथलपुथल.
**उखाड़ा/उखाड़ी** = विस्थापित.
**उग आना** = उगना.
**उगता/उगती** = उदीयमान, विकासशील.
**उगन** = अंकुरण, उदय, उद्भेदन.
**उगना** = अँकुराना, अँकुराना, उबजना, पनपना, प्रकटना.

**उगना** *क्रि* उग आना, *उठना*, उद्भिद होना, उपजना, *उबजना*, धरती फोड़ना, *निकलना*, फूट आना, •अँकुराना, •उबजना, •खिलना, •फलना, •लहलहाना.

**उगा/उगी** = उदित.

**उगाना** *क्रि* उद्भिद करना, उपजाना, पैदा करना, बढाना, *बोना*, *लगाना*.

**उगाल** = थूक.
**उगाव** = अंकुरण.

**उगाहना** *क्रि* उगाही करना, *निकालना*, *लेना*, वसूल करना, वसूलना, •पाना, ■चुकाना, ■देना, ■सौंपना.

**उगाही** *सं* *आदान*, उग्रहण, उद्ग्रहण, उद्धार, *ग्रहण*, *प्राप्ति*, बरामदगी, वसूलयाबी, वसूली, •अधिग्रहण, •आदान, •क़ुर्क़ी, •ज़ब्ती, ■अनादान, ■भुगतान.

**उगाही करना** = उगाहना.
**उग्र** = उत्तेजित, कठोर (व्यवहारी), कोलाहलपूर्ण, क्रुद्ध, क्रोधी, तूफ़ानी, प्रबल, भयानक, मतांध, वन्य, स्वेच्छाचारी, हठी.
**उग्रगंध** = हींग.
**उग्रता** = अत्युत्साह.
**उग्रवाद** = आतंकवाद.
**उग्रवादी** = आतंकवादी, आदिसिद्धांतवादी, धर्मयोद्धा.

**उग्रवादी** *सं* अतिचारी, अतिवादी, *अनुदार*, *आतंकवादी*, कट्टर, खाड़कू, चरमवादी, जंगजू, दंगई, दीवाना/दीवानी, दुराग्रही, फ़िदायीन, *मतांध*, लड़ाका, लड़ाकू, हठीला, •अंधानुगामी, •असहनशील, •आतंकवादी, ■दृढ़मतहीन, ■सहनशील.

**उग्रसेनज** = कंस.
**उग्रहण** = उगाही.
**उग्रा** = दुर्गा.
**उग्रानुभूति** = अत्युत्साह.
**उघड़ना** = उधड़ना, खुलना, प्रकटना.
**उघड़ा/उघड़ी** = अगुप्त, अगोप्य, अनावृत, अपरिधानित, छतहीन, पल्लवहीन, प्रकट, प्रदर्शित.
**उघड़ाई** = अनावरण, खुलाई, खुलाई.
**उघड़ापन** = बेपर्दगी.
**उघड़ी** = बेपरदा.
**उघाड़ना** = छीलना.

**उघाड़ना** *क्रि* आवरण हटाना, खुला करना, खोलना, *दिखाना*, परदा हटाना, प्रदर्शित करना, ■छिपाना, ■ढाँपना, ■पहनाना.

**उचंत** = रोकड़ उचंत.

**उचकना** *क्रि* *उछलना*, उझकना, *उठना*, ऊपर उठना.

**उचक्का** = दुर्जन.
**उचक्का/उचक्की** = उठाईगीर.
**उचक्कापन** = उठाईगीरी.
**उचटना** = उछलना, ऊबना, चिरना, दहकना, बिछुड़ना.
**उचटाना** = उकसाना, उखाड़ना, विलगाना.
**उचट्टा/उचट्टी** = उठाईगीर.
**उचाटता** = उदासी, ऊब.
**उचित** = अधिकारागत, अवसरानुकूल, आचरणीय, करणीय, तर्कसंगत, नैतिक, न्यायसंगत, न्यायानुकूल, पर्याप्त, प्रासंगिक, वांछनीय, विचारित, विधिसंगत, संगत, समर्थनीय, स्वीकार्य.
**उच्चंड** = उत्तेजित, क्रुद्ध, रुधिरपिपासु.
**उच्च** = अतिशयोक्तिपूर्ण, अपर (अधिकारी), आदर्शवादी, उच्चमानक, उच्चवर्गीय, उच्चवर्णीय, उच्चस्वरीय, उत्तम, उन्नमित, ऊँचा/ऊँची, धनाढ्य, पर्वतीय, प्रतिष्ठित, महल जैसा, महान, वैभवशाली, शब्दाडंबरपूर्ण, सर्वोच्च.
**उच्च (अधिकारी)** = अपर (अधिकारी).
**उच्च आकांक्षा** = दिवास्वप्न.
**उच्च आचरण** = नैतिकता, महानता.
**उच्च आदर्श** = आदर्श.
**उच्चकुल** = कुलीन.
**उच्चकुलीन** = कुलीन.
**उच्चकोटीय** = उच्चमानक, उत्तम, मूल्यातीत.
**उच्चक्षेत्र** = पर्वत प्रदेश.
**उच्च चरित्र** = सदाचार.
**उच्चजन** = कुलीन समाज.
**उच्चजाति** = उच्चवर्णीय, द्विज वर्ण.
**उच्चतः** = ऊपर की ओर, कुशलतः.
**उच्चतम** = उत्तम, सर्वोच्च.

**उच्चतम** *वि* अधिकतम ऊँचा, आकाशी, उच्चिष्ठ, कूटस्थ, चोटी वाला, परात्पर, प्रोत्तुंग, मूर्धन्य, शिखरस्थ, शिखरीय, शिरस्थ, शिरोमणि, शीर्ष, शीर्षस्थ, *सर्वोच्च*,

सर्वोपरि, सिरमौर, •गगनचुंबी, ▪गहरा/गहरी, ▪निम्नतम.

**उच्चतम अधिकारी** = सर्वोच्च सत्ताधारी.
**उच्चतम जीव** = मानव.

**उच्चतम न्यायालय** *सं* सदर अदालत, सर्वोच्च न्यायालय, सुप्रीम कोर्ट.

**उच्चतम बिंदु** = उच्चबिंदु.
**उच्चतम लोक** = मोक्षलोक.
**उच्चतम सत्ता** = सर्वोच्च सत्ता.
**उच्चतर** = बेहतर.
**उच्चतर स्थान पर** = ऊपर.
**उच्चता** = अच्छाई, आदर्श, उच्चता माप, ऊँचाई, क़द, पराकाष्ठा, सत्त्वगुण.
**उच्चताप** = ज्वर.

**उच्चता माप** *सं* उच्चता, ऊँचाई, ऊँचाई माप, •माप.

**उच्चता स्तर** = मानक.

**उच्चदिशा** *सं* आकाश दिशा, उत्काष्ठा, ऊँचाई, ऊर्ध्वदिशा, खमध्य दिशा, शिखर दिशा, शीर्षदिशा, ▪निम्नदिशा.

**उच्च न्यायालय** *सं* अदालते आलिया, चीफ़ कोर्ट, हाई कोर्ट.

**उच्चबिंदु** = मुख्य आकर्षण.

**उच्चबिंदु** *सं आकाश*, उच्चतम बिंदु, उत्कर्ष बिंदु, उत्संग, ऐवरैस्ट, *कंगूरा*, ककुद, *कलगी*, *कलश*, *खमध्य*, चूड़ा, *चोटी*, *छत*, *जूड़ा*, फुनगी, *मस्तक*, मौलि, शिखर, *शिखा*, *शिरोरेखा*, शीर्ष, *शीर्षक*, शृंग, *सिर*, सिरा, *सींग*, *स्तूप*, •पराकाष्ठा, •मुकुट, ▪निम्नबिंदु, ▪नीवँ.

**उच्चभवन** = महल.

**उच्चभाग** *सं* उपरला भाग, ऊपरी भाग, ऊर्ध्वभाग, *चोटी*, बालाई, शिखर, शिरोभाग, शीर्ष, शीर्षभाग, *सिर*, ▪निम्नभाग.

**उच्चभूमि** = बागर.

**उच्चमनस्क** = उच्चाशय.
**उच्चमनस्कता** = आदर्शवाद.
**उच्च मानक** = उन्नत [illegible].

**उच्चमानक** *वि* अच्छा/अच्छी, *आदर्श*, उच्च, उच्चकोटीय, उच्चस्तरीय, *उदाहरणीय*, परिष्कृत, *प्रशंसनीय*, बढ़िया, मक़बूल, विख्यात, •उत्तम, •मानकयुक्त, ▪अवमानक, ▪बुरा/बुरी.

**उच्चमार्ग** = बाँधपथ, राजमार्ग.
**उच्चय** = ढेर.
**उच्चयापचय** = उत्थानपतन.
**उच्चरित** = अभिव्यक्त, कथित, कथित.
**उच्च रेलमार्ग** = मोनोरेल मार्ग.
**उच्चल** = सक्रिय.
**उच्चलन** = गमन.
**उच्चवंश** = राज परिवार.
**उच्चवंशीय** = कुलीन.

**उच्चवर्ग** *सं* कुलीन जन, धनी वर्ग, महासामंत वर्ग, राज वर्ग, सामंत वर्ग, •रईस लोग, ▪निम्न वर्ग, ▪सर्वहारा वर्ग.

**उच्चवर्गीय** = कुलीन.

**उच्चवर्गीय** *वि* अभिजात, उच्च, *कुलीन*, धनी, राजसिक, *शालीन*, शाही, *शिष्ट*, सामंती, •उच्चवित्त, •कुलीन, •प्रतिष्ठित, •सम्माननीय, ▪सर्वहारा वर्गीय.

**उच्चवर्ण** = उच्चवर्णीय, द्विज वर्ण.
**उच्चवर्णीय** = कुलीन.

**उच्चवर्णीय** *वि* उच्च, उच्चजाति, उच्चवर्ण, उत्तमवर्ण, ऊँचा/ऊँची, *कुलीन*, द्विज, सकुल, सवर्ण, सवर्णज, सुजाति, सुवर्ण, •कुलीन, •शुद्धवर्णीय, ▪निम्नवर्णीय.

**उच्च विचार** = आदर्श.
**उच्च विचार प्रार्थना** = अपील.
**उच्चवित्त** = धनाढ्य.

**उच्चवित्त** *वि* धनी, रईस, शानदार, संपन्न, संभ्रांत, *समृद्ध*, •उच्चवर्गीय, •धनाढ्य, •मध्यवित्त, ▪निम्नवित्त.

**उच्चवेला** = ज्वार.

**उच्चसदन** = राज्यसभा.
**उच्चसभा** = कार्यसमिति.
**उच्चसमिति** = कार्यसमिति.
**उच्च सिद्धांत** = आदर्श.
**उच्चस्तर** = पराकाष्ठा.
**उच्चस्तरीय** = उच्चमानक, उत्तम.
**उच्चस्थ** = ऊँचा/ऊँची.
**उच्चस्थली** = पठार.
**उच्चस्थान** = मैरिट लिस्ट.

**उच्चस्वरीय** *वि* उँचा/उँची, उच्च, उत्ताल, उद्‌घोषकीय, ऊँचा/ऊँची, काटता/काटती, कानफोड़ू, गरजता/गरजती, गर्जनशील, गर्जनात्मक, घोर, घोरध्वनिपूर्ण, चुभता/चुभती, ज़ोर का, ज़ोरदार, *तीक्ष्ण*, तीव्र, तुमुल, दमदार, नादपूर्ण, प्रचंड, *प्रबल*, *भारी*, महाघोष, महानाद, मोटा/मोटी, विकट, सशक्त, ▪अश्रुतिगम्य, ▪मंदस्वरीय.

**उच्चांक** = डिस्टिंक्शन.
**उच्चांश** = तारा उच्चता माप.
**उच्चाकांक्षा** = महत्त्वाकांक्षा.
**उच्चाकांक्षी** = महत्त्वाकांक्षी.
**उच्चाकाश** = अंतरिक्ष.
**उच्चाचरण** = नैतिकता.
**उच्चाटन** = उखड़ाई, प्रभावरोधक, मंत्र काट.

**उच्चाटन** *सं* रिपुनाशन, शत्रुनाशन, •गुह्यविद्या, •भूत निवारण, •मंत्र काट.

**उच्चादर्शी** = आदर्शवादी, आदर्शवादी.
**उच्चाधिकारी** = अध्यक्ष.
**उच्चाधिपति** = सर्वोच्च सत्ताधारी.
**उच्चायुक्त** = राजनयिक.
**उच्चारक** = कथन कर्ता.
**उच्चारण** = वाचन.

**उच्चारण** *सं अभिव्यंजन*, *कथन*, तलफ़्फ़ुज़, निर्वचन, प्रकटन, *वचन*, वर्ण उच्चारण, *वाचन*, व्याहरण, शब्दन, स्वरोत्पादन, स्वरोदय, •वाचन, ▪अनुच्चारण, ▪लेखन.

**उच्चारण अभाव** = अनुच्चारण.
**उच्चारण शक्ति** = वाचेंद्रिय.

**उच्चारना** = कहना.
**उच्चावच** = असमतल.
**उच्चाशय** = महत्त्वाकांक्षी.

**उच्चाशय** *वि* उच्चमनस्क, उच्चाशयी, ऊँचा/ऊँची, कृतात्मा, खरा/खरी, पवित्रात्मा, पुण्यबुद्धि, बड़ा/बड़ी, बाला, महदाशय, *महान*, महानुभाव, महाशय, सत्संकल्प, सदात्मा, सदाशय, सद्विचारी, सहृदय, सादिक़, सुकृतात्मा, सुकेत, सुचेता, •ईर्ष्याहीन, •निस्स्वार्थ, •महत्त्वाकांक्षी, •महान, ▪कृतघ्न, ▪दुर्जनतापूर्ण.

**उच्चाशयी** = उच्चाशय.
**उच्चासन** = सम्मान स्थान.
**उच्चिष्ठ** = उच्चतम.
**उच्छल** = उत्साही, जवान, फेनिल, बहता/बहती, लहराता/लहराती.
**उच्छल तरंग** = महोर्मि.
**उच्छलन** = लहराव.
**उच्छलिका** = तीव्र नदी.
**उच्छिन्न** = नष्ट, हत्याकृत.
**उच्छिन्न होना** = उखड़ना.
**उच्छिष्ट** = उच्छिष्ट आहार, देहमल, भ्रष्ट (पुण्यस्थान), रद्दीकृत, सैकंड हैंड.

**उच्छिष्ट** *वि* अपूत, अशुद्ध, *उपभुक्त*, ख़राब, ख़राब, चखा/चखी, छुआ/छुई, जुठारा/जुठारी, जूठा/जूठी, झूठा/झूठी, दूषित, पात्रशेष, भुक्त, भुक्तशेष, भोगा/भोगी, *भ्रष्ट*, संभुक्त, संभुक्तशेष, सकरा/सकरी, समुच्छिष्ट, स्पृष्ट, •अपवित्र, •स्पर्शित.

**उच्छिष्ट आहार** *सं* अन्नशेष, अवशिष्टांश, *उच्छिष्ट*, जूठन, झूठन, *टुक्कड़*, फेंकन, भुक्तशेष, शेषान्न, •देवोच्छिष्ट आहार.

**उच्छिष्ट परिधान** *सं* उतरन, उतरन पुतरन, उतरे कपड़े, •चीथड़े, •परिधान.

**उच्छृंखल** = अनियंत्रणीय, उन्मुक्त, क्रमहीन, धृष्ट, नटखट, लड़बावला/लड़बावली, वन्य, वशातीत, वासनापूर्ण, संयमहीन, स्वेच्छाचारी.
**उच्छृंखलता** = असंयम, स्वेच्छाचार.
**उच्छेता** = नाश कर्ता.

**उच्छेत्ता** *सं* उखाड़ने वाला, उच्छेदक, उत्पाटक, समुत्पाटक, •उन्मूलक.

**उच्छेद** = नाश.
**उच्छेदक** = उच्छेत्ता, उन्मूलक, नाश कर्ता.
**उच्छेदन** = अंगछेदन, उखड़ाई, उन्मूलन, कटाई.
**उच्छेदन करना** = उखाड़ना.
**उच्छेदित** = उन्मूलित, विस्थापित.
**उच्छेदित करना** = उखाड़ना.
**उच्छ्वास** = आह, श्वास.
**उच्छ्वासन** = उद्बोधन.
**उछक्का** = कुलटा.
**उछलकूद** = अगंभीर नाटक, आनंदक्रीड़ा, हुड़दंग.
**उछलता/उछलती** = द्रुत, लहराता/लहराती, स्पंदनशील.
**उछलन** = छलाँग.
**उछलनशील** = टिप्पेदार.
**उछलना** = उचकना, उपटना, छलाँगना, दौड़ना, फड़कना, फड़फड़ाना, हुलसना.

**उछलना** *क्रि* उचटना, *उठना*, ऊपर उछलना, *कूदना*, रवकना, •उचकना, •चढ़ना, •छलाँगना, •झपटना, ▪कूदना.

**उछाल** = उबाल, छलाँग, टप्पा, द्रुत वेग, नभोत्तरण, फटकाई, फेंक.
**उछालदार** = टिप्पेदार.
**उछालन** = प्रक्षेपण.
**उछालना** = फटकना.

**उछालना** *क्रि* *उठाना*, *उड़ाना*, *फेंकना*, •उठाना, •फेंकना.

**उछाल फटक** = फटकाई.
**उछाला** = उबाल, टप्पा, फेंक, व्यापारिक महँगाई.
**उछाव** = उत्सव.
**उछाह** = आनंद, उत्साह, नशा, प्रेरणा, मंगलोत्सव, हँसी.
**उजका** = कृषिरक्षक पुतला.

**उजड़ना** *क्रि* अंत होना, अतापता तक न मिलना, अस्त होना, उजाड़ होना, उड़*ना*, ख़त्म होना, ख़ाक उड़ना, ग़ायब होना, ग़ारत होना, *जाना*, *डूबना*, *ढहना*, तबाह होना, ध्वस्त होना, न बचना, न रहना, नष्ट होना, नामो निशान मिटना, नाश होना, नेस्तनाबूद होना, पानी फिरना, बंटा ढार होना, बरबाद होना, बेड़ा डूबना, *बैठना*, मटियामेट होना, *मरना*, मिटना, लुप्त होना, विनाश होना, सफाया होना, समाप्त होना, हस्ती मिटना, ▪बचना, ▪बनना, ▪बसना.

**उजड़ा/उजड़ी** = उपवनहीन, नष्ट, पतझड़ी, विस्थापित, वैभवहीन.
**उजड्ड** = अपरिष्कृत, धृष्ट, लड़बावला/लड़बावली.
**उजड्डता** = दुर्व्यवहार, मुँहज़ोरी.
**उज़बक** = अदक्ष, असंस्कृत, नौसिखिया, मूर्ख.
**उजरत** = पारिश्रमिक, वेतन.
**उजरतदार** = अमानीदार.
**उजरतिया** = अमानीदार.
**उजरती काम** = अमानी काम.
**उजरती श्रमिक** = अमानीदार.
**उजलत** = जल्दबाज़ी.
**उजलतबाज़** = जल्दबाज़.
**उजलतबाज़ी** = जल्दबाज़ी.
**उजला** = धोबी.
**उजला/उजली** = उज्ज्वल, चमकदार, तारायुक्त, पालिशदार, सुदृश्य.
**उजला पखवाड़ा** = शुक्लपक्ष.
**उजागर** = अगोप्य, चमकदार, पालिशदार, प्रसिद्ध.
**उजागर करना** = दिखाना.
**उजाड़** = आवासीहीन, उपवनहोन, नष्ट, पतझड़ी, मरुथलीय, वैभवहीन.

**उजाड़** *वि* *अनुर्वर*, ऊजड़, *ऊसर*, बंजर, रूखा/रूखी, रेगिस्तानी, *वंध्य*, वनस्पतिहीन, वीरान, शस्यहीन, शुष्क, सहराई, सूखा/सूखी, •अनुर्वर, ▪शसयपूर्ण, ▪सुरम्य, ▪हरियल.

**उजाड़ खंड** = वन.
**उजाड़ना** = ढहाना, बिगाड़ना, हटाना.

**उजाड़ना** *क्रि* अंत करना, *उड़ाना*, कूँची फेरना, ख़त्म करना, ख़ाक करना, ख़ाक में मिलाना, खोज मिटाना, *गिराना*, चिह्न मिटाना, चीरचीर करना, चौपट करना, डुबोना, *ढहाना*, ढाना, तमाम करना, *तोड़ना*, दररना, *दलना*, ध्वस्त करना, नष्ट करना, नसाना, नाम निशान मिटाना, नाश करना, निर्मूल करना, पटरा फेरना, परखचे उड़ाना, बंटा ढार करना, *बिगाड़ना*, भंग करना, भंजित करना, मटियामेट करना, *मथना*, *मारना*, मिटा डालना, मिटाना, मिट्टी में मिलाना, मेटना, लोपना, विदीर्ण करना, विध्वंस करना, विध्वस्त करना, विनसाना, विनाशना, संघारना, सत्यानास करना, सफ़ाया करना, समाप्त करना, सर्वनाश करना, *हटाना*, ●उखाड़ना, ●तोड़ना, ●बिगाड़ना, ●मारना, ●संहारना, ■गढ़ना, ■जनना, ■बनाना, ■बसाना.

**उजाड़ होना** = उजड़ना.
**उजाड़ू** = नाश कर्ता.
**उजाला** = दिन, प्रकाश.
**उजाले का तारा** = प्रातःकालीन शुक्र.
**उजास** = चमक, प्रकाश.
**उजियारा/उजियारी** = पालिशदार.
**उजियाला** = प्रकाश.
**उजियाला/उजियाली** = पालिशदार.
**उजियाली** = चाँदनी.
**उज्जड़न** = उखड़ाई.
**उज्जागरक** = सचेतक.
**उज्जागरण** = उद्बोधन.
**उज्जीवन** = मृत संजीवन.
**उज्ज्वल** = चमकदार, धुला/धुली, पालिशदार, रुपहला/रुपहली, स्वच्छ.

**उज्ज्वल** *वि* अवदात, उजला/उजली, खिलता/खिलती, खिला/खिली, खुला/खुली, चमकता/चमकती, जीवंत, धवल, धवला/धवली, धौला/धौली, निखरा/निखरी, प्रस्फुटति, विशद, विस्फुट, सजीव, स्फुटित, ●चमकदार, ■अपारदर्शी, ■कुदृश्य, ■धुँधला/धुँधली, ■फीके रंग वाला, ■बदरंग.

**उज्ज्वलक** = आलोकक, आलोकक.
**उज्ज्वल करना** = दमकाना.
**उज्ज्वलता** = चमक, प्रकाश.

**उज्ज्वलन** *सं* खिलन, खुलन, निखार, *प्रस्फुटन*, प्रहास, रंग प्रस्फुटन, रंग विशदन, विशदन, स्फुटन.

**उज्ज्वल होना** = निखरना.
**उज्ज्वला** = सुंदर स्त्री.
**उज्ज्वलित** = आलोकित, पालिशदार.
**उज्झटित** = जटिल.
**उज्झड़** = कलहप्रिय.
**उज्र** = आपत्ति.
**उझकना** = उचकना, चौंकना, झाँकना, बिदकना.
**उटंगा/उटंगी** = साइज़ से छोटा.
**उटज** = पर्णकुटी.
**उट्ठी बोलना** = हारना.
**उठंग** = आधार.
**उठंगन** = थूनी.
**उठँगाना** = थामना.
**उठंत** = नभोत्तरण.

**उठक बैठक** *सं* बैठक, बैठकी, ●डंड, ●डंड बैठक, ●व्यायाम.

**उठ खड़ा/उठ खड़ी** = उठा/उठी.
**उठता/उठती** = उत्थानशील, उदीयमान, उन्नमित, चढ़ानदार.
**उठता गिरता** = बहता/बहती.
**उठता गिरता/उठती गिरती** = लहराता/लहराती.
**उठता बैठता/उठती बैठती** = स्पंदनशील.
**उठते** = ऊपर की ओर.
**उठते बैठते** = हमेशा.
**उठन** = अंकुरण, उत्थान, उन्नमन.
**उठन गिरन** = उत्थानपतन, लहराव.
**उठना** = अँकुराना, उगना, उचकना, उछलना, उड़ना, उफनना, उबरना, उबलना, उभरना, घुमड़ना, चढ़ना, जागना, जाना, दौड़ना, बनना, मरना, लहरना, सँभलना, सुधरना, हिलना.

**उठना** *क्रि* उत्थान होना, उद्गत होना, ऊपर जाना, ऊर्ध्वगमन करना, *चढ़ना*, *बढ़ना*, ●उचकना, ●उछलना, ●उड़ना, ●उबरना, ●उभरना, ●चढ़ना, ■उतरना, ■गिरना, ■झुकना.

**उठना गिरना** = लहरना.
**उठना बैठना** = आपसदारी, जीवनस्तर, मिलना जुलना, संगति.
**उठने बैठने का कमरा** = लौबी.
**उठ बैठा/उठ बैठी** = उठा/उठी.
**उठल्लू** = ख़ानाबदोश, घुमक्कड़, भिखारी.
**उठा/उठी** = अधरस्थित, अपहृत, उत्साहित, उदित, उन्नत, उन्नतोदर, उन्नमित, ऊँचा/ऊँची, खड़ा/खड़ी, ख़मीरा/खमीरी, जाग्रत, पर्वतीय, प्रतिक्षितिज, प्रेरित, विस्थापित, सन्नद्ध.

**उठा/उठी** *वि* उठ खड़ा/उठ खड़ी, उठ बैठा/उठ बैठी, उत्तिष्ठ, उत्थपित, उत्थित, उदूढ़, ■लेटा/लेटी.

**उठाई** = ख़रीद.

**उठाई** *सं* उठावन, उत्कर्षण, उत्तंभन, उत्तोलन, *उत्थान*, उत्थापन, उद्वहन, *उन्नमन*, उन्नयन, ऊपर उठाना कर्म, ऊर्ध्वकर्षण, ऊर्ध्वनयन, ऊर्ध्ववहन, नीचे से उठाना कर्म, प्रोत्कर्षण, प्रोत्तंभन, प्रोत्थापन, लिफ़्टिंग, समुन्नयन, ●उबराई, ■अधोवहन, ■गिराई.

**उठाईगीर** *सं* उचक्का/उचक्की, उचट्टा/उचट्टी, उठाईगीरा, लपचकना/लपचकनी, हथलपका, ●चोर, ●पाकेटमार.

**उठाईगीरा** = उठाईगीर.

**उठाईगीरी** *सं* उचक्कापन, छिटपुट चोरी, टिकिया चोरी, हथलपकी, ●चोरी, ●पाकेटमारी.

**उठाऊ** = वहनीय.
**उठाऊ द्वार** = फ़र्शी द्वार.
**उठान** = आरंभ, आरंभिक कर्म, उत्थान, उदय, उन्नति, उन्नमन, उबाल, ऊँचाई, चढ़ान, चबूतरा, ज्वार, नभोत्तरण, नवयौवन, बाढ़, भवन आधार भूमि,

व्यापारिक महँगाई, स्वरारोह.
**उठान गिराव** = लहराव.
**उठानदार** = उन्नतोदर.
**उठान भरना** = उड़ना.
**उठान लेना** = उड़ना.
**उठाना** = उखाड़ना, उछालना, उड़ाना, उबजाना, उबारना, कमाना, ख़रीदना, चढ़ाना, चिनना, चुगना, चेताना, जगाना, ढोना, निखारना, फुलाना, लेना, सँभालना, सुधारना, हटाना, हिलाना.

**उठाना** *क्रि* उत्थापित करना, उत्थित करना, उभारना, ऊपर करना, ऊर्ध्ववहन करना, कंधा लगाना, *चढ़ाना*, प्रोत्थापन करना, लहना, *सँभालना*, ●उड़ाना, ●उबारना, ■गिराना, ■झुकाना, ■दबाना, ■पटकना.

**उठाना गिराना** = डुलाना.
**उठापटक** = उत्थानपतन, खड़खड़, भाग्यचक्र, हुड़दंग.
**उठापन** = उन्नमन.
**उठा फ़र्श** = चबूतरा.
**उठाया/उठाई** = आरंभित, विस्थापित.
**उठा रखना** = बचत करना.
**उठावन** = उठाई.
**उठौनी** = अग्रदेय, बयाना, वररोक.
**उड़ंत** = नभोत्तरण.
**उड़ता/उड़ती** = अधरस्थित, उड्डयनशील, द्रुत.
**उड़ती ख़बर** = अफ़वाह.
**उड़ती नज़र** = दृष्टिपात.
**उड़ते** = द्रुततः.
**उ़ड़द** = दलहन.

**उड़द** *सं* उरद, उरदी, उरिद, उर्द, पित्र्य, पुरीषम, माश, माष, माष कलाय, माषपर्णी, माषा, माह.

**उड़द पीठी पकौड़ा** = बड़ा.
**उड़न** = उड्डयन, उड्डयनशील.
**उड़न छू** = अंतर्धान, चंपत.

**उड़न तश्तरी** *सं* अज्ञात आकाश यान, अज्ञात यान, फ़्लाइंग सौसर, यूऐफ़ओ, ●अंतरिक्ष यान.

**उड़न तारपीडो** = प्रक्षेपास्त्र.
**उड़न बम** = प्रक्षेपास्त्र.
**उड़न यान** = नभयान.
**उड़नशील** = गैसीय, नभचर.
**उड़ना** = उजड़ना, कुलाँचना, दौड़ना, फहरना, बीतना, भागना, सूखना.

**उड़ना** *क्रि* आकाश में जाना, *उठना*, उठान भरना, उठान लेना, उड़ान भरना, ऊपर जाना, *चढ़ना*, नभोत्तरित होना, ●कुलाँचना, ●घुमड़ना, ●पंख मारना, ■उतरना, ■गिरना.

**उड़ना/उड़नी** = उड्डयनशील.
**उड़ने वाला** = नभचर.
**उड़ने वाला कीड़ा** = शलभ.
**उड़ने वाला साँप** = ड्रैगन.
**उड़ा/उड़ी** = बदरंग.
**उड़ाई** = अपव्यय, अपहरण, दुरुपभोग, सुखाई.
**उड़ाऊ** = अपव्ययी.
**उड़ाका** = विमानचालक.
**उड़ान** = उड्डयन, उन्नति, कल्पना, दिवास्वप्न, द्रुत वेग, नभोत्तरण, विमान यात्रा, सहसा कल्पना.

**उड़ान** *सं* एक उड़ान, परवाज़, फ़्लाइट, ●उड्डयन, ●उत्थान.

**उड़ान पट्टी** *सं* धावन पट्टी, रनवे, विमान धावनी, विमान पट्टी, विमान वीथी, हवाई पट्टी, ●उड्डयन बिंदु, ●हवाई अड्डा.

**उड़ान भरना** = उड़ना.
**उड़ाना** = उछालना, उजाड़ना, औटाना, खाना, चुराना, फोड़ना, बिखेरना, लीलना, संहारना, सुखाना.

**उड़ाना** *क्रि* *उठाना*, *चढ़ाना*, नभोत्तारित करना, *बढ़ाना*, ●उठाना, ■गिराना, ■झुकाना.

**उड़ाया/उड़ाई** = अपहृत.
**उड़ा लेना** = चुराना.
**उड़िपी** = कर्नाटकीय, दक्षिण भारतीय (भोजन).
**उडिपी दाल** = साँभर.
**उड़िया** = उड़ीसाई, भारत राष्ट्रभाषा सूची, भारतीय लिपि सूची.
**उड़िसी** = भारतीय शास्त्रीय नृत्य.
**उड़ी** = कलाबाज़ी.
**उड़ीसा** = भारत राज्य प्रदेश.

**उड़ीसा** *सं* उड्र, उत्कल, ओड्र, कलिंग, कलिंगा, ●भारत राज्य प्रदेश सूची.

**उड़ीसाः राजधानी** *सं* भुवनेश्वर.

**उड़ीसाई** *वि* उड़िया, उत्कल, उत्कली, उत्कलीय, औड्र.

**उडुंबर** = गूलर.
**उडुप** = नौका, बेड़ा.
**उडुपति** = चंद्रमा.
**उड़ेलना** = उँडेलना.
**उड्डयन** = विमानन, विमान यात्रा.

**उड्डयन** *सं* आकाशगमन, आकाशचर्या, उड़न, *उड़ान*, उड्डीन, *उत्थान*, गगनचर्या, चढ़न, डीन, नभोगमन, परवाज़, ●ग्लाइडिंग, ●विमानन, ■धरावतरण, ■पतन.

**उड्डयनशील** *वि* अंबरचर, आकाशगामी, आकाशचारी, आरोहशील, उड़ता/उड़ती, उड़न, उड़ना/उड़नी, उड्डीन, उड्डीयमान, ऊँचा/ऊँची, चढ़ता/चढ़ती, नभग, नभगामी, *नभचर*, नभोग, बढ़ता/बढ़ती, व्योमगामी, हवाई, ●उत्थानशील, ●ऊँचा/ऊँची, ■अधोगामी.

**उड्डीन** = उड्डयन, उड्डयनशील.
**उड्डीयमान** = उड्डयनशील.
**उड्र** = उड़ीसा.
**उढ़कन** = थूनी.
**उढ़कना** = टिकना.
**उढ़का/उढ़की** = बंद.
**उढ़काना** = अटकाना, सटाना.
**उढ़ाना** = ढाँपना, फहराना.
**उतथ्य** = ऋषि.

**उतना/उतनी** *वि* उस मात्रा में, तितना/तितनी, तेता/तेती, वितना/वितनी, वित्ता/वित्ती, ●इतना/इतनी, ●कितना/कितनी.

**उतना जितना/उतनी जितनी** = अनुपातयुक्त.

**उतरता/उतरती** = अधोगामी, अवनतिशील, अवरोहक्रमिक, अस्तगामी, ढलानदार

**उतरता क्रम** = अवरोह क्रम.

**उतरता चढ़ता/उतरती चढ़ती** = उथलपुथलपूर्ण, लहराता/लहराती.

**उतरते** = नीचे की ओर.

**उतरन** = अवरोहण, उच्छिष्ट परिधान, छीलन.

**उतरन पुतरन** = उच्छिष्ट परिधान.

**उतरना** = उधड़ना, चिरना, टिकना, ढलना, धुँधलाना, नुँचना, मुरझाना.

**उतरना** *क्रि* अवतरित होना, अवरोहण करना, *गिरना*, *टपकना*, *डूबना*, *ढलना*, नीचे आना, नीचे उतरना, नीचे जाना, पड़ना, *बैठना*, •कूदना, ■उठना, ■उड़ना, ■चढ़ना.

**उतरा/उतरी** = धुँधला/धुँधली, पुराना/पुरानी, विवर्ण, वैभवहीन.

**उतराई** = अवरोहण, ढलान, यात्रा अंत.

**उतराना** = उबरना.

**उतरे कपड़े** = उच्छिष्ट परिधान.

**उतार** = गाधस्थल, ढलान, भाटा, स्वरावरोह.

**उतारचढ़ाव** = असमतल भूमि, आरोह अवरोह, उत्थानपतन, भाग्यचक्र.

**उतारचढ़ावदार** = असमतल, उथलपुथलपूर्ण, घटनापूर्ण, नाटकीय.

**उतारचढ़ावहीन** = अरोचक, आरोहअवरोहहीन, समतल.

**उतारना** = उकेरना, खुरचना, गिराना, गिराना, चुकाना, झुकाना, टिकाना, तलना, तैराना, रेतना, लिटाना.

**उतारना** *क्रि* अनलोड करना, ख़ाली करना, खोलना, बोझा उतारना, माल उतारना, सामान उतारना, हलका करना, •गिराना, •झुकाना, •पटकना, •रिताना, ■चढ़ाना, ■लादना.

**उतारा** = प्रभावरोधक, मंत्र काट, वारफेर.

**उतारू** = कटिबद्ध, यात्री, युद्धोत्सुक, सवार.

**उतावला/उतावली** = आतुर, जल्दबाज़, तत्पर, विवेकहीन.

**उतावलापन** = आतुरता, दुस्साहस.

**उतावली** = आतुरता, लालसा.

**उत्कंठा** = आतुरता, उत्तेजना, चिंता, चिंता, जिज्ञासा, धैर्यभंग, भय, रोमांच.

**उत्कंठापूर्ण** = जिज्ञासु.

**उत्कंठित** = आतुर, चिंतित.

**उत्क** = जिज्ञासु.

**उत्क/उत्का** = भावपूर्ण.

**उत्कट** = अहंकारी, उन्मत्त, कठिन, प्रबल, भावुक, हठी.

**उत्कट (प्रेमी)** = प्रेमासक्त.

**उत्कट इच्छा** = लालसा.

**उत्कटता** = अत्युत्साह, आसक्ति.

**उत्कर्ष** = उन्नति, क्लाईमैक्स, खमध्य, नवयौवन, पराकाष्ठा, परिष्कार, प्रसन्नता, यौवन, सुपरिस्थिति.

**उत्कर्षक** = उन्नायक.

**उत्कर्षकारी** = विकासकारी.

**उत्कर्ष काल** = वसंत, स्वर्णयुग.

**उत्कर्ष काल** *सं* अच्छा ज़माना, अच्छा वक़्त, अच्छे दिन, इतिहा, उन्नत काल, उन्नति काल, चरम काल, ज़माना, दौर, दौरदौरा, प्रगति काल, प्रतिष्ठा वृद्धि, बहार, बोलबाला, वक़्त, *वसंत*, विकास काल, शबाब, शुभकाल, समय, समृद्धि काल, सुकाल, सुनहरा दौर, सुसमय, सौभाग्य काल, स्वर्णकाल, *स्वर्णयुग*, •भाग्योदय, ■अवनति काल.

**उत्कर्षण** = उठाई.

**उत्कर्ष बिंदु** = उच्चबिंदु.

**उत्कर्ष सीमा** = पारमिता.

**उत्कल** = उड़ीसा, उड़ीसाई.

**उत्कली** = उड़ीसाई.

**उत्कलीय** = उड़ीसाई.

**उत्कारिका** = पुलटिस.

**उत्काष्ठा** = उच्चदिशा.

**उत्कास** = खखार.

**उत्कीर्ण** = लिखित.

**उत्कीर्ण** *वि* अंकित, उकेरा/उकेरी, उत्खचित, करंबित, खचित, खुदा/खुदी, खुरचा/खुरची, तक्षित, तराशा/तराशी, नक़्क़ाशीदार, रेखांकित, *लिखित*, लेखांकित, •चित्रित, •जड़ित, ■उद्रेखित.

**उत्कीर्णक** = मूर्तिकार.

**उत्कीर्णक** *सं* उकीर्णक, उकेरक, उकेरा/उकेरिन, उत्कीर्ण कर्ता, उत्कीर्णन कर्मी, कनसार, गुलतराश, चितेरा/चितेरिन, चितेरा/चितेरी, नक़्क़ाश, नक़्क़ाशी कर्मी, लेखी, •शिल्पकार.

**उत्कीर्ण करना** = उकेरना.

**उत्कीर्ण कर्ता** = उत्कीर्णक.

**उत्कीर्णन** = मूर्तिकर्म.

**उत्कीर्णन** *सं* अंकन, अँकाई, उत्खचन, उरेह, उरेहन, ऐचिंग, ऐनग्रेविंग, कारुकार्य (प्रा), कार्विंग, कुरेद, कुरेदन, कुरेल, खचन, खचावट, *खरोंच*, खुदाई, खुरच, खुरचाई, चिज़लिंग, चेज़िंग, छिदाई, तक्षण, तराश, नक़्क़ाशी, नक़्क़ाशी कर्म, निगारी, निर्लेखन, मुनब्बतकारी, *लेखन*, लेखांकन, •उद्रेखन, •पच्चीकारी, •मूर्ति, •लेखन.

**उत्कीर्णन कर्मी** = उत्कीर्णक.

**उत्कुण** = खटमल, जूँ.

**उत्कृष्ट** = ईर्षणीय, उत्तम, उत्तम अवस्था सूचक शब्द सूची, कलात्मक, चरम, परिपूर्ण, प्रथम स्थानीय, मूल्यातीत, राजसी, शास्त्रीय (कला), सुंदर.

**उत्कृष्ट कृति** = कालजयी कलाकृति.

**उत्कृष्टतः** = कुशलतः.

**उत्कृष्टता** = चरम अवस्था, पराकाष्ठा, पारमिता, प्रथम स्थान.

**उत्कृष्टता प्रेमी** *सं* *आदर्शवादी*, नाज़ुकदिमाग़, नाज़ुकमिज़ाज, परफ़ैक्शनिस्ट, शाहानामिज़ाज, •अहंकारी, •आदर्शवादी, •गुणग्राहक, •सुरुचिमन्यक.

**उत्कोच** = रिश्वत.

**उत्क्रम** = आरंभिक कर्म.

**उत्क्रमण** = गमन.

**उत्क्रमिक** = आरोहक्रमिक.

**उत्क्रांत** = परिवर्तित.

**उत्क्राम** = उत्थान.

**उत्क्रोश** = डाँट, विस्मयोक्ति.
**उत्क्षेप** = फेंक.
**उत्क्षेपण** = प्रक्षेपण.
**उत्खंता** = खनिकर्मी, खनिता.
**उत्खचन** = उत्कीर्णन.
**उत्खचित** = उत्कीर्ण.
**उत्खनक** = खनिता.
**उत्खनन** = खनन.

**उत्खनन** *सं* आखात, खनिकर्म, खुदाई, खोद कर निकालना कर्म, निकलाई, निष्कर्षण, •उखड़ाई, ▪गड़ाई.

**उत्खनन कर्ता** = खनिकर्मी.
**उत्खात** = खान, गड्ढा, बिल.
**उत्तंक** = ऋषि.
**उत्तंभ** = आधार सूची, जैक.
**उत्तंभक** = जैक.
**उत्तंभन** = उठाई.
**उत्तंस** = आभूषण, कर्णफूल, चूड़ामणि.
**उत्तट** = घाट.
**उत्तनित** = तना/तनी.

**उत्तपम** *सं* उत्तपा, उत्थपा, •चीला, •साँभर.

**उत्तपा** = उत्तपम.
**उत्तप्त** = क्रुद्ध, गरम, तप्त, मनोक्षिप्त.
**उत्तम** = अच्छा/अच्छी, उत्तम अवस्था सूचक शब्द सूची, कलात्मक, कल्याणकारी, चयनीय, प्रसिद्ध, मूल्यातीत, राजसी, वांछनीय, वैभवशाली, सुंदर.

**उत्तम** *वि* अगला/अगली, अग्र, अग्रणी, अग्रिय, अच्छा/अच्छी, अतिशयी, अतिश्रेष्ठ, अत्युत्तम, अधिकतम अच्छा, अनवम, अनवर, अनुत्तम, *अनुपम*, अनुपमेय, अन्यतम, अभिजात, अव्वल, *आदर्श*, *आला*, आलातरीन, आली, उच्च, उच्चकोटीय, *उच्चतम*, उच्चस्तरीय, उत्कृष्ट, उत्तमोत्तम, *उन्नत*, उम्दा, ऊँचा/ऊँची, ए-वन, कमाल का, क़यामती, खरा/खरी, ख़ास, खुसूसी, गुणोत्तम, गौरवशाली, *चरम*, चीदा, चुनवाँ, चुना/चुनी, चुनिंदा, *चूड़ामणि*, चोटी का, टौप, टौपक्लास, नंबर वन, निरुपम, नेकतरीन, परम, परा, पहला/पहली, पारमित, प्रकृष्ट, प्रथम, *प्रथम स्थानीय*, *प्रधान*, प्रशस्त, प्रोन्नत, फ़ाइन, बढ़ चढ़ कर, बढ़ा चढ़ा/बढ़ी चढ़ी, बढ़िया, बरतर, बला का, बहुत अच्छा, बाला, बेजोड़, बेमिसाल, बेहतरीन, *महान*, महिमान्वित, महोन्नत, मुख्य, मूर्धन्य, राज-, लाजवाब, वरिष्ठ, वरीयान, वरेण्य, *वांछनीय*, वाला, विश्वस्तरीय, शाह-, शाहाना, शिरस्य, शिरोमणि, शीर्षस्थ, शुद्ध, *श्रेय*, श्रेष्ठ, सब से अच्छा, सब से बढ़िया, सब से हट कर, सर्वप्रथम, सर्वश्रेष्ठ, *सर्वोच्च*, सर्वोत्कृष्ट, सर्वोत्तम, सर्वोपरि, सिरमौर, सुलतानी, हट कर, •परिपूर्ण, •बेहतर, ▪अधम, ▪निकृष्ट, ▪मध्यमस्तरीय.

**उत्तम अवस्था सूचक शब्द सूची** *वि* अत्युत्तम, अव्वल, *आला*, उत्कृष्ट, *उत्तम*, *चरम*, परम, बेहतरीन, विशिष्ट, शीर्षस्थ, श्रेष्ठ, सर्वोत्तम.

**उत्तमगंधा** = चमेली.

**उत्तम जनसमूह** *सं* अंजुमन, ख्यात जन, गोष्ठी, नवरत्न, मंडली, महफ़िल, महामंडली, विद्वन्मंडली, *सितारे*, •कुलीन समाज, •विद्वत्समाज, ▪जन साधारण.

**उत्तमता** = चरम अवस्था.
**उत्तम पुरुष** = मैं, विष्णु.
**उत्तम पुरुष सर्वनाम** = सर्वनाम.
**उत्तम मनु** = मनु सूची.
**उत्तम यज्ञ** = पशुबलि.
**उत्तम वय** = वृद्धावस्था.
**उत्तमवर्ण** = उच्चवर्णीय.
**उत्तम वस्तु** = उत्तम व्यक्ति या वस्तु.

**उत्तम व्यक्ति या वस्तु** *सं* अलंकार, *आभूषण*, उत्तम वस्तु, *उपहार*, ऋषभ, कुंजर, केसरी, कोहनूर, *चूड़ामणि*, *दिग्गज*, *नायक*, *निधि*, पुंगव, *प्रधान*, फूल, *महारथी*, मार्तंड, *मुकुट*, *मोती*, *रत्न*, *राजा*, *रानी*, *वरदान*, वृषभ, व्याघ्र, शार्दूल, शाह, शिरोमणि, शृंगार, संपदा, *सिंह*, *सोना*, *हीरा*.

**उत्तमश्लोक** = प्रसिद्ध.
**उत्तमांग** = सिर.
**उत्तमार्ध** = उत्तरार्ध.
**उत्तमोत्तम** = उत्तम, पराकाष्ठागत.
**उत्तरंग** = चौखट शीर्ष, महोर्मि, लहराता/लहराती.
**उत्तर** = उत्तर अवस्था सूचक शब्द सूची, उत्तर दिशा, उत्तरवर्ती, प्रतिक्रिया, प्रतिध्वनि, प्रतिशोध, प्रत्याक्रमण, बेहतर, समाधान.

**उत्तर** *सं* जवाब, निराकरण, *परिणाम*, *प्रतिक्रिया*, प्रतिजल्प, प्रतिवचन, प्रत्युक्ति, *प्रत्युत्तर*, शंका समाधान, *समाधान*, *स्पष्टीकरण*, •प्रतिक्रिया, •प्रत्युत्तर, ▪जिज्ञासा, ▪प्रश्न.

**उत्तर अमरीका** = अमरीका द्वय (मुख्य खंड) सूची.
**उत्तर अमरीकी महाद्वीप** = महाद्वीप नाम सूची.

**उत्तर अयनांत** *सं* कर्क संक्रांति, सब से लंबा दिन, •अयनांत, •दक्षिण अयनांत.

**उत्तर अवस्था सूचक शब्द सूची** *वि* *अधिक*, अधिकतर, अल्पतर, इक्कीस, *उत्तर*, *उन्नीस*, *कमतर*, छोटा/छोटी, निन्यानबे, बड़ा/बड़ी, बढ़ कर, *बेहतर*, सवाई.

**उत्तर आषाढ़ा** = नक्षत्र सूची.
**उत्तर कथा** = उपसंहार.
**उत्तर कांड** = उत्तरार्ध.
**उत्तर का** = उत्तरी.
**उत्तर काल** = भविष्य काल.
**उत्तरकाल में** = बाद में.
**उत्तरकालीन** = उत्तरवर्ती, भविष्यकालीन.
**उत्तर खंड** = उत्तर भारत, उत्तरार्ध.
**उत्तर खंडीय** = उत्तर भारतीय.
**उत्तरजीवी** = उत्तराधिकारी.

**उत्तरजीवी** *सं* अतिजीवी, अनुजीवी, जीवी, सरवाइवर, •उत्तराधिकारी, •जीवन रक्षक.

**उत्तर टालने वाला** = बहानेबाज़.

**उत्तर दक्षिण पूरब पश्चिम** = चारदिश, हर ओर.

**उत्तरदाता** = अभियुक्त, उत्तरदायी, प्रतिवादी.

**उत्तरदानग्राही** = उत्तराधिकारी.

**उत्तरदायित्व** = दायित्व.

**उत्तरदायित्वहीन** = दायित्वहीन.

**उत्तरदायी** *वि* उत्तरदाता, जवाबदेह, ज़िम्मेदार, दायी, बद्धप्रतिज्ञ, बाध्य, वचनबद्ध, •दंडनीय, ▪दायित्वहीन.

**उत्तर दिशा** *सं* *उत्तर*, उदीची, ध्रुव दिशा, नार्थ, •दिशा, ▪दक्षिण दिशा.

**उत्तर दिशा का** = उत्तरी.

**उत्तर दिशादर्शी यंत्र** = कंपास.

**उत्तर ध्रुव** *सं* नार्थ पोल, पृथ्वी उत्तर ध्रुव, मेरु, सुमेरु, •पृथ्वी ध्रुव, ▪दक्षिण ध्रुव.

**उत्तर ध्रुव क्षेत्र** *सं* आर्कटिक, आर्कटिक क्षेत्र, आर्कटिक प्रदेश, ▪दक्षिण ध्रुव क्षेत्र.

**उत्तर ध्रुव तारा** = ध्रुव तारा.

**उत्तर ध्रुव महासागर** *सं* आर्क्टिक ओशन, ध्रुव सागर, •समुद्र, ▪दक्षिण ध्रुव महासागर.

**उत्तरपक्ष** = शुक्लपक्ष.

**उत्तरपट** = ओढ़नी, चादर.

**उत्तर पवन** *सं* उत्तर से आने वाली हवा, ट्रमोंटेन (इटली), बोरियास, मिस्ट्राल (भूमध्य सागर).

**उत्तर पश्चिम** = उत्तर पश्चिम दिशा.

**उत्तर पश्चिम दिशा** *सं* उत्तर पश्चिम, उत्तर पश्चिम विदिशा, उत्तर पश्चिमा, नार्थ-वैस्ट, वायव्य कोण, वायुकोण.

**उत्तर पश्चिम विदिशा** = उत्तर पश्चिम दिशा.

**उत्तर पश्चिमा** = उत्तर पश्चिम दिशा.

**उत्तर पश्चिमी** *वि* पश्चिमोत्तरी, वायव्य, वायुकोणीय.

**उत्तर पूर्व** = उत्तर पूर्व दिशा.

**उत्तर पूर्व दिशा** *सं* अपराजिता, ईशान कोण, उत्तर पूर्व, उत्तर पूर्व विदिशा, उत्तर पूर्वा, ऐशानी, नार्थ-ईस्ट, पूर्वोत्तर, पूर्वोत्तरा, शिवदिशा.

**उत्तर पूर्व विदिशा** = उत्तर पूर्व दिशा.

**उत्तर पूर्वा** = उत्तर पूर्व दिशा.

**उत्तर पूर्वी** *वि* ईशान कोणीय, ईशानीय, ऐशान, पूर्वोत्तरी.

**उत्तर प्रत्युत्तर** = वार्तालाप.

**उत्तर प्रदेश** = भारत राज्य प्रदेश.

**उत्तर प्रदेश** *सं* उप्र (बीज नाम), यूपी (बीज नाम), संयुक्त प्रांत (पूर्व नाम), संयुक्त प्रांत आगरा और अवध (पूर्व नाम), •भारत राज्य प्रदेश सूची.

**उत्तर फल्गुनी** = नक्षत्र सूची.

**उत्तर भाद्रपद** = नक्षत्र सूची.

**उत्तर भारत** *सं* अंतर्वेद, आर्य देश, आर्यभूमि, आर्यावर्त, उत्तर खंड, उत्तराखंड, उत्तरापथ, ब्रह्मावर्त, •दक्षिण भारत, •पश्चिम भारत, •पूर्व भारत.

**उत्तर भारतीय** *वि* आर्यावर्तीय, उत्तर खंडीय, *उत्तरी*.

**उत्तर मीमांसा** = वेदांत दर्शन.

**उत्तरवर्ती** = उत्तरी.

**उत्तरवर्ती** *वि* अगला/अगली, अनुवर्ती, अपर, *उत्तर*, उत्तरकालीन, उपरांतीय, पर-, परवर्ती, पश्च, पश्चाद्वर्ती, पीछे का, बाद का, •समकालीन, ▪पूर्ववर्ती.

**उत्तरवर्ती सूची** = इंडैक्स.

**उत्तरवादी** = प्रतिवादी.

**उत्तर सूर्य** = उत्तरायण.

**उत्तर से आने वाली हवा** = उत्तर पवन.

**उत्तरहीन** = निरुत्तर.

**उत्तरांचल** = भारत राज्य प्रदेश.

**उत्तरांचल** *सं* उत्तराखंड, •भारत राज्य प्रदेश सूची.

**उत्तरांचलः राजधानी** *सं* देहरादून.

**उत्तराखंड** = उत्तर भारत, उत्तरांचल.

**उत्तरागार** = बरसाती कमरा.

**उत्तरादत्ती** = उत्तराधिकारी.

**उत्तराधिकार** *सं* दायाधिकार, रिक्थाधिकार, •उत्तरजीविता, •वसीयत, •संपत्ति.

**उत्तराधिकार दानपत्र** = वसीयत.

**उत्तराधिकार पत्र** = वसीयत.

**उत्तराधिकार में प्राप्त/प्राप्य** = आनुवंशिक, दायागत.

**उत्तराधिकार संपत्ति** = रिक्थ.

**उत्तराधिकारागत** = आनुवंशिक, दायागत.

**उत्तराधिकारिणी** *सं* ऋक्थग्राहिणी, दायभागिनी, दायादा, रिक्थाधिकारिणी, रिक्थिणी, हिस्सेदारनी, •स्वामिनी.

**उत्तराधिकारी** = वंशज.

**उत्तराधिकारी** *सं* अधिकारी, *उत्तरजीवी*, उत्तरदानग्राही, उत्तरादत्ती, ऋक्थभागी, ऋक्थहारी, जाँनशीन, दायादी, दायाधिकारी, नामलेवा, बखरैत, भागहारी, भागाधिकारी, भागी, रिक्थग्राही, रिक्थभागी, रिक्थाधिकारी, रिक्थी, *वंशज*, वारिस, हक़दार, •अंशप्राप्ता, •रिक्थ, •स्वामी.

**उत्तराधिकारीहीन** *वि* अनपत्य, गतकुल, गलतंस, दायादहीन, रिक्थाधिकारी हीन, लावारिस, वंशजहीन, •निस्संतान, ▪अनाथ.

**उत्तरापथ** = उत्तर भारत.

**उत्तरायण** *सं* उत्तर सूर्य, कर्क संक्रांति, देवयान, महासंक्रांति, रवि जागरण, सौम्यायन, ▪दक्षिणायन.

**उत्तरार्ध** *सं* अंतिम अर्ध, अपरार्ध, उत्तमार्ध, उत्तर कांड, उत्तर खंड, द्वितीयार्ध, पश्चार्ध, ▪पूर्वार्ध.

**उत्तरी** = उत्तर भारतीय.

**उत्तरी** *वि* उत्तर का, उत्तर दिशा का, *उत्तरवर्ती*, उदीचीन, उदीच्य, ▪दक्षिणी.

**उत्तरीय** = ओढ़नी.
**उत्तरोत्तर** = आरोहक्रमिक, क्रमशः, क्रमिक.
**उत्तरोत्तर क्रम** = आरोह क्रम.
**उत्तरोत्तर विकास** = उद्विकास.
**उत्तल** = उन्नतोदर.

**उत्तल** *सं* ऊपरी तल, ऊर्ध्वतल, तल, पिंड सतह, बाह्यतल, सतह, •जल उत्तल, •समुद्र उत्तल.

**उत्तल प्लवन** = तरण.
**उत्ता/उत्ती** = निस्संतान, पुत्रहीन.
**उत्तान** = उन्नमन, खड़ा/खड़ी, चित.
**उत्तानपाद** = ऋषि.
**उत्तानपादज** = ध्रुव तारा.
**उत्तानित** = तना/तनी.
**उत्ताप** = उत्तेजना, शोक.
**उत्ताल** = उच्चस्वरीय, ऊँचा/ऊँची, प्रबल, महाकाय.
**उत्ताल तरंग** = महोर्मि.
**उत्तालता** = ऊँचाई.
**उत्तिष्ठ** = उठा/उठी.

**उत्तीर्ण** *वि* कामयाब, परीक्षा में सफल, पास, *सफल*, •सफल, ▪अनुत्तीर्ण.

**उत्तुंग** = ऊँचा/ऊँची, पर्वतीय, महाकाय.
**उत्तुंगता** = ऊँचाई.
**उत्तेजक** = अश्लील, आंदोलनात्मक, उत्साहप्रद, उन्मादक, उपद्रव नेता, क्रोधजनक, प्रेरणाप्रद, भावोत्पादक, भावोद्दीपन कर्ता, मादक, रोमांचक.

**उत्तेजक** *वि* -अंगेज़, आंदोलक, *उकसाऊ*, उत्तेजनाप्रद, उद्दीपक, उद्वेगकारी, उद्वेलक, क्षोभकर, ज़ोरदार, *प्रभावशाली*, प्रेरक, भड़काऊ, •उकसाऊ, •क्रोधजनक, •प्रेरणाप्रद, •रोमांचक, ▪प्रशामक, ▪सांत्वनाप्रद.

**उत्तेजन** = उकसावा, उकसावा.
**उत्तेजनशील** = क्रोधी, दहनशील, मूडी.
**उत्तेजना** = क्रोध, तीव्रोन्माद.

**उत्तेजना** *सं* अशांति, आंदोलन, आवेग, आवेश, उत्कंठा, उत्ताप, *उथलपुथल*, उद्वेग, क्षोभ, खलबली, *गरमी*, जोश, तनाव, तहलका, तेज़ी, तैश, प्रकोप, बेकली, बेचैनी, बेताबी, भड़क, भड़ास, भभक, भावावेश, हंगामा, हड़कंप, हरारत, *हलचल*, •आतुरता, •उन्माद, •उबाल, •क्रोध, •दंगा, •रोमांच, ▪धैर्य, ▪विवेक.

**उत्तेजनातीत** = प्रशांत.
**उत्तेजनापूर्ण** = नाटकीय.
**उत्तेजनाप्रद** = आंदोलनात्मक, उत्तेजक, उत्साहप्रद.
**उत्तेजना शमन** = प्रशमन.
**उत्तेजना शामक औषध** = प्रशामक औषध.
**उत्तेजनाहीन** = गंभीर, स्थितप्रज्ञ.
**उत्तेजित** = क्रुद्ध, चिंतित, जलता/जलती, दुष्प्रेरित, प्रेरित, भावपूर्ण, रुधिरपिपासु, रुधिरपिपासु, शत्रुतापूर्ण.

**उत्तेजित** *वि* अशांत, *अस्थिर*, आंदोलित, आकुल, आविष्ट, आवेशपूर्ण, उग्र, उच्चंड, उदग्र, उद्दाम, उद्विग्न, उद्वेलित, *उन्मत्त*, कंपित, क्षुब्ध, *गरम*, घोर, चंड, दोलित, *पागल*, बदहवास, बेकल, बेचैन, भड़का/भड़की, भरा/भरी, भावाविष्ट, विक्षुब्ध, व्याकुल, शांतिहीन, हलचलपूर्ण, •क्रुद्ध, •रोमांचित, ▪गंभीर, ▪धीर, ▪प्रशांत, ▪स्थिर.

**उत्तेजित करना** = उकसाना, खिजाना, भड़काना.
**उत्तेजित होना** = भड़कना.
**उत्तोलन** = उठाई.
**उत्त्वरण** = वेगवृद्धि.
**उत्थपा** = उत्तपम.
**उत्थपित** = उठा/उठी.
**उत्थली** = पठार भूमि.
**उत्थान** = उठाई, उड्डयन, उदय, उन्नति, उन्नमन, चढ़ान, जन आंदोलन, परिष्कार, प्रसन्नता, विद्रोह, समाज सुधार, सूर्योदय, स्रोत.

**उत्थान** *सं* अभ्युत्थान, आरोह, उठन, उठान, उत्क्राम, *उदय*, ऊर्ध्वगमन, चढ़ंत, चढ़ाई, *चढ़ान*, बढ़त, रोहण, समारोहण, •उछल, •उड़ान, ▪अधोगमन, ▪अवरोहण, ▪पतन, ▪पतन.

**उत्थानपतन** = आरोह अवरोह, उथलपुथल, तरंग, भाग्यचक्र, लहराव.

**उत्थानपतन** *सं* अँधेरा उजाला, अच्छा बुरा, अस्तोदय, *आरोह अवरोह*, उच्चयापचय, उठन गिरन, उठापटक, उतारचढ़ाव, उदय अस्त, उन्नति अवनति, उलटपलट, ऊँचनीच, कमी बेशी, घटती बढ़ती, घटबढ़, घटाबढ़ी, जयपराजय, ज्वारभाटा, दिन रात, धूपछाँह, नफ़ानुक़सान, नीच ऊँच, बढ़न घटन, बुरा भला, भला बुरा, मोड़ तोड़, रात दिन, लाभहानि, विजय पराजय, शुभाशुभ, हानि लाभ, हारजीत, हिताहित, •तरंग, •भाग्यचक्र.

**उत्थानपतनपूर्ण** = उथलपुथलपूर्ण.
**उत्थानपतनशील** = उथलपुथलपूर्ण.
**उत्थानशील** = उदीयमान, चढ़ानदार, नवसमृद्ध, महत्त्वाकांक्षी, विकासशील.

**उत्थानशील** *वि* अग्रसर, आरोहशील, आरोही, उठता/उठती, उत्थायी, उत्सर्पी, *उदीयमान*, ऊपर जाता/ऊपर जाती, ऊर्ध्वगामी, ऊर्ध्वोन्मुख, चढ़ता/चढ़ती, बढ़ता/बढ़ती.

**उत्थान होना** = उठना.
**उत्थानात्मक** = सुधारात्मक.
**उत्थापन** = उठाई.
**उत्थापित करना** = उठाना.
**उत्थायी** = उत्थानशील, प्रेरणाप्रद.
**उत्थित** = उठा/उठी, उन्नमित, ऊँचा/ऊँची.
**उत्थित करना** = उठाना.
**उत्पटित होना** = उखड़ना.
**उत्पत्ति** = उद्भेदन, जन्म, जन्मस्थान, शब्द उद्गम, स्रोत.
**उत्पत्ति धाम** = जन्मस्थान.
**उत्पत्ति ब्रह्मा दाहिना अँगूठा** = दक्ष प्रजापति.
**उत्पत्ति स्थान** = जन्मस्थान, स्रोत.
**उत्पथ** = मार्गच्युत.
**उत्पदायिता** = उत्पादक.

**उत्पन्न** = जन्मा/जन्मी, रचित.

**उत्पन्न करना** = जनना.

**उत्परिवर्तन** = क्रांति, नवीकरण, निर्णायक परिवर्तन.

**उत्पल** = कमल, नीलकमल.

**उत्पलिनी** = कमलसर.

**उत्पाटक** = उच्छेत्ता.

**उत्पाटन** = उखड़ाई.

**उत्पाटन करना** = उखाड़ना.

**उत्पात** = क़हर, छलाँग, दंगा, हुड़दंग.

**उत्पाती** = उपद्रवी, तूफ़ानी, दुराचारी, नटखट, हुड़दंगई.

**उत्पाद** = आविष्कार, कर्मफल, गुणन फल, जोड़ फल, फ़सल.

**उत्पाद** *सं* *उत्पादन*, उत्पादित वस्तु, उपज, *चीज़*; जिंस, तैयार माल, पैदावार, माल, *वस्तु*, •गौण उत्पाद, •उद्योग, •कच्चा माल, •कृति, •फ़सल, •रेडीमेड उत्पाद, •लागत.

**उत्पादक** = उर्वर, निर्माता, फलप्रद, बहुजनक, स्रष्टा.

**उत्पादक** *सं* उत्पदायिता, उद्यमी, उद्योगी, *जनक*, जनयिता/ जनयित्री, *निर्माता*, प्रोड्यूसर, बनाने वाला, मैन्यूफ़ैक्चरर, *स्रष्टा*, •किसान, •निर्माता, •विक्रेता, •वितरक, ▪उपभोक्ता, ▪ख़रीदार.

**उत्पादन** = उत्पाद, उद्यम, कृषि, जनन, निर्माण, सृजन.

**उत्पादन** *सं* उपजाई, *निर्माण*, प्रोडक्शन, मैन्यूफ़ैक्चरिंग, सर्जन, *सृजन*, •असैंबलिंग, •आविष्कार, •उत्पादक, •उद्योग, •बिक्री, •वितरण, •सृजन, ▪उपभोग, ▪उपभोग, ▪नाश.

**उत्पादन कर** *सं* आबकारी, उत्पादन शुल्क, ऐक्साइज़, *तहसील*, प्रोडक्शन टैक्स, मालगुज़ारी, •कर, •कृषिकर.

**उत्पादनशील** *वि* उपजाऊ, *उर्वर*, जनिष्णु, प्रसवधर्मी, प्रसविता, रचनात्मक, *सृजनशील*, •आविष्कारशील, •सृजनशील, ▪अनुर्वर, ▪सृजनहीन.

**उत्पादन शुल्क** = उत्पादन कर.

**उत्पादनाधीन** = सृजनाधीन.

**उत्पादित** = कृषिजन्य, कृषित (अनाज), रचित.

**उत्पादित** *वि* उपजात, *कृत*, *घटित*, जनित, पैदा, प्रकल्पित, प्रसूत, प्रादुर्भूत, बना/बनी, *रचित*, संभृत, •असैंबलित, •पुनरुत्पन्न, •यंत्रोत्पादित, •रेडीमेड, •हस्तनिर्मित.

**उत्पादित वस्तु** = उत्पाद.

**उत्पाद्य** = काल्पनिक, मिथकीय.

**उत्पाद्य कथा** = कहानी.

**उत्पीड़** = रौंदाई.

**उत्पीड़क** = आततायी, पीड़ाप्रद.

**उत्पीड़न** = अत्याचार, एकतंत्रवाद, दमन.

**उत्पीड़ा** = यातना.

**उत्पीड़ित** = पीड़ित.

**उत्पुलक** = रोमांचित.

**उत्प्रवाह** = उमगाव, स्रोत.

**उत्प्रास** = अट्टहास, अतिशयोक्ति, कटाक्ष, खिल्ली, डींग, विनोद, व्यंग्य.

**उत्प्रेक्षा** = तुलना, फ़ैंटेसी.

**उत्प्रेरक** = उत्साहप्रद, उपदेशपूर्ण, प्रेरणाप्रद, प्रेरयिता, प्रेरयिता, प्रेरयिता, भावोद्दीपन कर्ता.

**उत्प्रेरण** = उकसावा, प्रोत्साहन.

**उत्प्रेरणा दाता** = प्रेरयिता.

**उत्प्रेरित** = उत्साहित, प्रेरित.

**उत्प्रेरित कर्ता** = प्रेरयिता, प्रेरयिता.

**उत्प्लव** = छलाँग, टप्पा.

**उत्प्लाव** = उमगाव.

**उत्प्लोव** = विस्फोट.

**उत्फुल्ल** = आनंदित, खिला/खिली, मनोरंजित, मुस्कराता/मुस्कराती, रोमांचित.

**उत्फुल्लता** = खिलावट.

**उत्संग** = उच्चबिंदु, संभोग.

**उत्स** = आनंद, उत्सव, नदी उद्गम, भंडार, स्रोत.

**उत्सर्ग** = आत्मबलि, परित्याग.

**उत्सर्जन** = परित्याग.

**उत्सर्जनशील** = स्रावशील.

**उत्सर्पण** = प्रसार.

**उत्सर्पी** = उत्थानशील.

**उत्सव** = जयंती, मंगलोत्सव, विवाहोत्सव, समारोह.

**उत्सव** *सं* *अवसर*, अवसर विशेष, ईद, उछाव, उत्स, उत्सव पर्व, छुट्टी, *जयंती*, जश्न, जुबिली, तीज त्योहार, त्योहार, त्यौहार, परब, पर्व, पर्वोत्सव, फ़ैस्टिवल, महोत्सव, *मुहूर्त*, *समारोह*, •ईद, •ईस्टर, •क्रिसमस, •गनगौर, •गुड फ़्राईडे, •गुरपर्ब, •जन्माष्टमी, •दशहरा, •दीवाली, •दुर्गापूजा, •नवरात्र, •नौरोज़, •बारावफ़ात, •बुद्ध जयंती, •भाई दूज, •महावीर जयंती, •रक्षा बंधन, •रमज़ान, •राम नवमी, •रामलीला, •लोहड़ी, •वसंत पंचमी, •वैशाखी, •शिवरात्रि, •होली, •आतिशबाज़ी, •उपहार, •प्रसन्नता, •बधाई, •मंगलोत्सव, •विजय उत्सव, •समारोह, ▪मातम.

**उत्सव देय** = नेग.

**उत्सव पर्व** = उत्सव.

**उत्सवपूर्ण** *वि* आनंदपूर्ण, आनंदमय, उत्सवी, उल्लासपूर्ण, कल्लोलपूर्ण, खुश, गहगहा/गहगही, चहचहाता/ चहचहाती, चहलपहलदार, त्योहारी, धूमधामपूर्ण, मस्त, मस्ताना/मस्तानी, मसती भरा, *रंगीन*, रौनक़दार, विनोदपूर्ण, शोभापूर्ण, शोभित, *सजावटी*, *सुंदर*, *सुखद*, सोल्लास, हँसता/ हँसती, हर्षपूर्ण, •विनोदप्रिय, •सितारेदार, ▪शोकपूर्ण.

**उत्सव मंगल** = मंगलोत्सव.

**उत्सवी** = आनंदित, उत्सवपूर्ण.

**उत्सारण** = पहुँचाई.

**उत्साह** = आनंद, चुस्ती, तीव्रोन्माद, पसंदगी, प्रेरणा, मनोबल, वीर रस, साहस.

**उत्साह** *सं* इच्छा, उछाह, उमंग, उल्लास, *ऊर्जा*, कर्मण्यता, *गरमी*, चाव, जज़्बा, ज़िंदादिली, जीवंतता, ज़ोर, जोश, जोशो खरोश, तपाक,

तमक, तेज, दिलचस्पी, धुन, *रंग*, ललक, वल्वला, *शौक़*, हविस, हिलोर, हुलसी, हुलास, हौसला, ●अत्युत्साह, ●आत्मविश्वास, ●आशावाद, ●चुस्ती, ●तत्परता, ●प्रेरणा, ●मनोबल, ●सक्रियता, ●साहस, ■अनिच्छा, ■उदासी, ■निराशा, ■पस्ती.

**उत्साहक** = प्रेरयिता.
**उत्साह दाता** = प्रेरयिता.
**उत्साहन** = प्रोत्साहन.
**उत्साहपूर्ण** = आशापूर्ण, चुस्त, सत्कारपूर्ण, स्वागतपूर्ण.
**उत्साहपूर्णता** = चुस्ती.
**उत्साहप्रद** = आशाप्रद, प्रेरणाप्रद.

**उत्साहप्रद** *वि* अनुप्राणक, असरदार, *उत्तेजक*, उत्तेजनाप्रद, उत्प्रेरक, उत्साहवर्धक, उद्दीपक, उमंगकारी, ऊर्जाप्रद, ऊर्जायक, चेतनाप्रद, जीवनप्रद, ज़ोरदार, जोश दिलाऊ, ताज़गी भरा, *प्रभावशाली*, प्राणद, प्राणप्रद, प्रेरक, *प्रेरणाप्रद*, संचारक, संचारी, संप्रेरक, सप्राणक, स्फूर्तिदायक, ●उत्साही, ●स्फूर्तिप्रद, ■निराशाजनक, ■निराशाजनक, ■हतोत्साहक.

**उत्साहभंग** *सं* आशाभंग, मायूसी, हताशा, ●धैर्यभंग, ●पस्ती, ■प्रोत्साहन, ■शाबाशी.

**उत्साहभंजक** = निराशाजनक, हतोत्साहक.
**उत्साहवर्धक** = उत्साहप्रद, प्रेरणाप्रद.
**उत्साहवर्धन** = प्रोत्साहन.
**उत्साह शक्ति** = मनोबल.
**उत्साहहीन** = अतत्पर, अमहत्त्वाकांक्षी, हतोत्साहित.
**उत्साहहीनता** = निरुत्साह.
**उत्साहित** = प्रेरित.

**उत्साहित** *वि* अनिराश, अहतोत्साहित, उठा/उठी, उत्प्रेरित, उद्‌बुद्ध, ऊर्जित, जगा/जगी, जगाया/जगाई, *जाग्रत*, पुनर्जीवित, *प्रबुद्ध*, समुत्साहित, ■पस्त.

**उत्साहित कर्ता** = प्रेरयिता, प्रेरयिता.

**उत्साही** = आशापूर्ण, कार्योन्मादी, चुस्त, जवान, तत्पर, महत्त्वाकांक्षी, सक्रिय.

**उत्साही** *वि आतुर*, उच्छल, उत्सुक, उमंगपूर्ण, कर्मण्य, क्रियाशील, गतिशील, *गरम*, *चुस्त*, चेतन, जागता/जागती, ज़िंदा/ज़िंदी, जीवंत, जोशीला/जोशीली, *ताज़ा*, तेज़, दमदार, दीवाना/दीवानी, पुरजोश, प्राणवान, मतवाला/मतवाली, मुस्तैद, *सक्रिय*, सचेतन, सजीव, सरगर्म, ●परिश्रमी, ●महत्त्वाकांक्षी, ■निराश, ■निष्क्रिय.

**उत्सुक** = आतुर, उत्साही, जिज्ञासु, तत्पर, लोभी.
**उत्सुक करना** = रुचना.
**उत्सुकता** = आतुरता, जिज्ञासा, रोमांच.
**उत्सुकता चरमबिंदु** = क्लाईमैक्स.
**उत्सुकतापूर्ण अपेक्षा** = क्लाईमैक्स.
**उत्सुकता वर्धक** = रोमांचक.
**उत्सेक** = उमगाव, छिड़काव.
**उत्स्फोट** = क्रांति विस्फोट, क्रांति विस्फोट, बढ़ोतरी, विस्फोट.
**उत्स्फोटन** = अंकुरण, उद्‌भेदन.
**उत्स्राव** = उमगाव.
**उत्स्रोत** = उत्स्रोत धारा, नदी उद्‌गम, स्रोत.

**उत्स्रोत धारा** *सं* उत्स्रोत, *चश्मा*, जलस्रोत, जलस्रोत धारा, सारिणी, सोता, *स्प्रिंग*, ●उत्स्रोत, ●गरम जलस्रोत, ●नदी उद्‌गम.

**उथलपुथल** = उत्तेजना, क्रांति, जन आंदोलन, दंगा, भाग्यचक्र, भूकंप, हलचल.

**उथलपुथल** *सं* अदलबदल, उखाड़पछाड़, *उत्थानपतन*, उलटपुलट, उलटफेर, घटबढ़, *परिवर्तन*, फेरफार, लौटफेर, *हलचल*, हालडोल, हालाहाली, हेरफेर, ●क्रांति, ●परिवर्तन, ●भूकंप.

**उथलपुथलपूर्ण** *वि* अशांत, *अस्थिर*, आंदोलनपूर्ण, आंदोलित, आरोहअवरोहशील, उतरता चढ़ता/उतरती चढ़ती, उतारचढ़ावदार, उत्थानपतनपूर्ण, उत्थानपतनशील, उन्नतिअवनतिशील, उलटपुलटपूर्ण, घटता बढ़ता/घटती बढ़ती, *तूफ़ानी*, दोलित, *परिवर्तनशील*, लोड़ित, विक्षुब्ध, व्याकुल, ●उपद्रवग्रस्त, ●तूफ़ानी, ●परिवर्तनशील, ■अपरिवर्तित, ■पूर्वनिर्धारित, ■प्रशांत.

**उथला/उथली** = अर्धरिक्त, मंदधी.

**उथला/उथली** *वि* कम गहरा/कम गहरी, काकपेय, छिछला/छिछली, छूँछा/छूँछी, सतही, ●गाध्य.

**उदंचन** = डोल.
**उदक** = जल.
**उदककर्म** = पितृतर्पण.
**उदकधर** = वर्षा मेघ.
**उदकहार** = पनहार.
**उदका** = वोडका.
**उदग्** = ऊँचा/ऊँची.
**उदग्र** = असह्य, उत्तेजित, उन्नमित, ऊँचा/ऊँची, क्रुद्ध, खड़ा/खड़ी, पर्वतीय, बृहत्, भयानक, महाकाय.
**उदग्रता** = उन्नमन, ऊँचाई.
**उदज** = जलज.
**उदधि** = समुद्र.
**उदधिसंभव** = समुद्री नमक.
**उदप** = नौका.
**उदपुर** = हौज़.
**उदबिंदु** = जल बूँद.
**उदमातापन** = अलमस्ती.
**उदमादा/उदमादी** = अलमस्त.
**उदय** = आदि, आरंभ, आरंभिक कर्म, उत्थान, उन्नति, सूर्योदय.

**उदय** *सं* अभ्युत्थान, अभ्युदय, आरोह, उगन, उठान, *उत्थान*, उद्‌गम, उद्‌भव, उरूज़, ऊर्ध्वागमन, चढ़न, नवोदय, प्रकटन, प्रभात, प्रारंभ, ●सूर्योदय, ■अवरोहण, ■अस्तगमन.

**उदय अस्त** = उत्थानपतन.
**उदयकालीन** = प्रातःकालीन.
**उदय दिशा** = पूर्व दिशा.
**उदयशील** = अल्पायु, उदीयमान.

**उदयी** = उदीयमान, विकासशील.
**उदरंभर** = बहुभक्ष.
**उदर** = अंतर्भाग, पेट, पेटा, मध्यभाग.

**उदर** *सं* आमाशय, आशय, जठर, पक्वाधान, *पेट*, मेदा, •आँत, •जिगर, •तोंद, •नाभि.

**उदर अम्लता** = उदर अम्लता आदि.

**उदर अम्लता आदि** *सं* अम्लाधिक्य, उदर अम्लता, उदर वायु, ऐसिडिटी, खट्टापन, *गैस*, जलन, जी की जलन, पित्तशूल, पित्तातिसार, पित्ताधिक्य, वातोदर, *वायु*, •बदहज़मी.

**उदरपिशाच** = बहुभक्ष.
**उदर वायु** = उदर अम्लता आदि.
**उदरस्थ करना** = खाना, लीलना.

**उदरस्थन** *सं* कवलन, खादन, *खाना*, ख़ोरी, गटकन, गरणं, *ग्रसन*, जक्षण, परिभक्षण, *भक्षण*, भोजन.

**उदराग्नि** = पाचन शक्ति.
**उदराध्मान** = अफारा.
**उदरावेष्ट** = कोष्ठबद्धता.
**उदरिल** = तोंदू.
**उदरी** = तोंदू.
**उदर्क** = कंगूरा, गुंबद.
**उदर्चि** = अग्नि, अग्निदेव.
**उदवाह** = वर्षा मेघ.
**उदात्त** = गंभीर, मर्यादापूर्ण, महान, शास्त्रीय (कला).
**उदात्तता** = गंभीरता, महानता.
**उदान** = पंचप्राण सूची, श्वास.
**उदार** = अपव्ययी, आशुतोष, इच्छद, उदारमनस्क, उपकारपूर्ण, दयालु, दानशील, दृढ़मतहीन, निस्स्वार्थ, महान, विशालहृदय, सहनशील, सहमत्य.
**उदारचेता** = विशालहृदय.
**उदारता** = अपरिग्रह, अपव्यय, असंकोच, अहिंसा, भेदभावहीनता.
**उदारतावादी** = उदारमनस्क.
**उदारधी** = विशालहृदय.
**उदारपंथी** = उदारमनस्क.

**उदारमनस्क** *वि* अकट्टर, अच्छा/अच्छी, अमतांध, *आज़ादख़याल*, आज़ादतबीयत, उदार, उदारतावादी, उदारपंथी, उदारमना, खुले दिमाग़ वाला, धारणाहीन, न्यायी, पूर्वधारणाहीन, पूर्वाग्रहहीन, सदाशय, स्वतंत्रचेता, •अहिंसक, •क्षमाशील, •दानशील, •दृढ़मतहीन, •निस्स्वार्थ, •विशालहृदय, ▪अनुदार, ▪कठोर (व्यवहारी), ▪रूढ़िवादी, ▪हठी.

**उदारमना** = उदारमनस्क, विशालहृदय.
**उदाराशय** = विशालहृदय.
**उदास** = अश्रुपूर्ण, दुःखी, निराश, मुरझाया/मुरझाई, विवर्ण.

**उदास** *वि* अनमना/अनमनी, अन्यचित्त, अन्यमनस्क, *अप्रसन्न*, अमनस्क, अवसादित, उन्मनस्क, उन्मना/उन्मनी, *ख़स्ता*, खिन्न, ग़मग़ीन, टूटा/टूटी, दुखी, फीका/फीकी, बुझा/बुझी, बेदिल, बेरौनक़, मलिन, *मूडी*, म्लान, रंजीदा, *विरक्त*, सर्द, सुस्त, सूना/सूनी, •अप्रसन्न, •अश्रुपूर्ण, •असफल, •निराश, ▪उत्साही, ▪चुस्त, ▪प्रसन्न, ▪मुस्कराता/मुस्कराती.

**उदासता** = उदासी.

**उदासी** *सं* अँधेरा, अनमनापन, अन्यमनस्कता, अवसाद, आनंदहीनता, उचाटता, उदासता, उदासीनता, उद्विग्नता, खिन्नता, *खेद*, ग़मग़ीनी, ग़मज़दगी, ग्लानि, दिलगीरी, पशेमानी, बेज़ारी, बेदिली, मनहूसी, म्लानता, रंज, विरक्ति, विराग, विषाद, •निराशा, •रुदन, •शोक, ▪आनंद, ▪उत्साह, ▪प्रसन्नता, ▪मनोबल, ▪विनोद.

**उदासीन** = अनासक्त, असांसारिक, असावधान, उपेक्षापूर्ण, दायित्वहीन, निष्पक्ष, वैरागी, सहानुभूतिहीन.
**उदासीनता** = अनासक्ति, उदासी, उपेक्षा, कर्तव्यच्युति.
**उदाहरण** = आदर्श व्यक्ति, उपमा, कहावत, दृष्टांत, न्यायवाक्य.
**उदाहरणहीन** = अनुपम.
**उदाहरणीय** = उच्चमानक.

**उदाहरणीय** *वि* अच्छा/अच्छी, अनुकरणीय, *आदर्श*, आदर्श्य, दृष्टांतयोग्य, *प्रशंसनीय*, फ़िट, वरेण्य, श्लाघ्य, •अनिंदनीय, •आदर्शवादी, •उद्धरणीय, •उल्लेखनीय, •महान, ▪अधम, ▪बदनाम.

**उदित** *वि* अभ्युत्थित, *आगत*, उगा/उगी, उठा/उठी, उद्‌गत, *उन्नत*, उबरा/उबरी, उभरा/उभरी, खिला/खिली, चढ़ा/चढ़ी, नवोदित, निकला/निकली, *परकट*, प्रकटा/प्रकटी, बढ़ा/बढ़ी, *विकसित*, •प्रकट, ▪अस्तगत.

**उदितभाग्य** = सौभाग्यशाली.
**उदीची** = उत्तर दिशा.
**उदीचीन** = उत्तरी.
**उदीच्य** = उत्तरी.
**उदीयमान** = उत्थानशील, महत्त्वाकांक्षी, विकासशील.

**उदीयमान** *वि* अग्रसर, आगमनशील, आरोही, उगता/उगती, उठता/उठती, *उत्थानशील*, उदयशील, उदयी, उन्नतिशील, उभरता/उभरती, ऊर्ध्वगामी, चढ़ता/चढ़ती, निकलता/निकलती, बढ़ता/बढ़ती, ▪अवनतिशील, ▪अस्तगामी.

**उदीरण** = वाचन.
**उदुंबर** = गूलर.
**उदूढ़** = उठा/उठी.
**उदूढ़/उदूढ़ा** = विवाहित.
**उदूल** = अवज्ञाकारी.
**उदूली** = अवज्ञा.
**उद्‌क्वाथ** = काढ़ा.
**उद्‌गत** = उदित.
**उद्‌गत होना** = उठना.
**उद्‌गम** = अंकुरण, उदय, खान, जन्म, नदी उद्‌गम, प्रारंभिक अवस्था, भंडार, शब्द उद्‌गम, सूर्योदय, स्रोत.
**उद्‌गमन** = गमन.
**उद्‌गाता** = कवि, गायक.
**उद्‌गात्री** = गायिका.
**उद्‌गार** = अभिव्यक्ति, उक्ति, उपदेश,

बात, बात, भाषण, रिमार्क.

**उद्गीअरन** = वेगवृद्धि.

**उद्गीथ** = ओम.

**उद्गेय** = गेय.

**उद्ग्रंथित** = अनाबद्ध.

**उद्ग्रहण** = उगाही.

**उद्घन** = आधार सूची, ठीहा.

**उद्घाटक** = आरंभ कर्ता, रहस्य उद्घाटक.

**उद्घाटक** *सं* अनावरण कर्ता, उद्घाटन कर्ता, •प्रवर्तक, •संस्थापक.

**उद्घाटन** = अभिव्यंजन, खुलाई, गृहप्रवेश, प्रदर्शन, रहस्य उद्घाटन.

**उद्घाटन** *सं अनावरण*, *आरंभ*, इनौगरेशन, दीप प्रज्वलन, प्रचालन, *प्रवर्तन*, प्रवर्तना, प्रारंभ, रिलीज़, लोकार्पण, लौंच, विमोचन, शुंभारंभ, श्रीगणेश, समारंभ, •अनावरण, •गृहप्रवेश, •संस्थापना, ■अंत, ■विराम, ■समापन.

**उद्घाटन कर्ता** = उद्घाटक.

**उद्घाटित** = अनावृत, प्रदर्शित.

**उद्घाटित** *वि अनावृत*, उद्घोषित, उन्मोचित, खुला/खुली, चालू, जारी, विमोचित, •अनावृत, •संस्थापित.

**उद्घाटित करना** = दिखाना.

**उद्घात** = आरंभ, प्राणायाम.

**उद्घोष** = गर्वोक्ति, घोषणा, मुनादी.

**उद्घोषक** = कार्यक्रम उद्घोषक, कार्यक्रम ऐंकर, कार्यक्रम ऐंकर, घोषणा कर्ता, समाचार पाठक.

**उद्घोषकीय** = उच्चस्वरीय.

**उद्घोषणा** = घोषणा, मुनादी.

**उद्घोषित** = उद्घाटित.

**उद्दंड** = अजेय, अवज्ञाकारी, धृष्ट, साहसी.

**उद्दंत** = हाथी बाहर निकला दाँत.

**उद्दंत** *सं* काँप, खाँग, *डाँड़*, बड़दंत, बाहर निकला दाँत, विषाण, शृंग, •हाथी बाहर निकला दाँत.

**उद्दंश** = खटमल.

**उद्दाम** = अजेय, अनियंत्रणीय, अहंकारी, उत्तेजित, यमराज, स्वेच्छाचारी.

**उद्दालक** = ऋषि.

**उद्दिन** = मध्याह्न.

**उद्दिष्ट** = योजित.

**उद्दीपक** = उत्तेजक, उत्साहप्रद, प्रेरणाप्रद, प्रेरयिता, प्रेरयिता, भावोद्दीपन कर्ता, मादक.

**उद्दीपन** = भावोद्दीपन.

**उद्दीपनकारी** = भावोत्पादक.

**उद्दीप्त** = आलोकित, चमकदार, जलता/जलती, प्रबल, भावपूर्ण.

**उद्दीप्ति** = उद्बोधन.

**उद्देश** = निदेश, संकेत.

**उद्देशित** = संकेतित.

**उद्देश्य** = कथ्य, कर्तव्य, कारण, गंतव्य, महत्त्वाकांक्षा, लक्ष्य.

**उद्देश्य** *सं* अभिप्राय, अभिलाषा, अभीष्ट, *अर्थ*, आशय, इच्छा, इच्छार्थ, इरादा, इष्ट, काम, कामना, *कारण*, *कार्य*, ग़र्ज़, चाह, तात्पर्य, दृष्टि, ध्येय, निमित्त, नीयत, प्रयोजन, बाइस, मंशा, मक़सद, मतलब, *मन*, मनशा, मनसूबा, मनोरथ, मुद्दा, मुराद, *लक्ष्य*, वास्ता, *विषय*, सरोकार, सिप्पा, हेतु, •गंतव्य, •महत्त्वाकांक्षा, •संकल्प, •स्वार्थ.

**उद्देश्यनिष्ठा** = धैर्य.

**उद्देश्यपूर्ण** = सार्थक.

**उद्देश्यपूर्ण** *वि* अर्थपूर्ण, ध्येयपूर्ण, प्रयोजनपूर्ण, प्रयोजनात्मक, मनोरथात्मक, व्यवसायात्मक, सकाम, सध्येय, साभिप्राय, *सार्थक*, •योजित, ■उद्देश्यहीन, ■निरर्थक.

**उद्देश्यपूर्त** = सफल.

**उद्देश्यपूर्ति** = सफलता.

**उद्देश्य वाक्य** = नीतिवाक्य.

**उद्देश्य से** *क्रिवि* अनकस्मात, अभिप्रायतः, इरादतन, काम से, कारण से, ग़रज़ से, निमित्त, प्रयोजन से, बहाने, बाग़रज़, मतलब से, मिस, *सकारण*, सप्रयोजन, साभिप्राय, सोद्देश्य, •कारणतः, •लिए, ■उद्देश्यहीनतः.

**उद्देश्यहीन** = अयोजित, दिशाहीन.

**उद्देश्यहीन** *वि अर्थहीन*, *दिशाहीन*, ध्येयहीन, निरुद्देश्य, निष्प्रयोजन, *निस्स्वार्थ*, प्रयोजनहीन, बेग़र्ज़, बेमतलब, विचारहीन, स्वार्थहीन, •अमहत्त्वाकांक्षी, •कारणहीन, •योजित, ■योजित.

**उद्देश्यहीनतः** *क्रिवि* अकारण, अकारणतः, अकारथ, कारणहीनतः, निरुद्देश्य, निरुद्देश्यतः, निष्प्रयोजनतः, प्रयोजनहीनतः, बिना मतलब, बेकार ही, बेवजह, बेसबब, यूँ ही, वैसे ही, व्यर्थ ही, हक़ नाहक़, •कारणहीनतः, ■उद्देश्य से.

**उद्देश्यहीनता** = निरर्थकता.

**उद्देश्यानुगमन** = धैर्य.

**उद्द्योतन** = रहस्य उद्घाटन.

**उद्धत** = अवज्ञाकारी, कटिबद्ध, कलहप्रिय, दुर्व्यवहारी, दुस्साहसी, धृष्ट, निरंकुश, लड़बावला/लड़बावली, सन्नद्ध.

**उद्धतता** = दुस्साहस, वीरता.

**उद्धम** = वादन.

**उद्धरण** = उक्ति, ढुलाई.

**उद्धरण** *सं अंश*, अन्य का पुनर्कथन, अवतरण, *उक्ति*, *उल्लेख*, उवाच, कोटेशन, *चयन*, दोहराव, *पाठ*, पुनर्कथन, •कहावत, •न्यायवाक्य, •सूत्रवाक्य.

**उद्धरणीय** *वि उल्लेखनीय*, कहने लायक़, दोहराने योग्य, *प्रशंसनीय*, बताने लायक़, बार बार कहने योग्य, •उदाहरणीय, •उल्लेखनीय.

**उद्धर्ता** = परित्राता.

**उद्धर्ष** = रोमांच.

**उद्धर्षक** = रोमांचक.

**उद्धर्षित** = रोमांचित.

**उद्धस्** = अट्टहास.

**उद्धार** = असुरवध, उगाही, उन्नति, उपकार, जीर्णोद्धार, जीवन रक्षा, परित्राण, परिष्कार, पुनरुद्धार, मरम्मत, मोक्ष, समाज सुधार, सुधार.

**उद्धारक** = ईसा मसीह, उन्नायक, परित्राता, सुधारवादी.

**उद्धार करना** = सुधारना.

**उद्धार कर्ता** = परित्राता, सुधारवादी.

**उद्धारात्मक** = सुधारात्मक.

**उद्धृत** = जीर्णोद्धृत.

**उद्बुजन** = अंकुरण.

**उद्बुद्ध** = उत्साहित, जाग्रत, प्रबुद्ध, प्रेरित.

**उद्बोध** = उद्बोधन.

**उद्बोधक** = उपदेशपूर्ण, प्रबोधक, प्रेरणाप्रद, प्रेरयिता, सचेतक.

**उद्बोधन** = आवाहन, प्रोत्साहन, मोहभंग, संबोधन.

**उद्बोधन** *सं* *आवाहन*, उच्छवासन, उज्जागरण, उद्दीप्ति, उद्बोध, प्रचोदन, प्रतिबोधन, प्ररोचन, प्ररोचना, बोधन, विबोधन, *संबोधन*, समावाहन, समुद्बोधन, स्फूर्ति, ●उकसावा, ●प्रोत्साहन, ●शाबाशी, ■अमंत्रणा, ■उत्साहभंग.

**उद्भट** = प्रतिष्ठित, महान, विचित्र, वीर.

**उद्भरण** = लदाई.

**उद्भव** = आदि, उदय, जन्म, स्रोत.

**उद्भार** = लाद.

**उद्भावना** = अंदाज़ा, कल्पना, परिकल्पना, विचार.

**उद्भासक** = आलोकक.

**उद्भासन** = आलोकन.

**उद्भिजन** = उद्भेदन.

**उद्भिज्ज** = वनस्पति.

**उद्भिद करना** = उगाना.

**उद्भिद होना** = उगना.

**उद्भिद् विज्ञान** = वानस्पतिकी.

**उद्भूत** = जन्मा/जन्मी.

**उद्भेदन** *सं* उगन, उत्पत्ति, उत्स्फोटन, उद्भिजन, निकलाव, प्ररोहण, फुटाव, भूमि उद्भेदन, रूढ़ि, रोहण, समुद्भेदन, ●उद्बुजन.

**उद्भ्रम** = चक्कर, भ्रम.

**उद्भ्रांत** = चकित, चिंतित, मनोविकारग्रस्त, मार्गच्युत.

**उद्भ्रांति** = अनर्गलता, भ्रम.

**उद्यत** = आतुर, तत्पर, सन्नद्ध.

**उद्यम** = अभियान उद्योग परिश्रम, प्रयास, श्रम, साधना.

**उद्यम** *सं* आयोजन, *उत्पादन*, उपक्रम, पहल, *व्यापार*, समुद्यम, समुपक्रम, ●उद्योग, ●व्यापार.

**उद्यमशील** = अथकनीय, परिश्रमी, प्रयत्नशील.

**उद्यमहीन** = निष्क्रिय, प्रयासहीन.

**उद्यमहीनता** = बेरोज़गारी.

**उद्यमी** = उत्पादक, उद्योगपति, कर्मवीर, परिश्रमी, प्रयत्नशील, साहसी.

**उद्यमीय** *वि* औद्योगिक, *तकनीकी*, सनअती.

**उद्यान** = उपवन.

**उद्यानपाल** = बाग़बान.

**उद्योग** = कारख़ाना, परिश्रम, प्रयास.

**उद्योग** *सं* इंडस्ट्री, *उद्यम*, उद्योगधंधा, कल कारख़ाना, काम, कारोबार, सनअत, ●गृह उद्योग, ●ग्राम उद्योग, ●लघु उद्योग, ●सेवा उद्योग, ●कृषि, ●शिल्प.

**उद्योगधंधा** = उद्योग, धंधा.

**उद्योगनिर्मित** = यंत्रोत्पादित.

**उद्योगपति** = पूँजीवादी वर्ग, सेठ.

**उद्योगपति** *सं* आंत्रप्रनेर, इंडस्ट्रियलिस्ट, उद्यमी, उपक्रमी, ऐंटरप्रैन्यौर, कारख़ानेदार, *पूँजीपति*, मालिक, व्यवसायी, सरमायादार, ●पूँजीपति, ●सेठ.

**उद्योगशाला** = कारख़ाना.

**उद्योगशील** = प्रयत्नशील.

**उद्योगहीन** = प्रयासहीन.

**उद्योगी** = उत्पादक, प्रयत्नशील.

**उद्योगीय** = यंत्रोत्पादित.

**उद्योतकर** = आलोकप्रद.

**उद्योतन** = आलोकन.

**उद्योतित** = आलोकित.

**उद्राव** = आर्तनाद.

**उद्वलन** = उमगाव.

**उद्वहन** = उठाई, वहन.

**उद्वहन करना** = ढोना.

**उद्वास** = परित्याग.

**उद्विकास** *सं* अनुकूलन, इवोल्यूशन, उत्तरोत्तर विकास, क्रमिक परिवर्तन, क्रमिक विकास, डार्विनवाद, योग्यतम की जय, योनि विकास, *विकास*, समानुकूलन, समुद्विकास, सहज विकास, ●उत्परिवर्तन, ■कायापलट, ■क्रांति.

**उद्विग्न** = उत्तेजित, क्रुद्ध, चिंतित, भयभीत, मनोविकारग्रस्त, लज्जित.

**उद्वेग** = आतंक, उत्तेजना, चिंता, चिंतानुभूति, चुस्ती.

**उद्वेगकर** = चिंताजनक.

**उद्वेगकारी** = उत्तेजक, भयानक.

**उद्वेगहीन** = प्रशांत.

**उद्वेगी** = निराशावादी.

**उद्वेलक** = उत्तेजक, क्रांतिकारी, चिंताजनक, रोमांचक, विचलनकारी.

**उद्वेलन** = उमगाव, लहराव.

**उद्वेलित** = उत्तेजित, क्रुद्ध, बहता/बहती, लहराता/लहराती.

**उद्वेलित करना** = भड़काना.

**उधड़ना** = चिरना.

**उधड़ना** *क्रि* उघड़ना, *उतरना*, *खुलना*, टाँके टूटना, बखिया उधड़ना, सिलाई उधड़ना, ●खुलना.

**उधमी** = उपद्रवी.

**उधर** = उस पार, दूरी पर, सीमा पार.

**उधर** *क्रिवि* उस ओर, उस दिशा में, उहाँ, तत्र, तहँ, तहाँ, तिधर, पार, *वहाँ*, ■इधर.

**उधर इधर** = कहीं कहीं.

**उधर का** = सीमांतरीय.

**उधरला/उधरली** = सीमांतरीय.

**उधार** = ऋण.

**उधार कर्ता** = ऋणी.

**उधार का** *वि* अक्रीत, उधार पर, ऋणित, ज़मानती, माँगे का, हिसाब में, ■स्वामित.

**उधार दाता** = ऋण प्रदाता.

**उधार दान** = ऋण व्यवसाय.

**उधार पत्र** = ऋणपत्र.

**उधार पर** = उधार का.

**उधारी** = ऋण.
**उधेड़ना** = छीलना, लूटना, हराना.

**उधेड़ना** *क्रि* उकेलना, खोलना, टाँके खोलना, बखिया उधेड़ना, बुनाई उधेड़ना, सिलाई उधेड़ना, सीवन खोलना, ●समझाना, ●सुलझाना, ■लपेटना, ■सीना.

**उधेड़बुन** = दुबिधा, विमर्श.
**उन** = वे.
**उनवान** = शीर्षक.
**उनींदा/उनींदी** = तंद्रिल.
**उनींदापन** = तंद्रा.
**उनीस** = उन्नीस.
**उन्नत** = अगड़ी जाति का, अत्याधुनिक, उत्तम, उदित, उन्नतोदर, ऊँचा/ऊँची, जीर्णोद्धृत, बेहतर, विकसित, संशोधित, सभ्य, सुरुचिपूर्ण, सुसंस्कृत.

**उन्नत** *वि* अभ्युत्थित, उठा/उठी, खिला/खिली, परिष्कृत, प्रगत, प्रोन्नत, बढ़ा/बढ़ी, बरतर, *बेहतर*, माडर्न, *विकसित*, समुन्नत, सुधरा/सुधरी, सुविकसित, स्फुट, ●उदीयमान, ●विकासशील, ●सुसंस्कृत, ■अवनत, ■ह्रस्त.

**उन्नत करना** = सुधारना.
**उन्नत कर्ता** = उन्नायक.
**उन्नत काल** = उत्कर्ष काल.
**उन्नतता** = ऊँचाई.
**उन्नत भाल** = उन्नत ललाट.
**उन्नतभाल** = उन्नतमस्तक.
**उन्नतमस्तक** = अभिमानी, पर्वतीय, स्वाभिमानी.

**उन्नतमस्तक** *वि* उन्नतभाल, गर्वोन्नत, ●अभिमानी, ●स्वाभिमानी.

**उन्नत ललाट** *सं* उच्च मस्तक, उन्नत भाल, चौड़ा मस्तक, प्रललाट, विस्तृत भाल, ●मस्तक.

**उन्नत होना** = उभरना, सुधरना.
**उन्नतावनत** = असमतल.
**उन्नति** = उन्नमन, चढ़ान, पदोन्नति, परिष्कार, बढ़ोतरी, विकास, वेतन वृद्धि, सभ्यता, समृद्धि, सुधार, सुपरिस्थिति.

**उन्नति** *सं* अभ्युत्थान, अभ्युदय, इंप्रूवमैंट, उठान, *उड़ान*, उत्कर्ष, *उत्थान*, *उदय*, उद्धार, उभार, उरूज़, तरक़्क़ी, नवोत्थान, नवोदय, नवोन्मेष, निखार, *प्रगति*, प्रौग्रैस, बढ़त, बढ़ती, *बढ़ोतरी*, बेहतरी, बेहबूदी, *लाभ*, *विकास*, वृद्धि, समुद्धार, समुन्नति, सरसाई, *सुधार*, ●आत्मोन्नति, ●आधुनिकीकरण, ●जीर्णोद्धार, ●परिष्कार, ■अवनति, ■विकासरोध.

**उन्नति अवनति** = उत्थानपतन, भाग्यचक्र.
**उन्नतिअवनतिशील** = उथलपुथलपूर्ण, परिवर्तनशील.
**उन्नति करना** = सुधरना.
**उन्नतिकारी** = विकासकारी.
**उन्नति काल** = उत्कर्ष काल, स्वर्णयुग.
**उन्नतिशील** = उदीयमान.
**उन्नतिहीनता** = पिछड़ापन.
**उन्नतोदर** = तोंदू.

**उन्नतोदर** *वि* उठा/उठी, उठानदार, *उत्तल*, *उन्नत*, उभरवाँ, उभारदार, कूर्मपृष्ठाकार, फूला/फूली, मत्स्यपृष्ठाकार, स्तनाकार, स्तूपाकार, ●प्रोद्‌गत, ■नतोदर.

**उन्नतोदर होना** = उभरना.
**उन्नमन** = उठाई.

**उन्नमन** *सं* उठन, उठान, उठापन, उत्तान, *उत्थान*, उदग्रता, *उन्नति*, उन्नयन, *चढ़ान*, समुन्नाय, ■नति.

**उन्नमित** *वि* अध्यूढ़, उच्च, उठता/उठती, उठा/उठी, उत्थित, उदग्र, ऊर्ध्व, खड़ा/खड़ी, समुन्नमित, सीधा/सीधी, ●चढ़ानदार, ■अवनमित, ■झुका/झुकी.

**उन्नम्र** = ऊँचा/ऊँची, तीखे चढान वाला.
**उन्नयन** = उठाई, उन्नमन.
**उन्नाब** = बेर.
**उन्नाय** = चढ़ान.
**उन्नायक** = सुधारवादी.

**उन्नायक** *सं* उत्कर्षक, उद्धारक, उन्नत कर्ता, उन्नेता, *प्रतिपादक*, बढ़ाने वाला, वर्धक, वर्धन, विकासक, विकासक, समुत्कर्षक, समुद्धर्ता, समुद्धारक, समुन्नायक, ●सुधारवादी.

**उन्निद्र** = निद्राहीन.
**उन्नीस** = उत्तर अवस्था सूचक शब्द सूची, कमतर, बदतर.

**उन्नीस** *सं* 19, उनीस, एक कम बीस, एकोनविंशति.

**उन्नेता** = उन्नायक.
**उन्मंथ** = मंथन.
**उन्मज्जित करना** = उबारना.
**उन्मत्त** = उत्तेजित, पागल, मतांध, मदव्यग्रस्त, मदिरोन्मत्त.

**उन्मत्त** *वि* उत्कट, उन्मादग्रस्त, उन्मादी, ख़ब्ती, जुनूनी, झक्की, दीवाना/दीवानी, धुनी, *पागल*, प्रमत्त, भावोन्मत्त, सरमस्त, सिड़ी, सौदाई, *हठी*, हावला बावला, ●क्रुद्ध, ●ज्वरग्रस्त, ●पागल, ●हठी, ■स्वस्थमनस्क.

**उन्मत्तकारी** = मादक औषध.
**उन्मत्तालय** = पागलख़ाना.
**उन्मथन** = मंथन, वध.
**उन्मद** = मदव्यग्रस्त, मदिरोन्मत्त.
**उन्मनस्क** = उदास, चिंतित.
**उन्मना/उन्मनी** = उदास.
**उन्मर्दन** = दमन.
**उन्माथ** = वध, हत्यारा.
**उन्माद** = अलमस्ती, तीव्रोन्माद, नशा, पागलपन, फ़ैड.

**उन्माद** *सं* आवेश, एकोद्देश्यता, औब्सैशन, ख़ब्त, जनून, झक, दीवानगी, धुन, *नशा*, *पागलपन*, प्रमाद, फ़ितूर, बैराग, भावावेश, भावोन्माद, मद, मनोबाध्यता, *सनक*, सिड़, सिड़पन, सिड़ीपना, *हठ*, ●आसक्ति, ●उत्तेजना, ●उत्साह, ●क्रोध, ●पूर्वग्रह, ●सनक.

**उन्मादक** = मादक, मादक औषध.

**उन्मादक** *वि* अभिभूतकारी,

आवेशकर, *उत्तेजक*, उन्मादकारी, उन्मादी, भड़काऊ, मनोन्मादक, विवशकारी, ●मादक, ■प्रशामक.

**उन्मादकारी** = उन्मादक.
**उन्मादग्रस्त** = उन्मत्त, मदिरोन्मत्त.
**उन्मादिनी** = सुंदर स्त्री.
**उन्मादी** = उन्मत्त, उन्मादक.
**उन्मील** = विस्फार.
**उन्मीलन** = प्रस्फुटन.
**उन्मीलित** = खिला/खिली.
**उन्मीलित होना** = खिलना.
**उन्मुक्त** = अनवरुद्ध, अनाबद्ध, अनियंत्रित, अपराधमुक्त, अपालतू, अप्रतिबंधित, अलमस्त, खुला/खुली, मुक्त, वैकल्पिक.

**उन्मुक्त** *वि अनियंत्रित*, आज़ाद, उच्छृंखल, नियंत्रणहीन, बंधनहीन, बिंदास, स्वच्छंद, ●अनुशासनहीन, ●अलमस्त, ●वशातीत.

**उन्मुक्त करना** = छोड़ना.
**उन्मुक्तता** = अप्रतिबंध, अलमस्ती, असंयम, बेपर्दगी, स्वाधीनता.
**उन्मुक्त हास** = अट्टहास.
**उन्मुक्त होना** = खुलना.
**उन्मुक्ति** = परित्राण, मुक्ति, स्वाधीनता प्राप्ति.
**उन्मुख** = अभिमुख, जिज्ञासु.
**उन्मुखता** = पसंदगी, प्रवृत्ति.
**उन्मुखर** = कोलाहलकारी.
**उन्मुग्ध** = लुब्ध.

**उन्मूलक** *सं* उखाड़ने वाला, उच्छेदक, जड़ से उखाड़ने वाला, ●उच्छेत्ता.

**उन्मूलन** = उखड़ाई, कुप्रथा उन्मूलन.

**उन्मूलन** *सं* उखड़ाई, उखाड़, उच्छेदन, जड़ से उखड़ाई, निर्मूलन, निष्कर्षण, लुंचन, विमूलन, ●उत्खनन, ●निराई, ■बुआई.

**उन्मूलित** *वि* अवरोपित, आविर्मूलित, उखड़ा/उखड़ी, उच्छेदित, छिन्नमूल, जड़ से उखड़ा, निकला/निकली, निर्मूलित, मूलोच्छेदित, *विस्थापित*, ●निर्गमित, ■आमूलति.

**उन्मेष** = खिलावट, विस्फार.
**उन्मेषण** = प्रस्फुटन.
**उन्मोचक** = मुक्तिदाता.
**उन्मोचन** = अनावरण, मुक्ति.
**उन्मोचित** = अनाबद्ध, उद्घाटित, प्रकाशित.
**उन्हों** = वे.
**उप-** = गौणकोटीय.
**उप उत्पाद** = गौण उत्पाद.
**उपकथा** = गौण कथा.
**उपकरण** = यंत्र, शस्त्रास्त्र, साधन.

**उपकरण** *सं आला*, औज़ार, *कल*, टूल, यंत्र उपकरण, *शस्त्र*, शिल्पयंत्र, हथियार, ●पुरज़ा, ●साधन, ●हस्तोपकरण.

**उपकरण थैला** = किटबैग.
**उपकरण बक्सा** = टूलबाक्स.
**उपकर्ता** = उपकारी.
**उपकार** = अनुग्रह, कल्याण, दया, दान, सहायता.

**उपकार** *सं* उद्धार, एहसान, *कल्याण*, *दया*, *धर्मार्थ*, नेकी, परमार्थ, परहित, परोपकार, भला, भलाई, *सहायता*, सेवा, *हित*, ●अनुग्रह, ●दान, ●पुण्य, ●प्रत्युपकार, ●समाज सेवा, ■अपकार, ■अहित, ■स्वार्थ.

**उपकारक** = अनुग्रही, उपयोगी, कल्याणकारी, समाज भावी, सरपरस्त.
**उपकार कर्ता** = उपकारी.
**उपकार का बदला अपकार** = कृतघ्नता.

**उपकारपूर्ण** *वि* उदार, *उपकारी*, प्रेमपूर्ण, *मानवीय*, स्वार्थहीन, हितकर, हितकारी, ●कल्याणकारी.

**उपकार भार** = कृतज्ञता.
**उपकार भावना** = समाज भावना.
**उपकारात्मक** = सिफ़ारिश भरा.
**उपकारार्थ** = धर्मार्थ.
**उपकारिता** = समाज भावना.
**उपकारी** = अनुग्रही, उपकारपूर्ण, दयालु, सहयोगपूर्ण, सौभाग्यप्रद.

**उपकारी** *सं* उपकर्ता, उपकार कर्ता, जनसेवक, *दानी*, परकाजी, परमार्थी, परोपकारी, पुण्यजन, रखवाला, लोकहितैषी, लोकोपकारी, *सज्जन*, सत्कर्मी, सहायक, ●पुण्यात्मा, ●समाज सेवक, ●स्वयंसेवक, ■अपकारी.

**उपकिरण** = बिखराव.

**उपकुलपति** *सं* वाइस चांसलर, वीसी, ●कुलपति.

**उपकूल** = तट, तटवर्ती, तटीय.
**उपकृत** = कृतज्ञ, दानप्राप्ता.
**उपकृतता** = कृतज्ञता.
**उपकोटि** = उपसमूह.
**उपकोटीय** = गौणकोटीय.
**उपक्रम** = अभियान, आदि, आरंभ, आरंभिक कर्म, उद्यम, कोशिश, पूर्वपीठिका, प्रयास, प्रवर्तन, भूमिका.
**उपक्रमण** = प्रवर्तन.
**उपक्रमी** = उद्योगपति.
**उपक्रांत** = आरंभित.
**उपक्षेत्र** = परिक्षेत्र.

**उपक्षेत्र** *सं* उपभाग, उपमंडल, उपविभाग, उपस्थल, उपस्थान, उपांचल, उपांतर, ●अंतर्क्षेत्र, ●परिक्षेत्र.

**उपक्षेत्रीय** = परिक्षेत्रीय.
**उपक्षेप** = फेंक.
**उपखंड** = उपभवन, नगर खंड.
**उपगत** = गत, घटित, प्राप्त.
**उपगिरि** = पहाड़ी.
**उपगृह** = उपभवन.
**उपग्रह** = चंद्रमा.

**उपग्रह** *सं* ग्रह के चारों ओर चक्कर लगाने वाला पिंड, *चंद्रमा*, चाँद, सैटलाइट, ●कृत्रिम उपग्रह, ●ग्रह.

**उपचय** = बढ़ोतरी.
**उपचरित** = चिकित्सित.
**उपचर्या** = नर्सिंग.
**उपचार** = चिकित्सा, नर्सिंग.
**उपचारक** = चिकित्सक.
**उपचारिका** = नर्स, परिचारिका.
**उपचेतना** = अवचेतन मन.
**उपचेय** = चयनीय.

**उपच्छद** = चादर.
**उपज** = आविष्कार, उत्पाद, कल्पना, कृति, गप, नावल्टी, फ़सल.
**उपजना** = उगना.
**उपजा/उपजी** = कृषिजन्य, जन्मा/जन्मी.
**उपजाई** = उत्पादन.
**उपजाऊ** = उत्पादनशील, उर्वर, बहुजनक.
**उपजात** = उत्पादित, गौण उत्पाद.
**उपजाति** = उपसमूह.
**उपजाना** = उगाना, जनना.
**उपजाप** = उकसावा.
**उपजापक** = उकसाने वाला.
**उपजापित** = दुष्प्रेरित.
**उपजापी** = उकसाने वाला.
**उपजीविता** = परावलंबन.
**उपजीवी** = परावलंबी.
**उपटना** = उभरना.

**उपटना** *क्रि* *उछलना*, उपटाव होना, उपड़ना, *उभरना*, चित्ती पड़ना, पड़पड़ाना, परपराना, •उभरना.

**उपटाव** = पित्ती.
**उपटाव होना** = उपटना.
**उपड़ना** = उपटना, उभरना.
**उपड़ाव** = पित्ती.
**उपत्यका** = घाटी, तलहटी.
**उपदंश** = आतशक, चाट.
**उपदर्शक** = ओवरसीअर.
**उपदान** = उपहार, बोनस.

**उपदिशा** *सं* अंतरादिक्, अंतर्दिशा, अवांतर दिशा, कोणदिशा, दिशाकोण, प्रदिशा, विदिशा, •उत्तर पश्चिम दिशा, •उत्तर पूर्व दिशा, •दक्षिण पश्चिम दिशा, •दक्षिण पूर्व दिशा.

**उपदेव** = अतिमानव.
**उपदेश** = खुतबा, धर्म सिद्धांत, परामर्श.

**उपदेश** *सं* आप्त वचन, उद्‌गार, कलीसिया, कहा, *खुतबा*, देशना, धर्मोपदेश, नसीहत, *नीतिवाक्य*, पथप्रदर्शन, *परामर्श*, प्रवचन, भखनी, *भाषण*, मार्गदर्शन, वक्तृता, वाज़, वार्ता, *शब्द*, *शिक्षा*, संथा, *संदेश*, *सत्संग*, सलाह, सीख, हदीस, हिदायत, •खुतबा, •गुरुमंत्र, •धर्म प्रचार, •धर्मादेश, •भाषण.

**उपदेशक** = पादरी, प्रबोधक, वाइज़.

**उपदेशक** *सं* अनुशास्ता, अपोसल, आचार्य, उपदेष्टा, *ऋषि*, *गुरु*, *ज्ञानी*, धर्माचार्य, नासेह, पंडित, *पादरी*, *पीर*, प्रवचन कर्ता, फ़ादर, भगवान, *भाषणदाता*, महात्मा, मिशनरी, *मुल्ला*, *रब्बी*, वाइज़, शिक्षक, संत, *साधु*, साहब, •इमाम, •कथावाचक, •गुरु, •प्रचारक, •रब्बी, •वाइज़, •साधु.

**उपदेशपूर्ण** *वि* उत्प्रेरक, उद्‌बोधक, उपदेशात्मक, ज्ञानपूर्ण, ज्ञानप्रद, धर्मोपदेशीय, नीतिपूर्ण, प्रवचनात्मक, प्रेरक, शिक्षापूर्ण, संस्कारपूर्ण, •बोधपूर्ण, •शिक्षाप्रद.

**उपदेश मंच** *सं* *आसन*, *चौकी*, *पीठ*, पुलपिट (गिरजाघर), मिंबर (मसजिद).

**उपदेश सभा** = सत्संग.
**उपदेशात्मक** = उपदेशपूर्ण.

**उपदेशिका** *सं* दैशिका, धर्म उपदेशिका.

**उपदेष्टा** = उपदेशक.
**उपद्रव** = फ़ौजदारी, महामारी, हुड़दंग.

**उपद्रव** *सं* *अराजकता*, *अव्यवस्था*, अशांति, *असंतोष*, ऊधम, झंझट, सामाजिक अशांति, *हलचल*, •तोड़फोड़, •दंगा, •युद्ध, •लूटपाट, •विद्रोह.

**उपद्रव कर्ता** = उपद्रवी.
**उपद्रवकारी** = आंदोलनकारी, उपद्रव नेता, उपद्रवी.

**उपद्रवग्रस्त** *वि* अशांत, आंदोलनपूर्ण, उपद्रवपूर्ण, क्षुब्ध, *ख़तरनाक*, दंगाग्रस्त, बदअमन, बेचैन, विक्षुब्ध, शांतिहीन, संक्षुब्ध, हलचलपूर्ण.

**उपद्रवग्रस्तता** = अराजकता.

**उपद्रव नेता** *सं* अगुआ, *उत्तेजक*, उपद्रवकारी, कलहकार, गड़बड़िया, दंगई, दंगेबाज़, दंगैत, दंगैल, दंगैल, दुरुत्साहक, धाँधलिया, फ़ितनाअंदाज़, बखेड़िया, बखेड़िया, बलवाई, भड़काने वाला, रिंगलीडर, सरदार.

**उपद्रवपूर्ण** = उपद्रवग्रस्त.
**उपद्रवहीन** = शांतिपूर्ण.

**उपद्रवी** *सं* उत्पाती, उधमी, उपद्रव कर्ता, उपद्रवकारी, गड़बड़िया, जंगी, झंझटी, दंगई, दंगाई, फ़सादी, फ़सादी, फ़ुतूरिया, बदमाश, बलवाई, •उग्रवादी, •विध्वंसोत्तेज्क.

**उपद्रष्टा** = प्रत्यक्षदर्शी.

**उपद्वार** *सं* छोटा द्वार, दरीचा, दुबारी, द्वारी, *बारी*, •आपात्कालीन द्वार.

**उपधान** = तकिया, लक्षण.
**उपधारा** = उप्रनियम, परंतुक.

**उपधारा** *सं* अनुच्छेद, उपविभाग, नियम उपधारा, *परंतुक*, •नियम धारा.

**उपनगर** *सं* नगरोपांत, शाखा नगर, सबर्ब.

**उपनदी** = सहायक नदी.
**उपनमन** = विनमन.
**उपनयन** = अक्षरारंभ, आनयन, उपनयन संस्कार, सोलह संस्कार सूची.
**उपनयन (हिंदू द्विज)** = धर्मग्रहण.
**उपनयन संस्कार** = अक्षरारंभ, ब्रह्मचर्य आश्रम प्रवेश.

**उपनयन संस्कार** *सं* उपनयन, उपवीत, जनेऊ, दीक्षा, दूसरा जन्म, द्विजत्व, पवित्रारोपण, प्रव्रज्या व्रत (बौद्ध), बरुआ, बालोपचार, *यज्ञोपवीत*, यज्ञोपवीत संस्कार, विद्यारंभ संस्कार, वेदारंभ संस्कार, समुपनयन, •अक्षरारंभ.

**उपनषदीय दर्शन** = वेदांत दर्शन.
**उपनाम** = उपाधि.

**उपनाम** *सं* उर्फ़, *गुमनाम*, छद्‌मनाम, तख़ल्लुस, नामांतर, पैननेम,

लघुनाम, •घर का नाम, •छद्मवेश.

**उपनायक** *सं* सहनायक, साइड हीरो.

उपनाह = पुलटिस.

**उपनियम** *सं* *उपधारा*, बाइ-ला, •क़ानून, •नियम धारा.

**उपनिवेश** *सं* अधीन देश, करद राज्य, कालोनी, ग़ुलाम देश, प्रशासित राज्य, बस्ती, विलायत, सल्तनत, ■साम्राज्य, ■स्वाधीनता.

उपनिवेशक = आप्रवासी.
उपनिवेशता = पराधीनता.
उपनिवेशन = परराष्ट्र जय.

**उपनिवेशन** *सं* कालोनाइज़िंग, कालोनाइज़ेशन, पराधीनन, बस्तीबनाई, विस्तारवाद, सत्ता स्थापना, •परराष्ट्र जय, ■उपनिवेश समापन, ■निरावासन, ■स्वाधीनता संग्राम.

उपनिवेशवाद = साम्राज्यवाद.
उपनिवेशवादी = साम्राज्यवादी.
उपनिवेशात्मक = साम्राज्यात्मक.
उपनिवेशित = अधीनित, आवासित.

**उपनिवेशित** *वि* *अधिकृत*, अधिगत, अधिग्रहीत, *पददलित*, *पराजित*, विजित, •अधीनित, •औपनिवेशिक, •पराधीन.

उपनिवेशीय = औपनिवेशिक.
उपनिषद = प्रस्थान त्रयी सूची, वेदांत.

**उपनिषद** *सं* नैगम, ब्रह्मचर्चा, ब्रह्मज्ञान, वेदरहस्य.

**उपनिषद सूची** *सं* ईश उपनिषद, ऐतरेय उपनिषद, कठ उपनिषद, केन उपनिषद, कौशीतकी उपनिषद, छांदोग्य उपनिषद, तैत्तिरीय उपनिषद, प्रश्न उपनिषद, बृहदारण्यक उपनिषद, मांडूक्य उपनिषद, मुंडक उपनिषद, मैत्रायणी उपनिषद, श्वेताश्वतर उपनिषद.

**उपनिषदीय** *वि* औपनिषद, औपनिषदिक.

उपन्यस्त = लिखित (साहित्य).

**उपन्यास** *सं* अफ़साना, कादंबरी (मराठी), गाथा, नावल, परिकथा, प्लाट, महाकथा, •कथावस्तु, •कहानी, •गद्य.

उपन्यासकार = उपन्यास लेखक.

**उपन्यास लेखक** *सं* अफ़सानानवीस, उपन्यासकार, नावलिस्ट.

उपपति = जार, लंपट.
उपपत्ति = कथा फलागम, तर्क, प्रमाण.

**उपपत्ति** *सं* *अंत*, अन्वय, अर्थापत्ति, आप्ति, *आलब्धि*, उपलंभ, उपलब्धि, *उपसंहार*, नतीजा, निदान, निर्वृत्ति, *निष्कर्ष*, निष्पत्ति, परिणति, *परिणाम*, *प्राप्ति*, *फल*, फलित, लब्धि, *समाधान*, समापत्ति, समाप्ति, समालब्धि, समाहार, सिद्धि, *हल*, हासिल, •उपसंहार, •कथाफलागम, •समाधान, ■कारण, ■भूमिका.

उपपत्नी = रखेली.
उपपादन = प्रतिपादन.
उपपादित = प्रमाणसिद्ध.
उपप्रधान = उपसभापति.
उपबर्हण गंधर्व (पूर्वजन्म) = नारद.
उपबाहु = पहुँचा.

**उपभवन** *सं* आउटहाउस, उपखंड, उपगृह, ऐक्सटैंशन, ऐनेक्सी, विंग, शैड.

उपभाग = उपक्षेत्र.
उपभाषा = बोली.
उपभुक्त = उच्छिष्ट, सैकंड हैंड.

**उपभुक्त** *वि* आसेवित, इस्तेमालशुदा, उपभोगित, उपयुक्त, परिभुक्त, पुराना/पुरानी, प्रयुक्त, बरता/बरती, भुक्त, भोगा/भोगी, व्यवहृत, सेवित, •उच्छिष्ट, •सैकंड हैंड, ■अनुपभुक्त, ■बचा खुचा/बचा खुची.

उपभोक्तव्य = उपभोग्य.

उपभोक्ता = ख़रीदार.

**उपभोक्ता** *सं* आसेवी, उपभोगी, उपयोक्ता, कंज़्यूमर, *ख़रीदार*, ग्राहक, प्रयोक्ता, भोक्ता, भोगी, लेने वाला, व्यवहर्ता, संभोक्ता, सेवन कर्ता, सेविता, सेवी, •उपभोग, •ख़रीदार, ■उत्पादक, ■विक्रेता, ■सप्लायर.

उपभोक्ता आवश्यकता सर्वेक्षण = मार्केट सर्वे.
उपभोक्ता मत संग्रह = मार्केट सर्वे.
उपभोग = भोगविलास.

**उपभोग** *सं* अनुभोग, अमल, आभोग, इस्तेमाल, *उपयोग*, कंज़प्शन, खपत, परिभोग, *प्रयोग*, बरताई, भोग, *व्यवहार*, समुपभोग, सेवन, •अपव्यय, •उपभोक्ता, •उपयोग, •उपयोगिता, ■अनुपभोग, ■उत्पादन, ■उत्पादन, ■दुरुपभोग.

उपभोगित = उपभुक्त.
उपभोगी = उपभोक्ता.
उपभोग्य = आहार्य, उपयोगी.

**उपभोग्य** *वि* अच्छा/अच्छी, आभोग्य, आसेव्य, उपभोक्तव्य, उपभोज्य, उपयोज्य, प्रयोग्य, भोग्य, सेवनीय, सेव्य, •उपयोगी, ■अनुपभोग्य.

उपभोज्य = उपभोग्य.
उपमंडल = उपक्षेत्र, उपसमूह.
उपमंडली = उपसमूह.
उपमति = मौन अनुमति.
उपमन्यु = ऋषि सूची.
उपमहाद्वीप = दक्षिण एशिया, दक्षिण एशिया, बृहत्तर भारत.

**उपमहाद्वीप** *सं* महादेश, महाद्वीप विशाल खंड, सबकंटिनैंट, •महाद्वीप.

उपमा = उपमा अलंकार, तुलना.

**उपमा** *सं* उदाहरण, *तुलना*, मिसाल, सदृश्यता वर्णन, समानता, *सादृश्य*, साम्य, •उपमान, •उपमेय, •तुलना, •दृष्टांत.

**उपमा अलंकार** *सं* *उपमा*, बराबरी,

सादृश्य प्रदर्शन, सादृश्य वर्णन, साम्य, •तुलना, •दृष्टांत, •सादृश्य.

**उपमाता** = धाय माँ.
**उपमार्ग** = पगडंडी.

**उपमार्ग** *सं* उपवीथी, *गली*, गैल, छोटी सड़क, बाइलेन, •मुख्य सड़क.

**उपमार्थ** = लक्षणार्थ.
**उपमाहीन** = अनुपम.
**उपयुक्त** = अच्छा/अच्छी, अनुकूल, अर्हतासंपन्न, अवसरानुकूल, आवश्यकतानुरूप, उपभुक्त, उपयोगी, औपचारिक, तर्कसंगत, पर्याप्त, प्रासंगिक, मनोग्राह्य, विधिसंगत, विनियोज्य, विवाह्य, वैध, शालीन, शोभनीय, संगत, संदर्भीय, समर्थनीय, सही साइज़ का, सामंजस्ययुक्त, सुपात्र, सुविधाजनक, स्वीकार्य.
**उपयुक्त अवसर** = सुअवसर.
**उपयोक्ता** = उपभोक्ता.
**उपयोग** = उपभोग.

**उपयोग** *सं* इस्तेमाल, काम, *प्रयोग*, बरताई, भोग, *योग*, *व्यवहार*, सेवन, •उपभोग, •सदुपभोग, ▪अनुपभोग, ▪दुरुपभोग.

**उपयोग शुल्क** = भाड़ा.
**उपयोगहीन** = अनुपयोगी.
**उपयोगातिरिक्त** = अतिरिक्त.
**उपयोगिता** = अच्छाई.
**उपयोगिता परीक्षा** = परख.
**उपयोगी** = अच्छा/अच्छी, आवश्यक, बिकाऊ, वांछनीय, सुविधाजनक.

**उपयोगी** *वि* अच्छा/अच्छी, अर्थपूर्ण, अव्यर्थ, उपकारक, *उपभोग्य*, उपयुक्त, उपयोग्य, उपयोज्य, काम का, कारगर, कारामद, गुणकारी, जनोपयोगी, फ़ायदेमंद, माकूल, *योग्य*, *लाभप्रद*, सही, *सारपूर्ण*, *सार्थक*, हितकर, हितकारी, •आवश्यक, •कामचलाऊ, •बहुउपयोगी, ▪अनुपयोगी, ▪अपकारी, ▪बुरा/बुरी, ▪रद्दीकृत.

**उपयोग्य** = उपयोगी.
**उपयोज्य** = उपभोग्य, उपयोगी.
**उपरक्षक** = अंगरक्षक.
**उपरत** = निवृत्त.
**उपरति** = वैराग्य.
**उपरना** = आवरक वस्तु, ओढ़नी.
**उपरनी** = ओढ़नी.
**उपरला भाग** = उच्चभाग.
**उपरवार** = बागर.
**उपरांत** = तब, फिर, बाद में, समय के बाद.
**उपरांततः** = समय के बाद.
**उपरांतीय** = उत्तरवर्ती.
**उपराउपरी** = आपाधापी, प्रतियोगिता.
**उपराग** = अंगराग, रागिनी, लालिमा.
**उपराचढ़ी** = प्रतियोगिता.
**उपराम** = वैराग्य.
**उपरालूपन** = दिखावा.

**उपराष्ट्रपति** *सं* वाइस प्रैज़िडैंट, •राष्ट्रपति.

**उपरि** = ऊपर.
**उपरिलिखित** = ऊपरोक्त.
**उपरूपक** = बैले.
**उपरोध** = कार्क.
**उपर्युक्त** = ऊपरोक्त.
**उपलंभ** = उपपत्ति.
**उपल** = ओला, पाषाण, रत्न.
**उपलक** = पाषाणीय.
**उपलक्ष्य** = कारण.
**उपलक्ष्य में** = लिए.

**उपलक्ष्य में** *क्रिवि* अर्थे, कृते, ख़ातिर, तईं, नाते, प्रयोजन से, बहाने, मारे, याद में, *लिए*, वास्ते, सबब, सम्मान में, सहायतार्थ, स्मृति में, हित में, हेतु, हेतुतः, •लिए.

**उपलपात** = ओला वर्षा.
**उपलब्ध** = आलब्ध, उपस्थित, पुनर्प्राप्त, प्राप्त, लभ्य.
**उपलब्धा** = कीर्तिमान स्थापक, प्राप्ता.
**उपलब्धि** = अनुभव, आलब्धि, आविष्कार, उपपत्ति, कथा फलागम, कारनामा, कालजयी कलाकृति, कीर्तिमान, दक्षता, प्राप्ति, फलन, बोधोदय, योग्यता, सफलता, समापन.
**उपलभ्य** = लभ्य.

**उपला** *सं* कंडा, गोइँठा, गोग्रंथि, गोहरा, •गोबर.

**उपवन** = क्रीड़ा उपवन.

**उपवन** *सं* आराम, आश्रम, उद्यान, कानन, कुसुमाकर, गाछी, गार्डन, गुलज़ार, गुलशन, चमन, फ़िरदौस, फुलवारी, बगिया, बगीचा, बग़ीची, बाग़, बाग़ीचा, बाग़ीची, बाड़ी, *वन*, वाटिका, विपिन, वृक्षवाटिका, •क्रीड़ा उपवन, •पुष्पोपवन, •फलोपवन, •मरुस्वर्ग, •कुंज, •कोयल, •खेत, ▪मरुथल.

**उपवन कर्मी** = बाग़बान.
**उपवनयुक्त** = उपवनित.
**उपवनयुक्तता** = हरियाली.

**उपवनहीन** *वि* उजड़ा/उजड़ी, *उजाड़*, निरुद्यान, निरुपवन, वनहीन, शुष्क, सूखा/सूखी, ▪उपवनित.

**उपवनित** *वि* उद्यानीय, उपवनयुक्त, उपवनीय, उपवन्य, औपवन, काननीय, कुंजित, कुंजीय, गुंजान, गुल्मित, झुरमट भरा, *पुष्पित*, भ्रमरयुक्त, मंजुल, महकता/महकती, रमणीय, रम्य, वाटिकीय, वाट्य, शस्यपूर्ण, शादाब, सब्ज़, सरसब्ज़, *सुगंधित*, सुरभित, *सुरम्य*, स्वर्गोपम, हरा भरा/हरी भरी, *हरियल*, हरियाला/हरियाली, •वनीय, •सुरम्य, •हरियल, ▪उपवनहीन.

**उपवनीय** = उपवनित.
**उपवन्य** = उपवनित.

**उपवाक्य** *सं* *खंड*, वाक्य खंड, वाक्यधारा, वाक्य विशेषक, शब्द उपसमूह.

**उपवास** = उपवास दिवस, डायटिंग.

**उपवास** *सं* अनशन, अनाहार, अप्राशन, अभोजन, आहारत्याग, उपवास व्रत, उपास, उपोषण, उपोसथ (बौद्ध), पोषध (बौद्ध), फ़ास्ट, बरत, भोजनत्याग, *रोज़ा*, लंघन, व्रत, व्रतोपवास, •निर्जल

उपवास, •फलाहार उपवास, •अभोजन, •उपवास अंत, •डायटिंग, •प्रायश्चित्त, •भूख, ▪भोजन.

**उपवास अंत** *सं* इफ़्तार, उपवासांत, *पारण*, पारणा, व्रतपारण, व्रतांत, •उपवास भंग, •क्षुधाशमन, ▪उपवास आरंभ.

**उपवासक** = उपवासी.
**उपवास कर्ता** = उपवासी.
**उपवास काल** = उपवास दिवस, रमज़ान.
**उपवास के दिन** = रोज़े.

**उपवास दिवस** *सं उपवास*, उपवास काल, उपोष्य, प्रोषध (बौद्ध), व्रत, व्रत दिवस.

**उपवास भंग** *सं* फ़ाक़ा शिकनी, रोज़ा शिकनी, •उपवास अंत.

**उपवास व्रत** = उपवास.
**उपवास व्रती** = उपवासी.
**उपवासशील** = उपवासी.
**उपवासांत** = उपवास अंत.
**उपवासी** = भूखा/भूखी.

**उपवासी** *वि* उपवासशील, उपासा/उपासी, फ़ाक़ाकश, बरती.

**उपवासी** *सं* अनाहारी, उपवासक, उपवास कर्ता, उपवास व्रती, फ़ाक़ेदार, बरती, रोज़ाकश, रोज़ेदार, लंघन कर्ता, व्रतचारी, व्रती, •भूखा/भूखी, ▪प्राप्तभोजन.

**उपविभाग** = उपक्षेत्र, उपधारा.
**उपविष्ट** = बैठा/बैठी.
**उपवीत** = उपनयन संस्कार, यज्ञोपवीत.
**उपवीथी** = उपमार्ग.

**उपवेद** *सं* लौकिक विद्या, विद्या, •धनुर्वेद, •वास्तुशास्त्र.

**उपशम** = निवृत्ति, विश्राम.
**उपशमन** = प्रशमन.
**उपशाखा** = प्रशाखा, विभाग, शाखा कार्यालय.
**उपशामक** = सांत्वनाप्रद.

**उपशीर्षक** *सं* विभाग शीर्षक, सबहैडिंग, •शीर्षक.

**उपश्रोता** = श्रोता.
**उपसंघ** = उपसमूह.
**उपसंहार** = उपपत्ति, कथा फलागम, समापन.

**उपसंहार** *सं अंत*, अनुकथा, उत्तर कथा, ऐपिलौग, प्रतिसंहार, संहार, समाहार, •अंत, •उपपत्ति, •भाषण समापन अंश, •समापन, ▪आदि, ▪पूर्वपीठिका, ▪भूमिका.

**उपसना** = गंधाना, सड़ना.

**उपसभापति** *सं* उपप्रधान, उपाध्यक्ष, डिप्टी चेयरमैन, वाइस चेयरमैन, वाइस प्रैज़िडैंट.

**उपसमूह** *सं* उपकोटि, उपजाति, उपमंडल, उपमंडली, उपसंघ.

**उपसर्ग** *सं उपाधि*, *पद*, पूर्वसर्ग, •उपाधि, •व्याकरण, ▪प्रत्यय.

**उपसर्जन** = परित्याग.
**उपसेचन** = छिड़काव.
**उपस्कर** = घटक, सज्जा, साधन, सामान.
**उपस्त्री** = रखेली.
**उपस्थ** = इंद्रिय सूची, गुदा, गुप्तांग.
**उपस्थल** = उपक्षेत्र.
**उपस्थाता** = परिचायक, यज्ञ पुरोहित.
**उपस्थान** = उपक्षेत्र.
**उपस्थित** = आगत, घटित, वर्तमान.

**उपस्थित** *वि* अत्र, उपलब्ध, काम पर, पेश, प्रज़ैंट, प्रस्तुत, प्राप्य, मौजूद, *यहाँ*, *वर्तमान*, विद्यमान, विराजमान, शोभित, सन्निध, समुत्थित, समुपस्थित, सामने, हाज़िर, है, ▪अनुपस्थित.

**उपस्थित गण** = सुहृदजन.
**उपस्थित जन** = सुहृदजन.

**उपस्थिति** *सं* पेशी, प्रज़ैंस, मौज़ूदगी, वर्तमानता, विद्यमानता, शामिलात, *संगति*, समुपस्थिति, सहचर्य, साथ, सान्निध्य, सामीप्य, हाज़िरी, •कोरम, •वर्तमानता, ▪अनुपस्थिति.

**उपस्थिति गणना** *सं* गिनती, नफ़री, हाज़िरी.

**उपस्थिति नोटिस** = समन.
**उपस्थिति में** = यहाँ.
**उपहर्ता** = उपहार दाता.
**उपहार** = चढ़ावा, पुरस्कार, बोनस, रिश्वत, लुभाव, वरदान, समर्पण.

**उपहार** *सं अंजलि*, अरदास, अर्घ्य, अर्ज़दाश्त, अर्पण, अर्पणा, उपदान, गिफ़्ट, डाली, तोहफ़ा, दक्षिणा, देन, दैन, नज़र, नज़राना, *निवेदन*, *नैवेद्य*, *पत्रं पुष्पं*, पाद्यार्घ्य, पानफूल, पुष्पांजलि, पेशकश, प्रज़ैंट, प्रस्तुति, प्रीतिदान, प्रेमोपहार, भेंट, यादगार, *वरदान*, सनेहा, *समर्पण*, *सलामी*, सौग़ात, *स्मृतिचिह्न*, •उत्सव, •चढ़ावा, •जयंती, •दहेज, •बख़्शीश, •बधाई, •रिटर्न गिफ़्ट, •वरदान.

**उपहार दाता** *सं* अर्पयिता, उपहर्ता, उपहारी, देने वाला, पेशकर्दा, *प्रदाता*, प्रस्तुत कर्ता, भेंट कर्ता, *समर्पक*, समर्पयिता/समर्पयित्री, •प्रशंसक.

**उपहारी** = उपहार दाता.
**उपहास** = अपमान, तिरस्कार, निंदा, व्यंग्य.

**उपहास** *सं* चोज, छेपटी, *बोली*, बोली ठिठोली, मखौल, मज़ाक़, विडंबना, *हँसी*, हाँसी, हास, हास उपहास, •कटाक्ष, •खिल्ली, •निंदा, •व्यंग्य, ▪प्रशंसा.

**उपहास दिवस** = अप्रैल फ़ूल दिवस.
**उपहास दिवस शिकार** = अप्रैल फ़ूल.
**उपहास पात्र** = उपहास्य.

**उपहास पात्र** *सं* उपहास्य वस्तु, उपहास्य व्यक्ति, *गधा*, गोबर गणेश, *जोकर*, पट्ठा, पोंगा, *बकरा*, बजर बट्टू, *मूर्ख*, लंठ, लूलू, व्यंग्य पात्र, *शिकार*, हास्य पातर.

**उपहासपूर्ण** = निंदात्मक, व्यंग्यात्मक.
**उपहासपूर्ण हँसी** = खिल्ली.

**उपहासात्मक** = व्यंग्यात्मक.
**उपहासास्पद** = उपहास्य.
**उपहास्य** = मूर्खतापूर्ण (कृत्य).

**उपहास्य** *वि उपहास पात्र*, उपहासास्पद, कामिक, कार्टूनी, परिहास्य, मूर्खतापूर्ण, विडंबनीय, हास्य, *हास्यप्रद*, हास्यास्पद, •तिरस्कार्य, •मूर्खतापूर्ण (कृत्य).

**उपहास्य वस्तु** = उपहास पात्र.
**उपहास्य व्यक्ति** = उपहास पात्र.

**उपहृत** *वि* अभ्यर्पित, अर्पित, निवेदित, *समर्पित*, •प्रदत्त.

**उपांग** *सं* अंग विभाग, अंग विस्तार, प्रत्यंग, •अंग.

**उपांचल** = उपक्षेत्र.
**उपांत** = उपांतिम, छोर, पड़ोस, परिक्षेत्र.
**उपांतर** = उपक्षेत्र, परिक्षेत्र, परिवर्तन.
**उपांतरीय** = परिक्षेत्रीय.
**उपांतिक** = उपांतिम, निकट.
**उपांतिम** = सेमीफ़ाइनल.

**उपांतिम** *वि* अंत से दूसरा, अंतिम से दूसरा, अंतिम से पहला, उपांत, उपांतिक, पूर्वांतिम.

**उपांतीय** = परिक्षेत्रीय.
**उपाख्यान** = गौण कथा, लोककथा.
**उपाड़** = उखड़ाई.
**उपाड़ना** = उखाड़ना.
**उपादान** = कच्चा माल.
**उपाधि** = उपसर्ग, नाम, वंशनाम, शिक्षा उपाधि, सम्मान उपहार.

**उपाधि** *सं* अलंकार, अवार्ड, आदरसूचक शब्द, *उपनाम*, ख़िताब, डिगरी, डैकोरेशन, *पद*, पदवी, मनसब, मानद उपाधि, समलंकार, *सम्मान*, •पुरस्कार, •प्रशंसा, •बधाई, •संबोधन.

**उपाधित** = अभिनंदित.

**उपाधित** *वि* अलंकृत, उपाधिधारी, उपाधिप्राप्त, ख़िताबदार, ख़िताबयाफ़्ता, ख़िताबी, गणादृत, पदवीधारी, मनसबदार, *सज्जित*, समलंकृत, सम्मानित, सोपाधिक, ■अपमानित.

**उपाधिधारी** = उपाधित.
**उपाधि पत्र** = डिप्लोमा.
**उपाधिप्राप्त** = उपाधित.
**उपाध्यक्ष** = उपसभापति.
**उपाध्याय** = अध्यापक, विद्वान व्यक्ति.
**उपानह** = खड़ाऊँ.
**उपाय** = गुर, चिकित्सा, जुगत, संसाधन, साधन.
**उपाय चतुष्टय** = नीति चतुष्टय.
**उपायहीन** = विकल्पहीन.
**उपारंभ** = आदि, आरंभ.
**उपार्जन** = अर्जन.
**उपार्जित** = अर्जित.
**उपालंभ** = उलाहना, शिकायत.
**उपास** = उपवास.
**उपासक** = धार्मिक व्यक्ति, पुजारी, प्रशंसक, भजनीक.
**उपासक/उपासिका** = भक्त.
**उपासना** = धर्म, पूजा, भक्ति.
**उपासना करना** = पूजना.
**उपासना गृह** = मंदिर.
**उपासनालय** = मंदिर.

**उपासनालय** *सं* आश्रम, इबादतकदा, इबादतगाह, *गिरजाघर*, चर्च, दरगाह, पूजाकक्ष, पूजाघर, पूजास्थल, प्रार्थना भवन, *मंदिर*, मंदिर मसजिद, *मठ*, *मसजिद*, सिजदागाह, •ईदगाह, •गुरुद्वारा, •मंदिर, •रोज़ा.

**उपासा** = ध्यान, उपवासी.
**उपासिका** = पुजारिन.
**उपासित** = पूजित.
**उपास्य** = पूजनीय.

**उपाहार** *सं* अल्पाहार, कलेवा, चायकाफ़ी, चायपानी, चुटकपुटक, चुटपुट, चुटरपुटर, छिटपुट, छुटपुट, जलपान, नाश्ता, नाश्तापानी, स्नैक्स, •चटपटा उपाहार, •जंक फ़ूड, •डिज़र्ट, •ब्रेकफ़ास्ट, •व्यंजन.

**उपाहार गृह** = भोजनालय सूची, रेस्तोराँ, रेस्तोराँ.
**उपेक्षक** = अवज्ञाकारी.
**उपेक्षणीय** = क्षम्य.
**उपेक्षा** = अपमान, अवज्ञा, असत्कार.

**उपेक्षा** *सं* अनदेखी, अनरस, अनवेक्षा, *अवज्ञा*, अवहेलना, अविनय, उदासीनता, दरगुज़ारी, नज़रंदाज़ी, नाफ़रमानी, बेक़द्री, बेतवज्जह, बेपरवाही, बेमुरौवती, बेरुख़ी, रुखाई, लापरवाही, हेलना, •अनवलोकन, •असत्कार, •तिरस्कार, ■आदर, ■सत्कार.

**उपेक्षापूर्ण** *वि* अवेक्षाहीन, उदासीन, नाफ़रमान, बेध्यान, बेनियाज़, बेमुरौवत, बेलिहाज़, लापरवाह, सत्कारहीन, स्याहचश्म, •असत्कारपूर्ण.

**उपेक्षित** = अचर्चित, अपमानित, अप्रतिष्ठित.

**उपेक्षित** *वि* अचिंतित, अनदेखा/अनदेखी, अनवेक्षित, अवहेलनाकृत, अवहेलित, अवहेलित, दरगुज़र, दरगुज़र, नज़रंदाज़, •असत्कृत, ■सत्कृत.

**उपेत** = सहित, सैन्यीकृत.
**उपोढ़** = अस्वाभाविक.
**उपोत्पाद** = गौण उत्पाद.
**उपोद्‌घात** = पूर्वपीठिका, भूमिका, विश्लेषण.
**उपोषण** = उपवास.
**उपोष्य** = उपवास दिवस.
**उपोसथ (बौद्ध)** = उपवास.
**उप्र (बीज नाम)** = उत्तर प्रदेश.
**उफनता/उफनती** = फेनिल, बहता/बहती.
**उफनते रहना** = औटना.
**उफनन** = उमगाव.
**उफनना** = उमगना, लहरना, हरहराना.

**उफनना** *क्रि उठना*, *गिरना*, *बहना*, मचलना, •उबलना.

**उफनाव** = उबाल, उमगाव.
**उफान** = उबाल, क्रोध, तीव्रोन्माद, बाढ़.
**उफान आना** = उबलना.
**उफ़ुक़** = क्षितिज.
**उबकाई** = मिचलाहट.
**उबकी** = मिचलाहट, वमन, वमित

पदार्थ.

**उबजना** = उगना.

**उबजना** *क्रि* *उगना*, फफदना, फफूँदना, फबकना, *बढ़ना*, ●अँकुराना, ●उगना.

**उबजा/उबजी** = ख़मीरा/ख़मीरी.

**उबजाना** *क्रि* *उठाना*, किण्वित करना, खट्‌टा करना, ख़मीर उठाना, *बढ़ाना*.

**उबटन** = अंगराग.

**उबटन लगाई** = बानतेल.

**उबटना** = अंगराग.

**उबरते** = ऊपर की ओर.

**उबरना** = बचना, बचना.

**उबरना** *क्रि* *उठना*, उतराना, ऊपर आना, ऊपर उठना, कढ़ना, तरल में से ऊपर आना, तल पर आना, *निकलना*, ●उठना, ■डूबना, ■धँसना.

**उबरा/उबरी** = उदित.

**उबलते रहना** = औटना.

**उबलन** = उमगाव.

**उबलना** = उमगना, भड़कना.

**उबलना** *क्रि* *उठना*, उफान आना, खलबलाना, खौलना, जोश मारना, फदकना, बुदबुदाना, भभकना, ●उफनना, ●औटना, ●भुनना.

**उबल पड़ना** = डाँटना.

**उबला दूध मलाई** = मलाई.

**उबलाव** = उबाल, उमगाव.

**उबसना** = गंधाना, सड़ना.

**उबहना** = उमगना, उलीचना.

**उबाऊ** = अमनोरंजक, अरोचक, अविविध, आरोहअवरोहहीन, घटनाहीन, रूटीनी, शब्दाडंबरपूर्ण.

**उबाऊ** *वि* अनाकर्षक, *अपठनीय*, *अरोचक*, *अरोचक*, *अविविध*, *आरोहअवरोहहीन*, उकताऊ, ऊबाऊ, एकरस, *कठिन*, क्लिष्ट, *थकाऊ*, नीरस, नीरस, फीका/फीकी, फीका/फीकी, बोरिंग, रूखा/रूखी, लंबा/लंबी, सूखा/सूखी, ●अमनोरंजक, ●अरोचक, ●गंभीर, ●थकाऊ, ■मनोरंजक, ■मोहक, ■रोचक.

**उबाना** *क्रि* ऊब पैदा करना, बोर करना, ■रुचना.

**उबार** = परित्राण.

**उबारना** *क्रि* *उठाना*, उन्मज्जित करना, *काढ़ना*, डूबी वस्तु को ऊपर करना, तारना, *निकालना*, निस्तार करना, निस्तारना, पुनरुद्धार करना, *बचाना*, ■झोंकना, ■डुबाना.

**उबारा** = पशु पानी हौज़.

**उबाल** = क्रोध, तीव्रोन्माद.

**उबाल** *सं* उछाल, उछाला, उठान, उफनाव, उफान, उबलाव, उबाला, उमंड, क्षोभ, चढ़ाव, जोश, *ज्वार*, फदका, फदकाव, बढ़ाव, बुदबुद, बुदबुदाव, बुलबुलाव, बुलबुलाहट, ●उत्तेजना, ●औटाव.

**उबाल कर तली साबुत दाल** = घुँघनी.

**उबाल कर शीतित** = पास्तेरित.

**उबालना** *क्रि* खौलाना, जोश देना, पकाना, फदकाना, बलकाना, भभकाना, ●औटाना, ●खौलाना, ●ततारना, ●राँधना.

**उबाला** = उबाल.

**उबासी** = जँभाई.

**उबुद्ध** = प्रबुद्ध.

**उबोधक** = प्रबोधक.

**उबोधन** = संबोधन.

**उबोधित** = प्रेरित.

**उभय** = दोनों.

**उभयचर** *वि* जलथलगामी, जलथलचर.

**उभयदंश** = दुबिधा.

**उभयपक्षीय** = द्विपक्षीय, द्विपार्श्वीय.

**उभय लिंगीय** = द्विलिंगीय.

**उभयवेतन** = प्रतिगुप्तचर.

**उभयहस्तिक** = दुहत्था/दुहत्थी.

**उभयार्थ** = श्लेषोक्तिपूर्ण.

**उभयार्थक** = अस्पष्ट (कथन), श्लेषोक्तिपूर्ण.

**उभरता/उभरती** = आरंभिक, उदीयमान, विकासशील.

**उभरती जवानी** = नवयौवन.

**उभरना** = उपटना, चढ़ना, निखरना, प्रकटना, सूजना.

**उभरना** *क्रि* आगे निकलना, *उठना*, उन्नत होना, उन्नतोदर होना, *उपटना*, उपड़ना, *निकलना*, *फूलना*, *बढ़ना*, ●सूजना, ■दबकना, ■पिचकना.

**उभरवाँ** = उन्नतोदर.

**उभरा/उभरी** = अगुप्त, उदित, प्रकट.

**उभराव** = पित्ती.

**उभरी फुल्लीदार कील** = स्टड.

**उभरे दानों वाला** = दानेदार.

**उभार** = उन्नति, उमगाव, बाढ़.

**उभारदर्शी** = चिपकते साइज़ का.

**उभारदार** = उन्नतोदर.

**उभारना** = उकसाना, उठाना, चढ़ाना, चमकाना, निखारना, फुलाना, सुधारना.

**उभावना** = अंदाज़ा.

**उमंग** = आनंद, उत्साह, चुस्ती, प्रेरणा, बाढ़, लालसा.

**उमंगकारी** = उत्साहप्रद, प्रेरणाप्रद.

**उमंग काल** = वसंत.

**उमंग दाता** = प्रेरयिता.

**उमँगना** = बहना, लहरना, हुलसना.

**उमंगपूर्ण** = उत्साही, सक्रिय, स्वागतपूर्ण.

**उमंगशील** = जवान, सक्रिय.

**उमंगहीन** = हतोत्साहित.

**उमंगहीनता** = निरुत्साह.

**उमंड** = उबाल.

**उमगन** = उमगाव.

**उमगना** = इठलाना, नाचना.

**उमगना** *क्रि* उँडलना, *उफनना*, *उबलना*, उबहना, उमड़ना, खिंडना, छलकना, छलछलाना, *निकलना*, *फैलना*, *बहना*, भर आना, मचलना, हुमचना, ●ढुलकना, ●रिसना, ●व्यापना.

**उमगाना** = हुलसाना.

**उमगाव** *सं* उत्प्रवाह, उत्प्लाव, उत्सेक, उत्स्राव, उद्वलन, उद्वेलन,

उफनन, उफनाव, उबलन, उबलाव, उभार, उमगन, उमड़न, उमड़ाव, खिंडन, खिंडाव, छलक, छलकाव, छलछलाव, छलछलाहट, ढलन, प्लाव, फैलाव, बढ़ाव, *बाढ़*, *बिखराव*, समुत्प्रवाह, •उँडलाई, •छिड़काव, •बाढ़, •बिखराव.

**उमचना** = चौंकना.
**उमड़ता/उमड़ती** = लबालब.
**उमड़न** = उमगाव.
**उमड़ना** = उमगना, घुमड़ना, बदलाना, बहना, मँडराना, लहरना, हुलसना.
**उमड़ना घुमड़ना** = घुमड़ना, बदलाना, मँडराना.
**उमड़ाना** = हुलसाना.
**उमड़ाव** = उमगाव, बाढ़, लहराव.
**उमर** = जीवन काल.
**उमररसीदा** = वृद्ध स्त्री.
**उमराव** = कुलीन समाज, पदाधिकारी, मुखिया, सामंत, सेठ.
**उमस** = नमीदार गरमी.
**उमहाना** = हुलसाना.
**उमा** = अलसी, दुर्गा, पार्वती.
**उमानंदन** = गणेश, स्कंद.
**उमासुत** = गणेश.
**उमेठ** = मरोड़.
**उमेठना** = छीनना, निचोड़ना, मरोड़ना.
**उमेश** = शिव.
**उम्दा** = अच्छा/अच्छी, उत्तम, परिपूर्ण, स्वादिष्ठ.
**उम्मत** = संप्रदाय.
**उम्मी** = मुहम्मद.
**उम्मीद** = अपेक्षा, आशा, प्रतीक्षा, प्रत्याशा.
**उम्मीदवार** = आवेदक, निर्वाचन प्रत्याशी, परीक्षार्थी, प्रत्याशा कर्ता.
**उम्मीद से** = गर्भवती.
**उम्र** = जीवन काल, दीर्घ काल, वय.
**उम्ररसीद/उम्ररसीदा** = वृद्ध.
**उयपुक्त** = अधिकारागत.
**उरंगम** = संसर्पी, साँप.
**उर** = नगर, मन, वक्ष, स्तन, हृदय.
**उरग** = संसर्पी, साँप.
**उरगाद** = मोर.
**उरगीय** = सर्पीय.
**उरण** = भेड़ा.
**उरद** = उड़द.
**उरदी** = उड़द.
**उरमज़्द** = अहुरमज़्द.
**उरमाला** = कंठमाला.
**उरलम फुरलम** = विविधा.
**उरसिज** = स्तन.
**उरसिल** = विशाल वक्ष.
**उरस्कपाट** = विशाल वक्ष.
**उरस्त्राण** = वक्षकवच.
**उरस्वती** = सुंदर स्त्री.
**उरिद** = उड़द.
**उरियाँ** = अश्लील, नग्न.
**उरियानी** = नग्नता.
**उरुगंधा** = चंपा.
**उरुस्तंभा** = केला.
**उरूज़** = उदय, उन्नति.
**उरे** = इस पार.
**उरेबदार** = विकर्णयुक्त.
**उरेबवाँ/उरेबवीं** = विकर्णयुक्त.
**उरेह** = उत्कीर्णन, चित्रांकन.
**उरेहन** = उत्कीर्णन, मूर्तिकर्म.
**उरेहना** = उकेरना.
**उरोज** = स्तन.
**उर्ज्जानी** = आकाश गंगा.
**उर्ण** = ऊनी वस्त्र.
**उर्णपट** = मकड़ी.
**उर्द** = उड़द.
**उर्दू** = उर्दू भाषा, भारत राष्ट्रभाषा सूची, भारतीय लिपि सूची, सेना.

**उर्दू भाषा** *सं* उर्दू, रेख़ता, हिंदवी, •हिंदी भाषा.

**उर्फ़** = उपनाम.
**उर्मि** = लहर.
**उर्मिल** = लहराता/लहराती.
**उर्मिला** = नदी.
**उर्वर** = उत्पादनशील, उर्वरक, जननक्षम, फलप्रद, बहुजनक, सृजनशील.

**उर्वर** *वि* अच्छा/अच्छी, *उत्पादक*, उपजाऊ, उर्वरित, किश्तज़ार, गुंजान, ज़रखेज़, शस्यपूर्ण, *सघन*, सब्ज़, *समृद्ध*, सरसब्ज़, *हरियल*, ■अनुर्वर.

**उर्वरक** = रासायनिक उर्वरक.

**उर्वरक** *सं* *उर्वर*, *खाद*, •गोबर खाद, •फूल पत्ती खाद, •रासायनिक उर्वरक.

**उर्वरण** = परागण.
**उर्वरा** = कृषिभूमि.
**उर्वरित** = उर्वर.
**उर्वशीपुत्र** = अगस्त्य.
**उर्वारू** = खरबूजा.
**उर्स** = पुण्य दिवस.

**उर्स** *सं* निधन तिथि मेला, फ़ातिहा ख़्वानी, मजलिस, •ईद.

**उलचना** = उलीचना.
**उलछना** = उलीचना.
**उलझट** = उलझन.
**उलझट पड़ना** = उलझना.
**उलझन** = आसक्ति, कुपरिस्थिति, खटराग, गोरखधंधा, चिंता, दुबिधा, पहेली, भूलभुलैयाँ, भ्रम, मार्गभ्रम, संकोच, समस्या.

**उलझन** *सं* अटकाव, उलझट, *गाँठ*, गिरह, गुंजल्क, गुत्थी, गुलझट, गुलझटी, गुलझड़ी, गुलझन, जटाजूट, *पेच*, फाँस, बल, *लपेट*, •जाल, •फंदा, ■स्पष्टता.

**उलझनदार** = जटिल.
**उलझनपूर्ण** = असमाधान्य, समस्यात्मक.
**उलझनपूर्ण काम करना** = खटना.
**उलझन में डालना** = झेंपाना.
**उलझनहीन** = सुलझा/सुलझी.
**उलझना** = अटकना, प्रेम करना, फँसना, हिचकना.

**उलझना** *क्रि* उलझट पड़ना, गाँठ पड़ना, गुत्थी पड़ना, गुथना, गुलझट पड़ना, *फँसना*, बिंधना, रुँधना, •गतिरुद्ध होना, •फँसना.

**उलझा/उलझी** = अवरुद्ध, असमाधान्य, कठिन, कूटबद्ध, जटिल, दुबिधाग्रस्त, पाशबद्ध, पेचीदा डिज़ाइन वाला, फँसा/फँसी, समस्यात्मक.
**उलझाना** = अटकाना, झेंपाना, फँसाना, फाँसना, भरमाना.

**उलझाना** *क्रि* *गूँधना*, जीथना, जूथना, *फँसाना*, *फाँसना*, *मिलाना*, लड़ाना, •अटकाना, •बाँधना, •रोधना, ■सुलझाना.

**उलझाव** = दुर्भाग्यचक्र, वाक्छल.
**उलझी** = क्लिष्ट (भाषा).
**उलझे चिपके केश** = जटा.
**उलट** = विपरीत.
**उलटना** = फिसलना.
**उलटपलट** = उत्थानपतन, भाग्यचक्र.
**उलटपलट कर देखना** = सोचना परखना.
**उलटपुलट** = उथलपुथल, क्रांति, विमर्श.
**उलटपुलटपूर्ण** = उथलपुथलपूर्ण.
**उलटफेर** = उथलपुथल.
**उलटबाँसी** = विपरीताभास, विपरीतोक्ति.
**उलटा** = चीला.
**उलटा/उलटी** = अधोमुख, अवरोहक्रमिक, परस्परविरोधी, प्रतिघटी, बाँयाँ/बाँईं, मूर्खतापूर्ण (कृत्य), विपरीत, विपर्यायवाची, विरुद्ध, समपार्श्व.
**उलटा क्रम** = अवरोह क्रम.
**उलटा पुलटा/उलटी पुलटी** = क्रमहीन.
**उलटा सीधा/उलटी सीधी** = क्रमहीन.
**उलटी** = वमन, वमित पदार्थ.
**उलटी गिनती** = अवरोह क्रम, आरंभ संकेत.

**उलटी गिनती** *सं* काउंट डाउन, तीन दो एक शून्य, दस नौ आठ सात आदि, प्रतीप क्रम, विपरीत गणना, विलोम क्रम, •गणना.

**उलटी दस्त** = हैज़ा.
**उलटी प्रदक्षिणा** = प्रतिप्रदक्षिणा.
**उलटी बात** = विपरीताभास.
**उलटे** = धारा के विपरीत.
**उलद** = अनवरत वर्षा.
**उलफ़त** = प्रेम.
**उलरुआ** = असमभार.
**उलाँघना** = छलाँगना, लाँघना.
**उलाड़** = असमभार.
**उलार** = असमभार.
**उलाहना** = शिकायत.

**उलाहना** *सं* *आरोप*, उपालंभ, गिला, चींचपड़, चूँचूँ, *ताना*, रोला, विरोध प्रदर्शन, शिकवा, *शिकायत*, शोरशराबा, हंगामा, •विरोध.

**उलीचना** *क्रि* उबहना, उलचना, उलछना, ओगारना, *निकालना*, ▪उँडेलना, ▪सींचना.

**उलीचनी** = साइफ़न.
**उलूक** = उल्लू.
**उलूकी** = मादा उल्लू.
**उलूखल** = खली.

**उल्का** *सं* जलता तारा, टूटता तारा, मीटियर, •तारा.

**उल्का खंड** *सं* उल्काश्म, टूटता तारा, तारकाणु, ताराश्म, मीटियराइट, वज्र, •इंद्रवज्र.

**उल्कापात** *सं* अग्नयुत्पात, कबंध, *केतु*, खोल्क, तारा वर्षा, वज्रपात.

**उल्काश्म** = उल्का खंड.
**उल्था** = अनुवाद.
**उल्थाकार** = अनुवादक.
**उल्ब** = भ्रूण, स्त्री जननेंद्रिय.
**उल्मुक** = मशाल.
**उल्लंघक** = अतिक्रांता, अवज्ञाकारी, नियमोल्लंघक.
**उल्लंघन** = अतिक्रमण, अवज्ञा, भूल.

**उल्लंघन** *सं* अतिक्रम, *अतिक्रमण*, अतिचार, अतिरेक, अधिक्रमण, अधिलंघन, ज़्यादती, मर्यादाभंग, लंघन, व्यतिक्रम, व्युत्क्रम, •अवज्ञा, •असंयम, •नियमोल्लंघन, •स्वेच्छाचार, ▪अनुपालन, ▪नियम, ▪मर्यादा, ▪सीमा.

**उल्लंघनकारी** = आज़ादख़याल.

**उल्लंघनकारी** *वि* उल्लंघनशील, उल्लंघी, लंघनकारी, ▪न्यायपर.

**उल्लंघनशील** = उल्लंघनकारी.
**उल्लंघित** = आक्रांत.

**उल्लंघित** *वि* अतिकृत, अतिक्रांत, लंघित, व्यतिक्रांत, ▪अनुल्लंघित.

**उल्लंघी** = उल्लंघनकारी.
**उल्लल** = स्पंदनशील.
**उल्लसित** = आनंदित, चमकदार, मुस्कराता/मुस्कराती.
**उल्लसित करना** = हुलसाना.
**उल्लाप** = चाटूक्ति.
**उल्लास** = अध्याय, आनंद, उत्साह, खिलावट, प्रसन्नता, हँसी.
**उल्लासपूर्ण** = उत्सवपूर्ण, बधाई पूर्ण.
**उल्लासहीनता** = निरुत्साह.
**उल्लासानुभूति** = सुखभ्रांति.
**उल्लिखित** = प्रचारित, प्रसिद्ध, बहुचर्चित.
**उल्लुंचन** = नुँचाई.

**उल्लू** *सं* अंध, अरुवा, उलूक, काकभीरु, कुचकुचवा, कौशिक, खूसट, घपुआ, घाघ, घुग्घू, घूघ, तमचर, दिवांध, नक्तंचर, निशाचर, निशिचर, पेचकी, मघवा, रात का राजा, लक्ष्मीवाहन.

**उल्लूपना** = मूर्खता.
**उल्लू बनाना** = ठगना.
**उल्लू मादा** = मादा उल्लू.
**उल्लेख** = उद्धरण.

**उल्लेख** *सं* चर्चा, ज़िक्र, तज़किरा, प्रसंग, प्रसंगवश स्मरण, *बात*, *बात*, विषयानुसार ज़िक्र, *संकेत*, ससंदर्भ चर्चा, •उद्धरण, •विषय, •संदर्भ.

**उल्लेखनीय** = असामान्य, उद्धरणीय, ऐतिहासिक, ध्यान आकर्षक, विचित्र, विशेष, संग्रहणीय.

**उल्लेखनीय** *वि* असाधारण, *कथ्य*, चर्चनीय, चर्चायोग्य, चर्चित, नाम्य, नोटेबल, *महत्त्वपूर्ण*, मारके का, विशिष्ट, *स्मरणीय*, •अनुपम, •अभूतपूर्व, •असामान्य, •आश्चर्यजनक, •उद्धरणीय, •महत्त्वपूर्ण, •स्मरणीय, ▪साधारण.

**उल्लोल** = महोर्मि, लहराता/लहराती.
**उल्व** = गर्भाशय, स्त्री जननेंद्रिय.
**उवाच** = उक्ति, उद्धरण.
**उशना** = शुक्राचार्य.
**उषण** = अदरक.
**उषा** = ईख, सूर्योदय.
**उषाकाल** = प्रातःकाल.
**उषाकालीन** = प्रातःकालीन.
**उष्ट्र** = ऊँट.
**उष्ट्र पक्षी** = शुतुरमुर्ग़.
**उष्ण** = गरम, ग्रीष्मकालीन, चरपरा/चरपरी.
**उष्णा** = ताप.

**उष्णानुभूति** = ताप.
**उष्णीय** = तापीय.
**उष्णीष** = पगड़ी.
**उष्णीषी** = मुकुटधारी.
**उष्म** = गरम.

**उष्माघात** *सं* *गरमी*, ग्रीष्माघात, *लू*, सनस्ट्रोक, हीटस्ट्रोक, •ग्रीष्म लहर, ▪हिमाघात.

**उस** = वह.
**उस ओर** = उधर, उस पार, वहाँ.
**उस का यह** = विपरीत.
**उस किनारे** = उस पार.
**उस के उपरांत** = तब के बाद.
**उस के बाद** = तब के बाद.
**उस तरफ़** = वहाँ, सीमा पार.
**उस तरह** = वैसे.
**उस दिशा में** = उधर.

**उसनाना** *क्रि* अर्धोष्ण करना, आधा उबालना, भाप लगाना, सिझाना.

**उस पर** = तदा, तब.
**उस पार** = दूरी पर, वहाँ, सीमा पार.

**उस पार** *क्रिवि* *उधर*, उस ओर, उस किनारे, तिधर, दूर, दूरस्थ तट पर, दूसरी तरफ़, परलंपार, परलम पार (बोलचाल), परली पार, परे, पार, *वहाँ*, सामने, •दूरी पर, ▪इस पार, ▪निकटस्थ तट पर.

**उस प्रकार** = वैसे.
**उस मात्रा में** = उतना/उतनी.
**उससना** = कराहना.
**उसाँस** = आह, श्वास.
**उसाँस लेना** = रोना.
**उसी क्षण** = तभी.
**उसूल** = आदर्श, वाद, सिद्धांत.
**उसूली** = मतांध, सिद्धांतीय.
**उसूलों का पक्का** = आदर्शवादी.
**उस्ताद** = अनुभवी, अपराध जगत सरदार, कलाकार, कुचाली, कुशल, गुरु, दक्ष व्यक्ति, दर्ज़ी, प्रतिभाशाली व्यक्ति, प्रशिक्षक, बुद्धिमान, मरम्मत कर्मी, राग गायक, विद्वान व्यक्ति, विशेषज्ञ, संगीतकार, समीक्षक, सिद्ध कलाकार.
**उस्तादी** = दक्षता.

**उस्तानी** = अध्यापिका.

**उस्तुरा** *सं* चाकू, छुरा, रेज़र, •कैंची, •फला.

**उहाँ** = उधर, सीमा पार.
**ऊँ** = ओम.
**ऊँघ** = झपकी, तंद्रा, पिनक.
**ऊँघता/ऊँघती** = तंद्रिल.
**ऊँच** = ऊँचाई.
**ऊँचनीच** = असमतल भूमि, असमानतावाद, अस्पृश्यता, उत्थानपतन, भाग्यचक्र, विमर्श.
**ऊँचनीच अभाव** = भेदभावहीनता.
**ऊँचा/ऊँची** = उच्चवर्णीय, उच्चस्वरीय, उच्चाशय, उड्डयनशील, उत्तम, कुलीन, तीखे चढान वाला, निष्ठावान, प्रतिष्ठित, महँगा/महँगी, महान, लंबे क़द वाला, सज्जनतापूर्ण, सम्माननीय, साइज़ से छोटा.

**ऊँचा/ऊँची** *वि* अज़ीम, अट्ट, अपर, *आला*, उच्च, उच्चस्थ, उठा/उठी, उत्ताल, उत्तुंग, उत्थित, उदग्, उदग्र, *उन्नत*, उन्नम्र, ऊँचाईदार, ऊर्ध्व, ऊर्ध्वस्थ, खड़ा/खड़ी, तुंग, प्रांशु, प्रोद्यत, बाला, बुलंद, विशाल, शिखरीय, शीर्ष, समुन्नत, सीधा/सीधी, •उच्चतम, •उच्चतर, •गगनचुंबी, ▪गहरा/गहरी, ▪डूबा/डूबी, ▪निम्न, ▪नीचा/नीची.

**ऊँचाई** = उच्चता माप, उच्चदिशा, क़द, चढ़ान.

**ऊँचाई** *सं* अज़मत, उँचाई, उँचान, उच्चता, उठान, उत्तालता, उत्तुंगता, उदग्रता, उन्नतता, ऊँच, ऊँचापन, ऊर्ध्वता, *क़द*, तुंगता, तुंगिमा, प्रांशुता, बालाई, बुलंदी, •उच्चबिंदु, •क़द, •पराकाष्ठा, ▪गहराई, ▪निम्नता.

**ऊँचाई की ओर** = ऊपर की ओर.
**ऊँचाईदार** = ऊँचा/ऊँची.
**ऊँचाई पर** = ऊपर.
**ऊँचाई माप** = उच्चता माप.
**ऊँचा करना** = चढ़ाना.
**ऊँचा दर्जा** = प्रथम श्रेणी.
**ऊँचा नीचा/ऊँची नीची** = असमतल, भेदभावपूर्ण.
**ऊँचा नीचा सुनाना** = डाँटना, धिक्कारना.
**ऊँचापन** = ऊँचाई.
**ऊँचा बोल** = डींग.
**ऊँचा मूल्य** = महँगापन.
**ऊँचा होना** = चढ़ना.
**ऊँचे** = ऊपर, ऊपर की ओर.
**ऊँचे कुल का** = कुलीन.
**ऊँचे लोग** = कुलीन समाज.

**ऊँट** *सं* उष्ट्र, करभ, क्रमेल, ग्रीवी, *धूसर*, महाग्रीव, शुतुर, •घोड़ा, •जिराफ़.

**ऊँट कटारा** = ऊँटगाड़ी.
**ऊँट काठी** = कजावा.
**ऊँट के मुँह में ज़ीरा** = अपर्याप्त.

**ऊँटगाड़ी** *सं* ऊँट कटारा, ऊँटयान, शिकरम, सिकरम, •जोतगाड़ी, •बैलगाड़ी.

**ऊँटड़ो** = क्रेन.
**ऊँटनी सवार** = ऊँट सवार.
**ऊँटयान** = ऊँटगाड़ी.
**ऊँटवान** = ऊँट सवार.

**ऊँट सवार** *सं* उँटहार, उँटहारा/उँटहारी, ऊँटनी सवार, ऊँटवान, साँड़िया.

**ऊँट हौदा** = महमिल.
**ऊख** = ईख.
**ऊखल** = ओखली.
**ऊजड़** = उजाड़, पल्लवहीन.
**ऊटपटाँग** = अनर्गल, अप्रासंगिक, बकवासपूर्ण, मूर्खतापूर्ण (कृत्य).
**ऊढ़** = लाया/लाई.
**ऊढ़ना** = सोचना.
**ऊढ़ि** = विवाह.
**ऊत** = पुत्रहीन.
**ऊत/ऊती** = निस्संतान.
**ऊति** = बुनाई.
**ऊद** = अगरु.
**ऊदबत्ती** = अगरबत्ती.
**ऊदा/ऊदी** = गीला/गीली, बैंगनी, वर्षद.
**ऊधम** = उपद्रव, शरारत, हुड़दंग.
**ऊधस्** = थन, स्तन.
**ऊन** = ऊनी वस्त्र, कमतर, बुरा/बुरी,

शरीर रोम.

**ऊन** *सं* अंगरुह, ऊर्ण, ऊर्णासूत्र, और्ण तंतु, पशुरोम, पशुलोम, मेषलोम, *रोआँ*, रोम, लोम, वूल, ●कपास, ●पशमीना, ●रेशम धागा, ●शाल, ●स्वेटर.

**ऊनी** *वि* आविक, और्णिक, वूलन, ●सूती.

**ऊनी कपड़ा** = ऊनी वस्त्र.
**ऊनी चादर** = शाल.

**ऊनी वस्त्र** *सं* उर्ण, ऊन, ऊनी कपड़ा, ऊर्ण, गरम कपड़ा, जड़ावर, ●कपास वस्त्र, ●रेशमी वस्त्र, ●सर्दी.

**ऊनोक्ति** = अल्पोक्ति.
**ऊपर** = ऊपर की ओर, धरातल पर, धारा के विपरीत.

**ऊपर** *क्रिवि* उच्चतर स्थान पर, उपरि, ऊँचाई पर, ऊँचे, ऊर्ध्व, *पर*, पे, पै, सिर पर, ■गहरे, ■नितल में, ■नीचे.

**ऊपर आना** = उबरना.
**ऊपर उछलना** = उछलना.
**ऊपर उठना** = उचकना, उबरना.
**ऊपर उठाना कर्म** = उठाई.
**ऊपर ऊपर** = ऊपर की ओर.
**ऊपर करना** = उठाना.
**ऊपर की आमदनी** = रिश्वत.
**ऊपर की ओर** = धारा के विपरीत.

**ऊपर की ओर** *क्रिवि* आकाश की ओर, उच्चतः, उठते, उबरते, ऊँचाई की ओर, ऊँचे, *ऊपर*, ऊपर ऊपर, ऊपर को, चढ़ते, चढ़ाई की ओर, नीचे से ऊपर, शिखर की ओर.

**ऊपर को** = ऊपर की ओर.
**ऊपरकोट** = ओवरकोट.
**ऊपर चले जाना** = मरना.
**ऊपर जाता/ऊपर जाती** = उत्थानशील.
**ऊपर जाना** = उठना, उड़ना, चढ़ना.
**ऊपरटाइम** = ओवरटाइम.
**ऊपर तक भरा** = लबालब.
**ऊपर नीचे अंदर बाहर** = हर ओर.
**ऊपर पारपथ** = फ़्लाईओवर.
**ऊपर पुल** = फ़्लाईओवर.
**ऊपर लिखा** = ऊपरोक्त.
**ऊपर वाला** = अपर (अधिकारी), ईश्वर, प्रारब्ध विधाता, सर्वोच्च सत्ताधारी.
**ऊपर वालियाँ (बहु)** = चील, परी.
**ऊपर से** = और, और भी.
**ऊपर से काटना** = काटना छाँटना.
**ऊपर से गुज़रना** = लाँघना.
**ऊपर से जमना** = पपड़ियाना.
**ऊपर से नीचे** = अवरोहक्रमिक, नीचे की ओर.
**ऊपर से नीचे आता** = प्रतिक्षितिज.
**ऊपर से नीचे क्रम** = अवरोह क्रम.
**ऊपर से नीचे गिरती रेखा** = लंबरेखा.
**ऊपरी** = अस्वाभाविक, ऊपरी (दृष्टि), पाखंडपूर्ण, भुतहा/भुतही, रंगमंचीय.

**ऊपरी (दृष्टि)** *वि* अगंभीर, ऊपरी, *क्षणिक*, शीघ्र, सतही, सरसरी.

**ऊपरी आमदनी** = रिश्वत.
**ऊपरी कोट** = ओवरकोट.
**ऊपरी तल** = उत्तल.
**ऊपरीपन** = दिखावा.
**ऊपरी प्रशंसा** = व्याज प्रशंसा.
**ऊपरी फ़साद** = भूतबाधा.
**ऊपरी फेर** = भूतबाधा.
**ऊपरी भाग** = उच्चभाग.
**ऊपरी रेखा** = शिरोरेखा.

**ऊपरोक्त** *वि* उपरिलिखित, उपर्युक्त, ऊपर लिखा, ऊर्ध्वलिखित, ऊर्ध्वोक्त, पूर्वकथित, पूर्वलिखित, पूर्वोक्त, ■निम्नोक्त.

**ऊब** = जँभाई.

**ऊब** *सं* उकताहट, उचाटता, एकरसता, बोरियत, ■रोचकता.

**ऊबट** = असमतल.
**ऊबड़खाबड़** = असमतल, पथरीला/पथरीली, पर्वतीय, वनीय.
**ऊबड़खाबड़ भूमि** = असमतल भूमि.

**ऊबना** *क्रि* उचटना, जँभाई लेना, बोर होना, मन न लगना, रुचि न होना, रोचक न लगना.

**ऊब पैदा करना** = उबाना.
**ऊबाऊ** = उबाऊ.
**ऊबाऊ काम करना** = खटना.
**ऊभट** = असमतल.
**ऊमस** = नमीदार गरमी.
**ऊमसदार** = हुमसदार.
**ऊरु** = जाँघ.
**ऊरुपर्व** = घुटना.
**ऊर्ज** = कार्तिक मास.
**ऊर्जक** = भावोद्दीपन कर्ता.
**ऊर्जस्वी** = बलिष्ठ, शक्तिशाली.
**ऊर्जस्वी/ऊर्जस्विनी** = चुस्त, तेजस्वी.
**ऊर्जा** = उत्साह, कारयित्री प्रतिभा, चुस्ती, दम, प्राणशक्ति, प्रेरणा, शक्ति.

**ऊर्जा** *सं* आवेग शक्ति, ऐनर्जी, करंट, कर्मण्यता, क्रियता, गति, जान, ज़ोर, ताक़त, *दम*, प्राण, फ़ोर्स, बल, रूह, *शक्ति*, ●परमाणु ऊर्जा, ●विद्युत ऊर्जा, ●सौर ऊर्जा, ●अश्वबल.

**ऊर्जाप्रद** = उत्साहप्रद, पोषक, स्वास्थ्यप्रद.
**ऊर्जायक** = अमृतीय, उत्साहप्रद.
**ऊर्जा हरना** = रोकना.
**ऊर्जाहृत** = विरामित.
**ऊर्जित** = उत्साहित, चालित, सक्रिय.
**ऊर्ण** = ऊन. ऊनी कपड़ा.
**ऊर्णनाभि** = मकड़ी.
**ऊर्णवाभि** = मकड़ी.
**ऊर्णा तंतु** = मकड़ी धागा.
**ऊर्णासूत्र** = ऊन.
**ऊर्ध्व** = उन्नमित, ऊँचा/ऊँची, ऊपर, खड़ा/खड़ी.
**ऊर्ध्वकर्षण** = उठाई.
**ऊर्ध्वकाष्ठ** = चौखट शीर्ष.
**ऊर्ध्वकेश** = केतु.
**ऊर्ध्वगमन** = उत्थान, नभोत्तरण.
**ऊर्ध्वगमन करना** = उठना.
**ऊर्ध्वगामी** = उत्थानशील, उदीयमान, महत्त्वाकांक्षी.
**ऊर्ध्वतल** = उत्तल.
**ऊर्ध्वता** = ऊँचाई.
**ऊर्ध्वदारु** = चौखट शीर्ष.
**ऊर्ध्वदिशा** = उच्चदिशा.
**ऊर्ध्वदेव** = नारायण (नर).
**ऊर्ध्वनयन** = उठाई.
**ऊर्ध्वभाग** = उच्चभाग.

**ऊर्ध्वभूमि** = पठार, पर्वत प्रदेश.

**ऊर्ध्वमुख** *वि* ऊर्ध्वमुखी, ऊर्ध्वाधर, ऋजु, खड़ा/खड़ी, चित (कुश्ती), *ठीक*, सही, सीधा/सीधी, सुलटा/सुलटी, ■अधोमुख, ■लेटा/लेटी.

**ऊर्ध्वमुखी** = ऊर्ध्वमुख.
**ऊर्ध्वलिखित** = ऊपरोक्त.
**ऊर्ध्वलोक** = स्वर्ग.
**ऊर्ध्ववहन** = उठाई.
**ऊर्ध्ववहन करना** = उठाना.
**ऊर्ध्वस्थ** = ऊँचा/ऊँची.
**ऊर्ध्वागमन** = उदय.
**ऊर्ध्वाधर** = ऊर्ध्वमुख.
**ऊर्ध्वोक्त** = ऊपरोक्त.
**ऊर्ध्वोन्मुख** = उत्थानशील.
**ऊर्मि** = लहर.
**ऊर्मिमाली** = समुद्र.
**ऊर्मिल** = लहराता/लहराती.
**ऊलजलूल** = अनर्गल, अप्रासंगिक, फूहड़, बकवासपूर्ण, मूर्खतापूर्ण (कृत्य).
**ऊषर** = ऊसर.
**ऊष्मा** = गर्मजोशी, ताप, भाप, ममता.
**ऊष्मागम** = गरमी.
**ऊसर** = अनुर्वर, उजाड़, रेहदार.

**ऊसर** *सं* अनुपजाऊ ज़मीन, अनुर्वर भूमि, इरिण (प्रा), ऊषर, कल्लर, *कालर*, कृषि अयोग्य भूमि, क्षारभूमि, ख़राबा, खार, टापड़, नोनछी, नोनी, बंजर, बाँझ भूमि, रापड़, रेह भूमि, लोनी, वंध्या भूमि, वल्लूर, •खादर, •परती, •बागर.

**ऊहा** = तर्क.
**ऊहापोह** = आत्मनिरीक्षण, दुबिधा, मीनमेख.
**ऊही** = तर्कवेत्ता.
**ऋक्** = ऋग्वेद.
**ऋक्थग्राहिणी** = उत्तराधिकारिणी.
**ऋक्थभागी** = उत्तराधिकारी.
**ऋक्थहारी** = उत्तराधिकारी.
**ऋक्ष** = राशि, रीछ, सप्तर्षि मंडल.
**ऋक्षाः** = सप्तर्षि मंडल.
**ऋग्** = ऋग्वेद, स्तोत्र.
**ऋग्वेद** = तीन वेद सूची, वेद.

**ऋग्वेद** *सं* ऋक्, ऋग्, ऋच्, पहला वेद, मंत्रवेद, •वेद.

**ऋचा** = भजन, मंत्र.
**ऋच्** = ऋग्वेद.
**ऋजु** = ऊर्ध्वमुख, छलहीन, सीधा/सीधी.
**ऋजुतः** = सीधे.
**ऋजुता** = सीध.
**ऋण** = कृतज्ञता, नकारात्मक.

**ऋण** *सं* उधार, उधारी, ओवरड्राफ़्ट, क़र्ज़, क़र्ज़ा, खाता, देनदारी, *देना*, देयता, *बक़ाया*, *भार*, रिन, सीद, •बंधक, •व्याज, ■मूलधन.

**ऋण अभुगतान** = दिवाला.
**ऋणग्रस्त** = दिवालिया.

**ऋणग्रस्त** *वि* असामी, ऋणग्राही, ■ऋणमुक्त.

**ऋणग्रस्तता** = दिवाला.
**ऋणग्राही** = ऋणग्रस्त.
**ऋण छवि** = फ़ोटो निगेटिव.
**ऋणदाता** = बंधक ऋण दाता.
**ऋणदान** = ऋण व्यवसाय.
**ऋणपत्र** = डिबैंचर.

**ऋणपत्र** *सं* उधार पत्र, तमस्सुक, *पुरज़ा*, पेपर, रुक़्क़ा, सनद, •हुंडी.

**ऋण प्रदाता** *सं* उधार दाता, धनी, लेनदार, •महाजन, ■ऋणी.

**ऋण प्रदान** = ऋण व्यवसाय.
**ऋणप्राप्ता** = ऋणी.

**ऋणमुक्त** *वि* अऋण, अऋणी, अनृणी, उऋण, ऋणहीन, बेकर्ज़, भारमुक्त, ■ऋणग्रस्त.

**ऋणमुक्ति** = कन्यादान.

**ऋणयोग्य** *वि* ज़िम्मेदार, *दायित्वपूर्ण*, धाक वाला, धोरी, पायदार, पुख़्ता, *प्रतिष्ठित*, मज़बूत, *विश्वसनीय*, साख वाला.

**ऋण व्यवसाय** *सं* उधार दान, ऋणदान, ऋण प्रदान, कुसीद, कोठीवाली, बैंकिंग, महाजनी, महाजनी धंधा, लेनदेन व्यापार, सर्राफ़ी, साहूकारा, साहूकारी, •वित्त, •सूदख़ोरी.

**ऋण व्याज** = व्याज.
**ऋण शुल्क** = व्याज.
**ऋणशेष** = बक़ाया.
**ऋणहीन** = ऋणमुक्त.
**ऋणात्मक** = नकारात्मक.
**ऋणित** = उधार का.
**ऋणी** = कृतज्ञ.

**ऋणी** *सं* उधार कर्ता, ऋणप्राप्ता, क़र्ज़दार, दिवाल, दिवैया, देनदार, देनहार, देयी, वित्तप्राप्ता, व्याज दाता, ■ऋण प्रदाता, ■बैंक, ■महाजन.

**ऋतंभर/ऋतंभरा** = सत्यवादी.
**ऋत** = नैतिक, यज्ञ.
**ऋतवादी** = सत्यपूर्ण.
**ऋतव्रत** = सत्यवादी.
**ऋति** = समृद्धि.
**ऋतु** = रज.

**ऋतु** *सं* *काल*, *फ़सल*, मौसम, वैदर, समय, सीज़न, •जलवायु, •प्रकृति.

**ऋतु सूची** *सं* 1 पतझड़, 2 बरसात, 3 वसंत, 4 गरमी, 5 सर्दी, •षड् ऋतु सूची.

**ऋतुकालीन** = मौसमी.
**ऋतु कालेतर** = बेमौसमी.
**ऋतुदान** = गर्भदान, संभोग.
**ऋतुदोष** = रजदोष.
**ऋतुमती** = रजस्वला.
**ऋतुमिति** = ऋतु विज्ञान, ऋतु विज्ञान.
**ऋतुराज** = वसंत.

**ऋतु विज्ञान** *सं* ऋतुमिति, क्लाइमेटोलाजी, जलवायु विज्ञान, भड्डरी विज्ञान, मीटियरोलाजी, मीटियोरोलाजी, मौसम पूर्वानुमान, मौसम विज्ञान, मौसम विज्ञान.

**ऋतुस्राव** = रजस्राव.
**ऋद्धि** = योगसिद्धि, सफलता, समृद्धि.
**ऋभु** = ऋषि.
**ऋश्य** = हिरन.
**ऋषभ** = उत्तम व्यक्ति या वस्तु, प्रसिद्ध व्यक्ति, बैल, मर्यादा पुरुष, सप्तक स्वर सूची.

**ऋषभ देव** = तीर्थंकर सूची.
**ऋषभी** = गाय, विधवा.
**ऋषि** = उपदेशक, दार्शनिक, धर्मज्ञानी, प्रबोधक, मठवासी, विचारक, साधु.

**ऋषि** *सं* *कवि*, जोगी, *ज्ञानी*, *तपस्वी*, *महर्षि*, महात्मा, मुनि, मुनिवर, मुनींद्र, मुनीश, मुनीश्वर, मौनी, *योगी*, रिषि (विकल्प), लोकजित, *विचारक*, विश्ववेदा, वेत्ता, संत, सिद्ध, स्थविर, •गोत्रर्षि, •देवर्षि, •ब्रह्मर्षि, •मंत्रर्षि, •राजर्षि, •वेदर्षि, •सप्तर्षि, •गुरु, •तपस्वी, •प्रबुद्ध, •योगी, •वनवासी, •विचारक, •साधु, ■रसिक.

**ऋषि सूची** *सं* *अंगिरा*, *अगस्त्य*, अजमीढ़, *अत्रि*, अथर्वा, अष्टावक्र, असित, उतथ्य, उत्तंक, उत्तानपाद, उद्दालक, उपमन्यु, ऋभु, ऋष्यशृंग, कणाद, कण्व, *कपिल*, *कश्यप*, कात्यायन, काश्यप, कुत्स, गर्ग, गालव, *गोतम*, गोशृंग, चणक, चाणक्य, चार्वाक, च्यवन, जड़ भरत, जमदग्नि, जरत्कारु, जाजलि, जाबालि, जालंधर, जैमिनी, तित्तिरि, तैत्तिरि, *दक्ष*, *दत्तात्रेय*, *दधीचि*, दीर्घतपा, *दुर्वासा*, *द्रोणाचार्य*, *धन्वंतरि*, धौम्य, ध्रुव, नचिकेता, नहुष, *नारद*, नारायण, पतंजलि, पराशर, पाणिनी, पिंगल, पिप्पलायन, पुलस्त्य, पुलह, प्रचेता, प्रत्यंगिरा, *बृहस्पति*, बौधायन, *भरत*, *भरद्वाज*, *भृगु*, मार्कंडेय, मुद्‌गल, मैत्रेय, *याज्ञवल्क्य*, यास्क, *वसिष्ठ*, वात्स्यायन, वामदेव, *वाल्मीकि*, विश्रवा, *विश्वामित्र*, *वेदव्यास*, वैशंपायन, शतानंद, शांडिल्य, शुकदेव, *शुक्राचार्य*, सत्यकाम, सांदीपनि, सारस्वत, सौकरायण, हारीत.

**ऋष्य** = बारहसिंगा.
**ऋष्यशृंग** = ऋषि.
**एँचपेंच** = कुचाल, छल, मीनमेख.
**ए** = पहला/पहली.
**एअर** = वायु.
**एअरकंडीशंड** = शीतलित.
**एअर कनवैक्टर** = वातित्र.
**एअरपोर्ट** = हवाई अड्‌डा.
**एअर फ़ोर्स** = नभसेना.
**एअर मैन** = नभसैनिक.
**एअर वे** = नभमार्ग.
**एअर स्क्रू** = टरबाइन.
**एअर होस्टैस** = विमान परिचारिका.
**एअरो-** = वायु विषयक.
**एआइडी** = कृत्रिम गर्भदान.

**एऐम** *क्रिवि* दोपहर से पहले, *पूर्वाह्न*, प्रातः, मध्य रात्रि से मध्याह्नः समय, रात के 12 से दिन के 11.59 बजेः समय, सुबह, ■पीऐम.

**एक** = अभंजित, अविभक्त, ईश्वर, एकजुट, एकमात्र, एकवचनीय, एकाकी, कोई, पहला/पहली, मिश्रित, विशेष, सत्य, सर्वसहमत.

**एक** *सं* 1, *अंक*, इक, एकड़ा, यक, *वन*, •पहला/पहली, ■अनेक, ■सब.

**एक अकेला** = अनुपम.
**एक अधिक** = अनेक.
**एक आँख वाला** = काणा/काणी.
**एक उड़ान** = उड़ान.
**एक एक** = खुदरा बिकाऊ, सब.
**एक एक कर के** = क्रमशः.
**एक एक कर के बना** = हस्तनिर्मित.
**एक एक के लिए** = सब को.
**एक एक को** = सब को.
**एक ओंकार** = ईश्वर.
**एक और** = कोई और.
**एक और एक दो** = दो.
**एकक** = अनुभाग, शाखा कार्यालय.

**एकक** *सं* इकाई, एक स्वतंत्र घटक, यूनिट, संपूर्ण इकाई, •घटक ■संपूर्ण, ■समूह.

**एकक परिवार** *सं* *गृहस्थी*, घरबार, न्यूक्लीअर फ़ेमिली, पतिपत्नी संतान, *परिवार*, पारिवारिक इकाई, ■संयुक्त परिवार.

**एक कम दस** = नौ.
**एक कम बीस** = उन्नीस.
**एक का** = एकस्वामीय.
**एककुंडल** = कुबेर, बलराम.
**एक के पीछे एक** = लगातार.
**एक के बाद एक** = क्रमबद्ध, क्रमशः, क्रमिक.
**एक कोड़ी** = बीस.

**एकखंडीय** *वि* एकमंज़िला/एकमंज़िली, यकमंज़िला, ■बहुखंडीय.

**एक चक्र** = चक्कर.
**एकचक्र** = साम्राज्य.
**एकचर** = एकांतप्रिय.
**एकचारिणी** = पतिव्रता.
**एकचित्त** = एकाग्रचित्त.
**एकचित्तता** = एकाग्रता.
**एकछत्र** = एकतंत्र, एकतंत्र शासक.
**एकछत्रधारी** = एकतंत्र शासक.
**एकछत्र सत्ता** = एकतंत्र.
**एकछत्राधिकार वाद** = साम्राज्यवाद.
**एकछत्रीय** = निरंकुश.
**एकजन्मा** = निम्नवर्णीय, शूद्र.
**एकज़बान** = सर्वसहमत.
**एक जमा एक** = दो.
**एक जमा चार** = पाँच.
**एक जमा तीन** = चार.
**एक जमा दो** = तीन.
**एक जमा पाँच** = छह.
**एकजान** = अंतरंग, मिश्रित.
**एक जीवन चक्र** = जीवन काल.

**एकजुट** *वि* अखंड, *अविभक्त*, अविभाजित, इकट्‌ठा/इकट्‌ठी, *एक*, एकत्रित, एक साथ, एकसूत्र, बद्ध, मुत्तहिद, संगठित, संघबद्ध, संयुक्त, समन्वित, समूहबद्ध, सम्मिलित, सहभूत, साथ, साथ साथ, सौहार्दपूर्ण, •पंक्तिबद्ध, ■एकताहीन, ■विभाजित.

**एकजुटता** = एकता.
**एक जैसा** = तुलनीय.
**एक झटके में** = एकबारगी.
**एक झोंक में** = एकबारगी.
**एकटंगा/एकटंगी** = लँगड़ा/लँगड़ी.
**एकटक** = अपलक.
**एकटक दृष्टि** = ताक.
**एकटक देखना** = ताकना.

**एकड़** *सं* वर्ग गज 4840, वर्ग मीटर

4,046.8564, हैक्टैर 0.4047.

एकड़ 1/4 = बीघा.
**एकड़ 2.471** = हैक्टैर.
**एकड़ा** = एक.
**एकड़े पर बिंदी दो** = सौ.
**एकतंत्र** = तानाशाह.

**एकतंत्र** *सं* अंकुशहीनता, *अनियंत्रण*, अनियम शासन, *अप्रतिबंध*, एकछत्र, एकछत्र सत्ता, एकतंत्र सत्ता, एकसत्ता, *एकाधिकार*, तानाशाही, निरंकुश तंत्र, निरंकुश शासन, *स्वेच्छाचार*, स्वेच्छाचारिता, •तानाशाह, •राजतंत्र, •व्यक्तिवाद, ▪लोकतंत्र.

**एकतंत्रवाद** *सं* अत्याचारिता, उत्पीड़न, एकतंत्र सत्तावाद, एकाधिकारवाद, ऐब्सौल्यूटिज़्म, जुल्म, *दमन*, नादिरशाही, निरंकुशतावाद, स्वेच्छाचारिता, •एकतंत्र, •कुशासन.

**एकतंत्र शासक** *सं* आटोक्रैट, एकछत्र, एकछत्रधारी, *एकाधिकारी*, एकाधिप, एकाधिपति, छत्रधर, छत्रधारी, छत्रप, छत्रपति.

**एकतंत्र सत्ता** = एकतंत्र.
**एकतंत्र सत्तावाद** = एकतंत्रवाद.
**एकतंत्रीय** = निरंकुश.
**एकतः** = इकट्ठे.
**एकतरफ़ा** = अपारस्परिक, एकपक्षीय, न्यायहीन.

**एकता** *सं* अखंडता, अविरोध, इकटठ, इत्तिफ़ाक़, इत्तिहाद, एकजुटता, एकसूत्रता, एका, ऐक्य, जुड़ाव, भाईचारा, मेल, यूनिटी, संगठन, संगठितता, *संगति*, *संगम*, संघबद्धता, समूहबद्धता, *सहमति*, सौहार्द, •संघ, •संबंध, •सर्वसहमति, •सहयोग, ▪गृहयुद्ध, ▪विभाजन, ▪विरोध, ▪शत्रुता.

**एकता अभाव** = एकताहीनता.
**एक तान वाला** = आरोहअवरोहहीन.
**एकतापूर्ण** = अविभाज्य, सर्वसहमत.
**एकतापूर्वक** = इकट्ठे.
**एकतार** = मिश्रित.
**एकता स्थापना** = एकीकरण.

**एकताहीन** *वि अनेक*, अलग, असंगठित, *अस्थिर*, खंडित, जुदा/जुदी, टूटा/टूटी, फूटा/फूटी, बिखरा/बिखरी, मतभेदपूर्ण, लड़ता/लड़ती, विखंडित, *विभाजित*, विरोधपूर्ण, संगठनहीन, *सामंजस्यहीन*, •कलहपूर्ण, •गुटबाज़ीपूर्ण, •विभाजित, ▪एकजुट.

**एकताहीनतः** = अकेले.

**एकताहीनता** *सं* अनैक्य, असंगठन, *असहमति*, एकता अभाव, *कलह*, गुटबंदी, गुटबाज़ी, *तकरार*, *बिखराव*, *मतभेद*, लड़ाई झगड़ा, संगठनहीनता, •कलह, •गृहयुद्ध, •तलाक़, •भेदनीति, •विभाजन, •वैमनस्य, •शत्रुता, ▪एकता, ▪मित्रता, ▪सर्वसहमति, ▪सहयोग, ▪सौमनस्य, ▪स्वजन भावना.

**एकत्र** = संग्रहित.
**एकत्रक** = संग्रहकार.
**एकत्रण** = एकीकरण, संचयन, संयोजन, समागम.
**एकत्रण निषेध** = निषेधाज्ञा.
**एकत्रित** = एकजुट, केंद्रित, पंक्तिबद्ध, संग्रहित, संचित, सैन्यीकृत.
**एकत्रित करना** = बटोरना.
**एकदंत** = गणेश.
**एक दफ़ा** = एक बार.
**एक दम** = अकस्मात, अभी, अवश्यमेव, एकबारगी, एकमुश्त, तत्काल, तभी, तात्कालिक, थोक में, नितांत, संपूर्णतः.
**एकदल धान्य** = अनाज.
**एकदलीय** = एकपक्षीय.
**एकदा** = एक बार.
**एक दिन** = अल्पकाल, कभी भविष्य में.
**एक दिन एक रात** = अहोरात्र.
**एक दिन यह एक दिन वह** = एकोत्तरतः.
**एकदिल** = अंतरंग, अंतरंगतम, मिश्रित.
**एकदिश** = अपारस्परिक, रैखिक.
**एक दिशा में धुरी पर घूर्णन** = चक्रावर्तन.
**एक दो** = कम.
**एक दो तीन** = आरंभ संकेत.
**एक दो तीन चार (संगीत)** = आरंभ संकेत.
**एक दो बार** = शायद ही कभी.
**एकधा** = अविविध.
**एक धाव** = दौड़.
**एक नंबरी** = दुर्जन.
**एक न एक दिन** = कभी भविष्य में.
**एकनयन** = काणा/काणी, कुबेर, कौआ, शुक्र ग्रह, समव्यवहारी.

**एकनिष्ठ** *वि* अटल, अडिग, अनन्य, एकाश्रयी, चट्टानी, दृढ़, •कटिबद्ध, •लगनशील, •हठी, ▪दुबिधाग्रस्त, ▪विचलनशील.

**एकनिष्ठा** = विवाह निष्ठा.
**एकनेत्र** = काणा/काणी.
**एकपक्षीय** = अपारस्परिक.

**एकपक्षीय** *वि* एकतरफ़ा, एकदलीय, एकांगी, यकतरफ़ा, •अपारस्परिक, ▪त्रिपक्षीय, ▪द्विपक्षीय.

**एकपतित्व** = पतिव्रत.
**एकपतिव्रत** = पतिव्रत.
**एकपत्नीव्रत** = पत्नीव्रत.
**एक पद** = डग.
**एकपद** = मोक्षलोक.
**एकपाद** = लँगड़ा/लँगड़ी.
**एक पूरा दिन** = अहोरात्र, पृथ्वी धुरी चक्रण काल.
**एकप्राण** = अंतरंग.
**एकफ़सली** = मौसमी.
**एक बटा चार** = चौथाई.
**एक बटा तीन** = तिहाई.
**एक बटा दो** = आधा/आधी.

**एक बार** *क्रिवि* एक दफ़ा, एकदा, किसी बार, किसी समय, केवल एक बार, दोबारा नहीं, फिर नहीं, बस एक बार, बारेक, सिर्फ़ इस बार, •अनेकदा, •एक बारगी, ▪कभी नहीं, ▪प्रायः, ▪हमेशा.

**एकबारगी** = अकस्मात, एकमुश्त, संपूर्णतः.

**एकबारगी** *क्रिवि* इकट्ठे, एक झटके में, एक झोंक में, एक दम, एक बार में, *एकमुश्त*, एक साँस में,

चटपट, पूरी तरह, यकमुश्त, *सीधे*, ▪पद प्रतिपद.

**एक बार भी नहीं** = कभी नहीं.
**एक बार में** = एकबारगी.
**एक बार यह एक बार वह** = एकोत्तरतः, एकोत्तरावृत्तिशील.
**एकमंज़िला/एकमंज़िली** = एकखंडीय.
**एकमत** = सर्वसहमत.
**एकमतता** = सर्वसहमति.
**एक मत से चुना** = निर्विरोध.
**एकमात्र** = अनुपम.

**एकमात्र** *वि* अकेला/अकेली, अद्वय, अद्वितीय, अपने जैसा एक, असपत्न, अहद, इकलौता/इकलौती, *एक*, एकल, एकला, एकांतिम, और कोई नहीं, कुल एक, *केवल*, ठेठ, निपट, निरा/निरी, बस एक, महज़, मात्र एक, वाहिद, सिर्फ़, सिर्फ़ एक, •एकाकी, •ही, ▪अनेक.

**एक मात्रा** = ह्रस्व मात्रा.
**एकमात्रिक** = ह्रस्व.
**एकमुश्त** = एकबारगी, थोक में बिकाऊ.

**एकमुश्त** *क्रिवि* इकट्ठे, एक दम, *एकबारगी*, एक साथ, पूरी तरह, पूर्णतः, शत प्रतिशत, ▪क़िस्तवार.

**एकमेक** = मिश्रित.
**एक या दूसरा** = वैकल्पिक.
**एकरंग** = अविविध, मिश्रित.
**एकरंगीय** = इकरंगा/इकरंगी.
**एकरस** = अविविध, उबाऊ, मिश्रित, समशीतोष्ण.
**एकरसता** = ऊब, सामंजस्य.
**एक राय** = सर्वसहमति.
**एकराय** = सर्वसहमत.
**एक रुपहली हलकी धातु** = अलुमिनियम.
**एकरूप** = अंतरंग, मिश्रित.
**एकरूपता** = सादृश्य.
**एकरूपित दो या अधिक अणु** = रैडिकल.
**एकल** = एकमात्र, एकवचनीय.
**एकल रेल** = मोनोरेल मार्ग.

**एकलव्य** *सं* द्रोण शिष्य, निषाद राजकुमार, हिरण्यधनु पुत्र, •द्रोणाचार्य.

**एकला** = एकमात्र.
**एकवचन** = एकवचनीय, शब्द वचन.

**एकवचनीय** *वि एक*, एकल, एकवचन, ▪बहुवचनीय.

**एकवर्ण** = इकरंगा/इकरंगी.
**एकवस्त्रा** = रजस्वला.
**एकवाँ/एकवीं** = पहला/पहली.
**एकविध** = अविविध.
**एकवेणी** = विधवा.
**एक व्यक्ति** = जना.
**एक श्रुति** = तान.
**एकसत्ता** = एकतंत्र.
**एकसमान** = अविविध, भेदभावहीन, सदृश, समाकार.
**एकसमानता** = भेदभावहीनता, सादृश्य.
**एक साँस में** = एकबारगी.
**एक सा** = पर्यायवाची, सदृश, समपार्श्व.
**एक साथ** = इकट्ठे, एकजुट, एकमुश्त, थोक में, थोक में बिकाऊ, सब एक साथ.
**एक साथ लाना** = मिलाना.
**एक साथ सब** = सब एक साथ.
**एकसुरा/एकसुरी** = आरोहअवरोहहीन.
**एकसूत्र** = एकजुट, पंक्तिबद्ध, परिवारीय.
**एकसूत्रता** = एकता.
**एक से अधिक** = अनेक.
**एक से दूसरे स्थान तक गमन** = संक्रम.

**एक सौ चवालीस समुदाय** *सं* ग्रुस, ग्रौस, बारह दर्जन.

**एकस्वामित्व** *सं* अधिस्वामित्व, एकस्व, एकस्वामित्व, एकाधिकार, एकाधिपत्य, पूर्ण स्वामित्व, भागीदारीहीनता, साझाहीन स्वामित्व, •स्वामित्व.

**एकस्व** = एकस्वामीय, एकस्वामित्व, पेटैंट.
**एक स्वतंत्र घटक** = एकक.
**एकस्वाधिकारी** = एकाधिकारी.
**एकस्वामित्व** = एकाधिकार.
**एक स्वामी** = एकाधिकारी.

**एकस्वामीय** *वि* अकेले का/अकेले की, अनन्याधिकारीय, असपत्न, आउटराइट, एक का, एकस्व, एकाधिकारीय, गैरमुश्तरका, निजी, प्राइवेट, भागीदारहीन, *व्यक्तिगत*, सर्वाधिकारयुक्त, स्वस्य, स्वीय, •व्यक्तिगत, ▪सामूहिक.

**एक ही कथन पुनः पुनः कथन** = अनुलाप, पुनरुक्ति.
**एक ही समय का** = समकालीन.
**एकांग** = बुध ग्रह.
**एकांगवात** = पक्षाघात.
**एकांगी** = अपारस्परिक, एकपक्षीय, पक्षपाती.
**एकांगी धारणा** = पूर्वग्रह.
**एकांत** = अपवादहीन, एकाकीपन.
**एकांतचर** = एकांतप्रिय.
**एकांतचर्या** = एकांतवास.
**एकांतता** = एकाकीपन.
**एकांतप्रिय** = अंतर्मनस्क.

**एकांतप्रिय** *वि अमिलनसार*, अलग थलग, असहचर, एकचर, एकांतचर, एकांतवासी, एकांतसेवी, एकांती, *एकाकी*, जती, *तपस्वी*, पृथकचर, यति, व्यवहारहीन, व्योका, •अमिलनसार, •मित्रहीन, •वनवासी, ▪बहिर्मनस्क, ▪मिलनसार.

**एकांत प्रेम** = एकांतवास.
**एकांत प्रेमी** = अंतर्मनस्क.
**एकांत बंदीकक्ष** = कालकोठरी.
**एकांतरतः** = एकोत्तरतः.
**एकांतर मासिक** = द्विमासिक.
**एकांतरा** = एकोत्तरावृत्तिशील.

**एकांतवास** *सं* अकेलापन, अमिलनसारता, अलगाव, असंगति, *असंपर्क*, असंबंध, असहचर्य, असहचर्या, असामाजिकता, एकांतचर्या, एकांत प्रेम, *एकाकीपन*, कटापन, ख़िलवत, गोशानशीनी, तख़लिया, *पार्थक्य*, पृथकचर्या, समाजहीनता, •अंतरंग कक्ष, •अंतर्मनस्कता, •भीड़, ▪दलचर्या, ▪भीड़, ▪मिलनसारता.

**एकांतवासी** = एकांतप्रिय.
**एकांतसेवी** = एकांतप्रिय.

 (प्रा) प्राचीन शब्द, अब अप्रचलित - *तिरछे* शब्द स्वतंत्र शीर्षक भी हैं •सपर्याय ▪विपर्याय

**एकांत स्थान** *सं* आश्रम, गोशा, *तकिया*, तख़लिया, निराला, वहदतख़ाना, वीराना, *शून्य*, सुनसान, ■क्लब, ■चौकड़ीघर.

**एकांतिक** = अपरंतुक, अवश्यंभावी.
**एकांतिम** = एकमात्र.
**एकांती** = एकांतप्रिय.
**एका** = एकता.
**एकाएक** = अकस्मात.
**एकाएकी** = अकस्मात.
**एकाकार** = मिश्रित.
**एकाकारता** = अद्वैतता.
**एकाकिनी** = वियोगिनी.
**एकाकी** = अंतर्मनस्क, अपुनरावृत्त, अमिश्रित, एकांतप्रिय, मित्रहीन, वियोगी.

**एकाकी** *वि* अकेला/अकेली, अलग, अलग थलग, *एक*, कटा/कटी, तनहा, निस्संग, संगीहीन, समाजहीन, सहचरहीन, ●एकांतप्रिय, ●मित्रहीन.

**एकाकी/एकाकिनी** = परित्यक्त.
**एकाकीपन** = एकांतवास.

**एकाकीपन** *सं* अकेलापन, एकांत, एकांतता, कटापन, जनहीनता, तनहाई, *दूरी*, निर्जनता, *शून्य*, सूनापन, ●एकांतवास, ■अंतरंगता, ■परिचय, ■मित्रता, ■संगति, ■समागम.

**एकाक्ष** = कौआ.
**एकाक्षर** = ओम.
**एकाक्षर मंत्र** = ओम.
**एकाग्र** = एकाग्रचित्त, समाधिस्थ.
**एकाग्र चिंतन** = एकाग्रता, ध्यान.

**एकाग्रचित्त** *वि* अचंचल, अनन्यचित्त, अनन्यमनस्क, अनन्यमना, अनन्यमानस, अविचलित, एकचित्त, एकाग्र, दत्तचित्त, दत्तावधान, ध्याननिष्ठ, ध्यानबद्ध, परायण, बद्धचित्त, समवधान, *सावधान*, ●जाग्रत, ●सावधान, ■अनेकाग्र.

**एकाग्रचित्तता** = एकाग्रता.

**एकाग्रता** *सं* अंतर्योग, अचंचलता, अटैंशन, अनन्यमनस्कता, अनुत्तेजना, अलोलता, अवधान, अविचलन, एकचित्तता, एकाग्र चिंतन, एकाग्रचित्तता, एकावधान, केंद्रितता, केंद्रीकरण, ग़ौर, तत्परता, तवज्जोह, दत्तचित्तता, ध्याननिष्ठता, ध्यानमग्नता, मग्नता, यकसूई, संलग्नता, ●तल्लीनता, ●ध्यान, ●साधना, ●सावधानी, ■अनेकाग्रता, ■भूल, ■हड़बड़ी.

**एकात्म** = अंतरंग, मिश्रित.
**एकात्मता** = अद्वैतता, साधारणीकरण.
**एकात्मवाद** = अद्वैतवाद.
**एकादश** = ग्यारह.
**एकाध** = अल्पलभ्य, कम.
**एकाध बार** = शायद ही कभी.
**एकाधिक** = अनेक, बहुवचनीय.
**एकाधिक उपाय** = विकल्प.
**एकाधिक जातीय** = अंतरजातीय.
**एकाधिक बार** = अनेकदा.
**एकाधिकार** = एकतंत्र, पेटैंट.

**एकाधिकार** *सं* अनन्याधिकार, इजारा, *पट्टा*, प्राधिकार, मोनोपली, *विशेषाधिकार*, ●एकस्वामित्व, ●कापीराइट, ●पेटैंट, ●लाइसैंस, ●संपत्ति, ●स्वामित्व.

**एकाधिकारवाद** = एकतंत्रवाद.
**एकाधिकारी** = एकतंत्र शासक.

**एकाधिकारी** *सं* अधिस्वामी, अधीश, अधीश्वर, एकस्वाधिकारी, एक स्वामी, एकाधिप, एकाधिपति, पूर्ण स्वामी, *सर्वेसर्वा*, ●स्वामी.

**एकाधिकारीय** = एकस्वामीय, निरंकुश.
**एकाधिप** = एकतंत्र शासक, एकाधिकारी.
**एकाधिपति** = एकतंत्र शासक, एकाधिकारी, सम्राट.
**एकाधिपत्य** = एकाधिकार.
**एकायन** = अभिसार स्थल.
**एकार्णव** = मनु प्रलय.
**एकार्थक** = एकार्थी.

**एकार्थी** *वि* अश्लिष्ट, एकार्थक, श्लेषहीन, *स्पष्ट*, ●असंदिग्ध, ●स्पष्ट, ■अनेकार्थी, ■उभयार्थक, ■संदिग्धार्थी.

**एकावधान** = एकाग्रता.
**एकावधानी** = ध्यानी.
**एकाश्रयी** = एकनिष्ठ.
**एकीकरण** = संश्लेषण.

**एकीकरण** *सं* एकता स्थापना, एकत्रण, जुड़ाई, *मिलन*, मिलाई, संगठन, संगठनन, *संगम*, संगमन, संघठन, संघीकरण, संयुक्तीकरण, *संयोजन*, समामेलन, ●पुनरेकीकरण, ■भेदनीति, ■विभाजन, ■विलगाव.

**एकेश्वरवाद** *सं* ईश्वर एक है, ईश्वर स्रष्टा और संचालक है, एको ब्रह्म द्वितीयो नास्ति, लाइल्लाह इलल्लाह, वहदते वुजूद, सर्वं खल्विदं ब्रह्मा, ●आस्तिकतावाद, ■अनेकेश्वरवाद.

**एकोत्तर (जैसेः एकोत्तर सौ--एक सौ एक)** = अनेक.
**एकोत्तर क्रम** = आरोह क्रम.

**एकोत्तरतः** *क्रिवि* एक दिन यह एक दिन वह, एक बार यह एक बार वह, एकांतरतः, ●प्रतिदिन.

**एकोत्तरावृत्तिशील** *वि अंतरा*, एक बार यह एक बार वह, एकांतरा, तीसरे दिन होने वाला, तेईया (जैसेः ज्वर), विषम, हर तीसरे दिन होने वाला, ●चक्रावृत्तिशील, ●दैनिक.

**एकोद्देश्यता** = उन्माद.
**एकोन क्रम** = अवरोह क्रम.
**एकोनविंशति** = उन्नीस.
**एको ब्रह्म द्वितीयो नास्ति** = एकेश्वरवाद.
**एक्का** = इक्का.
**एजंसी** = दलाली.
**एज** = जीवन काल, युग.
**एजेंटी** = दलाली.

**एजेंडा** *सं* कार्यक्रम, कार्यसूची, कार्यावली, प्रोग्राम, ●कार्यक्रम सूची, ●शीड्यूल, ●समयसूची,

▪कार्य विवरण.

**एजेंसी** = दलाली.

**एजेंसी कमीशन** = दलाल शुल्क.

**एजेंट** = गुप्तचर, दलाल.

**एटीऐम** *सं* आटोमैटिक टैलर मशीन, नकदी लेने देने वाली मशीन, •कैशियर, •टैलर, •बैंक.

**एटीऐम कार्ड** = क्रैडिट कार्ड.

**एड** = वित्तीय सहायता.

**एड़** = एड़ी, जूता एड़ी.

**एड़** *सं* महमेज़, रकाब नोक, •अंकुश, •रकाब.

**एडक** = भेड़ा.

**एडका** = भेड़.

**एड-डी-कौंग (हिंदी उच्चारण)** = असिस्टैंट.

**एड़ लगाना** = कोंचना.

**एडी** = ईसा के बाद, संवत्सरे.

**एड़ी** = जूता एड़ी.

**एड़ी** *सं एड़*, पादमूल, पृष्णि, •टखना, •पैर.

**एड़ी गाँठ** = टखना.

**एड़ी चोटी का जोर लगा कर** = प्रयत्नपूर्वक.

**एड़ी-पादांगुल छोर तक पैर** = पैर पंजा.

**एड्स** *सं* यौन संसर्गज महामारी, यौन संसर्गज रोग, •महामारी, •यौन रोग.

**एण** = हिरन.

**एणी** = हिरनी.

**एतक़ाद** = आस्था, भक्ति.

**एतदनुसार** = ऐसे.

**एतदर्थ** = इस लिए.

**एतदुपरांत** = इस के बाद.

**एतद्काल** = तत्काल, वर्तमान काल, वर्तमान में.

**एतद्कालीन** = वर्तमान.

**एतद्पश्चात** = इस के बाद.

**एतबार** = विश्वास.

**एतबारी** = विश्वसनीय.

**एतमाद** = आस्था, भक्ति, विश्वास.

**एतराज़** = आपत्ति.

**एनीमा** = विरेचक औषध.

**एनीमा** *सं* डूश, *पिचकारी*, वस्ति, सिद्धवस्ति, •मलत्याग, •योग विधि द्वारा मल शोधन.

**एप** = अपिवानर, बंदर.

**एपमैन** = मिसिंग लिंक.

**ए बी सी** = साक्षरता.

**एबीसीडी** = आरंभिक ज्ञान, वर्णमाला, वर्णमाला पुस्तक.

**एयरपोर्ट (विकल्प)** = हवाई अड्डा.

**एरंड खरबूज़ा** = पपीता.

**एरिण** = सेंधा नमक.

**एरियर्स** = बक़ाया.

**एरिया** = क्षेत्र, जनपद आदि, भवन परिसर, वर्गफल.

**एल** = मद्य.

**एला** = इलायची.

**एलाबास्टर** = जिप्सम.

**एवं** = और.

**एवज़ी** = कामचलाऊ, स्थानापन्न, स्थानापन्न व्यक्ति.

**ए-वन** = उत्तम.

**एवमस्तु** *मु* आमीन, ऐसा ही हो, तथास्तु, •प्रार्थना, •वरदान, •स्वस्तिपाठ.

**एशियन** = एशियाई.

**एशिया** = महाद्वीप नाम सूची.

**एशिया** *सं* ईस्ट, पूरब, पूर्व, •भारत.

**एशियाई** *वि* एशियन, एशियाटिक.

**एशियाई कोचक** = तुर्की.

**एशियाटिक** = एशियाई.

**एशिया माइनर** = तुर्की.

**एशिया-यूरोप महाखंड** = यूरेशिया.

**एहतियात** = रोगवारण, सावधानी.

**एहसान** = उपकार.

**एहसानफ़रामोश** = कृतघ्न.

**एहसानफ़रामोशी** = कृतघ्नता.

**एहसानमंदी** = कृतज्ञता.

**एहसास** = अनुभूति.

**ऐंकर** = कार्यक्रम ऐंकर, लंगर.

**ऐंगल** = कोण.

**ऐंग्लिकन** = अँगरेज विषयक.

**ऐंग्लो** = अँगरेज विषयक.

**ऐंग्लो-इंडियन** *सं* अधगोरा/अधगोरी, आंग्ल-भारतीय, इंडो-इंग्लिश, भारांग्ल, •अँगरेज, •मिश्र जाति.

**ऐंग्लो-सैक्सन** = अँगरेज.

**ऐंच** = कर्षण.

**ऐंचन** = अकड़ाहट.

**ऐंचा ताना/ऐंची तानी** = भेंगा/भेंगी.

**ऐंचातानी** = खींचातानी.

**ऐंजल** = फ़रिश्ता.

**ऐंजाइना** = श्वासरोध.

**ऐंटरटेनमैंट** = मनोरंजन.

**ऐंटरटेनिंग** = रोचक.

**ऐंटरप्रैन्यौर** = उद्योगपति.

**ऐंटार्क्टिक** = दक्षिण ध्रुव क्षेत्र.

**ऐंटार्क्टिक ओशन** = दक्षिण ध्रुव महासागर.

**ऐंटीक** = अवशेष.

**ऐंटीक्लाईमैक्स** *सं* अपेक्षा विपरीत परिणाम, खोदा पहाड़ निकली चुहिया, *निराशा*, प्रतिकाष्ठा, प्रत्युत्कर्ष, रसापकर्ष, हताशा, ▪क्लाईमैक्स.

**ऐंटीक्लाकवाइज़** = प्रतिघटी

**ऐंटीडोट** = प्रभावरोधक, विषघ्न.

**ऐंटीबायोटिक** *सं* जीवाणुनाशक औषध, प्रतिजीवाणु, प्रतिजैविक, •औषध.

**ऐंटीमनी** = ग्रफ़ाइट, रासायनिक तत्त्व सूची.

**ऐंटीमैटर** = प्रतिपदार्थ.

**ऐंटीसैप्टिक** = कीटाणुनाशक, पूयांतक.

**ऐंट्री** = आगमन मार्ग, प्रवेश, प्रवेश द्वार, लेखा प्रविष्टि.

**ऐंट्री परमिट** = प्रवेश पत्र.

**ऐंट्री फ़ीस** = प्रवेश शुल्क.

**ऐंट्रैंस** = प्रवेशस्थल.

**ऐंठ** = अकड़, अकड़ की चाल, अहंकार, इठलाहट, हठ.

**ऐंठ चाल** = इठलाहट.

**ऐंठन** = अकड़ाहट, बटाई, मरोड़, मरोड़ा.

**ऐंठना** = छीनना, बटना, मरोड़ना.

**ऐंठना** = तानना.

**ऐंठा/ऐंठी** = तुड़ा मुड़ा/तुड़ी मुड़ी, शीताकुल.

**ऐंठाना** = तानना.

**ऐंठू** = अकड़बाज़, अहंकारी, हेकड़ीबाज़.

ऐंड = कथा फलागम, मृत्यु.
**ऐंड़बैंड़** = कुडौल.
**ऐंड्रू** = ईसा संदेश वाहक.
**ऐंथम** = गीत, राष्ट्रगीत.
**ऐंद्र** = ऐंद्रिक.
**ऐंद्रजालिक** = जादुई, जादूगर, प्रेतसाधक, बाज़ीगर, मायाकार.
**ऐंद्रजालिका** = जादूगरनी.
**ऐंद्रिक** = वासनापूर्ण, शारीरिक.

**ऐंद्रिक** *वि* इंद्रीय, ऐंद्र.

**ऐंद्रिक अनुभूति ही ज्ञान का एकमात्र स्रोत है** = इंद्रियगम्यतावाद.
**ऐंद्रिक आनंद** = विलासिता.
**ऐंद्रिक सुख** = विलासिता.
**ऐंद्रिक सुखभोग** = भोगविलास.
**ऐंद्रिक सुख ही चरम सुख है** = भोगवाद.
**ऐंपरर** = सम्राट.
**ऐंपोरियम** = शोरूम, शौपिंग सैंटर.
**ऐंप्लायमैंट** = आजीविका.
**ऐंप्लायमैंट ऐक्सचेंज** = आजीविका कार्यालय.

**ऐंप्लायर** *सं* अन्नदाता, आक़ा, आजीविका दाता, नियोक्ता, नियोजक, पैट्रन, भरतार, भर्ता, भृतिभर्ता, माई बाप, मालिक, *यजमान*, सर्विस दाता, सेवायोजक, *स्वामी*, •क्लायंट, ▪कर्मचारी, ▪कार्यकर्ता, ▪नौकर, ▪श्रमिक.

**ऐंप्लौयी** = कर्मचारी.
**ऐंफीथिएटर** = महागार.

**ऐंबुलैंस** *सं* अस्पताल गाड़ी, रोगीयान, रोगीवाहनी, रोगीवाहिका, सहायता वैन, •अपाहिज गाड़ी, •स्ट्रैचर.

**ऐंबैंकमैंट** = तटबंध.
**ऐंबैसी** = राजदूतावास.
**ऐंबैस्डर** = राजनयिक.
**ऐंब्लम** = पुरस्कार सूची, प्रतीक, राज्यचिह्न.
**ऐकनालिजमैंट** = प्राप्तिपत्र.
**ऐकांतिक** = अपवादहीन.
**ऐकात्म्य** = अद्वैतता, साधारणीकरण.

**ऐकुपंक्चर** *सं* अकुपंचर (हिंदी बोलचाल), अक्ष चिकित्सा, ऐक्यूपंक्चर, वेध चिकित्सा, सूचिवेध.

**ऐक्ट** = क़ानून, नाटक अंक, पारित प्रस्ताव.
**ऐक्टर** = अभिनेता.
**ऐक्टिंग** = अभिनय, स्थानापन्न.
**ऐक्टीनीयम** = रासायनिक तत्त्व सूची.
**ऐक्ट्रैस** = अभिनेत्री.
**ऐक्य** = अद्वैतता, एकता, साधारणीकरण.
**ऐक्यूपंक्चर** = ऐकुपंक्चर.
**ऐक्रोबैट** = करतबिया.
**ऐक्वेरियम** = मछलीघर.
**ऐक्शन** = कार्यान्विति.
**ऐक्सचेंज** = वस्तु विनिमय.
**ऐक्सटैंशन** = उपभवन, मोहलत.
**ऐक्सटैंशन फ़ोन** = टेलिफ़ोन.
**ऐक्सपर्ट** = दक्ष, परामर्श दाता, विशेषज्ञ.
**ऐक्सपैरिमैंट** = प्रयोग.
**ऐक्सपैरिमैंटल** = प्रयोगात्मक.
**ऐक्सपोर्ट** = निर्यात व्यापार.
**ऐक्सपोर्टर** = निर्यातक.
**ऐक्सपोर्टिंग** = निर्यात व्यापार.
**ऐक्सप्रैस** = समाचार पत्र.

**ऐक्सप्रैस डिलीवरी** *सं* आशु वितरण, ढील नहीं, तत्काल डिलीवरी, तत्काल पहुँचाई, देर नहीं, बिना देर, शीघ्र वितरण, •कूरियर व्यवस्था, •डिलीवरी, •प्रेषण.

**ऐक्सप्लोज़न** = विस्फोट.
**ऐक्सल** = अक्ष.
**ऐक्सल ट्री** = अक्षदंड.
**ऐक्साइज़** = उत्पादन कर.
**ऐक्सिस** = अक्ष.
**ऐक्सीडैंट** = दुर्घटना.
**ऐक्स्मस** = क्रिसमस.
**ऐग** = अंडा, खाद्य अंडा.
**ऐग्ज़क्टिव** = अध्यक्ष.
**ऐग्ज़क्टिव कमिटी** = प्रबंध समिति.
**ऐग्ज़क्टिव कौंसिल** = प्रबंध समिति.
**ऐग्ज़ामिनेशन** = परख.
**ऐग्ज़िट** = निर्गम, निर्गम द्वार.
**ऐग्ज़ीबिटर** = फ़िल्म प्रदर्शक.
**ऐग्ज़ीबिशन** = प्रदर्शनी.

**ऐग्ज़ीमा** *सं* छाजन, विसर्प, सूखा दाद, •कुष्ठ रोग, •दाद.

**ऐग्ज़ैक्टिव** = प्रबंधक.
**ऐग्रिकल्चर** = कृषि.
**ऐग्रीमैंट** = अनुबंध, गारंटी कार्ड.
**ऐच-अवर** = निर्णायक अवसर.
**ऐच-बम** = ऐटम बम.
**ऐचिंग** = उत्कीर्णन.
**ऐच्छिक** = वैकल्पिक.
**ऐजिटेशन** = जन आंदोलन.
**ऐजुकेशन** = शिक्षा.
**ऐजुकेशनल** = शिक्षालयी.
**ऐज़्मा** = दमा.
**ऐटम** = परमाणु.
**ऐटम बम** = आतिशबाज़ी सूची, बम.

**ऐटम बम** *सं* अणु बम, आणविक युद्धाग्र, ऐच-बम, न्यूट्रोन बम, परमाणु बम, वारहैड, हाइड्रोजन बम, •बम.

**ऐटमिक ऐनर्जी** - परमाणु ऊर्जा.

**ऐटर्नी** *सं* अधिकार प्रदत्त व्यक्ति, अभिकर्ता, अमलदार, आमिल, गुमाश्ता, *दलाल*, *प्रतिनिधि*, *मुख़तार*, मुख़तारे ख़ास, •वकील.

**ऐटलांटिक ओशन** = अतलांतिक महासागर.
**ऐटहोम** = भोज.
**ऐटिकेट** = शिष्टाचार.
**ऐटोल** = प्रवाल द्वीप वलय.
**ऐड** = विज्ञापन.
**ऐडजर्नमैंट** = स्थगन.
**ऐडजर्न्ड** = स्थगित.
**ऐडमिनिस्ट्रेटर** = प्रशासक.
**ऐडमिनिस्ट्रेशन** = प्रशासन.
**ऐडमिरल** = नौसेनापति.
**ऐडमिशन** = आप्रवेश.
**ऐडल्ट** = वयस्क.
**ऐडवर्ट** = विज्ञापन.
**ऐडवर्टाइज़र** = विज्ञापक.
**ऐडवर्टिज़मैंट** = विज्ञापन.
**ऐडवांस** = बयाना.

**ऐडवांस बुकिंग** *सं* आरक्षण, क्रय आरक्षण, पूर्व आरक्षण, पूर्वक्रय, पूर्वारक्षण, बुकिंग, रिज़र्वेशन, *संरक्षण*, सुनिश्चयन, •अग्रदेय,

●बयाना.

**ऐडवेंचरर** = खोज यात्री.
**ऐडवैंचर** = साहस यात्रा.
**ऐडवैंचरर** = साहसिक यात्री.
**ऐडवोकेट** = प्रतिपादक, वकील.
**ऐडवोकेसी** = प्रतिपादन.
**ऐडाप्टेशन** = रूपांतरण.
**ऐडिटर** = संपादक.
**ऐडिटर इन चीफ़** = संपादक.
**ऐडिटिंग** = संपादन.
**ऐडिटोरियल** = संपादकीय लेख.
**ऐडीशन** = संस्करण.
**ऐडौप्टेशन** = दत्तक संस्कार.
**ऐड्रैस** = पता.
**ऐतरेय उपनिषद** = उपनिषद.
**ऐतवार** = रविवार.
**ऐतिहासक क्षण** = निर्णायक अवसर.
**ऐतिहासिक** = निर्णायक, पारंपरिक, प्राचीन, भूतकालीन, युगांतरकारी, संग्रहणीय.

**ऐतिहासिक** *वि* आख्यात, *उल्लेखनीय*, तवारीख़ी, *पारंपरिक*, पुरातन, पुराना/पुरानी, पूर्वकालीन, पौराणिक, *प्रसिद्ध*, *प्राचीन*, *स्मरणीय*, ●पारंपरिक, ●प्रागितिहासिक, ●स्मरणीय, ■आधुनिक.

**ऐतिहासिक अवशेष** = धरोहर.
**ऐथ्लीट** = कुश्तीबाज़, खिलाड़ी.

**ऐथ्लीट** *सं* कसरतिया, जिम्नैस्ट, व्यायामी, ●कुश्तीबाज़, ●खिलाड़ी, ●ग्लैडिएटर, ●बुलफ़ाइटर, ●बाक्सर, ●वेटलिफ़्टर.

**ऐथ्लैटिक्स** = व्यायाम.
**ऐन** = आकलित, कोई, थन, लक्ष्यवेधी.
**ऐन (ऐनक में उपलब्ध)** = आँख.
**ऐनक** = चश्मा.
**ऐनक्लेव** = भवन परिसर.
**ऐनक्लोज़ करना** = लगाना.
**ऐनग्रेविंग** = उत्कीर्णन.
**ऐनचिलाडा** = तौरतिया.
**ऐन डैश** = योजक चिह्न.
**ऐन मैन** = आकलित, सदृश.
**ऐन मौक़ा** = सुअवसर.
**ऐनर्जी** = ऊर्जा.
**ऐनलजैसिक** = पीड़ाहर औषध.
**ऐनलार्जमैंट** = फ़ोटो ऐनलार्जमैंट.
**ऐनवलप** = लिफ़ाफ़ा.
**ऐनसाइक्लोपीडिया** = ज्ञानकोश.
**ऐन सामने** = सीधे.
**ऐनाटमी** = क़द क़ामत.
**ऐनालिसिस** = विश्लेषण.
**ऐनालेप्टिक** = संज्ञाकर औषध.
**ऐनिवर्सरी** = जयंती.
**ऐनिस्थीसिया** = निस्संज्ञा.
**ऐनिस्थैटिक** = संज्ञाहर औषध.
**ऐनीमिया** = पीलिया.
**ऐनुअल** = वार्षिक.
**ऐनुइटी** = वर्षदेय.
**ऐनेक्सी** = उपभवन.
**ऐनोडाइन** = पीड़ाहर औषध.
**ऐपल** = सेब.
**ऐपिलौग** = उपसंहार.
**ऐपिसोड** = गौण कथा, धारावाही क़िस्त.
**ऐपोसल** = ईसा संदेश वाहक.
**ऐपौइंटमैंट** = नियुक्ति.
**ऐपौइंटमैंट लैटर** = नियुक्ति पत्र.

**ऐप्रन** *सं* आवरण, ओवरआल, पिनाफ़ोर, *बिब*, सीनाबंद, ●नैपकिन, ●बिब.

**ऐप्रैंटिस** = प्रशिक्षु.
**ऐप्लिकेबल** = विनियोज्य.
**ऐप्लिकेशन** = कंप्यूटर प्रोग्राम.
**ऐफ़** = फ़ैरेनहाइट क्रम.
**ऐफ़िडैविट** = प्रमाणपत्र, शपथपत्र.
**ऐब** = कुटेव, दुर्गुण, बुराई.
**ऐबजोई** = छिद्रान्वेषण.
**ऐबनी** = काष्ठ.
**ऐबबीनी** = छिद्रान्वेषण.
**ऐबी** = कामुक, कुटेवी, गिरजाघर, दुराचारी, दुर्गुणी, पापपूर्ण, मदव्य आसक्त, लंपट, विकलांग, विद्रूप.
**ऐब्सेस** = फोड़ा.
**ऐब्सैंट** = अनुपस्थित, चंपत.
**ऐब्सौल्यूटिज़्म** = एकतंत्रवाद.
**ऐमए** = पोस्टग्रैजुएट.
**ऐमऐलए** = परिषद सदस्य.
**ऐमपी** = सांसद.
**ऐमरल्ड** = पन्ना.
**ऐमरल्ड आइल** = आयरलैंड.
**ऐमरी** = कोरंडम.
**ऐमर्जैंसी** = आपात्काल.
**ऐमेरिशीयम** = रासायनिक तत्त्व सूची.
**ऐयाम** = युग.
**ऐयार** = कुटिल, मायाकार.
**ऐयारी** = मायाजाल.
**ऐयाश** = कामुक, लंपट, विलासप्रिय.
**ऐयाशी** = अपव्यय, भोगविलास.
**ऐरन** = आधार सूची, ठीहा.
**ऐरा** = युग.
**ऐरा ग़ैरा/ऐरी ग़ैरी** = महत्त्वहीन, सामान्य.
**ऐरावण** = ऐरावत.
**ऐरावत** = हाथी.

**ऐरावत** *सं* अर्कसोदर, इंद्रकुंजर, इंद्रगज, इंद्रवाहन, इंद्र हाथी, इभराज, ऐरावण, करींद्र, कश्यप दौहित्र, गजंद, गजंदा, गजेंद्र, चतुर्दंत, देवता हाथी, देवहस्ती, नागराज, नागेंद्र, नागेश्वर, पूर्व दिग्गज, भद्ररेणु, शक्रदंती, श्वेतकुंजर, सफ़ेद हाथी, सितकुंजर, सुरगज, सूर्य भाई, हाथी मल्ल.

**ऐरावत (पूर्व)** = दिग्गज (दिशा).
**ऐरावती** = मेघविद्युत.
**ऐरिन** = आयरलैंड.
**ऐरिस्टोक्रेसी** = कुलीन समाज.
**ऐरी** = आयरलैंड.

**ऐरेटिड वाटर** *सं* कार्बनेटिड वाटर, खारी पानी, खारी सोडा, ठंडी बोतल, *बोतल*, साफ़्ट ड्रिंक, सोडा, सोडा वाटर, ●अमादक पेय, ●फ़िज़फ़िज़, ●शीतल पेय, ●शीतल पेय.

**ऐरेबियन सी** = अरब सागर.
**ऐरो-** = वायु विषयक.
**ऐरोड्रोम** = हवाई अड्डा.
**ऐरोप्लेन** = वायुयान.
**ऐरोस्पेस** = वातावरण.
**ऐर्बीयम** = रासायनिक तत्त्व सूची.
**ऐल** = मंगल ग्रह.
**ऐलऐलऐम** = वाचस्पति.
**ऐलऐलडी** = वाचस्पति.
**ऐलपीजी** = ईंधन गैस, ईंधन गैस.
**ऐलविल** = कुबेर, मंगल ग्रह.
**ऐलस** = ग्रीस.

**ऐलान** = घोषणा.
**ऐलाने आम** = मुनादी.
**ऐलिवेटर** = लिफ़्ट.

**ऐलिवेटर** *सं* आरोहणिका, ऐस्कलेटर, चढ़ती सीढ़ी, चढ़नी, चलती सीढ़ी, चल सोपानिका, •कनवेअर बैल्ट, •ज़ीना, •रैंप, •लिफ़्ट.

**ऐलुमिनियम** = अलुमिनियम.
**ऐलेय** = मंगल ग्रह.
**ऐलैंबिक** = अलैंबिक.

**ऐलोपैथ** *सं* ऐलोपैथिक चिकित्सक, डाक्टर, डागदर.

**ऐलोपैथिक चिकित्सक** = ऐलोपैथ.
**ऐलोपैथिक चिकित्सा** = ऐलोपैथी.

**ऐलोपैथी** *सं* ऐलोपैथिक चिकित्सा, डाक्टरी, बाह्य चिकित्सा, बाह्योपचार.

**ऐलोय** = मिश्र धातु.
**ऐल्कली** = क्षार.
**ऐल्डोराडो** = दूरता उक्ति.
**ऐल्बम** = अलबम.
**ऐल्बियन** = यूनाइटिड किंगडम.
**ऐल्म** = काष्ठ.
**ऐल्यूमीनीयम** = अलुमिनियम.
**ऐवरेज** = औसत राशि.
**ऐवरैस्ट** = उच्चबिंदु.
**ऐवरैस्ट शिखर** = पर्वत सूची भारत उपमहाद्वीप.
**ऐवेन्यु** = कुंजगली, सड़क.
**ऐश** = भोगविलास, समृद्धि.
**ऐशगाह** = ऐश्वर्य भवन, महल, श्रोता घर.
**ऐशपरस्त** = भोगवादी.
**ऐशपसंद** = भोगवादी.
**ऐशान** = उत्तर पूर्वी.
**ऐशानी** = उत्तर पूर्व दिशा.
**ऐशो आराम** = सुखसुविधा.
**ऐशो इशरत** = समृद्धि.
**ऐश्य** = स्वामित्व.
**ऐश्वर** = ईश्वरीय.
**ऐश्वर्य** = अपव्यय, तड़कभड़क, प्रतिष्ठा, भोगविलास, वैभव, समृद्धि, स्वामित्व.
**ऐश्वर्यपूर्ण** = राजसी, विलासितापूर्ण, वैभवशाली.

**ऐश्वर्य भवन** *सं* आमोद भवन, इशरतगाह, ऐशगाह, केलिगृह, *महल*, रंगभवन, *रंगभूमि*, रंगमहल, विलास गृह, विलास भवन, विलास मंदिर, विशिप, हरम, हर्म्य.

**ऐश्वर्य भोग** = भोगविलास.
**ऐश्वर्यभोगपूर्ण** = विलासितापूर्ण.
**ऐश्वर्यभोगवाद** = भोगवाद.
**ऐश्वर्यभोगी** = विलासप्रिय.
**ऐश्वर्यवाद** = भोगवाद.
**ऐश्वर्यवादी** = भोगवादी.
**ऐसओऐस** = संकट सूचना.
**ऐस बैंड** = सर्पिल मोड़.
**ऐसा वैसा/ऐसी वैसी** = महत्त्वहीन.
**ऐसा ही हो** = एवमस्तु.
**ऐसा है (तो)** = यदि.
**ऐसा हो (तो)** = यदि.
**ऐसिड** = अम्ल.
**ऐसिडिटी** = उदर अम्लता आदि.
**ऐसिडो-** = अम्लीय.
**ऐसेंशियल औइल** = इत्र.
**ऐसेंस** = इत्र.

**ऐसे** *क्रिवि* अस, इस तरह, इस विधि, ईदृश, एतदनुसार, यूँ, यों, •कैसे.

**ऐसे थे...** = संस्मरण.
**ऐसे ही** = संयोगवश.
**ऐसैंस** = अर्क़.
**ऐसोसिएशन** = संस्था.
**ऐस्कलेटर** = ऐलिवेटर.
**ऐस्किमो घर** = इगलू.
**ऐस्केपिज़्म** = पलायनवाद.
**ऐस्टाटीन** = रासायनिक तत्त्व सूची.
**ऐस्टेट** = जागीर, भवन परिरार, भूसंपत्ति.
**ऐस्ट्रोनाट** = खोज यात्री.
**ऐस्ट्रोनोमी** = खगोलिकी.
**ऐस्ट्रोनौट** = अंतरिक्ष यात्री.
**ऐस्ट्रोलाजर** = ज्योतिषी.
**ऐस्ट्रोलाजी** = ज्योतिष.
**ऐस्प्लेनेड** = विचरण मार्ग.
**ऐस्बस्टस** = ऐस्बैस्टस.

**ऐस्बैस्टस** *सं* अदह, अदह्य, अर्थ फ़्लैक्स, ऐस्बस्टस.

**ओंकार** = ओम.
**ओंकाररूप** = गणेश.
**ओंठ** = होंठ.
**ओंडा** = सेंध.
**ओउम्** = ओम.
**ओक** = अंजलि, काष्ठ.
**ओकणि** = जूँ.
**ओके** = हाँ.
**ओकोदनी** = जूँ.

**ओखली** *सं* ऊखल, कूँड़, कूँड़ी, •खरल.

**ओखा/ओखी** = मिलावटी.
**ओगल** = परती.
**ओगारना** = उलीचना.
**ओघ** = जलधारा, ढेर, प्रवाह, बाढ़, लहर.
**ओछा/ओछी** = अधम, दुराचारी, पापपूर्ण, बदनाम, मिलावटी, साइज़ से छोटा.
**ओछापन** = दुराचार.
**ओज** = अंगदीप्ति, आब, दम, प्राणशक्ति, शक्ति.
**ओजपूर्ण** = अभिव्यक्तिपूर्ण, तेजस्वी, भावोत्पादक.
**ओजस्विता** = चुस्ती.
**ओजस्वी** = चमकदार, चुस्त, तेजस्वी, दीप्तवर्ण, दीप्तांग, बलिष्ठ, शक्तिशाली, सुंदर.
**ओझल** = अंतर्धान, अदृश्य, अस्तगत.
**ओझा** = अभिमंत्रक, नीम हकीम, प्रेतसाधक, ब्राह्मण.
**ओझाई** = प्रेतसिद्धि, भूत निवारण.
**ओझा कर्म** = भूत निवारण.
**ओट** = आड़, घातस्थान, जई, दीवार, परदा, परदा दीवार, शरणस्थल.
**ओटक** = आड़.
**ओट करना** = छिपाना.

**ओटनी** *सं* ओटा, ओटी, चरखी, बेलनी, रहँटी, •धुनकी.

**ओट में** = चोरी छिपे.
**ओट में जाना** = छिपना.
**ओटा** = ओटनी, परदा दीवार.
**ओटी** = ओटनी.
**ओटी (डाक्टरी बोलचाल)** = आपरेशन.
**ओड़ना** = निवारना.
**ओड्र** = उड़ीसा.

**ओढ़न** = आवरक वस्तु, ओढ़नी.
**ओढ़ना** = आवरक वस्तु, ओढ़नी, पहनना.

**ओढ़नी** *सं* अंबर, उत्तरपट, उत्तरीय, उपरना, उपरनी, ओढ़न, ओढ़ना, कंधावर, चद्दर, *चादर*, चीर, चीवर, चुँदरी, चुनरिया, चुनरी, चुन्नी, चूनर, चोड, दुकूल, दुपट्टा, निचोल, *पट*, पट्ट, पिछौंही, पिछौरा, पिछौरी, प्रावारक, रुपट्टा, *लपेटना*, लूगड़, सालू, स्कंध आवरण, स्टोल, स्तनावरण, •शाल, •साड़ी, •स्कार्फ़.

**ओढ़ाना** = ढाँपना.
**ओत** = ताना.
**ओतप्रोत** = घिरा/घिरी, तल्लीन, तानाबाना, प्रभावित, भरा/भरी, व्याप्त, व्याप्त, संसिक्त, सघन.
**ओतप्रोत करना** = व्यापना.
**ओतप्रोतता** = व्याप्ति.
**ओथ** = शपथ.
**ओथ टेकिंग** = शपथ ग्रहण.
**ओनर** = स्वामी.
**ओनामासी** = अक्षरारंभ.
**ओप** = पालिश.
**ओपची** = अंगरक्षक, कवचित.
**ओपनर** = कार्कस्क्रू.
**ओपना** = चमकाना, दमकाना, माँजना.
**ओपियम** = अफ़ीम.
**ओपीनियन** = मत.
**ओबरी** = कोठरी.
**ओबी** = कमरबंद, पेटी.
**ओऽम** = ओम, योगध्वनि.

**ओम** *सं* ॐ, अ उ म्, अध्यक्षर, उद्गीथ, ऊँ, एकाक्षर, एकाक्षर मंत्र, ओंकार, ओ3म्, ओऽम, ओम्, त्रिमात्र, त्र्यक्षर, नादब्रह्म, पंचवर्ण, परमाक्षर, प्रणव, ब्रह्माक्षर, वेदादि बीज, वेदादि वर्ण, *शब्द*, *शब्दब्रह्म*, स्वरब्रह्म, •ईश्वर, •शब्दब्रह्म.

**ओम नमः सिद्धं** = अक्षरारंभ.

**ओमान** *सं* मसकत और ओमान.

**ओमानः राजधानी** *सं* मसकत.

**ओम्** = ओम.

**ओम् आदि उच्चारण** = व्याहृति.
**ओम् भूः ओम् भुवः आदि उच्चारण** = व्याहृति.
**ओर** = अभिमुख, खनिज, दिशा, पार्श्व.

**ओर** *क्रिवि* अनु-, अनुदिश, *करवट*, की ओर, की दिशा में, *को*, *घाट*, तरफ़, दिशा में, प्रति, *मुँह*, संप्रति, सिम्त, सू, सूए, •हर ओर, ■से.

**ओरछोर** = छोर.
**ओरछोरयुक्त** = सीमाबद्ध.
**ओरछोरहीन** = असीम.
**ओरिजिनल** = पांडुलिपि, मौलिक कृति.
**ओरेंज** = संतरा.
**ओल** = ज़मींकंद.

**ओलती** *सं* छप्पर किनारा, *झालर*, *ढाबा*, धाबा, बढ़वाँ छप्पर, बलि, वलीक.

**ओला** *सं* उपल, करक, घनोपल, धारांकुर, *बजरी*, बनउर, बनौरी, वर्षोपल, हिमोपल, •इंद्रवज्र, •बारिश, •हिमपात.

**ओला वर्षा** *सं* उपलपात, बनौरी, •तूफ़ान.

**ओवन** = आवाँ.
**ओवन में भुनी चीज़ मँढी नान** = पीज़ा.
**ओवरआल** = ऐप्रन.

**ओवरकोट** *सं* ऊपरकोट, ऊपरी कोट, ग्रेटकोट, बरान कोट, बाहरी कोट, ब्रान कोट, •कोट, •गाउन, •फ़र, •लबादा.

**ओवरटाइम** *सं* ऊपरटाइम, कार्यकाल उपरांत काम, पाली उपरांत काम, •कार्य दिवस, •पाली.

**ओवरटेक करना** = पिछाड़ना.

**ओवरटेकिंग** *सं अग्रगमन*, अतिगमन, अधिक्रमण, अधिलंघन, पिछाड़ बढ़त, •गमन, •प्रगति, ■पिछड़न.

**ओवरड्राफ़्ट** = ऋण, दिवाला.
**ओवरब्रिज** = फ़्लाईओवर.

**ओवरसीअर** *सं* अधिदर्शक, अधिवीक्षक, अध्यवेक्षक, उपदर्शक, कार्यदर्शक, कार्यपाल, निगरान, पर्यवेक्षक, सर्वेक्षक, •इंस्पैक्टर, •सुपरवाइज़र.

**ओवल** = गोलप्राय, गोलप्राय पिंड, दौड़ मैदान.
**ओशन** = समुद्र.
**ओषण** = चरपरापन.
**ओषध** = जड़ीबूटी.
**ओषधि** = जड़ीबूटी, वनस्पति.
**ओषधी** = जड़ीबूटी.
**ओषधीश** = चंद्रमा.
**ओष्ठ** = होंठ.
**ओष्ठ कोर** = होंठ कोर.

**ओस** *सं* अवश्याय, निशा जल, रजनीजल, शबनम, हिमांबु, हिमिका, •कोहरा, •जल, •तुषार.

**ओसमीयम** = रासायनिक तत्त्व सूची.

**ओसाई** *सं* निष्पाव, •फ़सल कटाई.

**ओसाई स्थान** = ओसारा.
**ओसारा** = बरामदा.

**ओसारा** *सं* ओसाई स्थान, खलियान, खलियान, खलिहान, खलिहान, *भंडार*, *भंडारा*, शैड, *सायबान*, •अनाज गोदाम.

**ओहदा** = पद.
**ओहदेदार** = पदाधिकारी.
**औंठ** = कगार.
**औंधा/औंधी** = अधोमुख, पट.
**औंधा सीधा/औंधी सीधी** = क्रमहीन.
**औंधी खोपड़ी** = मूर्ख.
**औंस 0.03527** = ग्राम.
**औंस अपोथेकैरी 12** = पौंड (भार).
**औंस ऐवरडुपौय 16** = पौंड (भार).
**औंस ट्रौय 12** = पौंड (भार).
**औइंटमैंट** = मरहम.
**औइल** = पैट्रोल.
**औक़ात** = क्षमता, प्रतिष्ठा, मूल्य.
**औक्टेगन** = अष्टभुज.
**औक्शन** = नीलामी.
**औक्स** = बैल.
**औगा** = अंकुश.
**औगी** = चाबुक.
**औघड़** = अलमस्त, नटखट, पर्वतीय,

विद्रूप.
**औघड़ दानी** = दयालु, दानवीर.
**औचक** = अकस्मात.
**औचित्य** = सामंजस्य.
**औचित्य सीमा** = मर्यादा.
**औज़ार** = उपकरण, यंत्र, साधन, हार्डवेअर.
**औटन** = औटाव.

**औटना** *क्रि* उफनते रहना, उबलते रहना, खलबलाना, खौलना, डिबडिबाना, फदकना, फदफदाना, बुदबुदाना, बुलबुलाना, •उबलना.

**औटा कर सुखाना** = औटाना.

**औटाना** *क्रि उड़ाना*, औटा कर सुखाना, खौलाना, गाढ़ा करना, *सुखाना*, •उबालना.

**औटाव** *सं* औटन, खदबद, खदबदाव, देर तक उबलना क्रिया, फदका, फदकाव, फदफद, फदफदाहट, फुटफुटाव, बुदबुदा, •उबाल.

**औडव** = तारकीय.
**औड़ी** = थन.
**औडुंबर** = गूलर.
**औड्र** = उड़ीसाई.
**औढर** = आशुतोष.
**औढर दानी** = दानवीर.
**औतानपाद** = ध्रुव तारा.
**औतोस** = आत्मज्ञान.
**औत्तरेय** = परीक्षित.
**औदरिक** = अत्याहारी.
**औदिक** = जलचर.
**औदुंबर** = गूलर.
**औद्भिदी** = वानस्पतिकी.
**औद्योगिक** = उद्यमीय, यंत्रोत्पादित.
**औद्योगिक काल** = आधुनिक काल.

**औनलाइन** *वि* इंटरनैट पर कनक्टिड, कनक्टित, संपर्कित, ▪इंटरनैट पर अनकनक्टिड.

**औपचारिक** *वि* उपयुक्त, तकल्लुफ़ाना, *पारंपरिक*, प्रथानुकूल, बजा, मुँहदेखा/मुँहदेखी, यथायोग्य, रस्मी, विध्यनुकूल, *शालीन*, *शिष्ट*, शिष्टाचारपूर्ण, *संगत*, समुचित, सही, •आदरपूर्ण, •कर्मकांडीय, •दिखावटी, •पाखंडपूर्ण, •शास्त्रसंगत, •शिष्ट, ▪अनौपचारिक.

**औपचारिक क्रियाकलाप** = खटराग.

**औपनिवेशिक** *वि* उपनिवेशीय, कालोनिअल, मालिकाना, साम्राज्यीय, •उपनिवेशित.

**औपनिषद** = उपनिषदीय.
**औपनिषदिक** = उपनिषदीय.
**औपम्य** = तुलना.
**औपवन** = उपवनित.

**औपेरा** *सं* गीत नाटक, गीत नाट्य, गीत संगीत नाटक, गीतिका, म्यूज़िकल प्ले, संगीतक, संगीत नाटक, संगीतिका, •गायन, •बैले.

**औप्टिकल कैरेक्टर रीडर** *सं* अक्षरदर्शक, अक्षरपाठक, अक्षरपाठित्र, लिखित मुद्रित अक्षरपाठक.

**औप्टिकल्स** = चश्मा.

**औप्टीशियन** *सं* चश्मा बनाने वाला व्यक्ति, चश्मासाज़, दृष्टि परीक्षक, नेत्र परीक्षक.

**औफ़लाइन** *वि* अनकनक्टित, असंपर्कित, इंटरनैट पर अनकनक्टिड, ▪इंटरनैट पर कनक्टिड.

**औफ़िशिएटिंग** = स्थानापन्न.
**औब्सैशन** = उन्माद.
**और** = परजन, फिर, भिन्न.

**और** *संयोजक* अतिरिक्ततः, अथच, अन्य, अपि, अरु, ऊपर से, एवं, औठ, तथा, *भी*, व, वा, स-, साथ, साथ साथ, •अतिरिक्त, •इत्यादि, •फिर, ▪अथवा, ▪ही.

**और/अथवा** = अथवा चिह्न.
**और कहीं** = कहीं और.
**और कोई नहीं** = एकमात्र.
**और क्या बस..** = संक्षेपतः.
**औरचर्ड** = फलोपवन.
**औरत** = पत्नी, स्त्री.
**और तरह** = अन्यथा.
**और नहीं** = इत्यलं, यही, ही.
**और नहीं तो** = अवश्यमेव.
**और फिर** = फिर.
**और बड़ा** = बृहत्तर.

**औरबिटर** *सं* ग्रह/उपग्रह की परिक्रकमा करता कृत्रिम उपग्रह, चक्रणशील आकाशयान, परिक्रमक, परिक्रमण कर्ता, परिक्रमा कर्ता.

**और भी** = भी.

**और भी** *मु* अथच, अन्य अपि, अन्यापि, अपरंच, ऊपर से, तथापि, ताहम, फिर भी, *बल्कि*, •अन्यथा, •इत्यादि, •और.

**और भी कम अच्छा** = बदतर.
**और लोग** = परजन.
**औरस** = वैध (संतान).
**औरों से पहले** = सब से पहले.
**और्ण तंतु** = ऊन.
**और्णिक** = ऊनी.
**और्बिट** = पिंडकक्षा.
**और्वशेय** = वसिष्ठ.
**औलाद** = संतान.
**औला दौला/औली दौली** = अलमस्त.
**औलान** = पशु पानी हौज़.
**औलिया** = साधु.
**औषध** = औषधीय, प्रभावरोधक.

**औषध** *सं* अगद, आयुर्द्रव्य, काट, *जड़ीबूटी*, ड्रग, दवा, दवाई, दारू, भिषज, मैडिसिन, •इंजैक्शन, •कैप्सूल, •चूरन, •जड़ीबूटी, •टोनिक, •मरहम, •वटी.

**औषध दुकान** = कैमिस्ट्स.
**औषध निर्देश** = औषध पत्र.

**औषध पत्र** *सं* औषध निर्देश, दवा का पर्चा, निर्देश पत्र, नुसख़ा, पुर्ज़ा, प्रिस्क्रिप्शन, हिदायत, •चिकित्सा, •रोग निदान.

**औषध विक्रेता** *सं* अत्तार, कैमिस्ट, ड्रगिस्ट, दवाफ़रोश, फ़ार्मेसिस्ट, •कंपाउंडर, •कैमिस्ट्स.

**औषध वितरक** = कंपाउंडर.

**औषधागार** = कैमिस्ट्स.
**औषधालय** = कैमिस्ट्स, क्लीनिक.
**औषधिक** = औषधीय.
**औषधिक चूर्ण** = चूरन.
**औषधिक लवण** = काला नमक.

**औषधीय** *वि* *औषध*, औषधिक, चिकित्सीय, भेषजीय.

**औषर** = नमक.
**औष्ण** = तापीय.
**औसत** = औसत राशि, मध्यमस्तरीय, सस्ता/सस्ती, साधारण, सामान्य.

**औसत** *वि* ऐवरेज, दरमियाना/दरमियानी, *मध्यम*, माध्यमिक, *सामान्य*, ●रूटीनी, ●साधारण, ●सामान्य, ■विशेष.

**औसत राशि** *सं* ऐवरेज, *औसत*, पड़ता, परता, समता, सामान्यता.

**औसर** = अवसर.
**औसान** = साहस.
**औसान छुड़ाना** = डराना.
**औसान छूटना** = डरना.
**कंक (अज्ञातवास नाम)** = युधिष्ठिर.
**कंकड़** = इंटोरा, बजरी, रोड़ी.
**कंकड़ पत्थर** = खँडहर.
**कंकड़ी** = इंटोरा, कण, गिंटू, रोड़ी.
**कँकड़ीला/कँकड़ीली** = किरकिरा/किरकिरी, पथरीला/पथरीली, रेतीला/रेतीली.
**कंकण** = कड़ा.
**कंकणी** = करधनी.
**कंकरी** = रोड़ी.
**कंकाल** = अस्थिपंजर.

**कंकालमात्र** *वि* *अटेरन*, अतिक्षीणकाय, अस्थिशेष, कमज़ोर, काँटा, कृशकाय, छटंकी, *छड़ी*, ठठरी, दुबला/दुबली, *निर्बल*, पतला दुबला/पतली दुबली, *पापड़*, *बाँस*, मरियल, मांसहीन, सींकसलाई, सींकिया, *सुखंडी*, हड़ियल, ●पतला/पतली, ■महाकाय, ■मोटा/मोटी, ■सुगठितकाय, ■सुपोषित.

**कंकालिनी** = काली.
**कंकोल** = शीतल चीनी.
**कंकोलक** = शीतल चीनी.
**कँखौरी** = बग़ल.
**कंगन** = कड़ा.
**कँगना** = कड़ा.

**कँगनी** *सं* *कगार*, काँगनी, कार्निस, पटनी, ●छोर, ●दीवार.

**कँगला** = भिखारी.
**कँगला/कँगली** = कंगाल, निर्धन व्यक्ति, परावलंबी व्यक्ति.
**कँगली** = भिखारिन.
**कंगाल** = दिवालिया, भिखारी, भुक्खड़.

**कंगाल** *वि* अकिंचन, *अक्षम*, कँगला/कँगली, कोरा/कोरी, खस्ताहाल, ख़ाली हाथ, गया गुज़रा/गई गुज़री, गया बीता/गई बीती, छूँछा/छूँछी, दरिद्रित, दरिद्री, दीनदुःखी, *दुःखी*, दुर्दशाग्रस्त, धनधान्यहीन, नंगा/नंगी, नंगा बूचा/नंगी बूची, नंगा भूखा/नंगी भूखी, नष्टधन, नष्टार्थ, परेशान, प्रपन्न, फटीचर, फटेहाल, बापुरा/बापुरी, बेघरबार, बेचारा/बेचारी, बेनवा, बेसरो सामान, भिखमंगा/भिखमंगी, *भुक्खड़*, भूखा नंगा/भूखी नंगी, मरभुक्खा/मरभुक्खी, मिसकीन, मुफ़लिस, मुसीबतज़दा, रंक, शिकस्ताहाल, सर्वहारा, हतभाग्य, हतश्री, हारा/हारी, हीन, ●निर्धन, ■धनाढ्य, ■समृद्ध.

**कंगाली** = दिवाला.
**कंगुनी** = अनाज.
**कंगूरा** = उच्चबिंदु.

**कंगूरा** *सं* उदर्क, बूटा, शिखर, ●गुंबद.

**कंघीचोटी** = सिंगार.
**कंचन** = धन, स्वर्ण.
**कंचनजंघा** = पर्वत सूची भारत उपमहाद्वीप.
**कंचना** = चंपा.
**कंचनार** = कचनार.
**कंचनी** = वेश्या.
**कंचा** = काँच गोली.
**कंचिका** = फुंसी.
**कंचुक** = कवच, तसमा, ब्लाउज़.
**कंचुकित** = कवचित.
**कंचुकी** = कामुक, केंचुली, द्वारपाल, ब्लाउज़, लंपट.
**कँचुली** = केंचुली.
**कंज़ंप्शन** = सुखंडी.
**कंज** = कमल.
**कंजई** = कत्थई, ख़ाकी.
**कंज़प्शन** = उपभोग.
**कंजर** = मोर, हाथी.
**कंज़र्वित** = परिरक्षित (आहार).
**कंज़र्वेटिव** = रूढ़िवादी.
**कंजा/कंजी** = ख़ाकी.
**कंजूस** = अल्पव्ययी, लोभी, सूदख़ोर, स्वार्थी.

**कंजूस** *वि* *अनुदार*, *अल्पव्ययी*, अव्ययी, कड़ियल, कमख़र्च, कर्रा/कर्री, ज़रपरस्त, दृढ़मुष्टि, बद्धमुष्टि, महाकंजूस, मितव्ययी, लालची, *संकीर्ण*, संचयी, सख़्तपंजा, ●अल्पव्ययी, ■दानशील.

**कंजूसी** *सं* अप्रदान, कफनखसोटी, कृपणता, कौड़ी कौड़ी माया जोड़ी, ज़रपरस्ती, तंगदस्ती, निन्यानबे का फेर, मक्खीचूसपन, लालच, *लोभ*, सूमी, स्वार्थीपन, ●अल्पव्यय, ●कमी, ●बचत, ■अपव्यय.

**कंज़्यूमर** = उपभोक्ता.
**कंटक** = करील, बाधा, रोमांच, लटकन छल्ला.

**कंटक** *सं* काँटा, खाँग, गाँस, *चुभन*, तरुनख, फाँस, भाली, शल्य, शूल, ●चुभन, ●थूहर, ●नोक, ■पुष्प.

**कंटकन** = चुभन, रोमांच.
**कंटकयुक्त** = कँटीला/कँटीली.
**कंटकाग्र** = नोक.
**कंटकारि** = सेमल वृक्ष.
**कंटकित** = कँटीला/कँटीली, वनीय.
**कंटकी** = कँटीला/कँटीली, खैर, झड़बेरी, बाँस.
**कंटकीय** = चुभनशील.
**कंटफल** = कटहल.
**कंटर** = सुराहीनुमा बोतल.
**कंटाइन** = भूतनी.
**कंटिका** = अनाज बाल.

**कंटिनैंट** = महाद्वीप.
**कंटिनैंटल शैल्फ़** = महाद्वीपीय कगार.
**कँटिया** = पाँचा, लग्गी काँटा.
**कँटियाना** = सिहराना.
**कंटी** = खैर, मटर.
**कँटीला** = सुंदर.
**कँटीला/कँटीली** = कठिन, क्रोधी, चुभनशील, छबीला/छबीली, तीक्ष्ण.

**कँटीला/कँटीली** *वि* कंटकयुक्त, कंटकित, कंटकी, काँटेदार, काटता/काटती, गँसीला/गँसीली, चुभता/चुभती, *तीक्ष्ण*, तीखा/तीखी, शूलित, ▪कोमल.

**कँटीला तार** = बाड़.
**कँटीली** = सुंदर स्त्री.
**कंटैक्स्ट** = संदर्भ.
**कंटैमिनेशन** = प्रदूषण.
**कंट्रास्टिंग** = विपरीत.
**कंट्री** = देश.
**कंट्रैक्ट** = अनुबंध.
**कंट्रैक्टर** = निर्माण ठेकेदार.
**कंट्रैक्ट होना** = भिचना.
**कंट्रोल** = अधिग्रहण, नियंत्रण, वर्चस्व.
**कंट्रोलर** = नियंत्रक.
**कंठ** = आहार नली, कंठध्वनि, कगार, किनारा, गला.

**कंठ** *सं* आहार नली द्वार, गटई, गलक, *गला*, ग्रसनी, ग्रीवा आंतरिक भाग, तोरण, स्वरयंत्र, हलक़, •आहार नली, •काकल, •गला, •ग्रीवा.

**कंठगत** = कंठस्थ.
**कंठधर** = स्मृतिधर.
**कंठधरता** = स्मृतिधरता.

**कंठध्वनि** *सं* आवाज़, *कंठ*, कंठस्वर, *गला*, टोन, *तान*, *ध्वनि*, *बोली*, लहजा, *वाचा*, वाणी, स्वरभंगिमा.

**कंठनली** = श्वासवाहिका.
**कंठप्रदाह** = श्वासरोध.
**कंठबंध** = टाई.

**कंठमणि** *सं* कंठुआ, *घंटी*, घाँटी, टेंटुआ, नटुआ, नटैया.

**कंठमाला** *सं* उरमाला, कंठहार, कंठा, गलहार, गला ज़ंजीर, चंद्रहार, चेन, *ज़ंजीर*, दाम, नैकलेस, मंगलसूत्र, *माला*, रामनामी, वक्षमाला, शृंखला, हमेल, हार, •पुष्पमाला, •मनका, •मोती माला, •रत्नमाला, •लड़ी, •हँसली.

**कंठरोधन** = वाचा प्रतिबंध.
**कंठलंगोट (व्यंग्य)** = टाई.
**कंठवाद्य संगीत** = संगीत.
**कंठशालुक** = टांसिलाइटिस.
**कंठशोधन करना** = खखारना.
**कंठ संगीत** = गायन.
**कंठ साधना** = स्वरसाधना.

**कंठस्थ** *वि* कंठगत, कंठाग्र, घोंटा/घोंटी, ज़बानी याद, बरज़बान, मुँहज़बानी याद, मुखाग्र, रटा/रटी, रटा रटाया/रटी रटाई, हिफ़्ज़, •मौखिक.

**कंठस्थ करना** = रटना.
**कंठस्थ कर्ता** = स्मृतिधर.
**कंठस्थन** = रट्टा.
**कंठस्वर** = कंठध्वनि.
**कंठहार** = कंठमाला.
**कंठहीन** = वाचाहीन.
**कंठा** = कंठमाला, कालर, गला पट्टा, हँसली.
**कंठाग्र** = कंठस्थ.
**कंठाग्र कर्ता** = स्मृतिधर.
**कंठाग्रण** = रट्टा.
**कंठाभूषण** = हँसली.
**कंठाल** = कुदाल, झोला, मंथनपात्र.
**कंठालिंगन** = आलिंगन.
**कंठावरुद्ध** = भावपूर्ण.
**कंठावरोध** = श्वासरोध, श्वासावरोध.
**कंठावरोधन** = वाचा प्रतिबंध.
**कंठीरव** = कबूतर.
**कंठुआ** = कंठमणि.
**कंडक्टर** = कार्यक्रम ऐंकर, संगीत संचालक.

**कंडक्टर** *सं* चालक, परिचालक, वाहक, वाही, संचारक, संचालक, •बस कंडक्टर.

**कंडम** = रद्दीकृत.
**कंडरा** = स्नायु.
**कंडा** = उपला, डंठल, सरकंडा.
**कंडु** = खुजलाहट.
**कँडेरा** = चौलाई साग, धुनिया.
**कंडोल** = जालीदार अलमारी, टोकरा टोकरी.
**कंत** = पति, प्रेमी, सुंदर.
**कंत/कांता** = प्रेमपात्र/प्रेमपात्रा.
**कंथा** = चीथड़े.
**कंथाधारी** = योगी.
**कंद** = कंदमूल, खाद्य कंद, जड़, प्याज़.
**क़ंद** = मिसरी.
**कंदग्रंथि** = शकरकंदी.
**कंदजीवी, कंदभक्षी, कंदभोजी** = कंदाहारी.
**कंदमूल** = खाद्य कंद, मूली.

**कंदमूल** *सं* कंद, *गाँठ*, गूदेदार जड़, *घुंडी*, *बल्ब*, मूल, शल्ककंद, •अदरक, •अरवी, •आलू, •कचालू, •गाजर, •चुकंदर, •ज़मींकंद, •प्याज़, •मूली, •शकरकंदी, ▪शाकशस्य.

**कंदरा** = गुफा, बिल.
**कंदरालु** = पाकर.
**कंदर्प** = कामदेव, प्रेम.
**कंदल** = युद्ध.
**कंदला** = ज़री.
**कंदली** = केला.
**कंदशूरण** = ज़मींकंद.
**कंदा** = अरवी, शकरकंदी.
**कंदाशन** = कंदाहारी.
**कंदाशी** = कंदाहारी.

**कंदाहारी** *सं* कंदजीवी, कंदभक्षी, कंदभोजी, कंदाशन, कंदाशी, कंदोपजीवी, *तपस्वी*, मूलव्रती, •निरामिषाहारी.

**कंदुक** = गाव तकिया, गेंद, गोला.
**कंदुक प्रतिक्रिया** = टप्पा.
**कंदुकाकार** = गोलाकार.
**कंदुकार पिंड** = गोला.
**कंदोपजीवी** = कंदाहारी.
**कंधरा** = ग्रीवा.
**कंधा** = आधार सूची, पार्श्व.

**कंधा** *सं* मुड्ढा, *मोढ़ा*, स्कंध, •ग्रीवा, •धड़, •वक्ष.

**कंधा-कलाई हाथ** *सं* डंड, पक्ष, पख, प्रग्रह, बहियाँ, बाँह, बाज़ू, बाहु, भुज, *भुजा*, मुश्क.

**कंधा-कुहनी हाथ** *सं* ईर्म, ख़म, प्रकांड, प्रगंड, बाँह, बाज़ू, बाहु, *भुजा*, •बाज़ूबंद.

**कंधा देना** = सँभालना.
**कंधा-मध्यमिका छोर तक हाथ** = हाथ.
**कंधा लगाना** = उठाना, सँभालना.
**कंधावर** = ओढ़नी.
**कँधियाना** = धक्कामुक्की करना.
**कंप** = कंपन, प्रदोलन, भयकंप.
**कँपकँपाऊ** = भयानक.
**कँपकँपाता/कँपकँपाती** = कंपनशील, भयभीत.
**कँपकँपाना** = ठिठुरना, डरना, डराना.
**कँपकँपाहट** = कंपन, ठिठुरन, भयकंप.
**कँपकँपी** = कंपन, ज्वर कंपन, ठिठुरन, भयकंप.
**कँपकँपी होना** = काँपना, डरना.
**कंपन** = ठिठुरन, प्रदोलन, भयकंप, भूकंप, रोमांच, स्पंदन.

**कंपन** *सं* अकुलाहट, आंदोलन, कंप, कँपकँपाहट, कँपकँपी, थरथराहट, दोलन, धड़कन, प्रकंपन, लरज़िश, सिहरन, *स्पंदन*, हाल, हिलन, •ज्वर कंपन, •झुनझुनी, •ठिठुरन, •भयकंप, •भूकंप, •लड़खड़ाहट, •स्पंदन, •हचकोला.

**कंपनशील** = भयभीत.

**कंपनशील** *वि* अकुलाता/अकुलाती, आकंपित, कँपकँपाता/कँपकँपाती, कंपायमान, कंपित, कंपिल, काँपता/काँपती, प्रकंपित, विकंपनशील, विकंपित, विकंपी, •अस्थिर, •ज्वरग्रस्त, •भयभीत.

**कंपनहीन** *वि* अकंप, अकंपित, अनकंप, अनांदोलित, अनुद्वेलित, अलोल, निष्कंप, निस्पंद, विनिष्कंप, ▪आंदोलित, ▪कंपित, ▪संचलनशील.

**कंपन होना** = काँपना.
**कंपनी** = वृंद, संगति, संगी, संस्था.

**कंपनी** *सं* आर्गनाइज़ेशन, इदारा, कारोबार, कार्पोरेशन, दफ़्तर, निगम, फ़र्म, व्यवसाय, *व्यापार*, संगठन, *संस्था*, संस्थान, सिंडिकेट, •अंतरराष्ट्रीय कंपनी, •नजी कंपनी, •प्राइवेट लिमिटेड कंपनी, •लिमिटेड कंपनी, •कार्यस्थान, •न्यास, •व्यापार.

**कंपा** = भय.
**कंपाउंड** = परिसर.

**कंपाउंडर** *सं* औषध वितरक, •औषध विक्रेता, •नर्स.

**कंपाज़िंग** = टाइपसैटिंग.
**कँपाता/कँपाती** = अतिशीतल.
**कँपाना** = डराना, डुलाना.

**कँपाना** *क्रि* आंदोलित करना, कंपित करना, *हिलाना*, •झकझोरना, •डराना, •डिगाना, •सिहराना.

**कंपायमान** = कंपनशील, भयभीत.
**कंपार्टमैंट** = गाड़ी डिब्बा.

**कंपास** *सं* उत्तर दिशादर्शी यंत्र, कुतुबनुमा, दिशा निर्देशक, दिशायंत्र, ध्रुवदर्शक.

**कंपित** = उत्तेजित, कंपनशील, भयभीत, लहराता/लहराती, विचलित.
**कंपित करना** = कँपाना, डराना.
**कंपित होना** = काँपना.
**कंपिल** = कंपनशील.
**कंपीटीटर** = प्रतियोगी.
**कंपीटीशन** = प्रतियोगिता.
**कंपीयर** = कार्यक्रम ऐंकर.
**कंपू** = तंबू.

**कंपूचिया** *सं* कंबोडिया (पूर्व नाम), कांबोज (पूर्व नाम), ख्मेर.

**कंपैक्ट डिस्क** *सं* लेज़र डिस्क, सीडी, •रिकार्ड.

**कंपैटिबिल** = संगत.
**कंपोज़र** = संगीतकार.
**कंपोस्ट** = खाद.

**कंप्यूटर** *सं* अभिकलन यंत्र, अभिकलित्र, डाटा प्रौसेसर, संगणक, संगणित्र, •पर्सनल कंप्यूटर, •पामटौप, •मिनी कंप्यूटर, •मेनफ़्रेम कंप्यूटर, •लैपटौप, •सुपर कंप्यूटर, •कैल्कुलेटर, •मदरबोर्ड, •सीपीयू, •सूचना महापथ, •हार्डवेअर.

**कंप्यूटर अंकित सामग्री** = साफ़्टवेअर.

**कंप्यूटर आरंभण** *सं* बूटिंग.

**कंप्यूटर कर्सर** = कर्सर.
**कंप्यूटर कार्यविधि** = कंप्यूटर प्रोग्राम.
**कंप्यूटर केस** = टावर.
**कंप्यूटरजनित वास्तविकता** = यथार्थाभास.
**कंप्यूटर टावर** = टावर.
**कंप्यूटर डाटा** = डाटा, साफ़्टवेअर.
**कंप्यूटर डाटा प्रोग्राम आदि** = साफ़्टवेअर.

**कंप्यूटर डिस्क** *सं* चक्री, डिस्क, डिस्केट, •कंप्यूटर, •डीवीडी, •फ़्लौपी डिस्क, •सीडी, •हार्ड डिस्क.

**कंप्यूटर ड्राइव** *सं* डाटा लेखन पठन एकक, ड्राइव.

**कंप्यूटर दस्तावेज** = कंप्यूटर फ़ाइल.

**कंप्यूटर प्रिंटर** *सं* प्रिंटर, मुद्रित्र, •डाटमैट्रिक्स प्रिंटर, •लाइन प्रिंटर, •लेज़र प्रिंटर.

**कंप्यूटर प्रोग्राम** *सं* ऐप्लिकेशन, कंप्यूटर कार्यविधि, कार्यावली, डाटा प्रौसैसिंग विधि, प्रोग्राम.

**कंप्यूटर फ़ाइल** *सं* कंप्यूटर दस्तावेज, *डाटा*, डाटा समूह, *दस्तावेज*, फ़ाइल.

**कंप्यूटर बैकअप** = डाटा बैकअप.

**कंप्यूटर मानिटर** *सं* कंप्यूटर मौनिटर, कंप्यूटर स्क्रीन, दर्शित्र, *परदा*, मानिटर, वीडियो स्क्रीन, स्क्रीन, •कंप्यूटर हार्डवेअर, •टैलिविज़न परदा, •पिक्सल.

**कंप्यूटर मैमरी** *सं* मैमरी, *स्मृति*, स्मृति क्षमता.

**कंप्यूटर मैमरी सूची** *सं* कोर मैमरी, कोर स्टोरेज, रैम, रौम.

**कंप्यूटर मौनिटर** = कंप्यूटर मानिटर.
**कंप्यूटर सत्य** = यथार्थाभास.
**कंप्यूटर स्क्रीन** = कंप्यूटर मानिटर.
**कंप्यूटर हार्डवेअर बक्सा** = टावर.
**कंप्यूटरित** = यंत्रचालित.
**कंप्यूटरीकृत** = यंत्रचालित.
**कंप्लिमैंटरी** = अनुपूरक.
**कंप्लैक्स** = भवन परिसर.

**कंबल** *सं* कंबली, कमली, कामली, थुलमा, ब्लैंकट, •क़ालीन, •नमदा, •लिहाफ़.

**कंबली** = कंबल.
**कंबाइन** = हार्वेस्टर.
**कंबीनेशन** = परिधान समुदाय, संघटन.
**कंबीनेशन लौक** *सं* अंकक्रम से बंद होने और खुलने वाला ताला, नंबर से खुलने वाला ताला, •अंक कंबीनेशन.

**कंबु** = शंख.
**कंबुक** = शंख.
**कंबुका** = ग्रीवा.
**कंबोडिया (पूर्व नाम)** = कंपूचिया.
**कंस** = काँसा.

**कंस** *सं* उग्रसेनज, कंस मामा, कर्णीसुत, कृष्ण मामा, भोजपति, मामा कंस, मूलदेव, ▪कृष्ण.

**कंस ताल** = झाँझ.
**कंस मामा** = कंस.
**कंसल्टिंग रूम** = क्लीनिक.
**कंसल्टैंट** = चिकित्सीय विशेषज्ञ, परामर्श दाता.
**कंसारि** = कृष्ण.
**कंस्ट्रक्शन** = भवन निर्माण.
**कंस्ट्रिक्ट होना** = भिचना.
**-क** = स्रष्टा.
**कई** = अनेक, बहुवचनीय, विविध.
**कई गुना** = बहुगुणित.
**कई तरह का** = विविध.
**कई बार** = अनेकदा.
**कई मंज़िला मकान** = बहुखंडी भवन.
**कई रंग का** = बहुरंगा/बहुरंगी.
**ककक** = अंतर्धान.

**ककड़ी** *सं* इर्वारु, कर्कटी, चित्रफला, चिर्भटी, पीनसा, मजनूँ की पसलियाँ (बहु), रेंदी, लैला की उँगलियाँ.

**ककहरा** = आरंभिक ज्ञान, वर्णमाला पुस्तक.
**ककुंजल** = चातक.
**ककुद** = उच्चबिंदु, कूब, सींग.
**ककुद्मी** = कुबड़ा/कुबड़ी.
**ककुप** = दिशा.
**ककूना** = कोया.

**ककोड़ा** *सं* कर्कोटक, खेखसा, सुगंधक.

**कक्का** = चाचा.
**कक्की** = चाची.
**कक्ष** = कमरा, केबिन, बूथ, लाँग.
**कक्षवासी** = सहनिवासी.
**कक्षा** = कटि, कमरा, केबिन, कोटि, परिक्रमा मार्ग, पिंडकक्षा, समाज वर्ग.
**कक्षापट** = लँगोट, लाँग.
**कक्षीय** = इनडोर, पार्श्वीय.
**कक्षीर** = पीयूष.
**कखग** = आरंभिक ज्ञान, वर्णमाला, वर्णमाला पुस्तक.
**कखग** = साक्षरता.
**क ख ग घ** = अक्षर क्रम.
**कगार** = कँगनी, किनारा, टीला, तट, तटबंध, पदाधार, बरतन मुँह, बाँधपथ, मेंड़, संकटावस्था.

**कगार** *सं* औंठ, *कंठ*, करारा, *किनारा*, प्रपात, *मुँह*, होंठी, •कँगनी, •छोर, •बढ़वाँ भाग.

**कगार तक भरा** = लबालब.
**कच** = केश.
**कचकोल** = भिक्षा भांड.
**कचटतप वर्ग तथा यरलव शषसह** = व्यंजन अक्षर.

**कचनार** *सं* अश्मंतक, कंचनार, कनकप्रभ, ताम्रपुष्प, शिलांत.

**कचपच** = जनाकीर्ण, जनाकीर्णता.
**कचपैंदिया** = निष्ठाहीन, विचलनशील.
**कचरघान** = कोलाहल, जनाकीर्णता.
**कचरपचर** = कोलाहल, जनाकीर्णता.
**कचरा** = कूड़ा, खरबूजा, रद्दी.

**कचरापट्टी** = कूड़ेदान, निर्धन जन.
**कचलौंदा** = लोई.
**कचवाँसी आठ हज़ार (उत्तर प्रदेश)** = बीघा.
**कचहरी** = कार्यालय, दरबार, दीवानख़ाना, न्यायालय, न्यायालय भवन, सभा.
**कचाई** = विचलन.
**कचारना** = झटकारना, पछारना.
**कचालू** = सागसब्ज़ी.

**कचालू** *सं* बंडा, •कंदमूल, •खाद्य कंद.

**कचिया** = अपक्व.

**कचिया** *वि कोमल*, गिलगिला/गिलगिली, *गूदेदार*, नर्म, मुलायम, रसीला/रसीली, •कोमल, ▪कुरकुरा.

**कचूमर** = घुटा/घुटी, घुटा पदार्थ, घुटा पदार्थ, भुरता.
**कचेरी** = न्यायालय.
**कचोट** = चुभन, टीस.
**कचोटना** = चुभना.
**कचोरा** = कटोरा.
**कचौड़ी** = कचौरी.

**कचौरी** *सं* कचौड़ी, पीठी पूरी, भरवाँ पूरी, •पठूरा, •पूरी, •बेड़वीं.

**कच्चा** = कच्चा खाना, प्रालेख.
**कच्चा/कच्ची** = अटिकाऊ, अनपका/अनपकी, अनवश्यंभावी, अनियमित, अनुभवहीन, अपक्व, अपाच्य, अपूर्णकृत, अप्रशिक्षित, अयोजित, अरचित, अर्धविकसित, अवयस्क, अविचारित, असुरक्षित, अस्थिर, कली जैसा, क्षणभंगुर, घीतेलहीन, ढीला/ढीली, तर्कहीन, निर्बल, पूर्वजात, प्रभावशील, प्रयोगात्मक, भंगुर, भयभीत, मूर्खतापूर्ण (कृत्य), लड़खड़ाता/लड़खड़ाती, विचलनशील, विवेकहीन.

**कच्चा आम** *सं* अंबी, अमोरी, आँबी, आमी, टिकोरा, हरा आम, हरा कच्चा आम, •आम, •खटास.

**कच्चा खाना** *सं* अगरिष्ठ आहार,

अपक्व आहार, कच्चा, कच्ची रसोई, सकरा/सकरी, •सीधा खाना, ▪पक्का खाना.

**कच्चा चबाना** = डाँटना.
**कच्चा चिट्ठा** = ब्योरा.
**कच्चा पड़ना** = डरना, हिचकना.
**कच्चापन** = प्रारंभिक अवस्था, हिचक, हिचक.

**कच्चा माल** *सं* उपादान, *पदार्थ*, *मसाला*, *साधन*, सामग्री, *सामान*, •उत्पाद, •उद्योग.

**कच्चा रास्ता** = पगडंडी.
**कच्चा सूत** = कलावा.
**कच्चा हाल** = ब्योरा.
**कच्ची इमली** = हरी इमली.
**कच्ची ख़बर** = अफ़वाह.
**कच्ची जाकड़** = कैशबुक.
**कच्ची धातु** = खनिज.
**कच्ची बस्ती** = गंदी बस्ती.
**कच्ची बही** = कैशबुक.
**कच्ची रसोई** = कच्चा खाना.
**कच्ची रोकड़** = कैशबुक, रोकड़ उचंत.
**कच्ची सड़क** = पगडंडी.
**कच्चू** = सागसब्ज़ी.
**कच्चे तौर पर** = शायद.
**कच्चे बच्चे** = संतान.
**कच्छ** = कछार, लाँग, सीमा.
**कच्छ ज्योति** = बड़वा दीप्ति.
**कच्छ दीप्ति** = बड़वा दीप्ति.
**कच्छप** = कछुआ, डिस्टिलरी.
**कच्छपिका** = फुंसी.
**कच्छभूमि** = कछार.
**कच्छा** = जाँघिया, बेड़ा.
**कच्छी** = जाँघिया.
**कछार** = खादर.

**कछार** *सं* कच्छ, कच्छभूमि, खाल, रन, •खादर, •तट, •दलदल.

**कछारचर** = तटचर.
**कछार भूमि** = खादर.

**कछुआ** *सं* अकूपार, कच्छप, कमठ, *कश्यप*, कूर्म, धरणीधर, •सरीसृप.

**कछोटा** = लाँग.
**कजरारा/कजरारी** = काला/काली.
**कजरारी** = सुंदर स्त्री.
**कजली** = सुंदर स्त्री.
**क़ज़ा** = मृत्यु.
**क़ज़ा आना** = मरना.
**कजाक** = डाकू, बटमार.

**कजावा** *सं* ऊँट काठी, •महमिल.

**कजूष्क** = काजू.
**कज्जल** = काजल, कालिख.
**कज्जलता** = कालिमा.
**क़ज़्ज़ाक** = ठग, डाकू, दुर्जन, बटमार.
**क़ज़्ज़ाकी** = छल, बटमारी, लूट.
**कटंकट** = गणेश.
**कटक** = घर, चटाई, छावनी, थलसेना, पर्वत शिखर, राजधानी, समुद्र, समूह, सेना, सेना चौकी, स्वर्ण.
**कटकट** = तकरार.
**कटका** = पोंछा.
**कटखना/कटखनी** = खीजा/खीजी.
**कटग्लास** = बिल्लौरी काँच.
**कटघरे में खड़ा** = अभियुक्त.
**कटजीरा** = शाह जीरा.
**कटड़ा** = कट्टा, गली.
**कटड़ी** = कटिया.
**कटता/कटती** = ह्रासशील.
**कटन** = कतरन.
**कटना** = छीजना, बिछुड़ना, बीतना, हारना.

**कटना** *क्रि* काटे जाना, छँटना, छटना, टुकड़े होना, विभाजित होना, •तड़कना, ▪सटना.

**कटनास** = नीलकंठ.

**कटपीस** *सं* चैलिक, टुकड़ा, पीस, फाड़न, वस्त्र कटपीस, वस्त्रखंड, •अविक्रीत, •कपड़ा थान, •शेष अंश.

**कटर** = मोटरबोट.
**कटरा** = गली, बाज़ार, महल्ला.
**कटरी** = खादर.

**कटलेट** *सं* कतला, कतली, *टिकिया*, टिक्की, *बल्ला*, भल्ला, •मीट कटलेट, •वैजिटेबल कटलेट, •आलू टिकिया, •टिक्का.

**कटवार** = अचार.

**कटहरा** *सं* कठघरा, ग्रिल, जँगला, रेलिंग, •ज़ाफ़री.

**कटहल** = सागसब्ज़ी.

**कटहल** *सं* कंटफल, जैक फ्रूट, पनस, फलस, मुरफल.

**कटा/कटी** = आहत, एकाकी, ग्रहणग्रस्त, दूरतम, धराशायी, पृथक, विभाजित, विभाजित, विलग्न, संक्षिप्त.

**कटा/कटी** *वि* अलग, अवदीर्ण, कटा फटा/कटी फटी, कतरा/कतरी, *क़लम*, काटा/काटी, छँटा/छँटी, छिदा/छिदी, छिन्न, जुदा/जुदी, तराशा/तराशी, *पृथक*, विच्छिन्न, विच्छेदित, विभक्त, वियुक्त, •तड़का/तड़की, •विलग्न, •संक्षिप्त, ▪युक्त, ▪सिला/सिली.

**कटाई** = अंगछेदन, ग्रसन, फ़सल कटाई, विच्छेदन.

**कटाई** *सं* अलक़त, उच्छेदन, कतराई, कर्तन, *क़लम*, काट, *कृंतन*, छँटाई, छाँट, छेदन, तराश, विभेदन, विशीर्णन, •कटाई छँटाई, •ग्रसन, •चर्वण, •चिराई, •जीव विच्छेदन, •तड़कन, •फटाई.

**कटाई छँटाई** *सं* कतरछाँट, कतरब्योंत, काटछाँट, छँटाई, छाँट, टाँच, तराश ख़राश, बुरशाई, ब्योंत, लवण, लाव, •रेताई.

**कटाकटी** = कलह, जनसंहार, तकरार, वैमनस्य.
**कटा किनारा** = दाँता.
**कटाक्ष** = चितवन, व्यंजनार्थ, हास्योक्ति, हास्योक्ति.

**कटाक्ष** *सं* अधिक्षेप, *उक्ति*, उत्प्रास, कटुवचन, कटूक्ति, कमैंट, काकूक्ति, काटती बात, कुबोल, खरी खोटी, गाँस, गाँसी, चुटकी, चुभती बात, चोज, *चोट*, छींटा, जली कटी, टाँच, *टिप्पणी*, *टीका*, टीकाटिप्पणी, तंज़, तनज, *ताना*, तिशना, तीखी बात, तीर, दुर्वचन, नावक का तीर, पत्थर, परुषोक्ति, फबती, फ़िक़रा, *बाण*, बोल, *बोली*, भाँजी, *रिमार्क*, वक्रोक्ति, वाक्यबाण,

वाग्वज्र, *व्यंग्य*, व्यंग्य बाण, व्यंग्योक्ति, •उपहास, •खिल्ली, •निंदा, •व्यंग्य, •हँसी, ▪चाटूक्ति.

**कटाक्षपूर्ण** = व्यंग्यात्मक.
**कटा चाँद** = दूज का चाँद.

**कटा चारा** *सं* कुट्टी, खुट्टी, •पशु चारा.

**कटा डंठल खूँटी** = खूँट.
**कटान** = क्षरण, खंड, खड्ड, बहावड़ा, बीहड़ भूमि.
**कटापन** = एकांतवास, एकाकीपन.
**कटा फटा/कटी फटी** = कटा/कटी, कुलिखित.
**कटार** = कृपाण, चाकू छुरी.
**कटारा** = जोतगाड़ी, हरी इमली.
**कटारी** = कृपाण.
**कटाव** = क्षरण, खड्ड, झिरी, बहावड़ा, विलगाव, विसंयोग.
**कटावदार** = असमतल.
**कटावदार भूमि** = बीहड़ भूमि.
**कटाह** = कट्टा, भैंसा, हैल्मेट.
**कटाही** = कटिया.
**कटिंग** = कतरन.
**कटि** = मध्यभाग.

**कटि** *सं* कक्षा, कमर, फेंटा, *मध्य*, लंक, वस्त, श्रोणी, •करधनी, •धड़, •पीठ.

**कटितट** = कूल्हा.
**कटि परिधान** = धोती.
**कटिप्रोथ** = नितंब.
**कटिबंध** = कमरबंद, करधनी, जलवायु कटिबंध.
**कटिबद्ध** = शस्त्रसज्जित, सन्नद्ध.

**कटिबद्ध** *वि* आमादा, उतारू, उद्धत, कट्टर, कृतसंकल्प, जाँनिसार, *तत्पर*, तैयार, दृढ़, नधा/नधी, निश्चयी, निष्ठ, पक्का/पक्की, प्रतिबद्ध, •धीर, •परिश्रमी, •संकल्पशील, •सन्नद्ध, ▪दायित्वहीन.

**कटिभूषण** = करधनी.

**कटिया** *सं* कटड़ी, कटाही, पाड़ी, शिशु भैंस, •कट्टा, •भैंस.

**कटियारी** = लगाम.
**कटिरेखा** = भूमध्य रेखा.
**कटिसूत्र** = करधनी.
**कटिहीन** = छरहरा/छरहरी.
**कटिहीन/कटिहीना** = पतली कमर वाला.
**कटीला** = नख़रीला.
**कटीली** = नख़रीली.
**कटी शाखा** = पेड़ पौधा क़लम.
**कटु** = असौम्य, कटुभाषी, कठोर (व्यवहारी), कड़वा/कड़वी, कर्कश स्वरीय, क्रुद्ध, खीजा/खीजी, व्यंग्यात्मक, षड् स्वाद सूची, संगीतहीन.
**कटुकंद** = लहसुन.
**कटुक** = कड़वा/कड़वी.
**कटुता** = कड़वाहट, वैमनस्य, शत्रुता.
**कटुतापूर्ण** = शत्रुतापूर्ण.
**कटुफल** = करेला.

**कटुभाषण** *सं* अतिवाद, कुभाषण, सख़्त कलामी, सख़्त ज़बानी, ▪मृदुभाषण.

**कटुभाषा** = गालीगलौज.

**कटुभाषी** *वि* अक्खड़, अपभाषी, अपवक्ता, अपवाची, अप्रियंवद/अप्रियंवदा, अप्रियभाषी, कटु, *कठोर*, कर्कश, कुबोला/कुबोली, कुभाषी, दुर्मुख, बदज़बान, वाग्दुष्ट, सख़्तज़बान, •स्पष्टवादी, ▪मिष्टभाषी.

**कटुवचन** = कटाक्ष, गालीगलौज.
**कटु स्वाद** = कड़वाहट.
**कटूक्ति** = कटाक्ष, गाली.
**कटे पुष्प गुच्छा** = पुष्पगुच्छ.
**कटेहर** = हल अँकुड़ी.

**कटोरदान** *सं* डब्बा, *डिब्बा*, •लंचबाक्स.

**कटोरा** = जलघड़ी, भिक्षा भांड.

**कटोरा** *सं* कचोरा, करोटि, कसोरा, कासा, खपड़ा, खप्पर, खोरा, *प्याला*, संपुट, •कटोरी, •दोना, •प्याला.

**कटोरी** *सं* कुंडी, कूँड़ी, चपनी, छोटा कटोरा, *पाली*, प्याली, *बाटी*.

**कटौती** = घटोतरी, छँटनी, मूल्य कटौती, सेल, ह्रास.
**कटौती कृत** = सस्ता/सस्ती.
**कट्टम** = अस्वीकृति चिह्न.
**कट्टमकट्टा** = जनसंहार, फ़ौजदारी.
**कट्टर** = अनुशासनप्रिय, अविलासी, असहनशील, आतंकवादी, उग्रवादी, कटिबद्ध, धर्मयोद्धा, प्रभावातीत, मतांध, रूढ़िवादितापूर्ण, संकल्पशील, साधक, हठी.
**कट्टरपंथी** = आदिसिद्धांतवादी, मतांध.
**कट्टा** = अस्वीकृति चिह्न, पिस्तौल, बोरा.

**कट्टा** *सं* कटड़ा, कटाह, पड़वा, पाँड़ा, पाड़ा, भैंस कटड़ा, •कटिया, •बछड़ा, •भैंसा.

**कट्टी** = मित्रताभंग.
**कट्टो गिलहरी** = गिलहरी.
**कट्टर** = परंपरावादीय.
**कठ** = असिंचित, कठोर, बुरा/बुरी.
**कठ-** = काष्ठीय.
**कठ उपनिषद** = उपनिषद.
**कठकोला** = कठफोर.
**कठघरा** = कटहरा, बैरियर.

**कठपुतली** *सं* काठ की गुड़िया, *गुड़िया*, डमी, दारुका, दारुनटी, दारुपुत्री, दारुयोषा, पंचाली, पपैट, पांचालिका, पांचाली, पुतली, पुत्तलिका, मैरियोनेट, लोबत, •अभिनेता, •गुड़िया, •पुतला, •रोबट.

**कठपुतली का खेल** = कठपुतली खेल.
**कठपुतली का तमाशा** = कठपुतली खेल.

**कठपुतली खेल** *सं* कठपुतली का खेल, कठपुतली का तमाशा, चित्रकली (प्रा), छाया नाटक, पपैट शो, पपैट्री, पुतली नाटक, •नाटक, •मनोरंजन.

**कठपुतली वाला** *सं* तंत्री, पपैटीयर, पुतली वाला, सूत्रधर, *सूत्रधार*.

**कठफोड़** = कठफोर.

**कठफोड़वा** = कठफोर.

**कठफोर** *सं* कठकोला, कठफोड़, कठफोड़वा, कठमोर, काष्ठकुट्ट, कुठाकू, खुटक बढ़इया, वुडपैकर, हुदहुद.

**कठफोरिया** *सं* दार्वाघात, शिलींध्री.

**कठबेल** = कपित्थ.
**कठबैद** = नीम हकीम.
**कठमस्त** = बलिष्ठ.
**कठमस्ता** = अलमस्त, नटखट.
**कठमुल्ला** = अल्पज्ञ, रूढ़िवादी.
**कठमुल्लापन** = रूढ़िवाद.
**कठमोर** = कठफोर.
**कठरा** = कठौता.
**कठहुज्जत** = वितंडावाद.
**कठहुज्जती** = कलहप्रिय.
**कठिन** = अजेय, अबोध्य, असमतल, असमाधान्य, असह्य, उबाऊ, क्लिष्ट (भाषा), क्षमतातीत, ख़तरनाक, चिंताजनक, चुनौतीपूर्ण, जोखिमपूर्ण, ठोस, तूफ़ानी, थकाऊ, दुबिधाजनक, नारकीय, पर्वतीय, रहस्यपूर्ण, श्रमसाध्य, समस्यात्मक.

**कठिन** *वि* अड़बंगा/अड़बंगी, असहज, असुगम, उत्कट, उलझा/उलझी, कँटीला/कँटीली, कड़ा/कड़ी, कर्रा/कर्री, कष्टसाध्य, कूट, क्लिष्ट, *गंभीर*, गहन, *चुनौतीपूरण*, *जटिल*, ज़बरदस्त, टेढ़ा/टेढ़ी, दारुण, दुर्दाम, दुश्वार, दुष्कर, दुस्साध्य, दूभर, पेचीदा, बीहड़, बेढंगा/बेढंगी, बेढब, *भारी*, भीषण, महत्, मुश्किल, मोटा/मोटी, विकट, विकराल, विषम, *श्रमसाध्य*, सख़्त, •असाध्य, •क्लिष्ट (भाषा), •क्षमतातीत, •चुनौतीपूर्ण, •दुर्गम, •श्रमसाध्य, ▪सहज, ▪सुविधाजनक.

**कठिन कार्य** *सं* *अग्निपरीक्षा*, आकाश कुसुम, आसमान का तारा, कसाला, काला पहाड़, काला पानी, गुत्थी, *गोरखधंधा*, चक्रव्यूह, *चुनौती*, *जान की बाज़ी*, टेढ़ी खीर, तलवार की धार, दुरदिल्ली, दुस्साध्य कार्य, दूभर काम, पहाड़, *पहेली*, पापड़ बेलाई, फ़रहाद की नहर, बखेड़ा, बड़ा काम, बड़ी बात, *बाधा*, भारी काम, *भूलभुलैयाँ*, मुसीबत का पिटारा, श्रमसाध्य काम, ▪सहज कार्य.

**कठिन काल** = आपात्काल.
**कठिन परीक्षा** = अग्निपरीक्षा.

**कठिन परीक्षा** *सं* *अग्निपरीक्षा*, कड़ी परीक्षा, घोर परीक्षा, *तपस्या*, परीक्षा की घड़ी, •परख.

**कठिन भाषा** = क्लिष्ट भाषा.
**कठिन स्थिति** = संकटावस्था.
**कठिनाई** = असुविधा, कुपरिस्थिति, खटराग, ख़तरा, दुर्भाग्य, पीड़ा, संकट, समस्या.
**कठेल** = धुनकी.
**कठैला** = कठौता.
**कठोर** = अनम्य, अनुदार, अनुशासनप्रिय, अनुशासित, अमानवीय, अविलासी, अविलासी, असह्य, असिंचित, असौम्य, आततायी, कटुभाषी, कठोर (अधिकारी), कठोर (व्यवहारी), कर्कश स्वरीय, क्षमाहीन, खेदहीन, चुनौतीपूर्ण, ठोस, थकाऊ, निंदात्मक, निर्दय, पुरुषोचित, प्रभावातीत, मतांध, यातनाप्रद, लचकहीन, व्यंग्यात्मक, संगीतहीन, सहानुभूतिहीन, सुगठितकाय, सुदृढ़, हठी.

**कठोर** *वि* आहनी, कठ, कड़क, कड़ा/कड़ी, कड़ियल, घोर, दारुण, पथरीला/पथरीली, परुष, वज्र, सख़्त, स्त्यान, •अनम्य, •खुरदुरा/खुरदुरी, ▪कोमल, ▪गुदगुदा/गुदगुदी, ▪नम्य, ▪सह्य.

**कठोर (अधिकारी)** *वि* अड़ियल, *अनुशासनप्रिय*, *अपरिवर्तनीय*, अविचल, *कठोर*, कड़ा/कड़ी, कड़ियल, कर्रा/कर्री, *क्षमाहीन*, ज़िद्दी/ज़िद्दन, *थकाऊ*, दृढ़, दौड़ाऊ, नचाऊ, पक्का/पक्की, परिश्रम कराने वाला, पिदाऊ, सख़्त, •असौम्य, •कठोर (व्यवहारी), •क्षमाहीन.

**कठोर (दंड)** *वि* कड़ा/कड़ी, तर्जनात्मक, ताड़नात्मक, *दंडात्मक*, *भयानक*, भयोत्पादक, शिक्षात्मक, *शिक्षाप्रद*, •दंडात्मक.

**कठोर (व्यवहारी)** *वि* उग्र, कटु, *कठोर*, कड़क, कड़ा/कड़ी, कड़ियल, कर्कश, कर्रा/कर्री, *क्रोधी*, ग़ुस्सैल, चंड, *तीक्ष्ण*, तेज़, दुराग्रही, निर्मम, रुक्ष, रूखा/रूखी, शुष्क, सख़्त, सख़्तमिज़ाज, हृदयहीन, •अनुशासनप्रिय, •दुर्व्यवहारी, •धृष्ट, •निर्दय, ▪सौम्य.

**कठोरता** = अनुशासन.
**कठोर पेय** = मादक पेय.
**कठोरहृदय** = क्षमाहीन, निर्दय, सहानुभूतिहीन.
**कठौत** = कठौता.

**कठौता** *सं* कठरा, कठैला, कठौत, कठौती, काठड़ा, काठड़ी, काष्ठपात्र, कूँड़ा, *द्रोण*, द्रोणी, द्रौणी, •डोंगा, •तौला.

**कठौती** = कठौता.
**कडंगर** = तिनका.
**कड़ंगा/कड़ंगी** = धृष्ट, बलिष्ठ, सुगठितकाय.
**कड** = कर्कश स्वरीय.
**कड़क** = अनम्य, कठोर, कठोर (व्यवहारी), कर्कश स्वरीय, तड़तड़, धमाका, बलिष्ठ, शक्तिशाली, संगीतहीन.
**कड़कड़** = तड़तड़.
**कड़कड़ करना** = तड़तड़ाना.
**कड़कड़ाना** = गरजना, तड़तड़ाना.
**कड़कड़ाहट** = तड़तड़, धमाका.
**कड़कड़ाहट होना** = तड़तड़ाना.
**कड़कना** = गरजना, तड़तड़ाना.
**कड़का/कड़की** = निर्धन व्यक्ति.
**कड़की** = दिवाला.
**कड़खा** = क्रोधी, वीरकाव्य.
**कड़वा/कड़वी** = क्रुद्ध, खीजा/खीजी.

**कड़वा/कड़वी** *वि* कटु, कटुक, कड़वा ज़हर, करेला नीम चढ़ा, करेले जैसा, कुनैन जैसा, तल्ख़, नीम चढ़ा/नीम चढ़ी, नीम जैसा,

•कसैला/कसैली, •कुस्वादिष्ठ, •खट्टा/खट्टी, •चरपरा/चरपरी, ▪मीठा/मीठी.

**कड़वा घूँट पीना** = सहना.
**कड़वा ज़हर** = कड़वा/कड़वी.
**कड़वापन** = कड़वाहट.
**कड़वाहट** = वैमनस्य, शत्रुता.

**कड़वाहट** *सं* कटुता, कटु स्वाद, कड़वापन, कड़ुआहट (विकल्प), कड़ुवाहट (विकल्प), करेले जैसा स्वाद, कुनैन जैसा स्वाद, •कसैलापन, •खटास, •चरपरापन, •स्वाद, ▪मिठास.

**कड़ा** = चूड़ी, लटकन छल्ला.

**कड़ा** *सं* कंकण, कंगन, कँगना, चूड़ा, शिंजन, •कलाई, •चूड़ी.

**कड़ा/कड़ी** = अटूट, अनम्य, अनुशासनप्रिय, असह्य, कठिन, कठोर, कठोर (अधिकारी), कठोर (दंड), कठोर (व्यवहारी), कर्मकांडीय, क्षमाहीन, ठोस, बलिष्ठ, लचकहीन, व्यंग्यात्मक, शक्तिशाली, श्रमसाध्य, संगीतहीन, सुगठितकाय, सुदृढ़, हठी.
**कड़ाक** = तड़तड़, धमाका, सटसट.
**कड़ाका** = तड़तड़, धमाका.
**कड़ाके का** = अतिशीतल, शक्तिशाली.
**कड़ाके का/कड़ाके की** = असह्य.
**कड़ा बड़ा बीज** = गुठली.

**कड़ाह प्रसाद** *सं* गुरुद्वारा लंगर, *भंडारा*, *लंगर*, •प्रसाद.

**कड़ियल** = अटूट, असह्य, असौम्य, कंजूस, कठोर, कठोर (अधिकारी), कठोर (व्यवहारी), ग्रीष्मकालीन, चुनौतीपूर्ण, लचकहीन, हठी.
**कड़ी** = अंतरा, गर्डर, ज़ंजीर कड़ी, पीढ़ी, बँड़ेर, लटकन छल्ला, शहतीर.
**कड़ी परीक्षा** = कठिन परीक्षा.
**कड़ुआहट (विकल्प)** = कड़वाहट.
**कड़ुवाहट (विकल्प)** = कड़वाहट.
**कड़ेरा** = ख़रादिया.
**कढ़ना** = उबरना.
**कढ़नी** = योग विधि द्वारा मल शोधन.
**कढ़ा/कढ़ी** = आसवित.
**कढ़ाई** = कढ़ाई कर्म.

**कढ़ाई** *सं* कशीदा, काम, कामदानी, कारचोबी, गुलकारी, गुलबूटा, चिकनकारी, ज़रकशी, ज़रदोज़ी, ज़रबाफ़ी, नक़्श, पैटर्न, फुलकारी, बेलबूटे, *सजावट*.

**कढ़ाई करना** = काढ़ना.
**कढ़ाई करने वाला** = कढ़ाई कर्मी.

**कढ़ाई कर्म** *सं* अलंकरण, कढ़ाई, कशीदाकारी, कारचोबी, गुलकारी, फुलकारी, *सज्जा*, सूचीकर्म, •रँगाई, •सिलाई.

**कढ़ाई कर्मी** *सं* अलंकर्ता, कढ़ाई करने वाला, कशीदाकार, गुलकार, सज्जक, •बुनकर, •शिल्पकार.

**कढ़ाई फ़्रेम** *सं* अड्डा, कारचोब, *चौखटा*, फ़्रेम.

**कढ़ी** *सं* *झोल*, बेसन झोल, लपटा, •भाजी, •भात, •रसा.

**कण** = अंश, चूरा, बूँद.

**कण** *सं* अणु, अनी, कंकड़ी, कणिका, कणी, कनकी, कनी, किनका, किनकी, किरकिरी, ज़र्रा, टुर्रा, दाना, *बिंदु*, *बूँद*, *रवा*, रेणु, *रेत*, लेश, *शर्करा*, •कस, •खंड, •चूरा, •त्रसरेणु, •फुटक.

**कणप्रिय** = गौरैया.
**कणरी** = अनाज बाल.
**कण वर्षा** = अल्पवर्षा.
**कणाद** = उंछाहारी, ऋषि.
**कणिका** = कण, कनिष्ठिका उँगली, जीरा.
**कणित** = खंड खंड.
**कणिश** = अनाज बाल.
**कणी** = अल्पवर्षा, कण, चूरा.
**कणीकरण** = चूर्णन.
**कणीकृत** = चूर्णित.
**कण्व** = ऋषि.
**कतअन** = अवश्यमेव.
**क़तई** = अवश्यमेव.
**कतन** = तकली.
**कतनी** = तकली.

**क़तर** *सं* क़तर राज्य, क़तार.

**क़तरः राजधानी** *सं* *दोहा*.

**कतरछाँट** = कटाई छँटाई.
**कतरन** = धज्जी.

**कतरन** *सं* *अंश*, कटन, कटिंग, काट, चिंदी, चिट, छाँट, परची, *पुरज़ा*, •खपची, •धज्जी.

**कतरना** = काटना.
**कतरनी** = कैंची.
**कतरब्योंत** = अल्पव्यय, कटाई छँटाई.
**कतरब्योंत** = विमर्श.
**क़तर राज्य** = क़तर.
**क़तरा** = ग्रास, बूँद.
**कतरा/कतरी** = कटा/कटी.
**कतराई** = कटाई, कृंतन.
**कतराना** = लजाना.
**कतरी** = खपची.
**क़तल की रात** = निर्णायक अवसर.
**कतला** = कटलेट, ग्रास, फाँक.
**कतली** = कटलेट.
**क़ता** = क्षेत्र, खंड.

**कताई** *सं* कतौनी, कर्तन, तांतव, सूत्रकर्म, •धुनाई, •बटाई.

**कताई करना** = कातना.

**कताई कर्मी** *सं* कत्ती, सूत्रकार.

**क़ताकलामी** *सं* टोकाटाकी, दख़लंदाज़ी, दस्तंदाज़ी, बात कटाई, मुदाख़लत, *हस्तक्षेप*, •हस्तक्षेप.

**क़ता तअल्लुक़** = परित्याग.
**क़तार** = क़तर, क्यू, पंक्ति.
**कतिपय** = अनेक, अल्पलभ्य, कम, कुछ.
**कतौनी** = कताई.
**कत्तर** = घाव पट्टी, चीथड़े, धज्जी, पट्टी.
**कत्तल** = खपची.
**कत्ती** = कताई कर्मी, कृपाण, चाकू छुरी.

**कत्थई** *वि* कंजई, कपिल/कपिला, खैरा/खैरी, पिंगल, बभ्रु, ब्राउन, भूरा/भूरी.

**कत्थक** = भारतीय शास्त्रीय नृत्य.
**कत्थना** = डींग.

**कत्था** *सं* खदिर सार, रंगद, •खैर.

**कत्था पेड़** = खैर.
**क़त्ल** = हत्या.
**क़त्लगाह** = हत्यास्थल.
**क़त्लबाज़** = जल्लाद.
**क़त्ले आम** = जनसंहार.
**क़त्लो ग़ारत** = जनसंहार.
**कथं** = कैसे.
**कथक** = अभिनेता, अभिवक्ता, कथन कर्ता, कथा उद्घोषक, कथावाचक, सूत्रधार.
**कथकली** = भारतीय शास्त्रीय नृत्य.
**कथक्कड़** = कथावाचक.
**कथन** = अभिव्यंजन, अभिव्यक्ति, आज्ञा, उक्ति, उच्चारण, कथ्य, ज्ञापन, बयान, रिमार्क, वक्तव्य, वचन, वर्णन, वाक्य.

**कथन** *सं अभिव्यक्ति*, आख्याति, आख्यान, *उक्ति*, कम्यूनिकेशन, *कहना*, *बयान*, बैन, बैना, बोल, *बोली*, *बोली*, भखनी, *वचन*, *वाक्य*, शंसा, *शब्द*, संप्रेषण, संभाष्य, •अतिशयोक्ति, •अल्पोक्ति, •उक्ति, •बयान, •बात, •भाषण, •रिमार्क, •वक्तव्य, •वार्तालाप, •संवाद.

**कथन इच्छा** = अभिव्यक्ति इच्छा.

**कथन कर्ता** *सं अभिवक्ता*, आख्याता, उच्चारक, कथक, कहने वाला, -गो, बताने वाला, बोलने वाला, भणिता, भाषिता, भाषी, वक्ता, -वद, वाचक, वाची, वादी, संभाषी, संवादी, स्वरक, स्वरदाता, •अभिवक्ता, •भाषणदाता.

**कथनानुसार** = आज्ञानुसार.
**कथनी** = उक्ति.
**कथरी** = चीथड़े.
**कथांत** = कथा फलागम.
**कथांतर** = गौण कथा.
**कथा** = कहानी, झूठ.

**कथा उद्घोषक** *सं अभिवक्ता*, कथक, *कथावाचक*, नाटक कथावाचक, वक्ता, *व्यास*.

**कथा कहानी** = कहानी.
**कथाकार** = कथावाचक, कहानी लेखक.
**कथाकीर्तन** = कथावाचन.

**कथाकृति** = कहानी.
**कथागायक** = कथावाचक.
**कथा तत्त्व** = कथावस्तु.
**कथादृश्य** = इलस्ट्रेशन.
**कथानक** = कथावस्तु.

**कथा नायक** *सं* अंगी, अधिकारी, कथापुरुष, चरित नायक, चारक, *नायक*, प्रधान पात्र, फलाधिकारी, मुख्य पात्र, मुख्य पुरुष, हीरो, •उपनायक, •खलनायक, •नायिका, •प्रतिनायक, ■खलनायक.

**कथा नायिका** = नायिका.
**कथा पात्र** = चरित्र पात्र.
**कथा पुराण** = पुराण.
**कथापुरुष** = कथा नायक.
**कथाप्रवेश** = पूर्वपीठिका.
**कथाफल** = कथा फलागम.

**कथा फलागम** *सं अंत*, *आलब्धि*, *उपपत्ति*, उपलब्धि, *उपसंहार*, ऐंड, कथांत, कथाफल, नाट्यफल, परिणति, *परिणाम*, प्रतिफल, प्राप्तव्य, *फल*, फलप्राप्ति, फलागम, फलोदय, लब्धि, संहार, समाहार, सिद्धि, •अंत, ■पूर्वपीठिका.

**कथाभिप्राय** = कथावस्तु.
**कथा भूमिका** = पूर्वपीठिका.
**कथा मोड़** = क्लाईमैक्स.
**कथा लेखक** = कहानी लेखक.

**कथावस्तु** *सं* अभिप्राय, आख्यानक, इतिवृत्त, कथा तत्त्व, कथानक, कथाभिप्राय, कथासूत्र, *कहानी*, *क़िस्सा*, घटनाक्रम, घटनावली, प्लाट, *मसाला*, मैटर, विषय वस्तु, *वृत्तांत*, •विषय वस्तु.

**कथावस्तु परिचय** = नाट्य आरंभ.
**कथावाचक** = कथा उद्घोषक.

**कथावाचक** *सं* कथक, कथक्कड़, कथाकार, कथागायक, काथिक, *पाठक*, पाठी, *व्यास*, •उपदेशक.

**कथावाचन** *सं* कथाकीर्तन, कथा वार्ता, धर्मकथा पाठ, •मंत्रपाठ.

**कथा वार्ता** = कथावाचन.

**कथा साहित्य** = कहानी.
**कथासूत्र** = कथावस्तु.
**कथित** = अभिव्यक्त, आज्ञापित, तथाकथित, तथ्यहीन, पारंपरिक, प्रवादित, लिखित (साहित्य).

**कथित** *वि* अभिकथित, *अभिव्यक्त*, आख्यात, आख्यात, उक्त, उक्त, उच्चरित, उच्चरित, कहा/कही, कहा/कही, गदित, निगदित, *प्रकट*, प्रकटित, प्रोक्त, बताया/बताई, बताया/बताई, बोला/बोली, भणित, भणित, भाषित, वाचित, वाचित, विवक्षित, व्यक्त, व्यक्त, शब्दित, शब्दित, संभाषित, स्वरित, स्वरित, •तथाकथित, •लिखित, •वर्णित, ■मौखिक, ■लिखित.

**कथित सत्य** = सत्य.
**कथोद्घात** = पूर्वपीठिका.
**कथोपकथन** = वार्तालाप, संवाद.
**कथ्य** = अभिव्यक्ति, अर्थ, उक्ति, उल्लेखनीय, बात, भूमिका, विचार, शीर्षक, सार संक्षेप.

**कथ्य** *सं उद्देश्य*, *कथन*, *कहना*, थीम, *बिंदु*, मंतव्य, मुद्दा, *वक्तव्य*, *वचन*, *विषय*, *संदेश*, सार, •उपन्यास, •कहानी, •नाटक, •निबंध, •लेख.

**कदंब** *सं* कदम, कलंब, कादंब, ललनाप्रिय, शोकारि, सिंधुपुष्प, सुरभि, हरिप्रिय, •कृष्ण.

**क़द** = ऊँचाई, क़द क़ामत, प्रतिष्ठा, लोकप्रियता.

**क़द** *सं* उच्चता, ऊँचाई, *डील*, लंबाई, •क़द क़ामत.

**क़द क़ामत** *सं* अंगलेट, *आकार*, ऐनाटमी, *क़द*, काठी, *काया*, गठन, गढ़न, गात, जिस्म, डीलडौल, देह, देहयष्टि, बदन, *बनावट*, *शरीर*, शरीर काठी, •क़द, •देहानुपात.

**कदन** = वध.
**कदम** = कदंब.
**क़दम** = डग, पदचिह्न, पैर, पैर पंजा, प्रयास.

**क़दम चाल** = द्रुत वेग.
**क़दम फूँक फूँक कर** = मंदतः.
**क़दम ब क़दम** = क्रमिक, पद प्रतिपद.
**क़दम ब क़दम विधि** = प्रक्रिया.
**क़दम बढ़ाना** = कुलाँचना, दौड़ना.
**क़दमबोसी** = चरणचुंबन.
**क़दम रखना** = चलना.
**क़दर** = मानक.
**कदली** = केला.
**कदलीजंघा** = सुंदर स्त्री.
**कदा** = कब.
**क़दा (जैसेः सनमक़दा)** = घर.
**कदा कदा** = कब कब.
**कदाचन** = कभी कभी.
**कदाचार** = अत्याचार, अपराध, घोटाला, दुराचार, दुर्व्यवहार, परगमन, परगमन, भ्रष्टाचार.
**कदाचारिणी** = कुलटा.
**कदाचारी** = घोटालेबाज़, दुराचारी, दुर्जन, दुर्व्यवहारी, पापी, भ्रष्टाचारी, लंपट, स्वेच्छाचारी.
**कदाचित** = कभी, शायद, शायद ही कभी.
**कदाचित नहीं** = नहीं.
**कदापि** = अवश्यमेव, कभी.
**कदापि नहीं** = कभी नहीं, नहीं.
**कदाशय** = दुर्जनतापूर्ण.
**कदाहार** = कुपथ्याहार.
**क़दीमी** = पारंपरिक, प्राचीन.
**कदुष्ण** = गुनगुना/गुनगुनी.
**क़द्दावर** = लंबे क़द वाला.
**कद्दू** = घिया, सागसब्ज़ी.

**कद्दू** *सं* कर्कारु, काशीफल, कुम्हड़ा, कुष्मांड, पिंडी, पीत कुष्मांड, भिलिया, लौआ, सीताफल.

**क़द्र** = आदर, प्रतिष्ठा, मात्रा, मूल्य, सत्कार.
**क़द्रदान** = गुणग्राहक.
**क़द्रदानी** = गुणज्ञता.
**कद्रुज** = नाग.
**कद्रुपुत्री** = नाग स्त्री.
**कनक** = गेहूँ, चंपा, धतूरा, स्वर्ण.
**कनकना/कनकनी** = कर्कश स्वरीय, खीजा/खीजी.

**कनकना/कनकनी** *वि* काटता/काटती, चुभता/चुभती, *तीक्ष्ण*, पतला/पतली, बारीक़, महीन, •कर्कश स्वरीय, ▪मधुर स्वरीय.

**कनकनाना** = नकियाना, सिहरना.
**कनकनाहट** = खीज.
**कनक निकष** = कसौटी पत्थर.
**कनकप्रभ** = कचनार.
**कनकाचल** = सुमेरु पर्वत.
**कनकी** = कण, चूरा.
**कन की उँगली** = कनिष्ठिका उँगली.
**कनकूत** = आकलन.
**कनकैया** = पतंग.
**कनकोक्शन** = क़हवा.
**कनकौवा** = पतंग.
**कनक्टित** = औनलाइन.
**कनक्शन** = रेलवे जंकशन.

**कनखजूरा** *सं* कर्णकीट, कानखजूरा, खजोहरा, गोजर, शतपद, शतपादिका, सदपा.

**कनखी** = चितवन, प्रशाखा.
**कनछिदाई** = कनछेदन संस्कार.
**कनछेदन** = कनछेदन संस्कार.

**कनछेदन संस्कार** *सं* कनछिदाई, कनछेदन, कर्णवेधन, कानछिदाई, कानबिंधाई.

**कनटेनर** = डिब्बा.

**कनटेनर** *सं* भार पात्र, भार भांड, माल बकसा, माल भांड, •माल डिब्बा.

**कनटोप** *सं* कनटोपा, •टोपा, •टोपी.

**कनपटी** *सं* कर्णपटी, केशपक्ष, •मस्तक, •सिर.

**कनफुँकवा** = धर्मगुरु.
**कनफुँका/कनफुँकी** = धर्मगुरु, धार्मिक शिष्य.
**कनफुसका/कनफुसकी** = चुग़लख़ोर.
**कनफुसकी** = उकसावा, कानाफूसी, चुग़ली.
**कनफ़ैशन** = स्वीकारोक्ति.

**कनफ़ैशन** *सं* आत्मस्वीकृति, *पश्चात्ताप*, पापांगीकरण, संस्वीकरण, *स्वीकारोक्ति*, •कैथलिक मत, •गिरजाघर, •पादरी, •प्रायश्चित्त.

**कनबतिया** = कानाफूसी.
**कनमैल** = कान मैल.
**कनवल्शन** = कमेड़ा.
**कनविक्ट** = सिद्धदोष.
**कनवीनर** = संयोजक.

**कनवेअर बैल्ट** *सं* चल पट्टा, चल पट्टी, ढुलाई पट्टी, *पट्टा*, *पट्टी*, *पेटी*, बद्धी, बैल्ट, मालवाहक पट्टा, •ऐलिवेटर, •ट्रांसपोर्टर.

**कनवैंट** = ईसाई धार्मिक पाठशाला, ईसाई मठ.
**कनवैंशन** = सभा.
**कनवैक्टर** = वातित्र.
**कनवोकेशन** = दीक्षांत, दीक्षांत समारोह.
**कनसाइनर** = प्रेषक.
**कनसार** = उत्कीर्णक.
**कनसुरा/कनसुरी** = संगीतहीन.

**कनस्तर** *सं* कनस्तरी, कस्तीर, कैन, टिन, •कार्टन, •जैरी कैन, •टंकी.

**कनस्तरी** = कनस्तर.
**कनहा** = आकलन कर्ता.
**कनहार** = कर्णधार.
**कनहारी** = कर्णधारण.
**कनागत** = पितृपक्ष.

**क़नात** *सं* अपटी, कांडपट, नीशार, पटी, शामियाना दीवार.

**कनान (बाइबिल)** = फ़िलीस्तीन.
**कनारी** = कर्नाटकीय.
**कनाल** = समुद्री नहर.
**कनासी** = रेती.
**कनिका** = कनिष्ठिका उँगली.
**कनियाना** = लजाना.
**कनिष्ठ** = अनुज, अल्पतम.
**कनिष्ठ/कनिष्ठा** = अनुज/अनुजा.

**कनिष्ठ (कर्मचारी)** *वि* कम अनुभवी, जूनियर, नया/नई, नवागंतुक, •अवर (कर्मचारी), ▪वरिष्ठ (कर्मचारी).

**कनिष्ठ पुत्र** = छोटा पुत्र.
**कनिष्ठिका** = कनिष्ठिका उँगली.

**कनिष्ठिका उँगली** *सं* अँगूठे से चौथी उँगली, कणिका, कन की उँगली, कनिका, कनिष्ठिका, कनीनिका, कानी उँगली, चौथी उँगली, छोटी उँगली, •उँगली.

**कनी** = कण, चूरा.
**कनीज** = दासी.
**कनीज़** = नौकरानी.
**कनीन** = किशोर, नवयुवक/नवयुवती.
**कनीनक** = कोर्निया.
**कनीनका** = किशोरी.
**कनीनिका** = कनिष्ठिका उँगली, कोर्निया.
**कनेठा/कनेठी** = काणा/काणी, भेंगा/भेंगी.
**कनेठी** = कान उमेठी.
**कनैठी** = कान उमेठी.
**कनौडा/कनौड़ी** = विकलांग, विद्रूप.
**कन्नड़** = कर्नाटक, कर्नाटकीय, भारत राष्ट्रभाषा सूची, भारतीय लिपि सूची.
**कन्नडिगा** = कर्नाटकीय.
**कन्नास** = जल्लाद.
**कन्नी** = अंकुर, किनारा, छोर, पदाधार, पलटा, पेड़ पौधा क़लम, बरतन मुँह.
**कन्यका** = कुँवारी.
**कन्या** = कन्या राशि, कुँवारी, दुर्गा, पुत्री, लड़की, वधू.
**कन्या कुमारी** = दुर्गा.
**कन्यागत** = पितृपक्ष.

**कन्यादान** *सं* ऋणमुक्ति, गंगास्नान, पुत्री विवाह, संप्रदान, सुतादान.

**कन्यादानी** = वधूपक्ष.
**कन्याधन** = दहेज.
**कन्यापक्ष** = वधूपक्ष.
**कन्या पति** = दामाद.
**कन्यापुर** = ज़नानख़ाना.
**कन्यापूजन** = गौरीपूजा.
**कन्या भर्ता** = दामाद.
**कन्यारत्न** = पुत्री.
**कन्या राशि (22/24 अगस्त-23 सितंबर)** = राशि सूची.

**कन्या राशि** *सं* कन्या, कुमारी.

**कन्या विदा** = बिदाई.
**कन्या सुकुमारी** = मरियम.
**कन्यास्नान** = बानतेल.
**कन्हड़ी** = कर्नाटकीय.
**कन्हाई, कन्हैया** = कृष्ण.
**कप** = पान पात्र, पुरस्कार सूची, प्याला, मद्यपात्र.
**कपट** = अपराध, घोटाला, छल, झूठ, झूठा बहाना, पाखंड, बेईमानी, विश्वासघात.
**कपट आवरण** = छद्मवेश.
**कपट करना** = ठगना.
**कपट कृति** = कूटकृति.
**कपटजाल** = पाश, मिलीभगत.
**कपटपूर्ण** = छलपूर्ण, विश्वासघातपूर्ण.
**कपट प्रबंध** = षड्यंत्र.
**कपट मुद्रा** = खोटा सिक्का.
**कपटमृग** = स्वर्णमृग.
**कपट युक्ति** = कपट रचना, कुचाल.
**कपट योजना** = षड्यंत्र.

**कपट रचना** *सं* कपट युक्ति, कूटयुक्ति, छद्म रचना, *जाल*, ट्रौजन हार्स, लाक्षा गृह, *षड्यंत्र*, *स्वर्णमृग*, •कुचाल, •कूटकृति, •मायाजाल.

**कपट वेश** = छद्मवेश.
**कपट व्यवहार** = छल.
**कपट स्तुति** = व्याज प्रशंसा.
**कपटहीन** = ईमानदार, छलहीन, विश्वसनीय, सत्यपूर्ण.
**कपटा** = काकरोच.
**कपटाचरण** = छल.
**कपटी** = असत्यवादी, कुटिल, कूटकार, ठग, नीतिकुशल, पाखंडी, बेईमान, भ्रष्ट, विश्वासघाती.
**कपड़कोट** = तंबू.
**कपड़छन** = कपड़छनाई.

**कपड़छनाई** *सं* कपड़छन, कपड़छान, महीन छनाई, सघन छनाई.

**कपड़छान** = कपड़छनाई.
**कपड़ा** = नौका पाल, परिधान, पोंछा, वस्त्र.
**कपड़ा खूँटी** = खूँटी.
**कपड़ा गज़** = गज़.

**कपड़ा चौड़ाई** *सं* अरज, चौड़ाई, *पना*, *बाना*, •कपड़ा लंबाई.

**कपड़ा थान** = कपड़ा लंबाई.
**कपड़ा थैला** = झोला.
**कपड़ा बुनाई स्थान** = कपड़ा मिल.

**कपड़ा मिल** *सं* कपड़ा बुनाई स्थान, क्लाथ मिल्स, टैक्स्टाइल्स मिल्स, ताँतघर, पुतलीघर, बुनाईघर, •करघा, •बुनाई.

**कपड़ा रँगाई** = रँगाई.

**कपड़ा लंबाई** *सं* कपड़ा थान, *ताना*, तूल, थान, थान, थान, •कटपीस, •कपड़ा चौड़ाई.

**कपड़े** = परिधान.
**कपड़े लत्ते** = परिधान.
**कपड़े सुखाने की रस्सी** = अलगनी.
**कपड़ों में न समाना** = हुलसना.
**कपर्द** = कौड़ी.
**कपर्दिका** = कौड़ी.
**कपाट चूल** = चूल.
**कपाटबंद** = बंद.
**कपाटित** = बंद.
**कपाल** = कमंडलु, प्रारब्ध.

**कपाल** *सं* करंक, कर्पट, खप्पर, खर्पर, खोपड़ी, मस्तिष्क कोटर, शिरोस्थि, •सिर.

**कपालनालिका** = परछा.
**कपाल माला** = मुंडमाला.
**कपालमालिनी** = दुर्गा.
**कपालस्थ पिसा चावल** = पुरोडाश.
**कपालिका** = दाँत मैल.
**कपाली** = शिव.

**कपास** *सं* अंबर, अंबरद, कर्पास, कार्पासिका, कार्पासी, तूला, पटद, बदर, बदरा, बदरी, बादरा, वस्त्रद, वादरा, सूत्र पुष्प, •ऊन, •रूई, •सन.

**कपास रूई** = रूई.

**कपास वस्त्र** *सं* काटन, काटन क्लाथ, ठंडा कपड़ा, सूती कपड़ा, •ऊनी वस्त्र, •गरमी, •रेशमी वस्त्र.

**कपास सूत** = सूती धागा.
**कपासी** = बर्फ़ीला सफ़ेद, सूती.
**कपासीय** = सूती.

**कपिंजल** = चातक, तीतर.
**कपि** = बंदर, वानर, हनुमान.

**कपित्थ** *सं* कठबेल, कपिप्रिय, कुचफल, कैथ, कैथा, कोठ, हृद्य.

**कपिध्वज** = अर्जुन.
**कपिप्रिय** = कपित्थ.
**कपिमानव** = मिसिंग लिंक.
**कपिल** = ऋषि.

**कपिल** *सं* कपिल मुनि, कपिलाचार्य, सांख्य प्रवर्तक, सिद्ध.

**कपिल/कपिला** = कत्थई.
**कपिल द्राक्षा** = अंगूर.
**कपिल मुनि** = कपिल.
**कपिलमुनि (पूर्वजन्म नाम)** = गौतम बुद्ध.
**कपिलाचार्य** = कपिल.
**कपिशा** = रम.
**कपिशाक** = पात गोभी.
**कपींद्र** = सुग्रीव, हनुमान.
**कपीतन** = बिल्व.
**कपीश** = सुग्रीव, हनुमान.

**कपूत** *सं* असत्पुत्र, कुपुत्र, नालायक़ बेटा, ■सपूत.

**कपूर** *सं* अंबुज, अब्ज, कर्पूर, काफ़ूर, हिमांशु.

**कपोत** = कबूतर, पक्षी, फ़ाख़्ता.
**कपोत गवाक्ष** = कबूतर ख़ाना.
**कपोत पाली** = कबूतर ख़ाना.
**कपोतपाली** = पक्षी छतरी.
**कपोतारि** = गिद्ध.
**कपोती** = फ़ाख़्ता, मादा कबूतर, सुंदर स्त्री.

**कपोल** *सं* गंड, गंडस्थल, गल्ला, गाल, रुख़सार, •होंठ.

**कपोल कल्पना** = अफ़वाह, कहानी.
**कपोल कल्पित** = काल्पनिक.
**कप्तान** = टीम नायक, निदेशक, पोताध्यक्ष, प्रबंधक, मुखिया.
**कफ** = खाँसी, फेन.
**कफ़** = कलाई पट्टी.

**कफ** *सं* *खखार*, बलग़म, बलास, श्लेष्म, •पित्त.

**कफघ्न** = कफनाशक.

**कफ़न** *सं* प्रेतपट, शवाच्छादन, •अरथी, •ताबूत.

**कफ़न काठी** = मृतक संस्कार.
**कफ़नखसोट** = कफ़नचोर, लोभी.

**कफ़नचोर** *सं* कफ़नखसोट, पिशाच, •शव चोर.

**कफ़न दफ़न** = दफ़नाई, मृतक संस्कार.

**कफनाशक** *सं* कफघ्न, कफहर, श्लेष्मघ्न, श्लेष्महर, श्लेष्मांतक.

**कफ़नी** = साधु चोग़ा.
**कफ रोग** = खाँसी.

**कफ़ लिंक्स** *सं* आस्तीन बटन, *बटन*, स्टड.

**कफ़स** = कारागार, पिंजरा.
**कफहर** = कफनाशक.
**कफारि** = सोंठ.
**कबंध** = उल्कापात, केतु.
**कबंधहीन सिर** = मुंड.

**कब** *क्रिवि* कदा, कितनी बार, कितने बजे, किस अवसर पर, किस काल, किस दिन, किस बीच, किस समय, व्हैन, •अब, •कभी, •काल, •जब, •तब, •प्रतिदिन, •फिर, •बारंबार, •शायद ही कभी, •हमेशा.

**कब (वह मेरी कब सुनता है?)** = कभी नहीं.

**कब कब** *क्रिवि* कदा कदा, कितनी बार.

**कब भी** = कभी, कभी भी.
**कबर** = चोटी.
**कबरा/कबरी** = चितकबरा/चितकबरी.
**कबरी** = चोटी, जूड़ा.
**कबर्ड** = अलमारी.
**कब ही** = कभी.
**कबाड** = अलमारी.
**कबाड़** = जलावन, रद्दी.
**कबाड़िया** = कबाड़ी.

**कबाड़ी** *सं* कबाड़िया, कबाड़ी वाला, गुदड़िया, गुदड़ीफ़रोश, रद्दी वाला, रद्दी व्यापारी, •कूड़ाकरकट छानबीन करने वाला.

**कबाड़ी वाला** = कबाड़ी.

**कबाब** *सं* कोयलों पर भुना मांस, भुना मांस, शाशलिक, •टिक्का, •सासेज, •सीख़, •हैम.

**कबाब चीनी** = शीतल चीनी.
**कबाब में हड्डी** = आनंद भंग कर्ता.
**कबाबी** = मांसाहारी.

**क़बायली** *सं* क़बीला सदस्य, क़बीले के लोग, •आदिवासी, •क़बीला.

**क़बाला** = दानपत्र, पट्टा.
**कबीर** = महान.
**कबीर की बानी** = विपरीतोक्ति.
**क़बीला** = जाति, वंश, समूह, सार्थ.

**क़बीला** *सं* *कुटुंब*, कुटुंब क़बीला, गण, गिरोह, जन, जनजाति, जिरगा, ट्राइब, तड़, बिरादरी, *लोक*, लोग, *समूह*, •क़बायली, •गोत्र, •जाति, •प्रजाति.

**क़बीला सदस्य** = क़बायली.
**क़बीले के लोग** = क़बायली.

**कबूतर** *सं* कंठीरव, कपोत, कलकंठ, *कलध्वनि*, कोकदेव, परेवा, पारावत, *फ़ाख़्ता*, हारीत.

**कबूतरख़ाना** *सं* कपोत गवाक्ष, कपोत पाली, काबुक, खगालय, दड़बा, •पक्षीशाला, •पिंजरा, •मुरगीख़ाना.

**कबूतर छतरी** = पक्षी छतरी.
**कबूतर मादा** = मादा कबूतर.
**कबूतरी** = मादा कबूतर, सुंदर स्त्री.
**क़बूलियत** = पसंदगी.
**क़ब्ज** = कोष्ठबद्धता.
**क़ब्ज़ा** = अधिग्रहण, आधार सूची, कुर्क़ी, तलवार मूठ, नियंत्रण, पराधीनता, प्रताप, मूठ, वर्चस्व, स्वामित्व.
**क़ब्ज़ा करने वाला** = परराष्ट्र जेता.
**क़ब्ज़ादार** = पट्टेदार.
**क़ब्ज़े वाला** = अधीनित.
**क़ब्र** = स्मारक.

**क़ब्र** *सं* अनंतधाम, गर्त, गोर, तुरबत,

दो गज़ ज़मीन, शवाधि, •क़ब्रिस्तान, •रोज़ा, •श्मशान.

**क़ब्र खोदना** = दफ़नाना.

**क़ब्रगाह** = क़ब्रिस्तान.

**क़ब्रिस्तान** *सं* क़ब्रगाह, दफ़्नगाह, *श्मशान*, समाधि क्षेत्र, स्मृतिवन, •श्मशान, •स्मारक.

**कभी** = आसन्नतः, कभी भविष्य में, कभी भी, भविष्य काल में, भूत काल में.

**कभी** *क्रिवि* कदाचित, कदापि, कब भी, कब ही, किसी दिन, किसी समय, •कब, ▪प्रायः.

**कभी आगे** = भविष्य काल में.
**कभी कभार** = कभी कभी.

**कभी कभी** *क्रिवि अंतरा*, अनियमिततः, अप्रायः, अबहुधा, अल्पदा, असाधारणतः, असामान्यतः, कदाचन, कभी कभार, कम बार, गाहे बगाहे, छिटपुट, जब तब, ज़्यादा नहीं, यदा कदा, यदा तदा, वक़्तन फ़वक़्तन, •कब, •कभी भी, •शायद ही कभी, ▪प्रायः.

**कभी कभी होने वाला** = अनियमित.
**कभी न कभी** = आख़िरकार, कभी भविष्य में.

**कभी नहीं** = नहीं.

**कभी नहीं** *क्रिवि* एक बार भी नहीं, कदापि नहीं, कब (वह मेरी कब सुनता है?), किसी हालत में नहीं, कैसे भी नहीं, बिल्कुल नहीं, हरगिज़ नहीं, ▪एक बार, ▪हमेशा.

**कभी भविष्य में** *क्रिवि* अनिकट भविष्य में, आइंदा, आने वाले दिनों में, एक दिन, एक न एक दिन, *कभी*, कभी न कभी, किसी दिन, किसी न किसी समय, देर सबेर, भविष्य में, होते हवाते, होते होते, •भविष्य काल में, ▪आसन्नतः.

**कभी भी** = जब भी.

**कभी भी** *क्रिवि* कब भी, *कभी*, किसी भी समय, किसी समय, चाहे जब, जब कभी, जब चाहे, *जब भी*, जिस भी समय, यदा यदा, •कब, •कभी कभी, •प्रायः.

**कमंगर** = चित्रकार.
**कमंडल** = कमंडलु.
**कमंडली** = पाखंडी, साधु.
**कमंडलु** = भिक्षा भांड.

**कमंडलु** *सं कपाल*, कमंडल, कमठ, कुंड, कुंडिका, कूष्मांड, चंबल, तुंबा, तोमड़ी, पुंडरीक, •कलश, •तूँबा, •भिक्षा भांड, •भिखारी, •साधु.

**कम** = अपर्याप्त, अल्पलभ्य, अल्पसंख्यक, कमतर, कुछ, केवल, घटाया/घटाई, दुर्लभ, धुँधला/धुँधली, बदतर, संक्षिप्त, साइज़ से छोटा, हलका/हलकी.
**कम-** = रहित.

**कम** *वि* अकेला दुकेला/अकेली दुकेली, अनधिक, अपुष्कल, अप्रचुर, अबहुल, अल्प, इने गिने, एक दो, एकाध, कतिपय, किंचित, *कुछ*, क्वचित, गिनती के, गिने चुने, चंद, छिटपुट, ज़रा, टुट, तनिक, थोड़े, थोड़े से, दो चार, दो तीन, नेक, परिमित, बाज़, बिरले, मित, मुट्ठी भर, यत्किंचित, *विरल*, सीमित, हीन, •अपर्याप्त, ▪अत्यधिक, ▪अनेक.

**कमअक़्ल** = अल्पज्ञ, मंदधी.
**कमअक़्ली** = मूर्खता.
**कम अच्छा** = बदतर.
**कम अधिक** = अनुपातहीन, अल्पाधिक.
**कम अनुभवी** = कनिष्ठ (कर्मचारी).
**कमअसल** = अधम, निम्नकुलीन, वर्णसंकर.
**कमइल्म** = अल्पज्ञ.
**कमइल्मी** = अल्पज्ञान.
**कम उपलब्ध** = अल्पलभ्य.
**कम उम्र** = अल्पायु.
**कमउम्र** = अवयस्क, शिशुवत.
**कमउम्री** = बचपन.
**कम ऊँचा** = ठिंगना/ठिंगनी, नीचा/नीची.
**कमकर** = कर्ता, श्रमिक.
**कम करना** = घटाना.

**कम क़ीमती** = सस्ता/सस्ती.
**कम ख़र्च** = अल्पव्यय.
**कमख़र्च** = अल्पव्ययी, कंजूस.
**कमख़र्ची** = अल्पव्यय.
**कम ख़र्चीला/कम ख़र्चीली** = सस्ता/सस्ती.
**कमख़र्चीलापन** = अल्पव्यय.
**कम खाने वाला** = डायटर.
**कम खिला/कम खिली** = अधखिला/अधखिली.
**कम गरम** = गुनगुना/गुनगुनी.
**कम गहरा/कम गहरी** = उथला/उथली.
**कमगो** = स्वल्पभाषी.
**कमची** = छड़ी, ढोलडग्गा, प्रशाखा.
**कमची हवा में चलने की ध्वनि** = सटसट.
**कमज़र्फ़** = अधम.
**कम जाना पहचाना** = अल्पपरिचित.
**कमज़ोर** = अक्षम, अप्रबल, कंकालमात्र, काग़ज़ी, कुपोषित, कोमल, जेय, निर्धन, निर्बल, पतला (द्रव), पददलित, प्रभावशील, प्रभावहीन, बीमार, भंगुर, मंदस्वरीय, रुधिरहीन, लड़खड़ाता/लड़खड़ाती, विकलांग, विचलनशील.
**कमज़ोर पड़ना** = डरना, भागना, हिचकना.
**कमज़ोरी** = कुपोषण, घुमेर, थकान, दुर्गुण, पीलिया, बुराई, भयकंप, रोग, विचलन, सहयोगहीनता, सुखंडी, हिचक.
**कम ज़्यादा** = अल्पाधिक.
**कम ठंडा** = शीतल.
**कमठ** = कछुआ, कमंडलु.
**कमठा** = धनुष.
**कमतर** = उत्तर अवस्था सूचक शब्द सूची, बदतर, बुरा/बुरी.

**कमतर** *वि* अल्प, अल्पतर, *उन्नीस*, *ऊन*, *कम*, निन्यानबे, न्यून, न्यूनतर, •अल्पतम, ▪अधिक.

**कमतरी** = विकृति.
**कमतरीन** = अल्पतम, निकृष्ट.
**कमतवज्जही** = असावधानी.
**कम ताप** = शीतलता.
**कमती** = कुछ.
**कम दाम का** = सस्ता/सस्ती.
**कम देर पहले** = अभी अभी.

**कमनज़र** = निकटदृष्टिग्रस्त.
**कमनसीब** = असफल, दुर्भाग्यशाली, शापग्रस्त.
**कमनसीबी** = दुर्भाग्य.
**कम नस्ल का** = निम्नकुलीन.
**कमनीय** = मोहक, सुंदर.
**कमनीयता** = सम्मोहिनी, सौंदर्य.
**कमनैत** = धनुषधारी.
**कम पढ़ा/कम पढ़ी** = अल्पशिक्षित.
**कमबख़्त** = दुर्भाग्यशाली.
**कम बार** = कभी कभी.
**कमबैक** = पुनर्प्रतिष्ठा.
**कमबोला/कमबोली** = वाक्संयमी, स्वल्पभाषी.
**कम भरा** = अर्धरिक्त.
**कम माँग** = व्यापारिक मंदी.
**कम मोटा** = पतला/पतली.
**कमर** = कटि, कूल्हा, पीठ, मध्यभाग.
**कमर के बल** = चित.
**कमरकोट** = आड़.
**कमरख** = सागसब्ज़ी.

**कमरख** *सं* कर्मरंग, •खटास.

**कमर थैला** = रकसैक.
**कमरपेटी** = नौली, पेटी.
**कमरबंद** = करधनी, पेटी, शस्त्रसज्जित, सन्नद्ध.

**कमरबंद** *सं* ओबी, कटिबंध, पटका, फेंटा, मेखला, •नाड़ा, •पेटी.

**कमरबंदी** = शस्त्रधारण.
**कमर बल्ला** = बँड़ेर.

**कमरा** *सं* आगार, आलय, कक्ष, कक्षा, *केबिन*, कोठा, कोष्ठ, *ख़ाना*, गृह, *घर*, चबारा, चैंबर, चौबारा, दर, दरा, प्रकोष्ठ, *भवन*, मड़ा, रूम, *वार्ड*, शाला, हाल, •कोठरी.

**कमर्शल** = विज्ञापन.
**कमर्शल ब्रेक** = विज्ञापन.
**कम लंबा** = ठिंगना/ठिंगनी.
**कमल** = गुंबद, जल, पीलिया.

**कमल** *सं* अंज, अंबुज, अंभोज, अब्ज, अब्जिनी, अरविंद, अलिप्रिय, उत्पल, कंज, कमलिनी, *कुंद*, कुमुद, क्षीरज, *जलज*, जलजात, नलिन, नीरज, पंकज, पद्म, पुंड्र, पुष्कर, राजीव, लक्ष्मीपुष्प, वारिज, शतदल, श्रीधाम, श्रीनिकेत, सरसिज, सरसीरुह, सरोज, सरोरुह, सलिलज, •नीलकमल, •रक्तकमल, •जलज, •भ्रमर, •सरस्वती.

**कमल ककड़ी** *सं* कमल नाल, कमलिनी, बिस, भसींड, भें, मृणालिका, विसिनी, •सागसब्ज़ी.

**कमल कोश** *सं* कमल गट्टा, कमल छत्ता, करहाट, *छत्ता*, पद्मकोश, वराटक.

**कमल गट्टा** = कमल कोश.
**कमल छत्ता** = कमल कोश.
**कमलज** = ब्रह्मा.
**कमलनयन** = विष्णु, सुंदर, सुंदर नयन, सुनयन.
**कमलनयना** = सुंदर स्त्री, सुंदर स्त्री.
**कमलनयनी** = सुनयना.
**कमल नाल** = कमल ककड़ी.
**कमलनेत्र** = सुनयन.
**कमलपाणि** = हस्तकमल.
**कमलबंधु** = सूर्य.
**कमलबाई** = पीलिया.
**कमलमुख** = सुंदर.
**कमलमुखी** = सुंदर स्त्री, सुंदर स्त्री.
**कमलवन** = कमलसर.

**कमलसर** *सं* अंभोजिनी, अब्जिनी, अरविंदिनी, उत्पलिनी, कमलवन, कमलाकर, कमलिनी, कुमुद सरोवर, कुमुदिनी, नलिनी, पंकजिनी, पद्मिनी, पुष्करिणी, पोखरा, पौष्करिणी, बिसिनी, मृणालिनी, सरोजिनी, •जलाशय.

**कमला** = लक्ष्मी देवी, सुंदर स्त्री.
**कमलाकर** = कमलसर.
**कमलाक्ष** = सुनयन.
**कमलाक्षी** = सुंदर स्त्री, सुनयना.
**कमला नींबू** = नारंगी.
**कमलालया** = लक्ष्मी देवी.
**कमलासन** = ब्रह्मा.
**कमलासना** = लक्ष्मी देवी.
**कमलिनी** = कमल, कमल ककड़ी, कमलसर, सुंदर स्त्री.
**कमलिनीकांत** = सूर्य.
**कमलिनी कुल वल्लभ** = सूर्य.
**कमली** = कंबल.

**कमवाना** *क्रि* अर्जित कराना, आदत्त कराना, खटाना, दिलवाना, पटवाना, *मिलवाना*, •कमाना.

**कम समय** = अल्पकाल.
**कम समय पहले** = निकट भूतकाल में.
**कमसिन** = अजातश्मश्रू, अनुभवहीन, अल्पायु, अवयस्क, कौमार्यवान, पापहीन, विवेकहीन, शिशुवत, सरलचित्त.
**कमसिनी** = कुमारीत्व, कौमार्य, बचपन, शिशुवत्ता.
**कमसुख़न** = स्वल्पभाषी.
**कम से अधिक क्रम** = आरोह क्रम.
**कम स्थान** = स्थानाभाव.
**कम स्थानों पर** = कहीं कहीं.
**कमहिम्मती** = कायर.
**कमहैसियत** = अप्रतिष्ठित, निर्धन.
**कम होना** = धुँधलाना.
**कम होना कर्म** = घटोतरी.
**कमांड** = सत्ताधिकार, सर्वोच्च सत्ता.
**कमांडमैंट** = धर्मादेश.
**कमांडर** = नौसेनापति, पोताध्यक्ष.
**कमांडर पोत** = फ़्लैगशिप.
**कमांडैंट** = सेनापति.
**कमांडो** = छाता सैनिक, छापामार दल.

**कमांडो** *सं* जाँबाज़ सैनिक, *सैनिक*, •अंगरक्षक, •गुरिल्ला सैनिक, •योद्धा.

**कमाई** = अर्जन, आजीविका, आय, पारिश्रमिक, लाभ.
**कमाऊ** = कमाने वाला, लाभप्रद.
**कमान** = अध्यक्ष, कमानचा, केंद्रस्थान, चक्रचाप, धनुष, निदेशालय, मेहराब, सत्ताधिकार, सर्वोच्च सत्ता.
**कमानचा** = धुनकी.

**कमानचा** *सं* कमान, कमानी, *गज़*, *धनुष*, बो, वाददंड, शारिका, •वायलिन.

**कमानदार** = धनुषाकार, नवचंद्राकार.

**कमाना** *क्रि* अर्जन करना, अर्जित

करना, *उठाना*, *खटना*, धन कमाना, *पाना*, *पीटना*, पैदा करना, फटकारना, *बनाना*, •कमवाना, •बचत करना, ■ख़र्चना.

**कमानी** = कमानचा, चक्रचाप, छड़ी, धनुष, स्प्रिंग.

**कमानीदार** = धनुषाकार, नवचंद्राकार.

**कमाने वाला** *सं* अर्जक, कमाऊ, कमासुत, कमेरा/कमेरी, मेहनतकश, •गृहस्थ, •बारोज़गार.

**कमाया/कमाई** = अर्जित.

**कमाया चमड़ा** = चमड़ा.

**कमाल** = करतब, कारनामा, चमत्कार, जादू, दक्षता, पराकाष्ठा, विचित्र वस्तु, स्टंट.

**कमाल का** = आश्चर्यजनक, उत्तम, पराकाष्ठागत, विचित्र.

**कमासुत** = कमाने वाला.

**कमिटी** = समिति.

**कमिश्नर** = जनपद समूह प्रसासक.

**कमिश्नरी** = जनपद आदि.

**कमी** = आवश्यकता, कुपोषण, ग़लती, छँटनी, दुर्गुण, दुर्भिक्ष, बुराई, भूल, मूल्य कटौती, लक्ष्यच्युति, हानि.

**कमीज़** *सं* कुरती, शर्ट, •कुरता, •टी शर्ट, •फ़्राक, •बुश्शर्ट.

**कमीज़ पल्ला** *सं* अगाड़ी, आगा, दामन, पल्ला, सामना, सामना पल्ला, •अग्रभूमि, •पिछेला.

**कमीन** = अधम, दुराचारी, दुर्जन, दुर्जनतापूर्ण, निम्नकुलीन, निम्नवर्णीय.

**कमीन/कमीनी** = निम्नवर्णीय.

**कमीनगाह** = घातस्थान.

**कमीनगी** = दुराचार.

**कमीनपन** = दुराचार.

**कमीना** = दुर्जन.

**कमीना/कमीनी** = अधम, दुर्जनतापूर्ण, पापपूर्ण, भ्रष्ट, स्वार्थी.

**कमी निकालने वाला** = छिद्रान्वेषक.

**कमी बेशी** = उत्थानपतन.

**कमी रह जाना** = चूकना.

**कमीशन** = आयोग, दलाल शुल्क, लाइसैंस.

**कमीशन एजैंट** = दलाल.

**कमेटी** = समिति.

**कमेड़ा** *सं* अवकुंचन, कनवल्शन, कुंचन, खिंचन, झँझोड़ा, झटकाव, *मरोड़*, *मरोड़ा*, *संकुचन*, सिमटन, •अकड़ाहट, •छटपटाहट.

**कमेरा** = शिल्पकार.

**कमेरा/कमेरन** = श्रमिक.

**कमेरा/कमेरी** = कमाने वाला, कर्ता.

**कमैंट** = कटाक्ष, टिप्पणी, रिमार्क.

**कमोडोर** = नौसेनापति.

**कमो बेश** = अल्पाधिक.

**कम्यूनलिज़्म** = संप्रदायवाद.

**कम्यूनिकेटर** = अभिवक्ता.

**कम्यूनिकेशन** = अभिव्यक्ति, कथन, घोषणा, पत्र, प्रैस विज्ञप्ति, संचार, संचार.

**कम्यूनिज़्म** = साम्यवाद.

**कम्यूनिटी** = जाति, पड़ोस, समाज.

**कम्यूनियन** *सं* अंतिम भोज, अभिषिक्त भोज, पूजा समारोह, *मास*, यूकरिस्ट, यूकरिस्ट, समूह पूजा, सहभोज, होली कम्यूनियन, •बपतिस्मा.

**कम्यूनिस्ट** = साम्यवादी.

**कम्यूनीक** = प्रैस विज्ञप्ति.

**क़याम** = निवास.

**क़यामत** = क़यामत दिन, प्रलय, संकटावस्था.

**क़यामत का** = पराकाष्ठागत.

**क़यामत की घड़ी** = निर्णायक अवसर.

**क़यामत दिन** *सं* अंतिम दिन, आख़िरी हिसाब किताब, क़यामत, पुनरुज्जीवन, प्रलय दिवस, महशर, मृतक पुनरुज्जीवन, रोज़े क़यामत, रोज़े हश्र, रोज़े हिसाब.

**क़यामती** = उत्तम, पराकाष्ठागत, प्रलयकारी, सुंदर.

**क़यास** = अनुमान.

**करंक** = अस्थि, कपाल, तूँबा, भिक्षा भांड.

**करंजख़ाना** = मुरगीख़ाना.

**करंट** = ऊर्जा, जलधारा, तरंग, प्रवाह, वर्तमान.

**करंड** = मधुमक्खी छत्ता, सान पत्थर.

**करंडी** = टोकरा टोकरी.

**करंदम** = सान पत्थर.

**करंबित** = उत्कीर्ण.

**करंसी** *सं* धन मुद्रा, *पैसा*, प्रचलित धन, *मणि*, मनी, मुद्रा, लक्ष्मी, वैध सिक्के, •क्रैडिट कार्ड, •जाली सिक्का, •नोट, •सिक्का.

**-कर** = धंधी, प्रदाता, स्रष्टा.

**कर** = हाथ पंजा.

**कर** *सं* कस्टम, ख़िराज, टैक्स, टौल, ड्यूटी, बलि (प्रा), *भार*, महसूल, *राजस्व*, रीवैन्यु, लगान, लैवी, •अधिकर, •अप्रत्यक्ष कर, •आयकर, •उत्पादन कर, •कृषिकर, •गृहकर, •चुंगी कर, •तटकर, •पथकर, •प्रत्यक्ष कर, •बिक्री कर, •भूमिकर, •मनोरंजन कर, •व्ययकर, •संपत्ति कर, •अर्जन.

**कर आय** = राजस्व.

**करकंटक** = नख.

**करक** = ओला, टीस, तूँबा, रोड़ी, सकोरा.

**करकट** = कूड़ा, रद्दी.

**करकट गड्ढा** = कूड़ा गड्ढा.

**करकता/करकती** = पीड़ाप्रद.

**करकना** = दुखना.

**करकमल** = हस्तकमल.

**करकरा/करकरी** = किरकिरा/किरकिरी.

**कर के देखना** = आज़माना.

**कर के सिखाना** = सिखाना.

**कर के सीखना** = सीखना.

**करक्शन** = मरम्मत.

**करखना** = भड़कना.

**करगत** = प्राप्त.

**करगहनी** = चौखट शीर्ष.

**करग्रहण** = पाणिग्रहण, विवाह.

**करघा** *सं* अड्डा, खड्डी, वेमा, •कपड़ा मिल, •परछा, •बुनकर, •हथकरघा.

**करछल** = कलछा.

**करछी** = कलछी.

**करछुली** = कलछी.

**कर छूट प्राप्त** = करमुक्त.

**कर छूट योग्य** = करमुक्त.
**करज** = नख.
**कर डालना** = करना.
**करडी** = तिहलन.
**करडी तेल** = तेल.
**करण** = इंद्रिय, कर्ण, कर्मेंद्रिय, कार्यान्विति.

**करण** *सं* अन्वयन, *कर्म*, कर्म करण, कर्मनिर्वाह, *कल्प*, *क्रिया*, ठान, निर्वाहण, निष्पादन, *संपादन*, समापादन, •अनुकरण, •अनुपालन, •अभियान, •आचरण, •कर्म, •कार्य, •कार्यान्विति.

**करण (अर्धतिथि)** = पंचांग अंग.
**करणीय** = आरभ्य, साध्य.

**करणीय** *वि* अच्छा/अच्छी, अनुष्ठातव्य, *आचरणीय*, इतिकर्तव्य, उचित, करने योग्य, *कर्तव्य*, कार्यान्वीय, चरितव्य, ठानने योग्य, ठान्य, बजा, *योग्य*, राध्य, विधेय, व्यवहार्य, संपाद्य, संसाध्य, सही, *साध्य*, •आचरणीय, •कृत, •विचारणीय, ▪अकरणीय.

**करणीय कर्म** = कर्तव्य.
**करतब** = कार्य, चमत्कार, जुगत, दक्षता, शरारत, शोबदा, स्टंट.

**करतब** *सं* आश्चर्यजनक कार्य, कमाल, करामात, करिश्मा, कारगुज़ारी, *कारनामा*, कारसाज़ी, *चमत्कार*, दक्षतापूर्ण कृत्य, *माया*, *लीला*, होशियारी, •स्टंट.

**करतब कर्ता** = करतबी.
**करतब खेल** = सरकस.
**करतब दिखाना** = चकराना, चौंकाना.
**करतबबाज़** = शोबदेबाज़.
**करतबिया** = करतबी, कर्मवीर, जुगाड़िया, शोबदेबाज़, स्टंटमैन.

**करतबिया** *सं* ऐक्रोबैट, करनाटी, *कलाबाज़*, *खिलाड़ी*, *नट*, •कलाबाज़, •बाज़ीगर, •स्टंटमैन.

**करतबी** = अथकनीय, कर्मवीर, कार्योन्मादी, कुशल, जुगाड़िया, नायक, महत्त्वाकांक्षी, शोबदेबाज़.

**करतबी** *वि* कलाबाज़ीपूर्ण, *चमत्कारपूर्ण*, चमत्कारी, नटीय.

**करतबी** *सं* करतब कर्ता, *करतबिया*, *खिलाड़ी*, चमत्कारी.

**करतल** = अंजलि, हथेली.
**करतल ध्वनि** = ताली.
**करतली** = हथेली.
**करता** = परिवार अध्यक्ष.
**करता/करती** = कार्यरत.
**करताधरता** = परिवार अध्यक्ष, मुखिया.
**करतार** = ईश्वर, कर्ता.
**करताल** = ताली.
**करताली** = ताली.
**करतूत** = अपराध, दुष्कर्म, शरारत.
**करतूतिया** = पापी.
**करतूती** = पापी.
**करते करते** = आख़िरकार.
**करते कराते** = आख़िरकार.
**करते की विद्या** = अनुभव.
**करतोया** = नदी सूची भारत उपमहाद्वीप.
**करद** = करदाता.
**करद राज्य** = उपनिवेश.

**करदाता** *सं* करद, करप्रदाता, टैक्सपेअर, मालगुज़ार, लगान दाता, ▪करसंग्राहक.

**कर दिखाना** = करना.
**कर देना** = करना.
**करदौना** = दोना.

**करधनी** *सं* कंकणी, कटिबंध, कटिभूषण, कटिसूत्र, *कमरबंद*, कांची, किंकिणी, चेन, तगड़ी, मेखला, रशना, रसना, वसना, शक्वरी, शिंजिनी, शृंखला, श्रेणी, श्रोणीसूत्र, सिंजिनी, सिकड़ी, सिक्कड़, सिप्रा, सूत्र, •कटि, •पेटी.

**करनपूर** = कर्णफूल.
**करनफूल** = कर्णफूल.
**करनहार** = कर्ता.
**करनहारा** = ब्रह्मा.
**करनहारा/करनहारी** = कर्ता.
**करना** = गढ़ना, बनाना.

**करना** *क्रि* अमल करना, कर डालना, कर दिखाना, कर देना, कर्म करना, काम करना, कार्य करना, चलाना, *बढ़ना*, हाथ में लेना, •कराना, •किया/की, •कृत, ▪हिचकना.

**करनाटक** = कर्नाटक.
**करनाटकी** = कलाबाज़, बाज़ीगर.
**करनाटी** = करतबिया, कर्नाटकीय, कलाबाज़, बाज़ीगर.
**करना भाव** = क्रिया.
**करनाल** = ढोल.
**करनी** = अपराध, कर्म, कार्य, दुष्कर्म, मृतक संस्कार.
**करनी का फल** = पूर्वकर्म फल.
**करने योग्य** = आरभ्य, करणीय.
**करने वाला** = कर्ता.
**करने से रोकने वाला** = वर्जयिता.
**करपंकज** = हस्तकमल.
**करपत्र** = आरा.
**करपत्री** = आरा.
**करपद्म** = हस्तकमल.
**करपात्र** = अंजलि.
**करपात्री** = साधु.
**करप्रदाता** = करदाता.

**करफ़्यू** *सं* *निषेधाज्ञा*, समय सीमा, •प्रतिबंध.

**करबद्ध** = विनम्र.
**करबद्धन** = अंजलिबद्धन.
**करभ** = ऊँट, सूँड़.
**करभ/करभा** = हाथी शिशु.
**करभ/करभी** = हाथी शिशु.
**करभक/करभिका** = हाथी शिशु.
**करभक/करभी** = हाथी शिशु.
**करभोरू** = सुंदर स्त्री.
**करम** = दया, दान, पूर्वकर्म फल, भाग्य.
**करमकल्ला** = पात गोभी.
**करम का धनी** = सौभाग्यशाली.
**करमर्द** = करौंदा.
**करमर्दक** = करौंदा.
**करमाल** = धुआँ.

**करमुक्त** *वि* अकर, अकृतशुल्क, कर छूट प्राप्त, कर छूट योग्य, करहीन, करेतर, निर्घट, लाख़िराज, ▪करयोग्य.

**करयुक्त** = करयोग्य.

**करयोग्य** *वि* करयुक्त, *देय*, महसूली, सबलि (प्रा), ■करमुक्त.

**करवंचित धन** = काला धन.
**करवट** = आरा, ओर, पार्श्व.

**करवट** *सं कल*, पहलू, *पार्श्व*, बल, बाज़ू, ●पार्श्व, ●शयन.

**करवानक** = नर गौरैया.
**करवाना** = कराना.
**करवाल** = कृपाण, तलवार.
**करवालिका** = लाठी.
**करवाली** = तलवारधारी, लाठी.
**करवीर** = अँगूठा, तलवार.
**करवेर** = लोबान.
**करशाखा** = हाथ उँगली.
**करशूक** = हाथ उँगली.

**करसंग्राहक** *सं* अमीन, कलक्टर, टैक्स कलक्टर, शुल्काध्यक्ष, ●करांकन कर्ता, ■करदाता.

**करसंपुट** = अंजलि.
**करसा** = खेसारी.
**करसी** = फावड़ा.
**करस्पर्श** = हैंडशेक.
**करहाट** = कमल कोश.
**करहीन** = करमुक्त, तस्कृत.
**कराँती** = आराकश.
**करा/करी** = मुँहबोला/मुँहबोली.

**कराधान** *सं* टैक्सेशन, ●करांकन.

**कराधान आय** = राजस्व.

**कराना** *क्रि* करवाना, काम कराना, काम पर लगाना, कार्यान्वित करवाना, ●करना.

**कराफ़े** = सुराहीनुमा बोतल.
**क़राबा** = इत्रदानी.
**करामात** = करतब, चमत्कार, जुगत, मायाजाल.
**करामाती** = गुह्य, चमत्कारपूर्ण.
**करायल** = कलौंजी.
**क़रार** = अनुबंध, ठेका, धैर्य, राहत, वचन, संधि, सहमति, सौदा.
**क़रारदाद** = अनुबंध.
**करारा** = कगार, टीला.
**करारा/करारी** = कर्कश स्वरीय, कुरकुरा (आहार), कुरकुरा (आहार), तीक्ष्ण, प्रबल, शक्तिशाली.
**कराल** = नाशकारी, भयानक, महाकाय, हिंस्र.
**करालिक** = तलवार.
**करावल** = खोज यात्री, शिकारी, हाँके वाला.
**करावल दस्ता** = अग्रगामी सेना.
**करावा** = अभिमंत्रण, गंडा तावीज़, पनौती.
**कराह** = आह, टीस.
**कराहत** = घृणा.
**कराहता/कराहती** = रोता/रोती.
**कराहना** = रोना.

**कराहना** *क्रि* आह आना, आह निकलना, आह भरना, उससना, कीकना, कूँथना, तड़पना, सिसकना, हिलकना, हूँकना, ●ठिनकना, ●रोना, ●हिचकी बँधना, ■हँसना.

**करि** = हाथी.
**करिकारिणी** = स्त्री मद्य विक्रेता.
**करियारी** = लगाम.
**करिश्मा** = करतब, कैरिज़्मा, चमत्कार, विचित्र वस्तु, शोबदा, स्टंट.
**करींद्र** = ऐरावत, हाथी.
**करी** = रसा, रसेदार भाजी, रसेदार मांस भाजी व्यंजन.
**करीक्यूलम** = पाठ्यक्रम.
**क़रीना** = क्रम, प्रक्रिया.
**क़रीनावार** = क्रमबद्ध.
**क़रीने क़यास** = आकलित.
**क़रीने से** = क्रमशः
**करी पत्ता** = मसाला सूची

**करी पत्ता** *सं* मीठा नीम.

**क़रीब** = अनुमानित, निकट, निकट ही, लगभग.
**क़रीब क़रीब** = लगभग.
**क़रीबतरीन** = अंतरंगतम.
**क़रीबन** = लगभग.
**क़रीबी** = अंतरंग, गम्य, निकट, मिलन, संबंधी.
**करीम** = अल्लाह, क्षमाशील, दयालु, दानशील.
**करीर** = करील.

**करील** *सं कंटक*, करीर, क्रकच, टेंट, ●बबूल.

**करुण** = अश्रुपूर्ण, अहिंसक, करुणाजनक, क्षमाशील, गाय समान, दयालु, दुःखद, दुःखी, शोकपूर्ण.
**करुण कथा** = दुःखगाथा.
**करुण क्रंदन** = आर्तनाद.
**करुण पुकार** = आर्तनाद.
**करुण रस** = नवरस.

**करुण रस** *सं* करुणा वर्णन, करुणोत्पादन, *दया*.

**करुणा** = अहिंसा, क्षमा, दया, सांत्वना.

**करुणा** *सं* इनसानियत, कारुण्य, तरस, *दया*, दर्द, *दुःख*, परदुःखकातरता, *ममता*, रहम, संवेदना, सहवेदना, ●अहिंसा, ●क्षमा, ●दुःख, ●वात्सल्य, ●शोक, ●सांत्वना, ■यातना.

**करुणाजनक** *वि* अनुकंपनीय, अफ़सोसनाक, करुण, करुणोत्पादक, *खेदजनक*, ग़मनाक, दयनीय, दयोत्पादक, दर्दनाक, दर्दीला/दर्दीली, दीन, *दुःखद*, दुःखप्रद, दुःख भरा, दुखियारा/दुखियारी, प्रपन्न, बेचारा/बेचारी, मनोव्यथाकारी, मर्मस्पर्शी, मार्मिक, व्यथाकारी, शोकप्रद, शोचनीय, हृदय विदारक, हृदयवेधी, हृदयस्पर्शी, ■आनंदप्रद, ■सुखद, ■हास्यप्रद.

**करुणानिधान** = ईश्वर, दयालु.
**करुणानिधि** = ईश्वर, दयालु.
**करुणामय** = अहिंसक.
**करुणा वर्णन** = करुण रस.
**करुणाशील** = दयालु.
**करुणासिंधु** = दयालु.
**करुणाहीन** = निर्दय, स्वार्थपूर्ण.
**करुणोत्पादक** = करुणाजनक.
**करुणोत्पादन** = करुण रस.
**करुवा** = घड़ा.
**करू** = कर्मवीर, कार्योन्मादी.
**करेणु** = हथिनी.
**करेतर** = करमुक्त.
**करेल** = गदा.
**करेला** = सागसब्ज़ी.

**करेला** *सं* कटुफल, कारवेल्ल.

**करेला नीम चढ़ा** = कड़वा/कड़वी.
**करेले जैसा** = कड़वा/कड़वी.
**करेले जैसा स्वाद** = कड़वाहट.
**करैया** = कर्ता.

**करैल** *सं* काली लसदार भूमि, मृत्सा.

**करोटि** = कटोरा.

**करोड़** *सं* 1,00,00,000, *कोटि*, कोटिक.

**करोड़खुख** = डींगबाज़.
**करोड़पति** = अरबपति/करोड़पति.
**करोड़ी** = कैशियर.
**करोड़ों** = अत्यधिक.
**करोना** = करौंदा.
**करौंदा** = सागसब्ज़ी.

**करौंदा** *सं* करमर्द, करमर्दक, करोना, •खटास.

**करौत** = रखेली.
**करौता** = आरा.
**करौती** = इत्रदानी, पनौती.
**करौल** = अग्रगामी सेना, हाँके वाला.
**करौली** = कृपाण.
**कर्कंधु** = बेर.
**कर्क** = कर्क राशि, केकड़ा, कैंसर.
**कर्कट** = केकड़ा, कैंसर.
**कर्कटार्बुद** = कैंसर.
**कर्कटी** = ककड़ी, तोरी.
**कर्कर** = कर्कश स्वरीय.
**कर्करांग** = खंजन.
**कर्क राशि (21/22 जून-20/23 जुलाई)** = राशि सूची.

**कर्क राशि** *सं* कर्क, सर्तान.

**कर्करी** = सुराही.
**कर्करेट** = अर्धचंद्रमा.
**कर्क रोग** = कैंसर.
**कर्कश** = असौम्य, कटुभाषी, कठोर (व्यवहारी), कर्कश स्वरीय, कलहप्रिय, क्रोधी, संगीतहीन.
**कर्कश पुरुष** = तकरारिया.
**कर्कश व्यक्ति** = तकरारिया.
**कर्कश स्त्री** = तकरारिन.

**कर्कश स्वरीय** *वि* कटु, *कठोर*, कड, कड़क, कनकना/कनकनी, करारा/करारी, कर्कर, कर्कश, कर्णकटु, काटता/काटती, कानफोड़ू, चीख़ता/चीख़ती, चुभता/चुभती, *तीक्ष्ण*, तीखा/तीखी, तेज, विकृत, शुक्त, शुष्क, सख़्त, •कनकना/कनकनी, ▪मंदस्वरीय, ▪मधुर स्वरीय.

**कर्कशा** = ईख, तकरारिन.
**कर्क संक्रांति** = उत्तर अयनांत, उत्तरायण.
**कर्कारु** = कद्दू.
**कर्कोटक** = ककोड़ा.
**क़र्ज़** = ऋण.
**क़र्ज़दार** = ऋणी.
**क़र्ज़ बोझ से दबा** = दिवालिया.
**क़र्ज़ा** = ऋण.
**कर्टसी** = कोरनिश, शिष्टाचार.
**कर्टेन** = परदा.
**कर्टेन काल** = भरतवाक्य.
**कर्ड** = दही.
**कर्ण** = कर्णभुजा, कान, नौकर्ण, व्यास.

**कर्ण** *सं* अंगराज, अधिरथ-राधा पोषित पुत्र, अरुणात्मज, आदित्यसूनु, *करण*, कुंती पुत्र, कुमारी पुत्र, दानवीर कर्ण, भास्करि, रविनंदन, राधेय, वसुषेण (बाल काल नाम), सूर्य-कुंती पुत्र, सौति, •अर्जुन, •कुंती, •दुर्योधन, •सूर्य.

**कर्णकटु** = कर्कश स्वरीय, संगीतहीन.
**कर्णकीट** = कनखज़ूरा.

**कर्णकुंडल** *सं* कर्णवलय, कर्णवेष्टन, कान कुंडल, कुंडल, •बुंदा.

**कर्णगूथ** = कान मैल.
**कर्णगोचर** = श्रुतिगम्य.
**कर्णदान** = श्रवण.
**कर्णधार** = निदेशक, नियंत्रक, प्रबंधक.

**कर्णधार** *सं* अकाड़ी, अरकटी, आराकाटी, कनहार, कर्णिक, कर्णी, केवट, कैवर्त, दिशा नियंत्रण कर्ता, नाखुदा, *निदेशक*, नौकर्णधारक, नौकर्णी, नौवाह, पतवारिया, पतवारी, पोतवाह, मल्लाह, माझी, सुकानी, •नाविक, •पोताध्यक्ष.

**कर्णधारण** *सं* कनहारी, कर्णन, दिशा नियंत्रण, *नियंत्रण*, नौवहन, मार्ग नियंत्रण, स्टीयरिंग, •नौकायन.

**कर्णन** = कर्णधारण.
**कर्णपटी** = कनपटी.
**कर्णपाली** = कान ललरी.
**कर्णपुष्प** = कर्णफूल.
**कर्णपूर** = शिरीष.
**कर्णपूरक** = कर्णफूल.
**कर्णप्रसू** = कुंती.
**कर्णप्रांत** = कान ललरी.
**कर्णप्रिय** = संगीतमय.
**कर्णफूल** = लौंग.

**कर्णफूल** *सं* अवतंस, उत्तंस, करनपूर, करनफूल, कर्णपुष्प, कर्णपूरक, कर्णभूषण, कर्णादर्श, कर्णाभरण, कर्णेंदु, कर्णोत्पल, काँप, तटंक, वतंस, संदोल, •कान, •बुंदा.

**कर्णभुजा** *सं* अक्ष कर्ण, *कर्ण*, त्रिभुज कर्ण, श्रव, श्रुति, हाइपोटैन्यूज़.

**कर्णभूषण** = कर्णफूल.
**कर्णमल** = कान मैल.
**कर्णमोटी** = चामुंडा.
**कर्णवलय** = कर्णकुंडल.
**कर्णवल्ली** = कान ललरी.
**कर्णवेध** = सोलह संस्कार सूची.
**कर्णवेधन** = कनछेदन संस्कार.
**कर्णवेष्टन** = कर्णकुंडल.
**कर्णहीन** = बहरा/बहरी.
**कर्णाकर्णि** = कानाफूसी.
**कर्णाट** = दक्षिण भारत.
**कर्णाटक** = कर्नाटक.
**कर्णाटकी** = कर्नाटकीय.
**कर्णाटकीय** = कर्नाटकीय.
**कर्णाटी** = कर्नाटकीय.
**कर्णातीत** = अश्रुतिगम्य.
**कर्णादर्श** = कर्णफूल.
**कर्णानुज** = युधिष्ठिर.
**कर्णाभरण** = कर्णफूल.
**कर्णारि** = अर्जुन.
**कर्णार्पण** = श्रवण.
**कर्णावधान** = बगिंग.
**कर्णिक** = कर्णधार.

**कर्णिका** = मध्यमा उँगली.
**कर्णिया** = कोर्निया.
**कर्णी** = कर्णधार, पलटा.
**कर्णीसुत** = कंस.
**कर्णेदु** = कर्णफूल.
**कर्णेंद्रिय** = श्रवण अनुभूति.
**कर्णेजप** = चुग़लख़ोर.
**कर्णोत्पल** = कर्णफूल.
**कर्णोपकर्णिका** = अफ़वाह.
**कर्तन** = कटाई, कताई.
**कर्तनक** = कृंतक.
**कर्तनी** = कैंची.
**कर्तव्य** = करणीय, दायित्व, धर्म, पुण्य.

**कर्तव्य** *सं* *उद्देश्य*, करणीय कर्म, काम, *कार्य*, ज़िम्मा, ड्यूटी, *दायित्व*, *धर्म*, ध्येय, फ़र्ज़, स्वधर्म, •अंतरात्मा आदेश, •आजीविका, •कर्तव्यनिष्ठा, •कालधर्म, •राजधर्म, ■अधिकार.

**कर्तव्य अपालन** = कर्तव्यच्युति.

**कर्तव्यच्युत** *वि* अनिष्ठ, असजग, असतर्क, *असावधान*, कर्तव्यविमुख, ग़ाफ़िल, प्रमादी, बेख़बर, लापरवाह, •कामचोर, •दायित्वहीन, ■कर्तव्यपरायण.

**कर्तव्यच्युति** *सं* *अवज्ञा*, अवहेलना, उदासीनता, कर्तव्य अपालन, कार्य अनिष्ठा, ग़फ़लत, दायित्वहीनता, नाफ़रमानी, बेध्यानी, लापरवाही, स्वधर्मच्युति, ■कार्यान्विति.

**कर्तव्य निर्वाहक** = कर्तव्यपरायण.
**कर्तव्यनिष्ठ** = कर्तव्यपरायण, दायित्वपूर्ण.

**कर्तव्यपरायण** *वि* अच्छा/अच्छी, *आज्ञाकारी*, कर्तव्य निर्वाहक, कर्तव्यनिष्ठ, कर्तव्यशील, कार्यनिष्ठ, निष्ठ, *निष्ठावान*, पाबंद, फ़रमाबरदार, बावफ़ा, वफ़ादार, *साधक*, स्वधर्मस्थ, •दायित्वपूर्ण, •परिश्रमी, •सावधान, ■असावधान, ■आलसी, ■कर्तव्यच्युत.

**कर्तव्यपूर्ण** = दायित्वपूर्ण.
**कर्तव्य बोध** = निदेश.
**कर्तव्यविमुख** = कर्तव्यच्युत.
**कर्तव्यविमूढ़** = दुबिधाग्रस्त.
**कर्तव्यशील** = कर्तव्यपरायण.
**कर्ता** = ईश्वर, कार्यान्वयक, धंधी, निर्माता, ब्रह्मा, सर्वेसर्वा.

**कर्ता** *सं* अमीन, आमिल, कमकर, कमेरा/कमेरिन, कमेरा/कमेरी, करतार, करनहार, करनहारा/करनहारी, करने वाला, करैया, कर्ता/कर्त्री, कर्तृक, कर्मकर, कर्म कर्ता, कर्मकार, कर्मी, कामगार, *कारक*, कारकुन, कारी, *कार्यकर्ता*, कार्यपाल, गुमाश्ता, *घटक*, वर्कर, वाला/वाली, *साधक*, •कर्ताधर्ता, •श्रमिक, ■अकर्मा.

**कर्ता/कर्त्री** = कर्ता, धंधी, निर्माता, स्रष्टा.
**कर्ताधर्ता** = अध्यक्ष, परिवार अध्यक्ष, महाप्रबंधक, सर्वेसर्वा, सर्वोच्च सत्ताधारी.
**कर्तार** = ईश्वर, ब्रह्मा, सृष्टि रचेता, स्रष्टा.
**कर्तृक** = कर्ता.
**कर्तृत्व** = कर्तृत्ववाद, कार्य, क्रिया, श्रेय.

**कर्तृत्ववाद** *सं* अदैव, *आत्मविश्वास*, आत्मविश्वासवाद, कर्तृत्व, कर्माधीनता, कृतत्व, प्रारब्धवाद विरोध, •कर्म, ■प्रारब्धवाद.

**कर्तृत्ववादी** *वि* *आत्मविश्वासी*, कर्मठ, कर्मण्य, प्रारब्ध वाद विरोधी, •महत्त्वाकांक्षी, ■प्रारब्धवादी.

**कर्त्री** = चाकू छुरी.
**कर्दम** = कीचड़, दलदल, मांस.
**कर्नाटक** = भारत राज्य प्रदेश.

**कर्नाटक** *सं* कन्नड़, करनाटक, कर्णाटक, नाट, मैसूर (विलुप्त राज्य), •भारत राज्य प्रदेश सूची.

**कर्नाटकः राजधानी** *सं* बंगलौर.

**कर्नाटकी** = दक्षिण भारतीय.

**कर्नाटकीय** *वि* उड़िपी, कनारी, कन्नड़, कन्नडिगा, कन्हड़ी, करनाटी, कर्णाटकी, कर्णाटकीय, कर्णाटी, कर्नाटकी, कान्हड़ा, कान्हड़ी, दक्षिण.

**कर्पट** = कपाल.
**कर्पास** = कपास.
**कर्पूर** = कपूर.
**कर्पूरमारम** = यूकलिप्टस.
**कर्बरी** = राक्षस स्त्री.
**कर्बुर** = चितकबरा/चितकबरी.
**कर्म** = करण, कार्य, क्रिया, धंधा, परिश्रम, प्रयास, श्रम, संस्कार.

**कर्म** *सं* करनी, काम, *कार्य*, *क्रिया*, *गतिविधि*, परिणाम साधन, *प्रयास*, यत्न, व्यवसाय, *व्यापार*, *श्रम*, •निष्काम कर्म, •सकाम कर्म, •कर्तव्य, ■अकर्म, ■विश्राम.

**कर्म अधिकार** = आजीविका अधिकार.
**कर्म अनिष्ठा** = कामचोरी.
**कर्मकर** = कर्ता, कर्मचारी, कार्यकर्ता, श्रमिक.
**कर्म करण** = करण.
**कर्म करना** = करना.
**कर्म कर्ता** = कर्ता.
**कर्मकांड** = लाल फ़ीताशाही.

**कर्मकांड** *सं* *खटराग*, *गोरखधंधा*, जटिलता, टंटाबखेड़ा, धर्मधक्का, धर्मानुष्ठान, पचड़ा, पद्धति, बखेड़ा, मखक्रिया, रस्म, रस्मो रिवाज़, रीति, रीतिरिवाज़, रूढ़ि, रूढ़िपालन, विधान, *विधि*, विधिविधान, विहित धर्मकर्म, संस्कार विधि, होमकल्प, •धर्मकर्म, •परंपरा, •प्रक्रिया, •प्रथा, •संस्कार.

**कर्मकांड पालक** = कर्मकांडी.
**कर्मकांडी** = पुरोहित.

**कर्मकांडी** *सं* कर्मकांड पालक, कर्मनिष्ठ, कर्मनिष्ठ, धर्मीकर्मी, नियम पालक, परंपरा पालक, *रूढ़िवादी*, विधिपालक.

**कर्मकांडीय** *वि* *अचल*, अपरिवर्तनशील, कड़ा/कड़ी, खटरागपूर्ण, *धार्मिक*, पंडिताऊ, प्रथागत, रवायती, रिवाज़ी, रीतिरिवाज़ी, रीतीय, रूढ़, *विधिसंगत*, विहित, सख़्त, •औपचारिक, •शास्त्रसंगत.

**कर्मकार** = कर्ता, शिल्पकार, श्रमिक.
**कर्मकुशल** = कुशल, दक्ष, प्रशिक्षित.
**कर्मकौशल** = दक्षता.
**कर्मक्षम** = अविकृत, सक्षम.
**कर्म क्षमता** = क्षमता.
**कर्मक्षेत्र** = इहलोक, कार्यक्षेत्र, कार्यस्थान.
**कर्मचांडाल** = अधम.
**कर्मचारी** = कार्यकर्ता.

**कर्मचारी** *सं* अहलकार, आजीवी, ऐंप्लौयी, कर्मकर, कर्मी, कारकुन, कारिंदा, *कार्यकर्ता*, चाकर, *नौकर*, भृत्य, मुलाज़िम, सर्वेंट, स्टाफ़, •आवेदक, ▪ऐंप्लायर, ▪व्यापारी.

**कर्मचारी आवश्यकता** = रिक्त पद.
**कर्मचारी गण** = कर्मचारी दल.

**कर्मचारी दल** *सं* अनुचर गण, अनुचर दल, अनुचर समष्टि, अमला, कर्मचारी गण, कर्मचारी समूह, गण, *दरबार*, दरबारी दल, दल, दलबल, नौकरचाकर, परिजन, *परिवार*, फ़ौज, लाव लश्कर, सेवक जन, सटाफ़, ०कार्यकर्ता, •वृंद.

**कर्मचारी समूह** = कर्मचारी दल.
**कर्मज** = कर्मफल.
**कर्मठ** = कर्तृत्ववादी, कर्मवीर, कर्मवीर, कार्योन्मादी, चुस्त, दक्ष, महत्त्वाकांक्षी, सक्रिय, साहसी.
**कर्मठता** = चुस्ती.
**कर्मण्य** = उत्साही, कर्तृत्ववादी, कार्योन्मादी, चुस्त.
**कर्मण्यता** = उत्साह, ऊर्जा, चुस्ती.
**कर्मत्याग** = कर्मफलत्याग.
**कर्मद्वेष** = कामचोरी.
**कर्मद्वेषी** = कामचोर.
**कर्मनिर्वाह** = करण.
**कर्मनिष्ठ** = कर्मकांडी, कर्मकांडी, कार्योन्मादी.
**कर्मन्यास** = कर्मफलत्याग.
**कर्मपूर्ति** = कार्यपूर्ति.
**कर्म प्रभाव** = प्रभाव.
**कर्मफल** = परिणाम, पूर्वकर्म फल, प्रारब्ध.

**कर्मफल** *सं उत्पाद*, कर्मज, *परिणाम*, प्रतिदान, *प्रभाव*, *फल*, फलित, *योग*, •प्रतिक्रिया, •भाग्य.

**कर्मफल आसक्ति** = सकाम कर्म.

**कर्मफलत्याग** *सं अनासक्ति*, ईश्वर अर्पण, कर्मत्याग, कर्मन्यास, कर्म संन्यास, ब्रह्मार्पण, संन्यास, •निष्काम कर्म.

**कर्मफलवाद** = प्रारब्धवाद.
**कर्मभूमि** = कार्यस्थान, भारत.
**कर्ममार्ग साधना** = कर्मयोग.
**कर्मयुग** = कलियुग.
**कर्मयोग** = साधना.

**कर्मयोग** *सं* कर्ममार्ग साधना.

**कर्मयोग शास्त्र** = गीता.
**कर्मयोगी** = कर्मवीर, कर्मवीर, कार्योन्मादी, साधक.
**कर्मरंग** = कमरख.
**कर्मरत** = कार्यरत.
**कर्मरेख, कर्मलेख** = प्रारब्ध लेख.
**कर्मवाद** = प्रारब्धवाद.
**कर्मवीर** = कार्योन्मादी.

**कर्मवीर** *सं* उद्यमी, *करतबिया*, *करतबी*, करू, कर्मठ, कर्मठ, कर्मयोगी, कर्मयोगी, कर्मशूर, कार्यवीर, गुडाकेश, पुरुषार्थी, भीमकर्म, शक्तिस्रोत, शोला, ▪कामचोर.

**कर्मशाला** = कारख़ाना.
**कर्मशील** = अथकनीय, कार्योन्मादी, चुस्त, सक्रिय.
**कर्मशीलता** = साधना.
**कर्मशूर** = कर्मवीर, कार्योन्मादी.
**कर्म संन्यास** = कर्मफलत्याग.
**कर्म संपादन** = कार्यान्विति.
**कर्म साक्षी** = प्रत्यक्षदर्शी, यमराज.
**कर्म साधन** = कर्मेंद्रिय.
**कर्मसूचक शब्द** = क्रिया.
**कर्म से प्राप्त ज्ञान** = अनुभव.
**कर्मस्थल** = कार्यस्थान.
**कर्मस्थान** = कार्यस्थान.
**कर्महीन** = अकर्मा, निष्क्रिय, प्रयासहीन, प्रारब्धवादी.
**कर्महीनता** = अकर्म, अप्रयास, आलस, कामचोरी, प्रारब्धवाद.

**कर्मांत** = समापन.
**कर्माधीनता** = कर्तृत्ववाद.
**कर्मानुरागी** = कार्योन्मादी.
**कर्मार** = शिल्पकार.
**कर्मिष्ठ** = अथकनीय, कार्योन्मादी, कार्योन्मादी, दक्ष.
**कर्मिष्ठता** = दक्षता.
**कर्मी** = अद्विज वर्ण, कर्ता, कर्मचारी, कार्यकर्ता, कार्योन्मादी, कार्योन्मादी, धंधी, निर्माता, शिल्पकार, श्रमिक, स्रष्टा.
**कर्मीर** = गेरुआ, चितकबरा/चितकबरी.

**कर्मेंद्रिय** *सं करण*, कर्म साधन, क्रियेंद्रिय.

**कर्मेंद्रिय सूची** *सं* गुदेंद्रिय (गुदा), जननेंद्रिय (उपस्थ), पदेंद्रिय (पैर), वाचेंद्रिय (वाणी), हस्तेंद्रिय (हाथ).

**कर्मोन्मुखता** = प्रवृत्ति.
**कर्रा/कर्री** = कंजूस, कठिन, कठोर (अधिकारी), कठोर (व्यवहारी).
**कर्रूबी** = फ़रिश्ता.
**कर्वट** = पर्वतीय नगर.
**कर्षक** = ट्रैक्टर.

**कर्षक** *सं* कर्षण कर्ता, कर्षी, -कश (जैसेः रस्साकश), कृषक, खिंचवा, खिंचैया, खींचनहार, खींचने वाला, खींचू, घसीटने वाला, घसीटू.

**कर्षक यान** = अग्रयान.

**कर्षण** *सं* अनुकर्षण, ऐंच, *कश*, *कसन*, खिंचाई, खींच, घसीट, घसीटन, टान, ट्रैक्शन, पीछे पीछे खींचना कर्म, लथाड़, लथेड़, हिंचाई, हींच, •आकर्षण, •विकर्षण.

**कर्षण करना** = खींचना.
**कर्षण कर्ता** = कर्षक.
**कर्षिणी** = लगाम.
**कर्षित** = हलित.
**कर्षित करना** = खींचना.
**कर्षित होना** = खिंचना.
**कर्षी** = कर्षक, चुंबकीय, फावड़ा.
**कर्ष्य** = लचकदार.
**कर्सर** = संकेतक.

**कर्सर** *सं* कंप्यूटर कर्सर, मानिटर पर डाटा प्रविष्टि स्थान का चल संकेत, *संकेतक*.

**कलंक** = कालिख, दाग़, दुर्गुण, बदनामी, मल, लांछन, लांछन.
**कलंक का टीका** = लांछन तिलक.
**कलंकप्रद** = निंदात्मक.
**कलंकहीन** = अनिंदनीय, निष्कलंक.
**कलंकित** = अपमानित, पराजित, लांछित, वैभवखंडित.
**कलंकी** = अधम, चंद्रमा, बदनाम, भ्रष्ट, लांछित.
**कलँगा** = छैनी.
**क़लंदर** = अलमस्त, बाज़ीगर, मजमेबाज़, मदारी.
**क़लंदरी** = हुड़दंग.
**कलंब** = कदंब.
**कल** = अंग, इंजन, उपकरण, करवट, गुर, जुगत, पार्श्व, पुरज़ा, बंदूक़ घोड़ा, भूत काल में, यंत्र, राहत, सफलता मार्ग.

**कल** *सं* अगला दिन, आज से पहला या अगला दिन, काल्ह, कोई और दिन, पिछला दिन, •परसों, ▪आज.

**कल- (जैसेः कलमुँहा)** = काला/काली.
**कल आज और कल** = त्रिकाल, हमेशा.
**क़लई** = चूना पुताई, राँगा.

**क़लई** *सं* *आब*, *कली*, *गिलट*, *जस्ता*, पानी, मुलम्मा, *राँगा*, राँगा पानी, राँगा मुलम्मा, सफ़ेदी, •राँगा.

**क़लई उतरा** = वैभवखंडित.
**क़लई उतारना** = धिक्कारना.
**क़लईगर** = क़लईगीर.

**क़लईगीर** *सं* क़लईगर, टिनकर्मी, •टिनकर्मी.

**कलई चूना** *सं* अनबुझा चूना, क़लई, *कली*, कली चूना, बरी, बिना बुझा चूना, सफ़ेदी, सुधा.

**कलकंठ** = कबूतर, कोयल, मधुर स्वरीय, हंस.
**क़लक** = खेद, छटपटाहट, टीस, दुःख, पश्चात्ताप, पीड़ा.

**कलकल** = चहचहाहट, बहता/बहती, मंदध्वनि.

**कलकल** *सं* कलकलाहट, *झरझर*, झिरझिर, लहर ध्वनि, *सरसर*, •कलध्वनि, •मंदध्वनि.

**कलकल करना** = कलकलाना, बहना.
**कलकलाना** = बहना.

**कलकलाना** *क्रि* कलकल करना, गुनगुन करना, छलछल करना, छलछलाना, फरफराना, *फुसफुसाना*, भनभनाना, मरमर करना, मरमराना, मर्मर करना, मर्मर ध्वनि करना, मुरमुराना.

**कलकलाहट** = कलकल.
**कल का** = निकट भूतकालीन.
**कलकानि** = चिंता.
**कल कारख़ाना** = उद्योग, कारख़ाना.
**कलकूजिका** = गायिका वेश्या.
**कलक्टर** = करसंग्राहक, जनपद प्रशासक, संग्रहकार.
**कल्कि** = अवतार सूची.
**कलक्शन** = संग्रह.
**कलगी** = उच्चबिंदु, टुनगी.

**कलगी** *सं* चूड़ा, तुर्रा, पिच्छ, शिखंड, शिखंडिका, *शिखा*, शिफा, सटा, सिरगिरी, •सिर, •सींग.

**कलघोष** = कोयल.

**कलछा** *सं* करछल, कलछुल, कलछुला, स्रुवा, •कद्दुआ, •चम्मच, •झाम, •पलटा, •पौनी.

**कलछी** *सं* करछी, करछुली, कलाची, खजा, स्रुवा, •चम्मच, •झाम.

**कलछुल** = कलछा.
**कलछुला** = कलछा.
**कलज** = मुरगा.
**कलजुग** = कलियुग.
**कलझँवाँ/कलझँवीं** = कृष्णवर्ण.
**कलट्टर** = जनपद प्रशासक.
**कलदार** = धन, रुपया, सिक्का.
**कलधौत** = चाँदी, स्वर्ण.
**कलध्वनि** = कबूतर, कोयल, चहचहाहट, मोर.

**कलध्वनि** *सं* कलनाद, कलरव, कलरौ, काकली, कोमल ध्वनि, मर्मर, मर्मर ध्वनि, मर्मराहट, सुरव, सुराव, •चहचहाहट, •प्रवाह, •लहर, ▪कोलाहल.

**कलन** = आकलन, जोड़ कर्म.
**कलनाद** = कलध्वनि, हंस.
**कलपना** = खीजना, छटपटाना, रोना.
**कल परसों** = निकट भूतकाल में.
**कलपाना** = दुखाना, रुलाना.
**कल पुरजा** = पुरज़ा.
**कलपेंच** = कुचाल.
**कलबल** = मीनमेख.
**कलबूत** = गुंबद, ढाँचा.
**कल बेकल होना** = छटपटाना.
**कलभ/कलभा** = हाथी शिशु.
**क़लम** = कटा/कटी, कटाई, क्लोनित जीव, पंख डंडी, पेड़ पौधा क़लम, प्रशाखा, प्रिज़्म, फुलझड़ी.

**क़लम** *सं* *तूलिका*, पंखनाल, *पैन*, मोरपंख, लेखनी, •पैंसिल, •फ़ाउनटेन पैन, •फ़ैल्ट पैन, •बालपैन.

**क़लम (चित्रकला)** = शैली.
**क़लम करना** = काटना.
**क़लमकार** = लेखक.
**क़लमकार होना** = लिखना.
**क़लमकारी** = चित्रकला.
**क़लम का सिपाही** = लेखक.
**क़लमजीवी** = लेखक.

**क़लमदान** *सं* क़लमदानी, पैनस्टैंड, •कलर बाक्स, •पैंसिल बाक्स.

**क़लमदानी** = क़लमदान.
**क़लम पैंसिल** = स्टेशनरी.
**क़लमबंद** = लिखित, लिखित (साहित्य).
**क़लमबंदी** = लिखापढ़ी, लेखन.

**क़लम लगाई** *सं* दाबा, पैबंदकारी, शाख़चाबंदी, •क्लोनन, •बुआई, •रोपण.

**कलमलाना** = छटपटाना, पछताना.
**कलमा** = धर्मादेश.

**कलमा** *सं* लाइलाह इलल्लाह मुहम्मदुर रसूलल्लाह.

 **(प्रा)** प्राचीन शब्द, अब अप्रचलित - *तिरछे* शब्द स्वतंत्र शीर्षक भी हैं •सपर्याय ▪विपर्याय

**कलमागो** = मुसलिम.
**कलमा पढ़ना** = सराहना.
**कलमा पाठ (इसलाम)** = धर्मग्रहण.
**क़लमी** = दरदराया/दरदराई, दरदराया/दरदराई.

**क़लमी** *वि* पैबंदी, ■बीजिया.

**क़लमी आम** = आम.
**कलमुँहा/कलमुँही** = लांछित.
**कलमुँही** = कुलटा.
**कलयाना** = अँकुराना.
**कलर** = त्वचा रंग, रंग, रंग द्रव्य.

**कलर बाक्स** *सं* रंगदानी, ●क़लमदान.

**कलरव** = कलध्वनि, चहचहाहट, हर्षध्वनि.
**कलरव करना** = चहचहाना.
**कलरवी** = कोलाहल कर्ता, कोलाहलकारी.
**कलरौ** = कलध्वनि.
**कललज** = भ्रूण.
**कलवारन** = साक़ी बाला.
**कलवारिन** = स्त्री मद्य विक्रेता.
**कलविंक** = कोयल, नर गौरैया, बुलबुल.
**कलश** = उच्चबिंदु, गुंबद, गुलदान, घड़ा, लोटा.

**कलश** *सं* कलशी, कलस, कलसा, कलसी, कुंभ, टोकना, टोकनी, हंडा, ●कमंडलु, ●घड़ा, ●देगचा.

**कलशज** = अगस्त्य.
**कलशधारिणी** = शीतला.
**कलशी** = कलश.
**कलस** = कलश.
**कलसा** = कलश, गुंबद, घड़ा.
**कलसी** = कलश, घड़ा.
**कलहंस** = राजहंस, हंस.
**कलह** = असामंजस्य, एकताहीनता, गृहयुद्ध, तकरार, प्रणय कोप, युद्ध, वैमनस्य.

**कलह** *सं* अदावत, अनबन, कटाकटी, कशमकश, क्लेश, खटपट, खींचतान, खींचाखींची, झगड़ा, झगड़ाझमेला, झगड़ाटंटा, झिकझिक, टंटा, टंटाबखेड़ा, ठनाठनी, तनाव, दुश्मनी, बखेड़ा, बिगाड़, राड़, रार, लड़ाई, लड़ाई झगड़ा, विग्रह, हुज्जत, ●गृहकलह, ●जूतम पैजार, ●तकरार, ●युद्ध, ●विवाद, ●वैमनस्य, ■मित्रता, ■संधि.

**कलह करवाने वाला** = गुटबाज़.
**कलहकार** = उपद्रव नेता, गुटबाज़, तकरारिया.
**कलहग्रस्त** = विवादित.
**कलहप्रिय** = नारद.

**कलहप्रिय** *वि* अक्खड़, अदावतपेशा, अपभाषी, अपवक्ता, अप्रियभाषी, *आक्रामक*, उज्झड़, उद्धत, कठहुज्जती, कर्कश, कलही, किचकिचिया, किटकिटिया, *क्रोधी*, गरममिज़ाज, चंड, चखचखिया, जंगी, जंजालिया, झंझटी, झगड़ालू, झमेलिया, झिकझिकिया, तकरारी, दुर्वाचक, फ़सादी, बदमिज़ाज, बिगड़ैल, भड़कैल, मुँहज़ोर, युद्धप्रिय, लड़ाका/लड़ाकी, लड़ोकना/लड़ोकनी, विवादी, वैतंडिक, हुज्जती, ●अवज्ञाकारी, ●असौम्य, ●धृष्ट, ■प्रशांत, ■विनम्र.

**कलहप्रिय पुरुष** = तकरारिया.
**कलहप्रिय स्त्री** = तकरारिन.
**कलहप्रिया** = मैना.
**कल ही** = निकट भूतकाल में.
**कलही** = कलहप्रिय.
**कलाँ** = बृहत्.
**कलांकुर** = सारस.
**कला** = अंश, अभिनय, कलाकृति, कृति, खंड, घटक, चित्र, चित्रकला, जुगत, दक्षता, योग्यता, रज, लीला, लोककला, शिल्प, संस्कृति, साहित्य.

**कला** *सं* आर्ट, कारीगरी, गुण, *शिल्प*, हुनर, ●चाक्षुष कला, ●दृश्य श्रव्य कला, ●मंचकला, ●ललित कला, ●लोककला, ●व्यावसायिक कला, ●श्रव्य कला, ●अभिनय, ●चित्र, ●शिल्प, ●संगीत, ●संस्कृति, ●सरस्वती, ●साहित्य.

**कला आस्वादक** = सुहृदजन.

**कला आस्वादन** *सं आस्वादन*, कला उपभोग, कलानुभूति, भोजकत्व क्रिया, रसभोग, *रसानुभूति*, रसाभोग, रसास्वादन.

**कलाई** = बंडल, लच्छी.

**कलाई** *सं* गट्टा, *पहुँचा*, पहुँची, ●अग्रहस्त, ●कड़ा, ●चूड़ी, ●दस्तबंद, ●हाथ.

**कलाई-उँगली मूल आंतरिक पाणि** = हथेली.

**कलाई पट्टी** *सं* कफ़, मणिबंध, ●आस्तीन, ●टर्न कफ़.

**कला उपभोक्ता गण** = सुहृदजन.
**कला उपभोग** = कला आस्वादन.
**कलाकर्मी** = कलाकार.
**कलाकार** = अभिनेता, अभिनेत्री, गायक, चित्रकार, प्रतिभाशाली व्यक्ति, मूर्तिकार.

**कलाकार** *सं* आर्टिस्ट, उस्ताद, कलाकर्मी, कलावंत, ख़ालिक, मास्टर, रचनाकार, रचयिता, रचेता, शिल्पी, *स्रष्टा*, ●पेशेवर कलाकार, ●शौक़िया कलाकार, ●अभिनेता, ●गायक, ●चित्रकार, ●मूर्तिकार, ■समीक्षक.

**कलाकारी** = अभिनय.
**कलाकृति** = कालजयी कलाकृति.

**कलाकृति** *सं* आर्टपीस, *कला*, काम, कृत रचना, *कृति*, *चीज़*, निर्मिति, बौद्धिक संपत्ति, रचना, रचित कृति, सर्जना, सर्जित कृति, *सृष्टि*, ●चित्र, ●मूरति, ●साहित्य.

**कलाकेलि** = कामकेलि.
**कलाकोविद** = सिद्ध कलाकार.
**कलागुरु** = सिद्ध कलाकार.
**कलाची** = कलछी.
**कलाज्ञान** = गुणज्ञता.
**कलात्मक** = भावोत्पादक, शोभनीय.

**कलात्मक** *वि* अच्छा/अच्छी, अभिरूप, अलंकारपूर्ण, उत्कृष्ट, *उत्तम*, कलापूर्ण, कल्पनापूर्ण, बढ़िया, *भव्य*, मनोरम, मनोहर, *मोहक*, रसात्मक, ललित, सरस,

*सुंदर*, *सुखद*, सुगढ़, सुनिर्मित, सुरुचिसंपन्न, सुसज्जित, सौंदर्यात्मक, सौंदर्यानुभूतिपूर्ण, सौष्ठवपूर्ण, ●अभिव्यक्तिपूर्ण, ●काव्यात्मक, ●भावोत्पादक, ●सुंदर, ●सुरुचिपूर्ण, ■कलाहीन, ■कल्पनाहीन, ■निकृष्ट, ■फूहड़.

**कलात्मक निबंध** = ललित निबंध.
**कलादा** = महावत सीट.
**कलादीर्घा** = चित्रशाला.

**कला देवी** *सं* गीर्देवी, गीर्पति, भारती, म्यूज़, वाग्देवी, *सरस्वती*.

**कलाधर** = चंद्रमा.
**कलानिधि** = चंद्रमा.
**कलानुनादी** = भ्रमर.
**कलानुभूति** = कला आस्वादन.
**कलानुराग** = कलाप्रेम.
**कलाप** = तरकस, पंख, बंडल, मोर पूँछ, समूह.
**कलापिनी** = मोरनी.
**कलापी** = कोयल, मोर, वटवृक्ष.
**कलापूर्ण** = कलात्मक, सुरुचिपूर्ण.

**कलाप्रेम** *सं* कलानुराग, कलारुचि, *गुणज्ञता*, बाज़ौक़ी, भोजकता (प्रा), रंगीनी, रसज्ञता, *रुचि*, विदग्धता, वैदग्ध्य, सहृदयता, *सुरुचि*, सुहृदता, सुहृदयता.

**कलाप्रेमी** = ग़ैरपेशेवर (कलाकर्मी).

**कलाप्रेमी** *सं* कलारसिक, रसज्ञ, *रसिक*, रसिया, सुजान, सुहृदय, ●गुणग्राहक, ●रसप्रेमी, ●साहित्य प्रेमी.

**कलाबत्तू** *सं* बत्तू, रेशम धागे पर लिपटी ज़री.

**कलाबाज़** = करतबिया.

**कलाबाज़** *सं* करनाटकी, करनाटी, गिरहबाज़, नट/नटनी, *बाज़ीगर*, ●करतबिया.

**कलाबाज़ी** *सं* उड़ी, कलाबाती, गुलाँट, नटबाज़ी, पलटी, लुढ़कनी, लौटनियाँ, ●नट खेल, ●स्टंट.
**कलाबाज़ीपूर्ण** = करतबी.

**कलाबाती** = कलाबाज़ी.
**कलाम** = आज्ञा, उक्ति, वचन.
**कलामय** = काव्यात्मक, सुरुचिपूर्ण.
**कलामर्मज्ञता** = गुणज्ञता.
**कलामे पाक** = क़ुरान.
**कलामे मजीद** = क़ुरान.
**कलाय** = मटर.
**कलार/कलारिन** = डिस्टिलर.
**कलारन** = स्त्री मद्य विक्रेता.
**कलारसिक** = कलाप्रेमी.
**कलारिन** = स्त्री मद्य विक्रेता.
**कला रुचि** = सुरुचि.
**कलारुचि** = कलाप्रेम.
**कलारुचिसंपन्न** = सुरुचिसंपन्न (व्यक्ति).
**कलाल** = डिस्टिलर, मद्य विक्रेता.
**कलाल/कलालिन** = डिस्टिलर.
**कलालन** = स्त्री मद्य विक्रेता.
**कलालिन** = स्त्री मद्य विक्रेता.
**कलावंत** = कलाकार, राग गायक, संगीतज्ञ, सिद्ध कलाकार.

**कलावा** *सं* कच्चा सूत, रक्षासूत्र.

**कलाविज्ञान** = संस्कृति.
**कलावीथी** = चित्रशाला.
**कला सिखाना** = सिखाना.
**कलाहीन** = कल्पनाहीन, फूहड़.

**कलाहीन** *वि* अकलात्मक, अनगढ़, *अपरिष्कृत*, असुंदर, कुगढ़, दक्षताहीन, रुचिहीन, शोभाहीन, *साधारण*, *सुरुचिहीन*, ●अरोचक, ●फूहड़, ●भँड़ौआ, ■कलात्मक, ■सुरुचिपूर्ण.

**कलिंग** = उड़ीसा, शिरीष.
**कलिंगक** = तरबूज.
**कलिंगा** = उड़ीसा.
**कलि** = कलियुग.
**कलिकर्म** = युद्ध.
**कलिका** = कली.
**कलिकाल** = कलियुग.
**कलिजुग** = कलियुग.
**कलित** = आभूषित, जुड़ा/जुड़ी, लिया/ली, सुंदर.
**कलिद्रुम** = बहेड़ा.
**क़लिया** = रसेदार मांस भाजी व्यंजन.

**कलियुग** *सं* अंत्ययुग, कर्मयुग, कलजुग, कलि, कलिकाल, कलिजुग, लौह युग, वर्तमान युग, ●द्वापर युग, ●नवयुग, ■त्रेतायुग, ■सत्ययुग.

**कलियुगी** = दुर्जनतापूर्ण.
**कलिल** = गाढ़ा/गाढ़ी.
**कलिहारी/कलिहारिन** = डिस्टिलर.
**कलींदा** = तरबूज.
**कली** = क़लई, कलई चूना, ज़ंजीर कड़ी, नाक कील, प्रारंभिक अवस्था.

**कली** *सं* *अंकुर*, अनखिला फूल, कलिका, ग़ुंचा, डोंडी, पुष्पांकुर, प्रसूनक, बोंडी, मुकुल, ●पुष्प.

**कली खिलना** = खिलना.
**कली चूना** = कलई चूना.

**कली जैसा** *वि* अनखिला/अनखिली, अल्पवयस्क, अविकसित, कच्चा/कच्ची, *कोमल*, छोटा/छोटी, नाज़ुक, भोला/भोली, मुँदा/मुँदी, मुकुलित, *सुकुमार*, सुकोमल, ●पुष्प जैसा, ■कँटीला/कँटीली.

**कलीसा** = गिरजाघर.
**कलीसाई** = ईसाई, गिरजाघरीय.
**कलीसिया** = उपदेश, गिरजाघर.
**कलुआ/कलुई** = कृष्णवर्ण.
**कलुष** = कालिख, दाग़, पाप, पापपूर्ण, मल, लांछन, लांछन.
**कलुषता** = कालिमा.
**कलुषहीन** = अनिंदनीय.
**कलुषा** = कुलटा.
**कलुषित** = कौमार्यनष्ट, गंदा/गंदी, दुराचारी, बदनाम, बलात्कृत, लांछित.
**कलूटा/कलूटी** = काला/काली, कृष्णवर्ण.
**कलेऊ** = ब्रेकफ़ास्ट.
**कलेजा** = जिगर, दुस्साहस, फेफड़ा, साहस, हृदय.
**कलेजा टूटना** = डरना.
**कलेजा बल्लियों उछलना** = हुलसना.
**कलेजे का टुकड़ा** = पुत्र, लाड़ला/लाड़ली.
**कलेजे की कोर** = पुत्री.
**कलेजे से लगाना** = दुलारना.
**कलेवर** = आकार, शरीर.
**कलेवा** = उपाहार, ब्रेकफ़ास्ट, यात्रा आहार.

 (प्रा) प्राचीन शब्द, अब अप्रचलित - *तिरछे* शब्द स्वतंत्र शीर्षक भी हैं ●सपर्याय ■विपर्याय

**कलोर** = बछड़ा.
**कलोरी** = किशोरी, बछिया, युवती, सुंदर स्त्री.
**कलौंछ** = कालिख.
**कलौंजी** = मसाला सूची

**कलौंजी** *सं* करायल, मगरेली, मगरैला.

**कलौंस** = कालिख, कालिमा.
**कल्क** = खाद, तलछट, पिट्ठी, मल, विष्ठा, शत्रुता.
**कल्की** = अपराधी, पापी.

**कल्चर्ड पर्ल** *सं* जापानी मोती, पालतू सीप मोती.

**कल्ट** = फ़ैड.

**कल्ट** *सं* अंधभक्ति, *गुट*, दीवानगी, *भक्ति*, शिष्य मंडली, *संप्रदाय*, •फ़ैड, •संप्रदाय.

**-कल्प** = मानो.
**कल्प** = करण, कार्य, प्रक्रिया, युग, वेदांग.
**कल्प 1/14** = मन्वंतर.
**कल्पक** = निर्माता.
**कल्पतरु** = कल्पवृक्ष, वारियल वृक्ष.
**कल्पद्रुम** = कल्पवृक्ष, वारियल वृक्ष.
**कल्पन** = निर्माण, परिकल्पना, रूप प्रदान.
**कल्पना** = अंदाज़ा, कहानी, काव्य बिंब, झूठ, दिवास्वप्न, परिकल्पना, पूर्वज्ञान, फ़ैंटेसी, बिंब विधान, मिथक, सहसा कल्पना, स्वप्न.

**कल्पना** *सं* आइडिया, इमैजिनेशन, *उड़ान*, उद्भावना, उपज, ख़याल, *दिवास्वप्न*, *प्रेरणा*, बहम, *भाव*, भास, मनोकल्पना, *विचार*, सपना, सूझ, सूझबूझ, •आविष्कार, •नई कल्पना, •परिकल्पना, •प्रेरणा, •भ्रमदर्शन, •मरीचिका, •मायादर्शन, •सहसा कल्पना, ▪तथ्य, ▪प्रमाण, ▪यथार्थ, ▪सत्य.

**कल्पना कर्म** = परिकल्पना.
**कल्पनाकार** = भविष्यवादी, स्वप्नद्रष्टा.
**कल्पना के घोड़े** = दिवास्वप्न, फ़ैंटेसी.
**कल्पनाजन्य** = मायावी.
**कल्पनातीत** = अगणनीय, आश्चर्यजनक, चमत्कारपूर्ण, वर्णनातीत.
**कल्पनात्मक** = चित्रात्मक, सृजनशील.
**कल्पना दर्शन** = फ़ैंटेसी.
**कल्पना देश** = दिवास्वप्न.
**कल्पनाधारित** = मायावी.
**कल्पनापूर्ण** = कलात्मक, काव्यात्मक, शोभनीय, सुरुचिपूर्ण, सृजनशील.
**कल्पनाप्रवण** = सृजनशील.
**कल्पनाप्रसूत** = मिथकीय.
**कल्पनामग्नता** = दिवास्वप्न.
**कल्पना लोक** = दिवास्वप्न, दिवास्वप्न, परीलोक.
**कल्पनाशील** = भविष्यवादी, भावुक, सृजनशील.
**कल्पनाशीलता** = कारयित्री प्रतिभा.
**कल्पना सृष्टि** = बिंब विधान.

**कल्पनाहीन** *वि अनुर्वर*, *कलाहीन*, प्रेरणाहीन, *रसहीन*, व्यवहारवादी, शुष्क, •सृजनहीन, ▪कलात्मक.

**कल्पनीय** = बुद्धिग्राह्य, संभव.
**कल्पनीयता** = संभावना.
**कल्पवृक्ष** = वारियल वृक्ष.

**कल्पवृक्ष** *सं* अमरतरु, कल्पतरु, कल्पद्रुम, कामतरु, नंदनकानन वृक्ष, पारिजात, मंदार, सुरद्रुम, स्वर्गतरु, हरिचंदन.

**कल्पित** = अनुमानित, असत्य, तथ्यहीन, नक़ली, प्रत्याशित, मिथकीय, रचित.
**कल्पित कथा** = कहानी.
**कल्पित यथार्थ** = यथार्थाभास.
**कल्मष** = गंदा/गंदी, पाप.
**कल्यपाल** = डिस्टिलर.
**कल्याण** = उपकार, पुण्य, बीमा, वरदान, समृद्धि, सलामती, सुपरिस्थिति, सुरक्षा, सौभाग्य, हित.

**कल्याण** *सं* अक्षति, अच्छा, इष्ट, *उपकार*, कुशलता, क्षेम, ख़ैर, बेहतरी, बेहबूदी, भला, भलाई, मंगल, मांगल्य, योगक्षेम, *लाभ*, शुभ, *श्रेय*, *सलामती*, *सुख*, सुखसौभाग्य, सुमंगल, सुलाभ, सुस्थिति, सौकृत्य, *सौभाग्य*, *हित*, •उन्नति, •भाग्योदय, •वरदान, •विकास, •सुरक्षा, •सौभाग्य, ▪अकल्याण, ▪अपकार, ▪अहित, ▪हानि.

**कल्याणकर** = कल्याणकारी, चिकित्साकारी.
**कल्याण कर्म** = सत्कर्म.
**कल्याणकामना** = शुभकामना.

**कल्याणकामना** *सं* इष्टकामना, कुशलकामना, ख़ैरअंदेशी, ख़ैरख़्वाही, दुआ, दुआए ख़ैर, नांदी (प्रा), नेकनीयती, प्रियकांक्षा, मंगलकांक्षा, मंगलकामना, मंगलचिंतन, मंगलाकांक्षा, *शुभकामना*, शुभचिंतन, शुभेच्छा, सदाशयता, सदिच्छा, सद्भाव, साधुभाव, सुरक्षाकामना, सुविचार, सौहार्द्र, हदुष्कामना, हितकाम्या, हितचिंतन, हिताकांक्षा, हितेच्छा, हितैष्णा, •दयादृष्टि, ▪ईर्ष्या, ▪दुष्कामना, ▪दुष्कामना, ▪शाप.

**कल्याणकामना करना** = असीसना.
**कल्याणकामी** = शुभचिंतक.

**कल्याणकामी** *वि* कुशलकाम, ख़ैरअंदेश, प्रियकाम, मंगलकांक्षी, मंगलकामी, मंगलाकांक्षी, शुभाकांक्षी, शुभाभिलाषी, सदाशय, सद्भावी, हितकामी, हिताकांक्षी, •कल्याणकारी, •निस्स्वार्थ.

**कल्याणकारिता** = समाज भावना.
**कल्याणकारी** = अमृतीय, दानशील, देवदूतीय, सफलताप्रद, सौभाग्यप्रद.

**कल्याणकारी** *वि* अचूक, अच्छा/अच्छी, अभिराम, इष्ट, *उत्तम*, उपकारक, कल्याणकर, कल्याणप्रद, कल्याणमय, क्षेमंकर, क्षेमकर, क्षेमकारी, नेक, *पुण्य*, प्रियंकर, प्रियकर, प्रियकारी, फ़ायदेमंद, भद्रंकर, भद्र, भला/भली, मंगल, मंगलकारी, मंगलप्रद, मंगलमय, माफ़िक, मुफ़ीद, मुबारक, योगक्षेमकारी, रास, लाभकर, लाभकारी, *लाभप्रद*, शिवंकर, *शिव*, *शुभंकर*, शुभ, शुभकर, शुभद, शुभन्यु, शुभावह, श्रीकर, *श्रेय*, श्रेयस्कर, सत्,

सर्वतोभद्र, सिद्धिद, सु-, सुखंकर, सुखकारी, *सुखधाम*, सुखप्रद, सुखवंत, सुमंगल, सुहावना/सुहावनी, *सौभाग्यप्रद*, *सौम्य*, स्वस्तिक, स्वस्तिद, हितकर, हितकारी, हितावह, •उपकारपूर्ण, •उपयोगी, •कल्याणकामी, ▪अनिष्टकारी, ▪दुर्भाग्यप्रद, ▪बुरा/बुरी.

**कल्याणचिंतक** = शुभचिंतक.
**कल्याण पाठ** = स्वस्तिपाठ.
**कल्याणप्रद** = कल्याणकारी, सौभाग्यप्रद.
**कल्याण बीज** = मसूर.
**कल्याण भ्रांति** = सुखभ्रांति.
**कल्याणमय** = कल्याणकारी.
**कल्याण वाचक** = स्वस्तिपाठक.
**कल्याण वाचन** = स्वस्तिपाठ.
**कल्याण सूचक** = शुभसूचक.
**कल्याणहीन** = अनिष्टकारी.
**कल्याणात्मक** = आशीर्वादात्मक.
**कल्याणार्थ** = धर्मार्थ.
**कल्याणी** = दुर्गा, सुंदर स्त्री.
**कल्याणी/कल्याणिनी** = सौभाग्यशाली.
**कल्लर** = अनुर्वर, ऊसर, रेहदार.
**कल्लाँच** = गुंडा, दुर्जन.
**कल्ला** = अंकुर, किशलय, जबड़ा, शरीर रोम.
**कल्लादराज़** = लड़बावला/लड़बावली.
**कल्लादराज़ी** = गालीगलौज, मुँहज़ोरी.
**कल्लोल** = अलमस्ती, आनंदक्रीड़ा, महोर्मि, लहर.
**कल्लोलपूर्ण** = उत्सवपूर्ण, जवान.
**कल्लोलिनी** = नदी.
**कवक** = कुकुरमुत्ता.
**कवच** = खोल, गंडा तावीज़.

**कवच** *सं* अंगत्राण, अंगरक्षी, अँगरी, अंगारी, कंचुक, *खोल*, चोल, ज़िरह, ज़िरह बख़्तर, तनत्राण, देहत्राण, देहावरण, बख़्तर, वरम, वरूथ, वर्म, *वारण*, वीरंधर, सन्नाह, •खोल, •गंडा तावीज़, •ढाल, •हैल्मेट.

**कवचधर** = कवचित.
**कवचधारी** = कवचित.
**कवचपत्र** = भोजपत्र.

**कवचित** *वि* अवेध्य, ओपची, कंचुकित, कवचधर, कवचधारी, कवची, कृतसन्नाह, चोलकी, ज़िरही, बख़्तरपोश, बख़्तरबंद, बुलेटप्रूफ़, मज़बूत, *रक्षित*, वर्मधर, वर्मा, वर्मी, *सन्नद्ध*, सन्नाह, *सुरक्षित*.

**कवची** = कवचित.
**कवन** = कौन.
**कवयिता/कवयित्री** = कवि.
**कवर** = आवरक वस्तु, गिलाफ़, चादर, जिल्द, जूड़ा, ढक्कन, पुस्तक आवरण, बैडशीट, रैपर, लिफ़ाफ़ा.
**कवर करना** = ढाँपना.
**कवर गर्ल** = सुंदर स्त्री.
**कवर पेज** = आवरण पृष्ठ.
**कवल** = ग्रास.
**कवलन** = उदरस्थन, ग्रसन.
**कवलित** = भक्षित.
**कवलित करना** = लीलना.
**क़वायद** = अभ्यास, ड्रिल.
**कवि** = ऋषि, गीतकार, ब्रह्म, ब्रह्मा, भृगु, वाल्मीकि, शुक्राचार्य.

**कवि** *सं* उद्गाता, कवयित्री (स्त्रीलिंग), कविता कर्मी, कविताकार, काव्यकार, *गायक*, *चारण*, छंदकार, पद्य लेखक, भाट, शायर, सुख़नगो, सुख़नवर, •गीतकार, •तुक्कड़.

**कवि** = विचारक.
**कविता** = काव्य, गीत, नज़्म.

**कविता** *सं* कवित्त, *काव्य*, *गीत*, *नज़्म*, बानी, वाणी, •अतुकांत कविता, •छंदबद्ध पद्य, •छंदमुक्त पद्य, •तुकांत कविता, •छंद, •तुक, •पैरोडी.

**कविता कर्मी** = कवि.
**कविता कामिनी** = काव्य.
**कविताकार** = कवि.
**कविता/गीत पाठ प्रतियोगिता** = अंताक्षरी.
**कविता पद** = छंद चरण.
**कविता या गीत की हास्य नक़ल** = पैरोडी.
**कवितावली** = काव्य संकलन.
**कविता संग्रह** = काव्य संकलन.

**कवित्त** = कविता, काव्य.
**कवित्वपूर्ण** = काव्यात्मक.
**कवित्वहीन** = गद्यात्मक.
**कवि दरबार** = कवि सम्मेलन.
**कवि प्रशंसा** = नाट्य आरंभ.
**कविमान्य सत्य** = कविसत्य.
**कविराज** = चारण, वैद्य.

**कविसत्य** *सं* कविमान्य सत्य, कविसमय, काव्य मान्यता, धारणा, मान्यता, समय, •कहावत, •मिथक, •मुहावरा, •सत्य.

**कविसमय** = कविसत्य.

**कवि सम्मेलन** *सं* कवि दरबार, काव्यगोष्ठी, काव्यसभा, *दीवान*, मजलिसे सुख़न, मुशायरा, •अंताक्षरी.

**कविहृदय** = भावुक, सृजनशील.
**कवोष्ण** = गुनगुना/गुनगुनी.
**कव्वा** = कौआ.
**क़व्वाली** = भजन.

**क़व्वाली** *सं* क़ौल, क़ौवाली.

**कव्वी** = मादा कौआ.
**कश** = कर्षण, चाबुक, फूँक.

**कश** *सं* खींच, घूँट, *चुसकी*, ज़ोर, *दम*, *फूँक*, सुट्टा, सूटा, •धूम्रपान.

**-कश (जैसेः रस्साकश)** = कर्षक.
**कशमकश** = कलह, खींचातानी, जन आंदोलन, दुबिधा, युद्ध, संघर्ष, हड़ताल.
**कशमीर (विकल्प)** = कश्मीर.
**कशा** = चाबुक.
**कशिपु** = चटाई, तकिया, शंख.
**कशिश** = आकर्षण, आसक्ति, सौंदर्य.
**कशीद** = आसवित.
**कशीदगी** = वैमनस्य.
**कशीदा** = कढ़ाई.
**कशीदाकार** = कढ़ाई कर्मी.
**कशीदाकारी** = कढ़ाई कर्म.
**कशीदाकारी करना** = काढ़ना.
**कशेरुका** = रीढ़.
**क़श्क़ा** = तिलक.
**कश्चित्** = कोई.
**कश्ती (विकल्प)** = नौका.

 (प्रा) प्राचीन शब्द, अब अप्रचलित - *तिरछे* शब्द स्वतंत्र शीर्षक भी हैं •सपर्याय ▪विपर्याय

**कश्मल** = आसक्ति, गंदा/गंदी, थकान.

**कश्मीर** *सं* कशमीर (विकल्प), काश्मीर, चिनाव घाटी, धरती का स्वर्ग, •चिनार.

**कश्मीरज** = केसर.
**कश्मीरी** = भारत राष्ट्रभाषा.
**कश्मीरी मिर्च** = देगी मिर्च.
**कश्य** = मद्य.
**कश्यप** = ऋषि सूची, कछुआ.

**कश्यप** *सं* ताक्ष्र्य, देवर्षि, भूतांकुश, सुरतात, सुरासुरगुरु, •प्रजापति.

**कष** = सान चक्का.
**कष पट्टिका** = कसौटी पत्थर.
**कषवटी** = कसौटी पत्थर.
**कषाय** = आसक्ति, कसैला/कसैली, काढ़ा, लेप, षड् स्वाद.
**कषायता** = कसैलापन.
**कषाय स्वाद** = कसैलापन.
**कष्ट** = छटपटाहट, दंड, दुःख, परिश्रम, पापफल, पीड़ा, यातना, रोग.
**कष्ट अंत** = राहत.
**कष्टकथा** = दुःखगाथा.
**कष्टकर** = दुःखद, पीड़ाप्रद.
**कष्टकाव्य** = चित्रालंकार.
**कष्टग्रस्त** = पीड़ित, संकटग्रस्त.
**कष्ट देना** = दुखाना, सताना.
**कष्टधाम** = दुःखधाम.
**कष्टपूर्ण** = दंडात्मक.
**कष्टप्रद** = दुःखद, नारकीय, पीड़ाप्रद.
**कष्टमोचक** = परित्राता.
**कष्टमोचन** = परित्राण.
**कष्टसाध्य** = कठिन.
**कष्टहर** = पीड़ाहर औषध.
**कष्टहीन** = पीड़ाहीन.
**कष्टहीनता** = सहजता.
**कष्ट होना** = छटपटाना.
**कस** = कसौटी पत्थर, कैसे, चूरा, चूर्णित, दम.

**कस** *सं* बुरादा, रेता, •कण, •चूरा.

**कसक** = टीस, पीड़ा, शत्रुता, सहानुभूति.
**कसकता/कसकती** = पीड़ाप्रद.
**कसकन** = टीस.
**कसकना** = दुखना.
**कस कर खींचना** = तानना.
**कसन** = कर्षण, संकुचन.

**कसन** *सं* कसाई, *ग्रसन*, दृढ़ीकरण, सुदृढ़न, सुदृढ़ीकरण, •पेचकस, •विजड़न.

**कसना** = आज़माना, घिसना, जुआठना, तानना, दुखाना, निचोड़ना, भींचना.

**कसना** *क्रि खींचना*, गाँठना, गाँसना, जकड़ना, •तानना, •फाँसना, •भींचना, ■ढीला करना.

**कसबिन** = वेश्या.
**कसबी** = वेश्या.
**कसबीख़ाना** = वेश्यालय.
**क़सबीख़ाना** = वेश्या महल्ला.
**क़सम** = वचन, शपथ.
**क़सम खाने वाला** = शपथ ग्रहीता.
**कसमसाना** = छटपटाना.
**कसमसाहट** = छटपटाहट.
**क़समा क़समी** = शपथ ग्रहण.
**क़सर** = ग़लती, भूल, लक्ष्यच्युति, विकृति, हानि.
**कसरत** = ड्रिल, परिश्रम, व्यायाम.
**कसरत कलाकार** = कसरतिया कलाकार.
**कसरतिया** = ऐथ्लीट.

**कसरतिया कलाकार** *सं* कसरत कलाकार, गिरहबाज़, •करतबिया.

**कसरती** = बलिष्ठ, सुगठितकाय.
**कसली** = कुदाल.
**कसा/कसी** = घिसा/घिसी, चिपकते साइज़ का, परीक्षित, प्रबंधित, बेड़ीबंद, रुद्ध, विजड़ित, साइज़ से छोटा, सुगठितकाय.

**कसा/कसी** *वि* खिंचा/खिंची, गँसा/गँसी, जकड़बंद, जकड़ा/जकड़ी, तंग, तना/तनी, सख़्त, •अचल, •कीलित, •विजड़ित, ■ढीला/ढीली.

**कसाई** = अत्याचारी, कसन, कसौटी कर्म, निर्दय.
**क़साई** = छुरेबाज़. जल्लाद.

**क़साई** *सं क़स्साब*, *जल्लाद*, बधिक, बूचड़, वधिक, व्याध, •गँडासा.

**कसा जाना** = तनना.
**कसा नहीं** = झोलदार.
**कसालत** = लस्तपस्त चाल.
**कसाला** = कठिन कार्य, परिश्रम.
**कसाले से** = प्रयत्नपूर्वक.
**कसाव** = पकड़.
**कसियाया/कसियाई** = कसैला/कसैली.
**कसियाव** = कसैलापन.
**कसियाहट** = कसैलापन.
**क़सीदा** = प्रशंसा गीत.
**क़सीदाख़्वाँ** = प्रचारक.
**क़सूरवार** = सिद्धदोष.
**कसेरा** = ठठेरा.
**कसेरा/कसेरिन** = ठठेरा.
**कसैला/कसैली** = व्यंग्यात्मक.

**कसैला/कसैली** *वि* कषाय, कसियाया/कसियाई, •कड़वा/कड़वी, •खट्टा/खट्टी, •बुसा.

**कसैलापन** *सं* कषायता, कषाय स्वाद, कसियाव, कसियाहट, कसैला स्वाद, •आँवला, •आँवला, •कटु स्वाद, •स्वाद, •हड़.

**कसैला स्वाद** = कसैलापन.
**कसोरा** = कटोरा, सकोरा.
**कसौटी** = कसौटी कर्म, कसौटी पत्थर, परख, परीक्षा, मानक, समीक्षा, सुरुचि.

**कसौटी कर्म** *सं* अम्ल परीक्षा, कसाई, कसौटी, निकषण, *परख*, *परीक्षण*, स्वर्ण परीक्षा.

**कसौटीकार** *सं* परखवैया, परखैया, पारखी, •गुणग्राहक, •रत्न पारखी, •सुनार.

**कसौटीकार (स्वर्ण)** = रत्न पारखी.

**कसौटी पत्थर** *सं* इथियोपियाई काला संग मरमर, कनक निकष, कष पट्टिका (प्रा), कषवटी (प्रा), *कस*, कसौटी, काला चिकना पत्थर, टचस्टोन, निकष, निकषोपल, मैयार, शाण, शाणाश्मा, संगे ज़र, स्वर्णाश्म, हेमल, •मानक.

**कसौटी पर कसना** = आज़माना.

**कस्टडी** = गिरफ़्तारी.
**कस्टम** = कर, तटकर, प्रथा.
**कस्टम चोर** = तस्कर.
**कस्टम चोरी** = तस्करी.
**कस्टमर** = ख़रीदार.
**कस्टोडियन** = न्यासधारी.
**कस्तीर** = कनस्तर.
**कस्तूर** = कस्तूरक, कस्तूरी मृग.

**कस्तूरक** *सं* कस्तूर, कस्तूरा, चिलचिल, ब्लैकबर्ड.

**कस्तूरा** = कस्तूरक.

**कस्तूरी** *सं* अंडजा, अंबर, कुरंगनाभि, गंधशेखर, मदना, मार्जारी, मुश्क, मृगनाभिजा, सुगंधिका.

**कस्तूरी मृग** *सं* कस्तूर, गंधमृग, मृगनाभि.

**क़स्बा** *सं* छोटा नगर, टाउन, लघुनगर.

**क़स्साब** = क़साई.
**कस्सी** = फावड़ा.
**कहँ** = कहाँ.
**कहकशाँ** = आकाश गंगा.
**क़हक़हा** = अट्टहास.
**क़हक़हा लगाना** = हँसना.
**कहगिल** = गारा.
**क़हत** = दुर्भिक्ष.
**कहतसुनत** = तकरार.
**कहते कहते** = तत्काल.
**कहना** = उक्ति, कथन, कथ्य, न्योतना, बताना.

**कहना** *क्रि* अभिव्यक्त करना, उच्चारना, गदना, ज़बान खोलना, प्रकट करना, फ़रमाना, *बताना*, बात कहना, बोलना, भणना, भाखना, वाचित करना, वाणी देना, संप्रेषण करना, स्वर देना, स्वरित करना, होंठ पर लाना, •पुकारना, •समझाना, ▪छिपाना, ▪पूछना.

**कहना सुनना** = मनवाना.
**कहनी** = उक्ति.
**कहने भर का** = तथाकथित.
**कहने लायक़** = उद्धरणीय.
**कहने वाला** = कथन कर्ता.
**क़हर** = अत्याचार, ईश्वरीय संकट.

**क़हर** *सं* अनर्थ, अभिशाप, अभ्यापात, असफलता, आपदा, आफ़त, उत्पात, घोर दुर्घटना, दुर्दैव, *दुर्भाग्य*, दुर्विपाक, दैव दुर्विपाक, ध्वंस, *नाश*, प्रकोप, *प्रलय*, *प्रलय*, रंग में भंग, वज्रपात, विध्वंस, विनिपात, विपत, विपद, *शाप*, शामत, संहार, सर्वनाश, •संकट.

**क़हरी** = अत्याचारी.
**कहल** = सीसा.
**कहलाना** = पुकारना, बुलाना.

**क़हवा** *सं* कनकौक्शन, निर्यूष, निष्कवाथ, पर्कोलेशन, पानी, ब्रू, लिक़र, सत, सार, •काढ़ा, •काफ़ी, •चाकलेट पेय, •चाय.

**क़हवाख़ाना** = पानगृह.
**क़हवाघर** = भोजनालय.
**कहाँ** = किधर, स्थान.

**कहाँ** *क्रिवि* कहँ, कहुँ, कित, किधौं, किस स्थान पर, कुतः, कुत्र, •कहीं, •किधर, •जहाँ, •यहाँ, •वहाँ.

**कहाँ पर** = किधर.
**कहा** = आज्ञा, उक्ति, उपदेश, परामर्श, बात, रिमार्क, वचन.
**कहा/कही** = आज्ञापित, कथित, प्रवादित, मुँहबोला/मुँहबोली.
**कहा जाता है** = प्रवादित.
**कहानी** = अफ़वाह, कथावस्तु, छोटी कहानी, झूठ, झूठा बहाना, लोककथा, वृत्तांत.

**कहानी** *सं* अफ़साना, आख्यान, आख्यायिका, इतिवृत्त, उत्पाद्य कथा, कथा, कथा कहानी, कथाकृति, कथा साहित्य, कपोल कल्पना, *कल्पना*, कल्पित कथा, *क़िस्सा*, क़िस्सा कहानी, गल्प, गाथा, जगबीती, दास्तान, परबीती, फ़साना, फ़िक्शन, वार्ता, स्टोरी, हदीस, •छोटी कहानी, •जासूसी कहानी, •प्रतीक कथा, •फ़ैंटेसी कथा, •बालकथा, •रहस्यरोमांच कथा, •रोमांच कथा, •लघुकथा, •लोककथा, •विज्ञान कथा, •सत्यकथा, •साहस कथा, •उपन्यास, •कथावस्तु.

**कहानीकार** = कहानी लेखक.

**कहानी लेखक** *सं* अफ़सानानवीस, अफ़सानानिगार, कथाकार, कथा लेखक, कहानीकार, क़िस्सागो, क़िस्सा नवीस, •उपन्यासकार.

**कहार** = कुली, पालकी वाहक.
**कहार/कहारिन** = पनहार.

**कहावत** *सं* *उक्ति*, उदाहरण, जनवाद, *दृष्टांत*, *नियम*, *न्याय*, *न्यायवाक्य*, प्रमाण वाक्य, मसल, युक्ति, रवायत, लोकोक्ति, वदंती, सिद्धांत वाक्य, सूक्तवाक्य, सूत्र, •उद्धरण, •कविसत्य, •न्यायवाक्य, •मुहावरा, •सूत्रवाक्य.

**कहा वापस लेना** = मुकरना.
**कहासुनी** = तकरार.
**कहीं** = कहीं और.
**कहीं?** = नहीं.

**कहीं** *क्रिवि* अज्ञात स्थान पर, आसपास, किसी स्थान पर, क्या जानें कहाँ, क्या पता कहाँ, पता नहीं कहाँ, •कहाँ.

**कहीं और** *क्रिवि* अन्यत्र, अन्य स्थान पर, और कहीं, *कहीं*, परे, *बाहर*, यहाँ नहीं, वहाँ नहीं, •बाहर, •बाहरगाँव, ▪अंदर, ▪यहाँ.

**कहीं कहीं** *क्रिवि* इधर उधर, उधर इधर, कम स्थानों पर, गाहे बगाहे, यहाँ वहाँ, •कम, •दुर्लभ, ▪हर ओर.

**कहीं नहीं** = अस्तित्वहीन.
**कहीं भी** = हर ओर.
**कही** = आज्ञा, उक्ति, बात.
**कहीसुनी** = गालीगलौज.
**कहुँ** = कहाँ.
**कहे से मुकरना** = मुकरना.
**कहो राम** = आर्तनाद.
**क़त्ल** = अत्याचार, जनसंहार.
**क़त्ले इलाही** = ईश्वरीय संकट.

**काँकर** = रोड़ी.
**काँकरिया** = रोड़ी.
**कांकिणी** = कौड़ी.
**कांक्षणीय** = वांछनीय.
**कांक्षा** = इच्छा, महत्त्वाकांक्षा.
**कांक्षाकथन** = कुंठामोचन.
**कांक्षाभिव्यक्ति** = कुंठामोचन.
**कांक्षामोचन** = कुंठामोचन.
**कांक्षारोध** = आकांक्षादमन.
**कांक्षित** = इच्छित.
**कांक्षी** = इच्छुक.
**कांक्ष्य** = आवश्यक, ईर्षणीय, वांछनीय.
**काँख** = खखार, खाँसी, बग़ल.
**काँखना** = खाँसना.
**काँगनी** = कँगनी.
**कांग्रेस** = राजनीतिक दल, संस्था.
**कांग्रेस (संराअ)** = संसद.
**कांग्रेसमैन** = सांसद.
**काँच** = दर्पण, लैंस.

**काँच** *सं* काच, काचक, ग्लास, शीशा, •बिल्लौरी काँच, •स्फटिक, •अभ्रक, •दर्पण, •प्रिज़्म.

**काँच अलमारी** = शोकेस.

**काँच गोली** *सं* कंचा, *गोली*, मार्बल, •गोटी.

**कांचन** = धन, स्वर्ण, स्वर्णीय.
**कांचनक** = चंपा.
**कांचनमृग** = स्वर्णमृग.
**कांचनी** = हलदी.
**काँच मनका** = कुमकुमा.
**काँचरी** = केंचुली.
**काँचली** = केंचुली.
**कांचिक** = काँजी.
**काँचिया** = ग्लौसी प्रिंट, पारदर्शी.
**कांची** = करधनी.
**काँचीय** = चिकना/चिकनी.
**कांजिका** = काँजी.
**काँजी** = पनीर जल, सरसों.

**काँजी** *सं* कांचिक, कांजिका, काँजी पानी, चुक्र, मासर, राई पानी, शुक्ता.

**काँजी पानी** = काँजी.

**काँजीहाउस** *सं* काइनहाउस, बाड़ा, मवेशी शाला, हौज़काज़ी (बोलचाल).

**काँटा** = आलपिन, कंकालमात्र, कंटक, कील, खूँटी, तराज़ू, नाक कील, फ़ोर्क, लंगर, हुक.
**काँटा चौलाई** = चौलाई साग.
**काँटिया** = लग्गी काँटा.
**काँटी** = ज़ंग, लपूसड़ा.
**काँटे का** = निर्णायक.
**काँटे की टक्कर** = समान प्रतियोगिता.
**काँटे खड़े करना** = सिहराना.
**काँटेदार** = कँटीला/कँटीली.
**काँटे पर रखना** = तौलना.
**कांटैक्ट** = संपर्क.
**काँटों में घसीटना** = डाँटना.
**कांट्रैक्ट** = ठेका.
**कांट्रैक्टर** = ठेकेदार.
**कांड** = अध्याय, अपराध घटना, खंड, गुच्छा, घटना, डंठल, दुर्घटना, प्रकरण, बाण, समूह, सरकंडा.
**कांडपट** = क़नात, यवनिका.
**काँड़ी** = लीवर.
**कांडेर** = चौलाई साग.
**कांडोल** = टोकरा टोकरी.
**कांत** = प्रेमी, सुंदर, सुंदर पुरुष, स्कंद.
**कांत/कांता** = प्रिय, प्रेमपात्र/प्रेमपात्रा.
**कांतलौह** = इस्पात.
**कांता** = पत्नी, प्रेमिका, प्रेमिका, सुंदर स्त्री, सुंदर स्त्री.
**कांतार** = गहन वन, बाँस, वन.
**कांति** = आब, चमक.
**कांतिकर** = आलोकक.
**कांतिपूर्ण** = आबदार.
**कांतिप्रद** = आलोकप्रद.
**कांतिमान** = चमकदार.
**कांतियुक्त** = तारे जैसा.
**कांतिहीन** = धुँधला/धुँधली, मुरझाया/मुरझाई, वैभवहीन.
**कांती** = कैंची, चाकू छुरी.
**कांदविक** = भड़भूँजा.
**काँदा** = प्याज़.
**काँधा देने वाला** = शवयात्री.
**काँप** = उद्दंत, कर्णफूल, भयकंप, सलाख़.
**काँपता/काँपती** = अस्थिर, कंपनशील, छकड़ा, जर्जर वृद्ध, भयभीत, शीताकुल.
**काँपना** = ठिठुरना, डरना, भकभकाना, हिचकना.

**काँपना** *क्रि* अकुलाना, कँपकँपी होना, कंपन होना, कंपित होना, दलकना, लरजना, *सिहरना*, हहरना, हहराना, हहलना, हहलाना, *हिलना*, •झुरझुराना, •ठिठुरना, •डरना, •भकभकाना, •सिहरना, •हिचकना.

**कांबोज (पूर्व नाम)** = कंपूचिया.
**कांशैस** = अंतरात्मा.
**काँस** = काँस घास.

**काँस घास** *सं* काँस, काश, कास, रामी, वनहास, सितपुष्प.

**कांसल** = राजनयिक.
**काँसा** = भिक्षा भांड.

**काँसा** *सं कंस*, ताम्रार्ध, पीतक, प्यूटर, फूल, *भरत*, •ताँबा, •पीतल.

**काँसागर** = ठठेरा.
**कांसिल** = विधान परिषद.
**कांसिलर** = परिषद सदस्य.
**कांस्टिटुएँसी** = निर्वाचन क्षेत्र.
**कांस्टिट्यूशन** = संविधान.
**कांस्टिट्यूशन असैंबली** = संविधान परिषद.
**कांस्टिपेशन** = कोष्ठबद्धता.
**कांस्टेबल** = सिपाही.
**कांस्यक** = पीतल.
**कांस्यकर्मी** = ठठेरा.
**कांस्यकार** = ठठेरा.
**कांस्य ताल** = झाँझ.
**का/की** = संबंध कारक विभक्ति.
**काइनहाउस** = काँजीहाउस.
**काइयाँ** = कुचाली, जुगाड़िया, दुर्जन, नीतिकुशल.
**काइयाँपन** = बेईमानी.
**काई** = काही.
**काउंट** = गणना.
**काउंट डाउन** = उलटी गिनती.
**काउंटर** = बूथ.

**काउंटर** *सं* तख़्ता, *पटल*, बार, बोर्ड, स्टैंड, स्लैब, •मेज़.

**काउंटर चैकिंग** = क्रौस चैकिंग.

**काउंटर फ़ौइल** = कूपन.
**काउंटरमैंडिड** = निरस्त.
**काउंटरमैन** = वेटर.
**काउंसिल** = आयोग, संस्था.
**काक** = काकल, कौआ, घोटालेबाज़, दुर्जनतापूर्ण.

**काकटेल** *सं* मद्यमिश्रित पेय, मिश्रित मद्य पेय, हाईबाल, •आयरिश काफ़ी, •ड्राई मार्टीनी, •पंच, •पिंक लेडी, •ब्लडी मेरी, •मार्गरीटा.

**काकटेल पार्टी** = पानगोष्ठी.
**काकटेल्स** = पानगोष्ठी, मद्य.
**काकपाली** = कोयल.

**काकपिट** *सं* पायलट कक्ष, संचालन कक्ष.

**काकपेय** = उथला/उथली, लबालब.
**काक बदरी** = मकोय.
**काकभीरु** = उल्लू.
**काकमाची** = मकोय.
**काकरुकी** = मादा उल्लू.
**काकरूक** = कायर.

**काकरोच** *सं* कपटा, खपटा, खपड़ा, तिलचटा, तिलचट्टा, तैलांबुका.

**काकल** *सं* अकौआ, अलिजिह्वा, काक, काग, *घंटी*, घाँटी, टेंटुआ, नटई, •कंठ.

**काकली** = कलध्वनि, कुहु कुहु.
**काका** = चाचा, लड़का, शिशु.
**काकिणी** = कौड़ी.
**काकी** = चाची, मादा कौआ.
**काकु** = व्यंग्य.
**काकुर** = पाकर.
**काकुल** = घुँघराले केश, लट.
**काकूक्ति** = कटाक्ष, व्यंग्य.
**काकेशियाई** = आर्य जातीय.
**काकोदुंबरिका** = अंजीर.
**काग** = काकल, कार्क, कौआ.
**काग़ज़** = काग़ज़ तख़्ता, दस्तावेज, पत्र, प्रमाणपत्र, रैपर.

**काग़ज़** *सं* *पत्र*, *परचा*, पर्चा, पेपर, •अबरी, •गत्ता, •परचा, •पृष्ठ, •भोजपत्र, •रैपर, •वाल पेपर.

**काग़ज़ का** = काग़ज़ी.
**काग़ज़ जैसा** = काग़ज़ी.

**काग़ज़ तख़्ता** *सं* *काग़ज़*, काग़ज़ पटल, *ख़रीता*, तख़्ता, ताव, पत्ती, *पत्र*, *पन्ना*, *पृष्ठ*, पेज, वरक़, वरक़ा, शीट, सफ़ा, •परचा, •पृष्ठ.

**काग़ज़ थैला** = लिफ़ाफ़ा.
**काग़ज़ पटल** = काग़ज़ तख़्ता.
**काग़ज़ पत्तर** = बस्ता, स्टेशनरी.
**काग़ज़ पत्तर थैला** = बस्ता.
**काग़ज़ पत्र** = दस्तावेज.

**काग़ज़ पैड** *सं* नोटपैड, पैड, लेखन पैड, •नोटबुक.

**काग़ज़ बंडल** = बस्ता.
**काग़ज़ से बना** = काग़ज़ी.
**काग़ज़ी** = अयथार्थ, तथाकथित, दस्तावेज़ित, पाखंडपूर्ण, लिखित, लिखित (साहित्य).

**काग़ज़ी** *वि* कमज़ोर, काग़ज़ का, काग़ज़ जैसा, काग़ज़ से बना, पतला/पतली, पेपर, *भारहीन*, हलका/हलकी.

**काग़ज़ी काररवाई** = पत्रव्यवहार, लिखापढ़ी.
**काग़ज़ी सिक्का** = नोट.
**कागा** = कौआ.
**काच** = काँच, काला नमक.
**काचक** = आँख लैंस, काँच, क्षार.
**काचमणि** = स्फटिक.
**काच मल** = काला नमक.
**काच लवण** = काला नमक.
**काचा/काची** = विचलनशील.
**काचित** = ग्लौसी प्रिंट.
**काचो** = काला नमक.
**काछ** = लाँग.
**काछनी** = लाँग.
**काज** = कारण, कार्य, मंगलोत्सव, संस्कार.

**काज** *सं* बटनहोल.

**काजल** *सं* अंजन, आँख काजल, कज्जल, नेत्रांजन, सुरमा, सौवीर, *स्याही*, •आँख, •नज़र टीका, •नेत्र प्रसाधन, •ब्यूटी स्पाट.

**काजल टीका** = नज़र टीका.
**काज़वे** = बाँधपथ.
**क़ाज़ी** = न्यायाधीश.

**क़ाज़ी** *सं* इस्लामी न्यायाधीश.

**काजू** *सं* कजूष्क, काजू गिरी, कैशू, कैशूनट, हिजली बादाम.

**काजू गिरी** = काजू.
**काट** = औषध, कटाई, कतरन, कोण, खंड, खंडन, खरोंच, चीरा, ज़ंग, जुगत, झिरी, तलछट, धार, प्रभावरोधक, मंत्र काट, वारण, व्यंग्य.
**काटकपट** = कुचाल.
**काटकी (बंदर भालू)** = अंकुश.
**काट गिराना** = संहारना.
**काटछाँट** = कटाई छँटाई, संपादन, सैंसरशिप.
**काटता/काटती** = अतिशीतल, अम्लीय, आड़ा तिरछा/आड़ी तिरछी, उच्चस्वरीय, कँटीला/कँटीली, कनकना/कनकनी, कर्कश स्वरीय, क्रूसाकारीय, चरपरा/चरपरी, चुभनशील, तीक्ष्ण, निंदात्मक, पीड़ाप्रद, व्यंग्यात्मक, शीतकालीन, संगीतहीन.
**काटती बात** = कटाक्ष.
**काटते** = आड़े तिरछे, आरंपार.
**काटदार** = तीक्ष्ण.
**काटन** = कपास वस्त्र, रूई, सूती.
**काटन क्लाथ** = कपास वस्त्र.
**काटना** = काटना छाँटना, कुतरना, घटाना, घोंपना, चबाना, चिरमिराना, चुभना, चुभाना, छिजाना, ठिठुराना, डँसना, बकोटना, विलगाना, संहारना.

**काटना** *क्रि* अलग करना, कतरना, क़लम करना, *कुतरना*, कैंची चलाना, चाकू चलाना, *छेदना*, टुकड़े करना, टुकड़े टुकड़े करना, तराशना, *तोड़ना*, *फाड़ना*, *बाँटना*, ब्योंतना, विभाजित करना, •घोंपना, ▪चिपकाना, ▪जड़ना, ▪झालना, ▪बाँधना, ▪सटाना.

**काटना छाँटना** *क्रि* ऊपर से काटना, *काटना*, किनारे पर से काटना, छँटाई करना, *छाँटना*, *छीलना*, टूँगना, तराशना, बुरशना, बुरशाई करना.

**काटने वाला** = खंडन कर्ता, फ़सल काटने वाला.
**काटफाँट** = कुलेख.
**काटा** = अस्वीकृति चिह्न, खंड, चीरा, डंक दंश, संकट चिह्न.
**काटा/काटी** = कटा/कटी.
**काटा निशान** = अस्वीकृति चिह्न.
**काटे का निशान** = संकट चिह्न.
**काटेज** = कुटी, बँगला.
**काटे जाना** = कटना.
**काट्य** = खंडनीय.
**काठ** = ईंधन, काष्ठ, जलावन, लकड़ी.
**काठकबाड़ा** = कूड़ा, रद्दी.
**काठ का उल्लू** = मूर्ख.
**काठ का घोड़ा** = बैसाखी.
**काठ की गुड़िया** = कठपुतली.
**काठड़ा** = कठौता.
**काठड़ी** = कठौता.
**काठमांडू** = नेपालः राजधानी.
**काठी** = क़द क़ामत, जल विभाजक, ज़ीन, महमिल.
**काड लिवर औइल** = तेल.
**काड़ी** = माचिस.
**काढ़ना** = उकेरना, उखाड़ना, उबारना, चुगना, तलना, दुहना, निकालना, रिताना.

**काढ़ना** *क्रि* कढ़ाई करना, कशीदाकारी करना, फबाना, बेलबूटे काढ़ना, सँवारना, *सजाना*, सुंदर बनाना, •सीना.

**काढ़ा** *सं* उदक्वाथ, कषाय, क्वाथ, जोशाँदा, *झोल*, यूष, •क़हवा.

**काणा/काणी** *वि* एक आँख वाला, एकनयन, एकनेत्र, कनेठा/कनेठी, काना/कानी, यकचश्म, •अंधा/अंधी.

**कात** = खंडा.

**कातना** *क्रि* कताई करना, चरख़ा चलाना, धागा बनाना, सूत कातना, •ओटना, •बटना, •बुनना.

**कातर** = अश्रुपूर्ण, कायर, खंडा, गाय समान, चिंतित, दुःखी, पीड़ित, भयभीत, विवश.
**काता** = कृपाण, सूती धागा.
**कातिक** = कार्तिक मास.
**कातिब** = प्रतिलिपिक, लिपिकार, सुलेखक.
**क़ातिल** = छुरेबाज़, सुंदर, हत्यारा.
**क़ातिलाना** = मारक.
**कात्यायन** = ऋषि.
**कात्यायनी** = दुर्गा.
**काथलिक** = कैथलिक मतावलंबी.
**काथलिक महागुरु** = पोप.
**काथिक** = कथावाचक.
**कादंब** = कदंब, राजहंस.
**कादंबरी** = कोयल, मद्य, मद्य सूची, मैना, हाथी मद.
**कादंबरी (मराठी)** = उपन्यास.
**कादंबिनी** = मेघावली.
**काद्रवेय** = नाग.
**काद्रवेयी** = नाग स्त्री.
**कान** = इंद्रिय सूची, खूँटी, पासंग, श्रवण अनुभूति.

**कान** *सं* *कर्ण*, गोश, शब्देंद्रिय, *श्रवण*, श्रवणेंद्रिय, श्रुति, श्रुतिधर, श्रोत्र, श्रोत्रवर्त्म, •कर्णकुंडल, •नाक, •बुंदा, •श्रवण.

**कान उमेठी** *सं* कनेठी, कनैठी, गोशमाल, गोशमाली, •डाँट.

**कान का कच्चा** = विश्वासशील.
**कान कुंडल** = कर्णकुंडल.
**कानखजूरा** = कनखजूरा.
**कान खड़े करना** = अकनना.
**कान खाना** = खिजाना.
**कान छिदाई** = कनछेदन संस्कार.
**कानदार** = विकर्णयुक्त.
**कान देना** = अकनना, सुनना.
**कानन** = उपवन, घर, वन.
**काननभराई** = चुग़लख़ोरी.
**काननीय** = उपवनित.
**कानफ़रैंस** = परिचर्चा, सभा.
**कानफोड़ू** = उच्चस्वरीय, कर्कश स्वरीय, कोलाहलपूर्ण.
**कान बिंधाई** = कनछेदन संस्कार.
**कान बुंदा** = बुंदा.
**कान में कहना** = फुसफुसाना.
**कान में कहा वचन** = जनांतिक वचन.
**कान में सुनाया मंत्र** = गुरुमंत्र.

**कान मैल** *सं* कनमैल, कर्णगूथ, कर्णमल, *खूँट*, ठेंठा.

**कान लगा कर सुनना** = अकनना.
**कान लगाना** = अकनना, अकनना.

**कान ललरी** *सं* कर्णपाली, कर्णप्रांत, कर्णवल्ली, पालि, ललकी, *ललरी*, *लव*, लौ.

**कानशैंस** = अंतरात्मा आदेश.
**काना/कानी** = काणा/काणी, विकर्णयुक्त.
**कानाकानी** = अफ़वाह.
**कानाफूसी** = जनांतिक वचन, पूर्वसूचना.

**कानाफूसी** *सं* कनफुसकी, कनबतिया, कर्णाकर्णि, कानाबाती, खुसुर पुसुर, फिसफिस, फिसिर फिसिर, फुसफुस, फुसफुसाहट, सुनगुन, •अफ़वाह, •गपशप, •गुप्त परामर्श, •जनांतिक वचन, •बड़बड़, •मिलीभगत.

**कानाफूसी करना** = फुसफुसाना.
**कानाबाती** = कानाफूसी.
**कानी उँगली** = कनिष्ठिका उँगली.
**कानीन** = वेदव्यास.
**क़ानून** = पारित प्रस्ताव, लोकव्यवहार नियम.

**क़ानून** *सं* अधिनियम, ऐक्ट, क़ायदा, ज़ाब्ता, तंत्र, धारा, *नियम*, रूल, ला, विधान, *विधि*, विहित नियम, *सिद्धांत*, सूत्र, •अध्यादेश, •दंडसंहिता, •नियम, •न्यायालय, •राज्यादेश, •संविधान.

**क़ानून और व्यवस्था** = सुशासन.
**क़ानून तोडने वाला** = नियमोल्लंघक.
**क़ानूनदाँ** = विधिज्ञ.
**क़ानून धारा** = नियम धारा.
**क़ानून व्यवस्था** = सरकार, सुशासन.
**क़ानूनव्यवस्थाहीन** = अराजकतापूर्ण, अराजकतापूर्ण.
**क़ानूनसंगत** = वैध.
**क़ानून हाथ में लेने वाला** = नियमोल्लंघक.
**क़ानूनिया** = वितंडावादी, विधिज्ञ.
**क़ानूनी** = नैयायिक, वैध.
**काने** = आरंपार.
**कानों सुना** = सुना/सुनी.
**कान्स्टेबिल** = सिपाही.

**कान्हड़ा** = कर्नाटकीय.
**कान्हड़ी** = कर्नाटकीय.
**कान्हा** = कृष्ण.
**कापक** = चातक.
**कापर** = ताँबा, रासायनिक तत्त्व सूची.
**कापालिक** = अभिमंत्रक.
**कापालिनी** = चामुंडा.
**कापी** = अनुकृति, डाटा बैकअप, नोटबुक, पुस्तक प्रति, प्रतिलिपि, फ़ैक्स, फ़ोटोप्रिंट.
**कापीइंग मशीन** = प्रतिलिपित्र.
**कापी बुक** = नोटबुक.

**कापीराइट** *सं* कृतिस्व, कृति स्वामित्व, पूर्णाधिकार, सर्वाधिकार, स्वत्वाधिकार, •प्रकाशनाधिकार, •फ़िल्माधिकार, •मंचनाधिकार, •विश्वाधिकार, •कीर्तिस्व, •पेटैंट, •रायल्टी.

**कापुरुष** = कायर.

**कापुरुष** *सं* *कायर*, *गीदड़*, झिझकू, डरपोक व्यक्ति, दिलचोर, *बकरा*, भगोड़ा/भगोड़ी, भीरु, भीरुहृदय, •पलायनवादी, ▪वीर पुरुष.

**कापुरुषता** = पलायनवाद.
**कापोतक** = फ़ाख़्ता.
**काप्टर** = हैलिकाप्टर.
**काफ़ला (विकल्प)** = सार्थ.
**काफ़िन** = ताबूत.
**क़ाफ़िया** = तुक.
**क़ाफ़ियाबंद** = छंदबद्ध.
**क़ाफ़ियाबाज़ी** = अंताक्षरी.
**काफ़िर** = धर्मद्रोही, नास्तिक, प्रेमपात्र/प्रेमपात्रा.
**काफ़िला** = सार्थ.
**काफ़िला सालार** = सार्थपति.
**काफ़िले वाला** = सार्थपति.
**काफ़ी** = इत्यलं, पर्याप्त, बहुत, सुलभ.

**काफ़ी** *सं* काफ़ी पेय, •इंस्टैंट काफ़ी, •ऐस्प्रैसो काफ़ी, •कोना काफ़ी, •कोल्ड काफ़ी, •चाकलेट पेय, •ब्लैक काफ़ी, •मिल्क काफ़ी, •क़हवा, •गरम पेय, •चाय, •पेय पदार्थ.

**काफ़ी टेबल** = सैंटर टेबल.

**काफ़ी पेय** = काफ़ी.

**काफ़ी ब्रेक** *सं* छोटी छुट्टी, जलपान अवकाश, जलपान छुट्टी, टी टाइम, टी ब्रेक, •लंच ब्रेक.

**काफ़ीहाउस** = पानगृह सूची, भोजनालय.
**काफ़ूर** = कपूर.
**काफ़े** = पानगृह सूची, भोजनालय.

**काबला** *सं* बाल्टू, बोल्ट, •नट, •प्लास, •रिंच.

**क़ाबिज़** = परराष्ट्र जेता.
**क़ाबिल** = कुशल, दक्ष, योग्य, विद्याविद्, सक्षम.
**क़ाबिलीयत** = दक्षता, योग्यता.
**क़ाबिले ऐतराज़** = आपत्तिजनक.
**क़ाबिले ग़ौर** = विचारणीय.
**क़ाबिले तारीफ़** = प्रशंसनीय.
**क़ाबिले दीद** = दर्शनीय.
**काबीना** = अलमारी, मंत्री मंडल.
**काबुक** = कबूतर ख़ाना.
**काबुल** = अफ़ग़ानिस्तानः राजधानी.
**क़ाबू** = अधिग्रहण, नियंत्रण, पराधीनता, वर्चस्व, स्वामित्व.
**क़ाबू से बाहर** = अनियंत्रणीय, अशाम्य, वशातीत.
**-काम** = इच्छुक.
**काम** = उद्देश्य, उद्योग, उपयोग, कढ़ाई, कर्तव्य, कर्म, कलाकृति, कामदेव, कार्य, कृति, चित्रकला, धंधा, धंधा, नौकरी, पद, प्रेम, बनावट, वासना, शिल्प कृति, होमवर्क.
**काम कर के देखना** = आज़माना.
**काम करना** = करना.
**काम कराना** = कराना.
**काम का** = अविकृत, आवश्यक, उपयोगी, वांछनीय, सक्षम, सुविधाजनक.
**कामकाज** = आजीविका, रूटीन कार्य.
**कामकाजी** = धंधी.
**काम का दिन** = कार्य दिवस.
**काम की बात** = गुर.
**काम के घंटे** = कार्य दिवस.
**काम के बदले काम** = रमैती.
**कामकेलि** = संभोग.

**कामकेलि** *सं* अनंगक्रीड़ा, कलाकेलि, कामक्रीड़ा, केलि, केलिक्रीड़ा, प्रणयक्रीड़ा, रतिकेलि, रतिक्रीड़ा, रसकेलि, रसरंग, विलास, *विहार*, संभोगक्रीड़ा, सुखभोग, सुरतक्रीड़ा, सुरति.

**कामक्रीड़ा** = कामकेलि, संभोग.
**कामग** = कामुक.
**कामगा** = कामुकी, कुलटा.
**कामगार** = कर्ता, श्रमिक.
**कामगारी** = श्रम.
**कामचलाऊ** = अंतरिम, जुगाड़ित, पर्याप्त, मध्यमस्तरीय, स्थानापन्न.

**कामचलाऊ** *वि* एवज़ी, गवारा, चलता/चलती, चलाऊ, न बढ़िया न घटिया, बस ठीक, बिचला/बिचली, म्याना/म्यानी, *सह्य*, •अंतरिम, •उपयोगी, •पर्याप्त, •मध्यमस्तरीय.

**कामचलाऊ कृति** = जुगाड़.
**कामचलाऊ युक्ति** = जुगत.
**कामचलाऊ रचना** = जुगाड़.
**कामचलाऊ रचना कर्म** = जुगाड़.
**कामचारी** = कामुक.
**कामचोर** = अतत्पर.

**कामचोर** *सं* अकर्मण्य, अकर्मी, अड़ियल, आवारा, कर्मद्वेषी, कार्यद्वेषी, गरियाल, घामड़, निखट्टू, मट्ठर, मुफ़्तख़ोर, हरामख़ोर, •आलसी, •प्रयासहीन, ▪कर्मवीर, ▪परिश्रमी.

**कामचोरी** = अवज्ञा.

**कामचोरी** *सं* कर्म अनिष्ठा, कर्मद्वेष, कर्महीनता, कार्यद्वेष, •अप्रयास, •अवज्ञा, •आलस, ▪परिश्रम, ▪प्रयास.

**कामजित** = गौतम बुद्ध, जितेंद्रिय, तीर्थंकर.
**कामट** = पुच्छल तारा.
**कामत** = आकार.
**काम तमाम करना** = संहारना.
**काम तमाम होना** = मरना.
**कामतरु** = कल्पवृक्ष.
**कामथ** = खेतघर.
**कामद** = इच्छद, वरदाता.

**कामद मणि** = पारस पत्थर.
**कामदहन** = शिव.
**कामदा** = कामधेनु.
**कामदानी** = कढ़ाई.
**कामदार** = पच्चीकृत, पेचीदा डिज़ाइन वाला, रत्नजटित.
**कामदिलाऊ एजेंसी** = आजीविका कार्यालय.
**कामदिलाऊ कार्यालय** = आजीविका कार्यालय.
**कामदुघ्** = इच्छद.
**कामदुह** = कामधेनु, वरदाता.
**कामदूती** = कोयल.

**कामदेव** *सं* अंगज, अंगहीन, अदेह, अनंग, अप्सराधिपति, अशरीर, असमबाण, आत्मभू, कंदर्प, काम, कामदेवता, कुसुमधन्वा, क्यूपिड, चैत्रसख, जराभीरु, पंचबाण, पंचशर, पुष्पकेतु, पुष्पचाप, पुष्पबाण, पुष्पशर, पुष्पशरासन, पुष्पेषु, प्रद्युम्न (पुनर्जन्म), प्रेम देवता, मकरध्वज, मदन, मधुसख, मनमथन, मनसिज, मनोज, मन्मथ, मयन, मार, मीनध्वज, रतिनाथ, रतीश, रमण, रुद्रारि, वसंतसखा, विषमशर, शरीरज, शृंगारजन्मा, श्रीनंदन, सुरभिबाण, स्मर, स्वयंभू, हृदयनिकेतन, •रति.

**कामदेवता** = काम्देव
**कामदेव पत्नी** = रति.
**कामदेवी** = रति.
**कामधंधा** = धंधा.
**कामधाम** = आजीविका.
**कामधुक्** = कामधेनु.

**कामधेनु** *सं* कामदा, कामदुह, कामधुक्, देवधेनु, सुरधेनु, सुरभि, सुरसुरभि, हविर्धानी.

**काम न करना** = बिगड़ना.

**कामनवैल्थ** *सं* राज्य मंडल, राज्य समूह, •भारत, •राज्यसंघ, •राष्ट्र, •संयुक्त राष्ट्र संघ.

**कामना** = इच्छा, उद्देश्य, दिवास्वप्न, प्रेम, मन्नत, महत्त्वाकांक्षा, लालसा.
**कामनाहीन** = लालसाहीन, संतोषी.
**कामनाहीनता** = अनिच्छा.
**काम पर** = उपस्थित.
**काम पर लगाना** = कराना.
**कामपूर्ण** = परगमनपूर्ण, वासनापूर्ण.
**कामप्रद** = इच्छद.
**कामप्रेमी** = कामुक.
**कामबंदी** = हड़ताल.
**कामबिगाड़ू** = अनाड़ी.
**कामभावना** = वासना.
**कामयाब** = उत्तीर्ण, विजयी, सफल.
**कामयाबी** = सफलता.
**कामरान** = सफल, सौभाग्यशाली.
**कामरूप** = कामरूपी.
**कामरूपा** = शूर्पणखा.
**कामरूपिणी** = विद्याधर स्त्री.

**कामरूपी** *वि* अनेकरूप, इच्छाकार, इच्छाकारी, इच्छारूप, इच्छारूपी, कामरूप, कामाकार, कामाकारी, सर्वरूपी, •अनिश्चिताकारीय, •अनेकाकारीय, •परिवर्तनशील, •विद्याधर.

**कामरेड** = संगी, साम्यवादी.
**कामरेडरी** = सहकर्म.
**कामर्स** = व्यापार.
**कामली** = कंबल, पीलियाग्रस्त.
**कामलेखा** = वेश्या.
**कामवती** = कामुकी.
**कामवल्लभ** = आम वृक्ष, आम वृक्ष.
**कामवासना** = वासना.
**कामवासनापूर्ण** = वासनापूर्ण.
**कामविजेता** = जितेंद्रिय
**कामवृत्ति** = आसक्ति.
**कामशक्तिहीन** = नपुंसक.
**कामशर** = आम वृक्ष, आम वृक्ष.
**काम से** = उद्देश्य से.
**काम से ग़ायब** = चंपत.
**काम से छुट्टी** = मध्यावकाश.
**कामाकर्षण** = सम्मोहन कर्म, सम्मोहिनी.
**कामाकर्षिणी** = प्रलोभिनी.
**कामाकांक्षा** = वासना.
**कामाकार** = कामरूपी.
**कामाकारी** = कामरूपी.
**कामाक्षी** = दुर्गा.

**कामाक्षी** *सं* कामाख्या, कामेश्वरी, त्रिपुरांबिका, महालक्ष्मी.

**कामाख्या** = कामाक्षी, दुर्गा.
**कामाख्या सिद्धि** = प्रेतसिद्धि.
**कामायुध** = आम वृक्ष.
**कामासक्त** = कामुक, परगमनपूर्ण.
**कामिक** = उपहास्य, हास्यप्रद.
**कामिक बुक** = कामिक्स.
**कामिक स्ट्रिप** = कामिक्स.

**कामिक्स** *सं* कामिक बुक, कामिक स्ट्रिप, चित्रकथा, चित्रात्मक कथा, •कार्टून.

**कामिनी** = कामुकी, प्रलोभिनी, प्रेमिका, सुंदर स्त्री.
**कामिल** = जादूगर, दक्ष, प्रेतसाधक, योग्य.
**कामी** = कामुक, तत्पर, परगमनपूर्ण, लंपट, लोभी, विलासप्रिय.
**कामी/कामिनी** = इच्छुक, प्रेमपात्र/प्रेमपात्रा.
**कामुक** = अश्लील, परगमनपूर्ण, लंपट.

**कामुक** *वि* अकच्छ, अकच्छक, अतिभोगी, *अधम*, ऐबी, ऐयाश, कंचुकी, कामग, कामचारी, कामप्रेमी, कामासक्त, कामी, ख़रमस्त, खेटी, नीच, *पल्लव*, बदमस्त, भोगी, भोगी विलासी, मुदिर, रत नाराच, रतिप्रिय, रतिप्रेमी, रतिलंपट, *रसिक*, रसिया, *लंपट*, ललित, *वर*, *विट*, विलासी, विषयासक्त, विषयी, *संगी*, संभोगी, •गुंडा, •पापी, •लंपट.

**कामुकता** = बहुगमन.
**कामुकतापूर्ण** = अश्लील.
**कामुका** = कामुकी.
**कामुकी** = कुलटा.

**कामुकी** *वि* अनंगवती, इच्छावती, कामगा, कामवती, कामिनी, कामुका, चपला, *तस्करी*, पुंश्चली, रतिप्रिया, सुरतरंगिनी.

**कामेच्छा** = वासना.
**कामेच्छाहीन** = नपुंसक.
**कामेटिव** = प्रशामक औषध.
**कामेडियन** = जोकर, हास्य अभिनेता.
**कामेडी** = अगंभीर नाटक, सुखांत नाटक, हास्य रस.

**कामेश्वर** = शिव.
**कामेश्वरी** = कामाक्षी.
**कामोद्रेक प्राप्ति** = शृंगार रस.
**काम्य** = ईर्षणीय, मोहक, सुंदर.
**काम्य/काम्या** = प्रेमपात्र/प्रेमपात्रा, प्रेम्य, वांछनीय.
**काम्यक वन** = पौराणिक वन उपवन.
**काम्या** = सुंदर स्त्री.
**काम्येष्टि** = इच्छद.
**काय** = आकार, संस्था.
**काय अनुपात** = देहानुपात.
**काय चिकित्सा तंत्र** = आयुर्वेद आठ अंग.
**क़ायदगी** = व्यवस्था.
**क़ायदा** = क़ानून, क्रम, वर्णमाला पुस्तक, विधि, व्याकरण, शिष्टाचार, शिष्टाचार, शिष्टाचार.
**क़ायदा क़ानून** = संविधान.
**क़ायदे से** = विधिपूर्वक.
**कायनात** = ब्रह्मांड, सृष्टि.
**क़ायम** = निश्चल, सुदृढ़, स्थित.
**कायर** = कापुरुष, पलायनवादी.

**कायर** *वि* अधीर, अपुरुषोचित, असाहसी, कमहिम्मती, काकरूक, कातर, *कापुरुष*, डरपोक, त्रासशील, दिलचोर, नामर्द, निस्साहस, पलायनशील, बुज़दिल, भयशील, भीरु, साहसहीन, हौलदिला, •भयभीत, •विचलनशील, ▪भयहीन, ▪वीर, ▪साहसी.

**क़ायल** = तत्पर, सहमत.
**क़ायल करना** = मनवाना, मनाना.
**क़ायल होना** = मानना.
**कायस्था** = तुलसी.
**कायांतर** = कायाकल्प, कायापलट.
**कायांतरित** = रूपांतरित.
**काया** = आकार, क़द क़ामत, शरीर.
**कायाकल्प** = कायापलट, क्रांति, जीर्णोद्धार, नवजीवन.

**कायाकल्प** *सं* कायांतर, *जीर्णोद्धार*, *नवजीवन*, *नवीकरण*, पुनः यौवन प्राप्ति, पुनर्नवीकरण, पुनर्यौवन, पुनर्स्वास्थ्य प्राप्ति, फिर से जवानी, यौवन प्राप्ति, •आरोगय लाभ, •कायापलट, •परिवर्तन.

**कायाकल्पित** = यथापूर्वित.
**कायाक्षय** = कुपोषण.

**कायापलट** *सं* अतिपरिवर्तन, अत्यधिक परिवर्तन, आमूलचूल परिवर्तन, कायांतर, *कायाकल्प*, कायिक परिवर्तन, *क्रांति*, क्रांतिकारी परिवर्तन, पूर्ण परिवर्तन, रूपांतर, विवर्त, •उत्परिवर्तन, •नवीकरण, ▪उद्विकास.

**कायिक** = शारीरिक.
**कायिक परिवर्तन** = कायापलट.

**कारंडव** *सं* आरी, कूट, टिकरी, टीकी, मराल, मरुल.

**कारंधमी** = कीमियागर, ठठेरा.
**-कार** = धंधी.
**कार** = कार्य, प्रयास, मोटरकार, मोटर गाड़ी.
**कारक** = कर्ता, साधन.

**कारक** *सं* संज्ञा सर्वनाम का संबंधवाचक रूप, सर्वनाम का संबंधवाचक रूप, •अधिकरण कारक, •अपादान कारक, •करण कारक, •कर्ता कारक, •कर्म कारक, •संप्रदान कारक, •संबंध कारक, •संबोधन कारक, •विभक्ति, •व्याकरण.

**कारक चिह्न** = विभक्ति.
**कारकता** = क्षमता.
**कारकयुक्त शब्द** = विभक्ति.
**कारकहीन शब्ज** = अव्यय.
**कारकुन** = कर्ता, कर्मचारी, कार्यकर्ता.
**कारखाना** = मरम्मतघर.

**कारख़ाना** *सं* *उद्योग*, उद्योगशाला, कर्मशाला, कलकारख़ाना, निर्माणशाला, प्लांट, फ़ैक्टरी, मिल, यंत्रालय, शौप, संयंत्र, संयंत्र गृह, •मरम्मतघर.

**कारख़ानेदार** = उद्योगपति, पूँजीवादी वर्ग.
**कारगर** = अचूक (औषध), उपयोगी, चिकित्साकारी, सफल, सफलताप्रद.
**कारगाह** = कार्यस्थान.
**कारगुज़ार** = कुशल, दक्ष, सक्षम.
**कारगुज़ारी** = करतब, चमत्कार, शरारत.
**कारघर** = गराज.
**कारचालक** = ड्राइवर, ड्राइवर.
**कारचोब** = कढ़ाई फ्रेम.
**कारचोबी** = कढ़ाई, कढ़ाई कर्म.
**कारज** = कार्य, विवाहोत्सव.
**कार ड्राइवर** = ड्राइवर.
**कारण** = उद्देश्य, कारणतः, बहाना.

**कारण** *सं* *आधार*, *उद्देश्य*, उपलक्ष्य, *काज*, कैफ़ियत, *क्यों*, निमित्त, प्रयोजन, *बहाना*, बाइस, *बात*, बिना, भूमि, मिस, वजह, सबब, हेतु, •उद्देश्य, •कैसे, •बहाना, ▪परिणाम.

**कारण क्या है** = क्यों.
**कारणतः** = क्योंकि.

**कारणतः** *क्रिवि* इस कारण, *कारण*, कारणवश, कारण से, नाते, निमित्त, निमित्त से, बदौलत, बराय, बहाने, मारे, *लिए*, वास्ते, *सकारण*, सबब से, हेतुतः, •अनुसार, •उद्देश्य से, •लिए, •लिए, ▪कारणहीनतः.

**कारण यह है कि** = क्योंकि.
**कारणयुक्त** = सकारण.
**कारणवश** = कारणतः.
**कारण विकार** = परिणाम.
**कारण से** = उद्देश्य से, कारणतः, क्योंकि.
**कारणहीन** = निष्कारण.
**कारणहीनतः** = उद्देश्यहीनतः.
**कारतूस** = खोल.

**कारतूस** *सं* कार्टरिज, तूसदान, बंदूक़ कारतूस, •खोल, •बंदूक़ गोली.

**कारथ** = सार्थक.
**कारनामा** = अपराध, करतब, कार्य, कीर्तिमान.

**कारनामा** *सं* उपलब्धि, कमाल, *कुछ*, कृतित्व, फ़तह, बड़ा काम, बड़ी बात, महाकर्म, महान कार्य, महारंभ, महाविक्रम, सिद्धि, •करतब, •कीर्तिमान, •चमत्कार,

•लीला, •सफलता, ■दुष्कर्म.

**कारपरदाज़** = सर्वेसर्वा.
**कारपैंटर** = बढ़ई.

**कार पोर्च** *सं* कार पोर्ट, कार शैड, *गराज*, पोर्च, पोर्टिको, •गराज, •पार्किंग स्थल, •वाहन शाला.

**कार पोर्ट** = कार पोर्च.
**कारबन** = रासायनिक तत्त्व सूची.

**कारबन** *सं* अंगारक, कार्बन (विकल्प), कार्बनीयम, प्रांगार, प्रांगारीयम, •कोयला, •हीरा.

**कारबन पेपर** = प्रतिलिपित्र.
**कारबार** = धंधा, व्यापार.
**कारबारी** = धंधी.
**कारयित्री (प्रतिभा)** = सृजनशील.

**कारयित्री प्रतिभा** *सं* उर्वरता, *ऊर्जा*, कल्पनाशीलता, कृतित्व, क्रीएटिविटी, रचना ऊर्जा, रचनात्मक प्रतिभा, सृजनशीलता, सृजनात्मकता, सृजनात्मक प्रतिभा.

**काररवाई** = कार्यान्विति, मुक़दमा.
**कारवाँ** = व्यवस्थित समूह, सार्थ.
**कारवान** = सार्थ.
**कारवी** = सोआ.
**कारवेल्ल** = करेला.
**कार शैड** = कार पोर्च.
**कारसाज़** = दक्ष.
**कारसाज़ी** = अपराध, करतब, दक्षता.
**कारस्तानी** = जुगत, दुष्कर्म.
**कार हौर्न** = हार्न.
**कारा** = कारागार, कारावास दंड, फ़ालसा.
**काराकोरम पर्वत माला** = पर्वत सूची भारत उपमहाद्वीप.
**कारागार** = दुःखधाम, पिंजरा.

**कारागार** *सं* कफ़स, कारा, कारागृह, कारावास, क़ैद, क़ैदख़ाना, क़ैदघर, ज़ंजीरख़ाना, जेल, जेलख़ाना, जेलघर, प्रिज़न, बंदीख़ाना, बंदीगृह, बंदीघर, बड़ा घर, ससुराल (अपराधी बोलचाल). •क़ैदी, •जेलर, •पिंजरा, •लेबर कैंप, •सुधारघर, •हवालात.

**कारागार अध्यक्ष** = जेलर.
**कारागृह** = कारागार.
**कारापाल** = जेलर.
**काराबद्ध** = क़ैदी, गिरफ़्तार.
**कारामद** = उपयोगी.
**कारावकाश** = परोल.
**कारावास** = कारागार, कारावास दंड.

**कारावास दंड** *सं* कारा, कारावास, क़ैद, जेलयात्रा, बंधन, •आजीवन कारावास, •एकांत कारावास, •कठोर कारावास, •साधारण कारावास, •नज़र क़ैद, •हवालात.

**कारावास निवासी** = क़ैदी.
**कारावासी** = क़ैदी.
**कारिंदा** = कर्मचारी, कार्यकर्ता, मुख़तार.
**कारिका** = व्याख्या.
**-कारी** = धंधी.
**कारी** = कर्ता.
**कारीगर** = कुशल, कुशल श्रमिक, दक्ष, मरम्मत कर्मी, शिल्पकार.
**कारीगरी** = कला, दक्षता, शिल्प, शिल्प कृति, स्थापत्य कला.
**कारीगरी शिक्षा** = शिल्प शिक्षा.
**कारीडोर** = गलियारा.
**कारीडोर** = मध्यवीथी.
**कारु** = गेरू, शिल्पकार.
**कारुकार्य** = उत्कीर्णन.

**कारुगेटिड** *वि* खाँचेदार, तरंगित, धारीदार, नालीदार, पनालीदार, लहरिया, लहरीदार, •सर्पिल.

**कारुचौर** = सेंधमार.
**कारुज** = बाँबी.
**कारुणिक** = अश्रुपूर्ण.
**कारुण्य** = करुणा.
**कारोबार** = उद्योग, कंपनी, धंधा, व्यापार.

**कार्क** *सं* अड़स, उपरोध, काग, खुखड़ी, टेपी, ठेंठी, ठेपी, डाट, प्लग, रोका, रोध, •कार्कस्क्रू, •ढक्कन, •वाल्व.

**कार्क ओपनर** = कार्कस्क्रू.

**कार्कस्क्रू** *सं* ओपनर, कार्क ओपनर, खोलने वाला, बाटल ओपनर, •ढक्कन.

**कार्गो** = लगेज.
**कार्ट** = ठेलागाड़ी.

**कार्टन** *सं* *क्रेट*, पटोली, पिटारी, *पेटी*, •कनस्तर, •टोकरा टोकरी, •संदूक़.

**कार्टरिज** = कारतूस, कैसेट.

**कार्टून** *सं* अतिचित्र, अधिचित्र, *कैरिकेचर*, व्यंग्य चित्र, •कामिक्स.

**कार्टूनी** = उपहास्य.
**कार्टेज** = माल भाड़ा.
**कार्टोग्राफ़** = मानचित्र.
**कार्ड** = गत्ता, टिकट, निमंत्रण पत्र, बिजली तार, भोज निमंत्रण, विज़िटिंग कार्ड.
**कार्डबोर्ड** = गत्ता.
**कार्डर** = धुनिया.
**कार्डिगन** = स्वेटर.
**कार्तिक** = कार्तिक मास, भारतीय मास सूची.□

**कार्तिक मास** *सं* ऊर्ज, कातिक, कार्तिक, कार्त्तिक, कौमुद, शिखीश्वर मास, सैरि.

**कार्तिकेय** = स्कंद.
**कार्त्तिक** = कार्तिक मास.
**कौर्न** = डील, मक्का.
**कार्नर स्टोन** = मेहराब शिखर पत्थर.
**कार्निस** = कँगनी.
**कार्नोला** = तेल.
**कार्पासिका** = कपास.
**कार्पासी** = कपास.
**कार्पोरेशन** = कंपनी, नगर निगम, लिमिटेड कंपनी.
**कार्बन (विकल्प)** = कारबन.
**कार्बनिक पदार्थ** = चेतन जगत, जैव पदार्थ.
**कार्बनिक मैटर** = जैव पदार्थ.
**कार्बनीयम** = कारबन.
**कार्बनेट** = शोरा.
**कार्बनेटिड वाटर** = ऐरेटिड वाटर.
**कार्बोद्केट (रूढ़ीकृत)** = कार्बोहाइड्रेट.
**कार्बोहाइड्रेट** = शर्करा.

**कार्बोहाइड्रेट** *सं* अंगारोद्केट, अंगारोस, कार्बोद्केट (रूढ़ीकृत), शर्करव्य, •पोषव्य, •शर्करा.

**कार्मार** = शिल्पकार.
**कार्मुक** = धनु राशि.
**कार्य** = उद्देश्य, कर्तव्य, कर्म, कार्यान्विति, घटना, परिणाम, संस्कार.

**कार्य** *सं* अनुष्ठान, *आरंभ*, *करतब*, करनी, कर्तृत्व, *कर्म*, कल्प, *काज*, काम, कार, कारज, *कारनामा*, किया, कियाधरा, कृत्य, फ़ेल, *यज्ञ*, वृत्ति, व्यवसाय, *व्यवहार*, *व्यापार*, •आजीविका, •उद्योग, •कर्तव्य, •परिश्रम, •श्रम, ▪अकर्म.

**कार्य अंतराल** = मध्यावकाश.
**कार्य अनिष्ठा** = असावधानी, कर्तव्यच्युति.
**कार्य अभ्यास** = प्रशिक्षण.
**कार्य अवकाश** = मध्यावकाश.
**कार्यक** = कार्यान्वयक.
**कार्य करना** = करना.
**कार्यकर्ता** = कर्ता, कर्मचारी, कार्यान्वयक, राजनीतिक कार्यकर्ता.

**कार्यकर्ता** *सं* अनुचर, अहलकार, कर्मकर, *कर्मचारी*, कर्मी, कारकुन, कारिंदा, क्रू, गुमाश्ता, चर, *नौकर*, बंदा/बंदी, सर्वेंट, सेवक/सेविका, स्टाफ़ सदस्य, ▪अध्यक्ष, ▪प्रबंधक.

**कार्यकलाप** = प्रक्रिया.
**कार्यकलाप वर्णन** = निजी डायरी.
**कार्यकारिणी** = कार्यसमिति.
**कार्यकारिणी समिति** = कार्यसमिति.
**कार्यकारी** = कार्य प्रभारी, स्थानापन्न.
**कार्यकाल** = कार्य दिवस, पाली.
**कार्यकाल उपरांत काम** = ओवरटाइम.
**कार्यकुशल** = कुशल, दक्ष.
**कार्य कुशलता** = दक्षता.
**कार्यकेंद्र** = पड़ाव कार्यालय.
**कार्यकौशल** = दक्षता.
**कार्यक्रम** = एजेंडा, कार्यक्रम सूची, शीड्यूल, समारोह.
**कार्यक्रम अध्यक्ष** = सभापति.

**कार्यक्रम उद्घोषक** *सं* अनाउंसर, उद्घोषक, घोषक, सूचक, *सूचनादाता*, •कार्यक्रम ऐंकर, •घोषणा कर्ता, •मुनादी वाला, •समाचार पाठक.

**कार्यक्रम ऐंकर** *सं अध्यक्ष*, *अभिवक्ता*, आरजे, उद्घोषक, उद्घोषक, ऐंकर, कंडक्टर, कंपीयर, कार्यक्रम संचालक, चालक, जोकी, डीजे, *नियंत्रक*, प्राश्निक (प्रा), मोडरेटर, रेडियो जोकी, वीजे, संचालक, सभ्य (प्रा), •कार्यक्रम उद्घोषक, •सभा संचालक, •समाचार पाठक.

**कार्यक्रम पत्रिका** = कार्यक्रम सूची.
**कार्यक्रम पुस्तिका** = कार्यक्रम सूची.
**कार्यक्रम संचालक** = कार्यक्रम ऐंकर.

**कार्यक्रम सूची** *सं* कार्यक्रम, कार्यक्रम पत्रिका, कार्यक्रम पुस्तिका, कार्यावली, प्रोग्राम, संस्मारिका, सौवेनिर, स्मारिका, •एजेंडा, •शीड्यूल.

**कार्यक्रमहीन** = अयोजित.
**कार्यक्रमित** = शीड्यूलित.
**कार्यक्षम** = सक्षम.
**कार्यक्षमता** = क्षमता, दक्षता.
**कार्यक्षेत्र** = कार्यस्थान.

**कार्यक्षेत्र** *सं* अख़्तियार, *अधिकार*, अधिकार क्षेत्र, अधिकार सीमा, अधिक्षेत्र, अमलदारी, कर्मक्षेत्र, क्रियाक्षेत्र, *क्षेत्र*, दायरा, फ़ील्ड, *वर्चस्व*, *विभाग*, हलका, •दायित्व, •विभाग, •विशेषज्ञता.

**कार्यग्रहण** *सं* अधिकार ग्रहण, कार्यभार ग्रहण, पदग्रहण, सेवाग्रहण, •नियुक्ति, ▪पदत्याग, ▪सेवा च्युति.

**कार्य घंटे** = कार्य दिवस.
**कार्यचिंतक** = स्थानीय शासक.
**कार्यदर्शक** = ओवरसीअर.
**कार्यदर्शी** = सुपरवाइज़र.

**कार्य दिवस** *सं* काम का दिन, काम के घंटे, कार्यकाल, कार्य घंटे, *दिन*, दिवस, वर्क डे, •ओवरटाइम, •पाली, ▪अवकाश दिवस, ▪कार्यांत.

**कार्यदिशा** = नीति.
**कार्यद्वेष** = कामचोरी.
**कार्यद्वेषी** = कामचोर.

**कार्य निदेश** = निदेश.
**कार्य निदेशिका** = प्रक्रिया पुस्तक.
**कार्यनिर्वाह** = कार्यान्विति.
**कार्यनिष्ठ** = कर्तव्यपरायण, कार्योन्मादी, सावधान.
**कार्यनीति** = नीति.
**कार्य पंजी** = कैशबुक.
**कार्य परिषद** = कार्यसमिति.
**कार्यपाल** = ओवरसीअर, कर्ता.
**कार्यपालक** = कार्यान्वयक.
**कार्यपालन** = कार्यान्विति.
**कार्यपालिका** = कार्यसमिति.

**कार्यपालिका** *सं प्रशासक*, प्रशासन तंत्र, फ़ीताशाही, राजाधिकारी, राज्य कर्ता, *शासन तंत्र*, शासनपालिका, शासन व्यवस्था, •विधायिका.

**कार्यपालिका अध्यक्ष** = शासन अध्यक्ष.
**कार्य पुस्तिका** = अलमनाक.

**कार्यपूर्ति** *सं* अर्थसिद्धि, कर्मपूर्ति, कार्य संपूर्ति, पूर्णकृतता, पूर्णता, पूर्तता, पूर्ति, संपूर्णता, संपूर्तता, संपूर्ति, समाप्तता, ▪अपूर्णकृतता.

**कार्यपूर्ति दायित्व** = ठेका.
**कार्यप्रदत्त** = नियुक्त.
**कार्य प्रदान** = नियुक्ति.

**कार्य प्रभारी** *सं* कार्यकारी, कार्यभारी, कार्यवाहक, धोरी, पदवाहक, प्रभारी, •अध्यक्ष, •फ़ोरमैन •सुपरवाइज़र, •स्थानापन्न.

**कार्य बाधा** = बाधा.
**कार्यभार** = दायित्व.
**कार्यभार ग्रहण** = कार्यग्रहण.
**कार्यभारी** = कार्य प्रभारी.
**कार्यमग्न** = व्यस्त.
**कार्य मध्य में** = अधरास्ते.
**कार्ययात्रा** = दौरा.
**कार्य योजना** = योजना, शीड्यूल.
**कार्यरत** = अविकृत, पदासीन, बारोज़गार, व्यस्त.

**कार्यरत** *वि* अभिरत, करता/करती, कर्मरत, चलता/चलती, जुटा/जुटी, तैनात, *प्रवृत्त*, लगा/लगी,

विषयरत, *व्यस्त*, *सन्नद्ध*, •बारोज़गार, •सक्रिय.

**कार्यलीन** = व्यस्त.
**कार्यवाहक** = कार्य प्रभारी, स्थानापन्न.
**कार्यवाह संख्या** = कोरम.
**कार्यवाही** = स्थानापन्न.
**कार्यवाही (अशुद्ध)** = कार्यान्विति.
**कार्य विधान** = प्रक्रिया.
**कार्यविधि** = विधि.
**कार्यविधिपूर्ण** = विधिसंगत.

**कार्य विवरण** *सं* कार्यवृत्त, बैठक विवरण, *ब्योरा*, मिनिट्स, •वृत्तांत, ▪एजेंडा.

**कार्य विशेषण** = क्रिया विशेषण.
**कार्य विश्राम** = मध्यावकाश.
**कार्यवीर** = कर्मवीर, कार्योन्मादी.
**कार्यवृत्त** = कार्य विवरण.
**कार्यशक्ति** = क्षमता.
**कार्यशाला** = प्रयोगशाला.
**कार्यशील** = कार्योन्मादी, सक्रिय.
**कार्यशैली** = विधि.
**कार्य संपादन** = कार्यान्विति.
**कार्य संपूर्ति** = कार्यपूर्ति.
**कार्य समापक** = समापन कर्ता.
**कार्य समिति** = कार्यसमिति.

**कार्यसमिति** *सं* अंतरंग सभा, उच्चसभा, उच्चसमिति, कार्यकारिणी, कार्यकारिणी समिति, कार्य परिषद, *कार्यपालिका*, कार्य समिति, पोलिट ब्यूरो, वर्किंग कमिटी, सर्वोच्च समिति, •प्रबंध समिति, •समिति, •साधारण सभा.

**कार्यसाधक** = अवसरवादी, कार्यान्वयक.
**कार्य साधन** = कार्यान्विति, साधन.
**कार्यसिद्धिप्रद** = सफलताप्रद.
**कार्यसूची** = एजेंडा, शीड्यूल.
**कार्यस्थल** = कार्यस्थान.

**कार्यस्थान** *सं* कर्मक्षेत्र, कर्मभूमि, कर्मस्थल, कर्मस्थान, कारगाह, *कार्यक्षेत्र*, कार्यस्थल, •कार्यशाला, •कार्यालय.

**कार्यहीन** = बेरोज़गार.
**कार्यांत** = समापन.
**कार्याधीन** = अपूर्णकृत.
**कार्याध्यक्ष** = अध्यक्ष.

**कार्यान्वयक** *सं* अनुपालक, *कर्ता*, कार्यक, *कार्यकर्ता*, कार्यपालक, कार्यसाधक, कार्यान्वयक व्यक्ति, कार्यान्वयन कर्ता, क्रियान्वयक, निर्वाहक, निष्पादक, *संपादक*, संपादयिता, *साधक*, •अध्यक्ष, •प्रबंधक.

**कार्यान्वयक व्यक्ति** = कार्यान्वयक.
**कार्यान्वयन** = अनुपालन, कार्यान्विति.
**कार्यान्वयन कर्ता** = कार्यान्वयक.
**कार्यान्वित** = कृत, पूर्णकृत.
**कार्यान्वित करवाना** = कराना.
**कार्यान्विति** = अनुपालन.

**कार्यान्विति** *सं अनुपालन*, अन्वयन, अन्विति, अमल, *आचरण*, ऐक्शन, *करण*, कर्म संपादन, काररवाई, *कार्य*, कार्यनिर्वाह, कार्यपालन, कार्यवाही (अशुद्ध), कार्य संपादन, कार्य साधन, कार्यान्वयन, क्रियान्वयन, क्रियान्विति, तामील, निर्वाह, निर्वाहन, निष्पत्ति, निष्पादन, प्रतिपालन, वर्तन, *व्यवहार*, संपन्नन, *संपादन*, संसिद्धि, समाचरण, सरअंजाम, *साधन*, सिद्धि, •अनुपालन, ▪अवज्ञा, ▪कर्तव्यच्युति, ▪बहानेबाज़ी, ▪समापन.

**कार्यान्वीय** = करणीय.
**कार्याभ्यास** = अभ्यास.
**कार्यारंभ** = आरंभ.
**कार्यारंभक** = आरंभ कर्ता.
**कार्यालय** = संस्था.

**कार्यालय** *सं* आफ़िस, इदारा, कचहरी, दफ़्तर, *दीवान*, *संस्था*, संस्थान, •क्षेत्रीय कार्यालय, •निदेशालय, •पंजीकृत कार्यालय, •मुख्यालय, •विभाग, •शाखा कार्यालय, •शाखा विस्तार, •सचिवालय.

**कार्यालय संचालक** = सचिव.
**कार्यालयी** = शासकीय.
**कार्यावरोध** = बाधा.
**कार्यावली** = एजेंडा, कंप्यूटर प्रोग्राम, कार्यक्रम सूची, प्रक्रिया, प्रक्रिया पुस्तक, विधि, शीड्यूल.
**कार्यासीन** = पदासीन.
**कार्यिका** = प्रक्रिया पुस्तक.
**कार्येक्षक** = सुपरवाइज़र.
**कार्योन्मत्त** = कार्योन्मादी.

**कार्योन्मादी** *वि* अतिकर्मण्य, अतिकर्मण्य, *उत्साही*, *करतबी*, करू, कर्मठ, कर्मण्य, कर्मनिष्ठ, कर्मयोगी, *कर्मवीर*, कर्मशील, कर्मशूर, कर्मानुरागी, कर्मिष्ठ, कर्मिष्ठ, कमी, कर्मी, कार्यनिष्ठ, कार्यवीर, कार्यशील, कार्योन्मत्त, क्रियाशील, *तपस्वी*, दृढ़, धुनी, विक्रमी, सामर्थ्यवान, सामर्थ्यशाली, सुवीर्य, सुश्रम, •उत्साही, •परिश्रमी, •महत्त्वाकांक्षी.

**कार्विंग** = उत्कीर्णन.
**काल** = अवधि, अवसर, ऋतु, घड़ी समय, जीवन काल, दुर्भिक्ष, नाश, भाग्य, मृत्यु, यमराज, यमराज, युग, शनि ग्रह.

**काल** *सं* अरसा, *अवधि*, *घड़ी*, चतुर्थ आयाम, ज़माना, टाइम, *दिन*, देर, दौर, मुद्दत, *युग*, वेला, समय, समान कर्ता, •भविष्य काल, •भूतकाल, •वर्तमान काल, •कब, •कैलंडर, •क्षण, •घंटा, •तिथि, •युग.

**काल और दिशा** = दिक्काल.
**कालकंठ** = खंजन, गौरैया, मोर.
**कालकंठिनी** = मोरनी.
**कालकर्मा** = यमराज.
**कालकवलित** = मृत.
**कालकवलित होना** = मरना.
**कालका/कालिका** = कृष्णवर्ण.
**काल का ग्रास होना** = मरना.
**काल का पहिया** = कालचक्र, भाग्यचक्र.
**काल के गाल में जाना** = मरना.

**कालकोठरी** *सं* एकांत बंदीकक्ष, *कोठरी*, साँसतघर, •कारागार.

**कालक्रम** *सं* इतिहास क्रम, कालानुक्रम, क्रोनोलाजी, घटनाक्रम, तिथिक्रम, पूर्वापरता,

पूर्वापर संबंध, पौर्वापर्य.

**कालक्रमिक** *वि* इतिहास क्रमिक, कालक्रमेण, कालानुक्रमिक, तिथिक्रमिक, पिछला अगला, पूर्वापर, पूर्वापर क्रमिक.

**कालक्रमेण** = कालक्रमिक.
**कालक्षेप होना** = बीतना.
**काल गणना** = होराशास्त्र.
**कालगति** = कालचक्र, भाग्यचक्र.
**कालगर्त** = ब्लैक होल.
**कालचक्र** = भाग्यचक्र.

**कालचक्र** *सं* काल का पहिया, कालगति, काल प्रवाह, दौरे वक़्त, प्रवाहशील काल, वक़्त का दरिया, समय गति, समयधारा, •भाग्यचक्र, •व्यतीति.

**कालजयी** = अमर, शास्त्रीय (कला).

**कालजयी कलाकृति** *सं* उत्कृष्ट कृति, उपलब्धि, *कलाकृति*, क्लासिक, *नमूना*, महाकृति, महान उपलब्धि, महान रचना, *रत्न*, शाहकार, शिलालेख, शोपीस.

**कालजात** *वि* कालपक्व, कालपरिपक्व, पका/पकी, सहज पका, सही समय पर पका, सुपक्व, •समयानुसार, ▪अकालजात.

**कालजीत** = टिकाऊ, सुदृढ़.
**कालजीरक** = शाह जीरा.
**कालज्ञ** = ज्योतिषी, मुरगा, होराशास्त्री.
**काल ज्योतिष** = होराशास्त्र.
**काल ज्योतिषी** = होराशास्त्री.
**कालत्र** = ब्लैक होल.
**कालधर्म** = मृत्यु.

**कालधर्म** *सं* कालानुसार आचरण, युगधर्म, समयाचार, समयानुवर्तन, •आपद्धर्म, •कर्तव्य, •राजधर्म.

**कालनक्षत्र** = ब्लैक होल.
**काल निर्णय** = होराशास्त्र.
**काल निर्धारण विद्या** = होराशास्त्र.
**कालनिशा** = अमावस रात.
**कालपक्व** = कालजात.
**काल परिचय** = पुस्तक अंत.
**कालपरिपक्व** = कालजात.

**कालपुरुष** = अनादि अनंत काल, ईश्वर, चक्रवात, यमराज.
**कालपूर्व** = अर्धविकसित, पूर्वजात.
**काल प्रवाह** = कालचक्र.
**काल बंजर** = परती.
**कालम** = स्तंभ.
**कालमकार** = स्तंभ लेखक.
**कालम लेखक** = स्तंभ लेखक.
**कालमान** = घड़ी.
**काल मापन** = होराशास्त्र.
**काल मापी** = घड़ी.

**कालयंत्र** *सं* कालयात्रायंत्र, कालयान, काल वाहन, टाइम मशीन, भूत भविष्य यात्रायंत्र, •अंतरिक्ष यात्रा, •अंतरिक्ष यान, •दिक्काल.

**कालयात्रा** *सं* कालांतराल यात्रा, भूत और भविष्य काल में यात्रा.

**कालयात्रायंत्र** = कालयंत्र.
**कालयान** = कालयंत्र.
**कालयोग** = प्रारब्ध.
**कालर** = ऊसर, गला पट्टा.

**कालर** *सं* कंठा, लेपल, •कमीज़, •कोट, •गरेबान.

**कालरात्रि** = दुर्गा.
**काललोह** = स्टेनलैस स्टील.
**काललौह** = इस्पात.
**काल वर्णन** = इतिहास.
**कालवर्षा** = अतिवर्षा, अतिवर्षा.
**काल वाहन** = कालयंत्र.
**काल विज्ञानी** = होराशास्त्री.
**काल विषयक** = कालीन.
**कालवृद्धि** = मोहलत.
**कालवृष्टि** = अतिवर्षा.
**कालशय्या** = मृत्युशय्या.
**कालसर्प** = कोबरा.
**काल सूचना** = समय सूचना.
**कालसूर्य** = ब्लैक होल.
**कालहीन** = अमर.
**कालहीनता** = अनादि अनंत काल, अमरता.
**कालांतर** = अंतरिम काल, युग अंत.
**कालांतर में** = आख़िरकार.
**कालांतराल** = अंतरिम काल.
**कालांतराल यात्रा** = कालयात्रा.

**काला** = दुर्जन, नीग्रो, बोल्ड टाइप, वर्षद.
**काला/काली** = अंधकारपूर्ण, अशुभसूचक, कृष्णवर्ण, ताराहीन, दुर्जनतापूर्ण, धूम्रपूर्ण, निराशाजनक, बदनाम, मेघाच्छन्न.

**काला/काली** *वि* अश्वेत, असित, कजरारा/कजरारी, कल- (जैसे: कलमुँहा), कलूटा/कलूटी, *कृष्ण*, *कृष्णवर्ण*, झँवकारा/झँवकारी, तारीक, श्याम, स्याह, •नीला/नीली, •श्यामवर्ण, •सलेटी, ▪रुपहला/रुपहली, ▪सफ़ेद.

**काला अक्षर** = असाक्षरता.
**काला आबनूस/काली आबनूस** = कृष्णवर्ण.
**काला कलूटा/काली कलूटी** = कृष्णवर्ण.
**काला गेहुँअन** = कोबरा.
**काला गोरा** = काला सफ़ेद.
**काला चिकना पत्थर** = कसौटी पत्थर.
**काला जादू** = प्रेतसिद्धि.
**काला जीरा** = शाह जीरा.
**काला टीका** = लांछन तिलक, लांछन तिलक.
**काला टीका लगाना** = हराना.
**काला तख़्ता** = ब्लैक बोर्ड.
**कालातिपात** = दीर्घ काल, विलंब.
**कालातिरेक** = दीर्घ काल, विलंब.
**कालातीत** = अपरिवर्तनीय, अमर, शाश्वत.
**कालातीतता** = अमरता.
**काला देव** = देवदानव.
**काला धंधा** = चोर बाज़ार.

**काला धन** *सं* आयकर चोरी धन, करवंचित धन, काला पैसा, दो नंबर का पैसा, ब्लैक मनी.

**काला नमक** = मसाला सूची

**काला नमक** *सं अक्ष*, आसुर, औषधिक लवण, काच, काच मल, काच लवण, काचो, कृष्ण लवण, खंड लवण, नीलक, विट लवण, विड लवण, संचल, सचल लवण, साँचर नमक, सुवर्चल, सौचर नमक, सौवर्चल, •नमक.

**कालानल** = बड़वा दीप्ति.
**काला नाग** = कोबरा.
**कालानुकूल** = समयानुसार.
**कालानुक्रम** = कालक्रम.
**कालानुक्रमिक** = कालक्रमिक.
**कालानुसार** = समयानुसार.
**कालानुसार आचरण** = कालधर्म.
**कालाप**= केश, फन.
**कालापन** = कालिमा.
**काला पहाड़** = कठिन कार्य.
**काला पानी** = कठिन कार्य.
**काला पैसा** = काला धन.
**काला बादल** = कृष्ण मेघ.
**काला भुजंग/काली भुजंग** = कृष्णवर्ण.
**कालावधि** = अवधि.

**काला संग मरमर** *सं* कृष्णाश्म, जैटस्टोन, संग मूसा, •संग मरमर.

**काला सफ़ेद** *वि* अबलक़, काला गोरा, गंगा जमुनी, गोरा काला, •दुरंगा/दुरंगी.

**काला सिरस** = शिरीष.
**काला स्याह/काली स्याह** = कृष्णवर्ण.
**कालिंग** = तरबूज.
**कालिंदी** = यमुना नदी.
**कालिक** = कालीन, बगला, सावधिक.
**कालिका** = काली, मेघावली.
**कालिख** = कालिमा, लांछन, लांछन तिलक.

**कालिख** *सं* कज्जल, कलंक, कलुष, कलौंछ, कलौंस, *कालिमा*, *स्याही*, •दाग़.

**कालिज** = महाविद्यालय.
**कालिमा** = अंधकार, कालिख, रात, लांछन.

**कालिमा** *सं* कज्जलता, कलुषता, कलौंस, कालापन, *कालिख*, कालुष्य, कृष्णता, कृष्णिमा, तारीकी, श्यामलता, सियाही, *स्याही*, •नीलिमा, •सलेटीपन, ▪रजतिमा, ▪श्वेतिमा.

**कालियमर्दन** = कृष्ण.
**काली** = अंधकार, दुर्गा, यमुना नदी.

**काली** *सं* कंकालिनी, कालिका, काली माई, खप्पर वाली, चंडकाली, नृसिंह देवी, मसान काली, महामैया, महाविद्या, मातृका, मुक्तकेशी, रेवती, श्मशान कालिका, श्यामा, •चामुंडा, •दुर्गा, •पार्वती, •महाकाली, •मुंडमाला, •शिव.

**काली अनुचरी** = डाकिनी.
**काली कमली वाला** = मुहम्मद.
**काली कोस** = दूरता उक्ति.
**काली घटा** = कृष्ण मेघ.
**काली घास** = दूर्वा घास.
**कालीन** = मौसमी.
**क़ालीन** = वाल हैंगिंग.

**क़ालीन** *सं* गालीचा, गिलम, दुलीचा, •कंबल, •गद्दा, •फ़र्शी चादर.

**कालीन** *वि* काल विषयक, कालिक, कालीय, वक़्ती, समय विषयक, सामयिक.

**काली नज़र** = बुरी नज़र.
**काली भारी लकड़ी वाला पेड़** = आबनूस.
**काली भेड़** = हड़तालतोड़िया.
**काली माई** = काली.
**काली मिर्च** = मसाला सूची
**कालीय** = कालीन.
**काली लसदार भूमि** = करैल.
**कालुष्य** = कालिमा.
**काले बालों वाला** = कृष्णकेशी.
**कालोचित** = अवसरानुकूल.
**कालोनाइज़िंग** = उपनिवेशन.
**कालोनाइज़ेशन** = उपनिवेशन.
**कालोनिअल** = औपनिवेशिक.
**कालोनी** = उपनिवेश, महल्ला.
**काल्पनिक** = अयथार्थ, अव्यावहारिक, असत्य, मिथकीय.

**काल्पनिक** *वि* अनहोनी, अमूल, *अयथार्थ*, उत्पाद्य, उद्भावित, कपोल कल्पित, ख़्याली, गढ़ा/गढ़ी, दिमाग़ी, फ़र्ज़ी, बेबुनियाद, मनगढ़ंत, मनोकल्पित, हवाई, •दुरारूढ़, •प्रवादित, •मायावी, •मिथकीय, •स्वप्नीय, ▪तथ्यात्मक, ▪यथार्थ, ▪वस्तुपरक, ▪साकार.

**काल्पनिकतापूर्ण** = अतिशयोक्तिपूर्ण, सृजनशील.
**काल्पनिक मृग** = स्वर्णमृग.
**काल्पनिक संसार** = अव्यावहारिक ज्ञान.
**काल्पनिक सर्प** = ड्रैगन.
**काल्पनिक स्वर्णयुग** = स्वर्णयुग.
**काल्ह** = कल.
**कावेनैंट** = अनुबंध.
**कावेरी** = कावेरी नदी, नदी सूची भारत उपमहाद्वीप.

**कावेरी नदी** *सं* अर्धगंगा, कावेरी, सह्यात्मजा.

**काव्य** = कविता, गीत, साहित्य.

**काव्य** *सं* *कविता*, कविता कामिनी, कवित्त, काव्य कृति, कोमल कांत पदावली, *गीत*, छंदबद्ध रचना, *नज़्म*, पद्य, बानी, वाणी, शायरी, शेरो शायरी, •महाकाव्य, •मुक्तक काव्य, •वीरकाव्य, •गद्य, •गीत, •छंद, •संगीत.

**काव्य अलंकार** *सं* अर्थसौंदर्य, अलंकरोति इति अलंकार, अलंकार, भाव सौंदर्य, भाषा सौंदर्य, शब्द सौंदर्य, *सौंदर्य*, •अर्थालंकार, •चित्रालंकार, •शब्दालंकार.

**काव्यकार** = कवि.
**काव्य कृति** = काव्य.
**काव्यगोष्ठी** = कवि सम्मेलन.
**काव्य पद** = छंद चरण.
**काव्यपाठ** = तरन्नुम.
**काव्यप्रेम** = साहित्य प्रेम.
**काव्यप्रेमी** = साहित्य प्रेमी.

**काव्य बिंब** *सं* *कल्पना*, बिंब, संकल्पना, •प्रतीक.

**काव्य भाव** *सं* *भाव*, भावित, मनसोविकार (भरत), मनोभाव, रस व्यंजक सामग्री, •अनुभाव, •विभाव, •संचारी भाव, •स्थायी भाव.

**काव्यमय** = काव्यात्मक.
**काव्य मान्यता** = कविसत्य.

**काव्यरस** *सं* आनंदानुभूति, गुण, चित्त वृत्ति, भावारवाद, *रस*, वाक्य

रस. •नवरस.

**काव्यरसिक** = साहित्य प्रेमी.
**काव्य रसिकता** = साहित्य प्रेम.
**काव्यशास्त्रीय** = शास्त्रीय (कला).

**काव्य संकलन** *सं* कवितावली, कविता संग्रह, काव्य संग्रह, गीतांजली, गीतावली, *दीवान*, पदावली, •संकलन पुस्तक.

**काव्य संग्रह** = काव्य संकलन.
**काव्यसभा** = कवि सम्मेलन.

**काव्य समस्या** *सं* तरह, तरह मिसरा, *समस्या*.

**काव्य समस्या पूर्ति** *सं* छंदपूर्ति, पदपूरण, वृत्तपूर्ति, समस्या पूर्ति, •अंताक्षरी.

**काव्य हास्य** = पैरोडी.
**काव्यहीन कविता** = तुकबंदी.
**काव्या** = पूतना.
**काव्यात्मक** = अभिव्यक्तिपूर्ण, गेय, प्रेममय/प्रेममयी, भावुक, भावोत्पादक, संगीतमय, साहित्यिक, सुरम्य, स्वप्निल.

**काव्यात्मक** *वि* कलामय, कल्पनापूर्ण, कवित्वपूर्ण, काव्यमय, *कोमल*, गीतमय, तरंगमय, तालमय, पद्यमय, पद्यात्मक, प्रवाहमय, *भावपूर्ण*, भावात्मक, भीना/भीनी, मधुर, मनहर, रसात्मक, रागात्मक, *लयपूर्ण*, लालित्यपूर्ण, शायराना, *संगीतमय*, *साहित्यिक*, *सुकुमार*, •गद्यात्मक, •भावोत्पादक.

**काश** = काँस घास.
**काशीनाथ** = शिव.
**काशीनो** = कैसिनो.
**काशीफल** = कद्दू.
**काशीराज** = धन्वंतरि.
**काश्त** = कृषि, जुताई.
**काश्तकार** = किसान.
**काश्तकारी** = कृषि.
**काश्मीर** = कश्मीर, केसर.
**काश्यप** = ऋषि.
**काषाय** = गेरुआ.
**काष्ठ** = लकड़ी.

**काष्ठ** *सं* इमारती लकड़ी, काठ, टिंबर, दारु, फ़रनीचरी लकड़ी, *लकड़ी*, वुड, •कुंदा, •दीमक, •भवन, •वन, •वृक्ष, •शहतीर.

**काष्ठ सूची** *सं* *आबनूस*, ऐबनी, ऐल्म, ओक, कैल, *चंदन*, *चीड़*, चैस्टनट, *जैतून*, टीक, तुन, दयार, देवदार, बर्च, *महुआ*, *महोगनी*, *यूकलिप्टस*, रोज़वुड, *शीशम*, सफ़ेदा, *साल*, सीडार.

**काष्ठकर्मी** = बढ़ई.
**काष्ठकीट** = घुन.
**काष्ठकुट्ट** = कठफोर.
**काष्ठ ज्योति** = दावा दीप्ति.
**काष्ठद्रु** = पलाश.

**काष्ठपटल** *सं* तख़्ता, *तख़्ती*, *पट*, पटिया, पट्ट, *पट्टा*, *पट्टी*, पाट, पाटिया, पारचा, फरिया, फर्रा, फलक, सैला, •पटरा.

**काष्ठपात्र** = कठौता.
**काष्ठ मठी** = चिता.
**काष्ठवेधक** = घुन.
**काष्ठा** = दिशा.
**काष्ठा 1/18** = निमिष.
**काष्ठीय** = अडूब.

**काष्ठीय** *वि* कठ-, दार्व, लकड़ी का, वुडन.

**कास** = काँस घास, खखार, खाँसी, छींक.
**कासघ्न** = बहेड़ा.
**कासा** = कटोरा.
**क़ासिद** = पत्रवाहक, संदेशवाहक.
**कास्क** = पीपा.
**कास्केट** = आभूषण मंजूषा.
**कास्ट्यूम** = नाट्यवेश, वेश.
**कास्मैटिक्स** = प्रसाधन.
**कास्मोड्रोन** = अंतरिक्ष पत्तन.
**कास्मोनाट** = अंतरिक्ष यात्री, खोज यात्री.
**काहिल** = आलसी, फिसड्डी.
**काहिली** = आलस, थकान.

**काही** *सं* काई, जल कुंतल, मौस, शैवाल, सिवार, सीवार, •घास, •जल.

**काहे** = क्यों.
**किं** = कौन, क्या.
**किंकर** = नौकर.
**किंकरी** = नौकरानी.
**किंकर्तव्य विमूढ़** = दुबिधाग्रस्त.
**किंकिणी** = करधनी.
**किंकिर** = घोड़ा.
**किंग** = राजा.
**किंग कोबरा** = कोबरा.
**किंगफ़िशर** = कौड़िल्ली.
**किंचन** = पलाश.
**किंचित्** = अपर्याप्त, कम, कुछ.
**किंचिन्मात्र** = अल्पतम.
**किंजुल** = पलाश.
**किंतु** = आपत्ति, बल्कि.

**किंतु** *क्रिवि* अपितु, आख़िर, परंच, परंतु, *पर*, मगर, मुदा, लेकिन, •आपत्ति, •बल्कि, ▪अन्यथा.

**किंतु परंतु** = अस्पष्टवादिता, आपत्ति, दुबिधा, बहानेबाज़ी, मीनमेख.

**किंतु परंतु** *क्रिवि* अगरचे मगरचे, अगर मगर, मुदा, यद्वा तद्वा, लेकिन वेकिन, •किंतु, •दुबिधा, •बहानेबाज़ी, •हीन आपत्ति.

**किंपुरुष** = किन्नर.
**किं बहुना** = संक्षेपतः.
**किंवदंती** = लोककथा.
**किंवा** = अथवा.
**किंशुक** = पलाश.
**कि** = अर्थात, जैसे.
**किकियाना** = झींकना.
**किग्रा** = किलोग्राम.
**किचकिच** = तकरार, सौदेबाज़ी.
**किचकिचिया** = कलहप्रिय.
**किचन** = रसोईघर.
**किचन गार्डन** = गृह उपवन.

**किचन मशीन** *सं* किचनेट, ज्यूसर, फ़ूड प्रौसैसर, ब्लैंडर, मिक्सर, मिक्सी, •चक्की, •फेंटनी, •मिश्रक.

**किचनेट** = किचन मशीन.
**किचपिच** = भीड़.
**किचरपिचर** = भीड़.
**किटकिट** = तकरार.

**किटकिटाना** = ठिठुरना.
**किटकिटिया** = कलहप्रिय.
**किटकिटी** = ठिठुरन.
**किटकिटी बाँधना** = ठिठुराना.
**किटन** = बिलैया.

**किटबैग** *सं* उपकरण थैला, किसबत, बिसवार, •टूलबाक्स.

**किट्ट** = ज़ंग, तलछट.
**किट्टी** = ख़ज़ाना, गुल्लक, चिट फ़ंड.

**किट्टी पार्टी** *सं* चिट फ़ंड भागी महिलाओं द्वारा चिट निकालने की पार्टी, •भोज.

**किड़किड़** = खड़खड़, तकरार, तड़तड़.
**किडनी** = गुरदा.
**किडनैपर** = अपहर्ता.
**किडनैपिंग** = अपहरण.
**किण्व** = ख़मीर.
**किण्वक तत्त्व** = ख़मीर.
**किण्वित** = ख़मीरा/खमीरी.
**किण्वित करना** = उबजाना.
**कित** = कहाँ.
**कितक** = कितना/कितनी.

**कितना/कितनी** *वि* कितक, किस मात्रा में, केता/केती, कै, *क्या*, •इतना/इतनी, •उतना/उतनी, •जितना/जितनी.

**कितनापन** = मात्रा.
**कितनी बार** = कब, कब कब.
**कितनी ही बार** = अनेकदा.
**कितने बजे** = कब.
**किताब** = पुस्तक, बहीखाता.
**किताबख़ाना** = पुस्तकालय.
**किताबघर** = पुस्तकालय.
**किताबत** = सुलेख.
**किताबी** = अध्ययनशील, धर्मग्रंथीय, पुस्तकीय, व्यवहार अकुशल.
**किताबी कीड़ा** = अध्ययनशील, पढ़ाकू, बुद्धिजीवी.
**किताबी ज्ञान** = अव्यावहारिक ज्ञान.
**किताबों की अलमारी** = पुस्तक अलमारी.

**किधर** *क्रिवि कहाँ*, कहाँ पर, किस ओर, किस दिशा में, •कहाँ.

**किधौं** = कहाँ.
**किनका** = कण.
**किनकी** = कण.
**किनारा** = कगार, चौखटा, छोर, तट, नदी तट, नुक्कड़, नेमि, पलाव, पार्श्व भुजा, बरतन मुँह, बाँधपथ, सड़क पार्श्व, हाशिया.

**किनारा** *सं* आँवठ, *कंठ*, *कगार*, कन्नी, *छोर*, *तट*, *मुँह*, लब, वर्त्म, वृत्त, सिरा, •दीवार, •सीमा, •हाशिया.

**किनाराकशी** *सं असंपर्क*, असंबंध, दूरगमन, दूरभवन, दूरी, •एकांतवास, •विसंयोग, ■अंतरंगता, ■संबंध.

**किनारी** = झालर.

**किनारी** *सं* धोती किनारी, *पाड़*, पाढ़, बार्डर, साड़ी किनारी, •गोटा.

**किनारे का** = सीमावर्ती.
**किनारे की ओर** = पार्श्व की ओर.
**किनारे पर से काटना** = काटना छाँटना.
**किनारे लगना** = पहुँचना.
**किनारे वाला** = अंतिम.

**किन्नर** *सं* अश्वमुख, किंपुरुष, कुबेरसखा, गायक वादक जाति, तुरंगवदन, संगीत प्रेमी.

**किन्नरराज** = कुबेर.

**किन्नर स्त्री** *सं* किन्नरी.

**किन्नरी** = किन्नर स्त्री.
**किफ़ायत** = अल्पव्यय, बचत, मूल्य कटौती.
**किफ़ायतशार** = अल्पव्ययी.
**किफ़ायतशारी** = अल्पव्यय.
**किफ़ायतहीन** = महँगा/महँगी.
**किफ़ायती** = अल्पव्ययी, सस्ता/सस्ती.
**कियत्ता** = मात्रा.
**किया** = कार्य.
**किया/की** = कृत, मुँहबोला/मुँहबोली, रचित.
**कियाधरा** = कार्य.
**कियोस्क** = खोखा, बूथ.

**किरकिर** *सं* किरकिराहट, किर्रकिर्र, खरखराहट, खरखर, खिसखिस, घिसघिस, घिसट, रगड़, रगस, •घिसाई, •रेत, •रेताई, •रेती.

**किरकिर करना** = किरकिराना.
**किरकिरा/किरकिरी** = रेतीला/रेतीली.

**किरकिरा/किरकिरी** *वि* कँकड़ीला/कँकड़ीली, करकरा/करकरी, किरकिरा (आहार), रेतीला/रेतीली, •बजरीदार, ■कुरकुरा (आहार).

**किरकिराना** *क्रि* किरकिर करना, किरकिराहट होना, किरराना, घर्घराना, रगड़ ध्वनि करना.
**किरकिराहट** = किरकिर.
**किरकिराहट होना** = किरकिराना.
**किरकिरी** = अपमान, कण, रेत.
**किरच** = खपची.
**किरची** = खपची.
**किरण** = अरा, रेडियस, संकेतक.

**किरण** *सं* अंशु, अर्चि, दीधति, मयूख, मरीचि, रश्मि, •चंद्रकिरण, •सूर्यकिरण, •प्रकाश, •विकिरण.

**किरण कुंजिका** = किरणस्तंभ.
**किरणदंड** = किरणस्तंभ.
**किरणपुंज** = किरणस्तंभ, फ़ोकस.
**किरणस** = फ़ोकस.

**किरणस्तंभ** *सं* किरण कुंजिका, किरणदंड, किरणपुंज, केंद्रीम, निकुंजिका, पुंजिका, प्रकाश किरण, प्रकाशपुंज, संपुंजिका.

**किरणित** = केंद्रित.
**किरदार** = चरित्र पात्र.
**किरराना** = किरकिराना.

**किराएदार** *सं आवासी*, टेनैंट, भाटकी, भाड़ेदार, रहवासी, •पट्टेदार, •पेइंग गैस्ट, ■मकान मालिक.

**किरात/किराती** = चँवरढार, ठिंगना/ठिंगनी.
**किराती** = आकाश गंगा, कुटनी, दुर्गा.
**किराना** = परचून.
**किराना दुकान** = परचून दुकान.
**किरानी** = क्लर्क, सेल्समैन.

**किराया** = भाड़ा, माल भाड़ा, यात्रा भाड़ा.
**किराया गाड़ी** = भाड़ा गाड़ी.
**किराया मार्ग** = टौल मार्ग.
**किरासीन** = मिट्टी तेल.
**किरीट** = मुकुट.
**किरीटधारी** = मुकुटधारी.
**किरीटी** = मुकुटधारी, राजा.
**किरौना** = कीट.
**किर्मीर** = नारंगी.
**किर्रकिर्र** = किरकिर.
**किर्रा** = छैनी.
**किलक** = आर्तनाद, किलकारी, हँसी.
**किलकता/किलकती** = आनंदित, हँसता/हँसती.
**किलकना** = हँसना.
**किलकारना** = चहचहाना, हँसना.

**किलकारी** *सं* *आनंद*, आनंद ध्वनि, आमोद, किलक, किलकिल, किलकिलाहट, किल्ली, खिलखिल, खिलखिलाहट, •हँसी.

**किलकिल** = आनंदक्रीड़ा, किलकारी.
**किलकिल करना** = चहचहाना.
**किलकिलाना** = चहचहाना, हँसना.
**किलकिलाहट** = किलकारी.

**किलनी** *सं* अँठई, कुटकी, चिंचड़, चिचड़ी, चीचड़ी, टिक.

**किलबिलाता/किलबिलाती** = पीड़ित.
**किलबिलाहट** = छटपटाहट.
**किलस** = दुःख.
**किलसता/किलसती** = पीड़ित.
**किलसाऊ** = पीड़ाप्रद.
**क़िला** = दुर्ग, महल, हवेली.
**क़िला फ़तह करना** = जीतना.
**क़िलाबंद** = दुर्गीकृत.
**क़िलाबंदी** = दुर्गीकरण.
**किलिंज** = चटाई.
**क़िलेदार** = दुर्गपाल, नगर प्रशासक.
**क़िलेबंदी** = दुर्गीकरण.
**किलो** = किलोग्राम, हज़ार.
**किलोग्राम** = भार माप एकक.

**किलोग्राम** *सं* किग्रा, किलो, ग्राम **1,000**, पौंड **2.2046**.

**किलोग्राम (यूएस) 907.1847** = टन (भार).
**किलोग्राम (यूके) 1,016.0469** = टन (भार).
**किलोग्राम 0.001** = ग्राम.
**किलोग्राम 100** = क्विंटल.
**किलोग्राम 1,000** = मीट्रिक टन.
**किलोग्राम 37.35** = मन (भार).
**किलोग्राम.933** = सेर.

**किलोमीटर** *सं* फुट **3,280.84**, मीटर **1,000**, मील **0.6214**.

**किलोमीटर** $3.0857^{\circ 10(13)}$ = पारसैक.

**किलोमीटर 3,00,000 प्रतिसैकंड** = प्रकाश गति

**किलोमीटर पंदरह करोड़ (लगभग)** = अंतरिक्षीय एकक.
**किलोमीटर प्रतिघंटा** = गति वेग माप.

**किलोलीटर** *सं* लीटर **100**, सौ लीटर, हैक्टोलीटर.

**किल्न** = आवाँ, भट्ठा.
**किल्ला** = कील, खूँटा.
**किल्ली** = आर्तनाद, किलकारी, कील, खूँटी, चटकनी, चीत्कार.
**किल्विष** = बेईमानी.
**किवाड़ में छिपा ताला** = चोर ताला.
**क़िवाम** = चाशनी, तंबाकू.
**किशन** = कृष्ण.

**किशमिश** *सं* दाख, द्राक्षा, निर्वीजा, प्रियाला, रसाधिका, रसाला, सूखा बेदाना अंगूर, स्वादुरसा, •अंगूर, •मुनक़्क़ा.

**किशलय** = अंकुर.

**किशलय** *सं* *अंकुर*, कल्ला, कोंपल, नवदल, नवपल्लव, पोया.

**किशोर** = पुत्र, लड़का, हनुमान.

**किशोर** *सं* अल्हड़, कनीन, कुँअर, कुँवर, कुमार, नवल, नवेला, नौनिहाल, रोहण, *सुकुमार*, •किशोरी, •नवयुवक/नवयुवती, •युवक.

**किशोरनंदन** = हनुमान.

**किशोरी** = लड़की.

**किशोरी** *सं* अंकुरितयौवना, कनीनका, कलोरी, चिरंटी, बाला, बालिका, रोहिणी, *लड़की*, *सुकुमारी*, •किशोर, •युवती, •षोडशी.

**किश्त** = कृषि.
**किश्तज़ार** = उर्वर.
**क़िश्तवार** = धारावाहित.
**किश्ती** = ट्रे, डोंगा, नौका.
**किष्किंधा राजा** = बाली.
**किस** = चुंबन.
**किस अवसर पर** = कब.
**किस आधार पर** = क्यों.
**किस ओर** = किधर.
**किस काम का** = अनुपयोगी.
**किस कारण** = क्यों.
**किस कारण से** = क्यों.
**किस काल** = कब.
**किस खेत की मूली** = महत्त्वहीन.
**किस गली का** = महत्त्वहीन.
**किस तरह** = कैसे.
**किस दिन** = कब.
**किस दिशा में** = किधर.
**किस निमित्त** = क्यों.
**किस प्रकार** = कैसे.
**किसबत** = किटबैग.
**किस बीच** = कब.
**किस मात्रा में** = कितना/कितनी.
**किस लिए** = क्यों.
**किस वास्ते** = क्यों.
**किस विध** = कैसे.
**किस विधि से** = कैसे.
**किस समय** = कब.
**किस स्थान पर** = कहाँ.
**किसान** = ग्रामवासी, जमींदार.

**किसान** *सं* अन्नदाता, अन्नोत्पादक, असामी, काश्तकार, कृषक, कृषिकर्मी, कृषिजीवी, खेतिहर, दहक़ान, फ़ार्मर, भूमिहर, रैयत, वप्ता, हालिक, •उत्पादक, •खेत मज़दूर, •ग्रामवासी, •जमींदार, •फ़सल, •हलवाहा.

**किसानी** = कृषि.
**किसी और तरह** = अन्यथा.

**किसी का होना** = प्रेम करना.
**किसी के आगे चलना कर्म** = पुरोगमन.
**किसी के पास भेजना** = मिलवाना.
**किसी दिन** = कभी, कभी भविष्य में.
**किसी न किसी समय** = कभी भविष्य में.
**किसी प्रकार** = किसी भी क़ीमत पर.
**किसी बार** = एक बार.

**किसी भी क़ीमत पर** *मु* किसी प्रकार, किसी भी तरह, किसी भी प्रकार, कैसे भी, जिस भी तरह, जिस भी प्रकार, जैसे तैसे, जैसे बने, जैसे भी हो, यद्वा तद्वा, येन केन, येन केन प्रकारेण, हरचंद, हर तरह, •अन्यथा.

**किसी भी तरह** = किसी भी क़ीमत पर.
**किसी भी तरह नहीं** = नहीं.
**किसी भी प्रकार** = किसी भी क़ीमत पर.
**किसी भी समय** = कभी भी, जब भी.
**किसी समय** = एक बार, कभी, कभी भी, जब भी.
**किसी स्थान पर** = कहीं.
**किसी हालत में नहीं** = कभी नहीं.
**क़िस्त** = धारावाही क़िस्त, सावधिक देय.
**क़िस्त ब क़िस्त** = क़िस्तवार.
**क़िस्तवार** = धारावाहित.

**क़िस्तवार** *क्रिवि* क़िस्त ब क़िस्त, क़िस्तवाराना, क़िस्तों में, कुछ कुछ धीरे धीरे, ▪एकमुश्त.

**क़िस्तवाराना** = क़िस्तवार, धारावाहित.
**क़िस्तों पर ख़रीद** = हायर परचेज़.
**क़िस्तों में** = क़िस्तवार.
**क़िस्तों में** = धारावाहित.
**क़िस्म** = कोटि.
**क़िस्मत** = प्रारब्ध, भाग्य.
**क़िस्मत आज़माइश** = भाग्यपरीक्षा.
**क़िस्मत का धनी** = सौभाग्यशाली.
**क़िस्मत का फेर** = दुर्भाग्य, भाग्यचक्र.
**क़िस्मत का मारा** = दुर्भाग्यशाली.
**क़िस्मत का लिखा** = प्रारब्धाधीन.
**क़िस्सा** = कथावस्तु, कहानी, गौण कथा, घटना, चुटकुला, झूठ, झूठा बहाना, लोककथा, वृत्तांत.

**क़िस्सा** *सं* आख्यायिका, *घटना*, *वर्णन*, वार्ता, *वृत्तांत*, •कहानी.

**क़िस्सा कहानी** = कहानी, गप.
**क़िस्सा कोताह** = संक्षेपतः.
**क़िस्सागो** = कहानी लेखक.
**क़िस्सा नवीस** = कहानी लेखक.
**की** = वाद्य कुंजी.
**की ओर** = ओर.
**कीक** = आर्तनाद, कुहु कुहु.
**कीकना** = कराहना.
**कीकस** = अस्थि.
**कीच** = कीचड़, दलदल.
**कीचक** = बाँस.
**कीचट** = तलछट.
**कीचड़** = आँख मैल.

**कीचड़** *सं* कर्दम, कीच, चहला, चीक, *दलदल*, पंक, लीबर, •गाद, •तलछट, •मल.

**कीचड़दार** *वि* कीचड़ भरा, कीचदार, गंदा/गंदी, *दलदली*, पंकिल, फिसलना/फिसलनी, मटियाला/मटियाली, मलिन, रपटना/रपटनी, लीबर, •फिसलनयुक्त.

**कीचड़ भरा** = कीचड़दार, फिसलनयुक्त.
**कीचदार** = कीचड़दार.
**कीट** = कृमि, कृमि कीट.

**कीट** *सं* अष्टपद, किरौना, कीड़ा, भरंड, षट्पद, षट्पाद, •अंजनहारी, •कनखज़ूरा, •काकरोच, •किताबी कीड़ा, •खटमल, •घुन, •चींटी, •जुगनूँ, •जूँ, •झींगुर, •टिड्डा, •टिड्डी, •तितली, •दीमक, •बिच्छू, •भिड़, •भ्रमर, •मकड़ी, •मक्खी, •मच्छर, •मधुमक्खी, •रेशम कीट, •लाक्षाकीट, •शलभ, •कृमि.

**कीटकोश** = कोया.
**कीटघ्न** = कीटाणुनाशक, गंधक.
**कीटज** = रेशम धागा.
**कीटनाशक** = कीटाणुनाशक, रोग निवारक.
**कीटनाशन** = विसंक्रमण.
**कीट पतंग** = कृमि कीट.
**कीटमणि** = जुगनूँ.
**कीटाणु** = रोगाणु.
**कीटाणुनष्ट** = संक्रमणरुद्ध.
**कीटाणुनाशक** = पूयांतक, रोग निवारक.

**कीटाणुनाशक** *सं* ऐंटीसैप्टिक, कीटघ्न, कीटनाशक, कृमिघ्न, कृमिनाशक, जर्मीसाइड, जीवाणुनाशक, निर्जीवातुकारी, पूयारि, प्रतिजीवाणु, प्रतिजैविक, रोगाणुनाशक, स्टैरलाइज़र, •निस्संक्रामक, •पूयांतक.

**कीटाणुनाशन** = विसंक्रमण.
**कीटाणुवाहक** = संक्रामक.
**कीटाणुहीन** = संक्रमणरुद्ध, स्वच्छ.
**कीटादि** = कृमि कीट.
**कीड़ा** = कीट, कृमि, साँप.
**कीड़ी** = चींटी.
**कीड़ी काड़ा** = इक्कल दुक्कल.
**कीड़े** = कृमि कीट.
**कीड़े मकोड़े** = कुलेख, कृमि कीट.
**की दिशा में** = ओर.
**कीना** = ईर्ष्या, वैमनस्य.
**कीनाकश** = ईर्ष्यालु.
**कीनाकशी** = वैमनस्य.
**कीनावर** = ईर्ष्यालु.

**कीप** *सं* चोंगी, छूँछी, फ़नल, फूल, फोंका, •साइफ़न.

**क़ीमत** = मूल्य, व्यय.
**क़ीमत चुकाना** = चुकाना.
**क़ीमतदार** = सशुल्क.
**क़ीमती** = महँगा/महँगी, महँगा/महँगी, मूल्यातीत.
**क़ीमती पत्थर** = रत्न.
**क़ीमतीपन** = महँगापन.

**क़ीमा** *सं* रेज़ा, •चूरमा.

**क़ीमा लंगोछा** = सासेज.
**कीमिया** = कीमियागरी.

**कीमियागर** *सं* अकसीरगर, कारंधमी, कीमियासाज़, धातुवादी, सिद्धरस, •जादूगर, •रासायनिकीविद.

**कीमियागरी** *सं* कीमिया, धातु परिवर्तन, रससिद्धि, *रसायन*, स्वर्णसिद्धि, •रासायनिकी.

**कीमियासाज़** = कीमियागर.
**कीर** = तोता, साँप.

**कीरम काटा** = कुलेख.
**कीराकाटी** = कुलेख.
**कीरोवाद** = न्यूमरोलाजी.
**कीर्त** = प्रसिद्ध.
**कीर्तन** = प्रशंसा गीत, भजन, वर्णन.

**कीर्तन** *सं* अर्चना, अर्चा, ईश्वर कीर्तन, ईश्वर गुणगान, कीर्तिकथन, गुणकीर्तन, गुणगान, *जाप*, पूजन, प्रशंसा गान, भगवद् गुणगान, *भजन*, भजन कीर्तन, भजन गायन, संकीर्तन, समूह गान, समूह पूजा, सामूहिक कीर्तन, सुमिरन, ●आरती, ●पूजा, ●रतजगा.

**कीर्तन कर्ता** = भजनीक.
**कीर्तनकार** = प्रशंसागायक, भजनीक.
**कीर्तन गायक** = भजनीक.
**कीर्तनिया** = भजनीक.
**कीर्ति** = प्रशंसा, प्रसिद्धि.
**कीर्तिकथन** = कीर्तन.
**कीर्तिकथा** = महाकाव्य.
**कीर्तिगाथा** = प्रशंसा गीत, महाकाव्य, वीरकाव्य.
**कीर्तिगान** = भजन, स्तोत्र.
**कीर्तिगान करना** = सराहना.
**कीर्तिगीत** = प्रशंसा गीत.
**कीर्तिग्रंथ** = अभिनंदन ग्रंथ.
**कीर्तित** = प्रशंसित, प्रसिद्ध.
**कीर्तिपत्र** = अभिनंदन पत्र.

**कीर्तिमान** *सं* अभूतपूर्व उपलब्धि, अभूतपूर्व सफलता, अभूतपूर्व सिद्धि, उपलब्धि, *कारनामा*, *चिह्न*, झंडा, महान उपलब्धि, महान सफलता, *रिकार्ड*, सर्वोत्तम कार्यान्विति, ●हैट ट्रिक.

**कीर्तिमान/कीर्तिमती** = प्रसिद्ध.

**कीर्तिमान स्थापक** *सं* उपलब्धा, *दिग्गज*, *महारथी*.

**कीर्तियुक्त** = प्रसिद्ध.
**कीर्तिलेख** = अभिनंदन पत्र.
**कीर्तिशाली** = प्रसिद्ध.
**कीर्तिशेष** = मृत.

**कीर्तिस्व** *सं* क्रैडिट, गुडविल, पत, *प्रतिष्ठा*, साख, सुनाम, ●कापीराइट, ●संपत्ति.

**कीर्तिहीन** = गुमनाम.
**कील** = अक्ष, खूँटी, चटकनी, नाक कील, मुँहासा कील.

**कील** *सं* काँटा, किल्ला, किल्ली, कीलक, कीली, *खिल्ली*, खीला, चोबा, मयूख, मेख़, शंकु, शल, शल्य, शूल, ●काबला, ●खूँटी, ●पेच, ●फुल्ली, ●रिवट, ●वेधक, ●सुंबा, ●स्टड, ●हथौड़ा.

**कीलक** = अक्ष, कील, खूँटा, रिवट.
**कीलकाँटा** = सज्जा, हार्डवेअर.
**कीलकाँटे** = कुलेख.
**कील जमाना** = कीलना.
**कील ठोंकना** = कीलना.
**कीलन** = वशीकरण, स्तंभन.
**कीलना** = लगाना.

**कीलना** *क्रि* कील जमाना, कील ठोंकना, कील लगाना, *जड़ना*, *जमाना*, *जोड़ना*, *ठोंकना*, *लगाना*, ●जड़ना, ●ठोंकना, ■उखाड़ना.

**कील फुल्ली** *सं* पिन फुल्ली, पिनहैड, फुल्ली.

**कील लगाना** = कीलना.
**कीला** = अक्ष, खूँटा, मुँहासा कील.

**कीला** *सं* नुकीला दाँत, श्वदंत, ●कृंतक, ●दाँत, ●दाढ़.

**कीलाल** = नैसर्गिक मद्य, पुष्परस.
**कीलालज** = मांस.
**कीलित** = मोहित, वशीकृत.
**कीली** = अक्ष, कील, क्रूसयंत्र, खूँट, चूल.
**कुँअर** = किशोर, कुँवारा, पुत्र, राजकुमार, लड़का.
**कुँअर/कुँअरी** = नवयुवक/नवयुवती.
**कुँअरि** = राजकुमारी.
**कुँआ** = कूप, खत्ती.
**कुँआरा/कुँआरी** = अविवाहित.
**कुँआरापन** = कौमार्य.
**कुँआरी** = कुँवारी.
**कुंचन** = कमेड़ा, भिंचन, संकुचन.
**कुँचना** = चुभना, मुँदना.
**कुँचा/कुँची** = मुँदा/मुँदी, रुँदा/रुँदी.
**कुंचित** = घुँघराला, झुका/झुकी, तुड़ा मुड़ा/तुड़ी मुड़ी, मुँदा/मुँदी, वक्राकार, संकीर्ण.
**कुंचित केश** = घुँघराले केश.
**कुंज** = कुंजगली, कोना, दाँत, फ़ोकस, हाथी बाहर निकला दाँत.

**कुंज** *सं* कुंज कुटीर, *कुंजगली*, गुंचा, गुल्म, झुरमुट, निकुंज, *मंडप*, लताकुंज, लतागृह, लतामंडप, ●उपवन, ●झाड़झुंड.

**कुंज कुटीर** = कुंज.
**कुंजगली** = कुंज.

**कुंजगली** *सं* ऐवेन्यु, *कुंज*, ठंडी सड़क, तरुवीथी, वृक्षवीथी, हरियाली सड़क, ●छतदार मार्ग, ●पगडंडी.

**कुंजड़ा/कुंजड़िन** = सब्ज़ी विक्रेता.
**कुंजबिहारी** = कृष्ण.
**कुंजर** = उत्तम व्यक्ति या वस्तु, वानर सूची, हाथी.
**कुंजरगति** = गजगति.
**कुंजरा** = हथिनी.
**कुंजरारि** = सिंह.
**कुंजराशन** = पीपल.
**कुंजरी** = हथिनी.
**कुंजार** = खली.
**कुंजारा** = खली.
**कुंजित** = उपवनित.
**कुंजी** = इंडैक्स, गुर, चाबी, रिंच, वाद्य कुंजी, सफलता मार्ग.
**कुंजीय** = उपवनित.
**कुंठ** = खुट्टल, मंदधी.

**कुंठामोचन** *सं* *अभिव्यक्ति*, आकांक्षामोचन, कांक्षाकथन, कांक्षाभिव्यक्ति, कांक्षामोचन, ग्रंथिमोचन, भावनामोचन, मोचन, विरेचन, ■भावदमन.

**कुंठित** = खुट्टल, हतोत्साहित.
**कुंड** = कमंडलु, जलाशय, टब, तलैया, यज्ञकुंड, हौज़.
**कुँड़रा** = ईंडुरी.
**कुंडल** = कर्णकुंडल, कुंडली, घूँघर.
**कुंडलाकार** = स्पाइरलाकार.
**कुंडलाकार चक्र** = स्पाइरल.
**कुंडलित** = स्पाइरलाकार.
**कुंडलिनी** = कुंडली.

**कुंडली** = जन्मकुंडली, साँप.

**कुंडली** *सं* कुंडल, कुंडलिनी, कुंतल, गेंडुरी, फेंटा, फेटी, मंडली, मेंड़रा, मेड़र, वलय, ●चक्र, ●स्पाइरल.

**कुंडलीदार** = स्पाइरलाकार.
**कुंडा** = चटकनी, टब, नाँद, लटकन छल्ला, हौज़.
**कुंडिका** = कमंडलु.
**कुंडी** = कटोरी, चटकनी.
**कुंत** = जूँ, भाला.
**कुंतल** = कुंडली, केश, घूँघर, बहरूपिया, भाला, सूत्रधार, हल.
**कुंतलित** = घुँघराला.
**कुंतिभोज दत्तक पुत्री** = कुंती.
**कुंती** = चीड़.

**कुंती** *सं* कर्णप्रसू, कुंतिभोज दत्तक पुत्री, पांडु पत्नी, पार्ष्णि, पृथा, सूर्यप्रिया, ●अर्जुन, ●कर्ण.

**कुंती दाना** = सागूदाना.
**कुंती पुत्र** = कर्ण.
**कुंथुनाथ** = तीर्थंकर सूची.
**कुंद** = कमल, ख़राद, खुट्टल, नौ समुदाय, प्रतिभाहीन, मंदधी.

**कुंद** *सं* कुंदो, दलाढक, मकरकंद, मुक्तापुष्प, वनहास.

**कुंदकार** = ख़रादिया.
**कुंदन** = सुंदर, स्वर्ण.
**कुंदरू** = सागसब्ज़ी.
**कुंदा** = आधार सूची, ठीहा, फुँदना.

**कुंदा** *सं* अचैना, *गोला*, ठूँठ, *बल्ला*, बोटा, ब्लाक, लकड़ी कुंदा, लक्कड़, ●ठीहा, ●बल्ली, ●शहतीर.

**कुंदीगर** = इस्तिरी कर्मी.
**कुँदेरना** = खरोंचना.
**कुँदेरा** = ख़रादिया.
**कुंदो** = कुंद.
**कुंभ** = कलश, कुंभ राशि, घड़ा, मद्य कुंभ.
**कुंभकर्म** = कुम्हारगीरी.
**कुंभकार** = ईश्वर, कुम्हार.
**कुंभकारिता** = कुम्हारगीरी.
**कुंभज** = अगस्त्य, द्रोणाचार्य.
**कुंभदासी** = कुटनी.
**कुंभ राशि (20/21 जनवरी-18/19 फ़रवरी)** = राशि सूची.

**कुंभ राशि** *सं* कुंभ, घट.

**कुंभा** = वेश्या.
**कुंभिल** = सेंधमार.
**कुंभी** = घड़ियाल, हँडिया.
**कुंभीपाक** = नरक.
**कुँवर** = किशोर, पुत्र, राजकुमार.
**कुँवरानी** = राजकुमारी.
**कुँवरी** = कुँवारी, लड़की.

**कुँवारा** *सं* अखंडवीर्य, अपूर्वपत्नी, अविवाहित पुरुष, कुँअर, कुमार, *ब्रह्मचारी*, *लड़का*, ●कुँवारी, ■विधुर, ■विवाहित पुरुष.

**कुँवारा/कुँवारी** = अविवाहित.

**कुँवारी** *सं* अकेली, अकेली, *अपति*, अपूर्वपति, अविवाहित स्त्री, अविवाहिता, कन्यका, कन्या, कुँआरी, कुँवरी, कुमारी, कौर, क्वारी, *छड़ी*, छड़ी छटाँक, दुहिता, दोशीज़ा, बाला, *ब्रह्मचारिणी*, मिस, मेडन, *लड़की*, ●कुँवारा, ■विधवा.

**कुंसी** = हल फाल.
**कु-** = अनिष्टकारी.

**कुअवसर** *सं* अकाल, अकाल बेला, अनवसर, अनुपयुक्त अवसर, कुठाँव, कुठौर, कुबेला, *कुयोग*, कुसमय, ग़लत समय, दुर्योग, निठौर, ●कुयोग, ■सुअवसर.

**कुआँ चबूतरा** = पनघट.
**कुआर** = आश्विन मास, ग्वार फली.
**कुइयाँ** = कूप.
**कुक** = रसोइया.
**कुकड़ कूँ** = कुकड़ू कूँ.
**कुकड़ी** = पेचक, भुट्टा, भुट्टा, मुरगी.

**कुकड़ू कूँ** *सं* कुकड़ कूँ, टर्की बोली, बाँग, मुरगा बोली.

**कुकबुक** = पाक पुस्तक.
**कुकर** = प्रैशर कुकर.
**कुकरी** = पाककला, मुरगी.
**कुकरी बुक** = पाक पुस्तक.
**कुकर्म** = दुष्कर्म, परगमन, पाप.
**कुकर्मिणी** = कुलटा.
**कुकर्मी** = अपराध जगत सदस्य, दुराचारी, दुर्जन, दुर्जनतापूर्ण, पापी, पापी.
**कुकिंग स्टोव** = स्टोव.

**कुकी** *सं* फ़्रिटर, *बिस्किट*, ●केक.

**कुकीर्ति** = बदनामी.
**कुकुरमाछी** = डाँस.

**कुकुरमुत्ता** *सं* अहिच्छत्रक, कवक, खुंबी, गुच्ची, गुच्छी, गोबर छत्ता, छतरी, छत्रक, धरती का फूल, भुईंफोर, भूछत्र, भूमि कंदक, शिलींध्र, शिलोंध्र, सर्पछत्र, सर्पछत्री, साँप की छतरी.

**कुकृत्य** = दुष्कर्म, पाप.
**कुक्कुट** = मुरगा.
**कुक्कुटक** = मुरगा.
**कुक्कुटरेक** = चूज़ा.
**कुक्कुटासन** = योग आसन.
**कुक्कुटी** = मुरगी.
**कुक्कुर** = कुत्ता.
**कुक्कू** = चातक.
**कुक्ष** = पेट.
**कुक्षि** = पेट.
**कुक्षीय** = पार्श्वीय.
**कुख्यात** = बदनाम.
**कुख्याति** = बदनामी.
**कुगठित** = कुडौल.
**कुगढ़** = कलाहीन, कुविन्यस्त, फूहड़.
**कुघात** = छल, विश्वासघात.
**कुच** = स्तन.
**कुचकुचवा** = उल्लू.
**कुचक्र** = दुर्भाग्यचक्र, मिलीभगत.
**कुचक्री** = षड्यंत्रकारी.
**कुचफल** = अनार, कपित्थ.
**कुचरा/कुचरी** = चुग़लख़ोर.
**कुचर्या** = दुराचार.
**कुचलन** = रौंदाई.
**कुचलना** = घोटना, चबाना, रौंदना, सताना.
**कुचलने वाला** = दमन कर्ता.
**कुचला** = भुरता.
**कुचला/कुचली** = घुटा/घुटी, पददलित, रुँदा/रुँदी.

**कुचलाई** = दमन, रौंदाई.
**कुचा/कुची** = घुटा/घुटी.
**कुचाग्र** = स्तनाग्र.
**कुचाना** = चुभाना.
**कुचाल** = दुराचार.

**कुचाल** *सं* एँचपेंच, कपट युक्ति, कलपेंच, काटकपट, कुटिल युक्ति, कुदाँव, कूटचाल, कूटयुक्ति, *घात*, चार सौ बीसी, *चाल*, चालाकी, छक्कापंजा, छिपा पत्ता, छिपी चाल, *जाल*, *जुगत*, जोड़तोड़, झाँसा, तिकड़म, दंदफंद, दाँवपेंच, *नीति*, फ़रेब, मकर, मक्कर, मक्कारी, युक्ति, लटका, वक्र युक्ति, हथकंडा, हेरफेर, •कपट रचना, •छल.

**कुचाली** = दुर्जनतापूर्ण.

**कुचाली** *सं* उस्ताद, काइयाँ, कुटिल व्यक्ति, कूटयुक्तिकार, खर्रांट, *खिलाड़ी*, खुर्रांट, *गुरु*, गुरुघंटाल, घाघ, छटैल, जुगतबाज़, जुगतिया, दाँवबाज़, हिकमती, •कूटनीतिकार, •ठग, •व्यूह रचेता.

**कुचीपुड़ी** = भारतीय शास्त्रीय नृत्य.
**कुछ** = अनेक, अपर्याप्त, कम, कारनामा, प्रसिद्ध, महत्त्वपूर्ण, वस्तु.

**कुछ** *वि* अकेला दुकेला/अकेली दुकेली, अनधिक, अपुष्कल, अप्रचुर, अबहुल, अल्प, इक्का दुक्का/इक्की दुक्की, इना गिना/इनी गिनी, कतिपय, *कम*, कमती, किंचित्, कुछ एक, कुछेक, क्वचित, चंद, चार पाँच, छिटपुट, छुटपुट, ज़रा, तनिक, थोड़ा/थोड़ी, थोड़े, दो एक, दो चार, नेक, *विरल*, सहज गणनीय, •कम, ▪अत्यधिक, ▪अधिक, ▪अनेक, ▪कुछ नहीं, ▪बहुत, ▪सब.

**कुछ एक** = कुछ.
**कुछ का कुछ** = विपरीत.
**कुछ कुछ** = क़िस्तवार, लगभग सदृश.
**कुछ कुछ वैसा** = लगभग सदृश.
**कुछ ठीक नहीं** = शायद.
**कुछ दिनों का** = अंतरिम.
**कुछ देर** = निकट भूतकाल.
**कुछ देर पहले** = अभी अभी, निकट भूतकाल में.
**कुछ नहीं** = शून्य.
**कुछ नहीं** = शून्य प्राप्तांक, सिफ़र.

**कुछ नहीं** *सं* कुछ भी नहीं, ख़ाक, ख़ाली, निल, *शून्य*, *सिफ़र*, •रिक्त, •शून्य अवस्था, ▪बहुत.

**कुछ पहले** = निकट भूतकाल में.
**कुछ भी** = कोई.
**कुछ भी नष्ट नहीं होता** = अनश्वरवाद.
**कुछ भी नहीं** = कुछ नहीं.
**कुछ ही दिनों का** = निकट भूतकालीन.
**कुछ ही दिनों में** = आसन्नतः.
**कुछाया** = पनौती, बुरी नज़र.
**कुछेक** = कुछ.
**कुजंत्र** = अभिमंत्रण, अभिमंत्रण.
**कुज** = मंगल ग्रह.
**कुजन्मा** = निम्नवर्णीय.
**कुजात** = निम्नकुलीन.
**कुजातीय** = निम्नकुलीन.
**कुज्जा** = कुल्हड़, दवात.
**कुज्जी** = कुल्हिया.
**कुटंक** = यान छत.
**कुट** = चूरा, हथौड़ा.
**कुटकी** = किलनी.

**कुटनहार** *सं* कुटनहारा/कुटनहारिन, कूटा/कूटी, चूर्णकार, दक्काक, दलनहार/दलनहारिन, दलनहारा/दलनहारी, दलवैया, पिसनहार/पिसनहारिन, पिसनहार/पिसनहारी, पिसैया, विदलक, •कुटाई.

**कुटनहारा/कुटनहारिन** = कुटनहार.
**कुटना** = तकरारिया.

**कुटना** *सं* चेट (प्रा), चेटक (प्रा), चेड (प्रा), चेडक (प्रा), सुरत दूत, •वेश्या दलाल.

**कुटना/कुटनी** = गुटबाज़, चुग़लख़ोर.
**कुटनी** = तकरारिन.

**कुटनी** *सं* किराती (प्रा), कुंभदासी (प्रा), कूटी, चरी, दूती, नायका, रुंडिका (प्रा), शुंडा (प्रा), संदेशवाहिका, सारिका, सुरतदूती, •वेश्या दलाल, •वेश्या दलाल.

**कुटा/कुटी** *वि* कुट्टित, कुट्टिम, टूटा/टूटी, तुड़ा/तुड़ी, पिटा/पिटी, पीटा/पीटी, •खंड खंड.

**कुटाई** = चूर्णन, दँवरी, पिटाई.

**कुटाई** *सं* आहनन, कुट्टन, कूट, तुड़ाई, पिटाई, पीट, •इमामदस्ता, •ओखली, •कुटनहार, •खरल, •ढेंकी, •दलन, •मूसल.

**कुटाई ठीहा** *सं* अहूठन, खन्ना, निहठा, •कटाई बोर्ड, •ठीहा.

**कुटिया** = कुटी, मठ, वक्ता घर.
**कुटिल** = अन्यायी, अवनमित, कूटनीतिपूर्ण, छलपूर्ण, दुर्जन, दुर्जनतापूर्ण, पक्षपाती, मोड़दार, वक्राकार, सर्पिल.

**कुटिल** *वि* ऐयार, कपटी, कुबुद्धि, कुमति, खर्रांट, खोटा/खोटी, घुटा/घुटी, चंट, चालबाज़, चालाक, चालिया, चुना/चुनी, छँटैल, छत्तीसा/छत्तीसी, *छलपूर्ण*, छली, छिछोरा/छिछोरी, ज़मानासाज़, टेढ़ा/टेढ़ी, तामस, तिकड़मी, तेज़, दिल का काला, दिल का खोटा, दुराशय, दुर्बुद्धि, दुर्मति, दुष्ट, दुष्टचेता, दुष्टधी, दुष्टबुद्धि, दुष्टस्वभाव, दुस्स्वभाव, दोमुँहा, धाँधलिया, धोखेबाज़, पटु, पहुँचा/पहुँची, पाटविक, पापात्मा, बदनीयत, बुरा/बुरी, बेईमान, मक्कार, मदार, मन का खोटा, रँगा/रँगी, वंचक, *वक्र*, वक्रधी, *विश्वासघाती*, शरारती, शातिर, स्याना/स्यानी, हिकमती, हिरफ़तबाज़, •अधम, •दुर्गुणी, •पापी, •बेईमान, •लोभी, •स्वार्थी, ▪छलहीन, ▪सरलचित्त.

**कुटिलता** = अपराध, बेईमानी.
**कुटिलतापूर्ण** = कूटनीतिपूर्ण.
**कुटिल युक्ति** = कुचाल.
**कुटिल व्यक्ति** = कुचाली.
**कुटी** = छप्पर, मठ, मड़ई, वक्ता घर.

**कुटी** *सं* काटेज, कुटिया, कुटीर,

*छप्पर*, छानी, झुग्गी, झुपड़िया, झोंपड़ा, झोंपड़ी, तृणकुटी, *पर्णकुटी*, पल्ली, बाड़ी, मंडपी, शैक, हट, •इगलू, •छप्पर, •बैरक, •भवन, •मड़ई.

**कुटी मिर्च** = मिर्च चूर्ण.
**कुटीर** = कुटी.
**कुटुंब** = क़बीला, जाति, परिवार जन, वंश, संतान, संयुक्त परिवार, स्वजन.

**कुटुंब** *सं* *अयाल*, कुनबा, कुल, कुलकुटुंब, गृहजन, *गृहस्थी*, *घर*, घराना, *टाँड़ा*, *परिवार*, फ़ैमिली, विस्तृत परिवार इकाई, संतति, •परिवार जन.

**कुटुंब क़बीला** = क़बीला, स्वजन.
**कुटुंब कलह** = गृहकलह.
**कुटुंब जन** = परिवार जन.
**कुटुंबयुक्त** = परिवारयुक्त.
**कुटुंब युद्ध** = गृहकलह.
**कुटुंब वाला** = परिवारयुक्त.
**कुटुंबहीन** = परिवारहीन.
**कुटुंबिनी** = गृहस्थिन.
**कुटुंबी** = गृहस्थ, परिवार जन, परिवारीय, संबंधी, स्वजन.
**कुटुंबीय** = परिवारीय.
**कुटुम कबीला** = संतान.

**कुटेव** *सं* *आदत*, इल्लत, ऐब, कुव्यसन, *खोट*, टेव, दुर्व्यसन, धत, पुरानी आदत, फ़ेल, बान, बुरी बला, बुरी लत, मर्ज़, *रोग*, लत, व्यसन, *शौक़*, हवस.

**कुटेवी** = दुराचारी, मदव्य आसक्त.

**कुटेवी** *वि* अपचारी, ऐबी, कुढंगी, कुव्यसनी, कुव्यसनी, गुमराह, दुर्व्यसनी, पथभ्रष्ट, लती, •मदव्य आसक्त, •मद्यप, •लंपट.

**कुट्टन** = कुटाई.
**कुट्टित** = कुटा/कुटी.
**कुट्टिम** = कुटा/कुटी.
**कुट्टी** = कटा चारा, मित्रताभंग.
**कुठरिया** = कोठरी, रसोई भंडारा.
**कुठला** = मिट्टी बरतन, सिलो.
**कुठाँव** = कुअवसर.
**कुठाकू** = कठफोर.
**कुठार** = अनाज गोदाम, कुल्हाड़ा, परशु.
**कुठारपाणि** = परशुराम.
**कुठारिक** = लकड़हारा.
**कुठारी** = कुल्हाड़ा, परशु.
**कुठियार** = अनाज गोदाम, भंडारघर, रसोई भंडारा.
**कुठौर** = कुअवसर.
**कुड़** = हल अँकुड़ी.
**कुड़की** = क़ुर्क़ी.
**कुड़कुड़ी** = गुड़गुड़.
**कुड़माई** = सगाई.
**कुड़ाई** = गुड़ाई.
**कुडुक** = लक्ष्यच्युत.
**कुडौल** = अनुपातहीन.

**कुडौल** *वि* अनगढ़, *अनुपातहीन*, अपरूप, अशोभनीय, असंतुलित, ऐंड़बैंड़, कुगठित, कुढंगा/कुढंगी, *कुरूप*, बदजौक़, बदनुमा, बदशक्ल, *सुरुचिहीन*, सौष्ठवहीन, •कुरूप, •विद्रूप, •सौंदर्यहीन, ▪सुडौल.

**कुडौल करना** = तोड़ना मरोड़ना.
**कुढंगा/कुढंगी** = असंस्कृत, कुडौल, फूहड़.
**कुढंगी** = कुटेवी.
**कुढ़न** = ईर्ष्या, खीज.
**कुढ़ना** = खीजना, झींकना.
**कुढ़ा/कुढ़ी** = खीजा/खीजी.
**कुढ़ाना** = खिजाना.
**कुतः** = कहाँ.
**कुतका** = छड़ी.
**कुतरन** = कृंतन, कुंतन, चूरा.
**कुतरना** = काटना, चबाना, छिजाना.

**कुतरना** *क्रि* *काटना*, कुतर कुतर कर खाना, टूँगना, दाँत चलाना, •चबाना.

**कुतरा** = ग्रास.
**कुतराई** = कृंतन.

**कुतर्क** *सं* अनपदेश, अयुक्ति, असंगत तर्क, तर्काभास, पक्षाभास, भ्रष्ट तर्क, मिथ्या तर्क, *वाक्छल*, वाग्जाल, सोफ़िस्ट्री, हेत्वाभास, •वाक्छल.

**कुतर्कपूर्ण** = कुतर्कीय.
**कुतर्की** = वितंडावादी.

**कुतर्कीय** *वि* *असंगत*, असमीचीन, आधारहीन, कुतर्कपूर्ण, *ग़लत*, झूठा/झूठी, तर्काभासीय, नामौजूँ, *निराधार*, बेजा, बेतुका/बेतुकी, *भ्रष्ट*, लचर, वाहियात, विकृत, वितंडीय, हेत्वाभासीय, •तर्कहीन, ▪तर्कसंगत.

**कुतवार** = आकलन कर्ता.
**कुतिया** = कुलटा.

**कुतिया** *सं* कुत्ती, मादा कुत्ता, शुनी, श्वानी, सारमेयी, •कुत्ता.

**कुतुप** = मशक.
**कुतुबख़ाना** = पुस्तकालय.
**कुतुबनुमा** = कंपास.
**कुतुबफ़रोश** = पुस्तक विक्रेता.
**कुतुहलजनक** = आश्चर्यजनक.
**कुतूहल** = आश्चर्य, जिज्ञासा.
**कुतूहल जगाना** = रुचना.
**कुतूहलजनक** = विचित्र.
**कुतूहलपूर्ण** = जादुई, विस्मयोक्तिपूर्ण.
**कुतूहली** = जिज्ञासु.
**कुत्तप** = वाद्य.
**कुत्ता** = अधम, शिकंजा.

**कुत्ता** *सं* कुक्कुर, कूकर, गृहपशु, भौं भौं, शुन, शुनक, शुनि, श्व-, श्वान, सरमासुत, सारमेय, •कुतिया, •भेड़िया, •श्वानोन्माद, ▪बिल्ली.

**कुत्ता काटा** = कुत्ते का काटा.

**कुत्ताघर** *सं* कैनल, डौगहाउस, श्वानशाला, श्वानालय.

**कुत्ता शिशु** *सं* पपी, पिल्ला/पिलिया, पिल्ला/पिल्ली, शिशु कुत्ता, शुनक, •बिलैया, •शिशु पशु.

**कुत्ती** = कुतिया.

**कुत्ते का काटा** *सं* कुत्ता काटा, रैबीज़, श्वानदंश, •डंक दंश, •श्वानोन्माद.

**कुत्व** = पृथ्वी ध्रुव.
**कुत्र** = कहाँ.
**कुत्स** = ऋषि.

**कुत्सा** = दुराचार, निंदा.
**कुत्सित** = अधम, अपमानजनक, अश्लील, घिनौना/घिनौनी, दुर्जनतापूर्ण, निकृष्ट.
**कुथ** = कुश घास, दरी.
**कुदक** = खोखा, जौगिंग.
**कुदकती चाल** = जौगिंग.
**कुदकन** = जौगिंग.
**कुदकना** = दौड़ना.
**कुदकनी** = कूद.
**कुदकी** = कूद.
**कुदकी भरना** = कूदना.
**कुदरत** = प्रकृति.
**कुदरती** = प्राकृतिक, स्वाभाविक.
**कुदर्शन** = कुरूप.
**कुदवाना** = कुदाना.
**कुदशा** = कुपरिस्थिति.
**कुदाँव** = कुचाल, विश्वासघात.
**कुदान** = कूद.

**कुदाना** *क्रि* कुदवाना, झँपाना, टपाना.

**कुदाल** *सं* आखात, आखु, कंठाल, कसली, कुदाली, गैंती, बेल, •खंती, •खुरपा, •फावड़ा, •बेलचा.

**कुदालिया** = खनिता.
**कुदाली** = कुदाल.

**कुदृश्य** *वि अंधकारपूर्ण*, अँधेरा/अँधेरी, *अदृश्य*, अप्रकट, *अप्रकाशित*, अस्पष्ट, अस्वच्छ, आच्छन्न, आवृत, कुहरित, क्षीण, दुरालोक, दुर्दृश, धुँधला/धुँधली, धुँधियारा/धुँधियारी, धुँधियाला/धुँधियाली, धुमैला/धुमैली, धूमिल, *मंद*, मंदा/मंदी, मटियाला/मटियाली, मद्धिम, मलिन, हीनांशु, •अदृश्य, ■सुदृश्य.

**कुदृष्टि** = बुरी नज़र.
**कुदृष्टिवारण** = नज़र उतराई.
**कुदेव** = राक्षस.
**कुदैव** = कुयोग.
**कुनकुना/कुनकनी** = गुनगुना/गुनगुनी.
**कुनबा** = कुटुंब.
**कुनबेदार** = गृहस्थ.
**कुनबे वाले** = स्वजन.
**कुनमुनाता/कुनमुनाती** = पीड़ित.
**कुनमुनाहट** = छटपटाहट.
**कुनाभि** = चक्रवात.
**कुनाम** = चरागाह.
**कुनीति** = दुराचार.
**कुनेरा** = आकलन कर्ता, ख़रादिया.
**कुनैन जैसा** = कड़वा/कड़वी.
**कुनैन जैसा स्वाद** = कड़वाहट.
**कुपंथ** = दुराचार.
**कुपंथी** = दुराचारी.
**कुपढ़** = असाक्षर.
**कुपढ़ता** = असाक्षरता.
**कुपथ** = दुराचार.
**कुपथगामी** = पापी.
**कुपथ्य** = अपाच्य, कुपथ्याहार, रोगकारक.

**कुपथ्याहार** *सं* अजीरन, अजीर्ण, अपथ्य, *असंयम*, कदाहार, कुपथ्य, बदपरहेज़ी, संयमहीनता, ■पथ्याहार.

**कुपरामर्श** *सं* कुपाठ, कुमंत्र, कुमंत्रणा, दुरुपदेश, बरग़लाई, बहकाई, बुरी सलाह, बुरी सीख, सिखाई, सीख, ■सुपरामर्श.

**कुपरिणाम** = दुष्परिणाम.
**कुपरिस्थित चक्र** = दुर्भाग्यचक्र.

**कुपरिस्थिति** *सं* अधोगति, अबतरी, असहायता, *उलझन*, कठिनाई, कुदशा, *गत*, ज़िल्लत, तंगी, दुरवस्था, दुर्गति, दुर्दशा, *दुर्भाग्य*, दुष्काल, बदहाली, बुरी हालत, लाचारी, विपदा, विपन्नता, विवशता, विषमता, शामत, *संकट*, साँसत, •अकल्याण, •कुयोग, •संकटावस्था, ■सुपरिस्थिति.

**कुपाचन** = बदहज़मी.
**कुपाच्य** = अपाच्य, घीतेलयुक्त.
**कुपाठ** = कुपरामर्श.
**कुपात्र** = अपात्र.
**कुपित** = क्रुद्ध.
**कुपुत्र** = कपूत.

**कुपोषण** *सं* अपक्षय, अपोषण, अविकास, कमज़ोरी, कमी, कायाक्षय, क्षय, दुष्पोषण, भुखमरी, सूखा, •भुक्खड़पन, •सुखंडी, ■पोषण.

**कुपोषित** *वि* अपुष्ट, अपोषित, अविकसित, अविकसितकाय, कमज़ोर, कुविकसित, क्षीण, दुष्पोषित, पोषणाभावग्रस्त, भुखमरा, मरतैलिया, मुरझाया/मुरझाई, सूखा/सूखी, हीनबल, •निर्बल, •बीमार, ■बलिष्ठ, ■सुदृढ़, ■सुपोषित.

**कुप्त** = क्रुद्ध.
**कुप्पक** = प्यूपा.
**कुप्पा** = तोंदू, पीपा, मोटा/मोटी.
**कुप्पा होना** = फूलना, रूठना.
**कुप्यशाला** = ढलाईघर.
**कुप्रचार** = दुष्प्रचार.
**कुप्रतिफल** = दुष्परिणाम.

**कुप्रथा** *सं* अनरीति, अनाचार, कुरीति.

**कुप्रथा उन्मूलन** *सं उन्मूलन*, कुरीतिनाश, धर्म सुधार, *परिवर्तन*, प्रथा उन्मूलन, प्रथोन्मूलन, *समाज सुधार*.

**कुप्रबंध** *सं* अनुशासनहीनता, अप्रबंध, *अव्यवस्था*, कुव्यवस्था, गड़बड़, गड़बड़ी, बदइंतिज़ामी, भ्रांति, •अराजकता, ■अनुशासन, ■व्यवस्था.

**कुप्रबंधित** *वि* अनायोजित, *अनियंत्रित*, अप्रबंधित, *अव्यवस्थित*, *कुशासित*, कुसंचालित, गड़बड़, ढीला/ढीली, प्रबंधहीन, *भ्रष्ट*, विकृत, शिथिल, सुधारणीय, •अयोजित, •अव्यवस्थित, ■प्रबंधित, ■सुनियोजित.

**कुप्रभाव** = कुसंगति.
**कुप्रसिद्ध** = बदनाम.
**कुप्रामोनियम रेयन** = रासायनिक धागे और वस्त्र.
**कुप्रेरक** = उकसाऊ, उकसाने वाला.
**कुप्रेरणा** = उकसावा.
**कुप्रेरित** = दुष्प्रेरित.
**कुप्रेरित करना** = उकसाना.
**कुफल** = दुष्परिणाम.

**कुफ़्र** = धर्मद्रोह, नास्तिकतावाद, मत परिवर्तन.
**कुबंड** = विद्रूप.

**कुबड़ा/कुबड़ी** *वि* अष्टावक्र, ककुद्मी, कुब्ज/कुब्जा, कूबयुक्त, गड्डुर, झुका/झुकी, टेढ़ा/टेढ़ी, विनत, विनत/विनता, विनतोदर/विनतोदरी.

**कुबुद्धि** = कुटिल.
**कुबेर** = कुबेर ग्रह, ग्रह सूची, सेठ.

**कुबेर** *सं* अर्थपति, अलकाधिप, अलकापति, इंद्रनिधि भंडारी, ईशसखा, एककुंडल, एकनयन, ऐलविल, किन्नरराज, कैलासनाथ, कोशनायक, गुह्यकराज, द्रविणाधिपति, धनकुबेर, धनदेव, धनपति, धनस्वामी, धनाध्यक्ष, धनेश, धनेश्वर, नरवाहन, निधिनाथ, निधीश, निधीश्वर, नृवाहन, पुण्यजनेश्वर, पौलस्त्य, *यक्ष*, यक्षनायक, यक्षपति, यक्षराज, यक्षेश्वर, रत्नेश, रावण सौतला भाई, रुद्रसखा, लंका निर्माता, वित्तगोप्ता, वित्तपति, वैश्रवण, श्रीकंठसखा, *सेठ*, हयवाहन, हरसखा, •कोशाध्यक्ष, •धन, •निधि, •पुष्पक विमान, •मैमन, •यक्ष, •रावण, •सेठ.

**कुबेरकोश रक्षक** = गुह्यक, यक्ष.

**कुबेर ग्रह** *सं* *कुबेर*, प्लूटो, यम ग्रह, यम नक्षत्र.

**कुबेर नगर** *सं* अलका, अलकापुरी, कुबेर पुरी, प्रभा, यक्षपुर, वसुधारा.

**कुबेर नौकर** = गुह्यक, यक्ष.
**कुबेर पुरी** = कुबेर नगर.
**कुबेर पूजक** = धनलोलुप.
**कुबेरभक्त** = धनलोलुप.
**कुबेरसखा** = किन्नर.
**कुबेला** = कुअवसर.
**कुबोल** = कटाक्ष, गालीगलौज.
**कुबोला/कुबोली** = कटुभाषी.
**कुब्ज** = कूब.
**कुब्ज/कुब्जा** = कुबड़ा/कुबड़ी.
**कुभाषण** = कटुभाषण.
**कुभाषा** = गालीगलौज.
**कुभाषी** = कटुभाषी.
**कुमंत्र** = कुपरामर्श.
**कुमंत्रणा** = कुपरामर्श.
**कुमक** = अनुपूर्ति, रसद.
**कुमकुमा** = मनका.

**कुमकुमा** *सं* काँच मनका, *गोला*, *बुलबुला*, *मनका*, •गोला, •सितारे.

**कुमति** = कुटिल, दुर्जन, दुर्जनतापूर्ण.
**कुमार** = किशोर, कुँवारा, पुत्र, मंगल ग्रह, युवराज, राजकुमार, लड़का, स्कंद.
**कुमार/कुमारी** = अविवाहित, नवयुवक/नवयुवती.
**कुमारतंत्र** = आयुर्वेद आठ अंग.
**कुमारत्व** = कौमार्य.
**कुमारसू** = पार्वती.
**कुमारी** = कन्या राशि, कुँवारी, कौमार्यवती, दुर्गा, पार्वती, मरियम, राजकुमारी, लड़की, सीता.

**कुमारीत्व** *सं* अक्षतता, असंभोगितता, कमसिनी, *कौमार्य*, दोशीज़गी, *पवित्रता*, पाकीज़गी.

**कुमारी पुत्र** = कर्ण.
**कुमार्ग** = दुराचार.
**कुमार्गगामी** = पापी.
**कुमार्गिणी** = कुलटा.
**कुमार्गी** = दुराचारी, लंपट.
**कुमुद** = कमल, रक्तकमल.
**कुमुद (दक्षिण पश्चिम)** = दिग्गज (दिशा).
**कुमुदनाथ** = चंद्रमा.
**कुमुद सरोवर** = कमलसर.
**कुमुदिनी** = कमलसर.
**कुमुदिनीनाथ** = चंद्रमा.
**कुमेरु** = दक्षिण ध्रुव.
**कुम्हड़ा** = कद्दू, पेठा.
**कुम्हड़ौरी** = बड़ी.
**कुम्हरौटी** = कुम्हारी मिट्टी.
**कुम्हलाना** = दुबलाना, दुबलाना, मुरझाना.
**कुम्हलाया/कुम्हलाई** = मुरझाया/मुरझाई.
**कुम्हलावन** = म्लानन.
**कुम्हलाहट** = बलक्षय.

**कुम्हार** *सं* कुंभकार, कुम्हार/कुम्हारिन, कुलाल/कुलाली, कूटपाल, कूटपालक, गढ़ने वाला, घट कर्ता, घट कर्ता, घटकर्मी, घटकार, चक्रचर, चक्रजीवी, चक्री, चाक्रिक, पथेरा/पथेरी, •आवाँ, •चाक, •ठठेरा, •बरतन, •भट्ठा, •शिल्पकार.

**कुम्हार आवाँ** = आवाँ.
**कुम्हार कर्म** = कुम्हारगीरी.

**कुम्हारगीरी** *सं* कुंभकर्म, कुंभकारिता, कुम्हार कर्म, कुम्हारी, घटकर्म, घटकारिता, घटन, •पौटरी.

**कुम्हार चाक** = चाक.
**कुम्हार भट्ठी** = आवाँ.
**कुम्हारी** = कुम्हारगीरी.

**कुम्हारी मिट्टी** *सं* कुम्हरौटी, भांड मृत्तिका, •चीनी मिट्टी.

**कुयश** = बदनामी.
**कुयोग** = अनिष्ट योग, कुअवसर.

**कुयोग** *सं* अदैव, कुदैव, कुसंयोग, कुसमय, *दुर्भाग्य*, दुर्योग, प्रतिकूल परिस्थिति, •कुअवसर, ▪सुयोग.

**कुरंग** = हिरन.
**कुरंग गति** = द्रुत वेग.
**कुरंगनयना** = सुंदर स्त्री, सुनयना.
**कुरंगनाभि** = कस्तूरी.
**कुरंगिनी** = सुंदर स्त्री.
**कुरंगी** = हिरनी.
**कुरंड** = कोरंडम.
**कुरंडम** = कोरंडम.
**कुरआन** = क़ुरान.
**कुरकुरा/कुरकुरी** = कुरकुरा (आहार).

**कुरकुरा (आहार)** *वि* करारा/करारी, कुरकुरा/कुरकुरी, कुरमुरा/कुरमुरी, *ख़स्ता*, खुर्रम, पपड़ीला/पपड़ीली, भुना/भुनी, मोयनदार, सिंका/सिंकी, •ख़स्ता, ▪कचिया (आहार), ▪किरकिरा/किरकिरी, ▪गिलगिला/गिलगिली.

**कुरगरा** = मुँगरा.
**कुरच** = कुरर, क्रौंच.
**कुरता** = साधु चोग़ा.

**कुरता** *सं* कुर्ता (विकल्प), चोडक, जुब्बा, •कमीज़, •शमीज़.

**कुरती** = कमीज़, फ़्राक, ब्लाउज़, साधु चोग़ा.
**क़ुरबानगाह** = बलिवेदी.
**क़ुरबानी** = आत्मबलि, देवोपहार, पशुबलि, बलिदान, बलिवस्तु, युद्धमृत्यु.
**कुरमा** = खजूर.
**कुरमुरा** = मुरमुरा.
**कुरमुरा/कुरमुरी** = कुरकुरा (आहार), कुरकुरा (आहार).
**कुरर** = क्रौंच.

**कुरर** *सं* कुरच, कुरांकुल, *टिटिहरी*, *धोबिन*, शरालिका, शराली.

**कुररी** = क्रौंच, टिटिहरी.
**कुरल** = क्रौंच, घुँघराले केश.
**कुरला** = आनंदक्रीड़ा.
**कुरस** = बुसा.
**कुरसी** = आधार सूची, पद, पीढ़ी, भवन आधार भूमि, यान सीट, सिंहासन.

**कुरसी** *सं* *आसन*, कुर्सी (विकल्प), *गद्दी*, चेअर, वेदिका, सीट, •चौकी, •तख़्त, •बैंच, •मेज़, •मोढ़ा, •रौकिंग चेअर, •सिंहासन.

**कुरसीनामा** = वंशावली.
**कुराँकुर** = क्रौंच.
**कुरांकुल** = कुरर.
**कुराज्य** = कुशासन.

**कुरान** *सं* आसमानी किताब, कलामे पाक, कलामे मजीद, क़ुरआन, क़ुरान मजीद, कुरान शरीफ़, क़ुरआन, •आयत, •इसलाम धर्म, •पारा, •मुहम्मद, •मौलूद शरीफ़, •रूक्रुअ, •सूरा.

**कुरान कंठधर** *सं* हाफ़िज़.

**कुरान खंड** = पारा.
**कुरान पुराण** = धर्मग्रंथ.
**कुरान वाक्य** = आयत.
**कुरानी** = मुसलिम.
**कुराह** = दुराचार.
**कुरीति** = कुप्रथा.
**कुरीतिनाश** = कुप्रथा उन्मूलन.
**कुरीति विरोध** = सुधारवाद.
**कुरुचिपूर्ण** = अश्लील, भँड़ौआ.
**कुरुराज** = दुर्योधन, धृतराष्ट्र.
**कुरुल** = सान पत्थर.
**कुरुवंशी** = कौरव.
**कुरुविंद** = कोरंडम, सान पत्थर.
**कुरुश्रेष्ठ** = अर्जुन.
**कुरुसत्तम** = अर्जुन.
**कुरूप** = कुडौल.

**कुरूप** *वि* अदर्शनीय, अनभिराम, अनाकर्षक, अपरूप, अप्रिय, अरूप, असुंदर, कुदर्शन, निरूप, बदरू, बदशक्ल, बदसूरत, बुरा/बुरी, बेडौल, रूपहीन, *विकर्षक*, *विद्रूप*, *सौंदर्यहीन*, •कुडौल, •विद्रूप, •सौंदर्यहीन, ▪आकर्षक, ▪सुंदर.

**कुरूप्य** = राँगा.
**कुरेद** = उत्कीर्णन, खरोंच.
**कुरेदन** = उत्कीर्णन.
**कुरेदना** = उकेरना, खरोंचना, खुरचना, दहकाना.

**कुरेदना** *क्रि* कुरेलना, *कोंचना*, •खरोंचना, •घोंपना, •वेधना.

**कुरेदनी** *सं* कुरेलनी, खोदनी, शलाका, सलाई, •सींक.

**कुरेर** = आनंदक्रीड़ा.
**कुरेल** = उत्कीर्णन, खरोंच.
**कुरेलना** = कुरेदना.
**कुरेलनी** = कुरेदनी.
**कुरोचक** = अरोचक.
**क़ुरआन** = क़ुरान.
**कुर्क़ अमीन** = क़ुर्क़ी अमीन.

**क़ुर्क़ी** *सं* अधिगम, *अधिग्रहण*, क़ब्ज़ा, कुड़की, जायदाद जब्ती, दख़ल, संपत्ति अधिग्रहण, •उगाही, •छीन, •दिवाला.

**क़ुर्क़ी अमीन** *सं* अमीन, क़ुर्क़ अमीन, माल कुर्क़ करने वाला अहलकार.

**कुर्ता (विकल्प)** = कुरता.
**कुर्पर** = कुहनी.
**क़ुर्बानी** = पशुबलि.
**कुर्सी (विकल्प)** = कुरसी.
**कुलंधर** = पुत्र, संतान.
**कुलंधर/कुलंधरा** = वंशज.
**कुलंधरा** = पुत्री.
**कुल** = कुटुंब, केवल, गोत्र, धर्मसंघ, राजवंश, वंश, वाममार्ग, संपूर्ण, सकल, सब, समाज वर्ग, ही.
**कुल एक** = एकमात्र.
**कुलक** = कुलीन, जमींदार.
**कुलकज्जल** = कुलकलंक.
**कुलकन्या** = कुलीन स्त्री.
**कुल कर्ता** = वंश प्रवर्तक.

**कुलकलंक** *वि* कुलकज्जल, कुलप्रतिष्ठा कलंक, कुलबोरन, कुलबोरना, कुलांगार, वंशकलंक, ▪कुलगौरव.

**कुलकलह** = गृहकलह.
**कुलकुटुंब** = कुटुंब.
**कुलकेतु** = कुलगौरव.
**कुलक्रमागत** = आनुवंशिक.
**कुलक्षण** = अपशकुन.
**कुलगुरु** = पुरोहित, मठाधीश.

**कुलगौरव** *वि* कुलकेतु, कुलतार, कुल तिलक, कुलदीप, कुलदीपक, कुलप्रदीप, कुलभूषण, वंशगौरव, वंशदीप, ▪कुलकलंक.

**कुलच्छनी** = कुलटा.
**कुलजन** = कुलीन पुरुष, स्वजन.

**कुलटा** *सं* अगम्यगा, अतिभोगिनी, अनंगवती, अनाचारिणी, अन्यगा, अन्यगामिनी, अवैध यौन संबंध रखने वाली स्त्री, असंयमी, असती, असदाचारिणी, असन्नारी, असाध्वी, आवारा, इच्छाभोगिनी, इत्वरी, उछक्का, कदाचारिणी, कलमुँही, कलुषा, कामगा, *कामुकी*, कुकर्मिणी, *कुतिया*, कुमार्गिणी, कुलच्छनी, ख़फ़ीफ़ा, खिलाड़, चंचला, चपला, चरित्रहीना, छत्तीसी, छिनाल, छिनाला, छिन्ना, छुट्टी, ज़िनाकारा, *तितली*, दुराचारिणी, दुश्चरित्रा, दुष्टा, धगड़ी, धृष्टा, पतिता, पतुरिया, परगामिनी, पांशुला, पापिन, पापिनी, पापिष्ठा, पुंश्चली, फ़ाहिशा, बंधकी, बदकारा, बहुगामिनी, बिगड़ी, बुरी, भोगिनी, भ्रष्टा, भ्रष्टाचारिणी, योषणा, लंडी,

लंपटा, लटी, लफंगी, विलासिनी, *वेश्या*, व्यभिचारिणी, स्याहकारा, स्वेच्छाचारिणी, स्वैरिणी, हरजाई, हर्राफ़ा, •लंपट, ▪पतिव्रता, ▪सन्नारी.

**कुलतार** = कुलगौरव.
**कुल तिलक** = कुलगौरव.
**कुलदीप** = कुलगौरव.
**कुलदीपक** = कुलगौरव.
**कुलदेवी** = इष्टदेवी.
**कुलधर** = पुत्र, संतान.
**कुलन** = टीस.
**कुलना** = दुखना.
**कुलनाथ** = परिवार अध्यक्ष.
**कुलनाम** = वंशनाम.
**कुलनार** = जिप्सम.
**कुलपति** = परिवार अध्यक्ष, महाप्रबंधक.

**कुलपति** *सं* चांसलर, •उपकुलपति.

**कुलपत्नी** = गृहस्थिन.
**कुलपालिका** = परिवार अध्यक्षा.
**कुलपाली** = पतिव्रता.
**कुलपुरुष** = कुलीन पुरुष.
**कुल पुरोहित** = पुरोहित.
**कुलप्रतिष्ठा कलंक** = कुलकलंक.
**कुलप्रदीप** = कुलगौरव.
**कुलप्रमुख** = परिवार अध्यक्ष.
**कुलबंधुता** = स्वजन भावना.
**कुलबुलाता/कुलबुलाती** = पीड़ित.
**कुलबुलाना** = छटपटाना.
**कुलबुलाहट** = आतुरता, छटपटाहट, छटपटाहट.
**कुलबोरन** = कुलकलंक.
**कुलबोरना** = कुलकलंक.
**कुलभावना** = स्वजन भावना.
**कुलभूषण** = कुलगौरव.
**क़ुलमा** = सासेज.
**कुलललना** = कुलीन स्त्री.
**कुलवधु** = गृहस्थिन.
**कुलवधू** = कुलीन स्त्री.
**कुलवान** = कुलीन.
**कुलशृंखला** = वंश.
**कुल संख्या** = जोड़ फल.
**कुल संचालक** = परिवार अध्यक्ष.
**कुलस्त्री** = कुलीन स्त्री.
**कुलह** = अँटौतल, टोपी.
**कुलहीन** = जातिहीन, निम्नकुलीन.

**कुलांगना** = कुलीन स्त्री.
**कुलांगार** = कुलकलंक.
**कुलाँच** = द्रुत वेग, सहसा कल्पना.
**कुलाँचता/कुलाँचती** = द्रुत.

**कुलाँचना** *क्रि उड़ना*, क़दम बढ़ाना, कुलाँच भरना, चौकड़ी भरना, *छलाँगना*, *झनझनाना*, झमझमाना, ठनठनाना, तेज़ चलना, दनदनाना, *दौड़ना*, द्रुत चलना, द्रुत होना, धड़धड़ाना, *धमधमाना*, धाना, *फड़फड़ाना*, फर्राटे लेना, फुरना, *भागना*, *रिपटना*, लंबा डग भरना, लपकना, लहराना, *सनसनाना*, सरपट चलना, *सरसराना*, सर्राटे से जाना, साँय साँय करना, हवा के कान कतरना, हवा में उड़ना, हवा से बातें करना, हवा होना, •जौगिंग करना, •नौ दो ग्यारह होना, •वेग बढ़ना, ▪रेंगना, ▪लँगड़ाना.

**कुलाँच भरना** = कुलाँचना, दौड़ना.
**कुलाँट** = द्रुत वेग.
**कुलागत** = आनुवंशिक, दायागत.
**कुलाचार्य** = धर्माधिकारी, मठाधीश.
**कुलाचार्यीय** = मठाधीशीय.
**कुलाधिपति** = परिवार अध्यक्ष, मठाधीश.
**कुलाध्यक्ष** = परिवार अध्यक्ष, रीडर.
**कुलाबा** = नाला नाली.
**कुलायिका** = पक्षीशाला.
**कुलाल/कुलाली** = कुम्हार.
**कुलालिका** = पक्षीशाला.
**कुलाह** = मुकुट.
**कुलिंग** = पक्षी.
**कुलिगक** = गौरैया.

**कुलिखित** *वि अपठनीय*, अपाठ्य, अस्पष्ट, अस्पष्ट लिखित, कटा फटा/कटी फटी, गंदा/गंदी, गिचपिच, घसीट, घसीटा, दुष्पाठ्य, शिकस्ता, हौचपौच, •अपठनीय, •लिखित, •संदिग्धार्थी, ▪सुलिखित.

**कुलिनी** = गृहस्थिन.
**कुलिश** = इंद्रवज्र, कुल्हाड़ा, परशु, पाषाण, मेघविद्युत, हीरा.
**कुलिशधर** = इंद्र.
**कुलिशपाणि** = इंद्र.
**कुली** = पालकी वाहक.
**क़ुली** = कुली, राज मज़दूर, श्रमिक.

**कुली** *सं* कहार, क़ुली, गोनिया, झल्लीदार, झल्ली वाला, ढुलाई वाला, ढुलैया, ढोने वाला, पोर्टर, बारगीर, बारबरदार, भारजीवी, भोट, भोटिया, मज़दूर, मजूर, लदुआ, लादिया, शेरपा, हमाल, •खलासी, •बैलबौय, •श्रमिक.

**कुलीगीरी** *सं* उद्वहन व्यवसाय, झल्लीगीरी, ढुलाई, पल्लेदारी, बारबरदारी, मज़दूरी, मजूरी, माल ढुलाई, •ढुलाई, •वहन.

**कुलीन** = उच्चवर्गीय, उच्चवर्णीय, शक्तिपूजक, सुसंस्कृत.

**कुलीन** *वि* अच्छी नस्ल का, अभिजात, अशरफ़, *असली*, उच्चकुल, उच्चकुलीन, उच्चवंशीय, *उच्चवर्गीय*, *उच्चवर्णीय*, ऊँचा/ऊँची, ऊँचे कुल का, कुलक, कुलवान, कौल, ख़ानदानी, जैंटल, द्विज, नेकज़ात, वंशोद्भव, शरीफ़, शरीफ़ज़ादा/शरीफ़ज़ादी, शालीन/शालिनी, *शिष्ट*, सफ़ेदपोश, सुजात, सुवंशीय, •उच्चवर्णीय, •प्रतिष्ठित, •सज्जन, •सुसंस्कृत, ▪निम्नकुलीन.

**कुलीन जन** = उच्चवर्ग, कुलीन समाज.

**कुलीन पुरुष** *सं* आर्य, कुलजन, कुलपुरुष, परिवार पुरुष, बाबू, भट्टारक, भद्र पुरुष, भला मानुस, लार्ड, शरीफ़ आदमी, शरीफ़ज़ादा, श्रीमान, *सज्जन*, साहब, *स्वामी*, •कुलीन स्त्री.

**कुलीन समाज** *सं* अभिजात वर्ग, अमीर, अमीरउमरा, उच्चजन, उमराव, ऊँचे लोग, ऐरिस्टोक्रेसी, कुलीन जन, ठाकुर ज़मींदार, द्विज समाज (पुराना), बड़े लोग, भद्रजन, महासामंत वर्ग, राजा महाराजा, साहब लोग, सेठ रईस, •उत्तम जनसमूह, •जमींदार, •राजवंश, •सामंत, ▪जन

साधारण, ■सर्वहारा वर्ग.

**कुलीन स्त्री** *सं* आर्या, कुलकन्या, कुलललना, कुलवधू, कुलस्त्री, कुलांगना, ख़ातून, खानम, *देवी*, नवाबज़ादी, बाई, बानो, बी, बीबी, बेगम, भगवती, भट्टारिका, भद्र स्त्री, भद्रा, महिला, महिषी, महोदया, मादाम, मुसम्मात, मुहतरमा, मेमसाहब, मैडम, रईसज़ादी, *रानी*, लेडी, शरीफ़ज़ादी, श्रीमती, *सन्नारी*, साहबज़ादी, ●कुलीन पुरुष, ●गृहस्थिन, ●पत्नी, ●सन्नारी.

**कुलीय** = सामूहिक.

**कुलेख** *सं* अपठनीय लिखाई, असुंदर हस्तलेख, अस्पष्ट लेख, काटफाँट, कीड़े मकोड़े, कीरम काटा, कीराकाटी, कीलकाँटे, गिचपिच, घसीट, चील कौवे, टेढ़े मेढ़े अक्षर, दाग़धब्बे, ■सुलिखितता, ■सुलेख.

**कुलेल** = आनंदक्रीड़ा.
**कुल्या** = नहर, नाला नाली.
**कुल्ला** = आचमन, टोपी, लट.
**कुल्ली** = आचमन.

**कुल्हड़** *सं* कुज्जा, कूजा, चुक्कड़, पुरवा, मटकैना, ●कुल्हिया, ●गिलास, ●पेपर कप, ●प्याला.

**कुल्हाड़ा** *सं* कुठार, कुठारी, कुलिश, कुल्हाड़ी, टंक, टँगिया, *परशु*, परसा, फरसा, वृक्षादनी, ●आरा, ●खंती, ●फावड़ा.

**कुल्हाड़ी** = कुल्हाड़ा, परशु.

**कुल्हिया** *सं* कुज्जी, घड़िया, मूषा, मूषिका, ●कुल्हड़, ●प्याला, ●साँचा.

**कुवचन** = गाली, गालीगलौज.
**कुवचनपूर्ण** = अपशब्दात्मक.
**कुवल** = मोती.
**कुविंद** = बुनकर.
**कुविकसित** = कुपोषित.

**कुविन्यस्त** *वि* अनगढ़, कुगढ़, कुविहित, *फूहड़*, बुरा/बुरी, बुरा बना/बुरा बनी, बेढंगा/बेढंगी, भोंड़ा/भोंड़ी, ●अपरिष्कृत, ■सुविन्यस्त.

**कुविहित** = कुविन्यस्त.
**कुवृत्ति** = दुराचार.

**कुवेशित** *वि* अपरूप, गंदा/गंदी, गँवार, गिरा पड़ा/गिरी पड़ी, झल्ला/झल्ली, झिलंगा/झिलंगी, ढीलमढाला/ढीलमढाली, *फूहड़*, *भँड़ौआ*, भदेस, भद्दा/भद्दी, भोंड़ा/भोंड़ी, रुचिहीन, सस्ता/सस्ती, सिलबिला/ सिलबिली, हास्यास्पद, ●फूहड़, ■सुवेशित.

**कुव्यवस्था** = अव्यवस्था, कुप्रबंध.
**कुव्यवस्थित** = अव्यवस्थित.
**कुव्यवहार** = दुर्व्यवहार.
**कुव्यसन** = कुटेव.

**कुव्यसनकारक** *वि* अपकर्षकारी, अवनतिकारी, आदत डालने वाला, आदती, आदी करने वाला, आदी कारक, आदीकारी, पतनकारी, लतलगाऊ, व्यसनकारी, हानिकारक, ●आदी, ●कुटेव.

**कुव्यसनी** = कुटेवी, कुटेवी, दुराचारी.
**क़ुव्वत** = शक्ति.
**कुश** = कुश घास, खर पतवार, घास, जोत रस्सी.

**कुश** *सं* राम सीता पुत्र, लव भाई, ●राम, ●लव, ●वाल्मीकि, ●सीता.

**कुश घास** *सं* अर्भ, कुथ, *कुश*, कुशा, डाब, डाभ, दर्भ, दाभ, पवित्रक, यज्ञभूषण, सूच्यग्र, सोमपत्र, हरिदर्भ.

**कुशद्वीप** = पौराणिक महाद्वीप.
**कुशप** = मद्यपात्र.
**कुश भाई** = लव.
**कुशल** = अनुभवी, अभ्यस्त, दक्ष, दायित्वपूर्ण, सक्षम, सलामत, सलामती, सावधान, सुरक्षा.

**कुशल** *वि* उस्ताद, *करतबी*, कर्मकुशल, क़ाबिल, कारगुज़ार, कारीगर, कार्यकुशल, कुशलहस्त, कौशलपूर्ण, गुणी, चरबाँक, चाबुकदस्त, *दक्ष*, निपुण, निष्णात, पंडित, पक्का/पक्की, प्रवीण, सीखा सिखाया, सुघड़, ●अनुभवी, ●अभ्यस्त, ●प्रशिक्षित, ●योग्य, ●सक्षम, ■अकुशल, ■अदक्ष.

**कुशलकाम** = कल्याणकामी.
**कुशलकामना** = कल्याणकामना.
**कुशलक्षेम** = जीवन रक्षा, शांतिकाल, सलामती, सुरक्षा, सौभाग्य, स्वास्थ्य दशा.

**कुशलतः** *क्रिवि* अच्छी तरह, उच्चतः, उत्कृष्टतः, कौशलपूर्वक, दक्षतः, बख़ूबी, बरतर, सफ़ाई से.

**कुशलता** = कल्याण, दक्षता, सलामती, सुरक्षा.

**कुशल नट** = नटनागर.

**कुशल प्रश्न** *मु* कुशल समाचार, कौशली, खोजख़बर, पूछगछ, पूछताछ, मिज़ाजपुरसी, सुख प्रश्न, स्वास्थ्य प्रश्न, हालचाल.

**कुशलमंगल** = सलामती.
**कुशल योद्धा** = महारथी.
**कुशल व्यक्ति** = दक्ष व्यक्ति.

**कुशल श्रमिक** *सं* कारीगर, कुशलहस्त, चरबदस्त, तकनीशियन, मिस्तरी, शिल्पी, ●दक्ष कर्मी, ●शिल्पकार.

**कुशल समाचार** = कुशल प्रश्न.
**कुशलहस्त** = कुशल, कुशल श्रमिक, दक्ष.

**कुशा** = कुश घास, रस्सी, लगाम.
**कुशाग्र** = कुशाग्रबुद्धि, तीक्ष्ण.
**कुशाग्रधी** = कुशाग्रबुद्धि.

**कुशाग्रबुद्धि** *वि* कुशाग्र, कुशाग्रधी, *चुस्त*, ज़हीन, जागरूक, *तीक्ष्ण*, तीक्ष्णधी, तीक्ष्णबुद्धि, तीव्रबुद्धि, तेज़, तेज़दिमाग़, पैना/पैनी, मेधावी, शीघ्रबुद्धि, *सचेत*, सजीव, सुचेत, सूक्ष्मबुद्धि, स्मार्ट, ●हाज़िरजवाब, ■मंदधी.

**कुशादा** = विस्तीर्ण.
**कुशादादिल** = विशालहृदय.
**कुशारणि** = दुर्वासा.

**कुशासन** = चटाई.

**कुशासन** *सं* अंधेर, अंधेरगर्दी, अंधेर नगरी, *अन्याय*, *अव्यवस्था*, कुराज्य, दुराज्य, दुर्व्यवस्था, बदअमनी, बदअमली, मनमानी, स्वैराचार, हरबोंग पुर, •अराजकता, •एकतंत्रवाद, •स्वेच्छाचार, ▪सुशासन.

**कुशासनपूर्ण** = अराजकतापूर्ण.
**कुशासित** = कुप्रबंधित.

**कुशासित** *वि अराजकतापूर्ण*, *अव्यवस्थित*, चापट, चौपट, चौपट, दुरधिष्ठित, ▪सुशासित.

**कुशिक** = हल फाल.
**कुशीलव** = चारण, नट, प्रशंसागायक, लवकुश, वाल्मीकि.
**कुशीलव** = अभिनेता, गायक.
**कुश्तमकुश्ता** = हाथापाई.

**कुश्ती** *सं* अखाड़ेबाज़ी, जोड़, पहलवानी, बाहुयुद्ध, भिड़ंत, मल्लक्रीड़ा, मल्लयुद्ध, हाथाबाँही, •ऐकाइडो कुश्ती, •कराटे, •कलरिपय्यत, •जरासंधी कुश्ती, •जामवंती कुश्ती, •जुजित्सू, •जूडो कराटे, •फ़्रीस्टाइल रैस्लिंग, •बुलफ़ाइटिंग, •बाक्सिंग, •भीमसैनी कुश्ती, •सूमो कुश्ती, •हनुमंती कुश्ती, •द्वंद्वयुद्ध, •पटकनी, •पैंतरा, •बुलफ़ाइटिंग.

**कुश्तीबाज़** *सं* अखड़ैत, अखाड़िया, *ऐथ्लीट*, जोधा, डंडपेल, दंगली, पट्ठा, पहलवान, बाहुयोधी, मल्ल, *योद्धा*, रैसलर, सामुराई, •मिडिल वेट, •लाइटवेट, •हैवीवेट, •ऐथ्लीट, •योद्धा.

**कुश्ती मैदान** *सं* अखाड़ा, दंगल, पाला, मल्लभूमि, *मैदान*, *रंगभूमि*, व्यायाम शाला, *संगत*.

**कुष्ठ** = कुष्ठ रोग.

**कुष्ठ रोग** *सं* कुष्ठ, कोढ़, लैप्रोसी, •ऐग्ज़ीमा, •सफ़ेद दाग़.

**कुष्ठ रोगी** *सं* अस्पृश्य (पुरानी मान्यता), कुष्ठी, कोढ़ी/कोढ़िन, लीपर.

**कुष्ठारि** = खैर.
**कुष्ठी** = कुष्ठ रोगी.
**कुष्मांड** = कद्दू.
**कुसंकेत** = अपशकुन.
**कुसंग** = कुसंगति.
**कुसंगत** = सामंजस्यहीन.
**कुसंगतता** = असामंजस्य.

**कुसंगति** *सं* कुप्रभाव, कुसंग, दुष्प्रभाव, बुरी संगत, बुरी सुहबत, ▪सुसंगति.

**कुसंचालित** = कुप्रबंधित.
**कुसंधि** = मिलीभगत.
**कुसंयोग** = कुयोग.
**कुसंवाद** = कुसमाचार.
**कुसमय** = अकालजात, अवनति काल, कुअवसर, कुयोग, दुर्भाग्य, बेमौसम.
**कुसमयतः** = बेमौसम.

**कुसमाचार** *सं* अशुभ समाचार, कुसंवाद, बुरी ख़बर, •दुर्भाग्य, ▪सुसमाचार.

**कुसली** = गुठली.
**कुसीद** = ऋण व्यवसाय.
**कुसीदजीवी** = सूदख़ोर.
**कुसीद वृद्धि** = व्याज.
**कुसुंभ** = केसर.
**कुसुम** = पुष्प.
**कुसुमधन्वा** = कामदेव.
**कुसुम रेणु** = पराग.
**कुसुमवती** = रजस्वला.
**कुसुमांजन** = सीसा.
**कुसुमाकर** = उपवन, पुष्पोपवन, वसंत.
**कुसुमागम** = वसंत.
**कुसुमाधिप** = चंपा.
**कुसुमालय** = पुष्पोपवन.
**कुसुमासव** = पुष्परस.
**कुसुमित** = पुष्पित.
**क़ुसूर** = अपराध, दुष्कर्म.
**क़ुसूरवार** = सिद्धदोष.
**कुस्तुंबरु** = धनिया.
**कुस्वाद** = कुस्वादिष्ठ.

**कुस्वादिष्ठ** *वि* अखाद्य, अप्रिय, अरुचिकर, *अरोचक*, कुस्वाद, कुस्वादु, नीरस, बदज़ायक़ा, बदमज़ा, बुरा/बुरी, बेज़ायका, बेलज़्ज़त, बेस्वाद, *रसहीन*, •अरोचक, •कड़वा/कड़वी, •स्वादहीन, ▪स्वादिष्ठ.

**कुस्वादु** = कुस्वादिष्ठ.
**कुहक** = कुहु कुहु.
**कुहकनी** = कोयल.
**कुहन** = चूल्हा.
**कुहनियाना** = धक्कामुक्की करना.
**कुहनी** = आधार सूची, कोण.

**कुहनी** *सं* कुर्पर, कोहनी, टिहुनी, •हाथ.

**कुहर** = गड्ढा, छिद्र, शून्य स्थान.
**कुहरा** = कोहरा.
**कुहराम** = आर्तनाद, मातम.
**कुहराम मचाना** = खीजना.
**कुहरित** = अपारदर्शी, कुदृश्य, धुँधला/धुँधली, ध्वनिपूर्ण.
**कुहासा** = कोहरा.
**कुहु** = कुहु कुहु.
**कुहुकंठ** = कोयल.
**कुहुक** = कुहु कुहु.
**कुहुकना** = चहचहाना.

**कुहु कुहु** *सं* काकली, कीक, कुहक, कुहु, कुहुक, *कूक*, केका, कोयल बोली, पिहक, *पीक*.

**कुहू** = अमावस्या.
**कुहेलिका** = कोहरा.
**कूँख** = खखार.
**कूँग** = ख़राद.
**कूँच** = संकुचन.
**कूँचना** = भींचना, माँड़ना, रौंदना.
**कूँची** = झाड़ू.
**कूँची फेरना** = उजाड़ना.
**कूँड़** = ओखली, टब, नाँद, पीपा, हलरेखा, हैल्मेट.
**कूँड़ा** = कठौता, गमला.
**कूँड़ी** = ओखली, कटोरी, खरल.
**कूँथना** = कराहना.
**कूक** = आर्तनाद, कुहु कुहु, स्टार्टर.

**कूक** *सं* कूकनी, *चाबी*, *पेच*, *फूँक*.

**कूकना** *क्रि* चाबी देना, चाबी भरना, फूँकना, फूँक भरना, हवा भरना,

●चालू करना, ●सक्रिय करना.

**कूकनी** = कूक.
**कूकर** = कुत्ता.
**कूच** = निर्गम, प्रस्थान, मृत्यु, यात्रा आरंभ, सेना प्रयाण.
**कूच करना** = मरना.
**कूच का डंका** = युद्धनाद.
**कूच नगाड़ा** = युद्धनाद.
**कूचना** = रौंदना.
**कूचा** = गली, महल्ला.
**कूचागर्दी** = आवारागर्दी.
**कूचाबंद** = अंधी गली.
**कूची** = तूलिका.
**कूज** = चहचहाहट.
**कूजन** = चहचहाहट.
**कूजना** = चहचहाना, पोदना.
**कूजा** = कुल्हड़, मालती.
**कूट** = अबोध्य, असत्य, कठिन, कारंडव, कुटाई, कूटबद्ध, कूटलेख, कूड़ा ढेर, कूब, गुप्त, गुप्तचरीय, गुह्य, गोपनशील, घड़ा, चूरा, छल, छलपूर्ण, जटिल, जादुई, झूठा बहाना, ढेर, दुर्ग, नक़ली, पर्वत, पर्वत शिखर, पेचीदा डिज़ाइन वाला, रहस्यपूर्ण, विद्वत्तापूर्ण, व्यंग्य, संदिग्धार्थी, समस्यात्मक, सींग, स्थावर.
**कूट अर्थ** = व्यंजनार्थ.
**कूटकपट** = छल.

**कूटकार** *सं* *अपराधी*, कपटी, कौटिक, चार सौ बीस, छली, जालसाज़, जालिया, धाँधलिया, धोखेबाज़, फ़रेबी, ●बेईमान.

**कूट कूट कर भरना** = ठूँसना.
**कूटकृत** = नक़ली.

**कूटकृति** *सं* *अनुकृति*, कपट कृति, जालसाज़ी, नक़ल, प्रतिकृति, ●खोटा सिक्का, ●चौर्य कृति, ●प्रतिलिपि.

**कूटकौशल** = रणनीति.
**कूटखड्ग** = गुप्ती.
**कूट खिलौना** = गोरखधंधा.
**कूटचाल** = कुचाल.
**कूटजाल** = पाश.
**कूटता** = कूटनीति, बटमारी, रहस्य.
**कूटतार्किक** = वितंडावादी.

**कूटना** *क्रि* चूरा करना, *तोड़ना*, *पीटना*, *मारना*, ●चूरा करना.

**कूटनीति** = बेईमानी, रणनीति.

**कूटनीति** *सं* कूटता, नयाचार, *राजनय*, *राजनीति*, ●अंतरराष्ट्रीय संबंध, ●नीति चतुष्टय, ●स्टेट्समैनशिप.

**कूटनीतिक** = कूटनीति विषयक.
**कूटनीतिक संबंध** = अंतरराष्ट्रीय संबंध.

**कूटनीतिकार** *सं* कूटनीतिकुशल व्यक्ति, कूटनीतिज्ञ, कूटनीति प्रयोक्ता, चाणक्य, मैकियावेली, राजकुशल व्यक्ति, सुमंत, सुमंत्र, ●कुचाली.

**कूटनीतिकुशल** = नीतिकुशल.
**कूटनीतिकुशल व्यक्ति** = कूटनीतिकार.
**कूटनीति चार उपाय** = नीति चतुष्टय.
**कूटनीतिज्ञ** = कूटनीतिकार, राजनयिक, व्यूह रचेता.
**कूटनीतिपूर्ण** = कूटनीति विषयक.

**कूटनीतिपूर्ण** *वि* *कुटिल*, कुटिलतापूर्ण, कूटयुक्तिपूर्ण, चालाकी भरा, *छलपूर्ण*, धूर्ततापूर्ण, नीतिपूर्ण, हिकमती, ■सरलचित्त.

**कूटनीति प्रयोक्ता** = कूटनीतिकार.

**कूटनीति विषयक** *वि* कूटनीतिक, *कूटनीतिपूर्ण*, दाँवपेंची, युक्तिपूर्ण.

**कूटपठन** *सं* कोडपठन, डीकोडिफ़िकेशन, रहस्य भंजन, ●रहस्य उद्घाटन, ●समाधान, ■कूटभाषा, ■कूट लेखन, ■कूटशब्द, ■गोपन.

**कूटपाठक** *सं* गुप्तपाठक, डीकोडर, ●रहस्य उद्घाटक, ■कूट लेखक.

**कूटपाल** = कुम्हार.
**कूटपालक** = कुम्हार.
**कूटपाश** = कूटयंत्र.
**कूटपाशग्रस्त** = पाशबद्ध.
**कूटपाशबद्ध** = पाशबद्ध.
**कूटप्रश्न** = पहेली.

**कूटबद्ध** *वि* *अगाध्य*, अतिगूढ़, अस्पष्ट, आवृत, उलझा/उलझी, कूट, कूटलिखित, कोडबद्ध, गहन, गहरा/गहरी, *गुप्त*, *गूढ़*, *छद्म*, छिपा/छिपी, *जटिल*, दुर्बोध्य, पेचीदा, सीक्रेट, ■अगुप्त, ■कूटपठित, ■प्रकट.

**कूटभाषा** = स्लैंग.

**कूटभाषा** *सं* अज्ञेयता, कोड, कोड लैंग्वेज, गुप्त भाषा, गुप्त शब्दावली, *पहेली*, रहस्य भाषा, ●छद्म, ■कूट पठन.

**कूटभाषा लेखन** = कूटलेखन.
**कूटमंत्रणा** = मिलीभगत.
**कूटमुद्रा** = खोटा सिक्का.
**कूटयंत्र** = गोरखधंधा.

**कूटयंत्र** *सं* कूटपाश, कूट रचना, खटका, खटका पाश, चाफंद, *पाश*, फँसरी, बंधन, बूबी ट्रैप, *यंत्र*, ●गोरखधंधा, ●फेंक फंदा.

**कूटयुक्ति** = कपट रचना, कुचाल.
**कूटयुक्तिकार** = कुचाली.
**कूटयुक्तिपूर्ण** = कूटनीतिपूर्ण.
**कूट रचना** = कूटयंत्र, रणनीति.
**कूट रहस्य** = रहस्य.
**कूटरूप** = छद्मवेश.
**कूटलिखित** = कूटबद्ध.
**कूटलिपि** = कूटलेख.
**कूटलिपिक** = कूटलेखक.

**कूटलेख** *सं* अंकपलई (प्रा), कूट, कूटलिपि, कूट संदेश, कोड, गुप्त लेख.

**कूटलेखक** *सं* कूटलिपिक, कोडर, गुप्त लिपिक, गुप्त लेखक, ■कूटपाठक.

**कूट लेखन** *सं* कूटभाषा लेखन, कूट संकेत लेखन, कूटांतरण, गुप्त लेखन, ●कूटलेख, ●गोपन, ■कूटपठन, ■रहस्य उद्घाटन.

**कूट वचन** = विपरीतोक्ति, विपरीतोक्ति.
**कूटवेश** = छद्मवेश.

**कूटशब्द** *सं* कोड, कोड वर्ड, खुल जा सिमसिम, गुप्त शब्द, पासवर्ड,

संकेत शब्द, संकेत शब्द, •कूट संकेत, •गुप्तचर, •गुप्तचर्या, •गोपन, •छद्म, •प्रवेश, •रहस्य.

**कूट संकेत** *सं* गुप्त संकेत, *संकेत*, सिग्नल, •कूटशब्द.

**कूट संकेत लेखन** = कूटलेखन.
**कूट संदेश** = कूटलेख.
**कूटसाक्ष्य** = मिथ्या साक्ष्य.
**कूटस्थ** = उच्चतम.
**कूटहीन** = असली.
**कूटांतरण** = कूटलेखन.
**कूटा/कूटी** = कुटनहार.
**कूटी** = कुटनी.
**कूटू** (यह अनाज नहीं है) = अनाज.
**कूटोक्ति** = रहस्योक्ति, विपरीतोक्ति.
**कूड़ा** = निकृष्ट, मल, रद्दी, रद्दीकृत.

**कूड़ा** *सं* अनुपयोगी वस्तु, अवस्कर, कचरा, करकट, काठकबाड़ा, कूड़ाकरकट, छाँटन, बुहारन, *रद्दी*, •मल.

**कूड़ाकरकट** = कूड़ा, रद्दी.
**कूड़ाकरकट ढेर** = कूड़ा ढेर.
**कूड़ाकोठ** = कूड़ा गड्ढा.
**कूड़ाख़ाना** = कूड़ा गड्ढा.

**कूड़ा गड्ढा** *सं* करकट गड्ढा, कूड़ाकोठ, कूड़ाख़ाना, खत्ता, खोभार, *गड्ढा*, घूरा, नाबदान, भँगार, •कूड़ा ढेर.

**कूड़ा ढेर** *सं* आख़ोर की भर्ती, कूट, कूड़ाकरकट ढेर, घूरा, जंकयार्ड, ढेर, रद्दी ढेर, •कूड़ा गड्ढा, •कूड़ेदान.

**कूड़ा पैन** = डस्टपैन.

**कूड़ेदान** *सं* कचरापट्टी, कूड़ेदानी, खत्ता, डस्टबिन, •थूकदानी, •रद्दी की टोकरी, •राखदानी.

**कूड़ेदानी** = कूड़ेदान.
**कूढ़** = मूर्ख.
**कूढ़मग़ज़** = मंदधी.
**कूत** = अनुमान, आकलन, आकलन, आकलन.
**कूतना** = आँकना.
**कूतने वाला** = आकलन कर्ता.
**कूता/कूती** = आकलित.
**कूद** = डाइविंग.

**कूद** *सं* आपात, कुदकनी, कुदकी, कुदान, जंप, झंप, नीचे कूद, पात, संपात, •डाइविंग.

**कूद चाल** = जौगिंग.
**कूदना** = उछलना, नाचना.

**कूदना** *क्रि* कुदकी भरना, कूद लेना, जंप करना, झंप करना, झँपना, टापना, हाप करना, •छलाँगना, •झपटना, •दौड़ना, ▪उछलना.

**कूदफाँद** = हुड़दंग.
**कूद बोर्ड** = डाइविंग बोर्ड.
**कूद लगाना** = छलाँगना.
**कूद लेना** = कूदना.
**कू देता** = सत्ता अपहरण.
**कूप** = खत्ती, गड्ढा.

**कूप** *सं* कुँआ, कुइयाँ, जल कूप, निपान, पंप, *पनघट*, पुरवट, पुरा, बंबा, बावड़ी, वैल, सर, •अंधा कुआँ, •चरसा कुआँ, •चाँपाकल, •ट्यूब वैल, •पनघट, •रहँट, •खत्ती, •जलाशय.

**कूपक** = मस्तूल.
**कूप जगत** = पनघट.
**कूपन** = टिकट, परचा, प्रवेश पत्र.

**कूपन** *सं* काउंटर फ़ौइल, चिट, टुकड़ा, परची, स्टब, स्लिप, •टिकट, •टोकन, •परचा, •रसीद.

**कूपमंडूक** = अल्पज्ञ, रूढ़िवादी.
**कूपमंडूकता** = अल्पज्ञान.
**कूपी** = घिरनी, बोतल.

**कूब** *सं* ककुद, कुब्ज, कूट, कूबड़, डिल्ला, •पीठ, ▪दबक.

**कूबड़** = कूब.
**कूबयुक्त** = कुबड़ा/कुबड़ी.
**कूमल** = सेंध.

**कूरियर** *सं* अंगाड़िया, दूत, धावक, धावक संदेशवाहक, पायक, पालागल, रसाँ, *लाने वाला*, वेगी, हरकारा, हरकारा, •डाकिया, •पत्रवाहक.

**कूरियर व्यवस्था** *सं* कूरियर सर्विस, कूरियर सेवा, द्रुतवाहक व्यवस्था, स्पीड पोस्ट, •ऐक्सप्रैस डिलीवरी, •डिलीवरी.

**कूरियर सर्विस** = कूरियर व्यवस्था.
**कूरियर सेवा** = कूरियर व्यवस्था.
**कूर्च** = दाढ़ी, पाखंड.
**कूर्चिका** = फटा दूध.
**कूर्पर** = घुटना.
**कूर्म** = अवतार सूची, कछुआ.
**कूर्म पुराण** = पुराण सूची.
**कूर्मपृष्ठाकार** = उन्नतोदर.
**कूर्मासन** = योग आसन.
**कूलंकषा** = नदी.
**कूल** = तट, तालाब, नदी तट, शीतल.
**कूलक** = बाँबी.
**कूलचर** = तटचर.

**कूलर** *सं* अनुशीतक, अनुशीतित्र, वस्तु/कक्ष शीतलन उपकरण, शामित्र, शीतलक, शीतलित्र, शीतित्र, •एअरकंडीशनर, •एअरकूलर, •ख़स टट्टी, •फ़्रीज़र, •बर्फ़ख़ाना, •रूम कूलर, •रैफ्रिजरेटर, ▪हीटर.

**कूलवती** = नदी.
**कूलस्थ** = तटवर्ती.
**कूला** = नहर.
**कूलिंग** = शीतल.
**कूलिनी** = नदी.
**कूलेचर** = तटचर.

**कूल्हा** *सं* कटितट, कमर, तट कटि, धड़-जाँघ जोड़, •काछ, •नितंब, •पैर.

**कूल्हा-घुटना पैर** = जाँघ.
**कूल्हा-पादांगुल तक पैर** = पैर.
**कूवत** = क्षमता, शक्ति.
**कूष्मांड** = कमंडलु, तूँबा.
**कूष्मांडी** = दुर्गा.
**कूह** = चीत्कार.

**कृंतक** *सं* कर्तनक, चौका, छेदक, छेदन दंत, सामने के दाँत, •कीला.

**कृंतन** = कटाई.

**कृंतन** *सं* कतराई, कुतरन, कुतरन, कुतराई, दंशन, बुड़क, बुड़का, रदन, ●कटाई, ●ग्रसन, ●चर्वण.

**कृकलास** = छिपकली.

**कृकवाक** = मुरगा.

**कृकाटिका** = गरदन.

**कृत** = अभिमंत्रित, उत्पादित, पूर्णकृत, रचित, लिखित (साहित्य).

**कृत** *वि* अन्वित, आचरित, कार्यान्वित, किया/की, क्रियान्वित, चरितार्थ, तमाम, निर्वाहित, निष्पन्न, निष्पादित, *परिपूर्ण*, पूरा/पूरी, पूर्ण, शुद, शुदा, संपन्न, संपादित, समाप्त, *साधित*, सिद्ध, सृष्ट, हुआ/हुई, ●करणीय, ■अकृत, ■स्थगित.

**कृत/कृता** = मुँहबोला/मुँहबोली.

**कृतकाम** = पूर्णेच्छ, संतुष्ट.

**कृतकार्य** = सफल.

**कृतकार्यता** = सफलता.

**कृत कार्य वर्णन** = निजी डायरी.

**कृतकृत्य** = कृतज्ञ, पूर्णेच्छ, संतुष्ट, सफल.

**कृतघ्न** = विश्वासघाती.

**कृतघ्न** *वि* अकृतज्ञ, *अप्रसन्न*, *असंतुष्ट*, आत्मकेंद्रित, एहसानफ़रामोश, धन्यवादहीन, नमकहराम, नाशुक्रा, नीच, फ़रामोश, बेदीद, बेवफ़ा, *स्वार्थी*, ●अहंकारी, ●धृष्ट, ●निर्लज्ज, ■कृतज्ञ.

**कृतघ्नता** *सं* अकृतज्ञता, अकृतार्थता, उपकार का बदला अपकार, एहसानफ़रामोशी, नमकहरामी, नाशुक्री, हरामख़ोरी, ●विश्वासघात, ■कृतज्ञता.

**कृतज्ञ** *वि* अनुग्रहीत, आभारी, उपकृत, *ऋणी*, कृतकृत्य, कृतार्थ, दयाभारग्रस्त, धन्य, धन्यवादी, पुलकित, *प्रसन्न*, भारग्रस्त, शुक्रगुज़ार, *संतुष्ट*, ●पूर्णेच्छ, ■कृतघ्न, ■धृष्ट.

**कृतज्ञता** *सं* आभार, उपकार भार, उपकृतता, *ऋण*, एहसानमंदी, कृतज्ञता भार, दयाभार, धन्यवादिता, रिन, शुक्रगुज़ारी, ●दया, ●धन्यवाद, ■कृतघ्नता.

**कृतज्ञता ज्ञापन** = धन्यवाद.

**कृतज्ञता भार** = कृतज्ञता.

**कृततः** = प्रयत्नपूर्वक.

**कृतत्व** = कर्तृत्ववाद.

**कृतनिश्चय** = संकल्पशील.

**कृतप्रतिज्ञ** = संकल्पशील.

**कृतयुग** = सत्ययुग, स्वर्णयुग.

**कृत रचना** = कलाकृति, कृति.

**कृतसंकल्प** = कटिबद्ध, संकल्पशील.

**कृतसन्नाह** = कवचित.

**कृतांत** = शनि ग्रह, सिद्धांत.

**कृतात्मा** = उच्चाशय.

**कृतान्न** = पक्का खाना.

**कृतार्थ** = कृतज्ञ, सफल.

**कृतार्थता** = सफलता.

**कृति** = अभिमंत्रण, कलाकृति, जुगाड़, पुस्तक, शिल्प कृति, सृजन, सृष्टि.

**कृति** *सं* उपज, *कला*, काम, कृत रचना, *चीज़*, *निर्माण*, निर्मिति, बौद्धिक संपत्ति, रचना, रचित कृति, रचिति, वर्क, *वस्तु*, विरचना, सर्जित कृति, *सृष्टि*, ●उत्पाद, ●उत्पाद, ●कलाकृति, ●साहित्य, ●स्रष्टा.

**कृतिकर्म** = सृजन.

**कृत्तिका** = नक्षत्र सूची.

**कृतित्व** = कारनामा, कारयित्री प्रतिभा, श्रेय.

**कृतित्व सूचना** = पुस्तक अंत.

**कृति नाम** = शीर्षक.

**कृतिस्व** = कापीराइट.

**कृतिस्व शुल्क** = रायल्टी.

**कृति स्वामित्व** = कापीराइट.

**कृती** = दक्ष.

**कृते** = उपलक्ष्य में, लिए.

**कृत्ति** = भूर्जवृक्ष.

**कृत्य** = आचरणीय, कार्य, जीवनी, धर्मविधि.

**कृत्या** = अभिमंत्रण, अभिमंत्रण.

**कृत्रिम** = अप्राकृतिक, नक़ली, पाखंडपूर्ण, मानवनिर्मित, रंगमंचीय.

**कृत्रिम उपग्रह** *सं* नक़ली चाँद, मानव निर्मित उपग्रह, सैटलाइट, स्पूतनिक, ●अंतरिक्ष यान.

**कृत्रिम उर्वरण** = कृत्रिम गर्भदान.

**कृत्रिम केश** = विग.

**कृत्रिम गर्भदान** *सं* आर्टिफ़िशल इनसैमिनेशन, एआइडी, कृत्रिम उर्वरण, गर्भ रोपण, ●नियोग.

**कृत्रिम घी** = वनस्पति घी.

**कृत्रिम चर्म** = रैक्सीन.

**कृत्रिमता** = छद्म.

**कृत्रिम ताल** = तालाब.

**कृत्रिम नभोमंडल** = तारांगण.

**कृत्रिम हास्य** = खीस.

**कृपणता** = अल्पव्यय, कंजूसी.

**कृपया** = दयापूर्वक.

**कृपा** = अनुग्रह, आशीर्वाद, क्षमा, दया, दान, वरदान, संरक्षण, सहायता.

**कृपा कर के** = दयापूर्वक.

**कृपाण** = चाकू छुरी.

**कृपाण** *सं* असि, कटार, कटारी, कत्ती, करवाल, करौली, काता, ख़ंजर, खड्ग, खड्गधेनु, खड्गधेनुका, खुखड़ी, खुखरी, छुरा, जमडाढ़, तेग़, बाँक, मेहराबी, वक्रखड्ग, सिरोही, ●घोंपना, ●चाकू छुरी, ●तलवार, ●म्यान.

**कृपाणधारी** = तलवारधारी.

**कृपादृष्टि** = दयादृष्टि.

**कृपानिधान** = दयालु.

**कृपापात्र** = अनुग्रह पात्र.

**कृपापूर्ण** = अनुकूल.

**कृपापूर्वक** = दयापूर्वक.

**कृपा भाव** = दयादृष्टि.

**कृपाल** = दयालु.

**कृपालु** = दयालु, दानशील.

**कृपासिंधु** = दयालु.

**कृपा से** = दयापूर्वक.

**कृपाहीन** = क्षमाहीन.

**कृपीसुत** = अश्वत्थामा.

**कृमि** = मकड़ी, रोगाणु.

**कृमि** *सं* *कीट*, कीड़ा, पीलु, वर्म, ●रोगाणु.

**कृमि कीट** *सं* *कीट*, कीट पतंग, कीटादि, कीड़े, कीड़े मकोड़े, क्षुद्र

जंतु.

**कृमिकोश** = कोया.
**कृमिघ्न** = कीटाणुनाशक, प्याज़.
**कृमिजा** = लाक्षा.
**कृमिनाशक** = कीटाणुनाशक.
**कृमिशैल** = बाँबी.
**कृश** = छरहरा/छरहरी, पतला/पतली.
**कृशकाय** = कंकालमात्र.
**कृशकाय होना** = दुबलाना.
**कृशोदर** = छरहरा/छरहरी.
**कृशोदर/कृशोदरी** = पतली कमर वाला.
**कृशोदरी** = सुंदर स्त्री.
**कृषक** = कर्षक, किसान, जमींदार, बैल, बोने वाला, वैश्य, हल फाल, हलवाहा.
**कृषि** = कृषि सूची, कृषिदेवी, जुताई.

**कृषि** *सं* अन्नोत्पादन, *उत्पादन*, ऐग्रिकल्चर, काश्त, काश्तकारी, किश्त, किसानी, कृषिकर्म, कृषिकार्य, खेती, खेतीबाड़ी, खेतीबारी, *ज़मींदारी*, जोत, फ़ार्मिंग, हलभृति, ●किसान, ●खाद, ●खेत, ●ग्राम, ●ट्रैक्टर, ●हल.

**कृषि सूची** *सं कृषि*, *डेरी फ़ार्मिंग*, पशुपालन, बाग़बानी, *भेड़बकरी पालन*, मत्स्यपालन, मधुमक्खी पालन, रेशमकीट पालन, सूअर पालन.

**कृषि अयोग्य भूमि** = ऊसर.
**कृषि उत्पाद** = फ़सल.
**कृषि उत्पाद कर** = कृषिकर.
**कृषिक** = कृषीय.

**कृषिकर** *सं* कृषि उत्पाद कर, ख़िराज, जमा, बलि (प्रा), भूमिकर, भू राजस्व, मालगुज़ारी, मालिया, लगान, लैंड रीवैन्यु, ●उत्पादन कर, ●कर.

**कृषिकर्म** = कृषि.
**कृषिकर्मी** = किसान, खेत मज़दूर.
**कृषिकार्य** = कृषि.
**कृषिक्षेत्र** = खेत.
**कृषिज** = कृषिजन्य.

**कृषिजन्य** *वि उत्पादित*, उपजा/उपजी, कृषिज, कृषित, कृष्ट.

**कृषिजीवी** = किसान.
**कृषित** = कृषिजन्य, हलित.

**कृषित (अनाज)** *वि उत्पादित*, कृष्ट, फालकृष्ट, ■अकृषित (अनाज).

**कृषिदेवी** *सं कृषि*.

**कृषि पुस्तिका** = अलमनाक.

**कृषिभूमि** *सं* अराज़ी, उर्वरा, ज़मीन, हार्रा, ●खेत, ●ग्रामभूमि.

**कृषिभूमि सुधार** *सं* कृषि व्यवस्था सुधार, कृषिसुधार, भूमिसुधार, लैंड रिफ़ौर्म, हरित क्रांति.

**कृषिभूमि स्वामित्व** = ज़मींदारी.
**कृषियंत्र** = ट्रैक्टर.

**कृषिरक्षक पुतला** *सं* उजका, चंचापुरुष, *डरावा*, धड़का, धोखा, बजूका, बल्ली संत, बिजूका, विभीषिका, ●डरावा, ●भय.

**कृषि व्यवस्था सुधार** = कृषिभूमि सुधार.
**कृषि श्रमिक** = खेत मज़दूर.
**कृषिसिंचन** = सिंचन.
**कृषिसुधार** = कृषिभूमि सुधार.
**कृषि स्वामित्व** = ज़मींदारी.

**कृषीय** *वि* कृषिक, ग्रामीण, ग्राम्य, देहाती, ●कृषिजन्य, ■अकृषीय.

**कृष्ट** = कृषिजन्य, कृषित (अनाज), हलित.
**कृष्टयान** = अनुयान.
**कृष्ण** = अवतार सूची, काला/काली, वेदव्यास.

**कृष्ण** *सं* अच्युत, अर्जुनसखा, कंसारि, कन्हाई, कन्हैया, कान्हा, कालियमर्दन, किशन, कुंजबिहारी, केशव, गिरिधर, गिरिधारी, गोकुलनाथ, गोपाल, गोपीनाथ, गोपेश, गोवर्धनधारी, गोविंद, घनश्याम, दामोदर, देवकीनंदन, द्वारकानाथ, नंदकिशोर, नटवर नागर, पार्थसारथी, बनवारी, ब्रजबिहारी, ब्रजमोहन, मदनगोपाल, मदनमोहन, मधुसूदन, मनमोहन, माखनचोर, माधव, मुरलीधर, मुरारि, मोहन, यदुनाथ, यशोदानंदन, यादव, योगीश्वर, रणछोड़, रसिकबिहारी, राधारमण, रासधारी, रासबिहारी, रास रचैया, *लीलाधर*, लीला पुरुष, वंशीधर, वनमाली, वासुदेव, वृंदावनविहारी, श्याम, श्यामसुंदर, सव्यसाची, साँवला सलोना, सुदर्शनधारी, हरि, हृषीकेश, ●अर्जुन, ●कदंब, ●गीता, ●त्रिभंगी मुद्रा, ●नर्तक, ●पूतना, ●बलराम, ●बाँसुरी, ●महाभारत, ●मीरा, ●यशोदा, ●राधा, ●राम, ●रुक्मिणी, ●लीलाधर, ●वसुदेव, ●विष्णु, ●शंख, ●सुदर्शन चक्र, ●सुदामा, ■कंस.

**कृष्ण/कृष्णा** = कृष्णवर्ण.
**कृष्ण (पूर्व जन्म)** = शिव.
**कृष्णकेश** = कृष्णकेशी.
**कृष्ण केशयुक्त** = कृष्णकेशी.

**कृष्णकेशी** *वि* अंजनकेश/अंजनकेशिनी, काले बालों वाला, कृष्णकेश, कृष्ण केशयुक्त, कृष्णकेशी/कृष्णकेशिनी, ●धूसरकेशी, ■श्वेतकेशी.

**कृष्ण जन्माष्टमी** = जन्माष्टमी.
**कृष्ण जीरक** = शाह जीरा.
**कृष्णता** = कालिमा.
**कृष्ण द्वैपायन** = वेदव्यास.
**कृष्ण निर्धन मित्र** = सुदामा.

**कृष्णपक्ष** *सं* अँधेरा पखवाड़ा, तमिस्र पक्ष, पूर्वपक्ष, बदी, शशिशोषक, ●पखवाड़ा, ■शुक्लपक्ष.

**कृष्ण पक्ष अंतिम तिथि** = अमावस्या.
**कृष्ण पालक माता** = यशोदा.
**कृष्ण पिता** = वसुदेव.
**कृष्ण पोषक पिता** = नंद.
**कृष्ण प्रधान पत्नी** = रुक्मिणी.
**कृष्ण भाई** = बलराम.
**कृष्ण माता** = देवकी, यशोदा.
**कृष्ण मामा** = कंस.
**कृष्णमुख** = लंगूर.

**कृष्ण मेघ** *सं* काला बादल, काली घटा, गहरा बादल, घटा घनघोर,

घटाटोप, घनघटा, घनघोर घटा, घनश्याम, सघन मेघ.

**कृष्णयुग** = द्वापर युग.
**कृष्ण लवण** = काला नमक.
**कृष्णवदन** = लंगूर.
**कृष्णवर्ण** = काला/काली.

**कृष्णवर्ण** *वि* आबनूसी, कलझँवाँ/कलझँवीं, कलुआ/कलुई, कलूटा/कलूटी, कालका/कालिका, काला/काली, काला आबनूस/काली आबनूस, काला कलूटा/काली कलूटी, काला भुजंग/काली भुजंग, काला स्याह/काली स्याह, कृष्ण/कृष्णा, कृष्णवर्णीय, कृष्णांग, बैगन लूटा/बैगन लूटी, रूस्याह, स्याह, ●साँवला/साँवली.

**कृष्णवर्णीय** = कृष्णवर्ण.
**कृष्णसख** = अर्जुन.
**कृष्णसार** = खैर, तेंदू.
**कृष्णसारथी** = अर्जुन.
**कृष्णस्कंद** = तमाल.
**कृष्णांग** = कृष्णवर्ण.
**कृष्णा** = द्रौपदी, नदी सूची भारत उपमहाद्वीप, यमुना नदी, शाह जीरा, सरसों.
**कृष्णाग्रज** = बलराम.
**कृष्णाचल** = नीलगिरि.
**कृष्णार्जुन संवाद** = गीता.
**कृष्णावास** = पीपल.
**कृष्णाश्म** = काला संग मरमर.
**कृष्णाष्टमी** = जन्माष्टमी.
**कृष्णिमा** = कालिमा.
**कृष्णोपदेश** = गीता.
**केंचुल** = केंचुली.

**केंचुली** *सं* कंचुकी, कँचुली, काँचरी, काँचली, केंचुल, मोक, सर्प त्वचा, ●त्वचा, ●साँप.

**केंदु** = तेंदू.
**केंद्र** = केंद्रबिंदु, केंद्र सरकार, केंद्रस्थान, क्लब, फ़ोकस, मध्य, मुख्यालय, राजधानी.
**केंद्र एकक** = सीपीयू.
**केंद्रक** = केंद्रबिंदु.
**केंद्रनगर** = राजधानी.
**केंद्रबिंदु** = मध्यबिंदु.

**केंद्रबिंदु** *सं* अग्रांशु, केंद्र, केंद्रक, *नाभि*, नाभिक, *बिंदु*, *मध्य*, *मध्यबिंदु*, वृत्त केंद्रबिंदु, सैंटर, ●बिंदु, ●मध्यबिंदु.

**केंद्रबिंदु से परिधि तक रेखा** = रेडियस.
**केंद्र में** = बीच में.
**केंद्रवर्ती** = केंद्रीय.

**केंद्र सरकार** *सं* केंद्र, राष्ट्रीय सरकार, संघीय सरकार.

**केंद्रस्थ** = केंद्रीय.

**केंद्रस्थान** *सं* अड्डा, कमान, केंद्र, केंद्रीय स्थान, गढ़, *गर्भगृह*, *नाभि*, मरकज़, *राजधानी*, सदर मुक़ाम, सैंटर, ●केंद्रबिंदु.

**केंद्रापसारी चक्र** = स्पाइरल.

**केंद्रित** *वि* एकत्रित, किरणित, केंद्रीभूत, पुंजित, संह्रत, ■विकेंद्रित.

**केंद्रितता** = एकाग्रता.
**केंद्रीकरण** = एकाग्रता, ध्यान.
**केंद्रीभूत** = केंद्रित.
**केंद्रीम** = किरणस्तंभ.
**केंद्रीय** = देशस्तरीय, मौलिक (अधिकार).

**केंद्रीय** *वि* केंद्रवर्ती, केंद्रस्थ, नाभिक, *मध्यमीय*, सैंट्रल, ●आंतरिक, ●नाभीय, ●मर्मस्थ.

**केंद्रीय कार्यालय** = मुख्यालय.
**केंद्रीय स्थान** = केंद्रस्थान.
**के (बहु)** = संबंध कारक विभक्ति.
**केक** = टिकिया.

**केक** *सं* बेकरी में बनी मिठाई, ●कुकी, ●जन्म दिवस, ●डबल रोटी, ●पुडिंग, ●पेस्ट्री, ●पैनकेक, ●फ़्लैपजैक, ●बिस्किट.

**केकड़ा** *सं* कर्क, कर्कट, गेंगटा, चिंगरी, झींगा केकड़ा.

**केकयी** = कैकेयी.
**केकर** = भेंगा/भेंगी.
**केकराक्ष** = भेंगा/भेंगी.
**केका** = कुहु कुहु.
**केकावल** = मोर.

**केकी** = मोर.
**केज** = पिंजरा.
**केत** = केवड़ा, घर.
**केतक** = केवड़ा.
**केतकी** = केवड़ा.
**केतन** = घर, ध्वज, प्रतीक.
**केता/केती** = कितना/कितनी.
**केतु** = उल्कापात, नवग्रह सूची, प्रसिद्ध व्यक्ति.

**केतु** *सं* ऊर्ध्वकेश, कबंध, केतु ग्रह, राहु कबंध, श्वेतकेतु, सैंहिकेय कबंध, ●राहु.

**केतु ग्रह** = केतु.
**केतुजा** = ताड़का.
**केतुमान** = लक्षणयुक्त.
**केदार** = क्यारी, थाला, देवदारु.
**केन उपनिषद** = उपनिषद.
**केप** = प्रायद्वीप.
**केबल** = बिजली तार, रज्जुमार्ग.
**केबिन** = कमरा, बूथ.

**केबिन** *सं* कक्ष, कक्षा, *कोठरी*, *चमरी*, सैल, ●कमरा, ●खोखा, ●बूथ.

**केयूर** = बाजूबंद.
**केर** = संबंध कारक विभक्ति.
**केरल** = भारत राज्य प्रदेश.

**केरल** *सं* त्रावणकोर कोचीन (पूर्व नाम), मलयालम प्रदेश, ●भारत राज्य प्रदेश सूची.

**केरलः राजधानी** *सं* तिरुअनंतपुरम, त्रिवेंद्रम (पुराना नाम).

**केरली** = केरलीय.

**केरलीय** *वि* केरली, मलयल, मलयाली.

**केराव** = खेसारी.
**केला** = फल.

**केला** *सं* उरुस्तंभा, कंदली, कदली, गुच्छफल, प्रसू, रंभा.

**केला पत्ता** = पत्तल.
**केलास** = स्फटिक.
**केलि** = अलमस्ती, आनंदक्रीड़ा, कामकेलि, खेल, लीला, विनोद,



**(प्रा) प्राचीन शब्द, अब अप्रचलित** - *तिरछे* **शब्द स्वतंत्र शीर्षक भी हैं ●सपर्याय ■विपर्याय**

संभोग.

**केलिकिल** = विदूषक.

**केलिक्रीड़ा** = कामकेलि.

**केलिगृह** = ऐश्वर्य भवन, क्रीड़ागृह, वेश्यालय, शयन कक्ष.

**केलि पशु** = पालतू पशु.

**केलिपूर्ण** *वि* क्रीड़ापूर्ण, खेलकूदपूर्ण, खेलपूर्ण, •विनोदप्रिय.

**केलिमय** = नटखट.

**केलिवनी** = क्रीड़ा उपवन.

**केव** = गुफा.

**केवट** = कर्णधार, नाविक.

**केवटाई** = नौकायन.

**केवड़ा** *सं* इंदुकांता, केत, केतक, केतकी, गंधपुष्पा, चामरपुष्प, तृणद्रुम, द्रोणीदल, मेध्या, श्लेष्मघ्ना, हलीन, हलीमक.

**केवल** = अमिश्रित, एकमात्र, विशोधित, ही.

**केवल** *वि* अल्प, इतना/इतनी, इति, इतिमात्र, *कम*, कुल, केवल इतना, कोरा/कोरी, ख़ाली, निपट, फ़क़त, *बस*, बस इतना, महज़, मात्र, शुद्ध, सिर्फ़, •अल्पतम, •विशोधित, •ही.

**केवल अपना** = व्यक्तिगत.

**केवल इतना** = केवल.

**केवल एक बार** = एक बार.

**केवल ज्ञान** *सं* कैवल्य ज्ञान, चिन्मात्र, विज्ञान धन, विशुद्ध ज्ञान, •आत्मज्ञान.

**केवल मूलधन पर व्याज** = साधारण व्याज.

**केवली** = तीर्थंकर.

**केवियट** = परंतुक.

**केश** *सं* अलक, अलकावली, कच, कालाप, कुंतल, केशराशि, *झोंटा*, बाल, मूर्धज, *शिखा*, शीश रोम, *सिर*, सिर के बाल, •चोटी, •जटा, •जूड़ा, •लट, •विग, •सीमंत.

**केश कर्तक** = नाई.

**केश कर्तन** *सं* क्षौर, बाल कटाई, हजामत, हेअरकट, हेअरड्रैसिंग.

**केशकर्मी** = नाई.

**केशकीट** = जूँ.

**केशगुच्छ** *सं* केशमुष्टि, केशराशि, गुंजल्क, *गुच्छा*, *गुफ्फा*, तुर्रा, *पट्टा*, *फुँदना*, शिखाबंध, *स्तूप*, •चुटिया, •जटा, •लट, •शिखा.

**केश घूँघर** = घूँघर.

**केश चूड़ा** = जूड़ा.

**केशधारी** = केशयुक्त.

**केशपक्ष** = कनपटी.

**केशपाश** = शिखा.

**केश प्रक्षालन तरल साबुन** = शैंपू.

**केश प्रसाधक** = नाई.

**केशमुष्टि** = केशगुच्छ.

**केशयुक्त** *वि* केशधारी, केशी, बालों वाला, •घुँघराला, •रोमल, ▪केशहीन, ▪गंजा/गंजी.

**केशर** = अयाल, मौलसिरी.

**केशराशि** = केश, केशगुच्छ.

**केशरी** = रोमल.

**केशव** = कृष्ण, मार्गशीर्ष मास.

**केशवायुध** = आम वृक्ष, आम वृक्ष.

**केशवालय** = पीपल.

**केश वेष्ट** = सीमंत.

**केश शिखा** = शिखा.

**केशहीन** = गंजा/गंजी.

**केशहीन** *वि* अलोम, गंजा/गंजी, मुँडा/मुँडी, मोना/मोनी, •गंजा/गंजी.

**केशहीनता** = गंजापन.

**केशहीन सिर** *सं* इंद्रलुप्त (प्रा), गंज, गंजी खोपड़ी, चँदला, चँदिया, चाँद, *टाँट*, •गंजापन.

**केशांत** = मुंडन संस्कार, सोलह संस्कार सूची.

**केशी** = केशयुक्त, घोड़ा, रोमल, सिंह.

**केस** = डिब्बा, मुक़दमा.

**केसर** = पराग, मौलसिरी.

**केसर** *सं* अंबर, अग्निशेखर, कश्मीरज, काश्मीर, कुसुंभ, ज़ाफ़रान, हरि चंदन.

**केसर पंडिया** = चकवा.

**केसरिया** = गेरुआ.

**केसरी** = उत्तम व्यक्ति या वस्तु, गेरुआ, घोड़ा, प्रसिद्ध व्यक्ति, वानर सूची, सिंह.

**केसरी किशोर** = हनुमान.

**केसिंग** = खोल.

**केसू** = पलाश.

**केहरिनहा** = बघनखा.

**केहरी** = सिंह.

**केहा** = मोर.

**कैंचा/कैंची** = भेंगा/भेंगी.

**कैंची** *सं* कतरनी, कर्तनी, कांती, सीज़र्स, •उस्तुरा.

**कैंची चलाना** = काटना.

**कैंट** = छावनी, यूनाइटिड किंगडम क्षेत्र.

**कैंटोनमैंट** = छावनी.

**कैंडल** = मोमबत्ती.

**कैंडल पावर** = चंद्रता माप.

**कैंडा** = आकलन, मानक.

**कैंडिडेट** = आवेदक, निर्वाचन प्रत्याशी, परीक्षार्थी.

**कैंडी** = मिठाई गोली.

**कैंप** = छावनी, तंबू, पड़ाव.

**कैंसर** *सं* कर्क, कर्कट, कर्कटार्बुद, कर्क रोग, सरतान, •फोड़ा.

**कैंसल** = निरस्त.

**कै** = कितना/कितनी.

**क़ै** = वमन, वमित पदार्थ.

**कैकेयी** *सं* केकयी, भरतमाता, •दशरथ •भरत, •मंथरा •शत्रुघ्न.

**कैक्टस** = थूहर.

**कैग** = पीपा.

**कैच** *सं* झपेट, दबोच, *पकड़*, लपक, लपकी.

**कैचअप** = कैचप.

**कैचप** *सं* कैचअप, टमाटर चटनी, साल्सा, •सौस.

**कैचमैंट एरिया** = जलक्षेत्र.

**कैट** = बिल्ली.

**कैटल** = दुग्ध पशु.

**कैटलाग** = सूचीपत्र.

**कैटेगरी** = कोटि.

कैडट = कैडेट.
कैडमीयम = रासायनिक तत्त्व सूची.
कैडेट = रंगरूट.

**कैडेट** *सं* कैडट, सेना प्रशिक्षु, सैनिक छात्र, •रंगरूट.

कैथ = कपित्थ.
कैथरीन व्हील = फिरकी.
कैथलिक = कैथलिक मतावलंबी.
कैथलिक चर्च = कैथलिक मत.

**कैथलिक मत** *सं* कैथलिक चर्च, कैथोलिक मत, पोपवाद, रोम चर्च, रोमन कैथलिक मत, रोमवाद, •कनफ़ैशन, ▪प्रोटैस्टैंट मत.

**कैथलिक मतावलंबी** *सं* काथलिक, कैथलिक, कैथोलिक, पोपवादी, रोमन कैथलिक, ▪प्रोटैस्टैंट मतावलंबी.

कैथा = कपित्थ.
कैथीड्रल = गिरजाघर.
कैथे = चीन.
कैथोलिक = कैथलिक मतावलंबी.
कैथोलिक मत = कैथलिक मत.
क़ैद = कारागार, कारावास दंड, गिरफ़्तार, गिरफ़्तारी, पिंजरा, प्रतिबंध.
क़ैदखाना = कारागार.
क़ैदघर = कारागार.
क़ै दस्त = हैज़ा.
कैदार = धान.

**क़ैदी** *सं* काराबद्ध, कारावास निवासी, कारावासी, प्रिज़नर, बंदी, •कारागार, •युद्धबंदी, •हवालात, ▪जेलर.

कैन = कनस्तर, बालटी.
कैनटीन = पानगृह सूची, भोजनालय.
कैनन = ईसाई धर्म नियम, तोप, बाइबिल अनुसूची.
कैनल = कुत्ताघर.
कैनाल = नहर, समुद्री नहर.
कैनोला तेल = तेल.
कैन्ड = परिरक्षित (आहार).
कैप = टोपी, ढक्कन, पोला.
कैपिटल = पूँजी, मूलधन, राजधानी.
कैपिटलिज़्म = पूँजीवाद.
कैपिटलिस्ट = पूँजीपति.

कैपेबल = सक्षम.
कैप्टेन = टीम नायक, पोताध्यक्ष.

**कैप्शन** *सं* चित्र वर्णन, •शीर्षक.

कैप्सिकम = शाक मिर्च.
कैप्सूल = वटी.

**कैप्सूल** *सं* पुटिका, पुटी.

कैफ़ = नशा, समाधि स्थिति.
कैफ़ियत = कारण, ब्योरा, वृत्तांत.
कैफ़ी = मदिरोन्मत्त.
कैफ़ीयत = स्वास्थ्य दशा.
कैफ़ेटीरिया = पानगृह सूची, भोजनालय.
कैब = टैक्सी.
कैबिनेट = अलमारी, मंत्री मंडल.
कैबी = टैक्सी ड्राइवर.
कैबेज = पात गोभी.
कैमरा = फ़ोटो कैमरा.
कैमरामैन = फ़ोटोग्राफ़र.
कैमिकल = रसायन.
कैमिकल यार्न = रासायनिक धागा.
कैमिस्ट = औषध विक्रेता, रासायनिकीविद.
कैमिस्ट्री = रासायनिकी.

**कैमिस्ट्स** *सं* औषध दुकान, औषधागार, औषधालय, दवाघर, फ़ार्मेसी, •औषध विक्रेता.

कैमेलोपार्ड = जिराफ़.
कैरट = रत्न भार माप एकक.

**कैरट** *सं* ग्रेन 3.0864, मिलीग्राम 200, रत्न भार, शुद्ध स्वर्ण भाग 1/24.

कैरवी = चाँदनी.
कैरावे = शाह जीरा.
कैरिकेचर = कार्टून.

**कैरिकेचर** *सं* अतिचित्र, अतिरंजना, अधिचित्र, ख़ाका, नक़्शा, •कार्टून.

कैरिज = सवारी यान.

**कैरिज़्मा** *सं* *आकर्षण*, करिश्मा, ग्लैमर, चित्ताकर्षकता, *जादू*, *प्रभाव*, मोहनी, मोहिनी, सम्मोहकता, सम्मोहन शक्ति, *सम्मोहिनी*, •लोकप्रियता.

कैरियर = धंधा, बायोडाटा, भारयान.

**कैरियर** *सं* प्रगति इतिहास, प्रगति ग्राफ़, *विकास*, व्यवसाय इतिहास, •नियुक्ति, •पदासीनता, •बायोडाटा.

कैरेक्टर = चरित्र पात्र.
कैरेवान = सार्थ.
कैरैक्टर = चरित्र.
कैलंडर = अलमनाक, इयरबुक, शीड्यूल.
कैल = काष्ठ.
कैलाइडोस्कोप = फूलबीन.
कैलाश = कैलास.
कैलाशनाथ = शिव.
कैलाश पर्वत = कैलास, पर्वत सूची भारत उपमहाद्वीप.
कैलास = स्वर्ग.

**कैलास** *सं* कैलाश, कैलाश पर्वत, कैलास पर्वत, भवाचल, रजताचल, शंकर शैल, •शिव.

कैलासनाथ = कुबेर.
कैलास पर्वत = कैलास.
कैलासवास = मृत्यु.
कैलासवासी = मृत.
कैलिग्राफ़र = सुलेखक.
कैलीफ़ोर्नीयम = रासायनिक तत्त्व सूची.

**कैलेंडर** *सं* अब्दकोश, *अलमनाक*, जंत्री, तिथिपत्र, *पंचांग*, पंजी, पत्रा, •अलमनाक, •इयरबुक, •डायरी, •तारीख़, •मास, •वर्ष, •संवत्सर.

कैलेंडर निर्णायक = पंचांग शास्त्री.
कैल्कुलेटर = गणक.

**कैल्कुलेटर** *सं* *गणक*, गणित यंत्र, गणित्र, परिकलन यंत्र, संगणक, संगणित्र, •अबाकस, •कंप्यूटर, •कैश रजिस्टर, •स्लाइडिंग रूल.

कैल्शियम = चूना.
कैल्शीयम = रासायनिक तत्त्व सूची.
कैवर्त = कर्णधार, नाविक.
कैवलरी = अश्वसेना.
कैवल्य = अनासक्ति, मोक्ष.
कैवल्य ज्ञान = केवल ज्ञान.
कैश = रोकड़.

**कैश इन हैंड** = रोकड़.
**कैश कार्ड** = क्रैडिट कार्ड.

**कैशबुक** *सं* आय व्यय बही, कच्ची जाकड़, कच्ची बही, कच्ची रोकड़, कार्य पंजी, खतियौनी, गोशवारा, जमाख़र्च बही, जर्नल, डे बुक, बरावुर्द, ब्योरा बही, रोकड़ बही, रोज़नामचा, स्याहा, •बहीखाता.

**कैशबाक्स** *सं* कोशपेटी, ग़ल्ला, *रोकड़*, रोकड़ पेटी, संदूक़ची, •ख़ज़ाना, •गुल्लक, •तिजोरी, •बटुआ, ▪रोकड़.

**कैश मीमो** *सं* नगदी चिट्ठी, प्रदत्त बिल, भुगताया बिल, मीमो, रोकड़ पर्ची, विक्रय पत्र, •बिक्री बिल, •रसीद.

**कैशियर** *सं* करोड़ी, ख़ज़ाँची, थैलीदार, रोकड़िया, •एटीऐम, •कोशाध्यक्ष, •टैलर, •बैंक.

**कैशू** = काजू.
**कैशूनट** = काजू.
**कैसट** = लटई.
**क़ैसर** = सम्राट.
**कैसिनो** = जुआघर.

**कैसिनो** *सं* काशीनो, *जुआघर*, मशीन पर द्यूतगृह, रूलेट पर दाँवघर, •जुआघर, •रूलेट व्हील, •स्लौट मशीन.

**कैसीनो चक्र** = रूलेट व्हील.

**कैसे** *क्रिवि* कथं, *कस*, किस तरह, किस प्रकार, किस विध, किस विधि से, क्योंकर, •ऐसे, •जैसे, •विधि, •विधिपूर्वक, •वैसे.

**कैसेट** = आडियोकैसेट.

**कैसेट** *सं* कार्टरिज, स्पूल.

**कैसे भी** = किसी भी क़ीमत पर.
**कैसे भी नहीं** = कभी नहीं.
**कोंकणी** = भारत राष्ट्रभाषा.
**कोंच** = चुभन.
**कोंचना** = कुरेदना, खरोंचना, चुभाना.

**कोंचना** *क्रि* अंकुश मारना, एड़ लगाना, कोंदना, गति बढ़ाना, गोदना, चलाना, *चुभाना*, टोंचना, हूलना, •बकोटना, •हाँकना.

**कोंचनी** = अंकुश.
**कोंचा** = अंकुश.
**कोंढ़ा** = लटकन छल्ला.
**कोंदना** = उकसाना, कोंचना.
**कोंपल** = अंकुर.
**कोंपल** = किशलय, प्रारंभिक अवस्था.
**कोंसिल** = समिति.
**को** = ओर.

**को** *क्रिवि* के लिए, प्रति, ▪से.

**को अपि** = कोई भी.
**कोआपरेटिव** = सहयोगपूर्ण.
**कोआपरेशन** = सहकर्म, सहयोग, सहायता.
**कोइँदा** = महुआ.
**कोइड़ार** = शाक खेत.
**कोइरार** = शाक खेत.
**कोइल** = कोयल.
**कोइलिया** = कोयल.
**कोइली** = कोयल.

**कोई** *सर्व* अज्ञात वस्तु, अज्ञात व्यक्ति, *अमुक*, *एक*, ऐन, कश्चित्, कुछ भी, कोई वस्तु, कोई व्यक्ति, •कोई एक, ▪अनेक, ▪कोई नहीं, ▪दोनों में से कोई नहीं, ▪सब.

**कोई एक** = दुर्लभ.
**कोई -- एक (जैसेः कोई दस एक)** = लगभग.
**कोई एक व्यक्ति** = जना.

**कोई और** *वि* अन्य, इतर, एक और, दूसरा/दूसरी, *भिन्न*, •इत्यादि, •और, •भिन्न.

**कोई और दिन** = कल.
**कोई और नहीं** = यही.
**कोई कोई** = असामान्य.
**कोई भी** = सामान्य.

**कोई भी** *सर्व* को अपि, •कोई.

**कोई वस्तु** = कोई.
**कोई व्यक्ति** = कोई.
**कोक** = कोयल, कोयला, चकवा.
**कोकदेव** = कबूतर.
**कोकनद** = रक्तकमल.
**कोकना** = सीना.
**कोका सत** = कोकीन.
**कोकिल** = कोयल.
**कोकिलकंठ** = मधुर स्वरीय.
**कोकिलकंठी** = मधुर स्वरीय.
**कोकिला** = कोयल, गायिका, पाटलि.
**कोकिलावास** = आम वृक्ष.
**कोकिलोत्सव** = आम वृक्ष.
**कोकी** = मादा चकवा.

**कोकीन** *सं* कोका सत, •मारफ़ीन.

**कोकोनट** = नारियल, नारियल वृक्ष.
**कोख** = गर्भाशय, पेट.
**कोखजली** = वंध्या.
**कोखा** = खोखा.
**कोच** = निजी शिक्षक, प्रशिक्षक, बग्घी, बस, सोफ़ा.
**कोचनी** = अंकुश.

**कोचवान** *सं* अश्वपाल, अश्वयान चालक, इक्केवान, चाक्रिक, चालक, टाँगा चालक, ताँगे वाला, बग्घी चालक, बग्घी वाला, साईस, *सारथी*, हँकिया, •गाड़ीवान.

**कोचिंग** = अध्यापन.
**कोट** = दुर्ग, नगर, परकोटा, महल.

**कोट** *सं* चैस्टर, जैकेट, •अचकन, •ओवरकोट, •जर्सी, •जाकट, •जोधपुरी कोट, •फ़र.

**कोटक** = बढ़ई.
**कोट कालर पिन** = ब्रूच.

**कोट पतलून** *सं* कोट पैंट, सूट, •परिधान समुदाय.

**कोटपाल** = दुर्गपाल.
**कोट पैंट** = कोट पतलून.
**कोटर** = खोल, गड्ढा, पोल.

**कोटर** *सं* खोंखल, खोंडर, खोंडरा, खोखला, *खोखा*, खोड़रा, तरु कोटर, दरबा, मोक, मोकला, मोखा, •छत्ता, •नीड़, •पक्षी, •वृक्ष.

**कोटि** = करोड़, प्रजाति, समाज वर्ग.

**कोटि** *सं* कक्षा, क़िस्म, कैटेगरी,

क्लास, गण, जमात, *जाति*, जिंस, टाइप, तबक़ा, दर्जा, *परिवार*, प्रकार, प्रभेद, प्रवर्ग, भाँति, भेद, भेद, *वंश*, *वर्ग*, विभेद, *शाखा*, श्रेणी, •गौण कोटि, •मुख्य कोटि, •जीव योनि, •प्रजाति, •लक्षण.

**कोटिक** = अत्यधिक, करोड़.
**कोटिर** = बीर बहूटी.
**कोटि स्तर** = मानक.
**कोटी** = ब्लाउज़.
**कोटीश्वर** = अरबपति/करोड़पति.
**कोटेशन** = उक्ति, उद्धरण.
**कोट्टयम** = दुर्ग.
**कोट्टवी** = दुर्गा.
**कोट्टार** = ठग.
**कोट्यधीश** = अरबपति/करोड़पति.
**कोठ** = कपित्थ.
**कोठरी** = कालकोठरी, केबिन, भंडारघर.

**कोठरी** *सं* ओबरी, कुठरिया, कोलकी, कोलची, खोली, छोटा कक्ष, *दरी*, मँढ़ा, सहनची, •कमरा, •केबिन, •खोखा, •बूथ.

**कोठा** = अनाज गोदाम, कमरा, कोष्ठक चिह्न, ड्राइंगरूम, दृश्यावली कक्ष, नृत्यशाला, बरसाती कमरा, बहुखंडी भवन, भंडारघर, भवन, रसोई भंडारा, वेश्यालय.
**कोठार** = अनाज गोदाम, भंडारघर, रसोई भंडारा, सिलो.
**कोठरी** = कोशाध्यक्ष, पोतनीस, भंडारी.
**कोठिला** = रसोई भंडारा.
**कोठी** = बँगला, भंडारघर, भवन.
**कोठीवाल** = महाजन.
**कोठीवाली** = ऋण व्यवसाय.
**कोठेदार** = भंडारी.
**कोठे वाली** = वेश्या.
**कोड** = कूटभाषा, कूटलेख, कूटशब्द, विधिसंहिता.
**कोडपठन** = कूटपठन.
**कोडबद्ध** = कूटबद्ध.
**कोडर** = कूटलेखक.
**कोड लैंग्वेज** = कूटभाषा.
**कोड वर्ड** = कूटशब्द.
**कोड़ा** = चाबुक.
**कोढ़** = कुष्ठ रोग.
**कोढ़ी/कोढ़िन** = कुष्ठ रोगी.
**कोण** = कोणांश, कोना, नोक, वक्र.

**कोण** *सं* ऐंगल, काट, *कुहनी*, *कोना*, *नति*, *नोक*, बाँक, •अधिक कोण, •असमान कोण, •आंतरिक कोण, •न्यून कोण, •बाह्य कोण, •बृहद् कोण, •समकोण, •समान कोण, •कोना, •वक्र.

**कोण अंश** = कोणांश.
**कोणदिशा** = उपदिशा.
**कोणमान** = कोणांश.
**कोणयुक्त** = तीक्ष्ण.
**कोणशिला** = मेहराब शिखर पत्थर.
**कोणस्तूप** = पिरामिड.
**कोणहीन** = सीधा/सीधी.
**कोणहीनता** = सीध.

**कोणांश** *सं* *अंश*, *कोण*, कोण अंश, कोणमान, कोणांश 1, चक्र 1/360, चक्र तीन सौ साठवाँ भाग, चक्रांश, चक्रांश माप इकाई, डिगरी, दिगंतर, दिगंश, दिगंश कोटि, दिशांतर, राशिचक्र 1/360.

**कोणाकार** *वि* *असमांतर*, आड़ा/आड़ी, झुका/झुकी, तिरछा/तिरछी, तिर्यक, नत, नोकदार, नोकीला/नोकीली, *वक्र*, सूचीमुख, •असमांतर, ■समांतर.

**कोणीय** = तीक्ष्ण, विकर्णयुक्त.
**कोतवाल** = थानेदार, नगर प्रशासक.
**कोतवाली** = थाना, नगर खंड, हवालात.
**कोतह** = संकीर्ण.
**कोताही** = भूल.
**कोथली** = नौली.
**कोदंड** = धनुष.
**कोदों** = अनाज.
**कोद्रा** = रागी.
**कोना** = कोण, नुक्कड़.

**कोना** *सं* *कुंज*, *कोण*, *खूँट*, गोशा, •दीवार, •नुक्कड़, •मोड़.

**कोने कोने में** = हर ओर.
**कोन्यैक** = ब्रांडी.
**कोप** = क्रोध, प्रणय कोप, रूठन, शाप.
**कोप त्यागना** = पसीजना.
**कोपना** = रूठना, सरापना.
**कोप भवन** = मानगृह.
**कोपरा** = नारियल.
**कोपली** = बैंगनी.
**कोपवान/कोपवती** = रूठा/रूठी.
**कोपी** = क्रोधी.
**कोपीन** = रुमाली, लँगोट.
**कोफ़्त** = खेद, पीड़ा, शोक.

**कोफ़्ता** *सं* लच्छा पकौड़ी, •पकौड़ी.

**कोबरा** *सं* कालसर्प, काला गेहुँअन, काला नाग, किंग कोबरा, दर्वीधर, *नाग*, नागराज, •साँप.

**कोबा** = मुँगरा.
**कोबाल्ट** = रासायनिक तत्त्व सूची.
**कोमल** = अप्रबल, अल्पायु, अहिंसक, कचिया, कली जैसा, काव्यात्मक, क्षमाशील, गदीला/गदीली, गुदगुदा/गुदगुदी, जेय, दयालु, नम्य, प्रभावशील, भंगुर, भावुक, भावोत्पादक, मंदस्वरीय, रेशमी, शिशुवत, संगीतमय, सहनशील, सुंदर, सुकुमार, सौम्य, स्त्रियोचित.

**कोमल** *वि* अकर्कश, अघोर, अपरुष, अप्रखर, कमज़ोर, *नम्य*, नरम, नाज़ुक, मखनिया, मख़मली, मसृण, मुलायम, मृण्मय, मृदु, मृदुल, मोमिया, मोमी, *रेशमी*, *सह्य*, *सुकुमार*, सुस्पर्श, *सौम्य*, हलका/हलकी, •गदीला/गदीली, •गुदगुदा/गुदगुदी, •चिकना/चिकनी, ■अनम्य, ■असौम्य, ■कँटीला/कँटीली, ■कठोर, ■खुरदुरा/खुरदुरी, ■तीक्ष्ण, ■निर्दय, ■बलिष्ठ, ■सुदृढ़.

**कोमल कांत पदावली** = काव्य.
**कोमलकाय** = सुंदर, सुकुमार.
**कोमलकायता** = सौंदर्य.
**कोमल छोटा फल** = बतिया.
**कोमलता** = भावुकता, वात्सल्य, शिशुवत्ता, सौंदर्य.
**कोमल ध्वनि** = कलध्वनि.
**कोमलन** = बलक्षय.
**कोमल भावना** = प्रेम.
**कोमलमनस्क** = अहिंसक, क्षमाशील, भावुक.
**कोमलमनस्कता** = अहिंसा, भावुकता.

**कोमल स्वभाव** = सौम्यता.
**कोमलहृदय** = दयालु.
**कोमलांग** = सुंदर, सुकुमार.
**कोमलांगता** = सौंदर्य.
**कोमलांगना** = सुंदर स्त्री, सुकुमारी.
**कोमलांगिनी** = सुंदर स्त्री, सुकुमारी.
**कोमलांगी** = सुंदर स्त्री, सुकुमारी.
**कोमला** = सुंदर स्त्री, सुंदर स्त्री, सुकुमारी.
**कोमासिका** = बतिया.

**कोयल** *सं* कलकंठ, कलघोष, *कलध्वनि*, कलविंक, कलापी, काकपाली, कादंबरी, कामदूती, कुहकनी, कुहुकंठ, कोइल, कोइलिया, कोइली, कोक, कोकिल, कोकिला, कोयलिया, पिक, पिकी, मधुकंठ, मधुगायन, वसंत दूती, वासंत, विष्णु काक, सुधाकंठ, •आम, •उपवन, •वसंत.

**कोयल बोली** = कुहु कुहु.
**कोयला** = अंगारा, दग्ध.

**कोयला** *सं* अंकिश्त, अंगार, कोक, कोल, गुल, •कच्चा कोयला, •पत्थर कोयला, •लिग्नाइट, •साफ़्ट कोक, •हार्ड कोक, •अंगारा, •कारबन, •गोबर.

**कोयलागाड़ी** = रेलगाड़ी.
**कोयलिया** = कोयल.
**कोयलों पर भुना मांस** = कबाब.
**कोया** = खोल, पूनी.

**कोया** *सं* ककूना, कीटकोश, कृमिकोश, कोश, तंतुकोश, पिच्छा, •अंडा.

**कोरंडम** *सं* ऐमरी, कुरंड, कुरंडम, कुरुविंद, निकष, मानिक रेत, शाणाश्म, •सान चक्का.

कोर = चौखटा, छोर, धार, नोक.
कोरट (बोलचाल) = न्यायालय.

**कोरनिश** *सं* कर्टसी, दरबारी सलाम, *मुजरा*, *विनमन*, सतजानु, •विनमन.

**कोरम** *सं* कार्यवाह संख्या, गणपूर्ति, •उपस्थिति, •सभा.

**क़ोरमा** *सं* भुनी बोटी, मसालेदार बोटी.

**क़ोरमा पुलाव** = बिरियानी.
**कोर मैमरी** = कंप्यूटर मैमरी.
**कोरल** = प्रवाल, मूँगा.
**कोरल आइलैंड** = प्रवाल द्वीप.
**कोरस** = समूह गायक, समूह गायन.

**कोरस** *सं* समूह गीत, सहगीत, सामूहिक गायन.

**कोरस सिंगर** = समूह गायक.
**कोर स्टोरेज** = कंप्यूटर मैमरी.
**कोरा/कोरी** = अनुपभुक्त, अमिश्रित, अविलासी, अशिक्षित, असाक्षर, अस्पर्शित, कंगाल, केवल, नितांत, प्रवंचित, मंदधी, रिक्त, विशोधित.
**कोराकन** = रागी.
**कोरा जवाब** = स्पष्ट अस्वीकृति.
**कोरी** = कौमार्यवती, बुनकर.
**कोर्ट** = आँगन, न्यायालय.
**कोर्टशिप** = रोमांस.

**कोर्निया** *सं* कनीनक, कनीनिका, कर्णिया, ज्योति, *तिल*, नेत्र कनीनिका, पुतली मध्यबिंदु, •आँख.

**कोर्स** = दौड़ मार्ग, पाठ्यक्रम.
**कोर्सबुक** = पाठ्य पुस्तक.
**कोलंबिया (पूर्व नाम)** = संयुक्त राज्य अमरीका.
**कोलंबो** = श्रीलंकाः राजधानी.
**कोल** = कोयला, गोदी, बेड़ा, मिर्च.
**कोलक** = अख़रोट, शीतल चीनी.
**कोलकाता** = पश्चिम बंगालः राजधानी.
**कोलकी** = कोठरी.
**कोलकुण** = खटमल.
**कोलची** = कोठरी.

**कोलन** *सं* :, विवरण चिह्न, •उक्ति चिह्न, •हाइफ़न.

**कोलन डैश** *सं* :-,:—, विवरण चिह्न, •कोलन.

**कोलम** = रंगोली.
**कोलवल्ली** = गज पिप्पली.
**कोलाहल** = घोरध्वनि, हाँका.

**कोलाहल** *सं* आरव, कचरघान, कचरपचर, कौआ रोर, गुलगपाड़ा, घमरौल, चिल्लपों, जनरव, टिटिहा रोर, तहलका, *तूफ़ान*, दमदमा, बावैला, बोम, रामरोला, रौल, रौला, शोर, शोरग़ुल, शोरशराबा, हंगामा, हल्ला, हल्लागुल्ला, हाहा हूहू, होहल्ला, •आर्तनाद, •गर्जन, ▪अध्वनि, ▪कलकल, • धमाका, ▪मौन, ▪सुरीलापन.

**कोलाहल कर्ता** *सं* कलरवी, *कोलाहलकारी*, कोलाहली, विरावी, शोर करने वाला.

**कोलाहलकारी** = कोलाहल कर्ता.

**कोलाहलकारी** *वि* उन्मुखर, कलरवी, कोलाहली, ग़ौग़ाई, विरावण, शोरमचाऊ, •हाँके वाला, •हुड़दंगई.

**कोलाहलपूर्ण** = रंगमंचीय, हंगामेदार.

**कोलाहलपूर्ण** *वि* अशांत, उग्र, कानफोड़ू, गड़गड़ाता/गड़गड़ाती, गरजता/गरजती, *गुंजायमान*, घनघनाता/घनघनाती, घनघोर, घोर, चीख़ता/चीख़ती, ज़ोरदार, तुमुल, *ध्वनिपूर्ण*, नादपूर्ण, प्रचंड, महानाद, महास्वन, रौरव, शब्दपूर्ण, शब्दायमान, शोरदार, शोरीला/शोरीली, *हंगामेदार*, हलचलपूर्ण, •उच्चस्वरीय, ▪कोलाहलहीन, ▪प्रशांत, ▪संगीतमय.

**कोलाहलपूर्ण स्थान** *सं* चिड़ियाख़ाना, चिड़ीमार का टोला, चूँचूँ का मुरब्बा, नक़्क़ारख़ाना, भिंडी बाजार, मछली बाजार, सट्टा बाज़ार, सब्जी मंडी.

**कोलाहलहीन** *वि* खलबलीहीन, ख़ामोश, घोषहीन, बेआवाज़, बेशोर, *मौन*, शांत, *शांतिपूर्ण*, हंगामाहीन, •ध्वनिहीन, ▪कोलाहलपूर्ण.

**कोलाहली** = कोलाहल कर्ता, कोलाहलकारी.
**कोलेंदा** = महुआ.
**कोलोशियम** = महागार, स्टेडियम.

**कोल्ड** = ज़ुकाम, हिमीकृत.
**कोल्ड ड्रिंक पार्लर** = पानगृह.

**कोल्ड स्टोरेज** *सं* आलू गोदाम, ठंडा गोदाम, शीतन गृह, शीतल गोदाम, शीतागार, सर्दख़ाना, •फ्रीज़र, •रैफ्रिजरेटर.

**कोल्हाड़** = खँडसार.

**कोल्हू** *सं* क्रशर, घानी, तैलयंत्र, निष्कर्षक, परंज, परांज, •तेल.

**कोविद** = दक्ष, दक्ष व्यक्ति, विद्वान व्यक्ति, विशेषज्ञ.
**कोश** = कोया, कोशागार, ख़ज़ाना, खोल, गुठली, डिब्बा, निधि, बीज, भंडार, शब्दकोश, संग्रह.
**कोशकारक** = रेशमकीट.
**कोशकीट** = रेशमकीट.
**कोशगत** = शब्दार्थिक.
**कोशग्रंथ** = शब्दकोश.
**कोशनायक** = कुबेर.
**कोशपाल** = कोशाध्यक्ष.
**कोश पुस्तक** = संदर्भ पुस्तक.
**कोशपेटी** = कैशबाक्स, गुल्लक.
**कोशभंडार** = कोशागार.
**कोशागार** = भंडारघर.

**कोशागार** *सं* कोश, कोशभंडार, कोशालय, कोष (विकल्प), कोषागार (विकल्प), कोषालय (विकल्प), *ख़ज़ाना*, ट्रैज़री, धनस्थान, •तिजोरी, •निधि.

**कोशातकी** = तोरी.
**कोशाधिकारी** = कोशाध्यक्ष.
**कोशाध्यक्ष** = पोतनीस.

**कोशाध्यक्ष** *सं* कोठारी, कोशपाल, कोशाधिकारी, ख़ज़ांची, ट्रैज़रर, *दीवान*, धनेश्वर, पोतदार, पोद्दार, फ़ोतेदार, *भंडारी*, रोकड़िया, वित्तगोप्ता, वित्तपाल, •कैशियर.

**कोशालय** = कोशागार.
**कोशित कीट** = प्यूपा.
**कोशिश** = प्रयास, प्रयोग.

**कोशिश** *सं* *अभ्यास*, आज़माइश, उपक्रम, चेष्टा, जतन, ट्रायल, *परीक्षण*, प्रयत्न, *प्रयास*, *प्रयोग*, यत्न, •कर्म.

**कोशिशमंद** = प्रयत्नशील.
**कोशी** = प्यूपा.
**कोशीय** = शब्दार्थिक.
**कोष (विकल्प)** = कोशागार, ख़ज़ाना.
**कोषागार (विकल्प)** = कोशागार.
**कोषालय (विकल्प)** = कोशागार.
**कोष्ठ** = अनाज गोदाम, कमरा, कोष्ठक चिह्न, डिब्बा, परकोटा, पेटा, बूथ.
**कोष्ठक** = कोष्ठक चिह्न.

**कोष्ठक चिह्न** *सं* ( ), { }, [ ], कोठा, कोष्ठ, कोष्ठक, *घर*, ब्रैकेट.

**कोष्ठबद्धता** *सं* आमवात, उदरावेष्ट, क़ब्ज़, कांस्टिपेशन, बद्धकोष्ठ, बद्धकोष्ठता, मलावरोध, •अजीर्ण, •इसबगोल, •बदहज़मी, ■दस्त, ■मलत्याग.

**कोष्ठशुद्धि** = मलत्याग.
**कोष्ठागार** = अनाज गोदाम, भंडारघर.
**कोष्ठाग्नि** = पाचन शक्ति.
**कोष्ण** = गुनगुना/गुनगुनी.
**कोस** = शाप.

**कोस** *सं* क्रोश, मील 2 (लगभग).

**कोस.5** = मील.
**कोसना** = डाँटना, सरापना.
**कोसा** = सकोरा.
**कोस्ट** = तट, समुद्र तट.
**कोस्टर** = टेबल कोस्टर.
**कोह** = पर्वत.
**कोहक़ाफ़ की परी** = सुंदर स्त्री.
**कोहनी** = कुहनी.
**कोहनूर** = उत्तम व्यक्ति या वस्तु.

**कोहरा** *सं* अँधियार, कुहरा, कुहासा, कुहेलिका, धुंध, धूम, नीहार, •अंधकार, •ओस, •तुषार, •मेघ.

**कोहराम** = आर्तनाद.
**कोहसार** = पर्वत, पर्वत प्रदेश.
**कोहिमा** = नागालैंडः राजधानी.
**कोहिस्तान** = पर्वत प्रदेश.
**कौंच** = खरोंच.
**कौंढा** = चटकनी.
**कौंतेय** = अर्जुन.
**कौंध** = सहसा कल्पना.
**कौंध** = चकाचौंध, झलक.

**कौंध** *सं* चकास, *चटक*, चमकारा, चिलक, *झलक*, तड़ाका, भड़क, लचका, लपलप, सहसा क्षणिक प्रकाश.

**कौंधना** = चमकना.
**कौंधा** = विद्युल्लेखा.

**कौआ** *सं* आत्मघोष, एकनयन, एकाक्ष, कव्वा, काक, काग, कागा, कौवा, कौशिकारि, क्रो, द्वारबलिभुक, ध्मांक्ष, बलिपुष्ट, वायस.

**कौआ मादा** = मादा कौआ.
**कौआ रोर** = कोलाहल, तकरार, हल्लागुल्ला.
**कौटकिक** = बहेलिया.
**कौटिक** = कूटकार, बहेलिया.
**कौटिल्य** = छल.
**कौटुंबिक** = गृहस्थ, सामूहिक.
**कौड़ा** = अग्निपात्र, अलाव.

**कौड़िल्ली** *सं* किंगफ़िशर, *घिरनी*, छोटा मछराला.

**कौड़ी** = आँख डेला, बीस, बीस समुदाय, सिक्का सूची

**कौड़ी** *सं* कपर्द, कपर्दिका, कांकिणी, काकिणी, वराटिका, वारिज.

**कौड़ी का** = महत्त्वहीन.
**कौड़ी कौड़ी माया जोड़ी** = कंजूसी, संचयन.
**कौणप** = शवभक्षक.
**कौणपी** = राक्षस स्त्री.
**कौतुक** = आनंदक्रीड़ा, नावल्टी, मनोरंजन, विचित्र वस्तु, विनोद.
**कौतुकपूर्ण** = जादुई, भव्य, विचित्र.
**कौतुकागार** = अजायबघर.
**कौतुकालय** = अजायबघर.
**कौतुकी** = नटखट.

**कौन** *सर्व* कवन, किं, कौन व्यक्ति, •किन, •किस, •क्या.

**कौन कौन** = अमुक.
**कौन क्या कहाँ** = डायरैक्टरी.
**कौन व्यक्ति** = कौन.

 (प्रा) प्राचीन शब्द, अब अप्रचलित - *तिरछे* शब्द स्वतंत्र शीर्षक भी हैं •सपर्याय ■विपर्याय

**कौपीन** = गुप्तांग, शिश्न.
**क़ौम** = प्रजाति, राष्ट्र.
**कौमा** = अल्पविराम.
**कौमारचारी** = कौमार्यवान.
**कौमार्य** = कुमारीत्व.

**कौमार्य** *सं* अक्षतता, अपरिणय, इंद्रियनिग्रह, कमसिनी, कुँआरापन, कुमारता, कुमारत्व, निग्रह, *नियंत्रण*, *पवित्रता*, पाकीज़गी, ब्रह्मचर्य, ब्रह्मचर्य पालन, ब्रह्मचर्या, ब्रह्माचरण, संभोगहीनता, •कुमारीत्व, •ब्रह्मचर्य आश्रम, ▪अकौमार्य, ▪विवाह, ▪संभोग.

**कौमार्यनष्ट** *वि* अकुमार/अकुमारी, कलुषित, कौमार्यहीन, क्षत/क्षता, दूषित, नष्टकौमार्य, पतित, *भ्रष्ट*, हतकौमार्य, ▪कौमार्ययुक्त.

**कौमार्यनाश** *सं* कौमार्यभंग, कौमार्य हरण, भ्रंशन, *संभोग*, •अकौमार्य.

**कौमार्यभंग** = कौमार्यनाश.
**कौमार्ययुक्त** = कौमार्यवान.
**कौमार्ययुक्त (स्त्री)** = कौमार्यवती.

**कौमार्यवती** *वि* अक्षतयोनि, अक्षतयौवना, अक्षता, अखंडयोनि, अछूती, अनछुई, अनुपभुक्ता, अभुक्ता, अभोगिता, अमला, अविवाहिता, असंभुक्ता, असंभोगिता, अस्पृष्टा, कुमारी, कोरी, कौमार्ययुक्त (स्त्री), छड़ी छटाँक, निष्पापा, पवित्रा, पाकीज़ा, वर्जिन, सकौमार्य, साधिका, साध्वी, •कौमार्यवान, •पापहीन.

**कौमार्यवान** *वि* अक्षत, अछूता, *अविवाहित*, कमसिन, कौमारचारी, कौमार्ययुक्त, निग्रही, *ब्रह्मचारी*, व्रती, संयमी, सनत्कुमार, *साधक*, •कौमार्यवती, •जितेंद्रिय, ▪कौमार्यनष्ट.

**कौमार्य हरण** = कौमार्यनाश.
**कौमार्यहीन** = कौमार्यनष्ट.
**कौमार्यहीनता** = अकौमार्य.
**क़ौमी** = जातीय, धार्मिक, राष्ट्रीय, सामूहिक.

**क़ौमीयत** = नागरिकता.
**कौमुद** = कार्तिक मास.
**कौमुदी** = चाँदनी, टीका, व्याख्या.
**कौमुदी वृक्ष** = झाड़ फ़ानूस.
**कौयर** = नारियल तंतु.
**कौर** = कुँवारी, ग्रास.

**कौरव** *सं* कुरुवंशी, दुर्योधन पक्षीय कुरुवंशी जन, धृतराष्ट्र संतति, •दुर्योधन, ▪पांडव.

**कौरव पांडव गुरु** = द्रोणाचार्य.
**कौरव पिता** = धृतराष्ट्र.
**कौरव राज्य मंत्री** = विदुर.
**कौरवीयन** = ध्रुवीकरण.
**कौरसपौंडेंट** = संवाददाता.
**कौर्ड** = प्रत्यंचा.
**कौर्डलैस फ़ोन** = टेलिफ़ोन.
**कौर्डियल** = टोनिक.
**कौल** = कुलीन, ग्रास.
**क़ौल** = क़व्वाली, नारा, वचन, शपथ, संकल्प.
**कौला** = परदा दीवार.
**कौलाचार** = वाममार्ग.
**कौलिक** = बुनकर.
**कौली** = आलिंगन.
**कौवा** = कौआ.
**क़ौवाली** = क़व्वाली.
**कौवी** = मादा कौआ.
**कौशल** = दक्षता, शिल्प.
**कौशलपूर्ण** = कुशल.
**कौशलपूर्वक** = कुशलतः.
**कौशली** = कुशल प्रश्न.
**कौशलेय** = राम.

**कौशल्या** *सं* रामजननी, राममाता, •दशरथ, •राम.

**कौशल्यासुत** = राम.
**कौशांबर** = रेशमी वस्त्र.
**कौशिक** = उल्लू, नेवला, रेशमी, विश्वामित्र, सँपेरा.
**कौशिकारि** = कौआ.
**कौशीतकी उपनिषद** = उपनिषद.
**कौशीलव** = अभिनेता.
**कौशेय** = रेशमी.
**कौसवर्ड पज़ल** = वर्ग पहेली.
**कौसुम** = पराग.
**कौस्ट** = लागत.

**कौस्टली** = महँगा/महँगी.
**क्या** = कितना/कितनी.

**क्या** *सर्व* आया, किं, क्या वस्तु, वह क्या, •कौन.

**क्या जानें कहाँ** = कहीं.
**क्या पता** = शायद.
**क्या पता कहाँ** = कहीं.
**क्या पता हाँ क्या पता ना** = अनिर्धारित.
**क्या मालूम** = शायद.
**क्यारी** = प्रारंभिक अवस्था.

**क्यारी** *सं* केदार, *खंड*, चमन, प्लाट, मेंड़ से घिरा खेत खंड, रविश, •नर्सरी.

**क्या वस्तु** = क्या.

**क्यू** *सं* क़तार, *क्रम*, चेन, *पंक्ति*, प्रतीक्षक पंक्ति, *प्रतीक्षा*, *बारी*, लाइन.

**क्यू क्रमबद्ध** = क्यूबद्ध.
**क्यूपिड** = कामदेव.
**क्यूब** = घनफल, घनाकृति.

**क्यूबद्ध** *वि* क्यू क्रमबद्ध, *पंक्तिबद्ध*, पतवर, लाइन में लगा, सुव्यवस्थित, •अनुशासित, •क्रमांकित, •क्रमिक, •व्यवस्थित, ▪अनुशासनहीन, ▪बिखरा/बिखरी.

**क्यूबिट फ़ुट प्रतिसैकंड** = जल प्रवाह माप.
**क्यूरीयम** = रासायनिक तत्त्व सूची.
**क्यूरेटर** = संग्रहपाल.
**क्यूसैक** = जल प्रवाह माप.
**क्यों** = कारण.

**क्यों** *क्रिवि* कारण क्या है, काहे, किस आधार पर, किस कारण, किस कारण से, किस निमित्त, किस लिए, किस वास्ते, क्योंकर, •उद्देश्य, •कारणतः, •प्रश्न, ▪इस लिए, ▪क्योंकि, ▪यदि, ▪लिए.

**क्योंकर** = कैसे, क्यों.

**क्योंकि** *क्रिवि* आया कि, इस कारण, *कारणतः*, कारण यह है कि, कारण से, •कारणतः, •ताकि, •ताकि, •लिए, ▪कारणहीनतः,

■फलस्वरूप, ■लिए.

**क्यों नहीं** = हाँ.
**क्रंद** = आर्तनाद.
**क्रंदन** = आर्तनाद, मातम, रुदन.
**क्रकच** = करील, दाँता.
**क्रतु** = आषाढ मास, यज्ञ, सप्तर्षि.
**क्रतुद्वेषी** = राक्षस.
**क्रतुपति** = यजमान.
**क्रतुराज** = अश्वमेध.
**क्रम** = क्यू, प्रक्रिया, रूटीन, व्यवस्था.

**क्रम** *सं* अनुक्रम, अनुविन्यास, आयोजन, क़रीना, क़ायदा, चरण, तरकीब, तरतीब, तारतम्य, पद्धति, *परंपरा*, पूर्वापरता, *माला*, *योजना*, *व्यवस्था*, सरणी, सिलसिला, •अवरोह क्रम, •आरोह क्रम, •कालक्रम, •क्यूक्रम, •संख्याक्रम, •अंक कंबीनेशन, •अविरामता, ■अक्रमिकता, ■विधिहीनता.

**क्रमण** = गमन.
**क्रम प्रक्रम** = प्रक्रिया.
**क्रमबद्ध** = योजित, व्यवस्थित.

**क्रमबद्ध** *वि* आयोजित, इंडैक्सित, एक के बाद एक, क़रीनावार, तरतीबवार, तारतम्यपूर्ण, बिखरा नहीं, *व्यवस्थित*, शृंखलित, सही जगह रखा, सही स्थान पर, सुव्यवस्थित, सुशृंखलित, सौर्टिड, •कोटिकृत, ■अक्रमिक, ■अव्यवस्थित, ■विधिहीन.

**क्रमबद्ध समूह** = व्यूह.
**क्रमशः** = पद प्रतिपद.

**क्रमशः** *क्रिवि* अनुक्रमतः, अनुक्रमेण, उत्तरोत्तर, एक एक कर के, एक के बाद एक, क़रीने से, क्रम से, क्रमानुसारतः, क्रमिकतः, क्रमेण, तरतीब से, तरीके से, तारतम्य से, धारावाहिकतः, नंबर से, परंपर, बाक़ायदा, बातरतीब, यथाक्रम, व्यवस्थिततः, सही तरह, सिलसिले से.

**क्रम संख्या** *सं* क्रमांक (जैसेः 1, 2, 3...), सीरियल नंबर.

**क्रम से** = क्रमशः.
**क्रमहीन** = अनियमित, अनिरंतर, अयोजित, अव्यवस्थित.

**क्रमहीन** *वि* अंटशंट, अक्रम, अक्रमिक, अनसौर्टिड, अनायोजित, अनियत, *अनियमित*, *अनिरंतर*, अनुक्रमहीन, *अव्यवस्थित*, अस्तव्यस्त, उच्छृंखल, उलटा पुलटा/उलटी पुलटी, उलटा सीधा/उलटी सीधी, औंधा सीधा/औंधी सीधी, खल्तमल्त, गड़बड़, गडमड, *ग़लत*, तारतम्यहीन, तितर बितर, तीन तेरह, निष्क्रम, पद्धतिहीन, बिखरा/बिखरी, बेक़ायदा, बेढंगा/बेढंगी, बेतरतीब, बेसिलसिला, भिन्नक्रम, योजनाहीन, विच्छिन्न, विधिहीन, विशृंखल, व्यवच्छिन्न, व्यवस्थाहीन, शृंखलाहीन, सीधा उलटा/सीधी उलटी, हौचपौच, •अनिरंतर, •अव्यवस्थित, ■क्रमबद्ध, ■क्रमिक, ■सुनियोजित.

**क्रमांक** = क्रम संख्या.
**क्रमागत** = आनुवंशिक, क्रमिक, पारंपरिक, मिथकीय.
**क्रमानुसार** = क्रमिक.
**क्रमानुसारतः** = क्रमशः.
**क्रमिक** = आनुवंशिक, आरोहक्रमिक, धारावाहित, नियमित, पारंपरिक.

**क्रमिक** *वि* *अटूट*, अनुक्रमिक, अनुक्रमित, आनुक्रमिक, उत्तरोत्तर, एक के बाद एक, क़दम ब क़दम, क्रमागत, क्रमानुसार, क्रमित, *ठीक*, *पंक्तिबद्ध*, पूर्वापर, बातरीक़ा, शृंखलित, सक्रम, सानुबंध, सिलसिलेवार, •उत्तरवर्ती, •क्रमबद्ध, •नियमित, ■अक्रमिक.

**क्रमिकतः** = क्रमशः.
**क्रमिक परिवर्तन** = उद्विकास.
**क्रमिक विकास** = उद्विकास.
**क्रमित** = क्रमिक.
**क्रमेण** = क्रमशः.
**क्रमेल** = ऊँट.
**क्रय** = ख़रीद.

**क्रय आरक्षण** = ऐडवांस बुकिंग
**क्रय करना** = ख़रीदना.
**क्रय विक्रय** = सौदागरी.
**क्रयी** = ख़रीदार.
**क्रव्याद** = मांसाहारी, राक्षस, शवभक्षक.
**क्रशर** = कोल्हू.
**क्रांत** = आक्रांत.
**क्रांतदर्शी** = खगोलविद.
**क्रांति** = कायापलट.

**क्रांति** *सं* *आँधी*, इंक़लाब, उत्परिवर्तन, *उथलपुथल*, उलटपुलट, *कायाकल्प*, घोर परिवर्तन, चरम परिवर्तन, नवनिर्माण, *परिवर्तन*, पूर्ण परिवर्तन, *प्रतिस्थापना*, महाक्रांति, महान परिवर्तन, मौलिक परिवर्तन, युग परिवर्तन, युगांतर, रैवोल्यूशन, सत्ता परिवर्तन, सफल विद्रोह, सहसा परिवर्तन, •प्रतिक्रांति, •सत्तांतरण, •सत्ता अपहरण, •सुधार, ■उद्विकास, ■परंपरावाद, ■यथापूर्वता.

**क्रांतिकक्षा** = पिंडकक्षा.
**क्रांति कर्ता** = क्रांतिकारी.
**क्रांतिकारी** = अत्याधुनिक, अभूतपूर्व, आंदोलनकारी, निर्णायक, परिवर्तनकारी, युगांतरकारी, सुधारवादी, स्वाधीनता सेनानी.

**क्रांतिकारी** *सं* इंक़लाबी, उद्वेलक, क्रांति कर्ता, ग़दरिया, परिवर्तक, परिवर्तन कर्ता, बग़ावती, बाग़ी, युगनिर्माता, युग परिवर्तक, *योद्धा*, लड़ाकू, *विद्रोही*, विप्लवी, संग्रामी, संघर्षी, सुधारक, •विद्रोही, •सुधारवादी, •स्वाधीनता सेनानी, ■परंपरावादी, ■प्रतिक्रियावादी, ■यथास्थिति वादी.

**क्रांतिकारी परिवर्तन** = कायापलट.
**क्रांतिज्वाला** = क्रांति विस्फोट.
**क्रांतित** = परिवर्तित.
**क्रांतिनाश** = प्रतिक्रांति.
**क्रांतिपथ** = ज्योतिश्चक्र.
**क्रांतिपात** = विषुव.
**क्रांतिपूर्ण** = परिवर्तनकारी.
**क्रांतिवाद** = सुधारवाद.

**क्रांतिवादी** = सुधारवादी.
**क्रांति विरोधी क्रांति** = प्रतिक्रांति.

**क्रांति विस्फोट** *सं* *आँधी*, उत्स्फोट, क्रांतिज्वाला, *चिंगारी*, चिनगारी, *ज्वाला*, झंझावात, *तूफ़ान*, धड़ाका, धमाका, बगूला, *भूकंप*, *विद्रोह*, विद्रोहज्वाला, विप्लव, *विस्फोट*, हड़कंप, *हलचल*.

**क्राइटेरियन** = मानक.
**क्राइम** = अपराध, घोटाला.
**क्राइस्ट** = ईसा मसीह.
**क्राउड** = भीड़.
**क्राउन** = मुकुट.
**क्राकचिक** = आराकश.
**क्राफ़्ट** = शिल्प.
**क्रिंक्रिं** = टनटन, समय सूचना.
**क्रिकेट** = झींगुर.
**क्रिटिसिज़्म** = समीक्षा.
**क्रिनक्रिन** = टनटन, समय सूचना.
**क्रिप्टोन** = रासायनिक तत्त्व सूची.
**क्रियता** = ऊर्जा.
**क्रियमाण** = घटनाशील, संचलनशील, सक्रिय.
**क्रिया** = अभ्यास, करण, कर्म, गतिविधि, प्रक्रिया, प्रयास, संचलन, संस्कार, सृजन.

**क्रिया** *सं* करना भाव, कर्तृत्व, *कर्म*, कर्मसूचक शब्द, घटन, वर्ब, वाक्य क्रिया, होना भाव, •क्रिया विशेषण, •व्याकरण.

**क्रिया अभाव** = अकर्म.
**क्रियाकर्म** = मृतक संस्कार.
**क्रियाकलाप** = आचरण, गतिविधि, दिनचर्या.
**क्रियाक्षेत्र** = कार्यक्षेत्र.
**क्रियान्वयक** = कार्यान्वियक.
**क्रियान्वयन** = कार्यान्विति.
**क्रियान्वित** = कृत.
**क्रियान्विति** = कार्यान्विति.
**क्रिया प्रभाव** = प्रभाव.
**क्रियावाचक संज्ञा** = संज्ञा.

**क्रिया विशेषण** *सं* कार्य विशेषण, विशेषक, सूचक, •क्रिया, •विशेषण, •व्याकरण.

**क्रियाशक्ति** = क्षमता.
**क्रियाशील** = उत्साही, कार्योन्मादी, चुस्त, प्रयत्नशील, संचलनशील, सक्रिय.
**क्रियाहीन** = घटनाहीन.
**क्रियेंद्रिय** = कर्मेंद्रिय.
**क्रिश्चन ऐरा** = ईसवी संवत.
**क्रिश्चियन** = ईसाई.

**क्रिसमस** *सं* ईसा जन्म दिवस, ऐक्स्मस, क्रिसमस डे, क्रिस्मस (विकल्प), बड़ा दिन, •ईस्टर.

**क्रिस्तान** = ईसाई.
**क्रिस्तानी** = ईसाई धर्म विषयक, ईसा विषयक.
**क्रिस्निंग** = बपतिस्मा.
**क्रीज़** = चुन्नट, शिकन.
**क्रीड़नक** = खिलौना.
**क्रीड़ांगन** = मनोरंजन स्थान.
**क्रीड़ा** = अलमस्ती, आखेट, आनंदक्रीड़ा, खेल, लीला, विनोद.
**क्रीड़ा उद्यान** = क्रीड़ा उपवन.

**क्रीड़ा उपवन** *सं* आक्रीड, आनंद वन, आमोद उपवन, आमोदवन, आमोदोद्यान, आमोदोपवन, आराम, आश्रम, *उपवन*, केलिवनी, क्रीड़ा उद्यान, क्रीड़ाकानन, क्रीड़ावन, तेवन (प्रा), देवन (प्रा), नंदनकानन, प्रमदकानन, प्रमदवन, प्रमदावन, प्रमोदावन, फ़िरदौस, बाग़ीचा, लीलोद्यान, सैरबाग़.

**क्रीड़ाकक्ष** = क्रीड़ागृह.
**क्रीड़ाकर** = लीलाधर.
**क्रीड़ाकानन** = क्रीड़ा उपवन.
**क्रीड़ाक्षेत्र** = खेल मैदान.
**क्रीड़ागृह** = वेश्यालय.

**क्रीड़ागृह** *सं* केलिगृह, क्रीड़ाकक्ष, *क्लब*, खेलघर, मनोरंजन कक्ष, मनोरंजन घर, रंगभवन, रंगमहल, विहारगृह, •नाट्यागार, •प्रेक्षागार, •सिनेमाघर.

**क्रीड़ाताल** = तरण ताल.
**क्रीड़ा तालाब** = तरण ताल.
**क्रीड़ानारी** = वेश्या.
**क्रीड़ापूर्ण** = केलिपूर्ण, जवान.

**क्रीड़ाप्रिय** = चंचल.
**क्रीड़ाप्रियता** = अलमस्ती, चंचलता.
**क्रीड़ावन** = क्रीड़ा उपवन.
**क्रीड़ावापी** = तरण ताल.
**क्रीड़ास्थली** = मनोरंजन स्थान.
**क्रीत** = सशुल्क, स्वामित.
**क्रीम** = मलाई, लेप.

**क्रीम** *सं* चिकनाई, मलाई, •पावडर.

**क्रीम आफ़ टार्टर** = टाटरी.
**क्रीमैटोरियम** = दाहागार.
**क्रुद्ध** = अप्रसन्न, रुधिरपिपासु.

**क्रुद्ध** *वि* *अप्रसन्न*, आक्रोशित, आग, आगबबूला, आविष्ट, उग्र, उच्चंड, उत्तप्त, *उत्तेजित*, उदग्र, उद्विग्न, उद्वेलित, कटु, कड़वा/कड़वी, कुपित, कुप्त, क्रोधान्वित, क्रोधाविष्ट, क्रोधित, क्षुब्ध, खफ़ा, *गरम*, ग़ुस्सा, चंड, चिढ़ा/चिढ़ी, जला कटा/जली कटी, जला भुना/जली भुनी, तना/तनी, तमतमाया/तमतमाई, *तीक्ष्ण*, तुर्श, नाखुश, नाराज़, परेशान, *पागल*, प्रचंड, बेकल, बेचैन, बेज़ार, बौखलाया/बौखलाई, भड़का/भड़की, भभूका, भरा/भरी, भुना/भुनी, रिसा/रिसी, रिसाना/रिसानी, लाल अंगारा, लाल पीला/लाल पीली, विक्षुब्ध, व्याकुल, सावेश, *हिंस्र*, •क्रोधी, •खीजा/खीजी, •दुःखी, •रूठा/रूठी, ▪प्रसन्न.

**क्रू** = कार्यकर्ता.
**क्रूड** = अपरिष्कृत.
**क्रूर** = आततायी, दानवीय, दानवीय, निर्दय, बाज़ गिद्ध, भयानक, रुधिरपिपासु, वन्य, सहानुभूतिहीन, हत्या इच्छुक.
**क्रूरता** = अत्याचार.
**क्रूरतापूर्ण** = नारकीय.
**क्रूरलोचन** = शनि ग्रह.
**क्रूस** = क्रूसयंत्र.

**क्रूसयंत्र** *सं* कीली, क्रूस, क्रौस, चौमेखा, सलीब, सूली, सूलीयंत्र, •ईसा मसीह, •फाँसी तख़्ता.

**क्रूसाकार** = क्रूसाकारीय.

**क्रूसाकारीय** *वि* आड़ा/आड़ी, काटता/काटती, क्रूसाकार, •आड़ा तिरछा/आड़ी तिरछी.

**क्रूसेड** = धर्मयुद्ध.
**क्रूसेडर** = धर्मयोद्धा.
**क्रेज़** = फ़ैड.
**क्रेट** = कार्टन, पैकेज.

**क्रेट** *सं* गठरी, *गाँठ*, *पेटी*, बाक्स, •कार्टन, •पैकेज.

**क्रेता** = ख़रीदार.
**क्रेता विक्रेता** = व्यापारी, सौदागर.
**क्रेन** = सारस.

**क्रेन** *सं* ऊँटड़ो, बाला कुप्पी, •जैक, •डैरिक, •हौइस्ट.

**क्रैकर** = आतिशबाज़ी सूची, पटाका, बिस्किट.
**क्रैडिट** = कीर्तिस्व.
**क्रैडिट एंट्री** = जमा प्रविष्टि.

**क्रैडिट कार्ड** *सं* एटीऐम कार्ड, कैश कार्ड, प्लास्टिक मनी.

**क्रैश कोर्स** *सं* छोटा कोर्स, तत्काल कोर्स, शीघ्र कोर्स, •शिक्षा.

**क्रो** = कौआ.
**क्रोड़** = गोदी, वक्ष.
**क्रोध** = अप्रसन्नता, तीव्रोन्माद.

**क्रोध** *सं* अंतर्ज्वाला, अक्षमा, अनख, *अप्रसन्नता*, अमर्ष, अशांति, आक्रोश, आग, आवेश, *उत्तेजना*, उफान, *उबाल*, कोप, क्रोधावेश, क्रोधोन्माद, क्रोश, क्षोभ, खुन्नस, *गरमी*, ग़ुबार, ग़ुस्सा, तमिस्र, *ताप*, ताव, तैश, प्रकोप, बौखलाहट, भड़ास, भभक, मान, रीस, रुष्टि, रूठ, रोष, *विस्फोट*, •अप्रसन्नता, •उत्तेजना, •खीज, ▪क्षमा, ▪प्रसन्नता, ▪विवेक.

**क्रोधजनक** *वि* अप्रिय, *अवांछनीय*, आवेशकर, *उत्तेजक*, क्रोधोत्पादक, नागवार, भड़काऊ, ▪प्रशामक.

**क्रोधप्रिय** = क्रोधी.

**क्रोध वर्णन** = रौद्र रस.
**क्रोधशील** = क्रोधी.
**क्रोधानुभूति** = रौद्र रस.
**क्रोधान्वित** = क्रुद्ध.
**क्रोधाविष्ट** = क्रुद्ध.
**क्रोधावेश** = क्रोध.
**क्रोधित** = क्रुद्ध.
**क्रोधी** = कठोर (व्यवहारी), कलहप्रिय.

**क्रोधी** *वि* अनखी, *असहनशील*, *आक्रामक*, आशुकोपी, उग्र, उत्तेजनशील, कँटीला/कँटीली, कड़खा, कर्कश, कोपी, क्रोधप्रिय, क्रोधशील, गरममिज़ाज, गुस्सैल, चंड, झल्ला/झल्ली, तर्रार, *तीक्ष्ण*, तीखा/तीखी, तेज़, तेज़तर्रार, प्रचंड, बिगड़ैल, भड़कता/भड़कती, भड़कू, भड़कैल, भीषण, मिर्चीला/मिर्चीली, रौद्र, *विस्फोटशील*, सख़्तमिज़ाज, सतरौंहाँ/सतरौंहीं, सुलभकोप, स्फोटशील, •धृष्ट, ▪गंभीर, ▪प्रसीद्य, ▪विनम्र, ▪सहनशील.

**क्रोधोत्पादक** = क्रोधजनक.
**क्रोधोत्पादन** = रौद्र रस.
**क्रोधोन्माद** = क्रोध.
**क्रोनोमीटर** = घड़ी सूची.
**क्रोनोलाजी** = कालक्रम.
**क्रोम** = रंग, रंग द्रव्य.
**क्रोमीयम** = रासायनिक तत्त्व सूची.
**क्रोश** = आर्तनाद, कोस, क्रोध, शाप.

**क्रौंच** *सं* कुरच, *कुरर*, कुररी, कुरल, कुराँकुर, क्रौंच बगला, खरशब्द, गगनभेड़, *बगला*, बाला, भूकाक, मछरिया, मछारंग, मत्स्य कुरर.

**क्रौंचद्वीप** = पौराणिक महाद्वीप.
**क्रौंच बगला** = क्रौंच.
**क्रौनिकल** = समाचार पत्र.
**क्रौप** = फ़सल.
**क्रौपर** = हार्वेस्टर.
**क्रौस** = अस्वीकृति चिह्न, क्रूसयंत्र, चौराहा, पुरस्कार.
**क्रौस ऐग्ज़ामिनेशन** = जिरह.

**क्रौस चैकिंग** *सं* काउंटर चैकिंग, डबल चैकिंग, डबल जाँच, पूरी सावधानी.

**क्रौसिंग** = चौराहा, पैदल पारपथ.
**क्लब** = क्रीड़ागृह, भोजनालय सूची, संस्था.

**क्लब** *सं* अड्डा, केंद्र, *चौकड़ीघर*, मिलनस्थल, समागम स्थल, •चौकड़ीघर, ▪एकांत स्थान.

**क्लम** = थकान.
**क्लर्क** = लिपिकार, लेखापाल.

**क्लर्क** *सं* किरानी, चिटनवीस, नवीस, बाबू, मुंशी, मुनीम, लिपिक, •असिस्टैंट, •सेल्समैन.

**क्लांत** = तंद्रिल, थका/थकी, मुरझाया/मुरझाई.
**क्लांति** = तंद्रा, थकान.
**क्लांतिकर** = थकाऊ.
**क्लांतिकारी** = थकाऊ.
**क्लांति निवारण** = विश्राम.
**क्लांतिपूर्ण** = श्रमसाध्य.
**क्लांतिहर** = मनोरंजक, विश्रामप्रद.
**क्लाइमेट** = जलवायु.
**क्लाइमेटोलाजी** = ऋतु विज्ञान.

**क्लाईमैक्स** *सं* उत्कर्ष, उत्सुकता चरमबिंदु, उत्सुकतापूर्ण अपेक्षा, कथा मोड़, *चरम अवस्था*, चरमोत्कर्ष, निश्याचक क्षण, परमोत्कर्ष, *पराकाष्ठा*, पराकोटि, परिवर्तनकारी दृश्य, रोमांचक दृश्य, •रोमांच, ▪ऐंटीक्लाईमैक्स.

**क्लाईमैक्सीय** = नाटकीय.
**क्लाक** = घड़ी.
**क्लाक टावर** = घंटाघर.
**क्लाकवाइज़** = अनुघटी
**क्लाज़** = नियम धारा, परंतुक.
**क्लाथ** = वस्त्र.
**क्लाथ मिल्स** = कपड़ा मिल.

**क्लायंट** *सं* असामी, गाहक, ग्राहक, जजमान, पैट्रन, *यजमान*, व्यवसायी उपभोक्ता, •ख़रीदार, •सरपरस्त.

**क्लायंट वर्ग** *सं* क्लायंटेल, ग्राहक, ग्राहक गण, ग्राहक मंडल, ग्राहक वर्ग, जजमानी, पैट्रनेज, प्रैक्टिस, यजमानी.

**क्लायंटेल** = क्लायंट वर्ग.
**क्लास** = अध्ययन घंटा, कोटि, परीक्षा डिवीज़न, समाज वर्ग.
**क्लासफ़ैलो** = सहपाठी.
**क्लासिक** = कालजयी कलाकृति, शास्त्रीय (कला).
**क्लिन्न** = गिलगिला/गिलगिली, फिसलनयुक्त.
**क्लिप** = हेअरक्लिप.

**क्लिप** *सं* *चिमटी*, चुटकी, *पकड़*, •आलपिन, •नकचौंटी, •हेअर क्लिप.

**क्लिष्ट** = अपठनीय, अबोध्य, उबाऊ, कठिन, समस्यात्मक.

**क्लिष्ट (भाषा)** *वि* *अज्ञेय*, असुगम, अस्पष्ट, उलझी, *कठिन*, गहन, गूढ़, *जटिल*, दुर्बोध्य, पेचीदा, बोझिल, *भारी*, मुश्किल, •जटिल, ▪प्रवाहशील (भाषा), ▪बोलचाल की (भाषा), ▪स्पष्ट.

**क्लिष्ट भाषा** *सं* अरबी फ़ारसी, अलबी तलबी, कठिन भाषा, क्लिष्ट वाक्य रचना, ग्रीक, *फ़ारसी*, ▪बोलचाल की भाषा.

**क्लिष्ट वाक्य रचना** = क्लिष्ट भाषा.
**क्लीनिक** = अस्पताल.

**क्लीनिक** *सं* औषधालय, कंसल्टिंग रूम, चिकित्सालय, डिस्पैंसरी, दवाख़ाना, फ़ार्मेसी, शफ़ाख़ाना, •अस्पताल.

**क्लीयरिंग** = समाकलन, समाशोधन.
**क्लीयरैंस सेल** = सेल.
**क्लीव** = नपुंसक, हिजड़ा.
**क्लेद** = पसीना, शोक, सीलन.
**क्लेम** = दावा.
**क्लेश** = कलह, छटपटाहट, दुःख, पीड़ा, माया, रोग.
**क्लेशकारी** = पीड़ाप्रद.
**क्लेशग्रस्त** = पीड़ित.
**क्लेशप्रद** = पीड़ाप्रद.
**क्लेशापहरक** = सांत्वनाप्रद.
**क्लोन** = क्लोनित जीव.

**क्लोनन** *सं* क्लोनिंग, जीव प्रतिरूपण, प्रतिरूपजनन, •क़लम लगाई, •प्रजाति परिष्कार.

**क्लोनिंग** = क्लोनन.

**क्लोनित जीव** *सं* *क़लम*, क्लोन, जीव प्रतिरूप, प्रतिरूप, *प्रतिलिपि*, •साइबर्ग.

**क्लोमपाक** = नमूनिया.
**क्लोरीन** = रासायनिक तत्त्व सूची.
**क्वचित** = कम, कुछ.
**क्वण** = रुनझुन.
**क्वणित** = ध्वनिपूर्ण.
**क्वथनित्र** = बायलर.
**क्वांटम** = मात्रा.
**क्वांटीटी** = मात्रा.
**क्वांतम** = मात्रा.
**क्वाथ** = काढ़ा.
**क्वायर** = चौबीस समुदाय.
**क्वार** = आश्विन मास.
**क्वारी** = कुँवारी.
**क्वार्ट 4** = गैलन.
**क्वार्टर** = घर, फ़्लैट, भवन.
**क्वालिफ़ाइड** = अर्हतासंपन्न.
**क्वालिफ़िकेशन** = लक्षण.
**क्वालीफ़िकेशंस** = अर्हता.

**क्विंटल** *सं* किलोग्राम **100**, पौंड **220.4623**, •तौल.

**क्विज़** *सं* *प्रश्नावली*, बूझबुझौवल, •क्विज़र, •पहेली.

**क्विज़ मास्टर** = क्विजर.

**क्विज़र** *सं* क्विज़ मास्टर, क्विज़र, *प्रश्न कर्ता*, प्राश्निक, बुझैया, बुझौवल कर्ता.

**क्वीन** = रानी.
**क्वेक** = भूकंप.
**क्वेल** = बटेर.
**क्वैक** = नीम हकीम.
**क्वैरी** = पृच्छा.
**क्वैश्चन** = प्रश्न.
**क्वैश्चनेअर** = प्रश्नावली.
**क्वैश्चनेअर** = बायोडाटा.
**क्षंतव्य** = क्षम्य.
**क्षण** = अल्पकाल, सैकंड.

**क्षण** *सं* झपक, टाइम, *दम*, *निमिष*, *पल*, *मिनिट*, लम्हा, *लव*, विपल, सूक्ष्म काल, सूक्ष्म कालखंड, *सैकंड*, •घंटा, •निमिष, •पल.

**क्षण क्षण** = लगातार.
**क्षणजीवी** = क्षणभंगुर.
**क्षणप्रभा** = विद्युल्लेखा.
**क्षणभंगुर** = अटिकाऊ.

**क्षणभंगुर** *वि* अंतवंत, अचिरंतन, अनित्य, *अनिरंतर*, अशाश्वत, असनातन, आनी जानी, कच्चा/कच्ची, क्षणजीवी, क्षणस्थायी, *क्षणिक*, क्षयशील, चल, चाररोज़ा, नश्वर, नाशवान, नाशशील, *भंगुर*, मरणशील, विनश्वर, •अल्पजीवी, •मर्त्य, ▪अमर, ▪शाश्वत.

**क्षण भर में** = तत्काल.
**क्षण मात्र का** = क्षणिक.
**क्षणस्थायी** = क्षणभंगुर.
**क्षणिक** = ऊपरी (दृष्टि), क्षणभंगुर.

**क्षणिक** *वि* अचिर, अल्प, क्षण मात्र का, क्षणीय, दो चार मिनट का, नैमिष, पल दो पल का, पलीय, मिनिट दो मिनिट का, लम्हाती, •अंतरिम, ▪चिरकालीन.

**क्षणिक काल** = अल्पकाल.
**क्षणिक वर्षा** = अल्पवर्षा.
**क्षणिका** = मेघविद्युत.
**क्षणीय** = क्षणिक.
**क्षत** = आहत, नष्ट, हत्याकृत.
**क्षत/क्षता** = कौमार्यनष्ट.
**क्षतता** = अकौमार्य.
**क्षतयोनिता** = अकौमार्य.
**क्षतविक्षत** = आहत, जीर्णशीर्ण.
**क्षति** = अकल्याण, अपकार, चोट, विलब्धि, व्रण, हानि.
**क्षतिकर** = हानिप्रद.
**क्षतिकारक** = आहतिकारक, विषाक्त.
**क्षतिकारी** = हानिप्रद.
**क्षतिग्रस्त** = आहत.

**क्षतिपूर्ति** *सं* *अनुपूर्ति*, *आपूर्ति*, ख़मियाज़ा, तावान, तुष्टि, नुकसान भरपाई, नुकसानी, पुरौती, प्रतिपूर्ति, भरपाई, मुआवज़ा, संपूर्ति, हर्जाना.

**क्षतिप्रद** = हानिप्रद.
**क्षतिहीन** = अनाहत.
**क्षत्र** = क्षत्रिय, योद्धा, रजवाड़ा, राज्य.
**क्षत्रप** = राज्यपाल.
**क्षत्रविद्या** = युद्धविद्या.
**क्षत्रवेद** = धनुर्वेद.
**क्षत्राणी** = क्षत्रिय स्त्री.
**क्षत्रिय** = द्विज सूची.

**क्षत्रिय** *सं* क्षत्र, क्षात्र, *योद्धा*, राजन्य, राजपुत्र, राजपूत, *राजा*, *शासक*, •ब्राह्मण, •राजा.

**क्षत्रिय ऋषि** = राजर्षि.

**क्षत्रिय स्त्री** *सं* क्षत्राणी, क्षत्रिया, ठकुराइन, ठकुरानी, ठाकुरानी.

**क्षत्रिया** = क्षत्रिय स्त्री.
**क्षदन** = भक्षण.
**क्षपा** = रात.
**क्षम** = सक्षम.
**क्षमता** = दक्षता, दम, प्रतिभा, योग्यता, शक्ति.

**क्षमता** *सं* औक़ात, कर्म क्षमता, कारकता, कार्यक्षमता, कार्यशक्ति, क़ूवत, क्रियाशक्ति, जान, ज़ोर, ताक़त, तेज, *दम*, पौरुष, प्राण, बल, बलबूता, बित्ता, बिरता, बिसात, बूता, मजाल, *योग्यता*, लियाक़त, वृत्ति, *शक्ति*, शक्यता, सक्षमता, समर्थता, साधक शक्ति, सामर्थ्य, हैसियत, •दक्षता, •योग्यता, •साहस, ■अक्षमता.

**क्षमता उक्ति** = गर्वोक्ति.

**क्षमतातीत** *वि* अनिर्वाह्य, अशक्य, *असाध्य*, *कठिन*, बस के बाहर, बीहड़, •अवांछनीय, •वशातीत.

**क्षमतानुसार** = यथाक्षमता.
**क्षमताशाली** = सक्षम, सर्वोच्च.
**क्षमताहीन** = अक्षम.
**क्षमा** = दुर्गा.

**क्षमा** *सं* अपराध क्षमा, अप्रतिकार, अप्रतिशोध, *करुणा*, कृपा, छूट, ढील, तितिक्षा, *दया*, दरगुज़ारी, नज़र अंदाज़ी, माफ़ी, *मुक्ति*, रहम, रहमत, सहिष्णुता, •अहिंसा, ■अपराध, ■पश्चात्ताप, ■पाप, ■प्रतिशोध.

**क्षमा अयोग्य** = अक्षम्य.
**क्षमापात्र** = क्षम्य.
**क्षमापूर्ण** = क्षमाशील.
**क्षमाप्रार्थी** = पश्चात्तापी.
**क्षमायाचना** = प्रायश्चित्त.
**क्षमायाची** = पश्चात्तापी.
**क्षमायोग्य** = क्षम्य.
**क्षमावाणी** = जैन उत्सव.
**क्षमावान** = क्षमाशील.
**क्षमाशील** = समाज भावी.

**क्षमाशील** *वि* अनिर्दय, करीम, करुण, *कोमल*, कोमलमनस्क, क्षमापूर्ण, क्षमावान, क्षमी, तितिक्ष, *दयालु*, नम्र, नर्म, प्रतिशोधहीन, मर्षी, मृदुल, *सहनशील*, •क्षम्य, •दयालु, •विशालहृदय, •सौम्य, ■क्षमाहीन, ■प्रतिशोधपूर्ण.

**क्षमाशीलता** = दुर्लालन.
**क्षमाहीन** = कठोर (अधिकारी).

**क्षमाहीन** *वि अनुदार*, *अमानवीय*, *कठोर*, कठोरहृदय, कड़ा/कड़ी, कृपाहीन, दारुण, न भूलने वाला, *निर्दय*, प्रतिशोधपूर्ण, प्रत्यपकारी, बदला लेने वाला, बेपनाह, विप्रकारी, •अनुशासनप्रिय, •असहनशील, •कठोर (अधिकारी), ■क्षमाशील.

**क्षमी** = क्षमाशील.

**क्षम्य** *वि* अगंभीर (अपराध), अल्प, उपेक्षणीय, क्षंतव्य, क्षमापात्र, क्षमायोग्य, मर्ष्य, सहनीय, *सह्य*, हानिहीन, •क्षमाशील, ■अक्षम्य.

**क्षय** = अवनति, कुपोषण, क्षयरोग, क्षरण, घटोतरी, नाश, ह्रास.
**क्षय करना** = छिजाना.
**क्षयकारक** = नाशकारी.
**क्षयकारी** = ह्रासकारी.
**क्षयन** = घटान कर्म.

**क्षयमास** *सं* प्रति29 वर्ष (कभी कभी), प्रति41 वर्ष (सामान्यतः), संक्रांतिद्वय चांद्र मास, ■मल मास.

**क्षयरोग** *सं* क्षय, टीबी, तपेदिक़, दिक़, यक्ष्मा, राजरोग, •प्लूरिसी, •सुखंडी.

**क्षयशील** = अवनतिशील, क्षणभंगुर, मरणासन्न, मर्त्य, ह्रासशील.
**क्षयहीन** = अमर, चिरयुवा.
**क्षयहीनता** = अमरता.
**क्षयित** = घटाया/घटाई, ह्रस्त.
**क्षयित होना** = छीजना.
**क्षयिष्णु** = नाश कर्ता, ह्रासशील.
**क्षयी** = अजैव, अवनतिशील, चंद्रमा, मरणासन्न, मर्त्य, ह्रासशील.
**क्षर** = परिवर्तनशील.
**क्षरण** = स्राव, ह्रास.

**क्षरण** *सं* अपक्षरण, कटान, कटाव, क्षय, घिसन, च्युति, छीज, छीजन, जर्जरण, जीर्णन, झड़न, ढरकन, ढलकन, भुरभुरन, भुरभुराहट, भ्रंश, •ज़ंग, •टपकन, •ढहन, •स्राव, •ह्रास.

**क्षरण करना** = छिजाना.
**क्षरणकारी** = ह्रासकारी.
**क्षरणशील** = स्रावशील.
**क्षरण होना** = छीजना.
**क्षवथु** = खखार.
**क्षात्र** = क्षत्रिय.
**क्षार** = नमक, राख.

**क्षार** *सं* अल्क़ली (अरबी), ऐल्कली, काचक, खार, प्रतिअम्ल, प्रत्यम्ल, रासी, *सज्जी*, सोडा, •नमक, •सुहागा, ■अम्ल.

**क्षारभूमि** = ऊसर.
**क्षारमूला** = मूली.
**क्षार मृत्तिका** = रेह.
**क्षारीय** = रेहदार.
**क्षिजाङ** = तिब्बत.
**क्षिता** = घर.
**क्षिति** = पृथ्वी, ह्रास.
**क्षितिकण** = धूलिकण.
**क्षितिज** = क्षितिज रेखा.

**क्षितिज** *सं* अंबरांत, अंबरारंभ, उफ़ुक़, चक्षुपथ, जहाँ मिलें धरती आकाश, दिक्चक्र, दिगंत, *दिशा मंडल*, धरती आकाश मिलनस्थल,

शफ़क़, •आकाश, •दिशा मंडल, ▪खमध्य.

**क्षितिज रेखा** *सं* आकाश रेखा, *क्षितिज*, भवन शीर्षरेखा, स्काई लाइन, •दिशा मंडल.

**क्षितिज वृत्त** = दिशा मंडल.
**क्षितिजा** = सीता.
**क्षितिजीय** = अनुक्षितिज.
**क्षितितल** = धरातल.
**क्षितिदेव** = ब्राह्मण.
**क्षितिधर** = पर्वत.
**क्षितिरुह** = वृक्ष.
**क्षितिसुत** = मंगल ग्रह.
**क्षितीश** = राजा.
**क्षिप्त** = मनोविकारग्रस्त.
**क्षिप्त अंश** = प्रक्षिप्तांश.
**क्षिप्ति** = फेंक.
**क्षिप्र** = चुस्त, द्रुत.
**क्षिप्रकारिता** = चुस्ती.
**क्षिप्रतः** = तत्काल, द्रुततः.
**क्षीण** = अक्षम, अप्रबल, अश्रुतिगम्य, कुदृश्य, कुपोषित, थका/थकी, निर्धन, पतला/पतली, प्रभावहीन, मंदस्वरीय, विरल, ह्रस्त, ह्रासशील.
**क्षीणकटि** = पतली कमर वाला.
**क्षीणकाय होना** = दुबलाना.
**क्षीणता** = सुखंडी.
**क्षीणमध्य** = पतली कमर वाला.
**क्षीण वर्षा** = अल्पवर्षा.
**क्षीण होना** = दुबलाना.
**क्षीणाकार** = छोटे साइज़ का.
**क्षीर** = खीर, दूध, वृक्ष दूध.
**क्षीरकंठ** = दुधमुँहा/दुधमुँही.
**क्षीरकांडक** = थूहर.
**क्षीरकाष्ठा** = रबड़ वृक्ष.
**क्षीरज** = अमृत, कमल, चंद्रमा, जलज, दही, मक्खन.
**क्षीरजा** = लक्ष्मी देवी.
**क्षीरद्रुम** = पीपल.
**क्षीरधि** = समुद्र.
**क्षीरशाक** = पनीर.
**क्षीरसागर** = आकाश गंगा, पौराणिक सप्तसागर सूची, मोक्षलोक.
**क्षीराद** = दुग्धोपजीवी.
**क्षीरी** = पाकर.
**क्षुण्ण** = टूटा/टूटी, रुँदा/रुँदी, ह्रस्त.
**क्षुद्र** = अधम, छोटे साइज़ का, दुर्जनतापूर्ण, पतला/पतली, भ्रष्ट, सूक्ष्म.
**क्षुद्रकर्मा** = अधम.
**क्षुद्र जंतु** = कृमि कीट.
**क्षुद्रहृदय** = अनुदार.
**क्षुद्रात्मा** = अधम.
**क्षुद्राशय** = स्वार्थी.
**क्षुद्रिका** = डाँस.
**क्षुधा** = आवश्यकता, भूख, महत्त्वाकांक्षा, माँग, लालसा, लोभ.
**क्षुधाकातर** = भूखा/भूखी.
**क्षुधातुर** = भूखा/भूखी.
**क्षुधा निवारण** = क्षुधाशमन.
**क्षुधावर्धक** = पाचक औषध.

**क्षुधाशमन** *सं* क्षुधा निवारण, भूख बुझाई, भूख मिटाई, •उपवास अंत, •तृषाशमन, •भक्षण.

**क्षुधित** = असंतोषी, भूखा/भूखी, लोभी.
**क्षुधितता** = भूख.
**क्षुधोत्तेजक** = स्वादिष्ठ.
**क्षुप** = झाड़.
**क्षुब्ध** = उत्तेजित, उपद्रवग्रस्त, क्रुद्ध, चिंतित, भयभीत.
**क्षुमा** = अलसी, सन.
**क्षुर** = खुर, चाकू छुरी.
**क्षुरक** = गोखरू.
**क्षुरपा** = खुरपा.
**क्षेत्र** = कार्यक्षेत्र, खेत, खेल मैदान, तीर्थ, थल, दृष्टिक्रम, नगर खंड, मैदान, रणभूमि, वर्गफल, विस्तार, स्थान.

**क्षेत्र** *सं* अंचल, इलाक़ा, एरिया, क़ता, *खंड*, खत्ता, *चक्र*, जनपद, ज़मीन, *देश*, पाड़ा, *पृथ्वी*, प्रदेश, प्रभाग, प्रांत, बैल्ट, भाग, भूक्षेत्र, भूखंड, भूभाग, भूमि, भूमिखंड, भौगोलिक अथवा सांस्कृति भूभाग, मंडल, *वर्ष*, स्थल, *स्थान*, हलक़ा, •अंतर्क्षेत्र, •उपक्षेत्र, •जनपद आदि, •दिशा, •प्रांत/प्रदेश, •सीमांत.

**क्षेत्रगणित** = ज्यामिति.
**क्षेत्रज्ञ** = आत्मा, ईश्वर, मन.
**क्षेत्रण** = भूसर्वेक्षण.
**क्षेत्र निर्धारण** = सीमांकन.
**क्षेत्रपाल** = जनपद समूह प्रसासक.
**क्षेत्रफल** = वर्गफल.
**क्षेत्रमाप** = वर्गफल.
**क्षेत्रमापक** = भूसर्वेक्षक.
**क्षेत्रमापन** = भूसर्वेक्षण.
**क्षेत्रमिति** = ज्यामिति.
**क्षेत्रमूल** = वर्गमूल.
**क्षेत्रविद** = आत्मा, ज्ञाता.
**क्षेत्र व्यवहार** = भूसर्वेक्षण.
**क्षेत्र सर्वेक्षण** = भूसर्वेक्षण.
**क्षेत्र सीमांकन** = सीमांकन.
**क्षेत्रस्तरीय** = क्षेत्रीय.
**क्षेत्रांकन** = चकबंदी.
**क्षेत्राधिकार** = ज़मींदारी, पट्टेदारी.
**क्षेत्राधिकार पत्र** = पट्टा.
**क्षेत्री** = आत्मा.

**क्षेत्रीय** *वि* अंचलीय, आंचलिक, इलाक़ाई, क्षेत्रस्तरीय, *जनपदीय*, ज़ोनल, *प्रदेशीय*, प्रांतीय, प्रादेशिक, भूभागीय, मंडलीय, मुक़ामी, रीजनल, लोकल, *स्थानीय*, •परिक्षेत्रीय, •प्रदेशीय, •स्थानीय, •स्वदेशी, ▪अंतरराष्ट्रीय, ▪विश्वीय.

**क्षेप** = फेंक, लांछन.
**क्षेपक** = नाविक, प्रक्षेप्ता.
**क्षेपण** = प्रक्षेपण, बिखराव.
**क्षेपणि** = ढेलवाँस.
**क्षेपास्त्र** = प्रक्षेपास्त्र.
**क्षेप्ता** = प्रक्षेप्ता.
**क्षेमंकर** = कल्याणकारी.
**क्षेम** = कल्याण, सलामती, सुरक्षा, सौभाग्य.
**क्षेमकर** = कल्याणकारी.
**क्षेमकारी** = कल्याणकारी.
**क्षेमफल** = गूलर.
**क्षेमहीन** = असुरक्षित.
**क्षेमा** = दुर्गा.
**क्षैतिज** = अनुक्षितिज.
**क्षोणि** = पृथ्वी.
**क्षोद** = पिसाई.
**क्षोभ** = उत्तेजना, उबाल, क्रोध, पीड़ा.
**क्षोभकर** = उत्तेजक.
**क्षोभजनक** = चिंताजनक, बहुचर्चित.
**क्षोभहीन** = प्रशांत.

**क्षौम** = अलसी.
**क्षौर** = केश कर्तन, क्षौरकर्म.

**क्षौरकर्म** *सं* क्षौर, नाईगीरी, नापित्य, हजामगीरी, हजामत.

**क्षौरकर्मी** = नाई.
**खंख** = नष्ट, रिक्त.
**खँखारना** = खखारना.
**खंग** = गैंडा, तलवार.
**खंगपाणि** = तलवारधारी.
**खंगहा** = गैंडा.
**खँगालना** = पछारना.

**खँगालना** *क्रि* खँगोलना, खँघारना, साबुन निकालना, ●धोना.

**खँगुवा** = सींग.
**खँगोलना** = खँगालना.
**खँघारना** = खँगालना.
**खँचिया** = टोकरा टोकरी.
**खंजखेट** = खंजन.

**खंजन** *सं* कर्करांग, कालकंठ, खंजखेट, खंजरीट, *नीलकंठ*, मदन पक्षी, वैगटेल.

**खंजना** = सरसों.
**ख़ंजर** = कृपाण.
**खँजरी** = डफ.
**खंजरीट** = खंजन.
**खँड़** = खाँड़.
**खंड** = अंश, उपवाक्य, क्यारी, क्षेत्र, घटक, चूरा, छंद चरण, टूटा/टूटी, डला, देश, नगर खंड, नाटक अंक, नियम धारा, पैराग्राफ़, प्रकरण, भिन्नांक, मंज़िल, विकास अवस्था.

**खंड** *सं* *अंश*, अणु, कटान, क़ता, *कला*, कांड, काट, काटा, टुकड़ा, टोटा, *डला*, *पत्र*, पर्व, पार्ट, बखरा, बाँट, भंग, भाग, *भिन्न*, रेज़ा, *लव*, शोशा, हिस्सा, ●इंटोरा, ●कण, ●कतरन, ●फाँक, ●रोड़ी, ■संपूर्ण.

**खंडक** = खंडन कर्ता, नाश कर्ता.
**खंडकतापूर्ण** = परस्परविरोधी.
**खंड खंड** = चूर्णित, टूटा/टूटी, विभाजित.

**खंड खंड** *वि* अंशित, कणित, खंडित, भाजित, विभक्त, *विभाजित*, ●आंशिक, ●चूर्णित, ●टूटा/टूटी, ■संपूर्ण.

**खंड खंड होना** = टूटना.
**खंडज** = गुड़.
**खंडन** = चूर्णन, भंजन, विरोध.

**खंडन** *सं* काट, *चुनौती*, प्रतिवाद, प्रतिषेध, प्रतीप वचन, प्रत्याख्यान, विप्रतिषेध, *विरोध*, सतर्क विरोध, ●आपत्ति, ●नहीं, ●विरोध, ■प्रतिपादन, ■प्रस्ताव, ■मंडन.

**खंडन कर्ता** *सं* अपवादक, अपवादी, काटने वाला, खंडक, खंडन मिश्र, छेत्ता, प्रतिपक्षी, प्रतिषेद्धा, विरोध कर्ता, *विरोधी*, ■मंडन कर्ता.

**खंडन मंडन** = डिबेट.
**खंडन मिश्र** = खंडन कर्ता.

**खंडनात्मक** *वि* *अवरोधात्मक*, आपत्तिपूर्ण, प्रतिकूल, प्रतिलोम, प्रतिवादपूर्ण, प्रतिवादात्मक, प्रतीपात्मक, रोधात्मक, विपक्षात्मक, *विपरीत*, विरोधपूर्ण, विरोधात्मक, विलोम, ●परस्परविरोधी, ■मंडनात्मक.

**खंडनीय** *वि* *असत्य*, काट्य, *ख़्याली*, *ग़लत*, *तथ्यहीन*, *तर्कहीन*, *निराधार*, निर्मूल, प्रतिप्रमाण्य, लचर, विरोध्य, विलोप्य, संहार्य, *सारहीन*, ●अप्रमाण्य, ●असमर्थनीय, ●आपत्तिजनक, ●निंदनीय, ■अखंडनीय, ■प्रतिपाद्य, ■मंडनीय, ■समर्थनीय.

**खंडपरशु** = परशुराम, राहु.
**खंडरण** = ढहन.
**खंड लवण** = काला नमक.
**खंडशाला** = खँडसार.
**खंड संख्या** = भिन्नांक.

**खँडसार** *सं* कोल्हाड़, खंडशाला, खंडसाल, खाँड निर्माणशाला, ●गुलौर.

**खँडसारी** = खाँड़.
**खंडसाल** = खँडसार.
**खँडहर** = अवशेष, खँडहर टीला, नष्ट.

**खँडहर** *सं* *अवशेष*, कंकड़ पत्थर, गिरा मकान, टूटा फूटा मकान, ध्वंसावशेष, भग्नावशेष, मलबा, *रोड़ी*, रोड़ी पत्थर.

**खँडहर टीला** *सं* *खँडहर*, खोजड़ा, *टीला*, ढहा मकान ढेर, ढूह, ढेर, धुस्स, धूहा, ध्वस्त भवन ईंट पत्थर, मलबा, रोड़ी पत्थर, ■स्मारक.

**खंडहीन** = अभंजित, संपूर्ण.

**खंडा** *सं* कात, कातर, खाँड़ा, नीमचा.

**खंडाली** = झील, तलैया, प्रलोभिनी.
**खंडित** = एकताहीन, खंड खंड, ग्रहणग्रस्त, चूर्णित, टूटा/टूटी, नष्ट, निरस्त, विभाजित.
**खंडित करना** = तोड़ना.
**खंडीकरण** = चूर्णन.
**खंडीय** = आंशिक.
**खंड्य** = नाश्य.
**खंता** = खंती, खनिकर्मी, खनिता, राज मज़दूर.
**खंती** = खनिकर्मी, लीवर.

**खंती** *सं* आखात, खंता, खनयित्री, खनित्री, छड़, सब्बल, ●कुदाल, ●कुल्हाड़ा, ●लीवर, ●सरिया, ●सलाख़.

**ख़ंदक़** = खाई, खान, ट्रैंच, सुरंग.
**खंभा** = स्तंभ.
**खँसन** = धँसन.
**खँसना** = धँसना.
**ख** = अंतरिक्ष, आकाश, दूसरा/दूसरी.
**खक्खट** = असौम्य.
**खक्खा** = अट्टहास.
**खखरा/खखरी** = छिद्रिल.
**खखार** = कफ.

**खखार** *सं* उत्कास, काँख, कास, कूँख, क्षवथु, ख़राश, खाँ खाँ, खाँस, *खाँसी*, खों खों, खौं खौं, ●कफ रोग, ●छींक.

**खखारना** = खाँसना.

**खखारना** *क्रि* कंठशोधन करना, खँखारना, *खाँसना*, गला साफ़ करना, ●थूकना.

 (प्रा) प्राचीन शब्द, अब अप्रचलित - *तिरछे* शब्द स्वतंत्र शीर्षक भी हैं ●सपर्याय ■विपर्याय

**खगंगा** = आकाश गंगा.
**खग** = ग्रह, नर पक्षी, पक्षी.
**खगनाथ** = गरुड़.
**खगराज** = गिद्ध.
**खगालय** = कबूतर ख़ाना.
**खगिनी** = मादा पक्षी.
**खगी** = मादा पक्षी.
**खगेंद्र** = गरुड़.
**खगोल** = ब्रह्मांड, विश्वीय.
**खगोल ज्योतिष** = खगोलिकी.
**खगोल ज्योतिषी** = खगोलविद.
**खगोल यात्री** = अंतरिक्ष यात्री, खोज यात्री.
**खगोल विज्ञान** = खगोलिकी.

**खगोलविद** *सं* अख़्तरशनास, अख़्तरशुमार, क्रांतदर्शी, खगोल ज्योतिषी, *गणितज्ञ*, गणित ज्योतिषी, ग्रहवेधक, ज्योतिर्विद, नक्षत्रदर्श, •खगोलिकी, •ज्योतिषी.

**खगोल वेध** = खगोलिकी.
**खगोल वेधशाला** = वेधशाला.

**खगोलिकी** *सं* ऐस्ट्रोनोमी, खगोल ज्योतिष, खगोल विज्ञान, खगोल वेध, खविद्या, गणित ज्योतिष, ग्रहवेध, ज्योतिर्विद्या, *ज्योतिष*, ज्योतिष विज्ञान, तारा विज्ञान, नक्षत्र गति अवलोकन, नक्षत्र विज्ञान, नक्षत्र वेध, नक्षत्रिकी, वेध, वेधकर्म, सितारादानी, सिद्धांत ज्योतिष, •खगोलविद, •फलित ज्योतिष, •सृष्टि विज्ञान.

**खगोलीय** = ब्रह्मांडीय, विश्वीय.
**खगोलीय एकक** = अंतरिक्षीय एकक.
**खगोलीय कटिबंध** = राशिचक्र.
**खचन** = उत्कीर्णन, पच्चीकारी, बनावट.
**खचना** = उकेरना.
**खचमस** = चंद्रमा.
**खचाखच** = जनाकीर्ण.
**खचाना** = जड़ना, मँढ़ना.
**खचावट** = उत्कीर्णन.
**खचित** = उत्कीर्ण, पच्चीकृत, विजड़ित.
**खच्चर** = अड़ंगेबाज़, मूर्ख.

**खच्चर** *सं* खेसर, बेसर, म्यूल, •गधा.

**खजहजा** = खाद्य फल.
**ख़ज़ांची** = कैशियर, कोशाध्यक्ष, पोतनीस, वेतन वितरक.
**खजा** = कलछी, मंथन.
**ख़ज़ाना** = कोशागार, भंडार, विविधा, संग्रह.

**ख़ज़ाना** *सं* आधि, किट्टी, कोश, कोष (विकल्प), ट्रैज़र, *धन*, धनकोश, *निधि*, *पैसा*, संपद, •कैशबाक्स, •कोशागार, •गुल्लक, •निधि.

**खजूर** = फल सूची, लंबे क़द वाला.

**खजूर** *सं* कुरमा, खर्जूर, खाजि, खुरमा, गंडोरा, पिंड खर्जुरिका, •छुहारा.

**खजूर फल** = दूरता उक्ति.

**खजूर वृक्ष** *सं* तृण वृक्ष, स्वादुफल, हिंताल वृक्ष.

**खजोहरा** = कनखजूरा.
**खज्योति** = जुगनूँ, सूर्य.
**खट** = खटखट.
**खटक** = खटखट.
**खटकरम** = खटराग.
**खटका** = आशंका, कूटयंत्र, खटखट, चटकनी, ट्रिगर, दस्तक, ध्वनि, ध्वनि, पदचाप, बंदूक़ घोड़ा, भय.
**खटकाना** = उकसाना.
**खटका पाश** = कूटयंत्र.
**खटकीड़ा** = खटमल.
**खटखट** = टिकटिक, दस्तक.

**खटखट** *सं* खट, खटक, खटका, खटखटाहट, खटाक, खड़क, खुटखुट, टकटक, टकटकाहट, ठक, ठकठक, ठुकठुक, •कोलाहल, •खनखन, •ठकठक.

**खटखटाहट** = खटखट.
**खटखटिया** = तकरारिया.
**खटना** = कमाना.

**खटना** *क्रि* आफ़त मोल लेना, उलझनपूर्ण काम करना, ऊबाऊ काम करना, खटराग करना, खटराग में पड़ना, ख़ाक छानना, झख मारना, झमेले में पड़ना, टंटे में पड़ना, पचड़े में पड़ना, पिलना, पिले रहना, भुट्टे भूनना.

**खटपट** = कलह, तकरार, मतभेद.
**खटपटिया** = खड़ाऊँ, गुटबाज़, तकरारिया, तकरारिया.

**खटमल** *सं* उत्कुण, उद्दंश, कोलकुण, खटकीड़ा, तल्प कीट, पलंग पिस्सू, बैडबग, मत्कुण.

**खटमिट्ठा/खटमिट्ठी** *वि* खटमीठा/खटमीठी, खट्टा मीठा/खट्टी मीठी, मधुराम्ल, •खट्टा/खट्टी.

**खटमीठा/खटमीठी** = खटमिट्ठा/खटमिट्ठी.
**खटरपटर** = खड़खड़.
**खटराग** = कर्मकांड, लाल फ़ीताशाही.

**खटराग** *सं* अनावश्यक औपचारिकता, आफ़त, इल्लत, *उलझन*, औपचारिक क्रियाकलाप, कठिनाई, खटकरम, *गोरखधंधा*, *चक्कर*, जंजाल, झंझट, झक, झगड़ा, झमेला, टंटा, टंटाबखेड़ा, तामझाम, तितंबा, धर्मधक्का, पचड़ा, *पेच*, प्रपंच, फ़ीताशाही, बखेड़ा, भँवरजाल, मुसीबत, लफड़ा, लाल फ़ीता, सटरपटर, सरदर्द, साँसत, •बेकार का काम.

**खटराग करना** = खटना.
**खटरागपूर्ण** = कर्मकांडीय.
**खटराग में पड़ना** = खटना.
**खट से** = तत्काल.
**खटाई** = अमहर, खटास, मसाला सूची
**खटाक** = खटखट.
**खटाक से** = तत्काल.
**खटाखट** = द्रुततः.
**खटाना** = कमवाना.
**खटारा** = छकड़ा, जोतगाड़ी, हरी इमली.
**खटास** = रूठन, वैमनस्य.

**खटास** *सं* अम्लता, अम्लिमा, इमली जैसा स्वाद, खटाई, खट्टापन, खट्टा स्वाद, चुक्रिमा, तुर्शी, नींबू जैसा स्वाद, शुक्तता, सिरके जैसा स्वाद, •अंबी, •अनारदाना, •अमहर, •इमली, •कटु स्वाद,

•कमरख, •करौंदा, •टाटरी, •सिरका, •स्वाद.

**खटिका** = खड़िया.
**खटिया** = खाट.
**खटीक** = सब्ज़ी विक्रेता.
**खटोलना** = खटोला.
**खटोला** = सप्तर्षि मंडल.

**खटोला** *सं* खटोलना, छोटी खाट.

**खट्टा** = सिरका.
**खट्टा/खट्टी** = ख़मीरा/खमीरी.

**खट्टा/खट्टी** *वि* अमलाक्त, *अम्ल*, खाटा/खाटी, चुक्रिम, तुरसीला/ तुरसीली, तुर्श, नीबुई, शुक्त, •कसैला/कसैली, •खटमिट्ठा/ खटमिट्ठी, •ख़मीरा/खमीरी, •चरपरा/चरपरी, ▪मीठा/मीठी.

**खट्टा करना** = उबजाना.
**खट्टापन** = उदर अम्लता आदि, खटास.
**खट्टा मीठा/खट्टी मीठी** = खटमिट्ठा/खटमिट्ठी.
**खट्टा स्वाद** = खटास.
**खट्टिक** = बहेलिया.

**खड़ंजा** *सं* खड़ी ईंट फ़र्श, खरंजा.

**खड** = खड्ड.
**खड़क** = खटखट.

**खड़खड़** *सं* उठापटक, किड़किड़, खटरपटर, खड़खड़ाहट, खड़बड़, चटचट, *तड़तड़*, धड़धड़, *फड़फड़*, भड़भड़, भड़भड़ाहट, रणत्कार, सटरपटर, *सटसट*, •पतझड़, •पदचाप, •पल्लव, •पल्लव पतन.

**खड़खड़ाहट** = खड़खड़.
**खड़खड़िया** = जोतगाड़ी.
**खड़बड़** = खड़खड़.
**खड़ा/खड़ी** = अदत्त, अपराजित, आधारित, उन्नमित, ऊँचा/ऊँची, ऊर्ध्वमुख, तीखे चढान वाला, देय, निश्चल (जल), पर्वतीय, प्रतिक्षितिज, बक़ाया, स्थित.
**ख़ड़ा/ख़ड़ी** = अचल.

**खड़ा/खड़ी** *वि* उठा/उठी, उत्तान, उदग्र, ऊर्ध्व, पैरों पर, समकोणीय, सीधा/सीधी, •स्थिर.

**खड़ा/खड़ी (दाल)** = अधपका/अधपकी.

**खड़ाऊँ** *सं* उपानह, खटपटिया, चरणपादुका, पँवरि, पाँवड़ी, पादपा, पादुका, पावँड़ी, पौंरी, पौरी, •चप्पल.

**खड़ापन** = जल अप्रवाह.
**खड़ा पानी** = स्थिर जल.
**खड़ा होना** = ठहरना.

**खड़िया** *सं* खटिका, खड़िया मिट्टी, *चाक*, मक्कोल, श्वेत धातु, सफ़ेद मिट्टी, सितोपल, सुधा शर्करा, •क्रेयन, •चूना.

**खड़ी ईंट फ़र्श** = खड़ंजा.
**खड़ी पाई (।)** = पूर्णविराम.
**खड़ी बोली** = हिंदी भाषा.
**खड़ी रेखा** = लंबरेखा.
**खड़ी संख्या** = घटान फल.
**खड्ग** = कृपाण, तलवार.
**खड्गकोश** = म्यान.
**खड्गधर** = तलवारधारी.
**खड्गधेनु** = कृपाण.
**खड्गधेनुका** = कृपाण.
**खड्गपाणि** = तलवारधारी.
**खड्गहस्त** = तलवारधारी.
**खड्गिक** = छुरेबाज़.
**खड्गी** = तलवारधारी.

**खड्ड** *सं* कटान, कटाव, खड, खाई, खावाँ, घार, नदी कटान, बीहड़, •गड्ढा, •गुफा, •घाटी, •बीहड़ भूमि, ▪पर्वत शिखर.

**खड्डा** = गड्ढा.
**खड्डी** = करघा.
**खड्गमुष्टि** = तलवार मूठ.
**ख़त** = चिह्न, पत्र, रेखा, रेखाचिह्न.
**ख़त किताबत** = पत्रव्यवहार.
**ख़तरनाक** = अपालतू, अशुभसूचक, उपद्रवग्रस्त, जोखिमपूर्ण, नाशकारी, भयानक, मारक, विस्फोटशील, हिंस्र.

**ख़तरनाक** *वि आक्रामक*, आपदापूर्ण, *कठिन*, *गंभीर*, *चिंताजनक*, *जोखिमपूर्ण*, *तूफ़ानी*, *दुबिधाजनक*, नाज़ुक, बेढब, भयप्रद, *भयानक*, भयावह, विकट, विपदात्मक, संकटपूर्ण, संकटप्रद, संगीन, *संदिग्ध*, सख़्त, •कठिन, •चुनौतीपूर्ण, •वन्य, •हिंस्र, ▪जोखिमहीन, ▪रक्षित.

**ख़तरा** = आशंका, जोख़िम, भय, संकट, संकट चिह्न.

**ख़तरा** *सं अनिश्चय*, अनिष्ट संभावना, अरिष्ट, आफ़त, कठिनाई, चिंता विषय, चोरगड्ढा, जानजोखिम, *जोख़िम*, मुसीबत, •असुरक्षा, •चिंता, •तूफ़ान, •भय, •हिचक, ▪सुरक्षा.

**खतरा उठाना** = बदना.
**ख़तरा घंटी** = संकट सूचना.
**खतरे का निशान** = संकट चिह्न.
**खतरे की घंटी** = संकट सूचना.
**ख़तरे की झंडी** = संकट चिह्न.
**ख़तरे में पड़ा** = संकटग्रस्त.
**ख़ता** = अपराध, भूल.
**ख़ता (फ़ारसी)** = चीन.
**ख़तावार** = सिद्धदोष.
**खतियौनी** = कैशबुक.
**खतौनी** = पटवारी बही.
**खत्ता** = कूड़ा गड्ढा, कूड़ेदान, क्षेत्र, खत्ती, गड्ढा, प्रांत/प्रदेश.

**खत्ती** *सं* कुँआ, *कूप*, खत्ता, गाड़, छैंड़ी, पिटक, बखार, *सिलो*, •गड्ढा, •सिलो.

**ख़त्म** = अनवशिष्ट, नष्ट, पूर्णकृत, भक्षित, मृत.
**ख़त्म करना** = उजाड़ना, मारना.
**ख़त्म होना** = उजड़ना.
**ख़दंग** = चिनार.
**खदबद** = औटाव.
**खदबदाव** = औटाव.
**ख़दशा** = आशंका.
**खदान** = खान, भंडार.
**खदान मज़दूर** = खनिकर्मी.
**खदिर** = खैर.
**खदिर सार** = कत्था.
**खदिरी** = छुईमुई.

**ख़दीजा** *सं* आयशा, प्रथम मुसलमान

स्त्री, फ़ातिमा माता, मुहम्मद पत्नी.

**खदेड़** = निष्कासन, हाँका.
**खदेड़ना** = हटाना.
**खदेड़ा/खदेड़ी** = निर्वासित, निष्कासित.
**खद्योत** = जुगनूँ.
**खन** = खनखन, मंज़िल.
**खनक** = खनखन, खनिकर्मी, खनिता, चूहा.
**खनकाना** = खनखनाना.

**खनखन** *सं* खन, खनक, खनखनाहट, *झंकार*, टंकार, *टनटन*, ठनठनाहट, •खटखट, •घंटी, •सिक्का.

**खनखन करना** = खनखनाना.

**खनखनाना** *क्रि* खनकाना, खनखन करना, खनाखन करना, ठंठनाना, ठनकना, ठनठन करना, ठनठनाना.

**खनखनाहट** = खनखन.

**खनन** *सं* आखात, *उत्खनन*, खात, खुदाई, खोद, निखनन, •उत्खनन, •गुड़ाई, •निराई, ▪गड़ाई, ▪जड़ाई, ▪ठुँकाई.

**खनन करना** = खोदना.
**खनन कर्मी** = खनिता.
**खनना** = खोदना.
**खनयित्री** = खंती.
**खनाखन करना** = खनखनाना.
**खनि** = खान.
**खनिक** = खनिकर्मी, खनिता.
**खनिकर्म** = उत्खनन.

**खनिकर्मी** *सं* उत्खंता, उत्खनन कर्ता, खंता, *खंती*, खदान मज़दूर, खनक, खनिक, खान मज़दूर, माइनर, •खान.

**खनिज** *सं* अपरिष्कृत धातु, अयस, ओर, कच्ची धातु, *धातु*, धातुक, धात्विक खनिज, धात्विक मिट्टी, भूगर्भज, भूगर्भोद्भिद, भूमिज, •खान, •धातु.

**खनिज तेल** = पैट्रोल.
**खनिज नमक** = सेंधा नमक.
**खनिज लावा** *सं* द्रवशैल, पिघला पत्थर, मैग्मा, शैल द्रव, शैलमूल, •ज्वालामुखी पर्वत.

**खनिता** = ड्रैजर, राज मज़दूर.

**खनिता** *सं* उत्खंता, उत्खनक, कुदालिया, खंता, खनक, खनन कर्मी, खनिक, खातक, खुदैया/खुदैयन.

**खनित्र** = ड्रैजर.
**खनित्री** = खंती.
**खनि नमक** = सेंधा नमक.
**खनियाना** = खोदना.
**खन्ना** = कुटाई ठीहा.
**खपची** = छीलन, ढोलडग्गा, सलाख़.

**खपची** *सं* कतरी, कत्तल, किरच, किरची, खपच्ची, खपटी, गाँस, चप्पड़, चिप्पड़, चिप्पी, छेपटी, तीली, पच्चड़, फन्नी, फाँस, भाली, •कंटक, •छीलन, •बाँस, •स्प्लिंट.

**खपच्ची** = खपची, छीलन.
**खपटा** = काकरोच.
**खपटी** = खपची.
**खपड़ा** = कटोरा, काकरोच.
**खपत** = उपभोग, बिक्री, व्यय.
**खपना** = बीतना.
**खपरैल** = छप्पर.
**खपा/खपी** = अनवशिष्ट.
**खपाई** = अपव्यय.
**खपाऊ** = अपव्ययी.
**खपाना** = ख़र्चना, बेचना, संहारना.
**खपिंड** = आकाश पिंड.
**खप्पर** = कटोरा, कपाल, छप्पर, तूँबा, भिक्षा भांड.
**खप्पर वाली** = काली.
**ख़फ़गी** = खीज, रूठन.
**ख़फ़ा** = क्रुद्ध, रूठा/रूठी.
**ख़फ़ीफ़ा** = कुलटा.
**ख़बर** = अफ़वाह, गुप्त सूचना, संदेश, समाचार, सूचना, स्वास्थ्य दशा.
**ख़बरची** = गुप्तचर.
**ख़बरदारी** = दूरदर्शिता.
**ख़बरुआ** = चुग़लख़ोर, संदेशवाहक, सूचनादाता.
**ख़बीस** = दुर्जन.
**ख़ब्त** = उन्माद, पागलपन.
**ख़ब्ती** = उन्मत्त, लगनशील, सनकी.
**खब्बा/खब्बी** = बयँहत्था/बयँहत्थी, बाँयाँ/बाँईं.
**ख़म** = अवनमित, कंधा-कुहनी हाथ, मरोड़, मोड़दार, वक्र, वक्राकार.
**ख़म ठोंकना** = ललकारना.
**खमध्य** = उच्चबिंदु, चरम अवस्था.

**खमध्य** *सं* आकाशशीर्ष, उत्कर्ष, खस्वस्तिक, *पराकाष्ठा*, पराकोटि, शिरोबिंदु, शीर्षाकाश, •आकाश, ▪क्षितिज, ▪निम्नदिशा.

**खमध्य दिशा** = उच्चदिशा.
**ख़मियाज़ा** = क्षतिपूर्ति, दंड.

**ख़मीर** *सं* किण्व, किण्वक तत्त्व, पाँस, प्रकिण्व, यीस्ट, शुक्त.

**ख़मीर उठाना** = उबजाना.

**ख़मीरा/ ख़मीरी** *वि* उठा/उठी, उबजा/उबजी, किण्वित, खट्टा/खट्टी, गँधाया/गँधाई, डबल, बढ़ा/बढ़ी, शुक्त, •खट्टा/खट्टी.

**ख़यानत** = छल, भ्रष्टाचार.
**ख़याल** = अंदाज़ा, अनुमान, अनुस्मरण, कल्पना.
**ख़याली घोड़े** = दिवास्वप्न.
**ख़याली पुलाव** = दिवास्वप्न.
**खरंजा** = खड़ंजा.
**खर** = अनिष्टकारी, अशुभसूचक, गधा, बगला.
**खरक** = चरागाह.
**खरकपत्रक** = हारसिंगार.
**खरका** = खर पतवार.
**खरखर करना** = घरघराना.
**खरखराना** = घरघराना.
**खरखराहट** = किरकिर.
**खरखऱ** = किरकिर.

**ख़रगोश** *सं* खरहा/खरही, शश, शशा, ससा, ▪नेवला, ▪सिंह.

**खरपच्ची** = छीलन.

**खर पतवार** *सं* अवांछित पौध, *कुश*, खरका, खरपात, घासपात, तूख, पतवार, पताई, पतावर, •खुरपा, •घास, •निराई, •पाँचा.

**खर पतवार छँटाई** = निराई.
**खरपात** = खर पतवार.

**खरब** *सं* 1,00,00,00,00,000, खर्ब.

**ख़रबूज़ा** *सं* उर्वारू, कचरा, ख़रबूज़ा, *बतिया*, मधुपाका, षड्रेखा.

**खरमंडल** = अव्यवस्था.
**ख़रमस्त** = कामुक.

**खरल** *सं* कूँड़ी, खल, पेषणी, •इमामदस्ता, •ओखली.

**खरशब्द** = क्रौंच.
**खरहरा/खरहरी** = खुरदुरा/खुरदुरी.
**खरहरी** = छुहारा.
**खरहा/खरही** = ख़रगोश.
**खरा/खरी** = अच्छा/अच्छी, अमिश्रित, असली, ईमानदार, उच्चाशय, उत्तम, दक्ष, निष्ठावान, न्यायप्रिय, विशोधित, सत्यपूर्ण, सरलचित्त.
**खरा खेल** = ईमानदारी.
**ख़राद** = सान चक्का.

**ख़राद** *सं.कुंद*, कूँग, चक्रभ्रमि, चर्ख़, लेथ, •रेती, •सान पत्थर.

**ख़राद कर्मी** = ख़रादिया.

**ख़रादिया** *सं* कड़ेरा, कुंदकार, कुँदेरा, कुनेरा, ख़राद कर्मी, ख़रादी, ख़र्राद.

**ख़रादी** = ख़रादिया.
**खरापन** = अच्छाई, महानता.
**ख़राब** = अनुपयोगी, अनैतिक, अवनत, अवमानक, आउट आफ़ आर्डर, उच्छिष्ट, उच्छिष्ट, घिनौना/घिनौनी, दुर्गुणी, नक़ली, प्रदूषित, बुरा/बुरी, बुसा/बुसी, रद्दीकृत, रोगकारक.
**ख़राब करना** = बिगाड़ना.
**ख़राब मौसम** = अतिवर्षा, तूफ़ान, हिमपात.
**ख़राब हाज़मा** = बदहज़मी.
**ख़राब होना** = बिगड़ना, बिगड़ना.
**ख़राबा** = ऊसर.
**ख़राबात** = मद्यशाला.
**ख़राबाती** = मद्यप.
**ख़राबी** = दुर्गुण, बुराई, विकृति.
**ख़राबी सुधार** = मरम्मत.

**ख़रामाँ ख़रामाँ** = मंदतः.
**खरारि** = बलराम.
**ख़राश** = खखार, खरोंच, खाँसी. खुजलाहट.
**खरिया** = थैला.
**खरीक** = तिनका.
**खरी खरी** = स्पष्टोक्ति.
**खरी खोटी** = कटाक्ष, गालीगलौज, डाँट, स्पष्टोक्ति.
**खरी खोटी सुनाना** = डाँटना.
**ख़रीज़** = रेजगारी.
**ख़रीता** = काग़ज़ तख़्ता, जेब, थैला, दस्तावेज, पत्र.

**ख़रीता** *सं* चिट्ठा, *पट्टा*.

**ख़रीद** *सं* आक्रय, उठाई, क्रय, ख़रीदारी, ख़रीदी, गाहकी, ग्राहकी, परचेज़, *प्राप्ति*, बिसाहनी, लिवाली, •बयाना, •भाड़ा क्रय, •मूल्य, •सौदागरी, ▪बिक्री.

**ख़रीद आदेश दाता** = ख़रीदार.

**ख़रीद आर्डर** *सं* आदानपत्र, आदेश, आदेशपत्र, आयाचन पत्र, आर्डर, मँगाई, माँग पत्र.

**ख़रीददार** = ख़रीदार.

**ख़रीदना** *क्रि* अपना करना, आर्डर देना, *उठाना*, क्रय करना, ग्राहक बनना, बिसाहना, मालिक बनना, मूल्य देना, मोल लेना, *लेना*, सौदा लेना, स्वामी बनना, •ख़र्चना, •चुकाना, •मँगाना, ▪बेचना.

**ख़रीदने वाला** = ख़रीदार.
**ख़रीद फ़रोख़्त** = सौदागरी.
**खरीद बेच** = सौदागरी.
**ख़रीदा/ख़रीदी** = स्वामित.
**ख़रीदार** = उपभोक्ता.

**ख़रीदार** *सं उपभोक्ता*, कस्टमर, क्रयी, क्रेता, ख़रीद आदेश दाता, ख़रीददार, ख़रीदने वाला, गाहक, ग्राहक, पैट्रन, लिवैया, लेने वाला, •क्लायंट, ▪उत्पादक, ▪विक्रेता, ▪वितरक, ▪व्यापारी, ▪सप्लायर.

**ख़रीदार बिकवाल** = व्यापारी, सौदागर.
**ख़रीदारी** = ख़रीद.

**ख़रीदी** = ख़रीद.
**ख़रीफ़** = खरीफ़ फ़सल.

**ख़रीफ़ फ़सल** *सं* अगहनी, ख़रीफ़, जड़हन, लावक, शारद, शालि, •फ़सल मौसम, •रबी फ़सल.

**खरोंच** = आघात चिराव, उत्कीर्णन.

**खरोंच** *सं* काट, कुरेद, कुरेल, कौंच, ख़राश, खरोंट, *खाँचा*, खुबन, खोब, चिरन, *छिद्र*, छिलन, रेख, लकीर, •घोंप, •छिद्र, •झिरी.

**खरोंचना** = उकेरना, खुरचना.

**खरोंचना** *क्रि* कुँदेरना, *कुरेदना*, *कोंचना*, खुबाना, *खुरचना*, खोंचना, *घिसना*, *छीलना*, नकासना, •उकेरना, •घोंपना.

**खरोंट** = खरोंच.
**खरोष्ठी** = भारतीय लिपि सूची.
**ख़र्च** = घटा प्रविष्टि, लागत, व्यय.
**ख़र्च करना** = ख़र्चना.
**ख़र्च न करना** = बचत करना.

**ख़र्चना** *क्रि* अदा करना, खपाना, ख़र्च करना, *खाना*, *चुकाना*, *देना*, भुगताना, व्यय करना, •ख़रीदना, •चुकाना, ▪कमाना, ▪बचत करना.

**ख़र्चा** = मूल्य, व्यय.
**ख़र्चीला/ख़र्चीली** = अपव्ययी, महँगा/महँगी, महँगा/महँगी.
**खर्जु** = खुजली.
**खर्जुरक** = बिच्छू.
**खर्जूर** = खजूर, बिच्छू.
**खर्जूररस** = ताड़ी.
**खर्पर** = कपाल.
**खर्ब** = खरब, ठिंगना/ठिंगनी, विद्रूप.
**खर्र खर्र** = खर्राटा.
**खर्रांट** = कुचाली, कुटिल.
**खर्रांटा** = खर्राटा.
**खर्रा** = दस्तावेज, प्रालेख, ब्योरा, लेखाचिट्ठा, वृत्तांत.
**ख़र्राच** = अपव्ययी.

**खर्राटा** *सं* खर्र खर्र, खर्रांटा, घर्राटा, •जँभाई, •निद्रा.

**ख़र्राद** = ख़रादिया.

 (प्रा) प्राचीन शब्द, अब अप्रचलित - *तिरछे* शब्द स्वतंत्र शीर्षक भी हैं •सपर्याय ▪विपर्याय

**खल** = अनिष्टकारी, अनैतिक, खरल, खली, घिनौना/घिनौनी, तलछट, दुर्जनतापूर्ण, निंदक, निर्दय, निर्लज्ज, पापी, बुरा/बुरी.
**खलना** = चुभना.

**खलनायक** *सं* दुष्ट, *प्रतिद्वंद्वी*, प्रतिनायक, विपक्षी, विलेन, *शत्रु*.

**खलनायिका** *सं* दूसरी औरत, प्रतिनायिका, प्रतिनारी, *प्रलोभिनी*, मोहिनी, वैंप.

**खलबल** = हड़बड़ी.
**खलबलाना** = उबलना, औटना.
**खलबलाहट** = चिंता, हड़बड़ी.
**खलबली** = उत्तेजना, धैर्यभंग, हड़बड़ी, हिचक.
**खलबलीहीन** = कोलाहलहीन.
**ख़लल** = अवरोध, बाधा.
**ख़ला** = अमूर्त स्थान, शून्य स्थान.
**खलाचार** = दुराचार.
**ख़लास** = थका/थकी, दिवालिया, नष्ट, मृत, सृजनहीन.
**ख़लास करना** = संहारना.

**खलासी** *सं* खेवरिया, खेवैया, जलयान चालक, जहाज़ मज़दूर, जहाज़रान, *जहाज़ी*, डैकहैंड, *नाविक*, नावी, नौचर, मज़दूर, मल्लाह/मल्लाहिन, माहीगीर, रेटिंग, शाकुलिक (प्रा), सामद्रिक, सेलर, •कुली, •नाविक.

**खलियान** = ओसारा, ओसारा.
**ख़लिश** = चुभन, पीड़ा.
**खलिहान** = ओसारा, ओसारा.

**खली** *सं* उलूखल, कुंजार, कुंजारा, खल, तिलकिट्ट, पिण्याक, लीझी, सीठी, •पशु चारा, •सानी.

**ख़लीज** = खाड़ी.
**ख़लीफ़ा** = अध्यक्ष, दक्ष व्यक्ति, विशेषज्ञ, शासक.

**ख़लीफ़ा** *सं* जाँनशीन, नायब, *प्रतिनिधि*, मुहम्मद उत्तराधिकारी, मुहम्मद प्रतिनिधि, शैखुल इसलाम, •इमाम, •पोप.

**ख़ल्क़** = जीव समष्टि.
**ख़ल्क़त** = जीव समष्टि.
**ख़ल्तमल्त** = क्रमहीन, मिश्रित.
**खल्ल** = चमड़ा, नहर, मशक.
**खल्लड़** = मशक.
**खल्लीट** = गंजा/गंजी, गंजापन.
**खल्वाट** = गंजापन, टाँट.
**खवाना** = खिलाना.
**खविद्या** = खगोलिकी.
**खसखस** = मसाला सूची

**खसखस** *सं* अफ़ीम सूखे बीज, पोस्तदाना.

**खसखसा/खसखसी** = दरदराया/दरदराई, भंगुर.
**ख़सम** = पति.
**ख़समपीटी** = विधवा.
**खसरा** = छोटी चेचक.
**ख़सरा** = पटवारी बही, लेखाचिट्ठा.
**खसोट** = छीन.
**खसोटना** = छीनना, नोचना.
**खसोटू** = परिग्रही.
**खस्ता** = थका/थकी.
**ख़स्ता** = उदास, कुरकुरा (आहार).

**ख़स्ता** *वि* मोयनदार, मोयन लगा, स्निग्ध, •कुरकुरा (आहार), ▪घीतेलहीन.

**खस्ताहाल** = कंगाल, थका/थकी, दुःखी.
**ख़स्ता हालत** = आपात्काल.
**खस्वस्तिक** = खमध्य.
**ख़स्सी** = नपुंसक.
**ख़ाँ** = दक्ष व्यक्ति.
**खाँखर** = छिद्रिल.
**खाँ खाँ** = खखार, खाँसी.
**खाँग** = उद्दंत, कंटक, सींग.
**खाँचना** = उकेरना, जड़ना.
**खाँचा** = खरोंच, नेमिमार्ग.

**खाँचा** *सं* धारी, नाली, *रेखा*, लकीर, स्लौट, •दाँता.

**खाँची** = टोकरा टोकरी.
**खाँचेदार** = कारुगेटिड.

**खाँड़** *सं* खँड़, खँडसारी, मधुधूलि, सकर खंडी, •गुड़, •चीनी, •बूरा.

**खाँड निर्माणशाला** = खँडसार.
**खांडवप्रस्थ (पूर्व नाम)** = दिल्ली.
**खांडव राग** = मिसरी.
**खाँड़ा** = खंडा, तलवार.
**खाँप** = फाँक.
**खाँस** = खखार, खाँसी.

**खाँसना** *क्रि* काँखना, *खखारना*, खाँसी आना, •छींकना, •हाँफना.

**खाँ साहब** = राग गायक.
**खाँसी** = खखार.

**खाँसी** *सं कफ*, कफ रोग, काँख, कास, ख़राश, खाँ खाँ, खाँस, खाँसी ज़ुकाम, खाँसी रोग, फँसावट, *सर्दी*, •काली खाँसी, •खखार, •ज़ुकाम, •दमा.

**खाँसी आना** = खाँसना.
**खाँसी ज़ुकाम** = इन्फ़्लूएंज़ा, खाँसी.
**खाँसी रोग** = खाँसी.
**खाई** = खड्ड, ट्रैंच, नेमिमार्ग, परिखा, सुरंग.

**खाई** *सं* ख़ंदक़, खात, गड, गढ़, *परिखा*, पुर, संगर, •खड्ड, •गड्ढा, •ट्रैंच.

**खाऊ** = अत्याहारी, रिश्वतख़ोर, लोभी.
**खाऊ पीर** = बहुभक्ष, रिश्वतख़ोर.
**खाए** = भरपेट.
**ख़ाक** = कुछ नहीं, दग्ध, धूल, नष्ट, मिट्टी, सिफ़र.
**ख़ाक उड़ना** = उजड़ना.
**ख़ाक करना** = उजाड़ना, जलाना.
**ख़ाक का पुतला** = मानव.
**ख़ाक छानना** = खटना.
**ख़ाक में मिलाना** = उजाड़ना, ढहाना.
**ख़ाकसार** = चरणदास, विनम्र.
**ख़ाका** = कैरिकेचर, नमूना, परिकल्पना, प्रालेख, बाह्य रेखा, शब्दचित्र.
**ख़ाकी** = धूलिमय.

**ख़ाकी** *वि* कंजई, कंजा/कंजी, गर्दख़ोर, गर्दख़ोरा/गर्दख़ोरी, *धूसर*, मटमैला/मटमैली, मटियाला/मटियाली, मैलख़ोरा/मैलख़ोरी, •धूलिमय, •धूसर.

**ख़ाके पा** = चरणधूलि.
**ख़ागीना** = आमलेट.
**खाज** = खुजली.

**खा जाना** = लीलना.
**खाजि** = खजूर.
**खाट** = पलंग.

**खाट** *सं* खटिया, चारपाई, मंचिका, मंजी, शय्या, ●पलंग.

**खाट उलटी होना** = मरना.
**खाट खड़ी होना** = मरना.
**खाट पैताना** = पैताना.
**खाटा/खाटी** = खट्टा/खट्टी.
**खाड़कू** = आतंकवादी, उग्रवादी.
**खा डालना** = लीलना.

**खाड़ी** *सं* उपसागर, ख़लीज, खाल, *थाला*, बे, ●जलडमरूमध्य, ●समुद्र, ■प्रायद्वीप.

**खात** = खनन, खाई, खान, गड्ढा, तालाब, नेमिमार्ग, परिखा.
**खातक** = खनिता, ट्रैंच.
**खात व्यवहार** = भूसर्वेक्षण.
**खाता** = ऋण, पटवारी बही, लेखा, लेखाशीर्षक.
**खाता नाम** = लेखाशीर्षक.
**खाता परीक्षक** = लेखा परीक्षक.
**खाता पीता/खाती पीती** = मध्यवित्त, समृद्ध.
**खाता बही** = बहीखाता.
**ख़ातिर** = आदर, उपलक्ष्य में, सत्कार.
**ख़ातिर तवाजो** = सत्कार.
**ख़ातिरदारी** = सत्कार.
**खाती** = तलैया, बढ़ई.
**ख़ातून** = कुलीन स्त्री.
**ख़ात्मा** = अंत, नाश, मृत्यु.
**खाद** = उर्वरक, विष्ठा.

**खाद** *सं* कंपोस्ट, कल्क, गोबर खाद, जैव उर्वरक, पशु विधा, पाँस, पांसु, फूलपत्ती खाद, *बीट*, हड्डी चूरा, ●उर्वरक, ●रासायनिक उर्वरक.

**खादन** = उदरस्थन.
**खाद मिट्टी** = जिप्सम.

**खादर** *सं कछार*, कछार भूमि, कटरी, ग़रक़ी, *चँवर*, जलोढ़ भूमि, झाँवर, डाबर, तटवर्ती निम्नभूमि, दलदली भूमि, निवान, बरसात में डूबने वाली भूमि, वर्षा से डूबी भूमि, ●ऊसर, ■बागर.

**खादित** = भक्षित.
**खादिता** = भक्षक.
**ख़ादिम** = नौकर, परिचारक.
**ख़ादिमा** = नौकरानी.
**खादी** = मैट प्रिंट.
**खाद्य** = आहार, आहार्य, पाच्य.

**खाद्य अंडा** *सं अंडा*, ऐग, बैदा, ●निरामिष अंडा, ●सामिष अंडा, ●उबला अंडा.

**खाद्य कंद** *सं* कंद, *कंदमूल*, *जड़*, भूमि में नीचे होने वाली वनस्पति, ●अरवी, ●आलू, ●कचालू, ●गाजर, ●चुकंदर, ●ज़मींकंद, ●मूली, ●शकरकंदी, ●शलग़म, ●कंदमूल, ●सागसब्ज़ी.

**खाद्य गिरी** = गुठली गिरी.

**खाद्य पदार्थ** *सं* अन्न, अन्नजल, आहार पदार्थ, दानापानी, दालरोटी, नाज, *परचून*, भक्ष्य, भोज्य पदार्थ, *रसद*, राशन, *सामान*, ●अनाज, ●दलहन, ●परचून, ●फल, ●मसाला, ●मेवा, ●सागसब्ज़ी.

**खाद्य पशु** = मांस पशु.

**खाद्य फल** *सं* खजहजा, *फल*, ●गूदा, ●फल.

**खाद्य बीजी** = बीजी.
**खाद्य मसाला** = मसाला.

**खाद्य मांस** *सं* आमिष, गोश्त, *मांस*, मांसमच्छी, मीट, सामिष खाद्य, ●पक्षी मांस, ●लाल मांस, ●सफ़ेद मांस, ●झटका मांस, ●हलाल मांस.

**खाद्यान्न** = अनाज.
**खान** = भंडार, भक्षण, स्रोत.
**ख़ान** = सामंत.

**खान** *सं* आगार, उत्खात, उद्‌गम, ख़ंदक़, खदान, खनि, खात, खानि, *गड्ढा*, प्राप्तिस्थान, *भंडार*, *भूगर्भ*, *स्रोत*, ●खनिकर्मी, ●खनिज, ●गड्ढा, ●भूगर्भ, ●स्रोत.

**ख़ानक़ाह** = इसलामी मठ.

**ख़ानगाह** = इसलामी मठ.
**ख़ानगी** = वेश्या, व्यक्तिगत.
**ख़ानदान** = वंश.
**ख़ानदान वाले** = स्वजन.
**ख़ानदानी** = आनुवंशिक, कुलीन, दायागत.
**खानपान** = जीवनस्तर, संगति.
**खानपान प्रेम** = भोजन प्रेम.
**खानम** = कुलीन स्त्री.
**खान मज़दूर** = खनिकर्मी.
**ख़ानसामाँ** = रसोइया, वेटर.
**खाना** = आहार, उदरस्थन, ख़र्चना, चबाना, छिजाना, भक्षण, भोज, लीलना.
**ख़ाना** = आला, कमरा, घर, भवन.

**खाना** *क्रि उड़ाना*, उदरस्थ करना, गले उतारना, ग्रहण करना, जीमना, नोश फ़रमाना, *पाना*, पेट की आग मिटाना, पेट भरना, पेट में डालना, भूख मिटाना, भोगना, भोजन करना, *लेना*, ●चरना, ●चाटना, ●निगलना, ●पीना, ●लीलना.

**ख़ाना** *सं* अलमारी ख़ाना, *घर*, तख़्ता, *दराज़*, मोकला, ●आला, ●पलेंडी, ●स्टोरेज बिन.

**ख़ानाआबाद** = समृद्ध.
**ख़ाना आबादी** = समृद्धि.
**ख़ानाए ख़ुदा** = मसजिद.
**ख़ानाख़राब** = बेघर.
**ख़ानातलाशी** = झाड़ातलाशी.
**खाना पिलाना** = मिलना जुलना.
**खाना पीना** = पिकनिक, भोज, मिलना जुलना.
**ख़ानापूरी** = लिखापढ़ी, लेखा प्रविष्टि.

**ख़ानाबदोश** *वि* अनागार, उठल्लू, गृहहीन, चलवासी, जहाँगश्त, परिसारी, *बेघर*, बेघरबार, यायावर, विपुर, ●घुमक्कड़.

**ख़ानाबदोश** *सं* घुमंतू, जिप्सी, बनजारा/बनजारिन.

**ख़ानाबदोशी** *सं* अनटिकापन, गृहहीनता, घुमंतूपन, बनजारागीरी, बेघरबारी, यायावरी, ●आवारागर्दी,

●घुमक्कड़ी.

**खाना बनाई** = रसोई कर्म.
**खाना बनाना** = राँधना.
**खानि** = खान.
**खानिक** = सेंध.
**खानिल** = सेंधमार.
**खाने का काँटा** = फ़ोर्क.
**खाने का मुँह** = मुँह.
**ख़ाने का शौक़ीन** = भोजन प्रेमी.
**खाने की इच्छा** = भूख.
**खाने की छुट्टी** = लंच ब्रेक.
**खाने की मेज़** = डाइनिंग टेबल.
**खाने पीने का यार** = सस्वार्थ मित्र.
**खाने योग्य** = आहार्य, पाच्य.
**खाने वाला** = भक्षक.
**ख़ामख़याल** = मंदधी.
**ख़ामी** = ग़लती, दुर्गुण, भूल, विकृति.
**ख़ामोश** = अवाचाल, कोलाहलहीन, ध्वनिहीन, निरुत्तर.
**ख़ामोशी** = अध्वनि, अस्पष्टवादिता, मौन.
**खाया/खाई** = प्राप्तभोजन, भक्षित.
**खाया खेला/खाई खेली** = अनुभवी.
**खाया पिया/खाई पीई** = तोंदू.
**खाया पिया न लगना** = दुबलाना.
**खार** = ईर्ष्या, ऊसर, क्षार, राख, रेह.
**खारा** = नमकीन.
**खारापन** = नमकीनपन.
**ख़ारिज़** = निरस्त, निर्वासित.

**ख़ारिज़** *वि* डिस्मिस्ड, रफ़ा, रफ़ादफ़ा, ●अपराधमुक्त, ■सिद्धदोष.

**खारिश** = खुजली, बिवाई.
**खारी** = नमकीन.
**खारीपन** = नमकीनपन.
**खारी पानी** = ऐरेटिड वाटर.
**खारी सोडा** = ऐरेटिड वाटर.
**खाल** = कछार, खाड़ी, छिलका, त्वचा, मशक.
**ख़ाल उधेड़ना** = डाँटना.
**ख़ालसा** = राष्ट्रीयकृत, सिख.

**ख़ालसा दीवान** *सं* गुरुद्वारा दीवान, *दीवान*, ●गुरुद्वारा.

**ख़ाला** = मौसी.
**ख़ाला घर** = ननिहाल.
**ख़ाला जी का घर** = सहज कार्य.
**ख़ालिक** = अल्लाह, कलाकार, स्रष्टा.
**ख़ालिक़** = सृष्टि रचेता.
**ख़ालित्य** = गंजापन.
**ख़ालिस** = अमिश्रित, असली, नितांत, विशोधित, ही.
**ख़ाली** = अजनाकीर्ण, अडूब, अनवशिष्ट, अनाभूषित, अप्रवृत्त, आवासीहीन, कुछ नहीं, केवल, पल्लवहीन, पोला/पोली, बेरोज़गार, भूखा/भूखी, मरुथलीय, रिक्त, रिक्त (पद), लक्ष्यच्युत, विरल, सारहीन.
**ख़ाली करना** = उतारना, त्यागना, रिताना, लूटना.
**ख़ाली जाना** = चूकना.
**ख़ाली नहीं** = बारोज़गार.
**ख़ालीपन** = अतृप्ति, वैक्यूम, शून्य स्थान.

**ख़ाली पेट** *क्रिवि* अखादे, अनखाए, नहार, नहारमुँह, निन्ने मुँह, निन्यों, बासीमुँह, भूखे, ●उपासा/उपासी, ●भूखा/भूखी, ■भरपेट.

**ख़ाली वार** = लक्ष्यच्युति.
**ख़ाली हाथ** = कंगाल, निम्नवित्त, निहत्था/निहत्थी.
**ख़ाली होना** = रीतना.
**ख़ालू** = मामा, मौसा.
**खावाँ** = खड्ड.
**ख़ाविंद** = पति.
**ख़ास** = अंतरंग, असामान्य, उत्तम, महत्त्वपूर्ण, मुख्य (समाचार). विशेष, व्यक्तिगत, सर्वसत्ताधारी.
**ख़ासदान** = पानदान.
**ख़ास दोस्त** = अंतरंग मित्र.
**ख़ासमहल** = ज़नानख़ाना, पटरानी.
**ख़ासा** = मध्यमस्तरीय.
**ख़ासा/ख़ासी** = अच्छा/अच्छी.
**ख़ासियत** = वैयक्तिकता, स्वभाव.
**खिंच आना** = खिंचना.
**खिंचन** = आकर्षण, कमेड़ा.
**खिंचनशील** = लचकदार.
**खिंचना** = तनना.

**खिंचना** *क्रि* कर्षित होना, खिंच आना, खींचे जाना, *तनना*, ●खींचना, ●घिसटना.

**खिंचवा** = कर्षक.
**खिंचा/खिंची** = अप्रसन्न, आकर्षित, आसवित, कसा/कसी, तना/तनी, लंबा/लंबी, विलंबित.
**खिंचा/खिंची** = विमंदित.
**खिंचाई** = आसवन, कर्षण.
**खिंचाई करना** = डाँटना.
**खिंचाव** = आकर्षण, मोच, सौंदर्य.
**खिंचैया** = कर्षक.
**खिंडन** = उमगाव.
**खिंडना** = उमगना, ढुलकना.
**खिंडाई** = अपव्यय.
**खिंडाऊ** = अपव्ययी.
**खिंडाना** = ढुलकाना, बिखेरना.
**खिंडाव** = उमगाव, बिखराव.
**खिचखिच** = तकरार.
**खिचड़ना** = घिसटना.
**खिचड़ा** = गेहूँ भात.
**खिचड़ी** = विविध, विविधता, विविधा.

**खिचड़ी** *सं* खेचरान्न, चावल-दाल भात, ●पुलाव, ●भात, ●मिक्श्चर.

**खिचड़ी बालों वाला** = धूसरकेशी.
**ख़िज़र** = दिग्दर्शक.
**ख़िज़रे राह** = मार्गप्रदर्शक.
**ख़िज़ाँ** = पतझड़.

**खिजाना** *क्रि* अशांत करना, उत्तेजित करना, कान खाना, कुढ़ाना, खिझाना (विकल्प), खिसाना, चिढ़ाना, छेड़ना, *जलाना*, तंग करना, परेशान करना, लहकाना, *सताना*, ●क्रुद्ध करना, ●भड़काना.

**ख़िज़्लत** = झेंप.
**खिटखिट** = तकरार, दस्तक.
**खिड़की** = पोर्टहोल.

**खिड़की** *सं गवाक्ष*, झरोखा, *बारी*, वातायन, विंडो, ●दीवार, ●परदा, ●पोर्टहोल, ●रोशनदान, ●वात कूप.

**खिड़कीदार** = हवादार.
**ख़िता** = घर.
**ख़िताब** = उपाधि.
**ख़िताबदार** = उपाधित.
**ख़िताबयाफ़्ता** = उपाधित.
**ख़िताबी** = उपाधित.
**ख़ित्ता** = आवास भूखंड.

**ख़िदमत** = नौकरी, परिचर्या.
**ख़िदमतगार** = नौकर, परिचारक.
**ख़िदमतगारनी** = परिचारिका.
**ख़िदमतगुज़ार** = परिचारक.
**ख़िदमती** = नौकर, परिचारक.
**खिन्न** = अतृप्त, उदास, थका/थकी, दुःखी.
**खिन्नता** = उदासी, पश्चात्ताप.
**खिन्नहृदय** = भग्नहृदय.
**ख़िराज** = कर, कृषिकर.
**ख़िराम** = इठलाहट, मंद वेग.
**खिलंदड़ा** = प्लेबौय.
**खिलंदड़ा/खिलंदड़ी** = चंचल.
**खिलंदड़ापन** = चंचलता.
**ख़िलअत** = परिधान, पुरस्कार सूची, सम्मान उपहार.
**खिलखिल** = किलकारी, हँसता/हँसती.
**खिलखिल करना** = हँसना.
**खिलखिलाता/खिलखिलाती** = खिला/खिली, हँसता/हँसती.
**खिलखिलाना** = हँसना.
**खिलखिलाहट** = अट्टहास, किलकारी.
**खिलता/खिलती** = उज्ज्वल, चटक, वसंती.
**खिलन** = उज्ज्वलन, प्रस्फुटन, विकास.
**खिलना** = निखरना, पुलकना, मुस्कराना, लहलहाना, हँसना.

**खिलना** *क्रि* उन्मीलित होना, कली खिलना, *खुलना*, चटकना, *फूटना*, *फूलना*, *फैलना*, विकसना, विहँसना, *हँसना*, •उगना, •फलना, •मुस्कराना, ▪मुँदना, ▪मुरझाना.

**ख़िलवत** = एकांतवास.
**ख़िलवतख़ाना** = शयन कक्ष.
**खिलवाड़** = आनंदक्रीड़ा, चकल्लस, शरारत.
**खिलवाड़िया** = नटखट.
**खिला/खिली** = अम्लान, आनंदित, आशापूर्ण, उज्ज्वल, उदित, उन्नत, जवान, तारायुक्त, पुष्पित, मनोरंजित, मुस्कराता/मुस्कराती, वसंती, विकसित.

**खिला/खिली** *वि* उत्फुल्ल, उन्मीलित, खिलखिलाता/खिलखिलाती, खुला/खुली, प्रफुल्ल, प्रस्फुटित, प्रोत्फुल्ल, फूटा/फूटी, फूला/फूली, फैला/फैली, *विकसित*, विशद, शगुफ़्ता, स्फुट, स्फुटित, •खुला/खुली, •पुष्पित, ▪मुरझाया/मुरझाई.

**खिलाई** = चरवाहागीरी.
**खिलाई पिलाई** = पालनपोषण, पोषण.
**खिलाड़** = कुलटा.
**खिलाड़ी** = अनुभवी, करतबिया, करतबी, कुचाली, खेल प्रदर्शक, जुगाड़िया, दक्ष व्यक्ति, बाज़ीगर, विनोदी, शोबदेबाज़.

**खिलाड़ी** *सं ऐथ्लीट*, खिलाड़ी/खिलाड़न, खेलने वाला, खेलाड़ी, स्पोर्ट्सैमैन/स्पोर्ट्सवुमैन, •ऐथ्लीट.

**खिलाड़ी/खिलाड़न** = खिलाड़ी.
**खिलाना** = निखारना, मुटियाना.

**खिलाना** *क्रि* खवाना, जिमाना, पोषण करना, पोसना, भोजन कराना, •परोसना, •पोषण करना.

**खिलाना पिलाना** = पालना पोसना, मुटियाना.
**खिलापन** = खिलावट, यौवन.
**ख़िलाफ़** = विरुद्ध.
**ख़िलाफ़त** = विरोध, शिकायत.
**ख़िलाफ़वरज़ी** = अवज्ञा.
**ख़िलाफ़ी** = विरोध.
**खिलाव** = खिलावट.

**खिलावट** *सं* अम्लानता, आभा, उत्फुल्लता, उन्मेष, उल्लास, खिलापन, खिलाव, खुलापन, *चटक*, ताज़गी, तेज, दीप्ति, पुष्पहास, प्रफुल्लता, प्रस्फुटितता, फुल्लता, बहार, *मुस्कान*, *यौवन*, *रंग*, रौनक़, *लालिमा*, लास, *वसंत*, *विकास*, *वैभव*, शगुफ्तगी, शोभा, स्फोट, हास, ह्लाद, •प्रस्फुटन.

**खिली जवानी** = यौवन.

**खिलौना** *सं* क्रीड़नक, *गुड़िया*, *गुड्डा*, टौय, बाल क्रीड़नक, लोबत, हाथी घोड़ा, •उल्लू का पट्ठा, •खिलौना गाड़ी, •खिलौना बंदूक़, •गुड़िया, •गुब्बारा, •चकई, •चूहा बिल्ली, •जैक-इन-द-बाक्स, •झुनझुना, •पीपनी, •रिपटना, •लट्टू.

**खिलौना गाड़ी** *सं* मिट्टी गाड़ी, मृच्छकटिक, शकटी.

**खिलौना बंदूक़** *सं* छर्रा बंदूक़, टौय गन.

**खिल्ली** = कील, तिरस्कार.

**खिल्ली** *सं* अपहास, अवहास, उत्प्रास, उपहासपूर्ण हँसी, ठट्ठा, ठिठोली, बोली ठिठोली, बोली ठोली, मखौल, हँसाई, *हँसी*, हास्य, •उपहास, •कटाक्ष, •व्यंग्य.

**खिवैया** = नाविक, परित्राता.
**ख़िश्त** = ईंट.
**खिसकन** = धँसन, पलायन, रेंग.
**खिसकना** = धँसना, फिसलना, रेंगना.
**खिसकाना** = हटाना.
**खिसखिस** = किरकिर.
**ख़िसलत** = स्वभाव.
**ख़िसलती** = चरित्रीय, स्वाभाविक.
**खिसलाहट** = फिसलाहट.
**खिसाना** = खिजाना.
**खिसियाया/खिसियाई** = खीजा/खीजी, लज्जित.
**खिसियाहट** = खीस.
**खींच** = कर्षण, कश, तान.
**खींच कर उखाड़ना** = नोचना.
**खींचता/खींचती** = आकर्षक.
**खींचतान** = कलह, खींचातानी, रस्साकशी.
**खींचनहार** = कर्षक.
**खींचना** = उखाड़ना, कसना, चूसना, छीनना, डाँटना, तानना, दुहना, पेरना, रिताना, रुचना, सोखना.
**खींचना** = ललचाना.

**खींचना** *क्रि* अपनी ओर खींचना, कर्षण करना, कर्षित करना, टानना, *तानना*, •आकर्षित करना, •घसीटना, ▪खिंचना, ▪धकेलना.

**खींचने वाला** = कर्षक.
**खींचाखींची** = कलह, खींचातानी.

**खींचातानी** *सं आपाधापी*, ऐंचातानी,

कशमकश, खींचतान, खींचाखींची, ज़बरदस्ती, •धक्कामुक्की, •नखानखी, •लूटपाट, •स्वार्थीपन.

**खींचू** = कर्षक.
**खींचे जाना** = खिंचना.

**खीज** *सं* अनख, *अप्रसन्नता*, *अरुचि*, असहाय क्रोध, कनकनाहट, कुढ़न, ख़फ़गी, खीझ (विकल्प), खुंदक, चिड़चिड़ाहट, चिढ़, झख, झल, झल्लाहट, *झींक*, झुँझलाहट, झूँझल, तमक, तुनक, बेचैनी, बौखलाहट, भभक, रोष, •क्रोध.

**खीजना** *क्रि* कलपना, कुढ़ना, कुहराम मचाना, खीझना (विकल्प), खुंदक खाना, चनकना, चिटकना, चिढ़ना, चेंपें करना, झनकना, झल्लाना, झुँझलाना, *तड़कना*, तनतनाना, तमकना, तुनकना, *बिगड़ना*, बुरा मानना, *रूठना*, •रूठना, •शिकायत करना.

**खीजा/खीजी** *वि अप्रसन्न*, आशुकोपी, कटखना/कटखनी, कटु, कड़वा/कड़वी, कनकना/कनकनी, कुढ़ा/कुढ़ी, खिसियाना/खिसियानी, खिसियाया/खिसियाई, खीझा/खीझी (विकल्प), चिड़चिड़ा/चिड़चिड़ी, चिढ़ा/चिढ़ी, चिनचिनाया/चिनचिनाई, चिराँदा, झुँझलाया/झुँझलाई, तुनकमिज़ाज, सतराया/सतराई, •क्रुद्ध, ▪प्रसन्न.

**खीझ (विकल्प)** = खीज.
**खीझना (विकल्प)** = खीजना.
**खीझा/खीझी** = बहुत, बहुत.
**खीझा/खीझी (विकल्प)** = खीजा/खीजी.

**खीर** *सं* क्षीर, पयसम, पायस, शीर, •फिरनी, •रबड़ी, •लपसी, •श्रीखंड, •सिवइयाँ.

**खीर खिलाई** = अन्नप्राशन संस्कार.
**खीर चटाई** = अन्नप्राशन संस्कार.

**खीरा** *सं* चित्रा, त्रपुष, बहुफला, सुगर्भक, सुशीतला.

**खील** *सं* खीला, धाना, फूला, भुना धान, लवा, लाई, लाजा, *लावा*, लाही, •धान, •पौपकौर्न, •मुरमुरा.

**खीला** = कील, खील.
**खीस** = पीयूष.

**खीस** *सं* कृत्रिम हास्य, खिसियाहट, झूठी हँसी, बनावटी मुस्कान, विकृत स्मिति, •खीज, •हँसी.

**खीसा** = जेब, बटुआ.

**खीसा** *सं झिल्ली*, *झोल*, पाउच, •जेब.

**खुँटना** = नुँचना.
**खुंदक** = खीज.
**खुंदक खाना** = खीजना.
**खुँपाई** = घोंप.
**खुंबी** = कुकुरमुत्ता.
**खुंस** = ईर्ष्या.
**खुँसना** = अटकना.
**खुआई** = विलब्धि.
**खुक्ख** = रिक्त.
**खुखड़ी** = कार्क, कृपाण, पेचक, भुट्टा, भुट्टा.
**खुखरी** = कृपाण.
**खुचरखुचर** = छिद्रान्वेषण.
**खुजलाना** = चिरमिराना.
**खुजलाहट** = चिरमिराहट.

**खुजलाहट** *सं* कंडु, ख़राश, *खुजली*, चर्म प्रदाह, चिनक, चुलचुलाहट, चुलचुली, जलन, सरसराहट, सलसलाहट, सुरसुराहट, सुरसुरी, •ऐग्ज़ीमा, •गुदगुदी, •घमोरी, •दाद, •पित्ती, •बिवाई.

**खुजली** = खुजलाहट.

**खुजली** *सं* कंडू, खर्जु, खाज, खारिश, विचर्चिका, विसर्पिका, स्केबीज़, •ऐग्ज़ीमा, •ऐग्ज़ीमा, •खुजलाहट, •घमोरी, •बिवाई.

**खुटक बढ़इया** = कठफोर.
**खुटखुट** = खटखट, टाप ध्वनि, दस्तक.

**खुट्टल** *वि* अतीक्ष्ण, अप्रखर, आकुंठित, कुंठ, कुंठित, *कुंद*, थोथरा/थोथरी, धारहीन, नोकहीन, भोथरा/भोथरी, *मंद*, माँद, विकुंठित, ▪चुभनशील, ▪तीक्ष्ण.

**खुट्टी** = कटा चारा.
**ख़ुतबा** = उपदेश.

**ख़ुतबा** *सं* इमाम भाषण, *उपदेश*, धर्मोपदेश, नमाज़ उपदेश.

**खुत्थी** = नौली.
**ख़ुद** = मैं.
**ख़ुद का/ख़ुद की** = मेरा/मेरी.

**ख़ुदकाश्त कृषि** *सं* ख़ुदकाश्त, घरजोत, सीर.

**ख़ुदकुशी** = आत्महत्या.
**ख़ुदग़रज़** = स्वार्थी.
**ख़ुदनुमाई** = अहंकार.
**ख़ुदपरस्त** = अहंकारी, स्वार्थी.
**ख़ुदपसंद** = आत्मतुष्ट.
**ख़ुदबीन** = आत्मतुष्ट.
**ख़ुदमुख़्तार** = स्वशासित, स्वाधीन.
**ख़ुदमुख़्तार** = स्वावलंबी.
**ख़ुदमुख़्तारी** = स्वाधीनता.
**ख़ुदमुख़्तारी** = स्वावलंबन.
**खुदरा** = खुदरा बिकाऊ, रेजगारी.

**खुदरा** *सं* खुर्दा, फुटकर, फुटकल, रिटेल, ▪थोक.

**खुदरा काम** = अमानी काम.

**खुदरा दुकानदार** *सं* खुदराफ़रोश, खुदरा व्यापारी, *परचूनिया*, फड़िया, फुटकर विक्रेता, रिटेलर, •थोक व्यापारी, •विक्रेता, ▪ख़रीदार.

**खुदराफ़रोश** = खुदरा दुकानदार.

**खुदरा बिकाऊ** *वि* एक एक, *खुदरा*, छुट्टा/छुट्टी, थोड़ा/थोड़ी, फुटकर, •थोक में बिकाऊ.

**खुदरा व्यापारी** = खुदरा दुकानदार.

**खुदरे में** *क्रिवि* अलग अलग, खुर्द में, छुट्टे, छुट्टे में, थोड़ा थोड़ा, ▪थोक में.

**ख़ुदरौ** = अकृषित (अनाज), अहलित, स्वयंभुव.
**ख़ुदा** = अल्लाह, ईश्वर.
**खुदा/खुदी** = उत्कीर्ण.
**खुदाई** = उत्कीर्णन, उत्खनन, खनन,

गुड़ाई.
**खुदाई** = अपौरुषेय, ईश्वरीय, धर्मशील, नैसर्गिक, सृष्टि.
**खुदाई करना** = खोदना.
**खुदा का क़हर** = ईश्वरीय संकट.
**खुदा का घर** = मसजिद.
**खुदा का पिछवाड़ा** = दूरता उक्ति.
**खुदा का बंदा** = धर्माचारी.
**खुदा का बेटा** = ईसा मसीह.
**खुदा की मार** = ईश्वरीय संकट.
**खुदा के पास जाना** = मरना.
**खुदापरस्त** = धर्मशील.
**खुदावंद** = अल्लाह, अल्लाह.
**खुदावंद करीम** = अल्लाह.
**खुदावंदी** = अनुग्रह, दया.
**खुदी** = आत्मज्ञान.
**खुदी को भूलना** = प्रेम करना.
**खुदैया/खुदैयन** = खनिता.
**खुद्दार** = स्वाभिमानी.
**खुद्दारी** = स्वाभिमान.
**खुनकदार** = शीतल.
**खुनकी** = शीतलता.
**खुन्नस** = ईर्ष्या, क्रोध.
**खुफ़िया** = गुप्त, गुप्तचरीय, छलपूर्ण.
**खुफ़िया ताला** = चोर ताला.
**खुबन** = खरोंच, चुभन.
**खुबना** = चुभना.
**खुबाना** = खरोंचना.
**खुमार** = नशा, नशा, मदालस, हैंगओवर.
**खुरंड** = पपड़ी.

**खुर** *सं* क्षुर, शफ, •घुड़नाल, ▪पैर.

**खुरखुराना** = घरघराना.
**खुरच** = उत्कीर्णन.
**खुरचन** = छीलन.
**खुरचना** = उकेरना, खरोंचना, छीलना, रेतना.

**खुरचना** *क्रि उतारना*, *कुरेदना*, *खरोंचना*, *छीलना*, लेवड़े उतारना, •रंदा करना, •रेतना.

**खुरचा/खुरची** = उत्कीर्ण.
**खुरचाई** = उत्कीर्णन.
**खुरत्राण** = घुड़नाल.
**खुरदुरा** = मैट प्रिंट.
**खुरदुरा/खुरदुरी** = अपरिष्कृत, असमतल.

**खुरदुरा/खुरदुरी** *वि* अकोमल, अमृदुल, खरहरा/खरहरी, चरेरा/चरेरी, टेढ़ा/टेढ़ी, *दानेदार*, मोटा झोटा, रुक्ष, •कठोर, •चुभनशील, •दानेदार, ▪कोमल, ▪चिकना/चिकनी, ▪रेशमी.

**खुरपा** *सं* आख, आखन, क्षुरपा, खुरपी, •कुदाल, •खर पतवार, •घसियारा.

**खुरमा** = खजूर, छुहारा, बालूशाही.
**खुराकबंदी** = राशनिंग.
**खुराफ़ात** = बकवास, शरारत, हुड़दंग.
**खुराफ़ाती** = तकरारिया, तकरारिया, नटखट, बकवासी.
**खुरासान (मध्य कालीन नाम)** = अफ़गानिस्तान.
**खुर्द** = छोटा/छोटी, सूक्ष्म.

**खुर्दबीन** *सं* अणुवीक्षण यंत्र, *आतशी शीशा*, माइक्रोस्कोप, मैग्नीफ़ाइंग ग्लास, सूक्ष्मदर्शित्र, •पैरिस्कोप, •लैंस, ▪आतशी शीशा.

**खुर्दबुर्द** = जीर्णशीर्ण, नष्ट.
**खुर्द में** = खुदरे में.
**खुर्दा** = खुदरा.
**खुर्रम** = कुरकुरा (आहार).
**खुर्राट** = अनुभवी, कुचाली.
**खुल कर** = खुले आम.
**खुल जा सिमसिम** = कूटशब्द.
**खुलन** = उज्ज्वलन, प्रस्फुटन.
**खुलना** = उधड़ना, खिलना, चिरना, निखरना, प्रकटना, फैलना, सुलझना.

**खुलना** *क्रि* अनाबद्ध होना, अनावृत होना, उघड़ना, उन्मुक्त होना, गाँठ खुलना, छिटकना, निबरना, निर्बंधित होना, निर्मुक्त होना, बंधन खुलना, •उधड़ना, •फैलना, •सुलझना, ▪बँधना, ▪मुँदना, ▪लिपटना.

**खुला** = तलाक़.
**खुला/खुली** = अगुप्त, अगोप्य, अजनाकीर्ण, अनवरुद्ध, अनाबद्ध, अनावृत, अनुमत, अपालतू, अप्रतिबंधित, असुरक्षित, उज्ज्वल, उद्घाटित, खिला/खिली, छतहीन, छलहीन, तारायुक्त, दानशील, निर्लज्ज, प्रकट, प्रदर्शित, मिलनसार, मुक्त, मेघहीन, मैदानी, विस्तीर्ण, संकोचहीन, सुरम्य, स्पष्ट, स्पष्टोक्त, हवादार.

**खुला/खुली** *वि असीम*, असीमित, *उन्मुक्त*, खोला/खोली, चौड़ा/चौड़ी, प्रसारित, फैला/फैली, बेदरोदीवार, *मुक्त*, •असीम, •द्वारहीन, ▪घिरा/घिरी, ▪बंद, ▪मंडपित.

**खुलाई** = प्रस्फुटन, मुक्ति, विस्फार.

**खुलाई** *सं अनावरण*, उघड़ाई, उघड़ाई, *उद्घाटन*, *खोल*, खोलन, •ग्रंथिमोचन, •चाबी, ▪आबद्धन, ▪ढँकन, ▪भिड़ाई.

**खुला करना** = उघाड़ना.
**खुला ख़र्च** = अपव्यय.
**खुलापन** = अपव्यय, अप्रतिबंध, अलमस्ती, असंकोच, ईमानदारी, खिलावट, बेपर्दगी.
**खुला मैदान** = बाह्यक्षेत्र, मैदान, सभास्थल.
**खुला व्यापार** = पूँजीवाद.
**खुलासा** = व्याख्या, समाधान.
**खुलासा करना** = समझाना.
**खुला हाथ** = समृद्धि.
**खुला हाथ** = अपरिग्रह, अपव्यय.
**खुली** = बेपरदा.
**खुली आँखों वाला** = सावधान.
**खुली छूट** = अनियंत्रण, अप्रतिबंध, पूर्ण अनुमति.
**खुली डकैती** = मुनाफ़ाख़ोरी.

**खुले आम** *क्रिवि* अगुप्ततः, अलानिया, आँखों देखते, खुल कर, खुले ख़ज़ाने, खुले बाज़ार, खुले मैदान, खुल्लम खुल्ला, चौड़े में, ज़ाहिरन, डंके की चोट, दिन दहाड़े, देखते, *देखते देखते*, देखते भालते, धड़ल्ले से, निडरतः, निस्संकोच, प्रकटतः, प्रत्यक्षतः, बिना छिपे, बीच बाज़ार, बेखटके, बेधड़क, बेहिचक, सब के सामने, सरे आम, सरे बाज़ार, साफ़ साफ़, सामने, सार्वजनिकतः, •निर्लज्जतः,

●संकोचहीनतः, ■चोरी छिपे, ■रहस्यपूर्वक.

**खुले दिमाग़ वाला** = उदारमनस्क.
**खुले दिल वाला** = आशुतोष, छलहीन, दानशील, निस्स्वार्थ, मित्रतापूर्ण, विशालहृदय, स्पष्टवादी.
**खुले बाज़ार** = खुले आम.
**खुले में** = बाहर.
**खुले में होने वाला** = आउटडोर.
**खुले मैदान** = खुले आम.
**खुल्लम खुल्ला** = खुले आम.
**खुश** = आनंदित, उत्सवपूर्ण, तृप्त, प्रसन्न, मनोरंजित, मुस्कराता/मुस्कराती, सुखी.
**खुशइंतिज़ामी** = सुप्रबंध.
**खुश करना** = छकाना, हुलसाना.
**खुशक़िस्मत** = सौभाग्यशाली.
**खुशक़िस्मती** = सौभाग्य.
**खुशख़त** = सुलेख.
**खुशख़बरी** = सुसमाचार.
**खुशगवार** = रोचक, सुंदर.
**खुशगुज़रान** = समृद्ध.
**खुशदिल** = अतिथिपरायण, मिलनसार.
**खुशनवीस** = सुलेखक.
**खुशनसीब** = सौभाग्यशाली.
**खुशनसीबी** = सौभाग्य.
**खुशनुमा** = सुंदर.
**खुशनुमाई** = सौंदर्य.
**खुशबयान** = मिष्टभाषी, वाग्विलासपूर्ण.
**खुशबयानी** = मृदुभाषण.
**खुशबू** = सुगंध.
**खुशबूदार** = सुगंधित.
**खुशरंग** = चटक.
**खुशशक्ल** = सुंदर.
**खुशहाल** = आहारसंपन्न, समृद्ध.
**खुशहाली** = समृद्धि, सुपरिस्थिति.
**खुश होना** = पसीजना, पुलकना.
**खुशामद** = गिड़गिड़ाहट, चाटूक्ति, मनुहार.

**खुशामद** *सं* चमचागीरी, चाटुकारिता, चापलूसी, जीहुज़ूरी, ठकुरसुहाती, दरबारदारी, प्रशस्ति गायन, बातफ़रोशी, मक्खन लगाई, मुसाहिबी, लल्लो चप्पो, समाजत, हुज़ूरी, ●गिड़गिड़ाहट, ●प्रशंसा, ■चुग़ली.

**खुशामद करना** = गिड़गिड़ाना.
**खुशामदी** = खुशामदी टट्टू.

**खुशामदी टट्टू** *सं* खुशामदी, चपड़क़नाती, चमचा, चाटुकार, चापलूस, जीहुज़ूर, झोलीचुक, दरबारदार, पिट्ठू, मुसाहिब, व्याज प्रशंसक, हाँ में हाँ मिलाने वाला, ■चुग़लख़ोर.

**खुशामदीद** = स्वागत.
**खुशामदी नीति** = तुष्टीकरण.
**खुशी** = अनुमति, आनंद, प्रसन्नता.
**खुशी** = मंगलोत्सव.
**खुशी का त्योहार** = ईद.
**खुशी के आँसू** = हर्षाश्रु.
**खुशी खुशी** = स्वेच्छया.
**खुशी से** = हाँ.
**खुश्क** = अरसिक, असिंचित, असौम्य, जलहीन, प्यासा/प्यासी, वर्षाहीन, सूखा/सूखी.
**खुश्की** = अवर्षा, तट, थल.
**खुसुर पुसुर** = कानाफूसी.
**खुसूसियत** = व्यक्तित्व.
**खुसूसी** = अंतरंग, उत्तम, विशेष.
**खूँख़ार** = आक्रामक, दानवीय, रुधिरपिपासु, वन्य, हत्या इच्छुक, हिंस्र.
**खूँख़ार जानवर** = हिंस्र जीव.
**खूँट** = कान मैल, कोना, खूँटी, नीवँ पत्थर.

**खूँट** *सं* कटा डंठल खूँटी, कीली, खूँथी, मुंडी, ●ठूँठ, ●डंठल.

**खूँटना** = अगोटना, नोचना, रोकना, रोधना.

**खूँटा** *सं* किल्ला, कीलक, *कीला*, पिकेट, बंधनस्तंभ, भूमि कील, मेख़, शंकु, सीकड़, *स्तंभ*, ●खूँटी, ●तंबू.

**खूँटा गाड़ना** = आ बसना, बसना.

**खूँटी** *सं अचल*, कपड़ा खूँटी, काँटा, *कान*, किल्ली, *कील*, *खूँट*, नागदंत, पुष्कलक, शंकु, ●खूँटा.

**खूँथी** = खूँट.
**खूँदन** = रौंदाई.
**खूँदना** = रौंदना.
**खूँरेज़** = मारक.
**खूझा** = तंतु.
**खूड़** = हलरेखा.
**खूद** = गाद.
**खूदड़** = तलछट.
**ख़ून** = रुधिर, हत्या.
**ख़ून करना** = संहारना.
**ख़ून की कमी** = पीलिया.
**ख़ून खच्चर** = जनसंहार.
**ख़ून ख़राबा** = जनसंहार.
**ख़ून खौलना** = भड़कना.
**ख़ून पसीना** = परिश्रम.
**ख़ून पसीने का नहीं** = अनर्जित.
**ख़ून भरा** = रक्तपातपूर्ण.
**ख़ून सना** = रक्तपातपूर्ण.
**ख़ूनी** = रक्तपातपूर्ण, रक्तपातपूर्ण, हत्यारा.
**ख़ूब** = अच्छा/अच्छी, अत्यधिक.
**ख़ूबसूरत** = सुंदर, सुडौल.
**ख़ूबसूरती** = सौंदर्य.

**ख़ूबानी** *सं* चीलू, ज़रदालू, ज़र्दालु, जलदारू, शकर बादाम, शाह आलू.

**ख़ूबी** = अच्छाई, दक्षता, महानता.
**ख़ूराक़** = आहार मात्रा.
**खूसट** = अतीत जन, अरसिक, उल्लू.
**खृष्टीय** = ईसा विषयक.
**खेखसा** = ककोड़ा.
**खेचर** = पक्षी, विद्याधर.
**खेचरान्न** = खिचड़ी.
**खेचरी** = दुर्गा, परी, भूतनी, मादा पक्षी, विद्याधर स्त्री.
**खेट** = आखेट, आखेटजीवी, ग्राम, चमड़ा.
**खेटकी** = आखेटजीवी, पाखंडी, शिकारी.
**खेटितान** = प्रेतसाधक.
**खेटी** = कामुक, गुंडा.
**खेड** = ग्राम.
**खेड़ा** = ग्राम.
**खेड़ापति** = ग्राम मुखिया.
**खेड़ी** = ज़ंग.
**खेत** = रणभूमि, शौचस्थान.

**खेत** *सं* कृषिक्षेत्र, *क्षेत्र*, ज़मीन, जोत, पाटीर, फ़ार्म, रैंच, वप्र, ●उपवन,

●क्यारी, ●ग्रीनहाउस, ●प्लांटेशन, ●फ़सल, ●भूसंपत्ति.

**खेतघर** *सं* कामथ, खेत भवन, खेत मकान, डिलिया, फ़ार्महाउस, बथान, ●बँगला.

**खेत छोड़ना** = भागना.
**खेत जोतना** = जोतना.
**खेत भवन** = खेतघर.
**खेत मकान** = खेतघर.

**खेत मज़दूर** *सं* कृषिकर्मी, कृषि श्रमिक, दिहाड़ीदार, भूमिहीन कृषक, मुज़ारा, *रोज़ंदार*, *हलवाहा*, ●किसान, ●दास, ●श्रमिक, ■जमींदार.

**खेत मालिक** = जमींदार.
**खेत सिंचाई** = सिंचन.
**खेतिहर** = किसान.
**खेती** = कृषि, फ़सल, बुआई.
**खेतीबाड़ी** = कृषि.
**खेतीबारी** = कृषि.
**खेद** = उदासी, पश्चात्ताप, प्रायश्चित्त, शोक.

**खेद** *सं* अनुताप, अनुशोच, अफ़सोस, क़लक, कोफ़्त, ग़म, *दुःख*, पछतावा, *पश्चात्ताप*, मलाल, रंज, शरमिंदगी, शोच, ●आह, ●प्रायश्चित्त, ■आनंद, ■संतोष.

**खेदग्रस्त** = प्रायश्चित्तपूर्ण.
**खेदजनक** = करुणाजनक, दुःखद.

**खेदजनक** *वि* अनभीष्ट, अफ़सोसनाक, *अवांछित*, *खेदपूर्ण*, दुर्भाग्यपूर्ण.

**खेदपूर्ण** = खेदजनक, प्रायश्चित्तपूर्ण.

**खेदपूर्ण** *वि* अनुशयान/अनुशयाना, अनुशयी, ग्लानिपूर्ण, *दुःखी*, पशेमान, मनोव्यथित, रंजीदा, *लज्जित*, व्यथित, व्याकुल, ●पीड़ित, ●प्रायश्चित्तपूर्ण, ■खेदहीन, ■धृष्ट.

**खेद प्रकाशक** = पश्चात्तापी.

**खेदहीन** *वि* अखेदी, अग्लानि, अड़ियल, *अनम्य*, अपश्चात्तापी, आत्माहीन, *कठोर*, ग्लानिहीन, ढीठ, दुराग्रही, *धृष्ट*, *निर्लज्ज*, पश्चात्तापहीन, सख़्त, सख़्तजान, ●अहंकारी, ■खेदपूर्ण, ■पश्चात्तापी.

**खेदा** = आखेट, हाँका.
**खेदी** = पश्चात्तापी.
**खेप** = थोक.

**खेप** *सं* खेवा, घान, घानी, बैच, लौट, ●थोक.

**खेमा** = तंबू.
**खेमाबंदी** = ध्रुवीकरण.
**खेल** = अलमस्ती, आनंदक्रीड़ा, नाटक, प्रतियोगिता, लीला, शोबदा, शौक़, सहज कार्य.

**खेल** *सं* केलि, क्रीड़ा, गेम्स, *लीला*, स्पोर्ट, हेला, ●खिलाड़ी, ●खेल भावना, ●मनोरंजन, ●विनोद.

**खेल अंक** = खेल रन.
**खेल का मैदान** = खेल मैदान.
**खेल की छुट्टी** = मध्यावकाश.
**खेलकूद** = आनंदक्रीड़ा, मनोरंजन, संगति.
**खेलकूदपूर्ण** = केलिपूर्ण.
**खेल के दिन** = बचपन.
**खेल खेलना** = खेलना.

**खेल गोल** *सं* *गंतव्य*, गोल, *घर*, जाली, *जेब*, दहाई, नैट, पाकिट, पाला, बास्केट, विजय रेखा, होम, ●खेल रन.

**खेलघर** = क्रीड़ागृह.

**खेल चाल** *सं* इनिंग्स, *चाल*, दफ़ा, दाँवँ, पारी, *बारी*, ●खेल गोल, ●खेल रन, ●तुरुप.

**खेल टोली** = टीम.
**खेलतमाशा** = आनंदक्रीड़ा, मनोरंजन, विनोद.

**खेलना** *क्रि* खेल खेलना, चुनौती देना, *टकराना*, दाँव लगाना, *बदना*, भाग लेना, भिड़ना, मैदान में आना, शामिल होना, हिस्सा लेना.

**खेलना कूदना** = मिलना जुलना.

**खेल निर्णायक** = रैफ़री.
**खेलनी** = गोटी.
**खेलने वाला** = खिलाड़ी.
**खेलपूर्ण** = केलिपूर्ण.

**खेल प्रतियोगिता** *सं* *टक्कर*, टूर्नामैंट, *प्रतियोगिता*, प्रतिस्पर्धा, बदाबदी, बराबरी, मुक़ाबला, मैच, *संगम*, होड़, ●टीम, ●रैफ़री.

**खेल प्रदर्शक** *सं* *खिलाड़ी*, तमाशेबाज़, *शोबदेबाज़*, ●नट.

**खेल भावना** *सं* टीम भावना, न्यायपरता, न्यायप्रियता, बराबरी, मेलजोल, सत्यनिष्ठा, सहभावना, सहयोग भावना, ●दलकर्म, ●न्याय, ●समाज भावना, ●सामंजस्य.

**खेल मैदान** *सं* क्रीड़ाक्षेत्र, *क्षेत्र*, खेल का मैदान, प्लेग्राउंड, फ़ील्ड, *मैदान*, रंगक्षेत्र, ●कुश्ती मैदान, ●जिमनेज़ियम, ●दौड़ मैदान, ●स्टेडियम.

**खेल रन** *सं* *अंक*, खेल अंक, जोड़, *दौड़*, धाव, पाइंट, पिट्ठू, रन, रन संख्या, स्कोर, ●खेल गोल, ●खेल चाल.

**खेला** = आनंदक्रीड़ा, नाटक.
**खेला खाया/खेली खाई** = अनुभवी.
**खेलाड़ी** = खिलाड़ी.
**खेलाना** = फुसलाना.
**खेवक** = नाविक.
**खेवट** = नाविक, पटवारी बही.
**खेवटाई** = नौकायन.
**खेवटिया** = नाविक.
**खेवनहार** = नाविक.
**खेवरिया** = खलासी.
**खेवा** = खेप.
**खेवाई** = नौकायन.
**खेवैया** = खलासी, नाविक.
**खेसर** = खच्चर.
**खेसारी** = अनाज सूची, दलहन.

**खेसारी** *सं* करसा, केराव, त्रिपुट, त्रिपुटी, बटुरी, मुंड चणक, लतरी, लाँक, सांडक, सुस्ना.

**खेह** = धूल.

ख़ैर = कल्याण, जीवन रक्षा, सुरक्षा.

**खैर** *सं* कंटकी, कंटी, कत्था पेड़, कुष्ठारि, कृष्णसार, खदिर, दंत धावन, मेध्य, यज्ञांग, यूपद्रुम, श्वेतसार, सोमवृक्ष, •कत्था, •बबूल.

**ख़ैरअंदेश** = कल्याणकामी.
**ख़ैरअंदेशी** = कल्याणकामना.
**ख़ैरख़्वाह** = शुभचिंतक.
**ख़ैरख़्वाही** = कल्याणकामना, मित्रता.
**खैरा/खैरी** = कत्थई.
**ख़ैरात** = टुक्कड़, दान, भिक्षा.
**ख़ैरातख़ाना** = अनाथाश्रम, मुहताज़ख़ाना.
**ख़ैराती** = धर्मार्थ.
**ख़ैरियत** = सलामती, सुरक्षा.
**खैलर** = फेंटनी, मंथनदंड.
**खोंखल** = कोटर.
**खों खों** = खखार.
**खोंच** = आघात चिराव, व्रण.
**खोंचना** = खरोंचना, घोंपना.
**खोंटना** = नोचना.
**खोंडर, खोंडरा** = कोटर.
**खोंड़ा** = लँगड़ा लूला/लँगड़ी लूली.
**खोंतल** = नीड़.
**खोंता** = नीड़.
**खोंपना** = घोंपना.
**खोंपा** = जूड़ा.
**खोंपाई** = घोंप.
**खोंपी** = हल अँकुड़ी.
**खोंसना** = अटकाना.
**खोइया, खोई** = फोक.
**खोई वस्तु पाना** = खोज पाना.
**खोई वस्तु मिलना** = ढुँढ़ना.
**खोखल** = पोल.
**खोखला** = कोटर, पोल.
**खोखला/खोखली** = अडूब, निरर्थक, पोला/पोली, रिक्त.
**खोखा** = कोटर, खोल, डिब्बा, बूथ, लड़का, हुंडी.

**खोखा** *सं* कियोस्क, कुदक, कोखा, *बूथ*, स्टाल, •केबिन, •कोठरी, •गुमटी.

**खोखी** = लड़की.
**ख़ोगीर** = नमदा.

**खोज** = अनुसंधान, आलब्धि, आविष्कार, खोज यात्रा, तथ्यान्वेषण, तलाश, पीछा.
**खोज अभियान** = खोज यात्रा.
**खोज इच्छा** = जिज्ञासा.
**खोज करना** = खोज पाना.
**खोजख़बर** = कुशल प्रश्न, गुप्तचर्या, तलाश.
**खोजड़ा** = खँडहर टीला.
**खोजनहार** = खोजी.
**खोजना** = खोज पाना.

**खोजना** *क्रि* टटोलना, टोहना, ढूँढ़ना, तलाशना, पाने की कोशिश करना, •खोज पाना, ▪गँवाना.

**खोज निकालना** = खोज पाना.
**खोज निकालने वाला** = खोजी.
**खोजने वाला** = खोजी.

**खोज पाना** *क्रि* खोई वस्तु पाना, खोई वस्तु पा लेना, खोज करना, *खोजना*, खोज निकालना, खोज लेना, खोद निकालना, ढूँढ़ना, ढूँढ़ लेना, तलाश निकालना, तलाश पाना, तलाश लेना, *पाना*, *पाना*, पा लेना, बरामद करना, *लाना*, ▪गँवाना.

**खोजपूर्ण** = गवेषणात्मक.
**खोजप्राप्त** = आलब्ध.
**खोजप्राप्ता** = खोजी.
**खोज प्राप्ति** = आलब्धि.
**खोजबीन** = अपराध अनावरण, गुप्तचर्या, तथ्यान्वेषण.
**खोज मिटाना** = उजाड़ना.

**खोज यात्रा** *सं* अज्ञात खोज, *अनुसंधान*, अनुसंधान यात्रा, अभियात्रा, *अभियान*, खोज, खोज अभियान, गवेषणा, गवेषणा यात्रा, प्रयाण, मिशन, *यात्रा*, •अंतरिक्ष यात्रा, •पर्वतारोहण, •पुरातत्त्व, •साहस यात्रा.

**खोज यात्री** *सं अग्रगंता*, *अभियानी*, ऐडवेंचरर, करावल, टोही, *महारथी*, *यात्री*, •खोजी, •साहसिक यात्री.

**खोज यात्री सूची** *सं अंतरिक्ष यात्री*, ऐस्ट्रोनाट, कास्मोनाट, खगोल यात्री, जासूस, नौयात्री, *पुरातत्त्ववेत्ता*, प्रयाणी, भूवैज्ञानिक, *शिकारी*, समुद्र यात्री, *साहसिक यात्री*.

**खोज लेना** = खोज पाना.
**ख़ोजा** = अंतःपुर दास, हिजड़ा.
**खोजा/खोजी** = आलब्ध.
**खोजा जाना** = ढुँढ़ना.
**खो जाना** = गुमना, भटकना.
**खो जाना स्थिति** = विलब्धि.
**खोजी** = गुप्तचर, तथ्यान्वेषक, पुरातत्त्ववेत्ता, पैरिस्कोप, वैज्ञानिक.

**खोजी** *सं* आलब्धा, खोजनहार, खोज निकालने वाला, खोजने वाला, खोजप्राप्ता, गवेषक, गवेषी, टोहिया, टोही, तलाश निकालने वाला, पाने वाला, पैठी, *प्राप्ता*, लब्धा, संधानी, •गुप्तचर, •पनडुब्बा.

**खोट** = अपराध, कुटेव, तुतलाहट, दुर्गुण, बुराई.

**खोट** *सं* अशुद्धि, मिलावट, मिलौनी, *विकृति*, संकरता, संदूषितता, •दुर्गुण, ▪खरापन.

**खोट मिलाने वाला** = अपमिश्रक.
**खोट मिश्रण** = अपमिश्रण.
**खोटयुक्त** = मिलावटी.
**खोटहीन** = अनिंदनीय, असली, परिपूर्ण.
**खोटा** = गुंडा, दुर्जन.
**खोटा/खोटी** = अधम, अनैतिक, अशुभचिंतक, कुटिल, दुर्गुणी, दुर्जनतापूर्ण, नक़ली, बुरा/बुरी, भ्रष्ट, मिलावटी.
**खोटा पैसा** = खोटा सिक्का.

**खोटा सिक्का** *सं* अप्रामाणिक सिक्का, कपट मुद्रा, कूटमुद्रा, खोटा पैसा, जाली सिक्का, नक़ली सिक्का, •करंसी, •कूटकृति.

**खोड़रा** = कोटर.
**खोद** = खनन.
**खोद उपाड़** = तलाश.
**खोद कर गाड़ना** = गाड़ना.
**खोद कर दबाई** = गड़ाई.

**खोद कर दबाना कर** = गड़ाई.
**खोद कर निकालना कर्म** = उत्खनन.
**खोदना** = उकेरना, ढहाना.

**खोदना** *क्रि* खनन करना, खनना, खनियाना, खुदाई करना, गड्ढा करना, गड्ढा बनाना, गोड़ना, *तोड़ना*, ▪गाड़ना, ▪रोपना.

**खोद निकालना** = उखाड़ना, खोज पाना.
**खोदनी** = कुरेदनी.
**खोदा पहाड़ निकली चुहिया** = ऐंटीक्लाईमैक्स.
**खो देना** = गँवाना.
**खोनचा** = ख़्वानचा, फेरी दुकान.
**खोनचे वाला** = फेरी वाला.
**खोना** = गँवाना, गुमना.
**खोना गँवाना** = गँवाना.
**खोपड़ी** = कपाल, टाँट, संकट चिह्न, सिर.
**खोपरा** = नारियल.
**खोब** = खरोंच, चुभन.
**खोभार** = कूड़ा गड्ढा, सूअरबाड़ा.
**खोमचा** = ख़्वानचा.
**खोया** = मावा.
**खोया/खोई** = गुमनाम, चुरा/चुरी, तल्लीन, निराश, मार्गच्युत, विस्मरणशील, समाधिस्थ.

**खोया/खोई** *वि* अनुपलब्ध, *अप्राप्त*, अप्राप्य, गँवा/गँवी, गँवाया/गँवाई, गया/गई, ग़ायब, गुम, गुमशुदा, बिछुड़ा/बिछुड़ी, भूला/भूली, लापता, लुप्त, विलब्ध, विलुप्त, •चुरा/चुरी, •नष्ट, ▪आलब्ध.

**खोया/खोयी** = स्वप्निल.
**खोया खोया/खोई खोई** = अंतर्मनस्क.
**खोयापन** = विलब्धि.
**खोर** = सानी नाँद.
**ख़ोर** = भक्षक.
**खोरना** = दहकाना.
**खोरा** = कटोरा.
**ख़ोरी** = उदरस्थन, भक्षण.
**खोल** = कवच, खुलाई, गिलाफ़, टोप, तरकस, पोला, रैपर, विस्फार, हैल्मेट.
**ख़ोल** = म्यान, लिफ़ाफ़ा.

**खोल** *सं* आवरण, *कवच*, *कारतूस*, केसिंग, *कोटर*, *कोया*, कोश, *खोखा*, *गोला*, *घर*, चोल, पिधान, *पोला*, •कारतूस, •गिलाफ़, •ढक्कन, •तरकस, •म्यान, •रैपर, •लिफ़ाफ़ा.

**खोलक** = बाँबी.
**खोलन** = खुलाई, विस्फार.
**खोलना** = उघाड़ना, उतारना, उधेड़ना, छीलना, छोड़ना, दिखाना, निखारना, बताना, बिछाना, समझाना, सुलझाना.
**खोलने वाला** = कार्कस्क्रू.
**खोला/खोली** = खुला/खुली.
**ख़ोली** = कोठरी.
**खोल्क** = उल्कापात.
**खोल्मुक** = मंगल ग्रह.
**ख़ोशा** = अनाज बाल, घौद.
**खोसना** = छीनना.
**खोह** = गुफा, बिल.
**खोही** = घाटी.
**खौं खौं** = खखार.
**खौंस** = फूसी.
**ख़ौफ़** = भय.
**ख़ौफ़ज़दा** = भयभीत.
**ख़ौफ़नाक** = भयानक.
**खौलना** = उबलना, औटना.
**खौलाना** = उबालना, औटाना.
**ख्मेर** = कंपूचिया.
**ख्यात** = प्रचारित, प्रवादित, प्रशंसित, प्रसिद्ध, लोकप्रिय.
**ख्यात जन** = उत्तम जनसमूह.
**ख्यातनाम** = प्रसिद्ध.
**ख्याति** = प्रशंसा, प्रसिद्धि.

**ख्याति इच्छुक** *वि* यशकाम, श्रीकाम.

**ख्यातिकर** = ख्यातिप्रद.
**ख्यातित** = प्रशंसित.

**ख्यातिप्रद** *वि* ख्यातिकर, यशद, यशप्रद, यशस्कर, यशोद/यशोदा.

**ख्यातिप्राप्त** = प्रसिद्ध.
**ख़्याल** = मत, विचार, विरह वेदना.
**ख़्याली** = अयथार्थ, काल्पनिक, खंडनीय.
**खिष्टी** = ईसाई, ईसा विषयक.
**खिष्टीय** = ईसाई धर्म विषयक, ईसा विषयक.
**खिस्तान** = ईसाई.
**खिस्ती** = ईसा विषयक.
**खिस्तीय** = ईसा विषयक.
**खीस्त** = ईसा मसीह.
**खीस्ती धर्म** = ईसाई धर्म.
**ख़्वाजा** = हिजड़ा.
**ख़्वाजासरा** = हिजड़ा.
**ख़्वान** = ट्रे, थाल.

**ख़्वानचा** *सं* खोनचा, खोमचा, •भोजन ठेला.

**ख़्वाब** = स्वप्न.
**ख़्वाबगाह** = शयन कक्ष.
**ख़्वार** = नष्ट.
**ख़्वास्तगार** = अपीलार्थी.
**ख़्वाहमख़्वाह** = विवशतः.
**ख़्वाहिश** = इच्छा, महत्त्वाकांक्षा.
**ख़्वाहिशमंद** = आवश्यकताग्रस्त, इच्छुक.
**गंग** = गंगा नदी.
**गंगटोक** = सिक्किमः राजधानी.
**गंगा** = गंगा नदी, नदी सूची भारत उपमहाद्वीप, भंडार.
**गंगा जमुनी** = काला सफ़ेद, दुरंगा/दुरंगी, भेदभावहीन.
**गंगादत्त** = भीष्म.
**गंगाधर** = शिव, समुद्र.

**गंगा नदी** *सं* अद्रिजा, अमरतटिनी, अलकनंदा, गंग, गंगा, गंगा मैया, गायत्री, गिरिजा, जटा शंकरी, जाह्नवी, त्रिधारा, त्रिपथगामिनी, पावनी, भागीरथी, *मंदाकिनी*, विष्णुपदी, शैलजा, सुरसरिता, हिमालयजा, हैमवती.

**गंगापुत्र** = घाट पंडा, वेदव्यास, स्कंद.
**गंगामुख** = बरतन टोंटी.
**गंगा मैया** = गंगा नदी.

**गंगा यमुना संगम** *सं* इलाहाबाद, तीर्थराज, त्रिवेणी, प्रयाग, *संगम*.

**गंगाराम** = तोता.
**गंगाल** = बरतन टोंटी.
**गंगालाभ** = मृत्यु.
**गंगासुत** = भीष्म.
**गंगास्नान** = कन्यादान.
**गंगू तेली** = निर्धन व्यक्ति.
**गंगोल** = गोमेद.
**गंज** = केशहीन सिर, गंजापन, ढेर,

नगर, बाज़ार, भंडार, भंडारघर, महल्ला, रत्न खान, व्यापारिक नगर.
**गंज का चाकू** = स्विस नाइफ़.
**गंजबख़्श** = दानशील.
**गंजा/गंजी** = केशहीन.

**गंजा/गंजी** *वि* अकच, अकूर्च, अकेश, *केशहीन*, खल्लीट, चिकना/चिकनी, मुँडा/मुँडी, विकेश/विकेशी, ■केशयुक्त.

**गंजापन** *सं* इंद्रलुप्त (प्रा), इंद्रलुप्ति (प्रा), केशहीनता, खल्लीट, खल्वाट, खालित्य, गंज, सुरेंद्रलुप्ति (प्रा), ●केशहीन सिर, ●विग.

**गँजिया** = शकरकंदी.
**गंजी खोपड़ी** = केशहीन सिर.
**गंजीफ़ा** = ताश खेल.
**गँठ** = गाँठ.
**गँठकटा** = पाकेटमार.
**गँठजोड़** = विवाह.
**गँठना** = जुड़ना.
**गँठबंधन** = विवाह.
**गँठा/गँठी** = ग्रंथित, सिला/सिली.
**गँठाई** = सिलाई.
**गँठीला/गँठीली** = जटिल.
**गंड** = कपोल, गैंडा.
**गंडक शिला** = शालग्राम बटी.
**गंडकुसुम** = हाथी मद.
**गंडस्थल** = कपोल.
**गंडांग** = गैंडा.
**गंडा** = आना, गंडा तावीज़, चार समुदाय.

**गंडा तावीज़** *सं* करावा, *कवच*, गंडा, *गुड्डा*, जंतर, जंतरमंतर, जंत्र, ताबीज, तावीज़, नादे अली, *बघनखा*, मंत्रचक्र, मंत्रयंत्र, *यंत्र*, रक्षाकवच, रक्षाभूषण, *शुभंकर*, सदक़ा, स्कंधमणि, हरपरवेरी, ●अंधविश्वास, ●टोनाटोटका, ●नज़र टीका, ●शुभचिह्न.

**गँडासा** *सं* गँड़ासा, गँड़ासी, गुराव, ●क़साई, ●परशु.

**गँड़ासी** = गँडासा.
**गंडोरा** = खजूर.
**गंतव्य** = खेल गोल.

**गंतव्य** *सं* उद्देश्य, गंतव्य स्थान, *घर*, टर्मिनस, ठिकाना, *दिशा*, *पता*, *मंज़िल*, मंज़िले मक़सूद, मरहला, *लक्ष्य*, ●उद्देश्य, ●तलाश, ●पड़ाव, ●पहुँच, ●महत्त्वाकांक्षा, ●मार्ग.

**गंतव्यप्राप्त** *वि* गंतव्यगत, गंतव्यागत, तथागत, मंज़िलरसीद, लक्ष्यगत, लक्ष्यप्राप्त, *सफल*, ●पूर्णप्रतिज्ञ, ●पूर्णेच्छ, ●सफल.

**गंतव्य प्राप्त होना** = पहुँचना.
**गंतव्य प्राप्ति** = पहुँच.
**गंतव्य स्थान** = गंतव्य, पता.
**गंतव्यागत** = गंतव्यप्राप्त.
**गंता** = निर्गंता, यात्री.

**गंता** *सं* गंतु, गंतुक, गामी/गामिनी, चर (जैसेः पथचर), चलनहारा/चलनहारी, जाने वाला, याता, यायी, ■आगंतुक.

**गंतु** = गंता, निर्गंता.
**गंतुक** = गंता, निर्गंता, प्रवासी.
**गंत्री** = यान.
**गंद** = गृहकलह, मल.
**गंदगी** = प्रदूषण, मल, विष्ठा.
**गंदमी** = गेहुँआ/गेहुँई.
**गँदला/गँदली** = गंदा/गंदी.
**गंदा/गंदी** = अनधुला/अनधुली, अश्लील, कीचड़दार, कुलिखित, कुवेशित, घिनौना/घिनौनी, दुराचारी, दुर्गंधपूर्ण, धूलिमय, निर्लज्ज, प्रदूषित, रोगकारक, लज्जाजनक, वषित्त, संक्रामक.

**गंदा/गंदी** *वि* *अपवित्र*, अपावन, अप्रक्षालित, अमार्जित, अशुद्ध, अस्वच्छ, कलुषित, कल्मष, कश्मल, गँदला/गँदली, ग़लीज़, चिकटा/चिकटी, चिक्कट, चिरकीन, चीकट, दूषित, धूलिधूसर, पलीद, पांशुल, *प्रदूषित*, भद्दा/भद्दी, मल दूषित, मलयुक्त, मलिन, मलिष्ठ, मैला/मैली, मैला कुचैला/मैली कुचैली, विदूषित, संदूषित, सड़ा/सड़ी, सड़ियल, ●दुर्गंधपूर्ण, ●धूलिमय, ■स्वच्छ.

**गंदा पानी** = पूय, रज.

**गंदी बस्ती** *सं* कच्ची बस्ती, *चाल*, झुग्गी झोंपड़ी, दरिद्र बस्ती, बस्ती, मलिनावास, वास, स्लम, ●महल्ला.

**गंदी लड़ाई** = जूतम पैजार.
**गंदुम** = गेहूँ.
**गंदुमी** = गेहुँआ/गेहुँई.
**गंध** = आहार सुवास, इत्र, दुर्गंध, पुट, सुराग़.

**गंध** *सं* बसावट, बास, बू, महक, वास, ●दुर्गंध, ●नाक, ●सुगंध.

**गंध अनुभूति** = घ्राण अनुभूति.

**गंधक** *सं* अतिगंध, कीटघ्न, गंधकाश्म, दिव्यगंध, धातुवैरी, रसगंधक, शुल्बारि, सल्फ़र.

**गंधकाश्म** = गंधक.

**गंधजीवी** *सं* अत्तार, इत्रफ़रोश, गंधव्य व्यापारी, गंधी, गांधी, सुगंधव्य व्यापारी, सौगंधिक, ●तेली/तेलिन.

**गंध तेल** = इत्र.
**गंध द्रव्य प्रदान** = सुगंधार्पण.
**गंधपुष्पा** = केवड़ा.
**गंध फैलाना** = महकना.
**गंध बिखरेना** = महकना.
**गंधमात्र** = सूक्ष्म.
**गंधमाद** = वानर सूची.
**गंधमादन** = भ्रमर.
**गंधमृग** = कस्तूरी मृग.
**गंधराज** = चंदन, बेला.
**गंधर्व** = गायक, घोड़ा.

**गंधर्व** *सं* दिव्य गायक, देवगायक, देवता तीन स्तर नीचे, नभौका, वायुकेश, सुर गायक, सुरसखा, सोमरक्ष, हरिसखा, ●चित्ररथ, ●तुंबुरु, ●नारद, ●मिथक.

**गंधर्वपुर दर्शन** = मायादर्शन.
**गंधर्वलोक** = परीलोक.

**गंधर्व स्त्री** *सं* *अप्सरा*, गंधर्वी.

**गंधर्वी** = अप्सरा, गंधर्व स्त्री, गायिका.
**गंधलुब्ध** = भ्रमर.
**गंध लेना** = सूँघना.
**गंध लेप** = सुगंध लेप.
**गंधवाह** = वायु.

**गंधव्य व्यापारी** = गंधजीवी.
**गंधशेखर** = कस्तूरी.
**गंधहारिणी** = तुलसी.
**गंधाना** = महकना, महकाना.

**गंधाना** *क्रि* उपसना, उबसना, दुर्गंध फैलाना, बास मारना, बुसना, *सड़ना*, ●सड़ना, ■महकना, ■महकाना.

**गंधा बिरोजा तेल** = तारपीन.
**गँधाया/गँधाई** = ख़मीरा/खमीरी.
**गंधित** = सुगंधित, सुवासित.
**गंधित करना** = महकाना.
**गंधिनी** = मदिरा.
**गंधी** = गंधजीवी, तेली/तेलिन.
**गंधेंद्रिय** = घ्राण अनुभूति, नाक.
**गंभीर** = अचिकित्स्य, अध्ययनशील, अबोध्य, अरसिक, कठिन, ख़तरनाक, गहरा/गहरी, चिंताजनक, धीर, निश्चल (जल), प्रबल, प्रभावशाली, भावोत्पादक, मर्यादापूर्ण, युगांतरकारी, विचारशील, विचारित, विवेकी, शास्त्रीय (कला), संयमित, समस्यात्मक, स्वल्पभाषी.

**गंभीर** *वि* अचंचल, अचपल, अनुत्तेजित, अप्रमत्त, *अरसिक*, आत्मस्थ, उत्तेजनाहीन, उदात्त, गंभीरचित्त, गहरा/गहरी, थिर, दृढ़चित्त, *धीर*, निरुद्विग्न, *प्रबुद्ध*, मनस्वी, मर्यादित, यतात्मा, शांत, संजीदा, संतुलित, संयत, *स्थितप्रज्ञ*, स्थिरचित्त, ●प्रौढ़, ●सौम्य, ■क्रोधी, ■चंचल, ■विनोदप्रिय.

**गंभीर अध्ययन** = व्याख्या.
**गंभीरचित्त** = गंभीर.
**गंभीरता** = गहराई, साधना.

**गंभीरता** *सं* अचंचलता, अचपलता, अचापल्य, उदात्तता, गंभीर स्वभाव, गांभीर्य, धृति, *धैर्य*, शम, शांत स्वभाव, संजीदगी, *संयम*, *सहजता*, सामान्यता, सुचित्तता, स्थितप्रज्ञता, स्थिरता, स्थिरमनस्कता, ●औपचारिकता, ●प्रतिबद्धता, ●प्रौढ़ता, ●मर्यादा, ■उत्तेजना, ■चंचलता, ■नटखटपन, ■हुड़दंग.

**गंभीर नाटक** *सं* ट्रैजडी (विकल्प), ट्रैजेडी, ●दुःखांत नाटक, ●नाटक, ■अगंभीर नाटक.

**गंभीर स्वभाव** = गंभीरता.
**गँवई** = ग्रामवासी, ग्रामीय, ग्राम्यतापूर्ण.
**गँवट्टी** = ग्रामवासिनी.
**गँवना** = गुमना.
**गँवर** = ग्रामीय.
**गँवरदल** = ग्रामीय, मूर्ख.
**गँवा/गँवी** = खोया/खोई, चुरा/चुरी.
**गँवाई** = अपव्यय, विलब्धि, हानि.
**गँवाऊ** = अपव्ययी.

**गँवाना** *क्रि* खो देना, खोना, खोना गँवाना, बिलाना, रख कर भूल जाना, विलब्ध करना, हिराना, ●गुमना, ■खोजना, ■खोज पाना.

**गँवाया/गँवाई** = खोया/खोई.
**गँवार** = अगुणज्ञ, अदक्ष, अविद्वान, अशिक्षित, असंस्कृत, कुवेशित, ग्राम्यतापूर्ण, मूर्ख.
**गँवारा/गँवारी** = ग्राम्यतापूर्ण.
**गँवारिन** = ग्रामवासिनी.
**गँवारू** = ग्राम्यतापूर्ण, भँड़ौआ.
**गँवेली** = ग्रामवासिनी.
**गँसा/गँसी** = कसा/कसी, रुद्ध, विजड़ित.
**गँसीला/गँसीली** = कँटीला/कँटीली, चुभनशील.
**गई रात** = देर रात में.
**गउशाला** = गोशाला.
**गऊ** = अहानिकारक, गाय.
**गऊदान** = गोदान.
**गऊ समान** = गाय समान.
**गए ज़माने के लोग** = अतीत जन.
**गए वक़्त** = देर रात में.
**गगन** = आकाश.
**गगनगढ़** = गगनचुंबी भवन.
**गगनगामी** = नभचर.
**गगन गिरा** = आकाशवाणी, भविष्यवाणी.
**गगनचर** = ग्रह, देवता, नभचर, पक्षी.
**गगनचर्या** = उड्डयन.

**गगनचुंबी** *वि* अंबरलेखी, आकाशचुंबी, आसमान छूता, गगनभेदी, गगनस्पर्शी, प्रोत्तुंग, सितारों से बात करने वाला, हिमालय जैसा, ●ऊँचा/ऊँची.

**गगनचुंबी भवन** *सं* अट्टालिका, गगनगढ़, *टावर*, *बहुखंडी भवन*, महाभवन, *मीनार*, स्काईस्क्रेपर, ●फ़्लैट, ●महल.

**गगनध्वज** = मेघ.
**गगनपति** = इंद्र.
**गगनभेड़** = क्रौंच.
**गगनभेदी** = गगनचुंबी.
**गगनमणि** = सूर्य.
**गगनवाटिका** = मायादर्शन.
**गगनविहारी** = आकाश पिंड, देवता.
**गगनस्पर्शी** = गगनचुंबी.
**गगनेचर** = नभचर.
**गगनोल्मुक** = मंगल ग्रह.
**गगरा** = घड़ा.
**गगरी** = घड़ा.
**गच्छ** = जैन मठ.
**गछना** = पूछना.
**गजंद** = ऐरावत, हाथी.
**गज़** = कमानचा.

**गज़** *सं* इंच 36, गिरह 16, फुट 3.

**गज 1/3** = फुट.
**गज 1/36** = इंच.
**गज 1,760** = मील.
**गज 220** = फ़रलांग.

**गजगति** *सं* *अलमस्ती*, अलस गति, कुंजरगति, गजगमन, गजगामिता, झूम, मंदमंथर गति, मदमस्त चाल, रुनझुन चाल, *लहराव*.

**गजगमन** = गजगति.
**गजगामिता** = गजगति.
**गजगामिनी** = सुंदर स्त्री.
**गजगामी** = सुंदर.
**गजचालक** = हाथीवान.
**गज़ट** = समाचार पत्र.
**गजढक्का** = ढोल.
**गजदंत** = गणेश, हाथी बाहर निकला दाँत.
**गजदान** = हाथी मद.
**गजधर** = राजगीर, स्थपति.
**गजपाल** = हाथीवान.
**गज पिप्पली** = मसाला सूची

**गज पिप्पली** *सं* कोलवल्ली, गज

पीपल, चवी, पिप्पली, पीपली, सोमवल्ली.

**गजपुट** = पिघलाई.
**ग़ज़ब** = अत्याचार, ईश्वरीय संकट.
**ग़ज़ब का** = असामान्य, भव्य, विचित्र.
**गजबाँक** = अंकुश.
**गज़ भर का सीना** = विशाल वक्ष.
**गज मद** = हाथी मद.
**गजमस्तक** = गणेश.
**गजमुख** = गणेश.
**गजर** = समय घोष.
**गजर दम** = प्रातःकाल में.
**गजरा** = पुष्पमाला.
**गजराज** = हाथी.

**ग़ज़ल** *सं* रेख़ता, •गीत, •शेअर.

**ग़ज़ल आरंभिक शेअर** *सं* आरंभिक शेअर, पहला शेअर, मतला, ▪ग़ज़ल समापन शेअर.

**गज लवण** = साँभर नमक.

**ग़ज़ल समापन शेअर** *सं* अंतिम शेअर, आख़िरी शेअर, गिरह, मक़्ता, ▪ग़ज़ल आरंभिक शेअर.

**गजवदन** = गणेश.
**गजवान** = हाथीवान.
**गजवाहिनी** = गजसेना.

**गजशाला** *सं* पीलख़ाना, फ़ीलख़ाना, हथसार, हथसाल, हस्तिशाला, हाथीख़ाना, हाथीघर.

**गजसेना** = सेना चार प्राचीन अंग.

**गजसेना** *सं* गजवाहिनी, हाथी सेना.

**गजा** = हथिनी.
**गजाकार** = बड़े साइज़ का, महाकाय.
**गजाधर** = गदाधारी.
**गजानन** = गणेश.
**गजारि** = सिंह.
**गजारोह** = हाथीवान.
**गजारोही** = हाथी सवार.
**ग़ज़ाल** = मृगछौना/मृगछौनी.
**ग़ज़ाला** = सुंदर स्त्री, हिरनी.
**गजास्थि** = हाथीदाँत.
**गजिनी** = सुंदर स्त्री, हथिनी.
**गजी** = हथिनी, हाथी सवार.

**गजेंद्र** = ऐरावत.
**गटई** = कंठ.
**गटक** = घूँट.
**गटकन** = उदरस्थन.
**गटकना** = ढकोसना, निगलना, पीना, भकोसना.
**गटगट पीना** = ढकोसना.
**गटना** = बँधना.
**गटर** = नाला नाली.
**गटागट** = लगातार.
**गटागट पीना** = ढकोसना.
**गट्टा** = कलाई, टखना, बीजकोश.
**गट्ठर** = बंडल.
**गट्ठा** = गड्डा, बंडल.
**गट्ठी** = गाँठ, बंडल.
**गठन** = क़द क़ामत, बनावट, रूप प्रदान, संस्थापना.
**गठबंधनहीन** = गुटनिरपेक्ष.
**गठबंधित** = गुटबंद.
**गठरी** = क्रेट, पैकेज, पैकेज सूची, बंडल.
**गठा/गठी** = ठोस, सूक्तिवत.
**गठित** = ग्रंथित, बलिष्ठ, व्यवस्थित, संस्थापित, सुगठितकाय.
**गठिया** = बंडल.

**गठिया** *सं* आमवात, आर्थराइटिस, गाँठ पीड़ा, जोड़ दर्द, बाई, बाउ, बाओटा, बाय, बाय का दर्द, रीह, र्‍यूमैटिज़्म, वात, वातरोग, वाताधिक्य, शूल, संधिवात, हवा, •संधि ज्वर.

**गठीला/गठीली** = सुगठितकाय.
**गड** = खाई, मछली.
**गड़गज** = गुंबद.
**गड़गड़** = धमाका, मेघ गर्जन.

**गड़गड़** *सं* गड़गड़ाहट, *गर्जन*, घनक, घनघन, घनघनाहट, घोष, धुंकार, धुधुकार, धूधू, नर्दन, नाद, प्रणाद, विघोष, विनाद, •कोलाहल, •घरघर, •धमाका, •मेघ.

**गड़गड़ा** = हुक़्क़ा.

**गड़गड़ाता/गड़गड़ाती** *वि* गरजता/गरजती, गर्जनपूर्ण, गर्जनशील, गूँजता/गूँजती, घनघनाता/घनघनाती, घनघोर, घमकता/घमकती, घोर, चीख़ता/चीख़ती, *ध्वनिपूर्ण*, नादपूर्ण, निनादित, सुनर्द, •कोलाहलपूर्ण, •गुंजायमान, •ध्वनिपूर्ण.

**गड़गड़ाना** = गरजना.

**गड़गड़ाना** *क्रि गरजना*, गर्जित होना, घनघन करना, घनघनाना, घहराना, घोरना, डंकना, नादना, •गरजना.

**गड़गड़ाहट** = गड़गड़, धमाका.
**गड़गड़ी** = डुगडुगी.
**गड़ जाना** = लजाना.
**गड़दार** = हाथीवान.
**गड़न** = चुभन.
**गड़ना** = चुभना.

**गड़प** *सं* गुड़प, छप, छपाक, धँसन ध्वनि, पानी में धँसन ध्वनि, •धम, •फचफच.

**गड़पना** = ढकोसना, निगलना, लीलना.
**गड़प होना** = डूबना.
**गड़प्पा** = दलदल.
**गड़बड़** = अव्यवस्था, अव्यवस्थित, कुप्रबंध, कुप्रबंधित, क्रमहीन, दंगा.
**गड़बड़ झाला** = अव्यवस्था.
**गड़बड़िया** = उपद्रव नेता, उपद्रवी, मूर्ख.
**गड़बड़ी** = अव्यवस्था, कुप्रबंध, दंगा.
**गडमड** = अव्यवस्थित, क्रमहीन.
**गड़रिया** = ईसा मसीह, चरवाहा.

**गड़रिया** *सं* अजपाल, अजाजीव, अविपाल, गल्लाबान, छागपाल, भेड़बकरी पालक, मेषपाल, वृष्णिपाल, •चरवाहा, •चरागाह.

**गड़रिया कर्म** = भेड़बकरी पालन.
**गड़रियागीरी** = भेड़बकरी पालन.
**गड लवण** = साँभर नमक.
**गड़वाँत** = नेमिमार्ग.
**गड़वा** = घड़ा, लोटा, सुराही.
**गड़वी** = घड़ा, लोटा, सुराही.
**गड़ा/गड़ी** = आधारित, विजड़ित, स्थावर.

**गड़ाई** *सं* खोद कर दबाई, खोद कर

दबाना कर, निखनन, *वेधन*, •जड़ाई, •ठुँकाई, •दफ़नाई, ■उत्खनन, ■खनन.

**गड़ा खज़ाना** = अप्रत्याशित लाभ.
**गड़ाना** = चुभाना, जड़ना, ठोंकना.
**गड़ारी** = गीयर.
**गड़ी नज़र** = ताक.
**गड़ुई** = सुराही.
**गड्डुर** = कुबड़ा/कुबड़ी.

**गड़ूलना** *सं* गडोलना, *गड्डा*, बच्चों का चलना सिखाने वाला पहिएदार ढाँचा, •बच्चागाड़ी, •बैसाखी.

**गड्डर** = भेड़, भेड़ा.
**गड्डरिका प्रवाह** = भेड़चाल.
**गड्डा** = गड़ूलना, जोतगाड़ी, पैकेज, बैलगाड़ी.

**गड्डा** *सं* गट्ठा, गड्डी, *जोड़ी*, ढोली, पैक, *बंडल*, •चट्टा, •ढेर.

**गड्डी** = गड्डा, जोतगाड़ी, पैकेज, बैलगाड़ी, यान, संग्रह.
**गड्ढा** = कूड़ा गड्ढा, खान, दंदाना, दबक, निम्नबिंदु, नेमिमार्ग, बिल.

**गड्ढा** *सं* उत्खात, कुहर, *कूप*, *कोटर*, खड्डा, खत्ता, खात, गढ़ा, गर्त, गह्वर, ग़ार, छेद, धँसान, *बिल*, भंभा, विवर, •खड्ड, •खान, •छिद्र, •दंदाना, •दबक, •बिल, ■टीला, ■पर्वत.

**गड्ढा करना** = खोदना.
**गड्ढा पड़ना** = दबकना.
**गड्ढा बनाना** = खोदना.
**गढ़ंत** = असत्य, गप, झूठा बहाना, रूप प्रदान.
**गढ़** = केंद्रस्थान, खाई, घर, चौकड़ीघर, दुर्ग, नगर, परिखा, महल, शरणस्थल, हवेली.
**गढ़न** = क़द क़ामत, देहानुपात, निर्माण, बनावट, रूप प्रदान, सृजन.
**गढ़ना** = पढ़ाना, बनाना.

**गढ़ना** *क्रि* आकार देना, *करना*, घड़ना, *ढालना*, *बनाना*, रचना, रूप देना, शिल्पित करना, साकार करना, सिरजना, •ठोंकना, •पिघलाना, ■उजाड़ना, ■तोड़ना.

**गढ़नीय** = नम्य.
**गढ़ने वाला** = कुम्हार, रूप प्रदाता.
**गढ़पति** = दुर्गपाल.
**गढ़पाल** = दुर्गपाल.
**गढ़ा** = गड्ढा.
**गढ़ा/गढ़ी** = असत्य, काल्पनिक, मरम्मतकृत, रचित.
**गढ़ाई** = रूप प्रदान.
**गढ़िया** = रूप प्रदाता.
**गढ़ी** = महल, हवेली.
**गढ़ैया** = तलैया, निर्माता.
**गण** = क़बीला, कर्मचारी दल, कोटि, जनता, नौकर, वृंद, समाज, समूह, सैनिक.

**गणक** *सं* *कैल्कुलेटर*, परिगणक, परिगणन कर्ता, रैकनर, संगणक, सांख्य, हिसाब लगाने वाला, •टैलर

**गणतंत्र** = लोकतंत्र.

**गणतंत्र दिवस** *सं* (1950), 26 जनवरी, गणराज्य दिवस, रिपब्लिक डे.

**गणतंत्रवाद** = लोकतंत्रवाद.
**गणतंत्रात्मक, गणतंत्रीय, गणतांत्रिक** = लोकतांत्रिक.
**गणना** = जनगणना, जोड़ फल, संख्या.

**गणना** *सं* अद, काउंट, गिनती, नंबर, परिगणना, परिसंख्या, शुमार, *संख्या*, संगणना, स्कोर, हिसाब, •उलटी गिनती, •अंकगणित.

**गणना करना** = गिनना.
**गणनाथ** = गणेश, राष्ट्रपति.
**गणना पद्धति, गणना प्रणाली** = गिनती प्रणाली.
**गणनायक** = गणेश.
**गणनीय** = परिगणनीय.
**गणपति** = गणेश.
**गणपूर्ति** = कोरम.
**गणभोज** = भोज.
**गणमान्य** = प्रतिष्ठित, महत्त्वपूर्ण.
**गणमान्यता** = लोकप्रियता.
**गणराज्य** = लोकतंत्र.
**गणराज्य दिवस** = गणतंत्र दिवस.
**गणवधु** = वेश्या.
**गणवेश** = वरदी.
**गणस्वामी** = राष्ट्रपति.
**गणादृत** = अभिनंदित, उपाधित.
**गणाध्यक्ष** = मुखिया, राष्ट्रपति, सर्वोच्च सत्ताधारी.
**गणिका** = वेश्या.
**गणित** = गणितशास्त्र, गिना/गिनी.
**गणितकार** = गणितज्ञ.
**गणितज्ञ** = खगोलविद, ज्योतिषी.

**गणितज्ञ** *सं* गणितकार, गणित विज्ञानी, गणित शास्त्री, हिसाबदाँ.

**गणित ज्योतिष** = खगोलिकी.
**गणित ज्योतिषी** = खगोलविद.
**गणित यंत्र** = कैल्कुलेटर.
**गणित विज्ञान** = गणितशास्त्र.
**गणित विज्ञानी** = गणितज्ञ.
**गणित शास्त्र** = गणितशास्त्र.

**गणितशास्त्र** *सं* गणित, गणित विज्ञान, गणित शास्त्र, मैथमैटिक्स, मैथ्स, हिसाब, •अंकगणित, •कलनगणित, •ज्यामिति, •बीजगणित, •सांख्यिकी.

**गणित शास्त्री** = गणितज्ञ.
**गणित्र** = कैल्कुलेटर.
**गणीय** = सामूहिक.

**गणेश** *सं* अंबिकेय, अग्रपूज्य, आंबिकेय, आखुवाहन, इभानन, उमानंदन, उमासुत, एकदंत, ओंकाररूप, कटंकट, गजदंत, गजमस्तक, गजमुख, गजवदन, गजानन, गणनाथ, गणनायक, गणपति, गांगेय, गौरीज, ढुंढि, ढुंढराज, तुंडी, दंती, द्विमातुर, नागमुख, नागानन, परशुपाणि, पार्वतीनंदन, पार्वती पुत्र, बृषध्वज, भवानीनंदन, भालचंद्र, मूषकवाहन, लंबोदर, वक्रतुंड, वज्रतुंड, विघ्नहर, विघ्नहर्ता, विघ्नांतक, विघ्नेश्वर, विनायक, वृषध्वज, शंभुनंदन, शिवगण अधिपति, शिवनंदन, शिव-पार्वती पुत्र, शूर्पकर्ण, सिद्धि विनायक, सुरश्रेष्ठ, हस्तिमुख, हेरंब, •पार्वती, •शिव,

•स्कंद.

**गणेश पूजा** = नाट्य आरंभ.
**गणेशमाता** = पार्वती.
**गणेशवाहन** = चूहा.
**गण्य** = परिगणनीय, प्रतिष्ठित, प्रसिद्ध, महत्त्वपूर्ण.
**गण्यता** = महत्त्व.
**गत** = अस्तगत, कुपरिस्थिति, निर्गमित, प्राचीन, भूतकालीन, मृत, लय, व्यतीत.

**गत** *वि* उपगत, गया/गई, प्रस्थानित, प्रस्थित, बहिर्गत, रवाना, विगत, वीत, व्रजित, •व्यतीत, ▪अगत, ▪आगत, ▪पहुँचा/पहुँची.

**गतका** = छड़ी.
**गतकाल** = भूतकाल.
**गतकुल** = उत्तराधिकारीहीन.
**गतक्लांति** = मनोरंजित, विश्रांत.
**गतचेतन** = अचेत.
**गतप्राण** = मृत.
**गतप्राय** = मरणासन्न.
**गतभय** = भयहीन.
**गतभर्तृका** = विधवा.
**गतयौवन/गतयौवना** = वृद्ध.
**गतयौवना** = वृद्ध स्त्री.
**गतलज्ज** = निर्लज्ज.
**गतवयस्क/गतवयस्का** = वृद्ध.
**गतवैभव** = वैभवहीन.
**गतश्रम** = विश्रांत.
**गतसंग** = विरक्त.
**गतायु** = वृद्ध.
**गति** = अंतर्व्याप्ति, ऊर्जा, गति वेग माप, गमन, गश्त, घटना, चाल, दक्षता, द्रुत वेग, परिस्थिति, प्रगति, रवानी, लय, वेग, संचलन.
**गतिकी** = गति विज्ञान.
**गतित** = चालित.
**गति देना** = धकेलना, हिलाना.
**गतिपात** = तबला थाप.
**गतिपूर्ण** = रवानीदार.
**गतिपूर्वक** = द्रुततः.
**गति प्रदानित** = चालित.
**गति बढ़ाना** = कोंचना.
**गति मंदित** = मंदित.
**गति मुद्रा** = चाल.
**गतियुक्त** = रवानीदार.

**गतिरुद्ध** *वि* गतिहीन, गत्यवरुद्ध, जमा/जमी, जाम, थमा/थमी, प्रगतिहीन, *बंद*, रुका/रुकी, *रुद्ध*, *स्थित*, ▪संचलनशील.

**गतिरुद्धता** = गतिरोध.
**गतिरोध** = विकासरोध.

**गतिरोध** *सं* अटकापन, अड़ापन, अवरुद्धता, गतिरुद्धता, गत्यवरोध, ज़िच, डैडलाक, *बाधा*, बाधितता, रुद्धता, •अप्रगति, •अवरोध, •प्रतिरोध, •रुद्धता, ▪प्रगति.

**गतिरोधक** = स्पीड ब्रेकर.
**गतिरोधित्र** = ब्रेक, स्पीड ब्रेकर.
**गतिरोधी** = स्पीड ब्रेकर.
**गतिवर्धन** = वेगवृद्धि.

**गति विज्ञान** *सं* गतिकी, डाइनैमिक्स.

**गतिविधि** = कर्म, दिनचर्या, हलचल.

**गतिविधि** *सं* *क्रिया*, क्रियाकलाप, चर्या, चेष्टा, *व्यापार*, सक्रियता, सरगर्मी, हरकत, हरारत, *हलचल*, •कर्म, •दिनचर्या, ▪अकर्म.

**गतिविधिपूर्ण** = घटनापूर्ण.
**गतिविधिहीन** = घटनाहीन, निष्क्रिय.
**गति विराम** = विराम.
**गतिवृद्धि** = वेगवृद्धि.

**गति वेग माप** *सं* किलोमीटर प्रतिघंटा, गति, मील प्रतिघंटा, *वेग*, *संवेग*, स्पीड.

**गतिशील** = उत्साही, गमनशील, घटनाशील, चुस्त, द्रुत, पठनीय, प्रवाहशील (भाषा), रवानीदार, लयपूर्ण, संचलनशील, सक्रिय.
**गतिशीलता** = घुमक्कड़ी.
**गति शैली** = चाल.
**गति हरना** = रोकना.
**गतिहीन** = असहाय, गतिरुद्ध, निश्चल, विकल्पहीन.
**गतिहीनतः** = मंदतः.
**गतिहीनता** = निरुत्साह.
**गतिहीन होना** = ठहरना.
**गतिहृत** = विरामित.

**गत्ता** *सं* कार्ड, कार्डबोर्ड, तख़्ता, दफ़्ती, पत्तर, प्लेक, बोर्ड, •कौरुगेटित गत्ता, •कौर्कबोर्ड, •जिप्सम बोर्ड, •फ़ाइबर बोर्ड, •स्ट्राबोर्ड.

**गत्ताल खाता** = बट्टा खाता.
**गत्यवरुद्ध** = गतिरुद्ध.
**गत्यवरोध** = गतिरोध, विकासरोध.
**गत्वर** = गमनशील, द्रुत, रवानीदार, सक्रिय.
**गत्वरक** = स्टार्टर.
**गत्वरण** = संचालन.
**गत्वरण उपकरण** = स्टार्टर.
**गत्वरित** = चालित.
**गत्वरित्र** = स्टार्टर.
**गत्वरित्र सूची** = स्टार्टर.
**गदकारा/गदकारी** = गिलगिला/गिलगिली.
**गदना** = कहना.
**ग़दर** = विद्रोह, हल्लागुल्ला, हुड़दंग.
**गदराना** = मुटाना, मुटियाना.
**गदराया/गदराई** = जवान, मोटा/मोटी.
**ग़दरिया** = क्रांतिकारी.
**गदहा** = गधा.
**गदांतक** = अश्विनी कुमार.
**गदा** = भिखारी.

**गदा** *सं* करेल, गुर्ज़, मुग्दर, रंभा, •लाठी.

**गदाई** = भिक्षावृत्ति.
**गदागद** = बेतहाशा.
**गदागरी** = भिक्षावृत्ति.
**गदाधर** = गदाधारी, विष्णु.

**गदाधारी** *सं* गजाधर, गदाधर.

**गदाल** = लीवर.
**गदाली** = लीवर.
**गदित** = अभिव्यक्त, कथित.
**गदीला/गदीली** = गुदगुदा/गुदगुदी.

**गदीला/गदीली** *वि* आरामदेह, *कोमल*, गद्देदार, गुदगुदा/गुदगुदी, नर्म, भरवाँ, भरा/भरी, मुलायम, *सहज*, स्प्रिंगी, •गिलगिला/गिलगिली, •नम्य, ▪कठोर, ▪खुरदुरा/खुरदुरी, ▪पथरीला/पथरीली.

**गदेला** = गद्दा.
**गदेली** = गद्दा, गद्दी.
**गद्गद** = आनंदित, प्रसन्न, भावपूर्ण, हँसता/हँसती.
**गद्गदता** = आनंदातिरेक.
**गद्गद होना** = हुलसना.
**गद्दर** = जवान, मोटा/मोटी.
**गद्दर करना** = मुटियाना.
**गद्दा** = टप्पा, दबक.

**गद्दा** *सं* गदेला, गदेली, गिलम, *तूलिका*, तोशक, निहाली, बिछावन, बिछौना, बिस्तर, बिस्तरा, बैड, बैडिंग, मैट्रैस, शय्या, सेज, ●क़ालीन, ●गद्दी, ●तकिया, ●दरी, ●नमदा, ●पलंग, ●सोफ़ा.

**ग़द्दार** = विश्वासघाती, हड़तालतोड़िया.

**ग़द्दार** *सं* गृहद्रोही, घतिया, घर का भेदिया, घर का भेदी, घरफोड़ना/घरफोड़नी, घाती, छलिया, जयचंद, दग़ाबाज़, देशद्रोही, द्रोही, नमकहराम, पंचमांगी, बाग़ी, बेवफ़ा, भितरघाती, भेदिया, भेदी, मर्मभेदी, मुख़बिर, राजद्रोही, राष्ट्रद्रोही, *विश्वासघाती*, ●विश्वासघाती, ■क्रांतिकारी, ■देशभक्त.

**ग़द्दारी** = देशद्रोह, राजद्रोह, विश्वासघात.
**गद्दी** = आधार सूची, आसन, कुरसी, ज़ीन, दुकानदार आसन, यान सीट, सिंहासन.

**गद्दी** *सं* गदेली, *तूलिका*, निहाली, बिछौनिया, बिछौनी, ●आसन, ●गद्दा, ●पेढ़ी, ●सोफ़ा.

**गद्दी त्याग** = सत्तात्याग.
**गद्दीधारी** = सत्तासीन.
**गद्दीनशीन** = सत्तासीन.
**गद्दीनशीनी** = सत्तारोहण.
**गद्देदार** = गदीला/गदीली, गुदगुदा/गुदगुदी, टिप्पेदार.

**गद्य** *सं* इबारत, गद्यकाव्य, छंदहीन काव्य, नस्र, प्रोज़, ●काव्य, ●निबंध, ●लेख.

**गद्य और काव्य** = साहित्य.
**गद्यकाव्य** = गद्य.
**गद्यमंत्रवेद** = यजुर्वेद.

**गद्यात्मक** *वि* अकाव्यात्मक, कवित्वहीन, गद्यीय, *रसहीन*, शुष्क, सादा/सादी, *साधारण*, ●अरसिक, ●काव्यात्मक, ●गंभीर.

**गधा** = उपहास पात्र, मूर्ख.

**गधा** *सं* खर, गदहा, गर्दभ, रासभ, वैशाखनंदन, शशक, ●खच्चर, ●घोड़ा, ●ज़ेबरा.

**गधापन** = मूर्खता.
**गन** = तोप, बंदूक़.
**गन पावडर** = बारूद.
**गनर** = तोपची.
**गनशिप** = नौसेना पोत.
**गनी** = टाट.
**ग़नी** = समृद्ध.
**गनी बैग** = बोरा.
**ग़नीम** = डाकू.
**ग़नीमत** = युद्धधन.
**गनोरिया** = सूज़ाक.
**गन्ना** = ईख.
**गप** = झूठ, डींग.

**गप** *सं* अफ़साना, उपज, क़िस्सा कहानी, गढ़ंत, *गपशप*, गल्प, *झूठ*, प्रजल्प, मनगढंत, विजल्प, ●अफ़वाह, ●सफ़ेद झूठ, ■तथ्य, ■समाचार.

**गपकना** = ढकोसना, लीलना.
**गपड़चौथ** = अव्यवस्था.
**गपबाज़** = अफ़वाहबाज़.
**गपबाज़ी** = गपशप.

**गपशप** *सं* इधर उधर की बात, गपबाज़ी, गुफ़्तगू, जल्प, टाइमपास, दिल बहलाव, बतकहाव, बतकही, *बात*, बातचीत, मन बहलाव, मनोविनोद, मित्रालाप, रसवाद, *संवाद*, ●गप ●चकल्लस, ●बतरस.

**गपिया** = अफ़वाहबाज़.
**गपोड़** = अफ़वाहबाज़, डींगबाज़.
**गपोड़ शंख** = डींगबाज़.

**गपोड़ा/गपोड़ी** = असत्यवादी.
**गपोड़िया, गपोड़ी** = अफ़वाहबाज़.
**गप्प** = बकवास.
**ग़प्पी** = अफ़वाहबाज़, असत्यवादी.
**गप्पो** = अफ़वाहबाज़.
**गफ** = छिद्रहीन, ठोस, रुद्ध.
**ग़फ़लत** = असावधानी, कर्तव्यच्युति, विस्मरण.
**गफ्फा** = गुफ्फा.

**ग़बन** *सं* अमानत में ख़्यानत, घन अपहरण, *चोरी*, धनापहरण, धोखा, लुंठन, *विश्वासघात*, हड़प, हेराफेरी, ●घोटाला.

**गबरा/गबरी** = अहंकारी, आत्ममोहग्रस्त.
**गबरू** = युवक.
**गब्बर** = अकड़बाज़, अहंकारी, हठी.
**गम** = अंतर्व्याप्ति, गमन, गोंद, निर्गम.
**ग़म** = खेद, दुःख, शोक.
**गमक** = अनुभाव, गुंजन, गूँज, सुगंध.
**गमकता/गमकती** = सुगंधित.
**गमकना** = गूँजना, महकना.
**ग़म खाना** = सहना.
**ग़मख़्वार** = सहनशील, हमदर्द.
**ग़मख़्वारी** = सहानुभूति.
**गमगम** = ढमढम.
**गमगमाहट** = ढमढम.
**ग़मग़ीन** = उदास, दुःखी.
**ग़मग़ीनी** = उदासी.
**ग़मगुसार** = दयालु, मृत्यु संवेदना कर्ता, हमदर्द.
**ग़मगुसारी** = मृत्यु संवेदना.
**गमछा, गमछी** = तौलिया.
**ग़मज़दगी** = उदासी.
**ग़मज़दा** = दुःखी, शोकग्रस्त.
**गमत** = जावक.
**गमन** = गौना, तिरोभाव, निर्गम, पदचर्या, पलायन, प्रस्थान, यात्रा, विदा, संक्रम, सूर्यास्त.

**गमन** *सं* उच्चलन, उत्क्रमण, उद्गमन, क्रमण, गति, गम, गुज़र, गौन, चलन, चलावा, चाला, जावन, निष्क्रम, निष्क्रमण, पयाम, प्रयाण, *यात्रा*, *यान*, रवानगी, व्रजन, *संक्रमण*, संचरण, *संचलन*, सफ़र, ●निर्गम, ●प्रवास, ●विदा, ■आगमन, ■पहुँच, ■प्रवेश.

**गमन आगमन** = यातायात.
**गमनशील** = अस्तगामी.

**गमनशील** *वि* गतिशील, गत्वर, गामी, गुज़रता/गुज़रती, चल, चलता/चलती, चलायमान, जंगम, जाता/जाती, प्रस्थानशील, मार्गशील, •प्रवासशील, ▪अचल.

**गमनस्थल** = निर्गम द्वार.
**गमना** = जाना.
**ग़मनाक** = करुणाजनक, दुःखद.
**गमनागमन** = आवागमन चक्र.
**गमनीय** = गम्य.

**गमबूट** *सं* बरसाती जूता, रबड़ जूता, •बरसाती कोट.

**ग़म भुलाना** = बहलाना.

**गमला** *सं* कूँड़ा, पौट, •थाला, •पौधा.

**गमाड़िया** = ग्रामवासी, ग्रामीय.
**ग़मी** = मातम.
**गम्य** = ज्ञेय, पारगम्य, बोध्य.

**गम्य** *सं* असघन, क़रीबी, गमनीय, *सहज*, सहजगम्य, सुगम, सुगम्य, ▪दुर्गम.

**गया/गई** = अप्रचलित, खोया/खोई, गत, निर्गमित, पुराना/पुरानी, प्राचीन, प्रेषित, बाहरगाँव, बिका/बिकी, भूतकालीन, मृत, व्यतीत.
**गया गुज़रा/गई गुज़री** = कंगाल, निकृष्ट, बुरा/बुरी, महत्त्वहीन.
**गयापन** = पुरायुग.
**गया बीता/गई बीती** = अप्रचलित, कंगाल, निकृष्ट.
**गया वक़्त** = भूतकाल.
**गय्या** = गाय.
**गर** = धंधी, स्रष्टा.
**गर** = विष.
**ग़रक़** = नष्ट.
**ग़रक़ी** = खादर.
**गरगराहट** = घरघर.
**गरघ्न** = विषघ्न.
**गरज** = गर्जन, धमाका.
**ग़रज़** = आवश्यकता, स्वार्थ.
**गरजता/गरजती** = उच्चस्वरीय, कोलाहलपूर्ण, गड़गड़ाता/गड़गड़ाती.
**गरजन** = गर्जन.
**गरजना** = गड़गड़ाना, गुर्राना, डाँटना, पुकारना, बदलाना.

**गरजना** *क्रि* कड़कड़ाना, कड़कना, *गड़गड़ाना*, गाजना, *गुर्राना*, *गूँजना*, घनकना, घनघनाना, घहराना, घोरना, चिंघाड़ना, चिल्लाना, चीख़ना, दहाड़ना, हुंकारना, •झनझनाना, •डाँटना.

**ग़रज़ यह कि** = संक्षेपतः.
**ग़रज़ से** = उद्देश्य से.
**ग़रज़े** = संक्षेपतः.
**गरण** = उदरस्थन.
**गरदन** = ग्रीवा.

**गरदन** *सं* कृकाटिका, गुद्दी, ग्रीवा पीठ की ओर वाला बाह्य भाग, *घाट*.

**गरदन और गला** = ग्रीवा.
**गरदन पट्टा** = गला पट्टा.
**गरदन हिलाना** = ठुकराना.
**गरनाल** = तोप.
**गरब** = अहंकार.
**गरबीला/गरबीली** = अहंकारी.
**गरम** = असौम्य, आतुर, उत्तेजित, उत्साही, क्रुद्ध, ग्रीष्मकालीन, चरपरा/चरपरी, ज्वरग्रस्त, तप्त, भावपूर्ण, मसालेदार, सत्कारपूर्ण, स्वागतपूर्ण.

**गरम** *वि* आतप्त, उत्तप्त, उष्ण, उष्म, गर्म (विकल्प), चंड, जलता/जलती, जलाता/जलाती, झुलसता/झुलसती, तत्ता/तत्ती, *तप्त*, ताता/ताती, तीव्र, तेज़, प्रचंड, प्रतप्त, संतप्त, •गुनगुना/गुनगुनी, ▪अतिशीतल, ▪अनुष्ण, ▪शीतल.

**गरम और नम** = हुमसदार.
**गरम कपड़ा** = ऊनी वस्त्र.
**गरम करना** = तपाना, तापना.
**गरमख़ाना** = ग्रीनहाउस.
**गरम ख़ून** = यौवन.
**गरम घर** = ग्रीनहाउस.

**गरम जलस्रोत** *सं* गीज़र, तत्ता पानी, •उत्स्रोत, •नदी उद्‌गम.

**गरम मसाला** = मसाला सूची
**गरममिज़ाज** = कलहप्रिय, क्रोधी.
**गरम हवा** = लू.
**गरम होना** = डाँटना, तपना, भड़कना.
**गरमागरम** = तप्त.
**गरमागरम बातचीत** = तकरार.
**गरमागरमी** = तकरार.
**गरमाना** = तपना, तपाना, भड़काना.
**गरमाहट** = गर्मजोशी, ताप.
**गरमी** = अभिमान, आतशक, उत्तेजना, उत्साह, उष्माघात, ऋतु सूची, क्रोध, ज्वर, ताप, तीव्रोन्माद.

**गरमी** *सं* अवदाघ, ऊष्मागम, गरमी का मौसम, ग्रीष्म, ग्रीष्म ऋतु, ग्रीष्मकाल, दाघ, निदाघ, •कपास वस्त्र, •ताप, •पसीना, •लू.

**गरमी का** = ग्रीष्मकालीन.
**गरमी का मौसम** = गरमी.
**गरमी के मौसम का** = ग्रीष्मकालीन.
**गरमी खाना** = भड़कना.
**गरमी दाना** = घमोरी.
**गरराना** = पुकारना.
**गरल** = विष.
**गराज** = कार पोर्च, मरम्मतघर.

**गराज** *सं* कारघर, गाड़ीघर, गैरेज (विकल्प), •कार पोर्च, •पार्किंग स्थल, •वाहन शाला.

**गराड़ी** = गीयर.
**गरानी** = व्यापारिक महँगाई.
**गरामी** = प्रतिष्ठित.
**ग़रारा** = जनाना ढीला पाजामा.
**गरारी** = गीयर, घिरनी.
**गरारी जैसा दाँता** = दाँता.
**गरिमा** = अभिमान, योगसिद्धि.
**गरिमाशाली** = प्रतिष्ठित, वैभवशाली.
**गरिमाहीन** = अप्रतिष्ठित.
**गरियाल** = कामचोर, प्रयासहीन.
**गरिष्ठ** = अपाच्य, घीतेलयुक्त.
**गरिष्ठ आहार** = पक्का खाना.
**-गरी (जैसेः कारीगरी)** = धंधा.
**ग़रीब** = निम्नकुलीन, निम्नवित्त, निर्धन, निर्धन व्यक्ति, निर्वासित व्यक्ति, भिखारी.
**ग़रीबख़ाना** = वक्ता घर.

**ग़रीबगुरबा** = निर्धन जन.
**ग़रीबनवाज़** = अल्लाह, दानशील, दानी.
**ग़रीबनी** = भिखारिन.
**ग़रीबपरवर** = दानशील, दानी.
**ग़रीब लोग** = निर्धन जन.
**ग़रीबी** = भिक्षावृत्ति, सहयोगहीनता.
**गरुड़** = गरुड़ गिद्ध.

**गरुड़** *सं* अंडजेश्वर, अहिभोजी, कश्यपनंदन, खगनाथ, खगेंद्र, नागांतक, पक्षीराज, भुजंगारि, विष्णुवाहन, विहगेश्वर, वैनतेय, सुपर्ण, सौपर्णेय, हरियान.

**गरुड़ गिद्ध** *सं गरुड़*, गोल्डन ईगल, शौंगेय, सर्पहा.

**गरुडध्वज** = विष्णु.
**गरुड़ पुराण** = पुराण सूची.
**गरुड़ाकार** = अहुरमज़्द.

**गरेबान** *सं गला*, गला काट, गला चाक, *घाट*, •कालर.

**ग़र्क़** = गहरा/गहरी, डूबा/डूबी, तल्लीन, सिंचित.
**गर्ग** = ऋषि.
**गर्गर** = मंथनपात्र.
**गर्ज** = मेघ गर्जन.
**ग़र्ज़** = उद्देश्य.
**गर्जन** = गड़गड़, घोरध्वनि, डाँट, धमाका, मेघ गर्जन.

**गर्जन** *सं* गरज, गरजन, गर्जना, चिंघाड़, चीख़, *चीत्कार*, दहाड़, पुकार, महाघोष, हुंकार, •कोलाहल, •गड़गड़, •प्रतिध्वनि, •मेघ.

**गर्जन करना** = गुर्राना.
**गर्जन तर्जन** = डाँट, मेघ गर्जन.
**गर्जनपूर्ण** = गड़गड़ाता/गड़गड़ाती.
**गर्जनशील** = उच्चस्वरीय, गड़गड़ाता/गड़गड़ाती.
**गर्जना** = गर्जन, डाँट, नारा, मेघ गर्जन.
**गर्जनात्मक** = उच्चस्वरीय.
**गर्जर** = गाजर.
**गर्जित होना** = गड़गड़ाना.

**गर्डर** *सं* कड़ी, गाटर, धन्नी, धरण, •ऐंगल आयरन, •टी आयरन, •रेल, •सरिया.

**गर्त** = क़ब्र, गड्ढा, निम्नबिंदु.
**गर्द** = धूल, धूलिकण.
**गर्दख़ोर** = ख़ाकी, पापोश.
**गर्दख़ोरा/गर्दख़ोरी** = ख़ाकी.
**गर्दभ** = गधा.
**गर्दालू** = आलूचा, आलू बुख़ारा.
**गर्दालूद** = धूलिमय.
**गर्दिश** = गश्त, पर्यटन, भाग्यचक्र, संकट.
**गर्दिशे ज़माना** = भाग्यचक्र.
**गर्ध** = लोभ.
**गर्भ** = गर्भाशय, भ्रूण.
**गर्भ आदान** = गर्भाधान.
**गर्भगृह** = अंतर्भाग, केंद्रस्थान.

**गर्भगृह** *सं* अंतर्तम कक्ष, गर्भागार, देवकक्ष, मध्यवर्ती कक्ष, मूर्तिकक्ष, •अंतर्भाग, •मंदिर.

**गर्भग्रहण** = गर्भाधान.
**गर्भच्युति** = गर्भपात.

**गर्भदान** *सं* ऋतुदान, गर्भ स्थापना, निषेचन, प्रजा निषेक, युग्मन, वीर्यदान, संसेचन, •गर्भाधान, •नियोग.

**गर्भधरा** = गर्भवती.
**गर्भधारण** = गर्भाधान.
**गर्भधारिणी** = गर्भवती.
**गर्भनिरोध** = परिवार नियोजन.

**गर्भपात** *सं* अपध्वंस, गर्भच्युति, गर्भस्राव, च्युति, फलहीनता, विभ्रंश, •परिवार नियोजन, ▪गर्भाधान.

**गर्भरोध** = परिवार नियोजन.
**गर्भ रोपण** = कृत्रिम गर्भदान.

**गर्भवती** *वि* अंतर्वती, आप्तगर्भा, उम्मीद से, गर्भधरा, गर्भधारिणी, गर्भादत्ता, गर्भिणी, गर्भिता, गुर्वी, पेट वाली, प्रजावती, भारी पैर वाली.

**गर्भवती इच्छा** = दोहद.
**गर्भस्थ जीव** = भ्रूण.
**गर्भ स्थापना** = गर्भदान.
**गर्भस्राव** = गर्भपात.
**गर्भागार** = गर्भगृह, गर्भाशय.
**गर्भादत्ता** = गर्भवती.
**गर्भादान** = गर्भाधान.
**गर्भाधान** = सोलह संस्कार सूची.

**गर्भाधान** *सं* अंडरण, गर्भ आदान, गर्भग्रहण, गर्भधारण, गर्भादान, *दोहद*, निषेक, •गर्भदान, ▪गर्भपात.

**गर्भावस्था** = आरंभिक कर्म.

**गर्भाशय** *सं* उल्व, कोख, गर्भ, गर्भागार, *पेट*, •उदर, •गुप्तांग, •जननेंद्रिय.

**गर्भिणी** = गर्भवती.
**गर्भिता** = गर्भवती.
**गर्म (विकल्प)** = गरम.
**गर्मजोशी** = चुस्ती, मित्रता, यौवन.

**गर्मजोशी** *सं* ऊष्मा, गरमाहट, गर्मदिली, गहराई, तपाक, दोस्तदारी, शिद्दत, हार्दिकता, •अंतरंगता, •मिलनसारता, •सत्कार, ▪परजन भावना.

**गर्मदिली** = गर्मजोशी, चुस्ती.
**गर्मी (विकल्प)** = ताप.
**गर्रा** = गीयर.
**गर्ल फ़्रैंड** = सहेली.
**गर्व** = अभिमान, अहंकार, डींग.
**गर्व गति** = अकड़ की चाल.
**गर्वहीन** = विनम्र.
**गर्विणी** = नख़रीली, सुंदर स्त्री.
**गर्वित/गर्विता** = अभिमानी.
**गर्वित होना** = इतराना.
**गर्विता** = सुंदर स्त्री.
**गर्वी** = अहंकारी, आत्मतुष्ट, वीर.
**गर्वी/गर्विणी** = अभिमानी.
**गर्वीला** = सुंदर पुरुष.
**गर्वीला/गर्वीली** = अभिमानी, पर्वतीय.
**गर्वीली** = नख़रीली, सुंदर स्त्री.

**गर्वोक्ति** *सं अतिशयोक्ति*, अहंकारोक्ति, अहंवाद, उद्घोष, क्षमता उक्ति, चर्बटी, डींग, दर्पोक्ति, बड़ा बोल, बहक, बिब्बोक, बोल, वाग्डंबर, हुंकार, •अतिशयोक्ति, •आत्मप्रशंसा.

**गर्वोन्नत** = अभिमानी, उन्नतमस्तक.
**गर्वोन्मत्त** = अहंकारी, आत्ममोहग्रस्त, नवसमृद्ध.
**गर्हणीय** = निंदनीय.
**गर्हा** = चुग़ली, लांछन.
**गर्हात्मक** = निंदात्मक.
**गर्हित** = अधम, अपमानजनक, अश्लील, घिनौना/घिनौनी, घिनौना/घिनौनी, दुर्गंधपूर्ण, निंदित, निकृष्ट.
**गर्ही** = घृणापूर्ण.
**गर्ह्य** = निंदनीय.
**गलक** = कंठ.
**गलगंज** = डींग, हल्लागुल्ला.
**गलगल** = गारा.
**गलगाज** = डींग.
**गलगाजी** = आत्मप्रशंसक.
**गलजोड़** = जोत रस्सी.
**गलजोत** = जोत रस्सी.
**गलतंस** = उत्तराधिकारीहीन.
**ग़लत** = अनियमित, अनिष्टकारी, अनैतिक, अप्रासंगिक, अवैध, असटीक, असत्य, असमर्थनीय, आउट आफ़ आर्डर, आपराधिक, कुतर्कीय, क्रमहीन, खंडनीय, तथ्यहीन, तर्कहीन, दंडनीय, दिशाहीन, दुराचारी, दुर्गुणी, निंदनीय, न्यायविरुद्ध, न्यायहीन, भ्रष्ट, मूर्खतापूर्ण (कृत्य), लक्ष्यच्युत, व्याकरण विरुद्ध.

**ग़लत** *वि* अनाप्त, अनुचित, अयुक्त, अविहित, अशुद्ध, *असंगत*, ग़लती वाला, ग़ैरवाजिब, चूका/चूकी, ठीक नहीं, दोषपूर्ण, नादुरुस्त, नामाक़ूल, भूल कृत, भूला/भूली, *भ्रष्ट*, भ्रांत, सही नहीं, •असंगत, •असटीक, •असत्यपूर्ण, •तथ्यहीन, •न्यायविरुद्ध, ▪ठीक.

**ग़लत काम** = अपराध.
**ग़लतकार** = पापी.
**ग़लतकारी** = छल, दुराचार.
**ग़लत नहीं** = ठीक.
**ग़लत निशाना** = लक्ष्यच्युति.
**ग़लतफ़हमी** = भ्रम.

**ग़लतफ़हमी** *सं* अनर्थ बोध, अयथार्थ बोध, *ग़लती*, दुराशंका, बदगुमानी, बहम, *भूल*, *भ्रम*, भ्रांत धारणा, भ्रांति, मिथ्या धारणा, मिथ्या बोध, मुग़ालता, विभ्रांति, •अज्ञान, •अल्पज्ञान, ▪मोहभंग, ▪स्पष्टीकरण.

**ग़लत बढ़ावा देना** = उकसाना.
**ग़लत बयान** = झूठ.
**ग़लत बात** = झूठ.
**ग़लतबीन** = छिद्रान्वेषक.
**ग़लतबीनी** = छिद्रान्वेषण.
**ग़लत रखा जाना** = गुमना.
**ग़लत रास्ता** = दुराचार.
**ग़लत वक़्त पर** = बेमौसम.
**ग़लत समझा** = अशुद्धार्थित.
**ग़लत समझा गया** = अशुद्धार्थित.
**ग़लत समय** = कुअवसर, बेमौसम.
**ग़लती** = अपराध, ग़लतफ़हमी, पाप, बुराई, भूल, भ्रम, मूर्खता.

**ग़लती** *सं* अतथ्य, अशुद्धि, कमी, क़सर, ख़ामी, *चूक*, त्रुटि, दोष, *भूल*, मिस्टेक, •असावधानी.

**ग़लती ठीक करना कर्म** = संशोधन.
**ग़लती बग़ैर** = ठीक.
**ग़लती लगना** = सकपकाना.
**ग़लती वाला** = ग़लत.
**गलना** = छीजना, पिघलना, सड़ना.
**गलफड़ा** = श्वासरंध्र.
**गलफड़ी** = मछली.
**गलफाँसी** = फाँसी फंदा.
**गलफ़ाँसी (व्यंग्य)** = टाई.
**गलफू** = टांसिलाइटिस.

**गलफू** *सं* गलवाताम, तालुमूल ग्रंथि, •गला.

**गलफू सूजन** = टांसिलाइटिस.
**गलबल करना** = हकलाना.
**गलबलाना** = हकलाना.
**गलबलिया** = अस्पष्ट (उच्चारक).
**गलबाँही** = आलिंगन.
**ग़लबा** = प्रताप.
**गलवाताम** = गलफू.
**गलवाताम शोथ** = टांसिलाइटिस.
**गलस्तनी** = बकरी.
**गलहार** = कंठमाला.
**गलांकुर** = टांसिलाइटिस.
**गला** = आहार नली, कंठ, कंठध्वनि, गरेबान, ग्रीवा.

**गला** *सं* *कंठ*, ग्रीवा वक्ष की ओर वाला बाह्यभाग, नटई, नाड़, •कंठ, •गरदन, •गलफू.

**गला/गली** = अपाच्य, पका/पकी, सड़ा/सड़ी.
**गलाई** = पिघलाई.
**गला काट** = गरेबान.
**गला घोंट कर हत्या** = श्वासावरोध.
**गला चाक** = गरेबान.
**गला ज़ंजीर** = कंठमाला.
**गलाना** = छिजाना, ठिठुराना, पिघलाना.

**गला पट्टा** *सं* कंठा, *कालर*, गरदन पट्टा, ग्रैवेयक, *पट्टा*, बैंड, •पेटी.

**गला बैठना** = भर्राना.

**गला रस्सी** *सं* ढोर रस्सी, पगहा, पगा, पघा, *पट्टा*, बैंड, सामनी, साम्नी, •अंकुश, •ज़ंजीर, •नकेल, •लगाम.

**गला साफ़ करना** = खखारना.
**गलित** = सड़ा/सड़ी.
**गलितयौवन/गलितयौवना** = वृद्ध.
**गलिताश्रु** = अश्रुपूर्ण.

**गलियारा** *सं* कारीडोर, गैलरी, रास्ता, *लौबी*, वीथि, वीथिका, •मार्ग.

**गली** = उपमार्ग, मध्यवीथी, महल्ला.

**गली** *सं* कटड़ा, कटरा, कूचा, गली कूचा, गैल, तंग सड़क, लेन, स्ट्रीट, •अंधी गली.

**गली कूचा** = गली.
**गली गली** = हर ओर.
**गलीज़** = अपशब्दात्मक.
**ग़लीज़** = गंदा/गंदी, घिनौना/घिनौनी.
**गलीलियावासी** = ईसा मसीह.
**गले उतारना** = खाना, भकोसना, मनवाना.
**गले लगाई** = आलिंगन, मिलनी.
**गले से उतारना** = निगलना.
**गले से नीचे उतारना** = पीना.
**गल्प** = कहानी, गप, झूठ, डींग.
**गल्ला** = कपोल, ढेर, पशुसमूह.
**ग़ल्ला** = अनाज, कैशबाक्स, गुल्लक, रोकड़, सामान.

**ग़ल्लाफ़रोश** = परचूनिया.
**गल्लाबान** = गड़रिया.
**ग़ल्ला मंडी** = अनाज मंडी.
**गवनवा** = गौना.
**गवर्नमैंट** = शासन, सरकार.
**गवर्नमैंटी** = शासकीय.
**गवर्नर** = राज्यपाल, शासक.
**गवर्नर जनरल** = राज्यपाल.
**गवर्निंग कौंसिल** = प्रबंध समिति.

**गवर्नैस** *सं* दाय, पालक धाय, पालिका, पोषिका, •धाय माँ.

**गवाक्ष** = खिड़की, पोर्टहोल.

**गवाक्ष** *सं* गोखा, झरोखा, झाँका, झाँकी, पीपहोल, मोखा, रंद, •खिड़की, •पोर्टहोल.

**गवाचना** = गुमना.
**गवादनी** = घास, चरागाह, सानी नाँद.
**गवारा** = कामचलाऊ, सह्य.
**गवाशन** = चंडाल.

**गवाह** *सं* प्रमाणदाता, वादी, शाहिद, सबूत, साक्षी, साखी, •प्रत्यक्षदर्शी, •मुक़दमा, •साक्ष्य.

**गवाही** = साक्ष्य.
**गविष्ठि** = जिज्ञासा.
**गवेषक** = खोजी.
**गवेषणा** = अध्ययन, अनुसंधान, खोज यात्रा, तलाश, पीछा.
**गवेषणात्मक** *वि* अन्वेषणपूर्ण, खोजपूर्ण, गवेषणापूर्ण, जिज्ञासापूर्ण.

**गवेषणा यात्रा** = खोज यात्रा.
**गवेषित** = अनुसंधानित, आलब्ध.
**गवेषी** = खोजी.
**गवैया** = गायक.
**गव्य** = गाय दूध, गोवृंद.
**गव्या** = प्रत्यंचा.
**गश्त** = चक्रावृत्ति, दौरा, विचरण.

**गश्त** *सं* अटन, अटा, अटाट्या, गति, गर्दिश, *चक्कर*, फेरा, फेरी, राउंड, रौंड, रौंद, •परेड, •पहरेदारी.

**गश्त लगाने वाला** = गश्ती पहरेदार.

**गश्ती** = आवृत्तिशील, चक्रावृत्तिशील.
**गश्ती चिट्ठी** = सर्कुलर.

**गश्ती पहरेदार** *सं* गश्त लगाने वाला, पतरौल, *पैट्रोल*, शहरगश्त.

**गसीला/गसीली** = छिद्रहीन.
**गस्सा** = ग्रास.
**गहगहा/गहगही** = उत्सवपूर्ण.
**गहन** = अपठनीय, अबोध्य, कठिन, कूटबद्ध, क्लिष्ट (भाषा), गहन (वन), गहरा/गहरी, ग्रहण, ठोस, दुर्गम, पेचीदा डिज़ाइन वाला, प्रबल, मेघाच्छन्न, रहस्यपूर्ण, वन, सघन, समस्यात्मक.

**गहन (वन)** *वि* अगम्य, अनावासित, *अपारगम्य*, अपार्य, अभेद्य, गहन, गहरा/गहरी, घना/घनी, घनेरा/घनेरी, घोर, झाड़ीदार, *दुर्गम*, पथहीन, मार्गहीन, *सघन*, सुदुर्गम.

**गहनता** = अंधकार, गहराई.

**गहन वन** *सं* अरण्यानी, कांतार, घना जंगल, बनराई, बनराय, महारण्य, महावन, वनकांतार, वन गहन, वनराज, वन्या, सघन वन, •वर्षावन.

**गहन विचार** = व्याख्या.
**गहना** = आभूषण, पकड़ना, लेना.
**गहनी** = रुँझाई.
**गहमागहमी** = हलचल.
**गहरा** = वर्षद.
**गहरा/गहरी** = अंतरंग, अगाध्य, अमिट, कूटबद्ध, गंभीर, गहन (वन), नीतिकुशल, प्रबल, प्रभावशाली, भावपूर्ण, भावोत्पादक, मार्मिक (उक्ति), मेघाच्छन्न, रहस्यपूर्ण, व्यंग्यात्मक, संसिक्त, सघन, सुरंजित.

**गहरा/गहरी** *वि गंभीर*, ग़र्क़, गहन, गहराईयुक्त, गह्वर, डूबा/डूबी, तलस्थ, नितलस्थ, नितलहीन, सुनीच, •अगाध्य, •आंतरिक, •गहनतम, •गहनतर, •भूगर्भस्थ, ▪उत्तलीय, ▪उथला/उथली, ▪ऊँचा/ऊँची.

**गहराई** = गर्मजोशी.

**गहराई** *सं* अतलता, *गंभीरता*, गहनता, गहरापन, गांभीर्य, गाह, *डोब*, *तह*, निचाई, •अगाध्यता, •गड्ढा, •नितल, ▪उच्चता, ▪उथलापन.

**गहराई माप** *सं* गाध, थाह, *पोल*, फ़ैदम, *बल्ली*, *बाँस*.

**गहराई में** = गहरे.
**गहराईयुक्त** = गहरा/गहरी.
**गहरा दोस्त** = अंतरंग मित्र.
**गहराना** = घुमड़ना, बदलाना.
**गहरापन** = गहराई.
**गहरा पानी** = संकटावस्था.
**गहरा बादल** = कृष्ण मेघ.
**गहरा साँस** = आह.
**गहरी नींद** = मृत्यु.
**गहरी नींद सोना** = मरना.
**गहरी बात** = मर्मोक्ति.
**गहरे** = नीचे, नीचे की ओर.

**गहरे** *क्रिवि अंदर*, गहराई में, *नीचे*, भीतर, ▪ऊपर.

**गहवारा** = नर्सरी.
**गहाना** = फेंटना.
**गहेला/गहेली** = अभिमानी, पागल, मंदधी, हठी.
**गह्वर** = असमतल, गड्ढा, गहरा/गहरी, दुर्गम, निम्नबिंदु.
**गांगी** = दुर्गा.
**गांगेय** = गणेश, भीष्म, स्कंद.
**गाँजा** = चरस.
**गांजिकाय** = बतख़.
**गाँठ** = अंकुरण बिंदु, अर्बुद, अवयव संधि, उलझन, कंदमूल, क्रेट, गुठली, गूमड़, गोरखधंधा, घुंडी, जेब, ढील, थक्का, पैकेज, फंदा, बंडल, वैमनस्य.

**गाँठ** *सं* अंटी, अंठी, आँट, गँठ, गट्ठी, गाँसी, गिरह, गुत्थी, ग्रंथि, जोड़, पर्व, बंध, बंधन, •उलझन, •घुंडी, •जाल, •फंदा, •बंडल, •सिलाई.

**गाँठकतरा** = पाकेटमार.
**गाँठ गोभी** = सागसब्ज़ी.
**गाँठदार** = जटिल.

 (प्रा) प्राचीन शब्द, अब अप्रचलित - *तिरछे* शब्द स्वतंत्र शीर्षक भी हैं •सपर्याय ▪विपर्याय

**गाँठना** = कसना, जुआठना, बाँधना, मोहना, लगाना, सीना.
**गाँठ पड़ना** = उलझना.
**गाँठ पीड़ा** = गठिया.
**गाँठ लगाना** = बाँधना, लगाना.
**गाँडा** = ईख.
**गांडीवधारी** = अर्जुन.
**गाँथना** = गूँधना.
**गांधर्वी** = दुर्गा, वाचा.
**गांधार** = सप्तक स्वर सूची.

**गांधारी** *सं* धृतराष्ट्र पत्नी, धृतराष्ट्री, सौबलेयी.

**गांधारी पुत्र** = दुर्योधन.
**गांधारेय** = दुर्योधन.
**गांधी** = गंधजीवी.
**गांधी जन्म दिवस** = गांधी जयंती.

**गांधी जयंती** *सं* **(1869), 2** अक्तूबर, गांधी जन्म दिवस.

**गांधीनगर** = गुजरातः राजधानी.
**गाँधी बलिदान दिवस** = शहीद दिवस.

**गांधीवाद** *सं* अहिंसावाद, शांतिप्रियता, शांतिप्रेम, सत्यअहिंसावाद.

**गांभीर्य** = गंभीरता, गहराई.
**गाँव** = ग्राम.
**गाँव की गोरी** = ग्रामवासिनी, सुंदर स्त्री.
**गाँव गली** = पता निर्देश.
**गाँव गाँव** = हर ओर.
**गाँव चौपाल** = पंचायतघर.
**गाँवड़ा** = ग्रामवासी.
**गाँव मुखिया** = ग्राम मुखिया.
**गाँव वाला** = ग्रामवासी.
**गाँस** = कंटक, कटाक्ष, खपची, फंदा, वैमनस्य, शत्रुता.
**गाँसना** = कसना, गूँधना, रोधना, वेधना.
**गाँसी** = कटाक्ष, गाँठ.
**गाइड** = दिग्दर्शक, निर्देश पुस्तक, मार्गप्रदर्शक, सहायक पुस्तक, स्काउट.
**गाइड बुक** = निर्देश पुस्तक.
**गाइडैंस** = दिग्दर्शन, मार्गप्रदर्शन.
**गाउन** = नाइट गाउन.

**गाउन** *सं* अधिया, अबा, चोग़ा, चोल, चोला, जुब्बा, रोब, *लबादा*, लहबर, •ओवरकोट, •नाइट गाउन, •लबादा.

**गाऊघप** = अत्याहारी, तोंदू.
**गागर** = घड़ा, मंथनपात्र.
**गाछ** = वनस्पति, वृक्ष.
**गाछी** = उपवन.
**गाज** = जमाका, मेघ गर्जन, विद्युतपात.
**गाजना** = गरजना, पुकारना.
**गाजर** = सागसब्ज़ी.

**गाजर** *सं* गर्जर, ग्रंथिमूल, पिंडमूल, पीतकंद, शिखाकंद, स्वादुमूल, •कंदमूल, •खाद्य कंद.

**ग़ाज़ी** = धर्मयोद्धा.
**गाटर** = आधार सूची, गर्डर.
**गाड** = ईश्वर, परमपिता.
**गाड़** = खत्ती.
**गाड़ना** = जड़ना, दफ़नाना.

**गाड़ना** *क्रि* खोद कर गाड़ना, *दबाना*, दाबना, •ठोंकना, •दफ़नाना, ▪उखाड़ना, ▪खोदना.

**गाडर** = भेड़, भेड़ा.
**गाड़ा** = जोतगाड़ी, ठेलागाड़ी, बैलगाड़ी.
**गाड़ी** = गाड़ी डिब्बा, जोतगाड़ी, ठेलागाड़ी, बच्चागाड़ी, बैलगाड़ी, मोटरकार, मोटर गाड़ी, यान.
**गाड़ीघर** = गराज.
**गाड़ी चालक** = यानचालक.
**गाड़ी ठेला** = जोतगाड़ी.

**गाड़ी डिब्बा** *सं* कंपार्टमैंट, गाड़ी, ट्रौली, *डिब्बा*.

**गाड़ी मिलना स्थान** = स्टेशन.

**गाड़ीवान** *सं* गाड़ी वाला, चातुरिक, छकड़ेवान, जोतवान, बहलिया, रहड़ी वाला, शाकट, शाकटिक, •कोचवान, •सारथी.

**गाड़ीवान सीट** = चालक सीट.
**गाड़ी वाला** = गाड़ीवान.
**गाडोलिनीयम** = रासायनिक तत्त्व सूची.
**गाढ़** = संकट.

**गाढ़ा/गाढ़ी** *वि* अद्रव, अविरल, कलिल, घन, घना/घनी, घनीभूत, घोर, दृढ़, प्रगाढ़, मोटा/मोटी, *सघन*, •अंतरंग, •ठोस, •तरल, •सघन, ▪पतला (द्रव), ▪विरल.

**गाढ़ा करना** = औटाना, जमाना.
**गाढ़ा द्रव** = थक्का.
**गाढ़ा रस** = शीरा.
**गाढ़ा वक़्त** = आपात्काल.
**गाढ़ी मीठी दही** = श्रीखंड.
**गाढ़े का साथी** = निस्स्वार्थ मित्र.
**गाढ़े दिन** = आपात्काल.
**गात** = अंग, क़द क़ामत, शरीर.
**गात्र** = अंग, शरीर.
**गात्रोपघात** = पक्षाघात.
**गाथ** = भजन, स्तोत्र.
**गाथा** = उपन्यास, कहानी, गीत, छंद, जीवनी, प्रशंसा गीत, महाकाव्य, श्लोक, साहस कथा.
**गाथाकार** = प्रबंध कवि.
**गाथिका** = श्लोक.
**गाद** = तलछट.

**गाद** *सं* अवसाद, खूद, *तलछट*, तलौंछ, निथरन, नीचे बैठी मिट्टी, पंक, भल, मृदा, साद, •कीचड़, •तलछट, •दलदल, •बाढ़ी मिट्टी.

**गादुर** = चमगादड़.
**गाध** = गहराई माप, गाधस्थल.

**गाधस्थल** *सं* उतार, गाध, गाह, *घाट*, जलराशि पैदल पार स्थल, *तीर्थ*, थाह, दरत, दरद, नदी तर स्थान, नदी पारगमन स्थान, पाँजी, पाँझ, पाँझ स्थल, पारगमन स्थान, पावतार.

**गाधिसुत** = विश्वामित्र.
**गाधेय** = विश्वामित्र.

**गाध्य** *वि* छिछला/छिछली, पाँझ, पायाब, पार्य, सुगाध्य, सुपार्य, हल्य, ▪अगाध्य.

**गान** = गायन, गीत, वर्णन.
**गाना** = गायन, गीत, जपना, बाँचना.

**गाना** *क्रि* अलापना, गायन करना, गुंजारना, *गुनगुनाना*, छेड़ना, तान छेड़ना, राग छेड़ना, लय छेड़ना, सुनाना, सुर उठाना, •चहचहाना,

●नाचना, ●बजाना.

**गाना बजाना** = संगीत.
**गानी** = गायक.
**गाने योग्य** = गेय.
**गाने वाला** = गायक.
**गाने वाली** = गायिका, गायिका वेश्या.
**ग़ाफ़िल** = अचेत, असावधान, कर्तव्यच्युत, विस्मरणशील.
**गाबदू** = मूर्ख.
**गामी** = अस्तगामी, गमनशील, निवर्तमान, प्रवासी.
**गामी/गामिनी** = गंता.

**गाय** *सं* ऋषभी, गऊ, गय्या, गैया, गो, गोमाता, गौ, धेनु, धेनुका, बहुला, रोहिणी, वृषा, सुरभि, सौरभेयी, ●ढोर, ●बछिया, ●बैल, ●भैंस, ●साँड़.

**गायक** = कवि, गीतकार.

**गायक** *सं* आलापक, आवाज़, उद्‌गाता, *कलाकार*, कुशीलव (प्रा), गंधर्व (प्रा), गवैया, गानी, गाने वाला, *चारण*, तरानासाज़, प्रगाता, भाट, *रागी*, वाणी, सिंगर, सौंगस्टर, स्वर, ●कलाकार, ●गायिका, ●चारण, ●नर्तक, ●भाँड़, ●वादक, ●संगीतज्ञ.

**गायकवाड़** = राजा सूची भारतीय.
**गायक वादक जाति** = किन्नर.
**गायकी** = गायन.
**गायख़ोर** = गोभक्षक.
**गाय चर कर लौटना समय** = गोधूलि बेला.
**गाय चराई** = चरवाहागीरी.
**गायत्री** = गंगा नदी, दुर्गा.
**गायत्री द्रष्टा** = विश्वामित्र.

**गाय दूध** *सं* गव्य, गोक्षीर, गोदुग्ध, गोरस.

**गायन** = गीत.

**गायन** *सं* कंठ संगीत, गान, *गाना*, गायकी, गीत प्रस्तुति, गीति, नग़माकारी, ●एकल गायन, ●कैराओके, ●गुनगुनाहट, ●तरन्नुम, ●पार्श्वगायन, ●योडलिंग, ●समूह गायन, ●गीत, ●वादन, ●संगीत.

**गायन करना** = गाना.
**गायनयोग्य** = गेय.
**गाय नर शिशु** = बछड़ा.
**गायन वादन** = संगीत.
**गायन शैली** = लय.
**ग़ायब** = अंतर्धान, अदृश्य, अनवशिष्ट, अनुपस्थित, खोया/खोई, चंपत, नष्ट, भूमिगत, विलुप्त (जीव).
**ग़ायब करना** = चुराना.
**ग़ायब होना** = उजड़ना.
**ग़ायबाना** = चोरी छिपे.
**गायबैल** = दुग्ध पशु.
**गायबैल चरवाहा** = ग्वाला.
**गायबैल पालन** = डेरी फ़ार्मिंग.
**गायभैंस** = दुग्ध पशु.
**गायभैंस घर** = गोशाला.
**गायभैंस चरवाहा** = ग्वाला.
**गायभैंस पालक** = पशु पालक.
**गायभैंस पालन** = डेरी फ़ार्मिंग.
**गाय वाला** = पशु पालक.

**गाय समान** *वि असहाय*, *आज्ञाकारी*, करुण, कातर, गऊ समान, दम्य, दीन, दुर्बल, भोला/भोली, लाचार, *विनम्र*, सीधा/सीधी, हानिहीन, ●सज्जनतापूर्ण, ■निर्दय.

**गाय समूह** = गोवृंद.
**गायिका** = गायिका वेश्या.

**गायिका** *सं* आलापिका, आवाज़, उद्‌गात्री, कोकिला, गंधर्वी (प्रा), गाने वाली, वाणी, वेणिनी, सिंगर, सौंगस्ट्रैस, ●गायक.

**गायिका वेश्या** *सं* कलकूजिका, गाने वाली, *गायिका*, ●वेश्या.

**गायिका वेश्या मुजरा** = मुजरा.

**गारंटर** *सं* गारंटी दाता, ज़ामिन, प्रतिबंधक, प्रत्याभूतिदाता, ●वचनदाता.

**गारंटी** = गारंटी कार्ड, बंधक.

**गारंटी** *सं* जमनौता, *ज़मानत*, ज़िम्मा, *दायित्व*, प्रत्याभूति, वारंटी, *शपथ*, ●अनुबंध, ●वचन.

**गारंटी कार्ड** *सं* अनुबंध पत्र, अहदनामा, इक़रारनामा, ऐग्रीमैंट, *गारंटी*, नियमपत्र, बंधपत्र, बौंड, वचनपत्र, शर्तनामा, सहमति पत्र, ●अनुबंध

**गारंटीड** = अपरंतुक, गारंटीयुक्त.
**गारंटी दाता** = गारंटर.

**गारंटीयुक्त** *वि अनुबंधित*, गारंटीड, भरोसेमंद, मुस्तनद, शपथित. सगारंटी, सशपथ.

**-गार** = धंधी.
**गार** = गड्ढा, गुफा, बिल.
**ग़ारत** = नष्ट, विलुप्त (जीव).
**ग़ारतगर** = हत्यारा.
**ग़ारत होना** = उजड़ना.
**गारद** = ड्रिल, पहरेदार.
**गारा** = मिट्टी.

**गारा** *सं* कहगिल, गलगल, गिल, गिलावा, *दलदल*, मड, मिट्टी गारा, *लेस*, सनी मिट्टी, ●चिनाई, ●पलस्तर.

**गारा लिपाई** = लिपाई पुताई.
**गारुड़िक** = सँपेरा.
**गार्गी** = दुर्गा.

**गार्ज़ियन** *सं* अनुपालक, अभिपिता, अभिभावक, अभिरक्षक, *पालक*, पैट्रन, प्रतिपालक, *रक्षक*, वार्डन, वाली, संरक्षक, *सरपरस्त*, ●परपालित संतान.

**गार्ड** = अंगरक्षक, पहरेदार, रक्षक.
**गार्डन** = उपवन, विविधा.
**गार्डन आफ़ ईडन** = बाग़े अदन, स्वर्ग.
**गार्हस्थ्य** = गृहस्थ आश्रम.
**गार्हिक** = परिवारीय.
**गाल** = कपोल.
**गालबजाई** = डींग.
**गालबजाऊ** = आत्मप्रशंसक.
**गालव** = ऋषि.
**गाला** = फाहा, रूई गाला.
**ग़ालिब** = दमनशील, प्रभावशाली, विजयी.
**गालिया (लैटिन)** = फ़्राँस.
**गाली** = अपमान, लांछन, सीठना.

 (प्रा) प्राचीन शब्द, अब अप्रचलित - *तिरछे* शब्द स्वतंत्र शीर्षक भी हैं ●सपर्याय ■विपर्याय

**गाली** *सं* अंडबंड, अपवचन, अपशब्द, कटूक्ति, कुवचन, *गालीगलौज*, *ताना*, दुरालाप, दुर्वचन, बदज़बानी, बुरा भला, बोल, *बोली*, भर्त्सना, ●अपमान, ●तिरस्कार, ●सीठना, ■प्रशंसा.

गालीगलौज = गाली.

**गालीगलौज** *सं* अतिवाद, अपभाषा, अबे तबे की बोली, अश्लील भाषा, असभ्य भाषा, कटुभाषा, कटुवचन, कल्लादराज़ी, कहीसुनी, कुबोल, कुभाषा, कुवचन, खरी खोटी, गालीगुफ़्ता, जली कटी, *तबर्रा*, दुरालाप, दुर्वचन, बदज़बानी, बदतमीज़ी, बुरा भला, वाग्दोष, विषवमन, सही ग़लत, ●मुँहज़ोरी, ●लांछन, ■शिष्टता.

**गालीगलौजदार** = अपशब्दात्मक.
**गालीगुफ़्ता** = गालीगलौज, तकरार.
**गालीचा** = क़ालीन.
**गालीदार** = अपशब्दात्मक.
**गालीयम** = रासायनिक तत्त्व सूची.
**गावकुशी** = गोहत्या.
**गावज़ोर** = बलिष्ठ.

**गाव तकिया** *सं* कंदुक, गेंदवा, गेंदुआ, गोल तकिया, चक्र गंडु, पुश्ती, मसनद.

**गावदुम** = तुरही.
**गावल्गणि** = संजय.
**गाह** = गहराई, गाधस्थल, घड़ियाल, पकड़, स्थान.
**गाहक** = क्लायंट, ख़रीदार.
**गाहकी** = ख़रीद, बाज़ारदारी, बिक्री.
**गाहन** = डाइविंग.
**गाहना** = फेंटना.
**गाहे बगाहे** = कभी कभी, कहीं कहीं.

**गिंठू** *सं* कंकड़ी, गिट्टी, गुट्ठा, चपेटा, ●गोटी, ●रोड़ी.

**गिंडुरी** = ईंडुरी.
**गिग** = लाइफ़बोट.
**गिचपिच** = कुलिखित, कुलेख, जनाकीर्ण, जनाकीर्णता, फिसलाहट, भीड़.
**गिजगिजा/गिजगिजी** = गिलगिला/गिलगिली, हुमसदार.
**ग़िज़ा** = आहार, आहार मात्रा.
**गिट्टी** = इंटोरा, गिंठू, रोड़ी.

**गिड़गिड़ाना** *क्रि* अनुनय करना, अनुनय विनय करना, अभियाचना करना, खुशामद करना, चरण छूना, चिरौरी करना, चिलम भरना, जूते चाटना, झुकना, तलवे चाटना, दाँत निपोरना, दुम हिलाना, नाक रगड़ना, पैरों पड़ना, बतीसी दिखाना, बिछना, बिलबिलाना, मिमियाना, रिरियाना, सामने गिरना, ●घुटने टेकना.

**गिड़गिड़ाहट** *सं* अनुनय, अनुनय विनय, अभियाचना, अभ्यर्थन, अभ्यर्थना, आजिज़ी, *खुशामद*, चाटुकारिता, चिरौरी, नाकरगड़ाई, निहोरा, बिलबिलाहट, *मनुहार*, मिन्नत, मिन्नत समाजत, *याचना*, रींरीं, रुदन, सई सिफ़ारिश, समाजत, ●खुशामद, ●प्रार्थना.

**गिद्ध** *सं* ईगल, कपोतारि, खगराज, गीध, गृद्ध, गृध्र, जुर्रा, *दूरदर्शी*, बाज़, भासंत, भास, लक्का, शकुंत, शकुनि, शशाद, शाहीन, श्येन.

**गिद्धदृष्टि** = दूरदृष्टियुक्त.
**गिद्ध मादा** = मादा गिद्ध.
**गिनती** = उपस्थिति गणना, गणना, महत्त्व.
**गिनती करना** = गिनना.
**गिनती के** = कम.

**गिनती प्रणाली** *सं* गणना पद्धति, गणना प्रणाली, ●दशम लव प्रणाली, ●द्वादश लव प्रणाली, ●द्वितीय लव प्रणाली, ●विंशति लव प्रणाली, ●शतम लव प्रणाली.

**गिनना** = जोड़ना, लेना.

**गिनना** *क्रि* आकलित करना, गणना करना, गिनती करना, शामिल करना, हिसाब करना, हिसाब में लेना.

**गिना/गिनी** *वि आकलित*, गणित, परिकलित, परिगणित, प्रगणित, राशीकृत, संख्यात (प्रा).

**गिने चुने** = कम.
**गिने चुने शब्दों में कथित** = सूक्तिवत.
**गिन्नी** = अशरफ़ी.
**गिफ़्ट** = उपहार, समर्पण.
**गिमटी** = फ़र्शी चादर.
**गिरगिट** = अवसरवादी.
**गिरजा** = गिरजाघर.

**गिरजाघर** *सं* इकलीसिया, ऐबी, कलीसा, कलीसिया, कैथीड्रल, गिरजा, चर्च, चैपल, मिशन, ●आल्टर, ●ईसाई धर्म, ●उपासनालय ●कनफ़ैशनल, ●क्लौइस्टर, ●पादरी, ●बैपटिस्ट्री.

**गिरजाघरीय** *वि* कलीसाई, चर्च विषयक, ●ईसाई धर्म विषयक.

**गिरता/गिरती** = अधोगामी, अवनतिशील, अवरोहक्रमिक, अस्तगामी, अस्थिर, झोलदार, प्रतिक्षितिज, लड़खड़ाता/लड़खड़ाती, लबालब, ह्रासशील.
**गिरता पड़ता/गिरती पड़ती** = मद्यप, लड़खड़ाता/लड़खड़ाती.
**गिरदा** = चक्र, तकिया.
**गिरदावर** = चक्राकार.
**गिरन** = अवरोहण, ढलान, ढहन, नति, पतन, लटकन, लड़खड़ाहट.
**गिरना** = उतरना, उफनना, गुमना, चिरना, छीजना, झड़ना, झरना, झुकना, टपकना, ढलना, ढहना, ढुलकना, दुबलाना, निथरना, फिसलना, बरसना, बुढ़ाना, लँगड़ाना, लटकना, लड़खड़ाना, लुढ़कना, हारना.

**गिरना** *क्रि* च्युत होना, *टपकना*, डलना, डिगना, *ढलना*, *ढहना*, नीचे गिरना, पड़ना, ●उतरना, ●टपकना, ●डूबना, ●ढुलकना, ●धँसना, ●फिसलना, ●लड़खड़ाना, ●लुढ़कना, ■उठना, ■उड़ना, ■चढ़ना.

**गिरनार** = पर्वत सूची भारत उपमहाद्वीप.
**गिरने से बचना** = सँभलना.

**गिरने से बचाना** = सँभालना.
**गिरने से रोकना** = सँभालना.
**गिरफ़्त** = गिरफ़्तारी, चंगुल, तलवार मूठ, पकड़, मूठ.

**गिरफ़्तार** *वि* अधिगत, काराबद्ध, क़ैद, ज़ंजीरबंद, जेलबंद, धरा/धरी, धृत, *नियंत्रित*, पकड़ा/पकड़ी, *बंद*, बंदीकृत, बँधा/बँधी, बद्ध, *बेड़ीबंद*, बेड़ीबद्ध, शृंखलाबद्ध, हिरासती, •ज़मानती, •निर्वासित, •बेड़ीबंद, ▪अपराधमुक्त, ▪कारावासमुक्त, ▪ज़मानती.

**गिरफ़्तारी** *सं* अरैस्ट, कस्टडी, क़ैद, गिरफ़्त, *चंगुल*, जेलभराई, धरपकड़, पकड़धकड़, पकड़ाई, बंदीकरण, बंधन, बँधाई, *वशीकरण*, हिरासत, •दंड, •कारागार, •नज़र क़ैद, •सिपाही, •हवालात, ▪अपराध मुक्ति, ▪ज़मानत, ▪परोल, ▪प्रत्यर्पण.

**गिरवी** = बंधक.
**गिरस्ती** = गृहस्थी, परिवार जन.
**गिरह** = उलझन, ग़ज़ल समापन शेअर, गाँठ, जेब.
**गिरह 16** = गज़.
**गिरहकट** = पाकेटमार.
**गिरहकटी** = पाकेटमारी.
**गिरहदार** = जटिल.
**गिरहबाज़** = कलाबाज़, कसरतिया कलाकार.
**गिरा** = जीभ, वाचा, सरस्वती देवी.
**गिरा/गिरी** = अवनत, थका/थकी, दुराचारी, धराशायी, पराजित, लड़खड़ाता/लड़खड़ाती, विचलित, ह्रस्त.

**गिरा/गिरी** *वि* अवपतित, अवरोहित, *टूटा/टूटी*, डला/डली, ढहा/ढही, पड़ा/पड़ी, पतित, प्रपतित, ▪उत्थित.

**गिराई** *सं* अधोपातन, डलाई, निपातन, पड़ाई, पातन, पातन, •अधोक्षेपण, •पटकाई, ▪उठाई.

**गिराऊ** = फिसलनयुक्त.
**गिराना** = उजाड़ना, छिजाना, झुकाना, ढहाना, ढुलकाना, तोड़ना, फेंकना, बरसाना, लटकाना, लिटाना, लुढ़काना, हराना.

**गिराना** *क्रि उतारना*, गेरना, *छोड़ना*, झटकना, *झोंकना*, डालना, डालना, नीचे फेंकना, पटकना, पड़ाना, फटकारना, *फेंकना*, •झुकाना, •लटकाना, ▪उठाना, ▪उड़ाना, ▪चढ़ाना, ▪थामना, ▪सँभालना.

**गिरा पड़ा/गिरी पड़ी** = कुवेशित, जीर्णशीर्ण, थका/थकी, निकृष्ट, बीमार, बुरा/बुरी.
**गिरापति** = ब्रह्मा.
**गिरापन** = दुराचार.
**गिरा मकान** = खँडहर.
**गिराव** = अवरोहण.
**गिरावट** = अवनति, दुराचार, पदावनति, बलक्षय, रोग, व्यापारिक मंदी, ह्रास.
**गिरि** = पर्वत.
**गिरिकंदर** = गुफा.
**गिरिका** = चुहिया.
**गिरिकूट** = पर्वत शिखर.
**गिरिज** = गेरू.
**गिरिजन** = पर्वतवासी.
**गिरिजा** = गंगा नदी, पार्वती.
**गिरिजाल** = पर्वतश्रेणी.
**गिरिद्वार** = दर्रा.
**गिरिधर, गिरिधारी** = कृष्ण.
**गिरिपति** = हिमालय.
**गिरिपाद** = तलहटी.
**गिरिप्रस्थ** = पठार, पठार भूमि, पर्वत प्रदेश.
**गिरि मृदा** = गेरू.
**गिरिवर** = पर्वत.
**गिरिशृंग** = पर्वत शिखर.
**गिरिसानु** = पठार.
**गिरिसार** = शिलाजीत.
**गिरींद्र** = हिमालय.
**गिरी** = गुठली गिरी, नारियल.
**गिरी पड़ी चाल** = लस्तपस्त चाल.
**गिरीश** = बृहस्पति ग्रह, शिव, हिमालय.
**गिरो** = बंधक वस्तु.
**गिरोह** = अपराधी संगठन, क़बीला, गुट, वृंद, संपर्क जाल.
**गिरोहबंद** = गुटबंद.
**गिरोहबाज़** = गुटबाज़.
**गिर्द** = घेरा, निकट ही.
**गिर्दबाद** = चक्रवात.
**गिर्दा** = घेरा, परिक्रमा मार्ग, परिसर, भवन परिसर.
**गिर्दागिर्द** = निकट ही.
**गिर्दावर** = चक्रणशील, चक्रावृत्तिशील.
**गिल** = गारा, घड़ियाल, मिट्टी.

**गिलगिला/गिलगिली** *वि* क्लिन्न, गदकारा/गदकारी, गिजगिजा/गिजगिजी, लिज़लिज़ा/लिज़लिज़ी, सिक्त, •कचिया •गुदगुदा/गुदगुदी, ▪कठोर, ▪कुरकुरा (आहार).

**गिलट** *सं* निकल, पिंडक, मुलम्मा, •क़लई, •राँगा.

**गिलटी** = गूमड़.
**गिलन** = गैलन.
**गिलबिला/गिलबिली** = मोटा/मोटी.
**गिलम** = क़ालीन, गद्दा.
**गिलसिया** = गिलास.

**गिलहरी** *सं* कट्टो गिलहरी, शाखा मूस, शाखामृग, •नेवला.

**गिला** = उलाहना, शिकायत.
**ग़िलाज़त** = विष्ठा.

**गिलाफ़** *सं* कवर, *खोल*, *झोला*, पिधान.

**गिलावा** = गारा.

**गिलास** *सं* गिलसिया, ग्लास, टंबलर, •कुल्हड़, •प्याला.

**गिलोय** *सं* अमरा, अमृतलता, अमृता, गुड़्च, गुड़्ची, जीवंतक, जीवंतिका, निर्जरा, मधुपर्णी, रसायनी, वल्ली, सोमवल्ली.

**ग़िलौंदा** = महुआ.
**गिलौरी** = पान बीड़ा.
**गिलौरीदान** = पानदान.
**गिव ऐंड टेक** = आपसदारी, समझौता.
**गीः** = जीभ, वाचा.
**गीज़र** = गरम जलस्रोत.
**गीत** = कविता, काव्य, स्तोत्र.
**गीत** *सं* ऐंथम, *कविता*, *काव्य*, गाथा,

गान, *गाना*, *गायन*, *छंद*, तराना, नग़मा, *पद*, बंदिश, *भजन*, *राग*, सरगम, सौंग, •अंतरा, •स्थायी, •कोरस, •ग़ज़ल, •नज़्म, •भजन, •मरसिया.

**गीत अंतरा** = अंतरा.
**गीत आरंभिक भाग** = आरंभिक छंद.

**गीतकार** *सं कवि*, *गायक*, नग़माकार.

**गीतक्रम** = आरोह अवरोह, स्वरलिपि.
**गीत टेक** = स्थायी.
**गीत नाटक, गीत नाट्य** = औपेरा.
**गीत पद** = छंद चरण.
**गीत प्रस्तुति** = गायन.
**गीतमय** = काव्यात्मक.
**गीत लय** = लय.
**गीत संगीत** = संगीत.
**गीत संगीत नाटक** = औपेरा.
**गीतसंगीतमय** = संगीतमय.
**गीत स्थायी** = स्थायी.
**गीतांजली** = काव्य संकलन.
**गीता** = प्रस्थान त्रयी.

**गीता** *सं* अर्जुनोपदेश, कर्मयोग शास्त्र, कृष्णार्जुन संवाद, कृष्णोपदेश, ब्रह्मविद्या, भगवद् गीता, योगशास्त्र, श्रीमद्भगवद्गीता, •महाभारत.

**गीता उपनिषद** = हिंदू धर्मग्रंथ.
**गीता क़ुरान** = धर्मग्रंथ.
**गीतात्मक** = संगीतमय.
**गीतावली** = काव्य संकलन.
**गीति** = गायन.
**गीतिका** = औपेरा.
**गीतिमय** = संगीतमय.
**गीदड़** = कापुरुष.

**गीदड़** *सं* अरण्यश्वान, जंबूक, धूर्तक, लोपाक, लोपाश, वृक, शृगाल, सियार, स्यार, ■सिंह.

**गीदड़ घुड़की** = बंदर घुड़की.
**गीदड़ भबकी** = बंदर घुड़की.
**गीध** = गिद्ध.

**गीयर** *सं* आँवठ गरारी, गड़ारी, गराड़ी, गरारी, गर्रा, *दाँता*, मौसम, •दाँता, •वेग नियामक.

**-गीर** = धंधी, स्रष्टा.
**गीरथ** = बृहस्पति ग्रह.
**-गीरी (जैसेः जुलाहागीरी)** = धंधा.
**गीर्** = वाचा.
**गीर्णन** = वाचन.
**गीर्देवी** = कला देवी, सरस्वती देवी.
**गीर्पति** = कला देवी, बृहस्पति.
**गीर्वाणी** = संस्कृत भाषा.
**गीला/गीली** = अश्रुपूर्ण, दलदली, फिसलनयुक्त, रसेदार, वर्षापूर्ण, सिंचित, सीलनदार, हुमसदार.

**गीला/गीली** *वि* आर्द्र, ऊदा/ऊदी, चकाचक, चोराडोब, जलमग्न, जलार्द्र, तर, तरबतर, नम, पनियल, पनीला/पनीली, पानीदार, भीगा/भीगी, लथपथ, *सजल*, सरस, सराबोर, ■जलहीन, ■सूखा/सूखी.

**गीलापन** = फिसलाहट.
**गीली गरमी** = नमीदार गरमी.
**गीशा (जापान)** = वेश्या.
**गीष्पति** = बृहस्पति, बृहस्पति ग्रह.
**गुंचा** = कली, कुंज.
**गुंज** = गुच्छा, प्रतिध्वनि, मंजरी.
**गुंजन** = झनझनाहट, प्रतिध्वनि, भनभनाहट.

**गुंजन** *सं* अनुकंप, अनुकंपन, अनुगुंजन, गमक, गुंजा, गुंजार, घुनघुन, *झंकार*, झनकार, झनझन, टंकार, ध्वनि कंपन, निनाद, संस्पंदन, समुन्नाद, *स्पंदन*, •कंपन.

**गुंजनशील** = गुंजायमान.
**गुंजल्क** = उलझन, केशगुच्छ.
**गुंजा** = गुंजन, चहचहाहट.
**गुंजाइश** = अंतराल, अतिरिक्त स्थान, पेटा, विस्तार.
**गुंजा जड़** = मुलेठी.
**गुंजान** = आवासित, उपवनित, उर्वर, जनाकीर्ण, हरियल.
**गुँजाना** = झनझनाना.
**गुंजायमान** = कोलाहलपूर्ण.

**गुंजायमान** *वि* अनुगुंजित, अनुनादित, गुंजनशील, गुंजित, गूँजता/गूँजती, गूँजदार, झनझनाता/झनझनाती, प्रतिध्वनित, प्रतिध्वनिपूर्ण, शब्दायमान, •गड़गड़ाता/गड़गड़ाती, •ध्वनिपूर्ण.

**गुंजार** = गुंजन, पल्लवयुक्त, प्रतिध्वनि, भनभनाहट, हरियल.
**गुंजार करना** = बसना.
**गुंजारना** = गाना, गूँजना, चहचहाना.
**गुंजित** = गुंजायमान.
**गुंजित ध्वनि** = प्रतिध्वनि.
**गुंजित होना** = गूँजना.
**गुंठन** = गोपन, घूँघट.
**गुंडई** = गुंडागर्दी.
**गुंडली** = ईंडुरी.
**गुंडा** = अपराध जगत सदस्य, अपराधी, दुर्जन.

**गुंडा** *सं अधम*, आवारा, कल्लाँच, खेटी, खोटा, गुंडा लुच्चा, नीच, बदमाश, *लंपट*, लफंगा, लुच्चा, लुच्चा लफ़ंगा, शोहदा, •ठग, •दुर्जन, ■सज्जन.

**गुंडागर्दी** *सं* गुंडई, गुंडापन, दुर्जनता, बदमाशी, भँडरियापन, लुच्चई, लुच्चापन, शोहदापना, •अपराध जगत.

**गुंडापन** = गुंडागर्दी.
**गुंडा लुच्चा** = गुंडा.
**गुंडी** = लच्छी.
**गुंडे मवाली** = अपराध जगत.
**गुँथन** = बनावट.
**गुंथन** = गुंफन.
**गुँथा/गुँथी** = छिद्रहीन.
**गुँथाई** = गुंफन.
**गुँधाई** = गुंफन.
**गुँधावट** = बनावट.
**गुँधी लट** = चोटी.
**गुंफ** = गुंफन, जाल.

**गुंफन** *सं* गुंथन, गुँथाई, गुँधाई, गुंफ, गुँफाई, झुथाई, झूथन, •बुनाई.

**गुंफन करना** = गूँधना.
**गुँफाई** = गुंफन.
**गुंफित करना** = गूँधना.
**गुंबज** = गुंबद.

**गुंबद** *सं* उदर्क, *कमल*, कलबूत,

*कलश*, कलसा, गड़गज, गुंबज, *गुमटी*, गुर्ज़, गोलंबर, गोलाकार छत, चौबुर्ज़ी, छतरी, डोम, ताज, बुर्ज़, बुर्ज़ी, हरम, •गूँज, •मंडप, •मीनार, •मेहराब.

**गुआर** = ग्वार फली.
**गुआरि** = गोपी.
**गुइयाँ** = अंतरंग मित्र, अरवी, मित्र, सहेली.
**गुग्गुल** = राल.
**गुच्ची** = कुकुरमुत्ता.
**गुच्छ** = गुच्छा.
**गुच्छक** = गुच्छा.
**गुच्छपत्र** = ताड़.
**गुच्छफल** = अंगूर, केला.
**गुच्छफला** = मकोय.
**गुच्छा** = केशगुच्छ, गुफ्फा, पुष्पगुच्छ, फुँदना, मंजरी, लच्छी, संग्रह.

**गुच्छा** *सं* कांड, गुंज, गुच्छ, गुच्छक, गुच्छी, *गुफ्फा*, गुल्म, झब्बा, झौंरा, दस्ता, प्रकर, बंच, *वृंद*, स्तंब, स्तबक, •पुष्पगुच्छ, •फुँदना.

**गुच्छी** = कुकुरमुत्ता, गुच्छा, लच्छी.
**गुज़र** = आपसदारी, गमन, गुज़रबसर, मार्ग, यात्रा, संक्रम.
**गुज़रगाह** = मार्ग.
**गुज़र जाना** = मरना.
**गुज़रता/गुज़रती** = गमनशील, संक्रमणशील.
**गुज़रना** = बीतना, मरना.

**गुज़रबसर** *सं* अन्नजल, *आजीविका*, आबदाना, गुज़र, गुज़ारा, जीवन निर्वाह, जीवनयापन, दानापानी, निर्वाह, प्राणयात्रा, बसर, •जीवनस्तर.

**गुज़रा/गुज़री** = घटित, भूतकालीन, व्यतीत.
**गुजरात** = भारत राज्य प्रदेश.

**गुजरात** *सं* गुर्जर देश, गुर्जर प्रदेश, गुर्जराट, लाट, सौराष्ट्र, •भारत राज्य प्रदेश सूची.

**गुजरातः राजधानी** *सं* गांधीनगर.

**गुजराती** = भारत राष्ट्रभाषा सूची, भारतीय लिपि सूची.

**गुजराती** *वि* लाटीय, सौराष्ट्रीय.

**गुज़ारा** = आजीविका, गुज़रबसर, वेतन.
**गुज़ारिश** = निवेदन, प्रार्थना, याचना.
**गुज़ारिशनामा** = याचिका.
**गुज़ारे लायक आय वाला** = मध्यवित्त.
**गुझरौट** = चुन्नट.
**गुट** = कल्ट, षड्यंत्रकारी दल, संपर्क जाल.

**गुट** *सं* गिरोह, ग्रुप, *चक्र*, दल, धड़ा, धुरी, पक्ष, फ़ैक्शन, *समूह*, सिंडिकेट, •राजनीतिक दल, •संधिबद्ध देश.

**गुटका** = गोली, पान मसाला, भाष्य, मनका, लघुकाय, सहायक पुस्तक.
**गुटखा** = पान मसाला.

**गुटनिरपेक्ष** *वि* अदलीय, अपक्ष, अपक्षधर, अपक्षीय, अलग थलग, असंपृक्त, असंबद्ध, असंलग्न, गठबंधनहीन, गुटहीन, तटस्थ, तिसरैत, दलहीन, निर्गुट, *निष्पक्ष*, पक्षहीन, स्वतंत्र, ▪गुटबंद, ▪पक्षधर.

**गुटबंद** *वि* गठबंधित, गिरोहबंद, गुटसंबद्ध, गुटसापेक्ष, जत्थाबंद, दलबद्ध, धड़ेबंद, *संकीर्ण*, *संलग्न*, •मध्यस्थ, ▪गुटनिरपेक्ष.

**गुटबंदी** = एकताहीनता.

**गुटबाज़** *सं* इधर की उधर लगाने वाला, कलह करवाने वाला, कलहकार, कुटना/कुटनी, खटपटिया, गिरोहबाज़, ग्रुपबाज़, चालबाज़, धड़ेबाज़, पार्टीबाज़, भेदकारी, राजनीति बाज़, ▪गुटनिरपेक्ष, ▪निष्पक्ष.

**गुटबाज़ी** = एकताहीनता.
**गुट भाषा** = स्लैंग.
**गुटसंबद्ध** = गुटबंद.
**गुटसापेक्ष** = गुटबंद.
**गुटहीन** = गुटनिरपेक्ष.
**गुटिका** = गोली, बटी.
**गुटी** = गुलेल गोली, गोटी, गोली, बंदूक़ गोली, बटी, रोड़ी.
**गुटीय** = सामूहिक.
**गुट्टा/गुट्टी** = ठिंगना/ठिंगनी.
**गुट्ठल** = गुठली.
**गुट्ठा** = गिंठू.
**गुट्ठी** = घुंडी, टखना.
**गुठली** = अर्बुद, गूमड़, बीज.

**गुठली** *सं* अँठली, अंठी, अँठुली, आँठी, कड़ा बड़ा बीज, कुसली, कोश, *गाँठ*, गुट्ठल, •बीज.

**गुठली गिरी** *सं* खाद्य गिरी, गिरी, *बादाम*, बिजली, बीज गिरी, बीजली, मग़ज़.

**गुड** = गोला.

**गुड़** *सं* इक्षुज, खंडज, रसज, •ईख, •खाँड़, •चीनी, •शक्कर.

**गुड़गुड़** *सं* कुड़कुड़ी, गुड़गुड़ाहट, •हुक़्क़ा.

**गुड़गुड़ाहट** = गुड़गुड़.
**गुड़गुड़ी** = हुक़्क़ा.
**गुड़च** = गिलोय.
**गुड़ची** = गिलोय.
**गुड़ जैसा** = मीठा/मीठी.
**गुड़ जैसा स्वाद** = मिठास.
**गुड़प** = गड़प.

**गुड फ़्राईडे** *सं* ईसा बलिदान दिवस, ईस्टर रविवार से पहला शुक्रवार.

**गुड़ भेली** *सं* चाकी, पिंडी, बट्टी, भेली, भेली.

**गुड़ मद्य** = रम.
**गुडविल** = कीर्तिस्व, सौमनस्य.
**गुड विशिज़** = शुभकामना.
**गुड़हल** = जवाकुसुम.
**गुडा** = गोली.

**गुड़ाई** *सं* कुड़ाई, खुदाई, गोड़, •निराई, •बुआई.

**गुडाकेश** = अथकनीय, अर्जुन, कर्मवीर.
**गुड़िया** = कठपुतली, खिलौना, छबीली, लड़की, सुंदर स्त्री.

**गुड़िया** *सं* गुड्डी, डौल, डौली, पंचाली, पपेट, पांचालिका, पांचाली, पुतली, पुत्तलिका,

 (प्रा) प्राचीन शब्द, अब अप्रचलित - *तिरछे* शब्द स्वतंत्र शीर्षक भी हैं •सपर्याय ▪विपर्याय

पुत्रिका, लोबत, वस्त्र पुत्रिका, •कठपुतली, •गुड्डा.

**गुडीमुडी** *वि* गुडीमुडी लेटा, सिकुड़ा/सिकुड़ी, सिमटा/सिमटी, •लेटा/लेटी.

**गुड्वा** = गुड्डा.
**गुड्डा** = खिलौना, गंडा तावीज़.

**गुड्डा** *सं* गुड्वा, *पुतला*, पुत्रक, •गुड़िया.

**गुड्डी** = गुड़िया, पतंग, लड़की.
**गुड्डो** = लड़की.
**गुड्स** = लगेज, सामान.
**गुड्स कैरियर** = मालवाहक.
**गुड्स ट्रेन** = मालगाड़ी.
**गुण** = अच्छाई, कला, काव्यरस, तार, त्रिगुण, दक्षता, धागा, परिभाषा, प्रतिभा, प्रत्यंचा, लक्षण, स्वभाव, हुलिया.
**गुण अवगुण परीक्षा** = समीक्षा.
**गुणकारी** = उपयोगी.
**गुणकीर्तन** = कीर्तन.
**गुणगान** = कीर्तन, चाटूक्ति, प्रशंसा, प्रशंसा गीत, भजन.
**गुणगान करना** = सराहना.
**गुणगायक** = प्रचारक, प्रशंसक, प्रशंसागायक.
**गुणग्राम** = बहुगुणी.

**गुणग्राहक** *सं* क़द्रदान, गुणज्ञ, गुण ज्ञानी, गुनगाहक, जौहरी, *ज्ञानी*, तत्त्वज्ञ, परखने वाला, पारखी, भावक, मर्मज्ञ, मर्मभेदी, मर्मी, *रसिक*, रहस्यज्ञ, *विवेकी*, शनास, सहृदय, सुजान, सुज्ञान, सुज्ञानी, सुहृद, सुहृदय, •कलाप्रेमी, •ज्ञानी, •रसप्रेमी, •सुरुचिसंपन्न (व्यक्ति), ▪अगुणज्ञ.

**गुणग्राहकता** = गुणज्ञता.
**गुणज्ञ** = गुणग्राहक.
**गुणज्ञता** = कलाप्रेम.

**गुणज्ञता** *सं* आलोचकीय प्रतिभा, क़द्रदानी, कलाज्ञान, कलामर्मज्ञता, गुणग्राहकता, तत्त्वज्ञता, *पकड़*, *परख*, पहचान, *पहुँच*, पारखी दृष्टि, पारखीपन, पैठ, भावयित्री प्रतिभा, मर्मज्ञता, रसिकता, *रुचि*, शनाख़्त, शुऊर, संवेदनशीलता, समीक्षकीय प्रतिभा, सहृदयता, सुहृदता, •विवेक, •सुरुचि, ▪अगुणज्ञता.

**गुण ज्ञानी** = गुणग्राहक.
**गुणत्रय** = त्रिगुण.

**गुणन कर्म** *सं* अंकपूरण, अभिहति (प्रा), गुणन, गुणा, ज़रब, वध (प्रा), वृद्धि (प्रा), हनन (प्रा), •गणन, •पहाड़ा, ▪भाग कर्म.

**गुणन फल** *सं* अभिहति (प्रा), *उत्पाद*, गुणा फल, घात (प्रा), संवर्ग (प्रा), हासिल ज़रब, •जोड़ फल.

**गुणन सारणी** = पहाड़ा.
**गुणनिधान, गुणनिधि** = बहुगुणी.
**गुण बखानना** = सराहना.
**गुण में हीनतम** = निकृष्ट.
**गुणयुक्त** = अच्छा/अच्छी, लक्षणयुक्त.
**गुणराशि** = बहुगुणी.
**गुणवत्ता** = अच्छाई.
**गुणवत्ता आदर्श** = मानक.
**गुणवत्तायुक्त** = मानकयुक्त.
**गुणवत्ता स्तर** = मानक.
**गुणवत्ताहीन** = अवमानक.
**गुण वर्णन** = परिभाषा.
**गुणसागर** = बहुगुणी.
**गुणसिंधु** = बहुगुणी.
**गुण सूचना** = विशेषण.
**गुणसूत्रीय** = आनुवंशिक.
**गुणहीन** = अदक्ष, अवमानक, दुर्गुणी, बुरा/बुरी.
**गुणा** = गुणन कर्म, गुणित.
**गुणाकर** = बहुगुणी.
**गुणा करना** = बढ़ाना.
**गुणाढ्य** = बहुगुणी.
**गुणातीत** = अपरिभाष्य, इंद्रियातीत.
**गुणाधम** = निकृष्ट.
**गुणान्वित** = मानकयुक्त.
**गुणा फल** = गुणन फल.
**गुणालय** = बहुगुणी.

**गुणित** *वि* अभिहत (प्रा), आकर (जैसेः दस आकर) (प्रा), गुणा, गुणित, गुना/गुनी, -चंद (जैसेः दोचंद), हत (प्रा), •चौगुना, •तिगुना, •दुगुना, •बहुगुणित, •सौगुना, ▪भागकृत.

**गुणी** = अच्छा/अच्छी, कुशल, दक्ष, दक्ष व्यक्ति, प्रतिभाशाली, प्रशंसनीय, बहुगुणी, योग्य, सिद्ध कलाकार.
**गुणीजन** = विद्वत्समाज, सुहृदजन.
**गुणोत्तम** = उत्तम.
**गुणोत्तर** = बेहतर.
**गुत** = चोटी.
**गुत्थमगुत्था** = जटिल, फ़ौजदारी, मुठभेड़, हाथापाई.
**गुत्थी** = उलझन, कठिन कार्य, गाँठ, पहेली.
**गुत्थी पड़ना** = उलझना.
**गुत्थी सुलझना** = सुलझना.
**गुत्थी सुलझाना** = सुलझाना.
**गुत्थीहीन** = सुलझा/सुलझी.
**गुथना** = उलझना, लड़ना.
**गुथा/गुथी** = जटिल, पेचीदा डिज़ाइन वाला.

**गुदगुदा/गुदगुदी** *वि कोमल*, *गदीला/गदीली*, गद्देदार, गुलगुला/गुलगुली, *नम्य*, पिलपिला/पिलपिली, मांसल, •गिलगिला/गिलगिली, •मोटा/मोटी, ▪कठोर, ▪पथरीला/पथरीली.

**गुदगुदाऊ** = हास्यप्रद.
**गुदगुदाना** = दुलारना.

**गुदगुदाना** *क्रि* खुजाना, गुदगुदी करना, सलसलाना, सुरसुराना, *हँसाना*.

**गुदगुदाहट** = गुदगुदी.
**गुदगुदी** = वाक्केलि.

**गुदगुदी** *सं* गुदगुदाहट, गुलगुली, सलसलाहट, •खुजलाहट, •हँसी.

**गुदगुदी करना** = गुदगुदाना.
**गुदड़िया** = कबाड़ी.
**गुदड़ी** = चीथड़े.
**गुदड़ी का लाल** = छिपा रुस्तम, प्रतिभाशाली बालक.
**गुदड़ीफ़रोश** = कबाड़ी.
**गुदड़ी बाज़ार** = रद्दी बाज़ार.

**गुदनहार/गुदनहारी** = गुदाई कर्मी, गुदाई कर्मी.
**गुदना** = गुदाई कृति.
**गुदांकुर** = बवासीर.
**गुदा (मलत्याग)** = इंद्रिय सूची.

**गुदा** *सं* अपस्कर, अपान, अपान द्वार, उपस्थ, पेंदी, मलद्वार, •गुप्तांग.

**गुदाई** = गुदाई कृति.

**गुदाई कर्मी** *सं* गुदनहार/गुदनहारी, गोदनहार/गोदनहारी, गोदने वाला, लिलहार, लिलार, •गोदनी, •ब्यूटीशियन.

**गुदाई कृति** *सं* गुदना, गुदाई, गोदना, चित्रकारी, टैटू, लिलार, *लीला*, •डिज़ाइन, •पैटर्न.

**गुदाज़** = गूदेदार, मोटा/मोटी.
**गुदार** = गूदेदार.
**गुदारा/गुदारी** = गूदेदार.
**गुदार्बुद** = बवासीर.
**गुदेंद्रिय (गुदा)** = कर्मेंद्रिय.
**गुद्दी** = गरदन.
**गुन** = तार, धागा.
**गुनगाहक** = गुणग्राहक.
**गुनगुन** = भनभनाहट.
**गुनगुन करना** = कलकलाना.

**गुनगुना/गुनगुनी** *वि* अल्प उष्ण, ईषदुष्ण, कदुष्ण, कम गरम, कवोष्ण, कुनकुना/कुनकनी, कोष्ण, *गुलाबी*, मंदोष्ण, *सह्य*, सह्योष्ण, सुखोष्ण, सुहाता/सुहाती, सुहावना/सुहावनी, •गरम, •शीतल.

**गुनगुनाना** *क्रि* वाद्यसंगीतहीन गीत की धुन गाना, •गाना.

**गुनगौरी** = पतिव्रता.
**गुनना** = रटना, सोचना परखना.
**गुनहगार** = अपराधी, पापी, सिद्धदोष.
**गुना/गुनी** = गुणित.
**गुनाह** = अपराध, पाप.
**गुनिया** = योग्य, विचारक.
**गुनी** = भूतहंता.
**गुन्नी** = चाबुक.

**गुपचुप** = गुलाब जामन, गोपनशील, चोरी छिपे.
**गुप्त** = अंतर्धान, अदृश्य, अनदेखा/अनदेखी, अनभिव्यक्त, कूटबद्ध, गुप्तचरीय, गुह्य, छलपूर्ण, नामहीन (रचना), भूमिगत, रहस्यपूर्ण, वैश्य.

**गुप्त** *वि* अकथित, *अज्ञात*, *अज्ञेय*, *अनभिव्यक्त*, अप्रकट, अवगुंठित, अविदित, आच्छादित, कूट, खुफ़िया, *गुह्य*, *गूढ़*, *छद्म*, छिपा/छिपी, परोक्ष, पोशीदा, प्राइवेट, *बंद*, भीतरी, विलुप्त, सीक्रेट, *सुरक्षित*, •गोपनीय, ▪अगुप्त, ▪अभिव्यक्त, ▪घोषित, ▪ज्ञात, ▪प्रकट, ▪स्पष्ट.

**गुप्त अर्थ** = व्यंजनार्थ.
**गुप्त अवलोकन** = ताकझाँक.
**गुप्त उपकरणों द्वारा श्रवण** = बगिंग.
**गुप्त करना** = छिपाना.
**गुप्त कार्यीय** = गुप्तचरीय.

**गुप्तचर** *सं* एजैंट, खबरची, *खोजी*, गूढ़चर, गोइंदा, *घुसपैठिया*, चर (प्रा), चारपुरुष (प्रा), जासूस, टोहिया, टोही, डीटैक्टिव, सीआईडी, सीक्रेट एजैंट, सुरागी, स्पाई, •प्रतिगुप्तचर, •प्राइवेट गुप्तचर, •कूटशब्द, •सिपाही, ▪अपराधी.

**गुप्तचर कर्म** = गुप्तचर्या.
**गुप्तचरी** = गुप्तचर्या.

**गुप्तचरीय** *वि* कूट, खुफ़िया, *गुप्त*, गुप्त कार्यीय, *गोपनीय*, गोपनीयतापूर्ण, छद्म, जासूसी, भीतरी, *रहस्यपूर्ण*, सीक्रेट.

**गुप्तचर्या** *सं* खोजख़बर, खोजबीन, गुप्तचर कर्म, गुप्तचरी, चारवृत्ति (प्रा), चार्य (प्रा), छानबीन, जाँच, जाँच पड़ताल, जासूसी, टोह, टोहाटाई, तफ़तीश, *तलाश*, तहक़ीक़ात, निगरानी, निगहबानी, भेदियापन, संधान, सुराग़रसानी, •कूटशब्द, •तथ्यान्वेषण, •पीछा, •सुराग़, ▪अपराध.

**गुप्ततः** = चोरी छिपे.
**गुप्त तथ्य, गुप्तता** = रहस्य.
**गुप्त ताला** = चोर ताला.
**गुप्त दल** = षड्यंत्रकारी दल.
**गुप्तद्वार** = पृष्ठद्वार.
**गुप्तपाठक** = कूटपाठक.
**गुप्त प्रतीक्षा** = घात.
**गुप्त प्रवेश** = घुसपैठ.
**गुप्त बात** = रहस्य.
**गुप्त भाषा** = कूटभाषा, स्लैंग.
**गुप्त मंत्र** = गुरुमंत्र.
**गुप्त योजना** = षड्यंत्र.
**गुप्त रोग** = यौन रोग.
**गुप्त लिपिक** = कूटलेखक.
**गुप्त लेख** = कूटलेख.
**गुप्त लेखक** = कूटलेखक.
**गुप्त लेखन** = कूटलेखन.
**गुप्त वार्ता** = गुप्त सूचना.
**गुप्तवासी** = भूमिगत.
**गुप्त विद्या** = गुह्यविद्या.
**गुप्त शब्द** = कूटशब्द.
**गुप्त शब्दावली** = कूटभाषा.
**गुप्त संकेत** = कूट संकेत.
**गुप्त संबंध** = परगमन, मिलीभगत.

**गुप्त सूचना** *सं* इत्तला, ख़बर, गुप्त वार्ता, गुह्यभाषित, जानकारी, *बात*, भीतरी समाचार, *रहस्य*, सीक्रेट, *सूचना*, •गुप्तचर्या, •रहस्य उद्घाटन.

**गुप्त स्थान** = अभिसार स्थल, शरणस्थल.
**गुप्त होना** = छिपना.
**गुप्तांग** = जननेंद्रिय.

**गुप्तांग** *सं* उपस्थ, कौपीन, गुह्यांग, गूढ़ांग, मलमूत्रांग, •अंडग्रंथि, •गुदा, •जननेंद्रिय, •शिश्न.

**गुप्ता** = वैश्य.
**गुप्तास्त्र** = गुप्ती.
**गुप्ति** = घातस्थान.

**गुप्ती** *सं* कूटखड्ग, गुप्तास्त्र.

**गुफा** *सं* कंदरा, केव, खोह, ग़ार, गिरिकंदर, गुहा, *दरी*, •खड्ड, •घाटी, •पर्वत, •बिल.

**गुफावासी** = गुहावासी.

**गुफ़्त** = उक्ति, बात.
**गुफ़्तगू** = गपशप, परिचर्चा, भेंटवार्ता, वार्तालाप, विचारविमर्श.
**गुफ़्तार** = वार्तालाप.
**गुफ्फा** = केशगुच्छ, गुच्छा, फुँदना.

**गुफ्फा** *सं* गफ्फा, *गुच्छा*, घूम, झब्बा, झाबा, •फुँदना.

**गुबरैला** *सं* गोबरौला, फूँगा, भृंग, स्कैरैब.

**ग़ुबार** = क्रोध, चक्रवात, तीव्रोन्माद, धूल.
**ग़ुब्बारा** = गुब्बारा यान, पैराशूट.

**ग़ुब्बारा** *सं* फुग्गा, फुग्गी, बैलून.

**ग़ुब्बारा यान** *सं* *ग़ुब्बारा*, फ़्लाइंग बैलून, बैलून, •ग्लाइडर, •पैराशूट.

**ग़ुब्बारा होना** = फूलना.
**गुम** = खोया/खोई, गुमनाम.
**गुम जाना** = गुमना.
**गुमटा** = गूमड़.
**गुमटी** = गुंबद.

**गुमटी** *सं* द्वार गुमटी, पहरेदार चौकी, ममटी, रक्षा चौकी, •खोखा, •चैकपोस्ट.

**गुमदा** = नमदा.

**गुमना** *क्रि* खो जाना, खोना, गँवना, ग़लत रखा जाना, गवाचना, *गिरना*, गुम जाना, चोरी जाना, न मिलना, बिलाना, लुप्त होना, विलब्ध होना, हिरना, हिराना, हेराना, •गँवाना, •गिराना, ▪ढुँढना.

**गुमनाम** = उपनाम, नामहीन, नामहीन (रचना).

**गुमनाम** *वि* अकिंचन, अकीर्त, अख्यात, अगण्य, *अचर्चित*, *अज्ञात*, अज्ञातनाम, अनजान, अनजाना/अनजानी, अनपहचाना/अनपहचानी, अनाम, अनुल्लिखित, अप्रख्यात, अप्रशंसित, अप्रसिद्ध, अविख्यात, अविख्यात, अविदित, अविदित, असंस्तुत, असंस्तुत, कीर्तिहीन, खोया/खोई, गुम, बेनाम, बेनामोनिशाँ, भूला बिसरा/भूली बिसरी, यशहीन, विश्लोक, *विस्मृत*, •महत्त्वहीन, •सामान्य, ▪प्रसिद्ध, ▪बहुचर्चित, ▪लोकप्रिय.

**गुमनामी** *सं* अकीर्ति, अख्याति, अगुणगान, अज्ञातता, अनजानापन, अपरिचितता, अप्रशंसा, अप्रसिद्धि, अयश, नगण्यता, नामहीनता, बेनामी, सामान्यता, •अप्रचार, ▪प्रसिद्धि.

**गुमराह** = कुटेवी, दुराचारी, मार्गच्युत.
**गुमराह करना** = भटकाना.
**गुमराही** = दुराचार, मार्गभ्रम.
**गुमशुदा** = खोया/खोई, मार्गच्युत.
**गुमसुम** = अवाचाल, निरुत्तर.
**गुमान** = अंदाज़ा, अनुमान, अभिमान, अहंकार, सुराग़.
**गुमानी** = अभिमानी.
**गुमाश्ता** = ऐटर्नी, कर्ता, कार्यकर्ता, चरणदास, दलाल, प्रतिनिधि, मुख़्तार.
**गुमुटी दाना** = सागूदाना.
**गुम्मा** = ईंट.

**गुर** *सं* आधार मंत्र, उपाय, *कल*, काम की बात, कुंजी, *गुरुमंत्र*, *जुगत*, ढंग, *तकनीक*, तरकीब, *नीतिवाक्य*, नुस्ख़ा, फ़ारमूला, बीजमंत्र, *मंत्र*, मर्म, महामंत्र, युक्ति, लाख टके की बात, सूत्र, हिकमत, •नीतिवाक्य, •सूत्रवाक्य.

**गुरगा** = सहअपराधी, हड़तालतोड़िया.
**गुरग्रंथ** = गुरुग्रंथ.
**गुरदा** = साहस.

**गुरदा** *सं* किडनी, बूका, मूत्रशोधक, वृक्क, •जिगर.

**गुरद्वारा** = गुरुद्वारा.

**गुरपर्ब** *सं* गुरु जन्म दिवस, गुरु पुण्य दिवस.

**ग़ुरबती** = निर्वासित व्यक्ति.
**गुरबानी** = गुरुग्रंथ.
**गुराव** = गँडासा.
**गुरिंदा** = चुग़लख़ोर.
**गुरिया** = मनका.
**गुरिल्ला** = गुरिल्ला सैनिक.

**गुरिल्ला** *सं* अफ़्रीकी अपिवानर, गोरिल्ला, •अपिवानर, •जानवर.

**गुरिल्ला युद्ध** *सं* छापामार युद्ध, छिटपुट युद्ध, *प्रतिरोध*.

**गुरिल्ला सैनिक** *सं* *गुरिल्ला*, छिप कर लड़ने वाला सैनिक, •कमांडो, •क्रांतिकारी.

**गुरु** = अध्यापक, उपदेशक, कुचाली, दक्ष, दक्ष व्यक्ति, दीर्घ, दुर्जन, द्रोणाचार्य, धर्मगुरु, धर्मज्ञानी, नवग्रह सूची, पीर, प्रबोधक, बृहत्, बृहस्पति, बृहस्पति ग्रह, भारयुक्त, भारी, राग गायक, विद्वान व्यक्ति, विशेषज्ञ, शुक्राचार्य, संगीतकार, सिख गुरु, सिद्ध कलाकार.

**गुरु** *सं* आचार्य, उस्ताद, ज्ञानपति, ज्ञानेश्वर, पंडित, *पीर*, प्रशास्ता, मुरशिद, विद्यादाता, शास्ता, सूरी, *स्वामी*, •ऋषि, ▪विद्यार्थी, ▪शिष्य.

**गुरुआनी** = अध्यापिका.
**गुरुकुल** = अक्षरारंभ, विद्यालय.

**गुरुकुल** *सं* अकादमी, अकादमी, अकादमी, आठीनियम, आश्रम, •इसलामी धार्मिक पाठशाला, •ईसाई धार्मिक पाठशाला, •यहूदी धार्मिक पाठशाला.

**गुरुकुल प्रवेश** = विद्यारंभ.
**गुरुकुलवासी** = छात्रावासी.
**गुरुकुल से घर वापसी** = दीक्षांत.

**गुरुग्रंथ** *सं* आदिग्रंथ, गुरग्रंथ, गुरबानी, गुरुग्रंथ साहिब, ग्रंथसाहब, •जपुजी, •सिख धर्म.

**गुरुग्रंथ साहिब** = गुरुग्रंथ.
**गुरु घंटाल** = दुर्जन.
**गुरुघंटाल** = कुचाली.
**गुरुजन** = पिता माता, वृद्धजन.

**गुरुजन** *सं* अच्छे, दादा लोग, दादे परदादे, नाने परनाने, पुरखे पुरखिन, पुराने, बड़े बुज़ुर्ग, बड़े बूढ़े, बड़े लोग, बापदादा, बापदादे, बुजुर्ग, *वृद्धजन*, सयाने, •पिता माता, •पूर्वज, ▪लघुजन.

**गुरु जन्म दिवस** = गुरपर्ब.
**गुरुज्ञान** = गुरुमंत्र.
**गुरुतर** = बेहतर.
**गुरुता** = महत्त्व.
**गुरुत्व आकर्षण** = गुरुत्वाकर्षण.
**गुरुत्वाकर्षण** = भार.

**गुरुत्वाकर्षण** *सं* *आकर्षण*, गुरुत्व आकर्षण, गुरुत्वाकर्षण शक्ति, ग्रैविटी, फ़ोर्स आफ़ ग्रैविटी, भाराकर्षण शक्ति.

**गुरुत्वाकर्षण माप** = भार.
**गुरुत्वाकर्षण शक्ति** = गुरुत्वाकर्षण.
**गुरुत्वाकर्षण हीन** = भारहीन.

**गुरु दक्षिणा** *सं* गुरु शुल्क, शागिर्दाना, •विद्या शुल्क.

**गुरु दक्षिणा संस्कार** = दीक्षांत.
**गुरु द्रोण** = द्रोणाचार्य.

**गुरुद्वारा** *सं* गुरद्वारा, *दरबार*, सिख गुरुद्वारा, •कड़ाह प्रसाद, •ख़ालसा दीवान.

**गुरुद्वारा दीवान** = ख़ालसा दीवान.
**गुरुद्वारा लंगर** = कड़ाह प्रसाद.
**गुरु पुण्य दिवस** = गुरपर्ब.
**गुरुभाई** = सहपाठी.
**गुरुमंतर** = गुरुमंत्र.
**गुरुमंत्र** = गुर, निदेश, सफलता मार्ग, सूत्रवाक्य.

**गुरुमंत्र** *सं* कान में सुनाया मंत्र, गुप्त मंत्र, गुरुज्ञान, गुरुमंतर, बीजमंत्र, महामंत्र, रहस्य मंत्र, •उपदेश, •गुर, •धर्मदीक्षा, •नीतिवाक्य, •सूत्रवाक्य.

**गुरुमंत्र दाता** = धर्मगुरु.
**गुरुमंत्र दान** = धर्मदीक्षा.
**गुरुमुख** = शिक्षित.
**गुरुवार** = बृहस्पतिवार.
**गुरु शुल्क** = गुरु दक्षिणा.
**गुरुसाहब** = सिख गुरु.
**गुरुहीन** = स्वशिक्षित.
**गुरुहीन शिक्षण** = स्वशिक्षा.
**गुरूब** = अस्तगत, अस्तगमन.
**ग़ुरूर** = अहंकार.
**ग़ुरूरे हुस्न** = रूपाभिमान.

**गुर्ज़** = गदा, गुंबद.
**गुर्जर देश** = गुजरात.
**गुर्जर प्रदेश** = गुजरात.
**गुर्जराट** = गुजरात.
**गुर्राना** = गरजना, डाँटना.

**गुर्राना** *क्रि* *गरजना*, गर्जन करना, चिंघाड़ना, दहाड़ना, हुंकारना, हूँकना, •गरजना, •डराना, •डाँटना.

**गुर्राहट** = डाँट.
**गुर्वी** = गर्भवती.
**गुलंदाज़** = तोपची.
**गुल** = अंगारा, कोयला, गुलाब, पुष्प.
**गुलअंदाम** = सुंदर, सुकुमारी.
**गुल अशरफ़ी** = गुल मोहर.

**गुलकंद** *सं* गुल शकर, गुल शकरी, •मुरब्बा.

**गुलकार** = कढ़ाई कर्मी.
**गुलकारी** = कढ़ाई, कढ़ाई कर्म.
**गुलख़न** = तंदूर, भट्ठी, भाड़.
**गुल खिलाना** = चकराना, चौंकाना.
**गुलगपाड़ा** = कोलाहल, हलचल, हल्लागुल्ला, हाँका.
**गुलगुला** = पुआ.
**गुलगुला/गुलगुली** = गुदगुदा/गुदगुदी, मोटा/मोटी.
**गुलगुली** = गुदगुदी.
**गुलगूना** = पावडर.
**गुलचला** = तोपची.
**गुलचीं** = बाग़बान.
**गुलछर्रे** = भोगविलास.
**गुल ज़ाफ़री** = हारसिंगार.
**गुलज़ार** = आवासित, उपवन, पुष्पोपवन.
**गुलज़ार करना** = बसना.
**गुलझट** = उलझन.
**गुलझट निकालना** = सुलझाना.
**गुलझट पड़ना** = उलझना.
**गुलझटी** = उलझन, जटिल.
**गुलझड़ी, गुलझन** = उलझन.
**गुलतराश** = उत्कीर्णक.
**गुलता** = गुलेल गोली.
**गुलदस्ता** = गुलदान.

**गुलदान** *सं* *कलश*, गुलदस्ता, पुष्पकलश, पुष्पभांड, फूलदान, फ़्लौवर पौट, सजावटी गिलास, •पुष्पगुच्छ.

**गुलदाना** *सं* दाना, बूँदा, *बूँदी*, •चनौरी, •नुकती, •बूँदी.

**गुलदार** = पुष्पित.
**गुल नरगिस़** = नरगिस.
**गुल पलास** = पलाश.
**गुलफ़ाम** = गुलाबी, सुंदर, सुंदर पुरुष, सुकुमार, सुकुमारी.
**गुलबदन** = सुंदर, सुकुमार, सुकुमारी.
**गुल बहार** = वसंत.
**गुलबूटा** = कढ़ाई.
**गुलमा** = सासेज.
**गुलमेख़** = स्टड.

**गुल मोहर** *सं* *अशरफ़ी*, गुल अशरफ़ी.

**गुल यासमीन** = चमेली.
**गुलरंग** = गुलाबी.
**गुलरू** = सुंदर.
**गुलरेज़** = फुलझड़ी.
**गुल शकरी** = गुलकंद.
**गुलशन** = उपवन.
**गुल शब्बो** = रजनीगंधा.
**गुल हज़ारा** = गेंदा.
**गुलाँट** = कलाबाज़ी.

**गुलाब** *सं* गुल, पाटल, रोज़.

**गुलाब जल** *सं* आबगुल, रोग़ने गुल.

**गुलाब जामन** *सं* गुपचुप, गुलाब जामुन, •मावा, •रसगुल्ला.

**गुलाबी** = आशापूर्ण, आशाप्रद, गुनगुना/गुनगुनी, जवान, नशा, नशा, मादक, वसंती, सुकुमार.

**गुलाबी** *वि* अरुण, अरुणिम, आरक्त, गुलफ़ाम, गुलरंग, पाटल, ललछौंहा/ललछौंही, ललाम, ललौहाँ/ललौहीं, हलका लाल, •लाल.

**गुलाबीपन** *सं* अरुणता, अरुणिमा, आरुण्य, रतनारापन, •लालिमा.

**गुलाबी हंस** = चकवा.
**ग़ुलाम** = दास, पराधीन.
**ग़ुलाम गर्दिश** = परदा दीवार.
**ग़ुलाम देश** = उपनिवेश.

 (प्रा) प्राचीन शब्द, अब अप्रचलित - *तिरछे शब्द स्वतंत्र शीर्षक भी हैं* •सपर्याय ■विपर्याय

**गुलामी** = दासता, पराधीनता.
**गुलिस्ताँ** = पुष्पोपवन.
**गुलूबंद** = मफ़लर.
**गुलूला** = गुलेल.
**गुलूला** = बंदूक़ गोली.

**गुलेल** *सं* गुलूला, फेंकनी, •गोफन, •ढेलवाँस, •बूमरैंग.

**गुलेल गोली** *सं* गुटी, गुलता, गुलेला, गुलेली, गुल्ला, *गोली*, छर्रा, ढेला, बट्टी, वज्र.

**गुलेला** = गुलेल गोली.
**गुलेली** = गुलेल गोली.
**गुलैंदा** = महुआ.
**गुल्फ़** = टखना.
**गुल्म** = अर्बुद, कुंज, गुच्छा, झाड़, झाड़झुंड, पुष्पगुच्छ, संग्रह.
**गुल्मित** = उपवनित.
**गुल्मोद्यान** = झाड़झुंड.

**गुल्लक** *सं* किट्टी, कोशपेटी, ग़ल्ला, गोलक, *हुंडी*, •कैशबाक्स.

**गुल्ला** = गुलेल गोली, बीजकोश.
**गुल्ली** = गोटी, बीजकोश, बीड़ा, भुट्टा, भुट्टा.
**गुवाक** = सुपारी.
**गुवार फली** = ग्वार फली.
**गुस्ताख़** = अवज्ञाकारी, अहंकारी, चंचल, धृष्ट, लड़बावला/लड़बावली.
**गुस्ताख़ी** = मुँहज़ोरी.
**गुस्ल** = स्नान.
**गुस्लख़ाना** = स्नानागार.
**गुस्सा** = क्रुद्ध, क्रोध.
**गुस्सैल** = कठोर (व्यवहारी), क्रोधी.
**गुहांजनी** = पलक फुंसी.
**गुहा** = गुफा, बिल.
**गुहाचर** = गुहावासी.
**गुहार** = अपील, आवाहन, फ़रियाद, याचिका.
**गुहारी** = अपीलार्थी, निवेदक, निवेदक.

**गुहावासी** *सं* गुफावासी, गुहाचर, *गुह्य*, गोह, •आदिवासी, •पर्वतवासी, •वनवासी.

**गुहेरी** = पलक फुंसी.
**गुह्य** = अबोध्य, गुप्त, गुहावासी, गोपनीय, जादुई, भुतहा/भुतही.

**गुह्य** *वि* अकल्पनीय, *अज्ञेय*, अतिप्रकृत, *अतिप्राकृतिक*, *अदृश्य*, अलौकिक, असाधारण, करामाती, कूट, *गुप्त*, गूढ़, जादुई, निगूढ़, *मायावी*, मायिक, *रहस्यपूर्ण*, *रहस्यपूर्ण*, रहस्यवादी, •आध्यात्मिक, •गुप्त, •गोपनीय.

**गुह्यक** *सं* कुबेरकोश रक्षक, कुबेर नौकर.

**गुह्यकराज** = कुबेर.
**गुह्यभाषित** = गुप्त सूचना.

**गुह्यविद्या** *सं* अलौकिक ज्ञान, गुप्त विद्या, चमत्कार विद्या, *रहस्य*, रहस्यवाद, रहस्य शास्त्र, •उच्चाटन, •टोनाटोटका, •प्रेतसिद्धि, •मारण, •वशीकरण, •विदूषण, •स्तंभन, •हिप्नोटिज़्म.

**गुह्यविद्याविद** = तांत्रिक.
**गुह्यांग** = गुप्तांग.

**गूँगा/गूँगी** *वि* अबोला/अबोली, अशब्द, जिह्वाहीन, बेज़बान, मूक, *मौन*, *वाचाहीन*, वाणीहीन, •बहरा/बहरी, •विकलांग, •हकला/हकली.

**गूँज** *सं* अनुगूँज, अनुनाद, गमक, घोष, झनकार, निनाद, *प्रतिध्वनि*, प्रतिनाद, प्रतिश्रुति, प्रतिस्वन, स्वरकंपन, •गुंबद, •गुफा.

**गूँजता/गूँजती** = गड़गड़ाता/गड़गड़ाती, गुंजायमान, ध्वनिपूर्ण.
**गूँजदार** = गुंजायमान.
**गूँजना** = गरजना.

**गूँजना** *क्रि* आवाज़ लौटना, गमकना, गुंजारना, गुंजित होना, घमकना, *झनझनाना*, प्रतिध्वनि होना, बजना, *लौटना*, •झनझनाना.

**गूँथ** = बनावट.
**गूँथना** = गूँधना, माँड़ना.
**गूँधना** = उलझाना, माँड़ना.

**गूँधना** *क्रि* गाँथना, गाँसना, गुंफन करना, गुंफित करना, गूँथना, छाँदना.

**गू** = विष्ठा.
**गूज़बैरी** = फल.
**गूजर** = ग्वाला.
**गूजरी** = गोपी.
**गूढ़** = अबोध्य, कूटबद्ध, क्लिष्ट (भाषा), गुप्त, गुह्य, जटिल, जादुई, पेचीदा डिज़ाइन वाला, मर्मस्थ, रहस्य, रहस्यपूर्ण, विद्वत्तापूर्ण, संदिग्धार्थी, समस्यात्मक.
**गूढ़ अर्थ** = व्यंजनार्थ.
**गूढ़चर** = गुप्तचर.
**गूढ़ प्रश्न** = पहेली.
**गूढ़ रहस्य** = रहस्य.
**गूढ़ांग** = गुप्तांग, जननेंद्रिय.
**गूढ़ोक्ति** = रहस्योक्ति, विपरीतोक्ति.
**गूदड़** = चीथड़े.
**गूदा** = मांस.

**गूदा** *सं* मगज, मग़ज़, *मांस*, सार, •फल, ▪छिलका.

**गूदेदार** = कचिया.

**गूदेदार** *वि* गुदाज़, गुदार, गुदारा/गुदारी, भरा/भरी, रसाली/रसालिनी, रसीला/रसीली.

**गूदेदार जड़** = कंदमूल.

**गूमड़** *सं* अधिवृद्धि, *गाँठ*, गिलटी, *गुठली*, गुमटा, *गोला*, ग्रंथि, ट्यूमर, *डील*, *पिंडिका*, मेदार्बुद, रसौली, वृद्धि, शोफ, *सूजन*, •अर्बुद.

**गूमड़ी** = मस्सा.
**गूय** = विष्ठा.
**गूलर** = फल.

**गूलर** *सं* उडुंबर, उदुंबर, औडुंबर, औदुंबर, क्षेमफल.

**गृद्ध** = गिद्ध.
**गृध्या** = लोभ.
**गृध्र** = गिद्ध.
**गृध्रा** = मादा गिद्ध.
**गृध्री** = मादा गिद्ध.
**गृष्टि** (जैसेः गोगृष्टि) = नवजात पशु.
**गृह** = कमरा, घर, भवन, राष्ट्रीय, संग्रहालय.

**गृह उपवन** *सं* आँगनबाड़ी, किचन

गार्डन, गृहवाटिका, गृहोद्यान.

**गृहकर्म** = घरेलू कामकाज, यज्ञ.
**गृहकलह** = गृहयुद्ध.

**गृहकलह** *सं* आपसी लड़ाई, कुटुंब कलह, कुटुंब युद्ध, कुलकलह, गंद, गृहदाह, गृहभेद, टकराव, तफ़रक़ा, दौर्भ्रात्र, भ्रातृक्लेष, भ्रातृयुद्ध, •गुटबाज़ी, •गृहयुद्ध, •महाभारत, •विभाजन.

**गृहकार्य** = घरेलू कामकाज, होमवर्क.
**गृह कुलिंग** = गौरैया.
**गृहगोधा** = छिपकली.
**गृहजन** = कुटुंब, परिवार जन.
**गृहत्याग** = वानप्रस्थाश्रम प्रवेश.
**गृहत्यागी** = संन्यासी.
**गृहदाह** = गृहकलह.
**गृहदेवी** = गृहस्थिन.
**गृहद्रोही** = ग़द्दार.
**गृह निर्माण** = भवन निर्माण.
**गृहनीड** = गौरैया.
**गृहपति** = गृहस्थ, परिवार अध्यक्ष.
**गृहपति/गृहपत्नी** = मेज़बान.
**गृहपत्नी** = गृहस्थिन.
**गृहपशु** = कुत्ता.

**गृहप्रवेश** *सं* *उद्‌घाटन*, पदार्पण, पादार्पण, प्रथम प्रवेश, *प्रवेश*, प्रवेशोत्सव, •उद्‌घाटन, •प्रवेश.

**गृहप्रिय** = घरघुसरा/घरघुसरी.
**गृहभंग** = तलाक़.
**गृहभूमि** = आवास भूखंड.
**गृहभेद** = गृहकलह.

**गृहयुद्ध** *सं* अंतर्विरोध, *कलह*, *गृहकलह*, भ्रातृयुद्ध, सिविल वार, •गुटबाज़ी, •गृहकलह, ▪एकता.

**गृहलक्ष्मी** = गृहस्थिन, पत्नी.
**गृहवधु** = गृहस्थिन.
**गृहवाटिका** = गृह उपवन.
**गृहशोभा** = पतिव्रता.

**गृहसज्जा** *सं* इंटीरियर डैकोरेशन, डैकोरेशन, फ़रनीचर आदि व्यवस्था, साजसज्जा.

**गृहसज्जाकार** *सं* इंटीरियर डैकोरेटर, डैकोरेटर, सज्जाकार.

**गृहस्थ** = परिवार अध्यक्ष, परिवारयुक्त, मकान मालिक, मेज़बान, यजमान, यजमान.

**गृहस्थ** *सं* अभिजन, कुटुंबी, कुनबेदार, कौटुंबिक, गृहपति, गृही, घरबार वाला, घर वाला, दुनियादार, *यजमान*, शाली, *शालीन*, सद्‌गृहस्थ, •गृहस्थिन, •पति, •परिवार अध्यक्ष.

**गृहस्थ/गृहस्थिन** = गृहस्थ आश्रमी.
**गृहस्थ आश्रम** = चार आश्रम सूची.

**गृहस्थ आश्रम** *सं* गार्हस्थ्य, गृहस्थाश्रम, गृहाश्रम, ज्येष्ठाश्रम, दांपत्य जीवन, विवाहित जीवन, सांसारिक जीवन, •गृहस्थी, •विवाहित जीवन, ▪ब्रह्मचर्य आश्रम, ▪वानप्रस्थ आश्रम, ▪संन्यास आश्रम.

**गृहस्थ आश्रमी** *सं* गृहस्थ/गृहस्थिन, गृही, ज्येष्ठाश्रमी, श्रेष्ठ आश्रमी, श्रेष्ठाश्रमी, सद्‌गृहस्थ/सद्‌गृहस्थिन, •गृहस्थ, ▪ब्रह्मचर्य आश्रमी, ▪वानप्रस्थ आश्रमी, ▪संन्यासी.

**गृहस्थ गृहस्थिन** = दंपति.
**गृहस्थाश्रम** = गृहस्थ आश्रम.
**गृहस्थाश्रम त्याग** = वानप्रस्थाश्रम प्रवेश.

**गृहस्थाश्रम प्रवेश** *सं* *विवाह*.

**गृहस्थिन** *सं* कुटुंबिनी, कुलपत्नी, कुलवधु, कुलिनी, गृहदेवी, गृहपत्नी, गृहलक्ष्मी, गृहवधु, गृहस्वामिनी, गृहिणी, घरनी, घर वाली, *पत्नी*, शालिनी, सद्‌गृहस्थिन, •कुलीन स्त्री, •गृहस्थ.

**गृहस्थी** = एकक परिवार, कुटुंब, संतान.

**गृहस्थी** *सं* गिरस्ती, घरगृहस्थी, घरद्वार, घरबार, *परिवार*, परिवार एकक, बालबच्चे, संसार, •दंपति, •संतान, •संबंधी, •स्वजन.

**गृहस्थी सदस्य** = परिवार जन.
**गृहस्वामिनी** = गृहस्थिन, पत्नी, परिवार अध्यक्षा.

**गृहस्वामी** = परिवार अध्यक्ष, मकान मालिक.
**गृहहीन** = ख़ानाबदोश, बेघर.
**गृहहीनता** = ख़ानाबदोशी.

**गृहागत** *वि* घर लौटा/घर लौटी, लौटा/लौटी, स्वदेशागत, •अतिथि •पहुँचा/पहुँची.

**गृहाश्रम** = गृहस्थ आश्रम.
**गृहिणी** = गृहस्थिन, पत्नी.
**गृही** = गृहस्थ, गृहस्थ आश्रमी.
**गृहीत** = अध्यीत, प्राप्त, लिया/ली, समाविष्ट.
**गृहीतार्थ** = प्रबुद्ध.
**गृहोद्यान** = गृह उपवन.
**गृह्य** = पालतू.
**गेंगटा** = केकड़ा.
**गेंड़ली** = लपेट.
**गेंडुरी** = ईंडुरी, कुंडली.
**गेंद** = गोला.

**गेंद** *सं* कंदुक, *गोला*, *गोली*, बाल, •बल्ला.

**गेंदवा** = गाव तकिया.

**गेंदा** *सं* गुल हज़ारा, झंडू, मख़मली, हज़ारी.

**गेंदुआ** = गाव तकिया.
**गेज** = घाव पट्टी, माप उपकरण, मोटाई माप.
**गेज़बो** = दृश्यावली कक्ष.
**गेट** = द्वार, महल्ला.
**गेटवे** = फाटक.
**गेदा** = अजातपक्ष शिशु पक्षी.
**गेम** = आखेट.
**गेम्स** = खेल.

**गेय** *वि* उद्‌गेय, *काव्यात्मक*, गाने योग्य, गायनयोग्य, मधुर.

**गेरना** = गिराना, गिराना.

**गेरुआ** *वि* कर्मीर, काषाय, केसरिया, केसरी, गेंदई, गेरुई, गैरिक, जोगिया, *नारंगी*, नारंगी पीला, भगवा, संतरई, •पीला/पीली, •लाल.

**गेरुई** = गेरुआ.

 (प्रा) प्राचीन शब्द, अब अप्रचलित - *तिरछे* शब्द स्वतंत्र शीर्षक भी हैं •सपर्याय ▪विपर्याय

**गेरू** *सं* अद्रिज, कारु, गिरिज, गिरि मृदा, गैरिक, धातुराग, बभ्रु धातु, रक्तगैरिक, रक्तोपल, रामा, शिलाजतु, ●खड़िया.

**गेली प्रूफ़** = प्रूफ़.
**गेसू** = लट.
**गेह** = घर.
**गेहनी** = पत्नी.

**गेहुँअन** *सं* गोहुअन.

**गेहुँआ/गेहुँई** *वि* गंदमी, गंदुमी, गेहुँआ, गोधूमवर्ण, गोधूमवर्णीय, बभ्रु, ब्राउन, भूरा/भूरी, ●श्यामवर्ण.

**गेहूँ** = अनाज.

**गेहूँ** *सं* कनक, गंदुम, गोधूम, मधूली, म्लेच्छभोजन (प्रा), यवन (प्रा), व्हीट.

**गेहूँ भात** *सं* खिचड़ा, *दलिया*, ●ओटमील.

**गैंगवे** = छतदार सीढ़ी.
**गैंडा** = गैंडा.

**गैंडा** *सं* खंग, खंगहा, गंड, गंडांग, गैंडा, वाध्रीणस, ●दरियाई घोड़ा.

**गैंती** = कुदाल.
**गैंत्री** = पाड़.
**गैंबलर** = जुआरी.
**गैट टुगैदर** = भोज.
**ग़ैबी** = अंतर्धान, ईश्वरीय.
**गैया** = गाय.
**ग़ैर** = परजन, परवंशी, भिन्न, विदेशवासी, विदेशी, विपक्षधर, शत्रु.
**ग़ैर-** = रहित.
**ग़ैरआईनी** = अवैध.
**ग़ैरआबाद** = आवासीहीन.
**ग़ैरइनसानी** = मानवेतर.
**गैरइनसाफ़ी** = अन्याय.
**ग़ैरक़ानूनी** = अनधिकृत, अवैध, अवैध (संतान), आपराधिक, दंडनीय, न्यायविरुद्ध.
**ग़ैरज़रूरी** = अनावश्यक, महत्त्वहीन.
**ग़ैर जानकारी** = अज्ञान.
**ग़ैरज़िम्मेदार** = दायित्वहीन.
**ग़ैरत** = संकोच, स्वाभिमान.
**ग़ैरतकनीकी** = अतकनीकी.
**ग़ैरतदार** = स्वाभिमानी.
**ग़ैरतमंद** = स्वाभिमानी.
**ग़ैरती** = स्वाभिमानी.
**ग़ैरदुनियावी** = असांसारिक, व्यवहार अकुशल.
**ग़ैरपुश्तैनी** = अदायागत, अनानुवंशिक.

**ग़ैरपेशेवर (कलाकर्मी)** *वि अदक्ष*, अमेच्योर, *कलाप्रेमी*, ग़ैरपेशेवर, फ़्रीलांस, फ़्रीलांसर, *रसिक*, शौक़िया (कलाकर्मी), शौक़ीन, ■पेशेवर (कलाकर्मी).

**ग़ैरबाज़ारू** = अव्यावसायिक.
**ग़ैरमज़रूआ** = परती.
**ग़ैरमनकूला** = स्थावर.
**ग़ैरमनक़ूला जायदाद** = अचल संपत्ति.
**ग़ैरमामूली** = असामान्य.
**ग़ैरमियादी** = अवधिहीन, शाश्वत.
**ग़ैरमुमकिन** = असंभव.
**ग़ैरमुल्की** = आप्रवासी, विदेशी.
**ग़ैरमुश्तरका** = एकस्वामीय.
**ग़ैरमौजूद** = अनुपस्थित.
**ग़ैरमौजूदगी** = अनुपस्थिति.
**ग़ैरमौरूसी** = अदायागत, अनानुवंशिक.
**ग़ैररज़ामंदी** = असहमति, मतभेद.
**ग़ैरवाजिब** = ग़लत, दंडनीय.
**ग़ैरसरकारी** = अनधिकृत.
**ग़ैरहाज़िर** = अनुपस्थित, चंपत.
**ग़ैरहाज़िरी** = अनुपस्थिति.
**गैराज** = मरम्मतघर.
**गैरिक** = गेरुआ, गेरू.
**गैरेज (विकल्प)** = गराज.
**गैरेय** = पर्वतीय.
**गैल** = उपमार्ग, गली, मार्ग.

**गैलन** *सं* क्वार्ट 4, गिलन, लीटर 3.7854.

**गैलप पौल** = चुनाव अध्ययन.
**गैल बताना** = ठगना.
**गैलरी** = गलियारा, शोरूम, संग्रहालय.
**गैलेक्सी** = मंदाकिनी.
**गैस** = ईंधन गैस, उदर अम्लता आदि, पैट्रोल.

**गैस** *सं* पदार्थ की अतरल असघन अवस्था, पदार्थ की वायवी अवस्था, वात, वाति, वायवी अवस्था, ●भाप, ●रसायन, ●वायु.

**गैस मास्क** = रक्षक मुखौटा.
**गैसलीन** = पैट्रोल.

**गैसीय** *वि* उड़नशील, वायवी, हलका/हलकी.

**गैस्ट** = अतिथि.

**गैस्टरूम** *सं* अतिथि कक्ष, अतिथि गृह, मेहमानख़ाना, ●पांथशाला.

**गैस्टहाउस** *सं* अतिथि गृह, अतिथि भवन, अतिथिशाला, मेहमानख़ाना, मेहमान सराय, ●पांथशाला.

**गैस्ट्रिक जूस** = पाचन शक्ति.
**गोंठना** = अगोटना, अगोटना.
**गोंड़** = आदिवासी.
**गोंडरी** = ईंडुरी.
**गोंद** = राल.

**गोंद** *सं* गम, चेप, चोंप, *रस*, *राल*, लस, लुआब, *लेस*, ●लेई, ●वृक्ष दूध.

**गोंफा** = अंकुर.
**गोंफा** = विहार.
**-गो** = कथन कर्ता.
**गो** = आँख, इंद्रिय, गाय, जानवर, ढोर, पृथ्वी, यदि.
**गोआ** = भारत राज्य प्रदेश.

**गोआः राजधानी** *सं* पणजी.

**गो आगमन समय** = गोधूलि बेला.
**गोइँठा** = उपला.
**गोइंदा** = गुप्तचर.
**गोकंटक** = गोखरू.
**गो कि** = यद्यपि.
**गोकुल** = गोवृंद, गोशाला.
**गोकुलनाथ** = कृष्ण.
**गोकृत** = गोबर.
**गोक्षीर** = गाय दूध.
**गोक्षुर** = गोखरू.
**गोखरू** = डील, वैलक्रो.

**गोखरू** *सं* अमरपुष्पक, अश्वदंष्ट्रा, क्षुरक, गोकंटक, गोक्षुर, गोबरु, गोरखुल, त्रिकंटक, भद्रकंट, श्वदंष्ट्रा, ●थूहर.

**गोखरू पट्टी** = वैलक्रो.
**गोखा** = आला, गवाक्ष.

**गोख़ोर** = गोभक्षक.
**गोग्रंथि** = उपला.
**गोचर** = इंद्रियगम्य, चरागाह, दृश्यमान, प्रकट, यथार्थ, साकार.
**गोचारक** = ग्वाला.
**गोचारण** = चरवाहागीरी.
**गोजर** = कनखजूरा.
**गोजिह्वा** = गोभी.
**गोजी** = लाठी.
**गोट** = गोटी.

**गोट** *सं* पाइपिंग, मग़ज़ी, संजाफ़.

**गोटा** *सं* *पटरी*, बाँकड़ी, बाँकुड़ी, सोना चाँदी तार गोटा, •किनारी, •ज़री, •झालर, •लेस, •सजावट.

**गोटी** = गोली, बटी, बाज़ीगर गोटी, मिथ्या आरोपित व्यक्ति.

**गोटी** *सं* *अक्ष*, खेलनी, गुटी, गुल्ली, *गोट*, *गोली*, *चट्टा*, *पासा*, पिट्ठू, बट्टी, *बाटी*, मोहरा, •गिंठू, •शतरंज गोटी.

**गोठ** = गोशाला, पशुशाला, पिकनिक, मित्र मंडली, सभा.
**गोड़** = गुड़ाई.
**गोड़ना** = खोदना.
**गोड़ा** = आधार सूची, थाला, पैडस्टल.
**गोडाउन कीपर** = भंडारी.
**गोड़ुंबा** = तरबूज.
**गोत** = गोत्र, जाति.
**गोतम** = ऋषि.

**गोतम** *सं* अर्कबंधु, अहल्या पति, दीर्घतपा (पूर्व नाम), न्यायशास्त्र प्रवर्तक, सरद्वान, •अहल्या.

**गोतम पत्नी** = अहल्या.
**गोतमी** = अहल्या.
**ग़ोता** = डाइविंग, डुबकी.
**ग़ोताख़ोर** = पनडुब्बा.
**ग़ोताख़ोरी** = डाइविंग.
**ग़ोतामार** = पनडुब्बा, पनडुब्बी.
**गोत्र** = गोवृंद, जाति, वंश, समूह.

**गोत्र** *सं* अल्ल, कुल, गोत, *जाति*, ज्ञाति, बिरादरी, संतान परंपरा, •क़बीला, •प्रजाति, •वंश, •वर्ण.

**गोत्रगमन** = सगोत्र विवाह.
**गोत्रनाम** = वंशनाम.
**गोत्रभिद** = इंद्र.
**गोत्रा** = गोवृंद, पृथ्वी.
**गोत्रेतर विवाह** = अंतरगोत्र विवाह.
**गोद** = गोदी.
**गोदनशीं** = दत्तक.
**गोदनशीनी** = दत्तक संस्कार.
**गोदनहार/गोदनहारी** = गुदाई कर्मी.
**गोदना** = कोंचना, गुदाई कृति, चुभाना.
**गोदनी** = इंजैक्शन.
**गोदने वाला** = गुदाई कर्मी, गुदाई कर्मी.
**गोद लिया** = दत्तक.
**गोद लिया बेटा** = दत्तक पुत्र.
**गोद ली बेटी** = दत्तक पुत्री.
**गोदा** = गोदावरी नदी.

**गोदान** *सं* गऊदान.

**गोदाम** = भंडारघर.
**गोदावरी** = गोदावरी नदी, नदी सूची भारत उपमहाद्वीप.

**गोदावरी नदी** *सं* गोदा, गोदावरी, गौतमी, तपनी, सुरसरिता.

**गोदी** = नौका घाट.

**गोदी** *सं* *अंक*, अंकपालि, अँकवार, *अंग*, आग़ोश, कोल, क्रोड़, गोद, पहलू, भुजांतराल.

**गोदी में खिलाना** = दुलारना.
**गोदी में रख कर काम करने योग्य मिनीकंप्यूटर** = लैपटौप.
**गोदुग्ध** = गाय दूध.
**गोद्रव** = दुग्ध पशु, मांस पशु.
**गोधन** = गोवृंद, दुग्ध पशु.
**गोधिका** = छिपकली.
**गोधूम** = गेहूँ.
**गोधूमवर्ण** = गेहुँआ/गेहुँई.
**गोधूमवर्णीय** = गेहुँआ/गेहुँई.

**गोधूलि बेला** *सं* आरंभिक सायंकाल, गाय चर कर लौटना समय, गो आगमन समय, गोधूलि, बाल संध्या, सायं संध्या, •ग्वाला.

**गोनर** = साँड़.
**गोनरखा** = मस्तूल.
**गोनर्द** = सारस.
**गोनाथ** = ग्वाला.
**गोनाय** = ग्वाला, चरवाहागीरी.
**गोनिया** = कुली.
**गोनी** = बोरा, सन.
**गोप** = ग्वाला, चरवाहा.

**गोप** *सं* अहीर, गोपाल, गोविंद, *ग्वाला*, घोष, यादव, वृष्णिपाल, •दोग्धा.

**गोप/गोपी** = ग्वाला.
**गोपकन्या** = गोपी.
**गोपजा** = राधा.
**गोपति** = पशु पालक.
**गोपद** = चरागाह.
**गोपन** = ग्रहण, लुकाछिपी.

**गोपन** *सं* अकथन, अपह्नव, अपह्नुति, अप्रदर्शन, अवगुंठन, आच्छादन, आवरण, आवरण, गुंठन, *चोरी*, छिपाई, छिपाव, दुराव, परदादारी, प्रच्छन्नन, प्रच्छादन, लुकाव, लोपन, •अर्धसत्य, •कूट लेखन, •छद्मवेश, •मुखौटा, •रहस्य रक्षा, ▪ज्ञापन, ▪प्रकटन, ▪प्रदर्शन.

**गोपन आड़** = घातस्थान.
**गोपनकारी** = वाक्संयमी.

**गोपनशील** *वि* कूट, गुपचुप, गोपनात्मक, गोपनीयतापूर्ण, भेदभरा/भेदभरी, मर्मपूर्ण, *रहस्यपूर्ण*, रहस्यात्मक, संगोपनशील, *सावधान*, •गूँगा/गूँगी, •रहस्यभागी, •वाक्संयमी, •स्वल्पभाषी, ▪बकवासी, ▪बहिर्मनस्क, ▪बातूनी, ▪स्पष्टवादी.

**गोपनात्मक** = गोपनशील.
**गोपनीय** = गुप्तचरीय.

**गोपनीय** *वि* *अंतरंग*, अंदरूनी, अकथनीय, अकथ्य, अप्रकट्य, *आंतरिक*, *गुह्य*, गोप्य, लोप्य, वर्गीकृत, विलोप्य, संगोपनीय, संवारणीय, सीक्रेट, •गुप्त, ▪सर्वज्ञात.

**गोपनीयतः** = चोरी छिपे.
**गोपनीयतापूर्ण** = गुप्तचरीय, गोपनशील.

 (प्रा) प्राचीन शब्द, अब अप्रचलित - *तिरछे* शब्द स्वतंत्र शीर्षक भी हैं •सपर्याय ▪विपर्याय

**गोपयिता** = रक्षक.
**गोपांगना** = गोपी.
**गोपा** = गोपी.
**गोपाल** = कृष्ण, गोप, गोरक्षक, ग्वाला, नंद, पशु पालक.
**गोपाल गाली** = सीठना.
**गोपालन** = डेरी फ़ार्मिंग.
**गोपालिका** = गोपी.
**गोपिका** = गोपी.
**गोपित** = रक्षित.
**गोपिनी** = गोपी.
**गोपी** = राधा.

**गोपी** *सं* अहीरनी, गुआरि, गूजरी, गोपकन्या, गोपांगना, गोपा, गोपालिका, गोपिका, गोपिनी, गोपी बाला, ग्वालिन, ब्रजयुवती, ब्रजसुंदरी.

**गोपी चंदन** *सं* तूवरिका, तोमरिका, द्वारिका सफ़ेद मिट्टी, पर्पटी, *पार्वती*, पीत धातु, वैष्णव मुख लेपन मिट्टी, सुराष्ट्रजा, सौराष्ट्री.

**गोपीनाथ** = कृष्ण.
**गोपी बाला** = गोपी.
**गोपुरं** = गोपुरम.
**गोपुर** = गोपुरम, नगरद्वार, प्रवेश द्वार, फाटक.

**गोपुरम** *सं* गोपुरं, गोपुर, *चोटी*, मंदिर गोपुर, सिंधुपौर, सिंहद्वार, •मंदिर.

**गोपुरीष** = गोबर.
**गोपेश** = कृष्ण.
**गोप्ता** = रक्षक, वैश्य, शरणदाता.
**गोप्य** = गोपनीय.

**गोफन** *सं* गोफा, गोफिया, •गुलेल, •ढेलवाँस.

**गोफा** = गोफन, तहख़ाना.
**गोफिया** = गोफन.
**गोबर** = गोबर/मींगनी.

**गोबर** *सं* गोकृत, गोपुरीष, गोमय, गोविष्ठा, भूमिलेप, शकृत, •ईंधन, •उपला, •कोयला, •विष्ठा.

**गोबर खाद** = खाद.
**गोबर गणेश** = उपहास पात्र, मूर्ख.
**गोबर छत्ता** = कुकुरमुत्ता.
**गोबर मिट्टी लिपाई** = लिपाई पुताई.

**गोबर/मींगनी** *सं गोबर*, चोथ, मींगनी, मुसेंगन, मेंगनी, लीद, •विष्ठा.

**गोबर लिपाई** = लिपाई पुताई.
**गोबरु** = गोखरू.
**गोबरौला** = गुबरैला.
**गोबलि** = गोहत्या.
**गोबी** = गोभी.

**गोभक्षक** *सं* गायख़ोर, गोख़ोर, गोभक्षी, •शूकर भक्षक.

**गोभक्षी** = गोभक्षक.
**गोभा** = अंकुर.
**गोभी** = सागसब्ज़ी.

**गोभी** *सं* गोजिह्वा, गोबी, फूल गोभी, शृंगवेरिका, •गाँठ गोभी, •पात गोभी, •ब्रसल गोभी, •ब्रोकली गोभी.

**गोमक्षी** = डाँस.
**गोमती** = नदी सूची भारत उपमहाद्वीप.
**गोमय** = गोबर.

**गोमांस** *सं* गोश्त, महामांस.

**गोमाता** = गाय.
**गोमृग** = नीलगाय.

**गोमेद** *सं* गंगोल, तमोमणि, तामड़ा, राहुरत्न, लाल गार्नेट, विक्रांत, हायसिंथ.

**गोमेध** = गोहत्या.
**गोयंदा** = तथ्यान्वेषक.
**गोया** = मानो.
**गोया कि** = मानो.
**गोरंकु** = मंत्रपाठक.
**गोर** = क़ब्र.
**गोरक्ष** = गोरक्षक, ग्वाला, संतरा.

**गोरक्षक** *सं* गोपाल, गोरक्ष.

**गोरक्षण** = गोरक्षा.

**गोरक्षा** *सं* गोरक्षण, •गोहत्या.

**गोरखधंधा** = कठिन कार्य, कर्मकांड, खटराग, दुर्भाग्यचक्र, पहेली, भूलभुलैयाँ, भ्रम, रहस्य, विचित्र वस्तु.

**गोरखधंधा** *सं उलझन*, कूट खिलौना, *कूटयंत्र*, *गाँठ*, धंधारी, *समस्या*, •कूटयंत्र, •भूलभुलैयाँ, •रहस्य.

**गोरखा** = नेपाली.
**गोरखाली** = नेपाली.
**गोरखुल** = गोखरू.
**गोरटा/गोरटी** = गौरवर्ण.
**गोरल (अरबी)** = प्रवाल, मूँगा.
**गोरस** = गाय दूध, दही, मट्ठा.
**गोरसी** = अँगीठी.
**गोरा/गोरी** = गौरवर्ण, सफ़ेद.
**गोरा काला** = काला सफ़ेद.
**गोरा चिट्टा/गोरी चिट्टी** = गौरवर्ण.
**गोराशाही** = पराधीनता, साम्राज्यवाद.
**गोरिका** = मैना.
**गोरिल्ला** = गुरिल्ला.
**गोरी** = सुंदर स्त्री.
**गोरे मुँह का बंदर** = अँगरेज.
**गोलंदाज़** = तोपची.
**गोलंदाज़ी** = बमबारी.
**गोलंबर** = गुंबद.
**गोल** = खेल गोल, गोला, गोलाकार, गोली, चक्र, चक्राकार, तोंदू, पीपा.
**ग़ोल** = भीड़, वृंद.
**गोल अंडा** = शून्य प्राप्तांक.
**गोलक** = गुल्लक, गोला, पृथ्वी गोला, ब्रह्मांड
**गोल कमरा** = ड्राइंगरूम.
**गोल काट** = चौराहा गोला.
**गोलकीय** = विश्वीय.
**गोल खिड़की** = पोर्टहोल.

**गोलगप्पा** *सं पपड़ी*, पापड़ी, *पूरी*, फुलकी, *बताशा*, •चटपटा उपाहार.

**गोल गोल** = अस्पष्ट (कथन).
**गोल घूमना** = घूमना.
**गोल चक्कर** = चौराहा गोला.
**गोल तकिया** = गाव तकिया.
**गोल दायरा** = चक्र.
**गोल पिंड** = गोला.

**गोलप्राय** *वि* अंडाकार, ओवल, बैज़वी, लंबोतरा/लंबी, लगभग गोल, वर्तुलप्राय, •गोलाकार.

**गोलप्राय पिंड** *सं* अंडाकार पिंड, अंडाकृति, ओवल, गोलाभ, वर्तुलप्राय पिंड.

**गोलमटोल** = अस्पष्ट (कथन), तोंदू, मोटा/मोटी, श्लेषोक्तिपूर्ण.
**गोलमटोल बात** = अस्पष्टवादिता, वाक्छल.
**गोलमाल** = अव्यवस्था, घोटाला.
**गोल मोड़** = चौराहा गोला.
**गोल मोल** = अस्पष्ट (कथन).
**गोल रोशनदान** = पोर्टहोल.
**गोल होना** = फूलना.
**गोला** = आखेटबाड़ा, कुंदा, कुमकुमा, खोल, गूमड़, गेंद, गोली, घड़ा, चक्र, तना, नारियल, नेमि, पृथ्वी, पृथ्वी गोला, बम, बल्ली, भंडारघर, भाँग गोली, मंथनपात्र, सहेली, सिफ़र.

**गोला** *सं* कंदुक, कंदुकार पिंड, गुड, *गेंद*, गोल, गोलक, गोल पिंड, *गोली*, *पिंड*, पूर्णवृत्त, बट, बट्टू, राउंड, *वटी*, वर्तुल पिंड, स्फ़ीअर, •गेंद, •गोली.

**गोलाई** = परिधि माप.
**गोलाई माप** = परिधि माप.
**गोलाकार** = चक्राकार.

**गोलाकार** *वि* कंदुकाकार, गोल, मंडलाकार, वर्तुल, वर्तुलाकार, समवृत्त, •गोलप्राय, ■घनाकार.

**गोलाकार छत** = गुंबद.
**गोलाबारी** = बमबारी.
**गोला बारूद** = बारूद.
**गोलाबारूद** = शस्त्रास्त्र.
**गोलाभ** = गोलप्राय पिंड.
**गोला लच्छा आदि बनाना** = लपेटना.
**गोली** = काँच गोली, गुलेल गोली, गेंद, गोटी, गोला, टिकिया, बंदूक़ गोली, भाँग गोली, मिठाई गोली, वटी.

**गोली** *सं* गुटका, गुटिका, गुटी, गुडा, *गोटी*, गोल, *गोला*, पिंडी, बाल, वट, •गुलेला, •गेंद, •बटी.

**गोलीघर** = बारूदघर.
**गोली प्रहार** = गोलीबारी.
**गोलीबाज़ी** = गोलीबारी.
**गोलीबारी** = डकैती.

**गोलीबारी** *सं* गोली प्रहार, गोलीबाज़ी, तड़ातड़ी, तमंचेबाज़ी, फ़ायरिंग, बंदूक़बाज़ी, •बमबारी.

**गोलोक** = पृथ्वी, मोक्षलोक.
**गोल्ड** = रासायनिक तत्त्व सूची, स्वर्ण.
**गोल्डन** = स्वर्णीय.
**गोल्डन ईगल** = गरुड़ गिद्ध.
**गोल्डन जुबिली** = स्वर्ण जयंती.
**गोल्डस्मिथ** = सुनार.
**गोल्डी** = स्वर्णकेशी.
**गोवत्स** = बछड़ा.
**गोवत्सक** = बुलबुल.
**गोवर्धनधारी** = कृष्ण.
**गोवर्धन पर्वत** = पर्वत सूची भारत उपमहाद्वीप.
**गोवल्लभ/गोवल्लभा** = ग्वाला.
**गोविंद** = कृष्ण, गोप.
**गोविंदसिंह** = सिख गुरु सूची.

**गोविंद सिंह** *सं* दशमेश, हर गोविंद.

**गोविष्ठा** = गोबर.

**गोवृंद** *सं* गव्य, गाय समूह, गोकुल, *गोत्र*, गोत्रा, गोधन, गोव्रज, गोसमूह, लहँडा, हेड, हेड़ी.

**गोव्रज** = गोवृंद, चरागाह.
**गोश** = कान.
**गोशमाल** = कान उमेठी.
**गोशमाली** = कान उमेठी.
**गोशवारा** = कैशबुक.
**गोशा** = एकांत स्थान, कोना.
**गोशानशीनी** = एकांतवास.

**गोशाला** *सं* गउशाला, गायभैंस घर, गोकुल, गोठ, गोष्ठ, पिंजरापोल, बथान, ब्रज.

**गोशृंग** = ऋषि.
**गोश्त** = खाद्य मांस, गोमांस, मांस.
**गोश्तख़ोर** = मांसाहारी.
**गोष्ठ** = गोशाला, पशुशाला.
**गोष्ठी** = उत्तम जनसमूह, परिचर्चा, सत्संग, सभा, साहित्य गोष्ठी, सैमिनार.
**गोसंवर्धन** = डेरी फ़ार्मिंग.
**गोसत्र** = गोहत्या.
**गो समान** = अहानिकारक.
**गोसमूह** = गोवृंद.

**गोसव** = गोहत्या.
**गोसाईं** = पशु पालक.
**गोसेवक/गोसेविका** = ग्वाला.
**गोस्तना** = अंगूर.
**गोस्वामी** = जितेंद्रिय, धर्मगुरु, पशु पालक.
**गोह** = गुहावासी.

**गोहत्या** *सं* गावकुशी, गोबलि, गोमेध, गोसत्र, गोसव, •पशुबलि, ■गोरक्षा.

**गोह दस्ताना** = अंगुश्ताना.
**गोहरा** = उपला.
**गोहुअन** = गेहुँअन.
**गौं** = जुगत.
**गौ** = गाय.
**गौगल्स** = धूप का चश्मा.
**ग़ौग़ाई** = कोलाहलकारी.
**गौड** = देवता, बंगाली.
**गौडफ़ादर** = सरपरस्त.
**गौडी** = रम.
**गौण** = गौणकोटीय, महत्त्वहीन.

**गौण उत्पाद** *सं* आनुषांगिक उत्पाद, उप उत्पाद, उपजात, उपोत्पाद.

**गौण कथा** *सं* आनुषंगिक कथा, उपकथा, उपाख्यान, ऐपिसोड, कथांतर, *क़िस्सा*, गौण कथावस्तु, *घटना*, *प्रकरण*, प्रसंग, प्रासंगिक कथावस्तु, *विषयांतर*, •मुख्य कथा.

**गौण कथावस्तु** = गौण कथा.

**गौणकोटीय** *वि* अप्रधान, अप्रमुख, अमुख्य, आनुषंगिक, उप-, उपकोटीय, गौण, •संदर्भीय, ■मुख्यकोटीय.

**गौतम** = गौतम बुद्ध.

**गौतम बुद्ध** *सं* अजित, *अर्हत*, आप्त, कपिलमुनि (पूर्वजन्म नाम), कामजित, गौतम, जितारि, *जिन*, तथागत, धर्मकेतु, धर्मराज, पंचज्ञान, पारगत, बुद्ध, भगवान, भगवान बुद्ध, महात्मा बुद्ध, महाभिक्षु, महामुनि, मायासुत, मारजित, मुनींद्र, मुनीश, लोकनाथ, लोकेश, विष्णु नवाँ अवतार,

शाक्यमुनि, शास्ता, सर्वदर्शी, •अहिंसा, •प्रबुद्ध, •बोधिसत्त्व, •महावीर, •माया देवी, •विष्णु, •सुजाता.

**गौतमी** = गोदावरी नदी, दुर्गा.
**गौदा** = घौद.
**गौन** = गमन, गौना.

**गौना** *सं* *गमन*, गवनवा, गौन, चलावा, द्विरागमन, मुकलावा, •बिदाई, •विदा.

**गौफ़र** = चुन्नट.
**गौर** = गौरवर्ण, गौरीपूजा, पीला/पीली, बृहस्पति ग्रह, सफ़ेद, स्वर्ण.
**ग़ौर** = आलक्षण, एकाग्रता.
**गौर/गौरी** = गौरवर्ण.
**ग़ौर करना** = सुनना, सोचना परखना.
**ग़ौर तलब** = विचारणीय.
**गौरव** = अभिमान, प्रतिष्ठा, प्रसिद्ध व्यक्ति, महानता, वैभव, सम्मान.
**गौरवपूर्ण** = प्रतिष्ठित, महान.
**गौरव प्रदर्शन** = अहंकार.
**गौरव भ्रांति** = सुखभ्रांति.
**गौरवमंडित** = प्रतिष्ठित.

**गौरवर्ण** *वि* गोरटा/गोरटी, गोरा/गोरी, गोरा चिट्टा/गोरी चिट्टी, गौर, गौर/गौरी, गौरवर्णीय, गौरांग/गौरांगिणी, गौरांग/गौरांगी, चिट्टा/चिट्टी, शुक्ल, श्वेत, श्वेतवर्ण, श्वेतांग, ▪श्यामवर्ण.

**गौरवर्णीय** = गौरवर्ण.
**गौरवशाली** = उत्तम, मर्यादापूर्ण, महान, राजसी, वैभवशाली.
**गौरवहीन** = अप्रतिष्ठित.
**गौरवा** = नर गौरैया.
**गौरवान्वित** = प्रतिष्ठित.
**गौरवासन** = सम्मान स्थान.
**गौरांग/गौरांगिणी** = गौरवर्ण.
**गौरांग/गौरांगी** = गौरवर्ण.
**गौरा** = नर गौरैया, हलदी.
**गौरी** = तुलसी, पार्वती, लड़की, सुंदर स्त्री.
**गौरीज** = गणेश.
**गौरीनाथ** = शिव.
**गौरीपट्ट** = अरघा.
**गौरीपूजन** = गौरीपूजा.

**गौरीपूजा** *सं* कन्यापूजन, गौर, गौरीपूजन.

**गौरीशंकर** = पर्वत सूची भारत उपमहाद्वीप.

**गौरैया** *सं* कणप्रिय, कालकंठ, कुलिंगक, गृह कुलिंग, गृहनीड, *चटक*, चटकी, चिड़िया, चिड़ी, चिरौंटी, *नीलकंठ*, शकुनी, •चहचहाहट.

**गौल** = फ़्राँस.
**गौसिप** = अफ़वाह.
**गौहर** = जौहर प्रथा, मोती, रत्न.
**गौहरशनास** = रत्न पारखी.
**ग्याति** = जाति.
**ग्यान (प्रचलित उच्चारण)** = ज्ञान.

**ग्यारह** *सं* 11, इगारह, एकादश, दस जमा एक

**ग्यारह जमा एक** = बारह.
**ग्रंथ** = जिल्द, धर्मग्रंथ, पुस्तक.
**ग्रंथन** = जिल्दबंदी.
**ग्रंथसाहब** = गुरुग्रंथ.
**ग्रंथागार** = पुस्तकालय.
**ग्रंथालय** = पुस्तकालय.
**ग्रंथि** = अवयव संधि, उँगली पोरवा, गाँठ, गूमड़, घुंडी, डील.
**ग्रंथि गोभी** = गाँठ गोभी.

**ग्रंथित** *वि* अनुस्यूत, आनद्ध, गँठा/गँठी, गठित, ग्रथित, टँका/टँकी, नत्थी, नद्ध, बँधा/बँधी, बद्ध, बुना/बुनी, संग्रंथित, *संलग्न*, सिला/सिली, सूत्रबद्ध, •आबद्ध.

**ग्रंथि प्लेग** = प्लेग.
**ग्रंथिमुक्त** = अनाबद्ध.
**ग्रंथिमूल** = गाजर, लहसुन.
**ग्रंथिमोचन** = कुंठामोचन.
**ग्रंथिल** = जटिल.
**ग्रंथि लगाना** = बाँधना.
**ग्रंथिहीन** = अनाबद्ध.
**ग्रंथी** = सिख धर्माधिकारी.
**ग्रथन** = जिल्दबंदी.
**ग्रथित** = आबद्ध, ग्रंथित, रचित.
**ग्रफ़ाइट** = सीसा.

**ग्रफ़ाइट** *सं* ऐंटीमनी, पन्नग, पार्वतेय, प्लुंबुम, सीसक, *सीसा*, स्रोतोद्भव, •सीसा.

**ग्रसन** = उदरस्थन, कसन, पकड़.

**ग्रसन** *सं* कटाई, कवलन, *ग्रहण*, ग्रासन, ग्राह, दाँत गड़ाई, दाँत से काटना कर्म, *भक्षण*, •कृंतन, •चिकोटी.

**ग्रसनशील** = लोभी.
**ग्रसना** = दुखाना, पकड़ना, फँसाना.
**ग्रसनी** = आहार नली, कंठ.
**ग्रसित** = फँसा/फँसी.
**ग्रस्त** = आबद्ध, ग्रहणग्रस्त, पाशबद्ध, फँसा/फँसी, बेड़ीबंद.
**ग्रस्त करना** = पकड़ना.
**ग्रस्त होना** = फँसना.
**ग्रह** = प्रारब्ध.

**ग्रह** *सं* अंबरचारी, खग, गगनचर, प्लैनिट, विहग, सैयारा, •उपग्रह, •पृथ्वी, •सूर्य, •सौर मंडल.

**ग्रह सूची** *सं* (सूर्य से दूरी क्रम) 1 बुध, 2 शुक्र, 3 पृथ्वी, 4 मंगल, 5 बृहस्पति, 6 शनि, 7 अरुण, 8 वरुण, 9 कुबेर.

**ग्रह/उपग्रह की परिक्रकमा करता कृत्रिम उपग्ह** = औरबिटर.
**ग्रहकक्षा** = पिंडकक्षा.
**ग्रह के चारों ओर चक्कर लगाने वाला पिंड** = उपग्रह.
**ग्रहण** = अधिग्रहण, अर्थबोध, आदान, उगाही, ग्रसन, छीन, पकड़, परिग्रह, बोध, भक्षण, समावेश.

**ग्रहण** *सं* आच्छादन, आवरण, इकलिप्स, गहन, *गोपन*, *ग्रास*, ग्राह, *छाया*, ढँकन, परछाईं, राहु ग्रास, •अंधकार, •चंद्रग्रहण, •राहु केतु, •सूर्यग्रहण.

**ग्रहण करना** = खाना, लेना, समझना.

**ग्रहणग्रस्त** *वि* आच्छादित, आवृत, कटा/कटी, खंडित, ग्रस्त, छिपा/छिपी, ढँका/ढँकी, राहुग्रस्त, •अस्तगत, ▪प्रकट.

**ग्रहण बिंदु** = राहु.
**ग्रहण शक्ति** = अंतर्बोध, बुद्धि.
**ग्रहणशील** = परिग्रही, प्रभावशील, लोभी.
**ग्रहणी** = अतिसार.
**ग्रहदशा** = अवनति काल, राशि.
**ग्रहनेमि** = चंद्रमा.
**ग्रह प्रभाव अध्ययन** = ज्योतिष.
**ग्रहयोग** = भाग्य.
**ग्रहराज** = बृहस्पति ग्रह.
**ग्रहवेध** = खगोलिकी.
**ग्रहवेधक** = खगोलविद.
**ग्रहागम** = भूतबाधा.
**ग्रहाधार** = ध्रुव तारा.
**ग्रहाधीश** = सूर्य.
**ग्रहीत (विकल्प)** = लिया/ली, समाविष्ट.
**ग्रहीता** = प्राप्ता.
**ग्रांट** = वित्तीय सहायता.
**ग्रांडील** = वैभवशाली, शब्दाडंबरपूर्ण.
**ग्राइंडिंग** = पिसाई.
**ग्राइप** = मरोड़ा.
**ग्राउंड** = थल.
**ग्राउंड फ़्लोर** = भूमितल.
**ग्राउंडवर्क** = आरंभिक कर्म.
**ग्राफ़** = चार्ट.
**ग्राफ़िक** = सचित्र.
**ग्राम** = टैलिग्राम, सप्तक, समूह.

**ग्राम** *सं* औंस.03527, किलोग्राम.001.

**ग्राम** *सं* खेट, खेड, खेड़ा, गाँव, चक, टांडो, टोला, देहात, पल्ली, *पिंड*, पुर, पुरवा, पुरा, बस्ती, मौज़ा, •कृषि, •दुर्ग, •नगर, •पंचायत, •हरियाली.

**ग्राम 1,000** = किलोग्राम.
**ग्राम अध्यक्ष** = ग्राम मुखिया.
**ग्राम ऐवरडुपौयः 453.59237** = पौंड (भार).
**ग्रामगीत** = लोकगीत.
**ग्रामणी** = ग्राम मुखिया, ग्रामवासिनी.
**ग्राम निवासिनी** = ग्रामवासिनी.
**ग्राम निवासी** = ग्रामवासी.

**ग्रामभूमि** *सं* परिहार, सामूहिक भूमि, •कृषिभूमि, •चरागाह.

**ग्राम मुखिया** *सं* खेड़ापति, गाँव मुखिया, ग्राम अध्यक्ष, ग्रामणी, ग्रामाध्यक्ष, चौधरी, जत्थेदार, टिकैत, ठाकुर, थानैत, नंबरदार, महता, महतो, *मुखिया*, सरदार, *सरपंच*, *स्थपति*.

**ग्रामर** = व्याकरण.
**ग्रामवधु** = ग्रामवासिनी.

**ग्रामवासिनी** *सं* गँवट्टी, गँवारिन, गँवेली, गाँव की गोरी, ग्रामणी, ग्राम निवासिनी, ग्रामवधु, ग्राम्या, देहातिन.

**ग्रामवासी** *सं* *किसान*, गँवई, गमाड़िया, गाँवड़ा, गाँव वाला, ग्राम निवासी, ग्रामीण, दहक़ान, हलजुता, •किसान, •नगरवासी.

**ग्रामसभा** = पंचायत, पंचायत सभा.
**ग्रामाध्यक्ष** = ग्राम मुखिया.
**ग्रामी** = ग्रामीय.
**ग्रामीण** = कृषीय, ग्रामवासी, ग्रामीय.
**ग्रामीय** = ग्राम्यतापूर्ण.

**ग्रामीय** *वि* गँवई, गँवर, गँवरदल, गमाड़िया, ग्रामी, ग्रामीण, ग्राम्य, देहाती, •क़सबाई, •कृषीय, •ग्राम्यतापूर्ण, •सुरम्य, •हरियल, ■नगरीय.

**ग्रामेय** = ग्राम्यतापूर्ण.

**ग्रामोफ़ोन** *सं* ग्रामोफ़ोन प्लेयर, ज्यूक बाक्स, फ़ोनोग्राफ़, रिकार्ड प्लेयर.

**ग्रामोफ़ोन प्लेयर** = ग्रामोफ़ोन.
**ग्राम्य** = कृषीय, ग्रामीय, ग्राम्यतापूर्ण, पालतू.

**ग्राम्यतापूर्ण** *वि* गँवई, गँवार, गँवारा/गँवारी, गँवारू, *ग्रामीय*, ग्रामेय, ग्राम्य, दहक़ानी, देहाती, रूढ़, सादा/सादी, सीधा/सीधी, हलजुता/हलजुती, हालिक, •अनौपचारिक, •कृषीय, •सरलचित्त, ■नागरतापूर्ण.

**ग्राम्य पशु** = पालतू पशु.
**ग्राम्य वल्लभा** = वेश्या.
**ग्राम्या** = ग्रामवासिनी.
**ग्रास** = ग्रहण, घास.

**ग्रास** *सं* क़तरा, कतला, कवल, कुतरा, कौर, कौल, गस्सा, *चम्मच*, चुग्गा, टुकड़ा, *डला*, निवाला, *पिंड*, बुड़क, बुड़का, लुक़्मा, हप्पा, •फंकी, •भकोसा.

**ग्रासन** = ग्रसन.
**ग्रास नली** = आहार नली.
**ग्रासहौपर** = टिड्डा.
**ग्राह** = ग्रसन, ग्रहण, घड़ियाल, पकड़.
**ग्राहक** = उपभोक्ता, क्लायंट, क्लायंट वर्ग, ख़रीदार, प्राप्ता.
**ग्राहक अतिरिक्त माल** = लुभाव.
**ग्राहक गण** = क्लायंट वर्ग.
**ग्राहक बनना** = ख़रीदना.
**ग्राहक मंडल** = क्लायंट वर्ग.
**ग्राहक वर्ग** = क्लायंट वर्ग.
**ग्राहकी** = ख़रीद, बाज़ारदारी.
**ग्राही** = परिग्रही, प्रबुद्ध, बोधक्षम, लोभी.
**ग्राह्य** = आदेय, आहार्य, ज्ञेय, तर्कसंगत, पाच्य, बुद्धिग्राह्य, बोध्य, मनोग्राह्य.
**ग्रिल** = कटहरा, ज़ाफ़री, जाल, भोजनालय.
**ग्रीक** = क्लिष्ट भाषा, ग्रीक भाषा, शास्त्रीय (कला).

**ग्रीक भाषा** *सं* ग्रीक, ग्रीस प्राचीन भाषा, यूनानी, •ग्रीस, •भारोपीय भाषा.

**ग्रीज़** *सं* ग्रीस (हिंदी उच्चारण), जैली, पैट्रोलियम जैली, पैट्रोलेटम, •मशीन तेल.

**ग्रीज़ पेंट** = नाट्य मेकअप.
**ग्रीटिंग** = अभिवादन, बधाई.
**ग्रीटिंग्स** = बधाई.
**ग्रीनबैक** = डालर.
**ग्रीनरूम** = मेकअप रूम.

**ग्रीनरूम** *सं* नेपथ्य शाला, *मेकअप रूम*, सज्जाकक्ष, •नाट्य मेकअप, •नाट्यवेश, •मेकअप रूम.

**ग्रीनहाउस** *सं* गरमख़ाना, गरम घर, हाटहाउस, •खेत.

**ग्रीवा** *सं* कंधरा, कंबुका, *गरदन*, गरदन और गला, *गला*, शिरोधरा, •कंठ, •कंधा, •धड़, •माला,

•सिर, •हँसली.

**ग्रीवा आंतरिक भाग** = कंठ.
**ग्रीवा पीठ की ओर वाला बाह्य भाग** = गरदन.
**ग्रीवा वक्ष की ओर वाला बाह्यभाग** = गला.
**ग्रीवी** = ऊँट.
**ग्रीष्म** = गरमी.
**ग्रीष्म ऋतु** = गरमी.
**ग्रीष्म (ज्येष्ठ आषाढ़)** = षड् ऋतु सूची.
**ग्रीष्मकाल** = गरमी.

**ग्रीष्मकालीन** *वि* उष्ण, कड़ियल, *गरम*, गरमी का, गरमी के मौसम का, चंड, जलता/जलती, झुलसता/झुलसती, तपता/तपती, दहकता/दहकती, नैदाघ, •हुमसदार.

**ग्रीष्माघात** = उष्माघात.

**ग्रीस** *सं* ऐलस, यूनान, हैलास, •ग्रीक भाषा, •सिकंदर.

**ग्रीस (हिंदी उच्चारण)** = ग्रीज़.
**ग्रीस प्राचीन भाषा** = ग्रीक भाषा.
**ग्रुप** = गुट, वृंद, षड्यंत्रकारी दल, संपर्क जाल, संस्था, समूह.
**ग्रुपबाज़** = गुटबाज़.
**ग्रुस** = एक सौ चवालीस समुदाय.
**ग्रेट** = महान.
**ग्रेटकोट** = ओवरकोट.
**ग्रेटनैस** = महानता.
**ग्रेट ब्रिटेन** = यूनाइटिड किंगडम.
**ग्रेन 180** = तोला.
**ग्रेन 3.0864** = कैरट.
**ग्रेन 7,000** = पौंड (भार).
**ग्रेनेड** = बम.
**ग्रेप फ्रूट** = चकोतरा.
**ग्रेप्स** = अंगूर.
**ग्रैंड** = वैभवशाली.
**ग्रैंड रिहर्सल** = ड्रैस रिहर्सल.
**ग्रैचुइटी** = मानदेय.

**ग्रैजुएट** *सं* बीए, बैचलर, विद्यास्नात, विद्यास्नातक, स्नातक.

**ग्रैजुएशन** = स्नातक उपाधि.
**ग्रैनेड** = बम.
**ग्रैविटी** = गुरुत्वाकर्षण.

**ग्रैवेयक** = गला पट्टा.
**ग्रोथ** = बढ़ोतरी, विकास.
**ग्रौस** = एक सौ चवालीस समुदाय.
**ग्रौसरी** = परचून दुकान.
**ग्लव** = दस्ताना.

**ग्लाइडर** *सं* अयंत्र यान, पतंग यान, यंत्रहीन नभयान, •गुब्बारा यान, •पैराशूट.

**ग्लानि** = उदासी, थकान, पश्चात्ताप.
**ग्लानिपूर्ण** = खेदपूर्ण, दुःखी, प्रायश्चित्तपूर्ण.
**ग्लानिहीन** = खेदहीन.
**ग्लास** = काँच, गिलास, लैंस.
**ग्लास फ़ाइबर** = रासायनिक धागे और वस्त्र.
**ग्लूकोस शूक्रोस आदि** = शर्करा.

**ग्लूकोस** *सं* मधुरव्य, मधुरोस, •पोषव्य, •शर्करा.

**ग्लैमर** = कैरिज़्मा, प्रतिष्ठा, वैभव, सौंदर्य, स्टारडम.
**ग्लैमर की दुनिया** = स्टारडम.
**ग्लैमरस** = सुंदर.
**ग्लैमरारोपण** = नायक पूजा.
**ग्लोब** = पृथ्वी, पृथ्वी गोला.
**ग्लौसी** = ग्लौसी प्रिंट.

**ग्लौसी प्रिंट** *सं* काँचिया, काचित, ग्लौसी, चिकना, फ़ोटो ग्लौसी प्रिंट, *रेशमी*.

**ग्वार** = ग्वार फली, सागसब्ज़ी.

**ग्वार फली** *सं* अजर, कुआर, गुआर, गुवार फली, ग्वार.

**ग्वाला** = गोप, चरवाहा, दूध विक्रेता.

**ग्वाला** *सं* अहीर, गायबैल चरवाहा, गायभैंस चरवाहा, गूजर, गोचारक, गोनाथ, गोनाय, *गोप*, गोप/गोपी, गोपाल, गोरक्ष, गोवल्लभ/गोवल्लभा, गोसेवक/गोसेविका, घोष, घोषाल, बलदिया, बल्लव, •गोधूलि बेला, •चरवाहा/चरवाहन, •चरागाह, •दोग्धा, •पशु पालक.

**ग्वाला/ग्वालिन** = दोग्धा.
**ग्वालिन** = गोपी.

**घँघरी** = छलनी.
**घंट** = घंटा घड़ियाल.
**घंटनाद** = टनटन, समय घोष.
**घंटा** = अध्ययन घंटा, घंटा घड़ियाल, घड़ी समय, टनटन, पाटलि, संकट सूचना, समय घोष, साइत.

**घंटा** *सं* अहोरात्र 1/24, *बेला*, मिनिट 60, होरा, •घड़ी, •मिनिट, •सैकंड.

**घंटा 1/60** = मिनिट.
**घंटा 3** = पहर.

**घंटा घड़ियाल** *सं* घंट, *घंटा*, *घड़ियाल*, घन, घर्घर, *झालर*, •घंटी, •टनटनाहट, •पूजा, •मंदिर.

**घंटाघर** = घड़ी सूची.

**घंटाघर** *सं* क्लाक टावर, धर्मघड़ी, •घड़ी.

**घंटाध्वनि** = टनटन, टनटन.
**घंटापथ** = मुख्य सड़क, राजमार्ग.
**घंटी** = आरंभ संकेत सूची, कंठमणि, काकल, घुँघरू, टनटन, संकट सूचना, समय सूचना.

**घंटी** *सं* अलार्म, घर्घरी, *टनटन*, टाली, *बैल*, •घुँघरू, •टनटनाहट, •नूपुर, •पूजा, •मंदिर.

**घंटी वाला** = मुनादी वाला.
**घई** = अंतराल.
**घट** = आकार, कुंभ राशि, घटोतरी, घड़ा, शरीर.
**घटक** = कर्ता, परिचायक, रासायनिक तत्त्व, रूप प्रदाता, विवाह घटक, साधक.

**घटक** *सं* *अंग*, *अंश*, अणु, अवयव, उपस्कर, *कला*, *खंड*, जुज़, टुकड़ा, तत्त्व, द्रव्य, *पुरज़ा*, भाग, मवाद, *मसाला*, माद्दा, संघटक, संघटक अंश, सामग्री, *सामान*, हिस्सा, •अंश, •एकक.

**घटक अलग करना कर्म** = विघटन.
**घटक अलग होना क्रिया** = विघटन.
**घट कर्ता** = कुम्हार, कुम्हार.

**घटकर्म** = कुम्हारगीरी.
**घटकर्मी** = कुम्हार.
**घटकार** = कुम्हार.
**घटकारिता** = कुम्हारगीरी.
**घटघटवासी** = ईश्वर.
**घटज** = अगस्त्य.
**घटता/घटती** = अवनतिशील, अवरोहक्रमिक, अस्तगामी, ह्रासशील.
**घटता क्रम** = अवरोह क्रम.
**घटता बढ़ता/घटती बढ़ती** = उथलपुथलपूर्ण, परिवर्तनशील, परिवर्तनशील, लहराता/लहराती.
**घटती** = अवनति, घटोतरी, छँटनी, मूल्य कटौती, ह्रास.
**घटती बढ़ती** = उत्थानपतन, भाग्यचक्र.
**घटन** = कुम्हारगीरी, क्रिया, घटोतरी, पतन, रूप प्रदान, संघटन, सृजन, ह्रास.
**घटनशील** = घटनाशील.
**घटना** = अपराध घटना, क़िस्सा, गौण कथा, चमत्कार, तथ्य, दंगा, दुबलाना, दुबलाना, दुर्घटना, धुँधलाना.

**घटना** *सं* ईवैंट, कांड, *कार्य*, *क़िस्सा*, गति, दृश्य, बनत, *बात*, बीती, माजरा, मामला, वाक़िया, वारदात, *वृत्तांत*, हादसा, होनी, •तथ्य, •वृत्तांत.

**घटनाक्रम** = कथावस्तु, कालक्रम.
**घटनात्मक** = तथ्यात्मक, संयोगजन्य.
**घटना दृश्य** = इलस्ट्रेशन.
**घटनापूर्ण** = नाटकीय.

**घटनापूर्ण** *वि* उतारचढ़ावदार, गतिविधिपूर्ण, *परिवर्तनशील*, *पेचदार*, मंचीय, *मोड़दार*, विप्लवपूर्ण, *सक्रिय*, सघटना, •नाटकीय, •पूर्वनिर्धारित, ▪घटनाहीन.

**घटनाप्रधान** = नाटकीय.
**घटनामूलक** = तथ्यात्मक.
**घटना वर्णन** = लघुकथा, वृत्तांत.
**घटनावली** = कथावस्तु.

**घटनाशील** *वि* क्रियमाण, गतिशील, घटनशील, घट्यमान, *परिवर्तनशील*, प्रवाहशील, बढ़ता/बढ़ती, वर्तिष्णु, विवर्ती, *सक्रिय*, होता/होती, •अनिर्धारित, •आसन्न.

**घटनास्थल** = हत्यास्थल.

**घटनास्थल** *सं* मौक़ा, मौक़ाए वारदात.

**घटनाहीन** *वि* अक्रिय, *अविविध*, *उबाऊ*, क्रियाहीन, गतिविधिहीन, थमा/थमी, बोर, रुका/रुकी, शांत, *सुप्त*, •प्रशांत, ▪घटनापूर्ण.

**घटनीय** = संभव.
**घटनीयता** = संभावना.
**घटबढ़** = अल्पाधिक, उत्थानपतन, उथलपुथल, भाग्यचक्र.
**घटवार** = घटवारिया, घाट पंडा.
**घटवारिया** = घाट पंडा, नाविक.

**घटवारिया** *सं* घटवार, घटवालिया, घटवाह, घाट अध्यक्ष, घाटवाल, तरिक, पोत घाट अध्यक्ष, •तटीय कर्मचारी.

**घटवाल** = घाट पंडा.
**घटवालिया** = घटवारिया, घाट पंडा.
**घटवाह** = घटवारिया.
**घटा** = घटान कर्म, घटा प्रविष्टि, मेघ, मेघावली.
**घटा/घटी** = अवनत, घटाया/घटाई, घटित, संक्षिप्त, सस्ता/सस्ती.
**घटाई** = घटान कर्म.
**घटा कर** = संक्षेपतः.
**घटा कर कही बात** = अल्पोक्ति.
**घटा घनघोर** = कृष्ण मेघ.
**घटाटोप** = कृष्ण मेघ, मेघावली, शब्दाडंबर.
**घटान** = घटान कर्म.
**घटान करना** = घटाना.

**घटान कर्म** *सं* अंकलोप, अपनयन (प्रा), अपहरण (प्रा), अवशेषन, क्षयन, घटा, घटाई, घटान, परिहनन (प्रा), बाक़ी, शोधन (प्रा), हरण (प्रा), ▪जोड़ कर्म.

**घटान कर्म करना** = घटाना.

**घटान फल** *सं* अंतर, *अतिरिक्त*, *अवशेष*, खड़ी संख्या, घटा बाक़ी, फ़र्क़, *बक़ाया*, बचा/बची, बाक़ी, बैलैंस, शेष, शेषफल, हासिल, •जोड़ फल.

**घटाना** *क्रि* अंतर निकालना, कम करना, *काटना*, घटान करना, घटान कर्म करना, *निकालना*, फ़र्क़ मालूम करना, बैलेंस निकालना, लोपना (प्रा), सारना, *हटाना*, •गिनना, •छोटा करना, ▪जोड़ना, ▪बढ़ाना.

**घटा प्रविष्टि** *सं* ख़र्च, घटा, डैबिट ऐंट्री, दाय, दिया, *देना*, *देय*.

**घटाबढ़ी** = उत्थानपतन, भाग्यचक्र.
**घटा बाक़ी** = घटान फल.

**घटाया/घटाई** *वि* अपवाहित, अवशेषित, *कम*, क्षयित, घटा/घटी, विलोपित, ह्रसित, *ह्रस्व*, ▪जुड़ा/जुड़ी.

**घटिका** = घटी, जलघड़ी, लँगोट.
**घटिका विज्ञान** = होराशास्त्र.
**घटिका विज्ञानी** = होराशास्त्री.
**घटित** = उत्पादित, तथ्यात्मक, मंचित, रचित.

**घटित** *वि* *आगत*, आपन्न, उपगत, *उपस्थित*, गुज़रा/गुज़री, घटा/घटी, चरितार्थ, बीता/बीती, *भूत*, *यथार्थ*, वाक़ेअ, वास्तविक, शुद, शुदा, संपन्न, संभूत, सत्यघटित, समापन्न, सृष्ट, हुआ/हुई, •व्यतीत, ▪अघटित.

**घटिया** = अधम, अरोचक, अवमानक, तड़कभड़कदार, बुरा/बुरी, भँड़ौआ, मिलावटी, रंगमंचीय.
**घटिया उपाहार** = जंक फ़ूड.
**घटिया कविता** = तुकबंदी.
**घटिया शराब** = ठर्रा.
**घटिहा** = दुर्जन.
**घटी** = अवनति, हानि.

**घटी** *सं* घटिका, घड़ी, नाड़िका मिनिट 24, मुहूर्त 1/2.

**घटी 1/60** = पल.
**घटी 2** = मुहूर्त.
**घटी 2.5** = साइत.
**घटीयंत्र** = जलघड़ी.

**घटोतरी** = ह्रास.

**घटोतरी** *सं* अपक्षय, अपचय, कटौती, कम होना कर्म, क्षय, घट, घटती, घटन, *व्यय*, *ह्रास*, ▪बढ़ोतरी.

**घटोर** = भेड़ा.
**घटौती** = मूल्य कटौती.
**घट्टन** = दंदाना.
**घट्य** = व्यावहारिक, संभव.
**घट्यमान** = घटनाशील.
**घट्व** = नम्य.
**घड़ंत** = रूप प्रदान.
**घड़घड़** = घरघर.
**घड़घड़ाना** = घरघराना.
**घड़घड़ाहट** = घरघर.
**घड़न** = बनावट, रूप प्रदान.
**घड़ना** = गढ़ना, बनाना.
**घड़ा** = तोंद.

**घड़ा** *सं* करुवा, *कलश*, कलसा, कलसी, कुंभ, कूट, गगरा, गगरी, गड़वा, गड़वी, गागर, *गोला*, घट, *जार*, पौट, मटकना, मटकनी, मटका, मटकी, माट, हंडा, हंडिया, हाँड़, हाँड़ी, •कमंडलु, •जग, •बोतल, •सुराही.

**घड़ाई** = रूप प्रदान.
**घड़िया** = कुल्हिया.
**घड़ियाल** = घंटा घड़ियाल, समय घोष.

**घड़ियाल** *सं* कुंभी, गाह, गिल, ग्राह, जलकंटक, नक्र, नक्रा, *नाक*, मकर, मगर, मगरमच्छ, •सरीसृप.

**घड़ियाली** = पहरेदार.
**घड़ी** = अल्पकाल, अवसर, काल, घटी, तह.

**घड़ी** *सं* कालमान, काल मापी, क्लाक, वाच, •घंटा, •घंटाघर, •टिकटिक, •पैंडुलम, •हाथघड़ी.

**घड़ी सूची** *सं* अंक घड़ी, अलार्म घड़ी, क्रोनोमीटर, *घंटाघर*, *जलघड़ी*, जेब घड़ी, दीवार घड़ी, *धूपघड़ी*, मेज़ घड़ी, *रेतघड़ी*, सूई घड़ी, स्टौप वाच, स्वैच, हाथघड़ी.

**घड़ी क्षेत्र** = समयक्षेत्र.

**घड़ी घड़ी** = बारंबार.
**घड़ी दो घड़ी** = अल्पकाल.
**घड़ी भर में** = तत्काल.

**घड़ी समय** *सं काल*, *घंटा*, टाइम, बजा, बजे, वक़्त, समय, स्टैंडर्ड टाइम, होरा.

**घड़ौंची** = आधार.
**घतिया** = ग़द्दार.
**घतियाना** = छिपाना.
**घन** = आधार सूची, गाढ़ा/गाढ़ी, घंटा घड़ियाल, घनफल, घनाकृति, ठीहा, ठोस, पिंडाकार, मेघ, सघन, हथौड़ा.
**घन अपहरण** = ग़बन.
**घनक** = गड़गड़, जमाका.
**घनकना** = गरजना, बजाना.
**घनकोदंड** = इंद्रधनुष.
**घनगरज** = मेघ गर्जन.
**घनघटा** = कृष्ण मेघ, मेघावली.
**घनघन** = गड़गड़, जमाका, टनटन, टनटन.
**घनघन करना** = गड़गड़ाना.
**घनघनाता/घनघनाती** = कोलाहलपूर्ण, गड़गड़ाता/गड़गड़ाती.
**घनघनाना** = गड़गड़ाना, गरजना, टनटनाना, बदलाना.
**घनघनाहट** = गड़गड़, मेघ गर्जन.
**घनघोर** = कोलाहलपूर्ण, गड़गड़ाता/गड़गड़ाती, सघन.
**घनघोर घटा** = कृष्ण मेघ.
**घनघोर वर्षा** = अतिवर्षा.
**घनचक्कर** = मूर्ख.
**घनज्वाला** = मेघविद्युत.
**घनताल** = चातक.
**घनन** = टनटन, टनटन.
**घननाद** = मेघ गर्जन.
**घनप्रिय** = मोर.

**घनफल** *सं* क्यूब, घन, स्फुटफल (प्रा), •आयतन माप.

**घनरव** = मेघ गर्जन.
**घनवल्लरी** = मेघविद्युत.
**घनवाह** = वायु.
**घनवाहन** = इंद्र.
**घनश्याम** = कृष्ण, कृष्ण मेघ, श्यामवर्ण.
**घनश्रेणी** = मेघावली.
**घना** = वन, वर्षद.

**घना/घनी** = अंतरंग, अत्यधिक, गहन (वन), गाढ़ा/गाढ़ी, छायादार, जनाकीर्ण, ठोस, दुर्गम, नगरीय, प्रबल, सघन, सुलभ.

**घनाकृति** *सं* क्यूब, घन, छपहलू, षट्पार्श्व, षडानीक, षड्फलक.

**घनागम** = बरसात.
**घना जंगल** = गहन वन.
**घनिष्ठ** = अंतरंग, घर जैसा, सघन.
**घनिष्ठतम** = अंतरंगतम.
**घनिष्ठ मित्र** = अंतरंग मित्र.
**घनीभूत** = गाढ़ा/गाढ़ी.
**घनेरा/घनेरी** = अत्यधिक, गहन (वन), सघन, सुलभ.
**घनोपल** = ओला.
**घपला** = घोटाला.
**घपुआ** = उल्लू.
**घबरवाना** = डिगाना.
**घबराना** = डरना, बिदकना, लजाना, सकुचना, हिचकना.
**घबराया/घबराई** = चिंतित, विचलित.
**घबराहट** = आशंका, चिंता, भय, संकोच, हड़बड़ी, हिचक.
**घमंड** = अकड़, अहंकार, आत्मप्रशंसा, डींग.
**घमंडी** = अकड़बाज़, आत्मप्रशंसक, नवसमृद्ध.
**घमंडी/घमंडिन** = अहंकारी.
**घम** = घमघम, जमाका.
**घमकता/घमकती** = गड़गड़ाता/गड़गड़ाती.
**घमकना** = गूँजना.
**घमघम** = झरझर, ढमढम.

**घमघम** *सं* घम, घमघमाहट, *जमाका*, थप, धप.

**घमघमाना** = धमधमाना.
**घमघमाहट** = घमघम, झरझर.
**घमघमाहट करना** = धमधमाना.
**घमघमाहट होना** = धमधमाना.
**घमर** = ढमढम.
**घमरौल** = कोलाहल, हलचल, हल्लागुल्ला, हुड़दंग.
**घमाक** = जमाका.

**घमोरी** *सं* अँधौरी, अम्हौरी, गरमी दाना, घर्मचर्चिका, दाने, मरोड़ी,

●खुजलाहट, ●चिरमिराहट, ●पित्ती.

**घर** = आदि, आधार, आला, कमरा, कुटुंब, कोष्ठक चिह्न, ख़ाना, खेल गोल, खोल, गंतव्य, छिद्र, ट्रांसपोर्ट नगर, डिब्बा, परिवार जन, भंडार, वंश, संग्रहालय, स्वदेश.

**घर** *सं* अड्डा, *आँगन*, आकर, आगार, आलय (जैसेः शिवालय), आला (जैसेः शिवाला), आवास, आशियाँ, आशियाना, आश्रय, आस्ताना, कटक, कदा (जैसेः सनमक़दा), कानन, केत, केतन, क़्वार्टर, क्षिता, *ख़ाना*, ख़िता, गढ़, गृह, गेह, घोंसला, जगह, ठाम, ठिकाना, ठौर, डेरा, थड़ा, थाँह, थान, दर, दहलीज़, देहरी, देहली, *द्वार*, द्वारा, *धानी*, धाम, निकाय, निकेत, निकेतन, निलय, *निवास*, निवासस्थान, निवेश, *नीड़*, *पता*, *पीठ*, पुर, बसेरा, बाड़ा, बाड़ी, बासा, बैत, *भवन*, *मंज़िल*, *मंदिर*, मकाँ, मकान, मुक़ाम, रहवास, रिहाइश, रैज़िडैंस, *लोक*, वास, वासगृह, वासस्थान, वास्तु, *विट*, *वेश*, वेश्म, शाला, सदन, सद्म, सन्निवेश, -सरा, सौध, स्थल, हाउस, हाउसिंग, -हाल (जैसेः ननिहाल), होम, ●वक्ता घर, ●श्रोता घर, ●कोटर, ●पड़ाव.

**घर का उजाला** = सपूत.
**घर का काम** = घरेलू कामकाज, होमवर्क.
**घर का चिराग़** = सपूत.

**घर का नाम** *सं* घरेलू नाम, प्यार का नाम, प्रियनाम, बोलचाल नाम, ●उपनाम, ●ख्यात नाम.

**घर का भेदिया** = ग़द्दार.
**घर का भेदी** = ग़द्दार, विभीषण, विश्वासघाती.
**घर कामकाज** = घरेलू कामकाज.
**घर का रास्ता** = सहज कार्य.
**घर की (बोलचाल)** = पत्नी.
**घर की लक्ष्मी** = पत्नी.
**घर के बाहर होने वाला** = आउटडोर.
**घर के लोग** = परिवार जन.
**घरगिरस्ती** = परिवार जन.
**घरगृहस्थी** = गृहस्थी, परिवार जन.

**घरघर** *सं* गरगराहट, घड़घड़, घड़घड़ाहट, घरघराहट, घरड़ घरड़, घर्घर, घुरघुर, चरचर, चरचराहट, *चरमर*, चरमराहट, चरर मरर, ●चक्की, ●चरख़ा, ●छरछर, ●पहिया.

**घरघर करना** = घरघराना.
**घर घराना** = वंश.

**घरघराना** *क्रि* खरखर करना, खरखराना, खुरखुराना, घड़घड़ाना, घरघर करना, घुरघुराना.

**घरघराहट** = घरघर, दमा, श्वासरोध.
**घरघाट** = पता, पता निर्देश.
**घरघुसना/घरघुसनी** = घरघुसरा/घरघुसरी.

**घरघुसरा/घरघुसरी** *सं* अगंता, अगंतुक, गृहप्रिय, घरघुसना/घरघुसनी, घरबसा/घरबसी, पर्यटनद्वेषी, ■पर्यटन प्रेमी.

**घर जैसा** *वि अनौपचारिक*, आपसी, आरामदेह, आवासीय, घनिष्ठ, घरबना/घरबनी, घरू, घरेलू, *चिरपरिचित*, *परिवारीय*, पारिवारिक, *मित्रतापूर्ण*, *सहज*, *साधारण*, स्वजनीय, *स्वागतपूर्ण*, ●इनडोर, ●ममतापूर्ण, ●मित्रतापूर्ण, ●साधारण, ■दिखावटी.

**घरजोत** = खुदकाश्त कृषि.
**घरड़ घरड़** = घरघर.
**घरद्वार** = अचल संपत्ति, गृहस्थी.
**घरनी** = गृहस्थिन, पत्नी.
**घर पर करने को दिया गया अभ्यास** = होमवर्क.
**घरफोड़ना/घरफोड़नी** = ग़द्दार.
**घरबना/घरबनी** = घर जैसा.
**घरबसा** = जार.
**घरबसा/घरबसी** = घरघुसरा/घरघुसरी.
**घर बसाना** = बसना, ब्याहना.
**घरबसी** = रखेली, सधवा.
**घरबार** = एकक परिवार, गृहस्थी, परिवार जन.
**घरबार वाला** = गृहस्थ, परिवारयुक्त.
**घरमालिक** = परिवार अध्यक्ष.
**घर में किया जाने वाला** = इनडोर.
**घर में होने वाला** = इनडोर.
**घर लौटा/घर लौटी** = गृहागत.
**घरवा** = नीड़.
**घर वाला** = गृहस्थ, पति.
**घर वाली** = गृहस्थिन, पत्नी.
**घर वाले** = घराती, परिवार जन.
**घर से (बोलचाल)** = पत्नी.

**घराती** *सं* घर वाले, जिमाने वाले, *मेज़बान*, ●बराती, ●भातई.

**घराना** = कुटुंब, राजवंश, वंश.
**घराना (संगीत)** = शैली.
**घरू** = घर जैसा, परिवारीय.
**घरेलू** = घर जैसा, परिवारीय, पालतू.
**घरेलू काम** = घरेलू कामकाज.

**घरेलू कामकाज** *सं* गृहकर्म, गृहकार्य, घर का काम, घर कामकाज, घरेलू काम, ●होमवर्क.

**घरेलू जानवर** = पालतू पशु.
**घरेलू नाम** = घर का नाम.
**घरौंदा** = नीड़.
**घर्घर** = घंटा घड़ियाल, घरघर, बतख़.
**घर्घराना** = किरकिराना.
**घर्घरी** = घंटी.
**घर्म** = ताप.
**घर्मचर्चिका** = घमोरी.
**घर्मत्राण** = छाता.
**घर्राटा** = खर्राटा.
**घर्ष** = आघात रगड़.
**घर्षक** = घिसनहार.
**घर्षण** = आघात रगड़, घिसाई, मालिश.
**घर्षित करना** = घिसना.
**घलुआ** = लुभाव.
**घसखुदा** = घसियारा.
**घसिटना** = घिसटना.

**घसियारा** *सं* घसखुदा, घसियारा/घसियारिन, घसियारा/घसियारी, बारगीर, ●खुरपा, ●ग्रास रोलर, ●चरवाहा, ●चरागाह, ●हँसिया.

**घसीट** = कर्षण, कुलिखित, कुलेख.
**घसीटन** = कर्षण.

**घसीटना** = घिसटना.

**घसीटना** *क्रि* लथाड़ना, लथेड़ना, लोथारना, हींचना, •खींचना.

**घसीटने वाला** = कर्षक.
**घसीटा** = कुलिखित.
**घसीटू** = कर्षक.
**घस्मर** = अत्याहारी.
**घहराना** = गड़गड़ाना, गरजना.
**घाँघरा** = लोबिया.
**घाँटी** = कंठमणि, काकल.
**घाघ** = उल्लू, कुचाली.
**घाघरा** = पेटीकोट, लहँगा.
**घाघस** = बटेर.
**घाट** = ओर, गरदन, गरेबान, गाधस्थल, तट, तटबंध, नदी तट, नौका घाट, पार्श्व, बाँध, लहँगा.

**घाट** *सं* उत्तट, तटीय घाट, *तीर्थ*, वप्र, सीढ़ीदार तट, सोपान तट, •तालाब, •तीर्थ.

**घाट अध्यक्ष** = घटवारिया.

**घाट पंडा** *सं* गंगापुत्र, घटवार, *घटवारिया*, घटवाल, घटवालिया.

**घाटपथ** = बाँधपथ.
**घाटवाल** = घटवारिया.
**घाटा** = हानि.

**घाटी** *सं* अद्रिद्रोणी, उपत्यका, खोही, *दर्रा*, दून, द्रोणी, नददरी, वादी, वैली, शैलतटी, •खड्ड, •गुफा, •तलहटी, •दर्रा, •पर्वत, ▪पठार.

**घाटे का** = हानिप्रद.
**घात** = अपकार, अपराध, आक्रमण, कुचाल, छल, दंदाना, प्रहार, विश्वासघात, हत्या, हिंसा.

**घात** *सं* अवसर प्रतीक्षा, आक्रमण प्रतीक्षा, इंतज़ार, गुप्त प्रतीक्षा, टोह, *ताक*, *दाँव*, *प्रतीक्षा*, •आखेट, •कुचाल, •प्रतीक्षा.

**घात** = गुणन फल.
**घातक** = आहतिकारक, नाशकारी, मारक, विषाक्त, हिंस्र.
**घात करना** = संहारना.
**घातकी** = हत्यारा.

**घात मंच** = मचान.

**घातस्थान** *सं* आक्रमण प्रतीक्षा स्थान, *आड़*, आवरण, ओट, कमीनगाह, गुप्ति (प्रा), गोपन आड़, *टट्टी*, धोखे की टट्टी, *परदा*, •मचान.

**घातिनी** = हत्यारिन.
**घातिया** = हत्यारा.
**घाती** = ग़द्दार, नाश कर्ता, बेईमान, मारक, रुधिरपिपासु, विश्वासघाती, हत्यारा.
**घात्य** = हंतव्य.
**घान** = खेप.
**घानी** = कोल्हू, खेप, ढेर.
**घाम** = ताप, धूप.
**घामड़** = कामचोर, प्रयासहीन, मंदधी, मूर्ख.
**घायल** = आहत.
**घायल होना** = प्रेम करना.
**घार** = खड्ड.
**घाल** = लुभाव.
**घालना** = भरना.
**घालमेल** = बहुगमन.
**घाव** = चोट, व्रण.

**घाव पट्टी** *सं* कत्तर, गेज, *पट्टी*, बैंडेज, व्रण पट्टी, शाफ़ा, •पुलटिस, •फाहा, •मरहमपट्टी, •सेंकपट्टी.

**घास** = घास मैदान, छप्पर, दूर्वा घास.

**घास** *सं* *कुश*, गवादनी, *ग्रास*, डाभ, तृण, दर्भ, दाभ, दूब, •काही, •खर पतवार, •मैदान.

**घासपात** = खर पतवार.
**घासफूस** = जलावन.
**घासफूस कुटी** = पर्णकुटी.
**घास भूसा** = पशु चारा.
**घास भूसी** = पशु चारा.
**घास मैदान** = चरागाह.

**घास मैदान** *सं* *घास*, *चरागाह*, टर्फ़, टुंड्रा (साइबेरिया), बुग्याल, लान, शाद्वल, *हरियाली*, •घसियारा, •मैदान, ▪मरुथल.

**घासलेट** = मिट्टी तेल.

**घासलेटी** = अप्राकृतिक, बुरा/बुरी.
**घिग्घी** = हिचकी.
**घिघियाता/घिघियाती** = रोता/रोती.
**घिन** = घृणा.
**घिनौना/घिनौनी** = दुर्गंधपूर्ण, विद्रूप.

**घिनौना/घिनौनी** *वि* अघोरी, अप्रिय, अरुचिकर, कुत्सित, ख़राब, खल, गंदा/गंदी, गर्हित, गर्हित, ग़लीज़, घृणास्पद, घृणित, घृणोत्पादक, घृण्य, जी मिचलाऊ, *दुर्गंधपूर्ण*, दूषित, नफ़रतअंगेज़, नापाक, बदबूदार, बीभत्स, बुरा/बुरी, मिचलाऊ, *लज्जाजनक*, लिज़लिज़ा/लिज़लिज़ी, *विकर्षक*, विगर्हित, विदूषित, सड़ा/सड़ी, सड़ियल, •अधम, •दुर्गंधपूर्ण, •पूयित, •बुसा/बुसी, •वमनकारी, •सड़ा/सड़ी, ▪आकर्षक, ▪प्रिय, ▪मनोग्राह्य, ▪मोहक.

**घिन्नी** = घुमेर, चक्कर.

**घिया** *सं* अलांबू, *कद्दू*, तुंबा, तुंबी, दुद्धी, दूधी, नेनुआ, लाबु, लौआ, लौकी.

**घिरना** = घुमड़ना, बदलाना, मँडराना.
**घिरनी** = कौड़िल्ली, लटई.

**घिरनी** *सं* कुप्पी, कूपी, गरारी, घिरी, घिर्री, घिर्रीदार चक्का, चरखी, चहली, पुली, भौंरा, •चरखी.

**घिरा/घिरी** = अवरुद्ध, अहाताबंद, घेराबंद, ताराहीन, बाढ़ग्रस्त, मेघाच्छन्न, संकटग्रस्त, सीमाबद्ध.

**घिरा/घिरी** *वि* आवृत्त, ओतप्रोत, छाया/छाई, *व्याप्त*, समानृत, •अंदर, ▪अनवरुद्ध, ▪खुला/खुली, ▪विस्तीर्ण.

**घिराई** = घेराबंदी.
**घिराव** = घेराबंदी, घेराव.
**घिरी** = घिरनी.
**घिर्री** = घिरनी.
**घिर्रीदार चक्का** = घिरनी.
**घिसघिस** = किरकिर, बहानेबाज़ी.
**घिसट** = किरकिर.
**घिसटन** = आघात रगड़.

**घिसटना** = फिसलना, बिगड़ना, लँगड़ाना.

**घिसट्ना** *क्रि* खिचड़ना, घसिटना, *घसीटना*, •खिंचना.

**घिसन** = आघात रगड़, क्षरण, घिसाई.

**घिसनहार** *सं* घर्षक, घिसने वाला, घिसैया, विघर्षक, विघर्षी, सम्मर्दी, सिकलीगर, •घिसाई.

**घिसना** = खरोंचना, चिकनाना, छिजाना, छीजना, दमकाना, रेतना.

**घिसना** *क्रि कसना*, घर्षित करना, घिसाना, चूरा करना, दररना, बुरादना, बुरादा करना, भुरकुस निकालना, रगड़ना, रगसना, *रेतना*.

**घिसने वाला** = घिसनहार.

**घिसा/घिसी** *वि* कसा/कसी, मथा/मथी, मसला/मसली, रगड़ा/रगड़ी, रगसा/रगसी, •घीयाकस.

**घिसाई** = घुटाई, मँजाई.

**घिसाई** *सं* घर्षण, घिसन, घिस्सा, निकषण, रगड़ाई, रगस, रग्गा, •घिसनहार, •रेगमाल, •रेती.

**घिसाना** = घिसना.

**घिसा पिटा/घिसी पिटी** = अरोचक, जीर्णशीर्ण, रूढ़िवादितापूर्ण.

**घिसा रास्ता** = पिटा पिटाया रास्ता.

**घिसैया** = घिसनहार.

**घिस्समघिस्सा** = जनाकीर्णता, धक्कामुक्की.

**घिस्सा** = आघात रगड़, घिसाई.

**घी** *सं* आज्य, घृत, नवनीतक, बटर औइल, शुद्ध मक्खन, हविष्य, •वनस्पति घी, •शुद्ध घी, •तेल, •मक्खन.

**घीतेल** = घी तेल.

**घी तेल** *सं* आहार स्निग्धव्य, घीतेल, चिकनाई, *मक्खन*, मोयन, स्निग्धव्य, स्नेह, •मक्खन.

**घीतेलयुक्त** *वि अपाच्य*, कुपाच्य, गरिष्ठ, चिकना/चिकनी, चिकनाईदार, चिक्कण, चुपड़ा/चुपड़ी, तर, तला/तली, पक्का/पक्की, *भारी*, मक्खनदार, मक्खनी, मखनिया, मलाईदार, स्निग्ध, •अपाच्य, ■घीतेलहीन.

**घीतेलहीन** *वि* अगरिष्ठ, अनचुपड़ा/अनचुपड़ी, अस्निग्ध, कच्चा/कच्ची, *पाच्य*, रूखा/रूखी, रूखा सूखा/रूखी सूखी, शुष्क, सूखा/सूखी, हलका/हलकी, •सुपाच्य, ■ख़स्ता, ■घीतेलयुक्त.

**घीदूध व्यवसाय** = डेरी फ़ार्मिंग.

**घीया पत्थर** = सिलखड़ी.

**घुँघची** = रत्ती.

**घुँघटा** = घूँघट.

**घुँघनी** *सं* उबाल कर तली साबुत दाल, घुघरी, तली दाल, भिगो कर तली साबुत दाल, •चिड़वा.

**घुँघराला** *वि* कुंचित, कुंतलित, घुँघराला/घुँघराली, घुँघराले केशों वाला, घूँघरदार, घूँघर वाला, छल्लेदार, *पट्टेदार*, भौंराला/भौंरीली, लच्छेदार.

**घुँघराला/घुँघराली** = घुँघराला.

**घुँघराले केश** *सं* अंचित केश, अलक, अलकावली, काकुल, कुंचित केश, कुरल, घूँघर वाले बाल, जुल्फ़, पट्टे, लच्छेदार बाल, *लट*, •घूँघर.

**घुँघराले केशों वाला** = घुँघराला.

**घुँघरु ध्वनि** = रुनझुन.

**घुँघरू** = पाज़ेब.

**घुँघरू** *सं घंटी*, घूँघरवा, नूपुर, संपुट, •टनटनाहट, •नृत्य, •पाज़ेब, •पैर.

**घुँघरूबंद** = नर्तकी वेश्या.

**घुंडी** = कंदमूल, चुसनी, निपल, बटन, स्तनाग्र.

**घुंडी** *सं* अंटी, अंठी, *गाँठ*, गुट्ठी, ग्रंथि, पर्व, *बटन*, वीटिका, •बूँदी.

**घुँपन** = चुभन.

**घुँपाई** = घोंप.

**घुइँयाँ** = अरवी.

**घुग्घी** = फ़ाख़्ता.

**घुग्घू** = उल्लू.

**घुघरी** = घुँघनी.

**घुटकी** = घूँट.

**घुटन** = नमीदार गरमी, भावदमन, श्वासरोध.

**घुटना** = साष्टांग दंडवत अंग.

**घुटना** *सं* ऊरुपर्व, कूर्पर, घुटरू, जानु, •पैर.

**घुटना छुआई** = चरणस्पर्श.

**घुटनों के बल** = घुटरियों.

**घुटन्ना** = जाँघिया, निकर.

**घुटरियों** *क्रिवि* घुटनों के बल, बकैयाँ, •पद प्रतिपद, •पैदल.

**घुटरू** = घुटना.

**घुटा/घुटी** = अनुभवी, कुटिल, चिकना/चिकनी, नीतिकुशल, वातहीन, श्वासरुद्ध, संकीर्ण, हुमसदार.

**घुटा/घुटी** *वि* कचूमर, कुचला/कुचली, कुचा/कुची, चोखा, पिष्ट, भरता, *भुरता*, मथा/मथी, मलगजा/मलगजी, मला/मली, मलीदा, मसला/मसली, मालीदा, रगड़ा/रगड़ी.

**घुटाई** = रटटा.

**घुटाई** *सं* घिसाई, घोंट, घोटाई, चलाई, मर्दन, मिंडाई, रगड़ाई, विमर्दन.

**घुटा पदार्थ** *सं* अरदावा, कचूमर, कचूमर, घोट, घोलिया, चोखा, भरता, *भुरता*, मलीदा, रगड़ा.

**घुट्टी** *सं* घूँटी, जनम घूँटी.

**घुट्टीपिलाई** = ब्रेनवाशिंग.

**घुड़क** = धमकी.

**घुड़कना** = धमकाना.

**घुड़की** = डाँट, धमकी.

**घुड़की देना** = धमकाना.

**घुड़दौड़ आरोही** *सं* घुड़दौड़िया, जोकी, •घुड़दौड़, •घुड़सवार.

 (प्रा) प्राचीन शब्द, अब अप्रचलित - *तिरछे* शब्द स्वतंत्र शीर्षक भी हैं •सपर्याय ■विपर्याय

**घुड़दौड़िया** = घुड़दौड़ आरोही.

**घुड़नाल** *सं* खुरत्राण, घोड़ा नाल, नाल, •खुर, •जूता नाल.

**घुड़बहली** = जोतगाड़ी.
**घुड़सवार** = अश्व सैनिक.

**घुड़सवार** *सं* अश्वपति, अश्वारोही, असवार, तुरंगी, तुरगी, शहसवार, *सवार*, •घुड़दौड़ आरोही, •हाथीवान.

**घुड़सवार पदाश्रय** = रकाब.
**घुड़सवार सेना** = अश्वसेना.
**घुड़साल** = अस्तबल.
**घुड़सेना** = अश्वसेना.

**घुन** *सं* काष्ठकीट, काष्ठवेधक, छेदा, यमकीट, स्नाउट बीटल.

**घुनघुन** = गुंजन, भनभनाहट.
**घुनना** = सोचना परखना.
**घुन्ना/घुन्नी** = वाक्संयमी.
**घुप** = ब्लैक आउट, मेघाच्छन्न.
**घुमंतू** = ख़ानाबदोश, चक्रणशील, बनजारा.
**घुमंतूपन** = ख़ानाबदोशी.
**घुमक्कड़** = साहसिक यात्री.

**घुमक्कड़** *सं* आवारा, आवारागर्द, उठल्लू, चलंतू, चलिष्णु व्यक्ति, पर्यटन प्रेमी, *बनजारा*, यायावर, •ख़ानाबदोश, •पर्यटक, ▪घरघुसरा/घरघुसरी.

**घुमक्कड़ी** *सं* गतिशीलता, चलता, चलिष्णुता, जहाँगर्दी, पर्यटनप्रियता, पर्यटन प्रेम, पैर में चक्कर, बहेतुआपन, यायावरता, यायावरी, विचारणशीलता, सचलता, सैयारी, सैयाही, •आवारागर्दी, •ख़ानाबदोशी.

**घुमटा** = घुमेर, चक्कर.
**घुमड़ना** = बदलाना, मँडराना.

**घुमड़ना** *क्रि* *उठना*, उमड़ना, उमड़ना घुमड़ना, गहराना, घिरना, छाना, बढ़न, •उड़ना, •मँडराना.

**घुमड़ी** = घुमेर, चक्कर.
**घुमरी** = चक्कर, भँवर.

**घुमाना** = भरमाना, मरोड़ना.

**घुमाना** *क्रि* घूर्णित करना, चक्कर देना, नचाना, फिराना, भ्रमाना, रोटेट करना.

**घुमाव** = चक्कर, चौराहा गोला, मरोड़, मेहराब, मोड़.
**घुमावदार** = नवचंद्राकार, पेचदार, मोड़दार, वक्राकार, सर्पिल.
**घुमावफिरावदार** = पेचीदा डिज़ाइन वाला.

**घुमेर** *सं* कमज़ोरी, घिन्नी, घुमटा, घुमड़ी, चकरघिन्नी, तँवारी, परिभ्रम, •मिरगी.

**घुरघुर** = घरघर.
**घुरघुराना** = घरघराना.
**घुरघुराहट** = श्वासरोध.
**घुलनशील मिष्ठ द्रव्य** = शर्करा.
**घुलना** = दुबलाना, दुबलाना, पिघलना.
**घुला/घुली** = मिश्रित.
**घुलाना** = पिघलाना.
**घुला मिला/घुली मिली** = अंतरंग, भेदभावहीन.
**घुसड़ना** = घुसना.
**घुसता/घुसती** = चुभनशील, प्रवेशशील.
**घुसन** = चुभन, ठुँकाई, प्रवेश.
**घुसना** = चुभना, पैठना, वेधना.

**घुसना** *क्रि* घुसड़ना, प्रविष्ट होना, बलात् प्रवेश करना.

**घुसपैठ** = अतिक्रमण.

**घुसपैठ** *सं* अनधिकार प्रवेश, गुप्त प्रवेश, •अतिक्रमण.

**घुसपैठिया** = अतिक्रांता, गुप्तचर.

**घुसपैठिया** *सं* अतिक्रमी, •अतिक्रांता, •अतिक्रांता.

**घुसा/घुसी** = अंतरर्थापित, प्रविष्ट.
**घुसाई** = अंतर्स्थापना, ठुँकाई.
**घुसाना** = घोंपना, चुभाना, ठोंकना.
**घुसेड़** = ठुँकाई.
**घुसेड़ना** = घोंपना, ठोंकना.
**घूँघट** = अँटौतल, परदा दीवार.

**घूँघट** *सं* अवगुंठन, अवगुंठन पट, आँचल, आवरण, गुंठन, घुँघटा, नक़ाब, *पट*, *परदा*, पल्ला, पल्लू, *बुरक़ा*, मुखावरण, लाज, हया, •अँटौतल, •परदानशीनी, •बुरक़ा, •मुखौटा, •लज्जा, •वधू, ▪बेपर्दगी.

**घूँघट वाली** = परदानशीन.

**घूँघर** *सं* कुंडल, कुंतल, केश घूँघर, छल्ला, छल्ली, लच्छा, •केशगुच्छ, •घुँघराले केश.

**घूँघरदार** = घुँघराला.
**घूँघरवा** = घुँघरू.
**घूँघर वाला** = घुँघराला.
**घूँघर वाले बाल** = घुँघराले केश.

**घूँट** *सं* गटक, घुटकी, *चुसकी*, *ढकोस*, सुड़का, •कश, •चुसकी, •निगलन, •पीना.

**घूँटना** = पीना.
**घूँट भरना** = पीना.
**घूँट लेना** = पीना.
**घूँटी** = घुट्टी.
**घूँसा** = मुक्का, मुट्ठी.
**घूँसाघूसी** = बाक्सिंग.
**घूँसेबाज़** = बाक्सर.
**घूँसेबाज़ी** = बाक्सिंग.
**घूघ** = उल्लू, हैल्मेट.
**घूघी** = मादा उल्लू.
**घूम** = गुफ्फा, चक्कर, पेच चूड़ी, मोड़, लपेट.
**घूमता/घूमती** = चक्रणशील, चक्रावृत्तिशील, पेचदार, सर्पिल, स्पाइरलाकार.
**घूमता फिरता** = पेचीदा डिज़ाइन वाला.
**घूमना** = टहलना, मँडराना, मुड़ना.

**घूमना** *क्रि* गोल घूमना, चक्कर काटना, चक्कर खाना, चक्कर लगाना, धुरी पर घूमना, *नाचना*, परिक्रमा करना, फिरकना, फिरना, फेरा लगाना, भरमना, रोटेट होना, •नाचना, •मँडराना.

**घूमने जाना** = टहलना.
**घूर** = ताक.
**घूरते** = अपलक.
**घूरना** = ताकना.
**घूरा** = कूड़ा गड्ढा, कूड़ा ढेर.

**घूराघारी** = ताक.
**घूर्ण** = चक्कर.
**घूर्णन** = चक्रावर्तन, पृथ्वी आवर्तन.
**घूर्णनशील** = चक्रणशील.
**घूर्णवात** = चक्रवात.
**घूर्णा** = चक्रवात.
**घूर्णित करना** = घुमाना.
**घूस** = रिश्वत.
**घूसख़ोर** = रिश्वतख़ोर.
**घृणा** = शत्रुता.

**घृणा** *सं* कराहत, घिन, चिढ़, जुगुप्सा, *तिरस्कार*, द्वेष, नफ़रत, प्रतिकर्षण, बैर, वितृष्णा, विद्वेष, विरति, वैर, हक़ारत, हिक़ारत (विकल्प), •क्रोध, •नापसंदगी, •मिचलाहट, •शत्रुता, ▪प्रेम, ▪मोह.

**घृणापूर्ण** *वि* गर्ही, घृणी, तिरस्कारपूर्ण, सावज्ञ, •अपमानजनक, •घिनौना/घिनौनी.

**घृणाप्रेमातीत** = स्थितप्रज्ञ.
**घृणा वर्णन** = बीभत्स रस.
**घृणास्पद** = घिनौना/घिनौनी.
**घृणित** = घिनौना/घिनौनी, दुर्गंधपूर्ण.
**घृणी** = घृणापूर्ण.
**घृणोत्पादक** = घिनौना/घिनौनी.
**घृणोत्पादन** = बीभत्स रस.
**घृण्य** = घिनौना/घिनौनी.
**घृत** = घी.
**घृतकेश** = अग्निदेव.
**घृतसागर** = पौराणिक सप्तसागर.
**घृतार्चि** = अग्निदेव.
**घेर** = लपेट.
**घेरना** = अगोटना, अगोटना, बदलाना, मँडराना, व्यापना.

**घेरना** *क्रि* *अगोटना*, *लपेटना*, *व्यापना*.

**घेरने वाला** = व्यापक.
**घेरा** = आखेटबाड़ा, घेराबंदी, घेराव, चक्कर, थाला, नेमि, परकोटा, परिक्रमा मार्ग, परिधि, परिधि माप, परिसर, भवन परिसर, स्कर्ट.

**घेरा** *सं* आवार, गिर्द, गिर्दा, परिमंडल, *परिसर*, मेंड़रा, वलय, हलक़ा, •चक्का, ▪मध्य.

**घेरा/घेरी** = अवरुद्ध.
**घेराबंद** = सीमाबद्ध.

**घेराबंद** *वि* *अवरुद्ध*, घिरा/घिरी, *बंद*, *रुद्ध*, •अहाताबंद, •सीमांकित.

**घेराबंदी** = घेराव.

**घेराबंदी** *सं* घिराई, घिराव, *घेरा*, *घेराव*, चक्रव्यूह, नाकाबंदी, समारोध, •बाधा, ▪दुर्गीकरण.

**घेरा बनाना** = अगोटना.
**घेरा बाँधना** = अगोटना.
**घेराव** = घेराबंदी, पेटा, साइज़.

**घेराव** *सं* अफ़सर की कार्यालय में घिराई, घिराव, *घेरा*, *घेराबंदी*, •धरना, •हड़ताल.

**घोंघ** = सोहन चिड़िया.

**घोंघा** *सं* लघुशंख, शंखनखी, शंबु, शंबुक.

**घोंघा/घोंघी** = पोला/पोली.
**घोंघा बसंत** = मूर्ख.
**घोंचू** = अकुशल.
**घोंट** = घुटाई, श्वासावरोध.
**घोंटा** = सोंटा.
**घोंटा/घोंटी** = कंठस्थ.

**घोंप** *सं* खुँपाई, खोंपाई, घुँपाई, घोंपन, धँसाई, पैठाना, भोंकन, हूला, •खरोंच.

**घोंपना** *क्रि* अंदर करना, *काटना*, खोंचना, खोंपना, घुसाना, घुसेड़ना, *चीरना*, *छेदना*, धँसाना, धाँसना, पार करना, पैठाना, बींधना, भीतर करना, भेदना, भोंकना, *वेधना*, •कुरेदना, •कृपाण, •खरोंचना, •चीरना, •चुभाना, •चोट करना.

**घोंसला** = घर, नीड़.
**घोखू** = रट्टू.
**घोगी** = फ़ाख़ता.
**घोट** = घुटा पदार्थ.
**घोटक** = घोड़ा.
**घोटकी** = बछेड़ी.
**घोटना** = चिकनाना, रटना.

**घोटना** *क्रि* कुचलना, चलाना, चूरा करना, *तोड़ना*, *पीटना*, *पीसना*, भरता करना, *मथना*, मर्दना, मलना, मलीदा करना, मसलना, *मिलाना*, मींजना, मींडना, रगड़ना, *हिलाना*, •फेंटना, •माँड़ना.

**घोटा** = नलवा, रट्टा.
**घोटाई** = घुटाई.
**घोटा लगाना** = रटना.

**घोटाला** *सं* अनाचार, अपकृत्य, *अपराध*, कदाचार, कपट, क्राइम, *ग़बन*, गोलमाल, घपला, चार सौ बीसी, *चोरी*, जालसाज़ी, धाँधली, फ़रेब, फेरफार, फ्रौड, *भ्रष्टाचार*, स्कैंडल, स्कैम, हेराफेरी, •छल.

**घोटालेबाज़** *सं* कदाचारी, काक, *चोर*, *दुराचारी*, दुष्कर्मी, धाँधलेबाज़, फ्रौड, *भ्रष्टाचारी*.

**घोटी** = घोड़ी.
**घोटू** = रट्टू.
**घोठा** = पशुशाला.
**घोड़ा** = ट्रिगर, डंडा घोड़ी, बंदूक़ घोड़ा, स्टार्टर.

**घोड़ा** *सं* अश्व, अश्वक, किंकिर, केशी, केसरी, *गंधर्व*, घोटक, चामरी, तुरंग, तुरग, धौरेय, बाज, बाजी, मराल, युयु, रख्श, रथवाह, वाजी, वाडव, वाडवेय, विमान, वृषल, शारंग, शालिहोत्र, सारंग, सैंधव, हयंद, हय, हार्स, •अँटौतल, •ऊँट, •गधा, •घोड़ी, •हाथी.

**घोड़ा गरदन लंबे बाल** = अयाल.
**घोड़ागाड़ी** = जोतगाड़ी.

**घोड़ागाड़ी** *सं* अश्वयान, •इक्का, •ताँगा, •बग्घी, •रथ.

**घोड़ा झूला** = मैरी-गो-राउंड.
**घोड़ा नाल** = घुड़नाल.
**घोड़ा रहड़ी** = जोतगाड़ी.

**घोड़ा शिशु** *सं* अलल बछेड़ा, अश्वक/अश्वका, बछेड़ा/बछेड़ी, शिशु घोड़ा.

**घोड़ी** = डंडा घोड़ी, वरयात्रा.

**घोड़ी** *सं* अश्वा, अश्विनी, घोटी, तुरंगमी, तुरंगी, बड़वा, मया, मादा घोड़ा, वाजिनी, वामी, हयी, •घोड़ा.

**घोर** = अजेय, अत्यधिक, उच्चस्वरीय, उत्तेजित, कठोर, कोलाहलपूर्ण, गड़गड़ाता/गड़गड़ाती, गहन (वन), गाढ़ा/गाढ़ी, जीर्ण (रोग), ठोस, दुर्गम, नितांत, परिवर्तनकारी, प्रबल, भयानक, सुलभ.
**घोरघुष्य** = पीतल.
**घोरदर्शन** = महाकाय.
**घोर दुर्घटना** = क़हर.

**घोर ध्वनि** *सं कोलाहल*, *गर्जन*, *धमाका*, ▪मंदध्वनि.

**घोरना** = गड़गड़ाना, गरजना.
**घोर परिवर्तन** = क्रांति.
**घोर परीक्षा** = कठिन परीक्षा.
**घोरार** = सोहन चिड़िया.
**घोल** = मिक्स्चर, मिक्स्चर.
**घोलिया** = घुटा पदार्थ, रसा.
**घोलुवा** = रसा.
**घोष** = गड़गड़, गूँज, गोप, ग्वाला, जमाका, चरवाहा, ध्वनि, मेघ गर्जन.
**घोषक** = कार्यक्रम उद्घोषक, घोषणा कर्ता.
**घोषणा** = अध्यादेश, धर्मादेश, पारित प्रस्ताव, पोस्टर, फ़तवा, मुनादी, राज्यादेश, वक्तव्य, शपथपत्र.

**घोषणा** *सं* अधिसूचना, अनाउंसमैंट, अभिज्ञापन, उद्घोष, उद्घोषणा, ऐलान, कम्यूनिकेशन, डीक्लरेशन, विज्ञप्ति, *सूचना*, •मुनादी, •संदेश, ▪अफवाह.

**घोषणा कर्ता** *सं* अनाउंसर, *अभिवक्ता*, उद्घोषक, घोषक, घोषयिता, घोषयित्नु, प्रोद्घोषक, वक्ता, विवक्ता, संवादी, •कार्यक्रम उद्घोषक, •कार्यक्रम उद्घोषक, •भाषणदाता.

**घोषणा पत्र** = शपथपत्र.
**घोषयिता** = घोषणा कर्ता.
**घोषयित्नु** = घोषणा कर्ता.
**घोष विक्रय** = नीलामी.
**घोषहीन** = कोलाहलहीन.
**घोषाल** = ग्वाला.
**घोसी** = दूध विक्रेता.
**घोस्ट** = भूत.
**घौंर** = घौद.
**घौंरा** = घौद.

**घौद** *सं* ख़ोशा, गौदा, घौंर, घौंरा, *छत्ता*, *पुष्पगुच्छ*, पुष्पावली, •मंजरी.

**घौर** = चँवर.
**-घ्न** = मारक.
**-घ्न/-घ्नी** = मारने वाला.

**घ्राण अनुभूति** *सं* गंध अनुभूति, गंधेंद्रिय, घ्राण क्षमता, घ्राणेंद्रिय, *नाक*, सूँघ, •गंध, •नाक, •श्रवण अनुभूति, •स्पर्श अनुभूति.

**घ्राण क्षमता** = घ्राण अनुभूति.
**घ्राणचक्षु** = अंधा/अंधी.
**घ्राणेंद्रिय** = घ्राण अनुभूति, नाक.
**घ्राणेंद्रिय (नाक)** = ज्ञानेंद्रिय.
**चंग** = डफ.
**चंगा/चंगी** = अच्छा/अच्छी, अनाहत, चिकित्सित, स्वस्थ, स्वस्थमनस्क.
**चंगी** = सुंदर स्त्री.
**चंगुल** = गिरफ़्तारी, नियंत्रण, पकड़.

**चंगुल** *सं* गिरफ़्त, चुंगल, पंजा, *पकड़*, *शिकंजा*, •चंगुल, •पकड़, •मुट्ठी.

**चंगुल में लेना** = पकड़ना, फँसाना.
**चँगेर** = मशक.
**चँगेरी** = टोकरा टोकरी.
**चँगेली** = मशक.
**चंचर** = भ्रमर.
**चंचरीक** = भ्रमर.
**चंचल** = अस्थिर, बहता/बहती, भयभीत, लहराता/लहराती, विचलनशील, विनोदप्रिय, संचलनशील, सचल, स्वेच्छाचारी.

**चंचल** *वि* अगंभीर, अगंभीर मनस्क, अचपल, अधीर/अधीरा, *अस्थिर*, क्रीड़ाप्रिय, खिलंदड़ा/खिलंदड़ी, गुस्ताख़, चंचलचित्त, चटुलोल, चपल, चरबाँक, चलचित्त, चिलबिला/चिलबिली, चुलबुला/चुलबुली, छिछला/छिछली, नचीला/नचीली, *नटखट*, बाँक, बाँका/बाँकी, बीका/बीकी, लोल, *विनोदप्रिय*, विलोल, शरारती, *शरीर*, हलका/हलकी, •अलमस्त, •नख़रीला/नख़रीली, •नटखट, •विनोदप्रिय, ▪गंभीर, ▪धीर, ▪प्रौढ़, ▪संकल्पशील, ▪सौम्य.

**चंचल चितवन** = चितवन.
**चंचलचित्त** = अनेकाग्र, अविचारशील, चंचल.
**चंचलचित्तता** = चंचलता.
**चंचल छाया** = फ़िल्म.
**चंचलता** = वाक्केलि, विचलन.

**चंचलता** *सं* अगंभीरता, अचपलाहट, अदा, अनेकाग्रचित्तता, क्रीड़ाप्रियता, खिलंदड़ापन, चंचलचित्तता, चपलता, चलचित्तता, चांचल्य, चिलबिलापन, चुलबुलापन, ज़िंदादिली, *तड़कभड़क*, नटखटपन, बाँकपन, विनोदप्रियता, *शरारत*, शरारतीपन, शोख़ी, सतहीपन, •इठलाहट, •नाज़नख़रा, ▪गंभीरता, ▪प्रौढ़ता.

**चंचलनयन** = सुंदर, सुनयन.
**चंचलनयना** = सुंदर स्त्री, सुंदर स्त्री, सुनयना.
**चंचल नैना** = चितवन.
**चंचला** = कुलटा, प्रलोभिनी, मेघविद्युत, लक्ष्मी देवी, सुंदर स्त्री.
**चंचापुरुष** = कृषिरक्षक पुतला.
**चंचु** = चोंच, टोंटी.
**चंचुका** = चोंच.
**चंचुभृत** = पक्षी.
**चंट** = कुटिल, नीतिकुशल, बुद्धिमान.
**चंड** = उत्तेजित, कठोर (व्यवहारी), कलहप्रिय, क्रुद्ध, क्रोधी, गरम, ग्रीष्मकालीन, चरपरा/चरपरी, तप्त, तूफ़ानी, प्रबल, स्वेच्छाचारी.
**चंडकाली** = काली.
**चंडघंटा** = दुर्गा.
**चंडरश्मि** = सूर्य.
**चंडवात** = आँधी.
**चंडवाती** = तूफ़ानी.
**चंडविक्रम** = वीर.

**चंडशक्ति** = वीर.
**चंडांशु** = सूर्य.
**चंडा** = दुर्गा.
**चंडाल** = अत्याचारी, आततायी, नटखट.

**चंडाल** *सं* अंतवासी, अंत्यज, गवाशन, चांडाल, चूड़ा, डोम, श्मशान कर्मी, श्मशानपाल.

**चंडाल चौकड़ी** = मित्र मंडली.
**चंडालिका** = चंडालिनी, दुर्गा.

**चंडालिनी** *सं* अंतवासिनी, अंत्यजा, चंडालिका, चांडालनी, चांडाली, चुड़ैल, चूड़ी, डोमनी.

**चंडावल** = पहरेदार, पृष्ठरक्षक सेना.
**चंडी** = दुर्गा.
**चंडीगढ़** = चंडीगढ़ः राजधानी, पंजाबः राजधानी, भारत राज्य प्रदेश.
**चंड़ीगढ़** = हरियाणाः राजधानी.

**चंडीगढ़ः राजधानी** *सं* चंडीगढ़.

**चंडी चढ़ना** = भड़कना.

**चंडू** *सं* अफ़ीम क़िवाम.

**चंडोल** = डोली.
**चंद** = अनेक, अपर्याप्त, कम, कुछ, चंद्रमा.

**-चंद (जैसेः दोचंद)** = गुणित.

**चंदन** *सं* गंधराज, मलयज, संदल, सर्पेष्ट, •काष्ठ, •तिलक, •बिंदी.

**चंदन गट्टी** = तख़्ती.
**चंदन गाटी** = तख़्ती.
**चंदनिया** = चाँदनी.
**चंदर** = चंद्रमा.
**चंदरोज़ा** = अल्पजीवी.
**चँदला** = केशहीन सिर.
**चँदवा** = मंडप.
**चंदा** = चंद्रमा, प्रवेश शुल्क.

**चंदा** *सं* अंशदान, अंशदेय, फ़ी, फ़ीस, योगदान, *शुल्क*, •शुल्क, •संस्था.

**चंदा की चाँदनी** = चाँदनी.
**चंदा मामा दूर के** = दूरता उक्ति.
**चँदावल दस्ता** = पृष्ठरक्षक सेना.
**चँदिया** = केशहीन सिर, चकती, टाँट.

**चँदोया** = सजावटी छत.
**चँदोवा** = मंडप.
**चंद्र** = चंद्रमा, चंद्रीय.
**चंद्र आकर्षण** = ज्वार.
**चंद्रक** = आँख लैंस, लैंस, सफ़ेद मिर्च.
**चंद्रकर** = चंद्रकिरण.
**चंद्रकला** = चंद्रकिरण.
**चंद्रकांति** = चाँदनी.

**चंद्रकिरण** *सं* इंदुकर, चंद्रकर, चंद्रकला, चंद्ररेखा, चंद्रांशु, शशिकर, सोमांशु, •सूर्यकिरण.

**चंद्रकी** = मोर.
**चंद्रगृह** = नक्षत्र.
**चंद्रग्रह** = चंद्रग्रहण.

**चंद्रग्रहण** *सं* चंद्रग्रह, चंद्रपर्व, सोमग्रह, ▪सूर्यग्रहण.

**चंद्र छायामूर्ति** = राहु.
**चंद्रज** = बुध ग्रह.
**चंद्रजोत** = चाँदनी.

**चंद्रता माप** *सं* कैंडल पावर, चंद्रता.

**चंद्रदेव** = चंद्रमा.
**चंद्रनयन** = सुंदर, सुनयन.
**चंद्रनयना** = सुंदर स्त्री.
**चंद्रपथ** = नक्षत्र चक्र.
**चंद्रपथ पड़ाव** = नक्षत्र.
**चंद्रपर्व** = चंद्रग्रहण.
**चंद्र प्रकाश** = चाँदनी.
**चंद्रप्रभ** = तीर्थंकर सूची, सुंदर.□
**चंद्रप्रभा** = चाँदनी, सुंदर स्त्री.
**चंद्रबिंदु** = अनुनासिक चिह्न.
**चंद्रमा** = उपग्रह, नवग्रह सूची, बाह्यक्षेत्र.

**चंद्रमा** *सं* अंबुज, अंशुमान, अब्ज, अमीकर, अमृतांशु, अर्णवोद्भव, आकाश चमस, इंदु, उडुपति, *उपग्रह*, ओषधीश, कलंकी, कलाधर, कलानिधि, कुमुदनाथ, कुमुदिनीनाथ, क्षयी, क्षीरज, खचमस, ग्रहनेमि, चंद, चंदर, *चंदा*, चंद्र, चंद्रदेव, चाँद, *जलज*, तमोहर, तारानाथ, तिथिप्रणी, तुषारांशु, नक्षत्रनेमि, नक्षत्रेश्वर, निशाकर, निशाकांत, निशिकांत, प्रभाकर, मन्मथबंधु, मयंक, महताब, माह, माहताब, मृगधर, मृगांक, रजनीकांत, रजनीश, राकापति, राकेश, रोहिणीश, लक्ष्मी सहोदर, विभावरीश, विभावसु, विहंग, शबताब, शशधर, शशांक, शशि, शशी (विकल्प), शिवशेखर, शीतांशु, श्रीबंधु, समुद्र नवनीत, सितांशु, सुधांशु, सुधाकर, सोम, सोमदेव, हरिणांक, हिमांशु, •चकोर, •दूज का चाँद, •पृथ्वी, •सूर्य.

**चंद्रमा पत्नियाँ** = नक्षत्र.
**चंद्रमुख** = सुंदर.
**चंद्रमुखी** = सुंदर स्त्री.
**चंद्रमुखी (वर्ण)** = सूर्यमुखी (वर्ण).
**चंद्ररत्न** = मोती.
**चंद्ररेखा** = चंद्रकिरण.
**चंद्रलोक** = परीलोक.
**चंद्रवदन** = सुंदर.
**चंद्रवदना** = सुंदर स्त्री.
**चंद्रवधू** = बीर बहूटी.
**चंद्रवार** = सोमवार.
**चंद्रशाला** = दृश्यावली कक्ष.
**चंद्रशेखर** = शिव.
**चंद्रहार** = कंठमाला.
**चंद्रहास** = तलवार.
**चंद्रांशु** = चंद्रकिरण, चाँदनी.
**चंद्रा** = मंडप.
**चंद्राकार** = धनुषाकार, नवचंद्राकार.
**चंद्रातप** = दृश्यावली कक्ष, बरामदा, मंडप.
**चंद्रानना** = सुंदर स्त्री.
**चंद्रा मस्ते** = अनुनासिक चिह्न.
**चंद्रार्ध** = अर्धचंद्रमा.
**चंद्रालोक** = चाँदनी.
**चंद्रिका** = चमेली, चाँदनी, जूही.
**चंद्रिकापायी** = चकोर.
**चंद्रिमा** = चाँदनी.

**चंद्रीय** *वि* चंद्र, चांद्र, सोमीय, सौम.

**चंद्रोन्माद** = पागलपन.
**चंपक** = चंपा.

**चंपत** *वि अनुपस्थित*, उड़न छू, ऐब्सैंट, काम से ग़ायब, ग़ायब, ग़ैरहाज़िर, नदारद, भगोड़ा/भगोड़ी, भागा/भागी, रफ़ू चक्कर, •फ़रार.

**चंपत करना** = चुराना.

**चंपा** *सं* अतिगंध, उरुगंधा, कंचना, कनक, कांचनक, कुसुमाधिप, चंपक, चांपेय, नागचंपा, नागपुष्पा, पीतपुष्पा, फणीकेसर, भ्रमरातिथि, वनमालिका, सोनचंपा, हेमांग.

**चंपा** = वियतनाम.
**चंपी** = मालिश.
**चंबल** = कमंडलु, नदी सूची भारत उपमहाद्वीप.
**चंबी** = मोमजामा.
**चँवर** = खादर.

**चँवर** *सं* घौर, चँवरी, चमर, *चमरी*, *चमरी*, चामर, चौंर, चौंरी, वीजन, सुरागाय पूँछ, •पंखा.

**चँवरढार** *सं* किरात/किराती, चामरग्राह, चामरिक, •पंखाबरदार.

**चँवरी** = चँवर.
**चँवला** = लोबिया.
**चक** = ग्राम, चकई, पहिया, महल्ला.
**चकई** = मादा चकवा, लटई.

**चकई** *सं* चक, चक्री, *फिरकी*, योयो.

**चक चक** = बकवास.
**चकचाल** = चक्रावृत्ति.
**चकतराशी** = चकबंदी.
**चकती** = थेगली.

**चकती** *सं* चँदिया, चकत्ता, चकत्ती, चक्री, टिकड़ा, टिकड़ी, टिक्कड़, बेंदा, •टिकली, •टिकिया.

**चकत्ता** = चकती, टिकिया, ददोरा, दाग़, पित्ती.
**चकत्ती** = चकती.
**चकनाचूर** = चूर्णित, थका/थकी.
**चकपक** = चकित.
**चकबंद** = सीमाबद्ध.

**चकबंदी** *सं* क्षेत्रांकन, चकतराशी, पुनर्सीमांकन, मेंड़बंदी, •सीमांकन.

**चक़मक़** *सं* अग्नि प्रस्तर, अग्निमणि, आतिशज़न, चक़मक़ पत्थर, फ़्लिंटस्टोन, •अग्नित्र, •माचिस.

**चक़मक़ पत्थर** = चक़मक़.

**चकमा** = छल, लुकाछिपी.
**चकमा देना** = ठगना.
**चकमेबाज़** = ठग, बेईमान.
**चकर** = चकवा.
**चकरघिन्नी** = घुमेर.
**चकरा** = चक्कर.
**चकराऊ** = भ्रामक.
**चकराचकरी** = हलचल.
**चकराना** = चपराना, चौंकाना, भरमाना, सकपकाना.

**चकराना** *क्रि* अभिभूत करना, आश्चर्यचकित करना, आश्चर्यित करना, करतब दिखाना, गुल खिलाना, चकित करना, चमत्कार करना, चमत्कृत करना, *चौंकाना*, चौंधाना, छा जाना, छाना, धमाका करना, *बाँधना*, *भरमाना*, भौंचक्का करना, *मोहना*, रंग जमाना, लुभाना, विस्मित करना, *सकपकाना*, समाँ बाँधना, स्तंभित करना, स्तब्ध करना, •चौंकना, •भरमाना, •सकपकाना.

**चकराया/चकराई** = चकित, भ्रमित, मार्गच्युत.
**चकराहट** = भ्रम.
**चकला** = वेश्या महल्ला.

**चकला** *सं* चौका, *चौकी*, पाटा, •बेलन, •लोई.

**चकला/चकली** = चौड़ा/चौड़ी.
**चकली** = चक्की.
**चकले वाली** = वेश्या.
**चकल्लस** = बकवास.

**चकल्लस** *सं* खिलवाड़, *चिकोटी*, चुटकी, चुहलबाज़ी, छेड़छाड़, ठिठोली, नोकझोंक, मज़ाक़, *वाक्केलि*, हँसीठिठोली, हँसीमज़ाक़, हास्य, •खिल्ली, •गपशप, •चुटकुलेबाज़ी, •वाक्केलि, •विनोद, •हास्योक्ति.

**चकल्लसी** = चुटकुलेबाज़, तकरारिया.

**चकवा** *सं* केसर पंडिया, कोक, गुलाबी हंस, चकर, चक्रवाक, चक्रांग, चक्री, बगरी, रनहारो, लालो, *वियोगी*, सुरख़ाब, हरि हेति द्युति, •चकोर, •बरसात.

**चकवा मादा** = मादा चकवा.
**चकाचक** = अत्यधिक, गीला/गीली, चमकदार, चिकना/चिकनी, पालिशदार, भरपेट, संसिक्त, सुलभ.

**चकाचौंध** *सं* *कौंध*, *चमक*, चाकचक्य, चिलक, चौंध, तिरमिराहट.

**चकाचौंध करना** = चुँधियाना.
**चकाचौंध होना** = चुँधियाना.
**चकास** = कौंध, चमक.
**चकासना** = चमकना, निखरना.

**चकित** *वि* अचंभित, अचकचाया/अचकचाई, आश्चर्यचकित, आश्चर्यान्वित, उद्भ्रांत, चकपक, चकराया/चकराई, चमत्कृत, चौंका/चौंकी, दंग, भौंचक, भौंचक्का/भौंचक्की, *भ्रमित*, भ्रांत, मतिभ्रांत, मुग्ध, *मोहित*, *विजड़ित*, विमूढ़, विस्मित, सकपकाया/सकपकाई, स्तंभित, स्तब्ध, हक्का बक्का/हक्की बक्की, हैरान, •आश्चर्यजनक.

**चकित करना** = चकराना, चौंकाना.
**चकित होना** = चौंकना, सकपकाना.
**चकुला/चकुली** = शिशु पक्षी.
**चकोतरा** = फल.

**चकोतरा** *सं* ग्रेप फ़्रूट, जँभीर, तुरंज, महानीबू, शरबती नीबू, सकोतरा.

**चकोर** *सं* चंद्रिकापायी, चकोरक, चुकरू, जीवक, जीवजीव, *तीतर*, फ़ीज़ैंट, *बटेर*, मोनाल, वीजन, •चंद्रमा, •चातक, •प्रेमी.

**चकोरक** = चकोर.
**चकोरी** = मादा चकोर, सुंदर स्त्री.
**चक्कर** = खटराग, गश्त, चक्र, चक्रावृत्ति, चाक, परिक्रमा, पाली, वाक्छल.

**चक्कर** *सं* अटेरा, आवर्त, *आवृत्ति*, उद्भ्रम, एक चक्र, घिन्नी, घुमटा, घुमड़ी, घुमरी, घुमाव, घूम, घूर्ण, *घेरा*, चकरा, *चक्र*, *चक्रावृत्ति*, टर्न, *परिक्रमा*, फेरा, *भँवर*, भँवरी,

●चक्रावर्तन, ●परिक्रमा.

**चक्कर काटना** = घूमना, मँडराना.
**चक्कर खाना** = घूमना.
**चक्कर झूला** = चरखी झूला.
**चक्करदार** = चक्राकार, स्पाइरलाकार.
**चक्करदार कमानी** = स्पाइरल.
**चक्करदार रास्ता** = भूलभुलैयाँ.
**चक्कर देना** = घुमाना.
**चक्कर लगाना** = घूमना, मँडराना.
**चक्का** = चक्र, चाक, टेबल कोस्टर, डला, थक्का, नेमि, पहिया.
**चक्का जाम** = हड़ताल.

**चक्की** *सं* अंजी, चकली, चाकी, जाँता, पेषणी, ●पनचक्की, ●पवनचक्की, ●पिसाई, ●हाथचक्की.

**चक्की चलाना** = पीसना.
**चक्की में डालना** = पीसना.
**चक्कू** = चाकू छुरी.
**चक्र** = क्षेत्र, गुट, चक्कर, चक्राकार, चक्रावृत्ति, चाक, थलसेना, नेमि, पदक, परिक्रमा, परिधि, पहिया, प्रक्रिया, भँवर, राज्य, वृंद, षड्यंत्रकारी दल, संपर्क जाल, समूह, सुदर्शन चक्र, सेना.

**चक्र** *सं* गिरदा, गोल, गोल दायरा, *गोला*, *चक्कर*, चक्का, चक्री, *चाक*, दायरा, मंडल, वृत्त, सर्किल, ●कुंडली, ●घेरा, ●परिधि, ●प्रत्यंचा, ●व्यास, ●स्पाइरल.

**चक्र 1/360** = कोणांश.
**चक्र आधा भाग** = व्यास.
**चक्रक्रम** = संख्याक्रम.
**चक्र खात** = नेमिमार्ग.
**चक्र गंडु** = गाव तकिया.

**चक्र गति माप** *सं* आरपीऐम (बीज नाम), चक्र प्रतिमिनट, चक्र प्रतिसैकंड.

**चक्रचर** = कुम्हार, तेली/तेलिन, बाज़ीगर.

**चक्रचाप** *सं* आर्क, कमान, कमानी, चाप, *धनुष*, धन्वा, परिधि अंश, वृत्तचाप, ●अर्धचक्र, ●चक्र, ●चापकर्ण, ●परिधि, ●प्रत्यंचा.

**चक्रचारी** = रथ.
**चक्र चौड़ाई** = व्यास.
**चक्रजीवी** = कुम्हार.
**चक्र झूला** = मैरी-गो-राउंड.
**चक्र झूला डोली** = चरखी झूला डोली.
**चक्रण** = चक्रावर्तन, परिक्रमा.

**चक्रणशील** *वि* आवर्तनशील, गिर्दावर, घुमंतू, घूमता/घूमती, घूर्णनशील, चलता/चलती, नचना/नचनी, नाचता/नाचती, परिक्रमणशील, भ्रमशील, विवर्तशील, संभ्रमी.

**चक्रणशील आकाशयान** = औरबिटर.
**चक्र तीन सौ साठवाँ भाग** = कोणांश.
**चक्रधर** = बाज़ीगर, विष्णु.
**चक्रधारा** = नेमि.
**चक्रधारी** = राजा.
**चक्र धुरी** = अक्ष.
**चक्रनाभि** = पहिया नाभि.
**चक्रनामा** = माक्षिक धातु.
**चक्रनेमि** = परिधि.
**चक्र प्रतिमिनट** = चक्र गति माप.
**चक्र प्रतिसैकंड** = चक्र गति माप.
**चक्रबिंदु** = पहिया नाभि.
**चक्रभ्रमि** = ख़राद.
**चक्रमंडली** = अजगर.
**चक्रयान** = साइकिल.
**चक्रवर्ती** = सम्राट.
**चक्रवर्ती यज्ञ** = अश्वमेध.
**चक्रवर्ती राज्य** = साम्राज्य.
**चक्रवाक** = चकवा.
**चक्रवाकी** = मादा चकवा.

**चक्रवात** *सं* कालपुरुष, कुनाभि, गिर्दबाद, गुबार, घूर्णवात, घूर्णा, चक्रवात्या, पिशाच, बगूला, बबूला, बवंडर, बादगर्द, वर्टैक्स, वातावर्त, वात्या, वायुचक्र, *शैतान*, साइक्लोन, ●आँधी, ■भ्रमवात.

**चक्रवाती** = तूफ़ानी.
**चक्रवात्या** = चक्रवात.
**चक्रवृद्धि** = चक्रवृद्धि व्याज.

**चक्रवृद्धि व्याज** *सं* चक्रवृद्धि, मूलधन के साथ साथ व्याज पर व्याज, व्याज पर व्याज, सूद दर सूद, ●साधारण व्याज.

**चक्रव्यूह** = कठिन कार्य, घेराबंदी, दुर्भाग्यचक्र, भूलभुलैयाँ, व्यूह.
**चक्रांकी** = मादा हंस.
**चक्रांग** = चकवा, हंस.
**चक्रांगना** = मादा चकवा.
**चक्रांगी** = मादा हंस.
**चक्रांश** = कोणांश.
**चक्रांश माप इकाई** = कोणांश.

**चक्राकार** *वि* गिरदावर, गोल, *गोलाकार*, चक्करदार, *चक्र*, चाक्र, परिधिवत, मंडलाकार, मंडलित, राउंड, वलयाकार, वृत्ताकार, *सर्कुलर*, ●अर्धचक्राकार, ●गोलप्राय, ●घिरा/घिरी, ●नवचंद्राकार, ●स्पाइरलाकार.

**चक्राट** = ठग, बाज़ीगर, मदारी, सँपेरा.
**चक्रानुक्रमण** = चक्रावर्तन.
**चक्रानुक्रमिक** = चक्रावृत्तिशील.
**चक्रायुध** = सुदर्शन चक्र.
**चक्रार्ध** = व्यास.

**चक्रावर्तन** *सं* आवर्तन, उद्भ्रमण, एक दिशा में धुरी पर घूर्णन, घूर्णन, चक्रण, चक्रानुक्रमण, चूल चक्रण, जाइरेशन, धुरी घूर्णन, धुरी चक्रण, फेरा, भ्रमण, विवर्तन, वैवर्त, ●प्रतिप्रदक्षिणा, ●प्रदक्षिणा, ●चक्कर, ●परिक्रमण, ●भँवर, ●मँडराव.

**चक्रावर्तित** = चक्रावृत्तिशील.
**चक्रावर्ती** = चक्रावृत्तिशील, नियमित.
**चक्रावृत्ति** = चक्कर, परिक्रमा.

**चक्रावृत्ति** *सं* *गश्त*, चकचाल, *चक्कर*, *चक्र*, फेरा, फेरी, ●आवृत्ति, ●चक्रावर्तन.

**चक्रावृत्तिशील** *वि* आवर्ती, गश्ती, गिर्दावर, घूमता/घूमती, चक्रानुक्रमिक, चक्रावर्तित, चक्रावर्ती, चक्रित, *सर्कुलर*, सर्कुलेटिंग, ●एकोत्तरावृत्तिशील.

**चक्रित** = चक्रावृत्तिशील.
**चक्रिल** = जटिल, पेचदार, पेचीदा

डिज़ाइन वाला, स्पाइरलाकार.
**चक्री** = आतिशबाज़ी सूची, कंप्यूटर डिस्क, कुम्हार, चकई, चकती, चकवा, चक्र, टेबल कोस्टर, तेली/तेलिन, पहिया, बाज़ीगर, मदारी, साइकिल.
**चक्रेश्वर** = तांत्रिक, शक्तिपूजक.
**चक्षण** = आस्वादन, चाट.
**चक्षु** = आँख.
**चक्षुगोचर** = दृश्यमान.
**चक्षुपथ** = क्षितिज.
**चख कर देखना** = चखना.
**चख़चख़** = तकरार.
**चखचखिया** = कलहप्रिय, तकरारिया.

**चखना** *क्रि* आस्वादन करना, चख कर देखना, चखाचखी करना, जाँचना, ज़ायक़ा लेना, *देखना*, रस लेना, *सूँघना*, स्वाद चखना, स्वाद लेना, •आज़माना, •खाना, •चटखारना.

**चखने वाला** = आस्वादक.
**चखा/चखी** = उच्छिष्ट.
**चखाई** = आस्वादन, नमूना.
**चखाचखी करना** = चखना.
**चखाव** = आस्वादन.
**चख़ास** = स्वादप्रेम.
**चखैया** = आस्वादक.
**चखौती** = आस्वादन, चटपटा उपाहार.
**चचा** = चाचा.
**चचाज़ादा** = चचेरा भाई.
**चचाज़ादी** = चचेरी बहन.
**चची** = चाची.
**चचीज़ादा** = चचेरा भाई.
**चचीज़ादी** = चचेरी बहन.
**चची जान** = चाची.

**चचेरा भाई** *सं* चचाज़ादा, चचीज़ादा, चाचा बेटा, चाची बेटा, •चचेरी बहन, •भाई.

**चचेरी बहन** *सं* चचाज़ादी, चचीज़ादी, •चचेरा भाई, •बहन.

**चचोड़** = चुबलाई.
**चचोड़ना** = चुबलाना.
**चट** = तड़तड़, भक्षित.
**चटक** = कौंध, खिलावट, गौरैया, चुस्त, तड़तड़, नर गौरैया, पिद्दा.

**चटक** *वि* खिलता/खिलती, खुशरंग, चटकदार, चटकीला/चटकीली, चमचमाता/चमचमाती, तेज़, शोख़, सुवर्ण, •चमकदार, ▪धुँधला/धुँधली, ▪फीके रंग वाला, ▪बदरंग, ▪सूफ़ियाने रंग वाला.

**चटकदार** = चटक.
**चटकना** = खिलना, तड़कना, तड़तड़ाना, निखरना.

**चटकनी** *सं* अगड़ी, अड़डंडा, अर्गला, किल्ली, *कील*, कुंडा, कुंडी, कौंढा, खटका, चटखनी, चपका, छपका, छपकी, झड़, द्वार कंटक, पुष्कलक, बिलाई, बिलाया, *बिल्ली*, बोल्ट, *मूसल*, मूसला, संदल, संदला, सिटकिनी, *सूची*, •साँकला.

**चटकमटक** = तड़कभड़क, नाज़नख़रा.
**चट कर जाना** = भकोसना, हड़पना.
**चटकाना** = तड़तड़ाना, तोड़ना.
**चटकाली** = पक्षीसमूह.
**चटकाहट** = तड़तड़, प्रस्फुटन.
**चटकी** = गौरैया.
**चटकीला/चटकीली** = चटक, छबीला/छबीली.
**चटकीली** = छबीली.
**चटकीली मटकीली** = छबीली.
**चटख** = तड़तड़.
**चटखनी** = चटकनी.

**चटखारना** *क्रि* उँगलियाँ चाटना, चटखारे भरना, चटखारे ले कर खाना, चटखारे लेना, चाट जाना, चाटते रह जाना, *चाटना*, चुसकी भरना, चुसकी लेना, भोजन का आनंद लेना, रस ले कर खाना, रस लेना, शौक़ से खाना, स्वाद आनंद लेना, होंठ चाटना, •चखना.

**चटखारा** *सं आनंद*, चसक, लुत्फ़, स्वाद आनंद.

**चटखारे भरना** = चटखारना.
**चटखारे ले कर खाना** = चटखारना.
**चटखारे लेना** = चटखारना.
**चटखोरापन** = स्वादप्रेम.

**चटचट** = खड़खड़, तड़तड़.
**चटचटाना** = तड़तड़ाना.
**चटचटाहट** = तड़तड़.
**चटनी** = सौस.

**चटनी** *सं* अवलेह, *बुकनी*, लेह, लेह्य, *सौस*, •अचार, •बुकनी.

**चटनी करना** = चाटना.
**चटपट** = एकबारगी, तत्काल.
**चटपटा/चटपटी** = चरपरा/चरपरी, बहुचर्चित, मसालेदार, रोचक.

**चटपटा उपाहार** *सं* चखौती, *चाट*, चाट पकौड़ी, चिखना, *नमकीन*, फरसान, •उपाहार.

**चटपटापन** = चरपरापन.
**चटरपटर** = बतरसिया.
**चट से** = तत्काल.
**चटाई** = आसन, टेबल मैट.

**चटाई** *सं* कटक, कशिपु, किलिंज, *कुशासन*, तलाची, तातामी, तेजनी, मैट, मैटिंग, सथरी, साथरी, •टेबल मैट, •दरी, •फ़्लोरिंग.

**चटाखा** = तड़तड़.
**चटाखेदार** = मसालेदार.
**चटापट** = तत्काल.
**चटापटी** = जल्दबाज़ी, हलचल.
**चटास** = भोजन प्रेम, स्वादप्रेम.
**चटियल** = मैदानी, समतल.
**चटुलोल** = चंचल.
**चटुवचन** = मृदुभाषण.
**चटूल्लोल** = नटखट, मिष्टभाषी.
**चटैल** = चौड़, मैदानी, समतल.
**चटोरा/चटोरी** = भोजन प्रेमी, लोभी, स्वादप्रेमी.
**चटोरापन** = भोजन प्रेम, स्वादप्रेम.
**चट्टा** = गोटी, चौड़, ददोरा, बाज़ीगर गोटी.

**चट्टा** *सं* चट्टी, *चिता*, चिति, धाँग, फड़ी, रद्दा, •गड्डा, •गुच्छा.

**चट्टा/चट्टी** = शिष्य.
**चट्टान** = पाषाण.

**चट्टान** *सं* पखान, पत्थर, *पाषाण*, पाषाणशिला, प्रस्तर, शिला, शिलाखंड, शिलापट, शिलापटी,

•सिल.

**चट्टानी** = अटूट, एकनिष्ठ, धीर, पथरीला/पथरीली, पर्वतीय, पाषाणीय, पुरुषोचित, प्रभावातीत, संकल्पशील, सुगठितकाय, सुदृढ़, हठी.

**चट्टा बट्टा** = बाज़ीगर गोटी.

**चट्टी** = चट्टा, पड़ाव, पांथशाला, सराय.

**चट्टू** = बाज़ीगर गोटी, भोजन प्रेमी.

**चड़** = तड़तड़.

**चड़चड़** = चरमर.

**चड़चड़** = तड़तड़.

**चड़चड़ाना** = तड़तड़ाना.

**चड़चड़ाहट** = चरमर.

**चड्ढी** = जाँघिया, सवारी.

**चढ़ंत** = उत्थान, नभोत्तरण.

**चढ़ कर** = बेहतर.

**चढ़त** = चढ़ावा, वरयात्रा, सवारी.

**चढ़ता/चढ़ती** = आरोहक्रमिक, उड्डयनशील, उत्थानशील, उदीयमान, चढ़ानदार.

**चढ़ता क्रम** = आरोह क्रम.

**चढ़ता ज्वार** = ज्वार.

**चढ़ती जवानी** = नवयौवन.

**चढ़ती सीढ़ी** = ऐलिवेटर.

**चढ़ते** = ऊपर की ओर.

**चढ़न** = उड्डयन, उदय, सवारी.

**चढ़ना** = इतराना, उठना, उड़ना, जीतना, लिपटना, हराना.

**चढ़ना** *क्रि* *उठना*, *उभरना*, ऊँचा होना, ऊपर जाना, *बढ़ना*, •उछलना, •उड़ना, ▪उतरना, ▪गिरना, ▪झुकना, ▪फिसलना, ▪लुढ़कना.

**चढ़नी** = ऐलिवेटर.

**चढ़ने वाला** = चढ़ानदार.

**चढ़ा** = नवसमृद्ध.

**चढ़ा/चढ़ी** = उदित, उधार का, देय, पराकाष्ठागत, महँगा/महँगी.

**चढ़ाई** = अतिक्रमण, आक्रमण, उत्थान, चढ़ान, परराष्ट्र जय.

**चढाई करने वाला** = अतिक्रांता.

**चढ़ाई की ओर** = ऊपर की ओर.

**चढ़ाचढ़ी** = प्रतिद्वंद्विता, प्रतियोगिता.

**चढ़ान** = उत्थान, उन्नमन, नभोत्तरण, रैंप.

**चढ़ान** *सं* आरोह, उँचाई, उँचान, उठान, *उत्थान*, *उन्नति*, उन्नाय, ऊँचाई, चढ़ाई, रोह, •रैंप, ▪ढलान.

**चढ़ानदार** *वि* आरोही, उठता/उठती, *उत्थानशील*, चढ़ता/चढ़ती, चढ़ने वाला, चढ़ानयुक्त, ▪ढलानदार.

**चढ़ानयुक्त** = चढ़ानदार.

**चढ़ाना** = उकसाना, उठाना, उड़ाना, पीना, मँढ़ना, रँगना, राँधना, लपेटना, लादना, लीपना, सराहना.

**चढ़ाना** *क्रि* *उठाना*, उभारना, ऊँचा करना, *बढ़ाना*, ▪उतारना, ▪गिराना, ▪झुकाना.

**चढ़ाव** = उबाल, बाढ़, स्वरारोह.

**चढ़ावा** = दहेज, देवोपहार, नैवेद्य, बलिवस्तु, समर्पण.

**चढ़ावा** *सं* अग्राशन, अन्नोत्सर्ग, अर्पण, *उपहार*, चढ़त, देवभोग, देवार्पण, नज़राना, पुजापा, पूजा उपहार, पूजा मिनसा, पूजोपहार, फ़ातेहा, बलि, *बलिदान*, बलिभोग, ब्रह्मार्पण, भेंट, भोग, *मधुपर्क*, यज्ञबलि, यज्ञार्पण, यज्ञाहुति, सदक़ा, *समर्पण*, •आहुति, •नैवेद्य, •पत्रं पुष्पं, •पुरोडाश, •पूजा, •मधुपर्क, ▪प्रसाद, ▪प्रसाद.

**चढ़ी जवानी** = यौवन.

**चढ़ैत** = सवार.

**चणक** = ऋषि सूची, चना.

**चतुः** = चार, चौथा/चौथी.

**चतुरंग** = शतरंज, सेना चार अंग.

**चतुरंगिणी** = सेना.

**चतुरंत** = सीमाबद्ध.

**चतुर** = दक्ष, दूरदर्शी, बुद्धिमान, मनाऊ, विवेकी, व्यदहारकुशल.

**चतुर उपाय** = जुगत.

**चतुरता** = दक्षता, प्रतिभा, बुद्धिमत्ता.

**चतुर युक्ति** = जुगत.

**चतुरश्र** = चतुर्भुजाकार.

**चतुरस्र** = आयत, चतुर्भुजाकार.

**चतुरस्रक** = चतुर्भुजाकार.

**चतुराई** = बुद्धिमत्ता, विवेक.

**चतुराधिक भुजीय** = बहुभुज आकृति.

**चतुरानन** = ब्रह्मा.

**चतुरायाम** = चार आयाम.

**चतुराश्रम** = चार आश्रम.

**चतुर्** = चार.

**चतुर्गुण** = चौगुना.

**चतुर्थ** = चौथा/चौथी, चौथाई.

**चतुर्थ आयाम** = काल.

**चतुर्थ आश्रमी** = संन्यासी.

**चतुर्थ वर्ण** = शूद्र.

**चतुर्दंत** = ऐरावत.

**चतुर्दश** = चौदह.

**चतुर्दिक** = चारदिश, बहुपार्श्वीय.

**चतुर्दिक द्वार भवन** = बँगला.

**चतुर्दिक्** = हर ओर.

**चतुर्दिश** = चारदिश, बहुपार्श्वीय.

**चतुर्दिश्** = हर ओर.

**चतुर्बाहु** = चतुर्भुजाकार.

**चतुर्भुज** = चतुर्भुजाकार.

**चतुर्भुज** *सं* चतुष्कोण, चौका, चौकोन, *चौखटा*, •आयत, •त्रिकोण, •वर्ग.

**चतुर्भुज पाषाण पटल** = पाषाण पटल.

**चतुर्भुजा** = दुर्गा.

**चतुर्भुजाकार** *वि* चतुरश्र, चतुरस्र, चतुरस्रक, चतुर्बाहु, *चतुर्भुज*, चतुर्भुजी, चतुर्भुजीय, चतुष्कोण, चतुष्कोणाकार, चतुष्कोणीय, चौकोना/चौकोनी, चौकोर, चौखूँटा/चौखूँटी, चौगोशा, चौरस, •चतुर्पार्श्वीय.

**चतुर्भुजी** = चतुर्भुजाकार.

**चतुर्भुजीय** = चतुर्भुजाकार.

**चतुर्मुख** = चारदिश, बहुपार्श्वीय.

**चतुर्मुखी** = बहुपार्श्वीय.

**चतुर्मूर्ति** = विष्णु.

**चतुर्युक्ति** = नीति चतुष्टय.

**चतुर्युगी 71** = मन्वंतर.

**चतुर्विधता** = विविधता.

**चतुश्शाला** = महल, हवेली.

**चतुष्क** = चार समुदाय.

**चतुष्काष्ठ** = चौखट.

**चतुष्की** = चौकी, मसहरी.

**चतुष्कोण** = चतुर्भुज, चतुर्भुजाकार.

**चतुष्कोणाकार** = चतुर्भुजाकार.

**चतुष्कोणीय** = चतुर्भुजाकार.

**चतुष्टक** = चार समुदाय.

**चतुष्टय** = चार समुदाय.

**चतुष्पत्नीत्व** *सं* चार पत्नी प्रथा (इसलाम), विवाह चतुष्टय, •बहुविवाह.

**चतुष्पद** *वि* चौगोड़ा/चौगोड़ी, चौपद, चौपाया/चौपाई, शरंड, सरंग, •द्विपद.

**चतुष्पदी** = चौपदी.
**चतुष्पुंड्रा** = भिंडी.
**चतुस्** = चार.
**चत्वर** = चबूतरा.
**चत्वाल** = यज्ञवेदी.
**चदरा** = चादर.
**चद्दर** = ओढ़नी, चादर, धातुपटल.
**चनक** = चना.
**चनकना** = खीजना, तड़कना.
**चनका** = मोच.
**चना** = दलहन.

**चना** *सं* चणक, चनक, छोला, रसाली, रहिला, वाजीभक्ष, विदल, हरिमंथ, •चना दाल.

**चना (यह दलहन है अनाज नहीं)** = अनाज.
**चना छिलकाहीन दाल का आटा** = बेसन.

**चना दाल** *सं* चने की दाल.

**चनार** = चिनार.
**चने की दाल** = चना दाल.

**चनौरी** *सं* छनौरी, दाना, बुँदकी, *बूँदी*, •गुलदाना, •नुकती.

**चपका** = चटकनी.
**चपटा/चपटी** = आरोहअवरोहहीन, पतला/पतली, मैदानी, समतल.
**चपटा ख़ाक़ा** = पार्श्वचित्र.
**चपटा गोल खंड** = टिकली.
**चपटाना** = चिपकाना.
**चपटा पर्वत** = पठार.
**चपड़क़नाती** = खुशामदी टट्टू.
**चपड़ा** = झींगुर, पन्नी, लाक्षा.
**चपत** = अपकार, आघात, टकोर, तमाचा, थपकी, हानि.
**चपतना** = थापना.
**चपनी** = कटोरी, ढक्कन.

**चपराना** = ठगना, भरमाना.

**चपराना** *क्रि* *चकराना*, छल से सहमत करना, *ढालना*, पटाना, *फँसाना*, *फाँसना*, *भरमाना*, रिझाना, लुभाना, विरमाना, *साधना*, •फुसलाना, •मनवाना, ■चेताना.

**चपरास** *सं* दुवाल, *पट्टा*, •पेटी.

**चपरासी** *सं* अर्दली, आर्डरली, प्यादा, प्यून, बाय, •नौकर.

**चपल** = अविलंबी, चंचल, द्रुत, पारा, विनोदप्रिय.
**चपलता** = चंचलता.
**चपला** = कामुकी, कुलटा, भाँग, मेघविद्युत, सुंदर स्त्री.
**चपलाना** = हिलाना.
**चपाती** = रोटी.
**चपेट** = आघात, चोट, छापा, टक्कर, प्रहार, हानि.
**चपेटना** = झपटना, डाँटना, लीपना.
**चपेट में लेना** = झपटना.
**चपेटा** = गिठ्ठ, छापा, टक्कर.
**चप्पड़** = खपची.

**चप्पल** *सं* सलीपर, सिलपट, स्लिपर, •खड़ाऊँ, •जूता, •सैंडिल.

**चप्पू** *सं* *डाँड़*, पतवार, •डाँड़, •नौकर्ण.

**चप्पूधारी** = नाविक.
**चप्पे चप्पे में** = हर ओर.
**चबड़ चबड़** = सुड़कन.
**चबर चबर** = बकवास.
**चबाई** = चर्वण.

**चबाना** *क्रि* *काटना*, कुचलना, *कुतरना*, *खाना*, चाबना, दाढ़ से पीसना, •जुगाली करना.

**चबाने का तंबाकू** = सुरती.
**चबारा** = अनाज गोदाम, कमरा, दृश्यावली कक्ष, बरसाती कमरा, रसोई भंडारा.
**चबूतरा** = आधार सूची, पनघट, मंच, यज्ञवेदी, रेलवे प्लेटफ़ार्म, समाधि चबूतरा.

**चबूतरा** *सं* अलिंद, उठान, उठा फ़र्श, चत्वर, चौंतरा, चौरा, थूना, प्लैटफ़ार्म, वेदी, •फ़र्श.

**चबैना** *सं* दाना, भुजैना, भुना अनाज आदि, भूँजा, •खील, •चिड़वा, •धानी, •पौपकौर्न, •मुरमुरा.

**चभड़ चभड़** = सुड़कन.
**चभड़ चभड़ करना** = सुड़कना.
**चभड चभड़ पीना** = सुड़कना.
**चमक** = आब, चकाचौंध, झलक, पालिश.

**चमक** *सं* अज़हर, अर्क, *आब*, आभा, आलोक, उजास, उज्ज्वलता, कांति, चकास, चमकदमक, चमचमाहट, चाँदना, चाकचक्य, छटा, जगमगाहट, तेज, दमक, दीप्ति, द्युति, नूर, *प्रकाश*, प्रभा, प्रभास, वभा, •कौंध, •चकाचौंध, •तड़कभड़क, •पालिश, •प्रकाश, •लपलपाहट, ■अंधकार, ■विवर्णता.

**चमक चाँदनी** = छबीली.
**चमकता/चमकती** = आलोकित, उज्ज्वल, चमकदार, तारे जैसा, पालिशदार.
**चमकदमक** = चमक, तड़कभड़क, स्टारडम.
**चमकदमकदार** = तड़कभड़कदार.
**चमकदार** = आबदार, आलोकप्रद, ध्यान आकर्षक, पालिशदार, भव्य, रेशमी, स्वच्छ.

**चमकदार** *वि* अंजिष्ठ, अंजिष्णु, अंशुमान/अंशुमती, अज़हर, आभामंडित, आभासित, *आलोकित*, उजला/उजली, उजागर, *उज्ज्वल*, उद्दीप्त, उल्लसित, ओजस्वी, कांतिमान, चकाचक, चमकता/चमकती, चमकीला/चमकीली, चमचम, चमाचम, जगमग, जगमगाता/जगमगाती, जगरमगर, ज्योतित, ज्योतिर्मय, ज्वलंत, झक, झकाझक, झलकता/झलकती, दमकता/दमकती, दमकदार, दिपदिप, *दिव्य*, दीप्त, देदीप्यमान,

द्युतिमान, द्योतित, प्रकाशमान, प्रज्वलित, *भव्य*, भासमान, भास्वर, रोशन, लक़दक़, विशद, शुद्ध, शुभ्र, सुदीप्त, •आबदार, •आलोकप्रद, •उज्ज्वल, •चटक, •तेजस्वी, •दीप्तवर्ण, •धूपदार, ▪धुँधला/धुँधली, ▪बदरंग, ▪मंद.

**चमकना** = इतराना, चौंकना, निखरना, बिदकना, भड़कना.

**चमकना** *क्रि* आभा देना, आलोकित होना, कौंधना, चकासना, चमकारना, चमचमाना, चमाचम करना, चिलकना, जगमग करना, जगमगाना, झमकना, झमझमाना, झलकना, झलझलाना, दग़दग़ाना, दमकना, दिप दिप करना, दिपदिपाना, दिपना, दीप्त होना, दीप्ति देना, *निकलना*, परकसना, परकासना, प्रकाशित होना, प्रभासित होना, फुरना, रोशन होना, लसना, लहकना, •कौंधना, •चमकाना, •चुँधियाना, •झिलमिलाना, •भकभकाना, ▪धुँधलाना.

**चमकना/चमकनी** = छबीला/छबीली.
**चमका** = मोच.
**चमकाई** = आलोकन.
**चमकाना** = चुँधियाना, दमकाना, निखारना, पढ़ाना, भड़काना, सजाना.

**चमकाना** *क्रि* उभारना, ओपना, पालिश करना, प्रकाशित करना, भासना, •चमकना, •चुँधियाना, •दमकाना, •निखारना, ▪धुँधलाना, ▪बुझाना.

**चमकाने वाला** = आलोकक.
**चमकारना** = चमकना.
**चमकारा** = कौंध, पालिश.
**चमकी** = आतिशबाज़ी सूची, सितारे.
**चमकीला/चमकीली** = चमकदार, चिकना/चिकनी, तड़कभड़कदार, पालिशदार.
**चमक्को** = छबीली.

**चमगादड़** *सं* अजिनपत्रिका, गादुर, जतुनी, वल्गुला.

**चमचम** = चमकदार, पालिशदार, भव्य.
**चमचमाता/चमचमाती** = चटक, पालिशदार.
**चमचमाना** = चमकना.
**चमचमाहट** = चमक.
**चमचा** = ख़ुशामदी टट्टू, चम्मच.
**चमचागीरी** = ख़ुशामद.
**चमची** = चम्मच.
**चमड़ा** = त्वचा.

**चमड़ा** *सं* अजिन, कमाया चमड़ा, खल्ल, खेट, चर्म, *छाल*, छाला (जैसेः मगृछाला), *त्वचा*, परिष्कृत चर्म, पोस्त, लैदर, •फ़र.

**चमड़ा कील** = चोबिया.
**चमड़ा थैला** = मशक.

**चमड़ा थैला** *सं* अजिन, *चरस*, चरसा, लैदर बैग.

**चमड़ी** = त्वचा.
**चमत्कार** = करतब, जादू, मायाजाल, स्टंट.

**चमत्कार** *सं* अचंभा, अजूबा, अद्भुत कार्य, अलौकिक कृत्य, अलौकिक घटना, *आश्चर्य*, कमाल, *करतब*, करामात, करिश्मा, कारगुज़ारी, *घटना*, *जादू*, तमाशा, तहलका, मिरेकल, मैजिक, *रहस्य*, विस्मय, विस्मयकारी कृत्य, शगूफ़ा, •कारनामा, •विचित्र वस्तु, ▪सामान्यता.

**चमत्कारक** = चमत्कारपूर्ण.
**चमत्कार करना** = चकराना, चौंकाना.
**चमत्कार पुरुष** = नायक.
**चमत्कारपूर्ण** = आश्चर्यजनक, करतबी, जादुई, विचित्र.

**चमत्कारपूर्ण** *वि* अकल्पनीय, *अज्ञेय*, *अतिप्राकृतिक*, अद्भुत, अलौकिक, असाधारण, *असामान्य*, *आश्चर्यजनक*, करामाती, कल्पनातीत, चमत्कारक, चमत्कारी, चामत्कारिक, चौंकाऊ, जादुई, बला का, बुद्धि से परे, बोधातीत, *मायावी*, *रहस्यपूर्ण*, *विचित्र*, विस्मयकर, समझ से परे, •अप्राकृतिक, ▪रूटीनी, ▪साधारण.

**चमत्कार विद्या** = गुह्यविद्या.
**चमत्कारी** = अवैज्ञानिक, आश्चर्यजनक, करतबी, चमत्कारपूर्ण, नायक.
**चमत्कारी औषध** = संजीवनी.
**चमत्कारोक्ति** = अतिशयोक्ति.
**चमत्कारोक्तिपूर्ण** = अतिशयोक्तिपूर्ण.
**चमत्कृत** = चकित, जादूकृत.
**चमत्कृत करना** = चकराना.
**चमन** = उपवन, क्यारी, पुष्पोपवन, फलोपवन, मरुस्वर्ग.
**चमर** = चँवर.
**चमरी** = केबिन, चँवर.

**चमरी** *सं* चमेरी, *चाल*, •फ़्लैट.

**चमस** = चम्मच.
**चमाचम** = चमकदार, भव्य.
**चमाचम करना** = चमकना.
**चमार** = मोची.
**चमू** = सेना.
**चमूचर** = सैनिक.
**चमूपति** = सेनापति.
**चमेरी** = चमरी.

**चमेली** *सं* उत्तमगंधा, गुल यासमीन, चंद्रिका, चेतकी, *जाति*, *जूही*, प्रियंवदा, मल्लिका, *मालती*, यास्मीन, राजपुत्री, सप्तला, *समन*, सुमना.

**चम्मच** = ग्रास.

**चम्मच** *सं* चमचा, चमची, चमस, स्पून, •कलछी, •फ़ोर्क.

**चयन** = उद्धरण, चुगाई, छनाई, नियुक्ति, निर्वाचन, संग्रह.

**चयन** *सं* चुनाई, चुनाव, पृथक्करण, वरण, विलगन, संवर, संवरण, •चुगाई, •छँटाई, •छनाई, •निर्वाचन, •फटकाई, •रैंडम चयन, ▪परित्याग.

**चयन करना** = चुनना.
**चयन कर्ता** = निर्वाचक.

**चयन कर्ता** *सं* चुनने वाला, वरण कर्ता, वरयिता, वरिता, •निर्वाचक.

**चयनकृत** = चुना/चुनी.
**चयन सुविधा** = विशेषाधिकार.

**चयनिका** = संकलन पुस्तक.
**चयनित (नया प्रचलन)** = चुना/चुनी, निर्वाचित.
**चयनीय** = अर्हतासंपन्न, वैकल्पिक, संग्रहणीय.

**चयनीय** *वि* अच्छा/अच्छी, *उत्तम*, उपचेय, चुनने योग्य, चुनिंदा, चेय, प्रचेय, प्रवर, मान्य, *योग्य*, *वर*, वरणीय, वरीय, वरेण्य, वर्य, सही, •अच्छा/अच्छी, •अर्हतासंपन्न, •आज़माया/आज़माई, •इच्छित, •उपयोगी, •पसंद, •संग्रहणीय, •स्वीकार्य, ▪अवैकल्पिक.

**चयित** = चुना/चुनी, नियुक्त, निर्वाचित, संग्रहित, स्वीकृत.
**चर** = कार्यकर्ता, गुप्तचर. चरमर, जीव, जैव, तथ्यान्वेषक, नौकर, परिचारक, परिवर्तनशील, संदेशवाहक, सचल, सैनिक.
**-चर (जैसेः पथचर)** = गंता.
**चरई** = सानी नाँद.
**चरका** = छल.
**चरख** = चरख़ा.
**चरखा** = लटई.
**चरख़** = रहँट.

**चरख़ा** *सं* चरख, चर्ख़, मेरुयंत्र, सूत्रयंत्र, •अंबर चरख़ा, •गांधी चरख़ा, •चरखा तकला, •चरमर, •छरछर, •स्वाधीनता संग्राम.

**चरख़ा चलाना** = कातना.

**चरखा तकला** *सं* टेकुआ, तकला, तकुआ, सूजा, •तकली.

**चरखी** = आतिशबाज़ी चक्री, ओटनी, घिरनी, लटई.

**चरखी झूला** *सं* चक्कर झूला, चुहचुहिया, चूँ, डोली झूला, व्हील, हिंडोला, हिंदोल, हिंदोला, •मैरी-गो-राउंड.

**चरखी झूला डोली** *सं* चक्र झूला डोली, छींका, झूला डोली, *डोल*, *डोली*, दोला, *पालना*, *पिंजरा*, हिंडोला, हिंदोला, •जायंट व्हील, •लिफ़्ट.

**चरचर** = घरघर, चरमर.
**चरचराना** = चरमराना.
**चरचराहट** = घरघर, चरमर, चिरमिराहट.
**चर जगत** = चेतन जगत.
**चर जाना** = लीलना.
**चरण** = आधार सूची, क्रम, चाल, छंद चरण, जड़, डग, दौड़ चरण, पदचर्या, पैडस्टल, पैर, पैर पंजा, विकास अवस्था.

**चरणकमल** *सं* चरणारविंद, पदकमल, पदपंकज, पदारविंद, पादारविंद, •पैर, •हस्तकमल.

**चरणचिह्न** = आदर्श व्यक्ति, पदचिह्न.

**चरणचुंबन** *सं* क़दमबोसी, ज़मींबोसी, पाबोसी, •अभिवादन, • दंडवत, •विनमन.

**चरण छूना** = गिड़गिड़ाना.
**चरण तल** = तलवा.
**चरणदास** = स्वामीभक्त.

**चरणदास** *सं* ख़ाकसार, गुमाश्ता, चरणसेवी, *दास*, दासानुदास, नाचीज़, पायकार, विनम्र नौकर, हुक्म का बंदा, •कार्यकर्ता, •परिचारक, •पिछलग्गू.

**चरणदासी** *सं* चरणसेविका, दासानुदासी, *दासी*.

**चरणधूलि** *सं* ख़ाके पा, चरणरज, पदरज.

**चरणपादुका** = खड़ाऊँ.

**चरण प्रक्षालन** *सं* पद प्रक्षालन, पादावसेचन, पाद्यं, *पाद्य*, पैर धुलाई.

**चरणरज** = चरणधूलि.
**चरणरज से पवित्र करना** = आना.
**चरणसेविका** = चरणदासी.
**चरणसेवी** = चरणदास.

**चरणस्पर्श** *सं* घुटना छुआई, नमन, पादवंदन, पालागन, पैर छुआई, पैर पड़ाई, •अभिवादन, •दंडवत, •विनमन.

**चरणहीन** = लँगड़ा/लँगड़ी.
**चरणानुग** = अनुगंता.

**चरणामृत** *सं* पदोदक, पादोदक, •पंचामृत, •पाद्य.

**चरणारविंद** = चरणकमल.
**चरणों की दासी** = पत्नी.
**चरत** = शत्रुघ्न.
**चरना** = विचरना.

**चरना** *क्रि* चरने जाना, चारा चरना, टूँगना, •जुगाली करना.

**चरनी** = चरागाह, सानी नाँद.
**चरने जाना** = चरना.
**चरपरा/चरपरी** = मसालेदार.

**चरपरा/चरपरी** *वि* उष्ण, काटता/काटती, *गरम*, चंड, चटपटा/चटपटी, जलाता/जलाती, तत्ता/तत्ती, तिक्त, *तीक्ष्ण*, तीखा/तीखी, तीता/तीती, तेज़, प्रचंड, *मसालेदार*, मिर्चदार, मिर्चीला/मिर्चीली, •कड़वा/कड़वी, •खट्टा/खट्टी, •मसालेदार, ▪मीठा/मीठी, ▪स्वादहीन.

**चरपराना** = चरमराना.

**चरपरापन** *सं* ओषण, चटपटापन, चरपरा स्वाद, चरपराहट, जलन, झल, झाल, तत्तापन, तिक्तता, तीक्ष्णता, तीखापन, तीतापन, मिर्चीलापन, •कटु स्वाद, •स्वाद, ▪मिठास.

**चरपरा स्वाद** = चरपरापन.
**चरपराहट** = चरपरापन.
**चरबज़बान** = बतरसिया.
**चरबज़बानी** = मुँहज़ोरी.
**चरबदस्त** = कुशल श्रमिक.
**चरबाँक** = कुशल, चंचल, दक्ष, धृष्ट, प्रशिक्षित.
**चरबी** = वसा.
**चरबीला/चरबीली** = मोटा/मोटी.
**चरम** = अंतिम, अत्यधिक, उत्तम, उत्तम अवस्था सूचक शब्द सूची, चरम अवस्था, पराकाष्ठागत, परिवर्तनकारी, पश्चतम, फ़ाइनल.

**चरम** *वि* *अंतिम*, अंतिम अवस्था

वाला, इंतिहाई, उत्कृष्ट, चरम अवस्था वाला, परम, *पराकाष्ठागत*, पारमितापूर्ण, *प्रौढ़*, फ़िनिश्ड, *विकसित*, शीर्षस्थ, सुविकसित, सुवृद्ध, ●उन्नत, ●परिपूर्ण, ■आरंभिक.

**चरम अवस्था** = क्लाईमैक्स.

**चरम अवस्था** *सं अंत*, अंतिम अवस्था, उत्कृष्टता, उत्तमता, *खमध्य*, *चरम*, चरमोत्कर्ष, *चोटी*, छोर, पकापन, पक्वावस्था, परम अवस्था, *पराकाष्ठा*, पराकोटि, *पारमिता*, *पारमिता*, पूर्ण विकास, *यौवन*, विकसित अवस्था, वृद्धता, शिखर, शीर्ष, ●क्लाईमैक्स, ●प्रौढ़ता, ■प्रारंभिक अवस्था.

**चरम अवस्था वाला** = चरम.
**चरम काल** = उत्कर्ष काल, वृद्धावस्था.
**चरमगति** = मोक्ष.
**चरम परिवर्तन** = क्रांति.
**चरमर** = घरघर, जर्जर वृद्ध.

**चरमर** *सं* चड़चड़, चड़चड़ाहट, चर, चरचर, चरमराहट, चरर मरर, चर्रमर्र, मरमर, ●चरख़ा, ●पहिया, ●रहँट.

**चरमराता/चरमराती** = छकड़ा.
**चरमराना** = बिगड़ना.

**चरमराना** *क्रि* चरचराना, चरपराना, चरमराहट करना, चुनचुनाना, छरछराना, मचकना, ●यंत्र बंद होना.

**चरमराहट** = घरघर, चरमर, चिरमिराहट.
**चरमराहट करना** = चरमराना.
**चरमवादी** = उग्रवादी.
**चरम विकास** = पराकाष्ठा.
**चरम सीमा** = सीमारेखा.
**चरमोत्कर्ष** = क्लाईमैक्स, चरम अवस्था, पराकाष्ठा, पारमिता.
**चरमोत्कर्षित** = पराकाष्ठागत.
**चरर मरर** = घरघर, चरमर.

**चरवाहा** *सं गड़रिया*, *गोप*, *ग्वाला*, घोष, चरवैया, चराने वाला, पोहिया, बरेदी, ●गड़रिया, ●ग्वाला, ●घसियारा, ●चरागाह, ●पशु पालक.

**चरवाहा कर्म** = चरवाहागीरी.

**चरवाहागीरी** *सं* खिलाई, गाय चराई, गोचारण, गोनाय, चरवाहा कर्म, चरवाही, चराई, ढोर चराई, भेड़बकरी चराई, ●चरन, ●डेरी फ़ार्मिंग, ●पशुपालन.

**चरवाही** = चरवाहागीरी.
**चरवैया** = चरवाहा.
**चरस** = चमड़ा थैला, चरसा थैला.

**चरस** *सं* गाँजा, मारीवाना, मारीह्वाना, हशीश, ●अफ़ीम, ●भाँग, ●मारफ़ीन.

**चरसा** = चमड़ा थैला, चरसा कुआँ, चरसा थैला.

**चरसा कुआँ** *सं* चरसा, परोहा, पुरवट, पुरा, मोट.

**चरसा थैला** *सं चरस*, चरसा, झोली, लावक, ●डोल.

**चरा/चरी** = भक्षित.
**चराई** = चरवाहागीरी.
**चरागाह** = घास मैदान.

**चरागाह** *सं* कुनाम, खरक, गवादनी, गोचर, गोपद, गोव्रज, *घास मैदान*, चरनी, चरान, चरी, चरोखर, परिहार, पोहर, ब्रज, *मैदान*, रखान, रखौंत, ●गड़रिया, ●ग्रामभूमि, ●ग्वाला, ●घसियारा, ●मैदान.

**चराचरगुरु** = ईश्वर.
**चराचर जगत** = जड़ चेतन जगत, सृष्टि.
**चराचर सृष्टि** = जड़ चेतन जगत, सृष्टि.
**चरान** = चरागाह.
**चराना** = ठगना.
**चराने वाला** = चरवाहा.
**चरिंद ओ परिंद** = पशुपक्षी.
**चरिंदा परिंदा** = पशुपक्षी.
**चरिंदे परिंदे (बहु)** = पशुपक्षी.

**चरित** = जीवनी, लीला.
**चरित नायक** = कथा नायक.
**चरितव्य** = आचरणीय, करणीय.
**चरितार्थ** = कृत, घटित, प्रासंगिक, विनियोज्य, सफल.
**चरित्तर** = नाज़नख़रा, पाखंड.
**चरित्र** = चरित्र पात्र, लीला, व्यक्तित्व, संस्कृति, सदाचार, स्वभाव.

**चरित्र** *सं आचरण*, आचार, आचार समष्टि, आदात (बहु), कैरैक्टर, चालचलन, चालढाल, रंगढंग, रफ़्तार गुफ़्तार, राहचाह, राहरीति, *लक्षण*, लच्छन, वृत्ति, *व्यक्तित्व*, शील, ●आदत, ●मनोवृत्ति, ●व्यवहार.

**चरित्र चित्रण** = चरित्र वर्णन.

**चरित्र पात्र** *सं* कथा पात्र, किरदार, कैरेक्टर, *चरित्र*, नाटक पात्र, पात्र, मंचावतारी/मंचावतारिका (प्रा), रंगावतारी/रंगावतारिका (प्रा), ●कथा नायक, ●खलनायक, ●खलनायिका, ●जोकर, ●नायिका, ●विदूषक.

**चरित्रवती** = पतिव्रता.

**चरित्र वर्णन** *सं* चरित्र चित्रण, *चित्रांकन*, रूपांकन, *वर्णन*, ●व्यक्ति वर्णन.

**चरित्रवान** = सदाचारी.
**चरित्रहीन** = अधम, अश्लील, दुराचारी.
**चरित्रहीनता** = दुराचार, परगमन.
**चरित्रहीना** = कुलटा.
**चरित्री** = सदाचारी.

**चरित्रीय** *वि आंतरिक*, आत्मीय, ख़िसलती, चारित्रिक, निजी, प्राकृत, *मौलिक*, वैयक्तिक, स्वगत, स्वभावगत, स्वीय, ●व्यक्तिगत, ●स्वाभाविक.

**चरी** = कुटनी, चरागाह, धोबिन, नौकरानी, परिचारिका.
**चरेरा/चरेरी** = खुरदुरा/खुरदुरी.
**चरेली** = ब्राह्मी.
**चरोखर** = चरागाह.
**चर्ख़** = ख़राद, चरख़ा, ढेलवाँस.

**चर्च** = उपासनालय, गिरजाघर, मठ, संप्रदाय.
**चर्चण** = आलेपन.
**चर्चणीय** = विचारणीय.
**चर्चनीय** = उल्लेखनीय.
**चर्चरिका** = मनोरंजन.
**चर्च विषयक** = गिरजाघरीय.
**चर्चा** = उल्लेख, परिचर्चा, प्रसिद्धि, वादविवाद, वार्तालाप, विमर्श, विवाद, विवेचना.
**चर्चा का विषय** = प्रसिद्ध व्यक्ति.
**चर्चा परिचर्चा** = परिचर्चा.
**चर्चायोग्य** = उल्लेखनीय.

**चर्चा विषय** *सं* चर्चित विषय, प्रस्तुत प्रश्न, प्रस्तुत विषय, वादबिंदु, वाद विषय, विवाद विषय, विवेच्य प्रश्न, *विषय*, •ज्वलंत विषय, •समस्या.

**चर्चिक्य** = अंगराग.
**चर्चित** = आलेपित, उल्लेखनीय, प्रचारित, प्रसिद्ध, बहुचर्चित, विवादित.
**चर्चित विषय** = चर्चा विषय.
**चर्भटी** = गर्वोक्ति.
**चर्म** = चमड़ा, त्वचा.

**चर्म आसन** *सं* अजिन, मृगछाला, मृगाजिन, व्याघ्राजिन, सिंहाजिन्.

**चर्मकार** = मोची.
**चर्मकील** = डील.
**चर्मघट** = मशक.
**चर्मचिह्न** = त्वचाचिह्न.
**चर्म झिल्ली** = झिल्ली.
**चर्म तरंग** = झुर्री.
**चर्म दूषिका** = दाद.
**चर्मद्रुम** = भूर्जवृक्ष.

**चर्म परिधान** *सं* पोस्तीन, *फ़र*.

**चर्म प्रदाह** = खुजलाहट.
**चर्ममुंडा** = चामुंडा.
**चर्मी** = भूर्जवृक्ष.
**चर्य** = आचरणीय.
**चर्या** = अभ्यास, आचरण, गतिविधि, चाल, नियम, पदचर्या, परंपरा, परिचर्या, परिपाटी, पर्यटन, प्रथा, भक्षण, विचरण.
**चर्रमर्र** = चरमर.
**चर्राना** = बिगड़ना.

**चर्वण** *सं* चबाई, चाबन, दंत पेषण, •कृंतन, •जुगाली.

**चर्वणक** = दाढ़.
**चर्विका** = चामुंडा.
**चर्वित चर्वण** = जुगाली.
**चलंतू** = घुमक्कड़, बनजारा.
**चलंदरी** = प्याऊ.
**चल** = अनिश्चिताकारीय, क्षणभंगुर, गमनशील, चुस्त, जैव, परिवर्तनशील, बहता/बहती, मर्त्य, लहराता/लहराती, संचलनशील, सक्रिय, सचल, स्पंदनशील.
**चलचलाव** = मृत्युकाल.
**चलचित्त** = चंचल, चिंतित, विचलनशील.
**चलचित्तता** = चंचलता, विचलन.
**चलचित्र** = पीपशो, फ़िल्म.
**चलचित्र उद्योग** = फ़िल्म जगत.
**चलचित्रकार** = फ़िल्म निर्देशक.
**चलचित्र निर्देशक** = फ़िल्म निर्देशक.
**चलचित्र बक्सा** = पीपशो.
**चलचित्र व्यवसाय** = फ़िल्म जगत.
**चलछाया** = फ़िल्म.
**चल जगत** = जैव पदार्थ.
**चलत** = चाल.
**चलत फिरत** = चाल.
**चलता** = घुमक्कड़ी.
**चलता/चलती** = अनुभवी, अविकृत, कामचलाऊ, कार्यरत, गमनशील, चक्रणशील, चालित, जीवित, प्रचलित, बहता/बहती, मध्यमस्तरीय, रूटीनी, लहराता/लहराती, संचलनशील, स्पंदनशील.
**चलताऊ** = पौप, बिकाऊ, बोलचाल की (भाषा), मुहावरेदार.
**चलता पानी** = जलधारा.
**चलता पुरजा** = ठग.
**चलता फिरता/चलती फिरती** = स्वस्थ.
**चलता फिरता बायस्कोप** = पीपशो.
**चलती** = अधिकार, प्रताप, सत्ताधिकार.
**चलती छाया** = फ़िल्म.
**चलती सीढ़ी** = ऐलिवेटर.
**चलते चलते रुकना** = रुकना.
**चलते चलाते** = आख़िरकार.
**चलते बनना** = भागना.
**चलदल** = पीपल.
**चलन** = आचरण, आदि, गमन, चाल, ट्रैंड, पदचर्या, परंपरा, परिपाटी, प्रचलन, प्रथा, फ़ैड, फ़ैशन, मुहावरा, यात्रा आरंभ, संचलन, संस्कृति.
**चलन शैली** = चाल.
**चलनहारा/चलनहारी** = गंता.
**चलना** = छलना, जाना, टहलना, डोलना, फड़कना, फिंकना, बहना, बीतना, हिलना.

**चलना** *क्रि* क़दम रखना, *टहलना*, डग लेना, पैदल चलना, पैरों चलना, *बढ़ना*, *विचरना*, •इठलाना, •दौड़ना, •लँगड़ाना, •सरकना, •हिलना, ▪रुकना.

**चलना ढंग** = चाल.
**चलना फिरना** = जीना.
**चलनी** = छलनी.
**चल पट्टा** = कनवेअर बैल्ट.
**चल पट्टी** = कनवेअर बैल्ट.
**चल पड़ना** = जाना.
**चलपत्र** = पीपल.
**चल भोजनालय** = भोजन ठेला.
**चलरूप** = अनिश्चिताकारीय.
**चलरूपाकार** = अनिश्चिताकारीय.
**चल रेस्तोराँ** = भोजन ठेला.
**चलवासी** = ख़ानाबदोश.

**चल संपत्ति** *सं* चीज़बस्त, मालटाल, मालमता, साज़सामान, •अचल संपत्ति.

**चल सोपानिका** = ऐलिवेटर.
**चला/चली** = प्रेषित.
**चलाई** = घुटाई, मंथन, मिश्रण, संचालन.
**चलाऊ** = कामचलाऊ, मध्यमस्तरीय, मरणासन्न, सचल.
**चलाचल** = अल्पजीवी, अस्थिर.
**चलाचली** = मृत्युकाल.
**चलाना** = उकसाना, करना, कोंचना, घोटना, छपछपाना, झकझोरना, डिगाना, डुलाना, धकेलना, निथारना, फेंटना, बेचना, भरमाना, भेजना, मथना, हिलाना.
**चलाने वाला** = प्रवर्तक.
**चलायमान** = गमनशील, निष्ठाहीन, परिवर्तनशील, लुब्ध, लोभी, विचलनशील, संचलनशील, संदेहशील,

सनकी.
**चलाया/चलाई** = आरंभित, चालित.
**चलावा** = गमन, गौना.
**चलित** = विचलित, संचलनशील, स्पंदनशील.
**चलित्तर** = छल, नाज़नख़रा.
**चलिष्णु** = मर्त्य, सचल.
**चलिष्णुता** = घुमक्कड़ी.
**चलिष्णु व्यक्ति** = घुमक्कड़.
**चले जाना** = जा बसना, ढलना, मरना.
**चलौनी** = संचालन.
**चवन्नी** = सिक्का सूची

**चवन्नी** *सं* आना 4, पावली, रुपया.25.

**चवी** = गज पिप्पली.
**चश्म** = अंकुर, अंकुरण बिंदु, आँख.
**चश्मदीद** = प्रत्यक्षदर्शी, प्रत्यक्ष दृष्ट, प्रत्यक्ष साक्ष्य.
**चश्मदीद गवाह** = प्रत्यक्षदर्शी.
**चश्मा** = उत्स्रोत धारा, दृष्टिकोण, नदी उद्गम, निर्झर, सूई नाका.

**चश्मा** *सं* ऐनक, औप्टिकल्स, स्पैक्टेकल्स, •आँख, •लैंस.

**चश्मा बनाने वाला व्यक्ति** = औप्टीशियन.
**चश्मा लैंस** = लैंस.
**चश्मासाज़** = औप्टीशियन.
**चश्मे बद** = बुरी नज़र.
**चश्मो चराग़** = पुत्र.
**चषक** = पुरस्कार सूची, प्याला, मद्यपात्र.
**चषकवाहक** = बारटैंडर.
**चसक** = आस्वादन, आहार सुवास, चटखारा, टीस, स्वाद.
**चसकता/चसकती** = पीड़ाप्रद.
**चसकना** = दुखना.
**चसका** = रुचि, विलासिता, स्वादप्रेम.
**चस्पाँ** = विनियोज्य.
**चहक** = चहचहाहट, हर्षध्वनि.
**चहकना** = चहचहाना.
**चहचह** = चहचहाहट.
**चहचहा** = विनोद, हर्षध्वनि.
**चहचहाता/चहचहाती** = आनंदित, उत्सवपूर्ण.
**चहचहाना** = हुलसना.

**चहचहाना** *क्रि* कलरव करना, किलकारना, किलकिल करना, किलकिलाना, कुहुकना, कूजना, गुंजारना, चहकना, चिरकना, चुरकना, चुहचुहाना, पीकना, मधुर ध्वनि करना, मिश्री घोलना, •कलकलाना, •गाना, •हुलसना.

**चहचहाहट** *सं कलकल, कलध्वनि*, कलरव, कूज, कूजन, गुंजा, चहक, चहचह, चिचियाहट, चीं, चींचीं, चूँचूँ, पक्षी बोली, •कलकल, •गौरैया.

**चहलक़दमी** = विचरण.
**चहलपहल** = हलचल.
**चहलपहलदार** = उत्सवपूर्ण.
**चहला** = कीचड़.
**चहली** = घिरनी.
**चहा** = चाय.
**चहार** = चार.
**चहारदीवारी** = परकोटा.
**चहारदीवारी माप** = सीमा माप.
**चहारदीवारी वाला मकान** = हवेली.
**चहुँ** = चार.
**चहुँ ओर** = हर ओर.
**चहुँ दिश** = हर ओर.
**चहेता/चहेती** = अनुग्रह पात्र, प्रिय, प्रेमपात्र/प्रेमपात्रा, सितारा कलाकार.
**चाँइयाँ** = ठग, लोभी.
**चाँकना** = अगोटना.
**चाँचर** = परती.
**चांचल्य** = चंचलता.
**चाँटा** = तमाचा.
**चाँटी** = चींटी, तबला थाप.
**चांडाल** = अधम, चंडाल.
**चांडालनी** = चंडालिनी.
**चांडालिनी** = दुर्गा.
**चांडाली** = चंडालिनी.
**चाँद** = उपग्रह, केशहीन सिर, चंद्रमा, टाँट, लक्ष्यचक्र.
**चाँद का टुकड़ा** = सुंदर स्त्री.
**चाँद की ईद** = ईदुल फ़ितर.
**चाँदना** = चमक, चाँदनी, प्रकाश.
**चाँदनी** = छत चादर, फ़र्शी चादर, मालती.

**चाँदनी** *सं* अँजोरी, उजियाली, कैरवी, कौमुदी, चंदनिया, चंदा की चाँदनी, चंद्रकांति, चंद्रजोत, चंद्र प्रकाश, चंद्रप्रभा, चंद्रांशु, चंद्रालोक, चंद्रिका, चंद्रिमा, चाँदना, चार्वी, जुन्हाई, ज्योत्स्ना, सौम्यी, •धूप, •पूर्णिमा, •प्रकाश, •रात, ▪अमावस रात.

**चाँदमारी** = लक्ष्य अभ्यास.
**चाँदमारी बिंदु** = लक्ष्यकेंद्र.
**चाँदा** = लक्ष्यचक्र.
**चाँदी** = लाभ.

**चाँदी** *सं* कलधौत, धौत, रजत, रूपा, रौप्य, सिता, सिल्वर, सीम, सुधौत, सौध, हिरण्य, •आभूषण, •स्वर्ण.

**चाँदी का** = रजतीय.
**चाँदी का जूता** = रिश्वत.
**चाँदी का रुपया 1** = तोला.
**चाँदी तार** = ज़री.
**चाँदीसोना** = धन.

**चाँदी सोना** *सं* बहुमूल्य धातु, बुलियन, सोना चाँदी.

**चांद्र** = चंद्रीय, शुक्लपक्ष.
**चांद्र ज्योतिश्चक्र** = नक्षत्र चक्र.
**चांद्र दिवस** = तिथि.
**चांद्रि** = बुध ग्रह.
**चाँपना** = दबाना.
**चाँपा** = ट्रिगर, परचा.

**चाँपाकल** *सं* जलकल, पंप, बंबा, हाथबंबा, हैंडपंप, •कूप.

**चाँपी** = परचा.
**चांपेय** = चंपा.
**चाँवर** = चावल.
**चाँवल** = चावल.
**चांस** = लाटरी, संयोग.
**चांसलर** = कुलपति, राजनयिक, राष्ट्रपति.
**चा** = चाय.
**चाइना** = चीन, चीनी मिट्टी बरतन.
**चाइनावेअर** = चीनी मिट्टी बरतन.
**चाइयाँ** = दुर्जन.
**चाउर** = चावल.
**चाक** = खड़िया, चक्र, झिरी, फटा/फटी.
**चाक़** = सावधान, स्वस्थ.

**चाक** *सं* कुम्हार चाक, *चक्कर*, चक्का, *चक्र*, दंडार, भ्रमि, •कुम्हार, •पहिया.

**चाकचक** = बलिष्ठ, सलामत, सुदृढ़, सुरक्षित.

**चाकचक्य** = चकाचौंध, चमक, सजावट.

**चाक़चौकस** = अनाहत, सलामत, सावधान, सुपोषित, स्वस्थ.

**चाक़चौबंद** = चुस्त, सावधान, सुपोषित.

**चाकर** = आज्ञाकारी, कर्मचारी, नौकर, परिचारक, भक्त.

**चाकरनी** = नौकरानी, परिचारिका.

**चाकरानी** = नौकरानी.

**चाकरी** = नौकरी, पूजा.

**चाकलेट** = चाकलेट बार.

**चाकलेट बार** *सं* चाकलेट.

**चाकी** = गुड़ भेली, चक्की.

**चाकू** = उस्तुरा, चाकू छुरी.

**चाकू चलाना** = काटना.

**चाकू छुरी** *सं* कटार, कत्ती, कर्त्री, कांती, *कृपाण*, क्षुर, चक्कू, चाकू, छुरा, छुरी, नश्तर, बाँक, •उस्तुरा, •गँडासा, •धार, •नोक, •फला, •बेयोनट, •स्विस नाइफ़.

**चाकू छुरी फल** = फला.

**चाक्र** = चक्राकार.

**चाक्रिक** = कुम्हार, कोचवान, तेली/तेलिन, बंदीजन.

**चाक्षुष** = दृश्यमान, साकार.

**चाक्षुष** *वि* दृश्य, विज़ुअल, संदृश्य, •दृश्यमान, •श्रव्य, •श्रव्य दृश्य, •साकार.

**चाक्षुष मनु** = मनु सूची.

**चाचा** *सं* कक्का, काका, चचा, पितिया, पितृव्य, *पित्ती*, बाप छोटा भाई, •ताऊ, •मामा.

**चाचा पत्नी** = चाची.

**चाचा बेटा** = चचेरा भाई.

**चाची** *सं* कक्की, काकी, चची, चची जान, चाचा पत्नी, पितियानी, •ताई, •मामी.

**चाची बेटा** = चचेरा भाई.

**चाट** = चटपटा उपाहार, भोजन प्रेम, विलासिता, विविधा, स्वादप्रेम.

**चाट** *सं* उपदंश, चक्षण, चिखना, •कटलेट, •गोलगप्पा, •पकौड़ा, •पकौड़ी, •पटेटो फिंगर्स, •समोसा.

**चाट जाना** = चटखारना, लीलना.

**चाटते रह जाना** = चटखारना.

**चाटना** = चटखारना.

**चाटना** *क्रि* चटनी करना, *चूसना*, जीभ फेरना, साफ़ करना, स्वाद लेना, •चटखारना, •चुबलाना, •चूसना.

**चाट पकौड़ी** = चटपटा उपाहार.

**चाटुकार** = ख़ुशामदी टट्टू.

**चाटुकारिता** = ख़ुशामद, गिड़गिड़ाहट.

**चाटुपटु** = भाँड़.

**चाटूक्ति** *सं* उल्लाप, *ख़ुशामद*, गुणगान, चिकनी चुपड़ी बात, झूठी प्रशंसा, *प्रशंसा*, प्रियोक्ति, *मक्खन*, मस्का, मिन्नत, मीठी बात, मुँहदेखी बात, श्लाघा, सई सिफ़ारिश, हाँ जी हाँ जी, •मनुहार, ▪कटाक्ष, ▪चुग़ली.

**चाढ़ा/चाढ़ी** = प्रेमपात्र/प्रेमपात्रा, प्रेममय/प्रेममयी, प्रेमासक्त.

**चाणक्य** = ऋषि सूची, कूटनीतिकार.

**चातक** *सं* ककुंजल, कपिंजल, कापक, कुक्कू, घनताल, जलप्रिय, नभांबुप, पपीहरा, पपीहा, पिंगल, पिकंग, मेघचिंतक, मेघजीवन, वर्षाप्रिय, वारिद्र, सारंग, स्तोक, हुड्डुक, •चकोर, •प्रेमी.

**चातक मादा** = मादा चातक.

**चातकानंदन** = मेघ.

**चातकी** = मादा चातक.

**चातुरिक** = गाड़ीवान.

**चातुरी** = बुद्धिमत्ता.

**चातुर्जात** = चार समुदाय.

**चातुर्मास** = जैन उत्सव सूची, पड़ाव, बरसात.

**चातुर्य** = दक्षता, बुद्धिमत्ता.

**चादर** = आवरक वस्तु, ओढ़नी, धातुपटल, फ़र्शी चादर, बैडशीट, सम्मान उपहार.

**चादर** *सं* आवरण, उत्तरपट, उपच्छद, कवर, चदरा, चद्दर, जाजम, निचोल, पोश, -पोश (जैसेः तख़्तपोश, पलंगपोश), वरक, शतरंजी, •कंबल, •क़ालीन, •गद्दा, •पलंग, •बैडशीट, •मेज़पोश.

**चाप** = चक्रचाप, टिक्का, दाब, धनु राशि, धनुष, ध्वनि, नीलकंठ, मेहराब, वक्र.

**चापकर्ण** = प्रत्यंचा.

**चापट** = कुशासित, छनस, समतल.

**चापड़** = छनस.

**चापलूस** = ख़ुशामदी टट्टू.

**चापलूसी** = ख़ुशामद.

**चापाकार** = धनुषाकार, नवचंद्राकार.

**चाफंद** = कूटयंत्र.

**चाब** = दाढ़.

**चाबन** = चर्वण.

**चाबना** = चबाना.

**चाबी** = कूक, रिंच, सफलता मार्ग, स्टार्टर.

**चाबी** *सं* कुंजी, चाभी, *ताली*, प्रवेश कुंजी, •अंक कंबीनेशन, •ताला, •मास्टर की.

**चाबी देना** = कूकना.

**चाबी भरना** = कूकना.

**चाबुक** *सं* औगी, *कश*, कशा, कोड़ा, गुन्नी, हंटर, हटकन, •अंकुश, •छड़ी, •डंडा, •लाठी.

**चाबुकदस्त** = कुशल, दक्ष.

**चाबुकदस्ती** = दक्षता.

**चाभी** = चाबी.

**चाम** = त्वचा.

**चामचोर** = लंपट.

**चामत्कारिक** = अवैज्ञानिक, चमत्कारपूर्ण.

**चामर** = चँवर, मोरछला.

**चामरग्राह** = चँवरढार.

**चामरपुष्प** = केवड़ा.

**चामरिक** = चँवरढार.

**चामरी** = घोड़ा.

**चामुंडा** = दुर्गा.

**चामुंडा** *सं* कर्णमोटी, कापालिनी, चर्ममुंडा, चर्विका, भैरवी, महाचंडा, महाचंडी, •काली, •मुंडमाला.

**चाय** = जलपान गोष्ठी.

**चाय** *सं* चहा, चा. चायपत्ती पेय, चे (चीनी), टी, चे (चीनी), •क्रीम टी, •गरम चाय, •जड़ीबूटी चाय, •ठंडी चाय, •दूध चाय, •क़हवा. •काफ़ी. •कोको, •गरम पेय.

**चायकाफ़ी** = उपाहार.
**चायघर** = पानगृह सूची, भोजनालय.
**चायपत्ती पेय** = चाय.
**चायपान** = जलपान गोष्ठी.
**चायपानी** = उपाहार, जलपान गोष्ठी.
**चाय पार्टी** = जलपान गोष्ठी.
**चाय मेज़** = सैंटर टेबल.
**चार** = प्रथा.

**चार** *सं* 4, एक जमा तीन, चतुः, चतुर्, चतुस्, चहार, चहुँ, चौ, तीन जमा एक, दो जमा दो, दो दुनी दो, •चतुर्भुज, •चौथा/चौथी.

**चार आयाम** *सं* चतुरायाम, *दिक्काल*, सकाल ब्रह्मांड, सचल दिक्काल.

**चार आश्रम** *सं* चतुराश्रम.

**चार आश्रम सूची** *सं* 1 ब्रह्मचर्य आश्रम, 2 गृहस्थ आश्रम, 3 वानप्रस्थ आश्रम, 4 संन्यास आश्रम.

**चारक** = कथा नायक.
**चार क़दम पर** = निकट ही.
**चार कोस** = योजन.
**चार कौड़ी** = अस्सी.
**चार गुना** = चौगुना.
**चार गुना दस** = चालीस.
**चार गुर्दे वाला** = साहसी.
**चारचंद** = चौगुना.
**चार जमा एक** = पाँच.
**चारण** = कवि, गायक, तीर्थयात्री, प्रशंसागायक, भाँड़.

**चारण** *सं* कविराज, कुशीलव, बंदी, बेताल, भट्ट, *भाँड़*, भाट, मंगलपाठक, मागध, वर्णवादी, *सूत*, •गायक, •प्रशंसक, •बंदीजन.

**चार दिन** = अल्पकाल, अल्पायु, जीवन काल.

**चारदिश** *वि* उत्तर दक्षिण पूरब पश्चिम, चतुर्दिक, चतुर्दिश, चतुर्मुख, परि-.

**चारदीवारी** = परकोटा.
**चार पत्नी प्रथा (इसलाम)** = चतुष्पत्नीत्व.
**चार पाँच** = कुछ.
**चारपाई** = खाट.
**चारपुरुष** = गुप्तचर.
**चार बीसी** = अस्सी.
**चारभट** = महारथी.
**चार भाग में से एक** = चौथाई.
**चार यारी** = सुन्नी मत.
**चाररोज़ा** = क्षणभंगुर.
**चारवृत्ति** = गुप्तचर्या.
**चार सप्ताह** = मास.

**चार समुदाय** *सं* गंडा, चतुष्क, चतुष्टक, चतुष्टय, चातुर्जात, चौकड़ा, चौकड़ी, *चौकी*, चौगड्डा, चौगडडी, •चार.

**चार सौ बीस** = कूटकार, ठग, दुर्जन, बेईमान.
**चार सौ बीसी** = कुचाल, घोटाला, छल, बेईमानी.
**चारा** = आखेट चारा, पशु चारा, प्रोत्साहक वस्तु, विकल्प.
**चारा चरना** = चरना.
**चारासाज़** = सरपरस्त.
**चारिणी** = परिचारिका.
**चारित्रिक** = चरित्रीय.
**चारित्र्य** = सदाचार.
**चारी** = चाल, शरीर मुद्रा.
**चारु** = प्रिय, सुंदर, सुंदर पुरुष.
**चारुता** = सौंदर्य.
**चारुदर्शन** = सुंदर, सुंदरकाय.
**चारुदर्शना** = सुंदर स्त्री.
**चारुदेवी** = सास.
**चारुलोचन** = सुंदर पुरुष, सुनयन.
**चारुलोचना** = सुंदर स्त्री, सुनयना.
**चारुवेश** = सुवेशित.
**चारुशील** = सदाचारी.
**चारुशीला** = पतिव्रता.
**चारों ओर** = हर ओर.
**चारों ख़ाने चित्त** = चित.
**चारों शाने चित** = चित.
**चार्ज** = आक्रमण, आरोप, पारिश्रमिक.
**चार्जशीट** = आरोप पत्र.
**चार्ट** = तालिका, मानचित्र.

**चार्ट** *सं* ग्राफ़, टेबल, डायग्राम, •तालिका, •मानचित्र.

**चार्टर** = भाड़ा गाड़ी.
**चार्टर्ड गाड़ी** = भाड़ा गाड़ी.
**चार्म** = अभिमंत्रण.
**चार्य** = गुप्तचर्या, राजनय, संदेशवहन.
**चार्वाक** = ऋषि.

**चार्वाकवाद** *सं* इहलोकवाद, देह और आत्मा अभिन्न हैं, देह ही आत्मा है, देहात्मवाद, नास्तिक दर्शन, प्रत्यक्षवाद, *भौतिकतावाद*, लोकायत दर्शन.

**चार्वी** = चाँदनी.
**चाल** = कुचाल, खेल चाल, गंदी बस्ती, चमरी, छल, पैंतरा, फ़ैड, वेग, व्यवहार, शैली, षड्यंत्र, संचलन.

**चाल** *सं* गति, गति मुद्रा, गति शैली, चरण, चर्या, चलत, चलत फिरत, चलन, चलन शैली, चलना ढंग, चारी, चालढाल, ढंग, पदगति, फिरत, •अकड़ की चाल, •इठलाहट, •गजगति, •धपधप चाल, •राजसी चाल, •लँगड़ी चाल, •लचकमटक, •सहज चाल, ▪रेंग.

**चालक** = कंडक्टर, कार्यक्रम ऐंकर, कोचवान, प्रबंधक, प्रवर्तक, यानचालक, स्टार्टर.
**चालक ऊर्जा** = प्रेरणा.
**चालक यंत्र** = इंजन.
**चालक यान** = अग्रयान.

**चालक सीट** *सं* गाड़ीवान सीट, ड्राइवर सीट, माची, साँगी, •ज़ीन, •महमिल, •महावत सीट.

**चालचलन** = चरित्र.
**चालढाल** = आचरण, चरित्र, चाल.
**चालन** = छनाई, संचालन.

**चालन उपकरण** = स्टार्टर.
**चालन कर्ता** = प्रवर्तक.
**चालना** = छानना, प्रेरणा.
**चालनी** = छलनी.
**चालबाज़** = कुटिल, गुटबाज़, ठग, लोभी.
**चालबाज़ी** = छल, पैंतरेबाज़ी, भ्रष्टाचार.
**चाला** = गमन.
**चालाक** = कुटिल, नीतिकुशल, बुद्धिमान, लोभी, व्यवहारकुशल.
**चालाक लोमड़ी** = लोमड़ी.
**चालाकी** = कुचाल, छल, बुद्धिमत्ता, बेईमानी, मायाजाल, वाक्केलि.
**चालाकी भरा** = कूटनीतिपूर्ण.
**चालान** = जावकपत्र, प्रेषण.
**चालित** = प्रबंधित, शासित, संचलनशील.

**चालित** *वि आरंभित*, ऊर्जित, गतित, गति प्रदानित, गत्वरित, चलता/चलती, चलाया/चलाई, चालू, जारी, परिचालित, प्रचोदित, प्रणोदित, प्रवर्तित, प्राणित, संचालित, •मानवचालित, •यंत्रचालित, •सक्रियित, ▪समाप्त.

**चालित्र** = इंजन, स्टार्टर.
**चालिया** = कुटिल.
**चालिस** = चालीस.

**चालीस** *सं* 40, चार गुना दस, चालिस.

**चालीस का पेटा** = मध्यावस्था.
**चालीसवाँ** = चेहलुम.

**चालीस समुदाय** *सं* चालीसा, चिल्ला.

**चालीस से साठ साल तक वय** = मध्यावस्था.
**चालीसा** = चालीस समुदाय.
**चालू** = अविकृत, उद्घाटित, चालित, नवरचित, पारंपरिक, पौप, प्रचलित, फ़ैशनानुकूल, बोलचाल की (भाषा), मध्यमस्तरीय, वर्तमान, व्यावसायिक, संचलनशील, सक्रिय, सस्ता/सस्ती, साधारण, स्पंदनशील.
**चावँ चावँ** = बकवास.
**चाव** = उत्साह, पसंदगी, प्रेम, रुचि.
**चाव चोचला** = दुर्लालन.
**चावचोचला** = नाज़नख़रा.
**चावड़ी** = पड़ाव, पांथशाला.
**चावर** = चावल.
**चावल** = अनाज सूची, भात.

**चावल** *सं* अणुव्रीहि, चाँवर, चाँवल, चाउर, चावर, तंडुल, तंदुल, धान दाना, धान्य, धान्यपति, भाक्त, राइस, लाजा, व्रीहि, शालि, •उसना चावल, •बासमती चावल.

**चावल आटा** = चौरेठा.
**चावल-दाल भात** = खिचड़ी.
**चावल-सब्ज़ी भात** = पुलाव.
**चाशनी** = नमूना.

**चाशनी** *सं* क़िवाम, पाग, बक्खर, *शीरा*, •शीरा.

**चाशनीगीर (मुग़ल)** = आस्वादक.
**चाष** = नीलकंठ.
**चास** = नीलकंठ.
**चाह** = अपेक्षा, आसक्ति, इच्छा, उद्देश्य, प्रत्याशा, प्रवृत्ति, प्रेम, माँग.
**चाहक** = प्रेमी.
**चाहत** = आवश्यकता, आसक्ति, इच्छा, प्रेम, महत्त्वाकांक्षा, लालसा.
**चाहना** = दुलारना, प्रेम करना, ललचना.

**चाहना** *क्रि* इच्छा करना, इच्छा होना, जी आना, ढसरना, दिल आना, दिल दौड़ना, दिल में आना, दृष्टि होना, *फिसलना*, मन आना, मन करना, मन चलना, माँगना, लोड़ना, वांछा करना, सपना देखना, •दुलारना, •प्रेम करना, •ललचना, ▪तृप्त होना.

**चाहने लगना** = प्रेम करना.
**चाहने वाला** = निवेदक, प्रेमी, रूमानी.
**चाहने वाली** = प्रेमिका, प्रेमिका.
**चाहा/चाही** = इच्छित, प्रेमपात्र/प्रेमपात्रा, योजित.
**चाहिए** = आवश्यक.

**चाहिए** *मु* आवश्यकता है, इच्छित है, ज़रूरत है, दरकार है, माँग है, वांटिड, •आवश्यकता होना, •इत्यलं, •रिक्त पद.

**चाहे अनचाहे** = विवशतः.
**चाहे जब** = कभी भी, जब भी.
**चाहे न चाहे** = विवशतः.
**चिउँटा** = चींटा.
**चिंगट** = झींगा.
**चिंगड़ा** = झींगा.
**चिंगना** = नवजात पक्षी.
**चिंगना/चिंगनी** = चूज़ा.
**चिंगरी** = केकड़ा.
**चिंगारी** = क्रांति विस्फोट.

**चिंगारी** *सं* अंगारी, अग्निकण, अर्क, अर्चि, झिंगिनी, तिलगी, पतंगा, फुलिंग, लूका, शरर, शरारा, शोशा, स्पार्क, स्फुलिंग, •अंगारा, •ज्वाला, •राख.

**चिंगारी लगाना** = सुलगाना.
**चिंघाड़** = आर्तनाद, गर्जन, चीत्कार, डाँट.
**चिंघाड़ना** = गरजना, गुर्राना, पुकारना, रोना.
**चिंचड़** = किलनी.
**चिंजा** = नवजात पक्षी.
**चिंजा/चिंजी** = शिशु पक्षी.
**चिंतक** = दार्शनिक, प्रश्न कर्ता, विचारक, विवेचक, व्याख्याता.
**चिंतन** = अनुस्मरण, आत्मनिरीक्षण, दर्शन शास्त्र, ध्यान, विचार, संस्मरण.
**चिंतन करना** = सोचना परखना.
**चिंतनपूर्ण** = दार्शनिकतापूर्ण.
**चिंतन मनन करना** = सोचना परखना.
**चिंतन शक्ति** = बुद्धि.
**चिंतनशील** = दार्शनिकतापूर्ण, विचारशील.
**चिंतनहीन** = अविचारशील.
**चिंतनातीत** = अज्ञेय.
**चिंतनाधीन** = असमाधानित, विचाराधीन.
**चिंतनीय** = चिंताजनक, विचारणीय.
**चिंता** = आशंका, चिंतानुभूति, भय, समस्या.

**चिंता** *सं* अंदेशा, *अनिश्चय*, अभिशंका, अशांति, अशांति, *आशंका*, उत्कंठा, उद्वेग, उद्वेग, *उलझन*, कलकानि, खलबलाहट, घबराहट, डर, तनाव, दुश्चिंता, परेशानी, फ़िक्र, बुरा ख़्याल, *भय*, भ्रांति, मानसिक अशांति, शंका,

शोच, सोच, हृदय क्षोभ, ●ख़तरा, ●जोख़िम, ●दुबिधा, ●संकट, ●हिचक, ■आशा, ■निश्चिंतता.

**चिंताकुल** = चिंतित.
**चिंताजनक** = अचिकित्स्य, ख़तरनाक, जोखिमपूर्ण, दुःखद.

**चिंताजनक** *वि अंधकारपूर्ण*, आकुलताकारी, उद्वेगकर, उद्वेलक, *कठिन*, क्षोभजनक, *गंभीर*, चिंतनीय, चिंताप्रद, *दुबिधाजनक*, नाज़ुक, भयप्रद, *भारी*, विकट, व्यग्रकर, शोचनीय, ●जोखिमपूर्ण, ●समस्यात्मक, ■आशाप्रद.

**चिंतानुभूति** *सं* अभिशंका, उद्विग्नता, उद्वेग, *चिंता*, चित्तोद्विग्नता, परेशानी, बेक़रारी, बेकली, विसूरणा, वैकल्य.

**चिंताप्रद** = चिंताजनक.
**चिंतामणि** = पारस पत्थर.
**चिंतारहित** = निश्चिंत.
**चिंता विषय** = ख़तरा.
**चिंताशील** = निराशावादी.
**चिंताहीन** = निश्चिंत.
**चिंतित** = चिंतित, योजित, विचारित.

**चिंतित** *वि* अधीर, अन्यमनस्क, अशांत, अशांतचित्त, असहज, *असामान्य*, *अस्थिर*, अस्थिरचित्त, आंदोलित, आकुल, आशंकित, उत्कंठित, *उत्तेजित*, उद्भ्रांत, उद्विग्न, उन्मनस्क, कातर, क्षुब्ध, घबराया/घबराई, चलचित्त, चिंताकुल, चिंतित, त्रस्त, परेशान, फ़िक्रमंद, बेक़रार, बेकल, बेचैन, बेहाल, विकल, विक्षुब्ध, व्यग्र, व्याकुल, शंकित, सशंक, हौलदिल, ●उत्तेजित, ●दुःखी, ●भयभीत, ■निश्चिंत, ■प्रशांत.

**चिंतित अनुचिंतित** = योजित, विचारित.
**चिंत्य** = विचारणीय.
**चिंदी** = कतरन, धज्जी.

**चिंपांज़ी** *सं* अफ़्रीकी अपिवानर, शिंपांज़ी, ●अपिवानर, ●जानवर.

**चिक** = चिक़, परदा.

**चिक़** *सं* चिक, झिलमिली, द्वार पटी, बाँस तीली चिक, ●परदा.

**चिक चिक** = बकवास.
**चिकटा/चिकटी** = गंदा/गंदी.
**चिकन** = चूज़ा, पक्षी मांस.
**चिकनकारी** = कढ़ाई.
**चिकन पौक्स** = छोटी चेचक.
**चिकना** = ग्लौसी प्रिंट, सुंदर.
**चिकना/चिकनी** = अजातश्मश्रु, गंजा/गंजी, घीतेलयुक्त, प्रभावातीत, फिसलनयुक्त, रेशमी, सुकुमार.

**चिकना/चिकनी** *वि* काँचीय, घुटा/घुटी, चकाचक, चमकीला/चमकीली, चिक्कण, फिसलना/फिसलनी, मक्खनी, मखनिया, मखनी, मख़मली, मरमरी, मसृण, मोमिया, *रेशमी*, लक़दक़, साटिनी, ●कोमल, ●फिसलनयुक्त, ●समतल, ■खुरदुरा/खुरदुरी, ■ठोस, ■दानेदार.

**चिकनाई** = क्रीम, घी तेल, तेल.
**चिकनाईदार** = घीतेलयुक्त.
**चिकना करना** = चिकनाना, रेतना.
**चिकना घड़ा** = प्रभावातीत.

**चिकनाना** *क्रि घिसना*, *घोटना*, चिकना करना, रगड़ना, रदना, सूतना.

**चिकनाहट** = फिसलाहट.
**चिकनिया** = छबीला.
**चिकनी** = सुंदर स्त्री, सुंदर स्त्री.
**चिकनी चुपड़ी बात** = चाटूक्ति.
**चिकनी तोरी** = तोरी.

**चिकित्सक** *सं* इलाज करने वाला, उपचारक, चिकित्सा कर्ता, डाक्टर, दवा देने वाला, दागदर, फ़िज़ीशियन, भिषग, भिषज, मैडिकल प्रैक्टीशनर, वैद हकीम, *वैद्य*, वैद्यराज, सिद्ध, *हकीम*, ●ऐलोपैथ, ●वैद्य, ●शल्य चिकित्सक, ●हकीम, ●होम्योपैथ, ●कंपाउंडर, ●नर्स, ●नीम हकीम, ●विशेषज्ञ.

**चिकित्सा** = आरोग्य लाभ.

**चिकित्सा** *सं* आरोग्यदान, इलाज, उपचार, उपाय, ट्रीटमैंट, डाक्टरी, दवादारू, दारू दरमन, भेषज, मैडिकेशन, रोगोपचार, वैद्यक, वैद्यकर्म, वैद्यकी, स्वास्थ्य प्रदान, हिकमत, ●आयुर्वेदकि चिकित्सा, ●ऐकुपंक्चर, ●ऐलोपैथी, ●धर्म चिकित्सा, ●प्राकृतिक चिकित्सा, ●यूनानी चिकित्सा, ●रसायन चिकित्सा, ●व्यायाम चिकित्सा, ●शल्य चिकित्सा, ●होम्योपैथी, ●औषध पत्र, ■रोग.

**चिकित्सा कर्ता** = चिकित्सक.

**चिकित्साकारी** *वि* अकसीर, अगदंकर, अचूक, अच्छा/अच्छी, अमोघ, असरदार, आरोग्यकर, आरोग्यप्रद, कल्याणकर, कारगर, तासीरदार, नीरोगकर, प्रभावी, बाअसर, मुफ़ीद, रामबाण, राहतप्रद, रोगनाशक, रोगमोचक, रोगहर, *लाभप्रद*, *स्वास्थ्यप्रद*, हितकर, ●कल्याणकारी, ●स्वास्थ्यप्रद, ■रोगकारक.

**चिकित्सातीत** = अचिकित्स्य.
**चिकित्सालय** = अस्पताल, क्लीनिक.
**चिकित्सा शास्त्र** = आयुर्वेद.

**चिकित्सित** *वि* अगद, अच्छा/अच्छी, अच्छा बिच्छा/अच्छी बिच्छी, अरोग, उपचरित, चंगा/चंगी, *ठीक*, नवीकृत, नीरोग, बचा/बची, भला चंगा/भली चंगी, *रक्षित*, रोगमुक्त, *सलामत*, सेहतयाब, *स्वस्थ*, ●स्वस्थ, ■रोगग्रस्त.

**चिकित्सीय** = औषधीय.

**चिकित्सीय विशेषज्ञ** *सं* कंसल्टैंट, परामर्शक, विशिष्ट चिकित्सक, *विशेषज्ञ*, विशेषज्ञ चिकित्सक, स्पेशलिस्ट.

**चिकुटी** = चिमटी.
**चिकुरकलाप** = लट.
**चिकुरपाश** = लट.
**चिकोटी** = चकल्लस, चुटकुलेबाज़ी, व्यंग्य.

**चिकोटी** *सं* चुंगल, चुटकी, चूँट, नुँचाई, बकोटा, बुकटा, बुकट्टा, •पकड़.

**चिकोटी काटना** = बकोटना.
**चिक्कट** = अनधुला/अनधुली, गंदा/गंदी फिसलनयुक्त.
**चिक्कण** = घीतेलयुक्त, चिकना/चिकनी.
**चिक्कणी** = सुपारी.
**चिखना** = चटपटा उपाहार, चाट.
**चिखुराई** = निराई.
**चिगर** = लार्वा.
**चिचड़ी** = किलनी.
**चिचियाहट** = चहचहाहट.
**चिचोड़** = चुबलाई.
**चिज़लिंग** = उत्कीर्णन.
**चिजारा** = राजगीर.
**चिट** = कतरन, कूपन, पत्र, परचा, रसीद, संदेश.
**चिटकना** = खीजना, तड़तड़ानाा.
**चिटचिट** = तड़तड़.
**चिटनवीस** = क्लर्क, लिपिकार.

**चिट फ़ंड** *सं* किट्टी, लाटरी फ़ंड, सदस्यों में वितरण के लिए धन संकलन, •म्यूचुअल फ़ंड.

**चिट फ़ंड भागी महिलाओं द्वारा चिट निकालने की पार्टी** = किटटी पार्टी.
**चिट्टा/चिट्टी** = गौरवर्ण, बर्फ़ीला सफ़ेद, सूर्यमुखी (वर्ण).
**चिट्ठा** = ख़रीता, बिक्री बिल, ब्योरा, लेखा, लेखाचिट्ठा, वृत्तांत, शब्दचित्र, सूची.
**चिट्ठी** = आज्ञापत्र, निमंत्रण पत्र, पत्र.
**चिट्ठी पत्री** = पत्र, पत्रव्यवहार, लिखापढ़ी.
**चिट्ठीरसाँ** = डाकिया, पत्रवाहक.
**चिठिया** = पत्र.
**चिड़चिड़** = तड़तड़.
**चिड़चिड़ा/चिड़चिड़ी** = खीजा/खीजी.
**चिड़चिड़ाना** = झींकना.
**चिड़चिड़ाहट** = खीज.

**चिड़वा** *सं* चिपिटक, चिवड़ा, चौला, पोहा, पौआ, •घुँघनी, •धानी.

**चिड़ा** = नर गौरैया.
**चिड़िया** = गौरैया, नेफ़ा, पक्षी, मादा पक्षी, लक्ष्यचक्र.
**चिड़िया की आँख** = लक्ष्यकेंद्र.
**चिड़ियाख़ाना** = कोलाहलपूर्ण स्थान, चिड़ियाघर.

**चिड़ियाघर** *सं* चिड़ियाख़ाना, जंतुशाला, ज़ू, पशुवन, प्राणी उद्यान, मृगवन, •अजायबघर, •पक्षीशाला, •मछलीघर, •संग्रहालय.

**चिड़िया शिशु** = शिशु पक्षी.
**चिड़ी** = गौरैया, पक्षी, मादा पक्षी.
**चिड़ीमार** = बहेलिया.
**चिड़ीमार का टोला** = कोलाहलपूर्ण स्थान.
**चिढ़** = खीज, घृणा.
**चिढ़ना** = खीजना.
**चिढ़ा/चिढ़ी** = क्रुद्ध, खीजा/खीजी.
**चिढ़ाना** = खिजाना.
**चित** = अनुक्षितिज, धराशायी, लेटा/लेटी.

**चित** *वि* अंटाचित, उत्तान, कमर के बल, चारों ख़ाने चित्त, चारों शाने चित, ▪पट.

**चित (कुश्ती)** = ऊर्ध्वमुख.

**चितकबरा/चितकबरी** *वि* अबरस, अबलक़, कबरा/कबरी, कर्बुर, कर्मीर, चितला/चितली, चित्तीदार, चित्रल, चीतल, छींटदार, बिंदीदार, बिंदुयुक्त, बुँदकीदार, •दानेदार, •बहुरंगा/बहुरंगी.

**चित करना** = हराना.
**चितचोर** = प्रेमपात्र/प्रेमपात्रा, सुंदर.
**चितपट** = शेर बकरी.
**चितला/चितली** = चितकबरा/चितकबरी.

**चितवन** *सं* अक्षिविक्षेप, *कटाक्ष*, कनखी, चंचल चितवन, चंचल नैना, चोर आँखें, तिरछी नज़र, दृष्टिविक्षेप.

**चितसार** = चित्रशाला.
**चितसारी** = चित्रशाला.
**चित स्थिति** = पटकनी.
**चिता** = चट्टा.

**चिता** *सं* अंतशय्या, अंतिम शय्या, काष्ठ मठी, लकड़ियाँ, •श्मशान.

**चिताकर्म** = शवदाह.

**चिताग्नि** *सं* *अग्नि*, अपराग्नि, मुखाग्नि, शवाग्नि.

**चिति** = चट्टा.
**चितेरा/चितेरी** = उत्कीर्णक, चित्रकार.
**चित्** = आत्मा, चेतन मन, प्राणशक्ति.
**चित्त** = प्रवृत्ति, मन.
**चित्त अवस्था** = मूड.
**चित्त अविकार** = धैर्य.
**चित्त निवृत्ति** = तृप्ति.
**चित्तभंजन** = पस्ती.
**चित्तभ्रम** = भ्रम.
**चित्तभ्रांति** = अनर्गलता.
**चित्त विकार** = अनुभाव, मनोविकार.
**चित्त विश्लेषण** = मनोविश्लेषण.
**चित्त वृत्ति** = काव्यरस, मूड, स्वभाव.
**चित्त वैद्यकी** = मनोचिकित्सा.
**चित्ताकर्षक** = दर्शनीय, मोहक, सुंदर.
**चित्ताकर्षकता** = कैरिज़्मा.
**चित्ताकर्षण** = सम्मोहन कर्म.
**चित्ती** = आघात नील, चिह्न, पित्ती, बिंदु.
**चित्तीदार** = चितकबरा/चितकबरी, दानेदार.
**चित्ती पड़ना** = पटना.
**चित्तीय** = मनोवैज्ञानीय, मानसिक.
**चित्तोद्विग्नता** = चिंतानुभूति.
**चित्थड़** = धज्जी.
**चित्र** = चिह्न, ट्रेडमार्क, पोर्ट्रेट, प्रतीक, फ़ोटोग्राफ़, फ़ोटोप्रिंट, शब्दचित्र.

**चित्र** *सं* अक्स, इमेज, *कला*, चित्रकारी, चित्रलेखा, चित्रांकित चित्र, तस्वीर, दृश्य, नक़्श, *पट*, पिक्चर, पेंटिंग, *प्रतिबिंब*, प्रतिमा, प्रतिरूप, बिंब, •इलस्ट्रेशन, •कार्टून, •कैरिकेचर, •डिज़ाइन, •पार्श्वचित्र, •पोर्ट्रेट, •फ़ोटोग्राफ़, •भित्ति चित्र, •मूर्ति, •रेखाचित्र, •लैंडस्केप चित्र, •तूलिका, •दृष्टिक्रम, •पिक्सल, •वाल हैंगिंग.

**चित्र कंबल** = दरी.
**चित्रक** = पिक्सल, बाघ.
**चित्रकथा** = कामिक्स.
**चित्रकर्म** = चित्रांकन.

चित्रकर्मी = चित्रकार.

**चित्रकला** *सं* आर्ट, क़लमकारी, *कला*, काम, चित्रकारी, चित्रविद्या, चित्रांकन कला, फ़न, मुसव्विरी.

**चित्रकला कर्म** = चित्रांकन.
**चित्रकली** = कठपुतली खेल.
**चित्रक वन** = पौराणिक वन उपवन.

**चित्रकार** *सं* अक्कास, कमंगर, *कलाकार*, चितेरा/चितेरी, चित्रकर्मी, चित्र शिल्पी, चित्रांकन कर्मी, तूलिक, नक़्क़ाश, मुसव्विर, रंगाजीवी, लिखेरा, •तूलिका, •रूप प्रदाता.

**चित्रकारी** = गुदाई कृति, चित्र, चित्रकला, चित्रांकन.
**चित्र कैप्शन** = कैप्शन.
**चित्रक्रमेल** = जिराफ़.
**चित्रखंड पहेली** = जिगसा पहेली.
**चित्रण** = चित्रांकन, वर्णन.
**चित्रणात्मक** = चित्रात्मक.
**चित्र तमाशा** = पीपशो.
**चित्रदीर्घा** = चित्रशाला.
**चित्रपट** = सिनेमा परदा.
**चित्रपतंग** = तितली.
**चित्रपदा** = छुईमुई.
**चित्र पिच्छक** = मोर.
**चित्रफला** = ककड़ी, बैंगन.
**चित्रबिंदु** = पिक्सल.
**चित्रभानु** = सूर्य.
**चित्र भूमिका** = दृष्टिक्रम.
**चित्र में गहराई का भ्रम** = भ्रमदर्शन.
**चित्रयुद्ध** = युद्ध अभ्यास.
**चित्रल** = चितकबरा/चितकबरी, पिक्सल.
**चित्रलिखित** = चित्रित.
**चित्र लेखनी** = तूलिका.
**चित्रलेखा** = चित्र, तूलिका.
**चित्र वर्णन** = कैप्शन.
**चित्रविचित्र** = बहुरंगा/बहुरंगी, विचित्र, विविध.
**चित्रविचित्रता** = विविधता.
**चित्रविद्या** = चित्रकला.
**चित्र शार्दूल** = बाघ.
**चित्रशाल** = दृश्यावली कक्ष.

**चित्रशाला** *सं* आर्ट गैलरी, आर्ट सैंटर, कलादीर्घा, कलावीथी, चितसार, चितसारी, चित्रदीर्घा, चित्रसारी, चित्रागार, चित्रालय, दीर्घा, वीथि, वीथी, सैलून, हाल, •चित्रांकन कक्ष, •दृश्यावली कक्ष, •संग्रहालय.

**चित्र शिखंडी** = सप्तर्षि मंडल.
**चित्र शिल्पी** = चित्रकार.
**चित्रसहित** = सचित्र.
**चित्रसारी** = चित्रशाला.
**चित्र सिर के पीछे प्रकाशमंडल** = तेजोमंडल.
**चित्रांकन** = चरित्र वर्णन, फ़िल्मांकन.

**चित्रांकन** *सं* अंकन, अक्कासी, आलेखन, उरेह, चित्रकर्म, चित्रकला कर्म, चित्रकारी, चित्रण, नक़्शबंदी, रूपांकन, •चित्रकार.

**चित्रांकन कर्मी** = चित्रकार.
**चित्रांकन कला** = चित्रकला.
**चित्रांकित** = चित्रित.
**चित्रांकित चित्र** = चित्र.
**चित्रा** = खीरा, नक्षत्र सूची.
**चित्रागार** = चित्रशाला.
**चित्रात्मक** = वर्णनात्मक.

**चित्रात्मक** *वि* कल्पनात्मक, चित्रणात्मक, दृश्यात्मक, प्रतिमात्मक, बिंबात्मक, *भावोत्पादक*, *वर्णनात्मक*, व्यंजनात्मक, •कलात्मक, •भावोत्पादक, •वर्णनात्मक, •सचित्र.

**चित्रात्मक कथा** = कामिक्स.
**चित्रात्मक वर्णन** = बिंब विधान.

**चित्रालंकार** *सं* अधम काव्य, कष्टकाव्य, •शब्दालंकार.

**चित्राल** = राजा सूची भारतीय.
**चित्रालय** = चित्रशाला.
**चित्रिणी** = सुंदर स्त्री.
**चित्रित** = सचित्र.

**चित्रित** *वि* अंकित, आरूपित, आलिखित, चित्रलिखित, चित्रांकित, नक़्शबंद, रूपायित, रेखित, *लिखित*, वर्णित, *सचित्र*, सुचित्रित, •उत्कीर्ण, •सचित्र.

**चित्रीकरण** = फ़िल्मांकन.
**चित्रोक्ति** = आकाशवाणी.
**चिथड़े चिथड़े** = जीर्णशीर्ण.
**चिथड़े चिथड़े करना** = चिथाड़ना.

**चिथाड़ना** *क्रि* चिथड़े चिथड़े करना, चीरचीर करना, तारतार करना, धज्जी उड़ाना, परखचे उड़ाना, लीरे उड़ाना, •चीरना.

**चिदंबर** = नग्न.
**चिद्रूप** = अध्यात्मज्ञ.
**चिनक** = खुजलाहट, चिरमिराहट, ठिनक.
**चिनकाना** = भड़काना.
**चिनगारी** = क्रांति विस्फोट.
**चिनचिनाना** = झींकना.
**चिनचिनाया/चिनचिनाई** = खीजा/खीजी.
**चिनन** = चिनाई, चुन्नट.

**चिनना** *क्रि* *उठाना*, चिनाई करना, *जमाना*, *जोड़ना*, *रोपना*, ▪ढहाना.

**चिनाई** = चुन्नट.

**चिनाई** *सं* ईंट चिनाई, ईंट लगाई, चिनन, चुनाई, दीवार चिनाई, रद्दा, •गारा, •सीमेंट, •राज़ मज़दूर.

**चिनाई करना** = चिनना.
**चिनाब** = नदी सूची भारत उपमहाद्वीप.
**चिनाब घाटी** = कश्मीर.

**चिनार** *सं* ख़दंग, चनार, चुनार, बूना, •कश्मीर, •देवदारु.

**चिन्मय** = अध्यात्मज्ञ, ईश्वर.
**चिन्मात्र** = केवल ज्ञान.
**चिपकते आकार का** = चिपकते साइज़ का.

**चिपकते साइज़ का** *वि* अंगदर्शी, उभारदर्शी, कसा/कसी, चिपकते आकार का, चिपकवाँ, *चुस्त*, फ़िट.

**चिपकदार** = चिपचिपा/चिपचिपी.
**चिपकनशील** = चिपचिपा/चिपचिपी.

**चिपकना** *क्रि* चिपचिपाना, चिपटना, चिमटना, चिमड़ना, जकड़ना, *जुड़ना*, *पकड़ना*, *लगना*, लिसना,

•अटकना, •पकड़ना, •लगना, •सटना, ▪कटना.

**चिपकना उपरना** = जाकट.
**चिपकने वाला** = चिपचिपा/चिपचिपी.
**चिपकवाँ** = चिपकते साइज़ का.
**चिपका/चिपकी** = संलग्न.
**चिपकाना** = लीपना.

**चिपकाना** *क्रि* चपटाना, चिमटाना, *जोड़ना*, *लगाना*, लसना, लेसना, *सटाना*, साटना, •बाँधना, ▪काटना.

**चिपकू** = जीर्ण (रोग).
**चिपचिप** = सुड़कन.
**चिपचिपा/चिपचिपी** = वर्षापूर्ण.

**चिपचिपा/चिपचिपी** *वि* चिपकदार, चिपकनशील, चिपकने वाला, चिपटता/चिपटती, चिपटू, चीमड़, चेपदार, लसदार, लसलसा/लसलसी, लसीला/लसीली, लीचड़, लेसदार, श्लेषयुक्त, श्लेषी, स्टिकी, स्निग्ध.

**चिपचिपाना** = चिपकना.
**चिपचिपापन** = सीलन.
**चिपचिपाहट** = नमीदार गरमी.
**चिपटता/चिपटती** = चिपचिपा/चिपचिपी.
**चिपटना** = चिपकना.
**चिपटू** = चिपचिपा/चिपचिपी, जीर्ण (रोग).
**चिपिटक** = चिड़वा.
**चिप्पड़** = खपची, छीलन.
**चिप्पी** = खपची, परचा, लेबल.
**चिप्स** = पटेटो फिंगर्स.
**चिबलन** = चुबलाई.
**चिबलना** = चुबलाना.
**चिबलाई** = चुबलाई.
**चिबलाना** = चुबलाना.
**चिबलाहट** = चुबलाई.
**चिबिड्डी** = इक्कल दुक्कल.
**चिबिल्ला/चिबिल्ली** = नटखट.
**चिबुक** = ठोड़ी.
**चिभल** = चुबलाई.
**चिभलना** = चुबलाना.
**चिभलाई** = चुबलाई.
**चिमटना** = चिपकना.
**चिमटा** = हेअरक्लिप.
**चिमटा** *सं* *चिमटी*, संदंशक, सुचुटी, •नकचौंटी, •सँड़सा.

**चिमटाना** = चिपकाना.
**चिमटा मोड़** = तीखा मोड़.
**चिमटी** = क्लिप, चिमटा, हेअरक्लिप.

**चिमटी** *सं* चिकुटी, चुकटी, चुहँटी, नकचौंटी, •क्लिप, •चिमटा, •सँड़सा.

**चिमड़ना** = चिपकना.
**चिरंजी** = चिरजीवी.
**चिरंजीव** = चिरजीवी, पुत्र.
**चिरंजीवी** = अमर, चिरजीवी.
**चिरंटी** = किशोरी.
**चिरंतन** = अमर, अविराम, प्राचीन, शाश्वत.
**चिर** = अमर, चिरकालीन, चिरजीवी, दीर्घ काल, प्राचीन, शाश्वत.
**चिरकना** = चहचहाना, हुलसना.
**चिरकांक्षित** = इच्छित.
**चिरकाल** = दीर्घ काल, सुदूर भूतकाल.
**चिरकालिक** = चिरकालीन.
**चिरकालीन** = अमर.

**चिरकालीन** *वि* चिर, चिरकालिक, चिरस्थायी, दीर्घकालीन, •टिकाऊ, ▪अंतरिम, ▪क्षणिक.

**चिरकीन** = गंदा/गंदी.
**चिरजीवी** = अमर.

**चिरजीवी** *वि* आयुष्मान/आयुष्मती, चिरंजी, चिरंजीव, चिरंजीवी, चिर, चिरायु, दीर्घजीवी, *दीर्घायु*, पूर्णायु, शतायु, •अमर, •दीर्घायुष्काम, ▪अल्पजीवी.

**चिरटा** = नर गौरैया.
**चिरन** = आघात चिराव, खरोंच, चिराई, फटाई.
**चिरनवीन** = चिरयुवा.
**चिरना** = फटना.

**चिरना** *क्रि* *उखड़ना*, उचटना, *उतरना*, *उधड़ना*, *खुलना*, *गिरना*, छिलना, *झड़ना*, परत उतरना, •फटना.

**चिरनिद्रा** = मृत्यु.
**चिरनिद्रा में लीन होना** = मरना.
**चिरनूतन** = चिरयुवा.
**चिरपरिचित** = घर जैसा.

**चिरपरिचित** *वि* अनवीन, जाना पहचाना/जानी पहचानी, *परिचित*, पुराना/पुरानी, पुरानी जान पहचान वाला, विदित, संसृष्ट, सुपरिचित, सुविदित, •प्रसिद्ध.

**चिरमिराना** *क्रि* *काटना*, खुजलाना, चुनचुनाना, *जलना*, *लगना*.

**चिरमिराहट** *सं* *खुजलाहट*, चरचराहट, चरमराहट, चिनक, जलन, झल, झलझलाहट, •घमोरी, •ताप.

**चिरयुवा** *वि* अक्षय, अजर, अजर्य, अपरिवर्तनशील, क्षयहीन, चिरनवीन, चिरनूतन, चिरयौवनपूर्ण, जराहीन, निर्जर, यौवनपूर्ण, वृद्धताहीन, सदापर्ण, सदापुष्प, सदाप्रसून, सदाबहार, सार्वकालिक, •जवान.

**चिरयौवन** *सं* अजरा, अजर्य, जराहीनता, सदाबहार जवानी, •अमरता.

**चिरयौवनपूर्ण** = चिरयुवा.
**चिरवाई** = चिराई.
**चिरस्थायी** = अपरिवर्तनीय, चिरकालीन, टिकाऊ, शाश्वत.
**चिरस्मरण** = अविस्मरण.
**चिरस्मरणीय** = स्मरणीय.
**चिराँदा** = खीजा/खीजी.
**चिरा/चिरी** = आहत, फटा/फटी, विभाजित.
**चिराई** = फटाई.

**चिराई** *सं* अनुस्तर विभाजन, चिरन, चिरवाई, चीर्णन, तर्दन, दारण, पाटन, फटाई, फड़ाई, फाड़, विदरण, विदीर्णन, विसंस्तरण, संस्तर विभाजन, •कटाई, •तड़कन.

**चिराकांक्षित** = इच्छित.
**चिराग़** = दीपक, पुत्र.
**चिराग़ गुल** = ब्लैक आउट.
**चिराग़ जले** = सायंकाल में.

**चिरायु** = चिरजीवी.
**चिराव** = आघात चिराव.
**चिरी** = मादा पक्षी.
**चिरैया** = मादा पक्षी.
**चिरोडी** = जिप्सम.
**चिरौंजी** = मसाला सूची

**चिरौंजी** *सं* *अचार*, पियाल, पियाल बीजी, राजादन.

**चिरौंटा** = नर गौरैया.
**चिरौंटी** = गौरैया.
**चिरौरी** = गिड़गिड़ाहट, मनुहार, याचना.
**चिरौरी करना** = गिड़गिड़ाना.
**चिर्क** = पूय, विष्ठा.
**चिर्भटी** = ककड़ी.
**चिलक** = कौंध, चकाचौंध, टीस.
**चिलकता/चिलकती** = पीड़ाप्रद, पीड़ित.
**चिलकना** = चमकना, दुखना, निखरना.
**चिलकाना** = दमकाना.
**चिलकार** = डाँट.
**चिलकारा** = डाँट.

**चिलगोजा** *सं* नेजा, नेवजा, नौजा, न्योजी.

**चिलचिल** = कस्तूरक.
**चिलड़ा** = चीला.
**चिलबिल** = नटखट.
**चिलबिला/चिलबिली** = चंचल.
**चिलबिलापन** = चंचलता.

**चिलम** *सं* *नारियल*, पाइप, हुक़्क़ा चिलम, •सिगरेट, •हुक़्क़ा.

**चिलमची** *सं* डबरा, *तसला*, पखाल, बेसिन, वाश बेसिन, •टंकी, •डोंगा, •तसला.

**चिलमन** = परदा, महमिल.
**चिलम भरना** = गिड़गिड़ाना.
**चिलमीलिका** = जुगनूँ, मेघविद्युत.
**चिल्ड्रंस गार्डन** = बालोपवन.
**चिल्ल** = चील.
**चिल्लड़** = रेजगारी.
**चिल्लपों** = कोलाहल.
**चिल्लपों** = आर्तनाद.
**चिल्लर** = बख़्शीश, रेजगारी.
**चिल्लवाँस** = आर्तनाद, चीत्कार.
**चिल्ला** = चालीस समुदाय, प्रत्यंचा.
**चिल्लाता/चिल्लाती** = मनोक्षिप्त, रोता/रोती.
**चिल्लाना** = गरजना, डाँटना, पुकारना, पुकारना.
**चिल्लाहट** = आर्तनाद, आवाहन, चीत्कार, डाँट.
**चिल्ली** = झींगुर.
**चिवड़ा** = चिड़वा.
**चिहुँकना** = चौंकना.
**चिह्न** = अंक, अवशेष, कीर्तिमान, छाप, ट्रेडमार्क, तिलक, दाग़, दिशा निर्देश, पदक, पहचान चिह्न, पुट, पुरस्कार सूची, पूर्वलक्षण, प्रतीक, बिंदु, बैज, मुहर चिह्न, लेबल, शकुन, सुराग़.

**चिह्न** *सं* *अंक*, ख़त, चित्ती, *चित्र*, *छाप*, *दाग़*, निशान, नुकता, मार्क, रेख, लक्ष्म, *लांछन*, •अस्वीकृति चिह्न, •उँगली छाप, •तिलक, •दाग़, •पदचिह्न, •पहचान चिह्न, •प्रतीक, •राज्यचिह्न, •लक्ष्यकेंद्र, •स्वीकृति चिह्न.

**चिह्नधारी** = लक्षणयुक्त.

**चिह्नन** *सं* अंकन, अँकाई, दगाई, नामांकन, निशानदेही, मार्किंग, *मुद्रण*, *लेखन*, लेबलिंग.

**चिह्न मिटाना** = उजाड़ना.
**चिह्नयुक्त** = लक्षणयुक्त.
**चिह्नवारक** = दाग़वारक.
**चिह्नहीन** = सुराग़हीन.
**चिह्नात्मक** = प्रतीकात्मक.

**चिह्नित** *वि* अंकित, दगा/दगी, दग़ैल, *दग्ध*, दाग़ा/दाग़ी, नक़्श, ब्रांडिड, रेखित, लक्षित, *लांछित*, व्यंजित, सचिह्न, •अंशांकित, •दाग़दार, •मुहर लगा, •लक्षणयुक्त.

**चीं** = चहचहाहट.
**चींगा/चींगी** = चूज़ा.
**चींचपड़** = उलाहना, तकरार.
**चींचीं** = बकवास.
**चींची** = चहचहाहट.
**चींटवा** = चींटा.

**चींटा** *सं* चिंउँटा, चींटवा, पिपीलक, पीलुक, बड़ी चींटी, लूतात.

**चींटी** *सं* कीड़ी, चाँटी, पिपीलिका, लूता, वम्री, सीमिका, •दीमक, •बाँबी.

**चींटी की चाल** = मंद वेग.
**चींटी की चाल से चलना** = विचरना.
**चींटी की तरह** = मंदतः.
**चीं बोलना** = हारना.
**चीक** = कीचड़, चीत्कार.
**चीकट** = अनधुला/अनधुली, गंदा/गंदी.
**चीकाकाई** = शिकाकाई.
**चीकू** = फल.
**चीख़** = आर्तनाद, आवाहन, गर्जन, चीत्कार, डाँट, विस्मयोक्ति, संकट सूचना.
**चीख़ता/चीख़ती** = कर्कश स्वरीय, कोलाहलपूर्ण, गड़गड़ाता/गड़गड़ाती, मनोक्षिप्त, रोता/रोती.
**चीख़ना** = गरजना, पुकारना, पुकारना, रोना.
**चीख़ पुकार** = आर्तनाद, चीत्कार, तकरार.
**चीचड़ी** = किलनी.
**चीज़** = अदद, उत्पाद, कलाकृति, कृति, प्रसिद्ध, महत्त्वपूर्ण, वस्तु.

**चीज़** *सं* विलायती पनीर, •पनीर.

**चीज़ बस्त** = सामान.
**चीज़बस्त** = चल संपत्ति.
**चीड़** = काष्ठ.

**चीड़** *सं* अस्त्रफला, *कुंती*, धूप वृक्ष, पारिभद्र, पीतद्रु, भद्रदारू, शल्लकी, श्रुवा, सर्ज, सलई, सल्लकी, •देवदारु, •सरो.

**चीड़ निर्यास तारपीन** = तारपीन.
**चीतल** = चितकबरा/चितकबरी.
**चीता** = बाघ.
**चीता/चीती** = चुना/चुनी, संग्रहित, स्वीकृत.
**चीत्कार** = आर्तनाद, गर्जन, डाँट.

**चीत्कार** *सं* किल्ली, कूह, चिंघाड़, चिल्लवाँस, चिल्लाहट, चीक, चीख़, चीख़ पुकार, त्राहि त्राहि, दहाड़, मैंमैं, रोर, रोला, रौला, हाहाकार, हाहारव, •आर्तनाद, •रुदन, •सिसकी.

**चीत्कार करना** = रोना.
**चीथड़ा** = धज्जी.

**चीथड़े** *सं* कंथा, कत्तर, कथरी, गुदड़ी, गूदड़, जीर्ण परिधान, फटा पुराना कपड़ा, लत्तर, लत्ते, •उच्छिष्ट परिधान.

**चीथना** = फाड़ना.
**चीदा** = उत्तम, चुना/चुनी.

**चीन** *सं* कैथे, ख़ता (फ़ारसी), चाइना, चुंगह्वा जनमिन कुंगहोक्वो (चीनी), दिव्य साम्राज्य (पूर्व नाम), पुष्पराज्य (पूर्व नाम), मध्य राज्य (पूर्व नाम), •ताइवान, •तिब्बत, •भारत.

**चीनः राजधानी** *सं* पीकिंग (विकल्प), बीजिंग.

**चीन पिष्ट** = सीसा.
**चीन माष** = सोयाबीन.
**चीन वंग** = सीसा.
**चीनांशुक** = रेशमी वस्त्र.
**चीना बादाम** = मूँगफली.
**चीनिया बादाम** = मूँगफली.
**चीनी** = चीनी भाषा.

**चीनी** *सं* मागधी, शकर, *शर्करा*, शूगर, •ईख, •खाँड़, •गुड़, •बताशा, •बूरा, •मिसरी, •शक्कर, •शहद, •स्वीटनर.

**चीनी चूर्ण** = बूरा.
**चीनी जैसा स्वाद** = मिठास.
**चीनी नागदेव** = ड्रैगन.
**चीनीपोटे** = संतान.
**चीनी बरतन** = चीनी मिट्टी बरतन.

**चीनी भाषा** *सं चीनी*, मंदरिन, मंदरिम (पुर्तगाली), मंदरी भाषा, मंदारी.

**चीनी मिट्टी बरतन** *सं* चाइना, चाइनावेअर, चीनी बरतन, *पौटरी*.

**चीनी मिट्टी बरतन निर्माण** = पौटरी.
**चीप** = सस्ता/सस्ती.
**चीफ़** = अध्यक्ष, अपर (अधिकारी), अपराध जगत सरदार, महाप्रबंधक, मुखिया, सर्वोच्च सत्ताधारी.

**चीफ़ कमिश्नर** = राज्यपाल.
**चीफ़ कोर्ट** = उच्च न्यायालय.
**चीफ़ मिनिस्टर** = मुख्य मंत्री.
**चीमड़** = चिपचिपा/चिपचिपी.
**चीर** = ओढ़नी, झिरी, धज्जी, परिधान, वस्त्र.
**चीरचरम** = मृगचर्म.
**चीरचीर** = धज्जी धज्जी.
**चीरचीर करना** = उजाड़ना, चिथाड़ना.
**चीरना** = घोंपना, फाड़ना.

**चीरना** *क्रि* अलग करना, परत अलग करना, परत उखाड़ना, परत विभाजन करना, *फाड़ना*, भेदना, विसंस्तरित करना, •घोंपना, •चिथाड़ना.

**चीरपर्ण** = साल.
**चीरफाड़** = आपरेशन, विश्लेषण, शल्य चिकित्सा, शवपरीक्षा.
**चीरहरण** = निर्वसनन.
**चीरहीन** = अपरिधानित.
**चीरहृत** = अपरिधानित.
**चीरा** = झिरी, व्रण.

**चीरा** *सं* काट, काटा, पाछ, फ़स्द.

**चीरी** = झींगुर.
**चीर्ण** = फटा/फटी.
**चीर्णन** = चिराई, फटाई.
**चीर्णपर्ण** = नीम.

**चील** *सं* अकासी, आतापी, ऊपर वालियाँ (बहु), चिल्ल, लक़ा, शकुनि.

**चील कौवे** = कुलेख.

**चीला** *सं* उलटा, चिलड़ा, पोतला, •उत्तपम, •डोसा.

**चीलिका** = झींगुर.
**चीलू** = खूबानी.
**चीवर** = ओढ़नी, परिधान.
**चीस** = टीस.
**चीसता/चीसती** = पीड़ाप्रद.
**चीसना** = दुखना.
**चुंगल** = चंगुल, चिकोटी.
**चुंगह्वा जनमिन कुंगहोक्वो (चीनी)** = चीन.
**चुंगी** = चुंगी कर, नगरसभा.

**चुंगी कचहरी** = नगरसभा.

**चुंगी कर** *सं* चुंगी, महसूल, राहदारी, •कर, •तटकर.

**चुंगी चोर** = तस्कर.
**चुंगी चोरी** = तस्करी.
**चुंगी तस्कर** = तस्कर.
**चुँटना** = नुँचना.
**चुंडी** = चुटिया, शिखा.
**चुँदरी** = ओढ़नी.
**चुंदी** = चुटिया.
**चुँधा/चुँधी** = अदूरदर्शी.

**चुँधियाना** *क्रि* आँख न जमना, चकाचौंध करना, चकाचौंध होना, *चमकाना*, चौंधाना, चौंधियाना, •चमकना.

**चुंबक** = आकर्षण, चुंबक पत्थर.
**चुंबकतापूर्ण** = चुंबकीय.

**चुंबक पत्थर** *सं* अयस्कांत, चुंबक, मक़्नातीस, लोहमणि, •लौह चुंबक.

**चुंबकित** = मोहित.
**चुंबकीय** = आकर्षक, प्रलोभनकारी, मोहक.

**चुंबकीय** *वि आकर्षक*, कर्षी, चुंबकतापूर्ण, प्रकर्षक, मख़्नातीसी, •गुरुत्वाकर्षणीय, ■अचुंबकीय.

**चुंबन** *सं* अधरपान, किस, चुमकार, चुमकार पुचकार, चुम्मा, चुम्मी, चूमाचाटी, पप्पी, मिट्ठी, मुखपान, •आलिंगन.

**चुंबी (जैसेः गगनचुंबी)** = स्पर्शी.
**चुअन** = स्राव.
**चुअना** = रिसना.
**चुआन** = नदी उद्गम, नहर.
**चुआना** = दुहना.
**चुआया/चुआई** = आसवित.
**चुकंदर** = सागसब्ज़ी.
**चुकटी** = चिमटी, पकड़.

**चुकता** *वि* अदा, चुकाया/चुकाई, दत्त, निपटा/निपटी, परिशुद्ध, पेड, *प्रदत्त*, बेबाक, भुगताया/भुगताई, शोधित, साफ़, सिद्ध, •एकबारगी,

•क़िस्तवार, •क्षतिपूर्त, •पूर्वदत्त, ▪देय, ▪प्राप्त, ▪लिया/ली.

**चुकता करना** = चुकाना, चुकाना.
**चुकतान** = भुगतान.
**चुकताना** = चुकाना.
**चुकने वाला** = परिगणनीय.
**चुकरू** = चकोर.
**चुका/चुकी** = अनवशिष्ट, थका/थकी, समाधानित.
**चुकाई** = भुगतान.
**चुकाना** = ख़र्चना.

**चुकाना** *क्रि* अदा करना, *उतारना*, क़ीमत चुकाना, चुकता करना, चुकताना, *देना*, निपटाना, निबटाना, पटाना, *भरना*, भुगतान करना, भुगताना, मूल्य देना, लहना पटाना, साफ़ करना, सोधना, •ख़रीदना, •ख़र्चना, •देना, ▪उगाहना.

**चुकाया/चुकाई** = चुकता.
**चुकौती** = भुगतान.
**चुकौनी** = भुगतान.
**चुक्कड़** = कुल्हड़.
**चुक्र** = काँजी, चूक.
**चुक्रिका** = इमली.
**चुक्रिम** = खट्टा/खट्टी.
**चुक्रिमा** = खटास.
**चुगन** = चुगाई, चुनन.

**चुगन** *सं* चुगाई, चुग्गा.

**चुगना** *क्रि* *उठाना*, *काढ़ना*, *चुनना*, *निकालना*, बीनना, •छानना, •फटकना.

**चुग़ल** = चुग़लख़ोर.

**चुग़लख़ोर** *सं* कनफुसका/कनफुसकी, कर्णेजप, कुचरा/कुचरी, कुटना/कुटनी, ख़बरुआ, गुरिंदा, चुग़ल, चुग़लीख़ोर, द्विजिह्व, भंडाफोड़ू, भेदिया, मुख़बिर, *विश्वासघाती*, शिकायती टट्टू, •गुप्तचर, •निंदक, •सूचनादाता, ▪खुशामदी.

**चुग़लख़ोरी** *सं* कानभराई, *चुग़ली*, पट्टी पढ़ाई, पृष्ठमांसादन, बरग़लाई, मुख़बिरी, लगाई बुझाई, लगाई लतरी, •छिद्रान्वेषण, •विश्वासघात, •शिकायत, ▪खुशामद, ▪प्रशंसा.

**चुग़ली** = चुग़लख़ोरी.

**चुग़ली** *सं* कनफुसकी, गर्हा, टाँच, परोक्ष गर्हणा, फ़ब्ती, *विश्वासघात*, *शिकायत*, सरगोशी, •गुप्तचर्या, •निंदा, •विश्वासघात, ▪चाटूक्ति, ▪प्रशंसा.

**चुग़लीख़ोर** = चुग़लख़ोर.
**चुगस** = चुनन.
**चुगा** = पक्षी आहार.
**चुगाई** = चुगन.

**चुगाई** *सं* *चयन*, *चुगन*, बिनाई, बीन, •फटकाई, ▪छँटाई.

**चुग्गा** = आखेट चारा, ग्रास, चुगन, चुनन, पक्षी आहार, प्रोत्साहक वस्तु, लुभाव.
**चुचुआना** = रिसना.
**चुचुहाना** = रिसना.
**चुटकपुटक** = उपाहार.
**चुटकला** = चुटकुला.
**चुटकी** = अल्पकाल, कटाक्ष, क्लिप, चकल्लस, चिकोटी, चुटकुला, चुटकुलेबाज़ी, व्यंग्य, हास्योक्ति.
**चुटकी बजाते** = तत्काल.
**चुटकी से तोड़ना** = नोचना.
**चुटकुला** = फ़िलर.

**चुटकुला** *सं* *क़िस्सा*, चुटकला, चुटकी, जोक, लतीफ़ा, शगूफ़ा, •चकल्लस, •विनोद, •हँसी, •हास्योक्ति.

**चुटकुलेबाज़** *सं* खिल्लीबाज़, चकल्लसी, चुहलबाज़, *जोकर*, दिल्लगीबाज़, बहिर्मुखी, मसख़रा, वासंतिक (प्रा), *विट*, हँसमुख, *हँसोड़*, हसमुख, •विदूषक.

**चुटकुलेबाज़ी** *सं* खिल्लीबाज़ी, *चिकोटी*, चुटकी, चुहल, चुहलबाज़ी, छेड़खानी, छेड़छाड़, ठट्ठा, दिल्लगी, नोकझोंक, मखौल, लतीफ़ागोई, *वाक्केलि*, *शरारत*, हँसीठिठोली, •चकल्लस, •विदूषकता, •हँसोड़पन.

**चुटपुट** = उपाहार.
**चुटरपुटर** = उपाहार.
**चुटिया** = चोटी, शिखा.

**चुटिया** *सं* चुंडी, चुंदी, *चोटी*, पुरुष केश शिखा, शिखासूत्र, •केशगुच्छ, •जूड़ा.

**चुटीलना** *सं* चुटीला, चौंरी, पराँदा, बंध, •चोटी, •जूड़ा, •हेअर क्लिप.

**चुटीला** = चुटीलना.
**चुटीला/चुटीली** = चुभनशील.
**चुटैल** = आहतिकारक.

**चुड़िहार** *सं* चुड़िहारा/चुड़िहारिन, चुड़ीहार, चुड़ीहारा/चुड़ीहारी, चूड़ीकर्मी, चूड़ी पहनाने वाला, चूड़ी वाला/चूड़ी वाली, मणिहार, मनिहार/मनिहारिन, मनिहार/ मनहारी, लखेरा/लखेरिन, लहेरा/लहेरिन.

**चुड़िहारा/चुड़िहारिन** = चुड़िहार.
**चुड़ीहार** = चुड़िहार.
**चुड़ीहारा/चुड़ीहारी** = चुड़िहार.
**चुड़ैल** = चंडालिनी, डाकिनी, भूतनी.
**चुनक** = ठिनक.
**चुनचुनाना** = चरमराना, चिरमिराना.

**चुनन** *सं* *चुगन*, चुगस, चुग्गा, चुनस, छाँट, बिनन, बिनस, •छनस.

**चुनना** = चुगना.

**चुनना** *क्रि* अलग करना, चयन करना, छाँट कर रखना, *छाँटना*, बरना, वरना, •चुगना.

**चुनने योग्य** = चयनीय.
**चुनने वाला** = चयन कर्ता.
**चुनरिया** = ओढ़नी.
**चुनरी** = ओढ़नी.
**चुनवाँ** = उत्तम.
**चुनस** = चुनन.
**चुनाँचे** = इस लिए, फलस्वरूप.
**चुना/चुनी** = उत्तम, कुटिल, नियुक्त, निर्वाचित, पसंद, स्वीकृत.

**चुना/चुनी** *वि* चयनकृत, चयनित

 (प्रा) प्राचीन शब्द, अब अप्रचलित - *तिरछे* शब्द स्वतंत्र शीर्षक भी हैं •सपर्याय ▪विपर्याय

(नया प्रचलन), चयित, चीता/चीती, चीदा, चुनिंदा, छँटा/छँटी, मुंतख़ब, वरित, *स्वीकृत*, •उत्तम, •कलात्मक, •निर्वाचित, •पसंद, ▪अस्वीकृत, ▪रद्दीकृत.

**चुनाई** = चयन, चिनाई, निर्वाचन.
**चुनार** = चिनार.
**चुनाव** = चयन, नियुक्ति, निर्वाचन, मतदान, विकल्प.

**चुनाव अध्ययन** *सं* गैलप पौल, जनमत अध्ययन, जनमत सर्वे, जनमत सर्वेक्षण, मत संकलन, विचार सर्वे, *सर्वे*, सैफ़ोलाजी, •जनमत संग्रह.

**चुनाव अध्येता** *सं* चुनाव विश्लेषक, जनमत आकलन कर्ता, जनमत विश्लेषक, जनमत सर्वेक्षक, रुझान विश्लेषक, *विश्लेषक*.

**चुनाव उम्मीदवार** = निर्वाचन प्रत्याशी.
**चुनाव क्षेत्र** = निर्वाचन क्षेत्र.
**चुनाव विश्लेषक** = चुनाव अध्येता.
**चुनिंदा** = उत्तम, चयनीय, चुना/चुनी, संग्रहणीय, संग्रहित.
**चुनौती** = आपत्ति, कठिन कार्य, खंडन, धमकी, विवाद, समस्या.

**चुनौती** *सं आवाहन*, आह्वान, चेलैंज, ललकार, सिंहध्वनि, हँकराव, हाँक, हुंकार, होड़, •चेतावनी, •दावा, •प्रतियोगिता.

**चुनौती देना** = खेलना, ललकारना.
**चुनौतीपूर्ण** = कठिन.

**चुनौतीपूर्ण** *वि कठिन*, *कठोर*, कड़ियल, चुनौती भरा, दुस्साध्य, परिश्रमसाध्य, परीक्षापूर्ण, ललकारपूर्ण, •ख़तरनाक, •जोखिमपूर्ण, •श्रमसाध्य, •समस्यात्मक, ▪सहज.

**चुनौती भरा** = चुनौतीपूर्ण.

**चुन्नट** *सं* क्रीज़, गुझरौट, गौफ़र, चिनन, चिनाई, चूड़ी, *प्लेट*, *शिकन*, •कारुगेशन, •तह.

**चुन्नी** = ओढ़नी.
**चुन्नू** = शिशु.
**चुन्नूमुन्नू** = संतान.
**चुप** = अवाचाल, ध्वनिहीन, निरुत्तर, वाचा प्रतिबंधित.
**चुप करना** = बहलाना.
**चुपकी** = मौन.
**चुपके से** = चोरी छिपे.
**चुपचाप** = चोरी छिपे.

**चुपड़ना** *क्रि छूना*, पोतना, *लगाना*, लेपना, •लीपना.

**चुपड़ा/चुपड़ी** = घीतेलयुक्त.
**चुप रहना** = सहना.
**चुप रहने वाला** = मौनावलंबी.
**चुपाया/चुपाई** = वाचा प्रतिबंधित.
**चुप्पा/चुप्पी** = वाक्संयमी, स्वल्पभाषी.
**चुप्पी** = अध्वनि, अस्पष्टवादिता, भावगोपन, मौन.
**चुबलन** = चुबलाई.
**चुबलना** = चुबलाना.
**चुबलाई** = स्तनपान.

**चुबलाई** *सं* चचोड़, चिचोड़, चिबलन, चिबलाई, चिबलाहट, चिभल, चिभलाई, चुबलन, चुभलाई, पपोल, पपोलन, पुपलाई, •आचूषण, •स्तनपान.

**चुबलाना** *क्रि* चचोड़ना, चिबलना, चिबलाना, चिभलना, चुबलना, चुभलाना, टुघलाना, पपोलना, •चाटना, •चूसना.

**चुभता/चुभती** = अतिशीतल, उच्चस्वरीय, कँटीला/कँटीली, कनकना/कनकनी, कर्कश स्वरीय, चुभनशील, तीक्ष्ण, निंदात्मक, पीड़ाप्रद, व्यंग्यात्मक, शीतकालीन.
**चुभती बात** = कटाक्ष.
**चुभन** = कंटक, वैमनस्य.

**चुभन** *सं* कंटकन, कचोट, कोंच, ख़लिश, खुबन, खोब, गड़न, घुँपन, घुसन, •धार, •नोक, •फला.

**चुभनशील** = पीड़ाप्रद.

**चुभनशील** *वि* कंटकीय, कँटीला/कँटीली, काटता/काटती, गँसीला/गँसीली, घुसता/घुसती, चुटीला/चुटीली, चुभता/चुभती, *तीक्ष्ण*, तीखा/तीखी, पैना/पैनी, प्रखर, *वेधक*, सालता/सालती, सूलता/सूलती, •खुरदुरा/खुरदुरी, ▪खुट्टल.

**चुभना** = दुखना.

**चुभना** *क्रि* कचोटना, *काटना*, कुँचना, खलना, खुबना, गड़ना, *घुसना*, *दुखना*, *धँसना*, *पैठना*, *लगना*, सालना, सूलना, हूकना, •काटना, •घोंपना, •बकोटना.

**चुभना/चुभनी** = तीक्ष्ण.
**चुभलाई** = चुबलाई.
**चुभलाना** = चुबलाना.
**चुभाना** = कोंचना.

**चुभाना** *क्रि काटना*, कुचाना, *कोंचना*, गड़ाना, गोदना, घुसाना, *घोंपना*, चुभोना, *वेधना*, हूलना, •घोंपना, •बकोटना.

**चुभोना** = चुभाना.
**चुमकार** = चुंबन, लाड़.
**चुमकारना** = बहलाना.
**चुमकार पुचकार** = चुंबन.
**चुम्मा** = चुंबन.
**चुम्मी** = चुंबन
**चुरकना** = चहचहाना.
**चुरकुट** = चूरा.
**चुरकुस** = चूरा.
**चुरस** = शिकन.

**चुरा/चुरी** *वि अपहृत*, आहृत, खोया/खोई, गँवा/गँवी, चुराया/चुराई, चोरी गया/चोरी गई, विलुप्त, हरा/हरी, हृत.

**चुराई** = चोरी.
**चुराना** = छिपाना.

**चुराना** *क्रि* अपहरण करना, *उड़ाना*, उड़ा लेना, ग़ायब करना, चंपत करना, चोरी करना, तिड़ी करना, *मारना*, मूसना, *लूटना*, हरना, •छीनना, •ठगना, •लूटना.

**चुरापन** = विलब्धि.
**चुराया/चुराई** = चुरा/चुरी.

**चुरुट** = सिगार.
**चुलचुलाना** = रिसना.
**चुलचुलाहट** = खुजलाहट.
**चुलचुली** = खुजलाहट.
**चुलबुला/चुलबुली** = चंचल, नटखट.
**चुलबुलापन** = चंचलता.
**चुलबुलाहट** = छटपटाहट.
**चुलाई** = आसवन.
**चुलाना** = टपकाना.
**चुलाव** = तहरी.
**चुल्लू** = अंजलि.
**चुल्हा** = चूल्हा.
**चुसकी** = आचूषण, कश, घूंट.

**चुसकी** *सं* चुसौअल, चूस, छोटा घूँट, सोख, •घूँट, •ढकोस, •सुड़क.

**चुसकी भरना** = चटखारना.
**चुसकी लेना** = चटखारना.
**चुसनी** = निपल, स्तनाग्र.

**चुसनी** *सं* *धुंडी*, बच्चों को बहलाने की चुसनी, •दूध बोतल.

**चुसाई** = आचूषण.
**चुसौअल** = आचूषण, चुसकी.
**चुस्त** = अनुभवी, अविलंबी, उत्साही, कुशाग्रबुद्धि, चिपकते साइज़ का, छरहरा/छरहरी, छिलका, द्रुत, प्रबंधित, बुद्धिमान, भूसा, शोभनीय, सक्रिय, सावधान.

**चुस्त** *वि* अनलस, उत्साहपूर्ण, *उत्साही*, ऊर्जस्वी/ऊर्जस्विनी, ओजस्वी, कर्मठ, कर्मण्य, कर्मशील, क्रियाशील, क्षिप्र, गतिशील, *चटक*, चल, चाक़चौबंद, चेतन, जागता/जागती, जीवंत, जोशीला/जोशीली, *ताज़ा*, तेज़, तेज़दम, *तेजस्वी*, *द्रुत*, प्रफुल्ल, प्राणवान, फ़ास्ट, फुरतीला/फुरतीली, मुस्तैद, *सक्रिय*, *सचल*, सचेतन, सजीव, सप्राण, समुत्साही, सरगर्म, *स्पंदनशील*, स्फूर्त, स्मार्ट, •अनथका/अनथकी, ▪आलसी, ▪थका/थकी, ▪पस्त, ▪फिसड्डी, ▪शिथिलकाय.

**चुस्त दुरुस्त** = छरहरा/छरहरी, स्वस्थ.

**चुस्ता** = शिकन.
**चुस्ती** = दक्षता, बुद्धिमत्ता, हाज़िरजवाबी.

**चुस्ती** *सं* अम्लानता, आवेग, *उत्साह*, उत्साहपूर्णता, उद्वेग, उमंग, *ऊर्जा*, ओजस्विता, कर्मठता, कर्मण्यता, क्षिप्रकारिता, *गर्मजोशी*, गर्मदिली, चुस्ती फुरती, चेतनता, *चेतना*, जान, ज़िंदादिली, जीवंतता, ज़ोर, जोश, ताज़गी, तेज, तेजस्विता, तेज़ी, द्रुतकारिता, प्रफुल्लता, फ़ास्टनैस, फुरती, फुरतीलापन, मुस्तैदी, *रवानी*, लाघव, विस्फूर्ति, शिताबी, शीघ्रकारिता, शीघ्रता, सक्रियता, सचेतनता, सजीवता, सुबुकदस्ती, स्फूर्ति, स्मार्टनैस, •उत्साह, ▪आलस, ▪आशा, ▪पस्ती, ▪विलंब.

**चुस्ती फुरती** = चुस्ती.
**चुहँटी** = चिमटी.
**चुहचुहाता/चुहचुहाती** = रसीला/रसीली, स्रावशील.
**चुहचुहाना** = चहचहाना, रिसना, हुलसना.
**चुहचुहिया** = चरखी झूला.
**चुहल** = चुटकुलेबाज़ी, वाक्केलि.
**चुहलबाज़** = चुटकुलेबाज़, विट, विनोदी.
**चुहलबाज़ी** = चकल्लस, चुटकुलेबाज़ी.

**चुहिया** *सं* अंजनिका, अंजलिका, गिरिका, चूही, छोटा चूहा, मूषा, मूषिका, •चूहा.

**चूँ** = चरखी झूला.
**चूँकि** = इस लिए.
**चूँघना** = चूसना.
**चूँचूँ** = उलाहना, चहचहाहट.
**चूँचूँ का मुरब्बा** = कोलाहलपूर्ण स्थान, विविधा.
**चूँट** = चिकोटी.
**चूँटना** = नोचना, बकोटना.
**चूक** = असावधानी, ग़लती, भूल, मार्गभ्रम, लक्ष्यच्युति.

**चूक** *सं* चुक्र, रसाम्ल, शाकाम्ल.

**चूक ख़ता** = भूल.
**चूक जाना** = चूकना.

**चूकना** = हिचकना.

**चूकना** *क्रि* कमी रह जाना, ख़ाली जाना, चूक जाना, बहकना, बिचलना, भरमना, लक्ष्य चूकना, लक्ष्यच्युत होना, लटपटाना, ▪निशाना लगना.

**चूकहीन** = ठीक.
**चूका/चूकी** = ग़लत, दिशाहीन, लक्ष्यच्युत.
**चूको** = चौलाई साग.
**चूची** = निपल, स्तनाग्र.
**चूचुक** = स्तनाग्र.
**चूचुहाना** = रिसना.
**चूचुहाहट** = स्राव.
**चूज़ा** = नवजात पक्षी, पक्षी मांस, शिशु पक्षी, सुंदर स्त्री.

**चूज़ा** *सं* कुक्कुटरेक, चिंगना/चिंगनी, चिकन, चींगा/चींगी, मुरगी शिशु, शिशु मुरगी, •शिशु पक्षी.

**चूड़ा** = उच्चबिंदु, कड़ा, कलगी, चंडाल, जूड़ा, मस्तक, शिखा.
**चूड़ाकरण** = मुंडन संस्कार.
**चूड़ाकर्म** = मुंडन संस्कार, सोलह संस्कार सूची.

**चूड़ामणि** *सं* उत्तंस, शिखामणि, शिरोमणि, शिरोरत्न, सीसफूल.

**चूड़ामणि** = उत्तम, उत्तम व्यक्ति या वस्तु, पराकाष्ठागत, प्रसिद्ध व्यक्ति.
**चूड़ी** = चंडालिनी, चुन्नट, पेच चूड़ी.

**चूड़ी** *सं* *कड़ा*, छल्ला, बैंगल, •कलाई, •चुड़िहार, •सुहाग चूड़ी.

**चूड़ीकर्मी** = चुड़िहार.
**चूड़ीदार** = पेचदार.
**चूड़ीदार कील** = पेच.
**चूड़ी पहनाने वाला** = चुड़िहार.
**चूड़ी वाला/चूड़ी वाली** = चुड़िहार.
**चूता/चूती** = छिद्रिल, स्रावशील.
**चून** = आटा, चूरा.
**चून चबारा** = अनाज गोदाम.
**चूनम** = चूना.
**चूनर** = ओढ़नी.
**चूना** = टपकना, रिसना.

**चूना** *सं* कैल्शियम, चूनम, शिला

क्षार, सौध, •खड़िया, •प्लास्टर आफ़ पैरिस, •सीमैंट.

**चूना पुताई** *सं* क़लई, सफ़ेदी, सुधालेप.

**चूनी** = चूरा, बूर.
**चूमचुमकार** = लाड़.
**चूमना** = दुलारना.
**चूमाचाटी** = चुंबन.
**चूर** = चूरमा, चूरा, चूर्णित, तल्लीन, थका/थकी, पिसा/पिसी, मदव्यग्रस्त, मदिरोन्मत्त.
**चूरचूर** = चूर्णित, टूटा/टूटी, नष्ट, पिसा/पिसी.
**चूरन** = चूरा.

**चूरन** *सं* औषधिक चूर्ण, चूर्ण, *बुकनी*, •पाचक औषध.

**चूरमा** *सं* चूर, चूर*ा*, चूर्ण, मलीदा, •क़ीमा.

**चूरा** = चूरमा.

**चूरा** *सं आटा*, *कण*, कणी, कनकी, कनी, *कस*, कुट, कुतरन, कूट, *खंड*, चुरकुट, चुरकुस, चून, चूनी, चूर, *चूरन*, चूरी, चूर्ण, चूर्ण, *दर्रा*, पीसा, *बुकनी*, बुरका, बुरादा, बुरादा, *बूर*, *बूरा*, भरकस, भुरकस, भुरकुट, भुरकुस, भूरा, मलीदा, *रेत*, •कण, •धूल.

**चूरा करना** = कूटना, घिसना, घोटना, तोड़ना, पीसना, रौंदना.
**चूरी** = चूरा.
**चूर्ण** = चूरन, चूरमा, चूरा, चूरा, पिसा/पिसी, बुकनी.
**चूर्णकार** = कुटनहार.
**चूर्णन** = पिसाई.

**चूर्णन** *सं* कणीकरण, कुटाई, *खंडन*, खंडीकरण, तुड़ाई, दरदराई, दलन, दलाई, पिटाई, पिसाई, *भंजन*, मर्दन, रुँदाई, विखंडन, *विघटन*, विदीर्णन, संक्षोद, •इमामदस्ता, •खरल, •चक्की, •सिल बट्टा.

**चूर्णित** = पिसा/पिसी.

**चूर्णित** *वि* अवचूर्णित, कणीकृत, *कस*, *खंड खंड*, खंडित, चकनाचूर, चूर, चूरचूर, निष्पिष्ट, पिष्ट, पिसा/पिसी, बूर बूर, भुरभुरा/भुरभुरी, विखंडित, विघटित, विदलित, •कुटा/कुटी, •दरदराया/दरदराई, •रुँदा/रुँदी.

**चूल** = अक्ष.

**चूल** *सं* कपाट चूल, कीली, धुरी, •कपाट क़ब्ज़ा, •चक्रण बिंदु.

**चूल कीला** = अक्षदंड.
**चूल चक्रण** = चक्रावर्तन.
**चूलदंड** = अक्षदंड.
**चूल्हा** = स्टोव.

**चूल्हा** *सं* अंती, कुहन, चुल्हा, चौका, पाकस्थान, •अँगीठी, •अलाव, •आवाँ, •ओवन, •कुकिंग रेंज, •तंदूर, •भट्ठा, •भट्ठी, •भाड़, •स्टोव.

**चूल्हा गैस** = ईंधन गैस.
**चूल्हा मोड़** = यू टर्न.
**चूषण** = अवशोषण, आचूषण.
**चूस** = अवशोषण, आचूषण, चुसकी.
**चूसन** = आचूषण.
**चूसना** = चाटना, सोखना.

**चूसना** *क्रि खींचना*, खोखला करना, चूँघना, चोखना, *सोखना*, •चाटना, •चुबलाना.

**चूहा** *सं* आखनिक, आखु, खनक, गणेशवाहन, मूष, मूषक, मूस, मूसरचंद, *मूसा*, •चुहिया, ▪बिल्ली.

**चूहादान** *सं* चूहादानी, चूहेदान, चूहेदानी, मूसदानी, •पाश, •पिंजरा.

**चूही** = चुहिया.
**चूहेखानी** = बिल्ली.
**चूहेदान** = चूहादान.
**चूहेदानी** = चूहादान.
**चेंज** = रेजगारी.
**चेंदुआ** = शिशु पक्षी.
**चेंपें करना** = खीजना, झींकना.
**चेअर** = कुरसी.
**चेकितान** = ज्ञाता, ज्ञाता.

**चेचक** *सं देवी*, बड़ी चेचक, बड़ी माता, बृहन्मसूरिका, मसूरिका, *महामारी*, *माता*, मातृका, *शीतला*, शीतला माता, स्माल पौक्स, •छोटी चेचक.

**चेचक माई** = शीतला.
**चेज़िंग** = उत्कीर्णन.
**चेट** = कुटना, दास, भाँड़.
**चेटक** = कुटना, दास.
**चेटकी** = बाज़ीगर.
**चेटिका** = दासी.
**चेटी** = दासी.
**चेट्टी** = सेठ.
**चेड, चेडक** = कुटना.
**चेत** = अनुभूति, बुद्धि, बोध, मन, स्मृति.
**चेतक** = सचेतक.
**चेतकी** = चमेली.
**चेतता** = चेतना.
**चेतन** = अविलंबी, उत्साही, चुस्त, चेतन मन, जाग्रत, जैव, प्रबुद्ध, श्वासयुक्त, सक्रिय, सचेत, सावधान.

**चेतन जगत** *सं* अनुभूति जगत, कार्बनिक पदार्थ, चर जगत, *जैव पदार्थ*, प्राणी और वनस्पति, भूसर्ग, सजीव जगत, सर्ग, सेंद्रिय जगत, •जीव समष्टि, ▪जड़ पदार्थ.

**चेतन तत्त्व** = प्राणशक्ति.
**चेतनता** = चुस्ती, चेतना.
**चेतन पदार्थ** = जैव पदार्थ.

**चेतन मन** *सं* इंद्र, चित्, चेतन, *चेतना*, चेतना शक्ति, चैतन्य, जाग्रत मन, *ज्ञानेंद्रिय*, प्रज्ञा, मनश्चेतना, *विवेक*, *संज्ञा*, •अचेतन मन, •अधिचेतन मन, •अवचेतन मन, •मनसिजा.

**चेतना** = अनुभूति, चुस्ती, चेतन मन, जागना, जीवन, ज्ञान, ज्ञानेंद्रिय, दम, प्रयास, प्राणशक्ति, बुद्धि, बोधोदय.

**चेतना** *सं* आपा, चेतता, चेतनता, जागरूकता, जाग्रतता, जीवंतता, बाहोशी, सचेतता, सुधबुधयुक्तता, होश, •अनुभूति, •ज्ञानेंद्रिय, •बोध, ▪निस्संज्ञता.

**चेतनाप्रद** = उत्साहप्रद, स्वास्थ्यप्रद.

**चेतनायुक्त** = सचेत.
**चेतना वाहिका** = नस.
**चेतना शक्ति** = चेतन मन.
**चेतनाहारी** = संज्ञाहर औषध.
**चेतनाहीन** = अचेत.
**चेतना होना** = जीना.
**चेतयुक्त** = सचेत.
**चेतवाहिनी** = नस.
**चेता** = नस.
**चेताना** = धमकाना.

**चेताना** *क्रि* आँख खोलना, आगाह करना, *उठाना*, *चौंकाना*, चौकस करना, *जगाना*, *बताना*, सावधान करना, होशियार करना, •धमकाना, ▪चपराना, ▪भरमाना.

**चेताने वाला** = सचेतक.
**चेतावनी** = धमकी, संकट सूचना.

**चेतावनी** *सं* आगाही, ताकीद, *धमकी*, नोटिस, वार्निंग, •चुनौती, •तर्जन, •पूर्वसूचना.

**चेतावनी घंटी** = संकट सूचना.
**चेतिनी** = नस.
**चेत्य** = ज्ञेय.
**चेन** = कंठमाला, करधनी, क्यू, ज़ंजीर, पंक्ति, साँकला.
**चेन्नै** = तमिल नाडुः राजधानी.
**चेप** = गोंद, वैक्सीन.
**चेपदार** = चिपचिपा/चिपचिपी.

**चेपव्य** *सं* चोंप, पेस्ट, लस, *लेस*, श्लेषव्य, •गोंद, •लेई, •सरेश, •सीमैंट, •सैलो टेप.

**चेपी** = परचा.
**चेय** = चयनीय.
**चेयर** = पद.
**चेयरमैन** = राज्याध्यक्ष, राष्ट्रपति, सभापति.
**चेल** = परिधान.
**चेला** = धार्मिक शिष्य.
**चेला/चेली** = नौसिखिया, प्रशिक्षु, शिष्य.
**चेले चपाटे** = अनुगामी दल.
**चेले चाँटे** = अनुगामी दल.
**चेलैंज** = चुनौती.
**चेलैंज देना** = ललकारना.
**चेष्टा** = अनुभाव, कोशिश, गतिविधि, प्रयास, भंगिमा, संचलन.
**चेष्टाशीलता** = साधना.
**चेष्टाहीन** = प्रयासहीन.
**चेहरा** = अगवाड़ा, मुखमंडल, मुखौटा, हुलिया.
**चेहरा मोहरा** = मुखमंडल, हुलिया.
**चेहलक़दमी** = मंद वेग.

**चेहलुम** *सं* चालीसवाँ, •तेरहवीं.

**चैंपियन** = दक्ष व्यक्ति, प्रतिपादक, प्रशंसक, मतानुगामी, महारथी, विजेता.
**चैंबर** = कमरा.

**चैकअप** *सं* अंतर्परीक्षण, अंतर्परीक्षा, जाँच, जाँच पड़ताल, टैस्ट, डाक्टरी परीक्षा, *परीक्षा*, मुआयना, मैडिकल चैकअप, मैडिकल टैस्ट, रोग परीक्षा, •रोग निदान.

**चैकिंग** *सं* जाँच, जाँच पड़ताल, नज़र, निरीक्षण, पड़ताल, *परीक्षण*, *परीक्षा*, •इंस्पैक्शन, •क्रौस चैकिंग, •तथ्यान्वेषण.

**चैत** = चैत्र मास.
**चैतन्य** = अनुभूति, आत्मा, ईश्वर, चेतन मन, प्राणशक्ति, सचेत, स्पर्शानुभूतियुक्त.
**चैतन्ययुक्त** = सचेत.
**चैतन्यहीन** = अजैव.
**चैती** = रबी फ़सल, वसंती.
**चैत्य** = जैन मंदिर, जैन मठ, देवमूर्ति, पीपल, बौद्ध मठ, मंदिर, मठ, विहार, स्तूप, स्मारक.
**चैत्यद्रु** = पीपल.
**चैत्य वृक्ष** = पीपल.
**चैत्यस्थान** = पवित्र स्थान.
**चैत्र** = चैत्र मास, भारतीय मास सूची, मंदिर.

**चैत्र मास** *सं* चैत, चैत्र, पुष्पमास, फाल्गुनानुज, *मधुमास*, वसंत दूत, सुरभि, सुरभि मास.

**चैत्र वैशाख** = वसंत.
**चैत्रसख** = कामदेव.
**चैन** = राहत, विश्राम, सुख.
**चैनल** = जलडमरूमध्य, समुद्री नहर.
**चैनुआ** = शिशु पक्षी.
**चैपल** = गिरजाघर.
**चैप्टर** = अध्याय.
**चैरिटी** = दान, धर्मादा.
**चैरिटेबल** = धर्मार्थ.
**चैरी** = फल.
**चैरुब** = फ़रिश्ता.
**चैल** = वस्त्र.
**चैला** = छीलन.
**चैलिक** = कटपीस.
**चैस** = शतरंज.
**चैस्ट** = अलमारी, वक्ष.
**चैस्टनट** = काष्ठ.
**चैस्टर** = कोट.
**चोंगा** = नलवा.
**चोंगी** = कीप.
**चोंच** = जूताग्र, टोंटी, बरतन चोंच, बरतन टोंटी.

**चोंच** *सं* चंचु, चंचुका, *टोंटी*, •थूथन, •मुँह.

**चोंचला** = दुर्लालन.
**चोंडा** = जटा.
**चोंप** = गोंद, चेपव्य.
**चोई** = छिलका, भूसा, मत्स्य शल्क.
**चोकर** = छनस, बूर, भूसा.
**चोखना** = चूसना.
**चोखा** = घुटा/घुटी, घुटा पदार्थ, भुरता.
**चोखा/चोखी** = अच्छा/अच्छी, असली, तीक्ष्ण, विशोधित.
**चोग़ा** = गाउन, लबादा, साधु चोग़ा.
**चोचला** = दुर्लालन, नाज़नख़रा.
**चोचले उठाना** = दुलारना.
**चोचलेबाज़ी** = दुर्लालन, नाज़नख़रा.
**चोज** = अतिशयोक्ति, उपहास, कटाक्ष.
**चोट** = अहित, आघात, कटाक्ष, ढुंकाई, दंदाना, दुःख, दुर्भाग्य, प्रहार, हानि.

**चोट** *सं* *आघात*, आहति, इंजरी, क्षति, घाव, चपेट, चोट चपेट, ज़द, नुकसान, *प्रहार*, मार, हति, *हिंसा*, हेति, •दुर्घटना, •युद्ध, •व्रण.

**चोट का** = समप्रतियोगी.
**चोट खाया** = आहत.
**चोट चपेट** = चोट, दुर्घटना.
**चोट लगा** = आहत.
**चोटिका** = लहँगा.
**चोटी** = उच्चबिंदु, उच्चभाग, गोपुरम,

चरम अवस्था, चुटिया, पर्वत शिखर, भवन शिखर, शिखा.

**चोटी** *सं* कबर, कबरी, गुँधी लट, गुत, *चुटिया*, वेणिका, वेणी, शिखापाश, •चुटीलना, •जूड़ा, •लट.

**चोटी का** = उत्तम, पराकाष्ठागत.
**चोटी वाला** = उच्चतम, भूत.
**चोट्टा** = अपराध जगत सदस्य, चोर.
**चोट्टी** = चोरनी.
**चोड** = ओढ़नी.
**चोडक** = कुरता.
**चोथ** = गोबर/मींगनी.
**चोप** = वृक्ष दूध.
**चोब** = छड़ी, डंडा, ढोलडग्गा, सोंटा.
**चोबदार** = छड़ीबरदार, द्वारपाल.
**चोबा** = कील, सोंटा.
**चोबिया** = फुल्लीदार कील.

**चोबिया** *सं* चमड़ा कील, फुलिया, फुल्ली, फूल कील, *बताशा*, बताशा कील.

**चोर** = अपराध जगत सदस्य, घोटालेबाज़, ठग, बेईमान, लुटेरा, सेंधमार.

**चोर** *सं अपराधी*, *अपहर्ता*, चोट्टा, चोर उचक्का, चोर चकार, चोरटा, चोर बदमाश, *ठग*, *तस्कर*, थीफ़, दस्यु, बदमाश, स्तेन, स्तेय, हरण कर्ता, हर्ता, •उठाईगीर, •कफ़नचोर, •ठग, •डाकू, •तस्कर, •पाकेटमार, •बटमार, •ब्लैकमेलर, •लुटेरा, •सेंधमार, ▪पहरेदार, ▪सिपाही.

**चोर आँखें** = चितवन.
**चोर उचक्का** = चोर.
**चोरकर्म** = चोरी.
**चोरमड्ढा** = ख़तरा.
**चोरगली** = अंधी गली, मियानी.
**चोर घंटी** = संकट सूचना.
**चोर चकार** = अपराध जगत, चोर.
**चोर ज़मीन** = दलदल.
**चोरटा** = चोर.
**चोरटी** = चोरनी.

**चोर ताला** *सं* किवाड़ में छिपा ताला, खुफ़िया ताला, गुप्त ताला.

**चोर दरवाज़ा** = पृष्ठद्वार.
**चोर दलदल** = दलदल.

**चोरनी** *सं* चोट्टी, चोरटी.

**चोर बदमाश** = चोर.

**चोर बाज़ार** *सं* अवैध बाज़ार, काला धंधा, ब्लैक मार्केट.

**चोरबाज़ारिया** *सं* ब्लैक मार्केटर.

**चोर मशीन** = स्लौट मशीन.
**चोर सिपाही** = आँख मिचौनी.
**चोराडोब** = गीला/गीली, संसिक्त.
**चोरी** = ग़बन, गोपन, घोटाला, छद्म, छल, बटमारी, बेईमानी.

**चोरी** *सं अपहरण*, अभिहार (प्रा), चुराई, चोरकर्म, चोरी चकारी, चौर्य, *छल*, दस्युता, मोष, मोषण, लुंटन, लुंठन, स्तेन, स्तेय, स्तैन्य, हरण, •उठाईगीरी, •ग़बन, •घोटाला, •छीन, •डकैती, •तस्करी, •पाकेटमारी, •बटमारी, •ब्लैकमेल, •लूट, •सेंधमारी.

**चोरी करना** = चुराना.
**चोरी का** = तस्कृत.
**चोरी गया/चोरी गई** = चुरा/चुरी.
**चोरी चकारी** = चोरी.
**चोरी चोरी** = चोरी छिपे.

**चोरी छिपे** *क्रिवि* अंदर अंदर, अंदरख़ाने, अंधकार में, अँधेरे में, अकेले में, आँख बचा कर, आड़ में, आहिस्ता आहिस्ता, ओट में, ग़ायबाना, गुपचुप, गुप्ततः, गोपनीयतः, चुपके से, चुपचाप, चोरी चोरी, चोरी से, छिप कर, छिपते छिपाते, छिपा कर, छिपे छिपे, छिपे हाथ, दबे पाँव, नज़र बचा कर, नज़र बचाते, परदे के पीछे, परदे में, पीछे से, पीठ पीछे, प्राइवेटली, बचते बचाते, बेआवाज़, मुँह छिपा कर, मुखौटा लगा कर, रहस्यपूर्वक, सामने से नहीं, सीधे नहीं, •छलपूर्वक, ▪खुले आम.

**चोरी जाना** = गुमना.

**चोरी माल** *सं* मोष, लुटंत, *लूट*, लूट माल, स्तेय, होढ़, •फिरौती, •युद्धधन.

**चोरी से** = चोरी छिपे.
**चोरी से आयातित** = तस्कृत.
**चोरी से मँगाया** = तस्कृत.
**चोल** = कवच, खोल, गाउन.
**चोलक** = ब्लाउज़.
**चोलकी** = कवचित, नारंगी.
**चोलट्री** = तंबू.
**चोलना** = साधु चोग़ा.
**चोला** = गाउन, साधु चोग़ा.
**चोला छूटना** = मरना.
**चोला बदलना** = मरना.
**चोली** = ब्रा, ब्लाउज़.
**चोलीमार्ग** = वाममार्ग.
**चोल्ट्री** = पांथशाला.
**चौंक** = बिदकन.
**चौंकना** = बिदकना.

**चौंकना** *क्रि* अचकचाना, उझकना, उमचना, चकित होना, *चमकना*, चिहुँकना, टिहुकना, *फड़कना*, बिचकना, *बिदकना*, हुमचना, •चकराना.

**चौंका/चौंकी** = चकित.
**चौंकाऊ** = चमत्कारपूर्ण.
**चौंकाऊ** = आश्चर्यजनक.
**चौंकाना** = चकराना, चेताना.

**चौंकाना** *क्रि* आश्चर्यचकित करना, करतब दिखाना, गुल खिलाना, *चकराना*, चकित करना, चमत्कार करना, चौंधाना, ठमकाना, तमकाना, बिदकाना, भौंचक्का करना, विड़राना, •चकराना, •भरमाना.

**चौंटना** = नोचना.
**चौंतरा** = चबूतरा.
**चौंध** = चकाचौंध.
**चौंधाना** = चकराना, चुँधियाना, चौंकाना.
**चौंधियाना** = चुँधियाना.
**चौंर** = चँवर, फुँदना.
**चौंरी** = चँवर, चुटीलना.
**चौ** = चार, चौथा/चौथी.
**चौक** = आँगन, चौराहा, बाज़ार, महल्ला, रंगोली.

**चौकड़ा** = चार समुदाय.
**चौकड़ी** = चार समुदाय, छलाँग, टीम, द्रुत वेग, हुड़दंग.
**चौकड़ीघर** = क्लब.

**चौकड़ीघर** *सं* अखाड़ा, अड्डा, गढ़, *ठेका*, थाँह, मिलनस्थल, समागम स्थल, •क्लब, ▪एकांत स्थान.

**चौकड़ी भरना** = कुलाँचना.
**चौकन्ना/चौकन्नी** = सावधान.
**चौकन्नापन** = सावधानी.
**चौकस** = अच्छा/अच्छी, अविकृत, जाग्रत, विचारित, संशोधित, सलामत, सावधान, स्वस्थ.
**चौकस करना** = चेताना.
**चौकसी** = दूरदर्शिता, पहरा, रखरखाव, संरक्षण, सावधानी.
**चौका** = कृंतक, चकला, चतुर्भुज, चूल्हा, पाषाण पटल, रंगोली, रसोईघर.
**चौकी** = आधार सूची, उपदेश मंच, चकला, चार समुदाय, टीम, डाइनिंग टेबल, देवोपहार, पटरी, पड़ाव कार्यालय, पहरा चौकी, शाखा कार्यालय, सेना चौकी, सैंटर टेबल, स्टूल.

**चौकी** *सं* चतुष्की, पटिया, *पीठ*, पीठिका, बैठकी, वेदिका, सीट, •कुरसी, •पटरा, •स्टूल.

**चौकी** = वाद्यवृंद.
**चौकीदार** = द्वारपाल, पहरेदार.
**चौकोन** = चतुर्भुज.
**चौकोना/चौकोनी** = चतुर्भुजाकार.
**चौकोर** = चतुर्भुजाकार.
**चौखट** = आरंभिक कर्म, चौखटा.

**चौखट** *सं* चतुष्काष्ठ, *चौखटा*, दर.

**चौखट अधोकाष्ठ** *सं* अधोकाष्ठ, आस्ताना, चौखट निचला काठ, दरगाह, दहलीज़, देहरी, देहली, पदकाष्ठ, *पैड़ी*, लतख़ोरी, शिला, *सिल*, •चौखट शीर्ष.

**चौखट निचला काठ** = चौखट अधोकाष्ठ.

**चौखट शीर्ष** *सं* उंबर, उत्तरंग, ऊर्ध्वकाष्ठ, ऊर्ध्वदारु, करगहनी, तरंगा, द्वारशीर्ष, नासा, नासा दारु, भरेट, भरेटा, भरेठ, भरेठा, लिंटल, शीर्षकाष्ठ, शीर्षभाग, •चौखट अधोकाष्ठ, •चौखट पार्श्व.

**चौखटा** = कढ़ाई फ़्रेम, चतुर्भुज, चौखट, हाशिया.

**चौखटा** *सं* अड्डा, *किनारा*, कोर, *चौखट*, फ़्रेम, बार्डर, मोल्डिंग, •चौखट, •द्वार.

**चौखूँट** = बहुपार्श्वीय.
**चौखूँटा/चौखूँटी** = चतुर्भुजाकार.
**चौगड्डा** = चार समुदाय.
**चौगड्डी** = चार समुदाय.
**चौगान** = ढोलडग्गा.
**चौगानी** = निगाली.
**चौगिर्द** = हर ओर.

**चौगुना** *वि* चतुर्गुण, चार गुना, चारचंद, चौगुना/चौगुनी, चौहरा/चौहरी.

**चौगुना/चौगुनी** = चौगुना.
**चौगोड़ा/चौगोड़ी** = चतुष्पद.
**चौगोशा** = चतुर्भुजाकार.
**चौघड़ी** = मसालदानी.
**चौड़** = चौड़ाई, मैदान.

**चौड़** *सं* चटैल, *चट्टा*, टापा, पटपड़, *मैदान*, वन बीच मैदान.

**चौड़ा/चौड़ी** = अजनाकीर्ण, खुला/खुली, छायादार, बड़े साइज़ का, मैदानी, विस्तीर्ण, हवादार.

**चौड़ा/चौड़ी** *वि* चकला/चकली, चौड़ाई युक्त, पृथुल, बड़ा/बड़ी, •खुला/खुली, •लंबा/लंबी, ▪छोटा/छोटी.

**चौड़ाई** = कपड़ा चौड़ाई, मोटाई माप, विस्तार.

**चौड़ाई** *सं* अर्ज़, *चौड़*, चौड़ान, दो भुजाओं के बीच की दूरी, पाट, *व्यास*, •गहराई, •तीन आयाम, •लंबाई.

**चौड़ाई युक्त** = चौड़ा/चौड़ी.
**चौड़ान** = चौड़ाई, विस्तार.

**चौड़ाना** = पसारना.
**चौड़ा पैंदा नौका** = बार्ज.
**चौड़ा मस्तक** = उन्नत ललाट.
**चौड़ा सीना** = विशाल वक्ष.
**चौड़े में** = खुले आम.
**चौतनियाँ** = ब्लाउज़.
**चौतरफ़ा/चौतरफ़ी** = बहुपार्श्वीय.
**चौथ** = युद्धधन.

**चौथा/चौथी** *वि* 4था, ग, चतुः, चतुर्थ, चौ, डी, •चार.

**चौथाई** *वि* 1/4, 25%, 25 प्रतिशत, अर्धार्ध, एक बटा चार, चतुर्थ, चार भाग में से एक, पचीस प्रतिशत, पाव, पाव भर, •आंशिक.

**चौथा जगत** = पत्रकारिता.
**चौथा पन** = वृद्धावस्था.
**चौथा वर्ण** = अद्विज वर्ण, शूद्र.
**चौथा वेद** = अथर्ववेद.
**चौथी उँगली** = कनिष्ठिका उँगली.

**चौदह** *सं* 14, चतुर्दश, तेरह जमा एक.

**चौदह जमा एक** = पंदरह.
**चौदह दिन** = पखवाड़ा.
**चौदहवीं** = पूर्णिमा.
**चौधराहट** = प्रताप, हेकड़ी.
**चौधरी** = ग्राम मुखिया, मुखिया.
**चौपई** = चौपाई.
**चौपट** = कुशासित, कुशासित, नष्ट, समतल.
**चौपट करना** = उजाड़ना.
**चौपट चरण** = नाश कर्ता.

**चौपड़** *सं* *अक्ष*, चौसर, *पासा*, •शतरंज.

**चौपत** = तह.
**चौपतिया** = पैंफ़लेट.
**चौपथ** = चौराहा.
**चौपद** = चतुष्पद.

**चौपदी** *सं* चतुष्पदी, •चौपाई.

**चौपर** = हैलिकाप्टर.
**चौपहला/चौपहली** = बहुपार्श्वीय.

**चौपाई** *सं* चौपई, •चौपदी, •दोहा.

**चौपाए** = ढोर, दुग्ध पशु, भेड़बकरी.

**चौपाटी** = बेला तट, समतल भूमि, समुद्र तट.
**चौपाया** = जानवर.
**चौपाया/चौपाई** = चतुष्पद.
**चौपाल** = पंचायतघर.
**चौपैरी** = द्रुत वेग.
**चौफेर** = बहुपार्श्वीय.
**चौबग़ला** = बग़ली.
**चौबारा** = अनाज गोदाम, कमरा, दृश्यावली कक्ष, बरसाती कमरा, रसोई भंडारा.
**चौबीसवाँ तीर्थंकर** = महावीर.

**चौबीस समुदाय** *सं* क्वायर, चौबीसी, दस्ता.

**चौबीसी** = चौबीस समुदाय.
**चौबीसों घंटे** = लगातार.
**चौबुर्ज़ा** = समाधि चबूतरा.
**चौबुर्ज़ी** = गुंबद.
**चौभड़** = दाढ़.
**चौमग़ज़ा** = अख़रोट
**चौमासा** = बरसात.
**चौमुखा/चौमुखी** = बहुपार्श्वीय.
**चौमुहाना** = चौराहा.
**चौमेखा** = क्रूसयंत्र.
**चौरंघी** = चौराहा.
**चौरस** = चतुर्भुजाकार, मैदानी, समतल.
**चौरस मैदान** = मैदान, समतल भूमि.
**चौरस्ता** = चौराहा.
**चौरा** = चबूतरा, पंचायतघर, लोबिया, समाधि चबूतरा.
**चौरासी लाख योनियाँ** = जीव समष्टि.
**चौराहा** = निर्णायक अवसर.

**चौराहा** *सं* क्रौस, क्रौसिंग, चौक, चौपथ, चौमुहाना, चौरंघी, चौरस्ता, •दोराहा, •नुक्कड़, •पैदल पारपथ, •रोड आइलैंड, •सड़क.

**चौराहा गोला** *सं* गोल काट, गोल चक्कर, गोल मोड़, घुमाव, *मोड़*.

**चौरेठा** *सं* चावल आटा.

**चौर्य** = चोरी.
**चौला** = चिड़वा.
**चौलाई** = चौलाई साग, सागसब्ज़ी.

**चौलाई साग** *सं* कँडेरा, काँटा चौलाई, कांडेर, चूको, चौलाई, छोलाई, तंडुल, तंडुलीबीज, तंडुलीयक, तंदुला, *विषघ्न*.

**चौसर** = चौपड़.
**चौहट्टा** = बाज़ार.
**चौहद्दी** = परकोटा, सीमा.
**चौहरा/चौहरी** = चौगुना.
**च्यवन** = ऋषि सूची, स्राव.
**च्यवनशील** = स्रावशील.
**च्युत** = जाति निर्वासित, दिशाहीन, निर्वासित, मार्गच्युत, लक्ष्यच्युत, विचलित, विस्थापित, सत्ताच्युत, सेवाच्युत, ह्रस्त.
**च्युत होना** = गिरना.
**च्युति** = अवनति, असावधानी, क्षरण, गर्भपात, जाति निर्वासन, नाश, पतन, पस्ती, बहिष्कार, भूल, लक्ष्यच्युति, सेवाच्युति, स्राव, ह्रास.
**च्यूत** = आम वृक्ष.
**छंकार** = छनछन
**छँगुनिया** = छँगुलिया.

**छँगुलिया** *सं* छँगुनिया, छँगुली, छठी उँगली, फ़ालतू उँगली, •उँगली.

**छँगुली** = छँगुलिया.
**छँटन** = छँटाई, छनस.
**छँटना** = कटना, फटना.
**छँटनी** = छँटाई, विसैन्यीकरण.

**छँटनी** *सं* कटौती, कमी, घटती, रीट्रैंचमैंट, •विसैन्यीकरण, •सेवा च्युति, ▪कार्यग्रहण, ▪नियुक्ति.

**छँटस** = छनस.
**छँटा/छँटी** = कटा/कटी, चुना/चुनी, बेईमान, रद्दीकृत, संक्षिप्त.
**छँटाई** = कटाई, कटाई छँटाई, निराई.

**छँटाई** *सं* छँटन, *छँटनी*, छाँट, छाँटन, पृथक्करण, पृथक्क्रिया, •विलग्नन, ▪चुगाई.

**छँटाई करना** = काटना छाँटना.
**छँटैल** = कुटिल, ठग, दुर्जन.
**छंद** = गीत, वेदांग.

**छंद** *सं* गाथा, *पद*, *बंद*, बंदिश, वृत्त, •कविता, •काव्य, •छंदशास्त्र, •शेअर, •संगीत.

**छंद अंश** = छंद चरण.
**छंदकार** = कवि.

**छंद चरण** *सं* कविता पद, काव्य पद, *खंड*, गीत पद, चरण, छंद अंश, *पद*, *बंद*, मिसरा, वृत्त.

**छंदपूर्ति** = काव्य समस्या पूर्ति.
**छंदबंद** = छल.

**छंदबद्ध** *वि* क़ाफ़ियाबंद, छंदित, पद्यबद्ध, ▪छंदहीन.

**छंदबद्ध रचना** = काव्य.
**छंदमुक्त** = छंदहीन.

**छंदमुक्त पद्य** *सं* छंदमुक्त कविता, छंदहीन कविता, फ्री वर्स, मुक्त छंद, मुक्त पद्य, रबड़ छंद, •कविता, •कविता.

**छंदशास्त्र** *सं* पिंगल शास्त्र, •छंद.

**छंदस्कृत** = वेद.

**छंदहीन** *वि* अछंदबद्ध, छंदमुक्त, *मुक्त*, स्वतंत्र, ▪छंदबद्ध.

**छंदहीन कविता** = छंदमुक्त पद्य.
**छंदहीन काव्य** = गद्य.
**छंदित** = छंदबद्ध.
**छः** = छह.
**छः ऋतु** = षड् ऋतु.
**छः गुना दस** = साठ.
**छः जमा एक** = सात.
**छ** = छह.
**छक कर खाना** = छकना.
**छकड़ा** = छह समुदाय, जीर्णशीर्ण, जोतगाड़ी, निर्बल, बैलगाड़ी, शिथिलकाय.

**छकड़ा** *वि* अनवलंबनीय, *अयोग्य*, काँपता/काँपती, खटारा, चरमराता/चरमराती, जर्जर, जीर्ण, डगमग, डगमगाता/डगमगाती, ढीलमढाला/ढीलमढाली, ढीला/ढीली, ढीला ढाला/ढीली ढाली, पुराना/पुरानी, बिगड़ा/बिगड़ी, *बीमार*, रुग्ण, विकृत, हिलता/हिलती, हिलता डुलता/हिलती डुलती, •आउट आफ़ आर्डर, •जीर्णशीर्ण, ▪अविकृत.

**छकड़ा/छकड़ी** = मंद.
**छकड़ी** = छह समुदाय.
**छकड़ेवान** = गाड़ीवान.

**छकना** *क्रि* अघाना, छक कर खाना, तृप्त होना, धापना, पेट भर खाना, भरपेट खाना.

**छका/छकी** = तृप्त.

**छका/छकी** *वि* अघात, अघाया/अघाई, छकाछक, *तृप्त*, पेटभरा/पेटभरी, *भरपेट*, भरे पेट वाला, *संतुष्ट*, •तृप्त, ▪प्यासा/प्यासी, ▪भूखा/भूखी.

**छकाछक** = छका/छकी, भरपेट.
**छकाना** = थकाना, हराना.

**छकाना** *क्रि* अघाना, इच्छा पूरी करना, खुश करना, तृप्त करना, तोषना, पूरना, *बुझाना*, शांत करना, संतुष्ट करना, संतोष देना, संतोषना, •छकना, ▪क्रुद्ध करना.

**छकाव** = तृप्ति.
**छक्का** = हिजड़ा.
**छक्का पंजा** = दुष्प्रचार.
**छक्कापंजा** = कुचाल, छल.
**छक्के** = धैर्य.
**छक्के छुड़ाना** = डराना, थकाना.
**छक्के छूटना** = भागना, हारना.
**छग** = बकरा.
**छछूँदर** = आतिशबाज़ी छछूँदर.
**छजला** = छज्जा.
**छजली** = छज्जा.

**छज्जा** *सं* अगाड़, अलिंद, आच्छाज, इंद्रकोश, छजला, छजली, छज्जी, टप्पर, प्रालिंद, बढ़वाँ आच्छादन, बढ़वाँ बरामदा, *बाढ़*, बारजा, बाल्कनी, विलास वातायन, वीथी, •सनशेड, •सायबान.

**छज्जी** = छज्जा.
**छटंकी** = कंकालमात्र, छटाँक, छोटा/छोटी, बौना, लघुकाय.
**छटन** = छनस.
**छटना** = कटना.
**छटपटाता/छटपटाती** = पीड़ित.

**छटपटाना** *क्रि* कलपना, कल बेकल होना, कलमलाना, कष्ट होना, कसमसाना, कुलबुलाना, तड़पड़ाना, तड़पना, तलमलाना, तिलमिलाना, पीड़ा पहुँचना, पीड़ा में होना, पीड़ा होना, पीड़ित होना, *फड़फड़ाना*, बिलबिलाना, बेचैन होना, विकलाना, व्याकुल होना, हाथ पैर पटकना, •दुखना, •पछताना, •फड़फड़ाना, •रोना.

**छटपटाहट** = असंतोष, आतुरता.

**छटपटाहट** *सं* अतिपीड़ा, अधीरता, क़लक, कष्ट, कसमसाहट, किलबिलाहट, कुनमुनाहट, कुलबुलाहट, क्लेश, चुलबुलाहट, तड़प, तड़पड़ाहट, तड़पन, तिलमिलाहट, *दुःख*, *पीड़ा*, फ़िज़ट, बिलबिलाहट, बेक़रारी, बेकली, बेचैनी, विकलता, व्यथा, सरसराहट, सलसलाहट, •आतुरता, •टीस, •दुःख, •पीड़ा, •शोक, ▪राहत, ▪सुख.

**छटाँक** *सं* छटंकी, तोला 5, सेर 1/16, •तौल.

**छटाँक 16** = सेर.
**छटा** = अतिवर्षा, चमक, मेघविद्युत, वैभव, सजावट.
**छटापूर्ण** = भव्य.
**छटाभा** = विद्युल्लेखा.
**छटाहीन** = धुँधला/धुँधली.
**छटैल** = कुचाली.
**छठवाँ/छठवीं** = छठा/छठी.

**छठा/छठी** *वि* 6ठा, छठवाँ/छठवीं, षष्टम, षष्ठ, षष्ठम, षाष्ठ, •छह.

**छठी उँगली** = छँगुलिया.
**छठे चौमासे** = शायद ही कभी.
**छड़** = अरा, खंती, धातु पिंड, लीवर, सरिया, सलाख़.
**छड़ा** = अपत्नीक.
**छड़ा/छड़ी** = अविवाहित, परिवारहीन.
**छड़ा छटाँक** = अपत्नीक.
**छड़ियाल** = भाला.
**छड़ी** = कंकालमात्र, कुँवारी, ढोलडग्गा, लीवर.

**छड़ी** *सं* कमची, कमानी, कुतका, गतका, चोब, डंडी, *बेंत*, वेत्र, संटी, सोटी, •चाबुक, •डंडा, •लाठी.

**छड़ी आदि ध्वनि करना** = लपलपाना.
**छड़ी छटाँक** = कुँवारी, कौमार्यवती.

**छड़ीबरदार** *सं* आसाबरदार, चोबदार, छड़ीदार, वेत्रधर, वेत्रधारक, वेत्रधारी, वेत्री, •द्वारपाल, •लाठीधारी.

**छत** = उच्चबिंदु, भवन शिखर, भीतरी छत, यान छत, शरणस्थल.

**छत** *सं* अटरिया, अटारी, अटाला, अटाली, अट्टाल, अर्श, आच्छाद, आवरण, छद, *छाया*, तिखना, पटाव, शिखर, शीर्ष, सौध, हर्म्य, •भीतरी छत, •सजावटी छत, •खपरैल, •मंडप, •शहतीर, •सनशेड, ▪नितल, ▪नीवँ, ▪फ़र्श.

**छत के नीचे होने वाला** = इनडोर.
**छतगीर** = छत चादर.

**छत चादर** *सं* *चाँदनी*, छतगीर, महताबी, •सजावटी छत.

**छतदार** *वि* आच्छाजित, छतनार, *छत्ता*, छप्परदार, छाया/छाई, *छायादार*, पटा/पटी, पटावदार, •इनडोर, •मंडपित, ▪छतहीन.

**छतदार मार्ग** *सं* आर्केड, *छत्ता* छायापथ, *डाटा*, तोरण पथ, तोरण मार्ग, पटावदार रास्ता, पटोहाँ, मेहराबदार रास्ता, •कुंजगली.

**छतदार सीढ़ी** *सं* गैंगवे, जहाज़ सीढ़ी, तागड़, बंगसार, •ज़ीना.

**छत दीवार** = मुँडेर.
**छत देना** = बसाना.
**छत द्वार** = फ़र्शी द्वार.
**छतनार** = छतदार, छायादार.
**छत पंखा कुली** = पंखा कुली.
**छतर** = छाता.
**छतरी** = कुकुरमुत्ता, गुंबद, छाता, पक्षी छतरी, पैराशूट, मंडप, यान छत, समाधि चबूतरा.
**छतरीबाज़** = छाता सैनिक.

 **(प्रा)** प्राचीन शब्द, अब अप्रचलित - *तिरछे* शब्द स्वतंत्र शीर्षक भी हैं •सपर्याय ▪विपर्याय

**छतरीबाज़ सेना** = छत्रसेना.
**छतरी यान** = पैराशूट.
**छतरी सेना** = छत्रसेना.
**छतरी सैनिक** = छाता सैनिक.

**छतहीन** *वि* अनाच्छादित, *अनावृत*, आच्छादनहीन, उघड़ा/उघड़ी, खुला/खुली, नंगा/नंगी, •आउटडोर, •बेघर, •विस्थापित, ▪छतदार, ▪मंडपित.

**छतौनी** = छाता.
**छत्ता** = कमल कोश, घौद, छतदार. छतदार मार्ग, बीजकोश, भीड़, मधुमक्खी छत्ता, महल्ला, वृंद, शौपिंग सैंटर, समूह.

**छत्ता** *सं* छत्रक, बसेरा, वसथ, •भिड़ छत्ता, •मधुमक्खी छत्ता, •कोटर, •नीड़, •बाँबी.

**छत्तीस (36)** = विमुख.
**छत्तीसगढ़** = भारत राज्य प्रदेश.

**छत्तीसगढ़: राजधानी** *सं* रायपुर.

**छत्तीसा/छत्तीसी** = कुटिल, पाखंडी.
**छत्तीसी** = कुलटा, पाखंड.
**छत्र** = छाता, पक्षी छतरी, राज्य.
**छत्रक** = कुकुरमुत्ता, छत्ता, छाता, मधुमक्खी छत्ता, समूह.
**छत्रछाया** = शरणस्थल, संरक्षण, सरपरस्ती.
**छत्रधर** = एकतंत्र शासक.
**छत्रधारी** = एकतंत्र शासक.
**छत्रप** = एकतंत्र शासक, राजा.
**छत्रपति** = एकतंत्र शासक, राजा, राजा सूची भारतीय.
**छत्रपत्र** = भोजपत्र.

**छत्रसेना** *सं* छतरीबाज़ सेना, छतरी सेना, पैराट्रुप, पैराशूट सेना.

**छत्रा** = सोआ.
**छद** = छत, पंख, पल्लव.
**छदपत्र** = तेजपात, भूर्जवृक्ष, भोजपत्र.
**छदाम** = सिक्का सूची
**छद्म** = अयथार्थ, कूटबद्ध, गुप्त, गुप्तचरीय, छद्मवेश, छल, छलपूर्ण, झूठा बहाना, पाखंड, पाखंडपूर्ण, बेईमानी.

**छद्म** *सं* आच्छादन, आवरण, कृत्रिमता, *चोरी*, छिपाव, बनत, *बनावट*, •कूटभाषा, •कूटशब्द, •छद्मवेश, •छल, •पाखंड.

**छद्म आवरण** = छद्मवेश.
**छद्मनाम** = उपनाम.
**छद्म रचना** = कपट रचना.
**छद्मरूप** = छद्मवेश.
**छद्मवासी** = भूमिगत.

**छद्मवेश** *सं* आवरण, कपट आवरण, कपट वेश, कूटरूप, कूटवेश, *छद्म*, छद्म आवरण, छद्मरूप, *छलना*, नक़ली वेश, *नाटक*, *बनावट*, बनावटी वेश, बहरूप, भेस, *मुखौटा*, *वेश*, *स्वाँग*, •उपनाम, •छल, •पाखंड, •स्वर्णमृग, ▪बेपर्दगी.

**छद्मवेशधारी** = बहरूपिया.
**छद्महीन** = पाखंडहीन, भावपूर्ण.
**छद्महीनता** = ईमानदारी.
**छनकना** = छनछनाना, झुनझुना.
**छनक मनक** = रुनझुन.
**छनकार** = छनछन.
**छनछन** = रुनझुन.

**छनछन** *सं* छंकार, छनकार, छनछनाहट, छनन मनन, छुनछुन, सिझन, सीझ, •तलाई.

**छनछन करना** = छनछनाना.

**छनछनाना** *क्रि* छनकना, छनछन करना, छुनछुनाना, सिझना, *हिसहिसाना*, •तलना.

**छनछनाहट** = छनछन.
**छनन** = छनाई.
**छनन मनन** = छनछन.
**छनस** = बूर.

**छनस** *सं* चापट, चापड़, चोकर, छँटन, छँटस, छटन, छाँटन, फटकन, *बूर*, भूसी, •चुनन, •रद्दी.

**छनाई** = विशोधन.

**छनाई** *सं चयन*, चालन, छनन, छनाई सफ़ाई, छानन, फ़िल्टरन, •कपड़छनाई, •छलनी, •छाज, •फटकाई.

**छनाई करना** = छानना.
**छनाई सफ़ाई** = छनाई.
**छनौरी** = चनौरी.
**छन्ना** = छलना.
**छप** = गड़प.
**छपक** = छपछप.
**छपकना** = छपछपाना.
**छपका** = चटकनी, छपछप.
**छपकाना** = छपछपाना.
**छपकी** = चटकनी.

**छपछप** *सं* छपक, छपका, छपछपाहट, छपाका, •जल, •फचफच.

**छपछप करना** = छपछपाना.

**छपछपाना** *क्रि* चलाना, छपकना, छपकाना, छपछप करना, छपछपाहट होना, झकझोलना, थपेड़ना, भिगोना, लहराना, हलोरना, *हिलाना*, हिलोरना, •उँडेलना, •झकझोरना, •झटकारना.

**छपछपाहट** = छपछप.
**छपछपाहट होना** = छपछपाना.
**छपते छपते** = नवीनतम समाचार.
**छपद** = भ्रमर.
**छपने के लिए** = प्रकाशनार्थ.
**छपहला/छपहली** = षड्भुजीय.
**छपहलू** = घनाकृति.
**छपा/छपी** = प्रकाशित, मुद्रित.
**छपाई** = मुद्रण.
**छपाई करना** = छापना.
**छपाक** = गड़प.
**छपाका** = छपछप.
**छपास** = अभिव्यक्ति इच्छा.
**छप्पय** = षड्भुज.

**छप्पय** *सं* षट्पद, षट्पदा, •चौपाई

**छप्पर** = कुटी, ढाबा, यान छत, सायबान.

**छप्पर** *सं कुटी*, खपरैल, खप्पर, *घास*, छाद, *छावनी*, टप्पर, फूस, वलभी, •ओलती, •छज्जा, •मंडप, •सायबान.

**छप्पर किनारा** = ओलती.
**छप्परदार** = छतदार.
**छप्परदार भोजनालय** = ढाबा.
**छब** = वैभव, सजावट.
**छबि** = सिंगार, सौंदर्य.
**छबिधर** = सुंदरकाय.
**छबील** = प्याऊ.
**छबीला** = सुंदर, सुंदर पुरुष.

**छबीला** *सं* चिकनिया, छैल चिकनिया, छैल छबीला, छैला, धजीला, फ़ैशनप्रेमी पुरुष, बना ठना, बाँका, भवीला, रँगीला, रसिक बलमा, रसिया, सजीला, साहब, •छबीली, •प्लेबौय, •फ़ैशन, •रसिक.

**छबीला/छबीली** = शोभनीय, सुंदरकाय.

**छबीला/छबीली** *वि* अलबेला/अलबेली, कँटीला/कँटीली, चटकीला/चटकीली, चमकना/चमकनी, छैला/छैली, ठसकेदार, *तड़कभड़कदार*, तड़कीला/तड़कीली, तड़कीला भड़कीला/तड़कीली भड़कीली, धजदार, धज वाला, धजीला/धजीली, नीका/नीकी, नोकदार, बंकिम, बाँका/बाँकी, भड़कीला/ भड़कीली, भवीला/भवीली, रँगीला/रँगीली, रसीला/रसीली, शृंगारी, शोख़, शौक़ीन, सजीला/सजीली, सुवेशप्रिय, •सुवेशित.

**छबीली** = सुंदर स्त्री, सुंदर स्त्री.

**छबीली** *सं गुड़िया*, चटकीली, चटकीली मटकीली, चमक चाँदनी, चमक्को, छमक छल्लो, छैल छबीली, तड़कीली, तड़कीली भड़कीली, *तितली*, धजीली, बनी ठनी, बाँकी, भवीली, रंगिणी, रँगीली, रसीली, शृंगार प्रेमी स्त्री, सजी धजी, सजीली, •छबीला, •नख़रीली, •फ़ैशन, •सुंदर स्त्री.

**छब्बीसवाँ तत्त्व** = परमपुरुष.
**छमक** = इठलाहट, नाज़नख़रा.
**छमक छल्लो** = छबीली, नख़रीली सुंदर स्त्री.
**छमछम** = झरझर, रुनझुन.
**छमाही** = अर्धवार्षिक.
**छरकाना** = छिड़कना.
**छरछराना** = चरमराना.
**छरहरा** = पतली कमर वाला, सुंदर.

**छरहरा/छरहरी** *वि* अतुंद/अतुंदिनी, अनुदर/अनुदरा, अनुदर/अनुदरी, अमांसल, अमेदस्क/अमेदस्किनी, अल्पतनु, इकहरा/इकहरी, कटिहीन, कृश, कृशोदर, *चुस्त*, चुस्त दुरुस्त, तनु/तन्वी, तन्वंगी, पतला/पतली, मंदोदर/मंदोदरी, मांसहीन, सुघड़, *सुडौल*, •पतला/पतली, •लंबे क़द वाला, •लमछड़, ▪मोटा/मोटी.

**छरहरी** = सुंदर स्त्री.
**छर्दिका** = वमित पदार्थ.
**छर्रा** = गुलेल गोली.
**छर्रा बंदूक़** = खिलौना बंदूक़.
**छर्रा बम** = बम.
**छल** = अपराध, चोरी, झूठ, झूठा बहाना, दुष्प्रचार, पाखंड, बटमारी, बेईमानी, भ्रष्टाचार, मिलीभगत, वचनभंग, विश्वासघात.

**छल** *सं* एँचपेंच, क़ज़्ज़ाकी, कपट, कपट व्यवहार, कपटाचरण, कुघात, कूट, कूटकपट, कौटिल्य, ख़यानत, ग़लतकारी, *घात*, चकमा, चरका, चलित्तर, चार सौ बीसी, *चाल*, चालबाज़ी, चालाकी, *चोरी*, छंदबंद, छक्कापंजा, *छद्म*, छलकपट, छलछंद, छलछद्म, छलफरेब, छलावा, *जाल*, जालसाज़ी, जुल, झाँसा, झाँसापट्टी, ठगी, ढोंग, तीन पाँच, दग़ा, *दम*, दमझाँसा, दमपट्टी, दाँवपेंच, धाँधली, धोखा, धोखाधड़ी, धोखेबाज़ी, *पाखंड*, प्रपंच, फंद, फ़रेब, फ़्राड, *बनावट*, बहकावा, बेईमानी, भुलावा, *भ्रष्टाचार*, मक्कारी, मिथ्याचार, युक्ति, लटका खटका, वंचना, वक्रता, विडंबना, शठता, शाठ्य, *शोबदा*, सात पाँच, हथकंडा, हवा, हवाबाज़ी, हेराफेरी, •कुचाल, •कूटकृति, •छद्म, •भ्रष्टाचार, •मिलीभगत, •विश्वासघात, •षड्यंत्र, ▪ईमानदारी.

**छलक** = उमगाव.
**छलकता/छलकती** = लबालब.
**छलकना** = उमगना, बहना.
**छलकपट** = छल.
**छलकपटहीन** = छलहीन.
**छल करना** = ठगना.
**छलकाना** = ढुलकाना.
**छलकाव** = उमगाव.
**छलछंद** = छल.
**छलछद्म** = छल.
**छलछल** = अश्रुपूर्ण, बहता/बहती, लबालब.
**छलछल करना** = कलकलाना.
**छलछलाता/छलछलाती** = अश्रुपूर्ण, लबालब.
**छलछलाना** = उमगना, कलकलाना, रोना.
**छलछलाव** = उमगाव.
**छलछलाहट** = उमगाव.
**छलना** = छद्मवेश, ठगना, बेईमानी, भ्रम, माया, मायाजाल, मायादर्शन.

**छलना** *सं चलना*, छन्ना, *छानना*, *जाल*, *झरना*, झाबा, बड़ी छलनी, •छलनी, •छाज.

**छलनामय** = छलपूर्ण, भ्रामक.
**छलनी** = छिद्रिल.

**छलनी** *सं* अंधिया, घँघरी, चलनी, चालनी, जाली, झंझरी, पवन, पवित्रक, फ़िल्टर, •छलना, •छिद्रिल, •पौनी.

**छलनी करना** = छेदना.
**छलपूर्ण** = आपराधिक, कुटिल, कूटनीतिपूर्ण, न्यायहीन, बेईमान, भ्रामक, शैतानी.

**छलपूर्ण** *वि* कपटपूर्ण, *कुटिल*, कूट, खुफ़िया, *गुप्त*, *छद्म*, छलनामय, छिपा/छिपी, *जटिल*, झूठा/झूठी, दग़ैल, फुसलाऊ, बहकाऊ, विषम, सछल, साज़िशी, •असत्यपूर्ण, ▪छलहीन, ▪सरलचित्त.

**छलफरेब** = छल.
**छलबल** = रणनीति.

**छल से सहमत करना** = चपराना.
**छलहीन** = निष्ठावान, सत्यपूर्ण, सत्याधारित.

**छलहीन** *वि* अकुटिल, अछल, अमाय, ईमानदार, ऋजु, कपटहीन, खुला/खुली, खुले दिल वाला, छलकपटहीन, निशठ, निश्छल, निष्कपट, निष्कपट व्यवहारी, नेकदिल, भद्र, भला/भली, मासूम, *विश्वसनीय*, शुद्ध, शुद्धधी, शुद्धहृदय, शुद्धाशय, सच्चा/सच्ची, सत्, सदात्मा, सद्धी, सरल, सादिक़, साफ़, साफ़दिल, सिद्दीक़, सीधा/सीधी, सीधा सादा/सीधी सादी, सुबुद्धि, सुहृद, •निष्ठावान, •विश्वसनीय, •सदाचारी, •सरलचित्त, ▪कुटिल, ▪छलपूर्ण, ▪पाखंडपूर्ण.

**छलहीनता** = ईमानदारी.
**छलाँग** = द्रुत वेग.

**छलाँग** *सं* उछलन, उछाल, उत्पात, उत्प्लव, चौकड़ी, जंप, फँदान, फलाँग, फाँद, लाँघ, लीप, •कूद, •डाइविंग.

**छलाँगता/छलाँगती** = द्रुत.
**छलाँगना** = कुलाँचना, लाँघना.

**छलाँगना** *क्रि उछलना*, उलाँघना, कूद लगाना, छलाँग लगाना, झँपना, टापना, फलाँगना, फाँदना, *लाँघना*, •कूदना, •दौड़ना.

**छलाँग लगाना** = छलाँगना.

**छला/छली** *वि* छलित, ठगा/ठगी, दुरभिसंधित, धोखा खाया, निकृत, प्रपंचित, *प्रवंचित*, *मूर्ख*, मूर्ख बना, वंचित, विडंबित, षड्यंत्रित, हृत, •प्रवंचित.

**छलावा** = छल, जादू, भूतबाधा, मायाजाल, मायादर्शन.
**छलित** = छला/छली, पाशबद्ध.
**छलितक** = मायाजाल.
**छलित व्यक्ति** = मिथ्या आरोपित व्यक्ति.
**छलिनी** = जादूगरनी, प्रलोभिनी.
**छलिया** = ग़द्दार, ठग, दुर्जन, बेईमान.
**छलिया (पुरुष)** = स्वच्छंद प्रेमी.
**छली** = असत्यवादी, कुटिल, कूटकार, ठग, नीतिकुशल, बेईमान.
**छली/छलिनी** = स्वच्छंद प्रेमी.
**छल्ला** = अँगूठी, आभूषण, घूँघर, चूड़ी, ज़ंजीर कड़ी, बुंदा, लटकन छल्ला.
**छल्ली** = घूँघर, भुट्टा, भुट्टा, सहारा दीवार.
**छल्लेदार** = घुँघराला.
**छवि** = पोर्ट्रेट, वैभव, सजावट, सौंदर्य, हुलिया.
**छविचित्र** = पोर्ट्रेट.
**छविधर** = सुंदर.

**छह** *सं* 6, एक जमा पाँच, छः, छ, पाँच जमा एक, शश, षट्, षड्, षण्, •छठा/छठी, •षड्भुज.

**छह महीनों में होनो वाला** = अर्धवार्षिक.
**छह राग** = षड्राग.

**छह समुदाय** *सं छकड़ा*, छकड़ी, षट्क, षडंग, षड्वर्ग, षष्टक, षष्टय, •छह.

**छह स्वाद** = षड् स्वाद.
**छाँट** = कटाई, कटाई छँटाई, कतरन, चुनन, छँटाई, धज्जी, निराई.
**छाँट कर फेंकना** = छाँटना.
**छाँट कर रखना** = चुनना.
**छाँटन** = कूड़ा, छँटाई, छनस, धज्जी.
**छाँटना** = काटना छाँटना, चुनना.

**छाँटना** *क्रि* अँतराना, अलग करना, अलगाना, छाँट कर फेंकना, न रखना, *निकालना*, *फेंकना*, विलग करना, *हटाना*, •त्यागना, •रद्दी करना.

**छाँद** = दोहन रस्सी.
**छाँदना** = गूँधना.
**छाँदा** = पकवान, परोसा.
**छांदोग्य उपनिषद** = उपनिषद.
**छाँस** = रद्दी.
**छाँह** = छाया, प्रतिबिंब, शरणस्थल.
**छाँहगीर** = छाता.
**छाक** = मठरी.
**छाग** = बकरा, बकरा मांस, मेष राशि.
**छाग/छागी** = मेमना.
**छागपाल** = गड़रिया.
**छागपालन** = भेड़बकरी पालन.
**छाग मांस** = बकरा मांस.
**छागल** = बकरा, मशक, सुराहीनुमा बोतल.
**छागी** = बकरी.
**छाछ** = मट्ठा.

**छाज** *सं फटकना*, फटकनी, फटका, शूर्प, *सूप*, सूर्प, •छलना.

**छाज कर्म** = फटकाई.
**छाजन** = ऐग्ज़ीमा, फटकाई.
**छाजना** = फटकना.
**छाज पर फटकना** = फटकना.
**छा जाना** = चकराना.
**छाता** = शरणस्थल.

**छाता** *सं* अंब्रैला, आतपत्र, आतपत्रक, घर्मत्राण, छतर, छतरी, छतौनी, छत्र, छत्रक, छाँहगीर, छाया छत्र, जलत्राण, वर्षात्राण, •धूप, •पैराशूट, •बरसात, •बरसाती कोट, •बारिश.

**छाताधारी** = पैराशूटिस्ट.

**छाता सैनिक** *सं कमांडो*, छतरीबाज़, छतरी सैनिक, पैराट्रूपर, •नभसैनिक.

**छाती** = वक्ष, साष्टांग दंडवत अंग सूची, साहस, स्तन, हृदय.
**छाती ठोंकना** = ललकारना.
**छाती पीटना** = पछताना.
**छात्र** = नौसिखिया, विद्यार्थी.

**छात्रवृत्ति** *सं* वज़ीफ़ा, स्कालरशिप, •निर्वाह वृत्ति.

**छात्रालय** = छात्रावास.

**छात्रावास** *सं* छात्रालय, *वार्ड*, स्टूडैंट्स होस्टल, •छात्रावासी, •विद्यालय.

**छात्रावासी** *सं* अंतेवासी, गुरुकुलवासी, होस्टलवासी, •छात्रावास, •सहनिवासी.

**छाद** = छप्पर.
**छानन** = छनाई.
**छानना** = छलना, तलना, निथारना.

**छानना** *क्रि* चालना, छनाई करना, छालना, फ़िल्टर करना, स्ट्रेन करना, •ओसाना, •फटकना.

**छानने वाला** = विशोधक.
**छानबीन** = अपराध अनावरण, गुप्तचर्या, तथ्यान्वेषण, तलाश.
**छाना** = घुमड़ना, चकराना, जीतना, ढाँपना, बदलाना, बसना, व्यापना.
**छानी** = कुटी.
**छाप** = उँगली छाप, चिह्न, ट्रेडमार्क, तिलक, पदचिह्न, प्रताप, प्रतिलिपि, प्रभाव, मुद्रण, मुहर चिह्न, संप्रदाय, संस्करण, सुराग़.

**छाप** *सं* असर, इंप्रिंट, *चिह्न*, *छापा*, थाप, प्रिंट, •मुद्रण.

**छापना** *क्रि* छपाई करना, प्रतियाँ निकालना, प्रतियाँ बनाना, मुद्रण करना, मुद्रित करना, •प्रकाशित करना, •प्रतिलिपि बनाना.

**छापने वाला** = मुद्रक.
**छापा** = आक्रमण, छाप, डकैती, ब्लिट्ज़, मुद्रणालय, मुहर चिह्न.

**छापा** *सं* अचानक आक्रमण, अवपात, चपेट, चपेटा, झटका, झपट, झपटाव, झपट्टा, झपाटा, ठेला, धावा, हल्ला, •घात, •प्रहार, •ब्लिट्ज़.

**छापाख़ाना** = मुद्रणालय.
**छापामार** = आक्रांता, छापामार दल, बटमार.

**छापामार दल** *सं कमांडो*, छापामार, *सैनिक*

**छापा मारना** = झपटना.
**छापामार युद्ध** = गुरिल्ला युद्ध.
**छाबड़ी** = टोकरा टोकरी, फेरी दुकान.
**छाबड़ी वाला** = फेरी वाला.
**छामोदर/छामोदरी** = पतली कमर वाला.
**छायांक** = फ़ोटोग्राफ़.
**छाया** = अनुकृति, ग्रहण, छत, पनौती, परछाईं, पीछा, प्रतिबिंब, भूतबाधा, शरणस्थल, सायबान.

**छाया** *सं अंधकार*, छाँह, झाँईं, *साया*, •परछाईं, •प्रतिबिंब, ▪धूप.

**छाया/छाई** = घिरा/घिरी, छतदार.
**छायाचित्र** = फ़ोटोग्राफ़.
**छाया छत्र** = छाता.
**छायादार** = छतदार, धूपहीन.

**छायादार** *वि* घना/घनी, चौड़ा/चौड़ी, छतनार, पल्लवित, फैला/फैली, फैलावदार, बड़ा/बड़ी, भरा/भरी, विशाल, शाखाबहुल, *सघन*, हरा/हरी, *हरियल*, •चौड़ा/चौड़ी, •पल्लवयुक्त, ▪पल्लवहीन.

**छाया नाटक** = कठपुतली खेल.
**छायापथ** = आकाश गंगा, छतदार मार्ग.
**छायापुरुष दर्शन** = दुःस्वप्न.
**छायामूर्ति** = पार्श्वचित्र.
**छायायंत्र** = धूपघड़ी.
**छायारेखा** = ट्रेसिंग.
**छायासुत** = शनि ग्रह.
**छार** = धूल.
**छाल** = चमड़ा.

**छाल** *सं* अजिन, *छिलका*, *नौकर*, बक्कल, वल्कल, वृक्ष छाल, शल्क, •छिलका.

**छालटी** = टाट.
**छालना** = छानना.
**छाला** = फफोला.

**छाला** *सं* आबला, छिलौरी, *फफोला*, फलका, फुटका, •फफोला.

**छाला (जैसेः मगृछाला)** = चमड़ा.
**छावँ** = परछाईं.
**छावनी** = छप्पर.

**छावनी** *सं* कटक, कैंट, कैंटोनमैंट, कैंप, *पड़ाव*, शिविर, सेना छावनी, सेना शिविर, सैनिक शिविर, •सेना चौकी, •सैनिक.

**छिंकनी** = नकछिकनी.
**छिक्कनी** = नकछिकनी.
**छिक्का** = छींक.
**छिक्किका** = नकछिकनी.
**छिछला/छिछली** = अर्धरिक्त, अविचारशील, उथला/उथली, गाध्य, चंचल, पाखंडपूर्ण, मूर्खतापूर्ण (कृत्य).
**छिछियाना** = धिक्कारना.
**छिछोरा/छिछोरी** = अधम, कुटिल.

**छिछोरी लड़ाई** = जूतम पैजार.

**छिजाना** *क्रि काटना*, *कुतरना*, क्षय करना, क्षरण करना, *खाना*, गलाना, *गिराना*, *घिसना*, झड़ाना, ढलकाना, दररना, दरेरना, रद्दना.

**छिटकन** = छिड़काव.
**छिटकना** = खुलना, झटकारना.
**छिटकाई** = बिखराव.
**छिटकाना** = छिड़कना, बिखेरना.
**छिटकार** = छिड़काव, बिखराव.
**छिटकाव** = बिखराव.
**छिटपुट** = अनियमित, उपाहार, कभी कभी, कम, कुछ.
**छिटपुट चोरी** = उठाईगीरी.
**छिटपुट युद्ध** = गुरिल्ला युद्ध.
**छिड़कन** = छिड़काव.
**छिड़कना** = फुहारना, बरसाना, सींचना.

**छिड़कना** *क्रि* छरकाना, छिटकाना, छिड़काना, छिड़काव करना, छितराना, छींटना, *फुहारना*, *बरसाना*, बिखराना, *बिखेरना*, *बिछाना*, बुरकना, बौछार करना, •फुहारना, •फेंकना.

**छिड़कान** = छिड़काव.
**छिड़काना** = छिड़कना.
**छिड़काव** = अल्पवर्षा, अल्पवर्षा, बारिश, सिंचन.

**छिड़काव** *सं* अवसेचन, आवर्षण, उत्सेक, उपसेचन, छिटकन, छिटकार, छिड़कन, छिड़कान, छींटन, बरसाव, बुरकन, बुरकाई, बुरकाव, वर्षा, *सिंचन*, •बारिश, •सिंचन.

**छिड़काव करना** = छिड़कना.
**छिड़ाई** = आरंभ.
**छितरना** = बिखरना.
**छितराई** = बिखराव.
**छितराना** = छिड़कना, फुहारना, बिखेरना, बोना.
**छितराव** = बिखराव, विपंक्तिकरण.
**छिदरा/छिदरी** = छिद्रिल, विरल.
**छिदा/छिदी** = कटा/कटी, छिद्रित, छिद्रिल, पंक्चरित, विद्ध.
**छिदाई** = उत्कीर्णन, वेधन.

छिद्र = खरोंच, जाल छेद, बिल, शून्य स्थान.

**छिद्र** *सं* *आँख*, कुहर, *घर*, छेद, *द्वार*, नक्का, भंभा, *मुँह*, मोकला, मोखा, रंध्र, विवर, सूराख़, ●कगार, ●खरोंच, ●गड्ढा, ●गुफा, ●झिरी, ●पंक्चर, ●पोल, ●बिल, ●वेधक.

**छिद्रक** = वेधक.
**छिद्र करना** = छेदना.
**छिद्रकारी** = वेधकारी.
**छिद्रण** = वेधन.
**छिद्रदर्शन** = छिद्रान्वेषण.
**छिद्ररुद्ध** = रुद्ध.
**छिद्रहीन** = जलवारक, ठोस.

**छिद्रहीन** *वि* अच्छिद्र, अछिद्र, गफ, गसीला/गसीली, गुँथा/गुँथी, ठस, ठसा/ठसी, *ठोस*, निविड, रंध्रहीन, *सघन*, ●रुद्ध, ●सघन, ■छिद्रिल.

**छिद्रान्वेषक** *सं* आलोचक, कमी निकालने वाला, ग़लतबीन, छिद्रान्वेषण कर्ता, छिद्रान्वेषी, दोषान्वेषक, नुकताचीं, नुकताचीन, ■प्रशंसक.

**छिद्रान्वेषण** *सं* असूया, आलोचना, ऐबजोई, ऐबबीनी, खुचरखुचर, ग़लतबीनी, छिद्रदर्शन, *टिप्पणी*, टीकाटिप्पणी, टोकाटाकी, दोषदर्शन, दोषान्वेषण, नुकताचीनी, ●खीज, ●झींक, ●निंदा, ●मीनमेख.

**छिद्रान्वेषण कर्ता** = छिद्रान्वेषक.
**छिद्रान्वेषी** = छिद्रान्वेषक, निंदक.
**छिद्रावकाश** = पोल.
**छिद्रावरोधन** = रुँझाई.
**छिद्रित** = पंक्चरित, विद्ध.

**छिद्रित** *वि* आविद्ध, छिदा/छिदी, बिंधा/बिंधी, रंध्रित, विदीर्ण, *विद्ध*, वेधित, शुषिर, ●पंक्चरित, ■रुद्ध.

**छिद्रिल** = जालीदार.

**छिद्रिल** *वि* खखरा/खखरी, खाँखर, चूता/चूती, *छलनी*, छिदरा/छिदरी, छिदा/छिदी, छीदा/छीदी, छेदीला/छेदीली, *जालीदार*, झँझरा/झँझरी, झँझरीदार, झनैना/झनैनी, झाँझर, झिरझिरा/झिरझिरी, झिलमिला/झिलमिली, झीना/झीनी, धोतर, रंध्री, रिसता/रिसती, शुषिर, सुषिर, सूराख़दार, ●जालीदार, ●ढीला बुना, ●पोला/पोली, ●विरल, ■छिद्रहीन, ■ठोस, ■सघन.

**छिनाई** = छीन, ज़ब्ती, लूट.
**छिनाल** = कुलटा, वेश्या.
**छिनालपन** = वेश्यावृत्ति.
**छिनाला** = कुलटा.
**छिन्न** = कटा/कटी, टूटा/टूटी, नष्ट, परस्त, विपंक्तिकृत, विभाजित, ह्रस्त.
**छिन्नभिन्न** = जीर्णशीर्ण, टूटा/टूटी, नष्ट.
**छिन्नमूल** = उन्मूलित.
**छिन्ना** = कुलटा.
**छिप कर** = चोरी छिपे.
**छिप कर देखना** = झाँकना.
**छिप कर लड़ने वाला सैनिक** = गुरिल्ला सैनिक.

**छिपकली** *सं* अंजन, अंजना, अंजनिका, कृकलास, गृहगोधा, गोधिका, बिस्तुइया, ●सरीसृप.

**छिपता/छिपती** = अस्तगामी.
**छिपते छिपाते** = चोरी छिपे.
**छिपन** = अस्तगमन, तिरोभाव, लुकाछिपी.
**छिपना** = ढलना.

**छिपना** *क्रि* आड़ में जाना, ओट में जाना, गुप्त होना, दुबकना, दुरना, *बचना*, *मुँदना*, लुकना, लुपना, ●अस्त होना, ●खिसक लेना, ●घात लगाना, ●छद्मवेश धरना, ●फ़रार होना, ●भूमिगत होना, ■प्रकटना.

**छिपा/छिपी** = कूटबद्ध, गुप्त, ग्रहणग्रस्त, छलपूर्ण, भूमिगत.
**छिपाई** = गोपन.
**छिपाऊ** = वाक्संयमी.
**छिपा कर** = चोरी छिपे.
**छिपाना** = ढाँपना.

**छिपाना** *क्रि* आड़ करना, ओट करना, गुप्त करना, घतियाना, *चुराना*, ढँकना, *ढाँपना*, *दबाना*, दाबना, दुराना, लुकाना, लोपना, ●शरण देना, ■उघाड़ना, ■दिखाना, ■बताना.

**छिपाने वाला** = शरणदाता.
**छिपा पत्ता** = कुचाल.

**छिपा रुस्तम** *सं* अज्ञात प्रतिभाशाली व्यक्ति, अप्रत्याशित विजेता, गुदड़ी का लाल, डार्क हौर्स, ●प्रतिभाशाली बालक, ●प्रतिभाशाली व्यक्ति.

**छिपाव** = आड़, गोपन, छद्म.
**छिपी चाल** = कुचाल.
**छिपी बात** = रहस्य.
**छिपे छिपे** = चोरी छिपे.
**छिपे हाथ** = चोरी छिपे.
**छिलका** = छाल, छीलन.

**छिलका** *सं* खाल, *चुस्त*, चोई, बकला, शल्क, ●छाल, ●त्वचा, ■गूदा.

**छिलका उतारना** = छीलना.
**छिलन** = आघात रगड़, खरोंच.
**छिलना** = चिरना.
**छिलौरी** = छाला.

**छींक** *सं* आक छीं, कास, छिक्का, ●खाँस.

**छींक लाने वाली घास** = नकछिकनी.
**छींका** = चरखी झूला डोली, लिफ़्ट.
**छींट** = अल्पवर्षा, फुटक, बूँद.

**छींट** *सं* फूल, फूलपत्ती, बूटाबूटी, ●छाप, ●रँगाई.

**छींटदार** = चितकबरा/चितकबरी.
**छींटन** = छिड़काव.
**छींटना** = छिड़कना.
**छींटा** = अल्पवर्षा, कटाक्ष, फुटक, बारिश, वर्षा बूँद.
**छींटा** = बूँद.
**छींबी** = बीजकोश.
**छींबी** = फली.
**छीका** = चरखी झूला डोली.
**छीछालेदर** = अपमान.
**छीछी** = अपमान, विष्ठा.
**छीछी करना** = धिक्कारना.
**छीज** = क्षरण, ह्रास.
**छीजन** = क्षरण, म्लानन, ह्रास.

**छीजना** = दुबलाना.

**छीजना** *क्रि* *कटना*, क्षयित होना, क्षरण होना, गलना, *गिरना*, *घिसना*, जर्जर होना, *झड़ना*, *टूटना*, ढरकना, ढलकना, ढुरकना, *फूटना*, *बैठना*, भरराना, भुरभुराना, •ढहना, •रिसना.

**छीजा/छीजी** = ह्रस्त.
**छीदना** = छेदना.
**छीदा/छीदी** = अजनाकीर्ण, छिद्रिल, विरल, वेध्य.
**छीन** = ज़ब्ती.

**छीन** *सं* *अपहरण*, खसोट, *ग्रहण*, छिनाई, दस्तदराज़ी, नोच, बलाद्ग्रहण, बलापहरण, *लूट*, वंचन, हरण, •अधिग्रहण, •कुर्क़ी, •ज़ब्ती, •बटमारी, •लूट, ■दान.

**छीनना** *क्रि* उमेठना, ऐंठना, खसोटना, *खींचना*, खोसना, छीनना झपटना, छीनाझपटी करना, ज़बरदस्ती लेना, झटकना, *झाड़ना*, *निकालना*, *नोचना*, फटकारना, वसूलना, हथियाना, हरना, •चुराना, •ज़ब्त करना, •लूटना.

**छीनना झपटना** = छीनना.
**छीना/छीनी** = अपहृत, ज़ब्त.
**छीनाखसोटी** = लूटपाट.
**छीनाझपटी** = आपाधापी, लूटपाट.
**छीनाझपटी करना** = छीनना.
**छीनाझपटीपूर्ण** = स्वार्थपूर्ण.
**छीमी** = फली, बीजकोश, सेम.
**छीर** = दूध.
**छीरफेन** = मलाई.

**छीलन** *सं* उतरन, *खपची*, खपच्ची, खरपच्ची, खुरचन, चिप्पड़, चैला, *छिलका*, पच्चड़, *पपड़ी*, परत, फट्टा, फट्टी, फट्ठा, फट्ठी, भूसी, शल्क, सैली, •खपची.

**छीलना** = काटना छाँटना, खरोंचना, खुरचना.

**छीलना** *क्रि* *उघाड़ना*, *उधेड़ना*, *खुरचना*, खोलना, छिलका उतारना, धोना (दाल), भूसा उतारना, •रंदा करना, •रेतना.

**छुँका/छुँकी** = सुवासित.

**छुँकाई** *सं* छौंकलगाई, बघारलगाई.

**छुअन** = मुँदन, स्पर्श, स्पर्श अनुभूति.
**छुआ/छुई** = उच्छिष्ट, स्पर्शित.
**छुआछूत** = अस्पृश्यता.
**छुआछूतवाद** = असमानतावाद.
**छुआना** = सटाना.
**छुईमुई** = परदानशीन, लजीला/लजीली.

**छुईमुई** *सं* खदिरी, चित्रपदा, नतद्रुम, नमस्कारी, बृहद्दली, महाभीता, लजनी, लजवंती, लजानिया, लजालु, *लज्जा*, लाजवंती, वराहकांता, शमीपत्रा, संकोचनी, सप्तपर्णी, स्पर्शलज्जा.

**छुकछुक** *सं* छुकछुकाहट, छूछू, •रेलगाड़ी.

**छुकछुक करना** = छुकछुकानाा.
**छुकछुक गाड़ी** = रेलगाड़ी.
**छुकछुकाना** = छुकछुकानाा.

**छुकछुकानाा** *क्रि* छुकछुक करना, छुकछुकाना, छूछू करना.

**छुकछुकाहट** = छुकछुक.
**छुच्छी** = परछा.
**छुट** = रहित, सिवा.
**छुट-** = छोटा/छोटी.
**छुटका** = लड़का.
**छुटका/छुटकी** = अनुज/अनुजा, ठिंगना/ठिंगनी, लघुकाय, शिशु.
**छुटकारा** = परित्राण, मुक्ति, मोक्ष, राहत, संन्यास प्रवेश, स्वाधीनता प्राप्ति.
**छुटकू** = ठिंगना/ठिंगनी, शिशु.
**छुटना** = फिंकना.
**छुटपन** = बचपन, बचपन.
**छुटपुट** = अनियमित, उपाहार, कुछ, विविधा.
**छुटभैया** = पिछलग्गू.
**छुटा/छुटी** = अपराधमुक्त, परित्यक्त, मुक्त.
**छुटौती** = फिरौती, मूल्य कटौती.
**छुट्टा** = बख़्शीश, रेजगारी, लंपट.
**छुट्टा/छुट्टी** = अपालतू, खुदरा बिकाऊ, विवाह्य.
**छुट्टा काम** = अमानी काम.
**छुट्टी** = अनुपस्थिति, अवकाश दिवस, उत्सव, कुलटा, दीर्घ अवकाश, मध्यावकाश, मुक्ति, विश्राम, सप्ताहांत, सेवाच्युति.
**छुट्टी का दिन** = अवकाश दिवस.
**छुट्टे** = खुदरे में.
**छुट्टे में** = खुदरे में.
**छुड़ना** = फिंकना.
**छुड़वाई** = मुक्ति.
**छुड़ा/छुड़ी** = अपराधमुक्त.
**छुड़ाई** = परित्याग.
**छुड़ाना** = विलगाना.
**छुड़ाव** = परित्याग, मुक्ति.
**छुड़ौती** = फिरौती.
**छुतहा/छुतही** = रोगकारक, संक्रामक.
**छुनछुन** = छनछन.
**छुनछुनाना** = छनछनाना.
**छुपम छुपौवल** = आँख मिचौनी.
**छुमछुम** = रुनझुन.
**छुरा** = उस्तुरा, कृपाण, चाकू छुरी.
**छुरी** = चाकू छुरी.

**छुरेबाज़** *सं* क़साई, क़ातिल, खड्गिक, •तलवारधारी, •हत्यारा.

**छुहारा** *सं* खरहरी, खुरमा, छुहारी, छोहारा, पिंड ख़जूर, पिंडी, बृहत् खर्जूरिका, सूखा खजूर, सूखा पिंड खजूर, •खजूर.

**छुहारी** = छुहारा.
**छूँछा/छूँछी** = अविचारशील, उथला/उथली, कंगाल, निस्सार, पोला/पोली.
**छूँछी** = कीप.
**छूछा/छूछी** = अधम, रिक्त.
**छूछू** = छुकछुक.
**छूछू करना** = छुकछुकानाा.
**छूट** = अनियंत्रण, अनुमति, अपवाद, अप्रतिबंध, असमावेश, क्षमा, परित्याग, पूर्ण अनुमति, मुक्ति, मूल्य कटौती, मोहलत, मौन अनुमति, लाइसैंस, विशेषाधिकार, विश्राम, सुविधा, स्वेच्छा, स्वेच्छाचार.
**छूटना** = पिछड़ना, फिंकना, बिछुड़ना.
**छूटा/छूटी** = अदत्त, अपराधमुक्त,

अपूर्णकृत, मुक्त.
**छूत** = संक्रमण, संक्रामक रोग, स्पर्श.
**छूत की बीमारी** = संक्रामक रोग.
**छूतछात** = अस्पृश्यता.
**छूता/छूती** = सटा/सटी, स्पर्शी.
**छूना** = चुपड़ना, सटना.

**छूना** *क्रि* अरसना परसना, टटोलना, टोहना, परसना, **महसूसना, स्पर्श** करना, हाथ लगाना, •**अनुभव** करना, •**सहलाना.**

**छूने वाला** = स्पर्शिता.
**छू मंतर** = अंतर्धान, जादूमंतर.

**छू मंतर कर्म** *सं* अंतर्धानन, अदृश्यकरण, आलोपन, विलीनन, विलोपन, •जादूगरी.

**छूम छनक** = रुनझुन.
**छूम छनन** = रुनझुन.
**छेंकना** = अगोटना.
**छेक** = नागरतापूर्ण, पालतू, पालतू पशु, मधुमक्खी.
**छेड़** = आरंभ, ईवटीज़िंग, शरारत.
**छेड़खानी** = ईवटीज़िंग, चुटकुलेबाज़ी.
**छेड़छाड़** = ईवटीज़िंग, चकल्लस, चुटकुलेबाज़ी, तकरार, वाक्केलि, विनोद, शरारत.
**छेड़ना** = खिजाना, गाना, झेंपाना, बजाना.
**छेत्ता** = खंडन कर्ता, नाश कर्ता, लकड़हारा, वेधक.
**छेद** = गड्ढा, छिद्र, जाल छेद, पंक्चर, बिल, सूई नाका.
**छेदक** = कृंतक.
**छेद करना** = छेदना.
**छेदन** = कटाई, भंजन, वेधन.
**छेदन दंत** = कृंतक.
**छेदनहार** = वेधक.
**छेदना** = उकेरना, काटना, घोंपना, वेधक, वेधना.

**छेदना** *क्रि* छलनी करना, छिद्र करना, छीदना, छेद करना, बींधना, बेधना, भेदना, *वेधना*.

**छेदनी** = वेधक, सुंबा.

**छेदा** = घुन.
**छेदित** = विद्ध.
**छेदी** = नाशकारी, वेधक.
**छेदीला/छेदीली** = छिद्रिल.
**छेद्य** = वेध्य.
**छेना** = पनीर.
**छेना जल** = पनीर जल.
**छेनी** = छैनी.
**छेपटी** = उपहास, खपची, वाक्केलि, हास्योक्ति.
**छैंड़ी** = खत्ती.

**छैनी** *सं* कलँगा, किर्रा, छेनी, शिलाकुट्ट, •**चौरसा**, •**नक़्क़ाशी छैनी.**

**छैल चिकनिया** = छबीला.
**छैल छबीला** = छबीला.
**छैल छबीला/छैल छबीली** = रसिक.
**छैल छबीली** = छबीली.
**छैला** = छबीला, प्लेबौय, सुंदर पुरुष.
**छैला/छैली** = छबीला/छबीली, रसिक.
**छोई** = फोक, मत्स्य शल्क.
**छोकरा** = नौकर, लड़का, वेटर.
**छोकरी** = नौकरानी, लड़की.
**छोटा** = लड़का.
**छोटा/छोटी** = अधम, अनुज, अनुज/अनुजा, अप्रतिष्ठित, अल्पायु, अवयस्क, अवर (कर्मचारी), उत्तर अवस्था सूचक शब्द सूची, कली जैसा, जेबी, ठिंगना/ठिंगनी, निम्नकुलीन, निर्धन, नीचा/नीची, पतला/पतली, महत्त्वहीन, लघुकाय, शिशु, संकीर्ण, संक्षिप्त, साइज़ से छोटा, सूक्तिवत, ह्रस्व.

**छोटा/छोटी** *वि* अदना, अल्प, खुर्द, छटंकी, छुट-, नन्हा/नन्ही, न्यूनाकार, लघु, लघ्वाकार, *संक्षिप्त*, स्वल्प, •जेबी, •ठिंगना/ठिंगनी, •लघुकाय, •संकीर्ण, •सूक्ष्म, ▪चौड़ा/चौड़ी, ▪बृहत्, ▪महाकाय, ▪विस्तीर्ण.

**छोटा कक्ष** = कोठरी.
**छोटा कटोरा** = कटोरी.
**छोटा करना** = सिकोड़ना.
**छोटा कलश** = लोटा.
**छोटा कोर्स** = क्रैश कोर्स.
**छोटा घड़ा** = हँडिया.
**छोटा घूँट** = चुसकी.
**छोटा चूहा** = चुहिया.
**छोटा दिन** = दक्षिण अयनांत.
**छोटा द्वार** = उपद्वार.
**छोटा नगर** = क़स्बा.
**छोटा नरम पौधा** = पौद.
**छोटा नागपुर पहाड़ियाँ** = पर्वत सूची भारत उपमहाद्वीप.
**छोटा पर्वत** = पहाड़ी.

**छोटा पुत्र** *सं* कनिष्ठ पुत्र.

**छोटा फोड़ा** = फुंसी.
**छोटा फ़्राँस** = पाँडिचेरि.
**छोटा बड़ा** = अनुपातहीन, असमाकार.
**छोटा बड़ा/छोटी बड़ी** = भेदभावपूर्ण.
**छोटा बीज गिरी** = बीजी.

**छोटा भाई** *सं अनुज*, अनुजन्मा, अनुभ्राता, ▪बड़ा भाई.

**छोटा मछराला** = कौड़िल्ली.
**छोटा रास्ता** = शौर्टकट.
**छोटी** = लड़की.
**छोटी उँगली** = कनिष्ठिका उँगली.
**छोटी उमर** = अल्पायु.

**छोटी कहानी** *सं* आख्यायिका, *कहानी*, शौर्ट स्टोरी, •लघुकथा.

**छोटी खाट** = खटोला.

**छोटी चेचक** *सं* खसरा, चिकन पौक्स, छोटी माता, पनगोटी, पानीझरा, मोतिया शीतला, मोतीझरा, •चेचक.

**छोटी छुट्टी** = काफ़ी ब्रेक, मध्यावकाश.

**छोटी बहन** *सं* अनुजा, बला, ▪बड़ी बहन.

**छोटी बूँदी** = मोतीचूर.
**छोटी माता** = छोटी चेचक.
**छोटी मात्रा** = ह्रस्व मात्रा.
**छोटी सड़क** = उपमार्ग.
**छोटी हाज़री** = जलपान गोष्ठी.
**छोटू** = बौना, शिशु.
**छोटू राम** = बौना.
**छोटे दिल वाला** = स्वार्थी.
**छोटे पैमाने पर बना** = हस्तनिर्मित.
**छोटे में** = संक्षेपतः.
**छोटे लोग** = लघुजन.

**छोटे साइज़ का** *वि* अणुमात्र, अत्यल्प, अल्पित, क्षीणाकार, क्षुद्र, ज़नाने साइज़ का, नन्हा/नन्ही, पाकेट साइज़, बच्चों के साइज़ का, मिनी, लघ्वाकार, *संक्षिप्त*, *सूक्ष्म*, सूक्ष्माकार, •छोटा/छोटी, ▪बृहत्.

**छोटे सिक्के** = रेजगारी.

**छोड़** = परित्याग.

**छोड़ कर** = सिवा.

**छोड़ छुट्टी** = तलाक़, परित्याग.

**छोड़ना** = गिराना, गिराना, त्यागना, दागना, फेंकना, विलगाना.

**छोड़ना** *क्रि* आज़ाद करना, उन्मुक्त करना, खोलना, *निकालना*, निर्बाध करना, पाशमुक्त करना, बंधन खोलना, बंधनहीन करना, मुक्त करना, •खोलना, ▪पकड़ना, ▪फँसाना.

**छोड़ने वाला** = परित्यक्ता.

**छोड़ा/छोड़ी** = अर्चर्चित, असमाविष्ट, परित्यक्त, मुक्त.

**छोप** *सं* थोप, थोपा, फैलाव, *बिखराव*.

**छोर** = आदि, किनारा, चरम अवस्था, टुनगी, नदी तट, नोक, सीमा.

**छोर** *सं* *अंत*, अनी, आख़िर, उपांत, ओरछोर, कन्नी, *किनारा*, कोर, *धार*, *नाका*, नितांत छोर, *नोक*, *बाड़*, सिरा, *सीमा*, हद, *हाशिया*, •कँगनी, •कगार, •पार्श्व, ▪मध्य.

**छोरवर्ती** = सीमावर्ती.

**छोरस्थ** = अंतिम, सीमावर्ती.

**छोरहीन** = असीम.

**छोरा** = नौकर, पुत्र, लड़का.

**छोरी** = नौकरानी, पुत्री, लड़की.

**छोलंग** = नीबू.

**छोलदारी** = तंबू.

**छोला** = चना.

**छोलाई** = चौलाई साग.

**छोह** = प्रेम, वात्सल्य.

**छोहगर** = प्रेमी.

**छोहना** = दुलारना.

**छोहारा** = छुहारा.

**छोहिनी** = प्रेमिका.

**छोही** = प्रेमी.

**छौंक** *सं* *झोल*, तड़का, धुँगार, बघार.

**छौंकना** *क्रि* तड़का देना, तड़का लगाना, धुँगारना, बघारना, •मैरिनेड करना, •राँधना.

**छौंकलगाई** = छुँकाई.

**छौना/छौनी** = नवजात पशु, पशु शिशु, शिशु.

**जंक फ़ूड** *सं* घटिया उपाहार, पोषणहीन गरिष्ठ उपाहार, स्नैक्स, •रेडीमेड आहार.

**जंकयार्ड** = कूड़ा ढेर.

**जंकशन** = रेलवे जंकशन.

**जंग** = युद्ध.

**ज़ंग** = अफ़्रीका.

**ज़ंग** *सं* काँटी, काट, किट्ट, खेड़ी, मंडूर, *मल*, मोरचा, रीम, शिंघाण, •क्षरण, •ह्रास, ▪मोरचावारक.

**जंगआवर** = युद्धोत्सुक.

**जंगजू** = उग्रवादी, युद्धोत्सुक.

**जंगम** = गमनशील, सक्रिय, सचल.

**जंगम गुल्म** = पदसेना.

**जंगल** = आखेट स्थल, निर्जन वन, वन, शौचस्थान.

**जँगला** = कटहरा, ज़ाफ़री.

**जंगली** = अकृषित (अनाज), अपालतू, असंस्कृत, रुधिरपिपासु, वनवासी, वनीय, वन्य, स्वेच्छाचारी.

**जंगली जानवर** = वन्य पशु.

**जंगली बेर** = झड़बेरी.

**जंगली रास्ता** = पशुपथ.

**जंगावर** = योद्धा.

**जंगी** = उपद्रवी, कलहप्रिय, महाकाय, युद्धोत्सुक, सैन्य.

**ज़ंगी** = नीग्रो.

**जंगी जहाज़** = नौसेना पोत.

**जंगे आज़ादी** = स्वाधीनता संग्राम.

**जंगो जदल** = युद्ध.

**जंघा** = जाँघ.

**जँचना** = फबना.

**जँचा/जँची** = आकलित.

**जँचाव** = वैभव, सजावट.

**जँचावदार** = शोभनीय.

**जंजाल** = खटराग, जाल, भूलभुलैयाँ, भ्रम, मकड़जाल, मायाजाल.

**जंजालिया** = कलहप्रिय.

**ज़ंजीर** = कंठमाला, ज़िप, बाड़, बेड़ी, साँकला.

**ज़ंजीर** *सं* चेन, बंध, बंधन, मेखला, रसना, रास, शृंखल, शृंखला, श्रेणी, संकल, सकड़ी, साँकल, *साँकला*, साँकली, सिकड़ी, सिक्कड़, सृंखला, सेत्र, •अंकुश, •बेड़ी, •रस्सी, •लगाम, •लड़ी.

**ज़ंजीर कड़ी** *सं* कड़ी, *कली*, छल्ला, शृंखला कड़ी.

**ज़ंजीरख़ाना** = कारागार.

**ज़ंजीरबंद** = गिरफ़्तार.

**जंतर** = गंडा तावीज़.

**जंतरमंतर** = अभिमंत्रण, गंडा तावीज़, जादू खेल, जादूमंतर.

**जंतु** = जानवर, जीव.

**जंतुशाला** = चिड़ियाघर.

**जंत्र** = गंडा तावीज़, ताला.

**जंत्रमंत्र** = अभिमंत्रण, जादूमंतर.

**जंत्री** = कैलेंडर, पंचांग.

**जंदरा** = ताला.

**जंप** = कूद, छलाँग.

**जंप करना** = कूदना.

**जंबु** = जामुन.

**जंबुक** = लोमड़ी.

**जंबुद्वीप** = दक्षिण एशिया, पौराणिक महाद्वीप सूची, बृहत्तर भारत.

**जंबुर** = अभ्रक.

**जंबुल** = जामुन.

**जंबूक** = गीदड़.

**ज़ंबूर** = भिड़, मधुमक्खी, शिकंजा.

**जंबो** = हाथी.

**जंभ** = जँभाई, दाढ़.

**जंभहा** = इंद्र.

**जँभाई** *सं* उबासी, *ऊब*, जंभ, जम्हाई, •आलस, •खर्राटा, •थकान.

**जँभाई लेना** = ऊबना.

**जंभारि** = इंद्र, इंद्रवज्र.

**जँभीर** = चकोतरा.

**-ज** = पुत्र.

**-ज/-जा** = जन्मा/जन्मी.

**जई** *सं* ओट, यविका, हयेष्ट.

**ज़ईफ़/जईफ़ा** = वृद्ध.
**ज़ईफ़ी** = वृद्धावस्था.
**जकंद** = द्रुत वेग.
**जकंदनि** = आपाधापी.
**जक** = यक्ष.
**जकड़** = पकड़.
**जकड़न** = अकड़ाहट.
**जकड़ना** = कसना, चिपकना, झपटना, ठिठुरना, भींचना.
**जकड़बंद** = कसा/कसी.
**जकड़ा/जकड़ी** = कसा/कसी, बेड़ीबंद, शीताकुल.
**जकड़ाव** = अकड़ाहट.
**ज़कात** = दान.
**जकार्ता** = इंडोनेशियाः राजधानी.
**जक्ष (ईरान)** = यज्ञ.
**जक्ष (ईरान)** = यक्ष.
**जक्षण** = उदरस्थन.
**जखनी** = यक्षिणी.
**ज़ख़ीरा** = ढेर, नर्सरी, भंडार, संसाधन.
**ज़ख़ीरेदार** = जमाख़ोर.
**ज़ख़ीरेदारी** = जमाख़ोरी.
**ज़ख़्म** = व्रण.
**ज़ख़्मी** = आहत.
**जग** = लोक, मग, सृष्टि.
**जगकारण** = ईश्वर.
**जगख्यात** = प्रसिद्ध.
**जगच्चक्षु** = सूर्य.
**जगजाना/जगजानी** = प्रसिद्ध.
**जगजानापन** = प्रसिद्धि.
**जगज़ाहिर** = प्रसिद्ध, सर्वज्ञात.
**जगत** = इहलोक, जड़ चेतन जगत, जीव समष्टि, पनघट, परिधि, पृथ्वी, प्रजाति, विश्वीय, सृष्टि.
**जगत एकमात्र सत्य है** = भौतिकतावाद.
**जगत ज्ञान** = विज्ञान.
**जगतपिता** = ईश्वर.
**जगतसेठ** = सेठ.
**जगत ही ब्रह्म है** = वेदांत दर्शन.
**जगतारण** = ईश्वर.
**जगती** = पृथ्वी.
**जगतीचर** = मानव.
**जगत्कर्ता** = ब्रह्मा, सृष्टि रचेता.
**जगत्पिता** = ईश्वर.
**जगत्प्राण** = वायु.
**जगदंबा** = दुर्गा.
**जगदाचार्य** = धर्मगुरु.
**जगदीप** = सूर्य.
**जगदीश** = ईश्वर, विष्णु, शिव.
**जगदीश्वर** = ईश्वर.
**जगद्गुरु** = धर्मगुरु, नारद.
**जगद्गौरी** = दुर्गा.
**जगद्धाता** = ब्रह्मा.
**जगद्विख्यात** = प्रसिद्ध.
**जगद्विनाश** = प्रलय.
**जगना** = जागना, हिलना.
**जगन्नाथ** = ईश्वर, विष्णु.
**जगन्निवास** = ईश्वर.
**जगन्माता** = दुर्गा, लक्ष्मी देवी.
**जगन्मिथ्या** = मायावाद.
**जगन्मोहिनी** = दुर्गा.
**जगबीती** = कहानी.
**जगमग** = आलोकप्रद, आलोकित, चमकदार, तारे जैसा.
**जगमग करना** = चमकना.
**जगमगाता/जगमगाती** = चमकदार.
**जगमगाना** = चमकना.
**जगमगाहट** = चमक.
**जगरमगर** = चमकदार.
**जगराता** = रतजगा.
**जगह** = अतिरिक्त स्थान, घर, पद, रिक्त पद, शून्य स्थान, स्थान, स्थिति.
**जगह ख़ाली नहीं है** = अरिक्त पद.
**जगह जगह** = हर ओर.
**जगह देना** = बसाना.
**जगह बनाना** = धक्कामुक्की करना.
**जगा/जगी** = उत्साहित, जाग्रत, प्रेरित.
**जगाना** = चेताना.

**जगाना** *क्रि* *उठाना*, जाग्रत करना, नींद से उठाना, *पुकारना*, सोते से उठाना, *हिलाना*, ■सुलाना.

**जगाया/जगाई** = उत्साहित.
**जघन** = जाँघ.
**जघनचपला** = प्रलोभिनी.
**जघन्य** = अपमानजनक.
**ज़चगी** = प्रसव.
**ज़च्चा** = प्रसूता.
**जज** = न्यायाधीश.
**जजमान** = क्लायंट, धार्मिक व्यक्ति, यजमान.
**जजमानी** = क्लायंट वर्ग.

**जजमैंट** *सं* अधिनिर्णय, अवार्ड, आदेश, आर्डर, डिक्री, डिगरी, डिसीज़न, निर्णय, *निष्कर्ष*, नैयायिक निर्णय, न्यायाज्ञा, *फ़तवा*, फ़रमान, फ़ैसला, रूलिंग, वाद निर्णय, *व्यवस्था*, हुक्म, ●दंड आदेश, ●समाधान.

**जज़ा** = पुण्यफल.
**जज़ीरा** = द्वीप.
**जज़्ब करना** = सोखना.
**जज़्बा** = उत्साह, भाव.
**जज़्बाती** = भावपूर्ण, भावुक.
**जज़्बातीपन** = भावुकता.
**जटल्ली** = अफ़वाहबाज़, बकवासी.

**जटा** *सं* उलझे चिपके केश, चोंडा, जटाजूट, *झोंटा*, सटा, ●केशगुच्छ.

**जटाजूट** = उलझन, जटा.
**जटाधर** = जटायुक्त, शिव.
**जटामंडल** = जूड़ा.
**जटामाली** = शिव.

**जटायुक्त** *वि* जटाधर, जटाल, *जटिल*, जटी, झोटिंग, ●जटिल.

**जटाल** = जटायुक्त, रोमल, वटवृक्ष.
**जटा शंकरी** = गंगा नदी.
**जटित** = पच्चीकृत, विजड़ित.
**जटिल** = अबोध्य, असमाधान्य, अस्पष्ट (उच्चारक), कठिन, कूटबद्ध, क्लिष्ट (भाषा), छलपूर्ण, जटायुक्त, पेचीदा डिज़ाइन वाला, समस्यात्मक.

**जटिल** *वि* *अव्यवस्थित*, उज्झटित, उलझनदार, उलझा/उलझी, कूट, गँठीला/गँठीली, गाँठदार, गिरहदार, गुत्थमगुत्था, गुथा/गुथी, गुलझटी, गूढ़, ग्रंथिल, चक्रिल, पेचिल, पेचीदा, पेचीला/पेचीली, ●अव्यवस्थित, ●क्लिष्ट (भाषा), ●जटायुक्त, ●भ्रामक, ●समस्यात्मक, ■सहज.

**जटिलता** = कर्मकांड, समस्या.
**जटिल प्रश्न** = समस्या.
**जटिला** = द्रोण, ब्रह्मचारिणी.
**जटी** = जटायुक्त, पाकर, वटवृक्ष.
**जठर** = उदर.
**जठराग्नि** = पाचन शक्ति, भूख.
**जठरानल** = पाचन शक्ति.

**जड़** = अचेत, अजैव, अनुभूतिहीन, अभिव्यक्तिहीन, आधार, खाद्य कंद, निष्क्रिय, नीवँ, प्रयासहीन, बहरा/बहरी, मंदधी, मृत, सहानुभूतिहीन, हतोत्साहित.

**जड़** *सं* अंघ्रि, कंद, चरण, मूल, शफ, •अंकुर, •पौद, •बीज, ▪टुनगी.

**जड़ करना** = रोकना.
**जड़ खोदना** = ढ़हाना.

**जड़ चेतन जगत** *सं* चराचर जगत, चराचर सृष्टि, जगत, जड़ जीव जगत, मौजूदात, संपूर्ण जगत, सब कुछ, सर्वार्थ, *सृष्टि*, •ब्रह्मांड.

**जड़ जीव जगत** = जड़ चेतन जगत.
**जड़ता** = अप्रयास, मूर्खता.
**जड़दार** = आमूलित.
**जड़ना** = कीलना, मँढ़ना, लगाना.

**जड़ना** *क्रि* अंदर बैठाना, *अटकाना*, अटाना, अठाना, इनले करना, खचाना, खाँचना, गड़ाना, *गाड़ना*, जड़ाई करना, *जमाना*, टाँकना, टोंचना, ठीक बैठाना, डटाना, फ़िक्स करना, फ़िट करना, *बैठाना*, *रोपना*, *लगाना*, विजड़ित करना, समाना, •कीलना, •ठोंकना, ▪उखाड़ना.

**जड़ने वाला** = जड़िया.
**जड़ने वाला** = फ़िटर.
**जड़ पदार्थ** = अजैव पदार्थ.
**जड़ प्रकृति** = अजैव पदार्थ.
**जड़बुद्धि** = मंदधी.
**जड़ भरत** = ऋषि सूची.
**जड़वाद** = भौतिकतावाद.
**जड़वादी** = भौतिकतावादी.
**जड़ सृष्टि** = अजैव पदार्थ.
**जड़ से** = संपूर्णतः.
**जड़ से उखड़ा** = उन्मूलित.
**जड़ से उखड़ाई** = उन्मूलन.
**जड़ से उखाड़ने वाला** = उन्मूलक.
**जड़हन** = खरीफ़ फ़सल.

**जड़हीन** *वि* अमूल, आधारहीन, निर्मूल, बेजड़, मूलहीन, शून्यमूल.

**जड़ा/जड़ी** = पच्चीकृत, रत्नजटित, विजड़ित, स्थावर.
**जड़ाई** = पच्चीकारी.

**जड़ाई** *सं* इनलेइंग, गड़ाई, फ़िटिंग, बैठाई, *रोपण*, लगाई, विजड़न, सैटिंग, ▪उखड़ाई, ▪खनन.

**जड़ाई करना** = जड़ना.
**जड़ाऊ** = पच्चीकृत, रत्नजटित, विजड़ित.
**जड़ाव** = पच्चीकारी.
**जड़ावदार** = रत्नजटित.
**जड़ावर** = ऊनी वस्त्र.
**जड़ित** = पच्चीकृत, विजड़ित, स्थावर.

**जड़िया** *सं* जडने वाला, मणिकार, विजड़ित कर्ता, •नगीना.

**जड़ीबूटी** = औषध.

**जड़ीबूटी** *सं* ओषध, ओषधि, ओषधी, वनौषधि.

**जड़ीभूत** = भयभीत, विरामित.
**जड़ीभूत करना** = रोकना.
**जड़ैया** = फ़िटर.
**जतन** = कोशिश, जुगत, प्रयास.
**जताई** = ज्ञापन.
**जताना** = बताना.
**जती** = एकांतप्रिय, जितेंद्रिय, तपस्वी, मठवासी, योगी, साधु.
**जतुनी** = चमगादड़.
**जत्था** = थलसेना, वृंद, सेना, सेना विभाग.
**जत्थाबंद** = गुटबंद.
**जत्थेदार** = ग्राम मुखिया.
**ज़द** = चोट, प्रहार, प्रहार सीमा, लक्ष्य.
**जदल** = युद्ध.
**-ज़दा** = फँसा/फँसी.
**जद्दी** = आनुवंशिक, दायागत.
**जद्दो जहद** = जन आंदोलन, संघर्ष.
**जन** = अनुगामी दल, क़बीला, जनता, जनसंख्या, जन साधारण, जना, नौकर, पुरुष, प्रजा, व्यक्ति, समाज.
**ज़न** = मादा.
**जन अधिकार** = मूल अधिकार.

**जन आंदोलन** *सं* •असहमति प्रदर्शन, *अभियान*, अशांति, आंदोलन, *उत्थान*, *उथलपुथल*, ऐजिटेशन, कशमकश, जद्दो जहद, जन उत्थान, जनसंग्राम, जनसंघर्ष, जनांदोलन, तहरीक, मिशन, *संघर्ष*, सामूहिक कारवाई, *हलचल*, •उत्तेजना, •उपद्रव, •क्रांति, •जनप्रदर्शन, •धरना, •नारा, •हड़ताल.

**जनउ** = मानो.
**जन उत्थान** = जन आंदोलन.
**जनक** = आरंभ कर्ता, उत्पादक, जनयिता, पिता, पिता माता, स्रष्टा.

**जनक** *सं* मिथिलापति, मिथिलेश, विदेह, सीता पिता, •सीता.

**जनक दुलारी** = सीता.
**जनकला** = लोककला.
**जनकल्याण** = समाज सेवा, समाज सेवा.
**जनकवि** = लोककवि.
**जनक सुता** = सीता.
**जनकात्मजा** = सीता.
**जनक्षय** = महामारी.
**ज़नख़ा** = हिजड़ा.
**ज़नख़ा/ज़नख़ी** = स्त्रैण.
**जनगण** = जनता, जन साधारण, प्रजाति.

**जनगणना** *सं* आबादी गिनती, *गणना*, मनुष्य गणना, मर्दुमशुमारी, सैंसस, •जनसंख्या, •जनसंख्या घनत्व.

**जनगीत** = लोकगीत.
**जनजाति** = क़बीला.
**जनतंत्र** = लोकतंत्र.
**जनता** = अनुगामी दल, जनसंख्या, जन साधारण, सुहृदजन.

**जनता** *सं* आवाम, गण, जन, जनगण, जन समुदाय, *जन साधारण*, नगर जन, नागरिक गण, पब्लिक, *प्रजा*, *लोक*, लोग, लोगबाग, *हम*, हम सब, •समाज, ▪राजा, ▪सम्राट.

**जनता (बोलचाल)** = साधारण, सामान्य.
**जनता आवाज़** = जनमत.
**जनता के लिए जनता द्वारा जनता की**


(प्रा) प्राचीन शब्द, अब अप्रचलित - *तिरछे* शब्द स्वतंत्र शीर्षक भी हैं •सपर्याय ▪विपर्याय

**सरकार** = लोकतंत्र.

**जनद्वेषी** *वि* परद्रोही, परद्वेषी, लोकद्वेषी, समाजद्वेषी, •एकांतप्रिय, •घृणाकर्ता, ▪जनद्रोही.

**जनन** = प्रसव, सृजन.

**जनन** *सं* अस्तित्व दान, *उत्पादन*, जनन प्रजनन, जन्मदान, प्रजन, प्रजनन, प्रजादान, प्रजोत्पादन, संतानोत्पादन, सर्ग, •जन्म, •प्रसव, ▪मारण.

**जनन करना** = जनना.

**जननक्षम** *वि* अवंध्य, *उर्वर*, जननशील, प्रजननशील, •पुंसक.

**जनन प्रजनन** = जनन.
**जननशील** = जननक्षम, जैव.
**जननहीन** = वंध्य.
**जननांग** = जननेंद्रिय.

**जनना** *क्रि* उत्पन्न करना, उपजाना, जनन करना, जन्म देना, पैदा करना, *बढ़ाना*, वंशवृद्धि करना, •जन्म लेना, •प्रजनन करना, •प्रसव करना, •बनाना, ▪उजाड़ना, ▪जन्म लेना, ▪मारना.

**जन निर्देश** = जनमत संग्रह.
**जननी** = जनयित्री, प्रकृति, माता, मादा.
**जन नृत्य** = लोकनृत्य.
**जननेंद्रिय** = स्त्री जननेंद्रिय, स्त्री जननेंद्रिय.

**जननेंद्रिय** *सं* *गुप्तांग*, गूढ़ांग, जननांग, योनि, लिंग, •गर्भाशय, •गुप्तांग.

**जननेंद्रिय (उपस्थ)** = कर्मेंद्रिय.
**जननेंद्रिय रोग** = यौन रोग.
**जननेता** = आंदोलनकारी.
**जननौकर** = आंदोलनकारी, राजनेता.
**जनपद** = क्षेत्र, जनपद आदि.

**जनपद आदि** *सं* अंचल, एरिया, कमिश्नरी, जनपद, *जागीर*, ज़िला, ज़ोन, डिवीज़न, डिस्ट्रिक्ट, तअल्लुक़ा, परगना, प्रदेश, प्रभाग, मंडल, मुल्क, *वार्ड*, *विभाग*, *सरकार*, सर्कल, सैक्टर, सैक्शन, •क्षेत्र, •प्रांत.

**जनपद कल्याणी** = वेश्या.
**जनपद धर्म** = मर्यादा.

**जनपद प्रशासक** *सं* कलक्टर, कलट्टर, जनपदाधीश, ज़िला अफ़सर, ज़िलाधीश, •नगर प्रशासक.

**जनपद मारी** = महामारी.

**जनपद समूह प्रसासक** *सं* अंचलाधीश, अंचलेश्वर, कमिश्नर, क्षेत्रपाल, मंडलाधीश, मंडलाध्यक्ष, मंडलेश, मांडलिक.

**जनपदाधीश** = जनपद प्रशासक.
**जनपदीय** = क्षेत्रीय.

**जनपदीय** *वि* जानपद, जानपदिक, ज़िलाई.

**जनपृच्छा** = जनमत संग्रह.
**जन प्रतिनिधि** = प्रतिनिधि, विधायक.

**जनप्रदर्शन** *सं* जनसभा, जलसा, *जुलूस*, दल संचलन, नगर यात्रा, *परेड*, *प्रदर्शन*, मोरचा, विरोध प्रदर्शन, समूह संचलन, •असहमति प्रदर्शन, •जनसंपर्क, •जुलूस.

**जनप्रवाद** = अफ़वाह.
**जनप्रिय** = बिकाऊ, लोकप्रिय, लोकलुभावन, सहिजन.
**जनप्रियता** = लोकप्रियता.
**जनप्रेम** = समाज भावना.

**जनभाषा** *सं* अतकनीकी बोली, आमफ़हम भाषा, दैनिक बोली, प्रचलित बोली, *बोलचाल की भाषा*, सहज भाषा, •स्लैंग.

**जनम** = जीवन काल.
**जनम घूँटी** = घुट्टी.
**जनमत** = जनमत संग्रह.

**जनमत** *सं* जनता आवाज़, *जनवाणी*, नब्ज़, लोकछवि, लोकभत, लोकवाणी, •जनमत संग्रह.

**जनमत अध्ययन** = चुनाव अध्ययन.
**जनमत आकलन कर्ता** = चुनाव अध्येता.
**जनमत विश्लेषक** = चुनाव अध्येता.
**जनमत संकलन** = डाटा संकलन.

**जनमत संग्रह** *सं* जन निर्देश, जनपृच्छा, *जनमत*, परिपृच्छा, पौल, रैफ़रैंडम, लोकनिर्णय, •चुनाव अध्ययन, •निर्वाचन.

**जनमत सर्वे** = चुनाव अध्ययन.
**जनमत सर्वेक्षक** = चुनाव अध्येता.
**जनमत सर्वेक्षण** = चुनाव अध्ययन.
**जनमा/जनमी** = जन्मा/जन्मी.
**जनमान्यता** = लोकप्रियता.

**जनमेजय** *सं* अभिमन्यु पौत्र, पारीक्षित, सत्यसंध, सर्पसत्त्री.

**जनयिता** = नर, पिता, स्रष्टा.

**जनयिता** *सं* *जनक*, जनयिष्णु, जन्मदाता, *पिता*, पैदा करने वाला, प्रजनक, प्रजनयिता, प्रसविता, •जनयित्री, •जन्म, •माता.

**जनयिता/जनयित्री** = उत्पादक.
**जनयित्री** = माता, मादा.

**जनयित्री** *वि* जननी, जन्मदात्री, प्रसविनी, प्रसू, *मादा*, विधात्री, ससंतान, *स्त्री*, •जनयिता, •माता.

**जनयिष्णु** = जनयिता.
**जनरंजन** = समाज सेवा, समाज सेवा.
**जनरल** = सामान्य, सामूहिक, सेनापति.
**जनरल नौलिज** = सामान्य ज्ञान.
**जनरल बौडी** = साधारण सभा.
**जनरल मैनेजर** = महाप्रबंधक.

**जनरल स्टोर** *सं* बिसातख़ाना, बिसातबाना, मोदीख़ाना, •परचून दुकान, •शोरूम.

**जनरव** = कोलाहल.
**जनराज्यवाद** = लोकतंत्रवाद.

**जनरुचि** *सं* लोकरुचि.

**जनरोचक तत्त्व** *सं* *आकर्षण*, फ़ारमूला, *मसाला*.

**जनवरी** = मास सूची.

**जनवाणी** *सं* लोकमत, लोकवाणी, •जनमत.

**जनवाद** = कहावत.

**जनवास** = पांथशाला.
**जनवासे की चाल** = मंद वेग.
**जनवासे की चाल से चलना** = विचरना.
**जनविरोधी** = समाजविरोधी.
**जन विशेष नृत्य** = लोकनृत्य.
**जनश्रुत** = प्रवादित, सर्वज्ञात.
**जनश्रुति** = अफ़वाह, बदनामी, मिथक, मिथकावली, लोककथा.
**जनश्रुतीय** = मिथकीय.
**जनसंकुलता** = जनाकीर्णता.

**जनसंख्या** *सं* आबादी, जन, *जनता*, जन समुदाय, *प्रजा*, समष्टि, •जनगणना, •जनता.

**जनसंख्या घनत्व** *सं* आबादी घनत्व, आवास सघनता, •जनगणना.

**जनसंग्राम** = जन आंदोलन.
**जनसंघर्ष** = जन आंदोलन.
**जनसंपर्क** = पत्रकारिता, प्रचार.
**जनसंपर्क यात्रा** = पदयात्रा.

**जनसंहार** *सं* अंधाधुंध वध, अपहत्या, कटाकटी, कट्टमकट्टा, क़त्ले आम, क़त्लो ग़ारत, क़हृ, ख़ून खच्चर, ख़ून ख़राबा, ज़ोर ज़ुल्म, नरसंहार, नादिरशाही, मारकाट, मारधाड़, माराभारी, रक्तपात, लूटमार, संहार, *हत्या*, हत्याकांड, *हिंसा*, •आतंक, •युद्ध, •लूटपाट, ▪अहिंसा, ▪दया.

**जनसभा** = जनप्रदर्शन, पंचायत सभा.
**जन समाज** = समाज.
**जन समुदाय** = जनता, जनसंख्या, समाज.
**जन समूह** = जन साधारण, भीड़, समाज.

**जन साधारण** *सं* अनाम, अनाम जन, आम आदमी, आम लोग, आवाम, जन, जनगण, *जनता*, जनसमूह, पब्लिक, *भीड़*, लोगबाग, सब कोई, सब लोग, सर्वजन, सर्वसाधारण, सामान्य जन, हर कोई, •प्रजा, ▪कुलीन समाज, ▪राजा, ▪विशिष्ट जन, ▪शासक.

**जनसुधार** = समाज सेवा.
**जनसुविधा** = सार्वजनिक शौचालय.
**जनसूचना** = मुनादी, विज्ञापन.
**जनसेवक** = उपकारी.
**जनसेवक/जनसेविका** = समाज सेवक.
**जनसेवक बुद्ध** = बोधिसत्त्व.
**जनसेवा** = समाज सेवा, समाज सेवा.
**जनस्थान वन** = पौराणिक वन उपवन.
**जनहित** = समाज सेवा.

**जनहित** *सं* परमार्थ, परहित, परार्थ, प्रजाहित, लोकरंजन, लोकहित, लोकोपकार, सर्वभूत हित, सार्वजनिक लाभ, •समाज सेवा, ▪जनद्वेष, ▪स्वार्थ.

**जनहित भावना** = समाज भावना.
**जनहितविरोधी** = समाजविरोधी.
**जनहितार्थ** = धर्मार्थ.
**जनहीन** = आवासीहीन.
**जनहीनता** = एकाकीपन.
**जनांत** = यमराज.

**जनांतिक वचन** *सं* कान में कहा वचन, *कानाफूसी*, नियत श्राव्य संवाद, मंचीय कानाफूसी, •आत्मसात् वचन, •संवाद.

**जनांदोलन** = जन आंदोलन.

**जना** *सं अमुक*, आदमी, इनसान, एक व्यक्ति, कोई एक व्यक्ति, जन, जना/जनी, फ़र्द, बंदा/बंदी, मनई, मानस, मानुस, *व्यक्ति*, शख़्स.

**जना/जनी** = जंना, जन्मा/जन्मी.
**जनाकीर्ण** = नगरीय.

**जनाकीर्ण** *वि* कचपच, खचाखच, गिचपिच, गुंजान, घना/घनी, ठस, ठसाठस, भीड़दार, *सघन*, सघन आवासित, •संकीर्ण, ▪अजनाकीर्ण, ▪एकांत (स्थान), ▪विरल.

**जनाकीर्णता** *सं* कचपच, कचरघान, कचरपचर, गिचपिच, घिस्समघिस्सा, जनसंकुलता, ठेलपेल, ठेलमठेला, धकपेल, धकाधकी, धकापेल, *धक्कामुक्की*, भभ्भड़, भीड़भड़क्का, भीड़भाड़, रल्ला, रेलठेल, रेलपेल, रेला, रेलाठेला, विशाल जनसमूह, हुजूम, •स्थानाभाव, ▪अजनाकीर्णता, ▪एकाकीपन, ▪रिक्तता, ▪विस्तार.

**जनाज़ा** = शवयात्रा.
**जनाज़ा उठना** = मरना.
**जनाज़ाबरदार** = शवयात्री.
**जनाधिकार** = मूल अधिकार.

**ज़नानख़ाना** *सं* अंतःपुर, अंतपुर, अंतरागार, अंतर्गेह, अंतर्वेश्म, अंतेवास, आमख़ास, कन्यापुर, ख़ासमहल, ज़नाना, देवीगृह, निशांत, *परदा*, भीतर, भोगपुर, महलसरा, रंगमहल, रनवास, रनिवास, स्त्रीपुर, हरम, हरमसरा, हर्म्य, •अंतरंग कक्ष, •परदा, •शयन कक्ष, ▪मर्दानख़ाना.

**जनाना** = बताना.
**ज़नाना** = ज़नानख़ाना, पत्नी, परदानशीन, स्त्रियोचित, स्त्रीय.
**ज़नाना/ज़नानी** = स्त्रैण.
**ज़नाना कटि परिधान** = साड़ी.

**जनाना ढीला पाजामा** *सं* ग़रारा, ढीली मोहरी वाले पतलून पाजामे, सुथनिया, सुथनी, स्लैक्स, •पाजामा, •सलवार.

**ज़नानी** = मादा, स्त्री.
**ज़नाने साइज़ का** = छोटे साइज़ का.
**जनापवाद** = अफ़वाह, बदनामी.
**जनार्दन** = ईश्वर, विष्णु.
**जनावर्त** = दक्षिण एशिया, बृहत्तर भारत.
**जनाशन** = नरभक्षकः.
**जनाश्रय** = शामियाना.
**जनि** = दासी, नहीं.
**जनित** = उत्पादित, जन्मा/जन्मी.
**जनिता** = पिता.
**जनित्र** = जैनरेटर.
**जनिष्णु** = उत्पादनशील, नर.
**जनी** = पत्नी, पुत्रवधू, पुत्री, मादा, वधू, स्त्री.
**जनून** = उन्माद.
**जनेऊ** = अक्षरारंभ, उपनयन संस्कार, ब्रह्मचर्य आश्रम प्रवेश, यज्ञोपवीत.
**जनेटिक** = आनुवंशिक.
**जनेत** = बराती, वरयात्रा.
**जनेश्वर** = राजा.
**जनेष्ट** = लोकप्रिय.
**जनैत** = बराती.

**जनोपयोगी** = उपयोगी.
**जनौघ** = भीड़.
**जन्नत** = स्वर्ग.
**ज़न्नत की चिड़िया** = हिजड़ा.
**जन्नते अदन** = बाग़े अदन.
**जन्म** = आदि, आरंभ, जीवन, जीवन काल, स्रोत.

**जन्म** *सं अवतार*, अस्तित्व ग्रहण, आविर्भाव, उत्पत्ति, उद्‌गम, उद्‌भव, जन्मप्राप्ति, देहधारण, पैदाइश, प्रादुर्भाव, बर्थ, व्युत्पत्ति, संभूति, होनी, •आरंभ, •जनन, •पुनर्जन्म, •पूर्वजन्म, •प्रसव, ▪अंत, ▪मृत्यु.

**जन्मकुंडली** *सं कुंडली*, जन्मपत्री, टीपना, टेवा, पत्री, लग्न कुंडली, •ज्योतिष.

**जन्मकुंडली विद्या** = ज्योतिष.
**जन्मगत** = आनुवंशिक.
**जन्मजात** = आनुवंशिक.
**जन्मजात गुण** = प्रतिभा.
**जन्म तिथि** = जन्म दिवस.
**जन्मद** = पिता.
**जन्मदाता** = आरंभ कर्ता, जनयिता, पिता, पिता माता.
**जन्मदात्री** = जनयित्री, माता.
**जन्मदान** = जनन, प्रसव.
**जन्मदिन** = जन्म दिवस.

**जन्म दिवस** *सं* जन्म तिथि, जन्मदिन, जन्मोत्सव, *जयंती*, बर्थडे, वर्ष गाँठ, सालगिरह, •केक.

**जन्म देना** = जनना, बनाना.
**जन्मनिरोध** = परिवार नियोजन.
**जन्मपत्री** = जन्मकुंडली.
**जन्मपत्री वाचक** = भाग्यवाचक.
**जन्मपादप** = वंशावली.
**जन्मप्राप्त** = जन्मा/जन्मी.
**जन्मप्राप्ति** = जन्म.
**जन्मभूमि** = स्वदेश.
**जन्ममरण चक्र** = आवागमन चक्र.
**जन्ममृत्यु से परे** = अमर.
**जन्मविवाह आदि मंगल उत्सव** = मंगलोत्सव.

**जन्मस्थान** *सं* उत्पत्ति, उत्पत्ति धाम, उत्पत्ति स्थान, प्रसवस्थल, प्रसव स्थान, •स्वदेश.

**जन्महीन** = अनादि.
**जन्मांतरवाद** = पुनर्जन्मवाद.
**जन्मांध** = धृतराष्ट्र.

**जन्मा/जन्मी** *वि* आविर्भूत, उत्पन्न, उद्‌भूत, उपजा/उपजी, -ज/-जा, जनमा/जनमी, जना/जनी, जनित, जन्मप्राप्त, जात/जाता, *जातक*, जाया/जाई, पैदा, प्रसूत, प्रसून, प्रादुर्भूत, -भू, *भूत*, व्युत्पन्न, संजात, संभूत, समुत्पन्न, सुत, हुआ/हुई, •नवजात, •स्वयंभुव, ▪अजन्मा.

**जन्मागत** = आनुवंशिक.

**जन्माष्टमी** *सं* कृष्ण जन्माष्टमी, कृष्णाष्टमी.

**जन्मोत्सव** = जन्म दिवस.
**-जन्य** = अर्थद्योतक.
**जप** = जाप.
**जप कर्ता** = जापी.
**जपतप** = धर्मविधि.

**जपना** *क्रि गाना*, जाप करना, नामपाठ करना, नाम लेना, पाठ करना, भजना, माला फेरना, सुमरना, स्मरण करना, •पूजना.

**जपनी** = जपमाला.

**जपमाला** *सं* 108 मनके माला, अक्षमाला, जपनी, तसबीह, पूजामाला, *माला*, सुमरनी, सैफ़ी, स्मरणी, •जाप.

**जपमाला बड़ा दाना** *सं* परिगणक, *मुख्य मनका*, सुमेरु.

**जपयज्ञ** = जाप.
**जपा** = जवाकुसुम.
**जपाकुसुम** = जवाकुसुम.
**जपिया** = जापी.
**जपैन** = जापान.
**ज़फ़ा** = अत्याचार.
**जफ़्फ़ी** = आलिंगन.
**जब** = जब भी, जहाँ, जैसे ही, यदि.

**जब** *क्रिवि* जिस समय, यदा, •अब, •कब.

**जब कभी** = कभी भी, जब भी.
**जब कहीं** = जब भी.
**जब कि** = जैसे ही, यदि, यद्यपि.
**जब चाहे** = कभी भी.
**जब जब** = जब भी.

**जबड़ा** *सं* कल्ला, जबाड़ा, हनु, हनू, •ठोड़ी.

**जब तक दम है** = आयुपर्यंत.
**जब तक साँस में साँस है** = आयुपर्यंत.
**जब तक साँस है** = आयुपर्यंत.
**जब तब** = कभी कभी.
**जब भी** = कभी भी.

**जब भी** *क्रिवि कभी भी*, किसी भी समय, किसी समय, चाहे जब, *जब*, जब कभी, जब कहीं, जब जब, जब ही, जबहुँ, जभी, जहाँ कहीं, जितनी बार, जिस भी समय, *जैसे ही*, यदा यदा, •कब, •जैसे ही.

**ज़बरजिनाँ** = बलात्कार.
**ज़बरदस्त** = अधिकारपूर्ण, कठिन, दमनशील, प्रबल, बलिष्ठ, हेकड़ीबाज़.
**ज़बरदस्ती** = खींचातानी, बलात्, बलात्कार, लूटपाट, विवशतः, हेकड़ी.
**ज़बरदस्ती लेना** = छीनना.
**जबरन** = विवशतः.
**ज़बरन** = बलात्.
**ज़बर्दस्ती** = अत्याचार, बलात्.
**जब ही** = जब भी.
**जबहुँ** = जब भी.
**जबाड़ा** = जबड़ा.
**ज़बान** = जीभ, वचन, वाचा.
**ज़बान खोलना** = कहना.
**ज़बानदराज़** = तकरारिया, धृष्ट, लड़बावला/लड़बावली, स्पष्टवादी.
**ज़बानदराज़ी** = मुँहज़ोरी.
**ज़बानदान** = भाषा ज्ञाता.
**ज़बानबंद** = निरुत्तर, वाचा प्रतिबंधित, वाचारुद्ध.
**ज़बानबंदी** = मौन व्रत, वाचा प्रतिबंध, सैंसरशिप.
**ज़बानी** = मौखिक.
**ज़बानी याद** = कंठस्थ.
**ज़ब्त** = धैर्य, नियंत्रण, संयम, सहन.

**ज़ब्त** *वि* अधिहृत, अभिग्रहीत,

छीना/छीनी, ज़ब्तशुदा, पकड़ा/पकड़ी.

**ज़ब्तशुदा** = ज़ब्त.

**ज़ब्ती** *सं* *अधिग्रहण*, छिनाई, *छीन*, हरण, •उगाही, •कुर्क़ी.

**जभी** = जब भी.
**जम** = यमराज.
**जमघट** = भीड़, समागम.
**जमघटा** = भीड़.
**ज़मज़मा** = राग.
**जमडाढ़** = कृपाण.
**जमदग्नि** = ऋषि सूची.
**जमदेव** = यमराज.
**जमना** = आ बसना, झेलना, टिकना, ठहरना, पनपना, पपड़ियाना, बसना, यमुना नदी.

**जमना** *क्रि* पिंड बनना, पिंडित होना, *बँधना*, संघनित होना, सघन होना, ▪पिघलना.

**जमनौता** = गारंटी.
**जमपुरी** = यमलोक.
**जमराज** = यमराज.
**जमलोक** = यमलोक.
**जमा** = कृषिकर, जमा प्रविष्टि, जोड़ फल, पूँजी, बयाना, संग्रहित.
**जमा/जमी** = अमिट, आधारित, आमूलित, गतिरुद्ध, बैठा/बैठी, भंडारित, संचित, स्थित, स्थिर, हिमित.
**जमाअत** = वृंद.
**जमाअती** = सामूहिक.
**जमाई** = दामाद, धराई.
**जमा करना** = बचत करना.
**जमाख़र्च बही** = कैशबुक.
**जमाख़ोर** = मुनाफ़ाख़ोर.

**जमाख़ोर** *सं* अपसंचयी, ज़ख़ीरेदार, जोड़ू, *परिग्रही*, लुब्धक, होर्डर, •मुनाफ़ाख़ोर, •लोभी, •स्टौकिस्ट.

**जमाख़ोरी** *सं* अतिसंचय, अपसंचय, ज़ख़ीरेदारी, निन्यानबे का फेर, •भ्रष्टाचार.

**जमा टुकड़ा** = थक्का.
**जमात** = कोटि, पशुसमूह, वृंद, संस्था, साधु मंडली.
**जमादार** = फ़ोरमैन, सफ़ाई कर्मचारी.
**ज़मादी 1** = हिजरी मास सूची.
**ज़मादी 2** = हिजरी मास सूची.
**ज़मानत** = गारंटी, बंधक, बंधक दायित्व.

**ज़मानत** *सं* ज़िम्मेदारी, *दायित्व*, *प्रतिभूति*, बेल, मुचलका, •मुक्ति, ▪गिरफ़्तारी.

**ज़मानती** = उधार का.
**जमाना** = कीलना, चिनना, जड़ना, टिकाना, ठिठुराना, रखना, रोपना.
**ज़माना** = उत्कर्ष काल, काल, दीर्घ काल, युग.

**जमाना** *क्रि* गाढ़ा करना, *ठोंकना*, ठोस करना, *दबाना*, दाबना, पिंड बनाना, पिंडित करना, *पीटना*, *बाँधना*, *भींचना*, सघन करना, ▪पिघलाना.

**ज़मानासाज़** = अवसरवादी, कुटिल, दलबदलू.
**जमा पानी** = हिम.
**जमापूँजी** = संपत्ति.

**जमा प्रविष्टि** *सं* आमद, *आय*, क्रैडिट एंट्री, जमा, मिला, लिया, •आस्तियाँ.

**जमाबंदी** = पटवारी बही, भंडारण.
**जमाया/जमाई** = आधारित, विजड़ित, हिमित, हिमीकृत.
**जमाया तेल** = वनस्पति घी.
**जमाया पानी** = बर्फ़.
**जमाल** = सजावट.
**जमालगोटा** = विरेचक औषध.
**जमाव** = ढेर, बहावड़ा, भीड़, समागम.
**जमावट** = आधार, ढाँचा, नींवँ, मेहराब शिखर पत्थर.
**जमावड़ा** = ढेर, बहावड़ा, भीड़, समागम.
**ज़मींकंद** = सागसब्ज़ी.

**ज़मींकंद** *सं* ओल, कंदशूरण, ज़िमींकंद, बनालू, सूरन, •खाद्य कंद.

**ज़मींदार** = जमींदार.

**ज़मींदार** *सं* *किसान*, कुलक, कृषक, खेत मालिक, ज़मींदार, जागीरदार, ठाकुर, तअल्लुक़ेदार, बाबू, भूधर, भूपति, महतो, रईस, *राजा*, *सामंत*, •राजा, •सामंत, ▪खेत मज़दूर.

**ज़मींदारी** = कृषि, जागीर.

**ज़मींदारी** *सं* कृषिभूमि स्वामित्व, कृषि स्वामित्व, क्षेत्राधिकार, जागीरदारी, जागीरी, तअल्लुक़ेदारी, भूमि स्वामित्व, मालिकाना, मिल्कीयत, स्वामिता, •जागीर.

**ज़मींदोज़ करना** = दफ़नाना.
**ज़मीबोसी** = चरणचुंबन.
**ज़मीन** = आवास भूखंड, कृषिभूमि, क्षेत्र, खेत, जागीर, थल, देश, धरातल, पूर्वपीठिका, पृथ्वी, फ़र्श, भूसंपत्ति.
**ज़मीन जायदाद** = अचल संपत्ति, भूसंपत्ति.
**ज़मीनबोसी** = दंडवत.
**ज़मीनी** = थलीय, पृथ्वीय.
**जमीयत** = संस्था.
**जमील** = सुंदर.
**जमीला** = सुंदर स्त्री.
**जमुना** = यमुना नदी.
**जमुनियाँ** = बैंगनी.
**जम्मू (शीतकालीन राजधानी)** = जम्मू और कश्मीरः राजधानी.
**जम्मू और कश्मीर** = भारत राज्य प्रदेश.

**जम्मू और कश्मीर** *सं* जे ऐंड के (बीजनाम), •भारत राज्य प्रदेश सूची.

**जम्मू और कश्मीरः राजधानी** *सं* जम्मू (शीतकालीन राजधानी), श्रीनगर (ग्रीष्मकालीन राजधानी).

**जम्हाई** = जँभाई.
**जयंत** = विजेता.
**जयंत (अज्ञातवास नाम)** = भीम.
**जयंती** = उत्सव, जन्म दिवस, ध्वज, पुण्य दिवस.

**जयंती** *सं* अवसर विशेष, *उत्सव*, ऐनिवर्सरी, जश्न, डे, *दिन*, दिवस, *मंगलाचरण*, वर्षोत्सव, वार्षिक दिन, *समारोह*, •उपहार, •जन्म

दिवस, •पुण्य दिवस, •रजत जयंती, •राष्ट्र जयंती, •स्वर्ण जयंती, •हीरक जयंती.

**जय** = परराष्ट्र जय, विजय.
**जय (अज्ञातवास नाम)** = युधिष्ठिर.
**जय (वेद व्यास)** = महाभारत.
**जय उत्सव** = विजय उत्सव.
**जय उद्गार** = जयजयकार.
**जय करना** = जीतना, हराना.
**जय कर्ता** = विजेता.
**जयकार** = जयजयकार.
**जयकारा** = जयजयकार.
**जयकृत** = अधीनित.
**जयघोष** = जयजयकार, जयजयकार.
**जयचंद** = ग़द्दार, विश्वासघाती.
**जय जय** = प्रशंसा.
**जयजयकार** = शाबाशी.

**जयजयकार** *सं* जय उद्गार, जयकार, जयकारा, जयघोष, जयघोष, जय नारा, जैकार, जैकारा.

**जयजयकृत** = अभिनंदित.
**जयत्सेन (अज्ञातवास नाम)** = नकुल.
**जयद/जयदा** = विजयप्रद.
**जयद्वल (अज्ञातवास नाम)** = सहदेव.
**जयध्वनि** = जयजयकार.
**जयन** = परराष्ट्र जय.
**जय नारा** = जयजयकार.
**जयपत्री** = जावित्री.
**जयपराजय** = उत्थानपतन, भाग्यचक्र.

**जयपराजयहीन** *वि* अनिर्णीत, अनिश्चित, जोट, जोड़ का, टक्कर का, न हारा न जीता, बराबर, बराबर का, बराबरी का, समान, हारजीतहीन, •अनिर्धारित, •समप्रतियोगी, •समशक्तिशाली, ▪निर्णायक, ▪फ़ाइनल.

**जयपराजयहीनता** *सं* अनिर्णय, *टक्कर*, टाई, ड्रा, तुल्यता, न जीत न हार, न हार न जीत, फ़ोटोफ़िनिश, बराबर की टक्कर, बराबरी, शक्ति संतुलन, संतुलन, हारजीतहीनता, •चितपट, •समान प्रतियोगिता.

**जय पाना** = जीतना.
**जयपुर** = राजस्थानः राजधानी.
**जयप्रद/जयप्रदा** = विजयप्रद.
**जयप्राप्त** = विजयी.
**जयमाला** = वरमाला.
**जययज्ञ** = अश्वमेध.
**जययात्रा** = विजय उत्सव.
**जय या पराजय** = अंतिम फ़ैसला, निर्णायक अवसर.
**जयवाहिनी** = विजयवाहिनी, सेना.
**जयश्री** = विजय.
**जयसेना** = विजयवाहिनी.
**जया** = दुर्गा, दूर्वा घास, भाँग.
**जयावह/जयावहा** = विजयप्रद.
**जयित** = अधीनित.
**जयी** = विजयी.
**जयोत्सव** = विजय उत्सव.
**जर** = वृद्ध, ह्रास.
**ज़र** = धन, स्वर्ण.
**जरई** = अंकुर.
**ज़रकशी** = कढ़ाई.
**ज़रकार** = सुनार.
**ज़रख़ेज़** = उर्वर, बहुजनक.
**ज़रज़मीन** = संपत्ति.
**जरठ** = वृद्ध.
**जरठता** = वृद्धावस्था.
**जरता** = वृद्धावस्था.
**ज़रतार** = ज़री.
**ज़रतुश्ती** = पारसी धर्मावलंबी.
**ज़रतुश्ती धर्म** = पारसी धर्म.
**जरत्कारु** = ऋषि सूची.
**जरत्व** = सठियायापन.
**ज़रदालू** = खूबानी.
**ज़रदोज़ी** = कढ़ाई, ज़री.
**ज़रपरस्त** = कंजूस, धनलोलुप.
**ज़रपरस्ती** = कंजूसी.
**ज़रब** = गुणन कर्म.
**ज़रबाफ़ी** = कढ़ाई.
**जरमन** = जरमनी.

**जरमनी** *सं* अल्मानिया (अरबी), जरमन, जर्मन, डोइचलांट (जरमन), डोइचस राइख (जरमन), ड्यूशलैंड (अशुद्ध), फ़ादरलैंड, रीख.

**ज़रर** = अहित, अहित.
**जरा** = वृद्धावस्था.
**ज़रा** = कम, कुछ.
**जराग्रस्त** = वृद्ध, सठियाया/सठियाई.
**जराजीर्ण** = जर्जर वृद्ध, जीर्णशीर्ण.
**जरातुर** = जर्जर वृद्ध.
**जराभीरु** = कामदेव.
**जरासंधजित** = भीम.
**ज़रा सा** = अल्पतम, सूक्ष्म.
**जराहत** = शल्य चिकित्सा.
**जराहीन** = अपरिवर्तनीय, चिरयुवा.
**जराहीनता** = चिरयौवन.
**ज़रिया** = जुगत, साधन.

**ज़री** *सं* कंदला, चाँदी तार, ज़रतार, ज़रदोज़ी, बादला, मुक़्क़ैश, सोना चाँदी तार, सोना तार, •गोटा, •सितारे.

**जरीबकश** = भूसर्वेक्षक.
**जरीबकशी** = भूसर्वेक्षण.
**ज़रूर** = अवश्यमेव, हाँ.
**ज़रूरत** = आवश्यकता, माँग.
**ज़रूरतमंद** = आवश्यकताग्रस्त, निम्नवित्त, निर्धन.
**ज़रूरत है** = चाहिए.
**ज़रूरी** = अपरिहार्य, आवश्यक, तात्कालिक, मौलिक (अधिकार), वैवश्यक.
**जर्किन** = जाकट.
**ज़र्कोनीयम** = रासायनिक तत्त्व सूची.
**जर्जरित** = जीर्णशीर्ण.
**जर्जर** = अवनत, छकड़ा, जर्जर वृद्ध, जीर्णशीर्ण, धज्जी धज्जी, निर्बल, शिथिलकाय, सारहीन, ह्रासशील.
**जर्जरकारी** = ह्रासकारी.
**जर्जरण** = क्षरण.

**जर्जर वृद्ध** *वि* अतिवृद्ध, काँपता/काँपती, *चरमर*, जराजीर्ण, जरातुर, जर्जर, *जीर्णशीर्ण*, झुर्रीदार, डगमगाता/डगमगाती, डाँवाँडोल, ढीला/ढीली, थका माँदा/थकी माँदी, थका हारा/थकी हारी, दुर्बल, निस्तेज, पसमाँदा/पसमाँदी, पांडुर, पीला/पीली, पोपला/पोपली, बुझा/बुझी, बूढ़ा फूस, मरणोन्मुख, मरियल, लड़खड़ाता/लड़खड़ाती, वयोवृद्ध, *शिथिलकाय*, श्वेतकेश, सुपक्व, स्फूर्तिहीन, •जीर्णशीर्ण.

**जर्जर होना** = छीजना.
**ज़र्द** = पीला/पीली.
**ज़र्दालु** = खूबानी.
**ज़र्दी** = अंडा ज़र्दी, पीतिमा.
**जर्नल** = कैशबुक, पत्रिका.
**जर्नलिज़्म** = पत्रकारिता.
**जर्नलिस्ट** = पत्रकार.
**जर्म** = रोगाणु.
**जर्मन** = जरमनी.
**जर्मीसाइड** = कीटाणुनाशक.
**जर्मेनीयम** = रासायनिक तत्त्व सूची.
**ज़र्रा** = कण, त्रसरेणु, धूलिकण.
**ज़र्रा भर** = सूक्ष्म.
**जर्राह** = शल्य चिकित्सक.
**जर्राही** = शल्य चिकित्सा.
**जल** = जलतल, पंचभूत.
**जल-** = जलचर.

**जल** *सं* अंब, अंबु, अंभ, अर्ण, *आप*, *आब*, उदक, *कमल*, नीर, पय, पानी, मम (बच्चों की भाषा), *रस*, वाटर, वारि, वारुण, सर, सलिल, •छपछप, •बारिश, •बूँद, •मरीचिको, •मृगजल, •समुद्र, •हिम, ▪अग्नि.

**जल अप्रवाह** *सं* अप्रवाह, खड़ापन, ठहरापन, ठहराव, तरंगहीनता, निश्चलता, प्रवाहहीनता, रुकापन, शांति, सड़न, स्थिरता, •स्थिर जल, ▪प्रवाह.

**जल आरोहण** = सर्फ़िंग.
**जलकंटक** = घड़ियाल.
**जलकण** = जल बूँद.
**जलकल** = चाँपाकल.
**जलकुंड** = हौज़.
**जल कुंतल** = काही.
**जल कुक्कुट** = मुरग़ाबी.
**जल कूप** = कूप.

**जलक्षेत्र** *सं* आवाह क्षेत्र, कैचमैंट एरिया, जलागम क्षेत्र, नदी अपवाह क्षेत्र, स्रवण क्षेत्र, ▪जल विभाजक, ▪सागर विलय़न.

**जलखर** = जलबहुल भूमि.
**जलगम्य** = तरणशील.
**जलगुल्म** = भँवर.
**जलगोजक** = पिस्ता.
**जलग्रीवा** = जलडमरूमध्य.
**जलघड़ी** = घड़ी सूची.

**जलघड़ी** *सं* *कटोरा*, घटिका, घटी, घटीयंत्र, ताम्री, नाडीपात्र, मानरंध्रा.

**जलघर** = प्याऊ.
**जलचक्र** = टरबाइन.

**जलचर** *वि* अंबुग, अंबुचर, अप्सर, औदिक, जल-, जलेचर, वारिचर, वारुण, सलिलचर, ▪थलचर, ▪नभचर.

**जलचरी** = मछली.
**जलज** = कमल, चंद्रमा, समुद्री नमक.

**जलज** *वि* अंज, अंबुज, अंबुजात, अंभज, अंभोज, अब्ज, उदज, क्षीरज, जलजात, नीरज, वारिज, सरोज, सलिलज, •कमल, •जलद.

**ज़लज़ला** = भूकंप.
**जलजात** = कमल, जलज.

**जलजीरा** *सं* जीरा पानी.

**जलजीव** = मछली.
**जलजीवी** = मछुआरा.
**जलज्योति** = बड़वा दीप्ति.

**जलडमरूमध्य** *सं* चैनल, जलग्रीवा, जलसंधि, जलसंयोजक, •खाड़ी, •समुद्र, ▪थलडमरुमध्य.

**जलतट** = तट.
**जलतरंग** = लहर.
**जलतरण** = नौका विहार.
**जलतरोई** = मछली.
**जलतर्पण** = पितृतर्पण.

**जलतल** *सं* *जल*, जलीय धरातल, तरी, पानी, वाटर, *समुद्र*, समुद्रावृत धरातल, सैलाबी, •जलबहुल भूमि, •महाद्वीपीय कगार, ▪थल.

**जलता/जलती** = आलोकप्रद, गरम, ग्रीष्मकालीन, तप्त.

**जलता/जलती** *वि* *उत्तेजित*, उद्दीप्त, जाज्वल्यमान, ज्वलंत, दहकता/दहकती, धधकता/धधकती, धूधू, प्रज्वल, प्रज्वलित, प्रदीप्त, फकाफक, फुँकता/फुँकती, बलता/बलती, भड़कता/भड़कती, भभकता/भभक़ती, लपटता/लपटती, लपलपाता/लपलपाती, लहकता/लहकती, सुलगता/सुलगती, •तप्त, ▪बुझा/बुझी.

**जलता कोयला** = अंगारा.
**जलता तारा** = उल्का.
**जलता सवाल** = ज्वलंत विषय.
**जलतुरई** = मछली मांस.
**जलत्राण** = छाता.
**जलथल** = धरातल.
**जलथलगामी** = उभयचर.
**जलथलचर** = उभयचर.
**जलथल सीमा भूमि** = तट.
**जलद** = मेघ, वर्षद, वर्षा मेघ.
**जलदर्शन** = मृगजल.
**जलदा** = नदी.
**जलदारू** = खूबानी.
**जलदेव** = वरुण.
**जलद्रोणी** = अरघा.
**जलधर** = मेघ, वर्षद, वर्षा मेघ.
**जलधरी** = अरघा.
**जलधारा** = नदी.

**जलधारा** *सं* अर्ण, ओघ, करंट, चलता पानी, *धार*, धारा, वारिधारा, वेणी, वेला, स्ट्रीम, •नदी, •मँझधार.

**जलधि** = समुद्र.
**जलन** = ईर्ष्या, उदर अम्लता आदि, खुजलाहट, चरपरापन, चिरमिराहट, झुलस, वैमनस्य.
**जलनख़ोर** = ईर्ष्यालु.
**जलन फफोला** = फफोला.
**जल नल** = नल.
**जलना** = चिरमिराना, झुलसना, तपना, सुलगना.

**जलना** *क्रि* दगना, दहना, परचना, फुँकना, भस्म होना, भुनना, राख होना, •दहकना, •सुलगना.

**जल निकास** *सं* अपवाह, जल निर्गम, जल प्रवहन, ड्रेनेज, *नाला नाली*, ▪सिंचन.

**जलनिमग्न** = बाढ़ग्रस्त.
**जल निर्गम** = जल निकास.
**जल नीचे बहना क्रिया** = अधोप्रवाह.
**जलने वाला** = ईर्ष्यालु.
**जलपथ** = जलमार्ग, नहर.

**जलपरी** *सं* *अप्सरा*, वाटर निंफ, •परी, •मिथक.

**जलपात्र** = पान पात्र.
**जलपान** = उपाहार, ब्रेकफ़ास्ट.
**जलपान अवकाश** = काफ़ी ब्रेक.
**जलपान गृह** = भोजनालय सूची, रेस्तोराँ.

**जलपान गोष्ठी** *सं* चाय, चायपान, चायपानी, चाय पार्टी, छोटी हाज़री, टी पार्टी, •काफ़ी गोष्ठी, •पानगोष्ठी, •भोज.

**जलपान छुट्टी** = काफ़ी ब्रेक.
**जलपूर्ण** = वर्षद.
**जलपोत** = पोत.
**जलप्रणाली** = नाला नाली.
**जलप्रदान** = अर्घदान.
**जलप्रदायिनी** = शाकंभरी.
**जलप्रपात** = निर्झर.
**जलप्रलय** = प्रलय, मनु प्रलय.
**जल प्रवहन** = जल निकास.
**जलप्रवाह** = प्रवाह.
**जलप्रवाह माप** = जल प्रवाह माप.

**जल प्रवाह माप** *सं* क्यूबिट फुट प्रतिसैकंड, क्यूसैक, जलप्रवाह माप.

**जलप्रांत** = जलबहुल भूमि.
**जलप्रिय** = चातक.
**जलप्रिया** = मादा चातक.
**जलप्लाव** = बाढ़.
**जलबंध** = बाँध.

**जलबहुल भूमि** *सं* जलखर, जलप्रांत, ताल तलैया, नदीबहुल भूमि, सुजल, सुजला, •कछार, •जलतल, •दलदल.

**जलबिंदु** = जल बूँद.

**जल बूँद** *सं* अंबुकण, उदबिंदु, जलकण, जलबिंदु, पानी बूँद.

**जलबेंत** = बेंत.
**जलभ्रम** = मृगजल.
**जलमग्न** = गीला/गीली.
**जलमय** = बाढ़ग्रस्त, सजल.

**जलमार्ग** *सं* जलपथ, जहाज़ी रास्ता, नौकामार्ग, नौमार्ग, •गूनपथ, •बाँधपथ, •समुद्र मार्ग.

**जलमुक्त धरातल** = थल.
**जलमुक्त भूमि** = बागर.
**जलयष्टि** = मुलेठी.
**जलयात्रा** = समुद्र यात्रा.

**जलयान** *सं* जहाज़, नाव, *नौका*, पानी की सवारी, पानी पर चलने वाला यान, *पोत*, बोट, बोहथ, भेल, सफ़ीना, •तिरेंदा, •पनडुब्बी, •बंदरगाह, •बार्ज, •होवरक्राफ़्ट.

**जलयान चालक** = खलासी, जहाज़ी.
**जलयुक्त** = सजल.
**जलरंक** = बगला.
**जलरंकु** = मुरग़ाबी.
**जलराशि पैदल पार स्थल** = गाधस्थल.
**जलरूप** = मकर राशि.
**जल लहर** = लहर.
**जलवर्षा** = बारिश.
**जल वहन कर्मी** = पनहार.

**जलवायु** *सं* आबोहवा, क्लाइमेट, पानी, *प्रकृति*, मौसम, *वातावरण*, हवापानी, •ऋतु.

**जलवायु कटिबंध** *सं* कटिबंध, ज़ोन, पृथ्वी कटिबंध, •उपोष्ण कटिबंध, •उष्ण कटिबंध, •बंध, •शीत कटिबंध, •शीतोष्ण कटिबंध.

**जलवायु विज्ञान** = ऋतु विज्ञान.

**जलवारक** *वि* अच्छिद्र, *छिद्रहीन*, जलसह, *बंद*, मौइश्चर प्रूफ़, रबड़ चढ़ा, रुँधा/रुँधी, वाटरप्रूफ़, •अग्निवारक.

**जलवाह** = पनहार.
**जलवाहक** = पनहार.
**जलवाहा/जलवाहिनी** = पनहार.
**जलवाहा/जलवाही** = पनहार.
**जलविभाजक** = जल विभाजक.

**जल विभाजक** *सं* काठी, जलविभाजक, जलविभाजक पर्वत, जलसंभर, धारा विभाजक, पनधारा, ▪जलक्षेत्र.

**जलविभाजक पर्वत** = जल विभाजक.
**जलविषुव** = शरद विषुव.
**जलविहार** = नौका विहार.
**जलशायी** = नारायण (नर).
**जलसंधि** = जलडमरूमध्य.
**जलसंभर** = जल विभाजक.
**जलसंयोजक** = जलडमरूमध्य.
**जलसह** = जलवारक.
**जलसा** = अधिवेशन, जनप्रदर्शन, सभा.
**जलसागर** = पौराणिक सप्तसागर.
**जलसागाह** = सभास्थल.
**जलसा जुलूस** = समारोह.
**जलसिंचन** = सिंचन.
**जलसीप** = मोती सीप.
**जलसूचि** = सिंघाड़ा.
**जलसेना** = नौसेना.
**जलसेनापति** = नौसेनापति.
**जलस्रोत** = उत्स्रोत धारा, नदी उद्‌गम.
**जलस्रोत धारा** = उत्स्रोत धारा.
**जलहरी** = अरघा.
**जलहार** = पनहार.
**जलहारी** = पनहार.
**जलहारी/जलहारिन** = पनहार.
**जलहीन** = वर्षाहीन, सूखा/सूखी.

**जलहीन** *वि* अनार्द्र, अनुदक, खुश्क, निरार्द्र, निर्जल, निर्जलीकृत, नीरस, प्यासा/प्यासी, रुक्ष, रूखा/रूखी, शुष्क, सूखा/सूखी, •रसहीन, ▪गीला/गीली, ▪सजल.

**जलांजलि** = पितृतर्पण.
**जलांदोलन** = लहर.
**जला** = फफोला.
**जला/जली** = दग्ध.
**जलाई** = अग्न्याधान, दहन.
**जलाऊ** = दाहक.
**जला कटा/जली कटी** = क्रुद्ध.
**जलाकर** = समुद्र.
**जलाक्रांत** = बाढ़ग्रस्त.
**जलागम क्षेत्र** = जलक्षेत्र.
**जलाग्नि** = बड़वा दीप्ति.
**जलाजल** = बाढ़ग्रस्त.
**जला डालना** = जलाना.

**जलाता/जलाती** = गरम, चरपरा/चरपरी.
**जलाधिप** = वरुण.
**जलाना** = खिजाना, दुखाना, सुलगाना.

**जलाना** *क्रि* आग लगाना, ख़ाक करना, जला डालना, दग्ध करना, *दागना*, दाहना, नाश करना, फूँकना, *भूनना*, माचिस लगाना, ●सुलगाना, ■बुझाना.

**जलाना कर्म** = दहन.
**जलाना क्रिया** = अग्न्याधान.
**जलाने वाला** = दाहक.
**जलाभिषेक** = अभिषेक.
**जलाभिसिंचन** = अभिषेक.
**जला भुना/जली भुनी** = क्रुद्ध.
**जलार्द्र** = गीला/गीली.
**जलाल** = अंगदीप्ति, दीप्तवर्ण, प्रताप, प्रतिष्ठा, सजावट.
**जलाल वाला** = दीप्तवर्ण.
**जलाली** = दीप्तवर्ण, दीप्तांग, सुंदर.
**जलावतन** = देश निर्वासन.
**जलावतरण** = तरण.
**जलावतारण करना** = तैराना.
**जलावन** = अग्न्याधान, ईंधन, लकड़ी, समिधा.

**जलावन** *सं* अहरा, ईंधन, कबाड़, काठ, घासफूस, झंखाड़, पुआल, भूसी, लौना, समिध, *समिधा*, ●समिधा.

**जलावन लकड़ी** = लकड़ी.
**जलावरोध** = बाँध.
**जलावर्त** = भँवर.
**जलाशय** = झील, तरण ताल, तालाब.

**जलाशय** *सं* अनूप, कुंड, तड़ाग, *तलैया*, *ताल*, *तालाब*, पुष्कर, पोखर, *पौंड*, रन, वन्या, वापी, सर, सरसिका, सरोवर, सलिलाकर, सलिलाशय, सागर, *हौज़*, ●कमलसर, ●जोहड़, ●झील, ●बाँध, ●मरुस्वर्ग; ■मरुथल.

**जलाशयज** *वि* तालोद्भव, सरसिज, सरसिरुह, सरोज, सरोवरज.

**जलाशय भ्रम** = मृगजल.
**जलाश्रय** = बगला.

**जली कटी** = कटाक्ष, गालीगलौज.
**जलीय धरातल** = जलतल.
**ज़लील** = अधम, अपमानित, लज्जित.
**जलेचर** = जलचर.
**जलेश** = समुद्र.
**जलोढ़ भूमि** = खादर.
**जलोद्भवा** = नागरमोथा.
**जल्द** = आसन्नतः, तत्काल, द्रुत, पहले, समय से पहले.
**जल्दबाज़** = विवेकहीन.

**जल्दबाज़** *वि* अचिंतक, अधीर, अविचारी, उजलतबाज़, उतावला/उतावली, *दुस्साहसी*, धैर्यहीन, बेसब्र, भड़भड़िया, योजनाहीन, *विवेकहीन*, व्यग्र, हड़बड़िया, ●आतुर, ■आलसी, ■बहानेबाज़.

**जल्दबाज़ी** = हड़बड़ी.

**जल्दबाज़ी** *सं* अविचार, *अविवेक*, *असावधानी*, *आतुरता*, उजलत, उजलतबाज़ी, चटापटी, जल्दी, दौड़ादौड़ी, बेताबी, मारामार, योजनाहीनता, रवारवी, लगाभगी, लापरवाही, शीघ्रता, सरासरी, ●अविलंबता, ●अविवेक, ●अव्यावहारिकता, ●असावधानी, ●आतुरता, ●द्रुतता, ●भूल, ●मूर्खता, ■विलंब, ■विवेक, ■व्यावहारिकता, ■सावधानी.

**जल्दबाज़ी भरा** = अविचारित.
**जल्द ही** = अभी, आसन्नतः, तत्काल.
**जल्दी** = अभी, आसन्नतः, जल्दबाज़ी, तत्काल, द्रुततः, पहले, प्रातःकाल में, समय से पहले.
**जल्दी उगने वाला** = अगेती (फ़सल).
**जल्दी का** = अर्धविकसित, तात्कालिक.
**जल्दी का रास्ता** = शॉर्टकट.
**जल्दी जल्दी** = द्रुततः.
**जल्दी से** = तत्काल, द्रुततः.
**जल्प** = गपशप, डींग, बकवास, वितंडावाद.
**जल्पक** = वितंडावादी.
**जल्पना** = वादविवाद.
**जल्लाद** = अत्याचारी, क़साई, निर्दय, हत्यारा.

**जल्लाद** *सं* क़त्लबाज़, कन्नास, क़साई, दंडपाशक, फाँसीकर्मी, मृत्युदंड कर्मी, वध कर्ता, वधजीवी, वधिक, शूलिक, हलाकू.

**जव** = जौ, निर्गम.
**जवनी** = अजवायन.
**जवाँ** = जवान.
**जवाँ मर्द** = युवक.
**जवाँ मर्दी** = वीरता.
**जवाँमर्दी** = साहस.
**जवा** = सिवइयाँ.

**जवाकुसुम** *सं* अड़हुल, अर्ककांता, अर्कप्रिया, अर्कभक्ता, गुड़हल, जपा, जपाकुसुम, पिंडपुष्प, रक्तपिंड, रक्तपुष्प, रागपुष्पी, विक्रांता, सदाफली, हरिवल्लभा.

**जवान** = युवक, योद्धा, वयस्क, वीर.

**जवान** *वि* उच्छल, *उत्साही*, उमंगशील, कल्लोलपूर्ण, क्रीड़ापूर्ण, खिला/खिली, गदराया/गदराई, गद्दर, *गुलाबी*, जवाँ, ज़िंदादिल, जीवंत, जोशीला/जोशीली, नवेला/नवेली, पूर्णयौवन/पूर्णयौवना, प्रफुल्ल, प्राप्तयौवन, बसंती, भरपूर, मतवाला/मतवाली, मदभरा/मदभरी, मदमाता/मदमाती, युवा, यौवनपूर्ण, *वयस्क*, *वसंती*, *विकसित*, सचेतन, सजीव, स्वप्नशील, हरा भरा/हरी भरी, ●उत्साही, ●चिरयुवा, ●मध्यवयस्क, ■वृद्ध.

**जवान (भारत)** = सैनिक.
**जवानसाल** = युवक.
**जवान स्त्री** = युवती.
**जवानी** = यौवन.
**जवानी बीतना** = बुढ़ाना.
**जवाब** = उत्तर, प्रतिक्रिया, प्रतिध्वनि, प्रतिरोध, प्रतिशोध, प्रत्याक्रमण, प्रत्युपकार, प्रभावरोधक, मंत्र काट, समान प्रतियोगिता, स्पष्ट अस्वीकृति.
**जवाब देना** = ठुकराना, थकना, बिगड़ना, मनाना.
**जवाबदेह** = उत्तरदायी.
**जवाबदेही** = दायित्व.
**जवाब माँगना** = पूछना.
**जवाबी** = समपार्श्व.

**जवाबी मार** = प्रत्याक्रमण.

**जवाबी हमला** = प्रत्याक्रमण.

**जवारिश** = पाचक औषध.

**जवाहर** = प्रसिद्ध व्यक्ति, मणि, रत्न.

**जवाहर कट** = जाकट.

**जवाहिर** = रत्न.

**जवाहिरख़ाना** = राजभंडार.

**जवे** = सिवइयाँ, सिवइयाँ.

**जशोदा** = यशोदा.

**जश्न** = उत्सव, जयंती.

**जस** = प्रसिद्धि.

**जसगाथा** = मरसिया.

**जसद** = जस्ता.

**जसमति** = यशोदा.

**जसवंत/जसवंती** = प्रसिद्ध.

**जसीम** = बलिष्ठ.

**जसोमति** = यशोदा.

**जस्टिस** = न्याय, न्यायाधीश.

**जस्त** = जस्ता.

**जस्ता** = क़लई.

**जस्ता** *सं* जसद, जस्त, ज़िंक, यशद, •राँगा.

**जहँ** = जहाँ.

**जहन्नुम** = नरक.

**ज़हमत** = असुविधा.

**ज़हर** = विष.

**ज़हरदार** = विषाक्त.

**ज़हर बुझा** = व्यंग्यात्मक.

**ज़हरी** = मादक, विषाक्त.

**ज़हरीला/ज़हरीली** = मादक, विषाक्त.

**ज़हरीला दाँत** = विषदंत.

**जहाँ** = जैसे ही, लोक, सृष्टि.

**जहाँ** *क्रिवि जब*, जहँ, जिधर, जिस ओर, यत्र, यदा, •कहाँ, •यहाँ.

**जहाँ कहीं** = जब भी.

**जहाँगर्दी** = घुमक्कड़ी.

**जहाँगश्त** = ख़ानाबदोश.

**जहाँगीर** = सम्राट.

**जहाँ तक हो सके** = यथाक्षमता.

**जहाँ तहाँ** = हर ओर.

**जहाँदीदा** = प्रौढ़.

**जहाँपनाह** = राजा सूची भारतीय, सम्राट.

**जहाँ मिलें धरती आकाश** = क्षितिज.

**जहाज़** = जलयान, पोत, वायुयान.

**जहाज़ गोल खिड़की** = पोर्टहोल.

**जहाज़ मज़दूर** = खलासी.

**जहाज़रान** = खलासी, जहाज़ी.

**जहाज़रानी** = नौकायन.

**जहाज़ सीढ़ी** = छतदार सीढ़ी.

**जहाज़ी** = खलासी.

**जहाज़ी** *सं* जलयान चालक, जहाज़रान, *नाविक*, नैविगेटर, नौकर्मी, नौयायी, माँझी, सामुद्रिक, सेलर, •पोताध्यक्ष, •विमानचालक.

**जहाज़ी बेड़ा** = बेड़ा.

**जहाज़ी रास्ता** = जलमार्ग.

**जहान** = पृथ्वी, लोक, सृष्टि.

**ज़हानत** = प्रतिभा.

**जहालत** = अज्ञान, असाक्षरता, मूर्खता.

**ज़हीन** = कुशाग्रबुद्धि, प्रतिभाशाली, बुद्धिमान.

**ज़हीर** = मित्रवत्सल.

**जहोवा** = जेहोवा.

**ज़हृदारू** = विषघ्न.

**जांगलिक** = सँपेरा.

**जाँघ** *सं* ऊरु, कूल्हा-घुटना पैर, जंघा, जघन, ज़ानू, रान, •पैर.

**जांघिक** = दौड़ाक.

**जाँघिया** *सं* कच्छा, कच्छी, घुटन्ना, चड्ढी, पजमिया, सुथना, •निकर, •लँगोट.

**जाँच** = अध्ययन, गुप्तचर्या, चैकअप, चैकिंग, प्रूफ़ रीडिंग, समीक्षा.

**जाँच आयोग** = तथ्यान्वेषण आयोग.

**जाँच कर्ता** = तथ्यान्वेषक.

**जाँचना** = आज़माना, चखना.

**जाँचना परखना** = सोचना परखना.

**जाँच पड़ताल** = अपराध अनावरण, इंस्पैक्शन, गुप्तचर्या, चैकअप, चैकअप चैकिंग, तथ्यान्वेषण, रोग निदान.

**जाँच पड़तालिया** = इंस्पैक्टर.

**जाँच परख** = विमर्श.

**जाँचा/जाँची** = अध्यीत, आकलित, परीक्षित, मानकयुक्त, सत्यापित.

**जाँचा परखा/जाँचा परखी** = विचारित.

**जांतव** = वन्य.

**जाँता** = चक्की.

**जाँनशीन** = उत्तराधिकारी, ख़लीफ़ा, वंशज.

**जाँनिसार** = आत्मबलिदानी, कटिबद्ध.

**जाँबाज़** = वीर, साहसी.

**जाँबाज़ सैनिक** = कमांडो.

**जाँबाज़ी** = वीरता, साहस.

**जांबू** = जामुन.

**-जा** = माता.

**जा** = स्थिति.

**जा (जैसेः मनुजा)** = पुत्री.

**जाइरेशन** = चक्रावर्तन.

**जाई** = पुत्री.

**जाए पनाह** = शरणस्थल.

**जाकट** *सं* चिपकना उपरना, जर्किन, जवाहर कट, जैकिट, तंग परिधान, फतूही, वास्कट, सीनाबंद, •कोट.

**जागता/जागती** = अभिव्यक्तिपूर्ण, उत्साही, चुस्त, जाग्रत, सावधान.

**जागतिक** = इहलौकिक, विश्वीय, सृष्टीय.

**जागना** *क्रि* अँगड़ाई लेना, आँख खुलना, *उठना*, *चेतना*, जगना, नींद से उठना, सो कर उठना, ▪सोना.

**जागर** = जाग्रत.

**जागरण** = बोधोदय, मोहभंग, रतजगा.

**जागरण गीत** = प्रभाती.

**जागरूक** = कुशाग्रबुद्धि, जाग्रत, ज्ञानी, मोहभंजित, सावधान.

**जागरूकता** = चेतना, दूरदर्शिता, समाज भावना, सावधानी.

**जागा/जागी** = जाग्रत, प्रेरित.

**जागीर** = जनपद आदि, भूसंपत्ति, हवेली.

**जागीर** *सं* इलाक़ा, ऐस्टेट, *ज़मींदारी*, ज़मीन, ठिकाना, तअल्लुक़ा, मनसबदारी, महाल, रियासत.

**जागीरदार** = जमींदार, सामंत.

**जागीरदारी** = ज़मींदारी.

**जागीरी** = ज़मींदारी.

**जागृति** = जाग्रत अवस्था.

**जाग्रत** = उत्साहित, ज्ञानी, प्रबुद्ध, प्रेरित, मोहभंजित, सचेत, सावधान, स्पर्शानुभूतियुक्त.

**जाग्रत** *वि* असुप्त, उठा/उठी, उद्‌बुद्ध, चेतन, चौकस, जगा/जगी, जागता/जागती, जागर, जागरूक, जागा/जागी, भग्ननिद्र, *सचेत*, •निद्राहीन, •सचेत, •सावधान, ▪अचेत, ▪सुप्त.

**जाग्रत अवस्था** *सं* अतंद्रा, अनिद्रा, अशयन, असुप्ति, जागृति, जाग्रतता, •चेतना, •निद्राहीनता, ▪निद्रा.

**जाग्रत करना** = जगाना.
**जाग्रतता** = चेतना, जाग्रत अवस्था, सावधानी.
**जाग्रत मन** = चेतन मन.
**जाग्रत स्वप्न** = दिवास्वप्न.
**जाग्रति** = बोध, बोधोदय, मोहभंग.
**जाचक** = निवेदक, भिखारी.
**जाचकताई** = भिक्षावृत्ति.
**जाजम** = चादर, फ़र्शी चादर.
**जाजलि** = ऋषि सूची.
**जाज्वल्यमान** = जलता/जलती.
**जाड़ा** = ठिठुरन, शीतलता, सर्दी.
**जात/जाता** = जन्मा/जन्मी.
**जातक** = जन्मा/जन्मी, जीव, नवजात शिशु, पुत्र, पुराण कथा, संकलन पुस्तक, संतान.

**जातक** *सं* बुद्ध पूर्वजन्म कथा संग्रह, •त्रिपिटक, •धर्मग्रंथ, •महावंश.

**जातकर्म** = सोलह संस्कार सूची.
**जातनिकाला** = जाति निर्वासन.
**जातपाँत** = असमानतावाद, प्रजातिवाद, स्वजन.
**जातपुत्रा** = पुत्रवती, संतानवती.
**जातरूप** = सुंदरकाय.
**जातरूपा** = सुंदर स्त्री.
**जातश्मश्रु** = युवक.
**जाता** = पुत्री, संतान.
**जाता/जाती** = अस्तगामी, गमनशील, गमनशील, निर्गमनशील, निवर्तमान, मरणासन्न, ह्रासशील.
**जाति** = कोटि, गोत्र, चमेली, जीव योनि, प्रजाति, मालती, राष्ट्र, वंश, वर्ण, समाज वर्ग.

**जाति** *सं* अन्ववाय, *क़बीला*, कम्यूनिटी, *कुटुंब*, गोत, *गोत्र*, ग्याति, जाति बिरादरी, ज्ञाति, *पंक्ति*, *परिवार*, पाँत, फ़िर्क़ा, बिरादरी, *वंश*, *वर्ण*, विश, *शाखा*, *समूह*, •प्रजाति.

**जाति अनुसार विभाजित** = भेदभावपूर्ण.
**जातिगत** = आनुवंशिक, जातीय.
**जातिच्युत** = जाति निर्वासित.
**जातिच्युति** = जाति निर्वासन.
**जाति नाम** = वंशनाम.
**जातिनिकाला** = जाति निर्वासन.

**जाति निर्वासन** *सं* च्युति, जातनिकाला, जातिच्युति, जातिनिकाला, जाति बहिष्कार, जातिबाहर, जातिभ्रंश, जाति से निष्कासन, निकाला, निष्कालन, *निष्कासन*, पंक्ति निर्वासन, *पतन*, *बहिष्कार*, रोटीबेटीबंद, वर्ण निर्वासन, वर्ण बहिष्कार, वहिष्कार, समूह निर्वासन, हुक़्क़ापानीबंद, •एकांतवास, •दंड, •धर्मच्युति, •धर्मद्रोह, •निर्वासन.

**जाति निर्वासित** *वि* अजाति, अलग, अलग, अलहदा, च्युत, जातिच्युत, जाति बहिष्कृत, जातिभ्रष्ट, *निर्वासित*, *निष्कासित*, पंक्तिबाह्य, परित्यक्त/परित्यक्ता, *बहिष्कृत*, लोकबाह्य, वर्णच्युत, वियूथित, स्वधर्मच्युत, •तिरस्कृत.

**जातिपर्ण** = जावित्री.
**जातिफल** = जायफल.
**जाति बहिष्कार** = जाति निर्वासन.
**जाति बहिष्कृत** = जाति निर्वासित.
**जातिबाहर** = जाति निर्वासन.
**जाति बिरादरी** = जाति, स्वजन.
**जातिभ्रंश** = जाति निर्वासन.
**जातिभ्रष्ट** = जाति निर्वासित.
**जातिवाद** = प्रजातिवाद.
**जातिवादी** = प्रजातिवादी.
**जातिसभा** = पंचायत.
**जाति से निष्कासन** = जाति निर्वासन.
**जातिहीन** = निम्नवर्णीय.

**जातिहीन** *वि* अकुलीन, अजाति, अवर्ग, कुलहीन, वर्गहीन, •अज्ञातवंश, •निम्न कुलीन.

**जाती** = जूही.
**ज़ाती** = व्यक्तिगत.
**जातीतर विवाह** = अंतरजातीय विवाह.
**जातीय** = आनुवंशिक, सामूहिक.

**जातीय** *वि* क़ौमी, जातिगत, जिंसी, नस्ली, प्रजातीय, वंशीय, संस्कारीय, सांस्कृतिक, •अंतरजातीय, •आनुवंशिक, •धार्मिक, •प्रजातीय, •सांप्रदायिक.

**जातीयता** = प्रजातिवाद.
**जातीय नृत्य** = लोकनृत्य.
**जातीय व्यवहार** = संस्कृति.
**जातुधान** = राक्षस.
**जात्रा** = तीर्थयात्रा, यात्रा.
**जात्री** = तीर्थयात्री, यात्री.
**ज़ादा** = पुत्र.
**ज़ादी** = पुत्री.
**जादुई** = आकर्षक, गुह्य, चमत्कारपूर्ण, प्रलोभनकारी, मोहक, सुंदर.

**जादुई** *वि* अलौकिक, *अविश्वसनीय*, असाधारण, *आश्चर्यजनक*, इंद्रजालीय, ऐंद्रजालिक, कुतूहलपूर्ण, कूट, कौतुकपूर्ण, *गुह्य*, गूढ़, *चमत्कारपूर्ण*, तिलिस्माती, तिलिस्मी, *मायावी*, *रहस्यपूर्ण*, •भुतहा/भुतही, •विचित्र, ▪असली.

**जादुई मंत्र** = जादूमंतर.
**जादुई रचना** = मायादर्शन.
**जादू** = अभिमंत्रण, कैरिज़्मा, चमत्कार, जादू खेल, मायाजाल, वशीकरण, सम्मोहिनी, सौंदर्य.

**जादू** *सं* अफ़सूँ, *आश्चर्य*, इंद्रजाल, कमाल, *चमत्कार*, छलावा, तिलिस्म, पढ़ंत, भ्रमोत्पादन, *माया*, मैजिक, मोहनी, *रहस्य*, विद्याधरी, संप्रयोग, सम्मोहनी, सिद्धि, •अपकारक जादू, •उपकारक जादू, •चमत्कार, •टोनाटोटका, •मायाजाल.

**जादू करना** = मोहना, मोहना.

**जादूकृत** *वि* इंद्रजालग्रस्त, चमत्कृत, तिलिस्मबंद, दिथबँध, दिथबँधा/दिथबँधी, नज़रबंद,

*नियंत्रित*, बँधा/बँधी, बद्धदृष्टि, मायाग्रस्त, संचालित, ●अभिमंत्रित.

**जादू खेल** *सं* अगड़म बगड़म, *अभिमंत्रण*, इंद्रजाल, जंतरमंतर, *जादू*, ●बाज़ीगरी.

**जादूगर** = प्रतिभाशाली व्यक्ति, प्रेतसाधक, बाज़ीगर.

**जादूगर** *सं* अभिचारक, ऐंद्रजालिक, कामिल, जोगी, तिलिस्माती, बैतालिक, मंत्रवादी, मख, मघी, *मायाकार*, मायाजीवी, *मायावी*, मायी, मैजीशियन, *विद्याधर*, वैतालिक, शांबर, *शोबदेबाज़*, *साधक*, साहिर, सिद्ध, हाज़िराई, ●बाज़ीगर.

**जादूगरनी** = प्रलोभिनी, सुंदर स्त्री.

**जादूगरनी** *सं* अभिचारिका, ऐंद्रजालिका, छलिनी, जोगनी, पिछपलाई, भानमती, मायाविनी, मोहिनी, *योगिनी*, शंबरी, शांबरी, सामुरी, सिद्धयोगिनी, ●डाकिनी, ●विच.

**जादूगरी** *सं* अलौकिक शक्ति, इंद्रजाल, जालंधरी विद्या, प्रतिहार्य, भोजविद्या, मायाप्रयोग, मायाविद्या, मोहिनी विद्या, विद्या, शांबरशिल्प, शांबरी, सम्मोहिनी विद्या, सामुरी, सिद्धि, सीमिया, सेह्र, ●छल.

**जादूटोना** = अभिमंत्रण, अभिमंत्रण.

**जादू नगरी** = परीलोक.

**जादूभरा/जादूभरी** = मोहक.

**जादूभरी** = सुंदर स्त्री.

**जादूमंतर** = अभिमंत्रण, अभिमंत्रण.

**जादूमंतर** *सं* छू मंतर, जंतरमंतर, जंत्रमंत्र, जादुई मंत्र, जादूमंतर पाठ पढ़ंतर, तंतर मंतर, तंत्रमंत्र, मंतर जंतर, यंत्रमंत्र, ●छू मंतर.

**जादूमंतर पाठ पढ़ंतर** = अभिमंत्रण, जादूमंतर.

**जान** = ईसा संदेश वाहक सूची, ऊर्जा, क्षमता, चुस्ती, जीव, जीवन, दम, प्राणशक्ति, प्रेमपात्र/प्रेमपात्रा, प्रेरणा, मर्मस्थल, शक्ति.

**जानकार** = अनुभवी, ज्ञाता, ज्ञाता, परिचित, परिचित व्यक्ति, प्रौढ़, रहस्यभागी, शिक्षित.

**जानकारी** = अनुभव, अभ्यास, गुप्त सूचना, दक्षता, प्रैस विज्ञप्ति, वक्तव्य, समाचार, सुराग़, सूचना.

**जानकारीपूर्ण** = सूचनापूर्ण.

**जानकारी विज्ञान** = सूचना विज्ञान.

**जानकी** = सीता.

**जान की अमान** = अभयदान.

**जान की ख़ैर** = अभयदान.

**जानकीनाथ** = राम.

**जान की बाज़ी** = कठिन कार्य.

**जान की बाज़ी** *सं* प्राण की बाज़ी, प्राण द्यूत.

**जानकीवल्लभ** = राम.

**जानकीसुत** = लवकुश.

**जान जाना** = मरना.

**जानजोखिम** = ख़तरा, प्राण संकट, संकट.

**जानजोखों** = प्राण संकट.

**जान डालने वाला** = प्रेरयिता.

**जानदार** = जीवित, जैव, तेजस्वी, वीर, स्पंदनशील.

**जान देना** = प्रेम करना.

**जाननहार** = अभ्यस्त, ज्ञाता, शिक्षित.

**जाननहारा/जाननहारी** = ज्ञानी.

**जानना** = पढ़ना लिखना, समझना.

**जानना** *क्रि आना*, ज्ञाता होना, ज्ञानपूर्ण होना, ज्ञान मिलना, ज्ञान होना, *देखना*, पता होना, पहचानना, बूझना, बोध होना, *समझना*, *सीखना*, सूझना, ●समझना, ■पूछना.

**जानना इच्छा** = जिज्ञासा.

**जान निकलना** = मरना.

**जान निकालना** = मारना, संहारना.

**जाननिसारी** = आत्मबलि, साहस.

**जानने वाला** = ज्ञानी, परिचित व्यक्ति.

**जानपद** = जनपदीय.

**जानपदिक** = जनपदीय.

**जानपदिक रोग** = महामारी.

**जान पहचान** = अल्पपरिचय, परिचय, संपर्क जाल.

**जान पहचान कराना** = मिलवाना.

**जान पहचान वाला** = परिचित व्यक्ति.

**जान फूँकना** = जिलाना.

**जानबख़्श** = जीवन रक्षक.

**जान बचना** = बचना, बचना.

**जान बचाई** = पलायन.

**जान बचाना** = बचाना.

**जान बचाने वाला** = जीवन रक्षक.

**जान बचाव** = आत्मरक्षा.

**जानबची** = जीवन रक्षा.

**जान बची तो लाखों पाए** = बचना.

**जानबाज़** = वीर.

**जानमनि** = ज्ञाता.

**जानमाज़** = नमाज़ दरी.

**जान लेना** = मारना, संहारना, समझना.

**जानलेवा** = मारक, रुधिरपिपासु.

**जानवर** = अमानव, जीव, ढोर, निर्दय, मूर्ख.

**जानवर** *सं* गो, चौपाया, जंतु, *जीव*, पशु, पोहा, मृग, हैवान, ●अधिप्राणी, ●अपिवानर, ●जीव, ●बिल, ●मानव.

**जानवरों का राजा** = सिंह.

**जान से जाना** = मरना.

**जान से मारना** = मारना, संहारना.

**जान से हाथ धोना** = मरना.

**जानहार** = ज्ञानी, शिक्षित.

**जानहुँ** = मानो.

**जान होना** = जीना.

**जाना** = उजड़ना, जा बसना, ढलना, निकलना, बिछुड़ना, बीतना, मरना.

**जाना** *क्रि उठना*, गमना, *चलना*, चल पड़ना, *निकलना*, पधारना, प्रस्थान करना, रवाना होना, रास्ता लेना, राह लेना, विदा लेना, सिधारना, ●जा बसना, ●निकलना, ●बिछुड़ना, ■आना, ■पहुँचना, ■रहना, ■रुकना, ■लौटना.

**जाना/जानी** = अध्यीत, अनुभूत, ज्ञात, प्रसिद्ध.

**जाना पहचाना** = मिलनसार.

**जाना पहचाना/जानी पहचानी** = चिरपरिचित, प्रसिद्ध, सहज, सामान्य.

**जाना बूझा/जाना बूझी** = योजित.

**जाना माना/जानी मानी** = प्रतिष्ठित, प्रसिद्ध, महत्त्वपूर्ण, लोकप्रिय.

**जानामानापन** = लोकप्रियता.
**जानिबदारी** = पक्षपात.
**जानु** = घुटना.
**ज़ानू** = जाँघ.
**जाने का रास्ता** = निर्गम द्वार.
**जानेजाँ** = प्रेमपात्र/प्रेमपात्रा.
**जानेमन** = प्रेमपात्र/प्रेमपात्रा.
**जाने वाला** = गंता, निर्गंता.
**जानो** = मानो.
**जाप** = कीर्तन.

**जाप** *सं* जप, जपयज्ञ, तकबीर, नामजप, नामपाठ, नाम स्मरण, *भजन*, सुमिरन, स्मरण, स्मरण जप, •अखंड जप, •अजपा जप, •माला जप, •कीर्तन, •पूजा, •मंत्रपाठ.

**जाप करना** = जपना.
**जाप कर्ता** = जापी.
**जापा** = प्रसव.

**जापान** *सं* जपैन, निकोन (स्थानीय), निपोन (स्थानीय), नीहोन (स्थानीय), सूर्योदय देश.

**जापानः राजधानी** *सं* तोक्यो.

**जापानी मोती** = कल्चर्ड पर्ल.

**जापी** *सं* जप कर्ता, जपिया, जाप कर्ता, जापी/जापिनी, नामबोला/नामबोली.

**जापी/जापिनी** = जापी.
**ज़ाफ़रान** = केसर.

**ज़ाफ़री** *सं* ग्रिल, जँगला, जाली, झँझरी, •कटहरा, •टट्टी.

**ज़ाबता** = परिपाटी.

**जा बसना** *क्रि* चले जाना, *जाना*, परदेस जाना, प्रवास करना, प्रवासी होना, बाहर जाना, बाहर बसना, माइग्रेट करना, •आ बसना, •जाना, ▪पहुँचना, ▪बसना, ▪रहना.

**जाबा** = मुख जाली.
**जाबालि** = ऋषि सूची.
**जाबी** = मुख जाली.
**ज़ाब्ता** = क़ानून, परिपाटी.

**जाम** = अवरुद्ध, गतिरुद्ध, जामुन, जैम, पहर, प्याला, मद्य, मद्यपात्र, मद्यपान.
**जाम (साहब)** = प्रधान.
**जामफल** = अमरूद.
**जामसाहब** = राजा सूची भारतीय.
**जाम होना** = बिगड़ना.
**जामा** = परिधान, पुत्री, वस्त्र, वेश.
**जामा (मसजिद)** = प्रधान.
**जामातलाशी** = झाड़ातलाशी.
**जामाता** = दामाद.

**जामा मसजिद** *सं* जुमा मसजिद, बड़ी मसजिद.

**ज़ामिन** = गारंटर.
**जामी** = पुत्री, बहन.
**जामुन** = फल.

**जामुन** *सं* जंबु, जंबुल, जांबू, जाम, श्यामला, सुरभिपत्रा.

**जामुनी** = बैंगनी.
**जायंट** = देवदानव.

**जायंट व्हील** *सं* आकाशी झूला, भीम झूला, •अप्पूघर, •तूफ़ान मेल.

**ज़ायक़ा** = आहार सुवास, नमूना, स्वाद.
**ज़ायक़ा लेना** = चखना.
**ज़ायक़ेदार** = स्वादिष्ठ.
**जायज़** = विनियोज्य, वैध, वैध (संतान).
**जायज़ा** = आकलन, नमूना, परख.
**ज़ायद** = अतिरिक्त, अनावश्यक.
**जायदाद** = आवास भूखंड, भूसंपत्ति, संपत्ति.
**जायदाद जब्ती** = कुर्की.
**जायफल** = मसाला सूची

**जायफल** *सं* जातिफल, पुन्नाग, सुरभि, •जावित्री, •लौंग.

**जाया** = पुत्र, पुत्री.
**ज़ाया** = रद्दीकृत.
**जाया/जाई** = जन्मा/जन्मी.
**जार** = अचारदान, घड़ा.

**जार** *सं* आशना, उपपति, घरबसा, धगड़, धरेला, *परपुरुष*, पापपति, मर्दुआ, यार, रमक, •जारिणी, •परपुरुष, •परस्त्री.

**जारक** = पाचकता वर्धक.

**जारकर्म** = परगमन.
**जारगामिनी** = जारिणी.
**ज़ारची** = मुनादी वाला.
**जारज** = अवैध (संतान).
**जार संबंध** = परगमन.

**जारिणी** *सं* जारगामिनी, धगड़बाज़, धगड़ी, •जार.

**जारी** = उद्घाटित, चालित, प्रचलित.
**जालंधर** = ऋषि सूची.
**जालंधरी विद्या** = जादूगरी.
**जाल** = कपट रचना, कुचाल, छल, छलना, पाश, बाड़, मकड़जाल, मायाजाल, समूह.

**जाल** *सं* अंतर्जाल, गुंफ, ग्रिल, जंजाल, जाला, जाली, झँझरी, नैट, •चंगुल, •फंदा, •मुख जाली.

**जालकीट** = मकड़ी.
**जालग्रस्त** = पाशबद्ध.

**जाल छेद** *सं आँख*, *छिद्र*, छेद, जालरंध्र, झँझरी.

**जालदार** = जालीदार, पेचीदा डिज़ाइन वाला.
**जालपाद** = हंस.
**जाल में फाँसना** = फँसाना.
**जालरंध्र** = जाल छेद.
**जालसाज़** = कूटकार.
**जालसाज़ी** = कूटकृति, घोटाला, छल, बेईमानी.
**जाला** = जाल, झिल्ली, मकड़जाल.
**जालिक** = बहेलिया.
**ज़ालिम** = अत्याचारी, आततायी, रुधिरपिपासु.
**जालिया** = कूटकार.
**जाली** = खेल गोल, छलनी, ज़ाफ़री, जाल, नक़ली, बाड़, बुरक़ा नकाब, मुख जाली, लेस.

**जालीदार** *वि छिद्रिल*, जालदार, झंझरीदार, झिलमिल, •पेचीदा डिज़ाइन वाला.

**जालीदार अलमारी** *सं* कंडोल, *डोली*.

**जाली पट्टी** = लेस.
**जाली सिक्का** = खोटा सिक्का.

 (प्रा) प्राचीन शब्द, अब अप्रचलित - *तिरछे* शब्द स्वतंत्र शीर्षक भी हैं •सपर्याय ▪विपर्याय

**जावक** *सं* गमत, जावती, डिस्पैच, प्रस्थिति, प्रेषिति, •पहुँचाई, ■आवक.

**जावकपत्र** *सं* इनडैंट, इनवौइस, चालान, जावती, परवाना, प्रेषणपत्र, बहती, *बिल*, बिलटी, बीजक, रवन्ना, लदानपत्र, •रसीद, •लेखाचिट्ठा.

**जावती** = जावक, जावकपत्र.
**जावन** = गमन, निर्गम.
**जावन्य** = संचलन.
**जावित्री** = मसाला सूची

**जावित्री** *सं* जयपत्री, जातिपर्ण, सुगंध पत्री, •जायफल, •तेजपात, •दारचीनी.

**जासूस** = खोज यात्री सूची, गुप्तचर.
**जासूसी** = गुप्तचरीय, गुप्तचर्या, ताकझाँक.

**जासूसी कहानी** *सं रहस्य*, रहस्य कथा.

**जाहपरस्त** = सुरुचिमन्यक.
**जाहवे** = जेहोवा.
**ज़ाहिर** = अगुप्त, प्रकट, प्रदर्शित.
**ज़ाहिरन** = खुले आम.
**ज़ाहिरी** = पाखंडपूर्ण.
**जाहिल** = अज्ञानी, अशिक्षित, असंस्कृत, असाक्षर.
**जाहिली** = अज्ञान, मूर्खता.
**जाह्नवी** = गंगा नदी.
**ज़िंक** = जस्ता, रासायनिक तत्त्व सूची.
**जिंजेली** = तिल.
**ज़िंदगी** = जीवन, जीवन काल.
**ज़िंदा/ज़िंदी** = उत्साही, जीवित, श्वासयुक्त.
**ज़िंदादिल** = अतिथिपरायण, जवान, बहिर्मनस्क, विनोदप्रिय.
**ज़िंदादिली** = उत्साह, चंचलता, चुस्ती, साहस.
**जिंस** = अदद, उत्पाद, कोटि, प्रजाति, वस्तु, शब्द लिंग, सामान.
**जिंसी** = जातीय.
**ज़िक्र** = उल्लेख.
**जिगर** = साहस.

**जिगर** *सं* कलेजा, यकृत, लिवर, •गुरदा.

**जिगर का टुकड़ा** = पुत्र.
**जिगरा** = दुस्साहस, साहस.
**जिगरी** = अंतरंग.
**जिगरी यार** = अंतरंग मित्र.
**जिगसा पज़ल** = जिगसा पहेली.

**जिगसा पहेली** *सं* चित्रखंड पहेली, जिगसा पज़ल, •पहेली.

**जिघत्सु** = हत्या इच्छुक.
**जिघांसु** = हत्या इच्छुक.
**ज़िच** = गतिरोध.

**जिजीविषा** *सं* इच्छाशक्ति, जीवन इच्छा, जीवनेच्छा, दिधीर्षा, यियप्सा, लिप्सा, हवस, ■मृत्यु इच्छा.

**जिज्ञासा** = पृच्छा, प्रश्न, विवेचना.

**जिज्ञासा** *सं* अचंभा, आपृच्छा, उत्कंठा, उत्सुकता, कुतूहल, खोज इच्छा, गविष्ठि, जानना इच्छा, जुस्तजू, ज्ञान इच्छा, ज्ञानेच्छा, ज्ञानेप्सा, ज्ञीप्सा, टोह, *तलाश*, परिपृच्छा, *परश्न*, विचिचीषा, विजिज्ञासा, विज्ञीप्सा, विस्मय, सवाल, •अनुसंधान, •पहेली, •पृच्छा, ■अजिज्ञासा, ■उत्तर, ■समाधान.

**जिज्ञासा करना** = पूछना.
**जिज्ञासापूर्ण** = गवेषणात्मक.
**जिज्ञासा शांति** = बोधोदय.
**जिज्ञासु** = प्रश्न कर्ता.

**जिज्ञासु** *वि* उत्कंठापूर्ण, उत्क, उत्सुक, उन्मुख, कुतूहली, ज्ञान पिपासु, ज्ञानार्थी, ज्ञानेच्छुक, पूछने वाला, पृच्छक, *प्रश्न कर्ता*, समुत्सुक, सविस्मय, •तथ्यान्वेषक, •प्रश्नकर्ता, •संदेहशील, ■अजिज्ञासु.

**जित** = पराजित, विजेता.
**जितकाम** = जितेंद्रिय.
**जितक्रोध** = प्रशांत.

**जितना/जितनी** *वि* जित्ता/जित्ती, जिस मात्रा में, जेता/जेती, जै, जो, •इतना/इतनी, •कितना/कितनी.

**जितना उतना/जितनी उतनी** = अनुपातयुक्त.
**जितना चाहिए उतना** = आवश्यकतानुरूप.
**जितना हो सके** = यथाक्षमता.
**जितनी बार** = जब भी.
**जितमन्यु** = प्रशांत.
**जितशत्रु** = विजेता.
**जितश्रम** = आलस्यहीन.
**जितसंग** = जितेंद्रिय, लालसाहीन, विरक्त.
**जिताक्षर** = सुशिक्षित.
**जितात्मा** = जितेंद्रिय.
**जितारि** = गौतम बुद्ध, परराष्ट्र जेता, विजेता.
**जितावनहार** = विजयप्रद.
**जितावनहारा/जितावनहारी** = विजयप्रद.
**जितेंद्र** = अविलासी, जितेंद्रिय.
**जितेंद्रिय** = अविलासी, तपस्वी.

**जितेंद्रिय** *वि* आत्मसंयमी, इंद्रियजित, इंद्रियदमन, इंद्रियनिग्रही, कामजित, कामविजेता, गोस्वामी, जती, जितकाम, जितसंग, जितात्मा, जितेंद्र, जीतेंद्र, त्यागी, नेक, परित्यागी, पाक, भोगत्यागी, यति, संयतेंद्रिय, संयमी, •कौमार्यवान, •तपस्वी, •ब्रह्मचर्य आश्रमी, •सत्त्वगुणी, •स्थितप्रज्ञ, ■अविलासी.

**जितैया** = विजेता.
**जित्ता/जित्ती** = जितना/जितनी.
**जित्य** = जेय.
**जित्वर** = विजेता.
**ज़िद** = आग्रह, हठ.
**ज़िद्दी/ज़िद्दन** = कठोर (अधिकारी), मतांध, हठी.
**जिधर** = जहाँ.
**जिधर तिधर** = हर ओर.
**जिन** = गौतम बुद्ध, जिन्न, तीर्थंकर, मद्य सूची, मद्य.

**जिन** *सं* अनाज मद्य, जुनीपर बेरी से सुवासित सुरा.

**जिन का साया** = भूतबाधा.

**जिन धर्म** = जैन धर्म.
**जिनरिक्शा (जापानी)** = रिक्शा.
**जिनसिद्धि** = प्रेतसिद्धि.
**ज़िना** = परगमन.
**ज़िनाकारा** = कुलटा.
**जिन्न** = देवदानव.

**जिन्न** *सं जिन*, जिन्नात (बहु), तेजस प्राणी, सम, •चिराग़ का जिन्न, •बोतल का जिन्न, •भूत.

**ज़िप** *सं ज़ंजीर*, फ़ास्नर, •बटन, •वैलक्रो.

**ज़िप कोड** = डाकघर संख्या.

**जिप्सम** *सं* अलाबास्टर, एलाबास्टर, कुलनार, खाद मिट्टी, चिरोडी.

**जिप्सी** = ख़ानाबदोश, बनजारा.
**जिभला/जिभली** = स्वादप्रेमी.
**जिम** = जिमनेज़ियम.

**जिमनेज़ियम** *सं* अखाड़ा, जिम, जीमख़ाना, व्यायाम शाला.

**जिमाई** *सं परोस*, परोस कर्म, पुरसाई, भोजन पुरसाई, सर्विंग, सर्विस, •खिलाई, •परोस, •परोस, •भोज, •मीठी परोस.

**जिमाना** = खिलाना, परोसना.
**जिमाने वाले** = घराती.
**जिमि** = मानो.
**ज़िमींकंद** = ज़मींकंद.
**जिम्नैस्ट** = ऐथ्लीट.
**जिम्नैस्टिक्स** = व्यायाम.
**ज़िम्मा** = कर्तव्य, गारंटी, ठेका, दायित्व.
**ज़िम्मे करना** = सौंपना.
**ज़िम्मेदार** = उत्तरदायी, ऋणयोग्य, दायित्वपूर्ण, प्रौढ़.
**ज़िम्मेदाराना** = दायित्वपूर्ण.
**ज़िम्मेदारी** = ज़मानत, दायित्व, सावधानी.
**ज़िम्मेवाराना** = दायित्वपूर्ण, विचारित.
**ज़ियारतकदा** = स्मारक.
**ज़ियारती** = तीर्थयात्री.
**जियो और जीने दो** = अहिंसा.
**जिरंडोल** = आतिशबाज़ी चक्री.
**जिरगा** = क़बीला, पंचायत, वृंद.
**जिरह** = विवाद.
**ज़िरह** = कवच.

**जिरह** *सं* क्रौस ऐग्ज़ामिनेशन, प्रतिपरीक्षा, बहस, सवाल जवाब.

**जिरहकार** = तर्कवेत्ता.
**ज़िरह बख़्तर** = कवच.
**जिरहबाज़ी** = वादविवाद, वितंडावाद.
**ज़िरही** = कवचित.

**जिराफ़** *सं* कैमेलोपार्ड, चित्रक्रमेल, शुतुरगाव, •ऊँट.

**ज़िला** = जनपद आदि.
**ज़िला अफ़सर** = जनपद प्रशासक.
**ज़िलाई** = जनपदीय.
**ज़िलाधीश** = जनपद प्रशासक.

**जिलाना** *क्रि* अनुप्राणित करना, जान फूँकना, नई जान डालना, नया जीवन देना, पुनर्जीवन देना, पुनर्जीवित करना, फिर से जान डालना, फिर से जिलाना, मरे को जिलाना, मुरदा जिलाना, •जीना, ▪विष देना.

**जिल्द** = पुस्तक, पुस्तक प्रति.

**जिल्द** *सं* कवर, ग्रंथ, पुस्तक जिल्द, बाइंडिंग, •पुस्तक आवरण.

**जिल्द कर्म** = जिल्दबंदी.
**जिल्दगर** = जिल्दसाज़.

**जिल्दबंदी** *सं* ग्रंथन, ग्रथन, जिल्द कर्म, जिल्दसाज़ी, जुज़बंदी, बुक बाइंडिंग, सिलाई, स्टिचिंग, स्टैपलिंग.

**जिल्दसाज़** *सं* जिल्दगर, दफ़्तरी, बुक बाइंडर.

**जिल्दसाज़ी** = जिल्दबंदी.
**ज़िल्लत** = अपमान, कुपरिस्थिति.
**जिष्णु** = विजेता.
**जिस अवसर पर** = जैसे ही.
**जिस ओर** = जहाँ.
**जिस तरह** = जैसे.
**जिस प्रकार** = जैसे.
**जिस भी तरह** = किसी भी क़ीमत पर.
**जिस भी प्रकार** = किसी भी क़ीमत पर.
**जिस भी समय** = कभी भी, जब भी.
**जिस मात्रा में** = जितना/जितनी.
**जिस समय** = जब, जैसे ही.
**जिस्म** = क़द क़ामत, पिंड, वक्ष, शरीर, स्तन.
**जिस्मानी** = शारीरिक.
**जिस्मी** = शारीरिक.
**जिहाद** = धर्मयुद्ध, युद्ध.
**जिहादी** = धर्मयोद्धा.
**जिहोवा** = जेहोवा.
**जिह्माक्ष** = भेंगा/भेंगी.
**जिह्वल** = स्वादप्रेमी.
**जिह्वा** = जीभ.
**जिह्वा लोलुप** = स्वादप्रेमी.
**जिह्वा लोलुपता** = स्वादप्रेम.
**जिह्वालौल्य** = स्वादप्रेम.
**जिह्वाहीन** = गूँगा/गूँगी.

**जींस** *सं* डैनिम, तंग मोहरी पतलून, •पतलून.

**जी** = इच्छा, प्रवृत्ति, मन, साहस, स्वास्थ्य दशा, हाँ, हृदय.
**जीआई (संराअ)** = सैनिक.
**जी आना** = चाहना.
**ज़ीक़ाद** = हिजरी मास सूची.
**जी की जलन** = उदर अम्लता आदि.

**जीजा** *सं* निसबती भाई, बहन पति, बहनोई, •ननदोई, •साला.

**जीजी** = बड़ी बहन.
**-जीत** = विजयी.
**जीत** = परराष्ट्र जय, विजय.
**जीतनहार** = विजेता.
**जीतना** = मनवाना, हराना.

**जीतना** *क्रि* क़िला फ़तह करना, *चढ़ना*, छाना, जय करना, जय पाना, झंडा गाड़ना, डंका बजाना, दंगल मारना, *दबाना*, पछाड़ना, *पीटना*, मात देना, विजयश्री वरना, विजयी होना, *हराना*, •हराना, ▪भागना, ▪हारना.

**जीतने योग्य** = जेय.
**जीतने वाला** = विजेता.
**जीता/जीती** = अधीनित, जीवित, विजयी, श्वासयुक्त.
**जीता जागता** = अभिव्यक्तिपूर्ण.
**जीता जागता/जीती जागती** = जीवित, वर्णनात्मक.

**जीतालू** = सागसब्ज़ी.
**जीता होना** = जीना.
**जीतेंद्र** = जितेंद्रिय.
**जीते जी** = आयुपर्यंत.
**जीते रहना** = बचना.
**जीथना** = उलझाना.

**ज़ीन** *सं* काठी, *गद्दी*, पलान, सैडल, •कंधेली, •कजावा, •चालक सीट, •महमिल, •हौदा.

**ज़ीनत** = सजावट, सिंगार.
**जीना** = बचना.

**जीना** *क्रि* अस्तित्व में होना, अस्तित्व होना, चलना फिरना, चेतना होना, जान होना, जीता होना, जीवनयुक्त होना, जीवित होना, *रहना*, सजीव होना, साँस लेना, हिलना डोलना, होना, •जिलाना, ▪मरना.

**ज़ीना** *सं* शालार (प्रा), सोपान, सोपान कक्ष, सोपान पथ, सोपान पद्धति, •ऐलिवेटर, •छतदार सीढ़ी, •पैड़ी, •मंज़िल, •रैंप, •लिफ़्ट, •सीढ़ी.

**ज़ीनान** = रासायनिक तत्त्व सूची.
**जीनियस** = प्रतिभा, प्रतिभाशाली, प्रतिभाशाली बालक, प्रतिभाशाली व्यक्ति.

**जीने का अधिकार** = जीवन अधिकार.

**जीभ** *सं* गिरा, गीः, ज़बान, जिह्वा, ज़ुबान, टंग, रसज्ञा, रसना, रसनेंद्रिय, *रसा*, रसाला, *वाचा*, *वाचेंद्रिय*, स्वादेंद्रिय, •मुँह, •वाचा, •स्वाद.

**जीभ (स्वाद)** = इंद्रिय सूची.
**जीभ फेरना** = चाटना.
**जीभ से लपलप कर के पीना कर्म** = सुड़कन.
**जीमख़ाना** = जिमनेज़ियम.
**जीमना** = खाना.
**जी मिचलाऊ** = घिनौना/घिनौनी.
**जीमूत** = मेघ.
**जीमूतवाहन** = इंद्र.
**जीर** = जीरा.
**जीरक** = जीरा.
**जीरा** = मसाला सूची

**जीरा** *सं* कणिका, जीर, जीरक, •अजवायन, •शाह जीरा.

**जीरा पानी** = जलजीरा.
**ज़ीरो** = सिफ़र.
**ज़ीरो अवर** = निर्णायक अवसर.
**जीर्ण** = अवनत, छकड़ा, धज्जी धज्जी, रद्दीकृत, रूढ़िवादितापूर्ण, विकलांग, वृद्ध, ह्रस्त, ह्रासशील.

**जीर्ण (रोग)** *वि* अचिकित्सित, *अचिकित्स्य*, अजीरन, अजीर्ण, अड़ियल, *असाध्य*, घोर, चिपकू, चिपटू, जीर्ण, दीर्घकालीन, दुश्चिकित्स्य, दुस्साध्य, पुराना/पुरानी, पुराना (रोग), लाइलाज, *हठी*, हठीला/हठीली.

**जीर्णन** = क्षरण.
**जीर्ण परिधान** = चीथड़े.

**जीर्ण रोग** *सं* अजीरन, अभिशाप, पिंड व्याधि, पुराना रोग, महारोग, महाव्याधि, राजरोग, •महामारी.

**जीर्णशीर्ण** = जर्जर वृद्ध, टूटा/टूटी, धज्जी धज्जी, प्राचीन, शिथिलकाय.

**जीर्णशीर्ण** *वि* अंगड़खंगड़, अजीरन (बोलचाल), अजीर्ण (बोलचाल), क्षतविक्षत, खुर्दबुर्द, गिरा पड़ा/गिरी पड़ी, घिसा पिटा/घिसी पिटी, चिथड़े चिथड़े, *छकड़ा*, छिन्नभिन्न, ज़ंग लगा/ज़ंग लगी, जराजीर्ण, जर्जरित, जर्जर, जूना पुराना/जूनी पुरानी, टूटा फूटा/टूटी फूटी, *धज्जी धज्जी*, पुराना/पुरानी, फटा/फटी, फटा पुराना/फटी पुरानी, रुग्ण, विकृत, विशीर्ण, सड़ा गला/सड़ी गली, •छकड़ा, •टूटा/टूटी, •धज्जी धज्जी, ▪नवरचित, ▪मरम्मतकृत.

**जीर्णा** = वृद्ध स्त्री.
**जीर्णोद्धार** = कायाकल्प, मरम्मत.

**जीर्णोद्धार** *सं* उद्धार, *कायाकल्प*, *टूटफूट*, *नवजीवन*, नवनिर्माण, *नवीकरण*, *परिवर्तन*, पुनरुत्थान, *पुनर्निर्माण*, पुनर्रचना, पुनर्स्थापना, बहाली, *मरम्मत*, *रूपांतरण*, समुद्धार, *सुधार*, •यथापूर्वन.

**जीर्णोद्धृत** = मरम्मतकृत, यथापूर्वित.

**जीर्णोद्धृत** *वि* आधुनिकीकृत, उद्धृत, *उन्नत*, नवीकृत, पुनर्नवीकृत, पुनर्निर्मित, पुनर्सज्जित, बदला/बदली, सुधरा/सुधरी, सुधरा/सुधरी, •पुनरुज्जीवित, •पुनर्रचित, •मरम्मतकृत, •यथापूर्वित, •रीक्लेमित, •सैकंड हैंड, ▪नवरचित.

**जीवंत** = अभिव्यक्तिपूर्ण, उज्ज्वल, उत्साही, चुस्त, जवान, जीवित, द्रुत, महत्त्वाकांक्षी, वर्णनात्मक, विनोदप्रिय, सक्रिय.

**जीवंतक** = गिलोय.
**जीवंतता** = उत्साह, चुस्ती, चेतना, प्राणशक्ति.
**जीवंतिका** = गिलोय.
**जीव** = आत्मा, जानवर.

**जीव** *सं* चर, जंतु, *जातक*, जान, *जानवर*, जीवधारी, जीवी, देहधारी, देही, पशु, शरीरी, •कृमि, •जानवर.

**जीव अणु है** = अणुवाद.
**जीव और प्रकृति भिन्न हैं.** = द्वैतवाद.
**जीवक** = चकोर, सँपेरा.
**जीव गुण** = सांसारिकता.
**जीवघाती** = रुधिरपिपासु.
**जीवघ्न** = रुधिरपिपासु.
**जीव चेतन तत्त्व** = प्राणशक्ति.
**जीव जगत** = जीव समष्टि.
**जीवजीव** = चकोर.
**जीवज्ञान** = जैविकी.
**जीवट** = दुस्साहस, वीरता, साहस.
**जीवटदार** = साहसी.
**जीवत्पत्नी** = सधवा.
**जीवथ** = पुण्य, प्राणशक्ति.
**जीव द्रव्य** = जैव पदार्थ.
**जीवधारी** = जीव.
**जीवन** = अस्तित्व, आजीविका, जीवन काल, जीवन रक्षक, दम, दीर्घ काल, हृदय स्पंदन.

**जीवन** *सं अस्तित्व*, *चेतना*, *जन्म*, जान, ज़िंदगी, प्राण, भव. भूति,

वजूद, वर्तमानता, हयात, हस्ती, होनी, •इहलोक, ■मृत्यु.

**जीवन अधिकार** *सं* जीने का अधिकार.

**जीवन इच्छा** = जिजीविषा.
**जीवन कथा** = जीवनी.

**जीवन काल** *सं* अवतार काल, अस्तित्व काल, आयु, आयुकाल, आयुष, आयुष्य, उमर, उम्र, एक जीवन चक्र, एज, *काल*, चार दिन, जनम, *जन्म*, ज़िंदगी, *जीवन*, जीवनयात्रा, पूरी उम्र, शरीर यात्रा, •वय.

**जीवनक्रम** = जीवनस्तर.
**जीवनघ्न** = मारने वाला.
**जीवनचिह्न** = अनुभूति.
**जीवनजल** = अमृत.
**जीवनज्वाला** = प्राणशक्ति.
**जीवन त्यागना** = मरना.
**जीवनद** = जीवन रक्षक.
**जीवन दर्शन** = दर्शन शास्त्र, विचारधारा.
**जीवनदाता** = जीवन रक्षक.
**जीवनदान** = आत्मबलि, मृत संजीवन.
**जीवन दानी** = आत्मबलिदानी.
**जीवन दीप बुझना** = मरना.
**जीवनधन** = प्रेमपात्र/प्रेमपात्रा.
**जीवन निर्वाह** = गुज़रबसर.
**जीवनपर्यंत** = आयुपर्यंत.
**जीवनप्रद** = अमृतीय, उत्साहप्रद, स्वास्थ्यप्रद.
**जीवनप्रद औषध** = संजीवनी.
**जीवन बंधन** = आवागमन चक्र.
**जीवन भर** = आयुपर्यंत.
**जीवन भोग** = विलासिता.
**जीवन भोग के लिए है** = भोगवाद.
**जीवन मरण चक्र** = आवागमन चक्र.
**जीवनमूरि** = संजीवनी.
**जीवन मूल्य** = आदर्श, संस्कृति.
**जीवन मृत्यु का प्रश्न** = निर्णायक अवसर.
**जीवनयात्रा** = जीवन काल.
**जीवनयापन** = गुज़रबसर.
**जीवनयापन साधन** = आजीविका.
**जीवनयुक्त** = जीवित.
**जीवनयुक्त होना** = जीना.
**जीवन रक्षक** = परित्राता.

**जीवन रक्षक** *सं* जानबख़्श, जान बचाने वाला, *जीवन*, जीवनद, जीवनदाता, *परित्राता*, परिरक्षक, पाल, *पालक*, प्राणदानी, प्राणरक्षक, बचाने वाला, बचावनहार, बचावनहारा/बचावनहारी, *रक्षक*, रखने वाला, रखवाला, राखनहार, राखनहारा/राखनहारी, वाली, संरक्षक, ■मारक, ■हत्यारा.

**जीवन रक्षक फट्टा** = तिरेंदा.
**जीवन रक्षा** = पलायन.

**जीवन रक्षा** *सं* अमान, उद्धार, कुशलक्षेम, ख़ैर, जानबची, त्राण, बचन, बचाव, *मुक्ति*, *रक्षा*, राज़ीखुशी, संकट मुक्ति, *सलामती*, *सुरक्षा*, •अभयदान, •उत्तरजीविता, •परित्राण, •संरक्षण, •सलामती, ■मृत्यु.

**जीवन रक्षा करना** = बचाना.
**जीवन रक्षा होना** = बचना, बचना.
**जीवन रथ के दो पहिए** = दंपति.
**जीवन रेखा** = आयुरेखा.
**जीवन लीला समाप्त होना** = मरना.
**जीवन वसंत** = यौवन.
**जीवन वृत्त** = जीवनी.
**जीवन वृत्ति** = आजीविका.
**जीवन शक्ति** = प्राणशक्ति.
**जीवन शैली** = संस्कृति, सभ्यता.
**जीवन संकट** = प्राण संकट.
**जीवन संगिनी** = पत्नी.

**जीवन सहचर** *सं* जीवन साथी, दंपति में से कोई एक, पति/पत्नी, पतिपत्नी में से कोई एक, मियाँ/बीवी, लाइफ़ पार्टनर, संगी/संगिनी, सहगामी/सहगामिनी, सहचर/सहचरी, सहभागी/सहभागिनी, *सहयात्री*, साथी/साथिन, हमराही, •दंपति.

**जीवन साथी** = जीवन सहचर.

**जीवनस्तर** *सं* उठना बैठना, खानपान, जीवनक्रम, निर्वाह स्तर, बसर औकात, रहन सहन, रहना सहना, वृत्ति, स्तर, हैसियत, •आय, •गुज़रबसर, •जीवन शैली.

**जीवन स्थान** = मर्मस्थल.
**जीवनहर** = मारक, विष, विषाक्त.
**जीवनहीन** = अजैव, मृत, शिथिलकाय.
**जीवनांत** = मृत्यु.

**जीवनी** *सं* इतिवृत्त, कृत्य, गाथा, चरित, जीवन कथा, जीवन वृत्त, मानस, *लीला*, *वृत्तांत*, सच्ची कहानी, •आत्मकथा, •वृत्तांत, •संस्मरण.

**जीवनेच्छा** = जिजीविषा.
**जीवनोत्सर्ग** = आत्मबलि.
**जीवनोद्धार** = मृत संजीवन.
**जीवनौषध** = संजीवनी.
**जीवन्मृत** = मरणासन्न.
**जीव न्यास** = मूर्ति प्राण प्रतिष्ठा.
**जीवपालन** = पशुपालन.
**जीव प्रतिरूप** = क्लोनित जीव.
**जीव प्रतिरूपण** = क्लोनन.
**जीवबलि** = पशुबलि.
**जीवभक्षी** = मांसाहारी.
**जीवयाज** = पशुबलि.

**जीव योनि** *सं* *जाति*, जून, योनि, •क़बीला, •कोटि.

**जीवलोक** = इहलोक.
**जीवलोकीय** = इहलौकिक.

**जीव विच्छेदन** *सं* जीव व्यवच्छेदन, डिस्सैक्शन, प्राणी विच्छेदन, •कटाई.

**जीव विज्ञान** = जैविकी.
**जीवविद्या** = जैविकी.
**जीववृत्ति** = प्रवृत्ति.
**जीव व्यवच्छेदन** = जीव विच्छेदन.
**जीवशास्त्र** = जैविकी.
**जीवशेष** = मरणासन्न.
**जीवश्रेष्ठ** = मानव.

**जीव समष्टि** *सं* इहलोक, ख़ल्क़, ख़ल्क़त, चौरासी लाख योनियाँ, जगत, जीव जगत, दुनिया, पशुपक्षी और मनुष्य, *प्रजा*, प्राणी जगत, भूतग्राम, भूतसर्ग, भूसर्ग (पौराणिक), मख़्लूक़, योनि जगत,

*लोक*, लोक समूह, संसार, संसृति, संसृष्टि, सत्त्वलोक, सर्ग, सर्वभूत, *सृष्टि*, •चेतन जगत.

**जीवसिद्धि** = प्रेतसिद्धि.
**जीवस्थान** = मर्मस्थल.
**जीवहीन** = मृत.
**जीव ही ब्रह्म है** = वेदांत दर्शन.
**जीवांतक** = बहेलिया, हत्यारा.
**जीवांतर लोक** = परलोक.
**जीवा** = नौकर, प्रत्यंचा, रेडियस.
**जीवाणु** = रोगाणु.
**जीवाणुकी** = जीवाण्विकी.
**जीवाणुनाशक** = कीटाणुनाशक.
**जीवाणुनाशक औषध** = ऐंटीबायोटिक.
**जीवाणु विज्ञान** = जीवाण्विकी.
**जीवाणु हनन** = विसंक्रमण.

**जीवाण्विकी** *सं* जीवाणुकी, जीवाणु विज्ञान, •जैविकी, •सूक्ष्म जैविकी.

**जीवाति** = विटामिन.
**जीवातु** = संजीवनी.
**जीवात्मा** = आत्मा.
**जीवामिन** = विटामिन.
**जीविका** = आजीविका.
**जीविका हरण** = सेवाच्युति.
**जीविकाहीन** = बेरोज़गार.
**जीवित** = अभिव्यक्तिपूर्ण, श्वासयुक्त, सक्रिय.

**जीवित** *वि* अ-मृत, अस्तित्वमय, अस्तित्वमान, चलता/चलती, जानदार, ज़िंदा/ज़िंदी, जीता/जीती, जीता जागता/जीती जागती, जीवंत, जीवनयुक्त, प्राणवान, प्राणी, बरक़रार, *वर्तमान*, विद्यमान, *श्वासयुक्त*, संजीव, *सक्रिय*, *सचल*, सचेतन, सजीव, सप्राण, साँस लेता, *है*, •अस्तित्वशाली, •जान बचा, •जैव, •सचल, ▪अस्तित्वहीन, ▪मृत.

**जीवित अस्तित्व चेतन तत्व** = प्राणशक्ति.
**जीवितता** = अस्तित्व.
**जीवित मृत** = मरणासन्न.
**जीवित रखना** = बचाना.
**जीवित रहना** = बचना.
**जीवित है** = है.
**जीवित होना** = जीना.
**जीवितेश** = संजीवनी.
**-जीवी** = धंधी.
**जीवी** = उत्तरजीवी, जीव.
**जीवेश** = ईश्वर.
**जीसस** = ईसा मसीह.
**जी हाँ** = हाँ.
**जीहुज़ूर** = खुशामदी टट्टू.
**जी हुज़ूरी** = खुशामद.
**जुँधरी** = जुआर.
**जुंबिश** = संचलन.
**जुआ** = द्यूत, हल जुआ.

**जुआ** *सं द्यूत*, धुर, पशु जोतने का ढाँचा, *युग*, योक, हरैना, •बैल, •हल.

**जुआ अड्डा** = जुआघर.
**जुआख़ाना** = जुआघर.
**जुआ खेल** = द्यूत.
**जुआघर** = कैसिनो.

**जुआघर** *सं* अड्डा, *कैसिनो*, जुआ अड्डा, जुआख़ाना, द्यूतगृह, द्यूतशाला, फड़, लगार, •कैसिनो.

**जुआठना** *क्रि कसना*, गाँठना, जुआ पहनाना, *जोतना*, नाँधना, *लगाना*, •नाँधना.

**जुआठा** = हल जुआ.
**जुआ पहनाना** = जुआठना.
**जुआ यंत्र** = स्लौट मशीन.

**जुआर** *सं* जुँधरी, *जुआरी*, जुन्हरिया, जुन्हरी, *ज्वार*, ज्वारी, दड़ा, यवनाल.

**जुआ रस्सी** = जोत रस्सी.
**जुआरी** = जुआर.

**जुआरी** *सं* अंटीगर, अंटीबाज़, अंटीमार, गैंबलर, जुएबाज़, द्यूतकर, द्यूत खिलाड़ी, द्यूतप्रेमी, फड़बाज़, •सट्टेबाज़.

**जुएबाज़** = जुआरी.
**जुएबाज़ी** = द्यूत.

**ज़ुकाम** *सं* अपीनस, कोल्ड, ठंड, नज़ला, प्रतिश्या, प्रतिश्याय, बहती नाक, रेज़िश, *सर्दी*, •खाँसी, •छींक.

**जुग** = जोत पशु, युग.
**जुगजुगाना** = झिलमिलाना.
**जुगत** = कुचाल, गुर, जुगाड़, साधन.

**जुगत** *सं* इंप्रोवाइज़ेशन, उपाय, *करतब*, करामात, *कल*, *कला*, काट, कामचलाऊ युक्ति, कारस्तानी, गौं, चतुर उपाय, चतुर युक्ति, जतन, ज़रिया, *जुगाड़*, जोड़तोड़, टिप्पस, टोटका, ठोंकपीट, डीलडौला, तंत्रमंत्र, तत्काल युक्ति, तदबीर, तरकीब, तिकड़म, दक्षतापूर्ण युक्ति, युक्तिपूर्णता, लटका, लटका खटका, सफल युक्ति, समझदारी, सिप्पा, सुयुक्ति, स्टौपगैप व्यवस्था, हिकमत, होशियारी, •आविष्कार, •गुर, •जुगाड़.

**जुगतबाज़** = कुचाली.
**जुगत से बना** = जुगाड़ित.
**जुगतिया** = कुचाली, जुगाड़िया.
**जुगनी** = जुगनूँ.

**जुगनूँ** *सं* कीटमणि, खज्योति, खद्योत, चिलमीलिका, जुगनी, जुगनू, ज्योतिर्बीज, तमोमणि, दीपकृमि, पटबीजना, प्रभाकीट, शबताब, सोन किरवा, •झिलमिलाहट.

**जुगनू** = जुगनूँ.
**जुगराफ़िया** = भूगोलविद्या.
**जुगल** = जोड़ी, दंपति.
**जुगल जोड़ी** = जोड़ी.
**जुगाड़** = जुगत, जुगाड़ित.

**जुगाड़** *सं* अनोखी कृति, इंप्रोवाइज़ित कृति, कामचलाऊ कृति, कामचलाऊ रचना, कामचलाऊ रचना कर्म, *कृति*, *जुगत*, जुगाड़ से बनी रचना, जोड़तोड़, टिप्पस, तत्काल रचना, तत्कृति, विचित्र यंत्र, *विचित्र वस्तु*, विलक्षण वस्तु, •आशु संवाद.

**जुगाड़ से बनी रचना** = जुगाड़.

**जुगाड़ित** *वि* आशु, इंप्रोवाइज़ित, *कामचलाऊ*, जुगत से बना, *जुगाड़*, तत्कालित, *तात्कालिक*, शीघ्रित, •अयोजित, •कामचलाऊ.

**जुगाड़िया** *सं* इंप्रोवाइज़र, *करतबिया*, *करतबी*, काइयाँ, *खिलाड़ी*, जुगतिया, जुगाड़ी, जुगाड़ू, तिकड़मी, शोब्देबाज़, होशियार, •अनुभवी.

**जुगाड़ी** = जुगाड़िया.
**जुगाड़ू** = जुगाड़िया.
**जुगार** = जुगाली.

**जुगाली** *सं* चर्वित चर्वण, जुगार, पागुर, रोमंथ, रोमंथन, •चर्वण, •दुग्ध पशु.

**जुगाली दाँत** = दाढ़.
**जुगुप्सा** = घृणा, बीभत्स रस.
**जुगुप्सित** = निंदित.
**जुज़** = घटक.
**जुज़बंदी** = जिल्दबंदी.
**जुझारू** = युद्धोत्सुक.
**जुट** = जोड़ी.
**जुटना** = जुड़ना, लगना.
**जुटा/जुटी** = कार्यरत, लगनशील, व्यस्त.
**जुटाना** = सटाना.
**जुटापन** = साधना.
**जुटाया/जुटाई** = संग्रहित.
**जुटाव** = भीड़, समागम.
**जुठारा/जुठारी** = उच्छिष्ट.
**जुड़ना** = चिपकना, बढ़ना, मिलना, लगना, सटना.

**जुड़ना** *क्रि* गँठना, जुटना, *मिलना*, युक्त होना, *लगना*, संयुक्त होना, ■टूटना.

**जुड़पित्ती** = पित्ती.

**जुड़वाँ** *वि* जोड़िया, यमज/यमजा, यमल, युगल, युग्मज, सहजात/सहजाता, सहभू, •जोड़ी, •नवजात शिशु, •भाई बहन, •संतान.

**जुड़वाँ ठेला** = अनुयान.
**जुड़ा/जुड़ी** = संग्रहित.
**जुड़ा/जुड़ी** = असैंबलित, युक्त, संबंधित, संलग्न, सटा/सटी.

**जुड़ा/जुड़ी** *वि* कलित, जोड़दार, जोड़ा/जोड़ी, बद्ध, *युक्त*, संकलित, *संग्रहित*, संबद्ध, संहित, समीकृत, ■घटाया/घटाई.

**जुड़ाई** = आबद्धन, एकीकरण, झलाई, संघटन, संचयन, सिलाई.
**जुड़ाना** = ठिठुरना.
**जुड़ा यान** = अनुयान.
**जुड़ाव** = एकता, समागम.
**जुतका** = इक्का.
**जुतना** = लगना.
**जुता/जुती** = व्यस्त, सन्नद्ध, हलित.

**जुताई** *सं* काश्त, *कृषि*, जोत, हलकर्म, हलवाही, •बुआई.

**जुताई करना** = जोतना.
**जुतिऔवल** = जूतम पैजार.
**जुदा** = भिन्न, भिन्नकोटीय, विचित्र, विभाजित, विशेष, व्यक्तिगत.
**जुदा/जुदी** = एकताहीन, कटा/कटी, पृथक, विलग्न.
**जुदाई** = दांपत्य विच्छेद, परित्याग, विदा, वियोग, वियोग शृंगार, विलगाव, विसंयोग.
**जुदापन** = द्वैतता.
**जुद्ध** = युद्ध.
**जुनीपर बेरी से सुवासित सुरा** = जिन.
**जुनून** = तीव्रोन्माद, महत्त्वाकांक्षा, लगन.
**जुनूनी** = उन्मत्त, पागल, मतांध, लगनशील.
**जुन्हरिया** = जुआर.
**जुन्हरी** = जुआर.
**जुन्हाई** = चाँदनी.
**जुपिटर** = बृहस्पति ग्रह.
**जुबराज** = युवराज.
**ज़ुबान** = जीभ.
**जुबिली** = उत्सव.
**जुब्बा** = कुरता, गाउन.
**जुमला** = वाक्य.
**जुमहूरी** = लोकतांत्रिक.
**जुमा मसजिद** = जामा मसजिद.
**जुम्मा** = शुक्रवार.
**जुरमाना (विकल्प)** = अर्थदंड.
**जुराब** = मोज़े.
**जुरी** = ज्वर कंपन.
**जुर्म** = अपराध.
**जुर्माना** = अर्थदंड.
**ज़ुर्रत** = वीरता, साहस.
**जुर्रा** = गिद्ध.
**जुल** = छल.
**जुलना** = हिलना.
**जुलहिज्ज** = हिजरी मास सूची.
**जुलाई** = मास सूची.
**जुलाब** = मलत्याग, विरेचक औषध.
**जुलाहा** = बुनकर.
**जुलाहागीरी करना** = बुनना.
**जुलूस** = जनप्रदर्शन.

**जुलूस** *सं* नगरकीर्तन, प्रोसैशन, फेरी, मार्च, मोरचा, *यात्रा*, रल्ला, रैली, शोभायात्रा, *सवारी*, •जनप्रदर्शन, •जनसंपर्क, •पदयात्रा, •वरयात्रा, •समूह यात्रा.

**ज़ुल्फ़** = घुँघराले केश.
**ज़ुल्फ़** = लट.
**ज़ुल्म** = अत्याचार, अन्याय, एकतंत्रवाद.
**ज़ुल्मी** = अत्याचारी, आततायी, सुंदर.
**ज़ुल्मो सितम** = अत्याचार.
**जुस्तजू** = जिज्ञासा, लालसा.
**जुहार** = आवाहन, नमस्कार.
**जुही** = जूही.
**जुहू** = बेला तट, समुद्र तट.

**जूँ** *सं* उत्कुण, ओकणि, ओकोदनी, कुंत, केशकीट, यूक, यूका.

**ज़ू** = चिड़ियाघर.
**जूआ** = द्यूत, हल जुआ.
**जूजू** = डरावा.
**जूझ** = प्रतिरोध, मुठभेड़, युद्ध, संघर्ष.
**जूझना** = झेलना, लड़ना.
**जूट** = टाट, सन.
**जूठन** = उच्छिष्ट आहार, रद्दीकृत.
**जूठा/जूठी** = उच्छिष्ट.
**जूड** = ईसा संदेश वाहक.
**जूड़ा** = उच्चबिंदु.

**जूड़ा** *सं* कबरी, कवर, केश चूड़ा, खोंपा, चूड़ा, जटामंडल, झोंट, •चुटिया, •चुटीलना, •चोटी, •जूड़ा पिन.

**जूड़ा पिन** *सं* हेअरपिन, •केश,

●हेअरक्लिप.

**जूडास इस्कैरियट** = ईसा संदेश वाहक.
**जूड़ी** = ज्वर, ज्वर कंपन.
**जूड़ी चढ़ना** = ठिठुरना.
**जूड़ी ताप** = मलेरिया.
**जूतमपैजार** = जूतम पैजार.
**जूतमपैज़ार** = जूतम पैजार.

**जूतम पैजार** *सं* गंदी लड़ाई, छिछोरी लड़ाई, जुतिऔवल, जूतमपैज़ार, जूतीपैज़ार, ●लट्ठमलट्ठा.

**जूता** *सं* जूती, *जोड़ी*, पगतरी, पदत्राण, पनहिया, पनही, पाँवड़ी, पादत्राण, पावँड़ी, पैज़ार, बूट, शू, ●गम बूट, ●चप्पल, ●बूट शू, ●मौजे, ●सलीमशाही जूता, ●स्की, ●स्केट.

**जूता एड़ी** *सं एड़, एड़ी*, ●ऊँची एड़ी, ●जूता तला, ●नीची एड़ी, ■जूताग्र.

**जूताख़ोर** = निर्लज्ज.

**जूताग्र** *सं* अनी, *चोंच*, जूता नोक, टो, *ठोकर*, *नोक*, ●ठोकर, ■जूता एड़ी.

**जूता तला** *सं* तला, तल्ला, सोल, ●जूता एड़ी, ●नितल, ●निम्नभाग, ■उपरला.

**जूता नाल** *सं* जूता फुल्ली, नाल, फुल्ली, *स्टड*, ●घुड़नाल.

**जूता नोक** = जूताग्र.
**जूता पोंछनी** = पापोश.
**जूता फुल्ली** = जूता नाल.
**जूती** = जूता, सलीमशाही जूता.
**जूतीख़ोर** = निर्लज्ज.
**जूतीपैज़ार** = जूतम पैजार.
**जूते चाटना** = गिड़गिड़ाना.
**जूते मौजे** = पद परिधान.
**जूथ** = वृंद.
**जूथना** = उलझाना.
**जूथिका** = जूही.
**जूदा** = यहूदी.
**जून** = जीव योनि, पहर, मध्याह्न, मास सूची.

**जूना** *सं* मार्जन, मुट्ठा, मूठा, ●पोंछा, ●बरतन मँजाई.

**जूना/जूनी** = अप्रचलित, पुराना/पुरानी, प्राचीन, सैकंड हैंड.
**जूना पुराना/जूनी पुरानी** = जीर्णशीर्ण, रद्दीकृत.
**जूनियर** = अवर (कर्मचारी), कनिष्ठ (कर्मचारी).
**जूस** = रस, रसा.
**जूही** = चमेली.

**जूही** *सं* चंद्रिका, जाती, जुही, जूथिका, *नेपाली*, नेवारी, नैपाली, पुष्पगंधा, प्रहसंती, बासंती, मागधी, माधवी, यूथिका, यूथी, राजपुत्री, वासंती, शिखरिणी, सुरभिकांता, सेवनी.

**ज़ेंद अवेस्ता** *सं* अवेस्ता, पारसी धर्मग्रंथ, ●पारसी धर्म.

**जे ऐंड के (बीजनाम)** = जम्मू और कश्मीर.

**जेठ** = अग्रज, ज्येष्ठ मास.

**जेठ** *सं* ज्येष्ठ, पति बड़ा भाई, भसुर, भ्राता श्वसुर, ●देवर.
**जेठ पत्नी** = जेठानी.
**जेठा** = बड़ा पुत्र, बड़ा भाई.
**जेठा/जेठी** = अग्रज.
**जेठा चाचा** = ताऊ.

**जेठानी** *सं* जेठ पत्नी, जेठी, पति भाभी, *भाभी*, ●देवरानी.

**जेठा भाई** = बड़ा भाई.
**जेठी** = जेठानी.
**जेठी चाची** = ताई.
**जेठीमधु** = मुलेठी.

**जेड** *सं* यशब, वज्रमणि, संग यशब.

**जेतव्य** = जेय.
**जेता** = नायक, परराष्ट्र जेता, विजेता.
**जेता/जेती** = जितना/जितनी.
**जेब** = खेल गोल.
**ज़ेब** = सजावट, सौंदर्य.

**जेब** *सं ख़रीता*, *खीसा*, *गाँठ*, गिरह, पाकिट, बोझा, ●साइड पाकिट, ●हिप पाकिट, ●टेंट, ●नौली, ●बटुआ.

**जेबकट** = पाकेटमार.
**जेबकटाई** = पाकेटमारी.
**जेबकतरा** = पाकेटमार.

**जेबख़र्च** *सं* जेबख़ास, निजी व्यय, पाकेट मनी, हाथख़र्च.

**जेबख़ास** = जेबख़र्च.
**जेब घड़ी** = घड़ी सूची.
**जेबभराई** = रिश्वत.
**जेबमारी** = पाकेटमारी.
**जेब में रखने लायक़ आकार का** = जेबी.

**ज़ेबरा** *सं* अफ़्रीकी गधा, ज़ेब्रा, धारीदार गधा, ●गधा.

**जेबी** *वि* छोटा/छोटी, जेब में रखने लायक़ आकार का, जेबी साइज़, पाकिट, पोर्टेबल, ●छोटा/छोटी.

**जेबी साइज़** = जेबी.
**ज़ेब्रा** = ज़ेबरा.
**जेमन** = भक्षण.
**जेम्स कनिष्ठ** = ईसा संदेश वाहक.
**जेम्स ज्येष्ठ** = ईसा संदेश वाहक.

**जेय** *वि* आक्रमणीय, आक्रम्य, कमज़ोर, *कोमल*, जित्य, जीतने योग्य, जेतव्य, दमनीय, दम्य, दांत, *नम्य*, पराजेय, बोदा/बोदी, योद्धव्य, योध्य, वश्य, विजेय, विनम्य, ●आक्रमणीय, ■अजेय.

**ज़ेर** = नीचे.
**ज़ेर नज़र** = विचाराधीन.
**जेरूसलम** = इज़राइलः राजधानी.
**जेल** = कारागार.
**जेलख़ाना** = कारागार.
**जेलघर** = कारागार.
**जेलबंद** = गिरफ़्तार.
**जेलभराई** = गिरफ़्तारी.
**जेलयात्रा** = कारावास दंड.

**जेलर** *सं* कारागार अध्यक्ष, कारापाल, जेल सुपरिनटैंडैंट, बंदीघर अध्यक्ष, ●कारागार, ■क़ैदी.

**जेल सुपरिनटैंडैंट** = जेलर.
**जेल से अस्थायी छुट्टी** = परोल.
**जेवड़ा** = रस्सी.
**जेवड़ी** = रस्सी.

**जेवना** = आहार.
**जेवनार** = भोज.
**ज़ेवर** = आभूषण.
**जेसू** = ईसा मसीह.
**ज़ेहन** = मस्तिष्क.
**जेहाद** = धर्मयुद्ध.
**जेहोवा** = ईश्वर.

**जेहोवा** *सं* जहोवा, जाहवे, जिहोवा, हिब्रू ईश्वर, ●ईश्वर.

**ज़ेह्न** = अंतर्बोध, प्रतिभा, बुद्धि.
**ज़ेह्नी** = बुद्धीय.
**ज़ेह्नीयत** = मनोवृत्ति, स्वभाव.
**जैंटल** = कुलीन, विनम्र, सज्जनतापूर्ण, सौम्य.
**जैंटलमैन** = पुरुष, सज्जन.
**जै** = जितना/जितनी.
**जैक** = आधार सूची, थूनी.

**जैक** *सं* उत्तंभ, उत्तंभक, प्रोत्तंभक, प्रोत्तंभित्र, ●क्रेन, ●लीवर.

**जैकपौट** = अप्रत्याशित लाभ.

**जैकपौट** *सं* विशाल राशि, संचित पुरस्कार, संचित लाटरी धन, संचित लाटरी पुरस्कार, ●लाटरी.

**जैक फ्रूट** = कटहल.
**जैकार** = जयजयकार.
**जैकारा** = जयजयकार.
**जैकिट** = जाकट.
**जैकेट** = कोट.
**जैट** = फुहार.
**जैटस्टोन** = काला संग मरमर.
**जैटी** = नौका घाट.
**जैतून** = काष्ठ सूची, तिहलन.

**जैतून** *सं* आलिव.

**जैन** = जैन धर्म विषयक, जैन धर्मावलंबी.

**ज़ैन** *सं ध्यान*, *यान*, ●बौद्ध धर्म.

**जैन उत्सव सूची** *सं* अक्षय तीज, अनंत चतुर्दशी, क्षमावाणी, चातुर्मास, दस लक्षण पर्व, धूप दशमी, प्रवारण, महावीर जयंती, महावीर निर्वाण दिवस.

**जैन धर्म** *सं* जिन धर्म, महावीर धर्म, सद्धर्म, ●बौद्ध धर्म, ●स्याद्वाद.

**जैन धर्म विषयक** *वि* जैन, जैनी.

**जैन धर्मावलंबी** *सं* जैन, जैनी, श्रावगी, सरावगी, ●दिगंबर, ●श्वेतांबर.

**जैन मंदिर** *सं* चैत्य, विहत.

**जैन मठ** *सं* आश्रम, गच्छ, चैत्य.

**जैनरलाइज़ेशन** = साधारणीकरण.
**जैनरेटर** = जैनेरेटर.
**जैनी** = जैन धर्म विषयक, जैन धर्मावलंबी.

**जैनेरेटर** *सं* जनित्र, जैनरेटर, डायनैमो, डायनैमो, मैग्नेटो, ●बिजलीघर, ●बैटरी.

**जैनेरेशन** = पीढ़ी.
**ज़ैब्रा क्रौसिंग** = पैदल पारपथ.

**जैम** *सं* जाम, प्रीज़र्व, ●जैली, ●मुरब्बा.

**जैमिनी** = ऋषि सूची, मिथुन राशि.
**ज़ैराक्स (ट्रेड मार्क)** = प्रतिलिपित्र.
**ज़ैल** = निम्नभाग, समूह.
**जैली** = ग्रीज़, लेप.
**जैलीड** = परिरक्षित (आहार).
**जैव** = सचेत, स्पर्शानुभूतियुक्त.

**जैव** *वि* अजड़, चर, चल, चेतन, जननशील, जानदार, प्रांगारिक, प्राणधारी, *सक्रिय*, *सचल*, सचेतन, सजीव, ●जीवित, ■अजैव.

**जैव उर्वरक** = खाद.
**जैव द्रव्य** = जैव पदार्थ.
**जैव पदार्थ** = चेतन जगत.

**जैव पदार्थ** *सं* अन्न विकार, कार्बनिक पदार्थ, चल जगत, *चेतन जगत*, चेतन पदार्थ, जीव द्रव्य, जैव द्रव्य, पुद्गल, प्रांगारिक पदार्थ, सजीव पदार्थ, सेंद्रिय पदार्थ, ■अजैव पदार्थ.

**जैविकी** *सं* जीवज्ञान, जीव विज्ञान, जीवविद्या, जीवशास्त्र, दैहिकी, बायोलाजी, लाइफ़ साइंस, ●औषधिकी, ●जीवाण्विकी, ●जीवाश्मिकी, ●नृजातिकी, ●शरीरिकी.

**जैसा/जैसी** = तुलनीय.
**जैसा कि** = जैसे.
**जैसा था** = अपरिवर्तित.
**जैसा नीचे कहा** = निम्नोक्त.
**जैसा नीचे लिखा** = निम्नोक्त.
**जैसे** = मानो.

**जैसे** *क्रिवि कि*, जिस तरह, जिस प्रकार, जैसा कि, जैसे कि, ज्यों, यथा, ●कैसे.

**जैसे का तैसा** = अपरिवर्तित, शब्द प्रतिशब्द.
**जैसे कि** = जैसे, मानो.
**जैसे को तैसा** = प्रतिशोध.
**जैसे तैसे** = किसी भी क़ीमत पर.
**जैसे बने** = किसी भी क़ीमत पर.
**जैसे भी हो** = किसी भी क़ीमत पर.
**जैसे ही** = जब भी.

**जैसे ही** *क्रिवि जब*, जब कि, *जहाँ*, जिस अवसर पर, जिस समय, यदा, *यदि*, ●कब, ●जब भी, ■प्रायः.

**जोंधरी** = मक्का.
**जो** = जितना/जितनी.

**जो** *सर्व* जो कुछ, जो कोई, जो वस्तु, जो... वह..., जो व्यक्ति.

**जोक** = चुटकुला.
**जोकर** = उपहास पात्र, चुटकुलेबाज़, विट, हास्य अभिनेता.

**जोकर** *सं* कामेडियन, नक़लची, *नक़्क़ाल*, *भाँड़*, मसखरा, सरकस जोकर, ●भाँड़, ●विदूषक.

**जोकी** = कार्यक्रम ऐंकर, घुड़दौड़ आरोही.
**जो कुछ** = जो.
**जो कोई** = जो.
**जोख** = माप.
**जोखना** = आँकना.
**जोखा** = लेखाचिट्ठा.
**जोख़िम** = ख़तरा, संकट.

**जोख़िम** *सं* अंदेशा, *आशंका*, *ख़तरा*, डबका, *भय*, *संकट*, संशय, हानि संभावना, •दाँव, •दुबिधा, •संकट, ▪सुरक्षा.

**जोखिमपूर्ण** = ख़तरनाक.

**जोखिमपूर्ण** *वि* अनस्थिर, अनिश्चित, *असुरक्षित*, *अस्थिर*, आशंकाजनक, *कठिन*, *ख़तरनाक*, *चिंताजनक*, जोख़िम भरा, विकट, संकटात्मक, सांशयिक, हानिकारक, •ख़तरनाक, •चुनौतीपूर्ण, ▪जोखिमहीन.

**जोख़िम भरा** = जोखिमपूर्ण.
**जोग** = योग, योगाभ्यास.
**जोगन** = तपस्विनी, मठवासिनी, योगिनी, साधुनी.
**जोगनी** = जादूगरनी.
**जोग साधन** = तपस्या.
**जोगा/जोगी** = सुपात्र.
**जोगिन** = योगिनी.
**जोगिनी** = तपस्विनी, योगिनी, साधुनी.
**जोगिया** = गेरुआ.
**जोगी** = ऋषि, जादूगर, तपस्वी, प्रेतसाधक, योगी, साधु.
**जोजन** = योजन.
**जोट** = जयपराजयहीन, जोड़ी, प्रतियोगिता, संगी, समप्रतियोगी, समान प्रतियोगिता.
**जोड़** = अवयव संधि, आबद्धन, कुश्ती, खेल रन, गाँठ, जोड़ कर्म, जोड़ फल, झलाई, तुलना, थेगली, प्रतियोगिता, युति, संघटन, समान प्रतियोगिता, सामंजस्य.
**जोड़ करना** = जोड़ना.
**जोड़ कर बना** = असैंबलित.

**जोड़ कर्म** *सं* अंकपलई (प्रा), कलन, जोड़, धन (प्रा), मिलाई, *योग*, योगकरण, शुमार, संहरण (प्रा), समाहरण (प्रा), हिसाब, ▪घटान कर्म.

**जोड़ का** = जयपराजयहीन, समप्रतियोगी.
**जोड़ का तोड़** = समप्रतियोगी.
**जोड़ घटा गुणा भाग** = अंकगणित.
**जोड़तोड़** = कुचाल, जुगत, जुगाड़, बेईमानी.
**जोड़ दर्द** = गठिया.
**जोड़दार** = जुड़ा/जुड़ी.
**जोड़ना** = कीलना, चिनना, चिपकाना, झालना, बचत करना, बढ़ाना, बाँधना, मिलवाना, मिलाना, लगाना, सटाना, सीना.

**जोड़ना** *क्रि* *गिनना*, जोड़ करना, डालना, *मिलाना*, योग करना, योग फल निकालना, शामिल करना, हिसाब करना, ▪घटाना.

**जोड़ने वाला** = योजक.

**जोड़ फल** *सं* *उत्पाद*, कुल संख्या, *गणना*, जमा, जोड़, टोटल, तादाद, धनफल, *योग*, योग फल, रक़म, *राशि*, *संख्या*, समाहार, •गुणन फल, •घटान फल, •भागफल, •मात्रा.

**जोड़ लगाना** = झालना.
**जोड़ा** = जोड़ी, दंपति, नर मादा, परिधान समुदाय, मिथुन राशि.
**जोड़ा/जोड़ी** = जुड़ा/जुड़ी.
**जोड़िया** = जुड़वाँ.
**ज़ोडियैक** = ज्योतिश्चक्र, राशिचक्र.
**जोड़ी** = गड्डा, जूता, जोत पशु, टीम, नर मादा, संभोग.

**जोड़ी** *सं* जुगल, जुगल जोड़ी, जुट, जोट, जोड़ा, दुकड़ी, पेअर, युगल, युग्म, *युति*, •जुड़वाँ, •दंपति, •दो.

**जोड़ीदार** = मित्र, संगी, समप्रतियोगी, सामंजस्ययुक्त.
**जोड़ू** = जमाख़ोर, परिग्रही.
**जोत** = कृषि, खेत, जुताई, जोत रस्सी, दीपशिखा, हलरेखा.

**जोतगाड़ी** *सं* *अक्ष*, अराबा, कटारा, खटारा, खड़खड़िया, *गड्डा*, गड्डी, गाड़ा, गाड़ी, गाड़ी ठेला, घुड़बहली, *घोड़ागाड़ी*, घोड़ा रहड़ी, *छकड़ा*, ठेला, पशु ठेला, बंबूकाट, बुग्गी, बोगी, *यान*, रहड़ी, वह्य, शकट, •ऊँटगाड़ी, •बैलगाड़ी.

**जोतदार** = हलवाहा.
**जोतनहार** = हलवाहा.
**जोतना** = जुआठना.

**जोतना** *क्रि* खेत जोतना, जुताई करना, हल चलाना, •बोना.

**जोतनी** = जोत रस्सी.

**जोत पशु** *सं* जुग, *जोड़ी*, धुरंधर, धुर्य, यान पशु, शाकट, शाकटिक, •पालतू जीव, •भार पशु, •सवारी पशु, •हल पशु.

**जोत रस्सी** *सं* *कुश*, गलजोड़, गलजोत, जुआ रस्सी, जोत, जोतनी, नागल, नाधा, बाग, योत्र, वल्गा, •लगाम.

**जोत रेखा** = हलरेखा.
**जोतवान** = गाड़ीवान.
**जोधपुर** = जोधपुरी कोट.

**जोधपुरी कोट** *सं* जोधपुर, बंद गला कोट.

**जोधा** = कुश्तीबाज़, योद्धा.
**ज़ोन** = जनपद आदि, जलवायु कटिबंध.
**ज़ोनल** = क्षेत्रीय.
**जोन्हारी** = मक्का.
**जोबन** = यौवन, वसंत, स्तन.
**जो भी हो** = अवश्यमेव.
**ज़ोर** = अधिकार, अधोरेखा, आग्रह, उत्साह, ऊर्जा, कश, क्षमता, चुस्ती, दम, दाब, प्रताप, वर्चस्व, शक्ति, संवेग.
**ज़ोर आज़माइश** = प्रतिरोध.
**ज़ोर का** = उच्चस्वरीय.
**ज़ोरज़बरदस्ती** = लूटपाट.
**ज़ोरज़बर्दस्ती** = बलात्.
**ज़ोर ज़ुल्म** = जनसंहार.
**ज़ोरज़ुल्म** = अत्याचार.
**जोरडन** = जोर्डन.
**ज़ोरदार** = अधिकारपूर्ण, अभिव्यक्तिपूर्ण, आंदोलनात्मक, आग्रहपूर्ण, उच्चस्वरीय, उत्तेजक, उत्साहप्रद, कोलाहलपूर्ण, तेजस्वी, प्रबल, प्रभावशाली, प्रेरणाप्रद, बलिष्ठ, रोचक, वैभवशाली, शक्तिशाली, सक्षम, सहमतकारी.
**ज़ोरदार हमला** = ब्लिट्ज़.
**ज़ोरशोर** = द्रुत वेग.

**ज़ोरशोर से** = द्रुततः.
**ज़ोर से** = इकट्ठे.
**जोराजोरी** = बलात्, लूटपाट.
**ज़ोरावर** = बलिष्ठ, हेकड़ीबाज़.
**जोरू** = पत्नी.
**जोरू का गुलाम** = जोरूदास.
**जोरू का भाई** = साला.
**जोरूजाता** = परिवार जन.

**जोरूदास** *सं* जोरू का गुलाम, पत्नीदास, भार्याटिक.

**जोर्डन** *सं* जोरडन, ट्रैंस-जोरडन (पूर्व नाम), •फ़िलीस्तीन.

**जोर्डनः राजधानी** *सं* अम्मान.

**जो वस्तु** = जो.
**जो... वह...** = जो.
**जो व्यक्ति** = जो.
**जोश** = उत्तेजना, उत्साह, उबाल, चुस्ती, तीव्रोन्माद.
**जोश खाना** = भड़कना.
**जोश दिलाऊ** = उत्साहप्रद.
**जोश देना** = उबालना.
**जोश मारना** = उबलना.
**जोशाँदा** = काढ़ा.
**जोशी** = ज्योतिषी.
**जोशीला/जोशीली** = उत्साही, चुस्त, जवान, महत्त्वाकांक्षी, युद्धोत्सुक.
**जोशुआ** = ईसा मसीह.
**जोशो खरोश** = उत्साह.
**जोषण** = तर्पण.
**जोह** = प्रतीक्षा.
**जोहड़** = तलैया.

**जोहड़** *सं* पल्वल, पोखर, पोखरा, मशरब, •तलैया, •तालाब, •दलदल, •सरोवर.

**जोहन** = अवलोकन.
**जोहना** = देखना.
**जोहार** = आवाहन.
**जौंडिस** = पीलिया.
**जौंरा** = यमराज.
**जौंरा भौंरा** = डिस्टिलरी, स्ट्रौंगरूम.
**जौ** = अनाज.

**जौ** *सं* अक्षत, अखित, जव, यव, हयेष्ट, •धानी.

**जौइंट फ़ेमिली** = संयुक्त परिवार.
**ज़ौक़** = आनंद, पसंदगी, रुचि, शौक़, सुरुचि.
**जौग** = जौगिंग.

**जौगर** *सं* जौगिंग करने वाला, •दौड़ाक.

**जौगिंग** *सं* कुदक, कुदकती चाल, कुदकन, कूद चाल, जौग, •दौड़.

**जौगिंग करने वाला** = जौगर.
**जौ मद्य** = बियर.
**जौहर** = आब, जौहर प्रथा, रत्न.

**जौहर प्रथा** *सं* गौहर, जौहर, राजपूत स्त्रियों द्वारा सामूहिक चिता प्रवेश, सतीत्व रक्षा के लिए सामूहिक आत्मदाह, स्वदाह, •आत्मबलि, •पतिव्रत, •सती प्रथा.

**जौहरी** = गुणग्राहक, रत्न पारखी.
**ज्ञ** = ज्ञानी, शिक्षित.
**ज्ञप्ति** = अभिव्यक्ति, ज्ञापन, प्रैस विज्ञप्ति, बात.
**ज्ञात** = अगुप्त, अध्यीत, अनुभूत, परिचित, प्रसिद्ध, मानकयुक्त, सर्वज्ञात.

**ज्ञात** *वि* अधिगत, *अनुभूत*, अवगत, आता/आती, जाना/जानी, दृष्ट, देखा/देखी, *पता*, परिज्ञात, प्रज्ञात, प्रतीत, प्रमित, प्राप्त (बोध), बूझा/बूझी, मालूम, विज्ञात, विदित, श्रुत, समझा/समझी, •ज्ञेय, •परिचित, •प्रकट, •स्पष्ट, ▪अज्ञात, ▪गुप्त, ▪रहस्यपूर्ण, ▪विचित्र.

**ज्ञात इतिहासपूर्व काल** = प्रागितिहास काल.
**ज्ञात कराना** = बताना, समझाना.
**ज्ञात के आधार पर अज्ञात का ज्ञान** = अनुमान.
**ज्ञाता** = अभ्यस्त, ज्ञानी, दक्ष, दार्शनिक, बुद्धिमान, विद्वान व्यक्ति, शिक्षित.

**ज्ञाता** *सं* क्षेत्रविद, चेकितान, जानकार, जाननहार, जानमनि, ज्ञानमणि, *ज्ञानी*, पंडित, प्रज्ञात्मा, बुद्ध, विद, *विद्याधर*, विद्यासागर, वेत्ता, •उपदेशक, •ज्ञान, •विशेषज्ञ, •शिक्षित, ▪अज्ञानी.

**ज्ञाता होना** = जानना.
**ज्ञाति** = गोत्र, जाति, वर्ण.
**ज्ञातिजन** = स्वजन.
**ज्ञातिपुत्र** = महावीर.
**ज्ञातृत्व** = विद्वत्ता.
**ज्ञान** = अध्यात्म ज्ञान, अनुभव, दर्शन शास्त्र, परामर्श, बोध, विज्ञान, विद्वत्ता, वेद, सूचना.

**ज्ञान** *सं* आगम, आलोक, इल्म, ग्यान (प्रचलित उच्चारण), *चेतना*, नालिज, *परिचय*, *प्रकाश*, प्रतीति, *प्रत्यय*, *बोध*, भान, *लोक*, विद्या, *वेद*, वेदना, संज्ञान, संवेद, •विज्ञान, •अध्यात्म, •अनुभव, •अनुभूति, •अभ्यास, •जिज्ञासा, •ज्ञाता, •ज्ञानी, •बोध, •विवेक, •शिक्षा, •सूचना, ▪अज्ञान, ▪स्मृतिनाश.

**ज्ञान इच्छा** = जिज्ञासा.
**ज्ञान और कर्म साधन** = इंद्रिय.
**ज्ञान कराना** = समझाना.
**ज्ञान कर्म उभय इंद्रिय** = मन.

**ज्ञानकोश** *सं* ऐनसाइक्लोपीडिया, विश्वकोश, •शब्दकोश.

**ज्ञानगम्य** = ज्ञेय.
**ज्ञानगर्भ** = विद्वान व्यक्ति, सर्वज्ञ.
**ज्ञानगुणसागर** = ईश्वर, विद्वान व्यक्ति.
**ज्ञानगोचर** = ज्ञेय.
**ज्ञानगोष्ठी** = सैमिनार.
**ज्ञानचक्षु** = अंतर्बोध.
**ज्ञानद** = बोधप्रद, शिक्षाप्रद.
**ज्ञानदा** = सरस्वती देवी.
**ज्ञानदाता** = प्रबोधक.
**ज्ञानदान** = अध्यापन.
**ज्ञानदृष्टि** = अंतर्बोध.
**ज्ञाननिष्ठ** = अध्यात्मज्ञ.
**ज्ञानपति** = गुरु.
**ज्ञान पिपासु** = जिज्ञासु.
**ज्ञानपूर्ण** = उपदेशपूर्ण, बोधप्रद, विद्वत्तापूर्ण, शिक्षाप्रद.
**ज्ञानपूर्ण होना** = जानना.
**ज्ञानप्रद** = उपदेशपूर्ण, बोधप्रद, शिक्षाप्रद, सूचनापूर्ण.
**ज्ञान प्रदाता** = प्रबोधक.

**ज्ञानप्राप्त** = प्रबुद्ध.
**ज्ञानप्राप्ति** = बोधोदय.
**ज्ञानमणि** = ज्ञाता.
**ज्ञानमय** = अध्यात्मज्ञ.
**ज्ञान मिलना** = जानना.
**ज्ञान या सत्य निराधार है** = शून्यवाद.
**ज्ञानयुक्त** = प्रबुद्ध.
**ज्ञानयोग** = अध्यात्म ज्ञान.

**ज्ञानयोग** *सं* बुद्धियोग, सांख्य योग.

**ज्ञानराज** = विद्वान व्यक्ति.
**ज्ञानवान/ज्ञानवती** = ज्ञानी.
**ज्ञानविज्ञान** = संस्कृति.
**ज्ञानवृद्ध** = प्रौढ़.
**ज्ञानशील** = ज्ञानी, शिक्षित.
**ज्ञानसंपन्न** = शिक्षित.
**ज्ञानसंपन्नता** = विद्वत्ता.
**ज्ञान साधन** = ज्ञानेंद्रिय.
**ज्ञानहीन** = अज्ञानी.
**ज्ञान होना** = जानना, समझना.
**ज्ञानागम** = बोधोदय.
**ज्ञानातीत** = अज्ञेय.
**ज्ञानात्मक** = बोधप्रद, शिक्षाप्रद.
**ज्ञानाभाव** = अज्ञान.
**ज्ञानार्जन** = अध्ययन.
**ज्ञानार्जित करना** = पढ़ना लिखना.
**ज्ञानार्थी** = जिज्ञासु.
**ज्ञानालोक** = बोधोदय, मोहभंग.
**ज्ञानाहंकार** = विद्याहंकार.
**ज्ञानिकी** = सूचना विज्ञान.
**ज्ञानी** = अध्यात्मज्ञ, अध्यापक, अनुभवी, अभ्यस्त, उपदेशक, ऋषि, गुणग्राहक, ज्ञाता, ज्योतिषी, दार्शनिक, धर्मज्ञानी, प्रबुद्ध, प्रबोधक, प्रौढ़, बुद्धिमान, भविष्य वक्ता, भाग्यवाचक, मुल्ला, रत्न पारखी, विद्वान व्यक्ति, वेदज्ञ, शिक्षित, साधु, सिख धर्माधिकारी.

**ज्ञानी** *वि* अभिज्ञ, आगाह, जागरूक, *जाग्रत*, जाननहारा/जाननहारी, जानने वाला, जानहार, ज्ञ, *ज्ञाता*, ज्ञानवान/ज्ञानवती, ज्ञानशील, -दाँ, पंडित, *परिचित*, प्रज्ञ, *प्रबुद्ध*, बुद्ध, बोधी, भिज्ञ, वाक़िफ़, विज्ञ, विज्ञानी, विद्यासागर, विद्वान, विवेकवान, वेत्ता, वेदी, शास्त्री, *सर्वज्ञ*, सुजान, सुधी, सुमेधा, सुविज्ञ, सूचनायुक्त, सूचित, •उपदेशक, •गुणग्राहक, •ज्ञात, •ज्ञेय, •प्रौढ़, ▪अज्ञानी, ▪अशिक्षित, ▪जिज्ञासु.

**ज्ञानीजन** = विद्वत्समाज.
**ज्ञानीत्व** = दक्षता, विद्वत्ता.
**ज्ञानी ध्यानी** = धर्मशील, ध्यानी.
**ज्ञानीराज** = सर्वज्ञ.
**ज्ञानेंद्रिय** = चेतन मन.

**ज्ञानेंद्रिय** *सं अनुभूति*, अनुभूतींद्रिय, *चेतना*, ज्ञान साधन, धींद्रिय, *बोध*, बोधेंद्रिय, मनोनुभूति, विषयी, हृषीक, •चेतना, •बोध.

**ज्ञानेंद्रिय सूची** *सं* घ्राणेंद्रिय (नाक), दृगिंद्रिय (आँख), श्रवणेंद्रिय (कान), स्पर्शेंद्रिय (त्वचा), स्वादेंद्रिय (जीभ).

**ज्ञानेच्छा** = जिज्ञासा.
**ज्ञानेच्छुक** = जिज्ञासु.
**ज्ञानेप्सा** = जिज्ञासा.
**ज्ञानेश्वर** = गुरु, विद्वान व्यक्ति.
**ज्ञानोदय** = बोधोदय.
**ज्ञापक** = अभिवक्ता, संवाददाता, सूचनादाता.
**ज्ञापन** = अभिव्यंजन.

**ज्ञापन** *सं कथन*, जताई, ज्ञप्ति, द्योतन, प्रकाशन, प्रख्यापन, संज्ञापन, संसूचन, सूचना प्रदान, •अभिव्यक्ति, •सूचना, ▪गोपन.

**ज्ञापन कर्ता** = सूचनादाता.
**ज्ञापयिता** = प्रवक्ता, संवाददाता, सूचनादाता.
**ज्ञापित** = संकेतित.
**ज्ञीप्सा** = जिज्ञासा.
**ज्ञेय** = बोध्य.

**ज्ञेय** *वि* अवबोध्य, *गम्य*, ग्राह्य, चेत्य, ज्ञानगम्य, ज्ञानगोचर, बुद्धिगम्य, *बोध्य*, संज्ञेय, •इंद्रियगम्य, •ज्ञात, •ज्ञानी, ▪अज्ञेय.

**ज्ञेयवाद** *सं* ईश्वर को जाना जा सकता है, ईश्वरीय ज्ञान द्वारा मोक्ष संभव है, बुद्धिगम्यतावाद, विज्ञेयवाद, ▪अज्ञेयवाद.

**ज्या** = प्रत्यंचा.
**ज़्यादती** = अत्याचार, उल्लंघन.
**ज़्यादा** = अतिरिक्त, अधिक, अनावश्यक, बहुत, बहुसंख्यक, महँगा/महँगी, सुलभ.
**ज़्यादातर** = प्रायः.
**ज़्यादा नहीं** = कभी कभी.

**ज्यामिति** *सं* उकलैदिस, क्षेत्रगणित, क्षेत्रमिति, ज्योमैट्री, भूगणित, भूमिति, रेखागणित, वेदीगणित, •अंकगणित, •त्रिकोण मिति.

**ज्यायस** = वृद्ध.
**ज्यू** = यहूदी.
**ज्यूक बाक्स** = ग्रामोफ़ोन.
**ज्यूसर** = किचन मशीन.
**ज्येष्ठ** = अग्रज, जेठ, ज्येष्ठ मास, प्रथमज, बड़ा भाई, भारतीय मास सूची.
**ज्येष्ठ/ज्येष्ठा** = अग्रज/अग्रजा.
**ज्येष्ठ पुत्र** = बड़ा पुत्र.

**ज्येष्ठ मास** *सं जेठ*, ज्येष्ठ, शुचि.

**ज्येष्ठा** = नक्षत्र सूची, बड़ी बहन, मध्यमा उँगली.
**ज्येष्ठाश्रम** = गृहस्थ आश्रम.
**ज्येष्ठाश्रमी** = गृहस्थ आश्रमी.
**ज्यों** = जैसे, मानो.
**ज्यों का त्यों** = अपरिवर्तित.
**ज्योग्राफ़ी** = भूगोलविद्या.
**ज्योतन** = आलोकन.
**ज्योति** = अग्नि, कोर्निया, ज्वाला, दीपशिखा, प्रकाश.
**ज्योतित** = आलोकित, चमकदार.
**ज्योति पर्व** = दीवाली.
**ज्योति पिंड** = तारा.
**ज्योति मंडल** = तेजोमंडल.
**ज्योतिमुकुट** = तेजोमंडल.
**ज्योति रथ** = ध्रुव तारा.
**ज्योतिर्बीज** = जुगनूँ.
**ज्योतिर्मय** = चमकदार.
**ज्योतिर्विद** = खगोलविद, ज्योतिषी.
**ज्योतिर्विद्या** = खगोलिकी.
**ज्योतिश् चक्र** = ज्योतिश्चक्र.
**ज्योतिश्चक्र** = राशिचक्र.

**ज्योतिश्चक्र** *सं* क्रांतिपथ, ज़ोडियैक, ज्योतिश् चक्र, •नक्षत्र चक्र,

•राशिचक्र.

**ज्योतिष** = खगोलिकी, वेदांग सूची, होराशास्त्र.

**ज्योतिष** *सं* अख़्तरशुमारी, ऐस्ट्रोलाजी, ग्रह प्रभाव अध्ययन, जन्मकुंडली विद्या, दैवज्ञता, फलित ज्योतिष, *भविष्य वाचन*, भाग्यवाचन विद्या, •जन्मकुंडली, •न्यूमरोलाजी, •शकुनविचार, •स्वप्नविचार, •हस्तरेखा शास्त्र.

**ज्योतिष विज्ञान** = खगोलिकी.
**ज्योतिषविद** = ज्योतिषी.
**ज्योतिष विश्वास** = अंधविश्वास.
**ज्योतिष शास्त्र आचार्य** = नारद.
**ज्योतिषिक इकाई** = अंतरिक्षीय एकक.
**ज्योतिषी** = भाग्यवाचक, हस्तरेखाविद.

**ज्योतिषी** *सं* अब्दज्ञ, आगमी, ऐस्ट्रोलाजर, कालज्ञ, *गणितज्ञ*, जोशी, *ज्ञानी*, ज्योतिर्विद, ज्योतिषविद, दैवज्ञ, फलित ज्योतिषी, •खगोलविद, •भविष्य वक्ता, •हस्तरेखाविद.

**ज्योतिष्क** = आकाश पिंड.
**ज्योतिष्मती** = रात.
**ज्योत्स्ना** = चाँदनी.
**ज्योनार** = भोज.
**ज्योमैट्री** = ज्यामिति.

**ज्वर** *सं* आतप, उच्चताप, *गरमी*, जूड़ी, टैंपरेचर, *ताप*, तावरी, फ़ीवर, बुख़ार, •इन्फ़्लूएंज़ा, •जड़ैया ज्वर, •टायफ़ाइड, •त्वक ज्वर, •नमूनिया, •पराग ज्वर, •पीतज्वर, •भुखमरी ज्वर, •मलेरिया, •मस्तिष्क ज्वर, •मूषक ज्वर, •संधि ज्वर.

**ज्वर कंपन** *सं* अंगसिहरी, कँपकँपी, जुरी, जूड़ी, झुरझुराहट, झुरझुरी, झुरहरी, थरथरी, सिहरन, सिहरी, सुरसुरी.

**ज्वरग्रस्त** *वि गरम*, ज्वरित, ज्वरी, तपता/तपती, *तप्त*, संज्वरित, •उन्मत्त, •कंपनशील, •मनोक्षिप्त.

**ज्वर ताप** = देह ताप.
**ज्वरित** = ज्वरग्रस्त.
**ज्वरी** = ज्वरग्रस्त
**ज्वलंत** = आलोकप्रद, चमकदार, जलता/जलती, तात्कालिक, स्पष्ट.
**ज्वलंत प्रश्न** = ज्वलंत विषय.

**ज्वलंत विषय** *सं* जलता सवाल, ज्वलंत प्रश्न, ज्वलंत समस्या, तत्काल प्रश्न, •चर्चा विषय.

**ज्वलंत समस्या** = ज्वलंत विषय.
**ज्वलक** = अग्नित्र.
**ज्वलनशील** = दहनशील.
**ज्वलनहीन** = अदहनशील.
**ज्वलित** = आलोकित.
**ज्वलित्र** = अग्नित्र.
**ज्वार** = अनाज सूची, उबाल, जुआर.

**ज्वार** *सं* उच्चवेला, उठान, चंद्र आकर्षण, चढ़ता ज्वार, टाइड, *बेला*, *लहर*, सागरोद्गार, ▪भाटा.

**ज्वारनदमुख** = डैल्टा.
**ज्वारभाटा** = उत्थानपतन, भाग्यचक्र.
**ज्वारी** = जुआर.
**ज्वाला** = अग्नि, क्रांति विस्फोट, दीपशिखा, मशाल.

**ज्वाला** *सं अग्नि*, अग्निजिह्वा, अग्निज्वाल, अग्निज्वाला, अग्निशिखा, अर्चि, ज्योति, झल, मयूख, लपट, लहक, लुक, लौ, •चिंगारी, •दहन, •लपलपाहट.

**ज्वालामुखी** = दुर्गा.

**ज्वालामुखी** *सं* अग्नि पर्वत, आग्नेय पर्वत, ज्वालामुखी पर्वत, वोल्कैनो, •भूकंप, •लावा.

**ज्वालामुखी पर्वत** = ज्वालामुखी.
**ज्वालामुखीय शैल द्रव** = लावा.
**ज्वालामुखी विस्फोट** = भूकंप.
**ज्वैलरी** = आभूषण.
**झंकार** = खनखन, गुंजन, प्रतिध्वनि, भनभनाहट.

**झंकार** *सं* झंझा, झन, झनक, झनकार, झनझन, झनन, झनाझन, झन्न, झम, झाला, झुनक, झुनझुन, झुनझुनाहट, टंकार, *टकोर*, तार वाद्यध्वनि, रणत्कार, रनक, शिंजा, •प्रतिध्वनि, •वीणा, •सितार.

**झंकारना** *क्रि* झंकृत करना, झनकना, झनकनाना, *झनझनाना*, झमकना, झुनझुनाना, टंकारना, टंकृत करना, तार छेड़ना, तार झनझनाना, तार बजाना, रनना.

**झंकारपूर्ण** = भावोत्पादक.

**झंकृत** *वि* अनुरणित, झनझनाता/झनझनाती, टंकृत, रणित, शिंजित.

**झंकृत करना** = झंकारना.
**झंखाड़** = जलावन.
**झंझट** = असुविधा, उपद्रव, खटराग, बाधा.
**झंझटी** = उपद्रवी, कलहप्रिय.
**झंझर** = सुराही.
**झँझरा/झँझरी** = छिद्रिल.
**झँझरी** = अँगीठी, ज़ाफ़री, जाल, जाल छेद.
**झंझरी** = छलनी.
**झँझरीदार** = छिद्रिल.
**झंझरीदार** = जालीदार.
**झंझा** = अतिवर्षा, आँधी, झंकार, तूफ़ान.
**झंझानिल** = तूफ़ान.
**झंझावात** = अतिवर्षा, क्रांति विस्फोट, क्रांति विस्फोट, तूफ़ान.
**झंझावाती** = तूफ़ानी.
**झँझोड़** = झकझोरा.
**झँझोड़ना** = झकझोरना.
**झँझोड़ा** = कमेड़ा, झकझोरा.
**झंडा** = कीर्तिमान, ध्वज, संकेतक.
**झंडा गाड़ना** = जीतना, हराना.
**झंडागीरी** = नेतृत्व.
**झंडा जहाज़** = फ़्लैगशिप.
**झंडाबरदार** = आंदोलनकारी, ध्वजवाहक, पक्षधर.
**झंडाबरदारी** = मतानुगमन.
**झंडाभिनंदन** = ध्वाभिनंदन.
**झंडाभिवादन** = ध्वाभिनंदन.
**झंडा सलामी** = ध्वाभिनंदन.
**झंडियाँ** = बंदनवार.
**झंडी** = आरंभ संकेत सूची, ध्वज, बंदनवार.
**झंडू** = गेंदा.
**झंप** = कूद.
**झंप करना** = कूदना.

**झँपना** = कूदना, छलाँगना, झपटना, मुँदना, लाँघना.
**झँपा/झँपी** = मुँदा/मुँदी.
**झंपाकी** = बँदरिया.
**झँपाना** = कुदाना.
**झंपानी** = पालकी वाहक.
**झँपिया** = टोकरा टोकरी.
**झंपी** = बंदर.
**झँवकारा/झँवकारी** = काला/काली.
**झँवराना** = दुबलाना, दुबलाना.
**झँवाना** = बुझाना, मुरझाना.
**झक** = उन्माद, खटराग, चमकदार, बकवास, बड़बड़.
**झकझक** = तकरार, सौदेबाज़ी.
**झकझकिया** = तकरारिया.
**झकझोर** = झकझोरा.
**झकझोरना** = डुलाना, भड़काना.

**झकझोरना** *क्रि* **चलाना, झँझोड़ना, झकझोरा देना, झकझोलना, झकोरना,** *झटकारना*, **फटकारना, सटकारना, हलोरना,** *हिलाना*, **हिलोरना, •उकसाना, •कँपाना, •छपकना, •डुलाना.**

**झकझोरा** = झोंका.

**झकझोरा** *सं* **झँझोड़, झँझोड़ा, झकझोर, झकोरा, झकोल, झकोला,** *झटकार*, **झिंझोड़ा, •कंपन, •हचकोला.**

**झकझोरा देना** = झकझोरना.
**झकझोलना** = छपछपाना, झकझोरना, झटकारना.
**झक मार कर** = विवशतः.
**झकाझक** = चमकदार.
**झकोर** = प्रवाह.
**झकोरना** = झकझोरना.
**झकोरा** = झकझोरा, झोंका, मद झूम, लहर, हचकोला.
**झकोल** = झकझोरा, फेंटाई.
**झकोलना** = फेंटना, फेंटना.
**झकोला** = झकझोरा, झोंका, प्रवाह, मद झूम, लहर, हचकोला.
**झकोले लेना** = लहरना.
**झक्क** = पालिशदार.
**झक्कड़** = आँधी, आँधीधूल.
**झक्की** = उन्मत्त, बकवासी, सनकी.
**झख** = खीज, झींक, मछली.
**झखना** = झींकना.
**झख मारना** = खटना.
**झगड़ना** = लड़ना.
**झगड़ा** = कलह, खटराग, तकरार, दंगा, मित्रताभंग, विवाद.
**झगड़ाझमेला** = कलह.
**झगड़ाटंटा** = कलह, तकरार, दंगा.
**झगड़ाफ़साद** = दंगा, फ़ौजदारी.
**झगड़ालू** = कलहप्रिय.
**झगड़े की जड़** = विवाद कारण.
**झज्जर** = सुराही.
**झट** = तत्काल.
**झटक** = झटकार.
**झटकन** = झटकार.
**झटकना** = गिराना, छीनना, झटकारना, निचोड़ना, फेंकना.
**झटकमटक** = इठलाहट.
**झटका** = छापा, झटकार, दौड़, धचका, मनोघात, रोग, हचकोला, हानि.
**झटकाई** = झटकार.
**झटकार** = झकझोरा.

**झटकार** *सं* **झटक, झटकन, झटका, झटकाई, झटकाव, सटकार, •छिड़काव, •झुँकाई, •निचुड़ाई.**

**झटकारना** = झकझोरना, झाड़ना, फेंकना.

**झटकारना** *क्रि* **कचारना, छिटकना, झकझोलना, झटकना,** *झाड़ना*, **फटकारना, सटकारना, •छपकना.**

**झटकाव** = कमेड़ा, झटकार.
**झटकोला** = हचकोला.
**झटपट** = तत्काल, द्रुततः.
**झटाक से** = तत्काल.
**झड़** = चटकनी.
**झड़** = अल्पवर्षा.
**झड़ता/झड़ती** = पतझड़ी.
**झड़न** = क्षरण, पतझड़.
**झड़ना** = चिरना, छीजना, झरना, बरसना.

**झड़ना** *क्रि* *गिरना*, *टूटना*, **पड़ना, •ढहना, •बरसना.**

**झड़प** = तकरार, मुठभेड़.
**झड़बेर** = झड़बेरी.
**झड़बेरी** = फल.

**झड़बेरी** *सं* **अजाप्रिया, कंटकी, जंगली बेर, झड़बेर, झरबेरी, बदरिका, बदरी, बनबेर, बेरी, भूबदरी, सूक्ष्मफला, सूक्ष्मबदर, सूक्ष्मबदरी, •बेर.**

**झड़ा/झड़ी** = पतझड़ी.

**झड़ाई** *सं* *झाड़न*, **झाड़ पोंछ, झाड़बुहार, पोंछाई, बुहार.**

**झड़ाका** = हचकोला.
**झड़ाझड़ी** = अतिवर्षा, अनवरत वर्षा, बारिश.
**झड़ाना** = छिजाना.
**झड़ी** = फुहार, बारिश, रवानी.
**झड़ी** = अनवरत वर्षा, अनवरत वर्षा.
**झन** = झंकार.
**झनक** = इठलाहट, झंकार.
**झनकना** = खीजना, झंकारना.
**झनकनाना** = झंकारना.
**झनकार** = गुंजन, गूँज, झंकार.
**झनझन** = गुंजन, झंकार, झनझनाहट, भनभनाहट, सरसर.
**झनझन करना** = झनझनाना.
**झनझनाता/झनझनाती** = गुंजायमान, झंकृत.
**झनझनाना** = कुलाँचना, गूँजना, झंकारना, डुलाना, डोलना.

**झनझनाना** *क्रि* **गुँजाना, झनझन करना, ध्वनि कंपन करना, बजना, विस्पंदन करना, •गरजना, •गूँजना.**

**झनझनाहट** = झुनझुनी.

**झनझनाहट** *सं* **अनुकंपन, अनुस्पंदन,** *गुंजन*, **झनझन, ध्वनि कंपन, ध्वनि दोलन, निनादन, विस्पंदन,** *स्पंदन*, **•प्रतिध्वनि.**

**झनन** = झंकार.
**झनाझन** = झंकार.
**झनैना/झनैनी** = छिद्रिल, पारदर्शी.
**झन्न** = झंकार.
**झन्नाटा** = द्रुत वेग, सटसट.
**झन्नाटे से** = द्रुततः.
**झन्नाना** = सिहरना.

**झपक** = क्षण, झपकी, निमिष.
**झपकना** = झपटना.
**झपकी** = अल्पकाल, निद्रा.

**झपकी** *सं* ऊँघ, झपक, झाँपी, •निद्रा.

**झपकौहाँ/झपकौहीं** = तंद्रिल.
**झपट** = छापा.
**झपटना** = पकड़ना.

**झपटना** *क्रि* चपेटना, चपेट में लेना, छापा मारना, जकड़ना, झँपना, झपकना, झपट्टा मारना, टूट पड़ना, पिलना, लपकना, लपटना, •उछलना, •कूदना, •पकड़ना, •हमला करना.

**झपटाझपटी** = हाथापाई.
**झपटाव** = छापा.
**झपटू** = आक्रामक.
**झपट्टा** = आक्रमण, छापा.
**झपट्टामार** = आक्रांता.
**झपट्टा मारना** = झपटना.
**झपना** = मुँदना.
**झपाटा** = छापा, दौड़ाकी.
**झपाटे से** = द्रुततः.
**झपेट** = कैच, पकड़.
**झपेटना** = पकड़ना.
**झप्पानी** = पालकी वाहक.
**झबरा/झबरी** = रोमल.
**झबरीला/झबरीली** = रोमल.
**झबिया** = फुँदना.
**झब्बल** = लीवर.
**झब्बा** = गुच्छा, गुफ्फा, फुँदना.
**झम** = झंकार.
**झमक** = इठलाहट.
**झमकना** = इठलाना, चमकना, झंकारना.
**झमकार** = झरझर.
**झमझम** = झरझर.
**झमझमाता/झमझमाती** = द्रुत.
**झमझमाना** = कुलाँचना, चमकना, दमकाना.
**झमझमाहट** = झरझर.
**झम से** = अकस्मात.
**झमाका** = झरझर, नाज़नख़रा.
**झमाझम** = अत्यलंकृत.
**झमेला** = खटराग, तकरार.
**झमेलिया** = कलहप्रिय.
**झमेले में पड़ना** = खटना.
**झरझर** = कलकल, लबालब.

**झरझर** *सं घमघम*, घमघमाहट, छमछम, झमकार, झमझम, झमझमाहट, झमाका, झरझराहट, झर्झरी, झलज्झला, पटपट, पटर पटर, पिटर पिटर, रिमझिम, •टपटप, •निर्झर, •फुहार, •बारिश.

**झरझर करना** = झरना.
**झरझराना** = झरना.
**झरझराहट** = झरझर.
**झरते रहना** = झरना.
**झरन** = स्राव.
**झरना** = छलना, निर्झर, पौनी, बरसना.

**झरना** *क्रि गिरना*, *झड़ना*, झरझर करना, झरझराना, झरते रहना, *बहना*, •निर्झर, •बहना, •लहरना.

**झरबेरी** = झड़बेरी.
**झरोखा** = खिड़की, गवाक्ष.
**झर्झर** = डुगडुगी.
**झर्झरी** = झरझर.
**झर्रा** = बया पक्षी.
**झल** = खीज, चरपरापन, चिरमिराहट, ज्वाला.
**झलक** = कौंध, दृष्टिपात, देवदर्शन, नमूना, पुट.

**झलक** *सं कौंध*, *चमक*, झलकी, झाँकी, •देवदर्शन.

**झलकता/झलकती** = चमकदार, लगभग सदृश.
**झलकना** = चमकना, झिलमिलाना, प्रकटना.
**झलकाना** = दमकाना.
**झलकी** = झलक, देवदर्शन, शब्दचित्र.
**झलज्झला** = झरझर.
**झलझलाना** = चमकना, दमकाना.
**झलझलाहट** = चिरमिराहट.
**झलना** = झालना.
**झलरी** = झाँझ, झालर, ललरी.

**झलाई** *सं* जुड़ाई, जोड़, झाल, झाल लगाई, टंकण, टाँक, टाँका लगाई, पँजाई, वैल्डिंग, संधान, •चिपकाई, •ढलाई, •संगलन, •संलग्नन, ■विलग्नन.

**झलाई करना** = झालना.
**झल्ला/झल्ली** = कुवेशित, क्रोधी, झुँझलाता/झुँझलाती.
**झल्लाता/झल्लाती** = झुँझलाता/झुँझलाती.
**झल्लाना** = खीजना.
**झल्लाहट** = खीज.
**झल्ली** = टोकरा टोकरी.
**झल्लीगीरी** = कुलीगीरी.
**झल्लीदार** = कुली.
**झल्ली वाला** = कुली.
**झष** = मकर राशि, मछली, मीन राशि.
**झाँईं** = छाया.
**झाँक** = ताकझाँक.

**झाँकना** *क्रि* उझकना, छिप कर देखना, *देखना*, नज़र डालना, •छिप कर करना, •देखना.

**झाँका** = गवाक्ष.
**झाँकी** = गवाक्ष, झलक, दृश्यावली, देवदर्शन, परिकल्पना, वृत्तांत, शब्दचित्र.
**झाँखड़** = झाड़,
**झाँगला/झाँगली** = साइज़ से बड़ा.
**झाँझ** = ठिनक, भाँग मद.

**झाँझ** *सं* कंस ताल, कांस्य ताल, झलरी, झाँझरी, झाल, •कीर्तन, •पूजा, •मँजीरा.

**झाँझन** = पाज़ेब.
**झाँझर** = छिद्रिल.
**झाँझरी** = झाँझ.
**झाँझा** = असुविधा, भाँग मद.
**झाँप** = यान छत, सनशेड.
**झाँपना** = ढाँपना.
**झाँपी** = झपकी, टोकरा टोकरी.
**झाँयझाँय** = तकरार.
**झाँवर** = खादर.
**झाँसा** = कुचाल, छल, लुकाछिपी.
**झाँसा देना** = ठगना.
**झाँसापट्टी** = छल.
**झाँसेबाज़** = ठग.
**झाग** = फेन.
**झागदार** = फेनिल.
**झागदार मदिरा** = शैंपेन.



(प्रा) प्राचीन शब्द, अब अप्रचलित · *तिरछे* शब्द स्वतंत्र शीर्षक भी हैं •सपर्याय ■विपर्याय

**झाझर** = सुराही.
**झाड़** = झाड़ फ़ानूस, डाँट, तकरारिन, भूत निवारण.

**झाड़** *सं* क्षुप, गुल्म, झाँखड़, *झाड़झुंड*, झाड़ी, झुंड, विटपी, वीरुध, •कुंज, •वृक्ष.

**झाड़झंखाड़** = झाड़झुंड, रद्दी.

**झाड़झुंड** *सं* गुल्म, गुल्मोद्यान, झाड़झंखाड़, झाड़ समूह, झाड़ी, झुरमुट, *बाड़*, •कुंज, •वन.

**झाड़न** = झड़ाई.

**झाड़न** *सं* डस्टर, फटका, •पोंछा.

**झाड़ना** = छीनना, झटकारना, डाँटना, निचोड़ना, फेंकना.

**झाड़ना** *क्रि झटकारना*, धूल झाड़ना, धूल हटाना, •स्वच्छ करना.

**झाड़ पिलाना** = डाँटना.
**झाड़ पोंछ** = झड़ाई.
**झाड़ फटकार** = डाँट.
**झाड़फ़ानूस** = झाड़ फ़ानूस.

**झाड़ फ़ानूस** *सं* कौमुदी वृक्ष, *झाड़*, झाड़फ़ानूस, दीप वृक्ष, शैंडलीअर, सुरैया, •प्रकाशस्तंभ, •लैंप.

**झाड़फूँक** = भूत निवारण.
**झाड़बुहार** = झड़ाई.
**झाड़ समूह** = झाड़झुंड.
**झाड़ा** = झाड़ातलाशी, भूत निवारण.

**झाड़ातलाशी** *सं* ख़ानातलाशी, जामातलाशी, झाड़ा, टटोल, टोह, •तलाशी, •नंगीतलाशी.

**झाड़ी** = झाड़, झाड़झुंड.
**झाड़ीदार** = गहन (वन).

**झाड़ू** *सं* कूँची, पवनी, बढ़नी, बुहारी, मार्जनी, शोधनी, •पाँचा, •पोंछा.

**झाड़ू देना** = बुहारना.
**झाड़ूबरदार** = बुहारने वाला.
**झाड़ू लगाना** = बुहारना.
**झापड़** = तमाचा.
**झाबर** = दलदल.
**झाबा** = गुफ़्फा, छलना, टोकरा टोकरी.
**झाबी** = टोकरा टोकरी.
**झाम** = ड्रैजर.
**झायँझायँ** = सरसर.
**झारखंड** = भारत राज्य प्रदेश.
**झारा** = निर्झर, सूप.
**झारी** = सुराही.
**झाल** = चरपरापन, झलाई, झाँझ, बारिश, लहर, सोल्डर.
**झालदार** = सुवासित.

**झालना** *क्रि जोड़ना*, जोड़ लगाना, झलना, झलाई करना, टाँकना, टाँका लगाना, पाँजना, *मिलाना*, राँजना, वैल्ड करना, सोल्डर करना, •ढालना, •पिघलाना, ▪काटना.

**झालर** = ओलती, घंटा घड़ियाल, ललरी.

**झालर** *सं किनारी*, *गोटा*, झलरी, पैमक, *सजावट*, •गोटा, •फुँदना, •लटकन, •लेस.

**झाल लगाई** = झलाई.
**झाला** = झंकार.
**झिंगिनी** = चिंगारी.
**झिंझी** = झींगुर.
**झिंझोड़ना** = उकसाना.
**झिंझोड़ा** = झकझोरा.
**झिंपाना** = झेंपाना.
**झिकझिक** = कलह, तकरार.
**झिकझिकिया** = कलहप्रिय, तकरारिया.
**झिझक** = आपत्ति, निरुत्साह, बिदकन, संकोच, हिचक.
**झिझकता/झिझकती** = संकोची.
**झिझकना** = सकुचना, हिचकना.
**झिझका/झिझकी** = लज्जित.
**झिझकू** = अतत्पर, कापुरुष, संकोची.
**झिड़क** = डाँट.
**झिड़कना** = डाँटना.
**झिड़की** = डाँट.
**झिड़की देना** = डाँटना.
**झिनझिन** = भनभनाहट.
**झिरझिर** = कलकल.
**झिरझिरा/झिरझिरी** = छिद्रिल.

**झिरी** *सं* कटाव, काट, *चाक*, चीर, *चीरा*, झिर्री, टंक, तड़क, तरेड़, दरक, दरार, दरेर, दर्ज़, दलक, फाँट, फाड़, बाल, विदर, विवर, •खरोंच.

**झिर्री** = झिरी.
**झिर्री पड़ना** = तड़कना.
**झिलंगा/झिलंगी** = कुवेशित.
**झिलझिलाना** = झिलमिलाना.
**झिलना** = झींगुर.
**झिलम** = हैल्मेट.
**झिलम टोप** = हैल्मेट.
**झिलमिल** = जालीदार, तारे जैसा.
**झिलमिल करना** = झिलमिलाना.
**झिलमिला/झिलमिली** = छिद्रिल.
**झिलमिलाता/झिलमिलाती** = तारे जैसा.

**झिलमिलाना** *क्रि* जुगजुगाना, झलकना, झिलझिलाना, झिलमिल करना, टिमटिमाना, डबडबाना, •भकभकाना.

**झिलमिली** = चिक़, परदा.
**झिलमी** = हैल्मेट.
**झिल्ली** = खीसा, झींगुर, त्वचा.

**झ़िल्ली** *सं* चर्म झिल्ली, जाला, *त्वचा*, परत, *परदा*, मैंब्रेन, वपा, •त्वचा, •पपड़ी.

**झींक** = खीज.

**झींक** *सं* झख, दुखड़ा रुदन, पींपीं, पेंपें, *रुदन*, •छिद्रान्वेषण, •निंदा.

**झींकना** *क्रि* किकियाना, कुढ़ना, चिड़चिड़ाना, चिनचिनाना, चेंपें करना, झखना, टर्राना, पिनपिनाना, पेंपें करना, *रोना*, शिकायत करना, शोर मचाना, •ठिनकना, •रोना.

**झींगा** *सं* चिंगट, चिंगड़ा, प्रौन, महाशल्क.

**झींगा केकड़ा** = केकड़ा.

**झींगुर** *सं* क्रिकेट, चपड़ा, चिल्ली, चीरी, चीलिका, झिंझी, झिलना, *झिल्ली*, भमीरी, भृंगारी, शकुंतिका, शबगीर.

**झींझीं** = भनभनाहट.
**झींवर** = नाविक, मछुआरा.
**झींसी** = अल्पवर्षा, फुहार, बारिश, वर्षा

बूँद.

**झीना/झीनी** = छिद्रिल, पारदर्शी.

**झील** *सं* **अकृत्रिम** तालाब, खंडाली, ***जलाशय***, **डल**, *ताल*, पुष्कर, पूल, **प्राकृतिक जलाशय**, लगून, लेक, **सर**, **सरोवर**, सागर, ह्रद, •समुद्र.

**झुँझलाता/झुँझलाती** *वि* झल्ला/झल्ली, झल्लाता/झल्लाती, तनतनाता/तनतनाती, तमकता/तमकती, तुनकता/तुनकती, बिगड़ता/बिगड़ती, बौखलाता/बौखलाती, रूठता/रूठती, •खीजा/खीजी.

**झुँझलाना** = खीजना.

**झुँझलाया/झुँझलाई** = खीजा/खीजी.

**झुँझलाहट** = खीज.

**झुंड** = झाड़, पशुसमूह, वृंद, समूह.

**झुकता/झुकती** = झुका/झुकी, झोलदार.

**झुकन** = झोल, ढलान, नति, विनमन.

**झुकना** *क्रि* **अवनत** होना, अवनमित होना, **आनत होना**, *गिरना*, झुकना, **नमना**, **नवना**, पड़ना, *मुड़ना*, *लटकना*, *लेटना*, •ढलना, •दबकना, ▪उठना, ▪चढ़ना.

**झुकना** = गिड़गिड़ाना, झुकना, टिकना, दबकना, पसीजना, मनुहारना, मानना, हारना.

**झुका/झुकी** = अवनमित, असमभार, कुबड़ा/कुबड़ी, कोणाकार, झोलदार, नतोदर, पराजित, फलयुक्त, भारी, विकर्णयुक्त.

**झुका/झुकी** *वि* आड़ा/आड़ी, आनत, **कुंचित**, **झुकता**/झुकती, टेढ़ा/टेढ़ी, **तिरछा/तिरछी**, नत, नमित, प्रणत, **बंकिम**, **मुड़वाँ**, वंक, *वक्र*, विनत, •झोलदार, •ढलानदार, ▪चढ़ानदार.

**झुकान** = ट्रैंड, नति.

**झुकाना** = टिकाना, दबाना, मनवाना.

**झुकाना** *क्रि* **अवनत** करना, *उतारना*, *गिराना*, **तिरछा** करना, नमित करना, **नवाना**, निमाना, पड़ाना, **मोड़ना**, **वक्र** करना, •उतारना, ▪उठाना, ▪उड़ाना, ▪चढ़ाना.

**झुकाव** = ट्रैंड, ढलान, नति, प्रतिभा, प्रवृत्ति, प्रेम.

**झुकावदार** = अवनमित, ढलानदार.

**झुग्गी** = कुटी.

**झुग्गी झोंपड़ी** = गंदी बस्ती.

**झुटपुटा** = सूर्यास्त, सूर्योदय.

**झुटपुटा** *सं* दिन रात संधिकाल, संगम काल, संधा, संधिकाल, संध्या, •दिन, •प्रातःकाल, •रात, •सायंकाल.

**झुठाई** = झूठ.

**झुथाई** = गुंफन.

**झुनक** = झंकार.

**झुनझुन** = झंकार.

**झुनझुना** *सं* छनकना, झुनझुनियाँ, टुनटुना.

**झुनझुनाना** = झंकारना.

**झुनझुनाहट** = झंकार.

**झुनझुनियाँ** = झुनझुना.

**झुनझुनी** *सं झनझनाहट*, सनसन, सनसनाहट, सुनसुनी, सुरसुरी.

**झुपड़िया** = कुटी.

**झुमका** = बुंदा.

**झुरझुराहट** = ज्वर कंपन.

**झुरझुरी** = ज्वर कंपन, भयकंप.

**झुरमट भरा** = उपवनित.

**झुरमुट** = कुंज, झाड़झुंड.

**झुरहरी** = ज्वर कंपन.

**झुराना** = मुरझाना.

**झुर्री** = शिकन.

**झुर्री** *सं* चर्म तरंग, *पपड़ी*, बल, बुढ़िया (बोलचाल), वलय, *शिकन*, संवलय, *सिकुड़न*.

**झुर्री डालना** = मोसना.

**झुर्रीदार** = जर्जर वृद्ध.

**झुर्री पड़ना** = बुढ़ाना.

**झुलस** *सं* जलन, झुलसन, झुलसाई, *दहन*, संदाह, •फफोला.

**झुलस जाना** = झुलसना.

**झुलसता/झुलसती** = गरम, ग्रीष्मकालीन, तप्त.

**झुलसन** = झुलस.

**झुलसना** *क्रि जलना*, झुलस जाना, फुँकना, स्याह पड़ना.

**झुलसा/झुलसी** = दग्ध.

**झुलसाई** = झुलस.

**झुलसाना** = डाँटना.

**झुलाना** *क्रि* झोंटे देना, *डुलाना*, डोलाना, पौढ़ाना, लुलाना, *हिलाना*, हिलाना डुलाना.

**झुलौआ** = झूला.

**झूँझल** = खीज.

**झूँटा** = झोंटा.

**झूठ** = गप, बेईमानी, मिथ्या साक्ष्य.

**झूठ** *सं* अनृत, अपह्नव, अपह्नुति, *अफ़वाह*, *अभिनय*, अवक्तव्य, अवास्तविकता, *असत्य*, कथा, कपट, *कल्पना*, *कहानी*, *क़िस्सा*, *गप*, ग़लत बयान, ग़लत बात, गल्प, *छल*, झुठाई, झूठी बात, *नाटक*, *पोल*, मिथ्याभाषण, मिथ्या वचन, मृषावाद, वृथावाद, सत्य अपलाप, सत्येतर, •अफ़वाह, •अर्धसत्य, •दुष्प्रचार, •पाखंड, •मुकरन, •सफ़ेद झूठ, ▪तथ्य, ▪सत्य, ▪सूचना.

**झूठन** = उच्छिष्ट आहार.

**झूठमूठ का** = नक़ली, पाखंडपूर्ण, मिलावटी, रंगमंचीय.

**झूठमूठ दावत** = दावते समरक़ंद.

**झूठा/झूठी** = अप्राकृतिक, अयथार्थ, अवसरवादितापूर्ण, असत्य, असत्यवादी, उच्छिष्ट, कुतर्कीय, छलपूर्ण, नक़ली, निष्ठाहीन, पाखंडपूर्ण, बहानेबाज़, बेईमान, भ्रष्ट, भ्रष्ट, मायावी, विश्वासघातपूर्ण.

**झूठा आरोप** = मिथ्या आरोप.

**झूठा कारण** = झूठा बहाना.

**झूठा बहाना** *सं* अपह्नव, कपट, *कहानी*, *क़िस्सा*, कूट, गढ़ंत, *छद्म*, *छल*, झूठा कारण, *बनावट*, *बहाना*, *बात*, बात बनाई, महोला, *मुखौटा*, शाठ्य, सत्य अपलाप, हीला, •झूठ, •पाखंड.

**झूठी गवाही** = मिथ्या साक्ष्य.
**झूठी धमकी** = बंदर घुड़की.
**झूठी प्रशंसा** = चाटूक्ति.
**झूठी बात** = झूठ.
**झूठी हँसी** = खीस.
**झूथन** = गुंफन.
**झूम** = गजगति, तंद्रा, नर्तन, मद झूम.
**झूमता/झूमती** = मदिरोन्मत्त, मद्यप.
**झूमना** = नाचना, पुलकना, लड़खड़ाना.
**झूमर** = बुंदा.
**झूल** = झूला.
**झूलता/झूलती** = झोलदार.
**झूलन** = लटकन.
**झूलना** = पालना, लटकना, लड़खड़ाना.

**झूलना** *क्रि* झूला झूलना, झोंटे लेना, डुलना, *डोलना*, दोलित होना, पींग बढ़ाना, पींगें लेना, रूमना, लुलना, हिलना डुलना, •डोलना, •हिलना.

**झूला** = पालना.

**झूला** *सं* झुलौआ, झूल, दोल, दोला, दोला, *लटकन*, हिंडोला, हिंदोला, •चरखी झूला, •जायंट व्हील, •ट्रैपीज़, •तूफ़ान मेल, •पालना, •मैरी-गो-राउंड, •हैमक.

**झूला कुरसी** = रौकिंग चेअर.
**झूला घर** = अप्पूघर.
**झूला घोड़ा** = रौकिंग हौर्स.
**झूला झूलना** = झूलना.
**झूला डोली** = चरखी झूला डोली.

**झूला तीज** *सं* तीज, तीजों, दोलोत्सव, सावनी, सावनी तीज, हरियाली तीज.

**झेंप** *सं* ख़िज्लत, *दुबिधा*, *भ्रम*, भ्रांति, शरमिंदगी, शशपंज, *संकट*, *संकोच*, सकपकाहट, •लज्जा, ▪असंकोच.

**झेंपाना** *क्रि* उलझन में डालना, *उलझाना*, छेड़ना, झिंपाना, •शर्मसार करना.

**झेंपू** = लजीला/लजीली.
**झेपना** = लजाना.

**झेलना** *क्रि* अड़ना, *जमना*, जूझना, *टिकना*, डटना, न डगमगाना, न हटना, भिड़ना, भुगतना, भोगना, लोहा लेना, *सँभालना*, *सहना*, सहारना, •लड़ना.

**झेलम** = नदी सूची भारत उपमहाद्वीप.
**झोंक** = नशा.
**झोंकना** = गिराना, धकेलना, फेंकना.

**झोंकना** *क्रि* ठेलना, डालना, *धकेलना*, *फेंकना*, रेलना, •उँडेलना, •पटकना, •फेंकना, ▪रिताना.

**झोंका** = झोंटा, तरंग, प्रवाह.

**झोंका** *सं* *झकझोरा*, झकोरा, झकोला, पवन झकोरा, प्रवात, *लहर*, लहरा, वातोर्मि, वात्या, समीर, हालरा, •पंखा, •बयार, •वायु.

**झोंट** = जूड़ा.
**झोंटा** = केश, जटा.

**झोंटा** *सं* झूँटा, *झोंका*, पींग, मचका, हिलकोरा, हिलोरा, •झूला, •ट्रैपीज़, •पालना.

**झोंटाझोंटी** = हाथापाई.
**झोंटे देना** = झुलाना.
**झोंटे लेना** = झूलना.
**झोंपड़ा** = कुटी.
**झोंपड़ी** = कुटी, वक्ता घर.
**झोटिंग** = जटायुक्त.
**झोल** = कढ़ी, काढ़ा, खीसा, छौंक, रसा, रसेदार भाजी, ललरी.

**झोल** *सं* झुकन, डुबक, *डोब*, ढलन, ढील, तनाव में ढील, *दबक*, धँसाव, पात, *पेटा*, शिथिलता, •लटकन, ▪तनापन.

**झोलदार** = रसेदार, साइज़ से बड़ा.

**झोलदार** *वि* कसा नहीं, गिरता/गिरती, झुकता/झुकती, झुका/झुकी, झूलता/झूलती, डूबता/डूबती, ढीला/ढीली, तना नहीं, नीचा/नीची, पेटा खाया, बैठता/बैठती, लटकता/लटकती, शिथिल, •झुका/झुकी, •ढीला/ढीली, ▪कसा/कसी.

**झोला** = गिलाफ़, पक्षाघात.

**झोला** *सं* कंठाल, कपड़ा थैला, बैग, लटकवाँ थैला, •बोरा.

**झोली** = चरसा थैला, भिक्षा भांड.
**झोलीचुक** = ख़ुशामदी टट्टू.
**झोली भर** = सुलभ.
**झौंरा** = गुच्छा.
**झौंराना** = मुरझाना.
**टंक** = कुल्हाड़ा, झिरी, नक़्क़ाशी छैनी, सिक्का.
**टंकण** = झलाई.
**टंकण क्षार** = सुहागा.
**टंकशाला** = टकसाल.
**टँका/टँकी** = ग्रंथित, संलग्न, सिला/सिली.
**टँकाई** = सिलाई.
**टंकार** = खनखन, गुंजन, झंकार, टनटन, टनटन, प्रतिध्वनि.
**टंकारना** = झंकारना, टनटनाना, बजाना.
**टंकी** = टब, पीपा, सिलो, हौज़.

**टंकी** *सं* टाँकी, टैंक, सिस्टर्न, •कनस्तर, •टब, •पीपा.

**टंकृत** = झंकृत.
**टंकृत करना** = झंकारना.
**टंकोर** = टकोर.
**टंग** = जीभ, बोली.
**टँगन** = लटकन.
**टँगना** = अटकना, लटकना.
**टँगाई** = लटकन.
**टँगिया** = कुल्हाड़ा.
**टंग्स्टन** = रासायनिक तत्त्व सूची.
**टंच** = दुराचारी, दुर्जनतापूर्ण, बलिष्ठ, सन्नद्ध, सुपोषित, स्वस्थ.
**टंटघंट** = पाखंड.
**टंटा** = कलह, खटराग, तकरार, दंगा.
**टंटाबखेड़ा** = कर्मकांड, कलह, खटराग, तकरार.
**टंटेबाज़** = तकरारिया.
**टंटे में पड़ना** = खटना.
**टंडैल** = सफ़ाई कर्मचारी.
**टंबलर** = गिलास, मग.
**टक** = तराज़ू, ताक.
**टकटक** = खटखट, टिकटिक.
**टकटकाहट** = खटखट, टिकटिक.

**टकटकी** = ताक.
**टकटकी बाँधना** = ताकना.
**टकटकी लगाना** = ताकना.
**टकटकी से** = अपलक.
**टकरना** = टकराना.
**टकराती लहर** = लहराग्र.
**टकराना** = खेलना, लड़ना.

**टकराना** *क्रि* टकरना, टक्कर खाना, भिड़ना, भिड़ाना, *मारना*, *लगना*.

**टकराव** = गृहकलह, प्रतिरोध, विरोध.
**टकराहट** = टक्कर.

**टकसाल** *सं* टंकशाला, मिंट, •सिक्का.

**टकसाली** = असली, आकलित, परिपूर्ण, विकसित (शब्द), विश्वसनीय.
**टका** = अधन्ना.

**टका** *सं* दो रुपया, रुपया 2.

**टका (बांग्ला देश)** = रुपया, सिक्का सूची
**टका सा जवाब** = स्पष्ट अस्वीकृति.
**टकोर** = झंकार, ढमढम.

**टकोर** *सं* चपत, टंकोर, टकोरी, *टीप*, हलकी चोट, •टक्कर, •धचका.

**टकोरना** = बजाना.
**टकोरी** = टकोर.
**टक्कर** = खेल प्रतियोगिता, जयपराजयहीनता, ठोकर, दुर्घटना, प्रतियोगिता, प्रतिरोध, मुठभेड़, युद्ध, संघर्ष, समान प्रतियोगिता.

**टक्कर** *सं* चपेट, चपेटा, टकराहट, टाकरा, भिड़ंत, भिड़न, *मुठभेड़*, संघट्ट, संघात, संपात, •ठोकर, •दुर्घटना, •धचका, •संघर्ष.

**टक्कर का** = जयपराजयहीन, समप्रतियोगी, समशक्तिशाली.
**टक्कर खाना** = टकराना.
**टक्कर लेना** = लड़ना.
**टक्करें खाना** = भटकना.

**टखना** *सं* एड़ी गाँठ, गट्टा, गुट्ठी, गुल्फ़, पादमूल, मुज्जा, •एड़ी, •पाज़ेब, •पिंडली, •पैर, •पैर पंजा.

**टग आफ़ वार** = रस्साकशी.
**टगर** = मेंड़.
**टचडाउन** = धरावतरण.
**टचस्टोन** = कसौटी पत्थर, मानक.
**टटका/टटकी** = ताज़ा.
**टटपूँजिया** = निर्धन व्यक्ति.
**टटपूँजिया** = पिछलग्गू.
**टटल बटल** = बकवासपूर्ण.
**टटीरी** = टिटिहरी.
**टटोल** = झाड़ातलाशी, तलाशी.
**टटोलना** = खोजना, छूना.
**टट्टर** = टट्टी.
**टट्टा** = टट्टी.
**टट्टी** = आड़, घातस्थान, परदा दीवार, विष्ठा, शौचालय.

**टट्टी** *सं* टट्टर, टट्टा, ठट, ठटरी, ठट्टी, ठठरी, ठाट, •आड़, •ज़ाफ़री.

**टन** = टन (भार), मीट्रिक टन.

**टन (भार)** *सं* किलोग्राम (यूएस) 907.1847, किलोग्राम (यूके) 1,016.0469, टन, पौंड (यूएस) 2,000, पौंड (यूके) 2,240, लौंग टन (यूएस).8929, शौर्ट टन (यूके) 1.12.

**टनटन** = खनखन, घंटी, समय घोष.

**टनटन** *सं* अनुरणन, अलार्म, क्रिंक्रिं, क्रिनक्रिन, घंटनाद, *घंटा*, घंटाध्वनि, *घंटी*, घनघन, घनन, टंकार, टनटनाहट, टनन टनन, टनाटन, टिंकल, टिनटिन, ट्रिनट्रिन, रणत्कार, •खनखन, •घंटी, •घुँघरू, •ठनठन, •रुनझुन.

**टनटनाना** *क्रि* क्रिनक्रिन करना, घनघनाना, टंकारना, टनन टनन करना, टुनटुन करना, टूँ टूँ करना, ट्रिनट्रिन करना, डंकना.

**टनटनाहट** = टनटन.
**टनन टनन** = टनटन, समय सूचना.
**टनन टनन करना** = टनटनाना.
**टनमना/टनमनी** = सुपोषित.
**टनल** = सुरंग.
**टनाटन** =टनटन, बलिष्ठ, सुपोषित, स्वस्थ.
**टनेज** = पेंटा.
**टप** = टपटप, यान छत.
**टपक** = टपटप.
**टपकता/टपकती** = स्रावशील.
**टपकन** = स्राव.
**टपकना** = उतरना, गिरना, रिसना.

**टपकना** *क्रि गिरना*, *चूना*, टपटप करना, टपटप गिरना, *बरसना*, बूँद बूँद गिरना, *रिसना*, •ढुलकना.

**टपका टपकी** = अल्पवर्षा, बारिश.

**टपकाना** *क्रि* चुलाना, बुरकाना, •ढुलकाना.

**टपटप** = वर्षापूर्ण.

**टपटप** *सं* टप, टपक, टपटपाहट, टिपटिप, •झरझर, •बूँद.

**टपटप करना** = टपकना.
**टपटप गिरना** = टपकना.
**टपटपाहट** = टपटप.
**टपाटप** = लगातार.
**टपाना** = कुदाना.
**टप्पर** = छज्जा, छप्पर, परिवार जन, यान छत.
**टप्पा** = तबला थाप.

**टप्पा** *सं* उछाल, उछाला, उत्प्लव, कंदुक प्रतिक्रिया, *गद्दा*, टापा, प्लाव.

**टब** = यान छत.

**टब** *सं* अथरा, कुंड, कुंडा, कूँड़, *टंकी*, टैंक, द्रोणि (विकल्प), द्रोणी, *नाँद*, •जलाशय, •नाँद, •बालटी, •हौज़.

**टबैको** = तंबाकू.
**टमटम** = बग्घी.
**टमाटर** = सागसब्ज़ी.

**टमाटर** *सं* टमेटो, बिलायती बैगन, विलायती भंटा.

**टमाटर चटनी** = कैचप.
**टमेटो** = टमाटर.

**टर** = अकड़, हठ.
**टरकाव** = अस्पष्टवादिता.

**टरबाइन** *सं* एअर स्क्रू, जलचक्र, भ्रमरक, वरीवर्त, •प्रौपैलर.

**टर्की बोली** = कुकड़ू कूँ.
**टर्न** = चक्कर, पाली, बारी, मोड़.
**टर्पैंटाइन** = तारपीन.
**टर्पैंटाइन औइल** = तारपीन.
**टर्फ़** = घास मैदान.
**टर्बन** = पगड़ी.
**टर्बीयम** = रासायनिक तत्त्व सूची.
**टर्म** = अध्ययन सत्र, अवधि.
**टर्माइट** = दीमक.
**टर्मिनस** = गंतव्य, सीमा, सीमारेखा, स्टेशन.
**टर्रा/टर्री** = अकड़बाज़, धृष्ट, लड़बावला/लड़बावली.
**टर्राना** = झींकना.
**टर्रू** = अहंकारी, मेंढक, हेकड़ीबाज़.
**टला/टली** = अकृत, स्थगित.
**टलाटली** = बहानेबाज़ी, विलंब.
**टसक** = टीस.
**टसकता/टसकती** = पीड़ाप्रद.
**टसकना** = दुखना.
**टसुआ** = आँसू, दिखावटी आँसू.
**टस्क** = हाथी बाहर निकला दाँत.
**टहनी** = प्रशाखा, शाखा.
**टहल** = नर्सिंग, परिचर्या, पूजा, सत्कार.
**टहलक़दमी** = मंद वेग, विचरण.
**टहलते टहलते** = मंदतः.
**टहलदार** = परिचारक.
**टहलदारनी** = परिचारिका.
**टहलना** = चलना, विचरना.

**टहलना** *क्रि* *घूमना*, घूमने जाना, *चलना*, *डोलना*, फिरना, मटरगश्ती करना, रमना, विचरण करना, *विचरना*, विरमना, सैर करना, हवा खाना, हवाखोरी करना, •मँडराना, ▪दौड़ना.

**टहलनी** = परिचारिका.
**टहलुआ** = नौकर, परिचारक.
**टहलू** = परिचारक.
**टाँक** = झलाई.
**टाँकना** = अटकाना, जड़ना, झालना, बाँधना, लगाना, सीना.
**टाँका** = युति, सोल्डर, स्टिच.
**टाँका लगाई** = झलाई.
**टाँका लगाना** = झालना, सीना.
**टाँकी** = टंकी, नक़्क़ाशी छैनी, व्रण, सोल्डर.
**टाँके खोलना** = उधेड़ना.
**टाँके टूटना** = उधड़ना.
**टाँग** = पैर.
**टाँगना** = लटकाना.
**टांग पिछली ओर मांसल भाग** = पिंडली.
**टाँगा** = ताँगा.
**टाँगा चालक** = कोचवान.
**टाँगी** = परशु.
**टाँच** = कटाई छँटाई, कटाक्ष, चुग़ली, सोल्डर, स्टिच.
**टाँचना** = अटकाना, सीना.
**टाँची** = नौली.
**टाँट** = केशहीन सिर.

**टाँट** *सं* खल्वाट, खोपड़ी, चँदिया, चाँद, *सिर*, •कपाल.

**टाँठा/टाँठी** = सुगठितकाय, सुदृढ़.
**टाँड़** = टाँड़ा, मचान.

**टाँड़** *सं* अट्‌ट, *ढाबा*, पड़छत्ती, परछत्ती, पाटन, •मियानी.

**टाँड़ा** = कुटुंब, ढेर, परिवार, पे लोड, महल्ला, लाद, संतान, सार्थ.

**टाँड़ा** *सं* *टाँड़*, दुछत्ती, परछत्ती, बुख़ारी, *मियानी*.

**टांडो** = ग्राम.
**टाँय टाँय** = बकवास.
**टाँय टाँय फिस** = असफल, आनंद भंग.

**टांसिलाइटिस** *सं* कंठशालुक, *गलफू*, गलफू सूजन, गलवातामा शोथ, गलांकुर, टांसिल्स.

**टांसिल्स** = टांसिलाइटिस.
**टाइगर** = बाघ.
**टाइटिल** = शीर्षक.
**टाइड** = ज्वार.
**टाइप** = कोटि.

**टाइप** *सं* मुद्रा, मुद्राक्षर, •टाइपसैटिंग.

**टाइप फ़ेस** *सं* टाइप मुख, टाइप लिखावट शैली, टाइप वर्ग, फ़ेस, फ़ौंट, •इटैलिक्स टाइप, •बोल्ड टाइप, •सादा टाइप, •टाइपसैटिंग, •साँचा.

**टाइप मुख** = टाइप फ़ेस.
**टाइप लिखावट शैली** = टाइप फ़ेस.
**टाइप वर्ग** = टाइप फ़ेस.

**टाइपसैटिंग** *सं* अक्षरयोजन, कंपाज़िंग, टाइपोग्राफ़ी, मुद्रण योजन, वर्ड प्रौसैसिंग, •प्रूफ़.

**टाइपसैटिंग सूची** *सं* डीटीपी, डैस्कटौप पब्लिशिंग, फ़ोटो टाइपसैटिंग, मोनोटाइप, लाइनोटाइप, हैंड कंपोज़िंग.

**टाइपिस्ट** = निजी सचिव.
**टाइपोग्राफ़ी** = टाइपसैटिंग.
**टाइफ़ाइड** = टायफ़ाइड.
**टाइम** = काल, क्षण, घड़ी समय, युग.
**टाइम जोन** = समयक्षेत्र.
**टाइम टेबल** = शीड्यूल.
**टाइमपास** = गपशप.
**टाइम बम** = बम.
**टाइम मशीन** = कालयंत्र.
**टाइम्स** = समाचार पत्र.
**टाई** = जयपराजयहीनता.

**टाई** *सं* कंठबंध, कंठलंगोट (व्यंग्य), गलफ़ाँसी (व्यंग्य), नैकटाई, •बो टाई, •मफ़लर.

**टाउन** = क़स्बा, नगर, महल्ला.
**टाउन गेट** = नगरद्वार.

**टाउन हाल** *सं* नगर पालिका भवन, नगर भवन, नागरिक भवन, •पंचायतघर.

**टाकरा** = टक्कर.
**टाकीज़** = सिनेमाघर.
**टाक्सिक** = विषजन्य.
**टाक्सिन** = विष.
**टाट** = परदा.

**टाट** *सं* गनी, छालटी, जूट, पटसन, पाट.

**टाटरी** = मसाला सूची

**टाटरी** *सं* अंगूर नीबू रस अम्लव्य, •खटास.

**टाटरी** *सं* क्रीम आफ़ टार्टर, टार्टरेट, पोटैशियम बाइटार्टरेट.

**टाडी** = ताड़ी.
**टान** = कर्षण, मचान.
**टानना** = खींचना, तानना.
**टाप** = टाप ध्वनि, तबला थाप, यान छत.
**टाप (घोड़ा)** = डग.
**टापड़** = ऊसर.

**टाप ध्वनि** *सं* खुटखुट, टाप, ठपठप, •पदचाप.

**टापना** = कूदना, छलाँगना, लाँघना.
**टापा** = चौड़, टप्पा, द्रुत वेग.
**टापू** = द्वीप.

**टायफ़ाइड** *सं* आंत्र ज्वर, टाइफ़ाइड, टायफ़ाइड ज्वर, मियादी बुखार, •मलेरिया.

**टायफ़ाइड ज्वर** = टायफ़ाइड.
**टायलेट** = शौचालय, स्नानागार.
**टारनैडो** = भ्रमवात.
**टारपीडो** = आतिशबाज़ी सूची, तारपीडो.
**टार्गेट** = लक्ष्य.
**टार्टरेट** = टाटरी.
**टाल** = ईंधन दुकान, ढेर, पशुशाला, लुकाछिपी, स्थगन.
**टालना** = निवारना.
**टालमटोल** = अस्पष्टवादिता, बहानेबाज़ी, वाक्छल, हिचक.
**टालमटोलू** = अतत्पर.
**टाला/टाली** = अकृत.
**टाली** = घंटी.
**टालू** = अतत्पर, बहानेबाज़.
**टाल्क** = सिलखड़ी चूर्ण.
**टाल्क पाउडर** = सिलखड़ी चूर्ण.
**टावर** = गगनचुंबी भवन, मीनार.

**टावर** *सं* कंप्यूटर केस, कंप्यूटर टावर, कंप्यूटर हार्डवेअर बक्सा.

**टावल** = तौलिया.
**टिंकल** = टनटन.
**टिंडसी** = टिंडा.
**टिंडा** = सागसब्ज़ी.

**टिंडा** *सं* टिंडसी, टिंडोरा, तिंदिश, रोमशफल.

**टिंडोरा** = टिंडा.
**टिंडोरा** = सागसब्ज़ी.
**टिंबर** = काष्ठ.
**टिक** = किलनी.
**टिकट** = डाक टिकट, प्रवेश शुल्क, यात्रा भाड़ा.

**टिकट** *सं* कार्ड, *कूपन*, पर्ची, बिल्ला, •वापसी टिकट, •सीज़न टिकट.

**टिकट खिड़की** = टिकटघर.

**टिकटघर** *सं* टिकट खिड़की, बुकिंग आफ़िस, बाक्स आफ़िस, •प्रेक्षागार, •सिनेमाघर.

**टिकटिक** *सं* *खटखट*, टकटक, टकटकाहट, टिकटिकाहट, टिकटौक, •घड़ी, •टनटनाहट.

**टिकटिक करना** = टिकटिकानाा.
**टिकटिकाता/टिकटिकाती** = स्पंदनशील.
**टिकटिकाना** = टिकटिकानाा.

**टिकटिकाना** *क्रि* टिकटिक करना, टिकटिकाहट करना.

**टिकटिकाहट** = टिकटिक.
**टिकटिकाहट करना** = टिकटिकानाा.
**टिकटिकी** = टेकनी, फाँसी तख्ता.
**टिकटी** = टेकनी, तिपाई, फाँसी तख्ता.
**टिकटौक** = टिकटिक.
**टिकठी** = अरथी.
**टिकड़ा** = चकती.
**टिकड़ी** = चकती.
**टिकना** = आ बसना, झेलना, बचना, बचना, बसना, रुकना, सँभलना.

**टिकना** *क्रि* आधार पर उतरना, आधारित होना, आश्रित होना, उढ़कना, *उतरना*, *जमना*, झुकना, टेक लेना, धरा जाना, धरा होना, पड़ना, *बैठना*, रखा जाना, रखा होना, सहारा मिलना, सहारा लेना, स्थापित होना.

**टिक मार्क** = स्वीकृति चिह्न.
**टिकरी** = कारंडव, टिकिया, टिक्की.
**टिकला** = टिकली.
**टिकली** = टिकिया, तकली, बिंदी, सितारे.

**टिकली** *सं* चपटा गोल खंड, टिकला, *बिंदी*, *बुंदा*, बेंदी, •चकती, •टिकिया.

**टिका/टिकी** = आधारित, विलंबित, स्थित, स्थिर.
**टिकाई** = धराई.
**टिकाऊ** = अटूट, सुदृढ़.

**टिकाऊ** *वि* कालजीत, चिरस्थायी, दीर्घस्थायी, *दीर्घायु*, दृढ़, पायदार, मज़बूत, *सुदृढ़*, *स्थायी*, *स्थिर*, •अटूट, ▪अल्पजीवी, ▪भंगुर.

**टिकान** = नीवँ.
**टिकाना** = अटकाना, बसाना, रखना.

**टिकाना** *क्रि* आधार देना, आधारित करना, *उतारना*, *जमाना*, *झुकाना*, टेकना, ठहराना, *धरना*, नीचे रखना, पधराना, *बैठाना*, *रखना*, *रोपना*, *लिटाना*, स्थापित करना, •उठाना, •थामना, •रखना, ▪हिलाना.

**टिकाव** = निवास.
**टिकिया** = कटलेट, टिक्का, मठरी, वटी.

**टिकिया** *सं* *केक*, *गोली*, चकत्ता, टिकरी, *टिकली*, टिक्की, टैबलेट, पिल, बटिका, *बटी*, बट्टी, •चकती, •टिकली.

**टिकिया चोरी** = उठाईगीरी.
**टिकी रेखा** = लंबरेखा.
**टिकुली** = तकली.
**टिकैत** = ग्राम मुखिया.
**टिकोरा** = कच्चा आम.
**टिक्कड़** = चकती, बाटी.

**टिक्का** *सं* चाप, *टिकिया*, शृंगाटक, •कटलेट, •कबाब, •सासेज.

**टिक्की** = कटलेट, टिकिया, टिक्की, पिंड.

**टिक्की** *सं* टिकरी, टिकिया, •मठरी.

 (प्रा) प्राचीन शब्द, अब अप्रचलित - *तिरछे* शब्द स्वतंत्र शीर्षक भी हैं •सपर्याय ▪विपर्याय

**टिघलना** = पिघलना.
**टिटिहरी** = कुरर.

**टिटिहरी** *सं* कुररी, टटीरी, टिटिहा, पंककीर, पीविट, शराटिका, शरालि.

**टिटिहा** = टिटिहरी.
**टिटिहा रोर** = कोलाहल, हल्लागुल्ला.
**टिड्डा** = टिड्डा.
**टिड्डी** = टिड्डी.

**टिड्डा** *सं* ग्रासहौपर, टिड्डा, *पतंग*, पतम, फडिंगा, फतिंगा, शरभ, *शलभ*.

**टिड्डी** *सं* टिड्डी, टीडी, शकुंतिका, षट्चरण.

**टिन** = कनस्तर, टीन, रासायनिक तत्त्व सूची.
**टिनकर्मी** = क़लईगीर.
**टिनटिन** = टनटन, टनटन.
**टिप** = टीप, बख़्शीश.
**टिपटिप** = टपटप.

**टिपाई** *सं* नक़ल, परीक्षा टिपाई.

**टिप्पणी** = कटाक्ष, छिद्रान्वेषण, टीका, पाद टिप्पणी, रिमार्क.

**टिप्पणी** *सं* अवचूरिका, कमैंट, *नोट*, *रिमार्क*, *विचार*, *व्याख्या*, संक्षिप्त टीका, •पाद टिप्पणी, •अर्थ, •भाष्य, •विवेचना, •व्याख्या, •संदर्भ.

**टिप्पणीकार** = समीक्षक, स्तंभ लेखक.
**टिप्पस** = जुगत, जुगाड़, स्वार्थ.

**टिप्पेदार** *वि* उछलनशील, उछालदार, गद्देदार, प्रत्युन्नमनशील, •लचकदार.

**टिफ़िन** = लंचबाक्स.
**टिफ़िन कैरियर** = लंचबाक्स.
**टिब्बा** = टीला.
**टिमटिम** = तारे जैसा.
**टिमटिमाना** = झिलमिलाना.
**टिल्लेनवीस** = बहानेबाज़.
**टिशू** = रूमाल.
**टिहुकना** = चौंकना, बिदकना, रूठना.
**टिहुनी** = कुहनी.

**टीक** = काष्ठ सूची, सागौन.
**टीका** = इंजैक्शन, कटाक्ष, तिलक, नज़र टीका, पुरस्कार सूची, भाई दूज, माँग टीका, वररोक, वैक्सीन, सगाई, सत्ताभिषेक, सम्मान तिलक, सहायक पुस्तक.

**टीका** *सं* कौमुदी, *टिप्पणी*, तफ़सीर, द्योतनिका, संक्षिप्त व्याख्या, •भाष्य, •व्याख्या.

**टीका अधिकारी** = युवराज.
**टीकाकार** = भाष्यकार.
**टीकाटिप्पणी** = आपत्ति, कटाक्ष, छिद्रान्वेषण, निंदा, शिकायत.
**टीका लगाई** = सत्ताभिषेक.
**टीकी** = कारंडव.
**टीचर** = अध्यापक.
**टीचिंग** = अध्यापन.
**टीज़िंग** = ईवटीज़िंग.
**टी** = चाय.
**टी टाइम** = काफ़ी ब्रेक.
**टीटेनीयम** = रासायनिक तत्त्व सूची.
**टी टेबल** = सैंटर टेबल.
**टीडी** = टिड्डी.
**टीन** = राँगा.

**टीन** *सं* टिन, *राँगा*, वंग, सिंहल, •राँगा, •सोल्डर.

**टीन एजर** *सं* टीनेजर, दस से उन्नीस साल तक वय वाला, •नवयुवक/नवयुवती, •युवाजन.

**टीनबंद** = परिरक्षित (आहार).
**टीनेजर** = टीन एजर.
**टीप** = टकोर, लेखा प्रविष्टि, हुंडी.

**टीप** *सं* टिप, भरन, भराई, •पलस्तर.

**टीपटाप** = तड़कभड़क, सजावट.
**टीपना** = जन्मकुंडली.
**टी पार्टी** = जलपान गोष्ठी.
**टीबा** = टीला.
**टीबी** = क्षयरोग.
**टी ब्रेक** = काफ़ी ब्रेक.
**टीम** = वृंद.

**टीम** *सं* खेल टोली, चौकड़ी, *चौकी*, *जोड़ी*, टोली, तिकड़ी, दुकड़ी, युगल, •वृंद, •समूह.

**टीमटाम** = दिखावा.

**टीम नायक** *सं* कप्तान, कैप्टेन, टोली नेता, *नायक*, *नेता*, सरदार.

**टीम भावना** = खेल भावना.
**टीला** = खँडहर टीला, पहाड़ी.

**टीला** *सं* *कगार*, करारा, टिब्बा, टीबा, टेकड़ी, टोबा, डूँगर, ढूह, धुस्स, *स्तूप*, •पहाड़ी, ■गड्ढा.

**टीवी** = टैलिविज़न.

**टी शर्ट** *सं* नीमआस्तीन कमीज़, •कमीज़.

**टीस** *सं* कचोट, करक, कराह, क़लक, कसक, कसकन, कुलन, चसक, चिलक, चीस, टसक, दर्द, दुक्खन, *पीड़ा*, शूल, *साल*, हूक, हूल, •छटपटाहट.

**टीसता/टीसती** = पीड़ाप्रद.
**टीसना** = दुखना.
**टीहाउस** = पानगृह सूची, भोजनालय.
**टुंटा/टुंटी** = लूला/लूली.
**टुंड्रा (साइबेरिया)** = घास मैदान.
**टुकड़ख़ोर** = परावलंबी व्यक्ति.
**टुकड़ख़ोरी** = परावलंबन.
**टुकड़गदाई** = भिक्षावृत्ति.
**टुकड़ा** = आवास भूखंड, कटपीस, कूपन, खंड, ग्रास, घटक, डला, थेगली, धातु पिंड, पारा, शेष अंश.
**टुकड़ा टुकड़ा होना** = टूटना.
**टुकड़ी** = वृंद, सेना विभाग.
**टुकड़े करना** = काटना, तोड़ना.
**टुकड़े टुकड़े** = विभाजित.
**टुकड़े टुकड़े करना** = काटना.
**टुकड़े होना** = कटना.
**टुकुर टुकुर** = अपलक.
**टुकुर टुकुर देखना** = ताकना.
**टुक्कड़** = उच्छिष्ट आहार.

**टुक्कड़** *सं* ख़ैरात, *दान*, *पिंड*, फेंकन, *भिक्षा*, •उच्छिष्ट आहार, •भिक्षा.

**टुघलाना** = चुबलाना.
**टुच्चा/टुच्ची** = अधम.

**टुट** = कम.
**टुटपुँजिया** = अल्पज्ञ.
**टुटरूँ** = फ़ाख़्ता.

**टुनगी** *सं* *कलगी*, *छोर*, टूँसा, फुनगी, वृक्ष शिखर, शिखर, सिरा, •डंठल, •तना, •प्रशाखा, ▪जड़.

**टुनटुन करना** = टनटनाना.
**टुनटुना** = झुनझुना.
**टुनहाया/टुनहाई** = अभिमंत्रक.
**टुन्ना** = डंठल.
**टुन्नू** = शिशु.
**टुर्रा** = कण.
**टूँगना** = काटना छाँटना, कुतरना, चरना.
**टूँ टूँ करना** = टनटनाना.

**टूँड़ी** *सं* तुंडि, तुंडी, तोंदी, नाभि तुंडी, •उदर.

**टूँसा** = टुनगी.
**टू** = दो.
**टूअर** = माताहीन.
**टू-कलर** = दुरंगा/दुरंगी.
**टूट** = टूटफूट, नाश, पस्ती.
**टूटता तारा** = उल्का, उल्का खंड.
**टूटन** = ढहन, थकान, पस्ती, विलगाव.
**टूटन फूटन** = टूटफूट.
**टूटना** = छीजना, झड़ना, डरना, ढहना, दुबलाना, फूटना, बिगड़ना, बिछुड़ना, बुढ़ाना, रोना.

**टूटना** *क्रि* खंड खंड होना, टुकड़ा टुकड़ा होना, *फूटना*, भंजना, भंजित होना, भग्न होना, मरकना, मुरकना, मौलना, विखंडित होना, •झड़ना, •ढहना, •तड़कना, •तोड़ना, •फूटना, ▪जुड़ना, ▪बनना.

**टूट पड़ना** = झपटना.
**टूटफूट** = जीर्णोद्धार.

**टूटफूट** *सं* टूट, टूटन फूटन, त्रुटि, फूट, फूटन, मुरक, विच्छेद, •ढहन, •तोड़फोड़.

**टूटा/टूटी** = आउट आफ़ आर्डर, उदास, एकताहीन, कुटा/कुटी, गिरा/गिरी, थका/थकी, दरदराया/दरदराई, दिवालिया, नष्ट, निराश, पस्त, रद्दीकृत, विचलित, विभाजित.

**टूटा/टूटी** *वि* अवदीर्ण, क्षुण्ण, *खंड खंड खंड*, खंडित, गिरा/गिरी, चूरचूर, छिन्न, छिन्नभिन्न, *जीर्णशीर्ण*, ढहा/ढही, तुड़ा/तुड़ी, *नष्ट*, भंजित, भग्न, *भिन्न*, मिस्मार, विखंडित, विच्छिन्न, विदीर्ण, •गिरा/गिरी, •तड़का/तड़की, ▪जीर्णोद्धृत, ▪नवीकृत, ▪निर्मित.

**टूटा फूटा/टूटी फूटी** = जीर्णशीर्ण, तुड़ा मुड़ा/तुड़ी मुड़ी.
**टूटा फूटा मकान** = खँडहर.
**टूर** = दौरा.
**टूरिज़्म** = पर्यटन.
**टूरिस्ट** = पर्यटक.
**टूरिस्ट गाइड** = पथ प्रदर्शिका.
**टूरिस्ट बैंगलो** = पांथशाला.
**टूरिस्ट लौज** = पांथशाला.
**टूर्नामैंट** = खेल प्रतियोगिता.
**टूल** = उपकरण.

**टूलबाक्स** *सं* उपकरण बक्सा, •किटबैग.

**टेंट** = करील.
**टेंटुआ** = कंठमणि, काकल, श्वासवाहिका.
**टेंटें** = बकवास.
**टेक** = आधार, आधार सूची, टेकनी, ठिनक, ठीहा, थूनी, धैर्य, पीठाश्रय, पैडस्टल, मेहराब शिखर पत्थर, वचन, संकल्प, स्थायी, हठ.
**टेकऔफ़** = नभोत्तरण.
**टेकड़ी** = टीला.
**टेक थूनी** = थूनी.
**टेक दीवार** = सहारा दीवार.
**टेक देना** = थामना.
**टेकन** = धराई.
**टेकना** = टिकाना.
**टेकनी** = आधार सूची, थूनी.

**टेकनी** *सं* *आधार*, आश्रय, टिकटिकी, टिकटी, टेक, डाट, धरनी, *थानी*, फ़्रेम, स्टैंड, •थूनी.

**टेक पकड़ना** = ठिनकना.
**टेकरी** = पहाड़ी.
**टेक रेखा** = आधार भुजा.
**टेक लेना** = टिकना, सँभलना.
**टेक वाला** = संकल्पशील.
**टेक होना** = थामना.
**टेकिंग** = फ़िल्मांकन.
**टेकुआ** = चरखा तकला.
**टेकुरी** = सुंबा.
**टेढ़** = वक्र.
**टेढ़विडंग** = वक्राकार.
**टेढ़ा/टेढ़ी** = अपालतू, अवनमित, असमतल, कठिन, कुटिल, कुबड़ा/कुबड़ी, खुरदुरा/खुरदुरी, झुका/झुकी, तुड़ा मुड़ा/तुड़ी मुड़ी, दुर्गम, मोड़दार, वक्राकार, विकर्णयुक्त, विद्रूप, वीर.
**टेढ़ा बैंचा/टेढ़ी बैंची** = विद्रूप.
**टेढ़ा मेढ़ा/टेढ़ा मेढ़ी** = मोड़दार, वक्राकार, सर्पिल.
**टेढ़ा मेढ़ा करना** = तोड़ना मरोड़ना.
**टेढ़ा मेढ़ा रास्ता** = पगडंडी.
**टेढ़ी** = लग्गी काँटा.
**टेढ़ी खीर** = कठिन कार्य.
**टेढ़ी सीधी सुनाना** = डाँटना.
**टेढे** = आड़े तिरछे.
**टेढ़े मेढ़े अक्षर** = कुलेख.
**टेनैंट** = किराएदार.
**टेप** = आडियोकैसेट, फ़ीता.

**टेप** *सं* *पट्टी*, *फ़ीता*, *बत्ती*, •पट्टी, •फ़ीता.

**टेप रिकार्ड** = आडियोकैसेट.
**टेपी** = कार्क.
**टेबल** = चार्ट, डाइनिंग टेबल, तालिका, पहाड़ा, मेज़.
**टेबल आफ़ कनटैंट्स** = विषय सूची.

**टेबल कोस्टर** *सं* कोस्टर, चक्का, चक्री, डिस्क, •टेबल मैट.

**टेबल क्लाथ** = मेज़पोश.

**टेबल मैट** *सं* चटाई, पैड, मैट, •टेबल कोस्टर, •डाइनिंग टेबल, •मेज़.

**टेबल लैंड** = पठार भूमि.
**टेम** = दीपशिखा.
**टेर** = आवाहन, तान.
**टेरता/टेरती** = भावोत्पादक.

**टेरना** = पुकारना, पुकारना.
**टेरा/टेरी** = भेंगा/भेंगी.
**टेरू** = भेंगा/भेंगी.
**टेलर** = दर्ज़ी.

**टेलिफ़ोन** *सं* दूरभाष, फ़ोन, भाण.

**टेलिफ़ोन सूची** *सं* आंसरिंग मशीन, इंटरकौम, ऐक्सटैंशन फ़ोन, कोर्डलैस फ़ोन, पब्लिक टेलिफ़ोन, पेफ़ोन, मोबाइल फ़ोन, रिमोट फ़ोन, रेडियो टेलिफ़ोन, वाकीटाकी, वायरलैस टेलिफ़ोन, वीडियोफ़ोन, सैलूलर टेलिफ़ोन, स्पीकर फ़ोन, हाट लाइन, हैंडफ़ोन, हैडफ़ोन.

**टेलिफ़ोन लाइन द्वारा संप्रेषित लिखित संदेश** = फ़ैक्स.
**टेलैंट** = प्रतिभा.
**टेल्हा** = मंगलोत्सव, विवाहोत्सव.
**टेव** = आदत, कुटेव, विलासिता.
**टेवा** = जन्मकुंडली.
**टेशन** = रेलवे स्टेशन, स्टेशन.
**टेसू** = पलाश.
**टेस्ट** = रुचि, स्वाद.
**टेस्टिंग** = आस्वादन.
**टैंक** = टंकी, टब, पीपा.
**टैंकभेदी बम** = बम.
**टैंकेज** = पेटा.
**टैंट** = तंबू.
**टैंटालम** = रासायनिक तत्त्व सूची.
**टैंडर** = दमकल, लाइफ़बोट.

**टैंडर** *सं* कथित मूल्य, निविदा, निवेदित मूल्य.

**टैंपरेचर** = ज्वर, तापमान, देह ताप.
**टैंपलेट** = फ़ौर्मैट.
**टैक्निकल** = पारिभाषिक.
**टैक्नीक** = तकनीक.
**टैक्नीकल** = तकनीकी.
**टैक्नीशियम** = रासायनिक तत्त्व सूची.
**टैक्नोलाजी** = तकनीक.
**टैक्शचर** = बनावट, बुनावट.
**टैक्स** = कर.
**टैक्स आय** = राजस्व.
**टैक्स कलक्टर** = करसंग्राहक.
**टैक्सपेअर** = करदाता.

**टैक्सी** *सं* कैब, *भाड़ा गाड़ी*, भाड़े पर मिलने वाली सवारी गाड़ी, •ताँगा, •बस, •मोटरगाड़ी.

**टैक्सी चालक** = टैक्सी ड्राइवर.

**टैक्सी ड्राइवर** *सं* कैबी, टैक्सी चालक, टैक्सी वाला, •बस ड्राइवर.

**टैक्सी वाला** = टैक्सी ड्राइवर.
**टैक्सेशन** = कराधान.
**टैक्स्ट** = पाठ.
**टैक्स्ट बुक** = पाठ्य पुस्तक.
**टैक्स्टाइल** = वस्त्र.
**टैक्स्टाइल्स मिल्स** = कपड़ा मिल.
**टैग** = पहचान चिह्न, लेबल.
**टैटू** = गुदाई कृति.
**टैट्रापैक** = पैकेज.
**टैन कमांडमैंट्स** = मूसा आदेश.
**टैपिंग** = बगिंग.
**टैप्स्टर** = बारटैंडर.
**टैबलेट** = टिकिया, वटी.
**टैरिलीन** = रासायनिक धागे और वस्त्र.

**टैलर** *सं गणक*, नकदी लेने देने वाला कोषाध्यक्ष, बैंकर, •एटीऐम, •कैशियर, •बैंक.

**टैलिग्राफ़** = टैलिग्राम.

**टैलिग्राम** *सं ग्राम*, टैलिग्राफ़, *तार*, वायरलैस, •डाक, •पत्र, •फ़ैक्स.

**टैलिविज़न** *सं* टीवी, दूरदर्शन, •केबल टीवी, •क्लोज़्ड सर्किट टीवी, •सैटलाइट टीवी, •मनोरंजन, •रेडियो.

**टैलिस्कोप** = दूरबीन.
**टैलूरीयम** = रासायनिक तत्त्व सूची.
**टैवर्न** = मद्यशाला.
**टैस्ट** = चैकअप, परख, परीक्षा.
**टैस्ट ट्यूब** = परख नली.
**टैस्टामैंट** = वसीयत.

**टैस्टामैंट** *सं* आदेश, *धर्मादेश*, *साक्ष्य*, •ओल्ड टैस्टामैंट, •न्यू टैस्टामैंट, •बाइबिल.

**टैस्टिंग** = परीक्षण.
**टैस्टिमनी** = प्रमाणपत्र.

**टैस्टिमोनियल** = प्रमाणपत्र.
**टोंचना** = कोंचना, जड़ना.
**टोंटी** = चोंच, बरतन टोंटी.

**टोंटी** *सं* चंचु, *चोंच*, तुंड, थूथनी, नल टोंटी, बंबा, बैकू, *मुँह*, •नल, •नोज़ल.

**टो** = जूताग्र.
**टोक** = प्रतिबंध, हस्तक्षेप.
**टोकन** = पदक, पुरस्कार सूची, प्रतीक, प्रतीकात्मक.
**टोकना** = कलश, देगचा.
**टोकनी** = कलश, हँडिया.
**टोकरा** = टोकरा टोकरी.

**टोकरा टोकरी** *सं* कंडोल, करंडी, कांडोल, खँचिया, खाँची, चँगेरी, छाबड़ी, झँपिया, झल्ली, झाँपी, झाबा, झाबी, टोकरा, टोकरिया, टोकरी, डलिया, डाली, *पेटी*, बास्केट, बोइया, मंजूषा, सिकोली, •कार्टन.

**टोकरिया** = टोकरा टोकरी.
**टोकरी** = टोकरा टोकरी, फेरी दुकान.
**टोकरी वाला** = फेरी वाला.
**टोकाटाकी** = क़ताकलामी, छिद्रान्वेषण, हस्तक्षेप.
**टोटका** = अभिमंत्रण, जुगत, शोबदा.
**टोटका कृत** = अभिमंत्रित.
**टोटकाहाई** = अभिमंत्रक.
**टोटकेबाज़** = शोबदेबाज़.
**टोटल** = जोड़ फल.
**टोटा** = खंड, ठूँठ, शेष अंश, हानि.
**टोड** = मेंढक.
**टोडा** = आदिवासी.
**टोड़ा** = दस्तबंद.
**टोन** = कंठध्वनि, तान.
**टोनहा/टोनहाई** = अभिमंत्रक, अभिमंत्रक.
**टोनहाया/टोनहाई** = अभिमंत्रक.
**टोना** = अभिमंत्रण, अभिमंत्रण.
**टोना कृत** = अभिमंत्रित.
**टोनाटोटका** = अभिमंत्रण, अभिमंत्रण.

**टॉनिक** *सं* कौर्डियल, पुष्टिद, *पोषक*, पोषक औषध, पौष्टिक औषध, प्राणद, *शक्तिवर्धक*.

**टोप** = भिगौना, हैल्मेट.

**टोप** *सं* अँगरेजी टोपी, *खोल*, हैट, •टोपी, •हैल्मेट.

**टोपा** *सं* •कनटोप, •टोपी.

**टोपाज़** = पुखराज.
**टोपी** = ढक्कन, पोला.

**टोपी** *सं* कुलह, कुल्ला, कैप, •टोप, •पगड़ी, •मुकुट.

**टोपीवाला** = राजनेता.
**टोबा** = टीला.
**टोल** = संग्रह.
**टोला** = ग्राम, महल्ला, वृंद, समूह.
**टोली** = टीम, पशुसमूह, मित्र मंडली, वृंद, समूह, सार्थ, सेना विभाग.
**टोली नेता** = टीम नायक.

**टोस्ट** *सं* भुना स्लाइस, •डबल रोटी.

**टोह** = अनुसंधान, गुप्तचर्या, घात, जिज्ञासा, झाड़ातलाशी, तलाश, तलाशी, सुराग़.
**टोहना** = अकनना, खोजना, छूना.
**टोहा/टोही** = आलब्ध.
**टोहाटाई** = गुप्तचर्या.
**टोहिया** = खोजी, गुप्तचर.
**टोही** = खोज यात्री, खोजी, गुप्तचर, तथ्यान्वेषक.
**टोही दस्ता** = अग्रगामी सेना.
**टौंगा** = ताँगा.
**टौप** = उत्तम.
**टौपक्लास** = उत्तम.
**टौय** = खिलौना.
**टौय गन** = खिलौना बंदूक़.
**टौल** = कर, भाड़ा.

**टौल मार्ग** *सं* किराया मार्ग, टौल रोड, सीमित मार्ग, •राजमार्ग, •राजमार्ग, •सड़क.

**टौल रोड** = टौल मार्ग.
**टौस** = शेर बकरी.
**ट्यूज़डे** = मंगलवार.
**ट्यूटर** = अध्यापक, निजी शिक्षक, निजी शिक्षक.
**ट्यून** = लय.
**ट्यूनिंग** = सामंजस्य.
**ट्यूब** = नली, भूमिगत रेलमार्ग, लाइफ़ब्वाय.

**ट्यूब वैल** *सं* नल कूप, पंप, बंबा, यंत्रनल, •सिंचन.

**ट्यूमर** = अर्बुद, गूमड़.
**ट्यूशन** = अध्यापन.
**ट्रंक रोड** = राष्ट्रीय राजमार्ग.
**ट्रंक्स** = निकर.
**ट्रंपैट फ़्लावर** = पाटलि.
**ट्रक** = भारयान, भारवाहक, मोटर ट्रक.
**ट्रक अड्डा** = ट्रांसपोर्ट नगर.
**ट्रमोंटेन (इटली)** = उत्तर पवन.
**ट्रशल स्टेट्स (पूर्व नाम)** = अमीरात.
**ट्रस्ट** = आस्था, न्यास, संस्था.
**ट्रस्टी** = न्यासधारी.
**ट्रांज़ैक्शन** = सौदा.

**ट्रांसपेरैंसी** *सं पारदर्शी*, फ़ोटो ट्रांसपेरैंसी, •फ़ोटोप्रिंट.

**ट्रांसपोर्ट** = परिवहन, यान.

**ट्रांसपोर्ट नगर** *सं* अड्डा, *घर*, ट्रक अड्डा, ठिकाना, ठीया, डिपो, यानस्थल, वाहनस्थल, सारथी नगर, •बस डिपो, •स्टेशन.

**ट्रांसपोर्टर** *सं* ढुलैया, परिवहन कर्ता, परिवाहक, -वह, वहन कर्ता, •कुली, •परिवहन, •भारवाहक, •वहन.

**ट्रांसपोर्टिंग** = वहन.
**ट्रांसफ़र** = स्थानांतरण.
**ट्रांसलेटर** = अनुवादक.
**ट्रांसलेटिड** = अनुवादित.
**ट्रांसलेशन** = अनुवाद.
**ट्राइब** = क़बीला.
**ट्राई करना** = आज़माना.
**ट्राम** = ट्रामगाड़ी.

**ट्रामगाड़ी** *सं* ट्राम, स्ट्रीटकार, •टैक्सी, •बस.

**ट्राम पटरी** = ट्राम मार्ग.
**ट्रामपथ** = ट्राम मार्ग.

**ट्राम मार्ग** *सं* ट्राम पटरी, ट्रामपथ, ट्राम लाइन, ट्राम वे, •रेल पटरी.

**ट्राम लाइन** = ट्राम मार्ग.
**ट्राम वे** = ट्राम मार्ग.
**ट्रायल** = कोशिश, परख.
**ट्रायँगल** = त्रिकोण.
**ट्रायैड** = तीन समुदाय.
**ट्रिगर** = बंदूक़ घोड़ा, स्टार्टर.

**ट्रिगर** *सं* खटका, *घोड़ा*, चाँपा, *बटन*, •बंदूक़ हत्था, •स्टार्टर.

**ट्रिनट्रिन** = टनटन, समय सूचना.
**ट्रिनट्रिन करना** = टनटनाना.

**ट्रिप** *सं दौरा*, फेरा, *यात्रा*, •गश्त.

**ट्री** = वृक्ष.
**ट्रीट** = भोज.
**ट्रीटमैंट** = शैली.
**ट्रीटमैंट** = चिकित्सा.

**ट्रीनीडाड और टबेगो** *सं* भूतपूर्व वैस्ट इंडीज़ से विलग देश, •इंडीज़, •प्रवासी भारतीय.

**ट्रीब्यूनल** = न्यायालय.
**ट्रुथ** = सत्य.
**ट्रुप** = सेना.

**ट्रे** *सं* किश्ती, ख़्वान, डोंगी, तश्तरी, *थाल*, नाव, •प्लेट.

**ट्रेड** = व्यापार.
**ट्रेड ऐंब्लम** = ट्रेडमार्क.

**ट्रेडनेम** *सं* प्रचलित नाम, ब्रांडनेम, व्यापार नाम, •ट्रेडमार्क.

**ट्रेड फ़ेअर** = मेला बाज़ार.

**ट्रेडमार्क** *सं चित्र*, *चिह्न*, *छाप*, ट्रेड ऐंब्लम, ठप्पा, *ध्वज*, निशान, पण्यचिह्न, पहचान, ब्रांड, मार्क, मार्का, व्यापार चिह्न, •ट्रेडनेम, •पहचान चिह्न.

**ट्रेड यूनियन** = मज़दूर संघ.
**ट्रेडर** = व्यापारी, सौदागर.
**ट्रेडिंग** = सौदागरी.
**ट्रेन** = रेलगाड़ी.
**ट्रेन करना** = सिखाना.
**ट्रेनर** = प्रशिक्षक.
**ट्रेनिंग** = प्रशिक्षण.
**ट्रेनी** = प्रशिक्षु.
**ट्रेन्ड** = प्रशिक्षित.
**ट्रेलर** = अनुयान.

**ट्रेस** = पुट.

**ट्रेसिंग** *सं* अक्स, आरेख, आरेखा, छायारेखा, रेखाछाया, •प्रतिलिपि.

**ट्रैंक्वीलाइज़र** = प्रशामक औषध.

**ट्रैंच** *सं* ख़ंदक़, खाई, खातक, संगर, सैनिक खात, •दुर्ग परकोटा, •युद्धाग्र.

**ट्रैंड** *सं* चलन, झुकान, झुकाव, *दिशा*, नई दिशा, *प्रवाह*, *प्रवृत्ति*, *फ़ैशन*, रुख़, *रुचि*, रुझान, हवा, •परंपरा, •फ़ैड, •फ़ैशन.

**ट्रैंडी** *वि* नई चाल का; नया/नई, फ़ैशनेबल, मौड, मौडर्न, •फ़ैशनानुकूल.

**ट्रैंस-जोरडन (पूर्व नाम)** = जोर्डन.
**ट्रैक** = दौड़ मार्ग, दौड़ मैदान.
**ट्रैक्टर** = अग्रयान.

**ट्रैक्टर** *सं* *कर्षक*, कृषियंत्र, •हल, •हार्वैस्टर, •हैरो.

**ट्रैक्शन** = कर्षण.
**ट्रैजडी (विकल्प)** = गंभीर नाटक.
**ट्रैज़र** = ख़ज़ाना.
**ट्रैज़रर** = कोशाध्यक्ष.
**ट्रैज़री** = कोशागार, राजकोश.
**ट्रैजेडी** = गंभीर नाटक, दुःखांत नाटक.
**ट्रैडल** = पदाश्रय.
**ट्रैडीशन** = परंपरा.
**ट्रैपडोर** = फ़र्शी द्वार.

**ट्रैपीज़** *सं* रस्सी झूला, सरकस झूला, •झोंटा.

**ट्रैफ़िक** = यातायात.
**ट्रैफ़िक सिगनल** = यातायात संकेत.
**ट्रैवल** = यात्रा.
**ट्रैवलर** = यात्री.
**ट्रौइका** = स्लैज.
**ट्रौजन हार्स** = कपट रचना.
**ट्रौफ़ी** = पुरस्कार.
**ट्रौय भार** = रत्न भार पद्धति.
**ट्रौय वेट** = रत्न भार पद्धति.
**ट्रौली** = गाड़ी डिब्बा.
**ठंठ** = लूला/लूली.
**ठंठनाना** = खनखनाना.

**ठंठार** = निर्धन व्यक्ति.
**ठंठी** = दुग्धहीन.
**ठंड** = ज़ुकाम, ठिठुरन, तुषार, शीतलता, सर्दी.
**ठंडक** = शीतलता.
**ठंड लगना** = ठिठुरना.
**ठंड लगाना** = ठिठुराना.
**ठंडा/ठंडी** = अतिशीतल, अप्रबल, आलसी, थका/थकी, प्रशांत, वैभवहीन, शीतकालीन, शीतल, शीतलित, स्पर्शानुभूतिहीन, हतोत्साहित, हिमीकृत.
**ठंडाई** = शरबत.
**ठंडा कपड़ा** = कपास वस्त्र.
**ठंडा करना** = बुझाना.
**ठंडा गोदाम** = कोल्ड स्टोरेज.
**ठंडा ठार** = अतिशीतल.
**ठंडा ठार/ठंडी ठार** = हिमित, हिमीकृत.
**ठंडा पड़ना** = बुझना, मरना.
**ठंडा पड़ना** = बुढ़ाना.
**ठंडापन** = निरुत्साह, शीतलता.
**ठंडी बोतल** = ऐरेटिड वाटर, थरमस.
**ठंडी सड़क** = कुंजगली.
**ठंढ** = शीतलता.
**ठंढक** = शीतलता.
**ठक** = खटखट, दस्तक.
**ठकठक** = खटखट, ठुँकाई, दस्तक.
**ठकुरसुहाती** = खुशामद.
**ठकुराइन** = क्षत्रिय स्त्री, रानी.
**ठकुरानी** = क्षत्रिय स्त्री.
**ठकुरायत** = प्रताप.
**ठकुराहट** = हेकड़ी.
**ठकोरी** = बैसाखी.
**ठग** = अपराध जगत सदस्य, चोर, दुर्जन, बटमार, बेईमान, लुटेरा.

**ठग** *सं* अंटीबाज़, क़ज़्ज़ाक, कपटी, कोट्टार, चकमेबाज़, चक्राट, चलता पुरजा, चाँइयाँ, चार सौ बीस, चालबाज़, *चोर*, छँटैल, छलिया, छली, झाँसेबाज़, ठगड़ा, दग़ाबाज़, दमबाज़, दाँवबाज़, धाँधलिया, धाँधलेबाज़, धोखेबाज़, नीच, पिशुन, प्रपंची, फ़रेबकार, फ़्रौड, बट्टेबाज़, बेईमान, भड़ेरिया, मक्कार, मदार, *मायावी*, लुच्चा, शठ, शातिर, *शोबदेबाज़*, सकैतव, •कुचाली, •घाघ, •चोर, •पाखंडी, •बटमार.

**ठग/ठगिनी** = स्वच्छंद प्रेमी.
**ठगई** = बटमारी.
**ठगड़ा** = ठग, दुर्जन, बटमार.
**ठगना** = मोहना.

**ठगना** *क्रि* अंधा बनाना, अँधेरी देना, आँखों में धूल झोंकना, उल्लू बनाना, कपट करना, गैल बताना, चकमा देना, *चपराना*, चराना, छल करना, *छलना*, झाँसा देना, धोखा देना, *फँसाना*, *फाँसना*, *बनाना*, बहकाना, *भरमाना*, मूँड़ना, मूर्ख बनाना, *लूटना*, सात पाँच करना, •झटकना.

**ठगा/ठगी** = छला/छली, पाशबद्ध.
**ठगाई** = बटमारी.
**ठगिनी** = प्रलोभिनी, सुंदर स्त्री.
**ठगिया** = दुर्जन.
**ठगी** = छल, बटमारी, बेईमानी, मुनाफ़ाख़ोरी.
**ठगोरी** = वशीकरण, शोबदा, सम्मोहन कर्म.
**ठट** = टट्टी.
**ठटकीला/ठटकीली** = तड़कभड़कदार.
**ठटरी** = अस्थिपंजर, टट्टी.
**ठट्टी** = टट्टी.
**ठट्ठ** = ढेर.
**ठट्ठा** = खिल्ली, चुटकुलेबाज़ी, तिरस्कार, विनोद, शरारत, सहज कार्य.
**ठट्ठेबाज़** = विट, विनोदप्रिय, विनोदी.
**ठट्ठेबाज़ी** = वाक्केलि, वाक्केलि.
**ठट्ठा ठठोली** = विनोद.
**ठठ** = भीड़.
**ठठरी** = कंकालमात्र, टट्टी, ढाँचा.
**ठठाना** = हँसना.

**ठठेरा** *सं* कसेरा, कसेरा/कसेरिन, काँसागर, कांस्यकर्मी, कांस्यकार, कारंधमी, ठठेरा/ठठेरिन, तमेरा/तमेरी, ताम्रकार, ताम्रिक, ताम्रोपजीवी, *भरत*, भरतिया, शौल्विक, •कुम्हार, •बरतन, •लोहार.

**ठठोली** = विनोद.
**ठन** = ठनठन.

**ठनकना** = खनखनाना.
**ठनठन** = सारहीन.

**ठनठन** *सं* ठन, ठनठनाहट, ठुनठुन, ठुन्नक, •ठकठक, •लोहार, •हथौड़ा.

**ठनठन करना** = खनखनाना.
**ठनठन गोपाल** = निर्धन व्यक्ति.
**ठनठनाना** = कुलाँचना, खनखनाना.
**ठनठनाहट** = खनखन, ठनठन.
**ठनाठनी** = कलह.
**ठप** = आउट आफ़ आर्डर.
**ठप करना** = रोकना.
**ठपठप** = टाप ध्वनि.
**ठप होना** = बिगड़ना.
**ठप्पा** = ट्रेडमार्क, मुद्रण ब्लाक, मुहर, मुहर चिह्न.
**ठमक** = इठलाहट.
**ठमकना** = इठलाना, नाचना.
**ठमकाना** = चौंकाना.
**ठमकारना** = बजाना.
**ठर्रा** = मद्य सूची, महुआ मद्य.

**ठर्रा** *सं* घटिया शराब, *ताड़ी*.

**ठस** = छिद्रहीन, जनाकीर्ण, ठोस, दुर्गम, मंदधी, सघन, सुगठितकाय, सुदृढ़.
**ठसक** = अहंकार, इठलाहट, नाज़नख़रा.
**ठसकना** = इठलाना, इतराना.
**ठसका** = इठलाहट, ठोकर, धचका, नाज़नख़रा.
**ठसकेदार** = छबीला/छबीली, नख़रीला.
**ठसके वाला** = नख़रीला.
**ठसके वाली** = नख़रीली.
**ठसा/ठसी** = छिद्रहीन.
**ठसाई** = ठुँसाई.
**ठसाठस** = जनाकीर्ण.
**ठहरना** = बसना, रहना, रुकना, हिचकना.

**ठहरना** *क्रि* असंचल होना, खड़ा होना, गतिहीन होना, *जमना*, थमना, थमा होना, निश्चल होना, *रुकना*, स्थिर होना, •रुकना.

**ठहरा/ठहरी** = अनुबंधित, निश्चल, निश्चल (जल), वाग्दत्त/वाग्दत्ता, वातहीन, विलंबित.

**ठहराई** = आवासन.
**ठहराना** = टिकाना, बसाना, रोकना.
**ठहरापन** = जल अप्रवाह.
**ठहरा पानी** = स्थिर जल.
**ठहराव** = अनुबंध, अभिसार स्थल, जल अप्रवाह, निश्चय, विराम, विलंब, समझौता, सहमति, सौदा.
**ठहरौनी** = अनुबंध, वररोक, सगाई.
**ठहाका** = अट्टहास, अट्टहास.
**ठहाका लगाना** = हँसना.
**ठाँठ** = दुग्धहीन.
**ठाँय** = जमाका.
**ठाँव** = अवसर, पता, शरणस्थल, स्थान.
**ठाँव ठिकाना** = पता निर्देश.
**ठाँस** = ठुँसाई.
**ठाँसठूँस** = ठुँसाई.
**ठाँसना** = ठूँसना.
**ठाँसना ठूँसना** = ठूँसना.
**ठाँह** = स्थान, स्थिति.
**ठाकुर** = ईश्वर, ग्राम मुखिया, जमींदार, देवता, देवमूर्ति, मुखिया, राजा सूची भारतीय.
**ठाकुर ज़मींदार** = कुलीन समाज.
**ठाकुरद्वारा** = मंदिर.
**ठाकुरानी** = क्षत्रिय स्त्री.
**ठाट** = टट्टी, पैंतरा, प्रतिष्ठा, भीड़, महोर्मि, सजावट, समृद्धि.
**ठाटदार** = राजसी, वैभवशाली.
**ठाटबाट** = तड़कभड़क, दिखावा, भोगविलास, सजावट, समृद्धि.
**ठाटबाटदार** = तड़कभड़कदार, फ़ैशनानुकूल.
**ठाटर** = अस्थिपंजर, ढाँचा, पक्षी छतरी.
**ठाटें मारना** = लहरना.
**ठाठ** = वाद्य तार.
**ठान** = आरंभ, आरंभिक कर्म, करण, संकल्प.
**ठानने योग्य** = आरभ्य, करणीय.
**ठान्य** = आरभ्य, करणीय.
**ठाप** = मुहर चिह्न.
**ठापा** = मुहर.
**ठाम** = घर.
**ठार** = अतिशीतल, तुषार.
**ठाला/ठाली** = प्रयासहीन, बेरोज़गार.
**ठाली** = बेरोज़गार.
**ठिंगना/ठिंगनी** = नीचा/नीची.

**ठिंगना/ठिंगनी** *वि* अंगुष्ठमात्रक, अल्पतनु, कम ऊँचा, कम लंबा, किरात/किराती, खर्ब, गुट्टा/गुट्टी, छुटका/छुटकी, छुटकू, छोटा/छोटी, ठिंगा/ठिंगी, ठुमका/ठुमकी, नाटा/नाटी, नीचा/नीची, पोदना/पोदनी, बंटा/बंटी, बालिश्तिया, बौना/बौनी, *लघुकाय*, वामन, सूक्ष्माकार, स्वल्पदेह, *ह्रस्व*.

**ठिंगना व्यक्ति** = बौना.
**ठिंगा/ठिंगी** = ठिंगना/ठिंगनी.
**ठिंगू** = बौना.
**ठिकाना** = गंतव्य, घर, जागीर, ट्रांसपोर्ट नगर, पता, शरणस्थल, सीमारेखा, सेना चौकी, स्टेशन, स्थान, स्थिति.
**ठिकाने लगाना** = रखना.
**ठिठक** = बिदकन, हिचक.
**ठिठकना** = डरना, बिदकना, हिचकना.
**ठिठुरता/ठिठुरती** = शीताकुल.

**ठिठुरन** *सं* कँपकँपाहट, कँपकँपी, *कंपन*, किटकिटी, जाड़ा, ठंड, फुरहरी, शीत कंपन, सिहरन, सिहरी, •शीतलता, •सर्दी.

**ठिठुरना** *क्रि* अकड़ना, कँपकँपाना, *काँपना*, किटकिटाना, जकड़ना, जुड़ाना, जूड़ी चढ़ना, ठंड लगना, ठिरना, फुरहरी चढ़ना, बतीसी बजना, *सिकुड़ना*, सियराना, सिरसिराना, *सिहरना*, हहलाना, •काँपना.

**ठिठुराना** *क्रि* *काटना*, किटकिटी बाँधना, गलाना, *जमाना*, ठंड लगाना.

**ठिठोलिया** = विट, विदूषक.
**ठिठोली** = खिल्ली, चकल्लस, विनोद.
**ठिठोलीबाज़** = विट, विनोदप्रिय, विनोदी.

**ठिनक** *सं* चिनक, चुनक, *झाँझ*, टेक, ठुनठुन, बाल हठ, मचलन, •रुदन, •सिसकी, •हठ.

**ठिनकना** *क्रि* अड़ना, आन करना, टेक पकड़ना, ठुनकना, *फैलना*, *बिखरना*, बिफरना, मचलना, मुँह फुलाना, हठ करना, •कराहना, •झींकना, •रोना.

**ठिरना** = ठिठुरना.
**ठीक** = अच्छा/अच्छी, अनाहत, अवसरानुकूल, अविकृत, असंदिग्ध, आवश्यकतानुरूप, ऊर्ध्वमुख, क्रमिक, चिकित्सित, तथ्यात्मक, तर्कसंगत, नैतिक, न्यायसंगत, न्यायानुकूल, पका/पकी, पर्याप्त, प्रबंधित, प्रासंगिक, मरम्मतकृत, लक्ष्यवेधी, विधिसंगत, विनियोज्य, विशोधित, वैध, व्यवस्थित, शोभनीय, संगत, संशोधित, सत्याधारित, सलामत, सहमतकारी, सही साइज़ का, सामंजस्ययुक्त, स्वस्थ, स्वीकार्य, हाँ.

**ठीक** *वि* ग़लत नहीं, ग़लती बग़ैर, चूकहीन, बिल्कुल सही, बेचूक भूलहीन, *विश्वसनीय*, *श्रमसाध्य*, सही, सावधानीपूर्ण, •तथ्यात्मक, •संशोधित, •सटीक, ▪ग़लत.

**ठीक अवसर** = सुअवसर.
**ठीक ठाक** = मध्यमस्तरीय.
**ठीकठाक** = अनाहत, अविकृत, व्यवस्थित, सलामत, स्वस्थ.
**ठीक नहीं** = ग़लत.
**ठीक निशाना** = लक्ष्यसिद्धि.
**ठीक बैठाना** = जड़ना.
**ठीकम ठीक** = सही साइज़ का.
**ठीक समय पर आने वाल** = समय पालक.
**ठीक सामने** = सीधे.
**ठीक सीधे** = सीधे.
**ठीक है** = हाँ.
**ठीया** = ट्रांसपोर्ट नगर.
**ठीहा** = आधार सूची, थूनी, यज्ञवेदी.

**ठीहा** *सं* आयरन, उद्घन, ऐरन, *कुंदा*, घन, टेक, *थूनी*, निहठा, निहाई, निहाली, सितून, सिल्ली, स्थूण, स्थूणा, •हथौड़ा.

**ठुंकाई** = पिटाई.

**ठुंकाई** *सं* गड़ाई, घुसन, घुसाई, घुसेड़, *चोट*, ठकठक, ठोंक, ठोंकपीट, ठोंकाठाकी, पीट, पेल, पेला, पेलाई, विधन, हनन, ▪खनन.

**ठुंठ** = पल्लवहीन.

**ठुँसन** = ठुँसाई.
**ठुँसना** = पैठना.
**ठुँसा/ठुँसी** = सघन.
**ठुँसाई** = रुँझाई.

**ठुँसाई** *सं* ठसाई, ठाँस, ठाँसठूँस, ठुँसन, ठूँसन, *पैकिंग*, •अत्याहार, •भराई.

**ठुँसाव** = फुलाव.
**ठुकठुक** = खटखट, दस्तक.
**ठुकठुक करना** = ठोंकना.
**ठुकठुकी** = दस्तक.
**ठुकन्ना** = हथौड़ा.

**ठुकराना** *क्रि* अनुमति न देना, अस्वीकार करना, अस्वीकृत करना, इनकार करना, गरदन हिलाना, जवाब देना, नकारना, न मानना, ना करना, बरजना, बात न मानना, मना करना, राज़ी न होना, रीजैक्ट करना, सम्मति न देना, सहमत न होना, सहमति न देना, स्वीकृति न देना, हटकना, •मुकरना.

**ठुकराया/ठुकराई** = अस्वीकृत.
**ठुड्डी** = ठोड़ी.
**ठुनकना** = ठिनकना.
**ठुनठुन** = ठनठन, ठिनक.
**ठुन्नक** = ठनठन.
**ठुमक** = इठलाहट, नर्तन.
**ठुमकना** = इठलाना, नाचना.
**ठुमका** = नर्तन, नृत्य.
**ठुमका/ठुमकी** = ठिंगना/ठिंगनी.
**ठुमकारना** = इठलाना.
**ठुम्मक** = इठलाहट.
**ठूँठ** = कुंदा, पल्लवहीन, रुंड.

**ठूँठ** *सं* टोटा, *मुंड*, रुंडमुंड, शाखापल्लवहीन तना, स्थाणु, •खूँट, •तना.

**ठूँठा/ठूँठी** = लूला/लूली, सारहीन.
**ठूँसन** = ठुँसाई.
**ठूँसना** = फुलाना, हड़पना.

**ठूँसना** *क्रि* अड़ाना, कूट कूट कर भरना, ठाँसना, ठाँसना ठूसना, धाँसना, पेलना, *भरना*, भराई करना, *लादना*, •पैक करना, •फुलाना, ▪रिताना.

**ठूँसा** = अँगूठा.
**ठूँसू** = अत्याहारी.
**ठेंगा** = अँगूठा.
**ठेंठा** = कान मैल, फाहा.
**ठेंठी** = कार्क.
**ठेका** = चौकड़ीघर, दायित्व, मद्यशाला.

**ठेका** *सं* *अनुबंध*, इक़रार, इजारा, क़रार, कांट्रैक्ट, कार्यपूर्ति दायित्व, ज़िम्मा, *दायित्व*, *समझौता*, *सौदा*, •अनुबंध, •नौकरी, •वचन, •वेतन, ▪रोज़ंदारी.

**ठेकेदार** = अनुबंधिता, अमानीदार, निर्माण ठेकेदार.

**ठेकेदार** *सं* कांट्रैक्टर, ठेके पर काम करने वाला, •अमानीदार.

**ठेके पर काम करने वाला** = ठेकेदार.
**ठेठ** = एकमात्र, विशोधित.
**ठेपी** = कार्क.
**ठेलक** = प्रोपलर.
**ठेलगाड़ी** = ठेलागाड़ी.
**ठेलना** = झोंकना, धकेलना, धक्कामुक्की करना, निकालना.
**ठेलपेल** = जनाकीर्णता.
**ठेलमठेला** = जनाकीर्णता, धक्कामुक्की.
**ठेला** = छापा, जोतगाड़ी, ठेलागाड़ी, धचका, प्रवाह, फेरी दुकान, ब्लिट्ज़, भीड़, भोजन ठेला.

**ठेलागाड़ी** *सं* कार्ट, गाड़ा, गाड़ी, ठेलगाड़ी, ठेला, ठेली, पुशकार्ट, बैरो, हाथगाड़ी, हाथ ठेला, •फेरी दुकान, •बैलगाड़ी.

**ठेलाठेल** = धक्कामुक्की.
**ठेलाठेली** = धक्कामुक्की.
**ठेला मोटर** = मोटर ट्रक.
**ठेली** = ठेलागाड़ी, फेरी दुकान.
**ठेले वाला** = फेरी वाला.
**ठेस** = मनोघात.
**ठेहरी** = थूनी.
**ठोंक** = ठुँकाई.
**ठोंकठाँक** = ठुँकाई.
**ठोंकना** = कीलना, जमाना, थपकना.

**ठोंकना** *क्रि* गड़ाना, घुसाना, घुसेड़ना, ठुकठुक करना, धँसाना, *धकेलना*, *पीटना*, पेलना, भोंकना.

*मारना*, रेलना, हथौड़ा मारना, •गढ़ना, •गाड़ना, •जड़ना, •थापना, ■उखाड़ना.

**ठोंकपीट** = जुगत, ठुँकाई.
**ठोंकाठाकी** = ठुँकाई.
**ठोंसा** = अँगूठा.
**ठोकर** = अहित, जूताग्र, पदाघात.

**ठोकर** *सं आघात*, *टक्कर*, ठसका, दचका, धक्का, •चोट, •फिसलन, •लुढ़कन.

**ठोकरें खाना** = भटकना.
**ठोठरा/ठोठरी** = सारहीन.

**ठोड़ी** *सं* चिबुक, ठुड्डी, ठोढ़ी, •जबड़ा.

**ठोड़ी में हाथ देना** = फुसलाना.
**ठोढ़ी** = ठोड़ी.
**ठोढ़ी बाल** = दाढ़ी.
**ठोस** = अखंडनीय, अनम्य, छिद्रहीन, तथ्यात्मक, तर्कसंगत, थलीय, दुर्गम, पिंडाकार, बलिष्ठ, भौतिक, यथार्थ, विज्ञानसंगत, साकार, सारपूर्ण, सुगठितकाय, सुदृढ़, सूक्तिवत, स्पर्शगम्य.

**ठोस** *वि* अच्छिद्र, अछेद्य, अद्रव, अवेध्य, अशून्य, *कठिन*, *कठोर*, कड़ा/कड़ी, गठा/गठी, गफ, गहन, घन, घना/घनी, घोर, *छिद्रहीन*, ठस, दृढ़, बँधा/बँधी, *सघन*, सांद्र, सौलिड, स्थूल, •अनम्य, ■छिद्रिल, ■तरल, ■विरल.

**ठोस करना** = जमाना.
**ठोस ज़मीन** = थल.
**ठोस पदार्थ** = सघन पदार्थ.
**ठोस विवरण** = तथ्य.
**ठौर** = घर, पता, शरणस्थल, स्थान.
**ठौर ठिकाना** = पता, पता निर्देश.
**डंक** = डंक दंश.

**डंक** *सं* आदंश, दंश, विषदंश, •दाँत, •बिच्छू, •भिड़, •मधुमक्खी.

**डंक दंश** *सं* काटा, *डंक*, दंश, •कुत्ते का काटा, •साँप का काटा.

**डंकना** = गड़गड़ाना, टनटनाना.

**डंक मारना** = डँसना.
**डंकहीन** = अनाहतिकारक.
**डंका** = ढोल, प्रसिद्धि.
**डंका ध्वनि** = ढमढम.
**डंका बजाना** = जीतना.
**डंके की चोट** = खुले आम.
**डंगर** = ढोर, दुग्ध पशु.
**डँगरी** = डाकिनी.
**डंठल** = प्रशाखा.

**डंठल** *सं* कंडा, कांड, टुन्ना, डंडी, ढिपनी, नरई, पयाल, *सींक*, सींका, •टुनगी, •तना, •पल्लव, •प्रशाखा, •लता कर.

**डंड** = कंधा-कलाई हाथ, हाथ.

**डंड** *सं दंड*, हाथ-पैर पंजा व्यायाम, हाथ-पैर पंजे के सहारे शरीर उत्थान, •उठक बैठक, •व्यायाम.

**डंडपेल** = कुश्तीबाज़.

**डंड बैठक** *सं* दंड बैठक, बाहु व्यायाम, •उठक बैठक.

**डंडवत** = दंडवत.
**डंडा** = अक्षदंड, अरा, डाँड़, दंडनीति, सीढ़ी डंडा, सोंटा.

**डंडा** *सं* असा, चोब, *दंड*, दस्ता, लगुड, सोटा, •चाबुक, •छड़ी, •ढोलडग्गा, •सोंटा.

**डंडा घोड़ी** *सं घोड़ा*, *घोड़ी*, पैरेलल बार, बार, बार्स, हौराइजोंटल बार, •रिपटना.

**डंडाबरदार** = लाठीधारी.
**डंडी** = छड़ी, डंठल, ढोलडग्गा, पगडंडी, लीवर, सीधी रेखा.
**डँड़ीर** = सीधी रेखा.
**डंडैत** = लाठीधारी.
**डंडौत** = दंडवत.
**डंबर** = ढेर, पाखंड, शब्दाडंबर, सजावट, हल्लागुल्ला.
**डंस** = डाँस, मच्छर.

**डँसना** *क्रि काटना*, डंक मारना, डसना, भिड़ना.

**डक** = बतख़.
**डकारना** = भकोसना.

**डकैत** = अपराध जगत सदस्य, डाकू.

**डकैती** *सं गोलीबारी*, *छापा*, डाका, डाकाज़नी, डाकेज़नी, दस्युता, धाड़, मारकाट लूटपाट, हमला, हल्ला, •चोरी, •लूटपाट, •सेंध, •सेंधमारी.

**डग** *सं* एक पद, क़दम, चरण, टाप (घोड़ा), पग, *पद*, *पैर*, *फ़ुट*, •पदचर्या.

**डगडगाना** = लड़खड़ाना.
**डगडौर** = लड़खड़ाता/लड़खड़ाती.
**डग प्रतिडग** = पद प्रतिपद.
**डग भरना** = दौड़ना.
**डगमग** = छकड़ा, मदिरोन्मत्त, लड़खड़ाता/लड़खड़ाती, विचलनशील.
**डगमगाऊ** = प्रलोभनकारी, विचलनकारी.
**डगमगाता/डगमगाती** = छकड़ा, जर्जर वृद्ध, मदिरोन्मत्त, लड़खड़ाता/लड़खड़ाती.
**डगमगाना** = डरना, लड़खड़ाना.

**डगमगाना** *क्रि* अस्थिर होना, *डरना*, डिगना, *डोलना*, ढिसरना, ढीला पड़ना, *ढुलकना*, ढुलमुलाना, निश्चय से हटना, पस्त होना, बिचलना, *लड़खड़ाना*, विचलना, विचलित होना, साहस छोड़ना, हाथ पाँव फूलना, हिम्मत छोड़ना, हिम्मत हारना, *हिलना*, •डिगाना, •बिदकना, •हिचकना, ■सामना करना, ■साहस करना.

**डगमगाहट** = धैर्यभंग, मद झूम, लड़खड़ाहट, विचलन, हिचक.
**डगर** = पगडंडी, मार्ग.
**डगरा** = मार्ग.
**डगरिया** = पगडंडी.
**डग लेना** = चलना.
**डग्गा** = ढोलडग्गा.
**डज़न** = बारह समुदाय.
**डटन** = धैर्य.
**डटना** = झेलना.
**डटाना** = जड़ना.
**डट्टा** = नैचा.
**डढ़ार** = दाढ़ीदार.
**डढ़ियल** = दाढ़ीदार.

 (प्रा) प्राचीन शब्द, अब अप्रचलित - *तिरछे* शब्द स्वतंत्र शीर्षक भी हैं •सपर्याय ■विपर्याय

**डपट** = डाँट.
**डपटना** = डाँटना.
**डपोर शंख** = डींगबाज़.

**डफ** *सं* खँजरी, चंग, डफला, डफली, ढप, ढपली, •ढोल.

**डफला** = डफ.
**डफली** = डफ.
**डब** = थैला.
**डबका** = आशंका, जोखिम.
**डबडब** = अश्रुपूर्ण.
**डबडब करना** = फड़कना.
**डबडबाता/डबडबाती** = अश्रुपूर्ण, दुःखी.
**डबडबाना** = झिलमिलाना, भकभकाना, रोना.
**डबरा** = चिलमची, डोंगा.
**डबल** = ख़मीरा/खमीरी, दुगुना.
**डबल एजेंट** = प्रतिगुप्तचर.
**डबल चैकिंग** = क्रौस चैकिंग.
**डबल जाँच** = क्रौस चैकिंग.
**डबल जासूस** = प्रतिगुप्तचर.

**डबल रोटी** *सं* पाव, पाव रोटी, ब्रैड •केक, •टोस्ट, •पैटी, •बन, •ब्रैड रोल, •रस्क, •रोटी, •सैंडविच, •स्लाइस.

**डबला** = डोंगा.
**डब्बा** = कटोरदान, डिब्बा.
**डब्बी** = डिब्बा.
**डब्बू** = शिशु.
**डभका/डभकी** = ताज़ा.
**डमर** = रणत्याग, हाँका.
**डमरु** = डुगडुगी.
**डमरुमध्य** = थलडमरुमध्य.
**डमरुयंत्र** = अलैंबिक.
**डमरुवादक** = शिव.
**डमी** = अयथार्थ, कठपुतली, पृष्ठसज्जा, प्रयोगात्मक, मौडल पुतला, स्थानापन्न व्यक्ति.
**डर** = चिंता, बिदकन, भय, संकोच, हिचक.
**डर कर** = विवशतः.
**डर कर भागना** = भागना.
**डरना** = डगमगाना, बिदकना, भागना, हिचकना.

**डरना** *क्रि* अकुलाना, आतंकित होना, औसान छूटना, कँपकँपाना, कँपकँपी होना, कच्चा पड़ना, कमज़ोर पड़ना, कलेजा टूटना, *काँपना*, घबराना, *टूटना*, ठिठकना, *डगमगाना*, डर लगना, डिगना, थरथराना, थर्राना, दहलना, दुबकना, दुम दबाना, धैर्य टूटना, नानी मरना, पलायन करना, भयकंपित होना, *भागना*, मिमियाना, *लड़खड़ाना*, लरजना, विचलित होना, सटपटाना, साहस छोड़ना, साहस टूटना, सिमटना, *सिहरना*, हवाइयाँ उड़ना, हिम्मत पस्त होना, हिम्मत हारना, *हिलना*, हौसले पस्त होना, •डराना, •बिदकना, •हिचकना, ▪सामना करना, ▪साहस करना.

**डरपोक** = कायर, पलायनवादी.
**डरपोक व्यक्ति** = कापुरुष.
**डर लगना** = डरना.
**डरा/डरी** = भयभीत, विचलित.
**डराऊ** = दंडात्मक.
**डरा धमका कर** = बलात्.
**डराना** = डिगाना, धमकाना.

**डराना** *क्रि* आतंक फैलाना, आतंकित करना, औसान छुड़ाना, कँपकँपाना, *कँपाना*, कंपित करना, छक्के छुड़ाना, थरथर कराना, थहराना, दहलाना, *धमकाना*, भगाना, भयकंपित करना, भयभीत करना, मनोबल तोड़ना, रोंगटे खड़े करना, लरजाना, सहमाना, सहराना, साहस तोड़ना, सिट्टी पिट्टी गुम करना, *सिहराना*, हड़काना, हहलाना, •गुर्राना, •ब्लैकमेल करना, ▪साहस बढ़ाना.

**डरावना/डरावनी** = भयानक, भुतहा/भुतही.
**डरावा** = कृषिरक्षक पुतला, दंडनीति, धमकी.

**डरावा** *सं* अपछाया, जूजू, डरौआ, डरौवा, ताम, बोगी, भकाऊँ, भयानक वस्तु, विभीषिका, हौआ, •भूत, •राक्षस.

**डरौआ** = डरावा.
**डरौवा** = डरावा.
**डल** = झील.
**डलन** = पतन.
**डलना** = गिरना, लेटना.
**डला** = खंड, ग्रास, फुटक.

**डला** *सं खंड*, चक्का, टुकड़ा, डली, डेली, ढेला, ढेली, लोंदा, लोष्ठ, •कुंदा, •रोड़ी.

**डला/डली** = अनुक्षितिज, गिरा/गिरी.
**डलाई** = गिराई, भराई.
**डलिया** = टोकरा टोकरी.
**डली** = डला, फुटक.
**डव** = फ़ाख़्ता.
**डवल रोटी पतली काट** = स्लाइस.
**डसना** = डँसना.
**डस्ट जैकेट** = पुस्तक आवरण.

**डस्टपैन** *सं* कूड़ा पैन, •पोंछा.

**डस्टबिन** = कूड़ेदान.
**डस्टर** = झाड़न.
**डाँक** = पत्री.
**डाँकना** = लाँघना.

**डाँट** *सं* आक्रंद, आक्रोश, उत्क्रोश, खरी खोटी, गरजन, *गर्जन*, गर्जन तर्जन, गर्जना, गुर्राहट, घुड़की, चिंघाड़, चिलकार, चिलकारा, चिल्लाहट, चीख़, *चीत्कार*, *झाड़*, झाड़ फटकार, झिड़क, झिड़की, डपट, डाँट डपट, डाँट फटकार, तर्जना, ताड़ना, दहाड़, दुत्कार, धिक्कार, नाराज़गी, *निंदा*, प्रताड़ना, फटकार, बुरा भला, भर्त्सना, *भाषण*, लताड़, लानत, लानत मलामत, लैक्चर, •उलाहना, •कान उमेठी, •क्रोध, •धमकी, •शिकायत, ▪प्रशंसा, ▪शाबाशी.

**डाँट डपट** = डाँट.
**डाँट डपट करना** = डाँटना.

**डाँटना** *क्रि* आँख दिखाना, आँख लाल पीली करना, आँखें तरेरना, उबल पड़ना, ऊँचा नीचा सुनाना, कच्चा चबाना, काँटों में घसीटना, कोसना, खरी खोटी सुनाना, खाल उधेड़ना, खिंचाई करना, *खींचना*, *गरजना*, गरम होना, *गुर्राना*,

चपेटना, चिल्लाना, *झाड़ना*, झाड़ पिलाना, झिड़कना, झिड़की देना, झुलसाना, टेढ़ी सीधी सुनाना, डपटना, डाँट डपट करना, डाँटना डपटना, डाँट पिलाना, डाँट फटकार करना, तमकना, तरेरना, ताड़ना, दाँत दिखाना, दुत्कारना, *धिक्कारना*, धुत्कारना, निंदा करना, प्रताड़ना करना, प्रताड़ित करना, फटकारना, *बताना*, *बरसना*, *बिगड़ना*, बुरा भला कहना, भाषण पिलाना, भौं चढ़ाना, लताड़ना, लाल पीला होना, लैक्चर पिलाना, सुनाना, *सुलगना*, ●धमकाना, ●पीटना, ■सराहना.

**डाँटना डपटना** = डाँटना.
**डाँट पिलाना** = डाँटना.
**डाँट फटकार** = डाँट.
**डाँट फटकार करना** = डाँटना.
**डाँड़** = अर्थदंड, उद्दंत, चप्पू, पगडंडी, बागर, मेंड़.

**डाँड़** *सं* *डंडा*, डाँड़ी, नौकादंड, नौदंड, *बल्ली*, *बाँस*, लग्गा, लग्गी, ●चप्पू, ●नौकर्ण.

**डाँड़ा** = सीमा.
**डाँड़ी** = डाँड़, सीधी रेखा.
**डाँवाँडोल** = जर्जर वृद्ध, दुबिधाग्रस्त, लड़खड़ाता/लड़खड़ाती, विचलनशील.
**डाँवाँडोलपन** = लड़खड़ाहट.
**डांस** = नृत्य.

**डाँस** *सं* अश्वमक्षी, कुकुरमाछी, क्षुद्रिका, गोमक्षी, डंस, दंशक, पांशुर, भंगारी, *मशक*, वनमक्षिका.

**डांसर** = नर्तक.
**डांसिंग** = नर्तन.
**डाइक** = बाँध.

**डाइक** *सं* धक्का, धरण, पुश्ता, भित्तिका, समुद्ररोधक दीवार, ●तटबंध, ●बाँध.

**डाइजेस्टिव** = पाचक औषध.
**डाइन** = डाकिनी, भूतनी.
**डाइनरी** = भोजनालय.

**डाइनासौर** *सं* डाइनोसरट, डाइनोसौर, दनुसरट, भीमसरट, ●देवदानव, ●सरीसृप.

**डाइनिंग** = भक्षण.

**डाइनिंग टेबल** *सं* खाने की मेज़, *चौकी*, टेबल, दस्तरख़्वान, भोजन पटल, भोजन मेज़, *मेज़*, ●टेबल मैट.

**डाइनिंग रूम** = भोजन कक्ष, भोजनालय.
**डाइनिंग हाल** = भोजनालय.
**डाइनैमिक्स** = गति विज्ञान.
**डाइनोसरट** = डाइनासौर.
**डाइनोसौर** = डाइनासौर.
**डाइव** = डाइविंग, डुबकी.
**डाइवर** = पनडुब्बा.

**डाइवर** *सं* डुबकी लगाने वाला, डुब्बा, *पनडुब्बा*, फ्रॉगमैन, ●पनडुब्बा.

**डाइविंग** *सं* अवमज्जन, *कूद*, गाहन, गोता, ग़ोताख़ोरी, डाइव, *डुबकी*, *डूब*, निमज्जन, पैठन, मज्जन.

**डाइविंग बोर्ड** *सं* कूद बोर्ड, तैराकी प्लेटफ़ार्म, तैराकी फट्टा, तैराकी बोर्ड, स्प्रिंगबोर्ड, ●कूद.

**डाइवोर्स** = तलाक़.
**डाइस** = पासा.
**डाई** = मुहर, रंग द्रव्य.
**डाक** = आवाहन.

**डाक** *सं* पोस्ट, प्रेष, मेल, ●टैलिग्राम, ●टैलिफ़ोटोग्राफ़, ●टैलैक्स, ●पार्सल पोस्ट, ●फ़ैक्स, ●बुकपोस्ट, ●रजिस्टरी डाक, ●रेडियो द्वारा संप्रेषित फ़ोटो, ●समुद्री डाक, ●स्थल डाक, ●हवाई डाक, ●पत्र.

**डाकख़ाना** = डाकघर.
**डाकख़ाना संख्या** = डाकघर संख्या.

**डाकघर** *सं* डाकख़ाना, डाक सेवा, पोस्ट आफ़िस, पोस्टल सर्विस, ●डाकबंबा, ●संचार विभाग.

**डाकघर संख्या** *सं* ज़िप कोड, डाकख़ाना संख्या, पिन कोड, ●पता.

**डाक टिकट** *सं* *टिकट*, पोस्टेज स्टैंप, स्टैंप.

**डाक बंगला** = पांथशाला.

**डाकबंबा** *सं* लैटर बाक्स, ●डाकघर.

**डाक सेवा** = डाकघर.
**डाका** = डकैती.
**डाकाज़नी** = डकैती.
**डाकिन** = डाकिनी.
**डाकिनी** = भूतनी.

**डाकिनी** *सं* काली अनुचरी, चुड़ैल, डँगरी, डाइन, डाकिन, डायन, रक्तपा, ●जादूगरनी, ●भूत, ●भूतनी.

**डाकिनी विद्या** = प्रेतसिद्धि.
**डाकिनी वृत्ति** = प्रेतसिद्धि.
**डाकिया** = पत्रवाहक.

**डाकिया** *सं* चिट्ठीरसाँ, पोस्टमैन, ●कूरियर, ●पत्रवाहक.

**डाकू** *सं* कजाक, क़ज़्ज़ाक, ग़नीम, डकैत, डाकेज़न, दस्यु, बाग़ी (चंबल घाटी), हमलावर, होडा, ●नक़ाबपोश, ●मुखौटा, ●लुटेरा, ●वाल्मीकि, ●सेंधमार.

**डाकेज़न** = डाकू.
**डाकेज़नी** = डकैती, मुनाफ़ाख़ोरी.
**डाक्टर** = ऐलोपैथ, चिकित्सक, प्रोफ़ैसर, वाचस्पति, विद्वान व्यक्ति, शल्य चिकित्सक.
**डाक्टरी** = ऐलोपैथी, चिकित्सा.
**डाक्टरी चीरफाड़** = आपरेशन.
**डाक्टरी परीक्षा** = चैकअप.
**डाक्टरेट उपाधि** = वाचस्पति उपाधि.
**डागदर** = ऐलोपैथ.
**डाट** = आधार सूची, कार्क, टेकनी, लिंटर.
**डाटना** = पहनना, हड़पना.
**डाटा** = कंप्यूटर फ़ाइल, छतदार मार्ग, तालिका, प्रपत्र, सांख्यिकी.

**डाटा** *सं* कंप्यूटर डाटा, दत्तम, दातम, प्रविष्टि, *साफ़्टवेअर*, ●तालिका, ●सांख्यिकी.

 (प्रा) प्राचीन शब्द, अब अप्रचलित - *तिरछे* शब्द स्वतंत्र शीर्षक भी हैं ●सपर्याय ■विपर्याय

**डाटा ऐंट्री** *सं* डाटा प्रविष्टि, डाटा लेखन.

**डाटा प्रविष्टि** = डाटा ऐंट्री.
**डाटा प्रौसेसर** = कंप्यूटर.
**डाटा प्रौसैसिंग विधि** = कंप्यूटर प्रोग्राम.
**डाटाबेस** = तालिका.

**डाटाबेस** *सं तालिका*, दत्तमा, सुगठित डाटा समूह, •सांख्यिकी.

**डाटा बैकअप** *सं* कंप्यूटर बैकअप, कापी, डाटा सुरक्षा, नक़ल, *प्रतिलिपि*, बचाव, बैकअप, रक्षित डाटा.

**डाटा लेखन** = डाटा ऐंट्री.
**डाटा लेखन पठन एकक** = कंप्यूटर ड्राइव.
**डाटाशीट** = प्रपत्र.

**डाटा संकलन** *सं* जनमत संकलन, पूछताछ, फ़ील्डवर्क, मार्केट डाटा संकलन, •मार्केट सर्वे, •सर्वे.

**डाटा समूह** = कंप्यूटर फ़ाइल.
**डाटा सुरक्षा** = डाटा बैकअप.
**डाढ़** = दाढ़.
**डाढ़ी** = दाढ़ी.
**डाब** = कुश घास.
**डाबर** = खादर.
**डाभ** = कुश घास, कुश घास, घास
**डामर** = मूर्ख, रणत्याग, राल, हल्लागुल्ला.
**डामल** = देश निर्वासन.
**डायगोनल** = विकर्णयुक्त.
**डायग्नोसिस** = रोग निदान.
**डायग्राम** = चार्ट, ड्राविंग चित्र.
**डायट** = पथ्याहार.
**डायट (जापान)** = संसद.

**डायटर** *सं* अल्पाहार कर्ता, *अल्पाहारी*, कम खाने वाला, डायटिंग करने वाला, पथ्याहारी, संयताहारी, स्वल्पाहारी, ▪बहुभक्ष.

**डायटिंग** *सं* अंग अनुपात नियंत्रण, अल्पभोजन, अल्पाशन, अल्पाहार, आहार नियंत्रण, *उपवास*, देह नियंत्रण, पथ्य, परिमिताहार, भार नियंत्रण, मितभोजन, संयताहार, संयमित भोजन, •उपवास, •पथ्याहार, ▪अत्याहार, ▪भक्षण.

**डायटिंग करने वाला** = डायटर.
**डायटीशन** = आहारिकीविद.
**डायन** = डाकिनी.
**डायनैमो** = जैनेरेटर.
**डायपर** = रुमाली.
**डायमंड** = हीरा.
**डायमंड जुबिली** = हीरक जयंती.
**डायमीटर** = व्यास.
**डायरिया** = दस्त.
**डायरी** = अलमनाक, आत्मकथा, इयरबुक, निजी डायरी, पामटौप, लौगबुक.

**डायरी** *सं* दैनंदिनी, *नोटबुक*, रोज़नामचा, स्मरणिका, •कैलेंडर, •नोटबुक.

**डायरैक्टर** = निदेशक, मंच निर्देशक.
**डायरैक्टरी** = निर्देश पुस्तक, विवरणिका, सूची, हूज़ हू.

**डायरैक्टरी** *सं* कौन क्या कहाँ, नामपता सूची, निदर्शनी, निदेशनी, निदेशिका, निर्देशिका, •इयरबुक, •हूज़ हू.

**डायरैक्टोरेट** = निदेशालय.
**डायरैक्शन** = दिशा.
**डायलैक्ट** = बोली.
**डायलौग** = संवाद.
**डायस** = मंच.
**डायोरामा** = पीपशो.
**डारमिटरी** = शयन शाला.
**डार्क हौर्स** = छिपा रुस्तम.
**डार्विनवाद** = उद्विकास.
**डाल** = शाखा.
**डालना** = उँडेलना, गिराना, जोड़ना, झोंकना, पहनना, फेंकना, बिछाना, भरना, लटकाना.

**डालर** *सं* अमरीकी मुद्रा, ग्रीनबैक, बक, सैंट 100.

**डालर (संराअ)** = सिक्का सूची
**डालिम** = अनार.
**डाली** = उपहार, टोकरा टोकरी, रिश्वत, शाखा.
**डावरी** = पुत्री.
**डाह** = ईर्ष्या.
**डाहुक** = नीलकंठ.
**डिंगडौंग** = समय घोष.
**डिंगर** = दुर्जन, बटमार.
**डिंगी** = लाइफ़बोट.
**डिंडिम** = डुगडुगी.
**डिंभ** = नवजात पशु, लार्वा.
**डिंभिया** = अहंकारी, पाखंडी.
**डिक्टेटर** = तानाशाह.
**डिक्टेटरशिप** = तानाशाही राज्य.
**डिक्टेशन** = श्रुतिलेख.
**डिक्टोग्राफ़** = बगिंग उपकरण.
**डिक्री** = जजमैंट.
**डिक्शनरी** = शब्दकोश.
**डिगता/डिगती** = अस्थिर.
**डिगन** = धैर्यभंग, विचलन, हिचक.
**डिगना** = गिरना, डगमगाना, डरना, भागना, लड़खड़ाना, लुढ़कना, हारना.
**डिगरी** = उपाधि, कोणांश, जजमैंट, शिक्षा उपाधि.
**डिगा/डिगी** = विचलित.
**डिगाऊ** = विचलनकारी.

**डिगाना** *क्रि* अशांत करना, घबरवाना, चलाना, *डराना*, बिचलाना, विचलाना, विचलित करना, *हिलाना*, •कँपाना, •डगमगाना.

**डिग्री** = शिक्षा उपाधि.

**डिज़र्ट** *सं* तश्तरी, मिठाई, मिष्टान्न, मीठी परोस, स्वीट डिश.

**डिज़ाइन** = निर्माण परिकल्पना, पृष्ठसज्जा, बनावट.

**डिज़ाइन** *सं आकार*, आकृति, *नमूना*, पैटर्न, रूपरेखा, रूपांक, •बनावट, •बुनावट, •रंगोली.

**डिजिटल वर्सैटाइल डिस्क** *सं* डीवीडी.

**डिज़ीज़** = रोग.
**डिज़्नीलैंड** = अप्पूघर.
**डिटैचेबल** = विलग्नीय.
**डिठौना** = नज़र टीका.
**डिनर** = भोज.

**डिनर** *सं* अंथऊ, ब्यालू, रात्रि

आहार, सँझिया, सांध्य आहार, सायंकाल आहार, •कैंडललाइट डिनर, •लंच.

**डिनर टाइम** = आहार काल सूची.
**डिप** = सौस.
**डिपाज़िट** = बयाना.
**डिपार्टमैंट** = विभाग.
**डिपार्टमैंटल स्टोर** = डिपार्टमैंट स्टोर.

**डिपार्टमैंट स्टोर** *सं* डिपार्टमैंटल स्टोर, दुकान समूह, पण्यालय, पेढ़ी, बड़ी दुकान, बहुविभाग दुकान, महापण्य, माल, विविध सामान बेचने वाली बड़ी दुकान, *शौपिंग सैंटर*, सुपर बाज़ार.

**डिपो** = ट्रांसपोर्ट नगर, भंडारघर, संग्रहालय.
**डिपो होल्डर** = वितरक.
**डिप्टी** = असिस्टैंट, प्रतिनिधि.
**डिप्टी चेयरमैन** = उपसभापति.

**डिप्लोमा** *सं* उपाधि पत्र, *प्रमाणपत्र*, सनद, सर्टिफ़िकेट, •शिक्षा उपाधि, •स्नातक उपाधि.

**डिप्लोमैट** = राजनयिक.
**डिफ़ेमेशन** = मानहानि.
**डिफ़ैंडर** = रक्षक.
**डिफ़ैंस** = रक्षा.
**डिफ़ैंस सर्विस** = रक्षा सेवा.
**डिबडिबाता/डिबडिबाती** = स्पंदनशील.
**डिबडिबाना** = औटना, फड़कना.
**डिबडिबाहट** = नाड़ी स्पंदन.
**डिबिया** = आभूषण मंजूषा, डिब्बा.
**डिबेट** = शास्त्रार्थ.

**डिबेट** *सं* खंडन मंडन, तर्क प्रतियोगिता, *परिचर्चा*, भाषण प्रतियोगिता, *वादविवाद*, वादविवाद प्रतियोगिता, सिंपोज़ियम, •अंताक्षरी.

**डिबेटर** = तर्कवेत्ता.

**डिबैंचर** *सं ऋणपत्र*, •ऋण, •प्रतिभूति, •शेयर.

**डिब्बा** = कटोरदान, गाड़ी डिब्बा, पैकेज.

**डिब्बा** *सं* आधानी, *कनटेनर*, केस, कोश, कोष्ठ, *खोखा*, *घर*, डब्बा, डब्बी, डिबिया, डिब्बी, *दानी*, *धानी*, पात्र, पिधान, पौट, बक्स, बक्सा, बाक्स, •आभूषण मंजूषा, •कनस्तर, •कार्टन, •क्रेट, •ढक्कन, •पैकिंग, •बोतल.

**डिब्बाबंद** = परिरक्षित (आहार), पैक्ड.
**डिब्बाबंदी** = पैकिंग.
**डिब्बी** = डिब्बा, पैकेज.
**डिमांड** = माँग.
**डिमोशन** = पदावनति.
**डिलिया** = खेतघर.
**डिलीवर करना** = पहुँचाना.
**डिलीवरी** = प्रसव.

**डिलीवरी** *सं* थमाई, दिलाई, *प्रदान*, प्रस्तुति, सिपुर्दगी, सौंपान, हस्तांतरण, •ऐक्सप्रैस डिलीवरी, •कूरियर व्यवस्था, •पहुँचाई, ■प्रेषण.

**डिलीवर्ड** = पहुँचाया/पहुँचाई.
**डिल्ला** = कूब.
**डिवीज़न** = जनपद आदि, परीक्षा डिवीज़न, विभाग.
**डिवीडैंड** = लाभांश.
**डिश** = व्यंजन.
**डिशवाशिंग** = बरतन मँजाई.
**डिसिनफ़ैक्टिड** = संक्रमणरुद्ध.
**डिसिनफ़ैक्टैंट** = रोग निवारक.
**डिसीज़न** = जजमैंट, निश्चय.
**डिसीप्लिन** = अनुशासन.
**डिस्क** = कंप्यूटर डिस्क, टेबल कोस्टर.
**डिस्कशन** = परिचर्चा.
**डिस्काउंट** = मूल्य कटौती.
**डिस्केट** = कंप्यूटर डिस्क.

**डिस्टिंक्शन** *सं* उच्चांक, विशिष्ट योग्यता, •परीक्षा डिवीज़न.

**डिस्टिलर** = अलैंबिक.

**डिस्टिलर** *सं* आबकार, आसवक, कलार/कलारिन, कलाल, कलाल/कलालिन, कलिहारी/कलिहारिन, कल्यपाल, मद्यकार, शराबसाज़, शुंडक, शुंडार, शौंडिक, शौंडी, सुराकार, सुराजीव, सुराजीवी.

**डिस्टिलरी** *सं* अभिस्रावणी, आसवनी, आसोत्र, कच्छप, जौंरा भौंरा, बूज़ाख़ाना, ब्रूअरी, *भट्ठी*, भबका, भभका, मद्य निर्माणी, शराब भट्ठी, स्टिल.

**डिस्टिलेट** = अर्क़.
**डिस्टिलेशन** = आसवन.
**डिस्टिल्ड** = आसवित.
**डिस्ट्रिक्ट** = जनपद आदि.
**डिस्ट्रीब्यूटर** = वितरक, स्टौकिस्ट.
**डिस्पैंसरी** = क्लीनिक.
**डिस्पैच** = जावक, समाचार.
**डिस्प्रोसीयम** = रासायनिक तत्त्व सूची.

**डिस्प्ले** *सं* दिखावट, धज, धजा, *प्रदर्शन*, प्रस्तुति, फैलाव, फैलावट, बिछावट, बिसात, भूषा, रखाव, लेआउट, शो, सजधज, *सजावट*, *सज्जा*, •प्रदर्शन, •शोकेस, •शोरूम.

**डिस्मिस्ड** = ख़ारिज़, सेवाच्युत.
**डिस्सैक्शन** = जीव विच्छेदन.
**डींग** = अहंकार, गर्वोक्ति.
**डींग** = अतिशयोक्ति अलंकार.

**डींग** *सं* अतिवाद, *अतिशयोक्ति*, अहंवाद, आत्मश्लाघापूर्ण दावा, उत्प्रास, ऊँचा बोल, कत्थना (प्रा), *गप*, गर्व, गलगंज, गलगाज, गल्प, गालबजाई, घमंड, जल्प, बड़ा बोल, बड़ी बात, बोस्ट, लंतरानी, विकत्था, शान, शेख़ी, स्वश्लाघा, •अहंकार, •आत्मप्रशंसा, •गर्वोक्ति.

**डींगपूर्ण** = अतिशयोक्तिपूर्ण.

**डींगबाज़** *सं* अतिवादी, अहंवादी, करोड़खुख, गपोड़, गपोड़ शंख, डपोर शंख, तीसमार ख़ाँ, बड़बोला/बड़बोली, भड़भड़िया, वीरमन्य, शानची, शेख़ चिल्ली, शेख़ीख़ोर, •आत्मप्रशंसक.

**डींगहीन** = विनम्र.
**डी** = चौथा/चौथी.
**डीआर** = वाचस्पति.
**डीकोडर** = कूटपाठक.
**डीकोडिफ़िकेशन** = कूटपठन.
**डीक्लरेशन** = घोषणा.

 (प्रा) प्राचीन शब्द, अब अप्रचलित - *तिरछे* शब्द स्वतंत्र शीर्षक भी हैं •सपर्याय ■विपर्याय

डीजे = कार्यक्रम ऐंकर.
डीटीपी = टाइपसैटिंग.

**डीटैक्टर** *सं* द्योतक, लक्षणसूचक, सूचक, ●बगिंग उपकरण.

डीटैक्टिव = गुप्तचर.
डी-डे = निर्णायक अवसर.
डीथबंध = दिठबंदी.
डीन = उड्डयन.
डीपैंडैंट = परावलंबी व्यक्ति.
डीप्रैशन = व्यापारिक मंदी.
डीफ़िल = वाचस्पति.
डील = क़द, गूमड़, मुँहासा कील.

**डील** *सं* कौर्न, *गाँठ*, *गोखरू*, ग्रंथि, चर्मकील, त्वचा डील, ●मस्सा.

डीलडौल = क़द क़ामत.
डीलडौला = जुगत.
डीलर = वितरक.
डीलिट = वाचस्पति.
डीवीडी = डिजिटल वर्सैटाइल डिस्क.
डुएट = युगल गीत.
डुगडुगी = मुनादी.

**डुगडुगी** *सं* गड़गड़ी, झर्झर, डमरु, डिंडिम, डुग्गी, डोंड़ी, पटह, *मुनादी*, ●ढोल, ●मुनादी, ●शिव.

डुग्गी = डुगडुगी, मुनादी.
डुबक = झोल.
डुबकी = डाइविंग.

**डुबकी** *सं* अवगाह, अवमज्ज, ग़ोता, डाइव, *डूब*, निमज्ज, पैठ, मज्जन, ●डाइविंग, ●डूब.

डुबकीख़ोर = पनडुब्बा.
डुबकी तरल समूह = डोब.
डुबकी लगाने वाला = डाइवर.
डुबाई = आर्द्रण.
डुबाऊ = अगाध्य.

**डुबाना** *क्रि* डुबोना, निमज्जित करना, बोड़ना, बोरना, ●बाढ़ आना, ■उबारना.

डुबाव = बाढ़.
डुबोना = उजाड़ना, डुबाना, सींचना.
डुब्बा = डाइवर.
डुलना = झूलना, डोलना, लड़खड़ाना, हिलना.
डुलाई = संचालन.
डुलाना = झुलाना, हिलाना.

**डुलाना** *क्रि* उठाना गिराना, *कँपाना*, चलाना, *झकझोरना*, *झनझनाना*, डोलाना, दुलाना, दोलन करना, दोलित करना, प्रदोलन करना, *हिलाना*, हिलाना डुलाना, ●डोलना.

डुलावन = संचालन.
डूँगर = टीला, पहाड़ी, बागर.
डूँगरी = पहाड़ी.
डूप्लीकेट = प्रतिलिपि.
डूप्लीकेटर = प्रतिलिपित्र.
डूब = अस्तगमन, डाइविंग, डुबकी.

**डूब** *सं* अवगाह, डूबन, तलगमन, निमज्जन, भारी पदार्थ तलगमन, मज्जन, संलय, ●डाइविंग, ●डुबकी, ●डुबाई, ●धँसन, ●पतन.

डूब जाना = डूबना.
डूब जाने वाला तट = बेला तट.
डूबता/डूबती = अवनतिशील, अस्तगामी, झोलदार, ह्रासशील.
डूबन = डूब, पस्ती, सूर्यास्त.
डूबन अभाव = तरण.
डूबना = उजड़ना, उतरना, ढलना, निथरना.

**डूबना** *क्रि* गड़प होना, डूब जाना, तल में बैठना, निमग्न होना, निमज्जित होना, नीचे जाना, पानी में धँसना, बूड़ना, *बैठना*, ■उबरना, ■तैरना.

डूबा/डूबी = अस्तगत, गहरा/गहरी, तल्लीन, बाढ़ग्रस्त, समाधिस्थ, सिंचित.

**डूबा/डूबी** *वि* ग़र्क़, धँसा/धँसी, निमग्न, निमज्जित, बूड़ा/बूड़ी, मग्न, मज्जित, लीन, सम्मग्न, ●गहरा/गहरी, ●बाढ़ग्रस्त, ●सिंचित, ■उबरा/उबरी, ■ऊँचा/ऊँची.

**डूबा ऋण** *सं* अप्राप्य राशि, अशोध्य ऋण, डूबी रक़म, *बट्टा खाता*, बट्टे खाते की रक़म, बैड डैट.

डूबी महाद्वीपीय कँगनी = महाद्वीपीय कगार.
डूबी रक़म = डूबा ऋण.
डूबी रक़म खाता = बट्टा खाता.
डूबी वस्तु को ऊपर करना = उबारना.
डूबे नाम वाला = वैभवखंडित.
डूश = एनीमा.
डे = जयंती, वार.
डे- (जैसेः स्कौलर) = बहिर्वासी.

**डेकालीटर** *सं* दस लीटर, लीटर 10.

डेट = अभिसार, तारीख़.
डेटलाइन = पुस्तक अंत.

**डेटिंग** *सं* *अभिसार*, प्रियमिलन, प्रिय संगमन, *मिलन*, ●अभिसार, ●दीदारबाज़ी, ●रोमांस.

डेढ़ हाथ की दूरी = दूरता उक्ति.
डेपुटी = सांसद.
डे बुक = कैशबुक.
डेरा = घर, तंबू, पांथशाला, सेना चौकी.
डेरी = पानगृह.

**डेरी** *सं* डेरी फ़ार्म, दुग्ध पशु फ़ार्म, दुग्धागार, दूधघर.

डेरी पशु = दुग्ध पशु.
डेरी फ़ार्म = डेरी.
डेरी फ़ार्मिंग = कृषि.

**डेरी फ़ार्मिंग** *सं* गायबैल पालन, गायभैंस पालन, गोपालन, गोसंवर्धन, घीदूध व्यवसाय, दुग्ध पशुपालन, ●चरवाहागीरी.

डेला = आँख डेला.
डेली = डला, दैनिक, समाचार पत्र.
डेवढ़ी = प्रवेश द्वार.

**डेवढ़ी** *सं* अलिंद, ड्योढ़ी, दुबारी, बरोठा, बरोठी, ●द्वारमंडप.

डेसिकेटर = ड्रायर.
डैंट = दंदाना.
डैकरान = रासायनिक धागे और वस्त्र.
डैकहैंड = खलासी.
डैकोरेटर = गृहसज्जाकार.
डैकोरेशन = उपाधि, गृहसज्जा.
डैड = पिता.

**डैडलाइन** *सं* अंतिम घड़ी, अंतिम दिन, अवधि समाप्ति, अवधि सीमा, आख़िरी घंटा, नियत काल समाप्ति, नियत दिन, निर्धारित दिन, *शीड्यूल*, *सीमा*, हद, •अंतिम चेतावनी, •उपांतिम दिन, •मोहलत.

**डैडलाक** = गतिरोध.
**डैडी** = पिता.
**डैथ** = मृत्यु.
**डैथ ऐनिवर्सरी** = पुण्य दिवस.
**डैना** = पंख.
**डैनिम** = जींस.
**डैपुटी** = प्रतिनिधि.
**डैफ़िनीशन** = परिभाषा.
**डैबिट ऐंट्री** = घटा प्रविष्टि.
**डैम** = बाँध.
**डैमोक्रेसी** = लोकतंत्र, लोकतंत्रवाद.
**डैमोक्रैटिक** = लोकतांत्रिक.

**डैल्टा** *सं* ज्वारनदमुख, दहाना, नदी मुहाना, मुहाना, सिंधुमुख, •नदी, •समुद्र तट, ▪संगम.

**डैवलपमैंट** = विकास.
**डैविल** = शैतान.
**डैश पटल** = डैशबोर्ड.

**डैशबोर्ड** *सं* डैश पटल, मीटर आदि वाला पटल, विंडस्क्रीन के नीचे पटल.

**डैसिबल** = स्वन माप.
**डैसिमल** = दशम लव.
**डैसिमल सिस्टम** = दशम लव प्रणाली.

**डैसीमीटर** *सं* मीटर 1/10, मीटर दशांश.

**डैसीलीटर** *सं* लीटर.1, लीटर दशमांश.

**डैस्क** = रीडिंग टेबल.
**डैस्कटौप** = मिनी कंप्यूटर.
**डैस्कटौप पब्लिशिंग** = टाइपसैटिंग.
**डैस्क्रिप्शन** = वर्णन.
**डैस्ट्रौयर** = ध्वंसास्त्र.
**डोंगा** = नौका.

**डोंगा** *सं* किश्ती, डबरा, डबला, डोंगी, द्रोणी, नाव, बाउल, •कठौता, •चिलमची, •प्याला.

**डोंगी** = ट्रे, डोंगा.
**डोंगी** = नौका.
**डोंडा** = फल.
**डोंड़ा** = बीजकोश, रूई गाला.
**डोंडी** = कली.
**डोंड़ी** = अंकुर, डुगडुगी.
**डोइचलांट (जरमन)** = जरमनी.
**डोइचस राइख (जरमन)** = जरमनी.
**डोकरा/डोकरी** = वृद्ध.
**डोकरी** = वृद्ध स्त्री.
**डोगरी** = भारत राष्ट्रभाषा.
**डोनर** = दानी.
**डोनेशन** = दान.
**डोब** = गहराई, झोल.

**डोब** *सं* अवगाढ़, डुबकी तरल समूह, बोर.

**डोम** = गुंबद, चंडाल.
**डोमनी** = चंडालिनी.
**डोर** = डोरी, द्वार, पंक्ति, रस्सी, लड़ी, स्वजन भावना.

**डोर** *सं* *डोरी*, रज्जु, •अलगनी, •तार, •धागा, •रस्सी, •लड़ी.

**डोरा** = डोरी, रेखाचिह्न, लड़ी, सूती धागा.
**डोरी** = अलगनी, डोर, तनी, पंक्ति, प्रत्यंचा, रस्सी, लड़ी, सूती धागा.

**डोरी** *सं* *डोर*, डोरा, बंधनी, रश्मि, *रस्सी*, *वेष्टन*, •अलगनी, •तनी, •लच्छी, •सुतली.

**डोल** = चरखी झूला डोली, पालकी, बालटी.

**डोल** *सं* उदंचन, डोलचा, डोलची, बकट, सेक्त्र, •चरसा थैला, •लोटा.

**डोलचा** = डोल.
**डोलची** = डोल, बालटी.
**डोलन** = विचलन.
**डोलना** = झूलना, टहलना, डगमगाना, पालना, मँडराना, हिलना.

**डोलना** *क्रि* *चलना*, *झनझनाना*, डुलना, दुलना, दोलित होना, प्रदोलित होना, *हिलना*, •लड़खड़ाना.

**डोला** = पालना.
**डोला/डोली** = विचलित.
**डोलाना** = झुलाना, डुलाना, हिलाना.
**डोली** = अलमारी, चरखी झूला डोली, जालीदार अलमारी, पालना, बिदाई.

**डोली** *सं* चंडोल, हिंडोली, •पालकी, •स्ट्रैचर.

**डोली झूला** = चरखी झूला.
**डोवर** = यूनाइटिड किंगडम क्षेत्र.

**डोसा** *सं* दोसई, दोसा, •चीला, •साँभर.

**डौंगी** = लाइफ़बोट.
**डौंड़ी** = मुनादी.
**डौक** = नौका घाट.
**डौकेट** = फ़ाइल.
**डौक्यूमैंट** = दस्तावेज.
**डौक्यूमैंटित** = दस्तावेज़ित.
**डौगहाउस** = कुत्ताघर.
**डौन** = अपराध जगत सरदार.
**डौल** = अवसर, आकार, गुड़िया, देहानुपात, फ़ौमैंट, हुलिया.
**डौला** = अवसर, मांसपेशी.
**डौली** = गुड़िया, बाँधपथ, मेंड़.
**डौले** = पुट्ठे.
**डौलेदार** = सुगठितकाय.
**ड्यूटी** = कर, कर्तव्य, तटकर, दायित्व, पाली.
**ड्यूट्श मार्क (जर्मनी)** = सिक्का सूची
**ड्यूमा (रूस)** = संसद.
**ड्यूशलैंड (अशुद्ध)** = जरमनी.
**ड्योढ़ान** = सामंजस्य.
**ड्योढ़ी** = डेवढ़ी.
**ड्योढ़ीदार** = द्वारपाल.
**ड्रग** = औषध, मदव्य.
**ड्रग ऐडिक्ट** = मदव्य आसक्त.
**ड्रगिस्ट** = औषध विक्रेता.
**ड्रग्ड** = मदव्यग्रस्त.
**ड्रग्स** = मदव्य.
**ड्रम** = ढोल, पीपा.
**ड्रमस्टिक** = सहजन, सहिजन.
**ड्रा** = जयपराजयहीनता, लाटरी.

**ड्राइंगरूम** *सं* कोठा, गोल कमरा,

*दीवानख़ाना*; बरोठा, बैठक, बैठकघर, बैठका, मिलन कक्ष, •प्रतीक्षालय, •भोजन कक्ष, •मर्दानख़ाना, •लौबी, ▪शयन कक्ष.

**ड्राइव** = कंप्यूटर ड्राइव, मोटर मार्ग.
**ड्राइवइन** = भोजनालय.

**ड्राइवर** *सं* कारचालक, कार ड्राइवर, मोटरचालक, मोटर ड्राइवर, मोटरिस्ट, शोफ़र, •कोचवान, •टैक्सी ड्राइवर, •सारथी.

**ड्राइवर सीट** = चालक सीट.
**ड्राई फ़्रूट** = मेवा.
**ड्राफ़्ट** = प्रस्ताव, प्रालेख, भरती.
**ड्रामा** = नाटक.

**ड्रायर** *सं* डेसिकेटर, विशोषक, शुष्कक, शुष्कित्र, शोषित्र, शोषी, सुखाई यंत्र.

**ड्रावर** = दराज़.
**ड्राविंग** = ड्राविंग चित्र.

**ड्राविंग चित्र** *सं* आरेख, डायग्राम, ड्राविंग, समारेख.

**ड्रिंक** = पेय पदार्थ, मद्य.
**ड्रिंक्स** = पेय पदार्थ.
**ड्रिल** = अभ्यास, बरमा.

**ड्रिल** *सं अभ्यास*, क़वायद, कसरत, गारद, दल अभ्यास, *परेड*, समूह अभ्यास, सैनिक अभ्यास, •गश्त, •परेड, •मार्चिंग.

**ड्रीमगर्ल** = सुंदर स्त्री.
**ड्रेन** = नाला नाली.
**ड्रेनेज** = जल निकास, नाला नाली.

**ड्रैगन** *सं* उड़ने वाला साँप, काल्पनिक सर्प, चीनी नागदेव, देवसर्प, नागदेव, •नाग.

**ड्रैजर** *सं खनिता*, खनित्र, झाम, निकर्षक, •झाम, •फावड़ा.

**ड्रैस** = परिधान, परिधान समुदाय, वरदी, वेश.

**ड्रैस रिहर्सल** *सं अभ्यास*, ग्रैंड रिहर्सल, मंचन अभ्यास.

**ड्रैसिंग** = सौस.

**ड्रैसिंग टेबल** *सं* शृंगार मेज़, सिंगार मेज़.

**ड्रैसिंगरूम** *सं* परिधान कक्ष, लिबासख़ाना, वेशकक्ष, वेशगृह, सज्जाकक्ष, •मेकअप रूम, •स्नानागार.

**ड्रौप** = बूँद, मिठाई गोली, वटी.
**ढँकन** = ग्रहण.
**ढँकना** = छिपाना, ढाँपना, पहनना, मूँदना.
**ढँका/ढँकी** = ग्रहणग्रस्त, वेशित.
**ढँकी** = परदानशीन.
**ढंग** = आचरण, गुर, चाल, दक्षता, परिपाटी, फ़ैशन, विधि, शैली.
**ढंग से** = विधिपूर्वक.
**ढँपना** = मुँदना.
**ढकना** = ढक्कन.
**ढकनी** = ढक्कन.
**ढकेलना** = धकेलना, लुढ़काना.
**ढकोस** = घूँट.

**ढकोस** *सं* ढकोसा, ढसका, बड़ा घूँट, •चुसकी.

**ढकोस जाना** = भकोसना.
**ढकोसना** = भकोसना, हड़पना.

**ढकोसना** *क्रि* गटकना, गटगट पीना, गटागट पीना, गड़पना, गपकना, *निगलना*, बड़े बड़े घूँट भरना, •घूँट भरना, •भकोसना, •सुड़कना, •हड़पना.

**ढकोसला** = दिखावा, पाखंड.
**ढकोसलेबाज़** = पाखंडी.
**ढकोसा** = ढकोस.

**ढक्कन** *सं* कवर, कैप, चपनी, *टोपी*, ढकना, ढकनी, ढाँपी, पिधान, लिड, •कौर्क, •खोल, •पोला.

**ढक्का** = ढोल.
**ढचरा** = पाखंड.
**ढट्ढा/ढट्ढी** = अतिशयोक्तिपूर्ण.
**ढठींगड़** = बलिष्ठ.
**ढप** = डफ.
**ढपली** = डफ.
**ढब** = आचरण, आदत, फ़ैड, विधि, शैली.
**ढबका** = आशंका.
**ढम** = ढमढम.
**ढमढम** = हाँका.

**ढमढम** *सं* गमगम, गमगमाहट, *घमघम*, घमर, *टकोर*, डंका ध्वनि, ढम, ढम ढमाढम, ढमढमाहट, ढमाढम, ढामक, ढोल ध्वनि, थाप, दनदन, दनदनाहट, दमदमा, दाँक, दुंदुभि, धपधप, धमधम, धमधमाहट, धमाधम, धुकार, मृदंग ध्वनि, •ढोल, •प्रचार, •मुनादी, •हंगामेदार संगीत.

**ढम ढमाढम** = ढमढम.
**ढमढमाहट** = ढमढम.
**ढमाढम** = ढमढम.
**ढरकन** = क्षरण.
**ढरकना** = छीजना, ढुलकना.
**ढरका** = नलवा.
**ढरकी** = नट, परछा.
**ढरहरी** = पकोड़ी.
**ढर्रा** = आचरण, रूटीन.
**ढलक** = ह्रास.
**ढलकन** = क्षरण.
**ढलकना** = छीजना, ढुलकना, दबकना.
**ढलका/ढलकी** = थका/थकी, बीमार, ह्रस्त.
**ढलकाऊ** = विचलनकारी.
**ढलकाना** = छिजाना.
**ढलता/ढलती** = अधोगामी, अवनतिशील, अस्तगामी, ढलानदार, मरणासन्न, ह्रासशील.
**ढलते** = नीचे की ओर.
**ढलन** = अधोप्रवाह, अस्तगमन, उमगाव, झोल, ढलाई, नति, ह्रास.
**ढलनशील** = नम्य.
**ढलना** = उतरना, गिरना, दबकना, पिघलना, बीतना, बुढ़ाना, लुढ़कना.

**ढलना** *क्रि* अस्त होना, अस्ताचल को जाना, *उतरना*, *गिरना*, चले जाना, *छिपना*, *जाना*, *डूबना*, *बैठना*, •झुकना, ▪प्रकटना.

**ढलनीय** = नम्य.
**ढलवाँ** = ढलानदार.
**ढलवाँ पाट** = रैंप.

**ढला/ढली** = अस्तगत, वृद्ध.

**ढलाई** *सं* ढलन, साँचा ढलाई, •उत्पादन, •झलाई, •रूप प्रदान, •साँचा.

**ढलाई करना** = ढालना.

**ढलाई कर्मी** *सं* ढलैया, भरिया, साँचिया, •गढ़ने वाला.

**ढलाईघर** *सं* कुप्यशाला, ढलाई शाला, फ़ाउंडरी.

**ढलाई शाला** = ढलाईघर.

**ढलान** = नति, रैंप, सूर्यास्त.

**ढलान** *सं* अवरोह, उतराई, उतार, गिरन, झुकन, झुकाव, *ढाल*, धँसान, निचान, नीच, *पतन*, प्लव, रपट, •रैंप, ▪चढ़ान.

**ढलान की ओर** = नीचे की ओर.

**ढलानदार** *वि अधोगामी*, अधोन्मुख, अवरोही, उतरता/उतरती, झुकावदार, ढलता/ढलती, ढलवाँ, ढालू, निमाना/निमानी, नीचा/नीची, •निम्न.

**ढला माल** = हार्डवेअर.

**ढलाव** = नति.

**ढलैया** = ढलाई कर्मी.

**ढसका** = ढकोस.

**ढसरना** = चाहना.

**ढहन** = नाश, पतन, पस्ती, पिचकन, ह्रास.

**ढहन** *सं* खंडरण, गिरन, टूटन, *पतन*, पात, *ह्रास*, •टूटफूट, •तोड़फोड़, •धँसन.

**ढहनशील** = भंगुर.

**ढहना** = उजड़ना, गिरना, धँसना, पिचकना.

**ढहना** *क्रि* अररना, अरराना, *गिरना*, *टूटना*, ढूह होना, तुड़ना, *बैठना*, भरभराना, भरराना, भरहराना, भहराना, भुरभुराना, •छीजना, •झड़ना, •धँसना, •पिचकना, ▪उबरना, ▪बनना.

**ढहा/ढही** = गिरा/गिरी, टूटा/टूटी, थका/थकी, पस्त, विचलित.

**ढहाना** = उजाड़ना.

**ढहाना** *क्रि* ईंट से ईंट बजाना, *उजाड़ना*, ख़ाक में मिलाना, *खोदना*, *गिराना*, जड़ खोदना, *तोड़ना*, धूल में मिलाना, ध्वस्त करना, भंजना, मटियामेट करना, ▪चिनना, ▪बनाना.

**ढहाने वाला** *सं* तोड़ने वाला, नाशक, भंजक, भंजिता, भेदक, भेदी, विखंडक, विनाशक, -शिकन, •ध्वंसास्त्र, •नाश कर्ता.

**ढहा मकान ढेर** = खँडहर टीला.

**ढाँकना** = मूँदना.

**ढाँचा** = अस्थिपंजर, आकार, आधार सूची, पाड़, फ़ौर्मैट, बाह्य रेखा, भवन, मूर्ति.

**ढाँचा** *सं आधार*, कलबूत, जमावट, ठठरी, ठाटर, धरण, पंजर, *पाड़*, पिठर, फ़र्मा, *मंच*, •अस्थिपंजर, •चेसिस, •चौखटा, •ज़ाफ़री, •पाड़.

**ढाँपना** = छिपाना, मूँदना.

**ढाँपना** *क्रि* आच्छादित करना, आवरण डालना, उढ़ाना, ओढ़ाना, कवर करना, छाना, *छिपाना*, झाँपना, ढँकना, पूरना, •पहनाना, •बिछाना, •मँढ़ना, ▪उघाड़ना, ▪दिखाना.

**ढाँपी** = ढक्कन.

**ढाक** = पलाश.

**ढाक पत्ता** = पत्तल.

**ढाका** = ढोल, बांग्लादेशः राजधानी.

**ढाढ़** = आर्तनाद.

**ढाढ़स** = सांत्वना.

**ढाढ़स देना** = बहलाना.

**ढाना** = उजाड़ना.

**ढाबा** = ओलती, टाँड़, भोजनालय.

**ढाबा** *सं छप्पर*, छप्परदार भोजनालय, धाबा, *भोजनालय*, •रेस्तोराँ.

**ढामक** = ढमढम.

**ढामरा** = मादा हंस.

**ढारस** = प्रोत्साहन, भयोपशमन.

**ढारसपूर्ण** = सांत्वनाप्रद.

**ढारस भरा** = सांत्वनाप्रद.

**ढाल** = अधोप्रवाह, ढलान, तीव्र नदी, पुरस्कार सूची, शरीर मुद्रा.

**ढाल** *सं आड़*, *पट्टा*, फलक, बचाव, शील्ड, सिपर, •कवच, •हैल्मेट, ▪शस्त्र.

**ढालना** = उँडेलना, गढ़ना, चपराना, पढ़ाना, पिघलाना, बनाना, मनवाना.

**ढालना** *क्रि* आकार देना, ढलाई करना, पारना, *भरना*, मोल्ड करना, •उँडेलना, •गढ़ना, •झालना.

**ढाल बनना** = निवारना.

**ढालू** = ढलानदार.

**ढासना** = तकिया.

**ढासा** = सहारा दीवार.

**ढिंढोरची** = मुनादी वाला.

**ढिंढोरा** = मुनादी.

**ढिठाई** = अवज्ञा, दुस्साहस.

**ढिपनी** = डंठल, निपल, स्तनाग्र.

**ढिबरी** = नट.

**ढिमका/ढिमकी** = अमुक.

**ढिमाका/ढिमाकी** = अमुक.

**ढिलाई** = आलस.

**ढिल्लड़** = आलसी, मोटा/मोटी, शिथिलकाय.

**ढिसरना** = डगमगाना, पसीजना, ललचना.

**ढींगड़ा/ढींगड़ी** = बलिष्ठ.

**ढींढ़** = तोंद.

**ढीठ** = खेदहीन, निर्लज्ज, वीर, संकोचहीन, हठी.

**ढीठना/ढीठनी** = धृष्ट.

**ढील** = अतिरिक्त स्थान, अनियत्रण, आलस, क्षमा, झोल, लस्तपस्त चाल, विलंब.

**ढील नहीं** = ऐक्सप्रैस डिलीवरी.

**ढीलमढाला/ढीलमढाली** = आलसी, कुवेशित, छकड़ा, शिथिलकाय.

**ढीला/ढीली** = अतत्पर, आलसी, कुप्रबंधित, छकड़ा, जर्जर वृद्ध, झोलदार, तंद्रिल, तरल, थका/थकी, दायित्वहीन, दृढ़मतहीन, पतला (द्रव),

बीमार, मोटा/मोटी, लस्तपस्त, शिथिलकाय, साइज़ से बड़ा, हतोत्साहित.

**ढीला/ढीली** *वि* अदृढ़, अनकसा/अनकसी, कच्चा/कच्ची, शिथिल, श्लथ, हलका/हलकी, •झोलदार, ▪कसा/कसी.

**ढीला ढाला/ढीली ढाली** = छकड़ा, लस्तपस्त, साइज़ से बड़ा.
**ढीलाढालापन** = लस्तपस्त चाल.
**ढीला ढाली/ढीली ढाली** = शिथिलकाय.
**ढीला पड़ना** = डगमगाना, दुबलाना.
**ढीलापन** = निरुत्साह, मदालस, लस्तपस्त चाल.
**ढीली गति** = लस्तपस्त चाल.
**ढीली मोहरी वाले पतलून पाजामे** = जनाना ढीला पाजामा.
**ढीले पायँचे वाले पतलून पाजामे** = जनाना ढीला पाजामा.
**ढीले साइज़ का** = साइज़ से बड़ा.

**ढुँढ़ना** *क्रि* खोई वस्तु मिलना, खोजा जाना, तलाशा जाना, *निकलना*, पाए जाना, पाया जाना, प्रतिलब्ध होना, प्राप्त होना, फिर से मिलना, *मिलना*, *लौटना*, वापस मिलना, हाथ लगना, •पाना, ▪खोजना, ▪गुमना.

**ढुंढा** = होलिका.
**ढुंढि** = गणेश.
**ढुंढिराज** = गणेश.
**ढुआई** = ढुलाई.
**ढुकन** = मुँदन.
**ढुकना** = अकनना, मुँदना.
**ढुका/ढुकी** = बंद.
**ढुकाई** = भिड़ाई.
**ढुकाना** = मूँदना.
**ढुकाया/ढुकाई** = बंद.
**ढुरकन** = इठलाहट.
**ढुरकना** = छीजना.
**ढुलकन** = विचलन.
**ढुलकना** = डगमगाना, पसीजना, ललचना.

**ढुलकना** *क्रि* खिंडना, *गिरना*, ढरकना, ढलकना, ढुलना, *बिखरना*, •उमगना, •झड़ना, •टपकना, •बिखरना.

**ढुलकाना** = ललचाना.

**ढुलकाना** *क्रि* खिंडाना, *गिराना*, छलकाना, *बहाना*, बिखराना, *बिखेरना*, •उँडेलना, •छिड़कना, •टपकाना, •रिताना.

**ढुलढुल** = अवसरवादितापूर्ण.
**ढुलना** = ढुलकना.
**ढुलमुल** = अस्थिर, दलबदलू, विचलनशील, सहमत्य.
**ढुलमुलाना** = डगमगाना.
**ढुलाई** = क़ुलीगीरी, परिवहन, माल भाड़ा, वहन.

**ढुलाई** *सं* ढुआई, ढोवाई, बारबरदारी, भारवहन, •क़ुलीगीरी, •परिवहन.

**ढुलाई करना** = ढोना.
**ढुलाई गाड़ी** = भारयान.
**ढुलाई पट्टी** = कनवेअर बैल्ट.
**ढुलाई वाला** = कुली.
**ढुलैया** = कुली, ट्रांसपोर्टर.
**ढूँकना** = अकनना.
**ढूँढ़** = तलाश, पीछा.
**ढूँढ़ना** = खोजना, खोज पाना.
**ढूँढला** = होलिका.
**ढूँढ़ लेना** = खोज पाना.
**ढूँढा/ढूँढी** = आलब्ध.
**ढूढ़िया** = श्वेतांबर.
**ढूह** = खँडहर टीला, टीला, ढेर.
**ढूह होना** = ढहना.
**ढूहा** = ढेर.
**ढेंकली** = ढेंकी.
**ढेंका** = ढेंकी.

**ढेंकी** *सं* ढेंकली, ढेंका, ढेंकुली, •मूसल, •सोंटा.

**ढेंकुली** = ढेंकी.
**ढेंपनी** = निपल.
**ढेपनी** = स्तनाग्र.
**ढेर** = कूड़ा ढेर, खँडहर टीला, संग्रह.

**ढेर** *सं* अंबार, *अचल*, अटंबर, अटहर, अटा, अटाला, अड़ाड़, अड़ार, आचय, इकट्ठ, उच्चय, ओघ, कूट, गंज, गल्ला, घानी, ज़ख़ीरा, जमाव, जमावड़ा, *टाँड़ा*, टाल, ठट्ठ, डंबर, ढूह, ढूहा, ढेरी, तूमार, तोम, *थक्का*, थाट, *थोक*, पहाड़, पुंज, प्रचय, फैल, *भंडार*, वितान, शैल, संघट, संचय, समाहार, समुच्चय, *समूह*, *स्तूप*, स्तोम, •चट्टा, •विविधा, •संग्रह, ▪बंडल.

**ढेर करना** = संहारना.
**ढेर सारा** = अत्यधिक, सुलभ.
**ढेर होना** = मरना.
**ढेरा/ढेरी** = भेंगा/भेंगी.
**ढेरी** = ढेर.

**ढेलवाँस** *सं* क्षेपणि, चर्ख़, पत्थर फेंकनी, भिंदिपाल, •गुलेल, •गोफन.

**ढेला** = गुलेल गोली, डला.
**ढेली** = डला, पिंडिका, रोड़ी.
**ढोंग** = छल, पाखंड.
**ढोंगी** = पाखंडी.
**ढोकसा** = सकोरा.
**ढोटा** = पुत्र, लड़का.
**ढोटा/ढोटी** = शिशु.
**ढोटी** = पुत्री, लड़की.

**ढोना** *क्रि* *उठाना*, उद्वहन करना, ढुलाई करना, *पहुँचाना*, भार ढोना, माल लाना ले जाना, लाना ले जाना, वहन करना, •पहुँचाना, •लादना, •लाना.

**ढोने वाला** = कुली.
**ढोर** = दुग्ध पशु, मांस पशु.

**ढोर** *सं* गो, चौपाए, *जानवर*, डंगर, ढोर डंगर, पशुधन, मवेशी, •गाय, •दुग्ध पशु, •बैल, •भेड़बकरी, •भैंस, •भैंसा, •साँड़.

**ढोर चराई** = चरवाहागीरी.
**ढोर डंगर** = ढोर, दुग्ध पशु.
**ढोर रस्सी** = गला रस्सी.
**ढोल** = पीपा.

**ढोल** *सं* आनक, करनाल, गजढक्का, डंका, ड्रम, ढक्का, ढाका, ताशा, दमामा, दुंदुभि, धौंसा, नक़्क़ारा, नगाड़ा, नौबत, पटह, भेरी, मुरज,

मृदंग, •डफ, •डुगडुगी, •ढमढम, •तबला.

**ढोलकिया** = ढोलची.
**ढोलकीवादक** = ढोलची.
**ढोलची** = हाँके वाला.

**ढोलची** *सं* ढोलकिया, ढोलकीवादक, ढोलवादक, तंबूरची, धौंसिया, नक़्क़ारची, नगाड़ावादक, नौबती, पखावजी, भेरीकार, मृदंगवादक, मृदंगिया.

**ढोलडग्गा** *सं* कमची, *खपची*, चोब, चौगान, *छड़ी*, डंडी, डग्गा, साँटी, •डंडा.

**ढोल ध्वनि** = ढमढम.
**ढोलनी** = पालना.
**ढोलवादक** = ढोलची.
**ढोली** = गड्डा.
**ढोवाई** = ढुलाई.
**तंक** = आतंक, नक़्क़ाशी छैनी.
**तंग** = कसा/कसी, दुःखी, निर्धन, पीड़ित, संकीर्ण, साइज़ से छोटा.
**तंग करना** = खिजाना, रुठाना, सताना.
**तंगदस्त** = निर्धन.
**तंगदस्ती** = कंजूसी.
**तंग परिधान** = जाकट.
**तंग मोहरी पतलून** = जींस.
**तंग सड़क** = गली.
**तंगहाल** = निर्धन.
**तँगिया** = तनी, तसमा.
**तंगी** = कुपरिस्थिति.
**तंज़** = कटाक्ष, व्यंग्य, व्याज प्रशंसा.
**तंज़िया** = व्यंग्यात्मक.
**तंडुल** = अनाज, चावल, चौलाई साग, धान.
**तंडुलीबीज** = चौलाई साग.
**तंडुलीयक** = चौलाई साग.
**तंतर मंतर** = जादूमंतर.
**तंतिपाल (अज्ञातवास नाम)** = सहदेव.
**तंतु** = तार, धागा, रोआँ.

**तंतु** *सं* खूझा, तंत्र, *तार*, तुस, फ़ाइबर, बाल, रग, रेशा, *रोआँ*, रोम, सूत्र.

**तंतुकीट** = रेशमकीट.
**तंतुकोश** = कोया.
**तंतुगर्भा** = ताड़.
**तंतुजाल** = मकड़जाल.
**तंतुनाभ** = मकड़ी.
**तंतुवाप** = बुनकर.
**तंत्र** = अभिमंत्रण, क़ानून, तंतु, तंत्रवाद, तकनीक, ताँत, प्रबंध, मंत्र, रजवाड़ा, राज्य, राज्य सेवा, राष्ट्र, शासन तंत्र, समूह, सरकार, सिद्धांत.
**तंत्रक्रिया** = अभिमंत्रण.
**तंत्र क्रिया विशेषज्ञ** = अभिमंत्रक.
**तंत्रक्रिया साधन** = अभिमंत्रण.
**तंत्रमंत्र** = अभिमंत्रण, जादूमंतर, जुगत.
**तंत्रमंत्र विश्वास** = अंधविश्वास.
**तंत्रवाद** = तंत्रशास्त्र, शक्तिपूजा.

**तंत्रवाद** *सं* तंत्र, तांत्रिकवाद, योगिनी पूजा, •गुह्यविद्या, •वाममार्ग, •हिंदू धर्म.

**तंत्रवादी** = तांत्रिक, शक्तिपूजक.
**तंत्रविद्या** = इंजीनियरिंग.
**तंत्र विषयक** = तंत्रीय.

**तंत्रशास्त्र** *सं* *तंत्रवाद*, शाक्ततंत्र, शाक्तागम, •गुह्यविद्या.

**तंत्रसाधक** = अभिमंत्रक.
**तंत्र साधन** = अभिमंत्रण.
**तंत्रहीन** = प्रबंधकहीन.
**तंत्रिका** = नस.
**तंत्री** = अध्यक्ष, अभिमंत्रक, इंजीनियर, कठपुतली वाला, ताँत, तांत्रिक, नियंत्रक, प्रशासक, मंच निर्देशक, मरम्मत कर्मी, रुधिरवाहिका, वाद्य तार, संपादक, सर्वोच्च सत्ताधारी, सूत्रधार.
**तंत्रीय** = धार्मिक.

**तंत्रीय** *वि* तंत्र विषयक, *तांत्रिक*, शाक्त, शाक्तिक.

**तंदुरुस्त** = स्वस्थ.
**तंदुरुस्ती** = स्वास्थ्य.
**तंदुल** = चावल, धान.
**तंदुला** = चौलाई साग.

**तंदूर** *सं* गुलख़न, तँनूर, •ओवन, •चूल्हा.

**तंद्रा** *सं* आलस्य, उनींदापन, ऊँघ, क्लांति, झूम, तंद्रिलता, निद्रिलता, पीनक, शिथिलता, सुप्ति, •आलस, •निद्रा.

**तंद्राटन** = सुप्ताटन.
**तंद्राहीन** = निद्राहीन.
**तंद्राहीनता** = निद्राहीनता.

**तंद्रिल** *वि* अलस, उनींदा/उनींदी, ऊँघता/ऊँघती, क्लांत, झपकौहाँ/झपकौहीं, ढीला/ढीली, निंदासा/निंदासी, निद्रालस, निद्रालु, निद्रिल, माँदा/माँदी, शिथिल, श्रांत, सनिद्र, सुलक्कड़, •आलसी, •सुप्त.

**तंद्रिलता** = तंद्रा.
**तंद्री** = आलसी.
**तंबाकू** = सुरती.

**तंबाकू** *सं* क़िवाम, टबैको, तमाकू (विकल्प), तमाखू (विकल्प), ताम्रकूट, धूम्रपत्र, लेडी निकोटीन, •चिलम, •धूम्रपान, •नसवार, •बीड़ी, •सिगरेट, •सिगार, •सुरती, •हुक़्क़ा.

**तंबाकू पान** = धूम्रपान.
**तंबाकू सूखा पत्ता** = सुरती.

**तंबू** *सं* कंपू, कपड़कोट, कैंप, खेमा, चोलट्री, छोलदारी, टैंट, डेरा, पटमंडप, पटवेश्म, *पड़ाव*, रावटी, शिविर, •खूँटा, •शामियाना.

**तंबूरची** = ढोलची.
**तंबूरा** = तानपूरा.
**तँबोलन** = पनवाड़िन.
**तँबोली** = पनवाड़ी.
**तँवर** = तोमर.
**तँवारी** = घुमेर.
**तअज्जुब** = आश्चर्य.
**तअल्लुक़** = परिवार संबंध, संबंध.
**तअल्लुक़ा** = जनपद आदि, जागीर.
**तअल्लुक़ेदार** = जमींदार.
**तअल्लुक़ेदारी** = ज़मींदारी.
**तअस्सुबी** = मतांध.
**तईं** = उपलक्ष्य में.
**तक** = इस बीच, पर्यंत.

**तक** *क्रिवि* इस के आगे नहीं, तलक, *पर्यंत*, *बस*, ▪से.

 (प्रा) प्राचीन शब्द, अब अप्रचलित - *तिरछे* शब्द स्वतंत्र शीर्षक भी हैं •सपर्याय ▪विपर्याय

**तक़ड़ी** = तराज़ू.
**तक़दमा** = आकलन.
**तक़दीर** = भाग्य, संयोग.
**तक़दीर का फेर** = भाग्यचक्र.
**तक़दीर का लिखा** = प्रारब्ध लेख.
**तक़दीर बनाने वाला** = प्रारब्ध विधाता.
**तक़दीर वाला** = सौभाग्यशाली.
**तकनीक** = गुर, विधि.

**तकनीक** *सं* इल्म, टैक्नीक, टैक्नोलाजी, तंत्र, तरकीब, तांत्रिकी, प्रविधि, *यांत्रिकी*, *विज्ञान*, संक्रिया, साइंस, •कैसे, •गुर, •जुगत.

**तकनीकी** = उद्यमीय, पारिभाषिक, यांत्रिक, विज्ञानसंगत.

**तकनीकी** *वि* टैक्नीकल, प्राविधिक, विशिष्ट, शास्त्रीय, •पारिभाषिक, •यांत्रिक, •विज्ञानसंगत, •विधिसंगत, •विशेष, ▪अतकनीकी.

**तकनीशियन** = इंजीनियर, कुशल श्रमिक, मरम्मत कर्मी, विशेषज्ञ.
**तकबीर** = जाप.
**तकमील** = समापन.
**तकरार** = एकताहीनता, मित्रताभंग, विवाद.

**तकरार** *सं* कटकट, कटाकटी, *कलह*, कहतसुनत, कहासुनी, किचकिच, किटकिट, किड़किड़, कौआ रोर, खटपट, खिचखिच, खिटखिट, गरमागरम बातचीत, गरमागरमी, गालीगुफ़्ता, चख़चख़, चींचपड़, चीख़ पुकार, छेड़छाड़, झकझक, झगड़ा, झगड़ाटंटा, झड़प, झमेला, झाँयझाँय, झिकझिक, टंटा, टंटाबखेड़ा, तीन पाँच, तूतू मैंमैं, दाँता किटकिट, नोकझोंक, परस्पर क्रोध, फ़ितना, बकबक, *बकवास*, बतबढ़ाव, बमचख, बहसाबहसी, रार, लड़ाई, लड़ाई झगड़ा, वाक्कलह, वाग्युद्ध, वाग्वितंडा, *वादविवाद*, वितंडा, *विवाद*, सही ग़लत, सात पाँच, हीलहुज्जत, हुज्जत, ▪सर्वसहमति.

**तकरारिन** *सं* कर्कश स्त्री, कर्कशा, कलहप्रिय स्त्री, *कुटनी*, *झाड़*, तकरारी स्त्री, *भूतनी*, लड़ोकनी.

**तकरारिया** *सं* कर्कश पुरुष, कर्कश व्यक्ति, कलहकार, कलहप्रिय पुरुष, *कुटना*, खटखटिया, खटपटिया, खुराफ़ाती, चकल्लसी, चखचखिया, ज़बानदराज़, झकझकिया, झिकझिकिया, टंटेबाज़, बखेड़िया, बमचखिया, भूतना, लड़ाकू, लड़ोकना, हुज्जतबाज़, हुज्जती, •वितंडावादी.

**तकरारी** = कलहप्रिय.
**तकरारी स्त्री** = तकरारिन.
**तक़रीबन** = असटीक, लगभग.
**तक़रीर** = भाषण.
**तकला** = चरखा तकला.

**तकली** *सं* कतन, कतनी, *टिकली*, टिकुली, •चरखा तकला.

**तकलीफ़** = पीड़ा, रोग.
**तकलीफ़देह** = साइज़ से छोटा.
**तकल्लुफ़** = सत्कार.
**तकल्लुफ़ाना** = औपचारिक.
**तक़सीम** = दाय विभाजन, भाग कर्म, विभाजन.
**तक़ाजा** = आग्रह, दावा, माँग, रिमाइंडर.
**तक़ावी** = वित्तीय सहायता.
**तकिया** = आस्था, एकांत स्थान, परिसर, मठ, शरणस्थल, सिराश्रय, स्मारक.

**तकिया** *सं* उपधान, कशिपु (प्रा), गिरदा, ढासना, बालिश, *बाली*, मसनद, सनद, सिरहन, *सिरहाना*, •गद्दा, •गाव तकिया, •गिलाफ़.

**तकिया क़लाम** *सं* आदतन दोहराए शब्द, दोहराए शब्द, बार बार दोहराया अनावश्यक शब्द/उपवाक्य, •मुहावरा.

**तकियागाह** = पीठाश्रय.
**तकुआ** = चरखा तकला.
**तक्र** = मट्ठा.
**तक्राट** = मंथनदंड.
**तक्षक** = बढ़ई, विश्वकर्मा.
**तक्षण** = उत्कीर्णन, बसूला, मूर्तिकर्म.
**तक्षा** = बढ़ई.
**तक्षिकी** = इंजीनियरिंग.
**तक्षित** = उत्कीर्ण.
**तखमीन** = आकलन.
**तख़मीना** = अनुमान.
**तख़लिया** = एकांतवास, एकांत स्थान.
**तख़ल्लुस** = उपनाम.
**तख़्त** = आधार सूची, दीवान, मंच, सिंहासन.

**तख़्त** *सं* तल्प, *दीवान*, मसनद, •बैंच, •सिंहासन.

**तख़्तगाह** = राजधानी.
**तख़्तनशीन** = सत्तासीन.
**तख़्तनशीनी** = सत्तारोहण.
**तख्ता** = फाँसी तख्ता.
**तख़्ता** = काउंटर, काग़ज़ तख़्ता, काष्ठपटल, ख़ाना, गत्ता, पटल, पलेंडी.
**तख़्तापलट** = सत्ता अपहरण.
**तख़्ती** = काष्ठपटल, पटल, पन्नी.

**तख़्ती** *सं* चंदन गट्टी, चंदन गाटी, *पटल*, पटिया, पटी, पाटी, लिपिपटल.

**तगड़ा/तगड़ी** = बलिष्ठ, सुगठितकाय, सुदृढ़.
**तगड़ी** = करधनी.
**तगदमा** = अंदाज़ा.
**तगमा** = पदक.
**तगार** = भिगौना.
**तज़किरा** = उल्लेख.
**तजना** = त्यागना.
**तजने वाला** = परित्यक्ता.
**तज पत्ता** = तेजपात.
**तजरबा** = अनुभव, परख, प्रयोग.
**तजरबेकार** = अनुभवी.
**तजल्ली** = ईश्वर दर्शन.
**तजवीज़** = प्रस्ताव, योजना, सुझाव.
**तजवीज़ करना** = सुझाना.
**तटंक** = कर्णफूल.
**तट** = किनारा, तटबंध, थल, नदी तट, समुद्र तट.

**तट** *सं* अंचल, उपकूल, *कगार*, *किनारा*, कूल, कोस्ट, खुश्की, *घाट*, जलतट, जलथल सीमा

भूमि, तटांचल, तडाक, तीर, *धरातल*, पाट, पुलिन, *बैंक*, लब साहिल, सूखा, स्थल, •रेत, •समुद्र, ▪जलाशय, ▪नदी.

**तट कटि** = कूल्हा.

**तटकर** *सं* कस्टम, ड्यूटी, सीमा शुल्क, •कर, •चुंगी कर, •तस्करी, •पथकर.

**तटचर** *वि* कछारचर, कूलचर, कूलेचर.

**तटबंध** = बाँधपथ.

**तटबंध** *सं* ऐंबैंकमैंट, *कगार*, *घाट*, *तट*, *दीवार*, धुस्स, पुश्ता, मुँडेरा, •घाट, •डाइक, •बाँध, •मिट्टी बाँध.

**तटवर्ती** *वि* उपकूल, कूलस्थ, तटस्थ, *तटीय*, तीरवर्ती, तीरस्थ, •सीमावर्ती, ▪तटातीत, ▪समुद्रीय.

**तटवर्ती उच्च भूमि** = बागर.
**तटवर्ती निम्नभूमि** = खादर.
**तटवीचि** = लहराग्र.
**तट से टकराती लहर** = लहराग्र.
**तट से दूर** = तटातीत.
**तटस्थ** = अनासक्त, गुटनिरपेक्ष, तटवर्ती, निष्पक्ष, पंच, भावहीन, स्थितप्रज्ञ.
**तटांचल** = तट.

**तटातीत** *वि* आफ़शोर, तट से दूर, तटेतर, ▪तटवर्ती.

**तटिनी** = नदी.
**तटीय** = तटवर्ती.

**तटीय** *वि* उपकूल, ▪समुद्रीय.

**तटीय घाट** = घाट.
**तटेतर** = तटातीत.
**तटेतर क्षेत्र** = अंतर्क्षेत्र.
**तड़** = क़बीला.
**तड़क** = झिरी.
**तड़कना** = खीजना, तड़तड़ाना।.

**तड़कना** *क्रि* चटकना, चनकना, झिर्री पड़ना, दरकना, दररना, बाल आना, बाल पड़ना, मसकना, विदीर्ण होना, •टूटना, •फटना, •फूटना.

**तड़कभड़क** = चंचलता, दिखावा, फ़ैशन, शोमैनशिप.

**तड़कभड़क** *सं* आडंबर, आनतान, ऐश्वर्य, चटकमटक, चमकदमक, टीपटाप, ठाटबाट, दिखावटीपन, धजा, *बनावट*, भड़कीलापन, रंगत, रंगीनी, वैभव प्रदर्शन, शान, शानशौक़त, शो, सजधज, सस्तापन, हवा, •अपव्यय, •अहंकार, •डिस्प्ले, •वैभव, •शोमैनशिप.

**तड़कभड़कदार** = छबीला/छबीली, रंगमंचीय, शब्दाडंबरपूर्ण.

**तड़कभड़कदार** *वि अत्यलंकृत*, आडंबरपूर्ण, आलंकारिक, घटिया, चमकदमकदार, चमकीला/चमकीली, ठटकीला/ठटकीली, ठाटबाटदार, तड़कीला/तड़कीली, दंभपूर्ण, दिखावटी, नुमाइशी, पन्नीदार, प्रपंचपूर्ण, बेज़ौक, *भँड़ौआ*, भड़कीला/भड़कीली, भदेस, रुचिहीन, सजदार, *सजावटी*, सस्ता/सस्ती, •अत्यलंकृत, •वैभवशाली, •सितारेदार.

**तड़कभड़कहीन** = अनाभूषित, अनौपचारिक, साधारण.
**तड़का** = छौंक, सूर्योदय.
**तड़का देना** = छौंकना.
**तड़का लगाना** = छौंकना.
**तड़कीला/तड़कीली** = छबीला/छबीली, तड़कभड़कदार.
**तड़कीला भड़कीला/तड़कीली भड़कीली** = छबीला/छबीली.
**तड़कीली** = छबीली.
**तड़कीली भड़कीली** = छबीली.
**तड़के** = प्रातःकाल में.
**तड़तड़** = खड़खड़.

**तड़तड़** *सं* कड़क, कड़कड़, कड़कड़ाहट, कड़ाक, कड़ाका, किड़किड़, चट, *चटक*, चटकाहट, चटख, चटचट, चटचटाहट, चटाखा, चड़, चड़चड़, चिटचिट, चिड़चिड़, तड़तड़ाहट, तड़ाक, तड़ाका, दन्नाहट, पटपट, पटपटाहट, पटर पटर, पड़पड़, पड़पड़ाहट, पिटपिट, •गोलीबारी, •धमाका, •चिंगारी, •ज्वाला, •ठनठन, •ताली, •मेघविद्युत.

**तड़तड़ाना** = तड़तड़ाना।, फड़काना.

**तड़तड़ाना** *क्रि* कड़कड़ करना, कड़कड़ाना, कड़कड़ाहट होना, कड़कना, चटकना, चटकाना, चटचटाना, चड़चड़ाना, चिटकना, *तड़कना*..

**तड़तड़ाहट** = तड़तड़, ताली.
**तड़तड़ी** = आतिशबाज़ी.
**तड़प** = छटपटाहट, मेघविद्युत.
**तड़पड़ाना** = छटपटाना.
**तड़पड़ाहट** = छटपटाहट, मृत्युकष्ट.
**तड़पन** = छटपटाहट, निद्राहीनता.
**तड़पना** = कराहना, छटपटाना.
**तड़पाना** = दुखाना, रुलाना.
**तड़फड़ाता/तड़फड़ाती** = पीड़ित.
**तड़ से** = तत्काल.
**तडाक** = तट.
**तड़ाक** = जमाका, तड़तड़.
**तड़ाक से** = तत्काल.
**तड़ाका** = कौंध, जमाका, तड़तड़.
**तडाग** = तलैया, तालाब.
**तड़ाग** = जलाशय, तरण ताल.
**तड़ातड़** = लगातार.
**तड़ातड़ी** = गोलीबारी.
**तड़ित** = मेघविद्युत.
**तड़ित वर्षा** = तूफ़ान.
**तडित्प्रभा** = विद्युल्लेखा.
**तडित्वान** = मेघ.
**तड़ीपार** = देश निर्वासन..
**तत** = तना/तनी.
**तताराना** = तपाना.
**ततारना** = तपाना.
**ततैया** = भिड़.
**तत्काल** = अभी, तभी.

**तत्काल** *क्रिवि* अतिशीघ्र, अपलम चपलम, अब ही, *अभी*, अर्जेंटली, अविलंब, आँख झपकते, आँखों देखते, आनन फ़ानन, इसी पल, इसी समय, एक दम, एतद्काल,

कहते कहते, क्षण भर में, क्षिप्रतः, खट से, खटाक से, घड़ी भर में, चटपट, चट से, चटापट, चुटकी बजाते, जल्द, जल्द ही, जल्दी, जल्दी से, झट, झटपट, झटाक से, तड़ से, तड़ाक से, तत्क्षण, *तभी*, तभी का तभी, ताबड़तोड़, तीव्रतः, तुरंत, त्यों ही, दनदन, दनादन, दम भर में, दमादम, *देखते देखते*, *द्रुततः*, धड़ से, निमिष मात्र में, पट से, पटापट, पल में, *फटफट*, फट से, फटाक से, फटाफट, फर्राटे से, फुरती से, फ़ौरन, फौरन से पेशतर, बिना देर किए, बिना रुके, यथासमय, लगे हाथ, लदड़पदड़, वेगपूर्वक, शीघ्रतः, शीघ्रतापूर्वक, शीघ्र ही, सगबग, सटासट, सड़ाक से, सद्य, सरपट, सवेग, सिदौसी, *सीधे*, •अभी, •तभी, •पहले, ▪पद प्रतिपद.

**तत्काल कोर्स** = क्रैश कोर्स.
**तत्काल डिलीवरी** = ऐक्सप्रैस डिलीवरी.
**तत्कालधी** = हाज़िरजवाब व्यक्ति.
**तत्काल पहुँचाई** = ऐक्सप्रैस डिलीवरी.
**तत्काल प्रश्न** = ज्वलंत विषय.
**तत्काल बुद्धि** = हाज़िरजवाबी.
**तत्काल युक्ति** = जुगत.
**तत्काल रचना** = जुगाड़.
**तत्काल रचित कविता** = आशु कविता.
**तत्कालित** = जुगाड़ित.
**तत्कृति** = जुगाड़.
**तत्क्षण** = तत्काल, तभी.
**तत्ता/तत्ती** = गरम, चरपरा/चरपरी, तप्त, मसालेदार.
**तत्तापन** = चरपरापन.
**तत्ता पानी** = गरम जलस्रोत.
**तत्त्व** = घटक, तथ्य, त्रिगुण, निष्कर्ष, पदार्थ, परमाणु, ब्रह्म, रासायनिक तत्त्व.
**तत्त्वज्ञ** = अध्यात्मज्ञ, गुणग्राहक, दार्शनिक, वेदांतवादी.
**तत्त्वज्ञता** = गुणज्ञता.
**तत्त्वज्ञान** = अध्यात्म ज्ञान, भौतिकी, विज्ञान.
**तत्त्वज्ञानी** = दार्शनिक, वैज्ञानिक.
**तत्त्वदर्शी** = अध्यात्मज्ञ, आत्मज्ञानी, दार्शनिक.

**तत्त्व निर्णय** = व्याख्या.
**तत्त्वभूत** = मौलिक (अधिकार).
**तत्त्व विघटन** = विघटन.
**तत्त्वविचार** = अध्यात्म ज्ञान.
**तत्त्ववेत्ता** = अध्यात्मज्ञ.
**तत्त्वशास्त्र** = दर्शन शास्त्र.
**तत्त्वसंधान** = विश्लेषण.
**तत्त्व संधानी** = विश्लेषक.
**तत्त्वावधान** = प्रायोजन.
**तत्त्वावधानक** = प्रायोजक.
**तत्त्वावधान कर्ता** = प्रायोजक.
**तत्त्वीय** = भौतिक.
**तत्पर** = कटिबद्ध, सन्नद्ध.

**तत्पर** *वि* अनुकांक्षी, आकांक्षी/आकांक्षिणी, *आज्ञाकारी*, *आतुर*, आमादा, आरज़ूमंद, इच्छुक, इच्छुकतापूर्ण, उतावला/उतावली, *उत्साही*, उत्सुक, उद्यत, कामी, क़ायल, तलबगार, तालिब, तैयार, प्रस्तुत, प्रोद्यत, राज़ी, वांछी/वांछिनी, विलिंग, *सक्रिय*, समुत्साही, *सहमत*, साकांक्ष, •अविलंबी, •आज्ञाकारी, •सन्नद्ध, ▪अतत्पर.

**तत्परता** = एकाग्रता.
**तत्परायण** = तल्लीन.
**तत्पर्यंत** = तब तक.
**तत्पश्चात** = तब के बाद.
**तत्र** = उधर.
**तत्सबंधी** = विषयक.
**तत्सम** = तत्सम (शब्द).

**तत्सम (शब्द)** *वि* अनपभ्रंश, तत्सम, मूल संस्कृत.

**तथा** = और.

**तथाकथित** *वि* *कथित*, कहने भर का, *काग़ज़ी*, तथोक्त, नामचार, नाम भर का, नाममात्र, नाममात्र का, *प्रवादित*, •उपाधिमात्र का, ▪यथार्थ.

**तथागत** = गंतव्यप्राप्त, गौतम बुद्ध, तीर्थंकर, प्रबुद्ध.
**तथागति** = पहुँच, बोधोदय, मोक्ष.
**तथापि** = और भी, तदापि.
**तथास्तु** = एवमस्तु.

**तथोक्त** = तथाकथित.
**तथ्य** = अर्थ.

**तथ्य** *सं* इत्तिला, *घटना*, ठोस विवरण, तत्त्व, *प्रमाण*, *यथार्थ*, वाक़यात, वास्तविकता, *सूचना*, हक़ीक़त, •सत्य, •सांख्यिकी, ▪गप, ▪झूठ.

**तथ्यता** = यथार्थता.
**तथ्यपरक** = तथ्यात्मक.
**तथ्यपूर्ण** = तथ्यात्मक.
**तथ्यभाषी** = सत्यवादी.
**तथ्यवादी** = सत्यवादी.
**तथ्यहीन** = खंडनीय, तर्कहीन.

**तथ्यहीन** *वि* अतथ्य, अनवलंबित, अप्रामाणिक, *अयथार्थ*, अवास्तविक *असत्य*, आधारहीन, इतिकथ, *कथित*, कल्पित, *ग़लत*, दिमाग़ की उपज, *निराधार*, निरालंब, निर्मूल, बेबुनियाद, मनगढ़ंत, मिथ्या, *सारहीन*, हवाई, •अप्रमाण्य, •प्रवादित, ▪अप्रवादित, ▪तथ्यात्मक.

**तथ्यांकित** = दस्तावेज़ित.
**तथ्यात्मक** = अप्रवादित, सटीक.

**तथ्यात्मक** *वि* अकाल्पनिक, अमिथ्या, *असली*, आँखों देखा, आधारयुक्त, आनुषंगिक, घटनात्मक, घटनामूलक, *घटित*, *ठीक*, *ठोस*, तथ्यपरक, तथ्यपूर्ण, तथ्याधारित, पक्का/पक्की, प्रामाणिक, बांबुनियाद, मान्य, यथातथ्य, *यथार्थ*, वस्तुनिष्ठ, वाक़िआती, वास्तविक, *विश्वसनीय*, सच, *सत्य*, सप्रमाण, सही, साधार, हुआ/हुई, •अप्रवादित, •यथार्थ, ▪तथ्यहीन, ▪प्रवादित, ▪संदेहजनक.

**तथ्याधारित** = तथ्यात्मक.

**तथ्यान्वेषक** *सं* इन्क्वायरर, इन्वैस्टिगेटर, *खोजी*, गोयंदा, चर, जाँच कर्ता, टोही, तथ्यान्वेषी, तहक़ीक़ाती, पड़तालिया, परीक्षक, सुराग़ी, •गुप्तचर, •जिज्ञासु.

**तथ्यान्वेषण** = अपराध अनावरण.

**तथ्यान्वेषण** *सं अध्ययन*, *अनुसंधान*, अन्वीक्षण, इनक्वायरी, इनवैस्टिगेशन, खोज, खोजबीन, छानबीन, जाँच पड़ताल, तफ़तीश, तहक़ीक़ात, पड़ताल, पूछगछ, पूछताछ, मीमांसा, समीक्षण, •इंस्पैक्शन, •गुप्तचर्या, •जिज्ञासा, •पृच्छा, •सर्वे.

**तथ्यान्वेषण आयोग** *सं* अनुयोक्ता, अनुयोग, इनक्वायरी कमीशन, जाँच आयोग.

**तथ्यान्वेषी** = तथ्यान्वेषक.
**तद** = वह.
**तदनंतर** = तब के बाद, बाद में.
**तदनुरूप** = वैसे, सदृश.
**तदनुसार** = वैसे.
**तदपि** = तदापि.
**तदबीर** = जुगत, प्रयास, सुझाव.
**तदर्थ (समिति)** = अंतरिम.
**तदा** = तब.

**तदा** *क्रिवि* इस पर, उस पर, *तब*, तो, परिणामतः, फलतः, फलानुसार, *फिर*, •तदापि, ▪यदि.

**तदापि** *क्रिवि* अपरंच, इस सब पर भी, तथापि, तदपि, तद्यपि, तब भी, ताहम, तिस पर भी, तो भी, परंच, फिर भी, •तदा, •यद्यपि.

**तदुपरांत** = तब के बाद, तब के बाद, बाद में.
**तदुपरि** = तब के बाद.
**तद्काल** = तब.

**तद्भव** *वि* संस्कृत से उद्भूत.

**तद्यपि** = तदापि.
**तन** = आकार, मध्यभाग, शरीर.
**तनक सा** = अल्पतम.
**तनखैया** = धर्मच्युत, मित्रहीन.
**तनख़्वाह** = वेतन.
**तनज** = कटाक्ष.
**तनज़्ज़ुली** = अवनति, पदावनति.
**तन ढाँपना** = पहनना.
**तनतनाता/तनतनाती** = झुँझलाता/झुँझलाती.
**तनतनाना** = खीजना.
**तनत्राण** = कवच.
**तनदेही** = परिश्रम.
**तनना** = खिंचना.

**तनना** *क्रि* अकड़ना, कसा जाना, खिंचना.

**तनय** = पुत्र.
**तनया** = पुत्री.
**तनहा** = एकाकी.
**तनहाई** = एकाकीपन.
**तना** = धड़, मध्यभाग.

**तना** *सं गोला*, *धड़*, स्कंध, *स्तंभ*, स्थूणा, •जड़, •ठूँठ, •प्रशाखा, •शाखा.

**तना/तनी** *वि* उत्तनित, उत्तानित, खिंचा/खिंची, तत, प्रतत, प्रहत, वितत, वितानित, •अनमित, •कसा/कसी, •क्रुद्ध.

**तनातनी** = वैमनस्य.
**तना नहीं** = झोलदार.
**तनापन** = अकड़ाहट.
**तनाव** = उत्तेजना, कलह, चिंता, वैमनस्य, शत्रुता.
**तनावपूर्ण** = नाटकीय, प्रतियोगितात्मक, शत्रुतापूर्ण.
**तनाव में ढील** = झोल.
**तनि** = अल्पतम.
**तनिक** = अल्पतम, कम, कुछ, सूक्ष्म.
**तनिक सा** = सूक्ष्म.
**तनी** = तसमा.

**तनी** *सं डोरी*, तँगिया, *तसमा*, *फ़ीता*, *बंद*, •डोरी.

**तनु** = शरीर.
**तनु/तन्वी** = छरहरा/छरहरी, सुकुमार.
**तनुज** = पुत्र.
**तनुजा** = पुत्री.
**तनुमध्य/तनुमध्या** = पतली कमर वाला.
**तनुमध्यम/तनुमध्यमा** = पतली कमर वाला.
**तनुमध्यमा** = सुंदर स्त्री.
**तनूजा** = पुत्री.
**तनूर** = तंदूर.
**तन्नक** = अल्पतम.
**तन्ना** = ताना.
**तन्मय** = तल्लीन, व्यस्त, समाधिस्थ.
**तन्मात्र** = अजैव पदार्थ, सूक्ष्म.
**तन्वंग** = पतली कमर वाला.
**तन्वंगिनी** = सुंदर स्त्री, सुंदर स्त्री, सुकुमारी.
**तन्वंगी** = छरहरा/छरहरी, सुकुमारी.
**तन्वी** = सुंदर स्त्री, सुकुमार.
**तप** = तपस्या, परिश्रम, योगाभ्यास, समाधि.
**तप कर्ता** = तपस्वी.
**तपता/तपती** = ग्रीष्मकालीन, ज्वरग्रस्त, तप्त.
**तपन मणि** = आतशी शीशा.
**तपनांशु** = सूर्यकिरण.
**तपना** = पिघलना.

**तपना** *क्रि* गरम होना, गरमाना, *जलना*, तप्त होना, *दहकना*, *पकना*, सिकना, •तपाना, •तापना.

**तपनी** = अलाव, गोदावरी नदी.
**तपवंत** = तपस्वी.
**तपश्चर्या** = तपस्या.
**तपस** = फाल्गुन मास.
**तपसी** = तपस्वी.
**तपस्या** = कठिन परीक्षा, परिश्रम, प्रायश्चित्त, समाधि, साधना.

**तपस्या** *सं* जोग साधन, तप, तपश्चर्या, तपोव्रत, परिव्रज्या, मुनिव्रत, योग साधना, *श्रम*, *संयम*, *साधना*, सुतप, •इंद्रियनिग्रह, •परिश्रम, •योग, •समाधि, •हठयोग, ▪भोगविलास.

**तपस्विनी** = मठवासिनी.

**तपस्विनी** *सं* जोगन, जोगिनी, तापसी, *योगिनी*, साधिका, साध्वी.

**तपस्वी** = ऋषि, एकांतप्रिय, कंदाहारी, कार्योन्मादी, मठवासी, योगी, संन्यासी.

**तपस्वी** *सं* जती, *जितेंद्रिय*, जोगी, तप कर्ता, तपवंत, तपसी, तपी, तपोधन, तपोमूर्ति, तापस, महाज्ञानी, महामुनि, मुनि, यति, योगारूढ़, *योगी*, *संन्यासी*, *साधक*, *साधु*, सिद्ध, •ऋषि, •जितेंद्रिय, •धूनी, •ध्यानी, •भभूत, •वनवासी, ▪रसिक.

**तपस्वी पत्र** = दोना.
**तपस्वी राजा** = राजर्षि.
**तपा** = माघ मास.
**तपा/तपी** = तप्त.
**तपाक** = उत्साह, गर्मजोशी.
**तपाना** = भूनना, सुखाना.

**तपाना** *क्रि* गरम करना, गरमाना, ततराना, ततारना, *दहकाना*, *भूनना*, *सुलगाना*, •तपना, •पिघलाना, ▪शीतल करना, ▪हिमकृत करना.

**तपिश** = ताप.
**तपी** = तपस्वी.
**तपेदिक़** = क्षयरोग.
**तपेला** = भट्ठी.
**तपोधन** = तपस्वी.
**तपोभूमि** = मठ.
**तपोमूर्ति** = तपस्वी.
**तपोवन** = मठ.
**तपोव्रत** = तपस्या.
**तप्त** = गरम, ज्वरग्रस्त, प्रायश्चित्तपूर्ण.

**तप्त** *वि अंगारा*, अनुतप्त, आतप्त, आदग्ध, उत्तप्त, *गरम*, गरमागरम, चंड, जलता/जलती, झुलसता/झुलसती, तत्ता/तत्ती, तपता/तपती, तपा/तपी, ताता/ताती, *दग्ध*, दहकता/दहकती, प्रचंड, प्रदग्ध, ▪शीतलित.

**तप्त कुंभ** = नरक.
**तप्त होना** = तपना.
**तफ़तीश** = अपराध अनावरण, गुप्तचर्या, तथ्यान्वेषण.
**तफ़रक़ा** = गृहकलह.
**तफ़रीक़** = भेदनीति.
**तफ़रीह** = मनोरंजन, विनोद, सैरसपाटा.
**तफ़सीर** = टीका.
**तफ़सील** = ब्योरा, व्याख्या.
**तफ़सील से** = विस्तारपूर्वक.
**तब** = तदा, फलस्वरूप.

**तब** *क्रिवि* अन्य काल, उपरांत, उस पर, *तदा*, तद्काल, तो, पश्चात, *पीछे*, *फिर*, बाद में, •कब, •तभी, •समय के बाद, ▪अब.

**तबक़** = पन्नी.
**तबक़ा** = कोटि.
**तब के उपरांत** = तब के बाद.

**तब के बाद** *क्रिवि* उस के उपरांत, उस के बाद, तत्पश्चात, तदनंतर, तदुपरांत, तदुपरि, तब के उपरांत, तब से, तिस पर, परतः, *फिर*, *बाद में*.

**तब तक** = इस बीच, पर्यंत.

**तब तक** *क्रिवि* तत्पर्यंत, फ़िलहाल.

**तबदीली** = परिवर्तन, पाली.
**तब भी** = तदापि.
**तबर्रा** = गालीगलौज, निंदा.

**तबर्रा** *सं* तबर्रा, *निंदा*, पहले तीन ख़लीफ़ा निंदा, •उग्र प्रवचन.

**तबला थाप** *सं* गतिपात, चाँटी, *टप्पा*, टाप, थाप, धाप, *बीट*, •ताल.

**तबलीग़** = धर्म प्रचार.
**तब लौं** = इस बीच.
**तब से** = तब के बाद.
**तब ही** = तभी.
**तबादला** = स्थानांतरण.
**तबाह** = नष्ट.
**तबाहकुन** = नाशकारी.
**तबाह होना** = उजड़ना.
**तबाही** = नाश.
**तबियत** = स्वभाव.
**तबीअत** = इच्छा, पसंदगी, प्रवृत्ति, सुरुचि, स्वास्थ्य दशा.
**तबीयत** = विलासिता.
**तबेला** = अस्तबल, पशुशाला.
**तभी** = तत्काल.

**तभी** *क्रिवि* उसी क्षण, एक दम, *तत्काल*, तत्क्षण, तब ही, तभी के तभी, तभी तभी, त्यों ही, दन से, देखते ही, •अभी, ▪विलंबतः.

**तभी का तभी** = तत्काल.
**तभी के तभी** = तभी.
**तभी तभी** = तभी.
**तमंचा** = पिस्तौल.
**तमंचेबाज़ी** = गोलीबारी.
**तम** = अंधकार, तमोगुण, वासना.
**तमक** = उत्साह, खीज.
**तमकता/तमकती** = झुँझलाता/झुँझलाती.
**तमकना** = खीजना, डाँटना, भड़कना, रूठना.
**तमकाना** = चौंकाना.
**तमग़ा** = पदक, पुरस्कार सूची, बैज.
**तमचर** = उल्लू, राक्षस, रात्रिचर.
**तमतमाना** = भड़कना.
**तमतमाया/तमतमाई** = क्रुद्ध.
**तमद्दुन** = सभ्यता.
**तमन्ना** = इच्छा, महत्त्वाकांक्षा, लालसा.
**तमर** = राँगा.
**तमस** = अंधकार, तमोगुण.
**तमस्विनी** = रात.
**तमस्सुक** = ऋणपत्र.
**तमहर** = आलोकप्रद.
**तमा** = रात.
**तमाकू (विकल्प)** = तंबाकू.
**तमाखू (विकल्प)** = तंबाकू.

**तमाचा** *सं* चपत, चाँटा, झापड़, थप्पड़, धप्पा, धौल, रपट्टा, लफ्फड़, *हाथ*, •पदाघात, •मुक्का.

**तमाम** = अत्यधिक, अनवशिष्ट, अभंजित, आद्योपांत, कृत, थोक में बिकाऊ, नष्ट, पूर्णकृत, व्यतीत, संपूर्ण सकल, सब, समापन, सर्वांग संपूर्ण, सविस्तार, सुलभ.
**तमाम करना** = उजाड़ना.
**तमामशुद** = पूर्णकृत.
**तमाल** = सुरती.

**तमाल** *सं* कृष्णस्कंद, तमालक, तापिंज, नीलध्वज, श्यामपत्र.

**तमालक** = तमाल, तेजपात.
**तमालपत्र** = तेजपात.

**तमाशबीन** *सं* तमाशाई, *दर्शक*, सड़क पर तमाशा देखने वाला.

**तमाशा** = चमत्कार, नाटक, मनोरंजन, विचित्र वस्तु, शरारत, शोबदा.
**तमाशाई** = तमाशबीन, दर्शक, मजमेबाज़, शोबदेबाज़.
**तमाशागीर** = मजमेबाज़.
**तमाशेबाज़** = खेल प्रदर्शक, मजमेबाज़, शोबदेबाज़.
**तमिझ** = तमिल.
**तमिझ नाडु** = तमिल नाडु.

**तमिल** = भारत राष्ट्रभाषा सूची, भारतीय लिपि सूची.

**तमिल** *वि* तमिझ, तमिष, तामिल, *दक्षिणी*, द्रविड, द्राविड, मद्रासी (बोलचाल).

**तमिल नाडु** = भारत राज्य प्रदेश.

**तमिल नाडु** *सं* तमिझ नाडु, मद्रास (बोलचाल), मद्रास प्रैसिडेंसी (पूर्व नाम).

**तमिल नाडुः राजधानी** *सं* चेन्नै, मद्रास (पूर्व नाम).

**तमिष** = तमिल.
**तमिस्र** = अंधकार, अज्ञान, आसक्ति, क्रोध, वासना.
**तमिस्रपक्ष** = कृष्णपक्ष.
**तमी** = रात.
**तमीज़** = विवेक, शिष्टाचार, शिष्टाचार, शिष्टाचार, सुरुचि.
**तमीज़दार** = विनम्र, शिष्ट.
**तमूरा** = तानपूरा.
**तमेरा/तमेरी** = ठठेरा.

**तमोगुण** *सं* तम, तमस, तामसिकता.

**तमोगुणी** *वि* तमोमय, तामस, तामसिक, तामसी, •अनैतिक, •कामुक, •कुटिल, •पापपूर्ण, •स्वार्थी.

**तमोघ्न** = अग्नि.
**तमोमणि** = गोमेद, जुगनूँ.
**तमोमय** = अंधकारपूर्ण, तमोगुणी.
**तमोलन** = पनवाड़िन.
**तमोली** = पनवाड़ी.
**तमोहर** = चंद्रमा.
**तय** = अनुबंधित, अपरिवर्तनीय, अवश्यंभावी, निर्धारित, निश्चय, पूर्णकृत, प्रारब्धाधीन, शीड्यूलित, समाधानित.
**तय रहा** = हाँ.
**तयशुदा** = निर्धारित.
**तरंग** = आरोह अवरोह, नशा, प्रवाह, भाँग मद, लहर.

**तरंग** *सं* आंदोलन, *उत्थानपतन*, करंट, *झोंका*, *लहर*, •ध्वनि तरंग, •प्रकाश तरंग, •रेडियो तरंग, •रेत तरंग, •वात तरंग, •उत्थानपतन, •प्रवाह.

**तरंग आरोहण** = सर्फ़िंग.
**तरंग उत्पत्ति** = लहराव.
**तरंगक्रीड़ा** = सर्फ़िंग.
**तरंगण** = लहराव.
**तरंग दैर्घ्य** = तरंग माप.
**तरंगमय** = काव्यात्मक, प्रवाहशील (भाषा), बहता/बहती.

**तरंग माप** *सं* तरंग दैर्घ्य, वेव लैंथ, शिखर से शिखर तक दूरी, •मीडियम वेव, •लौंग वेव, •शौर्ट वेव.

**तरंगहीन** = निश्चल.
**तरंगहीनता** = जल अप्रवाह.
**तरंगा** = चौखट शीर्ष.
**तरंगिणी** = नदी.
**तरंगित** = असमतल, कारुगेटिड, मदिरोन्मत्त, लहराता/लहराती.
**तरंगित होना** = लहरना.
**तरंगी** = मदिरोन्मत्त, लहराता/लहराती.
**तरंड** = नौका.
**तर** = गीला/गीली, घीतेलयुक्त, रसीला/रसीली, रसेदार, वर्षापूर्ण, संसिक्त, सिंचित.
**तर करना** = सींचना.

**तरकस** *सं* इषुधि, कलाप, *खोल*, तूणीर, बाणाश्रय, शरधर, •खोल, •बाण.

**तरका** = रिक्थ.
**तरकारी** = भाजी, रसेदार भाजी, सागसब्ज़ी.
**तरकारी व्यंजन** = भाजी.
**तरकीब** = क्रम, गुर, जुगत, तकनीक, नीति, विधि, व्यवस्था, सुझाव.
**तरकून** = समोसा.
**तरक़्क़ी** = उन्नति, पदोन्नति, वेतन वृद्धि.
**तरक़्क़ीपसंद** = प्रगतिवादी.
**तरक़्क़ीपसंदी** = प्रगतिवाद.
**तरखा** = तीव्र नदी.
**तरखान** = बढ़ई.
**तरजना** = धमकाना.
**तरजुमा** = अनुवाद.
**तरण** = तैराकी, पारगमन.

**तरण** *सं* उत्तल प्लवन, जलावतरण, डूबन अभाव, तैर, *तैराकी*, तैरान, परिप्लवन, पैराई, प्रवहन, प्लव, प्लवन, बहंत, *बहन*, भेलन, संप्लव, संप्लवन.

**तरण खेल** = तैराकी.

**तरण ताल** *सं* क्रीड़ाताल, क्रीड़ा तालाब, क्रीड़ावापी, *जलाशय*, तड़ाग, *ताल*, *तालाब*, पूल, लीलावापी, विहारवापी, सरोवर, स्विमिंग पूल.

**तरणशील** *वि* जलगम्य, तैरता/तैरती, परिप्लव, प्लवनशील, प्लावी, संप्लावी, •अडूब.

**तरणि** = सूर्य.
**तरणितनय** = यमराज.
**तरणितनूजा** = यमुना नदी.
**तरणिसुत** = शनि ग्रह.
**तरणी** = नौका.
**तरतीब** = क्रम, व्यवस्था.
**तरतीबवार** = क्रमबद्ध.
**तरतीब से** = क्रमशः.
**तरनतारन** = परित्राता.
**तरना** = बचना.

**तरन्नुम** *सं* आलाप, काव्यपाठ, वाद्यहीन संगीत, •गायन, •गुनगुनाहट.

**तरफ़** = अभिमुख, आयाम, ओर, दिशा, पार्श्व.
**तरफ़दार** = पक्षधर, पक्षपाती, मददगार, सरपरस्त.
**तरफ़दारी** = अन्याय, पक्षपात, मतानुगमन.
**तरफ़ से** = बरास्ता.
**तरबतर** = गीला/गीली, वर्षापूर्ण, संसिक्त.
**तरबूज** = फल.

**तरबूज** *सं* कलिंगक, कलींदा, कालिंग, गोडुंबा, तरबूजा, दिलपसंद, मतीरा, मांसफल, हिंदवाना.

**तर माल** = पक्का खाना, स्वादिष्ठ आहार.



(प्रा) प्राचीन शब्द, अब अप्रचलित - *तिरछे* शब्द स्वतंत्र शीर्षक भी हैं •सपर्याय ▪विपर्याय

**तरमीम** = संशोधन.
**तरल** = तरल पदार्थ, सजल.

**तरल** *वि* ढीला/ढीली, द्रव, पतला/पतली, प्रवाही, प्लव, *सजल*, •रसीला/रसीली, •रसेदार, •सजल, ■गाढ़ा/गाढ़ी, ■ठोस, ■सघन.

**तरल कण** = बूँद.
**तरल चयन** = निथराई.

**तरल पदार्थ** *सं* *तरल*, द्रव, द्रव पदार्थ, *रस*.

**तरल माप एकक** = लीटर.
**तरल में से ऊपर आना** = उबरना.
**तरस** = करुणा, दया, सहानुभूति.
**तरसता/तरसती** = प्यासा/प्यासी.
**तरसना** = ललचना.
**तरसाना** = ललचाना.
**तरसाव** = प्यास.
**तरसों** = परसों.
**तरह** = काव्य समस्या.
**तरह मिसरा** = काव्य समस्या.
**तरांधु** = बार्ज.
**तराई** = आर्द्रण, तलहटी, सिंचन.
**तराई करना** = सींचना.
**तराजू** = मानक.

**तराज़ू** *सं* काँटा, टक, तकड़ी, तुला, तुलायंत्र, *तौल*, धड़ा, •पंचायती तराज़ू, •पासंग, •बाट, •माप उपकरण.

**तराज़ू पलड़ा** *सं* तुला पक्ष, पक्ष, पलड़ा, पल्ला, स्केल, •बाट.

**तराना** = गीत.
**तरानासाज़** = गायक.
**तरारा** = प्रवाह.
**तरालू** = बार्ज.
**तराश** = उत्कीर्णन, कटाई, बनावट.
**तराश ख़राश** = कटाई छँटाई.
**तराशना** = काटना, काटना छाँटना.
**तराशा/तराशी** = उत्कीर्ण, कटा/कटी.
**तरिक** = घटवारिया.
**तरिणी** = नौका.
**तरी** = जलतल, नौका, सलीमशाही जूता.
**तरीक़ा** = आचरण, नियम, रूटीन, रैसिपी, विधि, व्यवस्था, शिष्टाचार, शैली.
**तरीके से** = क्रमशः.
**तरीक़े से** = विधिपूर्वक.
**तरीदार** = रसेदार.
**तरु** = वृक्ष.
**तरु कोटर** = कोटर.
**तरुण/तरुणी** = नवयुवक/नवयुवती.
**तरुणता** = नवयौवन.
**तरुणाई** = नवयौवन.
**तरुणिमा** = नवयौवन.
**तरुणी** = युवती.
**तरुनख** = कंटक.
**तरुमृग** = बंदर.
**तरुराज** = ताड़, पारिजात वृक्ष.
**तरुवर** = वृक्ष.
**तरुवीथी** = कुंजगली.
**तरुशायी** = पक्षी.
**तरेड़** = झिरी, रेखाचिह्न.
**तरेरना** = डाँटना.
**तरैया** = तैराक.
**तरोई** = तोरी.
**तरो ताज़ा** = अनथका/अनथकी, ताज़ा, विश्रांत.

**तरौछ** = तलछट.
**तर्क** = परित्याग.

**तर्क** *सं* *आधार*, *उपपत्ति*, ऊहा, दलील, युक्ति, वाकोपवाक्य, *वाद*, स्थापना, हेतु, •कुतर्क, •प्रमाण, •वाक्छल, •वितर्क.

**तर्क असंगत** = तर्कहीन.
**तर्कक** = प्रश्न कर्ता.
**तर्ककार** = तर्कवेत्ता.
**तर्क कुतर्क** = वितंडावाद.
**तर्कगत** = तर्कगम्य.
**तर्कगम्य** = बुद्धिग्राह्य.

**तर्कगम्य** *वि* तर्कगत, तर्काधीन, *प्रमाण्य*, बुद्धिगम्य, *बुद्धिग्राह्य*, •ज्ञेय, ■इंद्रियगम्य.

**तर्कण** = वादविवाद.
**तर्कपूर्ण** = अखंडनीय, तर्कसंगत, सहमतकारी.
**तर्क प्रतियोगिता** = डिबेट.
**तर्क प्रमाण** = प्रमाण.
**तर्क प्रस्तुति** = प्रतिपादन.
**तर्कप्रियता** = वितंडावाद.
**तर्क विज्ञान** = तर्कशास्त्र.
**तर्कवितर्क** = वादविवाद, विवाद.
**तर्कविद्या** = तर्कशास्त्र.
**तर्कविरुद्ध** = तर्कहीन.

**तर्कवेत्ता** *सं* अध्याहर्ता, ऊही, जिरहकार, डिबेटर, तर्ककार, तर्कशास्त्री, तार्किक, *नैयायिक*, न्यायशास्त्री, प्रमाणज्ञ, लाजीशियन, वादविवाद कर्ता, विमर्शवादी, हेतुक, ■वितंडावादी.

**तर्कशास्त्र** *सं* अलर्क विद्या (प्रा), आगम शास्त्र, आन्वीक्षिकी, तर्क विज्ञान, तर्कविद्या, निगम, न्यायशास्त्र, प्रमाण शास्त्र, प्रह्लाद विद्या (प्रा), लाजिक, हेतुशास्त्र, •तार्किकता.

**तर्कशास्त्री** = तर्कवेत्ता.
**तर्कशील** = विचारशील.
**तर्कसंगत** = आकलित, न्यायसंगत, बुद्धिग्राह्य, विज्ञानसंगत, सहमतकारी.

**तर्कसंगत** *वि* अच्छा/अच्छी, *अनुकूल*, आधारपूर्ण, आप्त, उचित, उपयुक्त, ग्राह्य, *ठीक*, *ठोस*, तर्कपूर्ण, तर्कानुकूल, तर्कानुरूप, दुरुस्त, दृढ़, *न्यायसंगत*, प्रामाणिक, बजा, बुद्धिसंगत, माक़ूल, मान्य, मौजूँ, युक्तिपूर्ण, वाजिब, विहित, *वैज्ञानिक*, *वैध*, *संगत*, सतर्क, सही, साधार, *स्वीकार्य*, •तथ्यात्मक, •तर्क्य, •प्रमाण्य, •विज्ञानसंगत, •विश्वसनीय, ■अतर्क्य, ■कुतर्कीय, ■तर्कहीन, ■परस्परविरोधी.

**तर्कसिद्ध्य** = प्रमाण्य.
**तर्कहीन** = अवैज्ञानिक, खंडनीय, मतांध.

**तर्कहीन** *वि* अंधविश्वासपूर्ण, अग्राह्य, अड़ियल, अतर्क, अनुचित, *अप्रमाण्य*, अमान्य, अमूल, अयुक्त, अविहित, *अवैध*, *असंगत*, असंबद्ध, *अस्वीकार्य*, अहेतुक, आधारहीन, कच्चा/कच्ची, *ग़लत*, *तथ्यहीन*, तर्क असंगत, तर्कविरुद्ध, नामाकूल, नामुनासिब, नामौजूँ, नावाजिब,

*निराधार*, निर्मूल, परस्पर असंगत, पूर्वधारणापूर्ण, बेजा, बेतुका, बेबुनियाद, मूर्खतापूर्ण, मूलहीन, युक्तिहीन, लचर, ●अप्रमाण्य, ●परस्परविरोधी, ■तर्कसंगत, ■विश्वसनीय.

**तर्कागम्य** = अज्ञेय.
**तर्कातीत** = अज्ञेय.
**तर्काधीन** = तर्कगम्य.
**तर्कानुकूल** = तर्कसंगत.
**तर्कानुतर्क** = विमर्श.
**तर्कानुतर्क करना** = सोचना परखना.
**तर्कानुरूप** = तर्कसंगत.
**तर्काभास** = कुतर्क.
**तर्काभासीय** = कुतर्कीय.
**तर्कित** = विवेचित.
**तर्के दुनिया** = वैराग्य, संन्यास प्रवेश.
**तर्क्य** = बुद्धिग्राह्य.
**तर्ज़** = बनावट, लय, शैली.

**तर्जन** *सं* अपभयन, अपवर्जन, धमकाई, भयमिश्रित निषेध, भयान्वयन, भयोत्पादन, मनाही, वर्जन, वर्जना, विवर्जना, ●अमंत्रणा, ●चेतावनी, ●धमकी, ■अनुमति.

**तर्जनकारी** = दंडात्मक.
**तर्जना** = डाँट, धमकी.
**तर्जनात्मक** = कठोर (दंड).
**तर्जनी** = तर्जनी उँगली.

**तर्जनी उँगली** *सं* अँगूठे से पहली उँगली, तर्जनी, देशिनी, पहली उँगली, संकेतनी, संकेतिका.

**तर्जित** = अपमानित.
**तर्दन** = चिराई.
**तर्पण** = इच्छापूर्ति, तृषाशमन, पितृतर्पण.

**तर्पण** *सं* आतर्पण, जोषण, तृप्ति प्रदान, तोषण, तोषण, *प्रशमन*, शमन, साम, ●पितृतर्पण.

**तर्रार** = क्रोधी, हाज़िरजवाब.
**तल** = उत्तल, तलवा, तलवार मूठ, नितल, फ़र्श, मंज़िल, समतल भूमि, हथेली.
**तलक** = तक, पर्यंत.
**तलगमन** = डूब.
**तलघर** = तहख़ाना.
**तलछट** = गाद.

**तलछट** *सं* कल्क, काट, किट्ट, कीचट, खल, खूदड़, *गाद*, तरौंछ, तलमल, तलौंछ, पंक, *मल*, मैल, ●कीचड़, ●फोक, ●रद्दी.

**तल दिशा** = निम्नदिशा.

**तलना** *क्रि उतारना, काढ़ना, छानना*, ●छनछनाना.

**तल पर** = धरातल पर.
**तल पर आना** = उबरना.
**तलफ़्फ़ुज़** = उच्चारण.
**तलब** = आवाहित, माँग, लालसा.
**तलब करना** = बुलाना, बुलाना.
**तलबगार** = आवश्यकताग्रस्त, तत्पर, लोभी.
**तलबनामा** = समन.
**तलमल** = तलछट.
**तलमलाना** = छटपटाना.

**तलमुद** *सं* तालमुद, यहूदी धर्मकथा संग्रह, यहूदी धर्म तथा समाज नियम, ●धर्मग्रंथ.

**तल में** = नीचे.
**तल में बैठना** = डूबना, निथरना.
**तल में बैठा कर स्वच्छन** = निथराई.
**तल लोक** = पाताल लोक.

**तलवा** *सं* चरण तल, तल, तला, तली, *पद*, पदतल, ●निम्नभाग, ●पैर पंजा.

**तलवार** *सं* असि, करवाल, करवीर, करालिक, खंग, खड्ग, खाँड़ा, चंद्रहास, तलिम, धाराधर, निषंग, पटा, पट्टिश, *लोहा*, *शक्ति*, शमशीर, *शस्त्र*, सायक, सैफ़, ●एकधारी तलवार, ●दुधारी तलवार, ●कृपाण, ●परशु, ●बेयोनट, ●भाला, ●म्यान, ●लपलपाहट.

**तलवार की धार** = कठिन कार्य, संकटावस्था.

**तलवारधारी** *सं* असिजीवी, असिधारी, करवाली, कृपाणधारी, खंगपाणि, खड्गधर, खड्गपाणि, खड्गहस्त, खड्गी, तलवारबाज़, पटेबाज़, पटैत, पायक, शमशेर बहादुर, ●छुरेबाज़, ●भालाधारी.

**तलवारबाज़** = तलवारधारी.

**तलवार मूठ** *सं* क़ब्ज़ा, खड्गमुष्टि, गिरफ़्त, तल, दस्ती, मुष्टि, *मूठ*, मेखला, सरु, ●हत्था, ●हस्ताश्रय.

**तलवे चाटना** = गिड़गिड़ाना.
**तलस्थ** = गहरा/गहरी.

**तलहटी** *सं* अधोभूमि, उपत्यका, गिरिपाद, तराई, दामन, फ़ुटहिल्स, ●घाटी, ●निम्नभाग, ■पर्वत शिखर.

**तलहीन** = अगाध्य.
**तलांगुलि** = पैर उँगली.
**तला** = आधार सूची, जूता तला, तलवा, नितल, निम्नभाग.
**तला/तली** = घीतेलयुक्त, पका/पकी.
**तला अंडा** = आमलेट.

**तलाक़** *सं* खुला, गृहभंग, छोड़ छुट्टी, डाइवोर्स, परिवारभंग, विग्रह, विच्छेद, *वियोग*, विवाह विच्छेद, संबंध विच्छेद, ●इद्दत, ●दांपत्य विच्छेद, ●विधिक वच्छिेद, ●विवाह लोप, ●विसंयोग, ■विवाह.

**तलाक़शुदा** *वि* अलग, परित्यक्त/परित्यक्ता, विलग, विवाह विच्छिन्न, ●परित्यक्त, ■विवाहित.

**तला खाना** = पक्का खाना.
**तलागार** = तहख़ाना.
**तलाची** = चटाई.
**तलाश** = अनुसंधान, गुप्तचर्या, जिज्ञासा, पीछा, बाज़ारदारी.

**तलाश** *सं अनुसंधान*, अन्वीक्षण, अन्वीक्षा, अन्वेषणा, खोज, खोजख़बर, खोद उपाड़, गवेषणा, छानबीन, टोह, ढूँढ़, पैठ, मार्गण, मृगणा, शोध, संधान, ●घात, ●तलाशी, ●पीछा, ■प्राप्ति.

**तलाशना** = खोजना.
**तलाश निकालना** = खोज पाना.
**तलाश निकालने वाला** = खोजी.

**तलाश पाना** = खोज पाना.
**तलाश लेना** = खोज पाना.
**तलाश सफलता** = आलब्धि.
**तलाश से मिला** = आलब्ध.
**तलाशा/तलाशी** = आलब्ध.
**तलाशा जाना** = ढुँढ़ना.

**तलाशी** *सं* टटोल, टोह, सर्च, •झाड़ातलाशी, •नंगीतलाशी.

**तलिम** = तलवार.
**तली** = आधार सूची, तलवा, नितल.
**तली दाल** = घुँघनी.
**तले** = नीचे.
**तलैया** = जलाशय.

**तलैया** *सं* कुंड, खंडाली, खाती, गढ़ैया, *जोहड़*, तडाग, पल्वल, पुष्कर, पोखर, पोखरा, वर्षा ताल, षंडाली, सरसिका, •तालाब.

**तलौंछ** = तलछट.
**तलौंछ** = गाद.
**तल्ख़** = कड़वा/कड़वी, शत्रुतापूर्ण.
**तल्प** = तख़्त, दीवान, पलंग.
**तल्प कीट** = खटमल.
**तल्ला** = जूता तला, मंज़िल.
**तल्लीन** = व्यस्त, समाधिस्थ.

**तल्लीन** *वि* अंतर्लीन, अनन्यमनस्क, अनन्यमानस, अनुरत, आत्मविस्मृत, आलिप्त, ओतप्रोत, खोया/खोई, ग़र्क़, चूर, डूबा/डूबी, तत्परायण, तन्मय, भावमग्न, भावलीन, मग्न, *लग्न*, लप्ति, लीन, लौलीन, •व्यस्त, •समाधिस्थ, ▪अनेकाग्र.

**तव** = तेरा/तेरी.
**तवक़्क़ो** = अपेक्षा, प्रतीक्षा.
**तवज्जोह** = एकाग्रता, सत्कार.
**तवा** = हैल्मेट.
**तवायफ़** = वेश्या.
**तवारीख़** = इतिहास.
**तवारीख़ी** = ऐतिहासिक.
**तशद्दुद** = अत्याचार, हिंसा.
**तशरीफ़ आवरी** = आगमन.
**तशरीफ़ रखना** = बैठना.
**तशरीफ़ लाना** = आना.
**तशरीह** = व्याख्या.
**तश्त** = थाल.
**तश्तरी** = ट्रे, डिज़र्ट, थाली, प्लेट.
**तश्नगी** = प्यास.
**तसदीक़** = सत्यापन.
**तसबीह** = जपमाला.
**तसमा** = तनी.

**तसमा** *सं* कंचुक, तँगिया, *तनी*, *फ़ीता*, रिबन, *लेस*, •तनी.

**तसर** = परछा.
**तसला** = चिलमची, भिक्षा भांड.

**तसला** *सं परात*, *बाटी*, लोहिका, •चिलमची, •परात.

**तसल्ली** = विश्वास, संतोष, सांत्वना, स्पष्टीकरण.
**तसल्लीबख़्श** = परीक्षित, विश्वसनीय, सांत्वनाप्रद.
**तसवीर** = पोर्ट्रेट, वाल हैंगिंग.
**तस्कर** = चोर.

**तस्कर** *सं* कस्टम चोर, चुंगी चोर, चुंगी तस्कर, स्मगलर, •कर चोर.

**तस्करी** = कामुकी.

**तस्करी** *सं* कस्टम चोरी, चुंगी चोरी, महसूल चोरी, स्मगलिंग, •कर चोरी, •चोरी.

**तस्करी का** = तस्कृत.

**तस्कृत** *वि अवैध*, *अस्वीकार्य*, करहीन, चोरी का, चोरी से आयातित, चोरी से मँगाया, तस्करी का, *निषिद्ध*, स्मगल्ड.

**तस्दीक़शुदा** = सत्यापित.
**तस्वीर** = चित्र, फ़ोटोग्राफ़.
**तहँ** = उधर.
**तह** = गहराई, नितल, व्यंजनार्थ.

**तह** *सं घड़ी*, चौपत, परत, वलय, *संस्तर*, सल, •चुन्नट, •मोड़, •लपेट, •शिकन.

**तहक़ीक़ात** = अपराध अनावरण, गुप्तचर्या, तथ्यान्वेषण, विवेचना.
**तहक़ीक़ाती** = तथ्यान्वेषक.
**तहख़ाना** = बंकर.

**तहख़ाना** *सं* अधोतल, अभ्यंतर, गोफा, तलघर, तलागार, बेसमैंट, भुईं घरा, भूगर्भ गृह, भूमिगृह, भौंरा, सर्दाब, •नितल, •मंज़िल.

**तहज़ीब** = संस्कृति.
**तहज़ीबदार** = शिष्ट, सुसंस्कृत.
**तहज़ीबयाफ़्ता** = सुसंस्कृत.
**तहबंद** = लुंगी.
**तहमद** = लुंगी.

**तहरी** *सं* चुलाव, ताहिरी, निरामिष पुलाव, •पुलाव.

**तहरीक** = जन आंदोलन.
**तहरीर** = दस्तावेज, पट्टा, लेखन, लेखा.
**तहरीरी** = लिखित.
**तहलका** = आतंक, उत्तेजना, कोलाहल, चमत्कार.
**तहवील** = बंधक वस्तु.
**तहसनहस** = नष्ट.
**तहसील** = उत्पादन कर, नगर खंड.

**तहसील** *सं* मालगुज़ारी चौकी, शिक़, •थाना.

**तहसीलदार** *सं* मालगुज़ारी अधिकारी, मुहस्सिल, शिक़दार, •थानेदार.

**तहाँ** = उधर, वहाँ.
**तहे दिल से** = हार्दिकतः.

**ताँगा** *सं* टाँगा, टौंगा, दो पहियों वाली घोड़ागाड़ी, •इक्का, •टैक्सी.

**ताँगे वाला** = कोचवान.
**तांत** = मुरझाया/मुरझाई.

**ताँत** *सं* अँतड़ी, तंत्र, तंत्री, ताँतड़ी, सूखी आँत की रस्सी, •तार.

**ताँतघर** = कपड़ा मिल.
**ताँतड़ी** = ताँत.
**तांतव** = कताई.
**ताँता** = पंक्ति, सीरीज़.
**तांति** = श्वासरोध.
**ताँती** = बुनकर.
**तांत्रिक** = अभिमंत्रक, तंत्रीय, प्रेतसाधक, शक्तिपूजक.

**तांत्रिक** *सं* गुह्यविद्याविद, चक्रेश्वर, तंत्रवादी, तंत्री, षट्कर्मा.

**तांत्रिक कर्म** = अभिमंत्रण.
**तांत्रिकवाद** = तंत्रवाद.
**तांत्रिकी** = इंजीनियरिंग, तकनीक.

**ताँबा** *सं* कापर, ताम्र, नेपालक, मुनि पित्तल, शुल्ब, •काँसा.

**ताँबा-जस्ता मिश्रण** = पीतल.
**तांबूल** = पान पत्ता.
**तांबूलपेटिका** = पानदान.
**तांबूली** = पनवाड़ी.
**ताइरास** = बहरीन.
**ताइरोस** = बहरीन.

**ताइवान** *सं* फ़ारमूसा, फ़ारमोसा, •चीन.

**ताई** *सं* जेठी चाची, ताऊ पत्नी, •चाची, •ताऊ, ■भतीजा, ■भतीजी.

**ताईद** = अनुमोदन, संपुष्टि.
**ताउम्र** = आयुपर्यंत.
**ताऊ** = वृद्ध पुरुष.

**ताऊ** *सं* अन्ना, जेठा चाचा, तात, ताया, पिता अग्रज, •चाचा, •ताई, •पिता, •फूफी, ■भतीजा, ■भतीजी.

**ताऊन** = प्लेग.
**ताऊ पत्नी** = ताई.
**ताऊस** = मोर.
**ताक** = अंतर्बोध, आलक्षण, घात.
**ताक़** = आला.

**ताक** *सं* एकटक दृष्टि, गड़ी नज़र, घूर, घूराघारी, टक, टकटकी, स्थिर दृष्टि, •दृष्टिपात.

**ताकझाँक** = दीदारबाज़ी.

**ताकझाँक** *सं* गुप्त अवलोकन, जासूसी, झाँक, ताकाझाँकी, *दृष्टिपात*, भेदन, •चुग़ली, •जिज्ञासा, •झलक, •दृष्टिपात, •बगिंग.

**ताक़त** = ऊर्जा, क्षमता, दम, प्रताप, वर्चस्व, शक्ति.
**ताक़त खोना** = दुबलाना.
**ताक़तवर** = बलिष्ठ, शक्तिशाली, सुपोषित.

**ताकते** = अपलक.

**ताकना** *क्रि* अपलक देखना, आँख गड़ाना, आँख चीर चीर कर देखना, आँखें गड़ा कर देखना, एकटक देखना, घूरना, टकटकी बाँधना, टकटकी लगाना, टुकुर टुकुर देखना, निहारना, पलक न झपकाना, लगातार देखना, हेरना.

**ताकाझाँकी** = ताकझाँक.
**ताकीद** = चेतावनी.
**तार्क्ष्य** = कश्यप.
**तागड़** = छतदार सीढ़ी.
**तागा** = धागा, सूती धागा.
**ताज** = गुंबद, मुकुट.
**ताज़गी** = खिलावट, खिलावट, चुस्ती.
**ताज़गी भरा** = उत्साहप्रद.
**ताज़गी भरा/ताज़गी भरी** = ताज़ा.
**ताज़पोश** = मुकुटधारी.
**ताज़पोशी** = सत्ताभिषेक.
**ताजा** = ताज़ा.
**ताज़ा** = अनथका/अनथकी, अम्लान, उत्साही, चुस्त, नवरचित, नवीन, निकट भूतकालीन, मनोरंजित, विश्रांत, संक्रमणरुद्ध, सक्रिय, हवादार.

**ताज़ा** *वि* अच्छा/अच्छी, अनबुसा/अनबुसी, अभी बना, अयातयाम, *अविकृत*, टटका/टटकी, डभका/डभकी, तरो ताज़ा, ताज़गी भरा/ताज़गी भरी, ताजा, तुरंत का, नया/नई, बासी नहीं, बुसा नहीं, सड़ा नहीं, सद्यस्क, हरा/हरी, ■बासी, ■बुसा/बुसी, ■सड़ा/सड़ी.

**ताज़ा ख़बर** = नवीनतम समाचार, समाचार शीर्षक.
**ताज़ातरीन** = नवीन.
**ताज़ादम** = अनथका/अनथकी, मनोरंजित, विश्रांत, स्वस्थ.
**ताजिर** = व्यापारी.
**ताज़ी** = अरबी भाषा, अरब वासी.
**ताज़ीर** = दंड.
**ताज़ीरात** = दंड, दंडसंहिता.
**ताज़ीराते हिंद** = भारतीय दंडसंहिता.
**ताज़ीरी** = दंडात्मक.
**ताटका** = ताड़का.

**ताड़** = अंतर्बोध.

**ताड़** *सं* गुच्छपत्र, तंतुगर्भा, तरुराज, *ताल*, तृणकेतु, दीर्घदारू, द्रुमेश्वर, ध्वजाद्रुम, पाम, महावृक्ष, लांगल, •नारियल.

**ताड़का** *सं* केतुजा, ताटका, •राम, •विश्वामित्र.

**ताड़का पुत्र** = मारीच.
**ताड़केय** = मारीच.
**ताड़दाना** = तिहलन सूची, सागूदाना.
**ताड़ना** = डाँट, डाँटना, समझना.
**ताड़नात्मक** = कठोर (दंड).
**ताड़ निर्यास** = नीरा.
**ताड़ नीर** = नीरा.
**ताड़ी** = ठर्रा, नीरा, मद्य.

**ताड़ी** *सं* अकासी, अरक (विकल्प), *अर्क़*, खर्जूररस, मद, *मद्य*, सेंधी, हलीप्रिया.

**तात** = ताऊ.
**तातगू** = दायागत.
**ताता/ताती** = गरम, तप्त.
**ताताथेई** = नृत्य.
**तातामी** = चटाई.
**तातार** = तुर्की, मंगोल.
**तातील** = दीर्घ अवकाश.
**तात्कालिक** = अयोजित, अविचारित, अविलंबी, आपात्कालीन, जुगाड़ित.

**तात्कालिक** *वि* अत्यंत आवश्यक, *अत्यावश्यक*, *अभी*, अर्जेंट, अविलंब, अहम, *आवश्यक*, *आसन्न*, एक दम, ज़रूरी, जल्दी का, ज्वलंत, तुरंत, *महत्त्वपूर्ण*, शीघ्रकरणीय, सद्य.

**तात्पर्य** = अर्थ, उद्देश्य, सार संक्षेप.
**तादात्म्य** = अद्वैतता, साधारणीकरण.
**तादाद** = जोड़ फल, संख्या.
**तादृश्य** = सादृश्य.
**तान** = कंठध्वनि, लय, विस्तार.

**तान** *सं* आलाप, एक श्रुति, खींच, टेर, टोन, *तार*, समालाप, सुर टीप, सुर तान, स्वर आलाप, स्वर विस्तार, •लय.

**तानक** = ताना.

**तान छेड़ना** = गाना.
**तानना** = खींचना, बिछाना.

**तानना** *क्रि* अकड़ाना, ऐंठना, ऐंठाना, कस कर खींचना, *कसना*, *खींचना*, टानना, फैलाना, वितानना, ■ढीला करना.

**तानपूरा** *सं* तंबूरा, तमूरा, तुंबर, ●एकतारा, ●सितार.

**ताना** = उलाहना, कटाक्ष, कपड़ा लंबाई, गाली.

**ताना** *सं* ओत, तन्ना, तानक, पुरिया, ●बाना, ●बुनाई.

**तानाबाना** = बनावट.

**तानाबाना** *सं* ओतप्रोत.

**तानाशाह** *सं* *अत्याचारी*, अधिनायक, *एकतंत्र*, डिक्टेटर, *दुराचारी*, नादिरशाह, नादिरशाही शासक, *निरंकुश*, निरंकुश शासक, फ़्यूहरर, सीज़र, *स्वेच्छाचारी*, हिटलर, ●आततायी, ●एकतंत्र.

**तानाशाहाना** = निरंकुश.
**तानाशाही** = अत्याचार, एकतंत्र, तानाशाही राज्य, हेकड़ी.

**तानाशाही राज्य** *सं* *अत्याचार*, अधिनायकतावाद, डिक्टेटरशिप, तानाशाही, स्वेच्छाचारिता, ●सैनिक शासन, ■अराजकता, ■लोकतंत्र.

**ताप** = क्रोध, ज्वर, तापमान, दुःख, देह ताप, मनस्ताप.

**ताप** *सं* *अग्नि*, अवदाघ, अवदाह, आग, आतप, उष्णा, उष्णानुभूति, ऊष्मा, गरमाहट, *गरमी*, गर्मी (विकल्प), घर्म, घाम, तपिश, तापानुभूति, ताब, ताव, तेज, तेज़ी, थर्म, दाह, निदाघ, भभक, भभका, सोज़, हीट, ●अग्नि, ●तापमान, ●दहन, ■शीतलता.

**तापक** = रजोगुण, हीटर.
**तापक्रम दर्शक** = थर्मामीटर.

**तापना** *क्रि* आनंद लेना, गरम करना, सेंकना, ●तपना.

**तापमान** *सं* टैंपरेचर, *ताप*, ताप माप, ●फ़ैरेनहाइट क्रम, ●सैल्सियस क्रम.

**ताप माप** = तापमान.
**ताप माप एकक** = सैल्सियस.
**ताप मापी** = थर्मामीटर.
**तापरोधी** = अग्निवारक.
**तापस** = तपस्वी, बगला, मठवासी.
**तापसह** = अग्निवारक.
**तापसी** = तपस्विनी.
**तापांक मापी** = थर्मामीटर.
**तापानुभूति** = ताप.
**तापिंछ** = माक्षिक धातु.
**तापिंज** = तमाल, माक्षिक धातु.
**तापित्र** = बायलर, हीटर.

**तापीय** *वि* उष्णीय, औष्ण, थर्मल, थर्मो-.

**ताप्ती** = नदी सूची भारत उपमहाद्वीप.
**ताब** = ताप, प्रताप, साहस.
**ताबड़तोड़** = तत्काल, द्रुततः, लगातार.
**ताबीज** = गंडा तावीज़.

**ताबूत** *सं* काफ़िन, शवपेटी, ●अरथी, ●कफन.

**ताबेदार** = आज्ञाकारी, नौकर, पराधीन, स्वामीभक्त.
**ताम** = डरावा.
**तामझाम** = खटराग, व्यवस्था.
**तामड़ा** = गोमेद.
**तामरस** = धतूरा.
**तामस** = अंधकार, अज्ञान, कुटिल, तमोगुणी, पापी.
**तामस मनु** = मनु सूची.
**तामसिक** = तमोगुणी, सामिष (आहार).
**तामसिकता** = तमोगुण.
**तामसी** = तमोगुणी.
**तामिल** = तमिल.
**तामीर** = भवन निर्माण, सृजन.
**तामील** = अनुपालन, कार्यान्विति.
**तामोल** = पान पत्ता.
**ताम्र** = ताँबा.
**ताम्रकार** = ठठेरा.
**ताम्रकूट** = तंबाकू.
**ताम्रकृमि** = बीर बहूटी.
**ताम्रचूड** = मुरगा.
**ताम्रद्वीप** = श्रीलंका.
**ताम्रपत्र** = अभिनंदन पत्र, पुरस्कार.
**ताम्रपाकी** = पाकर.
**ताम्रपुष्प** = कचनार.
**ताम्रपुष्पी** = पाटलि.
**ताम्रवर्ण** = श्रीलंका.
**ताम्रार्ध** = काँसा.
**ताम्रिक** = ठठेरा.
**ताम्रिमा** = लालिमा.
**ताम्री** = जलघड़ी.
**ताम्रोपजीवी** = ठठेरा.
**ताया** = ताऊ.
**तार** = अलगनी, टैलिग्राम, तंतु, तान, पंक्ति, बाड़, बिजली तार, वाद्य तार.

**तार** *सं* गुण, गुन, *तंतु*, धात्विक तंतु, धात्विक धागा, वायर, ●केबल, ●डोरी, ●ताँत.

**तारक** = तारकीय, तारा, नाविक, परित्राता, हठयोग.
**तारक पिंड** = आकाश पिंड.
**तारका** = नक्षत्र.
**तारकाणु** = उल्का खंड.
**तारकित** = तारायुक्त.
**तारकी** = तारकीय.

**तारकीय** *वि* औडव, तारक, तारकी, नक्षत्रीय, नाक्षत्र.

**तार छेड़ना** = झंकारना.
**तार झनझनाना** = झंकारना.
**तारण** = असुरवध, परित्राण.
**तारणी** = नौका.
**तारतम्य** = क्रम, परंपरा, रवानी, सीरीज़.
**तारतम्यपूर्ण** = अविराम, क्रमबद्ध.
**तारतम्य से** = क्रमशः.
**तारतम्यहीन** = अनिरंतर, क्रमहीन.
**तारतार** = धज्जी धज्जी.
**तारतार करना** = चिथाड़ना.
**तारनहार** = नाविक, परित्राता.
**तारना** = उबारना, तैराना.

**तारपीडो** *सं* टारपीडो, नौघ्नी.

**तारपीन** *सं* गंधा बिरोजा तेल, चीड़ निर्यास तारपीन, टर्पैंटाइन, टर्पैंटाइन औइल, तैलपर्णी, पायस, श्रीरस, श्रीवेष्ट, ●राल.

**तार बजाना** = झंकारना.

**तारबद्ध** = अविराम.
**तार वाद्यध्वनि** = झंकार.

**तारांगण** *सं* आकाश शाला, कृत्रिम नभोमंडल, प्लैनिटेरियम, •वेधशाला.

**तारांत** = ब्लैक होल.
**तारा** = आकाश पिंड, दुर्गा.

**तारा** *सं* अख़्तर, ज्योति पिंड, तारक, तारिका, दिव्य पिंड, *नक्षत्र*, प्रकाश पिंड, सितारा, स्टार, •आकाश पिंड, •उल्का, •ध्रुव तारा, •ब्रह्मांड, •सूर्य.

**तारा/तारिका** = सितारा कलाकार.

**तारा उच्चता माप** *सं* अग्रांश, अग्रा, उच्चांश, तारा उदय/अस्त कालीन उच्चता माप.

**तारा उपमंडल** = नक्षत्र.
**ताराधिप** = बृहस्पति ग्रह.
**तारा धुंध** = नीहारिका.
**तारानाथ** = चंद्रमा.
**तारापति** = बाली, बृहस्पति ग्रह.
**ताराभ** = तारे जैसा.

**तारायुक्त** *वि आलोकित*, उजला/उजली, खिला/खिली, खुला/खुली, तारकित, तारों भरा, निरभ्र, *मेघहीन*, •मेघहीन, ▪ताराहीन.

**तारा वर्षा** = उल्कापात.
**तारा विज्ञान** = खगोलिकी.
**ताराश्म** = उल्का खंड.

**ताराहीन** *वि* अँधेरा/अँधेरी, काला/काली, घिरा/घिरी, *मेघाच्छन्न*, *शून्य*, सूना/सूनी, •अंधकारपूर्ण, •मेघाच्छन्न, ▪तारायुक्त.

**तारिक** = नाविक.
**तारिका** = अभिनेत्री, तारा, सुंदर स्त्री.
**तारी** = प्रभावशाली, वाद्य कुंजी, समाधि.
**तारीक** = अंधकारपूर्ण, काला/काली.
**तारीकी** = अंधकार, कालिमा.
**तारीख़** = अवधि, इतिहास, पृथ्वी धुरी चक्रण काल, सुनवाई.

**तारीख़** *सं* डेट, *तिथि*, *दिन*, दिनांक, मध्य रात्रि-मध्य रात्रि काल, मिती, •अहोरात्र, •कैलेंडर.

**तारीफ़** = नाम, परिभाषा, प्रशंसा, प्रसिद्धि, लक्षण, विशेषण, संज्ञा.
**तारीफ़ के पुल बाँधना** = सराहना.
**तारुण्य** = नवयौवन.

**तारे जैसा** *वि आलोकित*, कांतियुक्त, चमकता/चमकती, जगमग, झिलमिल, झिलमिलाता/झिलमिलाती, टिमटिम, ताराभ.

**तारे दिखाना** = हराना.
**तारेय** = बुध ग्रह.
**तारों भरा** = तारायुक्त.
**तार्किक** = तर्कवेत्ता.
**ताल** = जलाशय, झील, तरण ताल, ताड़, तालाब, ताली, मँजीरा, हथेली.

**ताल** *सं* आस्फोट, थाप, प्रबंध (मृदंग), *बीट*, रिद्म, *लय*, •द्रुत ताल, •मंद्र ताल, •तबला थाप.

**तालक** = सिलखड़ी चूर्ण.
**तालकेतु** = बलराम, भीष्म.
**ताल ठोंकना** = ललकारना.
**ताल तलैया** = जलबहुल भूमि.
**ताल देने वाला व्यक्ति** = तालधारक.

**तालधारक** *सं* आस्फोटक, ताल देने वाला व्यक्ति, शैलूष.

**तालबद्ध** = संगीतमय.

**तालबद्ध** *वि* तालयुक्त, •सामंजस्ययुक्त.

**तालमय** = काव्यात्मक, संगीतमय.
**तालमुद** = तलमुद.
**तालमेल** = संगति, सामंजस्य.
**तालमेलपूर्ण** = सामंजस्ययुक्त.
**तालयुक्त** = तालबद्ध.
**ताल लय पर अंगविक्षेप** = नृत्य.
**तालहीन** = संगीतहीन.

**तालहीन** *वि* बेताल, बेताला/बेताली, *सामंजस्यहीन*, ▪लयपूर्ण.

**ताला** *सं* जंत्र, जंदरा, द्वारयंत्र, *यंत्र*, लौक, •अंक कंबीनेशन, •चाबी, •तिजोरी, •द्वार, •संदूक़, •साँकला, •सुरक्षा.

**तालाबंद** *वि* ताला लगा, *बंद*, *सुरक्षित*, ▪ताला खुला.

**तालाब** = जलाशय, तरण ताल.

**तालाब** *सं* अनूप, अप्राकृतिक जलाशय, कूल, कृत्रिम ताल, खात, *जलाशय*, तडाग, *ताल*, निर्मित जलाशय, मानव निर्मित जलाशय, वापी, सगरा, सर, सरोवर, सलिलाशय, सागर, •घाट, •झील, •तरण ताल, •हौज़.

**ताला लगा** = तालाबंद.
**तालिका** = इंडैक्स, डाटाबेस, बालिश्त, सूची.

**तालिका** *सं चार्ट*, टेबल, *डाटा*, *डाटाबेस*, निर्देशिका, विवरण, सारणी, *सूची*, •सांख्यिकी.

**तालिब** = इच्छुक, तत्पर.
**तालिब इल्म** = विद्यार्थी.
**ताली** = चाबी, सफलता मार्ग, हाथ पंजा.

**ताली** *सं* आनंद ध्वनि, करतल ध्वनि, करताल, करताली, तड़तड़ाहट, *ताल*, थपोरी, हथेली ध्वनि, •प्रशंसा, •शाबाशी.

**ताली बजाना** = सराहना.
**तालीम** = शिक्षा.
**तालीमयाफ़्ता** = शिक्षित.
**तालीमी** = शिक्षालयी.
**तालुमूल ग्रंथि** = गलफू.
**तालेमंदी** = भाग्योदय.
**तालेवरी** = भाग्योदय.
**तालोदभव** = जलाशयज.
**ताल्लुक़** = आपसदारी.
**ताव** = काग़ज़ तख़्ता, क्रोध, ताप.
**तावत्** = इस बीच.
**तावरी** = ज्वर.
**तावान** = अर्थदंड, क्षतिपूर्ति.
**ताविष** = स्वर्ग.
**तावीज़** = गंडा तावीज़.

**ताश खेल** *सं* गंजीफ़ा, ताश.

**ताशा** = ढोल, पीपा.
**तासीरदार** = चिकित्साकारी.
**तास्सुबी** = धर्मयोद्धा, मतांध.
**ताहम** = और भी, तदापि.
**ताहिरी** = तहरी.
**तिंदिश** = टिंडा.
**तिंदु** = तेंदू.
**तिंदुक** = तेंदू.
**ति** = तीन.
**तिकड़म** = कुचाल, जुगत, मिलीभगत.
**तिकड़मी** = कुटिल, जुगाड़िया, दलबदलू, नीतिकुशल.
**तिकड़ा** = तीन समुदाय.
**तिकड़ी** = टीम, तीन समुदाय.
**तिकोन** = त्रिकोण.
**तिकोना** = त्रिकोण.
**तिकोना/तिकोनी** = त्रिभुजाकार.
**तिकोनिया** = रुमाली.
**तिक्त** = अम्लीय, चरपरा/चरपरी, शत्रुतापूर्ण, षड् स्वाद.
**तिक्तगंधा** = सरसों.
**तिक्तता** = चरपरापन.
**तिक्ष** = तीक्ष्ण.

**तिखंडीय** *वि* तिखना/तिखनी, तिमंज़िला/तिमंज़िली, तीन मंज़िला/तीन मंज़िली, त्रिखंडीय, •बहुखंडीय.

**तिखटी** = तिपाई.
**तिखना** = छत.
**तिखना/तिखनी** = तिखंडीय.
**तिखुंटा/तिखुंटी** = त्रिभुजाकार.
**तिखूँट** = त्रिभुजाकार.
**तिखूँटा/तिखूँटी** = त्रिभुजाकार.
**तिगड्डा** = तीन समुदाय.
**तिगना/तिगनी** = तिगुना.

**तिगुना** *वि* तिगना/तिगनी, तिगुना/तिगुनी, तिहरा/तिहरी, तीन गुना, तेहरा/तेहरी, त्रि, त्रिक, त्रिगुणित, त्रैगुणिक.

**तिगुना/तिगुनी** = तिगुना.
**तिगुनी मात्रा** = प्लुत मात्रा.
**तिग्म** = तीक्ष्ण, प्रबल.
**तिजरा** = तेइया ज्वर.
**तिजारत** = व्यापार.
**तिजारती** = व्यावसायिक.

**तिजोरी** *सं* लोहा अलमारी, लौकर, सेफ़, स्ट्रौंगबाक्स, •कैशबाक्स, •कोशागार, •ताला, •बैंक लौकर, •स्ट्रौंगरूम.

**तिड़ी करना** = चुराना.
**तितंबा** = खटराग, लाल फ़ीताशाही.
**तितना/तितनी** = उतना/उतनी.
**तितर बितर** = क्रमहीन.
**तितली** = कुलटा, छबीली.

**तितली** *सं* चित्रपतंग, तित्तलिका, *पतंग*, पुष्पपतंग, बटरफ्लाई, •पुष्प, •भ्रमर.

**तितली (स्त्री)** = स्वच्छंद प्रेमी.
**तितिक्ष** = क्षमाशील.
**तितिक्षा** = अनासक्ति, क्षमा.
**तितिक्षु** = सहनशील.
**तितिम्मा** = अनुपूरक अंश.
**तितिल** = नाँद.
**तित्तलिका** = तितली.
**तित्तिर** = तीतर.
**तित्तिरि** = ऋषि सूची, तीतर.
**तिथि** = तारीख़, पंचांग अंग सूची, पुण्य दिवस.

**तिथि** *सं* चांद्र दिवस, नाक्षत्र दिवस, मिती, •काल, •तारीख़.

**तिथिक्रम** = कालक्रम.
**तिथिक्रमिक** = कालक्रमिक.
**तिथि निर्धारक** = पंचांग शास्त्री.
**तिथिपत्र** = कैलेंडर, पंचांग.
**तिथिप्रणी** = चंद्रमा.
**तिदरा** = बरामदा.
**तिधर** = उधर, उस पार.

**तिनका** *सं* कडंगर, खरीक, तृण, •घास, •डंठल.

**तिनका तोड़ना** = त्यागना.
**तिनके (काव्य) (जैसे: चंद तिनके)** = नीड़.
**तिनकों का मकान** = नीड़.
**तिपहर** = अपराह्न.
**तिपहरी** = अपराह्न.
**तिपहिया या चौपहिया ऊँची चौकी** = स्टूल.

**तिपहिया साइकिल** *सं* बच्चों की साइकिल, •बच्चागाड़ी, •साइकिल.

**तिपाई** = सैंटर टेबल.

**तिपाई** *सं* टिकटी, तिखटी, त्रिपदी.

**तिब** = यूनानी चिकित्सा.

**तिब्बत** *सं* क्षिजाङ, त्रिविष्टप, भोट, शिला, •चीन, •नेपाल, •भारत, •हिमालय.

**तिब्बत (चीन स्वायत्त राज्य)** = भारत खंड देश क्षेत्र.

**तिब्बतः राजधानी** *सं* ल्हासा.

**तिब्बत का पठार** = पर्वत सूची भारत उपमहाद्वीप.
**तिब्बत से श्रीलंका तक क्षेत्र** = बृहत्तर भारत.

**तिब्बती** *वि* भोट, भोटिया.

**तिब्बती धर्मगुरु** = लामा.
**तिमंज़िला/तिमंज़िली** = तिखंडीय.
**तिमाही** = त्रैमासिक.
**तिमिकोश** = समुद्र.
**तिमिर** = अंधकार.
**तिमिर चंद्र** = राहु.
**तिमुहाना** = दोराहा.
**तिय** = स्त्री.
**तिया** = पत्नी, स्त्री.

**तिरंगा/तिरंगी** *वि* तीन रंग का, थ्री-कलर, •बहुरंगा/बहुरंगी, ■इकरंगा/इकरंगी.

**तिरंगा झंडा** *सं* अशोक चक्र ध्वजा, भारत राष्ट्रध्वज, •ध्वज.

**तिरछा/तिरछी** = कोणाकार, झुका/झुकी, वक्राकार, विकर्णयुक्त.
**तिरछा करना** = झुकाना.
**तिरछी नज़र** = चितवन.
**तिरछे** = आड़े तिरछे, पार्श्व की ओर.
**तिरछे लिखे अक्षर** = इटैलिक्स टाइप.
**तिरधा/तिरधी** = तुड़ा मुड़ा/तुड़ी मुड़ी.
**तिरमिराहट** = चकाचौंध.
**तिरस्कार** = अपमान, असत्कार, घृणा.

**तिरस्कार** *सं* *अपमान*, अवहेलना, असम्मान, *उपहास*, *खिल्ली*, ठट्ठा,

तौहीन, दुत्कार, *निंदा*, भर्त्सना, *व्यंग्य*, हँसाई, *हँसी*, हक़ारत, हिक़ारत (विकल्प), •उपेक्षा, •कटाक्ष, •गाली, •घृणा, •मानहानि, ■प्रशंसा.

**तिरस्कारपूर्ण** = घृणापूर्ण.
**तिरस्कृत** = अपमानित, रद्दीकृत.
**तिरास्ता** = दोराहा.
**तिराहा** = दोराहा.

**तिरिया चरित्तर** *सं* त्रिया चरित्र, स्त्रीछल, स्त्री माया, •प्रणय कोप.

**तिरुअनंतपुरम** = केरलः राजधानी.

**तिरेंदा** *सं* जीवन रक्षक फट्टा, तैरता फट्टा, पटरा तरापा, फट्टा, *बेड़ी*, रैफ़्ट, लकड़ी लट्ठा, •जीवन रक्षक रस्सी, •लाइफ़बोट, •लाइफ़ब्वाय.

**तिरेसठ (63)** = अभिमुख.
**तिरोधान** = तिरोभाव.
**तिरोभाव** = नाश.

**तिरोभाव** *सं* *अंतर्धान*, अंतर्भाव, अदृश्य भवन, अदृश्यभूति, अदृश्यभूति, अपगमन, *गमन*, छिपन, तिरोधान, रूपोशी, लुकन, लुपन, लुप्ति, लोप, विलय, विलुपन, विलुप्ति, विलोप, संलय, •अंतर्धानन, •निराकारीकरण, •लुकाछिपी, ■प्रकटन.

**तिरोभूत** = अंतर्धान, अदृश्य.
**तिरोहित** = अंतर्धान.
**तिर्यक** = अवनमित, कोणाकार, वक्राकार, विकर्णयुक्त.
**तिर्यग् योनि** = पशुपक्षी.
**तिलंगी** = पतंग.
**तिल** = कोर्निया, तिहलन सूची, त्वचा तिल.

**तिल** *सं* जिंजेली, तैलफल, पितृधान्य, सिमसिम, •तेल, •मसाला सूची, •सरसों.

**तिलक** = पुरस्कार सूची, प्रसिद्ध व्यक्ति, बिंदी, वररोक, सगाई, सत्ताभिषेक, सम्मान तिलक.

**तिलक** *सं* क़श्क़ा, *चिह्न*, *छाप*, *टीका*, पुंड्र, रोचना, ललाटिका, विशेषक, •चंदन, •मस्तक, •रोली, •संप्रदाय तिलक.

**तिलक दूज** = भाई दूज.
**तिलकाधिकारी** = युवराज.
**तिलकाभिषेक** = सत्ताभिषेक.
**तिलकार्पण** = सत्ताभिषेक.
**तिलकाश्रय** = मस्तक.
**तिलकिट्ट** = खली.
**तिलगी** = चिंगारी.
**तिलचटा** = काकरोच, काकरोच.
**तिलचट्टा** = काकरोच, काकरोच.
**तिल तेल** = तेल.
**तिल भर** = सूक्ष्म.
**तिलमिलाता/तिलमिलाती** = पीड़ित.
**तिलमिलाना** = छटपटाना, पछताना.
**तिलमिलाहट** = छटपटाहट, पश्चात्ताप.

**तिलहन** *सं* तेल स्रोत अनाज आदि, तेलहन.

**तिलहन सूची** *सं* *अलसी*, एरंड, करडी, *जैतून*, ताड़दाना, *तिल*, *नारियल*, *बादाम*, बिनौला, *मूँगफली*, राई, *सरसों*, *सूरजमुखी*.

**तिलांजलि** = परित्याग.
**तिलांजलि देना** = त्यागना.
**तिलिस्म** = जादू, दिठबंदी, मायाजाल, मायादर्शन, यथार्थाभास.
**तिलिस्मगर** = मायाकार.
**तिलिस्मबंद** = जादूकृत.
**तिलिस्माती** = जादुई, जादूगर, प्रेतसाधक.
**तिलिस्मी** = अवैज्ञानिक, जादुई, मायावी, शैतानी.
**तिशना** = कटाक्ष, विलासिता.
**तिष्ठ** = बैठा/बैठी.
**तिष्ठापन** = धराई.
**तिष्ठित** = बैठा/बैठी, स्थित.
**तिष्ठित होना** = बैठना.
**तिष्य** = पौष मास.
**तिस** = वह.
**तिस पर** = तब के बाद.
**तिस पर भी** = तदापि.
**तिसरैत** = गुटनिरपेक्ष, पंच, मध्यस्थ.
**तिहरा/तिहरी** = तिगुना.

**तिहाई** *वि* 1/3, 33.333 प्रतिशत, एक बटा तीन, तीसरा भाग, तृतीयांश, •आंशिक.

**तिहारा/तिहारी** = तुम्हारा/तुम्हारी.
**तीक्ष्ण** = अतिशीतल, अम्लीय, असौम्य, उच्चस्वरीय, कँटीला/कँटीली, कठोर (व्यवहारी), कनकना/कनकनी, कर्कश स्वरीय, कुशाग्रबुद्धि, क्रुद्ध, क्रोधी, चरपरा/चरपरी, चुभनशील, तीखे चढान वाला, निंदात्मक, पीड़ाप्रद, प्रतिभाशाली, प्रबल, मार्मिक (उक्ति), व्यंग्यात्मक, सूक्तिवत, हाज़िरजवाब.

**तीक्ष्ण** *वि* अकुंठ, अकुंठित, कँटीला/कँटीली, करारा/करारी, काटता/काटती, काटदार, कुशाग्र, कोणयुक्त, कोणीय, चुभता/चुभती, चुभना/चुभनी, चोखा/चोखी, तिक्ष, तिग्म, तीखा/तीखी, तेज, तेज़, तेज़धार, धारदार, धार वाला, निशात, नुकीला/नुकीली, नोकदार, नोकीला/नोकीली, पैना/पैनी, प्रखर, प्रचंड, बारीक़, *वेधक*, शाणित, शात, शार्प, शितधार, सान चढ़ा/सान चढ़ी, सु-धार, *सूक्ष्म*, सूचीमुख, •कोणाकार, •पतला/पतली, ■कोमल, ■खुट्टल.

**तीक्ष्णता** = चरपरापन.
**तीक्ष्णधी** = कुशाग्रबुद्धि.
**तीक्ष्णबुद्धि** = कुशाग्रबुद्धि.
**तीखा/तीखी** = अतिशीतल, अम्लीय, असौम्य, कँटीला/कँटीली, कर्कश स्वरीय, क्रोधी, चरपरा/चरपरी, चुभनशील, तीक्ष्ण, तीखे चढान वाला, निंदात्मक, पथरीला/पथरीली, पर्वतीय, पीड़ाप्रद, प्रबल, मसालेदार, व्यंग्यात्मक, सूक्तिवत.
**तीखा छोर** = धार.
**तीखापन** = चरपरापन.

**तीखा मोड़** *सं* चिमटा मोड़, हेयरपिन बैंड, •यू टर्न.

**तीखी बात** = कटाक्ष.

**तीखे चढान वाला** *वि* उन्नम्र, ऊँचा/ऊँची, खड़ा/खड़ी, *तीक्ष्ण*,

तीखा/तीखी, तीखे ढलान वाला, तेज़, सीधा/सीधी, ▪ढलानदार.

**तीखे ढलान वाला** = तीखे चढ़ान वाला.
**तीज** = झूला तीज.
**तीज त्योहार** = उत्सव.
**तीजा/तीजी** = तीसरा/तीसरी.
**तीजों** = झूला तीज.
**तीतर** = चकोर.

**तीतर** *सं* कपिंजल, तित्तिर, तित्तिरि, तैतिर, राम तीतर.

**तीता/तीती** = चरपरा/चरपरी.
**तीतापन** = चरपरापन.

**तीन** *सं* 3, एक जमा दो, ति, त्रय, त्रि, दो जमा एक, •तीसरा/तीसरी, •त्रिकाल, •त्रिकोण, •त्रिमूर्ति.

**तीन आयामी आकृति** = पिंड.
**तीन उच्च वर्ण** = द्विज वर्ण.
**तीन काल** = त्रिकाल.
**तीन खंडों में विभाजित ग्रंथ** = त्रिपिटक.
**तीन गुना** = तिगुना.
**तीन गुना दस** = तीस.
**तीन जमा एक** = चार.
**तीन तेरह** = क्रमहीन.
**तीन दो एक** = आरंभ संकेत.
**तीन दो एक शून्य** = उलटी गिनती.
**तीन पाँच** = अस्पष्टवादिता, छल, तकरार, बकवास, बहानेबाज़ी.
**तीन बार लगातार जीत** = हैट ट्रिक.
**तीन मंज़िला/तीन मंज़िली** = तिखंडीय.
**तीन महीनों में एक बार होने वाला** = त्रैमासिक.
**तीन रंग का** = तिरंगा/तिरंगी.
**तीन वचन** = दृढ़ वचन.
**तीन-वर्षी** = त्रिवर्षीय.

**तीन वेद** *सं* त्रयी, त्रिवेद, वेदत्रय, वेदत्रयी.

**तीन वेद सूची** *सं ऋग्वेद*, *यजुर्वेद*, *सामवेद*.

**तीन समुदाय** *सं* ट्रायैड, तिकड़ा, तिकड़ी, तिगड्डा, तिगड्डी, त्रयी, त्रिक, त्रितय, *त्रिपिटक*, त्रिपुटी.

**तीनसाला** = त्रिवर्षीय.

**तीन सीट वाली गद्देदार कुरसी** = सोफ़ा.
**तीन सौ पैंसठ** = अत्यधिक.
**तीनों लोक में** = हर ओर.
**तीमारदार** = नर्स, परिचारक.
**तीमारदारनी** = परिचारिका.
**तीमारदारी** = नर्सिंग, परिचर्या.
**तीरंदाज़** = धनुषधारी.
**तीरंदाज़ी** = धनुर्विद्या.
**तीर** = कटाक्ष, तट, नदी तट, बाण, बुध ग्रह, संकेतक.
**तीर कमान** = धनुष बाण.
**तीर खाना** = प्रेम करना.
**तीर तुक्का** = अटकल.
**तीरथ** = तीर्थ, तीर्थयात्रा.
**तीरवर्ती** = तटवर्ती.
**तीरस्थ** = तटवर्ती.
**तीरे नज़र खाना** = प्रेम करना.
**तीर्थंकर** = सिद्धांतकार, सिद्धांतकार.

**तीर्थंकर** *सं* अरिहन, अर्हंत, *अर्हत*, कामजित, केवली, *जिन*, तथागत, तीर्थकर, परमेष्ठी, भगवान, मुनि, शास्ता, शुकायन, *सर्वज्ञ*, सर्वदर्शी, *साधु*, सिद्ध, •पैग़ंबर, •महावीर.

**तीर्थंकर सूची** *सं* 1 ऋषभ देव, 2 अजितनाथ, 3 संभवनाथ, 4 अभिनंदननाथ, 5 सुमतिनाथ, 6 पद्मप्रभ, 7 सुपार्श्वनाथ, 8 चंद्रप्रभ, 9 पुष्पदंतनाथ, 10 शीतलनाथ, 11 श्रेयांसनाथ, 12 वासुपूज्य, 13 विमलनाथ, 14 अनंतनाथ, 15 धर्मनाथ, 16 शांतिनाथ, 17 कुंथुनाथ, 18 अर्हनाथ, 19 मल्लिनाथ, 20 सुव्रतनाथ, 21 नमिनाथ, 22 नेमिनाथ, 23 पार्श्वनाथ, 24 महावीर.

**तीर्थ** = गाधस्थल, घाट.

**तीर्थ** *सं क्षेत्र*, तीरथ, तीर्थस्थान, देवधाम, धर्मस्थान, पुण्यक्षेत्र, पुण्यस्थान, पूजास्थल, महालय, •घाट, •मंदिर.

**तीर्थकर** = तीर्थंकर.
**तीर्थ पुरोहित** = पंडा.

**तीर्थयात्रा** *सं* जात्रा, तीरथ, तीर्थाटन, *देवदर्शन*, धर्मार्थ यात्रा, *यात्रा*, •हजयात्रा.

**तीर्थयात्रा कर्मचारी** = पंडा.
**तीर्थयात्री** = दर्शनार्थी.

**तीर्थयात्री** *सं* आराधक, *चारण*, जात्री, ज़ियारती, तीर्थाटक, *दर्शनार्थी*, *भक्त*, मुसाफ़िर, *यात्री*, •पंडा, •पर्यटक, •मंदिर, •हाजी.

**तीर्थराज** = गंगा यमुना संगम.
**तीर्थस्थान** = तीर्थ.
**तीर्थाटक** = तीर्थयात्री.
**तीर्थाटन** = तीर्थयात्रा.
**तीर्थिक** = पंडा.
**तीर्थोपजीवी** = पंडा.
**तीली** = अरा, खपची, माचिस, सलाख़.
**तीवर** = बहेलिया.
**तीव्र** = अविलंबी, असह्य, असौम्य, उच्चस्वरीय, गरम, द्रुत, ध्यान आकर्षक, प्रबल.
**तीव्रगंधा** = अजवायन.
**तीव्रगामी** = द्रुत.
**तीव्रगामी नदी** = तीव्र नदी.
**तीव्रतः** = तत्काल, द्रुततः.
**तीव्रतापूर्वक** = द्रुततः.

**तीव्र नदी** *सं* उच्छलिका, *ढाल*, तरखा, तीव्रगामी नदी, तीव्रा, *दाँता*, निपात, पथरीला प्रवाह, रैपिड्स, वेगिनी, •प्रपात.

**तीव्रबुद्धि** = कुशाग्रबुद्धि.
**तीव्र वर्षा** = अतिवर्षा.
**तीव्र वेग** = द्रुत वेग.
**तीव्रशक्ति** = लाल मिर्च.
**तीव्रा** = तीव्र नदी, सरसों.

**तीव्रोन्माद** *सं* आवेग, आवेश, *उत्तेजना*, *उत्साह*, *उन्माद*, उफान, *उबाल*, *क्रोध*, *गरमी*, गुबार, जुनून, जोश, तैश, *पागलपन*, बुख़ार, भड़ास, भभक, भावावेग, *सनक*, सम्माद, •चुस्ती, •हिस्टीरिया, ▪पस्ती.

**तीस** *सं* 30, तीन गुना दस, त्रिंशत, दस जमा बीस.

**तीस दिन** = मास.
**तीसमार ख़ाँ** = डींगबाज़, दिखावटी वीर.

**तीसरा/तीसरी** *वि* 3रा, ग, तीजा/तीजी, तृतीय, थर्ड, दूसरे के बाद वाला, सी, ●तीन.

**तीसरा दर्जा** = तृतीय श्रेणी.
**तीसरा पहर** = अपराह्न.
**तीसरा भाग** = तिहाई.
**तीसरा वेद** = सामवेद.
**तीसरी उँगली** = अनामिका उँगली.
**तीसरे दिन होने वाला** = एकोत्तरावृत्तिशील.
**तीसी** = अलसी.
**तीसों दिन** = लगातार.
**तुंग** = ऊँचा/ऊँची, पर्वत, पर्वतीय.
**तुंगकारण्य** = पौराणिक वन उपवन.
**तुंगता** = ऊँचाई.
**तुंगबीज** = पारा.
**तुंगिमा** = ऊँचाई.
**तुंड** = टोंटी, थूथन.
**तुंडि** = टूँड़ी.
**तुंडी** = गणेश, टूँडी.
**तुंतुकीट** = मकड़ी.
**तुंद** = तोंद, प्रबल, सूक्तिवत.
**तुंदी** = तोंदू.
**तुँदैल** = तोंदू.
**तुंबर** = तानपूरा.
**तुंबा** = कमंडलु, घिया, तूँबा.
**तुंबी** = घिया, तूँबा, तूँबा.
**तुंबुरु** = धनिया.
**तुअर** = अरहर.
**तुक** = सामंजस्य.

**तुक** *सं* अंतिम वर्ण स्वर सामंजस्य, अंत्यानुप्रास, अक्षरमैत्री, क़ाफ़िया, ●कविता.

**तुकक्रम** = अंताक्षर क्रम.

**तुकबंदी** *सं* काव्यहीन कविता, घटिया कविता, तुक्का, फ़िक्रबंदी.

**तुकबद्ध** = तुकांत.
**तुकयुक्त** = तुकांत.
**तुकहीन** = अतुकांत.

**तुकांत** *वि* तुक़बद्ध, तुकयुक्त, ■अतुकांत.

**तुक्का** = अटकल, अप्रत्याशित लाभ, तुकबंदी, लाटरी, संयोग.
**तुक्केबाज़** = अटकलबाज़.
**तुक्के से** = अटकल के सहारे, संयोगवश.
**तुग़लक़ाबाद (पूर्व नाम)** = दिल्ली.
**तुच्छ** = निकृष्ट, निम्नवर्णीय, महत्त्वहीन, सारहीन.
**तुज़ुक** = आत्मकथा, व्यवस्था.
**तुझ** = तू.
**तुड़ना** = ढहना.
**तुड़ा/तुड़ी** = कुटा/कुटी, टूटा/टूटी, दरदराया/दरदराई, विभाजित.
**तुड़ाई** = कुटाई, चूर्णन, तोड़फोड़, भंजन.
**तुड़ा मुड़ा/तुड़ी मुड़ी** = अतिसहजीकृत.

**तुड़ा मुड़ा/तुड़ी मुड़ी** *वि* अजीब, अष्टावक्र, ऐंठा/ऐंठी, कुंचित, टूटा फूटा/टूटी फूटी, टेढ़ा/टेढ़ी, तिरछा/तिरछी, तोड़ा मरोड़ा/तोड़ी मरोड़ी, बिगड़ा/बिगड़ी, बिचका/बिचकी, मरोड़ा/मरोड़ी, मुड़ा/मुड़ी, विकृत, *विचित्र*, ●टूटा/टूटी.

**तुतई** *सं* तूती, बैकूयुक्त लुटिया, ●दूध बोतल.

**तुतलाना** *क्रि* तोतलाना, तोतला बोलना, ●हकलाना.

**तुतलाहट** *सं खोट*, तोतलापन, तोतली बोली, ●स्वरविकार, ●हकलाहट.

**तुन** = काष्ठ.
**तुनक** = अल्पतम, खीज.
**तुनकता/तुनकती** = झुँझलाता/झुँझलाती.
**तुनकना** = खीजना.
**तुनकमिज़ाज** = अप्रसीद्य, खीजा/खीजी.
**तुपक** = तोप, बंदूक़.
**तुबड़ा** = तूँबा.

**तुम** *सर्व* त्वं, न मैं न वह, न हम न वे, मध्यम पुरुष, ●आप, ●तू, ●मैं, ●वे, ●हम, ■सब.

**तुम और मैं** = हम.
**तुमड़ी** = पाटलि.
**तुमरी** = तूँबा.

**तुमाई** *सं* तूम, नोच कर रूई धुनाई.

**तुमुल** = उच्चस्वरीय, कोलाहलपूर्ण, तूफ़ानी, हंगामेदार.
**तुम्हारा/तुम्हारी** = पराया/पराई.

**तुम्हारा/तुम्हारी** *वि* तिहारा/तिहारी, न मेरा न उस का, ●तेरा/तेरी, ■मेरा/मेरी, ■हमारा/हमारी.

**तुरंग** = घोड़ा.
**तुरंगमी** = घोड़ी.
**तुरंगवदन** = किन्नर.
**तुरंगी** = घुड़सवार, घोड़ी.
**तुरंज** = चकोतरा.
**तुरंजबीन** = शिकंजबीन.
**तुरंत** = तत्काल, तात्कालिक.
**तुरंत कविता रचने वाला कवि** = आशुकवि.
**तुरंत का** = ताज़ा, नवीन.
**तुरई** = तोरी, सागसब्ज़ी.
**तुरकिस्तान** = तुर्की.
**तुरकी** = तुर्की.
**तुरग** = घोड़ा.
**तुरगी** = घुड़सवार.
**तुरपाई** = सिलाई.
**तुरबत** = क़ब्र, स्मारक.
**तुरसीला/तुरसीली** = खट्टा/खट्टी.

**तुरही** *सं* गावदुम, तूर्य, धुतू, नरसिंहा, रणसिंगा, शृंग, सिंघी, ●बाँसुरी, ●बिगुल, ●युद्ध, ●सेना.

**तुरही ध्वनि** = तूर्यनाद.
**तुरीयंत्र** = धूपघड़ी.
**तुरुष्क** = तुर्की.
**तुर्कमणि** = फ़ीरोज़ा.
**तुर्किस्तान** = तुर्की.

**तुर्की** *सं* अनातोलिया (प्रा), एशियाई कोचक (प्रा), एशिया माइनर (प्रा), तातार, तुरकिस्तान, तुरकी, तुरुष्क, तुर्किस्तान, तूरान, बिज़ैंशियम (प्रा), रूम (प्रा).

**तुर्कीः राजधानी** *सं* अंकरा.

**तुर्रा** = कलगी, केशगुच्छ.
**तुर्श** = अम्लीय, क्रुद्ध, खट्टा/खट्टी.

**तुर्शी** = खटास, वैमनस्य.
**तुलना** = अनुपात, उपमा.

**तुलना** *सं* *अपेक्षा*, उत्प्रेक्षा, *उपमा*, औपम्य, जोड़, बराबरी, मिलान, मुक़ाबला, समानता, ●उपमा, ●दृष्टांत, ●सादृश्य, ■अनुपमता.

**तुलनात्मक** *वि* आपेक्षिक, तुलनापूर्ण, निसबती, *सापेक्ष*, ■अनुपम.

**तुलनापूर्ण** = तुलनात्मक.
**तुलनाहीन** = अनुपम.
**तुलनीय** = सदृश.

**तुलनीय** *वि* अनुरूप, आसपास, एक जैसा, जैसा/जैसी, तुल्य, *निकट*, बराबर, वैसा ही, सा/सी, ●सदृश, ■अनुपम, ■भिन्न, ■विपरीत.

**तुलसा** = तुलसी.

**तुलसी** *सं* अमृता, कायस्था, गंधहारिणी, गौरी, तुलसा, त्रिदश मंजरी, पवित्रा, पावनी, पुण्या, बहुमंजरी, भूतघ्नी, *मंजरी*, विष्णुप्रिया, वृंदा, वैष्णवी, श्यामा, श्रीमंजरी, सुरभि, सुरसा, ●मरुआ.

**तुला** = तराज़ू, तुला राशि.
**तुला/तुली** = सन्नद्ध.
**तुलाई** = लिहाफ़.
**तुला पक्ष** = तराज़ू पलड़ा.
**तुलामान** = बाट.
**तुलायंत्र** = तराज़ू.
**तुला राशि (24 सितंबर-23 अक्तूबर)** = राशि सूची.

**तुला राशि** *सं* तुला, लीब्रा, वणिक पथ.

**तुला विषुव** = शरद विषुव.
**तुला संक्रांति** = शरद विषुव.
**तुलित** = समभार.
**तुलिनी** = सेमल वृक्ष.
**तुल्य** = तुलनीय, पर्यायवाची, समभार, समाकार.
**तुल्यकालीन** = समकालीन.
**तुल्यता** = जयपराजयहीनता, सादृश्य.
**तुल्यदर्शी** = निष्पक्ष.
**तुल्यनामा** = सहनाम.
**तुल्यरूपता** = सादृश्य.

**तुवर** = अरहर.
**तुवरी** = अरहर, फिटकरी.
**तुषार** = अतिशीतल, हिमपात.

**तुषार** *सं* अवश्याय, ठंड, ठार, तुहिन, नीहार, पाला, *बर्फ़*, मिहिका, *हिम*, हिमिका, हिमीभूत ओस, ●ओस, ●कोहरा, ●हिम.

**तुषारपात** = निराशा.
**तुषारांशु** = चंद्रमा.
**तुषाराघात** = हिमाघात.
**तुषाराघातग्रस्त** = हिमाहत.
**तुषारालय** = हिमालय.
**तुष्ट** = तृप्त, प्रसन्न, सुखी.
**तुष्ट करना** = मनुहारना.
**तुष्टि** = अनिच्छा, क्षतिपूर्ति, तृप्ति, मनुहार, संतोष.
**तुष्टीकरण** = प्रसन्नन, सामनीति.

**तुष्टीकरण** *सं* अपीज़मैंट, खुशामदी नीति, तुष्टीकरण नीति, मनुहार नीति, *सामनीति*, ●दामनीति, ●प्रसन्नन, ■दंडनीति.

**तुष्टीकरण नीति** = तुष्टीकरण.
**तुस** = तंतु, फोक, भूसा.
**तुहिन** = तुषार, हिम.
**तुहिन शैल** = हिमालय.
**तुहिनाघात** = हिमाघात.
**तुहिनाचल** = हिमालय.
**तुहिनाहत** = हिमाहत.
**तूँबड़ी** = तूँबा.

**तूँबा** *सं* करंक, करक, कूष्मांड, खप्पर, तुंबा, तुंबी, तुमरी, तूँबड़ी, तूमड़ा, नरियरी, नरेली, ●कमंडलु.

**तूँबा** *सं* आलाबू, तुंबी, तुबड़ा, पूँगा, महुअरी.

**तू** *सर्व* आदरहीन तुम, तुझ, निकटतापूर्ण तुम, मध्यम पुरुष, ●तुम, ■सब.

**तूअर** = अरहर.
**तूख** = खर पतवार, सींक.
**तूणि** = श्लोक.
**तूणीर** = तरकस.
**तूत** = शहतूत.
**तूती** = तुतई.

**तूतू मैंमैं** = तकरार.
**तूद** = शहतूत, सेमल वृक्ष.
**तूदा** = मिट्टी बाँध.
**तूफ़ान** = आँधी, कोलाहल, क्रांति विस्फोट, क्रांति विस्फोट, संकटावस्था.

**तूफ़ान** *सं* आँधीपानी, आँधी बरसात, ख़राब मौसम, झंझा, झंझानिल, झंझावात, तड़ित वर्षा, तूफ़ानी वर्षा, प्रभंजन, प्रवात्या, बरसाती तूफ़ान, महावात, वर्षा प्रभंजन, स्टौर्म, ●आँधी धूल, ●ओला वर्षा, ●संकट.

**तूफ़ान झूला** = तूफ़ान मेल.

**तूफ़ान मेल** *सं* तूफ़ान झूला, रौलर कोस्टर, ●जायंट व्हील.

**तूफ़ानी** = उथलपुथलपूर्ण, ख़तरनाक, प्रबल, वर्षापूर्ण.

**तूफ़ानी** *वि* अंधड़ी, अशांत, उग्र, उत्पाती, *कठिन*, चंड, चंडवाती, चक्रवाती, झंझावाती, तुमुल, तेज़, पिशाची, प्रचंड, *प्रबल*, प्रभंजनी, बवंडरी, बीहड़, बेढब, *भयानक*, विकट, विकराल, विध्वंसक, ●असौम्य, ●ख़तरनाक.

**तूफ़ानी वर्षा** = अतिवर्षा, तूफ़ान.
**तूम** = तुमाई.
**तूमड़ा** = तूँबा.
**तूमना** = धुनना, पीटना.
**तूमार** = अतिशयोक्ति, ढेर, वाक्छल, शब्दाडंबर.
**तूर** = अरहर.
**तूरा** = द्रुत वेग.
**तूरान** = तुर्की.
**तूरी** = धतूरा.
**तूर्य** = तुरही.
**तूर्यगोल** = धूपघड़ी.
**तूर्यनाद** = आरंभ संकेत सूची, युद्धनाद.

**तूर्यनाद** *सं* तुरही ध्वनि, धुधुकार, धूतूतू, बिगुल ध्वनि, बिगुल नाद.

**तूल** = कपड़ा लंबाई, रूई, लंबाई, विस्तार.
**तूलनालिका** = पूनी.
**तूला** = कपास.

**तूलिक** = चित्रकार.
**तूलिका** = क़लम, गद्दा, गद्दी.

**तूलिका** *सं* आलेखनी, आलेपनी, कूची, चित्र लेखनी, चित्रलेखा, ब्रश, लेखनी, •चित्र फलक, •पैन, •पैलेट.

**तूलिनी** = सेमल वृक्ष.
**तूली** = दीपक बाती, नील.
**तूवर** = अजातश्मश्रू.
**तूवरिका** = गोपी चंदन.
**तूवरी** = अरहर.
**तूष्णी** = मौनावलंबी.
**तूष्णीक** = मौनावलंबी.
**तूसदान** = कारतूस.
**तृण** = घास, तिनका.
**तृणकुटी** = कुटी, पर्णकुटी.
**तृणकेतु** = ताड़, बाँस.
**तृणगृह** = नीड़.
**तृणजीवी** = शाकोपजीवी.
**तृणद्रुम** = केवड़ा.
**तृणभक्षी** = शाकोपजीवी.
**तृणराज** = वारियल वृक्ष.
**तृण वृक्ष** = खजूर वृक्ष.
**तृणाहारी** = शाकोपजीवी.
**तृणौका** = पर्णकुटी.
**तृतीय** = तीसरा/तीसरी, तृतीय स्थानीय.

**तृतीय श्रेणी** *सं* तीसरा दर्जा, थर्ड क्लास, थर्ड डिवीज़न, रायल क्लास (बोलचाल), •परीक्षा डिवीज़न.

**तृतीय स्थानीय** *वि* तृतीय, थर्ड, •प्रथम स्थानीय.

**तृतीयांश** = तिहाई.
**तृतीयाश्रम** = वानप्रस्थ आश्रम.
**तृप्त** = छका/छकी, पूर्णेच्छ, संतुष्ट, संतोषी.

**तृप्त** *वि* अघाया/अघाई, खुश, छका/छकी, तुष्ट, परितुष्ट, परितृप्त, भरपूर, संतृप्त, •पूर्णेच्छ, •संतुष्ट, ▪अतृप्त, ▪प्यासा/प्यासी, ▪भूखा/भूखी.

**तृप्त करना** = छकाना.
**तृप्त होना** = छकना.
**तृप्ति** = अनिच्छा, इच्छापूर्ति, रसानुभूति, संतोष.

**तृप्ति** *सं* चित्त निवृत्ति, छकाव, तुष्टि, तृष्णाक्षय, तोष, *निवृत्ति*, परितृप्ति, परितोष, पर्याप्ति, पूर्ति, भोगपूर्ति, मनस्तुष्टि, शमन, संतुष्टि, संतृप्ति, *सुख*, ▪अतृप्ति, ▪असंतोष, ▪इच्छा, ▪प्यास, ▪भूख, ▪लालसा.

**तृप्ति प्रदान** = तर्पण.
**तृप्र** = पुरोडाश.
**तृषा** = प्यास, लालसा.
**तृषाकातर** = प्यासा/प्यासी.
**तृषालु** = लोभी.

**तृषाशमन** *सं* आपानन, *तर्पण*, तृषाशांति, तोषण, प्यासबुझाई, •पान कर्म.

**तृषाशांति** = तृषाशमन.
**तृषित** = असंतोषी, प्यासा/प्यासी, लोभी.
**तृष्णा** = असंतोष, प्यास, लालसा, लोभ, वासना, विलासिता.
**तृष्णाक्षय** = तृप्ति.
**तृष्णापूर्ण** = वासनापूर्ण.
**तेंदुआ** = बाघ.

**तेंदू** *सं* अतिमुक्तक, अनिलसार, आबनूस हिंदी, कृष्णसार, केंदु, तिंदु, तिंदुक, नीलसार, बावनगज़ा, शिखींद्र, शितिसार, •बीड़ी.

**तेइया** = तेइया ज्वर.

**तेइया ज्वर** *सं* अँतरा, अँतरिया, तिजरा, तेइया, विषम ज्वर, •मलेरिया.

**तेईया (जैसेः ज्वर)** = एकोत्तरावृत्तिशील.
**तेग़** = कृपाण.
**तेग़ बहादुर** = सिख गुरु सूची.
**तेज** = अंगदीप्ति, अग्नि, उत्साह, कर्कश स्वरीय, क्षमता, खिलावट, चमक, चुस्ती, ताप, तीक्ष्ण, दम, धार, प्रतिष्ठा, रजोगुण, शक्ति, संवेग.
**तेज़** = अजेय, अभिव्यक्तिपूर्ण, अम्लीय, अविलंबी, असौम्य, आक्रामक, उत्साही, कठोर (व्यवहारी), कुटिल, कुशाग्रबुद्धि, क्रोधी, गरम, चटक, चरपरा/चरपरी, चुस्त, तीक्ष्ण, तीखे चढान वाला, तूफ़ानी, द्रुत, प्रतिभाशाली, प्रबल, प्रभावशाली, बुद्धिमान, महँगा/महँगी, महत्त्वाकांक्षी, मादक, मार्मिक (उक्ति), शक्तिशाली, संगीतहीन, हाज़िरजवाब.
**तेज़ चलना** = कुलाँचना.
**तेज़ चाल** = द्रुत वेग.

**तेजड़िया** *सं* तेडड़िया, बुल, मूल्य बढ़ाने वाला शेयर ख़रीदार, •शेयर बाज़ार, ▪मंदड़िया.

**तेज़तर्रार** = क्रोधी.
**तेज़दम** = चुस्त, द्रुत.
**तेज़दिमाग़** = कुशाग्रबुद्धि.
**तेज़धार** = तीक्ष्ण.
**तेजनी** = चटाई.
**तेजपात** = मसाला सूची

**तेजपात** *सं* छदपत्र, तज पत्ता, तमालक, तमालपत्र, सुरभि गंध, •जावित्री, •दारचीनी.

**तेजपूर्ण** = तेजस्वी.
**तेजवान/तेजवती** = तेजस्वी.
**तेजस प्राणी** = जिन्न.
**तेजस्विता** = चुस्ती.
**तेजस्वी** = चुस्त, दीप्तवर्ण, दीप्तांग, प्रभावशाली, वैभवशाली, शक्तिशाली.

**तेजस्वी** *वि* ऊर्जस्वी/ऊर्जस्विनी, ओजपूर्ण, ओजस्वी, जानदार, ज़ोरदार, तेजपूर्ण, तेजवान/तेजवती, तेजोमय, तैजस, *प्रभावशाली*, रोबदार, •वैभवशाली, ▪साधारण.

**तेजहीन** = धुँधला/धुँधली, प्रभावहीन, मुरझाया/मुरझाई, हतोत्साहित.
**तेजहीनता** = निरुत्साह.
**तेज़ाब** = अम्ल.
**तेज़ाबी** = अम्लीय.
**तेज़ी** = अत्युत्साह, उत्तेजना, चुस्ती, ताप, वेग, व्यापारिक महँगाई.
**तेज़ी से** = द्रुततः.
**तेजी से साँस लेना छोड़ना** = हाँफना.
**तेजोबीज** = मज्जा.

**तेजोमंडल** *सं* आभा मंडल, आभा मुकुट, चित्र सिर के पीछे प्रकाशमंडल, ज्योति मंडल, ज्योति मुकुट, दीप्तिचक्र, परिमंडल,

प्रकाश मंडल, प्रकाश मुकुट, प्रतिमंडल, प्रभा मंडल, •अवतार, •देवता, •फ़रिश्ता, •सूर्य.

**तेजोमय** = तेजस्वी.
**तेजोरूप** = ब्रह्म.
**तेडड़िया** = तेजड़िया.
**तेता/तेती** = उतना/उतनी.
**तेमन** = पक्का खाना.
**तेमनी** = अग्निपात्र.

**तेरह** *सं* 13, त्रयोदश, बारह जमा एक.

**तेरह जमा एक** = चौदह.

**तेरहवीं** *सं* तेरहीं, त्रयोदशाह, •उठावनी, •चेहलुम, •चौथा, •तीसी, •रस्म पगड़ी.

**तेरहवीं भोज** = मृत्युभोज.
**तेरहीं** = तेरहवीं.
**तेरा/तेरी** = पराया/पराई.

**तेरा/तेरी** *वि* तव, न मेरा न उस का, •तुम्हारा/तुम्हारी.

**तेल** = पैट्रोल, रिश्वत.

**तेल** *सं* चिकनाई, तैल, रोग़न, वानस्पतिक तेल, स्नेह, •कोल्हू, •घी, •तिल, •मक्खन.

**तेल सूची** *सं* करडी तेल, काड लिवर औइल, कार्नोला, कैनोला तेल, तिल तेल, नारियल तेल, फ़िश औइल, बादाम तेल, बिनौला तेल, मकई तेल, मूँगफली तेल, राई तेल, सरसों तेल.

**तेलरक्षित** = परिरक्षित (आहार).
**तेल स्रोत अनाज आदि** = तिलहन.
**तेलहन** = तिलहन.
**तेल हलदी** = बानतेल.

**तेली/तेलिन** *सं* गंधी, चक्रचर, चक्री, चाक्रिक, तैलकार, तैलिक, रोग़नगर, •कोल्हू.

**तेलुगु** = आंध्र प्रदेशीय, भारत राष्ट्रभाषा सूची, भारतीय लिपि सूची.
**तेलुगु देश** = आंध्र प्रदेश.
**तेवन** = क्रीड़ा उपवन.

**तेवर** = अहंकार, इठलाहट, त्योरी, नाज़नख़रा, भौंह, भ्रूभंगिमा.
**तेहरा/तेहरी** = तिगुना.
**तेहरान** = ईरानः राजधानी.
**तैंतीस** = देवता.
**तैजस** = तेजस्वी, रजोगुणी.
**तैतिर** = तीतर.
**तैत्तिरि** = ऋषि सूची.
**तैत्तिरीय उपनिषद** = उपनिषद.
**तैना** = पिघलना.
**तैनात** = कार्यरत, नियुक्त, युद्धसन्नद्ध, लगनशील, सन्नद्ध.
**तैनाती** = नियुक्ति, पहरा.
**तैयार** = अभ्यस्त, आतुर, कटिबद्ध, तत्पर, पका/पकी, पक्व, पूर्णकृत, प्रसाधित, मरम्मतकृत, युद्धसन्नद्ध, लभ्य, शस्त्रसज्जित, सन्नद्ध, सहमत, सहमत्य, साधित.
**तैयार (माल)** = रेडीमेड.
**तैयार करना** = पढ़ाना, पहनाना, सजाना, सिंगारना, सिखाना.
**तैयार चारा** = सानी.
**तैयार माल** = उत्पाद, रेडीमेड उत्पाद.
**तैयार होना** = पकना, रँधना.
**तैयारी** = अभ्यास, आरंभिक कर्म, दक्षता, दूरदर्शिता, पूर्वाभ्यास, प्रसाधन, रिहर्सल, शस्त्रधारण, स्वरसाधना.
**तैर** = तरण.
**तैरता/तैरती** = तरणशील.
**तैरता फट्टा** = तिरेंदा.

**तैरना** *क्रि* न डूबना, पौरना, *बहना*, ▪डूबना.

**तैरने वाला** = तैराक.

**तैराक** *सं* तरैया, तैरने वाला, पैराक.

**तैराकी** = तरण.

**तैराकी** *सं* *तरण*, तरण खेल, स्विमिंग, •नौका विहार, •स्विमिंग कास्ट्यूम.

**तैराकी प्लेटफ़ार्म** = डाइविंग बोर्ड.
**तैराकी फट्टा** = डाइविंग बोर्ड.
**तैराकी बोर्ड** = डाइविंग बोर्ड.
**तैरान** = तरण.

**तैराना** *क्रि* *उतारना*, जलावतारण करना, तारना, पैराना, प्रवाहित करना, *बहाना*, भसाना, लौंच करना.

**तैर्थिक** = सिद्धांतकार.
**तैलंगी** = आंध्र प्रदेशीय.
**तैल** = तेल.
**तैलकार** = तेली/तेलिन.
**तैलपर्णी** = तारपीन.
**तैल फल** = बहेड़ा.
**तैलफल** = तिल.
**तैलयंत्र** = कोल्हू.
**तैलांबुका** = काकरोच.
**तैलाख्य** = शिलाजीत.
**तैलागुरु** = अगरु.
**तैलिक** = तेली/तेलिन.
**तैलिनी** = दीपक बाती.
**तैश** = उत्तेजना, क्रोध, तीव्रोन्माद.
**तैसे** = वैसे.

**तोंद** *सं* *घड़ा*, ढींढ़, तुंद, थोथ, मोटा पेट, •उदर, •पेट, •फुलाव.

**तोंदी** = टूँड़ी.
**तोंदीला/तोंदीली** = तोंदू.

**तोंदू** *वि* उदरिल, उदरी, *उन्नतोदर*, कुप्पा, खाया पिया/खाई पीई, गाऊघप, गोल, गोलमटोल, तुंदी, तुँदैल, तोंदीला/तोंदीली, पेटू, फूला/फूली, बड़पेटा/बड़पेटिन, बड़े पेट वाला, महोदर/महोदरी, मोटा/मोटी, मोटी कमर वाला, मोटे पेट वाला, लंबोदर, स्थूलोदर, •उन्नतोदर, ▪पतली कमर वाला.

**तो** = तदा, तब, फलस्वरूप.
**तोक्म** = अनाज बाल.
**तोक्यो** = जापानः राजधानी.
**तोखना** = मनुहारना.
**तोड़** = नाश, पनीर जल, प्रभावरोधक, भंजन, मंत्र काट, वारण.
**तोड़न** = भंजन.
**तोड़ना** = उखाड़ना, उजाड़ना, काटना, कूटना, खोदना, घोटना, ढहाना, तोड़ना मरोड़ना, त्यागना, नोचना, फोड़ना, बिगाड़ना, विलगाना.

**तोड़ना** *क्रि* खंडित करना, *गिराना*, चटकाना, चूरा करना, टुकड़े करना, ध्वंसना, ध्वस्त करना,

*फोड़ना*, भंग करना, भंजना, भंजित करना, भंजित करना, विहँडना, •उजाड़ना, •टूटना, •ढहाना, •बिगाड़ना, •मरोड़ना, ▪गढ़ना, ▪बनाना.

**तोड़ना फोड़ना** = तोड़ना मरोड़ना.
**तोड़ना मरोड़ना** = बिगाड़ना.

**तोड़ना मरोड़ना** *क्रि* अपरूप करना, कुडौल करना, टेढ़ा मेढ़ा करना, *तोड़ना*, तोड़ना फोड़ना, *बिगाड़ना*, भाँड़ना, मोड़ना तोड़ना, •उजाड़ना, •विद्रूप करना.

**तोड़ने वाला** = ढहाने वाला, नाश कर्ता.

**तोड़फोड़** *सं* अंतर्ध्वंस, उखाड़, तुड़ाई, ध्वंस, ध्वंसन, *नाश*, फोड़ाफोड़ी, बिगाड़, *भंजन*, भितरघात, विखंडन, विदारण, *विद्रोह*, विध्वंस, विध्वंसन, विभंजन, सैबटेज, सैबोटाज (विकल्प), •उपद्रव, •तोड़ मरोड़, •नाश, •हड़ताल, ▪सृजन.

**तोड़फोड़ उत्तेजक** = विध्वंसोत्तेज्क.

**तोड़ मरोड़** *सं* बिगाड़, विकार, *विद्रूप*, विद्रूपण, विरूप, विरूपण, •तोड़फोड़, •विद्रूपण.

**तोड़ा** = पलीता.
**तोड़ा मरोड़ा/तोड़ी मरोड़ी** = अतिशयोक्तिपूर्ण, अशुद्धार्थित, असत्य, तुड़ा मुड़ा/तुड़ी मुड़ी.
**तोड़ू** = थकाऊ.

**तोतला/तोतली** *वि* तुतला कर बोलने वाला, त्रोतल.

**तोतलाना** = तुतलाना.
**तोतलापन** = तुतलाहट.
**तोतला बोलना** = तुतलाना.
**तोतली बोली** = तुतलाहट.
**तोता** = बतरसिया.

**तोता** *सं* कीर, गंगाराम, दाड़िमप्रिय, पैराकीट, पोपट, फलाशन, मिट्ठू, मिठुवा, मियाँ मिट्ठू, रक्तचंचु, रक्ततुंड, वक्रतुंड, वाग्मी, शुक, सुअंना, सुगना, सुग्गा, सुवना, •मैना.

**तोता उड़ना** = मरना.
**तोताचश्म** = अवसरवादी, दलबदलू, निष्ठाहीन.
**तोतापरी** = आम.
**तोता रटंत** = रट्टा.
**तोती** = मादा तोता.

**तोप** *सं* कैनन, गन, गरनाल, तुपक, शतघ्नी, •धमाका, •बम, •मशीनगन.

**तोपख़ाना** = तोपसेना.
**तोप गोला** = बम.

**तोपची** *सं* गनर, गुलंदाज़, गुलचला, गोलंदाज़, तोप संचालक, तोप सैनिक, •बंदूक़ची.

**तोप ध्वनि** = धमाका.
**तोप संचालक** = तोपची.

**तोप सलामी** *सं* तोपों की सलामी, बंदूक़ सलामी, •सलामी.

**तोपसेना** *सं* आर्टिलरी, तोपख़ाना, •थलसेना.

**तोप सैनिक** = तोपची.
**तोपों की सलामी** = तोप सलामी.
**तोबाशिकन** = प्रलोभनकारी.
**तो भी** = तदापि.
**तोम** = ढेर.
**तोमड़ी** = कमंडलु.

**तोमर** *सं* तँवर, शर्वला, •परशु, •भाला.

**तोमरिका** = अरहर, गोपी चंदन.
**तोयद** = मेघ, वर्षा मेघ.
**तोयनिधि** = समुद्र.
**तोयेश** = वरुण.
**तोर** = अरहर.
**तोरई** = तोरी.
**तोरण** = कंठ, बंदनवार, मेहराब, स्वागत द्वार.
**तोरण पथ** = छतदार मार्ग.
**तोरण मार्ग** = छतदार मार्ग.
**तोरतिया** = तौरतिया.

**तोरी** *सं* कर्कटी, कोशातकी, चिकनी तोरी, तरोई, तुरई, तोरई, निनुआ, पीतपुष्पी.

**तोलना** = तौलना.
**तोलमोल** = सौदेबाज़ी.

**तोला** *सं* ग्रेन 180, चाँदी का रुपया 1, माशा 12, रत्ती 96, सेर 1/80.

**तोला 1/12** = माशा.
**तोला 5** = छटाँक.
**तोला 80** = सेर.
**तोशक** = गद्दा.
**तोशकख़ाना** = राजभंडार.
**तोशा** = यात्रा आहार.
**तोशाख़ाना** = भंडारघर, राजभंडार, संग्रहालय.
**तोष** = तृप्ति, संतोष.
**तोषक** = संतोषप्रद.
**तोषकरण** = मनुहार.
**तोषण** = तर्पण, तर्पण, तृषाशमन, प्रसन्नन.
**तोषणीय** = प्रसीद्य.
**तोषना** = छकाना.
**तोषल** = मूसल.
**तोषी** = संतोषप्रद, संतोषी.
**तोष्य** = प्रसीद्य.
**तोहफ़ा** = उपहार, वरदान, समर्पण.
**तोहमत** = मिथ्या आरोप, लांछन.
**तौंस** = प्यास.
**तौंसा/तौंसी** = प्यासा/प्यासी.
**तौक़** = हँसली.
**तौफ़ीक़** = साहस.
**तौबा** = इंद्रियनिग्रह, पश्चात्ताप, मद्यत्याग, संयम.
**तौबाशिकन** = प्रलोभनकारी, मादक.
**तौर** = आचरण, आदत, दृष्टांत, विधि.
**तौरतरीक़ा** = आचरण, आदत, परिपाटी, प्रक्रिया, प्रथा, शिष्टाचार.

**तौरतिया** *सं* ऐनचिलाडा, तोरतिया, मैक्सिकन चपाती, •कसादिया, •बरीटो •रोटी.

**तौर से** = विधिपूर्वक.
**तौल** = तराज़ू.

**तौल** *सं* परिमाण, बाट माप, *भार*, भार माप, मान, वज़न, वेट, •किलोग्राम, •क्विंटल, •ग्राम, •छटाँक, •टन, •ट्रौय औंस,

•तोला, •पौंड, •मन, •माशा, •मिलिग्राम, •सेर, •स्टोन, •हंड्रेडवेट.

**तौलना** = सोचना परखना.

**तौलना** *क्रि* काँटे पर रखना, तोलना, धड़ा उठाना, भार पता करना, भार माप निर्धारित करना, वज़न करना.

**तौलिया** = नैपकिन.

**तौलिया** *सं* अँगोछा, गमछा, गमछी, टावल, •नैपकिन, •स्नान.

**तौल्य** = माप्य.
**तौहीन** = अपमान, तिरस्कार.
**त्यक्त** = अप्रचलित, परित्यक्त, सेवाच्युत.
**त्यक्त/त्यक्ता** = अचर्चित, असमाविष्ट.
**त्यक्तव्य** = परित्याज्य.
**त्यक्ता** = परित्यक्ता.
**त्यजन** = परित्याग.
**त्याग** = अपरिग्रह, आत्मबलि, दान, पदत्याग, परित्याग, वैराग्य, संयम.
**त्याग करना** = त्यागना.
**त्यागना** = देना.

**त्यागना** *क्रि* ख़ाली करना, *छोड़ना*, तजना, तिनका तोड़ना, तिलांजलि देना, *तोड़ना*, त्याग करना, नाता तोड़ना, *निकालना*, परित्याग करना, परित्यागना, विच्छेद करना, संबंध तोड़ना, *हटाना*, •छाँटना, •हटाना, ▪अपनाना.

**त्यागपत्र** *सं* इस्तीफ़ा, राज़ीनामा (मराठी), रैज़िग्नेशन लैटर, •सेवा निवृत्ति, ▪आवेदन पत्र.

**त्यागशील** = अपरिग्रही, निस्स्वार्थ.
**त्यागी** = अपरिग्रही, जितेंद्रिय, दानशील, धर्मद्रोही, निस्स्वार्थ, वैरागी, संन्यासी, साधु.
**त्यागी/त्यागिनी** = परित्यक्ता.
**त्याज्य** = अवांछनीय, असमर्थनीय, निषिद्ध, परित्याज्य, महत्त्वहीन.
**त्यों** = वैसे.
**त्यों ही** = तत्काल, तभी.

**त्योरस** *सं* अगला/पिछला परसाल, त्योरुस, •परसाल.

**त्योरी** = भ्रूभंगिमा.

**त्योरी** *सं* तेवर, भृकुटि (विकल्प), भृकुटी, भौं चढ़ाना कर्म, माथा बल, •भौंह.

**त्योरुस** = त्योरस.
**त्योहार** = उत्सव.
**त्योहारी** = उत्सवपूर्ण.
**त्यौहार** = उत्सव.
**-त्र** = परित्राता.
**त्रपा** = लज्जा.
**त्रपुष** = खीरा, राँगा.
**त्रय** = तीन.
**त्रयी** = तीन वेद, तीन समुदाय.
**त्रयीमुख** = ब्राह्मण.
**त्रयोदश** = तेरह.
**त्रयोदशाह** = तेरहवीं.
**त्रष्टा** = बढ़ई.
**त्रसर** = परछा.

**त्रसरेणु** *सं* अणु रेणु, ज़र्रा, त्रसरैनि, रंभ, रेणु, सुरेणु, सूक्ष्म धूलि, हेमरेणु, •धूलिकण.

**त्रसरैनि** = त्रसरेणु.
**त्रस्त** = चिंतित, दुःखी, पीड़ित, भयभीत, संकटग्रस्त.
**त्राण** = जीवन रक्षा, परित्राण, मुक्ति, राहत.
**त्राण कर्ता** = परित्राता.
**त्रात** = रक्षित.
**त्राता** = ईसा मसीह, परित्राता, मुक्तिदाता.
**त्रावणकोर कोचीन (पूर्व नाम)** = केरल.
**त्रास** = आतंक, भय, मनोघात.
**त्रासक** = नाशकारी, शोकपूर्ण.
**त्रासद** = पीड़ाप्रद.
**त्रासदी** = दुःखांत नाटक, दुःखांत नाटक.
**त्रासना** = सताना.
**त्रासशील** = कायर.
**त्रासी** = भयानक.
**त्राहि त्राहि** = आर्तनाद, चीत्कार.
**त्रिंशत** = तीस.
**त्रि** = तिगुना, तीन.
**त्रिआयामी** = पिंडाकार.
**त्रिकंटक** = गोखरू, थूहर.
**त्रिक** = तिगुना, तीन समुदाय.

**त्रिकाल** = अनादि अनंत काल, त्रिसंध्या.

**त्रिकाल** *सं* कल आज और कल, तीन काल, भूत वर्तमान भविष्य, सर्वकाल, हर काल, •अनादि अनंत काल.

**त्रिकाल संध्या** *सं* त्रिकाल संध्योपासना, *त्रिसंध्या*.

**त्रिकाल संध्योपासना** = त्रिकाल संध्या.
**त्रिकूट** = समुद्री नमक.

**त्रिकोण** *सं* ट्रायैंगल, तिकोन, तिकोना, त्रिभुज, •चतुर्भुज, •पंचभुज, •षड्भुज.

**त्रिकोण फल** = सिंघाड़ा.
**त्रिकोण समकोण पार्श्व भुजा** = पार्श्व भुजा.
**त्रिकोण समकोण सम्मुख भुजा** = आधार भुजा.
**त्रिकोणाकार** = त्रिभुजाकार.
**त्रिकोणीय** = त्रिभुजाकार.
**त्रिखंडीय** = तिखंडीय.
**त्रिगर्ता** = मोती.

**त्रिगुण** *सं* गुण, गुणत्रय, तत्त्व, प्रकृति तीन गुण, •तमोगुण, •रजोगुण, •सत्त्वगुण.

**त्रिगुणा** = माया.
**त्रिगुणित** = तिगुना.
**त्रिज्या** = रेडियस.
**त्रिणाचिकेत** = नारायण (नर).
**त्रिणाणु विज्ञान** = जीवाण्विकी.
**त्रितंत्रिका वीणा** = सितार.
**त्रितय** = तीन समुदाय.
**त्रिदंडी** = संन्यासी.
**त्रिदल** = बिल्व.
**त्रिदश** = देवता.
**त्रिदशपति** = इंद्र.
**त्रिदश मंजरी** = तुलसी.
**त्रिदशालय** = स्वर्ग.
**त्रिदशेश्वर** = इंद्र.
**त्रिदिव** = स्वर्ग.
**त्रिदिवाधीश** = देवता.
**त्रिदेव** = त्रिमूर्ति.
**त्रिदेवांश** = दत्तात्रेय.
**त्रिधारा** = गंगा नदी, थूहर.
**त्रिनेत्र** = शिव.

**त्रिपथगामिनी** = गंगा नदी.
**त्रिपदी** = तिपाई.
**त्रिपर्ण** = पलाश.
**त्रिपिटक** = तीन समुदाय.

**त्रिपिटक** *सं* तीन खंडों में विभाजित ग्रंथ, बौद्ध मूल ग्रंथ, •जातक, •धर्मग्रंथ.

**त्रिपिटक भाग सूची** *सं* अभिधम्म, विनय, सुत्त.

**त्रिपुट** = खेसारी.
**त्रिपुटा** = इलायची.
**त्रिपुटी** = खेसारी, तीन समुदाय.
**त्रिपुरसुंदरी** = दुर्गा.
**त्रिपुरांबिका** = कामाक्षी.
**त्रिपुरा** = दुर्गा, भारत राज्य प्रदेश.

**त्रिपुराः राजधानी** *सं* अगरतला.

**त्रिपुरारि** = शिव.
**त्रिपोलिया** = फाटक.
**त्रिभुज** = त्रिकोण, त्रिभुजाकार.
**त्रिभुज कर्ण** = कर्णभुजा.

**त्रिभुजाकार** *वि* तिकोना/तिकोनी, तिखुंटा/तिखुंटी, तिखूँट, तिखूँटा/तिखूँटी, त्रिकोणाकार, त्रिकोणीय, त्रिभुज, •त्रिपार्श्वीय.

**त्रिभुवन** = सृष्टि.
**त्रिभुवनसुंदरी** = पार्वती.
**त्रिभुवनेश** = ईश्वर.
**त्रिमात्र** = ओम.
**त्रिमात्रा** = प्लुत मात्रा.
**त्रिमासीय** = त्रैमासिक.

**त्रिमूर्ति** *सं* त्रिदेव, देवत्रयी, •तीन.

**त्रिमूर्ति सूची** *सं* *ब्रह्मा*, *विष्णु*, महेश.

**त्रिया** = पत्नी, स्त्री.
**त्रिया चरित्र** = तिरिया चरित्तर.
**त्रियामा** = रात.
**त्रिलोक** = सृष्टि.
**त्रिलोकीनाथ** = ईश्वर, विष्णु.
**त्रिलोकेश** = शिव.
**त्रिलोकेश्वर** = ईश्वर.
**त्रिलोचन** = शिव.

**त्रिवर्षीय** *वि* तीन-वर्षी, तीनसाला, त्रैवार्षिक.

**त्रिविष्टप** = तिब्बत, स्वर्ग.
**त्रिवेंद्रम (पुराना नाम)** = केरलः राजधानी.
**त्रिवेणी** = गंगा यमुना संगम.
**त्रिवेद** = तीन वेद.
**त्रिशंकु याजी** = विश्वामित्र.
**त्रिशूल** = शिव त्रिशूल.

**त्रिशूल** *सं* *शक्ति*, शक्ति अस्त्र, शूलास्त्र, •भाला, •शिव.

**त्रिशूलधारी** *सं* त्रिशूली, •शिव.

**त्रिशूली** = त्रिशूलधारी, शिव.
**त्रिसंध्या** = त्रिकाल संध्या, संध्योपासना.

**त्रिसंध्या** *सं* *त्रिकाल*, त्रैकाल्य, दिन तीन भाग, संध्या.

**त्रिसंध्या सूची** *सं* *प्रातःकाल*, मध्याह्न काल, *सायंकाल*.

**त्रिहायणी** = द्रौपदी.
**त्रुटि** = ग़लती, टूटफूट, दुर्गुण, नाश, बुराई, भूल, लक्ष्यच्युति.
**त्रुटिपूर्ण** = दुर्गुणी.
**त्रुटिहीन** = अविकृत, परिपूर्ण.
**त्रेता** = त्रेतायुग.

**त्रेतायुग** *सं* त्रेता, रामयुग, रामायण युग, •द्वापरयुग, •सत्ययुग.

**त्रैकाल्य** = त्रिसंध्या.
**त्रैगुणिक** = तिगुना.

**त्रैमासिक** *वि* तिमाही, तीन महीनों में एक बार होने वाला, त्रिमासीय, प्रतितीसरे मास होने वाला, हर तीसरे महीने होने वाला.

**त्रैवार्षिक** = त्रिवर्षीय.
**त्रोतल** = तोतला/तोतली.
**त्र्यंबक** = शिव.
**त्र्यंबका** = दुर्गा.
**त्र्यंबिका** = पार्वती.
**त्र्यक्षर** = ओम.
**त्वं** = तुम.
**त्वकपत्र** = दारचीनी.
**त्वगंकुर** = रोमांच.
**त्वचा** = इंद्रिय सूची, चमड़ा, झिल्ली.

**त्वचा** *सं* अजिन, आवरण, खाल, *चमड़ा*, चमड़ी, चर्म, चाम, *झिल्ली*, पोस्त, शरीरावरण, शल्लक, स्किन, स्पर्शेंद्रिय, •केंचुली, •चमड़ा, •छिलका, •झिल्ली, •मत्स्य शल्क, •स्पर्श अनुभूति.

**त्वचाचिह्न** *सं* चर्मचिह्न, निशान, लच्छन, *लहसुन*, •सफ़ेद दाग़.

**त्वचा डील** = डील.

**त्वचा तिल** *सं* *तिल*, पिप्लु, •ददोरा, •मस्सा.

**त्वचा रंग** *सं* *कलर*, त्वचा वर्ण, देह रंग, *रंग*, *वर्ण*, शरीर वर्ण.

**त्वचा वर्ण** = त्वचा रंग.
**त्वरण** = वेगवृद्धि.
**त्वरा** = द्रुत वेग.
**त्वरित** = द्रुत.
**त्वष्टा** = आदित्य सूची, विश्वकर्मा.
**त्वष्टा** = बढ़ई.
**त्साङ पो** = ब्रह्मपुत्रा नदी.
**थंडर स्टौर्म** = अतिवर्षा.
**थंभन** = स्तंभन.
**थक** = थक्का.
**थकन** = थकान.
**थकना** = दुबलाना, बुढ़ाना.

**थकना** *क्रि* अंग टूटना, अंजर पंजर ढीले होना, जवाब देना, दम निकलना, देह टूटना, बिथकना, लटपटाना, शिथिलाना, *हाँफना*.

**थका/थकी** = शिथिलकाय, सृजनहीन, हतोत्साहित.

**थका/थकी** *वि* अलस, क्लांत, क्षीण, ख़लास, खस्ता, खस्ताहाल, खिन्न, गिरा/गिरी, गिरा पड़ा/गिरी पड़ी, चकनाचूर, चुका/चुकी, चूर, टूटा/टूटी, ठंडा/ठंडी, ढलका/ ढलकी, ढहा/ढही, ढीला/ढीली, थका माँदा/थकी माँदी, थका हारा/थकी हारी, धीमा/धीमी, निढाल, निर्जीव, निस्तेज, परिश्रांत, पसमाँदा/पसमाँदी, *पस्त*, बेजान, बेदम, *मंद*, माँदा/माँदी, *लस्तपस्त*, वामाँदा, विक्लांत, *विश्रांत*, विश्लथ, शिथिल, *शिथिलकाय*, श्रांत, श्लथ, हैरान, •आलसी.

●थकाऊ, ●निर्बल, ●पस्त, ■अनथका/अनथकी, ■उत्साही, ■विश्रांत, ■सक्रिय.

**थकाऊ** = उबाऊ, कठोर (अधिकारी), श्रमसाध्य.

**थकाऊ** *वि* असुविधाजनक, *कठिन*, *कठोर*, क्लांतिकर, क्लांतिकारी, तोड़ू, दूभर, *भारी*, *मारक*, मारू, श्रमकर, *श्रमसाध्य*, ■विश्रामप्रद, ■सहज.

**थकान** = आलस.

**थकान** *सं* अवसाद, कमज़ोरी, कश्मल, काहिली, क्लम, क्लांति, ग्लानि, टूटन, थकन, थकावट, देह शैथिल्य, निष्क्रियता, परिश्रांति, मरियलपन, माँदगी, शैथिल्य, श्रांति, ●आलस, ●कार्याधिक्य, ●जँभाई, ●निद्रा, ■चुस्ती, ■विश्राम.

**थकान मिटा** = विश्रांत.
**थकान मिटाऊ** = विश्रामप्रद.
**थकानहीन** = अथकनीय.
**थकाना** = हराना.

**थकाना** *क्रि* अटेरन कर देना, *छकाना*, छक्के छुड़ाना, पदाना, पिदाना, *रुलाना*, *हराना*, ●परिश्रम करवाना.

**थका माँदा/थकी माँदी** = जर्जर वृद्ध, थका/थकी, लस्तपस्त.
**थकावट** = थकान.
**थका हारा/थकी हारी** = जर्जर वृद्ध, थका/थकी.
**थकी चाल** = लस्तपस्त चाल.
**थकी माँदी चाल** = लस्तपस्त चाल.
**थक्का** = ढेर, फुटक.

**थक्का** *सं* आँठी, *गाँठ*, गाढ़ा द्रव, चक्का, जमा टुकड़ा, थक, ●खुरंड, ●फुटक, ●रुधिर ग्रंथि, ●लोंदा.

**थड़ा** = घर, थाला, दुकानदार आसन.

**थन** *सं* ऊधस, ऐन, औड़ी, पशु स्तन, ●स्तन.

**थन (पशु)** = स्तन.
**थप** = घमघम.
**थपक** = थपकी.
**थपकना** = थापना, बहलाना, सुलाना.

**थपकना** *क्रि ठोंकना*, थपकी देना, *सहलाना*, ●ठोंकना.

**थपका** = थपकी.
**थपकी** = सांत्वना.

**थपकी** *सं* चपत, थपक, थपका, थपथप, थपथपाहट, थपथपी, थाप, ●सांत्वना, ●सुलाना.

**थपकी देना** = थपकना, बहलाना, सुलाना.
**थपथप** = थपकी, दस्तक.
**थपथपाना** = थापना, दुलारना, बहलाना, सहलाना.
**थपथपाहट** = थपकी.
**थपथपी** = थपकी.
**थपना** = थापना, मुँगरा.
**थपनी** = मुँगरा.
**थपाई करना** = थापना.
**थपेड़ना** = छपछपाना, सहलाना.
**थपेड़ा** = धचका.
**थपैया** = पथेरा/पथेरी.
**थपोरी** = ताली.
**थप्पड़** = तमाचा.
**थमना** = ठहरना, बिगड़ना, रुकना, सँभलना.
**थमला** = आधार सूची, स्तंभ.
**थमा/थमी** = अवरुद्ध, आउट आफ़ आर्डर, गतिरुद्ध, घटनाहीन, निश्चल, निश्चल (जल), विरामित.
**थमाई** = डिलीवरी.
**थमाना** = देना, सौंपना.
**थमाव** = विराम.
**थमा होना** = ठहरना.
**थरथर** = भयभीत.
**थरथर कराना** = डराना.
**थरथराता/थरथराती** = भयभीत.
**थरथराना** = डरना.
**थरथराहट** = कंपन.
**थरथरी** = ज्वर कंपन, भयकंप.

**थरमस** *सं* ठंडी बोतल, फ़्लास्क, वैक्यूम फ़्लास्क, ●रैफ़्रिजरेटर, ●हाट बाक्स.

**थर्ड** = तीसरा/तीसरी, तृतीय स्थानीय.
**थर्ड क्लास** = तृतीय श्रेणी.
**थर्ड डिग्री** = यातना.
**थर्ड डिवीज़न** = तृतीय श्रेणी.
**थर्म** = ताप.
**थर्मल** = तापीय.

**थर्मामीटर** *सं* तापक्रम दर्शक, ताप मापी, तापांक मापी, ●पारा.

**थर्मो-** = तापीय.
**थर्मोन्यूक्लियर पावर** = परमाणु ऊर्जा.
**थर्मोन्यूक्लीअर अस्त्र** = आण्विक अस्त्र.
**थर्राता/थर्राती** = भयभीत.
**थर्राना** = डरना.
**थर्राहट** = भयकंप.
**थर्सडे** = बृहस्पतिवार.
**थल** = पृथ्वी, महाद्वीप.
**थल-** = थलचर.

**थल** *सं क्षेत्र*, खुश्की, ग्राउंड, ज़मीन, जलमुक्त धरातल, ठोस ज़मीन, *तट*, थलप्रदेश, थली, धरती, धरा, *धरातल*, भू, भूमि, महाद्वीप तल, महाद्वीपीय भूमि, लैंड, समुद्र कांची, समुद्रेतर धरातल, सूखा, सूखी ज़मीन, स्थल, स्थली, ●तट, ●महाद्वीप, ■जलतल, ■समुद्र.

**थलकना** = हिलना.
**थलग्रीवा** = थलडमरुमध्य.

**थलचर** *वि* थल-, भूचर, स्थलचारी, स्थलीय, ■जलचर, ■नभचर.

**थलडमरुमध्य** *सं* इस्थमस (अशुद्ध), इस्मस, डमरुमध्य, थलग्रीवा, थलसंधि, भूडमरू, भूडमरूमध्य, भूसंधि, *योजक*, स्थलसंयोजक, ●प्रायद्वीप, ■जलडमरूमध्य.

**थलप्रदेश** = थल.

**थलमार्ग** *सं* थलीय मार्ग, स्थल मार्ग, स्थलवर्त्म, ●मार्ग.

**थलयान** *सं* भूमितल पर चलने वाला यान, स्थलयान, ●यान.

**थलवाहिनी** = थलसेना.
**थलसंधि** = थलडमरुमध्य.

**थलसेना** *सं* अनीकिनी, आर्मी, कटक, *चक्र*, जत्था, थलवाहिनी,

दलबल, ध्वजवाहिनी, *पदसेना*, पलटन, पृतन्या, फ़ौज, यूथ, रिसाला, लश्कर, वाहिनी, *सेना*, *सैन्य*, स्थलसेना, ●अश्वसेना, ●तोपसेना, ●नभसेना, ●नौसेना.

**थला** = थाला, दुकानदार आसन.
**थलावतरण** = धरावतरण.
**थलिया** = थाली.
**थली** = थल, दुकानदार आसन, दोमट, पृथ्वी.

**थलीय** *वि* ज़मीनी, *ठोस*, धरातलीय, भूमीय, भौमिक, स्थलीय, ■समुद्रीय.

**थलीय मार्ग** = थलमार्ग.
**थवई** = राजगीर.
**थहराना** = डराना.
**थाँह** = घर, चौकड़ीघर, शरणस्थल, शरणस्थल, स्थान, स्थिति.
**था/थी** = अनवशिष्ट, नष्ट, प्राचीन, भूतकालीन, मृत, व्यतीत.

**था/थी** *क्रि* वर्तमान था, हता/हती, हुआ/हुई, हुआ करता था/हुआ करती थी, हुआ था/हुई थी, होता था/होती थी, होना भूतकाल रूप, ●थे, ●होना, ■है, ■होगा/होगी.

**था का बहुवचन** = थे.

**थाईलैंड** *सं* मुआङ थाई (स्थानीय), श्याम, स्याम.

**थाईलैंडः राजधानी** *सं* बैंकाक.

**थाट** = ढेर, पैंतरा.
**थाती** = धरोहर, वंशचिह्न.
**थान** = कपड़ा लंबाई, कपड़ा लंबाई, कपड़ा लंबाई, घर, पशुशाला, भवन, मंदिर, स्थिति.
**थाना** = नगर खंड, सेना चौकी, हवालात.

**थाना** *सं* कोतवाली, पुलिस थाना, पुलिस स्टेशन, ●तहसील, ●पुलिस.

**थानापति** = थानेदार.

**थानेदार** *सं* कोतवाल, थानापति, थानैत, दारोग़ा, स्थानपति (प्रा), स्थानिक (प्रा), स्थानेश्वर (प्रा), ●तहसीलदार, ●सिपाही.

**थानैत** = ग्राम मुखिया, थानेदार.
**थाप** = आघात, छाप, ढमढम, तबला थाप, ताल, थपकी, प्रभाव.
**थापना** = रखना.

**थापना** *क्रि* आकार देना, चपतना, *थपकना*, थपथपाना, थपना, थपाई करना, थेपना, पाथना, ●ठोंकना, ●ढालना, ●बेलना.

**थापा** = साँचा.

**थापा** *सं* *हत्था*, हथेली छाप, हाथ छाप.

**थापी** = मुँगरा.
**थाम** = पकड़, बाधा, विराम.
**थामना** = पकड़ना, रोकना, रोधना, लेना, सँभालना.

**थामना** *क्रि* आधार देना, आधार होना, उठँगाना, टेक देना, टेक होना, धारण करना, धारना, मूल होना, *सँभालना*, सहारना, सहारा देना, ●टिकाना, ●पकड़ना, ●रोकना, ■गिराना, ■पटकना.

**थामस** = ईसा संदेश वाहक.
**थामे रखना** = सँभालना.
**थार** = मरुथल.
**थाल** = ट्रे, परात.

**थाल** *सं* ख़्वान, तश्त, बड़ी तश्तरी, ●ट्रे, ●थाली, ●पत्तल, ●परात, ●प्लेट.

**थाला** = खाड़ी, परात.

**थाला** *सं* आलवाल, आवाल, केदार, गोड़ा, *घेरा*, थड़ा, थला, थालिका, थावरा, बेड़, वृक्ष क्यारी, स्थाल, ●गमला, ●मेंड़.

**थालिका** = थाला.
**थाली** = आहार, परोस.

**थाली** *सं* तश्तरी, थलिया, *प्लेट*, स्थाली, ●थाल, ●प्लेट.

**थावरा** = थाला.
**थाह** = गहराई माप, गाधस्थल.
**थाहना** = आँकना.
**थाहहीन** = अगाध्य.
**थिंकिंग** = दार्शनिकतापूर्ण.
**थिंपु** = भूटानः राजधानी.
**थिएटर** = नाट्यागार, प्रेक्षागार, सिनेमाघर.
**थित** = स्थित.
**थिर** = आत्मविश्वासी, गंभीर, दायित्वपूर्ण, धीर, निश्चल, निश्चल (जल), संकल्पशील, स्थावर.
**थिरक** = इठलाहट.
**थिरकन** = इठलाहट, नर्तन.
**थिरकना** = इठलाना, नाचना.
**थिरण** = विराम.
**थिरता** = धैर्य.
**थिरना** = निथरना, रुकना.
**थिराना** = रोकना.

**थिसारस** *सं* महाकोश, *शब्दकोश*, शब्दसूची, *शब्दावली*, समांतर कोश, ●पर्यायकोश, ●शब्दकोश.

**थीअरी आफ़ रिलेटिविटी** = सापेक्षता सिद्धांत.
**थीफ़** = चोर.
**थीम** = अर्थ, कथ्य.
**थीसिस** = शोध लेख.
**थुक्का फ़जीहत** = अपमान.
**थुड़ी** = अपमान.
**थुथनी** = थूथन.
**थुथुआना** = धिक्कारना.
**थुन्नी** = थूनी.
**थुलथुल** = मोटा/मोटी.
**थुलमा** = कंबल.

**थूक** *सं* उगाल, निष्ठीव, मुखासव, रीक़, लाला, ●पीक, ●लार.

**थूकना** *क्रि* थूक उगलना, ●खखारना.

**थूका चाटना** = मुकरना.
**थूत्कार** = अपमान.

**थूथन** *सं* तुंड, थुथनी, थूथनी, थूथुन, ●चोंच, ●मुँह.

**थूथनी** = टोंटी, थूथन, बरतन चोंच.
**थूथू** = अपमान.
**थूना** = आधार सूची, चबूतरा.
**थूनी** = आधार सूची, शहतीर.

 (प्रा) प्राचीन शब्द, अब अप्रचलित - *तिरछे* शब्द स्वतंत्र शीर्षक भी हैं ●सपर्याय ■विपर्याय

**थूनी** *सं* अड़वार, अड़वाल, *आधार*, उठंगन, उढ़कन, *जैक*, टेक,*टेकनी*, *ठीहा*, ठेहरी, थुन्नी, निहठा, पुश्त, प्रौप, बैठक, *स्तंभ*, स्थूण, स्थूणा, •पैडस्टल.

**थूली** = दलिया.
**थूलीयम** = रासायनिक तत्त्व सूची.

**थूहर** *सं* असनपर्णी, कैक्टस, क्षीरकांडक, त्रिकंटक, त्रिधारा, नागद्रुम, नागफनी, वज्रकंटका, वज्रास्थि, विदुला, सातला, सिंहोड़, सेंहुड़, •कंटक, •गोखरू, •मरुथल.

**थे** *क्रि* था का बहुवचन, भए, वर्तमान थे, हते, हुआ करते थे, हुए, होते थे, होना भूतकाल बहुवचन रूप.

**थेगली** *सं* *चकती*, जोड़, टुकड़ा, पैबंद, •रफ़ू.

**थेपना** = थापना.
**थैंक यू** = धन्यवाद.
**थैंक्स** = धन्यवाद.
**थैडियस** = ईसा संदेश वाहक.

**थैला** *सं* खरिया, *ख़रीता*, डब, थैली, पैक, बारदाना, बैग, •किटबैग, •झोला, •पौलिपैक, •बस्ता, •बोरा, •रकसैक, •लिफ़ाफ़ा, •शौपिंग बैग, •सैशे.

**थैली** = थैला, पैकेज.
**थैलीदार** = कैशियर.
**थैलीयम** = रासायनिक तत्त्व सूची.
**थैलीशाह** = महाजन, सेठ.
**थोक** = ढेर, थोक में बिकाऊ.

**थोक** *सं* अटाला, *खेप*, थोक सामान, *भंडार*, सब कुछ, स्कंध, स्टाक, स्थौरा, •ढेर, ▪खुदरा.

**थोकदार** = थोक व्यापारी.
**थोक दुकानदार** = थोक व्यापारी.
**थोकफ़रोश** = थोक व्यापारी.

**थोक में** *क्रिवि* एक दम, एक साथ, होलसेल, ▪खुदरे में.

**थोक में बिकाऊ** *वि* इकट्ठा, *एकमुश्त*, एक साथ, तमाम, *थोक*, पूरा/पूरी, *सकल*, *सब*, सब कुछ, सारा, •खुदरा बिकाऊ.

**थोक व्यापारी** *सं* थोकदार, थोक दुकानदार, थोकफ़रोश, होलसेलर, •खुदरा दुकानदार, •विक्रेता.

**थोड़ा/थोड़ी** = अपर्याप्त, अल्पलभ्य, अल्पसंख्यक, कुछ, खुदरा बिकाऊ, दुर्लभ.
**थोड़ा थोड़ा** = खुदरे में.
**थोड़ा बहुत** = अल्पाधिक, शायद ही कभी.
**थोड़ा लिखा बहुत समझना** = संक्षेपतः.
**थोड़ा सा** = अल्पतम.
**थोड़े** = अल्पलभ्य, अल्पसंख्यक, कम, कुछ.
**थोड़े दिन पहले** = निकट भूतकाल में.
**थोड़े से** = कम.
**थोथ** = तोंद, पोल.
**थोथरा/थोथरी** = खुट्टल, पोला/पोली.
**थोथा/थोथी** = असत्य, निरर्थक, सारहीन.
**थोथा चना** = अल्पज्ञ.
**थोप** = छोप.
**थोपा** = छोप.
**थोरीयम** = रासायनिक तत्त्व सूची.
**थ्योरी** = वाद, सिद्धांत.
**थ्रिलर** = रोमांच कथा.
**थ्री-कलर** = तिरंगा/तिरंगी.
**थ्री-डी** = सिनेमा परदा.
**थ्रैड** = धागा.
**थ्रोन** = सिंहासन.
**दंग** = चकित.
**दंगई** = उग्रवादी, उपद्रव नेता, उपद्रवी, नटखट, विनोदी.
**दंगल** = कुश्ती मैदान, प्रतियोगिता, भीड़.
**दंगल मारना** = जीतना.
**दंगली** = कुश्तीबाज़, प्रतियोगी, योद्धा.
**दंगा** = फ़ौजदारी.

**दंगा** *सं* उत्पात, *उथलपुथल*, गड़बड़, गड़बड़ी, *घटना*, झगड़ा, झगड़ाटंटा, झगड़ाफ़साद, टंटा, दंगाफ़साद, फ़साद, फ़ितना, बखेड़ा, बदअमनी, बलवा, मारधाड़, मारपीट, रगड़ा, रगड़ा झगड़ा, रायट, लड़ाई झगड़ा, लफड़ा, लूटमार, विप्लव, *शरारत*, शांतिभंग, हंगामा, हुल्लड़, •उत्तेजना, •उपद्रव, •विद्रोह, •हाथापाई.

**दंगाई** = उपद्रवी.
**दंगाग्रस्त** = उपद्रवग्रस्त.
**दंगाफ़साद** = दंगा.
**दंगेबाज़** = उपद्रव नेता.
**दंगैत** = उपद्रव नेता.
**दंगैल** = उपद्रव नेता, उपद्रव नेता.
**दंड** = अर्थदंड, डंड, डंडा, दंडनीति, नीति चतुष्टय सूची, मंथनदंड, मस्तूल, लाठी.

**दंड** *सं* अज़ाब, *अनुशासन*, इबरत, कष्ट, ख़मियाज़ा, ताज़ीर, ताज़ीरात (बहु), पनिशमैंट, *पाठ*, प्रतिफल, बदला, *मरम्मत*, मार, *शिक्षा*, सज़ा, सबक़, •गिरफ़्तारी, •प्रायश्चित्त, ▪अपराध, ▪क्षमा.

**दंडकारण्य** = पौराणिक वन उपवन.
**दंडग्रहण** = संन्यास प्रवेश.
**दंडधर** = यमराज, लाठीधारी.
**दंडनायक** = न्यायाधीश, राजा, सेनापति.

**दंडनीति** *सं* *डंडा*, *डरावा*, *दंड*, दंडोपाय, *दमन*, *धमकी*, धौंस, •भेदनीति, ▪दामनीति, ▪सामनीति.

**दंडनीय** *वि* अनुचित, अपराधपूर्ण, *अवैध*, *असंगत*, आरोप्य, *गलत*, ग़ैरक़ानूनी, ग़ैरवाजिब, दंडाधिकारी, दंड्य, वर्जित, संगीन, •आपराधिक, ▪अदंडनीय.

**दंडपाणि** = लाठीधारी.
**दंडपाशक** = जल्लाद.
**दंड प्रणाम** = दंडवत.
**दंड बैठक** = डंड बैठक.
**दंड मंच** = फाँसी तख्ता.
**दंडमुक्ति** = अभयदान.

**दंडवत** *सं* अष्टांग दंडवत, ज़मीनबोसी, डंडवत, डंडौत, दंड प्रणाम, दंडौत, पादप्रणाम, साष्टांग दंडवत, साष्टांग प्रणाम, •चरणचुंबन, •चरणस्पर्श.

**दंडवध** = मृत्युदंड.

**दंडसंहिता** *सं* ताज़ीरात, पीनल कोड, •क़ानून, •भारतीय दंडसंहिता, •विधिसंहिता.

**दंड स्वरूप मारण** = वध.
**दंडाकार** = सीधा/सीधी.
**दंडात्मक** = कठोर (दंड).

**दंडात्मक** *वि* अपभयकारी, इबरतअंगेज़, कष्टपूर्ण, डराऊ, तर्जनकारी, ताज़ीरी, पाठप्रद, पीनल, भयकारक, यंत्रणाप्रद, शासनात्मक, शिक्षात्मक, •कठोर (दंड), •तर्जनकारी.

**दंडाधिकारी** = दंडनीय.
**दंडाधिप** = स्थानीय शासक.
**दंडार** = चाक.
**दंडालय** = न्यायालय, न्यायालय भवन.
**दंडाश्रम** = संन्यास आश्रम.
**दंडाश्रमी** = संन्यासी.
**दंडित** = निर्वासित.

**दंडित** *वि अनुशासित*, दाग़ी, *निंदित*, सज़ायाफ़्ता, ■अपराधमुक्त, ■क्षमादत्त.

**दंडी** = नाविक, यमराज, लाठीधारी, संन्यासी.
**दंडोपाय** = दंडनीति.
**दंडौत** = दंडवत.
**दंड्य** = दंडनीय.
**दंत** = दाँत.
**दंतकथा** = लोककथा.
**दंतकिट्ट** = दाँत मैल.
**दंतच्छद** = होंठ.
**दंत धावन** = खैर.
**दंतपंक्ति** = दंतावली.
**दंत पेषण** = चर्वण.
**दंतमल** = दाँत मैल.
**दंतशर्करा** = दाँत मैल.
**दंतालि** = दंतावली.
**दंताली** = लगाम.

**दंतावली** *सं* दंतपंक्ति, दंतालि, बत्तीसी.

**दंती** = गणेश, पर्वत, हाथी.
**दंदफंद** = कुचाल.

**दंदाना** *सं गड्ढा*, घट्टन, *घात*, *चोट*, डैंट, •दबक.

**दंपति** *सं* गृहस्थ गृहस्थिन, जीवन रथ के दो पहिए, जुगल, जोड़ा, दंपती (संस्कृत), *दोनों*, पतिकलत्र, पतिपत्नी, मर्द औरत, मियाँ बीवी, युगल, साथी, स्त्रीपुरुष, हम दो, हम दोनों, •गृहस्थी, •जीवन सहचर, •जोड़ी, •विवाह.

**दंपति में से कोई एक** = जीवन सहचर.
**दंपति होना** = ब्याहना.
**दंपती (संस्कृत)** = दंपति.
**दंभ** = अहंकार
**दंभ दिखाना** = इतराना.
**दंभपूर्ण** = तड़कभड़कदार.
**दंभहीन** = विनम्र.
**दंभी** = अकड़बाज़, अहंकारी, आत्मप्रशंसक, पाखंडी, विद्याहंकारी, सुरुचिमन्यक.

**दँवरी** *सं* कुटाई, दौरी, पैरी, मँडाई, रौंदाई, •फ़सल कटाई.

**दंश** = डंक, डंक दंश, दाँत, लांछन.
**दंशक** = डाँस, दाँत, भिड़, मच्छर.
**दंशन** = कृंतन.
**दंशहीन** = अनाहतिकारक.
**दंशी** = आक्रामक.
**दंष्ट्र** = दाँत.
**दंष्ट्रा** = दाढ़.
**दई** = प्रारब्ध, ब्रह्मा, भाग्य.
**दईमारा/दईमारी** = दुर्भाग्यशाली.
**दकन** = दक्षिण भारत.
**दक़ियानूस** = रूढ़िवादी.
**दक़ियानूसी** = रूढ़िवादितापूर्ण.
**दक़ियानूसीपन** = रूढ़िवाद.
**दक्कन** = आंध्र प्रदेश.
**दक्कन का पठार** = पर्वत सूची भारत उपमहाद्वीप.
**दक्कनी** = दक्षिण भारतीय.
**दक़्क़ाक** = कुटनहार.
**दक्खनी** = दक्षिणी.
**दक्खिन** = दक्षिण दिशा, दक्षिण भारत.
**दक्ष** = अनुभवी, ऋषि सूची, कुशल, दक्ष प्रजापति, दक्ष व्यक्ति, प्रशिक्षित, योग्य.

**दक्ष** *वि* अगला/अगली, अच्छा/अच्छी, *अनुभवी*, अभिज्ञ, *अभ्यस्त*, ऐक्सपर्ट, कर्मकुशल, कर्मठ, कर्मिष्ठ, क़ाबिल, कामिल, कारगुज़ार, कारसाज़, कारीगर, कार्यकुशल, *कुशल*, कुशलहस्त, कृती, कोविद, खरा/खरी, गुणी, *गुरु*, चतुर, चरबाँक, चाबुकदस्त, *ज्ञाता*, *दग्ध*, धुरंधर, नटवर, नागर, निपुण, निष्णात, पंडित, पक्का/पक्की, *पक्व*, पटु, परिपक्व, पहुँचा/पहुँची, पारंगत, *पीर*, पुराना/पुरानी, प्रगल्भ, प्रयोगज्ञ, प्रयोगनिपुण, प्रवीण, *प्रौढ़*, बारहबानी, मँजा/मँजी, माना/मानी, मास्टर, माहिर, *योग्य*, रवाँ, लघुहस्त, विदग्ध, वेत्ता, शातिर, *शिक्षित*, शीलित, समर्थ, साहबे तदबीर, सिद्ध, सिद्धहस्त, सीखा सिखाया/सीखी सिखाई, सुकर्मा, सुजान, सुज्ञ, सुपक्व, सुबुकदस्त, हस्तकुशल, हिकमती, हुनरमंद, होशियार, •दक्ष व्यक्ति, ■अदक्ष, ■अयोग्य, ■नौसिखिया, ■फूहड़.

**दक्षकन्या** = दक्ष पुत्री.
**दक्षजा** = दक्ष पुत्री, दुर्गा, सती देवी.
**दक्षतः** = कुशलतः.
**दक्ष तनया** = दक्ष पुत्री.
**दक्षता** = अभ्यास, प्रतिभा, योग्यता.

**दक्षता** *सं अधिकार*, *अनुभव*, अभ्यस्तता, *अर्हता*, आर्ट, उपलब्धि, उस्तादी, कमाल, *करतब*, कर्मकौशल, कर्मिष्ठता, *कला*, क़ाबिलीयत, कारसाज़ी, कारीगरी, कार्य कुशलता, कार्यकौशल, कार्यक्षमता, कुशलता, कौशल, *क्षमता*, खूबी, गति, गुण, चतुरता, चातुर्य, चाबुकदस्ती, *चुस्ती*, जानकारी, ज्ञानीत्व, ढंग, तैयारी, धुरंधरता, नागरता, निपुणता, निपुणाई, पक्वता, पटुता, परिपक्वता, *पहुँच*, पांडित्य, पात्रता, पारंगतता, *पारमिता*, पूर्ण ज्ञान, पेशेवरी, प्रगल्भता, प्रवीणता, प्रौढ़ता, प्रौफ़ैशनलिज़्म, फ़न, महारत, मास्टरी, *योग्यता*, लब्धि, लाघव, लियाक़त, विदग्धता, *शिल्प*, सधापन, सधाव, सफ़ाई,

समझ, सलाहियत, सामर्थ्य, सिद्धता, सिद्धहस्तता, सिद्धि, सुघड़ता, स्वधर्म, हथौटी, हस्तलाघव, हाथ की सफ़ाई, हुनर, हुनरमंदी, होशियारी, •गुर, •प्रतिभा, •प्रसिद्धि, •विशेषज्ञता, ▪अदक्षता, ▪फूहड़पन.

**दक्षतापूर्ण कृत्य** = करतब.
**दक्षतापूर्ण युक्ति** = जुगत.
**दक्षताहीन** = अदक्ष, कलाहीन.☐
**दक्ष पुत्रियाँ** = नक्षत्र.

**दक्ष पुत्री** *सं* दक्षकन्या, दक्षजा, दक्ष तनया, दक्षसुता, दाक्षायणी, दाक्षी, ब्रह्मवादिनी, लोकमाता.

**दक्ष प्रजापति** *सं* उत्पत्ति ब्रह्मा दाहिना अँगूठा, *दक्ष*, देवता आदिपुरुष, प्रजाध्यक्ष, प्रजानाथ, *प्रजापति*, प्राचेतस, सृष्टि पालक पोषक, हरिहरात्मक.

**दक्ष व्यक्ति** *सं* उस्ताद, कुशल व्यक्ति, कोविद, *ख़लीफ़ा*, ख़ाँ, *खिलाड़ी*, गुणी, *गुरु*, चैंपियन, *दक्ष*, *दिग्गज*, धुरंधर, पंडित, *पति*, प्रवीण व्यक्ति, महापंडित, *महारथी*, मार्तंड, मालिक, मास्टर, *विद्याधर*, *विशेषज्ञ*, साहब, सिद्ध, हिकमती, •विशेषज्ञ, ▪नौसिखिया, ▪फूहड़.

**दक्ष सावर्णि मनु** = मनु सूची.
**दक्षसुता** = दक्ष पुत्री.
**दक्षारि** = शिव.
**दक्षिण** = कर्नाटकीय, दक्षिण दिशा, दक्षिण भारत, दाहिना/दाहिनी.

**दक्षिण अफ़्रीका** *सं* अफ़्रीका दक्षिणतम देश, •प्रवासी भारतीय, •महात्मा गाँधी.

**दक्षिण अफ़्रीकाः राजधानी** *सं* प्रिटोरिया.

**दक्षिण अमरीका** = अमरीका द्वय (मुख्य खंड) सूची.
**दक्षिण अमरीकी महाद्वीप** = महाद्वीप नाम सूची.

**दक्षिण अयनांत** *सं* छोटा दिन, मकर संक्रांति, लंबी रात, सब से छोटा दिन, सब से लंबी रात, •अयनांत, •उत्तर अयनांत.

**दक्षिण एशिया** = बृहत्तर भारत.

**दक्षिण एशिया** *सं उपमहाद्वीप*, जंबुद्वीप, जनावर्त, भारत उपमहाद्वीप, भारतखंड, भारतीय उपमहाद्वीप, सबकंटिनैंट, हिंदोस्ताँ.

**दक्षिण का** = दक्षिणी.
**दक्षिण गमन** = दक्षिणायन.

**दक्षिण दिशा** *सं* अवाची, आगस्ती, दक्खिन, दक्षिण, साउथ, ▪उत्तर दिशा.

**दक्षिण दिशा का** = दक्षिणी.

**दक्षिण ध्रुव** *सं* कुमेरु, साउथ पोल, ▪उत्तर ध्रुव.

**दक्षिण ध्रुव क्षेत्र** *सं* अंटार्कटिक क्षेत्र, ऐंटार्क्टिक, दक्षिण ध्रुव महाद्वीप, ▪उत्तर ध्रुव क्षेत्र.

**दक्षिण ध्रुव महाद्वीप** = दक्षिण ध्रुव क्षेत्र, महाद्वीप नाम सूची.

**दक्षिण ध्रुव महासागर** *सं* ऐंटार्क्टिक ओशन, ▪उत्तर ध्रुव महासागर.

**दक्षिण पंथ** = प्रतिक्रियावाद.
**दक्षिणपंथी** = प्रतिक्रियावादी.
**दक्षिण पवन** = मानसून.

**दक्षिण पवन** *सं* दक्षिण से आने वाली हवा, मलय, मलयज, मलय समीर, मलयानिल.

**दक्षिण पश्चिम दिशा** *सं* अपर दक्षिण, दक्षिण पश्चिम विदिशा, दक्षिण पश्चिमा, नैऋति, नैऋत्य कोण, नैर्ऋत्य कोण, साउथ-वैस्ट.

**दक्षिण पश्चिम प्रशांत महासागर** = आस्ट्रेलेशिया.

**दक्षिण पश्चिम विदिशा** = दक्षिण पश्चिम दिशा.

**दक्षिण पश्चिमा** = दक्षिण पश्चिम दिशा.

**दक्षिण पश्चिमी** *वि* नैऋत, नैऋती, नैऋत्य, पश्चिम दक्षिणी.

**दक्षिण पार्श्वीय** = दाहिना/दाहिनी.

**दक्षिण पूर्व दिशा** *सं* अगनेत, अग्निकोण, दक्षिण पूर्व विदिशा, दक्षिण पूर्वा, प्राग्दक्षिणा, वह्नि कोण, साउथ-ईस्ट, हौताशन कोण.

**दक्षिण पूर्व विदिशा** = दक्षिण पूर्व दिशा.
**दक्षिण पूर्वा** = दक्षिण पूर्व दिशा.

**दक्षिण पूर्वी** *वि* अग्निकोणीय, आग्नेय, पूर्व दक्षिणी.

**दक्षिण भारत** *सं* कर्णाट, दकन, दक्खिन, दक्षिण, दक्षिणापथ, दखन, •अगस्त्य, •उत्तर भारत.

**दक्षिण भारतीय** *वि* उडिपी (भोजन), कर्नाटकी, दक्कनी, दक्षिणात्य, *दक्षिणी*, मद्रासी (बोलचाल).

**दक्षिण भारतीय दाल** = साँभर.
**दक्षिणमुखी** = अनुघटी.
**दक्षिण सूर्य** = दक्षिणायन.
**दक्षिण से आने वाली हवा** = दक्षिण पवन.
**दक्षिणहस्त** = दयँहत्था/दयँहत्थी.
**दक्षिणा** = उपहार, दान.
**दक्षिणात्य** = दक्षिण भारतीय.
**दक्षिणापथ** = दक्षिण भारत.
**दक्षिणाभिमुख** = अनुघटी.

**दक्षिणायन** *सं* दक्षिण गमन, दक्षिण सूर्य, देवता रात, पितृयान, याम्यायन, रविशयन, *शयन*, ▪उत्तरायण.

**दक्षिणावर्त** = अनुघटी.
**दक्षिणावर्तन** = प्रदक्षिणा.
**दक्षिणावर्ती** = अनुघटी.
**दक्षिणी** = तमिल, दक्षिण भारतीय, दाहिना/दाहिनी.

**दक्षिणी** *वि* अवाचीन, दक्खनी, दक्षिण का, दक्षिण दिशा का, याम्य, ▪उत्तरी.

**दक्षिणोन्मुख** = अनुघटी.

**दक्षेस** *सं* सार्क (बीज नाम), •भारत.

**दक्षेस सदस्य सूची** *सं नेपाल*, *पाकिस्तान*, *बांग्लादेश*, *भारत*, *भूटान*, *मालद्वीप*, *श्रीलंका*.

**दखन** = दक्षिण भारत.
**दखनी मिर्च** = मसाला सूची, सफ़ेद मिर्च.
**दख़लंदाज़** = हस्तक्षेपक.
**दख़लंदाज़ी** = क़ताकलामी, हस्तक्षेप.
**दख़ल** = अंतर्बोध, अधिकार, अधिग्रहण, क़ुर्क़ी, स्वामित्व.
**दख़लदार** = पट्टेदार, प्रभुसत्ताधिकारी.
**दख़लदारी** = सत्ताक्षेत्र.
**दग़दग़ाना** = चमकना, दमकाना.
**दगन** = विस्फोट.
**दगना** = जलना.
**दगरा** = पगडंडी.
**दगला** = लबादा.
**दगहा** = शवदाह कर्ता.
**दगहा/दगही** = लांछित.
**दग़ा** = छल, विश्वासघात.
**दगा/दगी** = चिह्नित.
**दगाई** = चिह्नन.
**दगाऊ** = विस्फोटशील.
**दग़ाबाज़** = ग़द्दार, ठग, विश्वासघाती.
**दग़ाबाज़ी** = विश्वासघात.
**दग़ैल** = चिह्नित, छलपूर्ण, लांछित.
**दग्ध** = चिह्नित, तप्त, दक्ष, दुःखी.

**दग्ध** *वि* अंगारित, अंगारीकृत, अग्निसात, आदग्ध, *कोयला*, ख़ाक, जला/जली, झुलसा/झुलसी, प्रदग्ध, प्रांगारित, भस्म, भस्मभूत, भस्मसात, *भस्मावशेष*, भस्मित, भस्मीभूत, भुँजा/भुँजी, *राख*, राख का ढेर, विदग्ध, सोख़्ता, स्वाह, •तप्त.

**दग्धक** = दाहक.
**दग्ध करना** = जलाना.
**दग्धन** = दहन.
**दग्धा** = दाहक.
**दचक** = दबक, धचका, भिंचन.
**दचका** = ठोकर, धचका.
**दचका/दचकी** = नतोदर.
**दड़बा** = कबूतर ख़ाना.
**दड़ा** = जुआर.
**दढ़ियल** = दाढ़ीदार.
**दत्त** = चुकता, पहुँचाया/पहुँचाई, प्रदत्त, समर्पित, हस्तांतरित.
**दत्तक** = दत्तक पुत्र.

**दत्तक** *वि* अभिगृहीत, आदत्त, गोदनशीं, गोद लिया, पाला/पाली, पालित, *पालित पोषित*, पोषित, लिया/ली, •परपालित संतान, •मुँहबोला/मुँहबोली.

**दत्तक पुत्र** *सं* गोद लिया बेटा, *दत्तक*, पुत्रकृतक (प्रा), पुत्रप्रतिनिधि (प्रा), मुतबन्ना.

**दत्तक पुत्री** *सं* गोद ली बेटी.

**दत्तक संस्कार** *सं* ऐडौप्टेशन, गोदनशीनी.

**दत्तचित्त** = एकाग्रचित्त, सावधान.
**दत्तचित्तता** = एकाग्रता, सावधानी.
**दत्तम** = डाटा.
**दत्तमा** = डाटाबेस.
**दत्तात्रेय** = ऋषि सूची.

**दत्तात्रेय** *सं* अत्रिज, त्रिदेवांश, दुर्वासा अग्रज, विष्णु अंशी.

**दत्तावधान** = एकाग्रचित्त.
**ददसार** = ददिहाल.
**ददहाल** = ददिहाल.
**ददिऔरा** = ददिहाल.
**ददियाल** = ददिहाल.

**ददिहाल** *सं* ददसार, ददहाल, ददिऔरा, ददियाल, पितृगृह, पीहर (विवाहित पुत्री पिता का घर), पैतृक घर, •ननिहाल.

**ददोड़ा** = ददोरा.

**ददोरा** *सं* चकत्ता, *चट्टा*, ददोड़ा, दाना, बतौरी, •त्वचा तिल, •प्रोद्गतता.

**दद्दा** = दादा, पिता, बड़ा भाई, वृद्ध पुरुष.
**दद्दू** = दादा.
**दद्रु** = दाद.
**दधि** = दही.
**दधि कूर्चिका** = फटा दूध.
**दधिसागर** = पौराणिक सप्तसागर.
**दधिसुत** = मोती.
**दधीच** = दधीचि.
**दधीचि** = ऋषि सूची.

**दधीचि** *सं* दधीच, दध्यंच, •इंद्रवज्र.

**दधीचि अस्थि** = इंद्रवज्र.
**दध्यंच** = दधीचि.
**दनदन** = ढमढम, तत्काल, द्रुततः, लगातार.
**दनदनाता/दनदनाती** = द्रुत.
**दनदनाना** = कुलाँचना.
**दनदनाहट** = ढमढम.
**दन से** = तभी.
**दनादन** = तत्काल, द्रुततः, लगातार.
**दनुज** = राक्षस.
**दनुजा** = राक्षस स्त्री.
**दनुजारि** = देवता.
**दनुजेंद्र** = रावण.
**दनुजेश** = रावण.
**दनुसरट** = डाइनासौर.
**दन्नाहट** = तड़तड़.
**दफ़न** = दफ़नाई.
**दफ़न करना** = दफ़नाना.

**दफ़नाई** *सं* कफ़न दफ़न, दफ़न, मदफ़न, शव समाधि, समाधि प्रदान, •गड़ाई, •शवदाह.

**दफ़नाना** *क्रि* क़ब्र खोदना, *गाड़ना*, ज़मींदोज़ करना, दफ़न करना, मिट्टी डालना, मिट्टी देना, •गाड़ना, •नीचे दबाना, •शवदाह करना.

**दफ़ा** = खेल चाल, नियम धारा, बारी.
**दफ़ा 144** = निषेधाज्ञा.
**दफ़्तर** = कंपनी, कार्यालय, दीवानख़ाना, बस्ता, सचिवालय.
**दफ़्तरख़ाना** = अभिलेखागार.
**दफ़्तरशाही** = नौकरशाही, लाल फ़ीताशाही.
**दफ़्तरी** = जिल्दसाज़, शासकीय.
**दफ़्तरी अक्रियता** = लाल फ़ीताशाही.
**दफ़्तरी बस्ता** = ब्रीफ़केस.
**दफ़्ती** = गत्ता.
**दफ़्नगाह** = क़ब्रिस्तान.
**दबंग** = हेकड़ीबाज़.
**दबंगता** = हेकड़ी.
**दबक** = झोल.

**दबक** *सं* *गड्ढा*, *गढ़ा*, दचक, *धँसन*, पिचक, पिचन, पिटकन, बैठन, मचक, •दाब, •नतोदरता, ■उन्नतोदरता, ■कूब, ■गुंबद.

**दबकना** *क्रि* गड्ढा पड़ना, झुकना, ढलकना, *ढलना*, दबना, धँसकना, *धँसना*, नतोदर होना, *पिचकना*, पिचना, पिटकना, *बैठना*, लपना, •झुकना, ■उभरना, ■फूलना, ■सूजना.

**दबका/दबकी** = नतोदर.
**दबकाना** = दबाना.
**दबदबा** = आतंक, प्रताप, प्रसिद्धि.
**दबन** = भिंचन, संकुचन.
**दबना** = दबकना.
**दबा/दबी** = अवनमित, अश्रुतिगम्य, अस्पष्ट (स्वरीय), दमित (भाव), नतोदर, पददलित, पराजित, पराधीन, भंडारित, भारी, समतल.
**दबाई** = मालिश, रौंदाई.
**दबाना** = गाड़ना, छिपाना, जमाना, जीतना, पकड़ना, पेरना, बुझाना, भींचना, माँड़ना, रौंदना, सताना.

**दबाना** *क्रि* चाँपना, *झुकाना*, दबकाना, दाबना, पिचकाना, *बैठाना*, भारना, *भींचना*, ■उठाना, ■फुलाना.

**दबाव** = दाब, माँग.
**दबाव में** = विवशतः.
**दबे पाँव** = चोरी छिपे.
**दबोच** = कैच, पकड़.
**दबोचना** = पकड़ना, फँसाना.
**दम** = ऊर्जा, कश, क्षण, क्षमता, छल, पल, प्राणशक्ति, शक्ति, श्वास.

**दम** *सं* अंतस्सार, *ऊर्जा*, ओज, *कस*, *क्षमता*, *चेतना*, जान, *जीवन*, ज़ोर, ताक़त, तेज, पौरुष, प्राण, बल, मज़बूती, *लोहा*, *वीर्य*, *शक्ति*, सत्त्व, सहन शक्ति, सार, स्टैमिना, स्ट्रैंथ, •तेजस्विता, ■निस्तेजता.

**दम उखड़ना** = हाँफना.
**दमक** = अंगदीप्ति, आब, चमक, पालिश, वैभव.
**दमकता** = सुंदर.
**दमकता/दमकती** = आलोकप्रद, चमकदार, वैभवशाली.
**दमकती** = सुंदर स्त्री.
**दमकदार** = चमकदार.
**दमकना** = चमकना.

**दमकल** *सं* अग्निशामक गाड़ी, टैंडर, फ़ायर इंजन, •फ़ायरफ़ाइटर.

**दमकल दस्ता** *सं* दमकल विभाग, फ़ायर ब्रिगेड.

**दमकल विभाग** = दमकल दस्ता.
**दमकाई** = आलोकन.
**दमकाना** = सजाना.

**दमकाना** *क्रि* उज्ज्वल करना, ओपना, *घिसना*, *चमकाना*, चिलकाना, झमझमाना, झलकाना, झलझलाना, दग़दग़ाना, दिपाना, पालिश करना, पालिश लगाना, रगड़ना, साफ़ करना, •चमकाना, •सजाना.

**दमकीला/दमकीली** = दीप्तवर्ण, दीप्तांग.
**दमकीली** = सुंदर स्त्री.
**दमख़म** = साहस.
**दम घुटन** = श्वासरोध.
**दमघोंटू** = वातहीन.
**दमझाँसा** = छल.
**दमड़ी** = सिक्का सूची
**दमदमा** = कोलाहल, धमाका, ढमढम, दिखावा, प्रसिद्धि.
**दमदार** = अजेय, उच्चस्वरीय, उत्साही, प्रबल, बलिष्ठ, शक्तिशाली, सक्षम.
**दमदिलासा** = सांत्वना.
**दमन** = अत्याचार, आकांक्षादमन, एकतंत्रवाद, दंडनीति, दमन और दीवः राजधानी, दाब, दोना, परराष्ट्र जय, पराधीनता, भावदमन, वध.

**दमन** *सं* *अत्याचार*, आपीड़न, आमर्दन, उत्पीड़न, उन्मर्दन, कुचलाई, पददलन, पामाली, प्रमथन, मथन, मर्दन, रौंदन, रौंदाई, विदलन, विमर्दन, •अत्याचार, •आतंक, •यातना, •विजय, •साम्राज्यवाद.

**दमन और दीव** = भारत राज्य प्रदेश.

**दमन और दीवः राजधानी** *सं* *दमन*.

**दमनक** = दमन कर्ता, द्रोण.

**दमन कर्ता** *सं* कुचलने वाला, दमनक, दमयिता, पददलन कर्ता, प्रमाथी, मर्दक, मर्दन कर्ता, मर्दिता, •तानाशाह.

**दमनशील** *वि* *अत्याचारी*, *आततायी*, ग़ालिब, ज़बरदस्त, दारुण, दुर्दाम, *निर्दय*, पददलनशील, *प्रबल*, विकट.

**दम निकलना** = थकना, मरना.
**दमनीय** = जेय.
**दमपट्टी** = छल.
**दम फूलना** = हाँफना.
**दमबाज़** = ठग.
**दमबुत्ता** = लुकाछिपी.
**दम भर में** = तत्काल.
**दमयिता** = दमन कर्ता.
**दम लगा कर** = प्रयत्नपूर्वक.
**दम सधाई** = प्राणायाम.
**दमहीन** = श्वासरुद्ध, श्वासहीन.

**दमा** *सं* अस्थमा (हिंदी उच्चारण), ऐज़्मा, घरघराहट, महाश्वास, *श्वास*, श्वासकास, श्वासहीनता, साँस, साँस की बीमारी, •खाँसी, •श्वासरोध, •हाँफ.

**दमादम** = तत्काल, लगातार.
**दमामा** = ढोल.
**दमित** = पददलित, पराजित, वाचा प्रतिबंधित.

**दमित (भाव)** *वि* *अवरुद्ध*, दबा/दबी, *नियंत्रित*, निरुद्ध, रुँधा/रुँधी, *रुद्ध*, ■अभिव्यक्त.

**दमिश्क** = सीरियाः राजधानी.
**दमी** = नैचा.
**दम्य** = गाय समान, जेय, शास्य.

**दयँहत्था/दयँहत्थी** *वि* दक्षिणहस्त, •दुहत्था, ■बयँहत्था/बयँहत्थी.

**दयनीय** = करुणाजनक, दुःखद.
**दया** = उपकार, करुण रस, करुणा, क्षमा, वरदान, सहानुभूति.

**दया** *सं* अनुकंपा, *अनुग्रह*, इकराम, इनायत, *उपकार*, करम, *करुणा*, कृपा, खुदावंदी, तरस, दुआ, नवाज़िश, प्रीति, *ममता*, मेहरबानी, रहम, सौजन्य, •दान, •पुण्य, ■अत्याचार, ■यातना.

**दया करना** = आना.
**दयादृष्टि** = प्रायोजन.

**दयादृष्टि** *सं* अनुग्रह भाव, कृपादृष्टि, कृपा भाव, दया भाव, नज़रे इनायत, नज़रे करम, शुभदृष्टि, •आशीर्वाद, •सरपरस्ती, •सहानुभूति.

**दयानंद** = स्वामी दयानंद.
**दयानतदारी** = ईमानदारी.
**दयानिधान** = दयालु.
**दयानिधि** = दयालु.
**दयापूर्ण** = स्त्रियोचित.

**दयापूर्वक** *क्रिवि* कृपया, कृपा कर के, कृपापूर्वक, कृपा से, दया से, बराए मेहरबानी, सकरुणा, सकृपा, सदया, सहानुभूतिपूर्वक, सौम्यतः.

**दयाभार** = कृतज्ञता.
**दयाभारग्रस्त** = कृतज्ञ.
**दया भाव** = दयादृष्टि.
**दयामय** = दयालु.
**दयार** = काष्ठ सूची, देवदारु.
**दयाल** = दयालु.
**दयालु** = अहिंसक, क्षमाशील, दानशील, देवदूतीय, भावुक.

**दयालु** *वि* अक्रूर, अच्छा/अच्छी, अनिर्दय, *अनुग्रही*, उदार, *उपकारी*, औघड़ दानी, करीम, करुण, करुणानिधान, करुणानिधि, करुणाशील, करुणासिंधु, कृपानिधान, कृपाल, कृपालु, कृपासिंधु, *कोमल*, कोमलहृदय, ग़मगुसार, दयानिधान, दयानिधि, दयामय, दयाल, दयावान, दयासागर, दयासिंधु, दर्दमंद, दर्दी, पलकदरियाव, बंदानवाज़, मेहरबान, मोमदिल, रहीम, *वत्सल*, सदय, सदाशिव, सहज वत्सल, *सौम्य*, स्नेही, *हमदर्द*, हृदयवान, हृदयी, •आशुतोष, •क्षमाशील, •दानशील, •भावुक, •हमदर्द, ▪निर्दय, ▪स्वार्थी.

**दयालुता** = अहिंसा.
**दयावान** = दयालु.
**दयासागर** = दयालु.
**दयासिंधु** = दयालु.
**दया से** = दयापूर्वक.
**दयाहीन** = अमानवीय, सहानुभूतिहीन.
**दयित** = प्रेमी.
**दयित/दयिता** = इच्छित.
**दयिता** = पत्नी, प्रेमिका, प्रेमिका.
**दयोत्पादक** = करुणाजनक.
**दर** = अंदर, अधिकरण कारक विभक्ति, कमरा, घर, चौखट, दर्रा, द्वार, फाटक, मार्ग, मूल्य.

**दर** *सं* *अनुपात*, निर्ख, पड़ता, *भाव*, *मूल्य*, रेट, हिसाब, •औसत, •प्रतिशत, •मूल्य.

**दरक** = झिरी.
**दरकना** = तड़कना, धँसना.
**दरकार** = आवश्यक.
**दरकार है** = चाहिए.
**दरकिनार** = अचर्चित.
**दरख़्त** = वृक्ष.
**दरख़्वास्त** = अपील, निवेदन, प्रार्थना, याचिका.
**दरगाह** = इसलामी मठ, उपासनालय, चौखट अधोकाष्ठ, मठ, मसजिद, रोज़ा, स्मारक.
**दरगुज़र** = अचर्चित, उपेक्षित, उपेक्षित.
**दरगुज़ारी** = उपेक्षा, क्षमा.
**दरजी** = दर्ज़ी.
**दरत** = गाधस्थल.
**दरद** = गाधस्थल.
**दर दर** = हर ओर.
**दरदरा/दरदरी** = दरदराया/दरदराई, रेतीला/रेतीली.
**दरदरा आटा** = रवा.
**दरदराई** = चूर्णन.

**दरदराना** *क्रि* अररना, अररना दररना, मोटा पीसना, •दलना.

**दरदराया/दरदराई** *वि* अरदावा, *क़लमी*, खसखसा/खसखसी, टूटा/टूटी, तुड़ा/तुड़ी, दरदरा/दरदरी, दला/दली, *दानेदार*, रवेदार, शार्कर, •दानेदार.

**दरबंदी** = सौदेबाज़ी.
**दरबा** = कोटर, पक्षीशाला, मुरगीखाना.
**दरबान** = द्वारपाल.
**दरबार** = कर्मचारी दल, गुरुद्वारा, दीवानख़ाना, न्यायालय, सभा.

**दरबार** *सं* इजलास, कचहरी, *दीवान*, नृपसभा, बारगाह, राजदरबार, राजसंसद, राजसभा, *राज्यसभा*, *सरकार*, सरकार दरबार, •दरबारे आम, •दरबारे ख़ास, •राजा, •संसद.

**दरबारदार** = खुशामदी टट्टू, दरबारी.
**दरबारदारी** = खुशामद.
**दरबार सदस्य** = दरबारी.
**दरबारी** = राजा संगी, शासकीय.

**दरबारी** *सं* दरबारदार, दरबार सदस्य, मुसाहब, राजदरबार सदस्य, राजदरबारी, *सामंत*, •राजा संगी, •सांसद.

**दरबारी दल** = कर्मचारी दल.
**दरबारी सलाम** = कोरनिश.

**दरबारे आम** *सं* दीवान आम, पेशगाह, सदर मजलिस, •दरबार, •दरबारे ख़ास.

**दरबारे ख़ास** *सं* अमात्य कक्ष, आमख़ास, दीवाने ख़ास, मंत्रालय कक्ष, •दरबारे आम.

**दरमियान** = अंदर.
**दरमियाना** = मध्यम, मध्यमस्तरीय, साधारण.
**दरमियाना/दरमियानी** = औसत, मध्यमीय.
**दरम्यान** = अधरास्ते, बीच में, मध्यभाग, में.
**दररना** = उजाड़ना, घिसना, छिजाना, तड़कना, पीसना.
**दरवाज़ा** = द्वार.
**दरवेश** = भिखारी.
**दरशन** = देवदर्शन.
**दरशाना** = दिखाना, समझाना, समझाना, सुझाना.
**दरसना** = देखना.
**दराँती** = हँसिया.

**दराँती** *सं* *हँसिया*, •राँपी.

**दरा** = कमरा, दालान.
**दराज़** = ख़ाना, बृहत्, लंबा/लंबी, विस्तीर्ण.

 (प्रा) प्राचीन शब्द, अब अप्रचलित - *तिरछे* शब्द स्वतंत्र शीर्षक भी हैं •सपर्याय ▪विपर्याय

**दराज़** *सं* ड्रावर, दर्जा, *दर्रा*, •ख़ाना, •पलेंडी.

**दरार** = झिरी, रेखाचिह्न, विभाजन, विलगाव, विसंयोग.
**दरारा** = धचका.
**दरिंदा** = अपालतू, निर्दय, रुधिरपिपासु, हिंस्र जीव.
**दरिद्र** = निर्धन, सर्वहारा वर्गीय.
**दरिद्र नारायण** = निर्धन जन.
**दरिद्र बस्ती** = गंदी बस्ती.
**दरिद्रित** = कंगाल.
**दरिद्री** = कंगाल.
**दरिया** = नदी, समुद्र.
**दरियाई** = नदीय, समुद्रीय.

**दरियाई घोड़ा** *सं* हिप्पो, हिप्पोपोटामस, •गैंडा.

**दरियादिल** = दानशील, विशालहृदय.
**दरियाफ़्त करना** = पूछना.
**दरियाव** = नदी.
**दरी** = कोठरी, गुफा, मार्ग.

**दरी** *सं* कुथ (प्रा), चित्र कंबल (प्रा), शतरंजी, •गद्दा, •चटाई, •नमदा, •नमाज़ दरी.

**दरीचा** = उपद्वार, मार्ग.
**दरीबा** = बाज़ार, महल्ला.
**दरे दौलत** = श्रोता घर.
**दरेर** = झिरी.
**दरेरना** = छिजाना, धकेलना.
**दरेरा** = आघात रगड़, प्रवाह.
**दर्ज** = लिखित, लेखा प्रविष्टि.
**दर्ज़** = झिरी, रेखाचिह्न.
**दर्जन** = बारह, बारह समुदाय.
**दर्जा** = कोटि, दराज़, पद, परीक्षा डिवीज़न.

**दर्ज़ी** *सं* उस्ताद, टेलर, दरजी, वेशकार, सौचिक, •अंगुश्ताना, •परिधान, •बुनकर, •सिलाई.

**दर्द** = करुणा, टीस, दुःख, दुःखगाथा, पीड़ा, रोग, विरह वेदना, शोक, सहानुभूति.
**दर्दअंगेज़** = दुःखद.
**दर्दनाक** = करुणाजनक, दुःखद.
**दर्दमंद** = दयालु, पीड़ित, मृत्यु संवेदना कर्ता, हमदर्द.
**दर्दी** = दयालु, हमदर्द.
**दर्दीला/दर्दीली** = करुणाजनक, दुःखद, शोकपूर्ण.
**दर्दुर** = मेंढक.
**दर्दे दिल** = शोक.
**दर्द्र** = दाद.
**दर्प** = अकड़, अहंकार.

**दर्पण** *सं* आईना, *आदर्श*, आरसी, *काँच*, मिरर, मुकुर, शीशा, •कंघा, •प्रतिबिंब.

**दर्पण बिंब** = प्रतिबिंब.
**दर्प दिखाना** = इतराना.
**दर्पहीन** = विनम्र.
**दर्पी** = अभिमानी, अहंकारी, नख़रीला, सुरुचिमन्यक.
**दर्पी/दर्पिणी** = अहंकारी.
**दर्पोक्ति** = गर्वोक्ति.
**दर्भ** = कुश घास, कुश घास, घास.
**दर्भ घास** = कुश घास.
**दर्याए शोर** = बंगाल की खाड़ी.
**दर्रा** = घाटी, चूरा, दराज़, रवा.

**दर्रा** *सं* गिरिद्वार, *दर*, *द्वार*, पर्वतों के बीच मार्ग, *मार्ग*, सँकरी घाटी, •घाटी.

**दर्व** = फन.
**दर्वीधर** = कोबरा.
**दर्श** = साक्ष्य.
**दर्शक** = तमाशबीन, दर्शनार्थी, सुहृदजन.

**दर्शक** *सं* -अंदेश (जैसेः दूरअंदेश), अवलोकक, तमाशाई, दर्शी, द्रष्टा, *प्रेक्षक*, *सामाजिक*, सुहृद, •गवाह, •तमाशबीन, •प्रत्यक्षदर्शी, •सुहृदजन.

**दर्शक गण** = सुहृदजन.
**दर्शकागार** = प्रेक्षागार.
**दर्शन** = अवलोकन, ईश्वर दर्शन, दर्शन शास्त्र, देवदर्शन, धर्म, धर्म सिद्धांत, प्रदर्शन, बोध, मुलाक़ात.
**दर्शन देना** = आना.
**दर्शन प्रदान** = आगमन.

**दर्शन शास्त्र** *सं* अध्यात्म चिंतन, चिंतन, जीवन दर्शन, *ज्ञान*, तत्त्वशास्त्र, दर्शन, दार्शनिक प्रणाली, *दृष्टिकोण*, नीतिज्ञान, पदार्थ ज्ञान, प्रकृति अध्ययन, फ़लसफ़ा, फ़िलासफ़ी, यान (बौद्ध), *वाद*, *विचारधारा*, विचार शास्त्र, विश्वज्ञान, विश्वदर्शन, *सिद्धांत*, •अज्ञेयवाद, •अणुवाद, •अद्वैतवाद, •अनश्वरवाद, •अनेकेश्वरवाद, •अन्यत्ववाद, •अवतारवाद, •आस्तिकतावाद, •इंद्रियगम्यतावाद, •इहलोकवाद, •एकेश्वरवाद, •ज्ञेयवाद, •द्वैतवाद, •नश्वरवाद, •नास्तिकतावाद, •पुनर्जन्मवाद, •बहुलतावाद, •भोगवाद, •भौतिकतावाद, •मायावाद, •विशिष्टाद्वैतवाद, •वेदांत दर्शन, •शून्यवाद, •षड् दर्शन, •सांख्यवाद, •स्वतंत्र सत्तावाद, •अध्यात्म, •दार्शनिक, •विचार

**दर्शनशास्त्री** = धर्मज्ञानी.
**दर्शनाभिलाषा** = प्रतीक्षा.
**दर्शनाभिलाषी** = दर्शनार्थी, निमंत्रक.
**दर्शनाभिलाषी/दर्शनाभिलाषिणी** = प्रतीक्षा कर्ता.
**दर्शनार्थी** = तीर्थयात्री, मुलाक़ाती.

**दर्शनार्थी** *सं* *तीर्थयात्री*, *दर्शक*, दर्शनाभिलाषी, *भक्त*, *यात्री*, •तीर्थयात्री, •देवदर्शन.

**दर्शनीय** = सुंदर, सुडौल.

**दर्शनीय** *वि* अभिराम, अभिरूप, अवलोकनीय, अवलोक्य, आलोकनीय, आलोक्य, क़ाबिले दीद, चित्ताकर्षक, दृश्य, दृष्टव्य, देखने योग्य, प्रियदर्शन, प्रेक्षणीय, प्रेक्ष्य, *भव्य*, मंजुल, मनमोहक, मनोमुग्धकारी, मनोरम, रमणीक, रमणीय, रम्य, *लक्ष्य*, लोक्य, शोभापूर्ण, *सुंदर*, सुदर्शन, *सुदृश्य*, सुहाना/सुहानी, •पठनीय, •रोचक, •श्रोतव्य, •सुंदर, •सुडौल, •सुरम्य.

**दर्शनी हुंडी** = हुंडी.
**दर्शयिता** = प्रदर्शक.
**दर्शाना** = दिखाना.
**दर्शित** = अवलोकित, प्रदर्शित,

प्रमाणसिद्ध, विवेचित, संकेतित.
**दर्शित करना** = दिखाना.
**दर्शित्र** = कंप्यूटर मानिटर.
**दर्शी** = दर्शक, पैरिस्कोप.
**दल** = कर्मचारी दल, गुट, पँखड़ी, पल्लव, फाँक, राजनीतिक दल, वृंद, व्यवस्थित समूह, श्रमिक दल, सार्थ, सेना, सेना विभाग.
**दल अभ्यास** = ड्रिल.
**दलक** = झिरी.
**दलकना** = काँपना.
**दलदल** = कीचड़, गारा, संकटावस्था.

**दलदल** *सं* कर्दम, कीच, गड़प्पा, चोर ज़मीन, चोर दलदल, झाबर, *धँसन*, धँसान, पंक, पलल, •कीचड़, •गाद, •फिसलन, ▪मरुथल.

**दलदल ज्योति** = बड़वा दीप्ति.
**दलदली** = कीचड़दार, फिसलनयुक्त, वर्षापूर्ण.

**दलदली** *वि* आबिल, *कीचड़दार*, गीला/गीली, धँसवाँ, धँसानदार, पंकिल, पिच्छल, भीगा/भीगी, लीबड़, •गंदा/गंदी, •फिसलनयुक्त, ▪सूखा/सूखी.

**दलदलीपन** = फिसलाहट.
**दलदली भूमि** = खादर.
**-दलन** = नाशकारी.
**दलन** = चूर्णन.
**दलनहार/दलनहारिन** = कुटनहार.
**दलनहारा/दलनहारी** = कुटनहार.
**दलना** = उजाड़ना, रौंदना.

**दलना** *क्रि* द्विदलन करना, द्विदलित करना, •दरदराना, •पीसना.

**दलप** = सेनापति.
**दलपति** = मुखिया, सेनापति.

**दलबदलू** *सं अवसरवादी*, आयाराम गयाराम, ज़मानासाज़, ढुलमुल, तिकड़मी, तोताचश्म, *बिकाऊ*, मतलबपरस्त, मतलबी, लालची, *स्वार्थी*, •अवसरवादी.

**दलबद्ध** = गुटबंद.
**दलबल** = कर्मचारी दल, थलसेना, सेना.
**दलबल सहित** = सेनासहित.
**दल बादल** = मेघावली.
**दलवैया** = कुटनहार.
**दल संचलन** = जनप्रदर्शन, परेड, भेड़चाल.

**दलहन** *सं दाल*, दाल समूह, दोदल, द्विदल, द्विदल धान्य, विदलान्न, शिंबी धान्य, •अनाज, •खाद्य पदार्थ.

**दलहन सूची** *सं अरहर*, उड़द, *खेसारी*, *चना*, बाकला, *मटर*, *मटरा*, *मसूर*, *मूँग*, *मोठ*, राजमा, *लोबिया*, *सेम*, *सोयाबीन*.

**दलहीन** = गुटनिरपेक्ष.
**दला/दली** = दरदराया/दरदराई, पददलित.
**दलाई** = चूर्णन.
**दला गेहूँ** = दलिया.
**दलाढक** = कुंद, शिरीष.
**दलाल** = ऐटर्नी, वेश्या दलाल.

**दलाल** *सं* अभिकर्ता, एजैंट, कमीशन एजैंट, गुमाश्ता, *प्रतिनिधि*, *प्रवक्ता*, बिचौलिया, ब्रोकर, *मध्यस्थ*, •मध्यस्थ, •सप्लायर.

**दलाल कर्म** = दलाली.
**दलाल व्यवसाय** = दलाली.

**दलाल शुल्क** *सं* अंतरपतित आय, आढ़त, आढ़त शुल्क, कमीशन, *दलाली*, दस्तूरी, ब्रोकरेज, मामूल, •पारिश्रमिक.

**दलाली** = दलाल शुल्क.

**दलाली** *सं* अभिकरण, एजंसी, एजेंटी, एजेंसी, दलाल कर्म, दलाल व्यवसाय, प्रतिनिधित्व, ब्रोकरिंग, मध्यस्थता, मियानदारी, •आढ़त.

**दलित** = अस्पृश्य, पददलित, पिछड़ी जाति का, रुँदा/रुँदी, शोषित.
**दलित उद्धार** = समाज सुधार.
**दलित उद्धारक** = सुधारवादी.
**दलित जाति** = पिछड़ी जाति.
**दलित वर्ग** = पिछड़ी जाति.
**दलितोद्धार** = समाज सुधार.
**दलिद्दर** = मल.
**दलिया** = गेहूँ भात.

**दलिया** *सं* थूली, दला गेहूँ, •आटा.

**दलीप** = सेनापति.
**दलीय** = सामूहिक.
**दलील** = तर्क, वादविवाद.
**दलील पेश करना** = मनवाना.
**दलीलबाज़** = वितंडावादी.
**दलीलबाज़ी** = वितंडावाद.
**दल्ला** = वेश्या दलाल.
**दव** = अग्नि, वन.
**दवा** = औषध.
**दवाई** = औषध.
**दवा का पर्चा** = औषध पत्र.
**दवा की गोली** = वटी.
**दवाख़ाना** = अस्पताल, क्लीनिक.
**दवाग्नि (विकल्प)** = दावा दीप्ति.
**दवाघर** = कैमिस्ट्स.

**दवात** *सं* इंकपौट, कुज्जा, दवातदान, बुतका, मसिधान, मसिपात्र, स्याहीदान.

**दवातदान** = दवात.
**दवादारू** = चिकित्सा.
**दवा देने वाला** = चिकित्सक.
**दवाफ़रोश** = औषध विक्रेता, नीम हकीम.
**दवाबाज़** = नीम हकीम.
**दश** = दस.
**दशकंठ** = रावण.
**दशकंधर** = रावण.
**दशक** = दस समुदाय.

**दशक** *सं* दशाब्द, दशाब्दि, दस वर्ष, वर्ष 10, •वर्ष, •शताब्दी.

**दश कोटि** = दस करोड़.
**दश कोटिक** = दस करोड़.
**दशकोण** = दशभुज.
**दशग्रीव** = रावण.

**दशभुज** *सं* दशकोण.

**दशम** = दसवाँ/दसवीं.

**दशम लव** *सं* डैसिमल, दशमलव (अशुद्ध) (प्रचलित), दशम लव (वांछनीय).

**दशम लव प्रणाली** *सं* डैसिमल सिस्टम, हिंदू प्रणाली.

**दशमी** = दशहरा.
**दशमेश** = गोविंद सिंह.

**दशरथ** *सं* अवधेश, राघव, राम पिता, शब्दवेधी, स्वायंभुव मनु (पूर्व जन्म), •वसिष्ठ.

**दशरथनंदन** = राम.
**दश लक्ष** = दस लाख.
**दशवदन** = रावण.
**दशशीश** = रावण.
**दश सहस्र** = दस हज़ार.

**दशहरा** *सं* दशमी, *पूजा*, रावण दहन, विजय दशमी, विजया, विजयोत्सव, •दीवाली, •दुर्गापूजा, •रामलीला, •रावण.

**दशांग** = दस समुदाय.
**दशा** = परिस्थिति, भाग्य, मूड, शर्त, स्वास्थ्य दशा.
**दशादेश** = मूसा आदेश.
**दशानन** = रावण.
**दशाब्द** = दशक.
**दशाब्दि** = दशक.
**दशार्ध** = पाँच.
**दस** = दस समुदाय.

**दस** *सं* 10, दश, दह, नौ जमा एक.

**दस अरब** *सं* 10,00,00,00,000, दस हज़ार करोड़.

**दस आदेश** = मूसा आदेश.

**दस करोड़** *सं* 10,00,00,000, अर्बुद, दश कोटि, दश कोटिक.

**दस गुना दस** = सौ.
**दस जमा एक** = ग्यारह.
**दस जमा बीस** = तीस.
**दस दशक** = शताब्दी.
**दस दिशाओं में** = हर ओर.
**दस नंबरी** = दुर्जन.
**दस नौ आठ सात आदि** = उलटी गिनती.
**दस लक्षण पर्व** = जैन उत्सव.
**दसलखिया (मिलिनेअर शब्दार्थ)** = लखपति.

**दस लाख** *सं* 10,00,000, दश लक्ष, मिलियन.

**दस लीटर** = डेकालीटर.
**दस वर्ष** = दशक.

**दसवाँ/दसवीं** *वि* 10वाँ, दशम, दाशमिक, •दस.

**दस समुदाय** *सं* *दशक*, दशांग, *दस*, दस्सा, दस्सी, •दस.

**दस से उन्नीस साल तक वय वाला** = टीन एजर.

**दस हज़ार** *सं* 10,000, दश सहस्र.

**दस हज़ार करोड़** = दस अरब.
**दसहरी** = आम.
**द स्टेट्स** = संयुक्त राज्य अमरीका.
**दस्तंदाज़** = हस्तक्षेपक.
**दस्तंदाज़ी** = क़ताकलामी, हस्तक्षेप.
**दस्त** = बालिश्त, मलत्याग, हाथ पंजा.

**दस्त** *सं* डायरिया, मल रोग, रीख़, रेचन रोग, विरेचन रोग, •अतिसार, •मरोड़ा, ▪कोष्ठबद्धता.

**दस्तक** *सं* खटका, *खटखट*, खिटखिट, खुटखुट, ठक, ठकठक, ठुकठुक, ठुकठुकी, थपथप, धपधप, •खटखट, •घंटी, •ठनठन, •द्वार.

**दस्तकार** = शिल्पकार.
**दस्तकारी** = शिल्प.
**दस्त क़ै** = हैज़ा.
**दस्तख़त** = हस्ताक्षर.
**दस्तदराज़ी** = छीन.

**दस्तबंद** *सं* टोड़ा, *पहुँचा*, पहुँची, •कलाई.

**दस्तयाब** = अर्जित, प्राप्त, लभ्य.
**दस्तयाबी** = प्राप्ति.
**दस्तरख़्वान** = डाइनिंग टेबल.
**दस्ता** = गुच्छा, चौबीस समुदाय, डंडा, पुष्पगुच्छ, मूठ, वृंद, सेना विभाग, हत्था.

**दस्ताना** *सं* अंगुलिवेष्टन, ग्लव, हत्थी, हस्तत्र, हस्तत्राण, हस्तावाप, •अंगुश्ताना, •मुट्ठी.

**दस्तावर** = विरेचक औषध.

**दस्तावेज** = अभिलेखागार, कंप्यूटर फ़ाइल, पट्टा, पुरालेख.

**दस्तावेज** *सं* अभिलेख, *काग़ज़*, काग़ज़ पत्र, *ख़रीता*, खर्रा, डौक्यूमैंट, तहरीर, *पट्टा*, *परचा*, *पुरज़ा*, पेपर, *रिकार्ड*, रुक़्क़ा, लिखत, लिखित लेख, सनद, सुरक्षित लेख, •हस्ताक्षर.

**दस्तावेज़बद्ध** = दस्तावेज़ित.
**दस्तावेज़ लेखन** = लिखापढ़ी.

**दस्तावेज़ित** *वि* अंकित, अभिलिखित, अभिलेखित, आलेखित, *काग़ज़ी*, डौक्यूमैंटित, तथ्यांकित, दस्तावेज़बद्ध, *लिखित*, ▪मौखिक.

**दस्ती** = तलवार मूठ, मशाल, रूमाल.
**दस्तूर** = नेग, परंपरा, परिपाटी, प्रथा.

**दस्तूर** *सं* पारसी पुरोहित.

**दस्तूरी** = दलाल शुल्क, नेग, रिश्वत.
**दस्यु** = अत्याचारी, चोर, डाकू, दुर्जन, बटमार.
**दस्युता** = चोरी, डकैती.
**दस्युहा** = इंद्र.
**दस्र** = अश्विनी कुमार.
**दस्सा** = दस समुदाय.
**दस्सी** = दस समुदाय.
**दह** = दस, हौज़.
**दहकता/दहकती** = ग्रीष्मकालीन, जलता/जलती, तप्त.
**दहकता कोयला** = अंगारा.
**दहकना** = तपना.

**दहकना** *क्रि* आग भड़कना, उचटना, दहना, धधकना, धाँय धाँय करना, धूधू करना, *बढ़ना*, *भड़कना*, भभकना, लहकना, •आग पकड़ना, •जलना.

**दहक़ान** = किसान, ग्रामवासी.
**दहकाना** = तपाना.

**दहकाना** *क्रि* आग भड़काना, *उकसाना*, *कुरेदना*, खोरना, धधकाना, धौंकना, *बढ़ाना*, *भड़काना*, लहकारना, हवा देना, •सुलगाना.

**दहक़ानी** = ग्राम्यतापूर्ण.
**-दहन** = नाशकारी.
**दहन** = अग्नि, अग्निकांड, झुलस.

**दहन** *सं* अग्निदाह, अवदहन, आदग्धन, आदहन, जलाई, जलाना कर्म, दग्धन, दाव, दाह, दाहन, निष्टपन, परिदहन, प्रज्वलन, प्रदहन, भस्मन, भस्मीकरण, स्वाहकरण, •अग्निकांड, •ज्वाला, •ताप, •नाश.

**दहन कर्ता** = दाहक.
**दहनकेतन** = धुआँ.
**दहनशील** = विस्फोटशील.

**दहनशील** *वि* उत्तेजनशील, ज्वलनशील, दह्य, •काष्ठीय, •ख़तरनाक, •विस्फोटशील, ▪अदहनशील.

**दहना** = जलना, दहकना.
**दहल** = आतंक, भयकंप.
**दहलता/दहलती** = भयभीत.
**दहलना** = डरना.
**दहलाऊ** = भयानक.
**दहलाना** = डराना.
**दहलीज** = आरंभिक कर्म.
**दहलीज़** = घर, चौखट अधोकाष्ठ, प्रवेश द्वार, प्रारंभिक अवस्था, श्रोता घर.
**दहलीज़ का कुत्ता** = परावलंबी व्यक्ति.
**दहशत** = आतंक.
**दहाई** = खेल गोल.
**द हाउस (संराअ)** = लोकसभा.
**दहाड़** = आर्तनाद, गर्जन, चीत्कार, डाँट, युद्धनाद.
**दहाड़ना** = गरजना, गुर्राना, पुकारना.
**दहाड़ मारना** = रोना.
**दहाना** = डैल्टा, नुक्कड़, मुँह.

**दही** *सं* कर्ड, क्षीरज, गोरस, दधि, पयस्या, योगर्ट, श्रीघन, •दूध, •मट्ठा, •रायता, •लस्सी, •श्रीखंड.

**दही घी शहद जल शक्कर मिश्रण** = मधुपर्क.

**दहेज** *सं* कन्याधन, *चढ़ावा*, दाज, दाय, दायजा, वरदक्षिणा, स्त्रीवित्त, •उपहार, •वधू वस्त्र.

**दहेड़ी** = मंथनपात्र.
**दह्य** = दहनशील, विस्फोटशील.
**-दाँ** = ज्ञानी.
**दाँक** = ढमढम.
**दाँत** = दाँता.
**दांत** = जेय.

**दाँत** *सं कुंज*, दंत, दंश, दंशक, दंष्ट्र, रद, रदन, रुचक, •उद्दंत, •कीला, •डंक, •दाढ़, •मसूड़ा, •विष दंत.

**दाँत खट्टे करना** = हराना.
**दाँत गड़ाई** = ग्रसन.
**दाँत चलाना** = कुतरना.
**दाँत दिखाना** = डाँटना.
**दाँत निपोरना** = गिड़गिड़ाना.
**दाँत फाड़ना** = हँसना.

**दाँत मैल** *सं* कपालिका, दंतकिट्ट, दंतमल, दंतशर्करा, पुष्पक, पुष्पिका.

**दाँत से काटना कर्म** = ग्रसन.
**दाँता** = गीयर, तीव्र नदी.

**दाँता** *सं* आरी जैसा दाँता, कटा किनारा, क्रकच, गरारी जैसा दाँता, *दाँत*, •खाँचा, •गीयर, •दंदाना.

**दाँता किटकिट** = तकरार.
**दाँती** = हँसिया.
**दांपत्य जीवन** = गृहस्थ आश्रम.
**दांपत्यभंग** = दांपत्य विच्छेद.

**दांपत्य विच्छेद** *सं* अलगाव, आंशिक विवाह विच्छेद, जुदाई, दांपत्यभंग, विच्छेद, वैधुर्य, •तलाक़, •विधिक विच्छेद, •विवाहलोप.

**दाँयाँ/दाँईं** = दाहिना/दाहिनी.
**दाँवँ** = खेल चाल, बारी.
**दाँव** = घात, पैंतरा, शेर बकरी.

**दाँव** *सं* आँट, पण, पैंत, फड़, बदी, बाज़ी, शय, *शर्त*, शै, सट्टा, *हाथ*, होड़, •चुनौती, •जोख़िम, •शेर बकरी.

**दाँवना** = द्रोण.
**दाँव पर लगाना** = बदना.
**दाँवपेंच** = कुचाल, छल, बेईमानी.
**दाँवपेंच** = रणनीति.
**दाँवपेंची** = कूटनीति विषयक, नीतिकुशल.
**दाँवबाज़** = कुचाली, ठग.
**दाँवबाज़ी** = पैंतरेबाज़ी.
**दाँवरी** = रस्सी.
**दाँव लगाना** = खेलना, बदना.
**दाई** = धाय माँ, बेबीसिटर.

**दाई** *सं* अन्ना (प्रा), धात्री, धाय, मिडवाइफ़, सूतिका, •प्रसव, •प्रसूता, •प्रसूति कक्ष.

**दाऊ** = बलराम.
**दाएँ** = दाहिने.
**दाक्षायणी** = अदिति, दक्ष पुत्री, दुर्गा, नक्षत्र, सती देवी.
**दाक्षी** = दक्ष पुत्री.
**दाख** = अंगूर, किशमिश, मुनक़्क़ा.
**दाख़िल** = प्रविष्ट, समाविष्ट.
**दाख़िला** = आप्रवेश, प्रवेश, रसीद, समावेश.
**दाग़** = आघात नील, चिह्न, लांछन.

**दाग़** *सं अंक*, कलंक, कलुष, चकत्ता, *चिह्न*, दोष, धब्बा, निशान, परिमल, *लांछन*, •कालिख.

**दागदर** = चिकित्सक.
**दाग़दार** = लांछित.
**दागना** = जलाना.

**दागना** *क्रि छोड़ना*, पलीता लगाना, विस्फोट प्रणोदित करना, विस्फोट संचारित करना, •धकेलना.

**दाग़वारक** *वि* चिह्नवारक, स्टेनलैस, •इस्पात.

**दागा/दागी** = चिह्नित.
**दाग़ी** = अभियुक्त, दंडित, दुर्गुणी, लांछित.
**दाघ** = गरमी, धूप.
**दाज** = दहेज.
**दाड़िम** = अनार.
**दाड़िमप्रिय** = तोता.

**दाढ़** *सं* चर्वणक, चाब, चौभड़, जंभ, जुगाली दाँत, डाढ़, दंष्ट्रा, •अक्कल दाढ़, •कीला, •दाँत.

**दाढ़ से पीसना** = चबाना.

 (प्रा) प्राचीन शब्द, अब अप्रचलित - *तिरछे* शब्द स्वतंत्र शीर्षक भी हैं •सपर्याय ▪विपर्याय

**दाढ़ी** *सं* कूर्च, ठोढ़ी बाल, डाढ़ी, शूक, शेव, श्मश्रु, ●मूँछ.

**दाढ़ीदार** *वि* डढ़ार, डढ़ियल, दढ़ियल, दाढ़ी मूँछ वाला, दाढ़ी वाला, श्मश्रुधर, श्मश्रुल, ■अजातश्मश्रू.

दाढ़ी मूँछ वाला = दाढ़ीदार.
दाढ़ी मूँछ हीन = अजातश्मश्रू.
दाढ़ी वाला = दाढ़ीदार.
दातम = डाटा.
दाता = ईश्वर, दानशील, दानी, यजमान.
दाता/दात्री = प्रदाता.
दातार = दानशील, दानी, समर्पक.
दाति = प्रदान.
दाद = शाबाशी.

**दाद** *सं* चर्म दूषिका, दद्रु, दर्द्रू, रिंगवर्म, ●ऐग्ज़ीमा, ●खुजलाहट.

दाद देना = सराहना.
दादरा और नगर हवेली = भारत राज्य प्रदेश.

**दादरा और नगर हवेली: राजधानी** *सं* सिल्वासा.

दादा = बड़ा भाई, भाई, वृद्ध पुरुष.

**दादा** *सं* आजा, दद्दा, दद्दू, दादू, पिता पिता, पितामह, प्रपिता, बाबा, ●दादी, ●नाना, ●परदादा, ●पिता, ●पोती, ■परपोता, ■पोता.

दादा दादी = अतीत जन.
दादा नाना = अतीत जन.
दादा पिता = परदादा.
दादालाई = दायागत, पैतृक.
दादा लोग = गुरुजन.
दादी = वृद्ध स्त्री.

**दादी** *सं* आजी, पितामही, *पिता माता*, पितृप्रसू, पितृमाता, ●दादा, ●नानी, ●परदादी, ●माता, ■पोता, ■पोती.

दादी की कहानी = बालकथा.
दादुर = मेंढक.
दादू = दादा.
दादे परदादे = अतीत जन, गुरुजन.

दान = टुक्कड़, दामनीति, प्रदान, बलिदान, भिक्षा, वारफेर, वित्तीय सहायता.

**दान** *सं* अता, *अनुग्रह*, अनुदान, अर्पण, इकराम, इमदाद, *उपकार*, करम, कृपा, ख़ैरात, चैरिटी, ज़कात, डोनेशन, त्याग, दक्षिणा, देन, *पुण्य*, *प्रसाद*, *बख़्शीश*, मदद, *वर*, सदक़ा, *समर्पण*, सुप्रसाद, ●उपकार, ●दया, ●भंडारा, ●भिक्षा.

दानखाता = धर्मादा.
दानग्राही = दानप्राप्ता.
दान दस्तावेज = दानपत्र.
दानदाता = दानी.

**दानपत्र** *सं* क़बाला, दान दस्तावेज, वक़्फ़नामा, ●ताम्रपत्र.

दानपात्र = दानपेटी.
दानपुण्य = धर्मादा.

**दानपेटी** *सं* दानपात्र, दान संग्रह पात्र, *हुंडी*.

**दानप्राप्ता** *सं* आदाता, उपकृत, दानग्राही, दानभोक्ता, दानभोगी, लाभभोक्ता, ■दानी.

दानभोक्ता = दानप्राप्ता.
दानभोगी = दानप्राप्ता.
दानव = अत्याचारी, देवदानव, निर्दय, राक्षस.
दानवगुरु = शुक्राचार्य.
दानवारि = इंद्र, देवता.
दानवी = दानवीय, दानवीय, राक्षस स्त्री.

**दानवीय** *वि* अमंगलकारी, अमानुष, असुरीय, *आततायी*, आसुर, क्रूर, क्रूर, ख़ूँख़ार, दानवी, दानवी, दानवीयतापूर्ण, दानवोचित, दैतेय, दैत्यीय, *नारकीय*, पिशाची, भयंकर, राक्षसी, राक्षसी, राक्षसीय, राक्षसीय, शांबर, *शैतानी*, *हिंस्र*, ●अमानवीय, ●भयानक, ●वन्य, ●हिंस्र, ■दिव्य, ■मानवोचित.

दानवीयतापूर्ण = दानवीय.

**दानवीर** *सं* अतिदानी, औघड़ दानी, औढर दानी, दानशूर, *दानी*, दीनबंधु, दीनानाथ, धर्मात्मा, महादानी, महोदार, मौला दौला, विश्वदानी, सर्वदानी, सर्वस्व दानी, हातिम, ●कर्ण, ●पुण्यात्मा.

दानवीर कर्ण = कर्ण.
दानवेंद्र = प्रह्लाद.
दानवोचित = दानवीय.

**दानशील** *वि* अकृपण, उदार, करीम, *कल्याणकारी*, कृपालु, खुला/खुली, खुले दिल वाला, गंजबख़्श, ग़रीबनवाज़, ग़रीबपरवर, त्यागी, द/दा, *दयालु*, दरियादिल, दाता, दातार, *दानी*, दिलदरिया, दिल वाला, दिहंद, दीनदयाल, दीनदयालु, दीनबंधु, दीनवत्सल, दीनानाथ, देने वाला, धर्मात्मा, पुण्यात्मा, प्रद/प्रदा, प्रदायक/प्रदायिका, फ़ैयाज़, बख़्श, बख़्शी, बड़े दिल वाला, महादानी, महोदार, मुक्तहस्त, मोमिन, वदान्य, *विशालहृदय*, विश्वदानी, सख़ी, सदावर्ती, हितकारी, हृदयालु, ■कंजूस, ■स्वार्थी.

दानशूर = दानवीर.
दान संग्रह पात्र = दानपेटी.
दाना = अदद, अनाज, आखेट चारा, आहार, कण, गुलदाना, चनौरी, चबैना, ददोरा, नुकती, पक्षी आहार, प्रोत्साहक वस्तु, फुंसी, बवासीर, बाज़ीगर गोटी, बीज, मनका.
दानाई = बुद्धिमत्ता.
दाना डालना = ललचाना.
दानापानी = खाद्य पदार्थ, गुज़रबसर.
दानार्थ = धर्मार्थ.
दानार्थी = भिखारी.
दानिशमंद = दूरदर्शी, बुद्धिमान, विवेकी.
दानिशमंदी = बुद्धिमत्ता, विवेक.
दानी = उपकारी, डिब्बा, दानवीर, दानशील, निस्स्वार्थ.

**दानी** *सं* अताबख़्श, ग़रीबनवाज़, ग़रीबपरवर, डोनर, दाता, दातार, दानदाता, दीनबंधु, दीनवत्सल, दीनानाथ, देने वाला, धर्मात्मा, मोमिन, सख़ी, सदावर्ती, ●दानवीर,

•पुण्यात्मा, •प्रदाता, •भिक्षादाता, ▪दानप्राप्ता, ▪भिखारी.

**दाने** = घमोरी.
**दानेदार** = खुरदुरा/खुरदुरी, दरदराया/दरदराई, रेतीला/रेतीली.

**दानेदार** *वि* उभरे दानों वाला, चित्तीदार, शार्कर, •खुरदुरा/खुरदुरी, •चितकबरा/चितकबरी, •दरदराया/दरदराई, ▪चिकना/चिकनी.

**दानेदार शीरा** = राब.
**दाप** = शक्ति.
**दाब** = भार.

**दाब** *सं* चाप, ज़ोर, दबाव, *दमन*, *प्रभाव*, बल, बोझ, *भार*, •झोल, •दबक.

**दाब कुकर** = प्रैशर कुकर.
**दाबना** = गाड़ना, छिपाना, जमाना, दबाना, निचोड़ना, पकड़ना, रौंदना.
**दाबा** = क़लम लगाई.
**दाभ** = कुश घास, घास.
**दाम** = कंठमाला, दामनीति, धन, नीति चतुष्टय सूची, माला, मूल्य, रस्सी.
**दामन** = कमीज़ पल्ला, तलहटी, पलाव, भिक्षा भांड.

**दामनीति** *सं दान*, दाम, *प्रलोभन*, विलोभन, •तुष्टीकरण, •सामनीति, ▪दंडनीति.

**दामा** = रस्सी.

**दामाद** *सं* कन्या पति, कन्या भर्ता, जमाई, जामाता, पाहुना, पुत्री पति, बटेउ, मेहमान, यामाता, *वर*, •पुत्रवधू, •सास, ▪पुत्रवधू, ▪ससुर.

**दामिनी** = मेघविद्युत, सुंदर स्त्री.
**दामी** = महँगा/महँगी.
**दामोदर** = कृष्ण, नदी सूची भारत उपमहाद्वीप, नारायण (नर).
**दाय** = गवर्नैंस, घटा प्रविष्टि, दहेज, देय, रिक्थ.
**-दायक/-दायिका** = प्रदाता.
**दायजा** = दहेज.
**दायदा** = पुत्री.
**दाय नहीं** = अदेय.
**दायभागिनी** = उत्तराधिकारिणी.
**दायरा** = कार्यक्षेत्र, चक्र.

**दाय विभाजन** *सं* अंशकरण, अंश विभाजन, अलगाव, अलगौझा, आबंटन, तक़सीम, फाँट, फाँटबंदी, बँटवारा, बँटाई, बाँट, बाँटबूँट, भागहार, रिक्थ विभाजन, वंट, वंटन, सरता बरता, हिस्सा बँटाई, हिस्सा बाँट, •उत्तराधिकार दान, •रिक्थ, •विभाजन.

**दायागत** = पैतृक.

**दायागत** *वि आगत*, *आनुवंशिक*, उत्तराधिकार में प्राप्त/प्राप्य, उत्तराधिकारागत, कुलागत, ख़ानदानी, जद्दी, तातगू, दादालाई, दायाद, पित्रागत, *प्राप्त*, मिला/मिली, मौरूसी, वंशागत, विरासती, हस्तगत, •आनुवंशिक, ▪अदायागत, ▪अदायागत.

**दायाद** = आनुवंशिक, दायागत, पुत्र, रिक्थ.
**दायादहीन** = उत्तराधिकारीहीन.
**दायादा** = उत्तराधिकारिणी.
**दायादी** = उत्तराधिकारी.
**दायाधिकार** = उत्तराधिकार.
**दायाधिकारी** = उत्तराधिकारी.
**दायित्व** = कर्तव्य, गारंटी, ज़मानत, ठेका.

**दायित्व** *सं* उत्तरदायित्व, *कर्तव्य*, कार्यभार, जवाबदेही, ज़िम्मा, ज़िम्मेदारी, *ठेका*, ड्यूटी, पाबंदी, फ़र्ज़, बाध्यता, बोझ, *भार*, वश्यता, •अनुबंध, •कार्यक्षेत्र, •राजधर्म, •सत्ताक्षेत्र, ▪अधिकार.

**दायित्वपूर्ण** = ऋणयोग्य, विचारित, समय पालक.

**दायित्वपूर्ण** *वि* अचंचल, कर्तव्यनिष्ठ, कर्तव्यपूर्ण, *कुशल*, ज़िम्मेदार, ज़िम्मेदाराना, ज़िम्मेवाराना, थिर, दृढ़, *धीर*, निष्ठ, पक्का/पक्की, भरोसेमंद, *विश्वसनीय*, सुधीर, *स्थिर*, •उत्तरदायी, •कर्तव्यपरायण, ▪दायित्वहीन.

**दायित्वहीन** *वि* उत्तरदायित्वहीन, उदासीन, ग़ैरज़िम्मेदार, ढीला/ढीली, ध्यानहीन, निरुत्तरदायी, फ़रामोश, भटका/भटकी, •कर्तव्यच्युत, ▪उत्तरदायी.

**दायित्वहीनता** = कर्तव्यच्युति.
**दायी** = उत्तरदायी.
**-दायी/-दायिनी** = प्रदाता.
**-दार** = धंधी, धारयिता.
**दारचीनी** = मसाला सूची

**दारचीनी** *सं* त्वकपत्र, दारुसिता, दालचीनी, •जावित्री, •तेजपात, •शीतल चीनी.

**दारण** = चिराई, फटाई.
**दारा** = पत्नी.
**दारी** = बिवाई.
**दारु** = काष्ठ, देवदारु.
**दारुका** = कठपुतली.
**दारुण** = असह्य, कठिन, कठोर, क्षमाहीन, दमनशील, नारकीय, नाशकारी, निर्दय, प्रबल, भयानक.
**दारुण रस** = भयानक रस.
**दारुनटी** = कठपुतली.
**दारुपुत्री** = कठपुतली.
**दारुफल** = पिस्ता.
**दारुयोषा** = कठपुतली.
**दारुसिता** = दारचीनी.
**दारू** = औषध, देसी शराब, मद्य.
**दारू दरमन** = चिकित्सा.
**दारूबंदी** = मद्यनिषेध.
**दारो** = अनारदाना.
**दारोग़ा** = थानेदार.
**दार्व** = काष्ठीय.
**दार्वाघात** = कठफोरिया.
**दार्शनिक** = दार्शनिकतापूर्ण.

**दार्शनिक** *सं* अध्यात्मचिंतक, अध्यात्मवेत्ता, *ऋषि*, चिंतक, *ज्ञाता*, *ज्ञानी*, तत्त्वज्ञ, तत्त्वज्ञानी, तत्त्वदर्शी, दर्शम शास्त्री, दृष्टिवंत, मनीषी, महात्मा, मुनि, *विचारक*, विद्याराशि, विश्ववेदा, •सिद्धांतकार.

**दार्शनिकतापूर्ण** *वि* चिंतनपूर्ण, चिंतनशील, थिंकिंग, *दार्शनिक*, मननपूर्ण, मननशील, विचारपूर्ण.

**दार्शनिक प्रणाली** = दर्शन शास्त्र.
**दाल** = दलहन.

**दाल** *सं* भुज, •अनाज.

**दालचीनी** = दारचीनी.
**दाल बड़ा** = बड़ा.
**दाल बाज़ार** = अनाज मंडी.
**दाल बाटी** = दावते शीराज़.
**दाल भात** = दावते शीराज़.
**दाल मंडी** = अनाज मंडी.
**दाल में कंकड़** = आनंद भंग कर्ता.
**दालरोटी** = खाद्य पदार्थ.
**दाल समूह** = दलहन.

**दालान** *सं* दरा, बारहदरी, महताबी, •गलियारा, •बरामदा.

**दाव** = दहन, वन.
**दावत** = आवाहन, निमंत्रण, भोज, भोज निमंत्रण, समारोह, स्वादिष्ठ आहार.

**दावतगामी** *वि* दावतभोगी, भोजभोगी, *मिलनसार*, मिलने जुलने का शौक़ीन, मेली, •मिलनसार.

**दावत देना** = न्योतना.
**दावतनामा** = निमंत्रण पत्र, भोज निमंत्रण.

**दावतबाज़** *वि* मेहमानदार, मेहमाननवाज़, यारबाश, समाज प्रेमी, •अतिथिपरायण, •मिलनसार.

**दावतभोगी** = दावतगामी.

**दावते शीराज़** *सं* दाल बाटी, दाल भात, दैनिक आहार, शीराज़ी भोज, सादा खाना, साधारण आहार दावत, •दावते समरक़ंद.

**दावते समरक़ंद** *सं* झूठमूठ दावत, समरक़ंदी तवाज़ा, •दावते शीराज़.

**दावा** = अग्नि, अधिकार, आरोप.

**दावा** *सं* अधिकार दावा, अधिकार प्रदर्शन, अधिकार माँग, इजारा, क्लेम, तक़ाजा, *माँग*, मुतालबा, स्वघोषित अधिकार, हक़, •आग्रह.

**दावाग्नि** = दावा दीप्ति.

**दावा ज्योति** = दावा दीप्ति.

**दावा दीप्ति** *सं* अद्रिवह्नि, काष्ठ ज्योति, दवाग्नि (विकल्प), दावाग्नि, दावा ज्योति, दावानल, वनज्योति, वनाग्नि, •बड़वा दीप्ति, •श्मशान दीप्ति.

**दावानल** = दावा दीप्ति.

**दावेदार** *वि* अधिकार प्रदर्शक, इजारेदार.

**दाशमिक** = दसवाँ/दसवीं.
**दाशरथि** = राम.
**दाश्त** = आवाँ.
**दास** = चरणदास, नौकर.

**दास** *सं* ग़ुलाम, चेट, चेटक, नफ़र, बंदी, बरदा, सैरंध्र, स्लेव, •अंतःपुर दास, •दासी, •नौकर, •बंदीजन, •श्रमिक, ■स्वामी.

**दासता** = पराधीनता, परावलंबन.

**दासता** *सं* ग़ुलामी, दास प्रथा, दासवृत्ति, *नियंत्रण*, *पराधीनता*, स्लेवरी, •नौकरी, •परावलंबन, •स्वामीभक्ति, ■मुक्ति, ■स्वाधीनता.

**दासता मुक्ति** = स्वाधीनता प्राप्ति.
**दास प्रथा** = दासता.
**दासवृत्ति** = दासता.

**दासस्वामी** *सं* आक़ा, आग़ा, भर्ता, मालिक, *स्वामी*, ■दास.

**दासानुदास** = चरणदास, स्वामीभक्त.
**दासानुदासी** = चरणदासी.
**दासी** = चरणदासी, नौकरानी.

**दासी** *सं* कनीज, चेटिका, चेटी, जनि, नौची, बंदिनी, बाँदी, लौंडी, सैरंध्रिका, सैरंध्री, हंजा, •अंतःपुर दासी, •दास, •नौकरानी.

**दासेरक** = शूद्र.
**दास्तान** = कहानी, ब्योरा, वृत्तांत.
**दाह** = अग्निकांड, ताप, दहन, शवदाह, शोक.

**दाहक** *सं* आदग्धक, जलाऊ, जलाने वाला, दग्धक, दग्धा, दहन कर्ता, दाही, प्रदग्धक, भस्मक, भस्म कर्ता, विदाहक, •अग्नित्र, ■दमकल.

**दाहन** = दहन.
**दाहना** = जलाना, दुखाना.
**दाहभूमि** = श्मशान.
**दाह संस्कार** = शवदाह.
**दाहागार** = भट्ठी.

**दाहागार** *सं* क्रीमैटोरियम, दाहित्र, भस्मित्र, विद्युत दाहागार, •श्मशान.

**दाहित्र** = दाहागार, भट्ठी.

**दाहिना/दाहिनी** *वि* दक्षिण, दक्षिण पार्श्वीय, *दक्षिणी*, दाँयाँ/दाँईं, सव्य, सव्येतर, सीधा/सीधी, ■बाँयाँ/बाँईं.

**दाहिनी ओर** = दाहिने.

**दाहिने** *क्रिवि* दाएँ, दाहिनी ओर, दाहिने बाजू, दाहिने हाथ, सीधी ओर, सीधी तरफ़, सीधे हाथ, ■बाएँ.

**दाहिने घूमता** = अनुघटी.
**दाहिने बाजू** = दाहिने.
**दाहिने हाथ** = दाहिने.
**दाही** = दाहक, शवदाह कर्ता.
**दिअना** = दीपक.
**दिउली** = मत्स्य शल्क.
**दिक़** = क्षयरोग.
**दिक्** = दिशा.
**दिक़्क़त** = असुविधा.
**दिक्करिणी** = दिग्गज स्त्री.
**दिक्करी** = दिग्गज.
**दिक्काल** = चार आयाम, सृष्टि.

**दिक्काल** *सं* आइंस्टीनी स्पेस, आकाश और काल, काल और दिशा, *चार आयाम*, दिशाकाल, देशकाल, •कालयंत्र, •चतुर्थ आयाम, •सृष्टि.

**दिक्कालीन** = ब्रह्मांडीय.
**दिक्कुंजर** = दिग्गज.
**दिक्कुंजरिणी** = दिग्गज स्त्री.
**दिक्चक्र** = क्षितिज, दिशा मंडल.
**दिक्पाल** = लोकपाल.
**दिखता/दिखती** = दृश्यमान.
**दिखना** = प्रकटना.

**दिखलाना** = दिखाना.
**दिखवाटी छत** = सजावटी छत.
**दिखा/दिखी** = अवलोकित.
**दिखाई** = प्रदर्शन, प्रदर्शन.
**दिखाऊ** = पाखंडपूर्ण.
**दिखाना** = उघाड़ना, बताना, समझाना, समझाना, सिखाना.

**दिखाना** *क्रि* आलोकित करना, उजागर करना, उद्घाटित करना, खोलना, दरशाना, दर्शाना, दर्शित करना, दिखलाना, प्रकट करना, प्रकाश डालना, प्रस्तुत करना, *बताना*, लखाना, ▪छिपाना, ▪ढाँपना, ▪देखना.

**दिखाने वाला** = प्रदर्शक.
**दिखाया/दिखाई** = प्रदर्शित.
**दिखावट** = इठलाहट, डिस्प्ले, दिखावा, पाखंड.
**दिखावटी** = अतिशयोक्तिपूर्ण, असत्य, तड़कभड़कदार, नक़ली, पाखंडपूर्ण, फ़ैशनानुकूल, रंगमंचीय, शब्दाडंबरपूर्ण, सजावटी.

**दिखावटी आँसू** *सं* टसुआ, नक़ली आँसू, मगरमच्छी आँसू.

**दिखावटी धार्मिकता** = पाखंड.
**दिखावटीपन** = तड़कभड़क, दिखावा.
**दिखावटी प्रशंसा** = व्याज प्रशंसा.
**दिखावटी बाल** = विग.
**दिखावटी मित्र** = सस्वार्थ मित्र.
**दिखावटी रूप** = पाखंड.

**दिखावटी वीर** *सं* तीसमार ख़ाँ, मिट्टी का शेर, वीरमन्य, शूरमानी, शूरम्मन्य, •वीर पुरुष.

**दिखावा** = अकड़ की चाल, इठलाहट, पाखंड, शोमैनशिप.

**दिखावा** *सं* आटोप, उपरालूपन, ऊपरीपन, टीमटाम, ठाटबाट, ढकोसला, *तड़कभड़क*, दमदमा, दिखावट, दिखावटीपन, *नाटक*, *पाखंड*, प्रपंच, बाह्य आडंबर, मुलम्मा, रूप, *लिफ़ाफ़ा*, शो, *सजावट*, हवा, •औपचारिकता, •छल, ▪स्वाभाविकता.

**दिखौनी** = प्रदर्शन.
**दिगंत** = क्षितिज.
**दिगंत यात्रा** = अंतरिक्ष यात्रा.
**दिगंत यान** = अंतरिक्ष यान.
**दिगंतर** = कोणांश, कोणांश.
**दिगंबर** = नग्न.

**दिगंबर** *सं* दिग्वस्त्र, दिग्वासा, निरंबर, मुक्तांबर, •श्वेतांबर.

**दिगंबरता** = नग्नता.
**दिगंबरवाद** = नग्नतावाद.
**दिगंबर वेश** = नग्नता.
**दिगंबरा** = शीतला.
**दिगंबरी** = दुर्गा.
**दिगंश** = कोणांश, देशांश.
**दिगंश कोटि** = कोणांश.
**दिगंश रेखा** = देशांश रेखा.
**दिगधिप** = लोकपाल.
**दिगीश** = लोकपाल.
**दिग्** = दिशा.
**दिग्गज** = उत्तम व्यक्ति या वस्तु, कीर्तिमान स्थापक, दक्ष व्यक्ति, दक्ष व्यक्ति, प्रसिद्ध व्यक्ति, महानायक, महापुरुष, महारथी, योद्धा, विद्वान व्यक्ति, विद्वान व्यक्ति.

**दिग्गज** *सं* आशागज, दिक्करी, दिक्कुंजर, दिग्गयंद, दिग्दंती, दिग्हस्ती, दिङ्नाग, दिशा गज, धरणिधर, महागज, *हाथी*.

**दिग्गज (दिशा) सूची** *सं* अंजन (पश्चिम), ऐरावत (पूर्व), कुमुद (दक्षिण पश्चिम), पुंडरीक (पूर्व दक्षिण), पुष्पदंत (पश्चिम-उत्तर), वामन (दक्षिण), सार्वभौम (उत्तर), सुप्रतीक (उत्तर-पूर्व).

**दिग्गज स्त्री** *सं* दिक्करिणी, दिक्कुंजरिणी, दिग्गजी, दिग्हस्तिनी, महागजी.

**दिग्गजी** = दिग्गज स्त्री.
**दिग्गयंद** = दिग्गज.
**दिग्दंती** = दिग्गज.
**दिग्दर्शक** = निदेशक, नेता, प्रबंधक, फ़िल्म निर्देशक, मंच निर्देशक, मार्गप्रदर्शक.

**दिग्दर्शक** *सं* ख़िज़र, गाइड, निर्देशक, *नेता*, पथप्रदर्शक, मार्गदर्शक, रहनुमा, रहबर, *विचारक*, विनायक, •मार्गप्रदर्शक

**दिग्दर्शन** = अध्यापन, नेतृत्व, परामर्श, मार्गप्रदर्शन.

**दिग्दर्शन** *सं* अगुआई, गाइडैंस, दिशादर्शन, निर्देशन, पथप्रदर्शन, मार्गदर्शन, रहनुमाई, रहबरी, •निदेश, •नेतृत्व, •परामर्श.

**दिग्दिगंत** = अमूर्त स्थान.
**दिग्दिगंत में** = हर ओर.
**दिग्भाग** = दिशा.
**दिग्भ्रम** = दुबिधा, भ्रम, मार्गभ्रम.
**दिग्भ्रमित** = मार्गच्युत.
**दिग्भ्रमित करना** = भरमाना.
**दिग्भ्रांत** = भ्रमित, मार्गच्युत.
**दिग्भ्रामक** = दुबिधाजनक.
**दिग्वस्त्र** = दिगंबर.
**दिग्वासा** = दिगंबर.
**दिग्विजय** = विश्वविजय.
**दिग्विजेता** = सम्राट.
**दिग्विभाग** = दिशा.
**दिग्व्याप्त** = व्याप्त.
**दिग्व्याप्तता** = व्याप्ति.
**दिग्हस्तिनी** = दिग्गज स्त्री.
**दिग्हस्ती** = दिग्गज.
**दिङ्नाग** = दिग्गज.
**दिङ्नाथ** = लोकपाल.
**दिङ्मंडल** = दिशा मंडल.
**दिङ्मूढ़** = दिशाहीन, दुबिधाग्रस्त.

**दिठबंदी** *सं* डीथबंध, तिलिस्म, दीठबंदी, दृष्टिबंध, दृष्टिभ्रम, नज़रबंदी, मुहराबाज़ी.

**दिठौना** = नज़र टीका.

**दिति** *सं* दैत्य माता, निष्टि, ▪अदिति.

**दिथबँध** = जादूकृत.
**दिथबँधा/दिथबँधी** = जादूकृत.
**दिधार** = आटि.
**दिधीर्षा** = जिजीविषा.
**दिन** = अवसर, अहोरात्र, कार्य दिवस, काल, जयंती, तारीख़, पृथ्वी धुरी चक्रण काल, वार.

**दिन** *सं* उजाला, दिनमान, दिवस, यौम, सूर्यकाल, सूर्योदय-सूर्यास्त काल, •धूप, •प्रकाश, ▪रात.

**दिन 14/15** = पखवाड़ा.
**दिन 28/30/31** = मास.
**दिन 365/366** = वर्ष.
**दिन 366** = लीप ईयर.
**दिन 7** = सप्ताह.
**दिनकर** = सूर्य.
**दिनकांत** = सूर्य.
**दिन के 12 से रात के 11.59 बजे: समय** = पीऐम.
**दिन के बारह बजे** = मध्याह्न.

**दिनचर** *वि* दिवाचर, दिवाटन, ▪रात्रिचर.

**दिनचर्या** *सं* क्रियाकलाप, *गतिविधि*, दैनिक क्रियाकलाप, दैनिक गतिविधि, नित्य नियम, •रूटीन.

**दिन ज्योति** = धूप.
**दिन ढले** = सायंकाल में.
**दिन तीन भाग** = त्रिसंध्या.
**दिन दहाड़े** = खुले आम.
**दिन निकले** = प्रातःकाल में.
**दिन प्रतिदिन** = प्रतिदिन.
**दिनभृत** = रोज़ंदार.
**दिनमणि** = सूर्य.
**दिनमान** = दिन, सूर्य.
**दिन रात** = अहोरात्र, उत्थानपतन, भाग्यचक्र, लगातार, हमेशा.
**दिन रात बराबर** = विषुव.
**दिन रात संधिकाल** = झुटपुटा.
**दिन रैन** = लगातार.
**दिन लदना** = बीतना.
**दिन वृत्तांत** = निजी डायरी.
**दिनांक** = तारीख़.
**दिनांत** = सायंकाल, सूर्यास्त.
**दिनारंभ** = प्रातःकाल.
**दिनार्ध** = मध्याह्न.
**दिनास्त** = सायंकाल.
**दिनेश** = सूर्य.
**दिनेशात्मज** = यमराज, शनि ग्रह.
**दिपदिप** = चमकदार.
**दिप दिप करना** = चमकना.
**दिपदिपाना** = चमकना.
**दिपना** = चमकना.
**दिपाना** = दमकाना.
**दिमाग़** = अंतर्बोध, अहंकार, बुद्धि, भेजा, मस्तिष्क.
**दिमाग़ का इलाज़** = मनोचिकित्सा.
**दिमाग़ की उपज** = तथ्यहीन.
**दिमाग़चट** = बकवासी.
**दिमाग़दार** = अहंकारी, बुद्धिमान.
**दिमाग़ रौशन** = नसवार.
**दिमाग़ लगाना** = सोचना परखना.
**दिमाग़ी** = काल्पनिक, बुद्धीय, मायावी, विचारित.
**दिमाग़ी अस्पताल** = पागलख़ाना.
**दिमाग़ी खोखलापन** = मूर्खता.
**दियना** = दीपक.
**दियरा** = दीपक.
**दिया** = घटा प्रविष्टि, दीपक.
**दिया/दी** = पहुँचाया/पहुँचाई, प्रदत्त, बिका/बिकी, हस्तांतरित.
**दिया जले** = सायंकाल में.
**दिया जाना** = पाना.
**दियासलाई** = माचिस.
**दियासा** = मरीचिका.
**दिरहम** = सिक्का सूची
**दिल** = इच्छा, मन, साहस, हृदय.
**दिल अटकना** = प्रेम करना.
**दिल आना** = चाहना, प्रेम करना.
**दिलआरा** = सुंदर.
**दिलकश** = मोहक, सुंदर.
**दिल का काला** = अशुभचिंतक, कुटिल, पापी, पापी.
**दिल का खोटा** = अशुभचिंतक, कुटिल.
**दिल का राजा/दिल की रानी** = प्रेमपात्र/प्रेमपात्रा.
**दिल की आग** = लालसा.
**दिल की आवाज़** = अंतरात्मा आदेश.
**दिल की धड़कन** = प्रेमपात्र/प्रेमपात्रा, प्रेमिका, हृदय स्पंदन.
**दिल की धड़कन बंद होना** = मरना.
**दिल की लगी** = लालसा.
**दिलकुशा** = सुंदर.
**दिल गँवाना** = प्रेम करना.
**दिलगीर** = भग्नहृदय.
**दिलगीरी** = उदासी.
**दिलचला** = साहसी.
**दिलचला/दिलचली** = अलमस्त, रूमानी.
**दिलचस्प** = मनोरंजक, रोचक, स्वादिष्ठ.
**दिलचस्पी** = उत्साह, पसंदगी, प्रवृत्ति, रुचि, शौक़.
**दिलचोर** = कापुरुष, कायर.
**दिलजला/दिलजली** = भग्नहृदय.
**दिल जीतना** = मनवाना.
**दिलदरिया** = दानशील.
**दिलदहलाऊ** = रोमांचक..
**दिलदादा** = प्रेमी.
**दिलदार** = प्रेमी, रसप्रेमी.
**दिलदार/दिलदारा** = प्रेमपात्र/प्रेमपात्रा.
**दिलदारनी** = प्रेमिका.
**दिल देने वाला** = प्रेमी.
**दिल दौड़ना** = चाहना.
**दिल धड़कना** = धड़कना.
**दिल पर चोट खाना** = प्रेम करना.
**दिलपसंद** = तरबूज, पसंद, प्रिय.
**दिलफ़रेब** = प्रेमपात्र/प्रेमपात्रा, सुंदर.
**दिलफ़रोश** = प्रेमी.
**दिलफेंक** = रूमानी.
**दिलबख़्त** = प्रेमी.
**दिलबर** = प्रेमपात्र/प्रेमपात्रा.
**दिलबस्त** = प्रेमासक्त.
**दिलबस्तगी** = मनोरंजन.
**दिल बहलाऊ** = मनोरंजक, रोचक, सांत्वनाप्रद.
**दिल बहलाव** = गपशप, मनोरंजन, विनोद, शौक़.
**दिल बिगड़ना** = प्रेम करना.
**दिल मिलना** = प्रेम करना.
**दिल में आना** = चाहना.
**दिल में जगह देना** = प्रेम करना.
**दिल में बैठाना** = प्रेम करना.
**दिल में रखना** = प्रेम करना.
**दिलरुबा** = सुंदर.
**दिल लगना** = प्रेम करना.
**दिल लगाना** = प्रेम करना.
**दिललगी** = प्रेम, रोमांस.
**दिलवर** = प्रेमपात्र/प्रेमपात्रा.
**दिलवाना** = कमवाना, दिलाना.
**दिल वाला** = दानशील, प्रेमी, वीर.
**दिलवाला/दिलवाली** = रसप्रेमी.
**दिल वाली** = प्रेमिका.
**दिल से जाना** = प्रेम करना.
**दिल से हाथ धोना** = प्रेम करना.
**दिल हारना** = प्रेम करना.
**दिलाई** = डिलीवरी.

**दिलाना** *क्रि* अर्जित कराना, आदत्त

कराना, दिलवाना, प्राप्त कराना, *मिलवाना*, वसूलवाना, •देना.

**दिलारा** = प्रेमपात्र/प्रेमपात्रा.
**दिलावर** = प्रेमी, वीर, साहसी.
**दिलावरा** = प्रेमिका.
**दिलावरी** = वीरता, साहस.
**दिलासा** = भयोपशमन, सांत्वना.
**दिलासा देना** = बहलाना.
**दिली** = अंतरंग, सत्कारपूर्ण.
**दिली ख़्वाहिश** = लालसा.
**दिलेर** = वीर, साहसी.
**दिलेरी** = वीरता, साहस.
**दिल्लगी** = चुटकुलेबाज़ी, विनोद, शौक़.
**दिल्लगीबाज़** = चुटकुलेबाज़, विट, विट, विनोदप्रिय, विनोदी.
**दिल्लगीबाज़ी** = वाक्केलि.
**दिल्ली** = दिल्लीः राजधानी, भारत राज्य प्रदेश.

**दिल्ली** *सं* इंद्रप्रस्थ, खांडवप्रस्थ (पूर्व नाम), तुग़लक़ाबाद (पूर्व नाम), दिल्ही, देहली, फ़िरोज़ाबाद (पूर्व नाम), शाहजहानाबाद (पूर्व नाम), श्रीगढ़ (पूर्व नाम), सीरी (पूर्व नाम), •भारत राज्य प्रदेश सूची.

**दिल्लीः राजधानी** *सं दिल्ली*.

**दिल्ली दूरस्त** = दूरता उक्ति.
**दिल्ही** = दिल्ली.
**दिवंगत** = मृत.
**दिवस** = अहोरात्र, कार्य दिवस, जयंती, दिन, वार.
**दिवसांत** = सूर्यास्त.
**दिवसीय** = दैनिक.
**दिवस्पति** = इंद्र.
**दिवांध** = उल्लू.
**दिवाकर** = सूरजमुखी, सूर्य.
**दिवाचर** = दिनचर.
**दिवाटन** = दिनचर.
**दिवारात्र** = पृथ्वी धुरी चक्रण काल.
**दिवाल** = ऋणी.

**दिवाला** *सं* अकिंचनता, असफलता, ऋण अभुगतान, ऋणग्रस्तता, ओवरड्राफ़्ट, कंगाली, कड़की, दिवालियापन, दीवाला (विकल्प), बंटा ढार, बरबादी, विफलता, •अभुगतान, •कुर्क़ी, •नीलामी, •हानि, ▪लाभ.

**दिवालिया** = निर्धन व्यक्ति.

**दिवालिया** *वि* अकिंचन, *ऋणग्रस्त*, *कंगाल*, क़र्ज़ बोझ से दबा, ख़लास, टूटा/टूटी, दीवालिया (विकल्प), देनदार, धनहीन, *निर्धन*, निर्धनित, बैंक्रप्ट, भुगतान अक्षम, मिटा/मिटी, समाप्त, *साधनहीन*, हतश्री, हतसंपद, हीनकोश, •निर्धन, ▪ऋणयोग्य, ▪समृद्ध.

**दिवालियापन** = दिवाला.
**दिवाली** = बिक्री.
**दिवास्वप्न** = कल्पना.

**दिवास्वप्न** *सं* अंतर्लीनता, अपने में खोयापन, आकांक्षा दर्शन, आकाश कुसुम, आशादर्शन, आसमानी कुलाबा, उच्च आकांक्षा, *उड़ान*, *कल्पना*, कल्पना के घोड़े, कल्पना देश, कल्पनामग्नता, कल्पना लोक, कामना, ख़याली घोड़े, ख़याली पुलाव, जाग्रत स्वप्न, फ़ांतासी, बुद्धि विलास, मनमोदक, मनसूबा, मनोकल्पना, मनोकामना, मनोराज्य, मनोलोक, महान योजना, शेख़ चिल्ली का मनसूबा, सपना, सपनों की दुनिया, *स्वप्न*, स्वप्न जगत, स्वप्न दर्शन, स्वप्नलोक, हवाई महल, •काश, •महत्त्वाकांक्षा, ▪यथार्थवाद.

**दिवैया** = ऋणी.
**दिवौका** = मधुमक्खी.
**दिव्य** = अतिप्राकृतिक, ईश्वरीय, चमकदार, देवदूतीय, धार्मिक, नैसर्गिक, परलौकिक, भव्य, वैभवशाली, शोभनीय, सुंदर.

**दिव्य** *वि* अतिमानवीय, अधिदैव, अधिमानवीय, अलौकिक, आधिदैविक, देवयोनीय, देवीय, दैव, दैविक, दैवी, *नैसर्गिक*, *परलौकिक*, *महान*, स्वर्गोपम, •अतिप्राकृतिक, •ईश्वरीय, •सुंदर, ▪दानवीय.

**दिव्य अस्त्र** = दिव्यास्त्र.
**दिव्य आत्मा** = फ़रिश्ता.
**दिव्यगंध** = गंधक.
**दिव्य गायक** = गंधर्व.
**दिव्यचक्षु** = अंधा/अंधी.
**दिव्य दर्शन** = ईश्वर दर्शन.
**दिव्यदृष्टि** = संजय.
**दिव्य पिंड** = तारा.
**दिव्य पुरुष** = सुंदर पुरुष.
**दिव्य प्राणी** = देवता.
**दिव्य प्रेम** = ईश्वर प्रेम.
**दिव्य रत्न** = पारस पत्थर.
**दिव्य रस** = पारा.
**दिव्य लोक** = स्वर्ग.
**दिव्य वाणी** = देववाणी.
**दिव्य साम्राज्य (पूर्व नाम)** = चीन.
**दिव्यांगना** = अप्सरा, देवी.
**दिव्या** = पारिजात वृक्ष, ब्राह्मी, सुंदर स्त्री.
**दिव्यानंद** = आत्मानंद.
**दिव्यासन** = योग आसन.

**दिव्यास्त्र** *सं* दिव्य अस्त्र, देवहेति, देवायुध, देवास्त्र, सुरायुध.

**दिव्यास्त्र सूची** *सं* इंद्रधनुष, इंद्रवज्र, नागपाश, नारायणास्त्र, पाशुपतास्त्र, ब्रह्मपाश, ब्रह्मास्त्र, *शिवधनुष*, सम्मोहनास्त्र, *सुदर्शन चक्र*.

**दिशांत** = सीमेतर क्षेत्र.
**दिशांतर** = कोणांश.
**दिशा** = आयाम, गंतव्य, ट्रैंड, पार्श्व, शौचस्थान, स्थान, स्थिति.

**दिशा** *सं ओर*, ककुप (प्रा), काष्ठा (प्रा), डायरैक्शन, तरफ़, दिक्, दिग्, दिग्भाग, दिग्विभाग, दिश्, पक्ष, *पार्श्व*, *मुँह*, रुख़, सिम्त, •उत्तर दिशा, •दक्षिण दिशा, •पश्चिम दिशा, •पूर्व दिशा, •आयाम, •क्षेत्र.

**दिशाकाल** = दिक्काल.
**दिशाकोण** = उपदिशा.
**दिशा गज** = दिग्गज.
**दिशादर्शक** = ध्रुव तारा, नौकायन पाइलट, मार्गप्रदर्शक.
**दिशादर्शन** = अध्यापन, दिग्दर्शन, नेतृत्व, परामर्श, मार्गप्रदर्शन.
**दिशा नियंत्रण** = कर्णधारण.

 **(प्रा) प्राचीन शब्द, अब अप्रचलित** - *तिरछे* **शब्द स्वतंत्र शीर्षक भी हैं •सपर्याय ▪विपर्याय**

**दिशा नियंत्रण कर्ता** = कर्णधार.
**दिशा नियंत्रण चक्र** = स्टीयरिंग व्हील.
**दिशा निर्देश** = नीति.

**दिशा निर्देश** *सं* इंडिकेटर, *चिह्न*, निर्देश, निर्देशक, पाइंटर, सूई.

**दिशा निर्देशक** = कंपास, निदेशक, मार्गप्रदर्शक.
**दिशापटल** = मार्गदर्शक स्तंभ.
**दिशापति** = लोकपाल.
**दिशापाल** = लोकपाल.
**दिशा बदलना** = मुड़ना.
**दिशा मंडल** = क्षितिज.

**दिशा मंडल** *सं* अंतरचक्र, अंतर्चक्र, क्षितिज वृत्त, दिक्चक्र, दिङ्मंडल, •क्षितिज रेखा.

**दिशा में** = ओर.
**दिशा मैदान** = मलत्याग, शौचस्थान.
**दिशायंत्र** = कंपास.
**दिशा संकेत** = नीति.
**दिशाहीन** = अयोजित, उद्देश्यहीन, नेताहीन, प्रबंधकहीन.

**दिशाहीन** *वि* अलक्ष्य, आवारा, आवारागर्द, *उद्देश्यहीन*, *ग़लत*, चूका/चूकी, च्युत, दिङ्मूढ़, *दुबिधाग्रस्त*, ध्येयहीन, निरुद्देश्य, पतित, परिच्युत, भटकता/भटकती, भटका/भटकी, *भ्रमित*, *भ्रष्ट*, भ्रांत, मार्गहीन, लक्ष्यभ्रष्ट, लक्ष्यभ्रांत, लक्ष्यहीन, विच्युत, विलक्ष्य, •नेताहीन, •मार्गच्युत.

**दिश्** = दिशा.
**दिष्ट** = अपरंतुक, आकलित, पूर्वनिर्धारित, प्रारब्ध, प्रारब्धाधीन.
**दिष्टता** = अवश्यंभावना.
**दिष्णु** = प्रदाता.
**दिसंबर** = मास सूची.
**दिसपुर** = असमः राजधानी.
**दिसावर** = विदेश, सीमेतर क्षेत्र.
**दिहंद** = दानशील, प्रदाता.
**दिहाड़ीदार** = खेत मज़दूर, राज मज़दूर, रोज़ंदार.

**दीक्षांत** *सं* कनवोकेशन, गुरुकुल से घर वापसी, गुरु दक्षिणा संस्कार, वापसी, विद्यांत, विद्यांत संस्कार, शिक्षांत, समावर्तन, ▪अक्षरारंभ, ▪विद्यारंभ.

**दीक्षांत समारोह** *सं* कनवोकेशन.

**दीक्षा** = अक्षरारंभ, उपनयन संस्कार, धर्मग्रहण, धर्मदीक्षा, ब्रह्मचर्य आश्रम प्रवेश, विद्यारंभ, शिक्षा.
**दीक्षागुरु** = धर्मगुरु.
**दीक्षित** = धार्मिक शिष्य, प्रशिक्षित, शिक्षित.
**दीक्षित करना** = पढ़ाना.
**दीगर** = भिन्न, भिन्नकोटीय.
**दीठ** = बुरी नज़र.
**दीठबंदी** = दिठबंदी, मायाजाल.
**दीठवंत** = विवेकी.
**दीठि** = आँख, दृश्य अनुभूति.
**दीढ़** = आँख मैल.
**दीद** = अवलोकित.
**दीदबाज़ी** = दीदारबाज़ी.
**दीदा** = आँख.
**दीदार** = देवदर्शन, मुलाक़ात.

**दीदारबाज़ी** *सं* आँखमटक्का, *ताकझाँक*, दीदबाज़ी, देखादेखी, नैनमटक्का, प्रेमलीला, लघु प्रेम प्रसंग, •डेटिंग, •रोमांस.

**दीदी** = बड़ी बहन.
**दीदे लड़ना** = प्रेम करना.
**दीधति** = किरण.
**दीधिति** = उँगली.
**दीन** = इसलाम धर्म, करुणाजनक, गाय समान, दुःखी, दुर्भाग्यशाली, धर्म, निम्नवित्त, विनम्र.

**दीन इलाही** *सं* अकबर धर्म, दीने इलाही, सर्व धर्म गुण संग्रह, •भेदभावहीनता.

**दीन ईमान** = धर्म.
**दीनदयाल** = दानशील.
**दीनदयालु** = दानशील.
**दीनदार** = धर्माचारी, नमाज़गुज़ार.
**दीनदुःखी** = कंगाल, दुःखी.
**दीनबंधु** = ईश्वर, दानवीर, दानशील, दानी.
**दीनवत्सल** = दानशील, दानी.
**दीनहीन** = निम्नकुलीन, महत्त्वहीन.
**दीनानाथ** = ईश्वर, दानवीर, दानशील, दानी.
**दीनार** = सिक्का सूची
**दीनी** = इसलाम धर्मीय.
**दीने इलाही** = दीन इलाही.
**दीपंकर** = आलोकप्रद.
**दीप** = दीपक.
**दीपक** = षड्राग.

**दीपक** *सं* अंजनकेश, चिराग़, दिअना, दियना, दियरा, दिया, दीप, दीया, प्रदीप, लैंप, शबचिराग़, शबताब, शिखी, संदीप, •दीवाली, •मंदिर दीपक, •रत्नदीप, •लैंप, •शलभ.

**दीपक ज्वाला** = दीपशिखा.

**दीपक बाती** *सं* तूली, तैलिनी, दीपवर्ति, दीयाबाती, *बत्ती*, बाती, वर्तिका.

**दीपकृमि** = जुगनूँ.
**दीपनी** = अजवायन.
**दीप प्रज्वलन** = उद्‌घाटन.
**दीपमाला** = दीवाली.

**दीपमाला** *सं* दीप मालिका, दीपशृंखला, दीपालिका, दीपाली, दीपावली, •दीवाली.

**दीप मालिका** = दीपमाला.
**दीपवर्ति** = दीपक बाती.
**दीप वृक्ष** = झाड़ फ़ानूस.

**दीपशिखा** *सं* जोत, ज्योति, *ज्वाला*, टेम, दीपक ज्वाला, मयूख, लौ, *शिखा*.

**दीपशृंखला** = दीपमाला.
**दीपस्तंभ** = प्रकाशस्तंभ.
**दीपाराधन** = आरती.
**दीपाराधना** = आरती.
**दीपालिका** = दीपमाला.
**दीपाली** = दीपमाला, दीवाली.
**दीपावली** = दीपमाला, दीवाली.
**दीप्त** = आलोकित, चमकदार, मुस्कराता/मुस्कराती, सुंदर.
**दीप्तवर्ण** = दीप्तांग.

**दीप्तवर्ण** *वि* ओजस्वी, जलाल, जलाल वाला, जलाली, *तेजस्वी*, दमकीला/दमकीली, दीप्तांग/

ीप्तांगिनी, नूर वाला, नूरा/नूरी, •चमकदार, •तेजस्वी, •दीप्तवर्ण, •प्रभावशाली, •सुंदर.

**दीप्त होना** = चमकना.
**दीप्तांग** = सुंदर.

**दीप्तांग** *वि* अनवर, ओजस्वी, जलाली, *तेजस्वी*, दमकीला/मकीली, *दीप्तवर्ण*, दीप्तांग/दीप्तांगिनी, नूरा/नूरी, •सुंदर.

**दीप्तांगिनी** = सुंदर स्त्री.
**दीप्ता** = शिकाकाई.
**दीप्ति** = अंगदीप्ति, खिलावट, चमक, प्रकाश, वैभव, सौंदर्य.
**दीप्तिकर** = आलोकप्रद.
**दीप्तिचक्र** = तेजोमंडल.
**दीप्ति देना** = चमकना.
**दीप्तिमान** = शोभनीय.
**दीप्तिहीन** = धुँधला/धुँधली.
**दीप्तोपल** = आतशी शीशा.
**दीप्यक** = पाचकता वर्धक.
**दीबाचा** = भूमिका.

**दीमक** *सं* टर्माइट, भूचर, वम्र, वम्रक, वम्री, सफ़ेद चींटी, सीमिका, •काष्ठ, •चींटी, •बाँबी.

**दीमकघर** = बाँबी.
**दीमक बाँबी** = बाँबी.
**दीया** = दीपक.
**दीयाबाती** = आलोकन, दीपक बाती.
**दीर्घ** = बृहत्, वर्धित, विस्तीर्ण.

**दीर्घ** *वि गुरु*, दीर्घ मात्रायुक्त, द्विमात्र, बड़ा/बड़ी.

**दीर्घ अवकाश** *सं* अवकाश, अवकाश काल, छुट्टी, तातील, दीर्घावकाश, वैकेशन, •ग्रीष्म अवकाश, •वार्षिक अवकाश, •शीतकालीन अवकाश.

**दीर्घकंठ** = बगला.
**दीर्घकाय** = महाकाय.

**दीर्घ काल** *सं* अतिकाल, अरसा, अवधिहीनता, उम्र, कालातिपात, कालातिरेक, चिर, चिरकाल, ज़माना, *जीवन*, दौर, *पीढ़ी*, पूरा जीवन, बड़ी देर, बहुत दिन, बहुत देर, बहुत समय, मुद्दत, *युग*, *विलंब*, सदी, ■अल्पकाल.

**दीर्घकालीन** = चिरकालीन, जीर्ण (रोग), दूरगामी.
**दीर्घग्रीव** = सारस.
**दीर्घ जीवन** = दीर्घायु.
**दीर्घजीवी** = चिरजीवी.
**दीर्घतपा** = ऋषि सूची.
**दीर्घतपा (पूर्व नाम)** = गोतम.
**दीर्घदर्शिता** = दूरदर्शिता.
**दीर्घदारू** = ताड़.
**दीर्घदृष्टि** = दूरदर्शी.
**दीर्घनाद** = शंख.
**दीर्घ निद्रा** = मृत्यु.

**दीर्घ मात्रा** *सं* दुगुनी मात्रा, दो मात्रा, पूरी मात्रा, बड़ी मात्रा, •प्लुत मात्रा, ■ह्रस्व मात्रा.

**दीर्घ मात्रायुक्त** = दीर्घ.
**दीर्घस्थायी** = टिकाऊ.
**दीर्घा** = चित्रशाला.
**दीर्घाकार** = बड़े साइज़ का.
**दीर्घायु** = चिरजीवी, टिकाऊ, सेमल वृक्ष.

**दीर्घायु** *सं* आयुष्य, दीर्घ जीवन, दीर्घायुष्य, परमायुष, बड़ी उमर, लंबा जीवन काल, लंबी उमर, ■अल्प आयु.

**दीर्घायुष्काम** *वि* आयुष्काम, आयुष्कामी/आयुष्कामिनी, दीर्घायुष्कामी/दीर्घायुष्कामिनी, •चिरजीवी.

**दीर्घायुष्य** = दीर्घायु.
**दीर्घावकाश** = दीर्घ अवकाश.
**दीर्ण** = फटा/फटी.
**दीव** = द्वीप.
**दीवान** = अधिवेशन, कवि सम्मेलन, कार्यालय, काव्य संकलन, कोशाध्यक्ष, ख़ालसा दीवान, तख़्त, दरबार, पलंग, राजा सूची भारतीय, लेखापाल, शासक, संकलन पुस्तक, सचिव, सिंहासन.

**दीवान** *सं तख़्त*, तल्प, सैटी, •पलंग, •सोफ़ा.

**दीवान आम** = दरबारे आम.
**दीवानख़ाना** = ड्राइंगरूम, मर्दानख़ाना.

**दीवानख़ाना** *सं* कचहरी, दफ़्तर, *दरबार*, दीवानघर, मुलाक़ात भवन, •ड्राइंगरूम, ■शयन कक्ष.

**दीवानगी** = उन्माद, कल्ट, पागलपन, फ़ैड, फ़ैशन, सनक.
**दीवानघर** = दीवानख़ाना.
**दीवाना** = प्रेमी, प्रेमी.
**दीवाना/दीवानी** = अलमस्त, आसक्त, उग्रवादी, उत्साही, उन्मत्त, पागल, प्रेमासक्त, फ़ैड प्रेमी, फ़ैन, मतांध, मदिरोन्मत्त, मनोक्षिप्त, सनकी.
**दीवानापन** = पागलपन, सनक.
**दीवाना प्रशंसक** = फ़ैन.
**दीवाना होना** = प्रेम करना.
**दीवानी** = प्रेमिका, प्रेमिका.
**दीवाने** = प्रशंसक गण.
**दीवाने ख़ास** = दरबारे ख़ास.
**दीवार** = आड़, तटबंध, दुर्ग परकोटा, बाँध, बैरियर, मुँडेर.

**दीवार** *सं आड़*, ओट, दीवाल, *परदा*, प्राचीर, फ़सील, भित्ति, भित्तिका, भीत, व्यवधान, •परदा दीवार, •सहारा दीवार, •कँगनी, •कगार, •कनात, •द्वार, •नीवँ, •परकोटा, •परदा, •पार्टीशन, •मुँडेर, •स्तंभ.

**दीवार घड़ी** = घड़ी सूची.
**दीवार चिनाई** = चिनाई.
**दीवार सजावटी काग़ज़** = वाल पेपर.
**दीवाल** = दीवार.
**दीवाला (विकल्प)** = दिवाला.
**दीवालिया (विकल्प)** = दिवालिया.
**दीवाली** = दीवाली उत्सव समूह.

**दीवाली** *सं* ज्योति पर्व, *दीपमाला*, दीपाली, दीपावली, •आतिशबाज़ी, •दशहरा, •भाई दूज.

**दीवाली उत्सव समूह सूची** *सं* अन्नकूट, *दीवाली*, धनतेरस, नरक चतुर्दशी, भाई दूज, हूराहूरी.

**दुंदुभि** = ढमढम, ढोल.
**दुंबाल** = नौकर्ण.
**दुःख** = करुणा, खेद, छटपटाहट, दुर्भाग्य, पश्चात्ताप, मातम, रोग, शोक.

**दुःख** *सं* अज़ा, क़लक, कष्ट, किलस, क्लेश, ग़म, *चोट*, *ताप*, दर्द, दुखदर्द, दुहेल, *पीड़ा*, *पीर*, मर्ज़, व्यथा, ●असुविधा, ●करुणा, ●खेद, ●टीस, ●दुर्भाग्य, ●नरक, ●पश्चात्ताप, ●पीड़ा, ●मातम, ●यातना, ●रोग, ●शोक, ●संकट, ■आनंद, ■राहत, ■संतोष, ■सुख, ■सौभाग्य.

दुःखकातर = अश्रुपूर्ण, दुःखी.

**दुःखगाथा** *सं* करुण कथा, कष्टकथा, दर्द, दुखड़ा, व्यथाकथा, शोककथा, शोकगाथा, ●दुःखांत नाटक.

दुःखत्राण = परित्राण.
दुःखत्राता = परित्राता.
दुःखद = करुणाजनक, दुर्भाग्यप्रद, नारकीय, निराशाजनक, पीड़ाप्रद.

**दुःखद** *वि* अप्रिय, करुण, कष्टकर, कष्टप्रद, *खेदजनक*, ग़मनाक, *चिंताजनक*, दयनीय, दर्दअंगेज़, दर्दनाक, दर्दीला/दर्दीली, दुःखदाता, दुःखदायी, दुःखप्रद, *पीड़ाप्रद*, मनोव्यथाकारी, शोकप्रद, शोचनीय, ●करुणाजनक, ■आनंदप्रद, ■आशाप्रद, ■प्रसन्नताप्रद, ■सांत्वनाप्रद, ■सुखद.

दुःखदाता = आततायी, दुःखद.
दुःखदायी = दुःखद.
दुःखधाम = नरक.

**दुःखधाम** *सं* कष्टधाम, *कारागार*, *नरक*, नरककुंड, ■सुखधाम.

दुःखप्रद = करुणाजनक, दुःखद.
दुःख बँटाने वाला = मृत्यु संवेदना कर्ता, हमदर्द.
दुःख भरा = करुणाजनक.
दुःख भुलाना = बहलाना.
दुःखलोक = इहलोक.
दुःख हर्ता = परित्राता.
दुःखहीन = शोकहीन.
दुःखांत = दुःखांत नाटक, दुःखांत नाटक.

**दुःखांत नाटक** *सं* ट्रैजेडी, त्रासदी, दुःखांत, शोकांत, ●गंभीर नाटक, ■सुखांत नाटक.

दुःखायतन = आवागमन चक्र.
दुःखित = दुःखी, पीड़ित.
दुःखी = अतृप्त, अश्रुपूर्ण, कंगाल, खेदपूर्ण, निराश, पीड़ित, प्रायश्चित्तपूर्ण, वियोगी.

**दुःखी** *वि* अनमना/अनमनी, अनुतप्त, अनुशयान/अनुशयाना, अनुशयी, *अप्रसन्न*, अशांत, *अश्रुपूर्ण*, आर्त, *उदास*, करुण, कातर, खस्ताहाल, खिन्न, ग़मग़ीन, ग़मज़दा, ग्लानिपूर्ण, डबडबाता/डबडबाती, तंग, त्रस्त, *दग्ध*, दीन, दीनदुःखी, दुःखकातर, दुःखित, *पीड़ित*, बदहाल, बेकल, बेचारा/बेचारी, बेदिल, बेहाल, भाग्यहीन, म्लान, रंजीदा, रोता/रोती, व्यथित, व्याकुल, *शोकग्रस्त*, शोकविह्वल, शोकातुर, शोकार्त, शोकोपहत, संतप्त, सशोक, सोख़्ता, हतभाग्य, हीन, ●असफल, ●चिंतित, ●निराश, ●पराजित, ●बीमार, ●भग्नहृदय, ●शोकग्रस्त, ■प्रसन्न, ■शोकहीन, ■सफल, ■सुखी.

दुःखी करना = रुठाना.
दुःसाहसिक = दुस्साहसी.
दुःसाहसी = दुस्साहसी.

**दुःस्वप्न** *सं* अश्वासुर दर्शन, छायापुरुष दर्शन, दुष्भ्रांति, भयंकर दृश्य, भयदर्शन, भयस्वप्न, भयानक स्वप्न, भीति, भीषण दर्शन, विभीषिका, स्वप्न भीति, ●दिवास्वप्न.

दु = दो.
दुअन्नी = सिक्का सूची
दुआ = आशीर्वाद, कल्याणकामना, दया, निवेदन, पूजा, प्रार्थना, भक्ति.
दुआए ख़ैर = कल्याणकामना.
दुआ देना = असीसना.

**दुआब** *सं* दोआबा, दोन, दो नदी मध्य भूमि, *द्रोण*, बाँड़, ■संगम.

दुआ सलाम = अभिवादन, अल्पपरिचय.
दुआ सलामी = अल्पपरिचित.
दुई = दो, द्वैतता.
दुई का परदा = द्वैतता.
दुओ = दोनों.
दुकड़ी = जोड़ी, टीम.

**दुकान** *सं* आगार, पण्य, पण्यशाला, पेढ़ी, *पैंठ*, *भंडार*, विक्रयागार, शौप, स्टोर, हट्टी, हाट, ●जनरल स्टोर, ●डिपार्टमैंट स्टोर, ●पेढ़ी, ●फेरी दुकान, ●बाज़ार, ●शोरूम.

दुकानदार = फेरी वाला.

**दुकानदार** *सं* दुकान वाला, दूकानदार, मालिक, वणिक, *विक्रेता*, शौपकीपर, हटवार, ●फेरी वाला, ●व्यापारी, ●सेल्समैन, ●सौदागर.

**दुकानदार आसन** *सं* *गद्दी*, थड़ा, थला, थली, *पीठ*, *पीढ़ी*, पेढ़ी, फड़.

दुकानदारी = सौदागरी.
दुकान बंद = आम हड़ताल.
दुकान वाला = दुकानदार.
दुकान समूह = डिपार्टमैंट स्टोर.
दुकूल = ओढ़नी, रेशमी वस्त्र.
दुकूलिनी = नदी.
दुक्खन = टीस, पीड़ा.
दुक्खन होना = दुखना.
दुखंडा/दुखंडी = दोखंडीय.
दुखड़ा = दुःखगाथा, शोक.
दुखड़ा रुदन = झींक.
दुखता/दुखती = पीड़ाप्रद.
दुखदर्द = दुःख, शोक.
दुखना = चुभना.

**दुखना** *क्रि* करकना, कसकना, कुलना, चसकना, चिलकना, चीसना, *चुभना*, टसकना, टीसना, दुक्खन होना, पिराना, पीड़ा होना, बेकली होना, *लगना*, सूलना, हूकना, ●चुभना, ●दुखाना.

**दुखाना** *क्रि* कलपाना, कष्ट देना, *कसना*, ग्रसना, *जलाना*, तड़पाना, दाहना, पीड़ा पहुँचाना, *भूनना*, मसोसना, *सताना*.

**दुखिया** = निर्धन व्यक्ति.
**दुखियारा/दुखियारी** = करुणाजनक.
**दुखी** = उदास.
**दुखी होना** = रोना.
**दुख्तर** = पुत्री.
**दुगना/दुगनी** = दुगुना.
**दुगासरा** = शरणस्थल.

**दुगुना** *वि* डबल, दुगना/दुगनी, दुगुना/दुगुनी, दुचंद, दुनी, दुबाला, दुहरा/दुहरी, दूना/दूनी, दोगुना/दोगुनी, दोचंद, दोबाला, दोहरा/दोहरी, द्विगुणित, यमक.

**दुगुना/दुगुनी** = दुगुना.
**दुगुनी मात्रा** = दीर्घ मात्रा.
**दुग्ध** = दुधारु, दूध, वृक्ष दूध, सफ़ेद.
**दुग्ध गोद्रव** = दुग्ध पशु.
**दुग्धदा** = दुधारु.
**दुग्धदान** = स्तन्यदान.
**दुग्ध दोहन रस्सी** = दोहन रस्सी.
**दुग्धन** = दोहन.

**दुग्ध पशु** *सं* कैटल, गायबैल, गायभैंस, गोद्रव, गोधन, चौपाए, डंगर, डेरी पशु, *ढोर*, ढोर डंगर, दुग्ध गोद्रव, बड़ा जानवर, *भेड़बकरी*, मवेशी, माशिया, •जुगाली, •ढोर, •मांस पशु.

**दुग्ध पशुपालन** = डेरी फ़ार्मिंग.
**दुग्ध पशु फ़ार्म** = डेरी.
**दुग्धपान** = स्तनपान.
**दुग्धवती** = दुधारु.

**दुग्धहीन** *वि* ठंठी, ठाँठ, दूधहीन, सूखी, ▪दुधारु.

**दुग्धागार** = डेरी.
**दुग्धाशन** = दुग्धोपजीवी.
**दुग्धाशय** = स्तन.
**दुग्धाशी** = दुग्धोपजीवी.
**दुग्धाहारी** = दुग्धोपजीवी.

**दुग्धोपजीवी** *सं* क्षीराद, दुग्धाशन, दुग्धाशी, दुग्धाहारी, •निरामिषाहारी.

**दुघड़िया** = मुहूर्त.
**-दुघ्** = प्रदाता.
**दुचंद** = दुगुना.
**दुचितई** = दुबिधा.
**दुचित्ता/दुचित्ती** = दुबिधाग्रस्त.
**दुछत्ती** = टाँड़ा, मियानी.
**दुतकारना** = धिक्कारना.
**दुतकारा/दुतकारी** = निष्कासित.
**दुतरफ़ा** = पारस्परिक.
**दुतरफ़ा/दुतरफ़ी** = द्विपार्श्वीय.
**दुत्कार** = अपमान, डाँट, तिरस्कार.
**दुत्कारना** = डाँटना.
**दुत्कृत** = अपमानित, निर्वासित, निष्कासित.
**दुद्धी** = घिया.

**दुधमुँहा/दुधमुँही** *वि* क्षीरकंठ, दूधपीता/दूधपीती, पियल्ला/पियल्ली, स्तनंधय, स्तन्यपायी, •नवजात शिशु, •शिशुवत.

**दुधमुँहापन** = शैशव.
**दुधार** = दुधारु.

**दुधारा/दुधारी** *वि* दोधारा/दोधारी, यमधार.

**दुधारु** *वि* दुग्ध, दुग्धदा, दुग्धवती, दुधार, दुधिया, दुधैल, पयस्विनी, ▪दुग्धहीन.

**दुधिया** = दुधारु.
**दुधैल** = दुधारु.
**दुनिया** = इहलोक, जीव समष्टि, पृथ्वी, लोक, सृष्टि.
**दुनिया का गोला** = पृथ्वी गोला.
**दुनियादार** = गृहस्थ.
**दुनियावी** = इहलौकिक, विलासप्रिय, व्यवहारकुशल, सांसारिक.
**दुनिया से उठना** = मरना.
**दुनिया से जाना** = मरना.
**दुनी** = दुगुना.
**दुनीति** = दुराचार.
**दुपट्टा** = ओढ़नी.
**दुपल्ला/दुपल्ली** = द्विपार्श्वीय.
**दुपहर** = पूर्वाह्न, मध्याह्न.
**दुपहला/दुपहली** = द्विपार्श्वीय.
**दुबकना** = छिपना, डरना, सकुचना.
**दुबका/दुबकी** = भूमिगत.
**दुबधा (विकल्प)** = दुबिधा.
**दुबला/दुबली** = कंकालमात्र, निर्बल.

**दुबलाना** *क्रि* अटेरन होना, अबलिष्ठ होना, अशक्त होना, कुम्हलाना, कुम्हलाना, कृशकाय होना, क्षीणकाय होना, क्षीण होना, खाया पिया न लगना, *गिरना*, *घटना*, *घटना*, घुलना, *छीजना*, झँवराना, *टूटना*, ढीला पड़ना, ताक़त खोना, *थकना*, दुर्बल होना, निचुड़ना, निर्बल होना, पड़ना, पतलाना, बल कम होना, बल क्षय होना, बल खोना, *बुझना*, मंद होना, मुरझना, *मुरझाना*, लटना, शक्तिक्षय होना, शिथिल होना, शिथिलाना, सुत जाना, सुतना, *सूखना*, हड्डियाँ निकल आना, *हारना*, •दुबलाना, ▪बल बढ़ना, ▪सुपुष्ट होना.

**दुबारी** = उपद्वार, डेवढ़ी.
**दुबाला** = दुगुना.
**दुबिधा** = आशंका, झेंप, भ्रम, मार्गभ्रम, संदेह, समस्या.

**दुबिधा** *सं* अंतर्द्वंद्व, अकधक, अगर मगर, अनिर्णय, *अनिश्चय*, असंकल्प, असमंजस, आगापीछा, आत्मसंदेह, उधेड़बुन, उभयदंश, *उलझन*, ऊहापोह, कशमकश, *किंतु परंतु*, दिग्भ्रम, दुचितई, दुबधा (विकल्प), दोदिली, द्वंद्व, द्विविधा, द्वैध, धर्मसंकट, पसोपेश, *पहेली*, *भ्रम*, भ्रांति, मनोमंथन, मानसिक अंर्तद्वंद्व, यह वह, विकल्पग्रस्तता, विकल्प जाल, शंका, शशोपंज, संदेह दोला, संशय, *समस्या*, साँसत, सोचविचार, •आशंका, •भय, •विकल्प, •हिचक, ▪निश्चय, ▪संकल्प, ▪हठ.

**दुबिधाग्रस्त** = दिशाहीन, भ्रमित, मार्गच्युत, संदेहशील.

**दुबिधाग्रस्त** *वि* अनिर्णीत, अनिश्चित, असमंजसग्रस्त, *अस्थिर*, उलझा/उलझी, कर्तव्यविमूढ़, किंकर्तव्य विमूढ़, डाँवाँडोल, दिङ्मूढ़, दुचित्ता/दुचित्ती, दोदिला/दोदिली, धर्मसंकटग्रस्त, संशयशील, संशयी, हैरान, •दुबिधाजनक, •भ्रमित, ▪एकनिष्ठ.

**दुबिधाजनक** = ख़तरनाक, चिंताजनक,

संदेहजनक.

**दुबिधाजनक** *वि* अनिर्णयात्मक, अनिश्चयात्मक, अनिश्चित, असमंजसकारी, *कठिन*, दिग्भ्रामक, दुबिधात्मक, दुबिधापूर्ण, बेढब, *भ्रामक*, शंकाप्रद, *संदिग्ध*, संशयात्मक, •समस्यात्मक, ▪असंदिग्ध, ▪सहज.

**दुबिधात्मक** = दुबिधाजनक.
**दुबिधापूर्ण** = अस्पष्ट (कथन), दुबिधाजनक.
**दुबिधापूर्ण चिंतन** = विमर्श.
**दुबिधामोचक** = निर्णायक.
**दुबिधाहीन** = संकल्पशील.
**दुबिधाहीनता** = धैर्य.
**दुभाखी** = दुभाषिया.

**दुभाषिया** *सं* दुभाखी, दुभाषी, *प्रवक्ता*, भाषाविद, •अनुवादक, •भाषा ज्ञाता.

**दुभाषी** = दुभाषिया.
**दुमंज़िल** = दोखंडीय.
**दुमंज़िला/दुमंज़िली** = दोखंडीय.
**दुम** = पिछलग्गू, पिछवाड़ा, पूँछ.
**दुमछल्ला/दुमछल्ली** = पिछलग्गू.
**दुम दबाना** = डरना.
**दुमदार सितारा** = पुच्छल तारा.
**दुमहला/दुमहली** = दोखंडीय.
**दुम हिलाना** = गिड़गिड़ाना.
**दुमाता** = सौतेली माता.
**दुरंग** = दुरंगा/दुरंगी.

**दुरंगा/दुरंगी** *वि* गंगा जमुनी, टू-कलर, दुरंग, दो रंग का, द्विरंगीय, •काला सफ़ेद, ▪इकरंगा/इकरंगी.

**दुरंत** = अपारगम्य.
**दुरंधण** = वेधन.
**दुरतिक्रम** = अजेय, अनियंत्रणीय, अपारगम्य, वशातीत.
**दुरदिल्ली** = कठिन कार्य.
**दुर दुर** = अपमान.
**दुरदुराया/दुरदुराई** = अपमानित, निष्कासित.
**दुरधिगम** = दुर्गम.
**दुरधिष्ठित** = कुशासित.
**दुरना** = छिपना.
**दुरपवाद** = निंदा.
**दुरभिसंधि** = मिलीभगत.
**दुरभिसंधित** = छला/छली.

**दुरमुट** *सं* दुरमुस, दुर्मुट, •मुँगरा.

**दुरमुस** = दुरमुट.
**दुरवग्रह** = अनियंत्रणीय.
**दुरवस्था** = अकल्याण, कुपरिस्थिति.
**दुराक्रम** = अजेय.
**दुराग्रह** = हठ.
**दुराग्रही** = आदिसिद्धांतवादी, उग्रवादी, कठोर (व्यवहारी), खेदहीन, मतांध, हठी.
**दुराचरण** = दुराचार, परगमन.
**दुराचरण कर्ता** = पापी, पापी.
**दुराचरणपूर्ण** = परगमनपूर्ण.
**दुराचार** = अत्याचार, अपराध, दुर्व्यवहार, परगमन, भ्रष्टाचार.

**दुराचार** *सं* अधर्म, अधोगति, अधोगमन, अधोपतन, अनय, अनाचार, अनीति, अनीति मार्ग, अपचार, अपमार्ग, अमार्ग, *अवनति*, असदाचार, असद्वृत्ति, आचारभ्रंश, ओछापन, कदाचार, कदाचार, कमीनगी, कमीनपन, कुचर्या, *कुचाल*, कुत्सा, कुनीति, कुपंथ, कुपथ, कुमार्ग, कुराह, कुवृत्ति, खलाचार, ग़लतकारी, ग़लत रास्ता, गिरापन, गिरावट, गुमराही, चरित्रहीनता, दुनीति, दुराचरण, दुराचारिता, दुर्नीति, दुश्चरित्र, दुश्चरित्रता, दुष्ट आचरण, दुष्टाचार, नैतिक पतन, *पतन*, पथभ्रंश, पथभ्रष्टता, पातकता, पापाचार, बदकारी, बदचलनी, बदफ़ेली, बहक, बिगड़ापन, बेराही, भटकाव, *भ्रष्टाचार*, मार्गच्युति, विकार, *विकृति*, विपथ, विमार्ग, स्याहकारी, हरामकारी, •गुंडागर्दी, •दुष्कर्म, •पाप, ▪सदाचार.

**दुराचारिणी** = कुलटा.
**दुराचारिता** = दुराचार.
**दुराचारी** = घोटालेबाज़, तानाशाह, दुर्जन, दुर्व्यवहारी, पापी, भ्रष्टाचारी.

**दुराचारी** *वि अधम*, अधर्मी, अनाचारी, आचरणहीन, आचारभ्रष्ट, आचारहीन, उत्पाती, ऐबी, ओछा/ओछी, कदाचारी, कमीन, कलुषित, कुकर्मी, *कुटेवी*, कुपंथी, कुमार्गी, कुव्यसनी, गंदा/गंदी, *ग़लत*, गिरा/गिरी, गुमराह, चरित्रहीन, टंच, दुर्व्यसनी, दुश्चरित्र, दुश्शील, दुष्कर्मी, दुष्ट, दुष्टाचारी, पतनशील, पतित, पथभ्रष्ट, *पापी*, बद, बदकार, बदचलन, बिगड़ा/बिगड़ी, बुरा/बुरी, बुरी आदत वाला, *भ्रष्ट*, *भ्रष्टाचारी*, विकारग्रस्त, विकारी, विकृत, विपथगामी, वृषल, व्यभिचारी, व्यसनी, शीलहीन, स्याह, स्वच्छंद, *स्वेच्छाचारी*, हरामकार, हरामी, हीनचरित, •लंपट, ▪सदाचारी.

**दुराजकतापूर्ण** = अराजकतापूर्ण.
**दुराज्य** = कुशासन.
**दुरात्मा** = अशुभचिंतक, दुर्जन, दुर्जनतापूर्ण, शैतान.
**दुराना** = छिपाना.
**दुराराध्य** = अप्रसीद्य.

**दुरारूढ़** *वि* अकल्पनीय, अघट्य, *अतिशयोक्तिपूर्ण*, *अविश्वसनीय*, *असंभव*, *असामान्य*, दुरारूढ़ कल्पनीय, दुष्कल्पनीय, दुष्कल्प्य, दूर का, बढ़ा चढ़ा/बढ़ी चढ़ी, *विचित्र*, विलक्षण, समझ में न आने लायक़, •अतिशयोक्तिपूर्ण, •अविचारणीय, •काल्पनिक, •डींगपूर्ण, ▪बुद्धिग्राह्य.

**दुरारूढ़ कल्पनीय** = दुरारूढ़.
**दुरारोहा** = सेमल वृक्ष.
**दुरालाप** = गाली, गालीगलौज.
**दुरालोक** = कुदृश्य.
**दुराव** = गोपन, परजन भावना.
**दुराशंका** = ग़लतफ़हमी.
**दुराशय** = कुटिल, दुर्जन, दुर्जनतापूर्ण, दुष्कामना.
**दुराशा** = निराशा, मिथ्या आशा.
**दुरुत्साहक** = उपद्रव नेता.
**दुरुपदेश** = कुपरामर्श.

**दुरुपभोग** *सं* *असावधानी*, उड़ाई, दुरुपयोग, *दुर्व्यवहार*, दुष्प्रयोग, बरबादी, लापरवाही, व्यर्थ उपभोग,

•अपव्यय, ■उपभोग, ■उपयोग, ■सदुपभोग.

**दुरुपयोग** = दुरुपभोग.
**दुरुफ** = नीलकंठ.
**दुरुस्त** = अच्छा/अच्छी, अनाहत, अर्हतासंपन्न, अविकृत, आकलित, तर्कसंगत, नैतिक, प्रासंगिक, मरम्मतकृत, संगत, संशोधित, सत्याधारित, समर्थनीय, सही साइज़ का, स्वस्थ, स्वीकार्य.
**दुरुस्ती** = मरम्मत, सुपरिस्थिति.
**दुरूह** = अपठनीय, अबोध्य, दुर्गम.
**दुरेफ** = भ्रमर.
**दुरेषणा** = दुष्कामना, शाप.
**दुर्गंध** = प्याज़.

**दुर्गंध** *सं* *गंध*, पूति, बदबू, बास, बू, •प्रदूषण, •सड़ायँध, ■सुगंध.

**दुर्गंधपूर्ण** = घिनौना/घिनौनी.

**दुर्गंधपूर्ण** *वि* आविषालु, गंदा/गंदी, गर्हित, घिनौना/घिनौनी, घृणित, दुर्गंधयुक्त, दुर्गंधित, दूषित, पूतिगंधिक, पौतिक, बदबूदार, बसा/बसी, बसीला/बसीली, बुरा/बुरी, बुसा/बुसी, बूदार, विषालु, सड़ता/सड़ती, सड़ा/सड़ी, सड़ियल, •गंदा/गंदी, ■सुगंधित.

**दुर्गंध फैलाना** = गंधाना.
**दुर्गंधयुक्त** = दुर्गंधपूर्ण.
**दुर्गंधित** = दुर्गंधपूर्ण.
**दुर्ग** = नगर.

**दुर्ग** *सं* क़िला, कूट, *कोट*, कोट्टयम, गढ़, पनाह, पुर, फ़ोर्ट, शिविर, सुरक्षित स्थान, हिसार, •ग्राम, •नगर, •परकोटा, •परिखा, •सुरक्षा, •सेना.

**दुर्ग कर्म** = दुर्गीकरण.
**दुर्गति** = कुपरिस्थिति.

**दुर्ग परकोटा** *सं* *दीवार*, दुर्ग प्राचीर, नगर परकोटा, नगर प्राचीर, *परकोटा*, प्राचीर, फ़सील, शहरपनाह, हिसार, •ट्रैंच, •परिखा, •रक्षा प्राचीर.

**दुर्ग परिखा** = परिखा.

**दुर्गपाल** *सं* क़िलेदार, कोटपाल, गढ़पति, गढ़पाल, दुर्गाध्यक्ष, दुर्गेश.

**दुर्ग प्राचीर** = दुर्ग परकोटा.
**दुर्गम** = अजेय, असमतल, गहन (वन), पर्वतीय.

**दुर्गम** *वि* अगम, अगम्य, अछेद्य, *अपारगम्य*, अपार्य, अप्रवेश्य, अभेद्य, अलंघनीय, अलंघ्य, अवेध्य, *असमतल*, गहन, गह्वर, घना/घनी, घोर, टेढ़ा/टेढ़ी, ठस, *ठोस*, दुरधिगम, दुरूह, दुर्भेद्य, दुर्लंघ्य, दुस्तर, *पहाड़ी*, बीहड़, रेतीला/रेतीली, *वन्य*, विकट, विषम, •अजेय, ■गम्य, ■समतल.

**दुर्गम भूमि** = असमतल भूमि.
**दुर्गांत** = विचरण मार्ग.
**दुर्गा** = पार्वती.

**दुर्गा** *सं* अन्नदा, अपराजिता, अष्टभुजा, आदिशक्ति, आद्या, इडा, इरावती, ईशानी, ईश्वरा, उग्रा, उमा, कन्या, कन्या कुमारी, कपालमालिनी, कल्याणी, कात्यायनी, *कामाक्षी*, कामाख्या, कालरात्रि, *काली*, किराती, कुमारी, कूष्मांडी, कोट्टवी, *क्षमा*, क्षेमा, खेचरी, गांगी, गांधर्वी, गायत्री, गार्गी, गौतमी, चंडघंटा, चंडा, चंडालिका, चंडी, चतुर्भुजा, चांडालिनी, *चामुंडा*, जगदंबा, जगद्गौरी, जगन्माता, जगन्मोहिनी, जया, *ज्वालामुखी*, *तारा*, त्रिपुरसुंदरी, त्रिपुरा, त्र्यंबका, दक्षजा, दाक्षायणी, दिगंबरी, *देवी*, नंदिनी, निशुंभमर्दिनी, नैरऋती, पंचाननी, परमेश्वरी, पार्षती, प्रचंडा, बगलामुखी, बहुभुजा, बहुरूपा, *ब्रह्मचारिणी*, *ब्राह्मी*, भुवनेश्वरी, भ्रामरी, मंगला, महाकाली, महागौरी, महाचंडी, महादुर्गा, महादेवी, महामाया, महामैया, महारौद्री, महाशक्ति, महिषासुर मर्दिनी, महेश्वरी, मातृका, मातेश्वरी, मालिनी, माहेश्वरी, मृडानी, योगनिद्रा, योगमाता, योगीश्वरी, ललिता, विकराला, विजया, विरजा, वेताली, वेदमाता, वैष्णवी, *शक्ति*, *शाकंभरी*, शारदा, शिखरवासिनी, शिवंकरी, शिवदूती, शिवसुंदरी, शिवा, शिवानी, शुंभ नाशिनी, शुभंकरी, षड्भुजा, षष्ठी, षोडश भुजा, सर्वमंगला, सहस्रभुजा, सिंहवाहिनी, सुंदरी, सुरलोक सुंदरी, हेरंबजननी, •काली, •पार्वती, •मुंडमाला, •शिव.

**दुर्गाध्यक्ष** = दुर्गपाल.

**दुर्गापूजा** *सं* दुर्गोत्सव, नवरात्र, *पूजा*, *शक्तिपूजा*, •दशहरा.

**दुर्गित** = दुर्गीकृत.
**दुर्गीकरण** = व्यूह.

**दुर्गीकरण** *सं* क़िलाबंदी, क़िलेबंदी, दुर्ग कर्म, दृढ़ीकरण, परिरक्षण, प्रतिरक्षण, मोरचाबंदी, सुदृढ़न, सुरक्षण, •व्यूह, •सैन्यीकरण, ■घेराबंदी.

**दुर्गीकृत** = अजेय.

**दुर्गीकृत** *वि* क़िलाबंद, दुर्गित, दृढ़, परिरक्षित, प्रबलकृत, बलित, मोरचाबंद, *रक्षित*, रोधित, *सुदृढ़*, *सुरक्षित*, •उपकरणयुक्त, •सैन्यीकृत.

**दुर्गुण** = बुराई.

**दुर्गुण** *सं* अगुण, अपगुण, अवगुण, ऐब, कमज़ोरी, कमी, कलंक, ख़राबी, ख़ामी, ख़ामी, *खोट*, त्रुटि, दोष, नुक़्स, बुराई, *मल*, *लांछन*, विकार, *स्याही*, हर्फ़, *हानि*, ■श्रेय, ■सज्जनता.

**दुर्गुणी** = बुरा/बुरी.

**दुर्गुणी** *वि* अगुणी, अपगुणी, अवगुणी, ऐबी, ख़राब, खोटा/खोटी, *ग़लत*, गुणहीन, त्रुटिपूर्ण, दाग़ी, दोषी, विकारी, विकृत, सदोष, सद्गुणहीन, •अधम, •कुटिल, •बुरा/बुरी, ■अच्छा/अच्छी.

**दुर्गेश** = दुर्गपाल.
**दुर्गोत्सव** = दुर्गापूजा.

दुर्ग्राह्य = अबोध्य.

**दुर्घटना** *सं* अनर्थ, अनहोनी, अरिष्ट, *आपत्ति*, आहति, ऐक्सीडैंट, कांड, *घटना*, चोट चपेट, *टक्कर*, वाक़िया, वारदात, विपत्ति, संकटपूर्ण घटना, हादसा, होनी, •चोट, •ठोकर, ▪सलामती.

**दुर्घटना क्षेत्र** *सं* अदृश्य मोड़, दुर्घटना बहुल क्षेत्र.

**दुर्घटना बहुल क्षेत्र** = दुर्घटना क्षेत्र.

**दुर्जन** = अपराध जगत सदस्य, दुर्जनतापूर्ण.

**दुर्जन** *सं* *अधम*, असंत, असज्जन, आफ़त का परकाला, उचक्का, एक नंबरी, क़ज़्ज़ाक, कदाचारी, कमीन, कमीना, कल्लाँच, काइयाँ, काला, कुकर्मी, *कुटिल*, कुमति, ख़बीस, खोटा, *गुंडा*, *गुरु*, गुरु घंटाल, घटिहा, चाइयाँ, चार सौ बीस, छँटैल, छलिया, *ठग*, ठगड़ा, ठगिया, डिंगर, दस नंबरी, दस्यु, *दुराचारी*, दुरात्मा, दुराशय, दुर्मति, दुष्कर्मी, दुष्ट, दुष्टात्मा, धूर्त, नंबरी, पाजी, *पापी*, फ़रेबी, बट्टेबाज़, बदमाश, भँडरिया, मदार, लफंगा, लुच्चा, *विट*, शठ, शातिर, *शैतान*, *शोबदेबाज़*, हरामी, •गुंडा, ▪सज्जन.

**दुर्जनता** = गुंडागर्दी.

**दुर्जनतापूर्ण** *वि* अघ, *अधम*, असंत, असज्जन, असाधु, कदाशय, कमीन, कमीना/कमीनी, कलियुगी, काक, काला/काली, कुकर्मी, *कुचाली*, *कुटिल*, कुत्सित, कुमति, क्षुद्र, खल, खोटा/खोटी, टंच, दुरात्मा, दुराशय, *दुर्जन*, दुष्ट, दुष्टात्मा, नंबरी, नीच, पाजी, पातकी, पामर, फ़ितरती, बदमाश, बदराह, बुरा/बुरी, लुच्चा/लुच्ची, शठ, शरारती, *शरीर*, *शैतान*, ▪उच्चाशय, ▪सज्जनतापूर्ण, ▪सरलचित्त.

**दुर्जेय** = अजेय.

**दुर्ज्ञेय** = अबोध्य.

**दुर्दम्य** = अजेय.

**दुर्दशा** = कुपरिस्थिति, दुर्भाग्य.

**दुर्दशाग्रस्त** = कंगाल.

**दुर्दांत** = अजेय, प्रबल.

**दुर्दाम** = कठिन, दमनशील, प्रबल, श्रमसाध्य.

**दुर्दिन** = आपात्काल, दुर्भाग्य, दुर्भिक्ष.

**दुर्दृश** = कुदृश्य.

**दुर्दैव** = ईश्वरीय संकट, क़हर, दुर्भाग्य.

**दुर्दैवचक्र** = दुर्भाग्यचक्र.

**दुर्धर्ष** = दुर्व्यवहारी.

**दुर्नाम** = बवासीर.

**दुर्नामा** = बवासीर.

**दुर्नीति** = दुराचार.

**दुर्बल** = अक्षम, गाय समान, जर्जर वृद्ध, निर्बल.

**दुर्बलता** = सुखंडी.

**दुर्बलन** = बलक्षय.

**दुर्बल होना** = दुबलाना.

**दुर्बुद्धि** = कुटिल.

**दुर्बोध्य** = अपठनीय, अबोध्य, असमाधान्य, कूटबद्ध, क्लिष्ट (भाषा).

**दुर्भाग्य** = क़हर, कुपरिस्थिति, कुयोग.

**दुर्भाग्य** *सं* अदिन, अपगति, अमंगल, अशुभ, असफलता, अस्त भाग्य, कठिनाई, कमनसीबी, क़िस्मत का फेर, कुदिन, कुसमय, *चोट*, *दुःख*, दुर्दशा, दुर्दिन, दुर्दैव, *पराजय*, फूटा नसीब, बदक़िस्मती, बदनसीबी, भाग्यदोष, भाग्यहीनता, मुसीबत, विपदा, शामत, हतभाग्यता, •अवनति, •कुसमाचार, •पराजय, •शोक, •हानि, ▪सौभाग्य.

**दुर्भाग्यग्रस्त** = दुर्भाग्यशाली.

**दुर्भाग्यचक्र** *सं* उलझाव, कुचक्र, कुपरिस्थित चक्र, *गोरखधंधा*, चक्रव्यूह, दुर्दैवचक्र, दुश्चक्र, भँवरजाल, *भाग्यचक्र*, *भूलभुलैयाँ*, ▪सौभाग्य.

**दुर्भाग्यपूर्ण** = खेदजनक.

**दुर्भाग्यप्रद** *वि* अकल्याणकारी, अनिष्ट, अपकारक, अरिष्ट, अशुभ, अहितकारी, *दुःखद*, नुकसानदेह, बद, बुरा/बुरी, हानिकर, *हानिप्रद*, •अनिष्टकारी, •अपकारी, •अशुभसूचक, ▪कल्याणकारी, ▪सफलताप्रद, ▪सौभाग्यप्रद.

**दुर्भाग्यशाली** = असफल.

**दुर्भाग्यशाली** *वि* अभागा/अभागिन, अभिशप्त, अवसन्नभाग्य, अस्तभाग्य, कमनसीब, कमबख़्त, क़िस्मत का मारा, दईमारा/दईमारी, दीन, दुर्भाग्यग्रस्त, निगोड़ा/निगोड़ी, बदक़िस्मत, बदनसीब, भाग्यहीन, मंदभाग्य, विफल, हतभाग्य, हतश्री, हताश, ▪सौभाग्यशाली.

**दुर्भाग्यसूचक** = अशुभसूचक.

**दुर्भाव** = दुष्कामना, वैमनस्य.

**दुर्भावना** = दुष्कामना, वैमनस्य.

**दुर्भावपूर्ण** = शत्रुतापूर्ण.

**दुर्भावहीन** = ईर्ष्याहीन.

**दुर्भावी** = अशुभचिंतक.

**दुर्भिक्ष** = अवर्षा.

**दुर्भिक्ष** *सं* अकाल, अन्नाकाल, कमी, क़हत, *काल*, दुर्दिन, दुष्काल, भुखमरी, सूखा, •कंगाली, •कुपोषण, •भुक्खड़पन, •मृत्यु.

**दुर्भेद्य** = दुर्गम.

**दुर्मति** = कुटिल, दुर्जन.

**दुर्मद** = अहंकारी.

**दुर्मुख** = कटुभाषी.

**दुर्मुट** = दुरमुट.

**दुर्मेधा** = मंदधी.

**दुर्यश** = बदनामी.

**दुर्योग** = कुअवसर, कुयोग.

**दुर्योध** = अजेय.

**दुर्योधन** = अजेय, शनि ग्रह.

**दुर्योधन** *सं* कुरुराज, गांधारी पुत्र, गांधारेय, धृतराष्ट्र पुत्र, •कर्ण, •कौरव, •द्रोणाचार्य, •भीष्म, ▪अर्जुन, ▪युधिष्ठिर.

**दुर्योधन पक्षीय कुरुवंशी जन** = कौरव.

**दुर्योध्य** = अजेय.

**दुर्योनि** = निम्नवर्णीय.

**दुर्लंघ्य** = दुर्गम.

**दुर्लभ** = अपुनरावृत्त, असामान्य, विचित्र.

**दुर्लभ** *वि* अप्राप्य, असाधारण,

*असामान्य*, असुलभ, ईद का चाँद, *कम*, कोई एक, थोड़ा/थोड़ी, दुश्वार, दुष्प्राप्य, नायाब, बिरला/बिरली, मुहाल, *विरल*, सीमित, •अलभ्य, •अल्पलभ्य, •कहीं कहीं, •मूल्यातीत, ▪सुलभ.

**दुर्ललित** = दुर्व्यवहारी, लड़बावला/लड़बावली.

**दुर्लालन** *सं* क्षमाशीलता, चाव चोचला, चोंचला, चोचला, चोचलेबाज़ी, दुलार, प्यार, बिगाड़, बिगाड़ने की हद तक लाड़ दुलार, *लाड़*, लाड़दुलार, लाड़प्यार.

**दुर्लालसा** = लालसा.
**दुर्वचन** = कटाक्ष, गाली, गालीगलौज.
**दुर्वह** = भारी.
**दुर्वाचक** = कलहप्रिय.
**दुर्वाद** = निंदा.
**दुर्वादी** = निंदक.
**दुर्वासा** = ऋषि सूची.

**दुर्वासा** *सं* अत्रिज, कुशारणि, शापास्त्र.

**दुर्वासा अग्रज** = दत्तात्रेय.
**दुर्विनय** = दुर्व्यवहार.
**दुर्विनीत** = दुर्व्यवहारी, धृष्ट.
**दुर्विपाक** = क़हर, दुष्परिणाम.
**दुर्वृष्टि** = अतिवर्षा, अतिवर्षा.
**दुर्व्यय** = अपव्यय.
**दुर्व्यवस्था** = अव्यवस्था, कुशासन.
**दुर्व्यवहार** = अपराध, ईवटीज़िंग, दुरुपभोग.

**दुर्व्यवहार** *सं* अनम्रता, अनरीति, अनीति, असद्व्यवहार, उजड्डता, कदाचार, कुव्यवहार, *दुराचार*, दुर्विनय, धृष्टता, बदसलूकी, बुरा व्यवहार, •कठोर व्यवहार, •धृष्टता, ▪सद्व्यवहार.

**दुर्व्यवहारपूर्ण** = दुर्व्यवहारी.

**दुर्व्यवहारी** *वि* अनीतिपूर्ण, अविनम्र, अविनीत, अशिष्ट, असद्व्यवहारी, *असौम्य*, आचारभ्रष्ट, उद्धत, कदाचारी, *दुराचारी*, दुर्धर्ष, दुर्ललित, दुर्विनीत, दुर्व्यवहारपूर्ण, धृष्ट, बुरा/बुरी, •अहंकारी, •क्रोधी, ▪सद्व्यवहारी, ▪सुसंस्कृत.

**दुर्व्यसन** = कुटेव.
**दुर्व्यसनी** = कुटेवी, दुराचारी.
**दुर्हृद** = निंदक.
**दुलकी** = द्रुत वेग.
**दुलत्ती** = पदाघात.
**दुलन** = प्रदोलन.
**दुलना** = डोलना.
**दुलराना** = दुलारना.
**दुलराव** = लाड़.
**दुलहन** = वधू.
**दुलहा** = वर.
**दुलहेटा/दुलहेटी** = लाड़ला/लाड़ली.
**दुलाई** = लिहाफ़.
**दुलाना** = डुलाना, हिलाना.
**दुलार** = दुर्लालन, लाड़, लाड़ला/लाड़ली, वात्सल्य.

**दुलारना** *क्रि* आँखों में रखना, आँखों से लगा कर रखना, कलेजे से लगाना, *गुदगुदाना*, गोदी में खिलाना, *चाहना*, चूमना, चोचले उठाना, छोहना, थपथपाना, दुलराना, मल्हराना, लड़याना, लाड़ करना, लाड़दुलार करना, लाड़ना, लाड़प्यार करना, लोड़ना, हुलराना, •प्रेम करना, •सहलाना.

**दुलारा/दुलारी** = प्रेमपात्र/प्रेमपात्रा, लाड़ला/लाड़ली.
**दुलीचा** = क़ालीन.
**दुल्हन** = वधू.
**दुल्हन जोड़ा** = वधू वस्त्र.
**दुल्हा** = वर.
**दुल्हा दुल्हिन** = वरवधू.
**दुल्हिन** = वधू.
**दुवादसबानी** = विशोधित.
**दुवाल** = चपरास.
**दुविधाग्रस्त** = अनवश्यंभावी.
**दुशाला** = शाल.
**दुश्चक्र** = दुर्भाग्यचक्र.
**दुश्चरित्र** = दुराचार, दुराचारी, पापी, पापी.
**दुश्चरित्रता** = दुराचार.
**दुश्चरित्रा** = कुलटा.
**दुश्चिंतक** = अशुभचिंतक.
**दुश्चिंता** = चिंता.
**दुश्चिकित्स्य** = जीर्ण (रोग).
**दुश्मन** = शत्रु.
**दुश्मनाई** = शत्रुता.
**दुश्मनाना** = प्रतियोगितात्मक, शत्रुतापूर्ण.
**दुश्मनी** = कलह, मित्रताभंग, शत्रुता.
**दुश्वार** = कठिन, दुर्लभ, समस्यात्मक.
**दुश्शील** = दुराचारी.
**दुष्कर** = कठिन.

**दुष्कर्म** *सं* अकाज, अकार्य, अकृत्य, अधर्म, अपकृत्य, *अपराध*, करतूत, करनी, कारस्तानी, कुकर्म, कुकृत्य, क़ुसूर, दुष्कृत्य, *पाप*, फ़ेल, बदकारी, बदफ़ेली, व्यभिचार, •अत्याचार, ▪पुण्य, ▪सत्कर्म.

**दुष्कर्मा** = पापी.
**दुष्कर्मी** = अपराधी, घोटालेबाज़, दुराचारी, दुर्जन.
**दुष्कल्पनीय** = दुरारूढ़.
**दुष्कल्प्य** = असंभव, दुरारूढ़.
**दुष्काम** = अशुभचिंतक.

**दुष्कामना** *सं* अकल्याण कामना, अनिष्टचिंतन, अमंगल कामना, अशुभकामना, अशुभचिंतन, असदाशयता, अहितचिंतन, ईर्ष्या, दुराशय, दुरेषणा, दुर्भाव, दुर्भावना, नज़र, बदख़्वाही, बददुआ, मनहूसियत, •ईर्ष्या, •बुरी नज़र, •वैमनस्य, •शुभकामना, ▪कल्याणकामना.

**दुष्कामी** = अशुभचिंतक.
**दुष्काल** = आपात्काल, कुपरिस्थिति, दुर्भिक्ष.
**दुष्कीर्ति** = बदनामी.
**दुष्कुलीन** = निम्नकुलीन.
**दुष्कृत्य** = अपराध, दुष्कर्म.
**दुष्ट** = अधम, अनिष्टकारी, कुटिल, खलनायक, दुराचारी, दुर्जन, दुर्जनतापूर्ण, नाशकारी, पापी, बेईमान, भ्रष्ट, विषाक्त.
**दुष्ट आचरण** = दुराचार.
**दुष्टचेता** = कुटिल.
**दुष्टधी** = कुटिल.
**दुष्टबुद्धि** = कुटिल.
**दुष्टस्वभाव** = कुटिल.

**दुष्टा** = कुलटा.
**दुष्टाचार** = दुराचार.
**दुष्टाचारी** = दुराचारी.
**दुष्टात्मा** = अशुभचिंतक, दुर्जन, दुर्जनतापूर्ण, पापी.

**दुष्परिणाम** *सं* कुपरिणाम, कुप्रतिफल, कुफल, दुर्विपाक, बुरा परिणाम, ▪सुपरिणाम.

**दुष्पाच्य** = अपाच्य.
**दुष्पाठ्य** = कुलिखित.
**दुष्पार्य** = अपारगम्य.
**दुष्पोषण** = कुपोषण.
**दुष्पोषित** = कुपोषित.

**दुष्प्रचार** *सं असत्य*, असत्य प्रचार, कुप्रचार, छक्का पंजा, *छल*, प्रवंचना, बड़ा झूठ, बहुकथित झूठ, महाझूठ, •झूठ, •ब्रेनवाशिंग, ▪जनसंपर्क, ▪सूचना.

**दुष्प्रभाव** = कुसंगति.
**दुष्प्रयोग** = दुरुपभोग.
**दुष्प्राप्य** = दुर्लभ.
**दुष्प्रेरक** = उकसाऊ, उकसाने वाला.
**दुष्प्रेरणा** = उकसावा.

**दुष्प्रेरित** *वि* अपोत्तेजित, अपोत्साहित, उकसाया/उकसाई, *उत्तेजित*, उपजापित, कुप्रेरित, फुसलाया/फुसलाई, बरगलाया/बरगलाई, बहका/बहकी, बहकाया/बहकाई, भड़का/भड़की..

**दुष्प्रेरित करना** = उकसाना.
**दुष्भ्रांति** = दुःस्वप्न.
**दुसराना** = दोहराना.
**दुसरिहा** = असिस्टैंट, प्रतिद्वंद्वी, संगी.
**दुस्तर** = अपारगम्य, दुर्गम.
**दुस्संगतता** = असामंजस्य.
**दुस्संधि** = मिलीभगत.
**दुस्सह** = असह्य.
**दुस्सह्य** = असह्य.
**दुस्साध्य** = अचिकित्स्य, कठिन, चुनौतीपूर्ण, जीर्ण (रोग).
**दुस्साध्य कार्य** = कठिन कार्य.
**दुस्साहस** = वीरता, स्टंट.

**दुस्साहस** *सं अविवेक*, उतावलापन, उद्धतता, कलेजा, जिगरा, जीवट, ढिठाई, धृष्टता, महासाहस, •अव्यावहारिकता, •साहस, ▪विवेक, ▪सावधानी, ▪हिचक.

**दुस्साहसी** = जल्दबाज़.

**दुस्साहसी** *वि* उद्धत, दुःसाहसिक, दुःसाहसी, महासाहसी, •जल्दबाज़, •भयहीन, ▪व्यवहारवादी.

**दुस्स्वभाव** = कुटिल.
**दुह** = दोहन.

**दुहत्था/दुहत्थी** *वि* उभयहस्तिक, द्विहस्त, सव्यसाची, •दयँहत्था/दयँहत्थी, •बयँहत्था/बयँहत्थी.

**दुहना** = पेरना.

**दुहना** *क्रि काढ़ना*, *खींचना*, चुआना, दूध दुहना, दूहना, दोहन करना, दोहना.

**दुहरा/दुहरी** = दुगुना, दोखंडीय.
**दुहराना** = दोहराना.
**दुहाई** = अपील, आरोप, आवाहन, फ़रियाद.
**दुहाई दाता** = अपीलार्थी, निवेदक.
**दुहाग** = वैधव्य.
**दुहागन** = विधवा.
**दुहागिन** = विधवा.
**दुहावनी** = दोहन.
**दुहिता** = कुँवारी, पुत्री.
**दुहित्र** = पुत्री.
**दुहेल** = दुःख.
**दुहेला/दुहेली** = संकटग्रस्त.
**दुहोतरा** = धेवता.
**दुहोतरी** = धेवती.
**दूकानदार** = दुकानदार.
**दूज** = भाई दूज.

**दूज का चाँद** *सं* अल हिलाल, ईद का चाँद, कटा चाँद, नवचंद्रमा, नवशशि, बाल चंद्र, बालेंदु, हिलाल, •अर्धचंद्रमा, •चंद्रमा.

**दूजा/दूजी** = दूसरा/दूसरी.
**दूत** = कूरियर, देवदूत, प्रतिनिधि, राजनयिक, संदेशवाहक.
**दूतकर्म** = राजनय, संदेशवहन.
**दूतता** = राजनय.
**दूतावास** = राजदूतावास.
**दूती** = कुटनी.
**दूध** = निर्यास, वृक्ष दूध, स्तन.

**दूध** *सं* क्षीर, छीर, दुग्ध, पय, पयस, *पीयूष*, मिल्क, शीर, स्तन्य, •चाय काफ़ी मिश्रेय, •दही, •मक्खन, •मावा, •रबड़ी.

**दूध का दूध पानी का पानी** = न्याय.
**दूध का धुला** = पापहीन.
**दूध का धुला/दूध की धुली** = निष्कलंक.
**दूधघर** = डेरी.
**दूध दही घी मधु बूरा मिश्रण** = पंचामृत.
**दूध दुहना** = दुहना.
**दूध पिलाई** = स्तन्यदान.
**दूधपीता/दूधपीती** = दुधमुँहा/दुधमुँही.
**दूधपूत** = संतान.

**दूध बोतल** *सं* फ़ीडर, *बोतल*, शीशी, •चुसनी, •तुतई, •निपल.

**दूध मलाई** = मलाई.
**दूध माँ** = धाय माँ.
**दूध में मक्खी** = आनंद भंग कर्ता.
**दूध वाला** = दूध विक्रेता.

**दूध विक्रेता** *सं ग्वाला*, घोसी, दूध वाला, दूधिया.

**दूधहीन** = दुग्धहीन.
**दूधिया** = अपक्व, दूध विक्रेता, सफ़ेद.
**दूधिया निर्यास** = वृक्ष दूध.
**दूधियापन** = श्वेतिमा.
**दूधी** = घिया, स्तन.
**दून** = घाटी.
**दूना/दूनी** = दुगुना.
**दूब** = घास, दूर्वा घास.
**दूबदू** = अभिमुख.
**दूभर** = कठिन, थकाऊ, भारी.
**दूभर काम** = कठिन कार्य.

**दूरंगम** *वि दूरगामी*, दूरयायी, परि-, •दूरगामी, •सर्वगामी.

**दूर** = अनासन्न, उस पार, दूरी पर, पृथक, वहाँ, विलग्न, सीमा पार.

**दूर** *वि* अनिकट, अलग्न, असन्निकट, असन्निहित, असमीप, *आगे*, दूरवर्ती, दूरस्त, दूरस्थ, न्यारा/न्यारी, पराङ्, हट कर, •अदृश्य,

■निकट, ■सीमावर्ती.

**दूरअंदेश** = दूरदर्शी.
**दूरअंदेशी** = दूरदर्शिता.
**दूर करना** = निवारना, विलगाना.
**दूर का** = दुरारूढ़, प्राचीन.
**दूर की आशा** = मिथ्या आशा.
**दूर की कौड़ी** = अटकल, अतिशयोक्तिपूर्ण.
**दूर की जान पहचान** = अल्पपरिचय.
**दूर के ढोल** = दूरता उक्ति.
**दूरगमन** = किनाराकशी.
**दूरगामी** = दूरंगम, निर्णायक.

**दूरगामी** *वि* दीर्घकालीन, *महत्त्वपूर्ण*, *व्यापक*, ●दूरंगम, ●निर्णायक.

**दूरगामी राकेट** = प्रक्षेपास्त्र.
**दूर जाता** = असमांतर.
**दूर तक देख सकने वाला** = दूरदृष्टियुक्त.
**दूर तक न देख सकने वाला** = निकटदृष्टिग्रस्त.

**दूरतम** *वि* अतिदूर, कटा/कटी, दूरदराज, दूरांतिक, बड़ी दूर, बहुत दूर, लंबा/लंबी, विदूर, सब से दूर, सुदूर, सुदूरस्थ.

**दूरता** = दूरी, परजन भावना.

**दूरता उक्ति** *मु* अंतरिक्ष के पार, अंबरपुष्प, अल्लाह मियाँ का पिछवाड़ा, आकाश कुसुम, आकाश के तारे, ऐल्डोराडो, काली कोस, खजूर फल, खुदा का पिछवाड़ा, चंदा मामा दूर के, डेढ़ हाथ की दूरी, दिल्ली दूरस्त, दूर के ढोल, पर्वत के उस पार, प्रकाश वर्ष पार, लोमड़ी के अंगूर, सपनों का देश, सात समंदर पार, *स्वप्न*.

**दूरदराज** = दूरतम.
**दूरदर्शक यंत्र** = दूरबीन.
**दूरदर्शन** = टैलिविज़न.
**दूरदर्शिता** = विवेक.

**दूरदर्शिता** *सं* ख़बरदारी, चौकसी, जागरूकता, तैयारी, दीर्घदर्शिता, दूरअंदेशी, दूरदृष्टि, परिणाम दृष्टि, *पूर्वज्ञान*, पेशबंदी, *बुद्धिमत्ता*, विचक्षणता, विचारशीलता, सचेतता, *सावधानी*, होशियारी, ●कुशाग्रता, ●विवेक, ●सावधानी, ●स्टेट्समैनशिप, ■भूल.

**दूरदर्शित्र** = दूरबीन.
**दूरदर्शी** = गिद्ध, दूरदृष्टियुक्त, विवेकी.

**दूरदर्शी** *वि* अक़्लमंद, अग्रसोची, आगमसोची, चतुर, दानिशमंद, दीर्घदृष्टि, दूरअंदेश, दूरदृष्टि, दृष्टिवंत, धीमान/धीमती, परिणामदर्शी, पूर्वसोची, प्रज्ञ, प्राज्ञ, *बुद्धिमान*, वचिक्षण, *सचेत*, सजग, समझदार, सयाना/सयानी, सुजान, ●बुद्धिमान, ●विवेकी, ■अदूरदर्शी.

**दूरदृष्टि** = दूरदर्शिता, दूरदर्शी, दूरदृष्टियुक्त.

**दूरदृष्टियुक्त** *वि* गिद्धदृष्टि, दूर तक देख सकने वाला, *दूरदर्शी*, दूरदृष्टि, सुदृष्टि, ●दृश्य अनुभूति, ■निकटदृष्टिग्रस्त.

**दूर नियंत्रक** *सं* रिमोट, रिमोट कंट्रोलर.

**दूरबीन** *सं* टैलिस्कोप, दूरदर्शक यंत्र, दूरदर्शित्र, ●आतशी शीशा, ●औपेरा ग्लासेज़, ●लैंस.

**दूरभवन** = किनाराकशी.
**दूरभाष** = टेलिफ़ोन.
**दूरयान** = अंतरिक्ष यान.
**दूरयायी** = दूरंगम.
**दूरवर्ती** = दूर.
**दूरवाणी** = रेडियो.
**दूरस्त** = दूर.
**दूरस्थ** = दूर.
**दूरस्थ तट पर** = उस पार.
**दूरांतिक** = दूरतम.
**दूरी** = अंतराल, एकाकीपन, किनाराकशी, परजन भावना, लंबाई, वियोग.

**दूरी** *सं* अंतर, *अंतराल*, अनिकटता, अपसर (ज्यामिति), अलग्नता, असमीपता, दूरता, फ़ासला, ●पार्थक्य, ●लंबाई, ■निकटता, ■पड़ोस.

**दूरी का दुःख** = विरह वेदना.

**दूरी पर** *क्रिवि उधर*, *उस पार*, *दूर*, परलम पार, परली पार, परे, पार, फ़ासले पर, बहुत दूर, *बाहर*, ●अंदर, ●उस पार, ●बाहर, ■अंदर, ■निकट.

**दूरी मिटाना** = मिलाना.
**दूर्वा** = दूर्वा घास.

**दूर्वा घास** *सं* काली घास, *घास*, जया, दूब, दूर्वा, पद्ममुखी, भूत हंत्री, भूमिरुहा, रुहा, शतपत्रा, शतमूला, सुभा.

**दूल्हा भाई** = वर.
**दूषण** = पूयन, प्रदूषण, लांछन, संक्रमण.
**दूषित** = अपाच्य, उच्छिष्ट, कौमार्यनष्ट, गंदा/गंदी, घिनौना/घिनौनी, दुर्गंधपूर्ण, प्रदूषित, मारक, मिलावटी, रोगकारक, लांछित, सड़ा/सड़ी.
**दूषित होना** = सड़ना.
**दूसर** = दूसरा/दूसरी.
**दूसरा/दूसरी** = कोई और, द्वितीय स्थानीय, भिन्न.

**दूसरा/दूसरी** *वि* 2रा, ख, दूजा/दूजी, दूसर, दोयम, द्विक, द्वितीय, नंबर दो, प्रथमेतर, बी, बीजा/बीजी, *सैकंड*, ●दो, ●दोनों, ●भिन्न.

**दूसरा जन्म** = उपनयन संस्कार.
**दूसरा दर्जा** = द्वितीय श्रेणी.
**दूसरा नहीं** = अनुपम.
**दूसरापन** = परजन भावना.
**दूसरा बचपन** = वृद्धावस्था, सठियायापन.
**दूसरा वेद** = यजुर्वेद.
**दूसरी उँगली** = मध्यमा उँगली.
**दूसरी औरत** = खलनायिका.
**दूसरी तरफ़** = उस पार.
**दूसरी बार विक्रेय** = सैकंड हैंड.
**दूसरी माँ** = सौतेली माता.
**दूसरे** = परजन.
**दूसरे का/दूसरे की** = पराया/पराई.
**दूसरे के बाद वाला** = तीसरा/तीसरी.
**दूहना** = दुहना.
**दूहा** = दोहा.

**दृगंचल** = पलक.
**दृग** = आँख.
**दृगिंद्रिय (आँख)** = ज्ञानेंद्रिय.
**दृगेंद्रिय** = आँख, दृश्य अनुभूति.
**दृग्गोचर** = दृश्यमान.
**दृढ़** = अखंडनीय, अजेय, अटूट, अनम्य, अनुशासनप्रिय, अपरिवर्तनीय, अमिट, अवश्यंभावी, अविभाज्य, आत्मविश्वासी, आमूलित, एकनिष्ठ, कटिबद्ध, कठोर (अधिकारी), कार्योन्मादी, गाढ़ा/गाढ़ी, टिकाऊ, ठोस, तर्कसंगत, दायित्वपूर्ण, दुर्गीकृत, धीर, निर्णायक, पुरुषोचित, प्रभावातीत, बलिष्ठ, मतांध, लचकहीन, विजड़ित, संकल्पशील, सुदृढ़, सुपोषित, स्थावर, हठी.
**दृढ़कारी** = अथकनीय, शक्तिवर्धक.
**दृढ़चित्त** = गंभीर.
**दृढ़ता** = अनुशासन, अवश्यंभावना, धैर्य, धैर्य, साधना, हठ.
**दृढ़ निश्चय** = संकल्प.
**दृढ़प्रतिज्ञ** = संकल्पशील.
**दृढ़ प्रतिज्ञा** = शपथ.
**दृढ़ प्रवृत्ति** = साधना.
**दृढ़फल** = वारियल वृक्ष.
**दृढ़बीज** = बेर.
**दृढ़मतहीन** = मध्यमार्गी.

**दृढ़मतहीन** *वि* अदृढ़मत, उदार, ढीला/ढीली, दोलायमान, शिथिलानुगामी, •आज़ादख़याल, •मध्यमार्गी, ▪उग्रवादी, ▪मतांध.

**दृढ़ मनोबल** = धैर्य.
**दृढ़मुष्टि** = कंजूस.
**दृढ़मूल** = मूँज.

**दृढ़ वचन** *सं* तीन वचन, पत्थर की लकीर, भीष्म व्रत, साग्नि प्रतिज्ञा, सात फेरे, हमीर हठ, •अखंडनीय वचन, •प्रारब्ध लेख, •शपथ, •संकल्प.

**दृढ़व्रत** = धीर, संकल्पशील.
**दृढ़स्थ** = स्थावर.
**दृढ़ांग** = सुगठितकाय.
**दृढ़ानुगमन** = अत्युत्साह.
**दृढ़ानुगामी** = मतांध.
**दृढ़ारूढ** = आमूलित.
**दृढ़ालय** = बंकर.
**दृढ़ावलंबनहीन** = विचलनशील.
**दृढ़ावलंबी** = संकल्पशील.
**दृढ़ित** = स्थावर.
**दृढ़ीकरण** = कसन, दुर्गीकरण.
**दृत** = दानेदार.
**दृप्त** = अहंकारी.
**दृश्य** = इलस्ट्रेशन, घटना, चाक्षुष, चित्र, दर्शनीय, दृश्यमान, दृश्यावली, नाटक दृश्य, प्रकट, विचित्र वस्तु, साकार.

**दृश्य अनुभूति** *सं अवलोकन*, *आँख*, दीठि, दृगेंद्रिय, दृश्यानुभूति, दृष्टि, नज़र, निगाह, नेत्र, बीनाई, वीक्षा, •श्रवण अनुभूति, •स्पर्श अनुभूति.

**दृश्य आरंभ** = यवनिका उत्थान.
**दृश्यकक्ष** = दृश्यावली कक्ष.
**दृश्य कैसेट** = वीडियोकैसेट.
**दृश्यक्षेत्र** = लैंडस्केप चित्र.
**दृश्य खोजी** = व्यू फ़ाइंडर.
**दृश्य चित्र** = लैंडस्केप चित्र.
**दृश्यतः** = देखते देखते.
**दृश्यपश्च** = पृष्ठभूमि.
**दृश्य भित्ति** = यवनिका.
**दृश्यभू** = लैंडस्केप चित्र.
**दृश्यभू चित्र** = लैंडस्केप चित्र.
**दृश्य भूमि चित्र** = लैंडस्केप चित्र.
**दृश्यमान** = आगामी, साकार.

**दृश्यमान** *वि* अपरोक्ष, *अभिव्यक्त*, गोचर, चक्षुगोचर, *चाक्षुष*, दिखता/दिखती, दृग्गोचर, दृश्य, दृष्टिगोचर, *प्रकट*, प्रत्यक्ष, बरामद, वास्तविक, वीक्ष्य, वेक्ष्य, व्यक्त, समक्ष, *साकार*, साक्षात, *स्पष्ट*, •अनावृत, •पारदर्शी, •यथार्थ, •स्पष्ट, ▪अंतर्धान, ▪अगुप्त, ▪अदृश्य.

**दृश्यरूप** = आकार.
**दृश्य संधानी** = व्यू फ़ाइंडर.

**दृश्याग्र** *सं* अग्रदृश्य, अग्रभाग, *अग्रभूमि*, फ़ोरग्राउंड, सामना, •दृश्यावली, •दृष्टिक्रम, ▪पृष्ठभूमि.

**दृश्यात्मक** = चित्रात्मक.
**दृश्यानुभूति** = दृश्य अनुभूति.
**दृश्यावली** = लैंडस्केप चित्र.

**दृश्यावली** *सं* झाँकी, दृश्य, नज़ारा, मंज़र, विस्टा, *विस्तार*, समाँ, सीन, •दृश्याग्र, •दृष्टिक्रम, •पृष्ठभूमि, •लैंडस्केप चित्र.

**दृश्यावली कक्ष** *सं* अटारी, कोठा, गेज़बो, चंद्रशाला, चंद्रातप, चबारा, चित्रशाल, चौबारा, दृश्यकक्ष, बालाख़ाना, माहताबी, वलभी, •चित्रशाला, •दृश्यावली स्थल, •बरसाती कमरा.

**दृष्ट** = अगुप्त, अवलोकित, ज्ञात, प्रकट, प्रत्यक्ष दृष्ट.
**दृष्टधरता** = स्मृतिधरता.
**दृष्टव्य** = दर्शनीय.
**दृष्टांत** = कहावत.

**दृष्टांत** *सं* उदाहरण, तौर, नज़ीर, *नमूना*, *न्यायवाक्य*, *प्रमाण*, मिसाल, *संदर्भ*, •उपमा, •तुलना.

**दृष्टांतयोग्य** = उदाहरणीय.
**दृष्टांत वाक्य** = न्यायवाक्य.
**दृष्टांतहीन** = अनुपम.
**दृष्टांतीय** = सम्माननीय.
**दृष्टि** = अंतर्बोध, आँख, उद्देश्य, दृश्य अनुभूति, दृष्टिकोण, मत, विचार, साष्टांग दंडवत अंग.
**दृष्टिकोण** = दर्शन शास्त्र, दृष्टिक्रम, मत.

**दृष्टिकोण** *सं आधार*, *चश्मा*, दृष्टि, नज़रिया, निगाह, राय, *विचार*, विचारकोण, समझ, *सिद्धांत*, सोच, *स्थिति*, •विचारधारा.

**दृष्टिकोणग्रस्त** = पूर्वग्रहपूर्ण.

**दृष्टिक्रम** *सं क्षेत्र*, चित्र भूमिका, *दृष्टिकोण*, परिप्रेक्ष्य, पर्सपैक्टिव, *विस्तार*, संदर्श, •चित्र, •दृश्याग्र, •दृश्यावली, •पृष्ठभूमि.

**दृष्टिक्षेप** = दृष्टिपात.
**दृष्टिगत** = अवलोकित.
**दृष्टिगोचर** = दृश्यमान.
**दृष्टि डालना** = देखना.
**दृष्टिपटल** = आँख परदा.
**दृष्टि परीक्षक** = औप्टीशियन.
**दृष्टिपात** = अवलोकन, ताकझाँक.

**दृष्टिपात** *सं* उड़ती नज़र, *झलक*,

दृष्टिक्षेप, नज़रसानी, मुलाहज़ा, सरसरी नज़र, •अपूर्ण पठन, ▪विहंगावलोकन.

**दृष्टिपात करना** = देखना.
**दृष्टिबंध** = दिठबंदी, मायाजाल.
**दृष्टिभ्रम** = दिठबंदी, मायाजाल, मायादर्शन.
**दृष्टिवंत** = दार्शनिक, दूरदर्शी, बुद्धिमान, विचारक.
**दृष्टिविक्षेप** = चितवन.
**दृष्टिहीन** = अंधा/अंधी.
**दृष्टि होना** = चाहना.
**दृष्टींद्रिय** = आँख.
**देई** = देवी.
**देखते** = खुले आम, देखते देखते.
**देखते देखते** = अभी, आसन्नतः, खुले आम, तत्काल, द्रुततः.

**देखते देखते** *क्रिवि* अंजसा, अपनी आँखों, अवलोक्यतः, आँख के सामने, आँखों के सामने, आँखों देखते, आँखों से, दृश्यतः, देखते, देखते भालते, नज़रों के सामने, प्रत्यक्षतः, लक्ष्यतः, समक्षतः, साफ़ साफ़, सामने, •खुले आम.

**देखते भालते** = खुले आम, देखते देखते.
**देखते ही** = तभी.
**देखन** = अवलोकन.
**देखना** = आज़माना, चखना, जानना, झाँकना, समझना, सोचना, सोचना परखना.

**देखना** *क्रि* अवलोकन करना, जोहना, दरसना, दृष्टि डालना, दृष्टिपात करना, नज़र डालना, नज़र दौड़ाना, निरखना, निहारना, मुलाहज़ा करना, लखना, विलोकना, •झाँकना, •ताकना, ▪अनदेखी करना, ▪दिखाना.

**देखना भालना** = आज़माना, पालना पोसना.
**देखनी** = पैरिस्कोप.
**देखने योग्य** = दर्शनीय, विचारणीय.
**देखभाल** = इंस्पैक्शन, नर्सिंग, परिचर्या, पालनपोषण, प्रबंध, रखरखाव, संरक्षण, सत्कार.
**देखरेख** = इंस्पैक्शन, पहरा, प्रबंध, संरक्षण.
**देखा/देखी** = अवलोकित, ज्ञात.
**देखाई** = प्रदर्शन.
**देखादेखी** = अनुकरण, दीदारबाज़ी, बाज़ारदारी.
**देखा भाला/देखी भाली** = अध्यीत.
**देग** = देगचा.

**देगचा** *सं* टोकना, देग, देगची, पतीला, पतीली, बटली, बटलोई, बटुई, *हँडिया*, •कड़ाह, •केतली, •भिगौना.

**देगची** = देगचा.
**देगी मिर्च** = मसाला सूची

**देगी मिर्च** *सं* कश्मीरी मिर्च, रंगदार मिर्च, •मिर्च.

**देदीप्यमान** = चमकदार, वैभवशाली.
**देन** = उपहार, दान, प्रदान.
**देनदार** = ऋणी, दिवालिया.
**देनदारी** = ऋण, बक़ाया.
**देनहार** = ऋणी, प्रदाता.
**देना** = उँडेलना, ऋण, ख़र्चना, घटा प्रविष्टि, चुकाना, देय, परोसना, पहुँचाना, बाँटना, बेचना, सौंपना.

**देना** *क्रि* *त्यागना*, थमाना, *निकालना*, *परोसना*, प्रदान करना, प्राप्त कराना, *भेजना*, मुहैया करना, समदना, सामने रखना, •दिलाना, •बाँटना, •सौंपना, ▪उगाहना, ▪पाना, ▪लेना.

**देने वाला** = उपहार दाता, दानशील, दानी, प्रदाता.
**देय** = करयोग्य, घटा प्रविष्टि, मूल्य.

**देय** *वि* *अदत्त*, अप्रदत्त, खड़ा/खड़ी, चढ़ा/चढ़ी, दाय, *देना*, *बक़ाया*, ▪आदेय.

**देय आदेय** = आदानप्रदान.
**देयता** = ऋण.
**देयपत्र** = बिक्री बिल.
**देयशेष** = बक़ाया.
**देयी** = ऋणी.
**देर** = काल, विलंब.
**देर तक उबलना क्रिया** = औटाव.
**देर नहीं** = ऐक्सप्रैस डिलीवरी.
**देर में** = समय के बाद.
**देर रात** = देर रात में.

**देर रात में** *क्रिवि* गई रात, गए वक़्त, देर रात, देरी से, रात बिरात, ▪प्रातःकाल में.

**देर सबेर** = कभी भविष्य में.
**देर से किया गया ब्रेकफ़ास्ट** = ब्रंच.
**देर से चला आता** = पारंपरिक.
**देरी** = अप्रगति, विलंब.
**देरी से** = देर रात में, समय के बाद.
**देरी से उगने वाला** = पछेती (फ़सल).
**देव** = इंद्र, ईश्वर, देवता, देवदानव.
**देवक** = देवता.
**देवकक्ष** = गर्भगृह.
**देवकथा** = पुराण कथा.
**देवकन्या** = सुंदर स्त्री.
**देवकाय** = महाकाय.
**देवकिनी** = आकाश गंगा.

**देवकी** *सं* अदिति (अवतार), कृष्ण माता, पृश्नि, वृक देवी, •वसुदेव.

**देवकीनंदन** = कृष्ण.
**देवकुल** = देवता समूह.
**देवगंधर्व** = नारद.
**देवगण** = देवता समूह.
**देव गर्जन** = मेघ गर्जन.
**देवगायक** = गंधर्व.
**देवगुरु** = बृहस्पति.
**देवगृह** = मंदिर, महल.
**देवघाती** = राक्षस.
**देवघ्न** = राक्षस.
**देवचिंतक** = अध्यात्मज्ञ.
**देवचिंतन** = अध्यात्म ज्ञान.
**देवचिंतन सहित श्वास साधन** = प्राणायाम.
**देव चिकित्सक** = अश्विनी कुमार.
**देवता** = आदित्य, देवमूर्ति, सज्जन, सुंदर पुरुष.

**देवता** *सं* अगिरौका, अग्निजिह्व, अजर, अदितिज, अदितिनंदन, अदितिपुत्र, *अमर*, अमर्त्य, अमृतप, अमृतेश, असुरद्रोही, असुरारि, आदितेय, *आदित्य*, गगनचर, गगनविहारी, गौड, ठाकुर, तैंतीस, त्रिदश, त्रिदिवाधीश, दनुजारि,

दानवारि, दिव्य प्राणी, देव, देवक, दैत्यारि, द्युनिवासी, नभौका, परमेष्ठ, पीयूषभोजी, भगवान, यज्ञभोजी, वह्निमुख, विबुध, व्योमचर, सुधाभोजी, सुमना, सुर, स्वर्ग निवासी, हविर्भोजी, •अग्नि, •इंद्र, •ईश्वर, •कामदेव, •कृष्ण, •गणेश, •गौतम बुद्ध, •चंद्रमा, •धर्म, •नृसिंह, •ब्रह्मा, •मरुत, •महावीर, •राम, •वरुण, •विश्वकर्मा, •विष्णु, •शनि देवता, •शिव, •सूर्य, •सोमदेव, •स्कंद, •हनुमान, •अतिमानव, •अप्सरा, •ईश्वर, •फ़रिश्ता, •मिथक, •स्वर्ग, ▪राक्षस, ▪शैतान.

**देवता आदिपुरुष** = दक्ष प्रजापति.
**देवता आहार** = स्वादिष्ठ आहार.
**देवता कृत्य** = लीला.
**देवतागुरु** = बृहस्पति ग्रह.
**देवता तीन स्तर नीचे** = गंधर्व.
**देवतातुल्य** = सज्जनतापूर्ण.
**देवता द्वारा असुर वध** = असुरवध.
**देवताधिप** = इंद्र.
**देवता पेय** = अमृत, नैसर्गिक मद्य, सोमरस.
**देवता प्रसाद** = देवोच्छिष्ट आहार.
**देवता माता** = अदिति.
**देवता रात** = दक्षिणायन.
**देवता रानी** = शची.
**देवता लोक** = स्वर्ग.
**देवता वाणी** = देववाणी.
**देवतावेश्म** = मंदिर.

**देवता समूह** *सं* देवकुल, देवगण, देवनिकाय, दैवत, सब देवता, सर्व देवता, सुरगण.

**देवता सौंदर्य वर्णन** = शिखनख वर्णन.
**देवतास्वरूप** = सज्जनतापूर्ण.
**देवता हाथी** = ऐरावत.
**देवत्रयी** = त्रिमूर्ति.
**देवदर्शन** = तीर्थयात्रा.

**देवदर्शन** *सं* *झलक*, झलकी, झाँकी, दरशन, दर्शन, दीदार, नियाज़, पुण्यदर्शन, मंदिर गमन, मूर्तिदर्शन, वेक्षा, शरबते दीदार, साक्षात्कार, •ईश्वर दर्शन, •झलक, •दर्शनार्थी, •मंदिर.

**देवदानव** = राक्षस.

**देवदानव** *सं* काला देव, जायंट, *जिन्न*, दानव, देव, देवदाना, •डाइनासौर, •डैमन, •महाकाय व्यक्ति/वस्तु, •राक्षस.

**देवदाना** = देवदानव.
**देवदार** = काष्ठ.

**देवदारु** *सं* अमरदारु, केदार, दयार, दारु, पारिभद्र, महादारु, शक्रद्रुम, सुरद्रुम, •चिनार, •चीड़, •सागौन, •हिमालय.

**देवदास** = मद्यप.
**देवदासी** = वेश्या.

**देवदासी** *सं* देवनर्तकी, *नर्तकी*, मंदिर नर्तकी, •पुजारिन, •वेश्या.

**देवदूत** *सं* ईश्वरीय दूत, दूत, *प्रतिनिधि*, •अप्सरा, •परी, •फ़रिश्ता.

**देवदूतसमान** = सुंदर.
**देवदूती** = अप्सरा.

**देवदूतीय** *वि* अच्छा/अच्छी, *कल्याणकारी*, *दयालु*, *दिव्य*, दैवी, फ़रिश्ताई, बहिश्ती, भद्र, भला/भली, मंगलकारी, शुभ, सुंदर, स्वर्गीय, •नैसर्गिक, •पुण्यपूर्ण.

**देवद्रोणी** = अरघा.
**देवधाम** = तीर्थ.
**देवधूप** = साल.
**देवधेनु** = कामधेनु.
**देवन** = क्रीड़ा उपवन.
**देवनर्तकी** = अप्सरा, देवदासी.
**देवनागरी** = भारतीय लिपि सूची.

**देवनागरी अंक** *सं* १ २ ३ ४ ५ ६ ७ ८ ९ ०, हिंदी अंक, •अंतरराष्ट्रीय अंक.

**देवनिकाय** = देवता समूह.
**देवपत्नी** = देवी, वेश्या.
**देवबलि** = बलिदान.
**देवभाषा** = संस्कृत भाषा.
**देवभिषज** = अश्विनी कुमार.
**देवभोग** = चढ़ावा.
**देव मंदिर** = मंदिर.
**देवमादन** = सोमरस.
**देवमुनि** = नारद.

**देवमूर्ति** *सं* चैत्य, ठाकुर, *देवता*, बुत, मूरत, *मूर्ति*, विग्रह, सनम, सुर, •मंदिर, •शिवलिंग.

**देवमूर्ति प्राण प्रतिष्ठा** = मूर्ति प्राण प्रतिष्ठा.
**देवयान** = उत्तरायण.
**देवयुग** = सत्ययुग.
**देवयोनि** = अतिमानव.
**देवयोनि सिद्धि** = प्रेतसिद्धि.
**देवयोनीय** = दिव्य.

**देवर** *सं* नागर, पति छोटा भाई, लल्ला, लाला, •जेठ, •देवरानी, •भाभी.

**देवर पत्नी** = देवरानी.
**देवरा** = मंदिर.
**देवराज** = इंद्र.
**देवराज इंद्र** = इंद्र.
**देवरात** = परीक्षित, सारस.

**देवरानी** *सं* देवर पत्नी, दौरानी, •जेठानी, •देवर.

**देवरिपु** = राक्षस.
**देवर्षि** = कश्यप, नारद.
**देवल** = नारद, मंदिर.
**देवलोक** = स्वर्ग.
**देववचन** = देववाणी.
**देववधू** = अप्सरा, देवी.
**देववाणी** = भविष्यवाणी, संस्कृत भाषा.

**देववाणी** *सं* *आकाशवाणी*, दिव्य वाणी, देवता वाणी, देववचन, *भविष्यवाणी*, सुरवाणी, •आकाशवाणी, •धर्मादेश, •भविष्य वाचन.

**देववैद्य** = अश्विनी कुमार, धन्वंतरि.
**देवव्रत** = भीम, भीष्म, संकल्पशील.
**देवशिल्पी** = विश्वकर्मा.
**देवशेखर** = द्रोण.
**देवश्रुत** = धर्मग्रंथ.
**देवसदन** = पीपल.
**देवसरखा/देवसरखी** = महाकाय.

**देवसर्प** = ड्रैगन.
**देवस्थान** = मंदिर.
**देवहस्ती** = ऐरावत.
**देवहेति** = दिव्यास्त्र.
**देवांगना** = अप्सरा, देवी.
**देवागार** = मंदिर.
**देवाचार्य** = बृहस्पति.
**देवात्मा** = पीपल.
**देवानुग्रह** = ईश्वर दया.
**देवापगा** = आकाश गंगा.
**देवायतन** = मंदिर.
**देवायुध** = इंद्रधनुष, दिव्यास्त्र.
**देवारि** = राक्षस.
**देवार्पण** = चढ़ावा, नैवेद्य.
**देवालय** = मंदिर.
**देवा लेई** = आदानप्रदान, वस्तु विनिमय.
**देवास्त्र** = दिव्यास्त्र.
**देवाहन कर्ता** = यज्ञहोता.
**देवाहार** = स्वादिष्ठ आहार.
**देवी** = कुलीन स्त्री, चेचक, दुर्गा, लक्ष्मी देवी, सरस्वती देवी, साधुनी, सुंदर स्त्री, स्वामिनी.

**देवी** *सं* अमरांगना, अमरी, दिव्यांगना, देई, देवपत्नी, देववधू, देवांगना, भगवती, *योगिनी*, विबुधप्रिया, सुरनारी, सुरबाला, सुरांगना, स्त्री देवता, •अन्नपूर्णा, •कामाक्षी, •काली, •गंगा, •चामुंडा, •दुर्गा, •पार्वती, •ब्रह्माणी, •यमुना, •रति, •राधा, •लक्ष्मी देवी, •विंध्यवासिनी, •वैष्णव देवी, •शक्ति देवी, •शची, •सती, •सरस्वती, •सीता, •इष्टदेवी, •मिथक.

**देवीगृह** = ज़नानख़ाना.
**देवीदेवता सिद्धि** = प्रेतसिद्धि.
**देवीपूजक** = शक्तिपूजक.
**देवीपूजक संप्रदाय** = शाक्त संप्रदाय.
**देवीय** = दिव्य.
**देवेंद्र** = इंद्र.
**देवेश** = इंद्र.

**देवोच्छिष्ट आहार** *सं* देवता प्रसाद, *प्रसाद*, प्रसादी, •देवोपहार.

**देवोपहार** = बलिदान.

**देवोपहार** *सं* अर्पण, अर्पित आहार, क़ुरबानी, *चढ़ावा*, *चौकी*, बलि, •देवोच्छिष्ट आहार, •प्रसाद.

**देश** = क्षेत्र, राज्य, राष्ट्र, स्थान, स्वदेश.

**देश** *सं* कंट्री, *खंड*, ज़मीन, भूभाग, भूमि, मुल्क, *राष्ट्र*, वतन, सरज़मीन, स्तान, •क्षेत्र, •नागरिकता, •महाद्वीप, •राजधानी, •राष्ट्र, •विदेश, •स्वदेश.

**देशकाल** = दिक्काल.
**देशगीत** = राष्ट्रगीत.
**देशज** = स्थानीय.

**देशद्रोह** *सं* ग़द्दारी, नमकहरामी, बग़ावत, *राजद्रोह*, राज्यद्रोह, राष्ट्रद्रोह, सत्ताद्रोह, स्वदेशद्रोह, ▪देशभक्ति, ▪स्वामीभक्ति.

**देशद्रोही** = ग़द्दार.
**देशना** = उपदेश.
**देशनिकाला** = देश निर्वासन.
**देशनिर्गम पत्र** = पासपोर्ट.

**देश निर्वासन** *सं* जलावतन, डामल, तड़ीपार, देशनिकाला, देश निष्कासन, नगरनिकाला, नगर निर्वासन, निकाला, *निष्कासन*, प्रवासन, वनवास, वनवासन, •दंड.

**देश निष्कासन** = देश निर्वासन.
**देशनिष्ठा** = देशभक्ति.
**देश नौकर** = देशभक्त.
**देशप्रवेशानुमति** = वीज़ा.
**देशप्रवेशानुमति पत्र** = वीज़ा.
**देशप्रेम** = देशभक्ति.
**देशप्रेमी** = देशभक्त.

**देशभक्त** *सं* देशप्रेमी, राष्ट्रनिष्ठ, देश सेवक, राष्ट्रप्रेमी, राष्ट्रभक्त, वतनपरस्त, स्वदेश प्रेमी, •स्वाधीनता सेनानी, ▪ग़द्दार.

**देशभक्ति** *सं* देशनिष्ठा, देशप्रेम, देशसेवा, राष्ट्रनिष्ठा, राष्ट्रप्रेम, राष्ट्रीयता, वतनपरस्ती, स्वदेश प्रेम, •निष्ठा, ▪देशद्रोह, ▪राजद्रोह, ▪विद्रोह.

**देशवासिता** = नागरिकता.
**देशवासी** = नागरिक.
**देश विषयक** = देशीय.
**देश शासन** = शासन.
**देशसमय** = समयक्षेत्र.
**देशसेवा** = देशभक्ति.

**देशस्तरीय** *वि* अखिल, अखिलदेशस्तरीय, *केंद्रीय*, *देशीय*, दैशिक, *राष्ट्रीय*, सर्वदेशीय, सार्व, सार्वदेशिक, सार्वभौम, सैंट्रल, ▪विश्वीय.

**देशांत** = सीमेतर क्षेत्र.
**देशांतर** = देशांश, विदेश, सीमेतर क्षेत्र.
**देशांतर रेखा** = देशांश रेखा.
**देशांतरीय** = विदेशी.

**देशांश** *सं* दिगंश, देशांतर, द्राधिमा, याम्योत्तर दिगंश, रेखांश, लंबांश, लांजिटूड, •अक्षांश.

**देशांश रेखा** *सं* दिगंश रेखा, देशांतर रेखा, लंबक, *लंबरेखा*, लांजिटूड. •अक्षांश रेखा.

**देशाटन** = पर्यटन.
**देशित** = निदेशित.
**देशिनी** = तर्जनी उँगली.
**देशी** = देशीय, स्वदेशी.
**देशीय** = देशस्तरीय.

**देशीय** *वि* देश विषयक, देशी, दैशिक, मुल्की, वतनी, •राष्ट्रीय.

**देसवाल** = स्वदेशवासी.
**देसावर** = सीमेतर क्षेत्र.
**देसावरी** = आप्रवासी.
**देसी** = देसी शराब.
**देसी शराब** = मद्य.

**देसी शराब** *सं* दारू, देसी, नौटांक.

**देहंभर** = अत्याहारी.
**देह** = आकार, क़द क़ामत, पिंड, शरीर.
**देह और आत्मा अभिन्न हैं** = चार्वाकवाद.
**देह छूटना** = मरना.
**देहज** = पुत्र.
**देहजा** = पुत्री.
**देह टूटना** = थकना.

**देह ताप** *सं* ज्वर ताप, टैंपरेचर,

*ताप*, बुख़ार.

**देहत्याग** = मृत्यु.
**देह त्यागना** = मरना.
**देहत्राण** = कवच.
**देहधारण** = जन्म.
**देहधारी** = जीव.
**देह नियंत्रण** = डायटिंग.
**देह परिवर्तन** = मृत्यु.

**देहमल** *सं उच्छिष्ट*, *मल*, मैला, रेक, रेचन, शरीर मल, •आँख मैल, •कफ, •कान मैल, •थूक, •पसीना, •मूत्र, •विष्ठा.

**देहमुक्ति** = मृत्यु.
**देहयष्टि** = क़द क़ामत.
**देहयात्रा** = मृत्यु.
**देह रंग** = त्वचा रंग.
**देहरा** = मंदिर.
**देहरादून** = उत्तरांचलः राजधानी.
**देहरी** = घर, चौखट अधोकाष्ठ.
**देहली** = घर, चौखट अधोकाष्ठ, दिल्ली.
**देह विकार** = रोग.
**देह शैथिल्य** = थकान.
**देहसार** = मज्जा.
**देह ही आत्मा है** = चार्वाकवाद, भौतिकतावाद.
**देहांत** = मृत्यु.
**देहांतर आगमन** = पुनर्जन्म.
**देहांतरण** = पुनर्जन्म.
**देहात** = ग्राम.
**देहातिन** = ग्रामवासिनी.
**देहाती** = कृषीय, ग्रामीय, ग्राम्यतापूर्ण.
**देहातीत** = अचेत.
**देहात्मवाद** = चार्वाकवाद, भौतिकतावाद.
**देहात्मवादी** = भौतिकतावादी.

**देहानुपात** *सं* अंग अनुपात, अंगलेट, अंगानुपात, *अनुपात*, काय अनुपात, गढ़न, डौल, बनत, बनन, *बनावट*, रंगरूप, रचना, रूपाकार, वक्ष कटि नितंब अनुपात, वाइटल स्टैटिक्स, शरीर अनुपात, सन्निवेश, सौंदर्य अनुपात, सौंदर्य माप.

**देहावरण** = कवच.
**देहावसान** = मृत्यु.
**देही** = आत्मा, जीव.
**देहीय** = शारीरिक.
**दैतेय** = दानवीय.
**दैत्य** = अत्याचारी, राक्षस.
**दैत्यकाय** = महाकाय.
**दैत्य माता** = दिति.
**दैत्यारि** = देवता.
**दैत्यीय** = दानवीय.
**दैत्येज्य** = शुक्राचार्य.
**दैनंदिन** = दैनिक, प्रतिदिन.
**दैनंदिनी** = डायरी.
**दैन** = उपहार.
**दैनिक** = अनौपचारिक, रूटीनी, समाचार पत्र, सामान्य.

**दैनिक** *वि* आह्निक, डेली, दिवसीय, दैनंदिन, नित्य, प्रतिदिन होने वाला, रोज़नामा, रोज़ाना, हर दिन होने वाला, •पाक्षिक, •मासिक, •वार्षिक, •साप्ताहिक.

**दैनिक आहार** = दावते शीराज़.
**दैनिक कर्म** = रूटीन कार्य.
**दैनिक क्रियाकलाप** = दिनचर्या.
**दैनिक गतिविधि** = दिनचर्या.
**दैनिक नक़दी** = रोकड़ उचंत.
**दैनिक बोली** = जनभाषा.
**दैनिक भाषा** = बोलचाल की भाषा.
**दैनिकी** = लौगबुक.
**दैर** = मंदिर.
**दैव** = अतिप्राकृतिक, ईश्वरीय, दिव्य, प्रारब्ध, भाग्य.
**दैवकृत** = प्राकृतिक.
**दैव कोप** = ईश्वरीय संकट.
**दैव गति** = प्रारब्ध, भाग्यचक्र.
**दैवज्ञ** = ज्योतिषी.
**दैवज्ञता** = ज्योतिष.
**दैवत** = देवता समूह.
**दैव दुर्विपाक** = क़हर.
**दैवयोग** = संयोग.
**दैववशात** = संयोगवश.
**दैववादी** = प्रारब्धवादी.
**दैवागत** = अनपेक्षित, संयोगजन्य.
**दैवात** = संयोगवश.
**दैवाधीन** = प्रारब्धाधीन.
**दैवाधीनता** = प्रारब्धवाद.
**दैविक** = आध्यात्मिक, ईश्वरीय, दिव्य, नैसर्गिक, मिथकीय.
**दैवी** = अतिप्राकृतिक, ईश्वरीय, दिव्य, दिव्य, देवदूतीय, नैसर्गिक, परलौकिक, पैग़ंबरी, सुंदर.
**दैवी आत्मा** = फ़रिश्ता.
**दैवी कृत्य** = लीला.
**दैवी प्रेरणा** = अंतरात्मा आदेश.
**दैवीय** = ईश्वरीय, परलौकिक.
**दैवी संकट** = ईश्वरीय संकट.
**दैवी संकेत** = शकुन.
**दैवी संदेशवाहक** = पैग़ंबर.
**दैवी सिद्धि** = योगसिद्धि.
**दैशिक** = देशस्तरीय, देशीय.
**दैशिका** = उपदेशिका.
**दैह** = शारीरिक.
**दैहिकी** = जैविकी.
**दैह्य** = शारीरिक.

**दो** *सं* 2, एक और एक दो, एक जमा एक, टू, दु, दुई, दोउ, द्वय, द्वा, द्वि, द्वौ, बे, •जोड़ी, •दूसरा/दूसरी, •द्वि.

**दो अर्थ** = श्लेषोक्ति.
**दो अर्थी** = श्लेषोक्तिपूर्ण.
**दोआबा** = दुआब.
**दोउ** = दो, दोनों.
**दोऊ** = दोनों.
**दो एक** = कुछ.
**दो एक बार** = शायद ही कभी.
**दो कौड़ी का** = सस्ता/सस्ती.
**दोखंडा/दोखंडी** = दोखंडीय.

**दोखंडीय** *वि* दुखंडा/दुखंडी, दुमंज़िल, दुमंज़िला/दुमंज़िली, दुमहला/दुमहली, दुहरा/दुहरी, दोखंडा/दोखंडी, दोतल्ला/दोतल्ली, दोमंज़िला/दोमंज़िली, दोमहला/दोमहली, •बहुखंडीय.

**दो गज़ का सीना** = विशाल वक्ष.
**दो गज़ ज़मीन** = क़ब्र.
**दोग़ला/दोग़ली** = अवैध (संतान), संकरित.
**दोगाना** = युगल गीत.
**दो गुटों में विभाजन** = ध्रुवीकरण.
**दोगुना/दोगुनी** = दुगुना.
**दो गुना दस** = बीस.
**दोग्धा** = शोषक.

**दोग्धा** *सं* ग्वाला/ग्वालिन, दोघ, •गोप, •ग्वाला.

**दोघ** = दोग्धा.
**दो घड़ी का मेहमान** = मरणासन्न.
**दोचंद** = दुगुना.
**दो चार** = कम, कुछ.
**दो चार घड़ी का** = अल्पजीवी.
**दो चार दिन** = अल्पकाल, अल्पायु.
**दो चार दिन का** = अल्पजीवी.
**दो चार पल** = अल्पकाल.
**दो चार मिनट का** = क्षणिक.
**दोचोरा** = आटि.
**दोज़ख़** = नरक.
**दोज़ख़ी** = नारकीय, पापी.
**दो जमा एक** = तीन.
**दो जमा दो** = चार.
**दो जिस्म एक जान** = अंतरंग मित्र.
**दो टूक इनकार** = स्पष्ट अस्वीकृति.
**दो टूक जवाब** = स्पष्ट अस्वीकृति.
**दो टूक बात** = स्पष्टोक्ति.
**दो तट बीच की दूरी** = नदी पाट.
**दोतरफ़ा** = आदानप्रदानपूर्ण, पारस्परिक.
**दोतरफ़ा/दोतरफ़ी** = द्विपार्श्वीय.
**दोतल्ला/दोतल्ली** = दोखंडीय.
**दो तीन** = कम.
**दोदना** = मुकरना.
**दोदल** = दलहन.
**दो दिन** = अल्पकाल.
**दो दिन का** = अल्पजीवी.
**दो दिन का मेहमान** = मरणासन्न.
**दोदिला/दोदिली** = दुबिधाग्रस्त.
**दोदिली** = दुबिधा.
**दो दुनी दो** = चार.
**दोधारा/दोधारी** = दुधारा/दुधारी.
**दो नंबर का पैसा** = काला धन.
**दोन** = दुआब.
**दो नदी मध्य भूमि** = दुआब.

**दोना** *सं* करदौना, तपस्वी पत्र, *दमन*, दौना, दौनी, *द्रोण*, द्रोणी, पतोखा, पत्ता, पत्तों का कटोरा, पत्रपुट, पर्ण संपुट, *पुट*, संपुट, •कटोरा, •पत्तल, •प्याला, •प्लेट.

**दोनों** = दंपति.

**दोनों** *वि* उभय, दुओ, दोउ, दोऊ, दोनों के दोनों, द्वय, द्वौ, •दूसरा/दूसरी, ■दो में से एक.

**दोनों ओर एक सा** = समपार्श्व.
**दोनों के दोनों** = दोनों.
**दोपहर** = पूर्वाह्न, मध्याह्न.
**दोपहर आहार** = लंच.
**दोपहर के बाद** = पीऐम.
**दोपहर से पहले** = एऐम.
**दोपहला/दोपहली** = द्विपार्श्वीय.
**दो पहियों वाली घोड़ागाड़ी** = ताँगा.
**दोपाया** = मानव.
**दोपाया/दोपाई** = द्विपद.
**दोपाया मानविद वानर** = मिसिंग लिंक.
**दो पैर वाला** = द्विपद.
**दोफाँक** = विभाजित.
**दोफाड़** = विभाजित.
**दोबारा** = फिर.
**दोबारा करना** = दोहराना.
**दोबारा नहीं** = एक बार.
**दोबाला** = दुगुना.
**दो बिंदु के बीच की दूरी** = लंबाई.
**दो भुजाओं के बीच की दूरी** = चौड़ाई.
**दोमंज़िला/दोमंज़िली** = दोखंडीय.

**दोमट** *सं* थली, *पीली मिट्टी*, बलुई मिट्टी, भुरभुरी मिट्टी, भूँड़, रिहड़ी, रेतीली मिट्टी, सिकता, सैकत, सैकती.

**दोमहला/दोमहली** = दोखंडीय.
**दो मात्रा** = दीर्घ मात्रा.
**दोमानी** = व्यंग्यात्मक, श्लेषोक्तिपूर्ण.
**दोमानी उक्ति** = श्लेषोक्ति.
**दोमुँहा** = कुटिल, पाखंडी, विश्वासघाती.
**दोमुँही बातें** = अस्पष्टवादिता.
**दो में से एक भाग** = आधा/आधी.
**दोयम** = दूसरा/दूसरी.
**दो रंग का** = दुरंगा/दुरंगी.
**दोराहा** = निर्णायक अवसर.

**दोराहा** *सं* तिमुहाना, तिरास्ता, तिराहा, द्विपथ, •चौराहा, •टी तिराहा, •सड़क.

**दोरुख़ा/दोरुख़ी** = द्विपार्श्वीय.
**दो रुपया** = टका.
**दोल** = झूला.
**दोलन** = कंपन, प्रदोलन, लड़खड़ाहट, संचलन.
**दोलन करना** = डुलाना.
**दोलन कुरसी** = रौकिंग चेअर.
**दोलन घोड़ा** = रौकिंग हौर्स.
**दोलना** = पालना.
**दोला** = चरखी झूला डोली, झूला, झूला, पालना.
**दोला कुरसी** = रौकिंग चेअर.
**दोलायमान** = अवसरवादितापूर्ण, दृढ़मतहीन, भयभीत, भ्रमित, विचलनशील.
**दोलित** = उत्तेजित, उथलपुथलपूर्ण, भयभीत, विचलित.
**दोलित करना** = डुलाना.
**दोलित होना** = झूलना, डोलना.
**दोली** = पालना, रौकिंग चेअर.
**दोलोत्सव** = झूला तीज.
**दो-वर्षी** = द्विवर्षीय.
**दो शब्द** = भूमिका.
**दोशीज़गी** = कुमारीत्व.
**दोशीज़ा** = कुँवारी.
**दोष** = अपराध, ग़लती, दाग़, दुर्गुण, बुराई, भूल, मूर्खता, रोग, लांछन.
**दोषकथन** = शिकायत.
**दोषकर** = अनिष्टकारी.
**दोषकारक** = अनिष्टकारी.
**दोषकारी** = अनिष्टकारी.
**दोषदर्शन** = छिद्रान्वेषण.
**दोषदर्शी** = निंदक.
**दोषपत्र** = आरोप पत्र.
**दोषपूर्ण** = असटीक, ग़लत.
**दोषमुक्त** = अपराधमुक्त.
**दोषमुक्ति** = अपराध मुक्ति.
**दोषहीन** = अनिंदनीय, अविकृत, परिपूर्ण, मरम्मतकृत, मूल्यातीत.
**दोषान्वेषक** = छिद्रान्वेषक.
**दोषान्वेषण** = छिद्रान्वेषण.
**दोषारोप** = आरोप.
**दोषारोपक** = अभियोगी.
**दोषारोपण** = निंदा.
**दोषारोप पत्र** = आरोप पत्र.
**दोषारोपित** = अभियुक्त.
**दोषी** = अपराधी, आउट आफ़ आर्डर, दुर्गुणी, सिद्धदोष.
**दोसई** = डोसा.
**दो सप्ताह** = पखवाड़ा.
**दोसा** = डोसा.
**दोसाला** = द्विवर्षीय.
**दो सीटों वाला सोफ़ा** = लव सीट.
**दो से विभाज्य** = समसंख्यक.
**दोस्त** = मित्र, संगी, हमदर्द.

**दोस्त अहबाब** = मित्र मंडली.
**दोस्तदारी** = गर्मजोशी.
**दोस्तनवाज़** = मित्रवत्सल.
**दोस्ताना** = मित्रता, मित्रतापूर्ण, सहयोगपूर्ण.
**दोस्ती** = मित्रता.
**दोस्ती का हाथ** = मित्रलाभ.
**दोस्ती भरा** = मित्रतापूर्ण.
**दोस्ती से भरपर** = मित्रतापूर्ण.
**दोस्तों का दोस्त** = निस्स्वार्थ मित्र.
**दोह** = दोहन.
**दोहक** = शोषक.
**दोहगा** = रखेली.
**दोहद** = इच्छा, गर्भाधान, लालसा.

**दोहद** *सं* इच्छा, गर्भवती इच्छा, दोह्रद, *लालसा*.

**दोहन** *सं* अवदोह, दुग्धन, दुह, दुहावनी, दोह, दोहनी.

**दोहन करना** = दुहना.

**दोहन रस्सी** *सं* छाँद, दुग्ध दोहन रस्सी, नोआ, नोइनी, नोई, नोहनी, पादबंधन, पाबंद, पिछले पैर रस्सी.

**दोहना** = दुहना.
**दोहनी** = दोहन.
**दोहरा** = दोहा.
**दोहरा/दोहरी** = दुगुना.
**दोहराए शब्द** = तकिया क़लाम.
**दोहराना** = रटना.

**दोहराना** *क्रि* दुसराना, दुहराना, दोबारा करना, पुनरावृत्ति करना, फिर करना, फिर से करना.

**दोहराने योग्य** = उद्धरणीय.
**दोहराव** = अनुप्रास, अनुलाप, आवृत्ति, उद्धरण, पुनरुक्ति.
**दोहा** = क़तरः राजधानी.

**दोहा** *सं* दूहा, दोहरा.

**दोहित** = शोषित.
**दोह्रद** = दोहद.
**दौंरी** = दँवरी.
**दौड़** = खेल रन, दौड़ाकी, द्रुत वेग.

**दौड़** *सं* एक दौड़, एक धाव, झटका, दौर, धाप, धाव, रन, रौ, लग्गा, लैप, •जौगिंग.

**दौड़ चरण** *सं* चरण, धाप, धाव, लैप.

**दौड़ता/दौड़ती** = द्रुत.
**दौड़धूप** = आपाधापी, प्रयास.
**दौड़ना** = कुलाँचना.

**दौड़ना** *क्रि* *उछलना*, *उठना*, *उड़ना*, क़दम बढ़ाना, कुदकना, कुलाँच भरना, डग भरना, धाना, धावना, फर्राटे लेना, *भागना*, रेस करना, लपकना, लहराना, *सनसनाना*, *सरसराना*, हवा से बातें करना, हवा होना, •चलना, •छलाँगना, ▪टहलना, ▪रेंगना.

**दौड़ने वाला** = दौड़ाक.
**दौड़पट्‌टी** = दौड़ मार्ग.
**दौड़पथ** = दौड़ मैदान.

**दौड़ मार्ग** *सं* कोर्स, ट्रैक, दौड़पट्‌टी, धावन पट्‌टी, धावन मार्ग, धावनी, धाविका, *पट्‌टी*, पिच (क्रिकेठ), वीथी, •दौड़ मैदान.

**दौड़ मैदान** *सं* ओवल, ट्रैक, दौड़पथ, धावपथ, रेसकोर्स, •खेल मैदान, •घुड़दौड़ मैदान, •दौड़ मार्ग, •मोटर दौड़ मैदान.

**दौड़वाना** = दौड़ाना.
**दौड़ाऊ** = कठोर (अधिकारी).

**दौड़ाक** *सं* जांघिक, दौड़ने वाला, धावक, धावी, •जौगर.

**दौड़ाकी** *सं* झपाटा, *दौड़*, धाव, धावन, प्रजवन, भाग, रपट, वाज, सपाटा, •जौगिंग, ▪विचरण.

**दौड़ादौड़ी** = जल्दबाज़ी.
**दौड़ान** = द्रुत वेग.

**दौड़ाना** *क्रि* दौड़वाना, धवाना, *बढ़ाना*, भगवाना, भगाना.

**दौत्य** = राजनय, संदेशवहन.
**दौना** = दोना, द्रोण, पत्तल.
**दौना वृक्ष** = द्रोण.
**दौनी** = दोना.
**दौर** = अवधि, उत्कर्ष काल, काल, दीर्घ काल, दौड़, परिस्थिति, भाग्य, मद्यपान, युग.
**दौर दौरा** = प्रताप.
**दौरदौरा** = उत्कर्ष काल.
**दौरा** = ट्रिप, मिरगी.

**दौरा** *सं* कार्ययात्रा, *गश्त*, टूर, •ट्रिप.

**दौरान** = इस बीच, पर्यंत.
**दौरानी** = देवरानी.
**दौरे वक़्त** = कालचक्र.
**दौर्भ्रात्र** = गृहकलह.
**दौर्हृदय** = शत्रुता.
**दौलत** = धन, संपत्ति.
**दौलतख़ाना** = श्रोता घर.
**दौलतमंद** = धनाढ्य.
**दौवारिक** = द्वारपाल.
**दौहित्र** = धेवता.
**दौहित्री** = धेवती.
**द्यावा** = स्वर्ग.
**द्युति** = आब, चमक, प्रकाश.
**द्युतिमान** = चमकदार.
**द्युतिहीन** = धुँधला/धुँधली.
**द्युधुनि** = आकाश गंगा.
**द्युनिवासी** = देवता.
**द्युपति** = इंद्र.
**द्युपितर** = बृहस्पति ग्रह.
**द्युम्न** = प्रेरणा.
**द्युलोक** = अंतरिक्ष, स्वर्ग.
**द्युलोकीय** = ब्रह्मांडीय.
**द्यूत** = जुआ.

**द्यूत** *सं* *जुआ*, जुआ खेल, जुएबाज़ी, जूआ, द्यूतक्रीड़ा, पाशक्रीड़ा, •कैसिनो, •घुड़दौड़, •दाँव, •लाटरी, •सट्‌टेबाज़ी, •हानि.

**द्यूतकर** = जुआरी.
**द्यूतक्रीड़ा** = द्यूत.
**द्यूत खिलाड़ी** = जुआरी.
**द्यूतगृह** = जुआघर.
**द्यूतचक्र** = रूलेट व्हील.
**द्यूतप्रेमी** = जुआरी.
**द्यूतशाला** = जुआघर.
**द्योत** = धूप, प्रकाश.
**द्योतक** = अर्थद्योतक, आलोकक, डीटैक्टर, संकेतात्मक, संकेतात्मक, सूचनापूर्ण.

**द्योतकर** = आलोकप्रद.
**द्योतन** = आलोकन, ज्ञापन.
**द्योतनिका** = टीका, व्याख्या.
**द्योतित** = आलोकित, चमकदार, व्यंजनार्थक.
**द्रघण** = हथौड़ा.
**द्रप्स** = वीर्य, स्रावशील.
**द्रव** = अर्क़, तरल, तरल पदार्थ, निर्यास, रस.
**द्रवण** = स्राव.
**द्रव पदार्थ** = तरल पदार्थ.
**द्रवशैल** = खनिज लावा.
**द्रविड** = तमिल.
**द्रविण** = धन, धातु, सिक्का.
**द्रविणाधिपति** = कुबेर.
**द्रवित** = भावपूर्ण.
**द्रवित करना** = पिघलाना.
**द्रवित पैट्रोलियम गैस** = ईंधन गैस.
**द्रवित होना** = पिघलना.
**द्रव्य** = घटक, धन, धातु, पदार्थ.
**द्रव्य रंग** = रंग द्रव्य.
**द्रष्टव्य** = विचारणीय.
**द्रष्टा** = दर्शक, धर्मज्ञानी, प्रत्यक्षदर्शी, प्रेक्षक, विचारक.
**द्रष्टार** = न्यायाधीश.
**द्राक्ष** = अंगूर.
**द्राक्षा** = अंगूर, किशमिश, मुनक़्क़ा.
**द्राक्षासव** = मदिरा.
**द्राक्षिरा** = ब्रांडी.
**द्राघिमा** = देशांश.
**द्रावण** = पिघलाई.
**द्रावण करना** = पिघलाना.
**द्राविड** = तमिल.
**द्रु** = वृक्ष.
**द्रुत** = अविलंबी, चुस्त.

**द्रुत** *वि* अतिजव, अमंद, आशु, आशुगामी, उछलता/उछलती, उड़ता/उड़ती, कुलाँचता/कुलाँचती, क्षिप्र, गतिशील, गत्वर, चपल, *चुस्त*, छलाँगता/छलाँगती, जल्द जीवंत, झमझमाता/झमझमाती, तीव्र, तीव्रगामी, तेज़, तेज़दम, त्वरित, दनदनाता/दनदनाती, दौड़ता/दौड़ती, द्रुतगामी, धड़धड़ाता/धड़धड़ाती, प्रचंड, *प्रबल*, प्राणवान, फुरतीला/फुरतीली, बिजली जैसा, भागता/भागती, मनोजव, लपकता/लपकती, वद्युितीय, विलंबहीन, वेगमय, वेगवान/वेगवती, वेगशाली, वेगशील, शीघ्र, शीघ्रग, शीघ्रगामी/शीघ्रगामिनी, शीघ्री, *सक्रिय*, *सचल*, सजीव, सत्वर, सरसराता/सरसराती, स्फूर्त, हवाई, ●चुस्त, ●जल्दबाज़, ●सचल, ■मंद.

**द्रुतकारिता** = चुस्ती.
**द्रुतकारी** = अविलंबी.
**द्रुतगति** = द्रुत वेग.
**द्रुतगामी** = द्रुत.
**द्रुत चलना** = कुलाँचना.

**द्रुततः** *क्रिवि* अपलम चपलम, उड़ते, क्षिप्रतः, खटाखट, गतिपूर्वक, जल्दी, जल्दी जल्दी, जल्दी से, ज़ोरशोर से, झटपट, झन्नाटे से, झपाटे से, ताबड़तोड़, तीव्रतः, तीव्रतापूर्वक, तेज़ी से, दनदन, दनादन, *देखते देखते*, धड़ाधड़, धमाधम, पलक झपकते, फटाफट, फरफराते, फर्राटे से, बिजली की तरह, लदड़पदड़, वेगपूर्वक, शीघ्रतः, शीघ्रतापूर्वक, सटासट, सड़सड़ाते, सनसनाते, सनासन, सपाटे से, *सरसर*, सरसराते, सर्राटे से, हवा के मानिंद, हवा से बात करते, ●अभी, ●आतुरतः, ●आसन्नतः, ●इच्छुकतः, ●तत्काल, ■मंदतः.

**द्रुतता** = द्रुत वेग.
**द्रुतन** = वेगवृद्धि.
**द्रुतवाहक व्यवस्था** = कूरियर व्यवस्था.

**द्रुत वेग** *सं* आशिमा, उछाल, *उड़ान*, क़दम चाल, कुरंग गति, कुलाँच, कुलाँट, गति, चौकड़ी, चौपैरी, *छलाँग*, ज़क़ंद, ज़ोरशोर, झन्नाटा, टापा, तीव्र वेग, तूरा, तेज़ चाल, त्वरा, दुलकी, *दौड़*, दौड़ान, द्रुतगति, द्रुतता, द्रुति, धड़धड़ाहट, धड़धड़ी, धमधड़ाम, पुलाक, प्रजव, *प्रवाह*, प्रवेग, प्लुति, फटफटाहट, फिसलन, बढ़ी चाल, भागदौड़, वल्गन, *वेग*, शीघ्र गति, सड़ाक, सनसनाहट, सरपट चाल, स्यंदन, हिरन गति, ■मंद वेग.

**द्रुत होना** = कुलाँचना.
**द्रुति** = द्रुतवेग.
**द्रुपदात्मज** = शिखंडी.
**द्रुम** = वृक्ष.
**द्रुमसार** = अनार.
**द्रुमालय** = वन.
**द्रुमिणी** = वन.
**द्रुमेश्वर** = ताड़, पारिजात वृक्ष.
**द्रूकयूल (स्थानीय)** = भूटान.
**द्रूण** = बिच्छू.
**द्रोण** = कठौता, दुआब, दोना, द्रोणाचार्य, बिच्छू.

**द्रोण** *सं* अग्निदमनक, जटिला, दमनक, दाँवना, देवशेखर, दौना, दौना वृक्ष, द्रोण लता, पाँडर, मुनि पुत्रक, *साधु*, स्थूलपत्र, ●पलाश.

**द्रोणपुत्र** = अश्वत्थामा.
**द्रोण लता** = द्रोण.
**द्रोण वसु (पूर्व जन्म)** = नंद.
**द्रोण शिष्य** = एकलव्य.
**द्रोणाचार्य** = ऋषि सूची.

**द्रोणाचार्य** *सं* कुंभज, कौरव पांडव गुरु, *गुरु*, गुरु द्रोण, *द्रोण*, धनुर्विद, भारद्वाज, ●अश्वत्थामा, ●एकलव्य, ●दुर्योधन, ●धनुषधारी.

**द्रोणाचार्य पिता** = भरद्वाज.
**द्रोणि (विकल्प)** = टब.
**द्रोणी** = कठौता, घाटी, टब, डोंगा, दोना, नौका.
**द्रोणीदल** = केवड़ा.
**द्रोह** = धर्मद्रोह, राजद्रोह, विद्रोह, विश्वासघात, शत्रुता.
**द्रोहपूर्ण** = शत्रुतापूर्ण.
**द्रोही** = आज़ादख़याल, गद्दार, धर्मद्रोही, मतद्रोही, विद्रोही, विश्वासघाती, शत्रु, षड्यंत्रकारी.
**द्रौणी** = अश्वत्थामा, कठौता.

**द्रौपदी** *सं* कृष्णा, त्रिहायणी, पंचकन्या, पंचभर्तारी, पांचाली, पांडव पत्नी, मालिनी (अज्ञातवास नाम), मुक्तवेणी, याज्ञसेनी, शची (अवतार), सत्यसंधा, सैरंध्री

(अज्ञातवास नाम), •अर्जुन, •पांडव, •युधिष्ठिर.

**द्वंद्व** = अनिश्चय, दुबिधा, द्वंद्वयुद्ध, संघर्ष.

**द्वंद्वन** = वादविवाद.

**द्वंद्वयुद्ध** *सं* द्वंद्व, मल्लयुद्ध, मानरक्षा युद्ध, सम्मानरक्षा युद्ध, •कलह, •कुश्ती.

**द्वंद्वातीत** = स्थितप्रज्ञ.
**द्वय** = दो, दोनों.
**द्वयर्थ** = श्लेषोक्तिपूर्ण.
**द्वयर्थक** = व्यंग्यात्मक, श्लेषोक्तिपूर्ण.
**द्वयर्थक उक्ति** = श्लेषोक्ति.
**द्वा** = दो.
**द्वादश** = आदित्य, बारह.
**द्वापर** = द्वापर युग.

**द्वापर युग** *सं* कृष्णयुग, द्वापर, महाभारत युग, •कलियुग, •त्रेतायुग, •सत्ययुग.

**द्वार** = घर, छिद्र, दर्रा, प्रवेश द्वार.

**द्वार** *सं* गेट, *डोर*, दर, दरवाज़ा, द्वारा, *प्रवेश*, बार, *मार्ग*, *मुँह*, मुख, •आपात्कालीन द्वार, •उपद्वार, •नगरद्वार, •निर्गम द्वार, •पार्श्वद्वार, •पृष्ठद्वार, •प्रवेश द्वार, •फ़र्शी द्वार, •चौखटा, •डेवढ़ी, •ताला, •दीवार, •परदा, •फाटक.

**द्वार कंटक** = चटकनी.
**द्वारकानाथ** = कृष्ण.
**द्वार गुमटी** = गुमटी.
**द्वारचार** = वरस्वागत.
**द्वारदारु** = सागौन.
**द्वार पटी** = चिक़.
**द्वार पहरेदार** = द्वारपाल.

**द्वारपाल** *सं* असाबरदार, कंचुकी, चोबदार, चौकीदार, *छड़ीबरदार*, ड्योढ़ीदार, दरबान, दौवारिक, द्वार पहरेदार, पँवरिया, *पहरेदार*, पोलिया, प्रतिहार/प्रतिहारी, संतरी.

**द्वारपूजा** = वरस्वागत.
**द्वारबलिभुक** = कौआ.

**द्वारमंडप** *सं* अलिंद, द्वारालिंद, पोर्च, पोर्टिको, *मंडप*, •डेवढ़ी, •सायबान.

**द्वारयंत्र** = ताला.
**द्वारशीर्ष** = चौखट शीर्ष.
**द्वारा** = घर, द्वार, बरास्ता.
**द्वाराचार** = वरयात्रा स्वागत, वरस्वागत.
**द्वारालिंद** = द्वारमंडप.
**द्वारिका सफ़ेद मिट्टी** = गोपी चंदन.
**द्वारी** = उपद्वार.
**द्वारे द्वारे** = हर ओर.
**द्वि** = दो.
**द्वि अर्थक** = श्लेषोक्तिपूर्ण.
**द्विक** = दूसरा/दूसरी.
**द्विगुणित** = दुगुना.
**द्विचक्री** = साइकिल.
**द्विज** = उच्चवर्णीय, कुलीन.

**द्विज सूची** *सं* 1 ब्राह्मण, 2 क्षत्रिय, 3 वैश्य.

**द्विजअद्विज भेद** = अस्पृश्यता.
**द्विजत्व** = उपनयन संस्कार, ब्रह्मचर्य आश्रम प्रवेश.
**द्विजनौकर** = शूद्र.

**द्विज वर्ण** *सं* उच्चजाति, उच्चवर्ण, तीन उच्च वर्ण, सवर्ण, सुवर्ण, •वर्ण, ▪अद्विज वर्ण.

**द्विजा** = ब्राह्मण स्त्री.
**द्विजिह्व** = चुग़लख़ोर.
**द्विजेश** = ब्राह्मण.
**द्विजोत्तम** = ब्राह्मण.
**द्वितीय** = दूसरा/दूसरी, द्वितीय स्थानीय.
**द्वितीय लव** = द्वितीय लव प्रणाली.

**द्वितीय लव प्रणाली** *सं* द्वितीय लव, द्वितीय लव प्रणाली (1, 10, 11), युग्मक प्रणाली.

**द्वितीय श्रेणी** *सं* दूसरा दर्जा, सैकंड क्लास, सैकंड डिवीज़न, •परीक्षा डिवीज़न.

**द्वितीय स्थानीय** *वि* दूसरा/दूसरी, द्वितीय, नंबर दो, मध्यस्थानीय, *सैकंड*, •प्रथम स्थानीय.

**द्वितीयार्ध** = उत्तरार्ध.
**द्वितीयो नास्ति** = अनुपम.
**द्वित्व** = द्वैतता.

**द्विदल** = दलहन.
**द्विदल धान्य** = दलहन.
**द्विदलन करना** = दलना.
**द्विदलित करना** = दलना.
**द्विदलीय** = द्विपक्षीय.
**द्विधातु** = मिश्र धातु.
**द्विपक्ष** = द्विपक्षीय.
**द्विपक्षीय** = द्विपार्श्वीय.

**द्विपक्षीय** *वि* उभयपक्षीय, द्विदलीय, द्विपक्ष, •पारस्परिक, ▪एकपक्षीय.

**द्विपथ** = दोराहा.

**द्विपद** *वि* दोपाया/दोपाई, दो पैर वाला, •चतुष्पद, •पदचर, ▪सरीसृप.

**द्विपाद** = मानव.
**द्विपार्श्व** = द्विपार्श्वीय.

**द्विपार्श्वीय** *वि* उभयपक्षीय, दुतरफ़ा/दुतरफ़ी, दुपल्ला/दुपल्ली, दुपहला/दुपहली, दोतरफ़ा/दोतरफ़ी, दोपहला/दोपहली, दोरुख़ा/दोरुख़ी, *द्विपक्षीय*, द्विपार्श्व, •द्विभुज.

**द्विपेशी** = पुट्ठे.
**द्विबिंदु** = विसर्ग चिह्न.
**द्विभाव** = परजन भावना.
**द्विभुज** = मानव.
**द्विमातुर** = गणेश.
**द्विमात्र** = दीर्घ.

**द्विमासिक** *वि* एकांतर मासिक, वर्ष में छः बार, साठ दिनीय, साठी, •मासिक.

**द्विरंगीय** = दुरंगा/दुरंगी.
**द्विरागमन** = गौना.
**द्विरेता** = वर्णसंकर, संकरित.
**द्विरेफ** = भ्रमर.

**द्विलिंगीय** *वि* उभय लिंगीय, •नपुंसक लिंगवाचक.

**द्विवचन (संस्कृत)** = शब्द वचन.

**द्विवर्षीय** *वि* दो-वर्षी, दोसाला, द्विवार्षिक, •वार्षिक.

**द्विवार्षिक** = द्विवर्षीय.

**द्विविधा** = दुबिधा.
**द्विष्** = ईर्ष्यालु.
**द्विहस्त** = दुहत्था/दुहत्थी.

**द्वीप** *सं* आइलैंड, जज़ीरा, टापू, दीव, पानी से घिरी भूमि, •द्वीपावली, •नदी, •प्रवालद्वीप, •प्रायद्वीप, •महाद्वीप, •समुद्र.

**द्वीपपुंज** = द्वीपावली.
**द्वीपमाला** = द्वीपावली.
**द्वीपवती** = नदी.
**द्वीपवान** = समुद्र.
**द्वीप विश्व** = मंदाकिनी.
**द्वीपसमूह** = द्वीपावली.

**द्वीपावली** *सं* आर्किपेलागो, द्वीपपुंज, द्वीपमाला, द्वीपसमूह, समुद्री द्वीपसमूह.

**द्वेष** = ईर्ष्या, घृणा, वैमनस्य, शत्रुता.
**द्वेषपूर्ण** = अनिष्टकारी, शत्रुतापूर्ण.
**द्वेषहीन** = ईर्ष्याहीन, सौमनस्यपूर्ण.
**द्वेषी** = अशुभचिंतक, ईर्ष्यालु, धर्मद्रोही, प्रतियोगी, शत्रु.
**द्वेष्टा** = ईर्ष्यालु, शत्रु.
**द्वेष्य** = ईर्षणीय.
**द्वैगुण्य** = द्वैतता.
**द्वैत** = आत्मज्ञान, द्वैतता.

**द्वैतता** *सं* अन्यभाव, अलगाव, जुदापन, दुई, दुई का परदा, द्वित्व, द्वैगुण्य, द्वैत, द्वैत भाव, द्वैध, भिन्नता, भेद, *वैयक्तिकता*, •पूजा, •भक्ति.

**द्वैत भाव** = द्वैतता.
**द्वैतवन** = पौराणिक वन उपवन.

**द्वैतवाद** *सं* आत्मा और परमात्मा भिन्न हैं, जीव और प्रकृति भिन्न हैं., ब्रह्म और विश्व भिन्न हैं, भेदज्ञान, भेदवाद, ■अद्वैतवाद.

**द्वैध** = दुबिधा, द्वैतता.
**द्वैपायन** = वेदव्यास.
**द्वौ** = दो, दोनों.
**द्व्यर्थी** = श्लेषोक्तिपूर्ण.
**धंधा** = वेश्यावृत्ति, व्यापार.

**धंधा** *सं* *आजीविका*, उद्योगधंधा, *कर्म*, काम, काम, कामधंधा, कारबार, कारोबार, *कैरियर*, गरी (जैसेः कारीगरी), गीरी (जैसेः जुलाहागीरी), पेशा, प्रैक्टिस, प्रोफ़ैशन, रोज़गार, वृत्ति, व्यवसाय, व्यवसाय, *व्यापार*, शग़ल, सनअत, हीला, •आजीविका, •आय, •कर्म, •कार्यक्षेत्र.

**धंधा कर्ता** = धंधी.
**धंधार** = लीवर.
**धंधारी** = गोरखधंधा.
**-धंधी** = धंधी.

**धंधी** *सं* आजीवी, -कर, -कर्ता, -कर्ता/-कर्त्री, कर्मी, कामकाजी, -कार, कारबारी, -कारी, -गर, -गार, -गीर, -गुज़ार, जीवी, -दार, धंधा कर्ता, पेशेवर, प्रोफ़ैशनल, -बाज़, -मान, -मैन, व्यवसायी, -साज़, •स्वनियोजित, ■क्लायंट.

**धँसक** = धँसका.
**धँसकना** = दबकना, धँसना.

**धँसका** *सं* धँसक, धाँस, *फंदा*, •श्वासरोध.

**धँसन** = दबक, दलदल.

**धँसन** *सं* खँसन, खिसकन, धँसान, धँसाव, धसकन, बैठन, •डूब, •ढहन, •पतन.

**धँसन ध्वनि** = गड़प.
**धँसना** = चुभना, दबकना, पैठना, वेधना.

**धँसना** *क्रि* खँसना, खिसकना, *ढहना*, दरकना, धँसकना, *बैठना*, सरकना, •डूबना, •ढहना, •दबकना, •पिचकना, ■उबरना.

**धँसवाँ** = दलदली.
**धँसा/धँसी** = डूबा/डूबी, नतोदर, पंक्चरित.
**धँसाई** = घोंप.
**धँसान** = गड्ढा, ढलान, दलदल, धँसन.
**धँसानदार** = दलदली.
**धँसाना** = घोंपना, ठोंकना.
**धँसाव** = झोल, धँसन.
**धकधक** = स्पंदन, हृदय कंप.

**धकधक** *सं* धकधकाहट, धकधकी, धकाधकी, धड़क, धुकधुक, धुकधुकाहट, धुकधुकी, धुकुर पुकुर, •आशंका, •आशंका, •जोखिम, •भय, •हिचक, •हृदय.

**धकधक करना** = धकधकाना, धड़कना, फड़कना.

**धकधकना** = धकधकाना.
**धकधकाता/धकधकाती** = स्पंदनशील.

**धकधकाना** *क्रि* धकधक करना, धकधकना, धकधकाहट होना, धकपकाना, धुकधुक करना, धुकुर पुकुर होना.

**धकधकाहट** = धकधक, हृदय कंप.
**धकधकाहट होना** = धकधकाना.
**धकधकी** = आशंका, धकधक, हृदय कंप.
**धकपकाना** = धकधकाना.
**धकपेल** = जनाकीर्णता.
**धकाधकी** = जनाकीर्णता, धकधक, धक्कामुक्की.
**धकापेल** = जनाकीर्णता, धक्कामुक्की, भीड़.
**धकापेल करना** = धक्कामुक्की करना.
**धकियाना** = धकेलना, धक्कामुक्की करना.
**धकेलना** = झोंकना, ठोंकना, धक्कामुक्की करना, निकालना, निवारना, हटाना.

**धकेलना** *क्रि* गति देना, चलाना, *झोंकना*, ठेलना, ढकेलना, दरेरना, धकियाना, धक्का देना, पिलकना, पेलना, रेलना, •खींचना, •टकराना, •ठोंकना, •दागना, •फेंकना, ■खींचना.

**धक्कड़** = आँधीधूल.
**धक्कमधक्का** = आपाधापी, धक्कामुक्की, भगदड़, भीड़.

**धक्कमधक्का** *सं* अफ़रातफ़री, *भगदड़*, भागदौड़, मारामार, रेलठेल, रेलपेल, रेलमपेल, लगाभगी, हड़कंप, *हलचल*, हालडोल, •जनाकीर्णता, •भीड़, •हड़बड़ी.

**धक्का** = ठोकर, डाइक, धचका, नौका

घाट, प्रवाह, बंदरगाह, बाँध, मनोघात.

**धक्का देना** = धकेलना, धक्कामुक्की करना.

**धक्कामुक्की** = जनाकीर्णता, भीड़, हाथापाई.

**धक्कामुक्की** *सं आपाधापी*, घिस्समघिस्सा, ठेलमठेला, ठेलाठेल, ठेलाठेली, धकाधकी, धकापेल, *धक्कमधक्का*, रेलपेल, रेलमपेला, •आपाधापी, •खींचातानी, •धक्कमधक्का, •भीड़, •लट्ठमलट्ठा, •लूटपाट, •हाथापाई.

**धक्कामुक्की करना** *क्रि* अड़ना, कँधियाना, कुहनियाना, जगह बनाना, ठेलना, धकापेल करना, धकियाना, *धकेलना*, धक्का देना, पिलना, पेलना, भिड़ना, भीड़ लगाना, •हाथापाई, •हाथापाई करना.

**धगड़** = जार.

**धगड़बाज़** = जारिणी.

**धगड़ी** = कुलटा, जारिणी.

**धचका** *सं* झटका, ठसका, ठेला, थपेड़ा, दचक, दचका, दरारा, धक्का, धचकोला, पेला, रगड़, हचका, हाल, •हचकोला.

**धचकोला** = धचका.

**धज** = डिस्प्ले, सजावट, सिंगार.

**धजदार** = छबीला/छबीली.

**धजपूर्ण** = सजावटी.

**धज वाला** = छबीला/छबीली.

**धजा** = डिस्प्ले, तड़कभड़क, सजावट, सिंगार.

**धजापूर्ण** = सजावटी.

**धजीला** = छबीला, सुंदर.

**धजीला/धजीली** = छबीला/छबीली, सुंदरकाय.

**धजीली** = छबीली, सुंदर स्त्री, सुंदर स्त्री.

**धज्जी** = फ़ीता.

**धज्जी** *सं कतरन*, कत्तर, चिंदी, चित्थड़, चीथड़ा, चीर, छाँट, छाँटन, *पट्टी*, परखचा, पारचा, लत्तर, लत्ता, लीर, लीरा, •कतरन, •वस्त्र.

**धज्जी उड़ाना** = चिथाड़ना.

**धज्जी धज्जी** = जीर्णशीर्ण.

**धज्जी धज्जी** *वि* चीरचीर, जर्जर, जीर्ण, *जीर्णशीर्ण*, तारतार, विदीर्ण, विशीर्ण, •टूटा/टूटी, •फटा/फटी.

**धड़ंग** = नग्न.

**धड़** = धमाका, तना, मध्यभाग.

**धड़** *सं तना*, धरण, शरीर मध्यभाग, सिर भुजा चरण हीन शरीर, •आँत, •उदर, •कंधा, •कटि, •कूल्हा, •गुरदा, •ग्रीवा, •नितंब, •पीठ, •पेट, •फेफड़ा, •बग़ल, •मध्यभाग, •रुंड, •वक्ष, •स्तन, •हृदय.

**धड़ ऊपरी भाग** = वक्ष.

**धड़क** = धकधक, हृदय कंप.

**धड़कता/धड़कती** = स्पंदनशील.

**धड़कन** = कंपन, स्पंदन, हृदय स्पंदन.

**धड़कन रुकना** = मरना.

**धड़कना** = फड़कना.

**धड़कना** *क्रि* दिल धड़कना, धकधक करना, सीना ऊपर नीचे गिरना, सीना ऊपर नीचे होना, हृदय स्पंदित होना, •डरना, •हिचकना.

**धड़का** = आशंका, कृषिरक्षक पुतला, संदेह, हृदय कंप.

**धड़काना** = फड़काना.

**धड़-जाँघ जोड़** = कूल्हा.

**धड़धड़** = खड़खड़.

**धड़धड़ करना** = धमधमाना.

**धड़धड़ाता/धड़धड़ाती** = द्रुत.

**धड़धड़ाना** = कुलाँचना, धमधमाना, फड़काना.

**धड़धड़ाहट** = द्रुतवेग.

**धड़धड़ी** = द्रुतवेग.

**धड़म** = धम.

**धड़ल्ले से** = खुले आम.

**धड़ से** = तत्काल.

**धड़ा** = गुट, तराज़ू, पासंग, बाट, भार, षड्यंत्रकारी दल.

**धड़ा उठाना** = तौलना.

**धड़ाक** = धमाका.

**धड़ाका** = अतिवर्षा, क्रांति विस्फोट, धमाका, बारिश, विस्फोट.

**धड़ाधड़** = द्रुततः, लगातार.

**धड़ाम** = धम.

**धड़ी** = पंसेरी.

**धड़ेबंद** = गुटबंद.

**धड़ेबाज़** = गुटबाज़.

**धत** = कुटेव.

**धतींगड़ा/धतींगड़ी** = महाकाय.

**धतूरा** *सं* कनक, तामरस, तूरी, महाशठ, शिवप्रिय, •अफ़ीम.

**धत्ती** = आसक्त, फ़ैन.

**धधकता/धधकती** = जलता/जलती.

**धधकना** = दहकना, सरापना.

**धधकाना** = दहकाना.

**धनंजय** = अर्जुन, धनविजेता.

**धन** = ख़ज़ाना, निधि, पूँजी, युद्धधन.

**धन** *सं अर्थ*, कंचन, कलदार, कांचन, चाँदीसोना, ज़र, दाम, दौलत, द्रविण, द्रव्य, धनदौलत, धनसंपत्ति, *निधि*, पण, *पूँजी*, *पैसा*, *माया*, माल, मालमता, रक़्म, रुपया पैसा, *रोकड़*, लक्ष्मी, वसु, *वित्त*, श्री, श्रीफल, *संपत्ति*, सोना चाँदी, हिरण्य, •आय, •करंसी.

**धन/धनिका** = प्रेमपात्र/प्रेमपात्रा.

**धन** = जोड़ कर्म.

**धन इच्छुक** = धनकाम.

**धन कमाना** = कमाना.

**धनकाम** *वि* अर्थकाम, अर्थार्थी, अर्थेच्छुक, धन इच्छुक, धनार्थी, धनेच्छुक, धनैषी, वित्तकाम, •धनलोलुप.

**धनकुबेर** = कुबेर, सेठ.

**धनकोश** = ख़ज़ाना.

**धनजेता** = धनविजेता.

**धनतेरस** = दीवाली उत्सव समूह.

**धनदंड** = अर्थदंड.

**धनद/धनदा** = धनप्रद.

**धनदाता** = धनप्रद.

**धनदान** = वित्तीय सहायता, वित्तीय सहायता.

**धनदायी/धनदायिनी** = धनप्रद.

**धनदेव** = कुबेर.

**धन देवी** = लक्ष्मी देवी.
**धनदौलत** = धन.
**धनधान्यपूर्ण** = आहारसंपन्न, समृद्ध.
**धनधान्यहीन** = कंगाल.
**धनपति** = कुबेर, सेठ.
**धनपिशाच** = धनलोलुप.
**धनपूजक** = धनलोलुप.
**धनपेटी** = नौली.
**धनप्रद** = लाभप्रद.

**धनप्रद** *वि* अच्छा/अच्छी, अर्थद, धनद/धनदा, धनदाता, धनदायी/धनदायिनी, *लाभप्रद*, वसुप्रद, वित्तद, श्रीप्रद/श्रीप्रदा, संपन्नकारी, समृद्धिप्रद, सिद्धिद.

**धनप्राप्ति** = अर्जन.
**धनफल** = जोड़ फल.
**धन मुद्रा** = करंसी.

**धनराशि** *सं* अमाउंट, रक़म, *राशि*, *रोकड़*.

**धनलाभ** = आय.
**धनलोभी** = धनलोलुप.

**धनलोलुप** *वि* अर्थपिशाच, कुबेर पूजक, कुबेरभक्त, ज़रपरस्त, धनपिशाच, धनपूजक, धनलोभी, लक्ष्मीदास, लालची, *लोभी*, वित्तकाम, *स्वार्थी*, ●धनकाम.

**धनवान** = धनाढ्य.

**धनविजेता** *सं* धनंजय, धनजेता, धनहर.

**धनसंपत्ति** = धन.
**धनसंपत्तिहीन** = निर्धन.
**धनसंपन्न** = धनाढ्य.
**धनस्थान** = कोशागार.
**धनस्वामी** = कुबेर.
**धनहर** = धनविजेता.
**धनहीन** = दिवालिया, निर्धन.
**धना** = युवती.

**धनाढ्य** *वि* अच्छा/अच्छी, अच्छा ख़ासा/अच्छी ख़ासी, अमीर, आढ्य, उच्च, *उच्चवित्त*, दौलतमंद, धनवान, धनसंपन्न, धनी, पैसे वाला, महाढ्य, मालदार, मालामाल, लक्ष्मीपति, श्रीवल्लभ, संपत्तिशाली, ●समृद्ध, ●सेठ, ■कंगाल, ■निम्नवित्त, ■निर्धन.

**धनाढ्य व्यक्ति** = सेठ.
**धनात्मक** = सकारात्मक, सृजनशील.
**धनाध्यक्ष** = कुबेर.
**धनापहरण** = ग़बन.
**धनार्जन** = अर्जन.
**धनार्थी** = धनकाम.
**धनिक** = पति, बनिया.
**धनिक जन** = पूँजीवादी वर्ग.
**धनिका** = युवती.
**धनिया** = मसाला सूची, युवती, वधू.

**धनिया** *सं* कुस्तुंबरु, तुंबुरु, धाना, धान्या, बीजधान्य, ●अजवायन, ●पुदीना.

**धनिया पात** = सागसब्ज़ी.
**धनिष्ठा** = नक्षत्र सूची.
**धनी** = उच्चवर्गीय, उच्चवित्त, ऋण प्रदाता, धनाढ्य, पति, महाजन, युवती, वधू, व्यापारी, सेठ, स्वामी.
**धनी वर्ग** = उच्चवर्ग.
**धनु** = धनु राशि.
**धनुआ** = धुनकी.
**धनु राशि (23 नवंबर-20/22 सितंबर)** = राशि सूची.

**धनु राशि** *सं* कार्मुक, चाप, धनु, *धनुष*.

**धनुर्ज्या** = प्रत्यंचा.
**धनुर्धर** = धनुषधारी, राम, शिकारी.
**धनुर्धारी** = धनुषधारी.
**धनुर्विद** = द्रोणाचार्य, धनुषधारी.

**धनुर्विद्या** *सं* तीरंदाज़ी, *धनुर्वेद*, बाणविद्या, ●धनुर्वेद.

**धनुर्वृक्ष** = बाँस.
**धनुर्वेद** = धनुर्विद्या, युद्धविद्या.

**धनुर्वेद** *सं* अस्त्रवेद, क्षत्रवेद, बाणविद्या, वृत्तवेद, सैनिक शिक्षा, ●उपवेद, ●धनुर्विद्या.

**धनुर्वेदी** = धनुषधारी.
**धनुष** = कमानचा, चक्रचाप, धनु राशि, धुनकी.

**धनुष** *सं* कमठा, कमान, कमानी, कोदंड, चाप, पिनाक, शरासन, ●बाण.

**धनुषज्ञ** = धनुषधारी.
**धनुष डोरी** = प्रत्यंचा.

**धनुषधारी** *सं* कमनैत, तीरंदाज़, धनुर्धर, धनुर्धारी, धनुर्विद, धनुर्वेदी, धनुषज्ञ, बानैत, महेष्वास, शारंगधर, शारंगपाणि, सारंगधर, ●अर्जुन, ●द्रोणाचार्य, ●राम.

**धनुष बाण** *सं* तीर कमान, ●राम.
**धनुषाकार** = नवचंद्राकार.

**धनुषाकार** *वि* अर्धचंद्राकार, कमानदार, कमानीदार, चंद्राकार, चापाकार, धन्वाकार, *नवचंद्राकार*, ●नवचंद्राकार, ●मेहराबदार, ●वक्राकार.

**धनेच्छुक** = धनकाम.
**धनेश** = कुबेर.
**धनेश्वर** = कुबेर, कोशाध्यक्ष, सेठ.
**धनैषी** = धनकाम.
**धन्ना सेठ** = सेठ.
**धन्नी** = गर्डर.
**धन्य** = कृतज्ञ, धन्यवाद, पुण्यपूर्ण, पूर्णेच्छ, संतुष्ट, सफल.
**धन्यभाग्य** = सफल, सफलता, समृद्ध, सौभाग्य.
**धन्यवाद** = शाबाशी.

**धन्यवाद** *सं* अभिनंदन, आभार प्रदर्शन, कृतज्ञता ज्ञापन, थैंक यू, थैंक्स, धन्य, नवाज़िश, *प्रशंसा*, मेहरबानी, शुक्रिया, साधुवाद, ■खेद प्रकाशन, ■शिकायत.

**धन्यवादहीन** = कृतघ्न.
**धन्यवादिता** = कृतज्ञता.
**धन्यवादी** = कृतज्ञ.
**धन्या** = धाय माँ, सधवा.
**धन्वंतरि** = ऋषि सूची.

**धन्वंतरि** *सं* अब्ज, अब्जदेव, अर्वाक सुत, आयुर्वेद प्रवर्तक, काशीराज, देववैद्य, बैजनाथ, विष्णु तेरहवाँ अवतार, वैद्यनाथ, वैद्यराज, सुधोद्भव.

**धन्वा** = चक्रचाप.
**धन्वाकार** = धनुषाकार, नवचंद्राकार.
**धन्वी** = मौलसिरी.
**धप** = घमघम, धम.
**धपधप** = ढमढम, दस्तक, पदचाप.
**धप्पा** = तमाचा.
**धब्बा** = दाग़, लांछन.
**धम** = धमाका.

**धम** *सं* धड़म, धड़ाम, धप, धमधड़ाम, धाप, *पट*, फट, फटाक, भड़ाम, •गड़प, • धमाका, •फिसलन.

**धमकाई** = तर्जन.
**धमकाना** = डराना.

**धमकाना** *क्रि* घुड़कना, घुड़की देना, *चेताना*, *डराना*, तरजना, धमकी देना, •डाँटना.

**धमकी** = चेतावनी, दंडनीति, ब्लैकमेल.

**धमकी** *सं* अहित चेतावनी, घुड़क, घुड़की, *चुनौती*, *चेतावनी*, *डरावा*, तर्जना, धौंस, वर्जना, •डाँट, •तर्जन, •बंदर घुड़की, •ब्लैकमेल.

**धमकी देना** = धमकाना.
**धमगजर** = युद्ध, हुड़दंग.
**धमधड़ाम** = द्रुतवेग, धम.
**धमधम** = ढमढम, पदचाप.
**धमधमाना** = कुलाँचना.

**धमधमाना** *क्रि* घमघमाना, घमघमाहट करना, घमघमाहट होना, धड़धड़ करना, धड़धड़ाना.

**धमधमाहट** = ढमढम.

**धमन** *सं* धुँकाई, धौंक, ध्मान, प्रध्मान, •धौंकनी.

**धमन छिद्र** = श्वासरंध्र.
**धमनरंध्र (व्हेल)** = श्वासरंध्र.
**धमना** = धौंकना.
**धमनी** = धौंकनी, फुँकनी, रुधिरवाहिका.
**धमनी स्पंद** = नाड़ी स्पंदन.
**धमाका** = आरंभ संकेत सूची, क्रांति विस्फोट, क्रांति विस्फोट, घमाका, घोरध्वनि, विस्फोट.

**धमाका** *सं* कड़क, कड़कड़ाहट, कड़ाक, कड़ाका, *गड़गड़*, गड़गड़ाहट, गरज, *गर्जन*, गाज, घनक, घनघन, घम, घमाक, *घोरध्वनि*, घोष, ठाँय, तड़ाक, तड़ाका, तोप ध्वनि, दमदमा, *धड़*, धड़ाक, धड़ाका, *धम*, धमाका, धाँय, फटाक, फटाका, बूम, भड़क, भड़ाका, महानाद, रोर, रौल, *विस्फोट*, व्याघोष, स्फोट, •गर्जन, •ढोल, •तड़तड़, •तोप, •पटाका, •बम, •बारूद.

**धमाचौकड़ी** = अगंभीर नाटक, हल्लागुल्ला, हुड़दंग.
**धमाधम** = ढमढम, द्रुततः.
**धमालदार** = हंगामेदार.
**धम्मं शरणं गच्छामि** = बौद्ध धर्मग्रहण.
**धम्मसंघ** = धर्मसंघ, बौद्ध मठ.
**धरंता** = धारयिता.
**-धर** = धारयिता.
**धरण** = गर्डर, डाइक, ढाँचा, धड़, धराई, बँड़ेर, शहतीर.
**धरणि** = पृथ्वी.
**धरणिजा** = सीता.
**धरणिधर** = दिग्गज.
**धरणीधर** = कछुआ, पर्वत, शेषनाग.
**धरणीश्वर** = राजा.
**धरता** = धारयिता.
**धरती** = थल, पृथ्वी.
**धरती 24 देशांश** = समयक्षेत्र.
**धरती आकाश मिलनस्थल** = क्षितिज.
**धरती आकाश में** = हर ओर.
**धरती का फूल** = कुकुरमुत्ता.
**धरती का स्वर्ग** = कश्मीर.
**धरती पर** = धरातल पर.
**धरती पर लेटा** = धराशायी, भूमिशायी.
**धरती फोड़ना** = उगना.
**धरन** = शहतीर.
**धरना** = टिकाना, पकड़ना, फँसाना, रखना, सत्याग्रह.

**धरना** *सं* पिकैटिंग, •घेराव, •हड़ताल.

**धरना दाता** = धरनैत, हड़ताली.
**धरना देने वाला** = धरनैत, सत्याग्रही, हड़ताली.
**धरनी** = टेकनी.
**धरनैत** = हड़ताली.

**धरनैत** *सं* धरना दाता, धरना देने वाला, पिकेटर.

**धरपकड़** = गिरफ़्तारी.
**धरम** = धर्मादा.
**धरम करम** = धर्मादा, पुण्य.
**धरम काँटा** = पंचायती तराज़ू.
**धरम खाता** = धर्मादा.
**धरमी करमी** = धर्मचारी.
**धरा** = थल, पृथ्वी, फ़र्श.
**धरा/धरी** = आधारित, गिरफ़्तार, स्थित.

**धराई** *सं* अधोस्थापन, आधरण, आधारण, जमाई, टिकाई, टेकन, तिष्ठापन, धरण, बैठाई, रखन, रखाई, विलंबन, संस्थापन, स्थापन, स्थापना, •स्थितन, ▪धारण.

**धरा जाना** = टिकना.
**धरातल** = तट, थल, फ़र्श.

**धरातल** *सं* अवनितल, क्षितितल, ज़मीन, जलथल, पृथ्वीतल, भूतल, भूपटल, भूपृष्ठ, महीतल, संपूर्ण धरातल, सतह, •तट, •थल.

**धरातल पर** *क्रिवि* अत्र, आधार पर, *ऊपर*, तल पर, धरती पर, धरा पर, *बाहर*, भूमि पर, *यहाँ*, यहाँ नीचे, सतह पर, •अंदर, •नीचे, ▪आकाश में, ▪गहरे, ▪पराकाष्ठा पर.

**धरातलीय** = थलीय, निम्न, पृथ्वीय.
**धरात्मज** = मंगल ग्रह.
**धरादेव** = ब्राह्मण.
**धराधर** = पर्वत.
**धरा पर** = धरातल पर.

**धरावतरण** *सं* अवतरण, टचडाउन, थलावतरण, धरा स्पर्श, भूस्पर्श, लैंडिंग, ▪नभोत्तरण.

**धराशायिता** = पटकनी.
**धराशायी** = भूमिशायी, मृत.

**धराशायी** *वि* कटा/कटी, गिरा/गिरी, *चित*, धरती पर लेटा, पछड़ा, पटका, पड़ा/पड़ी, पतित, भूशय, भूशायी, •भूमिशायी, •मृत.

**धरा स्पर्श** = धरावतरण.

**धरा होना** = टिकना.
**धरित्री** = पृथ्वी.
**धरित्रीय** = पृथ्वीय.
**धरी** = रखेली.
**धरेजा** = रखेली.
**धरेला** = जार.
**धरेली** = रखेली.
**धरैया** = अपहर्ता.
**धरोहर** = न्यास, परंपरा, बंधक, बंधक वस्तु, रिक्थ, वंशचिह्न, संस्कृति.

**धरोहर** *सं* अमानत, ऐतिहासिक अवशेष, थाती, *परंपरा*, विरसा, विरासत, *संस्कृति*, सांस्कृतिक धरोहर, *स्मृति*, •अवशेष, •वंशचिह्न, •स्मारक.

**धरोहरधारी** = न्यासधारी.
**धरोहर रक्षक** = बंधक ऋण दाता.
**धरोहर रखने वाला** = बंधक ऋण दाता.
**धर्ता** = धारयिता.
**धर्म** = अहिंसा, आदर्श, कर्तव्य, धर्मविधि, न्याय, पुण्य, मुँहबोला/मुँहबोली, यमराज, युधिष्ठिर, लक्षण, लोकव्यवहार नियम, वाद, सदाचार.

**धर्म** *सं* अक्रीदा, आत्मा परमात्मा संबंध विषयक, *आस्था*, इज़्म, ईमान, उपासना, *कर्तव्य*, दर्शन, दीन, दीन ईमान, धारणा, धारणा, *नीति*, पंथ, पद्धति, परलोक विषयक विचार पद्धति, प्रथा समष्टि, फ़ेथ, मज़हब, मान्यता, रिलीजन, *वाद*, *विश्वास*, •इसलाम धर्म, •ईसाई धर्म, •जैन धर्म, •ताओ धर्म, •पारसी धर्म, •बौद्ध धर्म, •यहूदी धर्म, •शिंतो धर्म, •सिख धर्म, •हिंदू धर्म, •आदर्श, •आदर्श, •कर्तव्य, •कल्ट, •नैतिकता, •वाद, •सिद्धांत, ▪नास्तिकतावाद, ▪भक्तिहीनता.

**धर्म (जैसेः धर्मपुत्र)** = मुँहबोला/मुँहबोली.
**धर्म अवतार** = विदुर.
**धर्म उपदेशिका** = उपदेशिका.
**धर्मकथा** = पुराण कथा, मिथक.
**धर्मकथा पाठ** = कथावाचन.
**धर्मकर्म** = धर्माचरण, पुण्य.

**धर्मकर्म** *सं* अनुष्ठान, धर्मकार्य, धार्मिक कृत्य, ध्यानपूजा, नित्य नियम, निषेवा, नेम, नेम धरम, पूजापाठ, *प्रथा*, रोज़ानमाज़, व्रत उपवास, सिजदा नमाज़, •उपवास, •कर्मकांड, •धर्मविधि, ▪दुष्कर्म, ▪पाप.

**धर्मकर्म आडंबर** = पाखंड.
**धर्मकाँटा** = पंचायती तराज़ू.
**धर्मकार्य** = धर्मकर्म.
**धर्मकेतु** = गौतम बुद्ध.
**धर्मक्षेत्र** = भारत.
**धर्मखंडन** = धर्मद्रोह.
**धर्मगीत** = भजन.
**धर्मगुरु** = धर्मज्ञानी, पीर, पोप.

**धर्मगुरु** *सं* आचार्य, कनफुँकवा, कनफुँका/कनफुँकी, *गुरु*, गुरुमंत्र दाता, गोस्वामी, जगदाचार्य, जगद्‌गुरु, दीक्षागुरु, धर्माचार्य, *पादरी*, मंत्रद, महागुरु, मौलवी, वेदी, शमथ, शास्ता, सूर, *स्वामी*, *हंस*, •धार्मिक शिष्य.

**धर्मगोप्ता** = धर्मयोद्धा.
**धर्मगोष्ठी** = सत्संग.

**धर्मग्रंथ** *सं* क़ुरान पुराण, गीता क़ुरान, ग्रंथ, देवश्रुत, धर्म पुस्तक, धर्मशास्त्र, धर्म संहिता, धर्मागम, निगमागम, वेदपुराण, शरीअत, शास्तर (बोलचाल), शास्त्र, शास्त्र पुराण, श्रुत, *संहिता*, सद्‌ग्रंथ, *स्मृति*, स्मृति पुराण, •अपौरुषेय धर्मग्रंथ, •पौरुषेय धर्मग्रंथ, •उपनिषद, •क़ुरान, •गीता, •गुरुग्रंथ, •जातक, •ज़ेंद अवेस्ता, •तलमुद, •त्रिपिटक, •पुराण, •बाइबिल, •महाभारत, •रामायण, •वेद, •वेदांत, •स्मृतिग्रंथ.

**धर्मग्रंथीय** *वि* किताबी, धर्मशास्त्रीय, *धार्मिक*, *पवित्र*, मुक़द्दस, शास्त्रीय, शास्त्रोक्त.

**धर्मग्रहण** = बपतिस्मा.

**धर्मग्रहण** *सं* उपनयन (हिंदू द्विज), कलमा पाठ (इसलाम), दीक्षा, धर्मप्रवेश, बपतिस्मा (ईसाई), •धर्मदीक्षा.

**धर्मघड़ी** = घंटाघर.
**धर्मघ्न** = धर्महीन, पापपूर्ण.
**धर्मचक्र** = धर्म प्रचार, धर्मसंघ.
**धर्मचर्या** = धर्माचरण.

**धर्मच्युत** *वि* अलग, तनखैया, धर्मभ्रष्ट, पतित, पथभ्रष्ट, विधर्मित, वृषल, •निर्वासित, •बहिष्कृत.

**धर्मजीवन** = धर्मशील.
**धर्मज्ञ** = धर्मज्ञानी.

**धर्मज्ञान** *सं* ईश्वर ज्ञान, धर्मतत्त्व, धर्मविद्या, धर्मशास्त्र, परमार्थ विद्या, •अध्यात्म, •धर्म, •भक्ति.

**धर्मज्ञानी** *सं* अचारज, अध्यात्म ज्ञानी, अनुशास्ता, आचार्य, आध्यात्मिक गुरु, *ऋषि*, *गुरु*, *ज्ञानी*, दर्शनशास्त्री, द्रष्टा, *धर्मगुरु*, धर्मज्ञ, धर्मविद, धर्मशास्त्री, धर्माचार्य, पंडित, *पादरी*, पाधा, *पीर*, पीर मुरशिद, *पोप*, महागुरु, महाचार्य, महात्मा, मुरशिद, *मुल्ला*, मौलवी, *रब्बी*, शास्ता, शास्त्रज्ञ, शास्त्रज्ञानी, शास्त्रदर्शी, शास्त्रविद, शास्त्रवेत्ता, शास्त्री, संत, *साधु*, सिद्धांतज्ञ, सुतंत्र, सैद्धांतिक, स्मृतिविद, •अध्यात्मज्ञ.

**धर्मतंत्र** *सं* धर्मसापेक्ष राज्य, पीरी, ▪इहलोकतंत्र.

**धर्मतत्त्व** = धर्मज्ञान.
**धर्मत्याग** = धर्म परिवर्तन.
**धर्मत्यागी** = धर्मद्रोही.

**धर्मदीक्षा** *सं* गुरुमंत्रदान, दीक्षा, धर्मप्रदान, •धर्मग्रहण.

**धर्मदूत** = ईसा संदेश वाहक.
**धर्मदेव** = यमराज.

**धर्मद्रोह** *सं* *अविश्वास*, *अस्वीकृति*, इनकार, कुफ़्र, द्रोह, धर्मखंडन, धर्मनिंदा, धर्म परित्याग, धर्मविप्लव, *निंदा*, *विद्रोह*, •धर्म परिवर्तन, •पाप, •विद्रोह, ▪धर्मशीलता.

**धर्मद्रोही** = धर्महीन.

 (प्रा) प्राचीन शब्द, अब अप्रचलित - *तिरछे* शब्द स्वतंत्र शीर्षक भी हैं •सपर्याय ▪विपर्याय

**धर्मद्रोही** *सं* काफ़िर, त्यागी, द्रोही, द्वेषी, धर्मत्यागी, धर्मद्वेषी, धर्मनिंदक, *नास्तिक*, *निंदक*, •धर्महीन, •नास्तिक, •पापी, •मतद्रोही.

**धर्मद्वेषी** = धर्मद्रोही, धर्महीन.
**धर्मधक्का** = कर्मकांड, खटराग.
**धर्मधुर्य** = धर्मशील.
**धर्मध्वजी** = धर्मयोद्धा, पाखंडी.
**धर्मनिंदक** = धर्मद्रोही.
**धर्मनिंदा** = धर्मद्रोह.
**धर्मनिरपेक्ष** = इहलोकतांत्रिक.
**धर्मनिरपेक्ष गणराज्य भारत** = भारत.
**धर्मनिरपेक्षता** = इहलोकतंत्र वाद, राष्ट्रवाद.
**धर्म निर्णायक** = मुफ़्ती.
**धर्मनिषिद्ध** = धर्मनिषिद्ध (आहार).

**धर्मनिषिद्ध (आहार)** *वि* अभक्ष्य, अभोज्य, धर्मनिषिद्ध, *निषिद्ध*, मुहर्रम, हराम, •उच्छिष्ट, ▪धर्मसम्मत.

**धर्मनिष्ठ** = धर्मशील.
**धर्म-नेकी-प्रकाश देवता** = अहुरमज़्द.
**धर्मपत्नी** = पत्नी.
**धर्मपरायण** = धर्मशील.
**धर्म परित्याग** = धर्मद्रोह.

**धर्म परिवर्तन** *सं* धर्मत्याग, धर्मांतर, परधर्म ग्रहण, *मत परिवर्तन*, मतांतरण, शुद्धि, शुद्धिकरण, स्वधर्मत्याग, •मत परिवर्तन.

**धर्मपाठ** *सं* अनुवाचन, *पाठ*, पूजापाठ, •अखंड पाठ, •कथावाचन, •जाप, •पूजा, •सत्संग.

**धर्मपाठक** = धर्मपाठी.

**धर्मपाठी** *सं* धर्मपाठक, *पाठक*, पाठी.

**धर्मपाल** = धर्मशील.
**धर्मपालक** = धर्माचारी.
**धर्मपालन** = धर्माचरण.
**धर्मपुरी** = न्यायालय.
**धर्म पुस्तक** = धर्मग्रंथ.

**धर्म प्रचार** *सं* तबलीग़, धर्मचक्र, धर्म प्रसार, •उपदेश.

**धर्म प्रचारक** *सं* धर्म प्रसारक, *प्रचारक*, मिशनरी.

**धर्मप्रदान** = धर्मदीक्षा.
**धर्मप्रवेश** = धर्मग्रहण.
**धर्म प्रसार** = धर्म प्रचार.
**धर्म प्रसारक** = धर्म प्रचारक.
**धर्मप्राण** = धर्मशील.
**धर्मबोध** = अध्यात्म ज्ञान.

**धर्मभाई** *सं* सधर्मक, सहधर्मी.

**धर्मभीरु** = धर्मशील.
**धर्मभ्रष्ट** = धर्मच्युत.
**धर्ममूल** = आस्तिकतावाद.
**धर्मयुक्त** = नैतिक.
**धर्मयुग** = सत्ययुग.

**धर्मयुद्ध** *सं* असहनशीलता, क्रूसेड, जिहाद, जेहाद, धर्मरक्षा, धर्मार्थ युद्ध, मज़हबी लड़ाई.

**धर्मयोद्धा** *सं* *उग्रवादी*, कट्टर, क्रूसेडर, ग़ाज़ी, जिहादी, तास्सुबी, धर्मगोप्ता, धर्मध्वजी, धर्मरक्षक, धर्मवर्मा, धर्मवीर, धर्मार्थ योद्धा, मुजाँहिद, मुजाहिदीन (बहुवचन), योद्धा.

**धर्मरक्षक** = धर्मयोद्धा.
**धर्मरक्षा** = धर्मयुद्ध.
**धर्मरत** = धर्मशील.
**धर्मराज** = गौतम बुद्ध, यमराज, युधिष्ठिर.
**धर्मलक्षण** = वेद.
**धर्मवंत** = धर्मशील.
**धर्मवत्सल** = धर्माचारी.
**धर्मवर्ती** = धर्मशील.
**धर्मवर्मा** = धर्मयोद्धा.
**धर्मवान** = धर्मशील.
**धर्मविद** = धर्मज्ञानी.
**धर्मविद्या** = धर्मज्ञान.

**धर्मविधि** *सं* कृत्य, जपतप, *धर्म*, *प्रथा*, रवायत, रीति, रीतिरिवाज़, *विधि*, विधिविधान, *व्यवस्था*, शास्त्रविधि, हदीस, •कर्मकांड, •धर्मकर्म, •प्रथा, •संस्कार.

**धर्मविप्लव** = धर्मद्रोह.
**धर्मविरोध** = नास्तिकतावाद.
**धर्मविरोधी** = धर्महीन, नास्तिक.
**धर्म विषयक** = धार्मिक.
**धर्मवीर** = धर्मयोद्धा, धर्मशील.
**धर्मव्रत** = धर्मशील.
**धर्मशाला** = पांथशाला.
**धर्मशास्त्र** = धर्मग्रंथ, धर्मज्ञान.
**धर्मशास्त्री** = धर्मज्ञानी.
**धर्मशास्त्रीय** = धर्मग्रंथीय.

**धर्मशील** *वि* *आध्यात्मिक*, ईश्वरमय, खुदाई, खुदापरस्त, ज्ञानी ध्यानी, धर्मजीवन, धर्मधुर्य, धर्मनिष्ठ, धर्मपरायण, धर्मपाल, धर्मप्राण, धर्मभीरु, धर्मरत, धर्मवंत, धर्मवर्ती, धर्मवान, धर्मवीर, धर्मव्रत, धर्मिष्ठ, धर्मी, धर्मीकर्मी, *धार्मिक*, नमाज़ी, नेक, नेकदिल, नेकनाम, नेमी, नेमी धरमी, *नैतिक*, पक्का/पक्की, *पवित्र*, पाक, पाकदामन, पारसा, पूजापाठी, भला/भली, मज़हबी, शीलवान, शीली, शुद्धाशय, सआदतमंद, सत्ययुगी, साधुशील, सुवृत्त, सूफ़ी, •आस्तिक, •दानशील, •सदाचारी, ▪धर्महीन, ▪नास्तिक, ▪पापी, ▪शंकालु.

**धर्मसंकट** = दुबिधा.
**धर्मसंकटग्रस्त** = दुबिधाग्रस्त.
**धर्मसंगत** = न्यायसंगत.

**धर्मसंगत** *वि* अनिषिद्ध, *आध्यात्मिक*, *धर्मसम्मत*, धर्मानुकूल, *धार्मिक*, धार्मिकतापूर्ण, मज़हबी, विधिबद्ध, विहित, *वैध*, हलाल, ▪धर्मविरुद्ध.

**धर्मसंगीति** = शास्त्रार्थ.
**धर्मसंघ** = बौद्ध मठ, मठ.

**धर्मसंघ** *सं* कुल, धम्मसंघ, धर्मचक्र, बौद्ध धर्म संस्थान, *संघ*, •बौद्ध धर्म.

**धर्म संप्रदाय** = संप्रदाय.
**धर्म संप्रदाय विषयक** = धार्मिक.
**धर्म संस्कार** = संस्कार.
**धर्म संहिता** = धर्मग्रंथ.
**धर्मसभा** = न्यायालय भवन.
**धर्मसम्मत** = धर्मसंगत.

**धर्मसम्मत** *वि* अभिहित, *धार्मिक*, मुबाह, विहित, *वैध*, हलाल, ▪धर्म

निषिद्ध (आहार).

**धर्मसम्मत कर्म** = पुण्य.
**धर्मसापेक्ष राज्य** = धर्मतंत्र.
**धर्मनाथ** = तीर्थंकर सूची.
**धर्म सावर्णि मनु** = मनु सूची.

**धर्म सिद्धांत** *सं* आदेश, *उपदेश*, दर्शन, धार्मिक सिद्धांत, *निदेश*, *नियम*, *मत*, *वेदवाक्य*, *व्यवस्था*, *शिक्षा*, *संदेश*, *सत्य*, *सिद्धांत*, सीख, सूत्र, स्थापना.

**धर्म सुधार** = कुप्रथा उन्मूलन.
**धर्मस्थ** = न्यायाधीश.
**धर्मस्थान** = तीर्थ, न्यायालय भवन.
**धर्मस्व** = धर्मादा.
**धर्महीन** = नास्तिक.

**धर्महीन** *वि* अदेव, अधर्मी, अधार्मिक, अनीश्वरवादी, अविश्वासी, इहलोकवादी, धर्मघ्न, *धर्मद्रोही*, धर्मद्वेषी, धर्मविरोधी, *नास्तिक*, निरीश्वर, लाईमान, लामज़हब, ●मतद्रोही, ●शंकालु, ■धर्मशील, ■धर्मशील.

**धर्महेतु** = धर्मार्थ.
**धर्मांतर** = धर्म परिवर्तन.
**धर्मांध** = मतांध.
**धर्मागम** = धर्मग्रंथ.

**धर्माचरण** *सं धर्मकर्म*, धर्मचर्या, धर्मपालन, धर्मानुचरण, धर्मानुपालन, धर्मानुसरण, धार्मिक आचरण, धार्मिकता, शास्त्राचरण, शास्त्राचरण, शास्त्रानुशीलन, शुक्लाचार, सत्पथाचार, सत्याचरण, *सदाचार*, सम्यक् चरित्र, ●धर्मशीलता, ●धर्मार्थ दान, ●सत्कर्म, ●सदाचार.

**धर्माचारी** *सं* अल्लाह वाला, खुदा का बंदा, दीनदार, धरमी करमी, धर्मपालक, धर्मवत्सल, धर्मात्मा, धर्मात्मा, धर्मानुपालक, धर्मानुयायी, धर्मावतार, धर्मावलंबी, धर्मीकर्मी, नेक बंदा, पवित्रात्मा, पवित्रात्मा, पारसा, पुण्यकर्मा, पुण्य पुरुष, पुण्यवान, पुण्यात्मा, पुण्यात्मा, *भक्त*, *भगत*, शिष्टाचारी, शीलधर, शीलवान, शुक्लाचारी, शुद्धकर्मा, शुद्धात्मा, शुभकर्मा, सच्चरित्र, सच्चरित्र, सत्कर्मी, सत्पुरुष, सत्यात्मा, सत्यात्मा, *सदाचारी*, *सदाचारी*, सवाबी, सहज धार्मिक, सुकर्मी, सुकृत, सुजन, सुमार्गी, ●उपकारी, ●पापहीन, ●सज्जन, ■पापी.

**धर्माचार्य** = उपदेशक, धर्मगुरु, धर्मज्ञानी, धर्माधिकारी, मठाधीश.
**धर्माचार्यीय** = मठाधीशीय.
**धर्माज्ञा** = धर्मादेश.
**धर्मात्मज** = युधिष्ठिर.
**धर्मात्मा** = दानवीर, दानशील, दानी, धर्माचारी, धर्माचारी, युधिष्ठिर.
**धर्मात्मापन** = पाखंड.

**धर्मादा** *सं* चैरिटी, दानखाता, दानपुण्य, धरम, धरम करम, धरम खाता, धर्मस्व, धर्मार्थ दान, *पुण्य*, वक़्फ़, ●भंडारा, ●मुहताज़खाना, ●समाज सेवा.

**धर्मादेश** = टैस्टामैंट.

**धर्मादेश** *सं* ईश्वर आज्ञा, *उक्ति*, कमांडमैंट, *कलमा*, *घोषणा*, धर्माज्ञा, *फ़तवा*, बाणी, *वचन*, वाणी, विधिवाक्य, *वेदवाक्य*, *व्यवस्था*, शास्त्र आदेश, समादेश, हदीस, ●आज्ञापत्र, ●उपदेश, ●देववाणी, ●फ़तवा.

**धर्माधिकरण** = न्यायालय.
**धर्माधिकारी** = मठाधीश.

**धर्माधिकारी** *सं* आचार्य, कुलाचार्य, धर्माचार्य, धर्माध्यक्ष, *पादरी*, महंत, महागुरु, शेख़, ■जन साधारण, ■धार्मिक जनसाधारण.

**धर्माधिकारी** = न्यायाधीश.
**धर्माधिकारीय** = मठाधीशीय.
**धर्माधिष्ठान** = न्यायालय.
**धर्माध्यक्ष** = धर्माधिकारी, मठाधीश.
**धर्मानुकूल** = धर्मसंगत.
**धर्मानुचरण** = धर्माचरण.
**धर्मानुपालक** = धर्माचारी.
**धर्मानुपालन** = धर्माचरण.
**धर्मानुयायी** = धर्माचारी.
**धर्मानुष्ठान** = कर्मकांड.
**धर्मानुसरण** = धर्माचरण.
**धर्माभिषेक** = बपतिस्मा.
**धर्मारण्य** = मठ.
**धर्मार्थ** = उपकार.

**धर्मार्थ** *वि* इकरामी, उपकारार्थ, कल्याणार्थ, ख़ैराती, चैरिटेबल, जनहितार्थ, दानार्थ, धर्महेतु, *निश्शुल्क*, परहितार्थ, परोपकारार्थ, बहुजनहितार्थ, लोकरंजनार्थ, लोकोपकारार्थ, ●निस्स्वार्थ, ■स्वार्थपूर्ण.

**धर्मार्थ जलघर** = प्याऊ.
**धर्मार्थ दान** = धर्मादा.
**धर्मार्थ यात्रा** = तीर्थयात्रा.
**धर्मार्थ युद्ध** = धर्मयुद्ध.
**धर्मार्थ योद्धा** = धर्मयोद्धा.
**धर्मावतार** = धर्माचारी, युधिष्ठिर.
**धर्मावलंबी** = धर्माचारी.
**धर्मिष्ठ** = धर्मशील, पुण्यपूर्ण.
**धर्मी** = धर्मशील, धार्मिक.
**धर्मीकर्मी** = अविलासी, कर्मकांडी, धर्मशील, धर्माचारी.
**धर्मीपुत्र** = अभिनेता.
**धर्मीय** = धार्मिक.
**धर्मेंद्र** = युधिष्ठिर.
**धर्मेतर विवाह** = अंतरधर्म विवाह.
**धर्मोपदेश** = उपदेश, खुतबा.
**धर्मोपदेशक** = वाइज़.
**धर्मोपदेशीय** = उपदेशपूर्ण.
**धर्मोपाध्याय** = पुरोहित.
**धर्षित** = बलात्कृत.
**धव** = पति, पुरुष.
**धवल** = उज्ज्वल, धुला/धुली, बर्फ़ीला सफ़ेद, रुपहला/रुपहली.
**धवलता** = श्वेतिमा.
**धवलपक्ष** = शुक्लपक्ष, हंस.
**धवला/धवली** = उज्ज्वल, रुपहला/रुपहली.
**धवलित** = धुला/धुली.
**धवलिमा** = श्वेतिमा.
**धवली** = सफ़ेद मिर्च.
**धवाना** = दौड़ाना.
**धसकन** = धँसन.
**धाँग** = चट्टा.
**धाँधलेबाज़** = घोटालेबाज़, भ्रष्टाचारी.

**धाँधलिया** = उपद्रव नेता, कुटिल, कूटकार, ठग, बेईमान.
**धाँधली** = अन्याय, घोटाला, छल, पक्षपात.
**धाँधलेबाज़** = ठग, भ्रष्ट.
**धाँय** = धमाका.
**धाँय धाँय करना** = दहकना.
**धाँस** = धँसका.
**धाँसना** = घोंपना, ठूँसना, वेधना, हड़पना.
**धाक** = प्रताप, प्रतिष्ठा.
**धाक वाला** = ऋणयोग्य.
**धागा** = लड़ी, सूती धागा, स्टिच.

**धागा** *सं* गुण, गुन, *तंतु*, तागा, थ्रैड, *सूत*, सूत्र, •डोर, •ताँत, •रासायनिक धागा.

**धागा बनाना** = कातना.
**धाड़** = आक्रमण, डकैती, वृंद.
**धाता** = आत्मा, आदित्य सूची, ईश्वर, परपालक, परित्राता, ब्रह्मा, रक्षक, शासक, सप्तर्षि, सृष्टि रचेता.
**धाता/धात्री** = धारयिता.
**धातु** = अजैव पदार्थ, खनिज, पंचभूत, पदार्थ, रासायनिक तत्त्व, वीर्य, शब्द धातु.

**धातु** *सं* अयस, द्रविण, द्रव्य, परिष्कृत खनिज, मैटल, लोह, हिरण्य, •अलुमिनियम, •इस्पात, •काँसा, •चाँदी, •जर्मन सिल्वर, •जस्ता, •टीन, •ताँबा, •पारा, •पीतल, •प्लैटीनम, •मैंगनीज़, •राँगा, •लोहा, •सीसा, •स्वर्ण, •खनिज, •खान, •मिश्र धातु.

**धातु उत्पाद** = हार्डवेअर.
**धातुक** = खनिज.
**धातुगोप** = अस्थिकलश.
**धातु जोड़** = सोल्डर.
**धातु द्रवण** = पिघलाई.

**धातुपटल** *सं* चद्दर, *चादर*, *पट*, *पटल*, पतरा, पतरी, पत्तर, पत्तरा, पत्ती, *पत्र*, *प्लेट*, फलक, वरक़, शीट, •पत्री.

**धातु परिवर्तन** = कीमियागरी.

**धातु पिंड** *सं* इन्गौट, ईंट, छड़, टुकड़ा, *पिंड*, पिंडी, सिल्ली, •डला.

**धातुराग** = गेरू.
**धातुवादी** = कीमियागर.
**धातुवैरी** = गंधक.
**धातु संगलन** = पिघलाई.
**धातृ** = ब्रह्म.
**धात्री** = दाई, धाय माँ.
**धात्री पुत्र** = नट.
**धात्रीफल** = आँवला.
**धात्विक** = अजैव.

**धात्विक** *वि* अयसीय, आयस, धात्वीय, *लौह*.

**धात्विक खनिज** = खनिज.
**धात्विक तंतु** = तार.
**धात्विक धागा** = तार.
**धात्विक मिट्टी** = खनिज.
**धात्वीय** = धात्विक.
**धान** = आला.

**धान** *सं* अणुव्रीहि, कैदार, तंडुल, तंदुल, धान्य, धान्योत्तम, शालि, •खील, •चावल.

**धान दाना** = चावल.
**धानयूष** = माँड़िया.
**धाना** = कुलाँचना, खील, दौड़ना, धनिया, धानी, सत्तू.
**धानाका** = धानी.
**धानी** = अलमारी, आधार, घर, टेकनी, डिब्बा, बरतन.

**धानी** *सं* धाना, धानाका, बहुरी, भुना जौ, वाट्टक, •खील, •चिड़वा, •जौ.

**धानुष्य** = बाँस.
**धान्य** = अनाज, चावल, धान.
**धान्यकूट** = अन्न ढेर.
**धान्यपति** = चावल.
**धान्यपूर्ण** = आहारसंपन्न.
**धान्यशाली** = आहारसंपन्न.
**धान्यशैल** = अन्न ढेर.
**धान्यसंपन्न** = आहारसंपन्न.
**धान्या** = धनिया.
**धान्यागार** = अनाज गोदाम.
**धान्योत्तम** = धान.
**धाप** = तबला थाप, दौड़, दौड़ चरण, धम.
**धापना** = छकना.
**धाबा** = ओलती, ढाबा.
**धाम** = घर, मंदिर, स्रोत.
**धाय** = दाई, धाय माँ, नर्स, परिचारिका, बेबीसिटर.
**धायक/धायिका** = धारयिता.
**धाय माँ** = बेबीसिटर.

**धाय माँ** *सं* अन्ना, उपमाता, दाई, दूध माँ, धन्या, धात्री, धाय, मातृका, स्तन्यदात्री, •गवर्नैस, •नौकरानी, •बेबीसिटर, •स्तन्यदान.

**धार** = छोर, जलधारा, नदी, प्रवाह, फुहार.

**धार** *सं* अनी, *आब*, काट, कोर, तीखा छोर, तेज, *नोक*, पानी, •चाकू छुरी, •चुभन, •फला.

**धारक** = धारयिता, पट्टेदार, वाहक, वेशधारी, स्वामी.
**धारण** = स्मृतिधरता.

**धारण** *सं* आधान, आधानन, आश्रयण, सँभाल, सहार, सहारा, •धराई.

**धारण अधिकार** = पट्टेदारी.
**धारण करना** = थामना, पहनना.
**धारण पत्र** = पट्टा.
**धारण शक्ति** = स्मृतिधरता.
**धारणा** = अंदाज़ा, कविसत्य, धर्म, धर्म, मत, मत, योगांग सूची, विचार, विश्वास, सिद्धांत.
**धारणाग्रस्त** = पूर्वग्रहपूर्ण.
**धारणात्याग** = मत परिवर्तन.
**धारणा शक्ति** = स्मृतिधरता.
**धारणाहीन** = उदारमनस्क.
**धारणिक** = स्ट्रौंगरूम.
**धारदार** = तीक्ष्ण, सूक्तिवत.
**धारना** = थामना, पहनना, सँभालना.
**धारयंत्र** = पिचकारी.

**धारयिता** *सं* -दार, धरंता, -धर, धरता, धर्ता, धाता/धात्री, धायक/धायिका, धारक, धारी/धारिणी.

**धार वाला** = तीक्ष्ण.
**धारहीन** = खुट्टल.
**धारांकुर** = ओला, वर्षा बूँद.
**धारा** = क़ानून, जलधारा, नदी, नियम धारा, परंपरा, प्रवाह, फ़ैड, लहर, शर्त, सीरीज़.

**धारा के विपरीत** *क्रिवि* उलटे, *ऊपर*, *ऊपर की ओर*, प्रति, प्रतिप्रवाह, प्रतिलोम, प्रतिवात, प्रवाह के विपरीत, *विपरीत*, *विरुद्ध*, विरुद्धतः, सब के विपरीत, ■धारा के साथ.

**धारा के साथ** *क्रिवि* अनुकूलतः, अनुधारा, अनुप्रवाह, अनुलोम, अनुवात, *नीचे*, *नीचे की ओर*, प्रवाहानुकूल, लहर के साथ, सब के साथ, समय के साथ, साथ साथ, *सीधे*, ■धारा के विपरीत.

**धाराग्र** = बाणाग्र.
**धाराधर** = तलवार, मेघ.
**धाराधार** = रवानीदार.
**धाराधार वर्षा** = अतिवर्षा, अनवरत वर्षा.
**धारापथ** = नेमिमार्ग.
**धारापात** = अतिवर्षा.
**धाराप्रवाह** = अविराम, प्रवाहशील (भाषा), रवानीदार, लगातार.
**धाराप्रवाहिता** = रवानी.
**धारामुख** = नोज़ल.
**धारावर्ष** = अतिवर्षा, अनवरत वर्षा.
**धारावाहिक** = धारावाहित.
**धारावाहिकतः** = क्रमशः.

**धारावाहित** *वि* क़िश्तवार, *क़िस्तवार*, क़िस्तवाराना, क़िस्तों में, *क्रमिक*, धारावाहिक, *धारावाही*, *नियमित*, शृंखलाबद्ध, सीरियल, ●क्रमिक.

**धारावाहिता** = रवानी.
**धारावाही** = धारावाहित, नियमित.

**धारावाही** *सं* धारावाही कार्यक्रम, धारावाही प्रकाशन, धारावाही रचना, *माला*, मालिका, सीरियल, *सीरीज़*.

**धारावाही कार्यक्रम** = धारावाही.

**धारावाही क़िस्त** *सं* *अंक*, *आवृत्ति*, इंस्टालमैंट, ऐपिसोड, क़िस्त.

**धारावाही प्रकाशन** = धारावाही.
**धारावाही रचना** = धारावाही.
**धारा विभाजक** = जल विभाजक.
**धारासंपात** = अतिवर्षा, अनवरत वर्षा.
**धारासभा** = विधान परिषद.
**धारासार** = अतिवर्षा.
**धारिणी** = सेमल वृक्ष.
**धारी** = खाँचा, नेमिमार्ग, रेखा, रेखाचिह्न, वाहक, हलरेखा.
**धारी/धारिणी** = धारयिता.
**धारीदार** = कारुगेटिड.
**धारीदार गधा** = ज़ेबरा.
**धार्म** = धार्मिक.
**धार्मिक** = अवैज्ञानिक, आध्यात्मिक, कर्मकांडीय, धर्मग्रंथीय, धर्मशील, धर्मसंगत, धर्मसम्मत, पवित्र, पुण्यपूर्ण.

**धार्मिक** *वि* *तंत्रीय*, *दिव्य*, धर्म विषयक, धर्म संप्रदाय विषयक, धर्मी, धर्मीय, धार्म, पंथिक, पंथी, फ़िरक़ाई, मज़हबी, मतीय, मार्गीय, यानीय, संघीय, संप्रदायीय, सांप्रदायिक, ●आत्मिक, ●आध्यात्मिक, ●धर्मशील, ●सिद्धांतीय.

**धार्मिक आचरण** = धर्माचरण.
**धार्मिक कहानी** = पुराण कथा.
**धार्मिक कृत्य** = धर्मकर्म.
**धार्मिक गीत** = भजन.
**धार्मिकता** = अध्यात्म ज्ञान, धर्माचरण.
**धार्मिकतापूर्ण** = धर्मसंगत.
**धार्मिक भेदभाव** = संप्रदायवाद.
**धार्मिक वादविवाद** = शास्त्रार्थ.

**धार्मिक व्यक्ति** *सं* उपासक, जजमान, *भक्त*, भक्तिन, *भेड़*, *यजमान*, ●जन साधारण, ■पुरोहित कर्म.

**धार्मिक शिष्य** *सं* कनफुँका/कनफुँकी, चेला, दीक्षित, *ब्रह्मचारी*, मुरीद, *शिष्य*, ●धर्मगुरु.

**धार्मिक सिद्धांत** = धर्म सिद्धांत.
**धार्य** = वहनीय.
**धाव** = आक्रमण, खेल रन, दौड़, दौड़ चरण, दौड़ाकी, प्रहार.
**धावक** = कूरियर, दौड़ाक, धोबी.
**धावक संदेशवाहक** = कूरियर.
**धावन** = दौड़ाकी, धुलाई.
**धावन पट्टी** = उड़ान पट्टी, दौड़ मार्ग.
**धावन मार्ग** = दौड़ मार्ग.
**धावना** = दौड़ना.
**धावनी** = दौड़ मार्ग.
**धावपथ** = दौड़ मैदान.
**धावल्य** = श्वेतिमा.
**धावा** = आक्रमण, छापा, ब्लिट्ज़.
**धाविका** = दौड़ मार्ग.
**धावित** = धुला/धुली.
**धावी** = दौड़ाक.
**धिकधिक करना** = धिक्कारना.
**धिक्कार** = डाँट.
**धिक्कारना** = डाँटना.

**धिक्कारना** *क्रि* अच्छा बुरा कहना, आलोचना करना, ऊँचा नीचा सुनाना, क़लई उतारना, छिछियाना, छीछी करना, थुथुआना, दुतकारना, धिकधिक करना, फटकारना, भर्त्सना करना, रंग उतारना, सरसेटना, सीटना, सुनाना, हूँसना, ●डाँटना, ●निंदा करना, ■शाबाशी देना, ■साहस बढ़ाना.

**धिक्कृत** = निंदित.
**धिय** = पुत्री.
**धियांपति** = बृहस्पति ग्रह.
**धिषणा** = वाचा.
**धिष्ठ्य** = शुक्राचार्य.
**धिष्ण्य** = शुक्राचार्य.
**धींगड़ा/धींगड़ी** = बलिष्ठ, महाकाय.
**धींगाधाँगी** = लूटपाट.
**धींगाधींगी** = हेकड़ी.
**धींगामस्ती** = हुड़दंग.
**धींगामुश्ती** = अत्याचार.
**धींगामुस्ती** = आपाधापी, लूटपाट.
**धींगी** = हेकड़ी.
**धींद्रिय** = ज्ञानेंद्रिय.
**धी** = पुत्री, बुद्धि, मनोवृत्ति, विवेक.
**धीमा/धीमी** = अप्रबल, अश्रुतिगम्य, थका/थकी, धुँधला/धुँधली, मंद, मंदस्वरीय, मंदित.
**धीमान/धीमती** = दूरदर्शी, बुद्धिमान.
**धीमी गति** = मंदवेग.
**धीमी हवा** = बयार.

**धीमे** = मंदतः.
**धीमे चलना** = विचरना.
**धीमे धीमे** = मंदतः.
**धीय** = पुत्री.
**धीयस** = अहुरमज़्द.
**धीर** = अविलासी, गंभीर, दायित्वपूर्ण, धैर्य, प्रौढ़, मंद, मर्यादापूर्ण, संयमित.

**धीर** *वि* अचंचल, *अचल*, अचलायमान, अटल, अडिग, अनथक, *अनम्य*, अनुत्तेजित, अविचल, *गंभीर*, चट्टानी, थिर, दृढ़, दृढ़व्रत, धीरज वाला, धीरवीर, धृतात्मा, धैर्यवान, धैर्यशाली, धैर्यशील, ध्रुव, निष्ठ, पक्का/पक्की, परायण, *प्रशांत*, भीष्मव्रत, *वीर*, संतुलित, संयत, समचेता, समदर्शी, सह, *सहनशील*, सुधीर, सुसह, सोढा, सोढी, स्थिरचित्त, स्थिरधी, स्थिरबुद्धि, हौसले वाला, ●कटिबद्ध, ●भयहीन, ●संकल्पशील, ■आतुर, ■चंचल, ■दुस्साहसी, ■विचलनशील.

**धीर गंभीर** = अविलासी.
**धीरज** = धैर्य.
**धीरज रखना** = सहना.
**धीरज वाला** = धीर.
**धीरवीर** = धीर, भयहीन, वीर.
**धीरे** = मंदतः.
**धीरे चलना** = विचरना.
**धीरे धीरे** = क़िस्तवार, मंदतः.
**धीरे धीरे चलना** = विचरना.
**धीरे धीरे जलना** = सुलगना.
**धीवर** = नाविक, पालकी वाहक, मछुआरा.
**धुँआँ** = धुआँ.
**धुँआरा/धुँआरी** = धूम्रपूर्ण.
**धुँईं** = धूनी.
**धुँएला/धुँएली** = धूम्रपूर्ण.
**धुँकाई** = धमन.
**धुंकार** = गड़गड़.
**धुँगार** = छौंक.
**धुँगारना** = छौंकना.
**धुंध** = कोहरा.
**धुंधकार** = अंधकार.
**धुँधला/धुँधली** = अंधकारपूर्ण, अपारदर्शी, कुदृश्य, धूम्रपूर्ण, बदरंग, सलेटी.

**धुँधला/धुँधली** *वि* अतेज, अदीप्त, अनुज्ज्वल, अप्रकट, अप्रभ, अस्पष्ट, अस्वच्छ, आभाहीन, उतरा/उतरी, *कम*, कांतिहीन, कुहरित, छटाहीन, तेजहीन, दीप्तिहीन, द्युतिहीन, धीमा/धीमी, धुँधलाया/धुँधलाई, धुमैला/धुमैली, धूमिल, निष्प्रभ, निस्तेज, प्रभाहीन, बुझा/बुझी, बेआब, *मंद*, मंदा/मंदी, मद्धम, मलिन, माँदा/माँदी, *विवर्ण*, ■आलोकित, ■उज्ज्वल, ■चमकदार, ■तेजस्वी, ■स्पष्ट.

**धुँधलाना** *क्रि उतरना*, कम होना, *घटना*, धूमिल होना, फीका पड़ना, *बुझना*, मंद पड़ना, मंद होना, मंदा होना, मद्धम पड़ना, ●मुरझाना, ■चमकना, ■चमकाना.

**धुँधलाया/धुँधलाई** = धुँधला/धुँधली, मेघाच्छन्न.
**धुँधार** = अतिवर्षा.
**धुँधियारा/धुँधियारी** = कुदृश्य.
**धुँधियाला/धुँधियाली** = कुदृश्य.
**धुंधुमार** = बीर बहूटी.
**धुंधुरित** = अपारदर्शी.

**धुआँ** *सं* अग्निबाहु, अग्निवाह, अग्निसखा, करमाल, दहनकेतन, धुँआँ, धूम, धूम्र, मरुद्वाह, वायुवाह, शिखीध्वज, ●अग्नि, ●आधूम्रण, ●धुआँकश, ●राख.

**धुआँ देते जलना** = सुलगना.
**धुआँधार** = अतिवर्षा.
**धुआँधार वर्षा** = अतिवर्षा.
**धुएँ की ओट** = धूम्र आवरण.
**धुएँला/धुएँली** = अंधकारपूर्ण.
**धुकधुक** = धकधक.
**धुकधुक करना** = धकधकाना.
**धुकधुकाहट** = धकधक.
**धुकधुकी** = आशंका, धकधक, हृदय कंप.
**धुकार** = ढमढम.
**धुकुर पुकुर** = आशंका, धकधक, हृदय कंप.
**धुकुर पुकुर होना** = धकधकाना.
**धुत** = मदव्यग्रस्त, मदिरोन्मत्त.
**धुतू** = तुरही.

**धुत्कारना** = डाँटना.
**धुत्त** = मदव्यग्रस्त.
**धुधुकार** = गड़गड़, तूर्यनाद.
**धुन** = उत्साह, उन्माद, नशा, पागलपन, लगन, लय, सनक, साधना.
**धुनकना** = धुनना.
**धुनका** = धुनिया.

**धुनकी** *सं* कठेल, *कमानचा*, धनुआ, *धनुष*, धुनाई धनुष, पँतीजी, पिंजन, पींजन, ●ओटनी.

**धुनना** = पीटना.

**धुनना** *क्रि* तूमना, धुनकना, पींजना, पीनना, ●ओटना.

**धुना** = धुनिया.
**धुनाई** = पराजय, पिटाई.

**धुनाई** *सं* पिंजन, पिंजाई, पिनाई, ●कताई, ●धुनिया.

**धुनाई कर्मी** = धुनिया.
**धुनाई धनुष** = धुनकी.

**धुनिया** *सं* कँडेरा, कार्डर, धुनका, धुना, धुनाई कर्मी, पंजारा, पंजियारा, पींजना, पीनिया.

**धुनी** = उन्मत्त, कार्योन्मादी, धूनी, लगनशील.
**धुबिया** = धोबी.
**धुमैला/धुमैली** = अपारदर्शी, कुदृश्य, धुँधला/धुँधली, धूम्रपूर्ण, सलेटी.
**धुरंधर** = जोत पशु, दक्ष, दक्ष व्यक्ति, प्रतिभाशाली व्यक्ति, बैल, महानायक, महापुरुष, महारथी, विद्वान व्यक्ति, हलवाहा.
**धुरंधरता** = दक्षता.
**धुर** = जुआ, हल जुआ.
**धुर सामने** = सीधे.
**धुरा** = अक्ष, भार.
**धुरी** = अक्ष, गुट, चूल, पहिया नाभि.
**धुरी घूर्णन** = चक्रावर्तन.
**धुरी चक्रण** = चक्रावर्तन, पृथ्वी आवर्तन.
**धुरीण** = निर्णायक.
**धुरीदंड** = अक्षदंड.
**धुरी पर आवर्तन** = पृथ्वी आवर्तन.
**धुरी पर घूमना** = घूमना.
**धुरीय** = आधारभूत.

धुर्य = जोत पशु.
धुला/धुली = विशोधित, स्वच्छ.

**धुला/धुली** *वि उज्ज्वल*, धवल, धवलित, धावित, धौत, पखारा/पखारी, प्रक्षालित, साफ़, साफ़ सुथरा/साफ़ सुथरी, *स्वच्छ*, स्वच्छीकृत, •विशोधित, ■अनधुला/अनधुली, ■गंदा/गंदी.

धुलाई = निथराई, पिटाई, बरतन मँजाई.

**धुलाई** *सं* धावन, पखार, प्रक्षालन, मार्जन, सफ़ाई, •अलगनी, •कपड़ा धुलाई, •धोना, •स्वच्छन.

**धुलाई करना** = धोना.

**धुलाईघर** *सं* प्रक्षालनालय, लांड्री.

**धुस्स** = खँडहर टीला, टीला, तटबंध.
**धुस्सा** = बाँधपथ, सहारा दीवार.
**धुस्सा दीवार** = सहारा दीवार.
**धूई** = धूनी.
**धूति** = प्रदोलन.
**धूतूतू** = तूर्यनाद.
**धूधू** = गड़गड़, जलता/जलती.
**धूधू करना** = दहकना.
**धूना** = वार्निश.

**धूनी** *सं अलाव*, धुँई, धुनी, धूई, •तपस्वी, •भभूत, •साधु.

**धूनी भस्म** = भभूत.
**धूप** = धूपबत्ती.

**धूप** *सं* आतप, घाम, दाघ, दिन ज्योति, द्योत, निदाघ, *प्रकाश*, सूरज, सूर्य प्रकाश, सूर्यातप, सूर्यालोक, •चमक, •चाँदनी, •छाता, •दिन, •प्रकाश, ■छाया, ■रात.

**धूप का चश्मा** *सं* गौगल्स, धूपिया चश्मा.

**धूपघड़ी** = घड़ी सूची.

**धूपघड़ी** *सं* छायायंत्र, तुरीयंत्र, तूर्यगोल, नरयंत्र, सूर्यगति यंत्र, सूर्ययंत्र. •जलघड़ी.

**धूपछाँह** = उत्थानपतन, भाग्यचक्र.

**धूप दशमी** = जैन उत्सव.

**धूपबत्ती** *सं धूप*, •अगरबत्ती, •लोबान.

**धूप वृक्ष** = चीड़.

**धूपहीन** *वि अंधकारपूर्ण*, अँधेरा/अँधेरी, आतपहीन, *छायादार*, निरातप, *मेघाच्छन्न*, सूर्यहीन.

**धूपिया चश्मा** = धूप का चश्मा.
**धूम** = कोहरा, धुआँ, प्रसिद्धि, स्टारडम, हल्लागुल्ला, हुड़दंग.
**धूमकेतु** = अग्नि, अग्निदेव, पुच्छल तारा.
**धूम ग्रह** = राहु.
**धूमधामपूर्ण** = उत्सवपूर्ण.
**धूमयोनि** = मेघ.
**धूमल** = धूम्रपूर्ण.
**धूमावरण** = धूम्र आवरण.
**धूमिल** = अंधकारपूर्ण, कुदृश्य, धुँधला/धुँधली, धूम्रपूर्ण, रहस्यपूर्ण, सलेटी.
**धूमिल होना** = धुँधलाना.
**धूम्या** = धूम्र आवरण.
**धूम्र** = धुआँ.

**धूम्र आवरण** *सं* धुएँ की ओट, धूमावरण, धूम्या, धूम्रावरण, स्मोक स्क्रीन, •आड़, •लुकाछिपी.

**धूम्र दंडिका** = सिगरेट.
**धूम्रपत्र** = तंबाकू.

**धूम्रपान** *सं* तंबाकू पान, बीड़ी सिगरेट, स्मोकिंग, •कश, •कुटेव, •बीड़ी, •सिगरेट, •हुक़्क़ा.

**धूम्रपूर्ण** *वि अंधकारपूर्ण*, काला/काली, धुँआरा/धुँआरी, धुँएला/धुँएली, धुँधला/धुँधली, धुमैला/धुमैली, धूमल, धूमिल, श्याम, श्यामल, •जलता/जलती, ■धूम्रहीन.

**धूम्रयान** = रेलगाड़ी.
**धूम्रवर्ण** = लोबान.
**धूम्राभ** = सलेटी.
**धूम्रावरण** = धूम्र आवरण.
**धूम्रित** = परिरक्षित (आहार).
**धूरि** = धूल.

**धूर्त** = दुर्जन.
**धूर्तक** = गीदड़.
**धूर्ततापूर्ण** = कूटनीतिपूर्ण.
**धूल** = आँधीधूल, धूलिकण.

**धूल** *सं* ख़ाक, खेह, गर्द, गुबार, छार, धूरि, धूलि, धूलिका, *मिट्टी*, *रज*, रेणु, •आँधी, •त्रसरेणु, •राख, •रेत.

**धूल चटाना** = हराना.
**धूल चाटना** = हारना.
**धूल झाड़ना** = झाड़ना.
**धूलधक्कड़** = आँधीधूल.
**धूल फाँकना** = भटकना.
**धूल भरी आँधी** = आँधीधूल.
**धूल में मिलाना** = ढहाना.
**धूल हटाना** = झाड़ना.
**धूलि** = धूल, धूलिकण.

**धूलिकण** *सं* क्षितिकण, गर्द, ज़र्रा, *धूल*, धूलि, रजकण, रेणु, •त्रसरेणु, •धूल.

**धूलिकर्म** = अंकगणित.
**धूलिका** = धूल.
**धूलिधूसर** = गंदा/गंदी, धूलिमय, धूसर.
**धूलिधूसरित** = धूलिमय.

**धूलिमय** *वि ख़ाकी*, गंदा/गंदी, गर्दालूद, धूलिधूसर, धूलिधूसरित, *धूसर*, पांशुल, मटमैला/मटमैली, मटियाला/मटियाली, मृण्मय, मृत्तिकामय, मैला/मैली, सैकत, •ख़ाकी, •गंदा/गंदी, •रेतीला/रेतीली, ■दलदली, ■धूलिहीन.

**धूलिहीन** *वि* अरजस्क, नीरज, विरजा, *स्वच्छ*, ■धूलिमय.

**धूसर** = ऊँट, ख़ाकी, धूलिमय, मेघाच्छन्न.

**धूसर** *वि* धूलिधूसर, धूसरित, मटमैला/मटमैली, मटियाला, विधूम्र, •ख़ाकी, •धूल.

**धूसर कठोर भुरभुरी ज़ंग लगने वाली अचुंबकीय धातु** = मैंगनीज़.
**धूसरकेश** = धूसरकेशी.
**धूसर केश युक्त** = धूसरकेशी.

**धूसरकेशी** *वि* अधपके बालों वाला, खिचड़ी बालों वाला, धूसरकेश, धूसर केश युक्त, •कृष्णकेशी.

**धूसरता** *सं* मटमैलापन, मटियालापन.

**धूसरिका** = भेजा.
**धूसरित** = धूसर.
**धूहा** = खँडहर टीला.
**धृत** = अधीनित, आधारित, गिरफ़्तार, स्थित.

**धृतराष्ट्र** *सं* आंबिकेय, कुरुराज, कौरव पिता, जन्मांध, बुद्धिचक्षु, वैचित्रवीर्य, •पांडु.

**धृतराष्ट्र पत्नी** = गांधारी.
**धृतराष्ट्र पुत्र** = दुर्योधन.
**धृतराष्ट्र मंत्री** = संजय.
**धृतराष्ट्र संतति** = कौरव.
**धृतराष्ट्री** = गांधारी.
**धृतात्मा** = आशावादी, धीर.
**धृति** = गंभीरता, धैर्य, संकल्प.
**धृष्ट** = अवज्ञाकारी, अश्लील, अहंकारी, खेदहीन, दुर्व्यवहारी, नवसमृद्ध, निर्लज्ज, लड़बावला/लड़बावली.

**धृष्ट** *वि* अक्खड़, अभद्र, अविनम्र, अविनीत, *अशालीन*, अशिष्ट, *असौम्य*, उच्छृंखल, उजड्ड, उद्दंड, उद्धत, कड़ंगा/कड़ंगी, गुस्ताख़, चरबाँक, ज़बानदराज़, टर्रा/टर्री, ढीठना/ढीठनी, दुर्विनीत, धृष्ठ (विकल्प), *निर्लज्ज*, पश्चात्तापहीन, प्रगल्भ, बदज़बान, बदतमीज़, बदलगाम, बेलगाम, बेहया, मुँहछुट, मुँहज़ोर, मुँहफट, लंठ, लट्ठमार, शोख़जबान, सरकश, सिरचढ़ा, सीनाज़ोर, हूश, •असौम्य, •अहंकारी, •स्वेच्छाचारी, ▪मिष्टभाषी, ▪विनम्र, ▪शिष्ट, ▪संकोची.

**धृष्टता** = अवज्ञा, दुर्व्यवहार, दुस्साहस, मुँहज़ोरी.
**धृष्टताहीन** = विनम्र.
**धृष्टा** = कुलटा.
**धृष्ठ (विकल्प)** = धृष्ट.
**धेनु** = गाय.
**धेनुका** = गाय, हथिनी.
**धेलचा** = अधेला.
**धेला** = अधेला, सिक्का सूची

**धेवता** *सं* दुहोतरा, दौहित्र, नप्ता, नवासा, नाती, पुत्री पुत्र, बेटी पुत्र, सुता सुत, सूनु, •धेवती, •पुत्र, •पोता, ▪नाना, ▪नानी.

**धेवती** *सं* दुहोतरी, दौहित्री, नतिनी, नातिन, सूनू, •धेवता, ▪नाना, ▪नानी.

**धैर्य** = गंभीरता, सहन, साधना, हठ.

**धैर्य** *सं* अनुत्तेजना, अविचलन, आत्मनियंत्रण, उद्देश्यनिष्ठा, उद्देश्यानुगमन, क़रार, चित्त अविकार, छक्के, *ज़ब्त*, टेक, डटन, थिरता, दुबिधाहीनता, दृढ़ता, दृढ़ता, दृढ़ मनोबल, *धीर*, धीरज, धृति, *निष्ठा*, पक्कापन, पित्ता, बरदाश्त, *भक्ति*, भीष्म प्रतिज्ञा, *मनोबल*, *रीढ़*, शांति, संकल्प शक्ति, *संयम*, सब्र, सहन शक्ति, *साहस*, स्थायित्व, स्थिरता, स्थैर्य, •आत्मविश्वास, •मनोबल, •वीरता, •संकल्प, •साहस, •हठ, ▪निराशा, ▪भय, ▪विचलन, ▪हिचक.

**धैर्य टूटना** = डरना.

**धैर्यभंग** *सं* अकुलाहट, अशांति, उत्कंठा, खलबली, डगमगाहट, डिगन, प्रच्युति, *विचलन*, •उत्साहभंग, •भय, ▪धैर्य.

**धैर्यवान** = धीर, संकल्पशील.
**धैर्यशाली** = धीर.
**धैर्यशील** = धीर.
**धैर्यहीन** = जल्दबाज़, विचलनशील, विवेकहीन.
**धैवत** = सप्तक स्वर सूची.
**धोखा** = कृषिरक्षक पुतला, ग़बन, छल, विश्वासघात.
**धोखा खाया** = छला/छली.
**धोखा देना** = ठगना.
**धोखाधड़ी** = छल.
**धोखे की टट्टी** = घातस्थान.
**धोखेबाज़** = कुटिल, कूटकार, ठग, बेईमान, विश्वासघाती.
**धोखेबाज़ी** = छल, विश्वासघात.
**धोख़ेबाज़ी** = वचनभंग.
**धोटा** = पुत्र.
**धोतर** = छिद्रिल.
**धोती** = साड़ी.

**धोती** *सं* अँगोछी, अधोवस्त्र, कटि परिधान, पटोरी, पर्दनी, मरदाना कटि परिधान, मुटका, •लाँग, •लुंगी, •साड़ी.

**धोती किनारी** = किनारी.
**धोना** = निथारना.

**धोना** *क्रि* धुलाई करना, *निखारना*, पखारना, पखालना, प्रक्षालित करना, साफ़ करना, स्वच्छ करना, •खँगालना, •नहलाना, •निथारना.

**धोना (दाल)** = छीलना.
**धोने वाला** = धोबी.
**धोबन** = धोबिन.
**धोबिन** = कुरर.

**धोबिन** *सं* चरी, धोबन, बरेठन, बाई.

**धोबी** *सं* उजला, धावक, धुबिया, धोने वाला, नेजक, प्रक्षालक, प्रक्षालयिता, रजक, वस्त्र प्रक्षालक, •स्वच्छता कर्मी.

**धोरण** = सवारी पशु.
**धोरा** = पड़ोस.
**धोरी** = ऋणयोग्य, कार्य प्रभारी.
**धोरे** = निकट ही.
**धौंक** = धमन.
**धौंकना** = दहकाना.

**धौंकना** *क्रि* धमना, हौंकना.

**धौंकनी** = धौंकनी.

**धौंकनी** *सं* अजिन, धमनी, धौंकनी, धौंकी, भाथी, •पंखा, •फुँकनी, ▪दमकल.

**धौंका** = लू.
**धौंकी** = धौंकनी.
**धौंस** = दंडनीति, धमकी, हेकड़ी.
**धौंसना** = रौंदना.
**धौंसपट्टी** = हेकड़ी.
**धौंसा** = ढोल.

**धौंसिया** = ढोलची.
**धौत** = चाँदी, धुला/धुली, नहाया/नहाई, रजतीय, रुपहला/रुपहली.
**धौति** = योग विधि द्वारा मल शोधन.
**धौम्य** = ऋषि सूची.
**धौम्र** = सलेटी.
**धौरहर** = मीनार.
**धौरेय** = घोड़ा, भार पशु.
**धौल** = तमाचा, मुक्का.
**धौलधप्पड़** = हाथापाई.
**धौलहरा** = मीनार.
**धौला/धौली** = उज्ज्वल, बर्फ़ीला सफ़ेद, रुपहला/रुपहली, स्वच्छ.
**धौलागिरि** = पर्वत सूची भारत उपमहाद्वीप.
**ध्मांक्ष** = कौआ.
**ध्मांक्षी** = शीतल चीनी.
**ध्मान** = धमन, फुलाव.
**ध्यात** = विचारित.
**ध्यातव्य** = विचारणीय.
**ध्याता** = ध्यानी.
**ध्यान** = आत्मनिरीक्षण, ज़ैन, ध्यानयोग, योगांग सूची, रखरखाव, समाधि, सावधानी.

**ध्यान** *सं* अंतःस्थ चिंतन, अंतर्योग, अनुप्रेक्षा, अन्वीक्षा, अभिनियोग, अवधान, आध्यान, उपासा, एकाग्र चिंतन, केंद्रीकरण, चिंतन, पारायणी, प्रणिधान, मनोनिवेश, मनोयोग, यकसूई, *योग*, *संयम*, *समाधि*, •तपस्या, •योगाभ्यास.

**ध्यान आकर्षक** *वि आकर्षक*, *उल्लेखनीय*, *चमकदार*, तीव्र, सहज दृश्य, •उल्लेखनीय.

**ध्यान आकर्षण के लिए चिह्नित** = अधोरेखांकित.
**ध्यान देना** = सुनना.
**ध्याननिष्ठ** = एकाग्रचित्त, समाधिस्थ.
**ध्याननिष्ठता** = एकाग्रता.
**ध्यानपर** = समाधिस्थ.
**ध्यान परिवर्तक** = सांत्वनाप्रद.
**ध्यानपूजा** = धर्मकर्म.
**ध्यानपूर्ण** = सावधान.
**ध्यानपूर्वक अवलोकन** = आलक्षण.
**ध्यानबद्ध** = एकाग्रचित्त, समाधिस्थ.
**ध्यानमग्न** = समाधिस्थ.
**ध्यानमग्नता** = एकाग्रता.

**ध्यानयोग** *सं* अहुत, *ध्यान*, *संयम*, •योग.

**ध्यानयोग्य** = विचारणीय.
**ध्यानस्थ** = समाधिस्थ.
**ध्यानहीन** = अनेकाग्र, असावधान, दायित्वहीन, विस्मरणशील.
**ध्यानाधीन** = विचाराधीन.
**ध्यानावस्था** = समाधि.
**ध्यानावस्थित** = समाधिस्थ.

**ध्यानी** *सं* अवधानी, एकावधानी, ज्ञानी ध्यानी, ध्याता, मनस्वी, मनीषी, मुनि, मौनी, •ऋषि, •तपस्वी.

**ध्येय** = उद्देश्य, कर्तव्य, महत्त्वाकांक्षा, लक्ष्य.
**ध्येयपूर्ण** = उद्देश्यपूर्ण.
**ध्येयहीन** = उद्देश्यहीन, दिशाहीन.
**ध्रुव** = अनाश्य, अवश्यंभावी, ऋषि सूची, धीर, ध्रुव तारा, पृथ्वी ध्रुव, प्रभावातीत, संकल्पशील, स्थायी.
**ध्रुवतः** = अवश्यमेव.
**ध्रुवता** = साधना.

**ध्रुव तारा** *सं* उत्तर ध्रुव तारा, उत्तानपादज, औतानपाद, ग्रहाधार, ज्योति रथ, दिशादर्शक, ध्रुव, नक्षत्रनेमि, पथप्रदर्शक, मार्गदर्शक, स्थिर तारा, •तारा, •प्रकाशस्तंभ, •सप्तर्षि मंडल.

**ध्रुवदर्शक** = कंपास.
**ध्रुव दिशा** = उत्तर दिशा.
**ध्रुववृत्त** = याम्योत्तर रेखा.
**ध्रुव सागर** = उत्तर ध्रुव महासागर.

**ध्रुवीकरण** *सं* कौरवीयन, खेमाबंदी, दो गुटों में विभाजन, महाभारतीकरण, शक्ति विभाजन.

**ध्रुवीय** = अतिशीतल.
**ध्वंस** = क़हर, तोड़फोड़, नाश, पराजय.
**ध्वंसक** = ध्वंसास्त्र, नाशकारी, हिंस्र.
**ध्वंस कर्ता** = नाश कर्ता.
**ध्वंसकारी** = नाशकारी.
**ध्वंसन** = तोड़फोड़.
**ध्वंसना** = तोड़ना.
**ध्वंसहीन** = अमर.
**ध्वंसहीनता** = अमरता.
**ध्वंसावशेष** = अवशेष, खँडहर.

**ध्वंसास्त्र** *सं* डैस्ट्रौयर, ध्वंसक, भंजक, भेत्ता, वधत्र, वधास्त्र, विध्वंसक, विनाशक, संहारक, •आग्नेयास्त्र, •ढहाने वाला, •शस्त्र.

**ध्वंसी** = नाशकारी, षड्यंत्रकारी.
**ध्वज** = ट्रेडमार्क, बैनर.

**ध्वज** *सं* अलम, केतन, *जयंती*, झंडा, झंडी, ध्वजा, पताका, परचम, *प्रतीक*, फरहरा, फ़्लैग, बावटा, *बैनर*, मरातिब, वैजयंत, वैजयंती, •तिरंगा झंडा, •प्रतीक, •बंदनवार, •बैनर, •राष्ट्रध्वज.

**ध्वजपोत** = फ़्लैगशिप.
**ध्वजवाह** = ध्वजवाहक.

**ध्वजवाहक** *सं* अलमबरदार, झंडाबरदार, ध्वजवाह, ध्वजावाहक, ध्वजी, निशानबरदार, पताकी.

**ध्वजवाहिनी** = थलसेना, सेना.
**ध्वजा** = ध्वज.
**ध्वजा अभिवादन** = ध्वाभिनंदन.
**ध्वजाद्रुम** = ताड़.
**ध्वजाधारी** = आंदोलनकारी, पक्षधर.
**ध्वजाभिवादन** = ध्वाभिनंदन.

**ध्वजारोहण** *सं* ध्वजोत्तोलन, ध्वजोत्थान.

**ध्वजावाहक** = ध्वजवाहक.
**ध्वजी** = ध्वजवाहक, पक्षधर, रथ.
**ध्वजोत्तोलन** = ध्वजारोहण.
**ध्वजोत्थान** = ध्वजारोहण.
**ध्वनक** = वादक.
**ध्वनन** = व्यंजना शक्ति.
**ध्वनि** = अर्थ, कंठध्वनि, वाचा, व्यंजनार्थ.

**ध्वनि** *सं* आवाज, आहट, खटका, खटका, घोष, चाप, नाद, निक्वण, निनाद, निर्घोष, प्रणाद, बूम, बोल, भनक, रणक, रव, राव, विनाद, व्योमगुण, *शब्द*, शोर, श्रुति, साउंड, स्वन, स्वर, •पराध्वनि, •प्रतिध्वनि, •कोलाहल, •गड़गड़,

●गर्जन, ●गूँज, ●झंकार, ●टनटन, ●ठकठक, ●ढमढम, ●ताली, ●धमधम, ●पदचाप, ■अध्वनि.

**ध्वनि कंपन** = गुंजन, झनझनाहट.
**ध्वनि कंपन करना** = झनझनाना.

**ध्वनिक** *वि* ध्वनीय, ध्वन्य, स्वनिक, ●पराध्वनिक.

**ध्वनि गति** = स्वन गति.
**ध्वनित** = ध्वनिपूर्ण, व्यंजनार्थक.
**ध्वनित करना** = बजाना.
**ध्वनि तरंग प्रसारण** = रेडियो.
**ध्वनि दोलन** = झनझनाहट.
**ध्वनिपूर्ण** = कोलाहलपूर्ण, गड़गड़ाता/गड़गड़ाती.

**ध्वनिपूर्ण** *वि* आस्वनित, कुहरित, क्वणित, गूँजता/गूँजती, ध्वनित, नादित, निनादित, प्रणदित, मुखर, मुखरित, वादित, शब्दायमान, सध्वनि, सशब्द, ●कोलाहलपूर्ण, ●गुंजायमान, ●हंगामेदार, ■ध्वनिहीन.

**ध्वनि माप** = स्वन माप.
**ध्वनिलेख** = रिकार्ड.
**ध्वनि लेखन यंत्र** = रिकार्डर.
**ध्वनि लेखित्र** = रिकार्डर.
**ध्वनि विस्तारक** = लाउड स्पीकर.
**ध्वनिवेध** = लक्ष्यसिद्धि.
**ध्वनिवेधन** = लक्ष्यसिद्धि.

**ध्वनिवेधी** *वि* शब्दपाती, शब्दभेदी, शब्दवेधी, स्वरवेधी, ●लक्ष्यवेधी.

**ध्वनिसाम्य** = अनुप्रास.

**ध्वनिहीन** *वि* अघोष, *अध्वनित*, अनसुना/अनसुनी, अशब्द, अश्रुत, ख़ामोश, चुप, निश्शब्द, निस्तब्ध, निस्स्वन, निस्स्वर, नीरव, बेआवाज़, मूक, *मौन*, शब्दहीन, शांत, ●अध्वनित, ●अश्रुतिगम्य, ●कोलाहलहीन, ●प्रशांत, ●मंदस्वरीय, ■ध्वनिपूर्ण.

**ध्वनिहीनता** = अध्वनि.
**ध्वनीय** = ध्वनिक.
**ध्वन्य** = ध्वनिक, व्यंजनार्थक.
**ध्वन्यमान** = श्रुतिगम्य.
**ध्वन्यार्थ** = व्यंजनार्थ.
**ध्वन्यार्थक** = व्यंजनार्थक.
**ध्वन्यावृत्ति** = अनुप्रास.
**ध्वस्त** = नष्ट, हत्याकृत.
**ध्वस्त करना** = उजाड़ना, ढहाना, तोड़ना.
**ध्वस्तप्राय** = नष्टप्राय.
**ध्वस्त भवन ईंट पत्थर** = खँडहर टीला.
**ध्वस्त होना** = उजड़ना.

**ध्वाभिनंदन** *सं* झंडाभिनंदन, झंडाभिवादन, झंडा सलामी, ध्वजा अभिवादन, ध्वजाभिवादन, ●सलामी.

**नंग** = नग्न.
**नंगधड़ंग** = नग्न.
**नंगा/नंगी** = अनाभूषित, अश्लील, कंगाल, छतहीन, नग्न, निर्लज्ज, पल्लवहीन.
**नंगा करना** = लूटना.
**नंगाझोरी** = नंगीतलाशी.
**नंगाझोली** = नंगीतलाशी.
**नंगा धड़ंगा/नंगी धड़ंगी** = नग्न.
**नंगापन** = नग्नता.
**नंगा पर्वत** = पर्वत सूची भारत उपमहाद्वीप.
**नंगा बूचा/नंगी बूची** = कंगाल, नग्न.
**नंगा भूखा/नंगी भूखी** = कंगाल.

**नंगीतलाशी** *सं* नंगाझोरी, नंगाझोली, ●झाड़ातलाशी, ●तलाशी.

**नंद** *सं* कृष्ण पोषक पिता, गोपाल, द्रोण वसु (पूर्व जन्म), नंद बाबा, महर, ●कृष्ण, ●यशोदा, ●वसुदेव.

**नंद (बोलचाल)** = ननद.
**नंदकिशोर** = कृष्ण.
**नंदन** = आनंद, आनंदप्रद, पुत्र, लड़का.
**नंदनकानन** = क्रीड़ा उपवन.
**नंदनकानन वृक्ष** = कल्पवृक्ष.
**नंदनवन** = पौराणिक वन उपवन.
**नंदना** = पुत्री.
**नंद बाबा** = नंद.
**नंदरानी** = यशोदा.
**नंदा** = लड़की.
**नंदिघोष** = हर्षध्वनि.
**नंदिनी** = दुर्गा, ननद, पुत्री, लड़की.
**नंदिवर्धन** = आनंदप्रद.
**नंदी** = बैल.
**नंदोई** = ननदोई.
**नँधाई** = आबद्धन.
**नंबर** = अंक, गणना, पत्रपत्रिका अंक, बारी, संख्या.
**नंबर एक** = पहला/पहली, प्रथम स्थानीय.
**नंबरदार** = ग्राम मुखिया.
**नंबर दो** = दूसरा/दूसरी, द्वितीय स्थानीय.
**नंबर दोल (बोलचाल)** = मलत्याग.
**नंबर वन** = उत्तम, प्रथम स्थानीय, महाप्रबंधक.
**नंबर से** = क्रमशः.
**नंबर से खुलने वाला ताला** = कंबीनेशन लौक.
**नंबरी** = दुर्जन, दुर्जनतापूर्ण, नीतिकुशल, बदनाम.
**न** = नहीं.
**न-** = रहित.
**न अमीर न ग़रीब** = मध्यवित्त.
**न इति** = नेति.
**नई ख़बर** = नवीनतम समाचार.
**नई चाल का** = ट्रैंडी, फ़ैशनानुकूल.
**नई चीज़** = आविष्कार, नावल्टी.
**नई जगह** = स्थान परिवर्तन.
**नई जवानी** = नवजीवन, नवयौवन.
**नई जान डालना** = जिलाना.
**नई जान पहचान** = नवपरिचय, नवपरिचय.
**नई ज़िंदगी** = नवजीवन, मृत संजीवन.
**नई दिल्ली** = भारतः राजधानी.
**नई दिशा** = ट्रैंड.
**नई दुनिया** = अमरीका द्वय.
**नई परंपरा बनाने वाला व्यक्ति** = अग्रगंता.
**नई पीढ़ी** = युवाजन.
**नई माँ** = प्रसूता.
**नई मुलाक़ात** = नवपरिचय.

**नई मूँछ** *सं* आरंभिक मूँछ, नवरोम, मस, मूँछ आरंभिक रूप, *रोआँ*, रोम, ●मूँछ.

**न ऊँचा न नीचा** = समतल.
**नए ज़माने का** = आधुनिक.
**नए फैशन का** = फ़ैशनानुकूल.
**नककटा/नककटी** = निर्लज्ज.

**नकघुसना** = हस्तक्षेपक.
**नकचढ़ा/नकचढ़ी** = अप्रसीद्य.
**नकचौंटी** = चिमटी.

**नकछिकनी** *सं* छिकनी, छिक्कनी, छिक्किका, छींक लाने वाली घास, नाकछिंकनी, •नसवार.

**नकटी** = शूर्पणखा.
**नकतोड़ा** = नाज़नख़रा.
**नक़द** = रोकड़.
**नक़दी** = रोकड़, सिक्का.
**नकदी लेने देने वाला कोषाध्यक्ष** = टैलर.
**नकदी लेने देने वाली मशीन** = एटीऐम.
**नक़ब** = सेंध.
**नक़बज़न** = सेंधमार.
**नक़बज़नी** = सेंधमारी.
**नकबेसर** = नथ.
**न करने का परामर्श** = अमंत्रणा.
**न करने का परामर्श देने वाला** = वर्जयिता.
**नक़ल** = अनुकरण, अनुकृत, अनुकृति, अभिनय, कूटकृति, टिपाई, डाटा बैकअप, नक़्क़ाली, पुतला, पैरोडी, प्रतिलिपि, भावाभिनय, स्वाँग.
**नक़लकार** = प्रतिलिपिक.
**नक़लची** = अंधानुकरण कर्ता, अनुकरण कर्ता, जोकर, नक़्क़ाल, फ़ैड प्रेमी, बहरूपिया, विदूषक.
**नक़लची बंदर** = अनुकरण कर्ता.
**नक़लनवीस** = प्रतिलिपिक.
**नक़ली** = अनुकृत, अप्राकृतिक, पाखंडपूर्ण, मिलावटी.

**नक़ली** *वि* कल्पित, कूट, कूटकृत, कृत्रिम, ख़राब, खोटा/खोटी, जाली, झूठमूठ का, झूठा/झूठी, दिखावटी, निकम्मा/निकम्मी, निखद, बनावटी, ▪असली, ▪मौलिक.

**नक़ली आँसू** = दिखावटी आँसू.
**नक़ली चमड़ा** = रैक्सीन.
**नक़ली चाँद** = कृत्रिम उपग्रह.
**नक़ली चेहरा** = मुखौटा.
**नक़ली नहीं** = असली, मौलिक.
**नक़लीपन** = पाखंड.
**नक़ली प्रशंसा** = व्याज प्रशंसा.
**नक़ली बाल** = विग.
**नक़ली युद्ध** = युद्ध अभ्यास.
**नक़ली वेश** = छद्मवेश.
**नक़ली सिक्का** = खोटा सिक्का.

**नकसीर** *सं* नाक से रुधिर स्राव, रुआफ़, •नासिका मल.

**नकाब** = बुरक़ा नकाब.
**नक़ाब** = घूँघट, बुरक़ा, मुखौटा.
**नकार** = अस्वीकृति, नास्तिकतावाद.
**नकारना** = ठुकराना, मुकरना.
**नकारवादी** = नास्तिक, निराशावादी.

**नकारात्मक** *वि* अस्वीकारात्मक, *ऋण*, ऋणात्मक, निगेटिव, *निराशावादी*, *विपरीत*, विलोम, •असहमत, •निराशावादी, ▪सकारात्मक.

**नकासना** = उकेरना, खरोंचना.
**नकिंचन** = अपरिग्रही.

**नकियाना** *क्रि* कनकनाना, नाक से बोलना, मिनमिन करना, मिनमिनाना.

**नकुल** = नेवला, पांडव सूची.

**नकुल** *सं* आश्विनेय, जयत्सेन (अज्ञातवास नाम), *पांडव*, बाहुक, •सहदेव.

**नकेल** = नियंत्रण.

**नकेल** *सं* नथनी, नाथ, पैंकड़ा, मुहार, •लगाम.

**नकेलबंद** = नियंत्रित.
**नक्का** = छिद्र, नुक्कड़, सूई नाका.
**नक्कारख़ाना** = कोलाहलपूर्ण स्थान.
**नक्कारची** = ढोलची.
**नक्कारा** = ढोल, निर्णायक अवसर.
**नक्काल** = जोकर, भाँड.

**नक़्क़ाल** *सं* नक़लची, *भाँड*, मिमिक, *विदूषक*, •अभिनेता, •जोकर, •बहरूपिया.

**नक़्क़ाली** = भावाभिनय.

**नक़्क़ाली** *सं* *अभिनय*, नक़ल, *नाटक*, माइम, मिमिक्री.

**नक़्क़ाश** = उत्कीर्णक, चित्रकार, मूर्तिकार.
**नक्काशी** = मूर्तिकर्म.
**नक़्क़ाशी** = उत्कीर्णन.
**नक्काशी करना** = उकेरना.
**नक़्क़ाशी कर्म** = उत्कीर्णन.
**नक़्क़ाशी कर्मी** = उत्कीर्णक.

**नक़्क़ाशी छैनी** *सं* टंक, टाँकी, तंक, निरजी, रुखानी, सुंबी, •सुंबा.

**नक़्क़ाशीदार** = उत्कीर्ण.
**नक्कू** = अप्रसीद्य, सुरुचिमन्यक.
**नक्तंचर** = उल्लू, राक्षस, रात्रिचर.
**नक्त** = रात.
**नक्र** = घड़ियाल.
**नक्रा** = घड़ियाल.
**नक़्श** = कढ़ाई, चित्र, चिह्नित, परिकल्पना, मुहर चिह्न, लिखित.
**नक़्शबंद** = चित्रित.
**नक़्शबंदी** = चित्रांकन.
**नक़्शा** = कैरिकेचर, निर्माण परिकल्पना, पथचित्र, परिकल्पना, बनावट, मानचित्र, मुखमंडल, योजना.
**नक़्शे पा** = पदचिह्न.
**नक्षत्र** = तारा, पंचांग अंग सूची, संयोग.

**नक्षत्र** *सं* अख़्तर, चंद्रगृह, चंद्रपथ पड़ाव, चंद्रमा पत्नियाँ, तारका, तारा उपमंडल, दक्ष पुत्रियाँ, दाक्षायणी, शशि चक्र स्थान, सितारा, •राशिचक्र.

**नक्षत्र सूची** *सं* (सूची क्रम), 1 अश्विनी, 2 भरणी, 3 कृत्तिका, 4 रोहिणी, 5 मृगशिरा, 6 आर्द्रा, 7 पुनर्वसु, 8 पुष्य, 9 अश्लेषा, 10 मघा, 11 पूर्व फल्गुनी, 12 उत्तर फल्गुनी, 13 हस्त, 14 चित्रा, 15 स्वाति, 16 विशाखा, 17 अनुराधा, 18 ज्येष्ठा, 19 मूला, 20 पूर्व आषाढ़ा, 21 उत्तर आषाढ़ा, 22 श्रवणा, 23 धनिष्ठा, 24 शतभिषा, 25 पूर्व भाद्रपद, 26 उत्तर भाद्रपद, 27 रेवती.

**नक्षत्र गति अवलोकन** = खगोलिकी.
**नक्षत्रचक्र** = नक्षत्र चक्र.

**नक्षत्र चक्र** *सं* चंद्रपथ, चांद्र

ज्योतिश्चक्र, नक्षत्रचक्र, नक्षत्रवीथी, भचक्र, योगिनी चक्र, शशिचक्र, सोमवीथी, •ज्योतिश्चक्र, •राशिचक्र.

**नक्षत्रदर्श** = खगोलविद.
**नक्षत्रनेमि** = चंद्रमा, ध्रुव तारा.
**नक्षत्र पत्तन** = अंतरिक्ष पत्तन.
**नक्षत्र रज** = नीहारिका.
**नक्षत्र विज्ञान** = खगोलिकी.
**नक्षत्रवीथी** = नक्षत्र चक्र.
**नक्षत्र वेध** = खगोलिकी.
**नक्षत्रिकी** = खगोलिकी.
**नक्षत्रीय** = तारकीय.
**नक्षत्रीय इकाई** = अंतरिक्षीय एकक.
**नक्षत्रेश्वर** = चंद्रमा.

**नख** *सं* करकंटक, करज, नह, नाखून, •उँगली, •हाथ पंजा.

**नखर** = बघनखा.
**नख़रा** = नाज़नख़रा, रूपाभिमान.
**नख़रातिल्ला** = नाज़नख़रा.

**नख़रीला** *वि* अंदाज़पीर, इठलाऊ, इतराऊ, इतराने वाला, कटीला, ठसकेदार, ठसके वाला, दर्पी, नख़रेबाज़, नख़रे वाला, नाज़दार, नाज़ाँ, मटकना, मटकीला, शानची, शोख़, शोख़अंदाज़, हावभावपूर्ण.

**नख़रीला/नख़रीली** = सुरुचिमन्यक.
**नख़रीलापन** = नाज़नख़रा.
**नखरीली** = सुंदर स्त्री.

**नख़रीली** *वि* अंदाज़पीटी, अभिमानिनी, कटीली, गर्विणी, गर्वीली, छमक छल्लो, ठसके वाली, नख़रे वाली, नाज़नीं, नाज़नीन, नाजो, बिब्बो, मटकनी, मटकीली, रूपगर्विणी, रूपगर्विता, शोख़, •चंचल, •छबीली, •रूपाभिमानिनी.

**नख़रेबाज़** = नख़रीला, सुरुचिमन्यक.
**नख़रेबाज़ी** = नाज़नख़रा.
**नख़रे वाला** = नख़रीला.
**नख़रे वाली** = नख़रीली.
**नखशिख** = शीश-पाद पर्यंत.

**नखशिख वर्णन** *सं* मानव सौंदर्य वर्णन, रूप वर्णन, सरापा, सौंदर्य वर्णन, •व्यक्ति वर्णन, •शिखनख वर्णन.

**नखानखी** *सं* नोचखरोंच, नोचखसोट, नोचानोची, •खींचातानी, •लटठमलटठा.

**नखायुध** = मुरगा.
**नख़्लिस्तान** = मरुस्वर्ग.
**नग** = अचल, अदद, नगीना, पर्वत, मणि, मनका, रत्न.
**नग-** = नाग.
**नगण्य** = निम्नकुलीन, निर्धन, महत्त्वहीन.
**नगण्यता** = गुमनामी.
**नगदी** = रोकड़.
**नगदी चिट्ठी** = कैश मीमो.
**नगपति** = सुमेरु पर्वत, हिमालय.
**नग़मा** = गीत, राग.
**नग़माकारी** = गायन.
**नगर** = महल्ला.

**नगर** *सं* उर, *कोट*, गंज, गढ़, टाउन, *दुर्ग*, नगरी, पटना, पत्तन, पल्ली, पाटन, पुर, पुरी, बस्ती, मैट्रो, शहर, सिटी, *स्टेशन*, *स्थान*, •उपनगर, •क़स्बा, •ग्राम, •दुर्ग, •महानगर, •राजधानी.

**नगरकीर्तन** = जुलूस.
**नगर कोतवाल** = नगर प्रशासक.

**नगर खंड** *सं अनुभाग*, उपखंड, कोतवाली, *क्षेत्र*, *खंड*, *तहसील*, *थाना*, फ़ेज़, ब्लाक, मंडल, वाड़ा, *वार्ड*, विंग, *विभाग*, सर्किल, सैंटर, सैक्टर, सैक्शन, हलक़ा, हिस्सा, •महल्ला.

**नगर जन** = जनता, नगरवासी.

**नगरद्वार** *सं* गोपुर, टाउन गेट, पुरद्वार, महाद्वार, सिंहद्वार, सिंहपौर.

**नगर नगर** = हर ओर.
**नगरनिकाला** = देश निर्वासन.

**नगर निगम** *सं* कार्पोरेशन, निगम, महानगर पालिका, सिटी कार्पोरेशन, •नगर सभा, •महापौर.

**नगर निगम अध्यक्ष** = महापौर.
**नगर निर्वासन** = देश निर्वासन.
**नगर निर्वासित** = निर्वासित.
**नगर निवासी** = नगरवासी.
**नगर परकोटा** = दुर्ग परकोटा.
**नगरपाल** = नगर प्रशासक.
**नगर पालिका** = नगरसभा.
**नगर पालिका भवन** = टाउन हाल.
**नगर पिता** = नगरसभा सदस्य.

**नगर प्रशासक** *सं* क़िलेदार, कोतवाल, नगर कोतवाल, नगरपाल, नगराध्यक्ष, फ़ौजदार, शहर कोतवाल, •जनपद प्रशासक.

**नगर प्राचीर** = दुर्ग परकोटा.
**नगर बंद** = आम हड़ताल.
**नगर भवन** = टाउन हाल.
**नगरमुस्ता** = नागरमोथा.
**नगर यात्रा** = जनप्रदर्शन.
**नगरवधू** = वेश्या.

**नगरवासिनी** *सं* नागरिका, नागरी, पुरवासिनी, पौरकन्या, पौरांगना, पौरिणी.

**नगरवासी** *सं* नगर जन, नगर निवासी, नागर, *नागरिक*, पुरवासी, पुरौका, पौरिक, शहराती, शहरी, •ग्रामवासी, •नागरिक.

**नगरसभा** *सं* चुंगी, चुंगी कचहरी, नगर पालिका, नगर समिति, म्यूनिसपाल्टी, म्यूनिसिपैलिटी, लोकल बोर्ड, •नगर निगम, •पंचायत सभा, •महापौर.

**नगरसभा सदस्य** *सं* नगर पिता, म्यूनिस्पल कौंसलर, •महापौर.

**नगर समिति** = नगरसभा.
**नगर सुरक्षा दल** = पुलिस.
**नगरसेठ** = सेठ.
**नगरांगना** = वेश्या.
**नगराध्यक्ष** = नगर प्रशासक.
**नगरी** = नगर.
**नगरी नगरी** = हर ओर.
**नगरीय** = नागरतापूर्ण.

**नगरीय** *वि* अग्राम्य, अवन्य, क़सबाती, घना/घनी, *जनाकीर्ण*,

नागर, निगमीय, पौर, महानगरीय, म्यूनिसिपल, शहराती, शहरी, •ग्रामीय, ■वन्य.

**नगरोपांत** = उपनगर.
**नगाड़ा** = ढोल.
**नगाड़ावादक** = ढोलची.
**नगाधिप** = हिमालय.
**नगाधिराज** = हिमालय.
**नगी** = पर्वतवासी.
**नगीना** = मनका.

**नगीना** *सं* नग, *मणि*, *मनका*, *रत्न*, •जड़िया, •रत्न, •सुनार.

**नगीय** = सर्पीय.
**नगेंद्र** = हिमालय.
**नगेश** = हिमालय.
**नगौका** = पक्षी, पर्वतवासी, हाथी शिशु.
**नग्न** = अनावृत, अपरिधानित, अश्लील.

**नग्न** *वि* अकच्छ, अनंबर, *अपरिधानित*, अवस्त्र, उरियाँ, चिदंबर, *दिगंबर*, धड़ंग, नंग, नंगधड़ंग, नंगा/नंगी, नंगा धड़ंगा/नंगी धड़ंगी, नंगा बूचा/नंगी बूची, निरंबर, निर्वसन, निर्वस्त्र, निहंग, बूचा/बूची, वस्त्रहीन, विवस्त्र, •अनावृत, •अपरिधानित, •निर्लज्ज, •बेपरदा, ■श्लील.

**नग्नकरण** = निर्वसनन.

**नग्नता** *सं* उरियानी, दिगंबरता, दिगंबर वेश, नंगापन, परिधानहीनता, वसनहीनता, वस्त्रहीनता, विनग्नता, विवस्त्रता, •बेपर्दगी, •स्ट्रिपिंग, ■परिधानन.

**नग्नतावाद** *सं* दिगंबरवाद, नग्नवाद, न्यूडिज़्म, •बेपर्दगी.

**नग्नवाद** = नग्नतावाद.
**नग्नीकरण** = निर्वसनन.
**नचका** = मोच.
**नचना/नचनी** = चक्रणशील.
**नचनिया** = नर्तक.
**नचनी** = नर्तकी, नर्तकी वेश्या.
**नचाऊ** = कठोर (अधिकारी).
**नचाना** = घुमाना.
**नचिकेता** = ऋषि सूची.

**नचीला/नचीली** = चंचल.
**न छोटा न बड़ा** = समाकार, सही साइज़ का.
**नज़दीक** = अनुमानित, निकट ही.
**नज़दीकन** = लगभग.
**नज़दीक लाना** = सटाना.
**नज़दीकी** = अंतरंग, निकट, पड़ोस, परिवार संबंध, मिलन, संबंधी, सहानुभूति, स्वजन भावना.
**नज़रंदाज़** = उपेक्षित.
**नज़रंदाज़ी** = उपेक्षा.
**नज़र** = आँख, इच्छा, उपहार, चैकिंग, दुष्कामना, दृश्य अनुभूति, बुरी नज़र, रिश्वत, समर्पण.
**नज़र अंदाज़ी** = क्षमा, भूल.

**नज़र उतराई** *सं* कुदृष्टिवारण, •गंडा तावीज़, •वारफेर.

**नज़र का टीका** = नज़र टीका.

**नज़र क़ैद** *सं* अंतर्वासन, नज़रबंदी, •गिरफ़्तारी, •हवालात.

**नज़र टीका** *सं* अनख, काजल टीका, *टीका*, डिठौना, दिठौना, नज़र का टीका, •गंडा तावीज़, •वारफेर, ■बुरी नज़र.

**नज़र डालना** = देखना.
**नज़र डालना** = झाँकना.
**नज़र दौड़ाना** = देखना.
**नज़रबंद** = जादूकृत.
**नज़रबंदी** = दिठबंदी, नज़र क़ैद, मायाजाल.
**नज़र बचाई** = लुकाछिपी.
**नज़र बचा कर** = चोरी छिपे.
**नज़र बचाते** = चोरी छिपे.
**नज़र मिलाना** = प्रेम करना.
**नज़र लगाऊ** = अशुभचिंतक.
**नज़रसानी** = दृष्टिपात, बाज़ारदारी, समीक्षा.
**नज़राना** = अग्रदेय, उपहार, चढ़ावा, समर्पण.
**नज़राना** = रिश्वत.
**नज़रिया** = दृष्टिकोण, मत.
**नज़रे इनायत** = दयादृष्टि.
**नज़रे करम** = दयादृष्टि.
**नज़रों के सामने** = देखते देखते.
**नज़ला** = ज़ुकाम.

**नज़ाक़त** = नाज़नख़रा, सौंदर्य.
**न जाने** = शायद.
**नज़ारा** = दृश्यावली, लैंडस्केप चित्र.
**न जीत न हार** = जयपराजयहीनता.
**नज़ीर** = आदर्श व्यक्ति, दृष्टांत.
**नज़्म** = कविता, काव्य.

**नज़्म** *सं* *कविता*, बंदिश.

**नट** = अभिनेता, करतबिया, नर्तक, बाज़ीगर, मंचकर्मी, सूत्रधार.

**नट** *सं* कुशीलव, धात्री पुत्र, *नर्तक*, पीतांबर, पैकी, *बहरूपिया*, भरतपुत्र (प्रा), भारत (प्रा), रंगोपजीवी, शैलाली (प्रा), शैलूष (प्रा), सर्ववेशी, •अभिनेता, •करतबिया, •नटी, •भाँड़, •सूत्रधार.

**नट** *सं* ढरकी, ढिबरी, *फिरकी*, •काबला.

**नट/नटनी** = कलाबाज़.
**नटई** = काकल, गला, श्वासवाहिका.
**नटकर्म** = अभिनय.
**नटखट** = चंचल, लड़बावला/लड़बावली, हुड़दंगई.

**नटखट** *वि* अचगरा/अचगरी, अठखेलिया, उच्छृंखल, उत्पाती, औघड़, कठमस्ता, कुदकना/कुदकनी, कुदक्कड़, केलिमय, कौतुकी, खिलवाड़िया, खुराफ़ाती, *चंडाल*, चटूल्लोल, चिबिल्ला/चिबल्लिी, चिलबिल, चुलबुला/चुलबुली, दंगई, मनमौजी, मस्त, शरारती, *शरीर*, *शैतान*, शोख़, •विनोदप्रिय, ■मर्यादापूर्ण.

**नटखट कृत्य** = शरारत.
**नटखटपन** = चंचलता.
**नटखटिया** = हुड़दंगई.
**नटना** = मुकरना.
**नटनागर** = अभिनेता, मंच निर्देशक, सितारा कलाकार, सूत्रधार.

**नटनागर** *सं* कुशल नट, नटराज, नटवर, •सूत्रधार.

**नटनी** = अभिनेत्री, नटी, नर्तकी.
**नटबाज़ी** = कलाबाज़ी.
**नट बोल्ट** = हार्डवेअर.

**नटरंग** = रंगमंच.
**नटराज** = नटनागर, शिव.
**नटवर** = दक्ष, नटनागर, मंच निर्देशक, सूत्रधार.
**नटवर नागर** = कृष्ण.
**नटवेश** = नाट्यवेश.
**नटित** = मंचित.
**नटिनी** = नटी.
**नटी** = अभिनेत्री, नर्तकी, सूत्रधार पत्नी.

**नटी** *सं* नटनी, नटिनी, *नर्तकी*, बेड़िन, शैलूषकी, सोनचिरि, •नट.

**नटीय** = करतबी.
**नटुआ** = कंठमणि.
**नटैया** = कंठमणि.
**न डगमगाना** = झेलना.
**न डूबना** = तैरना.
**नत** = अवनमित, कोणाकार, झुका/झुकी, पराजित, विकर्णयुक्त.
**नतद्रुम** = छुईमुई.
**नतमस्तक** = विनम्र.
**नतरु** = अन्यथा.
**नतशीश** = विनम्र.
**नति** = कोण, विनमन.

**नति** *सं* गिरन, झुकन, झुकान, झुकाव, ढलन, *ढलान*, ढलाव, नमन, प्रणति, प्रणमन, भंग, भंगि, *विनमन*, सन्नति, •झोल, •रैंप, ▪उन्नमन, ▪चढ़ान.

**नतिनी** = धेवती.
**नतीजा** = उपपत्ति, परिणाम, परीक्षा फल.
**न तीन में न तेरह में** = महत्त्वहीन.
**न तुम न वे** = हम.
**न तुम न हम** = वे.
**न तू न मैं** = वह.
**न तू न वह** = मैं.

**नतोदर** *वि* अवतल, *अवनत*, झुका/झुकी, दचका/दचकी, दबका/दबकी, दबा/दबी, धँसा/धँसी, न्युब्ज, पिचका/पिचकी, पिचा/पिची, बैठा/बैठी, ▪उन्नतोदर, ▪प्रोद्गत, ▪स्तनाकार.

**नतोदर होना** = दबकना.
**नत्थी** = ग्रंथित, संलग्न.
**नत्थी करना** = लगाना.

**नथ** *सं* नकबेसर, नथनिया, नथनी, बेसर, •नाक, •नाक कील.

**नथना** = नासा पुट.
**नथनिया** = नथ.
**नथनी** = नकेल, नथ.
**नथा/नथी** = नियंत्रित.
**नथुना** = नासा पुट.
**नद** = नदी, समुद्र.
**नददरी** = घाटी.
**नदर** = नदी तट, नदीय.
**नदारद** = अंतर्धान, अनवशिष्ट, अनुपस्थित, अलभ्य, अस्तित्वहीन, चंपत, विलुप्त (जीव).
**नदिका** = सहायक नदी.
**नदिया** = नदी, सहायक नदी.
**नदींद्र** = समुद्र.
**नदी** = नदीय, वितरिका नदी, सहायक नदी.

**नदी** *सं* अर्णा, उर्मिला, कल्लोलिनी, कूलंकषा, कूलवती, कूलिनी, जलदा, *जलधारा*, तटिनी, तरंगिणी, दरिया, दरियाव, दुकूलिनी, द्वीपवती, *धार*, धारा, नद, नदिया, निम्नगा, निर्झरी, नीचगा, पयस्विनी, पुलिनवती, महानद, महानदी, *रसा*, रिवर, रूद, वाहिनी, वेगिनी, शैल बाला, शैवालिनी, समुद्रकांता, समुद्रगा, *सरस्वती*, सरि, सरित, सरिता, सिंधु, स्रोतस्विनी, स्रोता, •उत्स्रोत धारा, •जल, •डैल्टा, •तटबंध, •तीव्र नदी, •द्वीप, •नहर, •निर्झर, •प्रकृति, •बाँध, •भँवर, •मँझधार, •रेत, •वितरिका नदी, •संगम, •समुद्र, •सहायक नदी, ▪तट. -

**नदी सूची भारत उपमहाद्वीप** *सं* करतोया, कावेरी, कृष्णा, गंगा, गोदावरी, गोमती, चंबल, चिनाब, झेलम, ताप्ती, दामोदर, नर्मदा, ब्रह्मपुत्रा, महानदी, यमुना, राप्ती, रावी, लोहित्या, शिप्रा, सतलज, सरयू, सिंधु, सोन.

**नदी अपवाह क्षेत्र** = जलक्षेत्र.

**नदी उद्गम** *सं* आबशार, उत्स, उत्स्रोत, उद्गम, *चश्मा*, चुआन, जलस्रोत, निकास, बंबा, सर, सरचश्मा, सोता, *स्रोत*, •प्रपात, ▪सागर विलयन.

**नदी कटान** = खड्ड.
**नदी किनारा** = नदी तट.
**नदीगर्भ** = नदी पाट.
**नदी चौड़ाई** = नदी पाट.

**नदी तट** *सं* *किनारा*, कूल, *घाट*, *छोर*, *तट*, तीर, नदर, नदी किनारा, पुलिन, *बेला*, लब, लबे दरिया, साहिल, •तट, •नदी पाट, •समुद्र तट.

**नदी तर स्थान** = गाधस्थल.
**नदीदा/नदीदी** = अत्याहारी, असंतोषी, इच्छुक, लोभी.
**नदी नाला** = नाला नाली.

**नदी पाट** *सं* दो तट बीच की दूरी, नदीगर्भ, नदी चौड़ाई, पाट, •नदी तट, •नदी पेटा.

**नदी पारगमन स्थान** = गाधस्थल.

**नदी पेटा** *सं* *पेटा*, भांड, भाट, •जल नितल, •नदी पाट, •समुद्र नितल.

**नदीबहुल भूमि** = जलबहुल भूमि.
**नदी मुहाना** = डैल्टा.
**नदी में मिलने वाली नदी** = सहायक नदी.

**नदीय** *वि* दरियाई, नदर, *नदी*, नद्य, नादेय.

**नदी विलय** = सागर विलयन.
**नदीश** = समुद्र.
**नदी संगम** = संगम.
**नद्ध** = आबद्ध, ग्रंथित, संलग्न.
**नद्ध करना** = मँढ़ना.
**नद्धन** = आबद्धन.
**नद्य** = नदीय.
**नधा/नधी** = कटिबद्ध, सन्नद्ध.
**ननंद** = ननद.
**नन** = मठवासिनी, मठाधीश स्त्री.

**ननद** *सं* नंद (बोलचाल), नंदिनी, ननंद, पति बहन, बीबी, वशा,

•ननदोई, •भाभी, •साली.

**ननद पति** = ननदोई.
**ननदी का भाई** = पति.
**ननदोइया** = ननदोई.

**ननदोई** *सं* नंदोई, ननद पति, ननदोइया, •जीजा, •ननद, •सलहज, •साली.

**ननरी** = ईसाई मठ.
**ननसार** = ननिहाल.
**ननिआउर** = ननिहाल.
**ननियाल** = ननिहाल.

**ननिहाल** *सं* ख़ाला घर, ननसार, ननिआउर, ननियाल, नानका, नानिहाल, निनौरा, माता घर, मातृगृह, हौबा, •ददिहाल, •पीहर.

**ननिहालीय** = मातृक.
**नन्ना/नन्नी** = शिशु.
**नन्हा/नन्ही** = अल्पायु, छोटा/छोटी, छोटे साइज़ का, लघुकाय, शिशु.
**नपा तुला/नपी तुली** = इतना/इतनी.
**नपुंसक** = नपुंसक लिंगवाचक.

**नपुंसक** *वि अक्षम*, अपुरुष, कामशक्तिहीन, कामेच्छाहीन, क्लीव, ख़स्सी, नामर्द, पौरुषहीन, *वंध्य*, वीर्यहीन, षंड, *स्त्रैण*, •हिजड़ा.

**नपुंसक लिंगवाचक** *वि नपुंसक*, नपुंसक लिंगीय, लिंगहीन, •द्विलिंगीय, •पुंल्लिंगीय..

**नपुंसक लिंगीय** = नपुंसक लिंगवाचक.
**नपैना** = फुटा, माप उपकरण.
**नप्ता** = धेवता, पोता.
**नफ़र** = दास, व्यक्ति.
**नफ़रत** = घृणा.
**नफ़रतअंगेज़** = घिनौना/घिनौनी.
**नफ़री** = उपस्थिति गणना.
**नफ़सपरस्त** = भोगवादी.
**नफ़ा** = लाभ.
**नफ़ाख़ोरी** = मुनाफ़ाख़ोरी.
**नफ़ानुक़सान** = उत्थानपतन, विमर्श.
**नफ़ासत** = सुरुचि, सौंदर्य.
**नफ़्स** = स्वार्थ.
**नफ़्सपरस्त** = विलासप्रिय.
**नफ़्सपरस्ती** = विलासिता.
**न बचना** = उजड़ना, मरना.
**न बढ़िया न घटिया** = कामचलाऊ.
**नबवी** = पैग़ंबरी.
**नबी** = पैग़ंबर.
**नब्ज़** = जनमत, नाड़ी स्पंदन, रुधिरवाहिका.
**नब्ज़ बंद होना** = मरना.
**नब्ज़ स्पंदन** = नाड़ी स्पंदन.

**नब्बे** *सं* 90, नवति, नौ गुना दस.

**नभ** = आकाश, मेघ.
**नभग** = उड्डयनशील, नभचर.
**नभगज** = मेघ.
**नभगामी** = उड्डयनशील.
**नभचर** = उड्डयनशील, विद्याधर.

**नभचर** *वि* आकाशगामी, आकाशचर, उड़नशील, उड़ने वाला, गगनगामी, गगनचर, गगनेचर, नभग, पंखधर, पक्षग, व्योमचर, व्योमचारी, ▪जलचर, ▪थलचर.

**नभचारिणी** = विद्याधर स्त्री.

**नभमार्ग** *सं* आकाश मार्ग, एअर वे, वायुमार्ग, विमान मार्ग, हवाई मार्ग, •जलमार्ग, •रज्जुमार्ग.

**नभयात्रा** = विमान यात्रा.

**नभयान** *सं* आकाश में उड़ने वाला यान, आकाश यान, उड़न यान, व्योमयान, •अंतरिक्ष यान, •उड़न क़ालीन, •उड़न खटोला, •उड़न तश्तरी, •गुब्बारा यान, •ग्लाइडर, •पैराशूट, •वायुयान, •हैलिकाप्टर.

**नभयान से हवा में उतरने का गुब्बारा** = पैराशूट.
**नभश्चर** = पक्षी.
**नभसरिता** = आकाश गंगा.

**नभसेना** *सं* आकाशसेना, एअर फ़ोर्स, वायुसेना, विमानसेना, •थलसेना.

**नभसैनिक** *सं* एअर मैन, वायु सैनिक, *सैनिक*, •छाता सैनिक, •नौसैनिक.

**नभस्थल** = आकाश.
**नभस्य** = भाद्रपद मास.
**नभांबुप** = चातक.
**नभोग** = उड्डयनशील.
**नभोगमन** = उड्डयन.

**नभोत्तरण** *सं* आकाश आरोहण, उछाल, उठंत, उठान, उड़ंत, *उड़ान*, ऊर्ध्वगमन, चढ़ंत, *चढ़ान*, टेकऑफ़, परवाज़, फ़्लाइट, विमानोत्तरण, ▪धरावतरण.

**नभोत्तरित होना** = उड़ना.
**नभोत्तारित करना** = उड़ाना.
**नभो मंडलीय** = ब्रह्मांडीय.
**नभोमणि** = सूर्य.
**नभौका** = गंधर्व, देवता.
**नम** = अश्रुपूर्ण, गीला/गीली, सीलनदार.
**नमक** = मसाला सूची, सौंदर्य.

**नमक** *सं* औषर, *क्षार*, नून, नोन, नोना, लवण, लोन, लौन, साल्ट, सोडियम क्लोराइड, •आयोडीन नमक, •काला नमक, •क्षार, •समुद्री नमक, •साँभर नमक, •सेंधा नमक.

**नमक जैसा स्वाद** = नमकीनपन.
**नमकमिर्च** = अतिशयोक्ति, मसाला.
**नमकहराम** = कृतघ्न, गद्दार, निष्ठाहीन, विश्वासघाती.
**नमकहरामी** = कृतघ्नता, देशद्रोह.
**नमकहलाल** = निष्ठावान, विश्वसनीय.
**नमकहलाली** = स्वामीभक्ति.

**नमकहीन** *वि* अलूना/अलूनी, अलोना/अलोनी, फीका/फीकी, बेनमक, लवणहीन, ▪नमकीन.

**नमकीन** = चटपटा उपाहार, लावण्ययुक्त.

**नमकीन** *वि* खारा, खारी, लूना/लूनी, लोना/लोनी, ▪मीठा/मीठी.

**नमकीनपन** *सं* खारापन, खारीपन, नमक जैसा स्वाद, नुनाई, लवणता, लवण स्वाद, लवणिमा, लावण्य, लुनाई, सलोनापन, •शहद, •स्वाद, ▪मिठास.

**नमदा** *सं* ख़ोगीर, गुमदा, फ़ैल्ट, •दरी.

**नमन** = चरणस्पर्श, नति, नमस्कार, नमाज़, पूजा, विनमन, सिजदा.
**नमना** = झुकना, हारना.
**नमनीय** = नम्य.
**न मरना** = बचना, बचना.
**न मरने देना** = बचाना.
**नमस्कार** = अंजलिबद्धन, अभिवादन.

**नमस्कार** *सं* अभिवंदना, जुहार, नमन, नमस्ते, नमोनमः, प्रणाम, वंदे, •अंजलिबद्धन, •सत श्री अकाल, •सलाम, •हैंडशेक.

**नमस्कारी** = छुईमुई.
**नमस्कृत** = पूजित.
**नमस्ते** = नमस्कार.
**नमस्या** = नमाज़.

**नमाज़** *सं* नमन, नमस्या, सलात, •अज़ान, •पूजा, •मसजिद, •मुअज़्ज़िन.

**नमाज़ उपदेश** = खुतबा.

**नमाज़गुज़ार** *सं* दीनदार, नमाज़ी, सज्दागुज़ार.

**नमाज़ दरी** *सं* जानमाज़, मुसल्ला, सज्जादा.

**नमाज़ नेता** = इमाम.
**नमाज़ बुलावा** = अज़ान.
**नमाज़ सिजदा** = सिजदा.
**नमाज़ी** = इमाम, धर्मशील, धर्मशील, नमाज़गुज़ार.
**न मानना** = ठुकराना.
**न मालूम** = शायद.
**न मिटना** = बचना, बचना.
**नमित** = अवनमित, झुका/झुकी.
**नमित करना** = झुकाना.
**नमिनाथ** = तीर्थंकर सूची.
**न मिलना** = गुमना.
**न मिलना स्थिति** = विलब्धि.
**नमी** = सीलन.
**नमीदार** = सीलनदार.

**नमीदार गरमी** *सं* उमस, ऊमस, गीली गरमी, घुटन, चिपचिपाहट, सड़ी गरमी, हब्स, हुमस, •पसीना.

**नमुचिरिपु** = इंद्र.
**नमूदारी** = सहसा आगमन.
**नमूना** = अवशेष, आदर्श व्यक्ति, कालजयी कलाकृति, डिज़ाइन, दृष्टांत, प्रारूप.

**नमूना** *सं आदर्श*, ख़ाका, चखाई, *चाशनी*, ज़ायक़ा, जायज़ा, *झलक*, पूर्व झलक, प्रादर्श, बानगी, मौडल, सैंपल, •पुतला, •प्रारूप.

**नमूना देखना** = आज़माना.

**नमूनिया** *सं* क्लोमपाक, निमोनिया, फुफ्फुस दाह, फेफड़ा वरम.

**न मेरा न उस का** = तुम्हारा/तुम्हारी, तेरा/तेरी.
**न मैं न तुम** = यह.
**न मैं न वह** = तुम.
**नमोनमः** = नमस्कार.
**नम्य** = कोमल, गुदगुदा/गुदगुदी, जेय, नियंत्रणीय, प्रभावशील, शास्य, सहमत्य.

**नम्य** *वि* आकार्य, आरूप्य, *कोमल*, गढ़नीय, घट्य, ढलनशील, ढलनीय, नमनीय, नरम, नावनीत, प्लास्टिक, मुलायम, मृण्मय, मृदुल, मोमिया, रूप्य, लेप्य, लोचदार, वर्ध्य, विनम्य, *सुकुमार*, सुघट्य, सुनम्य, •अनुकूलनशील, •गदीला/गदीली, •लचकदार, ▪अनम्य, ▪कठोर, ▪सुदृढ़.

**नम्र** = क्षमाशील.
**नय** = नैचा.
**नयन** = आँख, आनयन.
**नयनजल** = आँसू.
**नयनपट** = पलक.
**नयनवारि** = आँसू.
**नयनविशाल** = सुंदर नयन.
**नयनविशाला** = सुंदर नयन.
**नयनहीन** = अंधा/अंधी.
**नयना** = आँख, सुंदर स्त्री, सुनयना.
**नयनाभिराम** = सुंदर.
**नयनारविंद** = सुंदर नयन.
**नयशास्त्र** = राजनीति विज्ञान.
**नया** = अभूतपूर्व.
**नया/नई** = अज्ञात, अनुपभुक्त, अप्रशिक्षित, अभूतपूर्व, अम्लान, अल्पायु, आधुनिक, आरंभिक, आविष्कृत, कनिष्ठ (कर्मचारी), ट्रैंडी, ताज़ा, नवरचित, नवरचित, नवविवाहित, नवीन, प्रयोगात्मक, फ़ैशनानुकूल.
**नया अध्याय** = आत्मोन्नति.
**नया अध्याय आरंभ करना** = सुधरना.
**नया आरंभ** = पुनरारंभ.
**नयाचार** = कूटनीति, राजनय.
**नया ज़माना** = नवयुग.
**नया जीवन देना** = जिलाना.
**नया नकोर/नई नकोर** = अनुपभुक्त, नवरचित, नवीन.
**नया नवेला/नई नवेली** = अभूतपूर्व, नवविवाहित, नवीन.
**नया पन्ना पलटना** = सुधरना.
**नया फ़ैशन** = फ़ैड.
**नया बना** = नवरचित.
**नया भरती सैनिक** = रंगरूट.
**नया मोड़ लेना** = मुड़ना.
**नया युग** = नवयुग.
**नया रईस** = नवसमृद्ध.
**नया शौक़** = फ़ैड.
**नया समाचार** = नवीनतम समाचार.
**नया साल** = नववर्ष, नववर्ष दिवस, नौरोज़.
**नय्या** = नौका.
**नर** = पुंल्लिंगीय, पुंसक, पुरुष.

**नर** *सं जनयिता*, जनिष्णु, *पुरुष*, मर्द, ▪मादा, ▪हिजड़ा.

**नरई** = डंठल.
**नरक** = दुःखधाम.

**नरक** *सं* अधोनिलय, जहन्नुम, तप्त कुंभ, *दुःखधाम*, दोज़ख़, नरककुंड, प्रमथालय, रौरव, हर्म्य, •दुःख, •मृत्यु, ▪स्वर्ग.

**नरक सूची** *सं* अंधतामिस्र, अंबरीष, अवीचि, कुंभीपाक, तप्त कुंभ, परशु वन, महारौरव, रौरव, शतवन, शाल्मली.

**नरककुंड** = दुःखधाम, नरक.
**नरक चतुर्दशी** = दीवाली उत्सव समूह.
**नरकट** = बेंत.
**नरकुल** = पंख डंडी, बाण, बेंत.
**न रखना** = छाँटना.

**नरगिस** *सं* गुल नरगिस, *रजनीगंधा*, लिली, सफ़ेद जोंक्विल.

**नर गौरैया** *सं* करवानक, कलविंक, गौरवा, गौरा, *चटक*, चिड़ा, चिरटा, चिरौंटा, *वर*.

**नरघात** = मानवघात.
**नरघाती** = मानवघाती.
**नरघ्न** = मानवघाती.
**नर दारा** = हिजड़ा.
**नरनारी** = सब एक साथ.
**नरनाहर** = नायक.

**नर पक्षी** *सं* अंडज, खग, नीडज, पंछी, *पक्षी*, *मुरगा*, शकुंत, •मादा पक्षी.

**नरपुंगव** = मर्यादा पुरुष, महापुरुष.
**नर बकरी** = बकरा.

**नर बतख़** *सं हंस*.

**नरबलि** *सं* नरमेध, नरयज्ञ, नृमेध, नृयज्ञ, •पशुबलि.

**नरबीज** = वीर्य.

**नरभक्षकाः** *सं* जनाशन, नरभक्षी, मनुजाद, मनुष्य भक्षी जीव, मर्दुमख़ोर, मैनईटर.

**नरभक्षी** = नरभक्षकाः, मनुष्यभक्षक, राक्षस.
**नर भेड़** = भेड़ा.
**नर भैंस** = भैंसा.
**नरभोजी** = राक्षस.
**नरम** = अप्रबल, कोमल, नम्य.

**नर मकड़ी** *सं* मकड़ा, मक्कड़, वैनाशिक.

**नरमपंथी** = शांतिप्रेमी.
**नरमा** = सेमल वृक्ष.
**नरमादा** = नर मादा.

**नर मादा** *सं* जोड़ा, *जोड़ी*, नरमादा, मिथुन, युगल.

**नरमादा अंतर** = शब्द लिंग.
**नरमानिका** = हिजड़न.
**नरमुंड माला** = मुंडमाला.
**नर मुरगी** = मुरगा.
**नरमेध** = नरबलि.
**नरयंत्र** = धूपघड़ी.
**नरयज्ञ** = नरबलि.
**नरलोक** = इहलोक.
**नरवर** = नायक, महापुरुष.
**नरवाहन** = कुबेर.
**नर विष्वण** = राक्षस.
**नरवीर** = योद्धा, वीर पुरुष.
**नरव्याघ्र** = महापुरुष.
**नरशार्दूल** = महापुरुष.
**नरसंहार** = जनसंहार.
**नरसार** = नौसादर.
**नरसिंघा** = तुरही.
**नरसिंहा** = तुरही.
**नरसों** = परसों.
**नरहत्या** = मानवघात.
**न रहना** = उजड़ना, मरना.
**नरांग** = पुरुष जननेंद्रिय.
**नराधम** = पापी.
**नरियरी** = तूँबा.
**नरिया** = रहँट.
**नरी** = परछा.
**नरेंद्र** = राजा.
**नरेली** = तूँबा.
**नरेश** = राजा.
**नरोत्तम** = नायक, मर्यादा पुरुष, महापुरुष, विष्णु.
**नर्त** = नृत्य.
**नर्तक** = नट, मोर.

**नर्तक** *सं* डांसर, नचनिया, *नट*, नर्तयिता, नृत्यकर्मी, रक़्क़ास, •कृष्ण, •घुँघरू, •नर्तकी, •नृत्य, •मोर, •शिव.

**नर्तकी** = अभिनेत्री, देवदासी, नटी, नर्तकी वेश्या, मोरनी, हथिनी.

**नर्तकी** *सं* नचनी, नटनी, *नटी*, नृत्यांगना, बेड़िनी, बैलेरिना, रक़्क़ासा, सोनचिरि, •नर्तक, •मीरा, •राधा.

**नर्तकी वेश्या** *सं* घुँघरूबंद, नचनी, *नर्तकी*, नाचने वाली, मुजरे वाली, रक़्क़ासा, सोनचिरि, •वेश्या.

**नर्तकी वेश्या मुजरा** = मुजरा.
**नर्तन** = नृत्य.

**नर्तन** *सं* अंग विक्षेपण, आनर्तन, झूम, ठुमक, ठुमका, डांसिंग, थिरकन, नाच, नाचकूद, निर्त, *नृत्य*, नृत्यकर्म, फिरकन, मटकन, लासन, •नर्तक, •नृत्य.

**नर्तन शाला** = नृत्यशाला.
**नर्तयिता** = नर्तक.
**नर्दन** = गड़गड़.
**नर्म** = कचिया, क्षमाशील, गदीला/गदीली, पालतू, मंदस्वरीय, रेशमी, विनम्र, सहमत्य, सौम्य.
**नर्मद** = आनंदप्रद, विश्रामप्रद, सुखद.
**नर्मदा** = नदी सूची भारत उपमहाद्वीप.

**नर्मदा नदी** *सं* इंदुजा, नर्मदा, पूर्वगंगा, मेखला, रेवा.

**नर्वस ब्रेकडाउन** = पस्ती.

**नर्स** *सं* आया, उपचारिका, तीमारदार, धाय, *परिचारक*, *परिचारिका*, सिस्टर, सेविका, •कंपाउंडर.

**नर्स मेड** = बेबीसिटर.
**नर्सरी** = आरंभिक ज्ञान.

**नर्सरी** *सं* गहवारा, ज़ख़ीरा, पनीरी, पौद क्यारी, पौदगाह.

**नर्सिंग** *सं* उपचर्या, उपचार, टहल, तीमारदारी, देखभाल, *परिचर्या*, शुश्रूषा, सेवा, सेवाटहल, सेवा सुश्रूषा, •आरोग्य लाभ, •चिकित्सा.

**नल** = वानर सूची.

**नल** *सं* जल नल, पाइप, पानी नल, बंबा, •टोंटी, •नली, •प्लंबिंग.

**नलकी** = परछा.
**नल कूप** = ट्यूब वैल.
**नल टोंटी** = टोंटी.
**नल नली** = हार्डवेअर.

**नलवा** *सं* घोटा, चोंगा, ढरका, पशु औषध पान चोंगा, पोंगली, पोंगा, बाँस चोंगा, •स्ट्रा.

**नलिका** = नली, लटई.
**नलिन** = कमल.
**नलिनी** = कमलसर.

**नली** = नैचा, फुँकनी, रुधिरवाहिका, स्ट्रा.

**नली** *सं* ट्यूब, नलिका, नाल, नै, पाइप, बंबा, वाहिनी, •नल, •नैचा, •स्ट्रा.

**नलीमुख** = नोज़ल.
**न लौटने वाला समय** = भूतकाल.
**नल्ला** = नाला नाली.
**नवंबर** = मास सूची.
**नव** = नवरचित, नवीन, नौ, नौवाँ/नौवीं, नौ समुदाय.
**नवक** = नौ समुदाय.
**नवकर्म** = पुनर्निर्माण.
**नवकारी** = परिवर्तनकारी.
**नवग्रह** = नौ समुदाय.

**नवग्रह** *सं* भारतीय ज्योतिष में मान्य नौ ग्रह.

**नवग्रह सूची** *सं केतु*, *गुरु*, *चंद्रमा*, बुध, मंगल, *राहु*, शनि, शुक्र, *सूर्य*.

**नवग्रही** = रत्नमाला.
**नवचंद्रमा** = दूज का चाँद.
**नवचंद्राकार** = धनुषाकार.

**नवचंद्राकार** *वि* अर्धचंद्राकार, कमानदार, कमानीदार, घुमावदार, चंद्राकार, चापाकार, *धनुषाकार*, धन्वाकार, *वक्राकार*, •धनुषाकार.

**नवचलित** = अपारंपरिक.
**नवजनन** = पुनर्निर्माण.
**नवजागरण** = समाज भावना.
**नवजात** = नवजात शिशु.
**नवजातक** = नवजात शिशु.

**नवजात पक्षी** *सं* चिंगना, चिंजा, *चूज़ा*, पोटा/पोटी.

**नवजात पशु** *सं* गृष्टि (जैसे: गोगृष्टि), छौना/छौनी, डिंभ, पिल्ला/पिलिया, पिल्ला/पिल्ली, पोता/पोतनी, पोया, बछड़ा/बछड़ी, शावक, होरिल.

**नवजात शिशु** *सं जातक*, नवजात, नवजातक, बच्चा/बच्ची, *शिशु*, सद्यजातक, •प्रसव.

**नवजात सर्प** = सँपोलिया.

**नवजीवन** = कायाकल्प, जीर्णोद्धार, नवयौवन, मृत संजीवन.

**नवजीवन** *सं कायाकल्प*, नई जवानी, नई ज़िंदगी, नववसंत, नवोन्मेष, पुनरुत्थान, पुनर्यौवन, संजीवन, •मृत संजीवन.

**नवजीवन दान** = मृत संजीवन.
**नवति** = नब्बे.
**नवदल** = किशलय.
**नवदौलती** = नवसमृद्ध.
**नवधनाढ्य** = नवसमृद्ध.
**नवधनिक** = नवसमृद्ध.
**नवधनी** = नवसमृद्ध.
**नवनवोन्मेषशालिनी बुद्धि** = प्रतिभा.
**नवना** = झुकना.
**नवनिर्माण** = आविष्कार, क्रांति, जीर्णोद्धार, निर्माण, पुनर्निर्माण, भवन निर्माण, सुधार, सृजन.
**नवनिर्मित** = आविष्कृत, नवरचित, नवरचित, नवीन.
**नवनीत** = मक्खन.
**नवनीतक** = घी.

**नवपरिचय** *सं* नई जान पहचान, नई जान पहचान, नई मुलाक़ात, *परिचय*.

**नवपल्लव** = किशलय.
**नवप्रयोग** = प्रयोग.
**नवप्रशिक्षित** = नौसिखिया.
**नवप्रसूता** = प्रसूता.
**नवम** = नौवाँ/नौवीं.
**नवमल्लिका** = बेला.

**नवयुग** *सं* अणुयुग, आधुनिक युग, इक्कीसवीं सदी, नया ज़माना, नया युग, वर्तमान युग, •आधुनिक काल, •कलियुग, ▪पुरायुग.

**नवयुगीन** = आधुनिक.

**नवयुवक/नवयुवती** *सं* अल्हड़, कनीन, कुँअर/कुँअरी, कुमार/कुमारी, तरुण/तरुणी, नवयुवा, नवल/नवला, नवेला/नवेली, युवन्यु, युवा, युवानक, वरीयान/वरीयसी, श्याम/श्यामा, •किशोर, •टीन एजर, •युवक.

**नवयुवा** = नवयुवक/नवयुवती.
**नवयुवा अवस्था** = नवयौवन.
**नवयौवन** = वसंत.

**नवयौवन** *सं* अल्हड़पन, उठान, उत्कर्ष, उभरती जवानी, चढ़ती जवानी, तरुणता, तरुणाई, तरुणिमा, तारुण्य, नई जवानी, *नवजीवन*, नवयुवा अवस्था, निखार, नूर, शबाब, सोलह-पचीस वर्ष अवस्था, •यौवन.

**नवरचना** = निर्माण, सृजन.
**नवरचित** = आविष्कृत.

**नवरचित** *वि* अभिनव, चालू, *ताज़ा*, नया/नई, नया नकोर/नई नकोर, नया बना, नव, नवनिर्मित, नवल, नवसृष्ट, *नवीन*, नवोन्मेषित, नव्य, नूतन, न्यू, फ़र्स्ट हैंड, ब्रांड न्यू, सद्यस्क, सैकंड हैंड नहीं, •पुनर्रचित, ▪जीर्णोद्धृत, ▪सैकंड हैंड.

**नवरत्न** = उत्तम जनसमूह.
**नवरत्न माला** = रत्नमाला.

**नवरस** *सं* नौ काव्यरस.

**नवरस सूची** *सं अद्‌भुत रस*, *करुण रस*, *बीभत्स रस*, *भयानक रस*, *रौद्र रस*, वात्सल्य रस (दसवाँ रस), *वीर रस*, *शांत रस*, *शृंगार रस*, *हास्य रस*.

**नवरात्र** = दुर्गापूजा.
**नवरोज़** = नौरोज़.
**नवरोम** = नई मूँछ.
**नवल** = अभूतपूर्व, किशोर, नवरचित.
**नवल/नवला** = नवयुवक/नवयुवती.
**नववधू** = वधू.
**नववर्ष** = नववर्ष दिवस, नौरोज़.

**नववर्ष** *सं* नया साल, वत्सरादि, वर्ष आरंभ, वर्षारंभ.

**नववर्ष दिवस** *सं* नया साल, *नववर्ष*, वर्ष प्रथम दिवस, साल पहला दिन.

**नववर्ष संकल्प** = आत्मोन्नति संकल्प.
**नववसंत** = नवजीवन.
**नववादी** = आधुनिकतावादी.

**नवविवाहित** *वि* नया/नई, नया नवेला/नई नवेली, नवविवाहित/ नवविवाहिता, नवेला/नवेली, •गौनहाई.

**नवशशि** = दूज का चाँद.
**नवसंगम** = मधुयामिनी.

**नवसमृद्ध** *वि उत्थानशील*, गर्वोन्मत्त, घमंडी, चढ़ा, *धृष्ट*, नया रईस, नवदौलती, नवधनाढ्य, नवधनिक, नवधनी, नवी दौलत वाला, नौबढ़िया, यपी, शानची, स्नौब, •अहंकारी.

**नवसृष्ट** = नवरचित, नवरचित.
**नवसृष्टि** = पुनर्निर्माण, सृजन.
**नवाँ/नवीं** = नौवाँ/नौवीं.
**नवांकुर** = अंकुर.
**नवांग** = नौ समुदाय.
**नवागंतुक** = आगंतुक, कनिष्ठ (कर्मचारी).
**नवागत** = रंगरूट.
**नवाज़** = पक्षधर, परपालक, सरपरस्त.
**नवाज़िश** = दया, धन्यवाद.
**नवाना** = झुकाना.
**नवाब** = राजा सूची भारतीय, राज्यपाल.
**नवाबज़ादा** = बड़ा आदमी पुत्र, राजकुमार.
**नवाबज़ादी** = राजकुमारी.
**नवाबज़ादी** = कुलीन स्त्री.
**नवाबी** = राजतंत्र, राजसी, समृद्धि.
**नवारंभ** = आरंभ.
**नवार्चि** = मंगल ग्रह.
**नवाविष्कृत** = आविष्कृत, नवीन.
**नवासा** = धेवता.
**नवीकरण** = कायाकल्प, जीर्णोद्धार, पुनरुद्धार.

**नवीकरण** *सं* आधुनिकीकरण, उत्परिवर्तन, उपांतरण, नवीनीकरण, नवोन्मेष, *परिवर्तन*, पुनरुत्थान, पुनर्जीवन, पुनर्नवीकरण, समुद्धार, *सुधार*, •उन्नति, •कायाकल्प, •कायापलट, •जीर्णोद्धार, •पुनर्निर्माण, •मरम्मत, •संशोधन, •सुधार, ▪अवनति, ▪विकासरोध.

**नवीकरण कोर्स** = रीफ़्रैशर कोर्स.

**नवीकृत** = चिकित्सित, जीर्णोद्धृत, मरम्मतकृत, विश्रांत.
**नवी दौलत वाला** = नवसमृद्ध.
**नवीन** = अभूतपूर्व, अल्पायु, आधुनिक, नवरचित.

**नवीन** *वि* अभिनव, अभी का, अभी बना, *अम्लान*, *ताज़ा*, ताज़ातरीन, तुरंत का, नया/नई, नया नकोर/ नई नकोर, नया नवेला/नई नवेली, नव, नवनिर्मित, नवाविष्कृत, नवीनतम, नवेला/नवेली, नव्य, नूतन, पहला/पहली, सद्यस्क, सद्यस्तन, हाल ही का, •अभूतपूर्व, •आधुनिक, •नवरचित, ▪पुराना/ पुरानी, ▪प्राचीन, ▪रद्दीकृत, ▪सैकंड हैंड.

**नवीनतम** = अत्याधुनिक, नवीन.

**नवीनतम समाचार** *सं अभी अभी* छपते छपते, ताज़ा ख़बर, नई ख़बर, नया समाचार, होते होते, •समाचार शीर्षक.

**नवीनता प्रेमी** = फ़ैड प्रेमी.
**नवीनतावादी** = आधुनिकतावादी.
**नवीनीकरण** = नवीकरण.
**नवीस** = क्लर्क, लिपिकार.
**नवेला** = किशोर.
**नवेला/नवेली** = अभूतपूर्व, जवान, नवयुवक/नवयुवती, नवविवाहित, नवीन.
**नवेली** = युवती, वधू, सुंदर स्त्री.
**नवोढा** = वधू.
**नवोढ़ा** = युवती, सुंदर स्त्री.
**नवोढ़ा परिधान** = वधू वस्त्र.
**नवोत्थान** = उन्नति.
**नवोदय** = आदि, उदय, उन्नति, सूर्योदय.
**नवोदित** = उदित.
**नवोन्मेष** = उन्नति, नवजीवन, नवजीवन, नवीकरण, मृत संजीवन, सुधार.
**नवोन्मेषित** = आविष्कृत, नवरचित.
**नव्य** = नवरचित, नवीन.
**नशा** = अहंकार, उन्माद, पिनक.

**नशा** *सं* असर, *आनंद*, आनंदानुभूति, उछाह, *उन्माद*, कैफ़, खुमार, खुमार, *गुलाबी*, झोंक, *तरंग*, धुन, प्रमाद, बेखुदी, बेहोशी, मद, मद प्रभाव, मदमस्ती, मदहोशी, मस्ती, मस्ती का आलम, मौज, *रंग*, रंगीनी, *लहर*, लाली, सुरूर, सुर्ख़ी, स्वप्निलता, हिलोर, •पिनक, •मदालस, •हैंगओवर.

**नशाख़ोर** = मदसेवक.
**नशापत्ती** = भाँग.
**नशापानी** = मद्यपान.
**नशाबंदी** = मद्यनिषेध.
**नशावर** = मादक.
**नशीला/नशीली** = मादक.
**नशीला पेय** = मादक पेय.
**नशीली दवा** = मादक औषध.
**नशीले पदार्थ** = मदव्य.
**नशेड़ी** = मदसेवक, मद्यप.
**नशेदार** = मादक.
**नशेबाज़** = मदसेवक, मद्यप.
**नशेबाज़ी** = मद्यपान.
**नशे में चूर** = मदिरोन्मत्त.
**नशे में धुत** = मदिरोन्मत्त.
**नश्तर** = चाकू छुरी.
**नश्वर** = क्षणभंगुर, भंगुर, मर्त्य.
**नश्वरतावाद** = नश्वरवाद.

**नश्वरवाद** *सं* नश्वरतावाद, सब कुछ नश्वर है, •दर्शन शास्त्र.

**नष्ट** = टूटा/टूटी, बलात्कृत, भ्रष्ट (पुण्यस्थान), मृत, विलुप्त (जीव), हत्याकृत.

**नष्ट** *वि* अनुपलब्ध, अपकृष्ट, अपध्वस्त, अपहत, अप्राप्य, अवध्वस्त, अस्त, अस्तित्वनष्ट, *अस्तित्वहीन*, उच्छिन्न, उजड़ा/ उजड़ी, *उजाड़*, क्षत, खंख, *खँडहर*, खंडित, ख़त्म, ख़लास, ख़ाक, खुर्दबुर्द, ख़्वार, ग़रक़, ग़ायब, ग़ारत, चूरचूर, चौपट, छिन्न, छिन्नभिन्न, टूटा/टूटी, तबाह, तमाम, तहसनहस, था/थी, ध्वस्त, नष्टभ्रष्ट, नहीं रहा, नाबूद, निर्मूल, नेस्तनाबूद, प्रहत, फ़ना, बरबाद, बेनामोनिशाँ, भग्न, *भ्रष्ट*, मटियामसान, मटियामेट, मिटा/ मिटी, *मृत*, लापता, लुप्त, विगत, विदीर्ण, विध्वस्त, विनष्ट, विप्लुत,

विलब्ध, विलयित, विलीन, विलुप्त, *शून्य*, संहृत, समाप्त, साठनाठ, स्वाह, •अस्तित्वहीन, •नष्टप्राय, •विघटित, •ह्रस्त, ▪अनष्ट, ▪रचित, ▪सलामत.

**नष्ट करना** = उजाड़ना, बिगाड़ना, संहारना.
**नष्टकौमार्य** = कौमार्यनष्ट.
**नष्टचेतन** = अचेत.
**नष्टधन** = कंगाल.
**नष्टप्रभाव** = मोहभंजित.

**नष्टप्राय** *वि* ध्वस्तप्राय, मृतप्राय.

**नष्टबीज** = फलहीन.
**नष्टबुद्धि** = मंदधी.
**नष्टभ्रष्ट** = नष्ट.
**नष्ट होना** = उजड़ना.
**नष्टा** = वेश्या.
**नष्टार्थ** = कंगाल.
**नष्टि** = नाश.
**नष्टेंदुकला** = अमावस्या.

**नस** *सं* चेतना वाहिका, चेतवाहिनी, चेता, चेतिनी, तंत्रिका, रग, रज्जु, •स्नायु.

**न सर्द न गरम** = समशीतोष्ण.

**नसवार** *सं* दिमाग़ रौशन, *नकछिकनी*, नास्य, सुँघनी, हुलास, •नकछिकनी.

**नसवारदानी** *सं* नासदानी, हुलासदानी.

**नसाना** = उजाड़ना.
**नसीब** = प्रारब्ध, भाग्य.
**नसीब वाला** = सौभाग्यशाली.
**नसीहत** = उपदेश, परामर्श.
**नसेड़ी** = मदसेवक, मद्यप.
**नसैनी** = सीढ़ी.
**नस्या** = नाक.
**नस्र** = गद्य.
**नस्रानियत** = ईसाई धर्म.
**नस्रानी** = ईसाई.
**नस्ल** = प्रजाति, वंश.
**नस्ल सुधार** = प्रजाति परिष्कार.
**नस्ली** = जातीय.
**नह** = नख.
**न हटना** = झेलना.
**न हम** = मैं.
**न हम न वे** = तुम.
**नहर** = परिखा, समुद्री नहर.

**नहर** *सं* कुल्या, कूला, कैनाल, खल्ल, चुआन, जलपथ, प्रणाली, रजबहा, वाहिका, •नदी, •नाला नाली, •बाँध, •समुद्री नहर, •सिंचन.

**नहला** = नौ समुदाय.
**नहलाया/नहलाई** = नहाया/नहाई.
**न हाँ न ना** = अनिर्धारित.
**नहान** = स्नान.

**नहाया/नहाई** *वि* धौत, नहलाया/नहलाई, नहाया धोया/नहाई धोई, प्रतिस्नात, शुद्ध, साफ़, सुथरा/सुथरी, सुस्नात, -स्ना (जैसेः घृतस्ना), स्नात, स्नातक, *स्वच्छ*.

**नहार** = ख़ाली पेट.
**न हार न जीत** = जयपराजयहीनता.
**नहारमुँह** = ख़ाली पेट.
**न हारा न जीता** = जयपराजयहीन.
**नहारी** = ब्रेकफ़ास्ट.
**नहिअन** = बिछुआ.
**नहीं** = अस्वीकृति, आपत्ति, प्रतिबंध, विरोध.

**नहीं** *मु* आँहाँ, इल्ले (तमिल), उँह, कदाचित् नहीं, कदापि नहीं, *कभी नहीं*, कहीं?, किसी भी तरह नहीं, जनि, न, ना, ना ना, ना ना ना, नायँ, नाहिं, नाहीं, नो, बिल्कुल नहीं, *मत*, मति, मा (प्रा), हरगिज़ नहीं, •खंडन, •नापसंद, •प्रतिबंध, •प्रतिरोध, •विरोध, ▪अनुमति, ▪मंडन, ▪सहमति, ▪स्वीकृति, ▪हाँ.

**नहीं तो** = अन्यथा.
**नहीं मिला** = अप्राप्त.
**नहीं रहा** = नष्ट, मृत.
**नहीं है** = अनुपस्थित.
**नहुष** = ऋषि सूची.
**नांगर** = लंगर.
**नाँघना** = पिछाड़ना.
**नाँद** = टब, पशु पानी हौज़.

**नाँद** *सं* अथरा, कुंडा, कूँड़, तितिल, स्थाली, •टब.

**नांदी** = मंगलाचरण.
**नांदी** = कल्याणकामना.
**नांदीक** = स्वागत द्वार.
**नांदीघोष** = नाट्य आरंभ.
**नांदीपाठ** = नाट्य आरंभ, मंगलाचरण, स्वस्तिपाठ.
**नांदीपाठक** = स्वस्तिपाठक.
**नांदीमुख** = विश्वेदेव.
**नाँधना** = जुआठना.
**ना** = अस्वीकृति, नहीं.

**नाइट गाउन** *सं गाउन*, नाइटी, नैगलिजी, •स्लीपिंग सूट.

**नाइटड्रैस** = रात्रि परिधान.
**नाइटवीअर** = रात्रि परिधान.
**नाइट सूट** = स्लीपिंग सूट.
**नाइटिंगेल** = बुलबुल.
**नाइटी** = नाइट गाउन.
**नाइट्रेट** = शोरा.
**नाइट्रोजन** = रासायनिक उर्वरक, रासायनिक तत्त्व सूची.
**नाइत्तिफ़ाक़ी** = असहमति.
**नाइनसाफ़** = अन्यायी, अन्यायी.
**नाइनसाफ़ी** = अन्याय.
**नाइलोन** = रासायनिक धागे और वस्त्र.

**नाई** *सं* केश कर्तक, केशकर्मी, केश प्रसाधक, क्षौरकर्मी, नाई/नायन, नाऊ, नापित, मुंडक, वप्ता, श्मश्रुकर, हजाम, हज्जाम, •ब्यूटीशियन.

**नाई/नाईन** = विवाह घटक.
**नाई/नायन** = नाई, ब्यूटीशियन.
**नाईगीरी** = क्षौरकर्म.
**नाउत** = भूतहंता.
**नाउम्मीदी** = निराशा.
**नाऊ** = नाई.
**नाएतबारा/नाएतबारी** = संदेहशील.
**नाक** = अंतरिक्ष, इंद्रिय सूची. घड़ियाल, घ्राण अनुभूति, स्वर्ग.

**नाक** *सं* गंधेंद्रिय, घ्राणेंद्रिय, नस्या, नासा, नासिका, *श्वासरंध्र*, •गंध, •नथ, •सूँड़.

**नाक कील** *सं कली*, काँटा, *कील*, *लौंग*, •नथ, •नाक.

**नाक की सीध मे** = सीधे.
**नाकचढ़ाऊ** = सुरुचिमन्यक.
**नाकछिंकनी** = नकछिकनी.
**नाक़दरा/नाक़दरी** = अगुणज्ञ.
**नाक़ नक़्श** = मुखमंडल.
**नाक रगड़ना** = गिड़गिड़ाना.
**नाकरगड़ाई** = गिड़गिड़ाहट.
**ना करना** = ठुकराना.
**नाक से रुधिर स्राव** = नकसीर
**नाक से बोलना** = नकियाना.
**नाका** = छोर, नुक्कड़, पहरा चौकी, बैरियर, सूई नाका.

**नाका** *सं* अड़, *बाड़*, बाड़ा, मार्ग अवरोध, रोड बैरियर, •नुक्कड़, •बैरियर.

**नाक़ाफ़ी** = अपर्याप्त, निराशाजनक.
**नाकाबंद** = अवरुद्ध, रुद्ध.
**नाकाबंदी** = घेराबंदी.
**नाक़ाबिल** = अक्षम, अयोग्य.
**नाकाम** = अनुत्तीर्ण, अयोग्य, असफल, पराजित.
**नाकामयाब** = अनुत्तीर्ण, असफल, पराजित.
**नाकामयाबी** = पराजय.
**नाकामी** = पराजय.
**नाकारा/नाकारी** = अक्षम.
**नाकिस** = प्रयासहीन.
**नाकेश** = इंद्र.
**नाक्षत्र** = तारकीय, ब्रह्मांडीय.
**नाक्षत्र दिवस** = तिथि.
**नाख़ुदा** = कर्णधार, नाविक, परित्राता.
**नाख़ुश** = अतृप्त, अप्रसन्न, क्रुद्ध.
**नाख़ुशी** = अप्रसन्नता, रूठन.
**नाखून** = नख.
**नाग** = आकाश गंगा, कोबरा, पर्वत, मेघ, साँप, हाथी.

**नाग** *सं* कद्रुज, काद्रवेय, नग-, पातालवासी, पातालौका, मनुष्याकृति सर्प, मानव शीष सर्प शरीर, •कालिय, •ड्रैगन, •तक्षक, •पद्म, •वासुकि, •शेषनाग.

**नागकन्या** = नाग स्त्री.
**नागचंपा** = चंपा.
**नाग दंत** = हाथीदाँत.
**नागदंत** = खूँटी, हाथी बाहर निकला दाँत.
**नागदेव** = ड्रैगन.
**नागद्रुम** = थूहर.
**नागपाश** = दिव्यास्त्र.
**नागपुष्पा** = चंपा.
**नाग पुष्पिका** = सोनजूही.
**नागपूजन** = भूमिपूजा.
**नागफनी** = थूहर.
**नागफेन** = अफ़ीम.
**नागमुख** = गणेश.
**नागरंग** = नारंगी.
**नागर** = दक्ष, देवर, नगरवासी, नगरीय, नागरतापूर्ण, भाषणदाता, विनम्र, सामाजिक, सुरुचिसंपन्न (व्यक्ति), सोंठ.
**नागरक** = सोंठ.
**नागरघन** = नागरमोथा.
**नागरता** = दक्षता, बुद्धिमत्ता, सभ्यता.

**नागरतापूर्ण** *वि* अग्राम्य, छेक, *नगरीय*, नागर, विदग्ध, *विदुर*, शहराती, शहरी, •नगरीय, •श्लील, •सभ्य, ▪ग्राम्यतापूर्ण, ▪धृष्ट, ▪वन्य.

**नागरमुश्ता** = नागरमोथा.
**नागरमोथा** = मसाला सूची

**नागरमोथा** *सं* जलोद्भवा, नगरमुस्ता, नागरघन, नागरमुश्ता, नागरमोथा जड़, पिंडमुस्ता, भद्रमुस्ता, मुस्ता, मोथा.

**नागरमोथा जड़** = नागरमोथा.
**नागराज** = ऐरावत, कोबरा, शेषनाग.
**नागरिक** = नगरवासी, निर्वाचक, सिविलियन.

**नागरिक** *सं आवासी*, देशवासी, *निर्वाचक*, नेशनल, पौर, पौरिक, बाशिंदा, मतदाता, राष्ट्रवासी, वासी, वोटर, सिटीज़न, •जनता, •निवासी, ▪अनागरिक, ▪राज्याध्यक्ष.

**नागरिक अधिकार** = नागरिकता, मूल अधिकार.
**नागरिक गण** = जनता.

**नागरिकता** *सं* क़ौमीयत, देशवासिता, नागरिक अधिकार, राष्ट्र सदस्यता, राष्ट्रीयता, सिटीज़नशिप, •अनावासिता, •निवासिता, •स्वदेश वासिता, •देश.

**नागरिक भवन** = टाउन हाल.
**नागरिक रक्षा दल** = पुलिस.

**नागरिक शास्त्र** *सं* नागरिकी, सिविक्स, •राजनीति विज्ञान.

**नागरिक सेवा** = राज्य सेवा.
**नागरिका** = नगरवासिनी.
**नागरिकी** = नागरिक शास्त्र.
**नागरी** = नगरवासिनी.
**नागरीट** = लंपट.
**नागर्य** = बुद्धिमत्ता.
**नागल** = जोत रस्सी.
**नागलोक** = पाताल लोक.
**नागवार** = अरोचक, असह्य, क्रोधजनक, नापसंद.

**नाग स्त्री** *सं* कद्रुपुत्री, काद्रवेयी, नागकन्या, नागिनी, भोगिनी.

**नागांगना** = हथिनी.
**नागांतक** = गरुड़.
**नागा** = अनुपस्थिति.
**नागानन** = गणेश.
**नागारि** = मोर.
**नागालैंड** = भारत राज्य प्रदेश.

**नागालैंडः राजधानी** *सं* कोहिमा.

**नागिनी** = नाग स्त्री.
**नागीय** = सर्पीय.
**नागेंद्र** = ऐरावत, हाथी.
**नागेश** = शेषनाग.
**नागेश्वर** = ऐरावत, शेषनाग.
**नागोद** = वक्षकवच.
**नागोदर** = वक्षकवच.
**नाच** = नर्तन, नृत्य, मुजरा.
**नाचकूद** = नर्तन.
**नाचगान** = नृत्यगान.
**नाचगाना** = नृत्यगान, मुजरा.
**नाचघर** = नृत्यशाला.
**नाचता/नाचती** = चक्रणशील.
**नाचना** = इठलाना, घूमना, पुलकना, हुलसना.

**नाचना** *क्रि उमगना*, *कूदना*, झूमना,

 (प्रा) प्राचीन शब्द, अब अप्रचलित - *तिरछे* शब्द स्वतंत्र शीर्षक भी हैं •सपर्याय ▪विपर्याय

ठमकना, ठुमकना, थिरकना, नृतना, फिरकना, मटकना, *लचकना*, *हिलना*, •गाना.

**नाचने वाली** = नर्तकी वेश्या.
**नाच बैठक** = मुजरा.
**नाचमहल** = नृत्यशाला.
**नाचरंग** = नृत्यगान, मनोरंजन.
**नाचाक़** = बीमार.
**नाचार** = अक्षम, विकल्पहीन, साधनहीन.
**नाचिकेत** = अग्निदेव.
**नाचीज़** = चरणदास, निम्नकुलीन, निर्धन, महत्त्वहीन.
**नाज** = अनाज, खाद्य पदार्थ.
**नाज़** = अभिमान, अहंकार, नाज़नख़रा, रूपाभिमान.
**नाज़क वक़्त** = आपात्काल.
**नाज गोदाम** = अनाज गोदाम.
**नाज़दार** = नख़रीला.

**नाज़नख़रा** *सं* अंग भंगिमा, अंदाज़, अंदाज़पीरी, अदा, आनतान, चटकमटक, चरित्तर, चलित्तर, चावचोचला, चोचला, चोचलेबाज़ी, छमक, झमाका, ठसक, ठसका, तेवर, नकतोड़ा, नख़रा, नख़रातिल्ला, नख़रीलापन, नख़रेबाज़ी, नज़ाक़त, नाज़, नाज़ो अदा, बिब्बोक, *भंगिमा*, भाव भंगिमा, माशूक़ाना अदा, मोहक चेष्टा, *रंग*, *शैली*, शोख़ी, हावभाव, •चंचलता, •तिरिया चरित्तर, •रूपाभिमान, ▪संयम.

**नाज़नीं** = नख़रीली, सुंदर स्त्री.
**नाज़नीन** = नख़रीली, नख़रीली, सुंदर स्त्री, सुकुमारी.
**नाज बाज़ार** = अनाज मंडी.
**नाज मंडी** = अनाज मंडी.
**नाज़ाँ** = आत्मतुष्ट, नख़रीला.
**नाज़ाँ/नाज़नीन** = अभिमानी.
**नाजायज़** = अनैतिक, अवैध, अवैध (संतान), निषिद्ध, न्यायहीन.
**नाज़िम** = प्रबंधक, प्रशासक.
**नाज़िर** = इंस्पैक्टर.
**नाज़ुक** = कली जैसा, कोमल, ख़तरनाक, चिंताजनक, निर्बल, प्रभावशील, भंगुर, मर्मस्थ, सुंदर, सुकुमार, स्त्रियोचित.
**नाज़ुकदिमाग़** = उत्कृष्टता प्रेमी, प्रभावशील.
**नाज़ुकबदन** = सुकुमार.
**नाज़ुकमिज़ाज** = उत्कृष्टता प्रेमी.
**नाज़ुक हालत** = संकट.
**नाजो** = नख़रीली, सुंदर स्त्री, सुकुमारी.
**नाज़ो अदा** = नाज़नख़रा.
**नाट** = कर्नाटक, नृत्य, नृत्य नाट्य.
**नाटक** = छद्मवेश, झूठ, दिखावा, नक़्क़ाली, भावाभिनय.

**नाटक** *सं* अदायगी, *अभिनय*, *खेल*, खेला, ड्रामा, तमाशा, नाट्य, नौटंकी, मंच नाटक, रूपक, शो, स्टेज प्ले, *स्वाँग*, •औपेरा, •जात्रा, •नौटंकी, •बैले, •भाण, •साँग.

**नाटक अंक** *सं अंक*, ऐक्ट, *खंड*, भाग, •अध्याय, •नाटक दृश्य.

**नाटक अंत** *सं अंत*, *भरतवाक्य*, शांतिपाठ, •यवनिका पात, ▪नाट्य आरंभ.

**नाटक कथावाचक** = कथा उद्घोषक.
**नाटक कर्मी** = मंचकर्मी.
**नाटककार** = नाटक लेखक, मंच निर्देशक.
**नाटकघर** = नाट्यागार.

**नाटक दृश्य** *सं* दृश्य, सीन, •नाटक अंक.

**नाटकधर** = अभिनेता.
**नाटक निर्देशक** = मंच निर्देशक.
**नाटक पात्र** = चरित्र पात्र.
**नाटक प्रस्तावना** = पूर्वपीठिका.
**नाटक प्रस्तुति** = मंचन.
**नाटक मंच** = रंगमंच.
**नाटक मंचन** = मंचन.
**नाटक मंदिर** = नाट्यागार.
**नाटक मेकअप** = नाट्य मेकअप.

**नाटक लेखक** *सं* नाटककार, नाट्यकार, नाट्य लेखक, रूपककार.

**नाटक वेश** = नाट्यवेश.
**नाटक शाला** = नाट्यागार.
**नाटक शास्त्र** = नाट्यशास्त्र.
**नाटकांत** = यवनिका पात.
**नाटकागार** = नाट्यागार.
**नाटकारंभ** = यवनिका उत्थान.
**नाटकिया** = अभिनेता, बहरूपिया.
**नाटकी** = अभिनेता.
**नाटकीय** = रोमांचक.

**नाटकीय** *वि* अनिश्चित, असरदार, आश्चर्यपूर्ण, उतारचढ़ावदार, उत्तेजनापूर्ण, क्लाईमैक्सीय, *घटनापूर्ण*, घटनाप्रधान, तनावपूर्ण, नाटकीयतापूर्ण, *परिवर्तनशील*, *पेचदार*, भावुकतापूर्ण, *रोमांचक*, विस्मयकारी, •रंगमंचीय.

**नाटकीय घटना** = निर्णायक परिवर्तन.
**नाटकीयता** = शोमैनशिप.
**नाटकीयतापूर्ण** = नाटकीय.
**नाटकीय परिवर्तन** = निर्णायक परिवर्तन.
**नाटकीय मोड़** = निर्णायक परिवर्तन.
**नाटकोक्ति** = संवाद.
**नाटा/नाटी** = ठिंगना/ठिंगनी.
**नाटित** = मंचित.
**नाट्य** = अभिनय, नाटक, नृत्य, नृत्य नाट्य, मंचनीय.

**नाट्य आरंभ** *सं* अंकमुख, कथावस्तु परिचय, कवि प्रशंसा, गणेश पूजा, नांदीघोष, नांदीपाठ, पूर्वरंग, प्ररोचना, प्रस्तावना, प्रस्थापना, मंगल घोष, *मंगलाचरण*, रंगपूजा, सरस्वती पूजा, स्तुति, ▪नाटक अंत.

**नाट्यकार** = अभिनेता, नाटक लेखक, मंचकर्मी, मंच निर्देशक, सूत्रधार.
**नाट्यधर** = अभिनेता.
**नाट्य निर्देशक** = मंच निर्देशक.
**नाट्यफल** = कथा फलागम.
**नाट्य मंदिर** = नाट्यागार.

**नाट्य मेकअप** *सं* अंगरंजन, ग्रीज़ पेंट, नाटक मेकअप, *मेकअप*, *सज्जा*, साजसज्जा, •ग्रीनरूम, •सज्जा.

**नाट्य लेखक** = नाटक लेखक.

**नाट्यवेश** *सं* अभिनय वेश, अलंकार, आभरण, कास्ट्यूम, नटवेश, नाटक वेश, पात्रोपकरण, पोशाक, *बाना*,

भेष, भेस, *वेश*, *स्वाँग*, •ग्रीनरूम.

**नाट्यशाला** = नाट्यागार.

**नाट्यशास्त्र** *सं* नाटक शास्त्र, भरत शास्त्र.

**नाट्यशास्त्रीय** = शास्त्रीय (कला).
**नाट्य संवाद** = संवाद.
**नाट्यांत** = यवनिका पात.

**नाट्यागार** *सं* आडिटोरियम, आपेरा हाउस, थिएटर, नाटकघर, नाटक मंदिर, नाटक शाला, नाटकागार, नाट्य मंदिर, नाट्यशाला, प्लेहाउस, रंगगृह, रंगभवन, रंगशाला, रंगालय, •यवनिका, •सिनेमाघर.

**नाट्यारंभ** = यवनिका उत्थान.
**नाट्योक्ति** = संवाद.
**नाट्योचित** = मंचनीय.
**नाठ** = अनस्तित्व.
**नाड़** = गला.

**नाड़ा** *सं* इज़ारबंद, नीवी, वस्त्रबंध, •कमरबंद, •नेफ़ा, •पेटी.

**नाड़िका** = घटी.
**नाड़िया** = वैद्य.
**नाड़ी** = नाड़ी स्पंदन, रुधिरवाहिका, स्ट्रा.
**नाडीजंघ** = बगला.
**नाडीपात्र** = जलघड़ी.

**नाड़ी स्पंदन** *सं* डिबडिबाहट, धमनी स्पंद, नब्ज़, नब्ज़ स्पंदन, नाड़ी, फड़कन, •रुधिरवाहिका, •स्पंदन.

**नात** = प्रशंसा गीत.
**नातजर्बेकार** = अनुभवहीन.
**नातर** = अन्यथा.
**नातराश** = असंशोधित.
**नाता** = परिवार संबंध, विवाह, संबंध.
**नाता तोड़ना** = त्यागना.
**नातिन** = धेवती, पोती.
**नाती** = धेवता, पोता, संबंधी.
**नाती नातिन** = लघुजन.
**नाते** = उपलक्ष्य में, कारणतः.
**नातेदार** = संबंधी.
**नातेदारी** = परिवार संबंध.
**नात्काबंद** = रुद्ध.

**नाथ** = नकेल, सँपेरा, स्वामी.
**नाथन** = वेधन.
**नाद** = गड़गड़, ध्वनि, योगध्वनि.
**नादना** = गड़गड़ाना, पुकारना, बजाना.
**नादपूर्ण** = उच्चस्वरीय, कोलाहलपूर्ण, गड़गड़ाता/गड़गड़ाती, संगीतमय.
**नादब्रह्म** = ओम, योगध्वनि, शब्दब्रह्म.
**नादान** = अज्ञानी, अज्ञानी, अनुभवहीन, अवयस्क, मंदधी, व्यवहार अकुशल, सरलचित्त.
**नादानी** = मूर्खता, शिशुवत्ता.
**नादित** = ध्वनिपूर्ण.
**नादिया** = साँड़.
**नादिर** = अनुपम.
**नादिरशाह** = अत्याचारी, तानाशाह.
**नादिरशाहाना** = रुधिरपिपासु.
**नादिरशाही** = अत्याचार, एकतंत्रवाद, जनसंहार.
**नादिरशाही शासक** = तानाशाह.
**नादी/नादिनी** = वादक.
**नादुरुस्त** = आउट आफ़ आर्डर, ग़लत.
**नादे अली** = गंडा तावीज़.
**नादेय** = नदीय, सेंधा नमक.
**नाधा** = जोत रस्सी.
**नानक** = नानक देव, □सिख गुरु सूची.

**नानक देव** *सं* नानक, नानका.

**नानक पंथ** = सिख धर्म.
**नानकपंथी** = सिख.
**नानकशाही** = सिख.
**नानका** = ननिहाल, नानक देव.
**नानख्वाह** = अजवायन.
**नान-रैज़िडैंट** = बहिर्वासी.
**ना ना** = नहीं.
**नाना** = अनेक, पुदीना, विविध.

**नाना** *सं* माता पिता, मातामह, मातृ पिता, •दादा, •नानी, •मामा, ▪धेवता, ▪धेवती.

**नानात्मवाद** = सांख्यवाद.
**ना ना ना** = नहीं.
**नानारूप** = अनेकाकारीय, विविध.
**नानारूपता** = विविधता.
**नानाविध** = विविध.
**नानाविधता** = विविधता.
**नानिहाल** = ननिहाल.

**नानी** *सं* मातामही, माता माता, मातृ माता, •दादी, •नाना, •माता, •मामी, ▪धेवता, ▪धेवती.

**नानी की कहानी** = बालकथा.
**नानी मरना** = डरना.
**नानुकर** = बहानेबाज़ी.
**नाने परनाने** = गुरुजन.
**नाप** = माप, साइज़.
**नाप करना** = मापना.
**नापजोख** = भूसर्वेक्षण.
**नापजोख करना** = आँकना, मापना.
**नापतौल करना** = मापना.
**नापदंड** = मानक.
**नापना** = मापना.
**नापसंद** = अरोचक, अर्हताहीन, अलोकप्रिय, अवांछनीय.

**नापसंद** *वि* अनचाहा/अनचाही, अनभाता/अनभाती, अनभीष्ट, अनिच्छित, अप्रिय, अप्रीतिकर, अप्रेय, अरुचिकर, *अवांछनीय*, *अस्वीकृत*, नागवार, नापसंदीदा, बुरा/बुरी, रुचिविपरीत, •अवांछित, •नहीं, ▪पसंद, ▪प्रिय, ▪रोचक, ▪स्वीकार्य.

**नापसंद चिह्न** = अस्वीकृति चिह्न.
**नापसंदीदा** = नापसंद.
**नापाक** = अपवित्र, घिनौना/घिनौनी, पापपूर्ण.
**नापायदार** = अटिकाऊ, अस्थिर, मर्त्य, विचलनशील.
**नापित** = नाई.
**नापित्य** = क्षौरकर्म.
**नापी** = फ़ुटा.
**नाफ़** = नाभि.
**नाफ़रमाँ** = अवज्ञाकारी.
**नाफ़रमान** = उपेक्षापूर्ण.
**नाफ़रमानी** = अवज्ञा, उपेक्षा, कर्तव्यच्युति.
**नाबदान** = कूड़ा गड्ढा.
**नाबालिग़** = अवयस्क.
**नाबूद** = नष्ट, हत्याकृत.
**नाभि** = केंद्रबिंदु, केंद्रस्थान, पहिया नाभि, मध्य, मध्यभाग, वंश.

**नाभि** *सं* अहि, नाफ़, नाभिका, शिरा मूल, •उदर, •मध्यबिंदु.

**नाभिक** = केंद्रबिंदु, केंद्रीय.

**नाभिक ऊर्जा** = परमाणु ऊर्जा.
**नाभिका** = नाभि.
**नाभि तुंडी** = टूँड़ी.
**नामंज़ूर** = अस्वीकृत.
**नामंज़ूरी** = असमावेश, अस्वीकृति.
**नाम** = प्रतिष्ठा, प्रसिद्ध व्यक्ति, प्रसिद्धि, लिए, शब्द, शीर्षक, संज्ञा, सम्मान, स्टारडम.

**नाम** *सं* अभिज्ञान, अभिधा, अभिधान, अभिधेय, इस्म, *उपाधि*, तारीफ़, नेम, *परिचय*, पहचान, *लेबल*, *शब्द*, *संज्ञा*, •उपनाम, •घर का नाम, •जन्म का नाम, •पैतृक नाम, •प्रथमाक्षरी नाम, •मातृक नाम, •वंश नाम, •विवाहपूर्व नाम, •वैज्ञानिक नाम, •शीर्षक, •संज्ञा.

**नामक** *वि* नामधारी, नामयुक्त, नाम वाला, नामा, नाम्ना/नाम्नी, मुसम्मा/मुसम्मात, संज्ञक, संज्ञी, •प्रसिद्ध, •सहनाम, ▪नामहीन.

**नामकरण** *सं* नामकरण संस्कार, नामकर्म संस्कार, नाम रखाई, •बपतिस्मा.

**नामकरण संस्कार** = नामकरण, बपतिस्मा.
**नामकर्म** = सोलह संस्कार सूची.
**नामकर्म संस्कार** = नामकरण.
**नामग्राम** = पता निर्देश.
**नामचार** = अल्पतम, तथाकथित.
**नामचिह्न पत्र** = पहचान पत्र.
**नामचिह्नित** = आरक्षित.
**नामचीन** = प्रसिद्ध.
**नामज़द** = मनोनीत.
**नामज़दगी** = नियुक्ति, मनोनयन.
**नामजप** = जाप.
**नाम जाप** = भजन.
**नामठाँव** = पता निर्देश.
**नामदार** = प्रतिष्ठित, प्रसिद्ध, लोकप्रिय.
**नाम धराई** = बदनामी.
**नामधारी** = नामक.
**नामन** = मनोनयन.
**नाम निर्दिष्ट** = मनोनीत.
**नाम निर्देशन** = मनोनयन.
**नाम निशान** = पता निर्देश.
**नाम निशान मिटाना** = उजाड़ना.

**नामपट** = साइन बोर्ड.
**नाम पता** = पता निर्देश.
**नामपता सूची** = डायरैक्टरी.
**नाम पते आदि जानकारी देने वाला कंप्यूटर** = पामटौप.
**नामपत्र** = पहचान पत्र, विज़िटिंग कार्ड.
**नामपाठ** = जाप.
**नामपाठ करना** = जपना.
**नाम फैलाना** = सराहना.
**नामबोला/नामबोली** = जापी.
**नाम भर का** = तथाकथित.
**नाममात्र** = अल्पतम, तथाकथित.
**नाममात्र का** = तथाकथित.
**नामयुक्त** = नामक.
**नाम रखाई** = नामकरण.
**नामरहित** = नामहीन.
**नामराशि** = सहनाम.
**नामर्द** = कायर, नपुंसक.
**नाम लिखा** = आरक्षित.
**नाम लेना** = जपना, पूजना.
**नामलेवा** = उत्तराधिकारी, वंशज.
**नाम व पता** = पता.
**नामवर** = प्रसिद्ध, लोकप्रिय.
**नामवरी** = प्रसिद्धि.
**नामवाची अर्थ** = अभिधार्थ.
**नाम वाला** = नामक, प्रशंसित, प्रसिद्ध, महान.
**नामशेष** = मृत.
**नाम स्मरण** = जाप.
**नामहीन** = अप्रतिष्ठित.

**नामहीन** *वि* अज्ञातनाम, अनाम, अनामा, *गुमनाम*, नामरहित, बेनाम, •अप्रतिष्ठित, •बदनाम, ▪नामक, ▪प्रसिद्ध.

**नामहीन (रचना)** *वि अज्ञात*, अज्ञात द्वारा रचित, अज्ञातनाम, अज्ञात व्यक्ति द्वारा रचित, अनाम, *गुप्त*, *गुमनाम*, नामरहित, *नामहीन*, नामांतरीय, बेनाम, लेखकहीन, हस्ताक्षरहीन.

**नामहीनता** = गुमनामी.
**नामांकन** = चिह्नन, नियुक्ति, मनोनयन.
**नामांकित** = आरक्षित, मनोनीत.
**नामांतर** = उपनाम.
**नामा** = नामक.
**नामाकूल** = अप्रासंगिक, अयोग्य, अवांछनीय, अविचारित, अशालीन, असंगत, ग़लत, तर्कहीन, निषिद्ध, बुरा/बुरी.
**नामातीत** = अपरिभाष्य.
**नामानुशासन** = शब्दकोश.
**नामालूम** = अज्ञात, अल्पतम.
**नामित** = मनोनीत.
**नामी** = प्रसिद्ध.
**नामीगिरामी** = प्रतिष्ठित, प्रसिद्ध.
**नामुनासिब** = अवसरप्रतिकूल, अवांछनीय, अशालीन, असमर्थनीय, तर्कहीन, निषिद्ध.
**नामुमकिन** = असंभव, असाध्य.
**नामो निशान मिटना** = उजड़ना.
**नामौज़ूँ** = अप्रासंगिक, असंगत, कुतर्कीय, तर्कहीन.
**नाम्ना/नाम्नी** = नामक.
**नाम्य** = उल्लेखनीय.
**नायँ** = नहीं.
**नायक** = अभिनेता, उत्तम व्यक्ति या वस्तु, कथा नायक, टीम नायक, नेता, पुरस्कार विजेता, प्रसिद्ध व्यक्ति, प्रेमी, मर्यादा पुरुष, मार्गप्रदर्शक, मुखिया, सेनापति.

**नायक** *सं करतबी*, चमत्कार पुरुष, चमत्कारी, जेता, नरनाहर, नरवर, नरोत्तम, पुंरत्न, बांकुरा, *विजेता*, *वीर*, *वीर पुरुष*, शार्दूल, शूरवीर, •कथा नायक, •महानायक.

**नायक नायिका समागम** = अभिसार.

**नायक पूजा** *सं* आदर्शारोपण, आदर्शीकरण, ग्लैमरारोपण, नायकीकरण, महिमामंडन, वैभवमंडन, व्यक्तिपूजा, हीरोवर्शिप, •दैवीकरण, •मूर्तिपूजा.

**नायका** = कुटनी.
**नायकीकरण** = नायक पूजा.
**नायब** = अवर कर्मचारी, असिस्टैंट, ख़लीफ़ा, स्थानापन्न.
**नायाब** = दुर्लभ.
**नायिका** = अभिनेत्री, अभिसारिका, प्रेमिका, प्रेमिका, सुंदर स्त्री.

**नायिका** *सं* कथा नायिका, प्रधान पात्रा, प्रेमपात्रा, हीरोइन, •उपनायिका, ▪खलनायिका.

**नायोबीयम** = रासायनिक तत्त्व.
**नारंगी** = गेरुआ, फल, वर्णाली रंग सूची.

**नारंगी** *सं* अंगतारा, अमृतफल, कमला नींबू, किर्मीर, चोलकी, नागरंग, नारंजी, नौरंगी.

**नारंगी पीला** = गेरुआ.
**नारंजी** = नारंगी.
**नार** = स्त्री.
**नारकीय** = दानवीय.

**नारकीय** *वि असह्य*, *कठिन*, कष्टप्रद, क्रूरतापूर्ण, दारुण, *दुःखद*, दोज़ख़ी, नृशंसतापूर्ण, *भयानक*, •अधम, •यातनाप्रद, •हिंस्र, ■नैसर्गिक, ■सुखद.

**नारद** = ऋषि सूची.

**नारद** *सं* उपबर्हण गंधर्व (पूर्वजन्म), *कलहप्रिय*, जगद्गुरु, ज्योतिष शास्त्र आचार्य, देवगंधर्व, देवमुनि, देवर्षि, देवल, निवृत्ति मार्ग उपदेशक, ब्रह्मचर्य पालक, ब्राह्म, भगवद्गुण गायक, वीणापाणि, वेदांत आचार्य, संगीत शास्त्र आचार्य, •इंद्र.

**नारद पुराण** = पुराण सूची.
**नारदाना** = अनारदाना.

**नारा** *सं* आंदोलन नारा, आवाज़, क़ौल, गर्जना, विगर्जना.

**नाराच** = बाण.
**नाराज़** = अप्रसन्न, क्रुद्ध, रूठा/रूठी.
**नाराज़ करना** = रुठाना.
**नाराज़गी** = अप्रसन्नता, डाँट, रूठन.
**नाराज़ी** = अप्रसन्नता.
**नारायण** = ऋषि सूची, नारायण (नर), विष्णु.

**नारायण (नर)** *सं* अंबुशायी, आदिदेव, आदिपुरुष, ऊर्ध्वदेव, जलशायी, त्रिणाचिकेत, दामोदर, नारायण, पुरुषोत्तम, भागवत उपदेष्टा, लोकायन.

**नारायणास्त्र** = दिव्यास्त्र.
**नारायणी** = लक्ष्मी देवी.

**नारायणीय धर्म** = वैष्णव संप्रदाय.
**नाराशंस** = मरसिया.
**नारिकेल** = वारियल वृक्ष.
**नारियल** = चिलम, तिहलन सूची, फल सूची, नारियल वृक्ष.

**नारियल** *सं* कोपरा, खोपरा, गिरी, *गोला*, नारियल गिरी, मग़ज़, सूखा नारियल गिरी,

**नारियल केश** = नारियल तंतु.
**नारियल गिरी** = नारियल.

**नारियल तंतु** *सं* कौयर, नारियल केश, वज्रतंतु.

**नारियल तेल** = तेल.

**नारियल वृक्ष** *सं* कल्पतरु, कल्पद्रुम, *कल्पवृक्ष*, कोकोनट, तृणराज, दाक्षिणात्य, दृढ़फल, नारिकेल, पयोधर, पीतोदक, लांगली, श्रीफल, सदाफल, सामुद्र, •ताड़.

**नारी** = स्त्री.
**नारीत्वपूर्ण** = स्त्रियोचित.
**नारी निकेतन** = समाजसेवी संस्था.
**नारीय** = स्त्रीय.
**नारीसुलभ** = स्त्रियोचित.
**नारेबाज़** = आंदोलनकारी.
**नारेबाज़ीपूर्ण** = आंदोलनात्मक, लोकलुभावन.
**नारेबाज़ी राज्य** = भीड़तंत्र.
**नार्कोटिक** = मादक औषध.
**नार्थ** = उत्तर दिशा.
**नार्थ-ईस्ट** = उत्तर पूर्व दिशा.
**नार्थ पोल** = उत्तर ध्रुव.
**नार्थ-वैस्ट** = उत्तर पश्चिम दिशा.
**नार्युचित** = स्त्रियोचित.
**नाल** = घुड़नाल, जूता नाल, नली, परछा.
**नाला** = नाला नाली.
**नाला नाली** = जल निकास.

**नाला नाली** *सं* आवचक, कुलाबा, कुल्या, गटर, जलप्रणाली, ड्रेन, ड्रेनेज, नदी नाला, नल्ला, नाला, नाली, पंडोह, पतनाला, पनार, पनाला, परनाला, प्रणाली, बरनाला, मोरी, सरित्सुरंगा, •नहर, •भूमिगत नाला नाली.

**नालायक़** = अधम, अयोग्य, बुरा/बुरी.
**नालायक़ बेटा** = कपूत.
**नालिका** = परछा.
**नालिज** = ज्ञान.
**नालिश** = आरोप, याचिका.
**नाली** = खाँचा, नाला नाली, नेमिमार्ग.
**नाली का साग** = सागसब्ज़ी.
**नालीदार** = कारुगेटिड.
**नाव** = जलयान, ट्रे, डोंगा, नौका.
**नावक का तीर** = कटाक्ष, मर्मोक्ति.
**नावनीत** = नम्य.
**नावल** = उपन्यास.
**नावलिस्ट** = उपन्यास लेखक.

**नावल्टी** *सं* अजूबा, अन्वेषण, अभूतपूर्व वस्तु, उपज, कौतुक, नई चीज़, •आविष्कार, •फ़ैड, •विचित्र वस्तु, ■अवशेष.

**नाव वाला** = नाविक.
**नावाकिफ़** = अज्ञात, अपरिचित.
**नावाजिब** = अनैतिक, अवसरप्रतिकूल, अवांछनीय, अवैध, असमर्थनीय, तर्कहीन, बुरा/बुरी.
**नाविक** = खलासी, जहाज़ी.

**नाविक** *सं* केवट, कैवर्त, क्षेपक, खिवैया, खेवक, खेवट, खेवटिया, खेवनहार, खेवैया, *घटवारिया*, चप्पूधारी, झींवर, तारक, तारनहार, तारिक, दंडी, धीवर, नाख़ुदा, नाव वाला, पलवारी, पार लगैया, मल्लाह/मल्लाहन, माँझी/माँझिन, सुकानी, सुखानी, सेवक, •खलासी, •जहाज़ी, •पोताध्यक्ष.

**नाविक कर्म** = नौकायन.
**नावी** = खलासी.
**नाव्य भार** = पे लोड.
**नाश** = अनस्तित्व, क़हर, क़हर, तोड़फोड़, प्रलय, मृत्यु, वध.

**नाश** *सं अंत*, अत्यय, अपक्षय, अपध्वंस, अभाव, अस्त, अस्तित्वलोप, इति, उच्छेद, *काल*, क्षय, ख़ात्मा, च्युति, टूट, ढहन, तबाही, *तिरोभाव*, तोड़, त्रुटि, ध्वंस, नष्टि, निधन, निलय, नेस्तनाबूदी, नेस्ती, पराभव, *प्रलय*, बंटा ढार, बरबादी, भेद, भ्रंश,

 (प्रा) प्राचीन शब्द, अब अप्रचलित - *तिरछे* शब्द स्वतंत्र शीर्षक भी हैं •सपर्याय ■विपर्याय

मूलोच्छेद, *मृत्यु*, *लय*, लुप्ति, लोप, *विघटन*, विच्छेद, विध्वंस, विनाश, विपर्यय, विप्लव, विलय, विलोप, वीरानी, व्यवच्छेद, संहार, सत्तानाश, सत्यानाश, सफ़ाया, समाप्ति, सर्वनाश, हलाक, *हानि*, *ह्रास*, •क़हर, •तोड़फोड़, •प्रलय, •बमबारी, •भंजन, •मारण, •ह्रास, ▪निर्माण, ▪सृजन.

**नाशक** = ढहाने वाला, नाशकारी, प्रलयकारी, मारक, विष, विषाक्त, हत्या इच्छुक, हत्यारा.

**नाश करना** = उजाड़ना, जलाना.

**नाश कर्ता** *सं* अंतक, अंतकर, अंत कर्ता, अपकर्षक, उच्छेता, उच्छेदक, उजाड़ू, क्षयिष्णु, खंडक, घाती, चौपटचरण, छेत्ता, तोड़ने वाला, ध्वंस कर्ता, नाशी/नाशिनी, प्रमथ, प्रमर्दक, भंजक, -भंजन, भेत्ता, मथिता, मिटाने वाला, मेटक, लोप्ता, विध्वंसक, विध्वंस कर्ता, विनाशक, विनाश कर्ता, विनाशयिता, विनाशी/विनाशिनी, व्युच्छेत्ता, संहर्ता, संहारक, संहार कर्ता, संहारी/संहारिणी, समुच्छेता, सर्वहर, सर्वांतक, हंता, हर, -हरण, हर्ता, हाता, •तोड़फोड़वादी, •प्रलय कर्ता, ▪निर्माता, ▪रक्षक, ▪स्रष्टा.

**नाशकारी** = हत्या इच्छुक, हिंस्र.

**नाशकारी** *वि* अंतकारी, अपध्वंसी, अपह (जैसेः विषापह), कराल, क्षयकारक, *ख़तरनाक*, घातक, छेदी, तबाहकुन, त्रासक, दलन, दहन, दारुण, दुष्ट, ध्वंसक, ध्वंसकारी, ध्वंसी, नाशक, नाशन, प्रणाशक, प्रणाशी, प्रमाथी, बिगाड़ू, बेढब, भंजी/भंजिनी, *भयानक*, भेदी, मिटाऊ, मेटी, राक्षसी, विध्वंसक, विध्वंसात्मक, विध्वंसी, वनाशक, विनाशकारी, *शैतानी*, संघाती, संहारात्मक, सत्यानासी, सर्वनाशी, *हिंस्र*, •प्रलयकारी, ▪सृजनशील.

**-नाशन** = नाशकारी.

**नाशपाती** = फल.

**नाशवाद** = शून्यवाद.

**नाशवान** = क्षणभंगुर, मर्त्य.

**नाशशील** = क्षणभंगुर, भंगुर, मरणासन्न, ह्रासशील.

**नाशहीन** = अटूट, अमर, ब्रह्म.

**नाशहीनता** = अमरता.

**नाश होना** = उजड़ना.

**नाशिनी** = हत्यारिन.

**नाशी** = आखेटजीवी, हत्यारा.

**नाशी/नाशिनी** = नाश कर्ता.

**नाशुक्रा** = कृतघ्न.

**नाशुक्री** = कृतघ्नता.

**नाश्ता** = उपाहार.

**नाश्तापानी** = उपाहार.

**नाश्य** = हंतव्य.

**नाश्य** *वि* खंड्य, विध्वस्य, विनाश्य, विलोप्य, संहार्य, समाप्य, •भंगुर, ▪अटूट, ▪अनंत, ▪अनाश्य, ▪अमर.

**नासत्य युगल** = अश्विनी कुमार.

**नासदानी** = नसवारदानी.

**नासमझ** = अगुणज्ञ, अज्ञानी, अवयस्क, मंदधी, विवेकहीन, व्यवहार अकुशल, शिशुवत.

**नासमझी** = अविवेक, मूर्खता, शिशुवत्ता.

**नासा** = चौखट शीर्ष, नाक.

**नासाज़** = बीमार.

**नासा दारु** = चौखट शीर्ष.

**नासापुट** = नासा पुट.

**नासा पुट** *सं* नथना, नथुना, नासापुट, नासिका, •नाक, •सूँड़.

**नासिका** = नाक, नासा पुट, सूँड़.

**नासिका मल** *सं* रेंट, रैट, सिंघाण, सिनक, •छींक, •नकसीर.

**नासिक्य** = अनुनासिक वर्ण, अश्विनी कुमार.

**नासेह** = उपदेशक, वाइज़.

**नास्तिक** = धर्मद्रोही, धर्महीन, निराशावादी.

**नास्तिक** *सं* अधर्मी, अनीश्वर, अनीश्वरवादी, अविश्वासी, इहलोकवादी, ईश्वर निषेधक, काफ़िर, धर्मविरोधी, *धर्महीन*, नकारवादी, नास्तिकतावादी, नास्तिवादी, निरीश्वरवादी, *भौतिकतावादी*, मुनकर, लोकायत, वैधर्मिक, •धर्मद्रोही, •धर्महीन, •भौतिकतावादी, •साम्यवादी, ▪आस्तिक, ▪धर्मशील.

**नास्तिकता** = नास्तिकतावाद.

**नास्तिकतावाद** *सं* अदेववाद, अनीश्वरता, अनीश्वरवाद, *अविश्वास*, आस्थाहीनता, इहलोकवाद, ईश्वर नहीं है, ईश्वर सत्ता में अविश्वास, कुफ़्र, धर्मविरोध, नकार, नास्तिकता, निरीश्वरवाद, बुद्धिप्रामाण्यवाद, *भौतिकतावाद*, विज्ञानवाद, वैधर्म्य, •दर्शन शास्त्र, •धर्महीनता, ▪आस्तिकतावाद, ▪धर्म, ▪धर्मकर्म.

**नास्तिकतावादी** = नास्तिक.

**नास्तिक दर्शन** = चार्वाकवाद.

**नास्तिवादी** = नास्तिक.

**नास्य** = नसवार.

**नाह** = पाश, स्वामी.

**नाहक़** = निष्कारण.

**नाहमवार** = असमतल.

**नाहर** = बाघ, सिंह.

**नाहिं** = नहीं.

**नाहीं** = नहीं.

**निंदक** = धर्मद्रोही.

**निंदक** *सं* अपकर्षक, अपकीर्ति कर्ता, अपवक्ता, अपवाची, असूयक, आलोचक, खल, छिद्रान्वेषी, दुर्वादी, दुर्हृद, दोषदर्शी, निंदा कर्ता, नुकताचीं, बदगो, बैरी, लोकनिंदक, व्याल, *शत्रु*, •चुग़लख़ोर, •छिद्रान्वेषी, ▪प्रचारक, ▪प्रशंसक.

**निंदनीय** = बदनाम.

**निंदनीय** *वि* अकीर्तिकर, अनुचित, *अनैतिक*, अपकीर्तिकर, अपयशकर, अपराधपूर्ण, *अवैध*, *असंगत*, आलोच्य, गर्हणीय, गर्ह्य, *ग़लत*, निंदायोग्य, निंद्य, *लज्जाजनक*, वर्जित, •उपहास्य, •निर्लज्ज, ▪अनिंदनीय, ▪प्रशंसनीय.

**निंदा** = अपमान, डाँट, तबर्रा, तिरस्कार,

धर्मद्रोह, बदनामी, शिकायत.

**निंदा** *सं* अपवचन, *अपवाद*, अपशब्द, अप्रशंसा, अयश, अवगणना, आक्षेप, *आरोप*, आलोचना, उकट पुराण, *उपहास*, कुत्सा, टीकाटिप्पणी, *तबर्रा*, दुरपवाद, दुर्वाद, दोषारोपण, निंदा पुराण, परनिंदा, *बदनामी*, बुराई, मखौल, मज़म्मत, रुसवाई, *लांछन*, विषवमन, *शिकायत*, हँसाई, *हँसी*, हजो, हास, •अपमान, •आत्मनिंदा, •कटाक्ष, •चुग़ली, •छिद्रान्वेषण, •मानहानि, •व्यंग्य, ▪प्रशंसा, ▪शाबाशी, ▪सम्मान.

**निंदा करना** = डाँटना.

**निंदा कर्ता** = निंदक.

**निंदाजनक** = अपमानजनक, लज्जाजनक.

**निंदातीत** = अनिंदनीय.

**निंदात्मक** = अपमानजनक, अपशब्दात्मक, व्यंग्यात्मक.

**निंदात्मक** *वि* अकीर्तिकर, अपयशकर, आलोचनात्मक, उपहासपूर्ण, *कठोर*, कलंकप्रद, काटता/काटती, गर्हात्मक, चुभता/चुभती, *तीक्ष्ण*, तीखा/तीखी, निंदापूर्ण, *निर्दय*, बुरा/बुरी, भर्त्सनापूर्ण, लांछनपूर्ण, विगर्हापूर्ण, *व्यंग्यात्मक*, •खंडनात्मक, •शिकायती, ▪चाटुकारितापूर्ण, ▪प्रशंसात्मक.

**निंदात्मक स्तुति** = व्याज प्रशंसा.

**निंदा पुराण** = निंदा.

**निंदापूर्ण** = अपमानजनक, निंदात्मक.

**निंदा प्रशंसा** = समीक्षा.

**निंदायोग्य** = निंदनीय.

**निंदासा/निंदासी** = तंद्रिल.

**निंदा से परे** = अनिंदनीय.

**निंदित** = अलोकप्रिय, दंडित, लांछित, वैभवखंडित.

**निंदित** *वि* *अपमानित*, अवकुत्सित, आलोचित, गर्हित, जुगुप्सित, धिक्कृत, रुसवा, विगर्हित, विनिंदित, •तिरस्कृत, •बदनाम, •लांछित, ▪प्रशंसित, ▪प्रसिद्ध.

**निंदिया** = निद्रा.

**निंद्य** = निंदनीय, बदनाम.

**निंब** = नीम.

**निःशस्त्रीकृत** = अशस्त्रीकृत.

**निःसंकोच** = संकोचहीन.

**निःसंक्रामक** = निस्संक्रामक.

**निःसंतान** = निस्संतान.

**निअर** = निकट ही.

**निअरे** = निकट ही.

**निकंदन** = हत्यारा.

**निकट** = असटीक, आगामी, आसन्न, तुलनीय, निकट ही, लगभग, लगभग सदृश.

**निकट** *वि* अगला/अगली, अनक़रीब, उपांतिक, क़रीब, क़रीबी, नज़दीकी, निकटवर्ती, **निकटस्थ**, नियर, नियरा/नियरी, पड़ोसस्थ, पार्श्ववर्ती, पार्श्वस्थ, पास, पास का, बग़ल का, बग़ल वाला, समीपवर्ती, समीपी, •सटा/सटी, •सीमावर्ती, ▪दूर.

**निकट अतीत** = निकट भूतकाल.

**निकट अतीत का** = निकट भूतकालीन.

**निकट अतीत काल** = निकट भूतकाल.

**निकट आकाश** = वातावरण.

**निकट आना** = सटना.

**निकटतम** = अंतरंग, अंतरंगतम.

**निकटता** = पड़ोस, परिवार संबंध, सहानुभूति.

**निकटतापूर्ण तुम** = तू.

**निकटदृष्टिग्रस्त** *वि* अदूरदृष्टि, कमनज़र, दूर तक न देख सकने वाला, निकटदृष्टियुक्त, ▪दूरदृष्टियुक्त.

**निकटदृष्टियुक्त** = निकटदृष्टिग्रस्त.

**निकट पूर्व (अमरीका ब्रिटेन के लिए)** = पश्चिम एशिया.

**निकट भविष्य का** = आसन्न.

**निकट भविष्य में** = आसन्नतः.

**निकट भूतकाल** *सं* अचिर, *अभी*, अभी कल, अभी हाल, कुछ देर, थोड़ी देर, निकट अतीत, निकट अतीत काल, हाल, हाली.

**निकट भूतकाल में** *क्रिवि* अचिर, अभी हाल, कम समय पहले, कल परसों, कल ही, कुछ देर पहले, कुछ पहले, थोड़े दिन पहले, पिछले दिनों, बहुत दिन पहले की बात नहीं, सद्य, हाल में, हाल ही, •भूत काल में, ▪आसन्नतः.

**निकट भूतकालीन** *वि* अर्वाचीन, कल का, कुछ ही दिनों का, *ताज़ा*, निकट अतीत का, बहुत पुराना नहीं, बिल्कुल हाल का, सद्यस्क, हाल का, •भूतकालीन.

**निकट लाना** = सटाना.

**निकटवर्ती** = निकट.

**निकट संबंधी** = स्वजन.

**निकटस्थ** = अंतरंग, निकट, स्पर्शी.

**निकट ही** = आसन्नतः.

**निकट ही** *क्रिवि* अगलबग़ल, अत्र, अदूर, अनक़रीब, आगे पीछे, आजूबाज़ू, आसपास, इधर, इधर उधर, इर्दगिर्द, क़रीब, गिर्द, गिर्दागिर्द, चार क़दम पर, धोरे, नज़दीक, निअर, निअरे, *निकट*, नयिर, नियरे, पड़ोस में, पास, पास पास, पास ही, बग़ल में, बराबर, *यहाँ*, यहीं, संनिकर्ष, समीप, सामने.

**निकटीय** = अनुमानित.

**निकम्मा/निकम्मी** = अनुपयोगी, अयोग्य, अवमानक, नक़ली, प्रयासहीन, बेरोज़गार.

**निकम्मापन** = आलस, बेरोज़गारी.

**निकर** = समूह.

**निकर** *सं* घुटन्ना, ट्रंक्स, हाफ़ पैंट, •जाँघिया, •पतलून.

**निकर्मा** = प्रयासहीन.

**निकर्षक** = ड्रैजर.

**निकल** = गिलट, रासायनिक तत्त्व सूची.

**निकलता/निकलती** = आरंभिक, उदीयमान, निर्गमनशील.

**निकलन** = निर्गम.

**निकलना** = अँकुराना, उगना, उबरना, उभरना, उमगना, चमकना, जाना, ढुँढ़ना, प्रकटना, फिंकना, बिछुड़ना,

बीतना, भागना, रिसना.

**निकलना** *क्रि जाना*, निर्गम करना, बाहर जाना, रास्ता नापना, रास्ता लेना, ■आना, ■पहुँचना.

**निकला/निकली** = उदित, उन्मूलित, निर्गमित, प्रकट, बिका/बिकी.

**निकलाई** = उत्खनन, निष्कासन.

**निकलाव** = उद्भेदन, निर्गम.

**निकष** = कसौटी पत्थर, कोरंडम, सान पत्थर.

**निकषण** = कसौटी कर्म, घिसाई, परीक्षण.

**निकषोपल** = कसौटी पत्थर.

**निकाई** = अच्छाई, निराई, सौंदर्य.

**निकाज** = प्रयासहीन.

**निकाय** = आकार, घर, भवन, संस्था.

**निकाल** = निष्कासन, लाटरी.

**निकालना** = उखाड़ना, उगाहना, उबारना, उलीचना, घटाना, चुगना, छाँटना, छीनना, छोड़ना, त्यागना, देना, पेरना, बेचना, रिताना, हटाना.

**निकालना** *क्रि काढ़ना*, ठेलना, *धकेलना*, पठाना, *भेजना*, *हटाना*, ■अपनाना, ■मिलाना.

**निकालनी** = साइफ़न.

**निकाला** = जाति निर्वासन, देश निर्वासन, निर्वासन, निष्कासन, सेवाच्युति.

**निकाला/निकाली** = निर्वासित, निष्कासित, बिका/बिकी, विस्थापित, सत्ताच्युत.

**निकाली** = लाटरी.

**निकास** = नदी उद्गम, निर्गम, निर्गम द्वार, परित्राण, बरतन टोटी, स्रोत.

**निकास मार्ग** = निर्गम द्वार.

**निकासशील** = निर्गमनशील.

**निकासी** = निर्गम, बिक्री.

**निकाह** = विवाह.

**निकाहा/निकाही** = विवाहित.

**निकुंचन** = निचुड़ाई.

**निकुंचित** = मुँदा/मुँदी.

**निकुंज** = कुंज.

**निकुंजिका** = किरणस्तंभ.

**निकृत** = छला/छली.

**निकृति** = निर्वासन.

**निकृष्ट** *वि अधम*, अधमाधम, अधिकतम बुरा, अनिच्छनीय, अपकृष्ट, *अल्पतम*, कमतरीन, कुत्सित, *कूड़ा*, गया गुज़रा/गई गुज़री, गया बीता/गई बीती, गर्हित, गिरा पड़ा/गिरी पड़ी, गुण में हीनतम, गुणाधम, तुच्छ, निकृष्टतम, *निम्नतम*, निम्नतम स्तरीय, नीच, नीचा/नीची, बद-, बदतरीन, बहुत बुरा, बुरे से बुरा, *रद्दी*, सब से बुरा, ●बुरा/बुरी, ■उत्तम, ■परिपूर्ण.

**निकृष्टतम** = निकृष्ट.

**निकेत** = घर, भवन.

**निकेतन** = घर, भवन.

**निकोन (स्थानीय)** = जापान.

**निक्वण** = ध्वनि.

**निक्षेप** = प्रवर्तन, फेंक.

**निखट्टू** = कामचोर, प्रयासहीन.

**निखद** = अधम, अयोग्य, नक़ली.

**निखद्द** = प्रयासहीन.

**निखनन** = खनन, गड़ाई.

**निखरना** *क्रि* उज्ज्वल होना, *उभरना*, *खिलना*, *खुलना*, चकासना, चटकना, *चमकना*, चिलकना, लसना, विशद होना, ●खिलना, ●स्पष्ट हो जाना.

**निखरा/निखरी** = उज्ज्वल, स्वच्छ.

**निखराना** = माँजना.

**निखरी जवानी** = यौवन.

**निखार** = उज्ज्वलन, उन्नति, नवयौवन, परिष्कार, यौवन, वसंत, विकास.

**निखारना** = धोना, पढ़ाना, सजाना.

**निखारना** *क्रि उठाना*, उभारना, *खिलाना*, खोलना, *चमकाना*, रंग खोलना, विशद करना, ●चमकाना.

**निखालिस** = अमिश्रित, विशोधित.

**निखिल** = सब, सृष्टि, सृष्टीय.

**निखोट** = अनिंदनीय, अमिश्रित, अविकृत, परिपूर्ण.

**निगडित** = बेड़ीबंद.

**निगदन** = वाचन.

**निगदित** = कथित.

**निगम** = कंपनी, तर्कशास्त्र, नगर निगम, लिमिटेड कंपनी, वेद, संस्था.

**निगमागम** = धर्मग्रंथ.

**निगमी** = वेदज्ञ.

**निगमीय** = नगरीय.

**निगम्य** = प्रमाण्य.

**निगरान** = अंगरक्षक, ओवरसीअर, पहरेदार, रक्षक, सुपरवाइज़र.

**निगरानी** = गुप्तचर्या, पहरा, प्रबंध, रखरखाव, संरक्षण.

**निगलना** = ढकोसना, ढकोसना, भकोसना.

**निगलना** *क्रि* गटकना, गड़पना, गले से उतारना, ●पीना.

**निगहबान** = अंगरक्षक, पहरेदार, रक्षक, सैंसर.

**निगहबानी** = गुप्तचर्या, प्रायोजन, संरक्षण.

**निगारी** = उत्कीर्णन.

**निगाली** *सं* अगाड़, चौगानी, हुक़्क़ा निगाली, ●नैचा, ●हुक़्क़ा.

**निगाह** = आँख, आलक्षण, इच्छा, दृश्य अनुभूति, दृष्टिकोण, विवेक, सुरुचि.

**निगाहबान** = सुपरवाइज़र.

**निगुरा/निगुरी** = अशिक्षित, स्वशिक्षित.

**निगूढ़** = अबोध्य, गुह्य.

**निगूढ़ार्थ** = संदिग्धार्थी.

**निगेटिव** = नकारात्मक, फ़ोटो निगेटिव.

**निगेटिव फ़ोटो** = फ़ोटो निगेटिव.

**निगोड़ा/निगोड़ी** = दुर्भाग्यशाली, बेरोज़गार.

**निग्गर (अमरीका अपमानसूचक)** = नीग्रो.

**निग्रह** = अवरोध, इंद्रियनिग्रह, कौमार्य, निवृत्ति, संयम.

**निग्रहण** = परराष्ट्र जय.

**निग्रही** = अविलासी, कौमार्यवान, संयमित.

**निघरा/निघरी** = परिवारहीन.

**निघाती** = प्रहारक.

**निचय** = समूह.

**निचल** = अचल.

**निचला/निचली** = अवर (कर्मचारी), निम्न, निम्नतलीय.

**निचला तल** = नितल.

**निचला भाग** = निम्नभाग.

**निचलाया/निचलाई** = निश्चल.

**निचला हिस्सा** = निम्नभाग.
**निचली रेखा** = अधोरेखा.
**निचाई** = गहराई.
**निचान** = ढलान.
**निचुड़ना** = दुबलाना, भिंचना.
**निचुड़ा/निचुड़ी** = रसहीन, सारहीन.

**निचुड़ाई** *सं* निकुंचन, निचोड़, भिंचाई, *मरोड़*, •सुखाई.

**निचोड़** = निचुड़ाई, निष्कर्ष, सार संक्षेप.
**निचोड़ना** = पेरना, सुखाना.

**निचोड़ना** *क्रि* उमेठना, *कसना*, झटकना, *झाड़ना*, दाबना, *भींचना*, *मरोड़ना*, •सुखाना.

**निचोल** = ओढ़नी, चादर.
**निछावर** = बलिदान, बलिवस्तु, वारफेर.
**निछावर वस्तु** = बलिवस्तु.
**निज** = मेरा/मेरी, व्यक्तिगत.
**निज का** = मेरा/मेरी.
**निजता** = वैयक्तिकता, सहानुभूति, स्वजन भावना.
**निजत्व** = आत्मा, स्वजन भावना, स्वामित्व.
**निजन** = निर्जन वन.
**निजस्व** = स्वामित्व.
**निजात** = परित्राण, मुक्ति, राहत.
**निज़ाम** = प्रबंध, प्रबंधक, प्रशासक, राजा सूची भारतीय, राज्यपाल, व्यवस्था.
**निज़ामत** = शासन.
**निज़ाम हैदराबाद (पूर्वनाम)** = आंध्र प्रदेश.
**निजी** = एकस्वामीय, चरित्रीय, भावनाधारित, मेरा/मेरी, व्यक्तिगत, स्वाभाविक.
**निजी उद्यम** = पूँजीवाद.

**निजीकरण** *सं* प्राइवेटाइज़ेशन, विराष्ट्रीयकरण, ▪राष्ट्रीयकरण.

**निजीकृत** *वि* प्राइवेटाइज़्ड, विराष्ट्रीयकृत, ▪राष्ट्रीयकृत.

**निजी डायरी** *सं* इतिवृत्त, इतिहास, कार्यकलाप वर्णन, कृत कार्य वर्णन, *डायरी*, दिन वृत्तांत, रोज़नामचा, वृत्तलेख, वृत्तिनी, स्मरणिका, *स्मृति*, •आत्मकथा, •संस्मरण.

**निजीपन** = स्वजन भावना.
**निजी विशेषता** = व्यक्तित्व.
**निजी व्यय** = जेबख़र्च.

**निजी शिक्षक** *सं* कोच, ट्यूटर, मास्टर, •अध्यापक.

**निजी सचिव** *सं* अंतरंग सचिव, टाइपिस्ट, पर्सनल ऐसिस्टैंट, पीए, पीऐस, मुंशी, *लिपिकार*, *सचिव*, स्टैनो, स्टैनोग्राफ़र.

**निजू** = व्यक्तिगत.
**निठल्ला/निठल्ली** = प्रयासहीन, बेरोज़गार.
**निठल्लापन** = आलस, बेरोज़गारी, विश्राम.
**निठल्लू** = प्रयासहीन, बेरोज़गार.
**निठुर** = निर्दय.
**निठौर** = कुअवसर.
**निडर** = भयहीन, वीर.
**निडरतः** = खुले आम.
**निढाल** = आलसी, थका/थकी, बीमार, मदिरोन्मत्त, शिथिलकाय, हतोत्साहित.
**निढालपन** = मदालस.

**नितंब** *सं* कटिप्रोथ, पिछाड़ी, पुट्ठा, पेंदा, श्रोणी, सीट, •कूल्हा.

**नितंबिनी** = सुंदर स्त्री.
**नित नित** = लगातार.
**नित प्रति**= लगातार.
**नितराम** = अवश्यमेव, लगातार.
**नितल** = समुद्र नितल.

**नितल** *सं* अंतर्स्थान, *अंदर*, अधोतल, अभ्यंतर, आंतरिक स्थान, तल, तला, तली, *तह*, निचला तल, निम्नतल, पेंदा, पेंदी, •गहराई, •तहख़ाना, •फ़र्श, ▪उत्तल, ▪छत.

**नितलस्थ** = गहरा/गहरी.
**नितलहीन** = गहरा/गहरी.
**नितलीय** = निम्नतलीय.
**नितांत** = अंतिम, अत्यधिक, अधिकतम, अपरंतुक, अवश्यमेव, पश्चतम.

**नितांत** *वि* अतिशय, अतीव, अत्यंत, एक दम, कोरा/कोरी, खालिस, घोर, निपट, निरा/निरी, *भारी*, •पराकाष्ठागत, •विशोधित.

**नितांत अंतिम** = अंतिम.
**नितांत छोर** = छोर.
**नित्य** = अमर, अविराम, दैनिक, नियमित, प्रतिदिन, रूटीनी, लगातार, शाश्वत.
**नित्यकर्म** = मलत्याग, रूटीन कार्य.
**नित्यक्रम** = रूटीन कार्य.
**नित्यचर्या** = रूटीन कार्य.
**नित्यता** = अमरता.
**नित्य नियम** = दिनचर्या, धर्मकर्म, नियम, रूटीन.
**नित्य प्रति**= लगातार.
**नित्य प्रतिका** = सामान्य.
**नित्य बुद्धि** = अनश्वरवाद.
**नित्यवाद** = अनश्वरवाद.
**नित्याचार** = रूटीन कार्य.
**निथरन** = गाद, निथराई.

**निथरना** *क्रि* *गिरना*, *डूबना*, तल में बैठना, थिरना, निमज्जित होना, नीचे बैठना, *बैठना*.

**निथराई** *सं* आसादन, तरल चयन, तल में बैठा कर स्वच्छन, धुलाई, निथरन, निथार, निस्सादन, •निथरन.

**निथार** = निथराई.

**निथारना** *क्रि* चलाना, *छानना*, *धोना*, *बैठाना*, साफ़ करना, *हिलाना*, •धोना.

**निथारने वाला** = विशोधक.
**निदर्शक** = सुपरवाइज़र.
**निदर्शनी** = डायरैक्टरी.
**निदर्शित उपसंहार** = प्रमाण.
**निदाघ** = गरमी, ताप, धूप.
**निदान** = उपपत्ति, पूर्वानुमान, रोग निदान.
**निदिष्ट** = निदेशित.
**निदेश** = अध्यादेश, आज्ञा, धर्म सिद्धांत, सूत्रवाक्य.

**निदेश** *सं* अनुदेश, इंगित, इशारा, उद्देश, कर्तव्य बोध, कार्य निदेश, *गुरुमंत्र*, निर्देश, *नीतिवाक्य*, *मंत्र*, *संकेत*, *संदेश*, समुद्देश, हिदायत, •आज्ञा, •गुर, •परामर्श, •मार्गप्रदर्शन.

**निदेशक** = कर्णधार, नियंत्रक, संगीत संचालक.

**निदेशक** *सं* कप्तान, *कर्णधार*, डायरैक्टर, *दिग्दर्शक*, दिशा निर्देशक, नियंता, निर्देशक, निर्देष्टा, *प्रबंधक*, मार्गदर्शक, रहबर, संचालक, •प्रशासक.

**निदेशक मंडल** = प्रबंध समिति.
**निदेशन** = शासन.
**निदेशनी** = डायरैक्टरी.
**निदेशपालन** = अनुपालन.

**निदेशालय** *सं* कमान, डायरैक्टोरेट, नियंत्रण कक्ष, नियंत्रणालय, प्रबंधालय, संचालन केंद्र, संचालनालय, •मुख्यालय, •सचिवालय.

**निदेशिका** = इंडैक्स, डायरैक्टरी, प्रक्रिया पुस्तक.
**निदेशित** = आज्ञापित.

**निदेशित** *वि* अभिहित, आदिष्ट, आदेशित, देशित, निदिष्ट, निर्दिष्ट, निर्देशित, प्रणीत, प्रदिष्ट, विहित, समुद्दिष्ट, •संकेतित.

**निदेष्टा** = नियंत्रक.

**निद्रा** *सं* अजागरण, *अज्ञान*, आराम, *झपकी*, निंदिया, नींद, बेहोशी, *विश्राम*, *शयन*, सुप्त अवस्था, सुप्ति, सुषुप्ति, •खर्राटा, •जैव अक्रिया, •झपकी, •तंद्रा, •सुप्ताटन, •स्वप्न.

**निद्राकाल** = रात.
**निद्रा गीत** = लोरी.
**निद्राचरण** = सुप्ताटन.
**निद्राचारिता** = सुप्ताटन.
**निद्राटन** = सुप्ताटन.
**निद्रा देवी की गोद में** = सुप्त.
**निद्रा भ्रमण** = सुप्ताटन.
**निद्रामग्न** = सुप्त.
**निद्रालस** = तंद्रिल.
**निद्रालु** = तंद्रिल.
**निद्राशाला** = शयन शाला.

**निद्राहीन** *वि* अतंद्र, अनसोया/अनसोई, अनिद्र, अनिमेष, *अपलक*, उन्निद्र, तंद्राहीन, निस्तंद्र, निस्तंद्रा, बेकल, बेचैन, विनिद्र, •जाग्रत, ▪विश्रांत, ▪सुप्त.

**निद्राहीनता** *सं* अख़्तरशुमारी, अतंद्रा, अनिद्रा, तंद्राहीनता, तड़पन, विनिद्रा, •जाग्रत अवस्था.

**निद्रित** = सुप्त.
**निद्रित करना** = सुलाना.
**निद्रित होना** = सोना.
**निद्रिल** = तंद्रिल.
**निद्रिलता** = तंद्रा.
**निधन** = नाश, मृत्यु.
**निधन तिथि मेला** = उर्स.
**निधि** = उत्तम व्यक्ति या वस्तु, ख़ज़ाना, धन, वित्त, संपत्ति.

**निधि** *सं* आस्ति, कोश, *धन*, नीवि, *न्यास*, फंड, •ख़ज़ाना, •वित्त.

**निधिनाथ** = कुबेर.
**निधीश** = कुबेर.
**निधीश्वर** = कुबेर.
**निनाद** = गुंजन, गूँज, ध्वनि, प्रतिध्वनि, शब्दब्रह्म.
**निनादन** = झनझनाहट.
**निनादित** = गड़गड़ाता/गड़गड़ाती, ध्वनिपूर्ण, संगीतमय.
**निनारा/निनारी** = विलग्न.
**निनुआ** = तोरी.
**निनौरा** = ननिहाल.
**निन्ने मुँह** = ख़ाली पेट, प्रातःकाल में.
**निन्यानबे** = उत्तर अवस्था सूचक शब्द सूची, कमतर, बदतर.
**निन्यानबे का फेर** = कंजूसी, जमाख़ोरी, संचयन.
**निन्यों** = ख़ाली पेट.
**निपजना** = पकना.
**निपजी** = फ़सल.
**निपट** = अमिश्रित, एकमात्र, केवल, नितांत, शत प्रतिशत.
**निपटा/निपटी** = चुकता, निवृत्त, पूर्णकृत, समाधानित.
**निपटाना** = चुकाना.
**निपटारा** = भुगतान, समाधान, समापन.
**निपटाव** = समापन.
**निपतन** = अवरोहण, पतन.

**निपल** *सं* घुंडी, *चुसनी*, चूची, ढिपनी, ढेंपनी, बिटबना, •दूध बोतल.

**निपात** = तीव्र नदी, निर्झर, फेंक.
**निपातन** = गिराई.
**निपान** = कूप, पशु पानी हौज़.
**निपीड़न** = मालिश.
**निपुण** = कुशल, दक्ष, प्रशिक्षित.
**निपुणता** = अच्छाई, दक्षता, योग्यता.
**निपुणताहीन** = अदक्ष.
**निपुणाई** = दक्षता.
**निपूत** = पुत्रहीन.
**निपूता/निपूती** = पुत्रहीन.
**निपोन (स्थानीय)** = जापान.
**निबंध** = लेख, शोध लेख.

**निबंध** *सं* *अध्ययन*, पेपर, *प्रबंध*, मज़मून, *लेख*, •गद्य, •ललित निबंध, •शोध लेख.

**निबंधकार** = निबंध लेखक.
**निबंधन** = आबद्धन.

**निबंध लेखक** *सं* निबंधकार, निबंधा, निबंधी.

**निबंधा** = निबंध लेखक.
**निबंधी** = निबंध लेखक.
**निबटा/निबटी** = पूर्णकृत, समाधानित.
**निबटाना** = चुकाना.
**निबटारा** = अंतिम फ़ैसला.
**निबड़ना** = सुलझना.
**निबद्ध** = लिखित (साहित्य), संलग्न.
**निबरना** = खुलना, सुलझना.
**निब होल्डर** = पैन.
**निबाह** = आपसदारी.
**निबुआ** = नीबू.
**निबेड़ा** = परित्राण.
**निभरमा/निभरमी** = संदेहशील.
**निभरोस** = अविश्वसनीय.
**निभाव** = आपसदारी.
**निमंत्रक** = आकर्षक.

**निमंत्रक** *सं* आतिथेय, आमंत्रक, आमंत्रयिता, आवाहक, आवाहन कर्ता, दर्शनाभिलाषी, निमंत्रण दाता, *मेज़बान*, स्वागताभिलाषी, ▪अतिथि, ▪निमंत्रित व्यक्ति.

**निमंत्रण** = अज़ान, आवाहन, भोज निमंत्रण, संयोजन, सम्मोहन कर्म.

**निमंत्रण** *सं* आमंत्रण, *आवाहन*, इनविटेशन, दावत, नेवता, न्योतन, न्योतनी, न्योता, बुलाई, बुलावा, बुलौवा, *संदेश*, •भोज निमंत्रण, •स्वतः निमंत्रण, •निमंत्रक, •निमंत्रण पत्र, •स्वागत, ▪विदा.

**निमंत्रण दाता** = निमंत्रक, मेज़बान.
**निमंत्रण देना** = न्योतना.

**निमंत्रण पत्र** *सं* अर्ज़नामा, इनविटेशन कार्ड, इनविटेशन लैटर, कार्ड, चिट्ठी, दावतनामा, रुक़्क़ा, *संदेश*, •विवाह निमंत्रण.

**निमंत्रित** *वि* आमंत्रित, *आवाहित*, ▪अनिमंत्रित.

**निमंत्रित करना** = न्योतना, बुलाना.

**निमंत्रित व्यक्ति** *सं* *अतिथि*, नेवतहरा, मेहमान, ▪निमंत्रक.

**निमग्न** = डूबा/डूबी.
**निमग्न होना** = डूबना.
**निमज्ज** = डुबकी.
**निमज्जन** = डाइविंग, डूब.
**निमज्जित** = डूबा/डूबी, बाढ़ग्रस्त.
**निमज्जित करना** = डुबाना.
**निमज्जित होना** = डूबना, निथरना.
**निमाना** = झुकाना.
**निमाना/निमानी** = ढलानदार.
**निमित्त** = उद्देश्य, उद्देश्य से, कारण, कारणतः, पूर्वकर्म फल, बहाना.
**निमित्त से** = कारणतः.
**निमिष** = क्षण.

**निमिष** *सं* अक्षिनिमेष, काष्ठा 1/18, झपक, निमेष, नेत्रस्पंद काल, विनिमेष, विपल 1/27, सैकंड 2/135, •क्षण.

**निमिष मात्र में** = तत्काल.
**निमिषित** = मुँदा/मुँदी.
**निमीलित** = मुँदा/मुँदी.
**निमीलित करना** = मूँदना.
**निमीलित होना** = मुँदना.
**निमुँहा/निमुँही** = वाचा प्रतिबंधित.
**निमेष** = निमिष, पलक.
**निमेषक** = पलक.
**निमोनिया** = नमूनिया.

**निम्न** = अवमानक, निम्नवर्णीय, निम्नोक्त, बुरा/बुरी, सर्वहारा वर्गीय.

**निम्न** *वि* अधो-, अधोस्थ, धरातलीय, निचला/निचली, निम्नस्थ, नीचस्थ, नीचा/नीची, नीप, फ़र्शी, •निम्नतम, •निम्नतर, •नीचे, ▪ऊँचा/ऊँची.

**निम्नकुलीन** *वि* अकिंचन, अकुल, अकुलीन, अवंश, कमअसल, कम नस्ल का, कमीन, कुजात, कुजातीय, कुलहीन, ग़रीब, छोटा/छोटी, दीनहीन, दुष्कुलीन, नगण्य, नाचीज़, निम्नवंशीय, निम्नवंशोद्भव, निर्वंश, नीचा/नीची, परिया, बदज़ात, वंशहीन, विहीन, सम्मानहीन, हीनकुल, हीनयोनि, हीनवंश, हेठा/हेठी, •अज्ञातवंश, •असंस्कृत, •निम्नवर्णीय, •महत्त्वहीन, ▪कुलीन.

**निम्नकोटीय** = अवमानक.
**निम्नग** = अधोगामी.
**निम्नगत** = अवनत.
**निम्नगा** = नदी.
**निम्नगामी/निम्नगामिनी** = अधोगामी.
**निम्नजाति** = अद्विज वर्ण.
**निम्नतः** = नीचे.
**निम्नतम** = निकृष्ट.

**निम्नतम** *वि* अधिकतम नीचा, नीचतम, सब से निचला, •गहनतम, ▪उच्चतम.

**निम्नतम बिंदु** = निम्नबिंदु.
**निम्नतम स्तरीय** = निकृष्ट.
**निम्नतर** = बदतर.
**निम्नतल** = नितल.

**निम्नतलीय** *वि* अंदरूनी, अधोतलीय, अवर, *आंतरिक*, निचला/निचली, नितलीय, *भूमिगत*, •निम्न.

**निम्नताप** = शीतलता.

**निम्नदिशा** *सं* अधोकाष्ठा, अधोदिशा, अधोबिंदु, अधोस्वस्तिक, अपकाष्ठा, अवकाष्ठा, आधार दिशा, तल दिशा, नीचाई, नीचे की दिशा, *पतन*, पाताल, पाताल दिशा, भूगर्भ दिशा, भूतल दिशा, ▪उच्च दिशा, ▪खमध्य.

**निम्नबिंदु** *सं* अधोदिशा, अधोबिंदु, अधोस्वस्तिक, *गड्ढा*, गर्त, गह्वर, निम्नतम बिंदु, पाताल, मूल, •गहराई.

**निम्नभाग** *सं* अधोभाग, ज़ैल, तला, निचला भाग, निचला हिस्सा, पादप्रदेश, पादभाग, पाया, *पैर*, *फ़र्श*, मूल, •आधार भुजा, •जूता तला, •तलवा, •तलहटी, •नितल, •निम्नबिंदु, •नीवँ, •बरतन पेंदा, ▪उच्चभाग.

**निम्नभुजा** = आधार भुजा.
**निम्नरेखा** = आधार भुजा.
**निम्नलिखित** = निम्नोक्त.
**निम्नलोच** = सूर्यास्त.
**निम्नवंशीय** = निम्नकुलीन.
**निम्नवंशोद्भव** = निम्नकुलीन.
**निम्नवर्ण** = अद्विज वर्ण.

**निम्नवर्णीय** *वि* अकुलीन, अद्विज, *अधम*, अधमजन, एकजन्मा, कमीन, कमीन/कमीनी, कुजन्मा, *जातिहीन*, तुच्छ, दुर्योनि, *निम्न*, नीच, नीचयोनि, बदज़ात, बदनस्ल, वर्णहीन, *शूद्र*, •निम्नकुलीन, ▪उच्चवर्णीय.

**निम्नवित्त** *वि* असंपन्न, ख़ाली हाथ, ग़रीब, ज़रूरतमंद, दीन, *निर्धन*, *साधारण*, ▪उच्चवित्त, ▪धनाढ्य, ▪मध्यवित्त.

**निम्नस्तरीय** = अवमानक, बुरा/बुरी.
**निम्नस्थ** = निम्न.
**निम्नांकित** = निम्नोक्त.

**निम्नोक्त** *वि* *अधोगामी*, अधोलिखित, अवरोक्त, जैसा नीचे कहा, जैसा नीचे लिखा, *निम्न*, निम्नलिखित, निम्नांकित, नीचे कहा, नीचे लिखा, पश्चोक्त, बाद का, शेषोक्त, ▪ऊपरोक्त.

**नियंता** = निदेशक, नियंत्रक, प्रबंधक,

प्रशासक, प्रारब्ध विधाता, सारथी.
**नियंत्रक** = कार्यक्रम ऐंकर, वर्जयिता, स्टैबिलाइज़र.

**नियंत्रक** *सं* *अध्यक्ष*, कंट्रोलर, *कर्णधार*, तंत्री, *निदेशक*, निदेष्टा, नियंता, नियामक, *प्रबंधक*, यंत्री, यम, रैगुलेटर, विनियामक, *शासक*, संचालक, संयंता, संयंत्री, सन्नियंता, •अनुशासक, •प्रशासक.

**नियंत्रण** = अनुशासन, अल्पव्यय, आकांक्षादमन, इंद्रियनिग्रह, कर्णधारण, कौमार्य, दासता, परराष्ट्र जय, प्रतिबंध, प्रबंध, मद्यत्याग, मौन व्रत, रोगवारण, वर्चस्व, संयम, सत्ताधिकार, स्वामित्व.

**नियंत्रण** *सं* *अंकुश*, *अनुशासन*, कंट्रोल, क़ब्ज़ा, क़ाबू, *चंगुल*, *ज़ब्त*, *नकेल*, *प्रबंध*, बागडोर, *रस्सी*, *लगाम*, वश, *शासन*, *शिकंजा*, *संयम*, सूत्र, हकूमत, •वर्चस्व, •सुपरविज़न, ▪अनियंत्रण, ▪अराजकता.

**नियंत्रण कक्ष** = निदेशालय.
**नियंत्रणन** = वशीकरण.
**नियंत्रणहीन** = अनियंत्रित, अनुशासनहीन, उन्मुक्त, निरंकुश, मदिरोन्मत्त, वशातीत.
**नियंत्रणालय** = निदेशालय.
**नियंत्रणीय** = शास्य.

**नियंत्रणीय** *वि* *नम्य*, नियम्य, विधेय, *विनम्र*, विनियम्य, *शास्य*, संयम्य, सुनियम्य, सुशास्य, •शास्य, ▪अनियंत्रणीय, ▪अनियंत्रित.

**नियंत्रित** = अनुबंधित, अनुशासित, अवरुद्ध, अविलासी, गिरफ़्तार, जादूकृत, दमित (भाव), निषिद्ध, पराधीन, प्रबंधित, मर्यादापूर्ण, मानकयुक्त, व्यवस्थित, शासित, स्थिर.

**नियंत्रित** *वि* अंकुशित, अनुशासनाधीन, नकेलबंद, नथा/नथी, बँधा/बँधी, यंत्रित, रैगुलेटिड, लगामबंद, व्यवस्थापित, *व्यवस्थित*, *शासित*, संयत, *संयमित*, सुव्यवस्थित, •प्रबंधित, ▪अनियंत्रित, ▪निरंकुश, ▪वशातीत.

**नियंत्रित करना** = रोधना.
**नियत** = अनुबंधित, अपरंतुक, अपरिवर्तनीय, इतना/इतनी, नियुक्त, निर्धारित, परिगणनीय, सावधिक.
**नियत काल** = अवधि, विवाह मुहूर्त.
**नियत काल समाप्ति** = डैडलाइन.
**नियततः** = अवश्यमेव.
**नियत दिन** = डैडलाइन.
**नियत श्राव्य संवाद** = जनांतिक वचन.
**नियत समय अंत** = मृत्युकाल.
**नियतात्मा** = संयमित.
**नियति** = अवश्यंभावना, प्रारब्ध.
**नियति क्रम** = भाग्यचक्र.
**नियति लेख** = प्रारब्ध लेख.
**नियतिवाद** = प्रारब्धवाद.
**नियतिवादी** = प्रारब्धवादी.
**नियतेंद्रिय** = संयमित.
**नियम** = क़ानून, धर्म सिद्धांत, प्रक्रिया, योगांग सूची, लोकव्यवहार नियम, विधि, विधिसंहिता, शर्त, सिद्धांत, सूत्रवाक्य.

**नियम** *सं* अनपवाद, आचार, चर्या, तरीक़ा, नित्य नियम, *नीति*, नेम, *परंपरा*, *परिपाटी*, प्रणाली, रीति, विधान, *विधि*, *व्यवहार*, साम्नाय, •राज्यादेश, •संविधान, ▪अपवाद, ▪उल्लंघन.

**नियम अपालन** = असंयम.
**नियम उपधारा** = उपधारा.
**नियम उल्लंघक** = नियमोल्लंघक.
**नियम क़ानून** = संविधान.
**नियमकोश** = विधिसंहिता.

**नियम धारा** *सं* क़ानून धारा, क्लाज़, *खंड*, दफ़ा, धारा, सैक्शन, •उपधारा, •उपनियम, •क़ानून.

**नियमन** = शासन, सुशासन.
**नियमपत्र** = गारंटी कार्ड.
**नियमपर** = न्यायपर.
**नियमपाल** = न्यायपर, न्यायपालक.
**नियम पालक** = कर्मकांडी, न्यायपालक, संयमित.
**नियमपालन** = अनुशासन, लाल फ़ीताशाही, संयम.
**नियमपूर्ण** = न्यायानुकूल.
**नियम प्रतिकूल** = अवैध.
**नियमप्रतिकूल** = न्यायविरुद्ध.
**नियमप्रिय** = अनुशासनप्रिय.
**नियमबाह्यता** = अपवाद.
**नियमभंजक** = नियमोल्लंघक.
**नियमविरुद्ध** = अवैध, न्यायविरुद्ध.
**नियमशील** = न्यायपर.
**नियमसंगत** = वैध.
**नियमसंहिता** = विधिसंहिता.
**नियमहीन** = अनियमित, स्वेच्छाचारी.
**नियमहीनता** = अनियंत्रण.
**नियमाधीन** = न्यायानुकूल.
**नियमानुकूल** = न्यायसंगत, न्यायानुकूल, विधिसंगत.

**नियमानुकूलन** *सं* अधिकरण, अधिकार प्रदान, अनियमितता का नियमानुकूलन, अनुज्ञापन, रैग्युलराइज़शन, रैग्युलरायन, स्वीकरण, स्वीकृति प्रदान, •अनुमति, •संपुष्टि.

**नियमानुकूलित** *वि* *अधिकृत*, अनुज्ञापित, अनुमतिप्राप्त, प्राधिकृत, रैग्युलराइज़्ड, सम्मतिप्राप्त, *स्वीकृत*, •स्वीकृत.

**नियमानुसार** = न्यायानुकूल, विधिसंगत.
**नियमावली** = प्रक्रिया पुस्तक, विधिसंहिता.
**नियमित** = अनुशासित, अपवादहीन, धारावाहित, न्यायानुकूल, रूटीनी, वैवश्यक, समय पालक.

**नियमित** *वि* अपरिवर्तनशील, *अवश्यंभावी*, *क्रमिक*, चक्रावर्ती, *धारावाही*, नित्य, नियमित आवृत्तिशील, पक्का/पक्की, पीरियडिकल, *प्रतीक्षित*, *प्रत्याशित*, बँधा/बँधी, बद्ध, लयबद्ध, सतत, *सावधिक*, सीरियल, *स्थायी*, •क्रमिक, •मौसमी, •शीड्यूलित, ▪अनिरंतर.

**नियमित आवृत्तिशील** = नियमित.
**नियमिततः** = प्रतिदिन.
**नियमित व्यवहार** = रूटीन.
**नियमी** = न्यायपर.

**नियमोल्लंघक** *सं* उल्लंघक, क़ानून

तोड़ने वाला, क़ानून हाथ में लेने वाला, नियम उल्लंघक, नियमभंजक, लंघक, •अपराधी, ■न्यायपर.

**नियम्य** = नियंत्रणीय, शास्य.
**नियर** = निकट, निकट ही.
**नियरा/नियरी** = निकट.
**नियरे** = निकट ही.
**नियाज़** = देवदर्शन.
**नियाज़मंद** = निवेदक.
**नियामक** = नियंत्रक, प्रबंधक, प्रशासक, विधायक.
**नियामत** = प्रसाद.
**नियुक्त** = बारोज़गार.

**नियुक्त** *वि* *अधिकृत*, अधिष्ठापित, अधिष्ठित, आयुक्त, कार्यप्रदत्त, चयित, चुना/चुनी, तैनात, नियत, नियोजित, पदस्थ, पदस्थीकृत, पदारूढ़, *पदासीन*, बहाल, मुक़र्रर, रखा/रखी, स्थानस्थ, स्थापित, •पदासीन, ■छँटनीकृत, ■निलंबित, ■रिटायर्ड, ■सेवाच्युत, ■स्थानापन्न.

**नियुक्ति** *सं* अधिकरण, अधिकार प्रदान, ऐपॉइंटमैंट, कार्य प्रदान, *चयन*, चुनाव, तैनाती, नामज़दगी, नामांकन, पदपूर्ति, पदासीनन, *प्रतिष्ठा*, बहाली, *भरती*, मुक़र्ररी, स्थानप्राप्ति, •कार्यग्रहण, •प्रोबेशन, ■छँटनी, ■पदत्याग, ■सेवा च्युति, ■सेवा निवृत्ति.

**नियुक्ति पत्र** *सं* ऐपॉइंटमैंट लैटर, परवाना, ■आवेदन पत्र.

**नियोक्ता** = ऐंप्लायर, पूँजीपति, प्रायोजक.

**नियोग** *सं* नियोग प्रथा, मनोनीत परपुरुष द्वारा गर्भदान, सन्नियोग, •कृत्रिम गर्भदान, •गर्भदान.

**नियोगी** = पूँजीपति.
**नियोजक** = ऐंप्लायर, पूँजीपति, प्रायोजक.
**नियोजक कंपनी** = म्यूचुअल फ़ंड.
**नियोजन** = प्रवर्तन, प्रायोजन, व्यूह, संस्थापना.
**नियोजित** = आरंभित, नियुक्त, योजित, संस्थापित.
**निरंकार** = निराकार.
**निरंकुश** = अनियंत्रणीय, तानाशाह, वन्य, वशातीत, स्वेच्छाचारी.

**निरंकुश** *वि* अंकुशहीन, *अनियंत्रित*, *अप्रतिबंधित*, अयंत्रित, असंयत, उद्धत, एकछत्रीय, एकतंत्रीय, एकाधिकारीय, तानाशाहाना, नियंत्रणहीन, निरंकुशतापूर्ण, बेक़ाबू, बेलगाम, मनमाना/मनमानी, स्वच्छंद, *स्वेच्छाचारी*, स्वैराचारी, •दमनशील, ■लोकतांत्रिक.

**निरंकुश तंत्र** = एकतंत्र.
**निरंकुशतापूर्ण** = निरंकुश.
**निरंकुशतावाद** = एकतंत्रवाद.
**निरंकुश शासक** = तानाशाह.
**निरंकुश शासन** = एकतंत्र.
**निरंजन** = ईश्वर.
**निरंतर** = अविराम, बारंबार, लगातार, शाश्वत, हमेशा.
**निरंतर अभ्यास** = साधना.
**निरंतर काल** = अनादि अनंत काल.
**निरंतरतः** = लगातार.
**निरंतर पाठ** = अखंड पाठ.
**निरंतराल** = सटा/सटी.
**निरंबर** = दिगंबर, नग्न.
**निरक्षर** = अशिक्षित, अराक्षर, मंदधी.
**निरक्षरता** = असाक्षरता.
**निरख** = आलक्षण, इंस्पैक्शन.
**निरखना** = देखना, सोचना परखना.
**निरजी** = नक़्क़ाशी छैनी.
**निरजोस** = निष्कर्ष.
**निरत** = नृत्य, विश्रांत, व्यस्त.
**निरधिकार** = अनधिकृत.
**निरन्न** = भूखा/भूखी.
**निरन्वय** = अदृश्य, असंबंधित.
**निरपराध** = अपराधमुक्त, निर्दोष.
**निरपराधी** = निर्दोष.
**निरपवाद** = अपवादहीन.
**निरपेक्ष** = अनासक्त, असापेक्ष, इच्छाहीन, निष्पक्ष, विरक्त, संतोषी.
**निरपेक्षता** = अनासक्ति, अनिच्छा.
**निरपेक्षा** = अनपेक्षा, अनिच्छा.
**निरबंसिया** = निस्संतान.
**निरबंसी** = निस्संतान.
**निरभिमान** = विनम्र.
**निरभिलाष** = इच्छाहीन, लालसाहीन, विरक्त.
**निरभिलाषी** = अमहत्त्वाकांक्षी.
**निरभ्र** = तारायुक्त, मेघहीन.
**निरर्थक** = अनुपयोगी, अर्थहीन, अवांछनीय, अवांछित, निष्कारण, निस्सार, फलहीन, बकवासपूर्ण.

**निरर्थक** *वि* अकारथ, अनर्थक, *अनुपयोगी*, *अर्थहीन*, अलाभप्रद, असार, असार्थक, खोखला/खोखली, छूँछा/छूँछी, थोथा/थोथी, *निराशाजनक*, निष्प्रयोजन, निष्फल, निस्सार, फ़ज़ूल, फ़ुजूल, बिरथा, बेकार, बेफ़ायदा, बेमतलब, बेमानी, बेसूद, *लाभहीन*, लामानी, लाहासिल, वितथ, व्यर्थ, *शून्य*, *सारहीन*, ■सारपूर्ण, ■सार्थक.

**निरर्थकता** *सं* अकारथता, अर्थहीनता, उद्देश्यहीनता, निरर्थकता बोध, निष्प्रयोजनता, वितृष्णा, विरक्ति, विषाद, वैतृष्य, सारहीनता, हेतुशून्यता, •निस्सारता, •वैराग्य, ■लालसा, ■लोभ, ■सार्थकता बोध.

**निरर्थकता बोध** = निरर्थकता, वैराग्य.
**निरर्थक प्रार्थना** = अरण्यरोदन.
**निरर्थक बात** = बकवास.
**निरवधि काल** = अनादि अनंत काल.
**निरवयव** = निराकार.
**निरवलंब** = निराधार.
**निरवशेष** = अनवशिष्ट.
**निरवसाद** = शोकहीन.
**निरवारना** = निवारना.
**निरसन** = अस्वीकृति.

**निरस्त** *वि* अभिखंडित, काउंटरमैंडिड, कैंसल, खंडित, *ख़ारिज़*, निराकृत, प्रत्यादिष्ट, बातिल, मंसूख़, रद, विलोपित, •ख़ारिज़, ■स्वीकृत.

**निरस्तित्व** = मृत.
**निरस्त्र** = अशस्त्रीकृत.
**निरहंकार** = विनम्र.
**निरा/निरी** = अमिश्रित, एकमात्र, नितांत, विशोधित.

**निराई** *सं* उखड़ाई, खर पतवार छँटाई, चिखुराई, छँटाई, छाँट, निकाई, सोहनी, ●उन्मूलन, ●गुड़ाई.

**निराकरण** = अस्वीकृति, उत्तर, स्पष्टीकरण.
**निराकांक्ष** = इच्छाहीन, विरक्त.
**निराकांक्षी** = अमहत्त्वाकांक्षी, लालसाहीन, संतोषी.
**निराकार** = इंद्रियातीत, ईश्वर.

**निराकार** *वि* अकाय, अगुण, अगोचर, अनाकार, अप्रकट, अभौतिक, अमूर्त, अरूप, अशरीर, आकारहीन, आकृतिहीन, आयामहीन, निरंकार, निरवयव, निरायाम, निर्गुण, रूपहीन; विदेह, विलीन, शरीरहीन, *शून्य*, सीमाहीन, ●अनिश्चिताकारीय, ■साकार.

**निराकार निरायाम स्थिति** = आयामहीन बिंदु.

**निराकार पूजा** *सं* अमूर्त भगवान भक्ति, निराकार भक्ति, निराकार भगवान भक्ति, निर्गुण भक्ति, निर्गुण भगवान भक्ति, ब्रह्मपूजा, ■मूर्तिपूजा.

**निराकार भक्ति** = निराकार पूजा.
**निराकार भगवान भक्ति** = निराकार पूजा.
**निराकुल** = निश्चिंत.
**निराकृत** = निरस्त.
**निराडंबर** = पाखंडहीन.
**निरातंक** = अनियंत्रणीय, भयहीन.
**निरातप** = धूपहीन.
**निरादर** = अपमान.
**निरादरपूर्ण** = अपमानजनक.
**निरादर्श** = आदर्शहीन.
**निरादृत** = अपमानित.
**निराधार** = अधरस्थित, अयथार्थ, अवैज्ञानिक, कुतर्कीय, खंडनीय, तथ्यहीन, तर्कहीन, न्यायहीन.

**निराधार** *वि* अनवलंबित, अनिर्भर, अमूल, आधारहीन, आलंबनहीन, निरवलंब, निरालंब, बेबुनियाद, ●तथ्यहीन, ■साधार.

**निराधार अनुमान** = अटकल.
**निराधार विश्वास** = अंधविश्वास.
**निरापद** = अनाहतिकारक, सलामत, सलामत, सहज, सुरक्षित.
**निरापदता** = सहजता, सुरक्षा.
**निराभ** = मुरझाया/मुरझाई, विवर्ण.
**निरामय** = स्वस्थ.
**निरामिष** = निरामिष (आहार).

**निरामिष (आहार)** *वि अहिंसक*, निरामिष, निर्मांस, मांसहीन, वैज, वैजिटेरियन, सात्त्विक, ■मांसाहारिता.

**निरामिष पुलाव** = तहरी.
**निरामिषभोजी** = निरामिषाहारी.

**निरामिषाहारी** *वि* अन्नाहारी, अमांसाहारी, निरामिषभोजी, *भगत*, वनस्पतिभोजी, वैज, वैजिटेरियन, वैजी, वैष्णव, शाकाहारी, ●अंडाहारी, ●कंदाहारी, ●दुग्धोपजीवी, ●फलाहारी, ●शाकोपजीवी, ■मांसाहारी.

**निरायाम** = निराकार.
**निरायाम प्रकल्प** = आयामहीन बिंदु.
**निरायासता** = सहजता.
**निरायुध** = निहत्था/निहत्थी.
**निरार्द्र** = जलहीन.
**निरालंब** = तथ्यहीन, निराधार.
**निरालस** = आलस्यहीन.
**निराला** = एकांत स्थान, निर्जन वन, सुंदर.
**निराला/निराली** = अनुपम, विचित्र.
**निराली** = सुंदर स्त्री.
**निरावरण** = अनावरण, अनावृत.
**निरावासित** = विस्थापित.
**निरावासित करना** = हटाना.
**निराश** = असंतुष्ट, असफल, विचलित, हतोत्साहित.

**निराश** *वि असफल*, *उदास*, खोया/खोई, टूटा/टूटी, *दुःखी*, निराशापूर्ण, बेदिल, भग्नचित्त, *भग्नहृदय*, भग्नाश, मनोहत, मायूस, सुस्त, हताश, हारा/हारी, ●हतोत्साहित, ■आशापूर्ण, ■उत्साहित, ■प्रेरित.

**निराशा** = ऐंटीक्लाईमैक्स, निरुत्साह, पस्ती.

**निराशा** *सं अंधकार*, आशाभंग, तुषारपात, दुराशा, नाउम्मीदी, नैराश्य, मनोभंग, मायूसी, विषाद, स्वप्नभंग, हताशा, हरास, ●उत्साहभंग, ●उदासी, ●पस्ती, ●मिथ्या आशा, ●मोहभंग, ■आशा, ■उत्साह, ■धैर्य, ■मनोबल, ■साहस.

**निराशाजनक** = अचिकित्स्य, निरर्थक, लाभहीन.

**निराशाजनक** *वि अंधकारपूर्ण*, *अपर्याप्त*, अवसादकारी, असंतोषजनक, आशाहीन, उत्साहभंजक, काला/काली, *दुःखद*, नाक़ाफ़ी, *हतोत्साहक*, हृदयभंजक, ●ऐंटीक्लाईमैक्सपूर्ण, ■आशाप्रद, ■उत्साहप्रद, ■प्रेरणाप्रद.

**निराशापूर्ण** = निराश, हतोत्साहक.
**निराशावादी** = नकारात्मक.

**निराशावादी** *वि* अविश्वासी, आशाहीन, उद्वेगी, चिंताशील, नकारवादी, *नास्तिक*, परिवादी, रोवनिया, ●प्रारब्धवादी, ■आशावादी.

**निराश्रय** = असहाय, बेघर, विवश, साधनहीन.
**निराहार** = भूखा/भूखी.
**निराहारता** = भूख.
**निरीक्षक** = इंस्पैक्टर, सुपरवाइज़र.
**निरीक्षण** = अवलोकन, आलक्षण, इंस्पैक्शन, चैकिंग.
**निरीक्षणाधीन** = विचाराधीन.
**निरीक्षित** = शासित.
**निरीक्ष्य** = विचारणीय.
**निरीश्वर** = धर्महीन.
**निरीश्वरवाद** = नास्तिकतावाद.
**निरीश्वरवादी** = नास्तिक.
**निरीह** = अनासक्त, अमहत्त्वाकांक्षी, असहाय, इच्छाहीन, लालसाहीन, विरक्त.

**निरीहता** = अनिच्छा.
**निरुक्त** = वेदांग सूची, शब्द उद्‌गम.
**निरुच्छ्‌वास** = श्वासहीन.

**निरुत्तर** *वि* अनुत्तर, अवाक्, उत्तरहीन, ख़ामोश, गुमसुम, चुप, ज़बानबंद, बेजवाब, मुँहबंद, लाजवाब, सन्न, स्तब्ध, हतप्रभ, •वाचाहीन.

**निरुत्तरता** = अस्पष्टवादिता.
**निरुत्तरदायी** = दायित्वहीन.
**निरुत्साह** = हतोत्साहित.

**निरुत्साह** *सं* अकर्मण्यता, अचेतनता, अजीवंतता, अनुत्साह, अवसाद, उत्साहहीनता, उमंगहीनता, उल्लासहीनता, गतिहीनता, झिझक, ठंडापन, ढीलापन, तेजहीनता, *निराशा*, निस्तेजता, पसमंदगी, *पस्ती*, बुझापन, बेजोशी, बेदिली, मंदता, मुरदादिली, मुर्दनी, विषाद, शिथिलता, *संकोच*, सुस्ती, स्वप्नभंग, हरास, •अरुचि, •उत्साहभंग, •मंदता, •संकोच, ■आशा, ■महत्त्वाकांक्षा.

**निरुत्साहक** = हतोत्साहक.
**निरुत्साहित** = हतोत्साहित.
**निरुद्देश्य** = उद्देश्यहीन, उद्देश्यहीनतः, दिशाहीन.
**निरुद्देश्यतः** = उद्देश्यहीनतः.
**निरुद्ध** = अवरुद्ध, अवहनीय, दमित (भाव), निषिद्ध, वाचारुद्ध.
**निरुद्यम** = प्रयासहीन.
**निरुद्यमी** = प्रयासहीन.
**निरुद्यान** = उपवनहीन.
**निरुद्विग्न** = गंभीर, प्रशांत.
**निरुपद्रव** = शांतिपूर्ण, सुरक्षित.
**निरुपप्लव** = शांतिपूर्ण.
**निरुपम** = अनुपम, उत्तम, सुंदर.
**निरुपयोगी** = अनुपयोगी.
**निरुपवन** = उपवनहीन.
**निरुपाय** = अनिवारणीय, असहाय, विकल्पहीन, साधनहीन.
**निरुपायतः** = विवशतः.
**निरूढ/निरूढा** = अविवाहित.
**निरूप** = कुरूप.
**निरूपक** = व्याख्याता.
**निरूपण** = निर्माण, परिभाषा, परीक्षण, प्रतिपादन, रूप प्रदान, वर्णन, वादविवाद.
**निरूपणा** = व्याख्या.
**निरूपित** = अनुसंधानित.
**निरोग** = स्वस्थ.
**निरोध** = प्रतिबंध, बाधा, वारण, विराम, संयम.
**निरोधक** = स्पीड ब्रेकर.
**निरोधित** = अवरुद्ध, असमाविष्ट, निषिद्ध, रुद्ध.
**निरोधी** = प्रतिबंधपूर्ण.
**निरोपण** = संस्थापना.
**निरोपित** = संस्थापित.
**निर्ख** = दर.

**निर्गंता** *सं* *गंता*, गंतु, गंतुक, जाने वाला, प्रस्थान कर्ता, प्रस्थानी, बहिर्गंता, •गंता, •प्रवासी, ■आगंतुक.

**निर्गत** = निर्गमित.
**निर्गति** = निर्गम.
**निर्गम** = निर्गम द्वार, स्रोत.

**निर्गम** *सं* ऐग्ज़िट, कूच, गम, *गमन*, जव, जावन, निकलन, निकलाव, निकास, निकासी, निर्गति, निर्गमन, निर्याण, निष्कलन, निष्क्रमण, पयाम, प्रयाण, *प्रस्थान*, बहिर्गम, बहिर्गमन, बहिर्‌याण, बाह्य गमन, बिदा, रुख़सती, •निष्कासन, •पासपोर्ट, •विदा, ■आगमन, ■पहुँच, ■प्रवेश.

**निर्गम करना** = निकलना.

**निर्गम द्वार** *सं* आउट, ऐग्ज़िट, गमनस्थल, जाने का रास्ता, निकास, निकास मार्ग, *निर्गम*, प्रस्थान मार्ग, *बाहर*, बाहर का रास्ता, ■प्रवेश द्वार.

**निर्गमन** = निर्गम, रणत्याग.

**निर्गमनशील** *वि* जाता/जाती, निकलता/निकलती, निकासशील, बहिर्गमनशील, बहिर्गामी, बाहरगामी, बाहर जाता, •निष्कासित, ■प्रवेशशील.

**निर्गम पत्र** = पासपोर्ट.

**निर्गमित** *वि* *गत*, गया/गई, निकला/निकली, निर्गत, निष्क्रमित, निष्क्रांत, विगत, विनिर्यात, •उन्मूलित, •विस्थापित, ■आगत.

**निर्गुट** = गुटनिरपेक्ष.
**निर्गुण** = अपरिभाष्य, निराकार.
**निर्गुण भक्ति** = निराकार पूजा.
**निर्गुण भगवान भक्ति** = निराकार पूजा.
**निर्घट** = करमुक्त.
**निर्घात** = विद्युतपात.
**निर्घोष** = ध्वनि.
**निर्जन** = आवासीहीन, मरुथल.
**निर्जनता** = एकाकीपन.

**निर्जन वन** *सं* जंगल, निजन, निराला, *बन*, बयाबान, बियाबान, *वन*, विजन, •मरुथल.

**निर्जर** = अमर, चिरयुवा.
**निर्जरा** = गिलोय.
**निर्जल** = असिंचित, जलहीन, सूखा/सूखी.
**निर्जलन** = सुखाई.
**निर्जलित** = परिरक्षित (आहार).
**निर्जलीकृत** = जलहीन.
**निर्जिह्व** = वाचाहीन.
**निर्जीव** = थका/थकी, मृत.
**निर्जीवातुकरण** = विसंक्रमण.
**निर्जीवातुकारी** = कीटाणुनाशक.
**निर्जीवीकरण** = विसंक्रमण.

**निर्झर** *सं* अंबुपात, आबशार, *चश्मा*, जलप्रपात, *झरना*, झारा, निपात, प्रपात, वाटर फ़ाल, सोता, •उत्स्रोत, •नदी, •प्रवाह.

**निर्झरी** = नदी, पर्वत.
**निर्णय** = अंतिम फ़ैसला, जजमैंट, निश्चय, परिणाम, फ़तवा, संकल्प, समाधान.
**निर्णय कर्ता** = न्यायाधीश.
**निर्णय कसौटी** = परख, मानक.
**निर्णयकारी** = निर्णायक, परिवर्तनकारी.
**निर्णय की घड़ी** = निर्णायक अवसर.
**निर्णय बुद्धि** = विवेक.
**निर्णय विचार** = परख.
**निर्णयात्मक** = निर्णायक, फ़ाइनल.

**निर्णायक** = न्यायाधीश, परिवर्तनकारी, फ़ाइनल, मुफ़्ती, युगांतरकारी, रैफ़री.

**निर्णायक** *वि ऐतिहासिक*, काँटे का, *क्रांतिकारी*, दुबिधामोचक, *दूरगामी*, दृढ़, धुरीण, निर्णयकारी, निर्णयात्मक, निश्चयात्मक, निश्चायक, नैष्ठिक, पक्का/पक्की, *परिवर्तनकारी*, फ़ाइनल, फ़ैसलाकुन, *महत्त्वपूर्ण*, मारके का, यादगार, *युगांतरकारी*, *स्मरणीय*, •अपरिवर्तनीय, •दूरगामी, •परिवर्तनकारी, ▪अनिर्धारित, ▪जयपराजयहीन.

**निर्णायक अवसर** *सं* अंतिम अवसर, अंतिम घड़ी, अंतिम संघर्ष, अंतिम समय, इलैवंथ अवर, इस पार या उस पार, ऐच-अवर, ऐतिहासक क्षण, क़तल की रात, क़यामत की घड़ी, *चौराहा*, जय या पराजय, ज़ीरो अवर, जीवन मृत्यु का प्रश्न, डी-डे, *दोराहा*, नक़्क़ारा, निर्णय की घड़ी, निर्णायक काल, निर्णायक घटना योग, निर्णायक बिंदु, परिस्थिति योग, *मोड़*, युगांतरकारी क्षण, शोडाउन का समय, हार या जीत, •क्रांति, •क्लाईमैक्स, •डैडलाइन.

**निर्णायक काल** = निर्णायक अवसर.
**निर्णायक घटना** = निर्णायक परिवर्तन.
**निर्णायक घटना योग** = निर्णायक अवसर.
**निर्णायक पंच** = पंच.

**निर्णायक परिवर्तन** *सं* उत्परिवर्तन, नाटकीय घटना, नाटकीय परिवर्तन, नाटकीय मोड़, निर्णायक घटना, परिवर्तक घटना, पासा पलटा, पूर्ण परिवर्तन, युगांतरकारी घटना, •क्रांति, •क्लाईमैक्स, •निर्णायक अवसर.

**निर्णायक बिंदु** = निर्णायक अवसर.
**निर्णीत** = निर्धारित, विवादातीत.
**निर्णेता** = न्यायाधीश, रैफ़री.
**निर्त** = नर्तन.
**निर्दंभ** = विनम्र.
**निर्दय** = अनुदार, आततायी, क्षमाहीन, दमनशील, निंदात्मक, रुधिरपिपासु, रुधिरपिपासु, वन्य, स्वार्थी.

**निर्दय** *वि* अकरुण, अछोह, अदय, अप्रीतिकर, अमोही, *कठोर*, कठोरहृदय, करुणाहीन, कसाई, क्रूर, खल, *जल्लाद*, *जानवर*, दरिंदा, दानव, दारुण, निठुर, निर्दयी, निर्मम, निर्मोहिया, निर्मोही, निष्ठुर, नृशंस, पत्थरदिल, पाशविक, पाषाणहृदय, पैशाचिक, बर्बर, बेदर्द, बेदिल, बेपीर, बेरहम, भयंकर, *भयानक*, *राक्षस*, वज्रहृदय, *वन्य*, वहशी, संगदिल, सख़्तदिल, हृदयहीन, •क्रोधी, •हिंस्र, ▪कोमल, ▪दयालु, ▪सौम्य.

**निर्दयतापूर्ण** = यातनाप्रद, व्यंग्यात्मक.
**निर्दयी** = अत्याचारी, आततायी, निर्दय.
**निर्दहन** = अदहनशील.
**निर्दाता** = फ़सल काटने वाला.
**निर्दिष्ट** = निदेशित, निर्धारित, प्रदर्शित, स्पष्ट.
**निर्दिष्ट अर्थ** = अभिधार्थ.
**निर्देश** = आज्ञा, दिशा निर्देश, निदेश, नीति.
**निर्देशक** = अध्यक्ष, दिग्दर्शक, दिशा निर्देश, निदेशक, फ़िल्म निर्देशक, मंच निर्देशक, सुपरवाइज़र, सूत्रधार.
**निर्देशन** = दिग्दर्शन, प्रबंध, शासन.
**निर्देशनी** = निर्देश पुस्तक.
**निर्देश पत्र** = औषध पत्र.

**निर्देश पुस्तक** *सं* गाइड, गाइड बुक, *डायरैक्टरी*, निर्देशनी, निर्देशिका, परामर्श पुस्तिका, •प्रक्रिया पुस्तक.

**निर्देशिका** = डायरैक्टरी, तालिका, निर्देश पुस्तक, प्रक्रिया पुस्तक.
**निर्देशित** = निदेशित, नेतायुक्त, प्रबंधित, संगीतबद्ध.
**निर्देष्टा** = निदेशक.
**निर्दोष** = अनिंदनीय, अपराधमुक्त, परिपूर्ण.

**निर्दोष** *वि* अकलंक, अनपराधी, अपराधहीन, निरपराध, निरपराधी, निर्दोषी, *निष्कलंक*, बेक़ुसूर, बेगुनाह, बेजुर्म, बेदाग़, मासूम, साफ़, •अपराधमुक्त, •पापहीन, ▪सिद्धदोष.

**निर्दोषी** = निर्दोष.
**निर्द्वंद्व** = प्रशांत.
**निर्धन** = दिवालिया, निम्नवित्त, निर्धन व्यक्ति, सर्वहारा वर्गीय.

**निर्धन** *वि* अकिंचन, अधनाढ्य, अनाढ्य, अभावग्रस्त, *अर्थहीन*, असंपन्न, *असफल*, असमृद्ध, *आवश्यकताग्रस्त*, कमज़ोर, कमहैसियत, क्षीण, ग़रीब, छोटा/छोटी, ज़रूरतमंद, तंग, तंगदस्त, तंगहाल, दरिद्र, धनसंपत्तिहीन, धनहीन, नगण्य, नाचीज़, पामर, बेचारा/बेचारी, बेहैसियत, भाग्यहीन, मुफ़लिस, मुहताज, श्रीहीन, संपत्तिहीन, *साधनहीन*, •कंगाल, •भिखारी, •भुक्खड़, •साधनहीन, ▪धनाढ्य, ▪समृद्ध.

**निर्धन जन** *सं* कचरापट्टी, ग़रीबगुरबा, ग़रीब लोग, दरिद्र नारायण, •निर्धनता, ▪रईस लोग.

**निर्धन व्यक्ति** *सं* कँगला/कँगली, कड़का/कड़की, गंगू तेली, ग़रीब, टटपुँजिया, ठंठार, ठनठन गोपाल, *दिवालिया*, दुखिया, *निर्धन*, परसु परसा परसराम, फ़क़ीर, ▪सेठ.

**निर्धनित** = दिवालिया.
**निर्धार** = निश्चय.
**निर्धारित** = अवश्यंभावी, पारिभाषिक, प्रारब्धाधीन, मानकयुक्त, योजित, शीड्यूलित, सावधिक, स्पष्ट.

**निर्धारित** *वि अंतिम*, अटल, अभिनिश्चित, तय, तयशुदा, नियत, निर्णीत, निर्दिष्ट, निश्चित, पक्का/पक्की, पुख़्ता, बदा/बदी, मुक़र्रर, *सहमत*, सुनिर्धारित, सुनिश्चित, स्थापित, *स्थित*, *स्थिर*, *स्वीकृत*, •अनुबंधित, •अवश्यंभावी, •असंदिग्ध, •निर्णायक, •योजित, •विवादातीत, •संकल्पित, ▪अनिर्धारित, ▪विचाराधीन, ▪संदिग्ध.

**निर्धारित गुणयुक्त** = मानकयुक्त.

**निर्धारिततः** = अवश्यमेव.
**निर्धारितता** = अवश्यंभावना.
**निर्धारित दिन** = डैडलाइन.
**निर्निमेष** = अपलक.
**निर्बंध** = अनाबद्ध, अनासक्त.
**निर्बंधित होना** = खुलना.
**निर्बल** = अक्षम, अप्रबल, अशस्त्रीकृत, कंकालमात्र, निहत्था/निहत्थी.

**निर्बल** *वि* अदृढ़, अबल/अबला, अबलिष्ठ, अशक्त, असमर्थ, *असहाय*, कच्चा/कच्ची, कमज़ोर, *छकड़ा*, जर्जर, दुबला/दुबली, दुर्बल, नाज़ुक, निस्तेज, पसमाँदा/पसमाँदी, पोला/पोली, प्राणहीन, फोका/फोकी, *बीमार*, बुझा/बुझी, बेजान, बेज़ोर, बेदम, बेबस, *मंद*, मंदा/मंदी, मरतैलिया, मरियल, माँदा/माँदी, विकल, विपन्न, *विवश*, विहस्त, वीर्यहीन, शक्तिहीन, शिथिल, श्लथ, *सारहीन*, हतबल, हीनबल, •अप्रबल, •आरोग्योन्मुख, •कुपोषित, •थका/थकी, ▪अजेय, ▪बलिष्ठ, ▪सुदृढ़, ▪स्वस्थ.

**निर्बलन** = बलक्षय.
**निर्बल होना** = दुबलाना.
**निर्बलीकरण** = निशस्त्रीकरण.
**निर्बाध** = अनवरुद्ध, अनाबद्ध, अप्रतिबंधित, मुक्त.
**निर्बाध करना** = छोड़ना.
**निर्बुद्धि** = मंदधी.
**निर्बोध** = विवेकहीन.
**निर्भय** = भयहीन, वीर, सलामत, सुरक्षित.
**निर्भर** = आधारित, परावलंबी, सापेक्ष, स्थित.
**निर्भरता** = परावलंबन.
**निर्भार** = भारहीन.
**निर्भाव** = स्पर्शानुभूतिहीन.
**निर्भीक** = भयहीन.
**निर्भेदन** = विच्छेदन.
**निर्भ्रम** = भ्रमहीन.
**निर्मम** = अनासक्त, कठोर (व्यवहारी), निर्दय, यातनाप्रद, रक्तपातपूर्ण, सहानुभूतिहीन.
**निर्मर्याद** = अशालीन, स्वेच्छाचारी.

**निर्मल** = अनिंदनीय, अस्पर्शित, निष्कलंक, परिपूर्ण, विशोधित, स्वच्छ.
**निर्मलता** = पालिश.
**निर्मांस** = निरामिष (आहार).
**निर्माण** = उत्पादन, कृति, भवन निर्माण, रूप प्रदान, सृजन.

**निर्माण** *सं* *उत्पादन*, कल्पन, गढ़न, नवनिर्माण, नवरचना, निरूपण, बनाई, विनिर्माण, विरचन, शिल्पन, •प्रसंस्करण, •सृजन, ▪नाश, ▪भंजन.

**निर्माण अभियंता** = स्थपति.
**निर्माण आयोजना** = निर्माण परिकल्पना.
**निर्माण करना** = बनाना.
**निर्माण कला** = स्थापत्य कला.

**निर्माण ठेकेदार** *सं* इमारती ठेकेदार, कंट्रैक्टर, *ठेकेदार*, निर्माण व्यवसायी, बिल्डर, *भवन निर्माता*, •स्थपति.

**निर्माण परिकल्पना** *सं* आयोजना, डिज़ाइन, नक़्शा, निर्माण आयोजना, *परिकल्पना*, परियोजना, प्लान, भवन नक़्शा, *मानचित्र*, मापचित्र, *योजना*, •क्रौस सैक्शन, •ग्राउंड प्लान, •फ्रंट ऐलिवेशन, •साइट प्लान, •साइड ऐलिवेशन, •भवन मौडल.

**निर्माण व्यवसायी** = निर्माण ठेकेदार.
**निर्माणशाला** = कारख़ाना.
**निर्माणशील** = सृजनशील.
**निर्माणाधीन** = सृजनाधीन, सृजनाधीन.
**निर्माता** = आविष्कर्ता, उत्पादक, फ़िल्म निर्माता, भवन निर्माता, रूप प्रदाता, स्थपति, स्रष्टा.

**निर्माता** *सं* *उत्पादक*, *कर्ता*, कर्ता/कर्त्री, कर्मी, कल्पक, गढ़ैया, बनाने वाला, बनावनहार, बनावनहारा/बनावनहारी, मेमार, रचयिता/रचयित्री, रचेता, विधाता, शिल्पी, सिरजनहार, *स्रष्टा*, •आविष्कर्ता, •गढ़ने वाला, •जनयिता, •स्थपति, ▪नाश कर्ता.

**निर्मित** = आविष्कृत, रचित.
**निर्मित जलाशय** = तालाब.

**निर्मित हिम** = बर्फ़.
**निर्मित होना** = बनना.
**निर्मिति** = कलाकृति, कृति, बनावट, शिल्प कृति.
**निर्मुक्त होना** = खुलना.
**निर्मूल** = खंडनीय, जड़हीन, तथ्यहीन, तर्कहीन, नष्ट, निष्कारण.
**निर्मूल करना** = उजाड़ना.
**निर्मूलन** = उन्मूलन.
**निर्मूलित** = उन्मूलित.
**निर्मेघ** = मेघहीन.
**निर्मेध** = विवेकहीन.
**निर्मोल** = मूल्यातीत.
**निर्मोह** = अनासक्त, अनासक्ति, परजन भावना, विरक्त, सहानुभूतिहीन.
**निर्मोहिया** = निर्दय.
**निर्मोही** = अनासक्त, निर्दय, विरक्त.
**निर्यात** = निर्यात व्यापार

**निर्यातक** *सं* ऐक्सपोर्टर, निर्यात कर्ता, निर्यात व्यापारी, •आयातक.

**निर्यात व्यापार** *सं* अंतरराष्ट्रीय व्यापार, ऐक्सपोर्ट, ऐक्सपोर्टिंग, निर्यात, विदेश व्यापार, •आयात व्यापार.

**निर्यात व्यापारी** = निर्यातक.
**निर्यास** = अर्क़.

**निर्यास** *सं* आस्रव, *दूध*, द्रव, निर्यूष, *रस*, लुआब, *स्राव*, •निष्कर्ष, •वृक्ष दूध.

**निर्यूष** = क़हवा, निर्यास.
**निर्लज्ज** = अश्लील, खेदहीन, धृष्ट.

**निर्लज्ज** *वि* *अधम*, अशिष्ट, *अश्लील*, आत्मसम्मानहीन, खल, खुला/खुली, गंदा/गंदी, गतलज्ज, जूतीख़ोर, ढीठ, *धृष्ट*, नंगा/नंगी, नककटा/नककटी, निहंग, बेग़ैरत, बेदीद, बेलिहाज़, बेशर्म, बेहया, बेहिजाब, लज्जाहीन, •कृतघ्न, ▪लजीला/लजीली, ▪शिष्ट, ▪संकोची.

**निर्लज्जता** = बेपर्दगी.
**निर्लिप्त** = अनासक्त.
**निर्लिप्तता** = अनासक्ति, निष्काम कर्म.
**निर्लुंचन** = नुँचाई.

**निर्लेखन** = उत्कीर्णन.
**निर्वंश** = निम्नकुलीन.
**निर्वचन** = उच्चारण, वाचाहीन, शब्द उद्गम.
**निर्वचनीय** = अपरिभाष्य.
**निर्वसन** = अपरिधानित, नग्न.

**निर्वसनन** *सं* अपरिधानन, अवस्त्रीकरण, चीरहरण, नग्नकरण, नग्नीकरण, निर्वस्त्रण, परिधान हरण, विवस्त्रीकरण, •स्ट्रिपटीज़िंग, •नग्नता.

**निर्वस्त्र** = नग्न.
**निर्वस्त्रण** = निर्वसनन.
**निर्वाक्** = वाचारुद्ध, वाचाहीन.

**निर्वाचक** *सं चयन कर्ता*, *नागरिक*, मतदाता, मताधिकारी, वरयिता, वोटर, वोटाधिकारी, •संसद, ▪विधायक.

**निर्वाचन** *सं* इंतख़ाब, इलेक्शन, *चयन*, चुनाई, चुनाव, पौल, प्रतिनिधि चयन, *मतदान*, वरण, वोट डलाई, वोटिंग, •कनवैसिंग, •जनमत संग्रह, •निर्वाचक, •मनोनयन, •विकल्प, •वोट.

**निर्वाचन क्षेत्र** *सं* इलेक्टोरेट, कांस्टिटुऐंसी, चुनाव क्षेत्र, मतदाता समूह, मतदान क्षेत्र.

**निर्वाचन प्रत्याशी** *सं* उम्मीदवार, कैंडिडेट, चुनाव उम्मीदवार, *प्रतियोगी*, प्रत्याशी.

**निर्वाचन यंत्र** = मतदान यंत्र.

**निर्वाचित** *वि* चयनित (नया प्रचलन), चयित, चुना/चुनी, मुंतख़ब, •मनोनीत, ▪अनिर्वाचित.

**निर्वाच्य** = अनभिव्यंजनीय.
**निर्वाण** = आत्मानंद, मोक्ष.
**निर्वाण त्यागी बुद्ध** = बोधिसत्त्व.
**निर्वाण दिवस** = पुण्य दिवस.
**निर्वाणलोक** = मोक्षलोक.
**निर्वात, निर्वातम** = वैक्यूम.

**निर्वासन** *सं* निकाला, निकृति, निष्कालन, *निष्कासन*, *बहिष्कार*, •जाति निर्वासन, •देश निर्वासन, •धर्मच्युति, •परित्याग, ▪आवाहन.

**निर्वासित** = जाति निर्वासित, निष्कासित, परित्यक्त.

**निर्वासित** *वि* अलग, खदेड़ा/खदेड़ी, *ख़ारिज़*, च्युत, *दंडित*, दुत्कृत, निकाला/निकाली, *निष्कासित*, प्रवासित, बेदख़ल, भगाया/भगाई, वनवासित, *विस्थापित*, शहरबदर, •असदस्यीकृत, •धर्मच्युत, •परित्यक्त, •बहिष्कृत.

**निर्वासित व्यक्ति** *सं* ग़रीब, ग़ुरबती, *निर्वासित*, निर्वासी, *प्रवासी*, •[illegible], •विस्थापित जन.

**निव[illegible]** = निर्वासित व्यक्ति.
**निर्वाह** = आदानप्रदान, आपसदारी, कार्यान्विति, गुज़रबसर, पालनपोषण, व्यवहार, समापन.
**निर्वाहक** = कार्यान्वयक, समापन कर्ता.
**निर्वाहण** = करण.
**निर्वाहन** = अनुपालन, कार्यान्विति.

**निर्वाह वृत्ति** *सं* अनुदान, निर्वाह, बरसोड़ी, *भत्ता*, भरणपोषण, भृति, वज़ीफ़ा, वार्षिकी, वृत्ति, *सहायता*, सालियाना, •छात्रवृत्ति.

**निर्वाह शैली** = व्यवहार.
**निर्वाह स्तर** = जीवनस्तर.
**निर्वाहित** = कृत, पालित पोषित.
**निर्वाह्य** = सहज, साध्य, साध्य.
**निर्विकल्प** = विकल्पहीन.
**निर्विकार** = अनुभूतिहीन, अपरिवर्तनीय, अपरिवर्तित, अप्रभावित, अभावुक, अभिव्यक्तिहीन, ईश्वर, प्रभावातीत, भावहीन.
**निर्विकारता** = अननुभूति.
**निर्विकार संयोजन** = समास.
**निर्विघ्न** = अनवरुद्ध.

**निर्विरोध** *वि* अप्रतिद्वंद्व, अप्रतिपक्ष, अविरोध, अविरोधित, एक मत से चुना, विपक्षहीन, विरोधहीन, *स्वीकृत*.

**निर्विवाद** = अप्रवादित, असंदिग्ध, विवादातीत, सर्वसहमत.
**निर्विवादित** = असंदिग्ध, विवादातीत.
**निर्विवाद्य** = विवादातीत.
**निर्विवेक** = अविचारशील, विवेकहीन.
**निर्विष** = अविषाक्त.
**निर्वीजा** = किशमिश.
**निर्वृत्ति** = उपपत्ति, निवृत्ति.
**निर्वेद** = अनासक्ति, अभावुक, अभिव्यक्तिहीन, भावहीन, शांत रस.
**निर्वेदपूर्ण** = अनासक्त.
**निलंबन** = सेवा निलंबन, स्थगन.
**निल** = कुछ नहीं.
**निलय** = घर, नाश, नीड़, भवन.
**निवचन** = पुनरुक्ति.
**निवरा** = ब्रह्मचारिणी.
**निवर्तन** = प्रत्यादान.

**निवर्तमान** *वि* गामी, जाता/जाती, निवर्ती, बहिर्गामी, भूतगामी, रिटायर होता, विनिवर्ती, •रिटायर्ड, •सेवाच्युत.

**निवर्तित** = रिटायर्ड.
**निवर्ती** = निवर्तमान.

**निवाड़** *सं* निवार, नीवाड़, •पलंग, •फ़ीता.

**निवाड़ा** = नौका.
**निवान** = खादर.
**निवार** = निवाड़.
**निवारण** = अपराध मुक्ति, रक्षा, रोगवारण, वारण.
**निवारण करना** = निवारना.
**निवारणीय** = निवार्य.

**निवारना** *क्रि* ओड़ना, टालना, ढाल बनना, दूर करना, *धकेलना*, निरवारना, निवारण करना, प्रहार बचाना, प्रहार से बचना, *बचना*, बच निकलना, *रोकना*, *रोधना*, वारण करना, वारना, *सँभलना*, *सँभालना*, सारना, •रक्षा करना.

**निवार्य** = अनवश्यंभावी.

**निवार्य** *वि* आसान, निवारणीय, निवार्य, परिहार्य, वारणीय, वार्य, संवार्य, *सहज*, सुनिवार्य, हलका/हलकी, ▪अनिवारणीय.

**निवाला** = ग्रास.

**निवास** = घर.

**निवास** *सं* अधिवास, अधिष्ठान, आवास, क़याम, टिकाव, बासा, रहन, रहवास, वास, सन्निवास, •घर, •पड़ाव, •स्वदेश, ■बहिरावास.

**निवास करना** = बसना.
**निवासन** = आवासन.
**निवासस्थान** = घर.

**निवासिता** *सं* अधिवासिता, आवासिता, बाशिंदगी, रैज़िडेंसी, वासीयता, सुकूनत, •नागरिकता.

**निवासी** = आवासी.

**निवासी** *सं* अधिवासी, *आवासी*, *बासी*, रहने वाला, रहवासी, रैज़िडैंट, वासी/वासिनी, •अंतरावासी, •बहिर्वासी, •आवासी, •नागरिक, ■प्रवासी.

**निविड** = छिद्रहीन, मेघाच्छन्न, सघन.
**निविदा** = टैंडर.
**निविष्ट** = व्यवस्थित.
**निवृत्त** = रिटायर्ड, विरक्त, विश्रांत.

**निवृत्त** *वि* अवरत, उपरत, निपटा/निपटी, फ़ारिग़, विरत, वीत, •अप्रवृत्त, ■प्रवृत्त.

**निवृत्ति** = तृप्ति, मलत्याग, वैराग्य, समापन, सेवा निवृत्ति.

**निवृत्ति** *सं* अभिनिवृत्ति, अवरति, उपशम, निग्रह, निर्वृत्ति, फ़रागत, विरति, शम, •अकर्म, •विश्राम, •समापन, ■प्रवृत्ति.

**निवृत्तिका** = पैंशन.
**निवृत्ति मार्ग उपदेशक** = नारद.
**निवृत्ति वेतन** = पैंशन.
**निवेदक** = अपीलार्थी, समर्पक.

**निवेदक** *सं* अनुनयी, अनुरोधक, अनुरोध कर्ता, अनुरोधी, अभ्यर्थी, *आवेदक*, आवेदन कर्ता, गुहारी, चाहने वाला, जाचक, दुहाई दाता, नियाज़मंद, निवेदन कर्ता, न्यायाकांक्षी, प्रार्थयिता, प्रार्थी, फ़रियादी, याचक, याचिता, याची, वादी, विनयी, विनीत, सवाली, हाजतमंद, हाजती, •फ़रियादी, •भक्त, •भगत, ■अहंकारी.

**निवेदन** = अपील, उपहार, प्रार्थना, भूमिका, याचना, समर्पण.

**निवेदन** *सं* अनुनय, अनुरोध, अभियाचना, अभ्यर्थना, अरदास, अर्ज़, अर्ज़हाल, अर्ज़ी, आयाचना, आवेदन, गुज़ारिश, दरख़्वास्त, दुआ, निहोरा, प्रतिवेदन, *प्रार्थना*, फ़रमाइश, *माँग*, *याचना*, रिप्रज़ैंटेशन, वंदना, विज्ञप्ति, विनती, विनय, सवाल, •मनुहार, ■आग्रह, ■आज्ञा, ■हठ.

**निवेदन कर्ता** = निवेदक.
**निवेदन पत्र** = याचिका.
**निवेदयिता** = समर्पक.
**निवेदित** = उपहृत, प्रदत्त, समर्पित.
**निवेश** = घर.
**निवेशक** = पूँजीपति.
**निवेशन** = आवासन.
**निवेशित** = आधारित.
**निशठ** = छलहीन.
**निशस्त्रीकृत** = अशस्त्रीकृत.
**निशाँगर** = पच्चीकार.
**निशाँगरी** = पच्चीकारी.
**निशांत** = ज़नानख़ाना, शयन कक्ष, सूर्योदय.
**निशा** = रात.
**निशाकर** = चंद्रमा.
**निशाकांत** = चंद्रमा.
**निशाख़ातिर** = निश्चिंत.
**निशाचर** = उल्लू, भूत, राक्षस, रात्रिचर.
**निशाचरी** = अभिसारिका, भूतनी.
**निशा जल** = ओस.
**निशाटन** = राक्षस, सुप्ताटन.
**निशात** = तीक्ष्ण.
**निशाद** = राक्षस.
**निशान** = चिह्न, ट्रेडमार्क, त्वचाचिह्न, दाग़, पदक, प्रतीक, लक्ष्य, लेबल, सुराग़, स्थानचिह्न, स्मारक.
**निशानची** = बंदूक़ची.

**निशानची** *सं* निशानेबाज़, *मारक*, लक्ष्यवेधक, *लक्ष्यवेधी*, लक्ष्यसाधक, *वेधक*.

**निशानदेही** = चिह्नन.
**निशान पर** = लक्ष्यवेधी.
**निशानबरदार** = ध्वजवाहक.
**निशाना** = लक्ष्य, लक्ष्यकेंद्र, लक्ष्यसिद्धि.
**निशानी** = प्रतीक, लक्षण, सुराग़, स्मारक, स्मृतिचिह्न.
**निशानेबाज़** = निशानची.
**निशानेबाज़ी** = लक्ष्य अभ्यास.
**निशि** = रात.
**निशिकांत** = चंद्रमा.
**निशिचर** = उल्लू, राक्षस, रात्रिचर.
**निशि दिन** = हमेशा.
**निशीथ** = मध्यरात्रि.
**निशीथिनी** = मध्यरात्रि, रात.
**निशुंभन** = वध.
**निशुंभमर्दिनी** = दुर्गा.
**निश्चय** = संकल्प.

**निश्चय** *सं* *अंत*, ठहराव, डिसीज़न, तय, निर्णय, निर्धार, *निष्कर्ष*, फ़ैसला, विनिर्णय, विनिश्चय, *व्यवस्था*, सिद्धि, •जजमैंट, •संकल्प, •समाधान, ■अनिश्चय, ■आशंका, ■दुबिधा, ■भ्रम, ■हिचक.

**निश्चय से हटना** = डगमगाना.
**निश्चय ही** = अवश्यमेव.
**निश्चयहीन** = विचलनशील.
**निश्चयात्मक** = निर्णायक.
**निश्चयी** = आत्मविश्वासी.
**निश्चल** = अप्रभावित, निश्चल (जल), वातहीन, संकल्पशील.

**निश्चल** *वि* अक्रम, अचंचल, अचेष्ट, अजंगम, अदोलित, अविचल, क़ायम, गतिहीन, ठहरा/ठहरी, तरंगहीन, थमा/थमी, थिर, निचलाया/निचलाई, निष्कंप, *प्रशांत*, रुका/रुकी, विचेष्ट, विनिश्चल, शांत, संतुलित, संस्थ, सधा/सधी, सुशांत, सुस्थिर, *स्थिर*, •अचल, •वातहीन, ■चंचल, ■संचलनशील.

**निश्चल (जल)** *वि* अचंचल, अनुद्वेलित, अप्रवाहित, अप्रवाहित (जल), अवरुद्ध (जल), खड़ा/खड़ी, *-गंभीर*, ठहरा/ठहरी, तरंगहीन,

थमा/थमी, थिर, *निश्चल*, प्रवाहहीन, *बंद*, बँधा/बँधी, रुका/रुकी, रुद्ध, लहरहीन, वीचिहीन, शांत, *स्थिर*, •गंदा/गंदी, ▪प्रवाहित (जल), ▪बहता/बहती.

**निश्चल करना** = रोकना.
**निश्चल जल** = स्थिर जल.
**निश्चलता** = जल अप्रवाह.
**निश्चलन** = विराम.
**निश्चल होना** = ठहरना, रुकना.
**निश्चायक** = असंदिग्ध, निर्णायक.
**निश्चिंत** = विश्रांत, शोकहीन.

**निश्चिंत** *वि* अचिंत, अचिंतित, अचिंतित, अनाकुल, अनातुर, अनाशंकित, अनुत्तेजित, अनुत्सुक, अनुद्विग्न, अशंक, चिंतारहित, चिंताहीन, निराकुल, निशाख़ातिर, निश्शंक, बरी, बिंदास, बेग़म, बेपरवाह, बेफ़िक्र, लापरवाह, शंकाहीन, •अलमस्त, •आत्मविश्वासी, •प्रशांत, ▪आतुर, ▪चिंतित.

**निश्चित** = अनुबंधित, अपरिवर्तनीय, अप्रवादित, अवश्यंभावी, असंदिग्ध, आकलित, आरक्षित, इतना/इतनी, निर्धारित, परिगणनीय, पारंपरिक, विवादातीत, शीड्यूलित, शीड्यूलित, संपुष्ट, स्पष्ट.
**निश्चित क्रम** = रूटीन.
**निश्चिततः** = अवश्यमेव.
**निश्चितता** = अवश्यंभावना.
**निश्चेतन** = अचेत.
**निश्चेष्ट** = निष्क्रिय, हतोत्साहित.
**निश्चेष्टा** = अप्रयास.
**निश्छल** = ईमानदार, छलहीन, विश्वसनीय, सत्यपूर्ण.
**निश्याचक क्षण** = क्लाईमैक्स.
**निश्वास** = श्वास.
**निश्शंक** = निश्चिंत, भयहीन, संदेहहीन, सुरक्षित.
**निश्शत्रु** = शत्रुहीन.
**निश्शब्द** = ध्वनिहीन, वाचाहीन.
**निश्शब्दता** = अध्वनि.
**निश्शस्त्र** = निहत्था/निहत्थी.

**निश्शस्त्रीकरण** *सं* अशस्त्रीकरण, निर्बलीकरण, शक्ति हरण, शस्त्रहरण, हथियार उतराई, •विसैन्यीकरण.

**निश्शस्त्रीकृत** = अशस्त्रीकृत.
**निश्शील** = अश्लील, लज्जाजनक, स्वेच्छाचारी.
**निश्शुल्क** = धर्मार्थ.

**निश्शुल्क** *वि* फोकट, फोकट का, फ़्री, बेदाम, मुफ़्त, मुफ़्त का, *मुफ़्ती*, मूल्यरहित, मूल्यहीन, सेंतमेंत का, •लुभाव, ▪सशुल्क.

**निश्शुल्क नहीं** = सशुल्क.
**निश्शेष** = अनवशिष्ट.
**निश्शोक** = प्रशांत, शोकहीन.
**निश्चयी** = कटिबद्ध.
**निषंग** = तलवार.
**निषाद** = सप्तक स्वर सूची.
**निषाद राजकुमार** = एकलव्य.
**निषिद्ध** = अचर्चनीय, अवैध, असमाविष्ट, अस्वीकृत, तस्कृत, धर्मनिषिद्ध (आहार).

**निषिद्ध** *वि* अग्राह्य, अननुमत, अनाचरणीय, अनिर्दिष्ट, अनुचित, अमान्य, अविहित, *अवैध*, *अस्वीकार्य*, त्याज्य, नाजायज़, नामाकूल, नामुनासिब, *नियंत्रित*, निरुद्ध, निरोधित, प्रतिबंधित, प्रतिबाधित, *बंद*, बेजा, बैन्ड, मना, रोक लगा, वर्जित, विवर्जित, हराम, •अवैध, ▪अप्रतिबंधित, ▪मुक्त.

**निषिद्ध क्षेत्र** *सं* अपवर्जित क्षेत्र, रैड लाइट एरिया, वर्जित क्षेत्र.

**निषेक** = गर्भाधान.
**निषेचन** = गर्भदान.
**निषेध** = असमावेश, अस्वीकृति, निषेधाज्ञा, प्रतिबंध, वीटो.
**निषेधक मत** = वीटो.
**निषेधपूर्ण** = प्रतिबंधपूर्ण.
**निषेधहीन** = अप्रतिबंधित.
**निषेधहीनता** = अप्रतिबंध.
**निषेधाज्ञा** = करफ़्यू.

**निषेधाज्ञा** *सं* एकत्रण निषेध, दफ़ा 144, निषेध, *प्रतिबंध*, समूहन निषेध, •करफ़्यू, •प्रतिबंध, •सैंसरशिप, ▪अनुमति.

**निषेधात्मक** = प्रतिबंधपूर्ण.
**निषेधाधिकार** = वीटो.
**निषेवा** = धर्मकर्म.
**निष्कंटक** = अनवरुद्ध.
**निष्कंठ** = वाचाहीन.
**निष्कंप** = कंपनहीन, निश्चल.
**निष्कपट** = छलहीन.
**निष्कपट व्यवहारी** = छलहीन.
**निष्कर्म** = अकर्मा, प्रयासहीन.
**निष्कर्ष** = उपपत्ति, जजमैंट, निश्चय, समाधान, सार संक्षेप.

**निष्कर्ष** *सं* *अर्क़*, तत्त्व, निचोड़, निरजोस, यूष, *रस*, लुआब, सत्त, सार, हासिल, •निर्यास, •रस.

**निष्कर्षक** = कोल्हू.
**निष्कर्षण** = उत्खनन, उन्मूलन.
**निष्कलंक** = अनिंदनीय, अपराधमुक्त, निर्दोष, परिपूर्ण, स्वच्छ.

**निष्कलंक** *वि* अकलंक, अकल्मष, अछूता/अछूती, अस्पृष्ट, कलंकहीन, दूध का धुला/दूध की धुली, निर्मल, निष्पाप, *पवित्र*, पाक, *पापहीन*, बेदाग़, लांछनहीन, •अनिंदनीय, •परिपूर्ण, •स्वच्छ, ▪लांछित.

**निष्कलन** = निर्गम.
**निष्कलुष** = अनिंदनीय.
**निष्कवाथ** = क़हवा.
**निष्काम** = अनासक्त, लालसाहीन, विरक्त, संतोषी.

**निष्काम कर्म** *सं* अकाम कर्म, *अनासक्ति*, असंग, आसक्तिहीन कर्म, निर्लिप्तता, फलासक्तिहीन कर्म, •कर्म, •कर्मफलत्याग, ▪सकाम कर्म.

**निष्कामता** = अनिच्छा.
**निष्कामना** = अनिच्छा.

**निष्कारण** *वि* अकारण, अचिंतित, अनर्थक, अनायोजित, *अयोजित*, *अविचारित*, असार, आधारहीन, कारणहीन, नाहक़, निरर्थक, निर्मूल, निष्प्रयोजन, फ़ज़ूल, वृथा,

व्यर्थ, व्यर्थ, ●उद्देश्यहीन, ■सकारण.

**निष्कालन** = जाति निर्वासन, निर्वासन, निष्कासन.
**निष्कालित** = निष्कासित.
**निष्कासन** = जाति निर्वासन, देश निर्वासन, निर्वासन, परित्याग, सेवाच्युति.

**निष्कासन** *सं* खदेड़, निकलाई, निकाल, निकाला, निष्कालन, निष्क्रामण, पठाई, भगाई, हटाई, ●निर्वासन, ●विस्थापन, ■आवाहन.

**निष्कासित** = जाति निर्वासित, निर्वासित, विस्थापित जन, सत्ताच्युत.

**निष्कासित** *वि* अलग, खदेड़ा/खदेड़ी, दुतकारा/दुतकारी, दुत्कृत, दुरदुराया/दुरदुराई, निकाला/निकाली, *निर्वासित*, निष्कालित, भगाया/भगाई, ●असदस्यीकृत.

**निष्कृति** = परगमन, प्रायश्चित्त.
**निष्क्रम** = क्रमहीन, गमन.
**निष्क्रमण** = गमन, निर्गम, पदत्याग, वानप्रस्थाश्रम प्रवेश, सोलह संस्कार सूची.
**निष्क्रमित** = निर्गमित.
**निष्क्रांत** = निर्गमित, विस्थापित.
**निष्क्रामण** = निष्कासन.
**निष्क्रिय** = अतत्पर, आलसी, प्रयासहीन.

**निष्क्रिय** *वि* अकर्मठ, अकर्मण्य, अक्रिय, अचेतन, अजीवंत, अव्यस्त, असक्रिय, उद्यमहीन, कर्महीन, गतिविधिहीन, *जड़*, निश्चेष्ट, शांत, ●अकर्मा, ●आलसी, ●प्रयासहीन, ■महत्त्वाकांक्षी, ■सक्रिय.

**निष्क्रियकृत** = विरामित.
**निष्क्रियता** = आलस, थकान.
**निष्क्रिया** = अप्रयास.
**निष्क्रियित** = विरामित.
**निष्टपन** = दहन.
**निष्टि** = दिति.
**निष्ठ** = अपरिवर्तनीय, आत्मविश्वासी, आधारित, कटिबद्ध, कर्तव्यपरायण, दायित्वपूर्ण, धीर, निष्ठावान, प्रवृत्त, संकल्पशील, समय पालक, स्थित.
**निष्ठा** = आस्था, ईमानदारी, धैर्य, नैतिकता, भक्ति, महत्त्वाकांक्षा, विवाह निष्ठा, विश्वास, साधना.

**निष्ठा** *सं* अच्छाई, अपरिवर्तनशीलता, प्रतिबद्धता, *भक्ति*, भरोसेमंदी, मुरौवत, वफ़ा, *शपथ*, शील, श्रद्धा, ●आस्था, ●ईमानदारी, ■अवसरवादिता, ■विश्वासघात, ■षड्यंत्र.

**निष्ठा परिवर्तन** = विश्वासघात.
**निष्ठापूर्ण** = ईमानदार, पूजाभावी, मित्रतापूर्ण, विश्वसनीय.
**निष्ठापूर्ण प्रेम** = प्रेमनिष्ठा.
**निष्ठाभंग** = विश्वासघात.
**निष्ठालु** = पूजाभावी.
**निष्ठावान** = कर्तव्यपरायण, पूजाभावी, मित्रतापूर्ण, विश्वसनीय, संकल्पशील.

**निष्ठावान** *वि* अनवसरवादी, अपरिवर्तनशील, अविचल, ऊँचा/ऊँची, खरा/खरी, *छलहीन*, नमकहलाल, निष्ठ, नेकदिल, नेकनीयत, परायण, पाबंद, फ़रमाबरदार, बावफ़ा, भरोसेमंद, वफ़ादार, *विश्वसनीय*, विश्वस्त, सच्चा/सच्ची, सत्तानिष्ठ, सत्ताभक्त, *समर्पित*, *स्थित*, *स्थिर*, स्वामीभक्तिपूर्ण, ●एकनिष्ठ, ●कर्तव्यपरायण, ■निष्ठाहीन, ■विश्वासघाती.

**निष्ठावान मित्र** = निस्स्वार्थ मित्र.
**निष्ठाहीन** = अवसरवादितापूर्ण, विचलनशील, संदेहशील.

**निष्ठाहीन** *वि* अनस्थिर, अनिष्ठ, *अवसरवादी*, अवसरसाधक, *अविश्वसनीय*, *अस्थिर*, कचपैंदिया, चलायमान, झूठा/झूठी, तोताचश्म, नमकहराम, *परिवर्तनशील*, *बिकाऊ*, बेमुरौवत, बेवफ़ा, विश्वासहीन, ●अप्रतिबद्ध, ●अवसरवादी, ●बेईमान, ■निष्ठावान.

**निष्ठाहीन प्रेमी** = स्वच्छंद प्रेमी.
**निष्ठित** = स्थित.
**निष्ठीव** = थूक.
**निष्ठुर** = निर्दय.
**निष्णात** = कुशल, दक्ष, पोस्टग्रैजुएट, प्रशिक्षित, विद्याविद्.
**निष्पक्ष** = गुटनिरपेक्ष, न्यायप्रिय, भेदभावहीन, वस्तुपरक.

**निष्पक्ष** *वि* अनपेक्ष, उदासीन, तटस्थ, तुल्यदर्शी, निरपेक्ष, न्यायपूर्ण, पक्षपातहीन, *भेदभावहीन*, समचेता, समदर्शी, समालोकी, ●गुटनिरपेक्ष, ●न्यायप्रिय, ●भेदभावहीन, ●मध्यस्थ, ●स्वार्थी, ■गुटबाज़, ■पक्षपाती.

**निष्पक्षता** = न्याय.
**निष्पत्ति** = उपपत्ति, कार्यान्विति, रसानुभूति, समापन.
**निष्पन्न** = कृत, पूर्णकृत.
**निष्परिग्रह** = अपरिग्रही.
**निष्पादक** = कार्यान्वयक.
**निष्पादन** = करण, कार्यान्विति, समापन.
**निष्पादित** = कृत, पूर्णकृत, साधित.
**निष्पाप** = निष्कलंक, पापहीन, शिशुवत, सरलचित्त.
**निष्पापा** = कौमार्यवती.
**निष्पाव** = ओसाई.
**निष्पावी सेम** = लोबिया.
**निष्पिष्ट** = चूर्णित.
**निष्पीड़क** = पीड़ाहर औषध.
**निष्पुत्र** = पुत्रहीन.
**निष्प्रतिभ** = प्रतिभाहीन.
**निष्प्रभ** = अंधकारपूर्ण, धुँधला/धुँधली, बदरंग.
**निष्प्रयोजन** = अनुपयोगी, उद्देश्यहीन, निष्कारण, निरर्थक.
**निष्प्रयोजनतः** = उद्देश्यहीनतः.
**निष्प्रयोजनता** = निरर्थकता.
**निष्प्राण** = मृत.
**निष्फल** = असफल, निरर्थक, फलहीन.
**निष्फल निवेदन** = अरण्यरोदन.
**निसबत** = अनुपात, परिवार संबंध, प्रेम, संबंध.
**निसबती** = तुलनात्मक.
**निसबती भाई** = जीजा.
**निसर्ग** = प्रकृति, सृष्टि, स्वर्ग.
**निसाँसा/निसाँसी** = मरणासन्न, श्वासहीन.

**निसार** = वारफेर.
**निसास** = आह.
**निसासी** = श्वासहीन.
**निसूदन** = वध, हत्यारा.
**निस्तंद्र** = निद्राहीन, सावधान.
**निस्तंद्रा** = निद्राहीन.
**निस्तब्ध** = ध्वनिहीन.
**निस्तब्धता** = अध्वनि.
**निस्तरना** = बचना.
**निस्तार** = असुरवध, राहत, समापन.
**निस्तारक** = मुक्तिदाता.
**निस्तार करना** = उबारना.
**निस्तारना** = उबारना.
**निस्तेज** = अप्रतिष्ठित, अप्रबल, जर्जर वृद्ध, थका/थकी, धुँधला/धुँधली, निर्बल, प्रतिभाहीन, बदरंग, बीमार, मुरझाया/मुरझाई, विवर्ण, वैभवहीन.
**निस्तेजता** = निरुत्साह.
**निस्पंद** = कंपनहीन.
**निस्पृह** = अनासक्त, इच्छाहीन, लालसाहीन.
**निस्फ़** = आधा/आधी.
**निस्फ़ी बँटाई** = बँटाईदारी.
**निस्वन** = सरसर.
**निस्वेद** = पसीना.
**निस्संकोच** = खुले आम, संकोचहीन.
**निस्संक्रमक** = रोग निवारक.
**निस्संक्रमण** = विसंक्रमण.
**निस्संक्रामक** = पूयांतक.

**निस्संक्रामक** *सं* निःसंक्रामक, रोगाणुनाशक, रोगाणुनाशी, ●कीटाणुनाशक, ●पूयांतक.

**निस्संख्य** = अगणनीय.
**निस्संग** = एकाकी, मित्रहीन, विरक्त.
**निस्संज्ञक** = संज्ञाहर औषध.
**निस्संज्ञता** = निस्संज्ञा.

**निस्संज्ञा** *सं* अचेतना, असंज्ञा, असंज्ञान, ऐनिस्थीसिया, निस्संज्ञता, बोधहीनता, संज्ञाहीनता.

**निस्संतान** = वंध्य.

**निस्संतान** *वि* अनपत्य, अपुत्र, अपूत, अपूता, अवंश, असंतति, असंतान, उत्ता/उत्ती, ऊत/ऊती, निःसंतान, निरबंसिया, निरबंसी, बेऔलाद, बेचिराग़, बेवारिस, लाऔलाद, लावारिस, वंशहीन, संतानहीन, ●उत्तराधिकारीहीन, ●पुत्रहीन, ●वंध्य, ■अनाथ, ■संतानवान, ■संतानवान.

**निस्संदेह** = अवश्यमेव, संदेहहीन.
**निस्संदेहतः** = अवश्यमेव.
**निस्सहाय** = असहाय, विवश.
**निस्सादन** = निथराई.
**निस्सार** = अर्थहीन, निरर्थक, सारहीन.
**निस्साहस** = कायर.
**निस्सीम** = अगणनीय, असीम.
**निस्स्वन** = ध्वनिहीन.
**निस्स्वर** = ध्वनिहीन.
**निस्स्वादु** = स्वादहीन.
**निस्स्वार्थ** = उद्देश्यहीन.

**निस्स्वार्थ** *वि* अच्छा/अच्छी, अमम, आत्मत्यागी, ईमानदार, उदार, खुले दिल वाला, त्यागशील, त्यागी, *दानी*, नेकदिल, नेकनीयत, बलिदानी, बेग़र्ज़, भला/भली, *विशालहृदय*, सदाशय, स्वार्थत्यागी, स्वार्थहीन, ●उच्चाशय, ●दानशील, ■लोभी, ■स्वार्थी.

**निस्स्वार्थ मित्र** *सं* अच्छा मित्र, असली दोस्त, गाढ़े का साथी, दोस्तों का दोस्त, निष्ठावान मित्र, यारों का यार, वक़्त पर काम आने वाला दोस्त, विश्वस्त मित्र, सच्चा मित्र, सन्मित्र, सुखदुःख का साथी, हित मित्र, ■स्वार्थी मित्र.

**निहंग** = नग्न, निर्लज्ज, वैरागी.
**निहंता** = मारने वाला, हत्यारा.
**निहठा** = आधार सूची, कुटाई ठीहा, ठीहा, थूनी.
**निहत** = संलग्न, हत्याकृत.

**निहत्था/निहत्थी** *वि* अभयानक, अशस्त्र, आयुधहीन, ख़ाली हाथ, निरायुध, *निर्बल*, निशशस्त्र, बेहथियार, शस्त्रहीन, ●असहाय, ●असुरक्षित, ■शस्त्रसज्जित.

**निहनन** = वध, हत्या.
**निहनना** = संहारना.
**निहाई** = आधार सूची, ठीहा.
**निहायत** = अत्यधिक.
**निहारन** = अवलोकन.
**निहारना** = ताकना, ताकना, देखना.
**निहाल** = आनंदित, पूर्णेच्छ, पौद, पौधा, प्रसन्न, सफल.
**निहाल होना** = हुलसना.
**निहाली** = गद्दा, गद्दी, ठीहा, लिहाफ़.
**निहित** = आधारभूत, आधारित, पहुँचाया/पहुँचाई, मौलिक (अधिकार), व्यंजनार्थक.
**निहित अर्थ** = व्यंजनार्थ.
**निहित स्वार्थ** = स्वार्थ.
**निहिलिज़्म** = शून्यवाद.
**निहोरा** = अपील, गिड़गिड़ाहट, निवेदन, प्रार्थना, फ़रियाद, याचना.
**निहोरे** = लिए.
**नींद** = निद्रा.
**नींद आना** = मरना, सोना.
**नींद से उठना** = जागना.
**नींद से उठाना** = जगाना.
**नींबू जैसा स्वाद** = खटास.
**नीक** = सुंदर.
**नीका/नीकी** = अच्छा/अच्छी, छबीला/छबीली.
**नीकी** = सुंदर स्त्री.
**नीके** = विधिपूर्वक.
**नीग्रितो** = नीग्रो.
**नीग्रिलो** = नीग्रो.

**नीग्रो** *सं* काला, ज़ंगी, निग्गर (अमरीका अपमानसूचक), नीग्रितो, नीग्रिलो, नीग्रो/नीग्रैस, हबशी/हबशन, हबस, ■श्वेत जाति.

**नीग्रो/नीग्रैस** = नीग्रो.
**नीच** = अधम, कामुक, कृतघ्न, गुंडा, ठग, ढलान, दुर्जनतापूर्ण, निकृष्ट, निम्नकुलीन, निम्नवर्णीय, पापपूर्ण, पापी, बदनाम.
**नीच ऊँच** = उत्थानपतन, भाग्यचक्र.
**नीचकर्मी** = अधम.
**नीचगा** = नदी.
**नीचतम** = निम्नतम.
**नीचयोनि** = निम्नवर्णीय.
**नीच वर्ण** = अद्विज वर्ण.
**नीचस्थ** = निम्न.
**नीचा/नीची** = अवनत, अवनमित, अवमानक, झोलदार, ठिंगना/ठिंगनी,

ढलानदार, निकृष्ट, निम्न, निम्नकुलीन, पापपूर्ण, बदतर, बुरा/बुरी, साइज़ से बड़ा.

**नीचा/नीची** *वि* अतुंग, अनुच्च, अनुदग्र, अल्पोच्च, कम ऊँचा, छोटा/छोटी, ठिंगना/ठिंगनी, लघु, *ह्रस्व*, ●निम्न, ■ऊँचा/ऊँची.

**नीचाई** = निम्नदिशा.
**नीचाई पर** = नीचे.
**नीचा दिखाना** = हराना.
**नीची जाति** = अद्विज वर्ण.
**नीचे** = गहरे, धारा के साथ, नीचे की ओर, विवशतः.

**नीचे** *क्रिवि अंदर*, अधो-, *गहरे*, ज़ेर, तल में, तले, निम्नतः, नीचाई पर, पैरों में, ●नीचे की ओर, ■ऊपर.

**नीचे आना** = उतरना.
**नीचे उतरना** = उतरना.
**नीचे ऊपर** = हर ओर.
**नीचे कहा** = निम्नोक्त.
**नीचे का लोक** = पाताल लोक.
**नीचे की ओर** = धारा के साथ.

**नीचे की ओर** *क्रिवि* उतरते, ऊपर से नीचे, *गहरे*, ढलते, ढलान की ओर, *नीचे*, ■ऊपर.

**नीचे की दिशा** = निम्नदिशा.
**नीचे कूद** = कूद.
**नीचे गिरना** = गिरना.
**नीचे जाना** = उतरना, डूबना.
**नीचे फेंकना** = गिराना.
**नीचे बैठना** = निथरना.
**नीचे बैठी मिट्टी** = गाद.
**नीचे रखना** = टिकाना.
**नीचे लिखा** = निम्नोक्त.
**नीचे से उठाना कर्म** = उठाई.
**नीचे से ऊपर** = ऊपर की ओर.
**नीचे से ऊपर जाता** = प्रतिक्षितिज.
**नीड़** = घर, पलंग, बिल.

**नीड़** *सं* आशियाना, खोंतल, खोंता, घरवा, घरौंदा, घोंसला, तिनके (काव्य) (जैसेः चंद तिनके), तिनकों का मकान, तृणगृह, निलय, नीडक, बसेरा, ●कोटर, ●छत्ता, ●पक्षी छतरी, ●बाँबी, ●बिल, ●वृक्ष.

**नीडक** = नीड़, पक्षी.
**नीडज** = नर पक्षी, पक्षी.
**नीडजा** = मादा पक्षी.
**नीत** = लाया/लाई, लिया/ली.
**नीति** = कुचाल, धर्म, नियम, न्याय, लोकव्यवहार नियम, विधि.

**नीति** *सं* कार्यदिशा, कार्यनीति, तरकीब, *दिशा निर्देश*, दिशा संकेत, निर्देश, पालिसी, *मंत्र*, युक्ति, *योजना*, *रणनीति*, *संकेत*, ●नीतिवाक्य, ●विधि.

**नीतिकुशल** *वि* कपटी, काइयाँ, कूटनीतिकुशल, गहरा/गहरी, घुटा/घुटी, चंट, चालाक, छली, तिकड़मी, दाँवपेंची, नंबरी, पक्का/पक्की, पहुँचा/पहुँची, फ़ितरती, *वक्र*, शातिर, ●अनुभवी, ●कुटिल, ●बुद्धिमान, ●विवेकी, ●व्यवहारवादी, ●षड्यंत्रकारी.

**नीतिगामी** = सदाचारी.

**नीति चतुष्टय** *सं* उपाय चतुष्टय, कूटनीति चार उपाय, चतुर्युक्ति, राजनीति चार उपाय, शत्रुविजय चार उपाय, साम दाम दंढ भेद, ●दंडनीति, ●दामनीति, ●भेदनीति, ●सामनीति.

**नीति चतुष्टय सूची** *सं* दंड, दाम, भेद, साम.

**नीतिज्ञ** = व्यवहारकुशल.
**नीतिज्ञान** = दर्शन शास्त्र.
**नीतिपूर्ण** = उपदेशपूर्ण, कूटनीतिपूर्ण.
**नीतिमान** = विवेकी.
**नीतिमार्ग** = सदाचार.
**नीतियुक्त** = नैतिक.
**नीतियुक्तता** = नैतिकता.
**नीतिवाक्य** = उक्ति, उपदेश, गुर, निदेश, सफलता मार्ग.

**नीतिवाक्य** *सं* आदर्श वाक्य, उद्देश्य वाक्य, *मंत्र*, मोटो, सिद्धांत वाक्य, ●गुर, ●गुरुमंत्र, ●निदेश.

**नीतिविरुद्ध** = अनैतिक.
**नीतिसंगत** = नैतिक.
**नीतिसंगतता** = नैतिकता.

**नीतिहीन** = अनैतिक.
**नीप** = निम्न.
**नीबुई** = खट्टा/खट्टी.
**नीबू** = सागसब्ज़ी.

**नीबू** *सं* अम्ल जंभीर, अम्लसार, छोलंग, निबुआ, लवणांतक, लाइम, लीमू, लैमन.

**नीबू पानी** = शिकंजबीन.
**नीबू शरबत** = शिकंजबीन.
**नीम** = आधा/आधी.

**नीम** *सं* अरिष्ट, चीर्णपर्ण, निंब, पीतसार, बेनीर, सर्वतोभद्र.

**नीमआस्तीन कमीज़** = टी शर्ट.
**नीम चढ़ा/नीम चढ़ी** = कड़वा/कड़वी.
**नीमचा** = खंडा.
**नीम जैसा** = कड़वा/कड़वी.
**नीमटर** = अल्पज्ञ.
**नीम हकीम** = अल्पज्ञ, अल्पशिक्षित.

**नीम हकीम** *सं* अताई हकीम, अनाड़ी चिकित्सक, ओझा, कठबैद, क्वैक, दवाफ़रोश, दवाबाज़, सड़कछाप बैद, ●नौसिखिया.

**नीम हकीमी** = अल्पज्ञान.
**नीमा/नीमी** = अवनमित.
**नीयत** = इच्छा, उद्देश्य, लालसा.
**नीर** = जल, रस.
**नीरक्षीर** = मिश्रित.
**नीरक्षीर ज्ञान** = विवेक.
**नीरज** = कमल, जलज, धूलिहीन, मोती.
**नीरद** = मेघ, वर्षा मेघ.
**नीरधर** = मेघ, वर्षा मेघ.
**नीर भरा** = वर्षद.
**नीरव** = ध्वनिहीन.
**नीरवता** = अध्वनि.
**नीरस** = अनाहार्य, अपठनीय, अमनोरंजक, अरसिक, अरोचक, अविविध, उबाऊ, उबाऊ, कुस्वादिष्ठ, जलहीन, बेमसाला, रसहीन, सूखा/सूखी, स्वादहीन.

**नीरा** *सं* अकासी, ताड़ निर्यास, ताड़ नीर, *ताड़ी*.

**नीराजन** = आरती.

**नीरिद** = नौसादर.
**नीरोग** = चिकित्सित, स्वस्थ.
**नीरोगकर** = चिकित्साकारी.
**नीलंगु** = भ्रमर.
**नील** = आघात नील, नीलगिरि, नीला/नीली, वानर सूची.
**नील** = सूची.

**नील** *सं* इंडिगो, तूली, नील निर्यास, नीली, रंजनी, रजनी, श्यामा, •साबुन.

**नील अश्वक** = पिद्दा.
**नीलकंठ** = खंजन, गौरैया, मूली, मोर, शिव.

**नीलकंठ** *सं* कटनास, चाप, चाष, चास, डाहुक, दुरुफ, पुण्यदर्शन, भारत चाष, मणिकंठ, शकुंत, श्यामकंठ, स्वर्णचूड़.

**नीलकंठाक्ष** = रुद्राक्ष.□
**नीलक** = काला नमक, भ्रमर.

**नीलकमल** *सं* असितांबुज, इंदिरालय, इंदीवर, उत्पल, नीलांबुज, नीलोत्पल, नीलोफ़र, राजीव, •रक्तकमल.

**नील गगन** = आकाश.

**नीलगाय** *सं* अरना, गोमृग, बनगाव, रोझ, रोह.

**नीलगिरि** = पर्वत सूची भारत उपमहाद्वीप.

**नीलगिरि** *सं* अंजनगिरि, कृष्णाचल, *नील*, नीलाचल.

**नीलचर्म** = फ़ालसा.
**नीलध्वज** = तमाल.
**नील निर्यास** = नील.
**नीलपीत** = हरा/हरी.

**नीलम** *सं* असितोपल, इंद्रनील, नीलमणि, नीलोपल, वैदूर्य, सैफ़ायर.

**नीलमणि** = नीलम.
**नीललोहित** = बैंगनी.
**नीलवसन** = शनि ग्रह.
**नील वृक्ष** = यूकलिप्टस.

**नील सस्य** = बाजरा.
**नीलसार** = तेंदू.
**नीलांजना** = मेघविद्युत.
**नीलांबर** = बलराम.
**नीलांबुज** = नीलकमल.
नीला = वर्णाली रंग सूची.

**नीला/नीली** *वि* असित, आसमानी, *नील*, श्याम, •काला/काली, •बैंगनी.

**नीलाचल** = नीलगिरि.
**नीलापन** = नीलिमा.
**नीला पीला/नीली पीली** = हरा/हरी.
**नीलाभता** = नीलिमा.
**नीलाम** = नीलामी.

**नीलामी** *सं* औक्शन, घोष विक्रय, नीलाम, *बोली*, •दिवाला.

**नीलारुण** = बैंगनी.
**नीला लाल** = बैंगनी.

**नीलिमा** *सं* नीलापन, नीलाभता, श्यामता, श्यामलता, •कालिमा.

**नीली** = नील.
**नीली गौरैया** = पिद्दा.
**नीलोत्पल** = नीलकमल.
**नीलोपल** = नीलम.
**नीलोफ़र** = नीलकमल.
**नीवँ** = आधार, आधार सूची, आरंभिक कर्म, प्रारंभिक अवस्था.

**नीवँ** *सं* *आधार*, *आसन*, आसार, जड़, जमावट, टिकान, पाया, पीठिका, फ़ाउंडेशन, बिना, बुनियाद, बेस, मूल, •दीवार, •निम्नभाग, •फ़र्श, •भवन, ■छत.

**नीवँ पत्थर** *सं* आधारशिला, खूँट, बुनियाद पत्थर, शिलापट, संगे बुनियाद, *सिल*, ■मेहराब शिखर पत्थर.

**नीवँ रखाई** = शिलान्यास.
**नीवाड़** = निवाड़.□
**नीवि** = निधि, पूँजी.
**नीवी** = नाड़ा, मूलधन.
**नीवीदान** = वित्तीय सहायता.
**नीशार** = क़नात, मसहरी.
**नीहार** = कोहरा, तुषार, हिम.

**नीहारिका** *सं* अंतरिक्षीय धुंध, तारा धुंध, नक्षत्र रज, नैब्युला, रजः नक्षत्र, •आकाश गंगा, •ब्रह्मांड, •मंदाकिनी.

**नीहोन (स्थानीय)** = जापान.

**नुँचना** *क्रि* *उखड़ना*, *उतरना*, खुँटना, चुँटना, लुंचित होना.

**नुँचाई** = चिकोटी.

**नुँचाई** *सं* अवलुंचन, आलुंचन, उल्लुंचन, निर्लुंचन, लुंचन, विलुंचन, •उखड़ाई.

**नुक़ता** = अनुस्वार चिह्न, आयामहीन बिंदु, चिह्न, बिंदु.
**नुक़्ताचीं** = छिद्रान्वेषक, निंदक.
**नुक़ताचीनी** = छिद्रान्वेषण.

**नुकती** *सं* दाना, नुगदी, बुँदिया, *बूँदी*, मोगरा, •चनौरी.

**नुकसान** = अपकार, अहित, चोट, विलब्धि, हानि.
**नुकसानदेह** = अनिष्टकारी, आहतिकारक, दुर्भाग्यप्रद, रोगकारक, हानिप्रद.
**नुकसान भरपाई** = क्षतिपूर्ति.
**नुकसानी** = क्षतिपूर्ति.
**नुकीला** = सुंदर.
**नुकीला/नुकीली** = तीक्ष्ण, सुंदरकाय.
**नुकीला दाँत** = कीला.
**नुकीली** = सुंदर स्त्री.

**नुक्कड़** *सं* *किनारा*, *कोना*, दहाना, नक्का, *नाका*, मुहाना, •कोना, •चौराहा.

**नुक्का** = नोक.
**नुक़्स** = दुर्गुण.
**नुगदी** = नुकती.
**नुनाई** = नमकीनपन, फ़सल कटाई.
**-नुमा** = सदृश.
**नुमाइंदा** = प्रतिनिधि, प्रवक्ता.
**नुमाइश** = प्रदर्शन, प्रदर्शनी, मेला बाज़ार.
**नुमाइशी** = तड़कभड़कदार, पाखंडपूर्ण.
**नुमायाँ** = अगुप्त, प्रकट.
**नुसख़ा** = औषध पत्र, रैसिपी.
**नुस्ख़ा** = गुर, विधि.

**नूडल्स** *सं* रामेन, •चाउमीन, •चापसुए, •नूडल्स, •पास्ता, •माकरोनी, •सिवइयाँ.

**नूतन** = अभूतपूर्व, नवरचित, नवीन, परिवर्तनकारी, वर्तमान, विचित्र.
**नूद** = शहतूत.
**नून** = नमक.
**नूपुर** = घुँघरू, पाज़ेब.
**नूपुर ध्वनि** = रुनझुन.
**नूर** = अंगदीप्ति, आब, चमक, नवयौवन, प्रकाश.
**नूरबाफ़** = बुनकर.
**नूर वाला** = दीप्तवर्ण.
**नूरा** = समप्रतियोगी, सुंदर, सुंदर पुरुष.
**नूरा/नूरी** = दीप्तवर्ण, दीप्तांग.
**नूरी** = सुंदर स्त्री, सुंदर स्त्री.
**नूह प्रलय** = मनु प्रलय.
**नूह बाढ़** = मनु प्रलय.
**नृ** = मानव.
**नृ-** = मानवीय.
**नृघात** = मानवघात.
**नृघ्न** = मानवघाती.
**नृजाति** = प्रजाति, मानव जाति.
**नृतत्त्विकी** = पुरातत्त्व.
**नृतना** = नाचना.
**नृत्तं तालयाश्रितं** = नृत्य.
**नृत्त** = नृत्य.
**नृत्य** = नर्तन.

**नृत्य** *सं* अंगविक्षेप, अंग संचालन, अंगहार, आनर्त, ठुमका, डांस, ताताथेई, ताल लय पर अंगविक्षेप, नर्त, *नर्तन*, नाच, नाट, नाट्य, निरत, नृत्तं तालयाश्रितं, नृत्त, पद संचालन, भावप्रदर्शन, भावाश्रयं नृत्यं, मटक्का, रक़्स, रास, लास, लास्य, •उड़िसी, •कत्थक, •कथकली, •तांडव, •भरत नाट्यम, •भाँगड़ा, •मणिपुरी, •मोहिनी अट्टम, •रास, •लोकनृत्य, •कृष्ण, •नूपुर, •बैले, •मंचकला, •वाद्य वृंद, •शिव, •संगीत.

**नृत्यकर्म** = नर्तन.
**नृत्यकर्मी** = नर्तक.

**नृत्यगान** *सं* नाचगान, नाचगाना, नाचरंग, नृत्य संगीत, *संगीत*, संगीत नृत्य, •नृत्य नाट्य.

**नृत्य नाटक** = नृत्य नाट्य, बैले.
**नृत्य नाटिका** = बैले.

**नृत्य नाट्य** *सं* नाट, नाट्य, नृत्य नाटक, नृत्याभिनय, •नृत्यगान.

**नृत्यप्रिय** = मोर.
**नृत्य वाद्य गीत** = संगीत.

**नृत्यशाला** *सं* कोठा, नर्तन शाला, नाचघर, नाचमहल, रंगांगण, सैलून, •डिस्को.

**नृत्य संगीत** = नृत्यगान.
**नृत्यांगना** = नर्तकी.
**नृत्याभिनय** = नृत्य नाट्य.
**नृप** = राजा.
**नृपगृह** = राजमहल.
**नृपति** = राजा.
**नृपपथ** = राजमार्ग.
**नृपवल्लभा** = राजा पत्नी.
**नृपशासन** = राज्यादेश.
**नृपसभा** = दरबार.
**नृमेध** = नरबलि.
**नृयज्ञ** = नरबलि.
**नृवंश** = प्रजाति, मानव जाति.
**नृवानर** = अपिवानर.
**नृवाहन** = कुबेर.
**नृशंस** = आततायी, निर्दय, मानवघाती, रक्तपातपूर्ण, रुधिरपिपासु.
**नृशंसता** = अत्याचार.
**नृशंसतापूर्ण** = नारकीय.
**नृशंसा** = मानवघात.
**नृसिंह** = अवतार सूची, वीर पुरुष.
**नृसिंह देवी** = काली.
**नृहत्या** = मानवघात.
**नेक** = अच्छा/अच्छी, कम, कल्याणकारी, कुछ, जितेंद्रिय, धर्मशील, पुण्यपूर्ण, सज्जनतापूर्ण, सदाचारी, सम्माननीय, सरलचित्त.
**नेक काम** = सत्कर्म.
**नेकचलन** = सदाचारी.
**नेकचलनी** = सदाचार.
**नेकज़ात** = कुलीन.
**नेकतर** = बेहतर.
**नेकतरीन** = उत्तम.
**नेकदिल** = ईर्ष्याहीन, छलहीन, धर्मशील, निष्ठावान, निस्स्वार्थ, पापहीन, सज्जनतापूर्ण, सद्व्यवहारी, सरलचित्त, सहयोगपूर्ण.
**नेकनाम** = धर्मशील, पुण्यपूर्ण, प्रसिद्ध, सदाचारी.
**नेकनामी** = प्रसिद्धि.
**नेकनीयत** = ईर्ष्याहीन, निष्ठावान, निस्स्वार्थ, सज्जनतापूर्ण, सद्व्यवहारी, सरलचित्त.
**नेकनीयती** = कल्याणकामना, सद्व्यवहार.
**नेक बंदा** = धर्माचारी.
**नेकबख़्ती** = सौभाग्य.
**नेक राय** = सुपरामर्श.
**नेक सलाह** = सुपरामर्श.
**नेकी** = अच्छाई, उपकार, सत्कर्म.
**नेग** = परंपरा, प्रथा, विवाह रस्म रिवाज.

**नेग** *सं* उत्सव देय, दस्तूर, दस्तूरी, नेगचार, नेवा, पारंपरिक देय, मामूल, रस्म, लेनदेन, हक़, •मंगलोत्सव, •वारफेर.

**नेगचार** = नेग.
**नेचर** = प्रकृति, स्वभाव.
**नेचरक्योर** = प्राकृतिक चिकित्सा.
**नेचरोपैथ** = प्राकृतिक चिकित्सक.
**नेजक** = धोबी.
**नेजा** = चिलगोजा, भाला.
**नेजाबरदार** = भालाधारी.
**नेट्रान** = शोरा.
**नेता** = अग्रगंता, आंदोलनकारी, टीम नायक, दिग्दर्शक, प्रबंधक, मार्गप्रदर्शक, राजनेता, विधायक, सार्थपति.

**नेता** *सं* अगला/अगली, अगुआ, *अग्रगंता*, अग्रगामी, अग्रणी, अधिनायक, अमीर, इमाम, *दिग्दर्शक*, *नायक*, मार्गदर्शक, मीर, *मुखिया*, रहनुमा, रहबर, लीडर, सरग़ना, सरदार, *सारथी*, •मार्गप्रदर्शक, •राजनेता, •सेनापति, ■मतानुगामी.

**नेतागिरी** = नेतृत्व.
**नेतानुगमन** = मतानुगमन.
**नेतानुगामी** = मतानुगामी.

**नेतायुक्त** *वि अनुशासित*, निर्देशित,

 (प्रा) प्राचीन शब्द, अब अप्रचलित - *तिरछे* शब्द स्वतंत्र शीर्षक भी हैं •सपर्याय ■विपर्याय

नेतृत्वयुक्त, *प्रेरित*, *व्यवस्थित*, सनेतृत्व, ■नेताहीन.

**नेताहीन** = प्रबंधकहीन.

**नेताहीन** *वि* अनायक, अनिदेशित, अनिर्देशित, *दिशाहीन*, नेतृत्वहीन, ●प्रबंधकहीन, ■नेतायुक्त.

**नेति** *मु* अंत नहीं है, ईश्वर महिमा अपार है, न इति, नेति नेति, यह नहीं है.

नेति नेति = नेति.
**नेतृत्व** = प्रबंध, मार्गप्रदर्शन.

**नेतृत्व** *सं* अगुआई, इमामत, झंडागीरी, *दिग्दर्शन*, दिशादर्शन, नेतागिरी, पेशवाई, प्रणयन, मार्गदर्शन, रहनुमाई, रहबरी, राहबरी, लीडरी, ●मार्गप्रदर्शन, ●मुखियापन, ■मतानुगामिता.

**नेतृत्वयुक्त** = नेतायुक्त.
**नेतृत्वहीन** = नेताहीन.
**नेत्र** = आँख, दृश्य अनुभूति.
**नेत्र आवरण** = अँटौतल.
**नेत्रक** = आँख लैंस.
**नेत्र कनीनिका** = कोर्निया.
**नेत्रपटल** = आँख परदा.
**नेत्र परीक्षक** = औप्टीशियन.
**नेत्रमल** = आँख मैल.
**नेत्रयोनि** = इंद्र.
**नेत्र लैंस** = आँख लैंस.
**नेत्रस्पंद काल** = निमिष.
**नेत्रहीन** = अंधा/अंधी.
**नेत्रांजन** = काजल.
**नेत्रांबु** = आँसू.
**नेत्रोपम** = बादाम.
**नेनुआ** = घिया.

**नेपथ्य यवनिका** *सं* अपटी, *पट*, पटी, *परदा*, पिछवाई, पीछे का परदा.

**नेपथ्य शाला** = ग्रीनरूम.
**नेपाल** = दक्षेस सदस्य सूची, भारत खंड देश क्षेत्र.

**नेपाल** *सं* नेपाल राज्य, ●तिब्बत, ●भारत.

**नेपालः राजधानी** *सं* काठमांडू.

**नेपालक** = ताँबा.
**नेपाली** = जूही, भारत राष्ट्रभाषा.

**नेपाली** *वि* गोरखा, गोरखाली.

**नेफ़ा** *सं* चिड़िया, ●नाड़ा.

**नेम** = धर्मकर्म, नाम, नियम, रूटीन.
**नेमत** = प्रसाद, वरदान, सुख, स्वादिष्ठ आहार.
**नेम धरम** = धर्मकर्म.
**नेमि** = आधार सूची, पनघट, परिधि.

**नेमि** *सं* *किनारा*, *गोला*, *घेरा*, चक्का, *चक्र*, चक्रधारा, *परिधि*, पहिया घेरा, रिम, ●अरा, ●टायर.

**नेमिनाथ** = तीर्थंकर सूची.

**नेमिमार्ग** *सं* *खाँचा*, खाई, खात, गड़वाँत, *गड्ढा*, चक्र खात, धारापथ, धारी, नाली, *पट्टी*, परिखात, परिरथ्या, पहिया लीक, लकीर, *लता*, लीक, लीख, ●बैलगाड़ी.

**नेमी** = धर्मशील, न्यायपर.
**नेमी धरमी** = धर्मशील.
**नेवज** = नैवेद्य.
**नेवजा** = चिलगोजा.
**नेवतना** = न्योतना.
**नेवतहरा** = अतिथि, निमंत्रित व्यक्ति.
**नेवतहरा/नेवतहरी** = भोजातिथि.
**नेवता** = निमंत्रण.

**नेवला** *सं* कौशिक, *नकुल*, भुजगभोजी, मंगस, ●गिलहरी, ■ख़रगोश, ■साँप.

**नेवा** = नेग.
**नेवारी** = जूही.
**नेवी** = नौसेना, नौसैनिक.
**नेशन** = राष्ट्र.
**नेशनल** = नागरिक, राष्ट्रीय, सामूहिक.
**नेशनल डे** = राष्ट्र जयंती.
**नेशनल पार्क** = राष्ट्रोपवन.
**नेशनल सौंग** = राष्ट्रगीत.
**नेशनलाइज़ेशन** = राष्ट्रीयकरण.
**नेशनलाइज़्ड** = राष्ट्रीयकृत.
**नेस्त** = अस्तित्वहीन.

**नेस्तनाबूद** = नष्ट, हत्याकृत.
**नेस्तनाबूद करना** = संहारना.
**नेस्तनाबूद होना** = उजड़ना.
**नेस्तनाबूदी** = नाश.
**नेस्ती** = अनस्तित्व, नाश.
**नेह** = प्रेम, वात्सल्य.
**नेहरू जन्म दिवस** = बाल दिवस.
**नेहा** = प्रेम, प्रेमिका.
**नेहा लगाना** = प्रेम करना.
**नेही** = प्रेमी, प्रेमी.

**नैंकना/नैंकनी** *वि* नैकना/नैकनी, पिनपिना/पिनपिनी, भिनभिन, मिनमिन, मिनमिनाता/मिनमिनाती.

**नै** = नली, नैचा, बाँसुरी.
**नैऋत** = दक्षिण पश्चिमी.
**नैऋति** = दक्षिण पश्चिम दिशा.
**नैऋती** = दक्षिण पश्चिमी.
**नैऋत्य** = दक्षिण पश्चिमी.
**नैऋत्य कोण** = दक्षिण पश्चिम दिशा.
**नैकटाई** = टाई.
**नैकना/नैकनी** = नैंकना/नैंकनी.
**नैकलेस** = कंठमाला.
**नैगम** = उपनिषद, वेदीय.
**नैगमिक** = वेदीय.
**नैगलिजी** = नाइट गाउन.
**नैगोशिएशन** = संधि वार्ता.

**नैचा** *सं* डट्टा, दमी, नय, *नली*, नै, सटक, हुक़्क़ा नय, ●पाइप, ●हुक़्क़ा.

**नैट** = खेल गोल, जाल, पाश.
**नैट प्रैक्टिस (क्रिकेट)** = पूर्वाभ्यास.
**नैटवर्क** = संपर्क जाल.
**नैतिक** = अविलासी, धर्मशील, न्यायसंगत, श्लील, सत्यपूर्ण.

**नैतिक** *वि* अच्छा/अच्छी, उचित, ऋत, *ठीक*, दुरुस्त, धर्मयुक्त, नीतियुक्त, नीतिसंगत, नैतिकतापूर्ण, न्यायपूर्ण, *पवित्र*, *पुण्य*, बजा, मान्य, विहित, *वैध*, सही, *स्वीकार्य*, हलाल, ●आचरणीय, ●निष्पक्ष, ●भेदभावहीन, ■अनैतिक, ■कुटिल, ■बेईमान.

**नैतिकता** = आदर्शवाद, न्याय, मर्यादा, विवाह निष्ठा.

**नैतिकता** *सं* अच्छाई, आचारविचार, उच्च आचरण, उच्चाचरण, *निष्ठा*, नीतियुक्तता, नीतिसंगतता, न्यायप्रियता, भद्रता, व्यवहार स्तर, शील, शुद्धता, सामाजिकता, सैद्धांतिकता, •आदर्शवाद, •ईमानदारी, •धर्म, •निष्पक्षता, •मर्यादा, •सत्यवादिता, •सदाचार ▪अनैतिकता, ▪अन्याय, ▪आदर्शहीनता, ▪दुराचार.

**नैतिकतापूर्ण** = नैतिक.
**नैतिकता रक्षक** = सैंसर.
**नैतिकतावादी** = अविलासी.
**नैतिक पतन** = दुराचार.
**नैतिक स्वत्व** = अंतरात्मा.
**नैदाघ** = ग्रीष्मकालीन.
**नैन** = आँख.
**नैनमटक्का** = दीदारबाज़ी.
**नैनहीन** = अंधा/अंधी.
**नैना** = आँख, सुंदर स्त्री, सुनयना.
**नैनी** = सुनयना.

**नैपकिन** *सं* अँगोछा, *तौलिया*, नैपी, •ऐप्रन, •बिब, •रूमाल.

**नैपच्यून** = वरुण ग्रह.
**नैपाली** = जूही.
**नैपी** = नैपकिन, रुमाली.
**नैप्टूनीयम** = रासायनिक तत्त्व सूची.
**नैब्युला** = नीहारिका.
**नैमित्तिक** = अनपेक्षित, शकुनज्ञ, संयोगजन्य.
**नैमित्तिक कर्म** = मलत्याग.
**नैमिष** = क्षणिक.
**नैमिषारण्य** = पौराणिक वन उपवन.
**नैया** = नौका.
**नैयायिक** = तर्कवेत्ता, न्यायाधीश.

**नैयायिक** *वि* अदालती, क़ानूनी, न्यायाधीशीय, न्यायालयी, न्यायीय, विधीय, •अर्धनैयायिक.

**नैयायिक निर्णय** = जजमैंट.
**नैराश्य** = निराशा.
**नैर्ऋती** = दुर्गा.
**नैर्ऋत्य कोण** = दक्षिण पश्चिम दिशा.
**नैवल शिप** = नौसेना पोत.
**नैविगेटर** = जहाज़ी.
**नैविगेशन** = नौकायन.
**नैवेद्यं** = बलिवस्तु.
**नैवेद्य** = उपहार, बलिवस्तु.

**नैवेद्य** *सं* अटका (जगन्नाथ), *चढ़ावा*, देवार्पण, नेवज, बलि, बलिभोग, भोज्यार्पण, सदक़ा, •चढ़ावा, •पत्रं पुष्पं, •पाद्य, •पुरोडाश.

**नैष्कर्म्य** = अप्रयास.
**नैष्ठिक** = अविलासी, आधारभूत, निर्णायक.
**नैसर्गिक** = ईश्वरीय, दिव्य, परलौकिक, प्राकृतिक, सुंदर.

**नैसर्गिक** *वि* अच्छा/अच्छी, अभिराम, अलौकिक, आसमानी, खुदाई, *दिव्य*, दैविक, दैवी, *पवित्र*, *प्रशांत*, बहिश्ती, *महान*, वैकुंठीय, *सुंदर*, *सुखद*, सुखमय, सुहाना/सुहानी, सुहावना/सुहावनी, स्वर्गतुल्य, स्वर्गसम, स्वर्ग समान, स्वर्गिक, स्वर्गीय, स्वर्गोपम, स्वर्ग्य, हर्षद, •अतिप्राकृतिक, •अपृथ्वीय, •परलौकिक, ▪नारकीय.

**नैसर्गिक मद्य** *सं* कीलाल, देवता पेय, पेय कीलाल, मधु, शराबे तहूर, स्वर्ग सुरा.

**नैहर** = पीहर.
**नोंक (अशुद्ध)** = नोक.
**नो** = नहीं.
**नोआ** = दोहन रस्सी.
**नोइनी** = दोहन रस्सी.
**नोई** = दोहन रस्सी.
**नोक** = कोण, छोर, जूताग्र, धार, फला, बाणाग्र.

**नोक** *सं* अग्र, अनी, कंटकाग्र, *कोण*, कोर, *छोर*, नुक्का, नोंक (अशुद्ध), शूक, सिरा, सूच्यग्र, हूल, •कंटक, •कील, •चुभन, •धार, •फला, •भाला, •वेधन.

**नोकझोंक** = चकल्लस, चुटकुलेबाज़ी, तकरार, तड़कभड़क, बकवास, विवाद.
**नोकदार** = कोणाकार, छबीला/छबीली, तीक्ष्ण, फ़ैशनानुकूल, सज्जित, सुंदर, सुंदरकाय.
**नोकहीन** = खुट्टल.
**नोकीला/नोकीली** = कोणाकार, तीक्ष्ण, सूक्तिवत.
**नोच** = छीन.
**नोच कर रूई धुनाई** = तुमाई.
**नोचखरोंच** = नखानखी.
**नोचखसोट** = नखानखी, लूटपाट.
**नोचना** = छीनना, बकोटना.

**नोचना** *क्रि* *उखाड़ना*, खसोटना, खींच कर उखाड़ना, खूँटना, खोंटना, चुटकी से तोड़ना, चूँटना, चौंटना, *तोड़ना*, लुंचित करना, विलुंचन करना, •उखाड़ना.

**नोचानोची** = नखानखी.

**नोज़ल** *सं* धारामुख, नलीमुख, •टोंटी, •नली.

**नोट** = टिप्पणी, रिमाइंडर.

**नोट** *सं* काग़ज़ी सिक्का, प्रौमिसरी नोट, बिल (अमरीका).

**नोटपैड** = काग़ज़ पैड.
**नोटबुक** = डायरी.

**नोटबुक** *सं* कापी, कापी बुक, •अभ्यास पुस्तक, •काग़ज़ पैड, •डायरी, •रजिस्टर, •रफ़ बुक.

**नोटिस** = चेतावनी, विज्ञापन, समन, सूचना, हैंडबिल.

**नोटिस बोर्ड** *सं* प्रचारपट, बिल बोर्ड, बुलेटिन बोर्ड, सूचनापट, •पोस्टर, •ब्लैक बोर्ड, •साइन बोर्ड.

**नोटेबल** = उल्लेखनीय.
**नोटेशन** = स्वरलिपि.
**नोड्यूल** = पिंडिका.
**नोदक** = प्रौपलर.
**नोदित्र** = प्रौपलर.
**नोन** = नमक.
**नोनछी** = ऊसर.
**नोना** = नमक.
**नोनी** = ऊसर, रेहदार, सुंदर स्त्री.
**नोबल** = महान.
**नोबिलिटी** = महानता.
**नोबेलीयम** = रासायनिक तत्त्व सूची.
**नोमैड** = बनजारा.
**नोश फ़रमाना** = खाना.
**नोहनी** = दोहन रस्सी.

नौ = नौका.

**नौ** *सं* 9, अंतिमांक, आठ जमा एक, एक कम दस, नव.

**नौकर** *सं* अनुचर, अभिचर, अभिजन, किंकर, ख़ादिम, ख़िदमतगार, ख़िदमती, गण, चर, चाकर, छोकरा, छोरा, जन, जीवा, टहलुआ, ताबेदार, *दास*, परिकर्मी, पायक, पिछलगा, बंदा, भृतक, भृत्य, मुलाज़िम, रामा, रामू, लौंडा, सर्वेंट, सहायक, सेवक, सेवादार, •कर्मचारी, कार्यकर्ता, •दास, •नौकरानी, •श्रमिक, ▪स्वामी.

**नौकरचाकर** = कर्मचारी दल.
**नौकरशाही** = राज्य सेवा.

**नौकरशाही** *सं* अधिकारी गण, दफ़्तरशाही, *प्रशासन*, बाबूशाही, ब्यूरोक्रेसी, व्यवस्था तंत्र.

**नौकराना** = वेतन.

**नौकरानी** *सं* अनुचरी, कनीज़, किंकरी, ख़ादिमा, चरी, चाकरनी, चाकरानी, छोकरी, छोरी, *दासी*, बंदी, बाँदी, भृत्या, लौंडी, सेविका, •नर्स, •नौकर, •परिचारिका, ▪स्वामिनी.

**नौकरी** *सं* अनुचरता, काम, ख़िदमत, चाकरी, भृत्यता, मुलाज़मत, सर्विस, सेवकाई, सेवा, •आजीविका, •परिचर्या, •वेतनभोगिता, •श्रम.

**नौकर्ण** *सं* *कर्ण*, दुंबाल, रडर, सुक्कान, हथवाँस, •चप्पू, •डाँड़, •प्रौपैलर, •लंगर.

**नौकर्णधारक** = कर्णधार.
**नौकर्णी** = कर्णधार.
**नौकर्म** = नौकायन.
**नौकर्मी** = जहाज़ी.
**नौका** = जलयान.

**नौका** *सं* उडुप, उदप, कश्ती (विकल्प), किश्ती, *डोंगा*, डोंगी, तरंड, तरणी, तरिणी, तरी, तारणी, द्रोणी, नय्या, नाव, निवाड़ा, नैया, *नौ*, फ़ैरी, बजरा, *बेड़ा*, बोट, बोहथ, भेल, वहिनी, सफ़ीना, सुक्कान, •गोंडोला, •जलयान, •दोनावा, •पनडुब्बी, •पनसुइया, •पाल नौका, •पोत, •बार्ज, •मोटरबोट, •लाइफ़बोट, •लौंच, •शिकारा.

**नौका घाट** *सं* *गोदी*, *घाट*, जैटी, डौक, धक्का, नौबंध, *पट्टी*, पायर, पुलिन, पोत घाट, *बंदर*, बंदरगाह डौक, बंदर घाट, शिपयार्ड, •बंदरगाह.

**नौकाचालन** = नौकायन.
**नौकादंड** = डाँड़.
**नौका दल** = बेड़ा.

**नौका पाल** *सं* कपड़ा, पाल, पोतपट, बादबान, सेढ़, *सेल*, •मस्तूल.

**नौकामार्ग** = जलमार्ग.
**नौकायन** = नौका विहार.

**नौकायन** *सं* केवटाई, खेवटाई, खेवाई, जहाज़रानी, नाविक कर्म, नैविगेशन, नौकर्म, नौकाचालन, नौका संचालन, नौगमन, नौभरण, नौवहन, माँझीगीरी, माहीगीरी, •कर्णधारण, •नौका विहार, •प्रकाशस्तंभ, •विमानन.

**नौकायन पाइलट** *सं* अगुआ, अग्रेसरिक, दिशादर्शक, पथप्रदर्शक, पाइलट, मार्गदर्शक, •मार्गप्रदर्शक.

**नौका यात्रा** = समुद्र यात्रा.

**नौका विहार** *सं* जलतरण, जलविहार, *नौकायन*, नौविहार, पाल तरण, पाल नौकायन, •तैराकी.

**नौ काव्यरस** = नवरस.
**नौका संचालन** = नौकायन.
**नौकास्तंभ** = मस्तूल.
**नौगमन** = नौकायन.
**नौगही** = रत्नमाला.
**नौ गुना दस** = नब्बे.
**नौग्रही** = रत्नमाला.
**नौघ्नी** = तारपीडो.

**नौचर** = खलासी.
**नौची** = दासी, युवती, सुंदर स्त्री.
**नौ जमा एक** = दस.
**नौजा** = चिलगोजा, बादाम.
**नौटंकी** = नाटक.
**नौटांक** = देसी शराब.
**नौदंड** = डाँड़.
**नौन (बोलचाल)** = मांसाहारी.
**नौनकोआपरेशन** = असहयोग.
**नौनरैज़िडैंट** = अनिवासी.
**नौनवैजिटेरियन** = मांसाहारी.
**नौनिहाल** = किशोर, पुत्र, प्रतिभाशाली बालक, लड़का, संतान.
**नौबंध** = नौका घाट.
**नौब** = मूठ.
**नौबढ़िया** = नवसमृद्ध.
**नौबत** = अवसर, ढोल, समय घोष.
**नौबती** = ढोलची, पहरेदार.
**नौभरण** = नौकायन.
**नौमार्ग** = जलमार्ग.
**नौयात्रा** = समुद्र यात्रा.
**नौयात्री** = खोज यात्री.
**नौयायी** = जहाज़ी.
**नौरंगी** = नारंगी.
**नौरतन हार** = रत्नमाला.

**नौरोज़** *सं* नया साल, नवरोज़, *नववर्ष*, पारसी नया साल.

**नौलखा** = रत्नजटित.
**नौलखा/नौलखी** = मूल्यातीत.
**नौली** = योग विधि द्वारा मल शोधन.

**नौली** *सं* कमरपेटी, कोथली, खुत्थी, टाँची, धनपेटी, बसली, मनीबैल्ट, सफ़री पेटी, •जेब, •पेटी.

**नौवहन** = कर्णधारण, नौकायन.

**नौवाँ/नौवीं** *वि* 9वाँ, नव, नवम, नवाँ/नवीं, •नौ.

**नौवाह** = कर्णधार.
**नौविहार** = नौका विहार.
**नौशा** = वर.
**नौशी** = वधू.
**नौसत** = सोलह.

**नौ समुदाय** *सं* *कुंद*, नव, नवक, *नवग्रह*, नवांग, नहला, *रस*, •नौ.

**नौसादर** *सं* अमोनियम हरिद, नरसार, नीरिद, विदारक.

**नौसिखिया** = अदक्ष.

**नौसिखिया** *सं* *अकुशल*, *अज्ञानी*, *अनाड़ी*, अमेच्योर, उज़बक, चेला/चेली, छात्र, नवप्रशिक्षित, *प्रशिक्षु*, *फूहड़*, बिलल्ला/बिलल्ली, बेशऊर, *रंगरूट*, लूलू, शागिर्द, सिखतड़, हुड्ड, ●नीम हकीम, ●रंगरूट, ■दक्ष.

**नौसेना** *सं* जलसेना, नेवी, ●थलसेना.

**नौसेनापति** *सं* ऐडमिरल, कमांडर, कमोडोर, जलसेनापति.

**नौसेना पोत** *सं* गनशिप, जंगी जहाज़, नैवल शिप, युद्धपोत, रणपोत, लड़ाकू जहाज़, ●गनबोट, ●डैस्ट्रौयर, ●तारपीडो, ●फ़्लैगशिप, ●बैटलशिप, ●लैंडिंग क्राफ़्ट.

**नौसैनिक** *सं* नेवी, रेटिंग, ●नभसैनिक.

**न्यग्रोध** = वटवृक्ष.
**न्यसन** = संस्थापना.
**न्यस्त** = आधारित, विजड़ित, संस्थापित, स्थित.
**न्याना/न्यानी** = अल्पायु.
**न्याय** = कहावत, न्यायवाक्य.

**न्याय** *सं* अदल, इंसाफ़ (विकल्प), इनसाफ़, जस्टिस, दूध का दूध पानी का पानी, *धर्म*, निष्पक्षता, *नीति*, *नैतिकता*, बराबरी, समदर्शन, समान अधिकार, हक़परस्ती, ●अपील, ●आरोप, ●जजमैंट, ●न्यायतुला, ●न्यायालय, ●मुक़दमा, ●वकालत, ■अन्याय, ■अपराध.

**न्याय असंगत** = न्यायहीन.
**न्याय की पुकार** = अपील.
**न्यायघर** = न्यायालय भवन.
**न्याय दर्शन** = षड्दर्शन.
**न्यायपति** = न्यायाधीश.
**न्यायपर** = न्यायप्रिय.

**न्यायपर** *वि* अच्छा/अच्छी, आत्मानुशासी, नियमपर, नियमपाल, नियमशील, नियमी, नेमी, पाबंद, भला/भली, सख़्त, ■उल्लंघनकारी.

**न्यायपरता** = खेल भावना.
**न्यायपरायण** = न्यायप्रिय.
**न्यायपाल** = न्यायपालक.

**न्यायपालक** *वि* नियमपाल, नियम पालक, न्यायपाल, विधिपाल, विधिपालक.

**न्यायपालिका** *सं* न्याय प्रणाली, न्याय व्यवस्था, न्याय सभा, ●विधायिका.

**न्यायपीठ** = न्यायालय.
**न्यायपूर्ण** = अधिकारागत, निष्पक्ष, नैतिक, न्यायसंगत.
**न्याय प्रणाली** = न्यायपालिका.
**न्यायप्रार्थना** = याचिका.
**न्यायप्रार्थी** = अपीलार्थी.
**न्यायप्रिय** = समव्यवहारी.

**न्यायप्रिय** *वि* अच्छा/अच्छी, आदिल, इनसाफ़पसंद, ईमानदार, खरा/खरी, *निष्पक्ष*, *न्यायपर*, न्यायपरायण, न्यायी, पक्षपातहीन, प्रियदर्शी, सत्यनिष्ठ, समदर्शी, हक़परस्त, ■अन्यायी, ■पक्षपाती.

**न्यायप्रियता** = खेल भावना, नैतिकता, भेदभावहीनता.
**न्यायमूर्ति** = न्यायाधीश.
**न्याययाचना** = याचिका.
**न्यायवाक्य** = कहावत, दृष्टांत.

**न्यायवाक्य** *सं* उदाहरण, दृष्टांत वाक्य, *न्याय*, प्रमाणवाक्य, मसल, युक्ति, सूत्र, *सूत्रवाक्य*, ●कहावत, ●मुहावरा.

**न्यायविरुद्ध** *वि* *अनियमित*, अविहित, *ग़लत*, ग़ैरक़ानूनी, नियमप्रतिकूल, नियमविरुद्ध, बेक़ायदा, बेज़ाब्ता, बेतरीक़ा, ●अवैध, ●ग़लत, ●प्रतिबंध, ■न्यायानुकूल.

**न्याय व्यवस्था** = न्यायपालिका.
**न्यायशास्त्र** = तर्कशास्त्र.
**न्यायशास्त्र प्रवर्तक** = गौतम.
**न्यायशास्त्री** = तर्कवेत्ता, विधिज्ञ.
**न्यायसंगत** = अधिकारागत, तर्कसंगत.

**न्यायसंगत** *वि* अंगीकार्य, उचित, *ठीक*, *तर्कसंगत*, *धर्मसंगत*, नियमानुकूल, *नैतिक*, न्यायपूर्ण, न्यायोचित, मान्य, युक्तिसंगत, वाजिब, *विधिसंगत*, विहित, *वैध*, *संगत*, समीचीन, सही, *स्वीकार्य*, ●निष्पक्ष, ●न्यायप्रिय, ●न्यायानुकूल, ●भेदभावहीन, ■न्यायहीन.

**न्याय सभा** = न्यायपालिका.
**न्यायसभा** = न्यायालय.
**न्यायहीन** = आपराधिक.

**न्यायहीन** *वि* *अनैतिक*, अन्यायपूर्ण, अविहित, *असंगत*, असम्यक्, एकतरफ़ा, *ग़लत*, *छलपूर्ण*, नाजायज़, *निराधार*, न्याय असंगत, पक्षपातपूर्ण, ●पक्षपाती, ■निष्पक्ष, ■न्यायसंगत.

**न्यायहीनता** = अन्याय.
**न्यायाकांक्षी** = अपीलार्थी, निवेदक.
**न्यायाज्ञा** = जजमैंट.
**न्यायाधिकारी** = न्यायाधीश.

**न्यायाधीश** *सं* *क़ाज़ी*, जज, जस्टिस, दंडनायक, द्रष्टार, धर्मस्थ (प्रा), धर्माधिकारी (प्रा), निर्णय कर्ता, *निर्णायक*, निर्णेता, *नैयायिक*, न्यायपति, न्यायमूर्ति, न्यायाधिकारी, मैजिस्ट्रेट, लार्ड, विचारक (प्रा), विचार कर्ता, विचारपति (प्रा), विचाराध्यक्ष (प्रा), शंखलिखित (प्रा), ●क़ाज़ी, ●जूरी, ●पंच, ●वकील, ■अपराधी.

**न्यायाधीशीय** = नैयायिक.

**न्यायानुकूल** *वि* *अपवादहीन*, आप्त, उचित, *ठीक*, नियमपूर्ण, नियमाधीन, नियमानुकूल, नियमानुसार, *नियमित*, बजा, बाज़ाब्ता, मुनासिब, यथानियम, विहित, *वैध*, *संगत*, सविधि, सही, ●न्यायसंगत, ●विधिसंगत, ●वैध, ■न्यायविरुद्ध.

**न्यायार्थ काररवाई** = मुक़दमा.
**न्यायालय** = न्यायालय भवन.

**न्यायालय** *सं* अदालत, अधिकरण, इजलास, कचहरी, कचेरी, कोरट (बोलचाल), कोर्ट, ट्रीब्यूनल, दंडालय, *दरबार*, धर्मपुरी (प्रा), धर्माधिकरण (प्रा), धर्माधिष्ठान (प्रा), न्यायपीठ, न्यायसभा, पेशगाह, बैंच, विचारभूमि, •अंतरराष्ट्रीय न्यायालय, •आपराधिक न्यायालय, •उच्चतम न्यायालय, •उच्च न्यायालय, •जन अदालत, •सिविल न्यायालय, •सेना न्यायालय, •न्याय, •मुक़दमा.

**न्यायालय भवन** *सं* अक्षपटल, अदालत, कचहरी, दंडालय, धर्मसभा, धर्मस्थान, न्यायघर, *न्यायालय*, बारगाह, विचारभूमि, •जूरी, •नोटरी पब्लिक, •पेशकार, •मुक़दमा, •मुख़तार, •मुवक्किल, •याचिका लेखक, •वकालत, •वकील.

**न्यायालयी** = नैयायिक.
**न्यायिक समन** = समन.
**न्यायी** = उदारमनस्क, न्यायप्रिय.
**न्यायीय** = नैयायिक.
**न्यायोचित** = न्यायसंगत.
**न्यारना** = विलगाना.
**न्यारा/न्यारी** = अनुपम, असामान्य, दूर, पराया/पराई, भिन्न, विचित्र, विलग्न.
**न्याराई** = विशोधन.
**न्यारिया** = विशोधक.
**न्यास** = निधि, बंधक वस्तु, संस्था, संस्थापना.

**न्यास** *सं* अमानत, ट्रस्ट, *धरोहर*, प्रबंधनी, प्रबंधिका, •कंपनी.

**न्यासग्राही** = बंधक ऋण दाता.

**न्यासधारी** *सं* कस्टोडियन, ट्रस्टी, धरोहरधारी, न्यासी, मुतवल्ली, •समिति.

**न्यासर्ज** = हारमोन.
**न्याससभा** = न्यायालय.
**न्यासी** = न्यासधारी, संन्यासी, संस्थापक.
**न्युब्ज** = नतोदर, वटवृक्ष.
**न्यू** = अभूतपूर्व, आधुनिक, नवरचित, नवरचित.
**न्यूक्लियर ऐनर्जी** = परमाणु ऊर्जा.
**न्यूक्लीअर फ़ेमिली** = एकक परिवार.
**न्यूज़** = समाचार, समाचार पत्र.
**न्यूज़ एजेंसी** = समाचार एजेंसी.
**न्यूज़ एजेंट** = पत्र पत्रिका विक्रेता.
**न्यूज़पेपर** = समाचार पत्र.
**न्यूज़पेपर मैन** = पत्रकार.
**न्यूज़बौय** = पत्र पत्रिका विक्रेता.
**न्यूज़मैन** = संवाददाता.
**न्यूज़रीडर** = समाचार पाठक.
**न्यूज़स्टैंड** = पत्र पत्रिका विक्रेता.
**न्यूट्रीशन** = पोषण.
**न्यूट्रोन बम** = ऐटम बम.
**न्यूडिज़्म** = नग्नतावाद.
**न्यून** = कमतर.
**न्यूनक्रम** = अवरोह क्रम.
**न्यूनतम** = अल्पतम.
**न्यूनतर** = कमतर, बदतर.
**न्यूनधी** = मंदधी.
**न्यूनवयस्क** = अनुज.
**न्यूनाकार** = छोटा/छोटी.
**न्यूनाधिक** = अल्पाधिक, असमाकार.

**न्यूमरोलाजी** *सं* अंकज्योतिष, अंकशास्त्र, कीरोवाद, •ज्योतिष, •भविष्य वाचन.

**न्यूमैटिक** = वायु विषयक.

**न्यूमैटिक** *वि* आवातित्त, वातित, वायुपूरित, हवा भरा.

**न्यूरोसिस** = मनोविकार.
**न्योछावर** = बलिदान, वारफेर.
**न्योजी** = चिलगोजा.
**न्योतन** = निमंत्रण.

**न्योतना** *क्रि* आमंत्रण देना, आमंत्रित करना, आवाहन करना, इनवाइट करना, *कहना*, दावत देना, निमंत्रण देना, निमंत्रित करना, नेवतना, बुलावा भेजना, •बुलाना.

**न्योतनी** = निमंत्रण, भोज, भोज निमंत्रण.
**न्योतहरा/न्योतहरी** = भोजातिथि.
**न्योता** = निमंत्रण, भोज निमंत्रण, विवाह पत्र.
**पंक** = कीचड़, गाद, तलछट, दलदल.
**पंककीर** = टिटिहरी.
**पंकज** = कमल, सारस.
**पंकजपाणि** = हस्तकमल.
**पंकजिनी** = कमलसर.
**पंकहीन** = स्वच्छ.
**पंकिल** = कीचड़दार, दलदली.

**पंक्चर** *सं* छेद, पंचर, रंध्र, •छिद्र.

**पंक्चरिंग** = वेधन.

**पंक्चरित** *वि* आविद्ध, छिदा/छिदी, *छिद्रित*, धँसा/धँसी, पंक्चर्ड, पटका/पटकी, पिचका/पिचकी, फटा/फटी, फूटा/फूटी, बैठा/बैठी, हवा निकला, •छिद्रित, ▪फूला/फूली.

**पंक्चर्ड** = पंक्चरित.
**पंक्चुअल** = समय पालक.
**पंक्ति** = क्यू, जाति, पाँच समुदाय, रेखा, रेखाचिह्न, व्यवस्थित समूह.

**पंक्ति** *सं* अनीक, अवलि, अवली, क़तार, चेन, *डोर*, *डोरी*, ताँता, *तार*, पंगत, *पट्टी*, पाँत, *माला*, मेखला, राजि, लंगार, लकीर, *लड़ी*, लाइन, लैन, लैन डोरी, वीथि, शृंखला, श्रेणी, सतर, सफ़, सारणी, •क्यू, •रेखा, •वृंद.

**पंक्ति निर्वासन** = जाति निर्वासन.
**पंक्तिबद्ध** = क्यूबद्ध, क्रमिक, सैन्यीकृत.

**पंक्तिबद्ध** *वि* इकट्ठा/इकट्ठी, एकत्रित, एकसूत्र, श्रेणीबद्ध, संगठित, सफ़बस्ता, समूहबद्ध, •एकजुट, •व्यूहबद्ध, •सैन्यीकृत, ▪विपंक्तिकृत.

**पंक्तिबाह्य** = जाति निर्वासित.
**पंक्ति विघटन** = विपंक्तिकरण.
**पंक्ति विसर्जन** = विपंक्तिकरण.
**पंख** = पर.

**पंख** *सं* कलाप, छद, डैना, पक्ष, पखना, *पत्र*, *पर*, पाँख, बाहु, •पंख डंडी, •पर, •फड़फड़, •मोरपंख.

**पंख एक पर** = पर.

**पंख डंडी** *सं* *क़लम*, नरकुल, लेखनी.

**पँखड़ी** = पर.

**पँखड़ी** *सं* दल, पँखुड़ी, पत्ती, *पल्लव*, पाँखड़ी, पाँखरी, पाँखुरी, पुष्पदल, पुष्पपत्र, पुष्प पल्लव, फूलपत्ती, •कंटक.

**पंखधर** = नभचर.
**पंखनाल** = क़लम.
**पंखपूर्व पक्षी शिशु** = अजातपक्ष शिशु पक्षी.
**पंखयुक्त जीव** = फ़रिश्ता.
**पंखा** = प्रौपैलर, हाथ पंखा.

**पंखा** *सं* *फ़ैन*, बिजना, बीजना, वीजन, •चीनी पंखा, •हाथ पंखा, •चँवर, •झोंका, •धौंकनी, •बयार, •मोरछला.

**पंखा कुली** *सं* छत पंखा कुली, बादकश कुली, •पंखाबरदार.

**पंखाबरदार** *सं* पंखा वाहक, •चँवरढार, •पंखा कुली, •मोरछलिया.

**पंखा वाहक** = पंखाबरदार.
**पंखित्र** = वातित्र.
**पंखिनी** = मादा पक्षी.
**पंखी** = पक्षी, शलभ.
**पँखुड़ी** = पँखड़ी.
**पंग** = लँगड़ा/लँगड़ी, लँगड़ा लूला/लँगड़ी लूली.
**पंगत** = पंक्ति.
**पँगला/पँगली** = लँगड़ा/लँगड़ी.
**पंगा/पंगी** = लँगड़ा/लँगड़ी, लँगड़ा लूला/लँगड़ी लूली.
**पंगु** = अक्षम, असहाय, लँगड़ा/लँगड़ी, लँगड़ा लूला/लँगड़ी लूली, विकलांग.
**पंगुगाड़ी** = अपाहिज गाड़ी.
**पंगुता** = सहयोगहीनता.
**पंगुला/पंगुली** = लँगड़ा लूला/लँगड़ी लूली.
**पंच** = काकटेल, पंचामृत, पंचायत, पंचायत सदस्य, पाँच, पाँचवाँ/पाँचवीं, पाँच समुदाय, मद्य.

**पंच** *सं* आरबिट्रेटर, तटस्थ, तिसरैत, निर्णायक पंच, पंच परमेश्वर, *मध्यस्थ*, *सरपंच*, •जूरी, •न्यायाधीश, •पंचायत.

**पंचक** = पाँच समुदाय.
**पंचकन्या** = द्रौपदी.
**पंचकोण** = पंचभुज.
**पंचकोणीय** = पंचभुजीय.
**पंचज्ञान** = गौतम बुद्ध.
**पंचतत्त्व** = पंचभूत, पदार्थ.
**पंचतत्त्व प्राप्ति** = मृत्यु.
**पंचतत्त्वीय** = भौतिक.
**पंचत्व को प्राप्त होना** = मरना.
**पंचत्वप्राप्त** = मृत.
**पंचदशी** = अमावस्या, पूर्णिमा.
**पंचनद** = पंजाब.
**पंच परमेश्वर** = पंच, पंचायत सदस्य.

**पंचप्राण** *सं* पंचवायु, पंचात्मा, •प्राणशक्ति.

**पंचप्राण सूची** *सं* अपान, उदान, प्राण, व्यान, समान.

**पंचबाण** = कामदेव.
**पंचबाहु** = पंचभुज, पंचभुजीय.
**पंचभर्तारी** = द्रौपदी.
**पंचभुज** = पंचभुजीय.

**पंचभुज** *सं* पंचकोण, पंचबाहु, पंचभुजा, पचकोण, •चतुर्भुज.

**पंचभुजा** = पंचभुज.

**पंचभुजीय** *वि* पंचकोणीय, पंचबाहु, *पंचभुज*.

**पंचभूत** = अजैव पदार्थ, पदार्थ, रासायनिक तत्त्व.

**पंचभूत** *सं* अजज़ा, अनासिर, *धातु*, पंचतत्त्व, भूत सामान्य, •पदार्थ, •परमाणु.

**पंचभूत सूची** *सं* *अग्नि*, *आकाश*, *जल*, *पृथ्वी*, *वायु*.

**पंचम** = पाँचवाँ/पाँचवीं, सप्तक स्वर सूची.
**पंचम गणराज्य** = फ़्राँस.
**पंचमांगी** = ग़द्दार.
**पंचमेल** = मिक्श्चर, विविधता.

**पंचर** = पंक्चर.
**पंचलक्षण** = पुराण.
**पंचवट** = यज्ञोपवीत.
**पंचवटी** = पौराणिक वन उपवन.
**पंचवर्ण** = ओम.

**पंचवर्षीय** *वि* पंचवार्षिक, पंजसाला, पाँच वर्षीय, पाँचसाला, •वार्षिक.

**पंचवायु** = पंचप्राण.
**पंचवार्षिक** = पंचवर्षीय.
**पंचशर** = कामदेव.
**पंचशील** = सहअस्तित्व.
**पंचांग** = कैलेंडर.

**पंचांग** *सं* जंत्री, तिथिपत्र, पंजिका, पत्रा, पत्री, शाका, •काल.

**पंचांग अंग सूची** *सं* करण (अर्धतिथि), *तिथि*, *नक्षत्र*, योग (मुहूर्त्त), *वार*.

**पंचांगशास्त्री** = पंचांग शास्त्री.

**पंचांग शास्त्री** *सं* कैलेंडर निर्णायक, तिथि निर्धारक, पंजिकाकार, पंजीकार, सांवत्सर, सांवत्सरिक, •होराशास्त्री.

**पंचाट** *सं* आर्बिट्रेशन, बीचबचाव, मध्यस्थता, *समझौता*, *सौदेबाज़ी*, •मध्यस्थता.

**पंचात्मा** = पंचप्राण.
**पंचाननी** = दुर्गा.

**पंचामृत** *सं* दूध दही घी मधु बूरा मिश्रण, *पंच*, •चरणामृत, •मधुपर्क.

**पंचायत** = पंचायतघर, सभा.

**पंचायत** *सं* ग्रामसभा, जातिसभा, जिरगा, *पंच*, *पाँच*.

**पंचायत अध्यक्ष** = सरपंच.

**पंचायतघर** *सं* गाँव चौपाल, चौपाल, चौरा, *पंचायत*, •टाउन हाल.

**पंचायत सदस्य** *सं* *पंच*, पंच परमेश्वर, •सरपंच.

**पंचायत सभा** *सं* ग्रामसभा, जनसभा, सर्वसभा, •ग्राम मुखिया, •नगर

सभा, •सरपंच.

**पंचायत सभापति** = सरपंच.
**पंचायती** = लोकतांत्रिक, सामाजिक, सामूहिक.

**पंचायती तराज़ू** *सं* धरम काँटा, धर्मकाँटा, •वेइंग ब्रिज.

**पंचायती राज्य** = लोकतंत्र.
**पंचाली** = कठपुतली, गुड़िया.
**पंचाशिका** = पचास समुदाय.
**पंछी** = नर पक्षी, पक्षी.
**पंछी उड़ना** = मरना.
**पंज-** = पाँच.
**पंजर** = अस्थिपंजर, ढाँचा.
**पँजरी** = अरथी, पसली.
**पंजसाला** = पंचवर्षीय.
**पंजा** = चंगुल, पाँच समुदाय, पाँचा, हाथ पंजा.
**पँजाई** = झलाई.
**पंजाब** = पंजाब (भारत), भारत राज्य प्रदेश.

**पंजाब** *सं* अखंड पंजाब, अविभाजित पंजाब, पंचनद.

**पंजाब (भारत)** *सं* *पंजाब*, पूर्व पंजाब (पूर्व नाम), पूर्वी पंजाब (पूर्व नाम), भारतीय पंजाब, विभाजित पंजाब, •भारत राज्य प्रदेश सूची.

**पंजाबः राजधानी** *सं* चंडीगढ़.

**पंजाबी** = भारत राष्ट्रभाषा सूची, भारतीय लिपि सूची.
**पंजारा** = धुनिया.
**पंजिका** = पंचांग.
**पंजिकाकार** = पंचांग शास्त्री.
**पंजियारा** = धुनिया.
**पंजी** = कैलेंडर, पाँच समुदाय, पूनी, बहीखाता, रजिस्टर.
**पंजीकार** = पंचांग शास्त्री.
**पंजीरी** = बरफ़ी.
**पंडा** = पुरोहित, ब्राह्मण.

**पंडा** *सं* तीर्थ पुरोहित, तीर्थयात्रा कर्मचारी, तीर्थिक, तीर्थोपजीवी, पंडित, बाम्हन, *ब्राह्मण*, यात्रावाल, •घाट पंडा, •तीर्थयात्री.

**पंडाइन** = पुरोहित पत्नी, रसोईदारिन.

**पंडाल** = शामियाना.
**पंडित** = अध्यापक, उपदेशक, कुशल, गुरु, ज्ञाता, ज्ञानी, दक्ष, दक्ष व्यक्ति, धर्मज्ञानी, पंडा, पुरोहित, प्रतिभाशाली व्यक्ति, ब्राह्मण, विद्वान व्यक्ति, विशेषज्ञ, वेदज्ञ, व्याख्याता, संस्कृतज्ञ, समीक्षक, सिद्ध कलाकार.
**पंडित ज्ञानी** = विद्वत्समाज, विद्वान व्यक्ति.
**पंडितमन्यता** = विद्याहंकार.
**पंडित समाज** = विद्वत्समाज.
**पंडिताइन** = पुरोहित पत्नी, ब्राह्मण स्त्री.
**पंडिताई** = विद्वत्ता.
**पंडिताऊ** = कर्मकांडीय, परंपरावादीय, विद्वत्तापूर्ण.
**पंडिताऊपन** = रूढ़िवाद.
**पंडितानी** = पुरोहित पत्नी, ब्राह्मण स्त्री.
**पंडुक** = फ़ाख़्ता.
**पंडोह** = नाला नाली.
**पंत** = मंत्री.
**पँतीजी** = धुनकी.
**पंथ** = धर्म, परिपाटी, प्रचलन, मार्ग, सड़क.
**पंथकामिनी** = वेश्या.
**पंथनिरपेक्षता वाद** = इहलोकतंत्र वाद.
**पंथिक** = धार्मिक, यात्री.
**पंथी** = धार्मिक, पक्षधर, मतानुगामी, यात्री.
**पंदन** = स्पंदन.
**पंदरवाड़ा (बोलचाल)** = पखवाड़ा.

**पंदरह** *सं* 15, चौदह जमा एक, पंद्रह.

**पंदरह जमा एक** = सोलह.
**पंद्रह** = पंदरह.
**पंप** = कूप, चाँपाकल, ट्यूब वैल.
**पँवरि** = खड़ाऊँ.
**पँवरिया** = द्वारपाल.
**पँवाड़ा** = वीरकाव्य.
**पँवार** = मूँगा.
**पंसारी** = परचूनिया.
**पंसारी का सामान** = परचून.
**पंसारी दुकान** = परचून दुकान.

**पंसेरी** *सं* धड़ी, सेर 5.

**-प (जैसेः मद्यप, सोमप)** = पीने वाला.

**पकड़** = अंतर्बोध, कैच, क्लिप, गुणज्ञता, चंगुल, पदाधार, प्रताप, प्लास, बुद्धि, मूठ, मोह, शिकंजा, सँड़सा, सुरुचि.

**पकड़** *सं* कसाव, गाह, गिरफ़्त, *ग्रसन*, *ग्रहण*, ग्राह, *चंगुल*, चुकटी, जकड़, झपेट, थाम, दबोच, मुश्क, यंत्रण, *लपेट*, *शिकंजा*, •गिरफ़्तारी, •चिकोटी, •प्लास, •सँड़सा.

**पकड़धकड़** = गिरफ़्तारी.
**पकड़न** = अकड़ाहट.
**पकड़ना** = चिपकना, फँसाना, फाँसना, रुचना, रोधना, लेना, समझना.

**पकड़ना** *क्रि* गहना, ग्रसना, ग्रस्त करना, चंगुल में लेना, *झपटना*, झपेटना, *थामना*, *दबाना*, दबोचना, दाबना, *धरना*, लपकना, *लेना*, •कसना, •गिरफ़्तार करना, •चिपकना, •ज़ब्त करना, •फाँसना, ▪छोड़ना.

**पकड़ने वाला** = अपहर्ता.
**पकड़ा/पकड़ी** = अपहृत, गिरफ़्तार, ज़ब्त.
**पकड़ाई** = गिरफ़्तारी.
**पकड़ाना** = सौंपना.
**पकड़ी पेड़** = पाकर.
**पकना** = तपना, रँधना.

**पकना** *क्रि* तैयार होना, निपजना, पक्व होना, फ़सल तैयार होना, वनस्पति पकना, •पनपना, •फ़सल काटना, •फूल आना.

**पकवान** = पक्का खाना, व्यंजन.

**पकवान** *सं* छाँदा, पक्वान्न, भिस्सिटा, •नमकपाड़ा, •मठरी.

**पका/पकी** = कालजात, पक्व, मरणासन्न, वयस्क, वृद्ध.

**पका/पकी** *वि* गला/गली, *ठीक*, तला/तली, तैयार, *पक्व*, पचा/पची, परिपक्व, परिपाचित, बना/बनी, भुना/भुनी, रँधा/रँधी, विपक्त्रिम, •अधपका/अधपकी, •सुपक्व, ▪अनपका/अनपकी.

**पकाए जाना** = रँधना.
**पकाना** = उबालना, भूनना, राँधना, राँधना.
**पकापन** = चरम अवस्था.
**पकी साग भाजी** = भाजी.

**पकोड़ा** *सं* पकौड़ी, *पुआ*, पूड़ा, पूप, पूपा, •बड़ा, •समोसा.

**पकोड़ी** *सं* ढरहरी, पकौड़ी, पूई, *बड़ी*, बेसनी, •कोफ़्ता, •पकोड़ा, •बड़ा.

**पकौड़ी** = पकोड़ा, पकोड़ी.
**पक्का** = हाँ.
**पक्का/पक्की** = अंतरंग, अटूट, अनिरसनीय, अनुभवी, अनुशासनप्रिय, अपरंतुक, अपरिवर्तनीय, अप्रवादित, अवश्यंभावी, आत्मविश्वासी, आदी, कटिबद्ध, कठोर (अधिकारी), कुशल, घीतेलयुक्त, तथ्यात्मक, दक्ष, दायित्वपूर्ण, धर्मशील, धीर, नियमित, निर्णायक, निर्धारित, नीतिकुशल, प्रभावातीत, प्रमाणसिद्ध, प्रौढ़, बलिष्ठ, मतांध, लक्ष्यवेधी, लिखित, विजड़ित, विवादातीत, वीर, संकल्पशील, संदेहहीन, संपुष्ट, सत्याधारित, समय पालक, सुगठितकाय, सुदृढ़, सुपोषित, सुरक्षित, हठी.
**पक्का इरादा** = संकल्प.

**पक्का खाना** *सं* अनसकरा/अनसकरी, कृतान्न, गरिष्ठ आहार, तर माल, तला खाना, तेमन, *पकवान*, पक्की रसोई, पक्व आहार, भिस्सटा, माल, ▪कच्चा खाना, ▪सीधा खाना.

**पक्का दोस्त** = अंतरंग मित्र.
**पक्कापन** = अवश्यंभावना, धैर्य.
**पक्का रागी** = राग गायक.
**पक्का है** = हाँ.
**पक्की रसोई** = पक्का खाना.
**पक्के तौर पर** = अवश्यमेव.
**पक्व** = अनुभवी, दक्ष, पका/पकी, प्रौढ़.

**पक्व** *वि* तैयार, पका/पकी, पौढ़ा/पौढ़ी, *प्रौढ़*, विपक्त्रिम, सिद्ध, ▪अपक्व.

**पक्व आहार** = पक्का खाना.

**पक्वकेश** = श्वेतकेशी.
**पक्वता** = दक्षता.
**पक्वन** = रसोई कर्म.
**पक्व होना** = पकना.
**पक्वाधान** = उदर.
**पक्वान्न** = पकवान.
**पक्वावस्था** = चरम अवस्था.
**पक्ष** = अंग, आयाम, कंधा-कलाई हाथ, गुट, तराज़ू पलड़ा, दिशा, पंख, पखवाड़ा, पार्श्व, फाँक, राजनीतिक दल, समूह, सेनापार्श्व.
**पक्षग** = नभचर.
**पक्षघात** = पक्षाघात.
**पक्षधर** = पक्षपाती, पक्षी, मंडन कर्ता, मतानुगामी, मित्र, राजनीतिक कार्यकर्ता.

**पक्षधर** *सं* अतटस्थ, अनिष्पक्ष, अनुयायी/अनुयायिनी, अलमबरदार, झंडाबरदार, तरफ़दार, ध्वजाधारी, ध्वजी, नवाज़, पंथी, पिट्ठू, मतावलंबी, *मददगार*, *समर्थक*, सहायक, साथी, हिमायती, ▪गुटनिरपेक्ष, ▪विपक्षधर.

**पक्षपात** = अन्याय.

**पक्षपात** *सं* अंधेर, अनीति, *अन्याय*, असमदर्शन, जानिबदारी, तरफ़दारी, धाँधली, पासदारी, भेदभाव, रूरिआयत, •कुनबापरस्ती, •दोस्तपरस्ती, •प्रजातिवाद, •भ्रष्टाचार, •संप्रदायवाद, ▪निष्पक्षता, ▪न्याय.

**पक्षपातपूर्ण** = न्यायहीन, पक्षपाती, भेदभावपूर्ण, सिफ़ारिश भरा.
**पक्षपातपूर्ण धारणा** = पूर्वग्रह.
**पक्षपातहीन** = निष्पक्ष, न्यायप्रिय, भेदभावहीन, समव्यवहारी.
**पक्षपाती** = मंडन कर्ता, मददगार.

**पक्षपाती** *वि* अतुल्यदर्शी, अनिष्पक्ष, *अन्यायी*, असमदर्शी, एकांगी, *कुटिल*, तरफ़दार, *पक्षधर*, पक्षपातपूर्ण, *भेदभावपूर्ण*, मिला/मिली, *वक्र*, •बेईमान, •भेदभावपूर्ण, ▪गुटनिरपेक्ष, ▪निष्पक्ष.

**पक्ष में करना** = मनवाना.
**पक्ष विपक्ष** = विमर्श.
**पक्षहीन** = गुटनिरपेक्ष.
**पक्षांत** = अमावस्या, पूर्णिमा.

**पक्षाघात** *सं* अंगघात, अर्धांग घात, एकांगवात, गात्रोपघात, *झोला*, पक्षघात, पैरालिसिस, फ़ालिज, लक़वा, संघात, स्ट्रोक, *स्तंभ*, हवा, •अधरांगघात.

**पक्षाभास** = कुतर्क.
**पक्षिणी** = मादा पक्षी.
**पक्षी** = नर पक्षी.

**पक्षी** *सं* अंडज, अंबरचर, आकाशचारी, कपोत, कुलिंग, खग, खेचर, गगनचर, चंचुभृत, चिड़िया, चिड़ी, तरुशायी, नगौका, नभश्चर, नीडक, नीडज, पंखी, पंछी, *पक्षधर*, पखेरू, *पतंग*, परिंदा, पाखी, बिहग, मुर्ग़, विहंग, विहग, व्योमचर, शकुंत, *शकुन*, शकुनि, शरंड, •उल्लू, •कठफोर, •कठफोरिया, •कबूतर, •कीवी, •कुक्कू, •कुलिंग, •कोयल, •कौआ, •क्रौंच, •खंजन, •गिद्ध, •गौरैया, •चकवा, •चकोर, •चातक, •चील, •तीतर, •तोता, •नीलकंठ, •पैंग्विन, •फ़ाख़्ता, •बगला, •बटेर, •बतख़, •बया पक्षी, •बाज़ गिद्ध, •बुलबुल, •मुरगा, •मुरग़ाबी, •मुरगी, •मैना, •मोर, •मोरनी, •शुतुरमुर्ग़, •सारस, •हंस, •कोटर, •चहचहाहट, •जीव, •नीड़, •पिंजरा.

**पक्षी आखेटक** = बहेलिया.

**पक्षी आहार** *सं* चुगा, चुग्गा, दाना, •पशु चारा.

**पक्षी छतरी** *सं* अड्डा, कपोतपाली, कबूतर छतरी, छतरी, छत्र, ठाटर, •कबूतरख़ाना, •नीड़.

**पक्षी बोली** = चहचहाहट.

**पक्षी मांस** *सं* चिकन, *चूज़ा*.

**पक्षीय** = पार्श्वीय.

**पक्षीराज** = गरुड़.
**पक्षी विष्ठा** = बीट.

**पक्षीशाला** *सं* कबूतरख़ाना, कुलायिका, कुलालिका, दरबा, •चिड़ियाघर.

**पक्षी शिशु** = शिशु पक्षी.

**पक्षीसमूह** *सं* चटकाली, वैष्किर.

**पक्ष्म** = पलक बाल.
**पख** = कंधा-कलाई हाथ, पार्श्व, शर्त.
**पख़** = बाधा.
**पख़्तूनिस्तान** = अफ़गानिस्तान.
**पखना** = पंख, पर.

**पखवाड़ा** *सं* अर्धमास, आधा महीना, चौदह दिन, दिन 14/15, दो सप्ताह, पंदरवाड़ा (बोलचाल), पक्ष, फ़ोर्टनाइट, सप्ताह 2, •कृष्णपक्ष, •पितृपक्ष, •मास, •शुक्लपक्ष, •सप्ताह.

**पखान** = चट्टान, पाषाण.
**पखार** = धुलाई.
**पखारना** = धोना, सजाना, सींचना.
**पखारा/पखारी** = धुला/धुली.
**पखाल** = चिलमची, मशक.
**पखालना** = धोना.
**पखावजी** = ढोलची.
**पखिया** = वितंडावादी.
**पखेरू** = पक्षी.
**पग** = डग, पैर, प्रयास.
**पग (पशु)** = पदचिह्न.
**पगचिह्न** = पदचिह्न.
**पगडंडी** = पशुपथ.

**पगडंडी** *सं* अनुपथ, *उपमार्ग*, कच्चा रास्ता, कच्ची सड़क, टेढ़ा मेढ़ा रास्ता, डंडी, डगर, डगरिया, *डाँड़*, दगरा, पैदल पथ, फ़ुटपाथ, बटिया, *बटी*, *बाट*, लीक, •कुंजगली, •पशुपथ, •पिटा पिटाया रास्ता, •विचरण मार्ग, •शौर्टकट, •सड़क, •सड़क पार्श्व.

**पगड़ी** = पट्टेदारी, पुरस्कार सूची, सत्ताभिषेक, सम्मान उपहार.

**पगड़ी** *सं* अटहर, उष्णीष, टर्बन, पगा, पग्गड़, पाग, मुँडासा, मुरेठा, शिरपट्ट, शिरोवेष्ट, साफ़ा, सिरपेंच, सिरबंद, •टोपी, •मुकुट, •सिर.

**पगड़ी उतारना** = लूटना.
**पगड़ीधारी** = पट्टेदार, मुकुटधारी.
**पगतरी** = जूता.
**पगमार्क (पशु)** = पदचिह्न.
**पगला/पगली** = पागल.
**पगलाया/पगलाई** = पागल.
**पगहा** = गला रस्सी.
**पगा** = गला रस्सी, पगड़ी.

**पगाई** *सं* पाग, शर्करण, शूगरकोटिंग.

**पगाना** = पागना.
**पगार** = वेतन.
**पगियाना** = पागना.
**पगोडा** = विहार, स्तूप.
**पगड़** = पगड़ी.
**पघा** = गला रस्सी.
**पच-** = पाँच.
**पचकोण** = पंचभुज.
**पचड़ा** = कर्मकांड, खटराग, लाल फ़ीताशाही.
**पचड़े में पड़ना** = खटना.
**पचना** = रँधना.
**पचपच** = फचफच.
**पचमेल** = विविध, विविधा.
**पचर मचर** = फचफच.
**पचा/पची** = पका/पकी.
**पचाई** = रसोई कर्म.
**पचाना** = भूनना, राँधना.

**पचास** *सं* 50, अर्धशतक, अर्धशती, पाँच गुना दस.

**पचास प्रतिशत** = आधा/आधी.
**पचास वर्ष** = स्वर्ण जयंती.

**पचास वर्ष** *सं* अर्धशताब्दी, अर्धशती, वर्ष 50.

**पचास वर्षीय** *वि* अर्धशताब्दीय, पचास वार्षिक, *स्वर्ण*, •पचीस वर्षीय.

**पचासवाँ/पचासवीं** *वि* 50वाँ, सुनहरा/सुनहरी, सुनहला/सुनहली, स्वर्ण-, स्वर्णिम.

**पचास वार्षिक** = पचास वर्षीय.

**पचास समुदाय** *सं* पंचाशिका, पचासा.

**पचासा** = पचास समुदाय.
**पचि** = अग्नि.
**पचीस प्रतिशत** = चौथाई.
**पचीस वर्ष** = रजत जयंती.

**पचीस वर्षीय** *वि* पचीस वार्षिक, रजत, •पचास वर्षीय, •साठवर्षीय, •सौ वर्षीय.

**पचीसवाँ/पचीसवीं** *वि* 25वाँ, रजत.

**पचीस वार्षिक** = पचीस वर्षीय.

**पचीस समुदाय** *सं* पचीसी, पच्चीसी.

**पचीसी** = पचीस समुदाय.
**पचौर** = सरपंच.
**पच्च** = फचफच.
**पच्चड़** = खपची, छीलन.
**पच्ची** = पच्चीकारी.

**पच्चीकार** *सं* निशाँगर, सादाकार, •उत्कीर्णक.

**पच्चीकारी** *सं* इनलेइंग, खचन, जड़ाई, जड़ाव, निशाँगरी, पच्ची, *भरती*, सादाकारी, •उत्कीर्णन, ▪उखड़ाई, ▪उद्रेखन.

**पच्चीकृत** *वि* कामदार, खचित, जटित, जड़ा/जड़ी, जड़ाऊ, जड़ित, *विजड़ित*, •उत्कीर्ण, •रत्नजटित, •विजड़ित.

**पच्चीस तत्त्व निर्माण तत्त्व** = परमपुरुष.
**पच्चीसी** = पचीस समुदाय.
**पच्छिम** = पश्चिम दिशा.
**पच्छिमी** = पश्चिमी.
**पच्य** = पाच्य.
**पछ-** = पिछला/पिछली.
**पछड़ना** = हारना.
**पछड़ा** = धराशायी.

**पछताना** *क्रि* अफ़सोस करना, कलमलाना, छाती पीटना, तिलमिलाना, पश्चात्ताप करना, शोक करना, *सोचना*, हाथ मलना, •छटपटाना.

**पछताने वाला** = पश्चात्तापी.
**पछतावा** = खेद, पश्चात्ताप, प्रायश्चित्त.
**पछवत** = पछेती फ़सल.
**पछवाँ/पछवीं** = पश्चिमी.
**पछवा** = पश्चिम पवन.
**पछाँछ** = पश्चिम भारत.
**पछाँह** = पश्चिम दिशा, पश्चिम भारत.
**पछाँहिया** = पश्चिमी.
**पछाँही** = पश्चिम भारतीय, पश्चिमी.
**पछाड़** = पटकनी, पतन, पराजय, पस्ती, शहमात.
**पछाड़ना** = जीतना, हराना.
**पछाड़ी** = पीछे.

**पछारना** *क्रि* कचारना, *खँगालना*, पटकना, *पीटना*, फटकारना, फींचना, ●धोना.

**पछाहियाँ** = पश्चिमी.
**पछीत** = पीछे वाला आँगन.
**पछुआ** = पश्चिम पवन.
**पछुआई** = पश्चिम पवन.
**पछुवाई** = पश्चिम पवन.
**पछेती** = पछेती (फ़सल), पछेती फ़सल, समयोपरांतीय.

**पछेती (फ़सल)** *वि* देरी से उगने वाला, पछेती, पश्चकालिक, पश्चजात, पश्चात, पिछला/पिछली, बाद का, बाद में उगने वाला, ■अगेती (फ़सल).

**पछेती फ़सल** *सं* पछवत, पछेती, पिछेती, ●अगेती फ़सल, ●फ़सल मौसम.

**पछोड़** = फटकाई.
**पछोड़ना** = फटकना.
**पछोरना** = फटकना.
**पजमिया** = जाँघिया.
**पज़मुर्दा** = मुरझाया/मुरझाई.
**पज़ल** = पहेली.
**पजावा** = भट्ठा.
**पटंबर** = रेशमी वस्त्र.
**पट** = अनुक्षितिज, आड़, ओढ़नी, काष्ठपटल, घूँघट, चित्र, धम, धातुपटल, नेपथ्य यवनिका, पटल, पट्टी, बैनर, लेटा/लेटी, वस्त्र, वाल हैंगिंग.

**पट** *वि* औंधा/औंधी, पेट के बल, पेटकैयाँ, ■चित.

**पट (कुश्ती)** = अधोमुख.
**पटक** = पिचकन.
**पटकना** = गिराना, गिराना, पछारना, हराना.
**पटकनिया** = पटकनी.

**पटकनी** *सं* चित स्थिति, धराशायिता, पछाड़, पटकनिया, पटकी, *पतन*, *पराजय*, हार, ●कुश्ती, ●पटकाई.

**पटकनी खिलाना** = हराना.
**पटका** = कमरबंद, धराशायी.
**पटका/पटकी** = पंक्वरित.
**पटकार** = बुनकर.
**पटकी** = पटकनी.
**पटकी देना** = हराना.
**पटक्षेप** = यवनिका पात.
**पटचित्र** = वाल हैंगिंग.
**पटड़ी** = पटरी.
**पटतर** = समतल.
**पटद** = कपास.
**पटना** = नगर, पसीजना, बिहारः राजधानी, मानना.
**पटनी** = कँगनी, भूमितल.
**पटपट** = झरझर, तड़तड़, फटफट.
**पटपटाहट** = तड़तड़, फटफट.
**पटपटी** = आतिशबाज़ी.
**पटपड़** = चौड़, मैदान, मैदानी, समतल, समतल भूमि.
**पटबीजना** = जुगनूँ.
**पटमंडप** = तंबू.
**पटर पटर** = झरझर, तड़तड़, फटफट.
**पटरस** = समतल.
**पटरा** = आधार सूची, पैर चौकी.

**पटरा** *सं* पटला, पटुला, पाटला, हेंगा, ●चौकी, ●पटरी.

**पटरा तरापा** = तिरेंदा.

**पटरानी** *सं* अग्रमहिषी, ख़ासमहल, पट्टमहिषी, परम भट्टारिका, प्रधान रानी, मलिक मुअज़्ज़मा, मलिका, महादेवी, महारानी, राजमहिषी, राजराजेश्वरी, राजा प्रधान पत्नी, ●राजा पत्नी, ●रानी.

**पटरा फेरना** = उजाड़ना.
**पटरी** = आधार सूची, गोटा, रेल पटरी, सड़क पार्श्व, सामंजस्य.

**पटरी** *सं चौकी*, पटड़ी, पटली, पटिया, पाटली, पाटली, पाटी, ●पटरा.

**पटरी बाज़ार** = पैंठ.
**पटरी वाला** = फेरी वाला.
**पटरी से उतारना** = भटकाना.
**पटल** = काउंटर, तख़्ती, धातुपटल, पत्री, मेज़, संस्तर.

**पटल** *सं* तख़्ता, *तख़्ती*, *पट*, *पट्टा*, *पत्र*, परत, फट्टा, फट्टी, फर्रा, फलक, बोर्ड, *संस्तर*, ●काउंटर, ●पटरा, ●पटेला.

**पटल प्रस्थ** = पठार भूमि.
**पटला** = पटरा.
**पटली** = पटरी.
**पटवा** = सन.
**पटवाना** = कमवाना.

**पटवारी** *सं* लेखपाल, *लेखापाल*.

**पटवारी बही** *सं* खतौनी, ख़सरा, खाता, खेवट, जमाबंदी, भूमि विवरण, ●कृषिभूमि, ●खेत, ●ज़मींदारी, ●भूमि स्वामित्व, ●भूसंपत्ति.

**पटवास** = पेटीकोट.
**पटवेश्म** = तंबू.
**पटसन** = टाट, सन.
**पट से** = तत्काल.
**पटह** = डुगडुगी, ढोल.
**पटहघोषक** = मुनादी वाला.
**पटा** = तलवार.
**पटा/पटी** = छतदार, मोहित, सहमत.
**पटाई** = मनुहार.
**पटाऊ** = मनाऊ, सहमत्य.
**पटाका** = आतिशबाज़ी.

**पटाका** *सं* क्रैकर, पटाखा, पड़ाका, बंब, *बम*, ● धमाका, ●फटफट, ●बम.

**पटाक्षेप** = यवनिका पात.
**पटाखा** = पटाका.
**पटाना** = चपराना, चुकाना, मनवाना,

मनुहारना, मोहना, ललचाना.

**पटाना कला** = सेल्समैनशिप.

**पटापट** = तत्काल, फटफट, लगातार.

**पटाव** = छत, पुनर्मेल, पुल, भीतरी छत, समझौता, सौदा.

**पटावट** = समाकलन, समाशोधन, सहमति.

**पटावदार** = छतदार.

**पटावदार रास्ता** = छतदार मार्ग.

**पटावरण** = परदा.

**पटिया** = काष्ठपटल, चौकी, तख़्ती, पटरी, पाषाण पटल, सिल.

**पटी** = क़नात, तख़्ती, नेपथ्य यवनिका, पाषाण पटल.

**पटीलना** = पीटना.

**पटु** = अनुभवी, कुटिल, दक्ष.

**पटुआ** = परवल, सन.

**पटुता** = दक्षता.

**पटुला** = पटरा.

**पटेटो फिंगर्स** *सं* चिप्स, पटेटो चिप्स, फिंगर्स, फ्रैंच फ्राईज़.

**पटेबाज़** = तलवारधारी.

**पटैटो** = आलू.

**पटैत** = तलवारधारी.

**पटोर** = रेशम धागा.

**पटोरी** = धोती, रेशमी.

**पटोल** = परवल.

**पटोली** = कार्टन.

**पटोहाँ** = छतदार मार्ग.

**पटौनी** = अनुबंध, पुनर्मेल, समझौता, समाकलन, सहमति, सामंजस्य, सौदा.

**पट्ट** = ओढ़नी, काष्ठपटल, राज्यादेश, सन.

**पट्टकृमि** = रेशमकीट.

**पट्टन** = बंदरगाह.

**पट्टमहिषी** = पटरानी.

**पट्टशाण** = सन.

**पट्टा** = एकाधिकार, कनवेअर बैल्ट, काष्ठपटल, केशगुच्छ, ख़रीता, गला पट्टा, गला रस्सी, चपरास, ढाल, दस्तावेज, पटल, पट्टी, पेटी, लट.

**पट्टा** *सं* अधिकार पत्र, अधिभोग पत्र, अनुज्ञापत्र, *अनुमति पत्र*, अभिलेख, अमल पट्टा, आधिपत्य पत्र, इजारा, क़बाला, क्षेत्राधिकार पत्र, तहरीर, *दस्तावेज*, धारण पत्र, *पत्र*, *रिकार्ड*, लाइसैंस, लीज़, लैसंस, सनद, स्वत्वपत्र, •अनुमति पत्र.

**पट्टाधारक** = पट्टेदार.

**पट्टाधारी** = पट्टेदार.

**पट्टिश** = तलवार.

**पट्टी** = कनवेअर बैल्ट, काष्ठपटल, घाव पट्टी, टेप, दौड़ मार्ग, धज्जी, नेमिमार्ग, नौका घाट, पंक्ति, पाषाण पटल, बैज, महल्ला, रक्षक मुखौटा, लट, हाशिया.

**पट्टी** *सं* कत्तर, *पट*, *पट्टा*, बंध, बैंड, स्ट्रिप, •कनवेअर बैल्ट, •टेप, •तनी, •निवाड़, •पेटी, •फ़ीता, •लेस.

**पट्टीदार** = पट्टेदार.

**पट्टीदारी** = पट्टेदारी, साझेदारी.

**पट्टी पढ़ाई** = चुग़लखोरी, ब्रेनवाशिंग.

**पट्टी बँधाई** = मरहमपट्टी.

**पट्टे** = घुँघराले केश.

**पट्टेदार** = घुँघराला.

**पट्टेदार** *सं* अधिभू, अधिभोक्ता, अधिभोगी, अमलदार, इजारेदार, क़ब्ज़ादार, दख़लदार, धारक, पगड़ीधारी, पट्टाधारक, पट्टाधारी, पट्टीदार, भाटकी, भोक्ता, लीज़होल्डर, •अस्वामी, •किराएदार.

**पट्टेदारी** *सं* अधिभोग अधिकार, अधिभोग क्षेत्र, अधिभोगिता, अमलदारी, आधिपत्य अधिकार, इजारेदारी, क्षेत्राधिकार, धारण अधिकार, *पगड़ी*, पट्टीदारी, लाइसैंस, लीएन, लीज़, लीज़होल्ड, लीज़ होल्डिंग, •किराएदारी, •लाइसैंस, •स्वामित्व.

**पट्ठा** = उपहास पात्र, कुश्तीबाज़, पिछलग्गू, प्रतियोगी, मिथ्या आरोपित व्यक्ति, युवक, स्नायु.

**पट्ठा/पट्ठी** = बलिष्ठ, सुपोषित.

**पट्ठे** = पुट्ठे.

**पट्ठी** = युवती.

**पठन** = अध्ययन, शिक्षार्जन.

**पठन** *सं अध्ययन*, पढ़न, पढ़ाई, पारायण, रीडिंग, *वाचन*, •होमवर्क, ▪लेखन.

**पठन करना** = पढ़ना लिखना.

**पठनीय** = सुलिखित.

**पठनीय** *वि* अक्लिष्ट, अच्छा/अच्छी, अजटिल, गतिशील, पठ्य, प्रवाहपूर्ण, *रोचक*, *वर्णनात्मक*, सरल, सहज पठनीय, सुपठनीय, *सुलिखित*, •रोचक, •श्रोतव्य, ▪अपठनीय.

**पठनीय लिखाई** = सुलेख.

**पठाई** = निष्कासन, प्रेषण.

**पठाना** = निकालना, भेजना.

**पठार** = पर्वत प्रदेश, विंध्याचल.

**पठार** *सं* अधित्यका, उच्चस्थली, ऊर्ध्वभूमि, गिरिप्रस्थ, गिरिसानु, चपटा पर्वत, प्लैटो, समतल पर्वत, •मैदान, •विंध्याचल, ▪घाटी.

**पठार भूमि** *सं* अधित्यका, उत्थली, गिरिप्रस्थ, टेबल लैंड, पटल प्रस्थ, पर्वत समतल भूमि, प्रस्थ, बुग्याल, मेसा (अमरीका), सानु, •मैदान.

**पठावनहार** = प्रेषक.

**पठित** = अध्यीत.

**पठिया** = युवती.

**पठौनी** = प्रेषण.

**पठ्य** = पठनीय, सुलिखित.

**पड़छत्ती** = टाँड़.

**पड़ता** = औसत राशि, दर, लागत.

**पड़ताल** = आलक्षण, इंस्पैक्शन, चैकिंग, सर्वे.

**पड़ताल** = तथ्यान्वेषण.

**पड़तालिया** = तथ्यान्वेषक.

**पड़ती (विकल्प)** = परती.

**पड़दादा** = परदादा.

**पडदादी** = परदादी.

**पड़न** = पतन, शयन.

**पड़ना** = उतरना, गिरना, झड़ना, झुकना, टिकना, दुबलाना, बरसना, बुढ़ाना, लेटना, हारना.

**पड़पड़** = तड़तड़, फटफट.

**पड़पड़ाना** = उपटना, पपड़ियाना.

**पड़पड़ाहट** = तड़तड़, फटफट.

**पड़पोता** = परपोता.

**पड़पोती** = परपोती.
**पड़वा** = कट्टा.
**पड़ा/पड़ी** = अनुक्षितिज, अवनत, गिरा/गिरी, धराशायी, लेटा/लेटी.
**पड़ाई** = गिराई.
**पड़ाका** = पटाका.
**पड़ाना** = गिराना, झुकाना.
**पड़ाव** = छावनी, तंबू, पड़ाव कार्यालय, पांथशाला.

**पड़ाव** *सं* अधिवास, अस्थायी वास, अहरा, कैंप, चट्टी, चातुर्मास, चावड़ी, बसेरा, बासा, *मंज़िल*, मरहला, मुक़ाम, वासा, •गंतव्य, •घर, •छावनी, •निवास, •प्रवास.

**पड़ाव कार्यालय** *सं* अड्डा, अभियान कार्यालय, अभियान केंद्र, कार्यकेंद्र, *चौकी*, *पड़ाव*, बेस स्टेशन, •चैकपोस्ट.

**पड़ी पाई** = शिरोरेखा.

**पड़ोस** *सं* अड़ोस, अड़ोसपड़ोस, आसपड़ोस, आसपास, इर्दगिर्द, उपांत, कम्यूनिटी, धोरा, नज़दीकी, निकटता, परिपार्श्व, परिवेश, *पार्श्व*, पास, पासपड़ोस, *बग़ल*, बाज़ू, *महल्ला*, सन्निवेश, •सीमा, ■दूरी.

**पड़ोस में** = निकट ही.
**पड़ोस में लाना** = सटाना.
**पड़ोसस्थ** = निकट.

**पड़ोसी** *सं* अड़ोसीपड़ोसी, अधिवासी, आसपास वाला, पार्श्वस्थ, पास वाला, प्रतिवेशी, बग़ल वाला, बाज़ू वाला, महल्लेदार, संवेशी, सहवासी/सहवासिनी, हमसाया, •सीमावर्ती.

**पड़ोसी करना** = सटाना.
**पढ़ंत** = अभिमंत्रण, अभिमंत्रण, जादू, रट्टा, वशीकरण.
**पढ़ कर सुनाना** = बाँचना.
**पढ़क्कू** = पढ़ाकू.
**पढ़न** = अध्ययन, पठन, शिक्षार्जन.
**पढ़ना** = पढ़ना लिखना, पढ़ना लिखना, बाँचना, रटना.

**पढ़ना लिखना** *क्रि* अध्ययन करना, *जानना*, ज्ञानार्जित करना, पठन करना, पढ़ना, पढ़ना, पढ़ाई करना, *बाँचना*, बाचना, याद करना, लिखना पढ़ना, शिक्षा अर्जन करना, *सीखना*, स्टडी करना, स्मरण करना, •रटना, •समझना.

**पढ़ना लिखना सिखाना** = पढ़ाना.
**पढ़ने की मेज़** = रीडिंग टेबल.
**पढ़ने के लिए बड़ा दिखाने वाला शीशा** = आतशी शीशा.
**पढ़ने वाला** = पाठक, विद्यार्थी.
**पढ़वैया** = पढ़ाकू.
**पढ़ा/पढ़ी** = अध्यीत, साक्षर.
**पढ़ाई** = अध्ययन, अध्यापन, पठन, शिक्षा, शिक्षार्जन, होमवर्क.
**पढ़ाई करना** = पढ़ना लिखना.
**पढ़ाई का कमरा** = अध्ययन कक्ष.
**पढ़ाई लिखाई** = शिक्षा.
**पढ़ाकू** = अध्ययनशील.

**पढ़ाकू** *सं* अध्ययनशील व्यक्ति, किताबी कीड़ा, पढ़क्कू, पढ़वैया, पुस्तक कीट, पुस्तक प्रेमी, •विद्यार्थी, •विद्वान व्यक्ति, •साहित्य प्रेमी.

**पढ़ाना** *क्रि* अध्यापन करना, आँख खोलना, *गढ़ना*, *चमकाना*, *ढालना*, तैयार करना, दीक्षित करना, *निखारना*, पढ़ना लिखना सिखाना, पढ़ाना लिखाना, *बताना*, *बनाना*, मार्गदर्शन करना, रास्ता दिखाना, शिक्षा देना, शिक्षित करना, सँवारना, *समझाना*, *सिखाना*, *सुधारना*, •पढ़ना.

**पढ़ाना लिखाना** = पढ़ाना.
**पढ़ाया/पढ़ाई** = शिक्षित.
**पढ़ा लिखा/पढ़ी लिखी** = शिक्षित, साक्षर.
**पढ़े लिखे लोग** = विद्वत्समाज.
**पण** = अनुबंध, आपसदारी, दाँव, धन, वचन, शर्त, सिक्का.
**पणजी** = गोआः राजधानी.
**पणन** = सौदागरी.
**पणयांगना** = वेश्या.
**पणस्त्री** = वेश्या.
**पणांगना** = वेश्या.
**पण्य** = दुकान, बाज़ार, विक्रेय, व्यापार.
**पण्यकामिनी** = वेश्या.
**पण्यचिह्न** = ट्रेडमार्क.
**पण्यन** = सौदागरी.
**पण्य परिणीता** = रखेली.
**पण्यशाला** = दुकान.
**पण्यस्त्री** = वेश्या.
**पण्याजीव** = बनिया, सार्थपति.
**पण्यालय** = डिपार्टमैंट स्टोर.
**पतंग** = टिड्डा, तितली, पक्षी, मधुमक्खी, शलभ.

**पतंग** *सं* कनकैया, कनकौवा, गुड्डी, तिलंगी, •डोरी.

**पतंग कीट** = शलभ.
**पतंग यान** = ग्लाइडर.
**पतंगा** = अंगारा, चिंगारी, शलभ.
**पतंगिनी** = मादा पक्षी.
**पतंजलि** = ऋषि सूची.
**पत** = कीर्तिस्व, प्रताप, लज्जा.
**पतझड़** = अवनति काल, ऋतु सूची.

**पतझड़** *सं* *अवनति काल*, ख़िज़ाँ, झड़न, पतझड़ मौसम, पतझर, मौसमे ख़िज़ाँ, शिशिर ऋतु, •खड़खड़, •पल्लव, ■वर्षाकाल, ■वसंत.

**पतझड़ मौसम** = पतझड़.

**पतझड़ी** *वि* उजड़ा/उजड़ी, *उजाड़*, झड़ता/झड़ती, झड़ा/झड़ी, पीला/पीली, मुरझाया/मुरझाई, शोभाहीन, सूखा/सूखी, ■लहलहाता/लहलहाती, ■वसंती, ■हरियल.

**पतझर** = पतझड़.
**पतन** = अवनति, अवरोहण, अस्तगमन, जाति निर्वासन, ढलान, ढहन, दुराचार, निम्नदिशा, पटकनी, पदावनति, पराजय, बलक्षय, विकासरोध, ह्रास.

**पतन** *सं* अधोकर्ष, अधोगमन, अधोपतन, अपकर्ष, अपगति, अपध्वंस, अपभ्रंश, अवगति, अवपात, आपतन, गिरन, घटन, च्युति, डलन, *ढहन*, निपतन, पछाड़, पड़न, प्रपतन, प्रभ्रंश, भ्रंश,

विच्युति, विभ्रंश, स्खलन, •अवरोहण, •अस्तगमन, •ठोकर, •डूब, •धँसन, •फिसलन, •लुढ़कन, ▪उड्डयन, ▪उत्थान.

**पतनकारी** = कुव्यसनकारक.
**पतन काल** = अवनति काल.
**पतनशील** = अवनतिशील, अस्तगामी, दुराचारी, परगमनपूर्ण, भंगुर, ह्रासशील.
**पतनाला** = नाला नाली.
**पतनोन्मुख** = अवनतिशील, अस्तगामी, ह्रासशील.
**पत पानी** = लज्जा.
**पतम** = टिड्डा.
**पतर** = पल्लव.
**पतरा** = धातुपटल, पत्री.
**पतरी** = धातुपटल.
**पतरौल** = गश्ती पहरेदार.
**पतला** = पतली कमर वाला, सादा टाइप.
**पतला/पतली** = कनकना/कनकनी, काग़ज़ी, तरल, पतला (द्रव), बारीक़ पिसा, संकीर्ण.
**पतला/पतली** = छरहरा/छरहरी.

**पतला/पतली** *वि* कम मोटा, कृश, क्षीण, क्षुद्र, चपटा/चपटी, छोटा/छोटी, फ़ाइन, बारीक़, बारीक़, महीन, सँकरा/सँकरी, *संकीर्ण*, *सूक्ष्म*, •छरहरा/छरहरी, •तीक्ष्ण, •लंबा/लंबी.

**पतला (द्रव)** *वि* अप्रगाढ़, असघन, कमज़ोर, ढीला/ढीली, पतला/पतली, पनीला/पनीली, बहता/बहती, हलका/हलकी, •तरल, •रसेदार, ▪गाढ़ा/गाढ़ी.

**पतला दुबला/पतली दुबली** = कंकालमात्र.
**पतलाना** = दुबलाना.
**पतला हाल** = संकट.

**पतली कमर वाला** *वि* अनुदर/अनुदरा, अल्पमध्यम/अल्पमध्यमा, कटिहीन/कटिहीना, कृशोदर/कृशोदरी, क्षीणकटि, क्षीणमध्य, छरहरा, छामोदर/छामोदरी, तनुमध्य/तनुमध्या, तनुमध्यम/तनुमध्यमा, तन्वंग, पतला, पृषोदर, मंदोदर/मंदोदरी, लघ्वी/लघ्विनी, शातोदर/शातोदरी, सिंहोदर/सिंहोदरी, ▪तोंदू.

**पतली नली** = परख नली.

**पतलून** *सं* पैंट, •जींस, •निकर, •पाजामा, •बिरजिस.

**पतले लिखे अक्षर** = सादा टाइप.
**पतवर** = क्यूबद्ध.
**पतवार** = खर पतवार, चप्पू.
**पतवारिया** = कर्णधार.
**पतवारी** = कर्णधार.
**पतस** = शलभ.
**पता** = गंतव्य, घर, ज्ञात, पता निर्देश, स्थिति.

**पता** *सं* ऐड्रैस, गंतव्य स्थान, घरघाट, ठाँव, ठिकाना, ठौर, ठौर ठिकाना, नाम व पता, मुक़ाम, *स्थान*, •डाकघर संख्या, •दिशांक, •पत्र, •पोस्ट बाक्स, •लिफ़ाफ़ा, •स्थानचिह्न.

**पताई** = खर पतवार.
**पता करना** = पूछना, समझना.
**पता कराना** = बताना.
**पताका** = ध्वज, प्रतीक.
**पताकिनी** = सेना.
**पताकी** = ध्वजवाहक.
**पता चिह्न** = स्थानचिह्न.
**पता ठिकाना** = पता निर्देश.
**पता नहीं** = शायद.
**पता नही कहाँ** = कहीं.

**पता निर्देश** *सं* *अतापता*, गाँव गली, घरघाट, ठाँव ठिकाना, ठौर ठिकाना, नामग्राम, नामठाँव, नाम निशान, नाम पता, *पता*, पता ठिकाना, लैंडमार्क, *वार्ड*, हवाला, •स्थानचिह्न.

**पता परिवर्तन** = स्थान परिवर्तन.
**पतावर** = खर पतवार.
**पता होना** = जानना.
**पतिंग** = शलभ.
**पति** = दक्ष व्यक्ति, स्वामी.

**पति** *सं* आदमी, कंत, ख़सम, ख़ाविंद, घर वाला, धनिक, धनी, धव, ननदी का भाई, पिय, *पुरुष*, प्राण, प्राणनाथ, प्राणेश्वर, प्रिय, भरतार, भर्ता, मर्द, माँग का सिंदूर, माथे की बिंदी, मालिक, मियाँ, *राजा*, शौहर, श्रीमान, सहधर्मी, साईं, साजन, सिरताज, *सुहाग*, सैयाँ, *स्वामी*, •गृहस्थ, •दंपति, •नर, •पत्नी, •पुरुष, •प्रेमी, •सुहाग.

**पति/पत्नी** = जीवन सहचर.
**पतिकलत्र** = दंपति.
**पति के लिए पत्नी पीहर** = ससुराल.
**पतिगृह गमन** = बिदाई.
**पतिचयन** = स्वयंवर विवाह.
**पति छोटा भाई** = देवर.
**पतित** = अनैतिक, अवनत, अश्लील, कौमार्यनष्ट, गिरा/गिरी, दिशाहीन, दुराचारी, धराशायी, धर्मच्युत, परगमनपूर्ण, पराजित, पापपूर्ण, पापी, बदनाम, बलात्कृत.
**पतित उद्धार** = समाज सुधार.
**पतितता** = पिछड़ापन.
**पतितपावन** = सुधारवादी.
**पतिता** = कुलटा.
**पतिपत्नी** = दंपति.
**पतिपत्नी में से कोई एक** = जीवन सहचर.
**पतिपत्नी संतान** = एकक परिवार.
**पतिपरायणा** = पतिव्रता.
**पति पिता** = ससुर.
**पतिप्राणा** = पतिव्रता.
**पति बड़ा भाई** = जेठ.
**पति बहन** = ननद.
**पतिभक्ता** = पतिव्रता.
**पति भाभी** = जेठानी.
**पति माता** = सास.
**पति मृत्यु पर आत्मदाह** = सती प्रथा.
**पतिया** = पत्र.
**पतियार** = आस्था.
**पतियारा/पतियारी** = पूजाभावी.
**पतिवंती** = सधवा.
**पतिवती** = सधवा.

**पतिव्रत** *सं* अच्छाई, असमत, इस्मत, एकपतित्व, एकपतिव्रत, पतिसेवा, पाकदामनी, लक्ष्मण रेखा, सतीत्व,

साध्वीव्रत, •जौहर प्रथा, •पत्नीव्रत, •विवाह, •सती प्रथा.

**पतिव्रतहीनता** = परगमन.

**पतिव्रता** = सती.

**पतिव्रता** *सं* एकचारिणी, कुलपाली, गुनगौरी, गृहशोभा, चरित्रवती, चारुशीला, पतिपरायणा, पतिप्राणा, पतिभक्ता, पारसा, भाविनी, मंगला, महासती, शीलवंती, शीलवती, शीला, सच्चरित्रा, सतवंती, *सती*, सतीव्रता, सती साध्वी, सदाचारिणी, साध्वी, सावित्री, *सीता*, सुचरित्रा, सुशीला, ▪कुलटा.

**पतिसेवा** = पतिव्रत.

**पतिहीना** = अपति.

**पतीला** = देगचा.

**पतीली** = देगचा.

**पतुकी** = हँडिया.

**पतुरिया** = कुलटा, वेश्या.

**पतुही** = फली.

**पते की बात** = रहस्य.

**पते पर रहना** = रहना.

**पतोखा** = दोना.

**पतोहू** = पुत्रवधू.

**पतौखी** = पान मसाला.

**पत्तन** = नगर, बंदरगाह.

**पत्तर** = गत्ता, धातुपटल, पत्तल, पन्नी.

**पत्तरा** = धातुपटल.

**पत्तल** *सं* केला पत्ता, ढाक पत्ता, दौना, पत्तर, पत्ता, पनवार, पल्लव पात्र, पल्लव बरतन, पातरी, पातल, •थाल, •दोना, •प्लेट.

**पत्ता** = दोना, पत्तल, पत्तल, पल्लव, पान पत्ता.

**पत्ता गोभी** = पात गोभी.

**पत्ता रस** = पल्लव रस.

**पत्तिकाय** = पदसेना.

**पत्तिसैन्य** = पदसेना.

**पत्ती** = काग़ज़ तख़्ता, धातुपटल, पँखड़ी, पन्नी, पल्लव, भाँग, शेयर.

**पत्तीदार** = शेयरधारी, साझेदार.

**पत्तों का कटोरा** = दोना.

**पत्थर** = अजैव पदार्थ, अनुभूतिहीन, अभिव्यक्तिहीन, असौम्य, कटाक्ष, चट्टान, पाषाण, पाषाण पटल, बाट, रत्न, रोड़ी, सहानुभूतिहीन.

**पत्थर की लकीर** = अखंडनीय वचन, दृढ़ वचन, प्रारब्ध लेख.

**पत्थर चक्री** = सान चक्का.

**पत्थर चौका** = पाषाण पटल.

**पत्थरदिल** = निर्दय.

**पत्थरपुजा** = मूर्तिपूजक.

**पत्थर पूजा** = मूर्तिपूजा.

**पत्थर फेंकनी** = ढेलवाँस.

**पत्थर मृत्युदंड** *सं* पत्थर वर्षा, संग अंदाज़ी, संग बारान, संगबारी, संगसारी.

**पत्थर वर्षा** = पत्थर मृत्युदंड.

**पत्थरहज़्म** = पाचकता वर्धक.

**पत्थरी** = पाषाणीय.

**पत्नी** = गृहस्थिन.

**पत्नी** *सं* अंकशायिनी, अर्धांगिनी, औरत, कांता, गृहलक्ष्मी, गृहस्वामिनी, गृहिणी, गेहनी, घर की (बोलचाल), घर की लक्ष्मी, घरनी, घर वाली, घर से (बोलचाल), चरणों की दासी, ज़नाना, जनी, जीवन संगिनी, जोरू, तिया, त्रिया, दयिता, दारा, धर्मपत्नी, परिणीता, पाणिगृहीता, प्रणयिनी, प्राणकांता, प्राणा, प्राणाधारा, प्राणाधिका, प्राणेश्वरी, बच्चों की माँ, बहू, बीवी, बेगम, भार्या, मधुरा, मलिका, मल्लिका, *महल*, मालकिन, मेहरारू, रमणी, रमा, *रानी*, लक्ष्मी, वधु, वनिता, वल्लभा, वह (बोलचाल), वामा, शरीके हयात, शालिनी, श्रीमती, संगिनी, सहचरी, सहधर्मिणी, साथिन, *स्त्री*, हृदयेश्वरी, •गृहस्थिन, •दंपति, •पति, •पतिव्रता, •सपत्नी, •स्त्री.

**पत्नीकामी** = विवाहकांक्षी.

**पत्नी के लिए पति घर** = ससुराल.

**पत्नीदास** = जोरूदास.

**पत्नी पिता** = ससुर.

**पत्नीप्रेम** = पत्नीव्रत.

**पत्नी भाई** = साला.

**पत्नी माता** = सास.

**पत्नीरहित** = अपत्नीक.

**पत्नीव्रत** *सं* एकपत्नीव्रत, पत्नीप्रेम, पत्नीसेवा, राम मर्यादा, स्त्रीप्रेम, स्त्रीव्रत, स्त्रीसेवा.

**पत्नीसहित** = सपत्नीक.

**पत्नीसेवा** = पत्नीव्रत.

**पत्नीहीन** = अपत्नीक.

**पत्नीहीन पति** = विधुर.

**पत्रं पुष्पं** = उपहार, बलिवस्तु.

**पत्रं पुष्पं** *सं* पत्रपुष्प, पानफूल, फल फूल, श्रद्धा सुमन, •चढ़ावा, •नैवेद्य.

**पत्र** = काग़ज़, काग़ज़ तख़्ता, खंड, धातुपटल, पंख, पटल, पट्टा, पन्नी, पल्लव, संदेश, समाचार पत्र, सर्कुलर.

**पत्र** *सं* कम्यूनिकेशन, *काग़ज़*, ख़त, *ख़रीता*, चिट, चिट्ठी, चिट्ठी पत्री, चिठिया, पतिया, *पत्रिका*, पत्री, रुक़्क़ा, लिखित संदेश, लेखपत्र, लेख्यपत्र, लैटर, *संदेश*, संदेसवा, •अंतर्देशीय पत्र, •ई-मेल, •जवाबी कार्ड, •पोस्टकार्ड, •विदेश पत्र, •हवाई पत्र, •टैलिग्राम, •डाक, •पता, •लिफ़ाफ़ा, •सर्कुलर.

**पत्रक** = पहचान पत्र, हैंडबिल.

**पत्रकार** *सं* अख़बारनवीस, जर्नलिस्ट, न्यूज़पेपर मैन, *संपादक*, •लेखक, •संपादक, •संवाददाता, •समाचार.

**पत्रकारिता** *सं* अख़बारनवीसी, चौथा जगत, जनसंपर्क, जर्नलिज़्म, पत्रकारिता जगत, प्रैस, फ़ोर्थ ऐस्टेट, रिपोर्टिंग, समाचार जगत, समाचार प्रेषण, •संपादन.

**पत्र पत्रिका अंक** *सं* *अंक*, *आवृत्ति*, इशू, नंबर.

**पत्र पत्रिका पृष्ठ पूरक सामग्री** = फ़िलर.

**पत्र पत्रिका विक्रेता** = पत्र पत्रिका विक्रेता.

**पत्र पत्रिका विक्रेता** *सं* अख़बार वाला, न्यूज़ एजैंट, न्यूज़बॉय,

न्यूज़स्टैंड, पत्रपत्रिका विक्रेता, समाचार पत्र विक्रेता, हाकर, •पुस्तक विक्रेता, •प्रकाशनालय.

**पत्रपुट** = दोना.
**पत्रपुष्प** = पत्रं पुष्पं.
**पत्रपुष्पक** = भूर्जवृक्ष.
**पत्र प्रतिनिधि** = संवाददाता.

**पत्रमित्र** *सं* पत्रव्यवहार मित्र, पैन फ्रैंड.

**पत्रवाहक** *सं* क़ासिद, चिट्ठीरसाँ, *डाकिया*, *लाने वाला*, *वाहक*, *संदेशवाहक*, •कूरियर, •डाकिया, •संदेशवाहक.

**पत्रव्यवहार** *सं* काग़ज़ी काररवाई, ख़त किताबत, चिट्ठी पत्री, पत्राचार, *लिखापढ़ी*.

**पत्रांक, पत्रांग** = भूर्जवृक्ष, भोजपत्र.
**पत्रा** = कैलेंडर, पंचांग.
**पत्राचार** = पत्रव्यवहार.
**पत्रावली** = फ़ाइल.
**पत्रिका** = पत्र, विवाह निमंत्रण.

**पत्रिका** *सं* जर्नल, पब्लिकेशन, पीरियडिकल, प्रकाशन, मैगज़ीन, रिसाला, सावधिक प्रकाशन, •प्रकाशनालय.

**पत्री** = जन्मकुंडली, पंचांग, पत्र, बाज़ गिद्ध, वृक्ष.
**पथ** = मार्ग, सड़क.
**पथक्रम** = यात्रामार्ग.
**पथग** = यात्री.
**पथगामी** = यात्री.

**पथचित्र** *सं* नक़्शा, पथ मानचित्र, पथिका, मार्गचित्र, मार्ग निर्देश, मार्ग मानचित्र, मार्गिका, •पथ प्रदर्शिका, •पर्यटन प्रदर्शक, •यात्रामार्ग.

**पथज्ञ** = मार्गप्रदर्शक.
**पथज्ञान** = मार्गज्ञान.
**पथदर्शक** = मार्गप्रदर्शक.
**पथ निहारता** = प्रतीक्षारत.
**पथप्रदर्शक** = ईसा मसीह, दिग्दर्शक, ध्रुव तारा, नौकायन पाइलट, मार्गप्रदर्शक.

**पथप्रदर्शन** = उपदेश, दिग्दर्शन, मार्गप्रदर्शन.

**पथप्रदर्शिका** *सं* टूरिस्ट गाइड, मार्गदर्शिका, मार्गप्रदर्शिका, स्थान विवरण, •पथचित्र, •यात्रामार्ग, •लौगबुक.

**पथभ्रंश** = दुराचार.
**पथभ्रष्ट** = कुटेवी, दुराचारी, धर्मच्युत, परगमनपूर्ण, मार्गच्युत.
**पथभ्रष्ट करना** = भटकाना.
**पथभ्रष्टता** = दुराचार.
**पथ मानचित्र** = पथचित्र.
**पथरी** = पाषाण, पाषाण पटल, रोड़ी.
**पथरीला/पथरीली** = कठोर, पर्वतीय, पाषाणीय.

**पथरीला/पथरीली** *वि* अश्मर, ऊबड़खाबड़, कँकड़ीला/कँकड़ीली, चट्टानी, तीखा/तीखी, प्रस्तरबहुल, प्रस्तरमय, रोड़ीदार, शैलेय, •चुभनशील, •पर्वतीय, •पाषाणीय, ▪कोमल, ▪गदीला/गदीली, ▪गुदगुदा/गुदगुदी, ▪चिकना/चिकनी, ▪रेतीला/रेतीली, ▪रेशमी.

**पथरीला प्रवाह** = तीव्र नदी.
**पथरीली भूमि** = असमतल भूमि.

**पथरीली भूमि** *सं* *भाटा*, संगबार, संगिस्तान, •असमतल भूमि, •दुर्गमता, •पर्वत प्रदेश.

**पथवर्णन** = लौगबुक.
**पथहीन** = गहन (वन), मार्गच्युत.
**पथातिथि** = यात्री.
**पथाहार** = यात्रा आहार.
**पथिक** = यात्री.
**पथिका** = पथचित्र.
**पथी** = यात्रामार्ग, यात्री.
**पथेया** = पथेरा/पथेरी.
**पथेरा/पथेरी** = कुम्हार.

**पथेरा/पथेरी** *सं* थपैया, पथेया, पथेरा, •ईंट.

**पथोपदेशक** = मार्गप्रदर्शक.
**पथ्य** = आहार, आहार्य, डायटिंग, पथ्याहार, पाच्य, पोषक, सुपाच्य.

**पथ्या** = मार्ग, हड़.

**पथ्याहार** *सं* अल्पभोजन, आहार नियंत्रण, डायट, पथ्य, *संयम*, संयमित भोजन, सुपथ्य, सुपथ्याहार, स्वास्थ्यकर आहार, ▪असंयम.

**पथ्याहारी** = अल्पाहारी, डायटर.
**पद** = अंतरा, उपसर्ग, उपाधि, गीत, छंद, छंद चरण, डग, तलवा, पदचिह्न, पद समुदाय, पैर, पैर पंजा, भजन, शब्द, शेअर.

**पद** *सं* आफ़िस, *आसन*, ओहदा, काम, *कुरसी*, चेयर, जगह, दर्जा, पदवी, पोस्ट, रुतबा, *स्थान*, *स्थिति*, •नियुक्ति, •नौकरशाही, •रिक्त पद.

**पद आघात** = पदाघात.
**पद आधार** = पदाधार.
**पद आवेदक** = आवेदक.
**पद आवेदन पत्र** = आवेदन पत्र.
**पदक** = पुरस्कार.

**पदक** *सं* *चक्र*, *चिह्न*, टोकन, तगमा, तमग़ा, निशान, बिल्ला, मैडल, सम्मान पदक, •ट्रौफ़ी.

**पदकमल** = चरणकमल.

**पदक विजेता** *सं* मैडलिस्ट.

**पदकाष्ठ** = चौखट अधोकाष्ठ.
**पदगति** = चाल.
**पदग्रहण** = कार्यग्रहण.
**पदचर** = पदयात्री.

**पदचर** *वि* पदिक, पादुक, *पैदल*, •द्विपद.

**पदचर** *सं* अयान, अरथ, *पदयात्री*, पदाति, पदातिक, पदिक, पादचारी, पादुक, *पैदल*, प्यादा, यानहीन, विरथ, •पदचर्या.

**पदचरण** = पदचर्या.

**पदचर्या** *सं* *गमन*, चरण, चर्या, चलन, पदचरण, *पदयात्रा*, पैदल चलन, *विचरण*, संचरण, •ड्रिल, •हिचहाइकिंग, ▪आरोहण.

**पदचाप** *सं* आहट, खटका, धपधप, धमधम, पदध्वनि, •खड़खड़, •टाप ध्वनि.

**पदचिह्न** *सं* क़दम, चरणचिह्न, *छाप*, नक़्शे पा, पग (पशु), पगचिह्न, पगमार्क (पशु), *पद*, पदछाप, पदांक, *सुराग़*, •उँगली छाप, •सुराग़.

**पदच्युत** = सेवाच्युत.
**पदच्युति** = सेवाच्युति.
**पदछाप** = पदचिह्न.
**पदज** = शूद्र.
**पदतल** = तलवा.

**पदत्याग** *सं* त्याग, निष्क्रमण, *प्रस्थान*, भारत्याग, रैज़िग्नेशन, सेवात्याग, स्थानत्याग, •सेवा च्युति, ▪कार्यग्रहण, ▪नियुक्ति.

**पदत्राण** = जूता, पद परिधान.
**पददलन** = अत्याचार, दमन.
**पददलन कर्ता** = दमन कर्ता.
**पददलनशील** = दमनशील.
**पददलित** = उपनिवेशित, पराधीन, रुँदा/रुँदी, शोषित.

**पददलित** *वि आक्रांत*, कमज़ोर, कुचला/कुचली, दबा/दबी, दमित, दला/दली, दलित, पदाक्रांत, परास्त, परिक्रांत, पामाल, पिसा/पिसी, *पीड़ित*, रुँदा/रुँदी, रौंदा/रौंदी, विजित, •पराजित, •शोषित.

**पदध्वनि** = पदचाप.
**पदनिरस्त** = सेवाच्युत.
**पदपंकज** = चरणकमल.

**पद परिधान** *सं* जूते मौजे, पदत्राण, पादत्राण, पादुका, फ़ुटवीअर, •चप्पल, •जूता, •सैंडिल.

**पदपूरण** = काव्य समस्या पूर्ति.
**पदपूर्ति** = नियुक्ति.
**पद प्रक्षालन** = चरण प्रक्षालन.
**पद प्रक्षालन जल** = पाद्य.

**पद प्रतिपद** *क्रिवि* क़दम ब क़दम, *क्रमशः*, डग प्रतिडग, सँभल कर, सावधानतः, हौले, •घुटरियों, •पैदल, ▪एकबारगी, ▪तत्काल.

**पद प्रहार** = पदाघात.
**पदभंजिका** = पाद टिप्पणी.
**पदभ्रंश** = सेवाच्युति.
**पदमैत्री** = अनुप्रास.
**पदयात्रा** = पदचर्या.

**पदयात्रा** *सं* जनसंपर्क यात्रा, पैदल यात्रा, •जुलूस, •हिचहाइकिंग.

**पदयात्री** = पदचर.

**पदयात्री** *सं पदचर*, पैदल यात्री, प्रयाणी.

**पद योजना** = वाक्य रचना.
**पदरज** = चरणधूलि.
**पदरिक्ति** = रिक्त पद.
**पद लालित्य** = शब्दालंकार.
**पदवाहक** = कार्य प्रभारी.
**पदवी** = उपाधि, पद, शिक्षा उपाधि.
**पदवीधारी** = उपाधित, पदाधिकारी, पदासीन.
**पदवीयुक्त** = पदासीन.
**पद संचालन** = नृत्य.

**पद समुदाय** *सं पद*, वाक्यांश, शब्दबंध, •उपवाक्य, •पैराग्राफ़, •वाक्य.

**पद से अस्थायी च्युति** = सेवा निलंबन.
**पदसेना** = थलसेना.

**पदसेना** *सं* इनफ़ैंट्री, जंगम गुल्म (प्रा), पत्तिकाय (प्रा), पत्तिसैन्य (प्रा), पदाति, पदातिक सेना, पदातिका, पैदल सेना, •अश्वसेना.

**पद सैनिक** = पैदल सैनिक.
**पदस्थ** = नियुक्त, पदासीन, सत्तासीन.
**पदस्थीकृत** = नियुक्त.
**पदहीन** = संसर्पी.
**पदांक** = पदचिह्न.
**पदाक्रांत** = पददलित.

**पदाघात** *सं ठोकर*, दुलत्ती, पद आघात, पद प्रहार, पाद प्रहार, पादाघात, *प्रहार*, लत्ती, लात, •अपमान.

**पदाति** = पदचर, पदसेना.
**पदातिक** = पदचर, पैदल सैनिक.
**पदातिक सेना** = पदसेना, सेना चार प्राचीन अंग.
**पदातिका** = पदसेना.
**पदाती** = पैदल सैनिक.

**पदाधार** *सं कगार*, कन्नी, *पकड़*, पद आधार, पायदान, पैर रखने लायक़ जगह, फ़ुटहोल्ड, सहारा, •पदाश्रय, •पैडस्टल, •रकाब, •सीढ़ी डंडा.

**पदाधिकार** = सत्ताधिकार.
**पदाधिकारी** = पदासीन.

**पदाधिकारी** *सं* अधिकारी, अफ़सर, अमीर, आफ़िस बीअरर, आफ़िसर, उमराव, ओहदेदार, पदवीधारी, ब्यूरोक्रैट, •अध्यक्ष, ▪स्थानापन्न व्यक्ति.

**पदाना** = थकाना.
**पदानुग** = मतानुगामी, सहयात्री.
**पदानुशासन** = व्याकरण.
**पदानुसर** = अनुगंता.
**पदानुसरण** = अनुगमन.
**पदारविंद** = चरणकमल.
**पदारूढ़** = नियुक्त, सत्तासीन.
**पदार्थ** = कच्चा माल, वस्तु, सामान.

**पदार्थ** *सं* अधिभूत, तत्त्व, द्रव्य, *धातु*, पंचतत्त्व, *पंचभूत*, पुद्‌गल, *प्रकृति*, *भूत*, भूत तत्त्व, भूत पदार्थ, भौतिक पदार्थ, माटी, मैटर, *वस्तु*, सत्त्व, हिरण्य, •पंचभूत, •रासायनिक तत्त्व, ▪अपदार्थ, ▪प्रतिपदार्थ.

**पदार्थ एकमात्र सत्य है** = भौतिकतावाद.
**पदार्थ और गति विज्ञान** = भौतिकी.
**पदार्थ की अतरल असघन अवस्था** = गैस.
**पदार्थ की वायवी अवस्था** = गैस.
**पदार्थ ज्ञान** = दर्शन शास्त्र, भौतिकी, विज्ञान.
**पदार्थवाद** = भौतिकतावाद.
**पदार्थवादी** = भौतिकतावादी.
**पदार्थ विज्ञान** = भौतिकी.
**पदार्थ विज्ञानी** = भौतिकीविद.
**पदार्थीय** = भौतिक.
**पदार्पण** = आगमन, गृहप्रवेश, प्रवेश.

**पदावनति** *सं अवनति*, गिरावट,

डिमोशन, तनज़ुली, *पतन*, •सेवा निलंबन, ▪पदोन्नति.

**पदावली** = काव्य संकलन, शब्दावली.
**पदाश्रय** = रकाब.

**पदाश्रय** *सं* ट्रैडल, पाँवदान, पायदान, पैडल, पैर टेक, पैरी, •पदाधार, •पापोश, •पैड़ी, •रकाब, •हस्ताश्रय.

**पदाश्रित** = शरणागत.
**पदासीन** = नियुक्त, सत्तासीन.

**पदासीन** *वि कार्यरत*, कार्यासीन, पदवीधारी, पदवीयुक्त, पदस्थ, *पदाधिकारी*, सत्ताशाली, *सत्तासीन*, •उपाधिमात्र का, •सत्तासीन, ▪पदवीहीन.

**पदासीनन** = नियुक्ति.
**पदिक** = पदचर, पदचर.
**पदी** = पैदल सैनिक.
**पदेंद्रिय (पैर)** = कर्मेंद्रिय.
**पदोदक** = चरणामृत.

**पदोन्नति** *सं उन्नति*, तरक़्क़ी, प्रमोशन, बढ़ती, *बढ़ोतरी*, •आत्मोन्नति, •नियुक्ति, •वेतन वृद्धि, ▪पदावनति.

**पद्धति** = कर्मकांड, क्रम, धर्म, परंपरा, परिपाटी, प्रथा, शैली.
**पद्धतिहीन** = क्रमहीन.
**पद्म** = कमल.
**पद्मकरा** = लक्ष्मी देवी.
**पद्मकोश** = कमल कोश.
**पद्मनयन** = सुनयन.
**पद्मनयना** = सुंदर स्त्री, सुनयना.
**पद्मनाभ** = विष्णु.
**पद्मपाणि** = हस्तकमल.
**पद्म पुराण** = पुराण सूची.
**पद्मप्रभ** = तीर्थंकर सूची.
**पद्मबंधु** = भ्रमर.
**पद्मभूषण** = भारतीय सम्मान.
**पद्ममालिनी** = लक्ष्मी देवी.
**पद्ममुखी** = दूर्वा घास.
**पद्मराग** = माणिक.
**पद्मराज** = माणिक.
**पद्मलोचन** = सुंदर, सुनयन.
**पद्मलोचना** = सुंदर स्त्री, सुंदर स्त्री.
**पद्मविभूषण** = भारतीय सम्मान.
**पद्मश्री** = भारतीय सम्मान.
**पद्मा** = लक्ष्मी देवी.
**पद्माक्ष** = विष्णु.
**पद्मालया** = लौंग.
**पद्मासन** = योग आसन.
**पद्मिनी** = कमलसर, सुंदर स्त्री, हथिनी.
**पद्य** = काव्य, शब्दीय.
**पद्यबद्ध** = छंदबद्ध.
**पद्यमय** = काव्यात्मक.
**पद्य लेखक** = कवि.
**पद्या** = सड़क पार्श्व.
**पद्यात्मक** = काव्यात्मक.
**पधरना** = बैठना.
**पधराना** = टिकाना.
**पधराहट** = आगमन.
**पधारना** = आना, जाना, बैठना.
**पधारा/पधारी** = बैठा/बैठी.
**पनकाल** = अतिवर्षा.
**पनगोटी** = छोटी चेचक.
**पनघट** = कूप.

**पनघट** *सं* कुआँ चबूतरा, कूप जगत, *चबूतरा*, जगत, *नेमि*.

**पनडब्बा** = पानदान.
**पनडुब्बा** = डाइवर.

**पनडुब्बा** *सं* गोताख़ोर, गोतामार, डाइवर, डुबकीख़ोर, मरजिया, मरजीवा, मोती खोजी, •खोजी.

**पनडुब्बी** *सं* गोतामार, यू बोट, सबमैरीन.

**पनतिरी** = मुरग़ाबी.
**पनधारा** = जल विभाजक.
**पनपना** = बढ़ना, लहलहाना.

**पनपना** *क्रि उगना*, *जमना*, फलना फूलना, फूलना फलना, *बढ़ना*, *लहलहाना*, विकसना, विकसित होना, •खिलना, •पकना, •लहलहाना, ▪मुरझाना.

**पनपाना** = पालना पोसना.
**पनभता** = भात.
**पनभरा/पनभरिन** = पनहार.
**पनवाड़न** = पनवाड़िन.

**पनवाड़िन** *सं* तँबोलन, तमोलन, पनवाड़न, पान वाली, बरइन.

**पनवाड़ी** *सं* तँबोली, तमोली, तांबूली, पान वाला, बरई.

**पनवार** = पत्तल.
**पनस** = कटहल.
**पनसाल** = प्याऊ.
**पनहरा/पनहरी** = पनहार.

**पनहार** *सं* अंबुवाह/अंबुवाहिनी, अंबुवाहक/अंबुवाहिका, उदकहार, कहार/कहारिन, जल वहन कर्मी, जलवाह, जलवाहक, जलवाहा/जलवाहिनी, जलवाहा/जलवाही, जलहार, जलहारी, जलहारी/जलहारिन, पनभरा/पनभरिन, पनहरा/पनहरी, पनहार/पनहारिन, पनहारा/पनहारी, भिश्ती/भिश्तिन, महार/महारिन, माश्की, वारिवाह, सक़्क़ा, सेक्का, •भिश्ती.

**पनहार/पनहारिन** = पनहार.
**पनहारा/पनहारी** = पनहार.
**पनहिया** = जूता.
**पनही** = जूता.
**पना** = कपड़ा चौड़ाई.

**पना** *सं* आम इमली पका पेय, *पन्ना*, पानक, •आम रस.

**पनार** = नाला नाली.
**पनाला** = नाला नाली.
**पनालीदार** = कारुगेटिड.
**पनाह** = दुर्ग, शरण.
**पनाहगाह** = शरणस्थल.
**पनाहघर** = शरणस्थल.
**पनियल** = गीला/गीली, वर्षापूर्ण, सजल.
**पनियाना** = सींचना.
**पनिशमैंट** = दंड.
**पनी** = वचनदाता.

**पनीर** *सं* क्षीरशाक, छेना, फटा दूध सघन भाग, •चीज़, •पनीर जल.

**पनीर जल** *सं काँजी*, छेना जल, तोड़, फाड़न, मस्तु.

**पनीरी** = नर्सरी, पौद.
**पनीला/पनीली** = गीला/गीली, पतला (द्रव), सजल.

**पनौटी** = पानदान.

**पनौती** *सं* करावा, करौती, कुछाया, *छाया*, मनौती, *शाप*, •अपशकुन, •अहित, •बुरी नज़र, •शाप.

**पन्नग** = ग्रफ़ाइट, साँप.
**पन्ना** = काग़ज़ तख़्ता, पना, पृष्ठ, प्लास्टिक शीट.

**पन्ना** *सं* इंद्रनीलक, ऐमरल्ड, मर्कत, मर्कत मणि, राजनील, वैदूर्य, हरित मणि.

**पन्नी** = प्लास्टिक शीट.

**पन्नी** *सं* चपड़ा, डाँक, *तख़्ती*, तबक़, *पटल*, पतरा, पत्तर, पत्ती, *पत्र*, पर्णी, फ़ौइल, वरक़, •लैमिनेशन.

**पन्नीदार** = तड़कभड़कदार.
**पपड़ाया/पपड़ाई** = असिंचित.

**पपड़ियाना** *क्रि* ऊपर से जमना, *जमना*, पड़पड़ाना, पपड़ी पड़ना, परपराना.

**पपड़ी** = गोलगप्पा, छीलन, झुर्री, शिकन.

**पपड़ी** *सं* खुरंड, परत, पर्पटी, फीफरी, *लेप*, लेपड़ा, लेवड़ा, •झिल्ली.

**पपड़ी पड़ना** = पपड़ियाना.
**पपड़ीला/पपड़ीली** = कुरकुरा (आहार).
**पपनी** = पलक बाल.
**पपी** = कुत्ता शिशु.
**पपीता** = फल.

**पपीता** *सं* अरंड ककड़ी, एरंड खरबूज़ा, रेंड खरबूजा.

**पपीहरा** = चातक.
**पपीहा** = चातक.
**पपेट** = गुड़िया.
**पपैट** = कठपुतली.
**पपैट शो** = कठपुतली खेल.
**पपैटीयर** = कठपुतली वाला.
**पपैट्री** = कठपुतली खेल.
**पपैया** = सीटी.
**पपोटा** = पलक.
**पपोल** = चुबलाई.
**पपोलन** = चुबलाई.
**पपोलना** = चुबलाना.
**पप्पा** = पिता.
**पप्पी** = चुंबन.
**पब** = पानगृह सूची, मद्यशाला.
**पबि** = इंद्रवज्र.
**पब्बि** = बाणाग्र.
**पब्लिक** = जनता, जन साधारण, राष्ट्रीयकृत, सुहृदजन.
**पब्लिक गार्डन** = सार्वजनिक उपवन.
**पब्लिक टेलिफ़ोन** = टेलिफ़ोन.
**पब्लिक ट्रांसपोर्ट** = बस.
**पब्लिकन** = बारटैंडर.
**पब्लिकेशन** = पत्रिका, समाचार पत्र.
**पब्लिशर** = प्रकाशक.
**पब्लिशर्स** = प्रकाशनालय.
**पब्लिशिंग हाउस** = प्रकाशनालय.
**पब्लिसिटी** = प्रचार.
**पब्लिसिस्ट** = प्रचारक.
**पमपम** = बिगुल, हार्न.
**पयंबर** = पैग़ंबर.
**पयंबरी** = पैग़ंबरी, संदेशवहन.
**पय** = जल, दूध.
**पयस** = दूध.
**पयसम** = खीर.
**पयस्या** = दही.
**पयस्विनी** = दुधारु, नदी.
**पयाम** = गमन, निर्गम, प्रस्थान, यात्रा, सेना प्रयाण.
**पयाल** = डंठल.
**पयोद** = वर्षा मेघ.
**पयोधर** = मेघ, वर्षा मेघ, वारियल वृक्ष, स्तन.
**पयोधि** = समुद्र.
**पयोनिधि** = समुद्र.
**परंच** = किंतु, तदापि.
**परंज** = कोल्हू, फला.
**परंजय** = परराष्ट्र जेता.
**परंतप** = अर्जुन, परराष्ट्र जेता, वीर पुरुष.
**परंतु** = आपत्ति, किंतु.
**परंतुक** = उपधारा, शर्त.

**परंतुक** *सं* अनुलग्नक, *उपधारा*, केवियट, क्लाज़, प्रौविज़ो, बचाव, *शर्त*, *सुरक्षा*, •अनुबंध, •अपरपत्र, ▪अनुबंध.

**परंतुकताहीन** = अपरंतुक.
**परंतुकहीन** = अपरंतुक.
**परंतुहीन** = अपरंतुक.
**परंपर** = क्रमशः.
**परंपरा** = क्रम, धरोहर, नियम, मिथक, मिथकावली, संस्कृति.

**परंपरा** *सं* आचारव्यवहार, चर्या, चलन, ट्रैडीशन, तारतम्य, *दस्तूर*, *धरोहर*, धारा, *नेग*, पद्धति, *परिपाटी*, प्रणाली, *प्रथा*, रविश, रास्ता, रिवाज़, रिवायत, रीति, रीतिरिवाज़, लीक, लोकरीति, वृत्ति, *व्यवहार*, शील, शृंखला, *शैली*, *संस्कार*, *सभ्यता*, सलीक़ा, *स्मृति*, •अविरामता, •इतिहास, •क्रम, •ट्रैंड, •परिपाटी, •पुराण, •मर्यादा, •यथापूर्वता, •रूटीन, •लोकव्यवहार नियम, •संस्कार.

**परंपरा कथा** = मिथक.
**परंपरागत** = अपरिवर्तित, आनुवंशिक, पारंपरिक, मिथकीय.
**परंपरागत वंश** = वंश.
**परंपरागत विधि** = परिपाटी.
**परंपरातीत** = अपारंपरिक.
**परंपरानुकूल** = पारंपरिक.
**परंपरा पालक** = कर्मकांडी.
**परंपरा प्रेमी** = परंपरावादी.

**परंपरावादी** *सं* अनुपालक, अनुयायी, अनुल्लंघनकारी, परंपरा प्रेमी, पुरातनपंथी, *भेड़*, रूढ़िप्रेमी, विधिपालक, सनातनवादी, •अनुदार, •मतांधतापूर्ण, ▪आधुनिकतावादी, ▪क्रांतिकारी.

**परंपरावादीय** *वि* अपरिवर्तनशील, आर्थोडौक्स, कटटर, पंडिताऊ, पाबंद, प्रगतिहीन, विकासहीन, *संकीर्ण*, •अनुदार, •रूढ़िवादितापूर्ण, ▪विशालहृदय.

**परंपरा विरोध** = सुधारवाद.
**परंपराविरोधी** = अपारंपरिक.
**पर** = अधिकरण कारक विभक्ति, अपरिचित, ऊपर, किंतु, पंख, परजन, पराया/पराई, प्रवृत्त, शत्रु, सीमांतरीय.
**पर-** = उत्तरवर्ती.

 (प्रा) प्राचीन शब्द, अब अप्रचलित - *तिरछे* शब्द स्वतंत्र शीर्षक भी हैं •सपर्याय ▪विपर्याय

**पर** *सं पंख*, पंख एक पर, *पँखड़ी*, पखना, पिच्छ.

**परई** = सकोरा.
**परकलत्र** = परस्त्री.
**परकसना** = चमकना.
**परकाजी** = उपकारी.
**परकाला** = अंगारा.
**परकासना** = चमकना.
**परकीया** = रखेली.
**परकोटा** = दुर्ग परकोटा, सीमा.

**परकोटा** *सं* अहाता दीवार, आँगन दीवार, *कोट*, कोष्ठ, *घेरा*, चहारदीवारी, चारदीवारी, चौहद्दी, प्राचीर, फ़सील, वाट, शिलाटक, हिसार, •दुर्ग, •परिसर, •बाड़.

**परकोटा बनाना** = अगोटना.
**परक्रामण** = संधि वार्ता.
**परख** = आस्वादन, कसौटी कर्म, गुणज्ञता, परीक्षण, विवेक, समीक्षा, सुरुचि.

**परख** *सं अध्ययन*, आज़माइश, उपयोगिता परीक्षा, ऐग्ज़ामिनेशन, कसौटी, जायज़ा, टैस्ट, ट्रायल, तजरबा, निर्णय कसौटी, निर्णय विचार, *परीक्षा*, मीमांसा, मुआयना, व्यवहार परीक्षा, *समीक्षा*, स्वीकृति अस्वीकृति अनुसंधान, •अंतर्परीक्षा, •पूर्वपरीक्षा, •विश्लेषण.

**परख आधार** = मानक.
**परखचा** = धज्जी.
**परखचे उड़ाना** = उजाड़ना, चिथाड़ना.

**परख नली** *सं* टैस्ट ट्यूब, पतली नली, परीक्षण नली, लंबी नली.

**परखना** = आज़माना, सोचना परखना.
**परखने वाला** = गुणग्राहक.
**परखवैया** = कसौटीकार.
**परखा/परखी** = अध्यीत, परीक्षित, सत्यापित.
**परखैया** = कसौटीकार, रत्न पारखी.
**परगना** = जनपद आदि.

**परगमन** *सं* अधोपतन, अनिष्ठा, अनुचित यौन आचरण, अनैतिकता, अन्यसंगम, अवैध प्रेम, अवैध यौन आचरण, अवैध यौन संबंध, असतीत्व, आशनाई, कदाचार, कदाचार, कुकर्म, गुप्त संबंध, चरित्रहीनता, जारकर्म, जार संबंध, ज़िना, दुराचरण, *दुराचार*, निष्कृति, पतिव्रतहीनता, परनारी गमन, परपुरुष गमन, फ़ेल, बदकारी, बदचलनी, बेवफ़ाई, *भ्रष्टाचार*, याराना, यारी, *वासना*, विवाह अनिष्ठा, विवाहेतर प्रेम, साँठगाँठ, हराम, •बहुगमन.

**परगमनपूर्ण** *वि अधम*, अनुकाम, कामपूर्ण, कामासक्त, कामी, *कामुक*, कुकर्मपूर्ण, दुराचरणपूर्ण, पतनशील, पतित, पथभ्रष्ट, पांशुल, *पापपूर्ण*, बद, बहुगमनपूर्ण, विकारपूर्ण, विलासपूर्ण, व्यभिचारपूर्ण, स्वच्छंद.

**परगामिनी** = कुलटा.
**परगामी** = लंपट.
**परगामी पुरुष** = लंपट.
**परघाती** = आखेटजीवी, हत्या इच्छुक.
**परचना** = आज़माना, जलना.
**परचम** = ध्वज.
**परचा** = काग़ज़, दस्तावेज, प्रश्नपत्र, हैंडबिल.

**परचा** *सं कूपन*, चाँपा, चाँपी, चिट, चिप्पी, चेपी, परची, *पुरज़ा*, •काग़ज़, •कूपन, •दस्तावेज, •हैंडबिल.

**परची** = कतरन, कूपन, परचा, हैंडबिल.
**परचून** = खाद्य पदार्थ.

**परचून** *सं* आटा चावल, आटा दाल, किराना, पंसारी का सामान, फुटकर खाद्य सामग्री, मिर्च मसाला, •खाद्य पदार्थ.

**परचून दुकान** *सं* किराना दुकान, ग्रौसरी, पंसारी दुकान, •जनरल स्टोर.

**परचूनिया** = खुदरा दुकानदार.

**परचूनिया** *सं* ग़ल्लाफ़रोश, पंसारी, बक्काल, मसाला विक्रेता, मोदी, •विक्रेता.

**परचेज़** = ख़रीद.
**परछत्ती** = टाँड़, टाँड़ा, मियानी.
**परछाँही** = परछाईं.
**परछा** = अतिरिक्त स्थान.

**परछा** *सं* कपालनालिका, छुच्छी, ढरकी, तसर, त्रसर, नरी, नलकी, नाल, नालिका, परेता, पोंगी, *फिरकी*, बौबिन, भरनी, •करघा, •बुनाई, •लटई.

**परछाईं** = ग्रहण, प्रतिबिंब.

**परछाईं** *सं* अक्स, आकार छाया, आभास, *छाया*, छावँ, परछाँही, प्रतिच्छाया, प्रतिछाया, बिंब, *साया*, •प्रतिबिंब.

**परजन** = शत्रु.

**परजन** *सं* अजनबी, अन्य, अन्यजन, *और*, और लोग, ग़ैर, दूसरे, *पर*, पराए, पराए लोग, *वे*, ▪स्वजन.

**परजन भावना** *सं* अंतर, अछोह, अजनबीपन, अनपनत्व, अनात्मीयता, अनात्म्य, अन्यजन भावना, अन्यता, अममता, असंबंधितता, इतरता, दुराव, दूरता, *दूरी*, दूसरापन, द्विभाव, निर्मोह, परायापन, बेगानगी, बेगानापन, ममताहीनता, मोहहीनता, संबंधहीनता, •अंतर्मनस्कता, ▪अंतरंगता, ▪गरमजोशी, ▪स्वजन भावना.

**परजन्म** = पुनर्जन्म.
**परजीवी** = आखेटजीवी, परावलंबी.
**परतंत्र** = पराधीन.
**परतंत्रता** = पराधीनता.
**परतः** = तब के बाद.
**परत** = छीलन, झिल्ली, तह, पटल, पपड़ी, मलाई, संस्तर.
**परत अलग करना** = चीरना.
**परत उखाड़ना** = चीरना.
**परत उतरना** = चिरना.
**परतला** = पुरस्कार.
**परत विभाजन करना** = चीरना.
**परता** = औसत राशि.
**परताप** = प्रताप.
**परती** = अनुर्वर, अहलित.

**परती** *सं* अकृष्ट भूमि, अनजुती अनबोई भूमि, अहलि, अहलित भूमि, *अहल्या*, इंद्रकृष्ट, ओगल, काल बंजर, ग़ैरमज़रूआ, चाँचर, पड़ती (विकल्प), परिहार, बंजर, •ऊसर.

**परत्वपूर्ण** = अपारस्परिक.
**परथन** = पलोथन.
**परदमन** = पराराष्ट्र जय.
**परदा** = आड़, आवरक वस्तु, कंप्यूटर मानिटर, घातस्थान, घूँघट, ज़नानख़ाना, झिल्ली, दीवार, नेपथ्य यवनिका, परदानशीनी, बुरक़ा, यवनिका, रहस्य, वाद्य कुंजी, वाल हैंगिंग, सिनेमा परदा.

**परदा** *सं* अंतच्छद, अंतर्पट, *आड़*, आवरण, आवरण पट, ओट, कर्टेन, चिक, चिलमन, झिलमिली, *टाट*, पटावरण, *लटकन*, •क़नात, •घूँघट, •ज़नानख़ाना, •द्वार, •मसहरी, •महमिल, •यवनिका, •वैनेशियन ब्लाइंड्स.

**परदाज़** = हाशिया.
**परदादर** = रहस्य उद्घाटक.

**परदादा** *सं* दादा पिता, पड़दादा, पितामह, प्रपितामह, •दादा.

**परदादार** = परदानशीन.
**परदादारी** = गोपन, परदानशीनी.

**परदादी** *सं* पडदादी, पुरखन, प्रपितामही, •दादी.

**परदा दीवार** *सं* ओट, ओटा, कौला, गुलाम गर्दिश, *घूँघट*, *टट्टी*, •आड़.

**परदानशीं** = परदानशीन.

**परदानशीन** *वि* अंतःपुरवासिनी, अंतःपुरिका, अवगुंठनवती, अवगुंठित, असूर्यपश्या, घूँघट वाली, छुईमुई, ज़नाना, ढँकी, परदादार, परदानशीं, परदे वाली, पुरातनपंथी, बुरक़ापोश, बुरक़े वाली, ▪बेपरदा.

**परदानशीनी** *सं* अंतःपुर वास, अवगुंठन, *परदा*, परदादारी, बुरक़ापोशी, हया, हिजाब, •अप्रदर्शन, •घूँघट, •परंपरा, •प्रथा, •बुरक़ा, •महमिल, •लज्जा, ▪अंगप्रदर्शन.

**परदाफ़ाश** = रहस्य उद्घाटन.
**परदारा** = परस्त्री.
**परदा हटाना** = उघाड़ना.
**परदुःखकातरता** = करुणा.
**परदे के पीछे** = चोरी छिपे.
**परदे में** = चोरी छिपे.
**परदे वाली** = परदानशीन.
**परदेश** = विदेश.
**परदेश आगमन** = आप्रवासन.
**परदेशवासी** = प्रवासी, विदेशवासी, विस्थापित जन.
**परदेशी** = यात्री, विदेशवासी, विदेशी, सीमांतरीय.
**परदेस जाना** = जा बसना.
**परदेसी** = आप्रवासी, विदेशवासी.
**परद्रोही** = जनद्वेषी.
**परद्वेषी** = जनद्वेषी.
**परधर्म ग्रहण** = धर्म परिवर्तन.

**परधर्मी** *वि* अन्य धर्मी, भिन्न मतावलंबी, विधर्मी, ▪स्वधर्मी.

**परधाम** = मोक्षलोक.
**परनारी** = परस्त्री.
**परनारी गमन** = परगमन.
**परनाला** = नाला नाली.
**परनिंदा** = निंदा.
**परनिर्भरता** = परावलंबन.
**परपराना** = उपटना, पपड़ियाना.

**परपालक** *वि* धाता, -नवाज़, परवर, पाल, *पालक*, पालन कर्ता, पालने वाला, पालयिता, पासबान, *पोषक*, प्रतिपालक, मुतवल्ली, मुहाफ़िज़, *रक्षक*, रखवाला, वाली, संरक्षक, सहायक, •सरपरस्त.

**परपालित** *वि* अन्यपुष्ट, अन्यभृत, अभिभावित, अभिरक्षित, परपुष्ट, परपोषित, पला/पली, पालित, संतानस्थानीय, संरक्षित/संरक्षिता.

**परपुरुष** *सं* पराया मर्द, भविल, •जार, •परस्त्री, ▪स्वपति.

**परपुरुष गमन** = परगमन.
**परपुष्ट** = परपालित.
**परपूठा/परपूठी** = बलिष्ठ, सुगठितकाय.

**परपोता** *सं* पड़पोता, पोता पुत्र, प्रपौत्र, ▪दादा.

**परपोती** *सं* पड़पोती, पोता पुत्री, प्रपौत्री.

**परपोषित** = परपालित.
**परफ़ैक्शनिस्ट** = उत्कृष्टता प्रेमी.
**परफ़ोरेशन** = वेधन.
**परफ़्यूम** = इत्र.
**परफ़्यूम्ड** = सुगंधित.
**परब** = उत्सव.
**परबत** = पर्वत.
**परबती** = पर्वतीय.
**परबस** = पराधीन.
**परबसताई** = पराधीनता.
**परबीती** = कहानी.
**परब्रह्म** = ईश्वर.
**परम** = अंतिम, अत्यधिक, उत्तम, उत्तम अवस्था सूचक शब्द सूची, चरम, पराकाष्ठागत, ब्रह्म.
**परम अवस्था** = चरम अवस्था.
**परम ज्ञान** = अध्यात्म ज्ञान.
**परमज्ञानी** = सर्वज्ञ.
**परमतत्त्व** = ब्रह्म.
**परमपद** = मोक्ष.
**परमपिता** = ईश्वर.

**परमपिता** *सं* आल्माइटी, ईसाई त्रिमूर्ति प्रथम तत्त्व, गाड, परमपिता परमेश्वर, परमेश्वर, *पिता*, फ़ादर, सर्वशक्तिमान, •ईश्वर.

**परमपिता परमेश्वर** = परमपिता.
**परमपुरुष** = ईश्वर, विष्णु.

**परमपुरुष** *सं* अकर्ता, अप्रकृति, असंग, ईश्वर प्रकृति प्रथम अवतार, छब्बीसवाँ तत्त्व, पच्चीस तत्त्व निर्माण तत्त्व, *पुरुष*, प्रत्यक् चेतन, वैराज, संसार आदि कारण, सहस्राक्ष, •ईश्वर, •ब्रह्म.

**परमब्रह्म** = ईश्वर.
**परम भट्टारिका** = पटरानी.
**परमर्षि** = महर्षि.
**परमल** = परवल.

**परमसत्ता** = प्रभुसत्ता.
**परमसीमा** = सीमारेखा.
**परमाक्षर** = ओम.

**परमाणु** *सं* अंड, *अक्षर*, अणु, आतोमोस (ग्रीक), ऐटम, तत्त्व, पीलु (प्रा), पुद्गल (प्रा), सूक्ष्मदेही, •पंचभूत, •पदार्थ, •बम.

**परमाणु अस्त्र** = आण्विक अस्त्र.

**परमाणु ऊर्जा** *सं* अणुशक्ति, आणविक शक्ति, ऐटमिक ऐनर्जी, थर्मोन्यूक्लियर पावर, नाभिक ऊर्जा, न्यूक्लियर ऐनर्जी.

**परमाणु बम** = ऐटम बम.
**परमाणु युग** = आधुनिक काल.
**परमाणुवाद** = अणुवाद.
**परमात्मन्** = ईश्वर, ब्रह्म.
**परमात्मा** = ईश्वर, ब्रह्म.
**परमात्मा अवतार लेता है** = अवतारवाद.
**परमानंद** = आत्मानंद.
**परमायुष** = दीर्घायु.
**परमार्थ** = उपकार, जनहित.
**परमार्थ ज्ञान** = अध्यात्म ज्ञान.
**परमार्थवादी** = वेदांतवादी.
**परमार्थ विद्या** = धर्मज्ञान.
**परमार्थी** = उपकारी.
**परमिट** = अनुमति पत्र, प्रवेश पत्र.
**परमिशन** = अनुमति.
**परमुखापेक्षी** = परावलंबी.
**परमेश्वर** = इंद्र, ईश्वर, परमपिता, विष्णु.
**परमेश्वरी** = दुर्गा.
**परमेश्वरीय** = ईश्वरीय.
**परमेष्ठ** = देवता.
**परमेष्ठिनी** = ब्राह्मी.
**परमेष्ठी** = अग्निदेव, तीर्थंकर, ब्रह्मा, शालग्राम बटी.
**परमोत्कर्ष** = क्लाईमैक्स, पराकाष्ठा, पारमिता.
**परराष्ट्र** = विदेश.

**परराष्ट्र जय** *सं अधिग्रहण*, अधीनन, आधिपत्य स्थापना, *उपनिवेशन*, चढ़ाई, जय, जयन, जीत, *दमन*, निग्रहण, *नियंत्रण*, परदमन, पराजयन, पराधीनन, फ़तह, मुल्कगीरी, राष्ट्रजय, वशाधीनन, *विजय*, विजयन, शत्रुजय, शासन स्थापना, •अतिक्रमण, ▪स्वाधीनता संग्राम.

**परराष्ट्र जेता** *सं* अधीन कर्ता, अरिंदम, अरिदमन, क़ब्ज़ा करने वाला, क़ाबिज़, जितारि, जेता, परंजय, परंतप, परराष्ट्र विजेता, पराजित कर्ता, पराजेता, पराधीन कर्ता, मुल्कगीर, रिपुजेता, रिपुदमन, वशाधीनक, *विजेता*, शत्रुंजय, *शत्रुघ्न*, शत्रुजेता, शत्रुदमन, शत्रुमर्दन, शत्रुविजेता, संजेता, हराने वाला.

**परराष्ट्र विजेता** = परराष्ट्र जेता.

**परराष्ट्रीय** *वि* फ़ारेन, विदेशीय, •अंतरराष्ट्रीय, •विदेशी, ▪राष्ट्रीय.

**परलंपार** = उस पार.
**परलम पार** = दूरी पर.
**परलम पार (बोलचाल)** = उस पार.
**परला/परली** = सीमांतरीय.
**परली तरफ़** = सीमा पार.
**परली पार** = उस पार, दूरी पर, सीमा पार.

**परलोक** *सं* अपरलोक, अमुत्रलोक, आख़िरत, जीवांतर लोक, मृत्यूपरांत लोक, लोकांतर, वह दुनिया, •नरक, •यमलोक, •स्वर्ग, ▪इहलोक.

**परलोक गमन** = मृत्यु.
**परलोक गमन करना** = मरना.
**परलोक नहीं है** = इहलोकवाद.
**परलोक विचार** = अध्यात्म ज्ञान.
**परलोक विषयक विचार पद्धति** = धर्म.
**परलोक सिधारना** = मरना.
**परलौकिक** = ईश्वरीय, दिव्य.

**परलौकिक** *वि* अजग़ैबी, *अज्ञात*, अतिमानुष, अनजाना/अनजानी, अपार्थिव, *अपौरुषेय*, अप्राकृत, अभौतिक, अमानुषी, अमानुषीय, अलौकिक, असाधारण, *दिव्य*, दैवी, दैवीय, *नैसर्गिक*, पारलौकिक, विलक्षण, •अपृथ्वीय, •अप्राकृतिक, •असांसारिक, ▪इहलौकिक.

**परवंशी** *वि* अन्यनाभि, अन्यवंशीय, अलग, ग़ैर, परवंशीय, पराया/पराई, पृथक्कुल, पृथग्गोत्र, भिन्नवंशीय, •भिन्न, ▪सहवंशी.

**परवटी** = पाकर.
**परवर** = परपालक.
**परवरदिगार** = अल्लाह.
**परवरिश** = पालनपोषण.
**परवर्ती** = उत्तरवर्ती.
**परवल** = सागसब्ज़ी.

**परवल** *सं* पटुआ, पटोल, परमल.

**परवश** = पराधीन.
**परवशतः** = विवशतः.
**परवशता** = पराधीनता, परावलंबन.
**परवा** = सकोरा.
**परवाज़** = उड़ान, उड्डयन, नभोत्तरण, सहसा कल्पना.
**परवानगी** = अध्यादेश.
**परवाना** = आज्ञा, आज्ञापत्र, आत्मबलिदानी, जावकपत्र, नियुक्ति पत्र, प्रेमी, प्रेमी, शलभ.
**परवाना/परवानी** = प्रेमासक्त.
**परशु** = कुल्हाड़ा.

**परशु** *सं* कुठार, कुठारी, कुलिश, कुल्हाड़ी, गँड़ासा, टाँगी, परश्व, परसा, फरसा, •तलवार, •तोमर.

**परशुधर** = परशुराम.
**परशुपाणि** = गणेश.
**परशुराम** = अवतार सूची.

**परशुराम** *सं* कुठारपाणि, खंडपरशु, परशुधर, भार्गव, भृगुनंदन, भृगुपति, *राम*, रेणुकासुत, •धनुषधारी.

**परशु वन** = नरक.
**परश्व** = परशु.
**परस** = स्पर्श.
**परसना** = छूना, परोसना, सहलाना.
**परसर्ग** = प्रत्यय.
**परसा** = कुल्हाड़ा, परशु, परोस, परोसा.
**परसाद** = प्रसाद.

**परसाल** *सं* अगला/पिछला वर्ष, परार साल, पारसाल, •त्योरस.

**परसिया** = हँसिया.
**परसु परसा परसराम** = निर्धन व्यक्ति.
**परसैंट** = प्रतिशत.

**परसों** = परसों.

**परसों** *सं* अतरसों, तरसों, नरसों, परसों, ●कल.

**परस्त** = भक्त.
**परस्तिश** = पूजा.
**परस्ती** = भक्ति.

**परस्त्री** *सं* परकलत्र, परदारा, परनारी, पराई, पराई औरत, ●जार, ●परपुरुष, ■स्वपत्नी.

**परस्त्रीगामी** = लंपट.
**परस्पर** = पारस्परिक, सर्वसहमत, सापेक्ष, सामंजस्ययुक्त.
**परस्पर अनिर्वाह** = असामंजस्य.
**परस्पर अनुचित** = अनुपातहीन.
**परस्पर असंगत** = अनुपातहीन, असंगत, तर्कहीन, सामंजस्यहीन.
**परस्पर असंगति** = असामंजस्य, असामंजस्य.
**परस्पर आदान प्रदान** = वस्तु विनिमय.
**परस्पर औचित्य** = सामंजस्य.
**परस्पर क्रोध** = तकरार.
**परस्परता** = आदानप्रदान.
**परस्पर निर्भर** = सहावलंबी.
**परस्पर निर्वाह** = सहअस्तित्व.
**परस्पर परिवर्तनीय** = पर्यायवाची.
**परस्पर मात्रा** = अनुपात.

**परस्परविरोधी** *वि असंगत*, इस का वह, उलटा/उलटी, खंडकतापूर्ण, प्रतिकूल, प्रतिलोम, मूलतः असदृश, *विपरीत*, *विरोधी*, व्याघातपूर्ण, ●अंतर्विरोधी, ●खंडनात्मक, ■प्रासंगिक.

**परस्पर व्यवहार** = आपसदारी.
**परस्पर श्रमदान** = रमैती.
**परस्परसंगत** = सामंजस्ययुक्त.
**परस्पर संगति** = सामंजस्य.
**परस्पर सहनशीलता** = सहअस्तित्व.
**परस्पर सहमति** = समझौता.
**परस्पर स्थान परिवर्तन** = प्रतिस्थापना.
**परस्पर स्थानांतरण** = प्रतिस्थापना.
**परस्पर्याय** = सपर्यायवाची शब्द.
**परस्पर्यायवाची** = सपर्याय.
**परस्पर्यायवाची शब्द** = सपर्यायवाची शब्द.

**परहित** = उपकार, जनहित.
**परहितार्थ** = धर्मार्थ.
**परहेज़** = मद्यत्याग, रोगवारण, संयम.
**परहेज़ तुड़ाने वाला** = प्रलोभनकारी.
**परहेज़दार** = संयमित.
**परहेज़ी** = संयमित.
**परांज** = कोल्हू.

**पराँठा** *सं* पराठा, पोतला, ●पूरी, ●रोटी.

**पराँदा** = चुटीलना.
**परा** = उत्तम.
**पराई** = परस्त्री.
**पराई औरत** = परस्त्री.
**पराए** = परजन.
**पराए लोग** = परजन.
**पराकाष्ठा** = क्लाईमैक्स, खमध्य, चरम अवस्था, पारमिता.

**पराकाष्ठा** *सं अंत*, इंतिहा, उच्चता, उच्चस्तर, उत्कर्ष, उत्कृष्टता, कमाल, चरम विकास, चरमोत्कर्ष, परमोत्कर्ष, पराकोटि, परिपूर्णता, *पारमिता*, पूर्ण विकास, वरिमा, समुत्कर्ष, ●उच्चबिंदु, ●महत्त्व, ●महानता, ■निम्नदिशा.

**पराकाष्ठागत** *वि* अतिशयी, अनवम, अव्वल, *आला*, इंतिहाई, उत्तमोत्तम, कमाल का, क़यामत का, क़यामती, चढ़ा/चढ़ी, *चरम*, चरमोत्कर्षित, *चूड़ामणि*, चोटी का, परम, पराकाष्ठापूर्ण, *परिपूर्ण*, पारमित, बढ़ा चढ़ा/बढ़ी चढ़ी, मूर्धन्य, शिरोमणि, शीर्षस्थ, *सर्वोच्च*, सर्वोत्तम, सर्वोपरि, सिरमौर, हद दर्जे का, ●नितांत, ●प्रतिष्ठित, ■अधम, ■निकृष्ट, ■निम्नतम.

**पराकोटि** = क्लाईमैक्स, खमध्य, चरम अवस्था, पराकाष्ठा, पारमिता, सीमारेखा.
**पराक्रम** = प्रयास, वीरता, साहस.
**पराक्रमी** = वीर.
**पराक्रांत** = आक्रांत, पराजित.
**पराग** = अंगराग, रज.

**पराग** *सं* कुसुम रेणु, *केसर*, कौसुम, पुष्परज, पुष्परेणु, रेणु, ●पुष्प.

**परागण** *सं* उर्वरण, परागदान, पराग संक्रमण, पौलिनेशन, ●परपरागण, ●पुष्पन.

**परागदान** = परागण.
**पराग संक्रमण** = परागण.
**पराङ्** = दूर.
**पराङ्मुख** = अनासक्त, विमुख.
**पराचीन** = विमुख.
**पराजय** = दुर्भाग्य, पटकनी, शहमात.

**पराजय** *सं* अभिभूति, असफलता, धुनाई, ध्वंस, नाकामयाबी, नाकामी, पछाड़, *पतन*, पराभव, पिटाई, मात, शिकस्त, हार, ●असफलता, ●आत्मसमर्पण, ●युद्धांत, ●शोक, ■विजय.

**पराजय टीका** = लांछन तिलक.
**पराजयन** = परराष्ट्र जय.
**पराजित** = अधीनित, उपनिवेशित.

**पराजित** *वि* अंटाचित, अभिभूत, *असफल*, *आक्रांत*, कलंकित, गिरा/गिरी, जित, झुका/झुकी, दबा/दबी, दमित, नत, नाकाम, नाकामयाब, पतित, पराक्रांत, पराभूत, परास्त, भग्न, मात, रौंदा/रौंदी, विजित, शिकस्ता, सिद्ध, हराया/हराई, हारा/हारी, ●अधीनित, ■अपराजित, ■विजयी.

**पराजित करना** = हराना.
**पराजित कर्ता** = परराष्ट्र जेता, विजेता.
**पराजित होना** = हारना.
**पराजेता** = परराष्ट्र जेता.
**पराजेय** = जेय.
**पराठा** = पराँठा.
**परात** = तसला.

**परात** *सं थाल*, *थाला*, रकाबा, लगनी, स्थाल, ●ट्रे, ●तसला.

**परात्पर** = ईश्वर, उच्चतम, सीमांतरीय.
**पराधीन** = परावलंबी.

**पराधीन** *वि* अंतर्गत, अधीन, अभिभूत, अस्वतंत्र, अस्वाधीन, गुलाम, ताबेदार, दबा/दबी, *नियंत्रित*, *पददलित*, परतंत्र, परबस, परवश, परायत्त, बेबस,

मातहत, वशवर्ती, वशाधीन, वशी, *वशीकृत*, वशीभूत, *विवश*, शासनांतर्गत, *शासित*, स्लेव, हारा/हारी, ●नियंत्रित, ●परावलंबी, ■वशातीत, ■स्वाधीन.

**पराधीन कर्ता** = परराष्ट्र जेता.
**पराधीनकृत** = अधीनित.
**पराधीनता** = दासता, परावलंबन.

**पराधीनता** *सं* अधीनता, उपनिवेशता, क़ब्ज़ा, क़ाबू, ग़ुलामी, गोराशाही, *दमन*, *दासता*, परतंत्रता, परबसताई, परवशता, बेचारगी, बेबसी, वशाधीनता, विवशता, वैराज्य, ●परावलंबन, ■प्रभुसत्ता, ■स्वाधीनता, ■स्वावलंबन.

**पराधीनन** = उपनिवेशन, परराष्ट्र जय.
**पराधीनित** = अधीनित.

**पराध्वनि** *सं* अतिस्वन, अधिस्वन, अल्ट्रासाउंड.

**पराध्वनिक** *वि* अतिध्वनिक, अतिस्वनिक, अधिध्वनिक, परास्वनिक.

**परान्नभोजी** = परावलंबी.
**पराभव** = अपमान, नाश, पराजय.
**पराभूत** = अपमानित, पराजित, प्रभावित, वशीकृत.
**पराभूत करना** = हराना.
**पराम** = बच्चागाड़ी.
**परामर्श** = उपदेश, परिचर्चा, विचारविमर्श.

**परामर्श** *सं* अनुदेश, *उपदेश*, कहा, *ज्ञान*, *दिग्दर्शन*, दिशादर्शन, नसीहत, *पाठ*, *मंत्र*, मंत्रणा, मशवरा, मार्गदर्शन, राय, *शिक्षा*, समझाई, समझावा, सम्मति, सलाह, सीख, हिदायत, ●उपदेश, ●चेतावनी, ●विचार विमर्श, ●सिफ़ारिश, ●सुझाव, ■निषेध.

**परामर्शक** = चिकित्सीय विशेषज्ञ, परामर्श दाता.
**परामर्शकार** = परामर्श दाता.

**परामर्श दाता** *सं* अमात्य, ऐक्सपर्ट, कंसल्टैंट, परामर्शक, परामर्शकार, परामृष्टा, प्रशास्ता, बुद्धिसहाय, मंत्रज्ञ, मंत्रणाकार, मंत्रणादाता, मंत्रधर, *मंत्री*, मार्गदर्शक, वज़ीर, विमर्शक, विमर्शदाता, विमर्शी, विमृष्टा, *विशेषज्ञ*, शिक्षक, *सचिव*, समझाने वाला.

**परामर्श देना** = सुझाना.
**परामर्श पुस्तिका** = निर्देश पुस्तक.
**परामर्शित** = सिफ़ारिशी.
**परामृष्टा** = परामर्श दाता.
**परायण** = एकाग्रचित्त, धीर, निष्ठावान, प्रवृत्त.
**परायत्त** = पराधीन.
**पराया/पराई** = परवंशी, विदेशी.

**पराया/पराई** *वि* अन-, अन्य का, अपना नहीं, अपर, अस्वकीय, आप का, इतर, उन का, तुम्हारा/तुम्हारी, तेरा/तेरी, दूसरे का/दूसरे की, न्यारा/न्यारी, *पर*, बेगाना/बेगानी, मेरा नहीं, ■मेरा/मेरी.

**पराया देश** = विदेश.
**पराया पक्ष** = प्रतिपक्ष.
**परायापन** = परजन भावना.
**पराया मर्द** = परपुरुष.
**परार साल** = परसाल.
**परार्जन** = परावलंबन.
**परार्थ** = जनहित.

**परावलंबन** *सं* अपर्याप्त आय, अवलंबन, अवलंबितता, आलंबन, आश्रितता, आसरा, उपजीविता, टुकड़ख़ोरी, *दासता*, निर्भरता, परनिर्भरता, परवशता, *पराधीनता*, परार्जन, पराश्रय, पराश्रितता, परोपजीविता, बेचारगी, सहारा, स्वेच्छाहीनता, ●दासता, ●सहावलंबन, ■अधिकार, ■स्वावलंबन.

**परावलंबित** = परावलंबी.

**परावलंबी** *वि* अकिंचन, अनुजीवी, अन्यावलंबी, अन्याश्रित, अवलंबी, आश्रित, उपजीवी, निर्भर, परजीवी, परमुखापेक्षी, *पराधीन*, परान्नभोजी, परावलंबित, पराश्रयी, पराश्रित, परोपजीवी, मुखापेक्षी, मोहताज, हरामख़ोर, हाजतमंद, ●बेरोज़गार, ●सहावलंबी, ■स्वावलंबी.

**परावलंबी व्यक्ति** *सं* कँगला/कँगली, टुकड़ख़ोर, डीपैंडैंट, दहलीज़ का कुत्ता, मुफ़्तख़ोर, मुफ़्तख़ोरा/मुफ़्तख़ोरी, मुफ़्तल्ला/मुफ़्तल्ली, हरामख़ोर, ■स्वावलंबी.

**पराविद्या** = अध्यात्म ज्ञान.
**परावृत्ति** = आवृत्ति.
**पराशर** = ऋषि सूची.
**पराश्रय** = परावलंबन.
**पराश्रयी** = परावलंबी.
**पराश्रित** = परावलंबी, शरणागत.
**पराश्रितता** = परावलंबन.
**परास्त** = पददलित, पराजित.
**परास्वनिक** = पराध्वनिक.
**पराह्न** = अपराह्न.
**परिंदा** = पक्षी.
**परि-** = चारदिश, दूरंगम, व्याप्त.
**परिकथा** = उपन्यास.
**परिकम्मा** = परिक्रमा.
**परिकर** = परिवार, समूह.
**परिकर्मी** = नौकर.
**परिकलन यंत्र** = कैल्कुलेटर.
**परिकलित** = आकलित, गिना/गिनी.
**परिकल्पना** = निर्माण परिकल्पना, योजना.

**परिकल्पना** *सं* अभिकल्प, अभिकल्पना, आरंभिक योजना, उद्भावना, *कल्पना*, ख़ाका, झाँकी, नक़्श, नक़्शा, परियोजना, पूर्वकल्पना, पूर्वदृश्य, प्रकल्प, प्राकल्पना, *प्रारूप*, मनोकल्पना, मनोरचना, *योजना*, रूपरेखा, रेखाचित्र, विज़ुअल, संयोजना, स्कीम, स्कीमा, *स्वप्न*, ●नमूना, ●पैटर्न, ●प्रालेख.

**परिक्रमक** = औरबिटर.
**परिक्रमण कर्ता** = औरबिटर.
**परिक्रमणशील** = चक्रणशील.
**परिक्रमा** = चक्कर, परिक्रमा मार्ग, पिंडकक्षा, पृथ्वी परिक्रमण, सप्तपदी.

**परिक्रमा** *सं* *चक्कर*, *चक्र*, चक्रण, *चक्रावृत्ति*, परिकम्मा, ●चक्कर,

●प्रदक्षिणा.

**परिक्रमा करना** = घूमना.
**परिक्रमा कर्ता** = औरबिटर.
**परिक्रमा काल** = पृथ्वी परिक्रमा काल.
**परिक्रमा पथ** = परिक्रमा मार्ग, पिंडकक्षा.

**परिक्रमा मार्ग** *सं* कक्षा, गिर्दा, *घेरा*, *परिक्रमा*, परिक्रमा पथ, परिपथ, *प्रदक्षिणा*, प्रदक्षिणा पथ, प्रदक्षिणा मार्ग, ●पिंडकक्षा, ●रिंग रोड.

**परिक्रमाशील** = अनुघटी.
**परिक्रांत** = पददलित.
**परिक्षेत्र** = भवन परिसर.

**परिक्षेत्र** *सं* आसपास की भूमि, *उपक्षेत्र*, उपांत, उपांतर, परिवेश, *परिसर*, प्रत्यंत, संवेश, *सीमांत*, हिंटरलैंड, ■अंतर्क्षेत्र.

**परिक्षेत्रीय** = अंतरक्षेत्रीय.

**परिक्षेत्रीय** *वि* उपक्षेत्रीय, उपांतरीय, उपांतीय, प्रत्यंतीय, *सीमावर्ती* ●क्षेत्रीय, ■मध्यमीय.

**परिक्षेप** = बिखराव.
**परिक्षेपण** = बिखराव.
**परिखा** = सीमा, सुरंग.

**परिखा** *सं खाई*, खात, गढ़, दुर्ग परिखा, *नहर*, पुर, ●दुर्ग परकोटा.

**परिखात** = नेमिमार्ग.
**परिख्यात** = प्रचारित.
**परिगणक** = गणक, जपमाला बड़ा दाना.
**परिगणन कर्ता** = गणक.
**परिगणना** = गणना.

**परिगणनीय** *वि* गणनीय, गण्य, चुकने वाला, नियत, निश्चित, परिसीमित, मात्रा में सीमित, संख्येय, समाप्त होने वाला, समाप्य, ससंख्य, ससीम, सीमित, सीमित मात्रा वाला, ●माप्य, ■अगणनीय.

**परिगणित** = गिना/गिनी.
**परिगृहीत** = लिया/ली.
**परिग्रह** = आदान.

**परिग्रह** *सं* अत्याग, अदान, अदानीत्व, अनुदारता, अपसंचय, *ग्रहण*, परिग्रहण, परिग्रह वृत्ति, संकलन वृत्ति, संकलनशीलता, संग्रह वृत्ति, स्वार्थपरकता, ●लोभ, ●संचयन, ■अपरिग्रह.

**परिग्रहण** = आदान, परिग्रह.
**परिग्रह वृत्ति** = परिग्रह.
**परिग्रही** = जमाख़ोर.

**परिग्रही** *वि* अधिग्रहणशील, अभिग्राही, खसोटू, ग्रहणशील, ग्राही, जोड़ू, संकलनशील, संग्रही, संचयशील, संचयी, ●रजोगुणी, ●लोभी, ■अपरिग्रही, ■दयालु.

**परिग्रहीत** = समाविष्ट.
**परिग्राह्य** = आदेय.
**परिघ** = बारेज, भाला, लाठी, सलाख़.
**परिघाती** = हत्यारा.
**परिचक्र** = पिंडकक्षा.
**परिचय** = ज्ञान, नवपरिचय, नाम, परिचायन, परिभाषा, व्यक्तित्व.

**परिचय** *सं* जान पहचान, परिचितता, परिचिति, *पहुँच*, बोलचाल, *मुलाक़ात*, मेलजोल, मेलमुलाक़ात, राहरस्म, राहरीति, वाक़िफ़ीयत, संग, *संपर्क*, *संबंध*, ●अल्पपरिचय, ●मित्रता, ●संगति, ●संपर्क जाल, ■अपरिचय.

**परिचय कराना** = मिलवाना.
**परिचय कराने वाला** = परिचायक.
**परिचय चिह्न** = पुरस्कार.

**परिचय पत्र** *सं* अभिज्ञान पत्र, परिचय स्थापना पत्र, लैटर आफ़ इंट्रोडक्शन, सिफ़ारिशनामा, ●पहचान पत्र, ●विज़िटिंग कार्ड.

**परिचय पत्रिका** = विवरणिका.
**परिचय पुस्तक** = हूज़ हू.
**परिचय मात्र** = अल्पपरिचय.
**परिचय संस्थापक** = परिचायक.
**परिचय स्थापना** = परिचायन.
**परिचय स्थापना पत्र** = परिचय पत्र.
**परिचयहीन** = अपरिचित.
**परिचयहीनता** = अपरिचय.
**परिचर** = अंगरक्षक.

**परिचर्चा** = डिबेट, वार्तालाप, विवेचना.

**परिचर्चा** *सं* कानफ़रैंस, गुफ़्तगू, गोष्ठी, चर्चा, चर्चा परिचर्चा, डिस्कशन, *परामर्श*, परिसंवाद, *बात*, बातचीत, वार्ता, विचारगोष्ठी, संगोष्ठी, *संवाद*, सोचविचार, ●अधिवेशन, ●डिबेट, ●बात, ●वादविवाद, ●वार्तालाप, ●सैमिनार.

**परिचर्या** = नर्सिंग, सत्कार.

**परिचर्या** *सं* ख़िदमत, चर्या, टहल, तीमारदारी, देखभाल, बंदगी, शुश्रूषा, सुश्रूषा, सेवा, सेवाटहल, सेवा शुश्रूषा, ●नर्सिंग, ●परिचारक, ●सत्कार.

**परिचर्या कर्ता** = परिचारक.
**परिचायक** = अर्थद्योतक, संकेतात्मक.

**परिचायक** *सं* उपस्थाता, *घटक*, परिचय कराने वाला, परिचय संस्थापक, मिलाने वाला, मेलापक, हवाला देने वाला, ●परिचित.

**परिचायन** *सं* इंट्रोडक्शन, *परिचय*, परिचय स्थापना, पहली मुलाक़ात, प्रथम परिचय, भेंट, *मुलाक़ात*, वाक़िफ़कारी, ●नवपरिचय, ●परिचय पत्र.

**परिचायिका** = हूज़ हू.
**परिचार** = विचरण मार्ग.
**परिचारक** = नर्स.

**परिचारक** *सं* अटैनडैंट, अभिचर, ख़ादिम, ख़िदमतगार, ख़िदमतगुज़ार, ख़िदमती, चर, चाकर, टहलदार, टहलुआ, टहलू, तीमारदार, परिचर्या कर्ता, शुश्रूषक, सेवक, सेवा कर्ता, सेवादार, सेवी, ●नौकर, ●परिचारिका.

**परिचारिका** = नर्स, विमान परिचारिका.

**परिचारिका** *सं* अंकपाली, अम्मा, आया, उपचारिका, ख़िदमतगारनी, चरी, चाकरनी, चारिणी, टहलदारनी, टहलनी, तीमारदारनी, धाय, माई,

सेवादारनी, •परिचारक.

**परिचालक** = कंडक्टर, प्रबंधक.
**परिचालित** = चालित, संचलनशील.
**परिचिंतन** = अनुस्मरण.
**परिचित** = आवृत्तिशील, चिरपरिचित, ज्ञानी, परिचित व्यक्ति, प्रसिद्ध, सामान्य.

**परिचित** *वि* जानकार, *ज्ञात*, वाक़िफ़, ■अपरिचित.

**परिचित कराना** = मिलवाना.
**परिचितता** = अनुभव, परिचय.

**परिचित व्यक्ति** *सं* जानकार, जानने वाला, जान पहचान वाला, *परिचित*, मिलने वाला, *मुलाक़ाती*, मेलमुलाक़ाती, मेली, वाक़िफ़कार, •परिचायक.

**परिचिति** = परिचय.
**परिच्छेद** = अध्याय.
**परिच्युत** = दिशाहीन.
**परिजन** = कर्मचारी दल, स्वजन.
**परिज्ञात** = ज्ञात.
**परिज्ञान** = अध्यात्म ज्ञान.
**परिणत** = परिवर्तित.
**परिणति** = अंत, उपपत्ति, कथा फलागम, परिणाम, परिवर्तन, समापन.
**परिणय** = विवाह.
**परिणयन** = आनयन.
**परिणाम** = उत्तर, उपपत्ति, कथा फलागम, कर्मफल, परीक्षा फल, समाधान.

**परिणाम** *सं* अंजाम, *अंत*, अर्थापत्ति, आख़िर, *कर्मफल*, कारण विकार, *कार्य*, नतीजा, निर्णय, परिणति, परिपाक, प्रतिफल, *प्रभाव*, *प्राप्ति*, *फल*, फलागम, फलित, लब्धि, हश्र, •अनुपरिणाम, •कर्मफल, •प्रभाव, •सुपरिणाम, ■कारण.

**परिणामतः** = तदा, फलस्वरूप.
**परिणामदर्शी** = दूरदर्शी.
**परिणाम दृष्टि** = दूरदर्शिता.
**परिणाम साधन** = कर्म.
**परिणामस्वरूप** = फलस्वरूप.
**परिणामानुसार** = फलस्वरूप.
**परिणाय** = सप्तपदी.

**परिणीत** = लाया/लाई.
**परिणीत/परिणीता** = विवाहित.
**परिणीता** = पत्नी.
**परिणेय/परिणेया** = विवाह्य.
**परितुष्ट** = तृप्त.
**परितुष्टि** = संतोष.
**परितृप्त** = तृप्त.
**परितृप्ति** = तृप्ति.
**परितोष** = तृप्ति, संतोष.
**परितोषी** = संतोषी.
**परित्यक्त** = रद्दीकृत, सैकंड हैंड.

**परित्यक्त** *वि* अकेला/अकेली, अमित्र, अलग, *असहाय*, आवर्जित, एकाकी/एकाकिनी, छुटा/छुटी, छोड़ा/छोड़ी, त्यक्त, *निर्वासित*, परिहृत, प्रवासित, वियुक्त, वियोजित, विसर्जित, •असमाविष्ट, •जाति निर्वासित, •निर्वासित.

**परित्यक्त/परित्यक्ता** = अचर्चित, जाति निर्वासित, तलाक़शुदा.

**परित्यक्ता** *सं* छोड़ने वाला, तजने वाला, त्यक्ता, त्यागी/त्यागिनी, परित्याग कर्ता, परित्यागी, परित्याजक, वंचयिता, *वर्जयिता*.

**परित्याग** = अपरिग्रह, प्रदान, संन्यास प्रवेश.

**परित्याग** *सं* अपसर्जन, उत्सर्ग, उत्सर्जन, उद्वास, उपसर्जन, क़ता तअल्लुक़, छुड़ाई, छुड़ाव, छूट, छोड़, छोड़ छुट्टी, जुदाई, *तर्क*, तिलांजलि, त्यजन, त्याग, *निष्कासन*, परिहार, *पार्थक्य*, बनवास, भ्रंश, वनवास, वर्जन, विच्छेद, विरह, *विलगाव*, विसर्जन, विस्थापना, व्यवच्छेद, संबंध विच्छेद, संबंध विस्थापना, सन्न्यास, •असमावेश, •निर्वासन, •विसयोग, ■अधिग्रहण, ■चयन, ■संबंध, ■संबंध स्थापना.

**परित्याग करना** = त्यागना.
**परित्याग कर्ता** = परित्यक्ता.
**परित्यागना** = त्यागना.
**परित्यागी** = जितेंद्रिय, परित्यक्ता.
**परित्याजक** = परित्यक्ता.

**परित्याज्य** = अनुपभोग्य, अवांछित.

**परित्याज्य** *वि* अवद्य, त्यक्तव्य, त्याज्य, परिहार्य, संत्याज्य.

**परित्राण** *सं* *अभयदान*, आपदा निवारण, उद्धार, उन्मुक्ति, उबार, कष्टमोचन, छुटकारा, तारण, त्राण, दुःखत्राण, निकास, निजात, निबेड़ा, परिरक्षण, बचाव, बाधा निवारण, भयत्राण, भयनाश, भयमोचन, मसीहाई, *मुक्ति*, मुश्किलकुशाई, *मोक्ष*, *रक्षा*, *राहत*, रिहाई, संकटनाशन, संकटमोचन, संकटहरण, संत्राण, *सहायता*, *सुरक्षा*, •जीवन रक्षा, •शरण, •सलामती, ■भय, ■संकट.

**परित्राण कर्ता** = परित्राता.
**परित्राता** = जीवन रक्षक, शरणदाता.

**परित्राता** *सं* आर्तबंधु, उद्धर्ता, उद्धारक, उद्धार कर्ता, कष्टमोचक, खिवैया, *जीवन रक्षक*, तरनतारन, तारक, तारनहार, -त्र, त्राण कर्ता, त्राता, दुःखत्राता, दुःख हर्ता, धाता, नाख़ुदा, परित्राण कर्ता, पारलगैया, पासबान, प्रतिपालक, बचाने वाला, बचावनहार, बचावनहारा/ बचावनहारी, भयत्राता, भयभंजक, भयभंजन, भयहरण, भयहर्ता, मसीहा, *मुक्तिदाता*, मुश्किलकुशा, मुहाफ़िज़, *रक्षक*, रखवाला, राखनहार, राखा, संकटनाशक, संकटमोचक, संकटमोचन, संकट हर्ता, संत्राता, संरक्षक, समुद्धर्ता, सहायक, सहारा, हस्तग्राह, हाफ़िज़, •अंगरक्षक, •मददगार.

**परिदर्शी** = पैरिस्कोप.
**परिदहन** = दहन.
**परिदान** = प्रत्युपकार.
**परिध** = परिधि.
**परिधान** = वेश.

**परिधान** *सं* अंबर, आच्छाद, आच्छादन, आवरण, कपड़ा, कपड़े, कपड़े लत्ते, ख़िलअत, चीर, चीवर, चेल, जामा, ड्रैस, पहनना कपड़ा, पहनावा, पहरावा, पारचा, पोशाक,

*बाना*, लिबड़ी, लिबास, *वर्ण*, वसन, *वस्त्र*, वास, *वेश*, •उच्छिष्ट परिधान, •चीथड़े, •दर्ज़ी, •वरदी.

**परिधान कक्ष** = ड्रैसिंगरूम.
**परिधानधारी** = वेशधारी.
**परिधान पहनवाना** = पहनाना.
**परिधानयुक्त** = वेशित.

**परिधान समुदाय** *सं* कंबीनेशन, जोड़ा, ड्रैस, *वरदी*, *वेश*, सूट, •कोट पतलून, •थ्री-पीस सूट, •फ़ाइव-पीस सूट.

**परिधान हरण** = निर्वसनन.
**परिधानहीन** = अपरिधानित.
**परिधानहीनता** = नग्नता.
**परिधानित** = वेशित.
**परिधि** = नेमि, परिसर, बाड़, बाह्य रेखा, सीमा.

**परिधि** *सं* *घेरा*, *चक्र*, चक्रनेमि, जगत, *नेमि*, परिध, परिमंडल, मंडल, वृत्तपरिधि, सर्कमफ़ैरैंस, •अर्धचक्र, •चक्रचाप, •रेडियस, •व्यास.

**परिधि अंश** = चक्रचाप.
**परिधित** = अहाताबंद.
**परिधि माप** = सीमा माप.

**परिधि माप** *सं* गोलाई, गोलाई माप, *घेरा*, •माप.

**परिधि में लेना** = अगोटना.
**परिधियुक्त** = सीमाबद्ध.
**परिधिवत** = चक्राकार.
**परिनिर्वाण** = मोक्ष.
**परिपक्व** = अभ्यस्त, दक्ष, पका/पकी, प्रौढ़, वयस्क.
**परिपक्वता** = दक्षता.
**परिपक्वन** = रसोई कर्म.
**परिपत्र** = सर्कुलर.
**परिपथ** = परिक्रमा मार्ग, पिंडकक्षा, रिंग रोड.
**परिपांडु** = बर्फ़ीला सफ़ेद.
**परिपाक** = अनुभव, परिणाम.
**परिपाचन** = रसोई कर्म.
**परिपाचिका** = रसोईदारिन.
**परिपाचित** = पका/पकी.
**परिपाटी** = नियम, परंपरा, प्रथा.

**परिपाटी** *सं* अनुक्रम, आनुपूर्वी, चर्या, चलन, ज़ाबता, ज़ाब्ता, ढंग, तौरतरीक़ा, *दस्तूर*, पंथ, पद्धति, परंपरागत विधि, प्रचलित विधि, प्रणाली, *प्रथा*, बहुप्रचलित विधि, रविश, रवैया, राह, रिवाज़, रीति, *रूटीन*, वृत्ति, *व्यवहार*, •परंपरा, •प्रचलन.

**परिपार्श्व** = पड़ोस.
**परिपालन** = पालनपोषण.
**परिपालित** = पालित पोषित.
**परिपीड़न** = अत्याचार.
**परिपुष्ट** = सुगठितकाय, सुपोषित.
**परिपुष्टि** = संपुष्टि.
**परिपूत** = विशोधित.
**परिपूर्ण** = अभ्यस्त, कृत, पराकाष्ठागत, प्रसाधित, मरम्मतकृत, सकल, सविस्तार, सुविन्यस्त, सुसंस्कृत.

**परिपूर्ण** *वि* अकलंक, अकल्मष, अच्छिद्र, अदूषित, अनघ, अनिंद्य, अनुकरणीय, *अनुपम*, *अविकृत*, *आदर्श*, उत्कृष्ट, उम्दा, खोटहीन, टकसाली, त्रुटिहीन, दोषहीन, निखोट, *निर्दोष*, निर्मल, *निष्कलंक*, पारमित, पूर्ण, प्रकर्ष, प्रकृष्ट, बारहबानी, बेदाग़, वरिष्ठ, विकलंक, विमल, विशुद्ध, शंखलिखित (प्रा), शब्दातीत, शुद्ध, श्रेष्ठ, *संपूर्ण*, सच्चा/सच्ची, सर्वसंपूर्ण, सर्वांगसंपूर्ण, •चरम, ■निकृष्ट.

**परिपूर्णता** = पराकाष्ठा, पारमिता, फलन.
**परिपूर्णेंदु** = पूर्ण चंद्रमा.
**परिपृच्छक** = प्रश्न कर्ता.
**परिपृच्छा** = जनमत संग्रह, जिज्ञासा, पृच्छा, प्रश्न.
**परिपृष्ठ** = पृष्ठभूमि.
**परिपोषण** = पालनपोषण, पोषण.
**परिपोषित** = पालित पोषित.
**परिप्रश्न** = पृच्छा, प्रश्न.
**परिप्रेक्ष्य** = दृष्टिक्रम.
**परिप्लव** = तरणशील.
**परिप्लवन** = तरण.
**परिबर्ह** = सज्जा.
**परिबोध** = बोध.

**परिभक्षण** = उदरस्थन.
**परिभाषा** = व्याख्या.

**परिभाषा** *सं* अभिधान, *अर्थ*, गुण, गुण वर्णन, डैफ़िनीशन, तारीफ़, निरूपण, *परिचय*, पहचान, *ब्योरा*, *लक्षण*, लक्षण वर्णन, *वर्णन*, विवरण, •अर्थ, •पाद टिप्पणी, •लक्षण, •व्याख्या.

**परिभाषातीत** = अपरिभाष्य.
**परिभाषित** = मानकयुक्त, स्पष्ट.
**परिभुक्त** = उपभुक्त.
**परिभोग** = उपभोग.
**परिभ्रम** = घुमेर.
**परिभ्रमण** = पर्यटन.
**परिमंडल** = घेरा, तेजोमंडल, परिधि, भवन परिसर, वातावरण.
**परिमंथन** = मंथन.
**परिमल** = दाग़, विद्वत्समाज, सुगंध.
**परिमाण** = तौल, पेटा, मात्रा, माप, संख्या, साइज़.
**परिमाप** = आकलन, माप.
**परिमाप्य** = माप्य.
**परिमार्ग** = रिंग रोड.
**परिमार्जन** = मँजाई.
**परिमार्जित** = सुसंस्कृत.
**परिमित** = अल्पलभ्य, कम, सीमाबद्ध.
**परिमिताहार** = डायटिंग.
**परिमिताहारी** = अल्पाहारी.
**परिमिति** = अनुपात, मानक, सीमा माप.
**परिमिलित** = व्याप्त.
**परिमुक्ति** = मुक्ति.
**परिमेय** = माप्य, सीमाबद्ध.
**परिम्लानन** = म्लानन.
**परिया** = अपालतू, निम्नकुलीन.
**परियों का देश** = परीलोक.
**परियों की कहानी** = परीकथा.
**परियोजना** = निर्माण परिकल्पना, परिकल्पना.
**परिरक्षक** = जीवन रक्षक, रक्षक, रक्षक.
**परिरक्षण** = दुर्गीकरण, परित्राण, रखरखाव, वारण.
**परिरक्षाकृत** = रक्षित.
**परिरक्षित** = अजेय, दुर्गीकृत, परिरक्षित (आहार), रक्षित, सुरक्षित.

**परिरक्षित (आहार)** *वि* अचारीकृत, कंज़र्वित, कैन्ड, जैलीड, टीनबंद,

डिब्बाबंद, तेलरक्षित, धूम्रित, निर्जलित, परिरक्षित, प्रीज़र्वित, *रक्षित*, लवणरक्षित, लवणित, *शीतलित*, शुष्कित, *हिमित*, •अचारीकृत, •जैलीड, •धूम्रित, •बोतलबंद, •हिमीकृत.

**परिरक्षिता** = रक्षक.
**परिरक्षी** = वारक.
**परिरथ्या** = नेमिमार्ग, सड़क.
**परिरेखा** = बाह्य रेखा.
**परिवत्सर** = पृथ्वी परिक्रमण.
**परिवत्सरीय** = वर्षीय.
**परिवर्तक** = क्रांतिकारी, क्रांतिकारी, क्रांतिकारी, युगांतरकारी.
**परिवर्तक घटना** = निर्णायक परिवर्तन.
**परिवर्तन** = उथलपुथल, कुप्रथा उन्मूलन, क्रांति, जीर्णोद्धार, नवीकरण, युग अंत.

**परिवर्तन** *सं* अंतर, उपांतर, तबदीली, परिणति, फेर, फेरबदल, बदलाव, बदली, रद्दो बदल, विकार, विवर्त, विवर्तन, हेरफेर, •उथलपुथल, •कायाकल्प, •क्रांति, •नवीकरण, •सुधार, ▪अपरिवर्तन, ▪अविविधता.

**परिवर्तन अभाव** = अपरिवर्तन.
**परिवर्तन करना** = बदलना.
**परिवर्तन कर्ता** = क्रांतिकारी, सुधारवादी.
**परिवर्तनकारी** = निर्णायक, युगांतरकारी.

**परिवर्तनकारी** *वि* इंक़लाबी, *क्रांतिकारी*, क्रांतिपूर्ण, घोर, *चरम*, नवकारी, निर्णयकारी, *निर्णायक*, नूतन, *भारी*, महत्, *महत्त्वपूर्ण*, यादगार, विकारी, •उल्लेखनीय, •स्मरणीय.

**परिवर्तनकारी दृश्य** = क्लाईमैक्स.
**परिवर्तन चक्र** = भाग्यचक्र.
**परिवर्तनपूर्व स्थिति** = यथापूर्वता.
**परिवर्तन लाना** = सुधारना.
**परिवर्तनवाद** = प्रगतिवाद, सुधारवाद.
**परिवर्तनवादी** = प्रगतिवादी, सुधारवादी.
**परिवर्तन विरोध** = रूढ़िवाद.
**परिवर्तनविरोधी** = रूढ़िवादितापूर्ण.
**परिवर्तनशील** = अनवश्यंभावी, अनियमित, अनिश्चिताकारीय, अवसरवादितापूर्ण, अस्थिर, उथलपुथलपूर्ण, घटनापूर्ण, घटनाशील, नाटकीय, निष्ठाहीन, मूडी, रोमांचक, सर्पिल.

**परिवर्तनशील** *वि* अनस्थिर, अनस्थिर, अनिर्णीत, अनिश्चित, अनेकरूप, अनेकांत, अशाश्वत, असतत, असनातन, असनातन, अस्थायी, आरोहअवरोहशील, उन्नतिअवनतिशील, क्षर, घटता बढ़ता/घटती बढती, चर, चल, चलायमान, परिवर्ती, बदलता/बदलती, विकारशील, विकारी, वैकारिक, व्यभिचारी (प्रा), संचल, सविकार, •उथलपुथलपूर्ण, •कामरूपी, •नाटकीय, ▪अपरिवर्तनीय.

**परिवर्तनहीन** = अपरिवर्तनीय, आरोहअवरोहहीन.
**परिवर्तित** = रूपांतरित.

**परिवर्तित** *वि* अयथापूर्व, उत्क्रांत, क्रांतित, परिणत, पहले जैसा नहीं, बदला/बदली, *भिन्न*, *रूपांतरित*, विकारी, विभिन्न, •उत्परिवर्तित, •उन्नत, •तथ्यांतरित, •नवीकृत, ▪अपरिवर्तित, ▪मौलिक.

**परिवर्तित वेश** = स्वाँग.
**परिवर्ती** = परिवर्तनशील.
**परिवर्धनशील** = वृद्धिशील.
**परिवर्धित** = वर्धित.
**परिवहन** = यान, वहन.

**परिवहन** *सं* ट्रांसपोर्ट, ढुलाई, *यान*, लाना ले जाना कर्म, *वहन*, •ट्रांसपोर्ट नगर, •यातायात.

**परिवहन कर्ता** = ट्रांसपोर्टर.
**परिवहन भाड़ा** = यात्रा भाड़ा.
**परिवहन स्थल** = स्टेशन.
**परिवाद** = शिकायत.
**परिवादी** = निराशावादी, शिकायत कर्ता.
**परिवार** = एकक परिवार, कर्मचारी दल, कुटुंब, कोटि, गृहस्थी, जाति, परिवार जन.

**परिवार** *सं* *टाँड़ा*, परिकर, परिवार एकक, फ़ैमिली, विश, •गृहस्थी, •वंश, •स्वजन.

**परिवार अध्यक्ष** *सं* अगुआ, अधिपति, *अध्यक्ष*, करता, करताधरता, कर्ताधर्ता, कुलनाथ, *कुलपति*, कुलप्रमुख, कुल संचालक, कुलाधिपति, कुलाध्यक्ष, गृहपति, *गृहस्थ*, गृहस्वामी, घरमालिक, परिवार प्रमुख, परिवार संचालक, मालिक, मियाँ, मीर, *मुखिया*, वंशप्रमुख, सरदार, *स्वामी*, हैड आफ़ द फ़ैमिली.

**परिवार अध्यक्षा** *सं* कुलपालिका, गृहस्वामिनी, मालकिन, *स्वामिनी*.

**परिवार एकक** = गृहस्थी, परिवार.
**परिवार कक्ष** = लौबी.
**परिवार जन** = स्वजन.

**परिवार जन** *सं* *कुटुंब*, कुटुंब जन, कुटुंबी, गिरस्ती, गृहजन, गृहस्थी सदस्य, *घर*, घर के लोग, घरगिरस्ती, घरगृहस्थी, घरबार, घर वाले, जोरूजाता, टप्पर, *परिवार*, पुत्रकलत्र, बालबच्चे, बीवीबच्चे, लड़केबाले, •वंशावली.

**परिवार नियोजन** *सं* गर्भनिरोध, गर्भरोध, जन्मनिरोध, फ़ैमिली प्लानिंग, बर्थ कंट्रोल, संतति निरोध, संतान संख्या निर्धारण, •गर्भघात, •गर्भपात, •निरोध.

**परिवार पुरुष** = कुलीन पुरुष.
**परिवार प्रमुख** = परिवार अध्यक्ष.
**परिवारभंग** = तलाक़.

**परिवारयुक्त** *वि* कुटुंबयुक्त, कुटुंब वाला, *गृहस्थ*, घरबार वाला, पारिवारिक, भरा पूरा/भरी पूरी, सकुटुंब, सकुल, सपरिजन, सपरिवार, ▪परिवारहीन.

**परिवार संचालक** = परिवार अध्यक्ष.

**परिवार संबंध** *सं* अज़ीज़दारी, अपनत्व, अपनापन, आत्मीयता, *आपसदारी*, तअल्लुक़, तअल्लुक़दारी, नज़दीकी, नाता, नातेदारी, निकटता, निसबत, पारिवारिकता, बंधुता, बांधवता,

भाईचारा, भाईबंदी, रिश्ता, रिश्ता नाता, रिश्तेदारी, वास्ता, *संबंध*, स्वजनता, •स्वजन भावना, ▪परत्व.

**परिवार स्त्रियाँ** *सं* बहनबेटियाँ, बहनबेटी, बहूबेटियाँ, बहूबेटी, माँबहन, माँबेटी.

**परिवारहीन** *वि* अकुटुंब, अकेला/अकेली, अपरिवार, कुटुंबहीन, छड़ा/छड़ी, निघरा/निघरी, *बेघर*, बेघरबार, बेघरा/बेघरी, •एकाकी, ▪परिवारयुक्त.

**परिवारायोजित विवाह** = अरेंज्ड मैरिज.
**परिवारीय** = घर जैसा.

**परिवारीय** *वि अंतरंग*, अपनत्वपूर्ण, अपना/अपनी, *आत्मिक*, आत्मीय, आपसी, एकसूत्र, कुटुंबी, कुटुंबीय, गार्हिक, घरू, घरेलू, पारिवारिक, *संबंधित*, *संबंधी*, सूत्रबद्ध, स्व, •वंशीय.

**परिवाहक** = ट्रांसपोर्टर.
**परिवीक्षण यंत्र** = पैरिस्कोप.
**परिवेदना** = पीड़ा.
**परिवेदी** = यज्ञवेदी.
**परिवेश** = पड़ोस, परिक्षेत्र, परिस्थिति.
**परिवेष्टन** = लिफ़ाफ़ा, वेष्टन.
**परिव्यक्त** = स्पष्ट.
**परिव्यापक** = व्यापक.
**परिव्यापी** = व्यापक.
**परिव्याप्त** = व्याप्त, संसिक्त.
**परिव्याप्ति** = व्याप्ति.
**परिव्रज्या** = तपस्या, भिक्षाटन, संन्यास प्रवेश.
**परिव्राजक** = संन्यासी, साधु.
**परिव्राजिका** = मठवासिनी, संन्यासिनी.
**परिशिष्ट** = अनुपूरक.

**परिशिष्ट** *सं* अतिरिक्त अंश, अनुक्रम, अनुसूची, पूरक अंश, लंब, शेषोक्त, संपूरक, •अपरपत्र, ▪भूमिका.

**परिशीलन** = अध्ययन, साधना.
**परिशुद्ध** = चुकता.
**परिशुद्धि** = परिष्कार, प्रसंस्करण.
**परिशेष** = शेष अंश.
**परिशोध** = प्रत्युपकार.
**परिशोधन** = भुगतान, विशोधन.
**परिशोधित** = संशोधित.
**परिशोष** = अवशोषण.
**परिश्रम** = श्रम, साधना.

**परिश्रम** *सं उद्यम*, *उद्योग*, *कर्म* कष्ट, कसरत, कसाला, ख़ून पसीना, तनदेही, तप, *तपस्या*, पुरुषार्थ, पौरुष, मशक़्क़त, मेहनत, यत्न, *श्रम*, *साधना*, •कार्याधिक्य, •प्रयास, ▪कामचोरी, ▪विश्राम.

**परिश्रम कराने वाला** = कठोर (अधिकारी).
**परिश्रमपूर्ण** = श्रमसाध्य.
**परिश्रमशील** = अध्ययनशील, परिश्रमी.
**परिश्रमसाध्य** = चुनौतीपूर्ण.
**परिश्रमहीन** = प्रयासहीन.
**परिश्रमहीनता** = सहजता.
**परिश्रमी** = अथकनीय, अध्ययनशील, महत्त्वाकांक्षी.

**परिश्रमी** *वि* अध्यवसायी, अनथक, अमंद, अमली, उद्यमशील, उद्यमी, परिश्रमशील, पुरुषार्थी, मशक़्क़ती, मेहनती, श्रमशील, *सक्रिय*, सिरखप, •आलस्यहीन, •उत्साही, •कार्योन्मादी, •लगनशील, •संकल्पशील, ▪आलसी, ▪कामचोर.

**परिश्रांत** = थका/थकी.
**परिश्रांति** = थकान.
**परिश्रुत** = प्रसिद्ध.
**परिषद** = विधान परिषद, संस्था, समिति.

**परिषद सदस्य** *सं* ऐमऐलए, कांसिलर, पार्षद, *विधायक*, सभासद.

**परिषदीय** = संसदीय.
**परिष्कर** = सज्जा.
**परिष्करण** = विशोधन.
**परिष्कार** = अध्यापन, प्रजाति परिष्कार, प्रसंस्करण, मँजाई, विकास, विशोधन, सभ्यता.

**परिष्कार** *सं* उत्कर्ष, *उत्थान*, उद्धार, *उन्नति*, निखार, परिशुद्धि, शुद्धि, संधान, सँवार, *संशोधन*, *संस्कार*, साजसँवार, *सुधार*, •प्रसंस्करण, •शिक्षा.

**परिष्कार करना** = सजाना.
**परिष्कारशील** = विकासशील.
**परिष्कारात्मक** = सुधारात्मक.
**परिष्कृत** = उच्चमानक, उन्नत, प्रौढ़, विकसित, विशोधित, सुरुचिसंपन्न, सुसंस्कृत.
**परिष्कृत खनिज** = धातु.
**परिष्कृत खाँड** = बूरा.
**परिष्कृत चर्म** = चमड़ा.
**परिष्क्रिया** = विशोधन.
**परिसंख्या** = गणना.
**परिसंवाद** = परिचर्चा, वार्तालाप.
**परिसमापन** = समापन.
**परिसमाप्ति** = समापन.
**परिसर** = आँगन, घेरा, परिक्षेत्र, भवन परिसर.

**परिसर** *सं* अहाता, कंपाउंड, गिर्दा, *घेरा*, *तकिया*, *परिधि*, बाड़ा, यार्ड, *वार्ड*, हाता, •आँगन, •कटहरा, •परकोटा, •बाड़.

**परिसरण** = विचरण.
**परिसर बनाना** = अगोटना.
**परिसर भवन** = भवन परिसर.
**परिसर मार्ग** = विचरण मार्ग.
**परिसर्पण** = रेंग.
**परिसारक** = पर्यटक.
**परिसारी** = ख़ानाबदोश.
**परिसीमन** = सीमांकन.
**परिसीमा** = सीमा, सीमारेखा.
**परिसीमित** = परिगणनीय, सीमाबद्ध.
**परिस्तान** = परीलोक.

**परिस्थिति** *सं* अवस्था, गति, दशा, दौर, परिवेश, माहौल, मौक़ा, मौक़ा महल, रंगढंग, वस्तुस्थिति, *वातावरण*, समय, *स्थिति*, हवा, हालात, •अवसर, •कारण, •संयोग.

**परिस्थितिजन्य** = संयोगजन्य.
**परिस्थिति योग** = निर्णायक अवसर.
**परिस्थितिवश** = संयोगवश.
**परिस्थितिवशता** = संयोग.
**परिस्पंदन** = स्पंदन.
**परिस्पर्धा** = प्रतिद्वंद्विता.

 (प्रा) प्राचीन शब्द, अब अप्रचलित - *तिरछे* शब्द स्वतंत्र शीर्षक भी हैं •सपर्याय ▪विपर्याय

**परिस्फुरण** = स्फुरण.
**परिस्राव** = प्रवाह.
**परिहनन** = घटान कर्म.
**परिहार** = ग्रामभूमि, चरागाह, परती, परित्याग, पहुँचाई.
**परिहारण** = पहुँचाई.
**परिहार्य** = निवार्य, परित्याज्य.
**परिहास** = वाक्केलि, हास्योक्ति.
**परिहासप्रिय** = विनोदप्रिय.
**परिहास प्रेमी** = विनोदप्रिय.
**परिहासोक्ति** = हास्योक्ति.
**परिहासोक्ति** = हास्योक्ति.
**परिहास्य** = उपहास्य.
**परिहृत** = अपहृत, परित्यक्त.
**परी** = सुंदर स्त्री.

**परी** *सं* *अप्सरा*, आकाशगामिनी, आकाशचरी, ऊपर वालियाँ (बहु), खेचरी, विद्याधरी, सुंदरी, हूर, •जलपरी, •परीलोक, •मिथक, •सौंदर्य.

**परीकथा** *सं* परियों की कहानी, •बालकथा.

**परी का साया** = भूतबाधा.
**परीक्षक** = तथ्यान्वेषक, विश्लेषक, समीक्षक.
**परीक्षण** = आलक्षण, कसौटी कर्म, कोशिश, चैकिंग, प्रयोग, वादविवाद, विश्लेषण.

**परीक्षण** *सं* टैस्टिंग, निकषण, निरूपण, *परख*, प्रश्नन, विचारण, विमर्शन, विलोकन, संलक्षण, संवीक्षण, समालोकन, •अनुसंधान, •पूर्वपरीक्षा, •प्रयोग, •विश्लेषण.

**परीक्षण नली** = [illegible]

प्रयोग,

स्ट,
प्रवेश
खेत
,

**परीक्षा की घड़ी** = अग्निपरीक्षा, आपात्काल, कठिन परीक्षा.
**परीक्षा टिपाई** = टिपाई.

**परीक्षा डिवीज़न** *सं* क्लास, डिवीज़न, दर्जा, श्रेणी, •डिस्टिंक्शन, •तृतीय श्रेणी, •द्वितीय श्रेणी, •प्रथम श्रेणी, •मैरिट लिस्ट.

**परीक्षाधीन नियुक्ति** = प्रोबेशन.
**परीक्षापत्र** = प्रश्नपत्र.
**परीक्षा परिणाम** = परीक्षा फल.
**परीक्षापूर्ण** = चुनौतीपूर्ण.
**परीक्षा प्राप्तांक** = प्राप्तांक.
**परीक्षाफल** = परीक्षा फल.

**परीक्षा फल** *सं* नतीजा, *परिणाम*, परीक्षा परिणाम, परीक्षाफल, रिज़ल्ट.

**परीक्षा में असफल** = अनुत्तीर्ण.
**परीक्षा में सफल** = उत्तीर्ण.

**परीक्षार्थी** *सं* उम्मीदवार, कैंडिडेट, •विद्यार्थी, ▪परीक्षक.

**परीक्षित** = अध्यात, मानकयुक्त, विचारित, सत्यापित.

**परीक्षित** *सं* औत्तरेय, देवरात, विष्णुरात.

**परीक्षित** *वि* अच्छा/अच्छी, अनुभवसिद्ध, *अनुभूत*, आज़माया/आज़माई, आज़मूदा, कसा/कसी, जाँचा/जाँची, तसल्लीबख़्श, परखा/परखी, भरोसेमंद, *विश्वसनीय*, विश्वस्त, *सत्यापित*, सही, *स्वीकृत*, •तथ्यान्वेषित, •निरीक्षित, •विश्वसनीय, •समीक्षित, ▪अपरीक्षित.

**परीख़्वान** = अभिमंत्रक, अभिमंत्रक.
**परीज़दा** = अभिमंत्रित, भूतबाधाग्रस्त.
**परीजमाल** = सुंदर.
**परीज़ाद** = सुंदर.
**परी देश** = परीलोक.
**परीरू** = सुंदर, सुंदर स्त्री.

**परीलोक** *सं* अप्सरा लोक, कल्पना लोक, गंधर्वलोक, चंद्रलोक, जादू नगरी, परियों का देश, परिस्तान, परी देश, मनोकल्पना लोक, मायालोक, मोहिनी लोक, सपनों का देश, सुंदर लोक, हूरिस्तान, •दिवास्वप्न, •मिथक, •स्वर्ग.

**परुष** = अभावुक, असौम्य, कठोर, संगीतहीन.
**परुषा** = फ़ालसा.
**परुषोक्ति** = कटाक्ष.
**परूषक** = फ़ालसा.
**परे** = उस पार, कहीं और, दूरी पर, बाहर, वहाँ, सीमा पार.
**परेई** = फ़ाख़्ता, मादा कबूतर.
**परेच्छापूर्वक** = विवशतः.
**परेड** = जनप्रदर्शन, ड्रिल.

**परेड** *सं* दल संचलन, *प्रदर्शन*, समूह संचलन, •गश्त, •ड्रिल.

**परेत** = भूत.
**परेतभर्ता** = यमराज.
**परेता** = परछा, लटई.
**परेवा** = कबूतर, फ़ाख़्ता.
**परेश** = ईश्वर.
**परेशान** = कंगाल, क्रुद्ध, चिंतित, पीड़ित, भ्रमित, लज्जित.
**परेशान करना** = खिजाना, रुठाना.
**परेशानी** = असुविधा, चिंता, चिंतानुभूति, पीड़ा, संकट.
**परेष्टि** = ब्रह्म.
**परोक्ष** = अनदेखा/अनदेखी, गुप्त, रहस्यपूर्ण, व्यंग्यात्मक.
**परोक्ष गर्हणा** = चुग़ली.
**परोक्ष ज्ञान** = बोध.
**परोपकार** = उपकार.
**परोपकारार्थ** = धर्मार्थ.
**परोपकारी** = उपकारी.
**परोपजीविता** = परावलंबन.
**परोपजीवी** = परावलंबी.

**परोल** *सं* कारावकाश, जेल से अस्थायी छुट्टी, पैरोल, •मुक्ति, ▪गिरफ़्तारी.

**परोस** = जिमाई.

**परोस** *सं* *थाली*, परसा, *परोसा*, •आरंभिक परोस, •उप परोस, •मीठी परोस, •मुख्य परोस,

●समापन परोस, ●जिमाई.

**परोस कर्म** = जिमाई.
**परोस कर्मी** = वेटर.
**परोसना** = देना.

**परोसना** *क्रि* आहार परोसना, जिमाना, *देना*, परसना, पेश करना, भोजन देना, सर्व करना, हाज़िर करना, ●खिलाना.

**परोसने वाला** = वेटर
**परोसा** = परोस.

**परोसा** *सं* छाँदा, परसा, ●बायन.

**परोसैया** = वेटर.
**परोहन** = भार पशु, सवारी पशु.
**परोहा** = चरसा कुआँ.
**पर्कटी** = पाकर.
**पर्कोलेशन** = क़हवा.
**पर्गेटिव** = विरेचक औषध.
**पर्चा** = काग़ज़, समाचार पत्र.
**पर्ची** = टिकट.
**पर्जन्य** = मेघ, वर्षा मेघ.
**पर्ण** = पलाश, पल्लव.

**पर्णकुटी** *सं* उटज, घासफूस कुटी, तृणकुटी, तृणौका, पल्ली, ●कुटी.

**पर्णभोजनी** = बकरी.
**पर्ण संपुट** = दोना.
**पर्णिका** = अरणि.
**पर्णिल** = पल्लवयुक्त, हरियल.
**पर्णी** = पत्री, वृक्ष.
**पर्णीय** = पल्लवयुक्त.
**पर्दनी** = धोती.
**पर्पट** = पापड़.
**पर्पटी** = गोपी चंदन, पपड़ी, पापड़, संस्तर.
**पर्पैंडीक्यूलर** = लंबरेखा.
**पर्यंक** = पलंग.
**पर्यंत** = इस बीच, तक.

**पर्यंत** *क्रिवि* अंतराल में, अवधि में, इतने में, इस बीच, *तक*, *तब तक*, तलक, दौरान, बीच, *मध्य*, यावत्, ●इस बीच, ■से.

**पर्यटक** *सं* *आगंतुक*, टूरिस्ट, परिसारक, *यात्री*, सैलानी, हिंडक, ●घुमक्कड़, ●तीर्थयात्री, ●पांथशाला.

**पर्यटक निवास** = पांथशाला.
**पर्यटन** = यात्रा.

**पर्यटन** *सं* अटन, अटा, अटाट्या, अट्या, गर्दिश, चर्या, टूरिज़्म, देशाटन, परिभ्रमण, भ्रमण, रमण, व्रज, व्रज्या, सैर, *सैरसपाटा*, ●घुमक्कड़ी, ●ट्रैवल एजैंसी, ●पर्यटक, ●पांथशाला.

**पर्यटनद्वेषी** = घरघुसरा/घरघुसरी.
**पर्यटनप्रियता** = घुमक्कड़ी.
**पर्यटन प्रेम** = घुमक्कड़ी.
**पर्यटन प्रेमी** = घुमक्कड़.
**पर्यलिंद** = बँगला.
**पर्यवेक्षक** = ओवरसीअर, प्रेक्षक, सैंसर.
**पर्यवेक्षण** = इंस्पैक्शन.
**पर्याप्त** = अर्हतासंपन्न, बहुत.

**पर्याप्त** *वि* अभीष्ट, आवश्यकतानुकूल, *आवश्यकतानुरूप*, इष्ट, उचित, उपयुक्त, *काफ़ी*, *कामचलाऊ*, *ठीक*, *प्रत्याशित*, *बहुत*, माक़ूल, यथायथ, यथायोग्य, यथावश्यक, यथावांछित, यथेच्छ, यथेष्ट, यथोचित, *संतोषप्रद*, समुचित, ●अत्यधिक, ●इत्यलं, ●बहुत, ■अपर्याप्त, ■कुछ.

**पर्याप्त आय** = स्वावलंबन.
**पर्याप्ति** = तृप्ति.
**पर्याय** = पर्यायवाची, मन्वंतर.
**पर्यायबोधक** = पर्यायवाची.
**पर्यायवाची** = पर्यायवाची शब्द.

**पर्यायवाची** *वि* अनुवादी, एक सा, तुल्य, परस्पर परिवर्तनीय, पर्याय, पर्यायबोधक, *सदृश*, समान, समानार्थ, समानार्थक, समानार्थी, समार्थक, समार्थिक, समार्थी, हममानी, ●सपर्यायवाची, ■विपर्यायवाची ।ब्रु.

**पर्यायवाची शब्द** *सं* पर्याय, *पर्यायवाची*, समांतर शब्द, समान, समानार्थी, ●शब्द, ●सपर्याय, ■विपर्यायवाची.

**पर्यावरण** = वातावरण.
**पर्युषित** = बुसा.
**पर्ल** = मोती.
**पर्व** = अंश, अवयव संधि, उँगली पोरवा, उत्सव, खंड, गाँठ, घुंडी, युति, समारोह.

**पर्वत** *सं* अग, अगम, *अचल*, अद्रि, अवनिपाल, कूट, कोह, कोहसार, क्षितिधर, गिरि, गिरिवर, तुंग, दंती, धरणीधर, धराधर, नग, *नाग*, निर्झरी, परबत, पहाड़, *पहाड़ी*, पृथ्वीधर, भूधर, भूमिधर, महीधर, माउनटेन, शिखरी, शृंगी, शैल, ●गुफा, ●घाटी, ●जल विभाजक, ●ज्वालामुखी, ●टीला, ●दर्रा, ●पठार, ●पाषाण, ■गड्ढा, ■मरुथल, ■मैदान.

**पर्वत सूची भारत उपमहाद्वीप** *सं* अन्नपूर्णा पर्वत, अमरकंटक, अरावली पहाड़ियाँ, आबू पर्वत, ऐवरैस्ट शिखर, कंचनजंघा, काराकोरम पर्वत माला, कैलाश पर्वत, गिरनार, गोवर्धन पर्वत, गौरीशंकर, छोटा नागपुर पहाड़ियाँ, तिब्बत का पठार, दक्कन का पठार, धौलागिरि, नंगा पर्वत, *नीलगिरि*, पश्चिमी घाट, पूर्वी घाट, मकालु, रत्नगिरि, रैवतक पर्वत, लद्दाख पर्वत माला, लूशाई पहाड़ियाँ, ल्होत्से, विंध्याचल, शिवालिक श्रेणी, सतपुड़ा श्रेणी, सह्याद्रि, *हिमालय*.

**पर्वत के उस पार** = दूरता उक्ति.
**पर्वत क्षेत्र** = पर्वत प्रदेश.

**पर्वत प्रदेश** *सं* अधित्यका, उच्चक्षेत्र, ऊर्ध्वभूमि, कोहसार, कोहिस्तान, गिरिप्रस्थ, *पठार*, पर्वत क्षेत्र, पहाड़ी इलाक़ा, ●पथरीली भूमि, ■मैदान.

**पर्वतराज** = हिमालय.

**पर्वतवासी** *सं* गिरिजन, नगी, नगौका, पहाड़िया, पहाड़ी/पहाड़िन, ●गुहावासी.

**पर्वत शिखर** *सं* कटक, कूट

गिरिकूट, गिरिशृंग, *चोटी*, शिखर, शृंग, शैल शिखर, •उच्चबिंदु, ■खड्ड, ■घाटी, ■तलहटी.

**पर्वत श्रेणि** = पर्वतश्रेणी.

**पर्वतश्रेणी** *सं* अवली, गिरिजाल, पर्वत श्रेणि, माउनटेंस, *माला*, मेखला, रेंज, श्रेणी.

**पर्वत समतल भूमि** = पठार भूमि.
**पर्वताकार** = बड़े साइज़ का.
**पर्वतारि** = इंद्र.
**पर्वती** = पर्वतीय.

**पर्वतीय** *वि असमतल*, उच्च, उठा/उठी, उत्तुंग, उदग्र, *उन्नतमस्तक*, ऊबड़खाबड़, औघड़, *कठिन*, खड़ा/खड़ी, गर्वीला/गर्वीली, गैरेय, चट्टानी, तीखा/तीखी, तुंग, *दुर्गम*, पथरीला/पथरीली, परबती, पर्वती, *पहाड़ी*, पार्वत, पार्वत्य, प्रोत्तुंग, बुलंद, *भारी*, शिखरित, शिखरीय, शृंगीय, शैलेय, •असमतल, •पाषाणीय •हिमालयी, ■समतल.

**पर्वतीय नगर** *सं* कर्वट, … पर्वतीय नगर, हिल स्टे… •दर्शनीय स्थान, •प… •मनोरंजन नगर, … •स्वास्थ्य नगर. …

**पर्वतेश्वर** = हिमा…
**पर्वतों के बीच म**…
**पर्वरीण** = प…
**पर्वेश** = अ…
**पर्वोत्सव** = …
**पर्शियन** …
**पर्शिय**…
**पर्**…

पर्यंक, बिस्तर, बिस्तरा, बैड, शबिस्तान, शय्या, शैया, संदी, सेज, सेजरिया, सेज्या, •डबल बैड, •सिंगल बैड, •सोफ़ा-कम-बैड, •स्लंबरैट, •गद्दा, •तकिया, •निवाड़, •मसहरी.

**पलंगतोड़** = आलसी.
**पलंग पिस्सू** = खटमल.
**पलंगपोश** = बैडशीट.
**पलंग शीर्ष** = सिरहाना.
**पल** = अवसर, क्षण, मिनिट, सैकंड.

**पल** *सं* घटी 1/60, *दम*, पला, विनाडि, विपल 60, सैकंड 24, •क्षण.

**पलक** *सं* दृगंचल, नयनपट, निमेष, निमेषक, पपोटा, *पुट*, पोटा, वर्त्म, •आँख, •भौंह.

**पलक झपकते** = द्रुततः.
**पलक झपकाए बिना** = अपलक.
**पलकदरियाव** = दयालु.
**पलक न झपकाना** = ताकना.

**पलक फुंसी** *सं अंजनहारी*, अंजना, …अंजनियारी, गुहांजनी, गुहेरी, …नी, बिलनी.

…**ाल** *सं* पक्ष्म, पपनी, पलक …ौनी, रश्मि.

… पलक बाल.
…काल.

…आवृत्तिशील,

…स्थित समूह,

…मुड़ना,
…रना.

**पलटाव** = पुनरागमन, पूरा मोड़.
**पलटी** = कलाबाज़ी.
**पलड़ा** = तराज़ू पलड़ा, मानक.
**पलथी** = पालथी.
**पल दो पल** = अल्पकाल.
**पल दो पल का** = क्षणिक.
**पल दो पल का मेहमान** = मरणासन्न.
**पलना** = पालना.
**पल पल** = लगातार.
**पल में** = तत्काल.
**पलल** = दलदल, मांस.
**पलवार** = मालवाही जलयान.
**पलवारी** = नाविक.

**पलस्तर** *सं अस्तर*, *आलेप*, प्लास्टर, *लेप*, •टीप.

**पलहँडी** = पलेंडी.
**पलांडु** = प्याज़.
**पला** = पल.
**पला/पली** = परपालित, पालतू.
**पलाई** = पालनपोषण.
**पलाग्नि** = पित्त.
**पलाडीयम** = रासायनिक तत्त्व सूची.
**पलाद** = राक्षस.
**पलान** = ज़ीन.
**पला पुसा/पली पुसी** = पालित पोषित.
**पलायक** = रणत्यागी.
**पलायन** = रणत्याग.

**पलायन** *सं* अपयान, अपसरण, अप्रतिरोध, खिसकन, *गमन*, जान बचाई, *जीवन रक्षा*, प्रयाण, *प्रस्थान*, बचन, बचाव, *भगदड़*, *भय*, भाग, *विचलन*, सटकन, सरकन, सृगालिका, •व्यवस्थित पलायन, ■प्रतिरोध, ■प्रत्याक्रमण.

**पलायन अभाव** = प्रतिरोध.
**पलायन करना** = डरना, भागना.
**पलायन मार्ग** = आपात्कालीन द्वार.

**पलायनवाद** *सं* अप्रतिरोध, ऐस्केपिज़्म, कापुरुषता, पलायनशीलता, पलायना, बुज़दिली, भगोड़ापन, भयशीलता, भीरुता, *विचलन*, शृगालिका, …ाहसहीनता, ■प्रतिरोध.

…**यनवादी** *सं कायर*, डरपोक,

बुज़दिल, भगोड़ा/भगोड़ी, भग्गू, •कापुरुष, •रणत्यागी, ▪साहसी.

**पलायनशील** = कायर.
**पलायनशीलता** = पलायनवाद.
**पलायना** = पलायनवाद.
**पलाव** = पाँचा.

**पलाव** *सं* अँचरा, अंचल, अंबरांत, आँचल, *किनारा*, दामन, पल्ला, पल्लू, वस्त्रांचल, •लाँग, •साड़ी.

**पलाश** = फला, हरा/हरी.

**पलाश** *सं* काष्ठद्रु, किंचन, किंजुल, किंशुक, केसू, गुल पलास, टेसू, ढाक, त्रिपर्ण, पर्ण, पलास, पापड़ा, ब्रह्मद्रुम, •दौना वृक्ष.

**पलाशी** = पल्लवयुक्त, लाक्षा.
**पलास** = पलाश.
**पलित** = श्वेतकेशी.
**पलिती** = श्वेतकेशी.
**पलीता** = बत्ती.

**पलीता** *सं* तोड़ा, फ़्यूज़, *बत्ती*, बारूद पलीता, *सुरंग*, •बारूद.

**पलीता लगाना** = दागना.
**पलीद** = गंदा/गंदी, सड़ा/सड़ी.
**पलीय** = क्षणिक.
**पलुआ** = पालतू.

**पलेंडी** *सं* तख़्ता, पलहँडी, शैल्फ़, •आला, •ख़ाना, •दराज़, •फ़ायरप्लेस.

**पलोथन** *सं* परथन, पलेथन, सूखा आटा.

**पल्यूशन** = प्रदूषण.
**पल्लव** = कामुक, पँखड़ी.

**पल्लव** *सं* अंगारी (ईख), छद, दल, पतर, पत्ता, पत्ती, *पत्र*, पर्ण, पात, पिंजल (घास), वृक्षदल, •कंटक, •किशलय, •डंठल, •पँखड़ी, •पतझड़.

**पल्लवक** = लंपट.
**पल्लव पात्र** = पत्तल.
**पल्लव बरतन** = पत्तल.

**पल्लवयुक्त** *वि* गुंजार, पर्णिल, पर्णीय, पलाशी, पल्लवित, पल्लवी, भरा/भरी, भरा पूरा/भरी पूरी, लहलहाता/लहलहाती, शस्यपूर्ण, शस्यश्यामल, हरा भरा/हरी भरी, •छायादार, ▪पल्लवहीन.

**पल्लव रस** *सं* पत्ता रस, पर्वरीण, •पुष्परस.

**पल्लवहीन** *वि* अपर्ण, अपल्लव, अपल्लवित, उघड़ा/उघड़ी, ऊजड़, ख़ाली, ठुंठ, ठूँठ, नंगा/नंगी, लुंज, लुंजा/लुंजी, सूना/सूनी, ▪छायादार, ▪पल्लवयुक्त.

**पल्लवित** = छायादार, पल्लवयुक्त.
**पल्लविनी** = लता.
**पल्लवी** = पल्लवयुक्त, लता, वृक्ष.
**पल्ला** = कमीज़ पल्ला, घूँघट, तराज़ू पलड़ा, पलाव.
**पल्ली** = कुटी, ग्राम, नगर, पर्णकुटी, लता.
**पल्लू** = घूँघट, पलाव.
**पल्लेदार** = राज मज़दूर.
**पल्लेदारी** = कुलीगीरी.
**पल्वल** = जोहड़, तलैया.
**पवन** = छलनी, मरुत, वायु, विशोध
**पवनकुमार** = भीम, हनुमान.
**पवन झकोरा** = झोंका.
**पवन देव** = वायु.
**पवनपुत्र** = हनुमान.
**पवनसुत** = भीम, हनुमान.
**पवना** = पौनी.
**पवनी** = झाड़ू, पौनी.
**पवि** = अग्नि, अग्नि
**पविता** = विशोधक
**पवित्र** = अनुल्लं
धर्मग्रंथीय, ध
नैसर्गिक
स्वच्छ

**पवि**

**पवित्र करना** = आना.
**पवित्र कर्म** = पुण्य.
**पवित्रता** = कुमारीत्व, कौमार्य, विवाह निष्ठा.

**पवित्रता** *सं* आदरणीयता, आराध्यता, पाकीज़गी, पुनीतता, पूज्यता, मान्यता, •पवित्र, •मंदिर, •मौलिक (अधिकार), ▪अपवित्रता.

**पवित्र स्थान** *सं* चैत्यस्थान, पुण्यभूमि, पुण्यस्थली, पुण्यस्थान.

**पवित्रा** = कौमार्यवती, तुलसी.
**पवित्रात्मा** = उच्चाशय, धर्माचारी, धर्माचारी.
**पवित्रारोपण** = उपनयन संस्कार.
**पव्वा** = मद्य.
**पशु** = आत्मा, जानवर, जीव.
**पशु औषध पान चोंगा** = नलवा.
**पशुकर्म** = संभोग.
**पशुगृह** = पशुशाला.
**पशुचर्या** = पशुपालन.

*सं* अवखाद, आख़ार, घास
भूसी, चारा, *भूसा*,
टा चारा, •खली,
चारा.
= हाँकना.
= जुआ.
क्तपातपूर्ण.
चरिंदा
तिर्यग्,

वाला, गोपति, गोपाल, गोसाईं, गोस्वामी, पशुपाल, पशुस्वामी, महिषपाल, वृष्णिपाल, ●ग्वाला, ●चरवाहा.

**पशुपालन** = कृषि सूची.

**पशुपालन** *सं* जीवपालन, पशुचर्या, पशुरक्षा, ●कृषि, ●चरवाहागीरी, ●पशुपालक, ●पालतू जीव.

**पशुपाश** = पाश.
**पशु पूँछ** = पूँछ.

**पशुबलि** *सं* उत्तम यज्ञ, कुरबानी, कुर्बानी, जीवबलि, जीवयाज, पशुमेध, पशुयज्ञ, पशुयाग, बलि, *बलिदान*, बलि यज्ञ, बलि वैश्वदेव, भूतबलि, भूतयज्ञ, मेध, वैदिक यज्ञ, वैदिकी हिंसा हिंसा न भवति, शामित्र, हिंसक बलिदान, ●अजाबलि, ●अश्वमेध, ●नरबलि, ●यज्ञ.

**पशुमार्ग** = पशुपथ.
**पशु मुख जाली** = मुख जाली.
**पशुमेध** = पशुबलि.
**पशुयज्ञ** = पशुबलि.
**पशुयाग** = पशुबलि.
**पशुरक्षा** = पशुपालन.
**पशुरोम** = ऊन.
**पशुलोम** = ऊन, फ़र.
**पशुवन** = चिड़ियाघर.
**पशु विधा** = खाद.

**पशुशाला** *सं अस्तबल*, गोठ, गोष्ठ, घोठा, टाल, तबेला, थान, पशुगृह, पायगाह, फ़ार्म, बाड़ा, रैंच, स्टाल, स्टेबल, ●काँजीहाउस, ●कुत्ताघर, ●गजशाला, ●भेड़बाड़ा, ●सूअरबाड़ा.

**पशु शिशु** *सं* अर्भक, छौना/छौनी, पोटा/पोटी, बछड़ा/बछड़ी, बछेड़ा/बछेड़ी, बाछा/बाछी, वत्सक, शाव, शावक, शिशु पशु, ●पिल्ला/पिल्ली, ●बछड़ा, ●मृगछौना/मृगछौनी, ●शिशु पक्षी.

**पशुश्रेष्ठ** = मानव.

**पशुसमूह** *सं* गल्ला, जमात, झुंड, टोली, रास, *रेवड़*, लहँडा, व्रजी, हेड़ी.

**पशु स्तन** = थन.
**पशुस्वामी** = पशु पालक.
**पशेमान** = खेदपूर्ण.
**पशेमानी** = उदासी, पश्चात्ताप.
**पश्च** = उत्तरवर्ती, पश्चिमी, पिछला/पिछली, पीछे.
**पश्चकालिक** = पछेती (फ़सल).
**पश्चगंता** = अनुगंता, पश्चगामी.
**पश्चगति** = पिछड़न.
**पश्चगमन** = पिछड़न.

**पश्चगमन** *सं* पीछे जाना कर्म, लौट, लौटाव, वापसी, ●पिछड़न, ■अग्रगमन.

**पश्चगामिता** = पिछड़न, प्रतिक्रियावाद.
**पश्चगामी** = अवनतिशील.

**पश्चगामी** *वि* पलटता/पलटती, पश्चगंता, पश्चदर्शी, प्रतिगतिक, प्रतिगतिशील, प्रतिगमनशील, प्रतिगामी, लौटता/लौटती, विवर्ती, ■प्रगामी.

**पश्चजात** = पछेती (फ़सल).
**पश्चतः** = पीछे.
**पश्चतम** = अंतिम.

**पश्चतम** *वि* अंतस्थ, *अंतिम*, *चरम*, *नितांत*, सब से पिछला, सिरे वाला, ■अग्रतम.

**पश्चदर्शी** = पश्चगामी.
**पश्चभाग** = पिछवाड़ा, सेनापृष्ठ.
**पश्चभाग में** = पीछे.
**पश्चभागीय** = पिछला/पिछली.
**पश्चभूमि** = पृष्ठभूमि.
**पश्चसंगत** = भूतसंगत.
**पश्चसरण** = व्यवस्थित पलायन.
**पश्चस्थ** = पिछला/पिछली.
**पश्चस्थान** = पृष्ठभूमि.
**पश्चागामी** = अनुगामी.
**पश्चात** = आख़िरकार, तब, पछेती (फ़सल), पीछे पीछे.
**पश्चाततः** = पीछे पीछे.
**पश्चात्ताप** = कनफ़ेशन, खेद.

**पश्चात्ताप** *सं* अनुताप, अनुशोच, अपराध बोध, अफ़सोस, आत्मग्लानि, क़लक, खिन्नता, *खेद*, ग्लानि, तिलमिलाहट, तौबा, *दुःख*, पछतावा, पशेमानी, भूलबोध, *मनस्ताप*, मलाल, रंज, *लज्जा*, विषाद, शरमिंदगी, *शोक*, सोच, ●अपराध बोध, ●छटपटाहट, ●लज्जा, ■क्षमा.

**पश्चात्ताप करना** = पछताना.
**पश्चात्ताप कर्ता** = पश्चात्तापी.
**पश्चात्तापग्रस्त** = पश्चात्तापपूर्ण.
**पश्चात्तापपूर्ण** = प्रायश्चित्तपूर्ण.

**पश्चात्तापपूर्ण** *सं* अनुतप्त, अनुशयी, पश्चात्तापग्रस्त, शोकसंतप्त, संतप्त, सोत्कंठ, सोत्संग, ■कृतघ्न, ■खेदहीन, ■धृष्ट, ■शोकहीन.

**पश्चात्तापहीन** = खेदहीन, धृष्ट.

**पश्चात्तापी** *सं* आत्मनिंदक, क्षमाप्रार्थी, क्षमायाची, खेद प्रकाशक, खेदी, पछताने वाला, पश्चात्ताप कर्ता, शर्मसार, शर्मिंदा, संतापी, ■खेदहीन, ■निर्लज्ज.

**पश्चाद्वर्ती** = उत्तरवर्ती.
**पश्चार्ध** = उत्तरार्ध.
**पश्चिम** = अमरीका द्वय, पश्चिम दिशा, पश्चिम भारत, यूरोप.

**पश्चिम एशिया** *सं* अफ़गानिस्तान से मिस्र, निकट पूर्व (अमरीका ब्रिटेन के लिए), मध्यपूर्व, मिडिल ईस्ट, वैस्ट एशिया.

**पश्चिम दक्षिणी** = दक्षिण पश्चिमी.

**पश्चिम दिशा** *सं* अंजन, अस्त दिशा, अस्ताचल दिशा, पच्छिम, पछाँह, पश्चिम, प्रतीची, वैस्ट, सूर्यास्त दिशा, ●दिशा, ■पूर्व दिशा.

**पश्चिम दिशा का** = पश्चिमी.

**पश्चिम पवन** *सं* पछवा, पछुआ, पछुआई, पछुवाई, पश्चिम से आने वाली हवा, ■पूर्वपवन.

**पश्चिम बंगाल** = भारत राज्य प्रदेश.

**पश्चिम बंगाल** *सं* बंग, बंगाल,

भारतीय बंगाल, वंग, •भारत राज्य प्रदेश सूची.

**पश्चिम बंगालः राजधानी** *सं* कोलकाता.

**पश्चिम भारत** *सं* पछाँछ, पछाँह, पश्चिम, •उत्तर भारत.

**पश्चिम भारत विषयक** = पश्चिम भारतीय.

**पश्चिम भारतीय** *वि* पछाँही, पश्चिम भारत विषयक, *पश्चिमी*.

**पश्चिम से आने वाली हवा** = पश्चिम पवन.

**पश्चिमी** = पश्चिम भारतीय.

**पश्चिमी** *वि* पच्छिमी, पछवाँ/पछवीं, पछाँहिया, पछाँही, पछाहियाँ, पश्च, पश्चिम दिशा का, पश्चिमीय, पाश्चात्य, प्रातीच्य, ■पूर्वी.

**पश्चिमी गोलार्ध** = अमरीका द्वय.

**पश्चिमी घाट** = पर्वत सूची भारत उपमहाद्वीप.

**पश्चिमी पाकिस्तान (पूर्व नाम)** = पाकिस्तान.

**पश्चिमीय** = पश्चिमी.

**पश्चिमेतर** = पूर्वी.

**पश्चिमोत्तरी** = उत्तर पश्चिमी.

**पश्चोक्त** = निम्नोक्त.

**पसंग** = पासंग.

**पसंगा** = पासंग.

**पसंद** = इच्छित, पसंदगी, प्रिय, प्रेमपात्र/प्रेमपात्रा, रुचि, विकल्प, स्वीकृत.

**पसंद** *वि* अच्छा/अच्छी, अभिप्रेत, अभिप्रेय, इच्छित, इष्ट, चुना/चुनी, दिलपसंद, पसंदीदा, *प्रिय*, भाता/भाती, मंज़ूर, मक़बूल, मनचाहा/मनचाही, मनचीता/मनचीती, मनपसंद, मनभाता/मनभाती, मनभाया/मनभाई, मनभावना/मनभावनी, *मनोनीत*, रुचा/रुची, रुचि अनुकूल, रुचिकर, रुचित, वरीय, *श्रेय*, *स्वीकार्य*, *स्वीकृत*, •इच्छित, •चयनीय, •प्रिय, •स्वीकार्य, ■अवांछनीय, ■अस्वीकृत, ■नापसंद.

**पसंद आना** = प्रेम करना, रुचना.

**पसंद आने योग्य** = मनोग्राह्य.

**पसंदगी** *सं आकर्षण*, आस्वाद, *उत्साह*, उन्मुखता, क़बूलियत, चाव, ज़ौक़, तबीअत, दिलचस्पी, *पसंद*, *प्रवृत्ति*, रज़ा, *रुचि*, रुचि अनुकूलता, रुचिता, रुझान, *स्वीकृति*, •इच्छा, •चयन, ■अस्वीकृति, ■नहीं, ■नापसंदगी.

**पसंद चिह्न** = स्वीकृति चिह्न.

**पसंददीदा** = प्रिय.

**पसंदीदा** = पसंद.

**पस** = पूय.

**पसनी** = अन्नप्राशन संस्कार.

**पसमंद** = हतोत्साहित.

**पसमंदगी** = निरुत्साह.

**पसमाँदा/पसमाँदी** = जर्जर वृद्ध, थका/थकी, निर्बल, हतोत्साहित.

**पसरना** = फैलना, लेटना.

**पसरा/पसरी** = अनुक्षितिज, लेटा/लेटी, विस्तीर्ण.

**पसली** *सं* पँजरी, पर्शु, पार्शुका, पार्श्वास्थि, •अस्थि, •वक्ष.

**पसार** = विस्तार.

**पसारना** = बढ़ाना, बिखेरना, बिछाना.

**पसारना** *क्रि* चौड़ाना, प्रशस्त करना, प्रसार करना, प्रसारना, फैलाना, *बढ़ाना*, बढ़ाना चढ़ाना, मचाना, विस्तीर्ण करना, विस्तृत करना, •फुलाना, •लंबा करना, ■छोटा करना.

**पसीजता/पसीजती** = स्रावशील.

**पसीजना** = पिघलना, पुलकना, मानना, रिसना.

**पसीजना** *क्रि* अनुकूल होना, कोप त्यागना, खुश होना, झुकना, ढिसरना, *ढुलकना*, पटना, प्रसन्न होना, मन रखना, मान जाना, *मानना*, *मानना*, राज़ी होना, *समझना*, सहमत होना, हामी भरना, ■रूठना.

**पसीजवाना** = मनवाना.

**पसीजा/पसीजी** = सहमत.

**पसीना** *सं* क्लेद, निस्वेद, पसेऊ, प्रस्वेद, श्रम जल, श्रमबिंदु, स्वेद, स्वेदांबु, •गरमी, •नमीदार गरमी.

**पसीना बहा कर** = प्रयत्नपूर्वक.

**पसेऊ** = पसीना.

**पसेव** = सीलन.

**पसोपेश** = दुबिधा, विमर्श.

**पस्त** = थका/थकी.

**पस्त** *वि* छिन्न, टूटा/टूटी, ढहा/ढही, बेदिल, भग्न, मनोहत, मायूस, विह्वल, हत, हतहृदय, हिम्मतपस्त, •थका/थकी, •पराजित, •हतोत्साहित, ■उत्साहित, ■चुस्त.

**पस्तहिम्मत** = हतोत्साहित.

**पस्त होना** = डगमगाना.

**पस्ती** = निरुत्साह.

**पस्ती** *सं* चित्तभंजन, च्युति, टूट, टूटन, डूबन, *ढहन*, नर्वस ब्रेकडाउन, *निराशा*, पछाड़, *बिखराव*, ब्रेकडाउन, भ्रंश, मनोभंग, मनोभंजन, मायूसी, विषाद, सिंकिंग, हताशा, हिम्मतपस्ती, •थकान, •मनोघात, ■चुस्ती, ■तीव्रोन्माद.

**पहचान** = अंतर्बोध, गुणज्ञता, ट्रेडमार्क, नाम, परिभाषा, पहचान चिह्न, पहचान पत्र, प्रतीक, मानक, लक्षण, विवेक, वैयक्तिकता, व्यक्तित्व, संज्ञा, सुरुचि, हुलिया.

**पहचान चिह्न** = बैज, स्थानचिह्न.

**पहचान चिह्न** *सं* अभिज्ञान, अलामत, *चिह्न*, टैग, पहचान, यादगार, *लक्षण*, विशेषक, •ट्रेडमार्क, •धर्मचिह्न, •पहचान पत्र, •हुलिया.

**पहचानना** = जानना, समझना.

**पहचान पत्र** *सं* आइडैंटिटी कार्ड, आइडैंटीटी, नामचिह्न पत्र, नामपत्र, पत्रक, पहचान, •परिचय पत्र, •पहचान चिह्न, •पासपोर्ट, •राशन कार्ड, •विज़िटिंग कार्ड.

**पहचानहीन** = अपरिभाष्य.

**पहनना** *क्रि* अंग धारना, ओढ़ना, ड़ाटना, डालना, ढँकना, तन ढाँपना, धारण करना, धारना, *लपेटना*, वेशधारण करना, शरीर ढाँपना, सजना, सज्जित होना, ■नंगा होना.

**पहनना कपड़ा** = परिधान.
**पहनने वाला** = वेशधारी.
**पहनवाना** = पहनाना.
**पहना/पहनी** = वेशित.

**पहनाना** *क्रि* तैयार करना, परिधान पहनवाना, पहनवाना, पहरवाना, पहराना, पहिनाना, *सजाना*, सज्जित करना, •ढाँपना, •पहनना, •सिंगारना, ■उघाड़ना, ■नंगा करना.

**पहनावा** = परिधान, वरदी, वेश.
**पहर** = पाली.

**पहर** *सं* अहोरात्र 1/8, घंटा 3, जाम, जून, प्रहर, *बेला*, याम.

**पहरवाना** = पहनाना.

**पहरा** *सं* चौकसी, तैनाती, देखरेख, निगरानी, प्रहर, *रक्षा*, वाच.

**पहरा चौकी** *सं चौकी*, *नाका*, पहरा स्थल, •चैकपोस्ट.

**पहराना** = पहनाना.

**पहरा मीनार** *सं* अट्टाल, बुर्ज, ममटी, *मीनार*, •उच्चस्थान.

**पहरावा** = परिधान.
**पहरा स्थल** = पहरा चौकी.
**पहरी** = पहरेदार.
**पहरुआ** = पहरेदार.
**पहरेदार** = द्वारपाल.

**पहरेदार** *सं* अभिरक्षक, गारद, गार्ड, घड़ियाली, चंडावल, चौकीदार, निगरान, निगहबान, नौबती, पहरी, पहरुआ, पासबान, प्रहरी, रक्षपाल, रक्षापाल, रक्षापुरुष, रखवाला, संतरी, *सैनिक*, •गुमटी, •चैकपोस्ट, •सिपाही, ■चोर.

**पहरेदार चौकी** = गुमटी.
**पहल** = अस्तर, आयाम, आरंभिक कर्म, आरंभिक कर्म, उद्यम, रूअड़.
**पहलवान** = कुश्तीबाज़, बलिष्ठ.
**पहलवानी** = कुश्ती, व्यायाम.
**पहला** = अगेती (फ़सल).
**पहला/पहली** = अगला/अगली, उत्तम, नवीन, पूर्ववर्ती, प्रथमज, प्रथम स्थानीय.

**पहला/पहली** *वि* 1वाँ, अ, अव्वल, *आदि*, *आदिम*, आद्य, *आरंभिक*, ए, *एक*, एकवाँ/एकवीं, नंबर एक, प्रथम, प्राथमिक, फ़र्स्ट, मूल, शुरुआती, •प्रथमज, •सब से पहले, ■अंतिम.

**पहला क़दम** = आरंभिक कर्म.
**पहला छंद** = आरंभिक छंद.
**पहला पहर** = प्रातःकाल.
**पहला वेद** = ऋग्वेद.
**पहला शेअर** = ग़ज़ल आरंभिक शेअर.
**पहला हिस्सा** = पूर्वार्ध.
**पहली उँगली** = तर्जनी उँगली.
**पहली पंक्ति** = सम्मान स्थान.
**पहली बिक्री** = बोहनी.
**पहली मुलाक़ात** = परिचायन.
**पहली सीढ़ी** = आरंभिक कर्म.
**पहलू** = आयाम, करवट, गोदी, पार्श्व.
**पहले** = अब तक, आगे, आगे आगे, भूत काल में, सब से पहले, समय से पहले.

**पहले** *क्रिवि आगे*, जल्द, जल्दी, पहले ही, पूर्व, पूर्वतः, पूर्वतर, •अब से पहले, •सब से पहले, ■उपरांत, ■बाद में.

**पहले का** = अर्धविकसित, वरिष्ठ (कर्मचारी).
**पहले जैसा** = अपरिवर्तित.
**पहले जैसा नहीं** = परिवर्तित.
**पहले तीन ख़लीफ़ा निंदा** = तबर्रा.
**पहले पन्ने पर छपने वाला** = मुख्य (समाचार).
**पहले पहल** = सब से पहले.
**पहले से अब तक** = अब तक.
**पहले से चला आता** = पारंपरिक.
**पहले से तय** = पूर्वनिर्धारित.

**पहले से बना (माल)** = रेडीमेड.
**पहले ही** = पहले, सब से पहले.
**पहलौंठा/पहलौंठी** = प्रथमज.
**पहाड़** = कठिन कार्य, ढेर, पर्वत.
**पहाड़ का पहाड़** = महाकाय.

**पहाड़ा** *सं* गुणन सारणी, टेबल.

**पहाड़िया** = पर्वतवासी.
**पहाड़ी** = अतिशीतल, दुर्गम, पर्वत, पर्वतीय.

**पहाड़ी** *सं* उपगिरि, छोटा पर्वत, *टीला*, टेकरी, डूँगर, डूँगरी, हिल, •टीला.

**पहाड़ी/पहाड़िन** = पर्वतवासी.
**पहाड़ी इलाक़ा** = पर्वत प्रदेश.
**पहाड़ी मिर्च** = शाक मिर्च.
**पहिएदार जूते** = स्केट.
**पहिनाना** = पहनाना.

**पहिया** *सं* चक, चक्का, *चक्र*, चक्री, रथ्य, व्हील, •अक्ष, •अरा, •कास्टर पहिया, •चाक, •टायर, •ट्यूब, •बाल बीयरिंग, •मडगार्ड.

**पहिया घेरा** = नेमि.
**पहिया धुरा** = अक्षदंड.

**पहिया नाभि** *सं* अक्षबिंदु, चक्रनाभि, चक्रबिंदु, धुरी, *नाभि*, पिंडी, भौंरा, हब, •अरा.

**पहिया लीक** = नेमिमार्ग.
**पहुँच** = अंतर्बोध, अंतर्व्याप्ति, आगमन, आगमन मार्ग, गुणज्ञता, दक्षता, परिचय, प्रताप, प्रहार सीमा, प्राप्ति, बोध, बोधोदय, यात्रा अंत, रसीद, वर्चस्व, सफलता, सफलता मार्ग.

**पहुँच** *सं* अभ्यागमन, आगति, *आगमन*, आमद, गंतव्य प्राप्ति, तथागति, बारयाबी, *यात्रा अंत*, समागति, समुपस्थिति, •आगमन, •गंतव्य, •सत्कार, •सफलता, •स्वागत, ■गमन, ■निर्गम, ■प्रस्थान, ■विदा.

**पहुँचना** = आना, आ बसना, पाना, व्यापना.

**पहुँचना** *क्रि आना*, किनारे लगना,

गंतव्य प्राप्त होना, मंज़िल पाना, मंज़िल मिलना, *लगना*, ■जाना, ■जा बसना, ■निकलना.

पहुँचा = कलाई, दस्तबंद.

**पहुँचा** *सं* उपबाहु, पहुँची, प्रकोष्ठ, •अग्रहस्त, •हाथ.

पहुँचा/पहुँची = अनुभवी, आगत, कुटिल, दक्ष, नीतिकुशल, प्राप्त, प्रौढ़, सफल.

**पहुँचा/पहुँची** *वि* अभ्यागत, *आगत*, आया/आई, समागत, समुपागत, •आगत, •गृहागत, ■गत.

पहुँचाई = वहन.

**पहुँचाई** *सं* आपादन, उत्सारण, परिहार, परिहारण, पहुँचाना कर्म, प्रणयन, समुत्सारण, •जावक, •डिलीवरी, •प्रेषण, •वहन, ■आनयन.

पहुँचाना = ढोना.

**पहुँचाना** *क्रि* डिलीवर करना, *देना*, *लाना*, •ढोना, •पहुँचना, •ले जाना.

पहुँचाना कर्म = पहुँचाई.

पहुँचाने वाला = लाने वाला.

**पहुँचाया/पहुँचाई** *वि* अर्पित, डिलीवर्ड, दत्त, दिया/दी, निहित, *प्रदत्त*, सिपुर्द, सिपुर्द, सौंपा/सौंपी, *हस्तांतरित*, •लाया/लाई.

पहुँची = कलाई, दस्तबंद, पहुँचा, राखी.

पहुनाई = सत्कार.

पहेली = कठिन कार्य, कूटभाषा, दुबिधा, भूलभुलैयाँ, रहस्य, रहस्योक्ति, विपरीतोक्ति.

**पहेली** *सं* *उलझन*, कूटप्रश्न, गुत्थी, गूढ़ प्रश्न, *गोरखधंधा*, पज़ल, *प्रश्न*, प्रहेलिका, बुझौवल, मुअम्मा, *समस्या*, •क्विज़, •जिगसा पहेली, •वर्ग पहेली, •शब्द पहेली, •अंताक्षरी, •गोरखधंधा, •जिज्ञासा, •प्रश्न, •भूलभुलैयाँ, •रहस्योक्ति, •समस्या, ■समाधान.

पहेली संकेत = अतापता.

पाँख = पंख.

पाँखड़ी = पँखड़ी.

पाँखरी = पँखड़ी.

पाँखुरी = पँखड़ी.

पांगुल = लँगड़ा लूला/लँगड़ी लूली.

पाँच = पंचायत.

**पाँच** *सं* 5, एक जमा चार, चार जमा एक, दशार्ध, *पंच*, पंज, पच-, •पाँचवाँ/पाँचवीं.

पाँच गुना दस = पचास.

पाँच जमा एक = छह.

पाँच वर्षीय = पंचवर्षीय.

**पाँचवाँ/पाँचवीं** *वि* 5वाँ, *पंच*, पंचम, •पाँच.

**पाँच समुदाय** *सं* *पंक्ति*, *पंच*, पंचक, पंजा, पंजी, •पंचामृत, •पांडव.

पाँचसाला = पंचवर्षीय.

**पाँचा** *सं* कँटिया, पंजा, *पलाव*, रेक, सकेरा, हेंगा, •खर पतवार, •झाड़ू.

पांचार्थिक = शैव संप्रदाय सदस्य.

पांचालिका = कठपुतली, गुड़िया.

पांचाली = कठपुतली, गुड़िया, द्रौपदी, मूर्ति.

पाँजना = झालना.

पाँजी = गाधस्थल.

पाँझ = गाधस्थल, गाध्य.

पाँझ रथल = गाधस्थल.

पाँडर = द्रोण.

पांडव = अर्जुन, नकुल, भीम, युधिष्ठिर, सहदेव.

**पांडव** *सं* पांडु संतति, युधिष्ठिर पक्षीय कुरुवंशी, •द्रौपदी, ■कौरव.

**पांडव सूची** *सं* युधिष्ठिर, भीम, अर्जुन, नकुल, सहदेव.

पांडव कौरव युद्ध = महाभारत.

पांडव पत्नी = द्रौपदी.

पांडव पिता = पांडु.

पांडवराज = युधिष्ठिर.

पाँड़ा = कट्टा.

पाँडिचेरि = पाँडिचेरिः राजधानी, भारत राज्य प्रदेश.

**पाँडिचेरि** *सं* छोटा फ्राँस, पुड्डुचैरी, पौंडी, •भारत राज्य प्रदेश सूची.

**पाँडिचेरिः राजधानी** *सं* *पाँडिचेरि*.

पांडित्य = दक्षता, विद्वत्ता.

पांडित्यदर्शी = विद्याहंकारी.

पांडित्यपूर्ण = विद्वत्तापूर्ण.

पांडित्याभिमानी = विद्याहंकारी.

पांडु = पीला/पीली.

**पांडु** *सं* पांडव पिता, पांडुर, पृथापति, •धृतराष्ट्र.

पांडुक = फ़ाख़्ता.

पांडुकी = पीलियाग्रस्त.

पांडुनंदन = अर्जुन.

पांडु पत्नी = कुंती.

पांडुर = जर्जर वृद्ध, पांडु, पीला/पीली, बदरंग, मुरझाया/मुरझाई, सफ़ेद दाग.

पांडुरण = म्लानन.

**पांडुरता** *सं* पांडुरिमा, •पीतिमा, •विवर्णता.

पांडुरिमा = पांडुरता.

पांडु रोग = पीलिया.

पांडुरोगग्रस्त = पीलियाग्रस्त.

**पांडुलिपि** *सं* ओरिजिनल, मूल, मूल प्रति, मूल लिपि, मैन्युस्क्रिप्ट, *लिपि*, •पाठ, ■प्रतिलिपि.

पांडुलिपि अवस्था में = अप्रकाशित.

पांडु संतति = पांडव.

पांडे = ब्राह्मण.

पांडेय = ब्राह्मण.

पाँत = जाति, पंक्ति, समूह, सीरीज़.

पांथ = प्रवासी, यात्री.

**पांथशाला** *सं* आरामगाह, चट्टी, चावड़ी, चोल्ट्री, जनवास, टूरिस्ट बैंगलो, टूरिस्ट लौज, डाक बंगला, डेरा, धर्मशाला, *पड़ाव*, पर्यटक निवास, प्रवासालय, बसेरा, बासा, मुक़ाम, मुसाफ़िरख़ाना, यात्री निवास, यात्री बंगला, रैस्टहाउस, लौज, वासा, विश्रामस्थल, *सराय*, सर्किटहाउस, •गैस्टरूम, •गैस्टहाउस, •बरातघर, •शयन शाला, •सराय, •होटल.

पाँव = इंद्रिय सूची, पैर, पैर पंजा.

साष्टांग दंडवत अंग.
**पाँवड़ी** = खड़ाऊँ, जूता.
**पाँवदान** = पदाश्रय, पैर चौकी.
**पाँव पाँव** = पैदल.
**पाँवपोंछ** = पापोश.
**पाँवफाँस** = आधार.
**पाँवरी** = सैंडिल.
**पांशुर** = डाँस.
**पांशुल** = गंदा/गंदी, धूलिमय, परगमनपूर्ण, लंपट.
**पांशु लवण** = समुद्री नमक, साँभर नमक.
**पांशुला** = कुलटा, रजस्वला.
**पाँस** = ख़मीर, खाद.
**पांसु** = खाद.
**पा** = पैर.
**पाअंदाज़** = पापोश.
**पाइंट** = आयामहीन बिंदु, खेल रन, बिंदु.
**पाइंट 72** = इंच.
**पाइंटर** = दिशा निर्देश.
**पाइथन** = अजगर.
**पाइन ऐपल** = अनन्नास.
**पाइप** = चिलम, नल, नली, हार्डवेअर.
**पाइपिंग** = गोट.
**पाइराइट** = माक्षिक धातु.
**पाइल** = बैटरी.
**पाइलट** = नौकायन पाइलट, मार्गप्रदर्शक, विमानचालक.
**पाइलटिंग** = विमानन.
**पाइल्स** = बवासीर.
**पाई** = सिक्का सूची

**पाई** *सं* पुराना पैसा.33.

**पाई (।)** = पूर्णविराम.
**पाउंड** = पौंड.
**पाउच** = खीसा, पैकेज सूची, बटुआ.
**पाउडर** = पावडर.
**पाए जाना** = ढूँढ़ना.
**पाक** = अपराधमुक्त, जितेंद्रिय, धर्मशील, निष्कलंक, पवित्र, पाकिस्तान, पाकिस्तानी, पापहीन, पुण्यपूर्ण, बरफ़ी, मुरब्बा, रसोई कर्म, सज्जनतापूर्ण, स्वच्छ.
**पाककर्म** = रसोई कर्म.
**पाककर्मी** = रसोइया.

**पाककला** *सं* कुकरी, पाकविद्या, सूपविद्या (प्रा), सूपशास्त्र (प्रा), •पाक शैली, •रसोई कर्म, •रैसिपी.

**पाकट** = जेब.
**पाकड़** = पाकर.
**पाकदामन** = धर्मशील, सदाचारी.
**पाकदामनी** = पतिव्रत, सदाचार.
**पाकदिल** = सज्जनतापूर्ण.
**पाकनीयत** = सज्जनतापूर्ण.
**पाक परवरदिगार** = अल्लाह.
**पाकपुटी** = आवाँ.

**पाक पुस्तक** *सं* कुकबुक, कुकरी बुक, रैसिपी बुक, व्यंजन पुस्तक, •प्रक्रिया पुस्तक.

**पाकर** *सं* कंदरालु, काकुर, क्षीरी, जटी, ताम्रपाकी, पकड़ी पेड़, परवटी, पर्कटी, पाकड़, पाखर, पीपरी, पीपली, पुंड्र, प्लक्ष, भांड.

**पाकविद्या** = पाककला.
**पाक विधि** = रैसिपी.
**पाकशाला** = रसोईघर.
**पाक साफ़** = विशोधित.
**पाकस्थान** = चूल्हा.
**पाकागार** = रसोईघर.
**पाकिट** = खेल गोल, जेब, जेबी, बटुआ, महल्ला.
**पाकिटमार** = पाकेटमार.
**पाकिस्तान** = दक्षेस सदस्य सूची, भारत खंड देश क्षेत्र.

**पाकिस्तान** *सं* पश्चिमी पाकिस्तान (पूर्व नाम), पाक, •भारत.

**पाकिस्तानः राजधानी** *सं* इस्लामाबाद.

**पाकिस्तानी** *वि* पाक, पाकी.

**पाकी** = पाकिस्तानी.
**पाकीज़गी** = कुमारीत्व, कौमार्य, पवित्रता, सदाचार.
**पाकीज़ा** = कौमार्यवती, सुंदर स्त्री.
**पाकेट मनी** = जेबख़र्च.

**पाकेटमार** *सं* गँठकटा, गाँठकतरा, गिरहकट, जेबकट, जेबकतरा, पाकिटमार, •उठाईगीर.

**पाकेटमारी** *सं* गिरहकटी, जेबकटाई, जेबमारी, हाथ की सफ़ाई, •उठाईगीरी, •चोरी.

**पाकेट साइज़** = छोटे साइज़ का.
**पाक्य** = शोरा.
**पाक्षिक** = बहेलिया.

**पाक्षिक** *वि* अर्धमासिक, प्रतिपक्ष होने वाला, फ़ोर्टनाइटली, हर पखवाड़े होने वाला, •मासिक, •साप्ताहिक.

**पाखंड** = छल, दिखावा, मुखौटा.

**पाखंड** *सं* कपट, कूर्च, चरित्तर, छत्तीसी, *छद्म*, *छल*, टंटघंट, डंबर, ढकोसला, ढचरा, ढोंग, दिखावट, दिखावटी धार्मिकता, दिखावटी रूप, *दिखावा*, धर्मकर्म आडंबर, धर्मात्मापन, नकलीपन, पोपलीला, *पोल*, बगला भगती, बाह्याचरण, मुलम्मा, वकध्यान, विडालव्रत, हवा, ▪यथार्थता, ▪स्वाभाविकता.

**पाखंडपूर्ण** *वि* अलंकृत, ऊपरी, *काग़ज़ी*, कृत्रिम, *छद्म*, छिछला/छिछली, ज़ाहिरी, झूठमूठ का, झूठा/झूठी, दिखाऊ, दिखावटी, *नक़ली*, नुमाइशी, *पाखंडी*, प्रपंचपूर्ण, फ़िल्मी, बनावटी, मसनूई, *मायावी*, लिफ़ाफ़िया, *सजावटी*, सतही, हवाई, ▪स्वाभाविक.

**पाखंड फंडी** = पाखंडी.

**पाखंडहीन** *वि* अकृत्रिम, अतप, अनाडंबर, आडंबरहीन, छद्महीन, निराडंबर, प्रपंचहीन, सादा/सादी, •यथार्थ, •स्वाभाविक, ▪दिखावटी, ▪पाखंडपूर्ण.

**पाखंडी** = पाखंडपूर्ण.

**पाखंडी** *सं* अड़ड़पोपो, आडंबरी, कपटी, कमंडली, खेटकी, छत्तीसा/छत्तीसी, डिंभिया, ढकोसलेबाज़, ढोंगी, दंभी, दोमुँहा, धर्मध्वजी, पाखंड फंडी, पाषंडी, पोंगा पंडित, पोंगापंथी, प्रपंची, बक, बकध्यानी, बगला भगत, भंड

तपस्वी, मक्कार, •ठग.

**पाखर** = पाकर.
**पाख़ाना** = विष्ठा, शौचालय.
**पाखी** = पक्षी.
**पाग** = चाशनी, पगड़ी, पगाई, मरहम.

**पागना** *क्रि* पगाना, पगियाना, ▪लवणित करना.

**पागल** = उत्तेजित, उन्मत्त, क्रुद्ध, फ़ैड प्रेमी, मंदधी, मनोक्षिप्त, मूर्ख, रुधिरपिपासु, सनकी.

**पागल** *वि उन्मत्त*, गहेला/गहेली, जुनूनी, दीवाना/दीवानी, पगला/पगली, पगलाया/पगलाई, प्रमत्त, प्रमादी, प्रलापी, बहका/बहकी, बावरा/बावरी, बावला/बावली, बौड़हा/बौड़ही, बौराया/बौराई, मत्त, *मनोक्षिप्त*, मस्त, वातुल, वातोन्मत्त, हतचित्त, हावला बावला, हैरान, •उत्तेजित, •मनोविकारग्रस्त, •मूर्ख, •सनकी, ▪स्वस्थमनस्क.

**पागल/पगली** = प्रेमासक्त.
**पागल करना** = मोहना.

**पागलख़ाना** *सं* उन्मत्तालय, दिमाग़ी अस्पताल, मैंटल हास्पिटल, •अस्पताल, •मनोविश्लेषण, •सैनेटोरियम.

**पागल नहीं** = स्वस्थमनस्क.
**पागलपन** = उन्माद, तीव्रोन्माद, मूर्खता, सनक.

**पागलपन** *सं* असंतुलन, असंतुलितता, *उन्माद*, ख़ब्त, चंद्रोन्माद, दीवानगी, दीवानापन, धुन, प्रमाद, बातुलता, बावलापन, बौरायापन, *भूतबाधा*, मनोरोग, *मनोविकार*, मानसिक असंतुलन, मानसिक रोग, वातुलता, वातोन्माद, विकृत मनोवस्था, विक्षिप्तता, *सनक*, साइकोपैथी, सिड़, •मूर्खता, ▪स्वस्थमनस्कता.

**पागलपन का इलाज** = मनोचिकित्सा.
**पागल प्रेमी** = प्रेमासक्त.
**पागुर** = जुगाली.

**पाचक** = अग्नि, पाचक औषध, पाचकता वर्धक.

**पाचक औषध** *सं* क्षुधावर्धक, जवारिश, डाइजेस्टिव, पाचक, पाचल, पैप्टिक, भूख बढ़ाना दवा, •चूरन.

**पाचकता वर्धक** *वि* अग्निवर्धक, जारक, दीप्यक, पत्थरहज़म, पाचक, लक्कड़हज़म पत्थरहज़म, हाज़मेदार, •चिकित्साकारी, •चूरन, •पोषक, •सुपाच्य.

**पाचन** = रसोई कर्म.

**पाचन** *सं* अन्नपाक, आहार पाक, पाचन क्रिया, हाज़मा, •चयापचय.

**पाचनक** = सुहागा.
**पाचन क्रिया** = पाचन.

**पाचन शक्ति** *सं* अंतराग्नि, *अग्नि*, उदराग्नि, कोष्ठाग्नि, गैस्ट्रिक जूस, जठराग्नि, जठरानल, हाज़मा.

**पाचनी** = हड़.
**पाचल** = पाचक औषध.
**पाचिका** = रसोईदारिन.
**पाच्य** = घीतेलहीन, सुपाच्य.

**पाच्य** *वि* आभोज्य, *आहार्य*, खाद्य, खाने योग्य, ग्राह्य, पच्य, पथ्य, सेव्य, हलका/हलकी, •घीतेलहीन, ▪अपाच्य.

**पाछ** = चीरा, वैक्सीन.
**पाछे** = पीछे.

**पाजामा** *सं* इज़ार, पायजामा, सुत्थन, सुथना, •नाड़ा, •पतलून, •लुंगी, •सलवार.

**पाजी** = अधम, दुर्जन, दुर्जनतापूर्ण.

**पाज़ेब** *सं घुँघरू*, झाँझन, नूपुर, पादांगद, पायल, पैजनिया, पैजनी, रामझोल, •घुँघरू, •टखना.

**पाट** = काष्ठपटल, चौड़ाई, टाट, तट, नदी पाट, पाषाण पटल, रेशम धागा, वस्त्र, विस्तार, सन.
**पाटण** = बंदरगाह.
**पाटन** = चिराई, टाँड़, नगर.

**पाटना** = भरना.
**पाटल** = गुलाब, गुलाबी, पाटलि, बैंगनी, लाल.
**पाटला** = पटरा, पाटलि.

**पाटलि** *सं* अलिप्रिया, कोकिला, *घंटा*, ट्रंपैट फ़्लावर, ताम्रपुष्पी, तुमड़ी, पाटल, पाटला, पाडर, पाढर, मधुदूती, वसंत दूती, विटवल्लभा.

**पाटलिपुत्र (पूर्व नाम)** = बिहारः राजधानी.
**पाटली** = पटरी, पटरी.
**पाटविक** = कुटिल.
**पाटवी** = रेशमी.
**पाटा** = चकला, सिरहाना.
**पाटिया** = काष्ठपटल.
**पाटी** = तख़्ती, पटरी, पाषाण पटल.
**पाटीगणित** = अंकगणित.
**पाटीर** = खेत.
**पाटेज** = सूप.
**पाठ** = अध्याय, उद्धरण, दंड, धर्मपाठ, परामर्श, वेदपाठ, शिक्षा, शिक्षा पाठ.

**पाठ** *सं* इबारत, टैक्स्ट, मज़मून, *लेख*, सामग्री, •उद्धरण, •पांडुलिपि.

**पाठक** = कथावाचक, धर्मपाठी, विद्यार्थी, समाचार पाठक.

**पाठक** *सं* पढ़ने वाला, *रीडर*, साहित्य पाठक, साहित्यसेवी, •कूटपाठक, •सुहृदजन.

**पाठक गण** = सुहृदजन.
**पाठ करना** = जपना, बाँचना.
**पाठक संख्या** = सुहृदजन.
**पाठनालय** = वाचनालय.
**पाठप्रद** = दंडात्मक.
**पाठलाग (मराठी)** = पीछा.
**पाठशाला** = विद्यालय.
**पाठशालिनी** = मैना.
**पाठा** = युवक.
**पाठा/पाठी** = बलिष्ठ, सुपोषित.
**पाठी** = कथावाचक, धर्मपाठी, युवती.
**पाठ्य** = सुलिखित.

**पाठ्यक्रम** *सं* करीक्यूलम, कोर्स, शिक्षा पाठ्यक्रम, सिलेबस, •क्रैश

कोर्स, •पाठ्य पुस्तक, •पाठ्य. विषय, •रीफ़्रैशर कोर्स.

**पाठ्य पुस्तक** *सं* कोर्सबुक, टैक्स्ट बुक, •अभ्यास पुस्तक, •वर्णमाला पुस्तक, •शब्द पुस्तक, •पाठ्य विषय.

**पाठ्य विषय** *सं विभाग*, *विषय*, •अध्याय, •पाठ्यक्रम, •पाठ्य पुस्तक.

**पाड़** = आधार सूची, किनारी, ढाँचा, फाँसी तख्ता, मंच, मचान.

**पाड़** *सं* गैत्री, *ढाँचा*, *मंच*, •ढाँचा, •मंच.

**पाडर** = पाटलि.
**पाड़ा** = आखेट चारा, आखेटपात्र, कट्टा, क्षेत्र, महल्ला.
**पाड़ी** = कटिया.
**पाढ़** = किनारी.
**पाढर** = पाटलि.
**पाणि** = अंजलि, बालिश्त, हथेली, हाथ पंजा.
**पाणिगृहीता** = पत्नी.
**पाणिग्रहण** = विवाह.

**पाणिग्रहण** *सं* करग्रहण, पाणिपीडन, पाणिबंध, हस्तग्रह, हस्तग्रहण, हाथ पकड़ाई, हाथ पकड़ाई, •विवाह, •सप्तपदी.

**पाणिग्रहणीय** = वैवाहिक.
**पाणिघात** = हाथापाई.
**पाणिघ्न** = शिल्पकार.
**पाणितल** = हथेली.
**पाणिनी** = ऋषि सूची.
**पाणिपंकज** = हस्तकमल.
**पाणि पल्लव** = अंजलि.
**पाणिपीडन** = पाणिग्रहण.
**पाणिबंध** = पाणिग्रहण.
**पात** = कूद, झोल, ढहन, पल्लव, स्राव, स्वरावरोह.
**पातक** = अपराध, पाप.
**पातकता** = दुराचार.
**पातकी** = अपराधी, दुर्जनतापूर्ण, पापी.

**पात गोभी** *सं* कपिशाक, करमकल्ला, कैबेज, पत्ता गोभी, बंद गोभी.

**पातन** = गिराई, गिराई.
**पातरी** = पत्तल.
**पातल** = पत्तल.
**पाताबा** = मोज़े.
**पाताल** = निम्नदिशा, निम्नबिंदु, पाताल लोक, भूगर्भ.
**पाताल दिशा** = निम्नदिशा.
**पातालयंत्र** = अलैंबिक.

**पाताल लोक** *सं* अधोलोक, तल लोक, नागलोक, नीचे का लोक, पाताल, भूतल, रसातल, •मिथक.

**पातालवासी** = नाग.
**पातालौका** = नाग.
**पातुर** = वेश्या.
**पातुरनी** = वेश्या.
**पात्र** = चरित्र पात्र, डिब्बा, बरतन, मद्यपात्र, सुपात्र.
**पात्रता** = अर्हता, दक्षता.
**पात्रशुद्धि** = बरतन मँजाई.
**पात्रशेष** = उच्छिष्ट.
**पात्र संस्कार** = बरतन मँजाई.
**पात्रोपकरण** = नाट्यवेश.
**पाथ** = मार्ग, सड़क.
**पाथना** = थापना.
**पाथा** = हल अँकुड़ी.
**पाथेय** = यात्रा आहार.
**पाद** = पैडस्टल, पैर, पैर पंजा.
**पादचारी** = पदचर.

**पाद टिप्पणी** *सं* अंत नोट, *अतापता*, *अर्थ*, *टिप्पणी*, पदभंजिका, प्रसंग, फ़ुटनोट, *संदर्भ*, •उद्धरण, •परिभाषा, •संदर्भ.

**पादत्राण** = जूता, पद परिधान.
**पादप** = पौधा, वनस्पति, वृक्ष.
**पादपा** = खड़ाऊँ.
**पादपाशी** = बेड़ी.
**पादपीठ** = पैर चौकी.
**पादप्रणाम** = दंडवत.
**पादप्रदेश** = निम्नभाग.
**पाद प्रहार** = पदाघात.
**पादबंधन** = दोहन रस्सी, बेड़ी.
**पादभाग** = निम्नभाग.
**पादमूल** = एड़ी, टखना.
**पादरी** = उपदेशक, धर्मगुरु, धर्मज्ञानी, धर्माधिकारी.

**पादरी** *सं* ईसाई मठाधीश, *उपदेशक*, *पुजारी*, प्रीस्ट, प्रैस्बिटर, फ़ादर, मिनिस्टर, मिशनरी, •कनफ़ैशन, •कनफ़ैसर, •गिरजाघर, •पोप, •बिशप, •रैक्टर.

**पादवंदन** = चरणस्पर्श.
**पादशाखा** = पैर उँगली.
**पादशाह** = राजा.
**पादशाही** = राजतांत्रिक.
**पादस्तंभ** = पैडस्टल.
**पादस्फोट** = बिवाई.
**पादांगद** = पाज़ेब.
**पादांगुली** = पैर उँगली.
**पादांबु** = पाद्य.
**पादाघात** = पदाघात.
**पादारविंद** = चरणकमल.
**पादार्थिक** = भौतिक.
**पादार्पण** = गृहप्रवेश.
**पादावसेचन** = चरण प्रक्षालन.
**पादासन** = पैर चौकी.
**पादुक** = पदचर, पदचर.
**पादुका** = खड़ाऊँ, पद परिधान.
**पादुकाकार** = मोची.
**पादोदक** = चरणामृत, पाद्य.
**पाद्यं** = चरण प्रक्षालन.
**पाद्य** = चरण प्रक्षालन.

**पाद्य** *सं* पद प्रक्षालन जल, पादांबु, पादोदक, •चरणामृत, •नैवेद्य.

**पाद्यार्घ्य** = उपहार.
**पाधा** = धर्मज्ञानी.
**पान** = पान पत्ता, पान बीड़ा, पेय पदार्थ, मद्यपान.
**पानक** = पना.
**पान करना** = पीना.
**पान कराना** = पिलाना.
**पान कर्ता** = पीने वाला.
**पानगृह** = मद्यशाला.

**पानगृह** *सं* पानागार, पानालय, पेयागार, •भोजन कक्ष, •भोजनालय, •मद्यकक्ष.

**पानगृह सूची** *सं* क़हवाख़ाना, काफ़ीहाउस, काफ़े, कैनटीन, कैफ़ेटीरिया, कोल्ड ड्रिंक पार्लर,

चायघर, टीहाउस, *डेरी*, पब, पेयकक्ष, बार, बाररूम, बिस्त्रो, *मद्यकक्ष*, मधुशाला, मैख़ाना, शीतल पेयागार, सैलून, सोडा फ़ाउनटेन, •भोजनालय सूची.

**पानगोष्ठी** *सं* आपान (प्रा), आपानन (प्रा), काकटेल पार्टी, काकटेल्स, मदिरा गोष्ठी, मद्यगोष्ठी, मद्यपान गोष्ठी, शराब पार्टी, सहपानक (प्रा), सुरागोष्ठी, सुरापान, सुरापीथ (प्रा), •जलपान गोष्ठी, •भोज, •सहभोजन.

**पान डब्बा** = पानदान.

**पानदान** *सं* खासदान, गिलौरीदान, तांबूलपेटिका, पनडब्बा, पनौटी, पान डब्बा.

**पान पत्ता** = पान बीड़ा.

**पान पत्ता** *सं* तांबूल, तामोल, पत्ता, पान, •कत्था, •पनवाड़ी, •पान बीड़ा, •सुपारी.

**पानपात्र** = पान पात्र, प्याला, मद्यपात्र.

**पान पात्र** *सं* कप, जलपात्र, पानपात्र, पीने का बरतन, पैमाना, *प्याला*, प्याली, •कटोरा, •स्ट्रा.

**पान पीक** = पीक.
**पानफूल** = उपहार, पत्र पुष्प.

**पान बीड़ा** *सं* गिलौरी, पान, *पान पत्ता*, *बीड़ा*.

**पानमत्त** = मदिरोन्मत्त.

**पान मसाला** *सं* गुटका, गुटखा, पतौखी.

**पान वणिक** = मद्य विक्रेता.
**पान वाला** = पनवाड़ी.
**पान वाली** = पनवाड़िन.
**पाना** = आदेय, कमाना, खाना, खोज पाना, खोज पाना, रिंच, समझना.

**पानां** *क्रि* आदत्त होना, दिया जाना, *पहुँचना*, प्राप्त होना, *मिलना*, हस्तगत होना, हाथ लगना, हासिल होना, •उगाहना, •कमाना, •लेना, ■देना, ■सौंपना.

**पाना कर्म** = आलब्धि.
**पानागार** = पानगृह, मद्यशाला.
**पानालय** = पानगृह.
**पानी** = आब, क़लई, क़हवा, जल, जलतल, जलवायु, धार, बारिश, रस, लज्जा, वीरता, साहस, स्वाभिमान.
**पानी उड़ाना** = सुखाना.
**पानी का जहाज़** = पोत.
**पानी की सवारी** = जलयान.
**पानी केरा बुदबुदा** = मर्त्य.
**पानीघर** = प्याऊ.
**पानी छिड़कना** = बुझाना.
**पानीझरा** = छोटी चेचक.
**पानी डालना** = बुझाना.
**पानी थैला** = मशक.
**पानीदार** = आबदार, गीला/गीली, सजल, स्वाभिमानी.
**पानी नल** = नल.
**पानी पर चलने वाला यान** = जलयान.
**पानीफल** = सिंघाड़ा.
**पानी फिरना** = उजड़ना.
**पानी बूँद** = जल बूँद.
**पानी में डूबा** = बाढ़ग्रस्त.
**पानी में धँसन ध्वनि** = गड़प.
**पानी में धँसना** = डूबना.
**पानी में न डूबने वाला तट** = बागर.
**पानी लगा** = सिंचित.
**पानी लगाना** = सींचना.
**पानी से घिरी भूमि** = द्वीप.
**पाने क़ी इच्छा** = लालसा.
**पाने की कोशिश करना** = खोजना.
**पानेच्छा** = प्यास.
**पाने वाला** = खोजी, प्राप्ता.
**पाप** = अपराध, दुष्कर्म.

**पाप** *सं* अधर्म, *अन्याय*, *अपराध*, कलुष, कल्मष, कुकर्म, कुकृत्य, *ग़लती*, गुनाह, *दुष्कर्म*, पातक, पापाचार, बदफ़ेली, बुरा काम, विकार, स्याहकारी, हराम, ■पुण्य, ■प्रायश्चित्त.

**पाप कर्ता** = पापी.
**पापकर्मा** = पापी.
**पापजीवी** = पापी.
**पापड़ं** = पापड़.
**पापड़** = कंकालमात्र.

**पापड़** *सं* पर्पट, पर्पटी, पापड़ं, •बड़ी.

**पापड़ बेलाई** = कठिन कार्य.
**पापड़ा** = पलाश.
**पापड़ी** = गोलगप्पा.
**पापदंड** = पापफल.
**पापपति** = जार.
**पापपूर्ण** = परगमनपूर्ण.

**पापपूर्ण** *वि* अधार्मिक, *अनैतिक*, *अपवित्र*, ऐबी, ओछा/ओछी, कमीना/कमीनी, कलुष, धर्मघ्न, नापाक, नीच, नीचा/नीची, पतित, पापशील, *पापी*, बुरा/बुरी, *लज्जाजनक*, सपाप, •अधम, •अनैतिक, •कुटिल, •छलपूर्ण, •धर्महीन, •पापप्रवण, ■पापहीन, ■पुण्यपूर्ण, ■सत्यपूर्ण.

**पापफल** *सं* अज़ाब, कष्ट, पापदंड, ■क्षमा, ■पुण्यफल.

**पाप बोध** = प्रायश्चित्त.
**पापशील** = पापपूर्ण.
**पापहीन** = निष्कलंक, सज्जनतापूर्ण.

**पापहीन** *वि* अकल्मष, अनघ, अपराधहीन, अपाप, अमल, कमसिन, दूध का धुला, निष्पाप, नेकदिल, *पवित्र*, पाक, पावन, पुनीत, भला/भली, भोला/भोली, शरीफ़, साफ़, •धर्मशील, •निष्कलंक, •शिशुवत, •सरलचित्त, ■अनैतिक, ■पापपूर्ण.

**पापांगीकरण** = कनफ़ैशन.
**पापा** = पिता, पोप.
**पापाचार** = दुराचार, पाप.
**पापाचारी** = पापी.
**पापात्मा** = कुटिल, पापी.
**पापाधम** = पापी.
**पापिन** = कुलटा.
**पापिनी** = कुलटा.
**पापिष्ठ** = पापी.
**पापिष्ठा** = कुलटा.
**पापी** = अपराधी, दुराचारी, दुर्जन, पापपूर्ण.

**पापी** *सं* अघायु, *अधम*, अधर्मी, अनाचारी, कदाचारी, करतूतिया, करतूती, कल्की, कुकर्मी,

 (प्रा) प्राचीन शब्द, अब अप्रचलित - *तिरछे* शब्द स्वतंत्र शीर्षक भी हैं •सपर्याय ■विपर्याय

कुपथगामी, कुमार्गगामी, खल, ग़लतकार, गुनहगार, तामस, दिल का काला, दिल का काला, दुराचरण कर्ता, *दुराचारी*, दुश्चरित्र, दुष्कर्मा, दुष्ट, दुष्टात्मा, दोज़ख़ी, नराधम, नीच, पतित, पातकी, पाप कर्ता, पापकर्मा, पापजीवी, पापाचारी, पापात्मा, पापाधम, पापिष्ठ, पाप्मा, पामर, बदकार, *भ्रष्ट*, मलीमस, महापातकी, महापापी, म्लेच्छ, विकर्मी, विपथगामी, व्यसनी, व्याड, स्याहकार, हरामकार, •अपराधी, •दुर्जन, •धर्मद्रोही, •विश्वासघाती, ▪पुण्यात्मा, ▪सज्जन.

**पापोश** *सं* गर्दख़ोर, जूता पोंछनी, पाँवपोंछ, पाअंदाज़, पायंदाज़, पायपोश, लतख़ोरी, •पदाश्रय, •पैर चौकी.

**पाप्मा** = पापी.
**पाप्यादा** = पैदल.
**पाबंद** = कर्तव्यपरायण, दोहन रस्सी, निष्ठावान, न्यायपर, परंपरावादीय, संकल्पशील, संयमित, समय पालक.
**पाबंदी** = अनुशासन, दायित्व, प्रतिबंध, संयम.
**पाबोसी** = चरणचुंबन.
**पाम** = ताड़.

**पामटौप** *सं डायरी*, नाम पते आदि जानकारी देने वाला कंप्यूटर, हथेली पर रख कर काम करने योग्य मिनीकंप्यूटर.

**पामर** = दुर्जनतापूर्ण, निर्धन, पापी, साधनहीन.
**पामर्दी** = वीरता.
**पामाल** = पददलित.
**पामाली** = दमन.
**पामिस्ट** = हस्तरेखाविद.
**पामिस्ट्री** = हस्तरेखा शास्त्र.
**पायँत** = पैताना.
**पायँता** = पैताना.
**पायंदाज़** = पापोश.
**पायक** = कूरियर, तलवारधारी, नौकर.
**पायकार** = चरणदास.
**पायगाह** = पशुशाला.
**पायज़ंजीर** = बेड़ीबंद.
**पायज़न** = विष.
**पायजामा** = पाजामा.
**पायताना** = पैताना.
**पायदान** = आधार सूची, पदाधार, पदाश्रय, पैड़ी, पैर चौकी, सीढ़ी डंडा.
**पायदार** = ऋणयोग्य, टिकाऊ, संकल्पशील, सुदृढ़.
**पायनियर** = पुरोगंता.
**पायपोश** = पापोश.
**पायर** = नौका घाट.
**पायरा** = रकाब.
**पायल** = पाज़ेब.
**पायलट कक्ष** = काकपिट.
**पायस** = खीर, तारपीन.
**पाया** = आधार, आधार सूची, निम्नभाग, नीवँ, पैडस्टल, पैड़ी, सीढ़ी डंडा.
**पाया/पाई** = आलब्ध, पुनर्प्राप्त, प्राप्त.
**पाया जाना** = ढुँढ़ना.
**पायाब** = गाध्य.
**पायिक** = पैदल सैनिक.
**-पायी (जैसेः स्तनपायी, विषपायी)** = पीने वाला.
**पायोनियर** = अग्रगंता.
**पारंगत** = दक्ष, विद्वान व्यक्ति, विशेषज्ञ.
**पारंगतता** = दक्षता.
**पारंगमन** = पारगमन.
**पारंपरिक** = अपरिवर्तित, ऐतिहासिक, औपचारिक, प्राचीन, फ़ैशन के बाहर, मिथकीय.

**पारंपरिक** *वि* अनुश्रुत, *आनुवंशिक*, *ऐतिहासिक*, *कथित*, क़दीमी, क्रमागत, *क्रमिक*, चालू, देर से चला आता, निश्चित, परंपरागत, परंपरानुकूल, पहले से चला आता, पौराणिक, *प्रचलित*, प्रथागत, प्रथानुकूल, *प्राचीन*, बहुप्रचलित, मान्य, रस्मी, रीतिगत, रूढ़, रूढ़िगत, लोकोक्त, वंशानुगत, संप्रदायागत, सनातन, *सामान्य*, *स्वीकार्य*, *स्वीकृत*, •जातीय, •पुराना/पुरानी, •भूतकालीन, •मिथकीय, ▪अपारंपरिक, ▪अप्रचलित.

**पारंपरिक देय** = नेग.
**पारंपरिक हिंदू धर्म** = सनातन धर्म.
**पार** = आरंपार, उधर, उस पार, दूरी पर, बाहर.
**पार करना** = घोंपना.
**पार का** = सीमांतरीय.
**पारखी** = कसौटीकार, गुणग्राहक, रत्न पारखी, संग्रहकार, समीक्षक.
**पारखी दृष्टि** = गुणज्ञता.
**पारखीपन** = गुणज्ञता.
**पारगत** = गौतम बुद्ध.

**पारगमन** *सं* आरपार गमन, *तरण*, पारंगमन, *पारण*, *संक्रमण*.

**पारगमन मार्ग** = पैदल पारपथ.
**पारगमन स्थान** = गाधस्थल.

**पारगम्य** *वि गम्य*, पार्य, सुतर, सुतार्य, सुपार, सुपार्य, •वेध्य, ▪अपारगम्य.

**पारचा** = काष्ठपटल, धज्जी, परिधान, वस्त्र.
**पारचाफ़रोश** = बजाज.
**पारचाबाफ़** = बुनकर.
**पारण** = उपवास अंत, पारगमन, समुद्र यात्रा.

**पारण** *सं* अंगीकरण, *अनुमति*, मंज़ूरी, रज़ा, रज़ामंदी, रिज़ौल्विंग, *सहमति*, स्वीकरण, *स्वीकृति*, •प्रस्ताव, •हाँ, ▪अपारण.

**पारणा** = उपवास अंत.
**पारद** = पारा.
**पारदर्शी** = ट्रांसपेरैंसी, स्पष्ट.

**पारदर्शी** *वि* आरपार दिखता, काँचिया, झनैना/झनैनी, झीना/झीनी, मणिभ, विमल, शफ़्फ़ाफ़, स्फटिकप्रभ, *स्वच्छ*, •स्पष्ट, ▪अपारदर्शी.

**पारधी** = बहेलिया, शिकारी, हत्यारा.
**पारना** = ढालना, बिछाना.
**पारपत्र** = पासपोर्ट.
**पारपथ** = पैदल पारपथ.
**पारमित** = उत्तम, पराकाष्ठागत, परिपूर्ण.
**पारमिता** = चरम अवस्था, चरम अवस्था, दक्षता, पराकाष्ठा.

**पारमिता** *सं* उत्कर्ष सीमा,

उत्कृष्टता, चरमोत्कर्ष, परमोत्कर्ष, *पराकाष्ठा*, पराकोटि, परिपूर्णता, पूर्णता, वरिमा, सर्वांगसंपूर्णता, सर्वोत्कृष्टता, •अनिंदनीयता, •उत्तमता, •पराकाष्ठा.

**पारमितापूर्ण** = चरम.
**पारमेश्वर** = ईश्वरीय.
**पार लगैया** = नाविक.
**पारलगैया** = परित्राता.
**पारलौकिक** = परलौकिक.
**पारस** = ईरान, पारस पत्थर.

**पारस पत्थर** *सं* इच्छा पूरक मणि, कामद मणि, चिंतामणि, दिव्यरत्न, पारस, पारस मणि, सुरमणि, •स्वर्ण.

**पारस मणि** = पारस पत्थर.
**पारसा** = अविलासी, धर्मशील, धर्माचारी, पतिव्रता.
**पारसाई** = सदाचार.
**पारसाल** = परसाल.
**पारसी** = पारसी धर्मावलंबी.

**पारसी** *सं* अग्निपूजक, ईरानी, भारत आप्रवासी ईरानी, *मग*, मुग़.

**पारसी ईश्वर** = अहुरमज़्द.

**पारसी धर्म** *सं* ज़रतुश्ती धर्म, मित्र भक्ति, •अग्नि मंदिर, •ईरान, •ज़ेंद अवेस्ता, •भारत.

**पारसी धर्मग्रंथ** = ज़ेंद अवेस्ता.

**पारसी धर्माधिकारी** *सं* पारसी पुजारी, पीरे मुग़ाँ, मघ, मघवा, मघी, मागी, माजी, मायी.

**पारसी धर्मावलंबी** *सं अग्निदेव*, अग्निपूजक, आतिशपरस्त, ज़रतुश्ती, *पारसी*.

**पारसी नया साल** = नौरोज़.
**पारसी पुजारी** = पारसी धर्माधिकारी.
**पारसी पुरोहित** = दस्तूर.
**पारसी मंदिर** = अग्नि मंदिर.

**पारसैक** *सं*
अंतरिक्षीय एकक 206,265, किलोमीटर 3.0857°10(13), प्रकाश वर्ष 3.2616. मील 1,92,00,00,00,00,000. •अंतरिक्षीय एकक.

**पारस्परिक** = आदानप्रदानपूर्ण, सर्वसहमत, सामंजस्ययुक्त.

**पारस्परिक** *वि* अन्योन्य, आपस का, आपसी, इतरेतर, दुतरफ़ा, दोतरफ़ा, परस्पर, •त्रिपक्षीय, •द्विपक्षीय, •संबंधित, ▪अपारस्परिक.

**पारस्परिक श्रमदान** = रमैती.
**पारांध** = अपारदर्शी.
**पारा** = पैराग्राफ़.

**पारा** *सं* चपल, तुंगबीज, दिव्यरस, पारद, मर्करी, महारस, *रस*, रस धातु, रसराज, रसलोह, रसेश, •थर्मामीटर.

**पारा** *सं* (संख्या 30), क़ुरान खंड, टुकड़ा, सीपारा.

**पारायण** = अध्ययन, पठन.
**पारायणी** = ध्यान, सरस्वती देवी, सरस्वती नदी.
**पारावत** = कबूतर, फ़ाख़ता.
**पारावती** = मादा कबूतर.
**पारावार** = समुद्र.
**पाराशर** = वेदव्यास.
**पारिजात** = कल्पवृक्ष, पारिजात वृक्ष, हारसिंगार.

**पारिजात वृक्ष** *सं* तरुराज, दिव्या, द्रुमेश्वर, पारिजात, पारिभद्र, फरहद, मंदर.

**पारित प्रस्ताव** *सं* ऐक्ट, *क़ानून*, *घोषणा*, रैज़ोल्यूशन, विधान.

**पारितोषिक** = पुरस्कार.
**पारिभद्र** = चीड़, देवदारु, पारिजात वृक्ष.

**पारिभाषिक** *वि* टैक्निकल, *तकनीकी*, *निर्धारित*, लाक्षणिक, वर्णित, शास्त्रीय, *संगत*, *सटीक*, सही, *सूक्ष्म*, *स्पष्ट*, •तकनीकी, ▪असटीक, ▪बोलचाल की (भाषा).

**पारिवारिक** = आनुवंशिक, घर जैसा, परिवारयुक्त, परिवारीय, पैतृक, ममतापूर्ण, मातृक, स्वदेशी.
**पारिवारिक इकाई** = एकक परिवार.
**पारिवारिकता** = परिवार संबंध, स्वजन भावना.

**पारिश्रमिक** *सं* उजरत, कमाई, चार्ज, प्रतिदान, प्रतिफल, फ़ीस, मज़दूरी, मुआवज़ा, मेहनताना, वृत्ति, वेज, *शुल्क*, श्रम फल, समरा, सर्विस चार्ज, सेवा मूल्य, हक़, हिसाब, •आय, •बख़्शीश, •वेतन, •शुल्क.

**पारिषद** = संसदीय.
**पारिषदिक** = संसदीय.
**पारी** = खेल चाल, पाली, बारी.
**पारीक्षित** = जनमेजय.
**पारीण** = सीमांतरीय.
**पारीय** = सीमांतरीय.
**पार्क** = पार्किंग स्थल, सार्वजनिक उपवन.
**पार्किंग** = पार्किंग स्थल.
**पार्किंग एरिया** = पार्किंग स्थल.

**पार्किंग स्थल** *सं* पार्क, पार्किंग, पार्किंग एरिया, पार्किंस प्लेस, वाहन पार्किंग, वाहनस्थल, •कार पोर्च, •गराज, •हैंगार.

**पार्किंस प्लेस** = पार्किंग स्थल.
**पार्ट** = खंड, पुरज़ा.
**पार्टनर** = साझेदार.
**पार्टनरशिप** = साझेदारी कंपनी.
**पार्टनरशिप कंसर्न** = साझेदारी कंपनी.
**पार्टी** = भोज, राजनीतिक दल, समारोह.
**पार्टीबाज़** = गुटबाज़, मिलनसार.
**पार्टीशन** = विभाजन.
**पार्टी सदस्य** = राजनीतिक कार्यकर्ता.
**पार्थ** = अर्जुन, भीम, युधिष्ठिर.
**पार्थक्य** = एकांतवास, परित्याग, विदा, वियोग.

**पार्थक्य** *सं* अयुक्ति, अयोग, अलगाव, अलग्नता, अलहदगी, पृथकता, विग्रह, विच्छेद, वियुक्ति, *विलगाव*, विलग्नता, हटापन, •अंतराल, •दूरी, ▪सटापन.

**पार्थसारथी** = कृष्ण.
**पार्थिव** = अजैव, इहलौकिक, पृथ्वीय,

मर्त्य, माटीय.
**पार्थिव अवशेष** = शव.
**पार्थिव वर्ष** = पृथ्वी परिक्रमा काल.
**पार्थिव शरीर त्यागना** = मरना.
**पार्थिवी** = सीता.
**पार्य** = गाध्य, पारगम्य.
**पार्लमैंटरी** = शालीन, संसदीय.
**पार्लमैंटेरियन** = सांसद.
**पार्लियामैंट** = संसद.
**पार्लियामैंट हाउस** = संसद भवन.
**पार्वत** = पर्वतीय.
**पार्वती** = गोपी चंदन.

**पार्वती** *सं* अंबा, अद्रिजा, अपर्णा, अर्धनारीश्वरी, ईशा, उमा, कुमारसू, कुमारी, गणेशमाता, गिरिजा, गौरी, त्रिभुवनसुंदरी, त्र्यंबिका, *दुर्गा*, भवानी, भैरवी, महागौरी, महाचंडी, महादेवी, *योगिनी*, रुद्राणी, शंकरा, शंकरी, शिवंकरी, शिवकांता, शिवा, शिवानी, शैलजा, श्यामला, सती (पूर्व जन्म), स्कंदजननी, हिमालयजा, हेरंबजननी, •अपर्णा, •एकपर्णा, •एकपाटला, •काली, •गणेश, •दुर्गा, •भैरवी, •लक्ष्मी देवी, •शक्ति देवी, •शिव, •सती, •सरस्वती, •स्कंद.

**पार्वती (पुनर्जन्म)** = सती देवी.
**पार्वतीनंदन** = गणेश, स्कंद.
**पार्वती पुत्र** = गणेश.
**पार्वतेय** = ग्रफ़ाइट.
**पार्वत्य** = पर्वतीय.
**पार्शुका** = पसली.
**पार्श्व** = आयाम, करवट, दिशा, पड़ोस, पार्श्व भुजा, पार्श्वीय, बग़ल.

**पार्श्व** *सं ओर*, *कंधा*, *करवट*, *कल*, *घाट*, तरफ़, *दिशा*, पक्ष, पख, पहलू, बल, बाज़ू, *भुजा*, रुख़, साइड, स्कंध, •आयाम, •करवट, •छोर, ▪अगवाड़ा, ▪पिछवाड़ा, ▪पीठ, ▪मुँह.

**पार्श्व की ओर** *क्रिवि* आड़े, किनारे की ओर, तिरछे, वक्रतः, •वक्रतः.

**पार्श्वचर** = संगी, सहयात्री.
**पार्श्व चित्र** = पार्श्वचित्र.

**पार्श्वचित्र** *सं* चपटा ख़ाक़ा, छायामूर्ति, पार्श्व चित्र, प्रोफ़ील, •पोर्ट्रेट.

**पार्श्वद्वार** = पृष्ठद्वार.
**पार्श्वनाथ** = तीर्थंकर सूची.
**पार्श्व भागीय** = पार्श्वीय.

**पार्श्व भुजा** *सं किनारा*, त्रिकोण समकोण पार्श्व भुजा, *पार्श्व*, पार्श्वरेखा.

**पार्श्वरेखा** = पार्श्व भुजा.
**पार्श्ववर्ती** = निकट, पार्श्वीय.
**पार्श्वस्थ** = निकट, पड़ोसी.
**पार्श्वास्थि** = पसली.

**पार्श्वीय** *वि* अंगीय, कक्षीय, कुक्षीय, पक्षीय, *पार्श्व*, पार्श्व भागीय, पार्श्ववर्ती, बग़ल का, सपार्श्व, समीपी, साचीन.

**पार्षती** = दुर्गा.
**पार्षद** = परिषद सदस्य, प्रतिनिधि, राजा संगी, सदस्य.
**पार्ष्णि** = कुंती.
**पार्ष्णि** = सेनापृष्ठ.
**पार्सनेज** = ईसाई मठ.
**पार्सल** = पैकेज.
**पाल** = ईसा संदेश वाहक सूची, जीवन रक्षक, नौका पाल, परपालक, रक्षक.
**पालक** = गार्ज़ियन, जीवन रक्षक, परपालक, रक्षक, शरणदाता, सागसब्ज़ी.

**पालक** *सं* इस्पनाक, मधुरा, साग पालक.

**पालक धाय** = गवर्नैस.
**पालकी** = शवयात्रा.

**पालकी** *सं डोल*, पीनस, बंद डोली, शिविका, •डोली.

**पालकी वाहक** *सं* कहार, *कुली*, झंपानी, झप्पानी, धीवर, बारबरदार, भोट, भोटिया, विनीतक, शिविकावाहक.

**पाल तरण** = नौका विहार.

**पालतू** *वि* अहानिकर, गृह्य, ग्राम्य, घरेलू, छेक, नर्म, पला/पली, पलुआ, पाला/पाली, पालित, *प्रशिक्षित*, सधा/सधी, सिद्ध, सीधा/सीधी, •अनाहतिकारक, •अनुशासित, ▪अपालतू, ▪भयानक, ▪हिंस्र.

**पालतू जानवर** = पालतू जीव.

**पालतू जीव** *सं* पालतू जानवर, पालतू पक्षी, पैट, प्रिय पशु, •जोत पशु, •पशुपालन, •सवारी पशु, •हल पशु, ▪वन्य पशु.

**पालतू पक्षी** = पालतू जीव.

**पालतू पशु** *सं* केलि पशु, ग्राम्य पशु, घरेलू जानवर, छेक, पुर पशु, •वन्य पशु.

**पालतू सीप मोती** = कल्चर्ड पर्ल.

**पालथी** *सं* आलथी पालथी, *आसन*, पलथी.

**पालन** = अनुपालन, पालनपोषण.
**पालन करना** = पालना पोसना.
**पालन कर्ता** = परपालक.

**पालनपोषण** *सं* खिलाई पिलाई, देखभाल, निर्वाह, परवरिश, परिपालन, परिपोषण, पलाई, पालन, पालपोस, *पोषण*, प्रतिपालन, भरणपोषण, रक्षण, लालन, लालनपालन, संभरण, *संरक्षण*, संवर्धन, साजसँभाल, •परपालन, •शिशुचर्या.

**पालनपोषण करना** = पालना पोसना.
**पालना** = चरखी झूला डोली, पालना पोसना.

**पालना** *सं झूलना*, *झूला*, *डोलना*, डोला, *डोली*, ढोलनी, दोलना, दोला, दोली, पलना, बेबी कौट, शिशु दोला, हिंडोला, हिंदोला.

**पालना गीत** = लोरी.

**पालना पोसना** *क्रि* खिलाना पिलाना, देखना भालना, पनपाना, पालन करना, पालनपोषण करना, *पालना*, पोसना, बड़ा करना, *बढ़ाना*, रक्षा करना, *रखना*.

संरक्षण करना, संरक्षण देना, सरसाना, सहारा देना.

**पालने वाला** = परपालक.
**पाल नौकायन** = नौका विहार.
**पालपोस्** = पालनपोषण.
**पालयिता** = परपालक.
**पाला** = कुश्ती मैदान, खेल गोल, तुषार, प्रतिद्वंद्विता, बारी, शीतलता, संपर्क.
**पाला/पाली** = दत्तक, पालतू.
**पालागन** = चरणस्पर्श.
**पालागल** = कूरियर.
**पाला पोसा/पाली पोसी** = पालित पोषित.
**पाला मारा/पाला मारी** = शीताकुल, हिमाहत.
**पालि** = कान ललरी, ललरी.
**पालिका** = गवर्नैस.
**पालित** = दत्तक, परपालित, पालतू, पालित पोषित, शरणागत.
**पालित पोषित** = दत्तक.

**पालित पोषित** *वि* निर्वाहित, परिपालित, परिपोषित, पला पुसा/पली पुसी, पाला पोसा/पाली पोसी, पालित, पोषित, *रक्षित*, संपोषित, संरक्षित, संवर्धित.

**पालिश** = पालिश द्रव्य.

**पालिश** *सं* उजलापन, ओप, *चमक*, चमकारा, दमक, निर्मलता, फ़िनिश, लश, लशकारा, लास, विशदता, शाइन, शुभ्रता, सफ़ाई, स्पष्टता, •चमक.

**पालिश करना** = चमकाना, दमकाना.

**पालिशदार** *वि* अमल, अवदात, उजला/उजली, उजागर, उजियारा/उजियारी, उजियाला/उजियाली, *उज्ज्वल*, उज्ज्वलित, चकाचक, चमकता/चमकती, *चमकदार*, चमकीला/चमकीली, चमचम, चमचमाता/चमचमाती, झक्क, पालिश्ड, लक़दक़, लकालक, साफ़.

**पालिश द्रव्य** *सं पालिश*, *मोम*, रोग़न, •लाक्षा, •वार्निश.

**पालिश लगाना** = दमकाना.
**पालिशिया** = शू पालिश करने वाला.
**पालिश्ड** = पालिशदार.
**पालिसी** = नीति.
**पाली** = अंजलि, कटोरी, प्याला, बारी, सकोरा.

**पाली** *सं* कार्यकाल, *चक्कर*, टर्न, ड्यूटी, तबदीली, *पहर*, पारी, बदली, *बारी*, शिफ़्ट, •दिन पाली, •रात पाली.

**पाली उपरांत काम** = ओवरटाइम.
**पालु** = सेब.
**पा लेना** = खोज पाना.
**पावँड़ी** = खड़ाऊँ, जूता.
**पाव** = चौथाई, डबल रोटी, बन.
**पाव 4** = सेर.
**पावक** = अग्नि, प्राप्ति, विशोधक, विशोधक.

**पावडर** *सं* गुलगूना, पाउडर, शृंगार, •क्रीम.

**पावतार** = गाधस्थल.
**पावती** = प्राप्ति, प्राप्तिपत्र, रसीद.
**पावती पत्र** = प्राप्तिपत्र.
**पावन** = अनुल्लंघनीय, पवित्र, पापहीन, लोबान, स्वच्छ.
**पावना** = आदेय.
**पावनी** = गंगा नदी, तुलसी.
**पाव भर** = चौथाई.
**पावर** = अधिकार, विद्युत ऊर्जा, शक्ति, सत्ताधिकार.
**पावरबोट** = मोटरबोट.
**पावर हाउस** = बिजलीघर.
**पाव रोटी** = डबल रोटी, बन.
**पावली** = चवन्नी.
**पावस** = बरसात.
**पावा** = पैडस्टल.
**पाश** = कूटयंत्र, फंदा.

**पाश** *सं* आखेटजाल, आखेटपाश, कपटजाल, कूटजाल, *जाल*, नाह, नैट, पशुपाश, पाशजाल, पाश्या, बंधन, मृगपाश, हिरन पाश, •कूटयंत्र, •चंगुल, •चूहादान, •मकड़जाल.

**पाशक्रीड़ा** = द्यूत.

**पाशग्रस्त** = पाशबद्ध.
**पाशजाल** = पाश.
**पाशधर** = वरुण.
**पाशबद्ध** = बेड़ीबंद.

**पाशबद्ध** *वि* उलझा/उलझी, कूटपाशग्रस्त, कूटपाशबद्ध, ग्रस्त, छलित, जालग्रस्त, ठगा/ठगी, पाशग्रस्त, फँसा/फँसी, •लुब्ध.

**पाशमुक्त** = मुक्त.
**पाशमुक्त करना** = छोड़ना.
**पाशविक** = अपालतू, निर्दय, रक्तपातपूर्ण, वन्य, वासनापूर्ण.
**पाशविकता** = अत्याचार.
**पाशहस्त** = यमराज.
**पाशहीन** = मुक्त.
**पाशिक** = बहेलिया.
**पाशी** = बहेलिया.
**पाशुपतास्त्र** = दिव्यास्त्र.
**पाश्चात्य** = पश्चिमी.
**पाश्या** = पाश.
**पाषंडी** = पाखंडी.
**पाषाण** = चट्टान.

**पाषाण** *सं* अश्म, उपल, कुलिश, *चट्टान*, पखान, पत्थर, पथरी, पाहन, प्रस्तर, वज्र, शिला, शैल, संग, *सिल*, स्टोन, •खनिज लावा, •पर्वत, •बसाल्ट, •मिट्टी, •रत्न, •लावा.

**पाषाण पटल** *सं* चतुर्भुज पाषाण पटल, चौका, पटिया, पटी, *पट्टी*, पत्थर, पत्थर चौका, पथरी, पाट, पाटी, पाषाण पटी, प्रस्तर पटल, भोट, शिला, शिलापट, शिला फलक, शैलपटल, संग, *सिल*, •खड़ंजा, •फ़र्श.

**पाषाण पटी** = पाषाण पटल.
**पाषाण युगीन** = प्रागितिहासिक.
**पाषाणवत** = अभिव्यक्तिहीन.
**पाषाणशिला** = चट्टान.
**पाषाणहृदय** = निर्दय, सहानुभूतिहीन.
**पाषाणी** = अहल्या, पाषाणीय.

**पाषाणीय** *वि* उपलक, चट्टानी, पत्थरी, पथरीला/पथरीली, पाषाणी, पाहनी, प्रस्तरीय, वज्रीय,

शैलेय, संग मरमरी, *संगी*, •दुर्गम, •पर्वतीय, •पाषाणीभूत.

**पासंग** *सं* *कान*, धड़ा, पसंग, पसंगा, प्रतिभार, प्रासंग, बराबर करने वाला भार, संजा, संतुलन भार, •तराज़ू.

**पास** = इस पार, उत्तीर्ण, निकट, निकट ही, पड़ोस, प्रवेश पत्र, स्वीकृत.
**पास का** = निकट.
**पासदारी** = पक्षपात.
**पासनी** = अन्नप्राशन संस्कार.
**पासपड़ोस** = पड़ोस.
**पास पास** = निकट ही.
**पास पास करना** = सटाना.

**पासपोर्ट** *सं* देशनिर्गम पत्र, निर्गम पत्र, पारपत्र, •पहचान पत्र, •मार्गानुमति पत्र, •वीज़ा.

**पासबान** = परपालक, परित्राता, पहरेदार, रक्षक.
**पासबानी** = संरक्षण.
**पास लाना** = मिलाना, सटाना.
**पासवर्ड** = कूटशब्द.
**पास वाला** = पड़ोसी.
**पास ही** = निकट ही.
**पासा** = गोटी, चौपड़.

**पासा** *सं* *अक्ष*, डाइस, पौ, •गोटी.

**पासा पलटा** = निर्णायक परिवर्तन.
**पासी** = बहेलिया.
**पास्ट कंपैटिबिल** = भूतसंगत.

**पास्तेरित** *वि* उबाल कर शीतित, पैस्चैराइज़्ड, रोगमुक्त, रोगाणुमुक्त, शृतशीत, *सुरक्षित*, *स्वच्छ*, •संक्रमणरुद्ध.

**पाहन** = पाषाण.
**पाहनी** = पाषाणीय.
**पाहुन** = अतिथि.
**पाहुना** = दामाद.
**पाहुना/पाहुनी** = अतिथि, भोजातिथि.
**पिंगल** = ऋषि सूची, कत्थई, चातक, पीतल, बंदर.
**पिंगल लौह** = पीतल.
**पिंगल शास्त्र** = छंदशास्त्र.
**पिंगा** = हलदी.

**पिंजन** = धुनकी, धुनाई.
**पिंजर** = पिंजरा.
**पिंजरा** = चरखी झूला डोली, बूथ, लिफ़्ट, शरीर.

**पिंजरा** *सं* कफ़स, *कारागार*, केज, क़ैद, पिंजर, •चूहादान, •पक्षी.

**पिंजरापोल** = गोशाला.
**पिंजल (घास)** = पल्लव.
**पिंजाई** = धुनाई.
**पिंड** = आकार, गोला, ग्राम, ग्रास, टुक्कड़, धातु पिंड, भिक्षा, शरीर, सघन पदार्थ, समूह.

**पिंड** *सं* जिस्म, टिक्की, तीन आयामी आकृति, देह, पिंडा, पिंडी, पेड़ा, पेड़ी, *बटी*, भेली, लंबाई चौड़ाई और गहराई सहित आकृति, सौलिड.

**पिंडक** = गिलट.

**पिंडकक्षा** *सं* अध्वा, और्बिट, कक्षा, क्रांतिकक्षा, ग्रहकक्षा, *परिक्रमा*, परिक्रमा पथ, परिचक्र, परिपथ, भकक्षा, भ्रमण पथ, •घेरा, •चक्र, •परिक्रमा मार्ग, •प्रक्षेप वक्र.

**पिंड ख़जूर** = छुहारा.
**पिंड खर्जुरिका** = खजूर.
**पिंडदान** = श्राद्ध.

**पिंडदान** *सं* पितृयज्ञ, राह चबैनी, सवन, •श्राद्ध.

**पिंडपुष्प** = जवाकुसुम.
**पिंड बनना** = जमना.
**पिंड बनाना** = जमाना.
**पिंडमुस्ता** = नागरमोथा.
**पिंडमूल** = गाजर.
**पिंडयुक्त** = साकार.
**पिंडल** = अक्ष.

**पिंडली** *सं* टांग पिछली ओर मांसल भाग, पिंडी, पिचिंड़िका, पिच्छा, फीली, •टखना, •पैर.

**पिंड व्याधि** = जीर्ण रोग.
**पिंड सतह** = उत्तल.
**पिंडा** = पिंड, सघन पदार्थ.

**पिंडाकार** *वि* घन, *ठोस*, त्रिआयामी, पिंडित, *सघन*.

**पिंडायस** = इस्पात.
**पिंडिका** = गूमड़.

**पिंडिका** *सं* ढेली, नोड्यूल, •घुंडी.

**पिंडित** = पिंडाकार.
**पिंडित करना** = जमाना.
**पिंडित होना** = जमना.
**पिंड़िया** = लोई.
**पिंडी** = कद्दू, गुड़ भेली, गोली, छुहारा, धातु पिंड, पहिया नाभि, पिंड, पिंडली, सघन पदार्थ, साकार.
**पिंडीर** = समंदर झाग.
**पिंडोल** = पीली मिट्टी.
**पिंपल** = मुँहासा.
**पिंशु** = पिस्सू.
**पिअरवा/पिअरवी** = प्रेमपात्र/प्रेमपात्रा.
**पिअरवी** = प्रेमिका.
**पिउ** = प्रेमपात्र/प्रेमपात्रा, प्रेमी, प्रेमी.
**पिकंग** = चातक.
**पिक** = कोयल.

**पिकनिक** *सं* आउटिंग, खाना पीना, गोठ, पिकनिक भोज, मौजमस्ती, *विहार*, *सैरसपाटा*, •भोज, •मनोरंजन.

**पिकनिक भोज** = पिकनिक.
**पिकबंधु** = आम वृक्ष, आम वृक्ष.
**पिकी** = कोयल.
**पिकेट** = खूँटा.
**पिकेटर** = धरनैत.
**पिकैटिंग** = धरना.
**पिक्चर** = चित्र, फ़िल्म.

**पिक्सल** *सं* चित्रक, चित्रबिंदु, चित्रल, *बिंदु*, बिंदुल, मानिटर आदि पर चित्र का सूक्ष्मतम अंश.

**पिगमैंट** = रंग द्रव्य.

**पिघलना** *क्रि* गलना, घुलना, टिघलना, *ढलना*, *तपना*, तैना, द्रवित होना, *पसीजना*, *बहना*, ▪जमना.

**पिघलाई** *सं* गजपुट, गलाई, द्रावण, धातु द्रवण, धातु संगलन, फुँकाई, मूषीकरण, विलीयन, संगलन, संद्रावण, •झलाई, •साँचा,

■हिमन.

**पिघलाना** *क्रि* गलाना, घुलाना, *ढालना*, द्रवित करना, द्रावण करना, ●गढ़ना, ●झालना, ■जमाना.

**पिघला पत्थर** = खनिज लावा.
**पिच** = फचफच.
**पिच (क्रिकेट)** = दौड़ मार्ग.
**पिचक** = दबक.

**पिचकन** *सं* अंतःस्फोट, अंतर्विस्फोट, अंतर्स्फोट, *ढहन*, पटक, ■विस्फोट.

**पिचकना** = दबकना.

**पिचकना** *क्रि* अंतःस्फोट होना, अंदर को फूटना, *ढहना*, भिंचना, ●ढहना, ●धँसना, ●सूजना, ■उभरना, ■दागना, ■फूटना.

**पिचका/पिचकी** = नतोदर, पंक्चरित.
**पिचकाना** = दबाना.
**पिचकारी** = एनीमा.

**पिचकारी** *सं* धारयंत्र, ●ड्रौपर, ●फुहारा.

**पिचकारी मारना** = फुहारना.
**पिचन** = दबक, भिंचन, संकुचन.
**पिचना** = दबकना, भिंचना.
**पिचपच** = सुड़कन.
**पिचपिच** = फचफच, सुड़कन.
**पिचपिचाहट** = फचफच.
**पिचा/पिची** = नतोदर.
**पिचाई** = रौंदाई.
**पिचिंडिका** = पिंडली.
**पिच्चट** = राँगा, सीसा.
**पिच्छ** = कलगी, पर.
**पिच्छबाण** = बाज़ गिद्ध.
**पिच्छल** = दलदली.
**पिच्छा** = कोया, पिंडली, माँड़िया, सेमल वृक्ष.
**पिच्छिल** = फिसलनयुक्त.
**पिछ-** = पिछला/पिछली.
**पिछड़ता/पिछड़ती** = अवनतिशील.
**पिछड़न** = अवनति.

**पिछड़न** *सं* पलट, पलटाई, पश्चगति, *पश्चगमन*, पश्चगामिता, प्रतिगति, प्रतिगमन, प्रतिगामिता, प्रतिसरण, लौट, वापसी, ■प्रगति, ■विकास.

**पिछड़ना** *क्रि* छूटना, पीछे छूटना, पीछे पड़ना, पीछे रह जाना, पीछे होना, फिसड्डी रहना, ■पिछाड़ना.

**पिछड़ा/पिछड़ी** = अंतिम स्थानीय, अज्ञानी, अतीतवादी, अवनत, पिछड़ी जाति का, फिसड्डी, विलंबित.

**पिछड़ा/पिछड़ी** *वि* अनुन्नत, *अपरिष्कृत*, अल्पविकसित, अविकसित, *अशिक्षित*, *असंस्कृत*, पुरातनपंथी, *फिसड्डी*, फीका/फीकी, सुस्त, ●असंस्कृत, ●पीड़ित, ●फिसड्डी, ●वन्य, ■सभ्य.

**पिछड़ापन** = रूढ़िवाद.

**पिछड़ापन** *सं* *अप्रगति*, अवनतता, अविकसितता, अविकास, उन्नतिहीनता, पतितता, फिसड्डीपन, विकासहीनता, ●अवनति, ■विकास.

**पिछड़ी जाति** = अद्विज वर्ण.

**पिछड़ी जाति** *सं* दलित जाति, दलित वर्ग, पिछड़े, बैकवर्ड क्लासेज़, ●अगड़ी जाति, ●पिछड़ा क्षेत्र.

**पिछड़ी जाति का** *वि* अनुन्नत, दलित, पिछड़ा/पिछड़ी, ●अस्पृश्य, ●पददलित, ■अगड़ी जाति का.

**पिछड़े** = पिछड़ी जाति.
**पिछपलाई** = जादूगरनी, भूत.
**पिछलगा** = नौकर.
**पिछलगा/पिछलगी** = पिछलग्गू.
**पिछलगी** = पीछा.
**पिछलग्गू** = अनुगामी दल, मतानुगामी.

**पिछलग्गू** *सं* *अनुगामी*, छुटभैया, टटपूँजिया, दुम, दुमछल्ला/दुमछल्ली, पट्ठा, पिछलगा/पिछलगी, पुछल्ला/पुछल्ली, *पूँछ*, प्रतिसंगी, लगुआ, लग्गू, ●अनुगंता, ●खुशामदी, ●चरणदास, ●मतानुगामी, ■मुखिया.

**पिछला/पिछली** = अंतिम, अंतिम स्थानीय, पछेती (फ़सल), पुराना/पुरानी, पूर्ववर्ती, प्राचीन, भूतकालीन, व्यतीत, समयोपरांतीय.

**पिछला/पिछली** *वि* अनु-, पछ-, पश्च, पश्चभागीय, पश्चस्थ, पिछ-, पृष्ठ-, पृष्ठवर्ती, पृष्ठस्थ, ●अंतिम, ■अगला/अगली.

**पिछला अगला** = कालक्रमिक.
**पिछला काल** = भूतकाल.
**पिछला जन्म** = पूर्वजन्म.
**पिछला दिन** = कल.
**पिछली बातें** = अनुस्मरण.
**पिछली रात नशा** = हैंगओवर.
**पिछले** = पूर्वज समष्टि.
**पिछले दिनों** = निकट भूतकाल में, भूत काल में.
**पिछले पैर रस्सी** = दोहन रस्सी.
**पिछवाई** = नेपथ्य यवनिका.
**पिछवाड़ा** = पीछे वाला आँगन.

**पिछवाड़ा** *सं* दुम, पश्चभाग, पिछाड़ी, *पीछा*, *पीठ*, *पूँछ*, *पृष्ठ*, पृष्ठभाग, ●पृष्ठभूमि, ■अगवाड़ा, ■अग्रभूमि, ■पार्श्व.

**पिछवाड़े** = पीछे.
**पिछाड़** = ओवरटेकिंग.

**पिछाड़ना** *क्रि* अधिलंघन करना, आगे निकल जाना, आगे निकलना, ओवरटेक करना, नाँघना, पीछे छोड़ना, *बढ़ना*, *लाँघना*.

**पिछाड़ी** = नितंब, पिछवाड़ा.
**पिछेती** = पछेती फ़सल.

**पिछेला** *सं* पीठ पल्ला, ●कमीज़ पल्ला.

**पिछौंही** = ओढ़नी.
**पिछौरा** = ओढ़नी.
**पिछौरी** = ओढ़नी.
**पिज़्ज़ा** = पीज़ा.
**पिटंत** = पिटाई.
**पिटक** = खत्ती, संकलन पुस्तक.
**पिटकन** = दबक.
**पिटकना** = दबकना.
**पिटना** = हारना.

**पिटपिट** = तड़तड़, फटफट.
**पिटर पिटर** = झरझर.
**पिटा/पिटी** = कुटा/कुटी.
**पिटाई** = कुटाई, चूर्णन, पराजय.

**पिटाई** *सं* कुटाई, ठुँकाई, धुनाई, धुलाई, पिटंत, पिट्टी, *पूजा*, *मरम्मत*, मार, मारपीट, •तमाचा, •प्रहार, •हाथापाई.

**पिटाई करना** = पीटना.

**पिटा पिटाया रास्ता** *सं* घिसा रास्ता, बहुप्रचलित मार्ग, लीक, सरणि, •पगडंडी, •विचरण मार्ग.

**पिटारा** = संदूक़.
**पिटारी** = आभूषण मंजूषा, कार्टन, संदूक़.
**पिट्टी** = पिटाई.

**पिट्ठी** *सं* कल्क, पिष्ट, पीठी, पेष्ट, •बड़ी, •मूँग बड़ी.

**पिट्ठू** = खुशामदी टट्टू, खेल रन, गोटी, पक्षधर, फ़ैन, बाज़ीगर पिट्ठू, मतानुगामी, हड़तालतोड़िया.
**पिठर** = ढाँचा.
**पिठरी** = हँडिया.
**पिड़की** = फ़ाख़्ता, फुंसी.
**पिड़िया** = फुंसी.
**पिण्याक** = अगरु, खली, हींग.
**पितर पति** = यमराज.
**पितरालय** = पीहर.
**पिता** = जनयिता, परमपिता, स्रष्टा.

**पिता** *सं* अबू, अब्बा, अब्बा जान, अब्बू, *जनक*, *जनयिता*, जनिता, जन्मद, जन्मदाता, डैड, डैडी, दद्दा, पप्पा, पापा, पितु, पितृ, पिदर, प्रजयिता, फ़ादर, बप्पा, बाप, बापा, बाबा, बाबुल, वालिद, •ताऊ, •दादा, •माता, •ससुर, ▪पुत्र, ▪पुत्री, ▪संतान.

**पिता अग्रज** = ताऊ.
**पिता पिता** = दादा.
**पिता पुत्री** = बहन.
**पिता बहन** = फूफी.
**पितामह** = दादा, परदादा, ब्रह्मा, भीष्म.
**पितामह भीष्म** = भीष्म.
**पितामही** = दादी, पैतृक.
**पिता माता** = दादी.

**पिता माता** *सं* *गुरुजन*, *जनक*, जन्मदाता, माँबाप, •गुरुजन, •पूर्वज, ▪संतान.

**पितामाताहीन** = अनाथ.

**पिताहीन** *वि* *अनाथ*, अपितृक, अपैतृक.

**पितिया** = चाचा.
**पितियानी** = चाची.
**पितु** = पिता.
**पितृ** = पिता, पूर्वज समष्टि, पैतृक, वृद्ध पुरुष.
**पितृक** = पैतृक.
**पितृगृह** = ददिहाल, पीहर.
**पितृतर्पण** = श्राद्ध.

**पितृतर्पण** *सं* अंबुक्रिया, उदककर्म, जलतर्पण, जलांजलि, *तर्पण*, पितृयज्ञ.

**पितृदाय** = रिक्थ.
**पितृधान्य** = तिल.
**पितृनाथ** = यमराज.

**पितृपक्ष** *सं* अमरपक्ष, आश्विन कृष्णपक्ष, आश्विन पूर्णिमा से अमावस्या तक पक्ष, कनागत, कन्यागत, पितृपूजा, महालय, श्राद्धपक्ष, •पखवाड़ा, •श्राद्ध.

**पितृपति** = यमराज.
**पितृपथ** = आकाश गंगा.
**पितृपूजा** = पितृपक्ष.
**पितृप्रसू** = दादी.
**पितृप्राप्ति** = मृत्यु.
**पितृभूमि** = स्वदेश.
**पितृमाता** = दादी.
**पितृयज्ञ** = पिंडदान, पितृतर्पण, श्राद्ध.
**पितृयान** = दक्षिणायन.
**पितृराज** = यमराज.
**पितृवंशीय** = पैतृक.
**पितृवन** = श्मशान.
**पितृवेश्म** = पीहर.
**पितृव्य** = चाचा.
**पितृश्राद्ध** = श्राद्ध.
**पितृस्वसा** = फूफी.

**पित्त** *सं* *अग्नि*, पलाग्नि, •कफ.

**पित्तपांडु** = पीलिया.
**पित्तल** = पीतल.
**पित्तशूल** = उदर अम्लता आदि.
**पित्ता** = धैर्य, साहस.
**पित्तातिसार** = उदर अम्लता आदि.
**पित्ताधिक्य** = उदर अम्लता आदि.
**पित्ती** = चाचा.

**पित्ती** *सं* उपटाव, उपड़ाव, उभराव, चकत्ता, चित्ती, जुड़पित्ती, लाल चकत्ता, •खुजलाहट, •घमोरी.

**पित्रव्य** = रिक्थ.
**पित्रागत** = दायागत, पैतृक.
**पित्र्य** = उड़द, माघ मास.
**पित्र्या** = अमावस्या.
**पिदर** = पिता.
**पिदाऊ** = कठोर (अधिकारी).
**पिदाना** = थकाना, हराना.

**पिद्दा** *सं* *चटक*, नील अश्वक, नीली गौरैया, फिद्दा.

**पिद्दा/पिद्दी** = लघुकाय.
**पिधान** = खोल, गिलाफ़, डिब्बा, ढक्कन, म्यान.
**पिन** = आलपिन, ब्रूच, हेअरक्लिप.
**पिनआल** = आलपिन.

**पिनक** *सं* अफ़ीम पिनक, आलस्य, ऊँघ, *नशा*, मद, •मदालस.

**पिन कोड** = डाकघर संख्या.
**पिनपिना/पिनपिनी** = नैंकना/नैंकनी.
**पिनपिनाना** = झींकना.
**पिन फुल्ली** = कील फुल्ली.
**पिन लगाना** = लगाना.
**पिनव्हील** = फिरकी.
**पिनहैड** = कील फुल्ली.
**पिनाई** = धुनाई.
**पिनाक** = धनुष, शिव त्रिशूल, शिवधनुष.
**पिनाफ़ोर** = ऐप्रन.
**पिपरमिंट** = मसाला सूची
**पिपासा** = असंतोष, प्यास, महत्त्वाकांक्षा, लालसा, लोभ, विलासिता.
**पिपासापूर्ण** = वासनापूर्ण.
**पिपासित** = प्यासा/प्यासी.
**पिपासु** = असंतोषी, इच्छुक, प्यासा/प्यासी, लोभी.

**पिपीलक** = चींटा.
**पिपीलिका** = चींटी.
**पिपीलिका गति** = मंदवेग.
**पिप्पलायन** = ऋषि सूची.
**पिप्पली** = गज पिप्पली.
**पिप्लु** = त्वचा तिल, मुँहासा.
**पिय** = पति, प्रेमी.
**पिय/पियरवी** = प्रेमपात्र/प्रेमपात्रा.
**पियक्कड़** = सुराप्रेमी.
**पियक्क्ड़** = मद्यप.
**पियमिलन** = मिलन.
**पियर** = प्रेमी.
**पियर/पियरी** = प्रेमपात्र/प्रेमपात्रा.
**पियरवा** = प्रेमी, प्रेमी.
**पियरवी** = प्रेमिका.
**पियराई** = पीतिमा.
**पियरी** = प्रेमिका.
**पियल्ला/पियल्ली** = दुधमुँहा/दुधमुँही.
**पिया** = प्रेमपात्र/प्रेमपात्रा, प्रेमी.

**पिया/पी** *वि* आपानित, आपीत, पीत, •निगला/निगली.

**पियाना** = पिलाना.
**पिया मिलन** = मिलन.
**पिया मिलन को जाना** = मरना.
**पियाल** = चिरौंजी.
**पियाल बीजी** = चिरौंजी.
**पियु** = प्रेमी.
**पियेला/पियेली** = मदिरोन्मत्त.
**पिरा/पिरी** = युक्त.
**पिराना** = दुखना.

**पिरामिड** *सं* कोणस्तूप, मस्तबा, *समाधि*, •मिस्र, •सुरक्षित शव, •स्तूप.

**पिल** = टिकिया, वटी.
**पिलकना** = धकेलना.
**पिलना** = खटना, झपटना, धक्कामुक्की करना, पैठना.
**पिलपिल** = मोटा/मोटी.
**पिलपिला/पिलपिली** = गुदगुदा/गुदगुदी, मोटा/मोटी.
**पिलपिली** = मोटा/मोटी.
**पिलर** = स्तंभ.
**पिलाई** = मद्यपान.

**पिलाना** *क्रि* पान कराना, पियाना, प्याना, •पीना.

**पिलापा** = पीतिमा.
**पिलापी** = पीतिमा.
**पिले रहना** = खटना.
**पिल्ला/पिलिया** = कुत्ता शिशु, नवजात पशु.
**पिल्ला/पिल्ली** = कुत्ता शिशु, नवजात पशु.
**पिशाच** = अत्याचारी, आँधीधूल, कफ़नचोर, चक्रवात, मनुष्यभक्षक, राक्षस, शवभक्षक, शैतान.
**पिशाचनाशन** = भूत निवारण.
**पिशाचनी** = भूतनी.
**पिशाच विद्या** = प्रेतसिद्धि.
**पिशाच सिद्धि** = प्रेतसिद्धि.
**पिशाचिका** = बड़वा दीप्ति, राक्षस स्त्री, श्मशान दीप्ति.
**पिशाचिनी** = राक्षस स्त्री.
**पिशाची** = तूफ़ानी, दानवीय, राक्षस स्त्री.
**पिशिताश** = शवभक्षक.
**पिशुन** = ठग, शैतान.
**पिष्ट** = घुटा/घुटी, चूर्णित, पिट्ठी, पिसा/पिसी.
**पिसनहार/पिसनहारिन** = कुटनहार.
**पिसनहार/पिसनहारी** = कुटनहार.
**पिसना** = भिंचना.
**पिसराज** = राजगीर.
**पिसवाज** = लहँगा.
**पिसा/पिसी** = चूर्णित, पददलित.

**पिसा/पिसी** *वि* चूर, चूरचूर, चूर्ण, *चूर्णित*, पिष्ट, पीसा/पीसी, •बारीक़ पिसा, •रुँदा/रुँदी.

**पिसाई** = चूर्णन.

**पिसाई** *सं* क्षोद, ग्राइंडिंग, *चूर्णन*, पिसौनी, पीस, पेषण, मर्दन, •चक्की, •सिल.

**पिसाई करना** = पीसना.
**पिसान** = आटा.
**पिसी मिर्च** = मिर्च चूर्ण.
**पिसैया** = कुटनहार.
**पिसौनी** = पिसाई.
**पिस्टल** = पिस्तौल.
**पिस्त** = पिस्ता.

**पिस्ता** *सं* जलगोजक, दारुफल, पिस्त.

**पिस्ता बादाम** = मेवा.

**पिस्तौल** *सं* *कट्टा*, तमंचा, पिस्टल, रिवौल्वर, •बंदूक़.

**पिस्तौलची** = बंदूक़ची.

**पिस्सू** *सं* पिंशु, फ़्ली, *मशक*.

**पिहक** = कुहु कुहु.
**पींग** = झोंटा.
**पींग बढ़ाना** = झूलना.
**पींगें लेना** = झूलना.
**पींजन** = धुनकी.
**पींजना** = धुनना, धुनिया.
**पींडी** = लोई.
**पींपीं** = झींक.
**पी** = प्रेमपात्र/प्रेमपात्रा, प्रेमी.
**पीए** = निजी सचिव.

**पीऐम** *क्रिवि अपराह्न*, आधी रात से पहले, दिन के 12 से रात के 11.59 बजे समय, दोपहर के बाद, मध्याह्न से मध्य रात्रि समय, सायं, ■एऐम.

**पीऐस** = निजी सचिव.
**पीक** = कुहु कुहु.

**पीक** *सं* पान पीक, पीच, लाल थूक, •थूक.

**पीकना** = चहचहाना.
**पीकादियो** = बिरियानी.
**पीकिंग (विकल्प)** = चीनः राजधानी.
**पीच** = पीक, माँड़िया.
**पीचना** = भींचना, रौंदना.
**पीछ** = माँड़िया.
**पीछा** = पिछवाड़ा.

**पीछा** *सं* अनुपद, अनुसारणा, खोज, गवेषणा, *छाया*, ढूँढ, *तलाश*, पाठलाग (मराठी), पिछलगी, मृगणा, *साया*, •आखेट, •गुप्तचर्या.

**पीछे** = तब, पीछे पीछे, फिर, बाद में, भूत काल में.

**पीछे** *क्रिवि* अनु-, पछाड़ी, पश्च, पश्चतः, पश्चभाग में, पाछे, पिछवाड़े, पीछे की ओर, पृष्ठतः, ■आगे.

**पीछे का** = उत्तरवर्ती.
**पीछे का परदा** = नेपथ्य यवनिका.
**पीछे की ओर** = पीछे.
**पीछे चलते** = पीछे पीछे.
**पीछे छूटना** = पिछड़ना.
**पीछे छोड़ना** = पिछाड़ना.
**पीछे छोड़ा चिह्न** = सुराग़.
**पीछे जाना कर्म** = पश्चगमन.
**पीछे पड़ना** = पिछड़ना.

**पीछे पीछे** *क्रिवि* अनु, पश्चात, पश्चाततः, *पीछे*, पीछे चलते, पृष्ठभाग में, ▪आगे आगे.

**पीछे पीछे खींचना कर्म** = कर्षण.
**पीछे रह जाना** = पिछड़ना.

**पीछे वाला आँगन** *सं* पछीत, *पिछवाड़ा*, बैकयार्ड, •पिछवाड़ा, ▪सामने वाला आँगन.

**पीछे से** = चोरी छिपे.
**पीछे हटना** = भागना.
**पीछे हटना कर्म** = व्यवस्थित पलायन.
**पीछे होना** = पिछड़ना.

**पीज़ा** *सं* इतालवी नान, ओवन में भुनी चीज़ मँढी नान, पिज़्ज़ा, पीत्सा, •रोटी.

**पी जाना** = पीना.
**पीज़ेरिया** = भोजनालय.
**पीट** = कुटाई, ठुँकाई.
**पीटना** = कमाना, कूटना, घोटना, जमाना, जीतना, ठोंकना, पछारना, हराना.

**पीटना** *क्रि* तूमना, *धुनना*, पटीलना, पिटाई करना, *मारना*, •डाँटना.

**पीटर** = ईसा संदेश वाहक.
**पीटा/पीटी** = कुटा/कुटी.
**पीठ** = आधार, आधार सूची, उपदेश मंच, घर, चौकी, दुकानदार आसन, पिछवाड़ा, पीठाश्रय, भवन आधार भूमि, मठ, मुख्यालय, रीढ़.

**पीठ** *सं* कमर, *पृष्ठ*, *रीढ़*, •कटि, •कूब, •रीढ़, ▪पेट, ▪वक्ष.

**पीठ टेक** = पीठाश्रय.
**पीठ दिखाना** = भागना.
**पीठ पर हाथ फेरना** = बहलाना.
**पीठ पल्ला** = पिछेला.
**पीठ पीछे** = चोरी छिपे.
**पीठमर्द** = वेश्या दलाल.
**पीठसर्पी** = लँगड़ा लूला/लँगड़ी लूली.
**पीठहीन ऊँची चौकी** = स्टूल.
**पीठाधिकारी** = मठाधीश.
**पीठाधीश** = मठाधीश.
**पीठाधीशीय** = मठाधीशीय.
**पीठाध्यक्ष** = विभागाध्यक्ष.

**पीठाश्रय** *सं* टेक, तकियागाह, *पीठ*, पीठ टेक, •पदाश्रय, •सिराश्रय, •हस्ताश्रय.

**पीठिका** = चौकी, नीवँ, पूर्वपीठिका, भवन आधार भूमि.
**पीठी** = पिट्ठी.
**पीठी पूरी** = कचौरी.
**पीड़द** = पीड़ाप्रद.
**पीड़न** = यातना.
**पीड़ा** = छटपटाहट, टीस, दुःख, यातना, रोग.

**पीड़ा** *सं* अज़ा, अज़ाब, अशांति, आकुलता, कठिनाई, क़लक, कष्ट, कसक, कोफ़्त, क्लेश, क्षोभ, ख़लिश, तकलीफ़, दर्द, दुक्खन, परिवेदना, परेशानी, *पीर*, बेक़रारी, बेकली, बेचैनी, बेज़ारी, यंत्रणा, *यातना*, विकलता, वेदना, व्यथा, शूल, संत्रास, •अकड़ाहट, •आधासीसी, •कमेड़ा, •चोट, •टीस, •दुःख, •रोग, •व्रण, •सिरदर्द, ▪राहत.

**पीड़ाग्रस्त** = पीड़ित.
**पीड़ानाशक** = पीड़ाहर औषध.
**पीड़ापहारी** = पीड़ाहर औषध.
**पीड़ा पहुँचना** = छटपटाना.
**पीड़ा पहुँचाना** = दुखाना, सताना.
**पीड़ाप्रद** = दुःखद.

**पीड़ाप्रद** *वि* असुहाना/असुहानी, उत्पीड़क, करकता/करकती, कष्टकर, कष्टप्रद, कसकता/कसकती, काटता/काटती, किलसाऊ, क्लेशकारी, क्लेशप्रद, चसकता/चसकती, चिलकता/चिलकती, चीसता/चीसती, चुभता/चुभती, *चुभनशील*, टसकता/टसकती, टीसता/टीसती, *तीक्ष्ण*, तीखा/तीखी, त्रासद, *दुःखद*, दुखता/दुखती, पीड़द, सताने वाला, सूलता/सूलती, •दुःखद, •पीड़ित, •यातनाप्रद, ▪आनंदप्रद, ▪पीड़ाहीन, ▪प्रसन्नताप्रद, ▪सुखद, ▪हास्यप्रद.

**पीड़ा मुक्ति** = राहत.
**पीड़ा में होना** = छटपटाना.
**पीड़ाहर** = पीड़ाहर औषध.

**पीड़ाहर औषध** *सं* ऐनलजैसिक, ऐनोड़ाइन, कष्टहर, निष्पीड़क, पीड़ानाशक, पीड़ापहारी, पीड़ाहर, पेनकिलर, *प्रशामक*, शांतिप्रद, संकटमोचक, •प्रशामक औषध.

**पीड़ाहीन** *वि* अनपकारक, अपीड़क, अव्यथक, *अहानिकारक*, कष्टहीन, बेज़रर, हानिहीन, ▪पीड़ाप्रद.

**पीड़ा होना** = छटपटाना, दुखना.
**पीडिऐट्रीशियन** = शिशु चिकित्सक.
**पीड़ित** = अपमानित, आहत, दुःखी, पददलित, बीमार.

**पीड़ित** *वि आक्रांत*, आजिज़, *आतुर*, आर्त, *आहत*, उत्पीड़ित, कष्टग्रस्त, कातर, किलबिलाता/किलबिलाती, किलसता/किलसती, कुनमुनाता/कुनमुनाती, कुलबुलाता/कुलबुलाती, क्लेशग्रस्त, चिलकता/चिलकती, छटपटाता/छटपटाती, तंग, तड़फड़ाता/तड़फड़ाती, तिलमिलाता/तिलमिलाती, त्रस्त, दर्दमंद, दुःखित, *दुःखी*, परेशान, पीड़ाग्रस्त, बदहाल, बिलबिलाता/बिलबिलाती, बेक़रार, बेकल, बेचैन, बेहाल, व्यथति, व्याकुल, सूलता/सूलती, •पददलित, •बीमार, ▪आनंदित, ▪सुखी.

**पीड़ित पुकार** = आर्तनाद.
**पीड़ित होना** = छटपटाना.
**पीढ़ी** = दीर्घ काल, दुकानदार आसन.

**पीढ़ी** *सं* कड़ी, *कुरसी*, जैनेरेशन, पुश्त, वंशपरंपरा कड़ी, •वंश.

**पीढ़ी दर पीढ़ी कुल शृंखला** = वंश.
**पीत** = पिया/पी, पीला/पीली, पुखराज.
**पीतकंद** = गाजर.
**पीतक** = काँसा.
**पीत कुष्मांड** = कद्दू.
**पीतग्रह** = पीत ग्रह.

**पीत ग्रह** *सं* पीतग्रह, पोसाइडन.

**पीतचंदन** = हलदी.
**पीतता** = पीतिमा.
**पीतद्रु** = चीड़.
**पीत धातु** = गोपी चंदन.
**पीतनील** = हरा/हरी.
**पीतपादा** = मैना.
**पीतपुष्पा** = अरहर, चंपा.
**पीतपुष्पी** = तोरी.
**पीतम** = प्रेमी, प्रेमी.
**पीतम/पीतमा** = प्रेमपात्र/प्रेमपात्रा.
**पीतमणि** = पुखराज.
**पीतमा** = प्रेमिका.
**पीतयूथिका** = सोनजूही.
**पीतयूथी** = सोनजूही.

**पीतल** *सं* कांस्यक, घोरघुष्य, ताँबा-जस्ता मिश्रण, पिंगल, पिंगल लौह, पित्तल, पीतलोह, बिरंज, ब्रास, शुल्बज, सिंहलक, हंस लोहक, •काँसा.

**पीतलोह** = पीतल.
**पीतसार** = नीम.
**पीतांबर** = नट, विष्णु.
**पीता** = हलदी.
**पीताब्धि** = अगस्त्य.
**पीताभता** = पीतिमा.
**पीतिका** = सोनजूही.

**पीतिमा** *सं* ज़र्दी, पियराई, पिलापा, पिलापी, पीतता, पीताभता, पीलापन, हारिद्र, •पांडुरता, •लालिमा, •स्वर्णिमा, •हरीतिमा.

**पीते पीते आवाज़ करना** = सुड़कना.
**पीतोदक** = वारियल वृक्ष.
**पीत्सा** = पीज़ा.
**पीन** = बृहत्, भारी.
**पीनक** = तंद्रा.
**पीनकी** = अफ़ीमची, आलसी.
**पीनता** = भार.
**पीनना** = धुनना.
**पीनपयोधरा** = सुंदर स्त्री.
**पीनल** = दंडात्मक.
**पीनल कोड** = दंडसंहिता.
**पीनस** = पालकी.
**पीनसा** = ककड़ी.
**पीना** = मद्यपान, सहना, सोखना.

**पीना** *क्रि* गटकना, गले से नीचे उतारना, घूँटना, घूँट भरना, घूँट लेना, *चढ़ाना*, पान करना, पी जाना, *लेना*, •खाना, •निगलना, •पिलाना.

**पीनिया** = धुनिया.
**पीने का बरतन** = पान पात्र.
**पीने की इच्छा** = प्यास.
**पीने वाला** = मद्यप, सुराप्रेमी.

**पीने वाला** *सं* आपान कर्ता, -प (जैसेः मद्यप), पान कर्ता, -पायी (जैसेः स्तनपायी).

**पीप** = पूय.

**पीपनी** *सं* पोपली, विसल, व्हिसिल, •सीटी.

**पीपर** = पीपल.
**पीपरी** = पाकर.

**पीपल** *सं* अच्युतवास, *अरणि*, अश्वत्थ, कुंजराशन, कृष्णावास, केशवालय, क्षीरद्रुम, चलदल, चलपत्र, चैत्य, चैत्यद्रु, चैत्य वृक्ष, देवसदन, देवात्मा, पवित्रक, पीपर, प्रियंगु, बोधि, महाद्रुम, याज्ञिक, वृक्षराज, वृक्षादन, हव्यवाहन, •वटवृक्ष.

**पीपली** = गज पिप्पली, पाकर, मसाला सूची

**पीपशो** *सं* चलचित्र, चलचित्र बक्सा, चलता फिरता बायस्कोप, चित्र तमाशा, डायोरामा, बच्चों का चलचित्र बक्सा, बायस्कोप, बारह मन की धोबिन, •फूलबीन.

**पीपहोल** = गवाक्ष.
**पीपा** = लाइफ़ब्वाय.

**पीपा** *सं* कास्क, कुप्पा, कूँड़, कैग, गोल, *टंकी*, टैंक, ड्रम, *ढोल*, ताशा, बैरल, *सिलंडर*.

**पीपी** = बाँसुरी.
**पीयूख** = पीयूष.
**पीयूष** = अमृत, दूध.

**पीयूष** *सं* क्षीर, *खीस*, पीयूख, पेउस, पेवस, पेवसी, प्योसर, प्रसव उपरांत सात रात तक दूध.

**पीयूषभोजी** = देवता.
**पीर** = उपदेशक, गुरु, दक्ष, दुःख, धर्मज्ञानी, पीड़ा, मठवासी, रोज़ा, वृद्ध, वृद्ध पुरुष, शोक, साधु.

**पीर** *सं* इसलामी धर्म गुरु, *गुरु*, *धर्मगुरु*, पीर मुरशिद, मुरशिद, शेख़, •इमाम.

**पीर बावर्ची भिश्ती ख़र** = सर्वेसर्वा.
**पीरभाई** = सहपाठी.
**पीर मुरशिद** = धर्मज्ञानी, पीर.
**पीरियड** = अध्ययन घंटा, युग.
**पीरियडिकल** = नियमित, पत्रिका.
**पीरी** = धर्मतंत्र, वृद्धावस्था.
**पीरे मुग़ाँ** = पारसी धर्माधिकारी.
**पीलख़ाना** = गजशाला.
**पीलवान** = हाथीवान.
**पीला** = वर्णाली रंग सूची.
**पीला/पीली** = जर्जर वृद्ध, पतझड़ी, बदरंग, भयभीत, रुधिरहीन.

**पीला/पीली** *वि* गौर, ज़र्द, *पांडु*, पांडुर, पीत, बसंती, *वसंती*, वासंती, हलदिया, •गेरुआ, •सुनहला/सुनहली.

**पीला नीला/पीली नीली** = हरा/हरी.
**पीला पड़ना** = मुरझाना.
**पीलापन** = पीतिमा, पीलिया.
**पीला सैफ़ायर** = पुखराज.

**पीलिया** *सं* ऐनीमिया, कमज़ोरी, *कमल*, कमलबाई, ख़ून की कमी, जौंडिस, पांडु रोग, पित्तपांडु, पीलापन, रुधिर कमी, लौहहीनता, हलदिया, •निर्बलता, •यकृत शोथ.

**पीलियाग्रस्त** *वि* कामली, पांडुकी, पांडुरोगग्रस्त, •रुधिरहीन.

 (प्रा) प्राचीन शब्द, अब अप्रचलित - *तिरछे शब्द स्वतंत्र शीर्षक भी हैं* •सपर्याय ▪विपर्याय

**पीली चिट्ठी** = विवाह निमंत्रण, विवाह पत्र.
**पीली जूही** = सोनजूही.
**पीली मिट्टी** = दोमट.

**पीली मिट्टी** *सं* पिंडोल, रेतीली मिट्टी.

**पीलु** = कृमि, पुष्प.
**पीलु** = परमाणु.
**पीलुक** = चींटा.
**पीव** = पूय, प्रेमपात्र/प्रेमपात्रा, प्रेमी.
**पीवर** = भारी.
**पीवर/पीवरी** = प्रेमपात्र/प्रेमपात्रा.
**पीविट** = टिटिहरी.
**पीस** = अदद, कटपीस, पिसाई.
**पीस (ताश)** = बारी.
**पीसना** = घोटना, रौंदना, सताना.

**पीसना** *क्रि* अररना, आटा करना, आटा बनाना, चक्की चलाना, चक्की में डालना, चूरा करना, चूर्ण करना, दररना, पिसाई करना, बारीक़ करना, बूकना, •कूटना, •दरदराना, •दलना, •रौंदना.

**पीसा** = चूरा.
**पीसा/पीसी** = पिसा/पिसी.
**पीसी** = पर्सनल कंप्यूटर.

**पीहर** *सं* नैहर, पितरालय, पितृगृह, पितृवेश्म, प्योसार, प्योसाल, बाप घर, मायका, मैका, मैहर, •ननिहाल, •ससुराल.

**पीहर (विवाहित पुत्री पिता का घर)** = ददिहाल.
**पुंगव** = उत्तम व्यक्ति या वस्तु.
**पुँछार** = मोर.
**पुंज** = ढेर, फ़ोकस, समूह.
**पुंजिका** = किरणस्तंभ.
**पुंजित** = केंद्रित.
**पुंडरीक** = कमंडलु.
**पुंडरीक (पूर्व दक्षिण)** = दिग्गज (दिशा).
**पुंड्र** = कमल, तिलक, पाकर.
**पुंरत्न** = नायक, महापुरुष.
**पुंलिंग** = पुंल्लिंगीय.

**पुंल्लिंगीय** *वि* *नर*, पुंलिंग, *पुरुष*, •नपुंसक लिंगवाचक, •शब्द, ■स्त्रीलिंगीय.

**पुंवत** = पुंसक.
**पुंश्चल** = लंपट.
**पुंश्चली** = कामुकी, कुलटा, वेश्या.
**पुंश्चिह्न** = पुरुष जननेंद्रिय, शिश्न.

**पुंसक** *वि* *नर*, पुंवत, पुंसकतापूर्ण, पुंस्त्वपूर्ण, वीर्यवान, *सुदृढ़*, •जननक्षम, ■स्त्रैण.

**पुंसकतापूर्ण** = पुंसक.
**पुंसवत** = पुत्रवान.
**पुंसवती** = पुत्रवती.
**पुंसवन** = सोलह संस्कार सूची.
**पुंसवन यज्ञ** = पुत्रेष्टि यज्ञ.
**पुंसवान** = पुत्रवान.
**पुंस्त्व** = वीर्य.
**पुंस्त्वपूर्ण** = पुंसक.
**पुआ** = पकोड़ा.

**पुआ** *सं* गुलगुला, पूड़ा, मीठा पुआ, •मालपुआ, •मिठाई.

**पुआल** = जलावन.
**पुकार** = अज़ान, अपील, आर्तनाद, आवाहन, गर्जन, फ़रियाद, रुदन, विस्मयोक्ति, संबोधन, समय सूचना.
**पुकारता/पुकारती** = भावोत्पादक.
**पुकारना** = जगाना, बुलाना, ललकारना.

**पुकारना** *क्रि* आवाज़ देना, आवाज़ लगाना, कहलाना, *गरजना*, गरराना, गाजना, चिंघाड़ना, चिल्लाना, चीख़ना,टेरना, दहाड़ना, नादना, बोलना, हँकारना, हुंकारना, •बुलाना, ■उत्तर न देना.

**पुखराज** *सं* टोपाज़, पीत, पीतमणि, पीला सैफ़ायर, पुष्पराग.

**पुख़्त** = सुदृढ़.
**पुख़्ता** = अखंडनीय, ऋणयोग्य, निर्धारित, बलिष्ठ, संकल्पशील, सुगठितकाय, सुदृढ़.
**पुचकार** = लाड़, सांत्वना.
**पुचकारना** = बहलाना, सहलाना.
**पुचारना** = रँगना, लीपना.
**पुचारा** = आलेपन, मनुहार.
**पुच्छ** = पूँछ.
**पुच्छकंटक** = बिच्छू.

**पुच्छल तारा** *सं* कामट, दुमदार सितारा, धूमकेतु, •उल्का, •तारा.

**पुछल्ला/पुछल्ली** = पिछलग्गू.
**पुजापा** = चढ़ावा, पूजा, बलिवस्तु.
**पुजारिन** = प्रेमिका.

**पुजारिन** *सं* आराधिका, उपासिका, साधिका, •देवदासी.

**पुजारी** = पादरी, प्रशंसक, प्रेमी, फ़ैन, ब्राह्मण, भक्त, भगत, भजनीक.

**पुजारी** *सं* अर्चक, आराधक, उपासक, पुजैया, प्रतिमा परिचारक, प्रीस्ट, सूरि, •पादरी, •पुरोहित, •भक्त, •भजनीक, •मंदिर.

**पुजारीवाद** = पुरोहितवाद.
**पुजैया** = पुजारी.
**पुजौरा** = पूजा.
**पुट** = अल्पतम, दोना, पलक.

**पुट** *सं* अप्रधान तत्त्व, आभास, *गंध*, *चिह्न*, *झलक*, ट्रेस, *फ़ुटक*, रंच, *लव*, लेश, •सूक्ष्म मात्रिक तत्त्व.

**पुटक** = पुड़िया.
**पुटकी** = आलन, पुड़िया.
**पुटमात्र** = अल्पतम.
**पुटलिया** = बंडल.
**पुटिका** = कैप्सूल, पुड़िया, सीपी.
**पुटित** = मुँदा/मुँदी.
**पुटी** = कैप्सूल, पुड़िया, लँगोट.
**पुट्ठा** = नितंब, मांसपेशी, स्नायु.

**पुट्ठे** *सं* डौले, द्विपेशी, पट्ठे, मसल्स, •मांसपेशी.

**पुट्ठेदार** = सुगठितकाय.
**पुड़ा** = पुड़िया.
**पुड़िया** = पैकेज.

**पुड़िया** *सं* पुटक, पुटकी, पुटिका, पुटी, पुड़ा, पुड़ी, •पौलिपैक, •बंडल, •बीड़ा, •सैशे.

**पुड़ी** = पुड़िया.
**पुड्डुचैरी** = पाँडिचेरि.
**पुण्य** = कल्याणकारी, दान, धर्मादा, नैतिक, पुण्यपूर्ण.

**पुण्य** *सं* अनघ, *कर्तव्य*, *कल्याण*, जीवथ, धरम करम, *धर्म*, *धर्मकर्म*, धर्मसम्मत कर्म, पवित्र कर्म, पुण्यकर्म, पुन्न, *सत्कर्म*, सवाब, सुकर्म, सुकृत, सुकृत्य, •अहिंसा, •दया, •दान, •पूजा, ■पाप.

**पुण्यकर्म** = पुण्य.
**पुण्यकर्मा** = धर्माचारी.
**पुण्यक्षेत्र** = तीर्थ.
**पुण्यगृह** = मुहताज़ख़ाना.
**पुण्यजन** = उपकारी, यक्ष.
**पुण्यजनेश्वर** = कुबेर.
**पुण्यदर्शन** = देवदर्शन, नीलकंठ, सुंदर.
**पुण्य दिवस** = श्राद्ध.

**पुण्य दिवस** *सं* *उर्स*, *जयंती*, डैथ ऐनिवर्सरी, *तिथि*, निर्वाण दिवस, बरसी, मृत्यु दिवस, वार्षिकी, *श्राद्ध*, •श्राद्ध.

**पुण्य पुरुष** = धर्माचारी.

**पुण्यपूर्ण** *वि* अच्छा/अच्छी, धन्य, धर्मिष्ठ, *धार्मिक*, नेक, नेकनाम, *पवित्र*, पाक, *पुण्य*, पुण्यवान, पुण्यशील, भला/भली, सत्ययुगी, सादतमंद, •धर्मशील, •पापहीन, •सत्यपूर्ण, ■पापपूर्ण.

**पुण्य प्रताप** = पुण्यफल.

**पुण्यफल** *सं* जज़ा, पुण्य प्रताप, समरा, सुफल, •पूर्वकर्म फल, ■पापफल.

**पुण्यबुद्धि** = उच्चाशय.
**पुण्यभूमि** = पवित्र स्थान, भारत.
**पुण्यलोक** = स्वर्ग.
**पुण्यवान** = धर्माचारी, पुण्यपूर्ण.
**पुण्य शकुन** = शुभ शकुन.
**पुण्यशकुन** = शुभसूचक.
**पुण्यशील** = पुण्यपूर्ण.
**पुण्यस्थली** = पवित्र स्थान.
**पुण्यस्थान** = तीर्थ, पवित्र स्थान.
**पुण्या** = तुलसी, सुंदर स्त्री.
**पुण्यात्मा** = दानशील, धर्माचारी, धर्माचारी.
**पुण्योदय** = भाग्योदय.
**पुतला** = गुड्डा, मूर्ति, मौडल पुतला.

**पुतला** *सं* *अनुकृति*, अनुरूपक, नक़ल, *प्रतिबिंब*, प्रतिमा, प्रतिमूर्ति, प्रतिरूपक, *प्रतीक*, *मूर्ति*, मौडल, रैप्लिका, •कठपुतली, •नमूना, •प्रतीक, •मूर्ति, •मौडल पुतला, •मौडल स्त्री.

**पुतली** = आँख डेला, कठपुतली, गुड़िया, मूर्ति.
**पुतलीघर** = कपड़ा मिल.
**पुतली नाटक** = कठपुतली खेल.
**पुतली मध्यबिंदु** = कोर्निया.
**पुतली वाला** = कठपुतली वाला.
**पुता/पुती** = आलेपित, रंगीन.
**पुताई** = लिपाई पुताई.
**पुताई करना** = रँगना.
**पुताई कर्ता** = आरंजन कर्मी.
**पुत्तलिका** = कठपुतली, गुड़िया, मूर्ति.

**पुत्र** *सं* अंगज, अंगभू, आँख का तारा, आत्मज, आत्मजात, आत्मोद्भव, इब्न, कलेजे का टुकड़ा, *किशोर*, कुँअर, कुँवर, कुमार, कुलंधर, कुलधर, चश्मो चिरंजीव, चिराग़, छोरा, -ज, *जातक*, ज़ादा, जाया, जिगर का टुकड़ा, ढोटा, तनय, तनुज, दायाद, देहज, धोटा, नंदन, नौनिहाल, पूत, फ़रज़ंद, बचवा, बच्चा, बच्छ, बबुआ, बरखुरदार, बारा, बालक, बिन-, बुढ़ापे का सहारा, बुढ़ापे की लाठी, बेटवा, बेटा, *लड़का*, लला, *लाल*, *वंशज*, वंशधर, वत्स, साहबज़ादा (संबोधित व्यक्ति पुत्र), सुअन, सुत, सुपुत्र (संबोधित व्यक्ति पुत्र), सूनु, हृदयज, •धेवता, •पुत्री, •पोता, •लड़का, •सपूत, ■पिता, ■माता.

**पुत्रक** = गुड्डा.
**पुत्रकलत्र** = परिवार जन.
**पुत्रकामेष्टि यज्ञ** = पुत्रेष्टि यज्ञ.
**पुत्रकृतक** = दत्तक पुत्र.
**पुत्रपत्नी** = पुत्रवधू.
**पुत्र पुत्र** = पोता.
**पुत्र पुत्री** = पोती.
**पुत्रपुत्री** = संतान.
**पुत्रपौत्र** = संतान.
**पुत्रपौत्रीण** = पैतृक.
**पुत्रप्रतिनिधि** = दत्तक पुत्र.
**पुत्र प्राप्ति यज्ञ** = पुत्रेष्टि यज्ञ.
**पुत्र या पुत्री ससुर** = समधी.
**पुत्र या पुत्री ससुराल** = समधियाना.
**पुत्र या पुत्री सास** = समधिन.
**पुत्रयुक्त** = पुत्रवान.

**पुत्रवती** *वि* जातपुत्रा, पुंसवती, बेटों वाली, सुतिनी, •वीरप्रसू (माता), •संतानवान.

**पुत्रवधू** *सं* जनी, पतोहू, पुत्रपत्नी, बधू, बहू, वधु, *वधू*, सुधा, •दामाद, •सास, ■दामाद, ■ससुर.

**पुत्रवान** *वि* पुंसवत, पुंसवान, पुत्रयुक्त, •संतानवान.

**पुत्रहीन** *वि* अऊत, अपुत्र, अपूत, अपूता, असुत, उत्ता/उत्ती, ऊत, निपूत, निपूता/निपूती, निष्पुत्र, •निस्संतान.

**पुत्रिका** = गुड़िया, पुत्री.

**पुत्री** *सं* अंगजा, आत्मजा, कन्या, कन्यारत्न, कलेजे की कोर, कुलंधरा, छोरी, जनी, जा (जैसे: मनुजा), जाई, जाता, ज़ादी, जामा, जामी, जाया, डावरी, ढोटी, तनया, तनुजा, तनूजा, दायदा, दुख्तर, दुहिता, दुहित्र, देहजा, धिय, धी, धीय, नंदना, नंदिनी, पुत्रिका, बिटिया, बिट्टो, बीबी, बेटी, यामी, *लड़की*, वंशोद्भवा, सुता, सूनू, स्वजा, •पुत्र, •लड़की, ■पिता, ■माता.

**पुत्री पति** = दामाद.
**पुत्री पुत्र** = धेवता.
**पुत्री विवाह** = कन्यादान.
**पुत्रेष्टिका** = पुत्रेष्टि यज्ञ.

**पुत्रेष्टि यज्ञ** *सं* पुंसवन यज्ञ, पुत्रकामेष्टि यज्ञ, पुत्र प्राप्ति यज्ञ, पुत्रेष्टिका, सुतयाग.

**पुदीना** = मसाला सूची, सागसब्ज़ी.

**पुदीना** *सं* अजीर्णहर, *नाना*, पोदीना, •धनिया.

**पुद्गल** = आत्मा, जैव पदार्थ, पदार्थ,

रासायनिक तत्त्व.
**पुद्गल** = परमाणु.
**पुनः** = फिर.
**पुनः आवृत्ति** = आवृत्ति.
**पुनः कथन** = पुनरुक्ति.
**पुनः पुनः** = बारंबार.
**पुनःपुष्टित** = संपुष्ट.
**पुनःपूर्ति** = अनुपूर्ति.
**पुनः यौनिकता** = आवृत्ति.
**पुनः यौवन प्राप्ति** = कायाकल्प.
**पुनः स्मरण** = अनुस्मरण, स्मृतिलाभ.
**पुनः स्मृति** = स्मृतिलाभ.
**पुनरपि** = फिर.
**पुनरवलोकन** = पुनर्विचार, पुनर्विचार.
**पुनराकलन** = पुनर्विचार, पुनर्विचार.

**पुनरागत** *वि* पलटा/पलटी, पुनरावृत्त, प्रत्यागत, लौटा/लौटी, वापस.

**पुनरागमन** *सं* पलटाव, पुनरावर्तन, प्रत्यागमन, फेरा, बाज़गश्त, लौट, वापसी, •आगमन.

**पुनरादान** = प्रत्यादान.

**पुनरारंभ** *सं* नया आरंभ, पुनरावृत्ति, प्रत्यारंभ, फिर से आरंभ, •आरंभ.

**पुनरालंभ** = प्रत्यादान.
**पुनरावर्तन** = पुनरागमन.
**पुनरावासित** = पुनर्स्थापित.
**पुनरावृत्त** = पुनरागत.
**पुनरावृत्ति** = अनुप्रास, अनुलाप, आवृत्ति, आवृत्ति, पुनरारंभ, पुनरुक्ति.
**पुनरावृत्ति करना** = दोहराना.
**पुनरावृत्तिशील** = आवृत्तिशील.
**पुनरावृत्तिहीन** = अपुनरावृत्त.
**पुनरावेदन** = अपील.
**पुनरुक्ति** = अनुलाप.

**पुनरुक्ति** *सं* अनुकथन, *अनुलाप*, एक ही कथन पुनः पुनः कथन, दोहराव, निवचन, पुनः कथन, पुनरावृत्ति, पुनर्कथन, •अनुलाप, •अनुलाप.

**पुनरुक्तिपूर्ण** = शब्दाडंबरपूर्ण.
**पुनरुज्जीवक** = अमृतीय.
**पुनरुज्जीवन** = क़यामत दिन, मृत संजीवन.
**पुनरुज्जीवन दान** = मृत संजीवन.
**पुनरुज्जीवन मंत्र** = मृत्युंजय मंत्र.
**पुनरुज्जीवित** = यथापूर्वित.
**पुनरुज्जीवी** = अमर.
**पुनरुत्थान** = आरोग्य लाभ, जीर्णोद्धार, नवजीवन, नवीकरण, पुनरुद्धार, मृत संजीवन, सुधार.
**पुनरुत्थान करना** = सुधारना.
**पुनरुत्थानवादी** = आदिसिद्धांतवादी.
**पुनरुत्पत्ति** = पुनर्जन्म.
**पुनरुद्धार** = पुनर्निर्माण, सुधार.

**पुनरुद्धार** *सं* उद्धार, *नवीकरण*, पुनरुत्थान, पुनरुपयोगीकरण, रीक्लेमन, रीक्लेमशन, •जीर्णोद्धार, •पुनर्निर्माण, •मरम्मत.

**पुनरुद्धार करना** = उबारना.
**पुनरुपयोगीकरण** = पुनरुद्धार.
**पुनरोदय** = सुधार.
**पुनर्कथन** = उद्धरण, पुनरुक्ति.
**पुनर्कथित** = अनुवादित.
**पुनर्कल्पन** = पुनर्निर्माण.
**पुनर्कल्पित** = पुनर्रचित.
**पुनर्कृत** = पुनर्रचित.
**पुनर्ख्याति** = पुनर्प्रतिष्ठा.
**पुनर्गठन** = पुनर्निर्माण.
**पुनर्ग्रथित** = पुनर्रचित.
**पुनर्घटित** = पुनर्रचित.
**पुनर्चर्चा** = पुनर्प्रतिष्ठा.
**पुनर्जनन** = पुनर्निर्माण.

**पुनर्जन्म** *सं* *अवतार*, देहांतर आगमन, देहांतरण, परजन्म, पुनरुत्पत्ति, •जन्म, •मृत्यु, ▪पूर्वजन्म.

**पुनर्जन्मवाद** *सं* आत्मा फिर से जन्म लेती है, जन्मांतरवाद.

**पुनर्जागरण** = सुधार.
**पुनर्जीवन** = नवीकरण.
**पुनर्जीवन दान** = मृत संजीवन.
**पुनर्जीवन देना** = जिलाना.
**पुनर्जीवित** = उत्साहित.
**पुनर्जीवित करना** = जिलाना.
**पुनर्नवीकरण** = कायाकल्प, नवीकरण.
**पुनर्नवीकृत** = जीर्णोद्धृत.
**पुनर्निर्माण** = जीर्णोद्धार, मरम्मत, सुधार.

**पुनर्निर्माण** *सं* नवकर्म, नवजनन, नवनिर्माण, नवसृष्टि, *पुनरुद्धार*, पुनर्कल्पन, पुनर्गठन, पुनर्जनन, पुनर्रचना, पुनर्विधान, पुनर्सृजन, पुनर्सृष्टि, •जीर्णोद्धार, •नवीकरण, •प्रसंस्करण.

**पुनर्निर्मित** = जीर्णोद्धृत, पुनर्रचित.
**पुनर्पुष्टि** = संपुष्टि.
**पुनर्पूर्ति** = अनुपूर्ति.

**पुनर्प्रतिष्ठा** *सं* कमबैक, पुनर्ख्याति, पुनर्चर्चा, फिर से तारीफ़, वापसी, •पुनरागमन, •पुनर्नियुक्ति.

**पुनर्प्राप्त** *वि* *आलब्ध*, उपलब्ध, पाया/पाई, प्रतिलब्ध, *प्राप्त*, बरामद, मिला/मिली, लब्ध, •आलब्ध, •उगाहा/उगाही, •पुनर्ग्रहीत, ▪खोया/खोई.

**पुनर्प्राप्ति** = आलब्धि.
**पुनर्प्रेषित** = अग्रप्रेषित.
**पुनर्भवन** = आवृत्ति.
**पुनर्भूति** = आवृत्ति.
**पुनर्मनन** = पुनर्विचार.
**पुनर्मित्रता** = पुनर्मेल.
**पुनर्मिलन** = पुनर्मेल.

**पुनर्मिलन** *सं* प्रत्यासंग, *मिलन*, वियोग अंत, *संयोग*.

**पुनर्मूल्यांकन** = पुनर्विचार.

**पुनर्मेल** *सं* पटाव, पटौनी, पुनर्मित्रता, *पुनर्मिलन*, बटटी, *मित्रता*, *मिलन*, मिलाप, मेलमिलाप, वैरशमन, वैरशुद्धि, शत्रुता समाप्ति, *समझौता*, सामंजस्य स्थापना, सुलह, ▪मित्रताभंग.

**पुनर्यौवन** = कायाकल्प, नवजीवन.
**पुनर्रचना** = जीर्णोद्धार, पुनर्निर्माण.

**पुनर्रचित** *वि* पुनर्कल्पित, पुनर्कृत, पुनर्ग्रथित, पुनर्घटित, पुनर्निर्मित, फिर से बना, •जीर्णोद्धृत, •नवरचित.

**पुनर्वसु** = नक्षत्र सूची.
**पुनर्वासित** = पुनर्स्थापित.

**पुनर्वासित जन** = विस्थापित जन.
**पुनर्विकास** = सुधार.
**पुनर्विचार** = मत परिवर्तन.

**पुनर्विचार** *सं* अनुचिंतन, अनुचिंतन, अनुभव पर पुनर्विचार, पुनरवलोकन, पुनराकलन, पुनर्मनन, पुनर्मूल्यांकन, पुनर्विमर्श, पुनर्समीक्षा, पूर्वानुभव पर विचार, प्रत्यवलोकन, विवेचन, विवेचन, समीक्षण, *समीक्षा*, सिंहावलोकन, ●आत्मनिरीक्षण, ●विहंगावलोकन.

**पुनर्विधान** = पुनर्निर्माण.
**पुनर्विमर्श** = पुनर्विचार.
**पुनर्शिक्षा** = रीफ़्रैशर कोर्स.
**पुनर्सज्जित** = जीर्णोद्धृत.
**पुनर्समीक्षा** = पुनर्विचार.
**पुनर्सीमांकन** = चकबंदी.
**पुनर्सृजन** = पुनर्निर्माण.
**पुनर्सृष्टि** = पुनर्निर्माण.
**पुनर्स्थानांतरित** = पुनर्स्थापित.
**पुनर्स्थापना** = जीर्णोद्धार.

**पुनर्स्थापित** *वि* पुनरावासित, पुनर्वासित, पुनर्स्थानांतरित, बहाल, लौटा/लौटी, वापस, स्थानांतरित, ■विस्थापित.

**पुनर्स्मरण** = स्मृतिलाभ, स्मृतिलाभ.
**पुनर्स्वास्थ्य प्राप्ति** = कायाकल्प.
**पुनश्चः** = फिर.
**पुनि** = फिर.
**पुनि पुनि** = बारंबार.
**पुनीत** = पवित्र, पापहीन, विशोधित.
**पुनीतता** = पवित्रता.
**पुन्न** = पुण्य.
**पुन्नाग** = जायफल.
**पुपलाई** = चुबलाई.
**पुप्फुस** = फेफड़ा.
**पुरंजनी** = बोध, बोधोदय.
**पुरंदर** = इंद्र.
**-पुर** = भरा/भरी.
**पुर** = खाई, ग्राम, घर, दुर्ग, नगर, परिखा, महल्ला, मेहराब.
**पुरअमन** = अहिंसक, शांतिपूर्ण.
**पुरखन** = परदादी, वृद्ध स्त्री.
**पुरखा** = पूर्वज, वृद्ध पुरुष.
**पुरखा/पुरखिन, पुरखा/पुरखी** = पूर्वज, वृद्ध.
**पुरखे** = पूर्वज समष्टि.
**पुरखे पुरखिन** = गुरुजन, वृद्धजन.
**पुरज़ा** = अंश, ऋणपत्र, कतरन, घटक, दस्तावेज, परचा, रसीद.

**पुरज़ा** *सं* अवयव, *कल*, कलपुरजा, पार्ट, भाग, यंत्र भाग, हिस्सा, ●उपकरण.

**पुरजे जोड़ कर बना** = असैंबलित.
**पुरज़ोर** = अभिव्यक्तिपूर्ण.
**पुरजोश** = उत्साही.
**पुरद्वार** = नगरद्वार.
**पुरनम** = अश्रुपूर्ण.
**पुरनारी** = वेश्या.
**पुर पशु** = पालतू पशु.
**पुरबिया** = पूर्व भारतीय.
**पुरबिया हवा** = पूर्वपवन.
**पुरमार्ग** = सड़क.
**पुरवट** = कूप, चरसा कुआँ.
**पुरवधू** = वेश्या.
**पुरवा** = कुल्हड़, ग्राम, पूर्वपवन, महल्ला.
**पुरवाई** = पूर्वपवन, मानसून.
**पुरवासिनी** = नगरवासिनी.
**पुरवासी** = नगरवासी.
**पुरवैया** = पूर्वपवन.
**पुरश्चर्या** = आरंभ, प्रवर्तन.
**पुरसाँ** = शुभचिंतक.
**पुरसाई** = जिमाई.
**पुरस्कार** = बख़्शीश.

**पुरस्कार** *सं* अवार्ड, इनाम, *उपहार*, पारितोषिक, प्रशंसा पत्र, *प्रसाद*, प्राइज़, रिवार्ड, *सम्मान*, ●अभिनंदन पत्र, ●विजय, ●सफलता.

**पुरस्कार सूची** *सं* अंगवस्त्रं, इनसिग्निया, ऐंब्लम, कप, क्रौस, ख़िलअत, चषक, *चिह्न*, *टीका*, टोकन, ट्रौफ़ी, *ढाल*, तमग़ा, ताम्रपत्र, *तिलक*, *पगड़ी*, *पदक*, परतला, परिचय चिह्न, बिल्ला, *बैज*, *माला*, मैडल, विंग्स, *शाल*, शील्ड, सम्मान माला, सम्मारक, हार.

**पुरस्कार प्राप्ता** = पुरस्कार विजेता.

**पुरस्कार विजेता** *सं* अग्रस्थ, *नायक*, पुरस्कार प्राप्ता, *विजयी*, *विजेता*, हीरो, हीरो.

**पुरस्तात** = आगे आगे.
**पुरस्सरण** = अग्रगमन, पुरोगमन.
**पुरा** = अब तक, कूप, ग्राम, चरसा कुआँ, भूत काल में, महल्ला, सब से पहले.
**पुरा/पुरी** = भरा/भरी.
**पुरा अवशेष** = अवशेष.
**पुरा इतिहास** = प्रागितिहास.
**पुरा इतिहास वेत्ता** = पुरातत्त्ववेत्ता.
**पुराई** = भराई, रुँझाई.
**पुराऐतिहासिक** = प्रागितिहासिक.
**पुराकथा** = इतिहास, मिथक, लोककथा.
**पुराकालज्ञ** = इतिहासकार.
**पुराकालीन** = पुराना/पुरानी, प्राचीन.
**पुराक्रम** = आरंभिक कर्म.
**पुराचिंतन** = संस्मरण.

**पुराण** *सं* इतिहास पुराण, कथा पुराण, पंचलक्षण, पूर्ववृत्त, महापुराण, ●परंपरा, ●मिथकावली.

**पुराण सूची** *सं* अग्नि पुराण, कूर्म पुराण, गरुड़ पुराण, नारद पुराण, पद्म पुराण, ब्रह्म पुराण, ब्रह्म वैवर्त पुराण, ब्रह्मांड पुराण, भविष्य पुराण, भागवत पुराण, मत्स्य पुराण, मार्कंडेय पुराण, लिंग पुराण, वराह पुराण, वामन पुराण, विष्णु पुराण, शिव पुराण, स्कंद पुराण.

**पुराण कथा** *सं* अवतार कथा, आख्यान, आख्यायिका, इतिवृत्त, *जातक*, देवकथा, धर्मकथा, धार्मिक कहानी, पौराणिक कथा.

**पुराण काल** = सुदूर भूतकाल.
**पुराणकालीन** = प्राचीन.
**पुराणपंथी** = अतीतवादी, सनातन धर्मी.
**पुराणपुरुष** = विष्णु, वृद्ध पुरुष.
**पुराण रचेता** = वेदव्यास.

**पुराणीय** *वि* पौराण, पौराणिक.

**पुरातत्त्व** *सं* नृतत्त्विकी, पुरातत्त्विकी, पुराशास्त्र, ●अवशेष, ●इतिहास.

**पुरातत्त्वज्ञ** = पुरातत्त्ववेत्ता.
**पुरातत्त्ववेत्ता** = खोज यात्री.

**पुरातत्त्ववेत्ता** *सं* अन्वेषक, आर्कियोलाजिस्ट, *खोजी*, पुरा इतिहास वेत्ता, पुरातत्त्वज्ञ, पुरान्वेषक, पुराविद, पुराशास्त्री, •संग्रहकार, •संग्रहकार.

**पुरातत्त्विकी** = पुरातत्त्व.
**पुरातन** = ऐतिहासिक, प्रागितिहासिक, प्राचीन, सृष्टिकालीन.
**पुरातन काल** = प्राचीन काल.
**पुरातन जन** = आदिवासी.
**पुरातनता प्रेमी** = अतीतवादी.
**पुरातन पंथ** = प्रतिक्रियावाद.
**पुरातनपंथी** = अतीतवादी, परंपरावादी, परदानशीन, पिछड़ा/पिछड़ी, प्रतिक्रियावादी, सनातन धर्मी.
**पुरातन युग** = पुरायुग.
**पुरातनवादी** = अतीतवादी.
**पुराना/पुरानी** = अंतरंग, अनुभवी, अपरिवर्तित, अप्रचलित, आउट आफ़ आर्डर, आनुवंशिक, उपभुक्त, ऐतिहासिक, चिरपरिचित, छकड़ा, जीर्ण (रोग), जीर्णशीर्ण, दक्ष, प्रागितिहासिक, प्राचीन, फ़ैशन के बाहर, बासी, भूतकालीन, रद्दीकृत, वरिष्ठ (कर्मचारी), व्यतीत, संग्रहणीय, सैकंड हैंड.

**पुराना/पुरानी** *वि* अतीत, *अप्रचलित*, उतरा/उतरी, गया/गई, जूना/जूनी, पिछला/पिछली, पुराकालीन, *प्राचीन*, *बासी*, बुसा/बुसी, बूढ़ा/बूढ़ी, विगत, •उपभुक्त, •पारंपरिक, •व्यतीत, ▪आधुनिक, ▪नवीन.

**पुराना (रोग)** = जीर्ण (रोग).
**पुराना ज़माना** = पुरायुग.
**पुराना नववर्ष दिवस** = अप्रैल फ़ूल दिवस.
**पुरानापन** = रूढ़िवाद.
**पुराना पैसा 2** = अधन्ना.
**पुराना पैसा.33** = पाई.
**पुराना पैसा 4** = आना.
**पुराना पैसा.5** = अधेला.
**पुराना रुपया 1/16** = आना.
**पुराना रोग** = जीर्ण रोग.
**पुराना वक़्त** = पुरायुग, प्राचीन काल.
**पुरानी आदत** = कुटेव.
**पुरानी कहानी** = लोककथा.
**पुरानी चाल का** = फ़ैशन के बाहर.
**पुरानी जान पहचान वाला** = चिरपरिचित.
**पुरानी यादें** = अनुस्मरण, संस्मरण.
**पुरानी रूई** = रूअड़.
**पुराने** = गुरुजन, पूर्वज समष्टि.
**पुराने वासी** = आदिवासी.
**पुरान्वेषक** = पुरातत्त्ववेत्ता.
**पुरामानव** = आदिमानव.
**पुरायुग** = प्राचीन काल.

**पुरायुग** *सं* अतीतता, गयापन, पुरातन युग, पुराना ज़माना, पुराना वक़्त, बीता ज़माना, •त्रेतायुग, •द्वापर युग, •सत्ययुग, ▪नवयुग.

**पुरालेख** *सं* अभिलेख, आलेख, इंस्क्रिप्शन, *दस्तावेज*, शिलालेख, •ताम्रपत्र, •भोजपत्र लेख, •शासन पट्ट.

**पुरालेख पाल** = अभिलेखाध्यक्ष.
**पुरालेख भवन** = अभिलेखागार.
**पुरालेख संग्राहलय** = अभिलेखागार.
**पुरावस्तु** = अवशेष.
**पुराविद** = पुरातत्त्ववेत्ता.
**पुरावृत्त** = इतिहास, बायोडाटा.
**पुराशास्त्र** = पुरातत्त्व.
**पुराशास्त्री** = पुरातत्त्ववेत्ता.
**पुरिया** = ताना.
**पुरिशय** = आत्मा.
**पुरी** = नगर.
**पुरीतत** = आँत.
**पुरीष** = विष्ठा.
**पुरीषम** = उड़द.
**पुरीषोत्सर्ग** = मलत्याग.
**पुरुष** = आत्मा, ईश्वर, नर, पति, परमपुरुष, पुंल्लिंगीय, पुरुषीय, विष्णु.

**पुरुष** *सं* आदमी, जन, जैंटलमैन, धव, *नर*, मर्द, *मानव*, मैन, *सज्जन*, •पति, •स्त्री.

**पुरुष और प्रकृति अभिन्न हैं** = अद्वैतवाद.
**पुरुष और प्रकृति एक हैं** = अद्वैतवाद.
**पुरुष और प्रकृति भिन्न हैं** = विशिष्टाद्वैतवाद.
**पुरुष और प्रकृति सत्य हैं** = विशिष्टाद्वैतवाद.
**पुरुष केश शिखा** = चुटिया.

**पुरुष जननेंद्रिय** *सं* इंद्री, नरांग, पुंश्चिह्न, पुरुषेंद्रिय, लिंग, लिंगेंद्रिय, *शिश्न*, शेप, •स्त्री जननेंद्रिय.

**पुरुष तत्त्व** = प्राणशक्ति.
**पुरुषपुंगव** = मर्यादा पुरुष, महापुरुष.
**पुरुष पुरातन** = विष्णु.
**पुरुष रूपी स्त्री** = शिखंडी.
**पुरुषांग** = शिश्न.
**पुरुषाणु** = वीर्य.
**पुरुषाद** = मनुष्यभक्षक.
**पुरुषार्थ** = परिश्रम.
**पुरुषार्थहीन** = प्रयासहीन.
**पुरुषार्थी** = कर्मवीर, परिश्रमी, विस्थापित जन.

**पुरुषीय** *वि पुरुष*, पौरुषी, पौरुषेय, मर्दाना, ▪स्त्रीय.

**पुरुषेंद्रिय** = पुरुष जननेंद्रिय, शिश्न.
**पुरुषों के उठने बैठने का स्थान** = मर्दानख़ाना.
**पुरुषोचित** = वीर.

**पुरुषोचित** *वि* अडिग, अविचल, *कठोर*, चट्टानी, दृढ़, पौरुषेय, प्रणी, बलशाली, *बलिष्ठ*, *भीष्म*, वीरतापूर्ण, वीर्यवान, साहसपूर्ण, *सुदृढ़*, ▪विचलनशील, ▪स्त्रियोचित.

**पुरुषोत्तम** = ईश्वर, नारायण (नर), मर्यादा पुरुष, महापुरुष, राम, विष्णु.
**पुरुषोत्तम मास** = मलमास.

**पुरोगंता** *सं अग्रगंता*, अग्रधावक, पायनियर, *स्काउट*, •खोजी, •नेता, •पुरोगामी, •मार्गप्रदर्शन, ▪अनुगंता.

**पुरोगति** = पुरोगमन.

**पुरोगमन** *सं* अग्रक्रमण, *अग्रगमन*, किसी के आगे चलना कर्म, पुरस्सरण, पुरोगति, पूर्वगमन,

पेशरवी, •अग्रगमन, ■अनुगमन.

**पुरोगामी** = विकासशील.

**पुरोगामी** *वि* अगाऊ, अग्रगामी, पूर्वगामी, पूर्वसर, पेशरौ, •पुरोगंता, ■अनुगामी.

**पुरोडाश** *सं* *आहुति*, कपालस्थ पिसा चावल, तृप्र, हुति, •चढ़ावा, •नैवेद्य, •समिधा, •सोमरस.

**पुरोहित** = ब्राह्मण, यज्ञ पुरोहित.

**पुरोहित** *सं* *कर्मकांडी*, कुलगुरु, कुल पुरोहित, धर्मोपाध्याय, *पंडा*, पंडित, *ब्राह्मण*, याज्ञिक, *व्यास*, •पुजारी, •स्वस्तिपाठक.

**पुरोहित पत्नी** *सं* पंडाइन, पंडिताइन, पंडितानी, पुरोहितानी.

**पुरोहितवाद** *सं* आत्मा परमात्मा के बीच पुरोहित आवश्यकता, पुजारीवाद, प्रीस्टवाद, मुल्लावाद, लामावाद.

**पुरोहितानी** = पुरोहित पत्नी.
**पुरौका** = नगरवासी.
**पुरौती** = आपूर्ति, क्षतिपूर्ति.
**पुरौनी** = आपूर्ति, समापन.
**पुर्ज़ा** = औषध पत्र.

**पुर्तगाल** *सं* पोर्तूगाल (स्थानीय), लूसीतानिया (प्रा).

**पुल** *सं* पटाव, पुलिया, बंध, ब्रिज, *मेहराब*, सेतु, सेतुबंध, •फ़्लाईओवर, ■सुरंग.

**पुलक** = आनंदातिरेक, याक़ूत, रोमांच.
**पुलकना** = सिहरना, हँसना, हुलसना.

**पुलकना** *क्रि* अंग न समाना, आनंदित होना, *खिलना*, खुश होना, झूमना, *नाचना*, *पसीजना*, प्रसन्न होना, फुदकना, *फूलना*, फूला ना समाना, बाछें खिलना, रीझना, विहँसना, *हँसना*, •सिहरना, ■क्रुद्ध होना, ■रूठना.

**पुलकाना** = सिहराना.
**पुलकावली** = रोमांच.
**पुलकित** = आनंदित, कृतज्ञ, प्रसन्न, रोमांचित.
**पुलकित करना** = सिहराना, हुलसाना.
**पुलकी** = रोमांचित.

**पुलटिस** *सं* उत्कारिका (प्रा), उपनाह (प्रा), *लेप*, विलेप, संलेप, •घाव पट्टी, •मरहम.

**पुलपिट** = उपदेश मंच, मंच.
**पुलस्त्य** = ऋषि सूची, सप्तर्षि.
**पुलस्त्य संतति** = यक्ष.
**पुलह** = ऋषि सूची, सप्तर्षि.
**पुलाक** = द्रुतवेग, माँड़िया.
**पुलाव** = बिरियानी.

**पुलाव** *सं* चावल-सब्ज़ी भात, •खिचड़ी, •तहरी, •बिरियानी.

**पुलिंदा** = पैकेज, पैकेज सूची, बस्ता.
**पुलिन** = तट, नदी तट, नौका घाट.
**पुलिनवती** = नदी.
**पुलिया** = पुल.
**पुलिस** = सिपाही.

**पुलिस** *सं* नगर सुरक्षा दल, नागरिक रक्षा दल, पुलिस दल, रखवाले, संरक्षक दल, सिपाही दल, •अंतर्राष्ट्रीय पुलिस, •गुप्त पुलिस, •तूफ़ानी दस्ता, •नगर सुरक्षा, •मिलिटरी पुलिस, •थाना, •सुरक्षा, ■अपराध.

**पुलिस कर्मी** = सिपाही.
**पुलिस थाना** = थाना.
**पुलिस दल** = पुलिस.
**पुलिसमैन** = सिपाही.
**पुलिस स्टेशन** = थाना.
**पुलिसिया** = सिपाही.
**पुली** = घिरनी.
**पुलोम** = फेफड़ा.
**पुलोमजा** = शची.
**पुलोमारि** = इंद्र.
**पुलोवर** = स्वेटर.
**पुशकार्ट** = ठेलागाड़ी.
**पुश्त** = आधार, थूनी, पीढ़ी.
**पुश्तनामा** = वंशावली.
**पुश्तपनाह** = रक्षक, शरणदाता.
**पुश्ता** = आधार सूची, डाइक, तटबंध, बाँध, बाँधपथ, मिट्टी बाँध.
**पुश्ती** = गाव तकिया.
**पुश्तैनी** = आनुवंशिक.
**पुष्कर** = कमल, जलाशय, झील, तलैया, पुष्परस.
**पुष्कर द्वीप** = पौराणिक महाद्वीप.
**पुष्करिणी** = कमलसर.
**पुष्कल** = बहुत.
**पुष्कलक** = खूँटी, चटकनी.
**पुष्ट** = बलिष्ठ, संपुष्ट, सुगठितकाय, सुपोषित.
**पुष्टतः** = अवश्यमेव.
**पुष्टभूति** = शक्तिवर्धन.
**पुष्टि** = मंडन, संपुष्टि.
**पुष्टिकर** = शक्तिवर्धक.
**पुष्टिकरण** = सत्यापन.
**पुष्टिकारक** = शक्तिवर्धक.
**पुष्टिकृत** = अप्रवादित, संपुष्ट.
**पुष्टित** = संपुष्ट.
**पुष्टिद** = टोनिक, शक्तिवर्धक, शक्तिवर्धक.
**पुष्टिपूर्ण** = सिफ़ारिश भरा.
**पुष्टिप्रद** = स्वास्थ्यप्रद.
**पुष्पंधय** = भ्रमर.
**पुष्प** = भस्मावशेष, रज.

**पुष्प** *सं* कुसुम, गुल, पीलु, प्रसून, फूल, फ़्लौवर, सुमन, •कमल, •गुल दाऊदी, •गुल मोहर, •गुलाब, •गेंदा, •चंपा, •चमेली, •जवाकुसुम, •जूही, •नरगिस, •बेला, •मालती, •मौलसिरी, •रजनीगंधा, •शिरीष, •सूरजमुखी, •कली, •तितली, •पराग, •भ्रमर, •मंजरी, •मधुमक्खी, •मुकुल, •सुगंध, ■कंटक.

**पुष्प उपवन** = पुष्पोपवन.
**पुष्पक** = दाँत मैल.
**पुष्पकलश** = अस्थिकलश, गुलदान.
**पुष्पकाल** = वसंत.
**पुष्पकीट** = भ्रमर.
**पुष्पकेतु** = कामदेव.
**पुष्पगंधा** = जूही.
**पुष्पगुच्छ** = घौद.

**पुष्पगुच्छ** *सं* कटे पुष्प गुच्छा, *गुच्छा*, गुल्म, दस्ता, पुष्पांजलि, पुष्पोपहार गुच्छ, फुलरा, बुके, स्तबक, •गुलदान.

 (प्रा) प्राचीन शब्द, अब अप्रचलित - *तिरछे* शब्द स्वतंत्र शीर्षक भी हैं •सपर्याय ■विपर्याय

**पुष्पचाप** = कामदेव.
**पुष्पज** = पुष्परस.
**पुष्पजल** = पुष्परस.
**पुष्पजीवी** = बाग़बान, मालाकार.
**पुष्पदंत (पश्चिम-उत्तर)** = दिग्गज (दिशा).
**पुष्पदंतनाथ** = तीर्थंकर सूची.
**पुष्पदल** = पँखड़ी.
**पुष्पदेह** = सुंदर, सुकुमार, सुकुमारी.
**पुष्पदेही** = सुकुमारी.

**पुष्पन** *सं* पुष्पागम, बहार, मौसम, *वसंत*, •परागण, •पल्लवन, •फलन, •फूल आना.

**पुष्पनयन** = सुंदर, सुनयन.
**पुष्पनयना** = सुंदर स्त्री.
**पुष्पपतंग** = तितली.
**पुष्पपत्र** = पँखड़ी.
**पुष्प पल्लव** = पँखड़ी.
**पुष्पबाण** = कामदेव.
**पुष्पभांड** = गुलदान.

**पुष्पमाला** *सं* गजरा, पुष्पहार, फूलमाला, बैजयंती, वैजयंती माला, हार, •बंदनवार, •सम्मान उपहार.

**पुष्पमास** = चैत्र मास.
**पुष्पमुखी** = सुंदर स्त्री.
**पुष्पयुक्त** = पुष्पित.
**पुष्परज** = पराग.

**पुष्परस** *सं आब*, कीलाल, कुसुमासव, पुष्कर, पुष्पज, पुष्पजल, पुष्पसार, पुष्पस्नेह, पुष्पांबुज, फूलरस, मकरंद, मरिंद, सुधा, •पल्लव रस, •मैन्ना.

**पुष्पराग** = पुखराज.
**पुष्पराज्य (पूर्व नाम)** = चीन.
**पुष्परेणु** = पराग.
**पुष्पलक** = स्टड.
**पुष्पवती** = रजस्वला.
**पुष्पवदन** = सुंदर.
**पुष्पवदना**= सुंदर स्त्री, सुंदर स्त्री.

**पुष्पवर्षा** *सं* पुष्पवृष्टि, पुष्पासार, पुष्पास्तरण, •स्वागत.

**पुष्पवान/पुष्पवती** = पुष्पित.

**पुष्प विक्रेता** *सं* फुलहारा/फुलहारी, फूल वाला/फूल वाली, फूल सप्लायर, फ़्लोरिस्ट.

**पुष्पवृष्टि** = पुष्पवर्षा.
**पुष्पशय्या** = समृद्धि, सुखसुविधा.
**पुष्पशर** = कामदेव.
**पुष्पशरासन** = कामदेव.
**पुष्पसार** = पुष्परस.
**पुष्पस्नेह** = पुष्परस.
**पुष्पहार** = पुष्पमाला
**पुष्पहास** = खिलावट.

**पुष्पहीन** *वि* अपुष्प, अपुष्पित, *वंध्य*.

**पुष्पांकुर** = कली.
**पुष्पांग** = सुकुमार.
**पुष्पांगिनी** = सुंदर स्त्री, सुंदर स्त्री, सुकुमारी.
**पुष्पांजलि** = उपहार, पुष्पगुच्छ, संकलन पुस्तक.
**पुष्पांबुज** = पुष्परस.
**पुष्पा** = सुंदर स्त्री, सुंदर स्त्री, सुकुमारी.
**पुष्पागम** = पुष्पन, वसंत.
**पुष्पाजीव** = मालाकार.
**पुष्पाभिषेक** = पुष्पार्पण.

**पुष्पार्पण** *सं* पुष्पाभिषेक, पुष्पोपहार, •स्वागत.

**पुष्पावली** = घौद.
**पुष्पासार** = पुष्पवर्षा.
**पुष्पास्तरण** = पुष्पवर्षा.
**पुष्पिका** = दाँत मैल, पुस्तक अंत.
**पुष्पिणी** = रजस्वला.
**पुष्पित** = उपवनित, बहुरंगा/बहुरंगी, शब्दाडंबरपूर्ण.

**पुष्पित** *वि* कुसुमित, खिला/खिली, गुलदार, पुष्पयुक्त, पुष्पवान/पुष्पवती, प्रफुल्ल, फूला/फूली, भरा/भरी, मंजरित, *रंगीन*, लदा/लदी, सपुष्प, *समृद्ध*, •खिला/खिली, •फलप्रद, •वसंती, ▪पुष्पहीन, ▪मुरझाया/मुरझाई.

**पुष्पित भाषा** = शब्दाडंबर.
**पुष्पेषु** = कामदेव.
**पुष्पोद्यान** = पुष्पोपवन.
**पुष्पोपजीवी** = मालाकार.

**पुष्पोपवन** *सं* कुसुमाकर, कुसुमालय, गुलज़ार, गुलिस्ताँ, चमन, पुष्प उपवन, पुष्पोद्यान, फुलबगिया, फुलवारी, फूलबाग़, बगिया, •फलोपवन.

**पुष्पोपहार** = पुष्पार्पण.
**पुष्पोपहार गुच्छ** = पुष्पगुच्छ.
**पुष्य** = नक्षत्र सूची. □पौष मास.

**पुस्तक** *सं* किताब, *कृति*, ग्रंथ, *जिल्द*, पोथी, प्रकाशन, बुक, बौद्धिक संपत्ति, रचना, शास्त्र, *साहित्य*, •पाकेट बुक, •पेपरबैक पुस्तक, •हार्डकवर पुस्तक, •निर्देश पुस्तक, •पाठ्य पुस्तक, •प्रक्रिया पुस्तक, •संकलन पुस्तक, •सहायक पुस्तक, •हस्तलिखित पुस्तक.

**पुस्तक अंत सूची** *सं अंत*, इति, इतिश्री, काल परिचय, कृतित्व सूचना, डेटलाइन, पुष्पिका, प्रकाशक नाम आदि, प्रकाशक प्रतीक, प्रशस्ति, प्रिंट लाइन, समापिका, समाप्ति.

**पुस्तक अलमारी** *सं* किताबों की अलमारी, बुककेस, बुकरैक, बुकशैल्फ़, बुकस्टैंड, •पुस्तकालय, •वाचनालय.

**पुस्तक आधार** *सं* पुस्तक टेक, पुस्तक पठन आधार, पुस्तकाधार, बुकस्टैंड, रेहल, •पठन.

**पुस्तक आवरण** *सं* आवरण, कवर, डस्ट जैकेट, पुस्तक कवर, बुक कवर, मलट, *रैपर*, •आवरण पृष्ठ, •पुस्तक जिल्द.

**पुस्तक कवर** = पुस्तक आवरण.
**पुस्तक कीट** = पढ़ाकू.
**पुस्तक जिल्द** = जिल्द.
**पुस्तक टेक** = पुस्तक आधार.

**पुस्तक दुकान** *सं* बुकशौप, बुकस्टाल, •पुस्तक विक्रेता, •प्रकाशनालय.

**पुस्तक पठन आधार** = पुस्तक आधार.

**पुस्तक प्रति** *सं* कापी, *जिल्द*, प्रति.

**पुस्तक प्रेमी** = पढ़ाकू.

**पुस्तक विक्रेता** *सं* कुतुबफ़रोश, बुकसैलर, •पत्र पत्रिका विक्रेता सूची, •पुस्तक दुकान, •प्रकाशनालय.

**पुस्तकाधार** = पुस्तक आधार.
**पुस्तकालय** = वाचनालय.

**पुस्तकालय** *सं* किताबख़ाना, किताबघर, कुतुबख़ाना, ग्रंथागार, ग्रंथालय, बुक बैंक, लायब्रेरी, •चल पुस्तकालय, •वाचनालय, •सरकुलेटिंग लायब्रेरी.

**पुस्तकालय अध्यक्ष** *सं* लाइब्रेरियन.

**पुस्तकीय** *वि* *अकादमिक*, किताबी, पुस्तकी.

**पूँगा** = तूँबा.
**पूँछ** = पिछलग्गू, पिछवाड़ा.

**पूँछ** *सं* दुम, पशु पूँछ, पुच्छ, लंगूल, लांगूल, शेप, शेफ, •मोर पूँछ, ■सिर.

**पूँजी** = धन, मूलधन, संपत्ति.

**पूँजी** *सं* आधि, कैपिटल, जमा, *धन*, नीवि, *मूलधन*, मूल वित्त, संपदा, सरमाया, स्टाक, •निधि, •वित्त, •शेयर.

**पूँजी निवेशक** = पूँजीपति.
**पूँजीपति** = उद्योगपति, सेठ.

**पूँजीपति** *सं* आंत्रप्रैन्योर, कैपिटलिस्ट, नियोक्ता, नियोगी, नियोजक, निवेशक, पूँजी निवेशक, पूँजीवादी, विनियोक्ता, सरमायादार, •उद्योगपति, •शोषक, •सेठ.

**पूँजीवाद** *सं* कैपिटलिज़्म, खुला व्यापार, निजी उद्यम, पूँजीवादी समाज, बाज़ार व्यवस्था, सरमायादारी, •प्रतिक्रियावाद, ■प्रगतिवाद, ■समाजवाद, ■साम्यवाद.

**पूँजीवादी** = पूँजीपति, पूँजीवादी वर्ग.

**पूँजीवादी वर्ग** *सं* *उद्योगपति*, कारख़ानेदार, धनिक जन, पूँजीवादी, सरमाएदार, •उच्च वर्ग, •मध्यम वर्ग, •समाज वर्ग, ■सर्वहारा वर्ग.

**पूँजीवादी समाज** = पूँजीवाद.
**पूई** = पकोड़ी.
**पूगफल** = सुपारी.
**पूगी** = सुपारी.
**पूछ** = प्रतिष्ठा.
**पूछगछ** = अपराध अनावरण, आदर, कुशल प्रश्न, तथ्यान्वेषण, पृच्छा, सत्कार.
**पूछताछ** = कुशल प्रश्न, डाटा संकलन, तथ्यान्वेषण, पृच्छा, सत्कार.

**पूछना** *क्रि* गछना, जवाब माँगना, जिज्ञासा करना, दरियाफ़्त करना, पता करना, प्रश्न करना, मालूम करना, शंका करना, •जानना, •तथ्यान्वेषण करना, ■कहना, ■जानना, ■बताना, ■समझाना, ■सिखाना.

**पूछने वाला** = जिज्ञासु, प्रश्न कर्ता.
**पूजक** = भक्त.
**पूजन** = कीर्तन, पूजा.

**पूजना** *क्रि* अर्चना, अर्चना करना, उपस्थित होना, उपासना करना, नाम लेना, पूजा करना, पूजाभक्ति करना, प्रार्थना करना, बंदा होना, भक्त होना, भजन करना, भजना, माला जपना, माला फेरना, सुमरना, •जपना.

**पूजनीय** = पवित्र, सम्माननीय.

**पूजनीय** *वि* अभिनंदनीय, अर्घ्य, अर्चनीय, अर्ह्य, आदरणीय, आराध्य, आस्थायोग्य, इज्य, इष्ट, उपास्य, पूज्य, प्रातःस्मरणीय, भक्तियोग्य, भजनीय, भज्य, भदंत, मख़दूम, माननीय, यज्य, वंदनीय, वंद्य, वरेण्य, श्रद्धेय, संस्तुत्य, सत्कृत्य, समर्चनीय, समाराध्य, *सम्माननीय*, सम्मान्य, सेव्य, स्तोतव्य, •पूजित, •प्रशंसनीय, ■असम्माननीय, ■तिरस्कार्य.

**पूजयिता** = भक्त.
**पूजा** = दशहरा, दुर्गापूजा, पिटाई, भक्ति.

**पूजा** *सं* अभ्यर्थना, अरदास, अर्चना, अर्चा, अर्हा, *आरती*, आराधना, इज्या, इबादत, ईश्वर स्मरण, उपासना, चाकरी, टहल, दुआ, नमन, परस्तिश, पुजापा, पुजौरा, पूजन, पूजा अर्चा, पूजा उपासना, पूजाभक्ति, *प्रार्थना*, बंदगी, *भक्ति*, भजन पूजा, वंदना, *समर्पण*, समाराधना, सुमरन, सेवा उपासना, सेवा बंदगी, स्तवन, स्तुति, स्मरण, •आरती, •कीर्तन, •घंटा घड़ियाल, •जाप, •नमाज़, •शंख, •संध्योपासना, •सत्संग.

**पूजा अर्चा** = पूजा.
**पूजा उपहार** = चढ़ावा.
**पूजा उपासना** = पूजा.
**पूजाकक्ष** = उपासनालय.
**पूजा करना** = पूजना, प्रेम करना.
**पूजा गीत** = भजन.
**पूजाघर** = उपासनालय, मंदिर.
**पूजापाठ** = धर्मकर्म, धर्मपाठ.
**पूजापाठी** = धर्मशील.
**पूजाभक्ति** = पूजा.
**पूजाभक्ति करना** = पूजना.

**पूजाभावी** *वि* अक़ीदतमंद, आस्थावान, ईमान वाला, निष्ठापूर्ण, निष्ठालु, *निष्ठावान*, पतियारा/पतियारी, बिसवासी, भक्तिपूर्ण, भक्तिभावी, भक्तिमय, भक्तिलीन, *विश्वासी*, श्रद्ध, श्रद्धालु, श्रद्धावान/श्रद्धावती, •धर्मशील, •धर्मशील, ■शंकालु.

**पूजामाला** = जपमाला.
**पूजा मिनसा** = चढ़ावा.
**पूजा समारोह** = कम्यूनियन.
**पूजास्थल** = उपासनालय, तीर्थ.
**पूजाहीन** = शंकालु.

**पूजित** *वि* *अभिनंदित*, अर्चित/अर्चिता, *अर्हत*, अर्हित, आराधित, इष्ट, उपासित, नमस्कृत, पूज्यमान,

भजित, मस्जूद, मान्य, वंदित/ वंदिता, संराधित, संस्तुत, सत्कृत, समर्चित, समाराधित, सम्मानित, सेवित, स्तुत, ●पूजनीय, ●सम्माननीय, ■अपमानित.

**पूजोपहार** = चढ़ावा.
**पूज्य** = पवित्र, पूजनीय, सम्माननीय.
**पूज्यता** = पवित्रता.
**पूज्यमान** = पूजित.
**पूड़ा** = पकोड़ा, पुआ.
**पूड़ी** = पूरी.
**पूत** = पुत्र, विशोधित.

**पूतना** *सं* काव्या, पूतनिका, बकी, विकेशी, *शिशु रोग*, ●कृष्ण.

**पूतनिका** = पूतना.
**पूति** = दुर्गंध, पूय.
**पूतिगंधिक** = दुर्गंधपूर्ण.
**पूतिरोधन** = विसंक्रमण.
**पूतिरोधी** = पूयांतक, रोग निवारक.
**पूतिहर** = पूयांतक.
**पूनम** = पूर्णिमा.
**पूनी** = फाहा.

**पूनी** *सं कोया*, तूलनालिका, पंजी, रुआली, रूई पूनी, ●बत्ती, ●रूई.

**पूनों** = पूर्णिमा.
**पूप** = पकोड़ा.
**पूपा** = पकोड़ा.

**पूय** *सं* गंदा पानी, चिर्क, पस, पीप, पीव, पूति, मवाद, माद्दा, रीम, व्रणमल, सड़न, ●कचलोहू, ●फोड़ा, ●व्रण.

**पूयन** *सं* दूषण, पूय संचय, पूयोत्पत्ति, रिसन, विगलन, सड़न, सैप्सिस, ●संक्रमण.

**पूय मेह** = सूज़ाक.
**पूयरोधन** = विसंक्रमण.
**पूयरोधी** = पूयांतक, रोग निवारक.
**पूय संचय** = पूयन.

**पूयांतक** *सं* ऐंटीसैप्टिक, *कीटाणुनाशक*, *निस्संक्रामक*, पूतिरोधी, पूतिहर, पूयरोधी, पूयारि, विषाणुनाशक, ●औषध, ●निस्संक्रामक, ●रोग निवारक.

**पूयारि** = कीटाणुनाशक, पूयांतक.
**पूयित** = प्रदूषित, रोगकारक.
**पूयोत्पत्ति** = पूयन.
**पूरआगंतुक** = वरिष्ठ (कर्मचारी).
**पूरक** = अनुपूरक, अनुपूरक अंश, सप्लायर.
**पूरक अंश** = अनुपूरक अंश, परिशिष्ट.
**पूरण** = आपूर्ति, भराई.
**पूरना** = छकाना, ढाँपना, बजाना, बटना, भरना, व्यापना.
**पूरनिमा** = पूर्णिमा.
**पूरब** = एशिया, पूर्व दिशा, पूर्व भारत.
**पूरबल** = सुदूर भूतकाल.
**पूरबी** = पूर्वी.
**पूरयिता** = सप्लायर.
**पूरा/पूरी** = अभंजित, आद्योपांत, कृत, थोक में बिकाऊ, पूर्णकृत, फलयुक्त, भरा/भरी, व्यतीत, संकल्पशील, संपूर्ण, सर्वांग संपूर्ण, सविस्तार.
**पूरा जीवन** = दीर्घ काल.
**पूरा दिन** = अहोरात्र.
**पूरा ब्योरा** = ब्योरा.

**पूरा मोड़** *सं* 180 डिग्री मोड़, आगे से पीछे मोड़, पलटाव, ●यू टर्न.

**पूरा सही नहीं** = असटीक.
**पूरा हाथ** = हाथ.
**पूरा हिस्सा** = पूर्णांश.
**पूरा होना** = मरना.
**पूरिक** = पूरी.
**पूरित** = भरा/भरी.
**पूरी** = गोलगप्पा.

**पूरी** *सं* पूड़ी, पूरिक, ●कचौरी, ●पठूरा, ●पराँठा, ●बेड़वीं.

**पूरी उम्र** = जीवन काल.
**पूरी छुट्टी** = अवकाश दिवस.
**पूरी छूट** = पूर्ण अनुमति.
**पूरी तरह** = एकबारगी, एकमुश्त, विस्तारपूर्वक, शत प्रतिशत, संपूर्णतः, हार्दिकतः.
**पूरी मात्रा** = दीर्घ मात्रा.
**पूरी सावधानी** = क्रौस चैकिंग.
**पूरे** = सब.
**पूर्ण** = अभंजित, कृत, परिपूर्ण, पूर्णकृत, भरा/भरी, व्यतीत, संपूर्ण, सकल.
**पूर्ण अंश** = पूर्णांश.

**पूर्ण अनुमति** *सं* आज़ादी, खुली छूट, छूट, पूरी छूट, ब्लैंक चैक, मनमर्ज़ी, *स्वाधीनता*, स्वेच्छापूर्णता, ■स्पष्ट अस्वीकृति.

**पूर्ण कर्ता** = समापन कर्ता.
**पूर्णकाम** = पूर्णेच्छ, संतुष्ट, सफल.
**पूर्णकाय** = वयस्क.

**पूर्णकृत** *वि* अंतगत, कार्यान्वित, *कृत*, ख़त्म, तमाम, तमामशुद, तय, तैयार, निपटा/निपटी, निबटा/निबटी, निष्पन्न, निष्पादित, पूरा/पूरी, पूर्ण, पूर्त, प्रतिपन्न, मुकम्मल, रेडी, विनिष्पादित, शुद, शुदा, संपन्न, संपादित, *संपूर्ण*, संपूर्त, संसिद्ध, *सब*, समापन्न, समापित, समाप्त, *साधित*, सारा/सारी, सिद्ध, ●रचित, ■अपूर्णकृत, ■आरंभित, ■स्थगित.

**पूर्णकृतता** = कार्यपूर्ति.
**पूर्ण चंद्र** = पूर्ण चंद्रमा.

**पूर्ण चंद्रमा** *सं* परिपूर्णेंदु, पूर्ण चंद्र, पूर्णिमा चंद्रमा, पूर्णेंदु, राकापति, राकेश, सकलेंदु, समग्रेंदु, ●अर्धचंद्रमा.

**पूर्णज्ञ** = सर्वज्ञ.
**पूर्ण ज्ञान** = दक्षता.
**पूर्णतः** = एकमुश्त, विस्तारपूर्वक, शत प्रतिशत, शब्द प्रतिशब्द, संपूर्णतः, हार्दिकतः.
**पूर्णतः नवीन** = अत्याधुनिक.
**पूर्णतया** = शत प्रतिशत, संपूर्णतः.
**पूर्णता** = कार्यपूर्ति, पारमिता, समापन.
**पूर्ण परिवर्तन** = कायापलट, क्रांति, निर्णायक परिवर्तन.
**पूर्णबिंदु** (.) = पूर्णविराम.
**पूर्णमनोरथ** = सफल.
**पूर्णमासी** = पूर्णिमा.
**पूर्णमिश्रित** = मिश्रित.
**पूर्ण यौवन** = यौवन.
**पूर्णयौवन/पूर्णयौवना** = जवान.
**पूर्ण विकसित** = वयस्क.
**पूर्ण विकास** = चरम अवस्था, पराकाष्ठा.
**पूर्ण विराम** = समापन.

**पूर्णविराम** *सं* खड़ी पाई (।), पाई

(।), पूर्णबिंदु (.), •अर्धविराम, •प्रश्नवाचक चिह्न, •विस्मयादि बोधक चिह्न.

**पूर्णवृत्त** = गोला.
**पूर्ण श्रद्धा** = अंधविश्वास.
**पूर्ण सादृश्य** = सादृश्य.
**पूर्ण स्वामित्व** = एकस्वामित्व.
**पूर्ण स्वामी** = एकाधिकारी.

**पूर्णांक** *सं* *अंक*, मार्क्स, •प्राप्तांक.

**पूर्णांग** = सर्वांग संपूर्ण.
**पूर्णांश** = संपूर्ण.

**पूर्णांश** *सं* अविभाजित अंश, पूरा हिस्सा, पूर्ण अंश, ▪खंड.

**पूर्णाधिकार** = कापीराइट.
**पूर्णाधिकारयुक्त** = अपरंतुक.
**पूर्णाभिलाष** = पूर्णेच्छ, संतुष्ट, सफल.
**पूर्णायु** = चिरजीवी, मरणासन्न.
**पूर्णावलोकन** = विहंगावलोकन.

**पूर्णिमा** *सं* इंदुमती, चौदहवीं, पंचदशी, पक्षांत, पूनम, पूनों, पूरनिमा, पूर्णमासी, पौर्णिमा, राका, शुक्ल पक्ष अंतिम तिथि, सुदर्शना, •चाँदनी, ▪अमावस्या.

**पूर्णिमा चंद्रमा** = पूर्ण चंद्रमा.
**पूर्णेंदु** = पूर्ण चंद्रमा.
**पूर्णेच्छ** = संतुष्ट, सफल.

**पूर्णेच्छ** *वि* कृतकाम, कृतकृत्य, *तृप्त*, धन्य, निहाल, पूर्णकाम, पूर्णाभिलाष, *प्रसन्न*, प्राप्तमनोरथ, बामुराद, मन्नतपूर्त, शादकाम, *संतुष्ट*, संपन्न, सफलकाम, सफलमनोरथ, सद्धिकाम, सिद्धार्थ, •गंतव्यप्राप्त, •सफल, ▪अप्रसन्न, ▪असंतुष्ट, ▪असफल.

**पूर्त** = पूर्णकृत, व्याप्त.
**पूर्तता** = कार्यपूर्ति.
**पूर्ति** = अनुपूर्ति, आपूर्ति, कार्यपूर्ति, तृप्ति, भराई, रसद, समापन.
**पूर्ति कर्ता** = सप्लायर.
**पूर्व** = अगला/अगली, अगेती (फ़सल), अप्रचलित, आगे आगे, एशिया, पहले, पूर्व दिशा, पूर्व भारत, पूर्ववर्ती, भूतकालीन.

**पूर्व अनुमान** = पूर्वानुमान.
**पूर्व अभ्यास** = आरंभिक कर्म, पूर्वाभ्यास, रिहर्सल.
**पूर्व अवतार** = पूर्वजन्म.
**पूर्व अवस्था** = यथापूर्वता.
**पूर्व आक्रीत** = आरक्षित.
**पूर्व आग्रह** = पूर्वग्रह.
**पूर्व आरक्षण** = ऐडवांस बुकिंग.
**पूर्व आषाढ़ा** = नक्षत्र सूची.
**पूर्वकथन** = भविष्य वाचन.
**पूर्वकथा** = पूर्वपीठिका.
**पूर्वकथित** = ऊपरोक्त.
**पूर्वकर्म** = आरंभिक कर्म.

**पूर्वकर्म फल** *सं* अदृष्ट, अदृष्ट फल, करनी का फल, करम, *कर्मफल*, निमित्त, *प्रारब्ध*, भोग, विपाक, •पापफल, •पुण्यफल, •भाग्य.

**पूर्वकल्पना** = परिकल्पना, प्रत्याशा.
**पूर्वकल्पित** = पूर्वनिर्धारित, प्रत्याशित.
**पूर्व का** = पूर्वी.
**पूर्वकाल** = प्राचीन काल.
**पूर्वकाल में** = भूत काल में.
**पूर्वकालीन** = आदिम, ऐतिहासिक, पूर्ववर्ती, प्राचीन.
**पूर्वक्रय** = ऐडवांस बुकिंग.
**पूर्वगंगा** = नर्मदा नदी.
**पूर्वगमन** = पुरोगमन.
**पूर्वगामी** = पुरोगामी.
**पूर्वगामी/पूर्वगामिनी** = पूर्ववर्ती.

**पूर्वग्रह** *सं* *आग्रह*, एकांगी धारणा, पक्षपातपूर्ण धारणा, पूर्व आग्रह, पूर्वधारणा, पूर्वाग्रह (विकल्प), प्रैजुडिस, बंद दिमाग़, •अनुदारता, •मतांधता, •हठ, ▪उदारमनस्कता.

**पूर्वग्रहपूर्ण** *वि* अड़ियल, अविचल, आग्रही, दृष्टिकोणग्रस्त, धारणाग्रस्त, पूर्वधारणाग्रस्त, पूर्वधारणापूर्ण, पूर्वाग्रहपूर्ण, मूढ़, •अनुदार, •पक्षपाती, •हठी, ▪मध्य मार्गी.

**पूर्वचिंतित** = पूर्वयोजित, पूर्वविचारित.
**पूर्वज** = वंश प्रवर्तक.

**पूर्वज** *सं* अगला, अगला/अगली, पुरखा, पुरखा/पुरखिन, पूर्वपितामह, पूर्वपुरुष, वंशकर, •अग्रज/अग्रजा, •पिता माता, •वृद्धजन, ▪वंशज, ▪संतान.

**पूर्वज/पूर्वजा** = अग्रज/अग्रजा.

**पूर्वजन्म** *सं* पिछला जन्म, पूर्व अवतार, •जन्म, ▪पुनर्जन्म.

**पूर्वज समष्टि** *सं* अगले, पिछले, पितृ, पुरखे, पुराने, बड़े बूढ़े, बापदादे, बाबादादे, •अतीत जन, •पूर्वज, •वंश, ▪वंशज समष्टि, ▪संतान.

**पूर्वजा** = बड़ी बहन.
**पूर्वजात** = अकाल प्रसूत.

**पूर्वजात** *वि* अधकचरा/अधकचरी, अनार्तव, *अपक्व*, असमय, कच्चा/कच्ची, कालपूर्व, समयपूर्व, •अकालजात, •अगेती (फ़सल), ▪समयोपरांतीय.

**पूर्वज्ञान** = दूरदर्शिता.

**पूर्वज्ञान** *सं* अंतरानुभूति, *अनुमान*, इलहाम, *कल्पना*, पूर्वबोध, भविष्य ज्ञान, भविष्य दर्शन, भान, सपना, *सुराग़*, •दूरदर्शिता, •पूर्वलक्षण, •पूर्वानुमान, •शकुन, ▪पश्चज्ञान.

**पूर्व झलक** = नमूना.
**पूर्वतः** = पहले, सब से पहले.
**पूर्वतम** = अग्रतम.
**पूर्वतर** = पहले, पूर्ववर्ती, सब से पहले.
**पूर्वता** = महत्त्व.
**पूर्व दक्षिणी** = दक्षिण पूर्वी.
**पूर्व दिग्गज** = ऐरावत.

**पूर्व दिशा** *सं* ईस्ट, उदय दिशा, पूरब, पूर्व, प्राची, सूर्योदय दिशा, •दिशा, ▪पश्चिम दिशा.

**पूर्व दिशा का** = पूर्वी.
**पूर्व दिशापति** = इंद्र.
**पूर्वदिष्ट** = पूर्वनिर्धारित, प्रारब्धाधीन.
**पूर्वदृश्य** = परिकल्पना.
**पूर्वदृष्टि** = विवरणिका.
**पूर्वधारणा** = पूर्वग्रह, प्रत्याशा.
**पूर्वधारणाग्रस्त** = पूर्वग्रहपूर्ण.
**पूर्वधारणापूर्ण** = तर्कहीन, पूर्वग्रहपूर्ण.

**पूर्वधारणाहीन** = उदारमनस्क.
**पूर्वनियत** = पूर्वनिर्धारित.

**पूर्वनिर्धारित** *वि* दिष्ट, पहले से तय, पूर्वकल्पित, पूर्वदिष्ट, पूर्वनियत, पूर्वनिश्चित, पूर्वविहित, विधित, विहित, •अवश्यंभावी, •निर्धारित, •प्रारब्धाधीन, ▪अनिर्धारित.

**पूर्वनिश्चित** = पूर्वनिर्धारित, प्रारब्धाधीन.
**पूर्वनिश्चितता** = अवश्यंभावना.
**पूर्व पंजाब (पूर्व नाम)** = पंजाब (भारत).
**पूर्वपक्ष** = कृष्णपक्ष.
**पूर्वपक्षी** = अभियोगी.

**पूर्वपवन** *सं* पुरबिया हवा, पुरवा, पुरवाई, पुरवैया, पूर्वानिल, सबा, ▪पश्चिम पवन.

**पूर्वपितामह** = पूर्वज.
**पूर्वपीठिका** = भूमिका.

**पूर्वपीठिका** *सं* आधार कथा, आमुख, उपक्रम, उपोद्‍घात, कथाप्रवेश, कथा भूमिका, कथोद्‍घात, ज़मीन, नाटक प्रस्तावना, पीठिका, पूर्वकथा, *पृष्ठभूमि*, पेशबंदी, प्रवेशिका, *भूमिका*, •आरंभ, ▪उपसंहार, ▪कथाफलागम.

**पूर्वपुरुष** = पूर्वज.
**पूर्वप्रदर्शन** = फ़िल्म प्रीव्यु शो.
**पूर्वफल्गुनी** = नक्षत्र सूची.
**पूर्वफाल्गुनीभव** = बृहस्पति ग्रह.
**पूर्वबोध** = पूर्वज्ञान.
**पूर्वभाग** = अगवाड़ा, पूर्वार्ध.
**पूर्व भाद्रपद** = नक्षत्र सूची.

**पूर्व भारत** *सं* पूरब, पूर्व, •उत्तर भारत.

**पूर्व भारतीय** *वि* पुरबिया, *पूर्वी*.

**पूर्वभूत** = पूर्ववर्ती.
**पूर्वमानव** = आदिमानव.
**पूर्व में** = भूत काल में.
**पूर्वयोजना** = योजना, षड्यंत्र.
**पूर्वयोजनाबद्ध** = पूर्वयोजित.
**पूर्वयोजित** = विचारित.

**पूर्वयोजित** *वि* पूर्वचिंतित, पूर्वयोजनाबद्ध, पूर्वव्यवस्थित, पूर्वसंयोजित, पूर्वायोजित, •योजित, •व्यवस्थित, •सामंजस्ययुक्त, ▪आकस्मिक.

**पूर्वरंग** = आरंभिक कर्म, नाट्य आरंभ.
**पूर्वरूप** = प्रारूप.
**पूर्वलक्षण** = शकुन.

**पूर्वलक्षण** *सं* आरंभिक लक्षण, आसार, इमकान, *चिह्न*, बनत, बानक, भविष्य सूचक लक्षण, *योग*, *लक्षण*, *शकुन*, *संकेत*, *संभावना*, संभावना लक्षण, सिंप्टम, •डीटैक्टर, •पूर्वज्ञान.

**पूर्वलिखित** = ऊपरोक्त, प्रारब्धाधीन.
**पूर्वलिखित भाग्य** = प्रारब्ध.
**पूर्ववत** = अपरिवर्तित, अप्रभावित.
**पूर्ववत्ता** = यथापूर्वता.
**पूर्ववयस** = शैशव.
**पूर्ववर्ती** = अगला/अगली, रिटायर्ड.

**पूर्ववर्ती** *वि* अगला/अगली, अग्रवर्ती, पहला/पहली, पिछला/पिछली, पूर्व, पूर्वकालीन, पूर्वगामी/पूर्वगामिनी, पूर्वतर, पूर्वभूत, प्राक्, प्राक्कालीन, भूतपूर्व, विगत, •पुराना/पुरानी, •समकालीन, ▪उत्तरवर्ती.

**पूर्वविचारित** *वि* अग्रचिंतित, अपेक्षित, आयोजित, पूर्वचिंतित, *प्रत्याशित*, सोचा विचारा/सोचा विचारी, सोचा समझा/सोचा समझी, •योजित, ▪अनपेक्षित, ▪अविचारित.

**पूर्वविहित** = पूर्वनिर्धारित.
**पूर्ववृत्त** = पुराण, मिथक.
**पूर्वव्यवस्थित** = पूर्वयोजित.
**पूर्वसंकेत** = शकुन.
**पूर्वसंदेश** = पूर्वसूचना.
**पूर्वसंभावना** = पूर्वानुमान, प्रत्याशा.
**पूर्वसंयोजित** = पूर्वयोजित.
**पूर्वसर** = पुरोगामी.
**पूर्वसर्ग** = उपसर्ग.

**पूर्वसूचना** *सं* अग्रसूचना, अग्रिम संदेश, अग्रिम सूचना, *कानाफूसी*, पूर्वसंदेश, भनक, *संकेत*, *सुराग़*, •चेतावनी, •सुराग़.

**पूर्वसोची** = दूरदर्शी.
**पूर्वस्थ** = अगला/अगली.
**पूर्वस्थिति** = यथापूर्वता.
**पूर्वांतिम** = उपांतिम.
**पूर्वाग्रह** = पूर्वग्रह.
**पूर्वाग्रहपूर्ण** = पूर्वग्रहपूर्ण.
**पूर्वाग्रहहीन** = उदारमनस्क.
**पूर्वानिल** = पूर्वपवन.
**पूर्वानुभव पर विचार** = पुनर्विचार.

**पूर्वानुमान** *सं* अभिमत, अभिसंधान, निदान, पूर्व अनुमान, पूर्वसंभावना, प्राक्विचार, *विचार*, व्यपेक्षा, •पूर्वज्ञान, •प्रत्याशा.

**पूर्वानुमानित** = प्रत्याशित.
**पूर्वानुराग** = रोमांस.
**पूर्वापर** = आरोहक्रमिक, कालक्रमिक, क्रमिक.
**पूर्वापर क्रमिक** = कालक्रमिक.
**पूर्वापरता** = आरोह क्रम, कालक्रम, क्रम.
**पूर्वापर संबंध** = कालक्रम, संदर्भ.
**पूर्वापेक्षा** = प्रत्याशा.
**पूर्वाभास** = शकुन.
**पूर्वाभ्यास** = आरंभिक कर्म, रिहर्सल.

**पूर्वाभ्यास** *सं* अनुकूलन, आरंभिक अभ्यास, तैयारी, नैट प्रैक्टिस (क्रिकेट), पूर्व अभ्यास, प्रैक्टिस, रियाज़, *रिहर्सल*, *साधना*.

**पूर्वायोजित** = पूर्वयोजित.
**पूर्वारक्षण** = ऐडवांस बुकिंग.

**पूर्वार्ध** *सं* आरंभिक अर्ध, पहला हिस्सा, पूर्वभाग, प्रथमार्ध, ▪उत्तरार्ध.

**पूर्वाशा** = प्रत्याशा.
**पूर्वास्वादन** = आस्वादन.
**पूर्वाह्न** = एऐम.

**पूर्वाह्न** *सं* दुपहर, दोपहर, पूर्वाह्न काल, बारह बजे से पहले, मध्याह्न पूर्वकाल, •प्रातःकाल, •मध्याह्न, ▪अपराह्न.

**पूर्वाह्न काल** = पूर्वाह्न.
**पूर्वाह्निक** = प्रातःकालीन.

**पूर्वी** *वि* पश्चिमेतर, पूरबी, पूर्व का,

पूर्व दिशा का, पूर्वीय, पौर्व, पौर्वात्य, प्राच्य, ■पश्चिमी.

**पूर्वी घाट** = पर्वत सूची भारत उपमहाद्वीप.

**पूर्वी पंजाब (पूर्व नाम)** = पंजाब (भारत).

**पूर्वी बंगाल (पूर्व नाम)** = बांग्लादेश.

**पूर्वीय** = पूर्वी.

**पूर्वोक्त** = ऊपरोक्त.

**पूर्वोत्तर** = उत्तर पूर्व दिशा.

**पूर्वोत्तरा** = उत्तर पूर्व दिशा.

**पूर्वोत्तरी** = उत्तर पूर्वी.

**पूर्वोदय** = सूर्योदय.

**पूल** = झील, तरण ताल.

**पूला** = बंडल.

**पूष** = पौष मास.

**पूषा** = आदित्य.

**पूस** = पौष मास.

**पूसी** = बिलैया, बिल्ली.

**पृच्छक** = जिज्ञासु.

**पृच्छा** = प्रश्न.

**पृच्छा** *सं* आपृच्छा, इनक्वायरी, क्वैरी, *जिज्ञासा*, परिपृच्छा, परिप्रश्न, पूछगछ, पूछताछ, *प्रश्न*, ●क्यों, ●क्विज़, ●तथ्यान्वेषण, ●प्रश्नावली.

**पृतना** = युद्ध, सेना.

**पृतन्या** = थलसेना.

**पृथक** = अपवादित, अमिश्रित, कटा/कटी, भिन्न, रहित, विलग्न, विशेष, व्यक्तिगत.

**पृथक** *वि* अकेला/अकेली, अनसटा/अनसटी, अयुग्म, अलग, अलग थलग, अलग्न, अलग्न, असंलग्न, असन्निहित, कटा/कटी, जुदा/जुदी, दूर, विदूर, विप्रकृष्ट, विलग, विलगित, हट कर, हटा/हटी, ●विलग्न, ■सटा/सटी.

**पृथकचर** = एकांतप्रिय.

**पृथकचर्या** = एकांतवास.

**पृथकता** = अपवाद, पार्थक्य.

**पृथक्करण** = चयन, छँटाई, वाक्य विग्रह, विश्लेषण.

**पृथक्कुल** = परवंशी.

**पृथक्क्रिया** = छँटाई.

**पृथग्गोत्र** = परवंशी.

**पृथा** = कुंती.

**पृथापति** = पांडु.

**पृथासुत** = भीम, युधिष्ठिर.

**पृथिवी** = पृथ्वी.

**पृथु** = बृहत्.

**पृथुल** = अत्यधिक, चौड़ा/चौड़ी, बृहत्, विस्तीर्ण.

**पृथुलोचना** = सुंदर स्त्री.

**पृथ्वींद्र** = राजा.

**पृथ्वी** = क्षेत्र, ग्रह सूची, पंचभूत.

**पृथ्वी** *सं* अचलकीला, अचला, *अदिति*, अर्णवनेमि, *अर्थ*, अवनि, इहलोक, क्षिति, क्षोणि, गो, गोत्रा, *गोला*, गोलोक, ग्लोब, जगत, जगती, ज़मीन, जहान, *थल*, थली, दुनिया, धरणि, धरती, धरा, धरित्री, पृथिवी, भुवन, भू, भूमंडल, भूमा, भूमि, भूलोक, मनुष्यलोक, मर्त्यलोक, मही, मेदिनी, रत्नगर्भा, *लोक*, वसुंधरा, वसुधा, विश्वंभरा, विश्व, विश्वा, संसार, सप्तद्वीपा, सप्तार्णव, समुद्रकांची, समुद्रनेमि, सुधा, स्थली, हिरण्यदा, ●ग्रह, ●चंद्रमा, ●सूर्य, ■आकाश, ■स्वर्ग.

**पृथ्वी आवर्तन** *सं* आवर्तन, घूर्णन, धुरी चक्रण, धुरी पर आवर्तन, पृथ्वी धुरी पर आवर्तन, विवर्त, संवर्त, ●चक्रावर्तन, ●पृथ्वी परिक्रमण.

**पृथ्वी उत्तर ध्रुव** = उत्तर ध्रुव.

**पृथ्वी कक्षा पर परिक्रमा** = पृथ्वी परिक्रमण.

**पृथ्वी कटिबंध** = जलवायु कटिबंध.□

**पृथ्वी कोख** = भूगर्भ.

**पृथ्वीगर्भ** = भूगर्भ.

**पृथ्वी गोला** *सं* क्षितिमंडल, गोलक, *गोला*, ग्लोब, दुनिया का गोला, पृथ्वी मंडल, भूगोल, भूगोलक, भूमंडल.

**पृथ्वीज** = साँभर नमक.

**पृथ्वीतर** = अपृथ्वीय.

**पृथ्वीतर आकाश** = अंतरिक्ष.

**पृथ्वीतल** = धरातल.

**पृथ्वीधर** = पर्वत.

**पृथ्वी धुरी चक्रण काल** *सं अहोरात्र*, आवर्तन काल, एक पूरा दिन, *तारीख़*, *दिन*, दिवारात्र, रात दिन, साठ घड़ी, सूर्योदय-सूर्योदय काल, सौर दिवस, ●पृथ्वी परिक्रमण.

**पृथ्वी धुरी पर आवर्तन** = पृथ्वी आवर्तन.

**पृथ्वी ध्रुव** *सं* क़ुत्ब, ध्रुव, *पोल*, मेरु, ●उत्तर ध्रुव, ●दक्षिण ध्रुव.

**पृथ्वी पर बहता ज्वालामुखीय शैल द्रव** = लावा.

**पृथ्वी परिक्रमण** *सं परिक्रमा*, परिवत्सर, पृथ्वी कक्षा पर परिक्रमा, पृथ्वी सूर्य परिक्रमा, भूपरिक्रमण, सूर्य परिक्रमा, ●पृथ्वी आवर्तन.

**पृथ्वी परिक्रमा काल** *सं* परिक्रमा काल, पार्थिव वर्ष, *वर्ष*, *संवत्सर*, सौर वर्ष, ●पृथ्वी धुरी चक्रण काल.

**पृथ्वी भीतरी तल** = भूगर्भ.

**पृथ्वी मंडल** = पृथ्वी गोला.

**पृथ्वीय** = इहलौकिक.

**पृथ्वीय** *वि* ज़मीनी, धरातलीय, धरित्रीय, पार्थिव, भूमीय, भौगोलिक, भौम, भौमिक, लौकिक, *सांसारिक*, स्थलीय, ●इहलौकिक, ●भूगर्भीय, ●विश्वीय, ■अपृथ्वीय.

**पृथ्वीलोक** = इहलोक.

**पृथ्वीवल्लभ** = राजा.

**पृथ्वी सूर्य औसत दूरी** = अंतरिक्षीय एकक.

**पृथ्वी सूर्य परिक्रमा** = पृथ्वी परिक्रमण.

**पृदाकु** = बिच्छू.

**पृश्नि** = देवकी.

**पृषोदर** = पतली कमर वाला.

**पृष्ठ** = काग़ज़ तख़्ता, पिछवाड़ा, पीठ.

**पृष्ठ-** = पिछला/पिछली.

**पृष्ठ** *सं पन्ना*, पेज, वरक़, सफ़ा, ●आवरण पृष्ठ, ●काग़ज़.

**पृष्ठगोप** = अंगरक्षक.

**पृष्ठगोप (सैनिक)** = रक्षक.

**पृष्ठतः** = पीछे.

**पृष्ठदंड** = रीढ़.

**पृष्ठद्वार** *सं* गुप्तद्वार, चोर दरवाज़ा, पार्श्वद्वार, बैकडोर, •आपातकालीन द्वार.

**पृष्ठपोषक** = सरपरस्त.
**पृष्ठपोषण** = सहायता.
**पृष्ठभाग** = पिछवाड़ा.
**पृष्ठभाग में** = पीछे पीछे.
**पृष्ठभूमि** = पूर्वपीठिका.

**पृष्ठभूमि** *सं* दृश्यपश्च, परिपृष्ठ, पश्चभूमि, पश्चस्थान, पृष्ठिका, बैकग्राउंड, •दृश्यावली, •दृष्टिक्रम, •नेपथ्य यवनिका, •पिछवाड़ा, ▪अग्रभूमि, ▪दृश्याग्र.

**पृष्ठमांसादन** = चुगलखोरी.
**पृष्ठरक्षक** = पृष्ठरक्षक सेना.

**पृष्ठरक्षक सेना** *सं* चंडावल, चँदावल दस्ता, पृष्ठरक्षक, रीअर गार्ड, सेना पृष्ठरक्षक, ▪अग्रगामी सेना.

**पृष्ठवर्ती** = पिछला/पिछली.

**पृष्ठसज्जा** *सं* डमी, डिज़ाइन, लेआउट, विजुअल, •फ़ौर्मैट.

**पृष्ठस्थ** = पिछला/पिछली.
**पृष्ठागमन** = अनुगमन.
**पृष्ठानीक** = सेनापृष्ठ.
**पृष्ठास्थि** = रीढ़.
**पृष्ठिका** = पृष्ठभूमि.
**पृष्णि** = एड़ी.
**पेंच** = पेच, मरोड़.
**पेंचदार** = स्पाइरलाकार.
**पेंटिंग** = चित्र.
**पेंदा** = आधार सूची, नितंब, नितल.
**पेंदी** = गुदा, नितल.
**पेंपें** = झींक.
**पेंपें करना** = झींकना.
**पे** = ऊपर, वेतन.
**पेअर** = जोड़ी.
**पेउस** = पीयूष.
**पेच** = उलझन, कूक, खटराग, पेच चूड़ी, मरोड़ा, लपेट, वक्र, स्पाइरल.

**पेच** *सं* चूड़ीदार कील, पेंच, पेचदार कील, स्क्रू, •पेचकस.

**पेचक** *सं* कुकड़ी, खुखड़ी, रील, •लटई.

**पेचकस** *सं* स्क्रू ड्राइवर, हथकल, •कसन, •पेच, •प्लास, •रिंच.

**पेचकस आदि** = हार्डवेअर.
**पेचकी** = उल्लू, मादा उल्लू.

**पेच चूड़ी** *सं* घूम, चूड़ी, *पेच*.

**पेच जैसी आकृति** = स्पाइरल.
**पेच दर पेच** = सर्पिल मोड़.
**पेचदार** = घटनापूर्ण, नाटकीय, सर्पिल.

**पेचदार** *वि* घुमावदार, घूमता/घूमती, चक्रिल, चूड़ीदार, पेचिल, वलयित, वलित, •स्पाइरलाकार.

**पेचदार कील** = पेच.
**पेचिल** = जटिल, पेचदार, स्पाइरलाकार.
**पेचिश** = अतिसार.
**पेचीदा** = अबोध्य, असमाधान्य, कठिन, कूटबद्ध, क्लिष्ट (भाषा), जटिल, पेचीदा डिज़ाइन वाला, भ्रामक, संदिग्धार्थी, समस्यात्मक.

**पेचीदा डिज़ाइन वाला** *वि* उलझा/उलझी, कामदार, कूट, गहन, गुथा/गुथी, गूढ़, घुमावफिरावदार, घूमता फिरता, चक्रिल, *जटिल*, जालदार, पेचीदा, बारीक़, बारीक़ डिज़ाइन वाला, महीन, *श्रमसाध्य*, *सूक्ष्म*, •जालीदार.

**पेचीला/पेचीली** = जटिल.
**पेचोख़म** = सर्पिल मोड़.
**पेज** = काग़ज़ तख़्ता, पृष्ठ.
**पेज प्रूफ़** = प्रूफ़.
**पेट** = अंतर्भाग, उदर, गर्भाशय, पेटा, पोल, मध्यभाग.

**पेट** *सं* *उदर*, कुक्ष, कुक्षि, कोख, •उदर, •तोंद, •धड़, •मध्यभाग, ▪पीठ.

**पेट की आग** = भूख.
**पेट की आग मिटाना** = खाना.
**पेट के बल** = पट.
**पेट ख़राबी** = बदहज़मी.
**पेटपालन** = आजीविका.
**पेट फूलना रोग** = अफारा.
**पेटभर** = भरपेट.
**पेट भर खाना** = छकना.

**पेट भरना** = खाना.
**पेटभरा/पेटभरी** = छका/छकी, प्राप्तभोजन.
**पेट में डालना** = खाना.
**पेट वाली** = गर्भवती.
**पेटा** = झोल, नदी पेटा.

**पेटा** *सं* अंतर्भूत घनत्व, आयतन, उदर, कोष्ठ, गुंजाइश, *घेराव* टनेज, टैंकेज, परिमाण, *पेट*, भराई, भराव, *विस्तार*, समाई, समाव, समावेश स्थान, स्टोवेज, *हल*, •भार क्षमता.

**पेटा खाया** = झोलदार.
**पेटी** = आभूषण मंजूषा, कनवेअर बैल्ट, कार्टन, क्रेट, टोकरा टोकरी, संदूक़.

**पेटी** *सं* ओबी, कमरपेटी, *कमरबंद*, *चपरास*, *पट्टा*, बैल्ट, •करधनी, •गेटिस, •नाड़ा.

**पेटीकोट** *सं* अँतरौटा, घाघरा, पटवास, *साया*, •अंडरवीअर, •नाड़ा, •लहँगा, •साड़ी, •स्कर्ट.

**पेटी बकसुआ** *सं* बकलस, बकसुआ, बक्कल.

**पेटू** = तोंदू, बहुभक्ष.

**पेटैंट** *सं* एकस्व, *एकाधिकार*, विशिष्टाधिकार, स्वत्वाधिकार, •कापीराइट, •लाइसैंस.

**पेठ** = पैंठ, बाज़ार, महल्ला.
**पेठा** = सागसब्ज़ी.

**पेठा** *सं* ऐश गार्ड, कुम्हड़ा, भूरा कद्दू, सफ़ेद कद्दू.

**पेड** = चुकता.
**पेड़** = वृक्ष.

**पेड़ पौधा क़लम** *सं* अग्रबीज, कटी शाखा, कन्नी, *क़लम*, पैबंद, शाख़, •जड़, •पौद, •बीज.

**पेड़ पौधे** = बाह्यक्षेत्र.
**पेड़ा** = पिंड.
**पेड़ी** = पिंड, पौद, लोई.
**पेढ़ी** = डिपार्टमैंट स्टोर, दुकान, दुकानदार आसन.

**पेनकिलर** = पीड़ाहर औषध.
**पेपर** = ऋणपत्र, काग़ज़, काग़ज़ी, दस्तावेज, निबंध, प्रश्नपत्र, लेख, शोध लेख, समाचार पत्र.
**पेपरबैक** = पेपरबैक पुस्तक.

**पेपरबैक पुस्तक** *सं* अजिल्द पुस्तक, पेपरबैक, •सजिल्द पुस्तक.

**पेपर बैग** = लिफ़ाफ़ा.
**पेफ़ोन** = टेलिफ़ोन.
**पेमैंट** = भुगतान, शुल्क.
**पेय** = पेय पदार्थ, शरबत.
**पेयकक्ष** = पानगृह सूची, मद्यकक्ष.
**पेय कीलाल** = नैसर्गिक मद्य.

**पेय पदार्थ** *सं* ड्रिंक, ड्रिंक्स, पान, पेय, बीवरेज, •अमादक पेय, •मादक पेय, •गरम पेय, •शीतल पेय, •ऐरेटिड वाटर, •क़हवा, •काफ़ी, •चाय, •मद्य, •शरबत, •शिकंजबीन.

**पेया** = माँड़िया.
**पेयागार** = पानगृह.

**पेरना** *क्रि खींचना, दबाना, दुहना, निकालना, निचोड़ना*, पेलना, *भींचना*, रूँदना, *रौंदना*, •भींचना.

**पेरु** = अमरूद.
**पेल** = ठुँकाई.
**पेलना** = ठूँसना, ठोंकना, धकेलना, धक्कामुक्की करना, पेरना.
**पेला** = ठुँकाई, धचका.
**पेलाई** = ठुँकाई.

**पे लोड** *सं टाँड़ा*, नाव्य भार, फ़्रेट, *भार*, माल भार, लदौनी, *लाद*, वाहित भार, वाहित सामग्री, *सामान*.

**पेवमैंट** = सड़क पार्श्व.
**पेवस** = पीयूष.
**पेवसी** = पीयूष.
**पेश** = उपस्थित.
**पेशक़दमी** = आरंभिक कर्म.
**पेश करना** = परोसना.
**पेशकर्दा** = उपहार दाता.
**पेशकश** = आरंभिक कर्म, उपहार, प्रस्ताव, समर्पण.
**पेशख़ेमा** = अग्रगामी सेना.
**पेशगाह** = दरबारे आम, न्यायालय.
**पेशगी** = अग्रदेय, बयाना.
**पेशतर** = सब से पहले, समय से पहले.
**पेशबंदी** = दूरदर्शिता, पूर्वपीठिका.
**पेशरवी** = पुरोगमन.
**पेशराज** = राज मज़दूर.
**पेशरौ** = पुरोगामी.
**पेशवा** = इमाम, प्रशासक, मुखिया, राजा सूची भारतीय.
**पेशवाई** = नेतृत्व.
**पेशवाज़** = लहँगा.
**पेशा** = धंधा, वेश्यावृत्ति.
**पेशानी** = प्रारब्ध, मस्तक.
**पेशाब** = मूत्र.
**पेशी** = उपस्थिति, मांसपेशी, म्यान, सुनवाई.
**पेशीनगोई** = भविष्य वाचन.
**पेशेवर** = धंधी, पेशेवर (कलाकर्मी).

**पेशेवर (कलाकर्मी)** *वि* आजीवी, पेशेवर, प्रौफ़ैशनल, ■ग़ैरपेशेवर (कलाकर्मी).

**पेशेवरी** = दक्षता.
**पेशैंट** = रोगी.
**पेषण** = पिसाई.
**पेषणी** = खरल, चक्की, सिल.
**पेष्ट** = पिट्ठी.
**पेस्ट** = चेपव्य.
**पैंकड़ा** = नकेल, बेड़ी.
**पैंच** = मोर पूँछ.
**पैंट** = पतलून.
**पैंटोमाइम** = भावाभिनय.
**पैंटोमिमिक** = भावाभिनेता.
**पैंट्री** = रसोई भंडारा.
**पैंठ** = दुकान, बाज़ार.

**पैंठ** *सं* पटरी बाज़ार, पेठ, बाज़ार का दिन, साप्ताहिक बाज़ार, स्थानीय बाज़ार, हाट.

**पैंडुलम** *सं लटकन*, लोलदंड, •घड़ी.

**पैंत** = दाँव.

**पैंतरा** *सं* आक्रमण मुद्रा, आमादगी, *आसन*, *चाल*, ठाट, थाट, *दाँव*, *पैंतरेबाज़ी*, स्थानक, •कुचाल, •कुश्ती.

**पैंतरेबाज़** = व्यूह रचेता.
**पैंतरेबाज़ी** = पैंतरेबाज़ी, युद्ध अभ्यास.
**पैंतरेबाज़ी** = पैंतरा.

**पैंतरेबाज़ी** *सं* चालबाज़ी, दाँवबाज़ी, पैंतरेबाज़ी.

**पैंथर** = बाघ.

**पैंफ़लेट** *सं* चौपतिया, प्रचारपत्र, फ़ोल्डर, सूचना पत्र, •ब्रोश्यर, •हैंडबिल.

**पैंशन** *सं* अवकाश वृत्ति, निवृत्तिका, निवृत्ति वेतन, वृद्ध अवस्था वेतन, सेवा निवृत्ति आय, •भविष्य निधि.

**पैंसिल** *सं* अंकनी, बटटी, *बत्ती*, लेखनी, •क़लम, •ज्यौमैट्री बाक्स.

**पैंसिलदान** = पैंसिल बाक्स.
**पैंसिलदानी** = पैंसिल बाक्स.

**पैंसिल बाक्स** *सं* पैंसिलदान, पैंसिलदानी, •क़लमदान.

**पै** = अवश्यमेव, ऊपर.
**पैक** = गड्डा, थैला, पैकेज.
**पैककृत** = पैक्ड.
**पैकर** = आकार.
**पैकिंग** = ठुँसाई.

**पैकिंग** *सं* डिब्बाबंदी, पैकेजिंग, बँधाई, मालबंदी, माल बँधाई, सामान बँधाई, •क्रेटबंदी, •डिब्बा, ■अनपैकिंग.

**पैकी** = नट, बाज़ीगर.

**पैकेज** *सं* गठरी, *गड्डा*, गड्डी, *गाँठ*, *डिब्बा*, डिब्बी, थैली, पार्सल, पुलिंदा, पैक, पोटली, *बंडल*, *बस्ता*.

**पैकेज सूची** *सं क्रेट*, गठरी, टैट्रापैक, पाउच, *पुड़िया*, पुलिंदा, पैकेट, पोटली, पौलिपैक, *बंडल*, सैशे.

**पैकेजिंग** = पैकिंग.
**पैकेजित** = पैक्ड.
**पैकेट** = पैकेज.
**पैक्ड** = पैक्ड.

**पैक्ड** *वि* डिब्बाबंद, पैककृत, पैकेजित, पैक्ड, बँधा/बँधी, बद्ध, •क्रेटबंद, •टीनबंद, •बोतलबंद, •रैपर चढ़ा.

**पैख़ाना** = विष्ठा.
**पैग़ंबर** = ईसा मसीह, मुहम्मद.

**पैग़ंबर** *सं* ईशदूत, ईश्वरीय संदेशवाहक, दैवी संदेशवाहक, नबी, पयंबर, भगवान दूत, मसीहा, रसूल, रसूलुल्लाह, संत, *संदेशवाहक*, साहबे किताब, हज़रत, •अब्राहम, •ईसा मसीह, •नूह, •मुहम्मद, •मूसा.

**पैग़ंबर ईश्वर का संदेश लाता है** = पैग़ंबरवाद.
**पैग़ंबर मुहम्मद** = मुहम्मद.

**पैग़ंबरवाद** *सं* पैग़ंबर ईश्वर का संदेश लाता है.

**पैग़ंबरी** = संदेशवहन.

**पैग़ंबरी** *वि* इलहामी, दैवी, नबवी, पयंबरी, रसूली.

**पैग** = मद्य.
**पैग़ाम** = संदेश.
**पैग़ामबरी** = संदेशवहन.
**पैजनिया** = पाज़ेब.
**पैजनी** = पाज़ेब.
**पैज़ार** = जूता.
**पैट** = पालतू जीव.
**पैटरनल** = पैतृक.
**पैटर्न** = कढ़ाई, डिज़ाइन, रूटीन.
**पैटी कैश** = रोकड़ उचंत.
**पैटीशन** = याचिका.
**पैट्रन** = ऐंप्लायर, क्लायंट, ख़रीदार, गार्ज़ियन, सरपरस्त.
**पैट्रनेज** = क्लायंट वर्ग.
**पैट्रोल** = गश्ती पहरेदार.

**पैट्रोल** *सं* औइल, खनिज तेल, *गैस*, गैसलीन, *तेल*, पैट्रोलियम, •ईंधन गैस, •ग्रीज़, •मिट्टी तेल, •मोबिल औइल, •स्पिरिट.

**पैट्रोलियम** = पैट्रोल.
**पैट्रोलियम जैली** = ग्रीज़.
**पैट्रोलेटम** = ग्रीज़.

**पैठ** = अंतर्बोध, अंतर्व्याप्ति, गुणज्ञता, डुबकी, तलाश, प्रवेश, विवेचना.
**पैठन** = डाइविंग.
**पैठना** = आज़माना, चुभना, वेधना.

**पैठना** *क्रि घुसना*, ठुँसना, *धँसना*, पिलना, भीतर व्यापना, *व्यापना*, •आना, •वेधना.

**पैठा/पैठी** = अनुभवी, प्रौढ़, सुरंजित.
**पैठाना** = घोंप, घोंपना.
**पैठी** = खोजी.
**पैड** = आधार सूची, काग़ज़ पैड, टेबल मैट.
**पैडल** = पदाश्रय.
**पैडस्टल** = आधार.

**पैडस्टल** *सं* गोड़ा, चरण, टेक, पाद, पादस्तंभ, पाया, पावा, *पैर*, *स्तंभ*, •लमघोड़, •सीढ़ी डंडा.

**पैड़ी** = चौखट अधोकाष्ठ.

**पैड़ी** *सं* पायदान, पाया, सोपानपट, •ज़ीना, •पैडस्टल, •सीढ़ी.

**पैतरा** = शरीर मुद्रा.

**पैताना** *सं* अदवाइन, खाट पैताना, पायँत, पायँता, पायताना.

**पैतामह** = पैतृक.
**पैतृक** = प्राचीन.

**पैतृक** *वि* दादालाई, *दायागत*, पारिवारिक, पितामही, पितृ, पितृक, पितृवंशीय, पित्रागत, पुत्रपौत्रीण, पैटरनल, पैतामह, •आनुवंशिक, •मातृक.

**पैतृक घर** = ददिहाल.
**पैदल** = पदचर, पदचर, पैदल सैनिक.

**पैदल** *क्रिवि* अपने पैरों, पाँव पाँव, पाप्यादा, पैदल पैदल, पैयाँ, पैरों, प्यादापा, •घुटरियों, •पद प्रतिपद.

**पैदल चलन** = पदचर्या.
**पैदल चलना** = चलना.
**पैदल न चलना कर्म** = सवारी.
**पैदल पथ** = पगडंडी.

**पैदल पारपथ** *सं* क्रौसिंग, ज़ैब्रा क्रौसिंग, पारगमन मार्ग, पारपथ, •चौराहा, •पगडंडी, •भूमिगत पारपथ.

**पैदल पैदल** = पैदल.
**पैदल यात्रा** = पदयात्रा.
**पैदल यात्री** = पदयात्री.
**पैदल सिपाही** = पैदल सैनिक.
**पैदल सेना** = पदसेना.

**पैदल सैनिक** *सं* पद सैनिक, पदातिक, पदाती, पदी, पायिक, *पैदल*, पैदल सिपाही, प्यादा, *सिपाही*, *सैनिक*, •अश्व सैनिक.

**पैदा** = आय, उत्पादित, जन्मा/जन्मी, रचित.
**पैदाइश** = जन्म, स्रोत.
**पैदाइशी** = आनुवंशिक.
**पैदा करना** = उगाना, कमाना, जनना.
**पैदा करने वाला** = जनयिता.
**पैदावार** = उत्पाद.
**पैन** = क़लम.

**पैन** *सं* निब होल्डर, होल्डर, •तूलिका, •निब, •फ़ाउनटेन पैन, •फ़ैल्ट पैन, •बालपैन, •बालपैन रीफ़िल.

**पैननेम** = उपनाम.
**पैन फ्रैंड** = पत्रमित्र.
**पैनल** = बैंच.
**पैनस्टैंड** = क़लमदान.
**पैना** = अंकुश.
**पैना/पैनी** = कुशाग्रबुद्धि, चुभनशील, तीक्ष्ण, मार्मिक (उक्ति), व्यंग्यात्मक, सूक्तिवत.
**पैनिक** = आतंक.
**पैनिनशुला** = प्रायद्वीप.
**पैनी** = सिक्का सूची
**पैप्टिक** = पाचक औषध.
**पैबंद** = थेगली, पेड़ पौधा क़लम.
**पैबंदकारी** = क़लम लगाई.
**पैबंदी** = क़लमी.
**पैमक** = झालर.
**पैमाइश** = भूसर्वेक्षण, सर्वे.
**पैमाना** = पान पात्र, प्याला, फ़ुटा, मद्यपात्र, मानक, माप उपकरण.
**पैयाँ** = पैदल, पैर.
**पैर** = आधार सूची, डग, निम्नभाग, पैडस्टल, पैर पंजा.

**पैर** *सं* अधमांग, क़दम, कूल्हा-पादांगुल तक पैर, चरण, टाँग, पग, *पद*, पाँव, पा, पाद, पूरा पैर, पैयाँ, लात, •एड़ी, •घुटना, •चरणकमल, •जाँघ, •टखना, •पाज़ेब, •पिंडली, •हाथ.

**पैर उँगली** *सं* अग्रपाद, *उँगली*, तलांगुलि, पादशाखा, पादांगुली, •हाथ उँगली.

**पैर उँगली आभूषण** = बिछुआ.
**पैर उखड़ना** = लड़खड़ाना.
**पैरगाड़ी** = साइकिल.

**पैर चौकी** *सं* *पटरा*, पाँवदान, पादपीठ, पादासन, पायदान, फ़ुटस्टूल, •पदाधार, •पदाश्रय, •पापोश.

**पैर छुआई** = चरणस्पर्श.
**पैर टेक** = पदाश्रय.
**पैर धुलाई** = चरण प्रक्षालन.

**पैर पंजा** *सं* एड़ी-पादांगुल छोर तक पैर, क़दम, चरण, *पद*, पाँव, पाद, *पैर*, प्रपद, •हाथ पंजा, •खुर, •मौजे, ■सिर.

**पैर पड़ाई** = चरणस्पर्श.
**पैर में चक्कर** = घुमक्कड़ी.
**पैर रखने लायक़ जगह** = पदाधार.
**पैरवी** = प्रतिपादन, मंडन, सिफ़ारिश.
**पैरवीकार** = प्रतिपादक, मंडन कर्ता, समर्थक.
**पैर स्थिति** = शरीर मुद्रा.
**पैरांबुलेटर** = बच्चागाड़ी.
**पैराई** = तरण.
**पैराक** = तैराक.
**पैराकीट** = तोता.

**पैराग्राफ़** *सं* अनुच्छेद, कंडिका, *खंड*, *पारा*, भाव समष्टि, •प्रकरण.

**पैराट्रुप** = छत्रसेना.
**पैराट्रूपर** = छाता सैनिक, पैराशूटिस्ट.
**पैराना** = तैराना.
**पैरामीटर** = मानक.
**पैरालिसिस** = पक्षाघात.

**पैराशूट** *सं* *गुब्बारा*, छतरी, छतरी यान, नभयान से हवा में उतरने का गुब्बारा, हवाई छतरी, •गुब्बारा यान, •ग्लाइडर, •छाता, •वायुयान.

**पैराशूट सेना** = छत्रसेना.

**पैराशूटिस्ट** *सं* छाताधारी, पैराट्रूपर, हवाबाज़.

**पैरिस्कोप** *सं* *खोजी*, दर्शी, देखनी, परिदर्शी, परिवीक्षण यंत्र, प्रेक्षणी, •खुर्दबीन, •लैंस.

**पैरी** = दँवरी, पदाश्रय.
**पैरेलल बार** = डंडा घोड़ी.
**पैरों** = पैदल.
**पैरों चलना** = चलना.
**पैरों पड़ना** = गिड़गिड़ाना.
**पैरों पर** = खड़ा/खड़ी.
**पैरों में** = नीचे.
**पैरोकार** = प्रतिपादक, मंडन कर्ता, समर्थक.
**पैरोकारी** = प्रतिपादन, मंडन, समर्थन.

**पैरोडी** *सं* कविता या गीत की हास्य नक़ल, काव्य हास्य, नक़ल, हास्य कविता, •कविता.

**पैरोडीकार** = हास्य कवि.
**पैरोल** = परोल.
**पैलस्टाइन** = फ़िलीस्तीन.
**पैलेस** = महल, राजमहल.
**पैवस्त** = व्याप्त, संसिक्त.
**पैविलियन** = मंडप, शामियाना.
**पैवीलियन** = बरामदा.
**पैशाचिक** = निर्दय, प्रेतसाधक.
**पैसा** = करंसी, ख़ज़ाना, धन, संपत्ति, समृद्धि, सिक्का, सिक्का सूची

**पैसा** *सं* आना 1/6, रुपया.01.

**पैसा 100** = रुपया.
**पैसिफ़िक ओशन** = प्रशांत महासागर.
**पैसेंजर** = यात्री.
**पैसे वाला** = धनाढ्य, सेठ.
**पैसों का** = सशुल्क.
**पैसो** = सिक्का सूची
**पोंगली** = नलवा.
**पोंगा** = उपहास पात्र, नलवा, मंदधी, मूर्ख, रूढ़िवादी.
**पोंगा पंडित** = पाखंडी, रूढ़िवादी.
**पोंगापंथी** = पाखंडी, रूढ़िवादी.
**पोंगापन** = मूर्खता, रूढ़िवाद.
**पोंगी** = परछा.

**पोंछना** *क्रि* पोंछा लगाना, मिटाना, साफ़ करना, *हटाना*, •सुखाना, •स्वच्छ करना.

**पोंछा** *सं* कटका, कपड़ा, पोचारा, *पोता*, पोतारा, पौंछा, •जूना, •झाड़न, •झाड़ू, •स्क्वीजी, •स्पंज.

**पोंछाई** = झड़ाई.
**पोंछा लगाना** = पोंछना.
**पोंडा** = ईख.
**पोई** = अंकुर, पौद.
**पोखर** = जलाशय, जोहड़, तलैया.
**पोखरा** = कमलसर, जोहड़, तलैया.
**पोगंड** = अजातश्मश्रू.
**पोच** = अक्षम.
**पोचार** = लिपाई पुताई.
**पोचारा** = पोंछा.
**पोज़** = शरीर मुद्रा.
**पोज़ीशन** = मैरिट लिस्ट.
**पोट** = बंडल.
**पोटला** = बंडल.
**पोटली** = पैकेज, पैकेज सूची, बंडल, यात्रा आहार.
**पोटा** = पलक, हिजड़न.
**पोटा/पोटी** = अजातपक्ष शिशु पक्षी, नवजात पक्षी, पशु शिशु.
**पोटाश** = सज्जी.
**पोटाशियम** = रासायनिक उर्वरक, रासायनिक तत्त्व सूची.
**पोटाशियम बाइटार्टरेट** = टाटरी.
**पोडियम** = मंच.
**पोढ़ा/पोढ़ी** = बलिष्ठ.
**पोत** = जलयान, वस्त्र.

**पोत** *सं* जलपोत, जहाज़, पानी का जहाज़, *बेड़ा*, विमान, शिप, समुद्र पोत, समुद्री जहाज़, •नौसेना पोत, •यात्री पोत, •वाणिज्य पोत, •डैक, •नौका, •लंगर, •वायुयान.

**पोत घाट** = नौका घाट.
**पोत घाट अध्यक्ष** = घटवारिया.
**पोतड़ा** = रुमाली.
**पोतड़ों के दिन** = शैशव.
**पोतदार** = कोशाध्यक्ष.

**पोतना** = चुपड़ना, रँगना, लीपना.

**पोतनीस** *सं* कोठारी, *कोशाध्यक्ष*, ख़ज़ाँची, पर्सर, पोत भंडारी, *भंडारी*, •कोशाध्यक्ष, •विमान पर्सर.

**पोतने वाला** = आरंजन कर्मी.
**पोतपट** = नौका पाल.
**पोतपति** = पोताध्यक्ष.
**पोत बंधन स्थान** = लंगरगाह.
**पोत भंडारी** = पोतनीस.
**पोतला** = चीला, पराँठा.
**पोतवाह** = कर्णधार.
**पोत समूह** = बेड़ा.
**पोता** = पोंछा.

**पोता** *सं* नप्ता, नाती, पुत्र पुत्र, पौत्र, बेटा पुत्र, सूनु, •धेवता, •परपोता, •पुत्र, •पोती, ▪दादा, ▪दादी.

**पोता/पोतनी** = नवजात पशु.

**पोताध्यक्ष** *सं* अमीर, अमीरुल बहर, कप्तान, कमांडर, कैप्टेन, पोतपति, प्रधान पोतचालक, महानाविक, मास्टर, •कर्णधार, •जहाज़ी, •नाविक.

**पोता पुत्र** = परपोता.
**पोता पुत्री** = परपोती.
**पोतारा** = पोंछा.
**पोताश्रय** = बंदरगाह.

**पोती** *सं* नातिन, पुत्र पुत्री, पौत्री, प्रपुत्री, बेटा बेटी, सूनू, •पोता, ▪दादी.

**पोत्या** = बेड़ा.
**पोथी** = पुस्तक.

**पोदना** *सं* कूजना, पोदेना, वार्बलर.

**पोदना/पोदनी** = ठिंगना/ठिंगनी.
**पोदीना** = पुदीना.
**पोदेना** = पोदना.
**पोद्दार** = कोशाध्यक्ष.
**पोना** = बेलना.
**पोप** = धर्मज्ञानी.

**पोप** *सं* काथलिक महागुरु, *धर्मगुरु*, पापा, फ़ादर, महाचार्य, महापिता, महापोप, महाप्रभु, होली फ़ादर, •ख़लीफ़ा, •पादरी.

**पोपट** = तोता.
**पोपला/पोपली** = जर्जर वृद्ध.
**पोपली** = पीपनी.
**पोपलीला** = पाखंड.
**पोपवाद** = कैथलिक मत.
**पोपवादी** = कैथलिक मतावलंबी.
**पोप विरोध** = प्रोटैस्टैंट मत.
**पोमेड** = सुगंध लेप.
**पोया** = किशलय, नवजात पशु.
**पोया/पोई** = साँप शिशु.
**पोर** = अवयव संधि.
**पोरवा** = अवयव संधि, उँगली पोरवा.
**पोर्क** = शूकर मांस.
**पोर्च** = कार पोर्च, द्वारमंडप, प्रवेश द्वार.
**पोर्ट** = बंदरगाह.
**पोर्टफ़ोलियो** = अलबम, फ़ाइल.
**पोर्ट ब्लेयर** = अंडमान निकोबारः राजधानी.
**पोर्टर** = कुली.
**पोर्ट लूइस** = मारीशसः राजधानी.

**पोर्टहोल** *सं* *खिड़की*, *गवाक्ष*, गोल खिड़की, गोल रोशनदान, जहाज़ गोल खिड़की, •गवाक्ष, •रोशनदान.

**पोर्टिको** = कार पोर्च, द्वारमंडप.
**पोर्टेबल** = जेबी, वहनीय, हलका/हलकी.

**पोर्ट्रेट** *सं* *चित्र*, छवि, छविचित्र, तसवीर, *प्रतिबिंब*, प्रतिरूप, व्यक्तिचित्र, •आवक्ष मूर्ति, •पार्श्वचित्र, •फ़ोटोग्राफ़, •मध्यक.

**पोर्तूगाल** = पुर्तगाल.
**पोल** = अंतराल, गहराई माप, झूठ, पाखंड, पृथ्वी ध्रुव, प्रवेश द्वार, फाटक, बल्ली, महल्ला, शहतीर, शून्य स्थान.

**पोल** *सं* *कोटर*, खोखल, खोखला, छिद्रावकाश, थोथ, *पेट*, मोखा, विवर, *शून्य*, •छिद्र.

**पोल खुलाई** = रहस्य उद्घाटन.
**पोल खोलने वाला** = रहस्य उद्घाटक.
**पोला** = खोल.

**पोला** *सं* कैप, *खोल*, *टोपी*, •ढक्कन.

**पोला/पोली** = निर्बल, मोटा/मोटी.

**पोला/पोली** *वि* ख़ाली, खोखला/खोखली, घोंघा/घोंघी, छूँछा/छूँछी, थोथरा/थोथरी, *शून्य*, सुषिर.

**पोलिट ब्यूरो** = कार्यसमिति.
**पोलिटिकल साइंस** = राजनीति विज्ञान.
**पोलिया** = द्वारपाल, फाटक.

**पोलियो** *सं* इनफ़ैंटाइल पैरालिसस, बहुमज्जकीय शोथ, शिशु पक्षाघात.

**पोलोनीयम** = रासायनिक तत्त्व सूची.
**पोलो शर्ट** = स्वेटर.
**-पोश** = वाक्संयमी, वेशधारी.
**पोश** = चादर.
**-पोश (जैसेः तख़्तपोश, पलंगपोश)** = चादर.
**पोशाक** = नाट्यवेश, परिधान, वरदी, वेश.
**पोशीदा** = गुप्त.
**पोषक** = टोनिक, परपालक, रक्षक, शक्तिवर्धक, सरपरस्त, सुपाच्य, स्वास्थ्यप्रद.

**पोषक** *वि* अच्छा/अच्छी, ऊर्जाप्रद, पथ्य, पौष्टिक, प्राणद, बलवर्धक, *लाभप्रद*, शक्तिप्रद, *शक्तिवर्धक*, *सारपूर्ण*, सुपोषक, *स्वास्थ्यप्रद*, हितकारी, •विटामिन, •स्वास्थ्यप्रद, ▪कुपोषणकारी, ▪रोगकारक.

**पोषक औषध** = टोनिक.

**पोषण** *सं* खिलाई पिलाई, न्यूट्रीशन, परिपोषण, प्राणचय, बलवर्धन, *शक्तिवर्धन*, संपोषण, *सिंचन*, सुदृढ़न, सुपोषण, •आहार, •पालन पोषण, •विटामिन, •शक्तिवर्धन, •समृद्धन, •सरपरस्ती ▪कुपोषण.

**पोषण करना** = खिलाना.
**पोषण मिश्रित चारा** = सानी.
**पोषणहीन गरिष्ठ उपाहार** = जंक फूड.
**पोषणाभावग्रस्त** = कुपोषित.
**पोषध (बौद्ध)** = उपवास, उपवास दिवस.
**पोषामिन** = विटामिन.
**पोषिका** = गवर्नैस.

**पोषित** = दत्तक, पालित पोषित, सुपोषित.
**पोषिन** = विटामिन.
**पोसना** = खिलाना, पालना पोसना.
**पोसाइडन** = पीत ग्रह.
**पोस्ट** = डाक, पद, शाखा कार्यालय, सेना चौकी.
**पोस्ट आफ़िस** = डाकघर.
**पोस्टग्रैजुएट** = पोस्टग्रैजुएट उपाधि.

**पोस्टग्रैजुएट** *सं* ऐमए, निष्णात, मास्टर, स्नातकोत्तर, •कला स्नातक.

**पोस्टग्रैजुएट उपाधि** *सं पोस्टग्रैजुएट*, स्नातकोत्तर उपाधि, •स्नातक उपाधि.

**पोस्टपोनमैंट** = स्थगन.
**पोस्टपोन्ड** = स्थगित.
**पोस्टमार्टम** = शवपरीक्षा.
**पोस्टमैन** = डाकिया.

**पोस्टर** *सं* इश्तिहार, *घोषणा*, प्रचारपट्ट, प्राचीर विज्ञापन, प्लेकार्ड, विज्ञापन पत्र, •नोटिस बोर्ड, •पैंफ़लेट, •बैनर, •हैंडबिल.

**पोस्टल सर्विस** = डाकघर.
**पोस्टेज स्टैंप** = डाक टिकट.
**पोस्त** = अफ़ीम, चमड़ा, त्वचा.
**पोस्तदाना** = खसखस.
**पोस्ती** = अफ़ीमची, आलसी.
**पोस्तीन** = चर्म परिधान, फ़र.
**पोस्तीपन** = आलस.
**पोहर** = चरागाह.
**पोहा** = चिड़वा, जानवर, भेड़बकरी.
**पोहिया** = चरवाहा.
**पौंछा** = पोंछा.
**पौंटून** = बार्ज.
**पौंड** = जलाशय, पौंड (भार), सिक्का सूची

**पौंड** *सं* पाउंड, ब्रिटिश मुद्रा, स्टर्लिंग.

**पौंड (भार)** *सं* औंस अपोथेकैरी 12, औंस ऐवरडुपौय 16, औंस ट्रौय 12, ग्राम ऐवरडुपौय 453.59237, ग्रेन 7,000, *पौंड*, •तौल.

**पौंड (यूऐस) 2,000** = टन (भार).
**पौंड (यूके) 2,240** = टन (भार).
**पौंड 2.06** = सेर.
**पौंड 2.2046** = किलोग्राम.
**पौंड 2,204.623** = मीट्रिक टन.
**पौंड 220.4623** = क्विंटल.
**पौंड 82.28** = मन (भार).
**पौंडर्य** = पौधा.
**पौंड़ाना** = झुलाना.
**पौंडी** = पाँडिचेरि.
**पौंड्रक** = ईख.
**पौंढा** = ईख.
**पौंपौं** = बिगुल, हार्न.
**पौंरी** = खड़ाऊँ.
**पौंश्चल्य** = बहुगमन.
**पौंसरा** = प्याऊ.
**पौ** = पासा, प्याऊ, सूर्योदय.
**पौआ** = चिड़वा.
**पौक्स** = आतशक.
**पौज़िटिव** = फ़ोटो पौज़िटिव.
**पौज़िटिव फ़ोटो** = फ़ोटो पौज़िटिव
**पौट** = गमला, घड़ा, डिब्बा, बरतन.

**पौटरी** *सं* चीनी मिट्टी बरतन निर्माण, •आवाँ, •कुम्हारगीरी.

**पौटी** = विष्ठा.
**पौड़ना** = लेटना.
**पौढ़ना** = सोना.
**पौढ़ा** = ईख.
**पौढ़ा/पौढ़ी** = पक्व.
**पौढ़ाना** = सुलाना.
**पौतिक** = दुर्गंधपूर्ण.
**पौत्र** = पोता.
**पौत्री** = पोती.
**पौद** = अंकुर.

**पौद** *सं अंकुर*, छोटा नरम पौधा, निहाल, पनीरी, पेड़ी, पोई, पौध, बिरवा, •जड़, •पौधा, •बीज.

**पौद क्यारी** = नर्सरी.
**पौदगाह** = नर्सरी.
**पौद लगाना** = रोपना.
**पौदा** = पौधा.
**पौद्‌गल** = भौतिक.
**पौद्‌गलिक** = आत्मिक, भौतिकतावादी.
**पौध** = पौद, पौधा.
**पौधा** = वृक्ष.

**पौधा** *सं* निहाल, पादप, पौंडर्य, पौदा, पौध, बिरवा, बूटा, •गमला, •पौद, •वृक्ष.

**पौनःपुन्यं** = आवृत्ति.
**पौना** = पौनी.

**पौनी** *सं झरना*, पवना, पवनी, पौना, •कलछा, •छलनी, •पलटा.

**पौप** *वि* अक्लिष्ट, अगंभीर, अगरिष्ठ, अशास्त्रीय, *आम*, आमफ़हम, चलताऊ, चालू, पौपुलर, बाज़ारू, *रंगीन*, रसीला/रसीली, *रोचक*, *लोकप्रिय*, *सहज*, सुबोध्य, हलका/हलकी, •लोक (कला), ■गंभीर.

**पौपकौर्न** *सं* भुना मक्का दाना, मकई खील, मकई फुल्ली.

**पौपुलर** = पौप, लोकप्रिय.
**पौ फटते** = प्रातःकाल में.
**पौ फटे** = प्रातःकाल में.
**पौर** = नगरीय, नागरिक, प्रवेश द्वार, महापौर.
**पौरकन्या** = नगरवासिनी.
**पौरना** = तैरना.
**पौर मुख्य** = महापौर.
**पौरांगना** = नगरवासिनी.
**पौराण** = पुराणीय.
**पौराणिक** = ऐतिहासिक, पारंपरिक, पुराणीय, भूतकालीन, मिथकीय.
**पौराणिक कथा** = पुराण कथा.

**पौराणिक महाद्वीप सूची** *सं* कुशद्वीप, क्रौंचद्वीप, जंबुद्वीप, पुष्कर द्वीप, प्लक्षद्वीप, शकद्वीप, शाल्मलि द्वीप, •पौराणिक सप्तसागर सूची.

**पौराणिक वन उपवन सूची** *सं* काम्यक वन, चित्रकवन, जनस्थान वन, तुंगकारण्य, दंडकारण्य, द्वैतवन, नंदनवन, नैमिषारण्य, पंचवटी, ब्रह्मारण्य, मधुवन, लुंबिनी, वृंदावन, व्यासारण्य.

**पौराणिक सप्तसागर सूची** *सं* इक्षुसागर, क्षीरसागर, घृतसागर, जलसागर, दधिसागर, लवणसागर, सुरासागर, •पौराणिक महाद्वीप

सूची.

**पौरिक** = नगरवासी, नागरिक.

**पौरिणी** = नगरवासिनी.

**पौरी** = खड़ाऊँ.

**पौरुष** = क्षमता, दम, परिश्रम, प्रयास, मानवीय, वीरता, साहस.

**पौरुषहीन** = नपुंसक, प्रयासहीन.

**पौरुषी** = पुरुषीय.

**पौरुषेय** = आध्यात्मिक, पुरुषीय, पुरुषोचित, मानवनिर्मित, श्रमसाध्य.

**पौरुषेय धर्मग्रंथ** *सं* मानव कृत धर्मग्रंथ, •धर्मग्रंथ, ▪अपौरुषेय धर्मग्रंथ.

**पौरुष्य** = वीरता.

**पौर्णिमा** = पूर्णिमा.

**पौर्व** = पूर्वी, प्राचीन.

**पौर्वात्य** = पूर्वी.

**पौर्वापर्य** = कालक्रम.

**पौल** = जनमत संग्रह, निर्वाचन, मतदान, मार्ग.

**पौलस्ती** = शूर्पणखा.

**पौलस्त्य** = कुबेर.

**पौलिंग** = मतदान.

**पौलिनेशन** = परागण.

**पौलिपैक** = पैकेज.

**पौलियस्टर** = रासायनिक धागे और वस्त्र.

**पौलोम** = इंद्र.

**पौलोमी** = शची.

**पौष** = पौष मास, ☞ भारतीय मास सूची.

**पौष मास** *सं* तिष्य, पुष्य, पूष, पूस, पौष, पौष्य.

**पौष संक्रांति** = लोहड़ी.

**पौष्करिणी** = कमलसर.

**पौष्टिक** = पोषक, शक्तिवर्धक, स्वास्थ्यप्रद.

**पौष्टिक औषध** = टोनिक.

**पौष्य** = पौष मास.

**पौसला** = प्याऊ.

**प्याऊ** *सं* अहरी, चलंदरी, छबील, जलघर, धर्मार्थ जलघर, पनसाल, पानीघर, पौंसरा, पौ, पौसला, प्रपा, मार्गस्थित धर्मार्थ जलस्थान, सबील, •जल पान स्थान.

**प्याज़** = मसाला सूची, सागसब्ज़ी.

**प्याज़** *सं* कंद, काँदा, कृमिघ्न, *दुर्गंध*, पलांडु, महाकंद, •कंदमूल, •लहसुन.

**प्यादा** = चपरासी, पदचर, पैदल सैनिक, संदेशवाहक.

**प्यादापा** = पैदल.

**प्याना** = पिलाना.

**प्यार** = दुर्लालन, प्रेम, प्रेमपात्र/प्रेमपात्रा, लाड़.

**प्यार आना** = प्रेम करना.

**प्यार करना** = प्रेम करना.

**प्यार का नाम** = घर का नाम.

**प्यार भरा** = प्रेममय/प्रेममयी.

**प्यारा** = सुंदर.

**प्यारा/प्यारी** = अंतरंग, अनुग्रह पात्र, प्रिय, प्रेमपात्र/प्रेमपात्रा, लाड़ला/लाड़ली.

**प्यारा समझना** = प्रेम करना.

**प्यारी** = सुंदर स्त्री.

**प्याला** = कटोरा, पान पात्र, भिक्षा भांड, मद्यपात्र.

**प्याला** *सं* कप, चषक, जाम, पानपात्र, *पाली*, पैमाना, प्याली, •कटोरा, •कुल्हड़, •गिलास, •मग, •मद्यपात्र.

**प्याली** = कटोरी, पान पात्र, प्याला, मद्यपात्र.

**प्यास** = असंतोष, आसक्ति, इच्छा, लालसा, लोभ, वासना.

**प्यास** *सं* अनुतर्ष, तरसाव, तश्नगी, तृषा, तृष्णा, तौंस, पानेच्छा, पिपासा, पीने की इच्छा, •भूख, •लालसा, ▪तृप्ति, ▪संतोष.

**प्यासबुझाई** = तृषाशमन.

**प्यासा/प्यासी** = अतृप्त, असंतोषी, इच्छुक, जलहीन, लोभी, सूखा/सूखी.

**प्यासा/प्यासी** *वि* खुश्क, तरसता/तरसती, तृषाकातर, तृषित, तौंसा/तौंसी, पिपासित, पिपासु, रूखा/रूखी, शुष्क, सूखा/सूखी, •भूखा/भूखी, ▪तृप्त, ▪संतुष्ट.

**प्यासापन** = अतृप्ति.

**प्यूटर** = काँसा.

**प्यून** = चपरासी.

**प्यूपा** *सं* कुप्पक, कोशित कीट, कोशी, हेमकोश्या, •अंडा.

**प्योसर** = पीयूष.

**प्योसार** = पीहर.

**प्योसाल** = पीहर.

**प्रकंप** = भयकंप.

**प्रकंपन** = आँधी, कंपन, वायु, स्पंदन.

**प्रकंपित** = कंपनशील.

**प्रकट** = अगुप्त, अगोपनीय, अगोप्य, अनावृत, अभिव्यक्त, उदित, कथित, दृश्यमान, शब्दार्थिक, सर्वज्ञात, साकार, स्पष्ट.

**प्रकट** *वि* उघड़ा/उघड़ी, उभरा/उभरी, खुला/खुली, गोचर, ज़ाहिर, दृश्य, दृष्ट, निकला/निकली, नुमायाँ, *प्रकाशित*, प्रस्तुत, बरामद, विदित, विशद, व्यक्त, *स्पष्ट*, •अनावृत, •उदित, ▪अज्ञात, ▪आवृत, ▪कुहरित, ▪कूटबद्ध, ▪गुप्त.

**प्रकट करना** = कहना, दिखाना.

**प्रकट कर्ता** = रहस्य उद्घाटक.

**प्रकटतः** = खुले आम.

**प्रकटन** = अभिव्यंजन, उच्चारण, उदय, प्रदर्शन, सहसा आगमन, साहित्य सृजन.

**प्रकटना** *क्रि* *उगना*, उघड़ना, *उभरना*, *खुलना*, झलकना, दिखना, *निकलना*, प्रकट होना, प्रगटना, प्रत्यक्ष होना, *फूटना*, सामने आना, •दृश्य होना, ▪अंतर्धान होना, ▪अस्त होना, ▪छिपना.

**प्रकट होना** = प्रकटना.

**प्रकटा/प्रकटी** = उदित.

**प्रकटित** = अभिव्यक्त, कथित, लिखित (साहित्य).

**प्रकर** = गुच्छा, समूह.

**प्रकरण** = गौण कथा, संदर्भ.

**प्रकरण** *सं* कांड, *खंड*, प्रसंग, वाक्य समूह, *विषय*, *संदर्भ*, •अध्याय, •पैराग्राफ़, •संदर्भ.

**प्रकरणगत** = संदर्भीय.
**प्रकर्ष** = परिपूर्ण.
**प्रकर्षक** = चुंबकीय.
**प्रकल्पन** = प्रसंस्करण.
**प्रकल्पना** = परिकल्पना.
**प्रकल्पित** = उत्पादित, रचित.
**प्रकांड** = कंधा-कुहनी हाथ, बृहत्.
**प्रकांड पंडित** = विद्वान व्यक्ति.
**प्रकार** = कोटि, प्रक्रिया, शैली.
**प्रकाश** = चमक, ज्ञान, धूप.

**प्रकाश** *सं* अँजोरा, अर्क, आलोक, ईशान, उजाला, उजास, उजियाला, उज्ज्वलता, चाँदना, ज्योति, दीप्ति, द्युति, द्योत, नूर, प्रभा, रोशनी, लाइट, लास, *लोक*, शुचि, •किरण, •चमक, •चाँदनी, •दिन, •धूप, •सूर्योदय, ▪अंधकार, ▪रात.

**प्रकाशक** = अभिवक्ता, आलोकक, प्रकाशनालय.

**प्रकाशक** *सं* पत्र पुस्तक आदि प्रकाशक, पब्लिशर, •प्रकाशनालय.

**प्रकाशक नाम आदि** = पुस्तक अंत.
**प्रकाशक प्रतीक** = पुस्तक अंत.
**प्रकाश कर्ता** = सूर्य.
**प्रकाश किरण** = किरणस्तंभ.

**प्रकाश गति** *सं* किलोमीटर 3,00,000 प्रतिसैकंड.

**प्रकाश डालना** = दिखाना, समझाना, समझाना.
**प्रकाशद** = आलोकप्रद.
**प्रकाशदाता** = प्रबोधक.
**प्रकाशन** = अभिव्यंजन, आलोकन, ज्ञापन, पत्रिका, पुस्तक, प्रदर्शन, विज्ञापन, संस्करण.
**प्रकाशन गृह** = प्रकाशनालय.
**प्रकाशन स्वतंत्रता** = अभिव्यक्ति अधिकार.

**प्रकाशनार्थ** *क्रिवि* छपने के लिए, प्रकाशित होने के लिए.

**प्रकाशनालय** *सं* पब्लिशर्स, पब्लिशिंग हाउस, *प्रकाशक*, प्रकाशन गृह, •पत्रिका, •पुस्तक, •पुस्तक विक्रेता, •मुद्रक, •मुद्रणालय, •समाचार पत्र.

**प्रकाश परावर्तन** = मरीचिका.
**प्रकाश पिंड** = तारा.
**प्रकाशपुंज** = किरणस्तंभ.
**प्रकाशप्रद** = आलोकप्रद.
**प्रकाशभ्रम** = मरीचिका.
**प्रकाश मंडल** = तेजोमंडल.
**प्रकाश मणि** = प्रिज़्म.
**प्रकाशमान** = चमकदार.
**प्रकाशमुकुट** = तेजोमंडल.
**प्रकाश वर्ष 3.2616** = पारसैक.
**प्रकाश वर्ष पार** = दूरता उक्ति.
**प्रकाश वेग** = प्रकाश गति.
**प्रकाशस्तंभ** = महापुरुष.

**प्रकाशस्तंभ** *सं* आकाश दीप, दीपस्तंभ, *मार्गप्रदर्शक*, लाइटहाउस, •झाड़फ़ानूस, •ध्रुव तारा, •नौकायन, •बंदरगाह, •यातायात संकेत, •लैंप.

**प्रकाशहीन** = अंधकारपूर्ण, अंधा/अंधी.
**प्रकाशहीनता** = अंधकार.
**प्रकाशाभाव** = अंधकार.
**प्रकाशित** = अभिव्यक्त, आलोकित, प्रकट, प्रदर्शित, प्रसिद्ध, लिखित (साहित्य), सुदृश्य, स्पष्ट.

**प्रकाशित** *वि* उन्मोचित, छपा/छपी, *प्रचारित*, प्रसारित, *मुद्रित*, वितरित, शाया, •मुद्रित, ▪अप्रकाशित.

**प्रकाशित करना** = चमकाना.
**प्रकाशित होना** = चमकना.
**प्रकाशित होने के लिए** = प्रकाशनार्थ.
**प्रकाशोदय** = बोधोदय.
**प्रकिण्व** = ख़मीर.
**प्रकीर्ण** = अनुपूरक, बिखराव.
**प्रकीर्णन** = बिखराव.
**प्रकीर्तित** = प्रचारित, प्रसिद्ध.
**प्रकृत** = अकृषित (अनाज), अपौरुषेय, असली, प्राकृतिक, भौतिक.
**प्रकृति** = जलवायु, पदार्थ, स्वभाव.

**प्रकृति** *सं* *अदिति*, क़ुदरत, जननी, निसर्ग, नेचर, प्रकृति देवी, प्रकृति नटी, बाह्य जगत, *माया*, विश्व, सकल जननी, सर्ग, *सृष्टि*, •उपवन, •नदी, •पर्वत, •मेघ, •वनस्पति, •समुद्र, •स्वभाव, •हरियाली.

**प्रकृति अध्ययन** = दर्शन शास्त्र, विज्ञान.
**प्रकृति का विधान** = प्रारब्ध.
**प्रकृति चित्र** = लैंडस्केप चित्र.
**प्रकृति तीन गुण** = त्रिगुण.
**प्रकृति देवी** = प्रकृति.
**प्रकृति नटी** = प्रकृति.
**प्रकृति पूजा** = अनेकेश्वरवाद.
**प्रकृति विस्तार** = लैंडस्केप चित्र.
**प्रकृति संसार का मूल है** = सांख्यवाद.
**प्रकृष्ट** = उत्तम, परिपूर्ण.
**प्रकोप** = आँधी, ईश्वरीय संकट, उत्तेजना, क़हर, क्रोध.
**प्रकोष्ठ** = अग्रहस्त, कमरा, पहुँचा.
**प्रक्रम** = आरंभ, आरंभिक कर्म, प्रक्रिया.
**प्रक्रिया** = रैसिपी.

**प्रक्रिया** *सं* क़दम ब क़दम विधि, क़रीना, कल्प, कार्यकलाप, कार्य विधान, कार्यावली, *क्रम*, क्रम प्रक्रम, *क्रिया*, *चक्र*, तौरतरीक़ा, *नियम*, प्रकार, प्रक्रम, प्रगतिक्रम, प्रणाली, प्रौसीज़र, प्रौसैस, *मार्ग*, रास्ता, विधान, *विधि*, *व्यवस्था*, •कर्मकांड, •कैसे, •रूटीन.

**प्रक्रिया पुस्तक** *सं* कार्य निदेशिका, कार्यावली, कार्यिका, निदेशिका, नियमावली, निर्देशिका, प्रक्रियावली, मैनुअल, विधि पुस्तक, हिदायतनामा, हैंडबुक.

**प्रक्रियावली** = प्रक्रिया पुस्तक.
**प्रक्षालक** = धोबी, विशोधक.
**प्रक्षालन** = धुलाई.
**प्रक्षालनालय** = धुलाईघर.
**प्रक्षालयिता** = धोबी.
**प्रक्षालित** = धुला/धुली.
**प्रक्षालित करना** = धोना.
**प्रक्षितांश** = प्रक्षिप्तांश.
**प्रक्षिप्त करना** = फेंकना.
**प्रक्षिप्त पाठ** = प्रक्षिप्तांश.

**प्रक्षिप्त होना** = फिंकना.

**प्रक्षिप्तांश** *सं* क्षिप्त अंश, प्रक्षितांश, प्रक्षिप्त पाठ.

**प्रक्षेप** = फेंक.
**प्रक्षेपक** = प्रक्षेप्ता.

**प्रक्षेपण** *सं* आमोचन, उछालन, उत्क्षेपण, क्षेपण, प्रसर्जन, फिंकाई, फेंकन, मोक्षण, ●अधोक्षेपण, ●छलाँग, ●झुँकाई, ●बिखराव.

**प्रक्षेपण करना** = फेंकना.
**प्रक्षेपयिता** = प्रक्षेप्ता.

**प्रक्षेपास्त्र** *सं* अग्निबाण, उड़न तारपीडो, उड़न बम, क्षेपास्त्र, दूरगामी राकेट, प्रहेति, बालिस्टिक मिसाइल, मिसाइल, युद्धक राकेट, रौकेट, रौकेट, रौकेट बम, रौकेट बम, रौकेटास्त्र, सुर्रा, हवाई बाण, ●प्रक्षेपित वस्तु, ●युद्धाग्र.

**प्रक्षेप्ता** *सं* क्षेपक, क्षेप्ता, प्रक्षेपक, प्रक्षेपयिता, फेंकने वाला, विनिपाती.

**प्रखर** = चुभनशील, तीक्ष्ण, प्रबल, सहमतकारी, सूक्तिवत.
**प्रख्यात** = प्रचारित, प्रशंसित, प्रसिद्ध, लोकप्रिय.
**प्रख्याति** = प्रसिद्धि.
**प्रख्यापन** = ज्ञापन, प्रौपेगैंडा.
**प्रगंड** = कंधा-कुहनी हाथ.
**प्रगटना** = प्रकटना.
**प्रगणित** = गिना/गिनी.
**प्रगत** = उन्नत.
**प्रगति** = आरोग्य लाभ, उन्नति, प्रसार, विकास, सभ्यता, सुधार.

**प्रगति** *सं* अग्रगति, *अग्रगमन*, अग्रसरण, गति, बढ़ंत, बढ़त, बढ़न, बढ़ाव, वृद्धि, ●अग्रगमन, ●उन्नति, ●ओवरटेकिंग, ●विकास, ■अप्रगति, ■गतिरोध, ■पश्चगति, ■पिछड़न, ■बाधा.

**प्रगति इतिहास** = कैरियर.
**प्रगति काल** = उत्कर्ष काल.
**प्रगतिक्रम** = प्रक्रिया.
**प्रगति ग्राफ़** = कैरियर.
**प्रगतिरोध** = विकासरोध.
**प्रगतिरोधक** = स्पीड ब्रेकर.
**प्रगति वर्णन** = लौगबुक.
**प्रगतिवाद** = सुधारवाद.

**प्रगतिवाद** *सं* अग्रगामिता, तरक़्क़ीपसंदी, परिवर्तनवाद, प्रगतिशीलता, मार्क्सवाद, रोटीरोज़ीवाद, वामपंथ, ●समाजवाद, ●साम्यवाद, ●सुधारवाद, ■आदिसिद्धांतवाद, ■प्रतिक्रियावाद, ■रूढ़िवाद.

**प्रगतिवादी** = आधुनिकतावादी, साम्यवादी.

**प्रगतिवादी** *सं* अग्रगामी, तरक़्क़ीपसंद, परिवर्तनवादी, प्रगतिशील, प्रोग्रैसिव, लैफ़्टिस्ट, वामपंथी, ●क्रांतिकारी.

**प्रगतिशील** = प्रगतिवादी, प्रगामी, विकासशील.
**प्रगतिशीलता** = प्रगतिवाद.
**प्रगतिहीन** = गतिरुद्ध, परंपरावादीय, रूढ़िवादितापूर्ण.
**प्रगतिहीनता** = अप्रगति.
**प्रगल्भ** = दक्ष, धृष्ट, प्रतिभाशाली, प्रौढ़, संकोचहीन, हाज़िरजवाब.
**प्रगल्भता** = दक्षता, वाग्विलास, विद्वत्ता, हाज़िरजवाबी.
**प्रगाढ़** = अंतरंग, अमिट, गाढ़ा/गाढ़ी, संसिक्त, सघन.
**प्रगाता** = गायक.

**प्रगामी** *वि* अग्रगामी, अग्रसर, अग्रसर, अग्रसर, प्रगतिशील, बढ़ता/बढ़ती, ■पश्चगामी, ■फिसड्डी.

**प्रग्रह** = कंधा-कलाई हाथ.
**प्रचंड** = अजेय, असह्य, आक्रामक, उच्चस्वरीय, कोलाहलपूर्ण, क्रुद्ध, क्रोधी, गरम, चरपरा/चरपरी, तप्त, तीक्ष्ण, तूफ़ानी, द्रुत, प्रबल, भयानक, महाकाय, वन्य, शक्तिशाली.
**प्रचंडा** = दुर्गा.
**प्रचय** = ढेर, विविधा, संग्रह.
**प्रचल** = संचलनशील.
**प्रचलन** = आरंभ, प्रथा, फ़ैड, फ़ैशन, मुहावरा.

**प्रचलन** *सं* चलन, पंथ, *फ़ैशन*, रविश, रवैया, *संचलन*, ●परिपाटी, ●प्रथा, ●फ़ैशन, ■अप्रचलन.

**प्रचलित** = पारंपरिक, प्रवादित, फ़ैशनानुकूल, बिकाऊ, बोलचाल की (भाषा), रूटीनी, लोकप्रिय, वर्तमान, सामान्य.

**प्रचलित** *वि* अविलुप्त, चलता/चलती, चालू, जारी, मान्य, *रूटीन*, रूढ़, *लोकप्रिय*, *वर्तमान*, सर्वजनीन, सर्वमान्य, *साधारण*, *सामान्य*, स्टैंडर्ड, *स्वीकृत*, ●औसत, ●पारंपरिक, ■अप्रचलित, ■विशेष.

**प्रचलित कथा** = लोककथा.
**प्रचलित कर्ता** = प्रवर्तक.
**प्रचलित धन** = करंसी.
**प्रचलित नाम** = ट्रेडनेम.
**प्रचलित फ़ैशन** = फ़ैड.
**प्रचलित बोली** = जनभाषा.
**प्रचलित विधि** = परिपाटी.
**प्रचार** = प्रसार, प्रसिद्धि, प्रौपेगैंडा, विज्ञापन.

**प्रचार** *सं* जनसंपर्क, पब्लिसिटी, *प्रशंसा*, *प्रसार*, *प्रसिद्धि*, *प्रौपेगैंडा*, विख्यापन, *विज्ञापन*, *संचार*, ●डायरैक्ट मेल, ●नोटिस बोर्ड, ●मेलिंग लिस्ट, ●विज्ञापन पटल, ●साइन बोर्ड, ●दुष्प्रचार, ●पैंफ़लेट, ●पोस्टर, ●बैनर, ●ब्रोश्यर, ●मुनादी, ●सर्कुलर, ●हैंडबिल.

**प्रचारक** = अभिवक्ता, आंदोलनकारी, धर्म प्रचारक.

**प्रचारक** *सं* *अभिवक्ता*, क़सीदाख़्वाँ, गुणगायक, पब्लिसिस्ट, *प्रशंसक*, प्रैस एजैंट, स्तुतिगायक, स्तोता, ●उपदेशक, ●प्रशंसक, ■निंदक.

**प्रचारपट** = नोटिस बोर्ड.
**प्रचारपट्ट** = पोस्टर.
**प्रचारपत्र** = पैंफ़लेट.
**प्रचारात्मक** = मंडनात्मक.
**प्रचारित** = प्रकाशित.

**प्रचारित** *वि* *अभिनंदित*, उल्लिखित,

ख्यात, चर्चित, परिख्यात, प्रकीर्तित, प्रख्यात, *प्रशंसित*, प्रसारित, बहुश्रुत, महिमान्वित, महिमामंडित, सुप्रशस्त, स्तुत, •लोकप्रिय, •विज्ञापित, ■गुमनाम.

**प्रचालक** = प्रवर्तक.

**प्रचालन** = उद्‌घाटन, प्रवर्तन.

**प्रचालित** = आरंभित.

**प्रचालित्र** = स्टार्टर.

**प्रचुर** = अत्यधिक, समृद्ध, सुलभ.

**प्रचुरता** = बढ़ोतरी, समृद्धि.

**प्रचेता** = ऋषि सूची, बुद्धिमान.

**प्रचेय** = चयनीय.

**प्रचोदन** = उद्‌बोधन, प्रोत्साहन.

**प्रचोदित** = चालित.

**प्रच्छद** = आवरक वस्तु.

**प्रच्छदपट** = बुरक़ा.

**प्रच्छन्न** = अदृश्य, अनभिव्यक्त.

**प्रच्छन्नन** = गोपन.

**प्रच्छन्न भाव** = व्यंजनार्थ.

**प्रच्छादन** = गोपन.

**प्रच्युति** = धैर्यभंग.

**प्रजन** = जनन, प्रजाति, प्रसव.

**प्रजनक** = जनयिता.

**प्रजनन** = जनन, प्रजाति परिष्कार.

**प्रजननशील** = जननक्षम.

**प्रजनयिता** = जनयिता.

**प्रजयिता** = पिता.

**प्रजल्प** = गप, बकवास.

**प्रजव** = द्रुतवेग.

**प्रजवन** = दौड़ाकी.

**प्रजांतक** = यमराज.

**प्रजा** = जनता, जनसंख्या, जीव समष्टि, संतान.

**प्रजा** *सं* जन, रअय्यत, रय्यत, राजतंत्र नागरिक, रिआया, रैयत, *लोक*, *संतान*, •जनता, •जन साधारण, •राजा.

**प्रजाकार** = ब्रह्मा.

**प्रजातंत्र** = लोकतंत्र.

**प्रजातंत्रवाद** = लोकतंत्रवाद.

**प्रजातंत्रीय** = लोकतांत्रिक.

**प्रजाता** = प्रसूता.

**प्रजाति** = वंशज समष्टि.

**प्रजाति** *सं* अनुवंशीय जाति, आनुवंशिक जाति, *कोटि*, क़ौम, जगत, जनगण, *जाति*, जिंस, नस्ल, नृजाति, नृवंश, प्रजन, ब्रीड, *रंग*, *राष्ट्र*, रेस, *वंश*, •क़बीला, •गोत्र.

**प्रजाति परिष्कार** *सं* नस्ल सुधार, *परिष्कार*, प्रजनन, प्रवर्णन, ब्रीडिंग, संकरण, *सुधार*, •क्लोनन, •जन्म.

**प्रजातिवाद** *सं* अलगाववाद, असहनशीलता, जातपाँत, जातिवाद, जातीयता, भेदभाव, रंगभेद, वर्णभेद, संकुचित जाति भावना, •नात्सीवाद, •फ़ाशीवाद, •संप्रदायवाद.

**प्रजातिवादी** *सं* असमानतावादी, अस्पृश्यतावादी, जातिवादी, फ़िरक़ापरस्त, भेदभाववादी, •नात्सीवादी, •फ़ाशीवादी.

**प्रजातीय** = जातीय.

**प्रजादान** = जनन.

**प्रजाध्यक्ष** = दक्ष प्रजापति.

**प्रजानाथ** = दक्ष प्रजापति.

**प्रजा निषेक** = गर्भदान.

**प्रजापत** = हारसिंगार.

**प्रजापति** = आदम, दक्ष प्रजापति, ब्रह्मा, वंश प्रवर्तक, वैवस्वत मनु.

**प्रजापति** *सं* प्रजेश्वर, ब्रह्मा मानस पुत्र, युगाध्यक्ष, लोककर्ता, *स्रष्टा*, •कश्यप, •दक्ष प्रजापति.

**प्रजावती** = गर्भवती, संतानवती.

**प्रजावृद्धि** = बहुजनन, संतान जन्म.

**प्रजासत्ता** = लोकतंत्र.

**प्रजाहित** = जनहित, समाज सेवा.

**प्रजाहितैषी** = समाज सेवक.

**प्रजाहीन** = वंध्य.

**प्रजाहीना** = वंध्या.

**प्रजेश्वर** = प्रजापति, ब्रह्मा.

**प्रज़ेंट** = उपस्थित, उपहार.

**प्रज़ेंस** = उपस्थिति.

**प्रजोत्पादन** = जनन.

**प्रज्ञ** = ज्ञानी, दूरदर्शी, बुद्धिमान.

**प्रज्ञता** = बुद्धिमत्ता.

**प्रज्ञा** = अंतर्बोध, चेतन मन, बुद्धि, विवेक.

**प्रज्ञाचक्षु** = अंधा/अंधी.

**प्रज्ञात** = ज्ञात, प्रसिद्ध.

**प्रज्ञात्मा** = ज्ञाता.

**प्रज्ञा दंत** = अक्कल दाढ़.

**प्रज्ञान** = बोधोदय.

**प्रज्ञावान/प्रज्ञावती** = बुद्धिमान.

**प्रज्ञाशक्ति** = अंतर्बोध.

**प्रज्ञेय** = बोध्य.

**प्रज्वल** = जलता/जलती.

**प्रज्वलन** = अग्न्याधान, दहन.

**प्रज्वलित** = आलोकित, चमकदार, जलता/जलती.

**प्रज्वलित करना** = सुलगाना.

**प्रज्वलित्र** = अग्नित्र, लाइटर.

**प्रण** = वचन, शपथ, संकल्प, हठ.

**प्रण कर्ता** = वचनदाता, शपथ ग्रहीता.

**प्रणत** = झुका/झुकी.

**प्रणतपाल** = शरणदाता.

**प्रणति** = नति, विनमन.

**प्रणदित** = ध्वनिपूर्ण.

**प्रणमन** = नति, विनमन.

**प्रणय** = प्रेम.

**प्रणय कथा** = प्रेमकथा.

**प्रणय कलह** = प्रणय कोप.

**प्रणय कोप** *सं* *कलह*, कोप, प्रणय कलह, मदन कलह, मान, मान कलह, मान केलि, मान मनुहार, मान मनौवल, रूठाराठी, रूसारासी, लीला कलह, *हठ*, •तिरिया चरित्तर, ■मनुहार.

**प्रणयक्रीड़ा** = कामकेलि.

**प्रणयन** = आनयन, नेतृत्व, पहुँचाई, प्रवर्तन, संस्थापना.

**प्रणया** = प्रेमिका.

**प्रणयिनी** = पत्नी, प्रेमिका.

**प्रणयी** = प्रेमी, मित्र, विवाहकांक्षी.

**प्रणव** = ओम.

**प्रणाद** = आवाहन, गड़गड़, ध्वनि, योगध्वनि, शब्दब्रह्म.

**प्रणाम** = अभिवादन, नमस्कार.

**प्रणाली** = नहर, नाला नाली, नियम, परंपरा, परिपाटी, प्रक्रिया, विधि.

**प्रणाशक** = नाशकारी, हिंस्र.

**प्रणाशी** = नाशकारी.

**प्रणिधान** = ध्यान, प्रयास, समाधि.

**प्रणी** = पुरुषोचित, वचनदाता, शपथ

 (प्रा) प्राचीन शब्द, अब अप्रचलित - *तिरछे* शब्द स्वतंत्र शीर्षक भी हैं •सपर्याय ■विपर्याय

ग्रहीता, संकल्पशील.
**प्रणीत** = निदेशित, रचित, लाया/लाई, लिखित (साहित्य).
**प्रणेता** = प्रवर्तक, मार्गप्रदर्शक, लाने वाला, लेखक, संस्थापक, स्रष्टा.
**प्रणेय** = प्रेम्य.
**प्रणोदक** = भावोद्दीपन कर्ता.
**प्रणोदन उपकरण** = प्रौपलर.
**प्रणोदित** = चालित.
**प्रणोदित्र** = प्रौपलर.
**प्रतत** = तना/तनी.
**प्रतप्त** = गरम.
**प्रतर्क्य** = बुद्धिग्राह्य.
**प्रतल** = हथेली.
**प्रताड़ना** = डाँट.
**प्रताड़ना करना** = डाँटना.
**प्रताड़ित करना** = डाँटना.
**प्रतान** = लता, विस्तार.
**प्रताप** = वर्चस्व, वीरता.

**प्रताप** *सं* *अधिकार*, अमल, असर, *आतंक*, इक़बाल, क़ब्ज़ा, ग़लबा, चलती, चौधराहट, *छाप*, जलाल, ज़ोर, ठकुरायत, ताक़त, ताब, दबदबा, दौर दौरा, धाक, *पकड़*, पत, परताप, *पहुँच*, *प्रभाव*, प्रभाव क्षेत्र, *बस*, बित्ता, बूता, बोलबाला, *महत्त्व*, रसूख़, रुतबा, रोबदाब, *लोहा*, *वर्चस्व*, वश, शौर्य, सकत, साख, *सिक्का*, हुकूमत, •आतंक, •प्रतिष्ठा, •वीरता.

**प्रतापहीन** = अप्रतिष्ठित.
**प्रतापी** = महत्त्वाकांक्षी, महान.
**प्रति**= ओर, को, धारा के विपरीत, पुस्तक प्रति, लिए, विपरीत, सब को.
**प्रति29 वर्ष (कभी कभी)** = क्षयमास.
**प्रति41 वर्ष (सामान्यतः)** = क्षयमास.
**प्रतिअम्ल** = क्षार.
**प्रतिकर्म**= प्रतिक्रिया, व्यवहार.
**प्रतिकर्षक** = विकर्षक.
**प्रतिकर्षण** = घृणा.
**प्रतिकार** = प्रतिक्रिया, प्रतिशोध.
**प्रतिकारक** = प्रभावरोधक.
**प्रतिकाष्ठा** = ऐंटीक्लाईमैक्स.
**प्रतिकूल** = खंडनात्मक, परस्परविरोधी, विपरीत, विपर्यायवाची, विरुद्ध.
**प्रतिकूलता** = प्रतिद्वंद्विता.

**प्रतिकूल परिस्थिति** = कुयोग.
**प्रतिकृति** = कूटकृति, प्रतिलिपि.
**प्रतिक्रम** = अवरोह क्रम.
**प्रतिक्रमा** = प्रतिप्रदक्षिणा.

**प्रतिक्रांति** *सं* क्रांतिनाश, क्रांति विरोधी क्रांति, •प्रतिक्रियावाद.

**प्रतिक्रिया** = उत्तर, प्रतिशोध, प्रत्युत्तर.

**प्रतिक्रिया** *सं* अभिक्रिया, *उत्तर*, जवाब, प्रतिकर्म, प्रतिकार, *प्रत्युत्तर*, •कर्म, •कर्मफल, •परिणाम, •प्रतिशोध, •प्रत्याक्रमण, •प्रत्युत्तर, ▪कारण.

**प्रतिक्रियावाद** *सं* अपरिवर्तनवाद, दक्षिण पंथ, पश्चगामिता, पुरातन पंथ, प्रतिगामिता, यथास्थितिवाद, •पूँजीवाद, •प्रतिक्रांति, •रूढ़िवाद, •सामंतवाद, ▪प्रगतिवाद.

**प्रतिक्रियावादी** *सं* अपरिवर्तनवादी, दक्षिणपंथी, पुरातनपंथी, यथास्थितिवादी, रजअतपसंद, •अनुदार, •यथास्थिति वादी, •रूढ़िवादी, ▪क्रांतिकारी.

**प्रतिक्रियाहीन** = अनुभूतिहीन.

**प्रतिक्षितिज** *वि* अनुलंब, अनुलंबित, उठा/उठी, ऊपर से नीचे आता, खड़ा/खड़ी, गिरता/गिरती, नीचे से ऊपर जाता, प्रतिप्रस्थ, लंबित, *विलंबित*, सीधा/सीधी, •लंबरेखा, ▪अनुक्षितिज, ▪लेटा/लेटी.

**प्रतिक्षितिज रेखा** = लंबरेखा.
**प्रतिगति** = पिछड़न.
**प्रतिगतिक** = पश्चगामी.
**प्रतिगतिशील** = पश्चगामी.
**प्रतिगमन** = पिछड़न.
**प्रतिगमनशील** = पश्चगामी.
**प्रतिगामिता** = पिछड़न, प्रतिक्रियावाद.
**प्रतिगामी** = अवनतिशील, पश्चगामी.
**प्रतिगुंजन** = प्रतिध्वनि.

**प्रतिगुप्तचर** *सं* उभयवेतन, डबल एजेंट, डबल जासूस, भेदी का भेदी.

**प्रतिघटी** *वि* उलटा/उलटी, ऐंटीक्लाकवाइज़, बाएँ घूमता, वामावर्त, वामावर्ती, ▪अनुघटी.

**प्रतिघटी चक्रण** = प्रतिप्रदक्षिणा.
**प्रतिघटी परिक्रमा** = प्रतिप्रदक्षिणा.
**प्रतिघात** = प्रतिशोध, प्रत्याक्रमण.
**प्रतिच्छाया** = परछाईं.
**प्रतिछाया** = परछाईं, सादृश्य.
**प्रतिछायित** = सुरक्षित.
**प्रतिजल्प** = उत्तर.
**प्रतिजीवाणु** = ऐंटीबायोटिक, कीटाणुनाशक.
**प्रतिजैविक** = ऐंटीबायोटिक, कीटाणुनाशक.
**-प्रतिज्ञ** = वचनदाता.
**प्रतिज्ञा** = वचन, शपथ, संकल्प.
**प्रतिज्ञा कर्ता** = वचनदाता.
**प्रतिज्ञापत्र** = शपथपत्र.
**प्रतिज्ञा पालक** = संकल्पशील.
**प्रतिज्ञाभंग** = वचनभंग.
**प्रतितीसरे मास होने वाला** = त्रैमासिक.
**प्रतिदत्त** = आरक्षित.
**प्रतिदान** = कर्मफल, पारिश्रमिक, प्रत्युपकार.

**प्रतिदिन** *क्रिवि* अनुदिन, दिन प्रतिदिन, दैनंदिन, नित्य, नियमिततः, प्रत्याह्न, हर दिन, •बारंबार.

**प्रतिदिन होने वाला** = दैनिक.
**प्रतिद्वंदी** = विपक्षधर.
**प्रतिद्वंद्विता** = समान प्रतियोगिता.

**प्रतिद्वंद्विता** *सं* अड़ाअड़ी, अदाबदी, आँट, चढ़ाचढ़ी, परिस्पर्धा, पाला, प्रतिकूलता, प्रतिपक्षता, प्रतिस्पर्धा, बराबरी, बहसाबहसी, बेरुख़ी, मुक़ाबला, रीस, लगालगी, लड़ाई, विपक्षता, विरुद्धता, *विरोध*, सामना, स्पर्धा, हिर्स, हिर्साहिर्सी, होड़, होड़ाहोड़ी, •ईर्ष्या, •चुनौती, •प्रतियोगिता, •विरोध, •शत्रुता, ▪सहयोग.

**प्रतिद्वंद्वितापूर्ण** = प्रतियोगितात्मक.
**प्रतिद्वंद्वी** = खलनायक, प्रतियोगी, शत्रु.

**प्रतिद्वंद्वी** *सं* दुसरिहा, प्रतिपक्षी, प्रतिभट, *प्रतियोगी*, प्रतियोधी, बैरी,

रक़ीब, सपत्न, स्पर्धी, •खलनायक, •विपक्षधर, •शत्रु, ▪मददगार, ▪मित्र.

**प्रतिद्वंद्वीहीन** = अनुपम.
**प्रतिध्वनि** = गूँज.

**प्रतिध्वनि** *सं* अनुकंप, अनुगूँज, अनुनाद, अनुस्पंदन, *उत्तर*, गुंज, *गुंजन*, गुंजार, गुंजित ध्वनि, *गूँज*, जवाब, *झंकार*, टंकार, निनाद, प्रतिगुंजन, प्रतिनाद, बूम, •गूँज, •झंकार, •झनझनाहट, •ध्वनि.

**प्रतिध्वनित** = गुंजायमान.
**प्रतिध्वनिपूर्ण** = गुंजायमान.
**प्रतिध्वनि होना** = गूँजना.
**प्रतिनाद** = गूँज, प्रतिध्वनि.
**प्रतिनायक** = खलनायक.
**प्रतिनायिका** = खलनायिका.
**प्रतिनारी** = खलनायिका.
**प्रतिनिधि** = असिस्टैंट, ऐटर्नी, ख़लीफ़ा, दलाल, देवदूत, प्रवक्ता, विधायक, संदेशवाहक, संवाददाता, स्थानापन्न व्यक्ति.

**प्रतिनिधि** *सं अभिवक्ता*, गुमाश्ता, जन प्रतिनिधि, डिप्टी, डैपुटी, दूत, नुमाइंदा, पार्षद, प्रतिपुरुष (प्रा), प्रतिहस्तक (प्रा), प्रत्यामनाय (प्रा), *प्रवक्ता*, माध्यम, राजदूत, *रीजैंट*, *वकील*, *संदेशवाहक*, *सांसद*, •प्रवक्ता, •प्रेक्षक, •विधायक, •सांसद, •स्थानापन्न व्यक्ति.

**प्रतिनिधि चयन** = निर्वाचन.
**प्रतिनिधित्व** = दलाली, राजनय.
**प्रतिनिधि वक्ता** = प्रवक्ता.
**प्रतिनिधि शासक** = रीजैंट, वायसराय.
**प्रतिनिधीय** = लोकतांत्रिक.

**प्रतिपक्ष** *सं* अपरपक्ष, अपोज़ीशन, पराया पक्ष, विपक्ष, विरोध पक्ष, •राजनीतिक दल, ▪सत्तापक्ष.

**प्रतिपक्षता** = प्रतिद्वंद्विता, शत्रुता.
**प्रतिपक्षधर** = विपक्षधर.
**प्रतिपक्ष होने वाला** = पाक्षिक.
**प्रतिपक्षी** = खंडन कर्ता, प्रतिद्वंद्वी, विपक्षधर, विरोधी, शत्रु.
**प्रतिपण्य** = विक्रेय.

**प्रतिपत्ति** = प्रतिपादन, प्रमाण.

**प्रतिपदार्थ** *सं* ऐंटीमैटर, •अपदार्थ.

**प्रतिपन्न** = पूर्णकृत, प्रमाणसिद्ध.
**प्रतिपरीक्षा** = जिरह.
**प्रतिपल** = लगातार.
**प्रतिपादक** = उन्नायक, भाषणदाता.

**प्रतिपादक** *सं अभिवक्ता*, ऐडवोकेट, चैंपियन, पैरवीकार, पैरोकार, प्रस्तोता, प्रस्थापक, *वकील*.

**प्रतिपादन** *सं* उपपादन, ऐडवोकेसी, तर्क प्रस्तुति, निरूपण, पैरवी, पैरोकारी, प्रतिपत्ति, प्रमाण कथन, प्रस्तुति, प्रस्तुतिकरण, प्रस्थापना, *वकालत*, *संस्थापना*, सप्रमाण कथन, *समर्थन*, स्थापना, हिमायत, हेतूपक्षेप, हेतूपन्यास, •अनुमोदन, •मंडन, ▪आपत्ति, ▪खंडन, ▪विरोध.

**प्रतिपादनात्मक** = मंडनात्मक.
**प्रतिपाद्य** = प्रमाण्य.
**प्रतिपालक** = गार्ज़ियन, परपालक, परित्राता, रक्षक.
**प्रतिपालन** = कार्यान्विति, पालनपोषण.
**प्रतिपुरुष** = वायसराय, स्थानापन्न व्यक्ति.
**प्रतिपुरुष** = प्रतिनिधि.
**प्रतिपूर्ति** = क्षतिपूर्ति.
**प्रतिपृष्ठ** = विमुख.

**प्रतिप्रदक्षिणा** *सं* उलटी प्रदक्षिणा, प्रतिक्रमा, प्रतिघटी चक्रण, प्रतिघटी परिक्रमा, वामावर्तन, •चक्रावर्तन, ▪प्रदक्षिणा.

**प्रतिप्रदान** *सं* प्रत्यर्पण, फिरत, फिराई, लौटाई, लौटाव, वापसी, ▪प्रत्यादान.

**प्रतिप्रमाण्य** = खंडनीय.
**प्रतिप्रवाह** = धारा के विपरीत.
**प्रतिप्रस्थ** = प्रतिक्षितिज.
**प्रतिप्रहार** = प्रतिशोध, प्रत्याक्रमण.
**प्रतिप्रेषित करना** = लौटाना.
**प्रतिफल** = कथा फलागम, दंड, परिणाम, पारिश्रमिक, प्रत्युपकार.
**प्रतिबंध** = अनुशासन, अस्वीकृति, निषेधाज्ञा, बाधा.

**प्रतिबंध** *सं* अटक, अननुमति, *अस्वीकृति*, क़ैद, टोक, *नहीं*, *नियंत्रण*, निरोध, निषेध, पाबंदी, प्रतिषेध, बंदिश, बंदी, बंधन, *बाधा*, बैन, मनाही, मुमानिअत, रुकावट, रोक, रोकटोक, वंचन, वर्जना, •अमंत्रणा, •करफ़्यू, •निषेधाज्ञा, •वीटो, •सैंसरशिप, ▪अनिषेध, ▪अनुमति, ▪अप्रतिबंध, ▪हाँ.

**प्रतिबंधक** = अनुबंधकारी, गारंटर.

**प्रतिबंधपूर्ण** *वि* निरोधी, निषेधपूर्ण, निषेधात्मक, प्रतिबाधी, वर्जनात्मक, सप्रतिबंध, ▪अनुमत.

**प्रतिबंधहीन** = अप्रतिबंधित.
**प्रतिबंधित** = अनुबंधित, निषिद्ध, विवश.
**प्रतिबद्ध** = अनुबंधित, कटिबद्ध, सन्नद्ध, सावधान.
**प्रतिबद्धता** = निष्ठा.
**प्रतिबल** = समान प्रतियोगिता.
**प्रतिबाधित** = निषिद्ध.
**प्रतिबाधी** = अड़ंगेबाज़, प्रतिबंधपूर्ण.
**प्रतिबिंब** = चित्र, पुतला, पोर्ट्रेट, सादृश्य.

**प्रतिबिंब** *सं* अक्स, आभास, छाँह, *छाया*, दर्पण बिंब, परछाईं, प्रतिमा, बिंब, •छाया, •दर्पण, •परछाईं.

**प्रतिबिंबन** = अनुभाव.
**प्रतिबिंबित** = लगभग सदृश.
**प्रतिबोध** = स्मृतिलाभ.
**प्रतिबोधन** = उद्‌बोधन.
**प्रतिभट** = प्रतिद्वंद्वी.
**प्रतिभा** = प्रतिभाशाली बालक, प्रतिभाशाली व्यक्ति.

**प्रतिभा** *सं* ईश्वरीय देन, *क्षमता*, गुण, चतुरता, जन्मजात गुण, ज़हानत, जीनियस, ज़ेह्न, झुकाव, टेलैंट, *दक्षता*, नवनवोन्मेषशालिनी बुद्धि, *बुद्धि*, मेधा, सहज योग्यता, सामर्थ्य, •उत्पाद्य प्रतिभा, •कारयित्री प्रतिभा, •सहज प्रतिभा, •दक्षता, •बाल प्रौढ़ता.

**प्रतिभार** = पासंग.
**प्रतिभावान** = प्रतिभाशाली.

**प्रतिभाशाली** *वि* गुणी, ज़हीन,

जीनियस, *तीक्ष्ण*, तेज़, प्रगल्भ, प्रतिभावान, प्रमति, *बुद्धिमान*, मेधावी, लियाक़ती, समर्थ, सुधी, *सूक्ष्म*, •योग्य, •सक्षम.

**प्रतिभाशाली बालक** *सं* गुदड़ी का लाल, जीनियस, नौनिहाल, *प्रतिभा*, रुस्तम, होनहार, •छिपा रुस्तम, •प्रतिभाशाली व्यक्ति, •बाल प्रौढ़.

**प्रतिभाशाली व्यक्ति** *सं* उस्ताद, *कलाकार*, *जादूगर*, जीनियस, धुरंधर, पंडित, *प्रतिभा*, मनस्वी, *महारथी*, *मायावी*, मेधावी, *विदुर*, •छिपा रुस्तम, ▪मूर्ख.

**प्रतिभाहीन** *वि* अगुणी, *अदक्ष*, अनाप्त, अप्रतिभ, अमेधावी, *अयोग्य*, *कुंद*, निष्प्रतिभ, निस्तेज, *मंद*, माँदा/माँदी, मेधाहीन, हतप्रभ, हतौजा, •अयोग्य, ▪बहुगुणी.

**प्रतिभूति** = ज़मानत, बंधक दायित्व.

**प्रतिभूति** *सं* सीक्यूरिटी, •डिबैंचर, •शेयर.

**प्रतिमंडल** = तेजोमंडल.
**प्रतिमा** = चित्र, पुतला, प्रतिबिंब, प्रतिलिपि, प्रतीक, मूर्ति, सादृश्य, सुंदर स्त्री.
**प्रतिमात्मक** = चित्रात्मक.
**प्रतिमा परिचारक** = पुजारी.
**प्रतिमास होने वाला** = मासिक.
**प्रतिमुख** = अभिमुख.
**प्रतिमूर्ति** = पुतला.
**प्रतियाँ निकालना** = छापना.
**प्रतियाँ बनाना** = छापना.
**प्रतियुद्ध** = प्रतिरोध.
**प्रतियोग** = मंत्र काट.
**प्रतियोगिता** = खेल प्रतियोगिता, शत्रुता.

**प्रतियोगिता** *सं* अहंप्रथमिका, ईर्ष्या, उपराउपरी, उपराचढ़ी, कंपीटीशन, *खेल*, चढ़ाचढ़ी, जोट, जोड़, *टक्कर*, दंगल, प्रतिस्पर्धा, बढ़ाबढ़ी, बदाबदी, बराबरी, बहसाबहसी, मुक़ाबला, *मुठभेड़*, मैच, लड़ाई, *विरोध*, शक्तिपरीक्षा, *संघर्ष*, संस्पर्धा, सामना, स्पर्द्धा (विकल्प), स्पर्धा, हिर्स, होड़, होड़ाहोड़ी, •अंताक्षरी, •आपाधापी, •कुश्ती, •चुनौती, •प्रतिद्वंद्विता, •रस्साकशी, •वैमनस्य, •संघर्ष, ▪सहयोग.

**प्रतियोगितात्मक** *वि* तनावपूर्ण, दुश्मनाना, प्रतिद्वंद्वितापूर्ण, प्रतियोगितापूर्ण, *शत्रुतापूर्ण*, सपत्नीत्वपूर्ण, सप्रतिद्वंद्विता, सौतिया, •कठिन, •चुनौतीपूर्ण, •स्वार्थपूर्ण, ▪अप्रतियोगितात्मक.

**प्रतियोगितापूर्ण** = प्रतियोगितात्मक, स्वार्थपूर्ण.
**प्रतियोगी** = निर्वाचन प्रत्याशी, प्रतिद्वंद्वी, शत्रु.

**प्रतियोगी** *सं* अखड़ैत, कंपीटीटर, दंगली, द्वेषी, पट्‌ठा, *प्रतिद्वंद्वी*, प्रतियोधी, प्रतिरोधी, मल्ल, *विरोधी*, *शत्रु*, *सानी*, सामने वाला, •विपक्षधर.

**प्रतियोगीहीन** = अनुपम.
**प्रतियोधी** = प्रतिद्वंद्वी, प्रतियोगी.
**प्रतिरक्षक** = रक्षक, शरणदाता.
**प्रतिरक्षण** = दुर्गीकरण, वारण.
**प्रतिरक्षा** = रक्षा.
**प्रतिरुद्ध** = अवरुद्ध.
**प्रतिरूप** = क्लोनित जीव, चित्र, पोर्ट्रेट, मूर्ति.
**प्रतिरूपक** = पुतला.
**प्रतिरूपजनन** = क्लोनन.
**प्रतिरूपता** = सादृश्य.
**प्रतिरोध** = आपत्ति, गुरिल्ला युद्ध, बाधा, विरोध.

**प्रतिरोध** *सं* अपलायन, अविचलन, *अस्वीकृति*, आक्रमण रोध, जवाब, जूझ, ज़ोर आज़माइश, टकराव, *टक्कर*, पलायन अभाव, प्रतियुद्ध, *बाधा*, मुक़ाबला, रोध, *लोहा*, *विरोध*, *संघर्ष*, सामना, •गतिरोध, •प्रत्याक्रमण, ▪आक्रमण, ▪पलायन, ▪सहयोग.

**प्रतिरोधक** = विरोधी.
**प्रतिरोधन** = वारण.
**प्रतिरोधपूर्ण** = अपराजित.
**प्रतिरोधात्मक** = अवरोधात्मक.
**प्रतिरोधी** = प्रतियोगी, वारक, विरोधी.
**प्रतिरोपण** = रोपण.
**प्रतिलब्ध** = पुनर्प्राप्त.
**प्रतिलब्ध होना** = ढूँढ़ना.
**प्रतिलिपि** = क्लोनित जीव, डाटा बैकअप, फ़ैक्स.

**प्रतिलिपि** *सं* *अनुकृति*, अनुलिपि, कापी, *छाप*, डूप्लीकेट, नक़ल, प्रतिकृति, प्रतिमा, मिसाल, •अनुकरण, •कार्बन पेपर, •ट्रेसिंग, •प्रतिलिपित्र, ▪पांडुलिपि, ▪मौलिक कृति.

**प्रतिलिपि उपकरण** = प्रतिलिपित्र.

**प्रतिलिपिक** *सं* कातिब, नक़लकार, नक़लनवीस, प्रतिलिपिकार, •टाइपिस्ट, •लिपिकार, •सुलेखक.

**प्रतिलिपिकरण** = मुद्रण.
**प्रतिलिपिकार** = प्रतिलिपिक.

**प्रतिलिपित्र** *सं* कापीइंग मशीन, प्रतिलिपि उपकरण, प्रतिलिपि यंत्र, प्रतिलिपि यंत्र उपकरण, •अनुलिपित्र, •प्रतिलिपि, •फ़ोटोस्टैट, •साइक्लोस्टाइल.

**प्रतिलिपित्र सूची** *सं* कारबन पेपर, ज़ैराक्स (ट्रेड मार्क), डूप्लीकेटर, प्रिंटर, फ़ोटोकापीअर, फ़ोटोस्टैट मशीन, मीमियोग्राफ़र, साइक्लोस्टाइल मशीन, स्टैंसिल पेपर, स्टैंसिल पैन.

**प्रतिलिपि यंत्र** = प्रतिलिपित्र.
**प्रतिलिपि यंत्र उपकरण** = प्रतिलिपित्र.
**प्रतिलोम** = अवरोहक्रमिक, खंडनात्मक, धारा के विपरीत, परस्परविरोधी, बाँया/बाँई, विपर्यायवाची.
**प्रतिलोम क्रम** = अवरोह क्रम.
**प्रतिवक्ता** = व्याख्याता.
**प्रतिवचन** = उत्तर.
**प्रतिवात** = धारा के विपरीत.
**प्रतिवाद** = खंडन.
**प्रतिवादपूर्ण** = खंडनात्मक.
**प्रतिवादात्मक** = खंडनात्मक.
**प्रतिवादी** = अभियुक्त, आरोपित व्यक्ति, विपक्षधर, शत्रु.

**प्रतिवादी** *सं* *अभियुक्त*, आरोप उत्तरदाता, उत्तरदाता, उत्तरवादी, प्रत्यर्थी, मुद्दालेह, विपक्षी, ■अभियोगी.

**प्रतिविकास** = अवनति.
**प्रतिविष** = विषघ्न.
**प्रतिवेदन** = निवेदन.
**प्रतिवेशी** = पड़ोसी.
**प्रतिवैर** = प्रतिशोध.
**प्रतिशंका** = अविश्वास.

**प्रतिशत** *क्रिवि* परसैंट, फ़ी सदी, फ़ी सैकड़ा, सैकड़े, सौ में, ●दर से, ●शत प्रतिशत.

**प्रतिशासक** = रीजैंट.

**प्रतिशोध** *सं* अक्षमा, आँख के बदले आँख, इंतकाम, ईंट का जवाब पत्थर, *उत्तर*, जवाब, जैसे को तैसा, पलटवार, प्रतिकार, *प्रतिक्रिया*, प्रतिघात, प्रतिप्रहार, प्रतिवैर, प्रतिहिंसा, प्रत्यपकार, *प्रत्युत्तर*, बदला, बराबरी, वैरशुद्धि, सज़ा, *हिंसा*, हिंसा प्रतिहिंसा, ●प्रत्याक्रमण, ■क्षमा.

**प्रतिशोधपूर्ण** = क्षमाहीन.
**प्रतिशोधहीन** = क्षमाशील.
**प्रतिशोधी** = शत्रु.
**प्रतिश्या** = ज़ुकाम.
**प्रतिश्याय** = ज़ुकाम.
**प्रतिश्रुत** = प्रसिद्ध.
**प्रतिश्रुति** = गूँज.
**प्रतिषेद्धा** = खंडन कर्ता.
**प्रतिषेध** = अस्वीकृति, खंडन, प्रतिबंध.
**प्रतिष्ठा** = कीर्तिस्व, नियुक्ति, प्रशंसा, प्रसिद्ध व्यक्ति, प्रसिद्धि, संस्थापना, सम्मान.

**प्रतिष्ठा** *सं* अज़मत, असमत, आनबान, ऐश्वर्य, औक़ात, *क़द*, क़द्र, गौरव, ग्लैमर, जलाल, ठाट, तेज, धाक, *नाम*, पूछ, बड़प्पन, *बात*, बिरता, बिसात, मरतबा, *महानता*, महिमा, मान, मानमर्यादा, मानसम्मान, मान्यता, माहात्म्य, *मूँछ*, रुतबा, रोब, लोकछवि, *वर्चस्व*, शान, *सम्मान*, साख, *सिक्का*, हवा, हस्ती, हैसियत, ●प्रताप, ●प्रभाव, ●महत्त्व, ●लोकप्रियता, ●स्वाभिमान, ■अप्रतिष्ठा, ■बदनामी.

**प्रतिष्ठाक्षत** = वैभवखंडित.
**प्रतिष्ठान** = संस्था.
**प्रतिष्ठापक** = संस्थापक.
**प्रतिष्ठा पत्र** = अभिनंदन पत्र.
**प्रतिष्ठापन** = मूर्ति स्थापना.
**प्रतिष्ठापना** = मंदिर प्रतिष्ठापना, संस्थापना.
**प्रतिष्ठापित** = संस्थापित.
**प्रतिष्ठा वृद्धि** = उत्कर्ष काल.
**प्रतिष्ठाहानि** = अपमान.
**प्रतिष्ठाहीन** = अप्रतिष्ठित.
**प्रतिष्ठित** = ऋणयोग्य, प्रशंसित, प्रसिद्ध, महत्त्वपूर्ण, महान, लोकप्रिय, विशेष, संस्थापित, स्थित.

**प्रतिष्ठित** *वि* अग्रगण्य, अभिज्ञात, असरदार, आबरूदार, *आला*, इज़्ज़तदार, उच्च, उद्भट, ऊँचा/ऊँची, गणमान्य, गण्य, गरामी, गरिमाशाली, गौरवपूर्ण, गौरवमंडित, गौरवान्वित, जाना माना/जानी मानी, नामदार, नामीगिरामी, *प्रभावशाली*, *प्रसिद्ध*, बड़ा/बड़ी, बहुमान्य, मरतबेदार, महत्, महामान्य, महिमान्वित, महिमामंडित, माननीय, मान्य, रुतबेदार, लोकमान्य, सुर्ख़रू, हैसियतदार, ●प्रतापशाली, ●लोकप्रिय, ■महत्त्वहीन, ■विस्मृत.

**प्रतिष्ठितता** = विद्वत्ता.
**प्रतिष्ठित व्यक्ति** = प्रसिद्ध व्यक्ति.
**प्रतिसंगी** = पिछलग्गू.
**प्रतिसंधि** = युगसंधि.
**प्रतिसंहार** = उपसंहार.
**प्रतिसप्ताह होने वाला** = साप्ताहिक.
**प्रतिसरण** = पिछड़न.
**प्रतिस्थापना** = क्रांति.

**प्रतिस्थापना** *सं* अदलबदल, अदलाबदला, अदलाबदली, अलटापलटी, परस्पर स्थान परिवर्तन, परस्पर स्थानांतरण, *स्थान परिवर्तन*, *स्थानांतरण*, ●पुनर्स्थापना, ●विस्थापन, ●स्थानांतरण.

**प्रतिस्नात** = नहाया/नहाई.
**प्रतिस्पर्धा** = ईर्ष्या, खेल प्रतियोगिता, प्रतिद्वंद्विता, प्रतियोगिता.
**प्रतिस्वन** = गूँज.
**प्रतिहनन** = प्रत्याक्रमण.
**प्रतिहस्तक** = प्रतिनिधि.
**प्रतिहार/प्रतिहारी** = द्वारपाल.
**प्रतिहार्य** = जादूगरी.
**प्रतिहिंसा** = प्रतिशोध.
**प्रतीक** = अंक, ध्वज, पुतला, प्रथमाक्षरी नाम (जैसे: संरासं - संयुक्त, स्मृतिचिह्न.

**प्रतीक** *सं* इनसिग्निया, ऐंब्लम, केतन, *चित्र*, *चिह्न*, टोकन, निशान, निशानी, पताका, पहचान, प्रतिमा, प्रतीक चिह्न, बिंब, मोनोग्राम, *लेबल*, लोगो, वैजयंती, सिंबल, ●काव्य बिंब, ●ध्वज.

**प्रतीक चिह्न** = प्रतीक.
**प्रतीकाक्षर** = प्रथमाक्षरी नाम (जैसे: संरासं - संयुक्त.

**प्रतीकात्मक** *वि* चिह्नात्मक, टोकन, प्रतीकीय, बिंबात्मक, लाक्षणिक, व्यंजनात्मक, सांकेतिक, ●वर्णनात्मक, ●संकेतात्मक.

**प्रतीकीय** = प्रतीकात्मक.
**प्रतीक्ष** = प्रतीक्षारत.
**प्रतीक्षक** = प्रतीक्षा कर्ता.
**प्रतीक्षक पंक्ति** = क्यू.
**प्रतीक्षा** = क्यू, घात, प्रत्याशा.

**प्रतीक्षा** *सं* *अपेक्षा*, *आशा*, आस, आसरा, इंतज़ार, इच्छा, उम्मीद, जोह, तवक़्क़ो, दर्शनाभिलाषा, *प्रत्याशा*, *बाट*, राह, वेटिंग, ●घात, ■अप्रतीक्षा, ■मुलाक़ात, ■विदा, ■स्वागत.

**प्रतीक्षा कक्ष** = वेटिंग रूम.

**प्रतीक्षा कर्ता** *सं* इंतज़ारी, दर्शनाभिलाषी/दर्शनाभिलाषिणी, प्रतीक्षक, प्रतीक्षी, मिलन अभिलाषी/मिलन अभिलाषिणी,

मिलनाकांक्षी/मिलनाकांक्षिणी, मिलनाभिलाषी/मिलनाभिलाषिणी.

**प्रतीक्षाकुल** = प्रतीक्षारत.
**प्रतीक्षातुर** = प्रतीक्षारत.

**प्रतीक्षारत** *वि* अपेक्षी, पथ निहारता, प्रतीक्ष, प्रतीक्षाकुल, प्रतीक्षातुर, प्रतीक्षाशील, बेक़रार, बेचैन, बेताब, मुंतज़िर, विकल, ●वियोगी.

**प्रतीक्षालय** *सं* प्रतीक्षा हाल, मुसाफ़िरख़ाना, ●ड्राइंगरूम, ●लौबी, ●वेटिंगरूम.

**प्रतीक्षाशील** = प्रतीक्षारत.
**प्रतीक्षा हाल** = प्रतीक्षालय.
**प्रतीक्षित** = नियमित, प्रत्याशित.

**प्रतीक्षित** *वि* अपेक्षित, *प्रत्याशित*, संभावित, ●आगामी, ●आसन्न, ■अनपेक्षित, ■अप्रतीक्षित, ■आगत.

**प्रतीक्षी** = प्रतीक्षा कर्ता.
**प्रतीची** = पश्चिम दिशा.
**प्रतीत** = अनुभूत, ज्ञात.
**प्रतीतमान** = लगभग सदृश.
**प्रतीति** = अनुभूति, ज्ञान, भ्रम, रसानुभूति.
**प्रतीप क्रम** = उलटी गिनती.
**प्रतीप वचन** = खंडन.
**प्रतीपात्मक** = खंडनात्मक.
**प्रतीयमान** = लगभग सदृश.
**प्रतोली** = मुख्य सड़क.
**प्रत्यंग** = उपांग.
**प्रत्यंगिरा** = ऋषि सूची.

**प्रत्यंचा** *सं* कौर्ड, गव्या, गुण, चापकर्ण, चिल्ला, जीवा, ज्या, *डोरी*, धनुर्ज्या, धनुष डोरी, शिंजिनी, ●चक्रचाप, ●वक्र, ●व्यास.

**प्रत्यंत** = परिक्षेत्र, सीमारेखा, सीमावर्ती, सीमेतर क्षेत्र.
**प्रत्यंत क्षेत्र** = सीमेतर क्षेत्र.
**प्रत्यंतर** = सीमेतर क्षेत्र.
**प्रत्यंतीय** = परिक्षेत्रीय.
**प्रत्यक् चेतन** = परमपुरुष.
**प्रत्यक्ष** = दृश्यमान, प्रत्यक्ष दृष्ट, यथार्थ, साकार.
**प्रत्यक्षतः** = खुले आम, देखते देखते.

**प्रत्यक्षदर्शी** *सं* अपनी आँखों देखने वाला, आँखों देखने वाला, उपद्रष्टा, कर्मसाक्षी, चश्मदीद, चश्मदीद गवाह, द्रष्टा, प्रत्यक्ष द्रष्टा, प्रत्यक्ष साक्षी, शाहिद, साक्षात्कर्ता, साक्षी, ●गवाह, ●तमाशबीन, ●दर्शक.

**प्रत्यक्ष दृष्ट** *वि* अपरोक्ष, आँखों देखा/आँखों देखी, आँखों देखी, चश्मदीद, दृष्ट, प्रत्यक्ष, *स्पष्ट*, हस्तामलकवत्.

**प्रत्यक्ष द्रष्टा** = प्रत्यक्षदर्शी.
**प्रत्यक्षवाद** = चार्वाकवाद.

**प्रत्यक्ष साक्ष्य** *वि* आँखों देखी, चश्मदीद.

**प्रत्यक्ष से अप्रत्यक्ष ज्ञान** = अनुमान.
**प्रत्यक्ष होना** = प्रकटना.
**प्रत्यपकार** = प्रतिशोध.
**प्रत्यपकारी** = क्षमाहीन.
**प्रत्यभिज्ञा दर्शन** = अद्वैतवाद.
**प्रत्यभिज्ञान** = स्मृतिलाभ.
**प्रत्यम्ल** = क्षार.
**प्रत्यय** = ज्ञान, बोध.

**प्रत्यय** *सं* अंतसर्ग, परसर्ग, ●व्याकरण, ■उपसर्ग.

**प्रत्यर्थी** = प्रतिवादी.
**प्रत्यर्पण** = प्रतिप्रदान, प्रत्युपकार.
**प्रत्यवलोकन** = पुनर्विचार, विहंगावलोकन.

**प्रत्याक्रमण** *सं* *उत्तर*, जवाब, जवाबी मार, जवाबी हमला, पलटवार, प्रतिघात, प्रतिप्रहार, प्रतिहनन, प्रत्याघात, बदला, ●प्रतिरोध, ●प्रतिशोध, ■पलायन.

**प्रत्याख्यान** = खंडन.
**प्रत्यागत** = पुनरागत.
**प्रत्यागमन** = पुनरागमन.
**प्रत्याघात** = प्रत्याक्रमण.

**प्रत्यादान** *सं* निवर्तन, पुनरादान, पुनरालंभ, प्रत्युद्धरण, फिर लेना कर्म, वापसी, विनिवर्तन, ■प्रतिप्रदान.

**प्रत्यादिष्ट** = निरस्त.
**प्रत्यादेश** = आज्ञा.
**प्रत्यादेशी** = वर्जयिता.
**प्रत्याभूति** = गारंटी.
**प्रत्याभूतिदाता** = गारंटर.
**प्रत्यामनाय** = प्रतिनिधि.
**प्रत्यायित** = अधिकृत, सत्यापित.
**प्रत्यारंभ** = पुनरारंभ.
**प्रत्यारोपण** = साधारणीकरण.
**प्रत्यावृत्ति** = आवृत्ति.
**प्रत्याशा** = अपेक्षा, आशा, प्रतीक्षा.

**प्रत्याशा** *सं* *अपेक्षा*, उम्मीद, चाह, पूर्वकल्पना, पूर्वधारणा, पूर्वसंभावना, *पूर्वानुमान*, पूर्वापेक्षा, पूर्वाशा, *प्रतीक्षा*, मुराद, सपना, ●संभावना, ■असंभावना.

**प्रत्याशा कर्ता** *सं* अपेक्षी, आशी, उम्मीदवार, प्रत्याशी, वांछी, ●आवेदक, ●निर्वाचन प्रत्याशी.

**प्रत्याशानुकूल** = प्रत्याशित.
**प्रत्याशित** = अनुमानित, इच्छित, नियमित, पर्याप्त, पूर्वविचारित, प्रतीक्षित.

**प्रत्याशित** *वि* अग्रचिंतित, *अनुमानित*, अपेक्षित, *आगामी*, इच्छानुकूल, कल्पित, पूर्वकल्पित, पूर्वानुमानित, *प्रतीक्षित*, प्रत्याशानुकूल, भावी, ●आगामी, ●प्रतीक्षित, ●संभव, ■अनपेक्षित.

**प्रत्याशी** = आवेदक, निर्वाचन प्रत्याशी, प्रत्याशा कर्ता.
**प्रत्यासंग** = पुनर्मिलन.
**प्रत्याहत** = अस्वीकृत.
**प्रत्याहार** = योगांग.
**प्रत्याह्न** = प्रतिदिन.
**प्रत्युक्ति** = उत्तर.
**प्रत्युत** = बल्कि.
**प्रत्युत्कर्ष** = ऐंटीक्लाईमैक्स.
**प्रत्युत्क्रम** = आरंभिक कर्म.
**प्रत्युत्तर** = उत्तर, प्रतिक्रिया, प्रतिशोध.

**प्रत्युत्तर** *सं* पलटवार, *प्रतिक्रिया*, प्रश्न का उत्तर प्रश्न, ●प्रतिप्रहार.

**प्रत्युत्पन्न मति** = हाज़िरजवाबी.
**प्रत्युत्पन्नमति** = हाज़िरजवाब व्यक्ति.

**प्रत्युत्पन्नमतित्व** = हाज़िरजवाबी.
**प्रत्युद्धरण** = प्रत्यादान.
**प्रत्युन्नमनशील** = टिप्पेदार.

**प्रत्युपकार** *सं* जवाब, परिदान, परिशोध, प्रतिदान, प्रतिफल, प्रत्यर्पण, बदला, मुआवज़ा, सुप्रतिकार, •उपकार, •क्षतिपूर्ति.

**प्रत्युपहार** = रिटर्न गिफ़्ट.
**प्रत्येक** = सब.
**प्रत्येक को** = सब को.
**प्रथम** = आगे आगे, उत्तम, पहला/पहली, प्रथम स्थानीय, प्रधान, मौलिक (अधिकार), सब से पहले, समय से पहले, सर्वसत्ताधारी, सर्वोच्च.
**प्रथम अक्षर क्रम** = अक्षर क्रम.
**प्रथम काल** = सृष्टिकाल.
**प्रथम चरण** = आरंभिक कर्म.

**प्रथमज** *वि* ज्येष्ठ, पहला/पहली, पहलौंठा/पहलौंठी, प्रथमजात, वय में सब से बड़ा, •अग्रज, •पहला/पहली.

**प्रथमजात** = प्रथमज.
**प्रथमतः** = सब से पहले.

**प्रथम दंपति सूची** *सं* आदम हौवा, इडा मनु, ब्रह्मा सरस्वती.
**प्रथम परिचय** = परिचायन.
**प्रथम परिवार** = राज परिवार.
**प्रथम पाठ** = आरंभिक ज्ञान.
**प्रथम पुरुष** = आदम, मैं, वंश प्रवर्तक.
**प्रथम पूर्वज** = वंश प्रवर्तक.
**प्रथम प्रवेश** = गृहप्रवेश.
**प्रथम मानव** = मनु.
**प्रथम मुसलमान स्त्री** = ख़दीजा.
**प्रथम रूप** = प्रारूप.
**प्रथम वय** = बचपन, बचपन.

**प्रथम वर्षा दिन** *सं* आषाढस्य प्रथम दिवसे (कालिदास), प्रवर्षण, •बरसात.

**प्रथम श्रेणी** *सं* ऊँचा दर्जा, फ़र्स्ट क्लास, फ़र्स्ट डिवीज़न, •परीक्षा डिवीज़न.

**प्रथम स्त्री** = हौवा.

**प्रथम स्थान** *सं* अग्रस्थान, उत्कृष्टता, शीर्षस्थान, सर्वोच्च स्थान, •प्रतियोगिता, •प्रधानता, •सम्मान स्थान.

**प्रथम स्थानीय** = उत्तम, प्रधान.

**प्रथम स्थानीय** *वि* अगला/अगली, अव्वल, उत्कृष्ट, नंबर एक, नंबर वन, पहला/पहली, प्रथम, फ़र्स्ट, मीरी, मूर्धन्य, शाह, शिरस्थ, शिरोमणि, शिरोवर्ती, शीर्षस्थ, श्रेष्ठ, सर्वप्रथम, *सर्वोच्च*, सर्वोपरि, *सलामी*, सिरमौर, •उत्तम, •तृतीय स्थानीय, •द्वितीय स्थानीय, ▪अंतिम स्थानीय.

**प्रथमाक्षर क्रम** = अक्षर क्रम.

**प्रथमाक्षरी नाम** *सं (जैसेः संरासं - संयुक्त राष्ट्र संघ), प्रतीक*, प्रतीकाक्षर, बीज नाम, बीज शब्द, बीजाक्षर, संक्षिप्त शब्द, संक्षेप.

**प्रथमाधिकारी** = सर्वसत्ताधारी.
**प्रथमार्ध** = पूर्वार्ध.
**प्रथमाश्रम** = ब्रह्मचर्य आश्रम.
**प्रथमेतर** = दूसरा/दूसरी.
**प्रथा** = धर्मकर्म, धर्मविधि, परंपरा, परिपाटी, लोकव्यवहार नियम, संस्कृति.

**प्रथा** *सं* कस्टम, चर्या, चलन, *चार*, तौरतरीक़ा, *दस्तूर*, *नेग*, पद्धति, *परिपाटी*, *प्रचलन*, प्रैक्टिस, मामूल, रविश, रस्म, रस्मो रिवाज़, रिवाज़, रीति, रीतिरिवाज़, रूढ़ि, लोकरीति, *विधि*, वृत्ति, *शैली*, सोशल कस्टम, •कर्मकांड, •परंपरा, •रूटीन.

**प्रथा अपरिवर्तन** = रूढ़िवाद.
**प्रथा उन्मूलन** = कुप्रथा उन्मूलन.
**प्रथागत** = कर्मकांडीय, पारंपरिक.
**प्रथानुकूल** = औपचारिक, पारंपरिक.
**प्रथा समष्टि** = धर्म.
**प्रथोन्मूलन** = कुप्रथा उन्मूलन.
**-प्रद/-प्रदा** = दानशील, प्रदाता.
**प्रदक्षिण** = अनुघटी.
**प्रदक्षिणा** = परिक्रमा मार्ग.

**प्रदक्षिणा** *सं* अनुघटी घूर्णन, अनुघटी परिक्रमा, दक्षिणावर्तन, •परिक्रमा, ▪प्रतिप्रदक्षिणा.

**प्रदक्षिणा पथ** = परिक्रमा मार्ग.
**प्रदक्षिणा मार्ग** = परिक्रमा मार्ग.
**प्रदग्ध** = तप्त, दग्ध.
**प्रदग्धक** = दाहक.
**प्रदत्त** = चुकता, पहुँचाया/पहुँचाई, समर्पित, हस्तांतरित.

**प्रदत्त** *वि* अता, अर्पित, दत्त, दिया/दी, निवेदित, *समर्पित*, सिपुर्द, *हस्तांतरित*, •उपहृत, •समर्पित, ▪अदत्त, ▪उगाहा/उगाही, ▪प्राप्त, ▪लिया/ली.

**प्रदत्त बिल** = कैश मीमो.
**प्रदर्शक** = फ़िल्म प्रदर्शक, विवेचक.

**प्रदर्शक** *सं* दर्शयिता, दिखाने वाला, प्रदर्शी, प्रस्तोता, •प्रदर्शन, •फ़िल्मप्रदर्शक.

**प्रदर्शन** = अनुभाव, आलोकन, जनप्रदर्शन, डिस्प्ले, परेड.

**प्रदर्शन** *सं अनावरण*, *अभिव्यंजन*, आदर्शन, *आलक्षण*, *आलोकन*, इज़हार, *उद्घाटन*, दर्शन, दिखाई, दिखाई, दिखौनी, देखाई, नुमाइश, प्रकटन, प्रकाशन, प्रस्तुति, प्रस्तुतिकरण, लखाई, *विज्ञापन*, •आलोकन, •डिस्प्ले, ▪अप्रदर्शन, ▪अवलोकन, ▪गोपन.

**प्रदर्शन कौशल** = शोमैनशिप.
**प्रदर्शनी** = मेला बाज़ार.

**प्रदर्शनी** *सं* ऐग्ज़ीबिशन, नुमाइश, संदर्शनी, •प्रदर्शनी स्थल, •बाज़ार.

**प्रदर्शित** = प्रमाणसिद्ध, विवेचित, संकेतित.

**प्रदर्शित** *वि अनावृत*, आदर्शित, आलक्षित, *आलोकित*, उघड़ा/उघड़ी, *उद्घाटित*, खुला/खुली, ज़ाहिर, दर्शित, दिखाया/दिखाई, निर्दिष्ट, *प्रकाशित*, वर्णित, व्यक्त, संदर्शित, *स्पष्ट*, •अनावृत,

•अवलोकित, •उद्‌घाटित (रहस्य), ▪गुप्त.

**प्रदर्शित करना** = उघाड़ना.
**प्रदर्शी** = प्रदर्शक.
**प्रदर्श्य** = प्रमाण्य.
**प्रदहन** = दहन.
**प्रदाता** = उपहार दाता, समर्पक.

**प्रदाता** *सं* -कर, -द/-दा, दाता/दात्री, -दायक/-दायिका, -दायी/-दायिनी, दिष्णु, दिहंद, -दुघ्, देनहार, देने वाला, -प्रद/-प्रदा, प्रदाता/प्रदात्री, प्रदान कर्ता, प्रदायक, -प्रदायक/-प्रदायिका, प्रदायी/प्रदायिनी, •दानी, •सप्लायर, ▪प्राप्ता.

**प्रदाता/प्रदात्री** = प्रदाता.
**प्रदान** = डिलीवरी, समर्पण.

**प्रदान** *सं* अता, अर्पण, दाति, *दान*, देन, *परित्याग*, *प्रसाद*, प्रस्तुति, वितरण, विनिक्षेप, •आपूर्ति, •उपहार, •डिलीवरी, •दान, •प्रेषण, •भुगतान, •व्यय, •समर्पण, •हस्तांतरण, ▪आदान, ▪प्राप्ति.

**प्रदान करना** = देना.
**प्रदान कर्ता** = प्रदाता.
**प्रदायक** = प्रदाता, सप्लायर.
**-प्रदायक/-प्रदायिका** = दानशील, प्रदाता.
**प्रदायी/प्रदायिनी** = प्रदाता.
**प्रदाह** = फफोला.
**प्रदिशा** = उपदिशा.
**प्रदिष्ट** = निदेशित.
**प्रदीप** = आलोकप्रद, दीपक.
**प्रदीपक** = आलोकक.
**प्रदीपन** = भावोद्दीपन.
**प्रदीपिका** = सहायक पुस्तक.
**प्रदीप्त** = आलोकित, जलता/जलती.

**प्रदूषण** *सं* अस्वच्छता, कंटैमिनेशन, गंदगी, दूषण, पल्यूशन, मिलावट, *विदूषण*, विषायन, •कीट प्रदूषण, •जल प्रदूषण, •ध्वनि प्रदूषण, •पर्यावरण तापन, •पर्यावरण नाश, •पर्यावरण प्रदूषण, •वात प्रदूषण, •दुर्गंध, •वातावरण, •संक्रमण, ▪सुजीविता, ▪स्वच्छन.

**प्रदूषित** = गंदा/गंदी, बलात्कृत.

**प्रदूषित** *वि* ख़राब, गंदा/गंदी, दूषित, पूयित, विदूषित, संदूषित, सड़ा/सड़ी.

**प्रदेश** = क्षेत्र, जनपद आदि, प्रांत/प्रदेश, स्थान.
**प्रदेशनिरपेक्षता** = राष्ट्रवाद.
**प्रदेश प्रशासक** = राज्यपाल.
**प्रदेशवाद** = प्रांतवाद.
**प्रदेशस्तरीय** = प्रदेशीय.
**प्रदेशीय** = क्षेत्रीय.

**प्रदेशीय** *वि* प्रदेशस्तरीय, प्रांतीय, प्रांतीय, प्रादेशिक, राज्यस्तरीय, राज्यीय, राज्यीय, रियासती, सूबाई, •क्षेत्रीय, ▪राष्ट्रीय.

**प्रदोलन** *सं* कंप, *कंपन*, दुलन, दोलन, धूति, विकंपन, स्फाल, हाल, •झूलन, •स्पंदन.

**प्रदोलन करना** = डुलाना.
**प्रदोलित होना** = डोलना.
**प्रद्युम्न (पुनर्जन्म)** = कामदेव.
**प्रद्योतन** = आलोकन.
**प्रद्वेष** = ईर्ष्या.
**प्रधान** = अपर (अधिकारी), उत्तम, उत्तम व्यक्ति या वस्तु, ब्रह्म, महान, महाप्रबंधक, मुखिया, मुख्यकोटीय, सर्वसत्ताधारी, सर्वोच्च सत्ताधारी.

**प्रधान** *वि* अग्रगण्य, अग्रवर्ती, अग्राधिकारी, जाम (साहब), जामा (मसजिद), प्रथम, *प्रथम स्थानीय*, प्रमुख, प्राथमिक, मुख्य, शिरोमणि, सदर, सर्वोपरि, सिरमौर, •मुख्यकोटीय, ▪गौण.

**प्रधान अधिकारी** = अध्यक्ष.

**प्रधान अध्यापक** *सं* प्राचार्य, प्रिंसिपल, हैड मास्टर, •अध्यापक.

**प्रधान अध्यापिका** *सं* स्त्री प्रधान अध्यापक.

**प्रधान अभिनेता** = सूत्रधार.
**प्रधान कथा** = मुख्य कथा.
**प्रधान कर्मचारी** = अध्यक्ष.
**प्रधान कार्यालय** = मुख्यालय.
**प्रधान नगर** = राजधानी.
**प्रधान पात्र** = कथा नायक.
**प्रधान पात्रा** = नायिका.
**प्रधान पोतचालक** = पोताध्यक्ष.
**प्रधान प्रबंधक** = महाप्रबंधक.
**प्रधान भूभाग** = महाद्वीप.

**प्रधान मंत्री** *सं* प्रधानमंत्री (सरकारी हिंदी), प्राइम मिनिस्टर, मंत्री प्रधान, मंत्री प्रवर, मंत्री मंडल अध्यक्ष, महामंत्री, महामात्य (प्रा), महामात्र (प्रा), वज़ीर, वज़ीरे आज़म, •मुख्य मंत्री, •राष्ट्रपति, •सरकार.

**प्रधान रानी** = पटरानी.
**प्रधान व्यवस्थापक** = महाप्रबंधक.
**प्रधानहीन** = प्रबंधकहीन.
**प्रधानोत्तम** = अध्यक्ष, प्रसिद्ध, महारथी, राष्ट्रपति, शासन अध्यक्ष, सर्वोच्च सत्ताधारी.
**प्रधार** = अनवरत वर्षा, फुहार.
**प्रध्मान** = धमन.
**प्रपंच** = आवागमन चक्र, खटराग, छल, दिखावा, सृष्टि.
**प्रपंच कारणभूत शक्ति** = माया.
**प्रपंचपूर्ण** = तड़कभड़कदार, पाखंडपूर्ण.
**प्रपंचहीन** = पाखंडहीन.
**प्रपंचित** = छला/छली.
**प्रपंची** = ठग, पाखंडी.
**प्रपतन** = पतन.
**प्रपतित** = गिरा/गिरी.

**प्रपत्र** *सं डाटा*, डाटाशीट, *प्रश्नावली*, फ़ार्म, सूचनावली, •दस्तावेज.

**प्रपद** = पैर पंजा.
**प्रपन्न** = कंगाल, करुणाजनक, शरणागत, संकटग्रस्त.
**प्रपन्नपाल** = शरणदाता.
**प्रपा** = पशु पानी हौज़, प्याऊ, हौज़.
**प्रपात** = कगार, निर्झर.
**प्रपिता** = दादा.
**प्रपितामह** = परदादा.
**प्रपितामही** = परदादी.
**प्रपुत्री** = पोती.
**प्रपूरक** = अनुपूरक, अनुपूरक अंश.

**प्रपूरण** = भराई.
**प्रपूर्ति** = अनुपूर्ति, आपूर्ति.
**प्रपोज़ल** = प्रस्ताव.
**प्रपौत्र** = परपोता.
**प्रपौत्री** = परपोती.
**प्रफुल्ल** = आनंदित, खिला/खिली, चुस्त, जवान, पुष्पित, प्रसन्न, मनोरंजित, हँसता/हँसती.
**प्रफुल्लता** = खिलावट, चुस्ती.
**प्रबंध** = निबंध, नियंत्रण, प्रशासन, व्यवस्था, शोध लेख.

**प्रबंध** *सं* *अनुशासन*, आयोजन, इंतज़ाम, तंत्र, देखभाल, देखरेख, निगरानी, निज़ाम, *नियंत्रण*, निर्देशन, *नेतृत्व*, बंदोबस्त, मैनेजमैंट, *व्यवस्था*, *शासन*, *संचालन*, सँभाल, सरअंजाम, सल्तनत, साजसँभाल, •प्रशासन.

**प्रबंध (मृदंग)** = ताल.
**प्रबंधक** = अध्यक्ष, निदेशक, नियंत्रक.

**प्रबंधक** *सं* अगुआ, अग्रणी, अधिकारी, ऐग्ज़ैक्टिव, कप्तान, *कर्णधार*, चालक, *दिग्दर्शक*, नाज़िम, निज़ाम, नियंता, नियामक, *नेता*, परिचालक, प्रबंध कर्ता, *मुखिया*, मैनेजर, व्यवस्थापक, संचालक, संचालन कर्ता, सरदार, साहब, हाकिम, •अध्यक्ष, •प्रशासक, •महाप्रबंधक, •शासक, ▪कार्यकर्ता.

**प्रबंधक मंडल** = प्रबंध समिति.
**प्रबंध कर्ता** = प्रबंधक.

**प्रबंध कवि** *सं* गाथाकार, महाकवि, महाकाव्यकार.

**प्रबंधक समष्टि** = प्रबंध समिति.

**प्रबंधकहीन** *वि* अध्यक्षहीन, अप्रबंधित, *अयोजित*, तंत्रहीन, *दिशाहीन*, *नेताहीन*, प्रधानहीन, बेलगाम, शासकहीन, संचालकहीन, •नेताहीन.

**प्रबंधकारिणी** = प्रबंध समिति.
**प्रबंधकाव्य** = महाकाव्य.
**प्रबंधनी** = न्यास.

**प्रबंध समिति** *सं* अधिकारी दल, इंतज़ामिया, ऐग्ज़क्टिव कमिटी, ऐग्ज़क्टिव कौंसिल, गवर्निंग कौंसिल, निदेशक मंडल, प्रबंधक मंडल, प्रबंधक समष्टि, प्रबंधकारिणी, प्रबंधिका, प्रशासन तंत्र, बोर्ड आफ़ डायरैक्टर्स, मैनेजमैंट, मैनेजिंग कमिटी, शासन समिति, संचालक समिति, संचालन मंडल, संचालन समिति, सीनेट, स्टीयरिंग कमिटी, •कार्यसमिति.

**प्रबंधहीन** = अव्यवस्थित, कुप्रबंधित.
**प्रबंधालय** = निदेशालय.
**प्रबंधिका** = न्यास, प्रबंध समिति.

**प्रबंधित** *वि* अनुशासनाधीन, *अनुशासित*, आदेशित, कसा/कसी, *चालित*, *चुस्त*, *ठीक*, *नियंत्रित*, निर्देशित, विधानित, व्यवस्थापित, *व्यवस्थित*, *शासित*, संचालित, सुचारु, सुचालित, सुप्रबंधित, *सुशासित*, •अनुशासित, •नियंत्रित, •शासित, ▪अव्यवस्थित, ▪कुप्रबंधित.

**प्रबल** = अजेय, अधिकारपूर्ण, अपालतू, अभिव्यक्तिपूर्ण, असह्य, असौम्य, आक्रामक, उच्चस्वरीय, तूफ़ानी, दमनशील, द्रुत, बलिष्ठ, मार्मिक (उक्ति), वन्य, शक्तिशाली, सक्षम, सहमतकारी.

**प्रबल** *वि* अदम्य, अमंद, उग्र, उत्कट, उत्ताल, उद्दीप्त, करारा/करारी, *गंभीर*, गहन, गहरा/गहरी, घना/घनी, घोर, चंड, ज़बरदस्त, ज़ोरदार, तिग्म, *तीक्ष्ण*, तीखा/तीखी, तीव्र, तुंद, *तूफ़ानी*, तेज़, दमदार, दारुण, दुर्दांत, दुर्दाम, प्रखर, प्रचंड, *प्रभावातीत*, बेढब, भरकम, भरपूर, *भारी*, भीषण, मज़बूत, महती, *महान*, विकट, विषम, शिद्दती, सबल, सवाया/सवाई, सशक्त, •बलिष्ठ, •सुदृढ़, ▪अप्रबल, ▪निर्बल.

**प्रबल आक्रमण** = ब्लिट्ज़.
**प्रबल इच्छा** = लालसा.
**प्रबलकृत** = दुर्गीकृत.

**प्रबलता** = अत्युत्साह.
**प्रबल प्रहार** = ब्लिट्ज़.
**प्रबाहु** = अग्रहस्त.
**प्रबुद्ध** = उत्साहित, गंभीर, ज्ञानी, मोहभंजित, विद्याविद्, शिक्षित, सावधान.

**प्रबुद्ध** *वि* उद्‌बुद्ध, उबुद्ध, गृहीतार्थ, ग्राही, चेतन, *जाग्रत*, ज्ञानप्राप्त, ज्ञानयुक्त, *ज्ञानी*, तथागत, बुद्ध, बुधान, बोधप्राप्त, बोधयुक्त, बोधी, विबुध, संज्ञानी, *सचेत*, सचेतन, समझा/समझी, सुगत, सुधी, सुप्रबुद्ध, •ऋषि, •गौतम बुद्ध, •तीर्थंकर, •योगी.

**प्रबुद्ध कर्ता** = प्रबोधक.
**प्रबोध** = बोध, बोधोदय.

**प्रबोधक** *सं* अज्ञान हर्ता, अवबोधक, उद्‌बोधक, *उपदेशक*, उबोधक, *ऋषि*, *गुरु*, ज्ञानदाता, ज्ञान प्रदाता, *ज्ञानी*, प्रकाशदाता, प्रबुद्ध कर्ता, बोधक, बोधदाता, बोध प्रदाता, बोधयिता, मार्गदर्शक, शिक्षक, •अध्यापक, •दार्शनिक.

**प्रबोधनी** = सहायक पुस्तक.
**प्रभंजन** = आँधी, तूफ़ान, वायु.
**प्रभंजनी** = तूफ़ानी.
**प्रभव** = स्रोत.
**प्रभविष्णु** = अधिकारपूर्ण, प्रभावशाली.
**प्रभा** = कुबेर नगर, चमक, प्रकाश.
**प्रभाकर** = आलोकप्रद, चंद्रमा, सूर्य.
**प्रभाकीट** = जुगनूँ.
**प्रभाग** = क्षेत्र, जनपद आदि, भिन्नांक, विभाग.
**प्रभात** = आदि, उदय, प्रातःकाल, प्रारंभिक अवस्था.
**प्रभात काल** = प्रातःकाल.
**प्रभातकालीन** = प्रातःकालीन.
**प्रभात में** = प्रातःकाल में.

**प्रभाती** *सं* जागरण गीत, सुप्रभात.

**प्रभातीय** = प्रातःकालीन.
**प्रभा मंडल** = तेजोमंडल.
**प्रभारी** = कार्य प्रभारी.
**प्रभाव** = कर्मफल, कैरिज़्मा, दाब, परिणाम, प्रताप, वर्चस्व.

**प्रभाव** *सं* अमल, असर, कर्म प्रभाव, क्रिया प्रभाव, *छाप*, थाप, *रंग*, *संस्कार*, संस्पर्श, *साया*, •परिणाम, •प्रताप, •प्रतिष्ठा.

**प्रभावकारी** = प्रभावशाली.
**प्रभाव क्षेत्र** = प्रताप.
**प्रभावनष्ट** = मोहभंजित.
**प्रभावनाशक** = प्रभावरोधक.
**प्रभावनाशन** = मंत्र काट.
**प्रभावपूर्ण** = प्रभावशाली, भावोत्पादक.

**प्रभावरोधक** *सं उच्चाटन*, उतारा, ऐंटीडोट, *औषध*, काट, जवाब, तोड़, प्रतिकारक, प्रभावनाशक, *मारक*.

**प्रभावशाली** = अचूक (औषध), आंदोलनात्मक, उत्तेजक, उत्साहप्रद, तेजस्वी, प्रतिष्ठित, प्रेरणाप्रद, भव्य, भावोत्पादक, महान, मार्मिक (उक्ति), राजसी, रोचक, रोमांचक, वर्णनात्मक, सहमतकारी.

**प्रभावशाली** *वि* अभिभूतकारी, असरंदाज़, असरदार, आरंजक, *गंभीर*, गहरा/गहरी, ग़ालिब, ज़ोरदार, तारी, तेज़, *तेजस्वी*, प्रभविष्णु, प्रभावकारी, प्रभावपूर्ण, प्रभावी, प्रभावोत्पादक, बाअसर, महातेज, महाप्रभ, रोबदार, *शक्तिशाली*, हावी, •तेजस्वी, •प्रेरणाप्रद, •वैभवशाली, ▪अक्षम, ▪वैभवहीन.

**प्रभावशील** *वि* अदृढ़, कच्चा/कच्ची, कमज़ोर, *कोमल*, ग्रहणशील, *नम्य*, नाज़ुक, नाज़ुकदिमाग़, प्रभाव्य, मुलायम, मृदुल, मोमिया, विनम्य, •दृढ़मतहीन, •भावुक, •विश्वासी, •सहमत्य, ▪प्रभावातीत.

**प्रभावहीन** = प्रभावातीत.

**प्रभावहीन** *वि* अप्रभावकर, अप्रभावकारी, अप्रभावशाली, अप्रभावी, अप्रभावोत्पादक, कमज़ोर, क्षीण, तेजहीन, बेअसर, बेकार, *मंद*, विफल, •अतेजस्वी, •अप्रबल, •अरोचक, ▪अभिव्यक्तिपूर्ण.

**प्रभावातीत** = प्रबल.

**प्रभावातीत** *वि* अटल, अड़ियल, *अनम्य*, *अपरिवर्तनीय*, अप्रभावशील, अविकारी, अविचल, कट्टर, *कठोर*, गाढ़ा/गाढ़ी, चट्टानी, चिकना/चिकनी, चिकना (घड़ा), दृढ़, ध्रुव, निर्विकार, पक्का/पक्की, *प्रभावहीन*, विकारहीन, समरस, *स्थिर*, •अप्रभावित, •असहमत्य, •प्रबल, •हठी.

**प्रभावान्वित** = प्रभावित.
**प्रभावित** = वशीकृत.

**प्रभावित** *वि* अभिभूत, असर पिज़ीर, ओतप्रोत, पराभूत, प्रभावान्वित, बदला/बदली, मुतस्सिर, रँगा/रँगी, वशीभूत, सराबोर, •प्रभावशील, ▪अप्रभावित.

**प्रभावित करना** = मनवाना.
**प्रभावी** = चिकित्साकारी, प्रभावशाली, शब्दाडंबरपूर्ण, सहमतकारी.
**प्रभावोत्पादक** = प्रभावशाली, सहमतकारी.
**प्रभाव्य** = प्रभावशील.
**प्रभास** = चमक.
**प्रभासक** = आलोकक, आलोकप्रद.
**प्रभासन** = आलोकन.
**प्रभासित** = आलोकित.
**प्रभासित होना** = चमकना.
**प्रभाहीन** = धुँधला/धुँधली.
**प्रभु** = ईश्वर, प्रभुसत्ताधिकारी, ब्रह्मा, भूस्वामी, शासक, सर्वसत्ताधारी, सर्वोच्च सत्ताधारी, स्वामी.
**प्रभुता** = प्रभुसत्ता.
**प्रभुताशाली** = अधिकारपूर्ण.
**प्रभुत्व** = प्रभुसत्ता, स्वामित्व.
**प्रभुदर्शन** = ईश्वर दर्शन.
**प्रभुभक्त** = स्वामीभक्त.
**प्रभुभक्ति** = स्वामीभक्ति.
**प्रभुशक्ति** = प्रभुसत्ता.

**प्रभुसत्ता** *सं* परमसत्ता, प्रभुता, प्रभुत्व, प्रभुशक्ति, राज्याधिकार, शाही, संप्रभुता, सार्वभौम सत्ता, सोवरेनिटी, स्वाधिकार, *स्वामित्व*, •राष्ट्र.

**प्रभुसत्ताधिकारी** *सं* अधिकारी, अधिनाथ, अधिप, अधिपति, अधिभोक्ता, अधिष्ठाता, अधीश, अधीश्वर, अमलदार, अमीर, आधिपत्यधारी, दख़लदार, प्रभु, मालिक, संप्रभु, सत्ताधारी, सत्ताधीश, स्वत्वाधिकारी, *स्वामी*, हाकिम, •सर्वोच्च सत्ताधारी.

**प्रभूत** = बहुत, बहुत.
**प्रभेद** = कोटि.
**प्रभ्रंश** = पतन.
**प्रमति** = प्रतिभाशाली.
**प्रमत्त** = उन्मत्त, पागल, मदिरोन्मत्त.
**प्रमथ** = नाश कर्ता.
**प्रमथन** = दमन, वध.
**प्रमथालय** = नरक.
**प्रमथित** = रुँदा/रुँदी.
**प्रमद** = असावधान, अहंकारी, मदिरोन्मत्त, मादक.
**प्रमदकानन** = क्रीड़ा उपवन.
**प्रमद वन** = क्रीड़ा उपवन.
**प्रमदा** = युवती, सुंदर स्त्री.
**प्रमदा वन** = क्रीड़ा उपवन.
**प्रमर्दक** = नाश कर्ता.
**प्रमा** = अनुभूति, प्रमाण.
**प्रमाण** = तथ्य, दृष्टांत, मानक, माप, माप उपकरण.

**प्रमाण** *सं आधार*, *उपपत्ति*, तर्क प्रमाण, निदर्शित उपसंहार, प्रतिपत्ति, प्रमा, *प्रूफ़*, सप्रमाण ज्ञान, सबूत, *साक्ष्य*, सिद्धि साधन, सुप्रमेय, •कारण, ▪कल्पना.

**प्रमाणक** = मानक.
**प्रमाण कथन** = प्रतिपादन.
**प्रमाणज्ञ** = तर्कवेत्ता.
**प्रमाणदाता** = गवाह.
**प्रमाणदृष्ट** = शास्त्रसंगत.
**प्रमाणन** = प्रयोग, सत्यापन, साक्ष्य.
**प्रमाणन कर्ता** = सत्यापक.
**प्रमाणपत्र** = अनुमति पत्र, डिप्लोमा.

**प्रमाणपत्र** *सं* अभिज्ञान पत्र, ऐफ़िडैविट, *काग़ज़*, टैस्टिमनी, टैस्टिमोनियल, प्रशस्ति पत्र, वचनपत्र, *शपथपत्र*, सत्यापन पत्र, सर्टिफ़िकेट, साक्षीपत्र,

●उत्तराधिकार प्रमाणपत्र, ●जन्म प्रमाणपत्र, ●मृत्यु प्रमाणपत्र, ●ऐफ़िडैविट, ●शपथपत्र.

**प्रमाणपत्र दाता** = सत्यापक.
**प्रमाणपूर्ण** = सहमतकारी.
**प्रमाण वाक्य** = कहावत.
**प्रमाणवाक्य** = न्यायवाक्य.
**प्रमाणवादी** = वैज्ञानिक.
**प्रमाण शास्त्र** = तर्कशास्त्र.

**प्रमाणसिद्ध** *वि* आप्त, उपपादित, दर्शित, पक्का/पक्की, प्रतिपन्न, *प्रदर्शित*, प्रमाणित, प्रमित, संदिष्ट, संसिद्ध, सतर्क प्रमाणित, सत्यसिद्ध, समर्थित, *साधित*, साबित, सिद्ध, स्थापित, ●विवादातीत, ■अप्रमाणित.

**प्रमाणहीन** = अवैज्ञानिक.
**प्रमाणहीन अभियोग** = मिथ्या आरोप.
**प्रमाणातीत** = असंदिग्ध.
**प्रमाणित** = अप्रवादित, असली, प्रमाणसिद्ध, सत्यापित.
**प्रमाणित कर्ता** = सत्यापक.
**प्रमाणित मान** = मानक.
**प्रमाणीकरण** = सत्यापन.
**प्रमाणीकृत** = सत्यापित.
**प्रमाण्य** = तर्कगम्य, बुद्धिग्राह्य.

**प्रमाण्य** *वि* आगम्य, तर्कसिद्ध्य, निगम्य, प्रतिपाद्य, प्रदर्श्य, *विचारणीय*, संभाव्य, साधनीय, *साध्य*, सिद्ध्य, स्थाप्य, *स्पष्ट*, ●तथ्यात्मक, ●तर्कसंगत, ●भ्रमहीन, ●वस्तुपरक, ●सटीक, ■अप्रमाण्य, ■अवैज्ञानिक.

**प्रमाथी** = दमन कर्ता, नाशकारी, बलात्कारी, हत्यारा.
**प्रमाद** = असावधानी, उन्माद, नशा, पागलपन, भूल.
**प्रमादी** = अनेकाग्र, असावधान, आलसी, कर्तव्यच्युत, पागल, मदिरोन्मत्त.
**प्रमित** = ज्ञात, प्रमाणसिद्ध.
**प्रमिताशी** = अल्पाहारी.
**प्रमीलित** = मुँदा/मुँदी.
**प्रमीली** = मारफ़ीन.
**प्रमुख** = अपर (अधिकारी), आधारभूत, आरंभिक छंद, प्रधान, महान, मुखिया, मुख्यकोटीय, लोकप्रिय, सर्वोच्च सत्ताधारी.
**प्रमुख कार्यक्रम** = मुख्य आकर्षण.
**प्रमुख दिवस** = राष्ट्र जयंती.
**प्रमुख याम्योत्तर** = याम्योत्तर रेखा.
**प्रमुग्ध** = मोहित.
**प्रमुदित** = आनंदित, मनोरंजित.
**प्रमेय** = माप्य.
**प्रमोक्ष** = फेंक.
**प्रमोद** = आनंद, आनंदातिरेक, मनोरंजन.
**प्रमोदक** = प्रसन्नताप्रद.
**प्रमोदप्रद** = आनंदप्रद.
**प्रमोद वन** = क्रीड़ा उपवन.
**प्रमोदी** = विनोदप्रिय.
**प्रमोशन** = पदोन्नति.
**प्रमोह** = प्रलोभन, वासना.
**प्रमोहन** = वशीकरण, सम्मोहन कर्म.
**प्रमोहिनी** = प्रलोभिनी.
**प्रम्लान** = मुरझाया/मुरझाई.
**प्रयत्न** = कोशिश, प्रयास.
**प्रयत्नतः** = प्रयत्नपूर्वक.
**प्रयत्नपूर्ण** = प्रयत्नशील.

**प्रयत्नपूर्वक** *क्रिवि* आसानी से नहीं, एड़ी चोटी का जोर लगा कर, कसाले से, कृततः, दम लगा कर, पसीना बहा कर, प्रयत्नतः, प्रयासतः, प्रयासपूर्वक, मेहनत से, सक्रियतः, सप्रयत्न, सप्रयास, सायास, ■निरायास.

**प्रयत्नवान** = प्रयत्नशील.

**प्रयत्नशील** *वि* आयासी, उद्यमशील, उद्यमी, उद्योगशील, उद्योगी, कोशिशमंद, क्रियाशील, प्रयत्नपूर्ण, प्रयत्नवान, प्रयासशील, प्रयासी, यति, यत्नशील, लगा/लगी, संघर्षशील, सचेष्ट, सप्रयत्न, सप्रयास, साधनाशील, सोद्यम, ■प्रयासहीन.

**प्रयत्नहीन** = प्रयासहीन.
**प्रयाग** = गंगा यमुना संगम, यज्ञ, संगम.
**प्रयाण** = आरंभिक कर्म, खोज यात्रा, गमन, निर्गम, पलायन, प्रस्थान, मृत्यु, यात्रा, सेना प्रयाण.
**प्रयाण काल** = मृत्युकाल.
**प्रयाण पटह** = युद्धनाद.
**प्रयाणी** = अभियानी, खोज यात्री सूची, पदयात्री.
**प्रयास** = कर्म, कोशिश, प्रयोग.

**प्रयास** *सं* अभिक्रम, आयास, *आरंभ*, *उद्यम*, *उद्योग*, उपक्रम, क़दम, *कर्म*, कार, *कोशिश*, *क्रिया*, *चेतना*, चेष्टा, जतन, तदबीर, दौड़धूप, पग, पराक्रम, पौरुष, प्रणिधान, प्रयत्न, प्रारंभ, भागदौड़, यत्न, व्यवसाय, *व्यापार*, *व्यायाम*, सक्रियता, समुद्योग, सरगर्मी, हरकत, हरारत, *हलचल*, हिम्मत, ●अभियान, ●परिश्रम, ●महाप्रयास, ●संघर्ष, ●साधना, ●साहस, ■आलस, ■कामचोरी.

**प्रयासतः** = प्रयत्नपूर्वक.
**प्रयासपूर्वक** = प्रयत्नपूर्वक.
**प्रयासशील** = प्रयत्नशील.

**प्रयासहीन** *वि* अकर्ता, अकर्मण्य, *अकर्मा*, अकिंचन, अकृती, अक्रिय, अचेष्ट, अजीवंत, अनीह, अनुद्यम, अनुद्यमी, अनुद्योगी, अपरिश्रमी, अपुरुषार्थी, अप्रयत्नशील, अप्रयासी, अव्यवसायी, आयासहीन, उद्यमहीन, उद्योगहीन, कर्महीन, गरियाल, घामड़, चेष्टाहीन, *जड़*, ठाला/ठाली, नाकिस, निकम्मा/निकम्मी, निकर्मा, निकाज, निखट्टू, निखद्द, निठल्ला/निठल्ली, निठल्लू, निरुद्यम, निरुद्यमी, निष्कर्म, *निष्क्रिय*, परिश्रमहीन, पुरुषार्थहीन, पौरुषहीन, प्रयत्नहीन, बिलल्ला/बिलल्ली, मरदूद, विचेष्ट, शिथिल, श्रमहीन, ●कामचोर, ■प्रयत्नशील, ■सक्रिय.

**प्रयासी** = प्रयत्नशील.
**प्रयुक्त** = उपभुक्त.
**प्रयोक्ता** = उपभोक्ता.
**प्रयोग** = अभिमंत्रण, उपभोग, उपयोग, कोशिश, वशीकरण.

**प्रयोग** *सं* अज्ञात परिणाम खोज, *अध्ययन*, ऐक्सपैरिमैंट, *कोशिश*, तजरबा, नई विधि अन्वेषण,

नवप्रयोग, *परीक्षण*, *परीक्षा*, प्रमाणन, *प्रयास*, लीकातिगमन, वैज्ञानिक प्रयोग, व्यवस्थित अध्ययन, *सत्यापन*, •अनुसंधान, •आविष्कार, •विज्ञान.

**प्रयोगकक्ष** = प्रयोगशाला.
**प्रयोगज्ञ** = अभ्यस्त, दक्ष.
**प्रयोगनिपुण** = दक्ष.

**प्रयोगशाला** *सं* अनुसंधान शाला, अनुसंधानी, कार्यशाला, परीक्षण शाला, प्रयोगकक्ष, लैब, लैबरेटरी, वर्कशाप, विज्ञानशाला, संधानी, •अनुसंधान, •विज्ञान.

**प्रयोगशील** = आविष्कारशील.
**प्रयोग से प्राप्त ज्ञान** = अनुभव.

**प्रयोगात्मक** *वि* अनुसंधानात्मक, अनुसंधानाधीन, *अपक्व*, *अप्रमाणित*, *आरंभिक*, आविष्कारात्मक, इबतिदाई, ऐक्सपैरिमैंटल, कच्चा/कच्ची, डमी, नया/नई, प्राथमिक, प्रायोगिक, प्रारूपीय, मौडल, शुरुआती, सिद्ध्य.

**प्रयोग्य** = उपभोग्य.
**प्रयोजन** = उद्देश्य, कारण.
**प्रयोजनपूर्ण** = उद्देश्यपूर्ण.
**प्रयोजन से** = उद्देश्य से, उपलक्ष्य में, लिए.
**प्रयोजनहीन** = उद्देश्यहीन.
**प्रयोजनहीनतः** = उद्देश्यहीनतः.
**प्रयोजनात्मक** = उद्देश्यपूर्ण.
**प्रयोजनार्थ** = लक्षणार्थ.
**प्रयोजित** = योजित.
**प्रयोज्य** = विनियोज्य.
**प्ररूढ़** = आमूलित.
**प्ररोचन** = उद्‌बोधन.
**प्ररोचना** = उद्‌बोधन, नाट्य आरंभ, भूमिका.
**प्ररोहण** = अंकुरण, उद्‌भेदन.
**प्रलंब** = साहुल.
**प्रलंबन** = लटकन.
**प्रलंबित करना** = लटकाना.
**प्रलयंकर** = प्रलय कर्ता, प्रलयकारी, युगांतरकारी.
**प्रलय** = क़हर, नाश, मनु प्रलय.

**प्रलय** *सं अंत*, अभव, क़यामत, जगद्विनाश, जलप्रलय, *नाश*, भवभंग, महाप्रलय, युगांत, *लय*, लोकविसर्ग, विनाश, विश्वसंहार, विसर्ग, विसर्जन, संहार, सर्वसंहार, सृष्टि अंत, हश्र, •अनस्तित्व, •क़यामत दिन, •नाश, •बाढ़, •मनु प्रलय, ■सृष्टि रचना.

**प्रलयकर** = प्रलयकारी.

**प्रलय कर्ता** *सं* प्रलयंकर, विश्वनाशक, हर, •नाश कर्ता, •शिव, ■सृष्टि रचेता.

**प्रलयकारी** *वि* क़यामती, नाशक, प्रलयंकर, प्रलयकर, लोकहारी, विनाशक, विनाशी, विश्वनाशी, संहारकारी, -हरण, •नाशकारी, ■सृजनशील.

**प्रलय कालीन मनु** = वैवस्वत मनु.
**प्रलय दिवस** = क़यामत दिन.
**प्रलयन** = विलयन.
**प्रलय वर्षा** = अतिवर्षा, अतिवर्षा.
**प्रललाट** = उन्नत ललाट.
**प्रलविता** = फ़सल काटने वाला.
**प्रलाप** = बकवास, रुदन.
**प्रलापी** = अनर्गल, पागल, बकवासी, मनोक्षिप्त.
**प्रलीन** = अचेत.
**प्रलुब्ध** = लुब्ध.
**प्रलेप** = आलेप, मरहम.
**प्रलेपन** = आलेपन.
**प्रलेपित** = आलेपित.
**प्रलोभ** = लोभ.
**प्रलोभक** = प्रलोभनकारी.
**प्रलोभन** = आखेट चारा, दामनीति, प्रोत्साहक वस्तु, रिश्वत, लोभ, सम्मोहन कर्म.

**प्रलोभन** *सं आकर्षण*, आलोभ, प्रमोह, *माया*, *मोह*, *लगन*, *लोभ*, विमोह, •लुभाव, •विचलन, •सम्मोह, •स्वर्णमृग, ■अनासक्ति.

**प्रलोभनकारी** *वि* अपीलिंग, अभिराम, *आकर्षक*, *चुंबकीय*, जादुई, डगमगाऊ, तोबाशिकन, तौबाशिकन, परहेज़ तुड़ाने वाला, प्रलोभक, मनोहर, *मायावी*, *मोहक*, मोहन, ललचाऊ, लालसाप्रद, लुब्धक, लुभाऊ, लुभावना/लुभावनी, लोभक, लोभप्रद, *विचलनकारी*, विमोहक, व्रतभंजक, व्रतलोपक, संयम भंगकारी, संयमभंजक, संयम भंजनकारी, सम्मोहक, सम्मोहक, स्खलनकारी, हृदयग्राही, •लोभी, •वांछनीय, ■अरोचक, ■अवांछनीय.

**प्रलोभन देना** = ललचाना.
**प्रलोभन देवता** = शैतान.
**प्रलोभिका** = प्रलोभिनी.
**प्रलोभित** = लुब्ध.
**प्रलोभित करना** = ललचाना.
**प्रलोभिनी** = खलनायिका.

**प्रलोभिनी** *सं* अंगना, कामाकर्षिणी, कामिनी, खंडाली, चंचला, छलिनी, जघनचपला, *जादूगरनी*, ठगिनी, प्रमोहिनी, प्रलोभिका, भामिनी, मायावती, मायाविनी, मोहिनी, रमणा, *सम्मोहिनी*, •विच.

**प्रवंचक** *सं* वंचक, वंचयिता.

**प्रवंचन** = आकांक्षादमन.

**प्रवंचन** *सं* अपवंचन, बंचन, भ्रंशन, वंचन, स्खलन, •छल, •छीन, •तर्जन, •नियंत्रण.

**प्रवंचनशील** = विश्वासशील.
**प्रवंचना** = दुष्प्रचार.
**प्रवंचनापूर्ण** = शैतानी.
**प्रवंचित** = छला/छली.

**प्रवंचित** *वि* अपवंचित, कोरा/कोरी, महरूम, वंचित, ह्रित, •छला/छली.

**प्रवंच्य** = विश्वासशील.
**प्रवक्ता** = दलाल, दुभाषिया, प्रतिनिधि, लैक्चरर.

**प्रवक्ता** *वि* अगुआ, अधिवक्ता, *अभिवक्ता*, ज्ञापयिता, नुमाइंदा, *प्रतिनिधि*, प्रतिनिधि वक्ता, माध्यम, मुखवक्ता, वक्तव्य प्रस्तोता, वाचक, •भाषणदाता, •सूचनादाता.

**प्रवचन** = उपदेश, व्याख्या, शिक्षकीय

प्रवचन, सत्संग.

**प्रवचन कर्ता** = उपदेशक.

**प्रवचन पटुता** = वाग्मिता.

**प्रवचन सभा** = सत्संग.

**प्रवचनात्मक** = उपदेशपूर्ण.

**प्रवण** = प्रवृत्त.

**प्रवर** = अग्रज, चयनीय.

**प्रवर्ग** = कोटि.

**प्रवर्णन** = प्रजाति परिष्कार.

**प्रवर्तक** = आरंभ कर्ता, आविष्कर्ता, प्रेरयिता, भावोद्दीपन कर्ता, स्रष्टा.

**प्रवर्तक** *सं* आरंभक, *आरंभ कर्ता*, आरब्धा, चलाने वाला, चालक, चालन कर्ता, प्रचलित कर्ता, प्रचालक, प्रणेता, प्रवर्तयिता, प्रारंभ कर्ता, •उद्घाटक, •संस्थापक.

**प्रवर्तन** = आरंभ, उद्घाटन, संस्थापना.

**प्रवर्तन** *सं आरंभ*, उपक्रम, उपक्रमण, निक्षेप, नियोजन, पुरश्चर्या, प्रचालन, प्रणयन, *प्रवृत्ति*, प्रारंभ, प्रेरण, विनियोग, विनियोजन, विन्यसन, व्यावर्त, व्यावर्तन, संप्रवर्तन, सन्नियोजन, समारंभ, •संस्थापना, ▪विराम.

**प्रवर्तना** = उद्घाटन.

**प्रवर्तयिता** = प्रवर्तक.

**प्रवर्तित** = आरंभित, चालित.

**प्रवर्धित** = वर्धित.

**प्रवर्षण** = प्रथम वर्षा दिन.

**प्रवर्षा** = अतिवर्षा.

**प्रवहन** = तरण.

**प्रवहित** = बहता/बहती.

**प्रवात** = झोंका.

**प्रवात्या** = तूफ़ान.

**प्रवाद** = अफ़वाह, बदनामी, लांछन, विवाद.

**प्रवादक** = अफ़वाहबाज़.

**प्रवादहीन** = अप्रवादित.

**प्रवादित** = तथाकथित.

**प्रवादित** *वि* अपुष्ट, *अप्रमाणित*, *कथित*, कहा/कही, कहा जाता है, ख्यात, जनश्रुत, *प्रचलित*, फैला/फैली, बताया/बताई, श्रुत, सुना सुनाया/सुनी सुनाई, •अनधिकृत (सूचना), •काल्पनिक, •तथ्यहीन, ▪अप्रवादित, ▪असंदिग्ध, ▪तथ्यात्मक.

**प्रवादी** = अफ़वाहबाज़.

**प्रवारण** = जैन उत्सव.

**प्रवाल** = मूँगा.

**प्रवाल** *सं* कोरल, गोरल (अरबी), *मूँगा*, मूँगाकृमि, रक्तकंद, विद्रुम, समुद्रज, हेम कंदल, •मूँगा.

**प्रवाल द्वीप** *सं* कोरल आइलैंड, मूँगाद्वीप, रत्नद्वीप.

**प्रवाल द्वीपवलय** = प्रवाल द्वीप वलय.

**प्रवाल द्वीप वलय** *सं* अटल, अडल (मलयालम), ऐटोल, प्रवाल द्वीपवलय, प्रवाल वलय.

**प्रवासक** = प्रवासी.

**प्रवास करना** = जा बसना.

**प्रवासन** = देश निर्वासन.

**प्रवासालय** = पांथशाला.

**प्रवासित** = निर्वासित, परित्यक्त.

**प्रवासी** = निर्वासित व्यक्ति, यात्री, विस्थापित जन.

**प्रवासी** *सं* गंतुक, गामी, परदेशवासी, पांथ, प्रवासक, प्रव्राजी, प्रोषित/प्रोषिता, विप्रवासी, व्राजक, •अनिवासी, •आप्रवासी, •निर्गंता, ▪आवासी.

**प्रवासी होना** = जा बसना.

**प्रवाह** = अधोप्रवाह, ट्रैंड, द्रुतवेग, रवानी, लय.

**प्रवाह** *सं* आपूर, आप्रवाह, ओघ, करंट, जलप्रवाह, झकोर, झकोला, *झोंका*, ठेला, *तरंग*, तरारा, दरेरा, धक्का, *धार*, धारा, परिस्राव, प्लव, फ़्लो, बहंत, बहती धारा, बहाव, मौज, रय, रल्ला, *रवानी*, रविश, रेला, रौ, *लहर*, *वेग*, हिलोरा, •अंतर्प्रवाह, •अधोप्रवाह, •कलकल, •तरंग, •नदी, •निर्झर, ▪स्थिर जल.

**प्रवाह के विपरीत** = धारा के विपरीत.

**प्रवाहपूर्ण** = पठनीय, प्रवाहशील (भाषा), बहता/बहती, रवानीदार.

**प्रवाहमय** = काव्यात्मक, प्रवाहशील (भाषा), बहता/बहती.

**प्रवाहयुक्त** = प्रवाहशील.

**प्रवाहशील** = घटनाशील, बहता/बहती, रवानीदार, लयपूर्ण.

**प्रवाहशील (भाषा)** *वि* गतिशील, तरंगमय, धाराप्रवाह, प्रवाहपूर्ण, प्रवाहमय, प्रवाहयुक्त, रवाँ, *रवानीदार*, *लयपूर्ण*, *सहज*, •बोलचाल की (भाषा), •संचलनशील, ▪क्लिष्ट (भाषा).

**प्रवाहशील काल** = कालचक्र.

**प्रवाहहीन** = निश्चल (जल).

**प्रवाहहीन जल** = स्थिर जल.

**प्रवाहहीनता** = जल अप्रवाह.

**प्रवाह होना** = बहना.

**प्रवाहानुकूल** = धारा के साथ.

**प्रवाहित** = बहता/बहती.

**प्रवाहित करना** = तैराना.

**प्रवाहित होना** = बहना.

**प्रवाही** = तरल, बहता/बहती.

**प्रविधि** = तकनीक.

**प्रविधि शिक्षा** = शिल्प शिक्षा.

**प्रविष्ट** = अंतर्स्थापित, लिखित, विजड़ित, समाविष्ट.

**प्रविष्ट** *वि* अंतरागत, *आगत*, आया/आई, घुसा/घुसी, दाख़िल, सन्निविष्ट, •आगत.

**प्रविष्ट वस्तु** = भरावट.

**प्रविष्ट होना** = घुसना.

**प्रविष्टायन** = अंतर्स्थापना.

**प्रविष्टायित** = अंतर्स्थापित.

**प्रविष्टि** = डाटा, लेखा प्रविष्टि.

**प्रविष्टित** = लिखित.

**प्रवीण** = कुशल, दक्ष.

**प्रवीणता** = दक्षता.

**प्रवीण व्यक्ति** = दक्ष व्यक्ति.

**प्रवीर** = महारथी, वीर.

**प्रवृत्त** = आरंभित, कार्यरत, व्यस्त.

**प्रवृत्त** *वि अभिमुख*, निष्ठ, *पर*, परायण, प्रवण, प्रवृत्तिपूर्ण, प्रवृत्तिमय, प्रवृत्तियुक्त, प्रवृत्तिशील, -शील, •व्यस्त, ▪निवृत्त.

**प्रवृत्ति** = ट्रैंड, पसंदगी, प्रवर्तन,

मनोवृत्ति, रुचि, व्यवहार, सांसारिकता, साधना.

**प्रवृत्ति** *सं* अनुरति, अभिरुचि, इच्छा, उन्मुखता, कर्मोन्मुखता, चाह, चित्त, जी, जीववृत्ति, झुकाव, तबीअत, दिलचस्पी, प्रवृत्ति मार्ग, *मन*, *राग*, *रुचि*, रुझान, *लगन*, शग़ल, संपृक्ति, •प्रेरणा, •मनोवृत्ति, •स्वेच्छा, ▪अकर्म, ▪अनिच्छा, ▪निवृत्ति.

**प्रवृत्तिपूर्ण** = प्रवृत्त.
**प्रवृत्तिमय** = प्रवृत्त.
**प्रवृत्ति मार्ग** = प्रवृत्ति, सांसारिकता.
**प्रवृत्तियुक्त** = प्रवृत्त.
**प्रवृत्तिवाद** = भोगवाद.
**प्रवृत्तिवादी** = भोगवादी.
**प्रवृत्तिशील** = प्रवृत्त.
**प्रवृत्तिहीन** = अप्रवृत्त.
**प्रवृद्ध** = वर्धित.
**प्रवेग** = द्रुतवेग.
**प्रवेदन** = प्रौपेगैंडा.
**प्रवेश** = अंतर्व्याप्ति, आप्रवासन, आप्रवेश, आरंभिक कर्म, गृहप्रवेश, द्वार, प्रवेशस्थल, प्रारंभिक अवस्था, भूमिका.

**प्रवेश** *सं* अंतरागम, अभ्यागमन, आगम, *आगमन*, आमद, ऐंट्री, घुसन, दाख़िला, पदार्पण, पैठ, •गृहप्रवेश, •कूटशब्द, •द्वार, ▪निर्गम, ▪प्रस्थान.

**प्रवेश अनुमति** *सं* प्रवेशाज्ञा, प्रवेशानुमति, प्रवेशानुमति पत्र, •वीज़ा.

**प्रवेशकक्ष** = स्वागत कक्ष.
**प्रवेश कर्ता** = आगंतुक.
**प्रवेश कुंजी** = चाबी.
**प्रवेश द्वार** = सफलता मार्ग.

**प्रवेश द्वार** *सं* अंतर्मार्ग, *अंदर*, अंदर का रास्ता, *आगमन मार्ग*, आगमन स्थल, इन, ऐंट्री, गोपुर, *डेवढ़ी*, दहलीज़, *द्वार*, पोर्च, *पोल*, पौर, *फाटक*, *मार्ग*, मुख, मुख्यद्वार, सिंहद्वार, *स्वागत द्वार*, ▪निर्गम द्वार, ▪निर्गमन बिंदु.

**प्रवेशन** = अंतर्स्थापना.

**प्रवेश पत्र** = वीज़ा.

**प्रवेश पत्र** *सं अनुमति पत्र*, ऐंट्री परमिट, *कूपन*, परमिट, पास, प्रवेशिका, ▪निर्गम पत्र.

**प्रवेश पथ** = आगमन मार्ग.
**प्रवेश बिंदु** = प्रवेशस्थल.
**प्रवेश मार्ग** = आगमन मार्ग, सफलता मार्ग.
**प्रवेशशील** = अंतरागामी.

**प्रवेशशील** *वि अंतरागामी*, अंतर्गामी, आगमनशील, आता/आती, घुसता/घुसती, ▪गमनशील, ▪निर्गमनशील, ▪प्रवासशील.

**प्रवेश शुल्क** *सं* ऐंट्री फ़ीस, *चंदा*, *टिकट*, फ़ीस, *शुल्क*.

**प्रवेशस्थल** *सं* आगमन स्थल, ऐंट्रैंस, *प्रवेश*, प्रवेश बिंदु, •आगमन मार्ग, •प्रवेश, ▪निर्गम द्वार, ▪निर्गमन बिंदु.

**प्रवेशाज्ञा** = प्रवेश अनुमति.
**प्रवेशानुमति** = प्रवेश अनुमति, वीज़ा.
**प्रवेशानुमति पत्र** = प्रवेश अनुमति.
**प्रवेशिका** = पूर्वपीठिका, प्रवेश पत्र.
**प्रवेशोत्सव** = गृहप्रवेश.
**प्रवेष्टा** = आगंतुक.
**प्रव्रजन** = संन्यास प्रवेश.
**प्रव्रज्या** = संन्यास आश्रम.
**प्रव्रज्या ग्रहण** = संन्यास प्रवेश.
**प्रव्रज्या व्रत (बौद्ध)** = उपनयन संस्कार.
**प्रव्राजी** = प्रवासी.
**प्रशंसक** = प्रचारक, फ़ैन, सम्मान कर्ता.

**प्रशंसक** *सं* आराधक, आशंसी, उपासक, गुणगायक, चैंपियन, *पुजारी*, प्रशंसा कर्ता, प्रशंसी, *प्रेमी*, *फ़ैन*, बंदा, *भक्त*, मुरीद, वंदक, वंदिता, *समर्थक*, साधुवादी, सुहृद, स्तुतिगायक, स्तोता, •खुशामदी, •चारण, •प्रचारक, •प्रशंसागायक, •बंदीजन, ▪निंदक.

**प्रशंसक गण** *सं* दीवाने, प्रशंसक मंडली, फ़ैन गण, •कल्ट, •प्रसिद्धि.

**प्रशंसक मंडली** = प्रशंसक गण.

**प्रशंसक होना** = सराहना.
**प्रशंसन** = समर्थन.
**प्रशंसनीय** = आश्चर्यजनक, उच्चमानक, उदाहरणीय, उद्धरणीय, प्रसिद्ध, श्रेयाधिकारी, सत्यपूर्ण, सदाचारी, सम्माननीय, सुंदर.

**प्रशंसनीय** *वि* अच्छा/अच्छी, अनुकरणीय, अर्ह्य, *आदर्श*, आराध्य, *आला*, क़ाबिले तारीफ़, गुणी, प्रशंसा पात्र, प्रशंसायोग्य, बढ़िया, माननीय, वंद्य, श्लाघ्य, *सम्माननीय*, स्तुत्य, *स्मरणीय*, •उच्चमानक, •पूजनीय, •महान, •श्रेयाधिकारी, ▪निंदनीय.

**प्रशंसनीयता** = अच्छाई, श्रेय.
**प्रशंसा** = चाटूक्ति, धन्यवाद, प्रचार, प्रसिद्धि, बधाई, मंडन, शाबाशी, सम्मान, सामनीति, सिफ़ारिश.

**प्रशंसा** *सं* अभिनंदन, अभिनंदना, अभिवंदन, अभिवंदना, *आदर*, कीर्ति, ख्याति, गुणगान, जय जय, तारीफ़, *प्रतिष्ठा*, प्रशस्ति, बखान, बड़ाई, वंदना, वाहवाही, विरद, विरुद, शंसा, श्लाघा, संस्तुति, *सराहना*, साधुवाद, सुकीर्ति, स्तुति, •आत्मप्रशंसा, •खुशामद, •प्रचार, •प्रसिद्धि, •बधाई, •सम्मान, •सिफ़ारिश, ▪उपहास, ▪चुग़ली, ▪निंदा, ▪व्याज प्रशंसा, ▪शिकायत.

**प्रशंसा अधिकार** = श्रेय.
**प्रशंसा करना** = सराहना.
**प्रशंसा कर्ता** = प्रशंसक.
**प्रशंसा गान** = कीर्तन.
**प्रशंसा गायक** = बंदीजन.

**प्रशंसागायक** *सं* आशंसी, कीर्तनकार, कुशीलव, गुणगायक, *चारण*, भाट, स्तुतिगायक, स्तोता, •प्रशंसक, ▪लांछन कर्ता.

**प्रशंसा गीत** = स्तोत्र.

**प्रशंसा गीत** *सं* क़सीदा, *कीर्तन*, कीर्तिगाथा, कीर्तिगीत, गाथा, गुणगान, नात, प्रशस्ति, बंदगी, *भजन*, माहात्म्य वर्णन, यशगाथा,

यशोगान, वंदना, विरुद, विरुदावली, वीरगाथा, स्तुति, *स्तोत्र*, ●कविता, ●नायक पूजा.

**प्रशंसात्मक** = मंडनात्मक, सिफ़ारिश भरा.

**प्रशंसात्मक** *वि* अभिनंदनात्मक, प्रशंसापूर्ण, प्रशस्तिपूर्ण, समर्थनात्मक, ●बधाई पूर्ण, ●मंडनात्मक, ■निंदात्मक.

**प्रशंसा पत्र** = अभिनंदन पत्र, पुरस्कार.
**प्रशंसा पात्र** = प्रशंसनीय.
**प्रशंसापूर्ण** = आदरपूर्ण, प्रशंसात्मक.
**प्रशंसा फलक** = अभिनंदन पत्र.
**प्रशंसायोग्य** = प्रशंसनीय.
**प्रशंसावली** = अभिनंदन ग्रंथ.
**प्रशंसित** = अभिनंदित, प्रचारित, प्रसिद्ध, लोकप्रिय, सिफ़ारिशी.

**प्रशंसित** *वि अभिनंदित*, अर्हित, कीर्तित, ख्यात, ख्यातित, नाम वाला, प्रख्यात, *प्रतिष्ठित*, प्रशस्त, बहुश्रुत, महिमान्वित, महिमामंडित, *मुहम्मद*, श्लाघित, संस्तुत, स्तुत, ●प्रचारित, ●प्रसिद्ध, ●लोकप्रिय, ■तिरस्कृत, ■निंदित, ■लांछित.

**प्रशंसित (शब्दार्थ)** = मुहम्मद.
**प्रशंसी** = प्रशंसक.
**प्रशंस्य** = सम्माननीय.
**प्रशम** = प्रशमन.
**प्रशमकारी** = प्रशामक, प्रशामक औषध.
**प्रशमन** = तर्पण, प्रसन्नन.

**प्रशमन** *सं* आश्वासन, उत्तेजना शमन, उपशमन, प्रशम, बुझाई, शमन, शांति, शामन, समझाई, ●तर्पण, ●मनुहार, ●सांत्वना, ■उत्तेजन.

**प्रशमित** = प्रशांत.
**प्रशम्य** = आशुतोष, प्रसीद्य, प्रसीद्य.
**प्रशस्त** = उत्तम, प्रशंसित, विस्तीर्ण, सम्माननीय, सुसंस्कृत.
**प्रशस्त करना** = पसारना.
**प्रशस्त होना** = फैलना.
**प्रशस्ति** = अभिनंदन पत्र, पुस्तक अंत सूची, प्रशंसा, प्रशंसा गीत, मरसिया, सम्मान उपहार.
**प्रशस्ति गायन** = खुशामद.
**प्रशस्ति पत्र** = अभिनंदन पत्र, प्रमाणपत्र
**प्रशस्तिपूर्ण** = प्रशंसात्मक.
**प्रशांत** = अनासक्त, अहिंसक, आत्मविश्वासी, धीर, निश्चल, नैसर्गिक, विश्रांत, शांतिप्रेमी.

**प्रशांत** *वि* अक्रोधी, अचिंतित, अनाकुल, अनातुर, अनाविष्ट, अनुग्र, अनुत्तेजित, अनुत्सुक, अनुद्विग्न, अविकल, अव्याकुल, आवेशहीन, उत्तेजनातीत, उद्वेगहीन, क्षोभहीन, जितक्रोध, जितमन्यु, ठंडा/ठंडी, निरुद्विग्न, निर्द्वंद्व, निश्शोक, प्रशमित, प्रशांतचित्त, *प्रसन्न*, प्रसीदित, बेगम, *विश्रांत*, शांत, शांतचित्त, *शांतिपूर्ण*, *शीतल*, श्रांत, समचित्त, सुशांत, सुस्थिर, *सौम्य*, स्थिरचित्त, स्थिरमनस्क, *स्वस्थमनस्क*, ●गंभीर, ●धीर, ●निश्चिंत, ●स्थितप्रज्ञ, ■अस्थिर, ■उत्तेजित, ■क्रुद्ध, ■चिंतित, ■रोमांचित.

**प्रशांतकारी** = प्रशामक.
**प्रशांतचित्त** = आत्मविश्वासी, प्रशांत.

**प्रशांत महासागर** *सं* पैसिफ़िक ओशन.

**प्रशाखा** = अनुभाग.

**प्रशाखा** *सं* उपशाखा, कनखी, कमची, *क़लम*, टहनी, *डंठल*, शाख़चा, ●टुनगी, ●डंठल, ●तना, ●पल्लव.

**प्रशामक** = पीड़ाहर औषध, प्रशामक औषध, विश्रामप्रद.

**प्रशामक** *वि* प्रशमकारी, प्रशांतकारी, शांतकारी, शांतिकर, शांतिकारी, शांतिद, *शांतिपूर्ण*, शांतिप्रद, ●प्रशांत, ●विश्रामप्रद, ●सांत्वनाप्रद, ■उत्तेजक, ■उन्मादक, ■क्रोधजनक.

**प्रशामक औषध** *सं* उत्तेजना शामक औषध, कामेटिव, ट्रैंक़्वीलाइज़र, प्रशमकारी, *प्रशामक*, मन प्रशामक, शांतिकारी, शामक, शामक औषध, सीडेटिव, स्वापी, ●पीड़ाहर औषध.

**प्रशाम्य** = आशुतोष, प्रसीद्य.
**प्रशासक** = कार्यपालिका.

**प्रशासक** *सं* अधिकारी, *अनुशासक*, अफ़सर, ऐडमिनिस्ट्रेटर, तंत्री, नाज़िम, निज़ाम, नियंता, नियामक, पेशवा, व्यवस्थाता, व्यवस्थापक, संचालक, ●अनुशासक, ●प्रबंधक, ●सर्वोच्च सत्ताधारी.

**प्रशासक गण** = राज्य सेवा.
**प्रशासकीय** = शासकीय.
**प्रशासन** = नौकरशाही.

**प्रशासन** *सं* ऐडमिनिस्ट्रेशन, *प्रबंध*, बंदोबस्त, बागडोर, राजकाज, *व्यवस्था*, शासन संचालन, साजसँभाल, ●प्रशासक, ●सरकार.

**प्रशासन केंद्र नगर** = राजधानी.
**प्रशासन तंत्र** = कार्यपालिका, प्रबंध समिति, राज्य सेवा.
**प्रशासनिक** = राजनीतिक, शासकीय.
**प्रशासित** = शासित.
**प्रशासित राज्य** = उपनिवेश.
**प्रशास्ता** = अनुशासक, गुरु, परामर्श दाता.

**प्रशिक्षक** *सं* उस्ताद, कोच, ट्रेनर, ●अध्यापक, ●अनुशासक, ■प्रशिक्षु.

**प्रशिक्षण** *सं अभ्यास*, कार्य अभ्यास, कोचिंग, ट्रेनिंग, यंत्र अभ्यास, व्यावहारिक शिक्षा, सिखलाई, सिखाई, ●अध्यापन, ●अभ्यास, ●शिल्प शिक्षा.

**प्रशिक्षण करना** = सिखाना.
**प्रशिक्षण लेना** = सीखना.
**प्रशिक्षा** = शिल्प शिक्षा.
**प्रशिक्षार्थी** = प्रशिक्षु.
**प्रशिक्षित** = अनुभवी, अनुशासित, पालतू.

**प्रशिक्षित** *वि अभ्यस्त*, *अर्हतासंपन्न*, कर्मकुशल, चरबाँक, ट्रेन्ड, *दक्ष*, दीक्षित, निपुण, निष्णात, *शिक्षित*, सीखा/सीखी, सीखा सिखाया/सीखी सिखाई, ●अनुभवी, ●कुशल, ●दक्ष, ■अनुभवहीन, ■अप्रशिक्षित.

**प्रशिक्षित करना** = सिखाना.
**प्रशिक्षु** = नौसिखिया, विद्यार्थी.

**प्रशिक्षु** *सं* ऐप्रैंटिस, चेला/चेली, ट्रेनी, प्रशिक्षार्थी, शागिर्द, शिक्षु, सिखतड़, •कैडेट, •रंगरूट, •विद्यार्थी, ▪प्रशिक्षक.

**प्रशुद्ध** = सुसंस्कृत.
**प्रशोधन** = विशोधन.
**प्रशोषक** = अवशोषक.
**प्रश्न** = आपत्ति, जिज्ञासा, पहेली, पृच्छा, समस्या.

**प्रश्न** *सं* क्वेश्चन, *जिज्ञासा*, परिपृच्छा, परिप्रश्न, *पृच्छा*, शंका, *समस्या*, सवाल, •क्यों, •क्विज़, •पहेली, ▪उत्तर, ▪समाधान.

**प्रश्न उत्तर** = वार्तालाप.
**प्रश्न उपनिषद** = उपनिषद.
**प्रश्न करना** = पूछना.
**प्रश्न कर्ता** = क्विज़र, जिज्ञासु.

**प्रश्न कर्ता** *सं* अन्वेषी, आपृच्छक, चिंतक, *जिज्ञासु*, तर्कक, परिपृच्छक, पूछने वाला, प्रश्नी, प्राश्निक, सवाली.

**प्रश्न का उत्तर प्रश्न** = प्रत्युत्तर.
**प्रश्न चिह्न (?)** = प्रश्नवाचक चिह्न.
**प्रश्नन** = परीक्षण.

**प्रश्नपत्र** *सं परचा*, परीक्षापत्र, पेपर, •उत्तर पत्रिका, •परीक्षा, •प्रश्नावली.

**प्रश्नपूर्ण** = संदेहशील.
**प्रश्न प्रतिप्रश्न** = वादविवाद, वार्तालाप.
**प्रश्नमाला** = प्रश्नावली.

**प्रश्नवाचक चिह्न** *सं* ?, प्रश्न चिह्न, सवालिया निशान, •पूर्णविराम.

**प्रश्नावली** = क्विज़, प्रपत्र, बायोडाटा, मार्केट सर्वे.

**प्रश्नावली** *सं* क्वैश्चनेअर, प्रश्नमाला, •क्विज़, •प्रश्नपत्र.

**प्रश्नावली उत्तर विश्लेषण** = मार्केट सर्वे.

**प्रश्नी** = प्रश्न कर्ता.
**प्रश्रय** = प्रायोजन, सरपरस्ती.
**प्रश्रयदाता** = प्रायोजक, सरपरस्त.
**प्रश्वास** = श्वास.
**प्रसंख्यान** = सम्यक् ज्ञान.
**प्रसंग** = अवसर, उल्लेख, गौण कथा, पाद टिप्पणी, प्रकरण, मिलन, विषय, संदर्भ, संभोग.
**प्रसंगगत** = संदर्भीय.
**प्रसंगवश स्मरण** = उल्लेख.
**प्रसंगहीन** = अप्रासंगिक.
**प्रसंगानुकूल** = अवसरानुकूल.
**प्रसंगिनी** = प्रेमिका.
**प्रसंगेतर** = अप्रासंगिक.
**प्रसंगोचित** = प्रासंगिक.
**प्रसंविदा** = अनुबंध.

**प्रसंस्करण** *सं* परिशुद्धि, *परिष्कार*, प्रकल्पन, प्रसंस्कार, प्रौसैस, प्रौसैसिंग, *विकास*, *संस्करण*, *संस्कार*, संस्क्रिया, •उत्पादन, •निर्माण, •सृजन.

**प्रसंस्कार** = प्रसंस्करण.
**प्रसक्त** = प्रेमासक्त.
**प्रसक्ति** = सांसारिकता.
**प्रसन्न** = आनंदित, आशापूर्ण, कृतज्ञ, पूर्णेच्छ, प्रशांत, मनोरंजित.

**प्रसन्न** *वि* अखिन्न, *अनुकूल*, अनुरंजित, *आनंदित*, खुश, गदगद, तुष्ट, निहाल, पुलकित, प्रफुल्ल, प्रसन्नित, प्रसादित, प्रसीदित, मग्न, मस्त, मुदित, राज़ी, शगुफ़्ता, शादमान, *संतुष्ट*, सुखवंत, *सुखी*, सुमुख, *सौम्य*, हर्षित, हृषित, हृष्ट, ह्लादित, •अलमस्त, •सफल, ▪अप्रसन्न, ▪उदास, ▪क्रुद्ध, ▪दुःखी.

**प्रसन्न करना** = मनुहारना, हुलसाना.
**प्रसन्नचित्त** = बहिर्मनस्क, मिलनसार.
**प्रसन्नता** = आनंद, संतोष.

**प्रसन्नता** *सं आनंद*, उत्कर्ष, *उत्थान*, उल्लास, खुशी, मरज़ी, मुदिता, मोद, लास, शादकामी, शादी, *सुख*, सुखप्राप्ति, सुखी भाव, *सौभाग्य*, हर्ष, हास्य, •आनंद, •उत्सव, •संतोष, •सफलता, ▪अप्रसन्नता, ▪उदासी, ▪क्रोध, ▪दुःख, ▪शोक.

**प्रसन्नतापूर्ण** = बधाई पूर्ण.
**प्रसन्नताप्रद** = संतोषप्रद.

**प्रसन्नताप्रद** *वि* अनुरंजक, आमोदक, प्रमोदक, प्रसादी, प्रियंक/प्रियंका, प्रीतिकर, मोदक, मोदमय, *संतोषप्रद*, *सुखद*, हर्षद, •आनंदप्रद, •नैसर्गिक, ▪दुःखद, ▪निराशाजनक, ▪पीड़ाप्रद.

**प्रसन्नन** = मनुहार.

**प्रसन्नन** *सं* अनुनय, अनुरंजन, आमोदन, आराधन, *तुष्टीकरण*, तोषण, *प्रशमन*, प्रसादन, प्रसीदन, *मनुहार*, मनौअल, मिन्नत, मोदन, शमन, संतोषण, संतोष प्रदान, समझाई बुझाई, समाजत, साम, •चाटूक्ति, •तुष्टीकरण, •मनोरंजन, •सांत्वना, ▪उत्तेजन.

**प्रसन्न होना** = पसीजना, पुलकना, हुलसना.
**प्रसन्नित** = प्रसन्न.
**प्रसन्नीकरण** = मनुहार.
**प्रसन्नीय** = प्रसीद्य.
**प्रसन्न्य** = प्रसीद्य.
**प्रसरण** = प्रसार, बिखराव, शयन.
**प्रसर्जन** = प्रक्षेपण.
**प्रसर्पी** = संसर्पी.

**प्रसव** *सं* ज़चगी, *जनन*, जन्मदान, जापा, *डिलीवरी*, प्रजन, प्रसवन, प्रसूति, लेबर, शिशुजन्म, संतानोत्पत्ति, •गर्भावस्था, •दाई, •प्रसूता, •प्रसूति गृह.

**प्रसव उपरांत सात रात तक दूध** = पीयूष.
**प्रसवधर्मी** = उत्पादनशील, सृजनशील.
**प्रसवन** = प्रसव.
**प्रसवस्थल** = जन्मस्थान.
**प्रसव स्थान** = जन्मस्थान.
**प्रसविता** = उत्पादनशील, जनयिता.
**प्रसविनी** = जनयित्री.
**प्रसांत** = स्थितप्रज्ञ.
**प्रसाद** = आशीर्वाद, दान, देवोच्छिष्ट आहार, पुरस्कार, प्रदान, वरदान.

**प्रसाद** *सं* *आशीर्वाद*, नियामत, नेमत, परसाद, प्रसादी, बरकत, •कड़ाह प्रसाद, •देवोपहार, ■चढ़ावा.

**प्रसादन** = प्रसन्नन.
**प्रसादना** = मनुहारना.
**प्रसादित** = प्रसन्न.
**प्रसादी** = देवोच्छिष्ट आहार, प्रसन्नताप्रद, प्रसाद, संतोषप्रद.
**प्रसाद्य** = प्रसीद्य.
**प्रसाधक** = मेकअप मैन.
**प्रसाधक/प्रसाधिका** = ब्यूटीशियन.
**प्रसाधन** = मेकअप.

**प्रसाधन** *सं* आसज्जन, कास्मैटिक्स, तैयारी, ब्यूटिफ़िकेशन, *मंडन*, शृंगारण, शृंगारसज्जा, सँभाल, संवरण, सजावन, *सज्जा*, साजसँवार, साजसिंगार, सिंगारपट्टी, सौंदर्य प्रसाधन, •ओष्ठ रंजन, •केश कर्तन, •केश प्रसाधन, •केश रंजन, •केश संवरण, •क्षौरकर्म, •दंत रंजन, •नख रंजन, •नेत्र प्रसाधन, •फ़ेशल, •मेकअप, •अंगराग, •दर्पण, •मालिश, •सिंगार.

**प्रसाधन कक्ष** = मेकअप रूम.
**प्रसाधन करना** = सिंगारना.
**प्रसाधित** = आभूषित.

**प्रसाधित** *वि* अलंकृत, अलंकृत, तैयार, *परिपूर्ण*, रंजित, शृंगारसज्जित, शृंगारित, शोभान्वित, सँवरा/सँवरी, सजा/सजी, सजा धजा/सजी धजी, सजा सँवरा/सजी सँवरी, *सज्जित*, समलंकृत, सिंगार सज्जित, *सुंदर*, सुसज्जित.

**प्रसाधित करना** = सिंगारना.
**प्रसार** = अमूर्त स्थान, प्रचार, विकिरण, विज्ञापन, विस्तार, विस्फार, संचार.

**प्रसार** *सं* उत्सर्पण, *प्रगति*, *प्रचार*, प्रसरण, फैल, फैलाव, बढ़त, बढ़ती, बढ़न, बढ़ाव, विसर्पण, विस्तरण, *विस्तार*, वृद्धि, संसर्पण, सर्पण, •अतिक्रमण, •विस्फार, •व्यापकता.

**प्रसार करना** = पसारना.
**प्रसारण** = बिखराव.
**प्रसारना** = पसारना.
**प्रसारवाद** = साम्राज्यवाद.
**प्रसारवादी** = साम्राज्यवादी.

**प्रसारशील** *वि* अग्रसर, फैलता/फैलती, बढ़ता/बढ़ती, वर्धमान, वर्धिष्णु, विस्तारशील, *वृद्धिशील*, संसर्पी.

**प्रसारित** = खुला/खुली, प्रकाशित, प्रचारित, लोकप्रिय.
**प्रसिद्ध** = ऐतिहासिक, प्रतिष्ठित, लोकप्रिय.

**प्रसिद्ध** *वि* अंगुश्तनुमा, अग्र, अग्रवर्ती, अभिख्यात, अभिज्ञात, *असामान्य*, आख्यात, उजागर, *उत्तम*, उत्तमश्लोक, उल्लिखित, कीर्त, कीर्तित, कीर्तिमान/कीर्तिमती, कीर्तियुक्त, कीर्तिशाली, *कुछ*, ख्यात, ख्यातनाम, ख्यातिप्राप्त, गण्य, चर्चित, जगख्यात, जगजाना/जगजानी, जगज़ाहिर, जगद्विख्यात, जसवंत/जसवंती, जाना/जानी, जाना पहचाना/जानी पहचानी, जाना माना/जानी मानी, *ज्ञात*, नामचीन, नामदार, नामवर, नाम वाला, नामी, नामीगिरामी, नेकनाम, *परिचित*, परिश्रुत, *प्रकाशित*, प्रकीर्तित, प्रख्यात, प्रज्ञात, प्रतिश्रुत, *प्रतिष्ठित*, प्रधानोत्तम, *प्रशंसनीय*, *प्रशंसित*, *बहुचर्चित*, बहुश्रुत, बानाम, बिरदैत, मक़बूल, मशहूर, मशहूरो मारूफ़, महाभाग/महाभागा, महायश, महिमान्वित, महिमामंडित, मालूम, यशवंत/यशवंती, यशस्वान/यशस्वती, यशस्वी/यशस्विनी, यशी/यशिनी, यशोधन, यशोधर/यशोधरा, रोशन, लब्धकीर्ति, लब्धनाम, लब्धनामा, लब्धप्रतिष्ठ, लोकप्रसिद्ध, *लोकप्रिय*, लोकविख्यात, लोकसुंदर, विख्यात, विश्रुत, विश्वविख्यात, शोहरती, श्रुत, श्रुतकीर्ति, सरनाम, *सर्वज्ञात*, सार्वभौम, सुकीर्त, सुख्यात, सुपरिचित, सुप्रतिष्ठित, सुप्रसिद्ध, सुर्ख़रू, सुश्लोक, स्तुत, *स्मरणीय*, स्वनामधन्य, *स्वीकृत*, •प्रतिष्ठित, •बहुचर्चित, ■अज्ञात, ■गुमनाम, ■बदनाम.

**प्रसिद्ध व्यक्ति** *सं* ऋषभ, *केतु*, केसरी, गौरव, चर्चा का विषय, *चीज़*, *चूड़ामणि*, जवाहर, *तिलक*, *दिग्गज*, *नाम*, *नायक*, *प्रतिष्ठा*, प्रतिष्ठित व्यक्ति, बड़ा आदमी, *मणि*, महात्मा, *महापुरुष*, *महारथी*, मार्तंड, *मोती*, *रत्न*, *राजा*, *लाल*, विभूति, शान, शार्दूल, शिरोभूषण, शिरोमणि, शोभा, स्टार, *हस्ताक्षर*, हस्ती, *हीरा*, हीरो, •आदर्श व्यक्ति, •लोकप्रिय व्यक्ति, •वीआईपी, •सितारा कलाकार.

**प्रसिद्धि** *सं* आशंसा, कीर्ति, ख्याति, चर्चा, जगजानापन, जस, डंका, तारीफ़, दबदबा, दमदमा, धूम, *नाम*, नामवरी, नेकनामी, प्रख्याति, *प्रचार*, *प्रतिष्ठा*, *प्रशंसा*, बड़ाई, बिरद, बिरुद, मान, यश, रोब, लोकछवि, लोकश्रुति, वाहवाही, विरद, विरुद, विश्रुति, शान, शोर, शोहरत, संकीर्ति, संप्रसिद्धि, समज्ञा, सरफ़राज़ी, सरबुलंदी, सुकीर्ति, सुख्याति, सुप्रसिद्धि, सुयश, सुर्ख़रूई, हवा, •लोकप्रियता, •विज्ञापन, •सम्मान, •स्टारडम, ■गुमनामी, ■निंदा, ■बदनामी.

**प्रसीदन** = प्रसन्नन.
**प्रसीदित** = प्रशांत, प्रसन्न.
**प्रसीद्य** = आशुतोष.

**प्रसीद्य** *वि* तोषणीय, तोष्य, प्रशम्य, प्रशम्य, प्रशाम्य, प्रसन्नीय, प्रसन्न्य, प्रसाद्य, शम्य, शाम्य, शाम्य, संतोष्य, संराध्य, •आशुतोष, •सहमत्य, ■अप्रसीद्य, ■क्रोधी.

**प्रसुप्त** = मुँदा/मुँदी, सुप्त.
**प्रसू** = केला, जनयित्री, माता.
**प्रसूत** = उत्पादित, जन्मा/जन्मी.

**प्रसूता** *सं* अलवाँत, अलवाँती, ज़च्चा,

नई माँ, नवप्रसूता, प्रजाता, प्रसूतिका, सद्यप्रसूता, सूतिका, •दाई, •प्रसव.

**प्रसूति** = प्रसव.
**प्रसूतिका** = प्रसूता.
**प्रसून** = जन्मा/जन्मी, पुष्प, फल.
**प्रसूनक** = कली.
**प्रसृत** = विस्तीर्ण.
**प्रस्तर** = चट्टान, पाषाण, रत्न.
**प्रस्तर पटल** = पाषाण पटल.
**प्रस्तरबहुल** = पथरीला/पथरीली.
**प्रस्तरमय** = पथरीला/पथरीली.
**प्रस्तरीय** = पाषाणीय.
**प्रस्तार** = मैदान.
**प्रस्ताव** = आदि, आरंभिक कर्म.

**प्रस्ताव** *सं* ड्राफ़्ट, तजवीज़, पेशकश, प्रपोज़ल, प्रायोजना, *बिल*, मसविदा, मसौदा, *विचार*, विधेय, विधेयक, *सुझाव*, •अनुमोदन, •पारण, •मंडन, •समर्थन, ▪खंडन, ▪विरोध, ▪वीटो.

**प्रस्तावना** = नाट्य आरंभ, भूमिका.
**प्रस्तावित कार्यक्रम** = शीड्यूल.
**प्रस्तुत** = उपस्थित, तत्पर, प्रकट, मंचित, सन्नद्ध.
**प्रस्तुत करना** = दिखाना.
**प्रस्तुत कर्ता** = उपहार दाता.
**प्रस्तुत प्रश्न** = चर्चा विषय.
**प्रस्तुत विषय** = चर्चा विषय.
**प्रस्तुति** = अभिव्यक्ति, उपहार, डिलीवरी, डिस्प्ले, प्रतिपादन, प्रदर्शन, प्रदान, भूमिका, मंचन, समर्पण, सिफ़ारिश.
**प्रस्तुतिकरण** = प्रतिपादन, प्रदर्शन.
**प्रस्तुति कला** = शोमैनशिप.
**प्रस्तुतियोग्य** = मंचनीय.
**प्रस्तुत्य** = मंचनीय, श्रेयाधिकारी.
**प्रस्तोता** = प्रतिपादक, प्रदर्शक.
**प्रस्थ** = पठार भूमि, मैदान, विस्तार, समतल भूमि, स्थित.
**प्रस्थान** = निर्गम, पदत्याग, पलायन, मृत्यु, यात्रा आरंभ, सेना प्रयाण.

**प्रस्थान** *सं* *अभियान*, कूच, *गमन*, पयाम, प्रयाण, रवानगी, ▪आगमन, ▪पहुँच, ▪प्रवेश.

**प्रस्थान करना** = जाना, मरना.
**प्रस्थान कर्ता** = निर्गंता.

**प्रस्थान त्रयी सूची** *सं* *उपनिषद*, *गीता*, ब्रह्मसूत्र.

**प्रस्थान मार्ग** = निर्गम द्वार.
**प्रस्थानशील** = गमनशील.
**प्रस्थानित** = गत.
**प्रस्थानी** = निर्गंता.
**प्रस्थापक** = प्रतिपादक.
**प्रस्थापना** = नाट्य आरंभ, प्रतिपादन, संस्थापना.
**प्रस्थापित** = संस्थापित, स्थित.
**प्रस्थित** = गत.
**प्रस्थिति** = जावक.
**प्रस्फुटन** = उज्ज्वलन.

**प्रस्फुटन** *सं* उन्मीलन, उन्मेषण, खिलन, खुलन, खुलाई, चटकाहट, विकसन, विस्फरण, विस्फुटन, विहसन, शगुफ़्तगी, स्फुटन, *स्फुरण*, स्फुलन, •अर्धप्रस्फुटन, •खिलावट, ▪म्लानन.

**प्रस्फुटन काल** = वसंत.
**प्रस्फुटित** = उज्ज्वल, खिला/खिली.
**प्रस्फुटितता** = खिलावट.
**प्रस्फुरण** = अंकुरण, स्फुरण.
**प्रस्राव** = स्राव.
**प्रस्वेद** = पसीना.
**प्रहंतव्य** = हंतव्य.
**प्रहत** = आहत, तना/तनी, नष्ट, हत्याकृत.
**प्रहति** = आघात.
**प्रहनन** = हत्या.
**प्रहर** = पहर, पहरा.
**प्रहरी** = पहरेदार.
**प्रहर्ता** = आक्रांता, प्रहारक.
**प्रहर्ष** = आत्मानंद, आनंदातिरेक.
**प्रहसंती** = जूही.
**प्रहसन** = अगंभीर नाटक.

**प्रहार** *सं* *आक्रमण*, *आघात*, *घात*, चपेट, *चोट*, ज़द, धाव, मार, *वार*, हमला, हल्ला, *हिंसा*, •अपकार, •छापा, •पदाघात, •पिटाई, •युद्ध, ▪क्षमा, ▪रक्षा, ▪शरण.

**प्रहारक** *सं* अभिघाती, आक्रमण कर्ता, *आक्रामक*, आघातक, आघात कर्ता, निघाती, प्रहर्ता, प्रहारी, *मारने वाला*, हमलावर, •अतिक्रांता, •आक्रांता.

**प्रहार बचाना** = निवारना.

**प्रहार सीमा** *सं* आघात सीमा, ज़द, *पहुँच*, मार, लपेटा.

**प्रहार से बचना** = निवारना.
**प्रहारी** = आक्रांता, प्रहारक, हत्यारा.
**प्रहास** = अट्टहास, उज्ज्वलन, वाक्केलि.
**प्रहासी** = विदूषक, हास्य अभिनेता, हास्य लेखक.
**प्रहृष्ट** = रोमांचित.
**प्रहेति** = प्रक्षेपास्त्र.
**प्रहेलिका** = पहेली.
**प्रह्लाद** = आनंद, आनंदातिरेक, विनोद.

**प्रह्लाद** *सं* इंद्रशत्रु, दानवेंद्र, भक्त प्रह्लाद.

**प्रह्लाद** = आत्मानंद.
**प्रह्लादक** = आनंदप्रद.
**प्रह्लाद विद्या** = तर्कशास्त्र.
**प्रांगण** = आँगन, भवन परिसर, मनोरंजन स्थान.
**प्रांगार** = कारबन.
**प्रांगारिक** = जैव.
**प्रांगारिक पदार्थ** = जैव पदार्थ.
**प्रांगारित** = दग्ध.
**प्रांगारीयम** = कारबन.
**प्रांजल** = बोध्य.
**प्रांत** = क्षेत्र, प्रांत/प्रदेश.

**प्रांत/प्रदेश** *सं* खत्ता, प्रदेश, प्रांत, प्राविंस, प्रैज़िडैंसी, मंडल, *राज्य*, रैज़िडैंसी, सूबा, स्टेट, •क्षेत्र, •जनपद (आदि), •देश, •मुख्य मंत्री, •राजधानी, •राष्ट्र.

**प्रांत प्रशासक** = राज्यपाल.
**प्रांतर** = वन.

**प्रांतवाद** *सं* प्रदेशवाद, प्रांतीयता, प्रांतीयतावाद, •राष्ट्रवाद.

**प्रांतीय** = क्षेत्रीय, प्रदेशीय, प्रदेशीय.
**प्रांतीयता** = प्रांतवाद.
**प्रांतीयतावाद** = प्रांतवाद.
**प्रांशु** = ऊँचा/ऊँची.

**प्रांशुता** = ऊँचाई.
**प्राइज़** = पुरस्कार.
**प्राइम मिनिस्टर** = प्रधान मंत्री.
**प्राइम मैरिडियन** = याम्योत्तर रेखा.
**प्राइमरी** = आरंभिक, मुख्यकोटीय.
**प्राइवेट** = एकस्वामीय, गुप्त, व्यक्तिगत.
**प्राइवेटली** = चोरी छिपे.
**प्राइवेटाइज़ेशन** = निजीकरण.
**प्राइवेटाइज़्ड** = निजीकृत.
**प्राइस** = मूल्य.
**प्राकल्पना** = परिकल्पना.
**प्राकाम्य** = योगसिद्धि.
**प्राकृत** = चरित्रीय, प्राकृतिक, वनीय.
**प्राकृतिक** = अनाभूषित, अपौरुषेय, अरचित, मौलिक (अधिकार), स्वाभाविक.

**प्राकृतिक** *वि* अकूटकृत, अकृत्रिम, *असली*, क़ुदरती, दैवकृत, *नैसर्गिक*, प्रकृत, प्राकृत, स्वकृत, •अतिप्राकृतिक, •स्वाभाविक, ▪नक़ली, ▪मानवनिर्मित.

**प्राकृतिक चिकित्सक** *सं* नेचरोपैथ.

**प्राकृतिक चिकित्सा** *सं* नेचरक्योर.

**प्राकृतिक जलाशय** = झील.
**प्राकृतिक हिम** = हिम.
**प्राक्** = अगला/अगली, पूर्ववर्ती.
**प्राक्कथन** = अनुमान, भूमिका.
**प्राक्काल** = प्राचीन काल, भूतकाल.
**प्राक्कालीन** = पूर्ववर्ती, प्राचीन.
**प्राक्तन** = अर्धविकसित, प्राचीन, सब से पहले.
**प्राक्रम** = आरंभिक कर्म.
**प्राक्विचार** = पूर्वानुमान.
**प्रागल्भ्य** = वाग्विलास, हाज़िरजवाबी.

**प्रागितिहास** *सं* अज्ञात काल, आदिम काल, पुरा इतिहास, प्राचीनता.

**प्रागितिहास काल** = सुदूर भूतकाल.

**प्रागितिहास काल** *सं* आदिम काल, ज्ञात इतिहासपूर्व काल, प्रागितिहासिक काल, प्रागैतिहासिक काल, बाबा आदम का ज़माना, मनुकाल, *सत्ययुग*, •प्राचीन काल.

**प्रागितिहासिक** = आदिम, प्राचीन, सृष्टिकालीन.

**प्रागितिहासिक** *वि अज्ञात*, *आदिम*, आदिमकालीन, *आरंभिक*, इतिहास से पहले का, पाषाण युगीन, पुराऐतिहासिक, पुरातन, पुराना/पुरानी, *प्राचीन*, बाबा आदम के ज़माने का, सत्ययुगीन, •अवशेष, •सृष्टिकालीन, ▪आधुनिक.

**प्रागितिहासिक मानव** = आदिमानव.
**प्रागैतिहासिक काल** = प्रागितिहास काल.
**प्राग्** = अगला/अगली.
**प्राग्तम** = अग्रतम.
**प्राग्दक्षिणा** = दक्षिण पूर्व दिशा.
**प्राघात** = युद्ध.
**प्राङ्** = अगला/अगली.
**प्राचल** = सीमा माप.
**प्राचार्य** = प्रधान अध्यापक, प्रौफ़ेसर.
**प्राची** = पूर्व दिशा.
**प्राचीन** = ऐतिहासिक, पारंपरिक, पुराना/पुरानी, प्रागितिहासिक, भूतकालीन, मिथकीय, संग्रहणीय.

**प्राचीन** *वि* अतीत, अनद्यतन, *आदिम*, *आनुवंशिक*, *ऐतिहासिक*, क़दीमी, *गत*, गया/गई, चिरंतन, चिर, *जीर्णशीर्ण*, जूना/जूनी, था/थी, दूर का, *पारंपरिक*, पिछला/पिछली, पुराकालीन, पुराणकालीन, पुरातन, पुराना/पुरानी, पूर्वकालीन, *पैतृक*, पौर्व, प्राक्कालीन, प्राक्तन, *प्रागितिहासिक*, *प्रारंभिक*, बहुत पहले का, बाप दादा के ज़माने का, बाबा आदम के ज़माने का, बीता/बीती, *भूतकालीन*, भूला बिसरा/भूली बिसरी, महापुरातन, मूल, विगत, वैदिक, सत्ययुगी, सनातन, हजरत मूसा के ज़माने का, ▪आधुनिक, ▪नवीन.

**प्राचीन ईरानी भाषा** = फ़ारसी.

**प्राचीन काल** *सं* आरंभिक काल, पुरातन काल, पुराना वक़्त, *पुरायुग*, पूर्वकाल, प्राक्काल, प्राचीन युग, •अंध काल, •प्रागितिहास काल, •मध्य काल, •सामंत काल, •सुदूर भूत काल.

**प्राचीनता** = प्रागितिहास.
**प्राचीन भारतीय दर्शन** = षड्दर्शन.
**प्राचीन युग** = प्राचीन काल.
**प्राचीनवादी** = अतीतवादी.
**प्राचीपति** = इंद्र.
**प्राचीर** = दीवार, दुर्ग परकोटा, परकोटा.
**प्राचीर कुंड** = हौज़.
**प्राचीरबद्ध** = सीमाबद्ध.
**प्राचीर विज्ञापन** = पोस्टर.
**प्राचीरहीन** = असीम.
**प्राचुर्य** = समृद्धि.
**प्राचेतस** = दक्ष प्रजापति, मनु, वाल्मीकि.
**प्राच्** = अगला/अगली.
**प्राच्य** = पूर्वी.
**प्राज्ञ** = दूरदर्शी.
**प्राण** = ऊर्जा, क्षमता, जीवन, दम, पंचप्राण सूची, पति, प्रेरणा, ब्रह्म, शक्ति, श्वास.
**प्राणकांता** = पत्नी.
**प्राण की बाज़ी** = जान की बाज़ी.
**प्राणघाती** = मारक.
**प्राणघ्न** = मारक.
**प्राणचय** = पोषण, शक्तिवर्धन.
**प्राण जाना** = मरना.
**प्राणजीवन** = प्रेमपात्र/प्रेमपात्रा.
**प्राण तत्त्व** = प्राणशक्ति.
**प्राणत्याग** = मृत्यु.
**प्राणदंड** = मृत्युदंड.
**प्राणद** = अमृतीय, उत्साहप्रद, टोनिक, पोषक, प्रेरणाप्रद, शक्तिवर्धक, स्फूर्तिप्रद.
**प्राणदान** = आत्मबलि.
**प्राणदानी** = आत्मबलिदानी, जीवन रक्षक.
**प्राणद्यूत** = जान की बाज़ी.
**प्राणधन** = प्रेमपात्र/प्रेमपात्रा.
**प्राणधारी** = जैव.
**प्राणनाथ** = पति.
**प्राणनाथ/प्राणप्रिया** = प्रेमपात्र/प्रेमपात्रा.
**प्राणनाशक** = बलनाशक.
**प्राण निकलना** = मरना.
**प्राणनिग्रह** = प्राणायाम.
**प्राण पखेरू उड़ना** = मरना.
**प्राणपणता** = साहस.
**प्राण प्रतिष्ठा** = मूर्ति प्राण प्रतिष्ठा.
**प्राणप्रद** = अमृतीय, उत्साहप्रद,

शक्तिवर्धक, स्फूर्तिप्रद.
**प्राणप्रिय/प्राणप्रिया** = प्रेमपात्र/प्रेमपात्रा.
**प्राणभय** = प्राण संकट.
**प्राणमय** = श्वासयुक्त.
**प्राणयश** = वध.
**प्राणयात्रा** = गुज़रबसर.
**प्राणरक्षक** = जीवन रक्षक.
**प्राण रक्षा करना** = बचाना.
**प्राण लेना** = मारना, संहारना.
**प्राणवल्लभ/प्राणवल्लभा** = प्रेमपात्र/प्रेमपात्रा.
**प्राणवान** = उत्साही, चुस्त, जीवित, द्रुत, सक्रिय.
**प्राणवान/प्राणवती** = बलिष्ठ.

**प्राणशक्ति** *सं* अंतर्शक्ति, अणिमा, असु, आंतरिक शक्ति, *आत्मा*, *ऊर्जा*, ओज, चित्, चेतन तत्त्व, *चेतना*, चैतन्य, जान, जीवंतता, जीव चेतन तत्त्व, जीवथ, जीवनज्वाला, जीवन शक्ति, जीवित अस्तित्व चेतन तत्व, *दम*, पुरुष तत्त्व, प्राण तत्त्व, *मरुत*, वैश्वानर, सत्त्व, हृदयस्थ प्राण, ●पंचप्राण.

**प्राण संकट** *सं* जानजोखिम, जानजोखों, जीवन संकट, प्राणभय, प्राणात्यय, मौत का खेल.

**प्राण संयम** = प्राणायाम.
**प्राणहर** = बलनाशक, मारक.
**प्राणहारी** = बलनाशक.
**प्राणहीन** = निर्बल, मृत, श्वासहीन.
**प्राणांत** = मृत्यु.
**प्राणांतक** = मारक, विष, हत्यारा.
**प्राणा** = पत्नी.
**प्राणाघात** = हत्या.
**प्राणातिपात** = हत्या.
**प्राणात्मा** = आत्मा.
**प्राणात्यय** = प्राण संकट.
**प्राणाधार** = प्रेमी.
**प्राणाधार/प्राणाधारा** = प्रेमपात्र/प्रेमपात्रा.
**प्राणाधारा** = पत्नी.
**प्राणाधिका** = पत्नी.
**प्राणाधिप** = आत्मा.
**प्राणायाम** = योगांग.

**प्राणायाम** *सं* उद्घात, दम सधाई, देवचिंतन सहित श्वास साधन, प्राणनिग्रह, प्राण संयम, श्वास अनुशासन, *श्वासरोध*, ●योगाभ्यास, ●श्वास.

**प्राणावरोध** = श्वासरोध, श्वासावरोध.
**प्राणाहुति** = आत्मबलि.
**प्राणित** = चालित, प्रेरित.
**प्राणी** = जीवित, मानव.
**प्राणी उद्यान** = चिड़ियाघर.
**प्राणी और वनस्पति** = चेतन जगत.
**प्राणी जगत** = जीव समष्टि.
**प्राणी विच्छेदन** = जीव विच्छेदन.
**प्राणेश/प्राणेशा** = प्रेमपात्र/प्रेमपात्रा.
**प्राणेश्वर** = पति.
**प्राणेश्वर/प्राणेश्वरी** = प्रेमपात्र/प्रेमपात्रा.
**प्राणेश्वरी** = पत्नी.
**प्राणोच्छेद** = हत्या.
**प्राणोत्सर्ग** = आत्मबलि, मृत्यु.
**प्रातः** = एऐम, प्रातःकाल.
**प्रातः कर्म** = मलत्याग.
**प्रातःकाल** = त्रिसंध्या सूची, प्रातःकाल में.

**प्रातःकाल** *सं* अरुण काल, उषाकाल, दिनारंभ, पहला पहर, प्रभात, प्रभात काल, प्रातः, सकाल, सबेरा, सवेरा, सुबह, सूर्योदय काल, ●झुटपुटा, ●पूर्वाह्न, ●मध्याह्न, ●सूर्योदय, ■सायंकाल.

**प्रातःकाल में** *क्रिवि* अँधेरे मुँह, अलस्सुबह, गजर दम, जल्दी, तड़के, दिन निकले, निन्ने मुँह, पौ फटते, पौ फटे, प्रभात में, *प्रातःकाल*, भिनसारे, भुरहरे, मुँह अँधेरे, सकारे, सबेरे, सुदौसी, सुबह, सुबह दम, सुबह सवेरे, सुबह सुबह, ■देर रात में, ■सायंकाल में.

**प्रातःकालीन** *वि आरंभिक*, उदयकालीन, उषाकालीन, पूर्वाह्निक, प्रभातकालीन, प्रभातीय, प्राभातिक, मार्निंग, सहरी, सूर्योदयकालीन, ■सायंकालीन.

**प्रातःकालीन विचरण** *सं* सुबह की सैर.

**प्रातःकालीन शुक्र** *सं* उजाले का तारा, भोर का तारा, शुक्र, सुकवा, सुबह का तारा, सुबह का सितारा, सूक, ●सायंकालीन शुक्र.

**प्रातः जलपान** = ब्रेकफ़ास्ट.
**प्रातःभोजन** = ब्रेकफ़ास्ट.
**प्रातःस्मरणीय** = पूजनीय.
**प्रातराश** = ब्रेकफ़ास्ट.
**प्रातीच्य** = पश्चिमी.
**प्रातीतिक** = लगभग सदृश.
**प्राथमिक** = अपरिहार्य, आधारभूत, आरंभिक, पहला/पहली, प्रधान, प्रयोगात्मक, मौलिक (अधिकार), सर्वोच्च, सृष्टिकालीन.
**प्रादर्श** = नमूना, प्रारूप.
**प्रादुर्भाव** = जन्म.
**प्रादुर्भूत** = उत्पादित, जन्मा/जन्मी.
**प्रादेशिक** = क्षेत्रीय, प्रदेशीय, स्थानीय.
**प्राधिकरण** = संस्था.
**प्राधिकार** = एकाधिकार, विशेषाधिकार.
**प्राधिकृत** = अनुमत, नियमानुकूलित.
**प्राध्यापक** = प्रोफ़ैसर, लैक्चरर.
**प्राध्यापकीय** = अकादमिक.
**प्रापक** = प्राप्ता.
**प्रापन** = आदान.
**प्रापयिता** = प्राप्ता.
**प्राप्त** = अर्जित, आनुवंशिक, आलब्ध, दायागत, पुनर्प्राप्त, लिया/ली.

**प्राप्त** *वि* अभ्युपगत, *आगत*, आपन्न, उपगत, उपलब्ध, करगत, गृहीत, दस्तयाब, पहुँचा/पहुँची, पाया/पाई, बरामद, बरामद, महसूल, मिला/मिली, मुहैया, लब्ध, समापन्न, हस्तगत, हासिल, ●अर्जित, ●उगाहा/उगाही, ●लिया/ली, ■प्रदत्त, ■समर्पित, ■हस्तांतरित.

**प्राप्त (बोध)** = ज्ञात.
**प्राप्त करना** = लेना.
**प्राप्त कराना** = दिलाना, देना.
**प्राप्तकाम** = सफल.
**प्राप्तदोष** = अपराधी.

**प्राप्तभोजन** *वि* खादा/खादी, खाया/खाई, पेटभरा/पेटभरी, भुक्त, भुक्तभोजन, भोजित, भोजित, ●भरपेट, ■उपवासी, ■ख़ाली पेट, ■छका/छकी, ■भूखा/भूखी.

**प्राप्तमनोरथ** = पूर्णेच्छ, सफल.
**प्राप्तयौवन** = जवान.
**प्राप्तयौवना** = युवती.
**प्राप्तव्य** = आदेय, कथा फलागम, वांछनीय.
**प्राप्तव्यवहार** = वयस्क.
**प्राप्त संख्या** = भाग फल.
**प्राप्त होना** = ढुँढ़ना, पाना.

**प्राप्तांक** *सं* परीक्षा प्राप्तांक, ●पूर्णांक.

**प्राप्तांश** = भाग फल.
**प्राप्ता** = खोजी.

**प्राप्ता** *सं* अभिग्रहीता, आदाता, आदायी, आदेयी, आलब्धा, उपलब्धा, ग्रहीता, ग्राहक, पाने वाला, प्रापक, प्रापयिता, भागी, रिसीवर, लब्धा, लाभभोक्ता, लिवाल, लिवालिया, लेने वाला, लेवाल, लेवालिया, ■प्रदाता, ■प्रेषक.

**प्राप्तानंद** = आनंदित.
**प्राप्ति** = अर्जन, आय, आलब्धि, आवक, उगाही, उपपत्ति, ख़रीद, परिणाम, फलन, योगसिद्धि सूची, लाभ, लाभांश, सफलता.

**प्राप्ति** *सं* आगम, आपाद, आप्ति, आमद, *आलब्धि*, उपलब्धि, दस्तयाबी, *पहुँच*, पावक, पावती, मुहासिल, *रसीद*, लंभन, लब्धि, *लाभ*, समालब्धि, हस्तागति, हस्तागमन, ●आदान, ●उगाही, ■अप्राप्ति, ■प्रदान, ■विलब्धि.

**प्राप्तिका** = प्राप्तिपत्र, रसीद.
**प्राप्तिपत्र** = रसीद.

**प्राप्तिपत्र** *सं* *आवक*, आवक पत्र, ऐकनालिजमैंट, पावती, पावती पत्र, प्राप्तिका, *रसीद*, रिसीट.

**प्राप्तिस्थान** = खान.
**प्राप्तीच्छा** = लालसा.
**प्राप्तीच्छुक** = लोभी.
**प्राप्य** = अधिकारागत, आदेय, उपस्थित, लभ्य, साध्य.
**प्राप्य अंश** = लाभांश.
**प्राबोधक** = बंदीजन.

**प्राभंजन** = वायु विषयक.
**प्राभातिक** = प्रातःकालीन.
**प्राम** = बच्चागाड़ी.
**प्रामाणिक** = अप्रवादित, असली, तथ्यात्मक, तर्कसंगत, मानकयुक्त, विज्ञानसगत, शास्त्रसंगत, सटीक, सत्यापित.
**प्रायः** = बारंबार, लगभग.

**प्रायः** *क्रिवि* अकसर, अधिकतर, अमूमन, आंम तौर पर, ज़्यादातर, बहुधा, बार बार, भूयः, साधारणतः, साधारणतया, सामान्यतः, ●अनेकदा, ●बारंबार, ●हमेशा, ■कभी कभी.

**प्रायःद्वीप** = प्रायद्वीप.

**प्रायद्वीप** *सं* अंतरीप, केप, पैनिनशुला, प्रायःद्वीप, ●थलडमरुमध्य, ●द्वीप, ●महाद्वीप, ■खाड़ी.

**प्रायभव** = सामान्य.

**प्रायश्चित्त** *सं* अपराध बोध, आत्मशुद्धि, क्षमायाचना, *खेद*, *तपस्या*, निष्कृति, पछतावा, पाप बोध, भूलबोध, मलाल, मसोस, संताप, ●उपवास, ●कनफ़ैशन, ●शोक, ■अपराध, ■पाप.

**प्रायश्चित्तपूर्ण** *वि* अनुतप्त, खेदग्रस्त, *खेदपूर्ण*, ग्लानिपूर्ण, *तप्त*, *दुःखी*, *पश्चात्तापपूर्ण*, प्रायश्चित्ती, मनस्तापपूर्ण, ●कृतघ्न, ■कृतज्ञ, ■शोकहीन.

**प्रायश्चित्ती** = प्रायश्चित्तपूर्ण.
**प्रायिक** = संभव, सामान्य.
**प्रायोगिक** = प्रयोगात्मक.

**प्रायोजक** *सं* आयोजक, आर्गनाइज़र, तत्त्वावधानक, तत्त्वावधान कर्ता, नियोक्ता, नियोजक, प्रश्रयदाता, वित्तदाता, विनियोजक, संपोषक, *संयोजक*, *समर्थक*, समारोह प्रायोजक, सहायक, स्पौंसर, ●मददगार, ●विज्ञापक, ●सरपरस्त.

**प्रायोजन** *सं* आयोजन, आयोजन सहयोग, *आशीर्वाद*, तत्त्वावधान, *दयादृष्टि*, निगहबानी, नियोजन, प्रश्रय, विनियोजन, *संयोजन*, संरक्षकता, *संरक्षण*, *समर्थन*, *सहयोग*, सौजन्य, स्पौंसरशिप, ●सौमनस्य.

**प्रायोजना** = प्रस्ताव, योजना.
**प्रारंभ** = आदि, आरंभ, आरंभिक कर्म, उदय, उद्‌घाटन, प्रयास, प्रवर्तन, यवनिका उत्थान, संस्थापना.
**प्रारंभ कर्ता** = प्रवर्तक.
**प्रारंभ काल** = सृष्टिकाल.
**प्रारंभहीन** = अनादि.
**प्रारंभिक** = आरंभिक, प्राचीन, सृष्टिकालीन.

**प्रारंभिक** *वि* अविकसित, आद्य, *आरंभिक*, आरंभिक अवस्था वाला, आरंभिक लक्षणयुक्त, शुरुआती, ●माध्यमिक अवस्था वाला, ■चरम.

**प्रारंभिक अवस्था** *सं* *अंकुर*, *अंडा*, आरंभ काल, आरंभिक अवस्था, आरंभिक रूप, उद्‌गम, कच्चापन, *कली*, कोंपल, *क्यारी*, दहलीज़, *नीवँ*, प्रभात, *प्रवेश*, *प्रारूप*, प्लान, *बचपन*, *बीज*, बुनियाद, *शैशव*, श्रीगणेश, संकल्पना, ■चरम अवस्था.

**प्रारंभिक वासी** = आदिवासी.
**प्रारंभिक शिक्षा** = साक्षरता.
**प्रारंभित** = आरंभित, संस्थापित.
**प्रारब्ध** = पूर्वकर्म फल, भाग्य.

**प्रारब्ध** *सं* *अदृश्य*, अदृष्ट, अपरिहार्यता, ईश्वर विधान, *कपाल*, *कर्मफल*, कालयोग, क़िस्मत, *ग्रह*, दई, दिष्ट, दैव, दैव गति, नसीब, नियति, पूर्वलिखित भाग्य, पेशानी, प्रकृति का विधान, बदी, *भाग्य*, मुक़द्दर, लिखनी, विधाता, विधि का विधान, *सितारे*, होनहार, होनी, ●पूर्वकर्म फल, ●भविष्यवाणी.

**प्रारब्ध क्रम** = भाग्यचक्र.
**प्रारब्ध रेखा** = भाग्यरेखा.
**प्रारब्ध लिखित** = प्रारब्धाधीन.

**प्रारब्ध लेख** *सं* अमिट रेख, कर्मरेख, कर्मलेख, तक़दीर का लिखा,

नियति लेख, पत्थर की लकीर, ब्रह्मलिखित, ब्रह्मलेख, भाग्यफल, भाग्यलिपि, भाग्यलेख, लिखा, विधिलेख, हाथ की लकीर, •दृढ़ वचन, •भाग्य.

**प्रारब्ध लेखक** = प्रारब्ध विधाता.

**प्रारब्धवाद** *सं* आत्मविश्वासहीनता, कर्मफलवाद, कर्मवाद, कर्महीनता, दैवाधीनता, नियतिवाद, भाग्यवाद, ▪कर्तृत्ववाद, ▪कर्म.

**प्रारब्धवाद विरोध** = कर्तृत्ववाद.
**प्रारब्ध वाद विरोधी** = कर्तृत्ववादी.

**प्रारब्धवादी** *वि* अकर्मठ, अकर्मण्य, आत्मविश्वासहीन, कर्महीन, दैववादी, नियतिवादी, भाग्यवादी, लालाटिक, •निराशावादी, ▪कर्तृत्ववादी.

**प्रारब्ध विधाता** *सं* अदृष्ट नियंता, ईश्वर, ऊपर वाला, तक़दीर बनाने वाला, नियंता, प्रारब्ध लेखक, *ब्रह्मा*, भाग्य लेखक, भाग्यविधाता, लिखने वाला, लेखनहार, लेखनहारा, विधाता, विरंचि, संविधातृ.

**प्रारब्धाधीन** *वि* अटल, अटलनीय, क़िस्मत का लिखा, तय, दिष्ट, दैवाधीन, *निर्धारित*, पूर्वदिष्ट, पूर्वनिश्चित, पूर्वलिखित, प्रारब्ध लिखित, बदा/बदी, ब्रह्मलिखित, भाग्यलिखित, भाग्याधीन, मुक़र्रर, लिखा/लिखी, विहित, •पूर्वकथित, •पूर्वनिर्धारित, ▪कर्तृत्व अधीन.

**प्रारब्धि** = आरंभ, संस्थापना.
**प्रारूप** = परिकल्पना, प्रारंभिक अवस्था.

**प्रारूप** *सं* आदिरूप, आद्य प्रारूप, आरूप, *नमूना*, पूर्वरूप, प्रथम रूप, प्रादर्श, प्रोटोटाइप, मौडल, •परिकल्पना, •प्रालेख.

**प्रारूपीय** = प्रयोगात्मक.
**प्रार्थना** = अपील, निवेदन, पूजा, फ़रियाद, भजन, याचना.

**प्रार्थना** *सं* अनुनय, अनुरोध, अभियाचना, अभ्यर्थना, अरज, अरदास, अर्ज़, अर्थना, आत्मनिवेदन, इल्तिजा, गुज़ारिश, दरख़्वास्त, दुआ, *निवेदन*, निहोरा, बिनती, *मनुहार*, *माँग*, *याचना*, वंदना, विनती, विनय, स्वनिवेदन, •इच्छा, •एवमस्तु, •पूजा, •फ़रियाद, •भजन, ▪आग्रह, ▪आज्ञा, ▪हठ.

**प्रार्थना अस्वीकृति** = अस्वीकृति.
**प्रार्थना करना** = पूजना.
**प्रार्थनापत्र** = याचिका.
**प्रार्थना भवन** = उपासनालय.
**प्रार्थना स्वीकृति** = अनुमति.
**प्रार्थयिता** = निवेदक.
**प्रार्थित** = इच्छित.
**प्रार्थी** = अपीलार्थी, अभियोगी, आवेदक, निवेदक, निवेदक, भिखारी.
**प्रालिंद** = छज्जा.

**प्रालेख** *सं* आलेख, कच्चा, खर्रा, ख़ाका, ड्राफ़्ट, मसौदा, •प्रारूप.

**प्रावधान** = बजट.
**प्रावार** = आवरक वस्तु.
**प्रावारक** = ओढ़नी.
**प्राविंस** = प्रांत/प्रदेश.
**प्राविधिक** = तकनीकी, रूटीनी.
**प्राश** = आहार, मरहम.
**प्राशन** = भक्षण.
**प्राशी** = भक्षक.
**प्राश्निक** = क्विज़र, प्रश्न कर्ता, रैफ़री.
**प्राश्निक** = कार्यक्रम ऐंकर.
**प्रासंग** = पासंग.
**प्रासंगिक** = अवसरानुकूल, संदर्भीय, संयोगजन्य.

**प्रासंगिक** *वि* अच्छा/अच्छी, *अनुकूल*, आप्त, उचित, उपयुक्त, चरितार्थ, *ठीक*, दुरुस्त, प्रसंगोचित, बजा, माक़ूल, मुनासिब, मौज़ूँ, *युक्त*, लागू, वाजिब, विषयानुकूल, *संगत*, *संबंधित*, संबद्ध, समीचीन, सम्यक्, सही, सुसंगत, •सटीक, •सार्थक, ▪अनर्गल, ▪असंगत.

**प्रासंगिक कथावस्तु** = गौण कथा.
**प्रास** = अनुप्रास.
**प्रासाद** = भवन, मंदिर, महल, राजमहल.
**प्रासाद प्रतिष्ठा** = मूर्ति स्थापना.
**प्रासादीय** = महल जैसा.
**प्रासियोडिमीयम** = रासायनिक तत्त्व सूची.
**प्रास्थगन** = स्थगन.
**प्राहुण** = अतिथि.
**प्रिंट** = छाप, फ़ोटोप्रिंट.
**प्रिंटर** = कंप्यूटर प्रिंटर, प्रतिलिपित्र सूची, मुद्रक.
**प्रिंटरी** = मुद्रणालय.
**प्रिंटर्स** = मुद्रणालय.
**प्रिंट लाइन** = पुस्तक अंत.
**प्रिंटिंग** = मुद्रण.
**प्रिंटिंग प्रैस** = मुद्रणालय.
**प्रिंटिड** = मुद्रित.
**प्रिंस** = राजकुमार, राजा.
**प्रिंस आफ़ वेल्स (यू.के.)** = युवराज.
**प्रिंसिपल** = प्रधान अध्यापक.
**प्रिंसेस** = राजकुमारी.
**प्रिज़नर** = क़ैदी.

**प्रिज़्म** *सं क़लम*, प्रकाश मणि, *मणि*, मणि, सूर्यमणि, •काँच, •लैंस, •वर्णक्रम, •स्फटिक.

**प्रियंक** = सुंदर.
**प्रियंक/प्रियंका** = आनंदप्रद, प्रसन्नताप्रद.
**प्रियंकर** = आनंदप्रद, कल्याणकारी, संतोषप्रद.
**प्रियंका** = सुंदर स्त्री.
**प्रियंगु** = पीपल, सरसों.
**प्रियंवद/प्रियंवदा** = मिष्टभाषी.
**प्रियंवदा** = चमेली.
**प्रिय** = अंतरंग, इच्छित, पसंद, प्रेमी, प्रेम्य, मनोरंजक, रोचक, लाड़ला/लाड़ली, सुंदर, स्वीकार्य, हास्यप्रद.

**प्रिय** *वि* अच्छा/अच्छी, अज़ीज़/अज़ीज़ा, अभिप्रेत, अभीष्ट, इच्छित, इष्ट, कांत/कांता, चहेता/चहेती, चारु, दिलपसंद, *पसंद*, पसंददीदा, प्यारा/प्यारी, प्रेय, भाता/भाती, मनचाहा/मनचाही, मनबसिया, मनभावन/मनभावनी, मनमोहन, *वर*, वाम, हृद्गत, हृद्य, •पसंद, •प्रियतम, •प्रेम्य, •वांछनीय, ▪नापसंद.

**प्रिय/प्रिया** = प्रेमपात्र/प्रेमपात्रा.
**प्रिय उपेक्षा** = रूपाभिमान.
**प्रियक** = आम.
**प्रियकर** = कल्याणकारी, मनोरंजक.
**प्रियकांक्षा** = कल्याणकामना.
**प्रियकांक्षी** = शुभचिंतक.
**प्रियकाम** = कल्याणकामी.
**प्रियकारी** = कल्याणकारी.
**प्रियजन** = संबंधी.
**प्रियतम** = अंतरंगतम, प्रेमी, प्रेमी, प्रेमी.
**प्रियतम/प्रियतमा** = प्रेमपात्र/प्रेमपात्रा.
**प्रियतमा** = प्रेमिका, प्रेमिका.
**प्रियता** = अनुग्रह.
**प्रियदर्शन** = दर्शनीय, सुंदर.
**प्रियदर्शनता** = सौंदर्य.
**प्रियदर्शिनी**= सुंदर स्त्री.
**प्रियदर्शी** = न्यायप्रिय, शुभचिंतक, सुंदर, सुंदर पुरुष.
**प्रियनाम** = घर का नाम.
**प्रिय पशु** = पालतू जीव.
**प्रियभाव** = मित्रता.
**प्रियभाषण** = मृदुभाषण.
**प्रियभाषी/प्रियभाषिणी** = मिष्टभाषी.
**प्रियमिलन** = अभिसार, डेटिंग, मिलन.
**प्रियरूपा** = सुंदर स्त्री.
**प्रियवचन** = मृदुभाषण.
**प्रियवर/प्रियवरा** = प्रेमपात्र/प्रेमपात्रा.
**प्रियवियोग** = वियोग.
**प्रिय विषय** = शौक़.
**प्रिय व्यक्ति** = प्रेमपात्र/प्रेमपात्रा.
**प्रिय संगमन** = डेटिंग.
**प्रिय संदेश** = सुसमाचार.
**प्रियसंयोग** = मिलन.
**प्रिय संस्मरण** = अनुस्मरण.
**प्रियसख** = अंतरंग मित्र.
**प्रियसुहृद** = अंतरंग मित्र.
**प्रियस्मरण** = अनुस्मरण.
**प्रियस्मृति** = अनुस्मरण.
**प्रियांबु** = आम वृक्ष.
**प्रिया** = प्रेमिका, प्रेमिका, मदिरा.
**प्रियाकांक्षी** = शुभचिंतक.
**प्रियाख्यान** = सुसमाचार.
**प्रियाला** = किशमिश.
**प्रियैषी** = शुभचिंतक.
**प्रियोक्ति** = चाटूक्ति.
**प्रिस्क्रिप्शन** = औषध पत्र.
**प्रीज़र्व** = जैम, मुरब्बा.
**प्रीज़र्वित** = परिरक्षित (आहार).
**प्रीतम** = प्रेमी.
**प्रीतम/प्रीतमा** = प्रेमपात्र/प्रेमपात्रा.
**प्रीतमा** = प्रेमिका.
**प्रीति** = आपसदारी, दया, प्रेम, मित्रता.
**प्रीतिकर** = प्रसन्नताप्रद, संतोषप्रद.
**प्रीतिदान** = उपहार.
**प्रीतिभाजन** = प्रेमपात्र/प्रेमपात्रा.
**प्रीति भाव** = मित्रता, सौमनस्य.
**प्रीतिभोज** = भोज.
**प्रीतिमय** = प्रेममय/प्रेममयी.
**प्रीतियुक्त** = प्रेममय/प्रेममयी.
**प्रीतिरीति** = आपसदारी.
**प्रीफ़ेस** = भूमिका.
**प्रीफ़ैब्रिकेटिड** = रेडीमेड.
**प्रीमियर** = सर्वोच्च सत्ताधारी.
**प्रीविलेज** = विशेषाधिकार.
**प्रीव्यु** = फ़िल्म प्रीव्यु शो.
**प्रीस्ट** = पादरी, पुजारी.
**प्रीस्टवाद** = पुरोहितवाद.
**प्रूफ़** = प्रमाण.

**प्रूफ़** *सं* गेली प्रूफ़, पेज प्रूफ़, प्रूफ़रीडिंग प्रूफ़, प्रूफ़ शीट, मुद्रण प्रूफ़, शीट, शोध्य पत्र, •टाइपसैटिंग, •मुद्रण.

**प्रूफ़ रीडर** *सं* प्रूफ़ शोधक, प्रूफ़ संशोधक.

**प्रूफ़ रीडिंग** *सं* अशुद्धि परीक्षा, जाँच, प्रूफ़वाचन, प्रूफ़ शोधन, प्रूफ़ संशोधन.

**प्रूफ़रीडिंग प्रूफ़** = प्रूफ़.
**प्रूफ़वाचन** = प्रूफ़ रीडिंग.
**प्रूफ़ शीट** = प्रूफ़.
**प्रूफ़ शोधक** = प्रूफ़ रीडर.
**प्रूफ़ शोधन** = प्रूफ़ रीडिंग.
**प्रूफ़ संशोधक** = प्रूफ़ रीडर.
**प्रूफ़ संशोधन** = प्रूफ़ रीडिंग.
**प्रूफ़िंग** = वारण.
**प्रेक्षक** = दर्शक.

**प्रेक्षक** *सं* आब्ज़र्वर, आलक्षक, द्रष्टा, पर्यवेक्षक, निरीक्षक, संवीक्षक, •दर्शक, •प्रतिनिधि, •सुपरवाइज़र.

**प्रेक्षण** = अवलोकन, आलक्षण.
**प्रेक्षणी** = पैरिस्कोप.
**प्रेक्षणीय** = दर्शनीय.
**प्रेक्षा** = अवलोकन.

**प्रेक्षागार** *सं* आडिटोरियम, थिएटर, दर्शकागार, प्रेक्षागृह, प्रेक्षास्थान, *रंग*, रंगशाला, श्रोतागार, सदन, *सभागार*, सैलून, •ड्रैस सर्कल, •दर्शक प्रतीक्षालय, •दर्शक बाक्स, •स्टेडियम स्टैंड, •टिकटघर, •डिस्को, •रंगभूमि, •सभागार, •सिनेमाघर, •स्टेडियम.

**प्रेक्षागृह** = प्रेक्षागार.
**प्रेक्षास्थान** = प्रेक्षागार, स्टेडियम.
**प्रेक्षित** = अवलोकित.
**प्रेक्ष्य** = दर्शनीय.
**प्रेत** = भूत.
**प्रेत आत्मा** = भूत.
**प्रेतगत** = मृत.
**प्रेतग्रस्त** = भूतबाधाग्रस्त.
**प्रेतता** = मृत्यु.
**प्रेतनाथ** = यमराज.
**प्रेत निवारण** = भूत निवारण.
**प्रेतनी** = भूतनी.
**प्रेतपट** = कफन.
**प्रेतपुर** = यमलोक.
**प्रेत प्रतिषेध** = भूत निवारण.
**प्रेत प्रभाव** = भूतबाधा.
**प्रेतबाधा** = भूतबाधा.
**प्रेतभूमि** = श्मशान.
**प्रेतराज** = यमराज.
**प्रेतलीला** = भूतबाधा, श्मशान दीप्ति.
**प्रेतलोक** = यमलोक.
**प्रेतवन** = श्मशान.
**प्रेतविद्या** = प्रेतसिद्धि.

**प्रेतसाधक** *सं* ऐंद्रजालिक, ओझा, कामिल, खेटितान, *जादूगर*, जोगी, *तांत्रिक*, तिलिस्माती, पैशाचिक, मंत्रज्ञ, मंत्रवादी, मसानिया, मसानी, मांत्रिक, *मायावी*, योगविद, *विद्याधर*, वेतालसाधक, वैतालिक, शमन, शांबरिक, श्मशानसाधक, सयाना, हाज़िराती, हीमियागर, •अभिमंत्रक, •भूतहंता.

**प्रेत साधन** = प्रेतसिद्धि.
**प्रेत साधना** = प्रेतसिद्धि.

**प्रेतसिद्धि** *सं* अक्षर साधन, अघोर

सिद्धि, ओझाई, कामाख्या सिद्धि, काला जादू, जिनसिद्धि, जीवसिद्धि, डाकिनी विद्या, डाकिनी वृत्ति, देवयोनि सिद्धि, देवीदेवता सिद्धि, पिशाच विद्या, पिशाच सिद्धि, प्रेतविद्या, प्रेत साधन, प्रेत साधना, बीजसिद्धि, भूतप्रेत साधन, भूतविद्या, भूतसिद्धि, भैरव सिद्धि, मंत्र साधन, मसान साधना, मुंडसिद्धि, यक्षसिद्धि, विद्या, वेताल पूजा, वेताल विद्या, वेताल साधन, वैतालिकता, शवसिद्धि, श्मशान साधना, श्मशान सिद्धि, सिद्धि, हाज़िरात, हीमिया, ●गुह्यविद्या, ●भूत निवारण, ■भूतबाधा.

**प्रेतात्मा** = भूत.
**प्रेतास्थि** = भस्मावशेष.
**प्रेतीय** = भुतहा/भुतही.
**प्रेतेश्वर** = यमराज.
**प्रेतोन्माद** = भूतबाधा.
**प्रेप्सा** = लालसा, लोभ.
**प्रेम** = वात्सल्य, संभोग, सौमनस्य.

**प्रेम** *सं* अनुरक्ति, अनुराग, इश्क़, इश्क़ मुहब्बत, उंस, उलफ़त, कंदर्प, काम, कामना, कोमल भावना, चाव, चाह, चाहत, छोह, झुकाव, दिललगी, निसबत, नेह, नेहा, प्यार, प्रणय, प्रीति, बंधन, मदन, मनोराग, मुहब्बत, मेल, *मोह*, मोहब्बत, यारी, रग़बत, *राग*, रीझ, *रुचि*, रुझान, *रोमांस*, *लगन*, लगाव, लगी, *लव*, लाग, लागी, लौ, वाबस्तगी, शृंगार, संग, *संबंध*, स्नेह, स्मर, हुब्ब, हृदयानुराग, ●ममता, ●रोमांस, ●वात्सल्य, ■घृणा, ■वासना.

**प्रेम/प्रेमा** = प्रेमपात्र/प्रेमपात्रा.
**प्रेम अगाधा** = राधा.

**प्रेमकथा** *सं* प्रणय कथा, प्रेमकहानी, प्रेमगाथा, रोमांटिक कहानी, रोमांस कथा, शृंगार कथा.

**प्रेम करना** *क्रि* अंधा होना, अज़ीज़ जानना, अज़ीज़ मानना, आँख मटक्का करना, आँख मिलना, आँख लगना, आँख से आँख मिलाना, आँखें चार करना, आँखें चार होना, आँखें लड़ना, आँखें लड़ाना, इश्क़ लड़ाना, *उलझना*, किसी का होना, खुदी को भूलना, घायल होना, *चाहना*, चाहने लगना, जान देना, तीर खाना, तीरे नज़र खाना, दिल अटकना, दिल आना, दिल गँवाना, दिल पर चोट खाना, दिल बिगड़ना, दिल मिलना, दिल में जगह देना, दिल में बैठाना, दिल में रखना, दिल लगना, दिल लगाना, दिल से जाना, दिल से हाथ धोना, दिल हारना, दीदे लड़ना, दीवाना होना, नज़र मिलाना, नेहा लगाना, पसंद आना, पूजा करना, प्यार आना, प्यार करना, प्यारा समझना, प्रेम जाल में बँधना, प्रेमपाश में बँधना, प्रेम रंग में रँगे जाना, प्रेम रोग लगना, प्रेम होना, प्रेमानुरक्त होना, प्रेमासक्त होना, *फँसना*, बंधन में पड़ना, भाना, मन अटकना, मन चलना, मन डोलना, मन देना, मन मंदिर में बैठाना, मन मिलना, मन लगाना, *मरना*, मर मिटना, रमना, रागमय करना, रीझना, रोमांस करना, ललसना, शिकार होना, स्नेह करना, होश गँवाना, ●प्रेमानुरक्त करना, ■घृणा करना.

**प्रेमकहानी** = प्रेमकथा.
**प्रेम का मारा** = प्रेमासक्त.
**प्रेमगाथा** = प्रेमकथा.
**प्रेमघृणा** = सांसारिकता.
**प्रेम जाल में बँधना** = प्रेम करना.
**प्रेमदीवाना** = प्रेमासक्त.
**प्रेम देवता** = कामदेव.

**प्रेमनिष्ठा** *सं* निष्ठापूर्ण प्रेम, वफ़ा, सच्चा प्रेम, स्थिरानुराग.

**प्रेमपगा** = प्रेममय/प्रेममयी.

**प्रेमपत्र** *सं* अनंगलेख, मदन लेख, मुहब्बत नामा, लवलैटर.

**प्रेमपात्र/प्रेमपात्रा** *सं* अज़ीज़/अज़ीज़ा, अभीष्ट/अभीष्टा, आँख की पुतली, आँखों का तारा, आँखों की ठंडक, आत्माधिक/आत्माधिका, कंत/कांता, कांत/कांता, काफ़िर, कामी/कामिनी, काम्य/काम्या, चहेता/चहेती, चाढ़ा/चाढ़ी, चाहा/चाही, चितचोर, जान, जानेजाँ, जानेमन, जीवनधन, दिल का राजा/दिल की रानी, दिल की धड़कन, दिलदार/दिलदारा, दिलफ़रेब, दिलबर, दिलवर, दिलारा, दुलारा/दुलारी, धन/धनिका, *पसंद*, पिअरवा/पिअरवी, पिउ, पिय/पियरवी, पियर/पियरी, पिया, पी, पीतम/पीतमा, पीव, पीवर/पीवरी, प्यार, प्यारा/प्यारी, प्राणजीवन, प्राणधन, प्राणनाथ/प्राणप्रिया, प्राणप्रिय/प्राणप्रिया, प्राणवल्लभ/प्राणवल्लभा, प्राणाधार/प्राणाधारा, प्राणेश/प्राणेशा, प्राणेश्वर/प्राणेश्वरी, प्रिय/प्रिया, प्रियतम/प्रियतमा, प्रियवर/प्रियवरा, प्रिय व्यक्ति, प्रीतम/प्रीतमा, प्रीतिभाजन, प्रेम/प्रेमा, प्रेमी/प्रेमिका, प्रेयस/प्रेयसी, बिलावल, बेली, भावता/भावती, मंज़ूरे नज़र, मधुर/मधुरा, मनचीता/मनचीती, मनपसंद, मनबसा/मनबसी, मनबसिया, मनभाया/मनभाई, मनभावता/मनभावती, मनमोहन/मनमोहिनी, मनोवल्लभ/मनोवल्लभा, महबूब/महबूबा, माशूक़/माशूक़ा, रसिक/रसिका, रूह, वल्लभ/वल्लभा, शमा, सजन/सजनी, सजनवा/सजनिया, सनम, साँवरा/साँवरी, साँवला/साँवली, सुभग/सुभगा, स्नेहपात्र/स्नेहपात्रा, स्वीटहार्ट, हबीब/हबीबा, हृदय/हृदया, हृदयवल्लभ/हृदयवल्लभा, हृदयसम्राट/हृदयसम्राज्ञी, हृदयेश्वर/हृदयेश्वरी, ●अनुग्रह पात्र, ●प्रेमिका, ●प्रेमी.

**प्रेमपात्रा** = नायिका.
**प्रेमपाश** = आलिंगन.
**प्रेमपाश में बँधना** = प्रेम करना.
**प्रेमपुजारिन** = प्रेमिका, प्रेमिका.
**प्रेमपुजारी** = प्रेमी, प्रेमी.
**प्रेमपूर्ण** = आदरपूर्ण, उपकारपूर्ण, प्रेममय/प्रेममयी, भावुक, मित्रतापूर्ण,

वत्सल, विशालहृदय, सत्त्वगुणी, सहयोगपूर्ण, सौमनस्यपूर्ण, स्त्रियोचित, स्वागतपूर्ण.

**प्रेमप्रवण** = रूमानी.

**प्रेमबाला** = प्रेमिका.

**प्रेमभरा** = प्रेममय/प्रेममयी.

**प्रेम भाव** = मित्रता.

**प्रेममय** = प्रेममय/प्रेममयी, रूमानी.

**प्रेममय** *वि* अनुरागपूर्ण, अनुरागमय, अनुरागी, आशिक़ाना, *काव्यात्मक*, चाढ़ा, प्यार भरा, प्रीतिमय, प्रीतियुक्त, प्रेमपगा, प्रेमपूर्ण, प्रेमभरा, प्रेममय, प्रेमल, प्रेमलीन, प्रेमवान, प्रेमिल, *प्रेमी*, *ममतापूर्ण*, रसमय, रसाली, रसिया, रसीला, रागमय, रागात्मक, *रूमानी*, रोमांटिक, सप्रेम, स्नेहिल, स्नेही, ■घृणापूर्ण, ■निर्दय.

**प्रेमयोग्य** = प्रेम्य.

**प्रेम रंग में रँगे जाना** = प्रेम करना.

**प्रेमरस** = शृंगार रस, संयोग शृंगार.

**प्रेमराता/प्रेमराती** = प्रेमासक्त.

**प्रेम रोग लगना** = प्रेम करना.

**प्रेमल** = प्रेममय/प्रेममयी.

**प्रेमलीन** = प्रेममय/प्रेममयी, प्रेमासक्त.

**प्रेमलीला** = दीदारबाज़ी.

**प्रेमवंत/प्रेमवंती** = प्रेमासक्त.

**प्रेमवाद** = सूफ़ी मत.

**प्रेमवान** = प्रेममय/प्रेममयी.

**प्रेमवान/प्रेमवती** = प्रेमासक्त.

**प्रेम व्यवहार** = आपसदारी.

**प्रेम होना** = प्रेम करना.

**प्रेमांध** = प्रेमासक्त.

**प्रेमानुरक्त होना** = प्रेम करना.

**प्रेमाभिभूत** = प्रेमासक्त.

**प्रेमालिंगन** = आलिंगन, मिलनी.

**प्रेमासक्त** *वि* अनुरक्त, अनुरत, अनुरागी, आलिप्त, आशना, आशिक़, *आसक्त*, उत्कट (प्रेमी), चाढ़ा/चाढ़ी, दिलबस्त, दीवाना/दीवानी, परवाना/परवानी, पागल/पगली, पागल प्रेमी, प्रसक्त, प्रेम का मारा, प्रेमदीवाना, प्रेमराता/प्रेमराती, प्रेमलीन, प्रेमवंत/प्रेमवंती, प्रेमवान/प्रेमवती, प्रेमांध, प्रेमाभिभूत, प्रेमोन्मत्त, फ़कीर, फ़िदवी, फ़िदा, बंदी, बद्धानुराग, मतवाला/मतवाली, मन्मथी, रंगराता/रंगराती, रंगी, रागान्वित, राता/राती, रिझकवार, लवलीन, लिप्त, लीन, *लुब्ध*, लौलीन, शैदा, शैदाई, *संगी*, सौदाई, स्नेहबद्ध, स्मर दुर्मद.

**प्रेमासक्त होना** = प्रेम करना.

**प्रेमिका** = अभिसारिका.

**प्रेमिका** *सं* अच्छी, अनुरागिनी, अनुरागिनी, आराधिका, आशिक़ा, कांता, कामिनी, चाहने वाली, छोहिनी, दयिता, दिल की धड़कन, दिलदारनी, दिल वाली, दिलावरा, दीवानी, *नायिका*, नेहा, पिअरवी, पियरी, पीतमा, *पुजारिन*, प्रणया, प्रणयिनी, प्रसंगिनी, प्रियतमा, प्रिया, प्रीतमा, प्रेमपुजारिन, प्रेमबाला, प्रेयसी, प्रेया, बंदिनी, बाला, भक्तिन, मधुरा, मनोवल्लभा, रमणा, रमणी, रमा, रसिका, *रागिनी*, *रानी*, रामा, ललना, लाली, लैला, वरेशा, वल्लभा, शमा, सजनी, साँवरी, साँवली, सुभगा, स्नेहा, स्नेहिनी, *हृदय*, हृदया, हृदयेशा, हृदयेश्वरी, •अभिसारिका, •प्रेमपात्र/प्रेमपात्रा, •प्रेमी, •वियोगिनी.

**प्रेमिल** = प्रेममय/प्रेममयी.

**प्रेमी** = प्रशंसक, प्रेममय/प्रेममयी, प्रेमासक्त, फ़ैन, भक्त.

**प्रेमी** *सं* अच्छा, अज़ीज़, अनुरागी, *अली*, आराधक, आशना, आशिक़, कंत, कांत, चाहक, चाहने वाला, छोहगर, छोही, दयित, दिलदादा, दिलदार, दिल देने वाला, दिलफ़रोश, दिलबख़्त, दिल वाला, दिलावर, दीवाना, *नायक*, नेही, परवाना, पिउ, पिय, पियर, पियरवा, पिया, पियु, पी, पीतम, पीव, *पुजारी*, प्रणयी, प्राणाधार, *प्रिय*, प्रियतम, प्रीतम, प्रेमपुजारी, फ़िदवी, बंदा, बंदी, बलम, बलमवा, बलमा, बालमा, बिलावल, बेलावल, *भक्त*, मजनूँ, मनोवल्लभ, मुहब्बती, यार, यावर, रमण, रसवंत, *रसिक*, रसिया, *रागी*, रिझकवार, रिझवार, ललन, *वर*, वल्लभ, शैदाई, सँवरिया, सजन, सजना, सनेही, समाराधक, साँवरा, साँवरिया, साँवला, साँवलिया, साजन, साजना, सुजान, सैयाँ, सौदाई, स्नेही, *हृदय*, हृदयेश, हृदयेश्वर, •चकोर, •चातक, •पति, •प्रिय, •प्रेमपात्र/प्रेमपात्रा, •प्रेमिका, •प्रेयसी, •वियोगी.

**प्रेमी/प्रेमिका** = प्रेमपात्र/प्रेमपात्रा.

**प्रेमीजन** = सुहृदजन.

**प्रेमी प्रेमिका संयुक्त गीत** = युगल गीत.

**प्रेमोत्पादकता** = शृंगार रस.

**प्रेमोन्मत्त** = प्रेमासक्त.

**प्रेमोपहार** = उपहार.

**प्रेम्य** *वि* अपीलिंग, अभिराम, *आकर्षक*, काम्य, प्रणेय, *प्रिय*, प्रेमयोग्य, रमणीय, रम्य, रुचिर, वांछ्य, *सुंदर*, •रूमानी.

**प्रेय** = इच्छित, प्रिय, मनोग्राह्य, वांछनीय, समर्थनीय, स्वीकार्य.

**प्रेयस/प्रेयसी** = प्रेमपात्र/प्रेमपात्रा.

**प्रेयसी** = प्रेमिका, प्रेमिका.

**प्रेया** = प्रेमिका.

**प्रेरक** = अभिव्यक्तिपूर्ण, उत्तेजक, उत्साहप्रद, उपदेशपूर्ण, प्रेरणाप्रद, प्रेरयिता, भावोत्पादक, भावोद्दीपन कर्ता, स्टार्टर, स्टार्टर.

**प्रेरण** = प्रवर्तन.

**प्रेरणा** = अंतरात्मा आदेश, कल्पना.

**प्रेरणा** *सं* आंतरिक ऊर्जा, आवेश, इच्छा, उछाह, *उत्साह*, उमंग, *ऊर्जा*, चालक ऊर्जा, चालना, जान, द्युम्न, प्राण, प्रोत्तेजना, *विचार*, संचालना, स्पिरिट, •कल्पना, •जिजीविषा, •प्रवृत्ति, •महत्त्वाकांक्षा, •लालसा, •स्वेच्छा.

**प्रेरणादाता** = प्रेरयिता.

**प्रेरणापूर्ण** = प्रेरणाप्रद.

**प्रेरणाप्रद** = उत्साहप्रद.

**प्रेरणाप्रद** *वि* -अंगेज़, असरदार, *उत्तेजक*, उत्थायी, उत्प्रेरक, *उत्साहप्रद*, उत्साहवर्धक, उद्दीपक,

उद्‌बोधक, उमंगकारी, ज़ोरदार, *प्रभावशाली*, प्राणद, प्रेरक, प्रेरणापूर्ण, •उत्तेजक, •उत्साहप्रद, •सकारात्मक, ■निराशाजनक, ■हतोत्साहक.

**प्रेरणाहीन** = कल्पनाहीन, हतोत्साहित.
**प्रेरयिता** = भावोद्दीपन कर्ता.

**प्रेरयिता** *सं* उत्प्रेरक, उत्प्रेरणा दाता, उत्प्रेरित कर्ता, उत्साहक, उत्साह दाता, उत्साहित कर्ता, उद्दीपक, उद्‌बोधक, उद्‌बोधन कर्ता, उद्‌भावक, उमंग दाता, जान डालने वाला, *प्रवर्तक*, प्रेरक, प्रेरणादाता, प्रेरित कर्ता, प्रोत्साहक, बानी, •उकसाने वाला.

**प्रेरित** = नेतायुक्त.

**प्रेरित** *वि* उठा/उठी, *उत्तेजित*, उत्प्रेरित, *उत्साहित*, उद्‌बुद्ध, उद्‌बोधित, उबोधित, जगा/जगी, जागा/जागी, *जाग्रत*, प्राणित, प्रोत्साहित, हतप्रमाद, ■निराश.

**प्रेरित कर्ता** = प्रेरयिता.
**प्रेष** = डाक.

**प्रेषक** *सं* कनसाइनर, पठावनहार, प्रेषण कर्ता, भेजने वाला, ■प्राप्ता, ■प्रेषिती.

**प्रेषण** *सं* चालान, पठाई, पठौनी, भिजवाई, रवानगी, लदान, •पहुँचाई, ■डिलीवरी, ■प्राप्ति.

**प्रेषण कर्ता** = प्रेषक.
**प्रेषणपत्र** = जावकपत्र.
**प्रेषित** = सिफ़ारिशी.

**प्रेषित** *वि* गया/गई, चला/चली, भेजा/भेजी, मार्ग पर, रवाना, लदा/लदी, •अग्रप्रेषित, ■मँगाया/मँगाई.

**प्रेषित करना** = भेजना.
**प्रेषित सामान** = लगेज.
**प्रेषिति** = जावक.
**प्रैक्टिस** = क्लायंट वर्ग, धंधा, पूर्वाभ्यास, प्रथा, वकालत.
**प्रैज़िडैंट** = राष्ट्रपति, सभापति.
**प्रैज़िडैंसी** = प्रांत/प्रदेश.
**प्रैजुडिस** = पूर्वग्रह.

**प्रैशर कुकर** *सं* कुकर, दाब कुकर, वाष्प कुकर, •देगचा.

**प्रैस** = इस्तिरी, पत्रकारिता, मुद्रणालय.
**प्रैस एजैंट** = प्रचारक.
**प्रैस करने वाला** = इस्तिरी कर्मी.
**प्रैस नोट** = प्रैस विज्ञप्ति.
**प्रैस रिपोर्टर** = संवाददाता.
**प्रैस रिलीज़** = प्रैस विज्ञप्ति.

**प्रैस विज्ञप्ति** *सं* आधिकारिक घोषणा, कम्यूनिकेशन, कम्यूनीक, जानकारी, ज्ञप्ति, प्रैस नोट, प्रैस रिलीज़, प्रैस स्टेटमैंट, ब्रीफ़िंग, विज्ञप्ति, समाचार विज्ञप्ति, हैंडआउट, •वक्तव्य, •सूचना.

**प्रैस स्टेटमैंट** = प्रैस विज्ञप्ति.
**प्रैस्बिटर** = पादरी.
**प्रैस्बिटरी** = ईसाई मठ.
**प्रोक्त** = कथित.
**प्रोग्राम** = एजेंडा, कंप्यूटर प्रोग्राम, कार्यक्रम सूची, शीड्यूल, समारोह.
**प्रोग्रैसिव** = प्रगतिवादी.
**प्रोच्चंड** = महाकाय.
**प्रोज़** = गद्य.
**प्रोटैस्टैंटवाद** = प्रोटैस्टैंट मत.
**प्रोटैक्टीनीयम** = रासायनिक तत्त्व सूची.

**प्रोटैस्टैंट मत** *सं* पोप विरोध, प्रोटैस्टैंटवाद, रोम विरोध, लूथरवाद, *सुधारवाद*, ■कैथलिक मत.

**प्रोटैस्टैंट मतावलंबी** *सं* लूथरन, लूथरवादी, *सुधारवादी*, ■कैथलिक मतावलंबी.

**प्रोटोटाइप** = प्रारूप.
**प्रोडक्शन** = उत्पादन.
**प्रोडक्शन टैक्स** = उत्पादन कर.
**प्रोड्यूसर** = उत्पादक, फ़िल्म निर्माता.
**प्रोत** = बाना.
**प्रोत्कर्षण** = उठाई.
**प्रोत्तंभक** = जैक.
**प्रोत्तंभन** = उठाई.
**प्रोत्तंभित्र** = जैक.
**प्रोत्तुंग** = उच्चतम, गगनचुंबी, पर्वतीय.
**प्रोत्तेजना** = प्रेरणा.
**प्रोत्थापक** = लिफ़्ट.
**प्रोत्थापन** = उठाई.
**प्रोत्थापन करना** = उठाना.
**प्रोत्फुल्ल** = खिला/खिली.
**प्रोत्साहक** = आशाप्रद, प्रेरयिता, मददगार.

**प्रोत्साहक वस्तु** *सं आकर्षण*, इनसैंटिव, चारा, चुग्गा, दाना, *प्रलोभन*, *प्रोत्साहन*, •लुभाव.

**प्रोत्साहन** = प्रोत्साहक वस्तु, शाबाशी, सहयोग.

**प्रोत्साहन** *सं* आश्वासन, उत्प्रेरण, उत्साहन, उत्साहवर्धन, *उद्‌बोधन*, ढारस, प्रचोदन, बढ़ावा, शह, *शाबाशी*, समीरण, समुत्साहन, साहसवर्धन, हंका, हँकारा, हिम्मत अफ़ज़ाही, हौसला अफ़ज़ाही, •उद्‌बोधन, •प्रेरणा, •शाबाशी, •सहयोग, •सहानुभूति, •सहायता, ■उत्साहभंग, ■छिद्रान्वेषण, ■निंदा, ■हतोत्साहन.

**प्रोत्साहित** = प्रेरित.
**प्रोद्‌घोषक** = घोषणा कर्ता.
**प्रोद्‌भवन** = अंकुरण.
**प्रोद्यत** = ऊँचा/ऊँची, तत्पर, सन्नद्ध.
**प्रोन्नत** = उत्तम, उन्नत, विकसित.
**प्रोफ़ील** = पार्श्वचित्र.
**प्रोफ़ैसर** = विद्वान व्यक्ति.

**प्रोबेशन** *सं* परीक्षाधीन नियुक्ति, प्रोबेशन काल, प्रोबेशनाधीन नियुक्ति, •नियुक्ति.

**प्रोबेशन काल** = प्रोबेशन.
**प्रोबेशनाधीन नियुक्ति** = प्रोबेशन.
**प्रोमीथीयम** = रासायनिक तत्त्व सूची.
**प्रोषित/प्रोषिता** = प्रवासी.
**प्रोषितपतिका** = वियोगिनी.
**प्रोषितप्रिय** = वियोगिनी.
**प्रोषितप्रेयसी** = वियोगी.
**प्रोषितभर्तृका** = वियोगिनी.
**प्रोष्ठ** = बैंच.
**प्रोष्ठपद** = भाद्रपद मास.
**प्रोग्रैस** = उन्नति.
**प्रौढ़** = अनुभवी, अभ्यस्त, आमूलित,

चरम, दक्ष, पक्व, वयस्क, विवेकी.

**प्रौढ़** *वि अनुभवी*, अनुशयान/अनुशयाना, जहाँदीदा, जानकार, ज़िम्मेदार, ज्ञानवृद्ध, *ज्ञानी*, *धीर*, पक्का/पक्की, *पक्व*, परिपक्व, परिष्कृत, पहुँचा/पहुँची, पैठा/पैठी, प्रगल्भ, प्रौढ़धी, प्रौढ़बुद्धि, मँजा/मँजी, महामेधा, *वयस्क*, *विकसित*, विदग्ध, विवेकवान, संजीदा, सचेता, समझदार, सयाना/सयानी, सानुभव चतुर, सुमति, *स्थिर*, स्याना/स्यानी, होशियार, ●कुशल, ■अनुभवहीन, ■चंचल, ■विवेकहीन.

**प्रौढ़/प्रौढ़ा** = मध्यवयस्क.
**प्रौढ़ता** = दक्षता, विवेक.
**प्रौढ़धी** = प्रौढ़.
**प्रौढ़बुद्धि** = प्रौढ़.
**प्रौन** = झींगा.
**प्रौपराइटर** = स्वामी.
**प्रौपर्टी** = संपत्ति.

**प्रौपलर** *सं* ठेलक, नोदक, नोदित्र, प्रणोदन उपकरण, प्रणोदित्र.

**प्रौपेगैंडा** = प्रचार.

**प्रौपेगैंडा** *सं* इश्तिहारबाज़ी, प्रख्यापन, *प्रचार*, प्रवेदन, मत प्रचार, *विज्ञापन*, संप्रचार, सिद्धांत प्रचार.

**प्रौपैलर** *सं पंखा*, ब्लेड, स्क्रू, ●टरबाइन, ●नौकर्ण.

**प्रौफ़िट** = लाभ.
**प्रौफ़ैशन** = धंधा.
**प्रौफ़ैशनल** = धंधी, पेशेवर (कलाकर्मी).
**प्रौफ़ैशनलिज़्म** = दक्षता.

**प्रौफ़ैसर** *सं* डाक्टर, प्राचार्य, प्राध्यापक, फ़ैलो, ●अध्यापक, ●लैक्चरर.

**प्रौफ़ैसी** = भविष्यवाणी.
**प्रौमिसरी नोट** = नोट.
**प्रौमेनेड** = विचरण मार्ग.
**प्रौलेटेरियट** = सर्वहारा वर्ग.
**प्रौलेटेरियन क्लास** = सर्वहारा वर्ग.
**प्रौविज़ो** = परंतुक.
**प्रौस (संक्षिप्त)** = वेश्या.

**प्रौसीज़र** = प्रक्रिया.
**प्रौसैशन** = जुलूस.
**प्रौसैस** = प्रक्रिया, प्रसंस्करण.
**प्रौसैसिंग** = प्रसंस्करण.
**प्रौस्टीट्यूट** = वेश्या.
**प्रौस्पैक्टस** = विवरणिका.
**प्लंब** = साहुल.
**प्लंबिंग** = हार्डवेअर.
**प्लक्ष** = पाकर.
**प्लक्षजाता** = सरस्वती नदी.
**प्लक्षद्वीप** = पौराणिक महाद्वीप.
**प्लक्षा** = सरस्वती नदी.
**प्लग** = कार्क.
**प्लवंग** = बंदर, हिरन.
**प्लवंगम** = मेंढक.
**प्लव** = ढलान, तरण, तरल, प्रवाह, बंदर, बाढ़, मनु प्रलय.
**प्लवग** = शिरीष.
**प्लवन** = तरण.
**प्लवनशील** = तरणशील.
**प्लांट** = कारख़ाना.
**प्लाज़ा** = बाज़ार, शौपिंग सैंटर.
**प्लाट** = आवास भूखंड, उपन्यास, कथावस्तु, क्यारी, षड्यंत्र.
**प्लान** = निर्माण परिकल्पना, प्रारंभिक अवस्था, योजना.
**प्लायर्स** = प्लास.
**प्लाव** = उमगाव, टप्पा.
**प्लावा** = लावा.
**प्लावित** = बाढ़ग्रस्त, सिंचित.
**प्लावी** = तरणशील.

**प्लास** *सं पकड़*, प्लायर्स, सँड़सी, सँड़ासी, ●काबला, ●पेचकस, ●रिंच, ●शिकंजा.

**प्लास्टर** = पलस्तर.
**प्लास्टिक** = नम्य, प्लास्टिक शीट.
**प्लास्टिक बम** = बम.
**प्लास्टिक मनी** = क्रैडिट कार्ड.

**प्लास्टिक शीट** *सं पन्ना*, *पन्नी*, प्लास्टिक, ●पन्नी, ●मोमजामा.

**प्लुंबुम** = ग्रफ़ाइट.

**प्लुत मात्रा** *सं* तिगुनी मात्रा, त्रिमात्रा, ●दीर्घ मात्रा, ●स्वर मात्रा.

**प्लुत मात्रा चिह्न** *सं* 3, अवग्रह.

**प्लुति** = द्रुतवेग, फेंक.
**प्लूटो** = कुबेर ग्रह.
**प्लूटोनीयम** = रासायनिक तत्त्व सूची.
**प्ले** = अतिरिक्त स्थान.
**प्लेक** = गत्ता.
**प्लेकार्ड** = पोस्टर.

**प्लेग** *सं* ग्रंथि प्लेग, ताऊन, बूबोनिक प्लेग, *महामारी*, ●महामारी.

**प्लेग्राउंड** = खेल मैदान.
**प्लेट** = चुन्नट, थाली, धातुपटल, मुद्रण ब्लाक, व्यंजन.

**प्लेट** *सं* तश्तरी, *रकाब*, रकाबी, ●ट्रे, ●थाली, ●दोना, ●पत्तल.

**प्लेटफ़ार्म** = आधार सूची, रेलवे प्लेटफ़ार्म.

**प्लेबौय** *सं* खिलंदड़ा, छैला, बाँका, रँगीला, *रसिक*, रसिया, रिंद, ●छबीला.

**प्लेस** = महल्ला.
**प्लेसमैंट एजेंसी** = आजीविका कार्यालय.
**प्लेहाउस** = नाट्यागार.
**प्लैटफ़ार्म** = चबूतरा.
**प्लैटफ़ार्म** = मंच.
**प्लैटीनम** = रासायनिक तत्त्व सूची.

**प्लैटीनम** *सं* महाधातु, रजतवर्णीय संगलनीय नम्य धातुविशेष, स्टेनलैस धातु.

**प्लैटो** = पठार.
**प्लैनिट** = ग्रह.
**प्लैनिटेरियम** = तारांगण.
**फ़ंक्शन** = समारोह.
**फंड** = निधि.
**फ़ंडामैंटलिस्ट** = आदिसिद्धांतवादी.
**फंद** = छल.
**फँदना** = फँसना.
**फंदा** = धँसका, फाँसी फंदा, षड्यंत्र.

**फंदा** *सं गाँठ*, गाँस, *पाश*, लूप, स्लिप नौट, ●उलझन, ●जाल.

**फँदान** = छलाँग.
**फँदाना** = फाँसना.
**फँसना** = अटकना, उलझना, प्रेम करना.

 (प्रा) प्राचीन शब्द, अब अप्रचलित - *तिरछे* शब्द स्वतंत्र शीर्षक भी हैं ●सपर्याय ■विपर्याय

**फँसना** *क्रि उलझना*, ग्रस्त होना, फँदना, *बँधना*, •अटकना.

**फँसरी** = कूटयंत्र.
**फँसा/फँसी** = अवरुद्ध, पाशबद्ध, विकल्पहीन, संकटग्रस्त.

**फँसा/फँसी** *वि* उलझा/उलझी, ग्रसित, ग्रस्त, -ज़दा, मुब्तला, •अटका/अटकी, •असमाधानित, •पाशबद्ध.

**फँसाना** = अटकाना, उलझाना, चपराना, ठगना, फाँसना.

**फँसाना** *क्रि अटकाना*, *उलझाना*, ग्रसना, चंगुल में लेना, जाल में फाँसना, दबोचना, *धरना*, *पकड़ना*, *फाँसना*, *बाँधना*, *भरमाना*, *ललचाना*, लुभाना, •मोहना, ▪छोड़ना.

**फँसावट** = खाँसी.
**फक** = बदरंग, भयभीत.
**फ़क़त** = केवल, ही.
**फकाफक** = जलता/जलती.
**फ़कीर** = निर्धन व्यक्ति, प्रेमासक्त, भिखारी, मठवासी, साधु.
**फ़कीरन** = भिखारिन.
**फ़कीरनी** = भिखारिन.
**फ़कीर फुकरा** = भिखारी.
**फ़कीरी** = भिक्षावृत्ति.
**फक्कड़** = अलमस्त.
**फक्कड़बाज़ी** = अलमस्ती.
**फक्कड़ी** = अलमस्ती.
**फ़ख्र** = अभिमान, अहंकार.
**फ़ख्री** = अभिमानी.
**फगुनवा** = फाल्गुन मास.

**फचफच** *सं* पचपच, पचर मचर, पच्च, पिच, पिचपिच, पिचपिचाहट, फचरपचर, फच्चफच्च, फिचफिच, फिच्च, •छपछप.

**फचरपचर** = फचफच.
**फच्चफच्च** = फचफच.
**फ़ज़ीहत** = अपमान, बदनामी.
**फ़ज़ूल** = अतिरिक्त, अवांछनीय, निष्कारण, निरर्थक.
**फ़ज़्ल** = अनुग्रह.
**फट** = धम.

**फटक** = फटकाई.
**फटक चयन** = फटकाई.
**फटकन** = छनस, फटकाई.
**फटकना** = छाज.

**फटकना** *क्रि उछालना*, छाजना, छाज पर फटकना, पछोड़ना, पछोरना, फटकना पछोड़ना, हलोरना, •छानना, •फेंकना.

**फटकना पछोड़ना** = फटकना.
**फटकनी** = छाज.
**फटका** = छाज, झाड़न.

**फटकाई** *सं* अवहनन, उछाल, उछाल-फटक, छाज कर्म, छाजन, पछोड़, फटक, फटक चयन, फटकन, •चुगाई, •छनाई.

**फटकार** = डाँट.
**फटकारना** = कमाना, गिराना, छीनना, झकझोरना, झटकारना, डाँटना, धिक्कारना, पछारना.
**फट जाना** = फूटना.
**फटन** = आघात चिराव, विस्फोट.
**फटना** = फूटना, बिछुड़ना.

**फटना** *क्रि* अलग होना, *चिरना*, छँटना, फड़ना, बिदरना, विदीर्ण होना, •कटना, •तड़कना, •फाड़ना.

**फटफट** = तत्काल.

**फटफट** *सं* पटपट, पटपटाहट, पटर पटर, पटापट, पड़पड़, पड़पड़ाहट, पिटपिट, फटफटाहट, • धमाका, •पटाका.

**फटफटाहट** = द्रुतवेग, फटफट.
**फट से** = तत्काल.
**फटा/फटी** = जीर्णशीर्ण, पंक्चरित, फटे स्वर वाला, विभाजित.

**फटा/फटी** *वि चाक*, चिरा/चिरी, चीर्ण, दीर्ण, फड़ा/फड़ी, फाड़ा/फाड़ी, विदारित, विलून, स्फुट, •कटा/कटी, •धज्जी धज्जी, ▪रफ़ू, ▪सिला/सिली.

**फटाई** = चिराई.

**फटाई** *सं* अवदरण, चिरन, चिराई, चीर्णन, दारण, फड़ाई, फाड़, फाड़न, *विभाजन*, •कटाई, •तड़कन.

**फटाक** = धमाका, धम.
**फटाक से** = तत्काल.
**फटाका** = धमाका.
**फटा दूघ** = फटा दूध.

**फटा दूध** *सं* कूर्चिका, दधि कूर्चिका, फटा दूघ.

**फटा दूध सघन भाग** = पनीर.
**फटा पुराना/फटी पुरानी** = जीर्णशीर्ण.
**फटा पुराना कपड़ा** = चीथड़े.
**फटाफट** = तत्काल, द्रुततः.
**फटाव** = आघात चिराव.

**फटा स्वर** *सं* बैठापन, बैठा स्वर, भरा गला, भर्राहट, स्वरक्षय, स्वररोध, •फुसफुसाहट, •स्वरविकार, ▪मधुर स्वर.

**फटिक** = स्फटिक.
**फटीचर** = कंगाल.

**फटे स्वर वाला** *वि* फटा/फटी, भरा/भरी, भर्राता/भर्राती, •फुसफुसाता/फुसफुसाती.

**फटेहाल** = कंगाल.
**फट्टा** = छीलन, तिरेंदा, पटल, बाँस चीरन.
**फट्टी** = छीलन, पटल.
**फट्ठा** = छीलन, बाँस चीरन.
**फट्ठी** = छीलन.
**फड़** = जुआघर, दाँव, दुकानदार आसन, स्फुरण.
**फड़क** = फड़फड़, स्फुरण.
**फड़कता/फड़कती** = अभिव्यक्तिपूर्ण, रोचक, स्पंदनशील.
**फड़कन** = नाड़ी स्पंदन, स्फुरण.
**फड़कना** = चौंकना, फड़फड़ाना.

**फड़कना** *क्रि उछलना*, *चलना*, डबडब करना, डिबडिबाना, धकधक करना, *धड़कना*, *फड़फड़ाना*, *फहरना*, *सिहरना*, स्पंदन होना, स्पंदित होना, *हिलना*.

**फड़काना** *क्रि* तड़तड़ाना, धड़काना, धड़धड़ाना, स्पंदित करना,

*हिलाना*, •भड़काना.

**फड़नवीस** = राजा सूची भारतीय.
**फड़ना** = फटना.
**फड़फड़** = खड़खड़, स्फुरण.

**फड़फड़** *सं* फड़क, फड़फड़ाहट, फरफर, फरफराहट, फुरफुराहट, •ध्वज, •पंख.

**फड़फड़ाना** = कुलाँचना, छटपटाना, फड़कना, भकभकाना.

**फड़फड़ाना** *क्रि उछलना*, *फड़कना*, फुरफुराना, फुरहराना, *भड़कना*, *सरसराना*, स्फुरण होना, स्फुरित होना, •छटपटाना, •फहरना, •भकभकाना, •लहरना.

**फड़फड़ाहट** = फड़फड़, स्फुरण.
**फड़फड़ी** = स्फुरण.
**फड़बाज़** = जुआरी.
**फड़ रखना** = बदना.
**फड़ा/फड़ी** = फटा/फटी.
**फड़ाई** = चिराई, फटाई.
**फडिंगा** = टिड्डा.
**फड़िया** = खुदरा दुकानदार, बाँस चीरन.
**फड़ी** = चट्टा.
**फण** = फन.
**फणधर** = साँप.
**फणिज्झक** = मरुआ.
**फणी** = राहु, साँप.
**फणीकेसर** = चंपा.
**फणीय** = सर्पीय.
**फणीश्वर** = शेषनाग.

**फ़तवा** *सं घोषणा*, निर्णय, मुफ़्ती आदेश, हुक्म, •आज्ञा, •आज्ञापत्र, •धर्मादेश.

**फ़तवा दाता** = मुफ़्ती.
**फ़तह** = परराष्ट्र जय, विजय.
**फ़तहमंद** = विजयी.
**फ़तहयाब** = विजयी.
**फतिंगा** = टिड्डा, शलभ.
**फ़तूर** = उन्माद.
**फतूही** = जाकट.
**फ़त्ताह** = अल्लाह.
**फदकना** = उबलना, औटना.
**फदका** = उबाल, औटाव, फेन.
**फदकाना** = उबालना.
**फदकाव** = उबाल, औटाव.
**फदफद** = औटाव.
**फदफदाना** = औटना.
**फदफदाहट** = औटाव.
**फ़न** = चित्रकला, दक्षता.

**फन** *सं* आभोग, कालाप, दर्व, फण, भोग, सर्पशीर्ष, •डंक, •सिर.

**फनकना** = सनसनाना.
**फनगना** = अँकुराना.
**फनफनाना** = सनसनाना.
**फ़नल** = कीप.
**फ़ना** = नष्ट, मृत्यु.
**फन्नी** = खपची.
**फप्फस** = मोटा/मोटी.
**फफकना** = रोना.
**फफद** = बढ़ोतरी.
**फफदना** = उबजना.

**फफूँद** *सं* फफूँदी, फूई, भुकड़ी, *रोली*, •फूसी.

**फफूँदना** = उबजना.
**फफूँदी** = फफूँद.
**फफोला** = छाला.

**फफोला** *सं छाला*, जलन फफोला, जला, प्रदाह, बर्न, •झुलस.

**फब** = सजावट, सिंगार.
**फबकना** = उबजना.
**फबता/फबती** = शोभनीय.
**फबती** = कटाक्ष.
**फबन** = सौंदर्य.

**फबना** *क्रि* अच्छा लगना, जँचना, बिराजना, भला लगना, भाना, राचना, *रुचना*, लसना, विराजना, शोभा देना, सजना, सुहाना, •सजाना.

**फबाना** = काढ़ना, सजाना.
**फबीला/फबीली** = शोभनीय.
**फ़ब्ती** = चुग़ली.
**फ़रंग** = आतशक.
**फ़र** = चर्म परिधान.

**फ़र** *सं* पशुलोम, पोस्तीन, रोमाजिन, लोमाजिन, •ओवरकोट, •कोट, •चमड़ा, •शाल.

**फ़रज़ंद** = पुत्र.

**फ़रनीचर** *सं* मेज़ कुरसी, साजसज्जा, •अलमारी, •कुरसी, •खाट, •तिपाई, •दीवान, •पलंग, •बैंच, •मेज़, •सिंहासन, •सोफ़ा, •तख़्त.

**फ़रनीचर आदि व्यवस्था** = गृहसज्जा.
**फ़रनीचरी लकड़ी** = काष्ठ.
**फ़रनेस** = बायलर, भट्ठी.
**फरफर** = फड़फड़.
**फरफराते** = द्रुततः.
**फरफराना** = कलकलाना, फहरना, फहराना.
**फरफराहट** = फड़फड़.
**फ़रमाइश** = आग्रह, निवेदन.
**फ़रमाइशी** = मँगाया/मँगाई.
**फ़रमान** = अध्यादेश, आज्ञा, आज्ञापत्र, जजमैंट, राज्यादेश.
**फ़रमाना** = कहना.
**फ़रमानी** = अनुपालन, सत्कार.
**फ़रमाबरदार** = आज्ञाकारी, कर्तव्यपरायण, निष्ठावान.

**फ़रलांग** *सं* गज 220, मीटर 201.168, मील 1/8.

**फ़रलांग 8** = मील.
**फ़रवरी** = मास सूची.
**फ़रवरी 29 वाला वर्ष** = लीप ईयर.
**फ़रश (विकल्प)** = फ़र्श.
**फरसा** = कुल्हाड़ा, परशु.
**फरसान** = चटपटा उपाहार.
**फरहद** = पारिजात वृक्ष.
**फरहरना** = फहरना.
**फरहरा** = ध्वज.
**फरहराना** = फहरना.
**फरहरी** = स्फुरण.
**फ़रहाद की नहर** = कठिन कार्य.
**फ़राख़** = विस्तीर्ण.
**फ़राख़दिल** = विशालहृदय.
**फ़रागत** = निवृत्ति.
**फ़राग़त** = मलत्याग, मुक्ति.
**फ़रामोश** = कृतघ्न, दायित्वहीन, विस्मरणशील.
**फ़रामोशी** = वचनभंग.

**फ़रार** *सं* अभित्यक्ता, भगोड़ा/भगोड़ी, रूपोश, वारंटी, •अपराधी, •चंपत,

•रणत्यागी.

**फ़रार होना** = भागना.
**फरिया** = काष्ठपटल.
**फ़रियाद** = अपील, आरोप पत्र, मन्नत, याचिका, शिकायत.

**फ़रियाद** *सं* *अपील*, आवाज़, गुहार, दुहाई, निहोरा, पुकार, *प्रार्थना*, सदा, •आर्तनाद, •याचना, ▪आज्ञा.

**फ़रियादी** = अपीलार्थी, अभियोगी, निवेदक, निवेदक.

**फ़रिश्ता** *सं* ऐंजल, कर्रूबी, चैरुब, दिव्य आत्मा, दैवी आत्मा, पंखयुक्त जीव, भगवान नौकर, मलक, सरोश, •देवदूत, •मिथक, ▪राक्षस.

**फ़रिश्ताई** = देवदूतीय.
**फरुहा** = फावड़ा.
**फरुही** = मुरमुरा.
**-फ़रेब** = मोहक.
**फ़रेब** = कुचाल, घोटाला, छल, विश्वासघात.
**फ़रेबकार** = ठग.
**फ़रेबी** = कूटकार, दुर्जन, बटमार, बेईमान.
**फ़रोख़्त** = बिक्री.
**फ़रोश** = विक्रेता.
**फ़र्क़** = घटान फल, भिन्न, सीमंत.
**फ़र्क़ मालूम करना** = घटाना.
**फ़र्ज़** = कर्तव्य, दायित्व.
**फ़र्ज़ी** = अनुमानित, अयथार्थ, असत्य, काल्पनिक, मिथकीय.
**फ़र्द** = जना, सूची.
**फ़र्द जुर्म** = आरोप पत्र.
**फ़र्म** = कंपनी.
**फ़र्मा** = ढाँचा, फ़ौर्मैट.
**फ़र्मीयम** = रासायनिक तत्त्व सूची.
**फर्रा** = काष्ठपटल, पटल.
**फर्राटे लेना** = कुलाँचना, दौड़ना.
**फर्राटे से** = तत्काल, द्रुततः.
**फ़र्श** = निम्नभाग.

**फ़र्श** *सं* ज़मीन, तल, धरा, *धरातल*, फ़रश (विकल्प), फ़्लोर, भूमि, *भूमितल*, सतह, स्तर, स्थली, •कुटा फ़र्श, •खड़ंजा, •चिप्स फ़र्श, •नंगा फ़र्श, •चबूतरा, •नितल, •नीवँ, •भूमितल, ▪छत.

**फ़र्शी** = निम्न, फ़र्शी चादर.

**फ़र्शी चादर** *सं* गिमटी, *चाँदनी*, *चादर*, जाजम, फ़र्शी, बिछावन, बिसात, सफ़, सुजनी, •क़ालीन.

**फ़र्शी जूता** = सैंडिल.

**फ़र्शी द्वार** *सं* उठाऊ द्वार, छत द्वार, ट्रैपडोर, हैच.

**फ़र्स्ट** = पहला/पहली, प्रथम स्थानीय.
**फ़र्स्ट क्लास** = प्रथम श्रेणी.
**फ़र्स्ट डिवीज़न** = प्रथम श्रेणी.
**फ़र्स्ट हैंड** = नवरचित.
**फल** = उपपत्ति, कथा फलागम, कर्मफल, खाद्य फल, परिणाम, फला, लाभ, लाभांश, हल फाल.

**फल** *सं* डोंडा, प्रसून, फ्रूट, *बतिया*, रेंदी, शस्य, •खाद्य पदार्थ, •खाद्य फल, •गूदा, •फली, •फाँक.

**फल सूची** *सं* *अंगूर*, *अंजीर*, *अनन्नास*, *अनार*, *अमरूद*, *आम*, *आलूचा*, *केला*, *खजूर*, *ख़रबूज़ा*, गूज़बैरी, *गूलर*, *चकोतरा*, चीकू, चैरी, *जामुन*, झड़बेरी, *तरबूज*, *नारंगी*, नाशपाती, *पपीता*, *फ़ालसा*, बग्गूगोशा, *बेर*, बेरी, बेल, ब्लैक बैरी, *मकोय*, *महुआ*, मालटा, मौसम्मी, *रसभरी*, लीची, लोकाट, *शरीफ़ा*, *शहतूत*, *संतरा*, *सेब*, स्ट्राबैरी.

**फल आना** = फलना.
**फल इच्छा** = सकाम कर्म.
**फल उपवन** = फलोपवन.
**फलक** = अभिनंदन पत्र, आयाम, काष्ठपटल, ढाल, धातुपटल, पटल, मस्तक, मेज़.
**फलका** = छाला.
**फलतः** = तदा, फलस्वरूप.
**फलता फूलता/फलती फूलती** = समृद्ध.
**फलद** = फलप्रद.
**फलदायी** = फलप्रद.
**फल देना** = फलना.

**फलन** *सं* उपलब्धि, परिपूर्णता, *प्राप्ति*, फलागम, फलोदय, *सफलता*, •पुष्पन.

**फलना** *क्रि* फल आना, फल देना, फलप्रद होना, फल लगना, *भरना*, लदना, सफल होना, •उगना, •खिलना, •फूल आना.

**फलना फूलना** = पनपना, लहलहाना.
**फलप्रद** = लाभप्रद.

**फलप्रद** *वि* *उत्पादक*, *उर्वर*, फलद, फलदायी, फलावह, बहुल, बृहत्फल, सुफल, •पुष्पित, •फलयुक्त, ▪फलहीन, ▪वंध्य.

**फलप्रद होना** = फलना.
**फलप्राप्ति** = कथा फलागम, सफलता.
**फल फूल** = पत्रं पुष्पं.
**फल बाग़** = फलोपवन.
**फलभोजी** = फलाहारी.

**फलयुक्त** *वि* झुका/झुकी, पूरा/पूरी, फला/फली, फलाढ्य, फलित, फलीभूत, भरपूर, भरा/भरी, भरा पूरा/भरी पूरी, महाफल, लदा/लदी, संफल, *सफल*, •फलप्रद, ▪फलहीन.

**फलरस** *सं* *रस*, स्क्वैश.

**फल लगना** = फलना.
**फलवा** = लपूसड़ा.
**फलश्रेष्ठ** = आम.
**फलस** = कटहल.
**फ़लसफ़ा** = दर्शन शास्त्र.
**फलसिद्धि** = सफलता.

**फलस्वरूप** *क्रिवि* अतः, चुनाँचे, *तब*, तो, परिणामतः, परिणामस्वरूप, परिणामानुसार, फलतः, स्वरूप, •इस लिए, ▪कारणतः, ▪क्योंकि.

**फलहीन** *वि* अनुत्पादक, *अनुर्वर*, अफल, अफलित, नष्टबीज, निरर्थक, निष्फल, बेकार, *वंध्य*, विफल, व्यर्थ, व्यर्थ, •अनुर्वर, •निरर्थक, ▪फलप्रद, ▪फलयुक्त, ▪सार्थक.

**फलहीनता** = गर्भपात.
**फ़लाँ** = अमुक.

**फलाँग** = छलाँग.
**फलाँगना** = छलाँगना, लाँघना.

**फला** *सं* चाकू छुरी फल, *नोक*, परंज, *पलाश*, *फल*, ब्लेड, •उस्तुरा, •धार, •नोक.

**फला/फली** = फलयुक्त.
**फलाकांक्षा** = सकाम कर्म.
**फलागम** = कथा फलागम, परिणाम, फलन.
**फलाढ्य** = फलयुक्त.
**फलाद** = फलाहारी.
**फलादेश** = भविष्य वाचन.
**फलाधिकारी** = कथा नायक.
**फ़लाना** = अमुक.
**फलानुसार** = तदा.
**फला फूला/फली फूली** = लहलहाता/लहलहाती, लहलहाता/लहलहाती.
**फलावह** = फलप्रद.
**फलाशन** = तोता, फलाहारी.
**फलाशा** = सकाम कर्म.
**फलाशी** = फलाहारी.
**फलासक्तिहीन कर्म** = निष्काम कर्म.
**फलाहार** = फलाहारी.

**फलाहारी** *सं* फलभोजी, फलाद, फलाशन, फलाशी, फलाहार, फलोपजीवी, •निरामिषाहारी.

**फलित** = उपपत्ति, कर्मफल, परिणाम, फलयुक्त.
**फलित ज्योतिष** = ज्योतिष.
**फलित ज्योतिषी** = ज्योतिषी.
**फलितार्थ** = सार संक्षेप.
**फली** = बीजकोश.

**फली** *सं* छींबी, छीमी, पतुही, बोंड़ी, •फल.

**फलीभूत** = फलयुक्त, संतुष्ट.
**फलीभूतता** = सफलता.
**फलोदय** = कथा फलागम, फलन, लाभ.
**फलोद्यान** = फलोपवन.
**फलोपजीवी** = फलाहारी.

**फलोपवन** *सं* आरचर्ड, औरचर्ड, चमन, फल उपवन, फल बाग़, फलोद्यान, बाग़, बाड़ी, •पुष्पोपवन.

**फल्गु** = सुंदर.
**फल्गुनीभव** = बृहस्पति ग्रह.
**फ़व्वारा** = फुहारा.
**फ़सल** = ऋतु.

**फ़सल** *सं* *उत्पाद*, उपज, कृषि उत्पाद, क्रौप, खेती, निपजी, शस्य, •अगेती फ़सल, •खरीफ़ फ़सल, •जैव फ़सल, •पछेती फ़सल, •रबी फ़सल.

**फ़सल उत्सव** = वैशाखी.

**फ़सल कटाई** *सं* कटाई, नुनाई, *लव*, लवनी, लाव, लुनाई, लौनी, •ओसाई, •दँवरी, •बुआई.

**फ़सल काटने वाला** *सं* काटने वाला, निर्दाता, प्रलविता, लुनेरा/लुनेरी, लौनहार, ■बोने वाला.

**फ़सल तैयार होना** = पकना.
**फ़सली बुखार** = मलेरिया.
**फ़साद** = दंगा, युद्ध.
**फ़सादी** = उपद्रवी, उपद्रवी, कलहप्रिय.
**फ़साना** = कहानी, वृत्तांत.
**फ़सील** = दीवार, दुर्ग परकोटा, परकोटा.
**फ़स्द** = चीरा, वैक्सीन.
**फ़स्ले गुल** = वसंत.
**फ़हमी** = बोध.
**फहरना** = फड़कना.

**फहरना** *क्रि* *उड़ना*, फरफराना, फरहरना, फरहराना, *लहरना*, लहराना, •फड़फड़ाना.

**फहराना** = सुखाना.

**फहराना** *क्रि* उढ़ाना, फरफराना, लहराना.

**फाँक** *सं* कतला, खाँप, दल, पक्ष, फाड़, फ़िंगर, शाख़, •खंड, •फल, •स्लाइस.

**फाँट** = झिरी, दाय विभाजन, विभाजन, विलगाव.
**फाँटबंदी** = दाय विभाजन.
**फ़ांतासी** = दिवास्वप्न.
**फाँद** = छलाँग.
**फाँदना** = छलाँगना, लाँघना.

**फाँस** = उलझन, कंटक, खपची.
**फाँसना** = अटकाना, उलझाना, चपराना, ठगना, फँसाना, मोहना.

**फाँसना** *क्रि* *उलझाना*, *पकड़ना*, फँदाना, *फँसाना*, *बाँधना*, बिरमाना, •मोहना, ■सुलझाना.

**फाँसी** = फाँसी फंदा, मृत्युदंड.
**फाँसीकर्मी** = जल्लाद.

**फाँसी तख्ता** *सं* टिकटिकी, टिकटी, तख्ता, दंड मंच, *पाड़*, •क्रूसयंत्र, •जल्लाद.

**फाँसी फंदा** *सं* गलफाँसी, *फंदा*, फाँसी.

**फ़ाइन** = अर्थदंड, उत्तम, पतला/पतली.
**फ़ाइनल** = निर्णायक, विवादातीत.

**फ़ाइनल** *वि* *अंतिम*, *चरम*, निर्णयात्मक, *निर्णायक*, •अंतिम, •अपरिवर्तनीय, •निर्णायक, •सेमीफ़ाइनल, ■आरंभिक, ■जयपराजयहीन, ■विचाराधीन.

**फ़ाइनैंस** = वित्त.
**फ़ाइनैंसर** = महाजन.

**फ़ाइनैंसर** *सं* वित्तद, वित्तदाता, वित्तप्रदाता, •पूँजीपति, •महाजन.

**फ़ाइबर** = तंतु.
**फ़ाइल** = कंप्यूटर फ़ाइल, रेती.

**फ़ाइल** *सं* *अलबम*, डौकेट, पत्रावली, पोर्टफ़ोलियो, फ़ोल्डर, मिसिल, •अलबम, •कार्ड फ़ाइल, •नत्थी फ़ाइल, •बाक्स फाइल.

**फ़ाइलशाही** = लाल फ़ीताशाही.
**फ़ाउंडर** = संस्थापक.
**फ़ाउंडरी** = ढलाईघर.
**फ़ाउंडेशन** = नीवँ, संस्थापना.
**फ़ाउनटेन** = फुहारा.
**फ़ाक़ाकश** = उपवासी, भूखा/भूखी.
**फ़ाक़ामस्त** = अलमस्त.
**फ़ाक़ामस्ती** = अलमस्ती.
**फ़ाक़ा शिकनी** = उपवास भंग.
**फ़ाक़ेदार** = उपवासी.
**फ़ाख़्ता** = कबूतर.

 **(प्रा) प्राचीन शब्द, अब अप्रचलित - *तिरछे शब्द स्वतंत्र शीर्षक भी हैं* •सपर्याय ■विपर्याय**

**फ़ाख़्ता** *सं* कपोत, कपोती, कापोतक, घुग्घी, घोगी, टुटरूँ, डव, पंडुक, परेई, परेवा, पांडुक, पारावत, पिड़की, शांति कपोत, शांतिदूत, हारीत.

**फाग** = वसंत, वसंत पंचमी.
**फागुन** = फाल्गुन मास, वसंत.
**फागुनी** = वसंती.
**फ़ाज़िल** = अवशिष्ट, मुल्ला, विद्याविद्.
**फाटक** = प्रवेश द्वार, भंभकड़ा.

**फाटक** *सं* गेटवे, गोपुर, *गोपुरम*, त्रिपोलिया, *दर*, *पोल*, पोलिया, मंगल द्वार, महाद्वार, मुख्यद्वार, मेन गेट, शेर दरवाज़ा, सदर दरवाज़ा, सिंहद्वार, *स्वागत द्वार*, •गोपुरम, •द्वारमंडप.

**फाटका** = सट्टेबाज़ी.
**फाड़** = चिराई, झिरी, फटाई, फाँक.
**फाड़न** = कटपीस, पनीर जल, फटाई.
**फाड़ना** = काटना, चीरना, फोड़ना.

**फाड़ना** *क्रि* अलग करना, चीथना, *चीरना*, विदीर्ण करना, •काटना, •चीरना, •फटना, •फोड़ना.

**फाड़ा/फाड़ी** = फटा/फटी.
**फाणित** = राब, शीरा.

**फ़ातिमा** *सं* मुहम्मद पुत्री.

**फ़ातिमा पुत्र** = हसन, हुसैन.
**फ़ातिमा माता** = ख़दीजा.
**फ़ातिहा ख़्वानी** = उर्स.
**फ़ादर** = ईश्वर, उपदेशक, परमपिता, पादरी, पिता, पोप.
**फ़ादरलैंड** = जरमनी.
**फ़ानी** = मर्त्य.
**फ़ायदा** = आरोग्य लाभ, राहत, लाभ, हित.
**फ़ायदेमंद** = अचूक (औषध), उपयोगी, कल्याणकारी, लाभप्रद.
**फ़ायर** = अग्नि.
**फ़ायर इंजन** = दमकल.
**फ़ायरप्रूफ़** = अग्निवारक, अदहनशील.
**फ़ायर ब्रिगेड** = दमकल दस्ता.
**फ़ायरवर्क्स** = आतिशबाज़ी.
**फ़ायरवुड** = लकड़ी.
**फ़ायरिंग** = गोलीबारी.

**फ़ारमूला** = गुर, जनरोचक तत्त्व.
**फ़ारमूसा** = ताइवान.
**फ़ारमोसा** = ताइवान.
**फ़ारस** = ईरान.
**फ़ारसी** = क्लिष्ट भाषा.

**फ़ारसी** *सं* प्राचीन ईरानी भाषा, •भारोपीय भाषा.

**फ़ारिग़** = निवृत्त.
**फ़ारेन** = परराष्ट्रीय.
**फ़ार्म** = खेत, पशुशाला, प्रपत्र.
**फ़ार्मर** = किसान.
**फ़ार्महाउस** = खेतघर.
**फ़ार्मिंग** = कृषि.
**फ़ार्मेसिस्ट** = औषध विक्रेता.
**फ़ार्मेसी** = कैमिस्ट्स, क्लीनिक.
**फाल** = फावड़ा, हल फाल.
**फालकृष्ट** = कृषित (अनाज), हलित.
**फ़ालतू** = अतिरिक्त, अतिरिक्त, अनावश्यक, अवशिष्ट, अवांछनीय, अविक्रीत, संचित.
**फ़ालतू उँगली** = छँगुलिया.
**फ़ालतू बात** = बकवास.
**फ़ालसा** = फल.

**फ़ालसा** *सं* अल्पष्ठी, नीलचर्म, परुषा, परूषक, मृदुफला.

**फालाहत** = हलित.
**फ़ालिज** = पक्षाघात.
**फाल्गुन** = फाल्गुन मास, भारतीय मास सूची.
**फाल्गुन पूर्णिमा** = होली.

**फाल्गुन मास** *सं* अंतिम चांद्र मास, अंत्य, तपस, फगुनवा, फागुन, फाल्गुन.

**फाल्गुनानुज** = चैत्र मास.
**फ़ाल्स सीलिंग** = सजावटी छत.

**फावड़ा** *सं* आखात, आखु, करसी, कर्षी, कस्सी, फरुहा, फाल, बेल, •कुदाल, •कुल्हाड़ा, •ड्रैजर, •बेलचा.

**फ़ाश** = अगुप्त, अश्लील, स्पष्ट.
**फ़ासला** = अंतराल, दूरी.
**फ़ासला करना** = विलगाना.
**फ़ासले पर** = दूरी पर.

**फ़ास्ट** = चुस्त.
**फ़ास्टनैस** = चुस्ती.
**फ़ास्ट फ़ूड स्टैंड** = भोजनालय.
**फ़ास्नर** = ज़िप.
**फ़ास्फ़ेट** = रासायनिक उर्वरक.
**फ़ास्फ़ोरस** = रासायनिक तत्त्व सूची.

**फाहा** *सं* गाला, ठेंठा, *पूनी*, *बत्ती*, रूई, शाफ़ा, •घावपट्टी.

**फ़ाहिशा** = कुलटा.

**फिंकना** *क्रि चलना*, छुटना, छुड़ना, छूटना, *निकलना*, प्रक्षिप्त होना.

**फिंकाई** = प्रक्षेपण.
**फ़िंगर** = उँगली, फाँक.
**फ़िंगर इंप्रेशन** = उँगली छाप.
**फ़िंगर प्रिंट** = उँगली छाप.
**फिंटाई** = मिश्रण.
**फिंटाई** = फेंटाई.
**फ़िक़रा** = उक्ति, कटाक्ष, वाक्य.
**फ़िक़राबंदी** = तुकबंदी.
**फ़िक़ाह** = इसलामी विधि.
**फ़िक्र** = आशंका, चिंता, सावधानी.
**फ़िक्रमंद** = चिंतित.
**फ़िक्शन** = कहानी.
**फ़िक्स** = स्थावर.
**फ़िक्स करना** = जड़ना.
**फ़िक्स्ड** = स्थावर.
**फिचफिच** = फचफच.
**फिच्च** = फचफच.
**फ़िज़ट** = छटपटाहट.
**फ़िज़िक्स** = भौतिकी.
**फ़िज़िसिस्ट** = भौतिकीविद.
**फ़िज़ीशियन** = चिकित्सक.
**फ़िट** = उदाहरणीय, चिपकते साइज़ का, मिरगी, सही साइज़ का, सुपात्र.
**फ़िट करना** = जड़ना.
**फ़िट करने वाला** = फ़िटर.
**फिटकरी** = मसाला सूची

**फिटकरी** *सं* तुवरी, फिटकिरी (विकल्प), रंगदा, श्वेता, सिंधु संभवा, स्फटिका.

**फिटकिरी (विकल्प)** = फिटकरी.
**फ़िटन** = बग्घी.

**फ़िटर** *सं* जड़ने वाला, जड़ैया, फ़िट करने वाला, लगाने वाला,.

विजड़क.

**फ़िटिंग** = जड़ाई, सही साइज़ का.
**फ़िटिंग सामान** = हार्डवेअर.
**फ़िटिंग्स** = हार्डवेअर.
**फ़ितना** = तकरार, दंगा.
**फ़ितनाअंदाज़** = उपद्रव नेता.
**फ़ितरत** = स्वभाव.
**फ़ितरती** = आनुवंशिक, दुर्जनतापूर्ण, नीतिकुशल, सनकी, स्वाभाविक.
**फ़ितूर** = लगन, सनक.
**फ़िदवी** = प्रेमासक्त, प्रेमी, फ़ैन.
**फ़िदा** = आसक्त, प्रेमासक्त, मोहित.
**फ़िदायीन** = आतंकवादी, उग्रवादी.
**फ़िद्दवी** = मोहित.
**फिद्दा** = पिद्दा.
**फ़िनिश** = पालिश.
**फ़िनिश्ड** = चरम.
**फ़िफ़्टी फ़िफ़्टी** = आधा/आधी.
**फ़ियास** = फूसी.
**फिरंग** = अँगरेज, यूरोप, यूरोपीय.
**फिरंग रोग** = आतशक.
**फिरंगी** = अँगरेज, यूरोपीय.
**फिर** = तदा, तब, तब के बाद.

**फिर** *क्रिवि* अनंतर, अपरंच, *आगे*, उपरांत, *और*, और फिर, दोबारा, *पीछे*, पुनः, पुनरपि, पुनश्चः, पुनि, बहुरि, बाद, *बाद में*, •कब, •प्रायः, •बारंबार, •हमेशा, ■एक बार.

**फिर आना** = लौटना.
**फिर एक दिन** = आख़िरकार.
**फिरकन** = नर्तन.
**फिरकना** = घूमना, नाचना.
**फिरकना लट्टू** = लट्टू.
**फिर कभी** = बाद में.
**फिर करना** = दोहराना.
**फ़िरक़ा** = वृंद, संप्रदाय.
**फ़िरक़ाई** = धार्मिक.
**फ़िरक़ापरस्त** = प्रजातिवादी, संप्रदायवादी.
**फ़िरक़ापरस्ती** = संप्रदायवाद.
**फ़िरक़ाबंदी** = संप्रदायवाद.
**फिरकी** = आतिशबाज़ी सूची, चकई, नट, परछा, लटई.

**फिरकी** *सं* कैथरीन व्हील, पिनव्हील, व्हील.

**फिरगाना/फिरगानी** = यूरोपीय.
**फिरत** = आवृत्ति, चाल, प्रतिप्रदान.
**फ़िरदौस** = उपवन, क्रीड़ा उपवन, स्वर्ग.
**फिर नहीं** = एक बार.
**फिरना** = घूमना, टहलना, मुकरना.
**फिर फिर** = बारंबार.
**फिर भी** = और भी, तदापि.
**फिर लेना कर्म** = प्रत्यादान.
**फिर से आई याद** = स्मृतिलाभ.
**फिर से आरंभ** = पुनरारंभ.
**फिर से करना** = दोहराना.
**फिर से जवानी** = कायाकल्प.
**फिर से जान डालना** = जिलाना.
**फिर से जिलाना** = जिलाना.
**फिर से तारीफ़** = पुनर्प्रतिष्ठा.
**फिर से पुरौती** = अनुपूर्ति.
**फिर से बना** = पुनर्रचित.
**फिर से बसाना** = आ बसना.
**फिर से मिलना** = ढूँढ़ना.
**फिराई** = प्रतिप्रदान.
**फ़िराक़** = वियोग.
**फिराना** = घुमाना.
**फ़िरोज़ाबाद (पूर्व नाम)** = दिल्ली.
**फिरौती** = रिटर्न गिफ़्ट.

**फिरौती** *सं* अपहरण धन, छुटौती, छुड़ौती, बंधक धन, रिहाई धन, •अपहरण, •ब्लैकमेल, •युद्धधन.

**फ़िर्क़ा** = जाति.
**फ़िल करना** = भरना.

**फ़िलर** *सं चुटकुला*, पत्रपत्रिका पृष्ठ पूरक सामग्री, भरती की पाठ्य सामग्री, रोचक पाठ्य सामग्री, लेखांत सामग्री, सूक्ति.

**फ़िलहाल** = इस बीच, तब तक.
**फ़िलासफ़ी** = दर्शन शास्त्र.
**फ़िलिप** = ईसा संदेश वाहक.
**फ़िलिस्तीन** = फ़िलीस्तीन.

**फ़िलीस्तीन** *सं* इज़राइल और जोर्डन में विभाजित देश, कनान (बाइबिल), पैलस्टाइन, फ़िलिस्तीन, •जोर्डन.

**फ़िल्टर** = छलनी.
**फ़िल्टर करना** = छानना.
**फ़िल्टरन** = छनाई.

**फ़िल्म** *सं* चंचल छाया, चलचित्र, चलछाया, चलती छाया, पिक्चर, बायस्कोप, मूवी, मूवी फ़िल्म, सचल चित्र, सिनेमा, •अवाक फ़िल्म, •ऐनिमेशन फ़िल्म, •कथा चित्र, •बाल फ़िल्म, •यथार्थवादी फ़िल्म, •लघुचित्र, •वृत्तचित्र, •सचल चित्र, •समाचार चित्र, •सवाक फ़िल्म, •नाटक, •फ़ोटोग्राफ़, •मनोरंजन.

**फ़िल्म इंडस्ट्री** = फ़िल्म जगत.
**फ़िल्म उद्योग** = फ़िल्म जगत.
**फ़िल्मकार** = फ़िल्म निर्देशक.

**फ़िल्म जगत** *सं* इंडस्ट्री, चलचित्र, चलचित्र उद्योग, चलचित्र व्यवसाय, फ़िल्म इंडस्ट्री, फ़िल्म उद्योग, फ़िल्म ट्रेड, फ़िल्म व्यवसाय, बालीवुड, रजतपट, सिनेमा, हालीवुड, •नाट्य जगत.

**फ़िल्म ट्रेड** = फ़िल्म जगत.

**फ़िल्म निर्देशक** *सं* चलचित्रकार, चलचित्र निर्देशक, *दिग्दर्शक*, निर्देशक, फ़िल्मकार.

**फ़िल्म निर्माता** *सं निर्माता*, प्रोड्यूसर, फ़िल्म प्रोड्यूसर, •फ़िल्म प्रदर्शक, •फ़िल्म वितरक.

**फ़िल्म प्रदर्शक** *सं* ऐग्ज़ीबिटर, *प्रदर्शक*, •फ़िल्म निर्माता, •फ़िल्म वितरक, •सिनेमाघर.

**फ़िल्म प्रीव्यु** = फ़िल्म प्रीव्यु शो.

**फ़िल्म प्रीव्यु शो** *सं* पूर्वप्रदर्शन, प्रीव्यु, फ़िल्म प्रीव्यु, विशेष शो, •फ़िल्म शो.

**फ़िल्म प्रोड्यूसर** = फ़िल्म निर्माता.
**फ़िल्म व्यवसाय** = फ़िल्म जगत.

**फ़िल्म स्टूडियो** *सं* शूटिंग स्टेज, स्टूडियो, •रंगमंच.

**फ़िल्मांकन** *सं चित्रांकन*, चित्रीकरण, टेकिंग, फ़िल्मिंग, शूटिंग, सिनेमैटोग्राफ़ी, •आउटडोर शूटिंग, •इनडोर शूटिंग, •फ़िल्म मंद गति, •फ़िल्म शौट, •फ़िल्मांकनकार.

**फ़िल्मिंग** = फ़िल्मांकन.
**फ़िल्मी** = पाखंडपूर्ण, रंगमंचीय.
**फ़िश** = मछली मांस.
**फ़िश औइल** = तेल.
**फिसड्डी** = अंतिम स्थानीय, पिछड़ा/पिछड़ी.

**फिसड्डी** *वि* अहदी, आलसी/आलसिन, काहिल, पिछड़ा/पिछड़ी, सुस्त, •विलंबकारी, ▪चुस्त.

**फिसड्डीपन** = पिछड़ापन.
**फिसड्डी रहना** = पिछड़ना.
**फिसफिस** = कानाफूसी.
**फिसलन** = द्रुतवेग, फिसलाहट, रेंग.

**फिसलनयुक्त** *वि असुरक्षित*, कीचड़ भरा, क्लिन्न, गिराऊ, गीला/गीली, चिकना/चिकनी, चिक्कट, *दलदली*, पिच्छिल, फिसलना/फिसलनी, भीगा/भीगी, रपटना/रपटनी, सलैला/सलैली, साबुनी, स्निग्ध, •कीचड़दार, •चिकना/चिकनी, •दलदली.

**फिसलना** = चाहना, रिपटना, रेंगना, लड़खड़ाना, ललचना.

**फिसलना** *क्रि* उलटना, खिसकना, *गिरना*, *घिसटना*, बिछलना, रपटना, सरकना, •धँसना, •लड़खड़ाना, •लुढ़कना, ▪सँभलना.

**फिसलना/फिसलनी** = कीचड़दार, चिकना/चिकनी, फिसलनयुक्त.
**फिसलना पाट** = रिपटना, रैंप.
**फिसला/फिसली** = लुब्ध, विचलित.

**फिसलाहट** *सं* खिसलाहट, गिचपिच, गीलापन, चिकनाहट, दलदलीपन, फिसलन, रपटन.

**फिसिर फिसिर** = कानाफूसी.
**फींचना** = पछारना.
**फ़ी** = चंदा, शुल्क.
**फीका/फीकी** = अरोचक, अविविध, उदास, उबाऊ, उबाऊ, नमकहीन, पिछड़ा/पिछड़ी, बदरंग, बेमसाला, मुरझाया/मुरझाई, रसहीन, विवर्ण, वैभवहीन, सौंदर्यहीन, स्वादहीन, हतोत्साहित.
**फीका पड़ना** = धुँधलाना.
**फ़ीचर** = मुख्य आकर्षण.
**फ़ीचर लेखक** = स्तंभ लेखक.
**फ़ीचर्स** = हुलिया.
**फ़ी ज़माना** = वर्तमान में.

**फीजी** *सं* •प्रवासी भारतीय.

**फीजीः राजधानी** *सं* सूवा.

**फ़ीज़ैंट** = चकोर.
**फ़ीटस** = भ्रूण.
**फ़ीडर** = दूध बोतल.
**फ़ीता** = टेप, तनी, तसमा.

**फ़ीता** *सं टेप*, *धज्जी*, रिबन, *लेस*, •निवाड़, •पट्टी.

**फ़ीताशाही** = कार्यपालिका, खटराग, लाल फ़ीताशाही.
**फीफरी** = पपड़ी.

**फ़ीरोज़ा** *सं* तुर्कमणि, हरित मणि.

**फ़ीरोज़ी** = भाग्योदय.
**फ़ीलख़ाना** = गजशाला.
**फ़ीलवान** = हाथीवान.
**फ़ीलिंग** = भाव.
**फीली** = पिंडली.
**फ़ील्ड** = कार्यक्षेत्र, खेल मैदान.
**फ़ील्ड मार्शल** = सेनापति.
**फ़ील्डवर्क** = आरंभिक कर्म, डाटा संकलन.
**फ़ीवर** = ज्वर.
**फ़ीस** = चंदा, पारिश्रमिक, प्रवेश शुल्क, भाड़ा, विद्या शुल्क, शुल्क.
**फ़ी सदी** = प्रतिशत.
**फ़ी सैकड़ा** = प्रतिशत.
**फ़ीस्ट** = भोज.
**फुँकता/फुँकती** = जलता/जलती.
**फुँकना** = जलना, झुलसना.

**फुँकनी** *सं* धमनी, *नली*, फूँका, फूँकी, फोंका, •अग्नित्र, •धौंकनी.

**फुँकाई** = पिघलाई.
**फुँकार** =फूँक.

**फुँकार** *सं* फुफकार, फूँफूँ, फूत्कार, सिसकार, सीत्कार, स्फुत्कार, हिसहिस, हिसहिसाहट, •साँप.

**फुँदना** = केशगुच्छ. फुंदना

**फुँदना** *सं कुंदा*, *गुच्छा*, *गुफ्फा*, चौर, झबिया, झब्बा, फुँदिया, •झालर, •रोआँ.

**फुँदिया** = फुँदना.

**फुंसी** *सं* कंचिका, कच्छपिका, छोटा फोड़ा, दाना, पिड़की, पिड़िया, फुड़िया, स्फोटिका, •अर्बुद, •फोड़ा.

**फुआ** = फूफी.
**फुग्गा** = गुब्बारा.
**फुग्गी** = गुब्बारा.
**फुचड़ा** = लपूसड़ा.
**फुज़ला** = फोक, लपूसड़ा.
**फुजूल** = अनावश्यक, निरर्थक.
**फुज़ूल** = अतिरिक्त.
**फुज़ूलख़र्च** = अपव्ययी.
**फुजूलखर्ची** = अपव्यय.
**फ़ुट** = डग.

**फ़ुट** *सं* इंच 12, गज 1/3, हाथ 2/3, •गज़.

**फ़ुट 1/12** = इंच.
**फ़ुट 3** = गज़.
**फ़ुट 3,280.84** = किलोमीटर.
**फ़ुट 5,280** = मील.
**फुटक** = पुट.

**फुटक** *सं छींट*, छींटा, *डला*, डली, *थक्का*, फुटकी, बुँदकी, बूँद, लोंदा, •कण, •थक्का, •दाग़, •पुट.

**फुटकर** = अविवाहित, खुदरा, खुदरा बिकाऊ, रेजगारी, विविध.
**फुटकर खाद्य सामग्री** = परचून.
**फुटकर विक्रेता** = खुदरा दुकानदार.
**फुटकर सामान** = विविधा.
**फुटकल** = अविवाहित, खुदरा, रेजगारी.
**फुटकल काव्य** = मुक्तक.
**फुटका** = छाला.
**फुटकी** = फुटक.
**फुटनोट** = पाद टिप्पणी.
**फुटपाथ** = पगडंडी, सड़क पार्श्व.
**फुटफुटाव** = औटाव.
**फुटबोर्ड** = आधार.
**फुटमत** = मतभेद.

**फ़ुटमैन** = वेटर.
**फ़ुट रूल** = फ़ुटा.
**फ़ुटवीअर** = पद परिधान.
**फ़ुटस्टूल** = पैर चौकी.
**फ़ुटहिल्स** = तलहटी.
**फ़ुटहोल्ड** = पदाधार.

**फ़ुटा** *सं* इंच 12, नपैना, नापी, पैमाना, फ़ुट रूल, रूल, रूलर, •गज़, •मापक टेप.

**फुटाव** = अंकुरण, उद्‌भेदन, फोड़ा, विस्फोट.
**फुड़िया** = फुंसी.
**फ़ुतूरिया** = उपद्रवी.
**फुदकना** = पुलकना.
**फुनगा** = शलभ.
**फुनगी** = उच्चबिंदु, टुनगी.
**फुफकार** = फुँकार.
**फुफी** = फूफी.
**फुफ्फुस** = फेफड़ा.
**फुफ्फुस दाह** = नमूनिया.
**फुरकत** = वियोग.
**फुरती** = चुस्ती.
**फुरतीला/फुरतीली** = अविलंबी, चुस्त, द्रुत, सक्रिय.
**फुरतीलापन** = चुस्ती.
**फुरती से** = अभी, तत्काल.
**फुरना** = कुलाँचना, चमकना.
**फुरफुर** = स्फुरण.
**फुरफुराता/फुरफुराती** = स्पंदनशील.
**फुरफुराना** = फड़फड़ाना.
**फुरफुराहट** = फड़फड़.
**फुरफुरी** = स्फुरण.
**फुरसत** = विश्राम.
**फुरहराना** = फड़फड़ाना.
**फुरहरी** = ठिठुरन, भयकंप, स्फुरण.
**फुरहरी चढ़ना** = ठिठुरना.
**फुरेरी** = रोमांच.
**फुलका** = रोटी.
**फुलकारी** = कढ़ाई, कढ़ाई कर्म.
**फुलकी** = गोलगप्पा.
**फुलझड़ी** = आतिशबाज़ी.

**फुलझड़ी** *सं क़लम*, गुलरेज़.

**फुलबगिया** = पुष्पोपवन.
**फुलरा** = पुष्पगुच्छ.
**फुलर्स अर्थ** = रेह.
**फुलवारी** = उपवन, पुष्पोपवन.
**फुलहारा/फुलहारी** = पुष्प विक्रेता, बाग़बान.
**फुलाना** = मुटियाना.

**फुलाना** *क्रि* अफराना, *उठाना*, उभारना, *ठूँसना*, फैलाना, *बढ़ाना*, *भरना*, *मुटाना*, •पसारना, ▪दबाना, ▪फोड़ना.

**फुलाव** = अफारा.

**फुलाव** *सं* अफराव, ठुँसाव, ध्मान, फूलापन, भराव, विस्फीति, स्फार, स्फीति, •विस्फार.

**फुलावट** = भरावट.
**फुलिंग** = चिंगारी.
**फुलिया** = चोबिया, फुल्लीदार कील, स्टड.
**फुलेल** = सुगंध लेप.
**फुलेहरा** = बंदनवार.
**फुल्लता** = खिलावट.
**फुल्लनयना** = सुंदर स्त्री.
**फुल्ललोचन** = सुनयन.
**फुल्ली** = कील फुल्ली, चोबिया, जूता नाल, फुल्लीदार कील, स्टड.

**फुल्लीदार कील** *सं चोबिया*, फुलिया, फुल्ली, *बताशा*, बताशा कील.

**फुसफुस** = कानाफूसी.
**फुसफुस कर के बात करना** = फुसफुसाना.
**फुसफुस करना** = फुसफुसाना.
**फुसफुसा/फुसफुसी** = भंगुर.
**फुसफुसाना** = कलकलाना.

**फुसफुसाना** *क्रि* अस्फुट आवाज़ में बोलना, कान में कहना, कानाफूसी करना, फुसफुस कर के बात करना, फुसफुस करना, •बड़बड़ाना.

**फुसफुसाहट** = कानाफूसी.
**फुसलाई** = सम्मोहन कर्म.
**फुसलाऊ** = उकसाऊ, छलपूर्ण.
**फुसलाना** = उकसाना, बहलाना, मनवाना, मोहना.

**फुसलाना** *क्रि* खेलाना, ठोढ़ी में हाथ देना, बहकाना, *बहलाना*, बहलाना फुसलाना, बिरमाना, *भरमाना*, भुलाना, *मनाना*, मीठी बात करना, लुभाना, सपने दिखाना, •भरमाना, •ललचाना, ▪रुठाना.

**फुसलाने वाला** = उकसाने वाला.
**फुसलाया/फुसलाई** = दुष्प्रेरित.
**फुसलावा** = उकसावा.

**फुसलावा** *सं* बहलावा, बहलावा फुसलावा, भुलावा, मिन्नत, समाजत, •प्रसन्नन, •मनुहार.

**फुहार** = अल्पवर्षा, बारिश, वर्षा बूँद.

**फुहार** *सं* जैट, झड़ी, झींसी, *धार*, प्रधार, फूही, बरखा, बौछार, वर्षा, सीकर, •बूँद, •सिंचन.

**फुहार छोड़ना** = फुहारना.
**फुहारना** = छिड़कना, बरसाना.

**फुहारना** *क्रि छिड़कना*, छितराना, पिचकारी मारना, फुहार छोड़ना, फैलाना, *बरसाना*, *बिखेरना*, बौछार करना, •फेंकना.

**फुहारा** *सं* फ़व्वारा, फ़ाउनटेन, फ़ौवारा, वारियंत्र, सहस्त्रधार, •पिचकारी, •स्प्रेअर.

**फूँक** = अकड़, अभिमंत्रण, कश, कूक, भूत निवारण.

**फूँक** *सं कश*, फुँकार, फू, फूत्कार, हवा, •श्वास, •हाँफ.

**फूँकना** = कूकना, जलाना.
**फूँक भरना** = कूकना.
**फूँका** = फुँकनी.
**फूँका/फूँकी** = अभिमंत्रित.
**फूँकी** = फुँकनी.
**फूँगा** = गुबरैला.
**फूँफूँ** = फुँकार.
**फू** = फूँक.
**फूई** = फफूँद.
**फूट** = टूटफूट, भेदनीति.
**फूट आना** = उगना.
**फूटन** = टूटफूट, विस्फोट.
**फूटना** = अँकुराना, खिलना, छीजना, टूटना, प्रकटना, रिसना.

**फूटना** *क्रि टूटना*, फट जाना, *फटना*, विस्फोट होना, •तड़कना, •फोड़ना, •पिचकना, ▪फूलना.

**फूटा/फूटी** = एकताहीन, खिला/खिली, पंक्चरित.
**फूटा नसीब** = दुर्भाग्य.
**फ़ूड कोर्ट** = भोजनालय समूह.
**फ़ूडग्रेन** = अनाज.
**फ़ूड प्रौसैसर** = किचन मशीन.
**फ़ूड राशनिंग** = राशनिंग.
**फ़ूड वैन** = भोजन ठेला.
**फूत्कार** = फुँकार, फूँक.

**फूफा** *सं* फूफी पति, बूआ पति, •मौसा, ▪भतीजा, ▪भतीजी.

**फूफी** *सं* पिता बहन, पितृस्वसा, फुआ, फुफी, फूफी जान, बुआ, बूआ, •ताऊ, •मौसी, ▪भतीजा, ▪भतीजी.

**फूफी जान** = फूफी.
**फूफी पति** = फूफा.
**फूल** = उत्तम व्यक्ति या वस्तु, काँसा, कीप, छींट, पुष्प, भस्मावशेष, सफ़ेद दाग़.
**फूल कर कुप्पा होना** = हुलसना.
**फूल कील** = चोबिया.
**फूल गोभी** = गोभी, सागसब्ज़ी.
**फूलदान** = गुलदान.
**फूलना** = इतराना, उभरना, खिलना, पुलकना, मुटाना, रूठना, सूजना.

**फूलना** *क्रि* अफरना, कुप्पा होना, ग़ुब्बारा होना, गोल होना, *फैलना*, *बढ़ना*, *भरना*, मोटाना, मोटा होना, ▪दबकना, ▪फूटना.

**फूलना फलना** = पनपना, लहलहाना.
**फूलपत्ती** = छींट, पँखड़ी.
**फूलपत्ती खाद** = खाद.
**फूलबाग़** = पुष्पोपवन.

**फूलबीन** *सं* कैलाइडोस्कोप, •पीप शो, •लैंस.

**फूलमाला** = पुष्पमाला.
**फूलरस** = पुष्परस.
**फूल वाला/फूल वाली** = पुष्प विक्रेता.
**फूल सप्लायर** = पुष्प विक्रेता.
**फूल सा** = हलका/हलकी.
**फूला** = खील.
**फूला/फूली** = अडूब, उन्नतोदर, खिला/खिली, तोंदू, पुष्पित, मोटा/मोटी.
**फूला न समाना** = हुलसना.
**फूला ना समाना** = पुलकना.
**फूलापन** = फुलाव.
**फूला फला/फूली फली** = लहलहाता/लहलहाती.
**फूलार** = स्कार्फ़.
**फूलों की सेज** = समृद्धि.
**फूलों की सेज** = सुखसुविधा.
**फूस** = छप्पर, भूसा.
**फूसा** = भूसा.

**फूसी** *सं* खौंस, फ़िआस, रूसी, •केश, •फफूँद.

**फूहड़** = अकुशल, असंस्कृत, कुविन्यस्त, कुवेशित, नौसिखिया, सुरुचिहीन.

**फूहड़** *वि* अकलात्मक, अचतुर, अचारु, अनगढ़, *अनाड़ी*, अपरूप, अप्रिय, ऊलजलूल, *कलाहीन*, कुगढ़, कुढंगा/कुढंगी, बेज़ौक, बेडौल, बेढंगा/बेढंगी, बेशऊर, भद्दा/भद्दी, भस्सड़, भोंडा/भोंडी, भोंड़ा/भोंड़ी, •अपरिष्कृत, •कलाहीन, •कुवेशित, ▪कलात्मक, ▪दक्ष, ▪योग्य.

**फूही** = फुहार.

**फेंक** *सं* उछाल, उछाला, उत्क्षेप, उपक्षेप, क्षिप्ति, क्षेप, निक्षेप, निपात, प्रक्षेप, प्रमोक्ष, प्लुति, *मोक्ष*, विनिक्षेप, सर्ग.

**फेंकन** = उच्छिष्ट आहार, टुक्कड़, प्रक्षेपण.
**फेंकना** = उछालना, गिराना, छाँटना, झोंकना.

**फेंकना** *क्रि गिराना*, *छोड़ना*, झटकना, *झटकारना*, *झाड़ना*, *झोंकना*, डालना, प्रक्षिप्त करना, प्रक्षेपण करना, *बरसाना*, बुरकना, •उछालना, •छिड़कना, •झोंकना, •धकेलना, •पटकना, •फटकना, •फुहारना, •बिखेरना.

**फेंकनी** = गुलेल.
**फेंकने वाला** = प्रक्षेप्ता.
**फेंका/फेंकी** = रद्दीकृत.
**फेंका सामान** = रद्दी.
**फेंट** = फेंटाई, मिश्रण, लपेट.

**फेंटना** *क्रि* गहाना, गाहना, चलाना, झकोलना, झकोलना, *मथना*, *मिलाना*, *हिलाना*, •घोटना, •हिलाना.

**फेंटनी** *सं* खैलर, मथनी, मथानी, रई, •किचन मशीन.

**फेंटा** = कुंडली.
**फेंटा** = कटि, कमरबंद, लच्छी.

**फेंटाई** *सं* झकोल, फिंटाई, फेंट, *मिश्रण*, रगड़ाई.

**फेंटी** = लच्छी.
**फ़ेअर** = मेला बाज़ार, यात्रा भाड़ा.
**फ़ेअरवैल** = विदा.
**फ़ेज** = विकास अवस्था.
**फ़ेज़** = नगर खंड, महल्ला.
**फेटी** = कुंडली.
**फ़ेथ** = आस्था, धर्म, भक्ति.
**फेन** = लहराग्र.

**फेन** *सं कफ*, झाग, फदका, बुलबुला समूह, •बुलबुला.

**फेनयुक्त** = फेनिल.
**फेनाग्र** = बुलबुला.
**फेनिज** = समंदर झाग.
**फेनिल** = रीठा.

**फेनिल** *वि* उच्छल, उफनता/उफनती, झागदार, फेनयुक्त, बुलबुलाता/बुलबुलाती.

**फेनिल वाइन** = शैंपेन.
**फेनोर्मि** = लहराग्र.

**फेफड़ा** *सं* कलेजा, पुप्फुस, पुलोम, फुफ्फुस, •धड़, •वक्ष.

**फेफड़ा वरम** = नमूनिया.
**फ़ेबियनवाद** = समाजवाद.
**फेर** = परिवर्तन, वस्तु विनिमय.
**फेरफार** = उथलपुथल, घोटाला.
**फेरबदल** = परिवर्तन, वस्तु विनिमय.
**फेर बदल करना** = बदलना.

**फेरवट** = मरोड़.

**फेरा** = गश्त, चक्कर, चक्रावर्तन, चक्रावृत्ति, ट्रिप, पुनरागमन, सप्तपदी.

**फेरा लगाना** = घूमना.

**फेरी** = गश्त, चक्रावृत्ति, जुलूस.

**फेरी दुकान** *सं* खोनचा, छाबड़ी, टोकरी, ठेला, ठेली, •ठेलागाड़ी.

**फेरी वाला** *सं* खोनचे वाला, छाबड़ी वाला, टोकरी वाला, ठेले वाला, *दुकानदार*, पटरी वाला, यायावर, हटबया, हाकर, •ट्रैवलिंग सेल्समैन.

**फेरे** = विवाह, सप्तपदी.

**फेरे डालना** = ब्याहना.

**फेरे लगाना** = मँडराना.

**फेरे होना** = ब्याहना.

**फ़ेल** = अनुत्तीर्ण, कार्य, कुटेव, दुष्कर्म, परगमन.

**फ़ेशल** *सं* मुखमंडल चर्या, •मेकअप.

**फ़ेस** = टाइप फ़ेस.

**फ़ेहरिस्त** = सूची.

**फ़ैंटेसी** = अद्‌भुत रस.

**फ़ैंटेसी** *सं* आकाश कुसुम, उत्प्रेक्षा, *कल्पना*, कल्पना के घोड़े, कल्पना दर्शन, मन की उड़ान, मनोकल्पना, मनोरथ सृष्टि, विलक्षण दर्शन, विलक्षणा, सपना, हवाई उड़ान, हवाई महल, •दिवास्वप्न, •भव्योन्माद, •भ्रमदर्शन, •मायादर्शन.

**फ़ैंस** = बाड़.

**फ़ैंसी** = फ़ैशनानुकूल.

**फ़ैक्टरी** = कारख़ाना.

**फ़ैक्शन** = गुट.

**फ़ैक्स** *सं* कापी, टेलिफ़ोन लाइन द्वारा संप्रेषित लिखित संदेश, *प्रतिलिपि*, •टैलिग्राम, •डाक.

**फ़ैट** = वसा.

**फ़ैड** *सं उन्माद*, *कल्ट*, क्रेज़, चलन, *चाल*, ढब, दीवानगी, धारा, नया फ़ैशन, नया शौक़, *नावल्टी*, *प्रचलन*, प्रचलित फ़ैशन, *फ़ैशन*, मैनिया, रिवाज़, *शौक़*, *सनक*, हवा, •ट्रैंड.

**फ़ैड प्रेमी** *वि* दीवाना/दीवानी, नक़लची, नवीनता प्रेमी, *पागल*, मौड, शौक़ीन, *सनकी*.

**फ़ैडरेशन** = महासंघ, राजनीतिक दल.

**फ़ैदम** = गहराई माप.

**फ़ैन** = पंखा, प्रशंसक.

**फ़ैन** *सं* दीवाना/दीवानी, दीवाना प्रशंसक, धत्ती, पिट्ठू, *पुजारी*, *प्रशंसक*, *प्रेमी*, फ़िदवी, *भक्त*, मुरीद, •मतानुगामी.

**फ़ैन गण** = प्रशंसक गण.

**फ़ैनेटिक** = मतांध, हठी.

**फ़ैब्रिक** = वस्त्र.

**फ़ैमिली** = कुटुंब, परिवार.

**फ़ैमिली ट्री** = वंशावली.

**फ़ैमिली प्लानिंग** = परिवार नियोजन.

**फ़ैयाज़** = दानशील.

**फ़ैर** = फ़ैरेनहाइट क्रम.

**फ़ैरी** = नौका.

**फ़ैरेनहाइट** = फ़ैरेनहाइट क्रम.

**फ़ैरेनहाइट क्रम** *सं* ऐफ़, फ़ैर, फ़ैरेनहाइट, फ़ैरेनहाइट क्रम (अब अधिकतर अप्रचलित), •तापमान, •सैल्सियस.

**फ़ैरो-** = लौह.

**फैल** = ढेर, प्रसार, विस्तार, विस्फार.

**फैलता/फैलती** = अशाम्य, प्रसारशील.

**फैलन** = विस्फार, शयन.

**फैलना** = उमगना, खिलना, ठिनकना, फूलना, बढ़ना, बिखरना, मुटाना, रोना, लहलहाना, लेटना, व्यापना.

**फैलना** *क्रि खुलना*, पसरना, प्रशस्त होना, *बढ़ना*, मचना, विस्तीर्ण होना, विस्तृत होना, •खुलना.

**फैल फक्कड़** = रुदन.

**फैला/फैली** = अजनाकीर्ण, अशाम्य, खिला/खिली, खुला/खुली, छायादार, प्रवादित, बृहत्, मैदानी, लहलहाता/लहलहाती, लेटा/लेटी, लोकप्रिय, विस्तीर्ण, व्यापक.

**फैलाई** = बिखराव.

**फैलाना** = तानना, पसारना, फुलाना, फुहारना बढ़ाना, बिखेरना, बिछाना, बेलना.

**फैला पसरा/फैली पसरी** = असीम, विस्तीर्ण.

**फैलाबिखरापन** = अव्यवस्था.

**फैलाव** = उमगाव, छोप, डिस्प्ले, प्रसार, बाढ़, बिखराव, लंबाई, विकिरण, विस्तार, विस्फार, सृष्टि.

**फैलावट** = डिस्प्ले, विस्तार.

**फैलावदार** = छायादार.

**फ़ैलो** = प्रोफ़ैसर.

**फ़ैलोशिप** = मानदेय.

**फ़ैल्ट** = नमदा.

**फ़ैशन** = ट्रैंड, प्रचलन, फ़ैड.

**फ़ैशन** *सं* चलन, ढंग, *तड़कभड़क*, दीवानगी, *प्रचलन*, बनठन, रीति, *शैली*, शोभा, शोभाचार, सजधज, •ट्रैंड, •प्रचलन, •फ़ैड.

**फ़ैशन के बाहर** *वि अप्रचलित*, आउट आफ़ फ़ैशन, आउटडेटिड, *पारंपरिक*, पुराना/पुरानी, पुरानी चाल का, फ़ैशनहीन, *बासी*, सादा/सादी, *साधारण*, •अलोकप्रिय, •पुराना/पुरानी, ▪फ़ैशनानुकूल.

**फ़ैशनदार** = फ़ैशनानुकूल.

**फ़ैशनप्रेमी पुरुष** = छबीला.

**फ़ैशनहीन** = फ़ैशन के बाहर.

**फ़ैशनानुकूल** *वि* अधुनातम, अपटुडेट, *आधुनिक*, चालू, ठाटबाटदार, दिखावटी, नई चाल का, नए फ़ैशन का, नया/नई, नोकदार, *प्रचलित*, फ़ैंसी, फ़ैशनदार, फ़ैशनेबल, सजा/सजी, सशोभा, •ट्रैंडी, •नवीन, •भव्य, ▪अप्रचलित, ▪फ़ैशन के बाहर.

**फ़ैशनेबल** = ट्रैंडी, फ़ैशनानुकूल.

**फ़ैसला** = अंतिम फ़ैसला, अनुबंध, जजमैंट, निश्चय, संकल्प, समाधान.

**फ़ैसलाकुन** = निर्णायक.

**फ़ैस्टिवल** = उत्सव, समारोह.

**फोंका** = कीप, फुँकनी.

**फोक** = भूसा, रसहीन, सारहीन.

**फोक** *सं* अन्नकिट, अन्नमल, अवशिष्ट भाग, खोइया, खोई, छोई, तुस, फुज़ला, फोकट, भूसी, लीझी, सीठी, •छिलका, •तलछट, •भूसा, •रद्दी.

**फ़ोक आर्ट** = लोककला.
**फ़ोकट** = निश्शुल्क, फोक.
**फोकट का** = निश्शुल्क.
**फ़ोक डांस** = लोकनृत्य.

**फ़ोकस** *सं* किरणपुंज, किरणस, *कुंज*, केंद्र, पुंज, ■विकिरण.

**फोका/फोकी** = अप्रबल, निर्बल, रसहीन, विरल.
**फ़ोटो** = फ़ोटोग्राफ़.

**फ़ोटो ऐनलार्जमैंट** *सं* ऐनलार्जमैंट, बड़ा फ़ोटो, ब्लोअप, •फ़ोटोप्रिंट.

**फ़ोटोकापीअर** = प्रतिलिपित्र.

**फ़ोटो कैमरा** *सं* कैमरा, •फ़िल्म कैमरा.

**फ़ोटोग्राफ़** *सं* अक्स, आलोकचित्र, इमेज, *चित्र*, छायांक, छायाचित्र, तस्वीर, फ़ोटो, बिंब, शौट, स्नैप, •ऐक्सरे फ़ोटो, •त्रिआयामी फ़ोटोग्राफ़, •फ़िल्म.

**फ़ोटोग्राफ़र** *सं* अक्कास, कैमरामैन, लैंसमैन.

**फ़ोटोग्राफ़ी** *सं* अक्कासी.

**फ़ोटो टाइपसैटिंग** = टाइपसैटिंग.
**फ़ोटो ट्रांसपेरैंसी** = ट्रांसपेरैंसी.

**फ़ोटो निगेटिव** *सं* ऋण छवि, निगेटिव, निगेटिव फ़ोटो, •फ़ोटोग्राफ़, •फ़ोटोप्रिंट.

**फ़ोटो पौज़िटिव** *सं* पौज़िटिव, पौज़िटिव फ़ोटो, •फ़ोटोग्राफ़, •फ़ोटोप्रिंट.

**फ़ोटोप्रिंट** *सं* कापी, *चित्र*, प्रिंट, फ़ोटो मुद्र, •कांटैक्ट प्रिंट, •ग्लौसी प्रिंट, •ट्रांसपेरैंसी, •फ़ोटो ऐनलार्जमैंट, •फ़ोटो निगेटिव, •फ़ोटो पौज़िटिव, •मैट प्रिंट.

**फ़ोटोफ़िनिश** = जयपराजयहीनता.
**फ़ोटो मुद्र** = फ़ोटोप्रिंट.
**फ़ोटो मैट प्रिंट** = मैट प्रिंट.
**फ़ोटोस्टैट मशीन** = प्रतिलिपित्र.
**फोड़** = भंजन, विस्फोट.
**फोड़ना** = तोड़ना.

**फोड़ना** *क्रि उड़ाना*, *तोड़ना*, *फाड़ना*, विस्फोट करना, •फूटना, ■जोड़ लगाना, ■फुलाना, ■बनाना.

**फोड़ा** *सं* अल्सर, ऐब्सेस, फुटाव, विकट, विद्रधि, *विस्फोट*, *व्रण*, •कैंसर, •पूय, •फुंसी, •मरहम पट्टी करना, •व्रण.

**फोड़ाफोड़ी** = तोड़फोड़.
**फ़ोतेदार** = कोशाध्यक्ष.
**फ़ोन** = टेलिफ़ोन.
**फ़ोनोग्राफ़** = ग्रामोफ़ोन.
**फ़ोरग्राउंड** = अग्रभूमि, दृश्याग्र.
**फ़ोरम** = सभा.

**फ़ोरमैन** *सं* जमादार, मुक़द्दम, मुक़ादम, मेट, श्रमिक अध्यक्ष, सुपरवाइज़र.

**फ़ोर्क** *सं* काँटा, खाने का काँटा, •चम्मच.

**फ़ोर्ज** = भट्ठी.
**फ़ोर्ट** = दुर्ग.
**फ़ोर्टनाइट** = पखवाड़ा.
**फ़ोर्टनाइटली** = पाक्षिक.
**फ़ोर्थ ऐस्टेट** = पत्रकारिता.
**फ़ोर्स** = ऊर्जा, सेना.
**फ़ोर्स आफ़ ग्रैविटी** = गुरुत्वाकर्षण.
**फ़ोल्डर** = अलबम, पैंफ़लेट, फ़ाइल, रैपर.
**फ़ौंट** = टाइप फ़ेस.
**फ़ौइल** = पन्नी.
**फ़ौज** = कर्मचारी दल, थलसेना, सेना.
**फ़ौजदार** = नगर प्रशासक, सेनापति.
**फ़ौजदारी** = हाथापाई.

**फ़ौजदारी** *सं उपद्रव*, कट्टमकट्टा, गुत्थमगुत्था, झगड़ाफ़साद, *दंगा*, मारकाट, मारधाड़, मारपीट, मारामारी, मुक्कममुक्का, लट्ठमलट्ठा, लड़ाईझगड़ा, शांतिभंग, हाथापाई, *हिंसा*, हिंसा प्रतिहिंसा, •आक्रमण, •कलह, •जूतमपैजार, •दंगा, •द्वंद्वयुद्ध, •नखानखी, •प्रहार, •लट्ठमलट्ठा, •हाथापाई.

**फ़ौज फर्राटा** = सेना.
**फ़ौजी** = सैनिक, सैन्य.
**फ़ौत** = मृत्यु.
**फ़ौत फरमाना** = मरना.
**फ़ौत शुदा** = मृत.
**फ़ौरचून टैलर** = भाग्यवाचक.
**फ़ौरन** = तत्काल.
**फौरन से पेशतर** = तत्काल.
**फ़ौरवर्ड क्लासेज़** = अगड़ी जाति.
**फ़ौरवर्डिड** = अग्रप्रेषित.
**फ़ौर सेल** = विक्रयार्थ.
**फ़ौरी** = अंतरिम, अविचारित.
**फ़ौरेन** = विदेश, विदेशी.
**फ़ौरेस्ट रेंजर** = वनरक्षक.

**फ़ौर्मैट** *सं* टैंपलेट, डौल, *ढाँचा*, फ़र्मा, रूपद, रूपाकार योजना, *साँचा*, •पृष्ठसज्जा, •योजना, •साँचा.

**फ़ौलाद** = इस्पात.
**फ़ौलादी** = बलिष्ठ, सुगठितकाय, सुदृढ़.
**फ़ौवारा** = फुहारा.
**फ़्यूअल** = ईंधन.
**फ़्यूचर** = भविष्यकालीन.
**फ़्यूचर कंपैटिबिल** = भविष्यसंगत.
**फ़्यूज़** = पलीता.
**फ़्यूहरर** = तानाशाह.
**फ़्रंट** = अगवाड़ा, युद्ध, युद्धाग्र, सेनाग्र.
**फ़्रंटयार्ड** = सामने वाला आँगन.
**फ़्रंटियर** = सीमांत, सीमा, सीमारेखा.
**फ़्रांचा (इतालवी)** = फ़्राँस.
**फ़्रांचिया (स्पेनी)** = फ़्राँस.
**फ़्रांस** = फ़्राँस.

**फ़्राँस** *सं* गालिया (लैटिन), गौल (प्रा), पंचम गणराज्य, फ़्रांचा (इतालवी), फ़्रांचिया (स्पेनी), फ़्रांस, फ़्रांस्या (स्पेनी).

**फ़्रांसीयम** = रासायनिक तत्त्व सूची.
**फ़्रांस्या (स्पेनी)** = फ़्राँस.
**फ़्राइडे** = शुक्रवार.

**फ़्राक** *सं* कुरती, *स्कर्ट*, •कमीज़,

•जंपर, •ब्लाउज़, •मिडी फ़्राक, •मिनी फ़्राक, •मैक्सी फ़्रौक.

फ़ाड़ = छल.
फ़िर्ज = रैफ़्रिजरेटर.
फ़्रिटर = कुकी.
फ़्री = निश्शुल्क.
फ़्रीक्वैंसी = आवृत्ति.

**फ़्रीज़र** *सं* शीतक, श्यानित्र, हिमक, हिमकारी, हिमित्र, •कूलर, •कोल्ड स्टोरेज, •डीप फ़्रीज़र, •रैफ़्रिजरेटर.

फ़्रीडम = स्वाधीनता.
फ़्रीलांस = ग़ैरपेशेवर (कलाकर्मी).
फ़्रीलांसर = ग़ैरपेशेवर (कलाकर्मी), स्वधंधी, स्वनियोजित.
फ़्री वर्स = छंदमुक्त पद्य.
फ़्रीवे = मोटर मार्ग.
फ़्रूट = फल.
फ़्रेट = पे लोड, माल भाड़ा.
फ़्रेटर = भारवाहक, मालवाही जलयान.
फ़्रेम = कढ़ाई फ़्रेम, चौखटा, टेकनी.
फ़्रैंच डिज़ीज़ = यौन रोग.
फ़्रैंच फ़्राईज़ = पटेटो फ़िंगर्स.
फ़्रैंच बीन = सागसब्ज़ी.
फ़्रैंचाइज़ = लाइसैंस.

**फ़्रैंचाइज** *सं* स्थानीय अधिकार, स्थानीय उत्पादन विक्रय सर्वसिंग अधिकार, •अनुमति पत्र, •लाइसैंस.

फ़्रैंचाइज़र = लाइसैंसर.
फ़्रैंचाइज़ी = लाइसैंसी.

**फ़्रैंचाइजी** *सं* स्थानीय अधिकारी, स्थानीय उत्पादक, स्थानीय उत्पादन विक्रय सर्वसिंग अधिकारी, स्थानीय विक्रेता, •लाइसैंसी.

फ़्रैंड = मित्र.
फ़्रैशनर = विश्रामप्रद.
फ़्रैस्को = भित्ति चित्र.
फ़्रोज़न = हिमित, हिमीकृत.
फ़्रौगमैन = डाइवर.
फ़्रौड = घोटाला, घोटालेबाज़, ठग.
फ़्रौस्टबाइट = हिमाघात.
फ़्लड = बाढ़.
फ़्लफ़ = रोआँ.

फ़्लर्ट = स्वच्छंद प्रेमी.
फ़्लाइंग बैलून = गुब्बारा यान.
फ़्लाइंग सौसर = उड़न तश्तरी.
फ़्लाइट = उड़ान, नभोत्तरण.

**फ़्लाईओवर** *सं* ऊपर पारपथ, ऊपर पुल, ओवरब्रिज, ■भूमिगत पारपथ, ■सुरंग.

फ़्लास्क = थरमस.
फ़्लिंटस्टोन = चक़मक़.
फ़्ली = पिस्सू.
फ़्लू = इन्फ़्लुएंज़ा.
फ़्लैग = ध्वज.

**फ़्लैगशिप** *सं* कमांडर पोत, झंडा जहाज़, ध्वजपोत, •बेड़ा.

फ़्लैट = मैदानी, समतल.

**फ़्लैट** *सं* अपार्टमैंट, क्वार्टर, मकान, •एककक्ष फ़्लैट, •चमरी, •डूप्लैक्स फ़्लैट, •स्वीट.

फ़्लो = प्रवाह.
फ़्लोर = फ़र्श, मंज़िल.
फ़्लोरिस्ट = पुष्प विक्रेता.
फ़्लोरीन = रासायनिक तत्त्व सूची.
फ़्लौवर = पुष्प.
फ़्लौवर पौट = गुलदान.
फ़्ल्यूट = बाँसुरी.
बंक = बैंक.

**बंकर** *सं तहख़ाना*, दृढ़ालय, युद्ध बंकर, रक्षाश्रय, शैल्टर, सैनिक बंकर, •बूथ, •युद्धाग्र.

बंकिम = छबीला/छबीली, झुका/झुकी, वक्राकार, वीर, सुंदर पुरुष.
बंग = पश्चिम बंगाल, बंगाली, बांग्लादेशीय.

**बँगला** *सं* काटेज, कोठी, चतुर्दिक द्वार भवन, पर्यलिंद, बाड़ा, बाड़ी, *बारी*, सर्वतोभद्र.

बंगलौर = कर्नाटकः राजधानी.
बंगसार = छतदार सीढ़ी.
बंगाल = पश्चिम बंगाल, बांग्लादेश.

**बंगाल की खाड़ी** *सं* दर्याए शोर, •अंडमान निकोबार, •हिंद महासागर.

**बंगाली** = बांग्लादेशीय, भारतीय लिपि सूची.

**बंगाली** *वि* गौड, बंग, बंगीय, बांग्ला, वंग, वंगीय.

बंगीय = बंगाली, बांग्लादेशीय.
बंच = गुच्छा.
बंचन = प्रवंचन.
बंजर = अनुर्वर, उजाड़, ऊसर, परती.
बंजरिया = रेहदार.
बंजारा = बनजारा.
बंजारे = बनजारा.
बँटना = बटना.
बँटवारा = दाय विभाजन, विभाजन.
बंटा = लोटा.
बँटा/बँटी = विभाजित.
बंटा/बंटी = ठिंगना/ठिंगनी.
बँटाई = दाय विभाजन, बँटाईदारी, बटाई.
बँटाईदार = साझेदार.

**बँटाईदार** *सं* शिकमी, साझा.

**बँटाईदारी** *सं* निस्फ़ी बँटाई, बँटाई, भावली, सरता बरता, हिस्सेदारी, •रमैती, •साझेदारी.

बंटा ढार = दिवाला, नाश.
बंटा ढार करना = उजाड़ना.
बंटा ढार होना = उजड़ना.
बँटी संख्या = भिन्नांक.
बंडल = गड्डा, पैकेज, पैकेज सूची, बस्ता.

**बंडल** *सं* अँटिया, कलाई, कलाप, गट्ठर, गट्ठा, गट्ठी, गठरी, *गठिया*, *गाँठ*, पुटलिया, पूला, पोट, पोटला, पोटली, बँधा ढेर, बकुचा, *बस्ता*, बुक़चा, बुग़चा, बुग़ची, बोझा, मुट्ठा, *समूह*, •गड्डा, •गुच्छा, •पुड़िया, •पैकेज, •समूह.

बंडा = अरवी, कचालू.
बंडी = बनियान.

**बँड़ेर** *सं* अड़डंडा, आड़ा, आड़ी शहतीर, कड़ी, कमर बल्ला, धरण, लट्ठा.

बंद = अवरुद्ध, अहाताबंद, आउट आफ़ आर्डर, आबद्ध, आम हड़ताल,

गतिरुद्ध, गिरफ़्तार, गुप्त, घेराबंद, छंद, छंद चरण, जलवारक, तनी, तालाबंद, निश्चल (जल), निषिद्ध, बन, बाज़ूबंद, बेड़ीबंद, मुँदा/मुँदी, रुद्ध, वाचा प्रतिबंधित, वालहीन, विराम, विरामित, सीमाबद्ध, हड़ताल, हुमसदार.

**बंद** *वि अवरुद्ध*, उढ़का/उढ़की, कपाटबंद, कपाटित, ढुका/ढुकी, ढुकाया/ढुकाई, बद्ध, भिंचा/भिंची, भिड़ा/भिड़ी, मिला/मिली, *रुद्ध*, *रुद्ध*, रोधित, लगा/लगी, संपुट, सटा/सटी, ■खुला/खुली.

**बंद करना** = अगोटना, मूँदना, मूँदना, रोकना, रोधना.

**बंद करना कर्म** = भिड़ाई, भिड़ाई.

**बंद गला कोट** = जोधपुरी कोट.

**बंद गली** = अंधी गली.

**बंदगी** = अभिवादन, परिचर्या, पूजा, प्रशंसा गीत.

**बंद गोभी** = पात गोभी, सागसब्ज़ी.

**बंद डोली** = पालकी.

**बंद दिमाग़** = पूर्वग्रह.

**बंददिमाग़** = मतांध, रूढ़िवादितापूर्ण, हठी.

**बंदनवार** *सं* झंडियाँ, झंडी, तोरण, फुलेहरा, वंदनमाला, वारन, शुक कूट, •पुष्पमाला, •लड़ी, •स्वागत द्वार.

**बंदर** = नौका घाट, बंदरगाह, वानर.

**बंदर** *सं* एप, कपि, झंपी, तरुमृग, पिंगल, प्लवंग, प्लव, बानर, मर्कट, लतामृग, *वानर*, शाखामृग, •मानव, •मिसिंग लिंक.

**बंदरगाह** *सं* धक्का, पटट्न, पत्तन, पाटण, पोताश्रय, पोर्ट, *बंदर*, सीपोर्ट, हार्बर, •जलयान, •नौका घाट, •प्रकाशस्तंभ, •लंगरगाह, •हवाई अड्डा.

**बंदरगाह डौक** = नौका घाट.

**बंदर घाट** = नौका घाट.

**बंदर घुड़की** *सं* गीदड़ घुड़की, गीदड़ भबकी, झूठी धमकी, भबकी.

**बंदर भालू नचाने वाला बाज़ीगर** = मदारी.

**बँदरिया** *सं* झंपाकी, बँदरी, बानरी, मर्कटी, मादा बंदर, शाखामृगी, •बंदर.

**बँदरी** = बँदरिया.

**बंद होना** = बिगड़ना, मुँदना, रुकना.

**बंद होना क्रिया** = मुँदन, मुँदन.

**बंदा** = आज्ञाकारी, जना, नौकर, प्रशंसक, प्रेमी.

**बंदा/बंदी** = कार्यकर्ता, जना, भक्त, स्वामीभक्त.

**बंदानवाज़** = दयालु.

**बंदानवाज़ी** = अनुग्रह.

**बंदा होना** = पूजना.

**बंदिनी** = दासी, प्रेमिका.

**बंदिश** = गीत, छंद, नज़्म, प्रतिबंध, बाधा, लय.

**बंदी** = अपहृत, अपहृत व्यक्ति, क़ैदी, चारण, दास, नौकरानी, प्रतिबंध, प्रेमासक्त, प्रेमी, बंदीजन, भिड़ाई विराम.

**बंदीकरण** = गिरफ़्तारी, वशीकरण.

**बंदीकृत** = गिरफ़्तार.

**बंदीख़ाना** = कारागार.

**बंदीगृह** = कारागार.

**बंदीघर** = कारागार.

**बंदीघर अध्यक्ष** = जेलर.

**बंदीजन** *सं* चाक्रिक, प्रशंसा गायक, प्राबोधक, बंदी, मंख, मंगलपाठक, वंद, वंदक, वंदन कर्ता, वंदिता, वैतालिक, शंसी, शंस्ता, *सूत*, स्तवक, स्वस्तिमुख, स्वस्तिवाचक, •चारण, •दास, •प्रशंसक.

**बंदूक़** *सं* गन, तुपक, राइफ़ल, •पिस्तौल, •बंदूक़ गोली, •बंदूक़ घोड़ा, •बेयोनट, •मशीनगन.

**बंदूक़ कारतूस** = कारतूस.

**बंदूक़ की नोंक पर** = विवशतः.

**बंदूक़ गोली** *सं* गुटी, ग़ुलूला, *गोली*, बुलैट, •कारतूस, •बम, •बारूद.

**बंदूक़ घोड़ा** *सं कल*, खटका, *घोड़ा*, *ट्रिगर*, लिबलिबी, •पिस्तौल, •बंदूक़.

**बंदूक़ची** *सं निशानची*, पिस्तौलची, बंदूक़धारी, बंदूक़बाज़, बरक़ंदाज़, •तोपची.

**बंदूक़धारी** = बंदूक़ची.

**बंदूक़ पिस्तौल** = आग्नेयास्त्र.

**बंदूक़बाज़** = बंदूक़ची.

**बंदूक़बाज़ी** = गोलीबारी.

**बंदूक़ सलामी** = तोप सलामी.

**बंदोबस्त** = आपूर्ति, प्रबंध, प्रशासन, व्यवस्था.

**बंध** = अनुबंध, गाँठ, चुटीलना, ज़ंजीर, पट्टी, पुल, बाँध, वृंद, शरीर मुद्रा, हड़ताल.

**बंधक** = अनुबंधकारी, अपहृत, अपहृत व्यक्ति, बंधक वस्तु.

**बंधक** *सं* अमानत, आधि, *गारंटी*, गिरवी, *ज़मानत*, *धरोहर*, मौर्टगेज, रेहन, विनिक्षेप, *शपथ*, •ऋण, •महाजन, •सूदख़ोरी.

**बंधक आदाता** = बंधक ऋण दाता.

**बंधक ऋणदाता** = बंधक ऋण दाता.

**बंधक ऋण दाता** *सं* अमानतदार, अमीन, आधाता, आधिधारी, आधिपाल, ऋणदाता, धरोहर रक्षक, धरोहर रखने वाला, न्यासग्राही, बंधक आदाता, बंधक ऋणदाता, बंधकग्राही, बंधकधारी, बंधक रक्षक, बंधक रख कर ऋणदाता, बंधक व्यवसायी, मौर्टगेजी, वित्तदाता, सराफ़, ■बंधक कर्ता.

**बंधक कर्ता** = अपहर्ता.

**बंधकग्राही** = बंधक ऋण दाता.

**बंधक दायित्व** *सं* अमानत, *ज़मानत*, *प्रतिभूति*, •बंधक.

**बंधक धन** = फिरौती.

**बंधकधारी** = बंधक ऋण दाता.

**बंधक रक्षक** = बंधक ऋण दाता.

**बंधक रख कर ऋणदाता** = बंधक ऋण दाता.

**बंधक वस्तु** *सं* अमानत, आधि, गिरो, तहवील, *धरोहर*, *न्यास*, *बंधक*, मौर्टगेज, रहन.

**बंधक व्यक्ति** = अपहृत व्यक्ति.
**बंधक व्यवसायी** = बंधक ऋण दाता.
**बंधकित** = अनुबंधित, आरक्षित.
**बंधकी** = अपहर्ता, कुलटा, रखेली, वेश्या.
**बंधन** = अनुबंध, आबद्धन, आवागमन चक्र, आसक्ति, कारावास दंड, कूटयंत्र, गाँठ, गिरफ़्तारी, ज़ंजीर, पाश, प्रतिबंध, प्रेम, बाधा, भिड़ाई, माया, रस्सी, वशीकरण, विवाह, संबंध, संयम, स्तंभन.
**बंधन खुलना** = खुलना.
**बंधन खोलना** = छोड़ना.
**बंधनमुक्त** = मुक्त.
**बंधन मुक्ति** = मुक्ति, स्वाधीनता प्राप्ति.
**बंधन में पड़ना** = प्रेम करना.
**बंधनमोचक** = मुक्तिदाता.
**बंधनयुक्त** = आबद्ध.
**बंधनस्तंभ** = खूँटा.
**बंधनहीन** = अनवरुद्ध, अनाबद्ध, अनासक्त, अनियंत्रित, उन्मुक्त, मुक्त, वशातीत.
**बंधनहीन करना** = छोड़ना.
**बंधनहीनता** = अलमस्ती, स्वाधीनता.
**बँधना** = अटकना, जमना, फँसना, बनना.

**बँधना** *क्रि* आबद्ध होना, गटना, बाँधा जाना, ■खुलना.

**बंधनी** = डोरी.
**बँधनी** = रस्सी.
**बंधपत्र** = गारंटी कार्ड.
**बँधा/बँधी** = अनुबंधित, अवश्यंभावी, असैंबलित, आबद्ध, इतना/इतनी, गिरफ़्तार, ग्रंथित, जादूकृत, ठोस, नियंत्रित, नियमित, निश्चल (जल), पैक्ड, बेड़ीबंद, सावधिक, स्थावर.
**बँधाई** = आबद्धन, गिरफ़्तारी, पैकिंग.
**बँधा काल** = अवधि.
**बँधा ढेर** = बंडल.
**बंधान** = रूटीन.
**बँधाबँधाया काम** = रूटीन कार्य.
**बंधित** = अनुबंधित.
**बंधु** = भाई, मित्र.
**बँधुआ** = बँधुआ मज़दूर.

**बँधुआ मज़दूर** *सं* बँधुआ, बाँदू, मज़दूर, ●दास, ●प्रवासी श्रमिक, ●श्रमिक.

**बंधुजन** = स्वजन.
**बंधुता** = अनुग्रह, परिवार संबंध, मित्रता, सहानुभूति, सौमनस्य, स्वजन भावना.
**बंधुत्व** = स्वजन भावना.
**बंधुत्वपूर्ण** = मित्रतापूर्ण.
**बंधुबांधव** = स्वजन.
**बंधुभाव** = स्वजन भावना.
**बंधुर** = सुंदर.
**बंधुल** = वेश्या दलाल.
**बंधुहीन** = मित्रहीन.
**बंपुलिस** = सार्वजनिक शौचालय.
**बंब** = पटाका.
**बंबइया** = आम.
**बंबई (बोलचाल)** = महाराष्ट्र.
**बंबा** = कूप, चाँपाकल, टोंटी, ट्यूब वैल, नदी उद्गम, नल, नली.
**बंबूकाट** = जोतगाड़ी.
**बंस** = बाँस.
**बँसरी वाला** = बाँसुरी वादक.
**बँसवाड़ी** = वंशीवन.
**बँसवारी** = वंशीवन.
**बंसी** = बाँसुरी.
**बंसी बजैया** = बाँसुरी वादक.
**बँहोली** = आस्तीन.
**बक** = आटि, डालर, पाखंडी, बकवास, बगला.
**बक** = अलैंबिक.
**बकझक** = बकवास.
**बकट** = डोल, बालटी.
**बकता/बकती** = बकवासी, मनोक्षिप्त.
**बकता झकता/बकती झकती** = मनोक्षिप्त.
**बकध्यानी** = पाखंडी.
**बकबक** = तकरार, बकवास.
**बकबकिया** = बकवासी.
**बकयंत्र** = अलैंबिक.
**बकरा** = उपहास पात्र, कापुरुष, बकरा मांस, मिथ्या आरोपित व्यक्ति.

**बकरा** *सं* अज, अवि, छग, छाग, छागल, नर बकरी, ●बकरी, ●भेड़ा.

**बकरा मांस** *सं* अजा मांस, छाग, छाग मांस, *बकरा*, *भेड़*, भेड़ मांस, *भेड़ा*, मटन.

**बकरी** *सं* अजया, अजा, गलस्तनी, छागी, पर्णभोजनी, वल्गुजा, ●बकरा, ●भेड़, ●भेड़बकरी.

**बक़रीद** = ईदुल अज़्हा.
**बकरी शिशु** = मेमना.
**बक़लम खुद** = मैं.
**बकलस** = पेटी बकसुआ.
**बकला** = छिलका.
**बकवाद** = बकवास.
**बकवास** = तकरार, मूर्खता.

**बकवास** *सं* अंटशंट, अंडबंड, अकबक, अगड़म बगड़म, अट्टसट्ट, अतिवाद, अल्लम गल्लम, आँय बाँय, आँय बाँय शाँय, खुराफ़ात, गप्प, चक चक, *चकल्लस*, चबर चबर, चावँ चावँ, चिक चिक, चींचीं, जल्प, झक, टाँय टाँय, टेंटें, तीन पाँच, निरर्थक बात, नोकझोंक, प्रजल्प, प्रलाप, फ़ालतू बात, बक, बकझक, बकबक, बकवाद, बहक, बेकार बात, बेतुकी बात, बेसिरपैर की बात, मगजचट्टी, लगो, वाक्प्रलाप, वाही तबाही, व्यर्थ बात, ●गपशप, ●चकल्लस, ●तकरार.

**बकवासपूर्ण** *वि* अंटशंट, अंडबंड, *अनर्गल*, अनापशनाप, अल्लम गल्लम, *असंगत*, आलजाल, ऊटपटाँग, ऊलजलूल, टटल बटल, निरर्थक, बहका बहका, बेतुका, बेसिरपैर, विशृंखल, ●अनर्गल, ●तर्कहीन.

**बकवासी** *सं* अतिवक्ता, खुराफ़ाती, जटल्ली, झक्की, दिमाग़चट, प्रलापी, बकता/बकती, बकबकिया, बक्की, भड़भड़िया, मगजचट, वाचाल, विप्रलापी, ●बातूनी, ●भाषणबाज़, ■मौन व्रती.

**बकवासी व्यक्ति** = बतरसिया.
**बकसुआ** = पेटी बकसुआ.
**बक़ा** = बक़ाया.
**बक़ाया** = अतिरिक्त, अदत्त, अवशिष्ट, ऋण, घटान फल, देय, बचत, शेष अंश.

**बक़ाया** *सं* अवशिष्ट देय, ऋणशेष,

एरियर्स, खड़ा/खड़ी, देनदारी, देयशेष, बक़ा, बक़िया, बाक़ी, भुगतान अकृत राशि, भुगतान शेष, शेष भुगतान, •अभुगतान, •आदेयता, •ऋण, •देयता, ▪चुकता.

**बक़िया** = अदत्त, अविक्रीत, बक़ाया.
**बकी** = पूतना, मादा बगला.
**बकुचा** = बंडल.
**बकुल** = बगला, मौलसिरी.
**बकेरुका** = मादा बगला.
**बकैयाँ** = घुटरियों.

**बकोटना** *क्रि काटना*, चिकोटी काटना, चूँटना, *नोचना*, •कोंचना, •चुभना, •चुभाना.

**बकोटा** = चिकोटी.
**बक्कल** = छाल, पेटी बकसुआ.
**बक्काल** = परचूनिया, सब्ज़ी विक्रेता.
**बक्की** = बकवासी.
**बक्खर** = चाशनी.
**बक्स** = डिब्बा, संदूक़.
**बक्सा** = डिब्बा, संदूक़.
**बखरा** = अंश, खंड, रिक्थ, लाभांश, शेयर.
**बखरी** = महल.
**बखरैत** = उत्तराधिकारी.
**बखान** = प्रशंसा, वर्णन, व्याख्या.
**बखानना** = सराहना.
**बखार** = अनाज गोदाम, खत्ती.
**बखारी** = अनाज गोदाम.
**बखिया उधड़ना** = उधड़ना.
**बखिया उधेड़ना** = उधेड़ना.
**बखिया करना** = सीना.
**बख़ूबी** = कुशलता.
**बखेड़ा** = असुविधा, कठिन कार्य, कर्मकांड, कलह, खटराग, दंगा.
**बखेड़िया** = उपद्रव नेता, उपद्रव नेता, तकरारिया, तकरारिया.
**बखेरना** = बिखेरना.
**बख़्तर** = कवच.
**बख़्तरपोश** = कवचित.
**बख़्तरबंद** = कवचित.
**बख़्त्र** = अफ़गानिस्तान.
**-बख़्श** = दानशील.
**बख़्शी** = दानशील, वेतन वितरक.
**बख़्शीश** = दान, वारफेर.

**बख़्शीश** *सं* इनाम, इनाम इकराम, चिल्लर, छुट्टा, टिप, *पुरस्कार*, शुक्राना, •दान, •पारिश्रमिक, •रिश्वत.

**बग** = बगला, बगिंग उपकरण.
**बग़दाद** = इराक़ः राजधानी.
**बगरना** = बिखरना.
**बगरी** = चकवा, महल.
**बग़ल** = पड़ोस, बग़ली.

**बग़ल** *सं अंक*, कँखौरी, काँख, *पार्श्व*, बग़ल गड्ढा, भुज कोटर, •धड़.

**बग़ल का** = निकट, पार्श्वीय.
**बग़ल गड्ढा** = बग़ल.
**बग़लगीरी** = आलिंगन, मिलनी.
**बग़ल में** = निकट ही.
**बग़ल वाला** = निकट, पड़ोसी.
**बगला** = क्रौंच.

**बगला** *सं* कालिक, खर, जलरंक, जलाश्रय, तापस, दीर्घकंठ, नाडीजंघ, बक, बकुल, बग, बलाक, महाबक, मीनघाती, मेघानंद, वक, वकुल, वलाक, सारंग, स्टोर्क.

**बगला भगत** = पाखंडी.
**बगला भगती** = पाखंड.
**बगला मादा** = मादा बगला.
**बगलामुखी** = दुर्गा.
**बगली** = मादा बगला.

**बग़ली** *सं* चौबग़ला, *बग़ल*, •आस्तीन.

**बग़ली दस्ता** = सेनापार्श्व.
**बग़ावत** = अराजकता, अवज्ञा, देशद्रोह, राजद्रोह, विद्रोह.
**बग़ावती** = क्रांतिकारी, विद्रोही.

**बगिंग** *सं* कर्णावधान, गुप्त उपकरणों द्वारा श्रवण, टैपिंग, •गुप्तचर्या, ▪बगिंग निवारण.

**बगिंग उपकरण** *सं* डिक्टोग्राफ़, बग, स्नूपरस्कोप, •डीटैक्टर.

**बगिया** = उपवन, पुष्पोपवन, मठ.
**बग़ीचा** = उपवन.
**बग़ीची** = इसलामी मठ, उपवन, मठ.
**बगुली** = मादा बगला.
**बगूला** = क्रांति विस्फोट, चक्रवात, बुलबुला.
**बग़ैर** = रहित, सिवा.
**बग्गी** = बग्घी.
**बग्गूगोशा** = फल.

**बग्घी** *सं* कोच, टमटम, फ़िटन, बग्गी, बोगी, विक्टोरिया, •घोड़ागाड़ी.

**बग्घी चालक** = कोचवान.
**बग्घी वाला** = कोचवान.
**बघनखा** = गंडा तावीज़.

**बघनखा** *सं* केहरिनहा, नखर, शेरपंजा.

**बघार** = छौंक.
**बघारदार** = सुवासित.
**बघारना** = छौंकना.
**बघारलगाई** = छुँकाई.
**बघेरा** = लकड़बग्घा.
**बचकाना/बचकानी** = अदक्ष, अनभ्यस्त, अनुभवहीन, मूर्खतापूर्ण (कृत्य), सठियाया/सठियाई.
**बचकानापन** = मूर्खता.
**बचत** = अल्पव्यय, बीमा, मूल्य कटौती.

**बचत** *सं* किफ़ायत, *बक़ाया*, सेविंग, सेविंग्स, हिसाब, •कंजूसी, •बीमा, •भविष्य निधि, ▪व्यय.

**बचत करना** *क्रि* उठा रखना, ख़र्च न करना, जमा करना, जोड़ना, बचाना, संचय करना.

**बचते बचाते** = चोरी छिपे.
**बचन** = जीवन रक्षा, पलायन, लुकाछिपी.
**बचना** = छिपना, निवारना, भागना, सँभलना.

**बचना** *क्रि उबरना*, *उबरना*, जान बचना, जान बचना, जान बची तो लाखों पाए, जीते रहना, *जीना*, जीवन रक्षा होना, जीवन रक्षा होना, जीवित रहना, *टिकना*, *टिकना*, तरना, न मरना, न मरना, न मिटना, न मिटना, निस्तरना, बच निकलना, बचे रहना, बने

रहना, मौत को धोखा देना, मौत को धोखा देना, *रहना*, *रहना*, •बचत होना, •बचाना, ▪उजड़ना, ▪मरना.

**बच निकलना** = निवारना, बचना, भागना.

**बचपन** = प्रारंभिक अवस्था.

**बचपन** *सं* अल्प वय, अवयस्कता, कमउम्री, कमसिनी, खेल के दिन, छुटपन, प्रथम वय, बाल अवस्था, बालकाल, बालपन, बालापन, बालिश्य, बाल्यकाल, लड़कपन, सोलह वर्ष तक अवस्था, •शैशव.

**बचपन का यार** = बालमित्र.

**बचपना** = मूर्खता, शिशुवत्ता.

**बचवा** = पुत्र, लड़का.

**बचा/बची** = अदत्त, अनष्ट, अपूर्णकृत, अवशिष्ट, घटान फल, चिकित्सित, मरम्मतकृत, रक्षित, सलामत.

**बचा अंश** = शेष अंश.

**बचाए रखना** = बचाना.

**बचा खुचा/बचा खुची** = अतिरिक्त, अवशिष्ट, अविक्रीत, रद्दीकृत.

**बचा खुचा भाग** = शेष अंश.

**बचाना** = उबारना, बचत करना.

**बचाना** *क्रि* जान बचाना, जीवन रक्षा करना, जीवित रखना, न मरने देना, प्राण रक्षा करना, बचाए रखना, बनाए रखना, मरने से बचाना, रक्षा करना, *रखना*, राखना, संजीवनी देना, *सँभालना*, सुरक्षित रखना, •बचना, •रक्षा करना, •शरण देना, ▪मारना, ▪संहारना.

**बचाने वाला** = जीवन रक्षक, परित्राता, मुक्तिदाता, रक्षक, शरणदाता.

**बचाया/बचाई** = संचित.

**बचाव** = आत्मरक्षा, आपात्कालीन द्वार, जीवन रक्षा, डाटा बैकअप, ढाल, परंतुक, परित्राण, पलायन, बहाना, बीमा, रक्षा, रखरखाव, शरण.

**बचावदार** = सुरक्षित.

**बचावनहार** = जीवन रक्षक, परित्राता.

**बचावनहारा/बचावनहारी** = जीवन रक्षक, परित्राता.

**बचाव पक्ष** *सं* सफ़ाई पक्ष, ▪आरोप पक्ष.

**बचावपूर्ण** = रक्षात्मक.

**बचावहीन** = असुरक्षित.

**बचे रहना** = बचना.

**बचैया** = रक्षक.

**बच्चा** = पुत्र, लड़का.

**बच्चा/बच्ची** = अल्पायु, नवजात शिशु, शिशु.

**बच्चागाड़ी** *सं* गाड़ी, पराम, पैरांबुलेटर, प्राम, शिशु यान, •गड़ूलना, •तिपहिया साइकिल, •वहन यान.

**बच्चा लोग** = संतान.

**बच्ची** = लड़की.

**बच्चे** = लघुजन, संतान.

**बच्चे कच्चे** = संतान.

**बच्चेदार** = संतानवान.

**बच्चे बूढ़े** = सब एक साथ.

**बच्चों का खेल** = सहज कार्य.

**बच्चों का चलचित्र बक्सा** = पीपशो.

**बच्चों का चलना सिखाने वाला पहिएदार ढाँचा** = गड़ूलना.

**बच्चों का बाग़** = बालोपवन.

**बच्चों की माँ** = पत्नी.

**बच्चों की साइकिल** = तिपहिया साइकिल.

**बच्चों के साइज़ का** = छोटे साइज़ का.

**बच्चों को बहलाने की चुसनी** = चुसनी.

**बच्चों वाला** = संतानवान.

**बच्चों वाली** = संतानवती.

**बच्छ** = पुत्र.

**बच्छा** = बछड़ा.

**बछई** = बछिया.

**बछड़ा** *सं* कलोर, गाय नर शिशु, गोवत्स, बच्छा, बछेड़ा, बछेरू, बाछा, वत्स, •कट्टा, •बछिया, •बैल.

**बछड़ा/बछड़ी** = नवजात पशु, पशु शिशु.

**बछिया** *सं* कलोरी, बछई, बाछी, बाला, मादा गाय शिशु, लौरी, शिशु मादा गाय, •गाय, •बछड़ा.

**बछिया का ताऊ** = मूर्ख.

**बछेड़ा** = बछड़ा.

**बछेड़ा/बछेड़ी** = घोड़ा शिशु, पशु शिशु.

**बछेड़ी** *सं* अलल बछेड़ी, अश्वका, घोटकी, शिशु मादा घोड़ा.

**बछेरू** = बछड़ा.

**बजट** *सं* *अंदाज़ा*, *अनुमान*, आय व्यय अनुमान, आयव्ययक, आय व्यय प्रावधान, प्रावधान, मीज़ान, *लेखा*, लेखाजोखा, हिसाब किताब, •आय, •कर, •वित्त, •व्यय.

**बजना** = गूँजना, झनझनाना.

**बजनिया** = वादक.

**बजबज** = मंदध्वनि.

**बजरंग** = बलिष्ठ, हनुमान.

**बजरंग बली** = सुगठितकाय, हनुमान.

**बजर बट्टू** = उपहास पात्र, मूर्ख.

**बजरबट्टू** = बाज़ीगर गोटी.

**बजरा** = नौका.

**बजरिया** = बजरी.

**बज़रिया** = बरास्ता.

**बजरी** = ओला, रोड़ी.

**बजरी** *सं* कंकड़, बजरिया, बदरपुर, वज्री, स्टोनडस्ट, •रेत, •रोड़ी.

**बजा** = अवसरानुकूल, औपचारिक, करणीय, घड़ी समय, तर्कसंगत, नैतिक, न्यायानुकूल, प्रासंगिक, वांछनीय, विधिसंगत, समयानुसार, समर्थनीय, स्वीकार्य.

**बजाई** = वादन.

**बजाए** = अथवा.

**बज़ाज़** = बजाज.

**बजाज** *सं* पारचाफ़रोश, बज़ाज़, बज़्ज़ाज़, वस्त्र विक्रेता.

**बज़ाज़ हट्टा** = बज़ाज़ा.

**बज़ाज़ा** *सं* बज़ाज़ हट्टा, वस्त्र बाज़ार.

**बजाना** *क्रि* घनकना, छेड़ना, टंकारना, टकोरना, ठमकारना, ध्वनित करना, नादना, पूरना, वाद्य बजाना, स्वर छेड़ना, •गाना.

**बजाने वाला** = वादक.

**बजावन** = वादन.

**बज़िद** = हठी.

**बजूका** = कृषिरक्षक पुतला.
**बजे** = घड़ी समय.
**बजैया** = वादक.
**बज्जर** = बाज़ीगर गोटी, मंदधी, मूर्ख.
**बज़्ज़ाज़** = बजाज.
**बज्र** = इंद्रवज्र.
**बट** = गोला, बाट, मरोड़, शिकन.
**बटई** = बटेर.
**बटन** = कफ़ लिंक्स, घुंडी, ट्रिगर, बटाई, वाद्य कुंजी, स्टार्टर.

**बटन** *सं* *घुंडी*, बुताम, •कफ़ लिंक्स, •काज, •ज़िप.

**बटनहार** = बटैया.
**बटनहोल** = काज.

**बटना** *क्रि* ऐंठना, पूरना, बँटना, बटाई करना, बल डालना, भाँजना, *मरोड़ना*, सूतना, •कातना, •मरोड़ना.

**बटनी** = लटई.
**बटने वाला** = बटैया.

**बटमार** *सं* कजाक, क़ज़्ज़ाक, छापामार, *ठग*, ठगड़ा, डिंगर, दस्यु, फ़रेबी, भँड़ेरिया, मदार, राहज़न, लूटू, वंचक, शठ, हारी, •जलदस्यु, •डाकू.

**बटमारी** *सं* क़ज़्ज़ाकी, कूटता, *चोरी*, *छल*, ठगई, ठगाई, ठगी, मुँडाई, लूट, हथकंडा, •जहाज़ बटमारी, •विमान बटमारी.

**बटर** = मक्खन.
**बटर औइल** = घी.
**बटरफ्लाई** = तितली.
**बटली** = देगचा.
**बटलोई** = देगचा.
**बटा** = भिन्नांक.

**बटाई** *सं* ऐंठन, बँटाई, *बटन*, बल, भाँज, *मरोड़*, रज्जुकर्म, रस्सी बटाई, •कताई.

**बटाई करना** = बटना.
**बटाई कर्मी** = बटैया.
**बटाऊ** = यात्री.
**बटा चिह्न** = अथवा चिह्न.

**बटा चिह्न** *सं* / (जैसे ½), •अथवा चिह्न.

**बटाटा** = आलू.
**बटाणा** = मटर.
**बटिका** = टिकिया, बटी.
**बटिया** = पगडंडी, बटी.
**बटी** = टिकिया, पगडंडी, पिंड, रोड़ी, वटी.

**बटी** *सं* गुटिका, गुटी, *गोटी*, बटिका, बटिया, बट्टा, बट्टी, वटिका, *वटी*, •गोली, •नर्मदेश्वर बटी, •रोड़ी, •शालग्राम बटी.

**बटु** = ब्रह्मचारी, ब्रह्मचारी.
**बटुआ** = हैंडबैग.

**बटुआ** *सं* *खीसा*, पर्स, पाउच, पाकिट, बैग, मनीबैग, *हैंडबैग*, •कैशबाक्स, •थैला, •ब्रीफ़केस, •रोकड़.

**बटुई** = देगचा.
**बटुक** = ब्रह्मचारी, मूर्ख, लड़का.
**बटुरी** = खेसारी.
**बटेउ** = दामाद.
**बटेर** = चकोर.

**बटेर** *सं* क्वेल, घाघस, बटई, वर्तक, वर्तिका, वर्तीर.

**बटैया** *सं* बटनहार, बटने वाला, बटाई कर्मी, रस्सीबटा.

**बटोर** = भीड़.

**बटोरना** *क्रि* इकट्ठा करना, एकत्रित करना, *बुहारना*, सँगवाना, सँजोना, *सँभालना*, सँवारना, सकेरना, सकेलना, समेटना, सहेजना, सेंतना, •बचत करना.

**बटोही** = यात्री.
**बट्टा** = बटी, बाज़ीगर गोटी, बाट, मूल्य कटौती, सिल बट्टा, हानि.
**बट्टा खाता** = डूबा ऋण.

**बट्टा खाता** *सं* अपलिखित राशि खाता, गत्ताल खाता, डूबी रक़म खाता, बैडडैट खाता, •अपलेखन, •अप्राप्ति, •डूबा ऋण.

**बट्टी** = गुड़ भेली, गुलेल गोली, गोटी, टिकिया, पुनर्मेल, पैंसिल, बटी.
**बट्टी (बोलचाल)** = मित्रलाभ.
**बट्टू** = गोला, बाज़ीगर गोटी.
**बट्टे खाते की रक़म** = डूबा ऋण.
**बट्टेबाज़** = ठग, दुर्जन, बाज़ीगर, मजमेबाज़.
**बड़** = वटवृक्ष.
**बड़-** = बृहत्.
**बड़का** = बड़ा भाई.
**बड़का/बड़की** = अग्रज/अग्रजा.
**बड़दंत** = उद्दंत.
**बड़पेटा/बड़पेटिन** = तोंदू.
**बड़प्पन** = प्रतिष्ठा, महत्त्व, महानता.

**बड़बड़** *सं* झक, बड़बड़ाहट, बलबल, बुदबुद, बुदबुदाहट, •कानाफूसी.

**बड़बड़ करना** = बड़बड़ाना.

**बड़बड़ाना** *क्रि* अपने से बात करना, बड़बड़ करना, बुड़बुड़ाना, बुदबुदाना, मन ही मन बोलना, •फुसफुसाना.

**बड़बड़ाहट** = बड़बड़.
**बड़बोला/बड़बोली** = डींगबाज़.
**बड़भागी/बड़भागिन** = सौभाग्यशाली.
**बड़वा** = घोड़ी, बड़वा दीप्ति.
**बड़वाग्नि** = बड़वा दीप्ति.

**बड़वा दीप्ति** *सं* अगिया बैताल, इरम्मद, कच्छ ज्योति, कच्छ दीप्ति, कालानल, जलज्योति, जलाग्नि, दलदल ज्योति, पिशाचिका, बड़वा, बड़वाग्नि, बड़वानल, रहस्य ज्योति, समुद्र दीप्ति, सागर ज्योति, •दावा दीप्ति.

**बड़वानल** = बड़वा दीप्ति.
**बड़वा सुत** = अश्विनी कुमार.

**बड़ा** *सं* उड़द पीठी पकौड़ा, दाल बड़ा, रामचक्र, वटक, •पकोड़ी.

**बड़ा/बड़ी** = अग्रज, अग्रज/अग्रजा, अपर (अधिकारी), उच्चाशय, उत्तर अवस्था सूचक शब्द सूची, चौड़ा/चौड़ी, छायादार, दीर्घ, प्रतिष्ठित, बड़े साइज़ का, बृहत्, बृहत्तर, मध्यवयस्क,

महत्त्वपूर्ण, महल जैसा, महान, मुख्य (समाचार), वयस्क, वर्धित, विस्तीर्ण, वृद्ध, व्यापक, शक्तिशाली, साइज़ से बड़ा.

**बड़ा आदमी** = प्रसिद्ध व्यक्ति.

**बड़ा आदमी पुत्र** *सं* अमीरज़ादा, नवाबज़ादा, रईसज़ादा, साहबज़ादा.

**बड़ाई** = अच्छाई, प्रशंसा, प्रसिद्धि, महानता, विज्ञापन.

**बड़ा कंप्यूटर** = मेनफ्रेम कंप्यूटर.

**बड़ा करना** = पालना पोसना, बढ़ाना.

**बड़ा काम** = कठिन कार्य, कारनामा.

**बड़ा घर** = कारागार, महल.

**बड़ा घूँट** = ढकोस.

**बड़ा छिद्र** = भंभकड़ा.

**बड़ा जानवर** = दुग्ध पशु, मांस पशु.

**बड़ा झूठ** = दुष्प्रचार.

**बड़ा दिन** = क्रिसमस.

**बड़ा परिवार** = संयुक्त परिवार.

**बड़ा पुत्र** *सं* जेठा, ज्येष्ठ पुत्र, *युवराज*.

**बड़ा फ़ोटो** = फ़ोटो ऐनलार्जमैंट.

**बड़ा बोल** = गर्वोक्ति, डींग.

**बड़ा भाई** *सं अग्रज*, अग्रजन्मा, आग़ा, जेठा, जेठा भाई, ज्येष्ठ, दद्दा, *दादा*, बड़का, •बड़ी बहन, •भाई, ▪छोटा भाई.

**बड़ा भाई पत्नी** = भाभी.

**बड़ा मकान** = महल.

**बड़ा साहब** = महाप्रबंधक, सर्वोच्च सत्ताधारी.

**बड़ा स्टेशन** = रेलवे जंकशन.

**बड़ी** = पकोड़ी.

**बड़ी** *सं* कुम्हड़ौरी, बरी, •उड़द बड़ी, •मूँग बड़ी, •पापड़, •पिट्ठी, •सोयाबीन बड़ी.

**बड़ी उड़द** = राजमाह.

**बड़ी उमर** = दीर्घायु.

**बड़ी चींटी** = चींटा.

**बड़ी चीज़** = सर्वोच्च सत्ताधारी.

**बड़ी चेचक** = चेचक.

**बड़ी छलनी** = छलना.

**बड़ी तश्तरी** = थाल.

**बड़ी तोप** = सर्वोच्च सत्ताधारी.

**बड़ी दुकान** = डिपार्टमैंट स्टोर.

**बड़ी दूर** = दूरतम.

**बड़ी देर** = दीर्घ काल.

**बड़ी बहन** *सं* अंदिका, अग्रजा, अत्ता, आपा, जीजी, ज्येष्ठा, दीदी, पूर्वजा, बाजी, बीबी, •बड़ा भाई, ▪छोटी बहन.

**बड़ी बात** = कठिन कार्य, कारनामा, डींग.

**बड़ी मसजिद** = जामा मसजिद.

**बड़ी माता** = चेचक.

**बड़ी मात्रा** = दीर्घ मात्रा.

**बड़ी शह** = सर्वोच्च सत्ताधारी.

**बड़ी संख्या में बना** = यंत्रोत्पादित.

**बड़ी सड़क** = राजमार्ग.

**बड़े** = वृद्धजन.

**बड़े कंप्यूटर की सीपीयू** = मेनफ्रेम कंप्यूटर.

**बड़े दिल वाला** = दानशील, विशालहृदय.

**बड़े पेट वाला** = तोंदू.

**बड़े बड़े घूँट भरना** = ढकोसना.

**बड़े बुज़ुर्ग** = गुरुजन.

**बड़े बूढ़े** = अतीत जन, गुरुजन, पूर्वज समष्टि, वृद्धजन, सब एक साथ.

**बड़े लोग** = कुलीन समाज, गुरुजन.

**बड़े सपने देखने वाला** = महत्त्वाकांक्षी.

**बड़े साइज़ का** *वि* गजाकार, चौड़ा/चौड़ी, दीर्घाकार, पर्वताकार, बड़ा/बड़ी, बृहतकाय, बृहद, भीमाकार, मर्दाना/मर्दानी, मर्दाने साइज़ का, महाकार, लंबा चौड़ा/लंबी चौड़ी, विराट, विशालाकार.

**बढ़ंत** = प्रगति, बढ़ोतरी.

**बढ़ई** *सं* कारपैंटर, काष्ठकर्मी, कोटक, खाती, तक्षक, तक्षा, तरखान, त्रष्टा (प्रा), त्वष्टा (प्रा), वर्द्धक, वर्द्धकी, *विश्वकर्मा*, सुतहार, सुतार, सूतधार, सूत्रधर, *सूत्रधार*, सूथार, •काष्ठ शिल्पी, •फ़रनीचर, •रदिया, •लकड़हारा, •शिल्पकार.

**बढ़ कर** = अधिक, उत्तर अवस्था सूचक शब्द सूची, बेहतर.

**बढ़ चढ़ कर** = उत्तम.

**बढ़त** = उत्थान, उन्नति, ओवरटेकिंग, प्रगति, प्रसार, बढ़ोतरी, मूल्यवृद्धि, वेतन वृद्धि.

**बढ़ता/बढ़ती** = अल्पायु, अशाम्य, आरोहक्रमिक, उड्डयनशील, उत्थानशील, उदीयमान, घटनाशील, प्रगामी, प्रसारशील, महत्त्वाकांक्षी, विकासशील, वृद्धिशील.

**बढ़ता क्रम** = आरोह क्रम.

**बढ़ती** = उन्नति, पदोन्नति, प्रसार, बढ़ोतरी, मूल्यवृद्धि, विकास, वेतन वृद्धि, व्यापारिक महँगाई, समृद्धि, सौभाग्य.

**बढ़न** = अग्रगमन, घुमड़ना, प्रगति, प्रसार.

**बढ़न घटन** = उत्थानपतन.

**बढ़ना** = उठना, उबजना, उभरना, करना, चढ़ना, चलना, दहकना, पनपना, पिछाड़ना, फूलना, फैलना, लहलहाना, व्यापना, सुधरना, सूजना.

**बढ़ना** *क्रि जुड़ना*, *पनपना*, *फैलना*, वृद्धि होना, संचित होना, संवर्धित होना, •आगे जाना, •आगे बढ़ना, •प्रसारित होना, •विस्तीर्ण होना, ▪कम होना.

**बढ़नी** = झाड़ू.

**बढ़ने वाला** = वृद्धिशील.

**बढ़वाँ आच्छादन** = छज्जा.

**बढ़वाँ छप्पर** = ओलती.

**बढ़वाँ बरामदा** = छज्जा.

**बढ़ा/बढ़ी** = उदित, उन्नत, ख़मीरा/ख़मीरी, बृहत्, महँगा/महँगी, लहलहाता/लहलहाती, वयस्क, वर्धित, विकसित.

**बढ़ा कर कही बात** = अतिशयोक्ति.

**बढ़ा चढ़ा/बढ़ी चढ़ी** = अतिशयोक्तिपूर्ण, उत्तम, दुरारूढ़, पराकाष्ठागत.

**बढ़ाना** = उगाना.

**बढ़ाना** = उड़ाना, उबजाना, चढ़ाना, जनना, दहकाना, दौड़ाना, पसारना, पालना पोसना, फुलाना, बुझाना, सराहना, सुधारना.

**बढ़ाना** *क्रि* अधिक करना, इज़ाफ़ा करना, गुणा करना, *जोड़ना*,

*पसारना*, फैलाना, बड़ा करना, वर्धित करना, वृद्धि करना, सँजोना, *सँभालना*, संवर्धन करना, संवर्धित करना, •उठाना, •उन्नत करना, •दहकाना, •पसारना, •प्रचारित करना, •प्रेरित करना, •बचत करना, ▪कम करना, ▪घटाना, ▪छोटा करना, ▪संक्षिप्त करना.

**बढ़ाना चढ़ाना** = पसारना.
**बढ़ाने वाला** = उन्नायक, उन्नायक, भावोद्दीपन कर्ता.
**बढ़ाबढ़ी** = प्रतियोगिता.
**बढ़ाया/बढ़ाई** = वर्धित.
**बढ़ाव** = उबाल, उमगाव, प्रगति, प्रसार, बढ़ोतरी.
**बढ़ावा** = प्रोत्साहन, विज्ञापन, वेगवृद्धि, शाबाशी, सहयोग.
**बढ़िया** = अच्छा/अच्छी, ईर्षणीय, उच्चमानक, उत्तम, कलात्मक, प्रशंसनीय, मनोग्राह्य, सुंदर, सुरुचिपूर्ण, स्वादिष्ठ.
**बढ़िया** = असली.
**बढ़िया खाना** = स्वादिष्ठ आहार.
**बढ़ियापन** = अच्छाई.
**बढ़ी चाल** = द्रुतवेग.
**बढ़ोतरी** = उन्नति, पदोन्नति, विकास, वेतन वृद्धि.

**बढ़ोतरी** *सं* अभिवृद्धि, आवृद्धि, इज़ाफ़ा, उत्स्फोट, *उन्नति*, उपचय, ग्रोथ, प्रचुरता, फफद, बढ़ंत, बढ़त, बढ़ती, बढ़ाव, *बाढ़*, *योग*, वार्धक्य, *विकास*, विवृद्धि, *विस्फोट*, संवृद्धि, •प्रसार, ▪घटोतरी, ▪ह्रास, वृद्धि.

**बढ़ोतरी** *सं* अभिवृद्धि, आवृद्धि, इज़ाफ़ा, उत्स्फोट, *उन्नति*, उपचय, ग्रोथ, प्रचुरता, फफद, बढ़ंत, बढ़त, बढ़ती, बढ़ाव, *बाढ़*, *योग*, वार्धक्य, *विकास*, विवृद्धि, *विस्फोट*, संवृद्धि, •प्रसार, ▪घटोतरी, ▪ह्रास, वृद्धि.

**बतंगड़** = अतिशयोक्ति.
**बत** = बतख़.
**बतकहाव** = गपशप.
**बतकही** = गपशप, वार्तालाप.

**बतख़** *सं* गांजिकाय, घर्घर, डक, बत, बत्तख़, वत्तक, *हंस*.

**बतबढ़ाव** = तकरार.

**बतरस** *सं* बतरसियापन, बतास, बातूनीपन, *वाग्विलास*, वार्ता रस, •गपशप, •बातूनीपन, •वार्तालाप.

**बतरसिया** *सं* चटरपटर, चरबज़बान, *तोता*, बकवासी व्यक्ति, बतरौहाँ/बतरौहीं, बहुजल्प, बहुभाषी, बातूनी व्यक्ति, *मैना*, वाचाल व्यक्ति, वार्ताप्रेमी, वार्तारसिक, वार्तालाप प्रेमी, •गपरसिया, •हाज़िरजवाब व्यक्ति.

**बतरसियापन** = बतरस.
**बतरौहाँ/बतरौहीं** = बतरसिया.
**बतलाना** = बताना, समझाना, समझाना.
**बताना** = कहना, चेताना, डाँटना, दिखाना, पढ़ाना, समझाना, समझाना, सिखाना.

**बताना** *क्रि कहना*, खोलना, जताना, जनाना, ज्ञात कराना, *दिखाना*, पता कराना, बतलाना, विदित कराना, सुनाना, सूचना देना, सूचित करना, •सिखाना, ▪छिपाना, ▪पूछना.

**बताने लायक़** = उद्धरणीय.
**बताने वाला** = कथन कर्ता.
**बताया/बताई** = आज्ञापित, कथित, कथित, प्रवादित.
**बताशा** = गोलगप्पा, चोबिया, फुल्लीदार कील.

**बताशा** *सं* बतासा, शर्करा पुष्प, •बूरा.

**बताशा कील** = चोबिया, फुल्लीदार कील.
**बतास** = बतरस.
**बतासा** = बताशा, बुलबुला.
**बतिया** = खरबूजा, फल.

**बतिया** *सं* कोमल छोटा फल, कोमासिका, रेंदी.

**बतीसी दिखाना** = गिड़गिड़ाना, हँसना.
**बतीसी बजना** = ठिठुरना.
**बतौर** = विधिपूर्वक.
**बतौरी** = ददोरा.
**बत्तख़** = बतख़.
**बत्ती** = टेप, दीपक बाती, पलीता, पैंसिल, फाहा, सलेट पैंसिल.

**बत्ती** *सं पलीता*, बाती, वर्ति, वर्तिका, वर्ती, •पूनी, •फ़िलामैंट, •रूई.

**बत्तीसी** = दंतावली.
**बत्तू** = कलाबत्तू.
**बथान** = खेतघर, गोशाला.
**बथुआ** = सागसब्ज़ी.

**बथुआ** *सं* बाथू, राजशाक, वीरशाक, शाकवीर, शाकश्रेष्ठ, हिलमोचिका.

**बद** = अनिष्टकारी, दुराचारी, दुराचारी, दुर्भाग्यप्रद, परगमनपूर्ण, भ्रष्ट.
**बद-** = निकृष्ट.
**बदअंदेश** = अशुभचिंतक.
**बदअमन** = उपद्रवग्रस्त.
**बदअमनी** = अराजकता, कुशासन, दंगा.
**बदअमली** = अराजकता, अव्यवस्था, कुशासन.
**बदइंतज़ामी** = अव्यवस्था, कुप्रबंध.
**बदकार** = दुराचारी, पापी, लंपट.
**बदकारा** = कुलटा.
**बदकारी** = दुराचार, दुष्कर्म, परगमन.
**बदक़िस्मत** = दुर्भाग्यशाली.
**बदक़िस्मती** = दुर्भाग्य.
**बदख़्वाह** = अशुभचिंतक.
**बदख़्वाही** = दुष्कामना.
**बदगुमान** = बहम का पुतला, संदेहशील.
**बदगुमानी** = अविश्वास, ग़लतफ़हमी.
**बदगो** = निंदक.
**बदचलन** = दुराचारी, लंपट.
**बदचलनी** = दुराचार, परगमन.
**बदचश्म** = अशुभचिंतक.
**बदज़नी** = बहुगमन.
**बदज़बान** = कटुभाषी, धृष्ट.
**बदज़बानी** = गाली, गालीगलौज.
**बदज़ात** = अधम, निम्नकुलीन, निम्नवर्णीय.
**बदज़ायक़ा** = कुस्वादिष्ठ.
**बदजौक़** = कुडौल.
**बदतमीज़** = असंस्कृत, धृष्ट.
**बदतमीज़ी** = गालीगलौज.

**बदतर** *वि* अधिक बुरा, *उन्नीस*, और भी कम अच्छा, *कम*, कम अच्छा, *कमतर*, निन्यानबे, निम्नतर, नीचा/नीची, न्यूनतर, हीनतर,

•बुरा/बुरी, ▪बेहतर.

**बदतरीन** = निकृष्ट.
**बददिमाग़** = अहंकारी.
**बददिमाग़ी** = अहंकार.
**बददुआ** = दुष्कामना, शाप.
**बदन** = आकार, क़द क़ामत, शरीर, स्तन.
**बदनज़र** = अशुभचिंतक.
**बदनसीब** = दुर्भाग्यशाली.
**बदनसीबी** = दुर्भाग्य.
**बदनस्ल** = निम्नवर्णीय.
**बदना** = खेलना, ललकारना.

**बदना** *क्रि* खतरा उठाना, दाँव पर लगाना, दाँव लगाना, फड़ रखना, बाज़ी लगाना, *लगाना*, शर्त लगाना, •ललकारना.

**बदनाम** *वि* अंगुश्तनुमा, अपकीर्त, अपनाम, अपयशी, अप्रतिष्ठित, अमान्य, *अलोकप्रिय*, अलोकमान्य, ओछा/ओछी, कलंकी, कलुषित, काला/काली, कुख्यात, कुप्रसिद्ध, नंबरी, *निंदनीय*, निंद्य, नीच, पतित, बुरा/बुरी, रुसवा, लोकनिंदित, लोकहास्य, •अलोकप्रिय, •गुमनाम, •तिरस्कृत, •निंदित, •लांछित, ▪प्रसिद्ध, ▪लोकप्रिय.

**बदनामी** = निंदा, लांछन.

**बदनामी** *सं* अपकीर्ति, अपयश, कलंक, कुकीर्ति, कुख्याति, कुयश, जनश्रुति, जनापवाद, दुर्यश, दुष्कीर्ति, नाम धराई, *निंदा*, प्रवाद, फ़ज़ीहत, रुसवाई, लोकनिंदा, लोकापवाद, •गुमनामी, •लांछन, ▪प्रसिद्धि, ▪सम्मान.

**बदनामी का धब्बा** = लांछन तिलक.
**बदनिगाह** = अशुभचिंतक.
**बदनीयत** = अविश्वसनीय, कुटिल, बेईमान.
**बदनीयती** = बेईमानी.
**बदनुमा** = कुडौल.
**बदपरहेज़ी** = असंयम, कुपथ्याहार.
**बदफ़ेल** = लंपट.
**बदफ़ेली** = दुराचार, दुष्कर्म, पाप, बहुगमन.
**बदबू** = दुर्गंध.
**बदबूदार** = घिनौना/घिनौनी, दुर्गंधपूर्ण, सड़ा/सड़ी.
**बदमज़गी** = वैमनस्य.
**बदमज़ा** = अरोचक, कुस्वादिष्ठ.
**बदमस्त** = कामुक, मदव्यग्रस्त, मदिरोन्मत्त.
**बदमाश** = अधम, अपराध जगत सदस्य, उपद्रवी, गुंडा, चोर, दुर्जन, दुर्जनतापूर्ण, लंपट.
**बदमाशी** = गुंडागर्दी.
**बदमिज़ाज** = असौम्य, अहंकारी, कलहप्रिय.
**बदरंग** = भयभीत.

**बदरंग** *वि* उड़ा/उड़ी, धुँधला/धुँधली, निष्प्रभ, निस्तेज, पांडुर, पीला/पीली, फक, फीका/फीकी, ब्लीच्ड, भदमल्ला/भदमल्ली, *मंद*, मंदा/मंदी, मद्धम, रंग उतरा, विरंजित, *विवर्ण*, •अपारदर्शी, •धुँधला/धुँधली, ▪उज्ज्वल, ▪चटक, ▪चमकदार.

**बदर** = कपास, बेर.
**बदरनवीस** = लेखा परीक्षक.
**बदरपुर** = बजरी.
**बदरा** = कपास, मेघ.
**बदराह** = दुर्जनतापूर्ण.
**बदरिका** = झड़बेरी, बेर.
**बदरिया** = मेघ.
**बदरी** = कपास, झड़बेरी, बेर, मेघ.
**बदरीफल** = बेर.
**बदरू** = कुरूप.
**बदलगाम** = धृष्ट, लड़बावला/लड़बावली.
**बदलता/बदलती** = परिवर्तनशील.
**बदल देना** = बदलना.
**बदलना** = मुकरना, सुधरना, सुधारना.

**बदलना** *क्रि* परिवर्तन करना, पलटना, पलटाना, फेर बदल करना, बदल देना, रद्दो बदल करना, •क्रांति करना, •सुधारना.

**बदला** = दंड, प्रतिशोध, प्रत्याक्रमण, प्रत्युपकार, वस्तु विनिमय.
**बदला/बदली** = जीर्णोद्धृत, परिवर्तित, प्रभावित, रूपांतरित.

**बदलाना** *क्रि* अँधेरना, आच्छन्न होना, उमड़ना, उमड़ना घुमड़ना, *गरजना*, गहराना, घनघनाना, घिरना, *घुमड़ना*, *घेरना*, छाना, *मँडराना*, मेघ घिरना.

**बदलाया/बदलाई** = मेघाच्छन्न, वर्षापूर्ण.
**बदला लेने वाला** = क्षमाहीन.
**बदलाव** = परिवर्तन.
**बदली** = परिवर्तन, पाली, मेघ, स्थानांतरण.
**बदले** = अथवा.
**बदले में** = अथवा.
**बदलौवल** = वस्तु विनिमय.
**बदशक्ल** = कुडौल, कुरूप.
**बदसगुन** = अपशकुन.
**बदसलूकी** = दुर्व्यवहार.
**बदसूरत** = कुरूप.
**बदस्तूर** = विधिपूर्वक.

**बदहज़मी** *सं* अग्निमांद्य, अजीरन, अजीर्ण, अपच, कुपाचन, ख़राब हाज़मा, पेट ख़राबी, मंदाग्नि, •अफारा, •उदर अम्लता आदि, •कोष्ठबद्धता.

**बदहवास** = उत्तेजित, लज्जित.
**बदहवासी** = हड़बड़ी.
**बदहाल** = दुःखी, पीड़ित, संकटग्रस्त.
**बदहाली** = कुपरिस्थिति.
**बदहोश** = मदव्यग्रस्त, मदिरोन्मत्त.
**बदा/बदी** = अनुबंधित, निर्धारित, प्रारब्धाधीन, सावधिक.
**बदाबदी** = खेल प्रतियोगिता, प्रतियोगिता.
**बदी** = अवश्यंभावना, अहित, कृष्णपक्ष, दाँव, प्रारब्ध, शर्त.
**बदौलत** = कारणतः.
**बद्ध** = अनुबंधित, असैंबलित, आबद्ध, एकजुट, गिरफ़्तार, ग्रंथित, जुड़ा/जुड़ी, नियमित, पैक्ड, बंद, बेड़ीबंद, मुँदा/मुँदी, युक्त, संलग्न, सिला/सिली.
**बद्धकोष्ठ** = कोष्ठबद्धता.
**बद्धचित्त** = एकाग्रचित्त, समाधिस्थ.
**बद्धदृष्टि** = जादूकृत.
**बद्धध्यान** = समाधिस्थ.
**बद्धन** = आबद्धन.

**बद्धप्रतिज्ञ** = अनुबंधित, उत्तरदायी, संकल्पशील.
**बद्धमुष्टि** = कंजूस.
**बद्धमूल** = आमूलित.
**बद्धमौन** = मौन व्रती.
**बद्धानुराग** = प्रेमासक्त.
**बद्धी** = कनवेअर बैल्ट, रस्सी.
**बध** = वध, हत्या.
**बधाई** = शाबाशी.

**बधाई** *सं* अभिनंदन, ग्रीटिंग, ग्रीटिंग्स, *प्रशंसा*, बधैया, मंगलकामना, मुबारकबाद, मुबारकबादी, *शुभकामना*, *सलामी*, ●उपहार, ●मंगलोत्सव, ●शाबाशी, ●सफलता, ■उपहास, ■निंदा.

**बधाई दाता** = सम्मान कर्ता.

**बधाई पूर्ण** *वि* अभिनंदनपूर्ण, आनंदपूर्ण, उल्लासपूर्ण, प्रसन्नतापूर्ण, मंगलकामनापूर्ण, लासपूर्ण, शुभकामनापूर्ण, ●प्रशंसात्मक, ●मंडनात्मक, ●मित्रतापूर्ण, ●सौमनस्यपूर्ण.

**बधिक** = क़साई, हत्यारा.
**बधिया साँड** = बैल.
**बधिर** = बहरा/बहरी.
**बधू** = पुत्रवधू.
**बधैया** = बधाई.
**बन** = अकृषित (अनाज), निर्जन वन, वन.

**बन** *सं* पाव, पाव रोटी, *बंद* ●डबल रोटी, ●हैमबर्गर, ●हौट डौग.

**बनउर** = ओला.
**बनगाव** = नीलगाय.
**बनचर** = अपालतू, वन्य पशु.
**बनजात** = वनीय.

**बनजारा** *सं* *ख़ानाबदोश*, घुमंतू, चलंतू, जिप्सी, नोमैड, बंजारा, बंजारे, बनजारा/बनजारिन, बनिज, यायावर, यायावर जाति, रोमनी, वाणिजक, *व्यापारी*, ●घुमक्कड़, ●ट्रैवलिंग सेल्समैन, ●बेघर.

**बनजारा/बनजारिन** = ख़ानाबदोश, बनजारा.

**बनजारागीरी** = ख़ानाबदोशी.
**बनजारा समूह** = सार्थ.
**बनजारा सरदार** = सार्थपति.
**बनझाऊ** = सरो.
**बनठन** = फ़ैशन, सिंगार.
**बनत** = घटना, छद्म, देहानुपात, पूर्वलक्षण, बनावट.
**बनता/बनती** = अपूर्णकृत, सृजनाधीन.
**बनदेई** = वनदेवी.
**बनदेव** = वन देवता.
**बनदेवी** = वनदेवी.
**बनन** = देहानुपात.
**बनना** = रँधना.

**बनना** *क्रि* *उठना*, निर्मित होना, *बँधना*, रचित होना, रचे जाना, ■उजड़ना, ■टूटना, ■ढहना.

**बनबेर** = झड़बेरी.
**बनमानुस** = अपिवानर.
**बनमाली** = बाग़बान, मालाकार, वनरक्षक.
**बनमूँग** = मोठ.
**बनरा** = वर.
**बनराई** = गहन वन.
**बनराय** = गहन वन.
**बनरी** = वधू.
**बनवारी** = कृष्ण.
**बनवास** = परित्याग.
**बनवासी** = वनवासी.
**बना/बनी** = उत्पादित, पका/पकी, मानवनिर्मित, रचित, संस्थापित.
**बनाई** = निर्माण, रूप प्रदान, संघटन, सृजन.
**बनाए जाना** = रँधना.
**बनाए रखना** = बचाना.
**बना ठना** = छबीला.
**बना ठना/बनी ठनी** = आभूषित.
**बनाना** = कमाना, गढ़ना, ठगना, पढ़ाना, बुनना, राँधना, सजाना, सिंगारना.

**बनाना** *क्रि* अस्तित्व में लाना, आकार देना, *करना*, *गढ़ना*, घड़ना, जन्म देना, *ढालना*, निर्माण करना, रचना, रचित करना, रूप देना, विन्यास करना, विरचना, सिरजना, सृजन करना, ●असैंबल करना, ●आविष्कार करना, ●मरम्मत करना, ■उजाड़ना, ■ढहाना, ■तोड़ना, ■बिगाड़ना.

**बनाने वाला** = उत्पादक, निर्माता, रूप प्रदाता, संस्थापक, स्रष्टा.
**बना बनाया/बनी बनाई** = रेडीमेड.
**बनाया/बनाई** = मानवनिर्मित, मुँहबोला/मुँहबोली, रचित.
**बनारसी** = आम.
**बनालू** = ज़मींकंद.
**बनावट** = आकार, क़द क़ामत, छद्म, छद्मवेश, छल, झूठा बहाना, तड़कभड़क, देहानुपात, हुलिया.

**बनावट** *सं* काम, खचन, गठन, गढ़न, गुँथन, गुँधावट, गूँथ, घड़न, टैक्शचर, डिज़ाइन, तराश, तर्ज़, *तानाबाना*, नक़्शा, निर्मिति, बनत, बुनत, *बुनावट*, *भरावट*, *योजना*, रूपरंग, रूपाकार, विन्यास, *शिल्प*, संरचना, स्वरूप, ●आकार, ●डिज़ाइन, ●पैटर्न, ●फ़ौर्मैट.

**बनावटहीन** = स्पष्टोक्त.
**बनावटी** = अतिशयोक्तिपूर्ण, अप्राकृतिक, असत्य, नक़ली, पाखंडपूर्ण, रंगमंचीय, व्यंग्यात्मक, शब्दाडंबरपूर्ण.
**बनावटी प्रशंसा** = व्याज प्रशंसा.
**बनावटी मुस्कान** = खीस.
**बनावटी वेश** = छद्मवेश.
**बनावनहार** = ईश्वर, निर्माता, स्रष्टा.
**बनावनहारा/बनावनहारी** = निर्माता, रूप प्रदाता, स्रष्टा.
**बनाव सिंगार** = सिंगार.
**बनिज** = बनजारा.
**बनिया** = वैश्य.

**बनिया** *सं* धनिक, पण्याजीव, *महाजन*, लाला, वणिक, वैदेह (प्रा), वैदेहक (प्रा), *वैश्य*, *व्यापारी*, व्यापारी वैश्य, श्रेष्ठि, *सेठ*.

**बनियाइन** = बनियान.

**बनियान** *सं* बंडी, बनियाइन, ●गंजी, ●शमीज़, ●होज़ियरी.

**बनी ठनी** = छबीली.
**बने रहना** = बचना.
**बनैया** = रूप प्रदाता.
**बनैला/बनैली** = अपालतू, वनीय, वन्य पशु.

**बनौरी** = ओला, ओला वर्षा.
**बन्ना** = वर.
**बन्नी** = वधू.

**बपतिस्मा** *सं* इस्तिबाग़, ईसाइयत ग्रहण, क्रिस्निंग, *धर्मग्रहण*, धर्माभिषेक, नामकरण संस्कार, बैपटिज़्म, •यूकरिस्ट.

**बपौती** = रिक्थ.
**बप्पा** = पिता.
**बबर** = सिंह.
**बबलू** = शिशु.
**बबुआ** = पुत्र, शिशु.
**बबूला** = चक्रवात, बुलबुला.
**बब्बू** = शिशु.
**बभ्रु** = कत्थई, गेहुँआ/गेहुँई.
**बभ्रु धातु** = गेरू.
**बम** = आतिशबाज़ी सूची, पटाका.

**बम** *सं* अगिनगोला, *गोला*, ग्रेनेड, बम गोला, बारूद गोला, •धमाका, •तोप, •पटाका, •बंदूक़ गोली, •बारूद.

**बम सूची** *सं ऐटम बम*, ग्रैनेड, छर्रा बम, टाइम बम, टैंकभेदी बम, तोप गोला, प्लास्टिक बम, *हैंड ग्रेनेड*.

**बम गोला** = बम.
**बमचख** = तकरार, हल्लागुल्ला.
**बमचखिया** = तकरारिया.
**बमपुलिस** = सार्वजनिक शौचालय.
**बम प्रहार** = बमबारी.
**बमबाज़ी** = बमबारी.

**बमबारी** *सं* अग्निवर्षा, गोलंदाज़ी, गोलाबारी, बम प्रहार, बमबाज़ी, बममारी, बमवर्षा, •विस्फोट.

**बममारी** = बमबारी.
**बमवर्षा** = बमबारी.
**बमीठा** = बाँबी.
**बमोट** = बाँबी.
**बम्हनी** = पलक फुंसी.

**बयँहत्था/बयँहत्थी** *वि* खब्बा/खब्बी, लेबरा/लेबरी, वामहस्त, सव्यसाची, •दुहत्था, ▪दयँहत्था/दयँहत्थी.

**बयन** = वाचन.
**बयना** = बायन.

**बया** = बया पक्षी.
**बयान** = उक्ति, कथन, बात, वक्तव्य, वर्णन, वृत्तांत.

**बयान** *सं कथन*, *बात*, *वक्तव्य*, स्टेटमैंट, •मुक़दमा.

**बयाना** *सं* अगौड़ी, उठौनी, ऐडवांस, जमा, डिपाज़िट, पेशगी, बैनामा, साई, •अग्रदेय, •क्रय, •सौदा.

**बया पक्षी** *सं* झर्रा, बया, वाय पक्षी, वीवर वर्ड.

**बयाबान** = निर्जन वन, मरुथल, वन.
**बयार** = वायु.

**बयार** *सं* अलस पवन, धीमी हवा, बहाव, मंदपवन, मंदसमीर, मंदानिल, वातास, शीतल मंद समीर, सबा, समीर, हवा, •झोंका, •मलयानिल, ▪आँधी, ▪लू.

**बरअक्स** = विपरीत, विपर्यायवाची.
**बरइन** = पनवाड़िन.
**बरई** = पनवाड़ी.
**बरक़ंदाज़** = बंदूक़ची.
**बरकत** = प्रसाद, लाभ, समृद्धि, सौभाग्य.
**बरक़रार** = अचल, अवशिष्ट, जीवित, रक्षित.
**बरखा** = फुहार, बरसात, बारिश.
**बरखा रानी** = बरसात.
**बरख़ास्त** = सेवाच्युत.
**बरख़ास्तगी** = सेवाच्युति.
**बरखा होना** = बरसना.
**बरख़िलाफ़** = विरुद्ध.
**बरखुरदार** = संतान.
**बरखुरदार** = पुत्र, समृद्ध.
**बरगद** = वटवृक्ष.
**बरग़लाई** = कुपरामर्श, चुग़लख़ोरी, ब्रेनवाशिंग.
**बरगलाऊ** = उकसाऊ.
**बरगलाना** = उकसाना.
**बरगलाया/बरगलाई** = दुष्प्रेरित.
**बरछा** = भाला.
**बरछी** = भाला.
**बरछीबाज़** = भालाधारी.
**बरछैत** = भालाधारी.
**बरजना** = ठुकराना.

**बरज़बान** = कंठस्थ.
**बरजोरी** = बलात्, विवशतः.
**बरत** = उपवास.

**बरतन** *सं* आहार या रसोई पात्र, *धानी*, पात्र, पौट, बरतन बासन, बरतन भांडे, बासन, भंड, भांड, भाजन, भृंगार, वासन, •ठठेरा.

**बरतन चोंच** *सं चोंच*, थूथनी, *होंठ*, होंठी.

**बरतन टोंटी** *सं* गंगामुख, गंगाल, *चोंच*, *टोंटी*, निकास, बैकू, *मुँह*.

**बरतन धुलाई** = बरतन मँजाई.
**बरतन बासन** = बरतन.
**बरतन भांडे** = बरतन.

**बरतन मँजाई** *सं* डिशवाशिंग, धुलाई, पात्रशुद्धि, पात्र संस्कार, बरतन धुलाई, मँजाई, •जूना, •मँजाई.

**बरतन मुँह** *सं* आँवठ, *कगार*, कन्नी, *किनारा*, मोहड़ा, मोहरा, मोहार.

**बरतर** = उत्तम, उन्नत, कुशलतः, बेहतर.
**बरतरफ़** = सेवाच्युत.
**बरतरफ़ी** = सेवाच्युति.
**बरता/बरती** = उपभुक्त.
**बरताई** = उपभोग, उपयोग.
**बरताव** = आदत, आपसदारी, व्यवहार.
**बरती** = उपवासी, उपवासी.
**बरदा** = दास, बैल.
**बरदार** = भारवाहक.
**बरदारी** = वहन.
**बरदाश्त** = धैर्य, सहन.
**बरदाश्त करना** = सहना.
**बरदाश्त के बाहर** = असह्य.
**बरन** = बल्कि.
**बरना** = चुनना, ब्याहना.
**बरनाला** = नाला नाली.
**बरफ़** = बर्फ़.

**बरफ़ी** *सं* पंजीरी, पाक, •मावा, •मिठाई.

**बरबंटी** = लोबिया.
**बरबस** = बलात्, विवशतः, संयोगवश.
**बरबाद** = नष्ट.

 (प्रा) प्राचीन शब्द, अब अप्रचलित - *तिरछे* शब्द स्वतंत्र शीर्षक भी हैं •सपर्याय ▪विपर्याय

**बरबाद होना** = उजड़ना.
**बरबादी** = अपव्यय, दिवाला, दुरुपभोग, नाश.
**बरमा** = म्यान्मा.

**बरमा** *सं ड्रिल*, भेदक, वज्रसूची, सलना, •सुंबा.

**बररोक** = वररोक.
**बरस** = वर्ष.
**बरसता/बरसती** = वर्षापूर्ण.
**बरसना** = टपकना, डाँटना, सरापना.

**बरसना** *क्रि गिरना, झड़ना, झरना*, पड़ना, बरखा होना, बरसात होना, बूँदें गिरना, मेह गिरना, वर्षा गिरना, वर्षा होना, •झड़ना.

**बरसाइत** = मंगल काल.
**बरसाऊ** = वर्षद.
**बरसात** = ऋतु सूची, बारिश.

**बरसात** *सं* अब्र, अभ्र, आषाढ़, घनागम, चातुर्मास, चौमासा, पावस, बरखा, बरखा रानी, बर्खा, बहार, *बारिश*, बारिश का मौसम, *मानसून*, मेघकाल, मेघागम, वर्षा, वर्षा ऋतु, वर्षाकाल, वर्षागम, वर्षा रानी, वृष्टिकाल, श्रावण, सावन, सावन का महीना, सावन भादों, •चकवा, •छाता, •झरझर, •प्रथम वर्षा दिन, ▪अवर्षा, ▪पतझड़.

**बरसात में डूबने वाली भूमि** = खादर.
**बरसात होना** = बरसना.
**बरसाती** = बरसाती कमरा, बरसाती कोट, वर्षापूर्ण.
**बरसाती कपड़ा** = मोमजामा.

**बरसाती कमरा** *सं* अटारी, उत्तरागार, कोठा, चबारा, चौबारा, बरसाती, बालाख़ाना, •दृश्यावली कक्ष, •पैंटहाउस.

**बरसाती कोट** *सं* बरसाती, बारानी, रेनकोट, •गम बूट, •छाता.

**बरसाती जूता** = गमबूट.
**बरसाती तूफ़ान** = तूफ़ान.
**बरसाती हवा** = मानसून.
**बरसाना** = छिड़कना, फुहारना, फेंकना, बिखेरना.

**बरसाना** *क्रि गिराना, छिड़कना, फुहारना*, बिखराना, बौछार करना, वर्षा करना, •फुहारना.

**बरसायत** = इष्टयोग, विवाह मुहूर्त.
**बरसाव** = छिड़काव.
**बरसी** = पुण्य दिवस, श्राद्ध.
**बरसीला/बरसीली** = वर्षद.
**बरसैया** = वर्षद.
**बरसोड़ी** = निर्वाह वृत्ति.
**बरसौंहा/बरसौंही** = वर्षद.
**बरहा** = रस्सी.
**बराए मेहरबानी** = दयापूर्वक.
**बरात** = बराती, वरयात्रा.
**बरात चढ़ना** = ब्याहना.

**बरात भोज** *सं* वरयात्रा भोज, विवाह भोज, वैडिंग रीसैप्शन.

**बराती** *सं* जनेत, जनैत, बरात, बाराती, लड़के वाले, *वरपक्ष*, वरयात्री, •घराती, •विवाह.

**बरान कोट** = ओवरकोट.
**बराबर** = आवश्यकतानुरूप, जयपराजयहीन, तुलनीय, निकट ही, भेदभावहीन, समतल, समपार्श्व, समप्रतियोगी, समभार, समशक्तिशाली, समसंख्यक, समांतर, समाकार, हमेशा.
**बराबर करने वाला** = भेदभाव समापक.
**बराबर करने वाला भार** = पासंग.
**बराबर का** = जयपराजयहीन, समप्रतियोगी.
**बराबर की टक्कर** = जयपराजयहीनता, समान प्रतियोगिता.
**बराबर दिन रात** = विषुव.
**बराबरी** = उपमा अलंकार, खेल प्रतियोगिता, खेल भावना, जयपराजयहीनता, तुलना, न्याय, प्रतिद्वंद्विता, प्रतियोगिता, प्रतिशोध, भेदभावहीनता, समान प्रतियोगिता.
**बराबरी का** = जयपराजयहीन, समप्रतियोगी.
**बरामद** = दृश्यमान, पुनर्प्राप्ति, प्रकट, प्राप्त, प्राप्त.
**बरामद करना** = खोज पाना.
**बरामदगी** = उगाही.

**बरामदा** *सं अग्रशाला, ओसारा*, चंद्रातप, तिदरा, पैवीलियन, बारहदरी, महताबी, •गलियारा, •दालान, •सायबान.

**बराय** = कारणतः.
**बरावुर्द** = कैशबुक.

**बरास्ता** *क्रिवि* ओर से, तरफ़ से, द्वारा, बज़रिया, बराह, मार्गया, मार्ग से, मार्गे, रास्ते, रास्ते से, *से*, हो कर, •ओर.

**बराह** = अनुसार, बरास्ता.
**बरिच्छा** = वररोक.
**बरी** = अपराधमुक्त, कलई चूना, निश्चिंत, बड़ी.
**बरुआ** = उपनयन संस्कार, ब्रह्मचारी, मूँज.
**बरेखी** = वररोक.
**बरेच्छा** = वररोक.
**बरेठन** = धोबिन.
**बरेता** = रस्सी.
**बरेदी** = चरवाहा.
**बरोठा** = डेवढ़ी, ड्राइंगरूम.
**बरोठी** = डेवढ़ी.
**बरौनी** = पलक बाल.
**बर्कलीयम** = रासायनिक तत्त्व सूची.
**बर्खा** = बरसात.
**बर्ख़ास्त** = सेवाच्युत.
**बर्च** = काष्ठ सूची, भूर्जवृक्ष.
**बर्थ** = जन्म, शायिका.
**बर्थ कंट्रोल** = परिवार नियोजन.
**बर्थडे** = जन्म दिवस.
**बर्न** = फफोला.
**बर्फ़** = आइसक्रीम, तुषार, हिम.

**बर्फ़** *सं* आइस, जमाया पानी, निर्मित हिम, बरफ़, हिमीभूत जल.

**बर्फ़ख़ाना** *सं* आइस फ़ैक्टरी, सर्दख़ाना, सर्दाब, •कूलर.

**बर्फ़गाड़ी** = स्लैज.
**बर्फ़ानी** = अतिशीतल, शीतकालीन.
**बर्फ़ीला/बर्फ़ीली** = अतिशीतल, बर्फ़ीला सफ़ेद, शीतकालीन.

**बर्फ़ीला सफ़ेद** *वि* अतिश्वेत, कपासी, चिट्टा/चिट्टी, धवल, धौला/धौली, परिपांडु, बर्फ़ीला/बर्फ़ीली, सुधौत, हिमगौर, हिमश्वेत, •सफ़ेद.

**बर्फ़ीली क्रीम** = आइसक्रीम.
**बर्बट** = राजमाह, लोबिया.
**बर्बटी** = राजमाह.
**बर्बर** = अत्याचारी, अनार्य जातीय, अपालतू, अमानवीय, असंस्कृत, निर्दय, रुधिरपिपासु, वन्य.
**बर्बरता** = अत्याचार.
**बर्मा** = म्यान्मा.
**बर्र** = भिड़.
**बर्रे** = भिड़.
**बर्सर** = वेतन वितरक.
**बर्ह** = मोर पूँछ.
**बर्ही** = मोर.
**बल** = आग्रह, उलझन, ऊर्जा, करवट, क्षमता, झुर्री, दम, दाब, पार्श्व, बटाई, मरोड़, लपेट, वक्र, शक्ति, शिकन, संवेग, सहायता, सेना.
**बल कम होना** = दुबलाना.
**बलकर** = शक्तिवर्धक.
**बलकाना** = उकसाना, उबालना.
**बलकारी** = शक्तिवर्धक.

**बलक्षय** *सं* कुम्हलाहट, कोमलन, गिरावट, दुर्बलन, निर्बलन, *पतन*, बलह्रास, शक्तिक्षय, शक्तिनाश, शिथिलन, सारभंग, ▪शक्तिवर्धन.

**बल क्षय होना** = दुबलाना.
**बल खाता/बल खाती** = मोड़दार, सर्पिल.
**बल खोना** = दुबलाना.
**बलग़म** = कफ.
**बल डालना** = बटना, मोसना.
**बलता/बलती** = जलता/जलती.
**बलद** = बैल.
**बलदाऊ** = बलराम.
**बलदिया** = ग्वाला.
**बल देना** = मरोड़ना.
**बलदेव** = बलराम.
**बलद्वेषी** = इंद्र.

**बलनाशक** *वि* प्राणनाशक, प्राणहर, प्राणहारी, शक्तिनाशक, ▪शक्तिवर्धक.

**बल निकालना** = सुलझाना.
**बलपूर्ण** = शक्तिशाली.
**बलपूर्वक** = बलात.
**बलप्रद** = शक्तिवर्धक, स्वास्थ्यप्रद.

**बलबल** = बड़बड़.
**बलबूता** = क्षमता.
**बलभद्र** = बलराम.
**बलम** = प्रेमी, प्रेमी.
**बलमवा** = प्रेमी, प्रेमी.
**बलमा** = प्रेमी, प्रेमी.
**बलमुख्य** = सेनापति.

**बलराम** *सं* अच्युताग्रज, एककुंडल, कृष्ण भाई, कृष्णाग्रज, खरारि, तालकेतु, दाऊ, नीलांबर, बलदाऊ, बलदेव, बलभद्र, मुषली, मुसलायुध, *राम*, रौहिणेय, लांगलध्वज, वासुदेव, विष्णु अंशी, शेषावतार, संकर्षण, सीरध्वज, सीरायुध, हलधर, हलायुध, हली, •कृष्ण.

**बलवंत** = बलिष्ठ.
**बलवर्धक** = पोषक, शक्तिवर्धक, सुपाच्य, स्वास्थ्यप्रद.
**बलवर्धन** = पोषण, शक्तिवर्धक, शक्तिवर्धन.
**बलवा** = दंगा, विद्रोह.
**बलवाई** = उपद्रव नेता, उपद्रवी, विद्रोही.
**बलवान** = अजेय, बलिष्ठ.
**बलवीर** = बलिष्ठ.
**बलवृद्धि** = शक्तिवर्धन.
**बलशाली** = अजेय, पुरुषोचित, बलिष्ठ, शक्तिशाली.
**बल संचय** = शक्तिवर्धन.
**बलह्रास** = बलक्षय.
**बला** = आफ़त की पुड़िया, छोटी बहन, भूत, भूतनी, भूतबाधा, रोग, संकट, हुड़दंगई.
**बलाए आसमानी** = ईश्वरीय संकट.
**बलाक** = बगला.
**बला का** = उत्तम, चमत्कारपूर्ण, सुंदर.
**बलाका** = मादा बगला.
**बलाग्र** = सेनापति.
**बलाट** = मूँग.
**बलाढ्य** = बलिष्ठ.

**बलात्** *क्रिवि* ज़बरदस्ती, ज़बरन, ज़बर्दस्ती, ज़ोरज़बर्दस्ती, जोराजोरी, डरा धमका कर, बरजोरी, बरबस, बलपूर्वक, शहज़ोरी, •विवशतः, ▪स्वेच्छया.

**बलात्कार** *सं* ज़बरजिनाँ, ज़बरदस्ती, शीलभंग, सतीत्वभंग, सतीत्व हरण, हठ संभोग, •कौमार्यनाश, •विवाहनिष्ठा, •संभोग, ▪सदाचार.

**बलात्कारक** = बलात्कारी.
**बलात्कार करने वाला** = बलात्कारी.

**बलात्कारी** *सं* प्रमाथी, बलात्कारक, बलात्कार करने वाला, विध्वंसी, हठ कामुक, ▪बलात्कृत.

**बलात्कृत** *वि* कलुषित, धर्षित, *नष्ट*, पतित, *प्रदूषित*, *भ्रष्ट*, शीलभ्रष्ट, हत, ▪बलात्कारी.

**बलात् प्रवेश** = अतिक्रमण.
**बलात् प्रवेश करना** = घुसना.
**बलात् सत्ता अपहरण** = सत्ता अपहरण.
**बलाद्ग्रहण** = छीन, लूट.
**बलाध्यक्ष** = सेनापति.
**बलापहरण** = छीन.
**बलारि** = इंद्र.
**बलास** = कफ.
**बलाहक** = मेघ.
**बलि** = आहुति, ओलती, चढ़ावा, देवोपहार, नैवेद्य, पशुबलि, बलिदान, बलिवस्तु, यज्ञ, युद्धमृत्यु, वारफेर.
**बलि** = कर, कृषिकर.
**बलिकर्म** = बलिदान.
**बलि का बकरा** = मिथ्या आरोपित व्यक्ति.
**बलित** = दुर्गीकृत.

**बलिदाता** *सं* बलिदानी, *यजमान*.

**बलिदान** = आत्मबलि, आहुति, चढ़ावा, पशुबलि, युद्धमृत्यु.

**बलिदान** *सं* अर्पण, *आहुति*, क़ुरबानी, *दान*, देवबलि, *देवोपहार*, निछावर, न्योछावर, बलि, बलिकर्म, बलि वैश्वदेव, भूतबलि, भूतयज्ञ, भेंट, मह, *समर्पण*, हुति, •वारफेर.

**बलिदानी** = आत्मबलिदानी, निरस्वार्थ, बलिदाता.
**बलिद्वार** = वसंत विषुव.
**बलिपुष्ट** = कौआ.
**बलिभोग** = चढ़ावा, नैवेद्य.

**बलि यज्ञ** = पशुबलि.

**बलिवस्तु** *सं* अर्घ्य, अर्पण, अर्पित बलि, *आहुति*, क़ुरबानी, *चढ़ावा*, निछावर, निछावर वस्तु, नैवेद्य, *नैवेद्य*, *पत्रं पुष्पं*, पुजापा, बलि, बलि वैश्वदेव, भेंट, यज्ञबलि, याज्य, *वारफेर*, श्रद्धा सुमन, *समर्पण*, हुति, ●यज्ञ.

**बलिवेदी** *सं* आल्टर, क़ुरबानगाह, बलिस्थान, *यज्ञवेदी*, ●यज्ञ.

**बलि वैश्वदेव** = पशुबलि, बलिदान, बलिवस्तु.

**बलिष्ठ** = अजेय, पुरुषोचित, वीर, सुपोषित.

**बलिष्ठ** *वि* अंसल, आहनी, ऊर्जस्वी, ओजस्वी, कठमस्त, कड़ंगा/कड़ंगी, कड़क, कड़ा/कड़ी, कसरती, गठित, गावज़ोर, चाकचक, ज़बरदस्त, जसीम, ज़ोरदार, ज़ोरावर, टंच, टनाटन, *ठोस*, ढठींगड़, ढींगड़ा/ढींगड़ी, तगड़ा/तगड़ी, ताक़तवर, दमदार, दृढ़, धींगड़ा/धींगड़ी, पक्का/पक्की, पट्ठा/पट्ठी, परपूठा/परपूठी, पहलवान, पाठा/पाठी, पुख़्ता, पुष्ट, पोढ़ा/पोढ़ी, *प्रबल*, प्राणवान/प्राणवती, फ़ौलादी, बजरंग, बलवंत, बलवान, बलवीर, बलशाली, बलाढ्य, बली, भीमबल, मज़बूत, महाबली, महाबाहु, मुसटंडा/मुसटंडी, रुष्टपुष्ट, लहीम शहीम, *लौह*, वज्र, वीर्यवान, शक्तिमान, *शक्तिशाली*, संडा/संडी, *सक्षम*, सजीव, सप्राण, सबल, समर्थ, सर्वशक्तिमान, सशक्त, सारवान, सुगठित, *सुदृढ़*, सुपुष्ट, *सुपोषित*, सुबल, स्ट्रौंग, *स्वस्थ*, हट्टा कट्टा/हट्टी कट्टी, हृष्टपुष्ट, हैल्दी, ■कुपोषित, ■कृशकाय, ■कोमल, ■निर्बल, ■बीमार, ■सुकुमार.

**बलिस्थान** = बलिवेदी.
**बलिहारी** = वारफेर.
**बली** = बलिष्ठ, भैंसा, योद्धा, वीर, शक्तिशाली.

**बलीवर्द** = बैल, साँड़.
**बलुआ** = मरुथलीय, रेतीला/रेतीली.
**बलुई मिट्टी** = दोमट.
**बलूचिस्तान से बरमा तक क्षेत्र** = बृहत्तर भारत.
**बलैयाँ** = वारफेर.
**बलैया** = वारफेर.
**बल्कि** = और भी, भी.

**बल्कि** *क्रिवि* अपितु, इस से तो, *किंतु*, प्रत्युत, बरन, वग़रना, वरना, ●अन्यथा, ●किंतु.

**बल्ख** = अफ़ग़ानिस्तान.
**बल्व** = कंदमूल.

**बल्ब** *सं* बिजली लट्टू, *लट्टू*, लाइट, लैंप, ●ट्यूबलाइट.

**बल्लम** = भाला.
**बल्लमबरदार** = भालाधारी.
**बल्लव** = ग्वाला.
**बल्लव (अज्ञातवास नाम)** = भीम.
**बल्ला** = आलू टिकिया, कटलेट, कुंदा, बल्ली.

**बल्ला** *सं* बैट, ●गेंद.

**बल्ली** = गहराई माप, डाँड़, मस्तूल.

**बल्ली** *सं गोला*, *पोल*, *बल्ला*, बाँसा, ●कुंदा, ●गर्डर, ●बाँस, ●सरिया.

**बल्ली संत** = कृषिरक्षक पुतला.
**बवंडर** = चक्रवात.
**बवंडरी** = तूफ़ानी.
**बवना** = बोना.

**बवासीर** *सं अर्बुद*, अर्श, गुदांकुर, गुदार्बुद, दाना, दुर्नाम, दुर्नामा, पाइल्स, भगांकुर, *मस्सा*, मस्से, हैमोरोइड.

**बशर** = व्यक्ति.
**बशर्ते** = यदि.
**बसंत** = यौवन, वसंत.
**बसंत पंचमी** = वसंत पंचमी.
**बसंत रितु** = वसंत.
**बसंती** = जवान, पीला/पीली, मादक, वसंती.
**बस** = अधिकार, इत्यलं, केवल, तक, प्रताप, वर्चस्व, सत्ताक्षेत्र, सत्ताधिकार, ही.

**बस** *सं* कोच, पब्लिक ट्रांसपोर्ट, बस गाड़ी, मोटर बस, लारी, सार्वजनिक यान, ●टैक्सी, ●ट्रामगाड़ी, ●ट्रौली बस, ●मिनी बस, ●मोटरगाड़ी, ●स्टेशन वैगन.

**बस अड्डा** = बस डिपो.
**बस अभी** = आसन्नतः.
**बस इतना** = केवल.
**बस एक** = एकमात्र.
**बस एक बार** = एक बार.
**बस काफ़ी है** = इत्यलं.
**बस के बाहर** = अशाम्य, असाध्य, क्षमतातीत, वशातीत.
**बस गाड़ी** = बस.
**बस टर्मिनस** = बस डिपो.
**बस ठीक** = कामचलाऊ.

**बस डिपो** *सं* बस अड्डा, बस टर्मिनस, बस स्टेशन, ●रेलवे स्टेशन.

**बसना** = आ बसना, बस्ता, ब्याहना, रहना.

**बसना** *क्रि* आवास करना, खूँटा गाड़ना, गुंजार करना, गुलज़ार करना, घर बसाना, छाना, *जमना*, *टिकना*, *ठहरना*, निवास करना, *बसाना*, रमना, रहना, रहने लगना, लंगर डालना, वास करना, स्थायी आवास करना, स्थायी वास करना, ●आ बसना, ●बसाना, ■उजड़ना.

**बस में करना** = मोहना, रुचना.
**बसर** = आपसदारी, गुज़रबसर.
**बसर औकात** = जीवनस्तर.
**बस रुकना स्थान** = बस स्टौप.
**बसली** = नौली.
**बस सामने** = आसन्न.
**बस स्टेशन** = बस डिपो.

**बस स्टौप** *सं* बस रुकना स्थान, स्टौप, ●स्टेशन.

**बसाँधा/बसाँधी** = सुवासित.
**बसा/बसी** = आवासित, दुर्गंधपूर्ण, सुगंधित, सुरंजित, सुवासित.
**बसाई** = आवासन.

**बसाना** = आ बसना, बसना, महकाना, रखना.

**बसाना** *क्रि* आवास देना, आवासित करना, आश्रय देना, छत देना, जगह देना, *टिकाना*, ठहराना, मकान मुहैया करना, *रखना*, •आ बसना, •बसना, •रखना, ▪हटाना.

**बसाया/बसाई** = आवासित.
**बसावट** = आवासन, गंध, महल्ला.
**बसा होना** = रहना.
**बसिया** = आप्रवासी, आवासी.
**बसीठी** = राजनय.
**बसीला/बसीली** = दुर्गंधपूर्ण.

**बसूला** *सं* तक्षण, बसूली, वासी, •आरा.

**बसूली** = बसूला.
**बसेरा** = घर, छत्ता, नीड़, पड़ाव, पांथशाला.
**बसेरा करना** = आ बसना.
**बसौंधा/बसौंधी** = सुवासित.
**बस्टर्ड** = सोहन चिड़िया.
**बस्ता** = पैकेज, बंडल, स्कूल बस्ता.

**बस्ता** *सं* काग़ज़ पत्तर, काग़ज़ पत्तर थैला, काग़ज़ बंडल, दफ़्तर, पुलिंदा, *बंडल*, *बसना*, बेठन, •गड्डा, •थैला, •पैकेज.

**बस्ती** = उपनिवेश, गंदी बस्ती, ग्राम, नगर, महल्ला.
**बस्तीबनाई** = उपनिवेशन.
**बहँगा/बहँगी** = भेंगा/भेंगी.
**बहंत** = तरण, प्रवाह.
**बहक कर आई सामग्री** = बहावड़ा.
**बहक** = गर्वोक्ति, दुराचार, बकवास, भूल, मार्गभ्रम.
**बहकता/बहकती** = मनोक्षिप्त.
**बहकना** = चूकना, भटकना.
**बहका/बहकी** = अनर्गल, दुष्प्रेरित, पागल, भ्रमित, मनोक्षिप्त, सनकी.
**बहकाई** = कुपरामर्श, ब्रेनवाशिंग.
**बहकाऊ** = उकसाऊ, छलपूर्ण.
**बहकाना** = उकसाना, ठगना, फुसलाना, भटकाना, ललचाना.
**बहकाने वाला** = उकसाने वाला.
**बहका बहका** = अनर्गल, बकवासपूर्ण.
**बहकाया/बहकाई** = दुष्प्रेरित.
**बहकावा** = उकसावा, छल, सांत्वना.
**बहता/बहती** = पतला (द्रव), रवानीदार, लबालब.

**बहता/बहती** *वि अनवरुद्ध*, उच्छल, उठता गिरता, उद्वेलित, उफनता/उफनती, *कलकल*, *चंचल*, चल, चलता/चलती, छलछल, तरंगमय, प्रवहित, प्रवाहपूर्ण, प्रवाहमय, प्रवाहशील, प्रवाहित, प्रवाही, बहावदार, रवाँ, *रवानीदार*, विलोल, संचल, संवाही, *सचल*, •रवानीदार, •लहराता/लहराती, ▪निश्चल (जल).

**बहती** = जावकपत्र.
**बहती धारा** = प्रवाह.
**बहती नाक** = जुकाम.
**बहन** = तरण.

**बहन** *सं* जामी, पिता पुत्री, *बहना*, बहनिया, बहनी, भगिनी, भैना, माता पुत्री, यामी, सहोदरा, स्वसा, •चचेरी बहन, •भाई, •भाई दूज, •मुँहबोली बहन, •रक्षा बंधन.

**बहन जी** = अध्यापिका.
**बहन पति** = जीजा.
**बहन पुत्र** = भानजा.
**बहन पुत्री** = भानजी.
**बहनबेटियाँ** = परिवार स्त्रियाँ.
**बहनबेटी** = परिवार स्त्रियाँ.
**बहना** = उफनना, उमगना, झरना, तैरना, पिघलना, बहन.

**बहना** *क्रि* उमँगना, उमड़ना, कलकल करना, *कलकलाना*, *चलना*, छलकना, प्रवाह होना, प्रवाहित होना, *लहरना*, •हिलना, ▪ठहरना, ▪रुकना.

**बहनिया** = बहन.
**बहनी** = बहन.
**बहनेली** = मुँहबोली बहन.
**बहनोई** = जीजा.
**बहनोली** = मुँहबोली बहन.
**बहनौता** = भानजा.
**बहनौती** = भानजी.
**बहम** = कल्पना, ग़लतफ़हमी, भ्रम, भ्रमदर्शन, संदेह.

**बहम का पुतला** *सं* अविश्वासी, बदगुमान, बहमी, *शंकालु*, शक्की, संदेही, ▪अविश्वसनीय, ▪विश्वासी.

**बहमी** = बहम का पुतला, संदेहशील.
**बहरहाल** = अवश्यमेव.
**बहरा/बहरी** = हठी.

**बहरा/बहरी** *वि* अकर्ण, अश्रुति, कर्णहीन, *जड़*, बधिर, श्रवणहीन, श्रुतिहीन, •गूँगा/गूँगी, •विकलांग.

**बहरीन** *सं* ताइरास (प्रा), ताइरोस (प्रा), बह्रीन.

**बहरीनः राजधानी** *सं* मनमा.

**बहरूप** = छद्मवेश, बहरूपिया.
**बहरूपिया** = अभिनेता, नट, शिव.

**बहरूपिया** *सं* कुंतल, छद्मवेशधारी, नक़लची, नाटकिया, बहरूप, बहुरूपिया, भेसी, रूपजीवी, रूपधारी, रूपोपजीवी, वेशधर, वेष्य, साँगी, स्वाँगी, •नक़्क़ाल, •भाँड़.

**बहल** = भार पशु.
**बहला/बहली** = मनोरंजित.
**बहलाऊ** = सांत्वनाप्रद.
**बहलाना** = फुसलाना, ललचाना.

**बहलाना** *क्रि* आँसू पोंछना, आश्वासन देना, ग़म भुलाना, चुप करना, चुमकारना, ढाढ़स देना, *थपकना*, थपकी देना, थपथपाना, दिलासा देना, दुःख भुलाना, पीठ पर हाथ फेरना, पुचकारना, *फुसलाना*, भुलाना, मन बहलाना, मन रखना, *मनाना*, मरहम लगाना, मीठी बातें करना, शांत करना, *समझाना*, समझाना बुझाना, समझाना बुझाना, सांत्वना देना, हिम्मत बढ़ाना, •सहलाना.

**बहलाना फुसलाना** = फुसलाना.
**बहलाव** = मनोरंजन.
**बहलावा** = फुसलावा, सांत्वना.
**बहलावा फुसलावा** = फुसलावा.
**बहलिया** = गाड़ीवान.

 **(प्रा) प्राचीन शब्द, अब अप्रचलित - *तिरछे* शब्द स्वतंत्र शीर्षक भी हैं •सपर्याय ▪विपर्याय**

**बहली** = बैलगाड़ी.
**बहस** = जिरह, वादविवाद, विवाद.
**बहसबाज़** = वितंडावादी.
**बहसबाज़ी** = वितंडावाद.
**बहसाबहसी** = तकरार, प्रतिद्वंद्विता, प्रतियोगिता.
**बहाऊ** = अपव्ययी.
**बहादुर** = वीर, वीर पुरुष, साहसी.
**बहादुर (नेपाल)** = सैनिक.
**बहादुरी** = वीरता, साहस.
**बहाना** = कारण, झूठा बहाना, ढुलकाना, तैराना, रिताना.

**बहाना** *सं कारण*, निमित्त, बचाव, *बात*, मिस, वजह, व्युपदेश, सच्चा बहाना, सफ़ाई, *स्पष्टीकरण*, हेतु, •उद्देश्य, •किंतु, •क्यों, •झूठा बहाना.

**बहाने** = उद्देश्य से, उपलक्ष्य में, कारणतः.

**बहानेबाज़** *सं असत्यवादी*, अस्पष्ट बात करने वाला, अस्पष्ट बात करने वाला, अस्पष्टवादी, अस्पष्टवादी, उत्तर टालने वाला, झूठा/झूठी, टालू, टिल्लेनवीस, बेईमान, वंचक, सीधी बात न करने वाला, हीलेगर, हीलेगर, हीलेबाज़, हीलेबाज़, हीले हवाले करने वाला.

**बहानेबाज़ी** = अस्पष्टवादिता, वाक्छल.

**बहानेबाज़ी** *सं* अगर मगर, आनाकानी, *किंतु परंतु*, घिसघिस, टलाटली, टालमटोल, तीन पाँच, नानुकर, यद्वा तद्वा, लेकिन वेकिन, *वाक्छल*, सात पाँच, हीला हवाला, •अस्पष्टवादिता, •किंतु परंतु, •वाक्छल, •विलंब, ▪कार्यान्विति.

**बहार** = उत्कर्ष काल, खिलावट, पुष्पन, बरसात, यौवन, वसंत.
**बहाल** = आनंदित, नियुक्त, पुनर्स्थापित, स्थित.
**बहाली** = जीर्णोद्धार, नियुक्ति.
**बहाव** = प्रवाह, बयार, बहावड़ा, लय, संवेग.

**बहावड़ा** *सं* कटान, कटाव, जमाव, जमावड़ा, बह कर आई सामग्री, बहाव, बहावन, •समुद्र तट.

**बहावदार** = बहता/बहती.
**बहावन** = बहावड़ा.
**बहियाँ** = कंधा-कलाई हाथ.
**बहिरंग** = बहिर्वासी, बाह्य.
**बहिरभिमुखी** = बहिर्मनस्क.
**बहिर्** = बाह्य.
**बहिर्क्षेत्र** = सीमेतर क्षेत्र.
**बहिर्गता** = निर्गता.
**बहिर्गत** = गत, बाहरगाँव.
**बहिर्गम** = निर्गम.
**बहिर्गमन** = निर्गम.
**बहिर्गमनशील** = निर्गमनशील.
**बहिर्गामी** = निर्गमनशील, निवर्तमान.
**बहिर्ग्राम** = बाहरगाँव.
**बहिर्देशीय** = सीमांतरीय.

**बहिर्मनस्क** *वि* ज़िंदादिल, प्रसन्नचित्त, बहिरभिमुखी, बहिर्मुखी, *बातूनी*, *मिलनसार*, वाचाल, हँसमुख, *हँसोड़*, हसमुख, हास्यप्रिय, ▪अंतर्मनस्क, ▪एकांतप्रिय, ▪गंभीर.

**बहिर्मुखी** = चुटकुलेबाज़, बहिर्मनस्क.
**बहिर्याण** = निर्गम.
**बहिर्वर्ती** = बाह्य.

**बहिर्वासी** *सं* अनावासी, अनोकशायी, *आउटडोर*, डे- (जैसेः डे स्कौलर), नान-रैज़िडैंट, बहिरंग, •अनिवासी, ▪अंतरावासी.

**बहिर्व्यसन** = बहुगमन.
**बहिश्त** = आनंदातिरेक, स्वर्ग.
**बहिश्ती** = देवदूतीय, नैसर्गिक.
**बहिष्कार** = जाति निर्वासन, निर्वासन.

**बहिष्कार** *सं* अलगाव, अलहदगी, *असंपर्क*, असंबंध, च्युति, बायकाट, विच्युति, •निर्वासन, ▪संपर्क, ▪संबंध.

**बहिष्कृत** = जाति निर्वासित.

**बहिष्कृत** *वि* अवक्रमित, आचारवर्जित, वर्जित, •धर्मच्युत, •निर्वासित.

**बही** = बहीखाता, रजिस्टर.

**बहीखाता** *सं* अकाउंट बुक, अभिलेख पंजी, किताब, खाता बही, पंजी, बही, बुक, *रजिस्टर*, लेखा पुस्तक, लेखा बही, हिसाब बही, •कैशबुक, •ख़रीद बिक्री बही, •बैलेंस शीट, •माल बही, •मिनिट्स बुक, •लैजर बुक.

**बहु** = बहुत, बहुवचनीय, विविध.
**बहुआयामी** = बहुगुणी, बहुपार्श्वीय.

**बहुउपयोगी** *वि* आलपर्पज़, आलराउंड, *बहुगुणी*, बहूपयोगी, सब काम का, सर्वभोगसह, सर्वोपयोगी, हर काम का, •बहुगुणी.

**बहुकथित झूठ** = दुष्प्रचार.
**बहुकर** = बहुधंधी.
**बहुकर्मा** = बहुधंधी.
**बहुकर्मी** = बहुधंधी.
**बहुकोण** = बहुभुज.
**बहुकोणीय** = बहुभुज.
**बहुखंडी भवन** = गगनचुंबी भवन.

**बहुखंडी भवन** *सं* अटारी, अटाला, अट्टालिका, कई मंज़िला मकान, कोठा, बहुतल्ला भवन, बहुमंज़िला भवन, मालिका.

**बहुखंडीय** *वि* बहुतलीय, बहुमंज़िल, बहुमंज़िला/बहुमंज़िली, बहुस्तरीय, •तिखंडीय, •दोखंडीय, ▪एकखंडीय.

**बहुगमन** *सं* कामुकता, घालमेल, पौंश्चल्य, बदज़नी, बदफ़ेली, बहिर्व्यसन, बहुसंभोग, *भ्रष्टाचार*, व्यभिचार, •परगमन.

**बहुगमनपूर्ण** = परगमनपूर्ण.
**बहुगामिनी** = कुलटा.
**बहुगामी** = लंपट.
**बहुगामी/बहुगामिनी** = स्वच्छंद प्रेमी.
**बहुगुण** = बहुगुणित.
**बहुगुणा** = बहुपार्श्वीय.

**बहुगुणित** *वि* कई गुना, बहुगुण, बहुगुना/बहुगुनी.

**बहुगुणी** = बहुउपयोगी, बहुपार्श्वीय.

**बहुगुणी** *वि* गुणग्राम, गुणनिधान,

गुणनिधि, गुणराशि, गुणसागर, गुणसिंधु, गुणाकर, गुणाढ्य, गुणालय, गुणी, बहुआयामी, बहुमुखी, बहुरंगी, सर्वगुणसंपन्न, सर्वगुणी, सर्वतोमुखी, सर्वांगीय, हरफ़न मौला, •बहुउपयोगी, •बहुधंधी, •बहुपार्श्वीय, ■प्रतिभाहीन.

**बहुगुना/बहुगुनी** = बहुगुणित.
**बहुगुरु** = अल्पज्ञ.
**बहुचर्चित** = प्रसिद्ध.

**बहुचर्चित** *वि* उल्लिखित, क्षोभजनक, चटपटा/चटपटी, चर्चित, *लोकप्रिय*, वर्णित, सनसनीख़ेज़, सामयिक, •आश्चर्यजनक, •प्रसिद्ध, •लोकप्रिय, ■गुमनाम.

**बहुज** = बहुजनक.

**बहुजनक** *वि उत्पादक*, उपजाऊ, *उर्वर*, ज़रख़ेज़, बहुज, बहुप्रज, बहुसू, •उर्वर.

**बहुजनन** *सं* प्रजावृद्धि, बहुप्रजता, बहुफलता, संतान बहुलता, ■नपुंसकता, ■वंध्यता.

**बहुजनहितार्थ** = धर्मार्थ.
**बहुजल्प** = बतरसिया.
**बहुजातीय** = अंतरजातीय, विश्वीय.
**बहुज्ञ** = सर्वज्ञ.
**बहुत** = अतिरिक्त, अत्यधिक, अनेक, इत्यलं, पर्याप्त, सुलभ.

**बहुत** *वि* अत्यंत, *अत्यधिक*, *अधिक*, *काफ़ी*, ज़्यादा, *पर्याप्त*, पुष्कल, प्रभूत, प्रभूत, बहु, बहुत कुछ, बहुल, *विविध*, समुचित, •अत्यधिक, •अनेक, •पर्याप्त, •सब, ■कुछ.

**बहुत अच्छा** = उत्तम, हाँ.
**बहुत अधिक** = अत्यधिक.
**बहुत कम** = अपर्याप्त, अल्पतम, शायद ही कभी.
**बहुत कुछ** = बहुत.
**बहुत ख़ूब** = हाँ.
**बहुत गहरा** = अगाध्य.
**बहुत जल्दी** = आसन्नतः.
**बहुत ज़्यादा** = अत्यधिक.
**बहुततायत** = समृद्धि.
**बहुत दिन** = दीर्घ काल.
**बहुत दिन पहले की बात नहीं** = निकट भूतकाल में.
**बहुत दूर** = दूरतम, दूरी पर.
**बहुत देर** = दीर्घ काल.
**बहुत देरी से** = समय के बाद.
**बहुत पहले का** = प्राचीन.
**बहुत पुराना नहीं** = निकट भूतकालीन.
**बहुत प्राचीन काल** = सुदूर भूतकाल.
**बहुत बड़ा** = बृहत्तम.
**बहुत बार** = अनेकदा.
**बहुत बुरा** = निकृष्ट.
**बहुतम** = अधिकतम.
**बहुतलीय** = बहुखंडीय.
**बहुतल्ला भवन** = बहुखंडी भवन.
**बहुत समय** = दीर्घ काल.
**बहुत सारा** = अत्यधिक.
**बहुता** = विविधता.
**बहुतृण** = मूँज.
**बहुतेरा/बहुतेरी** = अत्यधिक.
**बहुत्वक** = भूर्जवृक्ष, भोजपत्र.
**बहुदिश** = बहुपार्श्वीय.
**बहुदेववाद** = अनेकेश्वरवाद.
**बहुदेशीय** = अंतरराष्ट्रीय.

**बहुधंधी** *वि* बहुकर, बहुकर्मा, बहुकर्मी, बहुव्यवसायी, •बहुगुणी, •सर्वेसर्वा.

**बहुधर्मवाद** = राष्ट्रवाद.
**बहुधा** = अनेकदा, प्रायः, विविध.
**बहुपक्षीय** = बहुपार्श्वीय.

**बहुपार्श्वीय** *वि* अनेकांगी, चतुर्दिक, चतुर्दिश, चतुर्मुख, चतुर्मुखी, चौखूँट, चौतरफ़ा/चौतरफ़ी, चौपहला/चौपहली, चौफेर, चौमुखा/चौमुखी, बहुआयामी, बहुगुणा, *बहुगुणी*, बहुदिश, बहुपक्षीय, बहुपार्श्व, बहुमुख, बहुमुखी, बहुरंग, बहुरंगी, बहुवर्ण, *विविध*, विष्वक्, सर्वतोमुख, सर्वतोमुखी, सर्वांगीण, सर्वांगीय, •बहुभुज, ■एकपार्श्वीय.

**बहुपार्श्व** = बहुपार्श्वीय.
**बहुप्रचलित** = पारंपरिक, सामान्य.
**बहुप्रचलित मार्ग** = पिटा पिटाया रास्ता.
**बहुप्रचलित विधि** = परिपाटी.
**बहुप्रज** = बहुजनक.
**बहुप्रजता** = बहुजनन.
**बहुप्रशंसित** = लोकप्रिय.
**बहुफलता** = बहुजनन.
**बहुफला** = खीरा.
**बहुबाहु** = बहुभुज.
**बहुबीज** = शरीफ़ा.

**बहुभक्ष** *सं* अतिभोजी, अत्याहार कर्ता, *अत्याहारी*, उदरंभर, उदरपिशाच, खाऊ पीर, पेटू, भकोसू, भोजनभट्ट, भोजन वीर, महापेटू, लंबोदर, सपोटू, हड़पू.

**बहुभाषावाद** = राष्ट्रवाद.
**बहुभाषी** = बतरसिया.

**बहुभुज** *वि* बहुकोण, बहुकोणीय, बहुबाहु, बहुभुजाकार, •बहुपार्श्वीय.

**बहुभुज आकृति** *सं* चतुराधिक भुजीय, बहुभुज क्षेत्र, •अष्टभुज, •पंचभुज, •षड्भुज, •सप्तभुज.

**बहुभुज क्षेत्र** = बहुभुज आकृति.
**बहुभुजा** = दुर्गा.
**बहुभुजाकार** = बहुभुज.
**बहुभोग्या** = वेश्या.
**बहुभोजी** = अत्याहारी.
**बहुमंजरी** = तुलसी.
**बहुमंज़िल** = बहुखंडीय.
**बहुमंज़िला/बहुमंज़िली** = बहुखंडीय.
**बहुमंज़िला भवन** = बहुखंडी भवन.
**बहुमज्जकीय शोथ** = पोलियो.
**बहुमत** = बहुसंख्या.
**बहुमत राज्य** = लोकतंत्र.
**बहुमान्य** = प्रतिष्ठित, सम्माननीय.
**बहुमुख** = बहुपार्श्वीय.
**बहुमुखी** = बहुगुणी, बहुपार्श्वीय.
**बहुमुखी चाकू** = स्विस नाइफ़.
**बहुमूल्य** = महँगा/महँगी, संग्रहणीय.
**बहुमूल्यता** = महँगापन.
**बहुमूल्य धातु** = चाँदी सोना.
**बहुमूल्य धातु भार पद्धति** = रत्न भार पद्धति.
**बहुमेल** = विविध.
**बहुरंग** = बहुपार्श्वीय, बहुरंगा/बहुरंगी.

**बहुरंगा/बहुरंगी** *वि* कई रंग का, चित्रविचित्र, *पुष्पित*, बहुरंग, बहुरंगी, बहुरंजित, बहुवर्ण, मिश्रवर्ण, रंगबिरंगा/रंगबिरंगी, रंगारंग, *रंगीन*, वर्णबहुल, *विचित्र*, शतरंजित, शबल, सदरंग, •इंद्रधनुष, •चितकबरा/चितकबरी, •तिरंगा/तिरंगी, •रंगीन, •सतरंगा/सतरंगी, ▪इकरंगा/इकरंगी.

**बहुरंगी** = बहुगुणी, बहुपार्श्वीय, बहुरंगा/बहुरंगी.
**बहुरंगीयता** = विविधता.
**बहुरंजित** = बहुरंगा/बहुरंगी.
**बहुरना** = लौटना.
**बहुराष्ट्रीय** = अंतरराष्ट्रीय.
**बहुरि** = फिर.
**बहुरी** = धानी.
**बहुरूप** = अनेकाकारीय.
**बहुरूपता** = विविधता.
**बहुरूपा** = दुर्गा.
**बहुरूपिया** = बहरूपिया.
**बहुरूपी** = अनेकाकारीय.
**बहुरूपीय** = अनेकाकारीय.
**बहुल** = अत्यधिक, अनेक, फलप्रद, बहुत, सुलभ.
**बहुलता** = समृद्धि.
**बहुला** = इलायची, गाय.
**बहुलित** = वर्धित.
**बहुवचन** = बहुवचनीय, शब्द वचन.

**बहुवचनीय** *वि अनेक*, एकाधिक, कई, बहु, बहुवचन, ▪एकवचनीय.

**बहुवर्ण** = बहुपार्श्वीय, बहुरंगा/बहुरंगी.
**बहुविद** = सर्वज्ञ.
**बहुविध** = विविध.
**बहुविधता** = विविधता.
**बहुविभाग दुकान** = डिपार्टमैंट स्टोर.
**बहुव्ययी** = अपव्ययी.
**बहुव्यवसायी** = बहुधंधी.
**बहुश्रुत** = प्रचारित, प्रशंसित, प्रसिद्ध, सर्वज्ञ.
**बहुश्रुत (शब्दार्थ)** = मुहम्मद.
**बहुसंख्य** = बहुसंख्यक.
**बहुसंख्यक** = बहुसंख्या.

**बहुसंख्यक** *वि अधिक*, अधिकांश, अधिसंख्य, अधिसंख्यक, ज़्यादा, बहुसंख्य, मैजोरिटी, ▪अल्पसंख्यक.

**बहुसंख्या** *सं* अक्सरीयत, बहुमत, *बहुसंख्यक*, मैजोरिटी, ▪अल्पसंख्या.

**बहुसंभोग** = बहुगमन, बहुगमन.
**बहुसंस्कृतीय** = विश्वीय.
**बहुसू** = बहुजनक.
**बहुस्तरीय** = बहुखंडीय.
**बहू** = पत्नी, पुत्रवधू, वधू.
**बहूपयोगी** = बहुउपयोगी.
**बहूबेटियाँ** = परिवार स्त्रियाँ.
**बहूबेटी** = परिवार स्त्रियाँ.
**बहेड़क** = बहेड़ा.

**बहेड़ा** *सं* कलिद्रुम, कासघ्न, तैल फल, बहेड़क, बहेरा, बेहड़ा, भूतावास, वहेडुक, विभीतक, *विषघ्न*, सौभद्र, •आँवला, •हड़.

**बहेतुआपन** = घुमक्कड़ी.
**बहेरा** = बहेड़ा.

**बहेलिया** *सं* कौटकिक, कौटिक, खट्टिक, चिड़ीमार, जालिक, जीवांतक, तीवर, पक्षी आखेटक, *पाक्षिक*, पारधी, पाशिक, पाशी, पासी, लुब्धक, वधिक, वनगोचर, वनजीवी, व्याध, शाकुंतिक, शाकुनि, शाकुनकि, शाकुनी, शौनिक, सारंगिक, सैयाद, •शिकारी.

**बहोरना** = लौटाना.
**बह्रीन** = बहरीन.
**बह्रे हिंद** = हिंद महासागर.
**बाँक** = कृपाण, कोण, चंचल, चाकू छुरी, वक्र, शिकंजा.
**बाँकड़ी** = गोटा.
**बाँकडोरी** = शस्त्रास्त्र.
**बाँकपन** = अकड़ की चाल, चंचलता, सजावट.
**बाँका** = छबीला, प्लेबौय, वीर, सुंदर पुरुष.
**बाँका/बाँकी** = चंचल, छबीला/छबीली, रसप्रेमी, रसिक, विकर्णयुक्त, साहसी.
**बाँकी** = छबीली, सुंदर स्त्री.
**बाँकुड़ी** = गोटा.
**बाँकुरा** = महारथी, योद्धा, वीर पुरुष.
**बांकुरा** = नायक.
**बाँकुरा/बाँकुरी** = वीर, साहसी.
**बाँग** = आवाहन, कुकड़ू कूँ.
**बाँगड़** = बागर.
**बांग्ला** = बंगाली, बांग्लादेश, भारत राष्ट्रभाषा.
**बांग्लादेश** = दक्षेस सदस्य सूची, भारत खंड देश क्षेत्र.

**बांग्लादेश** *सं* पूर्वी बंगाल (पूर्व नाम), बंगाल, बांग्ला, वंग, •भारत.

**बांग्लादेशः राजधानी** *सं* ढाका.

**बांग्लादेशी** = बांग्लादेशीय.

**बांग्लादेशीय** *वि* बंग, *बंगाली*, बंगीय, बांग्लादेशी, वंग, वंगीय.

**बाँचना** = पढ़ना लिखना.

**बाँचना** *क्रि गाना*, पढ़ कर सुनाना, पढ़ना, पाठ करना, वाचन करना, वाचना, सुनाना, •उच्चारना, •पढ़ना.

**बाँझ** = अनुर्वर, वंध्या.
**बाँझ भूमि** = ऊसर.
**बाँट** = अंश, खंड, दाय विभाजन, भाग कर्म.
**बाँट (ताश)** = बारी.

**बाँटना** *क्रि* आबंटन करना, आबंटित करना, *देना*, भुगताना, वितरण करना, वितरित करना, *सौंपना*, •देना, ▪याचना करना.

**बाँटबूँट** = दाय विभाजन.
**बाँड़** = दुआब.
**बाँदी** = दासी, नौकरानी.
**बाँदू** = बँधुआ मज़दूर.

**बाँध** *सं* अड़, *घाट*, जलबंध, जलावरोध, डाइक, डैम, *दीवार*, धक्का, पुश्ता, बंध, बैरेज, रोका, सेतुबंध, •डाइक, •नदी, •नहर, •बाढ़ नियंत्रण, •बारेज, •मिट्टी बाँध, ▪बाढ़.

**बाँधना** = चकराना, जमाना, फँसाना, फाँसना, मोहना, रुचना, रोधना, लगाना, ललचाना.

**बाँधना** *क्रि* गाँठना, गाँठ लगाना, ग्रंथि लगाना, *जोड़ना*, टाँकना, साँटना, सिलना, *सीना*, •उलझाना, •जोड़ लगाना, ▪काटना, ▪खोलना.

**बाँधनू** = मिथ्या आरोप.
**बाँधने वाला** = रोचक.

**बाँधपथ** *सं* उच्चमार्ग, *कगार*, काज़वे, *किनारा*, घाटपथ, डौली, *तटबंध*, धुस्सा, पुश्ता, बेलापथ, बेलामार्ग, भूमि उच्च मार्ग, मैरीना, •तटबंध, •बेला तट.

**बांधव** = स्वजन.
**बांधवता** = परिवार संबंध, स्वजन भावना.
**बांधवधुरा** = स्वजन भावना.
**बांधव्य** = स्वजन भावना.
**बाँधा जाना** = बँधना.
**बाँधे रखने वाला** = रोमांचक.

**बाँबी** *सं* कारुज, कूलक, कृमिशैल, खोलक, दीमकघर, दीमक बाँबी, बमीठा, बमोट, बिमोट, बिमौटा, भीठा, वपा, वप्री, वल्मीक, वामलूर, स्यमीक, •छत्ता, •नीड़, •बिल.

**बाँयाँ/बाँईं** *वि* उलटा/उलटी, खब्बा/खब्बी, प्रतिलोम, बाँया/बाँई, बायाँ, बायाँ/बाईं, लबरा/लबरी, वाम, वामवर्ती, सव्य, हस्तवाम, ▪दाहिना/दाहिनी.

**बाँया/बाँई** = बाँयाँ/बाँईं.
**बाँस** = कंकालमात्र, गहराई माप, डाँड़, रीढ़.

**बाँस** *सं* कंटकी, कांतार, कीचक, तृणकेतु, धनुर्वृक्ष, धानुष्य, बंस, *वंश*, वंशी, वेणु, सतीन, •खपची, •बल्ली, •बाँसुरी.

**बाँस चीरन** *सं* फट्टा, फट्ठा, फड़िया.

**बाँस चोंगा** = नलवा.
**बाँस तीली चिक** = चिक़.
**बाँस वन** = वंशीवन.
**बाँसवारी** = वंशीवन.
**बाँसा** = बल्ली.

**बाँसुरी** *सं* नै, पीपी, फ़्ल्यूट, बंसी, मुरलिया, मुरली, वंशी, वेणु, •कृष्ण, •बाँस, •बीन, •शहनाई.

**बाँसुरी वादक** *सं* बँसरी वाला, बंसी बजैया, बाँसुरी वाला, मुरलीधर, मुरली वाला, वंशीधर, वंशीवादक, •कृष्ण.

**बाँसुरी वाला** = बाँसुरी वादक.
**बाँह** = आस्तीन, कंधा-कलाई हाथ, कंधा-कुहनी हाथ, हाथ.
**बाँह पकड़ना** = ब्याहना.
**बाँही** = आस्तीन.
**बाअदब** = आदरपूर्ण, विनम्र.
**बाअसर** = अचूक (औषध), चिकित्साकारी, प्रभावशाली, मादक.
**बाइंडिंग** = अनुबंधकारी, जिल्द.
**बाइक** = मोटर साइकिल, साइकिल.
**बाइकार्बनेट** = सोडा बाइकार्ब.
**बाइख़्तियार** = अधिकृत.

**बाइबिल** *सं* अंजील, अपोसल वृत्तांत, इंजील, ईश्वरीय वचन, भगवद् वचन, *वचन*, वाक्, *शब्द*, •ओल्ड टैस्टामैंट, •न्यू टैस्टामैंट, •ईसाई धर्म, •ईसाई धर्मग्रंथ, •ईसा मसीह, •टैस्टामैंट.

**बाइबिल अनुसूची** *सं* कैनन.

**बाइबिलज्ञ** = बाइबिल विशेषज्ञ.

**बाइबिल विशेषज्ञ** *सं* बाइबिलज्ञ.

**बाइ-ला** = उपनियम.
**बाइलेन** = उपमार्ग.
**बाइस** = उद्देश्य, कारण.
**बाइसिकल** = साइकिल.
**बाईं तरफ़** = बाएँ.
**बाई** = कुलीन स्त्री, गठिया, धोबिन.
**बाई चांस** = संयोगवश.
**बाई जी** = वेश्या.
**बाईमान** = ईमानदार.
**बाईमानी** = ईमानदारी.
**बाउंडरी** = सीमा.
**बाउ** = गठिया.
**बाउल** = डोंगा.

**बाएँ** *क्रिवि* बाईं तरफ़, बाएँ बाज़ू, वामांग में, ▪दाहिने.

**बाएँ घूमता** = प्रतिघटी.
**बाएँ बाज़ू** = बाएँ.
**बाएँ हाथ का खेल** = सहज कार्य.
**बाओटा** = गठिया.
**बाकला** = दलहन.
**बाक़ायदा** = क्रमशः, विधिपूर्वक.
**बाक़ी** = अपूर्णकृत, घटान कर्म, घटान फल, बक़ाया.
**बाग** = जोत रस्सी, लगाम.
**बाग़** = उपवन, फलोपवन, महल्ला.
**बागडोर** = नियंत्रण, प्रशासन, लगाम, सत्ताधिकार, सरकार.
**बाग़ बाग़** = आनंदित.
**बाग़ बाग़ होना** = हुलसना.

**बाग़बान** *सं* उद्यानपाल, उपवन कर्मी, गुलचीं, पुष्पजीवी, फुलहारा/फुलहारी, बनमाली, माली/मालिन, वनपाल, वनमाली, •मालाकार, •वनरक्षक.

**बाग़बानी** = कृषि.

**बागर** *सं* उच्चभूमि, उपरवार, जलमुक्त भूमि, *डाँड़*, डूँगर, तटवर्ती उच्च भूमि, पानी में न डूबने वाला तट, बाँगड़, बागर भूमि, बाढ़ मुक्त तटक्षेत्र, बुलंद भूमि, रेकान, ▪खादर.

**बाग़रज़** = उद्देश्य से.
**बागर भूमि** = बागर.
**बाग़ी** = आंदोलनकारी, क्रांतिकारी, ग़द्दार, मतद्रोही, विद्रोही, स्वाधीनता सेनानी.
**बाग़ी (चंबल घाटी)** = डाकू.
**बाग़ीचा** = उपवन, क्रीड़ा उपवन.
**बाग़ीची** = उपवन.

**बाग़े अदन** *सं* अदन, अदन बाग़, आदम पहला आवासस्थान, आदम हौवा उपवन, ईडन, गार्डन आफ़ ईडन, जन्नते अदन, •आदम, •स्वर्ग.

**बाग़े बिहिश्त** = स्वर्ग.

**बाघ** *सं* चित्रक, चित्र शार्दूल, चीता, टाइगर, तेंदुआ, नाहर, पैंथर, मृगराज, मृगारि, मृगेंद्र, व्याघ्र, शार्दूल, शेर, *सिंह*, *हिंस्र*, •सिंह.

**बाघिन** = सिंहनी.
**बाचना** = पढ़ना लिखना.
**बाछ** = होंठ कोर.
**बाछा** = बछड़ा.
**बाछा/बाछी** = पशु शिशु, शिशु.
**बाछी** = बछिया.
**बाछें खिलना** = पुलकना.
**-बाज़** = धंधी.
**बाज** = घोड़ा.
**बाज़** = कम, गिद्ध, बाज़ गिद्ध.
**बाज़गश्त** = पुनरागमन.

**बाज़ गिद्ध** *सं* क्रूर, पत्री, पिच्छबाण, बाज़, लग्घड़, शशाद, शौंगेय, श्येन, सैन.

**बाज़नी** = मादा गिद्ध.
**बाजरा** = अनाज.

**बाजरा** *सं* नील सस्य, बाजरी, रोटका.

**बाजरी** = बाजरा.
**बाजा** = वाद्य.
**बाज़ाब्ता** = न्यायानुकूल, विधिपूर्वक.
**बाज़ायक़ा** = स्वादयुक्त.
**बाज़ार** = बाज़ारदारी, महल्ला, मूल्य, मेला बाज़ार, वेश्या महल्ला, व्यापारिक नगर, शौपिंग सैंटर, सौदागरी.

**बाज़ार** *सं* अट, कटरा, गंज, चौक, चौहट्टा, दरीबा, पण्य, पेठ, *पैंठ*, प्लाज़ा, मंडी, मार्केट, माल, वाणिज्य केंद्र, व्यापार केंद्र, हाट, •ख़रीदार, •दुकान, •प्रदर्शनी, •शौपिंग सैंटर.

**बाज़ार का दिन** = पैंठ.
**बाज़ारदारी** = सौदागरी.

**बाज़ारदारी** *सं* गाहकी, ग्राहकी, *तलाश*, देखादेखी, नज़रसानी, *बाज़ार*, मिलान, विंडोशापिंग, शापिंग, •ख़रीद, ▪सौदागरी.

**बाज़ार विश्लेषण** = मार्केट सर्वे.
**बाज़ार व्यवस्था** = पूँजीवाद.
**बाज़ारू** = पौप, व्यावसायिक, सस्ता/सस्ती, साधारण, सामान्य.
**बाज़ारू औरत** = वेश्या.
**बाजी** = घोड़ा, बड़ी बहन.
**बाज़ी** = दाँव, बारी, शोबदा.
**बाज़ीगर** = कलाबाज़.

**बाज़ीगर** *सं* ऐंद्रजालिक, करनाटकी, करनाटी, क़लंदर, *खिलाड़ी*, चक्रचर, चक्रधर, चक्राट, चक्री, चेटकी, *जादूगर*, *नट*, पैकी, बट्टेबाज़, *मदारी*, वैतालिक, *शोबदेबाज़*, •करतबिया, •नट, •सँपेरा.

**बाज़ीगर गोटी** *सं* *गोटी*, *चट्टा*, चट्टा बट्टा, चट्टू, दाना, बजरबट्टू, बज्जर, बट्टा, बट्टू.

**बाज़ीगर पिट्ठू** *सं* पिट्ठू, बाज़ीगर सहायक.

**बाज़ीगर सहायक** = बाज़ीगर पिट्ठू.
**बाज़ी पलटना** = हराना.
**बाज़ी लगाना** = बदना.
**बाज़ू** = आयाम, कंधा-कलाई हाथ, कंधा-कुहनी हाथ, करवट, पड़ोस, पार्श्व, सेनापार्श्व, हत्था, हाथ.

**बाज़ूबंद** *सं* अंगद, केयूर, *बंद*, बिजायठ, भुजबंद, •कंधा-कुहनी हाथ.

**बाज़ू वाला** = पड़ोसी.
**बाजे वाला** = वादक.
**बाज़ौक़** = सुरुचिसंपन्न (व्यक्ति).
**बाज़ौक़ी** = कलाप्रेम.
**बाट** = पगडंडी, प्रतीक्षा, मार्ग, सिल बट्टा.

**बाट** *सं* तुलामान, धड़ा, पत्थर, बट, बट्टा, *भार*, वज़न, वेट, •तराज़ू, •तौल.

**बाटनी** = वानस्पतिकी.
**बाट माप** = तौल.
**बाटल ओपनर** = कार्कस्क्रू.
**बाटली** = बोतल.
**बाटी** = कटोरी, गोटी, तसला, लोई.

**बाटी** *सं* अंगाकड़ी, अंगारी, टिक्कड़, लिट्टी.

**बाड़** = छोर, झाड़झुंड, नाका, बैरियर, सीमा.

**बाड़** *सं* कँटीला तार, *ज़ंजीर*, *जाल*, जाली, *तार*, *परिधि*, फ़ैंस, शृंखला, *सीमा*, •कटहरा, •परकोटा, •मुँडेर.

**बाड़दार** = अहाताबंद.
**बाड़ लगाना** = अगोटना.
**बाड़ा** = आखेटबाड़ा, काँजीहाउस, घर, नाका, परिसर, पशुशाला, बँगला, बैरियर, महल्ला, सामने वाला आँगन.
**बाड़ा बनाना** = अगोटना.
**बाडिस** = अँगिया.
**बाडी** = अँगिया, संस्था.
**बाड़ी** = उपवन, कुटी, घर, फलोपवन, बँगला, भवन.
**बाडीगार्ड** = अंगरक्षक.
**बाढ़** = अतिवर्षा, उमगाव, छज्जा, बढ़ोतरी, मनु प्रलय.

**बाढ़** *सं* उठान, उफान, उभार, उमंग, उमड़ाव, ओघ, चढ़ाव, जलप्लाव, डुबाव, प्लव, फैलाव, फ़्लड, सैलाब, •प्रलय, •सुनामी, ▪अवर्षा, ▪बाँध.

**बाढ़ग्रस्त** *वि* आप्लावित, आप्लुत, घिरा/घिरी, जलनिमग्न, जलमय, जलाक्रांत, जलाजल, डूबा/डूबी, निमज्जित, पानी में डूबा, प्लावित, बाढ़पीड़ित, बाढ़ाक्रांत, सम्मग्न, ▪वर्षाहीन.

**बाढ़पीड़ित** = बाढ़ग्रस्त.
**बाढ़ मुक्त तटक्षेत्र** = बागर.
**बाढ़ाक्रांत** = बाढ़ग्रस्त.
**बाढ़ी** = बोनस.
**बाण** = कटाक्ष.

**बाण** *सं* अस्त्र, इषु, कांड, तीर, नरकुल, नाराच, पवि, बान, शंकु, शर, •तरकस, •धनुष.

**बाण नोक** = बाणाग्र.
**बाण पुंखा** = बाणाग्र.
**बाणविद्या** = धनुर्विद्या, धनुर्वेद.

**बाणाग्र** *सं* धाराग्र, *नोक*, पब्बि, बाण नोक, बाण पुंखा, शंकु, शराग्र, हूल, •बाण, •भाला नोक.

**बाणाश्रय** = तरकस.
**बाणी** = धर्मादेश.

**बात** = आज्ञा, उक्ति, उल्लेख, कारण, गपशप, गुप्त सूचना, घटना, झूठा बहाना, झूठा बहाना, परिचर्चा, प्रतिष्ठा, बयान, बहाना, भाषण, रिमार्क, वचन, वाक्य, वार्तालाप, विचारविमर्श, विवाद, विषय, संदर्भ, संदेश, सूत्रवाक्य, हठ.

**बात** *सं* अभिलाप, अभिव्यक्त भाव विशेष, अभिव्यक्त विचार, आख्यान, आलाप, *उक्ति*, उद्‌गार, *कथ्य*, कहा, कही, गुफ़्त, ज्ञप्ति, *बयान*, बैन, बैना, बोल, *बोली*, भणित, भाख, *भाषा*, भाषित, *भाष्य*, *वचन*, वद, वाक्, *वाक्य*, *वाचा*, वाणी, वार्ता, *शब्द*, शब्द समूह, संभाषित, *संवाद*, •उक्ति, •कथन, •वार्तालाप.

**बात कटाई** = क़ताकलामी.
**बात कहना** = कहना.
**बात का धनी** = संकल्पशील.
**बात का पक्का** = संकल्पशील.
**बातचीत** = गपशप, परिचर्चा, भेंटवार्ता, मुलाक़ात, वादविवाद, वार्तालाप, विचारविमर्श, संधि वार्ता, संवाद.
**बात न मानना** = ठुकराना.
**बातफ़रोशी** = खुशामद.
**बात बदलना** = मुकरना.
**बात बनाई** = झूठा बहाना.
**बात मनवाना** = मनवाना.
**बात मनवा लेना** = मनाना.
**बात मानना** = मनुहारना.
**बातरतीब** = क्रमशः, योजित.
**बातरीक़ा** = क्रमिक.
**बातिल** = निरस्त.
**बातिलपरस्त** = मूर्तिपूजक.
**बाती** = दीपक बाती, बत्ती.
**बातुलता** = पागलपन.
**बातूनी** = बहिर्मनस्क.

**बातूनी** *वि* अतिभाषी, अतिवादी, मुखचपल, मुखर, वाग्विलासी, वाचाट, वाचाल, सुवाग्मी, •गपरसिया, •बकवासी, •बहिर्मनस्क, •हाज़िरजवाब, ▪मौन व्रती, ▪स्वल्पभाषी.

**बातूनीपन** = बतरस.
**बातूनी व्यक्ति** = बतरसिया.
**बाथ** = स्नानागार.
**बाथरूम** = स्नानागार.
**बाथू** = बथुआ.
**बाद** = फिर, बाद में, वायु.
**बादकश कुली** = पंखा कुली.
**बाद का** = अंतिम, उत्तरवर्ती, निम्नोक्त, पछेती (फ़सल), समयोपरांतीय.
**बादगर्द** = चक्रवात.
**बादजान** = बैंगन.
**बादनुमा** = वात दिशायंत्र.
**बादबान** = नौका पाल.

**बाद में** *क्रिवि* अनंतर, अपरंच, *आगे*, उत्तरकाल में, उपरांत, तदनंतर, तदुपरांत, *पीछे*, फिर कभी, बाद, •अब के बाद, •इस के बाद, •तब के बाद, •फिर, •समय के बाद, ▪पहले, ▪पूर्वतर.

**बाद में उगने वाला** = पछेती (फ़सल).
**बादर** = मेघ.
**बादरा** = कपास.
**बादरायण** = वेदव्यास.
**बादरायण दर्शन शास्त्र** = वेदांत दर्शन.
**बादल** = मेघ.
**बादला** = ज़री, वस्तु विनिमय, समाकलन.
**बादशाह** = राजा, राजा सूची भारतीय, सम्राट, सर्वोच्च सत्ताधारी.
**बादशाहत** = अकड़, राजतंत्र, स्वाधीनता.
**बादशाही** = राजतांत्रिक, राजसी.
**बादाम** = गुठली गिरी, तिहलन.

**बादाम** *सं* नेत्रोपम, नौजा, लौज़, वाताम.

**बादाम तेल** = तेल.
**बादी चढ़ना** = मुटाना.
**बादे फ़िरंग** = आतशक.
**बाधक** = अवरोधात्मक.
**बाधना** = बाधा.
**बाधयिता** = अड़ंगेबाज़, अपकारी, अपकारी.
**बाधा** = अवरोध, असमावेश, कठिन कार्य, गतिरोध, प्रतिबंध, प्रतिरोध, भूतबाधा, रोग, विलंब, संकट, हस्तक्षेप.

**बाधा** *सं* अंडस, अटक, अटकन, अटकाव, अड़ंगा, अड़चन, *अवरोध*, *कंटक*, कार्य बाधा, कार्यावरोध, खलल, झंझट, थाम, निरोध, पख, *प्रतिबंध*, *प्रतिरोध*, बंदिश, बंधन, बाधना, यति, रुकावट, रोक, रोकटोक, रोका, रोध, विघ्न, व्यवधान, व्याघात, •अवरोध, •विलंब, ▪प्रगति, ▪रवानी.

**बाधाग्रस्त** = अवरुद्ध.
**बाधा डालना** = रोधना.
**बाधात्मक** = अवरोधात्मक.
**बाधा निवारण** = परित्राण.
**बाधापूर्ण** = अवरोधात्मक.
**बाधाहीन** = अनवरुद्ध.
**बाधित** = अवरुद्ध, अहाताबंद, विलंबित, विवश.
**बाधितता** = गतिरोध.
**बाधिता** = अड़ंगेबाज़, अपकारी, अपकारी.
**बाधी** = अनिष्टकारी.
**बाध्य** = उत्तरदायी, विवश.
**बाध्यता** = दायित्व.
**बान** = अकड़ की चाल, अभ्यास, आतिशबाज़ी सुर्रा, आदत, कुटेव, बाण, मूँज, सजावट, हठ.
**बानक** = पूर्वलक्षण, शकुन, संयोग.
**बानगी** = आस्वादन, नमूना.

**बानतेल** *सं* ईंच, ईंचें, उबटन लगाई, कन्यास्नान, तेल हलदी, वरस्नान, सिंगार, *स्नान*, हलद हात, हलदी तेल, •अंगराग, •नहछू, •विवाह.

**बानर** = बंदर, वानर.
**बानरी** = बँदरिया.
**बाना** = कपड़ा चौड़ाई, नाट्यवेश, परिधान, बुनावट, वर्ण, वेश.

**बाना** *सं* प्रोत, भरनी, वान, •ताना, •बुनाई.

**बानाम** = प्रसिद्ध.
**बानी** = उक्ति, कविता, काव्य, प्रेरयिता, वाचा.
**बानैत** = धनुषधारी, योद्धा.
**बानो** = कुलीन स्त्री.
**बाप** = पिता.
**बाप घर** = पीहर.
**बाप छोटा भाई** = चाचा.

**बापदादा** = गुरुजन.
**बापदादा के ज़माने का** = प्राचीन.
**बापदादे** = गुरुजन, पूर्वज समष्टि.
**बापा** = पिता.
**बापुरा/बापुरी** = कंगाल, महत्त्वहीन, साधनहीन.
**बापू (गुजरात)** = राजा.
**बाफ़** = बुनकर, बुनाई.
**बाब** = अध्याय.
**बाबत** = विषयक, संदर्भीय.
**बाबा** = दादा, पिता, मठवासी, वृद्ध पुरुष, शिशु, संन्यासी, साधु.
**बाबा आदम** = आदम.
**बाबा आदम का ज़माना** = प्रागितिहास काल.
**बाबा आदम के ज़माने का** = प्रागितिहासिक, प्राचीन.
**बाबा जी** = संन्यासी, साधु.
**बाबादादे** = पूर्वज समष्टि.
**बाबा लोग** = संतान.
**बाबा विश्वनाथ** = शिव.
**बाबुनियाद** = तथ्यात्मक.
**बाबुल** = पिता.
**बाबुश्का** = स्कार्फ़.
**बाबू** = कुलीन पुरुष, क्लर्क, जमींदार, लिपिकार.
**बाबूडम** = राज्य सेवा.
**बाबूशाही** = नौकरशाही, राज्य सेवा.
**बामज़ा** = रोचक.
**बामुराद** = पूर्णेच्छ, संतुष्ट, सफल.
**बाम्हन** = पंडा, ब्राह्मण, रसोइया.
**बाम्हनी** = ब्राह्मण स्त्री, रसोईदारिन.
**बाय** = गठिया, चपरासी, वेटर.
**बायकाट** = बहिष्कार.
**बाय का दर्द** = गठिया.
**बाय गोला** = अफारा.

**बायन** *सं* बयना, बायना, बैना, •परोसा, •संजोया.

**बायन प्रतिदान** = संजोया.
**बायन वापसी** = संजोया.
**बायना** = बायन.

**बायलर** *सं* क्वथनित्र, तापित्र, फ़रनेस, बौइलर, वाष्पित्र, •ओवन.

**बायस्कोप** = पीपशो, फ़िल्म, सिनेमाघर.
**बायाँ** = बाँयाँ/बाँईं.
**बायाँ/बाईं** = बाँयाँ/बाँईं.

**बायोडाटा** *सं* इतिवृत्त, इतिहास, *कैरियर*, क्वैश्चनेअर, पुरावृत्त, *प्रश्नावली*, *योग्यता*, योग्यता वर्णन, व्यावसायिक इतिहास, •आवेदन पत्र.

**बायोलाजी** = जैविकी.

**बारंबार** *क्रिवि* अकसर, *अनेकदा*, अहोरा बहोरा, घड़ी घड़ी, निरंतर, पुनः पुनः, पुनि पुनि, *प्रायः*, फिर फिर, बार बार, लौट फिर कर, हिर फिर कर, •अनेकदा, •हमेशा.

**बार** = काउंटर, डंडा घोड़ी, द्वार, पानगृह सूची, मद्यकक्ष, सरिया.
**बारख़ाना** = मालगोदाम.
**बारगाह** = दरबार, न्यायालय भवन.
**बारगीर** = कुली, घसियारा, भारवाहक.
**बारजा** = छज्जा.

**बारटेंडर** *सं* चषकवाहक, टैप्स्टर, पब्लिकन, बारमैन, मद्यदाता, साक़ी, ▪साक़ी बाला.

**बारदाना** = थैला, रसद.
**बारबरदार** = कुली, पालकी वाहक.
**बारबरदारी** = क़ुलीगीरी, ढुलाई.
**बार बार** = आग्रहपूर्ण, प्रायः, बारंबार.
**बार बार कहने योग्य** = उद्धरणीय.
**बार बार दोहराना** = रटना.
**बार बार दोहराया अनावश्यक शब्द/उपवाक्य** = तकिया क़लाम.
**बार बार होने वाला** = आवृत्तिशील.
**बारमेड** = वेटर, साक़ी बाला.
**बारमैन** = बारटेंडर.
**बारयाबी** = पहुँच.
**बाररूम** = पानगृह सूची, मद्यकक्ष.
**बारह** = बारह समुदाय.

**बारह** *सं* 12, ग्यारह जमा एक, दर्जन, द्वादश.

**बारह जमा एक** = तेरह.
**बारहदरी** = दालान, बरामदा.
**बारह दर्जन** = एक सौ चवालीस समुदाय.
**बारह बजे से पहले** = पूर्वाह्न.
**बारहबानी** = असली, दक्ष, परिपूर्ण.
**बारह मन की धोबिन** = पीपशो.
**बारह मसालों की चाट** = विविधा.
**बारह महीने** = वर्ष.
**बारहमासी** = वार्षिक.

**बारहमासी** *वि वार्षिक*, सदापर्ण, सदापुष्प, सदाप्रसून, सदाबहार, सर्वकालीन, सार्वकालिक, ▪मौसमी.

**बारह वफ़ात** = बारावफ़ात.

**बारह समुदाय** *सं* डज़न, दर्जन, *बारह*.

**बारहसिंगा** *सं* ऋष्य, महामृग, विकट शृंग.

**बारा** = पुत्र.
**बारात** = वरयात्रा, वृंद.
**बाराती** = बराती.
**बारानी** = असिंचित, बरसाती कोट.

**बारावफ़ात** *सं* ईदे मिलाद, बारह वफ़ात, मिलादुन्नबी, मुहम्मद जन्म दिवस, मुहम्मद निधन दिवस, •ईद.

**बारिक** = बैरक.
**बारिश** = बरसात.

**बारिश** *सं* *छिड़काव*, छींटा, जलवर्षा, झड़ाझड़ी, झड़ी, झाल, झींसी, टपका टपकी, धड़ाका, पानी, *फुहार*, बरखा, *बरसात*, बूँदाबाँदी, बौछार, मींह, मी, मेह, मेहा, रिमझिम, रुन्नक झुन्नक, लहरा, वर्षा, वृष्टि, सीकर, •इंद्र, •इंद्रधनुष, •छाता, •जल, •मेघ, •सिंचन.

**बारिश का मौसम** = बरसात.
**बारी** = आवृत्ति, उपद्वार, क्यू, खिड़की, खेल चाल, पाली, बँगला.

**बारी** *सं अवसर*, इनिंग, टर्न, दफ़ा, दाँवँ, नंबर, पारी, पाला, *पाली*, पीस (ताश), बाँट (ताश), बाज़ी, मौक़ा, राउंड, रौंद, हाथ (ताश), हाफ़ टाइम, •पाली.

**बारीक़** = अबोध्य, कनकना/कनकनी, तीक्ष्ण, पतला/पतली, पतला/पतली, पेचीदा डिज़ाइन वाला, बारीक़ पिसा,

संकीर्ण, संकीर्ण, सटीक.
**बारीक़ अर्थ** = व्यंजनार्थ.
**बारीक़ आटा** = मैदा.
**बारीक़ करना** = पीसना.
**बारीक़ डिज़ाइन वाला** = पेचीदा डिज़ाइन वाला.

**बारीक़ पिसा** *वि* पतला/पतली, बारीक़, महीन, *सूक्ष्म*, •चूर्णित, •पिसा/पिसी.

**बारूद** *सं* गन पावडर, गोला बारूद, विस्फोटक, विस्फोटव्य, स्फोटक, •धमाका, •पलीता, •बम.

**बारूदख़ाना** = बारूदघर.
**बारूद गोला** = बम.

**बारूदघर** *सं* गोलीघर, बारूदख़ाना, मख़ज़न, मैगज़ीन.

**बारूद पलीता** = पलीता.
**बारूदी** = विस्फोटशील.
**बारूदी अस्त्र** = आग्नेयास्त्र.

**बारूदी सुरंग** *सं* माइन, *सुरंग*.

**बारूदी हथियार** = आग्नेयास्त्र.
**बारे** = आख़िरकार.
**बारेक** = एक बार.

**बारेज** *सं* अड़, परिघ, बैरेज, *वार*, संबर, सेतु, •बाँध.

**बारोज़गार** *वि* आजीविकायुक्त, *कार्यरत*, ख़ाली नहीं, *नियुक्त*, व्यवसाययुक्त, सेवारत, •व्यस्त, ■बेरोज़गार.

**बार्गेन** = सौदा.

**बार्ज** *सं* चौड़ा पैंदा नौका, तरांधु, तरालू, पौंटून.

**बार्टर** = वस्तु विनिमय.
**बार्थोलोम्यू** = ईसा संदेश वाहक.
**बार्बरीट** = राँगा.
**बार्स** = डंडा घोड़ी.
**बाल** = अनाज बाल, केश, गेंद, गोली, झिरी, तंतु, बीजकोश, रोआँ, लड़का, शरीर रोम.
**बाल/बाला** = शिशु.
**बाल अवस्था** = बचपन, बचपन.
**बाल आना** = तड़कना.
**बाल उपवन** = बालोपवन.
**बालक** = अल्पायु, पुत्र, लड़का.
**बालक/बालिका** = शिशु.
**बाल कटाई** = केश कर्तन.

**बालकथा** *सं* दादी की कहानी, नानी की कहानी, •परीकथा, •पशुपक्षी कथा.

**बालक बारे** = संतान.
**बालकवत्ता** = शिशुवत्ता.
**बालकाल** = बचपन.
**बाल की ख़ाल निकलाई** = वितंडावाद.
**बाल की ख़ाल निकालने वाला** = वितंडावादी, सुरुचिमन्यक.
**बाल क्रीड़नक** = खिलौना.
**बाल खड़े होना** = सिहरना.
**बालगोपाल** = वंशज समष्टि, संतान.
**बालग्रह** = शिशु रोग.
**बाल चंद्र** = दूज का चाँद.
**बालचर्या** = शिशुचर्या.
**बालज़्ज़त** = स्वादयुक्त.

**बालटी** *सं* कैन, *डोल*, डोलची, बकट.

**बालदार** = रोमल.

**बाल दिवस** *सं* 14 नवंबर, नेहरू जन्म दिवस.

**बाल धुलाई साबुन** = शैंपू.
**बालना** = सुलगाना.
**बाल पकना** = बुढ़ाना.
**बाल पड़ना** = तड़कना.
**बालपन** = बचपन, बचपन.
**बाल पोथी** = वर्णमाला पुस्तक.
**बालप्रेम** = वात्सल्य.
**बालबच्चे** = गृहस्थी, परिवार जन, लघुजन, संतान.
**बालबच्चेदार** = संतानवती, संतानवान.
**बालबच्चे वाली** = संतानवती.
**बालबच्चों वाला** = संतानवान.
**बालबच्चों वाली** = संतानवती.
**बालबाँधा** = आज्ञाकारी.
**बालबाड़ी** = बालोपवन.
**बाल बुद्धि** = शिशुवत्ता.
**बाल ब्रह्मचारी/बालब्रह्मचारिणी** = अविवाहित.
**बालभृत्य** = शिशुचर्या.
**बालम** = प्रेमी.
**बालमा** = प्रेमी.

**बालमित्र** *सं* बचपन का यार, बालसखा, मीत, मीता, लँगोटिया, लँगोटिया यार, हमजोली.

**बालमृग** = मृगछौना/मृगछौनी.
**बाल रोग** = शिशु रोग.
**बालवत्ता** = शिशुवत्ता.
**बालवाटिका** = बालोपवन.
**बाल वृद्धता** = सठियायापन.
**बाल संध्या** = गोधूलि बेला.
**बालसखा** = बालमित्र.
**बाल समूह** = लट.
**बालसुलभ** = शिशुवत.
**बालसुलभता** = शिशुवत्ता.
**बाल हठ** = ठिनक.
**बाला** = उच्चाशय, उत्तम, ऊँचा/ऊँची, किशोरी, कुँवारी, क्रौंच, प्रेमिका, बछिया, महान, युवती, लड़की, षोडशी, सुंदर स्त्री.
**बाला/बाली** = शिशुवत.
**बालाई** = उच्चभाग, ऊँचाई, मलाई.
**बालाई आमदनी** = रिश्वत.
**बाला कुप्पी** = क्रेन.
**बालाख़ाना** = दृश्यावली कक्ष, बरसाती कमरा.
**बालापन** = बचपन, बचपन, शिशुवत्ता.
**बालापोश** = बैडशीट, लिहाफ़.
**बालामय** = शिशु रोग.
**बालिका** = किशोरी, लड़की.
**बालिग़** = वयस्क.
**बालिश** = तकिया, मंदधी, सठियाया/सठियाई.
**बालिश्त** = अंजलि.

**बालिश्त** *सं* *अंजलि*, इंच 9, *तालिका*, *दस्त*, पाणि, बित्ता, हथेली फैलाव.

**बालिश्तिया** = ठिंगना/ठिंगनी, बौना.
**बालिश्य** = बचपन, शिशुवत्ता.
**बालिस्टिक मिसाइल** = प्रक्षेपास्त्र.
**बालिहंता** = राम.
**बाली** = अनाज बाल, तकिया, बुंदा, वानर सूची.

**बाली** *सं* इंद्रसुत, किष्किंधा राजा,

तारापति, सुग्रीव भाई, सुग्रीवाग्रज, •तार, •राम, •वानर, •सुग्रीव, •हनुमान.

**बालीवुड** = फ़िल्म जगत.
**बालु** = रेत.
**बालुका** = रेत.
**बालू** = रेत.
**बालू की घड़ी** = रेतघड़ी.
**बालूदार** = रेतीला/रेतीली.

**बालूशाही** *सं* खुरमा, मक्खन बड़ा, •मिठाई.

**बालेंदु** = दूज का चाँद.
**बाले** = लघुजन.
**बालों वाला** = केशयुक्त, रोमल.
**बालोचित** = शिशुवत.
**बालोचितता** = शिशुवत्ता.
**बालोपचार** = उपनयन संस्कार.

**बालोपवन** *सं* चिल्ड्रंस गार्डन, बच्चों का बाग़, बाल उपवन, बालबाड़ी, बालवाटिका.

**बाल्कनी** = छज्जा.
**बाल्टू** = काबला.
**बाल्य** = शैशव.
**बाल्यकाल** = बचपन, बचपन.
**बावजूद** = यद्यपि.
**बावटा** = ध्वज.
**बावड़ी** = कूप.
**बावनगज़ा** = तेंदू.
**बावनगज़ा/बावन्जगज़ी** = महाकाय.
**बावन वीर** = महानायक, महारथी, वीर पुरुष.
**बावफ़ा** = कर्तव्यपरायण, निष्ठावान, संकल्पशील.
**बावरची** = रसोइया.
**बावरचीख़ाना** = रसोईघर.
**बावरा/बावरी** = पागल.
**बावला/बावली** = पागल, सनकी.
**बावलापन** = पागलपन, सनक.
**बावैला** = आर्तनाद, कोलाहल, हल्लागुल्ला, हाँका.
**बाशऊर** = शिष्ट.
**बाशिंदगी** = निवासिता.
**बाशिंदा** = आवासी, नागरिक.
**बासंती** = जूही.
**बास** = गंध, दुर्गंध, महाप्रबंधक.
**बासन** = बरतन.
**बासना** = महकाना.
**बास मारना** = गंधाना.
**बासलीक़ा** = विनम्र, शिष्ट.
**बासव** = इंद्र.
**बासा** = घर, निवास, पड़ाव, पांथशाला.
**बासी** = आवासी, निवासी, पुराना/पुरानी, फ़ैशन के बाहर, बुसा/बुसी, रोगकारक.

**बासी** *वि* पुराना/पुरानी, यातयाम, रखा/रखी, वासित, •बुसा/बुसी, ▪ताज़ा.

**बासी नहीं** = ताज़ा.
**बासीमुँह** = ख़ाली पेट.
**बासुंदी** = रबड़ी.
**बासौंधी** = रबड़ी.
**बास्केट** = खेल गोल, टोकरा टोकरी.
**बाहँ** = आस्तीन.
**बाहर** = कहीं और, दूरी पर, धरातल पर, निर्गम द्वार, बाहरगाँव, विदेश, शौचस्थान.

**बाहर** *क्रिवि* आउट, खुले में, परे, पार, •अंदर, •दूरी पर, •बाहरगाँव, ▪अंदर, ▪में.

**बाहर का** = बाह्य.
**बाहर का रास्ता** = निर्गम द्वार.

**बाहरगाँव** *वि* अन्यत्र, आउट आफ़ स्टेशन, गया/गई, बहिर्गत, बहिर्ग्राम, *बाहर*, •अनुपस्थित, •कहीं और, •बाहर.

**बाहरगामी** = निर्गमनशील.
**बाहर जाता** = निर्गमनशील.
**बाहर जाना** = जा बसना, निकलना.
**बाहर निकला दाँत** = उद्दंत.
**बाहर बसना** = जा बसना.
**बाहर भीतर** = हर ओर.
**बाहरला/बाहरली** = बाह्य.
**बाहर वाला** = बाह्य.
**बाहर वाला आँगन** = सामने वाला आँगन.
**बाहर से आ बसना कर्म** = आप्रवासन.
**बाहर होने वाला** = आउटडोर.
**बाहरी** = अंतरक्षेत्रीय, आप्रवासी, बाह्य, विदेशवासी.
**बाहरी कमरा** = मर्दानख़ाना.
**बाहरी कोट** = ओवरकोट.
**बाहरी भाग** = बाह्यभाग.
**बाहरी मार्ग** = रिंग रोड.
**बाहरी रेखा** = बाह्य रेखा.
**बाहु** = कंधा-कलाई हाथ, कंधा-कुहनी हाथ, पंख, भुजा, हाथ.
**बाहुक** = नकुल.
**बाहुपाश** = आलिंगन.
**बाहुबल** = वीरता.
**बाहुयुद्ध** = कुश्ती.
**बाहुयोधी** = कुश्तीबाज़.
**बाहुवीर्य** = वीरता.
**बाहु व्यायाम** = डंड बैठक.
**बाहुशाली** = भीम.
**बाहुहीन** = लूला/लूली.
**बाहोश** = सचेत.
**बाहोशी** = चेतना.

**बाह्य** *वि* अनांतरिक, बहिरंग, बहिर, बहिर्वर्ती, बाहर का, बाहरला/बाहरली, बाहर वाला, बाहरी, बाह्यवर्ती, बाह्यस्थ, •आप्रवासी, •दिखावटी, •परदेशी, •विदेशी, •सीमांतरीय, ▪आंतरिक, ▪मध्यमीय.

**बाह्य आकाश** = अंतरिक्ष.
**बाह्य आडंबर** = दिखावा.
**बाह्यक्षेत्र** = सीमेतर क्षेत्र.

**बाह्यक्षेत्र** *सं* अनाच्छादित क्षेत्र, खुला मैदान, *चंद्रमा*, पेड़ पौधे, बाह्य जगत, •खेल मैदान, •मैदान, •लैंडस्केप चित्र, ▪अंतर्भाग.

**बाह्य गमन** = निर्गम.
**बाह्य चिकित्सा** = ऐलोपैथी.
**बाह्य जगत** = प्रकृति, बाह्यक्षेत्र.
**बाह्यतल** = उत्तल.

**बाह्यभाग** *सं* बाहरी भाग, ▪अंतर्भाग

**बाह्य भुजा माप** = सीमा माप.
**बाह्य मंगोलिया** = मंगोलिया.

**बाह्य रेखा** *सं* आउटलाइन, आकार रेखा, ख़ाका, *ढाँचा*, *परिधि*, परिरेखा, बाहरी रेखा, •रेखा, •सीमारेखा.

**बाह्यवर्ती** = बाह्य.
**बाह्यस्थ** = बाह्य.
**बाह्याकाश यात्रा** = अंतरिक्ष यात्रा.
**बाह्याचरण** = पाखंड.
**बाह्योपचार** = ऐलोपैथी.
**बिंदा** = बिंदी.
**बिंदास** = अलमस्त, उन्मुक्त, निश्चित.
**बिंदासपन** = अलमस्ती.
**बिंदिया** = बिंदी.
**बिंदी** = अनुस्वार चिह्न, टिकली, बिंदु.

**बिंदी** *सं* *टिकली*, *तिलक*, बिंदा, बिंदिया, बिंदुली, माथा बिंदी, श्री, •कुमकुम, •चंदन, •तिलक, •मस्तक, •रोली, •सिंदूर.

**बिंदीदार** = चितकबरा/चितकबरी.
**बिंदु** = आयामहीन बिंदु, कण, कथ्य, केंद्रबिंदु, पिक्सल, बूँद.

**बिंदु** *सं* चित्ती, *चिह्न*, नुक़्ता, पाइंट, *बिंदी*, बिंदु चिह्न, बूँद, •कण, •केंद्रबिंदु, •पिक्सल, •रेखा.

**बिंदु चिह्न** = बिंदु.
**बिंदुफल** = मोती.
**बिंदुयुक्त** = चितकबरा/चितकबरी.
**बिंदु रेखक** = अनुस्वार.
**बिंदुल** = पिक्सल.
**बिंदुली** = बिंदी.
**बिंधना** = उलझना.
**बिंधा/बिंधी** = छिद्रित, विद्ध.
**बिंधाई** = वेधन.
**बिंब** = इलस्ट्रेशन, काव्य बिंब, चित्र, परछाईं, प्रतिबिंब, प्रतीक, फ़ोटोग्राफ़.

**बिंब विधान** *सं* *कल्पना*, कल्पना सृष्टि, चित्रात्मक वर्णन, बिंबात्मक वर्णन, मनोदृश्यावली, संकल्पना, संकल्पना, सादृश्य वर्णन, •प्रतीक, •शब्दचित्र.

**बिंबात्मक** = चित्रात्मक, प्रतीकात्मक.
**बिंबात्मक वर्णन** = बिंब विधान.
**बिंबाधरोष्ठा** = सुंदर स्त्री.
**बिकवाल** = विक्रेता.
**बिकवाली** = बिक्री.

**बिका/बिकी** *वि* गया/गई, दिया/दी, निकला/निकली, निकाला/निकाली, बेचा/बेची, विक्रीत, विगत, ▪अविक्रीत, ▪ख़रीदा/ख़रीदी.

**बिकाऊ** = अवसरवादी, दलबदलू, निष्ठाहीन, बेईमान, भ्रष्ट, विक्रयार्थ, विक्रेय, सस्ता/सस्ती.

**बिकाऊ** *वि* *उपयोगी*, चलताऊ, जनप्रिय, *प्रचलित*, माँग में, *लोकप्रिय*, *सफल*, सर्वकाम्य, •विक्रयार्थ, •विक्रेय, •सस्ता/सस्ती.

**बिक्री** *सं* खपत, गाहकी, दिवाली, निकासी, फ़रोख़्त, बिकवाली, बेच, विक्रय, विपण, विपणी, *सेल*, •उधार बिक्री, •कुल बिक्री, •नक़द बिक्री, •पहली बिक्री, •उत्पादन, •नीलामी, •मूल्य, •वस्तु विनिमय, ▪ख़रीद.

**बिक्री कला** = सेल्समैनशिप.

**बिक्री बिल** *सं* चिट्ठा, देयपत्र, *बिल*, बीजक, मालसूची, *हुंडी*, •कैश मीमो, •रसीद.

**बिक्रीयोग्य** = विक्रेय.
**बिखरना** = ठिनकना, ढुलकना, रोना.

**बिखरना** *क्रि* छितरना, *फैलना*, बगरना, बिछना, बिथरना, •उमगना, •टूटना, •ढुलकना.

**बिखरा/बिखरी** = अयोजित, अव्यवस्थित, एकताहीन, क्रमहीन, विकेंद्रित, विपंक्तिकृत.
**बिखराई** = बिखराव.
**बिखरा नहीं** = क्रमबद्ध.
**बिखराना** = छिड़कना, ढुलकाना, बरसाना, बिखेरना.
**बिखराव** = अव्यवस्था, उमगाव, एकताहीनता, छोप, पस्ती, विकिरण, विघटन, विपंक्तिकरण.

**बिखराव** *सं* अगुच्छन, आवापन, उपकिरण, क्षेपण, खिंडाव, छिटकाई, छिटकार, छिटकाव, छितराई, छितराव, परिक्षेप, परिक्षेपण, प्रकीर्ण, प्रकीर्णन, प्रसरण, प्रसारण, फैलाई, फैलाव, बिखराई, विकीर्णन, विक्षेप, विसर्जन, •उमगाव, •प्रक्षेपण.

**बिखरे लोग** = विस्थापित जन.

**बिखेरना** *क्रि* *उड़ाना*, खिंडाना, छिटकाना, छितराना, *पसारना*, फैलाना, बखेरना, *बरसाना*, बिखराना, *बिछाना*, बिथराना, बिथोरना, बौछार करना, •छिड़कना, •ढुलकाना, •फुहारना, •फेंकना.

**बिग** = बृहत.
**बिगटौप** = सरकस, सरकस तंबू.
**बिगड़ता/बिगड़ती** = अवनतिशील, झुँझलाता/झुँझलाती, ह्रासशील.
**बिगड़ना** = खीजना, डाँटना, सड़ना.

**बिगड़ना** *क्रि* *अटकना*, काम न करना, ख़राब होना, ख़राब होना, *घिसटना*, *चरमराना*, चर्राना, जवाब देना, जाम होना, *टूटना*, ठप होना, थमना, बंद होना, *रुकना*, *लटकना*, विकारयुक्त होना, विकृत होना, •घिसटना, •चरमराना, ▪सुधरना.

**बिगड़ा/बिगड़ी** = अवनत, अशुद्धार्थित, आउट आफ़ आर्डर, छकड़ा, तुड़ा मुड़ा/तुड़ी मुड़ी, दुराचारी, भ्रष्ट, लड़बावला/लड़बावली, विकृत.
**बिगड़ाव** = विकृति.
**बिगड़ी** = कुलटा.
**बिगड़ैल** = कलहप्रिय, क्रोधी, स्वेच्छाचारी.
**बिगाड़** = कलह, तोड़फोड़, तोड़ मरोड़, दुर्लालन, मित्रताभंग, विकृति.
**बिगाड़ना** = उकसाना, उजाड़ना, तोड़ना मरोड़ना.

**बिगाड़ना** *क्रि* *उजाड़ना*, ख़राब करना, *तोड़ना*, *तोड़ना मरोड़ना*, नष्ट करना, भंडना, भाँड़ना, विकार करना, विकारयुक्त करना, विकृत करना, ▪जीर्णोद्धार करना, ▪बनाना, ▪मरम्मत करना, ▪सजाना, ▪सुधारना.

**बिगाड़ने की हद तक लाड़ दुलार** = दुर्लालन.
**बिगाड़ा/बिगाड़ी** = अशुद्धार्थित.
**बिगाड़ू** = नाशकारी.

**बिगुल** = आरंभ संकेत सूची, युद्धनाद, संकट सूचना.

**बिगुल** *सं* पमपम, पौंपौं, भौंपू, *हार्न*, •तुरही, •शंख, •सीटी, •हौर्न.

**बिगुल ध्वनि** = तूर्यनाद, युद्धनाद.
**बिगुल नाद** = तूर्यनाद.
**बिच** = आंतरिक, बीच में.
**बिचकना** = चौंकना, बिदकना.
**बिचका/बिचकी** = तुड़ा मुड़ा/तुड़ी मुड़ी.
**बिचमाँदा/बिचमाँदी** = मध्यमस्तरीय.
**बिचलन** = विचलन.
**बिचलना** = चूकना, डगमगाना, ललचना.
**बिचला/बिचली** = आंतरिक, कामचलाऊ, मझला/मझली, मध्यम, माध्यमिक अवस्था वाला.
**बिचलाऊ** = विचलनकारी.
**बिचलाना** = डिगाना.
**बिचली उँगली** = मध्यमा उँगली.
**बिचवई** = मध्यस्थ.
**बिचवाड़ा** = मध्यभाग.
**बिचुआ** = विवाह घटक.
**बिचौलिया** = दलाल, मध्यस्थ, विवाह घटक.
**बिच्छी** = बिच्छू.
**बिच्छू** = वृश्चिक राशि.

**बिच्छू** *सं* खर्जुरक, खर्जूर, द्रूण, *द्रोण*, पुच्छकंटक, पृदाकु, बिच्छी, *बिछुआ*, विषपुच्छ, वृश्चन, वृश्चिक, स्कार्पियन, •डंक.

**बिछड़ना** = बिछुड़ना.
**बिछना** = गिड़गिड़ाना, बिखरना, लेटना.
**बिछलना** = फिसलना, लड़खड़ाना.
**बिछाना** = छिड़कना, बिखेरना, संहारना, हराना.

**बिछाना** *क्रि* खोलना, डालना, *तानना*, *पसारना*, पारना, फैलाना, •ढाँपना.

**बिछावट** = डिस्प्ले.
**बिछावन** = गद्दा, फ़र्शी चादर.
**बिछिया** = बिछुआ.
**बिछुआ** = बिच्छू.

**बिछुआ** *सं* नहिअन, पैर उँगली आभूषण, बिछिया, •अँगूठी, •अनवट.

**बिछुड़न** = विदा, वियोग, विसंयोग.

**बिछुड़ना** *क्रि* अलग होना, उचटना, *कटना*, छूटना, *जाना*, *टूटना*, *निकलना*, *फटना*, बिछड़ना, बिथरना, बिलगना, विलगना, विलग होना, हूटना, •जाना, ▪आना, ▪मिलना, ▪लगना.

**बिछुड़ा** = वियोगी.
**बिछुड़ा/बिछुड़ी** = खोया/खोई.
**बिछुड़ाना** = विलगाना.
**बिछुड़ाव** = विलगाव.
**बिछुड़ी** = वियोगिनी.
**बिछुरंता** = वियोगी.
**बिछोह** = वियोग.
**बिछोहिनी** = वियोगिनी.
**बिछोहिया** = वियोगी.
**बिछौना** = गद्दा.
**बिछौनिया** = गद्दी.
**बिछौनी** = गद्दी.
**बिजना** = पंखा.
**बिज़नैस** = व्यापार.
**बिज़नैसमैन** = व्यापारी.
**बिजली** = गुठली गिरी, मेघविद्युत, विद्युत ऊर्जा, विद्युतपात.
**बिजली की तरह** = द्रुततः.

**बिजलीघर** *सं* पावर हाउस, •जैनेरेटर.

**बिजली चमक** = विद्युल्लेखा.
**बिजली जैसा** = द्रुत.

**बिजली तार** *सं* कार्ड, केबल, *तार*, लाइन, वायर, वायरिंग.

**बिजली लट्टू** = बल्ब.
**बिजली वाला** = विद्युत कर्मी.
**बिजायठ** = बाज़ूबंद.
**बिजार** = साँड़.
**बिज़ी** = व्यस्त.
**बिजुरिया** = मेघविद्युत.
**बिजुरी** = मेघविद्युत.
**बिजूका** = कृषिरक्षक पुतला.
**बिजैंशियम** = तुर्की.
**बिजोग** = वियोग.
**बिज्जु** = मेघविद्युत.
**बिज्जुपात** = विद्युतपात.
**बिज्जुल** = मेघविद्युत.
**बिटबना** = निपल.
**बिटिया** = पुत्री.
**बिट्टो** = पुत्री, लड़की.
**बिठाना** = बैठाना.
**बिडरना** = बिदकना.
**बिताया/बिताई** = व्यतीत.
**बित्ता** = क्षमता, प्रताप, बालिश्त.
**बिथकना** = थकना.
**बिथरना** = बिखरना, बिछुड़ना.
**बिथराना** = बिखेरना, बोना.
**बिथोरना** = बिखेरना.
**बिदक** = बिदकन.

**बिदकन** *सं* चौंक, झिझक, ठिठक, डर, बिदक, हिचकिचाहट, •हिचक.

**बिदकना** *क्रि* उझकना, घबराना, *चमकना*, *चौंकना*, टिहुकना, ठिठकना, *डरना*, बिचकना, बिडरना, *भड़कना*, *हिचकना*, हिचकिचाना, •डगमगाना, •लँगड़ाना.

**बिदकाऊ** = उकसाऊ.
**बिदकाना** = उकसाना, चौंकाना, भड़काना.
**बिदरना** = फटना.
**बिदा** = निर्गम.

**बिदाई** *सं* कन्या विदा, *डोली*, पतिगृह गमन, बिदायगी, रवानगी, रुख़सत, रुख़सती, वरगृह गमन, *विदा*, विदाई, •गौना, •गौना, •निर्गम, •वरयात्रा, •विदा.

**बिदायगी** = बिदाई, विदा.
**बिदेस** = विदेश.
**बिद्ध** = विद्ध.
**बिधुरा** = लस्सी.
**बिन-** = पुत्र, सिवा.
**बिनती** = प्रार्थना.
**बिनन** = चुनन.
**बिनबुलाया/बिनबुलाई** = अनिमंत्रित.
**बिनब्याहा/बिनब्याही** = अविवाहित.
**बिनस** = चुनन.
**बिना** = आधार, कारण, नीवँ, रहित, सिवा.
**बिनाई** = चुगाई, बुनावट.

**बिना कौमा फ़ुलस्टाप** = लगातार.
**बिना गिने** = बेतहाशा.
**बिना घटाए** = विस्तारपूर्वक.
**बिना छिपे** = खुले आम.
**बिना देर** = ऐक्सप्रैस डिलीवरी.
**बिना देर किए** = तत्काल.
**बिना पलक गिराए** = अपलक.
**बिना पलक झपकाए** = अपलक.
**बिना बुझा चूना** = कलई चूना.
**बिना मतलब** = उद्देश्यहीनतः.
**बिना मसाले का** = बेमसाला.
**बिना मुड़े** = सीधे.
**बिना रुके** = तत्काल, लगातार.
**बिना विचारे** = अटकल के सहारे.
**बिना शक** = अवश्यमेव.
**बिना सोचे** = बेतहाशा.
**बिनौला** = तिहलन.
**बिनौला तेल** = तेल.
**बिपदा** = संकट.
**बिफरना** = ठिनकना, भड़कना.

**बिब** *सं रुमाल, स्कार्फ़*, •ऐप्रन, •नैपकिन.

**बिब्बो** = नख़रीली, सुंदर स्त्री.
**बिब्बोक** = गर्वोक्ति, नाज़नख़रा, रूपाभिमान.
**बिमोट** = बाँबी.
**बिमौटा** = बाँबी.
**बियर** = मद्य.

**बियर** *सं* जौ मद्य, बूज़ (फ़ारसी), यव मद्य, यव्या, सुरा.

**बियाबान** = आवासीहीन, निर्जन वन, मरुथल.
**बियाबानी** = वनवासी.
**बियाहना** = ब्याहना.
**बिरंग** = बहुरंगा/बहुरंगी.
**बिरंज** = पीतल.
**बिरता** = क्षमता, प्रतिष्ठा.
**बिरथा** = निरर्थक.
**बिरद** = प्रसिद्धि.
**बिरदैत** = प्रसिद्ध.
**बिरमना** = अटकना.
**बिरमाना** = फाँसना, फुसलाना, भरमाना, भूलना, मोहना, रुचना.
**बिरला/बिरली** = अनुपम, अल्पलभ्य, असामान्य, दुर्लभ, विचित्र.
**बिरले** = कम.
**बिरवा** = पौद, पौधा, वृक्ष.
**बिरह** = वियोग.
**बिरहन** = वियोगिनी.
**बिरहा** = वियोग, विरह वेदना.
**बिरहिन** = वियोगिनी.
**बिराजना** = फबना, बैठना.
**बिरादर** = भाई.
**बिरादरज़ादा** = भतीजा.
**बिरादरज़ादी** = भतीजी.
**बिरादरी** = क़बीला, गोत्र, जाति.
**बिरादरी वाले** = स्वजन.
**बिराना/बिरानी** = अपरिचित.

**बिरियानी** *सं* क़ोरमा पुलाव, पीकादियो, *पुलाव*, मांसोदन, सामिष पुलाव, •भात.

**बिरुद** = प्रसिद्धि.
**बिलंबित** = विमंदित, विमंदित.
**बिल** = गड्ढा, जावकपत्र, प्रस्ताव, बिक्री बिल.

**बिल** *सं* उत्खात, कंदरा, खोह, *गड्ढा*, ग़ार, *गुफा*, गुहा, *छिद्र*, छेद, *नीड़*, भंभा, माँद, *सुरंग*, •गुफा, •छिद्र, •जानवर, •नीड़, •बाँबी, •साँप, •सेंध.

**बिल (अमरीका)** = नोट.
**बिलकुल** = संपूर्णतः.
**बिलख** = रुदन.
**बिलखता/बिलखती** = शोकपूर्ण.
**बिलखन** = रुदन.
**बिलगना** = बिछुड़ना.
**बिलटी** = जावकपत्र.
**बिलना** = भ्रमर.
**बिलनी** = पलक फुंसी.
**बिलबिलाता/बिलबिलाती** = पीड़ित.
**बिलबिलाना** = गिड़गिड़ाना, छटपटाना.
**बिलबिलाहट** = गिड़गिड़ाहट, छटपटाहट.
**बिल बोर्ड** = नोटिस बोर्ड.
**बिलमाना** = मोहना.
**बिलल्ला/बिलल्ली** = अनाड़ी, आलसी, नौसिखिया, प्रयासहीन.
**बिला-** = रहित, रहित, सिवा.
**बिलाई** = चटकनी, बिल्ली.
**बिलाना** = गँवाना, गुमना.
**बिलायती बैगन** = टमाटर.
**बिलाया** = चटकनी.
**बिलावल** = प्रेमपात्र/प्रेमपात्रा, प्रेमी.
**बिलाशक** = अवश्यमेव.
**बिलियन** = अरब.
**बिली** = बिल्व.
**बिलैया** = बिल्ली.

**बिलैया** *सं* किटन, पूसी, बिलौटा/बिलौटी, बिल्ली शिशु, शिशु बिल्ली, •पिल्ला/पिल्ली, •बिल्ली.

**बिलोई** = मंथन.
**बिलोड़ना** = मथना.
**बिलोना** = मथना.
**बिलोनी** = मंथनदंड.
**बिलोलना** = लहरना.
**बिलौटा/बिलौटी** = बिलैया.
**बिल्कुल** = अवश्यमेव, आकलित, संपूर्ण, संपूर्णतः, हाँ.
**बिल्कुल अपना** = अंतरंगतम.
**बिल्कुल अलग** = विपरीत.
**बिल्कुल छोटा** = सूक्ष्म.
**बिल्कुल ठीक** = सही साइज़ का.
**बिल्कुल नहीं** = कभी नहीं, नहीं.
**बिल्कुल सही** = ठीक.
**बिल्कुल सामने** = सीधे.
**बिल्कुल सीधे** = सीधे.
**बिल्कुल हाल का** = निकट भूतकालीन.
**बिल्डर** = निर्माण ठेकेदार.
**बिल्डिंग** = भवन निर्माण.
**बिल्फ़र्ज़** = मानो.
**बिल्ला** = टिकट, पदक, पुरस्कार सूची, बैज.
**बिल्ली** = चटकनी.

**बिल्ली** *सं* कैट, चूहेखानी, पूसी, बिलाई, *बिलैया*, मार्जारी, विडाली, शेर की मौसी, ■कुत्ता, ■चूहा.

**बिल्ली के भागों छींका** = अप्रत्याशित लाभ.
**बिल्ली शिशु** = बिलैया.
**बिल्लो** = सुंदर स्त्री.
**बिल्लौर** = स्फटिक.
**बिल्लौरी काँच** = स्फटिक.

**बिल्लौरी काँच** *सं* कटग्लास, •काँच.

**बिल्व** *सं* अतिमंगल्य, कपीतन,

त्रिदल, बिली, बिल्वफल, बेल, महाकपित्थ, लक्ष्मीफल, शांडिल्य, शिवेष्ट, श्रीफल, सदाफल, सफ़रजल.

**बिवाई** *सं* खारिश, दारी, पादस्फोट, विदारिका, विपादिका, •खुजली, •पैर पंजा.

**बिस** = कमल ककड़ी.
**बिसमिल** = हत्याकृत.
**बिसराना** = भूलना.
**बिसवार** = किटबैग.
**बिसवासी** = पूजाभावी.
**बिसात** = क्षमता, डिस्प्ले, प्रतिष्ठा, फ़र्शी चादर, विस्तार, व्यूह.
**बिसातख़ाना** = जनरल स्टोर.
**बिसातबाना** = जनरल स्टोर.
**बिसारना** = भूलना.
**बिसाहना** = ख़रीदना.
**बिसाहनी** = ख़रीद.
**बिसिनी** = कमलसर.
**बिसूरना** = रोना.
**बिस्किट** = कुकी.

**बिस्किट** *सं* क्रैकर, बिस्कुट, •केक, •नानख़ताई, •प्रैट्ज़ेल.

**बिस्कुट** = बिस्किट.
**बिस्तर** = गद्दा, पलंग.
**बिस्तर चादर** = बैडशीट.
**बिस्तरनी** = स्ट्रैचर.
**बिस्तरा** = गद्दा, पलंग.
**बिस्तरी** = स्ट्रैचर.
**बिस्तुइया** = छिपकली.
**बिस्त्रो** = पानगृह सूची, भोजनालय.
**बिस्मथ** = रासायनिक तत्त्व सूची.
**बिस्मिल्लाह** = अक्षरारंभ.
**बिस्वा** = बीघा.
**बिहँसाना** = हँसाना.
**बिहग** = पक्षी.
**बिहरना** = विचरना.
**बिहार** = बौद्ध मठ, भारत राज्य प्रदेश सूची, मठ.

**बिहार** *सं* मगध (पूर्व नाम), विदेह (पूर्व नाम), *विहार*, •भारत राज्य प्रदेश सूची.

**बिहारः राजधानी** *सं* पटना, पाटलिपुत्र (पूर्व नाम).

**बिहारी** = रसिक, विनोदप्रिय, विनोदी.
**बिहिश्त का जानवर** = मोर.
**बिहिश्ती** = भिश्ती.
**बिही** = अमरूद.
**बिहीदाना** = अनार.
**बिहोरा** = वियोग.
**बींड़ा** = इँडुरी.
**बींध** = वेधन.
**बींधना** = घोंपना, छेदना.
**बींधने वाला** = वेधक.
**बींधैया** = वेधक.
**बी** = कुलीन स्त्री, दूसरा/दूसरी, भ्रमर, मधुमक्खी.
**बीए** = ग्रैजुएट, स्नातक उपाधि.
**बीका/बीकी** = चंचल, वक्राकार, वीर.

**बीघा** *सं* एकड़ 1/4, कचवाँसी आठ हज़ार (उत्तर प्रदेश), बिस्वा, मारला 40, •क्षेत्र माप.

**बीच** = अंतराल, अंदर, अधरास्ते, इस बीच, पर्यंत, बीच में, मध्य, मध्यबिंदु, मध्यभाग, समुद्र तट.
**बीच का** = अंतरिम, आंतरिक, मध्यमार्गी, माध्यमिक अवस्था वाला.
**बीच का वक़्त** = अंतरिम काल.
**बीच की उँगली** = मध्यमा उँगली.
**बीच की कड़ी** = मिसिंग लिंक.
**बीच की छुट्टी** = मध्यावकाश.
**बीचबचाव** = पंचाट.
**बीच बाज़ार** = खुले आम.
**बीचम बीच** = बीच में.
**बीच में** = अंदर.
**बीच में** = अधरास्ते, इस बीच.

**बीच में** *वि* *अंदर*, केंद्र में, दरम्यान, बिच, बीच, बीचम बीच, बीचो बीच, भीतर, मद्धे, मधे, *मध्य*, मध्य में, मध्ये, महँ, महिं, माँझ, माँहि, में, ▪बाहर.

**बीच में पड़ने वाला** = हस्तक्षेपक.
**बीच में लगा** = अंतर्स्थापित.
**बीचि** = समुद्र लहर.
**बीचि तट** = समुद्र तट.
**बीचो बीच** = बीच में.
**बीज** = अनाज, आदि, प्रारंभिक अवस्था, बीजी, वीर्य.

**बीज** *सं* कोश, *गुठली*, दाना, रोहि, •अनाज, •जड़, •पौद, •वृक्ष.

**बीजक** = जावकपत्र, बिक्री बिल, सूची.

**बीजकोश** *सं* गट्टा, गुल्ला, गुल्ली, *छत्ता*, छींबी, छीमी, डोंड़ा, *फली*, बाल, बीजाधार, बौर, *भुट्टा*, *मंजरी*, सिट्टा.

**बीजगणित** *सं* अक्षरगणित, अलजब्रा, अव्यक्तगणित, •अंकगणित.

**बीज गिरी** = गुठली गिरी.
**बीज डालना** = बोना.
**बीजधान्य** = धनिया.
**बीजन** = अंकुरण, हाथ पंखा.
**बीजना** = अँकुराना, पंखा, हाथ पंखा.
**बीज नाम** = प्रथमाक्षरी नाम (जैसेः संरासं - संयुक्त.
**बीज निकला सूखा अंगूर** = मुनक़्क़ा.
**बीजपुरुष** = वंश प्रवर्तक.
**बीज बुआई** = बुआई.
**बीज बोने वाला** = बोने वाला.
**बीजमंत्र** = गुर, गुरुमंत्र.
**बीजमार्ग** = वाममार्ग.
**बीजरी** = मेघविद्युत.
**बीजल** = बीजिया.
**बीजली** = गुठली गिरी, मेघविद्युत.
**बीजवाप** = बोने वाला.
**बीज शब्द** = प्रथमाक्षरी नाम (जैसेः संरासं - संयुक्त.
**बीजसिद्धि** = प्रेतसिद्धि.
**बीज से उत्पन्न** = बीजिया.

**बीजहीन** *वि* अबीज, बीदाना, बेदाना, ▪बीजयुक्त.

**बीजांकुर** = अंकुर.
**बीजांकुरण** = अंकुरण.
**बीजांकुर रोपना** = रोपना.
**बीजा/बीजी** = दूसरा/दूसरी.
**बीजाक्षर** = प्रथमाक्षरी नाम (जैसेः संरासं - संयुक्त राष्ट्र संघ).
**बीजागत** = आनुवंशिक.
**बीजाधार** = बीजकोश.
**बीजारोपण** = बुआई.
**बीजिंग** = चीनः राजधानी.

**बीजिया** *वि* बीजल, बीज से उत्पन्न, बीजू, ▪क़लमी.

**बीजी** *सं* खाद्य बीजी, छोटा बीज गिरी, *बीज*, मींग, मींगी.

**बीजुरी** = मेघविद्युत.
**बीजू** = बीजिया.
**बीट** = खाद, तबला थाप, ताल.

**बीट** *सं* पक्षी विष्ठा.

**बीटल** = भिड़.
**बीड़** = बीड़ा.
**बीड़ा** = पान बीड़ा, संकल्प.

**बीड़ा** *सं* गुल्ली, बीड़, *बीड़ी*, वीटक, वीटिका, •पुड़िया.

**बीड़ी** = बीड़ा.

**बीड़ी** *सं* वीटिका, •धूम्रपान, •सिगरेट, •सिगार.

**बीड़ी सिगरेट** = धूम्रपान.

**बीतना** *क्रि* *उड़ना*, *कटना*, कालक्षेप होना, खपना, गुज़रना, *चलना*, *जाना*, *ढलना*, दिन लदना, *निकलना*, लदना, वक़्त गुज़रना, व्यतीत होना, समय बीतना, होना, •घटित होना.

**बीता/बीती** = अप्रचलित, घटित, प्राचीन, भूतकालीन, व्यतीत, सृजनहीन.
**बीता (समय)** = व्यतीत.
**बीता ज़माना** = पुरायुग.
**बीता समय** = भूतकाल.
**बीती** = घटना, वृत्तांत.
**बीदाना** = बीजहीन.
**बीन** = चुगाई.
**बीनना** = चुगना, बुनना.
**बीनाई** = दृश्य अनुभूति.
**बीबी** = कुलीन स्त्री, ननद, पुत्री, बड़ी बहन, लड़की, स्त्री.
**बीभत्स** = घिनौना/घिनौनी.
**बीभत्स रस** = नवरस.

**बीभत्स रस** *सं* घृणा वर्णन, घृणोत्पादन, जुगुप्सा.

**बीम** = शहतीर.

**बीमा** *सं* इंश्योरैंस, इतमीनान, *कल्याण*, *बचत*, बचाव, भावी सुरक्षा, संकट से रक्षा, *सलामती*, *सुरक्षा*, •आग बीमा, •जान बीमा, •बाढ़ बीमा, •यात्रा बीमा, •समूह बीमा, •सहबीमा, •स्वास्थ्य बीमा, •भविष्य निधि.

**बीमार** = छकड़ा, निर्बल, रोगी.

**बीमार** *वि* अलील, अस्वस्थ, कमज़ोर, गिरा पड़ा/गिरी पड़ी, ढलका/ढलकी, ढीला/ढीली, नाचाक़, नासाज़, निढाल, निस्तेज, *पीड़ित*, *मंद*, माँदा/माँदी, रुग्ण, रोगग्रस्त, रोगातुर, *रोगी*, विपन्न, व्याधिग्रस्त, •निर्बल, •रोग, •रोगी, ▪चिकित्सित, ▪बलिष्ठ, ▪सुखी, ▪स्वस्थ.

**बीमारी** = रोग.
**बीयर** = मंदड़िया.
**बीर** = भाई.

**बीर बहूटी** *सं* अग्निक, अग्निरजा, इंद्रगोप, इंद्रबहूटी, इंद्रवधू, कोटिर, चंद्रवधू, ताम्रकृमि, धुंधुमार, रंगकीट, रक्ताभ, वज्रगोप, शक्रगोप, सुरेंद्रगोप, हरिहूति.

**बीरबानी** = स्त्री.
**बीलज़ेबब** = शैतान.
**बीवरेज** = पेय पदार्थ.
**बीवी** = पत्नी.
**बीवीबच्चे** = परिवार जन.
**बीस** = बीस समुदाय.

**बीस** *सं* 20, एक कोड़ी, *कौड़ी*, दो गुना दस, विंशति.

**बीस बिस्वे** = शत प्रतिशत.

**बीस समुदाय** *सं* *कौड़ी*, *बीस*, बीसी.

**बीसा** = वैश्य.
**बीसी** = ईसा से पहले, बीस समुदाय, संवत्सरे.
**बीहड़** = असमतल, असमतल भूमि, कठिन, क्षमतातीत, खड्ड, तूफ़ानी, दुर्गम, बीहड़ भूमि, भयानक, महाकाय, वनीय.

**बीहड़ भूमि** *सं* कटान, कटावदार भूमि, बीहड़, बेहड़, विकट, •असमतल भूमि, •खड्ड, •घाटी, ▪मैदान.

**बुँदकी** = चनौरी, फुटक, बूँदी.
**बुँदकीदार** = चितकबरा/चितकबरी.
**बुंदा** = टिकली.

**बुंदा** *सं* कान बुंदा, छल्ला, झुमका, झूमर, *बाली*, *लटकन*, लुरका, लुरकी, लोर, सुरैया, •कर्णकुंडल, •कर्णफूल, •कान.

**बुँदिया** = नुकती, बूँद, बूँदी, वर्षा बूँद.
**बुँदौरी** = बूँदी.
**बुआ** = फूफी.

**बुआई** *सं* खेती, बीज बुआई, बीजारोपण, वपन, •क़लम लगाई, •फ़सल कटाई, •सिंचन.

**बुआई करना** = बोना.
**बुआई कर्मी** = बोने वाला.
**बुक** = पुस्तक, बहीखाता.
**बुक कवर** = पुस्तक आवरण.
**बुककेस** = पुस्तक अलमारी.
**बुक़चा** = बंडल.
**बुकटा** = चिकोटी.
**बुकट्टा** = चिकोटी.
**बुकनी** = चटनी, चूरन, चूरा.

**बुकनी** *सं* चूर्ण, बुकनू, सूखी चटनी, •चटनी.

**बुकनू** = बुकनी.
**बुक बाइंडर** = जिल्दसाज़.
**बुक बाइंडिंग** = जिल्दबंदी.
**बुक बैंक** = पुस्तकालय.
**बुकरैक** = पुस्तक अलमारी.
**बुकशैल्फ़** = पुस्तक अलमारी.
**बुकशौप** = पुस्तक दुकान.
**बुकसैलर** = पुस्तक विक्रेता.
**बुकस्टाल** = पुस्तक दुकान.
**बुकस्टैंड** = पुस्तक अलमारी, पुस्तक आधार.
**बुकिंग** = ऐडवांस बुकिंग.
**बुकिंग आफ़िस** = टिकटघर.
**बुके** = पुष्पगुच्छ.
**बुक्ड** = आरक्षित.
**बुखरिया** = रसोई भंडारा.
**बुख़ार** = ज्वर, तीव्रोन्माद, देह ताप.
**बुख़ारी** = टाँड़ा.
**बुग़चा** = बंडल.

 (प्रा) प्राचीन शब्द, अब अप्रचलित - *तिरछे* शब्द स्वतंत्र शीर्षक भी हैं •सपर्याय ▪विपर्याय

**बुग़ची** = बंडल.
**बुग्गी** = जोतगाड़ी.
**बुग्याल** = घास मैदान, पठार भूमि.
**बुज़दिल** = कायर, पलायनवादी.
**बुज़दिली** = पलायनवाद.
**बुज़ुर्ग** = गुरुजन.
**बुज़ुर्ग** = वृद्ध, वृद्धजन, वृद्ध पुरुष. -
**बुज़ुर्गवार** = वृद्धजन.
**बुज़ुर्गिन** = वृद्ध स्त्री.
**बुज़ुर्गी** = वृद्धावस्था.
**बुज़ुर्गीयत** = वृद्धावस्था.
**बुज्जा** = आटि.
**बुज्झा** = आटि.
**बुझक्कड़** = अटकलबाज़, अल्पज्ञ.
**बुझक्कड़ी** = अल्पज्ञान.
**बुझना** = दुबलाना, धुँधलाना, बुढ़ाना, मुरझाना, सूखना.

**बुझना** *क्रि* आग बुझना, ठंडा पड़ना, बुतना, शांत होना, ▪सुलगना.

**बुझा/बुझी** = अंधकारपूर्ण, उदास, जर्जर वृद्ध, धुँधला/धुँधली, निर्बल, मुरझाया/मुरझाई, विवर्ण, वैभवहीन, हतोत्साहित.
**बुझाई** = प्रशमन.
**बुझाना** = छकाना, मनुहारना.

**बुझाना** *क्रि* झँवाना, ठंडा करना, *दबाना*, पानी छिड़कना, पानी डालना, *बढ़ाना*, बुताना, मिटाना, शांत करना, •दमकल, ▪चमकाना, ▪जलाना, ▪सुलगाना.

**बुझापुन** = निरुत्साह.
**बुझैया** = क्विज़र.
**बुझौवल** = पहेली, समाधान.
**बुझौवल कर्ता** = क्विज़र.
**बुड़क** = कृंतन, ग्रास.
**बुड़का** = कृंतन, ग्रास.
**बुड़बुड़ाना** = बड़बड़ाना.
**बुड्ढा** = वृद्ध पुरुष.
**बुड्ढा/बुड्ढी** = वृद्ध.
**बुड्ढी** = वृद्ध स्त्री.
**बुड्ढे खूसट** = अतीत जन.
**बुड्ढे बुढ़िया** = वृद्धजन.
**बुढऊ** = वृद्ध पुरुष.

**बुढ़ाना** *क्रि* आयु ढलना, *गिरना*, जवानी बीतना, झुर्री पड़ना, *टूटना*, ठंडा पड़ना, *ढलना*, *थकना*, पड़ना, बाल पकना, *बुझना*, बूढ़ा होना, वृद्ध होना, सठियाना, *हारना*, ▪बल बढ़ना, ▪युवा होना.

**बुढ़ापा** = वृद्धावस्था, सठियायापन, सेवा निवृत्ति.
**बुढ़ापे का सहारा** = पुत्र.
**बुढापे की लाठी** = पुत्र.
**बुढ़ाया/बुढ़ाई** = सठियाया/सठियाई.
**बुढ़िया** = वृद्ध स्त्री.
**बुढ़िया (बोलचाल)** = झुर्री.
**बुढ़ौती** = वृद्धावस्था.
**बुत** = देवमूर्ति, मूर्ति, सुंदर स्त्री.
**बुतका** = दवात.
**बुतकार** = मूर्तिकार.
**बुतकारी** = मूर्तिकर्म.
**बुतख़ाना** = मंदिर.
**बुतना** = बुझना.
**बुतपरस्त** = मूर्तिपूजक.
**बुतपरस्ती** = मूर्तिपूजा.
**बुतशिकन** = मूर्तिभंजक.
**बुतशिकनी** = मूर्तिभंजन.
**बुताना** = बुझाना.
**बुताम** = बटन.
**बुदबुद** = उबाल, बड़बड़.
**बुदबुदा** = औटाव, बुलबुला.
**बुदबुदाना** = उबलना, औटना, बड़बड़ाना.
**बुदबुदाव** = उबाल.
**बुदबुदाहट** = बड़बड़.
**बुद्धं शरणं गच्छामि** = बौद्ध धर्मग्रहण.
**बुद्ध** = अवतार सूची, गौतम बुद्ध, ज्ञाता, ज्ञानी, प्रबुद्ध.
**बुद्ध जन्मोत्सव** = बुद्ध जयंती.

**बुद्ध जयंती** *सं* बुद्ध जन्मोत्सव.

**बुद्ध धर्म** = बौद्ध धर्म.
**बुद्ध पूर्व जन्म** = बोधिसत्त्व.
**बुद्ध पूर्वजन्म कथा संग्रह** = जातक.
**बुद्धवाद** = बौद्ध धर्म.
**बुद्धावशेष स्तूप** = स्तूप.
**बुद्धि** = प्रतिभा, विवेक, साष्टांग दंडवत अंग.

**बुद्धि** *सं* अक़्ल, ग्रहण शक्ति, चिंतन शक्ति, चेत, *चेतना*, ज़ेह्न, दिमाग़, धी, *पकड़*, प्रज्ञा, बूझ, मनसा, मनीषा, *मस्तिष्क*, मेधा, विचारशक्ति, *विवेक*, समझ, समझ बूझ, सूझबूझ, •पकड़, •प्रतिभा, •मन, •विवेक, ▪अविवेक, ▪मूर्खता.

**बुद्धि कौशल** = बुद्धिमत्ता.
**बुद्धिगत** = बुद्धीय.
**बुद्धिगम्य** = ज्ञेय, तर्कगम्य.
**बुद्धिगम्यतावाद** = ज्ञेयवाद.
**बुद्धिग्राह्य** = तर्कगम्य.

**बुद्धिग्राह्य** *वि* अदुरारूढ़, उद्‌भाव्य, कल्पनीय, ग्राह्य, *तर्कगम्य*, *तर्कसंगत*, तर्क्य, प्रतर्क्य, *प्रमाण्य*, मान्य, संभाव्य, समझ में आने लायक़, *साध्य*, •तर्कसंगत, •व्यावहारिक, ▪दुरारूढ़.

**बुद्धिचक्षु** = धृतराष्ट्र.
**बुद्धिजन्य** = बुद्धीय.

**बुद्धिजीवी** *सं* किताबी कीड़ा, बौद्धिक, मनीषी, सफ़ेदपोश, स्वाध्यायी.

**बुद्धि दंत** = अक्कल दाढ़.
**बुद्धि देवता** = बृहस्पति, बृहस्पति ग्रह.
**बुद्धिदोष** = मूर्खता.
**बुद्धिपूर्ण** = विचारित, शिक्षाप्रद.
**बुद्धिप्रामाण्यवाद** = नास्तिकतावाद.
**बुद्धि बल** = बुद्धिमत्ता.
**बुद्धिभ्रष्ट** = भ्रमित.
**बुद्धिमत्ता** = दूरदर्शिता, विवेक.

**बुद्धिमत्ता** *सं* अक़्लमंदी, चतुरता, चतुराई, चातुरी, चातुर्य, चालाकी, *चुस्ती*, दानाई, दानिशमंदी, नागरता, नागर्य, प्रज्ञता, बुद्धि कौशल, बुद्धि बल, बुद्धिमानी, बुद्धिशक्ति, बुद्धिशालिता, मनस्विता, मेधाविता, विचक्षणता, विज्ञता, विवेकपूर्णता, विशारदता, सद्‌बुद्धि, समझ, समझदारी, सुघड़ई, सुबुद्धि, स्यानापन, हिकमत, होशमंदी, होशियारी, •कुशाग्रता, •कौटिल्य, •दक्षता, •दूरदर्शिता, •प्रतिभा, •विवेक, •हाज़िरजवाबी, ▪मूर्खता.

**बुद्धिमत्तापूर्ण** = व्यावहारिक.
**बुद्धिमान** = दूरदर्शी, प्रतिभाशाली,

विवेकी.

**बुद्धिमान** *वि* अक़्लमंद, अमुग्ध, अमूढ़, उस्ताद, चंट, चतुर, चालाक, *चुस्त*, ज़हीन, *ज्ञाता*, *ज्ञानी*, तेज़, दानिशमंद, दिमाग़दार, दृष्टिवंत, धीमान/धीमती, प्रचेता, प्रज्ञ, प्रज्ञावान/प्रज्ञावती, बुद्धिमान/बुद्धिमती, बुद्धिवंत/बुद्धिवंती, बौद्धिक, मनस्वी, मनीषी, मेधावी, मेधिष्ठ, विदग्ध, *विदुर*, विबुध, वेदी, संज्ञानी, सचेता, समझदार, सयाना/सयानी, सविवेक, सुचेता, सुजान, सुबुद्धि, सुमति, सुमेधा, स्मार्ट, होशियार, •अनुभवी, •कुशल, •दक्ष, •दूरदर्शी, •विवेकी, •शिक्षित, ▪मंदधी, ▪मूर्ख.

**बुद्धिमान/बुद्धिमती** = बुद्धिमान, व्यवहारकुशल.
**बुद्धिमानव** = मानव.
**बुद्धिमानी** = बुद्धिमत्ता.
**बुद्धि में आना** = समझना.
**बुद्धि में बैठना** = समझना.
**बुद्धियोग** = ज्ञानयोग.
**बुद्धिवंत/बुद्धिवंती** = बुद्धिमान.
**बुद्धि विलास** = दिवास्वप्न, वाक्केलि, वाग्विलास.
**बुद्धिशक्ति** = बुद्धिमत्ता.
**बुद्धिशालिता** = बुद्धिमत्ता.
**बुद्धिसंगत** = तर्कसंगत, विचारित, विज्ञानसंगत.
**बुद्धि संस्थान** = मस्तिष्क.
**बुद्धिसहाय** = परामर्श दाता.
**बुद्धि से परे** = अज्ञेय, चमत्कारपूर्ण.
**बुद्धिहत** = मंदधी.
**बुद्धिहीन** = मंदधी, मूर्खतापूर्ण (कृत्य), विवेकहीन.
**बुद्धिहीनता** = मूर्खता.
**बुद्धींद्रिय** = मन.

**बुद्धीय** *वि* अक़्ली, ज़ेह्नी, दिमाग़ी, बुद्धिगत, बुद्धिजन्य, बौद्धिक, *मानसिक*.

**बुद्धू** = मंदधी, मूर्ख.
**बुद्धूपना** = मूर्खता.
**बुध** = ग्रह सूची, नवग्रह सूची सूचीसूची, बुध ग्रह, मूर्ति, विद्याविद्, शिक्षित.

**बुध ग्रह** *सं* इंदुज, इंदुपुत्र, एकांग, चंद्रज, चांद्रि, तारेय, तीर, बुध, मरकरी, रौहिणेय, वृश्चिकेश, शशिसुत, *सौम्य*, हिमरश्मि, हेम, •सूर्य.

**बुधवार** = वार सूची.

**बुधवार** *सं* बुधवासर, वैडनैसडे, सौम्यवार.

**बुधवासर** = बुधवार.
**बुधान** = प्रबुद्ध, विद्याविद्, शिक्षित.

**बुनकर** *सं* कुविंद, कोरी, कौलिक, जुलाहा, तंतुवाप, ताँती, नूरबाफ़, पटकार, पारचाबाफ़, -बाफ़, वेमक, सौत्रिक, •करघा, •दर्ज़ी, •बुनाई.

**बुनकरी** = बुनाई.
**बुनत** = बनावट, बुनावट.
**बुनती** = बुनावट.

**बुनना** *क्रि* जुलाहागीरी करना, *बनाना*, बीनना, बुनाई करना, •कातना, •सीना.

**बुनाई** = बुनावट.

**बुनाई** *सं* ऊति, बाफ़, बुनकरी, बुनाई कर्म, व्यूति, •गुंफन, •ताना, •बाना, •बुनावट, •शिल्प, •सिलाई.

**बुनाई उधेड़ना** = उधेड़ना.
**बुनाई करना** = बुनना.
**बुनाई कर्म** = बुनाई.
**बुनाईघर** = कपड़ा मिल.
**बुनाईदार** = बुनावटदार.
**बुनाई में डिज़ाइन वाला** = बुनावटदार.
**बुनावट** = बनावट.

**बुनावट** *सं* टैक्शचर, *बाना*, बिनाई, बुनत, बुनती, बुनाई, *भरावट*, विन्यास, •डिज़ाइन, •वस्त्र.

**बुनावटदार** *वि* बुनाईदार, बुनाई में डिज़ाइन वाला, बुनावटी, सजा/सजी, *सजावटी*.

**बुनावटी** = बुनावटदार.
**बुनियाद** = आधार, आधार सूची, नीवँ, प्रारंभिक अवस्था.
**बुनियाद पत्थर** = नीवँ पत्थर.
**बुनियादी** = अनुल्लंघनीय, अपरिहार्य, आधारभूत, मौलिक (अधिकार).
**बुभुक्षा** = असंतोष, भूख.
**बुभुक्षित** = भूखा/भूखी.
**बुरकन** = छिड़काव.
**बुरकना** = छिड़कना, फेंकना.
**बुरका** = चूरा.
**बुरक़ा** = घूँघट.

**बुरक़ा** *सं* नक़ाब, *परदा*, प्रच्छदपट, बुर्क़ा, •घूँघट, •परदानशीनी, •लबादा.

**बुरकाई** = छिड़काव.

**बुरक़ा नकाब** *सं* जाली, नकाब, मुखपट, सरताज, हिजाब, •मुखौटा.

**बुरकाना** = टपकाना.
**बुरक़ापोश** = परदानशीन.
**बुरक़ापोशी** = परदानशीनी.
**बुरकाव** = छिड़काव.
**बुरक़े वाली** = परदानशीन.
**बुरशना** = काटना छाँटना.
**बुरशाई** = कटाई छँटाई.
**बुरशाई करना** = काटना छाँटना.
**बुरा** = अकल्याण, अपकार, अहित, बुरा/बुरी.
**बुरा/बुरी** = अनिष्टकारी, अनुपयोगी, अनैतिक, अरोचक, अवमानक, अशुभचिंतक, अशुभसूचक, असत्यवादी, असमर्थनीय, आउट आफ़ आर्डर, आहतिकारक, कुटिल, कुरूप, कुविन्यस्त, कुस्वादिष्ठ, घिनौना/घिनौनी, दुराचारी, दुर्गंधपूर्ण, दुर्जनतापूर्ण, दुर्भाग्यप्रद, दुर्व्यवहारी, नापसंद, निंदात्मक, पापपूर्ण, बदनाम, भँड़ौआ, भ्रष्ट, रोगकारक, विषाक्त, सड़ा/सड़ी, स्वार्थी.

**बुरा/बुरी** *वि* *अधम*, अनुचित, अनुपयुक्त, *अनुपयोगी*, अपकृष्ट, अपगुणी, अबतर, असत्, असद्, ऊन, कठ, *कमतर*, ख़राब, खल, खोटा/खोटी, गया गुज़रा/गई गुज़री, गिरा पड़ा/गिरी पड़ी, गुणहीन, घटिया, घासलेटी,

*दुर्गुणी*, नामाकूल, नालायक़, नावाजिब, *निम्न*, निम्नस्तरीय, नीचा/नीची, बुरा, बेकार, रद्दी, सस्ता/सस्ती, हीन, हीनस्तरीय, •अधम, •अनुपयोगी, •अवमानक, •दुर्गुणी, •निकृष्ट, •बदतर, ▪अच्छा/अच्छी, ▪उच्चमानक, ▪उपयोगी, ▪कल्याणकारी, ▪पराकाष्ठागत.

**बुराई** = अकल्याण, अपकार, अपराध, अहित, दुर्गुण, निंदा.

**बुराई** *सं* अनुपयुक्तता, अपगुण, अवगुण, अश्रेय, ऐब, कमज़ोरी, कमी, ख़राबी, *खोट*, *ग़लती*, त्रुटि, *दुर्गुण*, दोष, बेकारी, •दुराचार, •पाप, ▪अच्छाई, ▪श्रेय.

**बुरा करने वाला** = अपकारी.
**बुरा काम** = अपराध, पाप.
**बुरा ख़्याल** = चिंता.
**बुरा चाहने वाला** = अशुभचिंतक.
**बुरादना** = घिसना.
**बुरादा** = कस, चूरा.
**बुरादा करना** = घिसना.
**बुरा परिणाम** = दुष्परिणाम.
**बुरा बना/बुरा बनी** = कुविन्यस्त.
**बुरा भला** = अपमान, उत्थानपतन, गाली, गालीगलौज, डाँट, विमर्श.
**बुरा भला कहना** = डाँटना.
**बुरा मानना** = खीजना.
**बुरा वक़्त** = अवनति काल, आपात्काल.
**बुरा व्यवहार** = दुर्व्यवहार.
**बुरी** = कुलटा.
**बुरी आदत वाला** = दुराचारी.
**बुरी खबर** = कुसमाचार.
**बुरी घड़ी** = आपात्काल.

**बुरी नज़र** *सं* अपछाया, काली नज़र, कुछाया, कुदृष्टि, चश्मे बद, दीठ, नज़र, •दुष्कामना, •पनौती, •शाप, ▪आशीर्वाद, ▪नज़र टीका, ▪वारफेर.

**बुरी नज़र वाला** = अशुभचिंतक.
**बुरी बला** = आफ़त की पुड़िया, कुटेव, भूत, संकट.
**बुरी लत** = कुटेव.
**बुरी संगत** = कुसंगति.
**बुरी सलाह** = कुपरामर्श.
**बुरी साइत** = अनिष्ट योग.
**बुरी सीख** = कुपरामर्श.
**बुरी सुहबत** = कुसंगति.
**बुरी हालत** = कुपरिस्थिति.
**बुरे दिन** = अवनति काल.
**बुरे लोग** = अपराध जगत.
**बुरे से बुरा** = निकृष्ट.
**बुर्क़ा** = बुरक़ा.
**बुर्ज** = पहरा मीनार.
**बुर्ज़** = गुंबद, भवन शिखर, मीनार, राशि.
**बुर्ज़ी** = गुंबद.
**बुलंद** = ऊँचा/ऊँची, पर्वतीय.
**बुलंदपरवाज़** = महत्त्वाकांक्षी.
**बुलंदपरवाज़ी** = महत्त्वाकांक्षा.
**बुलंद भूमि** = बागर.
**बुलंद हौसला** = मनोबल.
**बुलंदी** = ऊँचाई.
**बुल** = तेजड़िया.

**बुलबुल** *सं* अंदलीब, कलविंक, गोवत्सक, नाइटिंगेल, मुर्ग़े चमन.

**बुलबुला** *सं* फेनाग्र, बगूला, बतासा, बबूला, बुदबुदा, बुल्ला, हवा, •कुमकुमा, •फेन.

**बुलबुलाता/बुलबुलाती** = फेनिल.
**बुलबुलाना** = औटना.
**बुलबुलाव** = उबाल.
**बुलबुला समूह** = फेन.
**बुलबुलाहट** = उबाल.
**बुलवाना** = बुलाना, मँगाना.
**बुलवाया/बुलवाई** = मँगाया/मँगाई.
**बुलाई** = आवाहन, निमंत्रण.

**बुलाना** *क्रि* आने को कहना, आवाज़ देना, आवाहन करना, कहलाना, तलब करना, निमंत्रित करना, *पुकारना*, बुलवाना, बुला भेजना, याद करना, याद फ़रमाना, समन करना, •न्योतना, •पुकारना, •मँगाना, ▪भेजना.

**बुला भेजना** = बुलाना.
**बुलाया/बुलाई** = आवाहित.
**बुलावट** = आवाहन.
**बुलावा** = अज़ान, आवाहन, निमंत्रण, भोज निमंत्रण, समन, समय सूचना.
**बुलावा भेजना** = न्योतना.
**बुलाहट** = आवाहन.
**बुलियन** = चाँदी सोना.
**बुलेटप्रूफ़** = कवचित.
**बुलेटिन** = समाचार पत्र.
**बुलेटिन बोर्ड** = नोटिस बोर्ड.
**बुलैट** = बंदूक़ गोली.
**बुलौवा** = निमंत्रण.
**बुल्ला** = बुलबुला.
**बुल्साई** = लक्ष्यकेंद्र.

**बुश्शर्ट** *सं* सफ़ारी शर्ट, •कमीज़.

**बुसना** = गंधाना.
**बुसा/बुसी** = दुर्गंधपूर्ण, पुराना/पुरानी, रोगकारक.

**बुसा/बुसा** *वि* कुरस, ख़राब, पर्युषित, *बासी*, वासी, •कसैला/कसैली, •घिनौना/घिनौनी, •सड़ा/सड़ी, ▪ताज़ा.

**बुसा नहीं** = ताज़ा.
**बुहार** = झड़ाई.
**बुहारन** = कूड़ा.
**बुहारना** = बटोरना.

**बुहारना** *क्रि* झाड़ू देना, झाड़ू लगाना, वैक्यूम करना, सकेरना, *हटाना*, •स्वच्छ करना.

**बुहारने वाला** *सं* झाड़ूबरदार, बुहारू, सकेरू.

**बुहारी** = झाड़ू.
**बुहारू** = बुहारने वाला.
**बूँद** = कण, फुटक, बिंदु, वर्षा बूँद.

**बूँद** *सं* *कण*, क़तरा, *छींट*, छींटा, ड्रौप, तरल कण, *बिंदु*, बुँदिया, •जल बूँद, •वर्षा बूँद, •जल, •फुहार, •बिंदु, •बुलबुला.

**बूँद बूँद गिरना** = टपकना.
**बूँद बूँद टपकना** = रिसना.
**बूँदा** = गुलदाना.
**बूँदाबाँदी** = अल्पवर्षा, अल्पवर्षा, बारिश.
**बूँदी** = गुलदाना, चनौरी, नुकती.

**बूँदी** *सं* बुँदकी, बुँदिया, बुँदौरी, •गुलदाना, •मोतीचूर.

**बूँदें गिरना** = बरसना.

**बू** = अहंकार, गंध, दुर्गंध.
**बूआ** = फूफी.
**बूआ पति** = फूफा.
**बूकना** = पीसना.
**बूका** = गुरदा.
**बूचड़** = क़साई.
**बूचा/बूची** = नग्न.
**बूज़** = बियर.
**बूज़ाख़ाना** = डिस्टिलरी.
**बूझ** = अंतर्बोध, अंदाज़ा, बुद्धि, बोध.
**बूझना** = जानना, समझना.
**बूझबुझौवल** = क्विज़.
**बूझा/बूझी** = अध्यीत, ज्ञात, समाधानित.
**बूट** = जूता.

**बूट शू** *सं* बूट्स, •जूता.

**बूटा** = कंगूरा, पौधा.
**बूटाबूटी** = छींट.
**बूटिंग** = कंप्यूटर आरंभण.
**बूटी** = भाँग.
**बूट्स** = बूट शू.
**बूड़ना** = डूबना.
**बूड़ा/बूड़ी** = डूबा/डूबी.
**बूढ़ा** = वृद्ध पुरुष.
**बूढ़ा/बूढ़ी** = पुराना/पुरानी, वृद्ध.
**बूढ़ा खुर्रांट** = वृद्ध पुरुष.
**बूढ़ापन** = वृद्धावस्था.
**बूढ़ा फूस** = जर्जर वृद्ध.
**बूढ़ा होना** = बुढ़ाना.
**बूढ़ी** = वृद्ध स्त्री.
**बूढ़ी ईद** = ईदुल फ़ितर.
**बूढ़े** = वृद्धजन.
**बूता** = क्षमता, प्रताप.
**बूथ** = खोखा.

**बूथ** *सं* कक्ष, *काउंटर*, कियोस्क, *केबिन*, कोष्ठ, *खोखा*, *पिंजरा*, स्टाल, स्टैंड, •कमरा, •कोठरी, •बंकर.

**बूदम** = मंदधी.
**बूदार** = दुर्गंधपूर्ण.
**बूना** = चिनार.
**बू बास** = सुराग़.
**बूबी ट्रैप** = कूटयंत्र.
**बूबोनिक प्लेग** = प्लेग.
**बूम** = धमाका, ध्वनि, प्रतिध्वनि.
**बूर** = चूरा, छनस.

**बूर** *सं* चूनी, चोकर, *छनस*, भूसी, •आटा.

**बूर बूर** = चूर्णित.
**बूरा** = चूरा.

**बूरा** *सं* चीनी चूर्ण, परिष्कृत खाँड, शोधित खाँड, •बताशा, •मिसरी, •शक्कर.

**बूर्जुआजी** = मध्यम वर्ग.
**बू लेना** = सूँघना.
**बृक** = भेड़िया.
**बृषध्वज** = गणेश.
**बृहतकाय** = बड़े साइज़ का.

**बृहत्** *वि* अज़ीम, *आयत*, उदग्र, कलाँ, *गुरु*, *दराज़*, *दीर्घ*, पीन, पृथु, पृथुल, प्रकांड, फैला/फैली, बड़-, बड़ा/बड़ी, बढ़ा/बढ़ी, बिग, मह, महत्, महद्, महन्, महा, महाकार, *महान*, महीयस/महीयसी, विपुल, विराट, विशाल, *विस्तीर्ण*, विस्तृत, •चौड़ा/चौड़ी, •बृहत्तम, •बृहत्तर, •लंबा/लंबी, ▪छोटा/छोटी, ▪मध्यम.

**बृहत् खर्जूरिका** = छुहारा.
**बृहत्तम** = अधिकतम.

**बृहत्तम** *वि* बहुत बड़ा, महत्तम, विशालतम, वृहत्तम, सब से बड़ा, सुदीर्घ, •बृहत्.

**बृहत्तर** *वि* अधिक बड़ा, और बड़ा, बड़ा/बड़ी, महत्तर, विशालतर, विशालतर, वृहत्तर, •बृहत्.

**बृहत्तर भारत** *सं उपमहाद्वीप*, जंबुद्वीप, जनावर्त, तिब्बत से श्रीलंका तक क्षेत्र, *दक्षिण एशिया*, बलूचिस्तान से बरमा तक क्षेत्र, भारत उपमहाद्वीप, भारतखंड, सबकंटिनैंट, हिंदोस्ताँ.

**बृहत्ता** = माप.
**बृहत्फल** = फलप्रद.
**बृहद** = अधिकतम, बड़े साइज़ का, विस्तीर्ण.
**बृहद परिवार** = संयुक्त परिवार.
**बृहदाकाश** = अंतरिक्ष.
**बृहदाकाशीय** = ब्रह्मांडीय.
**बृहदारण्यक उपनिषद** = उपनिषद.
**बृहद् आकाश** = अंतरिक्ष.
**बृहद्दली** = छुईमुई.
**बृहद्रथ** = इंद्र, महारथी, सप्तर्षि मंडल.
**बृहन्नला** = हिजड़ा.
**बृहन्नला (अज्ञातवास नाम)** = अर्जुन.
**बृहन्मसूरिका** = चेचक.
**बृहस्पति** = ऋषि सूची, ग्रह सूची, बृहस्पति ग्रह, बृहस्पतिवार.

**बृहस्पति** *सं* अमराचार्य, आंगिरस, इंद्रगुरु, इंद्र पुरोहित, गीर्पति, गीष्पति, *गुरु*, देवगुरु, देवाचार्य, बुद्धि देवता, वागीश्वर, *वाचस्पति*, वाणी देवता, सुराचार्य, ▪शुक्राचार्य.

**बृहस्पति ग्रह** *सं* इंद्रगुरु, इंद्र पुरोहित, गिरीश, गीरथ, गीष्पति, *गुरु*, गौर, ग्रहराज, जुपिटर, ताराधिप, तारापति, देवतागुरु, द्युपितर, धियांपति, पूर्वफाल्गुनीभव, फल्गुनीभव, बुद्धि देवता, *बृहस्पति*, सुरगुरु, सुरेज्य, सूरि, •सूर्य.

**बृहस्पतिवार** = वार सूची.

**बृहस्पतिवार** *सं* गुरुवार, थर्सडे, *बृहस्पति*, लक्ष्मीवार, वीरवार.

**बेंग** = मेंढक.
**बेंटा** = आधार सूची, मूठ.
**बेंड़ा/बेंड़ी** = वक्राकार.

**बेंत** *सं* अंबुज, अंबुवेतस, जलबेंत, नरकट, नरकुल, योगीदंड, वंजुल, वानीर, वेतस, वेत्र, •छड़ी.

**बेंतबाज़ी** = अंताक्षरी.
**बेंदा** = चकती, माँग टीका.
**बेंदी** = टिकली.
**बे** = खाड़ी, दो.
**बे-** = रहित, सिवा.
**बेअंत** = अगणनीय, अगाध्य, अमर.
**बेअक़्ल** = मंदधी.
**बेअक़्ली** = मूर्खता.
**बेअदब** = असंस्कृत.
**बेअसर** = अप्रभावित, प्रभावहीन.
**बेअसूल** = आदर्शहीन.
**बेआब** = धुँधला/धुँधली.
**बेआबरू** = अपमानित.
**बेआवाज़** = कोलाहलहीन, चोरी छिपे,

ध्वनिहीन, वाचाहीन.
**बेआवाज़ी** = अध्वनि, मौन.
**बेइक़बाल** = अप्रतिष्ठित.
**बेइज़्ज़त** = अपमानित.
**बेइनसाफ़** = अन्यायी.
**बेइनसाफ़ी** = अन्याय.
**बेइल्म** = अशिक्षित.
**बेइल्मी** = अशिक्षा.
**बेईमान** = अविश्वसनीय, असत्यवादी, कुटिल, ठग, बहानेबाज़, भ्रष्ट, विश्वासघाती.

**बेईमान** *वि* कपटी, घाती, चकमेबाज़, चार सौ बीस, *चोर*, छँटा/छँटी, *छलपूर्ण*, छलिया, छली, झूठा/झूठी, *ठग*, दुष्ट, धाँधलिया, धोखेबाज़, फ़रेबी, बदनीयत, *बिकाऊ*, *मायावी*, लाईमान, वंचक, वक्रबुद्धि, वाम, *विश्वासघाती*, ●कुटिल, ■ईमानदार, ■निष्ठावान.

**बेईमानी** = अन्याय, छल, भ्रष्टाचार, विश्वासघात.

**बेईमानी** *सं* कपट, काइयाँपन, किल्विष, कुटिलता, *कूटनीति*, चार सौ बीसी, चालाकी, *चोरी*, *छद्म*, *छल*, *छलना*, जालसाज़ी, जोड़तोड़, *झूठ*, ठगी, दाँवपेंच, बदनीयती, *भ्रष्टाचार*, लाईमानी, हाथाछाँटी, ●अन्याय, ●कुचाल, ●पाखंड, ●पाप, ●विश्वासघात, ■ईमानदारी.

**बेउम्मीद** = इच्छाहीन.
**बेएतबार** = संदेहशील.
**बेएतबारी** = अविश्वास.
**बेऔलाद** = निस्संतान.
**बेक करना** = भूनना.
**बेक़दरा/बेक़दरी** = अगुणज्ञ.
**बेक़द्र** = अपमानित.
**बेक़द्री** = अपमान, असत्कार, उपेक्षा.
**बेक़रार** = आतुर, चिंतित, पीड़ित, प्रतीक्षारत.
**बेक़रारी** = आतुरता, चिंतानुभूति, छटपटाहट, पीड़ा, विचलन.
**बेकरी** = भोजनालय.
**बेकरी में बनी मिठाई** = केक.
**बेकर्ज़** = ऋणमुक्त.
**बेकल** = अतृप्त, असंतोषी, आतुर, उत्तेजित, क्रुद्ध, चिंतित, दुःखी, निद्राहीन, पीड़ित, लहराता/लहराती.
**बेकली** = असंतोष, आतुरता, उत्तेजना, चिंतानुभूति, छटपटाहट, पीड़ा, यातना, विचलन, हिचक.
**बेकली होना** = दुखना.
**बेकस** = अक्षम, मित्रहीन, लँगड़ा लूला/लँगड़ी लूली, विकलांग, विकल्पहीन, विवश.
**बेकसी** = सहयोगहीनता.
**बेकहा** = अनभिव्यक्त.
**बेक़ाबू** = अशाम्य, निरंकुश, मदव्यग्रस्त, मदिरोन्मत्त, संयमहीन, स्वेच्छाचारी.
**बेकाम** = अक्षम, अनुपयोगी.
**बेक़ायदा** = अनियमित, अवैध, क्रमहीन, न्यायविरुद्ध.
**बेकार** = अक्षम, अनुपयोगी, अनुर्वर, अयोग्य, अवांछित, निरर्थक, निस्सार, प्रभावहीन, फलहीन, बुरा/बुरी, बेरोज़गार, रद्दीकृत.
**बेकार का** = अनुपयोगी, रद्दीकृत.
**बेकार बात** = बकवास.
**बेकार सामान** = रद्दी.
**बेकार ही** = उद्देश्यहीनतः.
**बेकारी** = बुराई, बेरोज़गारी.
**बेकिफ़ायती** = महँगा/महँगी.
**बेक़ुसूर** = निर्दोष.
**बेखटके** = खुले आम.
**बेख़तर** = सुरक्षित.
**बेख़बर** = अचेत, असावधान, कर्तव्यच्युत.
**बेख़बरी** = अज्ञान, असावधानी.
**बेखुद** = आत्मलीन.
**बेखुदी** = नशा.
**बेखूँट** = बेघर.
**बेखोट** = अनिंदनीय.
**बेग** = सामंत.
**बेगम** = कुलीन स्त्री, पत्नी, राजा पत्नी, रानी.
**बेग़म** = निश्चिंत, प्रशांत, शोकहीन.
**बेग़र्ज़** = उद्देश्यहीन, निस्स्वार्थ.
**बेगानगी** = अपरिचय, परजन भावना.
**बेगाना/बेगानी** = अपरिचित, पराया/पराई.
**बेगानापन** = परजन भावना.
**बेगिने** = बेतहाशा.
**बेगुनाह** = निर्दोष.
**बेगुमान** = अवश्यमेव.
**बेग़ैरत** = निर्लज्ज.
**बेघर** = ख़ानाबदोश, परिवारहीन, भिखारी, विस्थापित.

**बेघर** *वि* अगृह, अगेह, अनागार, अनाश्रय, अनिकेत, अनीड़, अशरण, *असहाय*, आवारा, आवासहीन, आश्रयहीन, ख़ानाख़राब, गृहहीन, निराश्रय, बेखूँट, बेघरबार, बेदरोदीवार, बेसहारा, बेसामान, विनिकेत, हताश्रय, ●छतहीन, ●बनजारा, ■आवासीहीन.

**बेघरबार** = कंगाल, ख़ानाबदोश, परिवारहीन, बेघर, साधनहीन.
**बेघरबारी** = ख़ानाबदोशी.
**बेघरा/बेघरी** = परिवारहीन.
**बेच** = बिक्री.
**बेचनहार** = विक्रेता.

**बेचना** *क्रि* खपाना, चलाना, *देना*, *निकालना*, विक्रय करना, सेल करना, ■ख़रीदना.

**बेचना कला** = सेल्समैनशिप.
**बेचने वाला** = विक्रेता.
**बेचा/बेची** = बिका/बिकी.
**बेचार** = विकल्पहीन, साधनहीन.
**बेचारगी** = पराधीनता, परावलंबन, सहयोगहीनता.
**बेचारा/बेचारी** = अक्षम, असहाय, कंगाल, करुणाजनक, दुःखी, निर्धन, महत्त्वहीन, विवश, साधनहीन.
**बेचिराग़** = निस्संतान.
**बेचूक** = अचूक (औषध), अवश्यमेव, ठीक, लक्ष्यवेधी, सटीक, सफलताप्रद, हमेशा.
**बेचूकता** = लक्ष्यसिद्धि.
**बेचैन** = आतुर, उत्तेजित, उपद्रवग्रस्त, क्रुद्ध, चिंतित, निद्राहीन, पीड़ित, प्रतीक्षारत.
**बेचैन होना** = छटपटाना.
**बेचैनी** = उत्तेजना, खीज, छटपटाहट, पीड़ा, यातना, विचलन.
**बेज़बान** = गूँगा/गूँगी, वाचाहीन.
**बेज़बानी** = मौन.

**बेज़रर** = अहानिकारक, पीड़ाहीन.
**बेजवाब** = निरुत्तर.
**बेजा** = अनैतिक, अप्रासंगिक, अवसरप्रतिकूल, अवैध, अशालीन, कुतर्कीय, तर्कहीन, निषिद्ध.
**बेजान** = अप्रबल, आलसी, थका/थकी, निर्बल, बेमसाला, मरणासन्न, मृत, हतोत्साहित.
**बेजान होना** = मरना, मुरझाना.
**बेजाना/बेजानी** = अपरिचित.
**बेज़ाब्ता** = अवैध, न्यायविरुद्ध.
**बेज़ायका** = कुस्वादिष्ठ.
**बेज़ायक़ा** = स्वादहीन.
**बेज़ार** = अप्रसन्न, क्रुद्ध.
**बेज़ारी** = अप्रसन्नता, उदासी, पीड़ा, रूठन.
**बेज़ुबान** = वाचाहीन.
**बेजुर्म** = निर्दोष.
**बेजोड़** = अनुपम, उत्तम.
**बेज़ोर** = निर्बल.
**बेजोशी** = निरुत्साह.
**बेज़ौक** = तड़कभड़कदार, फूहड़, सुरुचिहीन.
**बेटक्कर** = अनुपम.
**बेटवा** = पुत्र.
**बेटा** = पुत्र.
**बेटा पुत्र** = पोता.
**बेटा बेटी** = पोती, लघुजन, संतान.
**बेटी** = पुत्री.
**बेटी पुत्र** = धेवता.
**बेटे पोते** = लघुजन, संतान.
**बेटे बेटी** = संतान.
**बेटों वाली** = पुत्रवती.
**बेठन** = बस्ता, रैपर.
**बेठिकाना** = अप्रासंगिक.
**बेड़** = थाला.
**बेड़ना** = अगोटना.
**बेड़ा** = नौका, पोत.

**बेड़ा** *सं* उडुप, कच्छा, कोल, जहाज़ी बेड़ा, नौका दल, पोत समूह, पोत्या, भेला, समुद्री बेड़ा, होडी, ●फ़्लैगशिप.

**बेड़ा डूबना** = उजड़ना.
**बेड़िन** = नटी.
**बेड़िनी** = नर्तकी.
**बेड़ी** = तिरेंदा.

**बेड़ी** *सं* आलान, *ज़ंजीर*, पादपाशी, पादबंधन, पैंकड़ा, शृंखला, ●ज़ंजीर, ●हथकड़ी.

**बेड़ी पड़ा** = बेड़ीबंद.
**बेड़ीबंद** = गिरफ़्तार.

**बेड़ीबंद** *वि* कसा/कसी, ग्रस्त, जकड़ा/जकड़ी, निगडित, पायज़ंजीर, *पाशबद्ध*, *बंद*, बँधा/बँधी, बद्ध, बेड़ी पड़ा, बेड़ीबद्ध, *वशीकृत*, शृंखलाबद्ध, शृंखलित, संयंत्रित, हथकड़ीबंद, ●गिरफ़्तार.

**बेड़ीबद्ध** = गिरफ़्तार, बेड़ीबंद.
**बेडौल** = कुरूप, फूहड़, विद्रूप.
**बेढंगा/बेढंगी** = अव्यवस्थित, असंस्कृत, कठिन, कुविन्यस्त, क्रमहीन, फूहड़, मूर्खतापूर्ण (कृत्य), विद्रूप.
**बेढब** = अत्यधिक, अपालतू, कठिन, ख़तरनाक, तूफ़ानी, दुबिधाजनक, नाशकारी, प्रबल, भयानक, महाकाय, विचित्र, समस्यात्मक, हठी.
**बेतकल्लुफ़ाना** = अनौपचारिक.
**बेतकल्लुफ़ी** = बेपर्दगी.
**बेतरतीब** = अयोजित, अव्यवस्थित, क्रमहीन, क्रमहीन.
**बेतरतीबी** = अव्यवस्था.
**बेतरह** = अत्यधिक, अप्रतिरोध्य.
**बेतरीक़ा** = न्यायविरुद्ध.
**बेतवज्जह** = उपेक्षा.

**बेतहाशा** *क्रिवि* अंडबंड, अंधाधुंध, अनगिने, अनापशनाप, गदागद, बिना गिने, बिना सोचे, बेगिने, बेभाव, बेशुमार, बेहिसाब.

**बेताब** = आतुर, प्रतीक्षारत, विवेकहीन.
**बेताबी** = आतुरता, उत्तेजना, जल्दबाज़ी, विचलन, विचलन.
**बेताल** = चारण, तालहीन.
**बेताला/बेताली** = तालहीन, संगीतहीन, सामंजस्यहीन.
**बेतालापन** = असामंजस्य.
**बेतुक** = अतुकांत.
**बेतुका** = तर्कहीन.
**बेतुका/बेतुकी** = अतुकांत, अनर्गल, अप्रासंगिक, अवसरप्रतिकूल, असंगत, कुतर्कीय, बकवासपूर्ण.
**बेतुकी बात** = बकवास.
**बेदख़ल** = निर्वासित, विस्थापित.
**बेदख़ल करना** = हटाना.
**बेदम** = थका/थकी, निर्बल, मरणासन्न, विकलांग, श्वासरुद्ध, श्वासहीन, हतोत्साहित.
**बेदम होना** = हाँफना.
**बेदमी** = हाँफ.
**बेदरोदीवार** = असीम, खुला/खुली, बेघर.
**बेदर्द** = निर्दय, रुधिरपिपासु.
**बेदर्दी** = अत्याचारी.
**बेदाग** = अपराधमुक्त.
**बेदाग़** = अनाहत, अनिंदनीय, निर्दोष, निष्कलंक, परिपूर्ण.
**बेदादपेशा** = अन्यायी.
**बेदाना** = बीजहीन.
**बेदाम** = निश्शुल्क.
**बेदार** = सावधान.
**बेदिल** = अप्रसन्न, उदास, दुःखी, निराश, निर्दय, पस्त, हतोत्साहित.
**बेदिली** = उदासी, निरुत्साह, रूठन.
**बेदीद** = कृतघ्न, निर्लज्ज.
**बेदीवार** = असीम.
**बेधड़क** = खुले आम, साहसी.
**बेधना** = छेदना.
**बेधाक** = अप्रतिष्ठित.
**बेधिया** = अंकुश.
**बेध्यान** = अनेकाग्र, असावधान, आत्मलीन, उपेक्षापूर्ण.
**बेध्यानी** = असावधानी, कर्तव्यच्युति.
**बेनक़ाब** = बेपरदा.
**बेनक़ाबी** = बेपर्दगी.
**बेनट** = बेयोनट.
**बेनमक** = नमकहीन.
**बेनवा** = कंगाल.
**बेनागा** = हमेशा.
**बेनाम** = अप्रतिष्ठित, गुमनाम, नामहीन.
**बेनामी** = गुमनामी.
**बेनामोनिशाँ** = गुमनाम, नष्ट.
**बेनियाज़** = अनासक्त, असांसारिक, उपेक्षापूर्ण, लालसाहीन, संतोषी.
**बेनियाज़ी** = अनिच्छा, अवज्ञा.
**बेनीर** = नीम.
**बेनूर** = मुरझाया/मुरझाई.
**बेपढ़ा/बेपढ़ी** = अशिक्षित, असाक्षर.
**बेपढ़ालिखापन** = अशिक्षा.

**बेपनाह** = अप्रतिरोध्य, क्षमाहीन.
**बेपरदा** = अगोप्य, अनावृत.

**बेपरदा** *वि* अवगुंठनहीन, आवरणहीना, उघड़ी, खुली, बेनक़ाब, बेशरम, बेहिजाब, ▪घूँघट, ▪परदानशीन.

**बेपरवा** = अलमस्त.
**बेपरवाह** = अवज्ञाकारी, असावधान, निश्चिंत.
**बेपरवाही** = अलमस्ती, असावधानी, उपेक्षा.

**बेपर्दगी** *सं* अवगुंठनहीनता, आवरणहीनता, उघड़ापन, उन्मुक्तता, खुलापन, निर्लज्जता, बेतकल्लुफ़ी, बेनक़ाबी, बेशरमी, बेहिजाबी, •नग्नतावाद, ▪घूँघट, ▪छद्‌मवेश, ▪लज्जा.

**बेपीर** = निर्दय.
**बेफ़सल** = अकालजात, बेमौसम.
**बेफ़ायदा** = निरर्थक.
**बेफ़िक्र** = निश्चिंत.
**बेफ़िक्रा** = अलमस्त.
**बेफ़िक्री** = अलमस्ती.
**बेबस** = अक्षम, असहाय, निर्बल, पराधीन, मित्रहीन, लँगड़ा लूला/लँगड़ी लूली, विकलांग, विकल्पहीन, विवश, साधनहीन.
**बेबसी** = पराधीनता, सहयोगहीनता.
**बेबाक** = चुकता, स्पष्टवादी.
**बेबाक़ी** = भुगतान.
**बेबिलोनिया** = इराक़.
**बेबी** = शिशु.
**बेबी कौट** = पालना.

**बेबीसिटर** *सं* दाई, धाय, *धाय माँ*, नर्स मेड, शिशु परिचारिका, •धाय माँ.

**बेबुनियाद** = अयथार्थ, अवैज्ञानिक, काल्पनिक, तथ्यहीन, तर्कहीन, निराधार.
**बेभाव** = बेतहाशा.
**बेमज़ा** = अरोचक, स्वादहीन.
**बेमतलब** = अनुपयोगी, अर्थहीन, उद्देश्यहीन, निरर्थक.

**बेमसाला** *वि* नीरस, फीका/फीकी, बिना मसाले का, बेजान, मसालाहीन, वैष्णव, सात्त्विक, सादा/सादी, *स्वादहीन*, हलका/हलकी, •स्वादहीन, ▪मसालेदार.

**बेमानी** = अनुपयोगी, अर्थहीन, निरर्थक, निस्सार.
**बेमालूम** = अज्ञात, अल्पतम.
**बेमिलावट** = अमिश्रित, असली, विशोधित.
**बेमिसाल** = अनुपम, उत्तम.
**बेमुद्दती** = अवधिहीन.
**बेमुरव्वत** = सहानुभूतिहीन.
**बेमुरौवत** = अवसरवादितापूर्ण, उपेक्षापूर्ण, निष्ठाहीन.
**बेमुरौवती** = उपेक्षा.
**बेमेल** = असंगत, संगीतहीन, सामंजस्यहीन.
**बेमेलपन** = असामंजस्य.
**बेमौक़ा** = अप्रासंगिक, अवसरप्रतिकूल.
**बेमौसम** = अकालजात.

**बेमौसम** *क्रिवि* अकालतः, असमय, असमयानुसार, कुसमय, कुसमयतः, ग़लत वक़्त पर, ग़लत समय, बेफ़सल, बेवक़्त, समय पर नहीं, ▪मौसमी.

**बेमौसमी** *वि* अनार्तव, *असामयिक*, ऋतु कालेतर, मौसम के बाहर, ▪मौसमी.

**बेयोनट** *सं* बेनट, संगीन, •चाकू छुरी, •तलवार, •बंदूक़, •भाला.

**बेरंग** = अरोचक, रंगहीन.
**बेर** = फल.

**बेर** *सं* इंडियन चैरी, उन्नाब, कर्कंधु, दृढ़बीज, बदर, बदरिका, बदरी, बदरीफल, बेरी, वदर, वेरट, सौवीर, •झड़बेरी.

**बेरस** = रसहीन.
**बेरहम** = निर्दय, रुधिरपिपासु.
**बेराहा** = मार्गच्युत.
**बेराही** = दुराचार.
**बेरियम** = रासायनिक तत्त्व सूची.
**बेरिलीयम** = रासायनिक तत्त्व सूची.
**बेरी** = झड़बेरी, फल सूची, बेर.
**बेरुख़ी** = उपेक्षा, प्रतिद्वंद्विता, रूठन.
**बेरोक** = अविराम.

**बेरोज़गार** *वि* अनावलंब, अर्जनहीन, अवलंबनहीन, आजीविकाहीन, आयहीन, कार्यहीन, ख़ाली, जीविकाहीन, ठाला/ठाली, ठाली, निकम्मा/निकम्मी, निगोड़ा/निगोड़ी, निठल्ला/निठल्ली, निठल्लू, बेकार, व्यवसायहीन, व्यापारहीन, ▪बारोज़गार.

**बेरोज़गारी** *सं* अनर्जन, अर्जनहीनता, अवलंबनहीनता, आजीविकाहीनता, उद्यमहीनता, निकम्मापन, निठल्लापन, बेकारी, व्यवसायहीनता, ▪बारोज़गारी.

**बेरौनक़** = उदास, मुरझाया/मुरझाई, विवर्ण, वैभवहीन.
**बेल** = कुदाल, ज़मानत, फल सूची, फावड़ा, बिल्व, बेलचा, लता.
**बेलगाम** = अनियंत्रणीय, अराजकतापूर्ण, धृष्ट, निरंकुश, प्रबंधकहीन, स्वेच्छाचारी.
**बेलगाम बात** = स्पष्टोक्ति.
**बेलगामी** = मुँहज़ोरी.

**बेलचा** *सं* बेल, बेलची, •कुदाल, •फावड़ा.

**बेलची** = पलटा, बेलचा.
**बेलज़्ज़त** = कुस्वादिष्ठ.
**बेलन** = सिलंडर.

**बेलन** *सं* रोला, वेल्लन, •चकला, •लोई.

**बेलन चलाना** = बेलना.

**बेलना** *क्रि* पोना, फैलाना, बेलन चलाना, •थापना.

**बेलनी** = ओटनी.
**बेलबूटे** = कढ़ाई.
**बेलबूटे काढ़ना** = काढ़ना.
**बेला** = अवधि, आहार काल, घंटा, ज्वार, नदी तट, पहर, बेला तट, लहर, वायलिन, समुद्र तट, समुद्र लहर, साइत.

**बेला** *सं* गंधराज, नवमल्लिका,

मल्लिका, मोगरा, *सुकुमारी*, सुरूपा, सुलभा.

**बेलाग** = स्पष्टोक्त.
**बेलाग लंपेट** = स्पष्टोक्त.

**बेला तट** *सं* चौपाटी, जुहू, डूब जाने वाला तट, *बेला*, *रेती*, वेला, सिकता तट, सैकत, स्ट्रैंड, •बाँधपथ, •समुद्र तट.

**बेलापथ** = बाँधपथ.
**बेलामार्ग** = बाँधपथ.
**बेलावल** = प्रेमी.
**बेलावीचि** = लहराग्र.
**बेला संगम** = सागर विलयन.
**बेलि** = लता.
**बेलिहाज़** = अवसरवादितापूर्ण, उपेक्षापूर्ण, निर्लज्ज.
**बेली** = प्रेमपात्र/प्रेमपात्रा, रक्षक, संगी, सरपरस्त.
**बेलुत्फ़** = अमनोरंजक, अरोचक.
**बेवक़त** = अप्रतिष्ठित.
**बेवकूफ़** = मंदधी, मूर्ख.
**बेवकूफ़ाना** = मूर्खतापूर्ण (कृत्य).
**बेवकूफ़ी** = मूर्खता.
**बेवक़्त** = बेमौसम.
**बेवगी** = वैधव्य.
**बेवजह** = उद्देश्यहीनतः.
**बेवड़ा** = मदिरोन्मत्त, मद्य, मद्यप.
**बेवफ़ा** = अविश्वसनीय, कृतघ्न, ग़द्दार, निष्ठाहीन, विश्वासघाती.
**बेवफ़ाई** = परगमन, वचनभंग, विश्वासघात.
**बेवहरिया** = महाजन.
**बेवा** = विधवा.
**बेवारिस** = निस्संतान.
**बेशऊर** = असंस्कृत, नौसिखिया, फूहड़.
**बेशक** = अवश्यमेव, हाँ.
**बेशक़ीमती** = मूल्यातीत.
**बेशरम** = बेपरदा.
**बेशरमी** = बेपर्दगी.
**बेशर्म** = निर्लज्ज.
**बेशी** = सुलभ.
**बेशुबह** = अवश्यमेव.
**बेशुमार** = अगणनीय, बेतहाशा.
**बेशोर** = कोलाहलहीन.
**बेशौक़** = अरसिक.
**बेस** = आधार, आधार भुजा, नीवँ, सेना चौकी.

**बेसन** *सं* चना छिलकाहीन दाल का आटा.

**बेसन झोल** = कढ़ी.
**बेसन लच्छा** = सेव.
**बेसनी** = पकोड़ी.
**बेसबब** = उद्देश्यहीनतः.
**बेसबरापन** = आतुरता.
**बेसब्र** = असंतोषी, आतुर, जल्दबाज़.
**बेसब्री** = असंतोष, विचलन.
**बेसमझ** = अवयस्क, विवेकहीन.
**बेसमैंट** = तहख़ाना.
**बेसर** = खच्चर, नथ.
**बेसरो सामान** = कंगाल.
**बेसलीक़ा** = असंस्कृत.
**बेसवा** = वेश्या.
**बेसवाई** = वेश्यावृत्ति.
**बेस स्टेशन** = पड़ाव कार्यालय.
**बेसहारा** = असहाय, बेघर, साधनहीन.
**बेसा** = वेश्या.
**बेसाख़्ता** = यंत्रचालिततः.
**बेसामान** = बेघर.
**बेसिन** = चिलमची.
**बेसिरपैर** = अनर्गल, अप्रासंगिक, बकवासपूर्ण.
**बेसिरपैर की बात** = बकवास.
**बेसिलसिला** = क्रमहीन.
**बेसुध** = अचेत, आत्मलीन, मदव्यग्रस्त, मदिरोन्मत्त.
**बेसुरा/बेसुरी** = संगीतहीन.
**बेसूद** = अनुपयोगी, निरर्थक.
**बेस्वाद** = अरोचक, कुस्वादिष्ठ, स्वादहीन.
**बेहंगम** = महाकाय.
**बेहड़** = बीहड़ भूमि.
**बेहड़ा** = बहेड़ा.
**बेहतर** = उत्तर अवस्था सूचक शब्द सूची, उन्नत, हाँ.

**बेहतर** *वि* अधिक अच्छा, अधिक वांछनीय, इक्कीस, उच्चतर, *उत्तर*, *उन्नत*, गुणोत्तर, गुरुतर, चढ़ कर, नेकतर, बढ़ कर, बरतर, योग्यतर, श्रेयस्कर, सवाई, सवाया/सवाई, सीजल, सुधरा/सुधरी, •अच्छा/अच्छी, •उत्तम, ▪बदतर.

**बेहतर करना** = सुधारना.
**बेहतरी** = आरोग्य लाभ, उन्नति, कल्याण.
**बेहतरीन** = उत्तम, उत्तम अवस्था सूचक शब्द सूची, सुंदर.
**बेहथियार** = निहत्था/निहत्थी.
**बेहद** = अगणनीय, अत्यधिक, असीम, सुलभ.
**बेहबूदी** = उन्नति, कल्याण.
**बेहया** = अश्लील, धृष्ट, निर्लज्ज.
**बेहला** = वायलिन.
**बेहाथ** = अगाध्य, लूला/लूली.
**बेहाथपैर** = लँगड़ा लूला/लँगड़ी लूली.
**बेहाल** = चिंतित, दुःखी, पीड़ित, संकटग्रस्त.
**बेहिचक** = खुले आम.
**बेहिजाब** = अश्लील, निर्लज्ज, बेपरदा.
**बेहिजाबी** = बेपर्दगी.
**बेहिसाब** = अगणनीय, अनुपातहीन, बेतहाशा.
**बेहुनर** = अकुशल, अदक्ष, अप्रशिक्षित.
**बेहूदा/बेहूदी** = अप्रासंगिक, अश्लील, असंस्कृत.
**बेहैसियत** = निर्धन.
**बेहोश** = अचेत, मदव्यग्रस्त, मदिरोन्मत्त.
**बेहोशी** = नशा, निद्रा, मूर्छा.
**बेहोशी लाना दवा** = संज्ञाहर औषध.
**बेहोशी हटाना दवा** = संज्ञाकर औषध.
**बैंक** = तट.

**बैंक** *सं* अधिकोश, बंक, महाजनी संस्थान, लेनदेन कोठी, सराफ़ख़ाना, •एटीऐम, •कैशियर, •चैक, •टैलर, •बैंक ड्राफ़्ट.

**बैंकर** = टैलर, महाजन.
**बैंकाक** = थाईलैंडः राजधानी.
**बैंकिंग** = ऋण व्यवसाय.
**बैंक्रप्ट** = दिवालिया.
**बैंगन** = सागसब्ज़ी.

**बैंगन** *सं* चित्रफला, बादजान, भंटा, भाँटा, भिंटा, मांसफला, राजकुष्मांड, वंगन, वर्तका, वार्ताकी, वृंत, वृंतफल, वृंताकी, हिंगुदी, हिंगुली, •भुरता.

**बैंगनी** *वि* ऊदा/ऊदी, कोपली, जमुनियाँ, जामुनी, नीललोहित,

नीलारुण, नीला लाल, पाटल, बैंजनी, बैगनी, वायलेट, •नीला/नीली, •लाल.

**बैंगल** = चूड़ी.
**बैंच** = न्यायालय, यान सीट.

**बैंच** *सं* पैनल, प्रोष्ठ, बोर्ड, •दीवान.

**बैंजनी** = बैंगनी.
**बैंड** = गला पट्टा, गला रस्सी, पट्टी, वाद्यवृंद, वृंद.
**बैंड मास्टर** = संगीत संचालक.
**बैंडेज** = घाव पट्टी.
**बैकअप** = डाटा बैकअप.
**बैकग्राउंड** = पृष्ठभूमि.
**बैकडोर** = पृष्ठद्वार.
**बैकपैकर** = हिचहाइकर.
**बैकपैकिंग** = हिचहाइकिंग.
**बैक बोर्ड** = ब्लैक बोर्ड.
**बैकयार्ड** = पीछे वाला आँगन.
**बैकवर्ड क्लासेज़** = पिछड़ी जाति.
**बैकुंठ** = मोक्षलोक.
**बैकू** = टोंटी, बरतन टोंटी.
**बैकूयुक्त लुटिया** = तुतई.
**बैक्ट्रिया** = अफ़गानिस्तान.
**बैग** = झोला, थैला, बटुआ, संदूक़.
**बैगन लूटा/बैगन लूटी** = कृष्णवर्ण.
**बैगनी** = बैंगनी.
**बैगेज** = असबाब.
**बैच** = खेप, वृंद, समूह.
**बैचलर** = ग्रैजुएट.
**बैज** = पुरस्कार.

**बैज** *सं* अधिकार चिह्न, *चिह्न*, तमग़ा, *पट्टी*, *पहचान चिह्न*, बिल्ला, रिबन, •टोकन.

**बैजनाथ** = धन्वंतरि.
**बैजयंती** = पुष्पमाला.
**बैज़वी** = गोलप्राय.
**बैजा** = अंडा.
**बैट** = बल्ला.

**बैटरी** *सं* पाइल, भंडारित्र, विद्युत भंडारित्र, •जैनेरेटर.

**बैटलशिप** *सं* युद्धपोत, रणपोत.

**बैठक** = अधिवेशन, अध्ययन घंटा, आधार सूची, आसन, उठक बैठक, ड्राइंगरूम, थूनी, मुजरा, मुलाक़ात, योग आसन, संगति, सभा.
**बैठकघर** = ड्राइंगरूम, सभागार.
**बैठक विवरण** = कार्य विवरण.
**बैठका** = ड्राइंगरूम, मर्दानख़ाना, सभागार.
**बैठकी** = उठक बैठक, चौकी.
**बैठता/बैठती** = झोलदार.
**बैठन** = आसन, दबक, धँसन.
**बैठना** = उजड़ना, उतरना, छीजना, टिकना, डूबना, ढलना, ढहना, दबकना, धँसना, निथरना.

**बैठना** *क्रि* आसन ग्रहण करना, आसन लेना, आसीन होना, तशरीफ़ रखना, तिष्ठित होना, पधरना, पधारना, बिराजना, विराजना, सुशोभित होना, स्थान ग्रहण करना, ▪झुकना, ▪लेटना, ▪सोना.

**बैठबिठाव** = सामंजस्य.
**बैठा/बैठी** = आधारित, नतोदर, पंक्चरित, स्थित.

**बैठा/बैठी** *वि* आसन ग्रहीत, आसीन, उपविष्ट, जमा/जमी, तिष्ठ, तिष्ठित, पधारा/पधारी, विराजमान, विराजित, संस्थित, समवस्थित, समासन्न, सुशोभित, *स्थित*.

**बैठाई** = जड़ाई, धराई.
**बैठान** = सामंजस्य.
**बैठाना** = जड़ना, टिकाना, दबाना, निथारना, मँढ़ना, रखना.

**बैठाना** *क्रि* बिठाना, बैठालना, विराजमान करना.

**बैठापन** = फटा स्वर.
**बैठालना** = बैठाना.
**बैठा स्वर** = फटा स्वर.
**बैड** = गद्दा, पलंग.
**बैडकवर** = बैडशीट.
**बैडडैट** = डूबा ऋण.
**बैडडैट खाता** = बट्टा खाता.
**बैडबग** = खटमल.
**बैडरूम** = शयन कक्ष.

**बैडशीट** *सं* कवर, *चादर*, पलंगपोश, बालापोश, बिस्तर चादर, बैडकवर.

**बैडिंग** = गद्दा.
**बैत** = घर, शेअर.
**बैतालिक** = जादूगर.
**बैद** = वैद्य.
**बैदा** = अंडा, खाद्य अंडा.
**बैन** = उक्ति, कथन, प्रतिबंध, बात, मृदुभाषण.
**बैनर** = ध्वज.

**बैनर** *सं* *ध्वज*, *पट*, संदेशध्वज, संदेशपट, •पोस्टर, •विज्ञापन.

**बैना** = कथन, बात, बायन.
**बैनामा** = बयाना.
**बैन्ड** = निषिद्ध.
**बैपटिज़्म** = बपतिस्मा.
**बैर** = घृणा, शत्रुता.

**बैरक** *सं* बारिक, हटमैंट, •कुटी.

**बैरन** = सपत्नी.
**बैरल** = पीपा.
**बैरा** = वेटर.
**बैराग** = आसक्ति, उन्माद, संन्यास प्रवेश.
**बैरागिन** = साधुनी.
**बैरागी** = अनासक्त, असांसारिक, वैरागी, साधु.
**बैरिकेड** = बैरियर.
**बैरियर** = सीमा.

**बैरियर** *सं* *अवरोध*, *आड़*, कठघरा, *दीवार*, *नाका*, *बाड़*, बाड़ा, बैरिकेड, रुकावट, रोक, रोड़ा, •मुँडेर, •विराम.

**बैरिस्टर** = वकील.
**बैरी** = निंदक, प्रतिद्वंद्वी, विपरीत, शत्रु.
**बैरेज** = बाँध, बारेज.
**बैरो** = ठेलागाड़ी.
**बैल** = घंटी, भार पशु, मूर्ख, वृष राशि.

**बैल** *सं* अक्षधर, ऋषभ, औक्स, कृषक, धुरंधर, नंदी, बधिया साँड, बरदा, बलद, बलीवर्द, वृष, वृषभ, वृषल, शांकर, •अँटौतल, •गाय, •जुआ, •ढोर, •बछड़ा, •साँड़.

**बैलगाड़ी** *सं* *गड्डा*, गड्डी, गाड़ा, गाड़ी, *छकड़ा*, बहली, शकटिका, •ऊँटगाड़ी, •जोतगाड़ी,

•ठेलागाड़ी, •नेमिमार्ग, •यान.

**बैलट** = मतदान पत्र.
**बैलट पेपर** = मतदान पत्र.
**बैलास्ट** = रोड़ी.
**बैलून** = गुब्बारा, गुब्बारा यान.
**बैलेंस निकालना** = घटाना.

**बैले** *सं* उपरूपक, नृत्य नाटक, नृत्य नाटिका, •ऑपेरा.

**बैलेरिना** = नर्तकी.
**बैलेंस** = घटान फल.
**बैल्ट** = कनवेअर बैल्ट, क्षेत्र, पेटी.
**बैसाख** = वैशाख मास.
**बैसाखी** = आधार सूची, वैशाखी.

**बैसाखी** *सं* अवलंब, आसरा, काठ का घोड़ा, ठकोरी, लँगड़े का सहारा, लँगड़े की लाठी, *लाठी*, सहारा, •गड़ूलना, •लमघोड़, •सहायता.

**बैस्ट मैन** = वर साथी.
**बोंग** = हल्लागुल्ला.
**बोंटना** = सोंटा.
**बोंड़ा** = अंकुर.
**बोंडी** = कली.
**बोंड़ी** = फली.
**बो** = कमानचा.
**बोअनी** = बोहनी.
**बोआ** = अजगर.
**बोइया** = टोकरा टोकरी.
**बोगी** = जोतगाड़ी, डरावा, बग्घी.
**बोझ** = दाब, दायित्व, भार, लगेज, लाद.
**बोझग्रस्त** = भारी.
**बोझल** = भारी.
**बोझ से दबा** = भारी.
**बोझा** = जेब, बंडल, भार, लाद.
**बोझा उतारना** = उतारना.
**बोझिल** = अरोचक, क्लिष्ट (भाषा), भारी, लस्तपस्त, शब्दाडंबरपूर्ण.
**बोझीला/बोझीली** = भारी.
**बोट** = अचारदान, जलयान, नौका.
**बोटा** = कुंदा.
**बोटी** = अस्थि.
**बोड़ना** = डुबाना.
**बोड़ा** = अजगर, लोबिया.
**बोडो** = भारत राष्ट्रभाषा.

**बोतल** = ऐरेटिड वाटर, दूध बोतल, मद्य.

**बोतल** *सं* कूपी, बाटली, बौटल, शीशी, •घड़ा, •जग, •थरमस, •दूध बोतल, •पीपा, •प्याला, •सुराहीनुमा बोतल, •स्ट्रा.

**बोदा/बोदी** = आलसी, जेय, भंगुर, मंदधी.
**बोध** = अंतर्बोध, अर्थ, अर्थबोध, ज्ञान, ज्ञानेंद्रिय, बोधोदय, शिक्षा, समाधान.

**बोध** *सं* अनुबोध, अभिग्रहण, अवबोध, अवबोध, इल्म, *ग्रहण*, चेत, जाग्रति, *ज्ञान*, दर्शन, परिबोध, परोक्ष ज्ञान, *पहुँच*, पुरंजनी, *प्रत्यय*, प्रबोध, फ़हमी, बूझ, भान, *विज्ञान*, विद, विबोध, संज्ञान, संबोध, संवेद, समझ, होश, •अनुभूति, •चेतना, •बुद्धि, •विवेक.

**बोधक** = अर्थद्योतक, प्रबोधक, संकेतात्मक, सूचनापूर्ण.
**बोध करना** = समझना.
**बोध कराना** = समझाना.

**बोधक्षम** *वि* अंतर्ज्ञानपूर्ण, ग्राही, बोधयुक्त.

**बोध क्षमता** = अंतर्बोध.
**बोधगम्यन** = सहजीकरण.
**बोध ग्रहण करना** = समझना.
**बोधदाता** = प्रबोधक.
**बोधन** = उद्‌बोधन.
**बोधनी** = सहायक पुस्तक.
**बोधपूर्ण** = बोधप्रद, शिक्षाप्रद.
**बोधप्रद** = शिक्षाप्रद.

**बोधप्रद** *वि* अभिज्ञापक, अभिधायक, अवबोधक, ज्ञानद, ज्ञानपूर्ण, ज्ञानप्रद, ज्ञानात्मक, बोधपूर्ण, बोधिनी, सीखपूर्ण, •उपदेशपूर्ण, •शिक्षाप्रद.

**बोध प्रदाता** = प्रबोधक.
**बोधप्राप्त** = प्रबुद्ध.
**बोधप्राप्ति** = बोधोदय.
**बोधयिता** = प्रबोधक.
**बोधयुक्त** = प्रबुद्ध, बोधक्षम.

**बोधहीनता** = निस्संज्ञा.
**बोध होना** = जानना, समझना.
**बोधातीत** = अज्ञेय, चमत्कारपूर्ण.
**बोधि** = पीपल.
**बोधिका** = शब्द पुस्तक.
**बोधित** = संकेतित.
**बोधिनी** = बोधप्रद, शब्द पुस्तक, शिक्षाप्रद.
**बोधि वृक्ष** = वटवृक्ष.

**बोधिसत्त्व** *सं* अमिताभ, *अर्हत*, जनसेवक बुद्ध, निर्वाण त्यागी बुद्ध, बुद्ध पूर्व जन्म, सुदर्शन, •गौतम बुद्ध.

**बोधी** = ज्ञानी, प्रबुद्ध, शिक्षित.
**बोधेंद्रिय** = ज्ञानेंद्रिय.

**बोधोदय** *सं* अरुणोदय, उपलब्धि, *चेतना*, जागरण, जाग्रति, जिज्ञासा शांति, ज्ञानप्राप्ति, ज्ञानागम, ज्ञानालोक, ज्ञानोदय, तथागति, *पहुँच*, पुरंजनी, प्रकाशोदय, प्रज्ञान, प्रबोध, *बोध*, बोधप्राप्ति, संज्ञान, *सूर्योदय*, •तपस्या, •ध्यान, •मोक्ष, •समाधि, •साधना, ▪जिज्ञासा.

**बोध्य** = ज्ञेय, स्पष्ट.

**बोध्य** *वि* अक्लिष्ट, अगुह्य, अगूढ़, अगूढ़, आसान, *गम्य*, ग्राह्य, *ज्ञेय*, प्रज्ञेय, प्रांजल, विज्ञेय, सरल, *सहज*, सीधा/सीधी, सुगम, सुग्राह्य, सुबोध, *स्पष्ट*, ▪अज्ञेय, ▪अबोध्य, ▪असमाधान्य.

**बोन** = अस्थि.

**बोनस** *सं* अतिरिक्त देय, अतिरिक्त लाभ, अतिलाभ, अधिदान, अधिलाभ, उपदान, *उपहार*, बाढ़ी *लाभ*, •अप्रत्याशित लाभ, •वेतन.

**बोना** = उगाना.

**बोना** *क्रि* छितराना, बवना, बिथराना, बीज डालना, बुआई करना, *लगाना*, •क़लम लगाना, •फ़सल काटना, •रोपना.

**बोनी** = बोहनी.

**बोने वाला** *सं* कृषक, बीज बोने

 (प्रा) प्राचीन शब्द, अब अप्रचलित - *तिरछे* शब्द स्वतंत्र शीर्षक भी हैं •सपर्याय ▪विपर्याय

वाला, बीजवाप, बुआई कर्मी, वप्ता, वाप, वापक, ■फ़सल काटने वाला.

**बोम** = कोलाहल.
**बोर** = अरोचक, घटनाहीन, डोब.
**बोर करना** = उबाना.
**बोरना** = डुबाना, रँगना.
**बोरर** = वेधक.
**बोरसी** = अँगीठी.
**बोर होना** = ऊबना.

**बोरा** *सं* *कट्टा*, गनी बैग, गोनी, बोरिया, बोरी, ●झोला.

**बोरिंग** = उबाऊ.
**बोरियत** = ऊब.
**बोरिया** = बोरा.
**बोरिया बधना** = असबाब.
**बोरिया बिस्तर** = असबाब.
**बोरियास** = उत्तर पवन.
**बोरी** = बोरा.
**बोरोन** = रासायनिक तत्त्व सूची.
**बोर्ड** = आयोग, काउंटर, गत्ता, पटल, बैंच, समिति.
**बोर्ड आफ़ डायरैक्टर्स** = प्रबंध समिति.
**बोर्डिंग** = होस्टल.
**बोर्डिंगहाउस** = भोजनालय सूची, होस्टल.
**बोल** = उक्ति, कटाक्ष, कथन, गर्वोक्ति, गाली, ध्वनि, बात, वचन, वाचा.
**बोलचाल** = अल्पपरिचय, परिचय, बोलचाल की भाषा, बोली, मुहावरा.

**बोलचाल की (भाषा)** *वि* अक्लिष्ट (भाषा), अजटिल, अश्लिष्ट, आडंबरहीन, *आम*, आमफ़हम, चलताऊ, चालू, *प्रचलित*, शब्दाडंबरहीन, सरल, *सहज*, *साधारण*, *सामान्य*, सीधी, ●अनौपचारिक, ●प्रवाहशील (भाषा), ■क्लिष्ट (भाषा), ■पारिभाषिक, ■शब्दाडंबरपूर्ण, ■साहित्यिक.

**बोलचाल की भाषा** = जनभाषा.

**बोलचाल की भाषा** *सं* अनलंकृत भाषा, आमफ़हम ज़बान, दैनिक भाषा, बोलचाल, शब्दाडंबरहीन भाषा, सहज भाषा, ■क्लिष्ट भाषा, ■शब्दाडंबर.

**बोलचाल नाम** = घर का नाम.
**बोलचाल बंद** = मित्रताभंग.
**बोलता/बोलती** = अभिव्यक्तिपूर्ण, भावोत्पादक, मार्मिक (उक्ति).
**बोलती** = वाचा.
**बोलना** = कहना, पुकारना, पुकारना.
**बोलने वाला** = कथन कर्ता.
**बोलबाला** = उत्कर्ष काल, प्रताप, वर्चस्व.
**बोलस** = वटी.
**बोला/बोली** = कथित.
**बोली** = उपहास, कंठध्वनि, कटाक्ष, कथन, कथन, गाली, नीलामी, बात, बात, भाषा, वाचा, हास्योक्ति.

**बोली** *सं* उपभाषा, टंग, डायलैक्ट, बोलचाल, भाखा, वर्नाक्यूलर, स्थानीय भाषा, ●जनभाषा.

**बोली ठिठोली** = उपहास, खिल्ली.
**बोली ठोली** = खिल्ली, व्यंग्य रचना.
**बोल्ट** = काबला, चटकनी.
**बोल्ड** = बोल्ड टाइप.

**बोल्ड टाइप** *सं* काला, बोल्ड, मोटा, मोटे लिखे अक्षर, ●टाइप फ़ेस.

**बोल्शेविकवाद** = साम्यवाद.
**बोस्ट** = डींग.
**बोहथ** = जलयान, नौका.

**बोहनी** *सं* पहली बिक्री, बोअनी, बोनी, ●बिक्री.

**बौंड** = गारंटी कार्ड.
**बौइलर** = बायलर.
**बाक्स** = क्रेट, डिब्बा, संदूक़.
**बाक्स आफ़िस** = टिकटघर.

**बाक्सर** *सं* घूँसेबाज़, मुक्केबाज़, ●ऐथ्लीट.

**बाक्सिंग** *सं* घूँसाघूसी, घूँसेबाज़ी, मुक्केबाज़ी, मुष्टियुद्ध.

**बौखलाता/बौखलाती** = झुँझलाता/झुँझलाती.
**बौखलाया/बौखलाई** = क्रुद्ध.
**बौखलाहट** = क्रोध, खीज, हड़बड़ी.
**बौछार** = फुहार, बारिश.
**बौछार करना** = छिड़कना, फुहारना, बरसाना, बिखेरना.
**बौटल** = बोतल.
**बौड़म** = अनाड़ी, मंदधी, मूर्ख.
**बौड़हा/बौड़ही** = पागल.
**बौद्ध** = बौद्ध धर्मावलंबी.

**बौद्ध धर्म** *सं* बुद्ध धर्म, बुद्धवाद, विज्ञानवाद, वैनाशिक तंत्र, *शून्यवाद*, सद्धर्म, सुगत सिद्धांत, ●मध्यमयान, ●महायान, ●हीनयान, ●जैन, ●लामावाद, ●जैन धर्म, ●धर्मसंघ.

**बौद्ध धर्म इतिहास** = महावंश.

**बौद्ध धर्मग्रहण** *सं* धम्मं शरणं गच्छामि, बुद्धं शरणं गच्छामि, संघं शरणं गच्छामि.

**बौद्ध धर्म संस्थान** = धर्मसंघ.

**बौद्ध धर्मावलंबी** *सं* बौद्ध, भिन्नक, वृत्तक, वैनाशिक, शून्यवादी, सर्ववैनाशिक, सुगत, सौगत, सौगतिक.

**बौद्ध मंदिर** = विहार.

**बौद्ध मठ** *सं* आराम, चैत्य, धम्मसंघ, *धर्मसंघ*, *बिहार*, महालय, *विहार*, संघाराम, सुगतालय.

**बौद्ध मूल ग्रंथ** = त्रिपिटक.
**बौद्धिक** = बुद्धिजीवी, बुद्धिमान, बुद्धीय, सिद्धांतीय.
**बौद्धिक संपत्ति** = कलाकृति, कृति, पुस्तक.
**बौधायन** = ऋषि सूची.

**बौना** *सं* छटंकी, छोटू, छोटू राम, ठिंगना व्यक्ति, ठिंगू, बालिश्तिया, बौना/बौनी, वामन, ●लघुकाय, ■महाकाय व्यक्ति/वस्तु.

**बौना/बौनी** = ठिंगना/ठिंगनी, बौना.
**बौबिन** = परछा.
**बौर** = बीजकोश, मंजरी.
**बौराया/बौराई** = पागल.
**बौरायापन** = पागलपन.
**बार्डर** = किनारी, चौखटा, लेस, सीमा,

सीमारेखा.
**बौस** = अध्यक्ष, अपराध जगत सरदार, सर्वोच्च सत्ताधारी.
**ब्यजन** = हाथ पंखा.
**ब्याज** = व्याज.
**ब्यालू** = डिनर.
**ब्याह** = विवाह, विवाहोत्सव.
**ब्याह टेल्हा** = विवाहोत्सव.
**ब्याहता (स्त्री)** = विवाहित.

**ब्याहना** *क्रि* घर बसाना, दंपति होना, फेरे डालना, फेरे होना, बरना, बरात चढ़ना, *बसना*, बाँह पकड़ना, बियाहना, लगन होना, वरना, विवाह करना, शादी बनाना, शादी रचाना, हाथ पकड़ना, हाथ पीले होना, •वाग्दान करना, ▪तलाक़ देना.

**ब्याहली** = वधू.
**ब्याहली (स्त्री)** = विवाहित.
**ब्याहा/ब्याही** = विवाहित.
**ब्यूटिफ़िकेशन** = प्रसाधन.
**ब्यूटी** = सुंदर स्त्री, सौंदर्य.
**ब्यूटी कंटैस्ट** = सौंदर्य प्रतियोगिता.
**ब्यूटी क्वीन** = सौंदर्य साम्राज्ञी.
**ब्यूटीफ़ुल** = सुंदर.

**ब्यूटीशियन** *सं* नाई/नायन, प्रसाधक/प्रसाधिका, *मेकअप मैन*, शृंगार कर्ता, सज्जाकार, सिंगारिया, सिंगारी, •नाई, •मेकअप मैन.

**ब्यूरोक्रेसी** = नौकरशाही, राज्य सेवा, लाल फ़ीताशाही.
**ब्यूरोक्रैट** = पदाधिकारी, राज्य सेवा कर्मी.
**ब्योंच** = मोच.
**ब्योंत** = अल्पव्यय, कटाई छँटाई.
**ब्योंतना** = काटना.
**ब्योरा** = कार्य विवरण, परिभाषा, लेखा, वक्तव्य, वृत्तांत, व्याख्या, समाचार.

**ब्योरा** *सं* कच्चा चिट्ठा, कच्चा हाल, कैफ़ियत, खर्रा, चिट्ठा, तफ़सील, दास्तान, पूरा ब्योरा, विवरण, *विस्तार*, विस्तृत वर्णन, सब का सब, सब कुछ, सविस्तार विवरण, •वृत्तांत, ▪सार संक्षेप.

**ब्योरा बही** = कैशबुक.
**ब्योरेदार** = सविस्तार.
**ब्योरेवार** = विस्तारपूर्वक.
**ब्योरे से** = विस्तारपूर्वक.
**ब्रंच** = आहार काल सूची.

**ब्रंच** *सं* देर से किया गया ब्रैकफ़ास्ट, मिला जुला ब्रेकफ़ास्ट और लंच, संयुक्त ब्रेकफ़ास्ट और लंच, •ब्रेकफ़ास्ट, •लंच.

**ब्रज** = गोशाला, चरागाह, मार्ग.
**ब्रजन** = विचरण.
**ब्रजबिहारी** = कृष्ण.
**ब्रजमोहन** = कृष्ण.
**ब्रजयुवती** = गोपी.
**ब्रजसुंदरी** = गोपी.
**ब्रध्न** = सीसा.
**ब्रश** = तूलिका.
**ब्रह्म** = ईश्वर, ब्रह्मा.

**ब्रह्म** *सं* अक्षय, *अक्षर*, अद्वैत, अधिभूत, *अनंत*, आत्मन्, *आत्मा*, आदिकारण (वेदांत), *कवि*, तत्त्व, तेजोरूप, धातृ, नाशहीन, परम, परमतत्त्व, परमात्मन्, परमात्मा, परेष्टि, *प्रधान*, प्राण, बृहत, ब्रह्मन्, महत्, मूल तत्त्व, *शाश्वत*, सच्चिदानंद, सर्वात्मा, *सूक्ष्म*, स्वयंभू, •अद्वैतब्रह्म, •अन्नब्रह्म, •अपरब्रह्म, •ईश्वर, •परमपुरुष, •ब्रह्मा.

**ब्रह्म और विश्व भिन्न हैं** = द्वैतवाद.
**ब्रह्मकाष्ठ** = शहतूत.
**ब्रह्मगोल** = ब्रह्मांड.
**ब्रह्मगोलीय** = ब्रह्मांडीय.
**ब्रह्मघोष** = वेद.
**ब्रह्मघोष** = वेदपाठ.
**ब्रह्मचर्चा** = उपनिषद.
**ब्रह्मचर्य** = कौमार्य, ब्रह्मचर्य आश्रम.
**ब्रह्मचर्य आश्रम** = चार आश्रम सूची.

**ब्रह्मचर्य आश्रम** *सं* अविवाहित जीवन, प्रथमाश्रम, ब्रह्मचर्य, विद्यार्जन काल, विवाहपूर्व जीवन, •कौमार्य, ▪गृहस्थ आश्रम, ▪वानप्रस्थ आश्रम, ▪विवाहित जीवन, ▪संन्यास आश्रम.

**ब्रह्मचर्य आश्रम प्रवेश** *सं उपनयन संस्कार*, जनेऊ, दीक्षा, द्विजत्व, वेदारंभ संस्कार.

**ब्रह्मचर्य आश्रमी** = ब्रह्मचारी.
**ब्रह्मचर्य पालक** = नारद, ब्रह्मचारी.
**ब्रह्मचर्य पालन** = कौमार्य.
**ब्रह्मचर्य पालिका** = ब्रह्मचारिणी.
**ब्रह्मचर्या** = कौमार्य.
**ब्रह्मचारिणी** = कुँवारी, दुर्गा.

**ब्रह्मचारिणी** *सं* जटिला, निवरा, ब्रह्मचर्य पालिका.

**ब्रह्मचारी** = कुँवारा, कौमार्यवान, धार्मिक शिष्य.

**ब्रह्मचारी** *सं* बटु, बटुक, बरुआ, ब्रह्मचर्य आश्रमी, ब्रह्मचर्य पालक, माणवक, व्रती, •जितेंद्रिय, •विद्यार्थी, ▪गृहस्थ आश्रमी, ▪वानप्रस्थ आश्रमी, ▪संन्यासी.

**ब्रह्मचारी/ब्रह्मचारिणी** = अविवाहित.
**ब्रह्मचारी भीष्म** = भीष्म.
**ब्रह्मज्ञान** = उपनिषद, शब्दब्रह्म.
**ब्रह्मज्ञानी** = अध्यात्मज्ञ.
**ब्रह्मण्य** = शनि ग्रह, स्कंद.
**ब्रह्मद्रुम** = पलाश.
**ब्रह्मनद** = सरस्वती नदी.
**ब्रह्मनदी** = सरस्वती नदी.
**ब्रह्मनिर्वाण** = मोक्ष.
**ब्रह्मन्** = ईश्वर, ब्रह्म.
**ब्रह्मपाश** = दिव्यास्त्र.
**ब्रह्मपुत्रा** = नदी सूची भारत उपमहाद्वीप, ब्रह्मपुत्रा नदी.

**ब्रह्मपुत्रा नदी** *सं* त्साङ पो, ब्रह्मपुत्रा, लोहित, लौहित्य.

**ब्रह्मपुत्री** = सरस्वती नदी.
**ब्रह्मपुर** = मोक्षलोक.
**ब्रह्म पुराण** = पुराण सूची.
**ब्रह्मपुरी** = मोक्षलोक.
**ब्रह्मपूजा** = निराकार पूजा.
**ब्रह्मप्राप्ति** = मोक्ष.
**ब्रह्मभूत** = समाधिस्थ.
**ब्रह्मभोज** = मृत्युभोज.
**ब्रह्ममंडूकी** = ब्राह्मी.
**ब्रह्म मीमांसा** = वेदांत दर्शन.
**ब्रह्ममेखल** = मूँज.

**ब्रह्मयज्ञ** = वेदपाठ.
**ब्रह्मलिखित** = प्रारब्ध लेख, प्रारब्धाधीन.
**ब्रह्मलीन** = समाधिस्थ.
**ब्रह्मलेख** = प्रारब्ध लेख.
**ब्रह्मवाद** = वेदपाठ, वेदांत दर्शन.
**ब्रह्मवादिनी** = दक्ष पुत्री.
**ब्रह्मवादी** = वेदांतवादी.
**ब्रह्मविचार** = अध्यात्म ज्ञान.
**ब्रह्मविद्या** = अध्यात्म ज्ञान, गीता.
**ब्रह्मवेद** = अथर्ववेद.
**ब्रह्म वैवर्त पुराण** = पुराण सूची.
**ब्रह्म शासन** = वेदवाक्य.
**ब्रह्मसत्र** = वेदपाठ.

**ब्रह्म समाज** *सं* ब्राह्म धर्म, ब्राह्म समाज, राजा राम मोहन राय द्वारा प्रवर्तित संप्रदाय, •हिंदू धर्म.

**ब्रह्म सावर्णि मनु** = मनु सूची.
**ब्रह्मसूत्र** = प्रस्थान त्रयी सूची, यज्ञोपवीत.
**ब्रह्म ही परम सत्ता है** = वेदांत दर्शन.

**ब्रह्मांड** *सं* अंडकोश, *अनंत*, आसमान, कायनात, खगोल, गोलक, ब्रह्मगोल, भुवनांड, महांड, महाविश्व, विश्वगोलक, विश्वांड, विष्टभ, *विस्तार*, *सृष्टि*, •अंतरिक्ष, •आकाश गंगा, •तारा, •नीहारिका.

**ब्रह्मांड पुराण** = पुराण सूची.
**ब्रह्मांड पूजा** = अनेकेश्वरवाद.

**ब्रह्मांडीय** *वि* अंतरिक्षीय, अखिल, *अनंत*, अनंत आकाशीय, आंतरिक्ष, आसमानी, खगोलीय, दिक्कालीन, द्युलोकीय, नभो मंडलीय, नाक्षत्र, बृहदाकाशीय, ब्रह्मगोलीय, महाविश्वीय, महाव्योमीय, •सृष्टीय.

**ब्रह्मा** = त्रिमूर्ति सूची, प्रारब्ध विधाता.

**ब्रह्मा** *सं अक्षर*, आत्मभू, आत्मसंभव, आदिपुरुष, आद्यकवि, कमलज, कमलासन, करनहारा, *कर्ता*, कर्तार, *कवि*, गिरापति, चतुरानन, जगत्कर्ता, जगद्धाता, दई, धाता, परमेष्ठी, पितामह, प्रजाकार, *प्रजापति*, प्रजेश्वर, प्रभु, *ब्रह्म*, लोककर्ता, लोकपति, वागीश्वर, विधना, विधाता, *विधि*, विमलेश्वर, विरंचि, विराट, विश्वभर, विश्वस्रष्टा, विश्वेश्वर, वेद प्रकट कर्ता, वेधा, सनातन, सर्वभूत पितामह, सिरजनहार, सृष्टिकर्ता, *स्रष्टा*, *स्वयंभुव*, हंसवाहन, हिरण्यगर्भ, •विष्णु, •शिव, •सरस्वती, •सृष्टि रचेता, •स्वयंभुव.

**ब्रह्माक्षर** = ओम.
**ब्रह्माचरण** = कौमार्य.
**ब्रह्माणी** = सरस्वती देवी.
**ब्रह्मानंद** = आत्मानंद, रसानुभूति.
**ब्रह्मा मानस पुत्र** = प्रजापति, मनु.
**ब्रह्मारण्य** = पौराणिक वन उपवन.
**ब्रह्मार्पण** = कर्मफलत्याग, चढ़ावा.
**ब्रह्मावर्त** = उत्तर भारत.
**ब्रह्मासन** = योग आसन.
**ब्रह्मा सरस्वती** = प्रथम दंपति.
**ब्रह्मास्त्र** = दिव्यास्त्र.
**ब्रांच** = शाखा, शाखा कार्यालय.
**ब्रांच आफ़िस** = शाखा कार्यालय.□
**ब्रांड** = ट्रेडमार्क.
**ब्रांडनेम** = ट्रेडनेम.
**ब्रांडन्यू** = नवरचित.
**ब्रांडिड** = चिह्नित.
**ब्रांडी** = मद्य, मद्य सूची, मद्य.

**ब्रांडी** *सं* अंगूर मद्य, कोन्यैक, द्राक्षिरा, वाइन आसवित मद्य.

**ब्रा** *सं अँगिया*, चोली, सीनाबंद, •अँगिया, •अँगिया, •ब्लाउज़.

**ब्राइब** = रिश्वत.
**ब्राउन** = कत्थई, गेहुँआ/गेहुँई.
**ब्रान कोट** = ओवरकोट.
**ब्रास** = पीतल.
**ब्राह्म** = ईश्वरीय, नारद, वेदीय.
**ब्राह्मण** = द्विज सूची, पंडा, पुरोहित, ब्राह्मण ग्रंथ.

**ब्राह्मण** *सं* अग्रजाति, ओझा, क्षितिदेव, त्रयीमुख, द्विजेश, द्विजोत्तम, धरादेव, *पंडा*, पंडित, पांडे, पांडेय, *पुजारी*, *पुरोहित*, बाम्हन, भूदेव, वर्णश्रेष्ठ, विप्र, वेदपाठी, शर्मा, श्राद्ध देवता, •क्षत्रिय, •वैश्य, •शूद्र.

**ब्राह्मण ग्रंथ** *सं ब्राह्मण*, •आरण्यक.

**ब्राह्मण धर्म** = हिंदू धर्म.

**ब्राह्मण स्त्री** *सं* द्विजा, पंडिताइन, पंडितानी, बाम्हनी, ब्राह्मणी.

**ब्राह्मणी** = ब्राह्मण स्त्री.
**ब्राह्म धर्म** = ब्रह्म समाज.
**ब्राह्मराति** = याज्ञवल्क्य.
**ब्राह्म समाज** = ब्रह्म समाज.
**ब्राह्मी** = दुर्गा, भारतीय लिपि सूची, वाचा, सरस्वती देवी.

**ब्राह्मी** *सं* अंबष्ठिका, चरेली, दिव्या, परमेष्ठिनी, ब्रह्ममंडूकी, भेकपर्णी, मंडूकपर्णी, महौषधी, मूलपर्णी, मेध्या, रोहिणी, लावण्या, शारदा, *सरस्वती*, सुरश्रेष्ठा, सुरेष्टा, सूर्यावर्त, सोमवल्ली, सौम्या, स्मारणी, स्मृतिवर्धनी, स्वायंभुवी.

**ब्रिज** = पुल.
**ब्रिटिश मुद्रा** = पौंड.
**ब्रिटिशर** = अँगरेज.
**ब्रिटिश साम्राज्य** = इंडियन ऐंपायर.
**ब्रिटेन अधीन भारत** = इंडियन ऐंपायर.
**ब्रीड** = प्रजाति.
**ब्रीडिंग** = प्रजाति परिष्कार.

**ब्रीफ़केस** *सं* अटैची, अटैशी केस, दफ़्तरी बस्ता, •बटुआ, •हैंडबैग.

**ब्रीफ़िंग** = प्रैस विज्ञप्ति.

**ब्रेकफ़ास्ट** *सं* कलेऊ, कलेवा, जलपान, नहारी, प्रातः जलपान, प्रातःभोजन, प्रातराश, •आहार, •उपाहार, •ब्रंच, •लंच.

**ब्रेकफ़ास्ट टाइम** = आहार काल सूची.
**ब्रू** = क़हवा.
**ब्रूअरी** = डिस्टिलरी.

**ब्रूच** *सं* कोट कालर पिन, पिन, वक्ष पिन, साड़ी पिन.

**ब्रेक** = मध्यावकाश.

**ब्रेक** *सं* गतिरोधित्र, रोध, वेगरोधी, •स्पीड ब्रेकर.

**ब्रेकडाउन** = पस्ती.
**ब्रेक डिब्बा** = माल डिब्बा.

**ब्रेक लगाना** = रोधना.
**ब्रेकवैन** = माल डिब्बा.

**ब्रेनवाशिंग** *सं* घुट्टीपिलाई, पट्टी पढ़ाई, बरग़लाई, बहकाई, मत प्रभावन, मन प्रभावन, मन बुद्धि प्रभावन, *रोपण*, विचार नियंत्रण, विचार परिवर्तन, सिखाई, सीख, ●उकसावा, ●झूठ, ●दुष्प्रचार.

**ब्रैकेट** = आधार सूची, कोष्ठक चिह्न.
**ब्रैड** = डबल रोटी.
**ब्रोकर** = दलाल.
**ब्रोकरिंग** = दलाली.
**ब्रोकरेज** = दलाल शुल्क.
**ब्रोमीन** = रासायनिक तत्त्व सूची.
**ब्रोश्यर** = अलबम.
**ब्रोथ** = सूप.
**ब्लड** = रुधिर.

**ब्लाउज़** *सं* अंगिका, *अँगिया*, आँगी, कंचुक, कंचुकी, कुरती, कोटी, चोलक, चोली, चौतनियाँ, सीनाबंद, स्त्री वक्ष तंग परिधान, ●फ़्राक, ●बौडिस, ●ब्रा.

**ब्लाक** = कुंदा, नगर खंड, महल्ला, मुद्रण ब्लाक.

**ब्लाटिंग पेपर** *सं* अवशोष पत्र, मसीचूष, सोखपत्र, सोख्ता, स्याही सोख्ता.

**ब्लास्ट** = विस्फोट.

**ब्लिट्ज़** *सं आँधी*, *छापा*, ज़ोरदार हमला, ठेला, धावा, प्रबल आक्रमण, प्रबल प्रहार, भारी आक्रमण, रल्ला, रेला, हल्ला.

**ब्लीच्ड** = बदरंग.
**ब्लेड** = प्रौपैलर, फला.
**ब्लैंक चैक** = पूर्ण अनुमति.
**ब्लैंकट** = कंबल.
**ब्लैंडर** = किचन मशीन.

**ब्लैक आउट** *सं* अंधाकुप्प, घुप चिराग़ गुल, ●अंधकार, ●युद्ध.

**ब्लैकबर्ड** = कस्तूरक.
**ब्लैक बैरी** = फल.

**ब्लैक बोर्ड** *सं* काला तख़्ता, बैक बोर्ड, ●तख़्ती, ●नोटिस बोर्ड.

**ब्लैक मनी** = काला धन.
**ब्लैक मार्केट** = चोर बाज़ार.
**ब्लैक मार्केटर** = चोरबाज़ारिया.

**ब्लैकमेल** *सं धमकी*, भयदोहन, ●अपहरण, ●धमकी, ●फिरौती.

**ब्लैकमेलर** *सं* भयदोग्धा, ●अपहर्ता, ●लुटेरा.

**ब्लैक होल** *सं* अंत नक्षत्र, कालगर्त, कालत्र, कालनक्षत्र, कालसूर्य, तारांत, महाशून्य, सूर्यांत, ●आकाश पिंड.

**ब्लोअप** = फ़ोटो ऐनलार्जमैंट.
**ब्लोहोल** = श्वासरंध्र.
**भंक्ति** = भंजन.
**भंग** = खंड, नति, भंजन, भाँग, विघटन.
**भंग करना** = उजाड़ना, तोड़ना.
**भँगार** = कूड़ा गड्ढा, रद्दी.
**भंगारी** = डाँस.
**भंगि** = नति, वक्र.
**भंगिमा** = नाज़नख़रा, शरीर मुद्रा.

**भंगिमा** *सं* अंग भंगिमा, अंगमुद्रा, अदा, *अनुभाव*, *अभिनय*, अभिनय मुद्रा, इंग, चेष्टा, भाव भंगिमा, भावमुद्रा, मुद्रा, *संकेत*, हावभाव, ●अभिनय, ●शरीर मुद्रा.

**भंगी/भंगिन** = सफ़ाई कर्मचारी.
**भंगुर** = क्षणभंगुर, मर्त्य.

**भंगुर** *वि* अदृढ़, अनित्य, कच्चा/कच्ची, कमज़ोर, *कोमल*, खसखसा/खसखसी, ढहनशील, नश्वर, नाज़ुक, नाशशील, पतनशील, फुसफुसा/फुसफुसी, बोदा/बोदी, भंजनशील, भिदुर, भुरभुरा/भुरभुरी, मिटिया फूस, लिफ़ाफ़िया, विनाशवान, ●नाश्य, ●ह्रासशील, ■टिकाऊ, ■सुदृढ़.

**भंजक** = ढहाने वाला, ध्वंसास्त्र, नाश कर्ता.
**-भंजन** = नाश कर्ता.
**भंजन** = चूर्णन, तोड़फोड़.

**भंजन** *सं खंडन*, छेदन, तुड़ाई, तोड़, तोड़न, तोड़फोड़, फोड़, भंक्ति, भंग, भेदन, विखंडन, *विच्छेदन*, शिकनी, ●टूटफूट, ●तोड़फोड़, ●नाश, ■निर्माण, ■सृजन.

**भंजनशील** = भंगुर.
**भंजना** = टूटना, ढहाना, तोड़ना.
**भंजित** = टूटा/टूटी.
**भंजित करना** = उजाड़ना, तोड़ना, तोड़ना.
**भंजित होना** = टूटना.
**भंजिता** = ढहाने वाला.
**भंजी/भंजिनी** = नाशकारी.
**भंटा** = बैंगन.
**भंड** = अश्लील, बरतन, भाँड़.
**भंड तपस्वी** = पाखंडी.
**भंडना** = बिगाड़ना.
**भँडरिया** = दुर्जन, लंपट.
**भँडरियापन** = गुंडागर्दी.
**भंडा** = रहस्य.
**भंडाफोड़** = रहस्य उद्‌घाटन.
**भंडाफोड़ करने वाला** = रहस्य उद्‌घाटक.
**भंडा फोड़ने वाला** = रहस्य उद्‌घाटक.
**भंडाफोड़ू** = चुग़लख़ोर, रहस्य उद्‌घाटक.
**भंडार** = अजायबघर, ओसारा, खान, ढेर, थोक, दुकान, भंडारघर, मालगोदाम, विविधा, संग्रह, संग्रहालय, स्रोत.

**भंडार** *सं* अंबार, आगार, आलय, उत्स, उद्‌गम, कोश, *ख़ज़ाना*, खदान, *खान*, गंगा, गंज, *घर*, ज़ख़ीरा, मख़ज़न, *राशि*, संकलन, *संग्रह*, संचय, *समुद्र*, *समूह*, सरिता, सागर, सोता, ●ढेर, ●संग्रह, ●स्रोत.

**भंडार अध्यक्ष** = भंडारी.
**भंडारक** = भंडारी.

**भंडारघर** *सं* अंबारख़ाना, आगार, आलय, कुठियार, *कोठरी*, कोठा, कोठार, कोठी, *कोशागार*, कोष्ठागार, गंज, गोदाम, *गोला*, डिपो, तोशाख़ाना, *भंडार*, *भंडारा*, भांडागार, मोदीख़ाना, *संग्रहालय*, स्टोर हाउस, ●अनाज गोदाम,

•कोल्ड स्टोरेज, •क्लोकरूम, •खत्ती, •माल गोदाम, •राजभंडार, •संग्रहालय, •सिलो.

**भंडारण** *सं* जमाबंदी, संग्रहण, संहरण, स्टोरिंग, स्थौरण, •संग्रहण, •स्टाक कीपिंग.

**भंडारपति** = भंडारी.
**भंडारा** = अनाज गोदाम, ओसारा, कड़ाह प्रसाद, भंडारघर, मुहताज़खाना.

**भंडारा** *सं* अन्न वितरण, अन्नसत्र, आहार वितरण, *लंगर*, सत्र, सदावर्त, •कड़ाह प्रसाद, •धर्मादा.

**भंडारित** = संचित.

**भंडारित** *वि आरक्षित*, जमा/जमी, दबा/दबी, भरा/भरी, रखा/रखी, *संग्रहित*, संहित.

**भंडारित्र** = बैटरी.
**भंडारी** = कोशाध्यक्ष, पोतनीस, विमान पर्सर, स्टौकिस्ट.

**भंडारी** *सं* कोठारी, कोठेदार, गोडाउन कीपर, भंडार अध्यक्ष, भंडारक, भंडारपति, भांडारिक, मोदी, •संग्रहपाल.

**भंडिल** = शिरीष.
**भंडिल** = शिल्पकार.
**भंडी** = शिरीष.
**भंडीर** = शिरीष.
**भँड़ेरिया** = बटमार.
**भँड़ैती** = वाक्केलि.
**भँड़ौआ** = कुवेशित, तड़कभड़कदार, रंगमंचीय.

**भँड़ौआ** *वि अपरिष्कृत*, अप्रिय, अभद्र, अशोभनीय, *अश्लील*, *असंस्कृत*, *असौम्य*, कुरुचिपूर्ण, गँवारू, घटिया, बुरा/बुरी, भदेस, भद्दा/भद्दी, भाँड़ जैसा, भोंड़ा/भोंड़ी, रुचिहीन, *सुरुचिहीन*, •असंस्कृत, •कलाहीन, ▪श्लील.

**भंभ** = मक्खी.

**भंभकड़ा** *सं फाटक*, बड़ा छिद्र, मोकला.

**भंभराली** = मच्छर.
**भंभा** = गड्ढा, छिद्र, बिल.
**भँव** = भौंह.
**भँवर** = चक्कर, भ्रमर, संकटावस्था.

**भँवर** *सं* आवर्त, घुमरी, *चक्र*, जलगुल्म, जलावर्त, भँवरजाल, भौंर, भ्रमरक, विवर्त, •नदी, •लहर.

**भँवरजाल** = खटराग, दुर्भाग्यचक्र, भँवर, भूलभुलैयाँ.
**भँवर वात** = भ्रमवात.
**भँवरा** = भ्रमर, लट्टू.
**भँवरा/तितली** = स्वच्छंद प्रेमी.
**भँवरी** = चक्कर.
**भइया** = भाई.
**भई** = भाई.
**भए** = थे.
**भकक्षा** = पिंडकक्षा.
**भकभक करना** = भकभकाना.

**भकभकाना** *क्रि काँपना*, डबडबाना, *फड़फड़ाना*, भकभक करना, भकाभक करना, भड़भड़ाना, *लड़खड़ाना*, *लपलपाना*, लुपलुपाना, *सिहरना*, *हिलना*, •काँपना, •कौंधना, •चमकना, •झिलमिलाना, •फड़फड़ाना.

**भकरना** = सड़ना.
**भकाऊँ** = डरावा.
**भकाभक करना** = भकभकाना.
**भकोस जाना** = भकोसना.
**भकोसना** = हड़पना.

**भकोसना** *क्रि* गटकना, गले उतारना, चट कर जाना, डकारना, ढकोस जाना, *ढकोसना*, *निगलना*, भकोस जाना, लील जाना, *लीलना*, सटकना, सुटुकना, हबकना.

**भकोसू** = बहुभक्ष.
**भक्त** = तीर्थयात्री, दर्शनार्थी, धर्माचारी, धार्मिक व्यक्ति, प्रशंसक, प्रेमी, फ़ैन, भगत, भजनीक, समर्पक.

**भक्त** *सं* अनुरागी/अनुरागिनी, अभिनंदक, अभ्यर्थक, अर्चक, आबिद, आराधक, आराधयिता, इबादतगार, इबादतगुज़ार, उपासक/उपासिका, चाकर, परस्त, *पुजारी*, पूजक, पूजयिता, *प्रेमी*, बंदा/बंदी, भक्त/भक्तिन, भगत/भगतिन, राधक, वंदक, श्रद्धालु, सज्जाद, *साधक*, सेवक, स्तुति कर्ता, स्तोता, •निवेदक.

**भक्त/भक्तिन** = भक्त.
**भक्त प्रह्लाद** = प्रह्लाद.
**भक्तमंड** = माँड़िया.
**भक्त होना** = पूजना.
**भक्ता** = भक्त.
**भक्ति** = कल्ट, धैर्य, निष्ठा, पूजा.

**भक्ति** *सं* अनुराग, *आदर*, आदरसत्कार, आराधना, *आस्था*, इबादत, ईमान, उपासना, एतक़ाद, एतमाद, दुआ, *निष्ठा*, परस्ती, *पूजा*, फ़ेथ, भक्ति भाव, भावना, भावभक्ति, मान्यता, मान्यता, *विश्वास*, श्रद्धा, *समर्पण*, समर्पितता, सेवा, •अद्वैत भाव, •अनन्य भाव, •अनुरक्ति भाव, •आश्रय भाव, •दासभाव, •प्रेम भाव, •मित्र भाव, •वात्सल्य भाव, •सेवा भाव, •स्त्री भाव, •अणुवाद, ▪भक्तिहीनता.

**भक्तिगीत** = भजन.
**भक्तिन** = धार्मिक व्यक्ति, प्रेमिका.
**भक्तिपूर्ण** = पूजाभावी.
**भक्ति भाव** = भक्ति.
**भक्तिभावी** = पूजाभावी.
**भक्तिमय** = पूजाभावी.
**भक्तिमार्ग** = भक्तियोग.

**भक्तियोग** *सं* भक्तिमार्ग.

**भक्तियोग्य** = पूजनीय.
**भक्तिलीन** = पूजाभावी.
**भक्ष** = आहार.

**भक्षक** *सं* अशन, -आद (जैसेः क्रव्याद), आशी, आसेवी, आहारी, खादिता, खाने वाला, ख़ोर, प्राशी, भक्षयिता, भक्षी, भोक्ता, भोगी, भोजक, भोजन कर्ता, भोजयिता, भोजी, सेवी, •भूखा/भूखी, •भोजातिथि.

**भक्षकार** = हलवाई.
**भक्षण** = उदरस्थन, ग्रसन.

**भक्षण** *सं* अदन, अन्नग्रहण, अन्नप्राशन, अशन, आभोग, आसेवन, आहरण, आहार ग्रहण, क्षदन, *खान*, *खाना*, ख़ोरी, *ग्रहण*, चर्या, जेमन, डाइनिंग, प्राशन, भुक्ति, भोग, भोजन, भोजन कर्म, भोजन ग्रहण, सेवन, ●आहार, ●ग्रास, ■उपवास, ■क्षुधा, ■डायटिंग.

**भक्षयिता** = भक्षक.

**भक्षित** *वि* अशेष, आभुक्त, कवलित, ख़त्म, खादित, खाया/खाई, चट, चरा/चरी, भुक्त, संभुक्त, समाप्त, ●प्राप्तभोजन.

**भक्षी** = भक्षक.
**भक्ष्य** = आहार्य, खाद्य पदार्थ.
**भखनी** = उक्ति, उपदेश, कथन.
**भग** = आदित्य सूची, स्त्री जननेंद्रिय.
**भगत** = धर्माचारी, निरामिषाहारी, भक्त.

**भगत** *सं* *पुजारी*, *भक्त*, भगत/भगताइन, भगत/भगतानी, भगत/भगतिन, सेवक, ●निवेदक..

**भगदड़** = धक्कमधक्का, पलायन, रणत्याग.

**भगदड़** *सं* अव्यवस्थित पलायन, *धक्कमधक्का*, भागदौड़, हड़कंप, ●धक्कमधक्का, ●पलायन, ●भीड़.

**भगवंत** = ईश्वर.
**भगवती** = कुलीन स्त्री, देवी, रानी, साधुनी, स्वामिनी.
**भगवत्पदी** = आकाश गंगा.
**भगवद् कृपा** = ईश्वर दया.
**भगवद् गीता** = गीता.
**भगवद् गुणगान** = कीर्तन.
**भगवद्गुण गायक** = नारद.
**भगवद्भक्त** = वैष्णव संप्रदाय सदस्य.
**भगवद् वचन** = बाइबिल.
**भगवा** = गेरुआ.
**भगवान** = ईश्वर, उपदेशक, गौतम बुद्ध, तीर्थंकर, देवता, मठाधीश, विष्णु, शिव.
**भगवान को प्यारा होना** = मरना.
**भगवान दूत** = पैग़ंबर.
**भगवान नौकर** = फ़रिश्ता.
**भगवान प्रेरणा** = अंतरात्मा आदेश.
**भगवान बुद्ध** = गौतम बुद्ध.
**भगवान महावीर** = महावीर.
**भगवान राम** = राम.
**भगवाना** = दौड़ाना.
**भगही** = लँगोट.
**भगांकुर** = बवासीर.
**भगाई** = अपहरण, निष्कासन.
**भगाना** = डराना, दौड़ाना, हटाना.
**भगाने वाला** = अपहर्ता.
**भगाया/भगाई** = अपहृत, निर्वासित, निष्कासित, विस्थापित.
**भगिनी** = बहन.
**भगिनीत्वपूर्ण** = स्त्रियोचित.
**भगिनी पुत्र** = भानजा.
**भगेड़ू** = रणत्यागी.
**भगेलू** = रणत्यागी.
**भगोड़ा/भगोड़ी** = कापुरुष, चंपत, पलायनवादी, फ़रार, मतद्रोही, रणत्यागी.
**भगोड़ापन** = पलायनवाद.
**भगोलीय अक्षांश** = अक्षांश.
**भगोलीय एकक** = अंतरिक्षीय एकक.
**भगौना** = भिगौना.
**भग्गू** = पलायनवादी, रणत्यागी.
**भग्न** = टूटा/टूटी, नष्ट, पराजित, परस्त.
**भग्नचित्त** = निराश, भग्नहृदय.
**भग्ननिद्र** = जाग्रत.
**भग्नमना** = भग्नहृदय.
**भग्नमनोरथ** = असफल.
**भग्नमान** = अपमानित.
**भग्नव्रत** = विचलित.
**भग्नहृदय** = निराश.

**भग्नहृदय** *वि* खिन्नहृदय, दिलगीर, दिलजला/दिलजली, भग्नचित्त, भग्नमना, भिन्नहृदय, मनोव्यथित, मर्मस्थलविद्ध, मर्माहत, शिकस्तादिल, सोख़्तादिल, हतहृदय, ●दुःखी, ●हतोत्साहित.

**भग्न होना** = टूटना.
**भग्नांश** = अवशेष.
**भग्नावशेष** = अवशेष, खँडहर.
**भग्नाश** = निराश.
**भग्नासक्ति** = वैराग्य.
**भग्नोत्साह** = हतोत्साहित.
**भग्नोर्मि** = लहराग्र.
**भचकना** = लँगड़ाना.
**भचक्र** = नक्षत्र चक्र, राशिचक्र.
**भजन** = कीर्तन, गीत, जाप, प्रशंसा गीत, सूक्त.

**भजन** *सं* अरदास, *आरती*, ईश्वर गुणगान, ऋचा, *क़व्वाली*, *कीर्तन*, कीर्तिगान, गाथ, गुणगान, धर्मगीत, धार्मिक गीत, नाम जाप, *पद*, पूजा गीत, *प्रार्थना*, भक्तिगीत, भजन गीत, *मंत्र*, साम, स्तुति, ●जाप, ●स्तोत्र.

**भजन करना** = पूजना.
**भजन कीर्तन** = कीर्तन.
**भजन गायक** = भजनीक.
**भजन गायन** = कीर्तन.
**भजन गीत** = भजन.
**भजन पूजा** = पूजा.
**भजनवेद** = सामवेद.
**भजना** = जपना, पूजना.
**भजनिया** = भजनीक.

**भजनीक** *सं* उपासक, कीर्तन कर्ता, कीर्तनकार, कीर्तन गायक, कीर्तनिया, *पुजारी*, *भक्त*, भजन गायक, भजनिया, संकीर्तनकार, ●गायक.

**भजनीय** = पूजनीय.
**भजित** = पूजित.
**भजिया** = भूजी.
**भज्य** = पूजनीय.
**भट** = योद्धा, सैनिक.
**भटकता/भटकती** = दिशाहीन, मार्गच्युत.
**भटकती आत्मा** = भूत.
**भटकन** = आवारागर्दी.

**भटकना** *क्रि* खो जाना, टक्करें खाना, ठोकरें खाना, धूल फाँकना, बहकना, भरमना, मारे मारे फिरना, मार्गच्युत होना, राह भटकना, हिराना.

**भटका/भटकी** = अनर्गल, दायित्वहीन, दिशाहीन, मार्गच्युत, लक्ष्यच्युत.

**भटकाना** *क्रि* गुमराह करना, पटरी से उतारना, पथभ्रष्ट करना,

बहकाना, *भरमाना*, मार्गच्युत करना, मार्गभ्रष्ट करना, मार्गहीन करना, सही मार्ग से हटाना, •भरमाना, ▪मार्ग दिखाना, ▪स्पष्ट करना.

**भटकाव** = आवारागर्दी, दुराचार, मार्गभ्रम.

**भटभेरा** = मुठभेड़.

**भटियारा** = रेस्तोराँ वाला.

**भटियारा/भटियारन** = रेस्तोराँ वाला.

**भट्ट** = चारण.

**भट्टाचार्य** = अध्यापक, विद्वान व्यक्ति.

**भट्टारक** = कुलीन पुरुष.

**भट्टारिका** = कुलीन स्त्री.

**भट्ठा** *सं* ईंट भट्ठा, किल्न, पजावा, •आवाँ, •चूल्हा.

**भट्ठी** = अलैंबिक, आवाँ, डिस्टिलरी.

**भट्ठी** *सं* अंतिका, इंसिनरेटर, गुलख़न, तपेला, *दाहागार*, दाहित्र, फरनेस, फ़रनेस, फ़ोर्ज, भाठी, •आवाँ, •भाड़.

**भट्ठी में पकाना** = भूनना.

**भठियारख़ाना** = सराय.

**भठियारा** = रसोइया.

**भठियाल** = भाटा.

**भड़क** = उत्तेजना, कौंध, धमाका.

**भड़कता/भड़कती** = अशाम्य, क्रोधी, जलता/जलती, रोचक.

**भड़कदार** = अत्यलंकृत, शब्दाडंबरपूर्ण.

**भड़कना** = दहकना, फड़फड़ाना, बिदकना.

**भड़कना** *क्रि* आवेश आना, आवेश में आना, उत्तेजित होना, *उबलना*, करखना, ख़ून खौलना, गरम होना, गरमी खाना, चंडी चढ़ना, *चमकना*, जोश खाना, तमकना, तमतमाना, बिफरना, मचलना, *सुलगना*, •क्रुद्ध होना, •सिहरना.

**भड़का/भड़की** = उत्तेजित, क्रुद्ध, दुष्प्रेरित, रुधिरपिपासु.

**भड़काऊ** = आंदोलनात्मक, उकसाऊ, उत्तेजक, उन्मादक, क्रोधजनक.

**भड़काना** *क्रि* आंदोलित करना, *उकसाना*, उत्तेजित करना, उद्वेलित करना, गरमाना, *चमकाना*, चिनकाना, *झकझोरना*, बिदकाना, लहकाना, सनकाना, *सुलगाना*, हड़काना, *हिलाना*, •क्रुद्ध करना, •खिजाना, •दहकाना, •सिहराना, ▪बहलाना, ▪शांत करना.

**भड़काने वाला** = आंदोलनकारी, उकसाने वाला, उपद्रव नेता, भावोद्दीपन कर्ता.

**भड़कावा** = उकसावा.

**भड़कीला/भड़कीली** = अत्यलंकृत, छबीला/छबीली, तड़कभड़कदार.

**भड़कीलापन** = तड़कभड़क, शोमैनशिप.

**भड़कू** = क्रोधी.

**भड़कैल** = कलहप्रिय, क्रोधी.

**भड़भड़** = खड़खड़.

**भड़भड़ाता/भड़भड़ाती** = रंगमंचीय.

**भड़भड़ाना** = भकभकाना.

**भड़भड़ाहट** = खड़खड़.

**भड़भड़िया** = जल्दबाज़, डींगबाज़, बकवासी.

**भड़भड़ी** = हड़बड़ी.

**भड़भूँजा** *सं* कांदविक, भड़भूजा (विकल्प), भर्जक, भुँजवा, •रसोइया.

**भड़भूजा (विकल्प)** = भड़भूँजा.

**भड़भूजा भाड़** = भाड़.

**भड़वा** = वेश्या दलाल.

**भड़साईं** = भाड़.

**भड़ाका** = धमाका.

**भड़ाका** = विस्फोट.

**भड़ाम** = धम.

**भड़ास** = अभिव्यक्ति इच्छा, उत्तेजना, क्रोध, तीव्रोन्माद.

**भड़ुआ** = लंपट.

**भड़ेरिया** = ठग.

**भड़ोत्री** = भाड़ा गाड़ी.

**भड्डरी विज्ञान** = ऋतु विज्ञान.

**भणन** = वाचन.

**भणना** = कहना.

**भणित** = उक्ति, कथित, कथित, बात.

**भणिता** = कथन कर्ता.

**भतीजा** *सं* बिरादरज़ादा, भाई पुत्र, भ्राता पुत्र, भ्रातृज, •भतीजी, •भानजा, ▪ताई, ▪ताऊ, ▪फूफा, ▪फूफी.

**भतीजी** *सं* बिरादरज़ादी, भाई पुत्री, भ्राताजा, भ्रातीया, भ्रातृजा, भ्रातृपुत्री, •भतीजा, •भानजी, ▪ताई, ▪ताऊ, ▪फूफा, ▪फूफी.

**भत्ता** = निर्वाह वृत्ति.

**भत्ता** *सं* अलाउंस, भृत्ति, वृत्ति, •आहार भत्ता, •दैनिक भत्ता, •महँगाई भत्ता, •यात्रा भत्ता, •वेतन.

**भदंत** = पूजनीय, सम्माननीय.

**भदमल्ला/भदमल्ली** = बदरंग.

**भदेस** = कुवेशित, तड़कभड़कदार, भँड़ौआ.

**भद्दा/भद्दी** = अपरिष्कृत, असंस्कृत, कुवेशित, गंदा/गंदी, फूहड़, भँड़ौआ, लज्जाजनक, विद्रूप.

**भद्रंकर** = कल्याणकारी.

**भद्र** = कल्याणकारी, छलहीन, देवदूतीय, विनम्र, शिष्ट, सज्जनतापूर्ण, सद्व्यवहारी, सुसंस्कृत, सौमनस्यपूर्ण.

**भद्रकंट** = गोखरू.

**भद्रकाय** = सुंदर, सुंदरकाय.

**भद्रकुंभ** = मंगल कलश.

**भद्रजन** = कुलीन समाज.

**भद्रता** = नैतिकता, सद्व्यवहार, सभ्यता.

**भद्रदारू** = चीड़.

**भद्र पुरुष** = कुलीन पुरुष.

**भद्रमन्यक** = सुरुचिमन्यक.

**भद्रमुखी** = सुंदर स्त्री.

**भद्रमुस्ता** = नागरमोथा.

**भद्ररेणु** = ऐरावत.

**भद्र व्यवहार** = शिष्टाचार.

**भद्र स्त्री** = कुलीन स्त्री.

**भद्रा** = कुलीन स्त्री, सन्नारी, हलदी.

**भनक** = ध्वनि, पूर्वसूचना, मंदध्वनि.

**भनभन** = भनभनाहट, मंदध्वनि.

**भनभनाना** = कलकलाना.

**भनभनाहट** *सं* *गुंजन*, गुंजार, गुनगुन, घुनघुन, *झंकार*, झनझन, झिनझिन, झींझीं, भनभन, भिनक, भिनभिन, भिनभिनाहट, •भ्रमर, •मधुमक्खी.

**भनेली** = मुँहबोली बहन.
**भनोली** = मुँहबोली बहन.
**भपकारा** = भबकारा.
**भबका** = डिस्टिलरी, भबकारा.

**भबकारा** *सं* भपकारा, भबका, सिंकाई.

**भबकी** = बंदर घुड़की.
**भभक** = उत्तेजना, क्रोध, खीज, ताप, तीव्रोन्माद.
**भभकता/भभकती** = जलता/जलती.
**भभकना** = उबलना, दहकना, सरापना.
**भभका** = अलैंबिक, आसवन, डिस्टिलरी, ताप, भाप.
**भभकाना** = उबालना.
**भभूका** = अंगारा, क्रुद्ध.
**भभूत** = राख.

**भभूत** *सं* धूनी भस्म, भसम, भस्म, भूति, यज्ञभस्म, विभूति, •तपस्वी, •धूनी, •योगी, •राख, •साधु.

**भभ्भड़** = जनाकीर्णता.
**भमरा** = भ्रमर.
**भमीरी** = झींगुर.
**भयंकर** = दानवीय, निर्दय, भयानक, विषाक्त.
**भयंकर दृश्य** = दुःस्वप्न.
**भय** = आशंका, चिंता, जोख़िम, पलायन, संकोच.

**भय** *सं* अंदेशा, अशांति, आकुलता, *आतंक*, उत्कंठा, कंपा, खटका, *ख़तरा*, ख़ौफ़, घबराहट, *चिंता*, डर, त्रास, भीति, शंका, *संकोच*, संत्रास, संशय, साँसत, साँसा, साहसभंग, •आशंका, •ख़तरा, •डरावा, •दुबिधा, •धकधक, •भुतहापन, •रोमांच, •संकट, •संकोच, •हिचक, ■धैर्य, ■साहस.

**भयकंप** *सं* कंप, कँपकँपाहट, कँपकँपी, *कंपन*, कमज़ोरी, काँप, झुरझुरी, थरथरी, थर्राहट, दहल, प्रकंप, फुरहरी, भीति, लरजन, लरज़िश, व्याकुलता, सनसनी, सिहरन, सिहरी, हड़कंप, •आतंक.

**भयकंपित** = भयभीत.
**भयकंपित करना** = डराना.
**भयकंपित होना** = डरना.
**भयकथा** = रोमांच कथा.
**भयकारक** = दंडात्मक.
**भयग्रस्त** = भयभीत.
**भयत्रस्त** = भयभीत.
**भयत्राण** = परित्राण.
**भयत्राता** = परित्राता.
**भयदर्शन** = दुःस्वप्न.
**भयदोग्धा** = ब्लैकमेलर.
**भयदोहन** = ब्लैकमेल.
**भयनाश** = परित्राण.
**भयनाशन** = भयोपशमन.
**भय निवारण** = भयोपशमन.
**भयप्रद** = ख़तरनाक, चिंताजनक, भयानक.
**भयभंजक** = परित्राता.
**भयभंजन** = परित्राता, भयोपशमन.

**भयभीत** *वि* अकुलाता/अकुलाती, आंदोलित, आकंपित, आकुल, आतंकित, *आतुर*, उद्विग्न, कँपकँपाता/कँपकँपाती, *कंपनशील*, कंपायमान, कंपित, कच्चा/कच्ची, काँपता/काँपती, कातर, क्षुब्ध, ख़ौफ़ज़दा, *चंचल*, जड़ीभूत, डरा/डरी, त्रस्त, थरथर, थरथराता/थरथराती, थर्राता/थर्राती, दहलता/दहलती, दोलायमान, दोलित, पीला/पीली, फक, *बदरंग*, भयकंपित, भयग्रस्त, भयत्रस्त, भयविह्वल, भयाकुल, भयाक्रांत, भयातुर, भयान्वित, भयार्त, भीत, विकंपनशील, विकंपित, विक्लव, विक्षुब्ध, *विजड़ित*, *विवर्ण*, विह्वल, व्यथी, व्याकुल, संत्रस्त, संभीत, सगबग, सहमा/सहमी, सिहरा/सिहरी, स्तब्ध, हिरासाँ, हौलदिल, •चिंतित, •पस्त, •विचलित, •संकटग्रस्त, ■उत्साहित, ■भयहीन, ■भयानक, ■साहसी.

**भयभीत करना** = डराना.
**भयमिश्रित निषेध** = तर्जन.
**भयमुक्त** = भयहीन, सुरक्षित.
**भयमुक्ति** = अभयदान.
**भयमोचन** = परित्राण, भयोपशमन.
**भयविह्वल** = भयभीत.
**भयशील** = कायर.
**भयशीलता** = पलायनवाद.
**भय संकेत** = संकट सूचना.
**भयस्वप्न** = दुःस्वप्न.
**भयहरण** = परित्राता.
**भयहर्ता** = परित्राता.
**भयहीन** = सुरक्षित.

**भयहीन** *वि* अपभय, अभय, अभयभीत, अभीत, अभीरु, अविचल, गतभय, धीरवीर, निडर, निरातंक, निर्भय, निर्भीक, निश्शंक, भयमुक्त, विगतभय, वीतभय, वीतशंक, •दुस्साहसी, •धीर, •साहसी, ■कायर, ■भयभीत.

**भयाकुल** = भयभीत.
**भयाक्रांत** = भयभीत.
**भयातंक** = आतंक.
**भयातुर** = भयभीत.
**भयानक** = कठोर (दंड), ख़तरनाक, तूफ़ानी, नारकीय, नाशकारी, निर्दय, भुतहा/भुतही, मारक, विद्रूप.

**भयानक** *वि* आतंकपूर्ण, उग्र, उदग्र, उद्वेगकारी, कँपकँपाऊ, कराल, क्रूर, *ख़तरनाक*, ख़ौफ़नाक, घोर, डरावना/डरावनी, त्रासी, दहलाऊ, दारुण, प्रचंड, बीहड़, बेढब, भयंकर, भयप्रद, भयावना/भयावनी, भयावह, भयोत्पादक, भीषण, *भीष्म*, भैरव, रौद्र, विकट, विकराल, विभीषक, *विभीषण*, विषम, व्याल, हिलाऊ, हौलनाक, •तूफ़ानी, •निर्दय, •भुतहा/भुतही, •रोमांचक, •विद्रूप, •हिंस्र, ■पालतू, ■भयभीत, ■विनम्र.

**भयानक रस** = नवरस.

**भयानक रस** *सं* दारुण रस, भयानक वर्णन, भयोत्पादन, भीषण रस, भैरवता, रोमांच वर्णन.

**भयानक वर्णन** = भयानक रस.
**भयानक वस्तु** = डरावा.
**भयानक स्वप्न** = दुःस्वप्न.
**भयान्वयन** = तर्जन.
**भयान्वित** = भयभीत.
**भयार्त** = भयभीत.

**भयावना/भयावनी** = भयानक.
**भयावह** = ख़तरनाक, भयानक, भुतहा/भुतही.
**भयोत्पादक** = कठोर (दंड), भयानक.
**भयोत्पादन** = तर्जन, भयानक रस.
**भयोपशम** = भयोपशमन.
**भयोपशमन** = सांत्वना.

**भयोपशमन** *सं* आश्वासन, ढारस, दिलासा, भयनाशन, भय निवारण, भयभंजन, भयमोचन, भयोपशम, रक्षा आश्वासन, समाश्वासन, •प्रोत्साहन, •सांत्वना.

**भय्या** = भाई.
**भरंड** = कीट.
**भर आना** = उमगना.
**भरकम** = प्रबल.
**भरकस** = चूरा.
**भरण** = लिंटर.
**भरणपोषण** = निर्वाह वृत्ति, पालनपोषण.
**भरणी** = नक्षत्र सूची.
**भरत** = ऋषि सूची, काँसा, ठठेरा, भरावट, रेजगारी.

**भरत** *सं* राम भाई, रामानुज, •कैकेयी, •शत्रुघ्न.

**भरत** = सैनिक.
**भरतनाट्यम** = भारतीय शास्त्रीय नृत्य.
**भरतपुत्र** = अभिनेता.
**भरतपुत्र** = नट.
**भरत माता** = कैकेयी.
**भरतवाक्य** = नाटक अंत.

**भरतवाक्य** *सं* कर्टेन काल, *यवनिका पात*, •नाटक अंत, ▪मंगलाचरण.

**भरत शास्त्र** = नाट्यशास्त्र.
**भरता** = घुटा/घुटी, घुटा पदार्थ, भुरता.
**भरता करना** = घोटना.
**भरतार** = ऐंप्लायर, पति, वृत्तिदाता.
**भरतिया** = ठठेरा.
**भरती** = नियुक्ति, पच्चीकारी, भराई.

**भरती** *सं* ड्राफ़्ट, रैक्रूटमैंट, सेना भरती, •युद्ध, •सैन्यीकरण.

**भरती दलाल** = आजीविका कार्यालय.
**भरथ** = लोकपाल.
**भरद्वाज** = ऋषि सूची.

**भरद्वाज** *सं* द्रोणाचार्य पिता, भारद्वाज.

**भरन** = टीप.
**भरना** = उँडेलना, उकसाना, चुकाना, ठूँसना, ढालना, फलना, फुलाना, फूलना, मुटाना, मुटियाना, लादना.

**भरना** *क्रि* अंदर रखना, घालना, डालना, पाटना, पूरना, फ़िल करना, भराई करना, समाना, सेराना, •अंतर्स्थापित करना, •ठूँसना, •फुलाना, •बटोरना, ▪रिताना.

**भरनी** = परछा, बाना.
**भरपाई** = क्षतिपूर्ति, भुगतान, रसीद.
**भरपूर** = अत्यधिक, जवान, तृप्त, प्रबल, फलयुक्त, भरपेट, भरा/भरी, लबालब, सुलभ.
**भरपेट** = छका/छकी.

**भरपेट** *क्रिवि* अघात, खाए, चकाचक, छकाछक, पेटभर, भरपूर, •प्राप्तभोजन, ▪ख़ाली पेट.

**भरपेट खाना** = छकना.
**भरभर** = हरहर.
**भरभराना** = ढहना, सिहरना, सूजना.
**भरमना** = घूमना, चूकना, भटकना, मँडराना, ललचना, सकपकाना.
**भरमाना** = उकसाना, चकराना, चपराना, ठगना, फँसाना, फुसलाना, भटकाना, मोहना.

**भरमाना** *क्रि* अकबकाना, अचकचाना, *उलझाना*, *घुमाना*, *चकराना*, *चपराना*, चलाना, दिग्भ्रमित करना, बिरमाना, *भटकाना*, भुलाना, भ्रमित करना, भ्रांत करना, मतिभ्रम करना, मुग्ध करना, हिराना, •चौंकाना, •ठगना, •भटकाना, ▪समझाना, ▪सुलझाना.

**भरमाया/भरमाई** = भ्रमित.
**भरमार** = समृद्धि.
**भरराना** = छीजना, ढहना.
**भरवाँ** = गदीला/गदीली, भरा/भरी.
**भरवाँ पूरी** = कचौरी.
**भरवाँ सलाइस** = सैंडविच.
**भरसक** = यथाक्षमता.

**भरहराना** = ढहना.
**भरा/भरी** = आवासित, उत्तेजित, क्रुद्ध, गदीला/गदीली, गूदेदार, छायादार, पल्लवयुक्त, पुष्पित, फटे स्वर वाला, फलयुक्त, भंडारित, भारी, भावपूर्ण, मोटा/मोटी, वर्षद, संग्रहित, संचित, सविस्तार, सुलभ.

**भरा/भरी** *वि* अशून्य, आढ्य, आपूर, आपूर्ण, ओतप्रोत, -पुर, पुरा/पुरी, पूरा/पूरी, पूरित, पूर्ण, भरपूर, भरवाँ, -मय, *संपूर्ण*, संभृत, •ठुँसा/ठुँसी, •सघन, ▪रिक्त.

**भराई** = अंतर्स्थापना, टीप, पेटा, रुँझाई, लदाई.

**भराई** *सं* आपूरण, डलाई, पुराई, पूरण, पूर्ति, प्रपूरण, *भरती*, *भरावट*, •ठुँसाई, •पैडिंग, •लदाई, ▪उलीच.

**भराई करना** = ठूँसना, भरना.
**भरा गला** = फटा स्वर.
**भरा न होना** = रीतना.
**भरापन** = अरिक्त पद.
**भरा पूरा** = संतानवान.
**भरा पूरा/भरी पूरी** = परिवारयुक्त, पल्लवयुक्त, फलयुक्त, वयस्क, समृद्ध.
**भरापूरापन** = समृद्धि.
**भरा बादल** = वर्षा मेघ.
**भराव** = पेटा, फुलाव.
**भरावट** = बनावट, बुनावट, भराई.

**भरावट** *सं* प्रविष्ट वस्तु, फुलावट, *भरत*, *मसाला*, माल, •अस्तर, •पैडिंग, •बुकरम.

**भरिया** = ढलाई कर्मी.
**भरी जवानी** = यौवन.
**भरी पूरी** = संतानवती.
**भरेट** = चौखट शीर्ष.
**भरेटा** = चौखट शीर्ष.
**भरेठ** = चौखट शीर्ष.
**भरेठा** = चौखट शीर्ष.
**भरे पेट वाला** = छका/छकी.
**भरोसा** = आत्मविश्वास, आशा, आस्था, विश्वास, सहायता.
**भरोसाहानता** = अविश्वास.
**भरोसी** = विश्वासी.

**भरोसे पर देना** = सौंपना.
**भरोसेमंद** = अप्रवादित, आकलित, ईमानदार, गारंटीयुक्त, दायित्वपूर्ण, निष्ठावान, परीक्षित, विश्वसनीय, सत्यापित, समय पालक, सावधान.
**भरोसेमंदी** = ईमानदारी, निष्ठा.
**भर्ग** = भुँजाई.
**भर्जक** = भड़भूँजा.
**भर्जन** = भुँजाई.
**भर्ता** = ऐंप्लायर, दासस्वामी, पति, वृत्तिदाता.
**भर्तार** = वृत्तिदाता.
**भर्त्सना** = गाली, डाँट, तिरस्कार, लांछन.
**भर्त्सना करना** = धिक्कारना.
**भर्त्सनापूर्ण** = निंदात्मक.
**भर्या** = आजीविका.
**भर्राता/भर्राती** = फटे स्वर वाला.

**भर्राना** *क्रि* आवाज़ बैठना, गला बैठना, स्वर बैठना.

**भर्राया/भर्राई** = भावपूर्ण.
**भर्राहट** = फटा स्वर.
**भर्ती की पाठ्य सामग्री** = फ़िलर.
**भल** = गाद.
**भलका** = लग्गी काँटा.
**भला** = आरोग्य लाभ, उपकार, कल्याण, सुंदर, सुरक्षा, सौभाग्य, हित.
**भला/भली** = अच्छा/अच्छी, ईमानदार, कल्याणकारी, छलहीन, देवदूतीय, धर्मशील, निस्स्वार्थ, न्यायपर, पापहीन, पुण्यपूर्ण, मधुर स्वरीय, विश्वसनीय, सज्जनतापूर्ण, सत्यपूर्ण, सद्‌व्यवहारी, सहयोगपूर्ण, सौमनस्यपूर्ण.
**भला आदमी** = सज्जन.
**भलाई** = अच्छाई, उपकार, कल्याण, सत्कर्म, सद्‌व्यवहार, सौभाग्य, हित.
**भलाई का काम** = सत्कर्म.
**भला चंगा/भली चंगी** = चिकित्सित, स्वस्थ.
**भला चाहना** = असीसना.
**भला चाहने वाला** = शुभचिंतक.
**भलापन** = अच्छाई, सद्‌व्यवहार.
**भला बुरा** = उत्थानपतन, भाग्यचक्र.
**भला मानस** = सज्जन.
**भला मानुस** = कुलीन पुरुष.
**भला लगना** = फबना.
**भला हो** = शुभकामना.
**भली** = सुंदर स्त्री.
**भली बात** = मृदुभाषण.
**भली भाँति** = विधिपूर्वक.
**भली मानस** = सन्नारी.
**भली सलाह** = सुपरामर्श.
**भले** = हाँ.
**भले बुरे की पहचान** = विवेक.
**भल्ल** = रीछ.
**भल्ला** = आलू टिकिया, कटलेट.
**भल्लूक** = रीछ.
**भव** = अस्तित्व, जीवन.
**भवचाप** = शिवधनुष.
**भवजाल** = आवागमन चक्र.
**भवत/भवती** = आप.
**भवदीय** = मैं.
**भवन** = कमरा, घर, महल, सभागार, स्मारक.

**भवन** *सं* आगार, आलय, इमारत, कोठा, कोठी, क्वार्टर, *ख़ाना*, गृह, *ढाँचा*, थान, निकाय, निकेत, निकेतन, निलय, प्रासाद, बाड़ी, भुवन, *मंज़िल*, *मंदिर*, मकान, *मीनार*, मेनर, वाट, वास्तु, विला, वेश्म, शाला, सदन, सद्म, सौध, हाउस, •उपभवन, •कमरा, •कुटी, •खँडहर, •खोखा, •गुमटी, •घर, •महल, •स्मारक, •हवेली.

**भवन आधार भूमि** *सं आधार*, आसंदी, उठान, *कुरसी*, *पीठ*, पीठिका, भवन कुरसी, भवन पीठिका, •चबूतरा, •नीवँ, •फ़र्श, ▪भवन शिखर.

**भवन कुरसी** = भवन आधार भूमि.
**भवन नक्शा** = निर्माण परिकल्पना.

**भवन निर्माण** *सं* कंस्ट्रक्शन, गृह निर्माण, तामीर, नवनिर्माण, *निर्माण*, बिल्डिंग, मकान बनाई, *मरम्मत*, मेमारी, वास्तुकर्म, शालाकर्म, •चिनाई, •जीर्णोद्धार, •राजगीर, •स्थपति.

**भवन निर्माता** = निर्माण ठेकेदार.

**भवन निर्माता** *सं* अट्टालिकाकार, *निर्माता*, मेमार.

**भवनपति** = मकान मालिक.

**भवन परिसर** *सं* अहाता, एरिया, ऐनक्लेव, ऐस्टेट, कंप्लैक्स, गिर्दा, *घेरा*, *परिक्षेत्र*, परिमंडल, *परिसर*, परिसर भवन, प्रांगण, भवन समूह, संजवन, सर्कल, *सहन*.

**भवन पीठिका** = भवन आधार भूमि.

**भवन शिखर** *सं* अट्ट, *चोटी*, *छत*, बुर्ज़, वलभी, शिखर, •कंगूरा, •गुंबद, •मीनार, •मुँडेर, ▪नीवँ, ▪फ़र्श.

**भवन शीर्षरेखा** = क्षितिज रेखा.
**भवन समूह** = भवन परिसर.
**भवनाश** = मोक्ष.
**भवनीय** = भविष्यकालीन, संभव.
**भवबाधा** = आवागमन चक्र.
**भवभंग** = प्रलय.
**भवभंजन** = ईश्वर.
**भवलोक** = इहलोक.
**भव विलास** = माया.
**भवसागर** = आवागमन चक्र, इहलोक.
**भवाचल** = कैलास.
**भवान** = आप.
**भवानी** = पार्वती, वीर स्त्री, सती देवी.
**भवानीनंदन** = गणेश, स्कंद.
**भवानीसुत** = स्कंद.
**भवितव्य** = अवश्यंभावी.
**भवितव्यता** = अवश्यंभावना.
**भविल** = परपुरुष, भविष्यकालीन, सुंदर.
**भविष्णु** = भविष्यकालीन.
**भविष्णुता** = संभावना.
**भविष्य** = भविष्य काल, भविष्यकालीन.
**भविष्य कथन** = भविष्य वाचन.

**भविष्य काल** *सं* अनागत काल, आइंदा, आगामी काल, आने वाला काल, उत्तर काल, भविष्य, भविष्यत काल, भावी, ▪भूतकाल, ▪वर्तमान काल.

**भविष्य काल में** *क्रिवि अब के बाद*, *आगे*, आने वाले दिनों में, *कभी*, कभी आगे, भविष्य में, •कभी भविष्य में, ▪भूत काल में.

**भविष्यकालीन** *वि* अगला/अगली, *अघटित*, अनागत, *आगामी*,

 (प्रा) प्राचीन शब्द, अब अप्रचलित - *तिरछे* शब्द स्वतंत्र शीर्षक भी हैं •सपर्याय ▪विपर्याय

आता/आती, आने वाला, उत्तरकालीन, फ़्यूचर, भवनीय, भविल, भविष्णु, भविष्य, भविष्यवर्ती, भावी, भाव्य, संभविष्णु, संभाव्य, होगा/होगी, होने वाला, •अज्ञात, •आगामी, •आसन्न, ▪भूतकालीन, ▪वर्तमान.

**भविष्य ज्ञान** = पूर्वज्ञान.
**भविष्यत काल** = भविष्य काल.
**भविष्य दर्शन** = पूर्वज्ञान.
**भविष्यद्रष्टा** = भविष्यवादी.
**भविष्यद्वक्ता** = भविष्य वक्ता.
**भविष्यद्वादी** = भविष्य वक्ता.
**भविष्य पुराण** = पुराण सूची.
**भविष्य में** = अब के बाद, भविष्य काल में.
**भविष्य में** = कभी भविष्य में.

**भविष्य वक्ता** *सं ज्ञानी*, भविष्यद्वक्ता, भविष्यद्वादी, भविष्यवाचक, भविष्यवेत्ता, संत, •अंगविद्य, •ज्योतिषी, •भाग्यवाचक, •हस्तरेखाविद.

**भविष्यवर्ती** = भविष्यकालीन.
**भविष्यवाचक** = भविष्य वक्ता.
**भविष्य वाचन** = ज्योतिष.

**भविष्य वाचन** *सं* पूर्वकथन, पेशीनगोई, फलादेश, भविष्य कथन, भाग्यकथन, •ज्योतिष, •देववाणी, •न्यूमरोलाजी, •भविष्यवाणी, •हस्तरेखा शास्त्र.

**भविष्यवाणी** = देववाणी.

**भविष्यवाणी** *सं* आकाश वचन, *आकाशवाणी*, गगन गिरा, *देववाणी*, प्रौफ़ैसी, स्वर्गवाणी, •आकाशवाणी, •पूर्वसूचना.

**भविष्यवादी** *सं* कल्पनाकार, कल्पनाशील, भविष्यद्रष्टा, *स्वप्नद्रष्टा*, स्वप्नवादी, •आधुनिकतावादी, •आशावादी, •स्वर्णयुग वादी, ▪अतीतवादी.

**भविष्यवेत्ता** = भविष्य वक्ता.

**भविष्यसंगत** *वि* अग्रसंगत, फ़्यूचर कंपैटिबिल, भावी तकनीकी विकास के साथ संगत रहने वाला, •संगत, ▪भूतसंगत.

**भविष्य सूचक लक्षण** = पूर्वलक्षण.
**भवीला** = छबीला.
**भवीला/भवीली** = छबीला/छबीली.
**भवीली** = छबीली.
**भव्य** = आश्चर्यजनक, कलात्मक, चमकदार, दर्शनीय, महल जैसा, रंगमंचीय, रंगमंचीय, राजसी, विस्तीर्ण, वैभवशाली, शब्दाडंबरपूर्ण, सुंदर.

**भव्य** *वि* अज़ीमुश्शान, असाधारण, आलीशान, कौतुकपूर्ण, ग़ज़ब का, *चमकदार*, चमचम, चमाचम, छटापूर्ण, *दिव्य*, *प्रभावशाली*, भव्यदृश्यपूर्ण, *मायावी*, *मोहक*, *रोचक*, विराट, विलक्षण, *वैभवशाली*, शानदार, *सजावटी*, *सुंदर*, स्पैक्टेक्यूलर, हैरतअंगेज़, •मोहक, •वैभवशाली, •सुंदर, ▪वैभवहीन.

**भव्यकाय** = सुंदरकाय.
**भव्यता** = वैभव, सजावट.
**भव्य दृश्यता** = शोमैनशिप.
**भव्यदृश्यपूर्ण** = भव्य.
**भव्यदेह** = सुंदरकाय.
**भव्या** = सुंदर स्त्री.
**भसकना** = हड़पना.
**भसम** = भभूत.
**भसाना** = तैराना.
**भसींड** = कमल ककड़ी.
**भसुर** = जेठ.
**भस्त्रा** = मशक.
**भस्त्री** = मशक.
**भस्म** = दग्ध, भभूत, राख.
**भस्मक** = दाहक.
**भस्म कर्ता** = दाहक.
**भस्मन** = दहन.
**भस्मभूत** = दग्ध.
**भस्म शर्करा** = सज्जी.
**भस्मसात** = दग्ध.
**भस्म होना** = जलना.
**भस्मावशेष** = दग्ध.

**भस्मावशेष** *सं अस्थि*, अस्थिशेष, *पुष्प*, प्रेतास्थि, फूल, •अस्थिकलश, •चिता, •शवदाह.

**भस्मावशेष कलश** = अस्थिकलश.
**भस्मित** = दग्ध.
**भस्मित्र** = दाहागार.
**भस्मी** = राख.
**भस्मीकरण** = दहन.
**भस्मीभूत** = दग्ध.
**भस्सड़** = फूहड़, मोटा/मोटी, विद्रूप.
**भहराना** = ढहना.

**भाँग** *सं* अजया, इंद्राशन, चपला, जया, नशापत्ती, पत्ती, बूटी, भंग, मोहिनी, विजया, शिवप्रिया, सब्ज़ घोड़ा, •अफ़ीम, •चरस, •सोमरस.

**भाँग गोली** *सं गोला*, *गोली*, *वटी*, विजया वटी.

**भाँग मद** *सं झाँझ*, झाँझा, *तरंग*, *लहर*.

**भाँज** = बटाई, भुँजाई.
**भाँजना** = बटना.
**भांजा** = भानजा.
**भाँजी** = कटाक्ष.
**भांजी** = भानजी.
**भाँटा** = बैंगन.
**भाँड़** = चारण, जोकर, नक़्क़ाल, विदूषक.
**भांड** = नदी पेटा, पाकर, बरतन.

**भाँड़** *सं* चाटुपटु, *चारण*, चेट, *नक़्क़ाल*, भंड, भाँड भगतिए, रवण, वासंतिक, *विदूषक*, •जोकर, •नट, •बहरूपिया.

**भाँड़ जैसा** = भँड़ौआ.
**भाँड़ना** = तोड़ना मरोड़ना, बिगाड़ना.
**भाँड भगतिए** = भाँड़.
**भांड मृत्तिका** = कुम्हारी मिट्टी.
**भांडागार** = भंडारघर.
**भांडारिक** = भंडारी.
**भांडीक** = अबाबील.
**भाँति** = अनुसार, कोटि, सादृश्य.
**भाँति भाँति का** = विविध.
**भाँप** = अंतर्बोध.
**भाँपना** = समझना.
**भाँवर** = सप्तपदी.

**भाई** *सं दादा*, बंधु, बिरादर, बीर, भइया, भई, भय्या, भाऊ, भाय, भैया, भ्राता, भ्रातृ, माँजाया,

मादरज़ाद, *वीर*, *सहज*, *सहोदर*, •चचेरा भाई, •बड़ा भाई, •बहन, •भाई दूज, •भाभी, •रक्षा बंधन, •सगा भाई.

**भाईचारा** = आपसदारी, एकता, परिवार संबंध, स्वजन भावना.
**भाई दूज** = दीवाली उत्सव समूह.

**भाई दूज** *सं* *टीका*, तिलक दूज, दूज, भैया दूज, यम द्वितीया, •दीवाली, •बहन, •भाई.

**भाई पुत्र** = भतीजा.
**भाई पुत्री** = भतीजी.
**भाईबंद** = स्वजन.
**भाईबंदी** = परिवार संबंध, स्वजन भावना.
**भाऊ** = भाई.
**भात्त** = चावल.
**भाख** = बात.
**भाखना** = कहना.
**भाखा** = बोली, भाषा.
**भाग** = अंश, क्षेत्र, खंड, घटक, दौड़ाकी, नाटक अंक, पलायन, पुरज़ा, भाग कर्म, भिन्नांक, महल्ला, विभाजन, शेयर.

**भाग कर्म** *सं* तक़सीम, बाँट, भाग, भाजन, *विभाजन*, शोधन (प्रा), ▪गुणन कर्म.

**भाग जाना** = भागना.
**भागता/भागती** = द्रुत.
**भागदेय** = सावधिक देय.
**भागदौड़** = आपाधापी, द्रुतवेग, धक्कमधक्का, प्रयास, भगदड़, हड़बड़ी, हलचल.
**भागधेय** = साझेदार.
**भागना** = कुलाँचना, डरना, दौड़ना.

**भागना** *क्रि* *उखड़ना*, *उड़ना*, कमज़ोर पड़ना, खेत छोड़ना, चलते बनना, छक्के छूटना, डर कर भागना, *डरना*, डिगना, *निकलना*, पलायन करना, पीछे हटना, पीठ दिखाना, फ़रार होना, *बचना*, बच निकलना, भाग जाना, मुँह मोड़ना, मैदान छोड़ना, रण छोड़ना, रफ़ू चक्कर होना, लंबे होना, साहस छोड़ना, हाथ पाँव फूलना, *हारना*, हिम्मत छोड़ना, •खिसक लेना, •डरना, •दौड़ना, •निकलना, •पीछे हटना, •फ़रार होना, ▪लड़ना, ▪ललकारना.

**भागने का द्वार** = आपात्कालीन द्वार.

**भाग फल** *सं* प्राप्त संख्या, प्राप्तांश, लब्ध फल, लब्धांक, लब्धि, विभाजन प्राप्तांश, हासिल, हासिल तकसीम, •भाजकांक, •भाज्यांश.

**भागमभाग** = आँख मिचौनी, आपाधापी, रणत्याग, हलचल.
**भागयुक्त** = असैंबलित.
**भाग लेना** = खेलना.
**भागवत** = ईश्वरीय, वैष्णव संप्रदाय सदस्य.
**भागवत उपदेष्टा** = नारायण (नर).
**भागवत धर्म** = वैष्णव संप्रदाय.
**भागवत पुराण** = पुराण सूची.
**भागवत संप्रदाय** = वैष्णव संप्रदाय.
**भाग संख्या** = भिन्नांक.
**भागहार** = दाय विभाजन.
**भागहारी** = उत्तराधिकारी, शेयरधारी.
**भागांक** = भिन्नांक.
**भागांश** = लाभांश, शेयर.
**भागा/भागी** = चंपत.
**भागाधिकार** = साझेदारी.
**भागाधिकारी** = उत्तराधिकारी, साझेदार.
**भागिता** = साझेदारी.
**भागिनेय** = भानजा.
**भागिनेया** = भानजी.
**भागी** = उत्तराधिकारी, प्राप्ता, साझेदार, सुपात्र, स्वामी.
**भागीदार** = साझेदार.
**भागीदारहीन** = एकस्वामीय.
**भागीदारी** = सहकर्म, साझेदारी.
**भागीदारीहीनता** = एकस्वामित्व.
**भागीरथ प्रयास** = महाप्रयास.
**भागीरथी** = गंगा नदी.
**भाग्य** = प्रारब्ध, सुयोग, सौभाग्य.

**भाग्य** *सं* अदृष्ट, करम, *काल*, क़िस्मत, ग्रहयोग, तक़दीर, दई, दशा, दैव, दौर, नसीब, *प्रारब्ध*, मुक़द्दर, वक़्त, *विधि*, *सितारे*, •कर्मफल, •प्रारब्ध लेख, •शकुन, •संयोग, ▪कर्म.

**भाग्यकथन** = भविष्य वाचन.
**भाग्यक्रम** = भाग्यचक्र.
**भाग्यचक्र** = दुर्भाग्यचक्र, रूलेट व्हील.

**भाग्यचक्र** *सं* अँधेरा उजाला, अच्छा बुरा, अस्तोदय, उठापटक, उतार चढ़ाव, *उत्थान पतन*, *उथल पुथल*, उन्नति अवनति, उलटपलट, ऊँचनीच, काल का पहिया, कालगति, *कालचक्र*, क़िस्मत का फेर, गर्दिश, गर्दिशे ज़माना, घटती बढ़ती, घटबढ़, घटाबढ़ी, जय पराजय, ज्वार भाटा, तक़दीर का फेर, दिन रात, दैव गति, धूपछाँह, नियति क्रम, नीच ऊँच, परिवर्तन चक्र, प्रारब्ध क्रम, भला बुरा, भाग्यक्रम, भाग्य परिवर्तन, रात दिन, लाभ हानि, लाभालाभ, विजय पराजय, शुभाशुभ, सितारों की गर्दिश, सौभाग्य दुर्भाग्य, हानि लाभ, हारजीत, हिताहित, •कालचक्र, •रूलेट व्हील.

**भाग्यदोष** = दुर्भाग्य.
**भाग्य परिवर्तन** = भाग्यचक्र.

**भाग्यपरीक्षा** *सं* क़िस्मत आज़माइश, मुक़द्दर आज़माई, •प्रयास, •शेर बकरी.

**भाग्यप्रद** = सौभाग्यप्रद.
**भाग्यफल** = प्रारब्ध लेख.
**भाग्ययोग** = संयोग.

**भाग्यरेखा** *सं* प्रारब्ध रेखा, भाग्यलिपि, *हाथ*, •आयुरेखा.

**भाग्यलिखित** = प्रारब्धाधीन.
**भाग्यलिपि** = प्रारब्ध लेख, भाग्यरेखा.
**भाग्यलेख** = प्रारब्ध लेख.
**भाग्य लेखक** = प्रारब्ध विधाता.
**भाग्यवती** = सधवा.
**भाग्यवश** = संयोगवश.
**भाग्यवशात** = संयोगवश.

**भाग्यवाचक** *सं* जन्मपत्री वाचक, *ज्ञानी*, *ज्योतिषी*, फ़ौरचून टैलर, सिद्ध, •ज्योतिषी, •भविष्य वक्ता, •शकुनज्ञ, •हस्तरेखाविद.

**भाग्यवाचन विद्या** = ज्योतिष.
**भाग्यवाद** = प्रारब्धवाद.
**भाग्यवादी** = प्रारब्धवादी.
**भाग्यवान** = समृद्ध, सौभाग्यशाली.
**भाग्यविधाता** = प्रारब्ध विधाता.
**भाग्यशाली** = सफल, सौभाग्यशाली.
**भाग्यहीन** = असफल, दुःखी, दुर्भाग्यशाली, निर्धन.
**भाग्यहीनता** = दुर्भाग्य.
**भाग्याधीन** = प्रारब्धाधीन.

**भाग्योदय** *सं* तालेमंदी, तालेवरी, पुण्योदय, फ़ीरोज़ी, *सुअवसर*, सुखोदय, *सुयोग*, सुसमय, सौभाग्य उदय, सौभाग्योदय, •अप्रत्याशित लाभ, •उत्कर्ष काल, •सुपरिस्थिति.

**-भाजन** = सुपात्र.
**भाजन** = बरतन, भाग कर्म.
**भाजित** = खंड खंड, विभाजित.
**भाजी** = रसेदार भाजी, सागसब्ज़ी.

**भाजी** *सं* तरकारी, तरकारी व्यंजन, पकी साग भाजी, रँधी तरकारी, रँधी भाजी, सब्ज़ी, सागभाजी व्यंजन, •कढ़ी.

**भाजी रसा** = रसा.
**भाट** = कवि, गायक, चारण, नदी पेटा, प्रशंसागायक.
**भाटकी** = किराएदार, पट्टेदार.
**भाटा** = पथरीली भूमि.

**भाटा** *सं* उतार, भठियाल, भाठी, ■ज्वार.

**भाटित्र** = भाड़ा गाड़ी.
**भाठी** = भट्ठी, भाटा.

**भाड़** *सं* अंबरीष, गुलख़न, भड़भूजा भाड़, भड़साईं, •भट्ठी.

**भाड़ा** = यात्रा भाड़ा.

**भाड़ा** *सं* उपयोग शुल्क, किराया, टौल, फ़ीस, *मूल्य*, रैंट, हायर, •माल भाड़ा.

**भाड़ा क्रय** = हायर परचेज़.
**भाड़ा ख़रीद** = हायर परचेज़.
**भाड़ा गाड़ी** = टैक्सी.

**भाड़ा गाड़ी** *सं* किराया गाड़ी, चार्टर, चार्टर्ड गाड़ी, भड़ोत्री, भाटित्र, भाड़ित्र, •टैक्सी.

**भाड़ित्र** = भाड़ा गाड़ी.
**भाड़े का सामान** = लगेज.
**भाड़ेदार** = किराएदार.
**भाड़े पर मिलने वाली सवारी गाड़ी** = टैक्सी.
**भाण** = टेलिफ़ोन.

**भात** *सं चावल*, पनभता, •खिचड़ी, •पुलाव, •बिरियानी, •माँड़िया, •रसियाव.

**भातई** *सं* मातुल पक्ष, मामा परिवार, •घराती.

**भात पानी** = माँड़िया.
**भाता/भाती** = पसंद, प्रिय.
**भाथी** = धौंकनी.
**भादों** = भाद्रपद मास.
**भाद्र** = भाद्रपद मास.
**भाद्रपद** = भाद्रपद मास, □भारतीय मास सूची.

**भाद्रपद मास** *सं* नभस्य, प्रोष्ठपद, भादों, भाद्र, भाद्रपद, विप्र.

**भान** = ज्ञान, पूर्वज्ञान, बोध.

**भानजा** *सं* बहन पुत्र, बहनौता, भगिनी पुत्र, भांजा, भागिनेय, यामेय, •भतीजा, •भानजी, ■मामी, ■मौसा, ■मौसी.

**भानजी** *सं* बहन पुत्री, बहनौती, भांजी, भागिनेया, •भतीजी, •भानजा, •मामी, ■मौसा, ■मौसी.

**भानमती** = जादूगरनी.
**भानमती का कुनबा** = विविधा.
**भानमती का पिटारा** = विविधा.
**भानव** = सूर्यीय.
**भानवी** = यमुना नदी.
**भाना** = प्रेम करना, फबना.
**भानु** = सूर्य.
**भानुजा** = यमुना नदी.
**भानुमती** = सुंदर स्त्री.

**भाप** *सं* ऊष्मा, भभका, वाष्प, वेपर, स्टीम, •गैस, •जल.

**भापगाड़ी** = रेलगाड़ी.
**भाप लगाना** = उसनाना.
**भाभज** = भाभी.
**भाभी** = जेठानी.

**भाभी** *सं* बड़ा भाई पत्नी, भाभज, भावज, भौजाई, भौजी, भ्रातावधू, भ्रातृजाया, भ्रातृवधू, •देवर, •ननद, •भाई.

**भामिनी** = प्रलोभिनी, सुंदर स्त्री, सुंदर स्त्री.
**भामी** = सुंदर.
**भायँ भायँ** = सरसर.
**भाय** = भाई.
**भार** = ऋण, कर, तौल, दाब, दायित्व, पे लोड, बाट, लाद.

**भार** *सं गुरुत्वाकर्षण*, गुरुत्वाकर्षण माप, *दाब*, धड़ा, धुरा, पीनता, बोझ, बोझा, वज़न, वेट, •तौल, •बाट, •लाद, ■भारहीनता.

**भारग्रस्त** = कृतज्ञ, भारी.
**भारजीवी** = कुली.
**भार ढोना** = ढोना.
**भारत** = अर्जुन, दक्षेस सदस्य सूची, भारत खंड देश क्षेत्र.

**भारत** *सं* आर्यावर्त, इंडिया, इंदुदेश, कर्मभूमि, गणराज्य भारत (पूर्वनाम), धर्मक्षेत्र, धर्मनिरपेक्ष गणराज्य भारत, पुण्यभूमि, भारत अर्थात इंडिया, भारत माता, भारतवर्ष, सिंधु देश, सोने की चिड़िया, *स्वदेश*, हिंद, हिंदुस्तान, हिंदुस्थान (विकल्प), हिंदोस्ताँ, हिंदोस्तान, •इंडियन ऐंपायर, •एशिया, •कामनवैल्थ, •चीन, •तिब्बत, •दक्षिण एशिया, •दक्षेस, •नेपाल, •पाकिस्तान, •पारसी धर्म, •बांग्लादेश, •यूनाइटिड किंगडम, •श्रीलंका.

**भारत** = नट, युद्ध.
**भारत (वैशंपायन)** = महाभारत.

**भारतः राजधानी** *सं* नई दिल्ली.

**भारत राष्ट्रपिता** *सं* महात्मा गाँधी.

**भारत अर्थात इंडिया** = भारत.

**भारत आप्रवासी ईरानी** = पारसी.
**भारत उपमहाद्वीप** = दक्षिण एशिया, दक्षिण एशिया, बृहत्तर भारत.
**भारतखंड** = दक्षिण एशिया, बृहत्तर भारत.

**भारत खंड देश क्षेत्र सूची** *सं* अफ़ग़ानिस्तान, तिब्बत (चीन स्वायत्त राज्य), *नेपाल*, *पाकिस्तान*, *बांग्लादेश*, *भारत*, *भूटान*, *मालद्वीप*, *म्यान्मा*, *श्रीलंका*.

**भारत चाष** = नीलकंठ.
**भारतभूषण** = भारतीय सम्मान.
**भारत माता** = भारत.
**भारतरत्न** = भारतीय सम्मान.
**भारत राजभाषा** = अँगरेजी भाषा, हिंदी भाषा.

**भारत राजभाषा सूची** *सं* अँगरेजी, हिंदी.

**भारत राज्य प्रदेश सूची** *सं अंडमान निकोबार*, अरुणाचल प्रदेश, *असम*, *आंध्र प्रदेश*, *उड़ीसा*, *उत्तर प्रदेश*, *उत्तरांचल*, *कर्नाटक*, *केरल*, *गुजरात*, गोआ, चंडीगढ़, छत्तीसगढ़, *जम्मू और कश्मीर*, झारखंड, *तमिल नाडु*, त्रिपुरा, दमन और दीव, दादरा और नगर हवेली, *दिल्ली*, नागालैंड, *पंजाब*, *पश्चिम बंगाल*, *पाँडिचेरि*, *बिहार*, मणिपुर, *मध्यप्रदेश*, *महाराष्ट्र*, मिज़ोरम, मेघालय, *राजस्थान*, *लक्षद्वीप*, सिक्किम, *हरियाणा*, *हिमाचल प्रदेश*.

**भारत राष्ट्रध्वज** = तिरंगा झंडा.

**भारत राष्ट्रभाषा सूची** *सं* (संख्या 22), अँगरेजी, असमिया, उड़िया, उर्दू, कन्नड़, कश्मीरी, कोंकणी, *गुजराती*, डोगरी, *तमिल*, तेलुगु, *नेपाली*, पंजाबी, बांग्ला, बोडो, मणिपुरी, मराठी, मलयालम, मैथिली, संथाली, सिंधी, हिंदी.

**भारतवर्ष** = भारत.
**भारतवर्षीय** = भारतीय.
**भारत सुंदरी** = सौंदर्य साम्राज्ञी.
**भारती** = कला देवी, भाषा, वाचा, सरस्वती देवी.

**भारतीय** *वि* भारतवर्षीय, हिंद, हिंदवी, हिंदी, हिंदुस्तानी, हिंदोस्तानी.

**भारतीय अंक** = अंतरराष्ट्रीय अंक.
**भारतीय उपमहाद्वीप** = दक्षिण एशिया.
**भारतीय ज्योतिष में मान्य नौ ग्रह** = नवग्रह.

**भारतीय दंडसंहिता** *सं* इंडियन पीनल कोड, ताज़ीराते हिंद, ●दंडसंहिता.

**भारतीय पंजाब** = पंजाब (भारत).
**भारतीय बंगाल** = पश्चिम बंगाल.

**भारतीय मास सूची** *सं* 1 चैत्र, 2 वैशाख, 3 ज्येष्ठ, 4 आषाढ़, 5 श्रावण, 6 भाद्रपद, 7 आश्विन, 8 कार्तिक, 9 मार्गशीर्ष, 10 पौष, 11 माघ, 12 फाल्गुन, ●मास सूची.

**भारतीय लिपि सूची** *सं* असमिया, उड़िया, उर्दू, *कन्नड़*, खरोष्ठी, *गुजराती*, *तमिल*, तेलुगु, देवनागरी, पंजाबी, *बंगाली*, *ब्राह्मी*, मलयालम, रोमन.

**भारतीय शास्त्रीय नृत्य सूची** *सं* उड़िसी, कत्थक, कथकली, कुचीपुड़ी, भरतनाट्यम, मणिपुरी, मोहिनी अट्टम, ●शास्त्रीय नृत्य.

**भारतीय सम्मान सूची** *सं* पद्मभूषण, पद्मविभूषण, पद्मश्री, भारतभूषण, भारतरत्न, ●सम्मान.

**भारत्याग** = पदत्याग.
**भारद्वाज** = द्रोणाचार्य, भरद्वाज, मंगल ग्रह.
**भारना** = दबाना.
**भार नियंत्रण** = डायटिंग.
**भार पता करना** = तौलना.

**भार पशु** *सं* ईर, धौरेय, परोहन, बहल, *बैल*, लद्दू जानवर, वहल, वाहक पशु, स्थौरी, ●जोत पशु, ●सवारी पशु.

**भार पात्र** = कनटेनर.
**भार भांड** = कनटेनर.
**भार माप** = तौल.

**भार माप एकक** *सं किलोग्राम*.

**भार माप निर्धारित करना** = तौलना.
**भारमुक्त** = ऋणमुक्त.

**भारयान** *सं कैरियर*, ट्रक, ढुलाई गाड़ी, भारवाहन, *मालगाड़ी*, लद्दूगाड़ी, वाहित्र, वैगन, ●मालवाहक, ●लाद, ■सवारी यान.

**भारयुक्त** *वि गुरु*, *भारी*, वज़नी, सभार, ■भारहीन.

**भारवहन** = ढुलाई.
**भारवाह** = भारवाहक.

**भारवाहक** *सं* ट्रक, फ्रेटर, बरदार, बारगीर, भारवाह, माल गाड़ी, लदुआ, लद्दू, *वाहक*, ●कुली, ●लाद.

**भारवाहन** = भारयान.
**भारशंकु** = लीवर.
**भारहीन** = अडूब, काग़ज़ी.

**भारहीन** *वि* गुरुत्वाकर्षण हीन, निर्भार, वायवी, हवाई, ●हलका/हलकी, ■भारयुक्त.

**भारांग्ल** = ऐंग्लो-इंडियन.
**भाराकर्षण शक्ति** = गुरुत्वाकर्षण.
**भाराक्रांत** = भारी.
**भारी** = अत्यधिक, अधिकारपूर्ण, अपाच्य, असमाधान्य, असह्य, उच्चस्वरीय, कठिन, क्लिष्ट (भाषा), घीतेलयुक्त, चिंताजनक, थकाऊ, नितांत, परिवर्तनकारी, पर्वतीय, प्रबल, भारयुक्त, लस्तपस्त, समस्यात्मक.

**भारी** *वि अवहनीय*, उद्भारग्रस्त, *गुरु*, झुका/झुकी, दबा/दबी, दुर्वह, दूभर, पीन, पीवर, बोझग्रस्त, बोझिल, बोझ से दबा, बोझिल, बोझीला/बोझीली, भरा/भरी, भारग्रस्त, भाराक्रांत, लदा फँदा/लदी फँदी, वज़नदार, वज़नी, ■वहनीय, ■हलका/हलकी.

**भारी आक्रमण** = ब्लिट्ज़.
**भारी काम** = कठिन कार्य.
**भारी पदार्थ तलगमन** = डूब.

**भारीपन** = हैंगओवर.
**भारी पैर वाली** = गर्भवती.
**भारी भरकम** = महाकाय.
**भारी माँग** = व्यापारिक महँगाई.
**भारी वर्षा** = अतिवर्षा.
**भारोत्तोलक** = वेटलिफ़्टर.
**भारोत्तोलन** = वेटलिफ़्टिंग.
**भार्गव** = परशुराम, शुक्राचार्य.
**भार्य** = वहनीय.
**भार्या** = पत्नी.
**भार्याट** = वेश्या दलाल.
**भार्याटिक** = जोरूदास.
**भाल** = मस्तक.
**भालचंद्र** = गणेश.

**भाला** *सं* कुंत, कुंतल, छड़ियाल, नेजा, परिघ, बरछा, बरछी, बल्लम, वज्र, शंकु, *शक्ति*, शल्य, शूल, साँगा, सैंथी, ●तलवार, ●तोमर, ●त्रिशूल, ●नोक, ●बेयोनट.

**भालाधारी** *सं* नेजाबरदार, बरछीबाज़, बरछैत, बल्लमबरदार, भालाबरदार, शक्तिधर, शक्तिपाणि, शूली, ●तलवारधारी.

**भालाबरदार** = भालाधारी.
**भाली** = कंटक, खपची.
**भालु** = रीछ.
**भाव** = अनुभूति, अर्थ, कल्पना, काव्य भाव, दर, मूड, मूल्य, विचार, स्वभाव.

**भाव** *सं* अंतर्ज्ञान, *अनुभूति*, आंतरिक अनुभूति, आनंद शोक आदि मनोविकार, इमोशन, जज़्बा, फ़ीलिंग, भावना, *मन*, मनोभाव, *मनोविकार*, मानसिक भाव, *विचार*, वृत्ति, संवेद, संवेदना, सैंटिमैंट, हर्ष शोक आदि मनोविकार, ●काव्य भाव, ●भावुकता, ●मूड.

**भाव अभिनय** = भावाभिनय.
**भाव अभिव्यक्ति** = अनुभाव, अभिव्यक्ति.

**भाव अभिव्यक्ति** *सं अभिनय*, अभिव्यंजना, *अभिव्यक्ति*, भाव भंगिमा, विभंगि, हावभाव, ●अनुभाव, ■भावगोपन, ■भावदमन.

**भावक** = गुणग्राहक, विवेचक.

**भावगोपन** *सं* अधिगोपन, अनभिव्यक्ति, अनभिव्यक्ति भाव, अप्रकटन, अवगूहन, आकारगोपन, चुप्पी, *मौन*.

**भावग्रहण** = अर्थबोध.
**भावज** = भाभी.
**भावता** = सुंदर.
**भावता/भावती** = प्रेमपात्र/प्रेमपात्रा.
**भावताव** = सौदेबाज़ी.
**भावती** = सुंदर स्त्री.
**भावदमन** = आकांक्षादमन.

**भावदमन** *सं* घुटन, *दमन*, भावरोध, मसोस, मसोसन, ■इच्छापूर्ति, ■कुंठामोचन.

**भावना** = अर्थ, आस्था, भक्ति, भाव, मन, विचार, सहानुभूति.
**भावनाघात** = हृदयभंजन.
**भावनात्मक** = भावपूर्ण, मनोविज्ञानीय.

**भावनाधारित** *वि* अतथ्यपरक, *आंतरिक*, आत्मनिष्ठ, निजी, भावात्मक, मनोवृत्तीय, *मानसिक*, *रूमानी*, वैयक्तिक, व्यक्तिपरक, ■वस्तुपरक.

**भावनापूर्ण** = अभिव्यक्तिपूर्ण, भावपूर्ण, भावुक.
**भावनामय** = भावपूर्ण, भावुक.
**भावनामोचन** = कुंठामोचन.
**भावनाहीन** = अनुभूतिहीन, अभावुक, सहानुभूतिहीन.
**भावपूर्ण** = अभिव्यक्तिपूर्ण, काव्यात्मक, भावुक, भावोत्पादक, मार्मिक (उक्ति).

**भावपूर्ण** *वि* अकृत्रिम, अगाध, अवरुद्धकंठ, अवाक्, *आंतरिक*, आंदोलित, आकुल, *आतुर*, आविष्ट, उत्क/उत्का, *उत्तेजित*, उद्दीप्त, कंठावरुद्ध, गद्‌गद, गद्‌गद, *गरम*, गहरा/गहरी, छद्‌महीन, जज़्बाती, द्रवित, भरा/भरी, भर्राया/भर्राई, भावनात्मक, भावनापूर्ण, भावनामय, भावप्रधान, भावविभोर, भावविह्वल, भावात्मक, भावाविष्ट, भावुकतापूर्ण, भावोन्मत्त, मनोभावपूर्ण, मार्मिक, रुद्ध, रुद्धकंठ, *वाचारुद्ध*, विभोर, विह्वल, शायराना, संवेदनापूर्ण, हार्दिक, हृदयस्पर्शी, ●अनौपचारिक, ●भावुक, ●भावोत्पादक, ●सूक्तिवत, ■भावहीन.

**भाव प्रतीति** = विभाव.
**भाव प्रत्यारोपण** = साधारणीकरण.
**भाव प्रदर्शन** = अनुभाव.
**भावप्रदर्शन** = अभिनय, नृत्य.
**भावप्रधान** = भावपूर्ण, भावुक.
**भावप्रवण** = भावुक.
**भाव भंगिमा** = नाज़नखरा, भंगिमा, भाव अभिव्यक्ति.
**भावभक्ति** = भक्ति.
**भावमग्न** = तल्लीन.
**भावमुद्रा** = भंगिमा.
**भावयित्री प्रतिभा** = गुणज्ञता.
**भावरोध** = भावदमन.
**भावली** = बँटाईदारी.
**भावलीन** = तल्लीन.
**भाववाचक संज्ञा** = संज्ञा.
**भावविभोर** = भावपूर्ण, भावुक.
**भाव विस्तार** = व्याख्या.
**भावविह्वल** = भावपूर्ण.
**भावशील** = भावुक.
**भावशून्य** = अनासक्त.
**भावशून्यता** = अननुभूति.
**भाव समष्टि** = पैराग्राफ़, विचारधारा.
**भाव सौंदर्य** = काव्य अलंकार.
**भावहीन** = अभिव्यक्तिहीन, अर्थहीन.

**भावहीन** *वि* तटस्थ, निर्विकार, निर्वेद, वेदनाहीन, शांत, संवेदनाहीन, ●वस्तुपरक, ●सहानुभूतिहीन, ■भावपूर्ण, ■भावुक, ■रूमानी.

**भावहीनता** = अननुभूति.
**भावाघात** = हृदयभंजन.
**भावात्मक** = काव्यात्मक, भावनाधारित, भावपूर्ण.
**भावात्मकता** = भावुकता.
**भावाधिक्य** = भावुकता.

**भावाभिनय** *सं* अभिनय भाव, नक़्ल, *नक़्क़ाली*, *नाटक*, पैंटोमाइम, भाव अभिनय, माइम, मूक अभिनय,

मौन अभिनय, संकेत अभिनय, संवादहीन अभिनय.

**भावाभिनेता** *सं* पैंटोमिमिक, माइम, मिमिक, मूक अभिनेता, संकेत अभिनेता.

**भावार्थ** = अर्थ, सार संक्षेप.
**भावाविष्ट** = उत्तेजित, भावपूर्ण.
**भाववेग** = तीव्रोन्माद.
**भावावेश** = उत्तेजना, उन्माद.
**भावाश्रयं नृत्यं** = नृत्य.
**भावास्वाद** = काव्यरस.
**भावित** = काव्य भाव, विचारित.
**भाविनी** = पतिव्रता, सुंदर स्त्री.
**भावी** = आगामी, प्रत्याशित, भविष्य काल, भविष्यकालीन, विकासशील.
**भावी तकनीकी विकास के साथ संगत रहने वाला** = भविष्यसंगत.
**भावी सुरक्षा** = बीमा.
**भावुक** = भावोत्पादक, मूडी, रूमानी, सुरुचिसंपन्न (व्यक्ति).

**भावुक** *वि अनुभूतिप्रवण*, अव्यवहारकुशल, *अव्यावहारिक*, *अश्रुपूर्ण*, अश्रुविगलित, उत्कट, कविहृदय, कल्पनाशील, *काव्यात्मक*, *कोमल*, कोमलमनस्क, जज़्बाती, *दयालु*, प्रेमपूर्ण, भावनापूर्ण, भावनामय, *भावपूर्ण*, भावप्रधान, भावप्रवण, भावविभोर, भावशील, ममत्वपूर्ण, *मानवीय*, मार्मिक, *रुदनशील*, *रूमानी*, संवेदनापूर्ण, सहृदय, सैंटिमैंटल, हृदयालु, •मूडी, ▪अभावुक, ▪निर्दय, ▪विवेकवादी, ▪व्यवहारवादी.

**भावुकता** *सं* अनुभूतिप्रवणता, अयथार्थता, अश्रुपूर्णता, कोमलता, कोमलमनस्कता, जज़्बातीपन, भावपूर्णता, भावात्मकता, भावाधिक्य, संवेदनशीलता, सैंटिमैंटलिज़्म, स्वप्निलता, •रुदनशीलता, •रूमानियत, •सहवेदना, ▪अभावुकता, ▪वस्तुपरकता.

**भावुकतापूर्ण** = नाटकीय, भावपूर्ण.
**भावुकताहीन** = विचारित.

**भावोत्तेजन** = भावोद्दीपन.
**भावोत्पादक** = चित्रात्मक.

**भावोत्पादक** *वि* अभिव्यंजनापूर्ण, *अभिव्यक्तिपूर्ण*, असरदार, *उकसाऊ*, *उत्तेजक*, उद्दीपनकारी, उद्बोधनपूर्ण, ओजपूर्ण, *कलात्मक*, *काव्यात्मक*, *कोमल*, *गंभीर*, गहरा/गहरी, झंकारपूर्ण, टेरता/टेरती, पुकारता/पुकारती, प्रभावपूर्ण, *प्रभावशाली*, प्रेरक, बोलता/बोलती, *भावपूर्ण*, *भावुक*, भावोद्दीपक, मर्मस्पर्शी, मार्मिक, रसोत्पादक, *रूमानी*, संवेदनशील, *सार्थक*, *सुकुमार*, सुकोमल, •मार्मिक (उक्ति), •व्यंजनार्थक, ▪अभावोत्पादक, ▪अभिव्यक्तिहीन, ▪भावहीन.

**भावोत्पादन** *सं* भावोदय, भावोद्रेक, भावोन्मेष, स्फोट.

**भावोदय** = भावोत्पादन.
**भावोद्दीपक** = भावोत्पादक, भावोद्दीपन कर्ता.

**भावोद्दीपन** *सं* उद्दीपन, प्रदीपन, भावोत्तेजन, •उकसावा.

**भावोद्दीपन कर्ता** *सं उकसाने वाला*, *उत्तेजक*, उत्प्रेरक, उद्दीपक, उद्भावक, ऊर्जक, प्रणोदक, *प्रवर्तक*, प्रेरक, *प्रेरयिता*, बढ़ाने वाला, भड़काने वाला, भावोद्दीपक.

**भावोद्दीपन कारण** = विभाव.
**भावोद्रेक** = भावोत्पादन.
**भावोन्मत्त** = उन्मत्त, भावपूर्ण.
**भावोन्माद** = उन्माद.
**भावोन्मेष** = भावोत्पादन.
**भाव्य** = भविष्यकालीन.
**भाषक** = भाषणदाता.
**भाषज्ञ** = भाषा ज्ञाता.
**भाषज्ञता** = भाषाज्ञान.
**भाषण** = उपदेश, डाँट.

**भाषण** *सं* अभिभाषण, उद्गार, तक़रीर, *बात*, लैक्चर, *वक्तव्य*, वक्तृता, वक्तृत्व, व्याख्यान, *संबोधन*, संभाषण, स्पीच, •ओजपूर्ण भाषण, •भाषणबाज़ी, •मंच, •वक्तव्य, •वाग्मिता, •विषयप्रवेश भाषण.

**भाषणकक्ष** *सं* लैक्चर रूम, व्याख्यान शाला.

**भाषण कला** = वाग्मिता.
**भाषण कौशल** = वाग्विलास.
**भाषणदाता** = उपदेशक, राजनेता.

**भाषणदाता** *सं अभिवक्ता*, नागर, *प्रतिपादक*, भाषक, *लैक्चरर*, वक्ता, वागीश, वाग्मी, संबोधक, स्पीकर, •अध्यापक, •उपदेशक, •नेता, •प्रवक्ता, •लैक्चरर.

**भाषण पिलाना** = डाँटना.
**भाषण प्रतियोगिता** = डिबेट.
**भाषण मंच** = मंच.
**भाषांतर** = अनुवाद.
**भाषांतरकार** = अनुवादक.
**भाषांतरित** = अनुवादित.
**भाषा** = बात, वाग्विलास, वाचा, हिंदी भाषा.

**भाषा** *सं* अक्षरा, *बोली*, भाखा, भारती, लुग़त, *वाचा*, वाणी, *सरस्वती*, सार्थक ध्वनि, •जनभाषा, •भारत राजभाषा सूची, •भारत राष्ट्र भाषा सूची, •अक्षर, •लिपि, •व्याकरण, •शब्द, •शब्दावली, •स्लैंग.

**भाषा अनुशासन** = व्याकरण.

**भाषा ज्ञाता** *सं* ज़बानदान, भाषज्ञ, भाषाभाषी, भाषाविद, भाषिता, भाषी, •दुभाषिया.

**भाषाज्ञान** *सं* भाषज्ञता, भाषा समझ.

**भाषाधिकारी** = वाग्विलासपूर्ण, वाग्विलासी व्यक्ति.
**भाषा नियमावली** = व्याकरण.
**भाषा पर अधिकार** = वाग्विलास.
**भाषाभाषी** = भाषा ज्ञाता.
**भाषाविद** = दुभाषिया, भाषा ज्ञाता.
**भाषा समझ** = भाषाज्ञान.
**भाषा सौंदर्य** = काव्य अलंकार, शब्दालंकार.
**भाषित** = उक्ति, कथित, बात.
**भाषिता** = कथन कर्ता, भाषा ज्ञाता.
**भाषी** = कथन कर्ता, भाषा ज्ञाता.

**भाष्य** = बात, व्याख्या.

**भाष्य** *सं* गुटका, वाच्यांतर, विवृति, विशद टीका, संभाष्य, सविस्तार अर्थ, •टीका, •विवेचना, •विश्लेषण, •व्याख्या.

**भाष्य कर्ता** = भाष्यकार.

**भाष्यकार** *सं* अर्थविश्लेषक, टीकाकार, भाष्य कर्ता, *विश्लेषक*, विश्लेषण कर्ता, समझाने वाला.

**भासंत** = गिद्ध.

**भास** = कल्पना, गिद्ध, मुरगा, सहसा कल्पना.

**भासक** = आलोकक, आलोकक.

**भासता/भासती** = लगभग सदृश.

**भासन** = आलोकन.

**भासना** = चमकाना.

**भासमान** = चमकदार.

**भास्कर** = आलोकप्रद, सूर्य.

**भास्करि** = कर्ण, वैवस्वत मनु, शनि ग्रह.

**भास्कर्म** = मूर्तिकर्म.

**भास्वर** = चमकदार.

**भिंचन** = संकुचन.

**भिंचन** *सं* कुंचन, दचक, दबन, पिचन, भिंचाव, भींच, विकुंचन, *संकोच*, *सिकुड़न*, •संकुचन.

**भिंचना** = पिचकना.

**भिंचना** *क्रि* कंट्रैक्ट होना, कंस्ट्रिक्ट होना, निचुड़ना, पिचना, पिसना, •भींचना.

**भिंचा/भिंची** = बंद, मुँदा/मुँदी, संकीर्ण.

**भिंचाई** = निचुड़ाई, रौंदाई, श्वासावरोध.

**भिंचापन** = स्थानाभाव.

**भिंचाव** = भिंचन, संकुचन.

**भिंटा** = बैंगन.

**भिंडक** = भिंडी.

**भिंडा** = भिंडी.

**भिंडी** = सागसब्ज़ी.

**भिंडी** *सं* चतुष्पुंड्रा, भिंडक, भिंडा, भेंडी, राम तरोई, लैला की उँगलियाँ.

**भिंडी बाजार** = कोलाहलपूर्ण स्थान.

**भिंदिपाल** = ढेलवाँस.

**भिक्षा** = टुक्कड़.

**भिक्षा** *सं* ख़ैरात, *दान*, *पिंड*, भिक्षा वस्तु, भिच्छा, भीख, सदक़ा, •दया, •भिखारी.

**भिक्षाचर** = भिखारी.

**भिक्षाचर्या** = भिक्षावृत्ति.

**भिक्षाजीवी** = भिखारी.

**भिक्षाटक** = भिखारी.

**भिक्षाटन** *सं* अटन, परिव्रज्या, मधुकरी, व्रज्या, •भिखारी.

**भिक्षा पात्र** = भिक्षा भांड.

**भिक्षा भांड** *सं* आंचल, कचकोल, *कटोरा*, *कमंडलु*, करंक, *काँसा*, खप्पर, झोली, *तसला*, दामन, *प्याला*, भिक्षा पात्र.

**भिक्षा माँगने वाला** = भिखारी.

**भिक्षा याचक** = भिखारी.

**भिक्षार्थी** = भिखारी.

**भिक्षा वस्तु** = भिक्षा.

**भिक्षावृत्ति** *सं* गदाई, गदागरी, ग़रीबी, जाचकताई, टुकड़गदाई, फ़क़ीरी, भिक्षाचर्या, भिक्षुचर्या, भिखमंगापन, भिखमंगी, याचक वृत्ति, *याचना*, •कंगाली, •भिखारी, ▪समृद्धि.

**भिक्षु** = भिखारी, साधु.

**भिक्षुक** = भिखारी.

**भिक्षुचर्या** = भिक्षावृत्ति.

**भिखमंगन** = भिखारिन.

**भिखमंगा** = भिखारी.

**भिखमंगा/भिखमंगी** = कंगाल, भुक्खड़.

**भिखमंगापन** = भिक्षावृत्ति.

**भिखमंगिन** = भिखारिन.

**भिखमंगी** = भिक्षावृत्ति, भिखारिन.

**भिखारन** = भिखारिन.

**भिखारिन** *सं* कँगली, ग़रीबनी, फ़क़ीरन, फ़क़ीरनी, भिखमंगन, भिखमंगिन, भिखमंगी, भिखारन, मँगती, मँगन, •भिखारी.

**भिखारी** *सं* *अनाथ*, अनिकेत, अनोकशायी, अभियाचक, *असहाय*, आवारा, उठल्लू, कँगला, *कंगाल*, *गदा*, ग़रीब, जाचक, दरवेश, दानार्थी, प्रार्थी, फ़क़ीर, फ़क़ीर फ़ुकरा, *बेघर*, भिक्षाचर, भिक्षाजीवी, भिक्षाटक, भिक्षा माँगने वाला, भिक्षा याचक, भिक्षार्थी, भिक्षु, भिक्षुक, भिखमंगा, भिखियारा, भिच्छुक, *भुक्खड़*, भूखा नंगा, मँगता, माँगने वाला, याचक, रंक, सवाली, *साधु*, हाजती, हाथ फैलाने वाला, •कमंडलु, •भिक्षाटन, •भिक्षावृत्ति, •भिखारिन, •साधु, ▪भिक्षादाता.

**भिखियारा** = भिखारी.

**भिगोई** = आर्द्रण.

**भिगो कर तली साबुत दाल** = घुंघनी.

**भिगोना** = छपछपाना, सींचना.

**भिगौना** *सं* *टोप*, तगार, भगौना, •देगचा.

**भिच्छा** = भिक्षा.

**भिच्छुक** = भिखारी.

**भिजवाई** = प्रेषण.

**भिज्ञ** = ज्ञानी, शिक्षित.

**भिड़ंत** = कुश्ती, टक्कर, मुठभेड़, युद्ध, संघर्ष.

**भिड़** *सं* ज़ंबूर, ततैया, दंशक, बर्र, बर्रै, बीटल, भृंग, वरट, वरटी, वास्प, वैस्प, •डंक.

**भिड़न** = टक्कर, मुँदन, मुँदन.

**भिड़ना** = खेलना, झेलना, टकराना, डँसना, धक्कामुक्की करना, लड़ना, सटना.

**भिड़ा/भिड़ी** = बंद, सटा/सटी.

**भिड़ाई** *सं* अवरोधन, ढुकाई, बंद करना कर्म, बंदी, बंधन, मिलाई, मुँदाई, रोक, रोधन, लगाई, सटाई, •आबद्धन, ▪खुलाई.

**भिड़ाना** = टकराना, सटाना.

**भितरघात** = तोड़फोड़, विश्वासघात.

**भितरघाती** = ग़द्दार.

**भितरिया** = अंतरावासी, आंतरिक.

**भितल्ला** = अस्तर.

**भितल्ला/भितल्ली** = आंतरिक.

**भित्ति** = दीवार.

**भित्तिका** = डाइक, दीवार.

**भित्ति चित्र** *सं* फ़्रैस्को, म्यूरल, वीथिका.

**भित्तिपट** = वाल हैंगिंग.
**भिदुर** = भंगुर.
**भिनक** = भनभनाहट.
**भिनभिन** = नैंकना/नैंकनी, भनभनाहट.
**भिनभिनाहट** = भनभनाहट.
**भिनसार** = सूर्योदय.
**भिनसारे** = प्रातःकाल में.
**भिन्न** = अनुपम, अपवादित, असमाकार, असामान्य, कोई और, खंड, टूटा/टूटी, परिवर्तित, भिन्नकोटीय, भिन्नांक, विविध, विषमपार्श्व, व्यक्तिगत, सामंजस्यहीन.

**भिन्न** *वि* अंतरयुक्त, अतुलनीय, अतुल्य, अननुरूप, अनमेल, अनोखा/अनोखी, अन्य, अन्य प्रकार का, अन्यादृश, अलग, अलग तरह का, अलग तरह का, असदृश, असदृश्य, असमरूप, असमलक्षण, असमान, इतर, *और*, ग़ैर, जुदा, दीगर, दूसरा/दूसरी, न्यारा/न्यारी, *पृथक*, फ़र्क़, मुख़्तलिफ़, विनूठा/विनूठी, वैसा नहीं, हट कर, ●अनुपम, ●असामान्य, ●परिवर्तित, ●विपरीत, ●विविध, ■तुलनीय, ■सदृश, ■समकोटीय.

**भिन्नक** = बौद्ध धर्मावलंबी.

**भिन्नकोटीय** *वि* अन्य, अलग, असमान, इतर, जुदा, दीगर, *भिन्न*, भिन्नवर्गीय, विजातीय, विषम, वैधर्मिक, ●भिन्न, ●मुख्यकोटीय, ■सदृश, ■समकोटीय.

**भिन्नक्रम** = क्रमहीन.
**भिन्नता** = द्वैतता.
**भिन्नदेशीय** = विदेशी.
**भिन्नन** = विच्छेदन.
**भिन्न भिन्न** = विविध.
**भिन्नमतता** = मतभेद.
**भिन्न मतावलंबी** = परधर्मी.
**भिन्नमर्यादी** = अनियंत्रणीय.
**भिन्नवंशीय** = परवंशी.
**भिन्नवर्गीय** = भिन्नकोटीय.
**भिन्न संख्या (जैसेः आधा, तिहाई)** = भिन्नांक.
**भिन्नहृदय** = भग्नहृदय.

**भिन्नांक** *सं* 1/2, 1/3, 1/4, *अंश*, अंश संख्या, अंशांक, अपूर्णांक, *खंड*, खंड संख्या, प्रभाग, बँटी संख्या, बटा (जैसेः एक बटा दो), भाग, भाग संख्या, भागांक, *भिन्न*, भन्नि संख्या (जैसेः आधा, तिहाई), हर.

**भिन्नोदर** = सौतेला भाई.
**भिलिया** = कद्दू.

**भिश्ती** *सं* बिहिश्ती, माश्की, सक़्क़ा, ●पनहार.

**भिश्ती/भिश्तिन** = पनहार.
**भिषग** = चिकित्सक.
**भिषग्वर** = अश्विनी कुमार.
**भिषज** = औषध, चिकित्सक.
**भिसटा** = विष्ठा.
**भिस्सटा** = पक्का खाना.
**भिस्सिटा** = पकवान.
**भींच** = भिंचन, संकुचन.
**भींचता/भींचती** = साइज़ से छोटा.
**भींचना** = जमाना, दबाना, निचोड़ना, पेरना, रौंदना.

**भींचना** *क्रि कसना*, कूँचना, जकड़ना, *दबाना*, पीचना, ●निचोड़ना, ●पेरना, ●भिंचना, ●रौंदना.

**भी** *संयोजक* अथच, अन्य अपि, अपरंच, अपि, अपितु, इतना ही नहीं यह भी, *और भी*, *बल्कि*, यह भी, साथ में, साथ साथ, साथ ही, ●अतिरिक्त, ●और, ■ही.

**भीख** = भिक्षा, भिक्षा.
**भीगा/भीगी** = गीला/गीली, दलदली, फिसलनयुक्त, मेघाच्छन्न, वर्षापूर्ण.
**भीठा** = बाँबी.
**भीड़** = जन साधारण, संकट.

**भीड़** *सं* अव्यवस्थित समूह, किचपिच, किचरपिचर, क्राउड, गिचपिच, गोल, *छत्ता*, जनसमूह, जनौघ, जमघट, जमघटा, जमाव, जमावड़ा, जुटाव, ठठ, ठाट, ठेला, दंगल, धकापेल, *धक्कमधक्का*, *धक्कामुक्की*, बटोर, भीड़भड़क्का, भीड़भभ्भड़, भीड़भाड़, मजमा, मेला, रल्ला, रेलपेल, रेला, सम्मर्द, हुजूम, ■एकांतवास, ■व्यवस्थित समूह.

**भीड़तंत्र** = अराजकता.

**भीड़तंत्र** *सं अराजकता*, नारेबाज़ी राज्य, भीड़ राज्य, ■लोकतंत्रवाद.

**भीड़दार** = जनाकीर्ण.
**भीड़भड़क्का** = जनाकीर्णता, भीड़.
**भीड़भभ्भड़** = भीड़.
**भीड़भाड़** = जनाकीर्णता, भीड़.
**भीड़ राज्य** = अराजकता, भीड़तंत्र.
**भीड़ लगाना** = धक्कामुक्की करना.
**भीड़हीन** = अजनाकीर्ण.
**भीड़ानुगमन** = भेड़चाल.
**भीड़ानुगामी** = अंधानुगामी.
**भीड़ानुपालन** = भेड़चाल.
**भीत** = दीवार, भयभीत.
**भीतर** = अंतर्भाग, अंदर, गहरे, ज़नानख़ाना, बीच में, मन, में, समाविष्ट.
**भीतर करना** = घोंपना.
**भीतरला/भीतरली** = आंतरिक.
**भीतर वाला** = अंतरात्मा.
**भीतर व्यापना** = पैठना.
**भीतर से** = हार्दिकतः.
**भीतर होने वाला** = इनडोर.
**भीतरी** = अंतरंग, आंतरिक, गुप्त, गुप्तचरीय, मानसिक, सीमांतर्गत, स्वाभाविक.
**भीतरी कमरा** = लौबी.

**भीतरी छत** *सं छत*, पटाव, सीलिंग.

**भीतरी भाग** = अंतर्भाग.
**भीतरी समाचार** = गुप्त सूचना.
**भीति** = आतंक, आशंका, दुःस्वप्न, भय, भयकंप.
**भीना/भीनी** = काव्यात्मक, वसंती, सुगंधित, सुवासित, स्वादिष्ठ.
**भीम** = अत्यधिक, पांडव सूची,□ महाकाय.

**भीम** *सं* अनिलकुमार, जयंत (अज्ञातवास नाम), जरासंधजित, देवव्रत, पवनकुमार, पवनसुत,

*पांडव*, पार्थ, पृथासुत, बल्लव (अज्ञातवास नाम), बाहुशाली, भीमसेन, मारुति, हिडिंबापति, •अर्जुन, •पांडव, •युधिष्ठिर.

**भीमकर्म** = कर्मवीर.

**भीमकर्मा** = महानायक.

**भीमकाय** = महाकाय.

**भीम झूला** = जायंट व्हील.

**भीमबल** = बलिष्ठ.

**भीमविक्रम** = महारथी.

**भीमसरट** = डाइनासौर.

**भीमसेन** = भीम.

**भीमाकार** = बड़े साइज़ का.

**भीरु** = कापुरुष, कायर.

**भीरुता** = पलायनवाद.

**भीरुहृदय** = कापुरुष.

**भील** = आदिवासी.

**भीषण** = अजेय, अत्यधिक, कठिन, क्रोधी, प्रबल, भयानक, महाकाय, विद्रूप, श्रमसाध्य.

**भीषण दर्शन** = दुःस्वप्न.

**भीषण रस** = भयानक रस.

**भीषण वर्षा** = अतिवर्षा.

**भीष्म** = आत्मविश्वासी, पुरुषोचित, भयानक, श्रमसाध्य.

**भीष्म** *सं* आजन्म ब्रह्मचारी, गंगादत्त, गंगासुत, गांगेय, तालकेतु, देवव्रत, पितामह, पितामह भीष्म, ब्रह्मचारी भीष्म, भीष्म पितामह, •दुर्योधन.

**भीष्म पितामह** = भीष्म.

**भीष्म प्रतिज्ञा** = धैर्य, शपथ, संकल्प.

**भीष्म व्रत** = दृढ़ वचन, संकल्प.

**भीष्मव्रत** = धीर, संकल्पशील.

**भुँजरिया** = अंकुर.

**भुँजवा** = भड़भूँजा.

**भुँजा/भुँजी** = दग्ध.

**भुँजाई** *सं* भर्ग, भर्जन, भाँज, भुनाई, भूँज, भृष्टि.

**भुइँ घरा** = तहख़ाना.

**भुईफोर** = कुकुरमुत्ता.

**भुकड़ी** = फफूँद.

**भुक्खड़** = कंगाल, भिखारी, भूखा/भूखी.

**भुक्खड़** *वि* अभावग्रस्त, आहार अभावग्रस्त, *कंगाल*, भिखमंगा/भिखमंगी, भुखमरा, भूखा, भोजनाभावग्रस्त, मरभुक्खा/मरभुक्खी, •निर्धन, •भिखारी, ▪आहारसंपन्न.

**भुक्त** = अनुभूत, उच्छिष्ट, उपभुक्त, प्राप्तभोजन, भक्षित.

**भुक्तभोगी** = अनुभवी, विलासप्रिय.

**भुक्तभोजन** = प्राप्तभोजन.

**भुक्तशेष** = उच्छिष्ट, उच्छिष्ट आहार.

**भुक्ति** = भक्षण, रसानुभूति, सीमारेखा.

**भुखमरा** = कुपोषित, भुक्खड़.

**भुखमरी** = कुपोषण, दुर्भिक्ष, सुखंडी.

**भुगतना** = झेलना.

**भुगतान** *सं* अदायगी, चुकतान, चुकाई, चुकौती, चुकौनी, निपटारा, परिशोधन, पेमैंट, बेबाक़ी, भरपाई, शोधन, ▪उगाही.

**भुगतान अकृत** = अदत्त.

**भुगतान अकृत राशि** = बक़ाया.

**भुगतान अक्षम** = दिवालिया.

**भुगतान करना** = चुकाना, चुकाना.

**भुगतान शेष** = बक़ाया.

**भुगताना** = ख़र्चना, चुकाना, बाँटना.

**भुगताया/भुगताई** = चुकता.

**भुगताया बिल** = कैश मीमो.

**भुजंग** = सरीसृप, साँप.

**भुजंगभोजी** = मोर.

**भुजंगम** = संसर्पी.

**भुजंगारि** = गरुड़.

**भुजंगीय** = सर्पीय.

**भुज** = कंधा-कलाई हाथ, भुजा, भूर्जवृक्ष, भोजपत्र, शाखा, हाथ.

**भुज कोटर** = बग़ल.

**भुजग** = संसर्पी.

**भुजगभोजी** = नेवला.

**भुजपत्र** = भोजपत्र.

**भुजपात** = भूर्जवृक्ष.

**भुजपाश** = आलिंगन.

**भुजबंद** = बाज़ूबंद.

**भुज बंधन** = आलिंगन.

**भुजांतराल** = गोदी.

**भुजा** = कंधा-कलाई हाथ, कंधा-कुहनी हाथ, पार्श्व, शाखा, हाथ.

**भुजा** *सं* आकृति भुजा, बाहु, भुज, *रेखा*, साइड, •आधार भुजा, •पार्श्व भुजा, •बाह्य रेखा, •कर्णभुजा, •लंबरेखा.

**भुजाहीन** = लूला/लूली.

**भुजिया** = भूजी, भूजी.

**भुजैना** = चबैना.

**भुट्टा** = बीजकोश.

**भुट्टा** *सं* कुकड़ी, खुखड़ी, गुल्ली, छल्ली.

**भुट्टा** *सं* कुकड़ी, खुखड़ी, गुल्ली, छल्ली, मक्का भुट्टा.

**भुट्टे भूनना** = खटना.

**भुतहा/भुतही** *वि अज्ञात*, अतिप्रकृत, *अतिप्राकृतिक*, अलौकिक, अवास्तविक, ऊपरी, *गुह्य*, डरावना/डरावनी, प्रेतीय, *भयानक*, भयावह, भूतीय, भूतों वाला, *मायावी*, मायी, *रहस्यपूर्ण*, *विचित्र*, विलक्षण, हवाई, •परलौकिक, •भूतबाधाग्रस्त, •रोमांचक.

**भुनगा** = शलभ.

**भुनना** = जलना.

**भुना/भुनी** = कुरकुरा (आहार), क्रुद्ध, पका/पकी.

**भुना अनाज आदि** = चबैना.

**भुना आटा** = सत्तू.

**भुनाई** = भुँजाई.

**भुना चावल** = मुरमुरा.

**भुना जौ** = धानी.

**भुना धान** = खील.

**भुना मक्का दाना** = पौपकौर्न.

**भुना मांस** = कबाब.

**भुना स्लाइस** = टोस्ट.

**भुनी तरकारी** = भूजी.

**भुनी बोटी** = क़ोरमा.

**भुरकस** = चूरा.

**भुरकुट** = चूरा.

**भुरकुस** = चूरा.

**भुरकुस निकालना** = घिसना.

**भुरजी** = भूजी.

**भुरता** = घुटा/घुटी, घुटा पदार्थ.

**भुरता** *सं* कचूमर, कुचला, चोखा, भरता, रगड़ा, •बैंगन, •भूजी.

**भुरभुरन** = क्षरण.
**भुरभुरा/भुरभुरी** = चूर्णित, भंगुर, रेतीला/रेतीली.
**भुरभुराना** = छीजना, ढहना.
**भुरभुराहट** = क्षरण.
**भुरभुरी मिट्टी** = दोमट.
**भुरहरे** = प्रातःकाल में.
**भुलक्कड़** = विस्मरणशील.
**भुलाऊ** = सांत्वनाप्रद.
**भुलाना** = फुसलाना, बहलाना, भरमाना, भूलना.
**भुलाया/भुलाई** = अनभ्यस्त, विस्मृत.
**भुलावा** = छल, फुसलावा, सांत्वना.
**भुवन** = पृथ्वी, भवन, लोक, सृष्टि.
**भुवनांड** = ब्रह्मांड.
**भुवनेश्वर** = उड़ीसाः राजधानी, राजा.
**भुवनेश्वरी** = दुर्गा.
**भुवर्लोकीय** = इहलौकिक.
**भुस** = भूसा.
**भुसुंड** = सूँड़.
**भूँज** = भुँजाई.
**भूँजना** = भूनना.
**भूँजा** = चबैना.
**भूँड़** = दोमट.
**-भू** = जन्मा/जन्मी.
**भू** = थल, पृथ्वी.
**भू आदि धातु** = शब्द धातु.
**भूकंप** = क्रांति विस्फोट.

**भूकंप** *सं* अर्थक्वेक, *उथलपुथल*, *कंपन*, क्वेक, ज़लज़ला, ज्वालामुखी विस्फोट, भूकंपन, भूचाल, भूडोल, हल्लन, •ज्वालामुखी, •भूसर्पण, •भूस्खलन, •भूस्पंदन, •सुनामी.

**भूकंपन** = भूकंप.
**भूकश्यप** = वसुदेव.
**भूकाक** = क्रौंच.
**भूकेश** = अंजीर.
**भूकेशा** = राक्षस स्त्री.
**भूक्षेत्र** = क्षेत्र.
**भूखंड** = आवास भूखंड, क्षेत्र, महाद्वीप.
**भूख** = असंतोष, आसक्ति, इच्छा, लालसा, वासना, विलासिता.

**भूख** *सं* अनाहारता, इच्छा, क्षुधा, क्षुधितता, खाने की इच्छा, जठराग्नि, निराहारता, पेट की आग, बुभुक्षा, भूखापन, भोजन इच्छा, •इच्छा, •उपवास, •प्यास, •लालसा, ▪तृप्ति, ▪भोजन.

**भूख बढ़ाना दवा** = पाचक औषध.
**भूख बुझाई** = क्षुधाशमन.
**भूख मिटाई** = क्षुधाशमन.
**भूख मिटाना** = खाना.

**भूख हड़ताल** *सं* अनशन, अनशन व्रत, •आमरण भूख हड़ताल.

**भूखा** = भुक्खड़.
**भूखा/भूखी** = अतृप्त, असंतोषी, इच्छुक, लोभी.

**भूखा/भूखी** *वि अतृप्त*, अनखाया/अनखाई, अप्राप्तभोजन, *उपवासी*, क्षुधाकातर, क्षुधातुर, क्षुधित, ख़ाली, निरन्न, निराहार, फ़ाक़ाकश, बुभुक्षित, *भुक्खड़*, भोजनार्थी, भोजनेच्छुक, •उपवासी, •प्यासा/प्यासी, ▪तृप्त, ▪प्राप्तभोजन.

**भूखा नंगा** = भिखारी.
**भूखा नंगा/भूखी नंगी** = कंगाल.
**भूखापन** = अतृप्ति, असंतोष, भूख.
**भूखे** = ख़ाली पेट.
**भूगणित** = ज्यामिति.

**भूगर्भ** *सं* अंतर्भूमि, अधोतल, अभ्यंतर, पाताल, पृथ्वी कोख, पृथ्वीगर्भ, पृथ्वी भीतरी तल, •खान.

**भूगर्भ गृह** = तहख़ाना.
**भूगर्भज** = खनिज.
**भूगर्भ दिशा** = निम्नदिशा.
**भूगर्भोद्भिद** = खनिज.
**भूगोल** = पृथ्वी गोला, भूगोलविद्या.
**भूगोलक** = पृथ्वी गोला.
**भूगोल विद्या** = भूगोलविद्या.

**भूगोलविद्या** *सं* जुगराफ़िया, ज्योग्राफ़ी, भूगोल, भूगोल विद्या, •ऐटलस, •मानचित्र.

**भूचक्र** = भूमध्य रेखा.
**भूचर** = थलचर, दीमक.
**भूचाल** = भूकंप.
**भूछत्र** = कुकुरमुत्ता.

**भूजी** *सं* भजिया, भुजिया, भुनी तरकारी, भुरजी, सूखी भाजी, •भुरता.

**भूटान** = दक्षेस सदस्य सूची, भारत खंड देश क्षेत्र.

**भूटान** *सं* ड्रूकयूल (स्थानीय), भोट, भोटांग, शिला.

**भूटानः राजधानी** *सं* ताशी छो ज़ोंग (स्थानीय), थिंपु.

**भूटानी** *वि* भूटिया, भोट, भोटिया.

**भूटिया** = भूटानी.
**भूडमरू** = थलडमरुमध्य.
**भूडमरूमध्य** = थलडमरुमध्य.
**भूडोल** = भूकंप.
**भूत** = घटित, जन्मा/जन्मी, पदार्थ, भूतकाल, भूतकालीन, रासायनिक तत्त्व, व्यतीत.

**भूत** *सं* अपछाया, अपदेवता, *आकार*, *आत्मा*, घोस्ट, चोटी वाला, निशाचर, परेत, पिछपलाई, प्रेत, प्रेत आत्मा, प्रेतात्मा, बला, बुरी बला, भटकती आत्मा, भूतप्रेत, भूतात्मा, भ्रांति, मृतात्मा, *साया*, हवा, •जिन्न, •डाकिनी, •भूतनी, •वेताल.

**भूत और भविष्य काल में यात्रा** = कालयात्रा.
**भूतकर्ता** = सृष्टि रचेता.
**भूत का पकवान** = मायादर्शन.

**भूतकाल** *सं* अतीत, अतीत काल, गतकाल, गया वक़्त, न लौटने वाला समय, पिछला काल, प्राक्काल, बीता समय, *भूत*, विगत काल, •इतिहास, •निकट भूतकाल, •सुदूर भूतकाल, ▪भविष्य काल, ▪वर्तमान काल.

**भूतकाल में** = अब तक.

**भूत काल में** *क्रिवि* अतीत में, *अब से पहले*, इस से पहले, *कभी*, *कल*, *पहले*, पिछले दिनों, *पीछे*, पुरा, पूर्वकाल में, पूर्व में, •निकट भूतकाल में, ▪आसन्नतः, ▪भविष्य

काल में, ■वर्तमान में.

**भूतकालीन** = प्राचीन.

**भूतकालीन** *वि* अतीत, अतीतकालीन, *ऐतिहासिक*, *गत*, गया/गई, गुज़रा/गुज़री, था/थी, पिछला/पिछली, पुराना/पुरानी, पूर्व, पौराणिक, *प्राचीन*, बीता/बीती, *भूत*, भूतपूर्व, लदा/लदी, विगत, *व्यतीत*, संभूत, ●व्यतीत, ■आधुनिक, ■भविष्यकालीन, ■वर्तमान.

**भूत की मिठाई** = मायादर्शन.
**भूतगामी** = निवर्तमान.
**भूतग्रस्त** = भूतबाधाग्रस्त.
**भूतग्रस्तता** = भूतबाधा.
**भूतग्राम** = जीव समष्टि.
**भूतघ्नी** = तुलसी.
**भूतछाया** = भूतबाधा.
**भूत तत्त्व** = पदार्थ.
**भूतना** = तकरारिया.
**भूतनाथ** = शिव.
**भूतनाशन** = भूत निवारण.
**भूत निवारक** = भूतहंता.

**भूत निवारण** *सं* ओझाई, ओझा कर्म, *झाड़*, झाड़फूँक, झाड़ा, पिशाचनाशन, प्रेत निवारण, प्रेत प्रतिषेध, *फूँक*, भूतनाशन, भूतशुद्धि, मंत्रप्रयोग, रक्षामंगल, सोखाई, ●उच्चाटन, ●प्रेतसिद्धि, ■भूतबाधा.

**भूत निवारण कर्ता** = भूतहंता.
**भूतनी** = तकरारिन.

**भूतनी** *सं* कंटाइन, खेचरी, चुड़ैल, डाइन, *डाकिनी*, निशाचरी, पिशाचनी, प्रेतनी, बला, ●भूत.

**भूत पदार्थ** = पदार्थ.
**भूत पिशाच** = राक्षस.
**भूतपूर्व** = पूर्ववर्ती, भूतकालीन.
**भूतपूर्व वैस्ट इंडीज़ से विलग देश** = ट्रीनीडाड और टबेगो.
**भूतप्रेत** = भूत.
**भूतप्रेत विश्वास** = अंधविश्वास.
**भूतप्रेत साधन** = प्रेतसिद्धि.
**भूतबलि** = पशुबलि, बलिदान.
**भूतबाधा** = पागलपन.

**भूतबाधा** *सं* अपछाया, आसेब, ऊपरी फ़साद, ऊपरी फेर, ग्रहागम, छलावा, *छाया*, जिन का साया, परी का साया, प्रेत प्रभाव, प्रेतबाधा, प्रेतलीला, प्रेतोन्माद, बला, *बाधा*, भूतग्रस्तता, भूतछाया, भूतावेश, भूतोत्पात, यक्षग्रह, वेतालग्रह, *साया*, हवा, ■प्रेतसिद्धि, ■भूत निवारण.

**भूतबाधाग्रस्त** *वि* परीज़दा, प्रेतग्रस्त, भूतग्रस्त, ●भुतहा/भुतही.

**भूत भविष्य यात्रायंत्र** = कालयंत्र.
**भूतयज्ञ** = पशुबलि, बलिदान.
**भूतराज** = यमराज.
**भूतल** = धरातल, पाताल लोक.
**भूतल दिशा** = निम्नदिशा.
**भूत वर्तमान भविष्य** = त्रिकाल.
**भूतविद्या** = प्रेतसिद्धि.
**भूतविद्या तंत्र** = आयुर्वेद आठ अंग.
**भूतशुद्धि** = भूत निवारण.

**भूतसंगत** *वि* पश्चसंगत, पास्ट कंपैटिबिल, विगत तकनीकी विधि के साथ संगत रहने वाला, ●संगत, ■भविष्यसंगत.

**भूतसर्ग** = जीव समष्टि, सृष्टि रचना.
**भूत सामान्य** = पंचभूत.
**भूतसिद्धि** = प्रेतसिद्धि.

**भूतहंता** *सं* आमिल, ओझा, गुनी, नाउत, भूत निवारक, भूत निवारण कर्ता, भूतहा, सोखा, ●अभिमंत्रक, ●प्रेतसाधक.

**भूत हंत्री** = दूर्वा घास.
**भूतहा** = भूतहंता.
**भूतांकुश** = कश्यप.
**भूतात्मा** = आत्मा, भूत.
**भूतादि** = आत्मज्ञान.
**भूतार्थ** = भौतिक.
**भूतावास** = बहेड़ा.
**भूतावेश** = भूतबाधा.
**भूति** = अस्तित्व, जीवन, भभूत.
**भूतीय** = भुतहा/भुतही.
**भूतों वाला** = भुतहा/भुतही.
**भूतोत्पात** = भूतबाधा.
**भूदान** = भूमिदान.

**भूदार** = सूअर.
**भूदृश्य** = लैंडस्केप चित्र.
**भूदृश्य चित्र** = लैंडस्केप चित्र.
**भूदेव** = ब्राह्मण.
**भूधर** = जमींदार, पर्वत.
**भूनना** = जलाना, तपाना, दुखाना.

**भूनना** *क्रि* *तपाना*, पकाना, पचाना, बेक करना, भट्ठी में पकाना, भूँजना, *राँधना*, रोस्ट करना, ●राँधना.

**भूप** = राजा.
**भूपटल** = धरातल.
**भूपति** = जमींदार.
**भूपरिक्रमण** = पृथ्वी परिक्रमण.
**भूपाल** = राजा.
**भूपृष्ठ** = धरातल.
**भूबदरी** = झड़बेरी.
**भूभाग** = क्षेत्र, देश.
**भूभागीय** = क्षेत्रीय.
**भूमंडल** = पृथ्वी, पृथ्वी गोला.
**भूमंडलीकरण** = अंतरराष्ट्रीयकरण.

**भूमध्य रेखा** *सं* ईक्वेटर, कटिरेखा, भूचक्र, भूमेखला, भूविषुव रेखा, विषुवद रेखा, विषुव रेखा, विष्णुगोल, वैषुवतीय, ●अक्षांश रेखा.

**भूमध्यरेखा से उत्तर-दक्षिण दूरी** = अक्षांश.

**भूमध्य सागर** *सं* मैडिटरेनियन सी.

**भूमा** = पृथ्वी.
**भूमापक** = भूसर्वेक्षक.
**भूमापन** = भूसर्वेक्षण.
**भूमि** = आधार, आवास भूखंड, कारण, क्षेत्र, थल, देश, पृथ्वी, फ़र्श, स्वदेश.
**भूमि उच्च मार्ग** = बाँधपथ.
**भूमि उद्भेदन** = उद्भेदन.
**भूमि कंदक** = कुकुरमुत्ता.
**भूमिकर** = कृषिकर.
**भूमिका** = आरंभिक कर्म, पूर्वपीठिका.

**भूमिका** *सं* आत्मकथन, *आधार*, आधार भूमि, आमुख, आरंभिक वक्तव्य, उपक्रम, उपोद्घात, *कथ्य*, दीबाचा, दो शब्द, *निवेदन*, *पूर्वपीठिका*, प्ररोचना, *प्रवेश*,

प्रस्तावना, प्रस्तुति, प्राक्कथन, प्रीफ़ेस, विषयप्रवेश, ■उपसंहार, ■परिशिष्ट.

**भूमि कील** = खूँटा.
**भूमिखंड** = क्षेत्र.
**भूमिगत** = निम्नतलीय.

**भूमिगत** *वि* अज्ञातवासी, ग़ायब, *गुप्त*, गुप्तवासी, छद्‌मवासी, छिपा/छिपी, दुबका/दुबकी, रूपोश, •गड़ा/गड़ी.

**भूमिगत नाला नाली** *सं* अंडरग्राउंड सीवर, आभ्यंतर, मल सुरंग, सीवर, सीवेज, सुरंग नाला.

**भूमिगत पारपथ** *सं* सबवे, *सुरंग*, •गुप्तमार्ग, ■कैटवाक, ■फ़्लाईओवर.

**भूमिगत मार्ग** = सुरंग.

**भूमिगत रेलगाड़ी** *सं* अंडरग्राउंड रेलवे, मैट्रो, •रेलगाड़ी.

**भूमिगत रेलमार्ग** *सं* ट्यूब, मैट्रो, *सुरंग*.

**भूमिगृह** = तहख़ाना.
**भूमिज** = खनिज.
**भूमिजा** = मूँगफली, सीता.
**भूमितल** = फ़र्श.

**भूमितल** *सं* ग्राउंड फ़्लोर, पटनी, शून्यतल, •फ़र्श.

**भूमितल पर चलने वाला यान** = थलयान.
**भूमिति** = ज्यामिति.

**भूमिदान** *सं* भूदान, माफ़ी.

**भूमिधर** = पर्वत, शेषनाग.
**भूमिपति** = भूस्वामी.
**भूमि पत्तन** = अंतरिक्ष पत्तन.
**भूमि पर** = धरातल पर.
**भूमिपूजन** = आरंभिक कर्म, भूमिपूजा.

**भूमिपूजा** *सं* नागपूजन, भूमिपूजन, •शिलान्यास.

**भूमि में नीचे होने वाली वनस्पति** = खाद्य कंद.

**भूमिरुहा** = दूर्वा घास.
**भूमि लवण** = शोरा.
**भूमिलेप** = गोबर.
**भूमि विवरण** = पटवारी बही.
**भूमिशय्या** = मृत्युशय्या.

**भूमिशायी** *वि* अशय्याशायी, धरती पर लेटा, *धराशायी*, लंबलेट, स्थंडिलशायी, •मृत.

**भूमिसुधार** = कृषिभूमि सुधार.
**भूमि स्वामित्व** = ज़मींदारी.
**भूमिहर** = किसान.
**भूमिहीन कृषक** = खेत मज़दूर.
**भूमीय** = थलीय, पृथ्वीय.
**भूमीश** = राजा.
**भूमेखला** = भूमध्य रेखा.
**भूमेश** = राजा, सेठ.
**भूयः** = प्रायः.
**भूयिष्ठ** = अत्यधिक.
**भूरा** = चूरा.
**भूरा/भूरी** = कत्थई, गेहुँआ/गेहुँई.
**भूरा कद्दू** = पेठा.
**भू राजस्व** = कृषिकर.
**भूराल** = लावा.
**भूरि** = अत्यधिक, सुलभ.
**भूरिपुष्पा** = सोआ.
**भूरिभाग्य** = समृद्ध.
**भूर्ज** = भूर्जवृक्ष, भोजपत्र.
**भूर्जपत्र** = भूर्जवृक्ष, भोजपत्र.

**भूर्जवृक्ष** *सं* कृत्ति, चर्मद्रुम, चर्मी, छदपत्र, पत्रपुष्पक, पत्रांक, पत्रांग, बर्च, बहुत्वक, भुज, भुजपात, भूर्ज, भूर्जपत्र, भोजपत्र वृक्ष, भोजवृक्ष, *लेखन*, वल्कद्रुम.

**भूल** = अपराध, ग़लतफ़हमी, ग़लती, भ्रम, विस्मरण, स्मृतिनाश.

**भूल** *सं* असवाधानी, *उल्लंघन*, कमी, क़सर, कोताही, ख़ता, ख़ामी, *ग़लती*, *चूक*, चूक ख़ता, च्युति, त्रुटि, दोष, नज़र अंदाज़ी, प्रमाद, बहक, भूल चूक, *भ्रम*, भ्रांति, •असावधानी, •जल्दबाज़ी, •मार्गभ्रम, •विस्मरण, ■सावधानी.

**भूल कृत** = ग़लत.
**भूल चूक** = भूल.

**भूलना** *क्रि* बिरमाना, बिसराना, बिसारना, भुलाना, याद न रखना, विस्मरण करना.

**भूलप्रवणता** = असावधानी.
**भूलबोध** = पश्चात्ताप, प्रायश्चित्त.
**भूलभुलैयाँ** = कठिन कार्य, दुर्भाग्यचक्र, भ्रम.

**भूलभुलैयाँ** *सं* *उलझन*, *गोरखधंधा*, चक्करदार रास्ता, चक्रव्यूह, जंजाल, *पहेली*, भँवरजाल, भ्रमजाल, •मार्गभ्रम, •समस्या.

**भूल सुधार** = भूल सुधार पृष्ठ, संशोधन.

**भूल सुधार पृष्ठ** *सं* भूल सुधार, शोधपत्र, •परिशिष्ट.

**भूलहीन** = ठीक.
**भूला/भूली** = अप्रचलित, खोया/खोई, ग़लत, मार्गच्युत, विस्मृत.
**भूलापन** = मार्गभ्रम.
**भूला बिसरा/भूली बिसरी** = अनभ्यस्त, अप्रचलित, गुमनाम, प्राचीन, विस्मृत.
**भूला भटका/भूली भटकी** = मार्गच्युत.
**भूलोक** = पृथ्वी.
**भूलोकीय** = इहलौकिक.
**भूविषुव रेखा** = भूमध्य रेखा.
**भूवैज्ञानिक** = खोज यात्री.
**भूशय** = धराशायी.
**भूशायी** = धराशायी, मृत.
**भूशिंबिका** = मूँगफली.
**भूषण** = आभूषण.
**भूषा** = डिस्प्ले, वेश, सजावट.
**भूषित** = आभूषित.
**भूसंधि** = थलडमरुमध्य.

**भूसंपत्ति** *सं* *अचल संपत्ति*, ऐस्टेट, ज़मीन, ज़मीन जायदाद, *जागीर*, जायदाद, भूसंपदा, रियासत, रैवत्य, लैंड, स्थावर संपत्ति.

**भूसंपदा** = भूसंपत्ति.
**भूसर्ग** = चेतन जगत.
**भूसर्ग (पौराणिक)** = जीव समष्टि.

**भूसर्वेक्षक** *सं* अमीन, अमीन पैमाइश, क्षेत्रमापक, जरीबकश, भूमापक, सर्वेअर, सर्वेक्षक.

**भूसर्वेक्षण** *सं* क्षेत्रण, क्षेत्रमापन, क्षेत्र

व्यवहार, क्षेत्र सर्वेक्षण, खात व्यवहार, जरीबकशी, नापजोख, पैमाइश, भूमापन, मापजोख, मापन, *सर्वे*, सर्वेक्षण.

**भूसा** = पशु चारा.

**भूसा** *सं* अनाज सूखा छिलका, *चुस्त*, चोई, चोकर, तुस, फूस, फूसा, *फोक*, भुस, भूसी, •छिलका.

**भूसा उतारना** = छीलना.
**भूसिंचन** = सिंचन.
**भूसी** = छनस, छीलन, जलावन, फोक, बूर, भूसा.
**भूस्पर्श** = धरावतरण.

**भूस्वामी** *सं* अधिकारी, अधिनाथ, अधिप, अधिपति, अधिष्ठाता, अधीश, आधिपत्यधारी, प्रभु, भूमिपति, मालिक, मास्टर, लार्ड, लैंडलार्ड, •जमींदार, •मकान मालिक.

**भृंग** = गुबरैला, भिड़, भ्रमर, मधुमक्खी.
**भृंगार** = बरतन.
**भृंगारी** = झींगुर.
**भृंगी** = अंजनहारी.
**भृंगीकीट** = अंजनहारी.
**भृकुटि** = भ्रूभंगिमा.
**भृकुटि (विकल्प)** = त्योरी.
**भृकुटी** = त्योरी.
**भृगु** = ऋषि सूची.

**भृगु** *सं* अग्निरक्षक, अथर्वा, *कवि*, वारुणि, विष्णु शापदाता.

**भृगुनंदन** = परशुराम, शुक्राचार्य.
**भृगुपति** = परशुराम.
**भृगुवार** = शुक्रवार.
**भृतक** = नौकर.
**भृति** = निर्वाह वृत्ति, वेतन.
**भृतिभर्ता** = ऐंप्लायर, वृत्तिदाता.
**भृत्ति** = भत्ता.
**भृत्य** = कर्मचारी, नौकर.
**भृत्यता** = नौकरी.
**भृत्यतापूर्ण** = आज्ञाकारी.
**भृत्या** = नौकरानी.
**भृष्टि** = भुँजाई.
**भें** = कमल ककड़ी.

**भेंगा/भेंगी** *वि* ऐंचा ताना/ऐंची तानी, कनेठा/कनेठी, केकर, केकराक्ष, कैंचा/कैंची, जिह्माक्ष, टेरा/टेरी, टेरू, ढेरा/ढेरी, बहँगा/बहँगी, विकृतदृष्टि.

**भेंट** = अभिसार, उपहार, चढ़ावा, परिचायन, बलिदान, बलिवस्तु, भेंटवार्ता, मुलाक़ात, रिश्वत, लुभाव, समर्पण.
**भेंट कर्ता** = उपहार दाता, भेंटवार्ता कर्ता.
**भेंटना** = मिलना.

**भेंटवार्ता** *सं* आमना सामना, इंटरव्यू, गुफ़्तगू, बातचीत, भेंट, मुँहामुँही, मुखामुखी, *मुलाक़ात*, रूबरू, वार्ता, *वार्तालाप*, •परिचर्चा, •संवाद.

**भेंटवार्ता कर्ता** *सं* इंटरव्यूअर, इंटरव्यू कर्ता, भेंट कर्ता, *मुलाक़ाती*, वार्तालापी, साक्षात्कर्ता, •पत्रकार, •प्रतीक्षालय.

**भेंडी** = भिंडी.
**भेक** = मेंढक.
**भेकपर्णी** = ब्राह्मी.
**भेजना** = देना, निकालना.

**भेजना** *क्रि* चलाना, पठाना, प्रेषित करना, रवाना करना, *लादना*, •लौटाना, ▪पाना, ▪बुलाना, ▪मँगाना, ▪लेना.

**भेजने वाला** = प्रेषक.
**भेजा** = मस्तिष्क.

**भेजा** *सं* दिमाग़, धूसरिका, मग़ज़, *मस्तिष्क*.

**भेजा/भेजी** = प्रेषित.
**भेड़** = धार्मिक व्यक्ति, परंपरावादी, बकरा मांस.

**भेड़** *सं* अजा, एडका, गड्डर, गाडर, मेंढ़, मेष, मेषी, •बकरी.

**भेड़चाल** *सं* अंधानुगमन, अंधानुयायिता, अंधानुसरण, गड्डरिका प्रवाह, दल संचलन, भीड़ानुगमन, भीड़ानुपालन, भेड़िया धँसान, •अंधानुकरण, •मतानुगमन, ▪अनुशासन.

**भेड़ना** = सटाना.
**भेड़बकरी** = दुग्ध पशु.

**भेड़बकरी** *सं* चौपाए, पोहा, *रेवड़*, •ढोर, •बकरी, •मेमना.

**भेड़बकरी चराई** = चरवाहागीरी.
**भेड़बकरी पालक** = गड़रिया.
**भेड़बकरी पालन** = कृषि.

**भेड़बकरी पालन** *सं* अजापालन, गड़रिया कर्म, गड़रियागीरी, छागपालन, •डेरी फ़ार्मिंग.

**भेड़बकरी समूह** = रेवड़.
**भेड़ मांस** = बकरा मांस.
**भेड़ शिशु** = मेमना.
**भेड़ समूह** = रेवड़.
**भेड़ा** = बकरा मांस.

**भेड़ा** *सं* अज, अवि, उरण, एडक, गड्डर, गाडर, घटोर, नर भेड़, मेंढ़ा, मेष, हुड़ियाल, •बकरा.

**भेड़िया** *सं* अरण्यश्वान, बृक, वृक, श्वक, •कुत्ता, •लकड़बग्घा, •लोमड़ी.

**भेड़िया आया भेड़िया आया** = संकट सूचना.
**भेड़िया धँसान** = भेड़चाल.
**भेत्ता** = ध्वंसास्त्र, नाश कर्ता, रहस्य उद्‍घाटक, षड्यंत्रकारी.
**भेद** = अपवाद, असामंजस्य, कोटि, कोटि, द्वैतता, नाश, नीति चतुष्टय सूची, भेदनीति, मर्मस्थल, रहस्य, विसंयोग.
**भेदक** = ढहाने वाला, बरमा, वेधक.
**भेदकारी** = गुटबाज़, वेधकारी, षड्यंत्रकारी.
**भेदज्ञान** = द्वैतवाद.
**भेदन** = ताकझाँक, भंजन, विच्छेदन, वेधन.
**भेदना** = घोंपना, चीरना, छेदना, वेधना.

**भेदनीति** *सं* तफ़रीक़, फूट, भेद, भेद प्रयोग, भेदभाव, भेदोपचार, भेदोपाय, विच्छेद, *विभाजन*, संघभेद, संभेद, •दंडनीति, ▪एकीकरण, ▪दामनीति,

■सामनीति.

**भेदपूर्ण** = रहस्यपूर्ण.
**भेदप्रदर्शन** = विशेषण.
**भेद प्रयोग** = भेदनीति.
**भेद बुद्धि** = विवेक.
**भेदभरा/भेदभरी** = गोपनशील, रहस्यपूर्ण.
**भेदभाव** = अन्याय, असमानतावाद, पक्षपात, प्रजातिवाद, भेदनीति, संप्रदायवाद.
**भेदभावपूर्ण** = पक्षपाती.

**भेदभावपूर्ण** *वि* असंतुलित, *असम*, असमान, असमानतापूर्ण, ऊँचा नीचा/ऊँची नीची, छोटा बड़ा/छोटी बड़ी, जाति अनुसार विभाजित, पक्षपातपूर्ण, *संकीर्ण*, •अनुदार, •धर्मसापेक्ष, •सांप्रदायिक.

**भेदभाववाद** = असमानतावाद.
**भेदभाववादी** = प्रजातिवादी.

**भेदभाव समापक** *सं* असमानता समापक, बराबर करने वाला, समकक्ष कर्ता, समकारी, समान कर्ता, समानकारी, समानतावादी.

**भेदभावहीन** = निष्पक्ष.

**भेदभावहीन** *वि* एकसमान, गंगा जमुनी, घुला मिला/घुली मिली, *निष्पक्ष*, पक्षपातहीन, बराबर, मिला जुला/मिली जुली, वर्गहीन, समतावादी, समानतापूर्ण, समानाधिकारयुक्त, सर्वधर्म समभावी, सैक्यूलर, •न्यायसंगत, •लोकतांत्रिक, ■भेदभावपूर्ण, ■संप्रदायवादी.

**भेदभावहीनता** *सं* उदारता, ऊँचनीच अभाव, एकसमानता, न्यायप्रियता, बराबरी, भेदहीनता, वर्गहीनता, समता, समान अधिकार, समान अवसर, समानता, समानतावाद, समानाधिकारवाद, सर्वधर्म समभाव, सहिष्णुता, •इहलोकतंत्र वाद, •निष्पक्षता, ■प्रजातिवाद, ■संप्रदायवाद.

**भेदवाद** = द्वैतवाद.

**भेदहीनता** = अद्वैतता, भेदभावहीनता, सादृश्य.
**भेदिया** = ग़द्दार, चुग़लख़ोर, रहस्यभागी, विश्वासघाती.
**भेदियापन** = गुप्तचर्या.
**भेदी** = गद्दार, ढहाने वाला, नाशकारी, रहस्य उद्घाटक, रहस्यभागी, वेधक, षड्यंत्रकारी.
**भेदी का भेदी** = प्रतिगुप्तचर.
**भेदोपचार** = भेदनीति.
**भेदोपाय** = भेदनीति.
**भेद्य** = लक्षणयुक्त, विलग्नीय, वेध्य.
**भेरी** = ढोल.
**भेरीकार** = ढोलची.
**भेल** = जलयान, नौका, मुरमुरा.
**भेलन** = तरण.
**भेल पूरी** = विविधा.
**भेला** = बेड़ा.
**भेली** = गुड़ भेली, पिंड.
**भेष** = नाट्यवेश, वेश, स्वाँग.
**भेषज** = चिकित्सा.
**भेषजीय** = औषधीय.
**भेस** = छद्मवेश, नाट्यवेश, स्वाँग.
**भेसी** = बहरूपिया.
**भैंस** = अनाड़ी, मूर्ख.

**भैंस** *सं* मत्कुण, महिष, महिषी, •कटिया, •गाय, •ढोर, •भैंसा.

**भैंस कटड़ा** = कट्टा.

**भैंसा** *सं* कटाह, नर भैंस, बली, महिष, यमवाहन, •कट्टा, •जुआ, •ढोर, •भैंस.

**भैना** = बहन.
**भैया** = भाई.
**भैया दूज** = भाई दूज.
**भैरव** = भयानक, शिव, षड्राग.
**भैरवता** = भयानक रस.
**भैरव सिद्धि** = प्रेतसिद्धि.
**भैरवी** = चामुंडा, पार्वती.
**भैष्मकी** = रुक्मिणी.
**भोंकन** = घोंप.
**भोंकना** = घोंपना, ठोंकना.
**भोंडा/भोंडी** = अपरिष्कृत, फूहड़.
**भोंड़ा/भोंड़ी** = अपशब्दात्मक, अश्लील, कुविन्यस्त, कुवेशित, फूहड़, भँड़ौआ, विद्रूप.

**भोंदू** = अनाड़ी, मंदधी, मूर्ख.
**भोंदूपना** = मूर्खता.
**भोंपा** = लाउड स्पीकर.
**भोंपू** = लाउड स्पीकर, संकट सूचना.
**भोंसले** = राजा सूची भारतीय.
**भोक्ता** = उपभोक्ता, पट्टेदार, भक्षक, स्वामी.
**भोग** = उपभोग, उपयोग, चढ़ावा, पूर्वकर्म फल, फन, भक्षण, भोगविलास, संभोग.
**भोगत्याग** = इंद्रियनिग्रह.
**भोगत्यागी** = अविलासी, जितेंद्रिय.
**भोगना** = खाना, झेलना, सहना.
**भोगपुर** = ज़नानख़ाना.
**भोगपूर्ण** = विलासितापूर्ण.
**भोगपूर्ति** = तृप्ति.
**भोगप्रिय** = विलासप्रिय.
**भोगप्रियता** = विलासिता.
**भोगप्रेमी** = विलासप्रिय.
**भोगलिप्सा** = विलासिता.
**भोगलिप्सापूर्ण** = वासनापूर्ण.
**भोगलिप्साहीन** = अविलासी.
**भोगलिप्सु** = विलासप्रिय.

**भोगवाद** *सं* आनंदवाद, इंद्रियवाद, इंद्रियसुखभोगवाद, ऐंद्रिक सुख ही चरम सुख है, ऐश्वर्यभोगवाद, ऐश्वर्यवाद, जीवन भोग के लिए है, प्रवृत्तिवाद, विषयभोगवाद.

**भोगवादी** *सं* आनंदवादी, इंद्रियवादी, इंद्रियसुखभोगवादी, ऐशपरस्त, ऐशपसंद, ऐश्वर्यवादी, नफ़सपरस्त, प्रवृत्तिवादी, भोगी विलासी, विलासवादी, सुखवादी.

**भोगविलास** *सं* अतिरेक, आनंद भोग, आनंदमंगल, आमोदप्रमोद, इशरत, *उपभोग*, ऐंद्रिक सुखभोग, ऐयाशी, ऐश, ऐश्वर्य, ऐश्वर्य भोग, गुलछर्रे, ठाटबाट, भोग, मंगल भोग, मज़ा, मस्ती, मौज, मौजमज़ा, मौजमस्ती, *रंग*, रंगरली, रंगरेली, रसकेलि, रागरंग, रासरंग, विलास, विषय भोग, *विहार*, संसार भोग, सुखभोग, सुखोपभोग, •अकौमार्य, •असंयम, •कामुकता, •रसिकता, •वासना, •सांसारिकता, ■तपस्या, ■वैराग्य.

**भोगविलासपूर्ण** = विलासितापूर्ण.
**भोगविलासहीन** = अविलासी.
**भोगशील** = विलासप्रिय.
**भोगा/भोगी** = उच्छिष्ट, उपभुक्त.
**भोगानुभूति अतीत** = अनासक्त.
**भोगानुभूति अतीतता** = अनासक्ति.
**भोगिनी** = कुलटा, नाग स्त्री.
**भोगी** = उपभोक्ता, कामुक, भक्षक, लंपट, साँप.
**भोगी/भोगिनी** = विलासप्रिय.
**भोगी विलासी** = कामुक, भोगवादी.
**भोग्य** = आहार्य, उपभोग्य.
**भोग्या** = वेश्या.

**भोज** *सं* ऐटहोम, *खाना*, खाना पीना, गणभोज, गैट टुगैदर, जेवनार, ज्योनार, ट्रीट, *डिनर*, दावत, न्योतनी, पार्टी, प्रीतिभोज, फ़ीस्ट, मिलन उत्सव, *लंच*, *समागम*, सहपान, सहभोज, •किट्टी पार्टी, •जलपान गोष्ठी, •पानगोष्ठी, •पिकनिक, •वार्षिक भोज, •विवाह भोज, •निमंत्रण, •मनोरंजन, •वरयात्रा, •सत्कार, •समारोह.

**भोज अतिथि** = भोजातिथि.
**भोजक** = भक्षक, भोजातिथि.
**भोजकता** = कलाप्रेम.
**भोजकत्व क्रिया** = कला आस्वादन.
**भोजदाता** = मेज़बान.
**भोजन** = आहार, उदरस्थन, भक्षण.
**भोजन इच्छा** = भूख.

**भोजन कक्ष** *सं* आहार कक्ष, डाइनिंग रूम, भोजन कमरा, *भोजनालय*, लंचरूम, •ड्राइंगरूम, •पानगृह, •रसोईघर, •होटल.

**भोजन कमरा** = भोजन कक्ष.
**भोजन करना** = खाना.
**भोजन कराना** = खिलाना.
**भोजन कर्ता** = भक्षक.
**भोजन कर्म** = भक्षण.
**भोजन का आनंद लेना** = चटखारना.
**भोजन काल** = आहार काल.
**भोजन ग्रहण** = भक्षण.

**भोजन ठेला** *सं* आहार ठेला, चल भोजनालय, चल रेस्तोराँ, ठेला, फ़ूड वैन, •ख़्वानचा.

**भोजनत्याग** = उपवास.
**भोजन देना** = परोसना.
**भोजन नली** = आहार नली.
**भोजन पटल** = डाइनिंग टेबल.
**भोजन पुरसाई** = जिमाई.

**भोजन प्रेम** *सं* खानपान प्रेम, चटास, चटोरापन, *चाट*, *शौक़*, •स्वादप्रेम.

**भोजन प्रेमी** *सं* ख़ाने का शौक़ीन, चटोरा/चटोरी, चट्टू, भोजनभट्ट, लोलुप, शौक़ीन, •बहुभक्ष, •स्वादप्रेमी, ▪अल्पाहारी.

**भोजन बनाना कर्म** = रसोई कर्म.
**भोजन बनाने वाला** = रसोइया.
**भोजनभट्ट** = बहुभक्ष, भोजन प्रेमी.
**भोजन मात्रा** = आहार मात्रा.
**भोजन मेज़** = डाइनिंग टेबल.
**भोजन लोलुप** = अत्याहारी.
**भोजन वीर** = बहुभक्ष.
**भोजन शाला** = भोजनालय, रसोईघर.
**भोजन सूची** = मैन्यू.
**भोजनाभावग्रस्त** = भुक्खड़.
**भोजनार्थी** = भूखा/भूखी, भोजातिथि.
**भोजनालय** = ढाबा, भोजन कक्ष, रेस्तोराँ.

**भोजनालय** *सं* आहार गृह, डाइनरी, भोजन शाला, भोजालय, •पानगृह, •रसोईघर, •रेस्तोराँ, •वेटर.

**भोजनालय सूची** *सं* उपाहार गृह, क़हवाघर, काफ़ीहाउस, काफ़े, कैनटीन, कैफ़ेटीरिया, *क्लब*, ग्रिल, चायघर, जलपान गृह, टीहाउस, डाइनिंग रूम, डाइनिंग हाल, ड्राइवइन, *ढाबा*, पीज़ेरिया, फ़ास्ट फ़ूड स्टैंड, बिस्त्रो, बेकरी, बोर्डिंगहाउस, मैस हाल, *रेस्तोराँ*, लंचरूम, लंचहोम, •पानगृह सूची.

**भोजनालय व्यवसायी** = रेस्तोराँ वाला.

**भोजनालय समूह** *सं* आहार चौक, आहार बाज़ार, फ़ूड कोर्ट.

**भोजनावकाश** = लंच ब्रेक.

**भोज निमंत्रण** *सं* कार्ड, दावत, दावतनामा, *निमंत्रण*, न्योतनी, न्योता, बुलावा, *संदेश*.

**भोजनीय** = आहार्य.
**भोजनेच्छुक** = भूखा/भूखी.
**भोजपति** = कंस.

**भोजपत्र** *सं* कवचपत्र, छत्रपत्र, छदपत्र, पत्रांक, बहुत्वक, भुज, भुजपत्र, भूर्ज, भूर्जपत्र, •काग़ज़.

**भोजपत्र वृक्ष** = भूर्जवृक्ष.
**भोजभोगी** = दावतगामी.
**भोजयिता** = भक्षक.
**भोजविद्या** = जादूगरी.
**भोजवृक्ष** = भूर्जवृक्ष.

**भोजातिथि** *सं* *अतिथि*, नेवतहरा/नेवतहरी, न्योतहरा/न्योतहरी, पाहुना/पाहुनी, भोज अतिथि, भोजक, भोजनार्थी, मेहमान.

**भोजालय** = भोजनालय.
**भोजित** = प्राप्तभोजन, प्राप्तभोजन.
**भोजी** = भक्षक.
**भोज्य** = आहार्य.
**भोज्य पदार्थ** = खाद्य पदार्थ.
**भोज्यार्पण** = नैवेद्य.
**भोट** = कुली, तिब्बत, तिब्बती, पालकी वाहक, पाषाण पटल, भूटान, भूटानी.
**भोटांग** = भूटान.
**भोटिया** = कुली, तिब्बती, पालकी वाहक, भूटानी.
**भोटिया बादाम** = आलूचा, मूँगफली.
**भोथरा/भोथरी** = खुट्टल.
**भोपाल** = मध्यप्रदेशः राजधानी.
**भोर** = सूर्योदय.
**भोर का तारा** = प्रातःकालीन शुक्र.
**भोला/भोली** = अंधविश्वासी, अज्ञानी, अनाहतिकारक, अहानिकारक, आशुतोष, कली जैसा, गाय समान, पापहीन, मंदधी, मूर्ख, शिशुवत, सरलचित्त.
**भोलानाथ** = शिव.
**भोला भाला/भोली भाली** = सरलचित्त.
**भौं** = भौंह.
**भौंचक** = चकित.
**भौंचक्का/भौंचक्की** = चकित.
**भौंचक्का करना** = चकराना, चौंकाना.
**भौं चढ़ाना** = डाँटना.
**भौं चढ़ाना कर्म** = त्योरी.
**भौंपू** = बिगुल, लाउड स्पीकर, हार्न.

**भौं भौं** = कुत्ता.
**भौंर** = भँवर.
**भौंरा** = भ्रमर.
**भौंरा** = घिरनी, तहख़ाना, पहिया नाभि, लट्टू.
**भौंराला/भौंरीली** = घुँघराला.

**भौंह** *सं* अबरू, आँख भँव, तेवर, भँव, भौं, भ्रू, ●त्योरी, ●पलक.

**भौगोलिक** = पृथ्वीय.
**भौगोलिक अथवा सांस्कृति भूभाग** = क्षेत्र.
**भौजंग** = सर्पीय.
**भौजाई** = भाभी.
**भौजी** = भाभी.
**भौतिक** = अजैव, इहलौकिक, यथार्थ, शारीरिक, साकार, स्पर्शगम्य.

**भौतिक** *वि* आणविक, *ठोस*, तत्त्वीय, पंचतत्त्वीय, पदार्थीय, पादार्थिक, पौद्गल, प्रकृत, भूतार्थ, भौतिकीय, वास्तविक, सगुण, स्थूल, ●यथार्थ, ■आत्मिक, ■आध्यात्मिक, ■मानसिक.

**भौतिक जगत से परे ज्ञान असंभव है** = अज्ञेयवाद.
**भौतिक ज्ञान** = विज्ञान.
**भौतिकता** = भौतिकतावाद.
**भौतिकतावाद** = चार्वाकवाद, नास्तिकतावाद.

**भौतिकतावाद** *सं* इहलोकवाद, *चार्वाकवाद*, जगत एकमात्र सत्य है, जड़वाद, देह ही आत्मा है, देहात्मवाद, पदार्थ एकमात्र सत्य है, पदार्थवाद, भौतिकता, मैटीरियलिज़्म, लोकायतवाद, ●दर्शन शास्त्र, ●वस्तुपरकता.

**भौतिकतावादी** = नास्तिक.

**भौतिकतावादी** *सं* इहलोकवादी, जड़वादी, देहात्मवादी, पदार्थवादी, पौद्गलिक, लोकायत, लोकायतवादी, ●नास्तिक, ■भावुक.

**भौतिक पदार्थ** = पदार्थ.
**भौतिक विज्ञान** = भौतिकी.
**भौतिक विज्ञानी** = भौतिकीविद.

**भौतिक सत्य** = यथार्थता.

**भौतिकी** *सं* तत्त्वज्ञान, पदार्थ और गति विज्ञान, पदार्थ ज्ञान, पदार्थ विज्ञान, फ़िज़िक्स, भौतिक विज्ञान, वस्तुज्ञान, *विज्ञान*, ●पदार्थ, ●रासायनिकी.

**भौतिकीय** = भौतिक.

**भौतिकीविद** *सं* पदार्थ विज्ञानी, फ़िज़िसिस्ट, भौतिक विज्ञानी.

**भौम** = अत्रि, इहलौकिक, पृथ्वीय, मंगल ग्रह.
**भौमरत्न** = मूँगा.
**भौमिक** = थलीय, पृथ्वीय, स्थानीय.
**भौमिकता** = सांसारिकता.
**भ्रंश** = अस्वीकृति, क्षरण, नाश, पतन, परित्याग, पस्ती, विकृति, विघटन, ह्रास.
**भ्रंशन** = कौमार्यनाश, प्रवंचन.
**भ्रंशी** = भ्रष्ट.
**भ्रम** = अज्ञान, ग़लतफ़हमी, झेंप, दुबिधा, भूल, भ्रमदर्शन, मरीचिका, मायाजाल, मार्गभ्रम, मोह, स्वप्न.

**भ्रम** *सं* अनिर्णय, *अनिश्चय*, अयथार्थ बोध, आभास, उद्भ्रम, उद्भ्रांति, *उलझन*, *ग़लतफ़हमी*, *ग़लती*, *गोरखधंधा*, चकराहट, चित्तभ्रम, *छलना*, जंजाल, दिग्भ्रम, *दुबिधा*, प्रतीति, बहम, *भूल*, *भूलभुलैयाँ*, भ्रांति, मतिभ्रम, *माया*, मिथ्या आभास, *मोह*, विभ्रम, विमोह, शुबहा, संभ्रम, सम्मोह, हैरानी, ●सुखभ्रांति, ■स्पष्टता.

**भ्रमकारी** = भ्रामक.
**भ्रमग्रस्त** = भ्रमित.
**भ्रमजाल** = भूलभुलैयाँ.
**भ्रमण** = चक्रावर्तन, पर्यटन, यात्रा, सैरसपाटा.
**भ्रमण पथ** = पिंडकक्षा.
**भ्रमण योजना** = यात्रामार्ग.
**भ्रमण वृत्तांत** = यात्रा वर्णन.

**भ्रमदर्शन** *सं* आभास, इलूज़न, चित्र में गहराई का भ्रम, बहम, *भ्रम*, भ्रांति, मतिभ्रम, रज्जु में सर्प का भ्रम, विभ्रांति, व्यामोह, संभ्रांति, सपना, सर्पदर्शन, ●फ़ैंटेसी, ●मरीचिका, ●मायादर्शन, ●मिथ्यादर्शन, ●यथार्थाभास, ●हिप्नोटिज़्म.

**भ्रम दूर करना** = मनाना.
**भ्रमनष्ट** = मोहभंजित.
**भ्रमनाश** = मोहभंग, स्पष्टीकरण.
**भ्रमनाशन** = स्पष्टीकरण.
**भ्रम निवारण** = स्पष्टीकरण.
**भ्रमनिवृत्ति** = मोहभंग.

**भ्रमर** *सं* अलिंद, अलि, आलिंद, आलि, कलानुनादी, गंधमादन, गंधलुब्ध, चंचर, चंचरीक, छपद, दुरेफ, द्विरेफ, नीलंगु, नीलक, पद्मबंधु, पुष्पंधय, पुष्पकीट, बिलना, बी, *भँवर*, भँवरा, भमरा, भृंग, भौंरा, भ्रमरक, मकरंद, मदन, मधुकर, मधुप, मधुमक्ष, मधुलोलुप, मधुसूदन, मधूक, मिलिंद, रसास्वादी, श्यामल, षट्पाद, ●कमल, ●तितली, ●पुष्प, ●मधुमक्खी.

**भ्रमर (पुरुष)** = स्वच्छंद प्रेमी.
**भ्रमरक** = टरबाइन, भँवर, भ्रमर.
**भ्रमरज** = मोम, शहद.
**भ्रमरयुक्त** = उपवनित.
**भ्रमरातिथि** = चंपा.
**भ्रमरानंद** = मौलसिरी.

**भ्रमवात** *सं* अवघूर्ण, टारनैडो, भँवर वात, वज्रवात, वात भँवर, ●आँधी, ■चक्रवात.

**भ्रमविश्वास** = अंधविश्वास.
**भ्रमविश्वास पूर्ण** = अंधविश्वासी.
**भ्रमविश्वासी** = अंधविश्वासी.
**भ्रमशील** = चक्रणशील.
**भ्रमहीन** = अगोप्य, संकल्पशील, सटीक.

**भ्रमहीन** *वि* अभ्रांत, निर्भ्रम, भ्रांतिहीन, साफ़, *स्पष्ट*, ●संकल्पशील, ●संदेहहीन, ■दुबिधाग्रस्त, ■भ्रमित, ■भ्रामक.

**भ्रम होना** = सकपकाना.
**भ्रमात्मक** = भ्रामक.
**भ्रमाना** = घुमाना.
**भ्रमाशा** = मिथ्या आशा.

**भ्रमि** = चाक.
**भ्रमित** = चकित, दिशाहीन, मार्गच्युत.

**भ्रमित** *वि* चकराया/चकराई, दिग्भ्रांत, *दुबिधाग्रस्त*, दोलायमान, परेशान, बहका/बहकी, बुद्धिभ्रष्ट, भरमाया/भरमाई, भ्रमग्रस्त, भ्रांत, मतिभ्रष्ट, मतिभ्रांत, मुग्ध, मूढ़, विभ्रांत, विमुग्ध, विमूढ़, संशयग्रस्त, सम्मूढ़, सम्मोहित, हतबुद्धि, हैरान, •मार्गच्युत, ▪भ्रमहीन, ▪संकल्पशील.

**भ्रमित करना** = भरमाना.
**भ्रमितता** = असावधानी, हड़बड़ी.
**भ्रमित होना** = सकपकाना.
**भ्रमोत्पादक** = भ्रामक.
**भ्रमोत्पादन** = जादू, सम्मोहन कर्म.
**भ्रष्ट** = अपवित्र, अवनत, आउट आफ़ आर्डर, उच्छिष्ट, कुतर्कीय, कुप्रबंधित, कौमार्यनष्ट, ग़लत, दिशाहीन, दुराचारी, नष्ट, पापी, बलात्कृत, मार्गच्युत, मिलावटी, मुनाफ़ाख़ोर, लंपट, लक्ष्यच्युत, विकृत (शब्द), विस्थापित, ह्रस्त.

**भ्रष्ट** *वि अधम*, अप-, कपटी, कमीना/कमीनी, कलंकी, क्षुद्र, खोटा/खोटी, *ग़लत*, झूठा/झूठी, झूठा/झूठी, दुष्ट, धाँधलेबाज़, बद, *बिकाऊ*, बिगड़ा/बिगड़ी, बुरा/बुरी, बेईमान, भ्रंशी, *भ्रष्टाचारी*.

**भ्रष्ट/भ्रष्टा** = लांछित.

**भ्रष्ट (पुण्यस्थान)** *वि* अपभ्रष्ट, *अपवित्र*, *उच्छिष्ट*, *नष्ट*, *भ्रष्ट*, विकृत, विखंडित (पुण्यस्थान), •अपवित्र.

**भ्रष्ट अधिकारी** = रिश्वतख़ोर.
**भ्रष्ट तर्क** = कुतर्क.
**भ्रष्टमार्ग** = मार्गच्युत.
**भ्रष्टव्रत** = विचलित.
**भ्रष्टा** = कुलटा.
**भ्रष्टाचार** = घोटाला, छल, दुराचार, परगमन, बहुगमन, बेईमानी.

**भ्रष्टाचार** *सं* अनैतिक व्यवहार, कदाचार, ख़यानत, चालबाज़ी, *छल*, *दुराचार*, बेईमानी, हरामख़ोरी, हेराफेरी.

**भ्रष्टाचारिणी** = कुलटा.
**भ्रष्टाचारी** = घोटालेबाज़, दुराचारी, भ्रष्ट, रिश्वतख़ोर, लंपट.

**भ्रष्टाचारी** *वि* कदाचारी, *दुराचारी*, धाँधलेबाज़, •घोटालेबाज़, •बेईमान.

**भ्रांत** = अनर्गल, ग़लत, चकित, दिशाहीन, भ्रमित, मार्गच्युत.
**भ्रांत करना** = भरमाना.
**भ्रांत धारणा** = ग़लतफ़हमी.
**भ्रांतार्थित** = अशुद्धार्थित.
**भ्रांति** = अव्यवस्था, कुप्रबंध, ग़लतफ़हमी, चिंता, झेंप, दुबिधा, भूत, भूल, भ्रम, भ्रमदर्शन, मरीचिका, माया, मार्गभ्रम, यथार्थाभास, हड़बड़ी.
**भ्रांतिकर** = भ्रामक.
**भ्रांतिकारी** = भ्रामक.
**भ्रांति निवारण** = स्पष्टीकरण.
**भ्रांतिमुक्त** = मोहभंजित.
**भ्रांतिहीन** = अपरंतुक, भ्रमहीन, मतांध, सटीक, स्पष्ट.
**भ्रांति होना** = सकपकाना.
**भ्राजक** = आलोकक, आलोकक.
**भ्राता** = भाई.
**भ्राताजा** = भतीजी.
**भ्राता पुत्र** = भतीजा.
**भ्राता वधू** = भाभी.
**भ्राता श्वसुर** = जेठ.
**भ्रातीया** = भतीजी.
**भ्रातृ** = भाई.
**भ्रातृक्लेष** = गृहकलह.
**भ्रातृज** = भतीजा.
**भ्रातृजा** = भतीजी.
**भ्रातृजाया** = भाभी.
**भ्रातृत्व** = आपसदारी, स्वजन भावना.
**भ्रातृपुत्री** = भतीजी.
**भ्रातृयुद्ध** = गृहकलह, गृहयुद्ध.
**भ्रातृवधू** = भाभी.
**भ्रामक** = असमाधान्य, उकसाऊ, दुबिधाजनक, मायावी, श्लेषोक्तिपूर्ण, संदेहजनक.

**भ्रामक** *वि* चकराऊ, छलनामय, *छलपूर्ण*, पेचीदा, भ्रमकारी, भ्रमात्मक, भ्रमोत्पादक, भ्रांतिकर, भ्रांतिकारी, मतिभ्रामक, मायामय, *मायावी*, मोही/मोहिनी, संभ्रामक, सम्मोहक, •उभयार्थक, •जटिल, •रहस्यपूर्ण, ▪भ्रमहीन, ▪स्पष्ट.

**भ्रामरी** = दुर्गा.
**भ्रू** = भौंह.
**भ्रूक्षेप** = भ्रूभंगिमा.

**भ्रूण** *सं* उल्ब, कललज, गर्भ, गर्भस्थ जीव, फ़ीटस, •गर्भ पिंड.

**भ्रूभंग** = भ्रूभंगिमा.

**भ्रूभंगिमा** *सं* तेवर, *त्योरी*, भृकुटि, भ्रूक्षेप, भ्रूभंग, भ्रूविक्षेप, भ्रू संचालन, विजृंभ, विजृंभण, सारी.

**भ्रूविक्षेप** = भ्रूभंगिमा.
**भ्रू संचालन** = भ्रूभंगिमा.
**मंख** = बंदीजन.
**मँगता** = भिखारी.
**मँगती** = भिखारिन.
**मँगन** = भिखारिन.
**मँगनी** = सगाई.
**मंगल** = आनंद, इच्छापूर्ति, कल्याण, कल्याणकारी, ग्रह सूची, नवग्रह सूची, मंगल ग्रह, मंगलवार, शुभ शकुन, सुख, सुपरिस्थिति, □

**मंगल कलश** *सं* भद्रकुंभ, मंगल घट, स्वस्त्ययन.

**मंगलकांक्षा** = कल्याणकामना.
**मंगलकांक्षी** = कल्याणकामी.
**मंगलकामना** = कल्याणकामना, बधाई, शुभकामना.
**मंगलकामनापूर्ण** = बधाई पूर्ण.
**मंगलकामी** = कल्याणकामी, शुभचिंतक.
**मंगलकारी** = कल्याणकारी, देवदूतीय.
**मंगल कार्य** = मंगलोत्सव.

**मंगल काल** *सं* बरसाइत, मंगल घड़ी, मंगल बेला, मुहूरत, *मुहूर्त*, *योग*, शुभकाल, शुभ नक्षत्र, शुभ मुहूर्त, शुभ लग्न, *सुयोग*, •इष्टयोग.

**मंगल ग्रह** *सं* अंगारक, अजपति, अवनिज, अवनिसुत, आवनेय, आषाढाभव, ऐल, ऐलविल, ऐलेय, कुज, कुमार, क्षितिसुत, खोल्मुक,

गगनोल्मुक, धरात्मज, नवार्चि, भारद्वाज, भौम, मंगल, महीसुत, मार, माहेय, लोहितांग, विरोचन, वीरभद्र, शोण.

**मंगल घट** = मंगल कलश.
**मंगल घड़ी** = मंगल काल.
**मंगल घोष** = नाट्य आरंभ.
**मंगलचिंतन** = कल्याणकामना.
**मंगल द्वार** = फाटक.
**मंगल धातु** = मैंगनीज़.
**मंगलपाठक** = चारण, बंदीजन.
**मंगलपूर्ण** = आशीर्वादात्मक.
**मंगलप्रद** = कल्याणकारी.
**मंगल बेला** = मंगल काल.
**मंगल भोग** = भोगविलास.
**मंगलमय** = कल्याणकारी.
**मंगलवाद** = आशीर्वाद.
**मंगलवादी** = स्वस्तिपाठक.
**मंगलवार** = वार सूची.

**मंगलवार** *सं* ट्यूज़डे, मंगल.

**मंगलशब्द** = आशीर्वाद.
**मंगलसूचक** = शुभसूचक.
**मंगलसूत्र** = कंठमाला.
**मंगला** = दुर्गा, पतिव्रता, लक्ष्मी देवी, सुंदर स्त्री.
**मंगलाकांक्षा** = कल्याणकामना.
**मंगलाकांक्षी** = कल्याणकामी.
**मंगलाचरण** = जयंती, नाट्य आरंभ.

**मंगलाचरण** *सं* अवतरणिका, *आरंभ*, नांदी, नांदीपाठ, शुभारंभ, समारंभ, ■भरतवाक्य.

**मंगलाचार** = विवाहोत्सव.
**मंगलात्मक** = आशीर्वादात्मक, शुभसूचक.
**मंगला मुखी** = वेश्या.
**मंगली** = अशुभसूचक.
**मंगलेश** = शिव.

**मंगलोत्सव** *सं* अनुष्ठान, आनंद बधावा, आनंदोत्सव, उछाह, *उत्सव*, उत्सव मंगल, *काज*, खुशी, जन्मविवाह आदि मंगल उत्सव, टेल्हा, मंगल कार्य, शुभ अवसर, शुभ उत्सव, शुभानुष्ठान, ●उपहार, ●नेग, ●बधाई, ■अमंगल कार्य.

**मंगल्य** = सिंदूर.
**मँगवाई** = मँगाई.
**मँगवाना** = मँगाना.
**मँगवाया/मँगवाई** = मँगाया/मँगाई.
**मंगस** = नेवला.
**मंगसिर** = मार्गशीर्ष मास.
**मँगाई** = ख़रीद आर्डर.

**मँगाई** *सं* अनुरोध, अनुरोधन, आयाचन, आयाचना, आर्डर प्रेषण, *आवाहन*, मँगवाई, ●माँग, ■आपूर्ति, ■प्रेषण.

**मँगाना** *क्रि* आयाचित करना, बुलवाना, मँगवाना, ●बुलाना, ■भेजना, ■लौटाना, ■वापस देना.

**मँगाया/मँगाई** *वि* अर्थित, आदानित, आदेशित, आयाचित, *आवाहित*, आहूत, फ़रमाइशी, बुलवाया/बुलवाई, मँगवाया/मँगवाई, माँगा/माँगी, याचित, समाहूत, ■प्रेषित.

**मंगोल** *सं* तातार, मुग़ल.

**मंगोलिया** *सं* बाह्य मंगोलिया, हरेव.

**मंच** = आधार सूची, ढाँचा, पाड़, मचान, रंगमंच, राजनीतिक दल, सिंहासन.

**मंच** *सं* *चबूतरा*, डायस, *तख़्त*, *पाड़*, पुलपिट, पोडियम, प्लैटफ़ार्म, भाषण मंच, *मचान*, मिंबर, स्टेज, ●उपदेश मंच, ●नाटक, ●भाषण, ●सभागार.

**मंच अभ्यास** = रिहर्सल.

**मंचकर्मी** *सं* *नट*, नाटक कर्मी, नाट्यकार, रंगकर्मी, रंगचर, रंगजीवक, रंगोपजीवी, *रागी*, शैलाली (प्रा), शैलूष (प्रा).

**मंचन** *सं* अदायगी, अभिनयन, नाटक प्रस्तुति, नाटक मंचन, प्रस्तुति, मंच प्रस्तुतीकरण, मंचीकरण, ●रिहर्सल.

**मंचन अभ्यास** = ड्रैस रिहर्सल.
**मंच नाटक** = नाटक.

**मंच निर्देशक** *सं* डायरैक्टर, तंत्री, *दिग्दर्शक*, *नटनागर*, नटवर, नाटककार, नाटक निर्देशक, नाट्यकार, नाट्य निर्देशक, निर्देशक, *सूत्रधार*, सूत्री.

**मंचनीय** *वि* अभिनेतव्य, अभिनेय, नाट्य, नाट्योचित, प्रस्तुतियोग्य, प्रस्तुत्य, ●मंचित.

**मंचपट** = यवनिका.
**मंच प्रस्तुतीकरण** = मंचन.
**मंचावतारी/मंचावतारिका** = अभिनेता, चरित्र पात्र.
**मंचिका** = खाट.

**मंचित** *वि* अभिनीत, अभिमंचित, खेला/खेली, *घटित*, नटित, नाटित, प्रस्तुत, ●मंचनीय.

**मंचीकरण** = मंचन.
**मंचीय** = घटनापूर्ण, रंगमंचीय.
**मंचीय कानाफूसी** = जनांतिक वचन.
**मंचीयता** = शोमैनशिप.
**मँजना** = सीखना.
**मंज़र** = दृश्यावली.
**मंज़रकशी** = शब्दचित्र.
**मंजरित** = पुष्पित.
**मंजरी** = अनाज बाल, तुलसी, बीजकोश.

**मंजरी** *सं* गुंज, *गुच्छा*, बौर, मौर, वल्लरी, शाखा पुष्पसमूह, ●घौद, ●पुष्प.

**मँजा/मँजी** = अनुभवी, दक्ष, प्रौढ़, सुसंस्कृत.
**मँजाई** = बरतन मँजाई.

**मँजाई** *सं* घिसाई, परिमार्जन, *परिष्कार*, मार्जन, रगड़ाई, शुद्धि, ●बरतन मँजाई, ●स्वच्छन.

**मँजाई करना** = माँजना.
**मंजिका** = वेश्या.
**मंज़िल** = गंतव्य, घर, पड़ाव, भवन.

**मंज़िल** *सं* *खंड*, खन, तल, तल्ला, फ़्लोर, महला, *माला*, स्टोरी, ●ज़ीना, ●टाँड़, ●तहख़ाना, ●मियानी.

**मंज़िल पाना** = पहुँचना.
**मंज़िल मिलना** = पहुँचना.

 (प्रा) प्राचीन शब्द, अब अप्रचलित - *तिरछे* शब्द स्वतंत्र शीर्षक भी हैं ●सपर्याय ■विपर्याय

**मंज़िलरसीद** = गंतव्यप्राप्त.
**मंज़िले मक़सूद** = गंतव्य.
**मंजी** = खाट.

**मँजीरा** *सं* *ताल*, मजीरा, •झाँझ.

**मंजु** = सुंदर.
**मंजुघोष** = मिष्टभाषी, संगीतमय.
**मंजुभाषी/मंजुभाषिणी** = मिष्टभाषी.
**मंजुल** = उपवनित, दर्शनीय, सुंदर, सुरम्य.
**मंजुला** = सुंदर स्त्री.
**मंज़ूर** = पसंद, स्वीकृत.
**मंज़ूरी** = अनुमति, पारण.
**मंज़ूरे नज़र** = प्रेमपात्र/प्रेमपात्रा.
**मंजूषा** = आभूषण मंजूषा, टोकरा टोकरी.

**मँझधार** *सं* मझधार, मध्यधार, •अधरास्ते, •आधी दूरी, •नदी, •संकटावस्था.

**मँझधार में** = अधरास्ते.
**मँझला/मँझली** = मध्यम, मध्यमीय.
**मंड** = मट्ठा, माँड़िया.
**मंडक** = माँड़िया.
**मंडन** = आलेपन, प्रसाधन, वेष्टन, समर्थन, सिफ़ारिश.

**मंडन** *सं* अनुसमर्थन, अभिमंडन, आशंसा, पुष्टि, पैरवी, पैरोकारी, *प्रशंसा*, *वकालत*, सतर्क समर्थन, *समर्थन*, *सहमति*, हिमायत, •अनुमोदन, •प्रतिपादन, •संपुष्टि, •हाँ, ▪आपत्ति, ▪खंडन.

**मंडन कर्ता** *सं* अनुसमर्थक, *अभिवक्ता*, *पक्षधर*, *पक्षपाती*, पैरवीकार, पैरोकार, मंडन मिश्र, *वकील*, *समर्थक*, हिमायती, ▪खंडन कर्ता.

**मंडन मिश्र** = मंडन कर्ता.
**मंडना** = सजाना.
**मंडनात्मक** = सिफ़ारिश भरा.

**मंडनात्मक** *वि* प्रचारात्मक, प्रतिपादनात्मक, *प्रशंसात्मक*, विरुदात्मक, समर्थनपूर्ण, समर्थनात्मक, ▪खंडनात्मक.

**मंडप** = कुंज, द्वारमंडप.

**मंडप** *सं* अंबारी, आकाशी, आवरण, चँदवा, चँदोवा, चंद्रा, चंद्रातप, छतरी, पैविलियन, मँड़वा, मँडुआ, मड़वा, माँड़ा, वितान, वेदिका, •गुंबद, •छत, •छप्पर, •तंबू, •शामियाना, •सायबान.

**मंडपी** = कुटी.
**मंड पीठिका** = व्यास.
**मँडरना** = मँडराना.
**मँडराना** = बदलाना.

**मँडराना** *क्रि* उमड़ना, उमड़ना घुमड़ना, घिरना, *घुमड़ना*, *घूमना*, *घेरना*, चक्कर काटना, चक्कर लगाना, *डोलना*, फेरे लगाना, भरमना, मँडरना, •टहलना.

**मंडल** = अध्याय, क्षेत्र, चक्र, जनपद आदि, नगर खंड, परिधि, प्रांत/प्रदेश, महल्ला, विभाग, वृंद, संस्था.
**मंडल** = शरीर मुद्रा.
**मंडलाकार** = गोलाकार, चक्राकार.
**मंडलाधीश** = जनपद समूह प्रसासक.
**मंडलाध्यक्ष** = जनपद समूह प्रसासक.
**मंडलित** = चक्राकार.
**मंडली** = उत्तम जनसमूह, कुंडली, मित्र मंडली, वृंद, संपर्क जाल, समिति, साँप, सार्थ.
**मंडलीय** = क्षेत्रीय.
**मंडलेश** = जनपद समूह प्रसासक.
**मंडलेश्वर** = राजा.
**मँडवा** = शामियाना.
**मँड़वा** = मंडप.
**मँडाई** = दँवरी.
**मंडित** = आभूषित, आलेपित, वेशित, सज्जित.
**मंडी** = अनाज मंडी, बाज़ार, व्यापारिक नगर.
**मँडुआ** = मंडप.
**मंडूक** = मेंढक.
**मंडूकपर्णी** = ब्राह्मी.
**मंडूर** = ज़ंग.

**मँढ़ना** *क्रि* खचाना, *चढ़ाना*, *जड़ना*, नद्ध करना, *बैठाना*, *लगाना*, ▪उखाड़ना.

**मँढ़ा** = कोठरी.
**मँढा/मँढी** = अत्यलंकृत.
**मँढ़ा/मँढ़ी** = आलेपित.
**मंतर** = मंत्र.
**मंतर जंतर** = जादूमंतर.
**मंतव्य** = अर्थ, कथ्य, मत, विचार, व्यंजनार्थ, सार संक्षेप.
**मंत्र** = गुर, निदेश, नीति, नीतिवाक्य, परामर्श, भजन, रहस्य, सूत्रवाक्य.

**मंत्र** *सं* ऋचा, तंत्र, मंतर, विद्या, *श्लोक*, स्तुति, *स्तोत्र*, •गुरुमंत्र, •पूजा, •भजन गीत, •वेद मंत्र, •व्याहृति, •सूक्त, •स्तोत्र.

**मंत्र उच्चाटन** = मंत्र काट.
**मंत्रक** = अभिमंत्रक.

**मंत्र काट** *सं* अंछर, अभिमंत्रण काट, *उच्चाटन*, उतारा, काट, जवाब, तोड़, प्रतियोग, प्रभावनाशन, मंत्र उच्चाटन, मंत्रनाशन, मोहनाशन, मोहिनीनाशन, विप्रभावन, सम्मोहनाशन, •गुह्यविद्या, •मोहभंग.

**मंत्रकारी** = अभिमंत्रक.
**मंत्रचक्र** = गंडा तावीज़.
**मंत्रचालित** = अभिमंत्रित.
**मंत्रज्ञ** = अभिमंत्रक, परामर्श दाता, प्रेतसाधक.
**मंत्रणा** = परामर्श, विचारविमर्श.
**मंत्रणाकार** = परामर्श दाता.
**मंत्रणादाता** = परामर्श दाता.
**मंत्रद** = धर्मगुरु.
**मंत्रधर** = परामर्श दाता.
**मंत्रनाशन** = मंत्र काट.
**मंत्रपाठ** = अभिमंत्रण.

**मंत्रपाठ** *सं* अनुवाचन, मंत्रोच्चारण, सूक्तोक्ति, •कथावाचन, •जाप, •वेदपाठ.

**मंत्रपाठक** *सं* गोरंकु, मंत्रपाठी, मांत्र, मांत्रिक.

**मंत्रपाठी** = मंत्रपाठक.
**मंत्रप्रयोग** = अभिमंत्रण, भूत निवारण, वशीकरण, सम्मोहन कर्म.
**मंत्रमुग्ध** = अभिमंत्रित, मोहित, वशीकृत.
**मंत्रयंत्र** = गंडा तावीज़.
**मंत्रवादी** = अभिमंत्रक, जादूगर, प्रेतसाधक.

**मंत्रवेद** = ऋग्वेद.
**मंत्रसाधक** = अभिमंत्रक.
**मंत्र साधन** = प्रेतसिद्धि.
**मंत्रसाधन** = अभिमंत्रण, वशीकरण.
**मंत्रसिद्ध** = अभिमंत्रित.

**मंत्रालय** *सं* मंत्री कार्यालय, मिनिस्ट्री, वज़ारत, •मंत्री मंडल, •संसद, •सचिवालय.

**मंत्रालय कक्ष** = दरबारे ख़ास.
**मंत्रालयी** = शासकीय.
**मंत्राविष्ट** = अभिमंत्रित.
**मंत्राविष्टन** = स्तंभन.
**मंत्रित** = अभिमंत्रित.
**मंत्रिमंडल (सरकारी हिंदी)** = मंत्री मंडल.
**मंत्री** = परामर्श दाता, सचिव.

**मंत्री** *सं* अमात्य, पंत, मंत्री मंडल सदस्य, मिनिस्टर, वज़ीर, •प्रधान मंत्री, •सरकार.

**मंत्री कार्यालय** = मंत्रालय.
**मंत्री प्रधान** = प्रधान मंत्री.
**मंत्री प्रवर** = प्रधान मंत्री.

**मंत्री मंडल** *सं* काबीना, कैबिनेट, मंत्रिमंडल (सरकारी हिंदी), मिनिस्टरी, वज़ारत, •मंत्रालय, •सत्तापक्ष, •सरकार.

**मंत्री मंडल अध्यक्ष** = प्रधान मंत्री.
**मंत्री मंडल सदस्य** = मंत्री.
**मंत्रोच्चारण** = मंत्रपाठ.
**मंत्रोपचार** = अभिमंत्रण.
**मंथ** = मंथन, मास.
**मंथज** = मक्खन.
**मंथन** = आत्मनिरीक्षण, विवेचना.

**मंथन** *सं* आलोड़न, आवर्तन, उन्मंथ, उन्मथन, खजा, चलाई, परिमंथन, बिलोई, मंथ, मथन, महाई, लोड़न, विगाहन, विलोड़न.

**मंथन करना** = मथना.

**मंथनदंड** *सं* खैलर, तक्राट, दंड, बिलोनी, मंथनी, मथनिया, मथनी, मथानी, मथी, रई.

**मंथनपात्र** *सं* कंठाल, गर्गर, गागर, *गोला*, दहेड़ी, मटका, मठोर, मथानी, हलोनी, हाँडी.

**मंथनी** = मंथनदंड.
**मंथर** = मंद.
**मंथर गति** = मंदवेग.
**मंथरतः** = मंदतः.
**मंथरित** = मंदित, विमंदित.
**मंथली** = मासिक.
**मंथा** = मेथी.
**मंद** = अप्रबल, अश्रुतिगम्य, आलसी, कुदृश्य, खुट्टल, थका/थकी, धुँधला/धुँधली, निर्बल, प्रतिभाहीन, प्रभावहीन, बदरंग, बीमार, मुरझाया/मुरझाई, विमंदित, विवर्ण, शीतल, हतोत्साहित.

**मंद** *वि* अलसगामी, आरामतलब, आहिस्ता, छकड़ा/छकड़ी, धीमा/धीमी, *धीर*, मंथर, मंदगामी/मंदगामिनी, मंदा/मंदी, मद्धम, माँद, माँदा/माँदी, शनैश्चर, सुमंद, •अप्रबल, •थका/थकी, •मंदित, •लस्तपस्त, ▪चुस्त, ▪द्रुत.

**मंदकांत** = विवर्ण.
**मंदकांति** = मुरझाया/मुरझाई, वैभवहीन.
**मंदग** = शनि ग्रह.
**मंदगति** = अप्रगति, मंदवेग.
**मंदगति से** = मंदतः.
**मंदगमन करना** = विचरना.
**मंदगामी/मंदगामिनी** = मंद.
**मंद चलना** = विचरना.

**मंदड़िया** *सं* बीयर, मूल्य घटाने वाला शेयर ख़रीदार, •शेयर बाज़ार, ▪तेजड़िया.

**मंदतः** *क्रिवि* आहिस्ता, आहिस्ता आहिस्ता, क़दम फूँक फूँक कर, ख़रामाँ ख़रामाँ, गतिहीनतः, चींटी की तरह, टहलते टहलते, धीमे, धीमे धीमे, धीरे, धीरे धीरे, मंथरतः, मंदगति से, मंद मंद, मज़े मज़े में, मद्धम मद्धम, रफ़्ता रफ़्ता, रेंगते रेंगते, वेगहीनतः, शनैः, शनैः शनैः, शांततः, •आलस्यपूर्वक, •लड़खड़ाते, •विलंबतः, ▪द्रुततः.

**मंदता** = अप्रगति, निरुत्साह.

**मंदधी** *वि* अंधखोपड़ी, अंधमति, अकुशाग्र, अक़्ल से ख़ारिज, *अज्ञानी*, अप्रज्ञ, अप्रतिभ, अप्रबुद्ध, अबुद्धि, अल्पधी, अल्पबुद्धि, अहमक़, उथला/उथली, कमअक़्ल, कुंठ, *कुंद*, कूढ़मग़ज़, कोरा/कोरी, ख़ामख़याल, गहेला/गहेली, घामड़, जड़, जड़बुद्धि, ठस, दुर्मेधा, नष्टबुद्धि, नादान, नासमझ, निरक्षर, निर्बुद्धि, न्यूनधी, *पागल*, पोंगा, बज्जर, बालिश, बुद्धिहत, बुद्धिहीन, बुद्धू, बूदम, बेअक़्ल, बेवकूफ़, बोदा/बोदी, बौड़म, भोंदू, भोला/भोली, मंदबुद्धि, मंदमति, मतिमंद, माँदा/माँदी, मितबुद्धि, मुग्ध, मूढ़, मूढ़धी, मूढ़मति, *मूर्ख*, मोटी अकल का, मोटी बुद्धि वाला, लंठ, लूलू, वज्रधी, विमूढ़, विमूढ़धी, सम्मूढ़, सुमंद, स्थूलबुद्धि, हीनबुद्धि, हीनमति, •अज्ञानी, ▪कुशाग्रबुद्धि, ▪बुद्धिमान.

**मंदध्वनि** *सं* आहट, *कलकल*, बजबज, भनक, भनभन, मरमर, मरमर, मर्मर, रव, •कलकल, ▪घोरध्वनि.

**मंद पड़ना** = धुँधलाना.
**मंदपवन** = बयार.
**मंदबुद्धि** = मंदधी.
**मंदभाग्य** = दुर्भाग्यशाली.
**मंदमंथर गति** = गजगति.
**मंद मंद** = मंदतः.
**मंद मंद हँसना** = मुस्कराना.
**मंदमति** = मंदधी.
**मंदर** = पारिजात वृक्ष, स्वर्ग.
**मंदरिन** = चीनी भाषा.
**मंदरिम (पुर्तगाली)** = चीनी भाषा.
**मंदरी भाषा** = चीनी भाषा.
**मंदवर्षा** = अल्पवर्षा.

**मंद वेग** *सं* आहिस्ता चाल, ख़िराम, चींटी की चाल, चेहलक़दमी, जनवासे की चाल, टहलक़दमी, धीमी गति, पिपीलिका गति, मंथर गति, मंदगति, *विचरण*, सैर, ▪द्रुत वेग.

**मंदसमीर** = बयार.

**मंदस्वरीय** *वि* अकठोर, अपरुष, कमज़ोर, *कोमल*, क्षीण, धीमा/धीमी, नर्म, मंदा/मंदी, मद्धम, मुलायम, मृदु, मृदुल, *सौम्य*, हलका/हलकी, •अश्रुतिगम्य, •अस्पष्ट (स्वरीय), •ध्वनिहीन, •मधुर स्वरीय, •संगीतमय, ▪उच्चस्वरीय, ▪कर्कश स्वरीय.

**मंदहास** = मुस्कान.
**मंद होना** = दुबलाना, धुँधलाना, मुरझाना.
**मंदा/मंदी** = अप्रबल, अश्रुतिगम्य, कुदृश्य, धुँधला/धुँधली, निर्बल, बदरंग, मंद, मंदस्वरीय, सस्ता/सस्ती.
**मंदाकिनी** = आकाश गंगा, गंगा नदी.

**मंदाकिनी** *सं आकाश गंगा*, आकाशीय कुंडली, गैलेक्सी, द्वीप विश्व, सुरसिंधु, •तारागुच्छ, •नीहारिका, •ब्रह्मांड.

**मंदाग्नि** = बदहज़मी.
**मंदानिल** = बयार.
**मंदार** = कल्पवृक्ष, स्वर्ग, हाथी.
**मंदारी** = चीनी भाषा.
**मंदा होना** = धुँधलाना.

**मंदित** *वि* अवत्वरित, गति मंदित, धीमा/धीमी, मंथरित, *विमंदित*, *विलंबित*, वेग रुद्ध, वेग विमंदित, •मंद.

**मंदिर** = उपासनालय, घर, भवन.

**मंदिर** *सं* आयतन, उपासना गृह, *उपासनालय*, चैत्य, चैत्र, ठाकुरद्वारा, थान, देवगृह, देवतावेश्म, देव मंदिर, देवरा, देवल, देवस्थान, देवागार, देवायतन, देवालय, देहरा, दैर, धाम, पूजाघर, प्रासाद, बुतख़ाना, महालय, मूर्तिघर, वट, वाट, शिवाला, सनमकदा, सनमख़ाना, सुरगृह, सुरमंदिर, सुरसदन, •गर्भगृह, •गोपुरम, •घंटा घड़ियाल, •तीर्थ, •देवदर्शन, •देवमूर्ति, •पुजारी, •मठ, •शिवलिंग.

**मंदिर गमन** = देवदर्शन.
**मंदिर गोपुर** = गोपुरम.
**मंदिर नर्तकी** = देवदासी.
**मंदिर प्रतिष्ठा** = मंदिर प्रतिष्ठापना.

**मंदिर प्रतिष्ठापना** *सं* अधिष्ठापना, प्रतिष्ठापना, मंदिर प्रतिष्ठा, सिंहासनारोहण, •मूर्ति प्राण प्रतिष्ठा, •मूर्ति स्थापना.

**मंदिर मसजिद** = उपासनालय.
**मंदी** = व्यापारिक मंदी.
**मंदोदर/मंदोदरी** = छरहरा/छरहरी, पतली कमर वाला.

**मंदोदरी** *सं* मँदोवै, मदोवै, मय तनया, रावण पत्नी, •रावण.

**मंदोदरी पति** = रावण.
**मँदोवै** = मंदोदरी.
**मंदोष्ण** = गुनगुना/गुनगुनी.
**मंशा** = अर्थ, इच्छा, उद्देश्य, विचार.
**मंसूख़** = निरस्त.
**मइया** = माता.
**मई** = मास सूची.

**मई दिवस** *सं* 1 मई, मज़दूर एकता दिवस, श्रमिक दिवस.

**मकई** = अनाज सूची, मक्का.
**मकई खील** = पौपकौर्न.
**मकई तेल** = तेल.
**मकई फुल्ली** = पौपकौर्न.
**मकड़** = अकड़ की चाल.

**मकड़जाल** *सं* जंजाल, *जाल*, जाला, तंतुजाल, मकड़ी जाला, लूताजाल, •पाश.

**मकड़ा** = नर मकड़ी.
**मकड़ाना** = इठलाना.

**मकड़ी** *सं* अष्टपद, उर्णपट, ऊर्णनाभि, ऊर्णवाभि, *कृमि*, जालकीट, तंतुनाभ, तुंतुकीट, मर्कटी, लूता, लूतिका, •मकड़जाल.

**मकड़ी जाला** = मकड़जाल.
**मकड़ी तंतु** = मकड़ी धागा.
**मकड़ी तार** = मकड़ी धागा.

**मकड़ी धागा** *सं* ऊर्णा तंतु, मकड़ी तंतु, मकड़ी तार, लूता तंतु, वास, शैतान की डोर, •मकड़जाल.

**मकतब** = अक्षरारंभ, अक्षरारंभ, विद्यालय.
**मकतबा** = इसलामी धार्मिक पाठशाला.
**मक़ता** = ग़ज़ल समापन शेअर.
**मकतूब** = लिखित (साहित्य).
**मक़तूल** = हत्याकृत.
**मक़नातीस** = चुंबक पत्थर.
**मक़बरा** = स्मारक.
**मक़बूज** = अधीनित.
**मक़बूल** = उच्चमानक, पसंद, प्रसिद्ध, लोकप्रिय, स्वीकृत.
**मक़बूलियत** = लोकप्रियता.
**मकरंद** = पुष्परस, भ्रमर, शहद.
**मकर** = कुचाल, घड़ियाल, मकर राशि.
**मकरकंद** = कुंद.
**मकरध्वज** = कामदेव.
**मकर राशि (21/23 दिसंबर-19/20 जनवरी)** = राशि सूची.

**मकर राशि** *सं* जलरूप, झष, मकर, मृगमुख.

**मकर संक्रांति** = दक्षिण अयनांत, लोहड़ी.

**मकरालय** = समुद्र.
**मकरी** = मछली, लग्गी काँटा.
**मक़सद** = उद्देश्य.
**मक़सूद** = इच्छित, योजित.
**मकाँ** = घर.
**मकान** = घर, फ़्लैट, भवन.
**मकानदार** = मकान मालिक.
**मकान बनाई** = भवन निर्माण.

**मकान मालिक** *सं* आवास स्वामी, *गृहस्थ*, गृहस्वामी, भवनपति, मकानदार, महलदार, मालिक, लैंडलौर्ड, *शालीन*, *स्वामी*, •भूस्वामी, ▪किराएदार.

**मकान मुहैया करना** = बसाना.
**मकालु** = पर्वत सूची भारत उपमहाद्वीप.
**मकुना** = अजातश्मश्रू.
**मकुष्ठ** = मोठ.
**मकोई** = मकोय.
**मकोय** = फल सूची, रसभरी.

**मकोय** *सं* अग्निदमनी, काक बदरी, काकमाची, गुच्छफला, मकोई,

मनाघना.

**मक्कड़** = नर मकड़ी.
**मक्कर** = कुचाल.

**मक्का** *सं* इंडियन कौर्न, कौर्न, जोंधरी, जोन्हारी, मकई, मक्की.

**मक्का भुट्टा** = भुट्टा.
**मक्का मदीना यात्रा** = हजयात्रा.
**मक्कार** = कुटिल, ठग, पाखंडी.
**मक्कारी** = कुचाल, छल.
**मक्की** = मक्का.
**मक्कोल** = खड़िया.
**मक्खन** = घी तेल, चाटूक्ति, रिश्वत.

**मक्खन** *सं* क्षीरज, नवनीत, बटर, मंथज, मस्का, लौनी, •मूँगफली मक्खन, •सोयाबीन मक्खन, •घी, •तेल, •दूध, •मलाई.

**मक्खनदार** = घीतेलयुक्त.
**मक्खन निकला दही** = मटठा.
**मक्खन बड़ा** = बालूशाही.
**मक्खन लगाई** = खुशामद.
**मक्खनी** = घीतेलयुक्त, चिकना/चिकनी.
**मक्खा (नर)** = मक्खी.
**मक्खी** = मधुमक्खी.

**मक्खी** *सं* पलंकषा, भंभ, मक्खा (नर), मक्षिका, मक्षी, मगस, माखी, •भनभनाहट.

**मक्खीचूस** = सूदख़ोर.
**मक्खीचूसपन** = कंजूसी.
**मक्र चाँदनी** = मायादर्शन.
**मक्षिका** = मक्खी, मधुमक्खी.
**मक्षी** = मक्खी, माक्षिक धातु.
**मख** = जादूगर, यज्ञ.
**मखक्रिया** = कर्मकांड.
**मख़ज़न** = बारूदघर, भंडार.
**मख़दूम** = पूजनीय.
**मखद्वेषी** = राक्षस.
**मख़नातीसी** = चुंबकीय.
**मखनिया** = कोमल, घीतेलयुक्त, चिकना/चिकनी, सुकुमार.
**मखनी** = चिकना/चिकनी.
**मख़मली** = कोमल, गेंदा, चिकना/चिकनी.
**मख़मूर** = मदिरोन्मत्त.
**मख़लूक़** = जीव समष्टि.
**मखहा** = इंद्र.
**मखौल** = उपहास, खिल्ली, चुटकुलेबाज़ी, निंदा, वाक्केलि, व्यंग्य.
**मखौलिया** = विनोदप्रिय.
**मग** = अहुरमज़्द, पारसी.

**मग** *सं* जग, टंबलर, मग्गा, •प्याला.

**मगज** = गूदा.
**मगजचट** = बकवासी.
**मगजचट्टी** = बकवास.
**मग़ज़ी** = गोट.
**मगध (पूर्व नाम)** = बिहार.
**मगन करना** = मोहना.
**मगन होना** = हुलसना.
**मगर** = किंतु, घड़ियाल.
**मगरमच्छ** = घड़ियाल.
**मगरमच्छी आँसू** = दिखावटी आँसू.
**मगरा/मगरी** = अहंकारी, विद्याहंकारी, हठी.
**मग़रूर** = अकड़बाज़, अहंकारी.
**मगरेली** = कलौंजी.
**मगरैला** = कलौंजी.
**मगस** = मक्खी, मधुमक्खी.
**मगसिर** = मार्गशीर्ष मास.
**मग्गा** = मग.
**मग़ज़** = गुठली गिरी, गूदा, नारियल, भेजा.
**मग्न** = डूबा/डूबी, तल्लीन, प्रसन्न, स्वप्निल.
**मग्नता** = एकाग्रता.
**मघ** = अहुरमज़्द, पारसी धर्माधिकारी, मायाकार.
**मघवा** = अभिमंत्रक, इंद्र, उल्लू, पारसी धर्माधिकारी.
**मघा** = नक्षत्र सूची.
**मघाभव** = शुक्र ग्रह.
**मघी** = जादूगर, पारसी धर्माधिकारी.
**मचक** = दबक, लचक.
**मचकना** = चरमराना, लचकना.
**मचका** = झोंटा.
**मचना** = फैलना, व्यापना.
**मचमच** = लपलपाहट.
**मचमचाना** = लचकना.
**मचमचाहट** = लपलपाहट.
**मचलन** = ठिनक, लालसा.
**मचलना** = उफनना, उमगना, ठिनकना, भड़कना, रोना.
**मचला/मचली** = हठी.
**मचलाहट** = मिचलाहट.
**मचली** = मिचलाहट, वमन.
**मचान** = मंच.

**मचान** *सं* अट्टा, आखेट मंच, इंद्रकोश (प्रा), घात मंच, *टाँड़*, टान, *पाड़*, *मंच*, शिकारगाह, •घातस्थान.

**मचाना** = पसारना.
**मच्छ** = मछली.
**मच्छर** = शलभ.

**मच्छर** *सं* डंस, दंशक, भंभराली, *मशक*, मसा, माछर, सूचीतुंड, •शलभ.

**मच्छर जाली** = मसहरी.
**मच्छरदानी** = मसहरी.
**मच्छी** = मछली, मछली मांस.
**मच्छीमार** = मछुआरा.
**मछरिया** = क्रौंच.
**मछली** = मछली मांस, मीन राशि, लक्ष्यचक्र.

**मछली** *सं* अंबुचर, गड, गलफड़ी, जलचरी, जलजीव, जलतरोई, झख, झष, मकरी, मच्छ, मच्छी, मत्स्य, माछ, माही, मीन, शफर, •काडफ़िश, •खंग मीन, •ग्रेलिंग, •चारु मीन, •ट्राउट, •पांफ्रेट, •पिरान्या, •बाम, •मनंगु, •मैकरल, •रे मीन, •रोहू, •व्हेल, •सामन, •हैरिंग.

**मछली आदि श्वासरंध्र** = श्वासरंध्र.
**मछली की आँख** = लक्ष्यकेंद्र.

**मछलीघर** *सं* ऐक्वेरियम, मत्स्यालय, •चिड़ियाघर.

**मछली चोई** = मत्स्य शल्क.
**मछली बाजार** = कोलाहलपूर्ण स्थान.

**मछली मांस** *सं* जलतुरई, फ़िश, मच्छी, *मछली*, मत्स्य मांस.

**मछारंग** = क्रौंच.
**मछुआ** = मछुआरा.

**मछुआरा** *सं* जलजीवी, झींवर, धीवर, मच्छीमार, मछुआ, मत्स्य

 (प्रा) प्राचीन शब्द, अब अप्रचलित - *तिरछे* शब्द स्वतंत्र शीर्षक भी हैं •सपर्याय ▪विपर्याय

बंधी, मत्स्यहा, मत्स्योपजीवी, माहीगीर, सलिलोपजीवी, •शिकारी.

**मज़दूर** = कुली, खलासी, बँधुआ मज़दूर, राज मज़दूर, रोज़ंदार, श्रमिक.
**मज़दूर एकता दिवस** = मई दिवस.
**मज़दूर दुश्मन** = हड़तालतोड़िया.
**मज़दूरवाद** = साम्यवाद.
**मज़दूरवादी** = साम्यवादी.

**मज़दूर संघ** *सं* ट्रेड यूनियन, यूनियन, श्रमिक एकता, श्रमिक संघ, *संघ*, •व्यापार संघ.

**मज़दूरी** = क़ुलीगीरी, पारिश्रमिक, श्रम.
**मजनूँ** = प्रेमी.
**मजनूँ की पसलियाँ (बहु)** = ककड़ी.
**मज़बूत** = अखंडनीय, अटूट, ऋणयोग्य, कवचित, टिकाऊ, प्रबल, बलिष्ठ, शक्तिशाली, सुदृढ़.
**मज़बूत कोठरी** = स्ट्रौंगरूम.
**मज़बूत छाती** = विशाल वक्ष.
**मज़बूती** = दम.
**मजबूर** = विवश.
**मजबूरन** = विवशतः.
**मजबूरी** = सहयोगहीनता.
**मज़बूरी** = वैवश्यक.
**मजबूरी से** = विवशतः.
**मजमा** = भीड़.
**मजमूआ** = संग्रह.
**मजमूई** = सामूहिक.
**मज़मून** = निबंध, पाठ, लेख.

**मजमेबाज़** *सं* क़लंदर, तमाशाई, तमाशागीर, तमाशेबाज़, बट्टेबाज़, *मदारी*, *शोबदेबाज़*, •जादूगर, •मायाकार, •सँपेरा.

**मज़म्मत** = निंदा.
**मजरूह** = आहत.
**मजलिस** = अधिवेशन, उर्स, सभा, सभास्थल.
**मजलिसे अदब** = साहित्य गोष्ठी.
**मजलिसे सुख़न** = कवि सम्मेलन.
**मज़हब** = धर्म.
**मज़हबी** = धर्मशील, धर्मसंगत, धार्मिक.
**मज़हबी लड़ाई** = धर्मयुद्ध.
**मज़ा** = आनंद, भोगविलास, मनोरंजन, विलासिता, स्वाद.
**मज़ाक़** = अपमान, उपहास, चकल्लस, वाक्केलि, शरारत, हास्योक्ति.
**मज़ाक़पसंद** = विनोदप्रिय.
**मज़ाक़िया** = विनोदप्रिय, हास्यप्रद.
**मज़ाक़ियापन** = वाक्केलि.
**मज़ा किरकिरा करने वाला** = आनंद भंग कर्ता.
**मज़ार** = रोज़ा, स्मारक.
**मजाल** = क्षमता, साहस.
**मजीरा** = मँजीरा.
**मजूर** = कुली, राज मज़दूर.
**मजूरी** = क़ुलीगीरी.
**मज़ेदार** = आनंदप्रद, मनोरंजक, रोचक, स्वादिष्ठ.
**मज़े मज़े में** = मंदतः.
**मज़े मारना** = हुलसना.
**मज्जन** = डाइविंग, डुबकी, डूब.

**मज्जा** *सं* अस्थिमज्जा, अस्थिसार, तेजोबीज, देहसार, मैरो, सार, स्नेहसार, •मांस.

**मज्जित** = डूबा/डूबी.
**मज़्द** = अहुरमज़्द.
**मझधार** = मँझधार.
**मझला/मझली** = मध्यमस्तरीय, मध्यमीय.

**मझला/मझली** *वि* बिचला/बिचली, मध्येष्ठ, वय में मझला, ▪अग्रज, ▪अनुज, ▪समवयस्क.

**मझोला/मझोली** = मध्यम.
**मटकन** = इठलाहट, नर्तन.
**मटकना** = इठलाना, इतराना, घड़ा, नख़रीला, नाचना.
**मटकनी** = घड़ा, नख़रीली.
**मटका** = घड़ा, मंथनपात्र.
**मटकी** = घड़ा.
**मटकीला** = नख़रीला.
**मटकीली** = नख़रीली.
**मटकैना** = कुल्हड़.
**मटक्का** = नृत्य.
**मटन** = बकरा मांस.
**मटमैला/मटमैली** = ख़ाकी, धूलिमय, धूसर.
**मटमैलापन** = धूसरता.
**मटर** = दलहन सूची, सागसब्ज़ी.

**मटर** *सं* कंटी, कलाय, बटाणा, *मटरा*, वर्तुल.

**मटरगश्ती** = विचरण.
**मटरगश्ती करना** = टहलना.
**मटर सूखा दाना** = मटरा.
**मटरा** = दलहन सूची, मटर.

**मटरा** *सं* मटर सूखा दाना, विदल.

**मटिया** = माटीय, मिट्टी.
**मटियामसान** = नष्ट.
**मटियामेट** = नष्ट, हत्याकृत.
**मटियामेट करना** = उजाड़ना, ढहाना.
**मटियामेट होना** = उजड़ना.
**मटियार** = माटीय.
**मटियाला** = धूसर.
**मटियाला/मटियाली** = कीचड़दार, कुदृश्य, ख़ाकी, धूलिमय.
**मटियालापन** = धूसरता.
**मट्ठर** = अतत्पर, आलसी, कामचोर, लस्तपस्त.

**मट्ठा** *सं अम्ल*, गोरस, छाछ, तक्र, मंड, मक्खन निकला दही, मस्तु, मही, •दही, •रायता.

**मट्ठी** = मठरी.
**मठ** = उपासनालय.

**मठ** *सं* अखाड़ा, आराम, आश्रम, आश्रमस्थान, आस्ताँ, आस्ताना, कुटिया, *कुटी*, चर्च, चैत्य, *तकिया*, तपोभूमि, तपोवन, दरगाह, *धर्मसंघ*, धर्मारण्य, *पीठ*, बगिया, बग़ीची, *बहिर*, मठिया, मठी, मढ़ी, मढ़ैया, *विहार*, *संगत*, संघाराम, •क्लौइस्टर, •मंदिर, •मठवासी, •मठाधीश.

**मठधारी** = मठाधीश.
**मठरना** = विचरना.
**मठराना** = इठलाना, विचरना.

**मठरी** *सं* छाक, *टिकिया*, मट्ठी, मठली, माँठी.

**मठली** = मठरी.
**मठवासिनी** = साधुनी.

**मठवासिनी** *सं* आश्रमवासिनी, जोगन, *तपस्विनी*, नन,

परिव्राजिका, मैया, व्रतिनी, साधिका, साध्वी, स्थविरा, •योगिनी, •साधुनी.

**मठवासी** *सं* आश्रमवासी, आश्रमी, *ऋषि*, जती, *तपस्वी*, तापस, *पीर*, फ़कीर, बाबा, महात्मा, यति, संत, *संन्यासी*, *साधु*, •योगी, ▪रसिक.

**मठाधिकारिणी** = मठाधीश स्त्री.
**मठाधिकारी** = मठाधीश.

**मठाधीश** *सं* आचार्य, कुलगुरु, कुलाचार्य, कुलाधिपति, धर्माचार्य, *धर्माधिकारी*, धर्माध्यक्ष, पीठाधिकारी, पीठाधीश, भगवान, मठधारी, मठाधिकारी, मठी, महंत, महागुरु, महाप्रज्ञ, महाप्रभु, शंकराचार्य, शेख़, श्रीश्री, श्रीश्री 1008, श्रीश्री 108, श्रीश्री 8, स्थविर, •इमाम, •ख़लीफ़ा, •पादरी, •पुजारी, •पुरोहित, •बिशप, •रब्बी, •लामा.

**मठाधीश स्त्री** *सं* नन, मठाधिकारिणी, मदर, मदर सुपीरियर, मैट्रन, वृद्धा, स्त्री मठाधीश, स्थविरा.

**मठाधीशीय** *वि* आचार्यीय, कुलाचार्यीय, धर्माचार्यीय, धर्माधिकारीय, पीठाधीशीय, मठाध्यक्षीय, मठीय, महंतीय, व्यासीय, •धार्मिक.

**मठाध्यक्षीय** = मठाधीशीय.
**मठिया** = मठ.
**मठी** = मठ, मठाधीश.
**मठीय** = मठाधीशीय.
**मठोर** = मंथनपात्र.
**मड** = गारा.

**मड़ई** *सं* *कुटी*, मड़ैया, मढ़ी, मिट्टी कुटी.

**मड़वा** = मंडप.
**मड़ा** = कमरा.
**मड़ैया** = मड़ई.
**मढ़ी** = मठ, मड़ई.
**मढ़ैया** = मठ.
**मणि** = आभूषण, करंसी, नगीना, प्रसिद्ध व्यक्ति, प्रिज़्म, मनका, मोती, रत्न.

**मणि** *सं* अर्णव, जवाहर, नग, *मनका*, मनी, रत्न दाना, •गोमेद, •जेड, •नीलम, •पन्ना, •पुखराज, •फ़ीरोज़ा, •माणिक, •मोती, •याक़ूत, •हीरा.

**मणिकंठ** = नीलकंठ.
**मणिकंठक** = मुरगा.
**मणिक** = आँख लैंस, लैंस, स्त्री जननेंद्रिय.
**मणिका** = मनका.
**मणिकाच** = स्फटिक.
**मणिकार** = जड़िया, सुनार.
**मणिधर** = साँप.
**मणिपुर** = भारत राज्य प्रदेश.

**मणिपुरः राजधानी** *सं* इंफाल.

**मणिपुरी** = भारत राष्ट्रभाषा सूची, भारतीय शास्त्रीय नृत्य.
**मणिबंध** = कलाई पट्टी.
**मणिबीज** = अनार.
**मणिभ** = पारदर्शी, स्फटिक.
**मणिभूमि** = रत्न खान.
**मणिमंडित** = रत्नजटित.
**मणिमाला** = आतिशबाज़ी, रत्नमाला, लक्ष्मी देवी.
**मणिराग** = सिंदूर.
**मणिराज** = हीरा.
**मणिसर** = मोती माला.
**मणिसूत्र** = मोती माला.
**मणिहार** = चुड़िहार.
**मतंग** = मेघ, हाथी.
**मतंगी** = हाथी सवार.
**मत** = धर्म सिद्धांत, नहीं, वाद, विचार, वोट, संप्रदाय, समीक्षा, सिद्धांत.

**मत** *सं* अभिप्राय, अभिमत, ओपीनियन, ख़्याल, दृष्टि, *दृष्टिकोण*, धारणा, नज़रिया, मंतव्य, मान्यता, राय, *विचार*, *विश्वास*, सम्मति, सोच, •वाद, •सिद्धांत, •सुझाव.

**मत अपरिवर्तन** = रूढ़िवाद.
**मतत्याग** = मत परिवर्तन.
**मतत्यागी** = मतद्रोही.
**मतदाता** = नागरिक, निर्वाचक
**मतदाता समूह** = निर्वाचन क्षेत्र.
**मतदान** = निर्वाचन.

**मतदान** *सं* चुनाव, पौल, पौलिंग, वोटिंग, •निर्वाचक, •निर्वाचन.

**मतदान क्षेत्र** = निर्वाचन क्षेत्र.

**मतदान पत्र** *सं* बैलट, बैलट पेपर, मतपत्र, राय, *वोट*.

**मतदान यंत्र** *सं* निर्वाचन यंत्र, मतयंत्र, वोटिंग मशीन.

**मतद्रोही** *वि* द्रोही, बाग़ी, भगोड़ा/भगोड़ी, मतत्यागी, मत विद्रोही, *विद्रोही*, •धर्मद्रोही, •नास्तिक, ▪उग्रवादी, ▪मतानुगामी, ▪रूढ़िवादी.

**मतपत्र** = मतदान पत्र.
**मत परिवर्तन** = धर्म परिवर्तन.

**मत परिवर्तन** *सं* *असहमति*, *अस्वीकृति*, कुफ़्र, धारणात्याग, *पुनर्विचार*, मतत्याग, मतांतर, मतांतरण, मन परिवर्तन, विचार परिवर्तन, हृदय परिवर्तन, •धर्म परिवर्तन.

**मत परिवर्तन करवाना** = मनवाना.
**मत प्रचार** = प्रौपेगैंडा.
**मत प्रभावन** = ब्रेनवाशिंग.
**मतभिन्नता** = मतभेद.
**मतभेद** = एकताहीनता, विरोध, विवाद, वैमनस्य.

**मतभेद** *सं* अनैक्य, अलग राय, खटपट, ग़ैरराज़ामंदी, फुटमत, भिन्नमतता, मतभिन्नता, मत वैभिन्न्य, मतांतर, मतिद्वैध, •असहमति, •विरोध, •वैमनस्य, ▪समझौता, ▪सहमति.

**मतभेद अंत** = समझौता.
**मतभेदपूर्ण** = असहमत, एकताहीन.
**मतभेद मिटाना** = मनवाना.
**मतभेदहीन** = सर्वसहमत.
**मत मिलना** = मानना.
**मतयंत्र** = मतदान यंत्र.
**मतलब** = अर्थ, अर्थात, उद्देश्य, स्वार्थ.
**मतलबपरस्त** = अवसरवादितापूर्ण,

दलबदलू.
**मतलब यह है** = अर्थात.
**मतलब समझाना** = समझाना.
**मतलब से** = उद्देश्य से.
**मतलब है कि** = अर्थात.
**मतलबी** = अवसरवादितापूर्ण, दलबदलू, स्वार्थी.
**मतला** = ग़ज़ल आरंभिक शेअर.
**मतलाहट** = मिचलाहट.
**मतवाला/मतवाली** = अलमस्त, अहंकारी, उत्साही, जवान, प्रेमासक्त, मतांध, मदिरोन्मत्त, वीर, हठी.
**मतवालापन** = अलमस्ती.
**मत विद्रोही** = मतद्रोही.
**मत वैभिन्न्य** = मतभेद.
**मत संकलन** = चुनाव अध्ययन, मार्केट सर्वे.
**मतांतर** = मत परिवर्तन, मतभेद.
**मतांतरण** = धर्म परिवर्तन, मत परिवर्तन.
**मतांध** = असहनशील, उग्रवादी.

**मतांध** *वि* अंध-, अंधविश्वासपूर्ण, *अंधविश्वासी*, अंधा/अंधी, अडिग, अड़ियल, अतर्क, *अनुदार*, *अपरिवर्तनीय*, अविचल, असहिष्णु, उग्र, *उन्मत्त*, उसूली, कट्टर, कट्टरपंथी, *कठोर*, ज़िद्दी/ज़िद्दन, जुनूनी, तअस्सुबी, *तर्कहीन*, तास्सुबी, दीवाना/दीवानी, दुराग्रही, दृढ़, दृढ़ानुगामी, धर्मांध, पक्का/पक्की, फ़ैनेटिक, बंददिमाग़, भ्रांतिहीन, मतवाला/मतवाली, विचारहीन, *विश्वासी*, *संकीर्ण*, संकुचित, हठमतपूर्ण, *हठी*, •अंधानुगामी, •अनम्य, •अनुदार, •असहनशील, ▪दृढ़मतहीन, ▪मध्य मार्गी, ▪सहनशील.

**मताधिकारी** = निर्वाचक.

**मतानुगमन** *सं अनुगमन*, अनुचरण, *अनुपालन*, अनुसरण, झंडाबरदारी, तरफ़दारी, नेतानुगमन, वादानुगमन, *समर्थन*, हिमायत, •अंधानुगमन, •भेड़चाल.

**मतानुगामी** *सं अनुगामी*, अनुचर, अनुयायी, चैंपियन, नेतानुगामी, पंथी, *पक्षधर*, पदानुग, *पिछलग्गू*, पिट्ठू, मतानुयायी, मतावलंबी, श्रद्धालु, सपोर्टर, *समर्थक*, हामी, हिमायती, •प्रशंसक, •फ़ैन, •शिष्य, ▪नेता, ▪मतद्रोही.

**मतानुयायी** = मतानुगामी.
**मताभिव्यक्ति स्वतंत्रता** = अभिव्यक्ति अधिकार.
**मतावलंबी** = पक्षधर, मतानुगामी.
**मति** = नहीं, सुझाव.
**मतिगति** = विचारधारा.
**मतिद्वैध** = मतभेद.
**मतिभ्रम** = भ्रम, भ्रमदर्शन.
**मतिभ्रम करना** = भरमाना.
**मतिभ्रम होना** = सकपकाना.
**मतिभ्रष्ट** = भ्रमित.
**मतिभ्रांत** = चकित, भ्रमित.
**मतिभ्रामक** = भ्रामक.
**मतिमंद** = मंदधी.
**मतीय** = धार्मिक.
**मतीरा** = तरबूज.
**मतेई** = सौतेली माता.
**मतैक्य** = सर्वसहमति, सहमति.
**मतैक्यपूर्ण** = सर्वसहमत.
**मत्कुण** = खटमल, भैंस.
**मत्त** = पागल, मदव्यग्रस्त, मदिरोन्मत्त.
**मत्था** = मस्तक.
**मत्सर** = ईर्ष्या, शत्रुता.
**मत्सरपूर्ण** = ईर्ष्यालु.
**मत्सरहीन** = ईर्ष्याहीन.
**मत्सरी** = ईर्ष्यालु.
**मत्स्य** = अवतार सूची, मछली, मीन राशि, लक्ष्यचक्र.
**मत्स्य अवतार काल राजा** = वैवस्वत मनु.
**मत्स्य कुरर** = क्रौंच.
**मत्स्यचक्र** = लक्ष्यचक्र.
**मत्स्यपालन** = कृषि.
**मत्स्य पुराण** = पुराण सूची.
**मत्स्यपृष्ठाकार** = उन्नतोदर.
**मत्स्य बंधी** = मछुआरा.
**मत्स्य मांस** = मछली मांस.
**मत्स्यरंध्र** = श्वासरंध्र.

**मत्स्य शल्क** *सं* चोई, छोई, दिउली, मछली चोई, शल्क, •त्वचा.

**मत्स्यहा** = मछुआरा.
**मत्स्यालय** = मछलीघर.
**मथन** = दमन, मंथन, वध.
**मथना** = उजाड़ना, घोटना, फेंटना, रौंदना, सोचना परखना.

**मथना** *क्रि* आलोड़ना, चलाना, बिलोड़ना, बिलोना, मंथन करना, रिड़कना, लोड़ना, •मिश्रित करना.

**मथनिया** = मंथनदंड.
**मथनी** = फेंटनी, मंथनदंड.
**मथवारी** = मेहराब.
**मथा/मथी** = घिसा/घिसी, घुटा/घुटी, रुँदा/रुँदी.
**मथानी** = फेंटनी, मंथनदंड, मंथनपात्र.
**मथिता** = नाश कर्ता.
**मथियास** = ईसा संदेश वाहक.
**मथी** = इंद्रवज्र, मंथनदंड.
**मथोला** = स्तंभ.
**मद** = उन्माद, ताड़ी, नशा, पिनक, मद्य, लेखाशीर्षक, हाथी मद.
**मद आलस्य** = मदालस.
**मदगंधा** = मदिरा.
**मदगल** = मदव्यग्रस्त.
**मदग्रस्त** = मदव्यग्रस्त.
**मदच्युत** = मदव्यग्रस्त.
**मदजल** = हाथी मद.

**मद झूम** *सं अनियंत्रण*, झकोरा, झकोला, झूम, डगमगाहट, *लड़खड़ाहट*, *लहराव*, हलराव, हिल्लोल, •मदालस.

**मद तरंगित** = मदिरोन्मत्त.
**मदद** = दान, वित्तीय सहायता, वित्तीय सहायता, सरपरस्ती, सहयोग, सहायता.
**मददगार** = पक्षधर, रक्षक, शरणदाता, सरपरस्त.

**मददगार** *सं* तरफ़दार, *पक्षपाती*, प्रोत्साहक, सहयोग दाता, सहयोगी, सहायक, सहायता कर्ता, सहायता दाता, साथी, *हमदर्द*, •परित्राता, •शुभचिंतक, ▪प्रतिद्वंद्वी, ▪विपक्षधर, ▪शत्रु.

**मदन** = कामदेव, प्रेम, भ्रमर, मादक, मोम, मौलसिरी.
**मदन कलह** = प्रणय कोप.
**मदनगृह** = स्त्री जननेंद्रिय.

**मदनगोपाल** = कृष्ण.
**मदन पक्षी** = खंजन.
**मदनमोहन** = कृष्ण.
**मदन लेख** = प्रेमपत्र.
**मदनशलाका** = मैना.
**मदनसारिका** = मैना.
**मदना** = कस्तूरी, मैना.
**मदनालय** = स्त्री जननेंद्रिय.
**मदनौकर** = मदसेवक.
**मद प्रभाव** = नशा.
**मदफ़न** = दफ़नाई.
**मदभरा** = सुंदर.
**मदभरा/मदभरी** = जवान, मदिरोन्मत्त, मादक.
**मदभरी** = सुंदर स्त्री.
**मदमत्त** = अहंकारी, मदिरोन्मत्त.
**मदमस्त** = मदिरोन्मत्त.
**मदमस्त चाल** = गजगति.
**मदमस्ती** = नशा.
**मदमाता/मदमाती** = अलमस्त, जवान, मदिरोन्मत्त, मादक.
**मदर** = मठाधीश स्त्री.

**मदरबोर्ड** *सं* मुख्य सर्किट बोर्ड, सर्किट बोर्ड, •कंप्यूटर.

**मदर मेरी** = मरियम.
**मदरसा** = इसलामी धार्मिक पाठशाला, विद्यालय.
**मदर सुपीरियर** = मठाधीश स्त्री.
**मदवारि** = हाथी मद.
**मदविक्षिप्त** = मदिरोन्मत्त.

**मदव्य** *सं* अफ़ीम कोकीन, ड्रग, ड्रग्स, नशीले पदार्थ, मादक द्रव्य, मादक पदार्थ, सुलफ़ा गाँजा, •कुटेव.

**मदव्य आसक्त** *सं* ऐबी, *कुटेवी*, ड्रग ऐडिक्ट, मदव्यासक्त, मदासक्त, लती, व्यसनी, •कुटेवी.

**मदव्यग्रस्त** *सं* अंटाचित, *उन्मत्त*, उन्मद, चूर, ड्रग्ड, धुत, धुत, बदमस्त, बदहोश, बेक़ाबू, बेसुध, बेहोश, मत्त, मदगल, मदग्रस्त, मदच्युत, सुधबुधहीन, हतचित्त, •अचेत, •मदिरोन्मत्त.

**मदव्यासक्त** = मदव्य आसक्त.

**मदसेवक** *सं* अमली, नशाख़ोर, नशेड़ी, नशेबाज़, नसेड़ी, मदनौकर, मदसेवी.

**मदसेवी** = मदसेवक.
**मदहोश** = मदिरोन्मत्त.
**मदहोशी** = नशा.
**मदांध** = अहंकारी, मदिरोन्मत्त.
**मदातंक** = हैंगओवर.
**मदातिरेक** = आनंदातिरेक.
**मदार** = अक्ष, कुटिल, ठग, दुर्जन, बटमार, लंपट, सूअर.
**मदारी** = बाज़ीगर, मजमेबाज़.

**मदारी** *सं* क़लंदर, चक्राट, चक्री, बंदर भालू नचाने वाला बाज़ीगर, •मजमेबाज़, •सँपेरा.

**मदालस** = मदिरोन्मत्त.

**मदालस** *सं* आलस्य, खुमार, ढीलापन, निढालपन, मद आलस्य, •नशा, •पिनक, •मद झूम, •हैंगओवर.

**मदासक्त** = मदव्य आसक्त, मद्यप.
**मदिर** = मादक, मादक औषध, लाल, सुंदर.
**मदिरनयन** = सुनयन.
**मदिरनयना** = सुंदर स्त्री, सुंदर स्त्री, सुनयना.
**मदिरल** = मादक.
**मदिरा** = मद्य.

**मदिरा** *सं* अंगूर की बेटी, अंगूर मद्य, अंगूरी, अंगूरी शराब, गंधिनी, द्राक्षासव, प्रिया, मदगंधा, *मद्य*, मोदिनी, वाइन, वारुणी, सुरा, सुरावारि, हाला, •फेनिल वाइन, •मधुर वाइन, •लाल वाइन, •सफ़ेद वाइन, •नशा, •मद्यप, •शैंपेन.

**मदिराक्षी** = सुंदर स्त्री, सुनयना.
**मदिरा गोष्ठी** = पानगोष्ठी.
**मदिरापान** = मद्यपान.
**मदिरा प्रेमी** = सुराप्रेमी.
**मदिरालय** = मद्यशाला.
**मदिरासख** = आम.

**मदिरोन्मत्त** *वि* अंटागुड़गुड़, अंटाचित, *अनर्गल*, *अनियंत्रित*, *उन्मत्त*, उन्मद, उन्मादग्रस्त, कैफ़ी, चूर, झूमता/झूमती, डगमग, डगमगाता/डगमगाती, तरंगित, तरंगी, दीवाना/दीवानी, धुत, नशे में चूर, नशे में धुत, निढाल, नियंत्रणहीन, पानमत्त, पियेला/पियेली, प्रमत्त, प्रमद, प्रमादी, बदमस्त, बदहोश, बेक़ाबू, बेवड़ा, बेसुध, बेहोश, मख़मूर, मतवाला/मतवाली, मत्त, मदतरंगित, मदभरा/मदभरी, मदमत्त, मदमस्त, मदमाता/मदमाती, मदविक्षिप्त, मदहोश, मदांध, *मदालस*, मदोत्कट, मदोद्धत, मदोन्मत, मद्योन्मत्त, मस्त, मस्ताना/मस्तानी, मूर्छित, मौजी, लड़खड़ाता/लड़खड़ाती, लहरी, लहालोट, शराबी, श्लथ, सरमस्त, सुधबुधहीन, हतमानस, हर्षित, हलराता/हलराती, हुलराता/हुलराती, •मदव्यग्रस्त, •मद्यप, •मादक.

**मदीला/मदीली** = मादक.
**मदोत्कट** = मदिरोन्मत्त.
**मदोद्धत** = मदिरोन्मत्त.
**मदोना** = मरियम.
**मदोन्मत** = मदिरोन्मत्त.
**मदोन्मादक** = मादक.
**मदोवै** = मंदोदरी.
**मद्द** = अधोरेखा, लेखाशीर्षक.
**मद्दे नज़र** = विचाराधीन.
**मद्धम** = अप्रबल, अश्रुतिगम्य, धुँधला/धुँधली, बदरंग, मंद, मंदस्वरीय, मध्यमीय.
**मद्धम पड़ना** = धुँधलाना, मुरझाना.
**मद्धम मद्धम** = मंदतः.
**मद्धिम** = कुदृश्य.
**मद्धे** = बीच में.
**मद्य** = ताड़ी, मदिरा, रम.

**मद्य** *सं* अंगूर की बेटी, अद्धा, अरक़, *अल्कोहल*, *आब*, आसव, कश्य, काकटेल्स, कादंबरी, जाम, ड्रिंक, दारू, पव्वा, पैग, बेवड़ा, *बोतल*, *ब्रांडी*, मद, *मदिरा*, मय, माधुरी, मीना, *रम*, लाल परी, लाल पानी,

वाइन, वारुणी, *व्हिस्की*, शराब, शीशी, सुरा, स्पिरिट, हार्ड ड्रिंक, हाला, •नशा, •मद्यप, •सोमरस.

**मद्य सूची** *सं* एल, कादंबरी, *जिन*, *जिन*, *ठर्रा*, *ताड़ी*, *देसी शराब*, *पंच*, *बियर*, *ब्रांडी*, *मदिरा*, मार्टीनी, *रम*, वाइन, *वोडका*, *व्हिस्की*, *शैंपेन*, साके (जापान), स्काच, स्पिरिट.

**मद्यकक्ष** = पानगृह.

**मद्यकक्ष** *सं* पेयकक्ष, बार, बाररूम, •पानगृह, •साक़ी बाला.

**मद्यकार** = डिस्टिलर.

**मद्यकुंभ** *सं* कुंभ, मद्यघट, मधुघट, मीना, सबूही, *सुराही*.

**मद्यगोष्ठी** = पानगोष्ठी.

**मद्यघट** = मद्यकुंभ.

**मद्यत्याग** *सं* तौबा, *नियंत्रण*, परहेज़, *संयम*, •मद्यनिषेध, ■असंयम, ■मद्यपान.

**मद्यदाता** = बारटैंडर.

**मद्य निर्माणी** = डिस्टिलरी.

**मद्यनिषेध** *सं* दारूबंदी, नशाबंदी, शराबबंदी, •मद्यत्याग, ■मद्यपान.

**मद्यप** = सुराप्रेमी.

**मद्यप** *सं* ख़राबाती, गिरता पड़ता/गिरती पड़ती, झूमता/झूमती, देवदास, नशेड़ी, नशेबाज़, नसेड़ी, पियक्कड़, *पीने वाला*, बेवड़ा, मदासक्त, मद्यासक्त, मयपरस्त, रिंद, लती, शराबख़ोर, शराबी, •कुटेवी, •मदिरोन्मत्त, •सुराप्रेमी.

**मद्यपात्र** *सं* कप, कुशप, चषक, जाम, पात्र, पानपात्र, पैमाना, *प्याला*, प्याली, मद्यपान पात्र, मधुपात्र, साग़र, सुबू.

**मद्यपान** *सं* आपान, जाम, दौर, नशापानी, नशेबाज़ी, पान, पिलाई, *पीना*, मदिरापान, मद्यसेवन, मधुपान, मयकशी, मयनोशी, मयपरस्ती, शराबख़ोरी, शराबनोशी, सुरापान, सुरासेवन, ■मद्यत्याग, ■मद्यनिषेध.

**मद्यपान गोष्ठी** = पानगोष्ठी.

**मद्यपान पात्र** = मद्यपात्र.

**मद्यपायी** = सुराप्रेमी.

**मद्यपेय** = मादक पेय.

**मद्यप्रेमी** = सुराप्रेमी.

**मद्यबाला** = साक़ी बाला.

**मद्यमिश्रित पेय** = काकटेल.

**मद्यरसिक** = सुराप्रेमी.

**मद्यल** = अल्कोहल.

**मद्य विक्रेता** *सं* आबकार, कलाल, पान वणिक, मयफ़रोश, वाइन मर्चैंट, सुरा विक्रेता, •साक़ी बाला, •स्त्री मद्य विक्रेता.

**मद्यशाला** *सं* अड्डा, ख़राबात, टैवर्न, *ठेका*, पब, *पानगृह*, पानागार, मदिरालय, मधुशाला, मैकदा, मैख़ाना, शराबघर, सुरागार, •साक़ी बाला.

**मद्यसार** = अल्कोहल.

**मद्यसेवन** = मद्यपान.

**मद्यसेवी** = सुराप्रेमी.

**मद्यामोद** = मौलसिरी.

**मद्यासक्त** = मद्यप.

**मद्याहल** = अल्कोहल.

**मद्योन्मत्त** = मदिरोन्मत्त.

**मद्योन्मादक** = मादक.

**मद्रास (पूर्व नाम)** = तमिल नाडुः राजधानी.

**मद्रास (बोलचाल)** = तमिल नाडु.

**मद्रास प्रैसिडेंसी (पूर्व नाम)** = तमिल नाडु.

**मद्रासी (बोलचाल)** = तमिल, दक्षिण भारतीय.

**मध** = मध्य.

**मधु** = नैसर्गिक मद्य, शहद.

**मधुकंठ** = कोयल.

**मधुक** = महुआ मद्य.

**मधुकर** = भ्रमर.

**मधुकरी** = भिक्षाटन.

**मधुकारी** = मधुमक्खी.

**मधुकाल** = मधुमास.

**मधुकोश** = मधुमक्खी छत्ता.

**मधुगंध** = मौलसिरी.

**मधुगायन** = कोयल.

**मधुघट** = मद्य कुंभ.

**मधुचक्र** = मधुमक्खी छत्ता.

**मधु जंभीरी** = संतरा.

**मधुज** = मोम.

**मधुजा** = मिसरी.

**मधु जैसा स्वाद** = मिठास.

**मधुतरु** = ईख.

**मधुदूत** = आम वृक्ष.

**मधुदूती** = पाटलि.

**मधुद्रुम** = आम वृक्ष.

**मधुधूलि** = खाँड़, शक्कर.

**मधुप** = भ्रमर, सुराप्रेमी.

**मधुपर्क** = चढ़ावा.

**मधुपर्क** *सं* दही घी शहद जल शक्कर मिश्रण, मार्जिता, श्रीभक्ष, •चढ़ावा, •पंचामृत, •स्वागत.

**मधुपर्णी** = गिलोय.

**मधुपाका** = खरबूजा.

**मधुपात्र** = मद्यपात्र.

**मधुपान** = मद्यपान.

**मधुपुष्प** = मौलसिरी.

**मधुबाला** = वेटर, साक़ी बाला.

**मधुमक्खी** *सं* छेक, ज़ंबूर, दिवौका, *पतंग*, बी, भृंग, *मक्खी*, मक्षिका, मगस, मधुकारी, मधुमक्षिका, मालमक्खी, मुहाल मक्खी, शहद की मक्खी, •डंक, •पुष्प, •भ्रमर.

**मधुमक्खी (स्त्री)** = स्वच्छंद प्रेमी.

**मधुमक्खी छत्ता** *सं* करंड, *छत्ता*, छत्रक, मधुकोश, मधुचक्र, मोहार, शहद छत्ता, •नीड़.

**मधुमक्खी पालन** = कृषि.

**मधुमक्ष** = भ्रमर.

**मधुमक्षिका** = मधुमक्खी.

**मधुमती** = सुंदर स्त्री.

**मधुमय** = माधुर्यपूर्ण, मीठा/मीठी, सुंदर.

**मधुमल्लिका** = मालती.

**मधुमान** = सुंदर.

**मधुमान/मधुमती** = माधुर्यपूर्ण.

**मधुमालती** = मालती.

**मधुमास** = चैत्र मास, वसंत.

**मधुमास** *सं* मधुकाल, मधुरायन,

सुहाग मास, हनीमून, •मधुयामिनी.

**मधुयष्टी** = मुलेठी.

**मधुयामिनी** *सं* नवसंगम, मिलनयामिनी, शबे वस्ल, सुखरात्रि, सुहाग रात, •मधुमास.

**मधुर** = काव्यात्मक, गेय, मधुर स्वरीय, मीठा/मीठी, वसंती, श्रोतव्य, षड् स्वाद सूची, सत्कारपूर्ण, सुंदर, सौमनस्यपूर्ण.
**मधुर/मधुरा** = प्रेमपात्र/प्रेमपात्रा, माधुर्यपूर्ण.
**मधुरई** = मिठास.
**मधुरकंठी/मधुरकंठिनी** = मिष्टभाषी.
**मधुर कर्कटी** = संतरा.
**मधुरतम** = अंतरंगतम.
**मधुरता** = मिठास, सौंदर्य, सौमनस्य.
**मधुर ध्वनि करना** = चहचहाना.
**मधुर भाषण** = मृदुभाषण.
**मधुरभाषी/मधुरभाषिणी** = मिष्टभाषी.
**मधुरव्य** = ग्लूकोस, स्वीटनर.
**मधुरसा** = अंगूर, मुनक़्क़ा.

**मधुर स्वरीय** *वि* कलकंठ, कोकिलकंठ, कोकिलकंठी, भला/भली, मधुर, मयूरकंठी, मीठा/मीठी, मृदु मंद, मृदुल, *संगीतमय*, *सुखद*, सुरीला/सुरीली, सुहाना/सुहानी, सुहावना/सुहावनी, *सौम्य*, •मंदस्वरीय, •श्रोतव्य, ▪कनकना/कनकनी, ▪कर्कश स्वरीय, ▪कोलाहलपूर्ण, ▪फटे स्वर वाला.

**मधुर स्वाद** = मिठास.
**मधुरा** = पत्नी, पालक, प्रेमिका, मसूर, मुलेठी, सुंदर स्त्री, सौंफ.
**मधुराई** = मिठास.
**मधुराम्ल** = खटमिट्ठा/खटमिट्ठी.
**मधुराम्लक** = आमड़ा.
**मधुरायन** = मधुमास.
**मधुरिका** = सौंफ.
**मधुरिम** = मीठा/मीठी.
**मधुरिमा** = मिठास.
**मधुरोस** = ग्लूकोस.
**मधुल** = महुआ, सुंदर.
**मधुलोलुप** = भ्रमर.
**मधुवन** = पौराणिक वन उपवन सूची, वंशीवन.
**मधुशाला** = पानगृह सूची, मद्यशाला.
**मधुशेष** = मोम.
**मधुष्ठील** = महुआ.
**मधुसख** = कामदेव.
**मधुसूदन** = कृष्ण, भ्रमर.
**मधूक** = भ्रमर, महुआ.
**मधूज** = मोम.
**मधूलिका** = मुलेठी.
**मधूली** = आम वृक्ष, गेहूँ.
**मधे** = अंदर, बीच में.
**मध्यंदिन** = मध्याह्न.
**मध्य** = अंतर्भाग, कटि, केंद्रबिंदु, पर्यंत, बीच में, मध्यबिंदु, मध्यभाग, मध्यमीय.

**मध्य** *सं* अभ्यंतर, आंतरिक स्थान, केंद्र, *नाभि*, बीच, मध, मिडिल, *हृदय*, •अंतराल, •अंतर्भाग, •मध्यभाग, ▪छोर, ▪परकोटा, ▪परिधि.

**मध्य अमरीका** = अमरीका द्वय (मुख्य खंड) सूची.
**मध्य अवस्था** = मध्यावस्था.
**मध्यकाल** = अंतरिम काल.
**मध्यकालीन** = अंतरिम.

**मध्यकालीन** *वि* मध्ययुगीन, मध्ययुगीय, सामंतकालीन, सामंतीय.

**मध्यगत** = अंतर्स्थापित.
**मध्यधार** = मँझधार.
**मध्यपक्ष** = विवाह घटक.
**मध्यपूर्व** = पश्चिम एशिया.
**मध्यप्रदेश** = भारत राज्य प्रदेश.

**मध्यप्रदेश** *सं* मध्यभारत (पूर्व आंशिक), सैंट्रल इंडिया (पूर्व नाम), सैंट्रल प्रौविंसेज़ (पूर्व नाम), सैंट्रल प्रौविंसेज़ ऐंड बरार (पूर्व नाम), •भारत राज्य प्रदेश सूची.

**मध्यप्रदेशः राजधानी** *सं* भोपाल.

**मध्यबिंदु** = केंद्रबिंदु.

**मध्यबिंदु** *सं* अद्धम, अर्धबिंदु, *केंद्रबिंदु*, बीच, *मध्य*, •नाभि.

**मध्यभाग** *सं* उदर, *कटि*, कमर, तन, *तना*, दरम्यान, *धड़*, *नाभि*, *पेट*, बिचवाड़ा, बीच, *मध्य*, मध्यस्थान, •अंतराल, •अंतर्क्षेत्र, •अंतर्भाग, ▪सीमा.

**मध्यभारत (पूर्व आंशिक)** = मध्यप्रदेश.
**मध्यम** = औसत, मध्यमवर्गीय, मध्यमस्तरीय, मध्यमार्गी, मध्यमीय, मध्यवित्त, माध्यमिक अवस्था वाला. सप्तक स्वर सूची.

**मध्यम** *वि* दरमियाना, बिचला/बिचली, मँझला/मँझली, मझोला/मझोली, मध्यमाकार, मध्याकार, माध्यम, माध्यमिक, म्याना/म्यानी, ▪बृहत्.

**मध्यमणि** = मुख्य मनका.
**मध्यम पांडव** = अर्जुन.
**मध्यम पुरुष** = आप, तुम, तू.
**मध्यम पुरुष सर्वनाम** = सर्वनाम.
**मध्यम मार्गीय** = मध्यमार्गी.

**मध्यम वर्ग** *सं* बूर्जुआजी, मध्य वर्ग, मिडिल क्लास, •पूँजीवादी वर्ग, •समाज वर्ग.

**मध्यम वर्गीय** = मध्यमवर्गीय.

**मध्यमवर्गीय** *वि* *मध्यम*, मध्यम वर्गीय, *मध्यवित्त*, मध्यवित्तीय, मिडिलक्लास, •आहारसंपन्न, •स्वावलंबी.

**मध्यमस्तरीय** *वि* अच्छा ख़ासा/अच्छी ख़ासी, अनुल्लेखनीय, *औसत*, *कामचलाऊ*, ख़ासा, चलता/चलती, चलाऊ, चालू, ठीक ठाक, दरमियाना, बिचमाँदा/बिचमाँदी, मझला/मझली, *मध्यम*, मध्यस्तरीय, माध्यमिक, मामूली, म्याना/म्यानी, *साधारण*, •अवमानक, •कामचलाऊ, •बुरा/बुरी, •सामान्य, ▪उत्तम, ▪परिपूर्ण.

**मध्यमा** = मध्यमा उँगली.

**मध्यमा उँगली** *सं* अँगूठे से दूसरी उँगली, कर्णिका, ज्येष्ठा, दूसरी उँगली, बिचली उँगली, बीच की उँगली, मध्यमा, मध्यमिका.

**मध्यमाकार** = मध्यम.

**मध्यमार्गी** *वि* *दृढ़मतहीन*, बीच का,

*मध्यम*, मध्यम मार्गीय, मध्यवर्ती, माध्यमिक, •गुटनिरपेक्ष, •दृढ़मतहीन, •शांतिप्रेमी, •सहनशील, ▪उग्रवादी, ▪पूर्वग्रहपूर्ण.

**मध्यमिका** = मध्यमा उँगली.
**मध्यमीय** = केंद्रीय.

**मध्यमीय** *वि* अंतरालीय, दरमियाना/दरमियानी, मँझला/मँझली, मझला/मझली, मद्धम, *मध्य*, *मध्यम*, माध्यम, माध्यमिक, •आंतरिक, •मध्यीय, ▪बाह्य, ▪सीमावर्ती.

**मध्य में** = अंदर, अधरास्ते, बीच में.
**मध्य में** = इस बीच.
**मध्ययुगीन** = मध्यकालीन.
**मध्ययुगीय** = मध्यकालीन.
**मध्य राज्य (पूर्व नाम)** = चीन.

**मध्यरात्रि** *सं* अतिरात्र, अर्धरात्रि, आधी रात, निशीथ, निशीथिनी, महानिशा, महारात्र, रात के बारह बजे, •रात, ▪मध्याह्न.

**मध्य रात्रि-मध्य रात्रि काल (कहीं)** = तारीख़.
**मध्य रात्रि से मध्याह्नः समय** = एऐम.
**मध्यवय** = मध्यवयस्क, मध्यावस्था, मध्यावस्था.

**मध्यवयस्क** *वि* अधेड़, प्रौढ़/प्रौढ़ा, बड़ा/बड़ी, मध्यवय, •जवान, •वृद्ध, ▪अवयस्क, ▪शिशु.

**मध्य वर्ग** = मध्यम वर्ग.
**मध्यवर्गीय** = मध्यवित्त.
**मध्यवर्ती** = आंतरिक, मध्यमार्गी, मध्यवित्त, मध्यस्थ.
**मध्यवर्ती कक्ष** = गर्भगृह.
**मध्यवर्ती काल** = अंतरिम काल.
**मध्यवर्ती भाग** = अंतर्क्षेत्र.
**मध्यवित्त** = मध्यमवर्गीय.

**मध्यवित्त** *वि* अच्छा ख़ासी/अच्छी ख़ासी, खाता पीता/खाती पीती, गुज़ारे लायक आय वाला, न अमीर न ग़रीब, *मध्यम*, मध्यवर्गीय, मध्यवर्ती, मध्यवित्तीय, मध्यस्तरीय, संभ्रांत, •आहारसंपन्न, •उच्चवित्त, •साधारण, •स्वावलंबी, ▪निम्नवित्त.

**मध्यवित्तीय** = मध्यमवर्गीय, मध्यवित्त.
**मध्य विश्राम** = मध्यावकाश.
**मध्यवीथिका** = मध्यवीथी.

**मध्यवीथी** *सं* आइल, कारीडोर, *गली*, मध्यवीथिका, वीथिका, संचारिणी, •गलियारा, •नाट्यागार, •सड़क पार्श्व, •सिनेमाघर.

**मध्यस्तरीय** = मध्यमस्तरीय, मध्यवित्त.
**मध्यस्थ** = दलाल, पंच.

**मध्यस्थ** *सं* तिसरैत, बिचवई, बिचौलिया, मध्यवर्ती, सहजकारी, सहायक, •पंच.

**मध्यस्थता** = दलाली, पंचाट.
**मध्यस्थान** = मध्यभाग.
**मध्यस्थानीय** = द्वितीय स्थानीय.

**मध्यांतर** *सं* *अंतराल*, अंतरावधि, इंटरवल, मध्यांतर काल, मध्यांतराल, *विराम*, *संधि*, हाफ़ टाइम, •कार्यांत, •मध्यावकाश, •लंच ब्रेक.

**मध्यांतर काल** = मध्यांतर.
**मध्यांतराल** = मध्यांतर.
**मध्याकार** = मध्यम.

**मध्यावकाश** *सं* *अंतराल*, आधी छुट्टी, काम से छुट्टी, कार्य अंतराल, कार्य अवकाश, कार्य विश्राम, खेल की छुट्टी, छुट्टी, छोटी छुट्टी, बीच की छुट्टी, *ब्रेक*, मध्य विश्राम, रिसैस, विरति, विश्राम काल, •मध्यांतर, •लंच ब्रेक.

**मध्यावस्था** *सं* अधेड़ अवस्था, अर्धायु, अर्धावस्था, चालीस का पेटा, चालीस से साठ साल तक वय, मध्य अवस्था, मध्यवय, •यौवन, •वृद्धावस्था.

**मध्याह्न** *सं* अर्धदिन, उद्दिन, जून, दिन के बारह बजे, दिनार्ध, दुपहर, दोपहर, मध्यंदिन, मध्याह्न काल, लंच टाइम, •पूर्वाह्न, ▪अपराह्न, ▪मध्य रात्रि.

**मध्याह्न आहार** = लंच.
**मध्याह्न उपरांत काल** = अपराह्न.
**मध्याह्न काल** = त्रिसंध्या सूची, मध्याह्न.
**मध्याह्न पूर्वकाल** = पूर्वाह्न.
**मध्याह्न रेखा** = याम्योत्तर रेखा.
**मध्याह्न से मध्य रात्रिः समय** = पीऐम.
**मध्ये** = अंदर, बीच में, में.
**मध्येष्ठ** = मझला/मझली.
**मनःशक्ति** = मनोबल.
**मन** = अनुभूति, इच्छा, उद्देश्य, प्रवृत्ति, भाव, मन (भार), विचार, विवेक.

**मन** *सं* *अंतरंग*, अंतर्घट, अंतर्तम, अंतस्तल, *अंदर*, अनंग, आंतरिक इंद्रिय, *आत्मा*, इंद्रियराज, इच्छा केंद्र, उर, क्षेत्रज्ञ, चित्त, चेत, जी, ज्ञान कर्म उभय इंद्रिय, दिल, बुद्धींद्रिय, भावना, भीतर, मनसा, मनस्, मनेंद्रिय, मनो-, मनोभावना, माइंड, मानस, *वक्ष*, साइकी, सुखदुःख अनुभूति साधन, स्वांत, हिय, हिया, हिरदय, *हृदय*, •अंतरात्मा, •बुद्धि.

**मन (भार)** *सं* किलोग्राम 37.35, पौंड 82.28, *मन*, सेर 40, •तौल.

**मन अटकना** = प्रेम करना.
**मन अवस्था** = मूड.
**मन आना** = चाहना.
**मनई** = जना, मानव.
**मन करना** = चाहना.
**मन का** = इच्छित.
**मनका** = कुमकुमा, नगीना, मणि.

**मनका** *सं* *कुमकुमा*, गुटका, गुरिया, दाना, नग, *नगीना*, पत्थर, *मणि*, मणिका, माला दाना, मुक्ता, *मोती*, *रत्न*, रत्न दाना, •नगीना, •पैंडेंट, •माला, •मुख्य मनका, •लड़ी.

**मन का खोटा** = कुटिल.
**मन का मालिक** = स्वेच्छाचारी.
**मन का मीत** = अंतरंग मित्र.
**मन की उड़ान** = फ़ैंटेसी, स्वप्न.

**मन की उड़ान लेने वाला व्यक्ति** = स्वप्नद्रष्टा.
**मन की कुलाँच** = सहसा कल्पना.
**मन की गाँठ** = वैमनस्य.
**मन की मौज** = अलमस्ती.
**मनकूला** = सचल.
**मन को छूने वाला** = सहमतकारी.
**मनगढंत** = गप.
**मनगढ़ंत** = असत्य, काल्पनिक, तथ्यहीन.
**मनघड़ंत** = अयथार्थ.
**मन चलना** = चाहना, प्रेम करना, ललचना.
**मनचला/मनचली** = अलमस्त, रूमानी, वीर, साहसी.
**मनचाहा/मनचाही** = इच्छित, पसंद, प्रिय.
**मनचाहे** = स्वेच्छया.
**मनचीता/मनचीती** = इच्छित, पसंद, प्रेमपात्र/प्रेमपात्रा.
**मनडे** = सोमवार.
**मन डोलना** = प्रेम करना, ललचना.
**मनतः** = हार्दिकतः.
**मन देना** = प्रेम करना.
**मनन करना** = सोचना परखना.
**मनन परिणाम** = विचार.
**मननपूर्ण** = दार्शनिकतापूर्ण.
**मन न लगना** = ऊबना.
**मननशील** = दार्शनिकतापूर्ण, विचारशील.
**मननीय** = विचारणीय.
**मन परिवर्तन** = मत परिवर्तन.
**मनपसंद** = पसंद, प्रेमपात्र/प्रेमपात्रा.
**मनपसंद गतिविधि** = शौक़.
**मन प्रभावन** = ब्रेनवाशिंग.
**मन प्रशामक** = प्रशामक औषध.
**मनबसा/मनबसी** = प्रेमपात्र/प्रेमपात्रा.
**मनबसिया** = प्रिय, प्रेमपात्र/प्रेमपात्रा.
**मन बहलाऊ** = मनोरंजक, रोचक, सांत्वनाप्रद.
**मन बहलाना** = बहलाना.
**मन बहलाव** = गपशप, मनोरंजन, सांत्वना.
**मन बुद्धि चित्त अहंकार** = आत्मा.
**मन बुद्धि प्रभावन** = ब्रेनवाशिंग.
**मनभंजन** = हृदयभंजन.
**मनभाता/मनभाती** = पसंद.
**मनभाया/मनभाई** = इच्छित, पसंद, प्रेमपात्र/प्रेमपात्रा.
**मनभावता/मनभावती** = प्रेमपात्र/प्रेमपात्रा.
**मनभावन** = प्रिय, सुंदर.
**मनभावना/मनभावनी** = पसंद, लाड़ला/लाड़ली.
**मनभावनी** = सुंदर स्त्री.
**मन मंदिर में बैठाना** = प्रेम करना.
**मनमथन** = कामदेव.
**मनमर्ज़ी** = पूर्ण अनुमति, स्वाधीनता, स्वेच्छा, स्वेच्छाचार.
**मन मर्ज़ी का** = इच्छित.
**मन मर्ज़ी से** = स्वेच्छया.
**मनमस्ती** = अलमस्ती.
**मनमा** = बहरीनः राजधानी.
**मनमाना/मनमानी** = इच्छित, निरंकुश, वशातीत.
**मनमानी** = अन्याय, असंयम, कुशासन, स्वाधीनता, स्वेच्छा, स्वेच्छाचार, हेकड़ी.
**मन मारा** = अतृप्त.
**मनमितवा** = अंतरंग मित्र, मित्र.
**मन मिलना** = प्रेम करना.
**मनमीत** = अंतरंग मित्र, मित्र.
**मनमुटाव** = वैमनस्य.
**मन में आना** = मानना, समझना.
**मन में बैठना** = मानना.
**मन में संचित** = स्मृत.
**मनमोदक** = दिवास्वप्न.
**मनमोहक** = आकर्षक, दर्शनीय, मनोरंजक, मोहक, रोचक, सुंदर.
**मनमोहन** = कृष्ण, प्रिय, मोहक, सम्मोहन कर्म, सुंदर.
**मनमोहन/मनमोहिनी** = प्रेमपात्र/प्रेमपात्रा.
**मन मोहना** = रुचना.
**मनमोहिनी** = सुंदर स्त्री.
**मनमौज** = अलमस्ती, आनंद, आनंदातिरेक, मूड, सनक.
**मनमौजी** = अलमस्त, नटखट, विनोदप्रिय, सनकी.
**मनमौजीपन** = अलमस्ती.
**मन रखना** = पसीजना, बहलाना, मानना.
**मन लगा कर** = हार्दिकतः.
**मन लगाना** = प्रेम करना.
**मनवाना** *क्रि* अनुकूल करना, अपनी बात मनवाना, आपत्ति निवारण करना, कहना सुनना, क़ायल करना, गले उतारना, *जीतना*, *झुकाना*, *ढालना*, दलील पेश करना, दिल जीतना, पक्ष में करना, पटाना, पसीजवाना, प्रभावित करना, *फुसलाना*, बात मनवाना, मत परिवर्तन करवाना, मतभेद मिटाना, *मनाना*, रमाना, राज़ी करना, विश्वास जीतना, *समझाना*, समझाना बुझाना, सहमत करना, सहमत कराना, *साधना*, हाँ कहलवाना, ●चपराना, ●फुसलाना, ●मनुहारना, ●मानना, ●सुझाना.
**मनशा** = उद्देश्य.
**मनश्चक्षु** = अंतर्बोध.
**मनश्चेतना** = अनुभूति, चेतन मन.
**मनसब** = उपाधि, सत्ताधिकार.
**मनसबदार** = उपाधित, सामंत.
**मनसबदारी** = जागीर.
**मनसा** = बुद्धि, मन, हार्दिकतः.
**मनसिज** = कामदेव, वासना.
**मनसूब** = योजित.
**मनसूबा** = उद्देश्य, दिवास्वप्न, योजना.
**मन से** = हार्दिकतः.
**मनसोविकार (भरत)** = काव्य भाव.
**मनस्** = मन.
**मनस्कता** = मनोवृत्ति, स्वभाव.
**मनस्ताप** = पश्चात्ताप, शोक.
**मनस्ताप** *सं* अंतर्द्वंद्व, *ताप*, मनोव्यथा, संताप, ●पश्चात्ताप, ●शोक.
**मनस्तापपूर्ण** = प्रायश्चित्तपूर्ण.
**मनस्तुष्टि** = तृप्ति.
**मनस्तोष** = संतोष.
**मनस्विता** = बुद्धिमत्ता.
**मनस्वी** = गंभीर, ध्यानी, प्रतिभाशाली व्यक्ति, बुद्धिमान, विद्वान व्यक्ति, व्याख्याता.
**मनहर** = काव्यात्मक, सुंदर.
**मन हरना** = मोहना.
**मन ही मन बोलना** = बड़बड़ाना.
**मनहूस** = अनिष्टकारी.
**मनहूसियत** = दुष्कामना.
**मनहूसी** = उदासी.

**मना** = निषिद्ध.
**मनाई** = मनुहार.

**मनाऊ** *वि* चतुर, पटाऊ, प्रसन्नमुख, मनाने वाला, मिठबोला/मिठबोली, मीठा/मीठी, वाक्पटु, वाग्मी, शब्दचतुर, समझाऊ, सहमत करने की क्षमता वाला, ●सहमतकारी.

**मना करना** = ठुकराना.
**मना करने वाला** = वर्जयिता.
**मनाघना** = मकोय.
**मनाना** = फुसलाना, बहलाना, मनवाना, मनुहारना.

**मनाना** *क्रि* आँख खोलना, आपत्ति निवारण करना, आपत्ति मिटाना, आश्वस्त करना, क़ायल करना, जवाब देना, बात मनवा लेना, भ्रम दूर करना, विश्वास जीतना, विश्वास दिलाना, संदेह दूर करना, संदेह मिटाना, *समझाना*, सहमत करना, ●मनवाना, ●स्पष्ट करना, ■भरमाना.

**मनाने वाला** = मनाऊ.
**मनावन** = मनुहार.
**मनाही** = असमावेश, अस्वीकृति, तर्जन, प्रतिबंध, सैंसरशिप.
**मनियार** = अत्यलंकृत, शोभनीय, सुंदर.
**मनिहार/मनिहारिन** = चुड़िहार.
**मनिहार/मनिहारी** = चुड़िहार.
**मनी** = करंसी, मणि, वीर्य.
**मनीबैग** = बटुआ.
**मनीबैल्ट** = नौली.
**मनी मार्केट** = मुद्रा बाज़ार.
**मनीषा** = इच्छा, बुद्धि.
**मनीषित** = इच्छित.
**मनीषी** = दार्शनिक, ध्यानी, बुद्धिजीवी, बुद्धिमान, विचारक, विद्वान व्यक्ति.

**मनु** *सं* आदिपुरुष, आदिराज, प्रथम मानव, प्राचेतस, ब्रह्मा मानस पुत्र, मनुष्य आदिपुरुष, वैराज, सनातन पुरुष, ●वैवस्वत मनु.

**मनु सूची** *सं* 1 स्वायंभुव, 2 स्वारोचिष, 3 उत्तम, 4 तामस, 5 रैवत, 6 चाक्षुष, 7 वैवस्वत, 8 सावर्णि, 9 दक्ष सावर्णि, 10 ब्रह्म सावर्णि, 11 धर्म सावर्णि, 12 रुद्र सावर्णि, 13 रुचि देव सावर्णि, 14 इंद्र सावर्णि मनु.

**मनु आदि रचित धर्म शास्त्र** = संहिता.
**मनुकाल** = प्रागितिहास काल, मन्वंतर.
**मनुख** = मानव.
**मनुज** = मानव.
**मनुजा** = स्त्री.
**मनुजात** = मानव.
**मनुजाद** = नरभक्षकाः.
**मनुजी** = स्त्री.
**मनुजोत्तम** = महापुरुष.
**मनुपुत्र** = मानव.

**मनु प्रलय** *सं* एकार्णव, जलप्रलय, नूह प्रलय, नूह बाढ़, *प्रलय*, प्लव, *बाढ़*, महाप्रलय, विप्लव, संप्लव, सलिलोपप्लव.

**मनुमानव** = मानव.
**मनु वंश** = मानव जाति.
**मनु वंशी** = मानव.
**मनु वानर** = मिसिंग लिंक.
**मनुष** = मानव.
**मनुष्य** = मानव, मानव जाति.
**मनुष्य आदिपुरुष** = मनु.
**मनुष्यकृत** = मानवनिर्मित.
**मनुष्य गणना** = जनगणना.
**मनुष्य जाति** = मानव जाति.

**मनुष्यभक्षक** *सं* आदमख़ोर, नरभक्षी, पिशाच, पुरुषाद, मनुष्यभक्षी, *वन्य*, ●राक्षस, ●शवभक्षक, ●स्वजाति भक्षी, ●हिंस्र जीव.

**मनुष्यभक्षी** = मनुष्यभक्षक.
**मनुष्य भक्षी जीव** = नरभक्षकाः.
**मनुष्यलोक** = पृथ्वी.
**मनुष्य हरण** = अपहरण.
**मनुष्या** = स्त्री.
**मनुष्याकृति सर्प** = नाग.
**मनुष्यीय** = मानवीय.
**मनुष्योचित** = मानवोचित.
**मनुसंतति** = मानव जाति.
**मनुस** = युवक.
**मनुस्मृति** = हिंदू विधि संहिता.
**मनुहार** = गिड़गिड़ाहट, प्रसन्नन, प्रार्थना, याचना.

**मनुहार** *सं* अनुनय, *ख़ुशामद*, चिरौरी, तुष्टि, तोषकरण, पटाई, पुचारा, *प्रसन्नन*, प्रसन्नीकरण, मनाई, मनावन, मनौअल, मनौती, मान मनौती, मानमनौवल, मिन्नत, रोष निवारण, विनती, विनय, शमन, सई सिफ़ारिश, समाजत, ●चाटूक्ति, ●फुसलावा, ■प्रणय कोप, ■रूठन.

**मनुहार करना** = मनुहारना.

**मनुहारना** *क्रि* झुकना, तुष्ट करना, तोखना, पटाना, प्रसन्न करना, प्रसादना, बात मानना, *बुझाना*, *मनाना*, मनुहार करना, रज़ामंद करना, राज़ी करना, रिझाना, *समझाना*, समझाना बुझाना, ●फुसलाना, ■क्रुद्ध करना, ■रुठाना.

**मनुहार नीति** = तुष्टीकरण.
**मनेंद्रिय** = मन.
**मनो-** = मन, मनोविज्ञानीय, मानसिक.
**मनोकल्पना** = कल्पना, दिवास्वप्न, परिकल्पना, फ़ैंटेसी.
**मनोकल्पना लोक** = परीलोक.
**मनोकल्पित** = काल्पनिक.
**मनोकामना** = इच्छा, दिवास्वप्न.
**मनोकामनापूर्ण** = इच्छुक
**मनोकामनाहीन** = लालसाहीन.
**मनोक्षिप्त** = पागल.

**मनोक्षिप्त** *वि* उत्तप्त, चिल्लाता/चिल्लाती, चीख़ता/चीख़ती, चीख़ता चिल्लाता/चीख़ती चिल्लाती, दीवाना/दीवानी, *पागल*, प्रलापी, बकता/बकती, बकता झकता/बकती झकती, बहकता/बहकती, बहका/बहकी, विक्षिप्त, ●अनर्गल, ●ज्वरग्रस्त, ●सनकी.

**मनोगत** = अनभिव्यक्त.
**मनोगुप्त** = अनभिव्यक्त.
**मनोग्राहिणी** = सुंदर स्त्री.
**मनोग्राही** = मोहक.

**मनोग्राह्य** *वि* अभिप्रेय, उपयुक्त, ग्राह्य, पसंद आने योग्य, प्रेय, बढ़िया, मनोज्ञ, *योग्य*, रुचिकर,

रुचिष्य, वरीय, *वांछनीय*, *स्वीकार्य*, •आकर्षक, •पसंद, ■अस्वीकार्य, ■घिनौना/घिनौनी.

**मनोघात** = हृदयभंजन.

**मनोघात** *सं आघात*, झटका, ठेस, त्रास, धक्का, मनोत्रास, व्यक्तित्व भंजन, व्याघात, शौक, संत्रास, सदमा, •पस्ती.

**मनोचिकित्सक** = मनोविज्ञानी, मनोविज्ञानी.
**मनोचिकित्सा** = मनोविश्लेषण.

**मनोचिकित्सा** *सं* चित्त वैद्यकी, दिमाग़ का इलाज़, पागलपन का इलाज, मनोरोग चिकित्सा, *मनोविज्ञान*, साइकोथेरेपी, •मनोविज्ञान.

**मनोज** = कामदेव, सुंदर, सुंदर पुरुष.
**मनोजगतीय** = मनोविज्ञानीय, मानसिक.
**मनोजव** = द्रुत.
**मनोज्ञ** = मनोग्राह्य, सुंदर, सुंदर पुरुष.
**मनोज्ञा** = सुंदर स्त्री.
**मनोज्ञान** = अनुभूति.
**मनोतेज** = मनोबल.
**मनोत्रास** = मनोघात.
**मनोदशा** = मूड.
**मनोदृश्यावली** = बिंब विधान.

**मनोनयन** *सं* नामज़दगी, नामन, नाम निर्देशन, नामांकन, •नियुक्ति, •निर्वाचन.

**मनोनिवेश** = ध्यान.
**मनोनीत** = आरक्षित, पसंद.

**मनोनीत** *वि* अनिर्वाचित, नामज़द, नाम निर्दिष्ट, नामांकित, नामित, •निर्वाचित.

**मनोनीत उत्तराधिकारी** = युवराज.
**मनोनीत परपुरुष द्वारा गर्भदान** = नियोग.
**मनोनुकूल** = इच्छित.
**मनोनुभूति** = अनुभूति, ज्ञानेंद्रिय.
**मनोन्मादक** = उन्मादक.
**मनोपरिवेश** = मूड.
**मनोबल** = आत्मविश्वास, धैर्य.

**मनोबल** *सं* अंतर्शक्ति, अडिगता, अविचलता, अहद, आत्मबल, इच्छाशक्ति, *उत्साह*, उत्साह शक्ति, बुलंद हौसला, मनःशक्ति, मनोतेज, मानसिक शक्ति, *संकल्प*, समूह बल, हौसला, •आत्मविश्वास, •धैर्य, •साहस, ■उदासी, ■दुबिधा, ■निराशा, ■विचलन.

**मनोबल तोड़ना** = डराना.
**मनोबाधा** = आकांक्षादमन.
**मनोबाध्यता** = उन्माद.
**मनोभंग** = निराशा, पस्ती.
**मनोभंजन** = पस्ती.
**मनोभाव** = काव्य भाव, भाव.
**मनोभावना** = मन.
**मनोभावपूर्ण** = भावपूर्ण.
**मनोभिलषित** = इच्छित.
**मनोभिलाषा** = इच्छा, महत्त्वाकांक्षा.
**मनोभ्रंश** = मनोविकार.
**मनोमंथन** = आत्मनिरीक्षण, दुबिधा.
**मनोमंथन करना** = सोचना परखना.
**मनोमालिन्य** = वैमनस्य.
**मनोमुग्धकारी** = दर्शनीय, मोहक, रोचक.
**मनोयोग** = ध्यान, साधना.
**मनोरंजक** = रोचक.

**मनोरंजक** *वि आनंदप्रद*, आमोदप्रमोदपूर्ण, आह्लादक, क्लांतिहर, दिलचस्प, दिल बहलाऊ, *प्रिय*, प्रियकर, मज़ेदार, मन बहलाऊ, मनमोहक, मनोरंजनप्रद, मोदक, रंजक, रमणीक, रम्य, रसपूर्ण, *रोचक*, संतापहर, सुखप्रद, हर्षद, हर्षप्रद, हास्यपूर्ण, हुलासक, ह्लादक, ■अमनोरंजक, ■अरोचक, ■उबाऊ.

**मनोरंजन** = विनोद.

**मनोरंजन** *सं आनंद*, आनंद भोग, आमोद, आमोदप्रमोद, ऐंटरटेनमैंट, कौतुक, खेलकूद, खेलतमाशा, चर्चरिका, तफ़रीह, तमाशा, दिलबस्तगी, दिल बहलाव, नाचरंग, प्रमोद, बहलाव, मज़ा, मन बहलाव, मनोविनोद, मस्ती, मौज, मौजमज़ा, *रंग*, रंगरस, रंगरेली, रागरंग, रासरंग, रीक्रिएशन, लास, लुत्फ़, *विनोद*, *विहार*, शग़ल, हँसीखुशी, हँसीखेल, हेला, •खेल, •गपशप, •नाटक, •नृत्य, •पिकनिक, •फ़िल्म, •विनोद, •शौक़, •संगीत, •हुड़दंग.

**मनोरंजन उद्यान** = अप्पूघर.
**मनोरंजन कक्ष** = क्रीड़ागृह.
**मनोरंजन घर** = क्रीड़ागृह.
**मनोरंजनप्रद** = मनोरंजक.
**मनोरंजन यात्रा** = सैरसपाटा.

**मनोरंजन स्थान** *सं* अखाड़ा, आमोदस्थान, क्रीड़ांगन, क्रीड़ास्थली, प्रांगण, मोदस्थान, *रंगभूमि*, लीलाभूमि, विहारस्थल, •अप्पूघर, •क्रीड़ा उपवन, •क्रीड़ागृह, •क्लब, •खेल मैदान, •स्केटिंग रिंक.

**मनोरंजनहीन** = अमनोरंजक, अरसिक, अरोचक.

**मनोरंजित** *वि* अनुरंजित, *अम्लान*, *आनंदित*, आमुदित, उत्फुल्ल, खिला/खिली, खुश, गतक्लांति, *ताज़ा*, ताज़ादम, प्रफुल्ल, प्रमुदित, *प्रसन्न*, बहला/बहली, रंजित, हरा/हरी, हरा भरा/हरी भरी, हर्षित, हलका/हलकी, हृषित, ह्लादित, •आनंदित, •विश्रांत.

**मनोरंजित करना** = हँसाना.
**मनोरचना** = परिकल्पना.
**मनोरथ** = इच्छा, उद्देश्य, मन्नत, संकल्प.
**मनोरथपूर्ति** = सफलता.
**मनोरथप्रद** = इच्छद.
**मनोरथ सिद्धि** = इच्छापूर्ति.
**मनोरथ सृष्टि** = फ़ैंटेसी.
**मनोरथहीन** = संतोषी.
**मनोरथात्मक** = उद्देश्यपूर्ण.
**मनोरम** = कलात्मक, दर्शनीय, मोहक, रोचक, सुंदर, सुरम्य.
**मनोरमणी** = सुंदर स्त्री.
**मनोरमता** = सौंदर्य.
**मनोरमा** = सुंदर स्त्री.
**मनोराग** = आसक्ति, प्रेम.
**मनोराज्य** = दिवास्वप्न.
**मनोरोग** = पागलपन.

**मनोरोग चिकित्सा** = मनोचिकित्सा.
**मनोलोक** = दिवास्वप्न.
**मनोवल्लभ** = प्रेमी.
**मनोवल्लभ/मनोवल्लभा** = प्रेमपात्र/प्रेमपात्रा.
**मनोवल्लभा** = प्रेमिका.
**मनोवांछा** = इच्छा.
**मनोवांछित** = इच्छित.
**मनोविकार** = पागलपन, भाव.

**मनोविकार** *सं* अनुभूति विकार, अस्थिरचित्तता, अस्थिरता, चित्त विकार, न्यूरोसिस, मनोभ्रंश, मानसिक विकार, व्यक्तित्व विघटन, साइकोपैथी, •आतंकानुभूति, •पागलपन, •सनक, •हिस्टीरिया, ▪स्वस्थमनस्कता.

**मनोविकारग्रस्त** *वि अस्थिर*, अस्थिरचित्त, अस्वस्थमनस्क, उद्‌भ्रांत, उद्विग्न, क्षिप्त, विखंडित, •पागल, •सनकी, ▪स्वस्थमनस्क.

**मनोविकारहीन** = स्वस्थमनस्क.
**मनोविज्ञान** = मनोचिकित्सा.

**मनोविज्ञान** *सं* मनोविद्या, मानस शास्त्र, मानसिकी, साइकोलाजी, •मनोचिकित्सा.

**मनोविज्ञानी** *सं* मनोचिकित्सक, मनोचिकित्सक, साइकिऐट्रिस्ट, साइकोलाजिस्ट.

**मनोविज्ञानीय** *वि* अंतःकरणीय, अंदरूनी, *आंतरिक*, चित्तीय, भावनात्मक, मनो-, मनोजगतीय, मनोवैज्ञानिक, *मानसिक*, साइकोलाजिकल.

**मनोविद्या** = मनोविज्ञान.
**मनोविनोद** = गपशप, मनोरंजन, विनोद, शौक़.

**मनोविश्लेषण** *सं* चित्त विश्लेषण, *मनोचिकित्सा*, *विश्लेषण*, •पागलख़ाना.

**मनोवृत्ति** = स्वभाव.

**मनोवृत्ति** *सं* आचार वृत्ति, ज़ेह्नीयत, धी, *प्रवृत्ति*, मनस्कता, मानसिकता, मानसी, मैंटलिटी, रुझान, वृत्ति, साइकोलाजी, •आदत, •प्रवृत्ति, •विचारधारा, •व्यक्तित्व, •स्वभाव.

**मनोवृत्तिगत** = स्वाभाविक.
**मनोवृत्तीय** = भावनाधारित, स्वाभाविक.
**मनोवैज्ञानिक** = मनोविज्ञानीय.
**मनोव्यथा** = मनस्ताप, शोक.
**मनोव्यथाकारी** = करुणाजनक, दुःखद.
**मनोव्यथित** = खेदपूर्ण, भग्नहृदय.
**मनोहत** = निराश, पस्त, हतोत्साहित.
**मनोहर** = कलात्मक, प्रलोभनकारी, मोहक, रोचक, सुंदर, सुरम्य, सुरुचिपूर्ण.
**मनोहरता** = सौंदर्य.
**मनोहारिणी** = सुंदर स्त्री.
**मनोहारी** = मोहक, सुंदर.
**मनौअल** = प्रसन्नन, मनुहार, मन्नत.
**मनौती** = पनौती, मनुहार, मन्नत, सामनीति.

**मन्नत** *सं* इच्छापूर्ति कामना, कामना, *फ़रियाद*, मनोरथ, मनौअल, मनौती, मानता, मान मनौती, मुराद, वरकामना, वरप्रार्थना, वरयाचना, साध, ▪वरदान.

**मन्नतपूर्त** = पूर्णेच्छ.
**मन्नतपूर्ति** = इच्छापूर्ति.
**मन्मथ** = कामदेव.
**मन्मथप्रिया** = रति.
**मन्मथबंधु** = चंद्रमा.
**मन्मथसख** = वसंत.
**मन्मथालय** = आम वृक्ष.
**मन्मथी** = प्रेमासक्त.
**मन्यु** = अभिमानी.
**मन्युमान** = अभिमानी.
**मन्वंतर** = युग.

**मन्वंतर** *सं* कल्प 1/14, चतुर्युगी 71, पर्याय, मनुकाल, वर्ष 30,67,20,000, •काल, •वैवस्वत मन्वंतर.

**मन्वंतरीय** = युगीय.

**मफ़लर** *सं* गुलूबंद, *रूमाल*, रूमाली, •टाई, •स्कार्फ़.

**मम** = मेरा/मेरी.
**मम्ँ (बच्चों की भाषा)** = जल.
**ममटी** = गुमटी, पहरा मीनार.
**ममता** = करुणा, दया, मोह, वात्सल्य, वात्सल्य रस, सहानुभूति, सांत्वना, स्वजन भावना.

**ममता** *सं* अपनापन, ऊष्मा, ममता मोह, *माया*, माया ममता, मायामोह, मेरापन, *मोह*, मोहमाया, *वात्सल्य*, विमोह, संतान मोह, •आसक्ति, •प्रेम, •लाड़, •वात्सल्य, ▪निर्दयता.

**ममतापूर्ण** = प्रेममय/प्रेममयी.

**ममतापूर्ण** *वि* अपनत्वपूर्ण, अपना/अपनी, आपसी, पारिवारिक, ममतामय, ममत्वपूर्ण, मोहममतापूर्ण, मोहमय, मोही/मोहिनी, •घर जैसा, •वत्सल.

**ममतामय** = ममतापूर्ण, स्त्रियोचित.
**ममता मोह** = ममता.
**ममताहीन** = अनासक्त, शत्रुतापूर्ण.
**ममताहीनता** = परजन भावना.
**ममत्व** = स्वजन भावना.
**ममत्वपूर्ण** = भावुक, ममतापूर्ण.
**मम्मा** = माता.
**मम्मी** = माता.
**मयंक** = चंद्रमा.
**-मय** = भरा/भरी.
**मय** = मद्य.
**मयकश** = सुराप्रेमी.
**मयकशी** = मद्यपान.
**मय तनया** = मंदोदरी.
**मयन** = कामदेव, वासना.
**मयनोश** = सुराप्रेमी.
**मयनोशी** = मद्यपान.
**मयपरस्त** = मद्यप, सुराप्रेमी.
**मयपरस्ती** = मद्यपान.
**मयफ़रोश** = मद्य विक्रेता.
**मयस्सर** = लभ्य.
**मया** = घोड़ी.
**मयूख** = किरण, कील, ज्वाला, दीपशिखा.
**मयूर** = मोर.
**मयूरकंठी** = मधुर स्वरीय.
**मयूरक** = मोर.
**मयूरकेतु** = स्कंद.

**मयूरपंख** = मोरछला.
**मयूरपंखी** = सतरंगा/सतरंगी.
**मयूरपुच्छ** = मोर पूँछ.
**मयूररथ** = स्कंद.
**मयूरवाहन** = स्कंद.
**मयूरा** = मोर.
**मयूरी** = मोरनी.
**मयूरेश** = स्कंद.
**मरकज़** = केंद्रस्थान, राजधानी.
**मरकना** = टूटना.
**मरकरी** = बुध ग्रह, रासायनिक तत्त्व सूची.
**मरखना/मरखनी** = आक्रामक
**मरघट** = श्मशान.
**मरजाद** = मर्यादा.
**मर जाना** = मरना.
**मरजिया** = पनडुब्बा.
**मरज़ी** = अनुमति, इच्छा, प्रसन्नता, स्वीकृति.
**मरज़ी का** = वैकल्पिक.
**मरज़ी का मालिक** = स्वेच्छाचारी.
**मरजीवा** = अमर, पनडुब्बा.
**मरजीवी** = अमर.
**मरण** = मृत्यु.
**मरणशील** = क्षणभंगुर, मर्त्य.
**मरणातीत** = अमर.
**मरणातीतता** = अमरता.
**मरणासन्न** = ह्रासशील.

**मरणासन्न** *वि* अंतकालीन, अंतिम घड़ियाँ गिनता, अस्तंगामी, आशाहीन, आसन्नमृत्यु, क्षयशील, क्षयी, गतप्राय, चलाऊ, जाता/जाती, जीवन्मृत, जीवशेष, जीवित मृत, ढलता/ढलती, दो घड़ी का मेहमान, दो दिन का मेहमान, नाशशील, निसाँसा/निसाँसी, पका/पकी, पल दो पल का मेहमान, पूर्णायु, बेजान, बेदम, मरणोन्मुख, मरता/मरती, मिटता/मिटती, मृतप्राय, मृतवत, मृत्युकालीन, मृत्यु के द्वार पर, मृत्युशय्यागत, विनाशशील, हतावशेष, •अर्धमृत.

**मरणैषणा** = मृत्यु इच्छा.
**मरणोन्मुख** = जर्जर वृद्ध, मरणासन्न.
**मरतबा** = प्रतिष्ठा, सम्मान.
**मरतबान** = अचारदान.
**मरतबेदार** = प्रतिष्ठित.
**मरता/मरती** = मरणासन्न, ह्रासशील.
**मरते दम तक** = आयुपर्यंत.
**मरतैलिया** = कुपोषित, निर्बल.
**मरतैलियापन** = लस्तपस्त चाल, सुखंडी.
**मरदना** = रौंदना, सताना.
**मरदानख़ाना** = मर्दानख़ाना.
**मरदानगी** = वीरता, साहस.
**मरदाना/मरदानी** = वीर.
**मरदाना कटि परिधान** = धोती.
**मरदूद** = प्रयासहीन.
**मरन** = मृत्यु.
**मरन सेज** = मृत्युशय्या.
**मरनहार** = मृत.
**मरनहारा/मरनहारी** = मृत.
**मरना** = उजड़ना, प्रेम करना, मुरझाना.

**मरना** *क्रि* अंतिम यात्रा पर निकलना, अदम का रास्ता लेना, अनंत विश्राम करना, अमर लोक चले जाना, अरथी उठना, अरथी निकलना, अल्लाह को प्यारा होना, आँख उलट जाना, आँख की पुतली फिरना, आँख टँगना, आँख पथराना, आँख बंद होना, आँख मुँदना, आख़िरी कूच करना, आराम की नींद सोना, इंतिक़ाल फ़रमाना, इहलोक यात्रा समाप्त होना, ईश्वर को प्यारा होना, *उठना*, ऊपर चले जाना, क़ज़ा आना, काम तमाम होना, कालकवलित होना, काल का ग्रास होना, काल के गाल में जाना, कूच करना, खाट उलटी होना, खाट खड़ी होना, ख़ुदा के पास जाना, गहरी नींद सोना, गुज़र जाना, गुज़रना, चले जाना, चादर बदलना, चिरनिद्रा में लीन होना, चोला छूटना, चोला बदलना, जनाज़ा उठना, जान जाना, जान निकलना, जान से जाना, जान से हाथ धोना, *जाना*, जीवन त्यागना, जीवन दीप बुझना, जीवन लीला समाप्त होना, ठंडा पड़ना, ढेर होना, तोता उड़ना, दम निकलना, दिल की धड़कन बंद होना, दुनिया से उठना, दुनिया से जाना, देह छूटना, देह त्यागना, धड़कन रुकना, न बचना, नब्ज़ बंद होना, न रहना, नींद आना, पंचत्व को प्राप्त होना, पंछी उड़ना, परलोक गमन करना, परलोक सिधारना, पार्थिव शरीर त्यागना, पिया मिलन को जाना, पूरा होना, प्रस्थान करना, प्राण जाना, प्राण निकलना, प्राण पखेरू उड़ना, फ़ौत फरमाना, बेजान होना, भगवान को प्यारा होना, मर जाना, महाप्रयाण पर जाना, महाप्रस्थान करना, मिटना, मृत होना, मृत्यु आना, मृत्यु का वरण करना, मृत्यु को प्राप्त होना, मृत्यु होना, मौत आना, यमलोक जाना, वफ़ात पाना, विदा लेना, वैतरणी पार करना, शरीर त्यागना, शरीर पूरा होना, संसार छोड़ना, संसार से नाता तोड़ना, संसार से मुँह मोड़ना, सद्‌गति मिलना, साँस उखड़ना, साँस की डोर टूटना, साँस छूटना, साँस रुकना, सिधारना, स्वर्ग जाना, स्वर्गवास होना, स्वर्गवासी होना, स्वर्ग सिधारना, हृदय गति रुकना, •उजड़ना, •मारना, ▪जीना, ▪बचना.

**मरना मारना** = लड़ना.
**मरनी** = मातम, मृतक संस्कार, मृत्यु.
**मरने की इच्छा** = मृत्यु इच्छा.
**मरने वाला** = मृत.
**मरने से बचाना** = बचाना.
**मरभुक्खा/मरभुक्खी** = अत्याहारी, कंगाल, भुक्खड़.
**मरमर** = चरमर, मंदध्वनि, मंदध्वनि, संग मरमर.
**मरमर करना** = कलकलाना.
**मरमराना** = कलकलाना.
**मरमरी** = चिकना/चिकनी.
**मर मिटना** = प्रेम करना.
**मरम्मत** = जीर्णोद्धार, दंड, पिटाई, भवन निर्माण.

**मरम्मत** *सं* इलाज, उद्धार, करक्शन, ख़राबी सुधार, *जीर्णोद्धार*, दुरुस्ती, *पुनर्निर्माण*, रिपेअर, विकृति सुधार, *सुधार*, •औइलिंग, •नवीकरण,

•पुनरुद्धार, •रखरखाव, ■विकृति.

**मरम्मत कर्मी** *सं* अभियांत्रिक, इंजीनियर, उस्ताद, कारीगर, तंत्री, तकनीशियन, मिस्तरी, मैकेनिक, यंत्री, •इंजीनियर.

**मरम्मतकृत** *वि* अच्छा/अच्छी, गढ़ा/गढ़ी, *जीर्णोद्धृत*, *ठीक*, तैयार, दुरुस्त, दोषहीन, नवीकृत, *परिपूर्ण*, बचा/बची, मरम्मतशुदा, रखरखावकृत, रिपेअर्ड, सुधरा/सुधरी, *स्वस्थ*, •सैकंड हैंड.

**मरम्मतघर** *सं कारख़ाना*, *गराज*, गैराज, मिस्तरीख़ाना, मिस्तरीघर, वर्कशाप, •कारख़ाना, •मोटर गराज, •लोकोशैड, •शिपयार्ड.

**मरम्मत योग्य** = आउट आफ़ आर्डर.
**मरम्मतशुदा** = मरम्मतकृत.
**मरवा** = मरुआ.
**मरसिया** = शोकगीत.

**मरसिया** *सं* जसगाथा, नाराशंस, प्रशस्ति, मातमी गीत, मृतक गीत, मृतक गुणगान, मृत्यु गीत, यशगाथा, विरुदावली, विलाप, *शोकगीत*, सियापा, सोज़.

**मरहम** = रिश्वत, सांत्वना.

**मरहम** *सं* अंगलेप, अवलेह, *आलेप*, औइंटमैंट, पाग, प्रलेप, प्राश, मलहम, माजून, *लेप*, लेह, लोशन, •पुलटिस.

**मरहमपट्टी** *सं* पट्टी बँधाई, •घाव पट्टी.

**मरहम लगाना** = बहलाना.
**मरहला** = गंतव्य, पड़ाव.
**मरहूम** = मृत.
**मरा/मरी** = मृत, विवर्ण, हतोत्साहित.
**मराठी** = भारत राष्ट्रभाषा.
**मरातिब** = ध्वज.
**मराल** = कारंडव, घोड़ा, राजहंस.
**मरिंद** = पुष्परस.
**मरिच** = मिर्च.

**मरियम** *सं* ईसा माता, कन्या सुकुमारी, कुमारी, मदर मेरी, मदोना, माता मरियम, मातेश्वरी, मारिया, मेरी, वर्जिन, वर्जिन मेरी, होली मदर, •ईसा मसीह.

**मरियम सुत** = ईसा मसीह.
**मरियल** = कंकालमात्र, जर्जर वृद्ध, निर्बल.
**मरियलपन** = थकान.
**मरी** = महामारी, मृत्यु.
**मरीचि** = किरण, सप्तर्षि.

**मरीचिका** *सं* दियासा, प्रकाश परावर्तन, प्रकाशभ्रम, *भ्रम*, भ्रांति, मारीचि, •भ्रमदर्शन, •मायादर्शन, •मृगजल, •यथार्थाभास, •स्वर्णमृग.

**मरीचिकापूर्ण** = मायावी.
**मरीची** = सूर्य.
**मरीज़** = रोगी.
**मरी मरी चाल** = लस्तपस्त चाल.
**मरु** = मरुथल.

**मरुआ** *सं* फणिज्झक, मरवा, मार्जोरम, वन तुलसी, •तुलसी.

**मरुत** = प्राणशक्ति, वानर सूची, वायु.

**मरुत** *सं* पवन, वात, *वायु*, वायु देवता, •देवता.

**मरुत्पति** = इंद्र.
**मरुत्सखा** = अग्नि.

**मरुथल** *सं* इरण, थार, निर्जन, बयाबान, बियाबान, मरु, मरुधर, मरुभूमि, मरुस्थल, मारवाड़, *राजस्थान*, रेगिस्तान, रेतीली भूमि, सहरा, •थूहर, •मरीचिका, •रेत, ■उपवन, ■जलाशय, ■मरुस्वर्ग, ■मैदान.

**मरुथल ज्योति** = मृगजल.

**मरुथलीय** *वि उजाड़*, ख़ाली, बलुआ, मरुस्थलीय, रेगिस्तानी, रेतीला/रेतीली, वीरान, सहराई, सूना/सूनी, •अनुर्वर, •सूखा/सूखी.

**मरुद्दाह** = धुआँ.
**मरुद्वीप** = मरुस्वर्ग.
**मरुधर** = मरुथल.
**मरुभूमि** = मरुथल.
**मरुमरीचिका** = मृगजल.
**मरुल** = कारंडव.
**मरुस्थल** = मरुथल.
**मरुस्थलीय** = मरुथलीय.

**मरुस्वर्ग** *सं* चमन, नख़्लिस्तान, मरुद्वीप, रेगिस्तानी उपवन, वृक्ष कुंज, •उपवन, •जलाशय, ■मरुथल.

**मरे को जिलाना** = जिलाना.
**मरोड़** = कमेड़ा, निचुड़ाई, बटाई, मरोड़ा.

**मरोड़** *सं* अलबेट, उमेठ, ऐंठन, ख़म, घुमाव, पेंच, फेरवट, बट, बल, मुरकन, मुरेरा, *मोड़*, व्यावर्त, •तनाई, •बटाई, •शिकन.

**मरोड़ना** = निचोड़ना, बटना, मोसना.

**मरोड़ना** *क्रि* उमेठना, ऐंठना, *घुमाना*, बल देना, मसोसना, मुरकना, मोड़ना, •निचोड़ना, •बटना, •मोसना.

**मरोड़ा** = अकड़ाहट, कमेड़ा.

**मरोड़ा** *सं* आँतों की ऐंठन, ऐंठन, ग्राइप, *पेच*, *मरोड़*, •दस्त.

**मरोड़ा/मरोड़ी** = तुड़ा मुड़ा/तुड़ी मुड़ी.
**मरोड़ी** = घमोरी.
**मरोड़े** = अतिसार.
**मर्कट** = बंदर.
**मर्कटी** = बँदरिया, मकड़ी.
**मर्कत** = पन्ना.
**मर्कत मणि** = पन्ना.
**मर्करी** = पारा.
**मर्ग** = मृत्यु.
**मर्ची** = मिर्च.
**मर्चैंट** = व्यापारी, सौदागर.
**मर्चैंट शिप** = मालवाही जलयान.
**मर्चैंडाइजर** = सौदागर.
**मर्ज़** = कुटेव, दुःख, रोग.
**मर्डर** = हत्या.

**मर्त्य** *वि* अंतवंत, अनित्य, अस्थायी, इहलौकिक, क्षयशील, क्षयी, चल, चलिष्णु, नश्वर, नापायदार, नाशवान, पानी केरा बुदबुदा, पार्थिव, फ़ानी, *भंगुर*, मरणशील,

मिटने वाला, मृत्युशील, विनश्वर, •क्षणभंगुर, ▪अमर.

**मर्त्यलोक** = इहलोक, पृथ्वी.
**मर्त्यलोकीय** = इहलौकिक.
**मर्द** = नर, पति, पुरुष.
**मर्द औरत** = दंपति.
**मर्दक** = दमन कर्ता, हत्यारा.
**-मर्दन** = हत्यारा.
**मर्दन** = अत्याचार, घुटाई, चूर्णन, दमन, पिसाई, मालिश, रौंदाई, वध.
**मर्दन कर्ता** = दमन कर्ता.
**मर्दना** = घोटना, माँड़ना.
**मर्द बच्चा** = वीर पुरुष.

**मर्दानख़ाना** *सं* *दीवानख़ाना*, पुरुषों के उठने बैठने का स्थान, बाहरी कमरा, बैठका, मरदानख़ाना, मर्दाना, ▪ज़नानख़ाना.

**मर्दाना** = पुरुषीय, मर्दानख़ाना.
**मर्दाना/मर्दानी** = बड़े साइज़ का.
**मर्दाने साइज़ का** = बड़े साइज़ का.
**मर्दिता** = दमन कर्ता.
**मर्दिनी** = हत्यारिन.
**मर्दुआ** = जार.
**मर्दुमख़ोर** = नरभक्षकः.
**मर्दुमशुमारी** = जनगणना.
**मर्म** = अर्थ, गुर, मर्मस्थल, लक्ष्यकेंद्र, व्यंजनार्थ, हृदय.
**मर्मज्ञ** = गुणग्राहक, रहस्यभागी.
**मर्मज्ञता** = गुणज्ञता, विद्वत्ता.
**मर्मपूर्ण** = गोपनशील.
**मर्मबिंदु** = मर्मस्थल.
**मर्मभेदन** = हृदयभंजन.
**मर्मभेदी** = ग़द्दार, गुणग्राहक, रहस्य उद्घाटक.
**मर्मर** = कलध्वनि, मंदध्वनि.
**मर्मर करना** = कलकलाना.
**मर्मर ध्वनि** = कलध्वनि.
**मर्मर ध्वनि करना** = कलकलाना.
**मर्मराहट** = कलध्वनि.
**मर्मवेधन** = लक्ष्यसिद्धि, हृदयभंजन.
**मर्मवेधी** = मार्मिक (उक्ति), व्यंग्यात्मक.

**मर्मस्थ** *वि* अंदरूनी, *आंतरिक*, गूढ़, नाज़ुक, मार्मिक, संगूढ़, •केंद्रीय.

**मर्मस्थल** = हृदय.

**मर्मस्थल** *सं* जान, जीवन स्थान, जीवस्थान, भेद, मर्म, मर्मबिंदु, मर्मस्थान, मर्मांग, •अंतर्भाग, •वीक पाइंट, •हृदय.

**मर्मस्थलविद्ध** = भग्नहृदय.
**मर्मस्थान** = मर्मस्थल, हृदय.
**मर्मस्पर्शी** = करुणाजनक, भावोत्पादक, सहमतकारी.
**मर्मांग** = मर्मस्थल.
**मर्मांतक** = मारक, मार्मिक (उक्ति), व्यंग्यात्मक.
**मर्माहत** = भग्नहृदय.
**मर्मी** = गुणग्राहक.

**मर्मोक्ति** *सं* गहरी बात, नावक का तीर, मार्मिक उक्ति, लाख टके की बात, सूक्ष्म उक्ति, •कटाक्ष, •हास्योक्ति.

**मर्मोद्घाटन** = रहस्य उद्घाटन.
**मर्याद** = मर्यादा.
**मर्यादा** = विवाह निष्ठा, सदाचार, सीमा.

**मर्यादा** *सं* आचरण सीमा, आचार सीमा, औचित्य सीमा, जनपद धर्म, *नैतिकता*, मरजाद, मर्याद, रीति, *रेखा*, लोकचार, लोकमर्यादा, लोकमार्ग, लोकाचार, व्यवहार रेखा, शील, सदाचार परंपरा, *सीमा*, हद, •आदर्श, •कर्तव्य, •कुल परंपरा, •नैतिकता, •राजधर्म, •संयम, ▪उल्लंघन, ▪स्वेच्छाचार.

**मर्यादा पुरुष** *सं* आदर्श पुरुष, ऋषभ, नरपुंगव, नरोत्तम, *नायक*, पुरुषपुंगव, पुरुषोत्तम, मानवेंद्र, युगपुरुष, शलाका पुरुष, हीरो, •महापुरुष, •राम.

**मर्यादा पुरुषोत्तम** = राम.

**मर्यादापूर्ण** *वि* उदात्त, *गंभीर*, गौरवशाली, *धीर*, *नियंत्रित*, मर्यादाशील, मर्यादित, मर्यादी, *महान*, शांत, *शिष्ट*, संजीदा, *सौम्य*, •गंभीर, •धीर, •प्रौढ़, ▪संयमहीन, ▪स्वेच्छाचारी.

**मर्यादाभंग** = उल्लंघन.

**मर्यादा रेखा** *सं* अनुल्लंघनीय मर्यादा, लक्ष्मण रेखा, व्यवहार रेखा, *सीमारेखा*, •रामायण, •लक्ष्मण, •सीता.

**मर्यादाशील** = मर्यादापूर्ण.
**मर्यादाहीन** = स्वेच्छाचारी.
**मर्यादाहीनता** = स्वेच्छाचार.
**मर्यादित** = गंभीर, मर्यादापूर्ण.
**मर्यादित कंपनी** = लिमिटेड कंपनी.
**मर्यादी** = मर्यादापूर्ण.
**मर्शन** = मालिश.
**मर्षी** = क्षमाशील.
**मर्ष्य** = क्षम्य.
**मलंग** = अलमस्त.
**मलंगी** = अलमस्ती.
**मल** = ज़ंग, तलछट, दुर्गुण, देहमल, विष्ठा.

**मल** *सं* कलंक, कलुष, कल्क, *कूड़ा*, गंद, गंदगी, दलिद्दर, मलिन पदार्थ, मैल, विकार, सड़न, •कीचड़, •प्रदूषण.

**मलक** = फ़रिश्ता.
**मलगजा/मलगजी** = घुटा/घुटी.
**मलट** = पुस्तक आवरण, रैपर.
**मलठ** = हथौड़ा.

**मलत्याग** *सं* कोष्ठशुद्धि, जुलाब, *दस्त*, दिशा मैदान, नंबर दो (बोलचाल), नित्यकर्म, *निवृत्ति*, नैमित्तिक कर्म, पुरीषोत्सर्ग, प्रातः कर्म, फ़राग़त, मल रेचन, मल विसर्जन, मलशुद्धि, मलोत्सर्ग, रेचन, विरेचन, शुद्धि, शौच, शौच कर्म, शौच निवृत्ति, हगन, हगाई, हाजतरफ़ाई, •एनीमा, •मूत्रत्याग, •विष्ठा, ▪कोष्ठबद्धता.

**मल दूषित** = गंदा/गंदी.
**मल द्रावी** = विरेचक औषध.
**मलद्वार** = गुदा.
**मलना** = घोटना, माँड़ना.
**मलपृष्ठ** = आवरण पृष्ठ.
**मलबा** = खँडहर, खँडहर टीला.

**मलमास** *सं* अतिरिक्त मास, अधिक मास, अधिमास, अनामा, पुरुषोत्तम मास, लौंद, संक्रांतिविहीन मास,

▪क्षय मास.

**मलमूत्रांग** = गुप्तांग.
**मलय** = दक्षिण पवन, मलयेशिया.
**मलयज** = चंदन, दक्षिण पवन.
**मलयल** = केरलीय.
**मलय समीर** = दक्षिण पवन.
**मलयानिल** = दक्षिण पवन.
**मलयालम** = भारत राष्ट्रभाषा सूची, भारतीय लिपि सूची.
**मलयालम प्रदेश** = केरल.
**मलयाली** = केरलीय.
**मलयुक्त** = गंदा/गंदी.

**मलयेशिया** *सं* मलय, मलेशिया.

**मल रेचन** = मलत्याग.
**मल रोग** = दस्त.
**मलवाहिनी** = आँत.
**मल विसर्जन** = मलत्याग.
**मलशुद्धि** = मलत्याग.
**मल सुरंग** = भूमिगत नाला नाली.
**मलहम** = मरहम.
**मलहीन** = स्वच्छ.
**मला/मली** = घुटा/घुटी.
**मलाई** = क्रीम, रबड़ी.

**मलाई** *सं* उबला दूध मलाई, *क्रीम*, छीरफेन, दूध मलाई, परत, बालाई, साढ़ी, सारी, ●मक्खन, ●रबड़ी.

**मलाई का बर्फ़** = आइसक्रीम.
**मलाईदार** = घीतेलयुक्त.
**मलाका** = हथिनी.
**मलाल** = खेद, पश्चात्ताप, प्रायश्चित्त, शोक.
**मलावरोध** = कोष्ठबद्धता.
**मलाशय** = आँत.
**मलिक मुअज़्ज़मा** = पटरानी.
**मलिका** = पटरानी, पत्नी, राजा पत्नी, स्वामिनी.
**मलिन** = अंधकारपूर्ण, अनधुला/अनधुली, अपारदर्शी, उदास, कीचड़दार, कुदृश्य, गंदा/गंदी, धुँधला/धुँधली, संक्रामक, सड़ा/सड़ी.
**मलिनकरण** = विदूषण.
**मलिन पदार्थ** = मल.
**मलिनप्रभ** = वैभवहीन.
**मलिना** = रजस्वला.
**मलिनावास** = गंदी बस्ती.

**मलिष्ठ** = गंदा/गंदी.
**मलिष्ठा** = रजस्वला.
**मलीदा** = घुटा/घुटी, घुटा पदार्थ, चूरमा, चूरा.
**मलीदा करना** = घोटना.
**मलीमस** = पापी.
**मलीहाबादी** = आम.

**मलेरिया** *सं* जूड़ी ताप, फ़सली बुखार, मौसमी बुखार, ●चौथिया ज्वर, ●तेइया ज्वर, ●टायफ़ाइड, ●मच्छर.

**मलेशिया** = मलयेशिया.
**मलोत्सर्ग** = मलत्याग.
**मल्टिनेशनल** = अंतरराष्ट्रीय.

**मल्टीमीडिया** *सं* विधिसंगम, शब्द डाटा चित्र वीडियो संगम. ●कंप्यूटर.

**मल्ल** = कुश्तीबाज़, प्रतियोगी, योद्धा.
**मल्लक्रीड़ा** = कुश्ती.
**मल्लभूमि** = कुश्ती मैदान, रणभूमि.
**मल्लयुद्ध** = कुश्ती, द्वंद्वयुद्ध.
**मल्लार** = षड्राग.
**मल्लाह** = कर्णधार.
**मल्लाह/मल्लाहन** = नाविक.
**मल्लाह/मल्लाहिन** = खलासी.
**मल्लिका** = चमेली, पत्नी, बेला, मालती, राजा पत्नी, रानी.
**मल्लिनाथ** = तीर्थंकर सूची.
**मल्हराना** = दुलारना.
**मवाद** = घटक, पूय.
**मवेशी** = ढोर, दुग्ध पशु.
**मवेशी शाला** = काँजीहाउस.
**मशक** = डाँस, पिस्सू, मच्छर, मस्सा.

**मशक** *सं* अजिन, कुतुप, खल्ल, खल्लड़, खाल, चँगेर, चँगेली, *चमड़ा थैला*, चर्मघट, छागल, पखाल, पानी थैला, भस्त्रा, भस्त्री, ●भिश्ती.

**मशक़्क़त** = परिश्रम.
**मशक़्क़ती** = परिश्रमी.
**मशग़ला** = शौक़.
**मशग़ूल** = व्यस्त.
**मशरब** = जोहड़.
**मशवरा** = परामर्श, विचारविमर्श.

**मशहूर** = प्रसिद्ध.
**मशहूरो मारूफ़** = प्रसिद्ध.

**मशाल** *सं* उल्मुक, *ज्वाला*, दस्ती.

**मशीन** = इंजन, यंत्र, रोबट.
**मशीन का तेल** = मशीन तेल.
**मशीन की तरह** = यंत्रचालिततः.

**मशीन तेल** *सं* मशीन का तेल, मैशीन औइल, ●ग्रीज़.

**मशीन पर द्यूत** = कैसिनो.
**मशीन पर बना** = यंत्रोत्पादित.
**मशीनरी** = यंत्र.
**मशीनवत** = यंत्रचालिततः.
**मशीन से बना** = यंत्रोत्पादित.
**मशीनी** = यंत्रचालित, यांत्रिक.
**मश्क़** = अभ्यास.
**मस** = नई मूँछ.
**मसकत** = ओमानः राजधानी.
**मसकत और ओमान** = ओमान.
**मसकना** = तड़कना, हिलना.
**मसख़रा** = चुटकुलेबाज़, जोकर, विट, विदूषक, हास्य अभिनेता, हास्य लेखक.
**मसख़रा/मसख़री** = विनोदप्रिय.
**मसख़रा उत्तर** = हास्योक्ति.
**मसख़रापन** = वाक्केलि, वाक्केलि.
**मसख़री** = वाक्केलि, वाक्केलि, वाक्केलि, हास्योक्ति, हुड़दंग.
**मसख़री उक्ति** = हास्योक्ति.
**मसख़री भरी उक्ति** = हास्योक्ति.
**मसजिद** = उपासनालय.

**मसजिद** *सं* इबादतकदा, इबादतगाह, इसलामी पूजास्थल, ईदगाह, ख़ानाए ख़ुदा, ख़ुदा का घर, दरगाह, मसीत, मस्जिद (विकल्प), सिजदागाह, ●अज़ान, ●इमाम, ●इसलाम धर्म, ●जामा मसजिद, ●नमाज़, ●मुअज़्ज़िन, ●रोज़ा, ●वाइज़.

**मसनद** = आधार सूची, गाव तकिया, तकिया, तख़्त, सिंहासन.
**मसनूई** = पाखंडपूर्ण.
**मसरा** = मसूर.
**मसर्रत** = सुख.
**मसल** = कहावत, न्यायवाक्य.

**मसलना** = घोटना, माँड़ना, रौंदना, सताना.
**मसला** = विषय, समस्या.
**मसला/मसली** = घिसा/घिसी, घुटा/घुटी.
**मसल्स** = पुट्ठे.
**मसविदा** = प्रस्ताव.

**मसहरी** *सं* चतुष्की, नीशार, मच्छर जाली, मच्छरदानी, शबनमी, •परदा, •पलंग.

**मसा** = मच्छर, मस्सा, मरसा.
**मसान** = श्मशान.
**मसान काली** = काली.
**मसान ज्योति** = श्मशान दीप्ति.
**मसान साधना** = प्रेतसिद्धि.
**मसानिया** = प्रेतसाधक.
**मसानी** = प्रेतसाधक, राक्षस स्त्री.
**मसालदान** = मसालदानी.

**मसालदानी** *सं* चौघड़ी, मसालदान, •नमकदानी, •मिर्चदानी.

**मसाला** = कच्चा माल, कथावस्तु, घटक, जनरोचक तत्त्व, भरावट.

**मसाला** *सं* आहार मसाला, आहार सुवासव्य, खाद्य मसाला, नमकमिर्च, मसाले, महक, मिर्चमसाला, सुवासक, सुवासव्य, स्वादव्य, •आहार सुवास, •स्वाद.

**मसाला सूची** *सं* *अजवायन*, *अदरक*, *अनारदाना*, *अमचूर*, अमड़ा, *अमहर*, *आँवला*, इमली, इलायची, *करी पत्ता*, *कलौंजी*, *काला नमक*, काली मिर्च, खटाई, *खसखस*, *गज पिप्पली*, गरम मसाला, *चिरौंजी*, *जायफल*, *जावित्री*, *जीरा*, *टाटरी*, *तेजपात*, दखनी मिर्च, *दारचीनी*, *देगी मिर्च*, *धनिया*, *नमक*, *नागरमोथा*, पिपरमिंट, पीपली, *पुदीना*, *प्याज़*, *फिटकरी*, *मिर्च*, मीठा नीम, *मुलेठी*, *मेथी*, *लहसुन*, *लाल मिर्च*, *लौंग*, *सुहागा*, *सोंठ*, सौंफ, *हड़*, *हलदी*, *हींग*, •तिल, •सरसों.

**मसाला विक्रेता** = परचूनिया.
**मसालाहीन** = बेमसाला.
**मसाले** = मसाला.
**मसालेदार** = चरपरा/चरपरी, स्वादयुक्त, स्वादिष्ठ.

**मसालेदार** *वि* *गरम*, चटपटा/चटपटी, चटाखेदार, चरपरा/चरपरी, तत्ता/तत्ती, तीखा/तीखी, मिर्चमसालेदार, मिर्चीला/मिर्चीली, *रजोगुणी*, राजसिक, *सुवासित*, स्वादिष्ट, •चरपरा/चरपरी, •स्वादिष्ठ, ▪बेमसाला, ▪स्वादहीन.

**मसालेदार पानी गरम पेय** = रसम.
**मसालेदार बोटी** = क़ोरमा.
**मसालेदार सुरक्षित आहार** = अचार.
**मसि** = स्याही.
**मसिजीवी** = लेखक.
**मसिधान** = दवात.
**मसिपात्र** = दवात.
**मसीचूष** = ब्लाटिंग पेपर.
**मसीत** = मसजिद.
**मसीह** = ईसा मसीह.
**मसीहा** = ईसा मसीह, परित्राता, पैग़ंबर.
**मसीहाई** = ईसा विषयक, परित्राण.
**मसीही** = ईसा विषयक.
**मसूर** = दलहन.

**मसूर** *सं* कल्याण बीज, मधुरा, मसरा, मसूरिका, व्रीहि कंक, शमी धान्य.

**मसूरिका** = चेचक, मसूर, वैक्सीन.
**मसृण** = कोमल, चिकना/चिकनी.
**मसोड़ना** = मोसना.
**मसोस** = प्रायश्चित्त, भावदमन.
**मसोसन** = भावदमन.
**मसोसना** = दुखाना, मरोड़ना.
**मसौदा** = प्रस्ताव, प्रालेख.
**मस्का** = चाटूक्ति, मक्खन.
**मस्क्वा** = रूसः राजधानी.
**मस्जिद (विकल्प)** = मसजिद.
**मस्जूद** = अल्लाह, अल्लाह, पूजित.
**मस्ट** = अपरिहार्य.
**मस्टर्ड** = सरसों.
**मस्त** = अलमस्त, आनंदित, उत्सवपूर्ण, नटखट, पागल, प्रसन्न, मदिरोन्मत्त, मादक, हँसता/हँसती.
**मस्तक** = उच्चबिंदु.

**मस्तक** *सं* आगा, चूड़ा, तिलकाश्रय, पेशानी, फलक, भाल, मत्था, माथ, माथा, मूर्द्धा (विकल्प), मूर्धा, मौलि, ललाट, लिलार, शीर्षस्थान, शीश, •कनपटी, •तिलक, •बिंदी, •सिर.

**मस्तकनमन** = विनमन.
**मस्त क़लंदर** = विनोदी.
**मस्तबा** = पिरामिड.
**मस्त मौला** = अलमस्त.
**मस्तमौलापन** = अलमस्ती.
**मस्त होना** = हुलसना.
**मस्ताना/मस्तानी** = अलमस्त, उत्सवपूर्ण, मदिरोन्मत्त.
**मस्तानापन** = अलमस्ती.
**मस्तिष्क** = बुद्धि, भेजा.

**मस्तिष्क** *सं* ज़ेहन, दिमाग़, बुद्धि संस्थान, *भेजा*, मूर्धा, •मस्तक, •सिर.

**मस्तिष्क कोटर** = कपाल.
**मस्ती** = अलमस्ती, आनंद, आनंदक्रीड़ा, नशा, भोगविलास, मनोरंजन, हाथी मद, हुड़दंग.
**मस्ती करना** = हुलसना.
**मस्ती का आलम** = नशा.
**मस्ती भरा** = उत्सवपूर्ण.
**मस्तु** = पनीर जल, मट्ठा.

**मस्तूल** *सं* कूपक, गोनरखा, *दंड*, नौकास्तंभ, *बल्ली*, मास्ट, *शहतीर*, स्थूण, •नौका पाल.

**मस्सा** = बवासीर.

**मस्सा** *सं* गूमड़ी, *मशक*, मसा, मोल, •डील, •त्वचाचिह्न, •त्वचा तिल.

**मस्से** = बवासीर.
**महँ** = अधिकरण कारक विभक्ति, बीच में, में.

**महँगा/महँगी** *वि* अकरा/अकरी, अधिक मूल्य का, अर्घ्य, आसमान छूता, ऊँचा/ऊँची, किफ़ायतहीन, क़ीमती, क़ीमती, कौस्टली, ख़र्चीला/ख़र्चीली, ख़र्चीला/ख़र्चीली, चढ़ा/चढ़ी, ज़्यादा, तेज़, दामी, बढ़ा/बढ़ी, बहुमूल्य, बेकिफ़ायती, महार्घ, *लाभहीन*, व्ययसाध्य,

•प्रलोभनकारी, •मूल्यातीत, •सशुल्क, ▪सस्ता/सस्ती.

**महँगाई** = मूल्यवृद्धि, व्यापारिक महँगाई.

**महँगापन** *सं* अकरापन, ऊँचा मूल्य, क़ीमतीपन, बहुमूल्यता, •मूल्यातीतता, ▪अल्पमूल्यता.

**महंत** = धर्माधिकारी, मठाधीश, साधु.
**महंतीय** = मठाधीशीय.
**महंद (विकल्प)** = मुहम्मद.
**मह** = अत्यधिक, अधिकरण कारक विभक्ति, बलिदान, बृहत्.
**महक** = गंध, मसाला, सुगंध.
**महकता/महकती** = उपवनित, वसंती, सुगंधित.
**महकदार** = सुगंधित.

**महकना** *क्रि* गंध देना, गंध फैलाना, गंध बिखरेना, *गंधाना*, गमकना, महमहाना, सुगंधपूर्ण होना, सुगंध फैलाना, सुगंध बखेरना, •महकाना, ▪गंधाना, ▪दुर्गंध फैलाना.

**महकमा** = विभाग.

**महकाना** *क्रि गंधाना*, गंधित करना, *बसाना*, बासना, महमहाना, सुगंधन करना, सौंधना, •महकना, ▪गंधाना, ▪दुर्गंध फैलाना.

**महकीला/महकीली** = सुगंधित.
**महज़** = अमिश्रित, एकमात्र, केवल, ही.
**महतर** = शूद्र.
**महता** = ग्राम मुखिया.
**महताब** = चंद्रमा.
**महताबी** = छत चादर, दालान, बरामदा.
**महतारी** = माता.
**महती** = प्रबल.
**महतो** = ग्राम मुखिया, जमींदार.
**महत्** = कठिन, परिवर्तनकारी, प्रतिष्ठित, बृहत्, ब्रह्म.
**महत्कार्य** = मुख्य कथा.
**महत्तम** = बृहत्तम.
**महत्तर** = बृहत्तर.
**महत्ता** = महत्त्व.
**महत्त्व** = प्रताप.

**महत्त्व** *सं* अग्रता, अज़मत, गण्यता, गिनती, गुरुता, पूर्वता, बड़प्पन, महत्ता, महार्थता, महिमा, माहात्म्य, *मूल्य*, विशिष्टता, वैशिष्ट्य, •प्रताप, •प्रतिष्ठा, •प्रधानता, •महानता, •वर्चस्व, ▪महत्त्वहीनता.

**महत्त्वपूर्ण** = अत्यावश्यक, आधारभूत, उल्लेखनीय, तात्कालिक, दूरगामी, निर्णायक, परिवर्तनकारी, परिवर्तनकारी, मुख्य (समाचार), मौलिक (अधिकार), संग्रहणीय, सर्वसत्ताधारी.

**महत्त्वपूर्ण** *वि* अगला/अगली, अग्र, अत्याज्य, अहम, *कुछ*, ख़ास, गणमान्य, गण्य, *चीज़*, जाना माना/जानी मानी, *प्रतिष्ठित*, बड़ा/बड़ी, महत्त्वशाली, *महान*, माना/मानी, वज़नी, •प्रधान, •मुख्य, ▪महत्त्वहीन.

**महत्त्वपूर्ण (समाचार)** = मुख्य (समाचार).
**महत्त्वशाली** = महत्त्वपूर्ण.
**महत्त्वहीन** = अप्रतिष्ठित.

**महत्त्वहीन** *वि* अकिंचन, अगण्य, अदना, *अनावश्यक*, अनुल्लेखनीय, *अपदार्थ*, अप्रधान, अप्रमुख, अमुख्य, अवस्तु, ऐरा ग़ैरा/ऐरी ग़ैरी, ऐसा वैसा/ऐसी वैसी, किस खेत की मूली, किस गली का, कौड़ी का, गया गुज़रा/गई गुज़री, ग़ैरज़रूरी, गौण, छोटा/छोटी, तुच्छ, त्याज्य, दीनहीन, नगण्य, न तीन में न तेरह में, नाचीज़, बापुरा/बापुरी, बेचारा/बेचारी, मामूली, *साधारण*, *सामान्य*, हीन, हेय, •अतिरिक्त, •अनुपयोगी, •गौण, ▪प्रतिष्ठित, ▪महत्त्वपूर्ण.

**महत्त्वाकांक्षा** *सं* अभिलाषा, अरमान, आकांक्षा, *आशा*, उच्चाकांक्षा, *उद्देश्य*, कांक्षा, कामना, क्षुधा, ख़्वाहिश, चाहत, जुनून, तमन्ना, ध्येय, *निष्ठा*, पिपासा, बुलंदपरवाज़ी, मनोभिलाषा, *लक्ष्य*, *लगन*, *लालसा*, *संकल्प*, सपना, *स्वप्न*, हौसला, •गंतव्य, •दिवास्वप्न, •परिश्रम, •प्रेरणा, •संकल्प, •साधना, ▪निरुत्साह, ▪संतोष.

**महत्त्वाकांक्षाहीन** = अमहत्त्वाकांक्षी.

**महत्त्वाकांक्षी** *वि* अग्रगामी, अग्रसर, अग्रसर, अग्रसर, उच्चाकांक्षी, *उच्चाशय*, *उत्थानशील*, *उत्साही*, *उदीयमान*, ऊर्ध्वगामी, *करतबी*, कर्मठ, जीवंत, जोशीला/जोशीली, तेज़, *परिश्रमी*, प्रतापी, बड़े सपने देखने वाला, बढ़ता/बढ़ती, बुलंदपरवाज़, महाशय, स्वप्नदर्शी, •असंतोषी, •कर्तृत्ववादी, •साधनाशील, ▪अमहत्त्वाकांक्षी, ▪कामचोर, ▪निष्क्रिय, ▪संतोषी.

**महदाशय** = उच्चाशय, महान.
**महदी** = मार्गप्रदर्शक.
**महदूद** = अहाताबंद, इतना/इतनी, सीमाबद्ध.
**महद्** = बृहत्.
**महन्** = बृहत्.
**महफ़िल** = उत्तम जनसमूह, सभा.
**महफ़ूज़** = सलामत, सुरक्षित.
**महबूब/महबूबा** = प्रेमपात्र/प्रेमपात्रा.
**महमंद (विकल्प)** = मुहम्मद.
**महमद (विकल्प)** = मुहम्मद.
**महमदी** = मुहम्मदी.
**महमहाना** = महकना, महकाना.

**महमिल** *सं* अंबारी, अम्मारी, ऊँट हौदा, काठी, चिलमन, •कजावा, •ज़ीन, •परदा, •हौदा.

**महमूदी** = मुहम्मदी.
**महमेज़** = एड़.
**महम्मदी** = मुहम्मदी.
**महर** = नंद.
**महरमे राज़** = रहस्यभागी.
**महरा** = सरपंच.
**महराब** = मेहराब.
**महरि** = यशोदा.
**महरूम** = प्रवंचित.
**महरेटी** = राधा.
**महरौली** = मेहराब.
**महर्षि** = ऋषि.

**महर्षि** *सं* परमर्षि, महात्मा, महामुनि, मुनिश्रेष्ठ, मुनींद्र, मुनीश, मुनीश्वर.

**महल** = अवसर, ऐश्वर्य भवन, पत्नी, महल्ला, राजमहल, श्रोता घर.

**महल** *सं* अटाला, अट्टालिका, उच्चभवन, ऐशगाह, क़िला, *कोट*, गढ़, गढ़ी, चतुश्शाला, देवगृह, पैलेस, प्रासाद, बखरी, बगरी, बड़ा घर, बड़ा मकान, *भवन*, रावट, विशाल भवन, विशिप, *विहार*, शानदार मकान, संजवन, सौध, हरम, हरमसरा, हर्म्य, हवा महल, *हवेली*, •ऐश्वर्य भवन, •गगनचुंबी भवन, •राजमहल, •हवेली.

**महल जैसा** *वि* अट्टालकीय, उच्च, प्रासादीय, बड़ा/बड़ी, *भव्य*, राजप्रासादीय, राजवैभवशाली, *राजसी*, विशाल, *वैभवशाली*, शहंशाही, शानदार, शाहाना, *साधनसंपन्न*, सुखसुविधापूर्ण.

**महलदार** = मकान मालिक.
**महलसरा** = ज़नानख़ाना.
**महला** = मंज़िल.
**महल्ला** = पड़ोस.

**महल्ला** *सं* अहाता, आबादी, कटरा, कालोनी, कूचा, गंज, *गली*, गेट, चक, चौक, *छत्ता*, *टाँड़ा*, टाउन, टोला, दरीबा, *नगर*, *पट्टी*, पाकिट, पाड़ा, पुर, पुरवा, पुरा, पेठ, *पोल*, प्लेस, फ़ेज़, बसावट, बस्ती, बाग़, *बाज़ार*, बाड़ा, ब्लाक, भाग, मंडल, *महल*, रोड, *विहार*, *वेश*, स्क्वायर, स्ट्रीट, *स्थान*, •गंदी बस्ती, •नगर खंड.

**महल्लेदार** = पड़ोसी.
**महशर** = क़यामत दिन.
**महसूल** = कर, चुंगी कर, प्राप्त.
**महसूल चोरी** = तस्करी.
**महसूली** = करयोग्य.
**महसूस** = अनुभूत.
**महसूसना** = छूना.
**महांड** = ब्रह्मांड.
**महांतक** = यमराज.
**महा** = बृहत्.
**महाई** = मंथन.
**महाउत** = हाथीवान.
**महाकंजूस** = कंजूस.
**महाकंद** = प्याज़.
**महाकटक** = विजयवाहिनी, सेना.
**महाकथा** = उपन्यास.
**महाकपित्थ** = बिल्व.
**महाकर्म** = कारनामा.
**महाकवि** = प्रबंध कवि, वाल्मीकि, शुक्राचार्य.

**महाकाय** *वि* अगड़धत्त, अतिकाय, उत्ताल, उत्तुंग, उदग्र, कराल, गजाकार, घोरदर्शन, जंगी, दीर्घकाय, देवकाय, देवसरखा/देवसरखी, दैत्यकाय, धतींगड़ा/धतींगड़ी, धींगड़ा/धींगड़ी, पहाड़ का पहाड़, प्रचंड, प्रोच्चंड, बावन गज़ा/बावन गज़ी, बीहड़, बेढब, बेहंगम, भारी भरकम, *भीम*, भीमकाय, भीषण, महाकार, महाविकट, लंब तड़ंग, लहीम शहीम, विकट, विकराल, विराट, विशाल, विशालकाय, •बृहत्, •मोटा/मोटी, ▪छोटा/छोटी, ▪लघुकाय.

**महाकार** = बड़े साइज़ का, बृहत्, महाकाय.
**महाकाल** = अनादि अनंत काल, मृत्यु.
**महाकाली** = दुर्गा.

**महाकाव्य** *सं* कीर्तिकथा, कीर्तिगाथा, गाथा, प्रबंधकाव्य, महागाथा, रस प्रबंध, रासो, *वीरकाव्य*, वीरगाथा, •काव्य.

**महाकाव्यकार** = प्रबंध कवि.
**महाकाव्यीय** = शास्त्रीय (कला).
**महाकाश** = अंतरिक्ष.
**महाकुमार** = युवराज.
**महाकुल** = राज परिवार.
**महाकृति** = कालजयी कलाकृति.
**महाकोश** = थिसारस.
**महाक्रांति** = क्रांति.
**महाखंडीय** = महाद्वीपीय.
**महागज** = दिग्गज.
**महागजी** = दिग्गज स्त्री.
**महागाथा** = महाकाव्य.

**महागार** *सं* ऐंफीथिएटर, कोलोशियम, *स्टेडियम*, •खेल मैदान, •प्रेक्षागार, •स्टेडियम.

**महागुरु** = धर्मगुरु, धर्मज्ञानी, धर्माधिकारी, मठाधीश.
**महागौरी** = दुर्गा, पार्वती.
**महाग्रह** = राहु.
**महाग्रीव** = ऊँट.
**महाघोष** = उच्चस्वरीय, गर्जन.
**महाचंडा** = चामुंडा.
**महाचंडी** = चामुंडा, दुर्गा, पार्वती.
**महाचमू** = विजयवाहिनी.
**महाचार्य** = धर्मज्ञानी, पोप.
**महाजन** = बनिया, सूदख़ोर.

**महाजन** *सं* कोठीवाल, थैलीशाह, धनी, फ़ाइनैंसर, बेवहरिया, बैंकर, वित्तदाता, व्योहरिया, शाह, श्रौफ़, सर्राफ़, साह, साहू, साहूकार, *सेठ*, सेठिया, •ऋण प्रदाता, •फ़ाइनैंसर, •सूदख़ोर, •सेठ, ▪ऋणी.

**महाजनी** = ऋण व्यवसाय.
**महाजनी धंधा** = ऋण व्यवसाय.
**महाजनी संस्थान** = बैंक.
**महाजनी हुंडी** = हुंडी.
**महाज्ञानी** = तपस्वी, विद्वान व्यक्ति, सर्वज्ञ.
**महाझूठ** = दुष्प्रचार.
**महाढ्य** = धनाढ्य, सेठ.
**महातेज** = प्रभावशाली.
**महात्मा** = उपदेशक, ऋषि, दार्शनिक, धर्मज्ञानी, प्रसिद्ध व्यक्ति, मठवासी, महर्षि, महापुरुष, संन्यासी, साधु.
**महात्मा गाँधी** = भारतः राष्ट्रपिता.
**महात्मा बुद्ध** = गौतम बुद्ध.
**महादंडधर** = यमराज.
**महादानी** = दानवीर, दानशील.
**महादारु** = देवदारु.
**महादुर्गा** = दुर्गा.
**महादेवी** = दुर्गा, पटरानी, पार्वती, राजा पत्नी.
**महादेश** = उपमहाद्वीप.
**महादेशीय** = महाद्वीपीय.
**महाद्रुम** = पीपल.
**महाद्वार** = नगरद्वार, फाटक.

**महाद्वीप** *सं* कंटिनैंट, *थल*, प्रधान भूभाग, भूखंड, मेनलैंड, विशाल भूखंड, स्थल खंड, •उपमहाद्वीप, •प्रायद्वीप, ▪समुद्र.

**महाद्वीप तल** = थल.

**महाद्वीप नाम सूची** *सं* (उत्तर से दक्षिण, पूर्व से पश्चिम), 1.0 यूरेशिया महाखंड, 1.1 एशिया, 1.2 यूरोप, 2.0 अमरीका द्वय, 2.1 उत्तर अमरीकी महाद्वीप, 2.2 दक्षिण अमरीकी महाद्वीप, 3.0 अफ़्रीका, 4.0 आस्ट्रेलिया, 5.0 दक्षिण ध्रुव महाद्वीप, •पौराणिक महाद्वीप सूची, •महाद्वीप.

**महाद्वीप विशाल खंड** = उपमहाद्वीप.
**महाद्वीप शैल्फ़** = महाद्वीपीय कगार.
**महाद्वीपी** = महाद्वीपीय.

**महाद्वीपीय** *वि* महाखंडीय, महादेशीय, महाद्वीपी, महावर्षीय.

**महाद्वीपीय कगार** *सं* कंटिनैंटल शैल्फ़, डूबी महाद्वीपीय कँगनी, महाद्वीप शैल्फ़, •जलतल, •समुद्र तट.

**महाद्वीपीय भूमि** = थल.
**महाधातु** = प्लैटीनम, स्वर्ण.
**महाध्यक्ष** = अध्यक्ष, सर्वोच्च सत्ताधारी.
**महानंद** = आत्मानंद.
**महान** = अत्यधिक, आदर्शवादी, आदर्शवादी, ईश्वरीय, उच्चाशय, उत्तम, दिव्य, नैसर्गिक, पवित्र, प्रबल, बृहत्, मर्यादापूर्ण, महत्त्वपूर्ण, सज्जनतापूर्ण, सत्त्वगुणी, सर्वसत्ताधारी, सर्वोच्च, सहनशील.

**महान** *वि* अकबर, अच्छा/अच्छी, अज़ीम, आदरणीय, *आला*, आलीशान, उच्च, उदात्त, उदार, उद्भट, ऊँचा/ऊँची, कबीर, गौरवपूर्ण, गौरवशाली, ग्रेट, नाम वाला, नोबल, प्रतापी, *प्रतिष्ठित*, *प्रधान*, *प्रभावशाली*, प्रमुख, बड़ा/बड़ी, बाला, महदाशय, महाशय, महिमान्वित, महिमामंडित, माननीय, मुअज़्ज़म, श्रीमान, हज़रत, •उच्चाशय, •मर्यादापूर्ण, •सम्माननीय, ▪अधम, ▪कायर, ▪पापी, ▪बदनाम.

**महान आदर्श** = आदर्श.
**महान उपलब्धि** = कालजयी कलाकृति, कीर्तिमान.
**महान कार्य** = कारनामा.

**महानगर** *सं* महापुर, मैट्रो.

**महानगर पालिका** = नगर निगम.
**महानगरीय** = नगरीय.
**महानता** = अच्छाई, आदर्श, प्रतिष्ठा.

**महानता** *सं* अच्छाई, अज़मत, उच्च आचरण, उदात्तता, खरापन, ख़ूबी, गौरव, ग्रेटनैस, नोबिलिटी, बड़प्पन, बड़ाई, महान व्यवहार, महामनस्कता, महाशयता, महिमा, विभूति, शरफ़, •आदर्शवाद, •ईमानदारी, •उच्चाशयता, •प्रतिष्ठा, •मर्यादा, •वीरता, •साहस, ▪दुर्जनता.

**महानद** = नदी.
**महानदी** = नदी, नदी सूची भारत उपमहाद्वीप.
**महान परिवर्तन** = क्रांति.
**महान परिवर्तनकारी** = युगांतरकारी, युगांतरकारी.
**महान प्रयत्न** = महाप्रयास.
**महान योजना** = दिवास्वप्न.
**महान रचना** = कालजयी कलाकृति.
**महान व्यवहार** = महानता.
**महान सफलता** = कीर्तिमान.
**महानाद** = उच्चस्वरीय, कोलाहलपूर्ण, धमाका, हाथी.
**महानायक** = महारथी, सर्वोच्च सत्ताधारी.

**महानायक** *सं* *दिग्गज*, धुरंधर, बावन वीर, भीमकर्मा, महाबली, महाबाहु, *महारथी*, महाविक्रम, *महावीर*, •महापुरुष.

**महानाविक** = पोताध्यक्ष.
**महानिद्रा** = मृत्यु.
**महानिर्वाण** = मोक्ष.
**महानिशा** = मध्यरात्रि.
**महानीबू** = चकोतरा.
**महानुभाव** = उच्चाशय.
**महापंडित** = दक्ष व्यक्ति, विद्वान व्यक्ति, सर्वज्ञ.
**महापण्य** = डिपार्टमैंट स्टोर.
**महापथ** = राजमार्ग.
**महापशु** = मांस पशु.
**महापातकी** = पापी.
**महापापी** = पापी.
**महापिता** = पोप.
**महापुर** = महानगर.
**महापुराण** = पुराण.
**महापुरातन** = प्राचीन.
**महापुरुष** = प्रसिद्ध व्यक्ति.

**महापुरुष** *सं* आदर्श पुरुष, *दिग्गज*, धुरंधर, नरपुंगव, नरवर, नरव्याघ्र, नरशार्दूल, नरोत्तम, पुंरत्न, पुरुषपुंगव, पुरुषोत्तम, *प्रकाशस्तंभ*, मनुजोत्तम, महात्मा, *महारथी*, मानवेंद्र, युगावतार, शलाकापुरुष, हज़रत, हीरो, •आदर्श व्यक्ति, •नायक, •प्रसिद्ध व्यक्ति, •मर्यादापुरुष, •महानायक, •वीआईपी.

**महापेटू** = बहुभक्ष.
**महापोप** = पोप.

**महापौर** *सं* *अध्यक्ष*, नगरनिगम अध्यक्ष, पौर, पौर मुख्य, मेयर, •अध्यक्ष, •नगर सभा सदस्य.

**महाप्रज्ञ** = मठाधीश, सर्वज्ञ.

**महाप्रबंधक** *सं* अधिनाथ, अधिष्ठाता, *अध्यक्ष*, इनचार्ज, कर्ताधर्ता, *कुलपति*, चीफ़, जनरल मैनेजर, नंबर वन, *प्रधान*, प्रधान प्रबंधक, प्रधान व्यवस्थापक, बड़ा साहब, बास, मुख्य, शिरोमणि, सर्वाधिकारी, साहब, सीईओ, •मुखिया.

**महाप्रभ** = प्रभावशाली.
**महाप्रभु** = अध्यक्ष, ईश्वर, पोप, मठाधीश, सर्वसत्ताधारी, सर्वोच्च सत्ताधारी.
**महाप्रयाण** = मृत्यु.
**महाप्रयाण पर जाना** = मरना.

**महाप्रयास** *सं* भागीरथ प्रयास, महान प्रयत्न, महासाहस, महोत्साह, महोद्यम, •कारनामा, •प्रयास.

**महाप्रलय** = प्रलय, मनु प्रलय.
**महाप्रस्थ** = समतल भूमि.
**महाप्रस्थान करना** = मरना.

**महाफल** = फलयुक्त.
**महाबक** = बगला.
**महाबली** = बलिष्ठ, महानायक, महारथी.
**महाबाहु** = बलिष्ठ, महानायक, महारथी.
**महाभवन** = गगनचुंबी भवन.
**महाभाग/महाभागा** = प्रसिद्ध.
**महाभारत** = महायुद्ध.

**महाभारत** *सं* जय (वेद व्यास), पांडव कौरव युद्ध, भारत (वैशंपायन), •कृष्ण, •गीता, •गृहकलह, •रामायण.

**महाभारत युग** = द्वापर युग.
**महाभारत युद्ध द्रष्टा** = संजय.
**महाभारत रचेता** = वेदव्यास.
**महाभारतीकरण** = ध्रुवीकरण.
**महाभिक्षु** = गौतम बुद्ध.
**महाभियान** = अभियान.
**महाभिषव** = सोमरस.
**महाभीता** = छुईमुई.
**महामंडल** = महासंघ.
**महामंडली** = उत्तम जनसमूह.
**महामंडलेश्वर** = सम्राट, सर्वोच्च सत्ताधारी.
**महामंत्र** = गुर, गुरुमंत्र, सुपरामर्श.
**महामंत्री** = प्रधान मंत्री.
**महामति** = विशालहृदय.
**महामनस्कता** = महानता.
**महामरी** = महामारी.
**महामहिम** = सर्वोच्च सत्ताधारी.
**महामहोपाध्याय** = विद्वान व्यक्ति.
**महामांस** = गोमांस.
**महामात्य** = प्रधान मंत्री.
**महामात्र** = प्रधान मंत्री.
**महामानव** = अतिमानव.
**महामान्य** = प्रतिष्ठित, सम्माननीय, सर्वोच्च सत्ताधारी.
**महामाय** = मोहक.
**महामाया** = दुर्गा, माया.
**महामारी** = चेचक, प्लेग.

**महामारी** *सं* अरिष्ट, ईति, *उपद्रव*, जनक्षय, जनपद मारी, जानपदिक रोग, मरी, महामरी, महारोग, मारिका, मारी, वबा, वबाए आम, व्यापक रोग, सामूहिक रोग, सार्वदेशिक रोग.

**महामाष** = राजमाह.
**महामुनि** = अगस्त्य, गौतम बुद्ध, तपस्वी, महर्षि.
**महामृग** = बारहसिंगा.
**महामृत्युंजय मंत्र** = मृत्युंजय मंत्र.
**महामेधा** = प्रौढ़, सर्वज्ञ.
**महामैया** = काली, दुर्गा.
**महायज्ञ** = वेदपाठ.
**महायश** = प्रसिद्ध.
**महायात्रा** = अभियान, साहस यात्रा.
**महायुद्ध** = विश्वयुद्ध.

**महायुद्ध** *सं* *महाभारत*, व्यापक युद्ध.

**महायोगी** = योगी.
**महायोगेश्वर** = वसिष्ठ.
**महायोद्धा** = महारथी.
**महारंभ** = कारनामा.
**महार/महारिन** = पनहार.
**महारण्य** = गहन वन.
**महारत** = अभ्यास, दक्षता.
**महारथी** = अभियानी, उत्तम व्यक्ति या वस्तु, कीर्तिमान स्थापक, खोज यात्री, दक्ष व्यक्ति, प्रतिभाशाली व्यक्ति, प्रसिद्ध व्यक्ति, महानायक, महापुरुष, विद्वान व्यक्ति.

**महारथी** *सं* अतिबल, अतिरथ, अतिरथी, अप्रतिवीर्य, असाधारण योद्धा, कुशल योद्धा, चारभट, चैंपियन, *दिग्गज*, धुरंधर, प्रधानोत्तम, प्रवीर, बाँकुरा, बावन वीर, बृहद्रथ, भीमविक्रम, *महानायक*, महाबली, महाबाहु, महायोद्धा, महाविक्रम, *महावीर*, महेष्वास, योधेय, रणबाँकुरा, वीर योद्धा, वीरेंद्र, वीरेश्वर, वृहद्रथ, शूरवीर, सहस्रवीर्य, सहस्रवेधी, सहस्री, सुभट, सुवीर, •योद्धा.

**महारस** = पारा.
**महाराज** = रसोइया, राजा सूची भारतीय, सम्राट.
**महाराजा** = राजा सूची भारतीय, सम्राट, सर्वोच्च सत्ताधारी.
**महाराजाधिराज** = सम्राट.
**महाराजिन** = रसोईदारिन.
**महाराज्ञी** = रानी.
**महाराणा** = राजा सूची भारतीय.
**महारात्र** = मध्यरात्रि.
**महारानी** = पटरानी, रानी.
**महारावल** = राजा सूची भारतीय.
**महाराष्ट्र** = भारत राज्य प्रदेश.

**महाराष्ट्र** *सं* बंबई (बोलचाल), •भारत राज्य प्रदेश सूची.

**महाराष्ट्रः राजधानी** *सं* मुंबई (बंबई).

**महारोग** = जीर्ण रोग, महामारी.
**महारौद्री** = दुर्गा.
**महारौरव** = नरक.
**महार्घ** = महँगा/महँगी, महोगनी.
**महार्णव** = समुद्र.
**महार्थ** = अर्थयुक्त.
**महार्थता** = महत्त्व.
**महार्बुद** = अरब.
**महाल** = जागीर, विभाग.
**महालक्ष्मी** = कामाक्षी, लक्ष्मी देवी.
**महालय** = तीर्थ, पितृपक्ष, बौद्ध मठ, मंदिर.

**महावंश** *सं* बौद्ध धर्म इतिहास, •जातक.

**महावत** = हाथीवान.

**महावत सीट** *सं* कलादा, स्कंध प्रदेश, •चालक सीट.

**महावन** = गहन वन.
**महावर्षा** = अतिवर्षा, अतिवर्षा.
**महावर्षीय** = महाद्वीपीय.
**महावाक्य** = उक्ति.
**महावात** = तूफ़ान.
**महावाद** = शास्त्रार्थ.
**महाविकट** = महाकाय.
**महाविक्रम** = कारनामा, महानायक, महारथी, वीर.
**महाविद्या** = काली.

**महाविद्यालय** *सं* अकादमी, इंस्टीट्यूट, इंस्टीट्यूशन, कालिज, •रैगिंग, •विश्वविद्यालय.

**महाविश्व** = ब्रह्मांड.
**महाविश्वीय** = ब्रह्मांडीय, विश्वीय.
**महाविषुव** = वसंत विषुव.
**महावीर** = तीर्थंकर सूची, महानायक, महारथी, वीर, हनुमान.

**महावीर** *सं* अंतिम तीर्थंकर, चौबीसवाँ तीर्थंकर, ज्ञातिपुत्र, भगवान महावीर, महावीर वर्धमान, वर्धमान, वैशालीय, ●अहिंसा, ●गौतम बुद्ध, ●तीर्थंकर.

**महावीर जयंती** = जैन उत्सव.
**महावीर धर्म** = जैन धर्म.
**महावीर निर्वाण दिवस** = जैन उत्सव.
**महावीर वर्धमान** = महावीर.
**महावृक्ष** = ताड़.
**महावृष्टि** = अतिवर्षा, अतिवर्षा.
**महावैद्य** = वैद्य.
**महाव्याधि** = जीर्ण रोग.
**महाव्योमीय** = ब्रह्मांडीय.
**महाशक्ति** = दुर्गा.
**महाशठ** = धतूरा.
**महाशय** = आदर्श व्यक्ति, उच्चाशय, महत्त्वाकांक्षी, महान, विशालहृदय, शुभचिंतक, सज्जन.
**महाशयता** = महानता.
**महाशल्क** = झींगा.
**महाशासक** = सर्वोच्च सत्ताधारी.
**महाशिवरात्रि** = शिवरात्रि.
**महाशुक्ति** = सीपी.
**महाशून्य** = ब्लैक होल.
**महाशोक** = मातम.
**महाश्रेणी** = महासंघ.
**महाश्वास** = दमा.
**महासंक्रांति** = उत्तरायण.

**महासंघ** *सं* फ़ैडरेशन, महामंडल, महाश्रेणी, महासभा, संघ समूह.

**महासती** = पतिव्रता, सती.
**महासभा** = महासंघ, राजनीतिक दल.
**महासमिति** = साधारण सभा.
**महासमुद्र** = समुद्र.
**महासागर** = समुद्र.
**महासामंत** = सामंत.
**महासामंत वर्ग** = उच्चवर्ग, कुलीन समाज.
**महासाहस** = दुस्साहस, महाप्रयास.
**महासाहसी** = दुस्साहसी.
**महासेठ** = सेठ.
**महासेना** = विजयवाहिनी.
**महास्वन** = कोलाहलपूर्ण.
**महाहास** = अट्टहास.
**महाह्न** = अपराह्न.
**महिं** = अधिकरण कारक विभक्ति, बीच में.
**महिमा** = प्रतिष्ठा, महत्त्व, महानता, योगसिद्धि.
**महिमाखंडित** = वैभवखंडित.
**महिमान्वित** = अभिनंदित, उत्तम, प्रचारित, प्रतिष्ठित, प्रशंसित, प्रसिद्ध, महान, राजसी, वैभवशाली.
**महिमामंडन** = नायक पूजा.
**महिमामंडित** = अभिनंदित, प्रचारित, प्रतिष्ठित, प्रशंसित, प्रसिद्ध, महान, राजसी, वैभवशाली.
**महिमामंडित करना** = सराहना.
**महिमामर्दित** = वैभवखंडित.
**महिला** = कुलीन स्त्री, स्त्री.
**महिष** = भैंस, भैंसा.
**महिषध्वज** = यमराज.
**महिषपाल** = पशु पालक.
**महिषवाहन** = यमराज.
**महिषार्दन** = स्कंद.
**महिषासुर मर्दिनी** = दुर्गा.
**महिषी** = अंतःपुर दासी, कुलीन स्त्री, भैंस, राजा पत्नी.
**मही** = पृथ्वी, मट्ठा.
**महीतल** = धरातल.
**महीधर** = पर्वत.
**महीन** = कनकना/कनकनी, पतला/पतली, पेचीदा डिज़ाइन वाला, बारीक़ पिसा, सूक्ष्म.
**महीन छनाई** = कपड़छनाई.
**महीना** = मास, मासदेय, रजस्राव.
**महीपाल** = राजा.
**महीयस** = अत्यधिक.
**महीयस/महीयसी** = बृहत्.
**महीसुत** = मंगल ग्रह.
**महुअरी** = तूँबा.
**महुआ** = काष्ठ सूची, फल सूची, महुआ मद्य.

**महुआ** *सं* कोइँदा, कोलेंदा, गिलौंदा, गुलैंदा, मधुल, मधुष्ठील, मधूक, माधव, स्वादु.

**महुआ मद्य** *सं ठर्रा*, मधुक, *महुआ*, माध्वी, माध्वीक.

**महुआरी** = वंशीवन.
**महूरत** = मुहूर्त.
**महेंद्र** = इंद्र.
**महेश** = ईश्वर, त्रिमूर्ति सूची, शिव.
**महेश्वरी** = दुर्गा.
**महेष्वास** = धनुषधारी, महारथी.
**महोगनी** = काष्ठ.

**महोगनी** *सं* महार्घ.

**महोत्सव** = उत्सव.
**महोत्साह** = महाप्रयास.
**महोदधि** = समुद्र.
**महोदया** = कुलीन स्त्री.
**महोदर/महोदरी** = तोंदू.
**महोदार** = दानवीर, दानशील.
**महोद्यम** = महाप्रयास.
**महोन्नत** = उत्तम.
**महोपाध्याय** = विद्वान व्यक्ति.
**महोर्मि** = सुनामी.

**महोर्मि** *सं* उच्छल तरंग, उत्तरंग, उत्ताल तरंग, उल्लोल, कल्लोल, ठाट, विल्लोल, हिल्लोल, ●समुद्र लहर.

**महोला** = झूठा बहाना.
**महौषध** = लहसुन, सोंठ.
**महौषधी** = ब्राह्मी.
**माँ** = माता.
**माँग** = दावा, निवेदन, प्रार्थना, याचना, लालसा, सीमंत.

**माँग** *सं* आदेश, आर्डर, *आवश्यकता*, *आवाहन*, क्षुधा, चाह, ज़रूरत, डिमांड, तक़ाजा, तलब, दबाव, माल माँग, ●आवश्यकता, ■आपूर्ति.

**माँग कमी** = व्यापारिक मंदी.
**माँग का सिंदूर** = पति.
**माँगचोटी** = सिंगार.

**माँग टीका** *सं* अवतंस, *टीका*, बेंदा, माँग फूल, सीमंत मणि.

**माँगना** = चाहना.
**माँगने वाला** = भिखारी.
**माँग पत्र** = ख़रीद आर्डर.
**माँग पूर्ति** = आपूर्ति.
**माँग पूर्ति कर्ता** = सप्लायर.
**माँग फूल** = माँग टीका.
**माँग भराई** = सिंदूरदान.
**माँग में** = बिकाऊ.
**मांगलिक** = आशाप्रद, शुभसूचक,

सफलताप्रद.

**मांगल्य** = कल्याण, सलामती, सलामती, सौभाग्य.

**माँग है** = चाहिए.

**माँगा/माँगी** = आवाहित, मँगाया/मँगाई.

**माँगे का** = उधार का.

**माँजना** = सिखाना.

**माँजना** *क्रि* ओपना, निखराना, मँजाई करना, मार्जन करना, मार्जित करना, रगड़ना, •स्वच्छ करना.

**माँजाई** = सगी बहन.

**माँजाया** = भाई, सगा भाई.

**माँजाया/माँजाई** = सहोदर.

**माँझ** = अंदर, बीच में.

**माँझी** = जहाज़ी.

**माँझी/माँझिन** = नाविक.

**माँझीगीरी** = नौकायन.

**माँठी** = मठरी.

**माँड़** = माँड़िया.

**माँड़ना** *क्रि* कूँचना, गूँथना, *गूँधना*, *दबाना*, मर्दना, मलना, मसलना, *मिलाना*, रगड़ना, *रौंदना*, सानना, •घोटना.

**मांडलिक** = जनपद समूह प्रसासक.

**माँड़ा** = मंडप.

**माँड़िया** *सं* धानयूष, पिच्छा, पीच, पीछ, पुलाक, पेया, भक्तमंड, भात पानी, मंड, मंडक, माँड़, यवागू, सिद्धजल, •भात.

**मांडूक्य उपनिषद** = उपनिषद.

**मांत्र** = मंत्रपाठक.

**मांत्रिक** = अभिमंत्रक, प्रेतसाधक, मंत्रपाठक.

**माँद** = खुट्टल, पशु पानी हौज़, बिल, मंद.

**माँदगी** = आलस, थकान, लस्तपस्त चाल, व्यापारिक मंदी.

**माँदा/माँदी** = अप्रबल, तंद्रिल, थका/थकी, धुँधला/धुँधली, निर्बल, प्रतिभाहीन, बीमार, मंद, मंदधी, हतोत्साहित.

**माँ बहन** = मौसी.

**माँबहन** = परिवार स्त्रियाँ.

**माँबाप** = पिता माता.

**माँबेटी** = परिवार स्त्रियाँ.

**माँ भाई** = मामा.

**मांस** = खाद्य मांस, गूदा, रसेदार मांस भाजी व्यंजन.

**मांस** *सं* अस्रज, आमिष, कर्दम, कीलालज, *गूदा*, गोश्त, पलल, •मज्जा, •मांसपेशी, •वसा, •स्नायु.

**मांस चढ़ाना** = मुटियाना.

**मांस पशु** *सं* खाद्य पशु, गोद्रव, *ढोर*, बड़ा जानवर, महापशु, माशिया, •दुग्ध पशु.

**मांसपेशी** *सं* डौला, पुट्ठा, पेशी, •पुट्ठे, •मांस, •स्नायु.

**मांसफल** = तरबूज.

**मांसफला** = बैंगन.

**मांसभक्षी** = मांसाहारी, राक्षस.

**मांसमच्छी** = खाद्य मांस.

**मांसयुक्त** = सामिष (आहार).

**मांसल** = गुदगुदा/गुदगुदी, मोटा/मोटी, वासनापूर्ण, शारीरिक.

**मांसलकाय** = मोटा/मोटी.

**मांसलकाय करना** = मुटियाना.

**मांसलकाय होना** = मुटाना.

**मांससार** = वसा.

**मांसहीन** = कंकालमात्र, छरहरा/छरहरी, निरामिष (आहार).

**मांसाद** = मांसाहारी.

**मांसाहारी** *वि* आमिषाहारी, कबाबी, क्रव्याद, गोश्तख़ोर, जीवभक्षी, नौन (बोलचाल), नौनवैजिटेरियन, मांसभक्षी, मांसाद, सामिषाहारी, •आखेटजीवी, •मनुष्यभक्षक, •शवभक्षक, •स्वजातिभक्षी, ▪निरामिषाहारी.

**मांसीय** = सामिष (आहार).

**मांसोदन** = बिरियानी.

**माँहि** = बीच में.

**मा** = नहीं.

**माइंड** = मन.

**माइका** = अभ्रक.

**माइक्रोकंप्यूटर** = मिनी कंप्यूटर.

**माइक्रोब** = रोगाणु.

**माइक्रोस्कोप** = खुर्दबीन.

**माइग्रेट करना** = जा बसना.

**माइग्रेन** = आधासीसी.

**माइन** = बारूदी सुरंग.

**माइनर** = खनिकर्मी.

**माइनरिटी** = अल्पसंख्यक.

**माइम** = नक़्क़ाली, भावाभिनय, भावाभिनेता.

**माई** = परिचारिका, माता, वृद्ध स्त्री.

**माई का लाल** = वीर पुरुष.

**माई बाप** = ऐंप्लायर.

**माउज़** *सं* मानिटर पर कर्सर चलाने वाला उपकरण.

**माउनटेंस** = पर्वतश्रेणी.

**माउनटेन** = पर्वत.

**माकंद** = आम.

**माकूल** = उपयोगी.

**माक़ूल** = तर्कसंगत, पर्याप्त, प्रासंगिक, योग्य, विधिसंगत.

**माक्षिक** = शहद.

**माक्षिक धातु** *सं* चक्रनामा, तापिंछ, तापिंज, पाइराइट, मक्षी, माखी, सल्फ़र कच्ची धातु.

**माक्षिक मल** = मोम.

**माक्षीक** = शहद.

**माखनचोर** = कृष्ण.

**माखी** = मक्खी, माक्षिक धातु.

**मागध** = चारण.

**मागधी** = चीनी, जूही.

**मागी** = पारसी धर्माधिकारी.

**माघ** = भारतीय मास सूची, माघ मास.▫

**माघ मास** *सं* तपा, पित्र्य, माघ, माह.

**माचिस** *सं* अंगारकाड़ी, अग्निशलाका, काड़ी, तीली, दियासलाई, सलाई, सेफ़्टी मैच •अग्नित्र, •अग्न्याधान, •चक़मक़, •माचिसपेटी, •लाइटर.

**माचिस डिबिया** = माचिसपेटी.

**माचिसपेटी** *सं* अंगारपेटी, माचिस डिबिया, मैचबाक्स.

**माचिस लगाना** = जलाना, सुलगाना.

**माची** = चालक सीट.

**माछ** = मछली.
**माछर** = मच्छर.
**माजरा** = घटना, विषय, वृत्तांत.
**माजी** = पारसी धर्माधिकारी.
**माजून** = मरहम.
**माझी** = कर्णधार.
**माट** = घड़ा, मिट्टी.
**माटी** = अजैव पदार्थ, पदार्थ, मिट्टी, शव.
**माटी मिला/माटी मिली** = मृत.

**माटीय** *वि* पार्थिव, मटिया, मटियार, माहेय, मिटिया, मृत्तिकीय, मृदीय, रजीय, •धूलिमय.

**माडर्न** = अत्याधुनिक, अपारंपरिक, आधुनिक, उन्नत.
**माणवक** = ब्रह्मचारी.

**माणिक** *सं* अरुणोपल, पद्मराग, पद्मराज, *याक़ूत*, रूबी, *लाल*, लाल मणि, लालमन.

**माणिबंध** = सेंधा नमक.
**मातंग** = हाथी.
**मात** = पराजय, पराजित, माता, शहमात.
**मात करना** = हराना.
**मात खाना** = हारना.
**मातदिल** = शीतल, समशीतोष्ण.
**मात देना** = जीतना, हराना.
**मातबर** = विश्वसनीय.
**मातम** = रुदन, शोक.

**मातम** *सं* अज़ादारी, अनुरोदन, कुहराम, क्रंदन, ग़मी, *दुःख*, मरनी, महाशोक, मातमदारी, मुर्दनी, मृत्यु शोक, रुद*न*, रोना धोना, विलाप, *शोक*, *संस्मरण*, सदमा, स्यापा, •मरसिया, ▪आनंद, ▪उत्सव.

**मातमकदा** = मृत्यु शोक गृह.
**मातमख़ाना** = मृत्यु शोक गृह.
**मातमज़दा** = शोकग्रस्त.

**मातमदार** *सं* अज़ादार, रोवनहार, शोकार्त्त व्यक्ति, सोगवार, •मृत्यु संवेदना कर्ता.

**मातमदारी** = मातम.
**मातमनशीं** = शोकग्रस्त.
**मातमपुरसी** = मृत्यु संवेदना.
**मातमपुर्स** = मृत्यु संवेदना कर्ता.
**मातमसरा** = मृत्यु शोक गृह.
**मातमी** = शोकग्रस्त, शोकपूर्ण.
**मातमी गीत** = मरसिया.
**मातलिसारथी** = इंद्र.
**मातहत** = अवर (कर्मचारी), अवर कर्मचारी, पराधीन.
**माता** = चेचक, शीतला.

**माता** *सं* अंब, अंबा, अंबिका, अक्का, अत्ता, अत्तिका, *अदिति*, अन्ना, अम्माँ, अम्मा, अम्मीं, अम्मीं जान, अम्मी, आई, जननी, *जनयित्री*, जन्मदात्री, -जा, प्रसू, मइया, मम्मा, मम्मी, महतारी, माँ, माई, मात, मातु, मातृ-, मातृका, मादर, *मामा*, मैया, मौम, वालिदा, •दादी, •नानी, •पिता, •मामा, ▪पुत्र, ▪पुत्री, ▪संतान.

**माता घर** = ननिहाल.
**मातापक्षीय** = मातृक.
**माता पिता** = नाना.
**माता पुत्री** = बहन.
**माता मरियम** = मरियम.
**मातामह** = नाना.
**मातामही** = नानी.
**माता माता** = नानी.

**माताहीन** *वि अनाथ*, अमातृक, टूअर, मातृहीन.

**मातु** = माता.
**मातुल** = मामा.
**मातुल पक्ष** = भातई.
**मातुला** = मामी.
**मातुलानी** = मामी.
**मातुली** = मामी.
**मातृ-** = माता.

**मातृक** *वि* ननिहालीय, पारिवारिक, मातापक्षीय, मातृपक्षीय, मादरज़ाद, मादरी, मैटरनल, •आनुवंशिक, •पैतृक.

**मातृका** = काली, चेचक, दुर्गा, धाय माँ, माता.
**मातृगृह** = ननिहाल.
**मातृत्वपूर्ण** = स्त्रियोचित.
**मातृनंदन** = स्कंद.
**मातृपक्षीय** = मातृक.
**मातृ पिता** = नाना.
**मातृभूमि** = स्वदेश.
**मातृ भ्राता** = मामा.
**मातृ माता** = नानी.
**मातृहीन** = माताहीन.
**मातेश्वरी** = दुर्गा, मरियम.
**मात्र** = केवल, ही.
**मात्र एक** = एकमात्र.
**मात्र कुछ** = अल्पतम.
**मात्रा** = संख्या, स्वरमात्रा.

**मात्रा** *सं अंश*, अमाउंट, आयतन, इयत्ता, क़द्र, कितनापन, कियत्ता, क्वांटम, क्वांटीटी, क्वांतम, परिमाण, मिक़दार, *राशि*, *संख्या*, *सीमा*, •इतना/इतनी, •कितना/कितनी, •गणना, •माप.

**मात्रा में अनियत** = अगणनीय.
**मात्रा में नियत** = इतना/इतनी.
**मात्रा में सीमित** = परिगणनीय.
**मात्रा सापेक्ष संबंध** = अनुपात.
**मात्सर्य** = ईर्ष्या.
**माथ** = मस्तक.
**माथा** = मस्तक.
**माथा बल** = त्योरी.
**माथा बिंदी** = बिंदी.
**माथे की बिंदी** = पति.
**मादक** = मादक औषध, सुंदर.

**मादक** *वि* असरदार, *उत्तेजक*, उद्दीपक, *उन्मादक*, *गुलाबी*, ज़हरी, ज़हरीला/ज़हरीली, तेज़, तौबाशिकन, नशावर, नशीला/नशीली, नशेदार, प्रमद, बसंती, बाअसर, मदन, मदभरा/मदभरी, मदमाता/मदमाती, मदिर, मदिरल, मदीला/मदीली, मदोन्मादक, मद्योन्मादक, मस्त, मादन, *वसंती*, शराबी, सुखमद, •उन्मादक, •मदिरोन्मत्त.

**मादक औषध** *सं* उन्मत्तकारी, *उन्मादक*, नशीली दवा, नार्कोटिक, मदिर, *मादक*, सुखमद.

**मादक द्रव्य** = मदव्य.
**मादक पदार्थ** = मदव्य.

**मादक पेय** *सं* कठोर पेय, नशीला पेय, मद्यपेय, •पेय पदार्थ.

**मादन** = मादक, लौंग.
**मादर** = माता.
**मादरज़ाद** = भाई, मातृक, सगा भाई.
**मादरी** = मातृक.
**मादरे वतन** = स्वदेश.
**मादा** = जनयित्री, स्त्री, स्त्रीलिंगीय.

**मादा** *सं* ज़न, जननी, *जनयित्री*, ज़नानी, जनी, *स्त्री*, ▪नर, ▪हिजड़न.

**मादा उल्लू** *सं* उलूकी, उल्लू मादा, काकरुकी, घूघी, पेचकी.

**मादा कबूतर** *सं* कपोती, कबूतर मादा, कबूतरी, परेई, पारावती, श्यामा.

**मादा कुत्ता** = कुतिया.

**मादा कौआ** *सं* कव्वी, काकी, कौआ मादा, कौवी, वायसा.

**मादा गाय शिशु** = बछिया.

**मादा गिद्ध** *सं* गिद्ध मादा, गृध्रा, गृध्री, बाज़नी, श्येनिका, श्येनी.

**मादा घोड़ा** = घोड़ी.

**मादा चकवा** *सं* कोकी, चकई, चकवा मादा, चक्रवाकी, चक्रांगना.

**मादा चकोर** *सं* चकोरी.

**मादा चातक** *सं* चातक मादा, चातकी, जलप्रिया.

**मादा चीता** = सिंहनी.

**मादा तोता** *सं* तोती, शुकी, सारिका, सुअटी, सुअनी, सुग्गी.

**मादा पक्षी** *सं* अंडजा, खगिनी, खगी, खेचरी, चिड़िया, चिड़ी, चिरी, चिरैया, नीडजा, पंखिनी, पक्षिणी, पतंगिनी, विहंगमा, विहगा, विहगी, शकुंतिका, सुपर्णा, हैन, •नर पक्षी.

**मादा बंदर** = बँदरिया.

**मादा बगला** *सं* बकी, बकेरुका, बगला मादा, बगली, बगुली, बलाका, मेघानंदा, वकी, वलाका, शिखी.

**मादा बाघ** = सिंहनी.
**मादाम** = कुलीन स्त्री.
**मादा मुरगा** = मुरगी.
**मादा मोर** = मोरनी.
**मादा सिंह** = सिंहनी.

**मादा हंस** *सं* चक्रांकी, चक्रांगी, ढामरा, मृदुगमना, वरटा, हंसकांता, हंसिका, हंसिनी, हंसी.

**मादा हाथी** = हथिनी.
**मादा हिरन** = हिरनी.
**मादिनी** = सुंदर स्त्री.
**माद्दा** = अंतर्बोध, अजैव पदार्थ, अर्हता, घटक, पूय.
**माधव** = कृष्ण, महुआ, वैशाख मास.
**माधवी** = जूही, मालती.
**माधुरी** = मद्य, मिठास.
**माधुर्य** = मिठास, सौंदर्य.

**माधुर्यपूर्ण** *वि* मधुमय, मधुमान/मधुमती, मधुर/मधुरा, मीठा/मीठी, रसवंत/रसवंती, रसवान/रसवती, रसाल, रसीला/रसीली, शरबती, सरस, •सुंदर.

**माधुर्ययुक्त** = मीठा/मीठी.
**माधो** = मूर्ख.
**माध्यम** = इंद्रिय, प्रतिनिधि, प्रवक्ता, मध्यम, मध्यमीय, साधन.
**माध्यमिक** = औसत, मध्यम, मध्यमस्तरीय, मध्यमार्गी, मध्यमीय, माध्यमिक अवस्था वाला.

**माध्यमिक अवस्था वाला** *वि* अंतरालीन, अंतरालीय, बिचला/बिचली, बीच का, *मध्यम*, माध्यमिक, •अंतरिम, •चरम, •प्रारंभिक.

**माध्य समुद्र उत्तल** = समुद्र उत्तल.
**माध्व/माध्वी** = मीठा/मीठी.
**माध्वी** = महुआ मद्य.
**माध्वीक** = महुआ मद्य.
**-मान** = धंधी.

**मान** = अभिमान, क्रोध, तौल, प्रणय कोप, प्रतिष्ठा, प्रसिद्धि, माप, सम्मान.
**मानक** = मानकयुक्त, शास्त्रीय (कला).

**मानक** *सं आदर्श*, आप्त मान, उच्चता स्तर, क़दर, कसौटी, कैंडा, कोटि स्तर, क्राइटेरियन, गुणवत्ता आदर्श, गुणवत्ता मानक, गुणवत्ता स्तर, टचस्टोन, तराज़ू, नापदंड, निर्णय कसौटी, परख आधार, परिमिति, पलड़ा, पहचान, पैमाना, पैरामीटर, *प्रमाण*, प्रमाणक, प्रमाणित मान, मानदंड, *माप*, मापदंड, मैयार, विश्वसनीय मान, सम्मत स्तर, स्टैंडर्ड, स्तर, स्तर मान, •कसौटी पत्थर, •माप, •सुरुचि.

**मानकयुक्त** *वि आदर्श*, गुणवत्तायुक्त, गुणान्वित, जाँचा/जाँची, *ज्ञात*, *नियंत्रित*, *निर्धारित*, निर्धारित गुणयुक्त, परिभाषित, *परीक्षित*, प्रामाणिक, *मानक*, मानकीकृत, सम्मतस्तरीय, सस्तर, स्टैंडर्ड, स्तरयुक्त, स्तरीय, •उच्चमानक.

**मान करना** = रूठना.
**मान कलह** = प्रणय कोप.
**मानकीकृत** = मानकयुक्त.
**मान केलि** = प्रणय कोप.

**मानगृह** *सं* कोप भवन, मानमंदिर.

**मानचित्र** = निर्माण परिकल्पना.

**मानचित्र** *सं* कार्टोग्राफ़, *चार्ट*, नक़्शा, मैप, रेखाचित्र, •ऐटलस, •चार्ट, •पथचित्र, •बाह्य रेखा मानचित्र.

**मान जाना** = पसीजना, मानना.
**मानता** = मन्नत.
**मानदंड** = मानक, माप उपकरण.
**मानद उपाधि** = उपाधि.

**मानदेय** *सं* अनुदान, अवैतनिक देय, ग्रैचुइटी, फ़ैलोशिप, वृत्ति, सम्मान दान, ससम्मान अनुदान, •आय, •उपहार, •उपाधि, •छात्रवृत्ति, •पुरस्कार, •पैंशन.

**मान न मान मैं तेरा मेहमान** = हस्तक्षेपक.

**मानना** = पसीजना, पसीजना.

**मानना** *क्रि* क़ायल होना, झुकना, पटना, *पसीजना*, मत मिलना, मन में आना, मन में बैठना, मन रखना, मान जाना, मान लेना, राज़ी होना, सकारना, *समझना*, सहमत होना, सहमति देना, •अनुमति देना, •मनवाना, •स्वीकार करना, ▪मुकरना.

**माननीय** = आदर्शवादी, पूजनीय, प्रतिष्ठित, प्रशंसनीय, महान, सम्माननीय.
**मानपत्र** = अभिनंदन पत्र.
**मानभंग** = अपमान, मानहानि.
**मानभंजक** = अपमानजनक.
**मानमंदिर** = मानगृह.
**मान मनुहार** = प्रणय कोप.
**मान मनौअल** = सामनीति.
**मान मनौती** = मनुहार, मन्नत.
**मान मनौवल** = प्रणय कोप.
**मानमनौवल** = मनुहार.
**मानमर्यादा** = प्रतिष्ठा.
**मानरंध्रा** = जलघड़ी.
**मानरक्षा युद्ध** = द्वंद्वयुद्ध.
**मान लेना** = मानना.
**मानव** = पुरुष, मानवीय.

**मानव** *सं आदम*, आदम औलाद, आदमज़ाद, आदमी, इनसाँ, इनसान, इन्सान (विकल्प), उच्चतम जीव, ख़ाक का पुतला, जगतीचर, जीवश्रेष्ठ, दोपाया, द्विपाद, द्विभुज, नृ, पशुश्रेष्ठ, प्राणी, बुद्धिमानव, मनई, मनुख, मनुज, मनुजात, मनुपुत्र, मनुमानव, मनु वंशी, मनुष, मनुष्य, मानुख, मानुष, मानुस, मिट्टी का पुतला, मैन, सर्वोच्च जीव, •अधिप्राणी, •अपिवानर, •आदिमानव, •मिसिंग लिंक, •वज्र मानव, •अतिमानव, •बंदर, •रोबट, ▪अमानव.

**मानव अरचित** = अपौरुषेय.
**मानवकृत** = मानवनिर्मित.
**मानव कृत धर्मग्रंथ** = पौरुषेय धर्मग्रंथ.

**मानवघात** *सं* नरघात, नरहत्या, नृघात, नृशंसा, नृहत्या, मानववध, मानव हत्या, •मारण.

**मानवघाती** *वि* नरघाती, नरघ्न, नृघ्न, नृशंस, मानवघ्न, •आत्मघाती, •रुधिरपिपासु.

**मानवघ्न** = मानवघाती.

**मानवचालित** *वि* अयंत्रित, अयंत्रीकृत, अस्वचालित, •अर्धयंत्रीकृत, •चालित, •यंत्रचालित.

**मानव जाति** *सं* इनसानियत, इहलोक, नृजाति, नृवंश, मनु वंश, मनुष्य, मनुष्य जाति, मनुसंतति, मानवता, मानव समाज.

**मानव जातीय** = मानवीय.
**मानवता** = मानव जाति, सहानुभूति.

**मानवनिर्मित** *वि* अप्रकृत, *अप्राकृतिक*, कृत्रिम, पौरुषेय, बना/बनी, बनाया/बनाई, मनुष्यकृत, मानवकृत, मानवरचित, *मानवीय*, मैनमेड, •अप्राकृतिक, •रचति, ▪अपौरुषेय, ▪प्राकृतिक.

**मानव निर्मित उपग्रह** = कृत्रिम उपग्रह.
**मानव निर्मित जलाशय** = तालाब.
**मानव प्रेम** = समाज भावना.

**मानव प्रेम** *सं* इश्क़ मज़ाज़ी, लौकिक प्रेम, सांसारिक प्रेम, ▪ईश्वरप्रेम.

**मानवरचित** = मानवनिर्मित.
**मानववध** = मानवघात.
**मानव शक्ति यान (अनुवाद)** = रिक्शा.
**मानव शीष सर्प शरीर** = नाग.
**मानव समाज** = मानव जाति.
**मानव सौंदर्य वर्णन** = नखशिख वर्णन.
**मानव हत्या** = मानवघात.
**मानवान/मानवती** = रूठा/रूठी.
**मानविद** = मिसिंग लिंक, रोबट.
**मानवी** = मानवीय, स्त्री.
**मानवीय** = उपकारपूर्ण, भावुक, मानवनिर्मित, मानवोचित, सहनशील.

**मानवीय** *वि* इनसानी, नृ-, पौरुष, मनुष्यीय, *मानव*, मानव जातीय, मानवी, मानुष, मानुषीय, •मानवोचित, ▪अमानवीय, ▪मानवेतर.

**मानवीयतापूर्ण** = मानवोचित.
**मानवेंद्र** = मर्यादा पुरुष, महापुरुष, राजा.

**मानवेतर** *वि अमानव*, *अमानवीय*, अमानुष, अमानुषी, अमानुषीय, ग़ैरइनसानी, •अमानवीय, ▪मानवीय.

**मानवेतर जीव** = अमानव.
**मानवेतर प्राणी** = अमानव.

**मानवोचित** *वि* इनसानी, मनुष्योचित, *मानवीय*, मानवीयतापूर्ण, *विकसित*, सुशील, सुसभ्य, •दयालु, •धीर, •सहनशील, ▪अमानवीय, ▪दानवीय, ▪निर्दय.

**मानस** = अनुभूति, जना, जीवनी, मन, व्यक्ति.
**मानसचारी** = हंस.
**मानसम्मान** = प्रतिष्ठा.
**मानस शास्त्र** = मनोविज्ञान.
**मानसिक** = अयथार्थ, बुद्धीय, भावनाधारित, मनोविज्ञानीय, मायावी, स्वाभाविक.

**मानसिक** *वि आंतरिक*, चित्तीय, भीतरी, मनो-, मनोजगतीय, •अयथार्थ, •काल्पनिक, •भावनाधारित, •मायावी, ▪भौतिक.

**मानसिक अंतर्द्वंद्व** = दुबिधा.
**मानसिक अशांति** = चिंता.
**मानसिक असंतुलन** = पागलपन.
**मानसिकता** = मनोवृत्ति, स्वभाव.
**मानसिक पीड़ा** = शोक.
**मानसिक भाव** = भाव.
**मानसिक रोग** = पागलपन.
**मानसिक विकार** = मनोविकार.
**मानसिक शक्ति** = मनोबल.
**मानसिकी** = मनोविज्ञान.
**मानसी** = मनोवृत्ति.
**मानसी काव्य** = आशु कविता.
**मानसून** = बरसात.

**मानसून** *सं दक्षिण पवन*, पुरवाई, बरसाती हवा, मौसम, मौसमी हवा,

वर्षावात, •बरसात, ■लू.

**मानसौका** = हंस.

**मानहानि** *सं* अवमानना, डिफ़ेमेशन, मानभंग, हतक इज़्ज़त, हेठी, •निंदा, ■सम्मान.

**मानहानि कारक** = अपमानजनक.
**मानहानिपूर्ण** = अपमानजनक.
**मानहीन** = अप्रतिष्ठित.
**माना** = अर्थ.
**माना/मानी** = अनुमानित, दक्ष, महत्त्वपूर्ण, सहमत, स्वीकृत.
**मानात्मक** = आदरपूर्ण.
**मानिंद** = सदृश.
**मानिक रेत** = कोरंडम.
**मानिटर** = कंप्यूटर मानिटर.
**मानिटर आदि पर चित्र का सूक्ष्मतम अंश** = पिक्सल.
**मानिटर पर कर्सर चलाने वाला उपकरण** = माउज़.
**मानिटर पर डाटा प्रविष्टि स्थान का चल संकेत** = कर्सर.
**मानिनी** = सुंदर स्त्री.
**मानी** = अर्थ, अर्थद्योतक.
**मानी/मानिनी** = अभिमानी, रूठा/रूठी.
**मानुख** = मानव.
**मानुष** = मानव, मानवीय.
**मानुषी** = स्त्री.
**मानुषीय** = मानवीय.
**मानुस** = जना, मानव.
**माने** = अर्थ, अर्थात.
**मानो** = यदि.

**मानो** *क्रिवि* इव, -कल्प, गोया, गोया कि, जनउ, जानहुँ, जानो, जिमि, *जैसे*, जैसे कि, ज्यों, बिल्फ़र्ज़, यथा.

**मान्य** = अनुमत, अर्हतासंपन्न, असंदिग्ध, चयनीय, तथ्यात्मक, तर्कसंगत, नैतिक, न्यायसंगत, पवित्र, पारंपरिक, पूजित, प्रचलित, प्रतिष्ठित, बुद्धिग्राह्य, लोकप्रिय, विवादातीत, वैध, सम्माननीय, सहमतकारी, सहमत्य, स्वीकार्य.
**मान्यता** = आस्था, आस्था, कविसत्य, धर्म, पवित्रता, प्रतिष्ठा, भक्ति, भक्ति, मत, मिथक, वाद, विश्वास, संप्रदाय, संस्कृति, सम्मान.
**मान्यवर** = सम्माननीय.
**माप** = मानक, साइज़.

**माप** *सं* *आकार*, जोख, नाप, परिमाण, परिमाप, *प्रमाण*, बृहत्ता, मान, मिति, साइज़, •अनुपात, •आयाम, •घनत्व, •तौल, •मात्रा, •साइज़.

**माप उपकरण** *सं* गेज, नपैना, पैमाना, *प्रमाण*, मानदंड, मापयंत्र, मापित्र, मापी, स्केल.

**माप करना** = मापना.
**मापचित्र** = निर्माण परिकल्पना.
**मापजोख** = भूसर्वेक्षण.
**मापदंड** = मानक.
**मापन** = भूसर्वेक्षण.
**मापना** = आँकना, आज़माना.

**मापना** *क्रि* नाप करना, नापजोख करना, नापतौल करना, नापना, माप करना.

**मापयंत्र** = माप उपकरण.
**मापातीत** = अमाप्य.
**मापित्र** = माप उपकरण.
**मापी** = माप उपकरण.

**माप्य** *वि* तौल्य, परिमाप्य, परिमेय, प्रमेय, मेय, सुप्रमेय, •परिगणनीय, •सीमाबद्ध, ■अमाप्य.

**माफ़िक** = कल्याणकारी.
**माफ़िक़** = अनुकूल, अनुसार, सहमत, सहमत्य.
**माफ़िया** = अपराधी संगठन, संपर्क जाल.
**माफ़िया सरदार** = अपराध जगत सरदार.
**माफ़ी** = अपराध मुक्ति, क्षमा, भूमिदान.
**मामला** = आदानप्रदान, घटना, मुक़दमा, विवाद कारण, विषय.
**मामा** = माता.

**मामा** *सं* ख़ालू, माँ भाई, मातुल, मातृ भ्राता, मामूँ जान, •चाचा, •नाना, •माता, •मामी, •मौसी.

**मामा (अपराधी बोलचाल)** = सिपाही.
**मामा कंस** = कंस.
**मामा परिवार** = भातई.

**मामी** *सं* मातुला, मातुलानी, मातुली, मामी जान, •चाची, •नानी, •भानजा, •भानजी, •मामा, ■भानजा.

**मामी जान** = मामी.
**मामूँ जान** = मामा.
**मामूल** = अभ्यास, दलाल शुल्क, नेग, प्रथा, रिश्वत, हिप्नोटिज़्म.
**मामूली** = अनाभूषित, अप्रतिष्ठित, मध्यमस्तरीय, महत्त्वहीन, साधारण, सामान्य, सौंदर्यहीन.
**मायका** = पीहर.
**मायना** = अर्थ.
**मायने** = अर्थात.
**माया** = अज्ञान, आसक्ति, करतब, जादू, धन, प्रकृति, प्रलोभन, भ्रम, ममता, मायाजाल, मायादर्शन, मोह, यथार्थाभास, लीला, वासना, सम्मोहिनी.

**माया** *सं* *अज्ञान*, अधिभूत, अविद्या, क्लेश, *छलना*, त्रिगुणा, प्रपंच कारणभूत शक्ति, बंधन, भव विलास, भ्रांति, महामाया, *मोह*, मोहनी, विमोह, शंबरी, *शक्ति*, *सम्मोहिनी*, •मायाजाल, ■यथार्थता.

**मायाकार** = जादूगर.

**मायाकार** *सं* अय्यार (विकल्प), ऐंद्रजालिक, ऐयार, तिलिस्मगर, मघ, *मायावी*, •जादूगर, •मजमेबाज़.

**मायाग्रस्त** = जादूकृत, मोहित.
**मायाजाल** = मायादर्शन, मोह.

**मायाजाल** *सं* इंद्रजाल, ऐयारी, करामात, *चमत्कार*, चालाकी, *छलना*, छलावा, छलितक, जंजाल, *जादू*, *जाल*, तिलिस्म, दीठबंदी, दृष्टिबंध, दृष्टिभ्रम, नज़रबंदी *भ्रम*, *माया*, माया रचना, *शोबदा*, •कपट रचना, •गोरखधंधा, •जादू, •माया.

**मायाजीवी** = जादूगर.

**मायादर्शन** *सं* अवस्तुदर्शन, आकाश कुसुम, आकाश में काल्पनिक नगर दर्शन, इंद्रजाल, गंधर्वपुर दर्शन, गगनवाटिका, *छलना*, छलावा, जादुई रचना, तिलिस्म, दृष्टिभ्रम, भूत का पकवान, भूत की मिठाई, मक्र चाँदनी, *माया*, *मायाजाल*, मायावी दृश्य, मिथ्यादर्शन, मोहक छलना, विडंबना, विलक्षणा, शांबरी, सपना, हैलूसिनेशन, •फ़ैंटेसी, •भ्रमदर्शन, •मदविभ्रम, •मरीचिका, •मरीचिका.

**मायापाश** = मोह.
**मायापूर्ण** = मायावी, शैतानी.
**मायाप्रयोग** = जादूगरी.
**मायाबद्ध** = वशीकृत.
**माया ममता** = ममता.
**मायामय** = भ्रामक, मायावी, मोहक.
**मायामृग** = स्वर्णमृग.
**मायामोह** = ममता, सांसारिकता, स्वजन भावना.
**माया रचना** = मायाजाल.
**मायालोक** = इहलोक, परीलोक.
**मायावती** = प्रलोभिनी.
**मायावती (पुनर्जन्म)** = रति.

**मायावाद** *सं* जगन्मिथ्या, मिथ्यावाद, विवर्तवाद, संसार माया है.

**मायावान** = मोहक.
**मायाविद्या** = जादूगरी.
**मायाविनी** = जादूगरनी, प्रलोभिनी, सुंदर स्त्री, सुंदर स्त्री.
**मायावी** = अतिप्राकृतिक, अभिमंत्रक, अयथार्थ, अवैज्ञानिक, गुह्य, चमत्कारपूर्ण, जादुई, जादूगर, ठग, पाखंडपूर्ण, प्रतिभाशाली व्यक्ति, प्रलोभनकारी, प्रेतसाधक, बेईमान, भव्य, भुतहा/भुतही, भ्रामक, मायाकार, मोहक, रंगमंचीय, लीलाधर, विश्वासघातपूर्ण, शैतानी, सुंदर.

**मायावी** *वि अयथार्थ*, अवास्तविक, कल्पनाजन्य, कल्पनाधारित, झूठा/झूठी, तिलिस्मी, दिमाग़ी, *भ्रामक*, मरीचिकापूर्ण, *मानसिक*, मायापूर्ण, मायामय, *स्वप्निल*, हवाई, •अतिप्राकृतिक, •काल्पनिक, •चमत्कारपूर्ण, •जादुई, •परलौकिक, •भुतहा/भुतही, •मिथकीय, ▪मायाहीन, ▪यथार्थ.

**मायावी दृश्य** = मायादर्शन.
**मायासुत** = गौतम बुद्ध.
**मायाहीन** = यथार्थ.
**मायिक** = गुह्य.
**मायी** = जादूगर, पारसी धर्माधिकारी, भुतहा/भुतही.
**मायूस** = निराश, पस्त, हतोत्साहित.
**मायूसी** = उत्साहभंग, निराशा, पस्ती.
**मार** = आघात, आघात, आसक्ति, कामदेव, चोट, दंड, पिटाई, प्रहार, प्रहार सीमा, मंगल ग्रह.
**मारक** = थकाऊ, निशानची, प्रभावरोधक, विषाक्त, व्यंग्यात्मक, हिंस्र.

**मारक** *वि* अंतकारी, क़ातिलाना, *ख़तरनाक*, खूँरेज़, घातक, घाती, -घ्न, जानलेवा, जीवनहर, दूषित, नाशक, प्राणघाती, प्राणघ्न, प्राणहर, प्राणांतक, *भयानक*, मर्मांतक, मारू, मार्मिक, मृत्युकारी, हिंसक, •आहतिकारक, •ख़तरनाक, •हिंस्र, •हिंस्र, ▪जीवन रक्षक.

**मारकाट** = अत्याचार, जनसंहार, फ़ौजदारी, युद्ध.
**मारकाटपूर्ण** = रक्तपातपूर्ण.
**मारकाट लूटपाट** = डकैती.
**मारके का** = उल्लेखनीय, निर्णायक.
**मार गिराना** = संहारना.
**मारगीर** = सँपेरा.
**मारजित** = गौतम बुद्ध.
**मार डालना** = मारना, संहारना.
**मारण** = आखेट, हत्या, हिंसा.
**मारणीय** = हंतव्य.
**मारणेच्छुक** = हत्या इच्छुक.
**मारणोत्सुक** = हत्या इच्छुक.
**मारधाड़** = जनसंहार, दंगा, फ़ौजदारी.
**मारधाड़पूर्ण** = रक्तपातपूर्ण.
**मारना** = उजाड़ना, कूटना, चुराना, टकराना, ठोंकना, पीटना, संहारना, हराना.

**मारना** *क्रि* अंत करना, ख़त्म करना, जान निकालना, जान लेना, जान से मारना, प्राण लेना, मार डालना, मृत करना, मृत्यु करना, *संहारना*, समाप्त करना, *हटाना*, *हटाना*, •उजाड़ना, •मरना, ▪जनना, ▪बचाना.

**मारने योग्य** = हंतव्य.
**मारने वाला** = प्रहारक, हत्यारा.

**मारने वाला** *सं* अंतक, -घ्न/-घ्नी, जीवनघ्न, निहंता, •हत्यारा.

**मारपीट** = दंगा, पिटाई, फ़ौजदारी, हाथापाई.

**मारफ़ीन** *सं* अफ़ीम सत, प्रमीली, •कोकीन, •चरस, •हेरोइन.

**मारफ़ीन पावडर** = हेरोइन.
**मारला 40** = बीघा.
**मारवाड़** = मरुथल.
**मारा/मारी** = हत्याकृत.
**मारामार** = जल्दबाज़ी, धक्कमधक्का, हड़बड़ी, हलचल.
**मारामारी** = आपाधापी, जनसंहार, फ़ौजदारी, हड़बड़ी, हलचल, हाथापाई.
**मारिका** = महामारी.
**मारिया** = मरियम.
**मारी** = महामारी.
**मारीच** = स्वर्णमृग.

**मारीच** *सं* ताड़का पुत्र, ताड़केय, *स्वर्णमृग*, •सीता.

**मारीचि** = मरीचिका.
**मारीवाना** = चरस.

**मारीशस** *सं* ईल द फ्राँस (पूर्वनाम), मौरीशस, •प्रवासी भारतीय.

**मारीशसः राजधानी** *सं* पोर्ट लूइस.

**मारीष** = मिर्च.
**मारीह्वाना** = चरस.
**मारुति** = भीम, हनुमान.
**मारू** = आखेटजीवी, थकाऊ, मारक, विषाक्त.
**मारे** = उपलक्ष्य में, कारणतः.
**मारे मारे फिरना** = भटकना.
**मार्कंडेय** = ऋषि सूची.

**मार्कंडेय पुराण** = पुराण सूची.
**मार्क** = अंक, चिह्न, ट्रेडमार्क.
**मार्का** = ट्रेडमार्क.
**मार्किंग** = चिह्नन.
**मार्केट** = बाज़ार.
**मार्केट डाटा संकलन** = डाटा संकलन.
**मार्केट रिसर्च** = मार्केट सर्वे.

**मार्केट सर्वे** *सं* आवश्यकता सर्वेक्षण, उपभोक्ता आवश्यकता सर्वेक्षण, उपभोक्ता मत संग्रह, *प्रश्नावली*, प्रश्नावली उत्तर विश्लेषण, बाज़ार विश्लेषण, मत संकलन, मार्केट रिसर्च, •डाटा संकलन.

**मार्केटिंग** = सौदागरी.
**मार्क्स** = पूर्णांक.
**मार्क्सवाद** = प्रगतिवाद, साम्यवाद.
**मार्क्सवादी** = साम्यवादी.
**मार्क्सिस्ट** = साम्यवादी.
**मार्ग** = आगमन मार्ग, दर्रा, द्वार, प्रक्रिया, प्रवेश द्वार, संप्रदाय, सड़क, सफलता मार्ग.

**मार्ग** *सं* गुज़र, गुज़रगाह, गैल, डगर, डगरा, दर, *दर्रा*, दरीचा, पंथ, पथ, पथ्या, पाथ, पौल, *बाट*, ब्रज, रस्ता, रह-, रहगुज़र, रास्ता, राह, रोड, वर्त्म, व्रज, *सड़क*, सरणी, •जलमार्ग, •थलमार्ग, •नभमार्ग, •गंतव्य, •गलियारा, •दर्रा, •राजमार्ग, •शॉर्टकट.

**मार्ग अवरोध** = नाका.
**मार्गक्रम** = यात्रामार्ग.
**मार्गगामी** = यात्री.
**मार्ग चित्र** = पथचित्र.
**मार्गचिह्न** = मार्गदर्शक स्तंभ, मील का पत्थर.

**मार्गच्युत** *वि* अपंथ, अपथ, अमार्ग, उत्पथ, उद्भ्रांत, खोया/खोई, गुमराह, गुमशुदा, चकराया/चकराई, च्युत, दिग्भ्रमित, दिग्भ्रांत, *दुबिधाग्रस्त*, पथभ्रष्ट, पथहीन, बेराहा, भटकता/भटकती, भटका/भटकी, भूला/भूली, भूला भटका/भूली भटकी, *भ्रमित*, *भ्रष्ट*, भ्रष्टमार्ग, भ्रांत, मार्गभ्रष्ट, मार्गभ्रांत, मार्गहीन, राह भटका/राह भटकी, राह भूला/राह भूली, विपथगामी, विभ्रांत, विमार्ग, •अनिर्धारित, •दिशाहीन, •भ्रमित, •लक्ष्यच्युत.

**मार्गच्युत करना** = भटकाना.
**मार्गच्युत होना** = भटकना.
**मार्गच्युति** = दुराचार.
**मार्गज्ञ** = मार्गप्रदर्शक.
**मार्गज्ञाता** = मार्गप्रदर्शक.

**मार्गज्ञान** *सं* पथज्ञान, मार्ग पहचान, •मार्गप्रदर्शन.

**मार्ग डायरी** = लौगबुक.
**मार्गण** = तलाश, यात्रा.
**मार्ग तोरण** = स्वागत द्वार.
**मार्गदर्शक** = अग्रगंता, दिग्दर्शक, ध्रुव तारा, निदेशक, नेता, नौकायन पाइलट, परामर्श दाता, प्रबोधक, मार्गप्रदर्शक.
**मार्गदर्शक चिह्न** = मार्गदर्शक स्तंभ.

**मार्गदर्शक स्तंभ** *सं* दिशापटल, मार्गचिह्न, मार्गदर्शक चिह्न, मार्गस्तंभ, रोड साइन, •मील का पत्थर, •यातायात संकेत.

**मार्गदर्शन** = अध्यापन, उपदेश, दिग्दर्शन, नेतृत्व, परामर्श, मार्गप्रदर्शन.
**मार्गदर्शन करना** = पढ़ाना.
**मार्गदर्शिका** = पथ प्रदर्शिका.
**मार्ग धेनु** = योजन.
**मार्ग धेनुक** = योजन.
**मार्गधेनुक** = मील का पत्थर.
**मार्ग नियंत्रण** = कर्णधारण.
**मार्ग निर्देश** = पथचित्र.
**मार्ग पर** = प्रेषित.
**मार्ग पहचान** = मार्गज्ञान.
**मार्गप्रदर्शक** = प्रकाशस्तंभ.

**मार्गप्रदर्शक** *सं* अगुआ, अग्रगामी मार्गप्रदर्शक, अग्रचर, अग्रदूत, ख़िज़्रे राह, गाइड, *दिग्दर्शक*, दिशादर्शक, दिशा निर्देशक, *नायक*, *नेता*, पथज्ञ, पथदर्शक, पथप्रदर्शक, पथोपदेशक, पाइलट, प्रणेता, महदी, मार्गज्ञ, मार्गज्ञाता, मार्गदर्शक, मार्गशोधक, मार्गी, मार्गोपदिश, मुजतहिद, रहनुमा, रहबर, •नौकायन पाइलट, •पर्यटन प्रदर्शक.

**मार्गप्रदर्शन** *सं* अगुआई, *अग्रगमन*, गाइडैंस, *दिग्दर्शन*, दिशादर्शन, *नेतृत्व*, पथप्रदर्शन, मार्गदर्शन, रहनुमाई, रहबरी, •मार्गज्ञान.

**मार्ग प्रदर्शिका** = पथ प्रदर्शिका.
**मार्ग बदलना** = मुड़ना.

**मार्गभ्रम** *सं* अनिर्णय, *अनिश्चय*, अमार्ग, *उलझन*, गुमराही, *चूक*, दिग्भ्रम, *दुबिधा*, बहक, भटकाव, भूलापन, *भ्रम*, भ्रांति, मार्गभ्रांति, मार्गहीनता, लक्ष्यभ्रम, •भूलभुलैयाँ, ▪मार्गज्ञान.

**मार्गभ्रष्ट** = मार्गच्युत.
**मार्गभ्रष्ट करना** = भटकाना.
**मार्गभ्रांत** = मार्गच्युत.
**मार्गभ्रांति** = मार्गभ्रम.
**मार्ग मानचित्र** = पथचित्र.
**मार्गया** = बरास्ता.
**मार्गशीर्ष** = भारतीय मास सूची, मार्गशीर्ष मास.

**मार्गशीर्ष मास** *सं* अगहन, अग्रहायण, केशव, मंगसिर, मगसिर, मार्गशीर्ष, मृगमास, वृश्चिक, *सौम्य*, हैमन.

**मार्गशील** = गमनशील.
**मार्गशोधक** = मार्गप्रदर्शक.
**मार्ग संकेत** = यातायात संकेत.
**मार्ग से** = बरास्ता.
**मार्गस्तंभ** = मार्गदर्शक स्तंभ.
**मार्गस्थित धर्मार्थ जलस्थान** = प्याऊ.
**मार्गहीन** = गहन (वन), दिशाहीन, मार्गच्युत.
**मार्गहीन करना** = भटकाना.
**मार्गहीनता** = मार्गभ्रम.
**मार्गिक** = शिकारी.
**मार्गिका** = पथचित्र.
**मार्गित** = आलब्ध.
**मार्गी** = मार्गप्रदर्शक, यात्री.
**मार्गीय** = धार्मिक.
**मार्गे** = बरास्ता.
**मार्गोपदिश** = मार्गप्रदर्शक.
**मार्च** = जुलूस, मास सूची.
**मार्च 20/21** = वसंत विषुव.

**मार्चपास्ट** = विजय उत्सव.
**मार्जक** = इरेज़र.
**मार्जन** = अध्यापन, जूना, धुलाई, मँजाई, संपादन.
**मार्जन करना** = माँजना.
**मार्जनी** = झाड़ू.
**मार्जनीभूषणा** = शीतला.
**मार्जारकंठ** = मोर.
**मार्जारी** = कस्तूरी, बिल्ली.
**मार्जित** = सुसंस्कृत, स्वच्छ.
**मार्जित करना** = माँजना.
**मार्जिता** = मधुपर्क.
**मार्जोरम** = मरुआ.
**मार्टीनी** = मद्य.
**मार्तंड** = उत्तम व्यक्ति या वस्तु, दक्ष व्यक्ति, दक्ष व्यक्ति, प्रसिद्ध व्यक्ति, विद्वान व्यक्ति, सूर्य.
**मार्निंग** = प्रातःकालीन.
**मार्बल** = काँच गोली, संग मरमर.
**मार्मिक** = अभिव्यक्तिपूर्ण, करुणाजनक, भावपूर्ण, भावुक, भावोत्पादक, मर्मस्थ, मारक, सूक्तिवत.

**मार्मिक (उक्ति)** *वि* अर्थान्वित, उक्तिपूर्ण, गहरा/गहरी, *तीक्ष्ण*, तेज़, पैना/पैनी, *प्रबल*, *प्रभावशाली*, बोलता/बोलती, *भावपूर्ण*, मर्मवेधी, मर्मांतक, सशक्त, •अभिव्यक्तिपूर्ण, •भावोत्पादक, •व्यंग्यात्मक, •सूक्तिवत.

**मार्मिक उक्ति** = मर्मोक्ति.
**मार्शल** = सैन्य.
**मार्शल आर्ट** = युद्धकला.
**मार्शल ला** = सैनिक शासन.
**माल** = उत्पाद, डिपार्टमैंट स्टोर, धन, पक्का खाना, बाज़ार, भरावट, लगेज, लाद, विचरण मार्ग, शौपिंग सैंटर, संपत्ति, सामान, सुंदर स्त्री, स्वादिष्ठ आहार.
**माल (गाड़ी)** = भारवाहक.
**माल असबाब** = सामान.
**माल उतारना** = उतारना.
**मालकिन** = पत्नी, परिवार अध्यक्षा, स्वामिनी.
**माल कुर्क करने वाला अहलकार** = कुर्की अमीन.
**मालकोस** = षड्राग.
**मालख़ाना** = मालगोदाम.
**मालगाड़ी** = भारयान, मालवाहक.

**मालगाड़ी** *सं* गुड्स ट्रेन, मालवाहक रेलगाड़ी, •भारयान.

**मालगुज़ार** = करदाता.
**मालगुज़ारी** = उत्पादन कर, कृषिकर.
**मालगुज़ारी अधिकारी** = तहसीलदार.
**मालगुज़ारी चौकी** = तहसील.

**मालगोदाम** *सं* अंबारख़ाना, बारख़ाना, *भंडार*, मालख़ाना, मालघर, •भंडारघर.

**मालघर** = मालगोदाम.
**माल चढ़ाना** = लादना.
**मालटा** = फल.
**मालटाल** = चल संपत्ति.

**माल डिब्बा** *सं* ब्रेक डिब्बा, ब्रेकवैन, लगेज वैन, वैगन, वोढ़ा, शिकरम, •कनटेनर.

**माल ढुलाई** = कुलीगीरी.
**मालती** = चमेली, युवती, सुंदर स्त्री.

**मालती** *सं* कूजा, *चाँदनी*, *जाति*, मधुमल्लिका, मधुमालती, मल्लिका, माधवी, राजपुत्री, वासंती, सुमना.

**मालदह** = आम.
**मालदार** = धनाढ्य.
**मालदीव** = मालद्वीप.
**मालद्वीप** = दक्षेस सदस्य सूची, भारत खंड देश क्षेत्र.

**मालद्वीप** *सं* मालदीव.

**मालद्वीपः राजधानी** *सं* माली.

**मालद्वीपी** *वि* मालद्वीपीय.

**मालद्वीपीय** = मालद्वीपी.
**माल पोत** = मालवाही जलयान.
**मालबंदी** = पैकिंग.
**माल बँधाई** = पैकिंग.
**माल बकसा** = कनटेनर.
**माल भांड** = कनटेनर.

**माल भाड़ा** *सं* कार्टेज, किराया, ढुलाई, फ्रेट, •यात्रा भाड़ा.

**माल भार** = पे लोड.
**मालमक्खी** = मधुमक्खी.
**मालमता** = चल संपत्ति, धन, संपत्ति, समृद्धि, सामान.
**मालमत्ता** = चल संपत्ति, संपत्ति, सामान.
**माल माँग** = माँग.
**माल रोड** = विचरण मार्ग.
**माल लादना** = लादना.
**माल लाना ले जाना** = ढोना.

**मालवाहक** *सं* गुड्स कैरियर, *मालगाड़ी*, मालवाही, •भारयान.

**मालवाहक पट्टा** = कनवेअर बैल्ट.
**मालवाहक रेलगाड़ी** = मालगाड़ी.
**मालवाही** = मालवाहक.

**मालवाही जलयान** *सं* पलवार, फ्रेटर, मर्चैंट शिप, माल पोत, वाणिज्य पोत.

**मालसूची** = बिक्री बिल, सूचीपत्र.
**माला** = कंठमाला, क्रम, जपमाला, धारावाही, पंक्ति, पर्वतश्रेणी, पुरस्कार सूची, मंज़िल, वृंद, संग्रह, सीरीज़.

**माला** *सं* दाम, रसना, *लड़ी*, शृंखला, सृग, हार, •कंठमाला, •मनका, •लड़ी.

**माला आदान प्रदान** = वरमाला.

**मालाकार** *सं* पुष्पजीवी, पुष्पाजीव, पुष्पोपजीवी, बनमाली, माली, माली/मालिन, वनमाली, •बाग़बान.

**माला जपना** = पूजना.
**माला दाना** = मनका.
**माला फेरना** = जपना, पूजना.
**माला मणि** = रुद्राक्ष.
**मालामाल** = धनाढ्य.
**मालार्पण** = माल्यार्पण.
**मालिक** = अल्लाह, आज्ञादाता, ईश्वर, उद्योगपति, ऐंप्लायर, दक्ष व्यक्ति, दासस्वामी, दुकानदार, पति, परिवार अध्यक्ष, प्रभुसत्ताधिकारी, भूस्वामी, मकान मालिक, शासक, स्वामी.
**मालिक बनना** = ख़रीदना.
**मालिका** = धारावाही, बहुखंडी भवन, राजमहल.
**मालिकाना** = औपनिवेशिक, ज़मींदारी, स्वामित्व.

**मालिकी** = स्वामित्व.
**मालिकों का पिट्ठू** = हड़तालतोड़िया.
**मालिनी** = दुर्गा.
**मालिनी (अज्ञातवास नाम)** = द्रौपदी.
**मालिया** = कृषिकर.
**मालियाना** = राजस्व.

**मालिश** *सं* अंगमर्दन, घर्षण, चंपी, दबाई, निपीड़न, मर्दन, मर्शन, रगड़ाई, सम्मर्दन, •प्रसाधन, •मालिशिया.

**मालिशिया** *सं* अंगमर्द, अंगमर्दी, •ब्यूटीशियन.

**माली** = मालद्वीपः राजधानी, मालाकार, वित्तीय.
**माली/मालिन** = बाग़बान, मालाकार, सब्ज़ी विक्रेता.
**मालीदा** = घुटा/घुटी.
**मालूम** = ज्ञात, प्रसिद्ध.
**मालूम करना** = पूछना.
**मालूमात** = सूचना.
**माले ग़नीमत** = युद्धधन.
**माले मुफ़्त** = लुभाव.
**माल्य** = माल्यार्पण.
**माल्यदान** = माल्यार्पण.
**माल्यार्पण** = वरमाला, सम्मान उपहार.

**माल्यार्पण** *सं* मालार्पण, माल्य, माल्यदान.

**मावस** = अमावस्या.

**मावा** *सं* खोया, •कलाकंद, •गुलाब जामन, •दूध, •बरफ़ी.

**माश** = उड़द.

**माशा** *सं* तोला 1/12, माष, रत्ती 8.

**माशा 12** = तोला.
**माशिया** = दुग्ध पशु, मांस पशु.
**माशूक़** = सुंदर.
**माशूक़/माशूक़ा** = प्रेमपात्र/प्रेमपात्रा.
**माशूक़ाना अदा** = नाज़नख़रा.
**माशूक़े हक़ीक़ी** = अल्लाह.
**माश्की** = पनहार, भिश्ती.
**माष** = उड़द, माशा.
**माष कलाय** = उड़द.
**माषपर्णी** = उड़द.
**माषा** = उड़द.

**मास** = कम्यूनियन.

**मास** *सं* चार सप्ताह, तीस दिन, दिन 28/30/31, मंथ, महीना, माह, सप्ताह 4, •चांद्र मास, •पखवाड़ा, •वर्ष, •सप्ताह.

**मास सूची** *सं* 1 जनवरी, 2 फ़रवरी, 3 मार्च, 4 अप्रैल, 5 मई, 6 जून, 7 जुलाई, 8 अगस्त, 9 सितंबर, 10 अक्तूबर, 11 नवंबर, 12 दिसंबर, •भारतीय मास सूची.

**मास 12** = वर्ष.

**मासदेय** *वि* महीना, मासिक देय.

**मास में एक बार होने वाला** = मासिक.
**मासर** = काँजी.

**मासिक** *वि* प्रतिमास होने वाला, मंथली, मास में एक बार होने वाला, माहवार, हर महीने होने वाला, •त्रैमासिक, •द्विमासिक, •पाक्षिक, •साप्ताहिक.

**मासिक देय** = मासदेय.
**मासिक धर्म** = रजस्राव.
**मासिक धर्म अनियमितता** = रजदोष.
**मासी** = मौसी.
**मासूम** = छलहीन, निर्दोष, शिशुवत, सरलचित्त.
**मास्क** = मुखौटा, रक्षक मुखौटा.
**मास्को** = रूसः राजधानी.
**मास्ट** = मस्तूल.
**मास्टर** = अध्यापक, कलाकार, दक्ष, दक्ष व्यक्ति, निजी शिक्षक, पोताध्यक्ष, पोस्टग्रैजुएट, भूस्वामी, शासक, सिद्ध कलाकार, स्वामी.
**मास्टर आफ़ सर्जरी** = शल्य चिकित्सक.
**मास्टर जी** = अध्यापक.
**मास्टरी** = दक्षता.
**माह** = उड़द, चंद्रमा, माघ मास, मास.
**माहताब** = चंद्रमा.
**माहताबी** = दृश्यावली कक्ष.
**माहवार** = मासिक.
**माहवारी** = रजस्राव.
**माहात्म्य** = प्रतिष्ठा, महत्त्व.
**माहात्म्य वर्णन** = प्रशंसा गीत.
**माहिं** = अधिकरण कारक विभक्ति, में.

**माहिर** = दक्ष.
**माहीं** = अंदर.
**माही** = मछली.
**माहीगीर** = खलासी, मछुआरा.
**माहीगीरी** = नौकायन.
**माहुर** = विष.
**माहेंद्री** = शची.
**माहेय** = मंगल ग्रह, माटीय, मूँगा.
**माहेश्वरी** = दुर्गा.
**माहौल** = परिस्थिति.
**मिंट** = टकसाल.
**मिंडाई** = घुटाई.
**मिंबर** = मंच.
**मिंबर (मसजिद)** = उपदेश मंच.
**मिक़दार** = मात्रा.

**मिक्श्चर** *सं* घोल, घोल, पंचमेल, *मिश्रण*, मिश्रित द्रव्य, •खिचड़ी, •यौगिक, •विविधा.

**मिक्सर** = किचन मशीन.
**मिक्सी** = किचन मशीन.
**मिक्स्ड** = मिश्रित, वर्णसंकर.
**मिचका/मिचकी** = मुँदा/मुँदी.
**मिचलाऊ** = घिनौना/घिनौनी.

**मिचलाहट** *सं* उकलाई, उकलाहट, उबकाई, उबकी, मचलाहट, मचली, मतलाहट, मिचली, वमन अनुभूति, हुलकी, •नौका मिचलाहट, •विमान मिचलाहट, •घृणा, •वमित पदार्थ, •हैज़ा.

**मिचली** = मिचलाहट.
**मिचा/मिची** = मुँदा/मुँदी.
**मिज़ाज** = अहंकार, स्वभाव.
**मिज़ाजपुरसी** = कुशल प्रश्न.
**मिज़ाज वाला** = अहंकारी.
**मिज़ाजी** = अहंकारी, स्वाभाविक.
**मिज़ोरम** = भारत राज्य प्रदेश.

**मिज़ोरमः राजधानी** *सं* आइज़ोल.

**मिटता/मिटती** = अवनतिशील, मरणासन्न, ह्रासशील.
**मिटना** = उजड़ना, मरना.
**मिटने वाला** = मर्त्य.
**मिटा/मिटी** = दिवालिया, नष्ट.
**मिटाऊ** = नाशकारी, नाशकारी.
**मिटा डालना** = उजाड़ना.

**मिटाना** = उजाड़ना, पोंछना, बुझाना, संहारना.
**मिटाने वाला** = नाश कर्ता.
**मिटिया** = माटीय.
**मिटिया फूस** = भंगुर.
**मिट्टी** = धूल, शरीर, शव.

**मिट्टी** *सं* ख़ाक, *गारा*, गिल, मटिया, माट, माटी, मृण्, मृत्, मृत्तिका, मृत्सा, मृत्स्ना, मृदा, *रज*, •काली भूरी मिट्टी, •काली मिट्टी, •कुम्हारी मिट्टी, •चीनी मिट्टी, •जिप्सम, •दोमट, •नोनिया मिट्टी, •पीली मिट्टी, •फ़ायरक्ले, •भूसा गारा, •मुलतानी मिट्टी, •लाल मिट्टी, •विरल मृदा, •सफेद मिट्टी, •गाद, •गारा, •दोमट, •धूल, •धूल, •रेत.

**मिट्टी कटोरा** = सकोरा.
**मिट्टी कसोरा** = सकोरा.
**मिट्टी का तेल** = मिट्टी तेल.
**मिट्टी का पुतला** = मानव.
**मिट्टी का माधो** = मूर्ख.
**मिट्टी का शेर** = दिखावटी वीर.
**मिट्टी कुटी** = मड़ई.
**मिट्टी खाने वाला** = मृदाहारी.
**मिट्टी गाड़ी** = खिलौना गाड़ी.
**मिट्टी गारा** = गारा.
**मिट्टी डालना** = दफ़नाना.

**मिट्टी तेल** *सं* किरासीन, घासलेट, मिट्टी का तेल, •पैट्रोल.

**मिट्टी देना** = दफ़नाना.

**मिट्टी बरतन** *सं* कुठला, *पौटरी*, मृद्‌भांड.

**मिट्टी बाँध** *सं* अर्थबैंक, तूदा, पुश्ता, वप्रा, •तटबंध.

**मिट्टी में मिलाना** = उजाड़ना.
**मिट्ठा/मिट्ठी** = मीठा/मीठी.
**मिट्ठी** = चुंबन.
**मिट्ठू** = तोता, मिष्टभाषी.
**मिठ-** = मीठा/मीठी.
**मिठबोला/मिठबोली** = मनाऊ, मिष्टभाषी.
**मिठबोलापन** = मृदुभाषण.

**मिठाई** = डिज़र्ट.

**मिठाई** *सं* मिष्टान्न, मीठा, •इमरती, •कलाकंद, •खीर, •गज़क, •गुलदाना, •गुलाब जामन, •जलेबी, •पुआ, •पेठा मिठाई, •पेड़ा, •पेस्ट्री, •पैनकेक, •फिरनी, •फेनी, •बरफ़ी, •बालूशाही, •रबड़ी, •रसगुल्ला, •रेवड़ी, •लड्डू, •लपसी, •श्रीखंड, •सिवइयाँ, •हलवा, •आइसक्रीम, •कुकी, •केक, •डिज़र्ट, •मुरब्बा.

**मिठाई की दुकान** = मिठाई दुकान.

**मिठाई गोली** *सं* कैंडी, *गोली*, ड्रौप, मीठी गोली, शूगर कैंडी, •चाकलेट बार, •टौफ़ी, •पिपरमिंट गोली, •बुढ़िया का काता, •लैमनचूस, •लौलीपौप, •संतरा गोली.

**मिठाई दुकान** *सं* मिठाई की दुकान, मिठाई वाला, मिष्टान्न गृह, हलवाई दुकान.

**मिठाई वाला** = मिठाई दुकान.
**मिठास** = स्वीटनर.

**मिठास** *सं* गुड़ जैसा स्वाद, चीनी जैसा स्वाद, मधु जैसा स्वाद, मधुरई, मधुरता, मधुर स्वाद, मधुराई, मधुरिमा, माधुरी, माधुर्य, मीठापन, रसालता, सरसता, •स्वाद, ▪कटु स्वाद, ▪चरपरापन, ▪नमकीनपन.

**मिठास भरा** = मीठा/मीठी.
**मिठुवा** = तोता.
**मिडवाइफ़** = दाई.
**मिडिल** = मध्य.
**मिडिल ईस्ट** = पश्चिम एशिया.
**मिडिल क्लास** = मध्यम वर्ग.
**मिडिलक्लास** = मध्यमवर्गीय.
**मित** = कम.
**मितबुद्धि** = मंदधी.
**मितभाषी** = स्वल्पभाषी.
**मितभोजन** = डायटिंग.
**मितभोजी** = अल्पाहारी.
**मितवा** = अंतरंग मित्र, मित्र.
**मित व्यय** = अल्पव्यय.
**मितव्ययी** = अल्पव्ययी, कंजूस.

**मिताई** = मित्रता.
**मिताशी** = अल्पाहारी.
**मिताहारी** = अल्पाहारी.
**मिति** = माप.
**मिती** = तारीख़, तिथि.
**मित्र** = आदित्य सूची, संगी, हमदर्द.

**मित्र** *सं* अज़ीज़, गुइयाँ, जोड़ीदार, दोस्त, *पक्षधर*, प्रणयी, फ्रैंड, बंधु, मनमितवा, मनमीत, मितवा, मित्रवर, मीत, मुसाहिब, मेली, याड़ी, यार, रफ़ीक़, *शुभचिंतक*, शुभाकांक्षी, *संगतिया*, *संगी*, सखा, सहचर, साथी, सुहृद, स्नेही, हितैषी, •पत्रमित्र, •बालमित्र, •सहपाठी, •सहेली, ▪प्रतिद्वंद्वी, ▪शत्रु.

**मित्र-उर्वशी पुत्र** = अगस्त्य.
**मित्रघात** = विश्वासघात.
**मित्रता** = अनुग्रह, पुनर्मेल, सहानुभूति, स्वजन भावना.

**मित्रता** *सं* अज़ीज़दारी, अपनापन, आत्मीयता, ख़ैरख़्वाही, *गर्मजोशी*, दोस्ताना, दोस्ती, प्रियभाव, प्रीति, प्रीति भाव, प्रेम भाव, बंधुता, मिताई, मित्र भाव, मिलाप, मेल, मैत्री, याराना, यारी, शुभेच्छा, *संगत*, *संगति*, संगसाथ, *संबंध*, सखा भाव, सख्य, सद्‌भाव, सद्‌भावना, सहचर्य, *सहयोग*, *सहानुभूति*, *सहायता*, साथ, सोहबत, सौहार्द, सौहार्द्य, स्नेह, स्नेह भाव, हितैषिता, •अंतरंगता, •परिचय, •संगति, •सौमनस्य, ▪कलह, ▪शत्रुता.

**मित्रतात्याग** = मित्रताभंग.
**मित्रतापूर्ण** = अनुकूल, घर जैसा, सत्कारपूर्ण, सद्व्यवहारी, सहयोगपूर्ण, सिफ़ारिश भरा, सौमनस्यपूर्ण, स्वागतपूर्ण.

**मित्रतापूर्ण** *वि* अच्छा/अच्छी, अपनत्वपूर्ण, अपना/अपनी, आत्मीयतापूर्ण, खुले दिल वाला, दोस्ताना, दोस्ती भरा, दोस्ती से भरपर, निष्ठापूर्ण, *निष्ठावान*, प्रेमपूर्ण, बंधुत्वपूर्ण, मित्रवत,

मित्रोचित, *मिलनसार*, मैत्रीपूर्ण, *वत्सल*, सख्यतापूर्ण, सद्भावपूर्ण, *सहयोगपूर्ण*, सहायतापूर्ण, हँसमुख, हसमुख, हार्दिक, हितकारी, हितैषी, •अंतरंग, •अनौपचारिक, •मित्रवत्सल, •शत्रुहीन, •सौम्य, •स्वागतपूर्ण, ■शत्रुतापूर्ण.

**मित्रताभंग** *सं* अंटी, अनबन, कट्टी, कुट्टी, झगड़ा, *तकरार*, दुश्मनी, बिगाड़, बोलचाल बंद, मित्रतात्याग, मित्रता विस्थापना, मित्रत्याग, मित्रहानि, लड़ाई, विग्रह, संबंध विस्थापना, •विवाद, ■पुनर्मेल, ■मित्रलाभ.

**मित्रता विस्थापना** = मित्रताभंग.

**मित्रता स्थापना** = मित्रलाभ.

**मित्रत्याग** = मित्रताभंग.

**मित्रद्रोह** = विश्वासघात.

**मित्रद्रोही** = विश्वासघाती.

**मित्रप्राप्ति** = मित्रलाभ.

**मित्रप्रिय** = मित्रवत्सल.

**मित्रप्रेमी** = मित्रवत्सल.

**मित्र भक्ति** = पारसी धर्म.

**मित्र भाव** = मित्रता, सौमनस्य.

**मित्र मंडली** *सं* अहबाब, गोठ, चंडाल चौकड़ी, टोली, दोस्त अहबाब, मंडली, मित्र वृंद, *संगत*, संगतिए, संगीसाथी, सखा वृंद, सखासमूह, सन्निवेश, सर्किल, •संगी.

**मित्रलाभ** *सं* दोस्ती का हाथ, बट्टी (बोलचाल), मित्रता स्थापना, मित्रप्राप्ति, मिलाप, मैत्री स्थापना, संबंध स्थापना, सुहृद लाभ, सुहृल्लाभ, ■मित्रताभंग.

**मित्रवत** = मित्रतापूर्ण.

**मित्रवत्सल** *वि ज़हीर*, दोस्तनवाज़, मित्रप्रिय, मित्रप्रेमी, मित्र सहायक.

**मित्रवर** = मित्र.

**मित्र वृंद** = मित्र मंडली.

**मित्र संगति** = संगति.

**मित्र सहायक** = मित्रवत्सल.

**मित्रहानि** = मित्रताभंग.

**मित्रहीन** *वि* अकेला/अकेली, *अज्ञात*, *अपरिचित*, अबंधु, अबांधव, अमित्र, *अमिलनसार*, *अलोकप्रिय*, असख, *असहाय*, असामाजिक, *एकाकी*, तनखैया, निस्संग, बंधुहीन, बेकस, बेबस, शरणहीन, संगीसाथीहीन, सखाहीन, •अंतर्मनस्क, •अपरिचित, •अलोकप्रिय, ■मिलनसार, ■लोकप्रिय, ■शत्रुहीन.

**मित्रा** = सहेली, सुमित्रा.

**मित्रालाप** = गपशप.

**मित्रोचित** = मित्रतापूर्ण.

**मिथक** *सं* अनुश्रुति, आख्यान, इतिहास, *कल्पना*, जनश्रुति, धर्मकथा, *परंपरा*, परंपरा कथा, पुराकथा, *पुराण*, *पुराण कथा*, पूर्ववृत्त, मान्यता, रिवायत, लीजैंड, •कविसत्य.

**मिथक समूह** = मिथकावली.

**मिथकावली** *सं* अनुश्रुति, आम्नाय, जनश्रुति, *परंपरा*, मिथक समूह, शास्त्र पुराण, •पुराण, •मिथक, •संस्कृति.

**मिथकीय** *वि अतिप्राकृतिक*, अनुश्रुत, अलौकिक, उत्पाद्य, कल्पना प्रसूत, कल्पित, *काल्पनिक*, क्रमागत, जनश्रुतीय, दैविक, परंपरागत, *पारंपरिक*, पौराणिक, *प्राचीन*, फ़र्ज़ी, रिवायती, लोककथात्मक, लोकोक्त, विश्वासीय, साम्नाय, •अतिप्राकृतिक, •काल्पनिक, •पारंपरिक, •पुराणीय, •मायावी, •स्वप्नीय.

**मिथिलापति** = जनक.

**मिथिला राज दुलारी** = सीता.

**मिथिलेश** = जनक.

□**मिथुन** = नर मादा, मिथुन राशि, संभोग.

**मिथुन राशि (21/22 मई-20/21 जून)** = राशि सूची.

**मिथुन राशि** *सं* जैमिनी, जोड़ा, मिथुन, युगल.

**मिथ्या** = असत्य, इहलौकिक, तथ्यहीन.

**मिथ्या अभिमानी** = अहंकारी.

**मिथ्या अभियोग** = मिथ्या आरोप.

**मिथ्या आभास** = भ्रम.

**मिथ्या आरोप** *सं* अप्रमाण अभियोग, अभिशाप, झूठा आरोप, तोहमत, प्रमाणहीन अभियोग, बाँधनू, मिथ्या अभियोग, मिथ्यापवाद, मिथ्याभियोग, मिथ्यारोप, *लांछन*.

**मिथ्या आरोपित व्यक्ति** *सं गोटी*, छलित व्यक्ति, पट्ठा, *बकरा*, बलि का बकरा, मुर्ग़ा, मोहरा, *शिकार*.

**मिथ्या आशा** *सं* असंभावनापूर्ण आशा, आशा ठगिनी, आशा पिशाचिका, दुराशा, दूर की आशा, भ्रमाशा, मृगतृष्णा, सपना, •आशा, •निराशा.

**मिथ्याचार** = छल.

**मिथ्या तर्क** = कुतर्क.

**मिथ्या तार्किक** = वितंडावादी.

**मिथ्यादर्शन** = मायादर्शन.

**मिथ्या धारणा** = ग़लतफ़हमी.

**मिथ्यापवाद** = मिथ्या आरोप.

**मिथ्या बोध** = ग़लतफ़हमी.

**मिथ्याभाषण** = झूठ.

**मिथ्याभाषी** = असत्यवादी, असत्यवादी.

**मिथ्याभास** = यथार्थाभास.

**मिथ्याभियोग** = मिथ्या आरोप.

**मिथ्यारोप** = मिथ्या आरोप.

**मिथ्यालोक** = इहलोक.

**मिथ्या वचन** = झूठ.

**मिथ्यावाद** = मायावाद.

**मिथ्यावादी** = असत्यवादी, असत्यवादी.

**मिथ्या विश्वास** = अंधविश्वास.

**मिथ्या विश्वासी** = अंधविश्वासी.

**मिथ्या साक्षी** = मिथ्या साक्ष्य.

**मिथ्या साक्ष्य** *सं असत्य*, असत्य कथन, कूटसाक्ष्य, *झूठ*, झूठी गवाही, मिथ्या साक्षी, शपथभंग.

**मिनट** = मिनिट.

**मिनमिन** = अस्पष्ट (उच्चारक), अस्पष्ट (स्वरीय), नैंकना/नैंकनी.

**मिनमिन करना** = नकियाना.

**मिनमिनाता/मिनमिनाती** = अस्पष्ट

(उच्चारक), नैंकना/नैंकनी.
**मिनमिनाना** = नकियाना.
**मिनिट** = क्षण.

**मिनिट** *सं* घंटा 1/60, *पल*, मिनट, सैकंड 60, •घंटा.

**मिनिट 1/60** = सैकंड.
**मिनिट 48** = मुहूर्त.
**मिनिट 60** = घंटा.
**मिनिट दो मिनिट का** = क्षणिक.
**मिनिट्स** = कार्य विवरण.
**मिनिस्टर** = पादरी, मंत्री.
**मिनिस्टरी** = मंत्री मंडल.
**मिनिस्ट्री** = मंत्रालय.
**मिनी** = छोटे साइज़ का, मिनी कंप्यूटर.

**मिनी कंप्यूटर** *सं* डैस्कटौप, माइक्रोकंप्यूटर, मिनी.

**मिन्नत** = गिड़गिड़ाहट, चाटूक्ति, प्रसन्नन, फुसलावा, मनुहार.
**मिन्नत समाजत** = गिड़गिड़ाहट.
**मिमिक** = नक़्क़ाल, भावाभिनेता.
**मिमिक्री** = नक़्क़ाली.
**मिमियाना** = गिड़गिड़ाना, डरना.
**मियाँ** = पति, परिवार अध्यक्ष.
**मियाँ/बीवी** = जीवन सहचर.
**मियाँ जी** = अध्यापक.
**मियाँ बीवी** = दंपति.
**मियाँ मिट्ठू** = तोता.
**मियाद** = अवधि.
**मियादी** = सावधिक.
**मियादी बुखार** = टायफ़ाइड.
**मियानदारी** = दलाली.
**मियाना** = मुख्य मनका.
**मियाना/मियानी** = साधारण.
**मियानी** = टाँड़ा.

**मियानी** *सं* चोरगली, *रूमाल*.

**मियानी** *सं* दुछत्ती, परछत्ती, मैज़नीन, म्यानी, •टाँड़.

**मिरग छाला** = मृगचर्म.

**मिरगी** *सं* अपस्मार, *दौरा*, फ़िट, •उत्तेजना, •घुमेर.

**मिरच (विकल्प)** = मिर्च.
**मिरचा** = मिर्च, लाल मिर्च.
**मिरची** = मिर्च, लाल मिर्च.
**मिरजई** = लिहाफ़.
**मिरजान** = मूँगा.
**मिरर** = दर्पण.
**मिरिच (विकल्प)** = मिर्च.
**मिरेकल** = चमत्कार.
**मिर्च** = मसाला सूची, मिर्च चूर्ण.

**मिर्च** *सं* कोल, मरिच, मर्ची, मारीष, मिरच (विकल्प), मिरचा, मिरची, मिरिच (विकल्प), •अदरक, •काली मिर्च, •देगी मिर्च, •लाल मिर्च, •शाक मिर्च.

**मिर्च चूर्ण** *सं* कुटी मिर्च, पिसी मिर्च, *मिर्च*.

**मिर्चदार** = चरपरा/चरपरी.
**मिर्च मसाला** = परचून.
**मिर्चमसाला** = मसाला.
**मिर्चमसालेदार** = मसालेदार.
**मिर्चीला/मिर्चीली** = क्रोधी, चरपरा/चरपरी, मसालेदार.
**मिर्चीलापन** = चरपरापन.
**मिर्ज़ा** = राजा सूची भारतीय.
**मिल** = कारख़ाना.
**मिल कर** = इकट्ठे, सब एक साथ.
**मिलकीयत** = संपत्ति.
**मिलता/मिलती** = असमांतर.
**मिलता जुलता/मिलती जुलती** = लगभग सदृश.
**मिलन** = अभिसार, आलिंगन, एकीकरण, डेटिंग, पुनर्मिलन, पुनर्मेल, मुँदन, मुलाक़ात, युति, विलयन, संगति, संगम, संभोग, संयोग शृंगार, समागम, समारोह.

**मिलन** *सं* अनुषंग, *अभिसार*, अविरह, क़रीबी, नज़दीकी, पियमिलन, पिया मिलन, प्रसंग, प्रियमिलन, प्रियसंयोग, मेल, *युति*, *योग*, वस्ल, वियोग अंत, विसाल, शृंगार, संग, *संगम*, *संयोग*, संसर्ग, *समागम*, समीपता, सम्मिलन, सहचर्य, साथ, *सुहाग*, *सौभाग्य*, •अभिसार, •पुनर्मिलन, •संयोग शृंगार, ▪वियोग.

**मिलन अभिलाषी/मिलन अभिलाषिणी** = प्रतीक्षा कर्ता.
**मिलन उत्सव** = भोज.
**मिलन कक्ष** = ड्राइंगरूम, स्वागत कक्ष.
**मिलन कराना** = मिलवाना, मिलाना.
**मिलनगामिनी** = अभिसारिका.
**मिलनयामिनी** = मधुयामिनी.
**मिलनसार** = अतिथिपरायण, दावतगामी, बहिर्मनस्क, मित्रतापूर्ण, सद्व्यवहारी, सौमनस्यपूर्ण.

**मिलनसार** *वि* अड्डेबाज़, खुला/खुली, खुशदिल, जाना पहचाना, पार्टीबाज़, प्रसन्नचित्त, मीठा/मीठी, मेली, यारबाश, *लोकप्रिय*, *शिष्ट*, शिष्टाचारी, समाजप्रिय, समाज प्रेमी, सुशील, हँसमुख, हसमुख, •अतिथिपरायण, •बहिर्मनस्क, •मित्रतापूर्ण, ▪अंतर्मनस्क, ▪अमिलनसार, ▪एकाकी, ▪मित्रहीन.

**मिलनसार होना** = मिलना जुलना.
**मिलनस्थल** = अभिसार स्थल, क्लब, चौकड़ीघर.
**मिलन होना** = मिलना.
**मिलना** = जुड़ना, ढुँढ़ना, पाना, लगना, सटना.

**मिलना** *क्रि* *जुड़ना*, भेंटना, मिलन होना, मिलाप होना, *लगना*, वियोग की घड़ियाँ पूरी होना, साथ आना, साथ होना, •सटना, ▪बिछुड़ना.

**मिलनाकांक्षी/मिलनाकांक्षिणी** = प्रतीक्षा कर्ता.
**मिलना जुलना** = आपसदारी.

**मिलना जुलना** *क्रि* अड्डेबाज़ी करना, उठना बैठना, खाना पिलाना, खाना पीना, खेलना कूदना, मिलनसार होना, संगत करना, संगति करना, संगीसाथी होना, •साथ रहना, ▪एकांतवास करना.

**मिलनाभिलाषी/मिलनाभिलाषिणी** = प्रतीक्षा कर्ता.
**मिलना स्थिति** = आलब्धि.
**मिलनी** = वरयात्रा स्वागत.

**मिलनी** *सं* *आलिंगन*, गले लगाई, प्रेमालिंगन, बग़लगीरी, मिलाई, मिलौनी, समधौरा, •वरयात्रा,

•स्वागत.

**मिलने जुलने का शौक़ीन** = दावतगामी.
**मिलने वाला** = आदेय, परिचित व्यक्ति.
**मिलवाना** = कमवाना, दिलाना, मिलाना.

**मिलवाना** *क्रि* किसी के पास भेजना, जान पहचान कराना, *जोड़ना*, परिचय कराना, परिचित कराना, मिलन कराना, *मिलाना*, रैफ़र करना, हवाला देना, ■विलगाना.

**मिला** = जमा प्रविष्टि.
**मिला/मिली** = अर्जित, आलब्ध, दायागत, पक्षपाती, पुनर्प्राप्त, प्राप्त, बंद, मिश्रित, युक्त, सटा/सटी, समाविष्ट, स्पर्शी.
**मिलाई** = एकीकरण, जोड़ कर्म, भिड़ाई, मिलनी, मिश्रण, संघटन.
**मिला जुला/मिली जुली** = भेदभावहीन, मिश्रित, विविध, संदिग्धार्थी, सर्वसहमत.
**मिला जुला ब्रेकफ़ास्ट और लंच** = ब्रंच.
**मिलादुन्नबी** = बारावफ़ात.
**मिलान** = अनुपात, तुलना, बाज़ारदारी, सादृश्य.
**मिलाना** = अपनाना, उलझाना, घोटना, जोड़ना, झालना, फेंटना, माँड़ना, मिलवाना, लगाना, सटाना.

**मिलाना** *क्रि* एक साथ लाना, *जोड़ना*, दूरी मिटाना, पास लाना, मिलन कराना, *मिलवाना*, मिलाप कराना, साथ लाना, •अपनाना.

**मिलाने वाला** = परिचायक, योजक.
**मिलाप** = पुनर्मेल, मित्रता, मित्रलाभ, विवाह, समझौता, समागम.
**मिलाप कराना** = मिलाना.
**मिलाप होना** = मिलना.
**मिलाया/मिलाई** = मिश्रित, समाविष्ट.
**मिलावट** = अपमिश्रण, खोट, प्रदूषण.
**मिलावटी** = वर्णसंकर, संकरित.

**मिलावटी** *वि* अपमिश्रित, *अपवित्र*, अवमूल्यित, अशुद्ध, ओखा/ओखी, ओछा/ओछी, खोटयुक्त, खोटा/खोटी, घटिया, झूठमूठ का, दूषित, *नक़ली*, *भ्रष्ट*, *मिश्रित*, विकृत, *संकरित*, सस्ता/सस्ती, हीन, •अवमानक, •मिश्रित, ■अमिश्रित, ■असली, ■विशोधित.

**मिलिंद** = भ्रमर.
**मिलिटराइज़्ड** = सैन्यीकृत.
**मिलिटरी** = सेना, सैन्य.
**मिलिटरी सर्विस** = रक्षा सेवा.
**मिलियन** = दस लाख.

**मिलिलीटर** *सं* लीटर.001, लीटर सहस्रांश.

**मिलीग्राम 200** = कैरट.

**मिलीभगत** *सं* अनुसंधि, अभिसंधि, कपटजाल, कुचक्र, कुसंधि, कूटमंत्रणा, गुप्त संबंध, *छल*, तिकड़म, दुरभिसंधि, दुस्संधि, शामिलात, साँठगाँठ, साज़बाज़, साज़िश, हथकंडा, •षड्यंत्र, •सहअपराधिता.

**मिलीमीटर** *सं* मीटर 1/1000, मीटर सहस्रांश.

**मिलीमीटर 1,000** = मीटर.
**मिलौनी** = खोट, मिलनी, मिश्रण.
**मिल्क** = दूध.
**मिल्कीयत** = ज़मींदारी, स्वामित्व.
**मिल्की वे** = आकाश गंगा.
**मिल्लत** = वृंद, संप्रदाय, संस्था.
**मिशन** = अभियान, आक्रमण, ईसाई मठ, खोज यात्रा, गिरजाघर, जन आंदोलन, राजदूतावास, संस्था, साहस यात्रा.
**मिशनरी** = उपदेशक, धर्म प्रचारक, पादरी.
**मिशी** = सोआ.
**मिश्रजाति** = संकरित.
**मिश्रण** = अपमिश्रण, फेंटाई, मिक्स्चर.

**मिश्रण** *सं* आमिश्रण, आमेलन, चलाई, फिंटाई, फेंट, मिलाई, मिलौनी, मेल, विमिश्रण, *विलयन*, संगमन, संधान, सम्मिश्रण, सम्मेलन, हिलाई, •फेंटाई, •मंथन, •मक्स्चिर, ■अमिश्रण, ■विलग्नन, ■विशोधन.

**मिश्र धातु** *सं* ऐलोय, द्विधातु, मिश्रातु, संकर.

**मिश्र पुष्पा** = मेथी.
**मिश्रवर्ण** = बहुरंगा/बहुरंगी.
**मिश्रातु** = मिश्र धातु.
**मिश्रित** = मिलावटी, वर्णसंकर, विविध, संकरित.

**मिश्रित** *वि* अनैकांतिक, अपृथक, अभिन्न, आमिश्रित, इकतार, इकरवाँ, इकरस, *एक*, एकजान, एकतार, एकदिल, एकमेक, एकरंग, एकरस, एकरूप, एकाकार, एकात्म, ख़ल्तमल्त, घुला/घुली, नीरक्षीर, पूर्णमिश्रित, मिक्स्ड, मिला/मिली, मिला जुला/मिली जुली, मिलाया/मिलाई, यकजान, यकरंग, रवाँ, लीन, विलीन, संगमित, संलीन, समाहित, समिश्र, सम्मिश्रित, •मिलावटी, •विलयित, •संकरित, •संगमित, ■अमिश्रित.

**मिश्रित द्रव्य** = मिक्स्चर.
**मिश्रित मद्य पेय** = काकटेल.
**मिश्री (विकल्प)** = मिसरी.
**मिश्री घोलना** = चहचहाना.
**मिश्रेया** = सोआ.
**मिष्ट** = मीठा/मीठी, सौम्य.
**मिष्टता** = सौमनस्य, सौम्यता.
**मिष्टभाषण** = मृदुभाषण.

**मिष्टभाषी** *वि* खुशबयान, चटूल्लोल, प्रियंवद/प्रियंवदा, प्रियभाषी/प्रियभाषिणी, मंजुघोष, मंजुभाषी/मंजुभाषिणी, मधुरकंठी/मधुरकंठिनी, मधुरभाषी/मधुरभाषिणी, मिट्ठू, मिठबोला/मिठबोली, मृदुभाषी/मृदुभाषिणी, वदान्य, *विनम्र*, शीरींज़बान, सुभाष, सुभाषी/सुभाषिणी, सुमधुर भाषी/सुमधुर भाषिणी, सुवक्ता, ■कटुभाषी, ■धृष्ट.

**मिष्ट स्वभावी** = सहमत्य.
**मिष्टान्न** = डिज़र्ट, मिठाई.
**मिष्टान्न गृह** = मिठाई दुकान.
**मिस** = अध्यापिका, उद्देश्य से, कारण, कुँवारी, बहाना.
**मिस इंडिया** = सौंदर्य साम्राज्ञी.
**मिसकीन** = कंगाल.

**मिस यूनिवर्स** = सौंदर्य साम्राज्ञी.
**मिसर** = मिस्र.
**मिसरा** = छंद चरण.

**मिसरी** *सं* क़ंद, खांडव राग, मधुजा, मिश्री (विकल्प), मिस्री (विकल्प), सिता, •चीनी, •बूरा.

**मिसलेनियस** = विविध.
**मिस वर्ल्ड** = सौंदर्य साम्राज्ञी.
**मिसाइल** = प्रक्षेपास्त्र.
**मिसाल** = उपमा, दृष्टांत, प्रतिलिपि.

**मिसिंग लिंक** *सं* अधिवानर, अर्धमानव, *आदिमानव*, एपमैन, कपिमानव, दोपाया मानविद वानर, मनु वानर, मानविद, विलुप्त कड़ी, हनुमानव, •अपिवानर, •बंदर, •मानव.

**मिसिंग लिंक** *सं* अधिवानर, बीच की कड़ी, विलुप्त कड़ी, •मानव.

**मिसिल** = फ़ाइल, सेना विभाग.
**मिस्टेक** = ग़लती.
**मिस्ट्राल (भूमध्य सागर)** = उत्तर पवन.
**मिस्ट्री** = रहस्य.
**मिस्तरी** = कुशल श्रमिक, मरम्मत कर्मी, राजगीर.
**मिस्तरीख़ाना** = मरम्मतघर.
**मिस्तरीघर** = मरम्मतघर.
**मिस्मरेज़्म** = हिप्नोटिज़्म.
**मिस्मार** = टूटा/टूटी.

**मिस्र** *सं* ईजिप्ट, मिसर, •अफ़्रीका, •नील नदी, •पिरामिड.

**मिस्री (विकल्प)** = मिसरी.
**मिहिका** = तुषार.
**मिहिर** = सूर्य.
**मिहिराभ** = मेहराब.
**मिहिरावली** = मेहराब.
**मींग** = बीजी.
**मींगनी** = गोबर/मींगनी.
**मींगी** = बीजी.
**मींजना** = घोटना.
**मींडना** = घोटना.
**मींह** = बारिश.
**मी** = बारिश.
**मीचना** = मूँदना.
**मीज़ान** = बजट.

**मीट** = खाद्य मांस, रसेदार मांस भाजी व्यंजन.
**मीट करी** = रसेदार मांस भाजी व्यंजन.
**मीटर** = लंबाई माप एकक.

**मीटर** *सं* इंच 39.3701, मिलीमीटर 1,000, सैंटीमीटर 100, •गज़, •डैसीमीटर, •मिलीमीटर, •सैंटीमीटर.

**मीटर 1,000** = किलोमीटर.
**मीटर 1/10** = डैसीमीटर.
**मीटर 1/100** = सैंटीमीटर.
**मीटर 1/1000** = मिलीमीटर.
**मीटर 201.168** = फ़रलांग.
**मीटर आदि वाला पटल** = डैशबोर्ड.
**मीटर दशांश** = डैसीमीटर.
**मीटर शतांश** = सैंटीमीटर.
**मीटर सहस्रांश** = मिलीमीटर.
**मीटिंग** = मुलाक़ात, सभा.
**मीटियर** = उल्का.
**मीटियराइट** = उल्का खंड.
**मीटियरोलाजी** = ऋतु विज्ञान.
**मीटियोरोलाजी** = ऋतु विज्ञान.

**मीट्रिक टन** *सं* किलोग्राम 1,000, टन, पौंड 2,204.623, लौंग टन 0.9842, शौर्ट टन 1.1023.

**मीठा** = मिठाई, स्वीटनर.
**मीठा/मीठी** = मधुर स्वरीय, मनाऊ, माधुर्यपूर्ण, मिलनसार, श्रोतव्य, सहमत्य, सौम्य.

**मीठा/मीठी** *वि* गुड़ जैसा, मधुमय, मधुर, मधुरिम, माधुर्ययुक्त, माध्व/माध्वी, मिट्ठा/मिट्ठी, मिठ-, मिठास भरा, मिष्ट, रसघन, रसदार, रस पगा/रस पगी, रसमय, रसमसा/रसमसी, रसाल, शक्करी, शरबती, शीरीं, सरस, सुमधुर, •पगा/पगी, •रसीला/रसीली, •स्वादिष्ठ, ▪कड़वा/कड़वी, ▪खट्टा/खट्टी, ▪चरपरा/चरपरी, ▪नमकीन.

**मीठा आलू** = शकरकंदी.
**मीठा नीम** = करी पत्ता, मसाला सूची
**मीठापन** = मिठास, सौम्यता.
**मीठा पुआ** = पुआ.

**मीठी ईद** = ईदुल फ़ितर.
**मीठी गाली** = सीठना.
**मीठी गोली** = मिठाई गोली.
**मीठी छुरी** = विश्वासघाती.
**मीठी परोस** = डिज़र्ट.
**मीठी बात** = चाटूक्ति.
**मीठी बात करना** = फुसलाना.
**मीठी बातें करना** = बहलाना.
**मीठी बोली** = मृदुभाषण.
**मीठे बैन** = मृदुभाषण.
**मीठे बोल** = मृदुभाषण.
**मीडिया** = ईरान.
**मीत** = बालमित्र, मित्र.
**मीता** = बालमित्र.
**मीन** = मछली, मीन राशि.
**मीनघाती** = बगला.
**मीनध्वज** = कामदेव.
**मीननयन** = सुनयन.
**मीननयना** = सुंदर स्त्री, सुंदर स्त्री.
**मीनमेख** = वितंडावाद.

**मीनमेख** *सं* आगापीछा, आनाकानी, ऊहापोह, एँचपेंच, कलबल, *किंतु परंतु*, शशोपंज, संदेह दोला, हीन आपत्ति, हीला हवाला, हेरफेर, •आपत्ति, •छिद्रान्वेषण, •वितंडावाद, •शिकायत.

**मीन राशि (19/20 फ़रवरी-20/21 मार्च)** = राशि सूची.

**मीन राशि** *सं* झष, *मछली*, मत्स्य, मीन.

**मीन सी लैवल** = समुद्र उत्तल.
**मीना** = मद्य, मद्य कुंभ.
**मीनाक्ष** = सुंदर.
**मीनाक्षी** = सुंदर स्त्री, सुंदर स्त्री, सुनयना.
**मीनार** = गगनचुंबी भवन, पहरा मीनार, भवन.

**मीनार** *सं* टावर, धौरहर, धौलहरा, बुर्ज़, लाट, •गुंबद, •स्तंभ.

**मीनालय** = समुद्र.
**मीमांसक** = वैज्ञानिक, व्याख्याता.
**मीमांसन** = विश्लेषण.
**मीमांसा** = तथ्यान्वेषण, परख, रोग निदान, व्याख्या, समीक्षा.

**मीमांसाकार** = व्याख्याता.
**मीमांसादर्शन** = षड्दर्शन.
**मीमियोग्राफ़र** = प्रतिलिपित्र.
**मीमो** = कैश मीमो, रिमाइंडर.
**मीर** = अध्यक्ष, नेता, परिवार अध्यक्ष, मुखिया, सभापति, सर्वोच्च सत्ताधारी, सामंत, सार्थपति, सेठ.
**मीर अली** = अली.
**मीरी** = प्रथम स्थानीय.
**मीरे अरब** = अली.
**मीरे काफ़िला** = सार्थपति.
**मीरे मजलिस** = सभापति.
**मीरे महफ़िल** = सभापति.

**मील** *सं* कोस 5, गज 1,760, फ़रलांग 8, फ़ुट 5,280, समुद्री मील 0.869.

**मील 0.6214** = किलोमीटर.
**मील 1/8** = फ़रलांग.
**मील 1,92,00,00,00,00,000** = पारसैक.
**मील 1.92 ÷ 10(13)** = पारसैक.
**मील 2 (लगभग)** = कोस.
**मील का पत्थर** = स्थानचिह्न.

**मील का पत्थर** *सं* मार्गचिह्न, मार्गधेनुक, •मार्गदर्शक स्तंभ.

**मील प्रतिघंटा** = गति वेग माप.
**मील सवा नौ करोड़ (लगभग)** = अंतरिक्षीय एकक.
**मुँगरा** = हथौड़ा.

**मुँगरा** *सं* कुरगरा, कोबा, थपना, थपनी, थापी, मुद्‌गर, •दुरमुट, •हथौड़ा.

**मुंज** = मूँज, सरकंडा.
**मुंड** = ठूँठ, राहु, सिर.

**मुंड** *सं* कबंधहीन सिर, मूँड़, रुंड, शरीरहीन सिर, •सिर, ▪रुंड.

**मुंडक** = नाई.
**मुंडक उपनिषद** = उपनिषद.
**मुंड चणक** = खेसारी.

**मुंडन संस्कार** *सं* केशांत, चूड़ाकरण, चूड़ाकर्म, मूँड़न, सिर घुटाई.

**मुंडमाल** = मुंडमाला.

**मुंडमाला** *सं* कपाल माला, नरमुंड माला, मुंडमाल, •काली, •चामुंडा, •दुर्गा, •शिव.

**मुंडमाली** = शिव.
**मुँडरिया** = मुँडेर.
**मुंडसिद्धि** = प्रेतसिद्धि.
**मुंडा** = आदिवासी, लड़का.
**मुँडा/मुँडी** = केशहीन, गंजा/गंजी.
**मुँडाई** = बटमारी.
**मुँडासा** = पगड़ी.
**मुंडिता** = संन्यासिनी.
**मुंडी** = खूँट, विधवा.
**मुँडेर** = मेंड़.

**मुँडेर** *सं* छत दीवार, *दीवार*, मुँडरिया, मुँडेरा, मुँडेरी, रेलिंग, शिखर, साल शृंग, •बाड़, •मेंड़.

**मुँडेरा** = तटबंध, मुँडेर.
**मुँडेरी** = मुँडेर.
**मुंडो** = विधवा.
**मुंतख़ब** = चुना/चुनी, निर्वाचित.
**मुंतज़िर** = प्रतीक्षारत.

**मुँदन** *सं* छुअन, ढुकन, बंद होना क्रिया, बंद होना क्रिया, भिड़न, भिड़न, *मिलन*, रुँझन, *संकुचन*, *सिकुड़न*, सिमटन.

**मुँदना** = छिपना.

**मुँदना** *क्रि* कुँचना, झँपना, झपना, ढँपना, ढुकना, निमीलित होना, बंद होना, *सिकुड़ना*, सिमटना, सोना (फूल), •मिचकाना, •मुरझाना, ▪खिलना, ▪खुलना.

**मुंदरी** = अँगूठी.
**मुँदा/मुँदी** = कली जैसा.

**मुँदा/मुँदी** *वि* अनखिला/अनखिली, अनखुला/अनखुली, अफुल्ल, अवकुंचित, आमीलित, कुँचा/कुँची, कुंचित, झँपा/झँपी, निकुंचित, निमिषित, निमीलित, पुटित, प्रमीलित, प्रसुप्त, *बंद*, बद्ध, भिंचा/भिंची, मिचका/मिचकी, मिचा/मिची, रुद्ध, संपुट, सिकुड़ा/सिकुड़ी, सिमटा/सिमटी, सोया/सोई.

**मुँदाई** = भिड़ाई.
**मुंबई (बंबई)** = महाराष्ट्रः राजधानी.
**मुंशी** = क्लर्क, निजी सचिव, याचिका लेखक, लिपिकार, लेखापाल, विद्वान व्यक्ति, सुलेखक.
**मुँह** = ओर, कगार, किनारा, छिद्र, टोंटी, दिशा, द्वार, बरतन टोंटी, मुखमंडल, होंठ.

**मुँह** *सं* आनन, खाने का मुँह, दहाना, मुख, मुख गह्वर, वक्त्र, वदन, होठों से घिरा मुँह, •चोंच, •जीभ, •थूथन, •दाँत, •मसूड़ा, •होंठ.

**मुँह अँधेरे** = प्रातःकाल में.
**मुँह की खिलाना** = हराना.
**मुँहचढ़ा/मुँहचढ़ी** = लड़बावला/लड़बावली.
**मुँहचोर** = लजीला/लजीली.
**मुँह छिपा कर** = चोरी छिपे.
**मुँहछुट** = धृष्ट.
**मुँहज़बानी** = मौखिक.
**मुँहज़बानी याद** = कंठस्थ.
**मुँहज़बानी याद करना** = रटना.
**मुँह जाली** = मुख जाली.
**मुँहज़ोर** = कलहप्रिय, धृष्ट, लड़बावला/लड़बावली.

**मुँहज़ोरी** *सं* उजड्डता, कल्लादराज़ी, गुस्ताख़ी, चरबज़बानी, ज़बानदराज़ी, धृष्टता, बेलगामी, •अहंकार, •गालीगलौज, ▪शिष्टता, ▪सज्जनता.

**मुँहदिखाई** *सं* वधूदर्शन.

**मुँहदेखा/मुँहदेखी** = औपचारिक.
**मुँहदेखी बात** = चाटूक्ति.
**मुँहफट** = असौम्य, धृष्ट, लड़बावला/लड़बावली, स्पष्टवादी.
**मुँह फुलाना** = ठिनकना, रूठना.
**मुँहबंद** = निरुत्तर, वाचा प्रतिबंधित.
**मुँह बाए** = अपलक.

**मुँहबोला/मुँहबोली** *वि* करा/करी, कहा/कही, किया/की, कृत/कृता, *धर्म*, धर्म (जैसेः धर्मपुत्र), बनाया/बनाई, •दत्तक.

**मुँहबोली** = मुँहबोली बहन.

 (प्रा) प्राचीन शब्द, अब अप्रचलित · *तिरछे* शब्द स्वतंत्र शीर्षक भी हैं •सपर्याय ▪विपर्याय

**मुँहबोली बहन** *सं* बहनेली, बहनोली, भनेली, भनोली, मुँहबोली, •बहन, •सहेली.

**मुँहमाँगा/मुँहमाँगी** = इच्छित.
**मुँहमाँगी मुराद** = अप्रत्याशित लाभ.
**मुँह में पानी लाना** = ललचाना.
**मुँह में पानी लाने वाला** = स्वादिष्ठ.
**मुँह मोड़ना** = भागना.
**मुँहलगा/मुँहलगी** = लड़बावला/लड़बावली.
**मुँह सुजाना** = रूठना.
**मुँहामुँही** = भेंटवार्ता.

**मुँहासा** *सं* पिंपल, पिप्लु, •घमोरी, •मस्सा.

**मुँहासा कील** *सं* *कील*, *कीला*, *डील*, वरंड.

**मुअज़्ज़म** = महान, राजसी, सर्वसत्ताधारी.

**मुअज़्ज़िन** *सं* अज़ान देने वाला धर्माधिकारी, अज़ानी, •नमाज़, •मसजिद.

**मुअत्तली** = सेवा निलंबन.
**मुअम्मा** = पहेली, विपरीतोक्ति.
**मुआ/मुई** = मृत.
**मुआङ थाई (स्थानीय)** = थाईलैंड.
**मुआफ़िक़** = अनुकूल.
**मुआयना** = इंस्पैक्शन, चैकअप, परख.
**मुआवज़ा** = अर्थदंड, क्षतिपूर्ति, पारिश्रमिक, प्रत्युपकार, मूल्य.
**मुआहिदा** = अनुबंध.

**मुक़दमा** *सं* अभियोग, काररवाई, केस, न्यायार्थ काररवाई, मामला, *वाद*, *विवाद*, सूट, •अपील, •आरोप, •गवाह, •जिरह, •न्याय, •प्रदर्श, •बयान, •मुवक्किल, •याचिका, •वकील, •समन, •साक्ष्य, •सुनवाई.

**मुक़दमा करने वाला** = अभियोगी.
**मुक़दमा करने वाला पक्ष** = आरोप पक्ष.
**मुक़दमा सुनवाई** = सुनवाई.
**मुक़द्दम** = फ़ोरमैन.
**मुक़द्दर** = प्रारब्ध, भाग्य.
**मुक़द्दर आज़माई** = भाग्यपरीक्षा.
**मुक़द्दस** = धर्मग्रंथीय, पवित्र.
**मुक़द्दस किताब** = अपौरुषेय धर्मग्रंथ.
**मुकम्मल** = अभंजित, पूर्णकृत.
**मुकरन** = वचनभंग.

**मुकरना** *क्रि* अपनी बात से फिरना, कहा वापस लेना, कहे से मुकरना, थूका चाटना, दोदना, नकारना, नटना, पलटना, फिरना, *बदलना*, बात बदलना, हटना, •ठुकराना, ▪मानना.

**मुकरनी** = विपरीतोक्ति.
**मुक़र्रर** = अनुबंधित, अवश्यंभावी, असंदिग्ध, नियुक्त, निर्धारित, प्रारब्धाधीन, विवादातीत.
**मुक़र्ररी** = नियुक्ति.
**मुकलावा** = गौना.
**मुका/मुकी** = समाधानित.
**मुक़ादम** = फ़ोरमैन.
**मुक़ाबला** = खेल प्रतियोगिता, तुलना, प्रतिद्वंद्विता, प्रतियोगिता, प्रतिरोध, युद्ध, विरोध, समान प्रतियोगिता.
**मुक़ाबले का** = समप्रतियोगी.
**मुक़ाम** = घर, पड़ाव, पता, पांथशाला, स्थान.
**मुक़ाम करना** = आ बसना.
**मुक़ामी** = क्षेत्रीय.
**मुक़िर** = अनुबंधिता.
**मुकुट** = उत्तम व्यक्ति या वस्तु.

**मुकुट** *सं* अवतंस, आपीड, किरीट, कुलाह, क्राउन, ताज, मौलि, राजमुकुट, •टोपी, •पगड़ी, •राजा, •रानी, •सिंहासन.

**मुकुटधारी** = राजा.

**मुकुटधारी** *सं* उष्णीषी, किरीटधारी, किरीटी, ताज़पोश, पगड़ीधारी, •राजा, •सम्राट.

**मुकुट पहनाई** = सत्ताभिषेक.
**मुकुर** = दर्पण.
**मुकुल** = अधखिला/अधखिली, कली, मौलसिरी.
**मुकुलन** = अर्धप्रस्फुटन, अर्धप्रस्फुटन.
**मुकुलित** = अधखिला/अधखिली, कली जैसा.
**मुकुलित करना** = मूँदना.
**मुकुष्ठ** = मोठ.
**मुक्कममुक्का** = फ़ौजदारी, हाथापाई.
**मुक्का** = मुट्ठी.

**मुक्का** *सं* घूँसा, धौल, मुक्का प्रहार, मुट्ठी की मार, मुष्टि, मुष्टिका, मुष्टि प्रहार, •तमाचा, •मुट्ठी.

**मुक्का प्रहार** = मुक्का.
**मुक्केबाज़** = बाक्सर.
**मुक्केबाज़ी** = बाक्सिंग, हाथापाई.
**मुक़्क़ैश** = ज़री.
**मुक्त** = अतुकांत, अनवरुद्ध, अनाबद्ध, अनियंत्रित, अपराधमुक्त, खुला/खुली, छंदहीन, सेवाच्युत, स्वशासित, स्वाधीन, स्वामीहीन, स्वेच्छाचारी.

**मुक्त** *वि* *अप्रतिबद्ध*, अबद्ध, आज़ाद, *उन्मुक्त*, खुला/खुली, छुटा/छुटी, छूटा/छूटी, छोड़ा/छोड़ी, निर्बाध, पाशमुक्त, पाशहीन, बंधनमुक्त, बंधनहीन, रिहा, स्वतंत्र, •अनाबद्ध, •अपराधमुक्त, •क्षमादत्त, ▪गिरफ़्तार.

**मुक्तकंठ** = संकोचहीन.

**मुक्तक** *सं* फुटकल काव्य, लघु कविता, स्वतंत्र छंद, •काव्य.

**मुक्त करना** = छोड़ना.
**मुक्तकेशी** = काली.
**मुक्तचेता** = विरक्त.
**मुक्त छंद** = छंदमुक्त पद्य.
**मुक्तदोष** = अपराधमुक्त.
**मुक्त पद्य** = छंदमुक्त पद्य.
**मुक्तमाल** = मोती माला.
**मुक्तवेणी** = द्रौपदी.
**मुक्तसंग** = विरक्त.
**मुक्तहस्त** = अपव्ययी, इच्छद, दानशील.
**मुक्तहास** = अट्टहास.
**मुक्तहासी** = हँसता/हँसती.
**मुक्तहृदय** = विशालहृदय.
**मुक्तांबर** = दिगंबर.
**मुक्ता** = मनका, मोती.
**मुक्तादाम** = मोती माला.
**मुक्तापुष्प** = कुंद.
**मुक्ताप्रसु** = सीपी.
**मुक्तामणि** = मोती.
**मुक्तामाला** = मोती माला.

**मुक्तावली** = मोती माला.
**मुक्ताशुक्ति** = मोती सीप.
**मुक्ताहार** = मोती माला.
**मुक्ति** = अपराध मुक्ति, क्षमा, जीवन रक्षा, परित्राण, मोक्ष, स्वाधीनता, स्वाधीनता प्राप्ति.

**मुक्ति** *सं* आज़ादी, आमोचन, उन्मुक्ति, उन्मोचन, खुलाई, छुटकारा, छुट्टी, छुड़वाई, छुड़ाव, छूट, त्राण, निजात, परिमुक्ति, फ़राग़त, बंधन मुक्ति, मोचन, रिहाई, विमोचन, संत्राण, स्वतंत्रता, *स्वाधीनता*, ●क्षमा, ●ज़मानत, ●परोल, ■गिरफ़्तारी.

**मुक्तिदाता** = परित्राता.

**मुक्तिदाता** *सं* आमोचक, उन्मोचक, त्राता, निस्तारक, बंधनमोचक, बचाने वाला, मोचक, विमोचक, ●परित्राता.

**मुक्तिका** = मोती.
**मुख** = अगवाड़ा, द्वार, प्रवेश द्वार, मुँह, मुखमंडल.
**मुखकमल** = सुंदर मुख.
**मुख गह्वर** = मुँह.
**मुखचपल** = बातूनी.

**मुख जाली** *सं* जाबा, जाबी, जाली, पशु मुख जाली, मुँह जाली, मुसका, मोहरा.

**मुखड़ा** = आरंभिक छंद, मुखमंडल, स्थायी.
**मुख़तार** = ऐटर्नी, स्थानापन्न व्यक्ति.

**मुख़तार** *सं* कारिंदा, गुमाश्ता, मुख़्तार (विकल्प).

**मुख़तारे ख़ास** = ऐटर्नी.
**मुख ताल** = स्थायी.
**मुखध्वनि** = वाचा.
**मुखपट** = बुरक़ा नकाब.
**मुखपान** = चुंबन.
**मुखपृष्ठ** = आवरण पृष्ठ.
**मुखप्रिय** = लौंग.
**मुख़बिर** = ग़द्दार, चुग़लख़ोर, रहस्य उद्घाटक, विश्वासघाती.
**मुख़बिरी** = चुग़लख़ोरी, विश्वासघात.

**मुखमंडल** *सं* आँख नाक, आगा, आनन, चेहरा, चेहरा मोहरा, नक़्शा, नाक़ नक़्श, *मुँह*, मुख, मुखड़ा, मूरत, रंगरूप, रुख़, रूप, वदन, शक़्ल सूरत, संपूर्ण मुख, सामना, सूरत, ●आँख, ●कपोल, ●कान, ●जबड़ा, ●मस्तक, ●मुँह, ●सिर, ●होंठ.

**मुखमंडल चर्या** = फ़ेशल.
**मुखर** = अभिव्यक्तिपूर्ण, ध्वनिपूर्ण, बातूनी, रंगमंचीय, वर्णनात्मक, स्पष्टवादी.
**मुखरागकार** = मेकअप मैन.
**मुखरित** = ध्वनिपूर्ण.
**मुखरी** = लगाम.
**मुखवक्ता** = प्रवक्ता.
**मुखशोधक** = सौंफ.
**मुखशोधन** = आचमन.
**मुख स्राव** = लार.
**मुखाग्नि** = चिताग्नि, शवदाह.
**मुखाग्र** = कंठस्थ.
**मुखातिब** = अभिमुख.
**मुखापेक्षी** = परावलंबी.
**मुखामुखी** = भेंटवार्ता.
**मुखारविंद** = सुंदर मुख.
**मुख़ालफ़त** = विरोध, शत्रुता.
**मुखालिफ़** = विपर्यायवाची.
**मुखावरण** = घूँघट.
**मुख़ासव** = थूक.
**मुखिया** = अध्यक्ष, अपराध जगत सरदार, ग्राम मुखिया, नेता, परिवार अध्यक्ष, प्रबंधक, सरपंच, सुपरवाइज़र.

**मुखिया** *सं* अगुआ, अधिनायक, *अध्यक्ष*, अमीर, उमराव, कप्तान, करताधरता, गणाध्यक्ष, चीफ़, चौधरी, ठाकुर, दलपति, *नायक*, पेशवा, *प्रधान*, प्रमुख, मीर, रईस, राय, रावत, शाह, शेख़, सदर, सर, सरग़ना, सरदार, साहब, साहू, सुलतान, ●नेता, ●राष्ट्रपति, ●शासक, ●सभापति, ●सरपंच, ■अनुगामी, ■कर्मचारी, ■पिछलग्गू, ■सदस्य.

**मुखौटा** = छद्मवेश, झूठा बहाना, रक्षक मुखौटा.

**मुखौटा** *सं* चेहरा, नक़ली चेहरा, नक़ाब, *पाखंड*, मास्क, ●छद्मवेश, ●डाकू, ●रक्षक मुखौटा, ●लुटेरा, ■बेपर्दगी.

**मुखौटा लगा कर** = चोरी छिपे.
**मुख़्तलिफ़** = भिन्न, विविध.
**मुख़्तसर** = लघुकाय, संक्षिप्त.
**मुख़्तार** (विकल्प) = मुख़तार.
**मुख्य** = आधारभूत, उत्तम, प्रधान, महाप्रबंधक, मुख्य (समाचार), मुख्यकोटीय, सर्वसत्ताधारी, सर्वोच्च.

**मुख्य (समाचार)** *वि* अग्रवर्ती, अहम, खास, पहले पन्ने पर छपने वाला, बड़ा/बड़ी, *महत्त्वपूर्ण*, महत्त्वपूर्ण (समाचार), मुख्य, वज़नी, सुर्ख़ियों में.

**मुख्य आकर्षण** *सं* आकर्षक सामग्री, आकर्षण बिंदु, *उच्चबिंदु*, प्रमुख कार्यक्रम, फ़ीचर, विशिष्टता, विशेष सामग्री, हाईलाइट, ●उच्चबिंदु.

**मुख्य कथा** *सं* आधिकारिक कथा, आधिकारिक वस्तु, प्रधान कथा, महत्कार्य, मुख्य कथावस्तु, मुख्य घटना, हाईलाइट, ●गौण कथा.

**मुख्य कथावस्तु** = मुख्य कथा.

**मुख्यकोटीय** *वि* अगौण, *प्रधान*, प्रमुख, प्राइमरी, मुख्य, ●भिन्नकोटीय, ■गौणकोटीय.

**मुख्य घटना** = मुख्य कथा.
**मुख्य तत्त्व** = विवरणिका.
**मुख्यद्वार** = प्रवेश द्वार, फाटक.
**मुख्य पात्र** = कथा नायक.
**मुख्य पुरुष** = कथा नायक.
**मुख्य भाव** = स्थायी भाव.

**मुख्य मंत्री** *सं* चीफ़ मिनिस्टर, राज्य मुख्य मंत्री, ●प्रधान मंत्री, ●प्रांत/प्रदेश, ●राज्यपाल.

**मुख्य मनका** = जपमाला बड़ा दाना.

**मुख्य मनका** *सं* मध्यमणि, मियाना, मेरु, शाहदाना.

**मुख्य मार्ग** = मुख्य सड़क.
**मुख्य वर्ण** = वैश्य.

**मुख्य संपादक** = संपादक.

**मुख्य सड़क** *सं* घंटापथ, प्रतोली, मुख्य मार्ग, मेन रोड, *राजमार्ग*, शाहराह, सदर सड़क, •उपमार्ग, •सड़क.

**मुख्य सर्किट बोर्ड** = मदरबोर्ड.
**मुख्यालय** = राजधानी.

**मुख्यालय** *सं* केंद्र, केंद्रीय कार्यालय, *पीठ*, प्रधान कार्यालय, सदर मुक़ाम, सीट, सैंट्रल आफ़िस, हैड आफ़िस, •गतिविधि केंद्र, •निदेशालय.

**मुग़** = पारसी.
**मुग़ल** = मंगोल.
**मुग़ालता** = ग़लतफ़हमी.
**मुग्दर** = गदा.
**मुग्ध** = आनंदित, आसक्त, चकित, भ्रमित, मंदधी, लुब्ध, वशीकृत.
**मुग्ध/मुग्धा** = मोहित.
**मुग्धकर** = आकर्षक.
**मुग्ध करना** = भरमाना, मोहना.
**मुचलका** = ज़मानत.
**मुच्छ** = मूँछ.

**मुच्छड़** *वि* मुच्छल, मुच्छैल, मुछंदर, मुछैल, मूँछ वाला, मूछिया, ■अजातश्मश्रू.

**मुच्छल** = मुच्छड़.
**मुच्छैल** = मुच्छड़.
**मुछंदर** = मुच्छड़.
**मुछैल** = मुच्छड़.
**मुजतहिद** = मार्गप्रदर्शक.
**मुजरा** = कोरनिश.

**मुजरा** *सं* गायिका वेश्या मुजरा, नर्तकी वेश्या मुजरा, नाच, नाचगाना, नाच बैठक, बैठक, •वेश्या.

**मुजरिम** = अपराधी, सिद्धदोष.
**मुजरे वाली** = नर्तकी वेश्या.
**मुजस्समा** = मूर्ति.
**मुजस्सिम** = साकार.
**मुज़ारा** = खेत मज़दूर.
**मुजाहिद** = आतंकवादी, धर्मयोद्धा.
**मुजाहिदीन (बहुवचन)** = धर्मयोद्धा.

**मुज्जा** = टखना.
**मुझ** = मैं.
**मुटका** = धोती.
**मुटाना** = फुलाना.

**मुटाना** *क्रि* गदराना, *फूलना*, *फैलना*, बादी चढ़ना, *भरना*, मांसलकाय होना, मोटा होना, *सूजना*, स्थूलकाय होना.

**मुटियाना** *क्रि खिलाना*, खिलाना पिलाना, गदराना, गद्दर करना, *फुलाना*, *भरना*, मांस चढ़ाना, मांसलकाय करना, मोटा करना, स्थूलकाय करना.

**मुट्ठा** = आधार सूची, जूना, बंडल, मूठ.
**मुट्ठी** = मुट्ठी.
**मुट्ठी की मार** = मुक्का.
**मुट्ठी भर** = कम.

**मुट्ठी** *सं* घूँसा, *मुक्का*, मुट्ठी, मुश्त, मुष्टि, मुष्टिका, •चंगुल, •दस्ताना, •मुक्का, •हथेली.

**मुठभेड़** = टक्कर, प्रतियोगिता, युद्ध.

**मुठभेड़** *सं* आमना सामना, गुत्थमगुत्था, जूझ, झड़प, *टक्कर*, भटभेरा, भिड़ंत, *संगम*, संघट्ट, संघात, सामना, •आक्रमण, •प्रतियोगिता, •युद्ध.

**मुठिया** = मूठ.
**मुड़ना** = झुकना.

**मुड़ना** *क्रि घूमना*, दिशा बदलना, नया मोड़ लेना, पलटना, मार्ग बदलना, मोड़ लेना, •उलटना पलटना, •पटरी बदलना.

**मुड़वाँ** = झुका/झुकी, मोड़दार, वक्राकार.
**मुड़ा/मुड़ी** = तुड़ा मुड़ा/तुड़ी मुड़ी, मोड़दार, वक्राकार.
**मुड़ापन** = शिकन.
**मुड़ाव** = मोड़.
**मुड्ढा** = कंधा.
**मुतअल्लिक़** = विषयक, संदर्भीय.
**मुतबन्ना** = दत्तक पुत्र.
**मुतलक़** = अवश्यमेव.

**मुतवल्ली** = न्यासधारी, परपालक.
**मुतवातिर** = लगातार.
**मुतस्सिर** = प्रभावित.
**मुताबिक़** = अनुसार.
**मुतालबा** = दावा.
**मुत्तफ़िक़** = सहमत.
**मुत्तहिद** = एकजुट.
**मुदर्रिस** = अध्यापक.
**मुदा** = अर्थात, किंतु, किंतु परंतु.
**मुदाख़लत** = क़ताकलामी, हस्तक्षेप.
**मुदित** = आनंदित, प्रसन्न, मुस्कराता/मुस्कराती.
**मुदिता** = प्रसन्नता.
**मुदिर** = कामुक.
**मुद्ग** = मूँग.
**मुद्गपर्णी** = मोठ.
**मुद्गर** = मुँगरा, हथौड़ा.
**मुद्गल** = ऋषि सूची.
**मुद्दई** = शत्रु.
**मुद्दत** = अवधि, काल, दीर्घ काल.
**मुद्दती** = सावधिक़.
**मुद्दा** = उद्देश्य, कथ्य.
**मुद्दालेह** = प्रतिवादी.
**मुद्रक** = मुद्रणालय.

**मुद्रक** *सं* छापने वाला, प्रिंटर, मुद्रण कर्ता, •टाइपसैटिंग, •प्रकाशनालय.

**मुद्रण** = चिह्नन, संस्करण.

**मुद्रण** *सं* इंप्रिंट, इंप्रैशन, छपाई, *छाप*, प्रतिलिपिकरण, प्रिंटिंग, •छाप, •प्रूफ़.

**मुद्रण करना** = छापना.
**मुद्रण कर्ता** = मुद्रक.
**मुद्रण प्रूफ़** = प्रूफ़.

**मुद्रण ब्लाक** *सं* ठप्पा, *प्लेट*, ब्लाक, मुद्रा.

**मुद्रण योजन** = टाइपसैटिंग.

**मुद्रणालय** *सं छापा*, छापाख़ाना, प्रिंटरी, प्रिंटर्स, प्रिंटिंग प्रैस, प्रैस, *मुद्रक*, •प्रकाशनालय.

**मुद्रांक** = मुहर चिह्न.
**मुद्रांकित** = मुद्रित.
**मुद्रांकित पत्र** = राज्यादेश.

**मुद्रा** = अँगूठी, करंसी, टाइप, भंगिमा, मुद्रण ब्लाक, मुहर, संकेत.
**मुद्राक्षर** = टाइप.
**मुद्रा चिह्न** = मुहर चिह्न.

**मुद्रा बाज़ार** *सं* मनी मार्केट, मुद्रा व्यापार, वित्त बाज़ार, सराफ़ा, सर्राफ़ा, हुंडी बाज़ार, •विदेशी मुद्रा, •शेयर बाज़ार.

**मुद्रा व्यापार** = मुद्रा बाज़ार.

**मुद्रा व्यापारी** *सं* श्रौफ, सराफ़.

**मुद्रास्फीति** = व्यापारिक महँगाई.
**मुद्रिका** = अँगूठी, रिंग रोड.
**मुद्रिका मार्ग** = रिंग रोड.
**मुद्रित** = प्रकाशित.

**मुद्रित** *वि* छपा/छपी, प्रिंटिड, मुद्रांकित, •प्रकाशित.

**मुद्रित करना** = छापना.
**मुद्रित्र** = कंप्यूटर प्रिंटर.
**मुनकर** = नास्तिक.

**मुनक़्क़ा** *सं* अंगूर मुनक़्क़ा, अमृतफला, दाख, द्राक्षा, बीज निकला सूखा अंगूर, मधुरसा, सुफला, सूखा अंगूर, स्वादुफला, स्वादुरसा, हरहूरा, •अंगूर, •किशमिश, •किशमिश.

**मुनब्बतकारी** = उत्कीर्णन.
**मुनहसिर** = स्थित.
**मुनहस्सर** = आधारित.
**मुनाजरा** = शास्त्रार्थ.
**मुनादी** = डुगडुगी, मुनादी वाला, विज्ञापन.

**मुनादी** *सं* आघोषणा, आम ख़बर, उद्‌घोष, उद्‌घोषणा, ऐलाने आम, *घोषणा*, जनसूचना, *डुगडुगी*, डुग्गी, डौंड़ी, ढिंढोरा, सार्वजनिक सूचना, •घोषणा, •संदेश, •सूचना.

**मुनादी वाला** *सं* घंटी वाला, ज़ारची, ढिंढोरची, पटहघोषक, *मुनादी*, साँटिया.

**मुनाफ़ा** = लाभ.

**मुनाफ़ाख़ोर** *सं* अपलाभिया, अपलाभी, *जमाख़ोर*, *भ्रष्ट*, लाभजीवी, लूटू, •जमाख़ोर.

**मुनाफ़ाख़ोरी** *सं* अतिलाभ अर्जन, अपलाभ, अपलाभ सर्जन, खुली डकैती, ठगी, डाकेज़नी, नफ़ाख़ोरी, लुटाई, *लूट*.

**मुनासिब** = अवसरानुकूल, आवश्यकतानुरूप, न्यायानुकूल, प्रासंगिक, वैध, सहमतकारी, स्वीकार्य.
**मुनि** = ऋषि, तपस्वी, तीर्थंकर, दार्शनिक, ध्यानी, मौन व्रती, मौनावलंबी.
**मुनि** = विचारक.
**मुनि पित्तल** = ताँबा.
**मुनि पुत्रक** = द्रोण.
**मुनिया** = लड़की.
**मुनिवर** = ऋषि.
**मुनिव्रत** = तपस्या, मौन व्रत.
**मुनिश्रेष्ठ** = महर्षि.
**मुनींद्र** = ऋषि, गौतम बुद्ध, महर्षि.
**मुनीम** = क्लर्क, लेखापाल, वेतन वितरक.
**मुनीश** = ऋषि, गौतम बुद्ध, महर्षि.
**मुनीश्वर** = ऋषि, महर्षि.
**मुन्नग** = सहजन.
**मुन्ना** = लड़का.
**मुन्ना/मुन्नी** = शिशु.
**मुन्नी** = लड़की.
**मुन्नू** = लड़का, शिशु.
**मुफ़लिस** = कंगाल, निर्धन.
**मुफ़ीद** = अचूक (औषध), कल्याणकारी, चिकित्साकारी.
**मुफ़्त** = निश्शुल्क.
**मुफ्त उपहार** = लुभाव.
**मुफ़्त का** = निश्शुल्क.
**मुफ़्त का** = अनर्जित.
**मुफ़्त का माल** = लुभाव.
**मुफ़्तख़ोर** = कामचोर, परावलंबी व्यक्ति, रिश्वतख़ोर.
**मुफ़्तख़ोरा/मुफ़्तख़ोरी** = परावलंबी व्यक्ति.
**मुफ़्तल्ला/मुफ़्तल्ली** = परावलंबी व्यक्ति.
**मुफ़्ती** = निश्शुल्क.

**मुफ़्ती** *सं* धर्म निर्णायक, *निर्णायक*, फ़तवा दाता, •इमाम.

**मुफ़्ती आदेश** = फ़तवा.
**मुबारक** = कल्याणकारी.
**मुबारकबाद** = बधाई.
**मुबारकबादी** = बधाई.
**मुबाह** = धर्मसम्मत.
**मुब्तला** = फँसा/फँसी, युक्त, व्यस्त.
**मुमकिन** = व्यावहारिक, संभव, साध्य.
**मुमानिअत** = प्रतिबंध.
**मुमानियत** = अस्वीकृति.
**मुमुक्षु** = संन्यासी.
**मुमूर्षा** = मृत्यु इच्छा.
**मुरई** = मूली.
**मुरक** = टूटफूट.
**मुरकन** = मरोड़.
**मुरकना** = टूटना, मरोड़ना.
**मुरगा** = नर पक्षी, वात दिशायंत्र.

**मुरगा** *सं* अरुणचूड, आत्मघोष, कलज, कालज्ञ, कुक्कुट, कुक्कुटक, कृकवाक, ताम्रचूड, नखायुध, नर मुरगी, भास, मणिकंठक, मुर्ग़, यामघोष, शकुनि, *शिखंडी*, शिखी, •मुरगी.

**मुरग़ाबी** *सं* जल कुक्कुट, जलरंकु, पनतिरी.

**मुरगा बोली** = कुकड़ू कूँ.

**मुरगी** *सं* कुकड़ी, कुकरी, कुक्कुटी, मादा मुरगा, शिखिनी, हैन, •मुरगा.

**मुरगीख़ाना** *सं* करंजख़ाना, दरबा, मुरगीघर, मुरगीबाड़ा, मुर्ग़ीख़ाना, मुर्ग़ीघर, •कबूतरख़ाना.

**मुरगीघर** = मुरगीख़ाना.
**मुरगीबाड़ा** = मुरगीख़ाना.
**मुरगी शिशु** = चूज़ा.
**मुरज** = ढोल.
**मुरझन** = म्लानन.
**मुरझना** = दुबलाना, सूखना.
**मुरझाना** = दुबलाना, दुबलाना.

**मुरझाना** *क्रि* *उतरना*, कुम्हलाना, झँवाना, झुराना, झौंराना, *धुँधलाना*, पीला पड़ना, *बुझना*, बेजान होना, मंद होना, मद्धम पड़ना, *मरना*, म्लान होना, विवर्ण होना, ▪खिलना, ▪पनपना, ▪लहलहाना.

**मुरझाया/मुरझाई** = कुपोषित, पतझड़ी.

**मुरझाया/मुरझाई** *वि उदास*, कांतिहीन, कुम्हलाया/कुम्हलाई, क्लांत, तांत, तेजहीन, निराभ, निस्तेज, पज़मुर्दा, पांडुर, प्रम्लान, फीका/फीकी, बुझा/बुझी, बेनूर, बेरौनक़, *मंद*, मंदकांति, म्लान, रुग्ण, विगतश्री, *विवर्ण*, सूखा/सूखी, हतश्री, ▪खिला/खिली, ▪पुष्पित, ▪लहलहाता/लहलहाती, ▪वसंती.

**मुरझावन** = म्लानन.
**मुरत्तब** = व्यवस्थित.
**मुरदा** = शव.
**मुरदा/मुरदी** = मृत.
**मुरदाख़ोर** = शवभक्षक.
**मुरदा जिलाना** = जिलाना.
**मुरदादिली** = निरुत्साह.
**मुरदा बादल** = स्पंज.
**मुरफल** = कटहल.

**मुरब्बा** *सं* पाक, प्रीज़र्व, •गुलकंद, •जैम.

**मुरमुरा** *सं* कुरमुरा, फरुही, भुना चावल, भेल, मुर्रा, •खील.

**मुरमुराना** = कलकलाना.
**मुरलिया** = बाँसुरी.
**मुरली** = बाँसुरी.
**मुरलीधर** = कृष्ण, बाँसुरी वादक.
**मुरली वाला** = बाँसुरी वादक.
**मुरशिद** = गुरु, धर्मज्ञानी, पीर.
**मुराद** = इच्छा, उद्देश्य, प्रत्याशा, मन्नत.
**मुरारि** = कृष्ण.
**मुरीद** = धार्मिक शिष्य, प्रशंसक, फ़ैन, शिष्य.
**मुरुगन** = स्कंद.
**मुरेठा** = पगड़ी.
**मुरेरा** = मरोड़.
**मुरौवत** = निष्ठा, सत्कार.
**मुर्ग़** = पक्षी, मुरगा.
**मुर्ग़ा** = मिथ्या आरोपित व्यक्ति.
**मुर्ग़ीख़ाना** = मुरगीख़ाना.
**मुर्ग़ीघर** = मुरगीख़ाना.
**मुर्ग़ चमन** = बुलबुल.
**मुर्दघाट** = श्मशान.
**मुर्दनी** = निरुत्साह, मातम.
**मुर्दादिल** = हतोत्साहित.
**मुर्रा** = मुरमुरा.
**मुर्री** = अकड़ाहट, लपेट.
**मुलकना** = मुस्कराना.
**मुलकाना** = मुस्कराना.
**मुलज़िम** = अभियुक्त, आरोपित व्यक्ति.
**मुलम्मा** = क़लई, गिलट, दिखावा, पाखंड.
**मुलहठी** = मुलेठी.
**मुलाक़ात** = अभिसार, परिचय, परिचायन, भेंटवार्ता.

**मुलाक़ात** *सं* दर्शन, दीदार, बातचीत, बैठक, भेंट, *मिलन*, मीटिंग, विज़िट, *संगत*, सम्मिलन, साक्षात्कार, •वार्तालाप, •स्वागत, ▪प्रतीक्षा.

**मुलाक़ात भवन** = दीवानख़ाना.
**मुलाक़ाती** = परिचित व्यक्ति, भेंटवार्ता कर्ता, संगी.

**मुलाक़ाती** *वि अतिथि*, *आगंतुक*, *दर्शनार्थी*, •अतिथि, •मुलाक़ात.

**मुलाक़ाती कार्ड** = विज़िटिंग कार्ड.
**मुलाज़मत** = नौकरी.
**मुलाज़िम** = कर्मचारी, नौकर.
**मुलायम** = अप्रबल, कचिया, कोमल, गदीला/गदीली, नम्य, प्रभावशील, मंदस्वरीय, सहनशील, सहमत्य, सुकुमार, सौम्य.
**मुलायमियत** = सौम्यता.
**मुलाहज़ा** = अवलोकन, दृष्टिपात.
**मुलाहज़ा करना** = देखना.
**मुलेठी** = मसाला सूची

**मुलेठी** *सं* गुंजा जड़, जलयष्टि, जेठीमधु, मधुयष्टी, मधुरा, मधूलिका, मुलहठी.

**मुल्क** = जनपद आदि, देश, स्वदेश.
**मुल्कगीर** = परराष्ट्र जेता.
**मुल्कगीरी** = परराष्ट्र जय.
**मुल्करानी** = शासन.
**मुल्की** = देशीय, स्वदेशवासी, स्वदेशी.
**मुल्तवी** = स्थगित.
**मुल्ला** = उपदेशक, धर्मज्ञानी.

**मुल्ला** *सं* अल्लामा, आलिम, इसलामी विद्वान, *ज्ञानी*, फ़ाज़िल, मौलवी, मौलाना, •इमाम, •वाइज़.

**मुल्लावाद** = पुरोहितवाद.
**मुशायरा** = कवि सम्मेलन.
**मुश्क** = कंधा-कलाई हाथ, कस्तूरी, पकड़.
**मुश्किल** = अबोध्य, असमाधान्य, कठिन, क्लिष्ट (भाषा), संकट.
**मुश्किलकुशा** = परित्राता.
**मुश्किलकुशाई** = परित्राण.
**मुश्त** = मुट्ठी.
**मुश्तरका** = सामूहिक.
**मुषली** = बलराम.
**मुष्टामुष्टि** = हाथापाई.
**मुष्टि** = तलवार मूठ, मुक्का, मुट्ठी.
**मुष्टिका** = मुक्का, मुट्ठी.
**मुष्टि प्रहार** = मुक्का.
**मुष्टियुद्ध** = बाक्सिंग.
**मुसका** = मुख जाली.
**मुसटंडा/मुसटंडी** = बलिष्ठ, सुपोषित.
**मुसद्दिक़** = सत्यापक.
**मुसन** = शिकन.
**मुसम्मा/मुसम्मात** = नामक.
**मुसम्मात** = कुलीन स्त्री.
**मुसलमान** = मुसलिम.
**मुसलमानी** = इसलाम धर्मीय.
**मुसलमानी धर्म** = इसलाम धर्म.
**मुसलसल** = अविराम, लगातार.
**मुसलसिल करना** = सटाना.
**मुसलायुध** = बलराम.
**मुसलिम** = इसलाम धर्मीय.

**मुसलिम** *सं* इसलाम धर्मावलंबी, कलमागो, क़ुरानी, मुसलमान, मुस्लिम, *मुहम्मदी*, मोमिन.

**मुसल्लम** = अभंजित.
**मुसल्ला** = नमाज़ दरी.
**मुसव्विर** = चित्रकार, मूर्तिकार.
**मुसव्विरी** = चित्रकला, मूर्तिकर्म.
**मुसातुसा करना** = मोसना.
**मुसाफ़िर** = तीर्थयात्री, यात्री.
**मुसाफ़िरख़ाना** = पांथशाला, प्रतीक्षालय, सराय.
**मुसाहब** = दरबारी.
**मुसाहिब** = ख़ुशामदी टट्टू, मित्र, राजा संगी.

**मुसाहिबी** = ख़ुशामद.
**मुसीबत** = आफ़त की पुड़िया, खटराग,

ख़तरा, दुर्भाग्य, संकट, समस्या.
**मुसीबत का पहाड़** = आपात्काल.
**मुसीबत का पिटारा** = कठिन कार्य.
**मुसीबत का मारा** = संकटग्रस्त.
**मुसीबतज़दा** = कंगाल, संकटग्रस्त.
**मुसेंगन** = गोबर/मींगनी.

**मुस्कराता/मुस्कराती** *वि* उत्फुल्ल, उल्लसित, खिला/खिली, खुश, दीप्त, मुदित, मुस्काता/मुस्काती, सस्मित, सुस्मित, सुहासी/सुहासिनी, स्मयी, स्मितशाली, •हँसता/हँसती, ■उदास, ■झींकता/झींकती.

**मुस्कराना** *क्रि* *खिलना*, मंद मंद हँसना, मुलकना, मुलकाना, मुस्काना, विहँसना, •खिलना, •लहलहाना, •हँसना.

**मुस्कराहट** = मुस्कान.
**मुस्काता/मुस्काती** = मुस्कराता/मुस्कराती.
**मुस्कान** = खिलावट.

**मुस्कान** *सं* अंतर्हास, आमोद, मंदहास, मुस्कराहट, मुस्कानि, मुस्क्यान, वक्रोष्ठिका, विहास, सुहास, स्मय, स्मित, *हँसी*, •हँसी, ■अट्टहास.

**मुस्काना** = मुस्कराना.
**मुस्कानि** = मुस्कान.
**मुस्क्यान** = मुस्कान.
**मुस्तंडी** = हिजड़न.
**मुस्तक़िल** = अनाश्य.
**मुस्तनद** = गारंटीयुक्त.
**मुस्तफ़ा** = मुहम्मद.
**मुस्तहक़** = सुपात्र.
**मुस्ता** = नागरमोथा.
**मुस्तैद** = उत्साही, चुस्त, सक्रिय, सन्नद्ध.
**मुस्तैदी** = चुस्ती.
**मुस्लिम** = मुसलिम.
**मुहतरम** = सम्माननीय.
**मुहतरमा** = कुलीन स्त्री.
**मुहताज** = निर्धन.
**मुहताजख़ाना** = अनाथाश्रम.

**मुहताज़ख़ाना** *सं* ख़ैरातख़ाना, पुण्यगृह, *भंडारा*, लंगरख़ाना, सत्र, •धर्मादा, •भंडारा.

**मुहब्बत** = प्रेम.
**मुहब्बत नामा** = प्रेमपत्र.
**मुहब्बती** = प्रेमी, रूमानी.
**मुहम्मद** = प्रशंसित.

**मुहम्मद** *सं* (जन्मः लगभग 570 ई. मृत्युः 632 ई.), अमीरुल मोमिनीन, इसलाम प्रवर्तक, उम्मी, काली कमली वाला, *पैग़ंबर*, पैग़ंबर मुहम्मद, प्रशंसित (शब्दार्थ), बहुश्रुत (शब्दार्थ), महंद (विकल्प), महमंद (विकल्प), महमद (विकल्प), मुस्तफ़ा, मोहम्मद, साहबे किताब, हज़रत, हज़रत मुहम्मद, •इसलाम धर्म, •क़ुरान, •ख़दीजा, •पंजतन, •फ़ातिमा, •मक्का.

**मुहम्मद उत्तराधिकारी** = ख़लीफ़ा.
**मुहम्मद उपरांत तीन ख़लीफ़ाओं का विरोध** = शीया मत.
**मुहम्मद उपरांत तीन ख़लीफ़ाओं का समर्थन** = सुन्नी मत.
**मुहम्मद जन्मकथा** = मौलूद शरीफ़.
**मुहम्मद जन्म दिवस** = बारावफ़ात.
**मुहम्मद दामाद** = अली.
**मुहम्मद धर्म** = इसलाम धर्म.
**मुहम्मद धेवता** = हसन, हुसैन.
**मुहम्मद निधन दिवस** = बारावफ़ात.
**मुहम्मद पत्नी** = ख़दीजा.
**मुहम्मद पुत्री** = फ़ातिमा.
**मुहम्मद प्रतिनिधि** = ख़लीफ़ा.
**मुहम्मद हिजरत संवत** = हिजरी संवत.
**मुहम्मदी** = इसलाम धर्मीय, मुसलिम.

**मुहम्मदी** *वि* महमदी, महमूदी, महम्मदी.

**मुहर** = अँगूठी, मुहर चिह्न, सिक्का सूची

**मुहर** *सं* ठप्पा, ठापा, डाई, मुद्रा, *सिक्का*, सील, स्टैंप, •मुद्रांगुलीयक, •रबड़ मुहर, •लाक्षा.

**मुहर चिह्न** *सं* *अंक*, अक्स, इंप्रिंट, *चिह्न*, *छाप*, *छापा*, ठप्पा, ठाप, नक़्श, मुद्रांक, मुद्रा चिह्न, *मुहर*, मोहर, *सिक्का*, सील.

**मुहर्रम** = हिजरी मास सूची.
**मुहरा** = अगवाड़ा.
**मुहराबाज़ी** = दिठबंदी.
**मुहर्रम** = धर्मनिषिद्ध (आहार), रमज़ान, रोज़े.
**मुहर्रमी** = शोकग्रस्त.
**मुहर्रिर** = लिपिकार.
**मुहस्सिल** = तहसीलदार.
**मुहाज़िर** = विस्थापित जन, शरणार्थी.
**मुहाना** = डैल्टा, नुक्कड़.
**मुहाफ़िज़** = परपालक, परित्राता, रक्षक.
**मुहार** = नकेल.
**मुहाल** = अलभ्य, असंभव, दुर्लभ.
**मुहाल मक्खी** = मधुमक्खी.
**मुहावरा** = अभ्यास.

**मुहावरा** *सं* चलन, *प्रचलन*, बोलचाल, वाग्भंगी, *व्यवहार*, •कविसत्य, •कहावत, •तकिया क़लाम, •न्यायवाक्य, •सूत्रवाक्य.

**मुहावरेदार** *वि* कहावती, चलताऊ, •व्याकरणसंगत.

**मुहासिल** = प्राप्ति.
**मुहिम** = अभियान, आक्रमण, युद्ध, संघर्ष.
**मुहूरत** = मंगल काल, मुहूर्त.
**मुहूर्त** = अवसर, इष्टयोग, उत्सव, मंगल काल, विवाह मुहूर्त.

**मुहूर्त** *सं* अहोरात्र 1/30, घटी 2, दुघड़िया, महूरत, मिनिट 48, मुहूरत, *योग*, *लग्न*, •लग्न, •साइत.

**मुहूर्त 1/2** = घटी.
**मुहैया** = प्राप्त, लभ्य.
**मुहैया करना** = देना.
**मूँग** = दलहन.

**मूँग** *सं* बलाट, मुद्‌ग, मृगेष्ट, शमी धान्य, शिंबिका, हरित.

**मूँगफली** = तिहलन.

**मूँगफली** *सं* चीना बादाम, चीनिया बादाम, भूमिजा, भूशिंबिका, भोटिया बादाम, मूमफली, रक्तबीज,

*सींग*, सींगदाना.

**मूँगफली तेल** = तेल.
**मूँगा** = प्रवाल.

**मूँगा** *सं* अंगारमणि, कोरल, गोरल (अरबी), पँवार, *प्रवाल*, भौमरत्न, माहेय, मिरजान, रक्तकंद, रक्तांग, रत्नद्रुम, लतामणि, विद्रुम, समुद्रज, हेम कंदल, •मोती.

**मूँगाकृमि** = प्रवाल.
**मूँगाद्वीप** = प्रवाल द्वीप.
**मूँछ** = प्रतिष्ठा.

**मूँछ** *सं* मुच्छ, मोंछ, होंठ बाल, •दाढ़ी, •नई मूँछ.

**मूँछ आरंभिक रूप** = नई मूँछ.
**मूँछ वाला** = मुच्छड़.

**मूँज** *सं* इक्षु, दृढ़मूल, बरुआ, बहुतृण, बान, ब्रह्ममेखल, मुंज, रामसर, *सरकंडा*, सरपत, सिरकी, •सन.

**मूँड़** = मुंड, सिर.
**मूँड़न** = मुंडन संस्कार.
**मूँड़ना** = ठगना.

**मूँदना** *क्रि* ढँकना, ढाँकना, *ढाँपना*, ढुकाना, निमीलित करना, बंद करना, बंद करना, मीचना, मुकुलित करना.

**मूक** = अंतर्मनस्क, गूँगा/गूँगी, ध्वनिहीन, मौनावलंबी.
**मूक अभिनय** = भावाभिनय.
**मूक अभिनेता** = भावाभिनेता.
**मूकता** = मौन.
**मूकिमा** = मौन.
**मूछिया** = मुच्छड़.
**मूठ** = आधार सूची, तलवार मूठ.

**मूठ** *सं* क़ब्ज़ा, गिरफ़्त, दस्ता, नौब, *पकड़*, बेंटा, मुट्ठा, मुठिया, मूठा, *हत्था*, हत्थी, *हाथ*, हैंडल, •हत्था.

**मूठा** = जूना, मूठ.

**मूड** *सं* चित्त अवस्था, चित्त वृत्ति, दशा, *भाव*, मन अवस्था, मनमौज, मनोदशा, मनोपरिवेश, •भाव, •स्वभाव.

**मूडी** = उदास.

**मूडी** *वि* उत्तेजनशील, *परिवर्तनशील*, *भावुक*, *सनकी*, •भावुक, •विचलनशील, •सनकी.

**मूढ़** = पूर्वग्रहपूर्ण, भ्रमित, मंदधी, मूर्ख.
**मूढ़ता** = अविवेक, मूर्खता.
**मूढ़धी** = मंदधी.
**मूढ़मति** = मंदधी.
**मूढ़ा** = मोढ़ा.
**मूत** = मूत्र.

**मूत्र** *सं* पेशाब, मूत, मेह, यूरीन, सूसू, •विष्ठा, •शौचालय.

**मूत्रशोधक** = गुरदा.
**मूत्रेंद्रिय** = शिश्न.
**मूमफली** = मूँगफली.
**मूरख** = मूर्ख.
**मूरत** = आकार, देवमूर्ति, मुखमंडल, शरीर.
**मूर्ख** = अज्ञानी, अनाड़ी, अनुभवहीन, अशिक्षित, उपहास पात्र, छला/छली, मंदधी.

**मूर्ख** *सं* अक़्ल का दुश्मन, अक़्ल का पूरा (व्यंग्य), अक़्ल का मारा, अक़्ल की दुम, अक़्ल से ख़ारिज, अजबंधु, *अज्ञानी*, *अनाड़ी*, अबुद्धि, अहमक़, आँख का अंधा, उज़बक, औंधी खोपड़ी, काठ का उल्लू, कूढ़, *खच्चर*, गँवरदल, गँवार, गड़बड़िया, *गधा*, गाबदू, गोबर गणेश, घनचक्कर, घामड़, घोंघा बसंत, *जानवर*, डामर, *पागल*, पोंगा, बछिया का ताऊ, बजर बट्टू, बज्जर, बटुक, बुद्धू, बेवकूफ़, *बैल*, बौड़म, *भैंस*, भोंदू, भोला/भोली, माधो, मिट्टी का माधो, मूढ़, मूरख, लंठ, लंठाचार्य, लल्लू, लूलू, वज्र मूर्ख, सिलबिल, हुड्ड, हूश, •अज्ञानी, •पागल, •मंदधी, ▪दक्ष, ▪बुद्धिमान.

**मूर्खता** *सं* अक़्ल का क़ुसूर, अज्ञता, *अज्ञान*, अनाड़ीपन, *अविवेक*, अहमक़पन, उल्लूपना, कमअक़्ली, गधापन, *ग़लती*, जड़ता, जहालत, जाहिली, दिमाग़ी खोखलापन, दोष, नादानी, नासमझी, *पागलपन*, पोंगापन, *बकवास*, बचकानापन, बचपना, बुद्धिदोष, बुद्धिहीनता, बुद्धूपना, बेअक़्ली, बेवकूफ़ी, भोंदूपना, मूढ़ता, विमूढ़ता, स्थूलता, हिमाक़त, •अविवेक, •पागलपन, •सनक, ▪दूरदर्शिता, ▪बुद्धिमत्ता.

**मूर्खतापूर्ण** = अविचारित, उपहास्य, तर्कहीन.

**मूर्खतापूर्ण (कृत्य)** *वि अविचारित*, *असंगत*, अहमक़ाना, *उपहास्य*, उलटा/उलटी, ऊटपटाँग, ऊलजलूल, कच्चा/कच्ची, *ग़लत*, छिछला/छिछली, बचकाना/बचकानी, बुद्धिहीन, बेढंगा/बेढंगी, बेवकूफ़ाना, विचारहीन, *विवेकहीन*, सतही, •उपहास्य, •विवेकहीन, ▪विचारित.

**मूर्ख दिवस** = अप्रैल फूल दिवस.
**मूर्ख बना** = छला/छली.
**मूर्ख बनाना** = ठगना.
**मूर्ख मंडल** = मूर्ख समूह.
**मूर्ख मंडली** = मूर्ख समूह.
**मूर्ख समाज** = मूर्ख समूह.

**मूर्ख समूह** *सं* मूर्ख मंडल, मूर्ख मंडली, मूर्ख समाज.

**मूर्च्छा (विकल्प)** = मूर्छा.

**मूर्छा** *सं* बेहोशी, मूर्च्छा (विकल्प), •अचेतता.

**मूर्छित** = अचेत, मदिरोन्मत्त.
**मूर्त** = यथार्थ, साकार.
**मूर्त भगवान भक्ति** = मूर्तिपूजा.
**मूर्ति** = आकार, देवमूर्ति, पुतला, शरीर, सुंदर स्त्री.

**मूर्ति** *सं* आकृति, *ढाँचा*, पांचाली, *पुतला*, पुतली, पुत्तलिका, प्रतिमा, प्रतिरूप, बुत, बुध, मुजस्समा, मौडल, विग्रह, सनम, स्कल्पचर, स्टैच्यू, •उत्कीर्णन, •कलाकृति, •प्रतीक.

**मूर्तिकक्ष** = गर्भगृह.

**मूर्तिकर्म** *सं* अंकन, आकार प्रदान, *उत्कीर्णन*, उरेहन, तक्षण, नक़्काशी, बुतकारी, भास्कर्म (प्रा), मुसव्विरी, मूर्ति निर्माण, संगसाज़ी, साकारीकरण.

**मूर्तिकार** *सं* उकेरा/उकेरन, *उत्कीर्णक*, *कलाकार*, चितेरा/चितेरन, नक़्क़ाश, बुतकार, मुसव्विर, संगसाज़, •रूप प्रदाता, •शिल्पकार, •स्थपति.

**मूर्तिघर** = मंदिर.
**मूर्तिदर्शन** = देवदर्शन.
**मूर्ति निर्माण** = मूर्तिकर्म.

**मूर्तिपूजक** *सं* पत्थरपुजा, बातिलपरस्त, बुतपरस्त, ▪मूर्तिभंजक.

**मूर्तिपूजा** *सं* पत्थर पूजा, बुतपरस्ती, मूर्त भगवान भक्ति, सगुण पूजा, सगुण भक्ति, सगुणोपासना, साकार पूजा, •देवपूजा, ▪निराकार पूजा, ▪मूर्तिभंजन.

**मूर्ति प्राण प्रतिष्ठा** *सं* जीव न्यास, देवमूर्ति प्राण प्रतिष्ठा, प्राण प्रतिष्ठा, सत्त्व स्थापना, स्थापना सत्य, •अभिषेक, •मंदिर प्रतिष्ठापना.

**मूर्तिभंजक** *सं* अविश्वासी, बुतशिकन, •निंदक, •मतद्रोही, ▪मूर्तिपूजक.

**मूर्तिभंजन** *सं* बुतशिकनी, मूर्ति विखंडन, •ढहाई, •पुण्यस्थान दूषण, •वैभव विमंडन, ▪मूर्तिपूजा.

**मूर्तिमान** = साकार.
**मूर्ति विखंडन** = मूर्तिभंजन.

**मूर्ति स्थापना** *सं* प्रतिष्ठापन, प्रासाद प्रतिष्ठा, *संस्थापना*, सुप्रतिष्ठा, स्थापना, •मंदिर प्रतिष्ठापना.

**मूर्द्धा (विकल्प)** = मस्तक.
**मूर्धज** = केश.
**मूर्धन्य** = उच्चतम, उत्तम, पराकाष्ठागत, प्रथम स्थानीय.

**मूर्धा** = मस्तक, मस्तिष्क, सिर.
**मूर्धाभिषिक्त** = अभिषिक्त.
**मूल** = आदि, आधार, आरंभिक, कंदमूल, जड़, निम्नबिंदु, निम्नभाग, नीवँ, पहला/पहली, पांडुलिपि, प्राचीन, मूलधन, मौलिक, शब्द उद्‌गम, स्रोत.

**मूल अधिकार** *सं* अनपहरणीय अधिकार, अनुल्लंघनीय अधिकार, आधारभूत अधिकार, जन अधिकार, जनाधिकार, नागरिक अधिकार, मौलिक अधिकार, •अधिकार.

**मूल अधिकार सूची** *सं* 1 स्वतंत्रता का अधिकार, 2 समानता का अधिकार, 3 शोषण से रक्षा का अधिकार, 4 अंतःकरण और धार्मिक स्वतंत्रता का अधिकार, 5 अल्पसंख्यक संस्कृति/भाषा/लिपि रक्षा का अधिकार.

**मूलक** = रैडिकल.
**मूलकर्म** = अभिमंत्रण, अभिमंत्रण.
**मूल कृति** = मौलिक कृति.
**मूलगत** = आधारभूत.
**मूलतः** = संपूर्णतः.
**मूलतः असदृश** = परस्परविरोधी.
**मूल तत्त्व** = ब्रह्म, रासायनिक तत्त्व.
**मूलतत्त्वसंधान** = विश्लेषण.
**मूलदेव** = कंस.
**मूलधन** = पूँजी.

**मूलधन** *सं* असल, आधि, कैपिटल, नीवी, *पूँजी*, मूल, सरमाया, •लाभ, •वित्त, •व्याज, ▪ऋण.

**मूलधन के साथ साथ व्याज पर व्याज** = चक्रवृद्धि व्याज.
**मूलपर्णी** = ब्राह्मी.
**मूल पुरुष** = वंश प्रवर्तक.
**मूल प्रति** = पांडुलिपि.
**मूल प्रवृत्ति** = स्वभाव.
**मूलभूत** = अत्यावश्यक, आधारभूत, मौलिक (अधिकार).
**मूल रचना** = मौलिक कृति.
**मूल लिपि** = पांडुलिपि.
**मूल वित्त** = पूँजी.
**मूल व्यय** = लागत.
**मूलव्रती** = कंदाहारी.
**मूल संस्कृत** = तत्सम (शब्द).

**मूल सिद्धांतवादी** = आदिसिद्धांतवादी.
**मूलसूत्र** = आरंभिक ज्ञान.
**मूल से** = संपूर्णतः.
**मूल स्रोत** = स्रोत.
**मूलहीन** = जड़हीन, तर्कहीन.
**मूल होना** = थामना.
**मूला** = नक्षत्र सूची.
**मूलिका** = मूली.
**मूली** = सागसब्ज़ी.

**मूली** *सं* *कंदमूल*, क्षारमूला, *नीलकंठ*, मुरई, मूलिका, मूली कंद, हस्तिदंती, हाथी दंती, •कंदमूल, •खाद्य कंद.

**मूली कंद** = मूली.
**मूलोच्छेद** = नाश.
**मूलोच्छेदित** = उन्मूलित.
**मूल्य** = आदर्श, दर, भाड़ा, महत्त्व, लागत, शुल्क.

**मूल्य** *सं* अर्घ, *अर्थ*, औक़ात, क़द्र, क़ीमत, ख़र्चा, *दर*, दाम, *देय*, प्राइस, *बाज़ार*, *भाव*, मुआवज़ा, मोल, रक़म, रेट, *लागत*, *व्यय*, *शुल्क*, हिसाब, •दर, •भाड़ा, •मूल्यांकन.

**मूल्य कटौती** = सेल.

**मूल्य कटौती** *सं* अवमूल्यन, कटौती, कमी, किफ़ायत, घटती, घटौती, छुटौती, छूट, डिस्काउंट, *बचत*, बट्टा, रिआयत, रिबेट, लिहाज़, सस्ता भाव, सस्ती बिक्री, *सेल*, •लुभाव, •व्यापारिक मंदी, ▪मूल्यवृद्धि.

**मूल्य घटाने वाला शेयर ख़रीदार** = मंदड़िया.
**मूल्य देना** = ख़रीदना, चुकाना.
**मूल्य बढ़ाने वाला शेयर ख़रीदार** = तेजड़िया.
**मूल्य युक्त** = सशुल्क.
**मूल्यरहित** = निश्शुल्क.
**मूल्यवान** = सारपूर्ण.
**मूल्यवृद्धि** = व्यापारिक महँगाई.

**मूल्यवृद्धि** *सं* अर्घवृद्धि, बढ़त, बढ़ती, महँगाई, वृद्धि, •व्यापारिक महँगाई, ▪मूल्य कटौती.

**मूल्यहीन** = अनुपयोगी, निश्शुल्क, मूल्यातीत, सस्ता/सस्ती.
**मूल्यांकन** = आकलन.
**मूल्यांकन करना** = आँकना, आज़माना.

**मूल्यातीत** *वि* अनमोल, अमूल्य, अमोल, *आला*, उच्चकोटीय, उत्कृष्ट, *उत्तम*, क़ीमती, दोषहीन, निर्मोल, नौलखा/नौलखी, बेशक़ीमती, मूल्यहीन, ●उत्तम, ●दुर्लभ, ●परिपूर्ण, ●महँगा/महँगी, ■सस्ता/सस्ती.

**मूवी** = फ़िल्म.
**मूवी फ़िल्म** = फ़िल्म.
**मूवी स्क्रीन** = सिनेमा परदा.
**मूशेह (हिब्रू)** = मूसा.
**मूष** = चूहा.
**मूषक** = चूहा.
**मूषकवाहन** = गणेश.
**मूषा** = कुल्हिया, चुहिया.
**मूषिका** = कुल्हिया, चुहिया.
**मूषीकरण** = पिघलाई.
**मूस** = चूहा.
**मूसदानी** = चूहादान.
**मूसना** = चुराना.
**मूसरचंद** = चूहा.
**मूसल** = चटकनी, सोंटा.

**मूसल** *सं* कंडनी, तोषल, मूसली, ●ढेंकी, ●सोंटा.

**मूसला** = चटकनी.
**मूसलाधार वर्षा** = अतिवर्षा.
**मूसली** = मूसल.
**मूसा** = चूहा.

**मूसा** *सं* मूशेह (हिब्रू), यहूद वंश उद्धारक, हज़रत मूसा, ●ईसा मसीह, ●मुहम्मद.

**मूसा आदेश** *सं* ईसाई धर्म आदेश, टैन कमांडमैंट्स, दशादेश, दस आदेश.

**मूसीक़ार** = संगीतकार.
**मृग** = जानवर, वन्य पशु, शिकार, हिरन.
**मृगकानन** = आखेट स्थल.

**मृगचर्म** *सं* चीरचरम, मिरग छाला, मृगछाल, मृगछाला, मृगांबर, मृगाजिन, शमोय, शाबर, शैम्वा, समूरु, साबर.

**मृगछाल** = मृगचर्म.
**मृगछाला** = चर्म आसन, मृगचर्म.

**मृगछौना/मृगछौनी** *सं* ग़ज़ाल, बालमृग, मृगशाव, मृग शावक, शिशु हिरन, हरनौटा/हरनौटी, हिरन शिशु, हिरनौटा/हिरनौटी, ●बछड़ा, ●शिशु पशु.

**मृगजल** *सं* जलदर्शन, जलभ्रम, जलाशय भ्रम, मरुथल ज्योति, मरुमरीचिका, मृगतृष्णा, मृगदर्शन, मृगमरीचिका, रेगिस्तानी गरम हवा में जलदर्शन, ●जल, ●रेत, ●हिरन.

**मृगजीवी** = आखेटजीवी, शिकारी.
**मृगणा** = तलाश, पीछा.
**मृगतृष्णा** = मिथ्या आशा, मृगजल.
**मृगदर्शन** = मृगजल.
**मृगदाव** = आखेट स्थल.
**मृगधर** = चंद्रमा.
**मृगनयन** = सुंदर, सुनयन.
**मृगनयनी** = सुंदर स्त्री, सुंदर स्त्री, सुनयना.
**मृगनाभि** = कस्तूरी मृग.
**मृगनाभिजा** = कस्तूरी.
**मृगनैनी** = सुनयना.
**मृगपाश** = पाश.
**मृगमरीचिका** = मृगजल.
**मृगमास** = मार्गशीर्ष मास.
**मृगमुख** = मकर राशि.
**मृगया** = आखेट.
**मृगया वन** = आखेट स्थल.
**मृगयु** = शिकारी.
**मृगराज** = बाघ, सिंह, सिंह राशि.
**मृगरोचना** = अंगराग.
**मृगलोचन** = सुनयन.
**मृगलोचना** = सुंदर स्त्री.
**मृगलोचनी** = सुंदर स्त्री.
**मृगवन** = चिड़ियाघर.
**मृगव्याध** = शिकारी.
**मृगशाव** = मृगछौना/मृगछौनी.
**मृग शावक** = मृगछौना/मृगछौनी.
**मृगशिरा** = नक्षत्र सूची.
**मृगहा** = शिकारी.

**मृगांक** = चंद्रमा.
**मृगांबर** = मृगचर्म.
**मृगाक्षी** = सुनयना.
**मृगाजिन** = चर्म आसन, मृगचर्म.
**मृगाजीव** = आखेटजीवी, शिकारी.
**मृगारि** = बाघ, सिंह, सिंह राशि.
**मृगित** = आलब्ध.
**मृगी** = सुंदर स्त्री, हिरनी.
**मृगेंद्र** = बाघ, सिंह.
**मृगेष्ट** = मूँग.
**मृच्छकटिक** = खिलौना गाड़ी.
**मृडानी** = दुर्गा.
**मृडीक** = हिरन.
**मृणालिका** = कमल ककड़ी.
**मृणालिनी** = कमलसर, सुंदर स्त्री.
**मृण्** = मिट्टी.
**मृण्मय** = कोमल, धूलिमय, नम्य.
**मृत** = नष्ट, विलुप्त (जीव).

**मृत** *वि* अंत को प्राप्त, अंतगत, अचेतन, अजीवित, अतीत, अविद्यमान, *अस्तित्वहीन*, कालकवलित, कीर्तिशेष, कैलासवासी, ख़त्म, ख़लास, *गत*, गतप्राण, गया/गई, जड़, जीवनहीन, जीवहीन, था/थी, दिवंगत, *धराशायी*, *नष्ट*, नहीं रहा, नामशेष, निरस्तित्व, निर्जीव, निष्प्राण, पंचत्वप्राप्त, प्राणहीन, प्रेतगत, फ़ौत शुदा, बेजान, भूशायी, मरनहार, मरनहारा/मरनहारी, मरने वाला, मरहूम, मरा/मरी, माटी मिला/माटी मिली, मुआ/मुई, मुरदा/मुरदी, मृतक, मृत्युगत, मृत्युप्राप्त, विगत, विगतप्राण, विदेह, विनष्ट, विलीन, *व्यतीत*, शांत, शांतगुण, *श्वासहीन*, संज्ञाहीन, स्मृतिशेष, स्वर्गगत, स्वर्गवासी, स्वर्गारूढ़, स्वर्गीय, हत, ●अजैव, ●अर्धमृत, ●मरणासन्न, ●शव, ■अनष्ट, ■जीवित, ■सलामत.

**मृतक** = मृत, शव.
**मृतक आदि संस्कार** = अमंगल कार्य.
**मृतककर्म** = मृतक संस्कार.
**मृतक गीत** = मरसिया.
**मृतक गुणगान** = मरसिया.

**मृतक पुनरुज्जीवन** = क़यामत दिन.
**मृत करना** = मारना.

**मृतक संस्कार** *सं* अंतिम संस्कार, अंत्येष्टि, अंत्येष्टि, कफन काठी, कफ़न दफ़न, करनी, क्रियाकर्म, मरनी, मृतककर्म, शव संस्कार, *संस्कार*, •अरथी, •उठावनी, •चौथा, •तेरहवीं, •मृत्यु, •शवदाह, •शवयात्रा.

**मृत पत्नी पति** = विधुर.
**मृतप्राय** = नष्टप्राय, मरणासन्न.
**मृत मांसभक्षी** = शवभक्षक.
**मृतलेख** = वसीयत.
**मृतवत** = मरणासन्न.
**मृत शरीर** = शव.

**मृत संजीवन** *सं* उज्जीवन, जीवनदान, जीवनोद्धार, नई ज़िंदगी, *नवजीवन*, नवजीवन दान, नवोन्मेष, पुनरुज्जीवन, पुनरुज्जीवन दान, पुनरुत्थान, पुनर्जीवन दान, मृतोत्थान, संजीवन, •अमृत, •पुनर्प्रतिष्ठा, •संजीवनी, ▪मारण, ▪हत्या.

**मृत संजीवनी** = संजीवनी.
**मृत संजीवनी विद्या पारंगत** = शुक्राचार्य.
**मृत होना** = मरना.
**मृतात्मा** = भूत.
**मृतिरेखा** = मृत्युरेखा.
**मृतोति परीक्षा** = शवपरीक्षा.
**मृतोत्थान** = मृत संजीवन.
**मृत्** = मिट्टी.
**मृत्तिका** = मिट्टी.
**मृत्तिकामय** = धूलिमय.
**मृत्तिकीय** = माटीय.
**मृत्युंजय** = अमर.
**मृत्युंजय जल** = अमृत.
**मृत्युंजयता** = अमरता.

**मृत्युंजय मंत्र** *सं* अमरण मंत्र, पुनरुज्जीवन मंत्र, महामृत्युंजय मंत्र, संजीवनी मंत्र, •संजीवनी.

**मृत्यु** = नाश, यमराज, हत्या.

**मृत्यु** *सं अंत*, अंतगति, अंतिम यात्रा, अंतिम समाधि, अनंत निद्रा, अनंत विश्राम, अभाव, अवसान, आई (बोलचाल), इंतक़ाल, इति, ऐंड, क़ज़ा, *काल*, *कालधर्म*, कूच, कैलासवास, ख़ात्मा, गंगालाभ, गहरी नींद, चिरनिद्रा, जीवनांत, डैथ, दीर्घ निद्रा, देहत्याग, देह परिवर्तन, देहमुक्ति, देहयात्रा, देहांत, देहावसान, *नाश*, निधन, पंचतत्त्व प्राप्ति, परलोक गमन, पितृप्राप्ति, प्रयाण, *प्रस्थान*, प्राणत्याग, प्राणांत, प्राणोत्सर्ग, प्रेतता, फ़ना, फ़ौत, मरण, मरन, मरनी, मरी, मर्ग, महाकाल, महानिद्रा, महाप्रयाण, मौत, विलय, शरीरत्याग, शरीरांत, श्वासांत, स्वर्गवास, हति, •कायिक मृत्यु, •कोशिकीय मृत्यु, •निदानीय मृत्यु, •मस्तिष्क मृत्यु, •सुखमृत्यु, •स्वाभाविक मृत्यु, •हिंसक मृत्यु, •अरथी, •आत्महत्या, •परलोक, •पुनर्जन्म, •मृतक संस्कार, •मोक्ष, •यमराज, •शव, •शोक, •श्मशान, •हत्या, ▪जन्म, ▪जीवन.

**मृत्यु आना** = मरना.

**मृत्यु इच्छा** *सं* मरणैषणा, मरने की इच्छा, मुमूर्षा, ▪जिजीविषा.

**मृत्यु करना** = मारना.

**मृत्युकष्ट** *सं* अंतिम कष्ट, अंतिम संघर्ष, उखड़ता दम, तड़पड़ाहट, •मृत्युकाल.

**मृत्युकारी** = मारक.

**मृत्युकाल** *सं* अंतकाल, अंत समय, अंतिम श्वास, आख़िरी घड़ी, आख़िरी साँस, चलचलाव, चलाचली, नियत समय अंत, प्रयाण काल, मौत का घंटा, •मृत्युकष्ट.

**मृत्युकालीन** = मरणासन्न.
**मृत्यु का वरण करना** = मरना.
**मृत्यु के द्वार पर** = मरणासन्न.
**मृत्यु को प्राप्त होना** = मरना.
**मृत्युगत** = मृत.
**मृत्यु गीत** = मरसिया.
**मृत्युदंड** = वध.

**मृत्युदंड** *सं* दंडवध, प्राणदंड, फाँसी, *वध*, वधदंड, सज़ाए मौत, ▪क्षमा.

**मृत्युदंड कर्मी** = जल्लाद.
**मृत्युदंड स्थल** = मृत्यु दंड स्थल.

**मृत्यु दंड स्थल** *सं* मृत्युदंड स्थल, वधस्थल, वध्यस्थल, वध्यस्थान, सूना, •क्रूसयंत्र, •फाँसीघर, •फाँसी तख्ता, •बिजली कुरसी.

**मृत्यु दिवस** = पुण्य दिवस.
**मृत्यु देवता** = यमराज.
**मृत्युपत्र** = वसीयत.
**मृत्यु पर विजय** = अमरता.
**मृत्युपर्यंत** = आयुपर्यंत.
**मृत्युप्राप्त** = मृत.

**मृत्युभोज** *सं* तेरहवीं भोज, ब्रह्मभोज.

**मृत्युरेखा** *सं* मृतिरेखा.

**मृत्युलोक** = इहलोक, यमलोक.

**मृत्युशय्या** *सं* अंतशय्या, अंतिम शय्या, कालशय्या, भूमिशय्या, मरन सेज, •मृत्युकाल.

**मृत्युशय्यागत** = मरणासन्न.
**मृत्युशील** = मर्त्य.
**मृत्यु शोक** = मातम.

**मृत्यु शोक गृह** *सं* अज़ाख़ाना, मातमकदा, मातमख़ाना, मातमसरा.

**मृत्यु संवेदना** *सं* अज़ा, अज़ादारी, अनुरोदन, ग़मगुसारी, मातमपुरसी, शोक संवेदना, संवेदना, सहवेदना, *सहानुभूति*, सोगवारी, हमदर्दी, •मातम, •सहानुभूति.

**मृत्यु संवेदना कर्ता** *सं* अज़ादार, ग़मगुसार, दर्दमंद, दुःख बँटाने वाला, मातमपुर्स, शाफ़ी, संवेदयिता, सहानुभूति कर्ता, सांत्वना दाता, स्याहपोश, *हमदर्द*, •मातमदार.

**मृत्युहीन** = अमर, रक्तपातहीन.
**मृत्युहीनता** = अमरता.
**मृत्यु होना** = मरना.

**मृत्यूपरांत लोक** = परलोक, यमलोक.
**मृत्सा** = करैल, मिट्टी.
**मृत्स्ना** = मिट्टी.
**मृदंग** = ढोल.
**मृदंग ध्वनि** = ढमढम.
**मृदंगवादक** = ढोलची.
**मृदंगिया** = ढोलची.
**मृदभक्षक** = मृदाहारी.
**मृदा** = गाद, मिट्टी.
**मृदाद** = मृदाहारी.
**मृदाशी** = मृदाहारी.

**मृदाहारी** *सं* मिट्टी खाने वाला, मृदभक्षक, मृदाद, मृदाशी.

**मृदीय** = माटीय.
**मृदु** = अप्रबल, कोमल, मंदस्वरीय, सुंदर, सुकुमार, सौम्य.
**मृदुगमना** = मादा हंस.
**मृदुगामी/मृदुगामिनी** = लस्तपस्त.
**मृदुता** = सौमनस्य.
**मृदुफला** = फ़ालसा.

**मृदुभाषण** *सं* अच्छी बात, खुशबयानी, चटुवचन, प्रियभाषण, प्रियवचन, बैन, भली बात, मधुर भाषण, मिठबोलापन, मिष्टभाषण, मीठी बोली, मीठे बैन, मीठे बोल, शीरीं ज़बान, सुकथन, सुभाषण, सुवचन, सुहाती बात, सुहानी बात, •विनम्रता, ▪कटाक्ष, ▪कटुभाषण, ▪खुशामद, ▪गाली.

**मृदुभाषी/मृदुभाषिणी** = मिष्टभाषी.
**मृदु मंद** = मधुर स्वरीय.
**मृदुल** = अप्रबल, कोमल, क्षमाशील, नम्य, प्रभावशील, मंदस्वरीय, मधुर स्वरीय, शीतल, श्रोतव्य, सह्य, सुंदर, सुकुमार, सौम्य.
**मृदुलता** = सौंदर्य, सौम्यता.
**मृदुला** = सुंदर स्त्री.
**मृद्भांड** = मिट्टी बरतन.
**मृषाभाषी** = असत्यवादी.
**मृषावाद** = झूठ.
**मृष्ट** = विचारित, स्पर्शित.
**में** = अंदर, बीच में.
**में** = अधिकरण कारक विभक्ति.

**में** *कारक अंदर*, दरम्यान, भीतर, मध्ये, महँ, माहिं, ▪बाहर.

**मेंगनी** = गोबर/मींगनी.
**मेंटिनैंस** = रखरखाव.
**मेंड़** = सीमा.

**मेंड़** *सं कगार*, टगर, *डाँड़*, डौली, *मुँडेर*, रौस, •थाला.

**मेंड़बंदी** = चकबंदी.
**मेंड़रा** = कुंडली, घेरा.
**मेंड़ से घिरा खेत खंड** = क्यारी.
**मेंढ़** = भेड़.

**मेंढक** *सं* टर्रू, टोड, दर्दुर, दादुर, प्लवंगम, बेंग, भेक, मंडूक, •उभयचर जीव.

**मेंढ़ा** = भेड़ा.
**मेंहदी** = मेहँदी लगाई.
**मेकअप** = नाट्य मेकअप.

**मेकअप** *सं प्रसाधन*, मेकप, •फ़ेशल.

**मेकअप करना** = सिंगारना.
**मेकअप कर्मी** = मेकअप मैन.
**मेकअप मैन** = ब्यूटीशियन.

**मेकअप मैन** *सं* प्रसाधक, मुखरागकार, मेकअप कर्मी, शृंगार कर्ता, शृंगार कर्ता, शृंगारी, सिंगारिया, •ब्यूटीशियन.

**मेकअप रूम** = ग्रीनरूम.

**मेकअप रूम** *सं ग्रीनरूम*, प्रसाधन कक्ष, शृंगार कक्ष, सिंगार कक्ष, •ड्रैसिंगरूम.

**मेकप** = मेकअप.
**मेख़** = कील, खूँटा.
**मेखला** = कमरबंद, करधनी, ज़ंजीर, तलवार मूठ, नर्मदा नदी, पंक्ति, पर्वतश्रेणी, सीरीज़.

**मेघ** *सं* अंबर, अंबुधर, अंबुवाह, अब्र, अभ्र, इरावान, गगनध्वज, घटा, घन, चातकानंदन, जलद, जलधर, जीमूत, तडित्वान, तोयद, धाराधर, धूमयोनि, नभ, नभगज, *नाग*, नीरद, नीरधर, पयोधर, पर्जन्य, बदरा, बदरिया, बदरी, बदली, बलाहक, बादर, बादल, मतंग, मेघा, मेहा, वर्षकर, वर्षधर, वारिद, वारिधर, वारिनाथ, वारिवाह, विहंग, शक्री, श्याम, सलिलधर, •कृष्ण मेघ, •वर्षा मेघ, •इंद्रधनुष, •कृष्ण मेघ, •गर्जन, •घुमड़ाव, •बारिश, •मेघविद्युत.

**मेघकाल** = बरसात.
**मेघ गड़गड़** = मेघ गर्जन.
**मेघ गड़गड़ाहट** = मेघ गर्जन.

**मेघ गर्जन** *सं* आडंबर, *गड़गड़*, गर्ज, *गर्जन*, गर्जन तर्जन, गर्जना, गाज, घनगरज, घनघनाहट, घननाद, घनरव, घोष, देव गर्जन, मेघ गड़गड़, मेघ गड़गड़ाहट, मेघडंबर, मेघध्वनि, मेघनाद, मेघरव, मेघाडंबर, स्तनयित्नु (प्रा), •मेघविद्युत.

**मेघ घिरना** = बदलाना.
**मेघचिंतक** = चातक
**मेघजाल** = मेघावली.
**मेघजीवन** = चातक.
**मेघज्योति** = मेघविद्युत.
**मेघडंबर** = मेघ गर्जन.
**मेघध्वनि** = मेघ गर्जन.
**मेघनाद** = मेघ गर्जन.
**मेघनाद पत्नी** = सुलोचना.
**मेघपथ** = आकाश.
**मेघमाला** = मेघावली.
**मेघरव** = मेघ गर्जन.
**मेघलेखा** = मेघावली.
**मेघवह्नि** = मेघविद्युत.
**मेघवाहन** = इंद्र.

**मेघविद्युत** *सं* अचिरभा, इरम्मद, ऐरावती, कुलिश, क्षणिका, घनज्वाला, घनवल्लरी, चंचला, चपला, चिलमीलिका, छटा, तड़प, तड़ित, दामिनी, नीलांजना, बिजली, बिजुरिया, बिजुरी, बिज्जु, बिज्जुल, बीजरी, बीजली, बीजुरी, मेघज्योति, मेघवह्नि, लाइटनिंग, वज्र, वज्रज्वाला, वज्राग्नि, वायुमंडलीय विद्युत, विद्युत, सौदामिनी, ह्रादिनी, •गड़गड़, •बारिश, •विद्युल्लेखा.

**मेघ समूह** = मेघावली.
**मेघहीन** = तारायुक्त.

**मेघहीन** *वि* खुला/खुली, निरभ्र, निर्मेघ, साफ़, *स्वच्छ*, •तारायुक्त, ▪मेघाच्छन्न.

**मेघा** = मेघ.
**मेघागम** = बरसात.
**मेघाच्छन्न** = ताराहीन, धूपहीन, वर्षापूर्ण.

**मेघाच्छन्न** *वि* अँधेरा/अँधेरी, अभ्रित, आच्छन्न, काला/काली, गहन, गहरा/गहरी, घिरा/घिरी, घुप, धुँधलाया/धुँधलाई, *धूसर*, निविड, बदलाया/बदलाई, भीगा/भीगी, मेघाच्छादित, मेघायित, श्याम, *सघन*, •ताराहीन, •वर्षापूर्ण, ▪मेघहीन.

**मेघाच्छादित** = मेघाच्छन्न.
**मेघाडंबर** = मेघ गर्जन.
**मेघानंद** = बगला, मोर.
**मेघानंदा** = मादा बगला.
**मेघायित** = मेघाच्छन्न.
**मेघारि** = वायु.
**मेघालय** = भारत राज्य प्रदेश.

**मेघालयः राजधानी** *सं* शिलौंग.

**मेघावरी** = मेघावली.

**मेघावली** *सं* कादंबिनी, कालिका, घटा, घटाटोप, घनघटा, घनश्रेणी, दल बादल, मेघजाल, मेघमाला, मेघलेखा, मेघ समूह, मेघावरी, •घुमड़ाव.

**मेचक** = सहजन.
**मेज़** = डाइनिंग टेबल.

**मेज़** *सं* टेबल, *पटल*, फलक, •काउंटर, •कुरसी.

**मेज़ कुरसी** = फ़रनीचर.
**मेज़ घड़ी** = घड़ी सूची.
**मेज़ चादर** = मेज़पोश.

**मेज़पोश** *सं* टेबल क्लाथ, मेज़ चादर, •टेबल मैट.

**मेज़बान** = घराती, निमंत्रक.

**मेज़बान** *सं* आतिथेय, गृहपति/गृहपत्नी, *गृहस्थ*, निमंत्रण दाता, भोजदाता, मेहमानदार, होस्ट, •निमंत्रक, ▪अतिथि.

**मेट** = फ़ोरमैन.
**मेटक** = नाश कर्ता.
**मेटना** = उजाड़ना.
**मेटी** = नाशकारी.
**मेडन** = कुँवारी.
**मेड़र** = कुंडली.
**मेढ़ा** = मेष राशि.
**मेथिका** = मेथी.
**मेथी** = मसाला सूची

**मेथी** *सं* मंथा, मिश्र पुष्पा, मेथिका, •अजवायन.

**मेथी साग** = सागसब्ज़ी.
**मेदा** = उदर, वसा.
**मेदार्बुद** = गूमड़.
**मेदिनी** = पृथ्वी.
**मेध** = पशुबलि, यज्ञ.
**मेधा** = प्रतिभा, बुद्धि.
**मेधाविता** = बुद्धिमत्ता.
**मेधावी** = कुशाग्रबुद्धि, प्रतिभाशाली, प्रतिभाशाली व्यक्ति, बुद्धिमान.
**मेधाहीन** = प्रतिभाहीन.
**मेधिष्ठ** = बुद्धिमान, विद्याविद.
**मेध्य** = खैर, यज्ञीय.
**मेध्या** = केवड़ा, ब्राह्मी.
**मेन गेट** = फाटक.

**मेनफ्रेम कंप्यूटर** *सं* बड़ा कंप्यूटर, बड़े कंप्यूटर की सीपीयू.

**मेनर** = भवन.
**मेन रोड** = मुख्य सड़क.
**मेनलैंड** = महाद्वीप.
**मेनाद** = मोर.
**मेम** = अँगरेज स्त्री.

**मेमना** *सं* अजक/अजका, अजा शिशु, छाग/छागी, बकरी शिशु, भेड़ शिशु, शिशु भेड़ बकरी, •भेड़बकरी.

**मेमसाहब** = अँगरेज स्त्री, कुलीन स्त्री.
**मेमार** = निर्माता, भवन निर्माता, राजगीर, स्थपति, स्रष्टा.
**मेमारी** = भवन निर्माण, स्थापत्य कला.
**मेय** = माप्य.
**मेयर** = महापौर.

**मेरा/मेरी** *वि* अपना/अपनी, आत्मीय, आत्मीय/आत्मीया, खुद का/खुद की, निज, निज का, निजी, मम, स्वकीय, हमारा/हमारी, •व्यक्तिगत, ▪उस का, ▪तुम्हारा/तुम्हारी, ▪पराया/पराई.

**मेरा घर** = वक्ता घर.
**मेरा नहीं** = पराया/पराई.
**मेरापन** = ममता, स्वजन भावना.
**मेरी** = मरियम.
**मेरी कहानी** = आत्मकथा.
**मेरु** = अक्ष, उत्तर ध्रुव, पृथ्वी ध्रुव, मुख्य मनका, सुमेरु पर्वत.
**मेरुदंड** = अक्षदंड, रीढ़.
**मेरुयंत्र** = चरख़ा.
**मेल** = ई-मेल, एकता, डाक, प्रेम, मित्रता, मिलन, मिश्रण, रेलवे जंकशन, संधि, संभोग, सादृश्य, सामंजस्य, सौमनस्य.
**मेलजोल** = आपसदारी, खेल भावना, परिचय, संगति, सामंजस्य.
**मेलमिलाप** = आपसदारी, पुनर्मेल, संगति, संधि, समझौता.
**मेलमिलापी** = संगी.
**मेलमुलाक़ात** = परिचय, संगति.
**मेलमुलाक़ाती** = परिचित व्यक्ति, संगी.
**मेला** = भीड़, मेला बाज़ार, संग्रह, समारोह.
**मेला ठेला** = मेला बाज़ार.
**मेलापक** = परिचायक.

**मेला बाज़ार** *सं* ट्रेड फ़ेअर, नुमाइश, *प्रदर्शनी*, फ़ेअर, *बाज़ार*, मेला, मेला ठेला, विक्रय मेला, •भीड़.

**मेली** = दावतगामी, परिचित व्यक्ति, मित्र, मिलनसार, संगी.

**मेवा** *सं* ड्राई फ्रूट, पिस्ता बादाम, शुष्क फल, सुखाया फल, •अख़रोट, •आलू बुख़ारा, •काजू, •किशमिश, •ख़ूबानी, •चिलगोजा, •छुहारा, •पिस्ता, •बादाम, •मुनक़्क़ा, •मूँगफली.

**मेष** = भेड़, भेड़ा, मेष राशि.
**मेषपाल** = गड़रिया.
**मेष राशि** (21/22 मार्च-20 अप्रैल) = राशि सूची.

**मेष राशि** *सं* अज, छाग, मेढ़ा, मेष.

**मेषलोम** = ऊन.
**मेष विषुव** = वसंत विषुव.
**मेषी** = भेड़.
**मेसा (अमरीका)** = पठार भूमि.

**मेहँदी** *सं* अल्हिना, मेंहदी (अशुद्ध), रंजिका, रक्तरंगा, हिना.

**मेहँदी लगाई** *सं* मेहँदी, हिनाबंदी.

**मेह** = बारिश, मूत्र.
**मेह गिरना** = बरसना.
**मेहतर/मेहतरानी** = सफ़ाई कर्मचारी.
**मेहनत** = परिश्रम, श्रम.
**मेहनतकश** = कमाने वाला, श्रमिक, सर्वहारा वर्ग.
**मेहनत मज़दूरी** = श्रम.
**मेहनत से** = प्रयत्नपूर्वक.
**मेहनताना** = पारिश्रमिक.
**मेहनती** = अथकनीय, अध्ययनशील, परिश्रमी.
**मेहमान** = अतिथि, दामाद, निमंत्रित व्यक्ति, भोजातिथि.
**मेहमानख़ाना** = गैस्टरूम, गैस्टहाउस.
**मेहमानदार** = दावतबाज़, मेज़बान.
**मेहमाननवाज़** = दावतबाज़.
**मेहमान सराय** = गैस्टहाउस.
**मेहर** = अनुग्रह.
**मेहरबान** = दयालु.
**मेहरबानी** = अनुग्रह 1, दया, धन्यवाद.
**मेहरा** = स्त्रैण.
**मेहराब** = पुल.

**मेहराब** *सं* कमान, घुमाव, चाप, तोरण, पुर, मथवारी, महराब, महरौली, मिहिराभ, मिहिरावली, मेहरौली, *मोड़*, लदाव, •गुंबद, •द्वार, •लिंटर.

**मेहराबदार रास्ता** = छतदार मार्ग.

**मेहराब शिखर पत्थर** *सं आधार*, कार्नर स्टोन, कोणशिला, जमावट, टेक, शिखरशिला, ▪नीवँ पत्थर.

**मेहराबी** = कृपाण.
**मेहरारू** = पत्नी.
**मेहरौली** = मेहराब.
**मेहा** = बारिश, मेघ.

**मैं** = आत्मज्ञान.

**मैं** *सर्व* अपने राम, अहं, आत्म, उत्तम पुरुष, खुद, न तू न वह, न हम, प्रथम पुरुष, बक़लम खुद, भवदीय, मुझ, मैं स्वयं, स्व, स्वयं, हौं, •तुम, ▪सब.

**मैं और तुम** = हम.
**मैं और वह** = हम.
**मैं और वे** = हम.
**मैंगनीज़** = रासायनिक तत्त्व सूची.

**मैंगनीज़** *सं* धूसर कठोर भुरभुरी ज़ंग लगने वाली अचुंबकीय धातु, मंगल धातु, लोहक.

**मैंगो** = आम.
**मैंटल हास्पिटल** = पागलख़ाना.
**मैंटलिटी** = मनोवृत्ति.
**मैंडेलीवीयम** = रासायनिक तत्त्व सूची.
**मैंबर** = सदस्य.
**मैंबर आफ़ पार्लिमैंट** = सांसद.
**मैंब्रेन** = झिल्ली.
**मैं भाव** = आत्मज्ञान.
**मैंमैं** = चीत्कार.
**मैं मैं न रहा तू तू न रहा** = अद्वैतता.
**मैंसेज़** = रजस्राव.
**मैं स्वयं** = मैं.
**मैं हूँ** = हूँ.
**मैं होना भाव** = आत्मज्ञान.
**मैकदा** = मद्यशाला.
**मैका** = पीहर.
**मैकियावेली** = कूटनीतिकार.
**मैकेनिक** = मरम्मत कर्मी.
**मैकेनिकल** = यांत्रिक.
**मैकेनिकली** = यंत्रचालिततः.
**मैकेनिक्स** = यांत्रिकी.
**मैक्सिकन चपाती** = तौरतिया.
**मैक्सिकन रोटी** = तौरतिया.
**मैख़ाना** = पानगृह सूची, मद्यशाला.
**मैगज़ीन** = पत्रिका, बारूदघर.
**मैगनीशीयम** = रासायनिक तत्त्व सूची.
**मैग्नीफ़ाइंग ग्लास** = आतशी शीशा, खुर्दबीन.
**मैग्नेटो** = जैनेरेटर.
**मैग्मा** = खनिज लावा.
**मैच** = खेल प्रतियोगिता, प्रतियोगिता.
**मैचबाक्स** = माचिसपेटी.

**मैज़नीन** = मियानी.
**मैजिक** = चमत्कार, जादू.
**मैजिस्ट्रेट** = न्यायाधीश.
**मैजीशियन** = जादूगर.
**मैजोरिटी** = बहुसंख्यक, बहुसंख्या.
**मैट** = चटाई, टेबल मैट, मैट प्रिंट.

**मैट प्रिंट** *सं* अकाचित, खादी, खुरदुरा, फ़ोटो मैट प्रिंट, मैट, •फ़ोटोप्रिंट.

**मैटर** = कथावस्तु, पदार्थ.
**मैटरनल** = मातृक.
**मैटल** = धातु.
**मैटिंग** = चटाई.
**मैटीरियलिज़्म** = भौतिकतावाद.
**मैट्रन** = मठाधीश स्त्री.
**मैट्रैस** = गद्दा.
**मैट्रो** = नगर, भूमिगत रेलगाड़ी, भूमिगत रेलमार्ग, महानगर.
**मैडम** = कुलीन स्त्री.
**मैडल** = पदक, पुरस्कार.
**मैडलिस्ट** = पदक विजेता.
**मैडिकल चैकअप** = चैकअप.
**मैडिकल टैस्ट** = चैकअप.
**मैडिकल प्रैक्टीशनर** = चिकित्सक.
**मैडिकेशन** = चिकित्सा.
**मैडिटरेनियन सी** = भूमध्य सागर.
**मैडिसिन** = औषध.
**मैत्र** = अगस्त्य, सूर्यीय.
**मैत्रायणी उपनिषद** = उपनिषद.
**मैत्रावरुणि** = अगस्त्य, वसिष्ठ.
**मैत्री** = मित्रता, सामंजस्य, सौमनस्य.
**मैत्रीपूर्ण** = मित्रतापूर्ण, सामंजस्ययुक्त.
**मैत्रीभंग** = विलगाव.
**मैत्री स्थापना** = मित्रलाभ.
**मैत्रेय** = ऋषि सूची.
**मैत्रेयी** = अहल्या.
**मैथमैटिक्स** = गणितशास्त्र.
**मैथिली** = भारत राष्ट्रभाषा सूची, सीता.
**मैथुन** = संभोग.
**मैथ्यू** = ईसा संदेश वाहक.
**मैथ्स** = गणितशास्त्र.

**मैदा** *सं* बारीक़ आटा, •रवा.

**मैदान** = कुश्ती मैदान, खेल मैदान, चरागाह, चौड़, रंगभूमि, रणभूमि, शौचस्थान, सभास्थल, समतल भूमि.

**मैदान** *सं* *क्षेत्र*, खुला मैदान, *चौड़*, चौरस मैदान, पटपड़, प्रस्तार, प्रस्थ, सम, समस्थल, स्थल, •उपवन, •घास मैदान, •पठार भूमि, ■पर्वत, ■बीहड़ भूमि, ■मरुथल.

**मैदान छोड़ना** = भागना.
**मैदान मारना** = हराना.
**मैदान में आना** = खेलना.
**मैदान में होने वाला** = आउटडोर.
**मैदान हारना** = हारना.
**मैदानी** = समतल.

**मैदानी** *वि* खुला/खुली, चटियल, चटैल, चपटा/चपटी, चौड़ा/चौड़ी, चौरस, पटपड़, फैला/फैली, *फ़्लैट*, विस्तृत, सपाट.

**मैदाने जंग** = रणभूमि.
**-मैन** = धंधी.
**मैन** = पुरुष, मानव.
**मैनईटर** = नरभक्षकाः.
**मैनमेड** = मानवनिर्मित.
**मैनमेड यार्न** = रासायनिक धागा.
**मैना** = बतरसिया, सारंगी.

**मैना** *सं* कलहप्रिया, कादंबरी, गोरिका, पाठशालिनी, पीतपादा, मदनशलाका, मदनसारिका, मदना, सारिका, •तोता.

**मैनिया** = फ़ैड.
**मैनुअल** = प्रक्रिया पुस्तक.
**मैनेजमैंट** = प्रबंध, प्रबंध समिति.
**मैनेजर** = प्रबंधक.
**मैनेजिंग कमिटी** = प्रबंध समिति.
**मैन्युस्क्रिप्ट** = पांडुलिपि.

**मैन्यू** *सं* आहार सूची, आहारिका, भोजन सूची, रेस्तोराँ आहार सूची, व्यंजन तालिका, •पूरी थाली, •रेस्तोराँ.

**मैन्यूफ़ैक्चरर** = उत्पादक.
**मैन्यूफ़ैक्चरिंग** = उत्पादन.
**मैप** = मानचित्र.
**मैफ़स्टोफ़िलीज़ी** = शैतानी.
**मैफ़िस्टोफ़िलीज़** = शैतान.
**मैम** = अँगरेज स्त्री.
**मैमरी** = कंप्यूटर मैमरी.
**मैमोरियल** = स्मारक.
**मैमोरैंडम** = रिमाइंडर.
**मैया** = मठवासिनी, माता, साधुनी.
**मैयार** = कसौटी पत्थर, मानक.
**मैरिज** = विवाह.

**मैरिट लिस्ट** *सं* उच्चस्थान, पोज़ीशन, •परीक्षा डिवीज़न.

**मैरिडियन** = याम्योत्तर रेखा.
**मैरियोनेट** = कठपुतली.

**मैरी-गो-राउंड** *सं* घोड़ा झूला, चक्र झूला, •चक्रावर्तन, •चरखी झूला.

**मैरीना** = बाँधपथ.
**मैरो** = मज्जा.
**मैल** = तलछट, मल.
**मैलख़ोरा/मैलख़ोरी** = ख़ाकी.
**मैलट** = हथौड़ा.
**मैला** = देहमल, विष्ठा.
**मैला/मैली** = अनधुला/अनधुली, गंदा/गंदी, धूलिमय.
**मैला कुचैला/मैली कुचैली** = अनधुला/अनधुली, गंदा/गंदी.
**मैली** = रजस्वला.
**मैलोडी** = लय.
**मैशीन औइल** = मशीन तेल.
**मैस हाल** = भोजनालय.
**मैसूर (विलुप्त राज्य)** = कर्नाटक.
**मैसोपोटामिया** = इराक़.
**मैस्कौट** = शुभंकर.
**मैस्मराइज़िंग** = हिप्नोटिज़्म.
**मैस्मरिज़्म** = हिप्नोटिज़्म.
**मैस्मरिस्ट** = हिप्नोटिज्म कर्ता.
**मैहर** = पीहर.
**मोंछ** = मूँछ.
**मोंढ़ा** = मोढ़ा.
**मोक** = केंचुली, कोटर.
**मोकला** = कोटर, ख़ाना, छिद्र, भंभकड़ा.
**मोक्ष** = परित्राण, फेंक.

**मोक्ष** *सं* अक्षयधाम, अमरपद, उद्धार, कैवल्य, चरमगति, छुटकारा, तथागति, निर्वाण, परमपद, परिनिर्वाण, ब्रह्मनिर्वाण, ब्रह्मप्राप्ति, भवनाश, महानिर्वाण, *मुक्ति*, शिवता, •बोधोदय, •मृत्यु, •स्वर्ग, ■आवागमन चक्र, ■इहलोक, ■जन्म.

**मोक्षण** = प्रक्षेपण.
**मोक्षधाम** = मोक्षलोक.

**मोक्षलोक** *सं* अक्षय धाम, अक्षयलोक, अक्षरधाम, अनंतधाम, अनंतलोक, अमरलोक, उच्चतम लोक, एकपद, क्षीरसागर, गोलोक, निर्वाणलोक, परधाम, बैकुंठ, ब्रह्मपुर, ब्रह्मपुरी, मोक्षधाम, विधिलोक, विष्णुलोक, वैकुंठ, वैभ्राज, श्रीनिकेतन, श्रीनिवास, श्वेतद्वीप, संन्यासी लोक, सत्यलोक, सर्वोपरि लोक, *सुखधाम*, सुखसागर, हरि धाम, हरिपद, •स्वर्ग.

**मोक्षशास्त्र** = अध्यात्म ज्ञान.
**मोक्षहीनता** = आवागमन चक्र.
**मोखा** = आला, कोटर, गवाक्ष, छिद्र, पोल.
**मोगरा** = नुकती, बेला, हथौड़ा.
**मोघ** = अनुपयोगी, लक्ष्यच्युत.

**मोच** *सं* *अकड़ाहट*, खिंचाव, चनका, चमका, नचका, ब्योंच, लचका, •अकड़ाहट.

**मोचक** = मुक्तिदाता.
**मोचन** = कुंठामोचन, मुक्ति.
**मोचा** = सेमल वृक्ष.
**मोचित** = अनाबद्ध.
**मोची** = शू पालिश करने वाला.

**मोची** *सं* चमार, चर्मकार, पादुकाकार, •शिल्पकार, •शू पालिश करने वाला.

**मोज़ा** = मोज़े.

**मोज़े** *सं* जुराब, पाताबा, मोज़ा, स्टौकिंग्स, •जूता, •पैर पंजा, •होज़ियरी.

**मोज़े बनियान कपड़ा** = होज़ियरी.
**मोट** = चरसा कुआँ.
**-मोटन (जैसेः गजमोटन)** = हत्यारा.
**मोटर** = इंजन.
**मोटरकार** = मोटर गाड़ी.

**मोटरकार** *सं* कार, गाड़ी, मोटरगाड़ी, •मोटरगाड़ी.

 (प्रा) प्राचीन शब्द, अब अप्रचलित - *तिरछे* शब्द स्वतंत्र शीर्षक भी हैं •सपर्याय ■विपर्याय

**मोटरगाड़ी** = मोटरकार, मोटर गाड़ी.

**मोटर गाड़ी** *सं* आटोमोबाइल, कार, गाड़ी, *मोटरकार*, मोटरगाड़ी, मोटर यान, •जीप, •टैक्सी, •बस, •मोटरकार, •स्पोर्ट्स कार.

**मोटरचालक** = ड्राइवर.

**मोटर ट्रक** *सं* ट्रक, ठेला मोटर, मोटर ठेला, •भारयान, •लाद.

**मोटर ठेला** = मोटर ट्रक.
**मोटर ड्राइवर** = ड्राइवर.
**मोटर बस** = बस.
**मोटरबाइक** = मोटर साइकिल.

**मोटरबोट** *सं* कटर, पावरबोट, यंत्र नौका, लांच, स्कूटर.

**मोटर मार्ग** *सं* आटोबान, ड्राइव, फ़्रीवे, मोटरवे, •राजमार्ग, •सड़क.

**मोटर यान** = मोटर गाड़ी.
**मोटरवे** = मोटर मार्ग.

**मोटर साइकिल** *सं* बाइक, मोटरबाइक, मोबाइक, •साइकिल.

**मोटर स्कूटर** *सं* स्कूटर, •साइकिल.

**मोटरिस्ट** = ड्राइवर.
**मोटा** = बोल्ड टाइप.
**मोटा/मोटी** = उच्चस्वरीय, कठिन, गाढ़ा/गाढ़ी, तोंदू.

**मोटा/मोटी** *वि* अतिमांस, कुप्पा, गदराया/गदराई, गद्दर, गिलबिला/गिलबिली, गुदगुदा/गुदगुदी, गुदाज़, गुलगुला/गुलगुली, गोलमटोल, चरबीला/चरबीली, ढिल्लड़, ढीला/ढीली, थुलथुल, पिलपिल, पिलपिला/पिलपिली, पिलपिली, पोला/पोली, फफ्फस, फूला/फूली, भरा/भरी, भस्सड़, मांसल, मांसलकाय, मोटा ताज़ा/मोटी ताज़ी, *हाथी*, •फूला/फूली, ▪छरहरा/छरहरी.

**मोटा अर्थ** = अभिधार्थ.
**मोटा असामी** = सेठ.
**मोटाई** = मोटाई माप.

**मोटाई माप** *सं* गेज, चौड़ाई, मोटाई, व्यास माप, स्थूलता, स्थूलता माप, •चौड़ाई.

**मोटा करना** = मुटियाना.
**मोटा झोटा** = खुरदुरा/खुरदुरी.
**मोटा ताज़ा/मोटी ताज़ी** = मोटा/मोटी.
**मोटाना** = फूलना.
**मोटा पीसना** = दरदराना.
**मोटा पेट** = तोंद.
**मोटा मोटा** = अतिसहजीकृत, अनुमानित, असटीक.
**मोटा होना** = फूलना, मुटाना.
**मोटी अकल का** = मंदधी.
**मोटी कमर वाला** = तोंदू.
**मोटी धार वाली बारिश** = अतिवर्षा.
**मोटी बात** = अभिधार्थ.
**मोटी बुद्धि वाला** = मंदधी.
**मोटी मोटी बात** = अतिसहजीकरण.
**मोटी मोटी व्याख्या** = अतिसहजीकरण.
**मोटे तौर पर** = लगभग.
**मोटे पेट वाला** = तोंदू.
**मोटे लिखे अक्षर** = बोल्ड टाइप.
**मोटो** = उक्ति, नीतिवाक्य.
**मोठ** = दलहन.

**मोठ** *सं* अरण्यमुद्ग, बनमूँग, मकुष्ठ, मुकुष्ठ, मुद्गपर्णी, राजमुद्ग, वनमुद्ग, वनमूँग.

**मोड़** = चौराहा गोला, निर्णायक अवसर, मरोड़, मेहराब, लपेट, वक्र, शिकन.

**मोड़** *सं* घुमाव, घूम, टर्न, मुड़ाव, •तीखा मोड़, •पूरा मोड़, •यू टर्न, •सर्पिल मोड़, •कोना, •तह, ▪मोड़हीनता, ▪सीध.

**मोड़ तोड़** = उत्थानपतन.
**मोड़ दर मोड़** = सर्पिल मोड़.
**मोड़दार** = घटनापूर्ण, वक्राकार, सर्पिल.

**मोड़दार** *वि* *कुटिल*, ख़म, घुमावदार, टेढ़ा/टेढ़ी, टेढ़ा मेढ़ा/टेढ़ा मेढ़ी, बल खाता/बल खाती, मुड़वाँ, मुड़ा/मुड़ी, लहराता/लहराती, लहरावदार, *वक्र*, वलयित, सर्पाकार, *सर्पिल*, •वक्राकार, •सर्पिल, •स्पाइरलाकार, ▪सीधा/सीधी.

**मोड़ना** = झुकाना, मरोड़ना, लपेटना.
**मोड़ना तोड़ना** = तोड़ना मरोड़ना.
**मोड़ पर मोड़** = सर्पिल मोड़.
**मोड़ लेना** = मुड़ना.
**मोड़हीन** = सीधा/सीधी.
**मोड़हीनता** = सीध.
**मोढ़ा** = कंधा.

**मोढ़ा** *सं* मूढ़ा, मोंढ़ा, सरकंडा कुरसी, सरकंडा गोल कुरसी.

**मोतिया बूँदी** = मोतीचूर.
**मोतिया शीतला** = छोटी चेचक.
**मोती** = उत्तम व्यक्ति या वस्तु, प्रसिद्ध व्यक्ति, मनका, सुलेख.

**मोती** *सं* इंदुमणि, कुवल, गौहर, चंद्ररत्न, त्रिगर्ता, दधिसुत, नीरज, पर्ल, बिंदुफल, *मणि*, मुक्ता, मुक्तामणि, मुक्तिका, मौक्तिक, रसोपल, लक्ष्मी, विद्रुम, *शीतल*, शुक्तिज, शौक्तिक, समुद्रज, सिंधुजात, सीपज, स्वातिसुत, हेमवल, •कल्चर्ड पर्ल, •मूँगा, •सीपी.

**मोती खोजी** = पनडुब्बा.

**मोतीचूर** *सं* छोटी बूँदी, मोतिया बूँदी, •गुलदाना, •बूँदी.

**मोतीझरा** = छोटी चेचक.

**मोती माला** *सं* मणिसर, मणिसूत्र, मुक्तमाल, मुक्तादाम, मुक्तामाला, मुक्तावली, मुक्ताहार, सरिका, •मनका.

**मोती सीप** *सं* अब्धि मंडूकी, जलसीप, मुक्ताशुक्ति, मौक्तिक.

**मोथा** = नागरमोथा.
**मोद** = आनंद, आनंदक्रीड़ा, प्रसन्नता.
**मोदक** = आनंदप्रद, प्रसन्नताप्रद, मनोरंजक, लड्डू.
**मोदककार** = हलवाई.
**मोदन** = प्रसन्न.
**मोदप्रद** = आनंदप्रद.
**मोदमय** = प्रसन्नताप्रद.
**मोदस्थान** = मनोरंजन स्थान.
**मोदिनी** = मदिरा.
**मोदी** = परचूनिया, भंडारी.

**मोदीख़ाना** = जनरल स्टोर, भंडारघर.
**मोना/मोनी** = केशहीन.
**मोनाल** = चकोर.
**मोनोग्राम** = प्रतीक.
**मोनोटाइप** = टाइपसैटिंग.
**मोनोपली** = एकस्वामित्व.
**मोनोरेल** = मोनोरेल मार्ग.

**मोनोरेल मार्ग** *सं* उच्च रेलमार्ग, एकल रेल, मोनोरेल.

**मोबाइक** = मोटर साइकिल.
**मोबाइल फ़ोन** = टेलिफ़ोन.
**मोम** = पालिश द्रव्य.

**मोम** *सं* भ्रमरज, मदन, मधुज, मधुशेष, मधूज, माक्षिक मल, वैक्स, •शहद.

**मोमजामा** *सं* चंबी, बरसाती कपड़ा, *रबड़*, रबड़ चादर, रोग़नी वस्त्र, •प्लास्टिक शीट, •रैक्सीन.

**मोमदिल** = दयालु.

**मोमबत्ती** *सं* कैंडल, शमा, •लैंप, •शमादान, •शलभ.

**मोमिन** = दानशील, दानी, मुसलिम.
**मोमिया** = कोमल, चिकना/चिकनी, नम्य, प्रभावशील.
**मोमी** = कोमल.
**मोमैंटम** = संवेग.
**मोयन** = घी तेल.
**मोयनदार** = कुरकुरा (आहार), खस्ता.
**मोयन लगा** = खस्ता.

**मोर** *सं* अर्की, अहिरिपु, उरगाद, कंजर, *कलध्वनि*, कलापी, कालकंठ, केकावल, केकी, केहा, घनप्रिय, चंद्रकी, चित्र पिच्छक, ताऊस, *नर्तक*, नागारि, *नीलकंठ*, नृत्यप्रिय, पुँछार, बर्ही, बिहिश्त का जानवर, भुजंगभोजी, मयूर, मयूरक, मयूरा, मार्जारकंठ, मेघानंद, मेनाद, वर्षामद, वर्ही, वृषांक, वृषी, शतपत्र, *शिखंडी*, शिखाधर, शिखी, सर्पारि, सारंग, •नर्तक, •मोरनी.

**मोरचा** = अभियान, ज़ंग, जनप्रदर्शन, जुलूस, युद्ध, युद्धाग्र.

**मोरचाबंद** = दुर्गीकृत.
**मोरचाबंदी** = दुर्गीकरण, व्यूह.

**मोरछला** *सं* चामर, मयूरपंख, मोरछाँह, मोरपंखा.

**मोरछाँह** = मोरछला.

**मोरनी** *सं* कलापिनी, कालकंठिनी, *नर्तकी*, मयूरी, मादा मोर, मोर मादा, शिखंडिनी, शिखिनी, •मोर.

**मोरपंख** = क़लम, मोर पूँछ.
**मोरपंखा** = मोरछला.

**मोर पूँछ** *सं* कलाप, पैंच, बई, मयूरपुच्छ, मोरपंख, शिखंड, *शिखंडी*, शिखी पुच्छ, •पूँछ.

**मोर मादा** = मोरनी.
**मोरी** = नाला नाली.
**मोल** = मस्सा, मस्सा, मूल्य.

**मोलक्यूल** *सं* अणु, अवकण, मौलक्यूल (विकल्प), सूक्ष्मतम स्वतंत्र कण, •रैडिकल.

**मोलतोल** = सौदेबाज़ी.
**मोलभाव** = सौदेबाज़ी.
**मोल लेना** = ख़रीदना.
**मोलोतोव काकटेल** = हैंड ग्रेनेड.
**मोल्ड** = साँचा.
**मोल्ड करना** = ढालना.
**मोल्डिंग** = चौखटा.
**मोष** = चोरी, चोरी माल.
**मोषण** = चोरी.

**मोसना** *क्रि* झुर्री डालना, बल डालना, *मरोड़ना*, मसोड़ना, मुसातुसा करना, शिकन डालना, सकोड़ना, *सिकोड़ना*, •मरोड़ना.

**मोह** = अज्ञान, आकर्षण, आसक्ति, प्रलोभन, प्रेम, भ्रम, ममता, माया, वात्सल्य, सम्मोहन कर्म, स्वजन भावना.

**मोह** *सं* *अज्ञान*, *पकड़*, *भ्रम*, *ममता*, *माया*, *मायाजाल*, मायापाश, मोहजाल, *राग*, विमोह, व्यामोह, सम्मोह, •अज्ञान, •प्रलोभन, •प्रेम, •भ्रम, •लोभ, ▪घृणा, ▪वैराग्य.

**मोहक** = आकर्षक, कलात्मक, प्रलोभनकारी, प्रलोभनकारी, भव्य, रोचक, सुंदर.

**मोहक** *वि* अभिराम, *आकर्षक* आमंत्रक, कमनीय, काम्य, चित्ताकर्षक, *चुंबकीय*, जादुई, जादूभरा/जादूभरी, दिलकश, -फ़रेब, -बर, मनमोहक, मनमोहन, मनोग्राही, मनोमुग्धकारी, मनोरम, मनोहर, मनोहारी, महामाय, मायामय, मायावान, *मायावी*, मोहन, मोही, लुब्धक, लुभाऊ, लुभावना, सम्मोहक, सम्मोहनपूर्ण, सम्मोही, -हर, -हारी, हृदयग्राही, हृद्य, •प्रलोभनकारी, •भव्य, •सुंदर, ▪अरोचक, ▪उबाऊ, ▪घिनौना/घिनौनी.

**मोहक चेष्टा** = नाज़नख़रा.
**मोहक छलना** = मायादर्शन.
**मोहग्रस्त** = मोहित, वशीकृत.
**मोहजाल** = मोह.
**मोहड़ा** = बरतन मुँह.
**मोहताज** = परावलंबी.
**मोहत्याग** = वैराग्य.
**मोहन** = अभिमंत्रण, कृष्ण, प्रलोभनकारी, मोहक, सम्मोहन कर्म, सुंदर.
**मोहना** = चकराना, रुचना, ललचाना.

**मोहना** *क्रि* अनुरक्त करना, अपने रंग में रँगना, आकर्षित करना, गाँठना, जादू करना, जादू करना, *ठगना*, पटाना, पागल करना, *फाँसना*, *फुसलाना*, बस में करना, *बाँधना*, बिरमाना, बिलमाना, *भरमाना*, मगन करना, मन हरना, मुग्ध करना, मोहित करना, मोहिनी करना, रंग जमाना, रमाना, रिझाना, ललसाना, लुभाना, सम्मोहन करना, सम्मोहित करना, •ललचाना, •वशीकरण करना.

**मोहनाशन** = मंत्र काट.
**मोहनास्त्र** = वशीकरण यंत्र.
**मोह निद्रा** = हिप्नोटिज़्म.
**मोहनी** = कैरिज़्मा, जादू, माया.
**मोहब्बत** = प्रेम.

 (प्रा) प्राचीन शब्द, अब अप्रचलित - *तिरछे शब्द स्वतंत्र शीर्षक भी हैं* •सपर्याय ▪विपर्याय

**मोहभंग** = वैराग्य.

**मोहभंग** *सं* *उद्बोधन*, जागरण, जाग्रति, ज्ञानालोक, भ्रमनाश, भ्रमनिवृत्ति, मोहभंजन, यथार्थ ज्ञान, *समाधान*, •निराशा, •वैभव विमंडन, •वैराग्य, •स्पष्टीकरण, ▪वशीकरण.

**मोहभंजन** = मोहभंग.

**मोहभंजित** *वि* जागरूक, *जाग्रत*, नष्टप्रभाव, *प्रबुद्ध*, प्रभावनष्ट, भ्रमनष्ट, भ्रांतिमुक्त, मोहभग्न, •निराश, ▪आसक्त, ▪मोहित, ▪वशीकृत.

**मोहभग्न** = मोहभंजित.
**मोहममतापूर्ण** = ममतापूर्ण.
**मोहमय** = ममतापूर्ण.
**मोहमाया** = ममता, सांसारिकता, स्वजन भावना, स्वजन भावना.
**मोहम्मद** = मुहम्मद.
**मोहम्मदी** = इसलाम धर्मीय.
**मोहर** = अशरफ़ी, मुहर चिह्न.
**मोहरा** = गोटी, बरतन मुँह, मिथ्या आरोपित व्यक्ति, मुख जाली.
**मोहर्रम** = रमज़ान.
**मोहर्रमी** = शोकग्रस्त.

**मोहलत** *सं* अनुग्रह काल, अवधि वृद्धि, ऐक्स्टैंशन, कालवृद्धि, छूट, रिआयत, लिहाज़, वक़्त, समय वृद्धि, •डैडलाइन.

**मोहसिन** = सरपरस्त.
**मोहहीन** = अनासक्त.
**मोहहीनता** = परजन भावना.
**मोहार** = बरतन मुँह, मधुमक्खी छत्ता.
**मोहास्त्र** = वशीकरण यंत्र.
**मोहित** = आसक्त, चकित, लुब्ध, वशीकृत.

**मोहित** *वि* *आकर्षित*, आकृष्ट, कीलित, चुंबकित, पटा/पटी, प्रमुग्ध, फ़िदा, फ़िद्‌वी, मंत्रमुग्ध, मायाग्रस्त, मुग्ध/मुग्धा, मोहग्रस्त, मोही/मोहिनी, रमा/रमी, रझिा/रिझी, रीझा/रीझी, *लट्टू*, लहालोट, *लुब्ध*, *विजड़ित*, विमुग्ध, विमोहित, विलुब्ध, सम्मोहित, ▪मोहभंजित.

**मोहित करना** = मोहना.
**मोहिनी** = आकर्षण, कैरिज़्मा, खलनायिका, जादूगरनी, प्रलोभिनी, भाँग, वशीकरण, सम्मोहिनी, सुंदर स्त्री, सुंदर स्त्री, सौंदर्य.
**मोहिनी अट्‌टम** = भारतीय शास्त्रीय नृत्य.
**मोहिनी करना** = मोहना.
**मोहिनीनाशन** = मंत्र काट.
**मोहिनी यंत्र** = वशीकरण यंत्र.
**मोहिनी लोक** = परीलोक.
**मोहिनी विद्या** = जादूगरी.
**मोहिनी साधना** = सम्मोहन कर्म.
**मोही** = मोहक, लोभी.
**मोही/मोहिनी** = भ्रामक, ममतापूर्ण, मोहित.
**मौइश्चर प्रूफ़** = जलवारक.
**मौक़ा** = अवसर, घटनास्थल, परिस्थिति, बारी, संयोग, सुअवसर.
**मौक़ाए वारदात** = घटनास्थल.
**मौक़ा महल** = परिस्थिति.
**मौक़ूफ़** = स्थगित, स्थित.
**मौक़ूफ़ी** = सेवाच्युति, सेवा निलंबन.
**मौक़े की बात** = संयोग, संयोग.
**मौक्तिक** = मोती, मोती सीप, सीपी.

**मौखिक** *वि* अलिखित, अलिपिबद्ध, ज़बानी, मुँहज़बानी, वाचिक, शाब्दी, •उच्चारित, •कंठस्थ, ▪कथित, ▪दस्तावेज़ित, ▪लिखित.

**मौज** = अलमस्ती, आनंद, नशा, प्रवाह, भोगविलास, मनोरंजन, रवानी, लहर, समृद्धि, हुड़दंग.
**मौजमज़ा** = भोगविलास, मनोरंजन.
**मौजमस्ती** = अलमस्ती, आनंदक्रीड़ा, पिकनिक, भोगविलास, हल्लागुल्ला.
**मौज मारना** = लहरना.
**मौज़ा** = ग्राम.
**मौजी** = अलमस्त, मदिरोन्मत्त, विलासप्रिय, हँसता/हँसती.
**मौज़ूँ** = तर्कसंगत, विनियोज्य.
**मौज़ूँ** = प्रासंगिक, सुविधाजनक.
**मौजूद** = उपस्थित, लभ्य.
**मौजूदगी** = अस्तित्व.
**मौज़ूदगी** = उपस्थिति.
**मौजूदा** = वर्तमान.
**मौजूदात** = जड़ चेतन जगत.
**मौड** = आधुनिक, ट्रैंडी, फ़ैड प्रेमी.
**मौडरेटर** = कार्यक्रम ऐंकर.
**मौडर्न** = आधुनिक, ट्रैंडी.
**मौडर्न एज** = आधुनिक काल.
**मौडल** = नमूना, पुतला, प्रयोगात्मक प्रारूप, मूर्ति, मौडल पुतला, मौडल स्त्री.

**मौडल पुतला** *सं* डमी, *पुतला*, मौडल, •मौडल स्त्री.

**मौडल स्त्री** *सं* मौडल, सुंदरी, •पुतला, •फ़ैशन शो, •मौडल पुतला.

**मौत** = मृत्यु.
**मौत आना** = मरना.
**मौत का खेल** = प्राण संकट.
**मौत का घंटा** = मृत्युकाल.
**मौत के घाट उतारना** = संहारना.
**मौत को धोखा देना** = बचना, बचना.
**मौथ** = शलभ.
**मौनं सम्मति सूचकं** = मौन अनुमति.
**मौन** = अंतर्मनस्क, अध्वनि, कोलाहलहीन, गूँगा/गूँगी, ध्वनिहीन, भावगोपन, मौन व्रत, मौनावलंबी.

**मौन** *सं* ख़ामोशी, चुपकी, चुप्पी, बेआवाज़ी, बेज़बानी, मूकता, मूकिमा, मौनता, मौनत्व, शांति, •अध्वनि, •अनभिव्यक्ति, •स्वल्पभाषिता, ▪वार्तालाप.

**मौन अनुमति** *सं* अकथित अनुमति, अभिमति, उपमति, छूट, मौनं सम्मति सूचकं, मौन सम्मति, मौन सहमति, मौन स्वीकृति, रज़ा.

**मौन अभिनय** = भावाभिनय.
**मौनता** = मौन.
**मौनत्व** = मौन.
**मौनप्रिय** = मौनावलंबी.
**मौनप्रेमी** = मौनावलंबी.

**मौन व्रत** *सं* अभाषण, अभाषण व्रत, ज़बानबंदी, *नियंत्रण*, मुनिव्रत, *मौन*, •अवार्तालाप, ▪अभिव्यक्ति, ▪वाचा प्रतिबंध.

**मौन व्रती** *सं* बद्धमौन, मुनि, मौनी,

●स्वल्पभाषी, ■बकवासी, ■बातूनी.

**मौन सम्मति** = मौन अनुमति.
**मौन सहमति** = मौन अनुमति.
**मौन स्वीकृति** = मौन अनुमति.

**मौनावलंबी** *वि* अनबोल, अनबोला/अनबोली, अबोल, अबोला/अबोली, चुप रहने वाला, तूष्णी, तूष्णीक, मुनि, मूक, *मौन*, मौनप्रिय, मौनप्रेमी, मौनी, वाग्याम, शांत.

**मौनी** = ऋषि, ध्यानी, मौन व्रती, मौनावलंबी.
**मौनुमैंट** = स्मारक.
**मौनैस्ट्री** = ईसाई धार्मिक पाठशाला, ईसाई मठ.
**मौम** = माता.
**मौर** = मंजरी, मंजरी.
**मौरीशस** = मारीशस.
**मौरूसी** = आनुवंशिक, दायागत.
**मौर्टगेज** = बंधक, बधक वस्तु.
**मौर्टगेजी** = बंधक ऋण दाता.
**मौलक्यूल (विकल्प)** = मोलक्यूल.
**मौलना** = टूटना.
**मौलवी** = अध्यापक, धर्मगुरु, धर्मज्ञानी, मुल्ला, विद्वान व्यक्ति.
**मौलश्री** = मौलसिरी.

**मौलसिरी** *सं* केशर, *केसर*, धन्वी, बकुल, भ्रमरानंद, मदन, मद्यामोद, मधुगंध, मधुपुष्प, मुकुल, मौलश्री, मौलिश्री, सिंधुपुष्प, सीधुगंध, सुरभि, स्थिरपुष्प, स्थिरपुष्पी.

**मौला** = अल्लाह, ईश्वर, सरपरस्त.
**मौला दौला** = दानवीर.
**मौलाना** = मुल्ला.
**मौलि** = उच्चबिंदु, मस्तक, मुकुट.
**मौलिक** = आधारभूत, चरित्रीय, मौलिक (अधिकार).

**मौलिक** *वि* अकृत्रिम, अननुकृत, अननूदित, *असली*, नक़ली नहीं, मूल, ●असंशोधित, ●असैंसरित, ●स्वरचित, ■अनुकृत, ■अनुवादित, ■रूपांतरति.

**मौलिक (अधिकार)** *वि* अंतर्निहित, अनपहरणीय, *अनिरसनीय*, अनिवार्य, *अनुल्लंघनीय*, *अपरिहार्य*, अहम, अहस्तांतरणीय, *आधारभूत*, *आवश्यक*, *केंद्रीय*, ज़रूरी, तत्त्वभूत, निहित, प्रथम, *प्राकृतिक*, प्राथमिक, बुनियादी, *महत्त्वपूर्ण*, मूलभूत, *मौलिक*, सन्निहित, सारभूत, साररूप, *स्वाभाविक*, ●महत्त्वपूर्ण.

**मौलिक अधिकार** = मूल अधिकार.

**मौलिक कृति** *सं* अननुकृति, अननूदित कृति, असल, ओरिजिनल, मूल कृति, मूल रचना, मौलिक रचना, ●प्रतिलिपि, ●व्याख्या, ■अनुकृति, ■प्रतिलिपि.

**मौलिकता** = व्यक्तित्व.
**मौलिक परिवर्तन** = क्रांति.
**मौलिक रचना** = मौलिक कृति.
**मौलिब्डेनम** = रासायनिक तत्त्व सूची.
**मौलिश्री** = मौलसिरी.
**मौलूद** = मौलूद शरीफ़.

**मौलूद शरीफ़** *सं* जन्मकथा, मुहम्मद जन्मकथा, मौलूद, ●क़ुरान.

**मौस** = काही.
**मौसम** = ऋतु, गीयर, जलवायु, पुष्पन, भानसून.
**मौसम के बाहर** = बेमौसमी.
**मौसम पूर्वानुमान** = ऋतु विज्ञान.
**मौसम विज्ञान** = ऋतु विज्ञान, ऋतु विज्ञान.

**मौसमी** *वि* आर्तव, ऋतुकालीन, एकफ़सली, *कालीन*, वक़्ती, सामयिक, ●नियमित, ■बारहमासी, ■बेमौसम, ■बेमौसमी.

**मौसमी बुखार** = मलेरिया.
**मौसमी हवा** = मानसून.
**मौसमे ख़िज़ाँ** = पतझड़.
**मौसमे गुल** = वसंत.
**मौसमे बहार** = वसंत.
**मौसम्मी** = फल.

**मौसा** *सं* ख़ालू, मौसी पति, ●फूफा, ●मौसी, ■भानजा, ■भानजी.

**मौसी** *सं* अत्ता, ख़ाला, माँ बहन, मासी, ●फूफी, ●मामा, ●मौसा, ■भानजा, ■भानजी.

**मौसीकार** = संगीतज्ञ.
**मौसीक़ी** = संगीत.
**मौसी पति** = मौसा.
**मौहूर्तिक** = होराशास्त्री.

**म्यान** *सं* खड्गकोश, ख़ोल, पिधान, पेशी, शस्त्रकोश, ●कृपाण, ●खोल, ●तलवार.

**म्याना/म्यानी** = कामचलाऊ, मध्यम, मध्यमस्तरीय.
**म्यानी** = मियानी.
**म्यान्मा** = भारत खंड देश क्षेत्र.

**म्यान्मा** *सं* *बरमा*, बर्मा.

**म्यान्माः राजधानी** *सं* यंगून, रंगून (विकल्प).

**म्यूचुअल फ़ंड** *सं* अनेक कंपनियों में नियोजक कंपनी, नियोजक कंपनी.

**म्यूज़** = कला देवी.
**म्यूज़िक** = संगीत.
**म्यूज़िक डायरैक्टर** = संगीतकार.
**म्यूज़िकल प्ले** = ओपेरा.
**म्यूज़ियम** = अजायबघर.
**म्यूज़िशियन** = संगीतज्ञ.
**म्यूनिसपाल्टी** = नगरसभा.
**म्यूनिसिपल** = नगरीय.
**म्यूनिसिपैलिटी** = नगरसभा.
**म्यूनिस्पल कौंसलर** = नगरसभा सदस्य.
**म्यूरल** = भित्ति चित्र.
**म्यूल** = खच्चर.
**म्लान** = अप्रसन्न, उदास, दुःखी, मुरझाया/मुरझाई, विवर्ण.
**म्लानता** = उदासी.

**म्लानन** *सं* अवसादन, कुम्हलावन, छीजन, परिम्लानन, पांडुरण, मुरझन, मुरझावन, म्लानि, ●ह्रास, ■प्रस्फुटन.

**म्लान होना** = मुरझाना.
**म्लानि** = म्लानन.
**म्लेच्छ** = अनार्य जाति, अनार्य जातीय, पापी.
**म्लेच्छकंद** = लहसुन.
**म्लेच्छभोजन** = गेहूँ.
**यंगून** = म्यान्माः राजधानी.


(प्रा) प्राचीन शब्द, अब अप्रचलित - *तिरछे शब्द स्वतंत्र शीर्षक भी हैं* ●सपर्याय ■विपर्याय

**यंता** = सारथी.
**यंत्र** = इंजन, कूटयंत्र, गंडा तावीज़, ताला, रोबट, साधन.

**यंत्र** *सं* *आला*, *उपकरण*, औज़ार, *कल*, मशीन, मशीनरी, शिल्पयंत्र, •कारख़ाना, •रोबट, •हार्डवेअर.

**यंत्र अभ्यास** = प्रशिक्षण.
**यंत्र उपकरण** = उपकरण.

**यंत्रचालित** *वि* आटोमैटिक, आत्मचालित, कंप्यूटरित, कंप्यूटरीकृत, मशीनी, यंत्रीकृत, *यांत्रिक*, रोबोटीकृत, स्वचल, स्वचालित, स्वतःचालित, स्वयंवह, •चालित, •मानवचालित, •यांत्रिक.

**यंत्रचालिततः** *क्रिवि* अनकिए, अपने आप, अप्रयत्नतः, आत्मतः, आप आप, आप ही आप, बेसाख़्ता, मशीन की तरह, मशीनवत, मैकेनिकली, यंत्रवत, यंत्रारूढतः, यंत्रिततः, विचारहीनतः, स्वचालिततः, स्वचालितवत, स्वतः, ▪मानवचालिततः.

**यंत्रण** = पकड़.
**यंत्रणा** = पीड़ा, यातना.
**यंत्रणादाता** = आततायी.
**यंत्रणा देना** = सताना.
**यंत्रणापूर्ण** = यातनाप्रद.
**यंत्रणाप्रद** = दंडात्मक, यातनाप्रद.
**यंत्रनल** = ट्यूब वैल.
**यंत्रनिर्मित** = यंत्रोत्पादित.
**यंत्र नौका** = मोटरबोट.
**यंत्र भाग** = पुरज़ा.
**यंत्र भौतिकी** = यांत्रिकी.
**यंत्रमंत्र** = जादूमंतर.
**यंत्रमानव** = रोबट.
**यंत्रयुग** = आधुनिक काल.
**यंत्रवत** = यंत्रचालिततः.
**यंत्रविद्या** = इंजीनियरिंग.
**यंत्रवेद** = इंजीनियरिंग, वास्तुशास्त्र.
**यंत्रशास्त्र** = इंजीनियरिंग.
**यंत्रशास्त्री** = इंजीनियर.
**यंत्रसाधन** = अभिमंत्रण.
**यंत्रहीन नभयान** = ग्लाइडर.
**यंत्रारूढतः** = यंत्रचालिततः.
**यंत्रालय** = कारख़ाना.
**यंत्रिकी** = इंजीनियरिंग.
**यंत्रित** = असैंबलित, नियंत्रित.
**यंत्रिततः** = यंत्रचालिततः.
**यंत्री** = इंजीनियर, नियंत्रक, मरम्मत कर्मी, वादक.
**यंत्रीकृत** = यंत्रचालित.
**यंत्रीय** = यांत्रिक.

**यंत्रोत्पादित** *वि* उद्योगनिर्मित, उद्योगीय, औद्योगिक, बड़ी संख्या में बना, मशीन पर बना, मशीन से बना, यंत्रनिर्मित, •उत्पादित, ▪हस्तनिर्मित.

**यंत्रोपकरण** = हार्डवेअर.
**यक** = एक.
**यकक़लम** = संपूर्णतः.
**यकचश्म** = काणा/काणी.
**यकजान** = मिश्रित.
**यकतरफ़ा** = एकपक्षीय.
**यक बयक** = अकस्मात.
**यकबारगी** = अकस्मात.
**यकमंज़िला** = एकखंडीय.
**यकमुश्त** = एकबारगी, संपूर्णतः.
**यकरंग** = मिश्रित.
**यकलौता/यकलौती** = अनुपम.
**यकसानियत** = सादृश्य.
**यकसूई** = एकाग्रता, ध्यान.
**यकायक** = अकस्मात.
**यक़ीन** = आस्था, विश्वास, विश्वास.
**यक़ीनन** = अवश्यमेव.
**यक़ीनी** = असंदिग्ध, विवादातीत.
**यकृत** = जिगर.
**यक्का** = इक्का.
**यक्ष** = कुबेर, यज्ञ पुरोहित.

**यक्ष** *सं* कुबेरकोश रक्षक, कुबेर नौकर, जक, जक्ष (फ़ारसी), पुण्यजन, पुलस्त्य संतति, लहुरा बीर, •कुबेर, ˘ संबंधितः चित्रांगद, ˘ संबंधितः नल कूबर, ˘ संबंधितः मणिभद्र, •मिथक, ˘ संबंधितः विरूपाक्ष.

**यक्षग्रह** = भूतबाधा.
**यक्षनायक** = कुबेर.
**यक्षपति** = कुबेर.
**यक्षपुर** = कुबेर नगर.
**यक्षराज** = कुबेर.
**यक्षसिद्धि** = प्रेतसिद्धि.
**यक्ष स्त्री** = यक्षिणी.
**यक्षावास** = वटवृक्ष.

**यक्षिणी** *सं* जखनी, यक्ष स्त्री, यक्षी.

**यक्षी** = यक्षिणी.
**यक्षेश्वर** = कुबेर.
**यक्ष्मा** = क्षयरोग.
**यख़नी** = सूप.
**यगानगी** = स्वजन भावना.
**यग्य (बोलचाल)** = यज्ञ.
**यजंत** = यज्ञ पुरोहित.
**यजत्र** = यज्ञ पुरोहित.
**यजमान** = ऐंप्लायर, क्लायंट, गृहस्थ, धार्मिक व्यक्ति, बलिदाता, वृत्तिदाता, स्वामी.

**यजमान** *सं* अनुष्ठाता, अनुष्ठाता, आर्य, आर्य, आहर्ता, क्रतुपति, *गृहस्थ*, *गृहस्थ*, जजमान, दाता, यजी, यज्ञ कर्ता, यज्ञपति, यज्ञपति, यज्यु, याज, याजक, याजी, याज्ञिक, सत्री, होतरी, •गृहस्थ.

**यजमानी** = क्लायंट वर्ग.
**यजी** = यजमान, यज्ञ पुरोहित.
**यजुः श्रुति** = यजुर्वेद.
**यजुर्वेद** = तीन वेद सूची, वेद.

**यजुर्वेद** *सं* अध्वर्युवेद, गद्यमंत्रवेद, दूसरा वेद, यजुः श्रुति, •वेद.

**यजुर्वेद अधिपति ग्रह** = शुक्राचार्य.
**यज्ञ** = अभियान, कार्य.

**यज्ञ** *सं* अग्निष्टोम, अग्नीध्र, अध्वर, अभिषव, अभिहव, आहव, इज्या, ऋत, क्रतु, गृहकर्म, जक्ष (ईरान), प्रयाग, बलि, मख, मेध, यग्य (बोलचाल), यज्य, याग, याजि, याविहोत्र, शामित्र, सत्त्र (विकल्प), सत्र, सव, सवन, सूय, स्तोम, हवन, हवि, होत्र, होम, •अग्नि, •अरणि, •आहुति, •आहुति, •बलि, •यज्ञवेदी, •समिधा.

**यज्ञ कर्ता** = यजमान.
**यज्ञकाष्ठ** = समिधा.

**यज्ञकुंड** *सं* अग्निकुंड, कुंड,

वह्निकुंड, हवनकुंड, हवन पात्र, हवित्री, होमकुंड, •अग्निपात्र, •यज्ञवेदी.

**यज्ञघ्न** = राक्षस.
**यज्ञद्रोही** = राक्षस.
**यज्ञद्वेषी** = राक्षस.
**यज्ञपति** = यजमान, यजमान.

**यज्ञ पुरोहित** *सं* ईजान, उपस्थाता, *पुरोहित*, *यक्ष*, यजंत, यजत्र, यजी, यज्ञवाह, यज्ञवाही, यज्ञव्रत, यज्यु, यज्वन्, यज्वा, यष्टा, याज, याजक, याजनिक, याजी, याज्ञिक, हविर्याजी, होता, होत्री, •अध्वर्यु, •उद्‌गाता, •ऋत्विक, •यज्ञहोता.

**यज्ञबलि** = चढ़ावा, बलिवस्तु.
**यज्ञबाहु** = अग्नि.
**यज्ञभस्म** = भभूत.
**यज्ञभूषण** = कुश घास.
**यज्ञभोजी** = देवता.
**यज्ञवाह** = यज्ञ पुरोहित.
**यज्ञवाही** = यज्ञ पुरोहित.
**यज्ञवेदिका** = यज्ञवेदी.
**यज्ञवेदी** = बलिवेदी.

**यज्ञवेदी** *सं* आल्टर, चत्वाल, *चबूतरा*, *ठीहा*, परिवेदी, *बलिवेदी*, यज्ञवेदिका, वितर्दिका, वेदिका, वेदी, हवनवेदी, •यज्ञकुंड.

**यज्ञव्रत** = यज्ञ पुरोहित.
**यज्ञसूत्र** = यज्ञोपवीत.

**यज्ञहोता** *सं* आहुति दाता, देवाहन कर्ता, वषट्‌कर्ता, हविदाता, ह्‌होता, होता, होत्री, होत्री, होमी, होमी.

**यज्ञांग** = खैर.
**यज्ञाग्नि ईंधन** = समिधा.
**यज्ञारि** = राक्षस, शिव.
**यज्ञार्पण** = चढ़ावा.
**यज्ञाहुति** = आहुति, चढ़ावा.
**यज्ञिय** = यज्ञीय.

**यज्ञीय** *वि* अधियज्ञ, मेध्य, यज्ञिय, याज्ञ, याज्य, श्रौत, सार्वमेध, सावन, स्तोमीय, स्त्रौव.

**यज्ञोपवीत** = अक्षरारंभ, उपनयन संस्कार.

**यज्ञोपवीत** *सं* उपवीत, जनेऊ, पंचवट, पवित्रक, ब्रह्मसूत्र, यज्ञसूत्र, सावित्री सूत्र.

**यज्ञोपवीत संस्कार** = उपनयन संस्कार.
**यज्य** = पूजनीय, यज्ञ.
**यज्यु** = यजमान, यज्ञ पुरोहित.
**यज्वन्** = यज्ञ पुरोहित.
**यज्वा** = यज्ञ पुरोहित.
**यतचित्त** = स्थितप्रज्ञ.
**यतात्मा** = गंभीर.
**यति** = एकांतप्रिय, जितेंद्रिय, तपस्वी, प्रयत्नशील, बाधा, मठवासी, योगी, संन्यासी, साधु.
**यति धर्म** = इंद्रियनिग्रह, संन्यास आश्रम.
**यतिनी** = संन्यासिनी.
**यतिनी** = विधवा.
**यती** = अनासक्त, वैरागी.
**यतीम** = अनाथ.
**यतीमख़ाना** = अनाथाश्रम.
**यत्किंचित्** = अपर्याप्त, कम.
**यत्न** = कर्म, कोशिश, परिश्रम, प्रयास.
**यत्नशील** = प्रयत्नशील.
**यत् परो नास्ति** = अगणनीय.
**यत्र** = जहाँ.
**यत्र तत्र** = हर ओर.
**यथा** = अनुसार, जैसे, मानो, सदृश.
**यथाकथित** = आज्ञानुसार.
**यथाक्रम** = क्रमशः, व्यवस्थित.

**यथाक्षमता** *क्रिवि* क्षमतानुसार, जहाँ तक हो सके, जितना हो सके, भरसक, यथाशक्ति, यथासंभव, यथासाध्य, शक्ति भर.

**यथाज्ञा** = आज्ञानुसार.
**यथातथ्य** = तथ्यात्मक.
**यथादेश** = आज्ञानुसार.
**यथानियम** = न्यायानुकूल, विधिसंगत.
**यथानिर्दिष्ट** = आज्ञानुसार.
**यथापूर्व** = अपरिवर्तित.
**यथापूर्व अवस्था** = यथापूर्वता.
**यथापूर्वकृत** = यथापूर्वित.

**यथापूर्वता** *सं* *अपरिवर्तन*, परिवर्तनपूर्व स्थिति, पूर्व अवस्था, पूर्ववत्ता, पूर्वस्थिति, यथापूर्व अवस्था, यथावत्ता, यथास्थिति, •गतिरोध, •परंपरा, •विकासरोध, ▪क्रांति, ▪सुधार.

**यथापूर्वित** *वि* कायाकल्पित, *जीर्णोद्धृत*, पुनरुज्जीवित, यथापूर्वकृत, समुद्धृत, •अपरिवर्तित.

**यथाभीष्ट** = आवश्यकतानुरूप.
**यथायथ** = पर्याप्त.
**यथायोग्य** = आवश्यकतानुरूप, औपचारिक, पर्याप्त.
**यथार्थ** = अप्रवादित, घटित, तथ्य, तथ्यात्मक, तथ्यात्मक, यथार्थता, विनियोज्य, व्यावहारिक, सत्य, साकार, स्पर्शगम्य.

**यथार्थ** *वि* अकाल्पनिक, अनुभवगत, अनुभवगम्य, *अनुभूत*, अमिथ्या, *असली*, आप्त, इंद्रियगोचर, गोचर, *ठोस*, प्रत्यक्ष, *भौतिक*, मायाहीन, मूर्त, वस्तुगत, वाक़ई, वास्तविक, *सत्य*, हक़ीक़ी, •तथ्यात्मक, •स्पर्शगम्य, ▪अयथार्थ, ▪काल्पनिक, ▪तथाकथित, ▪तथ्यहीन, ▪मायावी, ▪यथार्थाभासी.

**यथार्थ ज्ञान** = मोहभंग.

**यथार्थता** *सं* अकाल्पनिकता, अमाया, असलीयत, तथ्यता, भौतिक सत्य, *यथार्थ*, याथार्थ्य, वस्तुगतता, वास्तविकता, हक़ीक़त, हस्ती, •तथ्यात्मकता, •दृश्यता, ▪अयथार्थता, ▪तथाकथितता, ▪पाखंड, ▪माया, ▪यथार्थाभास.

**यथार्थ बोध** = सम्यक् ज्ञान.
**यथार्थवादी** = व्यवहारकुशल.

**यथार्थाभास** *सं* अयथार्थता, कंप्यूटरजनित वास्तविकता, कंप्यूटर सत्य, कल्पित यथार्थ, तिलिस्म, भ्रांति, *माया*, मिथ्याभास, वर्चुअल रीयलिटी, वास्तवाभास, वास्तविकता आभास, विभ्रम, सत्याभास, •भ्रमदर्शन, •मरीचिका, ▪यथार्थता.

**यथार्ह** = विनियोज्य.
**यथावत** = अपरिवर्तित.
**यथावत्ता** = यथापूर्वता.

**यथावश्यक** = आवश्यकतानुरूप, पर्याप्त, सूक्तिवत.
**यथावांछित** = पर्याप्त.
**यथाविध** = विधिसंगत.
**यथाविधि** = विधिसंगत.
**यथाविहित** = शास्त्रसंगत.
**यथाशक्ति** = यथाक्षमता.
**यथासंभव** = यथाक्षमता.
**यथासमय** = अवसरानुकूल, तत्काल.
**यथासाध्य** = यथाक्षमता.
**यथास्थान** = व्यवस्थित.
**यथास्थिति** = यथापूर्वता.
**यथास्थितिवाद** = प्रतिक्रियावाद.
**यथास्थितिवादी** = प्रतिक्रियावादी, यथास्थिति वादी.

**यथास्थिति वादी** *सं* अपरिवर्तनवादी, यथास्थितिवादी, •परंपरावादी, •प्रतिक्रियावादी, •रूढ़िवादी, ▪क्रांतिकारी.

**यथेच्छ** = आवश्यकतानुरूप, पर्याप्त.
**यथेच्छाचार** = स्वेच्छाचार.
**यथेच्छाचारी** = स्वेच्छाचारी.
**यथेष्ट** = पर्याप्त.
**यथोक्त** = आज्ञानुसार.
**यथोक्तकारी** = आज्ञाकारी.
**यथोचित** = आवश्यकतानुरूप, पर्याप्त.
**यदपि** = यद्यपि.
**यदा** = जब, जहाँ, जैसे ही, यदि.
**यदा कदा** = कभी कभी.
**यदा तदा** = कभी कभी.
**यदा यदा** = कभी भी, जब भी.
**यदि** = आपत्ति, जैसे ही.

**यदि** *संयोजक* अगर, ऐसा है (तो) ऐसा हो (तो), गो, *जब*, जब कि, बशर्ते, *मानो*, यदा, •यद्यपि, ▪क्यों, ▪तदा.

**यदुनाथ** = कृष्ण.
**यदृच्छया** = संयोगवश.
**यदृच्छा** = संयोग, स्वेच्छा.

**यद्यपि** *संयोजक* अगरचे, इस पर भी, गो कि, जब कि, बावजूद, यदपि, हालाँकि, •तदापि, •यदि.

**यद्वा तद्वा** = अस्पष्टवादिता, किसी भी क़ीमत पर, बहानेबाज़ी.

**यद्वातद्वा** = किंतु परंतु.
**यपी** = नवसमृद्ध.
**यम** = इंद्रियनिग्रह, नियंत्रक, यमराज, योगांग सूची, संयम.
**यमक** = दुगुना.
**यमकीट** = घुन.
**यम ग्रह** = कुबेर ग्रह.
**यमज** = अश्विनी कुमार.
**यमज/यमजा** = जुड़वाँ.
**यमदेव** = यमराज.
**यम देवता** = यमराज.
**यम द्वितीया** = भाई दूज.
**यमधार** = दुधारा/दुधारी.

**यमन** *सं* शीबा (प्राचीन साम्राज्य), सबा.

**यमनः राजधानी** *सं* सना.

**यमनकी** = याक़ूत.
**यम नक्षत्र** = कुबेर ग्रह.
**यमनी** = याक़ूत.
**यमपुर** = यमलोक.
**यमपुरी** = यमलोक.
**यममार्ग** = आकाश गंगा.

**यमराज** *सं* अंतक, अंतक, अंतकर्मा, अर्कनंदन, आदित्यसूनु, उद्दाम, कर्मसाक्षी, *काल*, *काल*, कालकर्मा, कालपुरुष, जनांत, जम, जमदेव, जमराज, जौंरा, तरणितनय, दंडधर, दंडी, दिनेशात्मज, *धर्म*, धर्मदेव, धर्मराज, परेतभर्ता, पाशहस्त, पितर पति, पितृनाथ, पितृपति, पितृराज, प्रजांतक, प्रेतनाथ, प्रेतराज, प्रेतेश्वर, भूतराज, महांतक, महादंडधर, महिषध्वज, महिषवाहन, *मृत्यु*, मृत्यु देवता, यम, यमदेव, यम देवता, यमी-यमुना भाई, रविनंदन, श्राद्ध देवता, समान कर्ता, सर्वहर, सर्वसंहार, सर्वहारी, सर्वांतक, सवितासुत, सावित्रेय, सूर्य-संज्ञा पुत्र, सूर्यात्मज, हंतु, •मृत्यु, •यमलोक.

**यमल** = जुड़वाँ.

**यमलोक** *सं* अदम, अदम आबाद, जमपुरी, जमलोक, प्रेतपुर, प्रेतलोक, मृत्युलोक, मृत्यूपरांत लोक, यमपुर, यमपुरी, यमालय, •परलोक, •यमराज.

**यमलोक जाना** = मरना.
**यमवाहन** = भैंसा.
**यमानी** = अजवायन.
**यमानुजा** = यमुना नदी.
**यमालय** = यमलोक.
**यमी** = यमुना नदी.
**यमी-यमुना भाई** = यमराज.
**यमुना** = नदी सूची भारत उपमहाद्वीप, यमुना नदी.

**यमुना नदी** *सं* अर्कजा, कालिंदी, *काली*, कृष्णा, *जमना*, जमुना, तरणितनूजा, भानवी, भानुजा, यमानुजा, यमी, यमुना, रविनंदिनी, वैवस्वती, सावित्री, सूर्य पुत्री.

**यव** = जौ.
**यव 2.5** = रत्ती.
**यवन** = गेहूँ.
**यवनाल** = जुआर.

**यवनिका** *सं* अंकीय पट, कांडपट, दृश्य भित्ति, *परदा*, मंचपट, स्क्रीन, •चित्रांकित परदा, •ड्रौप कर्टेन, •नेपथ्य यवनिका, •पार्श्व यवनिका, •मुख्य यवनिका, •सिनेमा परदा.

**यवनिका उत्थान** *सं* दृश्य आरंभ, नाटकारंभ, नाट्यारंभ, प्रारंभ, ▪यवनिका पात.

**यवनिका पात** = भरतवाक्य.

**यवनिका पात** *सं* अंक अंत, *अंत*, *नाटक अंत*, नाटकांत, नाट्यांत, पटक्षेप, पटाक्षेप, ▪यवनिका उत्थान.

**यव मद्य** = बियर.
**यवागू** = माँड़िया.
**यविका** = जई.
**यव्या** = बियर.
**यश** = प्रसिद्धि.
**यशकाम** = ख्याति इच्छुक.
**यशगाथा** = प्रशंसा गीत, मरसिया.
**यशद** = ख्यातिप्रद, जस्ता.
**यशप्रद** = ख्यातिप्रद.

**यशब** = जेड.
**यशवंत/यशवंती** = प्रसिद्ध.
**यशस्कर** = ख्यातिप्रद.
**यशस्वान/यशस्वती** = प्रसिद्ध.
**यशस्वी/यशस्विनी** = प्रसिद्ध.
**यशहीन** = गुमनाम.
**यशी/यशिनी** = प्रसिद्ध.
**यशोगान** = प्रशंसा गीत.
**यशोद/यशोदा** = ख्यातिप्रद.

**यशोदा** *सं* कृष्ण पालक माता, कृष्ण माता, जशोदा, जसमति, जसोमति, नंदरानी, महरि, यशोमती, •कृष्ण, •नंद.

**यशोदानंदन** = कृष्ण.
**यशोधन** = प्रसिद्ध.
**यशोधर/यशोधरा** = प्रसिद्ध.
**यशोमती** = यशोदा.
**यष्टा** = यज्ञ पुरोहित.
**यस** = हाँ.
**यह** = इतना/इतनी.

**यह** *सर्व* इदं, इस, इह, ई, न मैं न तुम, यह वस्तु, यह व्यक्ति, वह नहीं, •यही, •वह, •हम.

**यह और मैं** = हम.
**यह काल** = वर्तमान काल.
**यह देखते** = इस लिए.
**यह नहीं** = वह.
**यह नहीं है** = नेति.
**यह भी** = इत्यादि, भी.
**यह या वह** = वैकल्पिक.
**यह वस्तु** = यह.
**यह वह** = दुबिधा, विविध, विविधा.
**यह व्यक्ति** = यह.
**यह सब** = सृष्टि.
**यह समय** = वर्तमान काल.
**यह ही** = यही.
**यहाँ** = इस पार, उपस्थित, धरातल पर, निकट ही.

**यहाँ** *क्रिवि* अत्र, इस स्थान पर, इस स्थान में, उपस्थिति में, यहाँ पर, याँ, •कहाँ, •जहाँ, ▪वहाँ.

**यहाँ नहीं** = कहीं और.
**यहाँ नीचे** = धरातल पर.
**यहाँ पर** = यहाँ.
**यहाँ वहाँ** = कहीं कहीं, हर ओर.
**यहीं** = निकट ही.
**यहीं** = अभी, इधर.
**यहीं कहीं** = इधर.

**यही** *वि* अनन्य, अनेतर, इसी, और नहीं, कोई और नहीं, यह ही, ये ही, •यह, •वही, •ही.

**यहूद वंश उद्धारक** = मूसा.
**यहूदा** = यहूदी.
**यहूदियत** = यहूदी धर्म.

**यहूदी** *सं* अब्राहम वंशज, इबरानी, इब्रानी, इसराइली, इसरायली, जूदा, ज्यू, यहूदा, यहूदी/यहूदिन, शामी, सामी, हिब्रू.

**यहूदी/यहूदिन** = यहूदी, यहूदी धर्मावलंबी.

**यहूदी धर्म** *सं* यहूदियत, ▪ईसाई धर्म.

**यहूदी धर्मकथा संग्रह** = तलमुद.
**यहूदी धर्म तथा समाज नियम** = तलमुद.
**यहूदी धर्माधिकारी** = रब्बी.

**यहूदी धर्मावलंबी** *सं* यहूदी/यहूदिन.

**यहूदी पूजास्थल** = सिनागोग.
**याँ** = यहाँ.
**यांत्रिक** = यंत्रचालित.

**यांत्रिक** *वि तकनीकी*, मशीनी, मैकेनिकल, यंत्रीय, संयंत्रीय, •तकनीकी, •यंत्रचालित.

**यांत्रिकी** = तकनीक, वास्तुशास्त्र.

**यांत्रिकी** *सं* अभियंत्र भौतिकी, अभियांत्रिकी, मैकेनिक्स, यंत्र भौतिकी, •अभियांत्रिकी.

**या** = अथवा.
**याकूत** = माणिक.

**याकूत** *सं* पुलक, यमनकी, यमनी.

**याग** = यज्ञ.
**याचक** = निवेदक, भिखारी.
**याचक वृत्ति** = भिक्षावृत्ति
**याचना** = गिड़गिड़ाहट, निवेदन, प्रार्थना, भिक्षावृत्ति.

**याचना** *सं* अनुनय, अनुनय विनय, अभियाचना, अभ्यर्थना, अर्ज़, अर्ज़हाल, गुज़ारिश, चिरौरी, *निवेदन*, निहोरा, *प्रार्थना*, *मनुहार*, *माँग*, वंदना, विनती, विनय, सवाल, •गिड़गिड़ाहट, •मन्नत, •याचिका, ▪दया, ▪वरदान.

**याचिका** *सं* अनुरोध, *अपील*, अर्ज़नामा, अर्ज़ी, अर्ज़ीनामा, आवेदन, *आवेदन पत्र*, इल्तिजा, गुज़ारिशनामा, गुहार, दरख़्वास्त, नालिश, निवेदन पत्र, न्यायप्रार्थना, न्याययाचना, पैटीशन, प्रार्थनापत्र, *फ़रियाद*, *रोना*, सदा, सवाल, साग्रह प्रार्थना, •अपील.

**याचिका लेखक** *सं* अर्ज़ीनवीस, आवेदन पत्र लेखक, मुंशी, *लेखक*.

**याचित** = आवाहित, मँगाया/मँगाई.
**याचिता** = निवेदक.
**याची** = निवेदक.
**याज** = यजमान, यज्ञ पुरोहित.
**याजक** = यजमान, यज्ञ पुरोहित.
**याजनिक** = यज्ञ पुरोहित.
**याजि** = यज्ञ.
**याजी** = यजमान, यज्ञ पुरोहित.
**याज्ञ** = यज्ञीय.
**याज्ञवल्क्य** = ऋषि सूची.

**याज्ञवल्क्य** *सं* ब्राह्मराति, योगीश, वाजसनेयी.

**याज्ञवल्क्य स्मृति** = हिंदू विधि संहिता.
**याज्ञसेनी** = द्रौपदी.
**याज्ञिक** = पीपल, पुरोहित, यजमान, यज्ञ पुरोहित.
**याज्य** = बलिवस्तु, यज्ञीय.
**याड़ी** = अंतरंग मित्र, मित्र.
**यातना** = पीड़ा.

**यातना** *सं* उत्पीड़ा, कष्ट, थर्ड डिग्री, पीड़न, *पीड़ा*, बेकली, बेचैनी, यंत्रणा, विडंबना, साँसत, सितम, हाय, •अत्याचार, •दमन, •निर्दयता, •रैगिंग, ▪अहिंसा, ▪करुणा, ▪दया.

**यातनाप्रद** *वि* अत्याचारपूर्ण, *कठोर*, निर्दयतापूर्ण, निर्मम, यंत्रणापूर्ण, यंत्रणाप्रद, व्यथाकर, *हिंस्र*, हृदयहीन, •नारकीय, •पीड़ाप्रद.

**यातयाम** = बासी.
**याता** = गंता.

**यातायात** *सं* आना जाना, आमदरफ़्त, आवागमन, आवाजाही, गमन आगमन, ट्रैफ़िक, *यात्रा*.

**यातायात संकेत** *सं* ट्रैफ़िक सिगनल, मार्ग संकेत, *संकेत*, सिकंदरा, सिग्नल, •नारंगी बत्ती, •लाल बत्ती, •हरी बत्ती, •प्रकाशस्तंभ.

**यातुधान** = राक्षस.
**यातुधाना** = राक्षस स्त्री.
**यात्रांत** = यात्रा अंत.
**यात्रा** = खोज यात्रा, गमन, जुलूस, ट्रिप, तीर्थयात्रा, यातायात, सार्थ, साहस यात्रा.

**यात्रा** *सं* *गमन*, गुज़र, जात्रा, ट्रैवल, पयाम, *पर्यटन*, प्रयाण, भ्रमण, मार्गण, *यान*, व्रज्या, सफ़र, •अंतरिक्ष यात्रा, •खोज यात्रा, •तीर्थयात्रा, •पर्यटन, •वापसी यात्रा, •विमान यात्रा, •समुद्र यात्रा, •साहस यात्रा, •सैरसपाटा, •हिचहाइकिंग, •असबाब, •ट्रिप, •दौरा, •पासपोर्ट, •यात्रापत्र.

**यात्रा अंत** = पहुँच.

**यात्रा अंत** *सं* *अंत*, अवतरण, *आगमन*, उतराई, *पहुँच*, यात्रांत, यान अवतरण, ▪यात्रा आरंभ.

**यात्रा आरंभ** *सं* *आरंभ*, आरोहण, कूच, चलन, *प्रस्थान*, यात्रारंभ, यानारोहण, रवानगी, ▪पहुँच, ▪यात्रा अंत.

**यात्रा आहार** *सं* कलेवा, तोशा, पथाहार, पाथेय, पोटली, राहचबैनी, संबल, •उपाहार.

**यात्रापथ** = यात्रामार्ग.

**यात्रा भाड़ा** *सं* किराया, *टिकट*, परिवहन भाड़ा, फ़ेअर, *भाड़ा*, वहन शुल्क, •टिकट, •माल भाड़ा.

**यात्रामार्ग** *सं* पथक्रम, पथी, भ्रमण योजना, मार्गक्रम, यात्रापथ, रूट, •पथचित्र, •यात्राक्रम, •लौगबुक.

**यात्रारंभ** = यात्रा आरंभ.
**यात्रा लेख** = यात्रा वर्णन.

**यात्रा वर्णन** *सं* भ्रमण वृत्तांत, यात्रा लेख, यात्रा वृत्तांत, सफ़रनामा, •पथ प्रदर्शिका, •लौगबुक, •संस्मरण.

**यात्रावाल** = पंडा.
**यात्रा वृत्तांत** = यात्रा वर्णन.
**यात्रा सामान** = असबाब.
**यात्रिक** = यात्री.
**यात्री** = खोज यात्री, तीर्थयात्री, दर्शनार्थी, पर्यटक.

**यात्री** *सं* उतारू, *गंता*, जात्री, ट्रैवलर, पंथिक, पंथी, पथग, पथगामी, पथातिथि, पथिक, पथी, परदेशी, पांथ, पैसेंजर, *प्रवासी*, बटाऊ, बटोही, मार्गगामी, मार्गी, मुसाफ़िर, यात्रिक, राहगीर, राह चलता, राही, विज़िटर, सफ़ीर, •अंतरिक्ष यात्री, •आमोद यात्री, •खोज यात्री, •घुमक्कड़, •तीर्थयात्री, •पर्यटक, •अतिथि, •परदेशी, •सवार.

**यात्री दल** = सार्थ.
**यात्री निवास** = पांथशाला.
**यात्री बंगला** = पांथशाला.
**यात्रीयान** = सवारी यान.
**याथार्थ्य** = यथार्थता.
**याद** = अनुस्मरण, अविस्मरण, स्मृत, स्मृति.
**यादआवरी** = स्मृतिलाभ, स्मृतिलाभ.
**याद करना** = पढ़ना लिखना, बुलाना, रटना.
**यादगार** = अनुस्मरण, उपहार, निर्णायक, परिवर्तनकारी, पहचान चिह्न, संग्रहणीय, संस्मरणात्मक, स्मरणीय, स्मारक, स्मृतिचिह्न.
**याददाश्त** = स्मृति, स्मृतिधरता.
**याद न रखना** = भूलना.
**याद फ़रमाना** = बुलाना.
**यादफ़रामोश** = विस्मरणशील.
**याद में** = उपलक्ष्य में.
**याद रखने वाला** = स्मृतिधर.
**यादव** = कृष्ण, गोप.
**यादसांपति** = समुद्र.
**यादृच्छिक** = अनपेक्षित.
**यादें** = अनुस्मरण, संस्मरण.
**यान** = गमन, ज़ैन, जोतगाड़ी, परिवहन, यात्रा, सेना प्रयाण.

**यान** *सं* गंत्री, गड्डी, गाड़ी, ट्रांसपोर्ट, *परिवहन*, *रथ*, *वाहक*, वाहन, वाही, वैहिकल, शकट, *सवारी*, स्यंदन, •जलयान, •थलयान, •ऐंबुलैंस, •कालयंत्र, •ठेलागाड़ी, •त्रिचक्र यान, •द्विचक्र यान, •बस, •बैलगाड़ी, •भारयान, •मालवाहक, •मोटरगाड़ी, •मोटर ट्रक, •रेलगाड़ी, •वायुयान, •सवारी यान.

**यान (बौद्ध)** = दर्शन शास्त्र, संप्रदाय.
**यान अवतरण** = यात्रा अंत.
**यान आसन** = शायिका.

**यानचालक** *सं* गाड़ी चालक, चालक, वाहनचालक, *सारथी*, *सूत*, हँकिया, •कोचवान, •गाड़ीवान, •ड्राइवर, •विमानचालक, •सारथी.

**यान छत** *सं* कुटंक, *छत*, छतरी, *छप्पर*, झाँप, टप, टप्पर, *टब*, टाप.

**यान पशु** = जोत पशु.

**यान सीट** *सं* *कुरसी*, *गद्दी*, *बैंच*, वाहन आसन, वाहन सीट, सीट, •शायिका.

**यानस्थल** = ट्रांसपोर्ट नगर, स्टेशन.
**यानहीन** = पदचर.
**यानारोहण** = यात्रा आरंभ.
**यानी** = अर्थात.
**यानीय** = धार्मिक.
**याने** = अर्थात.
**याम** = पहर.
**यामघोष** = मुरगा, समय घोष.
**यामा** = रात.
**यामाता** = दामाद.
**यामिनी** = रात.
**यामिनीचर** = राक्षस.

**यामी** = पुत्री, बहन.
**यामेय** = भानजा.
**याम्य** = दक्षिणी.
**याम्या** = रात.
**याम्यायन** = दक्षिणायन.
**याम्योत्तर** = याम्योत्तर रेखा.
**याम्योत्तर दिगंश** = देशांश.

**याम्योत्तर रेखा** *सं* ध्रुववृत्त, प्रमुख याम्योत्तर, प्राइम मैरिडियन, मध्याह्न रेखा, मैरिडियन, याम्योत्तर, विषुवांश रेखा, •उज्जयिनी रेखा, •ग्रीनिच रेखा.

**यायावर** = ख़ानाबदोश, घुमक्कड़, फेरी वाला, बनजारा, संन्यासी.
**यायावर जाति** = बनजारा.
**यायावरता** = घुमक्कड़ी.
**यायावरी** = ख़ानाबदोशी, घुमक्कड़ी.
**यायी** = गंता.
**यार** = अंतरंग मित्र, जार, प्रेमी, मित्र.
**यारबाश** = दावतबाज़, मिलनसार.
**याराना** = परगमन, मित्रता.
**यारी** = परगमन, प्रेम, मित्रता.
**यारों का यार** = निस्स्वार्थ मित्र.
**यार्ड** = परिसर.
**यावज्जीवन** = आयुपर्यंत.
**यावत्** = इस बीच, पर्यंत.
**यावर** = प्रेमी, रक्षक.
**याविहोत्र** = यज्ञ.
**यास्क** = ऋषि सूची.
**यास्मीन** = चमेली.
**यियप्सा** = जिजीविषा.
**यिस्राईल (हिब्रू)** = इज़राइल.
**यीशु** = ईसा मसीह.
**यीस्ट** = ख़मीर.
**युआन (चीन)** = सिक्का सूची
**युक्त** = जुड़ा/जुड़ी, प्रासंगिक, संगत, संलग्न, समाविष्ट.

**युक्त** *वि* जुड़ा/जुड़ी, पिरा/पिरी, बद्ध, मिला/मिली, मुब्तला, युग्मित, युत, *योजित*, यौगिक, लगा/लगी, श्लिष्ट, श्लेषित, संगमित, संध, संधित, संयुक्त, संयुत, संयोजित, संश्लिष्ट, संसक्त, संहत, सक्त, समासक्त, समाहित, समित, समेत, *सहित*, •संलग्न, ▪कटा/कटी, ▪कटा/कटी.

**युक्त होना** = जुड़ना.
**युक्तार्थ** = अर्थयुक्त.
**युक्ति** = कहावत, कुचाल, गुर, छल, तर्क, नीति, न्यायवाक्य, साधन.
**युक्तिपूर्ण** = कूटनीति विषयक, तर्कसंगत, व्यावहारिक.
**युक्तिपूर्णता** = जुगत.
**युक्तियुक्त** = विचारित, विज्ञानसंगत.
**युक्तिसंगत** = अखंडनीय, न्यायसंगत.
**युक्तिहीन** = अवैज्ञानिक, तर्कहीन, विकल्पहीन.
**युगंधर** = हल जुआ.
**युग** = काल, जुआ, दीर्घ काल.

**युग** *सं* अरसा, *अवधि*, अवसर्पिणी, एज, ऐयाम, ऐरा, कल्प, *काल*, ज़माना, जुग, टाइम, दौर, पीरियड, *मन्वंतर*, •कलियुग, •त्रेतायुग, •द्वापरयुग, •सत्ययुग, •स्वर्णयुग.

**युग अंत** *सं* कालांतर, *परिवर्तन*, युग परिवर्तन, युगांत, युगांतर, युगांतराल, •निर्णायक अवसर, •निर्णायक परिवर्तन, •युगसंधि.

**युगधर्म** = कालधर्म.
**युगनिर्माता** = क्रांतिकारी.
**युगपद** = समकालीन.
**युग परिवर्तक** = अग्रगंता, क्रांतिकारी, युगांतरकारी.
**युग परिवर्तन** = क्रांति, युग अंत.
**युगपुरुष** = मर्यादा पुरुष.
**युग प्रवर्तक** = अग्रगंता.
**युग युग** = हमेशा.
**युगल** = जुड़वाँ, जोड़ी, टीम, दंपति, नर मादा, मिथुन राशि.

**युगल गीत** *सं* डुएट, दोगाना, प्रेमी प्रेमिका संयुक्त गीत.

**युगसंधि** *सं* प्रतिसंधि, युगांतर काल, संध्यांश, •युग अंत.

**युगांत** = प्रलय, युग अंत.
**युगांतर** = अंतरिम काल, क्रांति, युग अंत.
**युगांतरकारी** = निर्णायक.

**युगांतरकारी** *सं ऐतिहासिक*, *क्रांतिकारी*, *गंभीर*, *निर्णायक*, परिवर्तक, *परिवर्तनकारी*, प्रलयंकर, महान परिवर्तनकारी, महान परिवर्तनकारी, युग परिवर्तक, •अग्रगंता, •स्मरणीय.

**युगांतरकारी क्षण** = निर्णायक अवसर.
**युगांतरकारी घटना** = निर्णायक परिवर्तन.
**युगांतर काल** = युगसंधि.
**युगांतर में** = आख़िरकार.
**युगांतराल** = अंतरिम काल, युग अंत.
**युगांतरे** = आख़िरकार.
**युगाध्यक्ष** = प्रजापति.
**युगानुकूल** = समयानुसार.
**युगानुसार** = समयानुसार.
**युगावतार** = महापुरुष.
**युगी** = युगीय.
**युगीन** = युगीय.

**युगीय** *वि* मन्वंतरीय, युगी, युगीन.

**युग्म** = जोड़ी.
**युग्मक प्रणाली** = द्वितीय लव प्रणाली.
**युग्मज** = जुड़वाँ.
**युग्मन** = गर्भदान.
**युग्मित** = युक्त.
**युत** = युक्त.
**युति** = आबद्धन, जोड़ी, मिलन.

**युति** *सं* जोड़, टाँका, पर्व, *मिलन*, *योग*, श्लेष, संग, *संगति*, *संगम*, संघात, संधा, संधान, *संधि*, *संपर्क*, *संबंध*, संयुक्ति, संयुति, *संयोग*, संश्लेष, संसर्ग, संस्पर्श, संहति, *समास*, समाहार, समुदाय, सम्मिलन, सायुज्य, •अनुलग्नक, •संलग्नन.

**युद्ध** = संघर्ष.

**युद्ध** *सं* अनीक, अशांति, कंदल, *कलह*, कलिकर्म, कशमकश, जंग, जंगो जदल, जदल, जिहाद, जुद्ध, जूझ, *टक्कर*, धमगजर, पृतना, प्राघात, फ़साद, फ़्रंट, भारत (प्रा), भिड़ंत, मारकाट, मुक़ाबला, *मुठभेड़*, मुहिम, मोरचा, रक्तपात, रण, रन, लड़ाई, विग्रह, वृजन, *शत्रुता*, शांतिभंग, संगर, संग्राम, *संघर्ष*, संघात, संधिभंग, संपराय,

समर, समिति (प्रा), सामना, •अंतरिक्ष युद्ध, •गुरिल्ला युद्ध, •गृहयुद्ध, •जलयुद्ध, •थलयुद्ध, •धर्मयुद्ध, •नभयुद्ध, •महायुद्ध, •रसायन युद्ध, •विश्वयुद्ध, •आक्रमण, •छावनी, •ब्लैक आउट, •मुठभेड़, •रणभूमि, •सेना, ▪शांतिकाल, ▪संधि, ▪सहअस्तित्व.

**युद्ध अंत** = युद्धांत.
**युद्ध अपयान** = व्यवस्थित पलायन.

**युद्ध अभ्यास** *सं* *अभ्यास*, चित्रयुद्ध, नक़ली युद्ध, पैंतरेबाज़ी, •पूर्वाभ्यास, •रिहर्सल.

**युद्ध उपकरण** = शस्त्रास्त्र.
**युद्धक** = आक्रामक, योद्धा.
**युद्ध करना** = लड़ना.
**युद्धक राकेट** = प्रक्षेपास्त्र.

**युद्धकला** *सं* मार्शल आर्ट, युद्ध खेल, शौर्यकला, •युद्धविद्या.

**युद्धक्षेत्र** = रणभूमि.
**युद्ध खेल** = युद्धकला.
**युद्धघोष** = युद्धनाद.

**युद्धधन** *सं* ग़नीमत, चौथ, *धन*, माले ग़नीमत, युद्ध लूट, *लूट*, लूट माल, विजित धन, •चोरी माल, •फिरौती, •विजय.

**युद्धनाद** *सं* आक्रंद, आक्रमण नाद, *आवाहन*, आह्वान, कूच का डंका, कूच नगाड़ा, *तूर्यनाद*, दहाड़, प्रयाण पटह, *बिगुल*, बिगुल ध्वनि, युद्धघोष, रणभेरी, शंखनाद, सिंहध्वनि, सिंहनाद, हल्ला, हुंकार.

**युद्धनीति** = रणनीति.
**युद्ध पलायन** = रणत्याग.
**युद्धपोत** = नौसेना पोत, बैटलशिप.
**युद्धप्रिय** = कलहप्रिय, युद्धोत्सुक.
**युद्धप्रेमी** = युद्धोत्सुक.
**युद्ध बंकर** = बंकर.
**युद्धबंदी** = युद्धांत.
**युद्धभूमि** = रणभूमि.

**युद्धमृत्यु** *सं* अमरत्व, *आत्मबलि*, क़ुरबानी, बलि, *बलिदान*, योगनिद्रा, वीरगति, शहादत.

**युद्धयात्रा** = सेना प्रयाण.
**युद्धयुक्ति** = रणनीति.
**युद्ध लूट** = युद्धधन.

**युद्धविद्या** *सं* क्षत्रविद्या, *धनुर्वेद*, रणविद्या, शस्त्रविद्या, शूरविद्या, •युद्धकला.

**युद्धविराम** *सं* अवहार (प्रा), अस्त्रविराम, अस्थायी युद्ध समाप्ति, रणविराम, *विराम*, शांतिध्वज, श्वेत ध्वज, सफ़ेद झंडा, सैनिक सुलह, •युद्धांत, •शांतिकाल, •संधि.

**युद्धविरोधी** = शांतिप्रेमी.
**युद्धवीर** = वीर.
**युद्धसज्जा** = शस्त्रधारण.

**युद्धसन्नद्ध** *वि* तैनात, तैयार, लामबंद, लैस, शस्त्रीकृत, *सज्जित*, *सन्नद्ध*, *सावधान*, सुसज्जित, हथियारबंद, •उपकरणयुक्त, •शस्त्रसज्जित, •सावधान.

**युद्ध समाप्ति** = युद्धांत.
**युद्ध सामग्री** = शस्त्रास्त्र.
**युद्धस्थल** = रणभूमि.
**युद्धहीन** = शांतिपूर्ण.
**युद्धहीनता** = शांतिकाल.
**युद्धांत** = शांतिकाल.

**युद्धांत** *सं* युद्ध अंत, युद्धबंदी, युद्ध समाप्ति, शांति, शांति स्थापना, •शांतिकाल.

**युद्धाग्र** *सं* अगला मोरचा, अग्रिम मोरचा, आक्रमण बिंदु, फ्रंट, मोरचा, रक्षापंक्ति, •अग्रगामी सेना, •ट्रैंच, •परिखा, •बंकर, •सेनाग्र, ▪सेनापृष्ठ.

**युद्धातुर** = युद्धोत्सुक.
**युद्धात्मक** = युद्धोत्सुक.
**युद्धार्थी** = योद्धा.
**युद्धास्त्र** = शस्त्र.
**युद्धेच्छुक** = युद्धोत्सुक.

**युद्धोत्सुक** *वि* *आक्रामक*, आमादा, उतारू, जंगआवर, जंगजू, जंगी, जुझारू, जोशीला/जोशीली, युद्धप्रिय, युद्धप्रेमी, युद्धातुर, युद्धात्मक, युद्धेच्छुक, युद्धोन्मत्त, युयुत्सु, रणप्रिय, लड़ाई पर उतारू, लड़ाका, लड़ाकू, संग्रामी, संघर्षी.

**युद्धोन्मत्त** = युद्धोत्सुक.
**युधिष्ठिर** = पांडव सूची.□

**युधिष्ठिर** *सं* अजातारि, कंक (अज्ञातवास नाम), कर्णानुज, जय (अज्ञातवास नाम), *धर्म*, धर्मराज, धर्मात्मज, धर्मात्मा, धर्मावतार, धर्मेंद्र, *पांडव*, पांडवराज, पार्थ, पृथासुत, *सत्यवादी*, •द्रौपदी.

**युधिष्ठिर पक्षीय कुरुवंशी** = पांडव.
**युयु** = घोड़ा.
**युयुत्सा** = शत्रुता.
**युयुत्सु** = युद्धोत्सुक, योद्धा.
**युयुधान** = योद्धा.
**युव-** = युवक.

**युवक** *सं* गबरू, जवाँ मर्द, *जवान*, जवानसाल, जातश्मश्रु, पट्ठा, पाठा, मनुस, युव-, युवा, युवा पुरुष, •किशोर, •युवती, •वयस्क, ▪वृद्ध पुरुष, ▪शिशु.

**युवक वर्ग** = युवाजन.
**युवजन** = युवाजन.
**युवती** = सुंदर स्त्री, सोनजूही.

**युवती** *सं* कलोरी, जवान स्त्री, तरुणी, धना, धनिका, *धनिया*, धनी, नवेली, नवोढ़ा, नौची, पट्ठी, पठिया, पाठी, प्रमदा, प्राप्तयौवना, बाला, *मालती*, युवा स्त्री, यौवना, वयस्का, विलासिनी, •किशोरी, •युवक, •लड़की, •षोडशी, ▪वृद्ध स्त्री.

**युवन्यु** = नवयुवक/नवयुवती.
**युवराज** = बड़ा पुत्र.

**युवराज** *सं* कुमार, जुबराज, टीका अधिकारी, तिलकाधिकारी, प्रिंस आफ़ वेल्स (यू.के.), मनोनीत उत्तराधिकारी, महाकुमार, वली अहद, •राजकुमार.

**युवराज पत्नी** *सं* युवराज्ञी, युवरानी, *राजकुमारी*, शहज़ादी.

**युवराज्ञी** = युवराज पत्नी.

**युवरानी** = युवराज पत्नी, राजकुमारी.
**युवा** = जवान, नवयुवक/नवयुवती, युवक.
**युवा अवस्था** = यौवन.

**युवाजन** *सं* अगली पीढ़ी, नई पीढ़ी, युवक वर्ग, युवजन, •किशोर, •किशोरी, •नवयुवक, •नवयुवती, •युवक, •युवती, •षोडशी.

**युवानक** = नवयुवक/नवयुवती.
**युवा पुरुष** = युवक.
**युवावस्था** = यौवन.
**युवा स्त्री** = युवती.
**यूँ** = इस लिए, ऐसे.
**यूँ ही** = अटकल के सहारे, उद्देश्यहीनतः, संयोगवश.
**यूँ ही मिला** = अनर्जित.
**यूऐनओ** = संयुक्त राष्ट्र संघ.
**यूऐफ़ओ** = उड़न तश्तरी.
**यूऐस (बीज नाम)** = संयुक्त राज्य अमरीका.
**यूऐसए (बीज नाम)** = संयुक्त राज्य अमरीका.
**यूक** = जूँ.
**यूकरिस्ट** = कम्यूनियन, कम्यूनियन.
**यूकलिप्टस** = काष्ठ.

**यूकलिप्टस** *सं* कर्पूरमारम, नील वृक्ष.

**यूका** = जूँ.
**यूके (बीज नाम)** = यूनाइटिड किंगडम.

**यू टर्न** *सं* चूल्हा मोड़, वापस मोड़, वापसी, •तीखा मोड़, •पूरा मोड़, •सर्पिल मोड़.

**यूथ** = थलसेना, वृंद, समूह, सेना.
**यूथिका** = जूही.
**यूथी** = जूही.
**यूनाइटिड अरब ऐमीरेट्स** = अमीरात.

**यूनाइटिड किंगडम** *सं* इंगलिस्तान, इंगलैंड, इंग्लिस्तान (विकल्प), इंग्लैंड (विकल्प), ऐल्बियन, ग्रेट ब्रिटेन, यूके (बीज नाम), •अँगरेजी भाषा, •अँगरेजी राज, •भारत, •साम्राज्य.

**यूनाइटिड किंगडमः राजधानी** *सं* लंदन.

**यूनाइटिड किंगडम क्षेत्र सूची** *सं* इंग्लैंड, कैंट, डोवर, वेल्स, स्काटलैंड.

**यूनाइटिड नेशंस** = संयुक्त राष्ट्र संघ.
**यूनाइटिड नेशंस ऑर्गनाइज़ेशन** = संयुक्त राष्ट्र संघ.
**यूनाइटिड स्टेट्स** = संयुक्त राज्य अमरीका.
**यूनाइटेड स्टेट्स आफ़ अमैरिका** = संयुक्त राज्य अमरीका.
**यूनान** = ग्रीस.
**यूनानी** = ग्रीक भाषा.
**यूनानी चिकित्सक** = हकीम.

**यूनानी चिकित्सा** *सं* अरबी चिकित्सा, तिब, हकीमी, हिकमत.

**यूनिट** = अनुभाग, एकक, सेना विभाग.
**यूनिटी** = एकता.
**यूनिफ़ार्म** = वरदी.
**यूनियन** = मज़दूर संघ, राजनीतिक दल, संघ, संस्था.
**यूनिवर्स** = सृष्टि.
**यूनिवर्सिटी** = विश्वविद्यालय.
**यूनो** = संयुक्त राष्ट्र संघ.
**यूपद्रुम** = खैर.
**यूपी (बीज नाम)** = उत्तर प्रदेश.
**यूफ़ोरिया** = सुखभ्रांति.
**यू बोट** = पनडुब्बी.
**यूरप** = यूरोप.
**यूरिया** = रासायनिक उर्वरक.
**यूरीन** = मूत्र.
**यूरेनस** = अरुण ग्रह.
**यूरेनीयम** = रासायनिक तत्त्व सूची.
**यूरेशिया महाखंड** = महाद्वीप नाम सूची.

**यूरेशिया** *सं* एशिया-यूरोप महाखंड, यूरेशिया महाखंड.

**यूरेशिया महाखंड** = यूरेशिया.
**यूरो (यूरोप)** = सिक्का सूची
**यूरोप** = महाद्वीप नाम सूची.

**यूरोप** *सं* पश्चिम, फिरंग, यूरप, विलायत, वैस्ट.

**यूरोपियन** = यूरोपीय.
**यूरोपियम** = रासायनिक तत्त्व सूची.

**यूरोपीय** *वि* फिरंग, फिरंगी, फिरगाना/फिरगानी, यूरोपियन, विलायती.

**यूष** = काढ़ा, निष्कर्ष, रस, रसा.
**ये और मैं** = हम.
**ये दिन** = वर्तमान काल.
**येन केन** = किसी भी क़ीमत पर.
**येन केन प्रकारेण** = किसी भी क़ीमत पर.
**ये भी** = इत्यादि.
**येलम्मा** = होलिका.
**येशा (जापान)** = वेश्या.
**ये ही** = यही.
**यैन (जापान)** = सिक्का सूची□
**यों** = इस लिए, ऐसे.
**योक** = जुआ.
**योग** = आरंभ, इंद्रियनिग्रह, इष्टयोग, उपयोग, कर्मफल, जोड़ कर्म, जोड़ फल, ध्यान, पूर्वलक्षण, बढ़ोतरी, मंगल काल, मिलन, मुहूर्त, युति, योगाभ्यास, संयोग, सहयोग, सुअवसर, हठयोग.

**योग** *सं* अष्टांग योग, जोग, •कर्मयोग, •ज्ञानयोग, •ध्यानयोग, •भक्तियोग, •राजयोग, •हठयोग, •तपस्या, •योगाभ्यास.

**योग (मुहूर्त)** = पंचांग अंग.
**योग अभ्यास** = योगाभ्यास.
**योग आठ अंग सूची** = योगांग.

**योग आसन** *सं* *आसन*, बैठक, योगासन, *स्थिति*, •तपस्या, •शीर्षासन.

**योग आसन सूची** *सं* कुक्कुटासन, कूर्मासन, दिव्यासन, पद्मासन, ब्रह्मासन, वज्रासन, वीरासन, शीर्षासन, सिद्धासन, सूर्य नमस्कार.

**योगकरण** = जोड़ कर्म.
**योग करना** = जोड़ना.
**योगक्षेम** = कल्याण, समृद्धि, सलामती, सुरक्षा.
**योगक्षेमकारी** = कल्याणकारी.
**योगक्षेमात्मक** = शुभसूचक.
**योगदर्शन** = षड्दर्शन.
**योगदान** = चंदा, सरपरस्ती, सहकर्म, सहयोग, सहायता.

**योगध्वनि** *सं* अनहद नाद, आंतरिक ध्वनि, ओऽम्, नाद, नादब्रह्म, प्रणाद, विनाद, *शब्दब्रह्म*, स्वरब्रह्म.

**योगनिद्रा** = दुर्गा, युद्धमृत्यु.
**योग फल** = जोड़ फल.
**योग फल निकालना** = जोड़ना.
**योगमाता** = दुर्गा.
**योगर्ट** = दही, दही.
**योगवासिष्ठ रचेता** = वसिष्ठ.
**योगविद** = प्रेतसाधक.
**योगविधि द्वारा मल शोधन** = योग विधि द्वारा मल शोधन.

**योग विधि द्वारा मल शोधन** *सं* कढ़नी, धौति, धौती (विकल्प), *नौली*, योगविधि द्वारा मल शोधन, वस्ति, •एनीमा, •मलत्याग.

**योगशास्त्र** = गीता.
**योगशास्त्र वेत्ता** = योगी.
**योग साधना** = तपस्या, योगाभ्यास.

**योगसिद्धि** *सं* अलौकिक सिद्धि, ऋद्धि, दैवी सिद्धि, रिद्धि (विकल्प), विद्या, साधुसिद्धि, सिद्धि.

**योगसिद्धि सूची** *सं* अणिमा, अष्टसिद्धि सूची, ईषित्व, गरिमा, प्राकाम्य, *प्राप्ति*, महिमा, लधिमा, वशित्व.

**योगांग** *सं* अष्टयोग, अष्टांग, साष्टांग योग.

**योगांग सूची** *सं* *आसन*, धारणा, *ध्यान*, *नियम*, प्रत्याहार, *प्राणायाम*, यम, योग आठ अंग सूची, *समाधि*.

**योगाचरण** = योगाभ्यास.
**योगाचार्य** = शुक्राचार्य.
**योगात्मा** = योगी.

**योगाभ्यास** *सं* जोग, तप, *योग*, योग अभ्यास, योग साधना, योगाचरण, *साधना*, •तपस्या, •प्राणायाम, •योग, •व्यायाम.

**योगारूढ़** = तपस्वी, योगी, विरक्त, संन्यासी, साधु.
**योगासन** = योग आसन.

**योगिनी** = जादूगरनी, तपस्विनी, देवी, पार्वती.

**योगिनी** *सं* जोगन, जोगिन, जोगिनी, साधिका, साध्वी, •ऋषि, •मठवासिनी.

**योगिनी चक्र** = नक्षत्र चक्र.
**योगिनी पूजा** = तंत्रवाद.
**योगी** = आत्मज्ञानी, ऋषि, तपस्वी, वैरागी, साधु.

**योगी** *सं* कंथाधारी, जती, जोगी, *तपस्वी*, महायोगी, यति, योगशास्त्र वेत्ता, योगात्मा, योगारूढ़, योगीश्वर, योगेंद्र, *संन्यासी*, *साधक*, *साधु*, सिद्ध, सिद्धेश्वर, •ऋषि, •प्रबुद्ध, •भभूत, ▪रसिक.

**योगीदंड** = बेंत.
**योगीश** = याज्ञवल्क्य.
**योगीश्वर** = कृष्ण, योगी, विष्णु, शिव.
**योगीश्वरी** = दुर्गा.
**योगेंद्र** = योगी.
**योग्य** = अच्छा/अच्छी, अधिकारागत, अर्हतासंपन्न, आचरणीय, उपयोगी, करणीय, चयनीय, दक्ष, मनोग्राह्य, विवाह्य, संगत, सक्षम, सुपात्र.

**योग्य** *वि* अच्छा/अच्छी, अर्हंत, क़ाबिल, कामिल, गुणी, गुनिया, *दक्ष*, माक़ूल, *विश्वसनीय*, समर्थ, •अनुभवी, •कुशल, •सक्षम, •सुपात्र, ▪अदक्ष, ▪अपात्र, ▪अयोग्य, ▪फूहड़.

**योग्यतम की जय** = उद्विकास.
**योग्यतर** = बेहतर.
**योग्यता** = क्षमता, दक्षता, बायोडाटा.

**योग्यता** *सं* उपलब्धि, *कला*, क़ाबिलीयत, *क्षमता*, *दक्षता*, निपुणता, लियाक़त, सकता, सलीक़ा, सामर्थ्य, हुनर, हैसियत, •अनुभव, •अर्हता, •प्रसिद्धि, ▪अक्षमता, ▪अयोग्यता.

**योग्यता वर्णन** = बायोडाटा.
**योग्यतासंपन्न** = अर्हतासंपन्न.
**योग्यताहीन** = अर्हताहीन.
**योग्य बनाना** = सिखाना.

**योजक** = थलडमरुमध्य, योजक चिह्न, संयोजक.

**योजक** *सं* जोड़ने वाला, मिलाने वाला, संधानक, संधानी, संयुक्त कर्ता, *संयोजक*, ▪वियोजक.

**योजक चिह्न** *सं* (-), ऐन डैश, *योजक*, *संयोजक*, हाइफ़न, •कोलन.

**योजन** = संघटन, संश्लेषण, समावेश.

**योजन** *सं* चार कोस, जोजन, मार्ग धेनु, मार्ग धेनुक, लगभग आठ मील.

**योजना** = क्रम, निर्माण परिकल्पना, नीति, परिकल्पना, बनावट, संस्थापना.

**योजना** *सं* आयोजना, कार्य योजना, तजवीज़, नक़्शा, *परिकल्पना*, पूर्वयोजना, प्रायोजना, प्लान, मनसूबा, रूपरेखा, •नीति, •परिकल्पना, •शीड्यूल.

**योजनाबद्ध** = योजित, व्यवस्थित.
**योजनायुक्त** = योजित.
**योजनाहीन** = अयोजित, अव्यवस्थित, क्रमहीन, जल्दबाज़.
**योजनाहीनता** = जल्दबाज़ी.
**योजित** = युक्त, समाविष्ट.

**योजित** *वि* *अनुशासित*, अपेक्षित, अभिवांछित, अभीष्ट, अर्थित, आयोजित, इष्ट, उद्दिष्ट, *क्रमबद्ध*, चाहा/चाही, चिंतित, चिंतित, चिंतित अनुचिंतित, जाना बूझा/जाना बूझी, नियोजित, *निर्धारित*, प्रयोजित, बातरतीब, मक़सूद, मनसूब, योजनाबद्ध, योजनायुक्त, *विचारित*, विनियोजित, *व्यवस्थित*, सुयोजित, सुविचारित, सुविवेचित, सुविहित, सुव्यवस्थित, सोचा विचारा/सोची विचारी, सोचा समझा/सोची समझी, •नियंत्रित, •निर्धारित, •पूर्वयोजित, ▪अयोजित, ▪प्रयोजनहीन.

**योत्र** = जोत रस्सी.
**योद्धव्य** = जेय, योद्धा.

**योद्धा** = कुश्तीबाज़, क्रांतिकारी, क्षत्रिय, धर्मयोद्धा, वीर पुरुष, सैनिक.

**योद्धा** *सं* क्षत्र, जंगावर, *जवान*, जोधा, दंगली, *दिग्गज*, नरवीर, बली, बाँकुरा, बानैत, भट, मल्ल, युद्धक, युद्धार्थी, युयुत्सु, युयुधान, योद्धव्य, योधा, योधी, यौधेय, रणधीर, रणबाँकुरा, रणवीर, रनबंका, रावल, लड़ाका, लड़ैत, लड़ैता, विक्रमी, विक्रांता, *वीर*, वीर भट, शूर, शूरवीर, संग्रामी, सफ़आरा, सफ़दर, सामुराई, *सिपाही*, सुभट, सूरमा, हठीला, •कमांडो, •कुश्तीबाज़, •ग्लैडिएटर, •महारथी, •सेनापति, ▪सिविलियन.

**योधा** = योद्धा, सैनिक.
**योधी** = योद्धा.
**योधेय** = महारथी.
**योध्य** = जेय.
**योनि** = जननेंद्रिय, जीव योनि, स्त्री जननेंद्रिय, स्त्री जननेंद्रिय.
**योनि जगत** = जीव समष्टि.
**योनिमुख** = स्त्री जननेंद्रिय.
**योनि विकास** = उद्विकास.
**योनिसंकर** = संकरित.
**योयो** = चकई.
**योशा (जापान)** = वेश्या.
**योशीवाड़ा (जापान)** = वेश्यालय.
**योषणा** = कुलटा.
**यौगिक** = युक्त.
**यौधेय** = योद्धा.
**यौनकर्मी** = वेश्या.

**यौन रोग** *सं* गुप्त रोग, जननेंद्रिय रोग, फ्रैंच डिज़ीज़, रतिज रोग, वीडी, •आतशक, •एड्स, •सूज़ाक.

**यौन संसर्गज महामारी** = एड्स.
**यौन संसर्गज रोग** = एड्स.
**यौम** = दिन.
**यौमे आज़ादी** = स्वतंत्रता दिवस.
**यौवन** = खिलावट, चरम अवस्था, वसंत, स्तन.

**यौवन** *सं* उत्कर्ष, खिलापन, खिली जवानी, गरम खून, *गर्मजोशी*, चढ़ी जवानी, जवानी, जीवन वसंत, जोबन, निखरी जवानी, निखार, पूर्ण यौवन, बसंत, बहार, भरी जवानी, युवा अवस्था, युवावस्था, यौवन काल, यौवन श्री, वयस्कता, वसंत काल, शबाब, •उत्साह, •कायाकल्प, •नवयौवन, •मध्यावस्था, •वृद्धावस्था.

**यौवन काल** = यौवन.
**यौवन जल** = अमृत.
**यौवनपूर्ण** = चिरयुवा, जवान.
**यौवन प्राप्ति** = कायाकल्प.
**यौवन श्री** = यौवन.
**यौवना** = युवती.
**रंक** = कंगाल, भिखारी.
**रंग** = अलमस्ती, आनंद, उत्साह, खिलावट, त्वचा रंग, नशा, नशा, नाज़नख़रा, प्रजाति, प्रभाव, प्रेक्षागार, भोगविलास, मनोरंजन, रंग द्रव्य, रंगमंच, शैली, सजावट, स्याही, होली.

**रंग** *सं* कलर, क्रोम, *राग*, *वर्ण*, •त्वचा रंग.

**रंग उतरा** = बदरंग.
**रंग उतारना** = धिक्कारना.
**रंग करना** = रँगना.
**रंगकर्मी** = आरंजन कर्मी, मचकर्मी.
**रंगकार** = आरंजन कर्मी, रँगरेज़.
**रंगकीट** = बीर बहूटी.
**रंगक्षेत्र** = खेल मैदान.
**रंग खोलना** = निखारना.
**रंगगृह** = नाट्यागार.
**रंग चढ़ाना** = रँगना.
**रंगचर** = अभिनेता, मंचकर्मी.
**रंग जमाना** = चकराना, मोहना.
**रंगजीवक** = मंचकर्मी.
**रंगजीवी** = अभिनेता, रँगरेज़.
**रंगढंग** = आचरण, चरित्र, परिस्थिति, लक्षण.
**रंगत** = तड़कभड़क, लालिमा, सजावट.
**रंगतरा** = संतरा.
**रंगद** = कत्था, सुहागा.
**रंगदा** = फिटकरी.
**रंगदानी** = कलर बाक्स.
**रंगदार** = रंगीन.
**रंगदार मिर्च** = देगी मिर्च.
**रंगदारी** = अपहरण.

**रंग द्रव्य** *सं* कलर, क्रोम, डाई, द्रव्य रंग, पिगमैंट, *रंग*, रंगव्य, रंजक पदार्थ, रंजव्य, रागव्य, वर्ण धातु, •इनामल, •इमल्शन, •डिस्टैंपर, •पालिश, •पिगमैंट, •वार्निश.

**रँगना** = लीपना.

**रँगना** *क्रि* *चढ़ाना*, पुचारना, पुताई करना, पोतना, बोरना, रंग करना, रंग चढ़ाना, रंगीन करना, रंजित करना, रचाना, राँजना, *लगाना*, *लीपना*, •रँगना, ▪फीका करना.

**रंगपूजा** = नाट्य आरंभ.
**रंग प्रदान** = आरंजन.
**रंग प्रस्फुटन** = उज्ज्वलन.
**रंगबाड़ा** = रंगभूमि.
**रंगबिरंगा/रंगबिरंगी** = बहुरंगा/बहुरंगी.
**रंगभंग** = आनंद भंग.
**रंग भंग कर्ता** = आनंद भंग कर्ता.
**रंगभवन** = ऐश्वर्य भवन, क्रीड़ागृह, नाट्यागार.
**रंगभूमि** = ऐश्वर्य भवन, कुश्ती मैदान, मनोरंजन स्थान, रंगमंच, रणभूमि.

**रंगभूमि** *सं* अखाड़ा, *मैदान*, रंगबाड़ा, *रंगमंच*, रंगमंडप, रंगवाट, व्रज्या, •प्रेक्षागार, •रंगमंच.

**रंगभेद** = प्रजातिवाद.
**रंगमंच** = रंगभूमि.

**रंगमंच** *सं* अभिनय स्थल, नटरंग, नाटक मंच, *मंच*, *रंग*, *रंगभूमि*, स्टेज, •मंचपार्श्व, •मंचपृष्ठ, •मंच प्रकाश व्यवस्था, •मंचसज्जा, •मंच सामग्री.

**रंगमंचीय** *वि* *अप्राकृतिक*, अभिनयपूर्ण, अवास्तविक, आडंबरपूर्ण, *आश्चर्यजनक*, ऊपरी, कृत्रिम, *कोलाहलपूर्ण*, घटिया, झूठमूठ का, *तड़कभड़कदार*, दिखावटी, फ़िल्मी, बनावटी, *भँड़ौआ*, भड़भड़ाता/भड़भड़ाती, *भव्य*, *भव्य*, मंचीय, *मायावी*, मुखर, विस्मयजनक, शानदार, सस्ता/सस्ती, सौष्ठवहीन, •नाटकीय, •भव्य.

**रंगमंडप** = रंगभूमि.
**रंगमहल** = ऐश्वर्य भवन, क्रीड़ागृह, ज़नानख़ाना.
**रंग में भंग** = क़हर.
**रंग में भंग** = आनंद भंग.
**रंग में भंग डालने वाला** = आनंद भंग कर्ता.
**रंगयुक्त** = रंगीन.
**रंगरंगीली होली** = होली.
**रंगरली** = भोगविलास, संभोग.
**रंगरलीपूर्ण** = विलासितापूर्ण.
**रंगरस** = मनोरंजन.
**रंगरसिया** = रसिक, विनोदप्रिय.
**रंगराता/रंगराती** = प्रेमासक्त, रंगीन.
**रंगरूट** = नौसिखिया.

**रंगरूट** *सं* कैडेट, नया भरती सैनिक, नवागत, •नौसिखिया, •प्रशिक्षु.

**रंगरूप** = देहानुपात, मुखमंडल, सौंदर्य, हुलिया.

**रँगरेज़** *सं* रंगकार, रंगजीवी, रँगिया, लिलारी, •ओढ़नी, •रँगाई, •वस्त्र.

**रँगरेज़ी** = रँगाई.
**रंगरेली** = अलमस्ती, भोगविलास, मनोरंजन.
**रंगवाट** = रंगभूमि.
**रंग विशदन** = उज्ज्वलन.
**रंगव्य** = रंग द्रव्य.
**रंगव्य गोंद** = वार्निश.
**रंगशाला** = नाट्यागार, प्रेक्षागार.
**रंगसाज़** = आरंजन कर्मी.
**रंगहीन** = अरोचक.

**रंगहीन** *वि* अनरँगा/अनरँगी, अरंजित, अवर्ण, बेरंग, वर्णहीन, सफ़ेद (कपड़ा), ▪रंगदार, ▪रंगीन.

**रंगांगण** = नृत्यशाला.
**रँगा/रँगी** = कुटिल, प्रभावित, रंगीन.
**रँगाई** = आरंजन.

**रँगाई** *सं* कपड़ा रँगाई, रँगरेज़ी, रंजन, वस्त्र रंजन, •आरंजन, •कढ़ाई कर्म, •छींट, •छीपीगीरी, •रँगरेज़.

**रंगाजीवी** = चित्रकार.
**रंगारंग** = बहुरंगा/बहुरंगी.
**रंगालय** = नाट्यागार.
**रंगाली** = वर्णक्रम.
**रंगावतरण** = अभिनय.
**रंगावतारक** = अभिनेता.
**रंगावतारी/रंगावतारिका** = चरित्र पात्र.
**रंगावली** = वर्णक्रम.
**रंगिणी** = छबीली.
**रँगिया** = आरंजन कर्मी, रँगरेज़.
**रंगी** = प्रेमासक्त, रसिक.
**रंगीन** = उत्सवपूर्ण, पुष्पित, पौप, बहुरंगा/बहुरंगी, रसप्रेमी, रूमानी, विनोदप्रिय, विलासप्रिय.

**रंगीन** *वि* आरंजित, पुता/पुती, रंगदार, रंगयुक्त, रंगराता/रंगराती, रँगा/रँगी, रंजित, रक्त, रचा/रची, रागान्वित, राता/राती, वर्णी, •आलेपित, •बहुरंगा/बहुरंगी, •सुरंजित, ▪रंगहीन.

**रंगीन करना** = रँगना.
**रंगीनमिजाज़** = रसप्रेमी, रूमानी, विलासप्रिय.
**रंगीनी** = कलाप्रेम, तड़कभड़क, नशा, नशा, विलासिता.
**रँगीला** = छबीला, प्लेबौय.
**रँगीला/रँगीली** = अलमस्त, छबीला/छबीली, रसप्रेमी, विनोदप्रिय, विलासप्रिय.
**रँगीली** = छबीली.
**रंगून (विकल्प)** = म्यान्माः राजधानी.
**रंगोत्सव** = होली.
**रंगोपजीवी** = नट, मंचकर्मी.

**रंगोली** *सं* अल्पना, कोलम, चौक, चौका, स्वस्तिक, •डिज़ाइन.

**रंच** = अल्पतम, पुट.
**रंचमात्र** = अल्पतम.
**रंज** = उदासी, खेद, पश्चात्ताप, विरह वेदना, शोक.
**रंजक** = आनंदप्रद, मनोरंजक.
**रंजक पदार्थ** = रंग द्रव्य.
**रंजन** = आरंजन, रँगाई.
**रंजनी** = नील, हलदी.
**रंजव्य** = रंग द्रव्य.
**रंजिका** = मेहँदी.
**रंजित** = आनंदित, प्रसाधित, मनोरंजित, रंगीन, सुरंजित.
**रंजित करना** = रँगना.
**रंजिश** = अप्रसन्नता, रूठन, वैमनस्य, शत्रुता.
**रंजीदगी** = अप्रसन्नता, वैमनस्य.
**रंजीदा** = अप्रसन्न, उदास, खेदपूर्ण, दुःखी, रूठा/रूठी.
**रंडा** = विधवा.
**रँड़ापा** = वैधव्य.
**रंडी** = विधवा, वेश्या.
**रँडुआ** = विधुर.
**रंद** = गवाक्ष.

**रंदा** *सं* रद्दा, हमवारी रंदा, •आरा, •चौरसा, •रेती.

**रंदा कर्मी** = रदिया.
**रंधन** = रसोई कर्म.

**रँधना** *क्रि* तैयार होना, *पकना*, पकाए जाना, पचना, *बनना*, बनाए जाना.

**रँधा/रँधी** = पका/पकी.
**रँधाई** = रसोई कर्म.
**रँधी तरकारी** = भाजी.
**रँधी भाजी** = भाजी.
**रंध्र** = छिद्र, पंक्चर, स्त्री जननेंद्रिय.
**रंध्रण** = वेधन.
**रंध्रहीन** = छिद्रहीन.
**रंध्रित** = छिद्रित, विद्ध.
**रंध्री** = छिद्रिल.
**रंभ** = त्रसरेणु, सिलंडर, स्तंभ.
**रंभा** = केला, गदा, लाठी, सुंदर स्त्री.
**रँहचटा** = लालसा.
**रअय्यत** = प्रजा.
**रई** = फेंटनी, मंथनदंड.
**रईस** = उच्चवित्त, जमींदार, मुखिया, सभापति, सेठ.
**रईसज़ादा** = बड़ा आदमी पुत्र.
**रईसज़ादी** = कुलीन स्त्री.
**रक़बा** = वर्गफल.
**रक़म** = जोड़ फल, धन, धनराशि, मूल्य, रोकड़, संख्या, संपत्ति.

**रकसैक** *सं* अधारी, कमर थैला, हैवरसैक, •थैला, •बिस्तरबंद.

**रकाब** = आधार सूची, प्लेट.

**रकाब** *सं* घुड़सवार पदाश्रय,

*पदाश्रय*, पायरा, •एड़, •पदाधार.

**रकाब नोक** = एड़.
**रकाबा** = परात.
**रकाबी** = प्लेट.
**रक़ीब** = प्रतिद्वंद्वी.
**रक़्क़ास** = नर्तक.
**रक़्क़ासा** = नर्तकी, नर्तकी वेश्या.
**रक्त** = रंगीन, रुधिर, लाल, व्यस्त.
**रक्तकंद** = प्रवाल, मूँगा.

**रक्तकमल** *सं* अलिप्रिय, कुमुद, कोकनद, रक्तोत्पल, लक्ष्मीगृह, लाल कमल, श्रीकर, सुवर्ण कमल, स्वर्णकमल, •नीलकमल.

**रक्तगैरिक** = गेरू.
**रक्तचंचु** = तोता.
**रक्ततुंड** = तोता.
**रक्तप** = रुधिरपायी.
**रक्तपा** = डाकिनी.
**रक्तपात** = अत्याचार, जनसंहार, युद्ध.

**रक्तपातपूर्ण** *वि* अत्याचारपूर्ण, खून भरा, खून सना, ख़ूनी, ख़ूनी, ड्स्रि, निर्मम, नृशंस, पशुतापूर्ण, पाशविक, मारकाटपूर्ण, मारधाड़पूर्ण, रक्तपूर्ण, रक्तरंजित, रक्तरंजित, रक्तिम, रक्तमि, रौरव, वन्यतापूर्ण, वहशतनाक, विकट, विकराल, संहारपूर्ण, हत्यापूर्ण, हिंसापूर्ण, हिंसापूर्ण, हैबतनाक, हैवानी, •रक्तरंजित, •हिंस्र, ■रक्तपातहीन, ■शांतिपूर्ण.

**रक्तपातहीन** *वि अहिंसक*, अहिंस्र, मृत्युहीन, रक्तहीन, वधहीन, *शांतिपूर्ण*, संहारहीन, हत्याहीन, हिंसाहीन, ■रक्तपातपूर्ण.

**रक्तपायी** = रुधिरपायी.
**रक्तपिंड** = जवाकुसुम.
**रक्तपिपासु** = रुधिरपिपासु.
**रक्तपुष्प** = जवाकुसुम.
**रक्तपूर्ण** = रक्तपातपूर्ण.
**रक्तबीज** = मूँगफली, रीठा.
**रक्तरंगा** = मेहँदी.
**रक्तरंजित** = रक्तपातपूर्ण, रक्तपातपूर्ण.
**रक्तवर्ण** = रक्तवर्णीया.
**रक्तवर्णीय/रक्तवर्णीया** = रक्तवर्णीया.

**रक्तवर्णीया** *वि* रक्तवर्ण, रक्तवर्णीय/रक्तवर्णीया, रक्तांग, *लाल*, शोण/शोणी.

**रक्तवाहिनी** = रुधिरवाहिका.
**रक्तहीन** = रक्तपातहीन, रुधिरहीन.
**रक्तांग** = मूँगा, रक्तवर्णीया.
**रक्तांबर** = संन्यासी.
**रक्ता** = लाक्षा.
**रक्ताभ** = बीर बहूटी, लाल.
**रक्तिम** = रक्तपातपूर्ण, रक्तपातपूर्ण, लाल.
**रक्तिमा** = लालिमा.
**रक्तोत्पल** = रक्तकमल.
**रक्तोपल** = गेरू.
**रक्ष** = रक्षक.
**रक्षक** = अंगरक्षक, गार्ज़ियन, जीवन रक्षक, परपालक, परित्राता, सरपरस्त.

**रक्षक** *सं* अनसार, अनुपाल, अनुपालक, आरक्षक, गार्ड, गोपयिता, गोप्ता, डिफ़ैंडर, धाता, निगरान, निगहबान, परिरक्षक, परिरक्षक, परिरक्षिता, पाल, *पालक*, पासबान, पुश्तपनाह, पृष्ठगोप (सैनिक), *पोषक*, प्रतिपालक, प्रतिरक्षक, बचाने वाला, बचैया, बेली, *मददगार*, मुहाफ़िज़, यावर, रक्ष, रक्षा कर्ता, रक्षिता, रखवाला, राक्षस (प्रा), राखनहार, राखनहारा/राखनहारी, राखा, वाली, संकटमोचक, संतरी, संत्राता, संरक्षक, संरक्षिता, *सरपरस्त*, सहाय, सहायक, सिपरदार, सुरक्षक, हस्तग्राहक, हस्तप्रद, हाफ़िज़, हिमायती, •अंगरक्षक, •कवच, •ढाल, •पहरेदार, •सिपाही, ■आक्रांता, ■हत्यारा.

**रक्षक मुखौटा** *सं* गैस मास्क, *पट्टी*, मास्क, *मुखौटा*, श्वसन मुखौटा, •रोगवारण, •हैल्मेट.

**रक्षकहीन** = असुरक्षित.
**रक्षण** = पालनपोषण, रखरखाव, वारण.
**रक्षपाल** = पहरेदार.
**रक्षा** = आत्मरक्षा, जीवन रक्षा, परित्राण, पहरा, रखरखाव, राखी, शरण, संरक्षण, सलामती, सुरक्षा.

**रक्षा** *सं* डिफ़ैंस, निवारण, प्रतिरक्षा, बचाव, रखवाली, *सुरक्षा*, हिफ़ाज़त, •रक्षक, •संरक्षण, •सलामती, ■आक्रमण, ■युद्ध, ■संकट.

**रक्षा आश्वासन** = अभयदान, भयोपशमन.
**रक्षा करना** = पालना पोसना, बचाना.
**रक्षा कर्ता** = रक्षक.
**रक्षाकवच** = गंडा तावीज़.
**रक्षागार** = शरणस्थल.
**रक्षा चौकी** = गुमटी.

**रक्षात्मक** *वि अनाक्रामक*, बचावपूर्ण, वारणात्मक, ■आक्रामक.

**रक्षा नौका** = लाइफ़बोट.
**रक्षापंक्ति** = युद्धाग्र.
**रक्षापाल** = पहरेदार.
**रक्षापुरुष** = पहरेदार.
**रक्षापूर्ण** = सुरक्षित.

**रक्षा बंधन** *सं राखी*, श्रावण पूर्णिमा, श्रावणी, सलूनो, •बहन, •भाई.

**रक्षाबोया** = लाइफ़ब्वाय.
**रक्षाभूषण** = गंडा तावीज़.
**रक्षामंगल** = भूत निवारण.
**रक्षामार्ग** = आपात्कालीन द्वार.
**रक्षाश्रय** = बंकर.
**रक्षासूत्र** = कलावा, राखी.

**रक्षा सेवा** *सं* डिफ़ैंस सर्विस, मिलिटरी सर्विस, सैन्य सेवा, •राज्य सेवा.

**रक्षास्थल** = शरणस्थल.
**रक्षाहीन** = असुरक्षित.
**रक्षाहीनता** = असुरक्षा.
**रक्षित** = अनष्ट, आरक्षित, कवचित, चिकित्सित, दुर्गीकृत, परिरक्षित (आहार), पालित पोषित, संक्रमणरुद्ध, सलामत, सुरक्षित.

**रक्षित** *वि आरक्षित*, गोपित, त्रात, परिरक्षाकृत, परिरक्षित, बचा/बची, बरक़रार, वारित, संरक्षित, संरक्षित, *सुरक्षित*, •गुप्त, •दुर्गीकृत, •शरणागत, •सलामत, ■असुरक्षित, ■संकटग्रस्त.

**रक्षित डाटा** = डाटा बैकअप.

**रक्षित वन** *सं* रखा, रखौत, राष्ट्रवन, •वन.

**रक्षिता** = रक्षक.
**रक़्स** = नृत्य.
**रख कर भूल जाना** = गँवाना.
**रखन** = धराई.
**रखना** = अटकाना, टिकाना, पालना पोसना, बचाना, बसाना, सौंपना.

**रखना** *क्रि* अवस्थित करना, *जमाना*, *टिकाना*, ठिकाने लगाना, *थापना*, *धरना*, *बसाना*, *बैठाना*, स्थित करना, •अटकाना, ▪हटाना, ▪हिलाना.

**रखने लायक़** = संग्रहणीय.
**रखने वाला** = जीवन रक्षक.

**रखरखाव** *सं* चौकसी, देखभाल, *ध्यान*, निगरानी, परिरक्षण, बचाव, मेंटिनैंस, रक्षण, *रक्षा*, रखवाली, सँभाल, *संरक्षण*, सर्विसिंग, साजसँभाल, *सावधानी*, •औइलिंग, •मरम्मत.

**रखरखावकृत** = मरम्मतकृत.
**रख़ल** = सेंध.
**रखवाला** = उपकारी, जीवन रक्षक, परपालक, परित्राता, पहरेदार, रक्षक, शरणदाता, संग्रहपाल.
**रखवाली** = रक्षा, रखरखाव, संरक्षण.
**रखवाले** = पुलिस.
**रखा** = रक्षित वन.
**रखा/रखी** = अनुपभुक्त, आधारित, आरक्षित, नियुक्त, बासी, भंडारित, संचित, स्थित.
**रखाई** = धराई, संरक्षण.
**रखा जाना** = टिकना.
**रखान** = चरागाह.
**रखाव** = डिस्प्ले.
**रखा होना** = टिकना.
**रखेल** = रखेली.

**रखेली** *सं* उपपत्नी, उपस्त्री, करौत, घरबसी, दोहगा, धरी, धरेजा, धरेली, पण्य परिणीता, परकीया, बंधकी, रखेल, सुरैतिन, •पुरुष रखेल.

**रखौंत** = चरागाह.
**रखौत** = आखेट स्थल, रक्षित वन.
**रखौनी** = राखी.
**रख़्श** = घोड़ा.
**रग** = तंतु, नस.
**रगड़** = आघात रगड़, किरकिर, धचका.
**रगड़ ध्वनि करना** = किरकिराना.
**रगड़ना** = घिसना, घोटना, चिकनाना, दमकाना, माँजना, माँड़ना, रेतना, रौंदना, सताना.
**रगड़ा** = आघात रगड़, घुटा पदार्थ, दंगा, भुरता.
**रगड़ा/रगड़ी** = घिसा/घिसी, घुटा/घुटी.
**रगड़ाई** = घिसाई, घुटाई, फेंटाई, मँजाई, मालिश.
**रगड़ा झगड़ा** = दंगा.
**रग़बत** = आसक्ति, प्रेम.
**रगस** = आघात रगड़, किरकिर, घिसाई.
**रगसना** = घिसना.
**रगसा/रगसी** = घिसा/घिसी.
**रगी** = अनाज सूची, रागी.
**रगीला/रगीली** = हठी.
**रग्गा** = घिसाई.
**रघुकुलगौरव** = राम.
**रघुनंदन** = राम.
**रघुनाथ** = राम.
**रघुपति** = राम.
**रघुराज** = राम.
**रघुवर** = राम.
**रघुवीर** = राम.
**रचना** = कलाकृति, कृति, गढ़ना, देहानुपात, पुस्तक, बनाना, रूप प्रदान, लिखना, लेख, संघटन, साहित्य, साहित्य सृजन, सृजन.
**रचना ऊर्जा** = कारयित्री प्रतिभा.
**रचना करना** = लिखना.
**रचना कर्म** = सृजन.
**रचनाकार** = कलाकार, स्रष्टा.
**रचना काल** = सृष्टिकाल.
**रचनात्मक** = उत्पादनशील, सकारात्मक, सृजनशील.
**रचनात्मक प्रतिभा** = कारयित्री प्रतिभा.
**रचनाधर्मी** = सृजनशील.
**रचनाधीन** = अपूर्णकृत, सृजनाधीन.
**रचना नाम** = शीर्षक.
**रचनाशील** = सृजनशील.

**रचनाहीन** = सृजनहीन.
**रचयिता** = ईश्वर, कलाकार.
**रचयिता/रचयित्री** = निर्माता, स्रष्टा.
**रचा/रची** = रंगीन, रचित, संसिक्त, सुरंजित.
**रचाना** = रँगना.
**रचा बसा/रची बसी** = सुरंजित.
**रचित** = उत्पादित, लिखित (साहित्य), संगीतबद्ध.

**रचित** *वि* अन्वेषित, *अभिव्यक्त*, आरचित, उत्पन्न, *उत्पादित*, कल्पित, किया/की, *कृत*, गढ़ा/गढ़ी, ग्रथित, *घटित*, निर्मित, पैदा, प्रकल्पित, प्रणीत, बना/बनी, बनाया/बनाई, रचा/रची, विरचित, विसृष्ट, शुद, संपन्न, संरचित, सर्जित, सृष्ट, •नवरचित, •पूर्णकृत, •मानवनिर्मित, ▪अरचित, ▪नष्ट.

**रचित करना** = बनाना.
**रचित कृति** = कलाकृति, कृति.
**रचित मानव** = साइबर्ग.
**रचित होना** = बनना.
**रचिति** = कृति.
**रचे जाना** = बनना.
**रचेता** = आविष्कर्ता, ईश्वर, कलाकार, निर्माता, रूप प्रदाता, लेखक, सृष्टि रचेता, स्रष्टा.
**रज** = धूल, मिट्टी, रजोगुण.

**रज** *सं* आर्तव, *ऋतु*, *कला*, गंदा पानी, *पराग*, *पुष्प*, सुपुष्प, स्त्री कुसुम, स्त्रीरज.

**रजः नक्षत्र** = नीहारिका.
**रजअतपसंद** = प्रतिक्रियावादी.
**रजक** = धोबी.
**रजकण** = धूलिकण.
**रजत** = चाँदी, पचीस वर्षीय, पचीसवाँ/पचीसवीं, रजतीय, रुपहला/रुपहली, सफ़ेद.

**रजत जयंती** *सं* पचीस वर्ष, सिल्वर जुबिली.

**रजतता** = रजतिमा.
**रजतपट** = फ़िल्म जगत, सिनेमा परदा.
**रजतवर्णीय संगलनीय नम्य धातुविशेष**

= प्लैटीनम.
**रजताचल** = कैलास.
**रजताभ** = रुपहला/रुपहली.
**रजताभास** = रजतिमा.
**रजतिम** = रुपहला/रुपहली.
**रजतिमा** = श्वेतिमा.

**रजतिमा** *सं* रजतता, रजताभास, रुपहलापन, रौप्यता, ●श्वेतिमा, ●स्वर्णिमा, ■कालिमा.

**रजतीय** *वि* चाँदी का, धौत, रजत, राजत, श्वेत, *सफ़ेद*, ●स्वर्णीय.

**रजदोष** *सं* आर्तवदोष, ऋतुदोष, मासिक धर्म अनियमितता, रितुदोष.

**रजधानी** = राजधानी.
**रजन** = राल.

**रज निवृत्ति** *सं* अंतिम रजस्राव, रजबंध, रजोनिवृत्ति, रजोबंध.

**रजनी** = नील, रात, लाक्षा, हलदी.
**रजनीकांत** = चंद्रमा.
**रजनीगंधा** = नरगिस.

**रजनीगंधा** *सं* गुल शब्बो, रात की रानी, रात रानी, शब्बो, हुसना.

**रजनीचर** = राक्षस.
**रजनीजल** = ओस.
**रजनीश** = चंद्रमा.
**रजनीहासा** = हारसिंगार.
**रजबंध** = रज निवृत्ति.
**रज़ब** = हिजरी मास सूची.
**रजबहा** = नहर.
**रजवती** = रजस्वला.

**रजवाड़ा** *सं* क्षेत्र, तंत्र, राज, राजाधीन क्षेत्र, *राज्य*, *सरकार*, सल्तनत, स्टेट, ●दरबार, ●राजा, ●रानी, ●राष्ट्र.

**रजस्** = रजोगुण.

**रजस्राव** *सं* आर्तव, ऋतुस्राव, महीना, मासिक धर्म, माहवारी, मैंसेज़, स्त्री धर्म, ●गर्भाधान काल.

**रजस्वला** *वि* आत्रेयी, आर्तवी, ऋतुमती, एकवस्त्रा (प्रा), कुसुमवती, पांशुला, पुष्पवती, पुष्पिणी, मलिना, मलिष्ठा, मैली, रजवती, स्त्री धर्मिणी.

**रज़ा** = अनुमति, पसंदगी, पारण, मौन अनुमति.
**रज़ाई** = लिहाफ़.
**रज़ामंद** = सहमत.
**रज़ामंद करना** = मनुहारना.
**रज़ामंदी** = अनुबंध, अनुमति, पारण, सहमति.
**रजायस** = अनुमति, आज्ञा, सहमति.
**रजिस्टर** = बहीखाता.

**रजिस्टर** *सं* पंजी, बही, ●नोटबुक.

**रजीय** = माटीय.

**रजोगुण** *सं* तापक, तेज, *रज*, रजस्, राजसिकता.

**रजोगुणी** = मसालेदार.

**रजोगुणी** *वि* तैजस, राजस, राजसिक, *राजसी*, ●उत्साही, ●तेजस्वी, ●परिग्रही, ●रसप्रेमी, ●राजसी, ●विलासप्रिय.

**रजोनिवृत्ति** = रज निवृत्ति.
**रजोबंध** = रज निवृत्ति.
**रज्जु** = डोर, नस, रस्सी.
**रज्जुकर्म** = बटाई.

**रज्जुमार्ग** *सं* केबल, रस्सीमार्ग, रोपवे, ●नभमार्ग.

**रज्जु में सर्प का भ्रम** = भ्रमदर्शन.
**रटंत** = रट्टा.
**रट** = लगन.
**रटन** = रट्टा.
**रटनहारा/रटनहारी** = रट्टू.

**रटना** *क्रि* कंठस्थ करना, गुनना, *घोटना*, घोटा लगाना, *दोहराना*, पढ़ना, बार बार दोहराना, मुँहज़बानी याद करना, याद करना, रट्टा लगाना, स्मृति में अंकित करना.

**रटा/रटी** = कंठस्थ.
**रटाई** = रट्टा.
**रटा रटाया/रटी रटाई** = कंठस्थ.
**रट्टा लगाना** = रटना.

**रट्टू** *सं* घोखू, घोटू, रटनहारा/रटनहारी, रट्टू तोता, रट्टू पीर.

**रट्टू तोता** = रट्टू.
**रट्टू पीर** = रट्टू.

**रट्टा** *सं* *अभ्यास*, कंठस्थन, कंठाग्रण, घुटाई, घोटा, तोता रटंत, पढ़ंत, रटंत, रटन, रटाई, रट्टाफिकेशन, हृदयंगमन, ●स्मृति.

**रट्टाफिकेशन** = रट्टा.
**रडर** = नौकर्ण.
**रण** = युद्ध.
**रणक** = ध्वनि.
**रणक्षेत्र** = रणभूमि.
**रणछोड़** = कृष्ण, रणत्यागी.
**रण छोड़ना** = भागना.
**रणत्कार** = खड़खड़, झंकार, टनटन, टनटन.

**रणत्याग** *सं* अपक्रमण, डमर, डामर, निर्गमन, *पलायन*, *भगदड़*, भागमभाग, युद्ध पलायन, शृगालिका, सेना पलायन, सेनाभंग, ●रणछोड़.

**रणत्यागी** *सं* पलायक, भगेड़ू, भगेलू, भगोड़ा/भगोड़ी, भग्गू, रणछोड़, ●कापुरुष, ●कायर, ●पलायनवादी, ●फ़रार.

**रणधीर** = योद्धा, वीर पुरुष.
**रणनीति** = नीति.

**रणनीति** *सं* कूटकौशल, *कूटनीति*, कूट रचना, छलबल, दाँवपेंच, युद्धनीति, युद्धयुक्ति, स्ट्रैटिजी, ●छल, ●व्यूह.

**रणपोत** = नौसेना पोत, बैटलशिप.
**रणप्रिय** = युद्धोत्सुक.
**रणबाँकुरा** = महारथी, योद्धा, वीर पुरुष.

**रणभूमि** *सं* अखाड़ा, *क्षेत्र*, *खेत*, मल्लभूमि, *मैदान*, मैदाने जंग, युद्धक्षेत्र, युद्धभूमि, युद्धस्थल, *रंगभूमि*, रणक्षेत्र, रणांगन, वीरशय्या, वीरासन, संग्राम भूमि, संघर्षस्थल, समरक्षिति, समर भूमि, समरांगण.

**रणभेरी** = युद्धनाद.
**रणविद्या** = युद्धविद्या.
**रणविराम** = युद्धविराम.
**रणवीर** = योद्धा, वीर पुरुष.
**रणसज्जा** = शस्त्रधारण.
**रणसिंगा** = तुरही.
**रणांगन** = रणभूमि.
**रणित** = झंकृत.
**रत** = लाल, व्यस्त, व्यस्त, समाधिस्थ.
**रत-** = रात.

**रतजगा** *सं* जगराता, जागरण, रात्रि जागर, रात्रि जागरण, •कीर्तन, •पूजा, •सत्संग.

**रतन** = रत्न.
**रतनारा/रतनारी** = लाल.
**रत नाराच** = कामुक.
**रतनारापन** = गुलाबीपन, लालिमा.
**रति** = रुचि, शुक्र ग्रह, संभोग, सायंकालीन शुक्र.

**रति** *सं* कामदेव पत्नी, कामदेवी, मन्मथप्रिया, मायावती (पुनर्जन्म), रेवा, शुभांगी, •कामदेव.

**रतिकर्म** = संभोग.
**रतिकेलि** = कामकेलि.
**रतिक्रिया** = संभोग.
**रतिक्रीड़ा** = कामकेलि.
**रतिज रोग** = यौन रोग.
**रतिदान** = संभोग.
**रतिनाथ** = कामदेव.
**रतिप्रिय** = कामुक.
**रतिप्रिया** = कामुकी.
**रतिप्रेमी** = कामुक.
**रति भावना** = वासना.
**रतिलंपट** = कामुक, लंपट.
**रतीश** = कामदेव.

**रत्ती** *सं* घुँघची, यव 2.5.

**रत्ती 8** = माशा.
**रत्ती 96** = तोला.
**रत्ती रत्ती** = सविस्तार.
**रत्न** = आभूषण, उत्तम व्यक्ति या वस्तु, कालजयी कलाकृति, नगीना, प्रसिद्ध व्यक्ति, मनका.

**रत्न** *सं* उपल, क़ीमती पत्थर, गौहर, जवाहर, जवाहिर, जौहर, नग, पत्थर, प्रस्तर, *मणि*, रतन, संग, •अक़ीक़, •उपल, •क्वार्ट्ज़, •गोमेद, •चंद्रकांत मणि, •ज़र्कोन, •जास्पर, •नीलम, •पन्ना, •पुखराज, •फ़ीरोज़ा, •मूँगा, •मोती, •यशब, •याक़ूत, •लहसुनिया, •लाजवर्द, •हीरा, •आभूषण, •जन्मरत्न, •नगीना, •नवरत्न, •पन्नी, •पारस पत्थर, •मनका.

**रत्न आभा** = आब.
**रत्न आभूषण मंजूषा** = आभूषण मंजूषा.

**रत्न खान** *सं* गंज, मणिभूमि, रत्नाकर, वज्राकर.

**रत्नगर्भा** = पृथ्वी.
**रत्नगिरि** = पर्वत सूची भारत उपमहाद्वीप.
**रत्नगृह** = स्तूप.

**रत्नजटित** *वि* इनलेड, कामदार, जड़ा/जड़ी, जड़ाऊ, जड़ावदार, नौलखा, मणिमंडित, रत्नधर, रत्नाभूषित, रत्नालंकृत, •पच्चीकृत, •विजड़ित.

**रत्न दाना** = मणि, मनका.
**रत्नदामा** = रत्नमाला.
**रत्नद्रुम** = मूँगा.
**रत्नद्वीप** = प्रवाल द्वीप, श्रीलंका.
**रत्नधर** = रत्नजटित.

**रत्न पारखी** *सं* कसौटीकार (स्वर्ण), गौहरशनास, जौहरी, *ज्ञानी*, परखैया, पारखी, रत्न विशेषज्ञ, •कसौटीकार.

**रत्न भार** = कैरट.

**रत्न भार पद्धति** *सं* ट्रौय भार, ट्रौय वेट, बहुमूल्य धातु भार पद्धति, सुनारी भार पद्धति.

**रत्न भार माप एकक** *सं कैरट*, स्वर्ण माप एकक.

**रत्न मंजूषा** = आभूषण मंजूषा.

**रत्नमाला** *सं* नवग्रही, नवरत्न माला, नौगही, नौग्रही, नौरतन हार, मणिमाला, रत्नदामा, रत्नावली.

**रत्न विशेषज्ञ** = रत्न पारखी.
**रत्नाकर** = रत्न खान, समुद्र.
**रत्नाकर (पूर्व नाम)** = वाल्मीकि.
**रत्नागार** = राजभंडार.
**रत्नाभूषण** = आभूषण.
**रत्नाभूषण मंजूषा** = आभूषण मंजूषा.
**रत्नाभूषित** = आभूषित, रत्नजटित.
**रत्नालंकृत** = आभूषित, रत्नजटित.
**रत्नावली** = रत्नमाला.
**रत्नेश** = कुबेर.
**रत्नोपल** = स्फटिक.
**रथ** = यान.

**रथ** *सं* अराबा, चक्रचारी, ध्वजी, वीरवाह, *सवारी*, स्यंद, स्यंदन, •घोड़ागाड़ी.

**रथसेना** = सेना चार प्राचीन अंग.
**रथचालक** = सारथी.
**रथवान** = सारथी.
**रथवाह** = घोड़ा.
**रथवाहिनी** = रथसेना.

**रथसेना** *सं* रथवाहिनी, वाहनसेना.

**रथिक** = सारथी.
**रथी** = सारथी.
**रथ्य** = पहिया.
**रद** = दाँत, निरस्त.
**रदछद** = होंठ.
**रदन** = कृंतन, कृंतन, दाँत.
**रदना** = चिकनाना, छिजाना.

**रदिया** *सं* रंदा कर्मी, रेतिया, समतल करने वाला.

**रदीफ़ क्रम** = अंताक्षर क्रम.
**रद्द** = रद्दीकृत.
**रद्दा** = चट्टा, चिनाई, रंदा.
**रद्दी** = अनुपयोगी, कूड़ा, निकृष्ट, बुरा/बुरी, रद्दीकृत.

**रद्दी** *सं* अंगड़खंगड़, अखोर, अगड़म बगड़म, अट्टसट्ट, अनुपयोगी वस्तु, *अवशिष्ट*, आख़ोर, कचरा, कबाड़, करकट, काठकबाड़ा, *कूड़ा*, कूड़ाकरकट, छाँस, झाड़झंखाड़, फेंका सामान, बेकार सामान, भँगार, रद्दी सामान, व्यर्थ सामान, •अनुपयोगी, •फोक.

**रद्दीकृत** *वि अवांछित*, *उच्छिष्ट*, कंडम, *कूड़ा*, ख़राब, छँटा/छँटी, ज़ाया, जीर्ण, जूठन, जूना पुराना/जूनी पुरानी, टूटा/टूटी, तिरस्कृत, *परित्यक्त*, पुराना/पुरानी, फेंका/फेंकी, बचा खुचा/बचा खुची, बेकार, बेकार का, रद्द, *रद्दी*, रहा सहा/रही सही, ●अनावश्यक, ●अनुपयोगी, ■उपयोगी, ■चुना/चुनी.

**रद्दी ढेर** = कूड़ा ढेर.

**रद्दी बाज़ार** *सं* गुदड़ी बाज़ार.

**रद्दी वाला** = कबाड़ी.
**रद्दी व्यापारी** = कबाड़ी.
**रद्दी सामान** = रद्दी.
**रद्दो बदल** = परिवर्तन.
**रद्दो बदल करना** = बदलना.
**रधिया** = राधा.
**रन** = कछार, खेल रन, जलाशय, दौड़, युद्ध, वन.
**रनक** = झंकार.
**रनना** = झंकारना.
**रनबंका** = योद्धा.
**रनवास** = ज़नानख़ाना.
**रनवे** = उड़ान पट्टी.
**रन संख्या** = खेल रन.
**रनहारो** = चकवा.
**रनिवास** = ज़नानख़ाना.
**रनी** = सानी नाँद.
**रपट** = ढलान, दौड़ाकी, वृत्तांत.
**रपटन** = फिसलाहट.
**रपटना** = फिसलना.
**रपटना/रपटनी** = कीचड़दार, फिसलनयुक्त.
**रपटना पाट** = रिपटना, रैंप.
**रपट्टा** = तमाचा.
**रफ़** = अपरिष्कृत.
**रफ़ा** = ख़ारिज़.
**रफ़ादफ़ा** = ख़ारिज़, समझौता, समाधानित.
**रफ़ीक़** = मित्र.

**रफ़ू** *सं* रफ़ूगरी, रफ़ूगीरी, ●थेगली, ●मरम्मत, ●सिलाई, ■फटा/फटी.

**रफ़ूगरी** = रफ़ू.
**रफ़ूगीरी** = रफ़ू.
**रफ़ू चक्कर** = चंपत.
**रफ़ू चक्कर होना** = भागना.
**रफ़्तार** = रवानी, वेग, वेग.
**रफ़्तार गुफ़्तार** = आचरण, चरित्र.
**रफ़्ता रफ़्ता** = मंदतः.
**रब** = अल्लाह, ईश्वर.
**रबड़** = इरेज़र, मोमजामा.

**रबड़** *सं* रबड़ क्षीर, रबड़ निर्यास, लेटैक्स, ●वृक्ष दूध, ●स्पंज.

**रबड़ क्षीर** = रबड़.
**रबड़ चढ़ा** = जलवारक.
**रबड़ चादर** = मोमजामा.
**रबड़ छंद** = छंदमुक्त पद्य.
**रबड़ जूता** = गमबूट.
**रबड़ निर्यास** = रबड़.
**रबड़ पोंछा** = स्क्वीजी.

**रबड़ वृक्ष** *सं* क्षीरकाष्ठा, राजवट.

**रबड़ी** *सं* बासुंदी, बासौंधी, मलाई, ●खीर, ●दूध, ●फिरनी, ●फेनी, ●मलाई, ●श्रीखंड.

**रबत** = अभ्यास, आदत.
**रबर की डौंगी** = लाइफ़बोट.
**रबीउल अव्वल** = हिजरी मास सूची.
**रबीउल आख़िर** = हिजरी मास सूची.

**रबी फ़सल** *सं* चैती, रबी, ●खरीफ़ फ़सल, ●फ़सल मौसम.

**रब्त** = स्वरसाधना.
**रब्तज़ब्त** = आपसदारी, संगति.
**रब्बी** = उपदेशक, धर्मज्ञानी.

**रब्बी** *सं* यहूदी धर्माधिकारी, *स्वामी*, ●उपदेशक.

**रभस** = आनंदातिरेक.
**रम** = मद्य, मद्य सूची, सुंदर.

**रम** *सं* ईख मद्य, कपिशा, गुड़ मद्य, गौडी, *मद्य*.

**रमक** = जार.
□**रमज़ान** = हिजरी मास सूची.

**रमज़ान** *सं* इमाम हुसैन शहादत मास, उपवास काल, मुहर्रम, मोहर्रम, *रोज़ा*, *रोज़े*, ●ईदुल फ़ितर, ●मातम, ●रोज़े.

**रमज़ानी ईद** = ईदुल फ़ितर.
**रमण** = कामदेव, पर्यटन, प्रेमी, विचरण, संभोग, सुंदर, सुंदर पुरुष.
**रमणा** = प्रलोभिनी, प्रेमिका, सुंदर स्त्री, सुंदर स्त्री.
**रमणी** = पत्नी, प्रेमिका, सुंदर स्त्री, स्त्री.
**रमणीक** = दर्शनीय, मनोरंजक, सुरम्य.
**रमणीय** = उपवनित, दर्शनीय, प्रेम्य, सुंदर, सुरम्य.
**रमणीयता** = सौंदर्य.□
**रमता जोगी** = साधु.
**रमता राम** = साधु.
**रमना** = टहलना, प्रेम करना, बसना, हुलसना.
**रमा** = पत्नी, प्रेमिका, लक्ष्मी देवी, सुंदर स्त्री.
**रमा/रमी** = आसक्त, मोहित.
**रमाकांत** = विष्णु.
**रमाना** = मनवाना, मोहना, हुलसाना.
**रमूज़** = रहस्योक्ति, विपरीतोक्ति.
**रमेश** = विष्णु.

**रमैती** *सं* काम के बदले काम, परस्पर श्रमदान, पारस्परिक श्रमदान, सहकारिता, ●बँटाईदारी, ●सहकर्म, ●सहयोग, ●सहायता.

**रमैया** = ईश्वर.
**रम्ज़** = विपरीतोक्ति.
**रम्य** = उपवनित, दर्शनीय, प्रेम्य, मनोरंजक, सुंदर, सुरम्य.
**रम्य लेख** = ललित निबंध.
**रम्या** = सुंदर स्त्री.
**रय** = प्रवाह, रवानी, संचलन.
**रय्यत** = प्रजा.
**रल्ला** = जनाकीर्णता, जुलूस, प्रवाह, ब्लिट्ज़, भीड़.
**रव** = ध्वनि, मंदध्वनि, संचलन.
**रवकना** = उछलना.
**रवण** = भाँड़.
**रवन्ना** = जावकपत्र.
**रवाँ** = अभ्यस्त, दक्ष, प्रवाहशील (भाषा), बहता/बहती, मिश्रित.
**रवा** = कण.

**रवा** *सं* दरदरा आटा, *दर्रा*, सूजी, ●मैदा.

**रवानगी** = गमन, प्रस्थान, प्रेषण, बिदाई, यात्रा आरंभ, विदा, सेना प्रयाण.
**रवाना** = गत, प्रेषित.
**रवाना करना** = भेजना.
**रवाना होना** = जाना.
**रवानी** = चुस्ती, प्रवाह, संवेग.

**रवानी** *सं* गति, झड़ी, तारतम्य, धाराप्रवाहिता, धारावाहिता, *प्रवाह*, मौज, रफ़्तार, रय, रविश, रै, रौ, *लय*, *लहर*, *संवेग*, ■गतिरोध, ■बाधा, ■विराम.

**रवानीदार** = प्रवाहशील (भाषा), बहता/बहती, लयपूर्ण.

**रवानीदार** *वि* इकतार, गतिपूर्ण, गतियुक्त, गतिशील, गत्वर, धाराधार, धाराप्रवाह, प्रवाहपूर्ण, प्रवाहशील, बहता/बहती, *लयपूर्ण*, ललित, ●प्रवाहशील (भाषा).

**रवायत** = कहावत, धर्मविधि.
**रवायती** = कर्मकांडीय.
**रवारवी** = जल्दबाज़ी, हलचल.
**रवि** = रविवार, सूर्य.
**रविकर** = सूर्यकिरण.
**रविग्रह** = सूर्यग्रहण.
**रवि जागरण** = उत्तरायण.
**रवितनय** = अश्विनी कुमार.
**रविनंदन** = अश्विनी कुमार, कर्ण, यमराज.
**रविनंदिनी** = यमुना नदी.
**रविपथ** = राशिचक्र.
**रविपुत्र** = अश्विनी कुमार, शनि ग्रह.
**रविरत्न** = आतशी शीशा.
**रविवार** = वार सूची.

**रविवार** *सं* आदित्यवार, इतवार, ऐतवार, रवि, रविवासर, सनडे, *सप्ताहांत*, सूर्यवार.

**रविवासर** = रविवार.
**रविश** = क्यारी, परंपरा, परिपाटी, प्रचलन, प्रथा, प्रवाह, रवानी.
**रविशयन** = दक्षिणायन.
**रविसुत** = अश्विनी कुमार, वैवस्वत मनु, सुग्रीव.
**रविसूनु** = अश्विनी कुमार.
**रवेदार** = दरदराया/दरदराई, दरदराया/दरदराई.
**रवैया** = आचरण, परिपाटी, प्रचलन, व्यवहार.
**रशना** = करधनी, रस्सी, लगाम.
**रशा** = रसा.
**रशिया** = रूस.
**रश्क** = ईर्ष्या.
**रश्मि** = अरा, किरण, डोरी, पलक बाल, रस्सी, रेडियस, लगाम.
**रस** = आनंद, काव्यरस, गोंद, जल, तरल पदार्थ, निर्यास, निष्कर्ष, नौ समुदाय, पारा, फलरस, रसायन, विष, वृक्ष दूध, स्वाद.

**रस** *सं* आसव, जूस, द्रव, नीर, पानी, यूष, स्वरस, ●पल्लव रस, ●पुष्परस, ●फलरस, ●निष्कर्ष.

**रस सूची** = नवरस.
**रसकामी** = स्वादप्रेमी.
**रस कारण** = विभाव.
**रसकार्य** = अनुभाव.
**रसकेलि** = आनंदक्रीड़ा, कामकेलि, भोगविलास.
**रसकोरा** = रसगुल्ला.
**रसगंधक** = गंधक.

**रसगुल्ला** *सं* रसकोरा, रस गोला, ●काला जाम, ●गुलाब जामन, ●बंगाली रसगुल्ला.

**रस गोला** = रसगुल्ला.
**रसघन** = मीठा/मीठी, रसीला/रसीली.
**रसघ्न** = सुहागा.
**रसज** = गुड़.
**रसज्ञ** = आस्वादक, कलाप्रेमी.
**रसज्ञता** = कलाप्रेम.
**रसज्ञा** = जीभ.
**रसज्येष्ठ** = शृंगार रस.
**रस डूबा** = रसीला/रसीली.
**रसद** = आपूर्ति, खाद्य पदार्थ, रिक्थ, सीधा खाना.

**रसद** *सं* कुमक, पूर्ति, बारदाना, संपूर्ति, संभर, सप्लाई, सामग्री, *सामान*, स्टाक, ●आपूर्ति.

**रसदार** = मीठा/मीठी, रसीला/रसीली, रसेदार, स्वादिष्ठ.
**रस धातु** = पारा.
**रसना** = करधनी, ज़ंजीर, जीभ, माला, रस्सी, लगाम.
**रस निष्पत्ति** = रसानुभूति.
**रसनेंद्रिय** = जीभ.
**रस पगा/रस पगी** = मीठा/मीठी.
**रसपूर्ण** = मनोरंजक, स्वादिष्ठ.
**रस प्रबंध** = महाकाव्य.
**रस प्रमुख अंग** = स्थायी भाव.
**रसप्रेम** = स्वादप्रेम.
**रसप्रेमी** = रसिक, विलासप्रिय, स्वादप्रेमी.

**रसप्रेमी** *वि* आनंदप्रिय, आनंदभोगी, आमोदप्रिय, दिलदार, दिलवाला/दिलवाली, बाँका/बाँकी, *रंगीन*, रंगीनमिजाज़, रँगीला/रँगीली, रसवंत/रसवंती, रसास्वादी, *रसिक*, रसी, लतीफ़मिज़ाज़, *विलासप्रिय*, विषयी, शौक़ीन, सरस, सुखभोगी, सुहृदय, ●गुणग्राहक, ■वैरागी.

**रसभरी** = फल.

**रसभरी** *सं* *मकोय*, रैस्पबैरी.

**रसभीना** = आनंदप्रद, रसीला/रसीली, स्वादिष्ठ.
**रसभोग** = कला आस्वादन.

**रसम** *सं* मसालेदार पानी गरम पेय, ●रसा, ●साँभर, ●सूप.

**रसमय** = आनंदप्रद, प्रेममय/प्रेममयी, मीठा/मीठी, रसीला/रसीली, स्वादिष्ठ.
**रसमसा/रसमसी** = आनंदप्रद, मीठा/मीठी.
**रसयुक्त** = स्वादयुक्त.
**रसरंग** = कामकेलि.
**रसरंग प्रेमी** = रसिक, विलासप्रिय.
**रसराज** = पारा, शृंगार रस.
**रसर्ज** = हारमोन.
**रसल** = रसीला/रसीली.
**रस ले कर खाना** = चटखारना.
**रस लेना** = चखना, चटखारना.
**रसलोभी** = स्वादप्रेमी.
**रसलोह** = पारा.
**रसवंत** = प्रेमी, रसीला/रसीली, सुंदर.
**रसवंत/रसवंती** = माधुर्यपूर्ण, रसप्रेमी, सुरुचिसंपन्न (व्यक्ति), स्वादप्रेमी.

**रसवंती** = सुंदर स्त्री.
**रसवती** = सुंदर स्त्री.
**रसवाद** = गपशप, वाक्केलि.
**रसवान** = सुंदर.
**रसवान/रसवती** = माधुर्यपूर्ण.
**रस व्यंजक सामग्री** = काव्य भाव.
**रसशास्त्र** = रासायनिकी.
**रससिद्धि** = कीमियागरी.
**रसहीन** = अमनोरंजक, अरसिक, अरोचक, कल्पनाहीन, कुस्वादिष्ठ, गद्यात्मक, स्वादहीन.

**रसहीन** *वि* अरस, *अरोचक*, निचुड़ा/निचुड़ी, नीरस, फीका/फीकी, *फोक*, फोका/फोकी, बेरस, रूखा/रूखी, शुष्क, *सारहीन*, सीठा/सीठी, सूखा/सूखी, ●सारहीन, ●सूखा/सूखी, ●स्वादहीन, ■रसपूर्ण, ■रसीला/रसीली.

**रसाँ** = कूरियर.
**रसा** = अंगूर, जीभ, नदी, लोबान, सूप.

**रसा** *सं* अख़नी, करी, घोलिया, घोलुवा, जूस, *झोल*, भाजी रसा, यूष, रशा, रेशा, शोरबा, सालन, *सूप*, ●कढ़ी, ●रसम, ●सूप.

**रसाई** = अंतर्व्याप्ति.
**रसातल** = पाताल लोक.
**रसात्मक** = कलात्मक, काव्यात्मक.
**रसाधिका** = किशमिश.
**रसानुभव** = स्वाद.
**रसानुभूति** = कला आस्वादन, स्वाद.

**रसानुभूति** *सं अनुभूति*, अभिनिष्पत्ति, आनंदानुभूति, *तृप्ति*, निष्पत्ति, प्रतीति, ब्रह्मानंद, भुक्ति, रस निष्पत्ति, रसोद्रेक, समाँ.

**रसापकर्ष** = ऐंटीक्लाईमैक्स.
**रसाभोग** = कला आस्वादन.
**रसाम्ल** = चूक.
**रसायन** = कीमियागरी, रासायनिकी, लहसुन, विष.

**रसायन** *सं* कैमिकल, *रस*, रासायनिक द्रव्य, रासायनिक प्रक्रिया से उपलब्ध पदार्थ, ●अकार्बनिक रसायन, ●कारबनिक रसायन, ●गुरु रसायन, ●सूक्ष्म रसायन, ●अम्ल, ●गैस, ●रासायनिक तत्त्व.

**रसायनज्ञ** = रासायनिकीविद.
**रसायन तंत्र** = आयुर्वेद आठ अंग.
**रसायन विज्ञान** = रासायनिकी.
**रसायन विज्ञानी** = रासायनिकीविद.
**रसायनविद** = रासायनिकीविद.
**रसायन विद्या** = रासायनिकी.
**रसायन शास्त्र** = रासायनिकी.
**रसायन शास्त्री** = रासायनिकीविद.
**रसायनी** = अमृत, गिलोय.
**रसाल** = आनंदप्रद, आम, ईख, माधुर्यपूर्ण, मीठा/मीठी, रसीला/रसीली, स्वादिष्ठ.
**रसालता** = मिठास.
**रसालय** = आम वृक्ष.
**रसाला** = अंगूर, ईख, किशमिश, जीभ.
**रसाली** = ईख, चना, प्रेममय/प्रेममयी.
**रसाली/रसालिनी** = गूदेदार.
**रसाश** = स्वादप्रेमी.
**रसास्वादन** = आस्वादन, कला आस्वादन.
**रसास्वादी** = आस्वादक, भ्रमर, रसप्रेमी.
**रसिक** = कलाप्रेमी, कामुक, गुणग्राहक, गैरपेशेवर (कलाकर्मी), प्रेमी, प्रेमी, प्लेबौय, रसप्रेमी, विनोदप्रिय, विनोदी, विलासप्रिय, सारस, साहित्य प्रेमी, सुरुचिसंपन्न (व्यक्ति), स्वादप्रेमी, स्वादप्रेमी.

**रसिक** *सं* छैल छबीला/छैल छबीली, छैला/छैली, बाँका/बाँकी, बिहारी, रंगरसिया, रंगी, *रसप्रेमी*, रसरंग प्रेमी, रसिया, रिंद, विहारी, सुखभोगी, सुखवंत, सुहृदय, ●छबीला, ●प्लेबौय, ■तपस्वी, ■योगी.

**रसिक/रसिका** = प्रेमपात्र/प्रेमपात्रा.
**रसिक गण** = सुहृदजन.
**रसिक जन** = सुहृदजन.
**रसिकता** = गुणज्ञता, स्वादप्रेम.
**रसिक बलमा** = छबीला.
**रसिक बलमा (पुरुष)** = स्वच्छंद प्रेमी.
**रसिकबिहारी** = कृष्ण.
**रसिक समाज** = सुहृदजन.
**रसिका** = प्रेमिका, श्रीखंड.
**रसिया** = कलाप्रेमी, कामुक, छबीला, प्रेममय/प्रेममयी, प्रेमी, प्रेमी, प्लेबौय, रसिक, लंपट, विनोदी, सुंदर पुरुष, स्वादप्रेमी, स्वादप्रेमी.
**रसिया (पुरुष)** = स्वच्छंद प्रेमी.
**रसी** = रसप्रेमी, सज्जी.
**रसीद** = आवक, प्राप्ति, प्राप्तिपत्र.

**रसीद** *सं* चिट, दाख़िला, *पहुँच*, पावती, *पुरज़ा*, प्राप्तिका, *प्राप्तिपत्र*, भरपाई, रिसीट, रुक़्क़ा, ●कैश मीमो, ●वाउचर.

**रसीला** = प्रेममय/प्रेममयी, सुंदर, सुंदर पुरुष.
**रसीला/रसीली** = आनंदप्रद, कचिया, गूदेदार, छबीला/छबीली, पौप, माधुर्यपूर्ण, रसेदार, रोचक, विनोदप्रिय, स्वादिष्ठ.

**रसीला/रसीली** *वि* चुहचुहाता/चुहचुहाती, तर, रसघन, रस डूबा, रसदार, रसभीना, रसमय, रसल, रसवंत, रसाल, शरबती, सरस, सरसीला/सरसीली, सराबोर, ●स्वादिष्ठ, ■रसहीन.

**रसीली** = छबीली, सुंदर स्त्री, सुंदर स्त्री.
**रसूख़** = प्रताप.
**रसूल** = पैग़ंबर.
**रसूली** = पैग़ंबरी.
**रसूलुल्लाह** = पैग़ंबर.

**रसेदार** *वि* गीला/गीली, *झोलदार*, तर, तरीदार, रसदार, रसीला/रसीली, शोरबेदार, ●तरल, ●पतला (द्रव), ●सजल.

**रसेदार भाजी** *सं* करी, *झोल*, तरकारी, *भाजी*, सालन, ●कढ़ी, ●भाजी रसा, ●भूजी, ●सूप.

**रसेदार भाजी आदि गाढ़ा करने का द्रव्य** = आलन.

**रसेदार मांस भाजी व्यंजन** *सं* करी, क़लिया, *मांस*, मीट, मीट करी, रसेदार मांस व्यंजन, शोरबा, सरजोश, सालन, ●क़ोरमा, ●स्ट्यू.

**रसेदार मांस व्यंजन** = रसेदार मांस भाजी व्यंजन.

**रसेश** = पारा.

**रसोइया** *सं* कुक, ख़ानसामाँ, पाककर्मी, बाम्हन, बावरची, भठियारा, भोजन बनाने वाला, महाराज, रसोईदार, सूपकार, •केटरिंग व्यवसायी, •बेकर, •भड़भूँजा, •वेटर, •हलवाई.

**रसोई** = रसोईघर.
**रसोई करना** = राँधना.

**रसोई कर्म** *सं* आहार पक्वन, खाना बनाई, पक्वन, पचाई, परिपक्वन, परिपाचन, पाक, पाक कर्म, पाचन, भोजन बनाना कर्म, रंधन, राँधाई, रसोईदारी, •पाक कला, •बरतन.

**रसोई गैस** = ईंधन गैस.

**रसोईघर** *सं* किचन, चौका, पाकशाला, पाकागार, बावरचीख़ाना, भोजन शाला, रसोई, •बेकरी, •भोजन कक्ष, •भोजनालय.

**रसोईदार** = रसोइया.

**रसोईदारिन** *सं* पंडाइन, परिपाचिका, पाचिका, बाम्हनी, महाराजिन.

**रसोईदारी** = रसोई कर्म.
**रसोई बनाना** = राँधना.
**रसोईबरदार** = वेटर.

**रसोई भंडारा** *सं* कुठरिया, कुठियार, कोठा, कोठार, कोठिला, चबारा, चौबारा, पैंट्री, बुखरिया.

**रसोत्पादक** = भावोत्पादक.
**रसोद्रेक** = रसानुभूति.
**रसोपल** = मोती.
**रसौली** = अर्बुद, गूमड़.
**रस्ता** = मार्ग.
**रस्म** = आपसदारी, कर्मकांड, नेग, प्रथा, लोकव्यवहार नियम, विवाह रस्म रिवाज, संस्कार.
**रस्मी** = औपचारिक, पारंपरिक.
**रस्मो रिवाज़** = कर्मकांड, प्रथा.
**रस्सा** = रस्सी.

**रस्साकशी** *सं* खींचतान, टग आफ़ वार, •प्रतियोगिता.

**रस्सी** = अलगनी, डोरी, नियंत्रण.

**रस्सी** *सं* कुशा, जेवड़ा, जेवड़ी, *डोर*, *डोरी*, दाँवरी, दाम, दामा, बंधन, बँधनी, बद्धी, बरहा, बरेता, रज्जु, रशना, रश्मि, रसना, रस्सा, *वेष्टन*, •अलगनी, •ज़ंजीर, •बटाई.

**रस्सी झूला** = ट्रैपीज़.
**रस्सीबटा** = बटैया.
**रस्सी बटाई** = बटाई.
**रस्सीमार्ग** = रज्जुमार्ग.

**रहँट** *सं* अरघट्ट, *चरख़ा*, नरिया, पर्शियन व्हील, रहट, •कूप, •सिंचन.

**रहँटी** = ओटनी.
**रह-** = मार्ग.
**रहगुज़र** = मार्ग.
**रहचटा** = स्वादप्रेम.
**रहट** = रहँट.
**रहड़ी** = जोतगाड़ी.
**रहड़ी वाला** = गाड़ीवान.
**रहता है** = है.
**रहन** = निवास, बंधक वस्तु.
**रहन सहन** = जीवनस्तर, सभ्यता.
**रहना** = बसना.
**रहना** = जीना, बचना, बचना.

**रहना** *क्रि* आवास करना, आवास में रहना, *ठहरना*, पते पर रहना, *बसना*, बसा होना, रहने वाला होना, वासी होना, विराजना, •बसना, ▪जाना.

**रहना सहना** = जीवनस्तर.
**रहनुमा** = दिग्दर्शक, नेता, मार्गप्रदर्शक.
**रहनुमाई** = दिग्दर्शन, नेतृत्व, मार्गप्रदर्शन.
**रहने लगना** = आ बसन, बसना.
**रहने वाला** = निवासी.
**रहने वाला होना** = रहना.
**रहबर** = दिग्दर्शक, निदेशक, नेता, मार्गप्रदर्शक.
**रहबरी** = दिग्दर्शन, नेतृत्व, मार्गप्रदर्शन.
**रहम** = करुणा, क्षमा, दया.
**रहमत** = क्षमा.

**रहमान** = अल्लाह, अल्लाह.
**रहर** = अरहर.
**रहरी** = अरहर.
**रहवाल** = आवासी.
**रहवास** = घर, निवास.
**रहवासी** = आवासी, किराएदार, निवासी.
**रहस** = रहस्योक्ति.
**रहस्य** = गुप्त सूचना, गुह्यविद्या, चमत्कार, जादू, जासूसी कहानी, श्लेषोक्ति.

**रहस्य** *सं* अज्ञातता, *आश्चर्य*, कूटता, कूट रहस्य, गुप्त तथ्य, गुप्तता, गुप्त बात, गूढ़, गूढ़ रहस्य, *गोरखधंधा*, छिपी बात, पते की बात, *परदा*, *पहेली*, भंडा, भेद, *मंत्र*, मिस्ट्री, राज़, राज़ की बात, सीक्रेट, •आश्चर्य, •एकांत स्थान, •गुह्यविद्या, •चमत्कार, •जादू, •पहेली, •भुतहापन, •रहस्योक्ति, •विस्मयोक्ति, •हाथ की सफ़ाई, ▪ज्ञातता, ▪स्पष्टता.

**रहस्य उद्घाटक** *सं* *उद्घाटक*, परदादर, पोल खोलने वाला, प्रकट कर्ता, भंडाफोड़ करने वाला, भंडा फोड़ने वाला, भंडाफोड़ू, भेत्ता, भेदी, मर्मभेदी, मुख़बिर, रहस्य प्रकट कर्ता, रहस्योद्घाटक, संभेदी, *सूची*, •कूटपाठक, •चुग़लख़ोर.

**रहस्य उद्घाटन** *सं* *उद्घाटन*, उद्द्योतन, परदाफ़ाश, पोल खुलाई, भंडाफोड़, मर्मोद्घाटन, रहस्योद्घाटन, •कूटपठन, •गुप्तचर्या, •स्वीकारोक्ति, ▪गोपन.

**रहस्य कथा** = जासूसी कहानी.
**रहस्यगोप** = वाक्संयमी.
**रहस्य गोपक** = वाक्संयमी.
**रहस्यज्ञ** = गुणग्राहक.
**रहस्य ज्ञाता** = रहस्यभागी.
**रहस्य ज्योति** = बड़वा दीप्ति.
**रहस्यपूर्ण** = अतिप्राकृतिक, गुप्तचरीय, गुह्य, गुह्य, गोपनशील, चमत्कारपूर्ण, जादुई, भुतहा/भुतही, संदिग्धार्थी.

**रहस्यपूर्ण** *वि* *अज्ञात*, *अज्ञेय*,

अतिगूढ, *अदृश्य*, अनसमझा/अनसमझी, अनिर्णीत, अनिर्दिष्ट, अप्रत्यक्ष, अलक्ष्य, अलौकिक, अस्पष्ट, इंद्रियातीत, *कठिन*, कूट, गहन, गहरा/गहरी, *गुप्त*, गूढ़, धूमिल, परोक्ष, भेदपूर्ण, भेदभरा/भेदभरी, रहस्यमय, रहस्यात्मक, ●अतिप्राकृतिक, ●चमत्कारपूर्ण, ●जादुई, ●भुतहा/भुतही, ●मिथकीय, ●विचित्र, ■ज्ञात, ■स्पष्ट.

**रहस्यपूर्वक** = चोरी छिपे.
**रहस्य प्रकट कर्ता** = रहस्य उद्‌घाटक.
**रहस्य भंजन** = कूटपठन.

**रहस्यभागी** *सं* जानकार, भेदिया, भेदी, मर्मज्ञ, महरमे राज़, रहस्य ज्ञाता, राज़दान, राज़दार, ●अंतरंग मित्र, ●गोपनशील, ●वाक्संयमी, ●विश्वसनीय.

**रहस्य भाषा** = कूटभाषा, स्लैंग.
**रहस्य मंत्र** = गुरुमंत्र.
**रहस्यमय** = रहस्यपूर्ण.
**रहस्य रक्षक** = वाक्संयमी.
**रहस्य वचन** = रहस्योक्ति.
**रहस्यवाद** = गुह्यविद्या.
**रहस्यवादी** = गुह्य.
**रहस्य शास्त्र** = गुह्यविद्या.
**रहस्यहीन** = अगुप्त.
**रहस्यात्मक** = गोपनशील, रहस्यपूर्ण.

**रहस्योक्ति** *सं* कूटोक्ति, गूढ़ोक्ति, *पहेली*, रमूज़, रहस, रहस्य वचन, संधा भाषा, ●वाक्छल, ●विपरीताभास, ●विपरीतोक्ति.

**रहस्योद्‌घाटक** = रहस्य उद्‌घाटक.
**रहस्योद्‌घाटन** = रहस्य उद्‌घाटन.
**रहा/रही** = अदत्त, अनुपभुक्त, अपूर्णकृत, अवशिष्ट.
**रहा सहा/रही सही** = रद्दीकृत.
**-रहित** = रहित.

**रहित** *वि* अ-, अदम-, अन-, अन्, कम-, ग़ैर-, छुट, न-, *पृथक*, बग़ैर, बिना, बिना-, बिला-, बिला-, बे-, बे-, -रहित, ला-, वंचित, वि-, वियुक्त, वियुत, विरहित, विहीन, -शून्य, *सिवा*, सिवाय, हीन, ●अपवाद, ●सिवा, ■सहित.

**रहिला** = चना.
**रहीम** = अल्लाह, अल्लाह, दयालु.
**राँकड़** = असमतल भूमि.
**राँग** = राँगा.
**राँगा** = क़लई, टीन.

**राँगा** *सं* क़लई, कुरूप्य, *टीन*, तमर, त्रपुष, पिच्चट, बार्बरीट, राँग, वंग, सिंहल, *सोल्डर*, ●क़लई, ●गिलट, ●जस्ता, ●टीन.

**राँगा पानी** = क़लई.
**राँगा मुलम्मा** = क़लई.
**राँजना** = झालना, रँगना.
**राँड** = विधवा.
**रांदेवू** = अभिसार स्थल.
**राँधना** = भूनना.

**राँधना** *क्रि* खाना बनाना, *चढ़ाना*, पकाना, पकाना, पचाना, *बनाना*, रसोई करना, रसोई बनाना, ●उबालना, ●छौंकना, ●तलना, ●भूनना, ●सिझाना.

**रा/री** = संबंध कारक विभक्ति.
**राइट** = अधिकार, सही साइज़ का.
**राइटिंग** = साहित्य सृजन.
**राइटिंग टेबल** = रीडिंग टेबल.
**राइडिंग** = सवारी.
**राइफ़ल** = बंदूक़.
**राइस** = चावल.
**राई** = अनाज सूची, तिहलन सूची, सरसों.
**राई तेल** = तेल.
**राई पानी** = काँजी.
**राउंड** = गश्त, गोला, चक्राकार, बारी.
**राउ** = राजा, राजा सूची भारतीय.
**राउत** = राजा.
**राकस** = राक्षस.
**राका** = पूर्णिमा.
**राकापति** = चंद्रमा, पूर्ण चंद्रमा.
**राकेश** = चंद्रमा, पूर्ण चंद्रमा.
**राक्षस** = अत्याचारी, निर्दय.

**राक्षस** *सं* अदेव, अदेवता, अपदेवता, अमरारि, अश्रप, असुर, अस्रप, कुदेव, क्रतुद्वेषी, क्रव्याद, जातुधान, तमचर, दनुज, दानव, देवघाती, देवघ्न, *देवदानव*, देवरिपु, देवारि, दैत्य, नक्तंचर, नरभक्षी, नरभोजी, नर विष्वण, निशाचर, निशाटन, निशाद, निशिचर, पलंकष, पलाद, पिशाच, भूतपिशाच, मखद्वेषी, मांसभक्षी, यज्ञघ्न, यज्ञद्रोही, यज्ञद्वेषी, यज्ञारि, यातुधान, यामिनीचर, रजनीचर, राकस, *रात्रिचर*, *रुधिरपायी*, लंकावासी, विबुधारि, सुरद्वेषी, सुरारि, ●अत्याचार, ●गौबलिन, ●मनुष्यभक्षक, ●महाकायता, ●रावण, ●शैतान, ■देवता, ■फ़रिश्ता.

**राक्षस** = रक्षक.
**राक्षसगुरु** = शुक्राचार्य.
**राक्षसराज** = रावण.

**राक्षस स्त्री** *सं* असुर स्त्री, आसुरी, कर्बरी, कौणपी, दनुजा, दानवी, पिशाचिका, पिशाचिनी, पिशाची, *पूतना*, भूकेशा, मसानी, यातुधाना, राक्षसी.

**राक्षसी** = दानवीय, दानवीय, नाशकारी, राक्षस स्त्री, शैतानी, सामिष (आहार).
**राक्षसीय** = दानवीय, दानवीय, रुधिरपिपासु.
**राख** = दग्ध.

**राख** *सं* *क्षार*, खार, *भभूत*, भस्म, भस्मी, विभूति, स्वाह, ●धुआँ, ■अंगारा, ■चिंगारी.

**राख का ढेर** = दग्ध.
**राख टीका** = लांछन तिलक.
**राखनहार** = जीवन रक्षक, परित्राता, रक्षक.
**राखनहारा/राखनहारी** = जीवन रक्षक, रक्षक.
**राखना** = बचाना.
**राख होना** = जलना.
**राखा** = परित्राता, रक्षक.
**राखी** = रक्षा बंधन.

**राखी** *सं* पहुँची, *रक्षा*, रक्षासूत्र, रखौनी, ●रक्षा बंधन.

**राग** = अंगराग, अनुलाप, आकर्षण,

आसक्ति, इच्छा, ईर्ष्या, गीत, प्रवृत्ति, प्रेम, मोह, रंग, रुचि, लगन, लालिमा, विलासिता, सांसारिकता, स्वजन भावना.

**राग** *सं* ज़मज़मा, नग़मा, शास्त्रीय संगीत रचना, संगीत विधान, स्वररचना, स्वरविधान, •रागिनी, •षड्राग, •संगीत.

**राग गायक** *सं* अलापी, उस्ताद, कलावंत, खाँ साहब, *गुरु*, पक्का रागी, रागदार, *रागी*, •गायक.

**राग छेड़ना** = गाना.
**रागदार** = राग गायक.
**रागद्वेष** = सांसारिकता.
**रागद्वेषहीन** = स्थितप्रज्ञ.
**रागपत्नी** = रागिनी.
**रागपुष्पी** = जवाकुसुम.
**रागबद्ध** = संगीतमय.
**रागमय** = प्रेममय/प्रेममयी, संगीतमय.
**रागमय करना** = प्रेम करना, प्रेम करना, प्रेम करना.
**रागमुक्त** = विरक्त.
**रागमुक्ति** = वैराग्य.
**रागरंग** = भोगविलास, मनोरंजन.
**रागव्य** = रंग द्रव्य.
**राग सृजक** = संगीतकार.
**रागहीन** = अनासक्त, असांसारिक, लालसाहीन.
**रागहीनता** = अनासक्ति, अनिच्छा.
**रागात्मक** = काव्यात्मक, प्रेममय/प्रेममयी, संगीतमय.
**रागानुराग** = आसक्ति.
**रागान्वित** = आसक्त, प्रेमासक्त, रंगीन, वशीकृत.
**रागिनी** = प्रेमिका, प्रेमिका.

**रागिनी** *सं* आश्रित राग, उपराग, रागपत्नी, •राग.

**रागी** = गायक, प्रेमी, प्रेमी, मंचकर्मी, राग गायक, सिख धर्माधिकारी.

**रागी** *सं* कोद्रा, कोराकन, रगी, राजिका.

**राघव** = दशरथ, राम.
**राघवेंद्र** = राम.
**राचना** = फबना.
**राछ** = अक्ष.
**राज** = रजवाड़ा, राजगीर, राज्य, राज्य व्यवस्था, सरकार.
**राज-** = उत्तम.
**राज़** = रहस्य.
**राज ऋषि** = राजर्षि.
**राजकर्म** = राजधर्म.
**राजकाज** = प्रशासन, राजतंत्र, राज्य व्यवस्था.
**राज़ की बात** = रहस्य.
**राजकीय** = शासकीय.
**राजकीय कोशागार** = राजकोश.
**राजकुँअर** = राजकुमार.

**राजकुमार** *सं* अमीरज़ादा, कुँअर, कुँवर, कुमार, नवाबज़ादा, प्रिंस, राजकुँअर, राजपुत्र, राजा पुत्र, शहज़ादा, शाहज़ादा, •युवराज, •राजा.

**राजकुमारी** = युवराज पत्नी.

**राजकुमारी** *सं* कुँअरि, कुँवरानी, कुमारी, नवाबज़ादी, प्रिंसेस, युवरानी, राजपुत्री, राजा पुत्री, रायज़ादी, शहज़ादी, शाहज़ादी, •रानी.

**राजकुल** = राजवंश.
**राजकुशल** = कूटनीतिकार.
**राजकुशल व्यक्ति** = कूटनीतिकार.
**राजकुष्मांड** = बैंगन.

**राजकोश** *सं* ट्रैज़री, राजकीय कोशागार, *राजभंडार*, •ख़ज़ाना.

**राजगद्दी** = राजतंत्र, सत्ताभिषेक, सिंहासन.

**राजगीर** *सं* अट्टालिकाकार, गजधर, चिजारा, थवई, पिसराज, मिस्तरी, मेमार, राज, राज मिस्तरी, *विश्वकर्मा*, सूत्रकार, सौधकार, *स्थपति*, •राज मज़दूर.

**राजगृह** = राजमहल.
**राजघराना** = राजवंश.
**राजचिह्न** = राज्यचिह्न.

**राजतंत्र** *सं* नवाबी, बादशाहत, राजकाज, राजगद्दी, राजशाही, राजसायुज्य, राजाधीन राज्य व्यवस्था, शहंशाही, सुलतानी, •एकतंत्र, •रजवाड़ा, •राजा, •सामंत तंत्र, ▪लोकतंत्र.

**राजतंत्र नागरिक** = प्रजा.
**राजतंत्रात्मक** = राजतांत्रिक.
**राजतंत्रीय** = राजतांत्रिक.
**राजत** = रजतीय.

**राजतांत्रिक** *वि* पादशाही, बादशाही, राजतंत्रात्मक, राजतंत्रीय, राजशाही, राजाशाही, शाही, सुलतानी, ▪राष्ट्रीय, ▪लोकतांत्रिक.

**राजतिलक** = सत्ताभिषेक.
**राजदरबार** = दरबार.
**राजदरबार सदस्य** = दरबारी.
**राजदरबारी** = दरबारी.
**राज़दान** = रहस्यभागी.
**राज़दार** = रहस्यभागी.
**राजदूत** = प्रतिनिधि, राजनयिक, संदेशवाहक.
**राजदूत पद** = राजनय.

**राजदूतावास** *सं* ऐंबैसी, दूतावास, मिशन, सिफ़ारत, हाई कमीशन, •अंतरराष्ट्रीय संबंध.

**राजद्रोह** = देशद्रोह.

**राजद्रोह** *सं* *असहयोग*, ग़द्दारी, द्रोह, बग़ावत, राज्यद्रोह, *विद्रोह*, *विरोध*, सत्ता विरोध, •देशद्रोह, •षड्यंत्र.

**राजद्रोही** = ग़द्दार.

**राजधर्म** *सं* राजकर्म, राजाकर्म, राजा धर्म, •कर्तव्य, •कालधर्म, •मर्यादा.

**राजधानी** = केंद्रस्थान.

**राजधानी** *सं* कटक, केंद्र, केंद्रनगर, कैपिटल, तख़्तगाह, प्रधान नगर, प्रशासन केंद्र नगर, मरकज़, *मुख्यालय*, रजधानी, राज मुख्यालय, राजाधिष्ठान, राज्य मुख्यालय, शासन केंद्र, सत्ता नगर, सदर मुक़ाम, •देश, •प्रांत/प्रदेश, •सर्वोच्च सत्ता.

**राजन** = इंद्र.
**राजनय** = कूटनीति.

**राजनय** *सं* चार्य, दूतकर्म, दूतता, दौत्य, नयाचार, प्रतिनिधित्व, बसीठी, राजदूत पद, राजनयिकता, सफ़ारत, •अंतरराष्ट्रीय संबंध, •कूटनीति.

**राजनयिक** *सं* अताशे, उच्चायुक्त, ऐंबैस्डर, कांसल, कूटनीतिज्ञ, चांसलर, डिप्लोमैट, दूत, राजदूत, राज प्रतिनिधि, सफ़ीर, हाई कमिश्नर, •अंतरराष्ट्रीय संबंध, •स्टेट्समैनशिप.

**राजनयिकता** = राजनय.
**राजनीति** = कूटनीति.

**राजनीति** *सं* राजपद्धति, राजविद्या, सियासत, •राजनेता.

**राजनीतिक** *वि* प्रशासनिक, राजनीतीय, राजनैतिक, शासनिक, सियासती, सियासी, •अर्थशास्त्रीय, •वित्तीय, •सामाजिक.

**राजनीतिक इकाई** = राज्य.

**राजनीतिक कार्यकर्ता** *सं* *कार्यकर्ता*, *पक्षधर*, पार्टी सदस्य, *सदस्य*, *स्वयंसेवक*, •राजनेता.

**राजनीतिक दल** *सं* कांग्रेस, दल, पक्ष, पार्टी, फ़ैडरेशन, *मंच*, महासभा, यूनियन, लीग, *संघ*, *सभा*, हिज्ब, •गुट, •प्रतिपक्ष, •सत्तापक्ष.

**राजनीतिक नेता** = राजनेता.
**राजनीतिक शांति** = सुशासन.
**राजनीति चार उपाय** = नीति चतुष्टय.
**राजनीतिज्ञ** = राजनेता.
**राजनीति बाज़** = गुटबाज़.

**राजनीति विज्ञान** *सं* *अर्थशास्त्र*, नयशास्त्र, पोलिटिकल साइंस, राजनीति शास्त्र, राजविद्या, •नागरिक शास्त्र.

**राजनीति शास्त्र** = राजनीति विज्ञान.
**राजनीतीय** = राजनीतिक.
**राजनील** = पन्ना.

**राजनेता** *सं* आंदोलन कर्ता, जनसेवक, टोपीवाला, *नेता*, *भाषणदाता*, राजनीतिक नेता, राजनीतिज्ञ, लीडर, लोकनेता, *विधायक*, *शासक*, *सांसद*, सियासतदाँ, स्टेट्समैन, •राजनीति, •राजनीतिक कार्यकर्ता, •शासक.

**राजनैतिक** = राजनीतिक.
**राजन्य** = क्षत्रिय, राज परिवार, राजा.
**राजपत्नी** = राजा पत्नी.
**राजपथ** = राजमार्ग.
**राजपद्धति** = राजनीति, राज्य व्यवस्था.

**राज परिवार** *सं* उच्चवंश, प्रथम परिवार, महाकुल, राजन्य, राजा परिवार, शाही ख़ानदान, •राजवंश.

**राजपाट त्याग** = सत्तात्याग.
**राजपाल** = राज्यपाल.
**राजपुत्र** = क्षत्रिय, राजकुमार.
**राजपुत्री** = चमेली, जूही, मालती, राजकुमारी.
**राजपूत** = क्षत्रिय.
**राजपूत स्त्रियों द्वारा सामूहिक चिता प्रवेश** = जौहर प्रथा.
**राजपूताना** = राजस्थान.
**राज प्रतिनिधि** = राजनयिक, रीजैंट.
**राज प्रतिनिधि शासक** = रीजैंट.
**राजप्रसाद** = राजमहल.
**राजप्रसादीय** = महल जैसा.
**राजबदर** = आँवला.
**राजभंडार** = राजकोश.

**राजभंडार** *सं* जवाहिरख़ाना, तोशकख़ाना, तोशाख़ाना, रत्नागार.

**राजभक्ति** *सं* राज्यनिष्ठा, राज्यभक्ति, सत्तानिष्ठा, सत्ताभक्ति, सरकार भक्ति, •देशभक्ति, ▪राजद्रोह.

**राजभवन** = राजमहल.

**राज मज़दूर** *सं* क़ुली, खंता, *खनिता*, दिहाड़ीदार, पल्लेदार, पेशराज, मज़दूर, मजूर, *रोज़ंदार*, *श्रमिक*, •राजगीर.

**राजमराल** = राजहंस.

**राजमहल** *सं* नृपगृह, पैलेस, प्रासाद, *महल*, मालिका, राजगृह, राजप्रसाद, राजभवन, राजसौध, रावट, सौध, हर्म्य, *हवेली*.

**राजमहिषी** = पटरानी.
**राजमा** = दलहन सूची, राजमाह.

**राजमाता** *सं* राजा माता, *रानी*.

**राजमार्ग** = मुख्य सड़क.

**राजमार्ग** *सं* आटोबान, उच्चमार्ग, घंटापथ (प्रा), नृपपथ (प्रा), बड़ी सड़क, महापथ, राजपथ, राजवीथी, रुकावटहीन राजमार्ग, श्रीमार्ग (प्रा), हाइवे, •अंतरराष्ट्रीय राजमार्ग, •ग्रामीण राजमार्ग, •जनपदीय राजमार्ग, •टौल मार्ग, •नगरीय राजमार्ग, •प्रादेशिक राजमार्ग, •राष्ट्रीय राजमार्ग, •मोटर मार्ग, •सड़क.

**राजमाष** = राजमाह.

**राजमाह** *सं* बड़ी उड़द, बर्बट, बर्बटी, महामाष, राजमा, राजमाष, सित माष.

**राज मिस्तरी** = राजगीर.
**राजमुकुट** = मुकुट.
**राज मुख्यालय** = राजधानी.
**राजमुद्ग** = मोठ.
**राजमुनि** = राजर्षि.
**राजराजेश्वरी** = पटरानी, राजा पत्नी.
**राजरोग** = क्षयरोग, जीर्ण रोग.

**राजर्षि** *सं* क्षत्रिय ऋषि, तपस्वी राजा, राज ऋषि, राजमुनि.

**राजवंश** *सं* कुल, घराना, राजकुल, राजघराना, *वंश*, •कुलीन समाज, •राज परिवार.

**राजवट** = रबड़ वृक्ष.
**राज वर्ग** = उच्चवर्ग.
**राजविद्या** = राजनीति, राजनीति विज्ञान.
**राजवीथी** = राजमार्ग.
**राजवैद्य** = वैद्य.
**राजवैभवशाली** = महल जैसा.
**राज व्यवस्था** = राज्य व्यवस्था.
**राजशाक** = बथुआ.
**राजशाही** = राजतंत्र, राजतांत्रिक.
**राजसंसद** = दरबार.
**राजस** = रजोगुणी.

 (प्रा) प्राचीन शब्द, अब अप्रचलित - *तिरछे* शब्द स्वतंत्र शीर्षक भी हैं •सपर्याय ▪विपर्याय

**राजसत्ता** = राज्य व्यवस्था.
**राजसभा** = दरबार.
**राजसायुज्य** = राजतंत्र.
**राजसिंहासन** = सिंहासन.
**राजसिक** = उच्चवर्गीय, मसालेदार, रजोगुणी, राजसी.
**राजसिकता** = रजोगुण, वैभव.
**राजसी** = महल जैसा, रजोगुणी, स्वादिष्ठ.

**राजसी** *वि* अमीराना, आलीशान, उत्कृष्ट, *उत्तम*, ऐश्वर्यपूर्ण, गौरवशाली, ठाटदार, नवाबी, *प्रभावशाली*, बादशाही, *भव्य*, महिमान्वित, महिमामंडित, मुअज़्ज़म, राजसिक, राजोचित, रौयल, वैभवपूर्ण, शहंशाही, शानदार, शाहाना, शाही, सुलतानी, •अभिमानी, •रजोगुणी, •वैभवशाली, •सर्वोच्च, ■वैभवहीन.

**राजसूय** = अश्वमेध.
**राजसौध** = राजमहल.
**राजस्थली** = राजस्थान.
**राजस्थान** = भारत राज्य प्रदेश सूची, मरुथल.

**राजस्थान** *सं* राजपूताना, राजस्थली, •मरुथल, •मारवाड़.

**राजस्थानः राजधानी** *सं* जयपुर.

**राजस्व** = कर.

**राजस्व** *सं* कर आय, कराधान आय, टैक्स आय, मालियाना, रीवैन्यु, सरकारी आय.

**राजहंस** *सं* कलहंस, कादंब, मराल, राजमराल, हंसराज, हंसा.

**राजा** = उत्तम व्यक्ति या वस्तु, क्षत्रिय, जमींदार, पति, प्रसिद्ध व्यक्ति, राजा सूची भारतीय.

**राजा** *सं* अधिनाथ, अधिप, अधिराज, अवनिपति, अवनींद्र, अवनीश, अवनीश्वर, किंग, किरीटी, क्षितीश, चक्रधारी, छत्रप, छत्रपति, जनेश्वर, दंडनायक, धरणीश्वर, नरेंद्र, नरेश, नृप, नृपति, पादशाह, पृथ्वींद्र, पृथ्वीवल्लभ, प्रिंस, बादशाह, बापू (गुजरात), भुवनेश्वर, भूप, भूपाल, भूमीश, भूमेश, मंडलेश्वर, महीपाल, मानवेंद्र, *मुकुटधारी*, राउ, राउत, राजन्य, राजेंद्र, राजेश, राजेश्वर, राव, *सम्राट*, सुलतान, •क़ैसर, •फरऊन, •सम्राट, •दरबारी, •मुकुटधारी, •मुखिया, •राजकुमार, •रानी, •राष्ट्रपति, •वायसराय, •शासक, •सामंत, •सिंहासन, ■जनता, ■जन साधारण, ■प्रजा.

**राजा सूची भारतीय** *सं* गायकवाड़, चित्राल, छत्रपति, जहाँपनाह, जामसाहब, ठाकुर, *दीवान*, नवाब, निज़ाम, पेशवा, फड़नवीस, बादशाह, भोंसले, महाराज, महाराजा, महाराणा, महारावल, मिर्ज़ा, राउ, *राजा*, राणा, राय, रायज़ादा, राव, रावल, शहंशाह, शाह, *सम्राट*, सरदार, सवाई, साह, साहू, सिंधिया, सुलतान, होल्कर.

**राजा इंदर** = इंद्र.
**राजाकर्म** = राजधर्म.
**राजाज्ञा** = राज्यादेश.
**राजाज्ञा पत्र** = राज्यादेश.
**राजादन** = चिरौंजी.
**राजा धर्म** = राजधर्म.
**राजाधिकारी** = कार्यपालिका.
**राजाधिराज** = सम्राट, सर्वोच्च सत्ताधारी.
**राजाधिष्ठान** = राजधानी.
**राजाधीन क्षेत्र** = रजवाड़ा.
**राजाधीन राज्य व्यवस्था** = राजतंत्र.
**राजानक** = सामंत.

**राजा पत्नी** *सं* नृपवल्लभा, बेगम, मलिका, मल्लिका, महादेवी, महिषी, राजपत्नी, राजराजेश्वरी, राज्ञी, *रानी*, सम्राट पत्नी, सुलताना, •पटरानी, •रानी.

**राजा पत्नी नहीं स्वयं रानी** = रानी.
**राजा परिवार** = राज परिवार.
**राजापहरण** = सत्ता अपहरण.
**राजा पुत्र** = राजकुमार.
**राजा पुत्री** = राजकुमारी.
**राजा प्रतिनिधि** = वायसराय.
**राजा प्रधान पत्नी** = पटरानी.
**राजा महाराजा** = कुलीन समाज.
**राजा माता** = राजमाता.
**राजा राम मोहन राय द्वारा प्रवर्तित संप्रदाय** = ब्रह्म समाज.
**राजाशाही** = राजतांत्रिक.
**राजाश्म** = संग मरमर.

**राजा संगी** *सं दरबारी*, पार्षद, मुसाहिब.

**राजाऽसन** = सिंहासन.
**राजि** = पंक्ति.
**राजिका** = रागी.
**राजिव** = शोभनीय.
**राजिवलोचन** = राम.
**राजी** = सरसों.
**राज़ी** = तत्पर, प्रसन्न, सहमत.
**राज़ी करना** = मनवाना, मनुहारना.
**राज़ीखुशी** = जीवन रक्षा, सलामती.
**राज़ी न होना** = ठुकराना.
**राज़ीनामा (मराठी)** = त्यागपत्र.
**राजीव** = कमल, नीलकमल.
**राजीवलोचन** = सुनयन.
**राजीवलोचना** = सुनयना.
**राज़ी होना** = पसीजना, मानना.
**राजेंद्र** = राजा.
**राजेश** = राजा.
**राजेश्वर** = राजा.
**राजोचित** = राजसी.
**राज्ञी** = राजा पत्नी.
**राज्य** = प्रांत/प्रदेश, रजवाड़ा, सरकार.

**राज्य** *सं* क्षत्र, *चक्र*, छत्र, तंत्र, *देश*, राज, राजनीतिक इकाई, *सरकार*, सल्तनत, स्टेट, स्वायत्त सरकार, •प्रांत/प्रदेश, •रजवाड़ा, •राज्यसंघ, •राष्ट्र, •सरकार.

**राज्य अध्यक्ष** = राज्याध्यक्ष.
**राज्य अपहरण** = सत्ता अपहरण.
**राज्यकरण** = शासन.
**राज्य कर्ता** = कार्यपालिका, शासक.
**राज्यकर्म** = शासन.
**राज्यक्ता** = रायता.

**राज्यचिह्न** *सं* ऐंब्लम, राजचिह्न, राज्य प्रतीक, राष्ट्रचिह्न, •अशोक चक्र, •राजाचिह्न.

**राज्यच्युत** = सत्ताच्युत.
**राज्यत्याग** = सत्तात्याग.
**राज्यद्रोह** = देशद्रोह, राजद्रोह.
**राज्यनिष्ठा** = राजभक्ति.
**राज्य पद्धति** = राज्य व्यवस्था.

**राज्यपाल** *सं* क्षत्रप, गवर्नर, गवर्नर जनरल, चीफ़ कमिश्नर, नवाब, निज़ाम, प्रदेश प्रशासक, प्रांत प्रशासक, राजपाल, लैफ़्टिनैंट गवर्नर, सत्रप, सदरे रियासत, सूबेदार, •मुख्य मंत्री, •राष्ट्रपति, •शासित, •स्थानीय शासक.

**राज्य प्रतीक** = राज्यचिह्न.
**राज्यभक्ति** = राजभक्ति.
**राज्य मंडल** = कामनवैल्थ.
**राज्य मुख्य मंत्री** = मुख्य मंत्री.
**राज्य मुख्यालय** = राजधानी.
**राज्य व्यवस्था** = शासन तंत्र.

**राज्य व्यवस्था** *सं* राज, राजकाज, राजपद्धति, राज व्यवस्था, राजसत्ता, राज्य पद्धति, *शासन तंत्र*, शासन पद्धति, *सरकार*, सियासत, •उद्योगतंत्र, •एकतंत्र, •कुलतंत्र, •तानाशाही राज्य, •धर्मतंत्र, •धर्म निरपेक्ष राज्य, •राजतंत्र, •लोकतंत्र.

**राज्य शासन** = शासन.
**राज्य सत्तात्याग** = सत्तात्याग.
**राज्यसभा** = दरबार.

**राज्यसभा** *सं* उच्चसदन, सीनेट (संराअ), हाउस आफ़ लार्ड्स (ब्रिटेन), •संसद.

**राज्य समूह** = कामनवैल्थ.

**राज्य सेवा** *सं* अधिकारी गण, अधिकारी दल, तंत्र, नागरिक सेवा, *नौकरशाही*, प्रशासक गण, प्रशासन तंत्र, बाबूडम, बाबूशाही, ब्यूरोक्रेसी, लोकसेवा, सरकारी नौकरी, सिविल सर्विस, •रक्षा सेवा.

**राज्य सेवाकर्मी** = राज्य सेवा कर्मी.

**राज्य सेवा कर्मी** *सं* अधिकारी, ब्यूरोक्रैट, राज्य सेवाकर्मी, सिविल सर्वैंट.

**राज्यस्तरीय** = प्रदेशीय.

**राज्यादेश** *सं आज्ञापत्र*, *घोषणा*, नृपशासन (प्रा), पट्ट, फ़रमान, मुद्रांकित पत्र, राजाज्ञा, राजाज्ञा पत्र, राज्यादेश पत्र, शासनपट (प्रा), शाही फ़रमान, समादेश, हुक्मनामा, •क़ानून, •नियम.

**राज्यादेश पत्र** = राज्यादेश.
**राज्याधिकार** = प्रभुसत्ता.

**राज्याध्यक्ष** *सं अध्यक्ष*, चेयरमैन, राज्य अध्यक्ष, राष्ट्र अध्यक्ष, •तानाशाह, •मुखिया, •राजा, •राष्ट्रपति, ▪जनता, ▪नागरिक.

**राज्यापहरण** = सत्ता अपहरण.
**राज्याभिषेक** = सत्ताभिषेक.
**राज्यारोहण** = सत्तारोहण.
**राज्यासीन** = सत्तासीन.
**राज्यीय** = प्रदेशीय, प्रदेशीय.
**राड़** = कलह.
**राणा** = राजा सूची भारतीय.
**रात** = अंधकार.

**रात** *सं* अंजन, *अंधकार*, अंधिका, अमा, *कालिमा*, क्षपा, ज्योतिष्मती, तमस्विनी, तमा, तमी, त्रियामा, नक्त, निद्राकाल, निशा, निशि, निशीथिनी, यामा, यामिनी, याम्या, रजनी, रत-, रात्रि, रैन, रैना, विभावरी, शब, शयन काल, शर्वरी, सूर्यास्त-सूर्योदय काल, •अंधकार, •चाँदनी, •मध्य रात्रि, •सायंकाल, •सूर्यास्त, ▪धूप.

**रात का राजा** = उल्लू.
**रात की रानी** = रजनीगंधा.
**रात के 12 से दिन के 11.59 बजे समय** = एऐम.
**रात के कपड़े** = रात्रि परिधान.
**रात के बारह बजे** = मध्यरात्रि.
**रात दिन** = अविराम, अहोरात्र, उत्थानपतन, पृथ्वी धुरी चक्रण काल, भाग्यचक्र, लगातार, हमेशा.
**रात पड़े** = सायंकाल में.
**रात बिरात** = देर रात में.
**रात रानी** = रजनीगंधा.

**राता/राती** = प्रेमासक्त, रंगीन, लाल, व्यस्त.
**रातिब** = पशु चारा.
**रात्रि** = रात.
**रात्रि आवास** = शयन शाला.
**रात्रि आहार** = डिनर.
**रात्रिकक्ष** = शयन कक्ष.
**रात्रिचर** = राक्षस.

**रात्रिचर** *वि* तमचर, नक्तंचर, निशाचर, निशिचर, ▪दिनचर.

**रात्रि जागर** = रतजगा.
**रात्रि जागरण** = रतजगा.

**रात्रि परिधान** *सं* नाइटड्रैस, नाइटवीअर, रात के कपड़े.

**राद्धांत** = सिद्धांत.
**राध** = वैशाख मास.
**राधक** = भक्त.

**राधा** *सं* गोपजा, *गोपी*, प्रेम अगाधा, महरेटी, रधिया, राधा रानी, राधिका, राधे, राधे रानी, रासेश्वरी, वार्षभानवी, वृंदा, वृषभानुजा, श्यामा, •कृष्ण, •नर्तकी, •मीरा, •रुक्मिणी.

**राधारमण** = कृष्ण.
**राधा रानी** = राधा.
**राधिका** = राधा.
**राधे** = राधा.
**राधेय** = कर्ण.
**राधे रानी** = राधा.
**राध्य** = आरभ्य, करणीय.
**रान** = जाँघ.
**राना** = सुंदर.
**रानाई** = अकड़ की चाल, सौंदर्य.
**रानी** = उत्तम व्यक्ति या वस्तु, कुलीन स्त्री, पत्नी, प्रेमिका, राजमाता, राजा पत्नी, स्वामिनी.

**रानी** *सं* क्वीन, ठकुराइन, बेगम, भगवती, मल्लिका, महाराज्ञी, महारानी, राजा पत्नी नहीं स्वयं रानी, सम्राज्ञी, सुलताना, स्वयं रानी, •पटरानी, •राजकुमारी, •राजमाता, •राजा, •राजा पत्नी.

**रापड़** = ऊसर.

**राप्ती** = नदी सूची भारत उपमहाद्वीप.
**राब** = शरबत.

**राब** *सं* दानेदार शीरा, फाणित, •शीरा.

**राबना** = सींचना.
**राम** = अवतार सूची, आनंदप्रद, ईश्वर, परशुराम, बलराम.

**राम** *सं* अयोध्यापति, अवधेश, कौशलेय, कौशल्यासुत, जानकीनाथ, जानकीवल्लभ, दशरथनंदन, दाशरथि, धनुर्धर, पुरुषोत्तम, बालिहंता, भगवान राम, मर्यादा पुरुषोत्तम, रघुकुलगौरव, रघुनंदन, रघुनाथ, रघुपति, रघुराज, रघुवर, रघुवीर, राघव, राघवेंद्र, राजिवलोचन, राम अवतार, रामचंद्र, रावणरिपु, श्रीराम, सियापति, सीतानाथ, सीतावल्लभ, हरि, •अयोध्या, •कृष्ण, •कौशल्या, •ताड़का, •दशरथ, •दशहरा, •धनुष बाण, •बाली, •भरत, •रामायण, •लक्ष्मण, •लव कुश, •वनवास, •विभीषण, •विश्वामित्र, •विष्णु, •शत्रुघ्न, •शिवधनुष, •शूर्पणखा, •सीता, •सुग्रीव, •स्वयंवर विवाह, •हनुमान, ▪रावण.

**राम अवतार** = राम.
**रामकथा** = रामायण.
**राम कहानी** = आत्मकथा.
**रामकृष्ण मिशन** = समाजसेवी संस्था.
**रामचंद्र** = राम.
**रामचक्र** = बड़ा.
**रामचरित मानस** = रामायण.
**रामजननी** = कौशल्या.
**रामजना/रामजनी** = अवैध (संतान), वर्णसंकर.
**रामजनी** = वेश्या.
**रामझोल** = पाज़ेब.
**राम तरोई** = भिंडी.
**राम तीतर** = तीतर.
**रामदल** = विजयवाहिनी.
**रामदास** = सिख गुरु सूची.
**रामदूत** = हनुमान.
**रामनामी** = कंठमाला.
**राम पत्नी** = सीता.
**राम पिता** = दशरथ.
**रामप्रिया** = सीता.
**रामफल** = शरीफ़ा.
**रामबाण** = अचूक (औषध), अचूक औषध, चिकित्साकारी, लक्ष्यवेधी, सफलताप्रद, सरकंडा.
**रामबाण औषध** = अचूक औषध.
**राम भक्त हनुमान** = हनुमान.
**राम भाई** = भरत, लक्ष्मण, शत्रुघ्न.
**राम मर्यादा** = पत्नीव्रत.
**राममाता** = कौशल्या.
**रामयुग** = त्रेतायुग.
**रामराज्य** = सुशासन.
**रामरोला** = कोलाहल, हल्लागुल्ला.
**राम लवण** = साँभर नमक.

**रामलीला** *सं* रामायण प्रदर्शन, *लीला*, •कृष्णलीला, •दशहरा.

**रामशर** = सरकंडा.
**रामसखा** = सुग्रीव.
**रामसर** = मूँज.
**राम सीता पुत्र** = कुश, लव.
**रामसेना** = विजयवाहिनी.
**रामा** = गेरू, नौकर, प्रेमिका, लक्ष्मी देवी, सीता.
**रामानुज** = भरत, लक्ष्मण.
**रामानुजाचार्य दर्शन** = विशिष्टाद्वैतवाद.

**रामायण** *सं* आदिकाव्य, रामकथा, रामचरित मानस, •महाभारत, •राम, •वसिष्ठ, •वाल्मीकि.

**रामायण प्रदर्शन** = रामलीला.
**रामायण महाभारत** = हिंदू धर्मग्रंथ.
**रामायण युग** = त्रेतायुग.
**रामायण रचेता** = वाल्मीकि.
**रामायण वाचक** = लवकुश.
**रामी** = काँस घास.
**रामू** = नौकर.
**रामेन** = नूडल्स.
**राय** = दृष्टिकोण, परामर्श, मत, मतदान पत्र, मुखिया, राजा सूची भारतीय, वोट, सुझाव.
**रायज़ादा** = राजा सूची भारतीय.
**रायज़ादी** = राजकुमारी.
**रायट** = दंगा.
**रायता** *सं* राज्यक्ता (प्रा), रैतुवा, •दही, •मट्ठा.

**रायल क्लास (बोलचाल)** = तृतीय श्रेणी.

**रायल्टी** *सं* अधिकार शुल्क, कृतिस्व शुल्क, स्वत्व शुल्क, स्वत्वाधिकार शुल्क, •आय, •कापीराइट, •लाइसैंस.

**रायपुर** = छत्तीसगढ़ः राजधानी.
**रार** = कलह, तकरार.
**राल** = गोंद, वार्निश, साल.

**राल** *सं* गुग्गुल, *गोंद*, डामर, रजन, रेज़िन, शालवेष्ट, सालरस, •तारपीन, •लाक्षा, •वार्निश, •वृक्ष दूध.

**राव** = आर्तनाद, ध्वनि, राजा, राजा सूची भारतीय.
**रावचाव** = लाड़.
**रावट** = महल, राजमहल.
**रावटी** = तंबू.

**रावण** *सं* दनुजेंद्र, दनुजेश, दशकंठ, दशकंधर, दशग्रीव, दशवदन, दशशीश, दशानन, मंदोदरी पति, राक्षसराज, लंकनाथ, लंकापति, लंकेश्वर, वैश्रवण, हिरण्यकशिपु अवतार, कुंभकर्ण, •कुबेर, •दशहरा, नमंदोदरी, •मेघनाद, •लंका, •विभीषण, ▪राम, ▪सीता. ▪हनुमान.

**रावण दहन** = दशहरा.
**रावण पत्नी** = मंदोदरी.
**रावण बहन** = शूर्पणखा.
**रावण भाई** = विभीषण.
**रावणरिपु** = राम.
**रावण सौतला भाई** = कुबेर.
**रावत** = मुखिया, सेनापति.
**रावल** = योद्धा, राजा सूची भारतीय.
**रावी** = नदी सूची भारत उपमहाद्वीप.
**राशन** = खाद्य पदार्थ.
**राशन अधिकार पत्र** = राशन कार्ड.

**राशन कार्ड** *सं* राशन अधिकार पत्र, •पहचान पत्र.

**राशनिंग** *सं* खुराकबंदी, फ़ूड राशनिंग.

**राशि** = जोड़ फल, धनराशि, भंडार, मात्रा, संख्या, समूह.

**राशि** *सं* ऋक्ष, ग्रहदशा, बुर्ज़, राशिचक्र 1/12, रास, *लग्न*, सूर्यस्थान.

**राशि सूची** *सं*
मेष राशि 21/22 मार्च-20 अप्रैल
वृष राशि 21 अप्रैल-20/21 मई
मिथुन राशि 21/22 मई-20/21 जून
कर्क राशि 21/22 जून-20/23 जुलाई
सिंह राशि 21/24 जुलाई-21/23 अगस्त
कन्या राशि 22/24 अगस्त-23 सितंबर
तुला राशि 24 सितंबर-23 अक्तूबर
वृश्चिक राशि 24 अक्तूबर-22 नवंबर
धनु राशि 23 नवंबर-20/22 सितंबर
मकर राशि 21/23 दिसंबर-19/20 जनवरी
कुंभ राशि 20/21 जनवरी-18/19 फ़रवरी
मीन राशि 19/20 फ़रवरी-20/21 मार्च.

**राशि उदय दिनांश** = लग्न.

**राशिचक्र** *सं* अजगाव, अजवीथी, खगोलीय कटिबंध, ज़ोडियैक, *ज्योतिश्चक्र*, भचक्र, रविपथ, राशि मंडल, वीथी, सूर्यमार्ग, सौर ज्योतिश्चक्र, ●नक्षत्र चक्र.

**राशिचक्र 1/12** = राशि.
**राशिचक्र 1/360** = कोणांश.
**राशित** = संग्रहित.
**राशि मंडल** = राशिचक्र.
**राशीकृत** = गिना/गिनी.
**राष्ट्र** = देश, प्रजाति.

**राष्ट्र** *सं* क़ौम, *जाति*, तंत्र, *देश*, नेशन, लोग, ●रजवाड़ा, ●राज्य, ●साम्राज्य, ●स्वदेश, ■उपनिवेश.

**राष्ट्र अध्यक्ष** = राज्याध्यक्ष.

**राष्ट्रगीत** *सं* ऐंथम, देशगीत, नेशनल सौंग.

**राष्ट्रचिह्न** = राज्यचिह्न.

**राष्ट्र जयंती** *सं* नेशनल डे, प्रमुख दिवस, ●गणतंत्र दिवस, ●स्वतंत्रता दिवस.

**राष्ट्रजय** = परराष्ट्र जय.
**राष्ट्रद्रोह** = देशद्रोह.
**राष्ट्रद्रोही** = ग़द्दार.
**राष्ट्रनिष्ठ** = देशभक्त.
**राष्ट्रनिष्ठा** = देशभक्ति.

**राष्ट्रपति** *सं* गणनाथ, गणस्वामी, गणाध्यक्ष, चांसलर, चेयरमैन, प्रधानोत्तम, प्रैज़िडैंट, राष्ट्राध्यक्ष, ●उपराष्ट्रपति, ●प्रधान मंत्री, ●राजा, ●राज्यपाल, ●राज्याध्यक्ष.

**राष्ट्रप्रेम** = देशभक्ति.
**राष्ट्रप्रेमी** = देशभक्त.
**राष्ट्रभक्त** = देशभक्त.
**राष्ट्र मंडल** = संयुक्त राष्ट्र संघ.
**राष्ट्रवन** = रक्षित वन.

**राष्ट्रवाद** *सं* धर्मनिरपेक्षता, प्रदेशनिरपेक्षता, बहुधर्मवाद, बहुभाषावाद, राष्ट्रसापेक्षता, राष्ट्रीयता, ●इहलोकतंत्र वाद, ●प्रांतवाद, ■संप्रदायवाद.

**राष्ट्रवासी** = नागरिक.
**राष्ट्र संघ** = संयुक्त राष्ट्र संघ.
**राष्ट्र सदस्यता** = नागरिकता.
**राष्ट्रसापेक्षता** = राष्ट्रवाद.
**राष्ट्राधीन** = राष्ट्रीयकृत.
**राष्ट्राध्यक्ष** = राष्ट्रपति.
**राष्ट्रीय** = देशस्तरीय, राष्ट्रीयकृत, शासकीय, सामूहिक, स्वदेशी.

**राष्ट्रीय** *वि* अंतरराज्यीय, क़ौमी, गृह, नेशनल, ●देशीय, ●शासकीय, ■अंतरराष्ट्रीय, ■परराष्ट्रीय, ■प्रदेशीय.

**राष्ट्रीय उद्यान** = अभयारण्य, राष्ट्रोपवन.

**राष्ट्रीयकरण** *सं* नेशनलाइज़ेशन, समाजीकरण, समूहीकरण, सरकारीकरण, सामूहिकीकरण, ●अधिग्रहण, ■निजीकरण.

**राष्ट्रीयकृत** *वि* अधिगृहीत, ख़ालसा, नेशनलाइज़्ड, पब्लिक, राष्ट्राधीन, *राष्ट्रीय*, शाही, सरकारी, *सामूहिक*, ■निजीकृत.

**राष्ट्रीयता** = देशभक्ति, नागरिकता, राष्ट्रवाद.
**राष्ट्रीय निर्वाचित प्रतिनिधि सभा** = संसद.

**राष्ट्रीय राजमार्ग** *सं* अंतरप्रादेशिक मार्ग, अंतरराज्यीय मार्ग, इंटरस्टेट, इंटरस्टेट हाइवे, ट्रंक रोड, लंबी सड़क, ●राजमार्ग, ●सड़क.

**राष्ट्रीय सरकार** = केंद्र सरकार.
**राष्ट्रोद्यान** = राष्ट्रोपवन.

**राष्ट्रोपवन** *सं* नेशनल पार्क, राष्ट्रीय उद्यान, राष्ट्रोद्यान.

**रास** = कल्याणकारी, ज़ंजीर, नृत्य, पशुसमूह, राशि, लगाम.
**रासधारी** = कृष्ण.
**रासबिहारी** = कृष्ण.
**रासभ** = गधा.
**रासरंग** = भोगविलास, मनोरंजन.
**रासरंगपूर्ण** = विलासितापूर्ण.
**रास रचैया** = कृष्ण.

**रासायनिक उर्वरक** *सं उर्वरक*, नाइट्रोजन, पोटाशियम, फ़ास्फ़ेट, यूरिया, ●खाद.

**रासायनिक तत्त्व** *सं घटक*, तत्त्व, *धातु*, *पंचभूत*, पुद्‌गल, *भूत*, मूल तत्त्व, संघटक तत्त्व, ●पदार्थ, ●भौतिकी, ●रसायन.

**रासायनिक तत्त्व सूची** *सं*
अलुमीनियम, आइंस्टाइनीयम, आक्सीजन, आयरन, आयोडीन, आर्गोन, आर्सेनिक, इंडीयम, इटरबीयम, इट्रीयम, इरीडीयम, ऐंटीमनी, ऐक्टीनीयम, ऐमेरिशीयम, ऐर्बीयम, ऐस्टाटीन, ओसमीयम, कापर, *कारबन*, कैडमीयम, कैलीफ़ोर्नीयम, कैल्शीयम, कोबाल्ट, क्यूरीयम, क्रिप्टोन, क्रोमीयम, क्लोरीन, गाडोलिनीयम, गालीयम, गोल्ड, ज़र्कोनीयम, जर्मेनीयम, ज़िंक, ज़ीनान, टंग्स्टन, टर्बीयम, टिन, टीटेनीयम, टैंटालम, टैक्नीशियम, टैलूरीयम,

डिस्प्रोसीयम, थूलीयम, थैलीयम, थोरीयम, नाइट्रोजन, नायोबीयम, निकल, नैप्टूनीयम, नोबेलीयम, पलाडीयम, पोटाशीयम, पोलोनीयम, प्रासियोडिमीयम, प्रोटैक्टीनीयम, प्रोमीथीयम, प्लूटोनीयम, *प्लैटीनम*, फ़र्मीयम, फ़ास्फ़ोरस, फ़्रांसीयम, फ़्लोरीन, बर्कलीयम, बिस्मथ, बेरियम, बेरिलीयम, बोरोन, ब्रोमीन, मरकरी, *मैंगनीज़*, मैंडेलीवीयम, मैगनीशीयम, मौलिब्डेनम, यूरेनीयम, यूरोपियम, रीनीयम, रूथेनीयम, रूबीडीयम, रेडीयम, रेडोन, रोडीयम, लीथीयम, लूतीशीयम, लैंथानम, लैड, लौरेंसीयम, वानाडीयम, सल्फ़र, सामारीयम, सिलिकौन, सिल्वर, सीज़ीयम, सेरीयम, सेलेनीयम, सोडीयम, स्कैंडीयम, स्ट्रौनशीयम, हाइड्रोजन, हाफ़नीयम, हीलीयम, होलमीयम.

**रासायनिक द्रव्य** = रसायन.

**रासायनिक धागा** *सं* कैमिकल यार्न, मैनमेड यार्न.

**रासायनिक धागे और वस्त्र सूची** *सं* अरलोन, कुप्रामोनियम रेयन, ग्लास फ़ाइबर, टैरिलीन, डैकरान, नाइलोन, पौलियस्टर, रेयन, विस्कोज़ रेयन, सिंथैटिक वस्त्र सूची.

**रासायनिक प्रक्रिया से उपलब्ध पदार्थ** = रसायन.

**रासायनिकी** *सं* कैमिस्ट्री, रसशास्त्र, *रसायन*, रसायन विज्ञान, रसायन विद्या, रसायन शास्त्र, •कीमियागरी, •भौतिकी, •विज्ञान.

**रासायनिकीविद** *सं* कैमिस्ट, रसायनज्ञ, रसायन विज्ञानी, रसायनविद, रसायन शास्त्री, •कीमियागर.

**रासी** = क्षार, सज्जी.
**रासेश्वरी** = राधा.
**रासो** = महाकाव्य.

**रास्ता** = गलियारा, परंपरा, प्रक्रिया, मार्ग, सड़क, साधन.
**रास्ता दिखाना** = पढ़ाना.
**रास्ता नापना** = निकलना.
**रास्ता लेना** = जाना, निकलना.
**रास्ते** = बरास्ता.
**रास्ते से** = बरास्ता.
**रास्ते से हटाना** = संहारना.
**राह** = परिपाटी, प्रतीक्षा, मार्ग, विकल्प, साधन.
**राहगीर** = यात्री.
**राह चबैनी** = पिंडदान.
**राहचबैनी** = यात्रा आहार.
**राह चलता** = यात्री.
**राहचाह** = आपसदारी, चरित्र.
**राहज़न** = बटमार.
**राहत** = आरोग्य लाभ, परित्राण, वित्तीय सहायता, विश्राम, सांत्वना, सुख.

**राहत** *सं* आराम, क़रार, *कल*, कष्ट अंत, चैन, छुटकारा, त्राण, निजात, निस्तार, पीड़ा मुक्ति, फ़ायदा, शांति, सुकून, *सुख*, ▪अत्याचार, ▪छटपटाहट.

**राहतप्रद** = चिकित्साकारी.
**राहदारी** = चुंगी कर.
**राहबरी** = नेतृत्व.
**राह भटकना** = भटकना.
**राह भटका/राह भटकी** = मार्गच्युत.
**राह भूला/राह भूली** = मार्गच्युत.
**राहरस्म** = आपसदारी, परिचय, संगति.
**राहरीति** = आपसदारी, चरित्र, परिचय.
**राह लेना** = जाना.
**राही** = यात्री.
**राहु** = नवग्रह.

**राहु** *सं* अभ्रपिशाच, अर्करिपु, असुर, अहि, खंडपरशु, ग्रहण बिंदु, चंद्र छायामूर्ति, तिमिर चंद्र, धूम ग्रह, फणी, महाग्रह, *मुंड*, राहु ग्रह, राहुशीर्ष, शशांकशत्रु, सिंहिकासुत, सैंहिकेय शीर्ष, •केतु.

**राहु कबंध** = केतु.

**राहु केतु** *सं* सूर्यग्रह, सैंहिकेय, •ग्रहण.

**राहुग्रस्त** = ग्रहणग्रस्त.

**राहु ग्रह** = राहु.
**राहु ग्रास** = ग्रहण.
**राहुरत्न** = गोमेद.
**राहुशीर्ष** = राहु.
**राहो रस्म** = आपसदारी.
**रिंक** = स्केटिंग रिंक.
**रिंग** = अँगूठी.
**रिंगक** = संसर्पी.
**रिंगन** = रेंग.

**रिंग रोड** *सं* परिपथ, परिमार्ग, बाहरी मार्ग, मुद्रिका, मुद्रिका मार्ग, शहर चारों ओर सड़क, •परिक्रमा मार्ग.

**रिंगलीडर** = उपद्रव नेता.
**रिंगवर्म** = दाद.
**रिंग सेरेमनी** = सगाई.
**रिंगिट (मलेशिया)** = सिक्का सूची

**रिंच** *सं* कुंजी, *चाबी*, *पाना*, स्पैनर, •काबला, •पेचकस, •प्लास.

**रिंद** = प्लेबौय, मद्यप, रसिक, सुराप्रेमी.
**रिआयत** = अपवाद, मूल्य कटौती, मोहलत.
**रिआयती** = सस्ता/सस्ती.
**रिआया** = प्रजा.
**रिकमंडेशन** = समर्थन, सिफ़ारिश.
**रिकाब किश्ती** = लाइफ़बोट.
**रिकार्ड** = कीर्तिमान, दस्तावेज, पट्टा, लेखा, लेखा प्रविष्टि.

**रिकार्ड** *सं* ध्वनिलेख, साउंड रिकार्ड, •आडियोकैसेट, •कंपैक्ट डिस्क, •कैसेट, •वीडियोकैसेट.

**रिकार्ड कीपर** = अभिलेखाध्यक्ष.
**रिकार्ड प्लेयर** = ग्रामोफ़ोन.
**रिकार्ड बाबू** = अभिलेखाध्यक्ष.

**रिकार्डर** *सं* ध्वनि लेखन यंत्र, ध्वनि लेखित्र, •टेप रिकार्डर, •डिक्टेशन यंत्र.

**रिकार्डरूम** = अभिलेखागार.
**रिकार्डाकार** = स्पाइरलाकार.
**रिक्त** = रिक्त (पद).

**रिक्त** *वि* अनभरा/अनभरी, अपूर्ण, कोरा/कोरी, खंख, ख़ाली, खुक्ख, खोखला/खोखली, छूछा/छूछी,

रीता/रीती, *शून्य*, सफ़ा, साफ़, सूना/सूनी, ■ठुँसा/ठुँसी, ■भरा/भरी, ■लदा/लदी.

**रिक्त (पद)** *वि* अपूर्त, ख़ाली, *रिक्त*.

**रिक्त करना** = रिताना.
**रिक्तता** = रिक्त पद.

**रिक्त पद** *सं आवश्यकता*, कर्मचारी आवश्यकता, जगह, पदरिक्ति, रिक्तता, रिक्त स्थान, रिक्ति, वैकेंसी, ●चाहिए, ●छँटनी, ■अरिक्त पद, ■नियुक्ति, ■पदासीनता.

**रिक्तम** = वैक्यूम.
**रिक्त स्थान** = रिक्त पद, शून्य स्थान.
**रिक्त होना** = रीतना.
**रिक्ति** = रिक्त पद, वैक्यूम.
**रिक्थ** = संपत्ति.

**रिक्थ** *सं* अनुरिक्थ, उत्तराधिकार संपत्ति, तरका, दाय, दायाद, *धरोहर*, पितृदाय, पित्रव्य, बखरा, बपौती, *रसद*, विरसा, हक़, ●दाय भाग, ●वंशचिह्न, ●वसीयत.

**रिक्थग्राही** = उत्तराधिकारी.
**रिक्थपत्र** = वसीयत.
**रिक्थभागी** = उत्तराधिकारी.
**रिक्थ विभाजन** = दाय विभाजन.
**रिक्थाधिकार** = उत्तराधिकार.
**रिक्थाधिकारिणी** = उत्तराधिकारिणी.
**रिक्थाधिकारी** = उत्तराधिकारी.
**रिक्थाधिकारी हीन** = उत्तराधिकारीहीन.
**रिक्थिणी** = उत्तराधिकारिणी.
**रिक्थी** = उत्तराधिकारी.

**रिक्शा** *सं* जिनरिक्शा (जापानी), मानव शक्ति यान (अनुवाद), ●मोटर रिक्शा, ●साइकिल रिक्शा, ●स्कूटर रिक्शा.

**रिज़र्व** = आरक्षित, संचित.
**रिज़र्वेशन** = ऐडवांस बुकिंग.
**रिज़र्व्ड** = आरक्षित.
**रिज़ल्ट** = परीक्षा फल.
**रिज़ौल्विंग** = पारण.
**रिझकवार** = प्रेमासक्त, प्रेमी.
**रिझवार** = प्रेमी.
**रिझा/रिझी** = मोहित.
**रिझाना** = चपराना, मनुहारना, मोहना, रुचना, ललचाना.

**रिटर्न गिफ़्ट** *सं* प्रत्युपहार, *फिरौती*, वापसी, ●उपहार, ●संजोया.

**रिटायर** = रिटायर्ड.
**रिटायरमैंट** = सेवा निवृत्ति.
**रिटायर होता** = निवर्तमान.
**रिटायरिंग रूम** = वेटिंग रूम.

**रिटायर्ड** *वि* अवकाशप्राप्त, निवर्तित, *निवृत्त*, *पूर्ववर्ती*, रिटायर, सेवानिवृत्त, ●निवर्तमान, ●सेवाच्युत, ■नियुक्त.

**रिटेल** = खुदरा.
**रिटेलर** = खुदरा दुकानदार.
**रिट्रीट** = व्यवस्थित पलायन.
**रिड़कना** = मथना.
**रितना** = रीतना.

**रिताना** *क्रि काढ़ना*, ख़ाली करना, *खींचना*, *निकालना*, *बहाना*, रिक्त करना, साफ़ करना, ●उतारना, ●निकालना, ■झोंकना, ■ठूँसना, ■फुलाना, ■भरना, ■लादना.

**रितीया** = लज्जा.
**रितुदोष** = रजदोष.
**रितुराज** = वसंत.
**रिद्धि** = समृद्धि.
**रिद्धि (विकल्प)** = योगसिद्धि.
**रिद्म** = ताल, लय.
**रिन** = ऋण, कृतज्ञता.
**रिपट** = रिवट.
**रिपटना** = कुलाँचना.

**रिपटना** *सं फिसलना*, फिसलना पाट, रपटना पाट, स्लाइड, ●डंडा घोड़ी, ●रैंप.

**रिपब्लिक** = लोकतंत्र.
**रिपब्लिक डे** = गणतंत्र दिवस.
**रिपब्लिकन** = लोकतांत्रिक.
**रिपिट** = रिवट.
**रिपु** = शत्रु.
**रिपुजेता** = परराष्ट्र जेता.
**रिपुता** = शत्रुता.
**रिपुदमन** = परराष्ट्र जेता.
**रिपुनाशन** = उच्चाटन.
**रिपुभाव** = शत्रुता.
**रिपेअर** = मरम्मत.
**रिपेअर्ड** = मरम्मतकृत.
**रिपोर्ट** = वक्तव्य, वृत्तांत, समाचार.
**रिपोर्टर** = संवाददाता, समाचार पत्र.
**रिपोर्टिंग** = पत्रकारिता.
**रिपोर्ताज** = वृत्तांत.
**रिप्रज़ैंटेशन** = निवेदन.
**रिफ़ाइनिंग** = विशोधन.
**रिफ़ौर्म** = समाज सुधार, सुधार.
**रिफ़ौर्मेशन** = सुधारवाद.
**रिफ़्यूजी** = विस्थापित जन, शरणार्थी.
**रिबन** = तसमा, फ़ीता, बैज, लेस.
**रिबेट** = मूल्य कटौती, सेल.
**रिम** = नेमि.
**रिमझिम** = अल्पवर्षा, झरझर, बारिश.

**रिमाइंडर** *सं* अर्ज़दाश्त, तक़ाजा, *नोट*, मीमो, मैमोरैंडम, विज्ञप्तिका, स्मरण पत्र, स्मरण पत्रक, स्मारण पत्र, ●दस्तावेज, ●भुगतान माँग.

**रिमार्क** = कटाक्ष, टिप्पणी.

**रिमार्क** *सं उक्ति*, *उक्ति*, उद्‌गार, *कथन*, कमैंट, कहा, *टिप्पणी*, *बात*, *वचन*, ●कटाक्ष, ●कथन.

**रिमोट** = दूर नियंत्रक.
**रिमोट कंट्रोलर** = दूर नियंत्रक.
**रिमोट फ़ोन** = टेलिफ़ोन.
**रियाज़** = अभ्यास, पूर्वाभ्यास, रिहर्सल, स्वरसाधना.
**रियाध** = सऊदी अरबः राजधानी.
**रियासत** = जागीर, भूसंपत्ति.
**रियासती** = प्रदेशीय.
**रिरियाना** = गिड़गिड़ाना.
**रिलीज़** = उद्‌घाटन.
**रिलीजन** = धर्म.
**रिलीफ़** = वित्तीय सहायता.
**रिलेटिविटी** = सापेक्षता सिद्धांत.

**रिवट** *सं* कीलक, रिपट, रिपिट, लवंग, लवंग कील.

**रिवर** = नदी.
**रिवाज़** = परंपरा, परिपाटी, प्रथा, फ़ैड, विवाह रस्म रिवाज.
**रिवाज़ी** = कर्मकांडीय.
**रिवायत** = परंपरा, मिथक.

 (प्रा) प्राचीन शब्द, अब अप्रचलित - *तिरछे* शब्द स्वतंत्र शीर्षक भी हैं ●सपर्याय ■विपर्याय

**रिवायती** = मिथकीय.
**रिवार्ड** = पुरस्कार.
**रिवीज़निज़्म** = सुधारवाद.
**रिवौल्वर** = पिस्तौल.
**रिव्यू** = समीक्षा.
**रिव्यूअर** = समीक्षक.
**रिश्ता** = परिवार संबंध, विवाह, संबंध.
**रिश्ता नाता** = परिवार संबंध.
**रिश्तेदार** = वैवाहिक संबंधी, संबंधी, स्वजन.
**रिश्तेदारी** = परिवार संबंध.
**रिश्ते वाले** = वैवाहिक संबंधी.

**रिश्वत** *सं* उत्कोच, *उपहार*, ऊपर की आमदनी, ऊपरी आमदनी, घूस, चाँदी का जूता, जेबभराई, डाली, *तेल*, दस्तूरी, नज़र, नज़राना, *प्रलोभन*, बालाई आमदनी, ब्राइब, भेंट, *मक्खन*, *मरहम*, मामूल, •बख़्शीश.

**रिश्वतख़ोर** *सं* खाऊ, खाऊ पीर, घूसख़ोर, भ्रष्ट अधिकारी, *भ्रष्टाचारी*, मुफ़्तख़ोर, रिश्वत लेने वाला, हरामख़ोर.

**रिश्वत लेने वाला** = रिश्वतख़ोर.
**रिषि (विकल्प)** = ऋषि.
**रिसता/रिसती** = छिद्रिल, स्रावशील.
**रिसन** = पूयन, स्राव.
**रिसना** = टपकना.

**रिसना** *क्रि* चुअना, चुचुआना, चुचुहाना, चुलचुलाना, चुहचुहाना, चूचुहाना, *चूना*, *टपकना*, *निकलना*, *पसीजना*, *फूटना*, बूँद बूँद टपकना, स्रवना, •उमगना, •छीजना.

**रिसर्च** = अनुसंधान.
**रिसर्चर** = अनुसंधान कर्ता.
**रिसा/रिसी** = क्रुद्ध.
**रिसाना/रिसानी** = क्रुद्ध.
**रिसालदार** = अश्व सैनिक.
**रिसाला** = अश्वसेना, थलसेना, पत्रिका, सेना.
**रिसाव** = स्राव.
**रिसीट** = आवक, प्राप्तिपत्र, रसीद.
**रिसीवर** = प्राप्ता.
**रिसैशन** = व्यापारिक मंदी.
**रिसैस** = मध्यावकाश.
**रिसोर्सेज़** = संसाधन.
**रिहड़ी** = दोमट.
**रिहर्सल** = पूर्वाभ्यास.

**रिहर्सल** *सं* *अभ्यास*, तैयारी, पूर्व अभ्यास, *पूर्वाभ्यास*, मंच अभ्यास, रियाज़, •ड्रैस रिहर्सल.

**रिहा** = अपराधमुक्त, मुक्त.
**रिहाइश** = आवासन, घर.
**रिहाई** = अपराध मुक्ति, परित्राण, मुक्ति.
**रिहाई धन** = फिरौती.
**रींरीं** = गिड़गिड़ाहट.
**रीअर गार्ड** = पृष्ठरक्षक सेना.
**रीक़** = थूक.
**रीकग्नीशन** = स्मृतिलाभ.
**रीकरिंग** = आवृत्तिशील.
**रीकलक्शन** = स्मृतिलाभ.
**रीकाल** = स्मृतिलाभ.
**रीक्रिएशन** = मनोरंजन.
**रीक्लेमन** = पुनरुद्धार.
**रीक्लेमशन** = पुनरुद्धार.
**रीख** = जरमनी.
**रीख़** = दस्त.
**रीखस्टाड (जरमनी)** = संसद.

**रीछ** *सं* ऋक्ष, भल्ल, भल्लूक, भालु, वृक धूर्तक.

**रीजनल** = क्षेत्रीय.
**रीजैंट** = प्रतिनिधि.

**रीजैंट** *सं* प्रतिनिधि शासक, प्रतिशासक, राज प्रतिनिधि, राज प्रतिनिधि शासक, शासन प्रतिनिधि, शून्यपाल, •वायसराय.

**रीजैक्ट करना** = ठुकराना.
**रीजैक्टिड** = अस्वीकृत.
**रीझ** = प्रेम.
**रीझना** = पुलकना, प्रेम करना, ललचना.
**रीझा/रीझी** = मोहित.
**रीट्रैंचमैंट** = छँटनी, विसैन्यीकरण.

**रीठा** *सं* अरीठा, *फेनिल*, रक्तबीज, सप्तला, •शिकाकाई, •साबुन.

**रीडर** = आतशी शीशा, पाठक, समाचार पाठक.

**रीडर** *सं* कुलाध्यक्ष, विज़िटर, •लैक्चरर.

**रीडिंग** = पठन.

**रीडिंग टेबल** *सं* डैस्क, पढ़ने की मेज़, राइटिंग टेबल, लिखने की मेज़.

**रीडिंगरूम** = वाचनालय.
**रीढ़** = धैर्य, धैर्य, पीठ.

**रीढ़** *सं* कशेरुका, *पीठ*, पृष्ठदंड, पृष्ठास्थि, *बाँस*, मेरुदंड, *वंश*, •पीठ.

**रीतना** *क्रि* ख़ाली होना, भरा न होना, रिक्त होना, रितना, •बीतना, ▪भरा जाना.

**रीता/रीती** = रिक्त, सृजनहीन.
**रीति** = आचरण, कर्मकांड, धर्मविधि, नियम, परंपरा, परिपाटी, प्रथा, फ़ैशन, मर्यादा, लोकव्यवहार नियम, विधि, शैली.
**रीतिकार** = शैलीकार.
**रीतिगत** = पारंपरिक.
**रीतिपुष्प** = सीसा.
**रीतिबद्ध** = शास्त्रीय (कला).
**रीतिरिवाज़** = कर्मकांड, धर्मविधि, परंपरा, प्रथा, संस्कार, संस्कृति.
**रीतिरिवाज़ी** = कर्मकांडीय.
**रीतिविरुद्ध** = अपारंपरिक.
**रीतीय** = कर्मकांडीय.
**रीत्यनुकूल** = विधिपूर्वक.
**रीत्यनुसार** = विधिपूर्वक.
**रीनीयम** = रासायनिक तत्त्व सूची.
**रीपर** = हार्वेस्टर.

**रीफ़्रेशर कोर्स** *सं* नवीकरण कोर्स, पुनर्शिक्षा, स्मारक कोर्स, •शिक्षा.

**रीम** = ज़ंग, पूय.
**रीयाल (इटली)** = सिक्का सूची
**रील** = पेचक, लटई.
**रीवैन्यु** = कर, राजस्व.
**रीस** = ईर्ष्या, क्रोध, प्रतिद्वंद्विता, वैमनस्य.
**रीसैप्शन** = समारोह, स्वागत.
**रीसैप्शन रूम** = स्वागत कक्ष.
**रीसैप्शनिस्ट** = स्वागत अधिकारी.
**रीह** = गठिया.

**रुँझन** = मुँदन.
**रुँझा/रुँझी** = अवरुद्ध, रुद्ध.

**रुँझाई** *सं* अवरोधन, गहनी, छिद्रावरोधन, ठुँसाई, पुराई, भराई, रुँधाई, रोकन, रोधन, ●रुद्धता, ■वेधन.

**रुंड** = मुंड, सिर.

**रुंड** *सं* अगंड, ठूँठ, रुंड मुंड, लुंड मुंड, ●धड़.

**रुंड मुंड** = रुंड.
**रुंडमुंड** = ठूँठ.
**रुंडिका** = कुटनी.
**रुँदा/रुँदी** = पददलित.

**रुँदा/रुँदी** *वि* कुँचा/कुँची, कुचला/कुचली, क्षुण्ण, दलित, *पददलित*, प्रमथित, मथा/मथी, रौंदा/रौंदी, विदीर्ण, विमर्दित.

**रुँदाई** = चूर्णन, रौंदाई.
**रुँधना** = उलझना.
**रुँधा/रुँधी** = अवरुद्ध, जलवारक, दमित (भाव), रुद्ध.
**रुँधा (कंठ)** = वाचारुद्ध.
**रुँधाई** = रुँझाई.
**रुँधी (आवाज़)** = वाचारुद्ध.

**रुआँसा/रुआँसी** *वि* रोवासा/रोवासी, ●अश्रुपूर्ण.

**रुआ** = रोआँ.
**रुआना** = रुलाना.
**रुआफ़** = नकसीर.
**रुआब** = अकड़.
**रुआली** = पूनी.
**रुई (विकल्प)** = रूई.
**रुकता/रुकती** = हकला/हकली.
**रुकन** = विराम.
**रुकना** = ठहरना, बिगड़ना, हिचकना.

**रुकना** *क्रि* *अटकना*, चलते चलते रुकना, *टिकना*, *ठहरना*, थमना, थिरना, निश्चल होना, बंद होना, विराम होना, शांत होना, समाप्त होना, स्थिर होना, ●लंगर डालना, ●हिचकना, ■चलना, ■जाना, ■बहना, ■हिलना.

**रुक रुक कर बोलना** = हकलाना.
**रुक रुक कर होने वाला** = अनिरंतर.
**रुका/रुकी** = अवरुद्ध, आउट आफ़ आर्डर, गतिरुद्ध, घटनाहीन, निश्चल, निश्चल (जल), वातहीन, विरामित, विलंबित, स्थगित.
**रुकाना** = रोकना.
**रुकापन** = जल अप्रवाह.
**रुकाव** = विराम.
**रुकावट** = अप्रगति, प्रतिबंध, बाधा, बैरियर, विराम, विलंब.
**रुकावटहीन राजमार्ग** = राजमार्ग.
**रुक़्क़ा** = ऋणपत्र, दस्तावेज, निमंत्रण पत्र, पत्र, रसीद, हुंडी.
**रुक्म** = स्वर्ण.

**रुक्मिणी** *सं* कृष्ण प्रधान पत्नी, भैष्मकी, लक्ष्मी (अवतार), वैदर्भी, ●कृष्ण.

**रुकूअ** = सिजदा.
**रुक्ष** = अनम्य, अरसिक, कठोर (व्यवहारी), खुरदुरा/खुरदुरी, जलहीन, रूठा/रूठी, सूखा/सूखी.
**रुख़** = अगवाड़ा, आयाम, ट्रैंड, दिशा, पार्श्व, मुखमंडल.
**रुख़सत** = बिदाई.
**रुख़सती** = निर्गम, बिदाई, विदा.
**रुख़सार** = कपोल.
**रुखाई** = उपेक्षा, रूठन.
**रुखानी** = नक़्क़ाशी छैनी.
**रुग्ण** = छकड़ा, जीर्णशीर्ण, बीमार, मुरझाया/मुरझाई, ह्रासशील.
**रुग्णालय** = अस्पताल.
**रुचक** = दाँत.
**रुचना** = फबना.

**रुचना** *क्रि* आकर्षक होना, आकर्षित करना, उत्सुक करना, कुतूहल जगाना, *खींचना*, *पकड़ना*, पसंद आना, बस में करना, *बाँधना*, बिरमाना, मन मोहना, *मोहना*, रिझाना, रोचक लगना, रोचक होना, लुब्ध करना, लुभाना, ●उलझाना, ■उबाना.

**रुचा/रुची** = पसंद.
**रुचि** = कलाप्रेम, गुणज्ञता, ट्रैंड, पसंदगी, प्रवृत्ति, प्रेम, शौक़, सांसारिकता, सुरुचि, स्वाद.

**रुचि** *सं* *आकर्षण*, आस्वाद, आस्वाद, चसका, चाव, ज़ौक़, टेस्ट, दिलचस्पी, *पसंद*, *प्रवृत्ति*, *रति*, *राग*, रुझान, *शौक़*, *स्वाद*, ●कुरुचि, ●रोचकता, ●सुरुचि.

**रुचि अनुकूल** = पसंद.
**रुचि अनुकूलता** = पसंदगी.
**रुचिकर** = पसंद, मनोग्राह्य, स्वादिष्ठ.
**रुचित** = पसंद.
**रुचिता** = पसंदगी.
**रुचि देव सावर्णि मनु** = मनु सूची.
**रुचि न होना** = ऊबना.
**रुचिपूर्ण** = शास्त्रीय (कला), सुरुचिपूर्ण.
**रुचिर** = प्रेम्य, रोचक, सुंदर.
**रुचिरा** = सुंदर स्त्री.
**रुचिविपरीत** = नापसंद.
**रुचिष्य** = मनोग्राह्य.
**रुचिसंपन्न** = सुरुचिसंपन्न (व्यक्ति).
**रुचिहीन** = अरोचक, असंस्कृत, कलाहीन, कुवेशित, तड़कभड़कदार, भँड़ौआ, सुरुचिहीन.
**रुझान** = ट्रैंड, पसंदगी, प्रवृत्ति, प्रेम, मनोवृत्ति, रुचि, शौक़.
**रुझान विश्लेषक** = चुनाव अध्येता.

**रुठाना** *क्रि* तंग करना, दुःखी करना, नाराज़ करना, परेशान करना, रुष्ट करना, *सताना*, ●खिजाना, ■प्रसन्न करना, ■फुसलाना, ■बहलाना, ■मनवाना, ■मनुहारना.

**रुठौअल** = रूठन.
**रुतबा** = पद, प्रताप, प्रतिष्ठा, सम्मान.
**रुतबेदार** = प्रतिष्ठित.
**रुदन** = अश्रुपात, गिड़गिड़ाहट, झींक, मातम.

**रुदन** *सं* *अश्रुपात*, क्रंदन, पुकार, प्रलाप, फैल फक्कड़, बिलख, बिलखन, *मातम*, रुलाई, रोदन, *रोना*, रोना धोना, विलाप, विषाद, विसूरण, व्यथन, ●अरण्य रोदन, ●आँसू, ●आर्तनाद, ●आह, ●उदासी, ●ठिनक, ●दुःख, ●मातम, ●शोक, ●सिसकी, ●हिचकी, ■विनोद, ■हँसी.

**रुदन अभिरुदन** = आर्तनाद.
**रुदनपूर्ण** = अश्रुपूर्ण.
**रुदनशील** = भावुक.

**रुदनशील** *वि* *अश्रुपूर्ण*, अश्रुमुख, रोना/रोनी, रोना धोना/रोनी धोनी, रोने वाला, रोवनहार, रोवना/रोवनी, रोवनिया, •रोता/रोती.

**रुद्ध** = अवरुद्ध, अहाताबंद, गतिरुद्ध, घेराबंद, दमित (भाव), निश्चल (जल), बंद, बंद, भावपूर्ण, मुँदा/मुँदी, वाचा प्रतिबंधित, वाचारुद्ध.

**रुद्ध** *वि* अछेद्य, *अवरुद्ध*, अवेध्य, अस्राव्य, कसा/कसी, गँसा/गँसी, गफ, छिद्ररुद्ध, नाकाबंद, नात्काबंद, निरोधित, *बंद*, रुँझा/रुँझी, रुँधा/रुँधी, *सघन*, स्रावहीन, •अपारगम्य, •छिद्रहीन, ▪छिद्रित.

**रुद्धकंठ** = भावपूर्ण, वाचारुद्ध.
**रुद्ध करना** = रोधना.
**रुद्धता** = गतिरोध.
**रुद्र** = शिव.
**रुद्रकमल** = रुद्राक्ष.
**रुद्रता** = रौद्र रस.
**रुद्रतेज** = स्कंद.
**रुद्रसखा** = कुबेर.
**रुद्र सावर्णि मनु** = मनु सूची.

**रुद्राक्ष** *सं* नीलकंठाक्ष, माला मणि, रुद्रकमल, शिवाक्ष, सर्पाक्ष, हराक्ष.

**रुद्राणी** = पार्वती.
**रुद्रारि** = कामदेव.
**रुधिर** = लाल.

**रुधिर** *सं* अस्र, खून, ब्लड, रक्त, रोहित, लहू, लोहित, लोहू, शोणित, •कचलोहू.

**रुधिर कमी** = पीलिया.
**रुधिरप** = रुधिरपायी.
**रुधिरपायी** = राक्षस.

**रुधिरपायी** *सं* अस्रप, आस्रप, रक्तप, रक्तपायी, रुधिरप, शोणितप, •राक्षस, •हत्यारा, •हिंस्र.

**रुधिरपिपासु** *वि* *आततायी*, उच्चंड, *उत्तेजित*, *उत्तेजित*, *क्रुद्ध*, क्रूर, खूँख़ार, घाती, जंगली, जानलेवा, ज़ालिम, जीवघाती, जीवघ्न, दरिंदा, नादिरशाहाना, *निर्दय*, *निर्दय*, नृशंस, *पागल*, बर्बर, बेदर्द, बेरहम, भड़का/भड़की, रक्तपिपासु, राक्षसीय, विक्षुब्ध, विहिंस्र, हत्यापूर्ण, हिंसक, हिंसारु, हिंसालु, *हिंस्र*, *हिंस्र*, •मानवघाती, •हिंस्र.

**रुधिरवाहिका** *सं* तंत्री, धमनी, नब्ज़, *नली*, नाड़ी, रक्तवाहिनी, रुधिरवाहिनी, शिरा, •धमनी, •नाड़ी स्पंदन, •शिरा.

**रुधिरवाहिनी** = रुधिरवाहिका.

**रुधिरहीन** *वि* कमज़ोर, पीला/पीली, रक्तहीन, *सफ़ेद*, •पीलियाग्रस्त.

**रुनक झुनक** = रुनझुन.

**रुनझुन** *सं* क्वण, घुंघरु ध्वनि, छनक मनक, *छनछन*, छमछम, छुमछुम, छूम छनक, छूम छनन, नूपुर ध्वनि, रुनक झुनक, रुमझुम, •गजगति, •टनटनाहट, •हाथी.

**रुनझुन चाल** = गजगति.
**रुन्नक झुन्नक** = अल्पवर्षा, बारिश.
**रुपट्टा** = ओढ़नी.
**रुपया** = सिक्का, सिक्का सूची

**रुपया** *सं* आना 16, कलदार, टका (बांग्ला देश), पैसा 100, रुपैया, रूप्यक (प्रा), रौप्यकं (प्रा).

**रुपया.01** = पैसा.
**रुपया 2** = टका.
**रुपया.25** = चवन्नी.
**रुपया.5** = अठन्नी.
**रुपया पैसा** = धन.
**रुपहरा/रुपहला** = रुपहला/रुपहली.

**रुपहला/रुपहली** *वि* *उज्ज्वल*, धवल, धवला/धवली, धौत, धौला/धौली, रजत, रजताभ, रजतिम, रुपहरा/ रुपहला, *श्वेत*, *सफ़ेद*, •सफ़ेद, ▪काला/काली, ▪सुनहला/सुनहली.

**रुपहलापन** = रजतिमा.

**रुपाई** = रोपण.
**रुपैया** = रुपया.
**रुमझुम** = रुनझुन.
**रुमाल** = रूमाल.

**रुमाली** *सं* कोपीन, डायपर, तिकोनिया, नैपी, पोतड़ा, *लँगोट*, •लँगोट, •लँगोट.

**रुलना** = लुढ़कना.
**रुलाई** = रुदन.
**रुलाना** = थकाना.

**रुलाना** *क्रि* कलपाना, तड़पाना, रुआना, *सताना*, ▪हँसाना, ▪हुलसाना.

**रुषित** = रूठा/रूठी.
**रुष्ट** = अप्रसन्न, रूठा/रूठी.
**रुष्ट करना** = रुठाना.
**रुष्टता** = रूठन.
**रुष्टपुष्ट** = बलिष्ठ, सुपोषित.
**रुष्ट होना** = रूठना.
**रुष्टि** = क्रोध, रूठन.
**रुसवा** = अपमानित, निंदित, बदनाम, लांछित.
**रुसवाई** = अपमान, निंदा, बदनामी.
**रुस्त** = सुदृढ़, सुपोषित.
**रुस्तम** = प्रतिभाशाली बालक, वीर पुरुष.
**रुहा** = दूर्वा घास.
**रूँदन** = रौंदाई
**रूँदना** = पेरना.

**रूअड़** *सं* पहल, पुरानी रूई, •रूई.

**रूई** = फाहा.

**रूई** *सं* कपास रूई, काटन, तूल, रुई (विकल्प), •कपास, •पूनी, •बत्ती, •रूअड़.

**रूई गाला** *सं* गाला, डोंड़ा.

**रूई पूनी** = पूनी.
**रूएँदार** = रोएँदार.
**रूख** = वृक्ष.
**रूखड़ा** = वृक्ष.
**रूखा** = सीधा खाना.
**रूखा/रूखी** = अरसिक, असौम्य, उजाड़, उबाऊ, कठोर (व्यवहारी), घीतेलहीन, जलहीन, प्यासा/प्यासी,

रसहीन, संगीतहीन, सूखा/सूखी, सौंदर्यहीन, स्वादहीन.

**रूखा सूखा/रूखी सूखी** = घीतेलहीन.

**रूट** = यात्रामार्ग.

**रूटीन** = परिपाटी, प्रचलित, रूटीन कार्य, रूटीनी.

**रूटीन** *सं क्रम*, ढर्रा, तरीक़ा, नित्य नियम, नियमित व्यवहार, निश्चित क्रम, नेम, पैटर्न, बंधान, लीक, *व्यवहार*, ●दिनचर्या, ●परंपरा, ●परिपाटी, ●प्रक्रिया, ●प्रथा.

**रूटीन कार्य** *सं* अनिवार्य कर्म, कामकाज, दैनिक कर्म, नित्यकर्म, नित्यक्रम, नित्यचर्या, नित्याचार, बँधाबँधाया काम, *रूटीन*, व्यवहार क्रम, साधारण काम.

**रूटीनी** *वि अभ्यस्त*, *अविविध*, *आदी*, *उबाऊ*, चलता/चलती, *दैनिक*, नित्य, *नियमित*, *प्रचलित*, प्राविधिक, *रूटीन*, *साधारण*, *सामान्य*, ●औसत, ■विचित्र.

**रूठ** = क्रोध, रूठन.

**रूठता/रूठती** = झुँझलाता/झुँझलाती.

**रूठन** *सं* अतुष्टि, *अप्रसन्नता*, आक्रोश, कोप, *खटास*, ख़फ़गी, नाखुशी, नाराज़गी, बेज़ारी, बेदिली, बेरुख़ी, रंजिश, रुखाई, रुठौअल, रुष्टता, रुष्टि, रूठ, रोष, संकोप, ●क्रोध, ■मनुहार.

**रूठना** = खीजना.

**रूठना** *क्रि* अनखना, अप्रसन्न होना, आसन पाटी ले कर पड़ना, कुप्पा होना, कोपना, टिहुकना, तमकना, *फूलना*, मान करना, मुँह फुलाना, मुँह सुजाना, रुष्ट होना, रूसना, रोष करना, *सूजना*, ●खीजना, ■पसीजना, ■पुलकना, ■मनुहारना.

**रूठा/रूठी** *वि अप्रसन्न*, *असंतुष्ट*, आरुष्ट, कुपित/कुपिता, कोपवान/कोपवती, ख़फ़ा, नाराज़, मानवान/मानवती, मानी/मानिनी, रंजीदा, रुक्ष, रुषित, रुष्ट, रोषान्वित, समान, सरोष, सूजा/सूजी, ●क्रुद्ध.

**रूठाराठी** = प्रणय कोप.

**रूढ़** = अपरिवर्तनीय, असंशोधित, कर्मकांडीय, ग्राम्यतापूर्ण, पारंपरिक, प्रचलित.

**रूढ़ि** = उद्भेदन, कर्मकांड, प्रथा.

**रूढ़िगत** = पारंपरिक.

**रूढ़िपालन** = कर्मकांड.

**रूढ़िपूर्ण** = रूढ़िवादितापूर्ण.

**रूढ़िप्रेमी** = परंपरावादी.

**रूढ़िभंजक** = सुधारवादी.

**रूढ़िभंजन** = सुधारवाद.

**रूढ़िवाद** *सं* अक्षरपूजा, *अपरिवर्तन*, कठमुल्लापन, दक़ियानूसीपन, पंडिताऊपन, परिवर्तन विरोध, *पिछड़ापन*, पुरानापन, पोंगापन, प्रथा अपरिवर्तन, मत अपरिवर्तन, हठवाद, ●आदिसिद्धांतवाद, ●प्रतिक्रियावाद, ■आधुनिकीकरण, ■प्रगतिवाद, ■सुधारवाद.

**रूढ़िवादपूर्ण** = रूढ़िवादितापूर्ण.

**रूढ़िवादितापूर्ण** *वि* अड़ियल, अपरिवर्तनशील, कट्टर, घिसा पिटा/घिसी पिटी, जीर्ण, दक़ियानूसी, परिवर्तनविरोधी, प्रगतिहीन, बंददिमाग़, रूढ़िपूर्ण, रूढ़िवादपूर्ण, रूढ़िवादी, सरूढ़ि, हठधर्मी, ●अनुदार, ●मतांधतापूर्ण, ■मतद्रोही.

**रूढ़िवादी** = कर्मकांडी., रूढिवादितापूर्ण.

**रूढ़िवादी** *सं* अक्षरपूजक, अपरिवर्तनवादी, कंज़र्वेटिव, कठमुल्ला, कूपमंडूक, दक़ियानूस, पोंगा, पोंगा, पोंगा पंडित, पोंगापंथी, लंठ, लंठाचार्य, लकीर का फ़क़ीर, ●अतीतवादी, ●उग्रवादी, ●कर्मकांडी, ●परंपरावादी, ●यथास्थिति वादी, ■उदारमनस्क, ■क्रांतीकारी, ■मतद्रोही, ■विशालहृदय, ■सुधारवादी.

**रूढ़ि विरोध** = सुधारवाद.

**रूढ़िविरोधी** = सुधारवादी.

**रूथेनीयम** = रासायनिक तत्त्व सूची.

**रूद** = नदी, वाद्य तार.

**रूदाद** = वृत्तांत.

**रूप** = आकार, दिखावा, मुखमंडल, लक्षण, विकास अवस्था, विभक्ति, सौंदर्य, हुलिया.

**रूप अभिमान** = रूपाभिमान.

**रूप आकार** = आकार, हुलिया.

**रूपक** = नाटक.

**रूपककार** = नाटक लेखक.

**रूप की रानी** = सुंदर स्त्री, सौंदर्य साम्राज्ञी.

**रूपगर्विणी** = नख़रीली.

**रूपगर्विता** = नख़रीली, सुंदर स्त्री.

**रूपजीवी** = बहरूपिया.

**रूपण** = रूप प्रदान.

**रूपद** = फ़ॉर्मैट.

**रूपदाता** = रूप प्रदाता.

**रूप देना** = गढ़ना, बनाना.

**रूपधर** = सुंदर, सुंदरकाय.

**रूपधारी** = अभिनेता, बहरूपिया, सुंदर.

**रूप प्रतियोगिता** = सौंदर्य प्रतियोगिता.

**रूप प्रदाता** *सं* आकारदाता, गढ़ने वाला, गढ़िया, *घटक*, *निर्माता*, बनाने वाला, बनावनहारा/बनावनहारी, बनैया, रचेता, रूपदाता, रूपायक, विनिर्माता, विरचेता, सर्जक, सृजक, ●चित्रकार, ●जड़िया, ●निर्माता, ●मूर्तिकार, ●लोहार, ●सुनार.

**रूप प्रदान** *सं* आकार दान, आकार प्रदान, आकृति प्रदान, आरूपण, कल्पन, गठन, गढ़ंत, गढ़न, गढ़ाई, घटन, घड़ंत, घड़न, घड़ाई, निरूपण, *निर्माण*, बनाई, रचना, रूपण, रूपायन, विनिर्माण, संघटना, सर्जना, ●ढलाई, ●संघटन, ●सृजन.

**रूपमती** = सुंदर स्त्री, सुंदर स्त्री.

**रूपमत्ता** = सौंदर्य.

**रूपमय** = सुंदर.

**रूपमान** = सुडौल.

**रूपमान/रूपमती** = सुंदरकाय.

**रूपयुक्त** = साकार.

**रूपरंग** = आकार, बनावट, सौंदर्य.

**रूप रानी** = सौंदर्य साम्राज्ञी.

**रूपरेखा** = डिज़ाइन, परिकल्पना,

योजना, सार संक्षेप.
**रूपवंत** = सुंदर, सुंदरकाय.
**रूपवंत/रूपवंती** = सुडौल.
**रूपवंती** = सुंदर स्त्री.
**रूपवती** = सुंदर स्त्री.
**रूप वर्णन** = नखशिख वर्णन.
**रूपवान** = सुंदर.
**रूपशालिनी** = सुंदर स्त्री.
**रूपशाली** = सुंदर.
**रूपसंपदा** = सौंदर्य.
**रूपसज्जा** = सिंगार.
**रूपसिंगार** = सिंगार.
**रूपसी** = सुंदर स्त्री.
**रूपहीन** = कुरूप, निराकार, सौंदर्यहीन.
**रूपांक** = डिज़ाइन.
**रूपांकन** = चरित्र वर्णन, चित्रांकन.
**रूपांतर** = कायापलट, रूपांतरण, स्वाँग.
**रूपांतरण** = जीर्णोद्धार.

**रूपांतरण** *सं* ऐडाप्टेशन, रूपांतर, विधांतरण, •अनुवाद कर्म, ■रूप प्रदान, ■मौलिकता.

**रूपांतरित** = परिवर्तित.

**रूपांतरित** *वि* अमौलिक, कायांतरित, *परिवर्तित*, बदला/बदली, •अनुवादित, ■मौलिक.

**रूपा** = चाँदी, सुंदर स्त्री.
**रूपाकार** = आकार, देहानुपात, बनावट.
**रूपाकारयुक्त** = साकार.
**रूपाकार योजना** = फ़ौमैट.
**रूपाजीवा** = वेश्या.
**रूपाधार** = आँख परदा.

**रूपाभिमान** *सं* गुरूरे हुस्न, नख़रा, नाज़, प्रिय उपेक्षा, बिब्बोक, रूप अभिमान, शोख़ी, सौंदर्य मान, •नाज़नख़रा.

**रूपायक** = रूप प्रदाता.
**रूपायन** = रूप प्रदान.
**रूपायित** = चित्रित, साकार.
**रूपाश्रय** = सुंदर पुरुष.
**रूपी** = साकार.
**रूपोपजीवी** = बहरूपिया.
**रूपोश** = फ़रार, भूमिगत.
**रूपोशी** = तिरोभाव.
**रूप्य** = नम्य.
**रूप्यक** = रुपया.
**रूबरू** = अभिमुख, भेंटवार्ता.
**रूबल (रूस)** = सिक्का सूची
**रूबी** = माणिक.
**रूबीडीयम** = रासायनिक तत्त्व सूची.
**रूम** = कमरा.
**रूम** = तुर्की.
**रूमना** = झूलना.
**रूममेट** = सहनिवासी.
**रूमान** = संयोग शृंगार.
**रूमानी** = आदर्शवादी, प्रेममय/प्रेममयी, भावनाधारित, भावुक, भावोत्पादक, वासनापूर्ण, व्यवहार अकुशल, स्वप्निल.

**रूमानी** *वि* अनुरागी, आशिक़मिज़ाज, चाहने वाला, दिलचला/दिलचली, दिलफेंक, प्रेमप्रवण, प्रेममय, *भावुक*, मनचला/मनचली, मुहब्बती, *रंगीन*, रंगीनमिजाज़, रोमांटिक, रोमैंटिसिस्ट, शैदाई, शौक़ीन, •एकांत (स्थान), •काव्यात्मक, •प्रेम्य, •भावुक, ■भावहीन, ■यथार्थवादी, ■विवेकवादी.

**रूमाल** = बिब, मफ़लर, मियानी.

**रूमाल** *सं* टिशू, दस्ती, रुमाल (विकल्प), *स्कार्फ़*, हैंकी, हैंडकरचीफ़, •नैपकिन, •स्कार्फ़.

**रूमाली** = मफ़लर, लँगोट.
**रूरिआयत** = पक्षपात.
**रूल** = क़ानून, फुटा, सरकार.
**रूलर** = फुटा, शासक.
**रूलिंग** = जजमैंट.
**रूलेट** = रूलेट व्हील.
**रूलेट पर दाँव** = कैसिनो.

**रूलेट व्हील** *सं* कैसीनो चक्र, द्यूतचक्र, *भाग्यचक्र*, रूलेट, •स्लौट मशीन.

**रूस** *सं* रशिया, रूस महासंघ, •सोवियत संघ (पूर्व देश).

**रूसः राजधानी** *सं* मस्क्वा, मास्को.

**रूस की राई गेहूँ या आलू से बनी सुरा** = वोडका.
**रूसना** = रूठना.
**रूस महासंघ** = रूस.
**रूसारासी** = प्रणय कोप.
**रूसी** = फूसी.
**रूसी ब्रांडी** = वोडका.
**रूस्याह** = कृष्णवर्ण.
**रूह** = अंतरात्मा, आत्मा, ऊर्जा, प्रेमपात्र/प्रेमपात्रा, शक्ति.
**रूहानी** = आत्मिक, आध्यात्मिक.

**रेंग** *सं* खिसकन, परिसर्पण, फिसलन, रिंगन, विसर्पण, सरक, सरकन, सरण, सर्पण, सलसलाहट, •सरीसृप, •साँप, ■चाल.

**रेंगते रेंगते** = मंदतः.
**रेंगना** = विचरना.

**रेंगना** *क्रि* खिसकना, *फिसलना*, सरकना, सरना, सलसलाना, साँप की तरह चलना, *हिलना*, ■कुलाँचना, ■दौड़ना.

**रेंगने वाला** = संसर्पी.
**रेंगने वाला जीव** = सरीसृप.
**रेंज** = पर्वतश्रेणी.
**रेंट** = नासिका मल.
**रेंड खरबूजा** = पपीता.
**रेंदी** = ककड़ी, फल, बतिया.
**रेक** = देहमल, पाँचा.
**रेकान** = बागर.
**रेख** = खरोंच, चिह्न, रेखा, रेखाचिह्न.
**रेख़्ता** = उर्दू भाषा, ग़ज़ल.
**रेखांकित** = अधोरेखांकित, उत्कीर्ण.
**रेखांश** = देशांश.
**रेखा** = खाँचा, भुजा, मर्यादा, रेखाचिह्न.

**रेखा** *सं* ख़त, धारी, *पंक्ति*, रेख, लकीर, लाइन, लीक, *लेखा*, •अधोरेखा, •बाह्य रेखा, •शिरोरेखा, •बिंदु, •भुजा.

**रेखागणित** = ज्यामिति.
**रेखाचित्र** = चित्र, परिकल्पना, मानचित्र, व्यक्ति वर्णन, शब्दचित्र.

**रेखाचिह्न** *सं* ख़त, डोरा, तरेड़, दरार, दर्ज़, धारी, *पंक्ति*, रेख, *रेखा*, लकीर, लाइन, लीक, *लेखा*.

**रेखाछाया** = ट्रेसिंग.

**रेखाफल** = अख़रोट.
**रेखायुक्त** = रैखिक.
**रेखित** = चित्रित, चिह्नित.
**रेखीय** = रैखिक.
**रेग** = रेत.
**रेगना** = रेतना.

**रेगमाल** *सं* रेगमार, सैंडपेपर, ●रॉपी, ●रेती, ●सान पत्थर.

**रेगमाल करना** = रेतना.
**रेगिस्तान** = मरुथल.
**रेगिस्तानी** = उजाड़, मरुथलीय.
**रेगिस्तानी उपवन** = मरुस्वर्ग.
**रेगिस्तानी गरम हवा में जलदर्शन** = मृगजल.
**रेचक** = विरेचक औषध.
**रेचक औषध** = विरेचक औषध.
**रेचन** = देहमल, मलत्याग.
**रेचन रोग** = दस्त.

**रेजगारी** *सं* ख़रीज़, *खुदरा*, चिल्लड़, चिल्लर, चेंज, छुट्टा, छोटे सिक्के, फुटकर, फुटकल, *भरत*, रेज़गी, शिल्लक.

**रेज़गी** = रेजगारी.
**रेज़र** = उस्तुरा.
**रेज़ा** = क़ीमा, खंड.
**रेज़िन** = राल.
**रेज़िश** = ज़ुकाम.
**रेट** = दर, मूल्य.
**रेटिंग** = खलासी, नौसैनिक.
**रेडिएशन** = विकिरण.

**रेडियस** *सं अरा*, अर्धव्यास, *किरण*, केंद्रबिंदु से परिधि तक रेखा, जीवा, त्रिज्या, रश्मि, व्यासार्ध, स्पोक, ●अरा, ●चक्र, ●चाप लंब, ●परिधि, ●व्यास.

**रेडियो** = रेडियो रिसीवर.

**रेडियो** *सं* दूरवाणी, ध्वनि तरंग प्रसारण, ●टैलिविज़न.

**रेडियो जोकी** = कार्यक्रम ऐंकर.
**रेडियो टेलिफ़ोन** = टेलिफ़ोन.

**रेडियो रिसीवर** *सं रेडियो*, रेडियो सैट, ●टैलिविज़न सैट.

**रेडियो सैट** = रेडियो रिसीवर.
**रेडियोसौंड** = वात दिशायंत्र.
**रेडी** = पूर्णकृत.

**रेडीमेड** *वि* तैयार (माल), पहले से बना (माल), प्रीफ़ैब्रिकेटिड, बना बनाया/बनी बनाई, ●असैंबलित, ●उत्पादित, ●पका/पकी, ●पूर्वनिर्मित.

**रेडीमेड उत्पाद** *सं* तैयार माल.

**रेडीयम** = रासायनिक तत्त्व सूची.
**रेडोन** = रासायनिक तत्त्व सूची.
**रेणु** = कण, त्रसरेणु, धूल, धूलिकण, पराग, रेत, रेह.
**रेणुका** = रेत.
**रेणुकासुत** = परशुराम.
**रेतः** = वीर्य.
**रेत** = कण, चूरा, वीर्य.

**रेत** *सं* किरकिरी, बालु, बालुका, बालू, रेग, रेणु, रेणुका, रेता, *रेती*, *शर्करा*, सिकता, सैंड, ●कण, ●किरकिर, ●तट, ●धूल, ●नदी, ●बजरी, ●मरीचिका, ●मरुथल, ●मिट्टी, ●समुद्र.

**रेतघड़ी** = घड़ी सूची.

**रेतघड़ी** *सं* बालू की घड़ी.

**रेतना** = घिसना.

**रेतना** *क्रि उतारना*, *खुरचना*, *घिसना*, चिकना करना, रगड़ना, रेगना, रेगमाल करना, रेती से घिसना, ●रंदा करना.

**रेता** = कस, रेत.
**रेतिया** = रदिया.
**रेती** = बेला तट, रेत.

**रेती** *सं* कनासी, फ़ाइल, सोहन, सोहान, ●किरकिर, ●रेगमाल, ●सान पत्थर.

**रेतीला/रेतीली** = किरकिरा/किरकिरी, दुर्गम, मरुथलीय.

**रेतीला/रेतीली** *वि* कँकड़ीला/कँकड़ीली, किरकिरा/किरकिरी, दरदरा/दरदरी, *दानेदार*, बलुआ, बालूदार, भुरभुरा/भुरभुरी, सिकतामय, सैकत, ●धूलिमय, ●बजरीदार, ■पथरीला/पथरीली.

**रेतीली भूमि** = मरुथल.
**रेतीली मिट्टी** = दोमट, पीली मिट्टी.
**रेती से घिसना** = रेतना.
**रेनकोट** = बरसाती कोट.
**रेनबो** = इंद्रधनुष.
**रेनेसाँ** = सुधार, सुधारवाद.
**रेयन** = रासायनिक धागे और वस्त्र.
**रेल** = रेलगाड़ी, रेल पटरी.
**रेल इंजन** = रेलगाड़ी इंजन.

**रेलगाड़ी** *सं* कोयलागाड़ी, छुकछुक गाड़ी, ट्रेन, धूम्रयान, भापगाड़ी, रेल, रेलवे ट्रेन, ●केबल ट्रेन, ●छुकछुक, ●भूमिगत रेलगाड़ी, ●मुसाफ़िर गाड़ी, ●मेलगाड़ी, ●मोनोरेल, ●लोकल ट्रेन.

**रेलगाड़ी इंजन** *सं* इंजन, रेल इंजन, लोको, लोकोमोटिव, ●इंजन.

**रेलगाड़ी में सवार होने का चबूतरा** = रेलवे प्लेटफ़ार्म.
**रेलठेल** = जनाकीर्णता, धक्कमधक्का.
**रेलना** = झोंकना, ठोंकना, धकेलना.

**रेल पटरी** *सं पटरी*, रेल, रेलपथ, रेलमार्ग, रेल लाइन, रेलवे, रेलवे लाइन, लौहपथ, ●नैरो गेज, ●ब्राड गेज, ●भूमिगत रेलमार्ग, ●मीडियम गेज, ●मोनोरेल मार्ग, ●ट्राम मार्ग.

**रेलपथ** = रेल पटरी.
**रेलपेल** = जनाकीर्णता, धक्कमधक्का, धक्कामुक्की, भीड़, हलचल.
**रेलमपेल** = धक्कमधक्का.
**रेलमपेला** = धक्कामुक्की.
**रेलमार्ग** = रेल पटरी.
**रेल लाइन** = रेल पटरी.
**रेलवे** = रेल पटरी.

**रेलवे जंकशन** *सं* कनक्शन, जंकशन, बड़ा स्टेशन, मेल.

**रेलवे ट्रेन** = रेलगाड़ी.

**रेलवे प्लेटफ़ार्म** *सं चबूतरा*, प्लेटफ़ार्म, रेलगाड़ी में सवार होने

का चबूतरा, •रेलवे स्टेशन, •लगेजरूम, •वेटिंगरूम.

**रेलवे लाइन** = रेल पटरी.

**रेलवे स्टेशन** *सं* टेशन, *स्टेशन*, •रेलवे जंकशन, •रेलवे प्लेटफ़ार्म.

**रेला** = जनाकीर्णता, प्रवाह, ब्लिट्ज़, भीड़.
**रेलाठेला** = जनाकीर्णता.
**रेलिंग** = कटहरा, मुँडेर.
**रेवड़** = पशुसमूह, भेड़बकरी.

**रेवड़** *सं* भेड़बकरी समूह, भेड़ समूह, संड.

**रेवती** = काली, नक्षत्र सूची.
**रेवतीभव** = शनि ग्रह.
**रेवा** = नर्मदा नदी, रति.
**रेशम** = रेशम धागा, रेशमी वस्त्र.
**रेशम का कीड़ा** = रेशमकीट.

**रेशमकीट** *सं* कोशकारक, कोशकीट, तंतुकीट, पट्टकृमि, रेशम का कीड़ा, सिल्कवर्म.

**रेशमकीट खाद्य** = शहतूत.
**रेशमकीट पालन** = कृषि.

**रेशम धागा** *सं* कीटज, पटोर, पाट, रेशम, सिल्क, •ऊन.

**रेशम धागे पर लिपटी ज़री** = कलाबत्तू.
**रेशमी** = कोमल, ग्लौसी प्रिंट, चिकना/चिकनी, सुकुमार.

**रेशमी** *वि कोमल*, कौशिक, कौशेय, *चमकदार*, चिकना/चिकनी, नर्म, पटोरी, पाटवी, •चिकना/चिकनी, •सूती, ■खुरदुरा/खुरदुरी.

**रेशमी वस्त्र** *सं* अटट, कौशांबर, चीनांशुक, दुकूल, पटंबर, रेशम, सिल्क, •ऊनी वस्त्र, •कपास वस्त्र.

**रेशा** = तंतु, रसा, रोआँ.
**रेशियो** = अनुपात.
**रेस** = प्रजाति.
**रेस करना** = दौड़ना.
**रेसकोर्स** = दौड़ मैदान.
**रेस्टोराँ** = रेस्तोराँ.
**रेस्तोराँ** = भोजनालय.

**रेस्तोराँ** *सं* उपाहार गृह, उपाहार गृह, जलपान गृह, *भोजनालय*, रेस्टोराँ, रैस्तोरां, *होटल*, •काफ़ीहाउस, •कैनटीन, •चायघर, •ढाबा, •भोजनालय, •मैन्यू, •वेटर.

**रेस्तोराँ आहार सूची** = मैन्यू.
**रेस्तोराँ मालिक** = रेस्तोराँ वाला, रेस्तोराँ वाला.

**रेस्तोराँ वाला** *सं* भटियारा/भटियारन, भोजनालय व्यवसायी, रेस्तोराँ मालिक, रेस्तोराँ व्यवसायी.

**रेस्तोराँ व्यवसायी** = रेस्तोराँ वाला.

**रेह** *सं* क्षार मृत्तिका, खार, फुलर्स अर्थ, रेणु.

**रेहदार** *वि* इरण, *ऊसर*, कल्लर, क्षारीय, नोनी, बंजरिया, *वंध्य*, वीरान.

**रेहन** = बंधक.
**रेह भूमि** = ऊसर.
**रेहल** = पुस्तक आधार.
**रैंच** = खेत, पशुशाला, सौस.
**रैंट** = भाड़ा.

**रैंडम चयन** *सं* अक्रम चयन, अज्ञात परिणाम, अनियत क्रम, रैंडम सेलैक्शन, *लाटरी*, लाटरी चयन, •शेर बकरी.

**रैंडम सेलैक्शन** = रैंडम चयन.

**रैंप** *सं चढ़ान*, ढलवाँ पाट, *ढलान*, फिसलना पाट, रपटना पाट, स्लाइड, हस्तीनख (प्रा), •चढ़ान, •ज़ीना, •ढलान.

**रै** = रवानी, संचलन.
**रैकनर** = गणक.
**रैक्रूटमैंट** = भरती.
**रैक्सिन** = रैक्सीन.

**रैक्सीन** *सं* कृत्रिम चर्म, नक़ली चमड़ा, रैक्सिन, •मोमजामा, •लिनोलियम.

**रैखिक** *वि* एकदिश, रेखायुक्त, रेखीय, लंबाईयुक्त.

**रैगुलेटर** = नियंत्रक.
**रैगुलेटिड** = नियंत्रित.
**रैग्युलराइज़्ड** = नियमानुकूलित.
**रैग्युलरायन** = नियमानुकूलन.
**रैज़िग्नेशन** = पदत्याग.
**रैज़िग्नेशन लैटर** = त्यागपत्र.
**रैज़िडैंट** = आवासी, निवासी.
**रैज़िडैंस** = घर.
**रैज़िडैंसी** = निवासिता, प्रांत/प्रदेश.
**रैजिमैंटिड** = सैन्यीकृत.
**रैज़ोल्यूशन** = पारित प्रस्ताव.
**रैट** = नासिका मल.
**रैड** = लाल.
**रैड क्रौस** = समाजसेवी संस्था.
**रैड लाइट एरिया** = निषिद्ध क्षेत्र.

**रैडिकल** *सं* अणुक, अणुल, एकरूपित दो या अधिक अणु, मूलक, •यौगिक रैडिकल, •सरल रैडिकल, •मोलक्यूल.

**रैतुवा** = रायता.
**रैन** = रात.
**रैनबसेरा** = शयन शाला.
**रैना** = रात.
**रैपर** = पुस्तक आवरण.

**रैपर** *सं अबरी*, आवरक, आवरण, कवर, *काग़ज़*, *खोल*, फ़ोल्डर, बेठन, मलट, शीट, •अबरी, •काग़ज़, •खोल.

**रैपिंग** = वेष्टन.
**रैपिड्स** = तीव्र नदी.
**रैप्टीलियन** = सरीसृप.
**रैप्लिका** = पुतला.
**रैफ़र करना** = मिलवाना.

**रैफ़री** *सं* अंपायर, खेल निर्णायक, *निर्णायक*, निर्णेता, प्राश्निक, व्यवस्थाता.

**रैफ़रैंडम** = जनमत संग्रह.
**रैफ़रैंस** = संदर्भ.
**रैफ़रैंस बुक** = संदर्भ पुस्तक.
**रैफ़्ट** = तिरेंदा.
**रैफ्रिजरित** = हिमीकृत.

**रैफ्रिजरेटर** *सं* आहार भंडार

अलमारी, फ्रिज, सर्दाब, •कूलर, •कोल्ड स्टोरेज, •थरमस, •फ्रीज़र, •बर्फ़ ट्रे.

**रैफ्रिजरेटिड** = हिमित.

**रैबीज़** = कुत्ते का काटा.

**रैम** = कंप्यूटर मैमरी.

**रैयत** = किसान, प्रजा.

**रैयतदार** = शासक.

**रैली** = जुलूस.

**रैवतक पर्वत** = पर्वत सूची भारत उपमहाद्वीप.

**रैवत मनु** = मनु सूची.

**रैवत्य** = भूसंपत्ति.

**रैवोल्यूशन** = क्रांति.

**रैसलर** = कुश्तीबाज़.

**रैसिपी** *सं* तरीक़ा, नुसख़ा, पाक विधि, *प्रक्रिया*, *विधि*, व्यंजन विधि, •पाककला.

**रैसिपी बुक** = पाक पुस्तक.

**रैस्टहाउस** = पांथशाला.

**रैस्तोरां** = रेस्तोराँ.

**रैस्पबैरी** = रसभरी.

**रोँआँ** = रोआँ.

**रोंगटा** = रोआँ, शरीर रोम.

**रोंगटे खड़े करना** = सिहराना.

**रोंगटे खड़े करना** = डराना.

**रोंगटे खड़े होना** = सिहरना.

**रोआँ** = ऊन, तंतु, नई मूँछ, शरीर रोम.

**रोआँ** *सं* *तंतु*, फ़्लफ़, बाल, रुआ, रेशा, रोंआँ, रोंगटा, रोम, लोम, •फ़र, •फुँदना.

**रोएँदार** = रोमल.

**रोएँदार** *वि* अंशुमान, रूएँदार, *रोमल*, •तंतुयुक्त.

**रोक** = असमावेश, अस्वीकृति, धनराशि, प्रतिबंध, बाधा, बैरियर, भिड़ाई, विराम, विलंब, संयम, सैंसरशिप.

**रोकटोक** = अस्वीकृति, प्रतिबंध, बाधा, हस्तक्षेप.

**रोकटोकहीनता** = अप्रतिबंध.

**रोकड़** = कैशबाक्स, धन, धनराशि.

**रोकड़** *सं* कैश, कैश इन हैंड, ग़ल्ला, नक़द, नक़दी, नगदी, रक़म, रोकड़ा.

**रोकड़ उचंत** *सं* उचंत, कच्ची रोकड़, दैनिक नक़दी, पैटी कैश, हथउधार.

**रोकड़ पर्ची** = कैश मीमो.

**रोकड़ पेटी** = कैशबाक्स.

**रोकड़ बही** = कैशबुक.

**रोकड़ा** = रोकड़.

**रोकड़िया** = कैशियर, कोशाध्यक्ष.

**रोकथाम** = वारण.

**रोकन** = रुँझाई.

**रोकना** = अगोटना, अटकाना, निवारना, रोधना, वररोक.

**रोकना** *क्रि* अंत करना, अक्रिय करना, ऊर्जा हरना, खूँटना, गति हरना, जड़ करना, जड़ीभूत करना, ठप करना, ठहराना, *थामना*, थिराना, निश्चल करना, बंद करना, रुकाना, विराम करना, *साधना*, स्टौप करना, स्थिर करना, •रोधना, •स्थगित करना, ▪हिलाना.

**रोकने वाला** = वर्जयिता.

**रोक लगा** = निषिद्ध.

**रोक लगा/रोक लगी** = असमाविष्ट.

**रोक लगाना** = अगोटना.

**रोका** = अवरोध, कार्क, बाँध, बाधा.

**रोका/रोकी** = वाचा प्रतिबंधित, विरामित, स्थगित.

**रोग** = कुटेव.

**रोग** *सं* *अकल्याण*, अजार, अमय, अस्वस्थता, आधि, आमय, कमज़ोरी, कष्ट, क्लेश, गिरावट, झटका, डिज़ीज़, तकलीफ़, दर्द, *दुःख*, देह विकार, दोष, *पीड़ा*, बला, *बाधा*, बीमारी, मर्ज़, विकार, व्याधि, *शिकायत*, •जीर्ण रोग, •महामारी, ▪आरोग्य लाभ, ▪चिकित्सा.

**रोगकर** = रोगकारक.

**रोगकारक** *वि* अपथ्य, अस्वास्थ्यकर, अस्वास्थ्यकारक, अहितकर, कुपथ्य, ख़राब, गंदा/गंदी, छुतहा/छुतही, दूषित, नुकसानदेह, पूयित, *बासी*, बुरा/बुरी, बुसा/बुसी, रोगकर, रोगकारी, रोगप्रद, वाइरल, विकृत, व्याधिकर, *संक्रामक*, संदूषित, स्वास्थ्यहर, हानिकारक, *हानिप्रद*, ▪चिकित्साकारी, ▪पोषक, ▪स्वास्थ्यप्रद.

**रोगकारी** = रोगकारक.

**रोगग्रस्त** = बीमार.

**रोगजनन** = संक्रमण.

**रोग़न** = तेल, पालिश द्रव्य.

**रोग़नगर** = तेली/तेलिन.

**रोगनाशक** = चिकित्साकारी.

**रोग निदान** *सं* आदिकारण अनुमान, जाँच पड़ताल, डायग्नोसिस, निदान, मीमांसा, *विश्लेषण*, संधान, •औषध पत्र, •चिकित्सा, •डाक्टरी परीक्षा, •तथ्यान्वेषण.

**रोगनिरोध** = रोगवारण.

**रोग निवारक** *वि* कीटनाशक, *कीटाणुनाशक*, डिसिनफ़ैक्टैंट, निस्संक्रमक, पूतिरोधी, पूयरोधी, रोगाणुनाशक, विसंक्रामक, शुद्धिकारी, शोधक, संक्रमण रोधक, •पूयांतक, •संक्रमणरुद्ध.

**रोग़नी वस्त्र** = मोमजामा.

**रोग़ने गुल** = गुलाब जल.

**रोग परीक्षा** = चैकअप.

**रोगप्रद** = रोगकारक.

**रोगमुक्त** = चिकित्सित, पास्तेरित.

**रोगमोक्ष** = आरोग्य लाभ.

**रोगमोचक** = चिकित्साकारी.

**रोग रोकथाम** = रोगवारण.

**रोगरोधन** = रोगवारण, विसंक्रमण.

**रोगवारण** *सं* अनागत रोग चिकित्सा, एहतियात, *नियंत्रण*, निवारण, परहेज़, रोगनिरोध, रोग रोकथाम, रोगरोधन, *वारण*, *संरक्षण*, •टीका लगाई, •प्रदूषण नियंत्रण, •रक्षक मुखौटा, •विसंक्रमण, •सुजीविता.

**रोग संक्रमण** = संक्रमण.

**रोग संक्रामक** = संक्रामक.

**रोगहर** = चिकित्साकारी.

**रोगहीन** = स्वस्थ.

**रोगाणु** *सं* कीटाणु, *कृमि*, जर्म, जीवाणु, माइक्रोब, वाइरस, ●कृमि.

**रोगाणुनष्ट** = संक्रमणरुद्ध.
**रोगाणुनाशक** = कीटाणुनाशक, निस्संक्रामक, रोग निवारक.
**रोगाणुनाशी** = निस्संक्रामक.
**रोगाणुमुक्त** = पास्तेरित, संक्रमणरुद्ध.
**रोगाणुवाहक** = संक्रामक.
**रोगातुर** = बीमार.
**रोगी** = बीमार.

**रोगी** *सं* पेशेंट, *बीमार*, मरीज़, रोगी व्यक्ति, ■स्वस्थ.

**रोगीकक्ष** = वार्ड.
**रोगीयान** = ऐंबुलैंस.
**रोगीवाहनी** = ऐंबुलैंस.
**रोगीवाहिका** = ऐंबुलैंस.
**रोगी व्यक्ति** = रोगी.
**रोगोपचार** = चिकित्सा.
**रोचक** = आहार्य, पठनीय, पौप, भव्य, मनोरंजक, रोमांचक, स्वादिष्ठ.

**रोचक** *वि* अच्छा/अच्छी, अपीलिंग, *आनंदप्रद*, ऐंटरटेनिंग, खुशगवार, चटपटा/चटपटी, ज़ोरदार, दिलचस्प, दिल बहलाऊ, *प्रभावशाली*, *प्रिय*, फड़कता/फड़कती, बाँधने वाला, बामज़ा, भड़कता/भड़कती, मज़ेदार, मन बहलाऊ, मनमोहक, मनोमुग्धकारी, *मनोरंजक*, मनोरम, मनोहर, *मोहक*, रसीला/रसीली, रुचिर, सरस, सुंदर, *सुखद*, हृदयग्राही, ●दर्शनीय, ●पठनीय, ●श्रोतव्य, ●पसंद, ●रोमांचक, ■अरोचक, ■उबाऊ, ■गद्यात्मक.

**रोचकताहीन** = अरोचक.
**रोचक न लगना** = ऊबना.
**रोचक लगना** = रुचना.
**रोचक होना** = रुचना.
**रोचन** = रोली.
**रोचना** = तिलक.
**रोज़ंदार** = खेत मज़दूर, राज मज़दूर.

**रोज़ंदार** *सं* दिनभृत, दिहाड़ीदार, मज़दूर, रोज़दार, व्रातीन, ●अमानीदार.

**रोज़** = अहोरात्र, गुलाब, वार.
**रोज़गार** = धंधा.
**रोज़गार एजेंसी** = आजीविका कार्यालय.
**रोज़गार कार्यालय** = आजीविका कार्यालय.
**रोज़गार शिक्षा**,= शिल्प शिक्षा.
**रोज़दार** = रोज़ंदार.
**रोज़नामचा** = कैशबुक, डायरी, निजी डायरी.
**रोज़नामा** = दैनिक, समाचार पत्र.
**रोज़ बरोज़** = लगातार.
**रोज़मर्रा** = लगातार.
**रोज़ रोज़** = लगातार.
**रोज़वुड** = काष्ठ.
**रोज़ा** = उपवास, रमज़ान, स्मारक.

**रोज़ा** *सं* दरगाह, *पीर*, मज़ार, वली मज़ार, ●क़ब्र, ●स्मारक.

**रोज़ा इफ़्तार** *सं* इफ़तार, इफ़्तारी, रोज़ा इफ़्तारी, रोज़ा कुशाई, रोज़ा खुलाई, ■उपवास आरंभ.

**रोज़ा इफ़्तारी** = रोज़ा इफ़्तार.
**रोज़ाकश** = उपवासी.
**रोज़ा कुशाई** = रोज़ा इफ़्तार.
**रोज़ा खुलाई** = रोज़ा इफ़्तार.

**रोज़ादार** *सं* रोज़ादारी, रोज़ावार, सायम, ●उपवासी.

**रोज़ादारी** = रोज़ादार.
**रोज़ानमाज़** = धर्मकर्म.
**रोज़ाना** = दैनिक, लगातार.
**रोज़ावार** = रोज़ादार.
**रोज़ा शिकनी** = उपवास भंग.
**रोज़ी** = आजीविका.
**रोज़ी रोटी** = आजीविका.
**रोज़े** = रमज़ान.

**रोज़े** *सं* उपवास के दिन, मुहर्रम, रोज़ों के दिन, ●रमज़ान.

**रोज़े क़यामत** = क़यामत दिन.
**रोज़ेदार** = उपवासी.
**रोज़े हश्र** = क़यामत दिन.
**रोज़े हिसाब** = क़यामत दिन.
**रोज़ों के दिन** = रोज़े.
**रोझ** = नीलगाय.

**रोटका** = बाजरा.
**रोटिका** = रोटी.
**रोटी** = आहार.

**रोटी** *सं* चपाती, फुलका, रोटिका, हप्पा, ●कुलचा, ●डबल रोटी, ●डबल रोटी, ●तंदूरी रोटी, ●तौरतिया, ●नान, ●पराँठा, ●पीज़ा, ●बाटी, ●रुमाली रोटी, ●रोट.

**रोटी कपड़ा** = आजीविका.
**रोटीबेटीबंद** = जाति निर्वासन.
**रोटी रोज़ी** = आजीविका.
**रोटीरोज़ीवाद** = प्रगतिवाद.
**रोटेट करना** = घुमाना.
**रोटेट होना** = घूमना.
**रोड** = महल्ला, मार्ग, सड़क.
**रोड बैरियर** = नाका.
**रोड साइन** = मार्गदर्शक स्तंभ.
**रोड़ा** = बैरियर, रोड़ी.
**रोड़ा अटकाना** = रोधना.
**रोड़ी** = इंटोरा, खँडहर.

**रोड़ी** *सं* अँकटी, अँकरी, कंकड़, कंकड़ी, कंकरी, करक, काँकर, काँकरिया, गिट्टी, गुटी, ढेली, पत्थर, पथरी, *बजरी*, *बटी*, बैलास्ट, रोड़ा, रोड़ी पत्थर, वज्र, ●इंटोरा, ●बजरी.

**रोड़ीदार** = पथरीला/पथरीली.
**रोड़ी पत्थर** = खँडहर, खँडहर टीला, रोड़ी.
**रोडीयम** = रासायनिक तत्त्व सूची.
**रोता/रोती** = अश्रुपूर्ण, दुःखी, शोकपूर्ण.

**रोता/रोती** *वि* आर्तनादी, कराहता/कराहती, घिघियाता/घिघियाती, चिल्लाता/चिल्लाती, चीख़ता/चीख़ती, रोता कराहता/रोता कराहती, विलाप कर्ता, सिसकता/सिसकती, सुबकता/सुबकती, हुड़कता/हुड़कती, ●अश्रुपूर्ण, ●आह भरता, ●झींकता/झींकती, ●रुदनशील, ■रुदनहीन, ■हँसता/हँसती.

**रोता कराहता/रोता कराहती** = रोता/रोती.

**रोदन** = रुदन.
**रोदा** = शाखा.
**रोध** = अवरोध, कार्क, प्रतिरोध, बाधा, ब्रेक, वारण, विराम, विलंब, संयम.
**रोधक** = अवरोधात्मक, वारक.
**रोध करना** = रोधना.
**रोधक होना** = रोधना.
**रोधकात्मक** = अवरोधात्मक.
**रोधन** = भिड़ाई, भिड़ाई, रुँझाई, वारण, विसंक्रमण.
**रोधना** = आकांक्षादमन, निवारना.

**रोधना** *क्रि* *अटकाना*, अड़ंगा डालना, अड़ंगा लगाना, अड़चन डालना, अड़ाना, अवरुद्ध करना, अवरोधक लगाना, खूँटना, गाँसना, *थामना*, नियंत्रित करना, *पकड़ना*, बंद करना, *बाँधना*, बाधा डालना, ब्रेक लगाना, रुद्ध करना, *रोकना*, रोड़ा अटकाना, रोध करना, रोधक होना, लगाम कसना, लगाम खींचना, विघ्न करना, विघ्न डालना, ●उलझाना, ●न होने देना.

**रोधहीन** = अनवरुद्ध.
**रोधात्मक** = अवरोधात्मक, खंडनात्मक.
**रोधित** = दुर्गीकृत, बंद.
**रोधी** = अड़ंगेबाज़, वारक.
**रोना** = आर्तनाद, झींकना, याचिका, रुदन, शिकायत.

**रोना** *क्रि* अश्रुपात करना, आँख गीली होना, आँख डबडबाना, आँख तर होना, आँख नम होना, आँसू आना, आँसू चूना, आँसू टपकाना, आँसू बहाना, आर्तनाद करना, आह भरना, उसाँस लेना, *कराहना*, कलपना, चिंघाड़ना, चीख़ना, चीत्कार करना, छलछलाना, टू*टना*, डबडबाना, दहाड़ मारना, दुखी होना, फफकना, *फैलना*, *बिखरना*, बिसूरना, मचलना, विलाप करना, शोक करना, हाय हाय करना, ●छटपटाना, ●झींकना, ●ठिनकना, ■हँसना.

**रोना/रोनी** = रुदनशील.
**रोना धोना** = आर्तनाद, मातम, रुदन.
**रोना धोना/रोनी धोनी** = रुदनशील.

**रोने वाला** = रुदनशील, शोकग्रस्त.
**रोपण** = जड़ाई, ब्रेनवाशिंग, संस्थापना, सम्मोहन कर्म.

**रोपण** *सं* आरोपण, प्रतिरोपण, रुपाई, रोपाई, ●क़लम लगाई, ●कृषि, ●बुआई.

**रोपण करना** = रोपना.
**रोपना** = चिनना, जड़ना, टिकाना.

**रोपना** *क्रि* अंकुर रोपना, *जमाना*, पौद लगाना, बीजांकुर रोपना, रोपण करना, *लगाना*, ●बोना, ■खोदना.

**रोपवे** = रज्जुमार्ग.
**रोपाई** = रोपण.
**रोपित** = आधारित, विजड़ित.
**रोब** = गाउन, प्रतिष्ठा, प्रसिद्धि.

**रोबट** *सं* आज्ञामानव, मशीन, मानविद, *यंत्र*, यंत्रमानव, रोबोट, स्वचालित यंत्र, ●कठपुतली, ●मानव, ●साइबर्ग.

**रोबदाब** = प्रताप.
**रोबदार** = अधिकारपूर्ण, तेजस्वी, प्रभावशाली.
**रोबोट** = रोबट.
**रोबोटीकृत** = यंत्रचालित.
**रोमंथ** = जुगाली.
**रोमंथन** = जुगाली.
**रोम** = ऊन, तंतु, नई मूँछ, रोआँ, शरीर रोम.
**रोमक** = साँभर नमक.
**रोम चर्च** = कैथलिक मत.
**रोमन** = भारतीय लिपि सूची, लैटिन भाषा.
**रोमन कैथलिक** = कैथलिक मतावलंबी.
**रोमन कैथलिक मत** = कैथलिक मत.
**रोमनी** = बनजारा.
**रोमपुलक** = रोमांच.
**रोमल** = रोएँदार.

**रोमल** *वि* केशरी, केशी, जटाल, झबरा/झबरी, झबरीला/झबरीली, बालदार, बालों वाला, *रोएँदार*, लोमश, ●कोमल.

**रोमवाद** = कैथलिक मत.

**रोम विरोध** = प्रोटैस्टैंट मत.
**रोमशफल** = टिंडा.
**रोमहर्ष** = रोमांच.
**रोमहर्षक** = रोमांचक.
**रोमहर्षित** = रोमांचित.
**रोमांच** = आनंदातिरेक.

**रोमांच** *सं* उत्कंठा, उत्सुकता, उद्धर्ष, *कंटक*, कंटकन, *कंपन*, त्वगंकुर, पुलक, पुलकावली, फुरेरी, रोमपुलक, रोमहर्ष, रोमोद्‌गम, लोमहर्ष, लोमांच, सनसनी, सिहरन, सिहरी, सुरसुरी, हरष, हृष्टि, ●आनंदातिरेक, ●उत्तेजना, ●क्लाईमैक्स, ●भय, ■गंभीरता, ■प्रशांतता.

**रोमांचक** = नाटकीय.

**रोमांचक** *वि* *आकर्षक*, आबद्धक, *आश्चर्यजनक*, *उत्तेजक*, उत्सुकता वर्धक, उद्धर्षक, उद्वेलक, दिलदहलाऊ, *नाटकीय*, *परिवर्तनशील*, *प्रभावशाली*, बाँधे रखने वाला, *रोचक*, रोमहर्षक, लोमहर्षक, विस्मयकारी, संहर्षक, सनसनीख़ेज़, हर्षक, ●घटनापूर्ण, ●नाटकीय, ●भयानक, ●भुतहा/भुतही, ●विचित्र.

**रोमांचक कहानी** = रोमांच कथा.

**रोमांच कथा** *सं* थ्रिलर, भयकथा, रोमांचक कहानी.

**रोमांचक दृश्य** = क्लाईमैक्स.
**रोमांच वर्णन** = भयानक रस.
**रोमांच होना** = सिहरना.

**रोमांचित** *वि* *आतुर*, उत्पुलक, उत्फुल्ल, उद्धर्षित, पुलकित, पुलकी, प्रहृष्ट, रोमहर्षित, लोमहर्षित, लोमांचित, विकीर्णरोम, समुत्पुलक, सिहरा/सिहरी, हर्षित, हृष्टरोमा, ●आनंदित, ●उत्तेजित, ●चिंतित, ●भयभीत, ●रोमांचक, ■गंभीर, ■प्रशांत.

**रोमांचित करना** = सिहराना.
**रोमांचित होना** = सिहरना.
**रोमांटिक** = प्रेममय/प्रेममयी, रूमानी.

**रोमांटिक कहानी** = प्रेमकथा.
**रोमांस** = प्रेम.

**रोमांस** *सं* अनुराग, *अभिसार*, कोर्टशिप, दिललगी, पूर्वानुराग, •डेटिंग, •दीदारबाज़ी, •प्रेम.

**रोमांस कथा** = प्रेमकथा.
**रोमांस करना** = प्रेम करना.
**रोमांस रस** = संयोग शृंगार.
**रोमांस वर्णन** = संयोग शृंगार.
**रोमाजिन** = फ़र.
**रोमैंटिसिस्ट** = रूमानी.
**रोमोद्गम** = रोमांच.
**रोर** = आर्तनाद, धमाका, चीत्कार.
**रोल मौडल** = आदर्श व्यक्ति.
**रोला** = आर्तनाद, उलाहना, चीत्कार, बेलन, हाँका.
**रोली** = फफूँद.

**रोली** *सं* रोचन, श्री, सिरी, •तिलक, •बिंदी, •सिंदूर.

**रोवनहार** = मातमदार, रुदनशील.
**रोवना/रोवनी** = रुदनशील.
**रोवनिया** = निराशावादी, रुदनशील.
**रोवासा/रोवासी** = रुआँसा/रुआँसी.
**रोशन** = चमकदार, प्रसिद्ध.
**रोशन चौकी** = वाद्यवृंद.

**रोशनदान** *सं* वातायन, वैंटिलेटर, हवादान, •खिड़की.

**रोशन होना** = चमकना.
**रोशनाई** = स्याही.
**रोशनी** = आतिशबाज़ी, प्रकाश.
**रोष** = क्रोध, खीज, रूठन.
**रोष करना** = रूठना.
**रोष निवारण** = मनुहार.
**रोषपूर्ण** = शत्रुतापूर्ण.
**रोषान्वित** = रूठा/रूठी.
**रोस्ट करना** = भूनना.
**रोहंती** = लता.
**रोह** = चढ़ान, नीलगाय.
**रोहण** = उत्थान, उद्भेदन, किशोर, सवारी.
**रोहि** = बीज.
**रोहिणी** = किशोरी, गाय, नक्षत्र सूची, ब्राह्मी.
**रोहिणीश** = चंद्रमा, वसुदेव.
**रोहित** = रुधिर, लाल.
**रोही** = वटवृक्ष.
**रौंड** = गश्त.
**रौंद** = गश्त.
**रौंद** = बारी.
**रौंदन** = दमन, रौंदाई.
**रौंदना** = पेरना, माँड़ना, सताना.

**रौंदना** *क्रि* कुचलना, कूँचना, कूचना, खूँदना, चूरा करना, *दबाना*, *दलना*, दाबना, धौंसना, पीचना, *पीसना*, *भींचना*, *मथना*, मरदना, मसलना, रगड़ना.

**रौंदा/रौंदी** = पददलित, रुँदा/रुँदी.
**रौंदा/रौंदी** = पराजित.
**रौंदाई** = दँवरी, दमन.

**रौंदाई** *सं* उत्पीड़, कुचलन, कुचलाई, खूँदन, दबाई, पिचाई, भिंचाई, मर्दन, रुँदाई, रूँदन, रौंदन, •कुटाई.

**रौ** = दौड़, प्रवाह, रवानी, संवेग.

**रौकिंग चेअर** *सं* झूला कुरसी, दोलन कुरसी, दोला कुरसी, दोली, •कुरसी, •सी सौ झूला.

**रौकिंग हौर्स** *सं* झूला घोड़ा, दोलन घोड़ा, •सी सौ झूला.

**रौकेट** = अंतरिक्ष यान, आतिशबाज़ी सूची, आतिशबाज़ी सुर्रा, प्रक्षेपास्त्र, प्रक्षेपास्त्र, रौकेट यान.
**रौकेट बम** = प्रक्षेपास्त्र, प्रक्षेपास्त्र.
**रौकेट यान** = अंतरिक्ष यान.

**रौकेट यान** *सं* अगिनबान, अग्निबाण, रौकेट, सुर्रा, हवाई, हवाई बाण, •अंतरिक्ष यान.

**रौकेटास्त्र** = प्रक्षेपास्त्र.
**रौद्र** = क्रोधी, भयानक.
**रौद्र रस** = नवरस.

**रौद्र रस** *सं* क्रोध वर्णन, क्रोधानुभूति, क्रोधोत्पादन, रुद्रता.

**रौनक़** = खिलावट, वैभव, सजावट, सौंदर्य.
**रौनक़दार** = आवासित, उत्सवपूर्ण, शोभनीय.
**रौप्य** = चाँदी.
**रौप्यकं** = रुपया.
**रौप्यता** = रजतिमा.
**रौबदाब** = अकड़.
**रौम** = कंप्यूटर मैमरी.
**रौयल** = राजसी.
**रौरव** = कोलाहलपूर्ण, नरक, नरक सूची, रक्तपातपूर्ण.
**रौल** = आर्तनाद, कोलाहल, धमाका.
**रौलर कोस्टर** = तूफ़ान मेल.
**रौला** = आर्तनाद, कोलाहल, चीत्कार.
**रौस** = मेंड़.
**रौहिणेय** = बलराम, बुध ग्रह.
**र्‌यूमैटिज़्म** = गठिया.
**लंक** = कटि.
**लंकद्वीप** = श्रीलंका.
**लंकनाथ** = रावण.
**लंका** = श्रीलंका.
**लंकाई** = श्रीलंकाई.
**लंकादाही** = हनुमान.
**लंका द्वीपीय** = श्रीलंकाई.
**लंका निर्माता** = कुबेर, विश्वकर्मा.
**लंकापति** = रावण.
**लंका मिर्ची** = लाल मिर्च.
**लंकावासी** = राक्षस.
**लंकेश** = रावण, विभीषण.
**लंकेश्वर** = रावण, विभीषण.
**लंग** = लँगड़ा/लँगड़ी.
**लँगड़ा** = आम सूची, लँगड़ा/लँगड़ी.

**लँगड़ा/लँगड़ी** *वि* अपंग, एकटंगा/एकटंगी, एकपाद, चरणहीन, पंग, पँगला/पँगली, पंगा/पंगी, पंगु, लंग, लँगड़ा, लंगा/लंगी, •लूला/लूली, •विकलांग.

**लँगड़ा कर चलना** = लँगड़ाना.
**लँगड़ाना** = विचरना.

**लँगड़ाना** *क्रि गिरना*, *घिसटना*, भचकना, लँगड़ा कर चलना, *लड़खड़ाना*, •डगमगाना, ▪कुलाँचना.

**लँगड़ा लूला/लँगड़ी लूली** = विकलांग.

**लँगड़ा लूला/लँगड़ी लूली** *वि* अंगहीन, खोंड़ा/खोंड़ी, पंग, पंगा/पंगी, पंगु, पंगुला/पंगुली,

पांगुल, पीठसर्पी, बेकस, बेबस, बेहाथपैर, लुंज, लुंजपुंज, लुंजा/लुंजी, लूला/लूली, *विकलांग*, हीनांग.

**लँगड़े का सहारा** = बैसाखी.
**लँगड़े की लाठी** = बैसाखी.
**लंगर** = कड़ाह प्रसाद, भंडारा.

**लंगर** *सं* अंकुड़ा, ऐंकर, काँटा, नांगर, *लटकन*, लांगल, •पोत.

**लंगरख़ाना** = अनाथाश्रम, मुहताज़ख़ाना.

**लंगरगाह** *सं* पोत बंधन स्थान, लांगल स्थान, •बंदरगाह.

**लंगर डालना** = बसना.
**लंगल** = हल.
**लंगली** = अलगनी.
**लंगा/लंगी** = लँगड़ा/लँगड़ी.
**लंगार** = पंक्ति.

**लंगूर** *सं* कृष्णमुख, कृष्णवदन, लांगूली, वृक्ष शायिक, •बंदर.

**लंगूल** = पूँछ.
**लंगोछा** = सासेज.
**लँगोट** = रुमाली.

**लँगोट** *सं* कक्षापट, कोपीन, घटिका, पुटी, भगही, रूमाली, लँगोटा, लँगोटी, •अंडरवीअर, •जाँघिया.

**लँगोटा** = लँगोट.
**लँगोटिया** = अंतरंग, बालमित्र.
**लँगोटिया यार** = बालमित्र.
**लँगोटी** = लँगोट.
**लंघक** = नियमोल्लंघक.
**लंघन** = उपवास, उल्लंघन.
**लंघन कर्ता** = उपवासी.
**लंघनकारी** = उल्लंघनकारी, संयमहीन.
**लंघित** = आक्रांत, उल्लंघित.
**लंच** = भोज.

**लंच** *सं* दोपहर आहार, मध्याह्न आहार, लंचन, •डिनर, •ब्रंच, •ब्रेकफ़ास्ट.

**लंच टाइम** = आहार काल सूची, मध्याह्न, लंच ब्रेक.
**लंचन** = लंच.

**लंचबाक्स** *सं* टिफ़िन, टिफ़िन कैरियर, •कटोरदान.

**लंच ब्रेक** *सं* आहार अवकाश, खाने की छुट्टी, भोजनावकाश, लंच टाइम, •काफ़ी ब्रेक, •मध्यांतर, •मध्यावकाश, •मध्याह्न.

**लंचरूम** = भोजन कक्ष, भोजनालय.
**लंचहोम** = भोजनालय.
**लंठ** = अज्ञानी, उपहास पात्र, धृष्ट, मंदधी, मूर्ख, रूढ़िवादी.
**लंठाचार्य** = मूर्ख, रूढ़िवादी.
**लंडी** = कुलटा.
**लंतरानी** = डींग.
**लंदन** = यूनाइटिड किंगडमः राजधानी.
**लंपट** = कामुक, गुंडा.

**लंपट** *सं* अकच्छ, अगम्यागामी, अतिभोगी, आवारा, आशना, इट्चर, उपपति, ऐबी, ऐयाश, कंचुकी, कदाचारी, कामी, *कामुक*, कुमार्गी, चामचोर, छुट्टा, नागरीट, परगामी, परगामी पुरुष, परस्त्रीगामी, पल्लवक, पांशुल, पुंश्चल, बदकार, बदचलन, बदफ़ेल, बदमाश, बहुगामी, भँडरिया, भड़ुआ, भोगी, *भ्रष्ट*, *भ्रष्टाचारी*, मदार, रतिलंपट, रसिया, लफंगा, लुच्चा, *विट*, विलासी, विषयी, व्यभिचारी, शरंड, स्त्रीगामी, स्त्रीचंचल, स्त्रीलंपट, स्याहकार, *स्वेच्छाचारी*, स्वैर, हरजाई, हरामकार, •कामुक, •कुटेवी, •कुलटा, •स्वच्छंद प्रेमी, ▪सज्जन.

**लंपटतापूर्ण** = अश्लील.
**लंपटा** = कुलटा.
**लंब** = परिशिष्ट, लंबरेखा, लेटा/लेटी.
**लंबक** = देशांश रेखा.
**लंब तड़ंग** = महाकाय.
**लंबन** = लटकन.
**लंबरेखा** = देशांश रेखा.

**लंबरेखा** *सं* अंतर्लंब, अनुलंब, अवलंब, अवलंब रेखा, ऊपर से नीचे गिरती रेखा, खड़ी रेखा, टिकी रेखा, पर्पैंडीक्यूलर, प्रतिक्षितिज रेखा, लंब, सन्निपात.

**लंबलेट** = भूमिशायी, लेटा/लेटी.
**लंबवृत्त** = अंडाकार चक्र.
**लंबांश** = देशांश.
**लंबा/लंबी** = उबाऊ, दूरतम, लंबे क़द वाला, लेटा/लेटी, विमंदित, साइज़ से बड़ा.

**लंबा/लंबी** *वि* खिंचा/खिंची, *दराज़*, लंबाई युक्त, लंबाकार, लंबोतरा/लंबोतरी, लाँबा/लाँबी, •चौड़ा/चौड़ी, •लंबे क़द वाला, •विस्तीर्ण.

**लंबाई** = क़द, विस्तार.

**लंबाई** *सं* *अंतराल*, तूल, *दूरी*, दो बिंदु के बीच की दूरी, फैलाव, लंबान, *विस्तार*, •चौड़ाई, •तीन आयाम, •दूरता.

**लंबाई चौड़ाई और गहराई सहित आकृति** = पिंड.
**लंबाई चौड़ाई गहराई रहित प्रकल्प** = आयामहीन बिंदु.

**लंबाई माप एकक** *सं* *मीटर*, •गज़.

**लंबाई युक्त** = लंबा/लंबी.
**लंबाईयुक्त** = रैखिक.
**लंबाकार** = लंबा/लंबी.
**लंबा गोल घेरा** = अंडाकार चक्र.
**लंबा चौड़ा/लंबी चौड़ी** = बड़े साइज़ का, विस्तीर्ण.
**लंबा जीवन काल** = दीर्घायु.
**लंबा डग भरना** = कुलाँचना.
**लंबान** = लंबाई, विस्तार.
**लंबायमान** = अनुक्षितिज, लेटा/लेटी, सुप्त.
**लंबायमान करना** = लिटाना.
**लंबायमान होना** = लेटना.
**लंबिका** = ललरी.
**लंबित** = आधारित, प्रतिक्षितिज.
**लंबी उमर** = दीर्घायु.
**लंबी ढीली पोशाक** = लबादा.
**लंबी नली** = परख नली.
**लंबी रात** = दक्षिण अयनांत.
**लंबी सड़क** = राष्ट्रीय राजमार्ग.

**लंबे क़द वाला** *वि* ऊँचा/ऊँची, क़द्दावर, *खजूर*, लंबा/लंबी, लमतड़ंग, लाँबा/लाँबी,

 (प्रा) प्राचीन शब्द, अब अप्रचलित - *तिरछे* शब्द स्वतंत्र शीर्षक भी हैं •सपर्याय ▪विपर्याय

●छरहरा/छरहरी, ●महाकाय, ●लमछड़.

**लंबे होना** = भागना.
**लंबोतरा/लंबी** = गोलप्राय.
**लंबोतरा/लंबोतरी** = लंबा/लंबी.
**लंबोदर** = गणेश, तोंदू, बहुभक्ष.
**लंभक** = अध्याय.
**लंभन** = प्राप्ति.

**लकड़बग्घा** *सं* बघेरा, लग्घड़, वीज़ल, ●भेड़िया.

**लकड़हारा** *सं* कुठारिक, छेत्ता, लकड़हारा/लकड़हारिन, वनजीवी, ●बढ़ई, ●वन.

**लकड़हारा/लकड़हारिन** = लकड़हारा.
**लकड़ियाँ** = चिता.
**लकड़ी** = ईंधन, काष्ठ, लाठी.

**लकड़ी** *सं* काठ, *काष्ठ*, *जलावन*, जलावन लकड़ी, फ़ायरवुड, लक्कड़, वुड, ●वृक्ष.

**लकड़ी का** = काष्ठीय.
**लकड़ी कुंदा** = कुंदा.
**लकड़ी दुकान** = ईंधन दुकान.
**लकड़ी लट्ठा** = तिरेंदा.
**लक़दक़** = चमकदार, चिकना/चिकनी, पालिशदार.
**लक़वा** = पक्षाघात.
**लक़ा** = चील.
**लकालक** = पालिशदार.
**लकीर** = खरोंच, खाँचा, नेमिमार्ग, पंक्ति, रेखा, रेखाचिह्न, सीधी रेखा.
**लकीर का फ़क़ीर** = अंधानुगामी, रूढ़िवादी.
**लकुट** = लाठी.
**लकुटिया** = लाठी.
**लकुटी** = लाठी.
**लक्क** = लाक्षा.
**लक्कड़** = कुंदा, लकड़ी.
**लक्कड़हज़म** = पाचकता वर्धक.
**लक्का** = गिद्ध.
**लक्ष** = लक्ष्य, लाख.
**लक्षक** = अर्थद्योतक, लाख, संकेतात्मक.
**लक्षण** = आलक्षण, चरित्र, परिभाषा, पहचान चिह्न, पूर्वलक्षण, शकुन, हुलिया.

**लक्षण** *सं* अलामत, आकार प्रकार, उपधान, क्वालिफ़िकेशन, गुण, तारीफ़, *धर्म*, निशानी, पहचान, रंगढंग, रूप, लक्ष्म, विशेषक, विशेषता, सिफ़त, सीरत, सूरत, *स्वभाव*, ●कोटि, ●परिभाषा, ●हुलिया.

**लक्षणयुक्त** = स्पर्शगम्य.

**लक्षणयुक्त** *वि* केतुमान, गुणयुक्त, चिह्नधारी, चिह्नयुक्त, *चिह्नित*, भेद्य, लक्षणी, लक्षित, *लक्ष्मण*, लक्ष्मा/लक्ष्मी, लिंगधर, विशिष्ट, विशेषित, सगुण, सलक्षण, ●चिह्नित, ●पारिभाषिक, ●विशेष.

**लक्षण वर्णन** = परिभाषा.
**लक्षणसूचक** = डीटैक्टर.
**लक्षणहीन** = अपरिभाष्य, सुराग़हीन.
**लक्षणा** = लक्षणा शक्ति.
**लक्षणातीत** = अपरिभाष्य.
**लक्षणात्मक** = लक्षणार्थक, वर्णनात्मक.

**लक्षणार्थ** *सं* उपमार्थ, प्रयोजनार्थ, लक्षितार्थ, लक्ष्यार्थ, लाक्षणिक अर्थ, ●अभिधार्थ, ●अर्थ, ●व्यंजनार्थ, ●शब्दशक्ति.

**लक्षणार्थक** *वि* लक्षणात्मक, लाक्षणिक, *संकेतित*, ●अर्थद्योतक, ●व्यंजनार्थक, ●शब्दार्थिक.

**लक्षणा शक्ति** *सं* लक्षणा, लाक्षणिक अर्थशक्ति, लाक्षणिकता, संलक्षणा, ●शब्दशक्ति.

**लक्षणी** = लक्षणयुक्त.
**लक्षद्वीप** = भारत राज्य प्रदेश.

**लक्षद्वीप** *सं* लक्षद्वीप समूह.

**लक्षद्वीपः राजधानी** *सं* कवरत्ति.

**लक्षित** = चिह्नित, लक्षणयुक्त.
**लक्षितार्थ** = लक्षणार्थ.
**लक्ष्म** = चिह्न, लक्षण.
**लक्ष्मण** = लक्षणयुक्त.

**लक्ष्मण** *सं* राम भाई, रामानुज, शेषावतार, सौमित्र, ●मर्यादा रेखा, ●राम, ●शूर्पणखा, ●सुमित्रा.

**लक्ष्मणप्रसू** = सुमित्रा.
**लक्ष्मण माता** = सुमित्रा.
**लक्ष्मण रेखा** = पतिव्रत, मर्यादा रेखा.
**लक्ष्मा/लक्ष्मी** = लक्षणयुक्त.
**लक्ष्मी** = करंसी, धन, पत्नी, मोती, लक्ष्मी देवी, सजावट, सिक्का, सीता.
**लक्ष्मी (अवतार)** = रुक्मिणी.
**लक्ष्मीकांत** = विष्णु.
**लक्ष्मीगृह** = रक्तकमल.
**लक्ष्मीदास** = धनलोलुप.

**लक्ष्मी देवी** *सं* अंबुजासना, अब्जा, अब्धिजा, अमला, अर्णवोद्‌भवा, इंदिरा, ईश्वरी, कमला, कमलालया, कमलासना, क्षीरजा, चंचला, जगन्माता, *देवी*, धन देवी, नारायणी, पद्‌मकरा, पद्‌ममालिनी, पद्‌मा, मंगला, मणिमाला, महालक्ष्मी, रमा, रामा, लक्ष्मी, लोकजननी, लोकमाता, वामा, विष्णुप्रिया, वृषाकपायी, श्री, श्रीप्रदा, सनातनी, समृद्धि देवी, सर्वमंगला, हरिप्रिया, ह्री, ●पार्वती, ●विष्णु, ●समृद्धि, ●सरस्वती, ●सीता, ●सौभाग्य, ●स्वच्छता.

**लक्ष्मीपति** = धनाढ्य, विष्णु, सेठ.
**लक्ष्मीपुष्प** = कमल.
**लक्ष्मीफल** = बिल्व.
**लक्ष्मीवार** = बृहस्पतिवार.
**लक्ष्मीवाहन** = उल्लू.
**लक्ष्मीवेष्ट** = वार्निश.
**लक्ष्मीश** = आम वृक्ष.
**लक्ष्मी सहज** = शुक्राचार्य.
**लक्ष्मीसहज** = शुक्र ग्रह.
**लक्ष्मी सहोदर** = चंद्रमा.
**लक्ष्य** = आखेटपात्र, उद्‌देश्य, गंतव्य, दर्शनीय, महत्त्वाकांक्षा.

**लक्ष्य** *सं* *उद्‌देश्य*, ज़द, टार्गेट, ध्येय, निशान, निशाना, लक्ष, शरव्य, सिप्पा, *सीध*, ●गंतव्य, ●महत्त्वाकांक्षा.

**लक्ष्य अप्राप्ति** = लक्ष्यच्युति.

**लक्ष्य अभ्यास** *सं* *अभ्यास*, चाँदमारी, निशानेबाज़ी, लक्ष्य साधन, संधान.

**लक्ष्यकेंद्र** *सं* *आँख*, चाँदमारी बिंदु,

चिड़िया की आँख, निशाना, बुल्लाई, मछली की आँख, मर्म, लक्ष्यचक्र केंद्र, लक्ष्यबिंदु, शरव्य.

**लक्ष्य केंद्रण** = लक्ष्य संधान.

**लक्ष्यगत** = गंतव्यप्राप्त.

**लक्ष्यचक्र** *सं* अग्रभू, चाँद, चाँदा, चिड़िया, *मछली*, मत्स्य, मत्स्यचक्र, लक्ष्यपटल.

**लक्ष्यचक्र केंद्र** = लक्ष्यकेंद्र.

**लक्ष्य चूक** = लक्ष्यच्युति.

**लक्ष्य चूकना** = चूकना.

**लक्ष्यच्युत** *वि असफल*, कुडुक, ख़ाली, *ग़लत*, चूका/चूकी, च्युत, भटका/भटकी, *भ्रष्ट*, मोघ, लक्ष्यभ्रष्ट, स्खलित, •मार्गच्युत, ▪लक्ष्यवेधी.

**लक्ष्यच्युत होना** = चूकना.

**लक्ष्यच्युति** *सं* असफल लक्ष्य, कमी, क़सर, ख़ाली वार, ग़लत निशाना, *चूक*, च्युति, त्रुटि, लक्ष्य अप्राप्ति, लक्ष्य चूक, लक्ष्यभ्रंश, ▪लक्ष्यसिद्धि.

**लक्ष्यतः** = देखते देखते.

**लक्ष्यपटल** = लक्ष्यचक्र.

**लक्ष्यप्राप्त** = गंतव्यप्राप्त, सफल.

**लक्ष्यप्राप्ति** = सफलता.

**लक्ष्यबिंदु** = लक्ष्यकेंद्र.

**लक्ष्यभ्रंश** = लक्ष्यच्युति.

**लक्ष्यभ्रम** = मार्गभ्रम.

**लक्ष्यभ्रष्ट** = दिशाहीन, लक्ष्यच्युत.

**लक्ष्यभ्रांत** = दिशाहीन.

**लक्ष्यवेध** = लक्ष्यसिद्धि.

**लक्ष्यवेधक** = निशानची.

**लक्ष्यवेधन** = लक्ष्यसिद्धि.

**लक्ष्यवेधी** = निशानची.

**लक्ष्यवेधी** *वि* अचूक, अनुलक्ष्य, अमोघ, अव्यर्थ, ऐन, *ठीक*, निशान पर, निशाने पर, पक्का/पक्की, बेचूक, रामबाण, लक्ष्यानुगामी, विमोघ, *विश्वसनीय*, *सटीक*, सही, हुक्मी, •ध्वनिवेधी, ▪लक्ष्यच्युत.

**लक्ष्य संधान** *सं* लक्ष्य केंद्रण, लक्ष्य साधन, संधान, साँध.

**लक्ष्यसाधक** = निशानची.

**लक्ष्य साधन** = लक्ष्य अभ्यास, लक्ष्य संधान.

**लक्ष्यसिद्ध** = सफल.

**लक्ष्यसिद्धि** *सं* अचूकता, अच्छा निशाना, अभिहति (प्रा), ठीक निशाना, ध्वनिवेध, ध्वनिवेधन, निशाना, बेचूकता, मर्मवेधन, लक्ष्यवेध, लक्ष्यवेधन, वेध, *वेधन*, शब्दवेध, सफल लक्ष्य, सही निशाना, ▪लक्ष्यच्युति.

**लक्ष्यहीन** = दिशाहीन.

**लक्ष्यानुगामी** = लक्ष्यवेधी.

**लक्ष्यार्थ** = लक्षणार्थ.

**लख-** = लाख.

**लखना** = देखना.

**लखपति** *सं* दसलखिया (मिलिनेअर शब्दार्थ), लखपतिया, •अरबपति/करोड़पति.

**लखपतिया** = लखपति.

**लखाई** = प्रदर्शन.

**लखाना** = दिखाना.

**लखेरा/लखेरिन** = चुड़िहार.

**लगंत** = आसक्ति.

**लग़ज़िश** = लड़खड़ाहट.

**लगन** = आसक्ति, प्रलोभन, प्रवृत्ति, प्रेम, महत्त्वाकांक्षा, विवाह, विवाह मुहूर्त, शौक़, साधना, साया.

**लगन** *सं* जुनून, धुन, फ़ितूर, रट, *राग*, लगी, लाग, लागी, लौ, *साधना*, •अनथकता, •अविश्राम, •तल्लीनता.

**लगन का पक्का** = संकल्पशील.

**लगनपूर्ण** = लगनशील.

**लगनशील** = आलस्यहीन, संकल्पशील, सावधान.

**लगनशील** *वि* अभिरत, ख़ब्ती, जुटा/जुटी, जुनूनी, तैनात, धुनी, लगनपूर्ण, लगा/लगी, सौदाई, •एकनिष्ठ, •कटिबद्ध, •परिश्रमी, •साधनाशील, ▪अतत्पर, ▪आलसी.

**लगन होना** = ब्याहना.

**लगना** = चिपकना, चिरमिराना, चुभना, जुड़ना, टकराना, दुखना, पहुँचना, मिलना, सटना, सड़ना.

**लगना** *क्रि* जुटना, *जुड़ना*, जुतना, *मिलना*, ▪टूटना, ▪बिछुड़ना.

**लगनी** = परात.

**लगभग** = अनुमानित, असटीक, लगभग सदृश.

**लगभग** *क्रिवि* अंदाज़न, अंदाज़े से, अनक़रीब, अनुमान से, आम तौर पर, आसपास, क़रीब, क़रीब क़रीब, क़रीबन, कोई — एक (जैसेः कोई दस एक), तक़रीबन, नज़दीकन, *निकट*, *प्रायः*, मोटे तौर पर, लगि, समीप, सामान्यतः, स्थूलतः, •अल्पाधिक, •असटीकतः, ▪ठीक ठीक.

**लगभग आठ मील** = योजन.

**लगभग गोल** = गोलप्राय.

**लगभग वैसा** = लगभग सदृश.

**लगभग सदृश** *वि* अल्पसदृश्य, आभासित, आभासी, आसपास का, कुछ कुछ, कुछ कुछ वैसा, झलकता/झलकती, *निकट*, प्रतिबिंबित, प्रतीतमान, प्रतीयमान, प्रातीतिक, भासता/भासती, मिलता जुलता/मिलती जुलती, *लगभग*, लगभग वैसा, *सदृश*, सदृश्याभासित, सन्निभ, समाभासित, सादृश्य का आभास देता, सादृश्याभासित, स्वरूपी, •तुलनीय.

**लगहर** = सड़ा/सड़ी.

**लगा/लगी** = कार्यरत, प्रयत्नशील, बंद, युक्त, लगनशील, संलग्न, सटा/सटी, सिला/सिली, स्पर्शी.

**लगाई** = आलेपन, जड़ाई, भिड़ाई.

**लगाई बुझाई** = चुग़लख़ोरी.

**लगाई लतरी** = चुग़लख़ोरी.

**लगातार** = अपलक, अविराम, आग्रहपूर्ण.

**लगातार** *क्रिवि* अनवरत, अनवरततः, अनुदिन, अनुपल, अविच्छिन्नतः अविरल, अविरलतः, अविरामतः, *अहोरात्र*, आए दिन, आठों पहर,

आठों याम, एक के पीछे एक, क्षण क्षण, गटागट, चौबीसों घंटे, टपाटप, तड़ातड़, ताबड़तोड़, तीसों दिन, दनदन, दनादन, दमादम, दिन रात, दिन रैन, धड़ाधड़, धाराप्रवाह, नित नित, नित प्रति, नितराम, नित्य, नित्य प्रति, निरंतर, निरंतरतः, पटापट, पल पल, प्रतिपल, बिना कौमा फ़ुलस्टाप, बिना रुके, मुतवातिर, मुसलसल, रात दिन, रोज़ बरोज़, रोज़मर्रा, रोज़ रोज़, रोज़ाना, सततत:, सदा, सदैव, सातों दिन, सुबह शाम, *हमेशा*, हर दिन, हर पल, हर रोज़, •अनथके, ▪अनिरंतर.

**लगातार देखना** = ताकना.
**लगातार न होने वाला** = अनिरंतर.
**लगातार प्रयत्न** = साधना.
**लगातार बारिश** = अनवरत वर्षा.
**लगान** = कर, कृषिकर.
**लगान दाता** = करदाता.
**लगाना** = अटकाना, उगाना, कीलना, चिपकाना, चुपड़ना, जड़ना, जुआठना, बदना, बोना, मँढ़ना, रँगना, रोपना, सटाना, सीना.

**लगाना** *क्रि अटकाना*, अनुलग्न करना, ऐनक्लोज़ करना, *कीलना*, गाँठना, गाँठ लगाना, *जड़ना*, *जोड़ना*, टाँकना, नत्थी करना, पिन लगाना, *बाँधना*, *मिलाना*, संलग्न करना, साँटना, साटना, *सीना*, स्टेपल करना, •चिपकाना, •झालना, •मँढ़ना, •सटाना, •सीना, ▪उखाड़ना, ▪काटना.

**लगाना बुझाना** = उकसाना.
**लगाने वाला** = फ़िटर.
**लगाभगी** = जल्दबाज़ी, धक्कमधक्का, हलचल.
**लगाम** = नियंत्रण, सरकार.

**लगाम** *सं* कटियारी, करियारी, कर्षिणी, कुशा, दंताली, बाग, बागडोर, मुखरी, रशना, रश्मि, रसना, रास, वल्गा, वश्या, •अंकुश, •ज़ंजीर, •जोत रस्सी, •नकेल.

**लगाम कसना** = रोधना.
**लगाम खींचना** = रोधना.
**लगामबंद** = नियंत्रित.
**लगार** = जुआघर.
**लगालगी** = प्रतिद्वंद्विता.
**लगाव** = आसक्ति, प्रेम, विवाह, संबंध, सहानुभूति.
**लगावट** = संबंध, स्वजन भावना.
**लगि** = लगभग.
**लगी** = आसक्ति, प्रेम, लगन, लालसा.
**लगुआ** = पिछलग्गू.
**लगुड** = डंडा, लाठी.
**लगून** = झील.
**लगेज** = असबाब.

**लगेज** *सं असबाब*, कार्गो, गुड्स, प्रेषित सामान, बोझ, भाड़े का सामान, माल, लदा माल, *सामान*, •बिस्तरबंद, •लाद.

**लगेज वैन** = माल डिब्बा.
**लगे हाथ** = अभी, तत्काल.
**लगो** = बकवास.
**लग्गा** = डाँड़, दौड़, लग्गी काँटा.
**लग्गी** = डाँड़, लग्गी काँटा.

**लग्गी काँटा** *सं* अँकुड़ेदार छड़, अँकुसी, अँकुसी बाँस, अंगुसी, आँकुड़ा लग्गी, कँटिया, काँटिया, टेढ़ी, भलका, मकरी, लग्गा, लग्गी, लग्घा, लग्घी, लांगल, •हुक.

**लग्गू** = पिछलग्गू.
**लग्घड़** = बाज़ गिद्ध, लकड़बग्घा.
**लग्घा** = लग्गी काँटा.
**लग्घी** = लग्गी काँटा.
**लग्न** = तल्लीन, मुहूर्त, राशि, विवाह मुहूर्त, संलग्न, साया.

**लग्न** *सं* राशि उदय दिनांश, सूर्य द्वारा राशि में प्रवेश काल, •मुहूर्त.

**लग्न कुंडली** = जन्मकुंडली.
**लग्न दिन** = विवाह दिवस.
**लग्नपत्र** = विवाह निमंत्रण.
**लग्न पत्रिका** = विवाह निमंत्रण.
**लग्नाह** = विवाह दिवस.
**लघिमा** = योगसिद्धि.
**लघु** = छोटा/छोटी, नीचा/नीची, ह्रस्व.

**लघुकथा** *सं* घटना वर्णन, शौर्ट शौर्ट स्टोरी, संक्षिप्त कथा, •कहानी, •छोटी कहानी.

**लघु कविता** = मुक्तक.
**लघुकाय** = ठिंगना/ठिंगनी.

**लघुकाय** *वि* अदना, अल्प, अल्पाकार, अविशाल, गुटका, छटंकी, छुटका/छुटकी, छोटा/छोटी, नन्हा/नन्ही, पिद्दा/पिद्दी, मुख्तसर, सिकुड़ा/सिकुड़ी, सूक्ष्मकाय, •छोटा/छोटी, •बौना, ▪महाकाय.

**लघुजन** *सं* छोटे लोग, नाती नातिन, बच्चे, बालबच्चे, बाले, बेटा बेटी, बेटे पोते, लड़के बाले, संतति, *संतान*, ▪गुरुजन.

**लघुजीवी** = अल्पजीवी.
**लघुतम** = अल्पतम.
**लघुनगर** = क़स्बा.
**लघुनाम** = उपनाम.
**लघु प्रेम प्रसंग** = दीदारबाज़ी.
**लघु मात्रा** = ह्रस्व मात्रा.
**लघुमार्ग** = शौर्टकट.
**लघुशंख** = घोंघा.
**लघुहस्त** = दक्ष.
**लघ्वाकार** = छोटा/छोटी, छोटे साइज़ का.
**लघ्वी/लघ्विनी** = पतली कमर वाला.
**लच** = लचक.

**लचक** *सं* मचक, लच, लचकीलापन, लचन, लचलचापन, लचलचाहट, लचीलापन, लप, लपन, लपलप, लोच, •नम्यता, ▪रगस.

**लचकदार** *वि* इलास्टिक, कर्ष्य, खिंचनशील, लचकीला/लचकीली, लचदार, लचीला/लचीली, लपलपा/लपलपी, लोचदार, •टिप्पेदार, •नम्य, ▪लचकहीन.

**लचकना** = नाचना.

**लचकना** *क्रि* मचकना, मचमचाना, लचना, लचलचाना, लपना, *लपलपाना*, हचकना, •दबकना.

**लचकहीन** *वि* अकड़ा/अकड़ी,

*अनम्य*, अलचकदार, अलचकीला, *कठोर*, कड़ा/कड़ी, कड़ियल, दृढ़, सख़्त, •अनम्य, •अनुशासनप्रिय, •कठोर (अधिकारी), ▪कोमल, ▪लचकदार.

**लचका** = कौंध, मोच.
**लचकीला/लचकीली** = लचकदार.
**लचकीलापन** = लचक.
**लचदार** = लचकदार.
**लचन** = लचक.
**लचना** = लचकना.
**लचर** = अनुदार, कुतर्कीय, खंडनीय, तर्कहीन.
**लचलचाना** = लचकना.
**लचलचापन** = लचक.
**लचलचाहट** = लचक.
**लचीला/लचीली** = लचकदार.
**लचीलापन** = लचक.
**लच्छन** = चरित्र, त्वचाचिह्न.
**लच्छा** = आलू लच्छा, घूँघर, लच्छी.
**लच्छा पकौड़ी** = कोफ़्ता.

**लच्छी** *सं* अंटा, अंटी, आँटी, कलाई, गुंडी, *गुच्छा*, गुच्छी, फेंटा, फेंटी, लच्छा, •डोरी, •परछा.

**लच्छेदार** = अतिशयोक्तिपूर्ण, घुंघराला, शब्दाडंबरपूर्ण.
**लच्छेदार बाल** = घुंघराले केश.
**लच्छेदार भाषा** = शब्दाडंबर.
**लज-** = लज्जा.
**लजनी** = छुईमुई.
**लजवंती** = छुईमुई.
**लजाऊ** = लजीला/लजीली.

**लजाना** *क्रि* अंग सिकोड़ना, आँख उठा कर न देखना, आँख ऊँची न होना, आँख ऊपर न उठाना, आँख नीची करना, आँख बचाना, कतराना, कनियाना, गड़ जाना, घबराना, झेपना, लजियाना, लज्जा प्रदर्शन करना, लाज आना, लाज लगना, लाल होना, शरमाना, शर्माना (विकल्प), सकुचाना, सिमटना, सुर्ख़ होना, •सकपकाना.

**लजानिया** = छुईमुई.
**लजालु** = छुईमुई, लजीला/लजीली, स्त्रियोचित.

**लजियाना** = लजाना.
**लज़ीज़** = स्वादिष्ठ.

**लजीला/लजीली** *वि* अप्रतिभ, छुईमुई, झेंपू, मुँहचोर, लजाऊ, लजालु, लज्जावान/लज्जावती, लज्जाशील, लाजवंत/लाजवंती, शर्माऊ, शर्मीला/शर्मीली, *शालीन*, हयादार, •लज्जित, •विनम्र, •संकोची, ▪अहंकारी, ▪धृष्ट, ▪निर्लज्ज.

**लज्ज-** = लज्जा.
**लज़्ज़त** = आहार सुवास, स्वाद.
**लज़्ज़तचशी** = आस्वादन.
**लज़्ज़तदार** = स्वादिष्ठ.
**लज़्ज़तपसंद** = स्वादप्रेमी.
**लज़्ज़तपसंदी** = स्वादप्रेम.
**लज्जा** = छुईमुई, पश्चात्ताप.

**लज्जा** *सं* आँख का पानी, त्रपा, पत, पत पानी, पानी, रितीया, लज-, लज्ज-, लाज, व्रीड़ा, शर्म, शेम, *संकोच*, संभ्रम, सकुचाहट, हया, हिजाब, हैरानी, •घूँघट, •झेंप, •पश्चात्ताप, •हिचक, ▪अंगप्रदर्शन, ▪अश्लीलता, ▪निर्लज्जता.

**लज्जाजनक** = अपमानजनक, अश्लील, घिनौना/घिनौनी, निंदनीय, पापपूर्ण.

**लज्जाजनक** *वि अपमानजनक*, गंदा/गंदी, निंदाजनक, निश्शील, भद्दा/भद्दी, लज्जाप्रद, शर्मनाक, •अनैतिक, •नग्न, •बदनाम, ▪शोभनीय, ▪श्लील.

**लज्जाप्रद** = लज्जाजनक.
**लज्जा प्रदर्शन करना** = लजाना.
**लज्जावान/लज्जावती** = लजीला/लजीली.
**लज्जाशील** = लजीला/लजीली.
**लज्जाहीन** = अश्लील, निर्लज्ज.
**लज्जित** = खेदपूर्ण.

**लज्जित** *वि* अवाक्, आलज्जित, उद्विग्न, खिसियाया/खिसियाई, ज़लील, झिझका/झिझकी, परेशान, बदहवास, शरमिंदा, शर्मगीं, शर्मसार, शर्मिंदा, हैरान, •खेदपूर्ण, •लजीला/लजीली, ▪निर्लज्ज.

**लट** = घुँघराले केश.

**लट** *सं* अलक, अलकपाश, अलकावली, काकुल, कुल्ला, गेसू, चिकुरकलाप, चिकुरपाश, ज़ुल्फ़, *पट्टा*, *पट्टी*, बाल समूह, शिखंड, •केशगुच्छ, •चोटी.

**लटई** *सं* कैसट, *घिरनी*, चकई, चरखा, चरखी, नलिका, परेता, *फिरकी*, बटनी, रील, हुचकी, •परछा, •पेचक.

**लटई पर चढ़ना** = लिपटना.
**लटक** = लटकन, ललरी.
**लटकता/लटकती** = अधरस्थित, झोलदार, साइज़ से बड़ा.
**लटकन** = झूला, परदा, पैंडुलम, बुंदा, लंगर, लटकन छल्ला, ललरी.

**लटकन** *सं* आलंबन, गिरन, झूलन, टँगन, टँगाई, प्रलंबन, लंबन, लटक, लटकाई, लुलन, लोलन, विलंबन, •झालर, •झोल.

**लटकन छल्ला** *सं* अँकुड़ा, अँकुसी, *कंटक*, *कड़ा*, कड़ी, कुंडा, कोंढ़ा, छल्ला, *लटकन*, *हुक*.

**लटकना** = झुकना, बिगड़ना.

**लटकना** *क्रि गिरना*, *झूलना*, टँगना, लुलना, लूलना, •गिरना.

**लटकवाँ थैला** = झोला.
**लटका** = अभिमंत्रण, अभिमंत्रण, कुचाल, जुगत, शोबदा.
**लटकाई** = लटकन.
**लटका खटका** = छल, जुगत.
**लटकाना** = अटकाना.

**लटकाना** *क्रि अटकाना*, *गिराना*, टाँगना, डालना, प्रलंबित करना, •गिराना, •लटकना.

**लटना** = दुबलाना.
**लटपटा/लटपटी** = लस्तपस्त, शिथिलकाय.
**लटपटाऊ** = विचलनकारी.
**लटपटाता/लटपटाती** = लड़खड़ाता/लड़खड़ाती.
**लटपटाना** = चूकना, थकना.

**लटी** = कुलटा.
**लट्टू** = बल्ब, मोहित, हँसता/हँसती.

**लट्टू** *सं* फिरकना लट्टू, भँवरा, भौंरा.

**लट्ठ** = लाठी.
**लट्ठबंद** = लाठीधारी.
**लट्ठबाज़** = लाठीधारी.
**लट्ठबाज़ी** = लट्ठमलट्ठा.

**लट्ठमलट्ठा** *सं* लट्ठबाज़ी, लठैती, लाठालाठी, लाठीबाज़ी, सिर फुटौअल, •धक्कामुक्की, •नखानखी, •फ़ौजदारी, •हाथापाई.

**लट्ठमार** = धृष्ट.
**लट्ठा** = आधार सूची, बँड़ेर, शहतीर.
**लठ** = लाठी.
**लठिया** = लाठी.
**लठैत** = लाठीधारी.
**लठैती** = लट्ठमलट्ठा.
**लड़** = लड़ी.
**लड़कपन** = बचपन.
**लड़का** = कुँवारा, पुत्र.
**लड़का** = वर.

**लड़का** *सं* काका, *किशोर*, कुँअर, कुमार, *खोखा*, छुटका, छोटा, छोरा, ढोटा, नंदन, नौनिहाल, बचवा, बच्चा, बटुक, बाल, बालक, मुंडा, मुन्ना, मुन्नू, लला, *लाल*, लाला, लौंडा, •किशोर, •पुत्र.

**लड़का लड़की** = वरवधू.
**लड़कियों से छेड़छाड़** = ईवटीज़िंग.
**लड़की** = किशोरी, कुँवारी, पुत्री.

**लड़की** *सं* अलका, कन्या, *किशोरी*, कुँवरी, कुमारी, खोखी, *गुड़िया*, गुड्डी, गुड्डो, गौरी, छोकरी, छोटी, छोरी, ढोटी, नंदा, नंदिनी, बच्ची, बाला, बालिका, बिट्टो, बीबी, मुनिया, मुन्नी, लली, लल्ली, लाली, लौंडिया, लौंडी, •किशोरी, •पुत्री, •युवती.

**लड़की वाले** = वधूपक्ष.
**लड़के बाले** = लघुजन, संतान.
**लड़केबाले** = परिवार जन.
**लड़के वाले** = बराती, वरपक्ष.
**लड़खड़** = विचलनशील.
**लड़खड़ाऊ** = विचलनकारी.
**लड़खड़ाता/लड़खड़ाती** = अस्थिर, जर्जर वृद्ध, मदिरोन्मत्त, विचलित.

**लड़खड़ाता/लड़खड़ाती** *वि* असंतुलित, *अस्थिर*, अस्थिरगामी, कच्चा/कच्ची, कमज़ोर, गिरता/गिरती, गिरता पड़ता/गिरती पड़ती, गिरा/गिरी, डगडौर, डगमग, डगमगाता/डगमगाती, डाँवाँडोल, डाँवाडोल, लटपटाता/लटपटाती, स्खलितगति, हिलता/हिलती, •जीर्णशीर्ण, •निर्बल, •मद्यप, •विकलांग.

**लड़खड़ाता नहीं** = स्थिर.
**लड़खड़ाना** = डगमगाना, डरना, भकभकाना, लँगड़ाना.

**लड़खड़ाना** *क्रि* अस्थिर होना, *गिरना*, झूमना, *झूलना*, डगडगाना, *डगमगाना*, डिगना, डुलना, पैर उखड़ना, *फिसलना*, बिछलना, विचलित होना, *हिलना*, •डोलना.

**लड़खड़ाने वाला** = विचलनकारी.
**लड़खड़ाया/लड़खड़ाई** = विचलित.
**लड़खड़ाहट** = मद झूम.

**लड़खड़ाहट** *सं* अस्थिरता, गिरन, डगमगाहट, डाँवाँडोलपन, दोलन, लग़ज़िश, *विचलन*, स्खलन, स्खलित गति, हिलन, •पिनक.

**लड़ता/लड़ती** = अपराजित, एकताहीन.

**लड़ना** *क्रि* गुथना, जूझना, झगड़ना, *टकराना*, टक्कर लेना, भिड़ना, मरना मारना, युद्ध करना, लोहा लेना, संघर्ष करना, सामना करना, •झेलना, ▪भागना.

**लड़बावला/लड़बावली** *वि* अलक लड़ैता, उच्छृंखल, उजड्ड, उद्धत, कल्लादराज़, गुस्ताख़, ज़बानदराज़, टर्रा/टर्री, दुर्ललित, *धृष्ट*, *नटखट*, बदलगाम, बिगड़ा/बिगड़ी, मुँहचढ़ा/मुँहचढ़ी, मुँहज़ोर, मुँहफट, मुँहलगा/मुँहलगी, लड़ाका/लड़ाकी, लाड़ से बिगड़ा, सिरचढ़ा, सीनाज़ोर, •धृष्ट, •लाड़ला/लाड़ली.

**लड़ाई** = कलह, तकरार, प्रतिद्वंद्विता, प्रतियोगिता, मित्रताभंग, युद्ध, विवाद.
**लड़ाई झगड़ा** = एकताहीनता, कलह, तकरार, दंगा.
**लड़ाईझगड़ा** = फ़ौजदारी.
**लड़ाई पर उतारू** = युद्धोत्सुक.
**लड़ाका** = आंदोलनकारी, उग्रवादी, युद्धोत्सुक, योद्धा.
**लड़ाका/लड़ाकी** = कलहप्रिय, लड़बावला/लड़बावली.
**लड़ाकापन** = आतंकवाद.
**लड़ाकू** = उग्रवादी, क्रांतिकारी, तकरारिया, युद्धोत्सुक.
**लड़ाकू जहाज़** = नौसेना पोत.
**लड़ाना** = उलझाना.
**लड़ी** = अतिवर्षा, अनवरत वर्षा, आतिशबाज़ी सूची, पंक्ति, माला, विविधा, सीरीज़.

**लड़ी** *सं* *डोर*, डोरा, *डोरी*, *धागा*, लड़, शृंखला, श्रेणी, सूत्र, सृग, •ज़ंजीर, •बंदनवार, •मनका, •माला, •सेहरा.

**लड़ुआ** = लड्डू.
**लड़ैत** = योद्धा.
**लड़ैता** = योद्धा.
**लड़ैता/लड़ैती** = लाड़ला/लाड़ली.
**लड़ोकना** = तकरारिया.
**लड़ोकना/लड़ोकनी** = कलहप्रिय.
**लड़ोकना/लड़ोकनी** = आक्रामक.
**लड़ोकनी** = तकरारिन.

**लड्डू** *सं* मोदक, लड़ुआ, लाडू.

**लड्याना** = दुलारना.
**लत** = कुटेव.
**लतख़ोरी** = चौखट अधोकाष्ठ, पापोश.
**लतर** = लता.
**लतरी** = खेसारी.
**लतलगाऊ** = कुव्यसनकारक.
**लता** = नेमिमार्ग.

**लता** *सं* पल्लविनी, पल्लवी, पल्ली, प्रतान, बेल, बेलि, रोहंती, लतर,

लतिका, वल्लरी, वल्ली, शिफा, सदारुह, •पल्लव लता, •पुष्प लता, •कुंज, •वृक्ष.

**लताकुंज** = कुंज.
**लतागृह** = कुंज.
**लताड़** = डाँट.
**लताड़ना** = डाँटना.
**लता पता** = शाकशस्य.
**लताफ़त** = सुरुचि.
**लतामंडप** = कुंज.
**लतामणि** = मूँगा.
**लतामृग** = बंदर.
**लतिका** = लता.
**लती** = आदी, कुटेवी, मदव्य आसक्त, मद्यप.
**लतीफ़** = सुंदर.
**लतीफ़मिज़ाज़** = रसप्रेमी.
**लतीफ़ा** = चुटकुला.
**लतीफ़ागोई** = चुटकुलेबाज़ी.
**लत्तर** = चीथड़े, धज्जी.
**लत्ता** = धज्जी, वस्त्र.
**लत्ती** = पदाघात.
**लत्ते** = चीथड़े.
**लथपथ** = गीला/गीली, लस्तपस्त, हुमसदार.
**लथाड़** = कर्षण.
**लथाड़ना** = घसीटना.
**लथेड़** = कर्षण.
**लथेड़ना** = घसीटना.
**लदड़पदड़** = तत्काल, द्रुततः.
**लदना** = फलना, बीतना.
**लदा/लदी** = पुष्पित, प्रेषित, फलयुक्त, भूतकालीन, वर्षद.

**लदाई** *सं* उद्‌भरण, भराई, लदान, *लाद*, लाद फाँद, •वहन, ▪माल उतराई.

**लदाई करना** = लादना.
**लदान** = प्रेषण, लदाई.
**लदानपत्र** = जावकपत्र.
**लदा फँदा/लदी फँदी** = आभूषित, भारी, लस्तपस्त, सज्जित.
**लदा बादल** = वर्षा मेघ.
**लदा माल** = लगेज.
**लदाव** = मेहराब.
**लदुआ** = कुली, भारवाहक.
**लदौनी** = पे लोड, लाद.

**लद्दाख पर्वत माला** = पर्वत सूची भारत उपमहाद्वीप.
**लद्दू** = भारवाहक.
**लद्दूगाड़ी** = भारयान.
**लद्दू जानवर** = भार पशु.
**लद्धड़** = अतत्पर.
**लप** = लचक, लपलपाहट.
**लपक** = कैच.
**लपकता/लपकती** = द्रुत.
**लपकना** = कुलाँचना, झपटना, दौड़ना, पकड़ना.
**लपकी** = कैच.
**लपचकना/लपचकनी** = उठाईगीर.
**लपट** = ज्वाला.
**लपटता/लपटती** = अशाम्य, जलता/जलती.
**लपटना** = झपटना.
**लपटा** = कढ़ी, लपसी, लेई.
**लपन** = लचक.
**लपना** = दबकना, लचकना.
**लपलप** = कौंध, लचक, लपलपाहट, सुड़कन.
**लपलप करना** = लपलपाना, सुड़कना.
**लपलपा/लपलपी** = लचकदार.
**लपलपाता/लपलपाती** = जलता/जलती.
**लपलपाना** = भकभकाना, लचकना.

**लपलपाना** *क्रि* छड़ी आदि ध्वनि करना, लपलप करना, लफलफाना, शटशटाना, सटसटाना, सपसपाना, सौंतना, •कौंधना, •लचकना.

**लपलपाहट** *सं* मचमच, मचमचाहट, लप, लपलप, •चमक, •ज्वाला, •तलवार.

**लपसी** = लेई.

**लपसी** *सं* लपटा, लप्सिका, •खीर, •मिठाई.

**लपूसड़ा** *सं* काँटी, फलवा, फुचड़ा, फुज़ला.

**लपेट** = आलेप, उलझन, पकड़, वेष्टन.

**लपेट** *सं* अंटी, अटहर, अलबेट, गेंड़ली, घूम, घेर, *पेच*, फेंट, बल, मुर्री, *मोड़*, वलय, •कुंडली, •तह, ▪उधड़ाई.

**लपेटना** = ओढ़नी, घेरना, पहनना, लीपना, व्यापना.

**लपेटना** *क्रि* अँटियाना, अंटी बनाना, अटेरना, गोला लच्छा आदि बनाना, *चढ़ाना*, मोड़ना, लिपटाना, वाइंड करना, •तह करना, •रैप करना, ▪उधेड़ना, ▪रील उधेड़ना.

**लपेटा** = प्रहार सीमा.
**लपेटा/लपेटी** = आलेपित.
**लप्सिका** = लपसी.
**लफंगा** = अपराध जगत सदस्य, गुंडा, दुर्जन, लंपट.
**लफंगी** = कुलटा.
**लफड़ा** = खटराग, दंगा.
**लफलफाना** = लपलपाना.
**लफ़्ज़** = आज्ञा, शब्द.
**लफ़्ज़ी** = शब्दार्थिक, शब्दीय.
**लफ़्ज़ी मानी** = अभिधार्थ.
**लफ्फड़** = तमाचा.
**लफ़्फ़ाजी** = वाक्छल, शब्दाडंबर.
**लफ़्फ़ाज़ीदार** = शब्दाडंबरपूर्ण.
**लब** = किनारा, तट, नदी तट, होंठ.
**लबरा/लबरी** = अफ़वाहबाज़, बाँयाँ/बाँईं.
**लबरेज़** = लबालब.
**लबाड़िया** = असत्यवादी.
**लबादा** = गाउन.

**लबादा** *सं* अबा, चोग़ा, दगला, लंबी ढीली पोशाक, लहबर, •ओवरकोट, •गाउन, •बरसाती कोट, •बुरक़ा.

**लबार** = अफ़वाहबाज़.
**लबारिया** = अफ़वाहबाज़, असत्यवादी.

**लबालब** *वि* आपूर, उमड़ता/उमड़ती, ऊपर तक भरा, कगार तक भरा, काकपेय, गिरता/गिरती, छलकता/छलकती, छलछल, छलछलाता/छलछलाती, *झरझर* बहता/बहती, भरपूर, लबरेज़, •भरा/भरी.

**लबे दरिया** = नदी तट.
**लब्ध** = अर्जित, आलब्ध, पुनर्प्राप्त, प्राप्त, लभ्य.
**लब्धकाम** = सफल.
**लब्धकीर्ति** = प्रसिद्ध.
**लब्धनाम** = प्रसिद्ध.

**लब्धनामा** = प्रसिद्ध.
**लब्धप्रतिष्ठ** = प्रसिद्ध.
**लब्ध फल** = भाग फल.
**लब्धांक** = भाग फल.
**लब्धा** = खोजी, प्राप्ता.
**लब्धि** = अनुभव, अर्जन, आविष्कार, इच्छापूर्ति, उपपत्ति, कथा फलागम, दक्षता, परिणाम, प्राप्ति, भाग फल, विजय, सफलता.
**लभ्य** = आदेय.

**लभ्य** *वि* *आलब्ध*, आलभ्य, उपलब्ध, उपलभ्य, तैयार, दस्तयाब, प्राप्य, मयस्सर, मुहैया, मौजूद, लब्ध, हासिल, •सुलभ, ▪अलभ्य.

**लमगोड़** = लमघोड़.

**लमघोड़** *सं* लमगोड़, लमटंगा, स्टिल्ट, •बैसाखी.

**लमटंगा** = लमघोड़.
**लमतड़ंग** = लंबे क़द वाला.
**लमलेट** = लेटा/लेटी.
**लम्हा** = क्षण.
**लम्हाती** = क्षणिक.
**लय** = ताल, नाश, प्रलय, रवानी.

**लय** *सं* *आधार*, आरोहअवरोह क्रम, *गत*, गति, गायन शैली, गीत लय, ट्यून, तर्ज़, *तान*, धुन, *प्रवाह*, बंदिश, बहाव, मैलोडी, रिद्म, सुर, स्वर, स्वरयोजना, •ताल, •रवानी.

**लय छेड़ना** = गाना.
**लयन** = विलयन.
**लयपूर्ण** = काव्यात्मक, प्रवाहशील (भाषा), रवानीदार.

**लयपूर्ण** *वि* आरोहअवरोहपूर्ण, आरोहअवरोहशील, गतिशील, प्रवाहशील, *रवानीदार*, लयात्मक, *सहज*, •संचलनशील, ▪तालहीन.

**लयपूर्णता** = संगीत.
**लयबद्ध** = नियमित.
**लयात्मक** = लयपूर्ण, संगीतमय.
**लरजन** = भयकंप.
**लरजना** = काँपना, डरना.
**लरजाना** = डराना.
**लरज़िश** = कंपन, भयकंप.

**लर्निंग** = शिक्षार्जन.
**लल** = संचलनशील, स्पंदनशील.
**ललक** = उत्साह, लालसा.
**ललकार** = चुनौती.

**ललकारना** *क्रि* अखाड़े में आना, अखाड़े में उतरना, आवाहन करना, ख़म ठोंकना, चुनौती देना, चेलैंज देना, छाती ठोंकना, ताल ठोंकना, *पुकारना*, *बदना*, हँकारना, हुँकारना, ▪भागना, ▪हार मानना.

**ललकारपूर्ण** = चुनौतीपूर्ण.
**ललकी** = कान ललरी.

**ललचना** *क्रि* *चाहना*, ढिसरना, *ढुलकना*, तरसना, *फिसलना*, बिचलना, भरमना, मन चलना, मन डोलना, रीझना, ललसना, लार टपकाना, लालच आना, लुब्ध होना, लुभना, विचलित होना, सपना देखना, हड़कना, •चाहना, •ललचाना.

**ललचाऊ** = प्रलोभनकारी, प्रलोभनकारी.
**ललचाना** = फँसाना.

**ललचाना** *क्रि* आकर्षित करना, इच्छा जगाना, खींचना, *ढुलकाना*, तरसाना, दाना डालना, पटाना, प्रलोभन देना, प्रलोभित करना, बहकाना, *बहलाना*, *बाँधना*, मुँह में पानी लाना, *मोहना*, रिझाना, लालच देना, लुब्ध करना, लुभाना, सब्ज़ बाग़ दिखाना, •आकर्षित करना, •इच्छुक करना, •उकसाना, •फँसाना, •फुसलाना, ▪चाहना.

**ललचाया/ललचाई** = लुब्ध.
**ललचौंहाँ/ललचौंहीं** = लोभी.
**ललछौंहा/ललछौंही** = गुलाबी, लाल.
**ललन** = प्रेमी.
**ललना** = प्रेमिका, स्त्री.
**ललनाप्रिय** = कदंब.
**ललरी** = कान ललरी.

**ललरी** *सं* झलरी, *झालर*, *झोल*, पालि, लंबिका, लटक, *लटकन*, *लव*, लोर, लोलक, लोलकी.

**ललसना** = प्रेम करना, ललचना.
**ललसाना** = मोहना.
**लला** = पुत्र, लड़का.
**ललाई** = लालिमा.
**ललाट** = मस्तक.
**ललाटिका** = तिलक.
**ललाम** = अयाल, गुलाबी, लाल, सुंदर, सुरुचिपूर्ण.
**ललामा** = सुंदर स्त्री.
**ललामी** = लालिमा.
**ललित** = कलात्मक, कामुक, रवानीदार, सुंदर, सुंदर पुरुष, सुरुचिपूर्ण.
**ललित अर्थ अलंकार** = अर्थालंकार.

**ललित कला** *सं* सत्कला.

**ललित निबंध** *सं* कलात्मक निबंध, रम्य लेख, ललित लेख, सुरम्य लेख, •निबंध.

**ललित पद** = शब्दालंकार.
**ललित ललाम** = सुंदर.
**ललित लेख** = ललित निबंध.
**ललित लेखक** = लेखक.
**ललितलोचना** = सुंदर स्त्री.
**ललिता** = दुर्गा, सुंदर स्त्री, सुंदर स्त्री.
**लली** = लड़की.
**ललौहाँ/ललौहीं** = गुलाबी.
**लल्ला** = देवर.
**लल्ला/लल्ली** = लाड़ला/लाड़ली, शिशु.
**लल्ली** = लड़की.
**लल्लू** = अनाड़ी, मूर्ख.
**लल्लो चप्पो** = खुशामद.
**लवंग** = रिवट, लौंग.
**लवंग कलिका** = लौंग.
**लवंग कील** = रिवट.
**लव** = अल्पतम, आसक्ति, कान ललरी, क्षण, खंड, पुट, प्रेम, फ़सल कटाई, ललरी.

**लव** *सं* कुश भाई, राम सीता पुत्र, •कुश, •राम, •सीता.

**लवकुश** *सं* कुशीलव, जानकीसुत, रामायण वाचक, सीता पुत्र, •राम, •वाल्मीकि.

**लवण** = कटाई छँटाई, नमक, षड् स्वाद.
**लवणता** = नमकीनपन.

**लवणरक्षित** = परिरक्षित (आहार).
**लवणसागर** = पौराणिक सप्तसागर.
**लवण स्वाद** = नमकीनपन.
**लवणहीन** = नमकहीन.
**लवणांतक** = नीबू.
**लवणित** = परिरक्षित (आहार).
**लवणिमा** = नमकीनपन.
**लवणोत्तम** = सेंधा नमक.
**लवणोदक** = समुद्र.
**लवनी** = फ़सल कटाई, शरीफ़ा, हँसिया.
**लव भाई** = कुश.
**लवलीन** = प्रेमासक्त.
**लवलैटर** = प्रेमपत्र.

**लव सीट** *सं* दो सीटों वाला सोफ़ा, •सोफ़ा.

**लवा** = खील.
**लवाज़मात** = सज्जा.
**लश** = आब, पालिश.
**लशकर** = सेना.
**लशकरी** = सैनिक.
**लशकारा** = आब, पालिश.
**लश्कर** = थलसेना.
**लश्करी** = सैन्य.
**लस** = गोंद, चेपव्य, लार, वैक्सीन.
**लसदार** = चिपचिपा/चिपचिपी.
**लसना** = चमकना, चिपकाना, निखरना, फबना.
**लसलसा/लसलसी** = चिपचिपा/चिपचिपी.
**लसित** = आबदार.
**लसीला/लसीली** = चिपचिपा/चिपचिपी.
**लसीली** = सुंदर स्त्री.
**लस्त** = शिथिलकाय.
**लस्तपस्त** = थका/थकी.

**लस्तपस्त** *वि* ढीला/ढीली, ढीला ढाला/ढीली ढाली, थका माँदा/थकी माँदी, बोझिल, *भारी*, मट्ठर, मृदुगामी/मृदुगामिनी, लटपटा/लटपटी, लथपथ, लदा फँदा/लदी फँदी, शिथिल, श्लथ, सुस्त, •मंद.

**लस्तपस्त चाल** *सं* अलस गति, कसालत, गिरी पड़ी चाल, ढील, ढीलाढालापन, ढीलापन, ढीली गति, थकी चाल, थकी माँदी चाल, मरतैलियापन, मरी मरी चाल, माँदगी, शिथिल गति, सरकन.

**लस्सान** = वाग्विलासपूर्ण.

**लस्सी** *सं* बिधुरा, विधुरा, •द्रही.

**लहँगा** *सं* घाघरा, *घाट*, चोटिका, पिसवाज, पेशवाज़, •पेटीकोट, •स्कर्ट.

**लहँडा** = गोवृंद, पशुसमूह.
**लहक** = ज्वाला.
**लहकता/लहकती** = अशाम्य, जलता/जलती.
**लहकना** = चमकना, दहकना.
**लहकाना** = खिजाना, भड़काना.
**लहकारना** = दहकाना.
**लहजा** = कंठध्वनि.
**लहना** = आदेय, उठाना.
**लहना पटाना** = चुकाना.
**लहबर** = गाउन, लबादा.
**लहर** = आनंद, ज्वार, झोंका, तरंग, नशा, प्रवाह, भाँग मद, रवानी.

**लहर** *सं* अर्ण, उर्मि, ऊर्मि, ओघ, कल्लोल, जलतरंग, जल लहर, जलांदोलन, झकोरा, झकोला, झाल, *तरंग*, धारा, *बेला*, मौज, लहरी, वीचि, वेला, वेव, हलकोरा, हालरा, हिलकोरा, हिलोर, हिलोरा, हिल्लोल, •कलकल, •जलधारा, •भँवर, •समुद्र लहर.

**लहर आरोहण** = सर्फ़िंग.
**लहर के साथ** = धारा के साथ.
**लहरक्रीड़ा** = सर्फ़िंग.
**लहरदार** = असमतल, लहराता/लहराती, सर्पिल.
**लहर ध्वनि** = कलकल.
**लहरन** = लहराव, स्फुरण.
**लहरना** = फहरना, बहना, हिलना.

**लहरना** *क्रि* *उठना*, उठना गिरना, *उफनना*, उमँगना, उमड़ना, झकोले लेना, ठाटें मारना, तरंगित होना, बिलोलना, मौज मारना, लहराना, लहरें लेना, *हिलना*, •झरना, •बहना, ▪ठहरना.

**लहरनि** = लहराव.
**लहर फन** = लहराग्र.
**लहरहीन** = निश्चल (जल).
**लहरा** = अल्पवर्षा, आरोह अवरोह, झोंका, बारिश.

**लहराग्र** *सं* टकराती लहर, तटवीचि, तट से टकराती लहर, *फेन*, फेनोर्मि, बेलावीचि, भग्नोर्मि, लहर फन.

**लहराता/लहराती** = मोड़दार, लहलहाता/लहलहाती, सर्पिल, हरियल.

**लहराता/लहराती** *वि* अर्णव, अशांत, आरोहअवरोहशील, उच्छल, उछलता/उछलती, उठता गिरता/उठती गिरती, उतरता चढ़ता/उतरती चढ़ती, उत्तरंग, उद्वेलित, उर्मिल, उल्लोल, ऊर्मिल, कंपित, घटता बढ़ता/घटती बढती, *चंचल*, चल, चलता/चलती, तरंगित, तरंगी, बेकल, लहरदार, लहरावदार, लहरिया, लहरिल, लहरी, लहलह, लोलित, विकल, विलोल, वेल्लित, व्याकुल, संचल, *सचल*, हिलता/हिलती, •बहता/बहती, •संचलनशील, ▪कंपनहीन.

**लहराना** = कुलाँचना, छपछपाना, दौड़ना, फहरना, फहराना, लहरना, लहलहाना, हिलाना, हुलसना, हुलसाना.
**लहराव** = गजगति, मद झूम.

**लहराव** *सं* उच्छलन, उठन गिरन, उठान गिराव, *उत्थानपतन*, उद्वेलन, उमड़ाव, तरंग उत्पत्ति, तरंगण, लहरन, लहरनि, लोड़न, विलोड़, विलोलन, वेपन, हाल, हालडोल, हालाडोला, हिलन.

**लहरावदार** = मोड़दार, लहराता/लहराती.
**लहरिया** = कारुगेटिड, लहराता/लहराती, सर्पिल.
**लहरिल** = असमतल, लहराता/लहराती, लहलहाता/लहलहाती, सर्पिल.
**लहरी** = असमतल, मदिरोन्मत्त, लहर,

 (प्रा) प्राचीन शब्द, अब अप्रचलित - *तिरछे* शब्द स्वतंत्र शीर्षक भी हैं •सपर्याय ▪विपर्याय

लहराता/लहराती.
**लहरीदार** = कारुगेटिड.
**लहरें लेना** = लहरना.
**लहलह** = आनंदित, लहराता/लहराती, लहलहाता/लहलहाती, हरियल.
**लहलहा/लहलही** = लहलहाता/लहलहाती.
**लहलहाता/लहलहाती** = आनंदित, पल्लवयुक्त, हरियल.

**लहलहाता/लहलहाती** *वि* फला फूला/फली फूली, फला फूला/फली फूली, फूला फला/फूली फली, फैला/फैली, बढ़ा/बढ़ी, लहराता/लहराती, लहरिल, लहलह, लहलहा/लहलही, लहालोट, *वर्धित*, *विकसित*, विवर्धित, शाखित प्रशाखित, शादाब, संवर्धित, संवृद्ध, सब्ज़, सशस्य, सुविकसित, सुविकसित (वनस्पति), हरा भरा/हरी भरी, हरित, ▪पतझड़ी, ▪मुरझाया/मुरझाई.

**लहलहाना** = पनपना, हुलसना.

**लहलहाना** *क्रि* *खिलना*, *पनपना*, फलना फूलना, फूलना फलना, *फैलना*, *बढ़ना*, लहराना, विकसना, विकसित होना, शस्यपूर्ण होना, सरसना, हरा भरा होना, •उगना, •पनपना, ▪मुरझाना.

**लहसुन** = त्वचाचिह्न, मसाला सूची

**लहसुन** *सं* अरिष्ट, कटुकंद, ग्रंथिमूल, महौषध, म्लेच्छकंद, *रसायन*, •प्याज़, •हींग.

**लहालह** = सुपोषित.
**लहालोट** = आनंदित, मदिरोन्मत्त, मोहित, लहलहाता/लहलहाती, सुपोषित, हँसता/हँसती.
**लहीम शहीम** = बलिष्ठ, महाकाय.
**लहुरा बीर** = यक्ष.
**लहू** = रुधिर.
**लहेरा/लहेरिन** = चुड़िहार.
**लाँक** = खेसारी.

**लाँग** *सं* कक्ष, कक्षापट, कच्छ, कछोटा, काछ, काछनी, •धोती, •पलाव, •साड़ी.

**लांगल** = ताड़, लंगर, लग्गी काँटा, हल.
**लांगलध्वज** = बलराम.
**लांगल रेखा** = हलरेखा.
**लांगल स्थान** = लंगरगाह.
**लांगली** = वारियल वृक्ष.
**लांगूल** = पूँछ.
**लांगूली** = लंगूर.
**लाँघ** = छलाँग.
**लाँघना** = छलाँगना, पिछाड़ना.

**लाँघना** *क्रि* उलाँघना, ऊपर से गुज़रना, *छलाँगना*, झँपना, टापना, डाँकना, फलाँगना, फाँदना.

**लांच** = मोटरबोट.
**लांछन** = आरोप, चिह्न, दाग़, दुर्गुण, निंदा, मिथ्या आरोप, विदूषण.

**लांछन** *सं* अयश, आक्षेप, *आरोप*, कलंक, कलंक, कलुष, कलुष, *कालिख*, *कालिमा*, क्षेप, गर्हा, *गाली*, तोहमत, दंश, *दाग़*, दूषण, दोष, धब्बा, प्रवाद, *बदनामी*, भर्त्सना, लोकापवाद, विगर्हा, *स्याही*, •गाली, •दुर्गुण, •दुष्प्रचार, •मानहानि, ▪प्रतिष्ठा, ▪प्रसिद्धि, ▪श्रेय, ▪सम्मान.

**लांछन तिलक** *सं* कलंक का टीका, काला टीका, *कालिख*, पराजय टीका, बदनामी का धब्बा, राख टीका, •नज़र का टीका, ▪सम्मान तिलक.

**लांछनपूर्ण** = निंदात्मक.
**लांछनहीन** = अनिंदनीय, निष्कलंक.
**लांछित** = अपमानित, अभियुक्त, चिह्नित.

**लांछित** *वि* अंकित, आरोपित, कलंकित, कलंकी, कलमुँहा/कलमुँही, कलुषित, दगहा/दगही, दग़ैल, दाग़दार, दाग़ी, दूषित, *निंदित*, भ्रष्ट/भ्रष्टा, रुसवा, विगर्हित, •निंदित, •बदनाम, •महिमामर्दित, ▪निष्कलंक, ▪प्रशंसित.

**लांजिटूड** = देशांश, देशांश रेखा.
**लांड्री** = धुलाईघर.

**लाँबा/लाँबी** = लंबा/लंबी, लंबे क़द वाला.
**ला** = क़ानून.
**ला-** = रहित.
**लाइकनैस** = सादृश्य.
**लाइट** = प्रकाश, बल्ब, विद्युत ऊर्जा, सादा टाइप.
**लाइट टाइप** = सादा टाइप.
**लाइटनिंग** = मेघविद्युत.
**लाइटर** = अग्नित्र.

**लाइटर** *सं* *अग्नित्र*, प्रज्वलित्र, •अग्नित्र, •माचिस.

**लाइटहाउस** = प्रकाशस्तंभ.
**लाइन** = क्यू, पंक्ति, बिजली तार, रेखा, रेखाचिह्न.
**लाइन 12** = इंच.
**लाइन में लगा** = क्यूबद्ध.
**लाइनोटाइप** = टाइपसैटिंग.
**लाइफ़ पार्टनर** = जीवन सहचर.

**लाइफ़बोट** *सं* गिग, टैंडर, डिंगी, डौंगी, रक्षा नौका, रबर की डौंगी, रिकाब किश्ती, सेवा पोत, •तिरेंदा, •लाइफ़ब्वाय.

**लाइफ़ब्वाय** *सं* ट्यूब, *पीपा*, रक्षाबोया, शन्नाह, •जीवन रक्षक रस्सी, •तिरेंदा, •लाइफ़बोट.

**लाइफ़ साइंस** = जैविकी.
**लाइब्रेरियन** = पुस्तकालय अध्यक्ष.
**लाइम** = नीबू.
**लाइमलाइट** = स्टारडम.
**लाइलाज** = अचिकित्स्य, जीर्ण (रोग).
**लाइलाह इलल्लाह मुहम्मदुर् रसूलल्लाह** = कलमा.
**लाइल्म** = अचेत.
**लाइल्लाह इलल्लाह** = एकेश्वरवाद.
**लाइसैंस** = अनुमति पत्र, पट्टा, पट्टेदारी.

**लाइसैंस** *सं* *अधिकार*, अनुज्ञा, अनुज्ञापत्र, *अनुमति*, *अनुमति पत्र*, कमीशन, छूट, *पेटेंट*, फ्रैंचाइज़, सनद, •एकाधिकार, •पट्टेदारी, •पेटैंट, •फ्रैंचाइज.

**लाइसैंस दाता** = लाइसैंसर.
**लाइसैंसदार** = लाइसैंसी.

**लाइसैंसधारी** = लाइसैंसी.

**लाइसैंसर** *सं* अधिकार दाता, अनुज्ञापक, फ्रैंचाइज़र, लाइसैंस दाता.

**लाइसैंस होल्डर** = लाइसैंसी.

**लाइसैंसी** *सं* अनुमति धारक, फ्रैंचाइज़ी, लाइसैंसदार, लाइसैंसधारी, लाइसैंस होल्डर, •फ्रैंचाइजी.

**लाई** = खील.
**लाईमान** = असत्यवादी, आदर्शहीन, धर्महीन, बेईमान.
**लाईमानी** = बेईमानी.
**लाउंज** = वेटिंग रूम.

**लाउड स्पीकर** *सं* ध्वनि विस्तारक, भोंपा, भोंपू, भौंपू, •माइक्रोफ़ोन.

**ला ऐंड ऑर्डर** = सुशासन.
**लाऔलाद** = निस्संतान.
**लाकड़ी** = लाठी.
**लाक़द्र** = अगुणज्ञ.
**लाक़द्री** = अपमान.
**लाक्षणिक** = पारिभाषिक, प्रतीकात्मक, लक्षणार्थक.
**लाक्षणिक अर्थ** = लक्षणार्थ.
**लाक्षणिक अर्थशक्ति** = लक्षणा शक्ति.
**लाक्षणिकता** = लक्षणा शक्ति.

**लाक्षा** *सं* अलक्त, कृमिजा, चपड़ा, पलाशी, रक्ता, रजनी, लक्क, *लाख*, लाही, लैक्वर, •पालिश, •मुहर, •राल.

**लाक्षा गृह** = कपट रचना.
**लाख** = लाक्षा.

**लाख** *सं* 1,00,000, लक्ष, लक्षक, लख-.

**लाख टके की बात** = गुर, मर्मोक्ति.
**लाख़िराज** = करमुक्त.
**लाखों** = अत्यधिक.
**लाखों में एक** = अनुपम, सुंदर.
**लाग** = आलेप, आसक्ति, ईर्ष्या, प्रेम, लगन, लालसा, वशीकरण, शत्रुता.
**लागडाट** = ईर्ष्या, वैमनस्य, शत्रुता.
**लागत** = मूल्य.

**लागत** *सं* कौस्ट, ख़र्च, पड़ता, मूल व्यय, *मूल्य*, *व्यय*, •उत्पाद, ▪लाभ.

**लागलपेट** = अस्पष्टवादिता.
**लागी** = आसक्ति, प्रेम, लगन, लालसा.
**लागू** = प्रासंगिक, विनियोज्य, वैध
**लाघव** = चुस्ती, दक्षता.
**लाचार** = अक्षम, असहाय, गाय समान, विकल्पहीन, विवश, साधनहीन.
**लाचारगी** = सहयोगहीनता.
**लाचार हो कर** = विवशतः.
**लाचारी** = कुपरिस्थिति.
**लाचारी से** = विवशतः
**लाज** = घूँघट, लज्जा, संकोच.
**लाज आना** = लजाना.
**लाज लगना** = लजाना.
**लाजवंत/लाजवंती** = लजीला/लजीली.
**लाजवंती** = छुईमुई.
**लाजवाब** = अनुपम, उत्तम, निरुत्तर.
**लाजा** = खील, चावल.
**लाजिक** = तर्कशास्त्र.
**लाज़िम** = अपरिहार्य, वैवश्यक
**लाज़िमी** = अत्यावश्यक, अपरिहार्य, अवश्यंभावी, अवैकल्पिक, वैवश्यक.
**लाज़िमी तौर पर** = अवश्यमेव, विवशतः.
**लाजीशियन** = तर्कवेत्ता.
**लाट** = गुजरात, मीनार.
**लाटरी** = अप्रत्याशित लाभ, रैंडम चयन.

**लाटरी** *सं* चांस, ड्रा, तुक्का, निकाल, निकाली, •जैकपॉट.

**लाटरी चयन** = रैंडम चयन.
**लाटरी फ़ंड** = चिट फ़ंड.
**लाटीय** = गुजराती.
**लाठालाठी** = लट्ठमलट्ठा.
**लाठी** = आधार सूची, बैसाखी.

**लाठी** *सं* अवलंब, करवालिका, करवाली, गोजी, दंड, परिघ, रंभा, *लकड़ी*, लकुट, लकुटिया, लकुटी, लगुड, लट्ठ, लठ, लठिया, लाकड़ी, वलंब, सहारा, •गदा, •छड़ी, •बैसाखी.

**लाठीधारी** *सं* डंडाबरदार, डंडैत, दंडधर, दंडपाणि, दंडी, लट्ठबंद, लट्ठबाज़, लठैत, लाठीबरदार, लाठीबाज़, •छड़ीबरदार, •द्वारपाल.

**लाठीबरदार** = लाठीधारी.
**लाठीबाज़** = लाठीधारी.
**लाठीबाज़ी** = लट्ठमलट्ठा.

**लाड़** *सं* चुमकार, चूमचुमकार, दुलराव, दुलार, पुचकार, प्यार, रावचाव, लाड़चाव, लाड़दुलार, लाड़न, लाड़प्यार, लालन, स्नेह, हुलसाव, •वात्सल्य, ▪दुर्लालन.

**लाड़ करना** = दुलारना, सहलाना.
**लाड़चाव** = लाड़.
**लाड़दुलार** = दुर्लालन, लाड़.
**लाड़दुलार करना** = दुलारना.
**लाड़न** = लाड़.
**लाड़ना** = दुलारना.
**लाड़पूर्ण** = वत्सल.
**लाड़प्यार** = दुर्लालन, लाड़.
**लाड़प्यार करना** = दुलारना.

**लाड़ला/लाड़ली** *वि* आँखों का तारा, कलेजे का टुकड़ा, दुलहेटा/दुलहेटी, दुलार, दुलारा/दुलारी, प्यारा/प्यारी, *प्रिय* मनभावना/मनभावनी, लड़ैता/लड़ैती, लल्ला/लल्ली, लाड़ा/लाड़ी, *लाल*, लाला/लाली, स्नेहपात्र, हृद्य, •लड़बावला/लड़बावली, •वत्सल.

**लाड़ से बिगड़ा** = लड़बावला/लड़बावली.
**लाड़ा/लाड़ी** = लाड़ला/लाड़ली.
**लाडू** = लड्डू.
**लात** = पदाघात, पैर.
**लातीनी** = लैटिन भाषा.
**लाद** = पे लोड, लदाई.

**लाद** *सं* उद्भार, *टाँड़ा*, बोझ, बोझा, *भार*, माल, लदौनी, लादी, लोड, •पे लोड, •बैलास्ट, •यान, •लगेज, •वहन.

**लादना** = ठूँसना, भेजना.

**लादना** *क्रि* *चढ़ाना*, *भरना*, माल चढ़ाना, माल लादना, लदाई करना, •ठूँसना, •ढोना, ▪उतारना, ▪रिताना.

**लाद फाँद** = लदाई.

**लादिया** = कुली.
**लादी** = लाद.
**लान** = घास मैदान.
**लानत** = डाँट.
**लानत मलामत** = डाँट.
**लाना** = खोज पाना, पहुँचाना, लेना.

**लाना** *क्रि* लिवाना, ले आना, लेवाना, ●ढोना, ■भेजना, ■ले जाना.

**लाना कर्म** = आनयन.
**लाना ले जाना** = ढोना.
**लाना ले जाना कर्म** = परिवहन.
**लाने वाला** = कूरियर, पत्रवाहक.

**लाने वाला** *सं* आनयन कर्ता, आनेता, आहर्ता, पहुँचाने वाला, प्रणेता, वाही, हारी, ●वाहक.

**लापता** = खोया/खोई, नष्ट.
**लापरवाह** = असावधान, उपेक्षापूर्ण, कर्तव्यच्युत, निश्चिंत, विवेकहीन, विस्मरणशील, समय अपालक.
**लापरवाही** = असत्कार, असावधानी, उपेक्षा, कर्तव्यच्युति, जल्दबाज़ी, दुरुपभोग.
**लाबु** = घिया.
**लाभ** = आय, आरोग्य लाभ, उन्नति, कल्याण, प्राप्ति, बोनस, विजय, सौभाग्य, हित.

**लाभ** *सं* आमदनी, *आलब्धि*, कमाई, *चाँदी*, नफ़ा, *प्राप्ति*, प्रौफ़िट, *फल*, फलोदय, फ़ायदा, बरकत, मुनाफ़ा, वारा, वारा न्यारा, शुभलाभ, ●अप्रत्याशित लाभ, ●आय, ●करांकन, ●बचत, ●मूलधन, ■लागत, ■हानि.

**लाभकर** = अचूक (औषध), कल्याणकारी, लाभप्रद, स्वास्थ्यप्रद.
**लाभकारी** = कल्याणकारी.
**लाभजीवी** = मुनाफ़ाख़ोर.
**लाभपूर्ण** = लाभप्रद.
**लाभप्रद** = अमृतीय, उपयोगी, कल्याणकारी, चिकित्साकारी, धनप्रद, पोषक, सफलताप्रद, सौभाग्यप्रद.

**लाभप्रद** *वि* अच्छा/अच्छी, अर्थद, कमाऊ, *धनप्रद*, *फलप्रद*, फ़ायदेमंद, लाभकर, लाभपूर्ण, ●सार्थक, ●सौभाग्यप्रद, ■लाभहीन, ■हानिप्रद.

**लाभभोक्ता** = दानप्राप्ता, प्राप्ता.
**लाभहानि** = उत्थानपतन, भाग्यचक्र.
**लाभहीन** = अनुपयोगी, निरर्थक, महँगा/महँगी.

**लाभहीन** *वि* अकारत, अकारथ, अनर्थक, अफल, अलाभकर, अलाभप्रद, *अव्यावसायिक*, *निराशाजनक*, ●हानिप्रद, ■लाभप्रद.

**लाभांश** *सं* अंशभाग, डिवीडैंड, *प्राप्ति*, प्राप्य अंश, *फल*, बखरा, भागांश, शेयर पर लाभ, ●आय.

**लाभालाभ** = भाग्यचक्र.
**लाम** = सेना विभाग.
**लामज़हब** = धर्महीन.
**लामबंद** = युद्धसन्नद्ध, सैन्यीकृत.
**लामबंदी** = सैन्यीकरण.

**लामा** *सं* तिब्बती धर्मगुरु, वज्राचार्य, ●अर्हत, ●दलाई लामा, ●पंचेन लामा.

**लामानी** = निरर्थक, निस्सार.
**लामावाद** = पुरोहितवाद.
**लामिसाल** = अनुपम.
**लायक़** = अच्छा/अच्छी, अर्हतासंपन्न, विद्याविद्, सक्षम.
**लायक़ बेटा** = सपूत.
**लायक़ी** = विद्वत्ता.
**लायब्रेरी** = पुस्तकालय.
**लायब्रेरी ऐडिशन** = हार्डकवर पुस्तक.

**लाया/लाई** *वि* आनीत, ऊढ, नीत, परिणीत, प्रणीत, लाया गया, लिवाया/लिवाई, संभृत, समुपागत, ●पहुँचाया/पहुँचाई, ■ले जाया गया.

**लाया गया** = लाया/लाई.

**लार** *सं* मुख स्राव, लस, लाला रस, ●थूक.

**लार टपकाना** = ललचना.
**लारी** = बस.
**लार्ड** = ईश्वर, कुलीन पुरुष, न्यायाधीश, भूस्वामी, सामंत, स्वामी.

**लार्वा** *सं* अर्भक, इल्ली, चिगर, डिंभ, ●अंडा.

**लाल** = पुत्र, प्रसिद्ध व्यक्ति, माणिक, रक्तवर्णीया, लड़का, लाड़ला/लाड़ली, वर्णाली रंग सूची, शिशु.

**लाल** *वि* अनुरक्त, अब्बासी, अरुण, अरुणिम, पाटल, मदिर, रक्त, रक्ताभ, रक्तिम, रत, रतनारा/रतनारी, राता/राती, *रुधिर*, रैड, रोहित, ललछौंहा/ललछौंही, ललाम, लालिम, लोहित, *लौह*, शंगरफ, शोणित, सिंदूरी, सुर्ख़, सुलतानी, ●गुलाबी, ●गेरुआ, ●बैंगनी.

**लाल अंगारा** = क्रुद्ध.
**लाल कमल** = रक्तकमल.
**लाल कुरती (ईस्ट इंडिया कंपनी)** = सैनिक.
**लाल गार्नेट** = गोमेद.
**लालच** = कंजूसी, लोभ.
**लालच आना** = ललचना.
**लाल चकत्ता** = पित्ती.
**लालच देना** = ललचाना.
**लालची** = असंतोषी, इच्छुक, कंजूस, दलबदलू, धनलोलुप, लोभी, स्वार्थी.
**लाल झंडी** = संकट चिह्न.
**लाल टीका** = सम्मान तिलक.

**लालटेन** *सं* लैंटर्न, हरीकेन लैंप, ●लैंप.

**लाल थूक** = पीक.
**लालन** = पालनपोषण, लाड़.
**लालन पालन** = पालनपोषण.
**लाल नमक** = सेंधा नमक.
**लाल परी** = मद्य.
**लाल पानी** = मद्य.
**लाल पीला/लाल पीली** = क्रुद्ध.
**लाल पीला होना** = डाँटना.
**लाल फ़ीता** = खटराग, लाल फ़ीताशाही.

**लाल फ़ीताशाही** *सं* *कर्मकांड*, *खटराग*, तितंबा, दफ़्तरशाही, दफ़्तरी अक्रियता, नियमपालन, पचड़ा, फ़ाइलशाही, फ़ीताशाही,

ब्यूरोक्रेसी, लाल फ़ीता, विधिपालन, विधिविधान, ●विलंब.

**लाल बुझक्कड़** = अटकलबाज़, अल्पज्ञ.
**लाल बुझक्कड़ी** = अतिसहजीकरण, अल्पज्ञान.
**लाल मणि** = माणिक.
**लालमन** = माणिक.
**लाल मिर्च** = मसाला सूची

**लाल मिर्च** *सं* अजड़ा, तीव्रशक्ति, मिरचा, मिरची, लंका मिर्ची, ●मिर्च.

**लालसा** = असंतोष, आतुरता, दोहद, महत्त्वाकांक्षा, लोभ.

**लालसा** *सं* अनुतर्ष, अरमान, आकांक्षा, आरज़ू, ईप्सा, उतावली, उत्कट इच्छा, उमंग, कामना, क्षुधा, चाहत, जुस्तजू, तमन्ना, तलब, तृषा, तृष्णा, दिल की आग, दिल की लगी, दिली ख्वाहिश, दुर्लालसा, *दोहद*, नीयत, पाने की इच्छा, पिपासा, *प्यास*, प्रबल इच्छा, प्राप्तीच्छा, प्रेप्सा, *भूख*, मचलन, *माँग*, रँहचटा, लगी, ललक, लाग, लागी, लिप्सा, *लोभ*, *वासना*, *शौक़*, संतर्ष, सपना, साध, हड़क, हविस, हसरत, हिर्स, होड़का, ●असंतोष, ●आतुरता, ●आसक्ति, ●कुटेव, ●तलाश, ■अनिच्छा, ■तृप्ति, ■संतोष.

**लालसापूर्ण** = वासनापूर्ण.
**लालसापूर्ति** = इच्छापूर्ति.
**लालसाप्रद** = प्रलोभनकारी, प्रलोभनकारी.
**लालसाहीन** = संतोषी.

**लालसाहीन** *वि* अकाम, अनभिलाष, अनभिलाषी, अनिच्छ, अनीह, अभिलाषाहीन, आत्मस्थ, इच्छाहीन, कामनाहीन, जितसंग, निरभिलाष, निराकांक्षी, निरीह, निष्काम, निस्पृह, बेनियाज़, मनोकामनाहीन, रागहीन, लोभहीन, वितृष्ण, वीतराग, संतोषशील, स्वल्पेच्छ, ●अपरिग्रही, ●विरक्त, ●संतोषी, ■असंतोषी, ■इच्छुक.

**लालसित** = इच्छित.
**लालसी** = असंतोषी, इच्छुक, लोभी.
**लाल होना** = लजाना.
**लाला** = थूक, देवर, बनिया, लड़का, वैश्य.
**लाला/लाली** = लाड़ला/लाड़ली, शिशु.
**लालाटिक** = प्रारब्धवादी.
**लालायित** = इच्छुक, लुब्ध, लोभी.
**लाला रस** = लार.
**लालित्य** = सौंदर्य.
**लालित्यपूर्ण** = काव्यात्मक.
**लालिम** = लाल.
**लालिमा** = खिलावट.

**लालिमा** *सं* अरुणिमा, उपराग, ताम्रिमा, रंगत, रक्तिमा, रतनारापन, *राग*, ललाई, ललामी, लाली, लौहित्य, सुर्खी, ●पीतिमा, ●स्वर्णिमा.

**लाली** = नशा, नशा, प्रेमिका, लड़की, लालिमा.
**लालो** = चकवा.
**लाव** = कटाई छँटाई, फ़सल कटाई.
**लावक** = खरीफ़ फ़सल, चरसा थैला, ढहाने वाला.
**लावण्य** = नमकीनपन, सौंदर्य.
**लावण्यमय** = लावण्ययुक्त, सुंदर.

**लावण्ययुक्त** *वि नमकीन*, लावण्यमय, लावण्यवान, लोना/लोनी, सलोना/सलोनी, ●सुंदर.

**लावण्यवती** = सुंदर स्त्री.
**लावण्यवान** = लावण्ययुक्त.
**लावण्या** = ब्राह्मी.
**लाव लश्कर** = असबाब, कर्मचारी दल, सेना.
**लावा** = खील.

**लावा** *सं* ज्वालामुखीय शैल द्रव, पृथ्वी पर बहता ज्वालामुखीय शैल द्रव, प्लावा, भूराल, ●ज्वालामुखी, ●पाषाण.

**लावारिस** = अनाथ, अपालतू, उत्तराधिकारीहीन, निस्संतान, स्वामीहीन.
**लाश** = शव.
**लास** = आनंद, खिलावट, नृत्य, पालिश, प्रकाश, प्रसन्नता, मनोरंजन, हँसी.
**लासन** = नर्तन.
**लासपूर्ण** = बधाई पूर्ण.
**लासानी** = अनुपम.
**लासानुभूति** = सुखभ्रांति.
**लास्ट** = अंतिम.
**लास्य** = नृत्य.
**लाहल** = अचिकित्स्य, असाध्य.
**लाहासिल** = निरर्थक.
**लाही** = खील, लाक्षा, सरसों.
**लाहौरी नमक** = सेंधा नमक.
**लिंगं** = शिवलिंग.
**लिंग** = जननेंद्रिय, पुरुष जननेंद्रिय, शब्द लिंग, शिश्न.
**लिंग देवता** = शिवलिंग.
**लिंगधर** = लक्षणयुक्त.
**लिंग पुराण** = पुराण सूची.
**लिंगभेद** = शब्द लिंग.
**लिंग मूर्ति** = शिवलिंग.
**लिंगवेदी** = अरघा.
**लिंगहीन** = नपुंसक लिंगवाचक.
**लिंगेंद्रिय** = पुरुष जननेंद्रिय, शिश्न.

**लिंटर** *सं* डाट, भरण, लिंटल, ●मेहराब, ●शहतीर.

**लिंटल** = चौखट शीर्ष, लिंटर.
**लिए** = उपलक्ष्य में, कारणतः.

**लिए** *क्रिवि* -अर्थ (जैसेः क्रयार्थ), अर्थे, इस लिए, *उपलक्ष्य में*, कृते, *नाम*, निहोरे, प्रति, प्रयोजन से, वास्ते, ●उद्देश्य से, ●कारणतः, ●क्योंकि, ■क्यों.

**लिक़र** = क़हवा.
**लिखत** = दस्तावेज, लिखापढ़ी, लिखित.
**लिखत पढ़त** = लिखापढ़ी.
**लिखन** = लेखन.
**लिखना** = उकेरना.

**लिखना** *क्रि* क़लमकार होना, रचना, रचना करना, लेखक होना, लेखन करना, विरचना, साहित्य कर्मी होना, साहित्यकार होना, साहित्य लिखना, ●चिह्न करना, ■उच्चारना, ■साहित्य चोरी करना.

**लिखना पढ़ना** = पढ़ना लिखना.
**लिखनी** = अवश्यंभावना, प्रारब्ध.

**लिखने की मेज़** = रीडिंग टेबल.
**लिखने वाला** = प्रारब्ध विधाता.
**लिखा** = प्रारब्ध लेख.
**लिखा/लिखी** = प्रारब्धाधीन, लिखित, लिखित (साहित्य).
**लिखाई** = लिपि, लेखन.
**लिखाई पढ़ाई** = शिक्षार्जन.
**लिखापढ़ी** = पत्रव्यवहार.

**लिखापढ़ी** *सं* क़लमबंदी, काग़ज़ी कारवाई, ख़ानापूरी, चिट्ठी पत्री, दस्तावेज़ लेखन, लिखत, लिखत पढ़त, •लेखन.

**लिखावट** = लिपि.
**लिखित** = उत्कीर्ण, चित्रित, दस्तावेज़ित, लिखित (साहित्य).

**लिखित** *वि* अंकित, आलिखित, *उत्कीर्ण*, क़लमबंद, *काग़ज़ी*, तहरीरी, दर्ज, नक़्श, पक्का/पक्की, *प्रविष्ट*, प्रविष्टित, लिखत, लिखा/लिखी, लिपिकृत, लिपिबद्ध, लिप्यंकित, •कुलिखित, •सुलिखित, •टाइप्ड, •दस्तावेज़ित, •लिप्यंतरित, •हस्तलिखित, ▪कथित, ▪मौखिक.

**लिखित (साहित्य)** *वि अभिव्यक्त*, उपन्यस्त, *कथित*, क़लमबंद, *काग़ज़ी*, *कृत*, निबद्ध, प्रकटित, *प्रकाशित*, प्रणीत, मकतूब, *रचित*, लिखा/लिखी, *लिखित*, विरचित, व्यक्त, शब्दित, •अभिव्यक्त, •रचित, ▪कथित.

**लिखित मुद्रित अक्षरपाठक** = औप्टिकल कैरेक्टर रीडर.
**लिखित लेख** = दस्तावेज, लेख.
**लिखित संदेश** = पत्र.
**लिखेरा** = चित्रकार.
**लिज़लिज़ा/लिज़लिज़ी** = गिलगिला/गिलगिली, घिनौना/घिनौनी.
**लिटर** = लीटर.
**लिटाना** = टिकाना, हराना.

**लिटाना** *क्रि उतारना*, *गिराना*, लंबायमान करना, लेटाना.

**लिट्टी** = बाटी, लोई.
**लिड** = ढक्कन.

**लिपटन** = आलिंगन.

**लिपटना** *क्रि चढ़ना*, लटई पर चढ़ना, वाइंड होना, ▪खुलना.

**लिपटा/लिपटी** = आलेपित.
**लिपटाई** = आलेपन, वेष्टन.
**लिपटाना** = लपेटना, लीपना.
**लिपा/लिपी** = आलेपित.
**लिपाई** = आलेपन, लिपाई पुताई.

**लिपाई पुताई** *सं आलेपन*, गारा लिपाई, गोबर मिट्टी लिपाई, गोबर लिपाई, पुताई, पोचार, लिपाई, लीप, *लेप*, विलेप, •स्वच्छन.

**लिपा पुता/लिपी पुती** = आलेपित, स्वच्छ.
**लिपि** = पांडुलिपि.

**लिपि** *सं* अक्षर विन्यास, अक्षरांग, लिखाई, लिखावट, *लेख*, लेखन विधि, स्क्रिप्ट, •अंध लिपि, •अक्षर लिपि, •उच्चारण लिपि, •चित्रलिपि, •भाषा, •वर्णमाला, •भारतीय लिपि सूची.

**लिपिक** = क्लर्क, लिपिकार.
**लिपिकर्म** = लेखन.
**लिपिकार** = निजी सचिव, लेखापाल, सुलेखक.

**लिपिकार** *सं* कातिब, *क्लर्क*, चिटनवीस, नवीस, बाबू, मुंशी, मुहर्रिर, लिपिक, लिपिबद्धक, लिपिबद्ध कर्ता, *लेखक*, •क्लर्क, •प्रतिलिपिक, •सुलेखक.

**लिपिकृत** = लिखित.
**लिपिज्ञान** = साक्षरता.
**लिपित** = संगीतबद्ध.
**लिपिन्यास** = लेखन.
**लिपिपटल** = तख़्ती.
**लिपिबद्ध** = लिखित.
**लिपिबद्धक** = लिपिकार.
**लिपिबद्ध कर्ता** = लिपिकार.
**लिपिबद्धन** = लेखन.
**लिप्त** = आलेपित, आसक्त, तल्लीन, प्रेमासक्त, व्यस्त, संसिक्त.
**लिप्यंकन** = लेखन.

**लिप्यंकित** = लिखित.
**लिप्सा** = जिजीविषा, लालसा, लूटपाट, लोभ, विलासिता.
**लिप्सापूर्ण** = स्वार्थपूर्ण.
**लिप्सित** = इच्छित.
**लिप्सु** = विलासप्रिय.
**लिफ़ाफ़ा** = दिखावा.

**लिफ़ाफ़ा** *सं* ऐनवलप, कवर, काग़ज़ थैला, ख़ोल, परिवेष्टन, पेपर बैग, •एअर बैग, •थैला, •पता, •पत्र.

**लिफ़ाफ़िया** = पाखंडपूर्ण, भंगुर.

**लिफ़्ट** *सं* आरोहणी, *ऐलिवेटर*, छींका, *पिंजरा*, प्रोत्थापक, •ऐलिवेटर, •ज़ीना.

**लिफ़्टिंग** = उठाई.
**लिबड़ी** = परिधान.
**लिबलिबी** = बंदूक़ घोड़ा.
**लिबास** = परिधान, वेश.
**लिबासख़ाना** = ड्रैसिंगरूम.

**लिमिटेड कंपनी** *सं* इनकार्पोरेशन, कार्पोरेशन, निगम, मर्यादित कंपनी, सीमित देयता कंपनी, •निजी कंपनी, •प्राइवेट लिमिटेड कंपनी, •साझेदारी कंपनी.

**लिया** = जमा प्रविष्टि.
**लिया/ली** = अधीनित, दत्तक.

**लिया/ली** *वि* अधिगत, अभिगृहीत, आदत्त, *आलब्ध*, कलित, गृहीत, ग्रहीत (विकल्प), नीत, परिगृहीत, *प्राप्त*, संगृहीत, संभृत, संलब्ध, समादत्त, •प्राप्त, ▪चुकता, ▪प्रदत्त.

**लियाक़त** = अर्हता, क्षमता, दक्षता, योग्यता.
**लियाक़ती** = प्रतिभाशाली.
**लिलहार** = गुदाई कर्मी, लीलाधर.
**लिलार** = गुदाई कर्मी, गुदाई कर्मी, गुदाई कृति, मस्तक, लीलाधर.
**लिलारी** = रँगरेज़.
**लिली** = नरगिस.
**लिवर** = जिगर.
**लिवाई** = आनयन.
**लिवाना** = लाना.
**लिवाया/लिवाई** = लाया/लाई.

**लिवाल** = प्राप्ता.
**लिवालिया** = प्राप्ता.
**लिवाली** = ख़रीद.
**लिवाली निकाली** = सौदागरी.
**लिवाली बिकवाली** = सौदागरी.
**लिवैया** = ख़रीदार.
**लिसना** = चिपकना.
**लिसा/लिसी** = आलेपित.
**लिस्ट** = सूची.
**लिस्ट क्रम** = संख्याक्रम.
**लिहाज** = आदर.
**लिहाज़** = मूल्य कटौती, मोहलत, संकोच, सत्कार.
**लिहाज़ा** = इस लिए.

**लिहाफ़** *सं* तुलाई, दुलाई, निहाली, बालापोश, मिरजई, रज़ाई, सौड़, •कंबल.

**लीएन** = पट्टेदारी.
**लीक** = नेमिमार्ग, पगडंडी, परंपरा, पिटा पिटाया रास्ता, रूटीन, रेखा, रेखाचिह्न.
**लीकातिगमन** = प्रयोग.
**लीख** = नेमिमार्ग.
**लीग** = राजनीतिक दल, संस्था.
**लीचड़** = आलसी, चिपचिपा/चिपचिपी.
**लीची** = फल.
**लीज़** = पट्टा, पट्टेदारी.
**लीज़होल्ड** = पट्टेदारी.
**लीज़होल्डर** = पट्टेदार.
**लीज़ होल्डिंग** = पट्टेदारी.
**लीजैंड** = मिथक.
**लीझी** = खली, फोक.

**लीटर** *सं* आयतन माप एकक, तरल माप एकक, लिटर.

**लीटर .001** = मिलिलीटर.
**लीटर .01** = सैंटीलीटर.
**लीटर .1** = डैसीलीटर.
**लीटर 10** = डेकालीटर.
**लीटर 100** = किलोलीटर.
**लीटर 3.7854** = गैलन.
**लीटर दशमांश** = डैसीलीटर.
**लीटर शतांश** = सैंटीलीटर.
**लीटर सहस्रांश** = मिलिलीटर.
**लीडर** = आंदोलनकारी, नेता, राजनेता, संपादकीय लेख.
**लीडरी** = नेतृत्व.
**लीथीयम** = रासायनिक तत्त्व सूची.
**लीद** = गोबर/मींगनी.
**लीन** = अंतर्धान, डूबा/डूबी, तल्लीन, प्रेमासक्त, मिश्रित, व्यस्त, व्यस्त, संसिक्त.
**लीप** = आलेप, आलेपन, छलाँग, लिपाई पुताई.

**लीप ईयर** *सं* 29 फ़रवरी वाला वर्ष, अधिवर्ष, दिन 366, फ़रवरी 29 वाला वर्ष.

**लीपना** = रँगना.

**लीपना** *क्रि* आरंजित करना, आलेप करना, आलेपन करना, आलेपित करना, *चढ़ाना*, चपेटना, *चिपकाना*, पुचारना, पोतना, *रँगना*, *लपेटना*, लिपटाना, लेपना, सानना, •चुपड़ना.

**लीपर** = कुष्ठ रोगी.
**लीफ़लैट** = हैंडबिल.
**लीबड़** = आँख मैल, दलदली.
**लीबर** = कीचड़, कीचड़दार.
**लीब्रा** = तुला राशि.
**लीमू** = नीबू.
**लीर** = धज्जी.
**लीरा** = धज्जी.
**लीरा (इटली)** = सिक्का सूची
**लीरे उड़ाना** = चिथाड़ना.
**लील जाना** = भकोसना.
**लीलना** = भकोसना.

**लीलना** *क्रि* *उड़ाना*, उदरस्थ करना, कवलित करना, खा जाना, खा डालना, *खाना*, गड़पना, गपकना, चर जाना, चाट जाना, सपोट जाना, साफ़ कर जाना, हड़प जाना, हाथ मारना, हाथ साफ़ करना, •निगलना, •भकोसना, •हड़पना.

**लीला** = अभिनय, आनंदक्रीड़ा, करतब, खेल, गुदाई कृति, जीवनी, रामलीला.

**लीला** *सं* *कला*, केलि, क्रीड़ा, *खेल*, चरित, *चरित्र*, देवता कृत्य, दैवी कृत्य, *माया*, हेला, •कारनामा, •रासलीला, •शरारत.

**लीला कर्ता** = लीलाधर.
**लीला कलह** = प्रणय कोप.
**लीलाधर** = कृष्ण.

**लीलाधर** *सं* क्रीड़ाकर, *मायावी*, लिलहार, लिलार, लीला कर्ता, लीलाहर, •कृष्ण.

**लीला पुरुष** = कृष्ण.
**लीलाभूमि** = मनोरंजन स्थान.
**लीलावापी** = तरण ताल.
**लीलास्थली** = इहलोक.
**लीलाहर** = लीलाधर.
**लीलोद्यान** = क्रीड़ा उपवन.

**लीवर** *सं* काँड़ी, *खंती*, गदाल, गदाली, छड़, *छड़ी*, झब्बल, डंडी, धंधार, भारशंकु, सँगरा, सब्बल, साँग, सेंगरा, •खंती, •जैक.

**लुंगी** *सं* तहबंद, तहमद, सारंग, •धोती, •पाजामा.

**लुंचन** = उखड़ाई, उन्मूलन, नुँचाई.
**लुंचित करना** = नोचना.
**लुंचित होना** = नुँचना.
**लुंज** = पल्लवहीन, लँगड़ा लूला/लँगड़ी लूली, विकलांग.
**लुंजपुंज** = लँगड़ा लूला/लँगड़ी लूली.
**लुंजा/लुंजी** = पल्लवहीन, लँगड़ा लूला/लँगड़ी लूली.
**लुंटन** = चोरी.
**लुंठक** = लुटेरा.
**लुंठन** = ग़बन, चोरी.
**लुंठाक** = लुटेरा.
**लुंड मुंड** = रुंड.
**लुंबिनी** = पौराणिक वन उपवन.
**लुआब** = गोंद, निर्यास, निष्कर्ष.
**लुआर** = लू.
**लुक** = अंगारा, ज्वाला.
**लुकन** = तिरोभाव.
**लुकन छिपन** = लुकाछिपी.
**लुकना** = छिपना.
**लुक़मा** = ग्रास.
**लुक़मान** = हकीम.
**लुका/लुकी** = अंतर्धान.

**लुकाछिपी** *सं* आँखमिचौनी, आत्मगोपन, ग़च्चा, *गोपन*, चकमा, छिपन, झाँसा, टाल, दमबुत्ता,

नज़र बचाई, बचन, लुकन छिपन, लुपन, विलुपन, स्वगोपन, •छल, •तिरोभाव.

**लुकाना** = छिपाना.
**लुकाव** = गोपन.
**लुग़त** = भाषा.
**लुगाई** = स्त्री.
**लुग़ात** = शब्दावली.
**लुच्चई** = गुंडागर्दी.
**लुच्चा** = अपराध जगत सदस्य, गुंडा, ठग, दुर्जन, लंपट.
**लुच्चा/लुच्ची** = दुर्जनतापूर्ण.
**लुच्चापन** = गुंडागर्दी.
**लुच्चा लफ़ंगा** = गुंडा.
**लुटंत** = चोरी माल.
**लुटाई** = अपव्यय, मुनाफ़ाख़ोरी, लूट.
**लुटाई करना** = लूटना.
**लुटाऊ** = अपव्ययी.
**लुटेरा** = अपराध जगत सदस्य.

**लुटेरा** *सं अपहर्ता*, *चोर*, *ठग*, लुंठक, लुंठाक, लूटने वाला, लूटू, स्तेन, हर्ता, होडा, •डाकू, •नक़ाबपोश, •ब्लैकमेलर.

**लुड़काना** = लुढ़काना.
**लुड़ना** = लुढ़कना.
**लुड़ाना** = लुढ़काना.

**लुढ़कना** *क्रि गिरना*, डिगना, *ढलना*, पलटना, रुलना, लुड़ना, लुढ़कना पुड़कना, लुढ़की खाना, लोटना, *लौटना*, हंडना, •फिसलना, ▪सँभलना.

**लुढ़कना पुड़कना** = लुढ़कना.
**लुढ़कनी** = कलाबाज़ी.

**लुढ़काना** *क्रि गिराना*, ढकेलना, लुड़काना, लुड़ाना, लुढ़ाना.

**लुढ़की खाना** = लुढ़कना.
**लुढ़ाना** = लुढ़काना.
**लुत्फ़** = आनंद, आहार सुवास, चटखारा, मनोरंजन, स्वाद.
**लुनाई** = नमकीनपन, फ़सल कटाई, सौंदर्य.
**लुनाईदार** = सुंदर.
**लुनेरा/लुनेरी** = फ़सल काटने वाला.
**लुपन** = तिरोभाव, लुकाछिपी.
**लुपना** = छिपना.
**लुपलुपाना** = भकभकाना.
**लुप्त** = अंतर्धान, अदृश्य, अप्रचलित, अलभ्य, अस्तगत, खोया/खोई, नष्ट.
**लुप्तता** = विलब्धि.
**लुप्तप्राय** = ह्रासशील.
**लुप्त होना** = उजड़ना, गुमना.
**लुप्ति** = तिरोभाव, नाश, विलब्धि.
**लुब्ध** = आसक्त, प्रेमासक्त, मोहित.

**लुब्ध** *वि आकर्षित*, आलुब्ध, उन्मुग्ध, चलायमान, प्रलुब्ध, प्रलोभित, फिसला/फिसली, मुग्ध, *मोहित*, ललचाया/ललचाई, लालायित, लुभा/लुभी, लोभित, सम्मुग्ध, सम्मोहति, •आसक्त, •लोभी, •वशीकृत, ▪विरक्त, ▪संतोषी.

**लुब्धक** = जमाख़ोर, प्रलोभनकारी, बहेलिया, मोहक.
**लुब्ध करना** = रुचना, ललचाना.
**लुब्ध होना** = ललचना.
**लुब्बे लुआब** = सार संक्षेप.
**लुभना** = ललचना.
**लुभा/लुभी** = लुब्ध.
**लुभाऊ** = आकर्षक, प्रलोभनकारी, मोहक.
**लुभाना** = चकराना, चपराना, फँसाना, फुसलाना, मोहना, रुचना, ललचाना.

**लुभाव** *सं* अतिरिक्त माल, आकर्षक अतिरिक्त माल, *आकर्षण*, *आकर्षण*, *उपहार*, ग्राहक अतिरिक्त माल, घलुआ, घाल, चुग्गा, भेंट, माले मुफ़्त, मुफ्त उपहार, मुफ़्त का माल, व्याजी, •निश्शुल्क, •प्रलोभन, •मूल्य कटौती.

**लुभावना** = मोहक, सुंदर.
**लुभावना/लुभावनी** = आकर्षक, प्रलोभनकारी, लोकलुभावन, स्वादिष्ठ.
**लुभावनी** = सुंदर स्त्री.
**लुरका** = बुंदा.
**लुरकी** = बुंदा.
**लुलन** = लटकन.
**लुलना** = झूलना, लटकना.
**लुलाना** = झुलाना.
**लुहार** = लोहार.
**लू** = उष्माघात.

**लू** *सं* गरम हवा, धौंका, लुआर, लूहर, •ग्रीष्म लहर, ▪बयार, ▪मलयानिल, ▪मानसून, ▪हिमवात.

**लूकना** = सुलगाना.
**लूका** = अंगारा, चिंगारी.
**लूगड़** = ओढ़नी.
**लूट** = चोरी माल, छीन, बटमारी, मुनाफ़ाख़ोरी, युद्धधन, लूटपाट.

**लूट** *सं* अपवंचन, *अपहरण*, अभिहार (प्रा), आलुंठन, क़ज़्ज़ाकी, छिनाई, बलाद्ग्रहण, लुटाई, हरण, •चोरी, •छीन, •बटमारी, •लूटपाट.

**लूटखसोट** = आपाधापी, लूटपाट.
**लूटना** = चुराना, ठगना.

**लूटना** *क्रि उधेड़ना*, ख़ाली करना, नंगा करना, पगड़ी उतारना, लुटाई करना, सब कुछ लेना, हरना, •चुराना, •छीनना, •झटकना, •ठगना.

**लूटने वाला** = लुटेरा.

**लूटपाट** *सं आपाधापी*, छीनाखसोटी, छीनाझपटी, ज़बरदस्ती, ज़ोरज़बरदस्ती, जोराजोरी, धींगाधाँगी, धींगामुस्ती, नोचखसोट, लिप्सा, *लूट*, लूटखसोट, लूटमार, •अराजकता, •जनसंहार, •डकैती, •बटमारी.

**लूटमार** = जनसंहार, दंगा, लूटपाट.
**लूट माल** = चोरी माल, युद्धधन.
**लूटू** = बटमार, मुनाफ़ाख़ोर, लुटेरा, लोभी.
**लूता** = चींटी, मकड़ी.
**लूताजाल** = मकड़जाल.
**लूता तंतु** = मकड़ी धागा.
**लूतात** = चींटा.
**लूतिका** = मकड़ी.
**लूतीशीयम** = रासायनिक तत्त्व सूची.
**लूथरन** = प्रोटैस्टैंट मतावलंबी.
**लूथरवाद** = प्रोटैस्टैंट मत.
**लूथरवादी** = प्रोटैस्टैंट मतावलंबी.
**लूना/लूनी** = नमकीन.
**लूप** = फंदा.
**लूमड़ी** = लोमड़ी.
**लूलना** = लटकना.

**लूला** = लूला/लूली.
**लूला/लूली** = लँगड़ा लूला/लँगड़ी लूली.

**लूला/लूली** *वि* अबाहु, टुंटा/टुंटी, ठंठ, ठूँठा/ठूँठी, बाहुहीन, बेहाथ, भुजाहीन, लूला, हस्तहीन, ●लँगड़ा, ●विकलांग.

**लूलू** = अनाड़ी, आलसी, उपहास पात्र, नौसिखिया, मंदधी, मूर्ख.
**लूशाई पहाड़ियाँ** = पर्वत सूची भारत उपमहाद्वीप.
**लूसीतानिया** = पुर्तगाल.
**लूसीफ़र** = शैतान.
**लूहर** = लू.
**लेंड़ी** = विष्ठा.
**लेआउट** = डिस्प्ले, पृष्ठसज्जा.
**ले आना** = लाना.

**लेई** *सं* लपटा, *लपसी*, ●गोंद.

**लेक** = झील.
**लेकिन** = किंतु.
**लेकिन वेकिन** = किंतु परंतु, बहानेबाज़ी.
**लेख** = निबंध, पाठ, लिपि.

**लेख** *सं* आलेख, *निबंध*, पेपर, मज़मून, रचना, लिखित लेख, ●गद्य.

**लेखक** = याचिका लेखक, लिपिकार.

**लेखक** *सं* अक्षरजीवी, अदबकार, अदीब, क़लमकार, क़लम का सिपाही, क़लमजीवी, प्रणेता, मसिजीवी, रचेता, ललित लेखक, लेखोपजीवी, विरचेता, शब्दकार, सर्जक, साहित्य कर्मी, साहित्यकार, साहित्यजीवी, साहित्य नौकर, साहित्य लेखक, *स्रष्टा*, ●कवि, ●पत्रकार, ●पुस्तक, ●साहित्य, ●स्रष्टा, ■अनुवादक, ■समीक्षक.

**लेखकहीन** = नामहीन (रचना).
**लेखक होना** = लिखना.
**लेख तालिका** = विषय सूची.
**लेखन** = उत्कीर्णन, चिह्नन, भूर्जवृक्ष, साहित्य सृजन.

**लेखन** *सं* अंकन, आलेखन, क़लमबंदी, तहरीर, लिखन, लिखाई, लिपिकर्म, लिपिन्यास, लिपिबद्धन, लिप्यंकन, ●दस्तावेज, ●लिखापढ़ी, ■उच्चारण, ■पठन.

**लेखन उपस्कर** = स्टेशनरी.
**लेखन करना** = लिखना.
**लेखन कर्म** = साहित्य सृजन.
**लेखन पैड** = काग़ज़ पैड.
**लेखन विधि** = लिपि.
**लेखन सामग्री** = स्टेशनरी.
**लेखनहार** = प्रारब्ध विधाता.
**लेखनहारा** = प्रारब्ध विधाता.
**लेखनी** = क़लम, तूलिका, पंख डंडी, पैंसिल.
**लेखपत्र** = पत्र.
**लेखपाल** = पटवारी, लेखापाल.
**लेख सूची** = विषय सूची.
**लेखांकन** = उत्कीर्णन.
**लेखांकित** = उत्कीर्ण.
**लेखांत सामग्री** = फ़िलर.
**लेखा** = आकलन, बजट, रेखा, रेखाचिह्न.

**लेखा** *सं* अकाउंट, खाता, चिट्ठा, तहरीर, *ब्योरा*, *रिकार्ड*, लेनदेन विवरण, लेना देना, विवरण, हिसाब, हिसाब किताब, ●उधार लेखा, ●नक़द लेखा, ●परीक्षित लेखा, ●पूंजी लेखा, ●बिक्री लेखा, ●लागत लेखा, ●लाभ हानि लेखा, ●व्यय लेखा, ●लेखापरीक्षा.

**लेखाकर्मी** = लेखापाल.
**लेखागार** = अभिलेखागार.

**लेखाचिट्ठा** *सं* खर्रा, ख़सरा, चिट्ठा, जोखा, लेखाजोखा, लेखापत्र, विवरण, स्टेटमैंट आफ़ अकाउंट, हिसाब किताब, ●जावक पत्र, ●बिक्री बिल, ●रसीद.

**लेखाजोखा** = बजट, लेखाचिट्ठा.
**लेखापत्र** = लेखाचिट्ठा.

**लेखा परीक्षक** *सं* अंकेक्षक, आडिटर, खाता परीक्षक, बदरनवीस, ●चार्टर्ड अकाउंटैंट, ●लेखापाल.

**लेखापाल** = पटवारी.

**लेखापाल** *सं* अकाउनटैंट, *क्लर्क*, *दीवान*, मुंशी, मुनीम, *लिपिकार*, लेखपाल, लेखाकर्मी, हिसाबदार, हिसाबी, ●लेखा परीक्षक.

**लेखा पुस्तक** = बहीखाता.

**लेखा प्रविष्टि** *सं* अंतर्भूति, इंदराज, ऐंट्री, ख़ानापूरी, *टीप*, दर्ज, प्रविष्टि, *रिकार्ड*, ●घटा प्रविष्टि, ●जमा प्रविष्टि.

**लेखा बही** = बहीखाता.
**लेखा शीर्षक** = लेखाशीर्षक.

**लेखाशीर्षक** *सं* अकाउंट, खाता, खाता नाम, मद, मद्द, लेखा शीर्षक, सिरनामा, हिसाब, हैड.

**लेखी** = उत्कीर्णक.
**लेखोपजीवी** = लेखक.
**लेख्यपत्र** = पत्र.
**लेज़र डिस्क** = कंपैक्ट डिस्क.
**लेट** = शयन.
**लेटन** = शयन.
**लेटना** = झुकना, सोना.

**लेटना** *क्रि* डलना, पड़ना, पसरना, पौड़ना, *फैलना*, बिछना, लंबायमान होना, लोटना, लोट मारना, ●सोना, ■खड़ा होना, ■जागना, ■बैठना.

**लेटना कर्म** = शयन.
**लेट लतीफ़** = समय अपालक.
**लेटा/लेटी** = आधारित, सुप्त.

**लेटा/लेटी** *वि* अनुप्रस्थ, *चित*, *पट*, पड़ा/पड़ी, पसरा/पसरी, फैला/फैली, लंब, लंबलेट, लंबा/लंबी, लंबायमान, लमलेट, शयित, ●अनुक्षितिज, ●गुडीमुडी, ●धराशायी, ●भूमिशायी, ●सुप्त, ■उठा/उठी, ■खड़ा/खड़ी.

**लेटाना** = लिटाना.
**लेटैक्स** = रबड़, वृक्ष दूध.
**लेडी** = अँगरेज स्त्री, कुलीन स्त्री, स्त्री.
**लेडी निकोटीन** = तंबाकू.
**लेथ** = ख़राद.
**लेन** = आदान, गली.
**लेनदार** = ऋण प्रदाता.
**लेनदेन** = आदानप्रदान, आपसदारी,

नेग, वस्तु विनिमय, व्यापार.
**लेनदेन कोठी** = बैंक.
**लेनदेनपूर्ण** = आदानप्रदानपूर्ण.
**लेनदेन विवरण** = लेखा.
**लेनदेन व्यापार** = ऋण व्यवसाय.
**लेना** = अपनाना, आदेय, उगाहना, ख़रीदना, खाना, पकड़ना, पीना, सँभालना.

**लेना** *क्रि* *उठाना*, गहना, *गिनना*, ग्रहण करना, *थामना*, *पकड़ना*, प्राप्त करना, *लाना*, *सँभालना*, हासिल करना, •उगाहना, •छीनना, •पाना, ▪देना, ▪भेजना, ▪सौंपना.

**लेना देना** = आदानप्रदान, आपसदारी, लेखा.
**लेनिनवाद** = साम्यवाद.
**लेने वाला** = उपभोक्ता, ख़रीदार, प्राप्ता.
**लेप** = अंगराग, आलेप, पपड़ी, पलस्तर, पुलटिस, मरहम, लिपाई पुताई, सुगंध लेप.

**लेप** *सं* अवलेप, *आलेप*, कषाय, *क्रीम*, जैली, लोशन, संलेप, •अंगराग, •मरहम.

**लेपड़ा** = पपड़ी.
**लेपन** = आलेपन.
**लेपना** = चुपड़ना, लीपना.
**लेपल** = कालर.
**लेपी** = आरंजन कर्मी.
**लेप्य** = नम्य, साँचा.

**लेबनान** *सं* शाम, साम.

**लेबर** = प्रसव, श्रम.
**लेबरर** = श्रमिक.
**लेबरा/लेबरी** = बयँहत्था/बयँहत्थी.
**लेबल** = नाम, प्रतीक.

**लेबल** *सं* चिप्पी, *चिह्न*, टैग, निशान, स्टिकर, •चिह्न, •टोकन, •प्रतीक.

**लेबलिंग** = चिह्नन.
**लेय** = सिंह, सिंह राशि.
**लेवड़ा** = पपड़ी.
**लेवड़े उतारना** = खुरचना.
**लेवा देई** = आदानप्रदान.
**लेवाना** = लाना.
**लेवा बेची** = सौदागरी.
**लेवाल** = प्राप्ता.
**लेवालिया** = प्राप्ता.
**लेश** = कण, पुट.
**लेशमात्र** = अल्पतम.
**लेस** = गारा, गोंद, चेपव्य, तसमा, फ़ीता.

**लेस** *सं* जाली, जाली पट्टी, बार्डर, रिबन, सजावटी पट्टी, •गोटा, •झालर, •तसमा, •फ़ीता.

**लेसदार** = चिपचिपा/चिपचिपी.
**लेसना** = चिपकाना.
**लेह** = चटनी, मरहम.
**लेहना** = आदेय.
**लेह्य** = चटनी.
**लैंटर्न** = लालटेन.
**लैंड** = थल, भूसंपत्ति.
**लैंडमार्क** = पता निर्देश.
**लैंड रिफ़ॉर्म** = कृषिभूमि सुधार.
**लैंड रीवैन्यु** = कृषिकर.
**लैंडलार्ड** = भूस्वामी.
**लैंडलौर्ड** = मकान मालिक.
**लैंडस्केप** = लैंडस्केप चित्र.

**लैंडस्केप चित्र** *सं* अंतःपटी, दृश्यक्षेत्र, दृश्य चित्र, दृश्यभू, दृश्यभू चित्र, दृश्य भूमि चित्र, *दृश्यावली*, नज़ारा, प्रकृति चित्र, प्रकृति विस्तार, भूदृश्य, भूदृश्य चित्र, लैंडस्केप, *विस्तार*, विहंगम दृश्य, स्थल चित्र, •दर्शनीय स्थान, •दृश्यावली, •बाह्यक्षेत्र, •वाटरस्केप चित्र, •विस्तार.

**लैंडिंग** = धरावतरण.
**लैंथानम** = रासायनिक तत्त्व सूची.
**लैंप** = दीपक, बल्ब.
**लैंस** = आँख लैंस.

**लैंस** *सं* आईग्लास, आईपीस, *काँच*, ग्लास, चंद्रक, चश्मा लैंस, मणिक, •आतशी शीशा, •खुर्दबीन, •दूरबीन, •पैरिस्कोप, •प्रिज़्म, •फूलबीन.

**लैंसमैन** = फ़ोटोग्राफ़र.
**लैक्चर** = डाँट, भाषण, शिक्षकीय प्रवचन.
**लैक्चर पिलाना** = डाँटना.
**लैक्चरर** = भाषणदाता.

**लैक्चरर** *सं* *अभिवक्ता*, आचार्य, *प्रवक्ता*, प्राध्यापक, *व्याख्याता*, •अध्यापक, •प्रौफ़ैसर, •रीडर, •विभागाध्यक्ष.

**लैक्चर रूम** = भाषणकक्ष.
**लैक़्वर** = लाक्षा.
**लैक्सेटिव** = विरेचक औषध.
**लैजिस्लेटर** = विधायक.
**लैजिस्लेटिव असैंबली** = विधान परिषद.
**लैजिस्लेटिव कौंसिल** = विधान परिषद.
**लैटर** = पत्र.
**लैटर आफ़ इंट्रोडक्शन** = परिचय पत्र.
**लैटर बाक्स** = डाकबंबा.
**लैटरीन** = शौचालय.
**लैटिटूड लाइन** = अक्षांश रेखा.
**लैटिट्यूड** = अक्षांश.
**लैटिन** = लैटिन भाषा.

**लैटिन भाषा** *सं* इटली प्राचीन भाषा, रोमन, लातीनी, लैटिन, •भारोपीय भाषा.

**लैड** = रासायनिक तत्त्व सूची, सीसा.
**लैदर** = चमड़ा.
**लैदर बैग** = चमड़ा थैला.
**लैन** = पंक्ति.
**लैन डोरी** = पंक्ति.
**लैप** = दौड़, दौड़ चरण.

**लैपटौप** *सं* गोदी में रख कर काम करने योग्य मिनीकंप्यूटर, •कंप्यूटर.

**लैप्रोसी** = कुष्ठ रोग.
**लैफ़्टिनैंट गवर्नर** = राज्यपाल.
**लैफ़्टिस्ट** = प्रगतिवादी.
**लैब** = प्रयोगशाला.
**लैबरेटरी** = प्रयोगशाला.
**लैमन** = नीबू.
**लैला** = प्रेमिका, प्रेमिका.
**लैला की उँगलियाँ** = ककड़ी, भिंडी.
**लैवी** = कर.
**लैसंस** = पट्टा.
**लैस** = युद्धसन्नद्ध, शस्त्रसज्जित, सन्नद्ध.
**लोंदा** = डला, थक्का, फुटक.

**लोअर हाउस** = लोकसभा.

**लोई** *सं* कचलौंदा, पिंड़िया, पींडी, पेड़ी, *बाटी*, लिट्‌टी, ●चकला, ●बेलन.

**लोक** = क़बीला, घर, जनता, जीव समष्टि, ज्ञान, पृथ्वी, प्रकाश, प्रजा, लोक (कला), समाज, समूह, सृष्टि.

**लोक** *सं* जग, जगत, *जहाँ*, जहान, दुनिया, भुवन, संसार, *स्थान*, ●इहलोक, ●पाताल लोक, ●सृष्टि.

**लोक (कला)** *वि* अशास्त्रीय, *लोक*, लोककला जैसा, *सहज*, *सामान्य*, ●पौप, ■शास्त्रीय (कला).

**लोककथा** *सं* उपाख्यान, एक समय की बात, *कहानी*, किंवदंती, *क़िस्सा*, जनश्रुति, दंतकथा, पुराकथा, पुरानी कहानी, प्रचलित कथा, लोकगाथा, श्रुति.

**लोककथात्मक** = मिथकीय.
**लोककर्ता** = प्रजापति, ब्रह्मा, सृष्टि रचेता.

**लोककला** *सं कला*, जनकला, फ़ोक आर्ट.

**लोककला जैसा** = लोक (कला).
**लोक कल्याण** = समाज सेवा.

**लोककवि** *सं* जनकवि, लोकगायक, लोकगीतकार.

**लोककाम्या** = समाज भावना.
**लोकगाथा** = लोककथा, संस्कृति.
**लोकगायक** = लोककवि.

**लोकगीत** *सं* ग्रामगीत, जनगीत, ●लोक संगीत.

**लोकगीतकार** = लोककवि.
**लोकचार** = मर्यादा.
**लोकछवि** = जनमत, प्रतिष्ठा, प्रसिद्धि.
**लोकजननी** = लक्ष्मी देवी.
**लोक जागरण** = समाज भावना.
**लोकजित** = ऋषि सूची.

**लोकतंत्र** *सं* गणतंत्र, गणराज्य, जनतंत्र, जनता के लिए जनता द्वारा जनता की सरकार, डैमोक्रेसी, पंचायती राज्य, प्रजातंत्र, प्रजासत्ता, बहुमत राज्य, रिपब्लिक, लोकसत्ता, संवैधानिक सरकार, संसदीय प्रणाली, सामाजिक समानता, ●इहलोकतंत्र, ●कल्याणतंत्रवाद, ●जनवादी लोकतंत्र, ■एकतंत्र, ■भीड़तंत्र, ■राजतंत्र.

**लोकतंत्रवाद** *सं* गणतंत्रवाद, जनराज्यवाद, डैमोक्रेसी, प्रजातंत्रवाद, ●इहलोकतंत्र, ■भीड़तंत्र, ■राजतंत्रवाद.

**लोकतांत्रिक** *वि* गणतंत्रात्मक, गणतंत्रीय, गणतांत्रिक, जुमहूरी, डैमोक्रैटिक, पंचायती, प्रजातंत्रीय, प्रतिनिधीय, रिपब्लिकन, *लोकप्रिय*, वैधानिक, संवैधानिक, ●निष्पक्ष, ●भेदभावहीन, ■निरंकुश, ■राजतांत्रिक.

**लोकद्वेषी** = जनद्वेषी.
**लोकधर्म** = लोकव्यवहार नियम.
**लोकनाथ** = गौतम बुद्ध.
**लोकनिंदक** = निंदक.
**लोकनिंदा** = बदनामी.
**लोकनिंदित** = बदनाम.
**लोकनिर्णय** = जनमत संग्रह.

**लोकनृत्य** *सं* जन नृत्य, जन विशेष नृत्य, जातीय नृत्य, फ़ोक डांस, ●नृत्य, ●शास्त्रीय नृत्य.

**लोकनेता** = आंदोलनकारी, राजनेता.
**लोकपति** = ब्रह्मा.

**लोकपाल** *सं* दिक्पाल, दिगधिप, दिगीश, दिङ्नाथ, दिशापति, दिशापाल, भरथ, लोकाधिप.

**लोकप्रसिद्ध** = प्रसिद्ध, लोकप्रिय, सर्वज्ञात.
**लोकप्रिय** = पौप, प्रचलित, प्रसिद्ध, बहुचर्चित, बिकाऊ, मिलनसार, लोकतांत्रिक, लोकलुभावन, व्यावसायिक, शत्रुहीन.

**लोकप्रिय** *वि* अनुशंसित, ख्यात, जनप्रिय, जनेष्ट, जाना माना/जानी मानी, नामदार, नामवर, पौपुलर, प्रख्यात, *प्रचलित*, *प्रतिष्ठित*, प्रमुख, *प्रशंसित*, प्रसारित, *प्रसद्धि*, फैला/फैली, बहुप्रशंसित, मक़बूल, मान्य, लोकप्रसिद्ध, लोकमान्य, सकलप्रिय, सर्वकाम्य, *सर्वज्ञात*, सर्वप्रिय, सर्वमान्य, सार्वलौकिक, सुपर हिट, *स्वीकृत*, हृदयसम्राट, ●पौप, ●प्रचारित, ●प्रतिष्ठित, ●बहुचर्चित, ●लोकलुभावन, ■अपरिचित, ■अलोकप्रिय, ■गुमनाम, ■बदनाम.

**लोकप्रियता** *सं क़द*, गणमान्यता, जनप्रियता, जनमान्यता, जानामानापन, मक़बूलियत, लोकमान्यता, सर्वप्रियता, सर्वमान्यता, ●कैरिज़्मा, ●प्रचार, ●प्रताप, ●प्रतिष्ठा, ●प्रशंसक गण, ●प्रशंसा, ●प्रसिद्धि, ■अलोकप्रियता, ■निंदा, ■बदनामी.

**लोकप्रेम** = समाज भावना.
**लोकबाह्य** = अतिप्राकृतिक, जाति निर्वासित.
**लोकभावना युक्त** = समाज भावी.
**लोकभावी** = समाज भावी.
**लोकमत** = जनमत, जनवाणी.
**लोकमर्यादा** = मर्यादा.
**लोकमाता** = दक्ष पुत्री, लक्ष्मी देवी.
**लोकमान्य** = पवित्र, प्रतिष्ठित, लोकप्रिय.
**लोकमान्यता** = लोकप्रियता.
**लोकमार्ग** = मर्यादा.
**लोकरंजन** = जनहित.
**लोकरंजनार्थ** = धर्मार्थ.
**लोकरीति** = परंपरा, प्रथा.
**लोकरुचि** = जनरुचि.
**लोकल** = क्षेत्रीय, स्थानीय.
**लोकल बोर्ड** = नगरसभा.

**लोकलुभावन** *वि* जनप्रिय, नारेबाज़ीपूर्ण, लुभावना/लुभावनी, *लोकप्रिय*.

**लोकवाणी** = जनमत, जनवाणी.
**लोकविख्यात** = प्रसिद्ध, सर्वज्ञात.
**लोकविरुद्ध** = समाजविरोधी.
**लोकविरोधी** = समाजविरोधी.
**लोकविसर्ग** = प्रलय.

**लोकव्यवहार नियम** *सं* अमल, आचार, *क़ानून*, *धर्म*, *नियम*, *नीति*, *प्रथा*, रस्म, रीति, लोकधर्म, लोकाचार, विधान, *व्यवस्था*, ●परंपरा.

**लोकश्रुति** = प्रसिद्धि.
**लोकसंग्राही** = समाज भावी.
**लोकसत्ता** = लोकतंत्र.

**लोकसभा** *सं* द हाउस (संराअ), लोअर हाउस, हाउस आफ़ कामंस (ब्रिटेन), ●संसद.

**लोक समूह** = जीव समष्टि.
**लोकसुंदर** = प्रसिद्ध.
**लोकसृष्टि** = सृष्टि रचना.
**लोकसेवा** = राज्य सेवा, समाज सेवा.
**लोकस्रष्टा** = सृष्टि रचेता.
**लोकहारी** = प्रलयकारी.
**लोकहास्य** = बदनाम.
**लोकहित** = जनहित, समाज सेवा.
**लोकहितविरोधी** = समाजविरोधी.
**लोकहितैषी** = उपकारी, समाज सेवक.
**लोकांतर** = परलोक.
**लोकाकाश** = आकाश.
**लोकाचार** = मर्यादा, लोकव्यवहार नियम.
**लोकाट** = फल.
**लोकातिग** = अतिप्राकृतिक.
**लोकादि** = सृष्टि रचना.
**लोकाधिप** = लोकपाल.
**लोकानुग्रह** = समाज भावना.
**लोकापकारी** = समाजविरोधी.
**लोकापवाद** = बदनामी, लांछन.
**लोकायत** = नास्तिक, भौतिकतावादी.
**लोकायत दर्शन** = चार्वाकवाद.
**लोकायतवाद** = भौतिकतावाद.
**लोकायतवादी** = भौतिकतावादी.
**लोकायन** = नारायण (नर).
**लोकार्पण** = उद्‌घाटन.
**लोकीय** = सामूहिक.
**लोकेश** = गौतम बुद्ध.
**लोको** = रेलगाड़ी इंजन.
**लोकोक्त** = पारंपरिक, मिथकीय.
**लोकोक्ति** = कहावत.
**लोकोत्तर** = आध्यात्मिक, विचित्र.
**लोकोपकार** = जनहित, समाज सेवा.
**लोकोपकारार्थ** = धर्मार्थ.
**लोकोपकारी** = उपकारी, समाज सेवक.
**लोकोमोटिव** = रेलगाड़ी इंजन.
**लोक्य** = दर्शनीय.
**लोग** = क़बीला, जनता, राष्ट्र.
**लोगबाग** = जनता, जन साधारण.
**लोगो** = प्रतीक.
**लोगोस** = शब्दब्रह्म.
**लोच** = लचक.
**लोचदार** = नम्य, लचकदार.
**लोचन** = आँख, सुंदर.
**लोचना** = सुंदर स्त्री, सुनयना.
**लोचनातीत** = अदृश्य.
**लोज़ेंज** = वटी.
**लोट** = शयन.
**लोटन** = शयन.
**लोटना** = लुढ़कना, लेटना.
**लोटना पोटना** = हँसना.
**लोटपोट** = आनंदित, हँसता/हँसती.
**लोटपोटकारी** = हास्यप्रद.
**लोटपोट होना** = हँसना.
**लोटम पोट होना** = हँसना.
**लोट मारना** = लेटना.

**लोटा** *सं* *कलश*, गड़वा, गड़वी, छोटा कलश, बंटा, ●डोल, ●प्याला, ●बालटी, ●हँडिया.

**लोड** = लाद.
**लोड़न** = मंथन, लहराव.
**लोड़ना** = चाहना, दुलारना, मथना.
**लोड़ित** = उथलपुथलपूर्ण.
**लोढ़ा** = सिल बट्टा.
**लोथ** = शव.
**लोथारना** = घसीटना.
**लोन** = नमक.
**लोना** = सुंदर पुरुष.
**लोना/लोनी** = नमकीन, लावण्ययुक्त.
**लोनी** = ऊसर, सुंदर स्त्री.
**लोप** = अनुच्चारण, अनुच्चारण, तिरोभाव, नाश, विलयन.
**लोपन** = गोपन.
**लोपना** = उजाड़ना, घटाना, छिपाना.
**लोपाक** = गीदड़.
**लोपाश** = गीदड़, लोमड़ी.
**लोप्ता** = नाश कर्ता.
**लोप्य** = अनुच्चारित, गोपनीय.
**लोबत** = कठपुतली, खिलौना, गुड़िया.
**लोबान** = अगरु.

**लोबान** *सं* करवेर, धूम्रवर्ण, पावन, *रसा*, लोहबान, ●धूपबत्ती.

**लोबिया** = दलहन.

**लोबिया** *सं* घाँघरा, चँवला, चौरा, निष्पावी सेम, बरबंटी, बर्बट, बोड़ा, *सेम*, *सोंटा*.

**लोभ** = कंजूसी, प्रलोभन, लालसा.

**लोभ** *सं* अतितृष्णा, क्षुधा, गर्ध, गृध्या, तृष्णा, पिपासा, *प्यास*, प्रलोभ, *प्रलोभन*, प्रेप्सा, लालच, *लालसा*, लिप्सा, लोलुपता, हवस, ●इच्छा, ●सम्मोह, ●स्वार्थ, ■वैराग्य.

**लोभक** = प्रलोभनकारी.
**लोभन** = सम्मोहन कर्म.
**लोभप्रद** = प्रलोभनकारी.
**लोभहीन** = लालसाहीन, संतोषी.
**लोभित** = लुब्ध.
**लोभी** = अत्याहारी, इच्छुक, धनलोलुप.

**लोभी** *वि* अधिग्रहणशील, अपलाषी, *असंतोषी*, आकांक्षी, *आतुर*, आधिपत्यशील, आरज़ूमंद, उत्सुक, *कंजूस*, कफनखसोट, कामी, क्षुधित, खाऊ, ग्रसनशील, ग्रहणशील, ग्राही, चटोरा/चटोरी, चलायमान, चाँइयाँ, चालबाज़, चालाक, तलबगार, तृषालु, तृषित, नदीदा/नदीदी, पिपासु, प्यासा/प्यासी, प्राप्तीच्छुक, भूखा/भूखी, मोही, ललचौहाँ/ललचौहीं, लालची, लालसी, लालायित, लूटू, लोलुप, सर्वग्राही, *स्वार्थी*, ●असंतोषी, ●इच्छुक, ●कंजूस, ●जमाखोर, ●धनलोलुप, ●परिग्रही, ●लुब्ध, ■अपरिग्रही, ■निस्स्वार्थ, ■विरक्त, ■संतोषी.

**लोम** = ऊन, रोआँ, शरीर रोम.

**लोमड़ी** *सं* चालाक लोमड़ी, जंबुक, लूमड़ी, लोपाश, लोमशा, ●भेड़िया.

**लोमड़ी के अंगूर** = दूरता उक्ति.
**लोमश** = रोमल.
**लोमश पुष्प** = शिरीष.

**लोमशा** = लोमड़ी.
**लोमहर्ष** = रोमांच.
**लोमहर्षक** = रोमांचक.
**लोमहर्षित** = रोमांचित.
**लोमांच** = रोमांच.
**लोमांचित** = रोमांचित.
**लोमाजिन** = फ़र.
**लोर** = बुंदा, ललरी.

**लोरी** *सं* निद्रा गीत, पालना गीत, शयन गीत, शिशु गीत, •संगीत.

**लोरी गाना** = सुलाना.
**लोल** = चंचल.
**लोलक** = ललरी.
**लोलकी** = ललरी.
**लोलदंड** = पैंडुलम.
**लोलन** = लटकन.
**लोलनेत्र** = सुनयन.
**लोलित** = लहराता/लहराती.
**लोलिता** = सुंदर स्त्री, सुंदर स्त्री.
**लोलुप** = असंतोषी, इच्छुक, भोजन प्रेमी, लोभी, विलासप्रिय.
**लोलुपता** = लोभ.
**लोशन** = मरहम, लेप.
**लोष्ठ** = डला.
**लोह** = धातु, लोहा.
**लोहक** = मैंगनीज़.

**लोहड़ी** *सं* पौष संक्रांति, मकर संक्रांति.

**लोहबान** = लोबान.
**लोहमणि** = चुंबक पत्थर.
**लोहसंकर** = इस्पात.
**लोहसार** = इस्पात.
**लोहा** = इस्तिरी, तलवार, दम, प्रताप, प्रतिरोध, शक्ति.

**लोहा** *सं* अद्रिसार, अयस, आयरन, आयस, आहन, लोह, *लौह*, •इस्पात.

**लोहा अलमारी** = तिजोरी.
**लोहा टोपी** = हैल्मेट.

**लोहार** *सं* अग्निजीवी, अयस्कार, आहनगर, लुहार, सक्काक, •ठठेरा, •ठनठन.

**लोहा लेना** = झेलना, लड़ना.

**लोहिका** = तसला.
**लोहित** = ब्रह्मपुत्रा नदी, रुधिर, लाल.
**लोहितांग** = मंगल ग्रह.
**लोहित्या** = नदी सूची भारत उपमहाद्वीप.
**लोहिया** = लौह.
**लोहू** = रुधिर.
**लोहोत्तम** = स्वर्ण.
**लौंग** = नाक कील, मसाला सूची

**लौंग** *सं* *कर्णफूल*, पद्मालया, मादन, मुखप्रिय, लवंग, लवंग कलिका, •इलायची, •जायफल.

**लौंग टन (यूऐस) 0.8929** = टन (भार).
**लौंग टन 0.9842** = मीट्रिक टन.
**लौंच** = उद्घाटन.
**लौंच करना** = तैराना.
**लौंडा** = नौकर, लड़का.
**लौंडिया** = लड़की.
**लौंडी** = अंतःपुर दासी, दासी, नौकरानी, लड़की.
**लौंद** = मलमास.
**लौ** = अग्नि, आसक्ति, कान ललरी, ज्वाला, दीपशिखा, प्रेम, लगन.
**लौआ** = कद्दू, घिया.
**लौक** = ताला.
**लौकअप** = हवालात.
**लौकर** = तिजोरी.
**लौकिक** = इहलोकतांत्रिक, इहलौकिक, पृथ्वीय, व्यावहारिक, सांसारिक.
**लौकिक ज्ञान** = विज्ञान.
**लौकिकता** = सांसारिकता.
**लौकिक प्रेम** = मानव प्रेम.
**लौकिक विद्या** = उपवेद.
**लौकी** = घिया, सागसब्ज़ी.

**लौगबुक** *सं* इतिवृत्त, *डायरी*, दैनिकी, पथ वर्णन, प्रगति वर्णन, मार्ग डायरी, •यात्रामार्ग.

**लौज** = पांथशाला.
**लौज़** = बादाम.
**लौजिंग ऐंड बोर्डिंगहाउस** = होटल.
**लौट** = खेप, पश्चगमन, पिछड़न, पुनरागमन, वृंद.
**लौट कर आना** = लौटना.
**लौटता/लौटती** = पश्चगामी.

**लौटना** = गूँजना, ढुँढ़ना, लुढ़कना.

**लौटना** *क्रि* पलटना, फिर आना, बहुरना, लौट कर आना, वापस आना, वापस जाना, ■जाना.

**लौटनियाँ** = कलाबाज़ी.
**लौट पलट कर सोचना** = सोचना परखना.
**लौट फिर कर** = बारंबार.
**लौटफेर** = उथलपुथल.
**लौटा/लौटी** = गृहागत, पुनरागत, पुनर्स्थापित.
**लौटाई** = प्रतिप्रदान.

**लौटाना** *क्रि* पलटना, पलटाना, प्रतिप्रेषित करना, बहोरना, वापस भेजना, •भेजना, ■मँगाना.

**लौटाव** = पश्चगमन, प्रतिप्रदान.
**लौन** = नमक.
**लौनहार** = फ़सल काटने वाला.
**लौना** = जलावन.
**लौनी** = फ़सल कटाई, मक्खन.
**लौबी** = गलियारा.

**लौबी** *सं* अनौपचारिक कमरा, उठने बैठने का कमरा, परिवार कक्ष, भीतरी कमरा, •ड्राइंगरूम, •प्रतीक्षालय.

**लौरी** = बछिया.
**लौरेंसीयम** = रासायनिक तत्त्व सूची.
**लौलीन** = तल्लीन, प्रेमासक्त.
**लौह** = धात्विक, बलिष्ठ, लाल, लोहा, संकल्पशील, सुगठितकाय.

**लौह** *वि* अयस, अयो-, आयस, आयसीय, आहनी, फ़ैरो-, लोहिया, लौहायस, लौहित.

**लौहपथ** = रेल पटरी.
**लौहबंध** = हथकड़ी.
**लौह युग** = कलियुग.
**लौहशलाका** = सरिया.
**लौहहीनता** = पीलिया.
**लौहायस** = लौह.
**लौहित** = लौह, शिव त्रिशूल.
**लौहित्य** = ब्रह्मपुत्रा नदी, लालिमा.
**ल्यूकोडर्मा** = सफ़ेद दाग़.
**ल्हासा** = तिब्बतः राजधानी.

**ल्होत्से** = पर्वत सूची भारत उपमहाद्वीप.
**वंक** = झुका/झुकी.
**वंग** = टीन, पश्चिम बंगाल, बंगाली, बांग्लादेश, बांग्लादेशीय, राँगा.
**वंगन** = बैंगन.
**वंगमल** = सीसा.
**वंगीय** = बंगाली, बांग्लादेशीय.
**वंचक** = कुटिल, प्रवंचक, बटमार, बहानेबाज़, बेईमान, शैतान.
**वंचन** = छीन, प्रतिबंध, प्रवंचन.
**वंचना** = छल.
**वंचयिता** = परित्यक्ता, प्रवंचक.
**वंचित** = छला/छली, प्रवंचित, रहित.
**वंजुल** = बेंत.
**वंट** = दाय विभाजन.
**वंटन** = दाय विभाजन.
**वंडर** = आश्चर्य, विचित्र वस्तु.
**वंद** = बंदीजन.
**वंदक** = प्रशंसक, बंदीजन, भक्त, सम्मान कर्ता.
**वंदन** = आरती.
**वंदन कर्ता** = बंदीजन.
**वंदनमाला** = बंदनवार.
**वंदना** = आदर, आरती, निवेदन, पूजा, प्रशंसा, प्रशंसा गीत, प्रार्थना, याचना, स्तोत्र.
**वंदनीय** = पूजनीय, सम्माननीय.
**वंदित/वंदिता** = पूजित.
**वंदिता** = प्रशंसक, बंदीजन.
**वंदे** = नमस्कार.
**वंद्य** = पूजनीय, प्रशंसनीय, सम्माननीय.
**वंध्य** = अनुर्वर, उजाड़, नपुंसक, पुष्पहीन, फलहीन, रेहदार, सृजनहीन.

**वंध्य** *वि* अनुत्पादक, अनुपजाऊ, *अनुर्वर*, अफल, जननहीन, *निस्संतान*, प्रजाहीन, वंशहीन, •अक्षम, •नपुंसक, •वंध्या, ▪फलप्रद.

**वंध्या** *वि* अजननी, अप्रसू, कोखजली, प्रजाहीना, बाँझ, •नपुंसक, •वंध्य.

**वंध्या भूमि** = ऊसर
**वंश** = अक्षदंड, कोटि, जाति, प्रजाति, बाँस, राजवंश, रीढ़, संतान.

**वंश** *सं* अनुवंश शृंखला, अन्ववाय, अभिजन, आम्नाय, *क़बीला*, *कुटुंब*, कुल, कुलशृंखला, ख़ानदान, *गोत्र*, *घर*, घर घराना, घराना, *जाति*, नस्ल, *नाभि*, परंपरागत वंश, पीढ़ी दर पीढ़ी कुल श्रृंखला, वंशानुवंश, शृंखला, सिलसिला, हड्डी, •जाति, •पीढ़ी, •प्रजाति, •वंशावली, •संतान.

**वंश आरंभ कर्ता** = वंश प्रवर्तक.
**वंशकर** = पूर्वज, वंश प्रवर्तक.
**वंशकलंक** = कुलकलंक.
**वंशकुंज** = वंशीवन.
**वंशक्रम** = वंशावली.
**वंशगौरव** = कुलगौरव.
**वंशचरित** = वंशावली.

**वंशचिह्न** *सं* अमानत, *अवशेष*, थाती, *धरोहर*, विरासत, *स्मृतिचिह्न*, •उपहार, •रिक्थ.

**वंशज** = उत्तराधिकारी, पुत्र, संतान.

**वंशज** *सं* *उत्तराधिकारी*, कुलंधर/कुलंधरा, जाँनशीन, नामलेवा, वंशज/वंशजा, वंशधर/वंशधरा, वंशोद्भव, ▪पूर्वज.

**वंशज/वंशजा** = वंशज.
**वंशजन** = स्वजन.

**वंशज समष्टि** *सं* अगले, आसऔलाद, *प्रजाति*, बालगोपाल, संतान समष्टि, •लघुजन, •संतान, ▪पूर्वज, ▪पूर्वज समष्टि.

**वंशजहीन** = उत्तराधिकारीहीन.
**वंशतालिका** = वंशावली.
**वंशदीप** = कुलगौरव.
**वंशधर** = पुत्र, संतान.
**वंशधर/वंशधरा** = वंशज.

**वंशनाम** *सं* *उपाधि*, कुलनाम, गोत्रनाम, जाति नाम, सरनेम.

**वंशपरंपरा कड़ी** = पीढ़ी.
**वंशपरिचय** = वंशावली.
**वंशप्रमुख** = परिवार अध्यक्ष.

**वंश प्रवर्तक** *सं* आदिपुरुष, कुल कर्ता, *पूर्वज*, *प्रजापति*, प्रथम पुरुष, प्रथम पूर्वज, बीजपुरुष, मूल पुरुष, वंश आरंभ कर्ता, वंशकर, वंश संस्थापक, वंशारब्धा.

**वंशवर्ती** = सहवंशी.
**वंश वाले** = स्वजन.
**वंशविवरण** = वंशावली.
**वंशवृक्ष** = वंशावली.
**वंशवृद्धि करना** = जनना.
**वंश संस्थापक** = वंश प्रवर्तक.
**वंशहीन** = निम्नकुलीन, निस्संतान, वंध्य.
**वंशागत** = आनुवंशिक, दायागत.
**वंशानुक्रमागत** = आनुवंशिक.
**वंशानुगत** = पारंपरिक.
**वंशानुचरित** = वंशावली.
**वंशानुवंश** = वंश.
**वंशारब्धा** = वंश प्रवर्तक.

**वंशावली** *सं* कुरसीनामा, जन्मपादप, पुश्तनामा, फ़ैमिली ट्री, वंशक्रम, वंशचरित, वंशतालिका, वंशपरिचय, वंशविवरण, वंशवृक्ष, वंशानुचरित, शजरा, •कुटुंब, •पितृ, •पूर्वज, •संतान.

**वंशिक** = अगरु.
**वंशी** = बाँस, बाँसुरी, सहवंशी.
**वंशीधर** = कृष्ण, बाँसुरी वादक.
**वंशीय** = आनुवंशिक, जातीय, सहवंशी.

**वंशीवन** *सं* बँसवाड़ी, बँसवारी, बाँस वन, बाँसवारी, मधुवन, महुआरी, वंशकुंज, वेणुजाल, वेणुवन.

**वंशीवादक** = बाँसुरी वादक.
**वंशोद्भव** = कुलीन, वंशज.
**वंशोद्भवा** = पुत्री.
**व** = और.
**वक** = बगला.
**वक़्त** = सम्मान.
**वकध्यान** = पाखंड.
**वकालत** = प्रतिपादन, मंडन.

**वकालत** *सं* प्रैक्टिस, वकील कार्य, वकील पद, •न्याय.

**वकालती** = सिफ़ारिश भरा.
**वकी** = मादा बगला.
**वकील** = प्रतिनिधि, प्रतिपादक, मंडन कर्ता.

**वकील** *सं* अधिवक्ता, *अभिवक्ता*,

ऐडवोकेट, बैरिस्टर, विधिवेत्ता, •ऐटर्नी, •न्यायाधीश, •पेशकार, •महाधिवक्ता, •मुक़दमा, •मुख़्तार, •मुवक्किल.

**वकील कार्य** = वकालत.
**वकील पद** = वकालत.
**वकुल** = बगला.
**वक़्त** = अवधि, अवसर, उत्कर्ष काल, घड़ी समय, भाग्य, मोहलत, सुअवसर.
**वक़्त का दरिया** = कालचक्र.
**वक़्त का पाबंद** = समय पालक.
**वक़्त का यार** = सस्वार्थ मित्र.
**वक़्त गुज़रना** = बीतना.
**वक़्तन फ़वक़्तन** = कभी कभी.
**वक़्त पर काम आने वाला दोस्त** = निस्स्वार्थ मित्र.
**वक़्त पर काम न आने वाला दोस्त** = सस्वार्थ मित्र.
**वक्तव्य** = कथ्य, बयान, भाषण, वाक्य, सूत्रवाक्य.

**वक्तव्य** *सं उक्ति*, *कथन*, *घोषणा*, जानकारी, *बयान*, *ब्योरा*, रिपोर्ट, वक्तृत्व, *सूचना*, स्टेटमैंट, •संदेश.

**वक्तव्य प्रस्तोता** = प्रवक्ता.
**वक्ता** = अभिवक्ता, कथन कर्ता, कथा उद्‌घोषक, घोषणा कर्ता, भाषणदाता.

**वक्ता घर** *सं* आश्रय, आसरा, कुटिया, *कुटी*, ग़रीबख़ाना, झोंपड़ी, मेरा घर, सिर छिपाने की जगह, ■श्रोता घर.

**वक़्ती** = अवसरानुकूल, कालीन, मौसमी.
**वक़्ती दोस्त** = सस्वार्थ मित्र.
**वक्तृता** = उपदेश, भाषण, वाग्मिता.
**वक्तृत्व** = भाषण, वक्तव्य, वाग्मिता, वाग्विलास.
**वक्त्र** = मुँह.
**वक़्फ़** = धर्मादा.
**वक़्फ़नामा** = दानपत्र.
**वक़्फ़ा** = अवधि.
**वक्र** = अवनमित, कुटिल, कोणाकार, झुका/झुकी, नीतिकुशल, पक्षपाती, मोड़दार, शनि ग्रह.

**वक्र** *सं कोण*, ख़म, चाप, टेढ़, *पेच*, बल, बाँक, भंगि, *मोड़*, वर्त, •प्रक्षेप, वक्र, •मरोड़, •मेहराब.

**वक्र करना** = झुकाना.
**वक्रकील** = अंकुश.
**वक्रखड्‌ग** = कृपाण.
**वक्रतः** = पार्श्व की ओर.
**वक्रता** = छल.
**वक्रतुंड** = गणेश, तोता.
**वक्रधी** = कुटिल.
**वक्र नली** = साइफ़न.
**वक्रबुद्धि** = बेईमान.
**वक्र युक्ति** = कुचाल.
**वक्रहीन** = सीधा/सीधी.
**वक्रहीनता** = सीध.
**वक्राकार** = नवचंद्राकार.

**वक्राकार** *वि* अंचित, आड़ा/आड़ी, कुंचित, *कुटिल*, ख़म, घुमावदार, टेढ़विडंग, टेढ़ा/टेढ़ी, टेढ़ा मेढ़ा/टेढ़ा मेढ़ी, तिरछा/तिरछी, तिर्यक, बंकिम, बीका/बीकी, बेड़ा/बेड़ी, मुड़वाँ, मुड़ा/मुड़ी, *मोड़दार*, वक्री, विकट, विनत, •कोणाकार, •धनुषाकार, •सर्पिल, ■सीधा/सीधी.

**वक्रातिरेक** = सर्पिल मोड़.
**वक्री** = वक्राकार.
**वक्रोक्ति** = कटाक्ष, कटाक्ष, विपरीतोक्ति, व्यंजनार्थ, श्लेषोक्ति, हास्योक्ति.
**वक्रोष्ठिका** = मुस्कान.
**वक्ष** = मन, स्तन.

**वक्ष** *सं अंग*, उर, क्रोड़, चैस्ट, छाती, जिस्म, धड़ ऊपरी भाग, वक्षस्थल, सामना, *सीना*, हृदयस्थल, •उरोज, •धड़, •पसली, •फेफड़ा, •स्तन, •हृदय, ■पीठ.

**वक्ष कटि नितंब अनुपात** = देहानुपात.

**वक्षकवच** *सं* उरस्त्राण, नागोद, नागोदर, वक्षत्राण.

**वक्षत्राण** = वक्षकवच.
**वक्ष पिन** = ब्रूच.
**वक्षमाला** = कंठमाला.
**वक्षस्कपाट** = विशाल वक्ष.
**वक्षस्थल** = वक्ष.
**वक्षोज** = स्तन.
**वग़रना** = अन्यथा, बल्कि.
**वग़ैरह** = इत्यादि.
**वचन** = अनुबंध, आज्ञा, उक्ति, उच्चारण, कथन, कथ्य, धर्मादेश, बाइबिल, बात, बात, रिमार्क, वाक्य, व्याहृति, शपथ, शब्द, शब्द वचन, संकल्प, साष्टांग दंडवत अंग.

**वचन** *सं* अक़्द, अहद, आन, इक़रार, *कथन*, क़रार, कलाम, क़सम, कहा, क़ौल, ज़बान, टेक, पण, प्रण, प्रतिज्ञा, *बात*, बोल, वाणी, वादा, वायदा, व्रत, •शपथ, •संकल्प, •हठ, ■वचनभंग.

**वचन अपालन** = वचनभंग.
**वचन का पेक्का** = संकल्पशील.
**वचनकारी** = आज्ञाकारी.

**वचनदाता** *सं* आश्वासक, पनी, प्रण कर्ता, प्रणी, -प्रतिज्ञ, प्रतिज्ञा कर्ता, वाग्दाता, विश्वास प्रदाता, •अनुबंध कर्ता, •गारंटर, •शपथ ग्रहीता.

**वचनपटु** = वाग्विलासपूर्ण.
**वचनपत्र** = गारंटी कार्ड, प्रमाणपत्र, शपथपत्र.
**वचनबद्ध** = अनुबंधित, उत्तरदायी.

**वचनभंग** *सं* अतिसंध, अनिर्वाह, अनुबंध अपालन, अनुबंधभंग, अह्‌दशिकनी, *छल*, धोखेबाज़ी, प्रतिज्ञाभंग, फ़रामोशी, बेवफ़ाई, गुकरन, वचन अपालन, वादाख़िलाफ़ी, वादाफ़रामोशी, वादाशिकनी, संधिभंग, समझौता भंग, •विश्वासघात, ■अनुबंध.

**वचनविदग्ध** = वाग्विलासपूर्ण.
**वज़न** = तौल, बाट, भार.
**वज़न करना** = तौलना.
**वज़नदार** = भारी.
**वज़नी** = भारयुक्त, भारी, महत्त्वपूर्ण, मुख्य (समाचार).
**वजह** = कारण, बहाना.
**वज़ारत** = मंत्रालय, मंत्री मंडल.
**वज़ीफ़ा** = छात्रवृत्ति, निर्वाह वृत्ति.
**वज़ीर** = परामर्श दाता, प्रधान मंत्री, मंत्री.
**वज़ीरे आज़म** = प्रधान मंत्री.
**वजूद** = अस्तित्व, जीवन.

**वज्र** = अस्थि, उल्का खंड, कठोर, गुलेल गोली, पाषाण, बलिष्ठ, भाला, मेघविद्युत, रोड़ी, हीरा.
**वज्रकंटका** = थूहर.
**वज्रकंद** = शकरकंदी.
**वज्रकोष्ठ** = स्ट्रौंगरूम.
**वज्रगोप** = बीर बहूटी.
**वज्रज्वाला** = मेघविद्युत.
**वज्रतंतु** = नारियल तंतु.
**वज्रतुंड** = गणेश.
**वज्रधी** = मंदधी.
**वज्रपाणि** = इंद्र.
**वज्रपात** = उल्कापात, क़हर, विद्युतपात.
**वज्रमणि** = जेड, हीरा.
**वज्र मूर्ख** = मूर्ख.
**वज्रवात** = भ्रमवात.
**वज्रसूची** = बरमा.
**वज्रहस्त** = इंद्र.
**वज्रहृदय** = निर्दय.
**वज्रांग** = अटूट, सुगठितकाय.
**वज्राकर** = रत्न खान.
**वज्राग्नि** = मेघविद्युत.
**वज्राचार्य** = लामा.
**वज्रायुध** = इंद्र, इंद्रवज्र.
**वज्राशनि** = इंद्रवज्र.
**वज्रासन** = योग आसन.
**वज्रास्त्र** = इंद्रवज्र.
**वज्रास्थि** = थूहर.
**वज्री** = इंद्र, बजरी.
**वज्रीय** = पाषाणीय.
**वट** = गोली, मंदिर, वटवृक्ष, विहार.
**वटक** = बड़ा.

**वटवृक्ष** *सं* अच्युतवास, अवरोहशाखी, कलापी, जटाल, जटी, न्यग्रोध, न्युब्ज, बड़, बरगद, बोधि वृक्ष, यक्षावास, रोही, वट, विटपी, वृक्षराज, शीतच्छाय, शृंगी, •अक्षय वट, •पीपल, •महाबोधि वट.

**वटिका** = बटी.
**वटी** = गोला, बटी, भाँग गोली.

**वटी** *सं कैप्सूल*, *गोली*, *टिकिया*, टैबलेट, ड्रौप, दवा की गोली, पिल, *बटी*, बोलस, लोज़ेंज.

**वडवा** = वेश्या.
**वणिक** = दुकानदार, बनिया, वैश्य, व्यापारी, सौदागर.
**वणिक कटक** = सार्थ.
**वणिक दल** = सार्थ.
**वणिक पथ** = तुला राशि.
**वतंस** = कर्णफूल.
**वतन** = देश, स्वदेश.
**वतनपरस्त** = देशभक्त.
**वतनपरस्ती** = देशभक्ति.
**वतनी** = देशीय, स्वदेशवासी, स्वदेशी.
**वत्तक** = बतख़.
**वत्स** = पुत्र, बछड़ा, शिशु.
**वत्सक** = पशु शिशु.
**वत्सर** = वर्ष.
**वत्सरादि** = नववर्ष.
**वत्सरीय** = वर्षीय.
**वत्सल** = दयालु, मित्रतापूर्ण.

**वत्सल** *वि* प्रेमपूर्ण, लाड़पूर्ण, सस्नेह, स्नेहमय, स्नेही, •ममतापूर्ण, •मित्रवत्सल, ▪निर्दय.

**वत्सलता** = वात्सल्य.
**वत्सल रस** = वात्सल्य रस.
**वत्सिमा** = शैशव.
**वदंती** = कहावत.
**-वद** = कथन कर्ता.
**वद** = बात.
**वदन** = मुँह, मुखमंडल, वाचन.
**वदर** = बेर.
**वदान्य** = दानशील, मिष्टभाषी, वाग्विलासी व्यक्ति, विद्याविद्.
**वध** = मृत्युदंड, हत्या.

**वध** *सं* अर्दन, उन्मथन, उन्माथ, कदन, दंड स्वरूप मारण, *दमन*, *नाश*, निशुंभन, निसूदन, निहनन, प्रमथन, प्राणयश, बध, मथन, मर्दन, *मृत्युदंड*, विनाश, संघात, संहनन, संहार, सफ़ाया, *समापन*, सूदन, हनन, •असुरवध, •मृत्युदंड.

**वध** = गुणन कर्म.
**वधक** = हत्यारा.
**वध करना** = संहारना.
**वध कर्ता** = जल्लाद, हत्यारा.
**वधकाम** = हत्या इच्छुक.
**वधकृत** = हत्याकृत.
**वधजीवी** = जल्लाद.
**वधत्र** = ध्वंसास्त्र.
**वधदंड** = मृत्युदंड.
**वधस्थल** = मृत्यु दंड स्थल, हत्यास्थल.
**वधहीन** = रक्तपातहीन.
**वधास्त्र** = ध्वंसास्त्र.
**वधिक** = क़साई, जल्लाद, बहेलिया, शिकारी, हत्यारा.
**वधित** = हत्याकृत.
**वधु** = पत्नी, पुत्रवधू, वधू.
**वधू** = पुत्रवधू.

**वधू** *सं* कन्या, जनी, दुलहन, दुल्हन, दुल्हिन, *धनिया*, धनी, नववधू, नवेली, नवोढा, नौशी, बनरी, बन्नी, बहू, ब्याहली, वधु, वरा, सुधा, सूर्या, •घूँघट, •वर.

**वधूकामी** = विवाहकांक्षी.
**वधूदर्शन** = मुँहदिखाई.

**वधूपक्ष** *सं* कन्यादानी, कन्यापक्ष, लड़की वाले, •वरपक्ष.

**वधू वस्त्र** *सं* दुल्हन जोड़ा, नवोढ़ा परिधान, शाहाना जोड़ा, सुहाग जोड़ा, •दहेज.

**वध्य** = हंतव्य.
**वध्यस्थल** = मृत्यु दंड स्थल.
**वध्यस्थान** = मृत्यु दंड स्थल.
**वन** = उपवन, एक, निर्जन वन.

**वन** *सं* अटवी, अरण्य, अरन, आरण्य, उजाड़ खंड, कांतार, कानन, गहन, घना, जंगल, दव, दाव, द्रुमालय, द्रुमिणी, प्रांतर, *बन*, बयाबान, रन, वनगोचर, वन भूमि, वनस्थली, वन्या, वल्लूर, विपिन, वुड, •अभयारण्य, •उपवन, •गहन वन, •चरागाह, •झाड़झुंड, ▪उजाड़.

**वन ऐंड ओनली वन** = अनुपम.
**वनकन्या** = वनदेवी.
**वनकांतार** = गहन वन.
**वनगमन** = संन्यास प्रवेश.
**वन गहन** = गहन वन.
**वनगोचर** = आखेटजीवी, बहेलिया, वन, शिकारी.
**वनचर** = अपालतू, वनवासी, वन्य पशु.
**वनज** = वनीय.
**वनजीवी** = बहेलिया, लकड़हारा.

**वनज्योति** = दावा दीप्ति.
**वन तुलसी** = मरुआ.
**वनदेव** = वन देवता.

**वन देवता** *सं* बनदेव, वनदेव.

**वनदेवी** *सं* अरण्यानी, बनदेई, बनदेवी, वनकन्या, •अन्नपूर्णा, •शाकंभरी.

**वनपाल** = बाग़बान, वनरक्षक.
**वन बीच मैदान** = चौड़.
**वन भूमि** = वन.
**वनमक्षिका** = डाँस.
**वनमानुष** = अपिवानर.
**वनमालिका** = चंपा.
**वनमाली** = कृष्ण, बाग़बान, मालाकार, वनरक्षक.
**वनमुद्ग** = मोठ.
**वनमूँग** = मोठ.

**वनरक्षक** *सं* फ़ॉरेस्ट रेंजर, बनमाली, वनपाल, वनमाली, •बाग़बान.

**वनराज** = गहन वन, सिंह.
**वनराजि** = वनशोभा.
**वनलक्ष्मी** = वनशोभा.
**वनवास** = देश निर्वासन, परित्याग.
**वनवासित** = निर्वासित.
**वनवासी** = वानप्रस्थ आश्रमी.

**वनवासी** *सं* *आरण्यक*, जंगली, बनवासी, बियाबानी, वनग, वनचर, वनोपजीवी, विपिनचर, शबरक, •आदिवासी, •ऋषि, •एकांतवासी, •गुहावासी, •तपस्वी, •मठवासी.

**वनशोभा** *सं* वनराजि, वनलक्ष्मी, वनश्री.

**वनश्री** = वनशोभा.
**वन समूह** = वनांचल.
**वनस्थ** = वानप्रस्थ आश्रमी.
**वनस्थली** = वन.
**वनस्पति** = वनस्पति घी.

**वनस्पति** *सं* अंघ्रिप, उद्भिज्ज, ओषधि, गाछ, पादप, वैजिटेशन, शस्य, •एक फ़सली वनस्पति, •सदाबहार वनस्पति, •उपवन, •कंदमूल, •पौधा, •बीज, •लता, •वन, •वृक्ष, •शाकशस्य, •हरियाली.

**वनस्पति घी** *सं* कृत्रिम घी, जमाया तेल, *वनस्पति*, •घी, •तेल.

**वनस्पति पकना** = पकना.
**वनस्पतिभोजी** = निरामिषाहारी.
**वनस्पतियुक्त** = हरियल.
**वनस्पतियुक्तता** = हरियाली.
**वनस्पति विज्ञान** = वानस्पतिकी.
**वनस्पतिहीन** = उजाड़.
**वनहास** = काँस घास, कुंद.
**वनहीन** = उपवनहीन.

**वनांचल** *सं* वन समूह, वन्या, वान, वान्या.

**वनाग्नि** = दावा दीप्ति.
**वनाश्रय** = अभयारण्य.
**वनिता** = पत्नी, सुंदर स्त्री, स्त्री.
**वनी** = वानप्रस्थ आश्रमी.

**वनीय** *वि* अटविक, अरना, आटविक, आरण्य, *आरण्यक*, ऊबड़खाबड़, कंटकित, जंगली, प्राकृत, बनजात, बनैला/बनैली, बीहड़, वनज, *वन्य*, वानेय, विकट, •उपवनित.

**वनेचर** = अपालतू.
**वनोपजीवी** = वनवासी.
**वनौका** = वन्य पशु.
**वनौषधि** = जड़ीबूटी.
**वन्य** = अकृषित (अनाज), अपालतू, असंस्कृत, दुर्गम, निर्दय, मनुष्यभक्षक, वनीय, वन्य पशु, सुरम्य, स्वार्थपूर्ण, स्वेच्छाचारी.

**वन्य** *वि* अदम्य, अनगढ़, *अपरिष्कृत*, अमनुष्य, अमानुष, असभ्य, *असौम्य*, *आक्रामक*, उग्र, उच्छृंखल, क्रूर, खूँख़ार, जंगली, जांतव, *निरंकुश*, *निर्दय*, पाशविक, प्रचंड, *प्रबल*, बर्बर, वन्यजातीय, वन्यतापूर्ण, वहशियाना, वहशी, व्याल, शाबर, सहराई, स्वच्छंद, *हिंस्र*, हैवानी, •अनियंत्रणीय, •असंस्कृत, •ख़तरनाक, •दानवीय, •भयानक, •मनुष्यभक्षक, ▪अनाक्रामक, ▪नगरीय, ▪सभ्य.

**वन्यजातीय** = वन्य.
**वन्य जीव** = हिंस्र जीव.
**वन्यतापूर्ण** = रक्तपातपूर्ण, वन्य.

**वन्य पशु** *सं* जंगली जानवर, बनचर, बनैला/बनैली, मृग, वनचर, वनौका, *वन्य*, वहशी, व्याल, सौंजा, हैवान, •पालतू पशु, •वनवासी, ▪पालतू जीव.

**वन्यवीथी** = पशुपथ.
**वन्या** = गहन वन, जलाशय, वन, वनांचल.
**वपन** = बुआई.
**वपा** = झिल्ली, बाँबी.
**वपु** = अवतार, आकार, शरीर.
**वपुक** = अवतार.
**वपुमान** = सुंदर.
**वप्ता** = किसान, नाई, बोने वाला.
**वप्र** = खेत, घाट.
**वप्रा** = मिट्टी बाँध.
**वप्री** = बाँबी.
**वफ़ा** = निष्ठा, प्रेमनिष्ठा.
**वफ़ात पाना** = मरना.
**वफ़ादार** = कर्तव्यपरायण, निष्ठावान, संकल्पशील.
**वफ़ादारी** = स्वामीभक्ति.
**वबा** = महामारी.
**वबाई** = संक्रामक.
**वबाए आम** = महामारी.
**वम** = वमित पदार्थ.

**वमन** *सं* उकलाई, उबकी, उलटी, क्रै, मचली, •मिचलाहट, •हैज़ा.

**वमन अनुभूति** = मिचलाहट.
**वमन द्रव्य** = वमित पदार्थ.

**वमित पदार्थ** *सं* उबकी, उलटी, क्रै, छर्दिका, वम, वमन द्रव्य, वांत, वांतान्न, •थूक, •मिचलाहट, •हैज़ा.

**वम्र** = दीमक.
**वम्रक** = दीमक.
**वम्री** = चींटी, दीमक.

**वय** *सं* अब तक जीवन काल, अवस्था, आयु, आरंभ-अब जीव काल, उम्र, वयस, •जीवन काल.

**वयप्राप्त** = वयस्क.

**वय में छोटा** = अनुज.
**वय में बड़ा** = अग्रज.
**वय में बराबर** = समवयस्क.
**वय में मझला** = मझला/मझली.
**वय में सब से बड़ा** = प्रथमज.
**वयस** = वय.
**वयस्क** = जवान, प्रौढ़, विवाह्य.

**वयस्क** *वि* अधेड़, ऐडल्ट, *जवान*, पका/पकी, परिपक्व, पूर्णकाय, पूर्ण विकसित, प्राप्तव्यवहार, *प्रौढ़*, बड़ा/बड़ी, बढ़ा/बढ़ी, बालिग़, भरा पूरा/भरी पूरी, वयप्राप्त, वर्धकाय, *विकसित*, समझदार, सयाना/सयानी, सीनियर, •अधेड़, •प्रौढ़, •युवक, ▪अवयस्क, ▪शिशु.

**वयस्का** = युवती.
**वयस्था** = सेमल वृक्ष.
**वयस्य** = समवयस्क.
**वयोगत** = वृद्ध.
**वयोवृद्ध** = जर्जर वृद्ध.
**वयोवृद्धा** = वृद्ध स्त्री.
**वरंच** = अन्यथा.
**वरंड** = मुँहासा कील.
**वर** = कामुक, चयनीय, दान, दामाद, नर गौरैया, प्रिय, प्रेमी, प्रेमी, वरदान, विवाहकांक्षी.

**वर** *सं* दुलहा, दुल्हा, दूल्हा भाई, नौशा, बनरा, बन्ना, लड़का, हरियाला बन्ना, •वधू, •शहबाला.

**वरक** = आवरक वस्तु, चादर.
**वरक़** = काग़ज़ तख़्ता, धातुपटल, पन्नी, पृष्ठ.
**वरकन्या** = वरवधू.
**वरक़ा** = काग़ज़ तख़्ता.
**वरकामना** = मन्नत.
**वरकाय** = सुंदर, सुंदरकाय.
**वरगृह गमन** = बिदाई.
**वरचयन** = स्वयंवर विवाह.
**वरजना** = अगोटना.
**वरट** = भिड़.
**वरटा** = मादा हंस.
**वरटी** = भिड़.
**वरण** = चयन, निर्वाचन, स्वयंवर विवाह.
**वरण कर्ता** = चयन कर्ता.
**वरणीय** = चयनीय.

**वरतनु** = सुंदर, सुंदरकाय.
**वरद** = इच्छद, वरदाता.
**वर दक्षिणा** = दहेज.

**वरदाता** *सं* इच्छा पूर्त कर्ता, कामद, कामदुह्, वरद, वरदाता/वरदात्री, वरदान प्रदाता, वरदानी, वरदायक, वरप्रदाता.

**वरदान** = अप्रत्याशित लाभ, उत्तम व्यक्ति या वस्तु, उपहार, सुखसुविधा, सौभाग्य.

**वरदान** *सं* *आशीर्वाद*, आशीष, *उपहार*, *कल्याण*, कृपा, तोहफ़ा, *दया*, नेमत, *प्रसाद*, *वर*, शुभाशीर्वाद, सुप्रसाद, *सौभाग्य*, •एवमस्तु, ▪मन्नत, ▪शाप.

**वरदान प्रदाता** = वरदाता.
**वरदानी** = वरदाता.
**वरदायक** = वरदाता.
**वरदी** = परिधान समुदाय.

**वरदी** *सं* गणवेश, ड्रैस, पहनावा, पोशाक, यूनिफ़ार्म, वेश विशेष, समवेश, समूह वेश, •परिधान, •वेशभूषा.

**वरदीधारी** = वेशधारी.
**वरना** = अन्यथा, चुनना, बल्कि, ब्याहना.
**वरपक्ष** = बराती.

**वरपक्ष** *सं* लड़के वाले, •वधूपक्ष.

**वरप्रदाता** = वरदाता.
**वरप्रार्थना** = मन्नत.
**वरम** = कवच, सूजन.
**वरमाल** = वरमाला.

**वरमाला** *सं* जयमाला, माला आदान प्रदान, *माल्यार्पण*, वरमाल, वरवधु द्वारा परस्पर माल्यार्पण.

**वर मित्र** = वर साथी.
**वरयाचना** = मन्नत.

**वरयात्रा** *सं* *घोड़ी*, चढ़त, जनेत, बरात, बारात, •जुलूस, •बराढ़, •बिदाई, •भोज, •मिलनी, •विवाह, •समूह यात्रा.

**वरयात्रा भोज** = बरात भोज.

**वरयात्रा स्वागत** *सं* *अगवानी*, अगुआई, द्वाराचार, *मिलनी*, स्वागत बारात, •विवाह, •स्वागत.

**वरयात्री** = बराती.
**वरयिता** = चयन कर्ता, निर्वाचक.
**वरयुवती** = सुंदर स्त्री.
**वररुचि** = सुरुचिसंपन्न (व्यक्ति).

**वररोक** *सं* उठौनी, *टीका*, ठहरौनी, *तिलक*, बररोक, बरिच्छा, बरेखी, बरेच्छा, *रोकना*, •विवाह.

**वरवधु द्वारा परस्पर माल्यार्पण** = वरमाला.

**वरवधू** *सं* दुल्हा दुल्हिन, लड़का लड़की, वरकन्या.

**वर साथी** = शहबाला.

**वर साथी** *सं* बैस्ट मैन, वर मित्र, •वधू सखि.

**वर सुंदरी** = सुंदर स्त्री.
**वरस्नान** = बानतेल.

**वरस्वागत** *सं* आरता, द्वारचार, द्वारपूजा, द्वाराचार, •विवाह.

**वरांग** = सुंदर, सुडौल.
**वरांग/वरांगना** = सुंदरकाय.
**वरांगना** = सुंदर स्त्री, सुंदर स्त्री.
**वरांगिका** = सुंदर स्त्री.
**वरांगिणी** = सुंदर स्त्री.
**वरांगी/वरांगिणी** = सुंदरकाय.
**वरा** = वधू.
**वराटक** = कमल कोश.
**वराटिका** = कौड़ी.
**वरानन** = सुंदर मुख.
**वरानना** = सुंदर स्त्री.
**वराह** = अवतार सूची, सूअर.
**वराहकांता** = छुईमुई.
**वराह पुराण** = पुराण सूची.
**वरित** = अहाताबंद, चुना/चुनी.
**वरिता** = चयन कर्ता.
**वरिमा** = पराकाष्ठा, पारमिता.
**वरिष्ठ** = अग्रज, अग्रज/अग्रजा, अपर (अधिकारी), उत्तम, परिपूर्ण, सुंदर.

**वरिष्ठ (कर्मचारी)** *वि* अग्रवर्ती,

*अनुभवी*, पहले का, पुराना/पुरानी, पूरआगंतुक, सीनियर, ●अपर (अधिकारी), ■कनिष्ठ (कर्मचारी).

**वरिष्ठ नागरिक** = वृद्ध पुरुष.
**वरीय** = अपर (अधिकारी), चयनीय, पसंद, मनोग्राह्य.
**वरीयान** = उत्तम.
**वरीयान/वरीयसी** = नवयुवक/नवयुवती.
**वरीवर्त** = टरबाइन.
**वरुण** = अरब सागर, आदित्य सूची, ग्रह सूची, वरुण ग्रह.

**वरुण** *सं* अंबुपति, अपांपति, *आदित्य*, जलदेव, जलाधिप, तोयेश, पर्वेश, पाशधर, वारुणीवल्लभ, सलिलेश, सूर्यनंदन.

**वरुण कशा** = अरब सागर.

**वरुण ग्रह** *सं* अंधा तारा, नैपच्यून, *वरुण*.

**वरुण सागर** = अरब सागर.
**वरुणालय** = समुद्र.
**वरूथ** = कवच.
**वरूथिनी** = सेना.
**वरे** = इस पार.
**वरेण्य** = उत्तम, उदाहरणीय, चयनीय, पूजनीय, वांछनीय.
**वरेशा** = प्रेमिका.
**वर्क** = कृति.
**वर्क डे** = कार्य दिवस.
**वर्कर** = कर्ता.
**वर्कशाप** = प्रयोगशाला, मरम्मतघर, सैमिनार.
**वर्किंग** = स्थानापन्न.
**वर्किंग कमिटी** = कार्यसमिति.
**वर्किंग क्लास** = सर्वहारा वर्ग.
**वर्ग** = कोटि, वर्ण, वृंद, समाज वर्ग, समूह.

**वर्ग** *सं* आयताकार वर्ग, समकोण समभुज चतुर्भुज, समभुज आयत, समायत, स्क़्वायर, ●चतुर्भुज.

**वर्ग किलोमीटर 0.01** = हैक्टैर.
**वर्ग गज 11,959.9** = हैक्टैर.
**वर्ग गज 4840** = एकड़.

**वर्ग पहेली** *सं* कौसवर्ड पज़ल, ●पहेली.

**वर्गफल** *सं आकार*, आयति, एरिया, *क्षेत्र*, क्षेत्रफल, क्षेत्रमाप, रक़बा, संवर्ग (प्रा), ●एकड़, ●क्षेत्र, ●घनफल, ■वर्गमूल.

**वर्ग मीटर 10,000** = हैक्टैर.
**वर्ग मीटर 4,046.8564** = एकड़.

**वर्गमूल** *सं* अंत्यमूल, क्षेत्रमूल, ■वर्गफल.

**वर्गयुद्ध** *सं* वर्ग संघर्ष, स्वार्थ टकराव, हित संघर्ष, ●साम्यवाद, ●हड़ताल.

**वर्ग संघर्ष** = वर्गयुद्ध.
**वर्गहीन** = जातिहीन, भेदभावहीन.
**वर्गहीनता** = भेदभावहीनता.
**वर्गीकृत** = गोपनीय.
**वर्चस्व** = अधिकार, कार्यक्षेत्र, प्रताप, प्रतिष्ठा.

**वर्चस्व** *सं अधिकार*, इख़्तियार, कंट्रोल, क़ब्ज़ा, क़ाबू, ज़ोर, ताक़त, *नियंत्रण*, *पहुँच*, *प्रताप*, *प्रभाव*, *बस*, बोलबाला, वश, ●विवशता, ■पराधीनता.

**वर्चस्वी** = शक्तिशाली.
**वर्चुअल रीयलिटी** = यथार्थाभास.
**वर्जक** = वर्जयिता, वर्जयिता.
**वर्जन** = अस्वीकृति, तर्जन, परित्याग.
**वर्जना** = तर्जन, धमकी, प्रतिबंध.
**वर्जनात्मक** = प्रतिबंधपूर्ण.
**वर्जयिता** = परित्यक्ता.

**वर्जयिता** *सं* करने से रोकने वाला, न करने का परामर्श देने वाला, *नियंत्रक*, प्रत्यादेशी, मना करने वाला, रोकने वाला, वर्जक, वर्जक.

**वर्जित** = अवैध, असमाविष्ट, अस्वीकृत, आपराधिक, दंडनीय, निंदनीय, निषिद्ध.
**वर्जित क्षेत्र** = निषिद्ध क्षेत्र.
**वर्जिन** = कौमार्यवती, मरियम.
**वर्जिन मेरी** = मरियम.
**वर्ज़िश** = व्यायाम.
**वर्ज्य** = असमर्थनीय.
**वर्टैक्स** = चक्रवात.
**वर्ड** = शब्द.
**वर्ड प्रौसैसिंग** = टाइपसैटिंग.
**वर्डबुक** = शब्द पुस्तक.
**वर्ण** = अक्षर, जाति, त्वचा रंग, परिधान, रंग, शब्द.

**वर्ण** *सं* आर्य वर्ण, आर्य समाज वर्ग, *जाति*, ज्ञाति, *बाना*, *वर्ग*, *समाज*, *समाज वर्ग*, ●अद्विज वर्ण, ●क्षत्रिय, ●द्विज वर्ण, ●पंचम वर्ण, ●ब्राह्मण, ●वैश्य, ●शूद्र, ●क़बीला, ●गोत्र, ●जाति, ●समाज.

**वर्ण उच्चारण** = उच्चारण.
**वर्णक्रम** = अक्षर क्रम.

**वर्णक्रम** *सं* रंगाली, रंगावली, वर्णाल, वर्णालय, वर्णावली, वर्णिका, ●प्रिज़्म.

**वर्णक्रमिक** = अकारादि क्रमिक.
**वर्णच्युत** = जाति निर्वासित.
**वर्ण धातु** = रंग द्रव्य.
**वर्णन** = क़िस्सा, चरित्र वर्णन, परिभाषा, वृत्तांत, व्याख्या.

**वर्णन** *सं* अहवाल, आख्यान, *कथन*, *कीर्तन*, गान, चित्रण, डैस्क्रिप्शन, निरूपण, बखान, *बयान*, विवरण, व्याख्यान, ●ब्योरा, ●लेखाचिट्ठा, ●वृत्तांत, ●शब्दचित्र.

**वर्णन चित्र** = इलस्ट्रेशन.
**वर्णन साहित्य** = शब्दचित्र.
**वर्णनातीत** = अपरिभाष्य.

**वर्णनातीत** *वि* अकथ्य, अनिर्वचनीय, अनिर्वाच्य, अवर्णनीय, अवर्ण्य, कल्पनातीत, *विचित्र*, विलक्षण, शब्दातीत, शब्दों से परे, ●अनभिव्यंजनीय, ●असामान्य, ●चमत्कारपूर्ण, ●विचित्र.

**वर्णनात्मक** = चित्रात्मक, पठनीय.

**वर्णनात्मक** *वि चित्रात्मक*, जीता जागता/जीती जागती, जीवंत, *प्रभावशाली*, मुखर, लक्षणात्मक, विवरणात्मक, वृत्तात्मक, सजीव, *साकार*, साक्षात, *स्पष्ट*, ●चित्रात्मक, ●संस्मरणात्मक, ●सविस्तार, ■संक्षिप्त.

**वर्णनात्मक चित्र** = इलस्ट्रेशन.
**वर्ण निर्वासन** = जाति निर्वासन.
**वर्ण बहिष्कार** = जाति निर्वासन.
**वर्णबहुल** = बहुरंगा/बहुरंगी.
**वर्णबोधिका** = वर्णमाला पुस्तक.
**वर्णभेद** = प्रजातिवाद.
**वर्णमाला** = वर्णमाला पुस्तक.

**वर्णमाला** *सं* अआइ, अक्षरमाला, अक्षरौटी, अलिफ़बेपे, एबीसीडी, कखग, •अक्षर, •लिपि.

**वर्णमाला पुस्तक** *सं* एबीसीडी, ककहरा, कखग, क़ायदा, बाल पोथी, वर्णबोधिका, *वर्णमाला*, •अक्षर, •पाठ्य पुस्तक, •लिपि.

**वर्णवादी** = चारण.
**वर्ण विन्यास** = वर्तनी.
**वर्ण व्यंजन** = व्यंजन अक्षर.
**वर्णश्रेष्ठ** = ब्राह्मण.
**वर्णसंकर** = संकरित.

**वर्णसंकर** *वि* कमअसल, द्विरेता, मिक्स्ड, *मिलावटी*, *मिश्रित*, रामजना/रामजनी, वर्संकर, संकरज, संकर जातीय, संकरी, •मिश्रजातीय, •संकरित, ▪शुद्धवर्णीय.

**वर्ण साम्य** = अनुप्रास.
**वर्ण स्वर** = स्वर अक्षर.
**वर्णहीन** = निम्नवर्णीय, रंगहीन.
**वर्णा** = अरहर.
**वर्णात्मक ध्वनि** = शब्द.
**वर्णाल** = वर्णक्रम.
**वर्णालय** = वर्णक्रम.

**वर्णाली** *सं* इंद्रधनुष वर्णक्रम, स्पैक्ट्रम, •प्रिज़्म.

**वर्णाली मणि** = प्रिज़्म.

**वर्णाली रंग** *सं* इंद्रधनुष रंग, श्वेत श्याम इतर सभी रंग, स्पैक्ट्रम रंग.

**वर्णाली क्रम सूची** *सं* (न्यूटन), 1 जामुनी, 2 इंडिगो, 3 नीला, 4 हरा, 5 पीला, 6 नारंगी, 7 लाल.

**वर्णावली** = वर्णक्रम.
**वर्णावृत्ति** = अनुप्रास.

**वर्णाश्रम धर्म** = हिंदू धर्म.
**वर्णिका** = वर्णक्रम.
**वर्णित** = अभिव्यक्त, चित्रित, पारिभाषिक, प्रदर्शित, बहुचर्चित.
**वर्णी** = रंगीन.
**वर्णेतर विवाह** = अंतरजातीय विवाह.
**वर्त** = वक्र.
**वर्तक** = बटेर.
**वर्तका** = बैंगन.
**वर्तन** = आचरण, कार्यान्विति, व्यवहार.

**वर्तनी** *सं* अक्षर विन्यास, अक्षरी, वर्ण विन्यास, शब्द विन्यास, हिज्जे.

**वर्तमान** = आधुनिक, उपस्थित, जीवित, प्रचलित.

**वर्तमान** *वि* अब का, अभी का, अर्वाचीन, अस्तित्वमान, *आगत*, आजकल का, आज का, इदंतन, इहकालीन, *उपस्थित*, एतद्कालीन, करंट, चालू, नूतन, *प्रचलित*, मौजूदा, वर्तमानकालीन, वर्तिष्णु, विद्यमान, संवर्तमान, सांप्रत, सामयिक, हाली, *है*, •आधुनिक, ▪अविद्यमान, ▪भविष्यकालीन, ▪भूतकालीन.

**वर्तमान काल** = आधुनिक काल.

**वर्तमान काल** *सं* अद्य, अद्यकाल, *अब*, *आज*, आजकल, आधुनिक युग, इहकाल, एतद्काल, यह काल, यह समय, ये दिन, सद्य, *हम*, हाल, •अब, ▪भविष्य काल, ▪भूतकाल.

**वर्तमान काल में** = वर्तमान में.
**वर्तमानकालीन** = वर्तमान.
**वर्तमानता** = अस्तित्व, उपस्थिति, जीवन.
**वर्तमान था** = था/थी.
**वर्तमान थे** = थे.
**वर्तमान मनु** = वैवस्वत मनु.
**वर्तमान मन्वंतर** = वैवस्वत मन्वंतर.

**वर्तमान में** *क्रिवि* अजहुँ, अथ, अद्य, अद्यापि, अद्यैव, अधुना, *अब*, *आज*, आजकल, आज भी, इन दिनों, इस काल में, इस समय, इहकाल, एतद्काल, फ़ी ज़माना, वर्तमान काल में, संप्रति, सद्य, सांप्रत, हाल, हाल में, •आसन्नतः, ▪भविष्य काल में, ▪भूत काल में.

**वर्तमान में भी** = अब भी.
**वर्तमान युग** = कलियुग, नवयुग.
**वर्तमान हूँ** = हूँ.
**वर्तमान हैं** = हैं.
**वर्तमान है** = है.
**वर्ति** = बत्ती.
**वर्तिका** = दीपक बाती, बटेर, बत्ती.
**वर्तिष्णु** = घटनाशील, वर्तमान.
**-वर्ती** = स्थित.
**वर्ती** = बत्ती, सलेट पैंसिल.
**वर्तीर** = बटेर.
**वर्तुल** = गोलाकार, मटर.
**वर्तुल पिंड** = गोला.
**वर्तुलप्राय** = गोलप्राय.
**वर्तुलप्राय पिंड** = गोलप्राय पिंड.
**वर्तुलाकार** = गोलाकार.
**वर्त्म** = किनारा, पलक, मार्ग, सड़क.
**वर्द्धक** = बढ़ई.
**वर्द्धकी** = बढ़ई.
**वर्द्धित** = वर्धित.
**वर्द्धिष्णु** = वृद्धिशील.
**वर्धक** = उन्नायक.
**वर्धकाय** = वयस्क.
**वर्धन** = उन्नायक, विकास, विस्फार.
**वर्धमान** = प्रसारशील, महावीर, वर्धित, वृद्धिशील, संतरा, सकोरा.
**वर्धित** = लहलहाता/लहलहाती.

**वर्धित** *वि दीर्घ*, परिवर्धित, प्रवर्धित, प्रवृद्ध, बड़ा/बड़ी, बढ़ा/बढ़ी, बढ़ाया/बढ़ाई, बहुलित, वर्द्धित, वर्धमान, विवर्धित, *वृद्ध*, वृद्धिशाली, संपोषित, संरक्षित, संवर्धित, *समृद्ध*, स्फीत, स्फूर्त, •वृद्धिशील, ▪संक्षिप्त.

**वर्धित करना** = बढ़ाना.
**वर्धिष्णु** = प्रसारशील, वृद्धिशील.
**वर्ध्य** = नम्य.
**वर्नाक्यूलर** = बोली.
**वर्ब** = क्रिया.
**वर्म** = कवच, कृमि.
**वर्मधर** = कवचित.
**वर्मा** = कवचित.
**वर्मी** = कवचित.

**वर्य** = चयनीय, विवाह्य.
**वर्ल्ड** = विश्वीय, सृष्टि, सृष्टीय.
**वर्ल्ड वाइड वैब** = इंटरनैट.
**वर्ष** = क्षेत्र, पृथ्वी परिक्रमा काल, संवत्सर.
**वर्ष-** = वर्षीय.

**वर्ष** *सं* अब्द, दिन 365/366, बरस, बारह महीने, मास 12, वत्सर, सप्ताह 52, *साल*, •कैलंडर वर्ष, •कैलेंडर, •चांद्र वर्ष, •दशक, •पृथ्वी परिक्रमा काल, •मास, •लीप ईयर, •शताब्दी, •ष, •संवत्सर.

**वर्ष 10** = दशक.
**वर्ष 100** = शताब्दी.
**वर्ष 1,000** = सहस्राब्दी.
**वर्ष 1/365-366** = अहोरात्र.
**वर्ष 30,67,20,000** = मन्वंतर.
**वर्ष 50** = पचास वर्ष.
**वर्ष 52वाँ भाग** = सप्ताह.
**वर्ष 60** = साठ वर्ष.
**वर्ष आरंभ** = नववर्ष.
**वर्षकर** = मेघ.
**वर्ष गणना** = संवत्सर.
**वर्ष गाँठ** = जन्म दिवस.
**वर्षद** = वर्षा मेघ.

**वर्षद** *वि* आर्द्र, ऊदा/ऊदी, काला, गहरा, घना, जलद, जलधर, जलपूर्ण, नीर भरा, बरसाऊ, बरसीला/बरसीली, बरसैया, बरसौहा/बरसौंही, भरा/भरी, लदा/लदी, वर्षयिता, वरषाप्रद, वर्षिता, वृष्टिकर, *सघन*, *सजल*, •वर्षापूर्ण, •सजल, ■जलहीन.

**वर्षदेय** *सं* अनुवर्ष देय, अनुवार्षिकी, ऐनुइटी, वार्षिक देय, वार्षिकी, सालियाना.

**वर्षधर** = मेघ, वर्षा मेघ.
**वर्ष पुस्तिका** = अलमनाक.
**वर्ष प्रथम दिवस** = नववर्ष दिवस.
**वर्षबोधिनी** = अलमनाक, इयरबुक.
**वर्ष में छः बार** = द्विमासिक.
**वर्षयिता** = वर्षद.
**वर्षा** = छिड़काव, फुहार, बरसात, बारिश.
**वर्षा (श्रावण भाद्रपद)** = षड् ऋतु सूची.
**वर्षा ऋतु** = बरसात.
**वर्षाकण** = वर्षा बूँद.
**वर्षा करना** = बरसाना.
**वर्षाकाल** = बरसात.
**वर्षागम** = बरसात.
**वर्षा गिरना** = बरसना.
**वर्षा ताल** = तलैया.
**वर्षात्राण** = छाता.
**वर्षा देवता** = इंद्र.

**वर्षापूर्ण** *वि* आच्छन्न, आर्द्र, क्लाउडी, गीला/गीली, चिपचिपा/चिपचिपी, *टपटप*, तर, तरबतर, *तूफ़ानी*, *दलदली*, पनियल, बदलाया/बदलाई, बरसता/बरसती, बरसाती, भीगा/भीगी, *मेघाच्छन्न*, वर्षायुक्त, शादाब, *सजल*, सराबोर, *सीलनदार*, सीला/सीली, सेराब, •मेघाच्छन्न, •वर्षद, •हरियल, ■वर्षाहीन.

**वर्षाप्रद** = वर्षद.
**वर्षा प्रभंजन** = तूफ़ान.
**वर्षाप्रिय** = चातक.
**वर्षा बादल** = वर्षा मेघ.

**वर्षा बूँद** *सं* छींटा, झींसी, धारांकुर, *फुहार*, बुँदिया, *बूँद*, वर्षाकण, शीकर, सीकर.

**वर्षामद** = मोर.

**वर्षा मेघ** *सं* अंबुद, अंबुधर, अंभोद, उदकधर, उदवाह, जलद, जलधर, तोयद, नीरद, नीरधर, पयोद, पयोधर, पर्जन्य, भरा बादल, लदा बादल, *वर्षद*, वर्षधर, वर्षा बादल, वारिद, संवर्त, सजल मेघ, सललिद, सलिलधर.

**वर्षायुक्त** = वर्षापूर्ण.
**वर्षारंभ** = नववर्ष.
**वर्षा रानी** = बरसात.
**वर्षार्ध** = अध्ययन सत्र.
**वर्षावलंबित** = असिंचित.
**वर्षावात** = मानसून.
**वर्षासिंचित** = असिंचित.
**वर्षा से डूबी भूमि** = खादर.

**वर्षाहीन** *वि* अदेवमातृक, अवर्षित, खुश्क, *जलहीन*, वृष्टिहीन, शुष्क, सूखा/सूखी, ■बाढ़ग्रस्त, ■वर्षापूर्ण.

**वर्षाहीनता** = अवर्षा.
**वर्षा होना** = बरसना.
**वर्षिक** = वर्षीय.
**वर्षिता** = वर्षद.
**-वर्षी** = वर्षीय.

**वर्षीय** *वि* -अब्दिक, अब्दीय, आब्दिक, ईयरली, परिवत्सरीय, वत्सरीय, वर्ष-, वर्षिक, -वर्षी, वात्सरिक, वार्ष, *वार्षिक*, संवत्सरीय, सांवत्सरिक, सांवत्सरीय, -साला/-साली, सालाना, हायण, हायनिक.

**वर्षे** = संवत्सरे.
**वर्षोत्सव** = जयंती.
**वर्षोपल** = ओला.
**वर्सकर** = वर्णसंकर.
**वर्हियान** = स्कंद.
**वर्ही** = मोर.
**वर्हीवाहन** = स्कंद.
**वलंब** = लाठी.
**वलभी** = छप्पर, दृश्यावली कक्ष, भवन शिखर.
**वलय** = अँगूठी, कुंडली, घेरा, झुर्री, तह, लपेट.
**वलयहीन** = सीधा/सीधी.
**वलयाकार** = चक्राकार.
**वलयित** = पेचदार, मोड़दार.
**वलाक** = बगला.
**वलाका** = मादा बगला.
**वलित** = पेचदार.
**वली** = स्वामी.
**वली अहद** = युवराज.
**वलीक** = ओलती.
**वली मज़ार** = रोज़ा.
**वल्कद्रुम** = भूर्जवृक्ष.
**वल्कल** = छाल.
**वल्गन** = द्रुतवेग.
**वल्गा** = जोत रस्सी, लगाम.
**वल्गुजा** = बकरी.
**वल्गुला** = चमगादड़.
**वल्मीक** = बाँबी.
**वल्लभ** = प्रेमी, स्वामी.
**वल्लभ/वल्लभा** = प्रेमपात्र/प्रेमपात्रा.
**वल्लभा** = पत्नी, प्रेमिका, प्रेमिका.

**वल्लरी** = मंजरी, लता.
**वल्ली** = गिलोय, लता.
**वल्लूर** = ऊसर, वन.
**वल्वला** = उत्साह.
**वश** = अधिकार, नियंत्रण, प्रताप, वर्चस्व, संयम, सत्ताक्षेत्र, सत्ताधिकार.
**वशक्रिया** = वशीकरण.
**वशगामी/वशगामिनी** = आज्ञाकारी.
**वशवर्ती** = पराधीन.
**वशा** = ननद, हथिनी.
**वशातीत** = अजेय.

**वशातीत** *वि* अदम्य, अनियम्य, अनिरुद्ध, अनिर्बंध, अबद्ध, अबाध्य, अरोध्य, अवशवर्ती, अवशाधीन्य, उच्छृंखल, क़ाबू से बाहर, दुरतिक्रम, नियंत्रणहीन, *निरंकुश*, बंधनहीन, बस के बाहर, मनमाना/मनमानी, वशेतर, स्वच्छंद, स्वतंत्र, •अजेय, •उन्मुक्त, •स्वाधीन, ▪नियंत्रित, ▪पराधीन.

**वशाधीन** = पराधीन.
**वशाधीनक** = परराष्ट्र जेता.
**वशाधीनता** = पराधीनता.
**वशाधीनन** = परराष्ट्र जय.
**वशानयन** = अधिग्रहण.
**वशानुग** = आज्ञाकारी.
**वशित्व** = योगसिद्धि.
**वशी** = पराधीन.
**वशीकरण** = गिरफ़्तारी, सम्मोहिनी.

**वशीकरण** *सं* अंछर, अफ़सूँ, अभिचार, कीलन, *जादू*, ठगोरी, नियंत्रणन, पढ़ंत, प्रमोहन, *प्रयोग*, बंदीकरण, बंधन, मंत्रप्रयोग, मंत्रसाधन, मोहिनी, लाग, वशक्रिया, सम्मोहन, *साधन*, •गुह्यविद्या.

**वशीकरण यंत्र** *सं* मोहनास्त्र, मोहास्त्र, मोहिनी यंत्र, सम्मोहन यंत्र, सम्मोहनास्त्र.

**वशीकृत** = पराधीन, बेड़ीबंद.

**वशीकृत** *वि* अभिभूत, *आसक्त*, कीलित, पराभूत, *प्रभावित*, मंत्रमुग्ध, मायाबद्ध, मुग्ध, मोहग्रस्त, *मोहित*, रागान्वित, वशीभूत, *विजड़ित*, विमोहित, सम्मोहित, *साधित*, ▪मोहभंजित.

**वशीभूत** = पराधीन, प्रभावित, वशीकृत.
**वशेतर** = असाध्य, वशातीत, हठी.
**वश्य** = जेय, शास्य.
**वश्यता** = दायित्व.
**वश्या** = लगाम.
**वषट्कर्ता** = यज्ञहोता.
**वसंत** = ईस्टर, उत्कर्ष काल, ऋतु सूची, खिलावट, पुष्पन, वसंत पंचमी.

**वसंत** *सं उत्कर्ष काल*, उमंग काल, ऋतुराज, कुसुमाकर, कुसुमागम, गुल बहार, चैत्र वैशाख, जोबन, *नवयौवन*, निखार, पुष्पकाल, पुष्पागम, प्रस्फुटन काल, फ़स्ले गुल, फाग, फागुन, बसंत, बसंत रितु, बहार, *मधुमास*, मन्मथसख, मौसमे गुल, मौसमे बहार, *यौवन*, रितुराज, वसंत ऋतु, वसंत काल, विकास काल, शिशिरांत, सुरभि मास, हिमांत, •कोयल, ▪पतझड़.

**वसंत (चैत्र वैशाख)** = षड् ऋतु सूची.
**वसंत ऋतु** = वसंत.
**वसंत काल** = यौवन, वसंत, स्वर्णयुग.
**वसंत दूत** = चैत्र मास.
**वसंत दूती** = कोयल, पाटलि.
**वसंत द्रुम** = आम वृक्ष.□
**वसंतद्रुम** = आम वृक्ष.

**वसंत पंचमी** *सं* फाग, बसंत पंचमी, *वसंत*, सरस्वती पूजा.

**वसंत विषुव** *सं* बलिद्वार, महाविषुव, मार्च 20/21, मेष विषुव, स्वर्गद्वार, •शरद विषुव.

**वसंतसखा** = कामदेव.
**वसंती** = आशाप्रद, जवान, पीला/पीली, मादक, सुंदर.

**वसंती** *वि* खिलता/खिलती, खिला/खिली, *गुलाबी*, चैती, पीला/पीली, फागुनी, बसंती, भीना/भीनी, मधुर, महकता/महकती, वासंती, *सुखद*, *सुगंधित*, सुरभित, सुहाना/सुहानी, सुहावना/सुहावनी, हरा भरा/हरी भरी, •पुष्पित, ▪पतझड़ी, ▪मुरझाया/मुरझाई.

**वसथ** = छत्ता.
**वसन** = परिधान, वस्त्र.
**वसनहीनता** = नग्नता.
**वसना** = करधनी.

**वसा** *सं* चरबी, फ़ैट, मांससार, मेदा, •कालैस्टैरौल, •मांस.

**वसिष्ठ** = ऋषि सूची, सप्तर्षि.

**वसिष्ठ** *सं* और्वशेय, महायोगेश्वर, मैत्रावरुणि, योगवासिष्ठ रचेता, •दशरथ, •रामायण, •वाल्मीकि, •विश्वामित्र.

**वसीयत** *सं* इच्छापत्र, उत्तराधिकार दानपत्र, उत्तराधिकार पत्र, *टैस्टामैंट*, मृतलेख, मृत्युपत्र, रिक्थपत्र, वसीयतनामा, विल.

**वसीयतनामा** = वसीयत.
**वसीला** = संसाधन, साधन.
**वसीह** = विस्तीर्ण.
**वसुंधरा** = पृथ्वी.
**वसु** = धन.

**वसुदेव** *सं* आनक दुंदुभि, कृष्ण पिता, भूकश्यप, रोहिणीश, शौरि, •कृष्ण, •नंद.

**वसुधा** = पृथ्वी.
**वसुधारा** = आकाश गंगा, कुबेर नगर.
**वसुप्रद** = धनप्रद.
**वसुषेण (बाल काल नाम)** = कर्ण.
**वसूल करना** = उगाहना.
**वसूलना** = उगाहना, छीनना.
**वसूलयाबी** = उगाही.
**वसूलवाना** = दिलाना.
**वसूली** = उगाही.
**वस्त** = कटि.
**वस्ति** = एनीमा, योग विधि द्वारा मल शोधन.
**वस्तु** = उत्पाद, कृति, पदार्थ, सामान.

**वस्तु** *सं कुछ*, *चीज़*, जिंस, *पदार्थ*, शै, •उत्पाद, •सामान.

**वस्तु/कक्ष शीतलन उपकरण** = कूलर.
**वस्तुगत** = यथार्थ, साकार.
**वस्तुगतता** = यथार्थता.

**वस्तुज्ञान** = भौतिकी, विज्ञान.
**वस्तुनिष्ठ** = तथ्यात्मक, वस्तुपरक, सटीक.

**वस्तुपरक** *वि* *अभावुक*, अवैयक्तिक, *निष्पक्ष*, वस्तुनिष्ठ, वस्तुवादी, वास्तविक, *वैज्ञानिक*, •विज्ञानसंगत, ▪काल्पनिक, ▪भावनाधारित.

**वस्तुवादी** = वस्तुपरक.

**वस्तु विनिमय** *सं* अदलबदल, अदलाबदला, अदलाबदली, अलटापलटी, ऐक्सचेंज, देवा लेई, परस्पर आदान प्रदान, फेर, फेरबदल, बदला, बदलौवल, बादला, बार्टर, लेनदेन, वाणिज्य, विनिमय, •व्यापार, •सौदागरी.

**वस्तुशून्य** = अयथार्थ, स्पर्शागोचर.
**वस्तुस्थिति** = परिस्थिति.
**वस्त्र** = परिधान, वेश.

**वस्त्र** *सं* अंबर, अंशुक, अनसिला कपड़ा, आच्छादन, कपड़ा, क्लाथ, चीर, चैल, जामा, टैक्स्टाइल, *पट*, पाट, पारचा, *पोत*, फ़ैब्रिक, लत्ता, वसन, वास, वासन, •अस्तर, •कमख़्वाब, •कार्डराय, •क्रेप, •क्रेप द शिन, •खादी, •गैबरडीन, •जीन, •जौर्जेट, •टसर, •टैरीकौट, •टैरीवूल, •टैरीसिल्क, •ट्विल, •डैनिम, •ताफ़्ता, •नाइलौन, •पट्टू, •पापलीन, •फ़लालैन, •बुकरम, •मख़मल, •मलमल, •मारकीन, •रूबिया, •लट्ठा, •लिनन, •वायल, •शिफ़ौन, •साटन, •होज़ियरी, •बुनकर, •बुनावट.

**वस्त्र कटपीस** = कटपीस.
**वस्त्रखंड** = कटपीस.
**वस्त्रद** = कपास.
**वस्त्रधारी** = वेशित.
**वस्त्र पुत्रिका** = गुड़िया.
**वस्त्र प्रक्षालक** = धोबी.
**वस्त्रबंध** = नाड़ा.
**वस्त्र बाज़ार** = बज़ाज़ा.
**वस्त्र रंजन** = रँगाई.
**वस्त्र विक्रेता** = बजाज.
**वस्त्रहीन** = नग्न.
**वस्त्रहीनता** = नग्नता.
**वस्त्रांचल** = पलाव.
**वस्त्राच्छादित** = वेशित.
**वस्त्राभूषण** = वेश.
**वस्ल** = मिलन, संभोग.
**वहंत** = वायु.
**-वह** = ट्रांसपोर्टर.

**वह** *सर्व* अन्य पुरुष, उस, तद, तिस, न तू न मैं, यह नहीं, वह वस्तु, वह व्यक्ति, *वे*, वो, सो, •यह, •वही, •हम, ▪सब.

**वह (बोलचाल)** = पत्नी.
**वह और मैं** = हम.
**वह क्या** = क्या.
**वहदत** = अद्वैतता.
**वहदतख़ाना** = एकांत स्थान.
**वहदते वुजूद** = एकेश्वरवाद.
**वह दुनिया** = परलोक.
**वहन** = परिवहन.

**वहन** *सं* उद्वहन, ट्रांसपोर्टिंग, ढुलाई, *परिवहन*, पहुँचाई, बरदारी, संभरण, संवहन, •क़ुलीगीरी, •ट्रांसपोर्टर, •यान, •लगेज, •लाद.

**वहन करना** = ढोना.
**वहन कर्ता** = ट्रांसपोर्टर.
**वहनक्षम** = वहनीय.
**वहन शुल्क** = यात्रा भाड़ा.
**वह नहीं** = यह.
**वहनीय** = सह्य, साध्य, साध्य.

**वहनीय** *वि* अजटित, अदृढ़, अविजड़ित, अस्थायी, अस्थावर, अस्थास्नु, उठाऊ, धार्य, पोर्टेबल, भार्य, वहनक्षम, वाहनीय, वाह्य, संवहनीय, संवाह्य, •वहनक्षम, •सचल, ▪अवहनीय.

**वह भी** = इत्यादि.
**वहल** = भार पशु.
**वह वस्तु** = वह.
**वह वह** = अमुक.
**वह व्यक्ति** = वह.
**वहशतनाक** = रक्तपातपूर्ण.
**वहशियाना** = असंस्कृत, वन्य.
**वहशी** = अपालतू, निर्दय, वन्य, वन्य पशु.
**वहाँ** = उधर, उस पार, सीमा पार.

**वहाँ** *क्रिवि* उस ओर, उस तरफ़, *उस पार*, तहाँ, दूर, परे, वहाँ पर, •कहाँ, ▪यहाँ.

**वहाँ नहीं** = कहीं और.
**वहाँ पर** = वहाँ.
**वहिनी** = नौका.
**वही** = अपरिवर्तित, सटीक.
**वहेडुक** = बहेड़ा.
**वह्नि** = अग्नि.
**वह्निकुंड** = यज्ञकुंड.
**वह्नि कोण** = दक्षिण पूर्व दिशा.
**वह्निमुख** = देवता.
**वह्निसख** = वायु.
**वह्य** = जोतगाड़ी.
**वांछनीय** = अच्छा/अच्छी, अर्हतासंपन्न, ईर्षणीय, उत्तम, मनोग्राह्य, संग्रहणीय.

**वांछनीय** *वि* अच्छा/अच्छी, अपेक्षणीय, अभिप्रेय, अभीष्ट, इच्छनीय, इष्ट, उचित, *उत्तम*, *उपयोगी*, कांक्षणीय, कांक्ष्य, काम का, काम्य/काम्या, प्राप्तव्य, प्रेय, बजा, वरेण्य, वांछ्य, स्पृहणीय, *स्वीकार्य*, •आचरणीय, •इच्छित, •उत्तम, •संग्रहणीय, ▪अवांछनीय, ▪निंदनीय.

**वांछा** = इच्छा.
**वांछा करना** = चाहना.
**वांछित** = आवश्यक, आवाहित, इच्छित.
**वांछित योग्यता** = अर्हता.
**वांछी** = इच्छुक, प्रत्याशा कर्ता.
**वांछी/वांछिनी** = तत्पर.
**वांछ्य** = प्रेम्य, वांछनीय.
**वांटिड** = आवश्यक, इच्छित, चाहिए.
**वांत** = वमित पदार्थ.
**वांतरिक्ष** = वातावरण.
**वांतान्न** = वमित पदार्थ.
**वांशिक** = सहवंशी.
**वा** = अथवा, और.
**वाइंड करना** = लपेटना.
**वाइंड होना** = लिपटना.
**वाइज़** = उपदेशक.

**वाइज़** *सं उपदेशक*, धर्मोपदेशक, नासेह, वाज़, •इमाम, •मसजिद, •मुल्ला.

**वाइटल स्टैटिक्स** = देहानुपात.
**वाइटामिन (विकल्प)** = विटामिन.
**वाइन** = मदिरा, मद्य, मद्य.
**वाइन आसवित मद्य** = ब्रांडी.
**वाइन मर्चैंट** = मद्य विक्रेता.
**वाइपर** = विंडस्क्रीन वाइपर, स्क़्वीजी.
**वाइरल** = रोगकारक.
**वाइरस** = रोगाणु.
**वाइस-** = असिस्टैंट.
**वाइस चांसलर** = उपकुलपति.
**वाइस चेयरमैन** = उपसभापति.
**वाइस प्रैज़िडैंट** = उपराष्ट्रपति, उपसभापति.

**वाउचर** *सं* व्यय प्रमाण, व्यय विवरण पत्र, •रसीद.

**वाक़ई** = यथार्थ.
**वाक़य** = स्थित.
**वाक़या** = अपराध घटना.
**वाक़यात** = तथ्य.
**वाक़िआती** = तथ्यात्मक.
**वाक़िफ़** = ज्ञानी, परिचित, शिक्षित.
**वाक़िफ़कार** = परिचित व्यक्ति.
**वाक़िफ़कारी** = परिचायन.
**वाक़िफ़ीयत** = परिचय, विद्वत्ता.
**वाक़िया** = घटना, दुर्घटना.
**वाकीटाकी** = टेलिफ़ोन.
**वाक़ेअ** = घटित.
**वाकोपवाक्य** = तर्क, वादविवाद, वादविवाद, वार्तालाप.
**वाक्** = बाइबिल, बात, वाचा, शब्द.
**वाक्कलह** = तकरार.
**वाक्केलि** = चकल्लस, चुटकुलेबाज़ी.

**वाक्केलि** *सं गुदगुदी*, *चंचलता*, चालाकी, चुहल, छेड़छाड़, छेड़छाड़, छेपटी, ठट्ठेबाज़ी, ठट्ठेबाज़ी, दिल्लगीबाज़ी, परिहास, प्रहास, बुद्धि विलास, भँडैती, मखौल, मज़ाक़, मज़ाक़ियापन, मसख़रापन, मसख़रापन, मसख़री, मसख़री, मसख़री, रसवाद, *वाग्विलास*, शोख़ी, हँसीठट्ठा, हँसोड़पन, हास परिहास, हास्य विनोद, •चकल्लस, •चुटकुलेबाज़ी.

**वाक् चमत्कार अलंकार** = अर्थालंकार.
**वाक्छल** = अस्पष्टवादिता, कुतर्क, बहानेबाज़ी.

**वाक्छल** *सं* आडंबर, उलझाव, गोलमटोल बात, *चक्कर*, टालमटोल, तूमार, *बहानेबाज़ी*, लफ़्फ़ाजी, वाक्याडंबर, शब्दजाल, *शब्दाडंबर*, शब्दाडंबरपूर्ण तर्क, •अस्पष्टवादिता, •कुतर्क, •बहानेबाज़ी.

**वाक्छली** = वितंडावादी.
**वाक्पटु** = मनाऊ, वाग्विलासपूर्ण.
**वाक्पटुता** = वाग्मिता, वाग्विलास.
**वाक्पटुतापूर्ण** = वाग्विलासपूर्ण.
**वाक्पति** = वाग्विलासी व्यक्ति.
**वाक् प्रतिबंधित** = वाचा प्रतिबंधित.
**वाक्प्रलाप** = बकवास.
**वाक्य** = उक्ति, कथन, बात, बात, साक्ष्य.

**वाक्य** *सं कथन*, जुमला, फ़िक़रा, *बात*, *वक्तव्य*, *वचन*, •उद्धरण, •उपवाक्य, •पैराग्राफ़, •शब्द.

**वाक्य क्रिया** = क्रिया.
**वाक्य खंड** = उपवाक्य.
**वाक्यधारा** = उपवाक्य.
**वाक्यबाण** = कटाक्ष.

**वाक्य रचना** *सं* पद योजना, वाक्य विन्यास, शब्द योजना, सिंटैक्स.

**वाक्य रस** = काव्यरस.

**वाक्य विग्रह** *सं* पृथक्करण, वाक्य विभाजन, वाक्य विश्लेषण, *विश्लेषण*.

**वाक्य विन्यास** = वाक्य रचना.
**वाक्य विभाजन** = वाक्य विग्रह.
**वाक्य विशारद** = वाग्विलासी व्यक्ति.
**वाक्य विशेषक** = उपवाक्य.
**वाक्य विश्लेषण** = वाक्य विग्रह.
**वाक्य समूह** = प्रकरण.
**वाक्यांश** = पद समुदाय.
**वाक्याडंबर** = वाक्छल, शब्दाडंबर.
**वाक् शक्ति** = वाचेंद्रिय.

**वाक्संयमी** = स्वल्पभाषी.

**वाक्संयमी** *वि* अल्पभाषी, कमबोला/कमबोली, गोपनकारी, घुन्ना/घुन्नी, चुप्पा/चुप्पी, छिपाऊ, पोश, रहस्यगोप, रहस्य गोपक, रहस्य रक्षक, *स्वल्पभाषी*, •गोपनशील, •रहस्यभागी.

**वागधिप** = वाग्विलासी व्यक्ति.
**वागिंद्रिय** = वाचेंद्रिय.
**वागीश** = भाषणदाता, वाग्विलासी व्यक्ति.
**वागीशा** = सरस्वती देवी.
**वागीश्वर** = बृहस्पति, ब्रह्मा, वाग्विलासी व्यक्ति, विद्वान व्यक्ति.
**वागीश्वरी** = सरस्वती देवी.
**वाग्** = वाचा, शब्द.
**वाग्जाल** = कुतर्क, शब्दाडंबर.
**वाग्डंबर** = गर्वोक्ति.

**वाग्दत्त/वाग्दत्ता** *वि* ठहरा/ठहरी, •अविवाहित, •विवाहित, •सगाई.

**वाग्दाता** = वचनदाता.
**वाग्दान** = सगाई.
**वाग्दुष्ट** = अफ़वाहबाज़, कटुभाषी.
**वाग्देवी** = कला देवी, सरस्वती देवी.
**वाग्दोष** = गालीगलौज.
**वाग्भंगी** = मुहावरा.
**वाग्मिता** = विद्वत्ता.

**वाग्मिता** *सं* प्रवचन पटुता, भाषण कला, वक्तृता, वक्तृत्व, वाक्पटुता, वाग्विदग्धता, वाचस्पत्य, सुप्रलाप, •वाग्विलास.

**वाग्मी** = तोता, भाषणदाता, मनाऊ, वाग्विलासी व्यक्ति, विद्याविद्.
**वाग्याम** = मौनावलंबी.
**वाग्युद्ध** = तकरार.
**वाग्वज्र** = कटाक्ष, शाप.
**वाग्वितंडा** = तकरार.
**वाग्वितंडी** = वितंडावादी.
**वाग्विदग्धता** = वाग्मिता, विद्वत्ता.
**वाग्विलास** = बतरस, वाक्केलि.

**वाग्विलास** *सं* प्रगल्भता, प्रागल्भ्य, बुद्धि विलास, भाषण कौशल, *भाषा*, भाषा पर अधिकार, वक्तृत्व, वाक्पटुता, वाचस्पत्य, विदग्धता,

वैदर्भ, शब्दचातुर्य, •वाक्केलि, •वाग्मिता, •शब्दाडंबर, •शब्दातिरेक.

**वाग्विलासपूर्ण** *वि* खुशबयान, भाषाधिकारी, लस्सान, वचनपटु, वचनविदग्ध, वाक्पटु, वाक्पटुतापूर्ण, विदग्ध, वैदर्भ, शब्दचतुर, शब्दाडंबरपूर्ण (भाषा), शब्दाडंबरपूर्ण (लेखक), सधा/सधी, सुभाषी/सुभाषिणी.

**वाग्विलासी व्यक्ति** *सं* भाषाधिकारी, वदान्य, वाक्पति, वाक्य विशारद, वागधिप, वागीश, वागीश्वर, वाग्मी, वाग्विलासी, *वाचस्पति*, वादान्य, वादींद्र, *विट*, विदग्ध, शब्दचतुर, साहबे ज़बान, सुवक्ता, सुवाग्मी.

**वाङ्** = शब्द.
**वाङ्मय** = शब्दावली, संस्कृति, साहित्य.
**वाच** = घड़ी, पहरा.
**वाचक** = अर्थद्योतक, कथन कर्ता, प्रवक्ता.
**वाचक पद** = संज्ञा.
**वाचन** = उच्चारण, पठन.

**वाचन** *सं अभिव्यक्ति*, *उच्चारण*, उदीरण, गीर्णन, निगदन, बयन, भणन, वदन, व्याहरण, *व्याहृति*, शब्दन, संस्वरण, समुच्चारण, स्वरण, •कथन, •पठन.

**वाचन करना** = बाँचना.
**वाचना** = बाँचना.

**वाचनालय** *सं* पाठनालय, *पुस्तकालय*, रीडिंगरूम, •अध्ययन कक्ष, •पुस्तकालय, •विद्यालय कक्ष.

**वाचस्पति** = बृहस्पति, वाग्विलासी व्यक्ति, विद्वान व्यक्ति.

**वाचस्पति** *सं* ऐलऐलऐम, ऐलऐलडी, डाक्टर, डीआर, डीफ़िल, डीलिट, वारिधि, विद्यावारिधि, •कला स्नातक.

**वाचस्पति उपाधि** *सं* डाक्टरेट उपाधि, •स्नातक उपाधि.

**वाचस्पत्य** = वाग्मिता, वाग्विलास.
**वाचा** = इंद्रिय सूची, कंठध्वनि, जीभ, बात, भाषा, सरस्वती देवी.

**वाचा** *सं* आवाज़, गांधर्वी, गिरा, गीः, गीर्, ज़बान, धिषणा, *ध्वनि*, बानी, बोल, बोलती, *बोली*, *ब्राह्मी*, भारती, *भाषा*, मुखध्वनि, वाक्, वाग्, वाच्, वाणी, वैखरी, वौइस, *शब्द*, *सरस्वती*, स्पीच, स्वर, •अव्याकृता वाचा, •व्याकृता वाचा, •कंठ, •जीभ, •भाषा, •वाचातंत्र.

**वाचा इंद्रिय** = वाचेंद्रिय.
**वाचाट** = बातूनी.

**वाचा प्रतिबंध** *सं* अभिव्यक्ति निषेध, अभिव्यक्ति प्रतिबंध, कंठरोधन, कंठावरोधन, ज़बानबंदी, वाचारोध, वाचारोधन, •सैंसरशिप, ■मौन व्रत.

**वाचा प्रतिबंधित** *वि* चुप, चुपाया/चुपाई, ज़बानबंद, दमित, निमुँहा/निमुँही, *बंद*, मुँहबंद, रुद्ध, रोका/रोकी, वाक् प्रतिबंधित, *वाचारुद्ध*, •सैंसरित.

**वाचारुद्ध** = अस्पष्ट (उच्चारक), भावपूर्ण, वाचा प्रतिबंधित.

**वाचारुद्ध** *वि अवरुद्ध*, अवरुद्धकंठ, अवाक्, ज़बानबंद, निरुद्ध, निर्वाक्, रुँधा (कंठ), रुँधी (आवाज़), रुद्ध, रुद्धकंठ, स्तंभित, स्तब्ध, हकबक, हक्का बक्का/हक्का बक्की, •चकित.

**वाचारोध** = वाचा प्रतिबंध.
**वाचारोधन** = वाचा प्रतिबंध.
**वाचाल** = बकवासी, बहिर्मनस्क, बातूनी.
**वाचाल व्यक्ति** = बतरसिया.
**वाचाशक्ति** = वाचेंद्रिय.
**वाचाहीन** = गूँगा/गूँगी.

**वाचाहीन** *वि* अकंठ, अवाक्, कंठहीन, निर्जिह्व, निर्वचन, निर्वाक्, निश्शब्द, निष्कंठ, बेआवाज़, बेज़बान, बेज़ुबान, वाणीहीन, स्वरहीन, •अवाचाल, •गूँगा/गूँगी, •निरुत्तर, •स्वल्पभाषी.

**वाचिक** = मौखिक.
**वाचिक ध्वनि** = शब्द.
**वाचिक शब्द** = शब्द.
**वाचित** = अभिव्यक्त, कथित, कथित.
**वाचित करना** = कहना.
**वाची** = अर्थद्योतक, कथन कर्ता.
**वाचेंद्रिय** = जीभ.

**वाचेंद्रिय** *सं* उच्चारण शक्ति, वाक् शक्ति, वागिंद्रिय, वाचा इंद्रिय, वाचाशक्ति, शचि, *सरस्वती*, ■श्रवण अनुभूति.

**वाचेंद्रिय (वाणी)** = कर्मेंद्रिय.
**वाच्** = वाचा.
**वाच्य अर्थ** = अभिधार्थ.
**वाच्यांतर** = भाष्य.
**वाच्यार्थ** = अभिधार्थ.
**वाज** = दौड़ाकी.
**वाज़** = उपदेश, वाइज़.
**वाजपति** = अग्निदेव.
**वाजसनेयी** = याज्ञवल्क्य.
**वाजिनी** = घोड़ी.
**वाजिब** = आवश्यकतानुरूप, तर्कसंगत, न्यायसंगत, प्रासंगिक, विधिसंगत, वैध, संगत, स्वीकार्य.
**वाजिशाला** = अस्तबल.
**वाजी** = घोड़ा.
**वाजीकर** = शक्तिवर्धक.
**वाजीकरण** = शक्तिवर्धन.
**वाजीकरण तंत्र** = आयुर्वेद आठ अंग.
**वाजीभक्ष** = चना.
**वाट** = परकोटा, भवन, मंदिर, वाटेज, सड़क.
**वाटर** = जल, जलतल.
**वाटर निंफ** = जलपरी.
**वाटरप्रूफ़** = जलवारक.
**वाटर फ़ाल** = निर्झर.
**वाटर सर्फ़िंग** = सर्फ़िंग.
**वाटिका** = उपवन.
**वाटिकीय** = उपवनित.

**वाटेज** *सं* वाट, विद्युत शक्ति इकाई, विद्युत शक्ति माप, •विद्युत ऊर्जा, •वोल्टेज.

**वाट्टक** = धानी.
**वाट्य** = उपवनित.
**वाडव** = घोड़ा.

 (प्रा) प्राचीन शब्द, अब अप्रचलित - *तिरछे* शब्द स्वतंत्र शीर्षक भी हैं •सपर्याय ■विपर्याय

**वाडवेय** = घोड़ा.
**वाड़ा** = नगर खंड.
**वाणिजक** = बनजारा.
**वाणिज्य** = वस्तु विनिमय, व्यापार, सौदागरी.
**वाणिज्य केंद्र** = बाज़ार.
**वाणिज्य पोत** = मालवाही जलयान.
**वाणिज्यिक** = व्यावसायिक.
**वाणिज्यीय** = व्यावसायिक.
**वाणी** = अभिव्यक्ति, उक्ति, कंठध्वनि, कविता, काव्य, गायक, गायिका, धर्मादेश, बात, भाषा, वचन, वाचा, सरस्वती देवी.
**वाणी देना** = कहना.
**वाणी देवता** = बृहस्पति.
**वाणीदोष** = स्वरविकार.
**वाणी स्खलन** = हकलाहट.
**वाणीहीन** = गूँगा/गूँगी, वाचाहीन.
**वात** = गठिया, गैस, मरुत, वायु.

**वात दिशायंत्र सूची** *सं* बादनुमा, *मुरगा*, रेडियोसौंड, विंड इंडीकेटर, वैदर काक, वैदर बैलून, वैदर वेन, हवाई मुरगा.

**वात परिरक्षी** = विंडस्क्रीन.
**वातपूर्ण** = हवादार.
**वात प्रकोप** = अफारा.
**वात भँवर** = भ्रमवात.
**वातरोग** = गठिया.
**वातहीन** = हुमसदार.

**वातहीन** *वि* घुटा/घुटी, ठहरा/ठहरी, दमघोंटू, *निश्चल*, *बंद*, रुका/रुकी, वायुहीन, श्वासावरोधक, •निश्चल, •वातायनहीन, •वातावरुद्ध, •श्वासरोधक, ▪विस्तीर्ण, ▪हवादार.

**वाताधिक्य** = गठिया.
**वाताम** = बादाम.
**वाताम बदर** = आलू बुख़ारा.
**वातायन** = खिड़की, रोशनदान.
**वातावरण** = जलवायु, परिस्थिति.

**वातावरण** *सं* ऐरोस्पेस, निकट आकाश, परिमंडल, पर्यावरण, वांतरिक्ष, वायुमंडल, •आकाश, •पर्यावरण, •प्रदूषण.

**वातावर्त** = चक्रवात.

**वातास** = बयार, वायु.
**वाति** = गैस.
**वातिक** = वायु विषयक.
**वातित** = न्यूमैटिक.

**वातित्र** *सं* एअर कनवैक्टर, कनवैक्टर, पंखित्र, संवाहित्र, •पंखा.

**वातीय** = वायु विषयक.
**वातुल** = पागल.
**वातुलता** = पागलपन.
**वातोढ़** = हवादार.
**वातोदर** = उदर अम्लता आदि.
**वातोन्मत्त** = पागल.
**वातोन्माद** = पागलपन.
**वातोर्मि** = झोंका.
**वात्या** = आँधी, आँधीधूल, चक्रवात, झोंका.
**वात्सरिक** = वर्षीय, होराशास्त्री.
**वात्सल्य** = ममता, स्वजन भावना.

**वात्सल्य** *सं* अनुराग, अपनापन, कोमलता, छोह, दुलार, नेह, *प्रेम*, बालप्रेम, *ममता*, *मोह*, वत्सलता, सद्भावना, स्नेह, •करुणा, •लाड़, ▪निर्दयता.

**वात्सल्य रस** *सं ममता*, वत्सल रस, संतान प्रेम, सूरदास प्रधान रस.

**वात्सल्य रस (दसवाँ रस)** = नवरस.
**वात्स्यायन** = ऋषि सूची.
**वाद** = आरोप, तर्क, दर्शन शास्त्र, धर्म, मुक़दमा, वादविवाद.

**वाद** *सं* इज़्म, उसूल, थ्योरी, *धर्म*, *मत*, मान्यता, *विश्वास*, शास्त्र, *संप्रदाय*, स्कूल, स्थापना, •विचार, •सिद्धांत.

**वादक** = संगतिया.

**वादक** *सं* ध्वनक, नादी/नादिनी, बजनिया, बजाने वाला, बजैया, बाजे वाला, यंत्री, वाद्यधर, वाद्यवादक, साज़िंदा, •गायक, •वाद्य, •संगतिया, •संगीत संचालक.

**वादक दल** = वाद्यवृंद.
**वादक मंडली** = वाद्यवृंद.

**वादग्रस्त** = अनिर्धारित, विचाराधीन, विवादित.
**वाददंड** = कमानचा.

**वादन** *सं* उद्धम, बजाई, बजावन, *वाद्य*, वाद्य वादन, वाद्य संगीत, •गायन.

**वाद निर्णय** = जजमैंट.
**वादपत्र** = आरोप, आरोप पत्र.
**वाद प्रतिवाद** = वादविवाद.
**वादबिंदु** = चर्चा विषय.
**वादरा** = कपास.
**वादरायण** = वेदव्यास.
**वादविवाद** = डिबेट, तकरार, विवाद, शास्त्रार्थ.

**वादविवाद** *सं* चर्चा, जल्पना, जिरहबाज़ी, तर्कण, तर्कवितर्क, तर्कवितर्क, दलील, द्वंद्वन, निरूपण, *परीक्षण*, प्रश्न प्रतिप्रश्न, बहस, बातचीत, वाकोपवाक्य, वाकोपवाक्य, *वाद*, वाद प्रतिवाद, विमर्शन, *विवाद*, *शास्त्रार्थ*, हेतुवाद, •जिरह, •डिबेट, •तर्क, •परिचर्चा, •वितंडावाद, •विवेचना, •शास्त्रार्थ, •समाधान, •सैमिनार, •सौदेबाज़ी.

**वादविवाद कर्ता** = तर्कवेत्ता.
**वादविवाद प्रतियोगिता** = डिबेट.
**वाद विषय** = चर्चा विषय.
**वादा** = अनुबंध, वचन, शपथ.
**वादाख़िलाफ़ी** = वचनभंग.
**वादानुगमन** = मतानुगमन.
**वादानुवाद** = शास्त्रार्थ.
**वादान्य** = वाग्विलासी व्यक्ति.
**वादाफ़रामोश** = अविश्वसनीय.
**वादाफ़रामोशी** = वचनभंग.
**वादाशिकनी** = वचनभंग.
**वादित** = ध्वनिपूर्ण.
**वादित्र** = वाद्य.
**वादींद्र** = वाग्विलासी व्यक्ति.
**वादी** = अभियोगी, कथन कर्ता, गवाह, घाटी, निवेदक.
**वादे का पक्का** = संकल्पशील.
**वाद्य** = वादन.

**वाद्य** *सं* कुत्तप, बाजा, वादित्र, वाद्य भांड, वाद्ययंत्र, संगीत वाद्य, साज़,

•आनद्ध वाद्य, •तत वाद्य, •ताल वाद्य, •धमन वाद्य, •शुषिर वाद्य, •स्वरवाही वाद्य, •एकतारा, •गिटार, •घंटी, •घटम, •झाँझ, •डफ, •डुगडुगी, •ढोल, •तानपूरा, •तुरही, •नरसिंगा, •बाँसुरी, •बिगुल, •बैंजो, •मैंडोलिन, •वायलिन, •वीणा, •शहनाई, •सरोद, •सारंगी, •सितार, •हारमोनियम.

**वाद्य कुंजी** *सं* की, कुंजी, तारी, *परदा*, *बटन*.

**वाद्य तार** *सं* ठाठ, तंत्री, *तार*, रूद, •तार.

**वाद्यधर** = वादक, संगतिया.
**वाद्य बजाना** = बजाना.
**वाद्य भांड** = वाद्य.
**वाद्ययंत्र** = वाद्य.
**वाद्यवादक** = वादक.
**वाद्य वादन** = वादन.
**वाद्य वृंद** = वाद्यवृंद.

**वाद्यवृंद** *सं* आरकेस्ट्रा, चौकी (प्रा), बैंड, रोशन चौकी (प्रा), वादक दल, वादक मंडली, वाद्य वृंद, वाद्य समूह, संगीतक, •वादनस्थल.

**वाद्यवृंद संचालक** = संगीत संचालक.
**वाद्य संगीत** = वादन.
**वाद्यसंगीतहीन गीत की धुन गाना** = गुनगुनाना.
**वाद्य समूह** = वाद्यवृंद.
**वाद्यहीन संगीत** = तरन्नुम.
**वाध्रीणस** = गैंडा.
**वान** = बाना, वनांचल.
**वानप्रस्थ** = वानप्रस्थ आश्रम.

**वानप्रस्थ आश्रम** *सं* अरण्यवास, तृतीयाश्रम, वानप्रस्थ, वानप्रस्थ्य, •संन्यास आश्रम, ▪गृहस्थ आश्रम, ▪ब्रह्मचर्य आश्रम.

**वानप्रस्थ आश्रमी** *सं* अगृह, अगेह, अरण्यवासी, *वनवासी*, वनस्थ, वनी, वानप्रस्थाश्रमी, वानप्रस्थी/वानप्रस्थिन, •पैंशन भोगी, •संन्यासी, •साधु, ▪गृहस्थ आश्रमी, ▪ब्रह्मचर्य आश्रमी.

**वानप्रस्थ प्रवेश** = वानप्रस्थाश्रम प्रवेश.
**वानप्रस्थ वेद** = आरण्यक.
**वानप्रस्थ आश्रम** = चार आश्रम सूची.

**वानप्रस्थाश्रम प्रवेश** *सं* अभिनिष्क्रमण, अरण्ययान, अरण्यायन, गृहत्याग, गृहस्थाश्रम त्याग, निष्क्रमण, वानप्रस्थ प्रवेश, विवास.

**वानप्रस्थाश्रमी** = वानप्रस्थ आश्रमी.
**वानप्रस्थी/वानप्रस्थिन** = वानप्रस्थ आश्रमी.
**वानप्रस्थ्य** = वानप्रस्थ आश्रम.
**वानर** = अपिवानर, बंदर.

**वानर** *सं* कपि, गंधमाद, *बंदर*, बानर, *मरुत*.

**वानर सूची** *सं* अंगद, अनल, कुंजर, केसरी, *नल*, *नील*, *बाली*, *सुग्रीव*, सुबाहु, सुमाली, सुषेण, *हनुमान*.

**वानरेंद्र** = सुग्रीव, हनुमान.
**वानस्पतिक तेल** = तेल.

**वानस्पतिकी** *सं* उद्भिद् विज्ञान, औद्भिदी, बाटनी, वनस्पति विज्ञान, वानिकी, वृक्षायुर्वेद.

**वानाडीयम** = रासायनिक तत्त्व सूची.
**वानिकी** = वानस्पतिकी.
**वानीर** = बेंत, सरकंडा.
**वानेय** = वनीय.
**वान्या** = वनांचल.
**वाप** = बोने वाला.
**वापक** = बोने वाला.
**वापर के देखना** = आज़माना.
**वापस** = पुनरागत, पुनर्स्थापित.
**वापस आना** = लौटना.
**वापस जाना** = लौटना.
**वापस भेजना** = लौटाना.
**वापस मिलना** = ढूँढ़ना.
**वापस मोड़** = यू टर्न.
**वापसी** = दीक्षांत, पश्चगमन, पिछड़न, पुनरागमन, पुनर्प्रतिष्ठा, प्रतिप्रदान, प्रत्यादान, यू टर्न, रिटर्न गिफ़्ट, व्यवस्थित पलायन.
**वापी** = जलाशय, तालाब.
**वाबस्तगी** = प्रेम, स्वजन भावना.
**वाबस्ता** = संबंधित, संलग्न.

**वाम** = प्रिय, बाँयाँ/बाँईं, बेईमान, विपरीत, सुंदर.
**वामदेव** = ऋषि सूची.
**वामन** = अवतार सूची, ठिंगना/ठिंगनी.
**वामन (दक्षिण)** = दिग्गज (दिशा).
**वामन पुराण** = पुराण सूची.
**वामनयन** = सुंदर, सुंदर पुरुष, सुनयन.
**वामनयना** = सुंदर स्त्री, सुंदर स्त्री, सुनयना.
**वामपंथ** = प्रगतिवाद, वाममार्ग, साम्यवाद.
**वामपंथी** = प्रगतिवादी, साम्यवादी.

**वाममार्ग** *सं* कुल, कौलाचार, चोलीमार्ग, बीजमार्ग, वामपंथ, वामाचार, शाक्त मत, •तंत्रवाद.

**वामलूर** = बाँबी.
**वामलोचन** = सुंदर.
**वामलोचना** = सुंदर स्त्री.
**वामवर्ती** = बाँयाँ/बाँईं.
**वामहस्त** = बयँहत्था/बयँहत्थी.
**वामांग में** = बाएँ.
**वामाँदा** = थका/थकी.
**वामा** = पत्नी, लक्ष्मी देवी, सुंदर स्त्री, स्त्री.
**वामाक्षी** = सुनयना.
**वामाचार** = वाममार्ग.
**वामावर्त** = प्रतिघटी.
**वामावर्तन** = प्रतिप्रदक्षिणा.
**वामावर्ती** = प्रतिघटी.
**वामी** = घोड़ी.
**वामोरु** = सुंदर स्त्री.
**वाय** = बया पक्षी.
**वायदा** = अनुबंध, वचन.
**वाय पक्षी** = बया पक्षी.
**वायर** = तार, बिजली तार.
**वायरलैस** = टैलिग्राम.
**वायरलैस टेलिफ़ोन** = टेलिफ़ोन.
**वायरिंग** = बिजली तार.

**वायलिन** *सं* *बेला*, बेहला, •कमानचा, •बैंजो, •सरोद, •सारंगी, •सितार.

**वायलेट** = बैंगनी.
**वायव** = वायु विषयक.
**वायवी** = अडूब, अयथार्थ, इंद्रियातीत, गैसीय, भारहीन, वायु विषयक,

स्पर्शागोचर, हवादार.
**वायवी अवस्था** = गैस.
**वायवीय** = वायु विषयक.
**वायव्य** = उत्तर पश्चिमी.
**वायव्य कोण** = उत्तर पश्चिम दिशा.
**वायस** = कौआ.

**वायसराय** *सं* प्रतिनिधि शासक, प्रतिपुरुष, राजा प्रतिनिधि, शासनधर, शून्यपाल (प्रा), •रीजैंट.

**वायसा** = मादा कौआ.
**वायु** = उदर अम्लता आदि, पंचभूत सूची, मरुत.

**वायु** *सं* अनिल, एअर, गंधवाह, घनवाह, जगत्प्राण, पवन, पवन देव, प्रकंपन, प्रभंजन, *बयार*, बाद, *मरुत*, मेघारि, वहंत, वह्निसख, वात, वातास, समीर, हवा, •आँधी, •झोंका, •फूँक, •बयार, •श्वास.

**वायुकेश** = गंधर्व.
**वायुकोण** = उत्तर पश्चिम दिशा.
**वायुकोणीय** = उत्तर पश्चिमी.
**वायुगंड** = अफारा.
**वायुचक्र** = चक्रवात.
**वायु देवता** = मरुत.
**वायुपुत्र** = हनुमान.
**वायुपूरित** = न्यूमैटिक.
**वायुपूर्ण** = हवादार.
**वायुमंडल** = वातावरण.
**वायुमंडलीय विद्युत** = मेघविद्युत.
**वायुमार्ग** = नभमार्ग.

**वायुयान** *सं* ऐरोप्लेन, जहाज़, विमान, व्योमयान, हवाई जहाज़, •पोत, •प्रशिक्षण यान, •बमवर्षक, •युद्धक विमान.

**वायुयान यात्रा** = विमान यात्रा.
**वायुवाह** = धुआँ.

**वायु विषयक** *वि* आनिल, एअरो-, ऐरो-, *न्यूमैटिक*, प्राभंजन, वातिक, वातीय, वायव, वायवी, वायवीय, सामीर्य, हवाई.

**वायुसखा** = अग्नि.
**वायुसुत** = हनुमान.
**वायुसेना** = नभसेना.
**वायुसेवन** = विचरण.
**वायु सैनिक** = नभसैनिक.
**वायुहीन** = वातहीन.
**वारंटी** = गारंटी, फ़रार.
**वार** = अहोरात्र, पंचांग अंग सूची, प्रहार, बारेज.

**वार** *सं* डे, *दिन*, दिवस, रोज़, वासर, सप्ताह वार, •अहोरात्र, •आज, •कल, •तारीख़, •सप्ताह.

**वार सूची** *सं* 1 सोमवार, 2 मंगलवार, 3 बुधवार, 4 बृहस्पतिवार, 5 शुक्रवार, 6 शनिवार, 7 रविवार.

**वारक** *वि* परिरक्षी, प्रतिरोधी, रोधक, रोधी, वारणक्षम, संरक्षक, संरोधी, •अग्निवारक, •आघातवारक, •ऋतुवारक, •कीटाणुवारक, •जलवारक, •ध्वनिवारक, •वर्षावारक, •वातवारक, •हिमनवारक.

**वारकन्या** = वेश्या.
**वारण** = कवच, रोगवारण, विसंक्रमण, वीटो.

**वारण** *सं* अवरोधन, काट, तोड़, निरोध, निवारण, परिरक्षण, प्रतिरक्षण, प्रतिरोधन, प्रूफ़िंग, रक्षण, रोकथाम, रोध, रोधन, साजसँभाल, सुरक्षण, ह्रासरोधन, •वारक.

**वारण करना** = निवारना.
**वारणक्षम** = वारक.
**वारणात्मक** = रक्षात्मक.
**वारणीय** = निवार्य.
**वारदात** = अपराध घटना, घटना, दुर्घटना.
**वारन** = बंदनवार.
**वारना** = निवारना.
**वारनारी** = वेश्या.
**वारपार** = आरपार.
**वारफेर** = बलिवस्तु.

**वारफेर** *सं* उतारा, *दान*, निछावर, निसार, न्योछावर, *बख़्शीश*, बलि, बलिहारी, बलैयाँ, बलैया, सदक़ा, •नज़र उतराई, •नेग, •बलिदान, •समर्पण, ■बुरी नज़र.

**वारमुख्या** = वेश्या.
**वारयुवती** = वेश्या.
**वारवधू** = वेश्या.
**वारसुंदरी** = वेश्या.
**वारहैड** = ऐटम बम.
**वारांगना** = वेश्या.
**वारा** = लाभ.
**वारा न्यारा** = लाभ.
**वारापार** = समुद्र.
**वारि** = जल.
**वारिचर** = जलचर.
**वारिज** = कमल, कौड़ी, जलज.
**वारित** = असमाविष्ट, रक्षित.
**वारिद** = मेघ, वर्षा मेघ.
**वारिद्र** = चातक.
**वारिधर** = मेघ.
**वारिधारा** = जलधारा.
**वारिधि** = वाचस्पति, समुद्र.
**वारिनाथ** = मेघ.
**वारियंत्र** = फुहारा.
**वारिवाह** = पनहार, मेघ.
**वारिस** = उत्तराधिकारी.
**वारींद्र** = समुद्र.
**वारुकसु (ज़ेंद अवेस्ता)** = अरब सागर.
**वारुण** = जल, जलचर.
**वारुणि** = भृगु.
**वारुणी** = मदिरा, मद्य, सुंदर स्त्री.
**वारुणीवल्लभ** = वरुण.
**वार्ड** = कमरा, छात्रावास, जनपद आदि, नगर खंड, पता निर्देश, परिसर.

**वार्ड** *सं* अस्पताल वार्ड, रोगीकक्ष.

**वार्डन** = गार्ज़ियन.
**वार्ता** = उपदेश, कहानी, क़िस्सा, परिचर्चा, बात, भेंटवार्ता, वार्तालाप, विषय, संधि वार्ता, समाचार.
**वार्ताकी** = बैंगन.
**वार्ताप्रेमी** = बतरसिया.
**वार्ता रस** = बतरस.
**वार्तारसिक** = बतरसिया.
**वार्तालाप** = भेंटवार्ता, विचारविमर्श, संधि वार्ता.

**वार्तालाप** *सं* अभिलाप, आलाप, उक्ति प्रत्युक्ति, उत्तर प्रत्युत्तर, कथोपकथन, गुफ़्तगू, गुफ़्तार,

चर्चा, *परिचर्चा*, परिसंवाद, प्रश्न उत्तर, प्रश्न प्रतिप्रश्न, बतकही, *बात*, बातचीत, वाकोपवाक्य, वार्ता, *विचारविमर्श*, संलाप, *संवाद*, समालाप, सहसंवाद, •टेलिफ़ोन काल, •त्रिपक्षीय वार्ता, •द्विपक्षीय वार्ता, •शिखर वार्ता, •अनुलाप, •कथन, •कानाफूसी, •गपशप, •बतरस, •भेंटवार्ता, •वादविवाद, •सौदेबाज़ी, ■अवार्तालाप, ■मौन.

**वार्तालाप प्रेमी** = बतरसिया.
**वार्तालापी** = भेंटवार्ता कर्ता.
**वार्ताहर** = संदेशवाहक.
**वार्धक्य** = बढ़ोतरी.
**वार्निंग** = चेतावनी, संकट सूचना.

**वार्निश** *सं* धूना, रंगव्य गोंद, *राल*, लक्ष्मीवेष्ट, श्रीवेष्ट, •पालिश, •पालिश द्रव्य.

**वार्बलर** = पोदना.
**वार्य** = निवार्य.
**वार्ष** = वर्षीय.
**वार्षभानवी** = राधा.
**वार्षिक** = बारहमासी, वर्षीय.

**वार्षिक** *वि* ऐनुअल, *बारहमासी*, सालाना, •अर्धवार्षिक, •एकवर्षीय, •द्विवर्षीय, •पंचवर्षीय.

**वार्षिक दिन** = जयंती.
**वार्षिक देय** = वर्षदेय.
**वार्षिकी** = इयरबुक, निर्वाह वृत्ति, पुण्य दिवस, वर्षदेय.
**वालंटियर** = स्वयंसेवक.

**वाल पेपर** *सं अबरी*, आवरक, दीवार सजावटी काग़ज़, •काग़ज़, •वाल हैंगिंग.

**वाल हैंगिंग** *सं क़ालीन*, तसवीर, *पट*, पटचित्र, *परदा*, भित्तिपट, •चित्र, •परदा, •वाल पेपर, •सजावट.

**वाला** = उत्तम.
**वाला/वाली** = कर्ता.
**वालिद** = पिता.
**वालिदा** = माता.
**वाली** = गार्ज़ियन, जीवन रक्षक, परपालक, रक्षक, सरपरस्त, स्वामी.
**वाल्ट** = स्ट्रौंगरूम.
**वाल्मीकि** = ऋषि सूची.

**वाल्मीकि** *सं* अग्नि शर्मा (पूर्व नाम), आदिकवि, *कवि*, कुशीलव, प्राचेतस, महाकवि, रत्नाकर (पूर्व नाम), रामायण रचेता, सीताश्रय, •डाकू, •रामायण, •लव कुश, •वसिष्ठ, •सीता.

**वाश बेसिन** = चिलमची.
**वाष्प** = भाप.
**वाष्प कुकर** = प्रैशर कुकर.
**वाष्पमोक्ष** = अश्रुपात.
**वाष्पवृष्टि** = अश्रुपात.
**वाष्पित्र** = बायलर.
**वासंत** = कोयल.
**वासंतिक** = भाँड़, विदूषक.
**वासंतिक** = चुटकुलेबाज़.
**वासंती** = जूही, पीला/पीली, मालती, वसंती.
**वास** = आहार सुवास, गंदी बस्ती, गंध, घर, निवास, परिधान, मकड़ी धागा, वस्त्र, सुगंध.
**वास करना** = बसना.
**वासगृह** = घर.
**वासन** = बरतन, वस्त्र.
**वासना** = असंतोष, आसक्ति, परगमन, लालसा, विलासिता, सकाम कर्म.

**वासना** *सं* अंगज, *अज्ञान*, अविद्या, इच्छा, काम, कामभावना, कामवासना, कामाकांक्षा, कामेच्छा, तम, तमिस्र, तृष्णा, *प्यास*, प्रमोह, *भूख*, मनसिज, मयन, *माया*, रति भावना, विकार, विमोह, विषयकामना, विषयवासना रूपी अज्ञान, व्यामोह, सम्मोह, हवस, हौस, •आसक्ति, •कामुकता, •भोगविलास, ■प्रेम.

**वासनापूर्ण** *वि* असंयमित, उच्छृंखल, *ऐंद्रिक*, कामपूर्ण, कामवासनापूर्ण, तृष्णापूर्ण, पाशविक, पिपासापूर्ण, भोगलिप्सापूर्ण, मांसल, *रूमानी*, लालसापूर्ण, वासनामय, *शारीरिक*, सवासना.

**वासनामय** = वासनापूर्ण.
**वासनाहीन** = अनासक्त.
**वासनाहीनता** = अनासक्ति.
**वासर** = वार.
**वासव** = इंद्र.
**वासवी** = अर्जुन.
**वासस्थान** = घर.
**वासा** = पड़ाव, पांथशाला.
**वासित** = आवासित, बासी, सुवासित.
**वासी** = आवासी, नागरिक, बसूला, बुसा.
**वासी/वासिनी** = निवासी.
**वासीयता** = निवासिता.
**वासी होना** = रहना.
**वासुदेव** = कृष्ण, बलराम.
**वासुपूज्य** = तीर्थंकर सूची.
**वास्कट** = जाकट.
**वास्तवाभास** = यथार्थाभास.
**वास्तविक** = अप्रवादित, घटित, तथ्यात्मक, तथ्यात्मक, दृश्यमान, भौतिक, यथार्थ, वस्तुपरक, साकार.
**वास्तविकता** = तथ्य, यथार्थता.
**वास्तविकता आभास** = यथार्थाभास.
**वास्ता** = आपसदारी, उद्देश्य, परिवार संबंध, संदर्भ, संपर्क, संबंध.
**वास्तु** = घर, भवन, स्थापत्य कला.
**वास्तुकर्म** = भवन निर्माण.
**वास्तुकला** = स्थापत्य कला.
**वास्तुकार** = स्थपति.
**वास्तुवेद** = वास्तुशास्त्र.

**वास्तुशास्त्र** *सं* अथर्ववेद उपवेद, यंत्रवेद, *यांत्रिकी*, वास्तुवेद, स्थापत्य वेद, स्थापत्य शास्त्र, •उपवेद, •स्थापत्य कला.

**वास्तुशिल्प** = स्थापत्य कला.
**वास्ते** = उपलक्ष्य में, कारणतः, लिए
**वास्प** = भिड़.
**वाहक** = कंडक्टर, पत्रवाहक, भारवाहक, यान.

**वाहक** *सं* धारक, धारी, वाहिता, वाही, संवाहक, •कुली, •भारवाहक, •लाने वाला.

**वाहक पशु** = भार पशु.
**वाह गुरु** = सिख गुरु.
**वाहन** = यान, सवारी पशु, हाथी.
**वाहन आसन** = यान सीट.

**वाहनचालक** = यानचालक.
**वाहन पार्किंग** = पार्किंग स्थल.
**वाहन सीट** = यान सीट.
**वाहनसेना** = रथसेना.
**वाहनस्थल** = ट्रांसपोर्ट नगर, पार्किंग स्थल, स्टेशन.
**वाहनीय** = वहनीय.
**वाह वाह** = शाबाशी.
**वाहवाही** = प्रशंसा, प्रसिद्धि, शाबाशी.
**वाहवाही करना** = सराहना.
**वाहिका** = नहर.
**वाहित भार** = पे लोड.
**वाहित सामग्री** = पे लोड.
**वाहिता** = वाहक.
**वाहित्र** = भारयान.
**वाहिद** = अनुपम, अल्लाह, एकमात्र.
**वाहिनी** = थलसेना, नदी, नली, सेना.
**वाहिनीश** = सेनापति.
**वाहियात** = अनुपयोगी, अप्रासंगिक, असंस्कृत, कुतर्कीय.
**वाही** = कंडक्टर, यान, लाने वाला, वाहक.
**वाही तबाही** = बकवास.
**वाह्य** = वहनीय.
**विंग** = उपभवन, नगर खंड.
**विंग्स** = पुरस्कार.
**विंड इंडीकेटर** = वात दिशायंत्र.
**विंडशील्ड** = विंडस्क्रीन.

**विंडस्क्रीन** *सं* वात परिरक्षी, विंडशील्ड, सामने का शीशा.

**विंडस्क्रीन के नीचे पटल** = डैशबोर्ड.

**विंडस्क्रीन वाइपर** *सं* वाइपर.

**विंडो** = खिड़की.
**विंडोशापिंग** = बाज़ारदारी.
**विंध्य** = विंध्याचल.
**विंध्यगिरि** = विंध्याचल.
**विंध्य पर्वत** = पर्वत सूची भारत उपमहाद्वीप, विंध्याचल.

**विंध्याचल** *सं पठार*, विंध्य, विंध्य पर्वत, विंध्यगिरि, विंध्याचल पर्वत, विंध्याद्रि, विंध्यावली, •पठार, •हिमालय.

**विंध्याद्रि** = विंध्याचल.
**विंध्यारि** = अगस्त्य.

**विंध्यावली** = विंध्याचल.
**विंशति** = बीस.
**वि** = संवत्सरे.
**वि-** = रहित.
**विकंपन** = प्रदोलन, स्पंदन.
**विकंपनशील** = कंपनशील, भयभीत.
**विकंपित** = कंपनशील, भयभीत.
**विकंपी** = कंपनशील.
**विकट** = अजेय, अपालतू, असमतल, उच्चस्वरीय, कठिन, ख़तरनाक, चिंताजनक, जोखिमपूर्ण, तूफ़ानी, दमनशील, दुर्गम, प्रबल, फोड़ा, बीहड़ भूमि, भयानक, महाकाय, रक्तपातपूर्ण, वक्राकार, वनीय, विचित्र, समस्यात्मक.
**विकट शृंग** = बारहसिंगा.
**विकत्थन** = व्याज प्रशंसा.
**विकत्था** = डींग, व्यंग्य.
**विकराल** = अजेय, कठिन, तूफ़ानी, भयानक, महाकाय, रक्तपातपूर्ण.
**विकराला** = दुर्गा.

**विकर्णयुक्त** *वि असमांतर*, आड़ा/आड़ी, उरेबदार, उरेबवाँ/उरेबवीं, कानदार, काना/कानी, कोणीय, झुका/झुकी, टेढ़ा/टेढ़ी, डायगोनल, तिरछा/तिरछी, तिर्यक, नत, बाँका/बाँकी, सविकर्ण, •कोणाकार.

**विकर्मी** = पापी.
**विकर्षक** = कुरूप, घिनौना/घिनौनी.

**विकर्षक** *वि* प्रतिकर्षक, ▪आकर्षक.

**विकलंक** = परिपूर्ण.
**विकल** = आतुर, चिंतित, निर्बल, प्रतीक्षारत, लहराता/लहराती, विकलांग, विचलनशील, विद्रूप.
**विकलता** = आतुरता, छटपटाहट, पीड़ा.
**विकलांग** = लँगड़ा लूला/लँगड़ी लूली.

**विकलांग** *वि* अंगविकल, अंगहीन, *अक्षम*, अधूरा/अधूरी, अपंग, अपाहिज, अपूर्ण, असमर्थ, *असहाय*, ऐबी, कनौडा/कनौड़ी, कमज़ोर, जीर्ण, पंगु, बेकस, बेदम, बेबस, लँगड़ा लूला/लँगड़ी लूली, लुंज, विकल, विपन्न, •अंधा/अंधी, •गूँगा/गूँगी, •बहरा/बहरी, •लँगड़ा/लँगड़ी, •लूला/लूली, •विद्रूप, ▪सर्वांग संपूर्ण.

**विकलांग व्यक्ति** *सं* अपाहिज.

**विकलाना** = छटपटाना.

**विकल्प** *सं* अन्य उपाय, अन्य संभावना, एकाधिक उपाय, चारा, चुनाव, *पसंद*, राह, *संभावना*, •अथवा, •चयन, •दुबिधा, •संभावना, ▪अनुबंध.

**विकल्पग्रस्तता** = दुबिधा.
**विकल्प जाल** = दुबिधा.
**विकल्पतः** = अथवा.
**विकल्पयुक्त** = वैकल्पिक.

**विकल्पहीन** *वि* अगति, अगतिक, अनुपाय, *असहाय*, उपायहीन, गतिहीन, नाचार, निरुपाय, निर्विकल्प, फँसा/फँसी, बेकस, बेचार, बेबस, युक्तिहीन, लाचार, *विवश*.

**विकल्पहीनतः** = विवशतः.
**विकल्पित** = व्यवस्थित.
**विकसन** = प्रस्फुटन.
**विकसना** = खिलना, पनपना, लहलहाना.
**विकसित** = उदित, उन्नत, खिला/खिली, चरम, जवान, प्रौढ़, मानवोचित, लहलहाता/लहलहाती, वयस्क, विकसित (शब्द), सभ्य, सुसंस्कृत.

**विकसित** *वि उन्नत*, खिला/खिली, प्रोन्नत, बढ़ा/बढ़ी, सँवरा/सँवरी, सँवारा/सँवारी, सुविकसित, •अल्पविकसित, •विकासशील, ▪अर्धविकसित.

**विकसित (शब्द)** *वि* टकसाली, परिष्कृत, *विकसित*, •विकृत (शब्द).

**विकसित अवस्था** = चरम अवस्था.
**विकसित करना** = सुधारना.
**विकसित होना** = पनपना, लहलहाना.
**विकाम** = अनासक्त.
**विकार** = अज्ञान, अवनति, आसक्ति, तोड़ मरोड़, दुराचार, दुर्गुण, परिवर्तन, पाप, मल, रोग, वासना, विकृति, स्वरविकार.

**विकार करना** = बिगाड़ना.
**विकारग्रस्त** = दुराचारी.
**विकारपूर्ण** = परगमनपूर्ण.
**विकारयुक्त करना** = बिगाड़ना.
**विकारयुक्त होना** = बिगड़ना.
**विकारशील** = अनिश्चिताकारीय, अवनतिशील, परिवर्तनशील.
**विकारहीन** = अनुभूतिहीन, अपरिवर्तनीय, अपरिवर्तित, प्रभावातीत.
**विकारी** = अपवित्र, दुराचारी, दुर्गुणी, परिवर्तनकारी, परिवर्तनशील, परिवर्तित.
**विकारेज** = ईसाई मठ.
**विकास** = उद्विकास, उन्नति, कैरियर, खिलावट, प्रसंस्करण, बढ़ोतरी, सुधार.

**विकास** *सं* अभ्युदय, इंप्रूवमैंट, *उन्नति*, खिलन, ग्रोथ, डैवलपमैंट, निखार, *परिष्कार*, *प्रगति*, बढ़ती, *बढ़ोतरी*, वर्धन, वृद्धि, *सुधार*, हास, •प्रगति, ▪अवनति, ▪विकासरोध, ▪ह्रास.

**विकास अवस्था** *सं* अवस्था, *खंड*, चरण, फ़ेज, रूप, स्तर, •चरम अवस्था, •प्रारंभिक अवस्था.

**विकासक** = उन्नायक, उन्नायक.
**विकास करना** = सुधारना.

**विकासकारी** *वि* उत्कर्षकारी, उन्नतिकारी, वृद्धिकारी, ▪ह्रासकारी.

**विकास काल** = उत्कर्ष काल, वसंत, स्वर्णयुग.

**विकासरोध** *सं* अनुन्नति, अनुन्नति, *अप्रगति*, *अवरोध*, अविकास, *गतिरोध*, गत्यवरोध, *पतन*, प्रगतिरोध, •यथापूर्वता, ▪उन्नति, ▪नवीकरण.

**विकासशील** *वि* अग्रसर, उगता/उगती, *उत्थानशील*, उदयी, *उदीयमान*, उभरता/उभरती, परिष्कारशील, *पुरोगामी*, प्रगतिशील, बढ़ता/बढ़ती, भावी, सुधरता/सुधरती, होनहार, •उदीयमान, •विकसित, ▪अवनतिशील, ▪ह्रासशील.

**विकासहीन** = अपरिष्कृत, परंपरावादीय.
**विकासहीनता** = पिछड़ापन.
**विकासात्मक** = सुधारात्मक.

**विकिरण** *सं प्रसार*, फैलाव, *बिखराव*, रेडिएशन, विकीर्णन, विकेंद्रण, विपुंजन, •परावर्तन, ▪केंद्रीकरण, ▪फ़ोकस.

**विकीर्ण** = विकेंद्रित.
**विकीर्णन** = बिखराव, विकिरण.
**विकीर्णरोम** = रोमांचित.
**विकुंचन** = भिंचन.
**विकुंठित** = खुट्टल.
**विकृत** = अतिसहजीकृत, अवनत, आउट आफ़ आर्डर, कर्कश स्वरीय, कुतर्कीय, कुप्रबंधित, छकड़ा, जीर्णशीर्ण, तुड़ा मुड़ा/तुड़ी मुड़ी, दुराचारी, दुर्गुणी, भ्रष्ट (पुण्यस्थान), मिलावटी, रोगकारक, विद्रूप.

**विकृत (शब्द)** *वि* बिगड़ा, *भ्रष्ट*, विकृत, व्याकृत, •विकसित (शब्द).

**विकृत करना** = बिगाड़ना.
**विकृतदृष्टि** = भेंगा/भेंगी.
**विकृत मनोवस्था** = पागलपन.
**विकृत व्याख्या** = अतिसहजीकरण.
**विकृत स्मिति** = खीस.
**विकृत होना** = बिगड़ना.
**विकृतांग** = विद्रूप.
**विकृति** = खोट, दुराचार.

**विकृति** *सं* अपभ्रंश, अबतरी, कमतरी, क़सर, ख़राबी, ख़ामी, बिगड़ाव, बिगाड़, भ्रंश, विकार, वैकृत्य, ▪मरम्मत.

**विकृति सुधार** = मरम्मत.
**विकेंद्रण** = विकिरण.

**विकेंद्रित** *वि* बिखरा/बिखरी, विकीर्ण, व्याकीर्ण, •अयोजित, ▪केंद्रित, ▪सुनियोजित.

**विकेश/विकेशी** = गंजा/गंजी.
**विकेशी** = पूतना.
**विक्टोरिया** = बग्घी.
**विक्रम** = वीरता.
**विक्रमशाली** = वीर.
**विक्रमादित्याब्द** = विक्रमी संवत.
**विक्रमाब्द** = विक्रमी संवत.
**विक्रमी** = कार्योन्मादी, योद्धा, विक्रमी संवत, वीर.

**विक्रमी संवत** *सं* विक्रमादित्याब्द, विक्रमाब्द, विक्रमी, संवत, •ईसवी संवत, •शक संवत, •हिजरी संवत.

**विक्रमे** = संवत्सरे.
**विक्रय** = बिक्री.
**विक्रयक** = विक्रेता.
**विक्रय करना** = बेचना.
**विक्रय कर्मी** = सेल्समैन.
**विक्रय कला** = सेल्समैनशिप.
**विक्रय पत्र** = कैश मीमो.
**विक्रय मेला** = मेला बाज़ार.
**विक्रयागार** = दुकान.

**विक्रयार्थ** *वि* फ़ौर सेल, *बिकाऊ*, •पक्षपाती, •बिकाऊ.

**विक्रांत** = गोमेद, विजेता, वीर.
**विक्रांता** = जवाकुसुम, योद्धा, विजेता, वीर, सैनिक.
**विक्रीत** = बिका/बिकी.
**विक्रुष्ट** = आवाहन.
**विक्रेता** = दुकानदार, सप्लायर, सेल्समैन.

**विक्रेता** *सं* फ़रोश, बिकवाल, बेचनहार, बेचने वाला, विक्रयक, सैलर, •दुकानदार, •पटरी वाला, •परचूनिया, •फेरी वाला, •वितरक, •सप्लायर, •सेल्समैन, •सौदागर, ▪उपभोक्ता, ▪ख़रीदार.

**विक्रेता कला** = सेल्समैनशिप.

**विक्रेय** *वि* आपण्य, पण्य, प्रतिपण्य, *बिकाऊ*, बिक्रीयोग्य, विनिमेय, विपण्य, •पक्षपाती, •बिकाऊ.

**विक्रोश** = आवाहन.
**विक्रोशन** = आवाहन.
**विक्लव** = भयभीत.
**विक्लांत** = थका/थकी.
**विक्षिप्त** = मनोक्षिप्त, सनकी.
**विक्षिप्तता** = पागलपन, सनक.
**विक्षुब्ध** = उत्तेजित, उथलपुथलपूर्ण, उपद्रवग्रस्त, क्रुद्ध, चिंतित, भयभीत,

 **(प्रा)** प्राचीन शब्द, अब अप्रचलित - *तिरछे* शब्द स्वतंत्र शीर्षक भी हैं •सपर्याय ▪विपर्याय

रुधिरपिपासु.
**विक्षेप** = बिखराव.
**विखंडक** = ढहाने वाला.
**विखंडन** = चूर्णन, तोड़फोड़, भंजन.
**विखंडित** = एकताहीन, चूर्णित, टूटा/टूटी, मनोविकारग्रस्त, विभाजित.
**विखंडित (पुण्यस्थान)** = भ्रष्ट (पुण्यस्थान).
**विखंडित होना** = टूटना.
**विख्यात** = उच्चमानक, प्रसिद्ध.
**विख्यापन** = प्रचार.

**विग** *सं* कृत्रिम केश, दिखावटी बाल, नक़ली बाल, •गंजापन.

**विगत** = अनवशिष्ट, अप्रचलित, गत, नष्ट, निर्गमित, पुराना/पुरानी, पूर्ववर्ती, प्राचीन, बिका/बिकी, भूतकालीन, मृत, विस्मृत, व्यतीत.
**विगत काल** = भूतकाल.
**विगत तकनीकी विधि के साथ संगत रहने वाला** = भूतसंगत.
**विगतप्राण** = मृत.
**विगतभय** = भयहीन.
**विगतराग** = विरक्त.
**विगतवैभव** = वैभवहीन.
**विगतश्री** = मुरझाया/मुरझाई.
**विगत संस्मरण** = अनुस्मरण.
**विगत स्मृतिलेख** = संस्मरण.
**विगर्जना** = नारा.
**विगर्हा** = लांछन.
**विगर्हापूर्ण** = निंदात्मक.
**विगर्हित** = धिनौना/धिनौनी, निंदित, लांछित.
**विगलन** = पूयन.
**विगलित** = अश्रुपूर्ण, सड़ा/सड़ी.
**विगाहन** = मंथन.
**विगुण** = अवमानक.
**विग्रह** = अंश, आकार, कलह, तलाक़, देवमूर्ति, पार्थक्य, मित्रताभंग, मूर्ति, युद्ध, विभाजन, विलगाव, विसंयोग.
**विग्रही** = वितंडावादी.
**विघटन** = चूर्णन, नाश, विपंक्तिकरण, विश्लेषण.

**विघटन** *सं* घटक अलग करना कर्म, घटक अलग होना क्रिया, तत्त्व विघटन, *बिखराव*, भंग, भ्रंश, विच्छेद, विसर्जन, विसृष्टि, •नाश, ▪संघटन.

**विघटित** = चूर्णित.
**विघर्षक** = घिसनहार.
**विघर्षी** = घिसनहार.
**विघोष** = गड़गड़.
**विघ्न** = बाधा, संकट.
**विघ्नकर** = अवरोधात्मक.
**विघ्न करना** = रोधना.
**विघ्नकर्ता** = अड़ंगेबाज़.
**विघ्नकारी** = अवरोधात्मक.
**विघ्न डालना** = रोधना.
**विघ्नहर** = गणेश.
**विघ्नहर्ता** = गणेश.
**विघ्नहीन** = अनवरुद्ध.
**विघ्नांतक** = गणेश.
**विघ्नेश्वर** = गणेश.
**विचक्षण** = दूरदर्शी, विद्याविद्.
**विचक्षणता** = दूरदर्शिता, बुद्धिमत्ता.
**विचरण** = पदचर्या, मंदवेग.

**विचरण** *सं* *गश्त*, चर्या, चहलक़दमी, टहलक़दमी, परिसरण, ब्रजन, मटरगश्ती, रमण, वायुसेवन, विरमण, विहरण, *विहार*, व्रजन, संचरण, सैर, सैल, हवाख़ोरी, •उपवन, •प्रातःकालीन विचरण, ▪दौड़ाकी, ▪द्रुतता.

**विचरण करना** = टहलना.

**विचरण मार्ग** *सं* ऐस्प्लेनेड, दुर्गांत, परिचार, परिसर मार्ग, प्रौमेनेड, माल, माल रोड, सैरगाह, •कुंजगली, •पगडंडी, •पिटा पिटाया रास्ता.

**विचरणीय** = सुरम्य.
**विचरना** = चलना, टहलना.

**विचरना** *क्रि* आहिस्ता चलना, इठलाना, *चरना*, चींटी की चाल से चलना, जनवासे की चाल से चलना, *टहलना*, धीमे चलना, धीरे चलना, धीरे धीरे चलना, बिहरना, मंदगमन करना, मंद चलना, मठरना, मठराना, *रेंगना*, *लँगड़ाना*, विहरना, •चलना, •पिछड़ना, ▪कुलाँचना, ▪दौड़ना.

**विचर्चिका** = खुजली.

**विचल** = विचलनशील.
**विचलन** = अनिश्चय, धैर्यभंग, पलायन, पलायनवाद, लड़खड़ाहट.

**विचलन** *सं* कचाई, कमज़ोरी, *चंचलता*, चलचित्तता, डगमगाहट, डिगन, डोलन, ढुलकन, बिचलन, बेक़रारी, बेकली, बेचैनी, बेताबी, बेताबी, बेसब्री, वैकल्य, व्रतभंग, संकल्पभंग, स्खलन, हालडोल, हिलन, •पलायनवाद, •प्रलोभन, •भय, •हिचक, ▪धैर्य, ▪मनोबल, ▪संकल्प.

**विचलनकारी** = आश्चर्यजनक, प्रलोभनकारी.

**विचलनकारी** *वि* अस्थिरकारी, उद्वेलक, डगमगाऊ, डिगाऊ, ढलकाऊ, बिचलाऊ, लटपटाऊ, लड़खड़ाऊ, लड़खड़ाने वाला, •दुबिधाजनक, •प्रलोभनकारी, •भयानक, •रोमांचक.

**विचलनशील** = संदिग्ध, संदेहशील.

**विचलनशील** *वि* अदृढ़, अधीर, अधृतात्मा, अध्यवसायहीन, अध्रुव, अनित्य, अनिष्ठ, अपुष्ट, *अविश्वसनीय*, अव्यवसायी, असंस्थित, असमचेता, असमदर्शी, असमबुद्धि, अस्थाणु, अस्थावर, *अस्थिर*, आत्मविश्वासहीन, कचपैंदिया, कच्चा/कच्ची, कमज़ोर, काचा/काची, *चंचल*, चलचित्त, चलायमान, डगमग, डाँवाँडोल, ढुलमुल, दृढ़ावलंबनहीन, दोलायमान, धैर्यहीन, नापायदार, निश्चयहीन, *निष्ठाहीन*, लड़खड़, विकल, विचल, विश्वासहीन, व्यग्र, संकल्पहीन, स्खलनशील, •कायर, •मूडी, ▪गंभीर, ▪धीर, ▪संकल्पशील.

**विचलना** = डगमगाना, हिलना.
**विचलाना** = डिगाना.
**विचलित** = अस्थिर.

**विचलित** *वि* कंपित, गिरा/गिरी, घबराया/घबराई, चलित, च्युत, टूटा/टूटी, डरा/डरी, डिगा/डिगी,

डोला/डोली, ढहा/ढही, दोलित, *निराश*, फिसला/फिसली, भग्नव्रत, भ्रष्टव्रत, लड़खड़ाता/लड़खड़ाती, लड़खड़ाया/लड़खड़ाई, स्खलित, हारा/हारी, ●भयभीत, ●हतोत्साहित, ■उत्साहित.

**विचलित करना** = डिगाना.
**विचलित होना** = डगमगाना, डरना, लड़खड़ाना, ललचना.
**विचार** = अंदाज़ा, अनुमान, अर्थ, इच्छा, उक्ति, कल्पना, टिप्पणी, दृष्टिकोण, पूर्वानुमान, प्रस्ताव, प्रेरणा, भाव, मत, विचारधारा, विवेचना, व्याख्या, सुझाव, स्वप्न.

**विचार** *सं* उद्‌भावना, *कथ्य*, ख़्याल, चिंतन, दृष्टि, धारणा, *भाव*, भावना, मंतव्य, मंशा, *मत*, *मन*, मनन परिणाम, विचारण परिणाम, *संकल्प*, समझ, सम्मति, सोच, ●दृष्टिकोण, ●वाद, ●सिद्धांत.

**विचार अभिव्यक्ति** = अभिव्यक्ति.
**विचारक** = ऋषि, दार्शनिक, दिग्दर्शक, वैज्ञानिक, व्याख्याता.

**विचारक** *सं* ऋषि (प्रा), कवि (प्रा), गुनिया, चिंतक, दृष्टिवंत, द्रष्टा, मनीषी, मुनि (प्रा), विचिंतक, *विवेकी*, सत्यदर्शी, समालोकी, सांख्य (प्रा), ●ऋषि, ●दार्शनिक.

**विचारक** = न्यायाधीश.
**विचार करना** = सोचना.
**विचार कर्ता** = न्यायाधीश.
**विचारकोण** = दृष्टिकोण.
**विचारगोष्ठी** = परिचर्चा.
**विचारण** = परीक्षण.
**विचारण परिणाम** = विचार.
**विचारणशीलता** = घुमक्कड़ी.
**विचारणीय** = प्रमाण्य, संदेहजनक.

**विचारणीय** *वि* अवधारणीय, अवधेय, अवलोकनीय, क़ाबिले ग़ौर, ग़ौर तलब, चर्चणीय, चिंतनीय, चिंत्य, देखने योग्य, द्रष्टव्य, ध्यातव्य, ध्यानयोग्य, निरीक्ष्य, मननीय, विचार्य, ●औचित्यपूर्ण, ●करणीय, ●तर्क्य, ●प्रमाण्य, ●विचारित.

**विचारधारा** = दर्शन शास्त्र.

**विचारधारा** *सं* आइडियोलाजी, जीवन दर्शन, भाव समष्टि, मतिगति, *विचार*, विचार पद्धति, *सिद्धांत*, स्कूल, ●दृष्टिकोण.

**विचारना** = सोचना, सोचना परखना.
**विचार नियंत्रण** = ब्रेनवाशिंग.
**विचारपति** = न्यायाधीश.
**विचार पद्धति** = विचारधारा.
**विचार परिवर्तन** = ब्रेनवाशिंग, मत परिवर्तन.
**विचारपूर्ण** = दार्शनिकतापूर्ण, विचारित.
**विचार प्रकटन** = अभिव्यंजन.
**विचारभूमि** = न्यायालय, न्यायालय भवन.
**विचारमग्न** = अंतर्मनस्क.
**विचारवान** = विचारशील.
**विचार विनिमय** = विचारविमर्श.
**विचारविमर्श** = वार्तालाप.

**विचारविमर्श** *सं* आमंत्रणा, गुफ़्तगू, *परामर्श*, *बात*, बातचीत, मंत्रणा, मशवरा, *वार्तालाप*, विचार विनिमय, *विमर्श*, *संवाद*, *समीक्षा*, सलाह मशविरा, सोचविचार, ●परिचर्चा, ●विचारण.

**विचारविमर्श करना** = सोचना परखना.
**विचारशक्ति** = बुद्धि, विवेक.
**विचार शास्त्र** = दर्शन शास्त्र.

**विचारशील** *वि* -अंदेश (जैसेः दूरअंदेश), *गंभीर*, चिंतनशील, तर्कशील, मननशील, विचारवान, समझदार, ●गंभीर, ■चंचल, ■जल्दबाज़.

**विचार सर्वे** = चुनाव अध्ययन.
**विचारहीन** = अविचारशील, अविचारित, असावधान, उद्देश्यहीन, मतांध, मूर्खतापूर्ण (कृत्य), विवेकहीन.
**विचारहीनतः** = यंत्रचालिततः.
**विचारहीनता** = अविवेक.
**विचारातीत** = अज्ञेय.
**विचाराधीन** = विवादित.

**विचाराधीन** *वि* अनिर्णीत, अनिश्चित, चिंतनाधीन, ज़ेर नज़र, ध्यानाधीन, निरीक्षणाधीन, मद्दे नज़र, वादग्रस्त, ●विवादित, ■निर्धारित, ■फ़ाइनल, ■विवादातीत.

**विचाराध्यक्ष** = न्यायाधीश.
**विचारित** = योजित.

**विचारित** *वि* अक़्ली, *अध्यीत*, *अभावुक*, अर्थपूर्ण, आप्त, उचित, *गंभीर*, चिंतित, चिंतित अनुचिंतित, चौकस, जाँचा परखा/जाँचा परखी, ज़िम्मेवाराना, *दायित्वपूर्ण*, दमिाग़ी, ध्यात, *परीक्षित*, *पूर्वयोजित*, बुद्धिपूर्ण, बुद्धिसंगत, भावित, भावुकताहीन, मृष्ट, युक्तियुक्त, विचारपूर्ण, विचिंतित, विमर्शित, विवेकपूर्ण, संजीदा, संतुलित, संयत, सबुद्धि, सविचार, सविवेक, सहबुद्धि, सही, सावधानीपूर्ण, सुचिंतित, सुविचारित, सोचा विचारा/सोचा विचारी, सोचा समझा/सोचा समझी, ●परीक्षित, ●पूर्वविचारित, ●विचाराधीन, ■आकस्मिक.

**विचार्य** = विचारणीय.
**विचिंतक** = विचारक, विवेचक.
**विचिंतित** = विचारित.
**विचिचीषा** = जिज्ञासा.
**विचित्र** = असामान्य, आश्चर्यजनक, चमत्कारपूर्ण, तुड़ा मुड़ा/तुड़ी मुड़ी, दुरारूढ़, बहुरंगा/बहुरंगी, भुतहा/भुतही, वर्णनातीत, विविध.

**विचित्र** *वि* अचरजकारी, अचरज भरा, अजगुत, अजब, अजीब, अजीबो ग़रीब, अटपटा/अटपटी, अड़बंगा/अड़बंगी, अद्‌भुत, अनदेखा/अनदेखी, अनूठा/अनूठी, अनोखा/अनोखी, अप्रतिम, अलग, अलबेला/अलबेली, अलौकिक, असाधारण, *असामान्य*, *आश्चर्यजनक*, उद्‌भट, *उल्लेखनीय*, कमाल का, कुतूहलजनक, कौतुकपूर्ण, ग़ज़ब का, *चमत्कारपूर्ण*, चित्रविचित्र, जुदा, *दुर्लभ*, निराला/निराली, नूतन, न्यारा/न्यारी, बिरला/बिरली, बेढब, लोकोत्तर, विकट, *विरल*, विलक्षण, ●अपरिचित,

•अप्राकृतिक, •असामान्य, •जादुई, ■रूटीनी, ■सर्वज्ञात, ■साधारण, ■सामान्य.

**विचित्रता** = विविधता.
**विचित्र यंत्र** = जुगाड़.
**विचित्र रस** = अद्भुत रस.
**विचित्र वस्तु** = जुगाड़.

**विचित्र वस्तु** *सं* अचंभा, अचभौन, अचरज, अजगुत, अजायब (बहुवचन), अजीब चीज़, अजूबा, अद्भुत, अद्भुत वस्तु, अनोखी बात, *आश्चर्य*, आश्चर्य विषय, कमाल, करिश्मा, कौतुक, *गोरखधंधा*, तमाशा, दृश्य, वंडर, शगूफ़ा, शोशा, •आश्चर्य, •चमत्कार, •नई कल्पना, •नावल्टी, •विशिष्टता, •शोबदा, •स्टंट.

**विचित्रा** = विविधा.
**विचित्राकार** = अनेकाकारीय.
**विचित्रालय** = अजायबघर.
**विचुंबी** = स्पर्शी.
**विचेतन** = श्वासहीन.
**विचेष्ट** = निश्चल, प्रयासहीन.
**विच्छिन्न** = कटा/कटी, क्रमहीन, टूटा/टूटी, विलग्न.
**विच्छेद** = अध्याय, टूटफूट, तलाक़, दांपत्य विच्छेद, नाश, परित्याग, पार्थक्य, भेदनीति, विघटन, विभाजन, वियोग, विलगाव, विसंयोग.
**विच्छेद करना** = त्यागना, विलगाना.
**विच्छेदन** = अंगछेदन, भंजन, विश्लेषण.

**विच्छेदन** *सं* कटाई, निर्भेदन, भिन्नन, भेदन, विभेदन, व्यवच्छेदन, व्युच्छित्ति, व्युच्छेद, संभेदन, •जीव विच्छेदन.

**विच्छेदनीय** = विलग्नीय.
**विच्छेदित** = कटा/कटी.
**विच्छेद्य** = विलग्नीय.
**विच्युत** = दिशाहीन, ह्रस्त.
**विच्युति** = पतन, बहिष्कार, वियोग.
**विछोह** = वियोग.
**विछोहिनी** = वियोगिनी.
**विछोही** = वियोगी.
**विजड़क** = फ़िटर.
**विजड़न** = जड़ाई, स्तंभन.
**विजड़ित** = चकित, पच्चीकृत, भयभीत, मोहित, वशीकृत, स्थावर.

**विजड़ित** *वि* इनलेड, कसा/कसी, खचित, गँसा/गँसी, गड़ा/गड़ी, जटित, जड़ा/जड़ी, जड़ाऊ, जड़ित, जमाया/जमाई, दृढ़, न्यस्त, पक्का/पक्की, *प्रविष्ट*, रोपित, *विद्ध*, विरोपित, *सुदृढ़*, सुस्थित, स्थापित, *स्थित*, •अचल, •पच्चीकृत, •रत्नजटित, •संलग्न, ■अविजड़ित.

**विजड़ित करना** = जड़ना.
**विजड़ित कर्ता** = जड़िया.
**विजन** = आवासीहीन, निर्जन वन.
**विजय** = परराष्ट्र जय, सफलता.

**विजय** *सं* *अतिक्रमण*, जय, जयश्री, जीत, फ़तह, लब्धि, *लाभ*, विजय सिद्धि, *संजय*, *सफलता*, सिद्धि, •परराष्ट्र जय, •राष्ट्रजय, •विश्वविजय, •युद्धधन, •युद्धांत, •विजेता, •सफलता, ■पराजय.

**विजय उत्सव** *सं* जय उत्सव, जययात्रा, जयोत्सव, मार्चपास्ट, विजयोत्सव, शोभायात्रा.

**विजयकर** = विजयप्रद.
**विजय तिलक** = सम्मान तिलक.
**विजयद** = विजयप्रद.
**विजय दशमी** = दशहरा.
**विजयन** = परराष्ट्र जय.
**विजय पराजय** = उत्थानपतन, भाग्यचक्र.

**विजयप्रद** *वि* जयद/जयदा, जयप्रद/जयप्रदा, जयावह/जयावहा, जितावनहार, जितावनहारा जितावनहारी, विजयकर, विजयद, वैजयिक.

**विजय रेखा** = खेल गोल.
**विजयवाहिनी** = सेना.

**विजयवाहिनी** *सं* अतिबल, जयवाहिनी, जयसेना, महाकटक, महाचमू, महासेना, रामदल, रामसेना, विजय सेना, वीरचक्र.

**विजयश्री वरना** = जीतना.
**विजय सिद्धि** = विजय.
**विजय सेना** = विजयवाहिनी.
**विजया** = दशहरा, दुर्गा, भाँग.
**विजया वटी** = भाँग गोली.
**विजयी** = पुरस्कार विजेता, सफल.

**विजयी** *वि* कामयाब, ग़ालिब, जयप्राप्त, जयी, -जीत, जीता/जीती, फ़तहमंद, फ़तहयाब, विजितवान, विजित्वर, समितिंजय (प्रा), सुजित, हावी, •अभिनंदित, •प्रशंसित, •विजेता, ■असफल, ■पराजित.

**विजयी होना** = जीतना, हराना.
**विजयोत्सव** = दशहरा, विजय उत्सव.
**विजल्प** = अफ़वाह, गप.
**विजल्पक** = अफ़वाहबाज़.
**विजातीय** = भिन्नकोटीय.
**विजिज्ञासा** = जिज्ञासा.
**विज़िट** = मुलाक़ात.
**विज़िटर** = अतिथि, आगंतुक, यात्री, रीडर.

**विज़िटिंग कार्ड** *सं* आत्मपरिचय पत्र, कार्ड, नामपत्र, मुलाक़ाती कार्ड, •परिचय पत्र, •पहचान पत्र.

**विजित** = अधीनित, उपनिवेशित, पददलित, पराजित, सहमत.
**विजित करना** = हराना.
**विजित धन** = युद्धधन.
**विजितवान** = विजयी.
**विजितेंद्रिय** = विरक्त.
**विजित्वर** = विजयी.
**विज़ुअल** = चाक्षुष, परिकल्पना, पृष्ठसज्जा.
**विजृंभ** = भ्रूभंगिमा.
**विजृंभण** = भ्रूभंगिमा.
**विजेता** = नायक, परराष्ट्र जेता, पुरस्कार विजेता.

**विजेता** *सं* अभिजित, चैंपियन, जयंत, जय कर्ता, जित, जितशत्रु, जितारि, जितैया, जित्वर, जिष्णु, जीतनहार, जीतने वाला, जेता, पराजित कर्ता, विक्रांत, विक्रांता, समितिंजय, हराने वाला, •नायक, •परराष्ट्र जेता, ■पराजित.

**विजेय** = जेय.
**विजोगिनी** = वियोगिनी.
**विजोगी** = वियोगी.
**विज्जल** = सेमल वृक्ष.
**विज्ञ** = ज्ञानी, शिक्षित.
**विज्ञता** = बुद्धिमत्ता, विद्वत्ता.
**विज्ञप्त** = विज्ञापित.
**विज्ञप्ति** = अभिव्यक्ति, घोषणा, निवेदन, प्रैस विज्ञप्ति, सूचना.
**विज्ञप्तिका** = रिमाइंडर.
**विज्ञात** = अगुप्त, ज्ञात.
**विज्ञान** = तकनीक, बोध, भौतिकी, विवेक.

**विज्ञान** *सं* जगत ज्ञान, *ज्ञान*, तत्त्वज्ञान, पदार्थ ज्ञान, प्रकृति अध्ययन, भौतिक ज्ञान, लौकिक ज्ञान, वस्तुज्ञान, विद्या, शास्त्र, सप्रमाण ज्ञान, साइंस, •भौतिकी, •रासायनिकी, •अनुसंधान, •आविष्कार, •ज्ञान, •तकनीक, •शिक्षा, ▪अंधविश्वास, ▪अध्यात्म, ▪अवैज्ञानिकता.

**विज्ञान (भरत)** = विभाव.
**विज्ञान असंगत** = अवैज्ञानिक.

**विज्ञान कथा** *सं* अद्‌भुत कल्पना.

**विज्ञानज्येष्ठ** = विद्वान व्यक्ति.
**विज्ञान धन** = केवल ज्ञान.
**विज्ञानपति** = सर्वज्ञ.
**विज्ञानमय** = विद्याविद्.
**विज्ञानराज** = विद्वान व्यक्ति.
**विज्ञानवाद** = नास्तिकतावाद, बौद्ध धर्म.
**विज्ञानविरुद्ध** = अवैज्ञानिक.
**विज्ञानशाला** = प्रयोगशाला.
**विज्ञानशील** = आविष्कारशील.

**विज्ञानसंगत** *वि* अनुभवगत, अनुभवगम्य, अनुभवजन्य, अमायावी, इंद्रियगम्य, *ठोस*, *तकनीकी*, *तर्कसंगत*, प्रामाणिक, बुद्धिसंगत, युक्तियुक्त, विज्ञानात्मक, विश्लेषणात्मक, *विश्वसनीय*, *वैज्ञानिक*, शास्त्रीय, साइंटिफ़िक, साधार, सिद्ध्य, •तकनीकी, •प्रमाण्य, •वस्तुपरक, ▪अवैज्ञानिक.

**विज्ञानात्मक** = विज्ञानसंगत.
**विज्ञानी** = अध्यात्मज्ञ, ज्ञानी, वैज्ञानिक.
**विज्ञानेश्वर** = सर्वज्ञ.
**विज्ञापक** = सूचनादाता.

**विज्ञापक** *सं* ऐडवर्टाइज़र, विज्ञापन दाता, •प्रायोजक.

**विज्ञापन** = प्रचार, प्रदर्शन, प्रोपेगैंडा.

**विज्ञापन** *सं* इश्तिहार, ऐड, ऐडवर्ट, ऐडवर्टिज़मैंट, कमर्शल, कमर्शल ब्रेक, जनसूचना, नोटिस, प्रकाशन, *प्रचार*, *प्रसार*, बड़ाई, बढ़ावा, *मुनादी*, *संचार*, •डायरैक्ट मेल, •नोटिस बोर्ड, •मेलिंग लिस्ट, •वर्गीकृत विज्ञापन, •विज्ञापन पटल, •पैंफ़लेट, •पोस्टर, •प्रोपेगैंडा, •बैनर, •ब्रोश्यर, •सर्कुलर, •हैंडबिल.

**विज्ञापन दाता** = विज्ञापक.
**विज्ञापन पत्र** = पोस्टर.

**विज्ञापित** *वि* इश्तिहारी, विज्ञप्त, शाया, •प्रचारित, ▪अविज्ञापित.

**विज्ञीप्सा** = जिज्ञासा.
**विज्ञेय** = बोध्य.
**विज्ञेयवाद** = ज्ञेयवाद.
**विट** = कामुक, घर, चुटकुलेबाज़, दुर्जन, लंपट, वाग्विलासी व्यक्ति, विदूषक, हाज़िरजवाब, हाज़िरजवाब व्यक्ति, हास्य लेखक.

**विट** *सं* चुहलबाज़, *जोकर*, ठट्ठेबाज़, ठिठोलिया, ठिठोलीबाज़, दिल्लगीबाज़, मसख़रा, *हँसोड़*, हँसोड़ा/हँसोड़ी, •गपरसिया, •हाज़िरजवाब व्यक्ति.

**विटप** = वृक्ष.
**विटपी** = झाड़, वटवृक्ष, वृक्ष.
**विट लवण** = काला नमक.
**विटवल्लभा** = पाटलि.

**विटामिन** *सं* जीवाति, जीवामिन, पोषामिन, पोषिन, वाइटामिन (विकल्प), •पोषक, •पोषण, •पोषव्य.

**विटामिन सूची** *सं* विटामिन आर से जेड (अनिश्चित), विटामिन ई, विटामिन ए, ए2, ए3, विटामिन ऐल1, ऐल2, विटामिन के, के1, के2, के3, विटामिन जे, विटामिन डी1, डी2, डी3, विटामिन बी, विटामिन बी-1 से बी-15, विटामिन बी कंप्लैक्स, विटामिन सी, सी-2.

**विटामिन आर से जेड (अनिश्चित)** = विटामिन सूची.
**विटामिन ई** = विटामिन सूची.
**विटामिन ए, ए2, ए3** = विटामिन सूची.
**विटामिन ऐल1, ऐल2** = विटामिन सूची.
**विटामिन के, के1, के2, के3** = विटामिन सूची.
**विटामिन जे** = विटामिन सूची.
**विटामिन डी1, डी2, डी3** = विटामिन सूची.
**विटामिन बी** = विटामिन सूची.
**विटामिन बी-1 से बी-15** = विटामिन सूची.
**विटामिन बी कंप्लैक्स** = विटामिन सूची.
**विटामिन सी, सी-2** = विटामिन सूची.
**विडंबना** = उपहास, छल, मायादर्शन, यातना.
**विडंबनीय** = उपहास्य.
**विडंबित** = छला/छली.
**विडराना** = चौंकाना.
**विड लवण** = काला नमक.
**विडालव्रत** = पाखंड.
**विडाली** = बिल्ली.
**विडो** = विधवा.
**वितंडा** = तकरार, वितंडावाद, विवाद.

**वितंडावाद** *सं* अकांड तांडव, कठहुज्जत, जल्प, जिरहबाज़ी, तर्क कुतर्क, तर्कप्रियता, दलीलबाज़ी, बहसबाज़ी, बाल की ख़ाल निकलाई, *मीनमेख*, वितंडा, सूक्ष्म तर्क, सूक्ष्म विश्लेषण, हीलहुज्जत, हैसबैस, •कलहप्रियता, •तकरार, •मीनमेख, •विवाद.

**वितंडावादी** *सं* क़ानूनिया, कुतर्की, कूटतार्किक, जल्पक, दलीलबाज़, पखिया, बहसबाज़, बाल की ख़ाल निकालने वाला, मिथ्या तार्किक,

वाक्छली, वाग्वितंडी, विग्रही, विवादी, वैतंडिक, वैतंडी, ●कलहप्रिय, ●तकरारिया, ■तर्कवेत्ता.

**वितंडीय** = कुतर्कीय.
**वितत** = तना/तनी, विस्तीर्ण.
**वितथ** = निरर्थक.
**वितथवादी** = असत्यवादी.
**वितना/वितनी** = उतना/उतनी.
**वितरक** = स्टौकिस्ट.

**वितरक** *सं* डिपो होल्डर, डिस्ट्रीब्यूटर, डीलर, वितरण कर्ता, *व्यापारी*, *स्टौकिस्ट*, ●उत्पादक, ●दलाल, ●विक्रेता, ●सप्लायर.

**वितरण** = प्रदान.
**वितरण करना** = बाँटना.
**वितरण कर्ता** = वितरक.

**वितरिका नदी** *सं* *नदी*, वितरिका, शाखा नदी, ■सहायक नदी.

**वितरित** = प्रकाशित.
**वितरित करना** = बाँटना.
**वितर्क** = संदेह.
**वितर्दिका** = यज्ञवेदी.
**वितान** = आकाश, ढेर, मंडप, विस्तार, सजावटी छत.
**वितानना** = तानना.
**वितानित** = तना/तनी.
**वितृष्ण** = लालसाहीन, विरक्त.
**वितृष्णा** = घृणा, निरर्थकता, वैराग्य.
**वित्त** = धन.

**वित्त** *सं* *निधि*, फ़ाइनैंस, ●ऋण, ●पूँजी, ●महाजन, ●मूलधन, ●सहायता धन.

**वित्तकाम** = धनकाम, धनलोलुप.
**वित्तगोप्ता** = कुबेर, कोशाध्यक्ष.
**वित्तद** = धनप्रद, फ़ाइनैंसर.
**वित्तदाता** = प्रायोजक, फ़ाइनैंसर, बंधक ऋण दाता, महाजन.
**वित्तदान** = वित्तीय सहायता.
**वित्तपति** = कुबेर.
**वित्तपाल** = कोशाध्यक्ष.
**वित्तप्रदाता** = फ़ाइनैंसर.
**वित्तप्राप्ता** = ऋणी.
**वित्त बाज़ार** = मुद्रा बाज़ार.
**वित्तशास्त्र** = अर्थशास्त्र.
**वित्ता/वित्ती** = उतना/उतनी.
**वित्तागम** = अर्जन, आय.

**वित्तीय** *वि* आर्थिक, माली, व्यापारिक, *व्यावसायिक*, सांपत्तिक, ●धनीय, ●राजनीतिक.

**वित्तीय सहायता** *सं* अनुतोष, अनुदान, अर्थ प्रदान, अर्थसहाय, आनुतोषिक (बतर्ज़ पारितोषिक), आर्थिक सहायता, इमदाद, एड, ग्रांट, तक़ावी, *दान*, धनदान, धनदान, नीवीदान, मदद, मदद, *राहत*, रिलीफ़, वित्तदान, *सहयोग*, *सहायता*, सहायता धन, ●दान.

**विद** = ज्ञाता, बोध.
**विदग्ध** = दक्ष, दग्ध, नागरतापूर्ण, प्रौढ़, बुद्धिमान, वाग्विलासपूर्ण, वाग्विलासी व्यक्ति, विद्याविद्, हाज़िरजवाब
**विदग्धता** = कलाप्रेम, दक्षता, वाग्विलास, विद्वत्ता, हाज़िरजवाबी.
**विदर** = झिरी, विलगाव, व्रण.
**विदरण** = चिराई.
**विदर्शना** = आत्मज्ञान.
**विदल** = चना, मटरा.
**विदलक** = कुटनहार.
**विदलन** = दमन.
**विदलान्न** = दलहन.
**विदलित** = चूर्णित.
**विदा** = बिदाई.

**विदा** *सं* अलगाव, अलविदा, अलहदगी, *गमन*, जुदाई, *पार्थक्य*, फ़ेअरवैल, बिछुड़न, बिदाई, बिदायगी, रवानगी, रुख़सती, *वियोग*, ●गौना, ●बिदाई, ■निमंत्रण, ■प्रतीक्षा, ■स्वागत.

**विदाई** = बिदाई.
**विदारक** = नौसादर.
**विदारण** = तोड़फोड़.
**विदारिका** = बिवाई.
**विदारित** = फटा/फटी.
**विदा लेना** = जाना, मरना.
**विदाहक** = दाहक.
**विदित** = अध्यीत, अनुभूत, चिरपरिचित, ज्ञात, प्रकट.
**विदित कराना** = बताना.
**विदिशा** = उपदिशा.
**विदीर्ण** = छिद्रित, टूटा/टूटी, धज्जी धज्जी, नष्ट, रुँदा/रुँदी, हत्याकृत.
**विदीर्ण करना** = उजाड़ना, फाड़ना.
**विदीर्णन** = चिराई, चूर्णन.
**विदीर्ण होना** = तड़कना, फटना.
**विदु** = विद्याविद्, सर्वज्ञ.
**विदुर** = नागरतापूर्ण, प्रतिभाशाली व्यक्ति, बुद्धिमान.

**विदुर** *सं* अंबिका दासी पुत्र, कौरव राज्य मंत्री, धर्म अवतार, *वेद*, वैचित्रवीर्य, सुधन्वा. ●महाभारत

**विदुला** = थूहर.
**विदुष** = विद्वान व्यक्ति.
**विदूत्तम** = सर्वज्ञ.
**विदूर** = दूरतम, पृथक.
**विदूषक** = नक़्क़ाल, भाँड़, हास्य अभिनेता.

**विदूषक** *सं* केलिकिल, ठिठोलिया, नक़लची, प्रहासी, *भाँड़*, मसख़रा, वासंतिक, *विट*, वैहासिक, शकार, शालक, *हँसोड़*, हँसोड़ा/हँसोड़ी, हास्य पात्र, हास्य सखा, ●चुटकुलेबाज़, ●जोकर, ●हास्य अभिनेता.

**विदूषण** = प्रदूषण.

**विदूषण** *सं* मलिनकरण, *लांछन*, संदूषण, ●गुह्यविद्या.

**विदूषित** = गंदा/गंदी, घिनौना/घिनौनी, प्रदूषित, सड़ा/सड़ी.

**विदेश** *सं* अन्य देश, दिसावर, देशांतर, परदेश, परराष्ट्र, पराया देश, फ़ौरेन, *बाहर*, बिदेस, *सीमा पार*, ■स्वदेश.

**विदेशवासी** *सं* ग़ैर, परदेशवासी, परदेशी, परदेसी, बाहरी, *विदेशी*, वैदेशिक, ●आप्रवासी, ●यात्री, ●विदेशी, ■स्वदेशवासी.

**विदेश व्यापार** = निर्यात व्यापार.
**विदेश संबंध** = अंतरराष्ट्रीय संबंध.
**विदेशी** = आप्रवासी, विदेशवासी.

**विदेशी** *वि* अन्य देशीय, ग़ैर,

ग़ैरमुल्की, देशांतरीय, परदेशी, पराया/पराई, फ़ौरेन, भिन्नदेशीय, विलायती, •परदेशी, •परराष्ट्रीय, •पराया/पराई, •बाह्य, ▪राष्ट्रीय, ▪स्थानीय, ▪स्वदेशी.

**विदेशीय** = परराष्ट्रीय.
**विदेह** = अनासक्त, जनक, निराकार, मृत, विरक्त.
**विदेह (पूर्व नाम)** = बिहार.
**विदेही** = सीता.
**विद्ध** = अवरुद्ध, छिद्रित, विजड़ित.

**विद्ध** *वि* अंतरछिद्रित, अंतर्वेधित, अनुविद्ध, आविद्ध, छिदा/छिदी, *छिद्रित*, छेदित, बिंधा/बिंधी, बिद्ध, रंध्रित, वेधित, संविद्ध, समाविद्ध.

**विद्धक** = वेधक.
**विद्ध करना** = वेधना.
**विद्धन** = वेधन.
**विद्य** = विद्याविद्, शिक्षित.
**विद्यमान** = उपस्थित, जीवित, वर्तमान.
**विद्यमानता** = अस्तित्व, उपस्थिति.
**विद्यांत** = दीक्षांत.
**विद्यांत संस्कार** = दीक्षांत.
**विद्या** = अभिमंत्रण, उपवेद, जादूगरी, ज्ञान, प्रेतसिद्धि, मंत्र, योगसिद्धि, विज्ञान, शिक्षा, सरो.
**विद्या उपाधि** = शिक्षा उपाधि.
**विद्याकर्म** = शिक्षार्जन.
**विद्यागुरु** = अध्यापक.
**विद्यातीर्थ** = विद्वान व्यक्ति, सुशिक्षित.
**विद्यादंभ** = विद्याहंकार.
**विद्यादंभी** = विद्याहंकारी.
**विद्यादाता** = गुरु.
**विद्यादान** = अध्यापन.
**विद्या देवी** = सरस्वती देवी.
**विद्याधर** = जादूगर, ज्ञाता, दक्ष व्यक्ति, प्रेतसाधक, शिक्षित.

**विद्याधर** *सं* अंबरचर, आकाशचर, खेचर, *नभचर*, विहायस गति, व्योमगामी, व्योमचर, व्योमचारी, सत्ययौवन, स्थिरयौवन, •कामरूपी, •जादूगर.

**विद्याधर स्त्री** *सं* आकाशगामिनी, आकाशचारिणी, कामरूपिणी, खेचरी, नभचारिणी, विद्याधरी.

**विद्याधरी** = जादू, परी, विद्याधर स्त्री.
**विद्याधिप** = विद्याविद्.
**विद्यापति** = विद्वान व्यक्ति.
**विद्या परीक्षा** = परीक्षा.
**विद्याप्राप्त** = शिक्षित.
**विद्याप्राप्ति** = शिक्षार्जन.
**विद्याभिमान** = विद्याहंकार.
**विद्याभिमानी** = विद्याहंकारी.
**विद्याभ्यासी** = अध्ययनशील.
**विद्या मंदिर** = विद्यालय.
**विद्यामद** = विद्याहंकार.
**विद्यारंभ** = सोलह संस्कार सूची.

**विद्यारंभ** *सं* गुरुकुल प्रवेश, दीक्षा, शिक्षा आरंभ, •अक्षरारंभ, ▪दीक्षांत.

**विद्यारंभ संस्कार** = अक्षरारंभ, उपनयन संस्कार.

**विद्याराशि** = दार्शनिक, विद्वान व्यक्ति, सुशिक्षित.
**विद्यार्जन** = शिक्षार्जन.
**विद्यार्जन काल** = ब्रह्मचर्य आश्रम.

**विद्यार्थी** *सं* अक्षरमुख, अध्येता, छात्र, तालिब इल्म, पढ़ने वाला, *पाठक*, *प्रशिक्षु*, शिक्षा अर्जक, शिक्षार्थी, शिक्षु, *शिष्य*, स्कालर, स्टूडैंट, •प्रशिक्षु, •सहपाठी, ▪अध्यापक, ▪गुरु.

**विद्यालय** *सं* अकादमी, *गुरुकुल*, पाठशाला, मकतब, मदरसा, विद्या मंदिर, शिक्षा निकेतन, शिक्षा परिषद, शिक्षालय, शिक्षा संस्थान, स्कूल, •गुरुकुल, •बाल शिक्षालय, •महाविद्यालय, •विश्वविद्यालय, •अध्यापक, •अध्यापन, •छात्रावास, •विद्यार्थी, •विद्यालय कक्ष, •होमवर्क.

**विद्यालयी** = अकादमिक, शिक्षालयी.
**विद्यालयीय** = अकादमिक.
**विद्यालाभ** = शिक्षार्जन.
**विद्यावान/विद्यावती** = शिक्षित.
**विद्यावारिधि** = वाचस्पति.
**विद्याविद** = विद्याविद्.

**विद्याविद्** *वि* क़ाबिल, निष्णात, *प्रबुद्ध*, फ़ाज़िल, बुध, बुधान, मेधिष्ठ, लायक़, वदान्य, वाग्मी, विचक्षण, विज्ञानमय, विदग्ध, विदु, विद्य, विद्याधिप, विद्याविद, वेदी, वैशारद, शास्त्रविद, *शिक्षित*, संज्ञानी, संबुद्ध, सज्ञान, सुजान, सुज्ञानी, सुधी, ▪विद्याहंकारी.

**विद्याविशिष्ट** = विशेषज्ञ.
**विद्याविहीन** = अशिक्षित, असाक्षर.

**विद्या शुल्क** *सं* अध्ययन शुल्क, अध्यापन शुल्क, फ़ीस, शागिर्दाना, शिक्षा शुल्क, श्रुत निष्क्रिय (प्रा), •गुरु दक्षिणा.

**विद्यासागर** = ज्ञाता, ज्ञानी, विद्वान व्यक्ति.
**विद्यास्नात** = ग्रैजुएट.
**विद्यास्नातक** = ग्रैजुएट.

**विद्याहंकार** *सं* ज्ञानाहंकार, पंडितमन्यता, विद्यादंभ, विद्याभिमान विद्यामद, विद्वन्मन्यता, शिक्षादंभ, शिक्षाभिमान, शिक्षामद, •विद्वत्ता.

**विद्याहंकारी** *वि* दंभी, पांडित्यदर्शी, पांडित्याभिमानी, मगरा/मगरी, विद्यादंभी, विद्याभिमानी, विद्वन्मन्य, *सर्वज्ञ*, ▪ज्ञानी, ▪विद्याविद.

**विद्याहीन** = अशिक्षित.
**विद्युज्ज्वाला** = विद्युल्लेखा.
**विद्युत** = मेघविद्युत, विद्युत ऊर्जा.

**विद्युत ऊर्जा** *सं* इलैक्ट्रिक ऐनर्जी, इलैक्ट्रिक पावर, इलैक्ट्रिसिटी, बिजली, विद्युतशक्ति, विद्युद्बल.

**विद्युत ऊर्जा** *सं* इलैक्ट्रिक पावर, इलैक्ट्रिसिटी, पावर, बिजली, लाइट, विद्युत, विद्युद्बल, •ऋण विद्युत, •धन विद्युत, •मेघविद्युत, •वाटेज, •वोल्टेज.

**विद्युत कर्मी** *सं* इलैक्ट्रीशियन, बिजली वाला.

**विद्युत चालन शक्ति** = वोल्टेज.
**विद्युत दाब** = वोल्टेज.
**विद्युत दाब नियामक** = स्टैबिलाइज़र.
**विद्युत दाब स्थिरक** = स्टैबिलाइज़र.
**विद्युत दाहागार** = दाहागार.

**विद्युतपात** *सं* गाज, निर्घात, बिजली, बिज्जुपात, वज्रपात, विद्युत्पात, •इंद्रवज्र.

**विद्युत भंडारित्र** = बैटरी.
**विद्युतशक्ति** = विद्युत ऊर्जा.
**विद्युत शक्ति इकाई** = वाटेज.
**विद्युत शक्ति माप** = वाटेज.
**विद्युतीय** = द्रुत.
**विद्युत्पात** = विद्युतपात.
**विद्युद्दामा** = विद्युल्लेखा.
**विद्युद्बल** = विद्युत ऊर्जा, विद्युत ऊर्जा.

**विद्युल्लेखा** *सं* अचिरप्रभा, कौंधा, क्षणप्रभा, छटाभा, तड़ित्प्रभा, बिजली चमक, विद्युज्ज्वाला, विद्युद्दामा, सौदामिनी, ह्रादिनी, •मेघविद्युत.

**विद्योतक** = आलोकक.
**विद्रधि** = फोड़ा.
**विद्रुम** = प्रवाल, मूँगा, मोती.
**विद्रूप** = कुरूप, तोड़ मरोड़.

**विद्रूप** *वि* अपरूप, अरूप, अष्टावक्र, ऐबी, औघड़, कनौडा/कनौड़ी, कुबंड, खर्ब, घिनौना/घिनौनी, टेढ़ा/टेढ़ी, टेढ़ा बैंचा/टेढ़ी बैंची, बेडौल, बेढंगा/बेढंगी, भद्दा/भद्दी, *भयानक*, भस्सड़, भीषण, भोंड़ा/भोंड़ी, विकल, विकृत, विकृतांग, विद्रूपी/विद्रूपिणी, विरूप, •कुडौल, •कुरूप, •भयानक, •विकलांग, ▪सुंदर, ▪सुडौल.

**विद्रूपण** = तोड़ मरोड़.
**विद्रूपी/विद्रूपिणी** = विद्रूप.
**विद्रोह** = अवज्ञा, क्रांति विस्फोट, तोड़फोड़, धर्मद्रोह, राजद्रोह, विश्वासघात.

**विद्रोह** *सं* *उत्थान*, ग़दर, द्रोह, बग़ावत, बलवा, •उपद्रव, •क्रांति, •दंगा, •देशद्रोह, •धर्मद्रोह, •राजद्रोह, •षड्यंत्र.

**विद्रोहज्वाला** = क्रांति विस्फोट.
**विद्रोही** = अवज्ञाकारी, आंदोलनकारी, आज़ादख़याल, क्रांतिकारी, मतद्रोही, स्वाधीनता सेनानी.

**विद्रोही** *सं* अराजवीजी, द्रोही, बग़ावती, बलवाई, बाग़ी, सत्ताविरोधी, सरकश, •क्रांतिकारी.

**विद्वज्जन** = विद्वत्समाज.
**विद्वत्कल्प** = अल्पशिक्षित.
**विद्वत्ता** *सं* ज्ञातृत्व, *ज्ञान*, ज्ञानसंपन्नता, ज्ञानीत्व, पंडिताई, पांडित्य, प्रगल्भता, प्रतिष्ठितता, मर्मज्ञता, लायक़ी, वाक़िफ़ीयत, *वाग्मिता*, वाग्विदग्धता, विज्ञता, विदग्धता, वैदग्ध्य, वैदुष्य, वैशारद्य, सुविज्ञता, स्कालरशिप, •बौद्धिकता, •विद्याहंकार, •विशेषज्ञता, •शिक्षा, ▪अविद्वत्ता.

**विद्वत्तापूर्ण** = अकादमिक.

**विद्वत्तापूर्ण** *वि* *अकादमिक*, अध्ययनपूर्ण, कूट, गूढ़, ज्ञानपूर्ण, पंडिताऊ, पांडित्यपूर्ण, शोधपूर्ण, शोधात्मक, सैद्धांतिक, •अकादमिक, •गंभीर, •ज्ञानी.

**विद्वत्समाज** *सं* गुणीजन, ज्ञानीजन, पंडित ज्ञानी, पंडित समाज, पढ़े लिखे लोग, परिमल, विद्वज्जन, विद्वन्मंडली, सफ़ेदपोश, *समाज*, सुहृदजन, •उत्तम जनसमूह, •विद्वान व्यक्ति.

**विद्वन्मंडली** = उत्तम जनसमूह, विद्वत्समाज.
**विद्वन्मन्य** = विद्याहंकारी.
**विद्वन्मन्यता** = विद्याहंकार.
**विद्वान** = अध्यापक, ज्ञानी, विद्वान व्यक्ति, विशेषज्ञ, शिक्षित.
**विद्वान/विदुषी** = सुशिक्षित.

**विद्वान व्यक्ति** *सं* अभिजात, अल्लामा, आलिम, आलिम फ़ाज़िल, उपाध्याय, उस्ताद, कोविद, *गुरु*, *ज्ञाता*, ज्ञानगर्भ, ज्ञानगुणसागर, ज्ञानराज, *ज्ञानी*, ज्ञानेश्वर, डाक्टर, *दिग्गज*, *दिग्गज*, धुरंधर, पंडित, पंडित ज्ञानी, पारंगत, प्रकांड पंडित, प्रोफ़ेसर, भट्टाचार्य, मनस्वी, मनीषी, महाज्ञानी, महापंडित, महामहोपाध्याय, *महारथी*, महोपाध्याय, मार्तंड, मुंशी, मौलवी, वागीश्वर, *वाचस्पति*, विज्ञानज्येष्ठ, विज्ञानराज, विदुष, विद्यातीर्थ, विद्यापति, विद्याराशि, विद्यासागर, विद्वान, विशारद, वेदी, वैद्यराज, सूरी, स्कालर, •ज्ञाता, •ज्ञानी, •विद्वत्समाज, ▪अज्ञानी.

**विद्वेष** = ईर्ष्या, घृणा, वैमनस्य, शत्रुता.
**विद्वेषहीन** = ईर्ष्याहीन.
**विद्वेषी** = ईर्ष्यालु, शत्रु.
**विद्वेष्टा** = शत्रु.
**विधन** = ठुँकाई.
**विधना** = ब्रह्मा.
**विधर्मित** = धर्मच्युत.
**विधर्मी** = परधर्मी.

**विधवा** *सं* अकेली, *अपति*, ऋषभी (प्रा), एकवेणी (प्रा), ख़समपीटी, गतभर्तृका, दुहागन, दुहागिन, बेवा, मुंडी, मुंडो, यतिनी (प्रा), रंडा, रंडी, राँड, विडो, विधुरा, वृषभी (प्रा), •बाल विधवा, •विधुर, ▪कुँवारी, ▪विवाहित स्त्री, ▪संन्यासिनी, ▪सधवा.

**विधवाश्रम** = समाजसेवी संस्था.
**विधांतरण** = रूपांतरण.
**विधा** = संसाधन.
**विधाता** = ईश्वर, निर्माता, प्रारब्ध, प्रारब्ध विधाता, ब्रह्मा, विधायक, सृष्टि रचेता, स्रष्टा.
**विधात्री** = जनयित्री, विधायिका.
**विधान** = कर्मकांड, क़ानून, नियम, पारित प्रस्ताव, प्रक्रिया, लोकव्यवहार नियम, व्यवस्था, संविधान, सृजन.
**विधानकोश** = विधिसंहिता.
**विधानग** = विधिज्ञ.
**विधानज्ञ** = विधिज्ञ.
**विधान परिषद** = संविधान परिषद.

**विधान परिषद** *सं* कांसिल, धारासभा, परिषद, लैजिस्लेटिव असैंबली, लैजिस्लेटिव कौंसिल, विधानिका, *विधायिका*, व्यवस्थापिका समिति, शिष्ट सभा, •संसद.

**विधान प्रणाली** = विधायिका.
**विधानविरुद्ध** = अवैध.

**विधान सभा** = विधायिका, संविधान परिषद.
**विधानसम्मत** = वैध.
**विधानिका** = विधान परिषद, विधायिका.
**विधानित** = प्रबंधित.
**विधायक** = परिषद सदस्य, राजनेता, संस्थापक.

**विधायक** *सं* जन प्रतिनिधि, नियामक, *नेता*, *प्रतिनिधि*, लैजिस्लेटर, विधाता, विनियामक, शास्ता, संविधानक, ●क़ानून, ●प्रतिनिधि, ●राजनेता, ●सांसद.

**विधायिका** = विधान परिषद.

**विधायिका** *सं* विधात्री, विधान प्रणाली, विधान सभा, विधानिका, संविधान प्रणाली, संविधायिका, संसद आदि, ●कार्यपालिका, ●न्यायपालिका.

**विधायित** = शासित.
**विधायी** = संसदीय.
**विधि** = ईश्वर, कर्मकांड, क़ानून, धर्मविधि, नियम, प्रक्रिया, प्रथा, ब्रह्मा, भाग्य, रैसिपी, व्यवस्था.

**विधि** *सं* अंदाज़, क़ायदा, कार्यविधि, कार्यशैली, कार्यावली, ढंग, ढब, *तकनीक*, तरकीब, तरीक़ा, तौर, *नियम*, *नीति*, नुस्ख़ा, प्रणाली, रीति, सलीक़ा, ●कैसे, ●गुर, ●जुगत, ●प्रक्रिया, ●रूटीन.

**विधि का विधान** = प्रारब्ध.

**विधिज्ञ** *सं* क़ानूनदाँ, क़ानूनिया, न्यायशास्त्री, विधानग, विधानज्ञ, विधि विशेषज्ञ, व्यवस्थापक, संविधान व्याख्याता.

**विधितः** = विधिपूर्वक.
**विधित** = पूर्वनिर्धारित.
**विधि निरीक्षक** = इंस्पैक्टर.
**विधिपाल** = न्यायपालक.
**विधिपालक** = कर्मकांडी, न्यायपालक, परंपरावादी.
**विधिपालन** = लाल फ़ीताशाही.
**विधि पुस्तक** = प्रक्रिया पुस्तक.
**विधिपूर्ण** = विधिसंगत.

**विधिपूर्वक** *क्रिवि* अच्छी तरह, क़ायदे से, ढंग से, तरीक़े से, तौर से, नीके, बतौर, बदस्तूर, बाक़ायदा, बाज़ाब्ता, भली भाँति, रीत्यनुकूल, रीत्यनुसार, विधितः, विधिवत, विधि से, सम्यक्, ●अनुसार, ●कैसे.

**विधिबद्ध** = धर्मसंगत, वैध.
**विधिबोधित** = शास्त्रसंगत.
**विधिमान्य** = वैध.
**विधिलेख** = प्रारब्ध लेख.
**विधिलोक** = मोक्षलोक.
**विधिवत** = विधिपूर्वक, व्यवस्थित.
**विधिवश** = संयोगवश.
**विधिवशात** = संयोगवश.
**विधिवाक्य** = धर्मादेश.
**विधिविधान** = कर्मकांड, धर्मविधि, लाल फ़ीताशाही.
**विधिविरुद्ध** = अवैध.
**विधि विशेषज्ञ** = विधिज्ञ.
**विधिविहित** = विधिसंगत, शास्त्रसंगत.
**विधिवेत्ता** = वकील.
**विधिसंगत** = कर्मकांडीय, न्यायसंगत.

**विधिसंगत** *वि* अनिषिद्ध, *अनुकूल*, अवर्जित, उचित, उपयुक्त, कार्यविधिपूर्ण, *ठीक*, नियमानुकूल, नियमानुसार, बजा, माक़ूल, यथानियम, यथाविध, यथाविधि, वाजिब, विधिपूर्ण, विधिविहित, *वैध*, *संगत*, सही, सुसंगत, सुसंबद्ध, ●तकनीकी, ●न्यायानुकूल.

**विधिसंगत नृत्य** = शास्त्रीय नृत्य.
**विधिसंगम** = मल्टीमीडिया.
**विधिसंहिता** = संविधान.

**विधिसंहिता** *सं* आचारसंहिता, कोड, *नियम*, नियमकोश, नियमसंहिता, नियमावली, विधानकोश, शास्त्रविधि, *संहिता*, ●इसलामी विधि, ●क़ानून, ●दंडसंहिता, ●हिंदू विधिसंहिता.

**विधि से** = विधिपूर्वक.
**विधिहीन** = क्रमहीन.
**विधीय** = नैयायिक.
**विधुबदन** = सुंदर.
**विधुबदना** = सुंदर स्त्री.
**विधुबदनी** = सुंदर स्त्री.

**विधुमुखी** = सुंदर स्त्री.
**विधुर** = अपत्नीक, वियोगी.

**विधुर** *सं* अकेला, अदार, पत्नीहीन पति, मृत पत्नी पति, रँडुआ, ●विधवा, ■अविवाहित, ■कुँवारा, ■विवाहित पुरुष.

**विधुरता** = वियोग.
**विधुरा** = लस्सी, विधवा, वियोगिनी.
**विधुवदना** = सुंदर स्त्री.
**विधुवदनी** = सुंदर स्त्री.
**विधूम्र** = धूसर.
**विधेय** = आरभ्य, करणीय, नियंत्रणीय, प्रस्ताव.
**विधेयक** = प्रस्ताव.
**विध्यनुकूल** = औपचारिक.
**विध्वंस** = क़हर, तोड़फोड़, नाश.
**विध्वंसक** = तूफ़ानी, ध्वंसास्त्र, नाश कर्ता, नाशकारी, हिंस्र.
**विध्वंस करना** = उजाड़ना.
**विध्वंस कर्ता** = नाश कर्ता.
**विध्वंसन** = तोड़फोड़.
**विध्वंसात्मक** = नाशकारी.
**विध्वंसी** = नाशकारी, नाशकारी, बलात्कारी.
**विध्वंसी/विध्वंसिनी** = नाशकारी.

**विध्वंसोत्तेजक** *सं* तोड़फोड़ उत्तेजक, शत्रु का दलाल, ●आंदोलनकारी, ●उपद्रवी.

**विध्वस्त** = नष्ट, हत्याकृत.
**विध्वस्त करना** = उजाड़ना.
**विध्वस्य** = नाश्य.
**विन** = वे.
**विनग्नता** = नग्नता.
**विनत** = कुबड़ा/कुबड़ी, झुका/झुकी, वक्राकार, विनम्र.
**विनत/विनता** = कुबड़ा/कुबड़ी.
**विनती** = निवेदन, प्रार्थना, मनुहार, याचना.
**विनतोदर/विनतोदरी** = कुबड़ा/कुबड़ी.
**विनमन** = कोरनिश, नति.

**विनमन** *सं* आनति, उपनमन, झुकन, *नति*, नमन, प्रणति, प्रणमन, मस्तकनमन, विनय, विभंगि, शीशनमन, सन्नति, सम्मान प्रदर्शन, ●अभिवादन, ●कोरनिश, ●दंडवत.

 (प्रा) प्राचीन शब्द, अब अप्रचलित - *तिरछे* शब्द स्वतंत्र शीर्षक भी हैं ●सपर्याय ■विपर्याय

**विनम्य** = जेय, नम्य, प्रभावशील, सहमत्य.

**विनम्र** = आज्ञाकारी, आदरपूर्ण, गाय समान, नियंत्रणीय, मिष्टभाषी, शास्य, संकोची, सौम्य, स्त्रियोचित.

**विनम्र** *वि* अघोर, अदर्प, अदर्पी, अनभिमान, अनभिमानी, अनुद्धत, अनुनयी, अभिमानहीन, अहंकारहीन, आजिज़, करबद्ध, ख़ाकसार, गर्वहीन, जैंटल, डींगहीन, तमीज़दार, दंभहीन, दर्पहीन, दीन, धृष्टताहीन, नतमस्तक, नतशीश, नर्म, नागर, निरभिमान, निरहंकार, निर्दंभ, बाअदब, बासलीक़ा, भद्र, विनत, विनयशील, विनयी, विनीत, शरीफ़, शांत, *शालीन*, *शिष्ट*, *संकोची*, सविनय, *सहज*, सीधा/सीधी, सुनीति, सुशील, *सौम्य*, •आज्ञाकारी, •कृतज्ञ, •शिष्ट, •सुसंस्कृत, ■अहंकारी, ■धृष्ट, ■हेकड़ीबाज़.

**विनम्र नौकर** = चरणदास.

**विनय** = त्रिपिटक भाग सूची, निवेदन, प्रार्थना, मनुहार, याचना, विनमन, व्यवहार.

**विनयन** = आनयन.

**विनय प्रमाथी** = अनुशासनहीन.

**विनयशील** = आज्ञाकारी, विनम्र.

**विनयी** = निवेदक, विनम्र.

**विनश्वर** = क्षणभंगुर, मर्त्य.

**विनष्ट** = नष्ट, मृत.

**विनसाना** = उजाड़ना.

**विनाडि** = पल.

**विनाथ** = साधनहीन.

**विनाद** = गड़गड़, ध्वनि, योगध्वनि.

**विनायक** = गणेश, दिग्दर्शक.

**विनाश** = नाश, प्रलय, वध.

**विनाशक** = ढहाने वाला, ध्वंसास्त्र, नाश कर्ता, नाशकारी, प्रलयकारी, विष, विषाक्त, हत्यारा, हिंस्र.

**विनाश कर्ता** = नाश कर्ता.

**विनाशकारी** = नाशकारी.

**विनाशना** = उजाड़ना.

**विनाशयिता** = नाश कर्ता.

**विनाशवान** = भंगुर.

**विनाशशील** = मरणासन्न.

**विनाशहीन** = अमर.

**विनाश होना** = उजड़ना.

**विनाशी** = प्रलयकारी.

**विनाशी/विनाशिनी** = नाश कर्ता.

**विनाश्य** = नाश्य.

**विनिंदित** = निंदित.

**विनिकेत** = बेघर.

**विनिक्षेप** = प्रदान, फेंक, बंधक.

**विनिघ्न** = हत्याकृत.

**विनिद्र** = निद्राहीन.

**विनिद्रा** = निद्राहीनता.

**विनिपात** = क़हर.

**विनिपाती** = प्रक्षेप्ता, हत्यारा.

**विनिमय** = वस्तु विनिमय, समाकलन.

**विनिमेय** = विक्रेय.

**विनिमेष** = निमिष.

**विनियत** = शीड्यूलित.

**विनियम** = ईसाई धर्म नियम, व्यवस्था.

**विनियम्य** = नियंत्रणीय.

**विनियामक** = नियंत्रक, विधायक.

**विनियुक्त** = व्यस्त.

**विनियोक्ता** = पूँजीपति.

**विनियोग** = प्रवर्तन.

**विनियोजक** = प्रायोजक.

**विनियोजन** = प्रवर्तन, प्रायोजन, संस्थापना.

**विनियोजित** = योजित, संस्थापित.

**विनियोज्य** *वि* अनुप्रयोज्य, आप्त, आयद, उपयुक्त, ऐप्लिकेबल, चरितार्थ, चस्पाँ, जायज़, *ठीक*, प्रयोज्य, मौज़ूँ, *यथार्थ*, यथार्ह, लागू, लागू करने लायक़, *संगत*, सही, •वैध, •सटीक, ■अविनियोज्य, ■अवैध.

**विनिर्णय** = निश्चय.

**विनिर्माण** = निर्माण, रूप प्रदान.

**विनिर्माता** = रूप प्रदाता.

**विनिर्यात** = निर्गमित.

**विनिवर्तन** = प्रत्यादान.

**विनिवर्ती** = निवर्तमान.

**विनिविष्ट** = व्यवस्थित.

**विनिश्चय** = निश्चय.

**विनिश्चल** = निश्चल.

**विनिष्कंप** = कंपनहीन.

**विनिष्पादित** = पूर्णकृत.

**विनिहत** = हत्याकृत, हत्याकृत.

**विनीत** = निवेदक, विनम्र, शिक्षित.

**विनीतक** = पालकी वाहक.

**विनूठा/विनूठी** = अनुपम, भिन्न.

**विनेय** = शास्य.

**विनोद** = मनोरंजन.

**विनोद** *सं* उत्प्रास, केलि, कौतुक, क्रीड़ा, खेलतमाशा, चहचहा, छेड़छाड़, ठट्ठा, ठट्ठा ठठोली, ठठोली, ठिठोली, तफ़रीह, दिल बहलाव, दिल्लगी, *प्रह्लाद*, *मनोरंजन*, मनोविनोद, *विहार*, शग़ल, *शरारत*, हँसीखुशी, हँसीमज़ाक़, •आनंद, •खेल, •चकल्लस, •मनोरंजन, •रैगिंग, •हल्लागुल्ला, ■उदासी, ■गंभीरता.

**विनोदकारी** = विनोदप्रिय.

**विनोदपूर्ण** = उत्सवपूर्ण.

**विनोदप्रिय** = चंचल.

**विनोदप्रिय** *वि* अगंभीरमनस्क, *अलमस्त*, आनंद प्रेमी, आमोदप्रिय, आमोदी, *चंचल*, चपल, ज़िंदादिल, जीवंत, ठट्ठेबाज़, ठिठोलीबाज़, दिल्लगीबाज़, परिहासप्रिय, परिहास प्रेमी, प्रमोदी, बिहारी, मखौलिया, मज़ाक़पसंद, मज़ाक़िया, मनमौजी, मसख़रा/मसख़री, रंगरसिया, *रंगीन*, रँगीला/रँगीली, *रसिक*, रसीला/रसीली, विनोदकारी, विनोद प्रेमी, *विनोदी*, विलासी, शरारती, *शरीर*, शादमान, हँसमुख, *हँसोड़*, हँसोड़ा/हँसोड़ी, हसमुख, हास्यप्रिय, हास्यप्रेमी, हास्यरसिक, •केलिपूर्ण, •नटखट, ■गंभीर, ■दुःखी, ■निराश, ■संयमित, ■स्वल्पभाषी.

**विनोदप्रियता** = चंचलता.

**विनोद प्रेमी** = विनोदप्रिय.

**विनोदी** = विनोदप्रिय, हँसता/हँसती.

**विनोदी** *सं* आनंदी, *खिलाड़ी*, चुहलबाज़, ठट्ठेबाज़, ठिठोलीबाज़, दंगई, दिल्लगीबाज़, बिहारी, मस्त क़लंदर, *रसिक*, रसिया.

**विनोदोक्ति** = हास्योक्ति.
**विन्यसन** = प्रवर्तन.
**विन्यस्त** = आधारित, व्यवस्थित, स्थित.
**विन्यास** = बनावट, बुनावट, संस्थापना, सजावट.
**विन्यास करना** = बनाना.

**विपंक्तिकरण** *सं* छितराव, पंक्ति विघटन, पंक्ति विसर्जन, *बिखराव*, *विघटन*, विसमूहन, विसर्जन, विस्थापन, ●विघटन, ●विसैन्यीकरण, ■पंक्तिबद्धन.

**विपंक्तिकृत** *वि* अलग, छिन्न, बिखरा/बिखरी, विसमूहित, विसर्जित, ■पंक्तिबद्ध.

**विपक्त्रिम** = पका/पकी, पक्व.
**विपक्ष** = प्रतिपक्ष, विपक्षधर.
**विपक्षता** = प्रतिद्वंद्विता.

**विपक्षधर** *सं* आलोचक, ग़ैर, प्रतिद्वंदी, प्रतिपक्षधर, प्रतिपक्षी, *प्रतिवादी*, विपक्ष, विपक्षी, विरोध कर्ता, *विरोधी*, ●प्रतिद्वंद्वी, ●प्रतियोगी, ■मददगार.

**विपक्षहीन** = निर्विरोध.
**विपक्षात्मक** = खंडनात्मक.
**विपक्षी** = खलनायक, प्रतिवादी, विपक्षधर, शत्रु.
**विपण** = बिक्री.
**विपणी** = बिक्री.
**विपण्य** = विक्रेय.
**विपत** = क़हर.
**विपत्ति** = दुर्घटना, संकट.
**विपत्ति काल** = आपात्काल.
**विपत्ति सागर** = संकटावस्था.
**विपथ** = दुराचार.
**विपथगामी** = दुराचारी, पापी, मार्गच्युत.
**विपद** = क़हर, संकट.
**विपदा** = कुपरिस्थिति, दुर्भाग्य, संकट.
**विपदा काल** = आपात्काल.
**विपदाग्रस्त** = संकटग्रस्त.
**विपदात्मक** = ख़तरनाक.
**विपदाहीन** = सलामत, सुरक्षित.
**विपदाहीनता** = सुरक्षा.
**विपन्न** = निर्बल, बीमार, विकलांग, संकटग्रस्त, ह्रासशील.
**विपन्नता** = कुपरिस्थिति, संकटावस्था.

**विपरीत** = अधोमुख, अनिष्टकारी, अपारंपरिक, अप्राकृतिक, खंडनात्मक, धारा के विपरीत, नकारात्मक, परस्परविरोधी, विपर्यायवाची, विरुद्ध, समपार्श्व.

**विपरीत** *वि* अन्, अलग, *असंगत*, इस का वह, उलट, उलटा/उलटी, उस का यह, कंट्रास्टिंग, कुछ का कुछ, प्रति, प्रतिकूल, बरअक्स, बिल्कुल अलग, बैरी, वाम, *विरुद्ध*, *विरोधी*, विलोम, विषम, ●असंगत, ●भिन्न, ●विपर्यायवाची, ■संबंधित, ■सदृश.

**विपरीत क्रम** = अवरोह क्रम.
**विपरीत गणना** = उलटी गिनती.
**विपरीत लक्षणा** = व्याज प्रशंसा.

**विपरीताभास** *सं* असद्भास, उलटबाँसी, उलटी बात, विभावना, *विरोध*, विरोधाभास, ●पहेली, ●रहस्योक्ति, ●विपरीतोक्ति, ●विपरीतोक्ति, ■सादृश्याभास.

**विपरीतार्थक** = विपर्यायवाची.
**विपरीतार्थक शब्द** = विपर्यायवाची ब्रु.
**विपरीतार्थी** = विपर्यायवाची.

**विपरीतोक्ति** *सं* उलटबाँसी, कबीर की बानी, कूट वचन, कूटोक्ति, गूढ़ोक्ति, *पहेली*, मुअम्मा, मुकरनी, रमूज़, रम्ज़, वक्रोक्ति, ●रहस्योक्ति, ●विपरीताभास.

**विपर्यय** = नाश, विपर्यायवाची ब्रु.
**विपर्याय** = विपर्यायवाची ब्रु.
**विपर्यायवाचक** = विपर्यायवाची.

**विपर्यायवाची** *वि* उलटा/उलटी, प्रतिकूल, प्रतिलोम, बरअक्स, मुखालिफ़, *विपरीत*, विपरीतार्थक, विपरीतार्थी, विपर्यय, विपर्याय, विपर्यायवाचक, विरुद्धार्थक, विरोधार्थ, विरोधार्थी, *विरोधी*, ●परस्परविरोधी, ●विपरीत, ■पर्यायवाची.

**विपर्यायवाची शब्द** *सं* विपरीतार्थक शब्द, विपर्यय, विपर्याय, विपर्यायवाची शब्द, विरोधार्थक शब्द, ●शब्द, ■पर्यायवाची शब्द, ■सपर्यायवाची शब्द.

**विपल** = क्षण.
**विपल 1/27** = निमिष.
**विपल 60** = पल.
**विपाक** = पूर्वकर्म फल.
**विपादिका** = बिवाई.
**विपिन** = उपवन, वन.
**विपिनचर** = वनवासी.
**विपुंजन** = विकिरण.
**विपुर** = ख़ानाबदोश.
**विपुल** = अगणनीय, अत्यधिक, बृहत्, विस्तीर्ण, सुलभ.
**विपृष्ठ** = विमुख.
**विप्र** = ब्राह्मण, भाद्रपद मास, शिरीष.
**विप्रकारी** = क्षमाहीन.
**विप्रकृष्ट** = पृथक.
**विप्रतिषेध** = खंडन.
**विप्रभावन** = मंत्र काट.
**विप्रलंभ** = वियोग.
**विप्रलंभ शृंगार** = वियोग शृंगार.
**विप्रलंभी (पुरुष)** = स्वच्छंद प्रेमी.
**विप्रलब्ध** = वियोगी, हतोत्साहित.
**विप्रलापी** = बकवासी.
**विप्रवासी** = प्रवासी.
**विप्रहत** = हत्याकृत.
**विप्लव** = अराजकता, क्रांति विस्फोट, दंगा, नाश, मनु प्रलय.
**विप्लवपूर्ण** = घटनापूर्ण.
**विप्लवी** = आंदोलनकारी, क्रांतिकारी.
**विप्लुत** = नष्ट.
**विफल** = असफल, दुर्भाग्यशाली, प्रभावहीन, फलहीन.
**विफलता** = दिवाला.
**विबुध** = देवता, प्रबुद्ध, बुद्धिमान, सर्वज्ञ.
**विबुधतटिनी** = आकाश गंगा.
**विबुधप्रिया** = देवी.
**विबुधराज** = इंद्र.
**विबुधारि** = राक्षस.
**विबोध** = बोध.
**विबोधन** = उद्बोधन.
**विभंगि** = भाव अभिव्यक्ति, विनमन.
**विभंजन** = तोड़फोड़.
**विभक्त** = कटा/कटी, खंड खंड, विभाजित, विलग्न.
**विभक्ततः** = अकेले.

 (प्रा) प्राचीन शब्द, अब अप्रचलित - *तिरछे* शब्द स्वतंत्र शीर्षक भी हैं ●सपर्याय ■विपर्याय

**विभक्ति** *सं* कारक चिह्न, कारकयुक्त शब्द रूप, •कारक.

**विभाँति** = अन्यथा.
**विभा** = चमक, सौंदर्य.
**विभाग** = अंश, अध्याय, अनुभाग, कार्यक्षेत्र, जनपद आदि, नगर खंड, पाठ्य विषय, शाखा कार्यालय.

**विभाग** *सं* उपशाखा, डिपार्टमैंट, डिवीज़न, प्रभाग, मंडल, महकमा, महाल, *शाखा*, संभाग, •अनुभाग, •कार्यक्षेत्र, •कार्यालय.

**विभाग शीर्षक** = उपशीर्षक.

**विभागाध्यक्ष** *सं* पीठाध्यक्ष, हैड आफ़ द डिपार्टमैंट, •लैक्चरर.
**विभाजन** = फटाई, भाग कर्म, भेदनीति.

**विभाजन** *सं* अलहदगी, तक़सीम, दरार, पार्टीशन, फाँट, बँटवारा, भाग, विग्रह, विच्छेद, विलगन, •गृहकलह, •विघटन, ■एकता.

**विभाजन प्राप्तांश** = भाग फल.
**विभाजित** = असहमत, एकताहीन, खंड खंड.

**विभाजित** *वि* अंशित, अलग, अलग, अलहदा, कटा/कटी, कटा/कटी, *खंड खंड*, खंडित, चिरा/चिरी, छिन्न, जुदा, टुकड़े टुकड़े, टूटा/टूटी, तुड़ा/तुड़ी, दोफाँक, दोफाड़, फटा/फटी, बँटा/बँटी, भाजित, विखंडित, विभक्त, •एकताहीन, ■अविभक्त, ■एकजुट, ■संपूर्ण.

**विभाजित करना** = काटना.
**विभाजित पंजाब** = पंजाब (भारत).
**विभाजित होना** = कटना.

**विभाव** *सं* भाव प्रतीति, भावोद्दीपन कारण, रस कारण, विज्ञान (भरत), •अनुभाव.

**विभावना** = विपरीताभास.
**विभावरी** = रात.
**विभावरीश** = चंद्रमा.
**विभावसु** = चंद्रमा.
**विभासक** = आलोकक.

**विभिन्न** = परिवर्तित, विविध.
**विभिन्नता** = विविधता.
**विभीतक** = बहेड़ा.
**विभीषक** = भयानक.
**विभीषण** = भयानक.

**विभीषण** *सं* घर का भेदी, रावण भाई, लंकेश, लंकेश्वर, •राम, •रावण, •विश्वासघाती.

**विभीषिका** = कृषिरक्षक पुतला, डरावा, दुःस्वप्न.
**विभूति** = प्रसिद्ध व्यक्ति, भभूत, महानता, राख, वैभव, शक्ति.
**विभूतिमान** = सर्वोच्च.
**विभूषण** = आभूषण.
**विभूषा** = आभूषण, सजावट.
**विभूषित** = आभूषित, सुवेशित.
**विभूष्णु** = व्यापक.
**विभेद** = अपवाद, कोटि.
**विभेदक** = विश्लेषक.
**विभेदन** = कटाई, विच्छेदन, विश्लेषण.
**विभोर** = आनंदित, आनंदित, भावपूर्ण.
**विभ्रंश** = गर्भपात, पतन.
**विभ्रम** = भ्रम, यथार्थाभास, संदेह.
**विभ्रांत** = भ्रमित, मार्गच्युत.
**विभ्रांति** = ग़लतफ़हमी, भ्रमदर्शन.
**विमंदित** = मंदित.

**विमंदित** *वि* खिंचा/खिंची, बिलंबित, मंथरित, *मंद*, *मंदित*, लंबा/लंबी, *विलंबित*.

**विमति** = असहमति.
**विमर्दन** = घुटाई, दमन.
**विमर्दित** = रुँदा/रुँदी.
**विमर्श** = विचारविमर्श, विवेचना.

**विमर्श** *सं* अनुकूल प्रतिकूल चिंतन, आगापीछा, उधेड़बुन, उलटपुलट, ऊँचनीच, कतरब्योंत, चर्चा, जाँच परख, तर्कानुतर्क, दुबिधापूर्ण चिंतन, नफ़ानुक़सान, पक्ष विपक्ष, *परीक्षा*, पसोपेश, बुरा भला, शंका आशंका, शशोपंज, सोच विचार, सोच समझ, •परामर्श, •विचारण.

**विमर्शक** = परामर्श दाता.
**विमर्श करना** = सोचना परखना.
**विमर्शदाता** = परामर्श दाता.

**विमर्शन** = परीक्षण, वादविवाद.
**विमर्शवादी** = तर्कवेत्ता.
**विमर्शित** = विचारित.
**विमर्शी** = परामर्श दाता.
**विमल** = परिपूर्ण, पारदर्शी, विशोधित, सफ़ेद, सुंदर, स्पष्ट, स्वच्छ.
**विमलनाथ** = तीर्थंकर सूची.
**विमला** = सरस्वती देवी, सुंदर स्त्री.
**विमलेश्वर** = ब्रह्मा.
**विमाता** = सौतेली माता.
**विमातृज** = सौतेला भाई.
**विमातृज/विमातृजा** = सौतेला/सौतेली.
**विमान** = अरथी, घोड़ा, पोत, वायुयान.
**विमान घर** = हैंगार.

**विमानचालक** *सं* उड़ाका, पाइलट, विमानराज, वैमानिक, हवाबाज़, •जहाज़ी, •नाविक.

**विमानचालन** = विमानन.
**विमान धावनी** = उड़ान पट्टी.

**विमानन** *सं उड्डयन*, पाइलटिंग, विमानचालन, विमान संचालन, •उड्डयन, •नौकायन.

**विमान पट्टी** = उड़ान पट्टी.
**विमान पत्तन** = हवाई अड्डा.

**विमान परिचारिका** *सं* एअर होस्टैस, *परिचारिका*, विमानिनी.

**विमान पर्सर** *सं* पर्सर, *भंडारी*, •पोतनीस.

**विमान मार्ग** = नभमार्ग.

**विमान यात्रा** *सं* आकाशगमन, आकाश यात्रा, *उड़ान*, *उड्डयन*, नभयात्रा, वायुयान यात्रा, •अंतरिक्ष यात्रा, •समुद्र यात्रा.

**विमानराज** = विमानचालक.
**विमान वीथी** = उड़ान पट्टी.
**विमान शैड** = हैंगार.
**विमान संचालन** = विमानन.
**विमानसेना** = नभसेना.
**विमानिनी** = विमान परिचारिका.
**विमानोत्तरण** = नभोत्तरण.
**विमार्ग** = दुराचार, मार्गच्युत.
**विमिश्रण** = मिश्रण.
**विमुक्त** = अनाबद्ध.

**विमुख** = अतत्पर, अप्रवृत्त.

**विमुख** *वि* छत्तीस (36), पराङ्‌मुख, पराचीन, प्रतिपृष्ठ, विपृष्ठ, विरत, ■अभिमुख.

**विमुग्ध** = भ्रमित, मोहित.
**विमूढ़** = चकित, भ्रमित, मंदधी.
**विमूढ़ता** = मूर्खता.
**विमूढ़धी** = मंदधी.
**विमूलन** = उन्मूलन.
**विमृष्टा** = परामर्श दाता.
**विमोघ** = लक्ष्यवेधी, सफलताप्रद.
**विमोचक** = मुक्तिदाता.
**विमोचन** = उद्‌घाटन, मुक्ति.
**विमोचित** = अनाबद्ध, उद्‌घाटित.
**विमोह** = आसक्ति, प्रलोभन, भ्रम, ममता, माया, मोह, वासना.
**विमोहक** = आकर्षक, प्रलोभनकारी.
**विमोहन** = सम्मोहन कर्म.
**विमोहित** = मोहित, वशीकृत.
**वियत** = आकाश.

**वियतनाम** *सं* चंपा (प्रा).

**वियतनामः राजधानी** *सं* हनोई.

**वियुक्त** = कटा/कटी, परित्यक्त, रहित, विलग्न.
**वियुक्ता** = वियोगिनी.
**वियुक्ति** = पार्थक्य, विसंयोग.
**वियुत** = रहित, वियोगी, विलग्न.
**वियुति** = विसंयोग.
**वियूथित** = जाति निर्वासित.
**वियोग** = तलाक़, विदा, विलगाव, विसंयोग.

**वियोग** *सं* अमिलन, अयोग, अलगाव, असंगम, असंयोग, असन्निधि, असमागम, जुदाई, दूरी, *पार्थक्य*, प्रियवियोग, फ़िराक़, फ़ुरकत, बिछुड़न, बिछोह, बिजोग, बिरह, बिरहा, बिहोरा, विच्छेद, विच्युति, विछोह, विधुरता, विप्रलंभ, विरह, *विलगाव*, *विसंयोग*, वैधुर्य, ●विरह वेदना, ●वियोग शृंगार, ■मिलन.

**वियोग अंत** = पुनर्मिलन, मिलन.
**वियोग की घड़ियाँ पूरी होना** = मिलना.
**वियोग दुःख** = विरह वेदना.
**वियोगन** = वियोगिनी.

**वियोग शृंगार** *सं* जुदाई, विप्रलंभ शृंगार, विरह, ●विरह वेदना, ■संयोग शृंगार.

**वियोगातुर** = वियोगी.

**वियोगिनी** *सं* एकाकिनी, प्रोषितपतिका, प्रोषितप्रिय, प्रोषितभर्तृका, बिछुड़ी, बिछोहिनी, बिरहन, बिरहिन, विछोहिनी, विजोगिनी, विधुरा, वियुक्ता, वियोगन, विरहिणी, शोकिनी, ●प्रेमिका.

**वियोगी** *सं एकाकी*, *दुःखी*, प्रोषितप्रेयसी, बिछुड़ा, बिछुरंता, बिछोहिया, विछोही, विजोगी, *विधुर*, विप्रलब्ध, वियुत, वियोगातुर, विरहाकुल, विरहातुर, विरही, व्यथित, शोकाकुल, सोख़्ता, ●चकवा, ●प्रतीक्षारत, ●प्रेमी.

**वियोजनीय** = विलग्नीय.
**वियोजित** = परित्यक्त.
**वियोज्य** = विलग्नीय.
**विरंचि** = प्रारब्ध विधाता, ब्रह्मा, सृष्टि रचेता.
**विरंजित** = बदरंग.
**विरक्त** = उदास.

**विरक्त** *वि* अनपेक्ष, अनभिलाष, अनभिलाषी, *अनासक्त*, अनीह, अमाय, अमोही, अरत, इच्छाहीन, गतसंग, जितसंग, निरपेक्ष, निरभिलाष, निराकांक्ष, निरीह, निर्मोह, निर्मोही, *निवृत्त*, निष्काम, निस्संग, मुक्तचेता, मुक्तसंग, योगारूढ, रागमुक्त, विगतराग, विजितेंद्रिय, वितृष्ण, विदेह, विरत, वीतकाम, वीतरागी, वैराग्यपूर्ण, स्पृहाहीन, ●वैरागी, ●संन्यासी, ■आसक्त, ■लोभी.

**विरक्ति** = अनिच्छा, अरुचि, उदासी, निरर्थकता, वैराग्य.
**विरचन** = निर्माण, सृजन.
**विरचना** = कृति, बनाना, लिखना, सृजन.
**विरचित** = रचित, लिखित (साहित्य).
**विरचेता** = रूप प्रदाता, लेखक, स्रष्टा.
**विरजा** = आकाश गंगा, दुर्गा, धूलिहीन, वैरागी.
**विरत** = अरसिक, निवृत्त, विमुख, विरक्त.
**विरति** = घृणा, निवृत्ति, मध्यावकाश, विराम, वैराग्य.
**विरथ** = पदचर.
**विरद** = प्रशंसा, प्रसिद्धि.
**विरमण** = विचरण.
**विरमना** = टहलना.
**विरमाना** = चपराना.
**विरल** = अजनाकीर्ण, अल्पलभ्य, कम, कुछ, दुर्लभ, विचित्र, वेध्य.

**विरल** *वि* अघन, असघन, क्षीण, ख़ाली, छिदरा/छिदरी, छीदा/छीदी, फोका/फोकी, ●छिद्रिल, ●रिक्त, ■ठोस, ■सघन.

**विरस** = अरोचक, स्वादहीन.
**विरसा** = धरोहर, रिक्थ.
**विरह** = परित्याग, वियोग, वियोग शृंगार, विरह वेदना, विलगाव.
**विरह गीत** = शोकगीत.
**विरह ज्वर** = विरह वेदना.

**विरह वेदना** *सं* ख़्याल, दर्द, दूरी का दुःख, बिरहा, रंज, वियोग दुःख, विरह, विरह ज्वर, विरहाग्नि, विरहानल, *शोक*, ●वियोग, ●वियोग शृंगार.

**विरहाकुल** = वियोगी.
**विरहाग्नि** = विरह वेदना.
**विरहातुर** = वियोगी.
**विरहानल** = विरह वेदना.
**विरहिणी** = वियोगिनी.
**विरहित** = रहित, विलग्न.
**विरही** = वियोगी.
**विराग** = अरुचि, उदासी, विलगाव.
**विराजना** = फबना, बैठना, रहना.
**विराजमान** = उपस्थित, बैठा/बैठी, शोभनीय.
**विराजमान करना** = बैठाना.
**विराजित** = बैठा/बैठी.
**विराट** = अत्यधिक, असीम, बड़े साइज़ का, बृहत्, ब्रह्मा, भव्य, महाकाय.
**विराट पुरुष** = ईश्वर.

**विराम** = अंत, मध्यांतर, युद्धविराम, समापन.

**विराम** *सं अंत*, अवरति, अवस्थान, गति विराम, ठहराव, थमाव, थाम, थिरण, निरोध, निश्चलन, *बंद* बंदी, रुकन, रुकाव, रुकावट, रोक, रोध, विरति, समाप्ति, स्टौप, स्टौपेज, स्थाप, स्थिरण, हाल्ट, •अंत, •समापन, ▪आरंभ, ▪प्रवर्तन, ▪रवानी.

**विराम करना** = रोकना.
**विरामपूर्ण** = अनिरंतर.
**विरामशील** = अनिरंतर.
**विरामहीन** = अविराम.
**विराम होना** = रुकना.

**विरामित** *वि* अक्रियित, अवप्राणित, अवप्रेरित, अवरत, असक्रियित, ऊर्जाहृत, गतिहृत, जड़ीभूत, थमा/थमी, निष्क्रियकृत, निष्क्रियित, *बंद*, रुका/रुकी, रोका/रोकी, समाप्त, स्टौप्ड, स्तंभित, स्तब्ध, *स्थिर*, ▪आरंभित.

**विरावक** = हाँके वाला.
**विरावण** = कोलाहलकारी.
**विरावी** = कोलाहल कर्ता.
**विराष्ट्रीयकरण** = निजीकरण.
**विराष्ट्रीयकृत** = निजीकृत.
**विरासत** = धरोहर, वंशचिह्न, संस्कृति.
**विरासती** = आनुवंशिक, दायागत.
**विरुद** = प्रशंसा, प्रशंसा गीत, प्रसिद्धि.
**विरुदात्मक** = मंडनात्मक.
**विरुदावली** = प्रशंसा गीत, मरसिया, वीरकाव्य.
**विरुद्ध** = अतत्पर, असंगत, धारा के विपरीत, विपरीत.

**विरुद्ध** *वि असहमत*, उलटा/उलटी, ख़िलाफ़, प्रतिकूल, बरख़िलाफ़, *विपरीत*, विषम, •शत्रुतापूर्ण, ▪समर्थक, ▪सहमत.

**विरुद्धतः** = धारा के विपरीत.
**विरुद्धता** = प्रतिद्वंद्विता.
**विरुद्धार्थक** = विपर्यायवाची.
**विरूक्षित** = सूखा/सूखी.
**विरूप** = तोड़ मरोड़, विद्रूप.
**विरूपण** = तोड़ मरोड़.
**विरेचक** = विरेचक औषध.

**विरेचक औषध** *सं एनीमा*, जमालगोटा, जुलाब, दस्तावर, पर्गेटिव, मल द्रावी, रेचक, रेचक औषध, लैक्सेटिव, विरेचक, सनाय, •इसबगोल, •औषध.

**विरेचन** = कुंठामोचन, मलत्याग.
**विरेचन रोग** = दस्त.
**विरोचन** = मंगल ग्रह.
**विरोध** = आपत्ति, खंडन, प्रतिद्वंद्विता, प्रतियोगिता, प्रतिरोध, विपरीताभास, शत्रुता, शिकायत, हड़ताल.

**विरोध** *सं* असमर्थन, *असहमति*, *अस्वीकृति*, *आपत्ति*, *खंडन*, ख़िलाफ़त, ख़िलाफ़ी, टकराव, *नहीं*, *प्रतिरोध*, *मतभेद*, मुक़ाबला, मुख़ालफ़त, •खंडन, •मतभेद, •वीटो, •शिकायत, ▪अनुमति, ▪समर्थन, ▪सहमति, ▪सहयोग, ▪हाँ.

**विरोधक** = विरोधी.
**विरोध कर्ता** = खंडन कर्ता, विपक्षधर, विरोधी.
**विरोधजनक** = आपत्तिजनक.
**विरोध पक्ष** = प्रतिपक्ष.
**विरोधपूर्ण** = आपत्तिजनक, एकताहीन, खंडनात्मक.
**विरोध प्रदर्शन** = उलाहना, जनप्रदर्शन, हड़ताल.
**विरोधहीन** = निर्विरोध.
**विरोधात्मक** = खंडनात्मक.
**विरोधाभास** = विपरीताभास.
**विरोधार्थ** = विपर्यायवाची.
**विरोधार्थक शब्द** = विपर्यायवाची.
**विरोधार्थी** = विपर्यायवाची.
**विरोधित** = अवरुद्ध, अस्वीकृत.
**विरोधी** = अड़ंगेबाज़, अतत्पर, खंडन कर्ता, परस्परविरोधी, प्रतियोगी, विपक्षधर, विपरीत, विपर्यायवाची, शत्रु, सत्याग्रही.

**विरोधी** *सं* प्रतिपक्षी, प्रतिरोधक, प्रतिरोधी, विरोधक, विरोध कर्ता, ▪अनुमोदक, ▪प्रस्तावक, ▪समर्थक.

**विरोध्य** = खंडनीय.
**विरोपित** = विजड़ित.
**विलंब** = अप्रगति, दीर्घ काल.

**विलंब** *सं* अक्रियता, अटक, अटकाव, अड़, अतिकाल, अत्वरा, अबार, अबेर, अरसा, कालातिपात, कालातिरेक, टलाटली, ठहराव, ढील, देर, देरी, *बाधा*, रुकावट, रोक, रोध, व्यवधान, व्यवधान, व्याघात, समयोपरांतता, •गतिरोध, •प्रतीक्षा, •विराम, •समयोपरांतता, •स्थगन, ▪जल्दबाज़ी, ▪तात्कालिकता, ▪द्रुतता, ▪समयपूर्वता.

**विलंबकारी** = समय अपालक.
**विलंबन** = धराई, लटकन.
**विलंबित** = प्रतिक्षितिज, मंदित, विमंदित.

**विलंबित** *वि* अटका/अटकी, अड़ा/अड़ी, खिंचा/खिंची, टिका/टिकी, ठहरा/ठहरी, पिछड़ा/पिछड़ी, बाधित, रुका/रुकी, समयोपरांत.

**विल** = वसीयत.
**विलक्षण** = अभूतपूर्व, आश्चर्यजनक, दुरारूढ़, परलौकिक, भव्य, भुतहा/भुतही, वर्णनातीत, विचित्र.
**विलक्षण दर्शन** = फ़ैंटेसी.
**विलक्षण वस्तु** = जुगाड़.
**विलक्षणा** = फ़ैंटेसी, मायादर्शन.
**विलक्ष्य** = दिशाहीन.
**विलग** = अपवादित, तलाक़शुदा, पृथक, विलग्न.
**विलग करना** = छाँटना, विलगाना.
**विलगतः** = सिवा.
**विलगन** = चयन, विभाजन.
**विलगना** = बिछुड़ना.
**विलग होना** = बिछुड़ना.

**विलगाना** *क्रि* अंतराल करना, अलग करना, अलगाना, असंयोजित करना, उचटाना, *काटना*, छुड़ाना, *छोड़ना*, *तोड़ना*, दूर करना, न्यारना, फ़ासला करना, बिछुड़ाना, विच्छेद करना, विलग करना, *हटाना*, ▪मिलवाना, ▪मिलाना, ▪लगाना.

**विलगाव** = परित्याग, पार्थक्य, वियोग, विसंयोग.

**विलगाव** *सं* अपराग, अलगाव, अलगौझा, अलगौझा, असंगति, कटाव, जुदाई, टूटन, दरार, फाँट, बिछुड़ाव, मैत्रीभंग, विग्रह, विच्छेद, विच्छेद, विदर, *वियोग*, विरह, विराग, संबंध विस्थापना, स्नेहनिवृत्ति, •असंपर्क, •तलाक़, •विभाजन, ▪संपर्क, ▪संबंध.

**विलगित** = पृथक.

**विलग्न** *वि* अंतरालित, अंतरित, अनलगा/अनलगी, अयुक्त, अलग, अलग्न, अलहदा, असंलग्न, कटा/कटी, जुदा/जुदी, दूर, निनारा/निनारी, न्यारा/न्यारी, *पृथक*, विच्छिन्न, विभक्त, वियुक्त, वियुत, विरहित, विलग, विविक्त, संभक्त, हट कर, हटा/हटी, •कटा/कटी, •विभाजित, ▪संलग्न, ▪सटा/सटी.

**विलग्नता** = पार्थक्य.

**विलग्नीय** *वि* अजटित, अविजडित, डिटैचेबल, भेद्य, विच्छेदनीय, विच्छेद्य, वियोजनीय, वियोज्य, विसंयोजनीय, विसंयोजित, संलग्नीय, •असैंबलार्थ, •विलग्न, •संघटकीय.

**विलब्ध** = खोया/खोई, नष्ट, विलुप्त (जीव).
**विलब्ध करना** = गँवाना.
**विलब्ध होना** = गुमना.

**विलब्धि** *सं* अनुपलब्धि, अपलब्धि, अप्राप्ति, अभाव, अलब्धि, अलभ्यता, क्षति, खुआई, खो जाना स्थिति, खोयापन, गँवाई, चुरापन, न मिलना स्थिति, नुकसान, लुप्तता, लुप्ति, विलुप्ति, *हानि*, •अलभ्यता, ▪आलब्धि, ▪तलाश, ▪पुनर्प्राप्ति.

**विलय** = तिरोभाव, नाश, मृत्यु, विलयन, संगम, सागर विलयन.
**विलयन** = मिश्रण.

**विलयन** *सं* प्रलयन, *मिलन*, लयन, लोप, विलय, विसर्जन, संगमन, सम्मिलन, •संगम, •सागर विलयन.

**विलयित** = नष्ट.
**विला** = भवन.
**विलाप** = आर्तनाद, मरसिया, मातम, रुदन.
**विलाप करना** = रोना.
**विलाप कर्ता** = रोता/रोती.
**विलायत** = उपनिवेश, यूरोप.
**विलायती** = अँगरेज विषयक, आप्रवासी, यूरोपीय, विदेशी.
**विलायती पनीर** = चीज़.
**विलायती भंटा** = टमाटर.
**विलास** = कामकेलि, भोगविलास, विलासिता.
**विलास गृह** = ऐश्वर्य भवन.
**विलासपूर्ण** = परगमनपूर्ण, विलासितापूर्ण.
**विलासप्रिय** = रसप्रेमी.

**विलासप्रिय** *वि* आनंदभोगी, आनंदशील, आभोगी, आलिप्सु, आसेवी, इंद्रियपरायण, ऐयाश, ऐश्वर्यभोगी, कामी, दुनियावी, नफ़सपरस्त, भुक्तभोगी, भोगप्रिय, भोगप्रेमी, भोगलिप्सु, भोगशील, भोगी/भोगनी, मौजी, *रंगीन*, रंगीनमिजाज़, रँगीला/रँगीली, *रसप्रेमी*, रसरंग प्रेमी, *रसिक*, लिप्सु, लोलुप, विलासी, विषयभोगी, विषयरत, विषयासक्त, विषयी, शौक़ीन, संसारभोगी, संसारी, *सांसारिक*, सुखभागी, सुखलिप्सु, सुखसंगी, सुखसुविधाभोगी, सुखासक्त, सुखेच्छुक, सुखोपभोगी, सेवी, सौकीन, •अपव्ययी, •रजोगुणी, ▪अनासक्त, ▪अविलासी, ▪विरक्तिपूर्ण.

**विलासप्रियता** = विलासिता.
**विलास भवन** = ऐश्वर्य भवन.
**विलास मंदिर** = ऐश्वर्य भवन.
**विलास वातायन** = छज्जा.
**विलासवादी** = भोगवादी.
**विलासहीन** = अविलासी.

**विलासात्मक** = विलासितापूर्ण.

**विलासिता** *सं* आलिप्सा, इंद्रियजन्य आनंद, इंद्रियपरायणता, इंद्रिय सुखभोग, ऐंद्रिक आनंद, ऐंद्रिक सुख, चसका, *चाट*, जीवन भोग, टेव, तबीयत, तिशना, तृष्णा, नफ़सपरस्ती, पिपासा, *भूख*, भोगप्रियता, भोगलिप्सा, मज़ा, रंगीनी, *राग*, लिप्सा, *वासना*, विलास, विलासप्रियता, विषयाभिरति, विषयासक्ति, शहवत, *शौक़*, शौक़ीनी, सुखासक्ति, सुखेच्छा, हवस, हौंस, •अपव्यय, •भोगविलास, •रसिकता, ▪वैराग्य.

**विलासितापूर्ण** *वि* अतिरेकी, असंयमी, आनंदभोगपूर्ण, ऐश्वर्यपूर्ण, ऐश्वर्यभोगपूर्ण, भोगपूर्ण, भोगविलासपूर्ण, रंगरलीपूर्ण, रासरंगपूर्ण, विलासपूर्ण, विलासात्मक, विषयभोगपूर्ण, सुखासक्तिपूरण.

**विलासिनी** = कुलटा, युवती, वेश्या, सुंदर स्त्री.
**विलासी** = कामुक, लंपट, विनोदप्रिय, विलासप्रिय.
**विलिंग** = तत्पर.
**विलिप्त** = आलेपित.
**विलीन** = अंतर्धान, अप्रचलित, अलभ्य, अस्तगत, नष्ट, निराकार, मिश्रित, मृत.
**विलीनन** = छू मंतर कर्म.
**विलीयन** = पिघलाई.
**विलुंचन** = नुँचाई.
**विलुंचन करना** = नोचना.
**विलुपन** = तिरोभाव, लुकाछिपी.
**विलुप्त** = अंतर्धान, अदृश्य, अप्रचलित, अलभ्य, खोया/खोई, गुप्त, चुरा/चुरी, नष्ट, विलुप्त (जीव).

**विलुप्त (जीव)** *वि* अनुपलब्ध, *अप्राप्त*, अप्राप्य, ग़ायब, ग़ारत, नदारद, *नष्ट*, *मृत*, विलब्ध, विलुप्त, •अलभ्य, ▪उपलब्ध, ▪प्राप्त.

**विलुप्त कड़ी** = मिसिंग लिंक, मिसिंग लिंक.

**विलुप्ति** = तिरोभाव, विलब्धि.
**विलुब्ध** = मोहित.
**विलून** = फटा/फटी.
**विलेन** = खलनायक.
**विलेप** = अंगराग, पुलटिस, लिपाई पुताई.
**विलोकन** = अवलोकन, परीक्षण.
**विलोकना** = देखना.
**विलोकनीय** = सुंदर.
**विलोकित** = आलोकित.
**विलोचन** = आँख.
**विलोड़** = लहराव.
**विलोड़न** = मंथन.
**विलोप** = तिरोभाव, नाश.
**विलोपन** = छू मंतर कर्म.
**विलोपित** = घटाया/घटाई, निरस्त.
**विलोप्य** = खंडनीय, गोपनीय, नाश्य.
**विलोभन** = दामनीति.
**विलोम** = अपारंपरिक, अवरोहक्रमिक, खंडनात्मक, नकारात्मक, विपरीत.
**विलोम क्रम** = अवरोह क्रम, उलटी गिनती.
**विलोल** = चंचल, बहता/बहती, लहराता/लहराती, सुंदर.
**विलोलन** = लहराव.
**विल्लोल** = महोर्मि.
**विवक्ता** = घोषणा कर्ता.
**विवक्षा** = अभिव्यक्ति इच्छा.
**विवक्षित** = अभिव्यक्त, कथित, शब्दार्थिक.
**विवक्षित अर्थ** = व्यंजनार्थ.
**विवर** = गड्ढा, छिद्र, झिरी, पोल.
**विवरण** = तालिका, परिभाषा, ब्योरा, लेखा, लेखाचिट्ठा, वर्णन, व्याख्या.
**विवरण चिह्न** = कोलन, कोलन डैश.
**विवरण पत्र** = विवरणिका.
**विवरण पुस्तक** = सूचीपत्र.
**विवरणपूर्वक** = विस्तारपूर्वक.
**विवरणात्मक** = वर्णनात्मक.

**विवरणिका** *सं डायरैक्टरी*, परिचय पत्रिका, पूर्वदृष्टि, प्रौस्पैक्टस, विवरण पत्र, संभावना पत्रिका, •डायरैक्टरी, •सूचीपत्र.

**विवर्जन** = अपवाद.
**विवर्जना** = तर्जन.
**विवर्जित** = निषिद्ध.
**विवर्ण** = धुँधला/धुँधली, बदरंग, भयभीत, मुरझाया/मुरझाई, वैभवहीन.

**विवर्ण** *वि* उतरा/उतरी, *उदास*, निराभ, निस्तेज, फीका/फीकी, फीका (रंग), बुझा/बुझी, बेरौनक़, *मंद*, मंदकांत, मरा/मरी, म्लान, सूना/सूनी, •बदरंग, ▪उज्ज्वल, ▪चटक.

**विवर्ण होना** = मुरझाना.
**विवर्त** = कायापलट, परिवर्तन, पृथ्वी आवर्तन, भँवर.
**विवर्तन** = चक्रावर्तन, परिवर्तन.
**विवर्तवाद** = मायावाद.
**विवर्तशील** = चक्रणशील.
**विवर्ती** = घटनाशील, पश्चगामी.
**विवर्धित** = लहलहाता/लहलहाती, वर्धित.
**विवश** = असहाय, निर्बल, पराधीन, विकल्पहीन.

**विवश** *वि* अपंग, अवश, अशक्त, असमर्थ, *असहाय*, कातर, निराश्रय, निस्सहाय, प्रतिबंधित, बाधित, बाध्य, बेकस, बेचारा/बेचारी, बेबस, मजबूर, लाचार, हताश्रय.

**विवशकारी** = उन्मादक.

**विवशतः** *क्रिवि* अनचाहे, अनिवार्यतः, असहायतः, आदेशिततः, इच्छा के विपरीत, ख़्वाहमख़्वाह, चाहे अनचाहे, चाहे न चाहे, ज़बरदस्ती, जबरन, झक मार कर, डर कर, दबाव में, निरुपायतः, *नीचे*, परवशतः, परेच्छापूर्वक, बंदूक़ की नोंक पर, बरजोरी, बरबस, मजबूरन, मजबूरी से, लाचार हो कर, लाचारी से, लाज़िमी तौर पर, विकल्पहीनतः, विवश हो कर, स्वेच्छाहीनतः, •बलात्, ▪स्वेच्छया.

**विवशता** = कुपरिस्थिति, पराधीनता, सहयोगहीनता.
**विवशतापूर्ण** = वैवश्यक.
**विवश हो कर** = विवशतः.
**विवसन** = अपरिधानित, नग्न.
**विवस्त्र** = अपरिधानित, नग्न.
**विवस्त्रता** = नग्नता.
**विवस्त्रीकरण** = निर्वसनन.
**विवस्वत** = वैवस्वत मनु.
**विवस्वान** = आदित्य सूची, वैवस्वत मनु.
**विवाद** = आवाहन, तकरार, मुक़दमा, वादविवाद.

**विवाद** *सं असहमति*, चर्चा, *चुनौती*, *जिरह*, झगड़ा, *तकरार*, तर्कवितर्क, नोकझोंक, प्रवाद, बहस, *बात*, *मतभेद*, लड़ाई, *वादविवाद*, वितंडा, *संघर्ष*, हुज्जत, •असहमति, •कलह, •तकरार, •वितंडावाद, •विरोध.

**विवाद कारण** *सं* झगड़े की जड़, मामला, विवाद विषय, *समस्या*.

**विवादग्रस्त** = विवादित.
**विवाद विषय** = चर्चा विषय, विवाद कारण, विषय.
**विवादहीन** = असंदिग्ध, विवादातीत.
**विवादातीत** = अपरंतुक, असंदिग्ध.

**विवादातीत** *वि अंतिम*, अविवादित, अविवाद्य, *असंदिग्ध*, निर्णीत, निर्विवाद, निर्विवादित, निर्विवाद्य, निश्चित, पक्का/पक्की, फ़ाइनल, मान्य, मुक़र्रर, यक़ीनी, विवादहीन, *वैध*, सर्वमान्य, सर्वस्वीकृत, *सहमत*, सुनिश्चित, *स्वीकृत*, •अप्रवादित, •असंदिग्ध, •तथ्यात्मक, •निर्णायक, •स्वीकृत, ▪आपत्तिजनक, ▪विचाराधीन, ▪विवादित.

**विवादात्मक** = संदेहजनक, समस्यात्मक.
**विवादास्पद** = विवादित.

**विवादित** *वि* अनिर्णीत, अनिश्चित, *कलहग्रस्त*, चर्चित, वादग्रस्त, *विचाराधीन*, विवादग्रस्त, विवादास्पद, विवाद्य, *संदिग्ध*, •आपत्तिजनक, •न्यायाधीन, •संदिग्ध, ▪विवादातीत.

**विवादी** = कलहप्रिय, वितंडावादी.
**विवाद्य** = विवादित.
**विवास** = वानप्रस्थाश्रम प्रवेश.
**विवाह** = अरेंज्ड मैरिज, गृहस्थाश्रम

प्रवेश, विवाहोत्सव, सोलह संस्कार सूची.

**विवाह** *सं* अक़्दबंदी, अटूट संबंध, अहद, ऊढ़ि, करग्रहण, गँठजोड़, गँठबंधन, नाता, निकाह, परिणय, *पाणिग्रहण*, फेरे, बंधन, ब्याह, मिलाप, मैरिज, रिश्ता, *लगन*, लगाव, विवाह बंधन, विवाह संबंध, वैडिंग, शादी, *संगम*, *संबंध*, *संयोग*, *सप्तपदी*, सहचर्या, सहबंधन, सात फेरे, सात वचन, •आतिशबाज़ी, •कन्यादान, •दंपति, •दहेज, •नेग, •बान तेल, •बिदाई, •मधुमास, •मधुयामिनी, •वधू, •वर, •वरयात्रा, •विवाहोत्सव, •सगाई, •सप्तपदी, •साया, ▪कौमार्य, ▪तलाक़.

**विवाह अनिष्ठा** = परगमन.

**विवाह करना** = ब्याहना.

**विवाहकांक्षी** *वि* पत्नीकामी, प्रणयी, वधूकामी, *वर*, विवाहकाम, विवाहेच्छुक, स्त्रीकाम, •अविवाहित.

**विवाहकाम** = विवाहकांक्षी.

**विवाहकामिनी** = विवाहाकांक्षिणी, विवाहाकांक्षिणी.

**विवाह काल** = साया.

**विवाह घटक** *सं घटक*, नाई/नाईन, बिचुआ, बिचौलिया, मध्यपक्ष, संबंधयिता.

**विवाह चतुष्टय** = चतुष्पत्नीत्व.

**विवाह दिवस** *सं* लग्न दिन, लग्नाह (प्रा), शादी का दिन, शुभ दिन.

**विवाह निमंत्रण** = विवाह पत्र.

**विवाह निमंत्रण** *सं पत्रिका*, पीली चिट्ठी, लग्नपत्र, लग्न पत्रिका, वैडिंग कार्ड.

**विवाह नियत काल** = विवाह मुहूर्त.

**विवाह निष्ठा** *सं* अच्छाई, अव्यभिचार, एकनिष्ठा, *निष्ठा*, *नैतिकता*, *पवित्रता*, *मर्यादा*, सच्चरित्र, सच्चर्या, *सदाचार*, साधुता.

**विवाह पत्र** *सं* न्योता, पीली चिट्ठी, *विवाह निमंत्रण*, वैडिंग कार्ड, •लग्नपत्रिका.

**विवाहपूर्व जीवन** = ब्रह्मचर्य आश्रम.

**विवाह बंधन** = विवाह.

**विवाह भोज** = बरात भोज.

**विवाह मुहूर्त** *सं* नियत काल, बरसायत, *मुहूर्त*, *लगन*, *लग्न*, विवाह नियत काल, साअत, सायत, •साया.

**विवाहयोग्य** = विवाह्य.

**विवाह रस्म रिवाज** *सं नेग*, रस्म, रिवाज़, शादी ब्याह, •अंतर्पट, •अहोरा बहोरा, •आरता, •कँगना, •कन्यादान, •कोहबर, •खोड़िया, •गँठबंधन, •गौना, •गौरीपूजा, •घरवा, •घुड़चढ़ी, •चाकपूजन, •छन कहाई, •जूता चोरी, •थापा, •द्वाराचार, •नहछू, •पटाफेर, •पाणिग्रहण, •पैर फिराई, •फेरे, •बटहरी, •बररोक, •बराढ, •बरायन, •बाग पकड़ाई, •बानतेल, •बारात, •बिदाई, •मँढ़ा, •मिलनी, •मुँह दिखाई, •मेहँदी लगाई, •वरमाला, •वरमाला, •सगाई, •सप्तपदी, •सिंदूरदान, •सिर गुँधाई, •सीठना, •सेहरा पढ़ाई, •सेहराबंदी.

**विवाह विच्छिन्न** = तलाक़शुदा.

**विवाह विच्छेद** = तलाक़.

**विवाह विषयक** = वैवाहिक.

**विवाह संबंध** = विवाह.

**विवाह संबंधी** = वैवाहिक संबंधी.

**विवाह समारोह** = विवाहोत्सव.

**विवाहाकांक्षिणी** *वि* विवाहकामिनी, विवाहकामिनी, सौभाग्यकांक्षिणी, •अविवाहित.

**विवाहित** *वि* उदूढ़/उदूढ़ा, निकाहा/निकाही, परिणीत/परिणीता, ब्याहता (स्त्री), ब्याहली (स्त्री), ब्याहा/ब्याही, विवाहित/विवाहिता, शादीशुदा, •नवविवाहित, •वाग्दत्त/वाग्दत्ता, ▪अविवाहित, ▪तलाक़शुदा.

**विवाहित/विवाहिता** = विवाहित.

**विवाहित जीवन** = गृहस्थ आश्रम.

**विवाहितता** = अकौमार्य.

**विवाहीय** = वैवाहिक.

**विवाहेच्छुक** = विवाहकांक्षी.

**विवाहेतर** = अवैध (संतान).

**विवाहेतर प्रेम** = परगमन.

**विवाहोत्सव** *सं उत्सव*, कारज, टेल्हा, ब्याह, ब्याह टेल्हा, मंगलाचार, *विवाह*, विवाह समारोह, *समारोह*, सोहिल, •बधाई.

**विवाह्य** *वि अविवाहित*, उपयुक्त, छुट्टा/छुट्टी, परिणेय/परिणेया, *योग्य*, *वयस्क*, वर्य, विवाहयोग्य, वोढव्य, •वैवाहिक.

**विविक्त** = असंबंधित, विलग्न.

**विविक्ति** = विवेचना.

**विविध** = अनेक, बहुत, बहुपार्श्वीय.

**विविध** *वि* अनेक प्रकार का, अनेकरूप, अनेकरूप, अनेकविध, इधर उधर का, कई, कई तरह का, *खिचड़ी*, चित्रविचित्र, *नाना*, नानारूप, नानाविध, पचमेल, फुटकर, बहु, बहुधा, बहुमेल, बहुविध, भाँति भाँति का, *भिन्न*, भिन्न भिन्न, मिला जुला/मिली जुली, *मिश्रित*, मिसलेनियस, मुख़्तलिफ़, यह वह, *विचित्र*, विभिन्न, शतविध, स्फुट, हर तरह का, •अनेक, •बहुगुणी, •भिन्न, ▪अविविध.

**विविधता** *सं* अनेकता, अनेकरूपता, अनेकविधता, अनैक्य, *खिचड़ी*, चतुर्विधता, चित्रविचित्रता, नानारूपता, नानाविधता, पंचमेल, बहुता, बहुरंगीयता, बहुरूपता, बहुविधता, विचित्रता, विभिन्नता, शबलता, •बहुपार्श्वीयता, •भिन्नता, •विविधा, ▪अविविधता, ▪सादृश्य.

**विविध संकलन** = विविधा.

**विविध सामग्री** = विविधा.

**विविध सामान बेचने वाली बड़ी दुकान** = डिपार्टमैंट स्टोर.
**विविधा** = संग्रह.

**विविधा** *सं* अंटशंट, अंडबंड, अटरम शटरम, *अलबम*, इधर उधर का सामान, उरलम फुरलम, *ख़ज़ाना*, *खिचड़ी*, गार्डन, *चाट*, चूँचूँ का मुरब्बा, छुटपुट, पचमेल, प्रचय, फुटकर सामान, बारह मसालों की चाट, *भंडार*, भानमती का कुनबा, भानमती का पिटारा, भेल पूरी, यह वह, *लड़ी*, विचित्रा, विविध संकलन, विविध सामग्री, शिव जी की बारात, *सरकस*, हौचपौच, •मिक्स्चर, •संग्रह.

**विवृति** = भाष्य, व्याख्या.
**विवृद्धि** = बढ़ोतरी.
**विवेक** = अंतरात्मा, चेतन मन, बुद्धि, सुरुचि.

**विवेक** *सं* अच्छे बुरे का ज्ञान, *आँख*, चतुराई, तमीज़, दानिशमंदी, दूर*दर्शिता*, धी, निगाह, निर्णय बुद्धि, नीरक्षीर ज्ञान, *परख*, पहचान, प्रज्ञा, प्रौढ़ता, *बुद्धि*, *बुद्धिमत्ता*, भले बुरे की पहचान, भेद बुद्धि, *मन*, विचारशक्ति, *विज्ञान*, विवेक बुद्धि, शऊर, शनाख़्त, समझदारी, स्थिरता, होश, होशियारी, •दूरदर्शिता, •प्रौढ़ता, •सुरुचि, ▪अविवेक, ▪जल्दबाज़ी, ▪दुस्साहस, ▪मूर्खता.

**विवेकपूर्ण** = विचारित, व्यावहारिक, सावधान.
**विवेकपूर्णता** = बुद्धिमत्ता.
**विवेक बुद्धि** = विवेक.
**विवेकवान** = ज्ञानी, प्रौढ़.
**विवेकशील** = विवेकी.
**विवेकशून्य** = विवेकहीन.
**विवेकहीन** = अविचारशील, अविचारित, अव्यावहारिक, असाध्य, जल्दबाज़, मूर्खतापूर्ण (कृत्य), हठी.

**विवेकहीन** *वि* अंधा/अंधी, अचिंतक, अजान, *अज्ञानी*, अप्रज्ञ, अप्रबुद्ध, अबुद्धि, अबोध, अविवेकी, उतावला/उतावली, कच्चा/कच्ची, कमसिन, *जल्दबाज़*, धैर्यहीन, नासमझ, निर्बोध, निर्मेध, निर्विवेक, बुद्धिहीन, बेताब, बेसमझ, लापरवाह, विचारहीन, विवेकशून्य, •अविचारशील, •असावधान, •दुस्साहसी, •व्यवहार अकुशल, •हठी, ▪प्रौढ़, ▪विवेकी, ▪व्यवहारवादी, ▪सावधान.

**विवेकहीनता** = अविवेक.
**विवेका** = अंतरात्मा.
**विवेकात्मा** = अहुरमज़्द.
**विवेकाधिकारीय** = वैकल्पिक.
**विवेकी** = गुणग्राहक, विचारक, व्यवहारकुशल.

**विवेकी** *वि* अक़्लमंद, *गंभीर*, चतुर, दानिशमंद, दीठवंत, *दूरदर्शी*, नीतिमान, *प्रौढ़*, *बुद्धिमान*, विवेकशील, संजीदा, समझदार, सयाना/सयानी, *स्वस्थमनस्क*, •दूरदर्शी, ▪अव्यावहारिक, ▪जल्दबाज़, ▪विवेकहीन, ▪हठी.

**विवेचक** = समीक्षक.

**विवेचक** *सं* चिंतक, *प्रदर्शक*, भावक, विचिंतक, *समीक्षक*, सांख्य, •व्याख्याता.

**विवेचन** = पुनर्विचार, पुनर्विचार, विश्लेषण.
**विवेचना** = व्याख्या, समीक्षा.

**विवेचना** *सं* *अध्ययन*, चर्चा, *जिज्ञासा*, तहक़ीक़ात, *परिचर्चा*, *परीक्षा*, पैठ, *मंथन*, *विचार*, *विमर्श*, विविक्ति, *समीक्षा*, सोचविचार, •भाष्य, •व्याख्या, •समीक्षा.

**विवेचित** *वि* तर्कित, दर्शित, *प्रदर्शित*, सुविवेचित, •आकलित.

**विवेच्य प्रश्न** = चर्चा विषय.
**विश** = जाति, परिवार, वैश्य.
**विशद** = उज्ज्वल, खिला/खिली, चमकदार, प्रकट, सविस्तार, स्पष्ट.
**विशद अर्थ** = व्याख्या.
**विशद करना** = निखारना.
**विशद टीका** = भाष्य.
**विशदता** = पालिश.
**विशदन** = उज्ज्वलन.
**विशद होना** = निखरना.
**विशाखा** = नक्षत्र सूची.
**विशाप** = शापमुक्त.
**विशारद** = विद्वान व्यक्ति.
**विशारदता** = बुद्धिमत्ता.
**विशाल** = अत्यधिक, अधिकतम, ऊँचा/ऊँची, छायादार, बृहत्, महल जैसा, महाकाय, विस्तीर्ण.
**विशालकाय** = महाकाय.
**विशाल कुठला** = सिलो.
**विशाल जनसमूह** = जनाकीर्णता.
**विशाल टंकी** = सिलो.
**विशालतम** = अधिकतम, बृहत्तम.
**विशालतर** = बृहत्तर, बृहत्तर.
**विशाल नयन** = सुंदर नयन.
**विशालनयन** = सुंदर, सुनयन.
**विशालनयना** = सुंदर स्त्री, सुंदर स्त्री.
**विशाल भवन** = महल.
**विशाल भूखंड** = महाद्वीप.
**विशाल राशि** = जैकपौट.
**विशाललोचना** = सुनयना.

**विशाल वक्ष** *सं* उरसिल, उरस्कपाट, गज़ भर का सीना, चौड़ा सीना, दो गज़ का सीना, मज़बूत छाती, वक्षस्कपाट, सुदृढ़ वक्ष.

**विशालवक्षा** = सुंदर स्त्री.

**विशालहृदय** *वि* उदार, उदारचेता, उदारधी, उदारमना, उदाराशय, कुशादादिल, खुले दिल वाला, दरियादिल, प्रेमपूर्ण, फ़राख़दिल, बड़े दिल वाला, महामति, महाशय, मुक्तहृदय, सदाशय, *सहज*, सुचेता, •आज़ादख़याल, •उच्चाशय, •क्षमाशील, •दानशील, •निस्स्वार्थ, •सहनशील, ▪अनुदार, ▪असहनशील, ▪रूढ़िवादी, ▪स्वार्थी.

**विशालाकार** = बड़े साइज़ का.
**विशालाक्ष** = सुनयन.
**विशालाक्षी** = सुंदर स्त्री.
**विशिप** = ऐश्वर्य भवन, महल.
**विशिष्ट** = असामान्य, उत्तम अवस्था सूचक शब्द सूची, उल्लेखनीय, तकनीकी, लक्षणयुक्त, विशेष.

व्यक्तिगत.

**विशिष्ट अद्वैत** = विशिष्टाद्वैतवाद.

**विशिष्ट चिकित्सक** = चिकित्सीय विशेषज्ञ.

**विशिष्टता** = महत्त्व, मुख्य आकर्षण, वैयक्तिकता, शैली.

**विशिष्ट योग्यता** = डिस्टिंक्शन.

**विशिष्टाद्वैत** = विशिष्टाद्वैतवाद.

**विशिष्टाद्वैतवाद** *सं* पुरुष और प्रकृति भिन्न हैं, पुरुष और प्रकृति सत्य हैं, रामानुजाचार्य दर्शन, विशिष्ट अद्वैत, विशिष्टाद्वैत, ●दर्शन शास्त्र.

**विशिष्टाधिकार** = पेटैंट.

**विशीर्ण** = जीर्णशीर्ण, धज्जी धज्जी.

**विशीर्णन** = कटाई.

**विशुद्ध** = अनिंदनीय, अमिश्रित, परिपूर्ण, विशोधित.

**विशुद्ध ज्ञान** = केवल ज्ञान.

**विशुद्धात्मा** = सज्जन, सरलचित्त.

**विशुष्कन** = सुखाई.

**विशूचिका** = हैज़ा.

**विशृंखल** = अनर्गल, अप्रासंगिक, क्रमहीन, क्रमहीन, बकवासपूर्ण.

**विशेष** *वि* अलग, अलौकिक, *उल्लेखनीय*, *एक*, ख़ास, खुसूसी, जुदा, *पृथक*, *प्रतिष्ठित*, विशिष्ट, वैशेषिक, स्पेशल, *स्मरणीय*, ●असामान्य, ●एकमात्र, ■औसत, ■प्रचलित, ■साधारण, ■सामान्य.

**विशेष अधिकार** = विशेषाधिकार.

**विशेष अवसरों पर** = शायद ही कभी.

**विशेषक** = क्रिया विशेषण, तिलक, पहचान चिह्न, लक्षण, विशेषण.

**विशेषज्ञ** = चिकित्सीय विशेषज्ञ, दक्ष व्यक्ति, परामर्श दाता, संग्रहकार.

**विशेषज्ञ** *सं* उस्ताद, ऐक्सपर्ट, कोविद, *ख़लीफ़ा*, *गुरु*, तकनीशियन, पंडित, पारंगत, विद्याविशिष्ट, विद्वान, वेत्ता, शास्त्रज्ञ, शास्त्री, सिद्धांतज्ञ, सिद्धांती, स्पेशलिस्ट, ●परामर्श दाता, ●वैज्ञानिक.

**विशेषज्ञ चिकित्सक** = चिकित्सीय विशेषज्ञ.

**विशेषण** *सं* गुण सूचना, तारीफ़, भेदप्रदर्शन, विशेषक, सूचक, ●क्रिया विशेषण, ●व्याकरण.

**विशेषता** = लक्षण, वैयक्तिकता.

**विशेष भाषा** = स्लैंग.

**विशेष रुचि** = शौक़.

**विशेष शो** = फ़िल्म प्रीव्यु शो.

**विशेष सामग्री** = मुख्य आकर्षण.

**विशेष सुविधा** = विशेषाधिकार.

**विशेष स्थिति** = अपवाद.

**विशेषाधिकार** = एकाधिकार.

**विशेषाधिकार** *सं* *अधिकार*, चयन सुविधा, छूट, प्राधिकार, प्रीविलेज, विशेष अधिकार, विशेष सुविधा, ●अपवाद.

**विशेषित** = लक्षणयुक्त.

**विशोक** = शोकहीन.

**विशोधक** *सं* छानने वाला, निथारने वाला, न्यारिया, पविता, पवित्रक, पावक, पावक, प्रक्षालक, शोधक, शोधक, संस्कारक.

**विशोधन** *सं* छनाई, न्याराई, परिशोधन, परिष्करण, *परिष्कार*, परिष्क्रिया, पवन, प्रशोधन, रिफ़ाइनिंग, व्यवदान, शुद्धि, शोध, शोधन, *संस्कार*, सफ़ाई, ■अपमिश्रण, ■मिश्रण.

**विशोधित** = संशोधित.

**विशोधित** *वि* अकल्क, अच्छा/अच्छी, अदूषित, अमानिया, *अमिश्रित*, *अविकृत*, *केवल*, कोरा/कोरी, खरा/खरी, ख़ालिस, चोखा/चोखी, *ठीक*, ठेठ, दुवादसबानी, धुला/धुली, निखालिस, निरा/निरी, निर्मल, परिपूत, परिष्कृत, *पवित्र*, पाक साफ़, पुनीत, पूत, बेमिलावट, विमल, विशुद्ध, व्यवदात, शुक्र, शुक्ल, शुद्ध, शुद्धकृत, शुद्धीकृत, शोधित, संक्षालित, संशुद्ध, *साधु*, साफ़, सिर्फ़, *स्वच्छ*, स्वच्छित, स्वच्छीकृत, ●असली, ●धुला/धुली, ●नितांत, ■अपरिष्कृत, ■मिलावटी.

**विशोभित** = सज्जित, सुवेशित.

**विशोषक** = ड्रायर.

**विश्रवा** = ऋषि सूची.

**विश्रांत** = थका/थकी, प्रशांत.

**विश्रांत** *वि* अक्लांत, अनथका/अनथकी, अवकाशपूर्ण, अश्रांत, गतक्लांति, गतश्रम, तरो ताज़ा, *ताज़ा*, ताज़ादम, थकान मिटा, नवीकृत, निरत, *निवृत्त*, *निश्चिंत*, *प्रशांत*, शांतचित्त, सुशांत, सुस्थ, *स्वस्थ*, ●मनोरंजित, ■थका/थकी.

**विश्रांति** = विश्राम.

**विश्राम** = निद्रा, सुख.

**विश्राम** *सं* अक्रिया, अवकाश, अव्यस्तता, आराम, उपशम, क्लांति निवारण, चैन, छुट्टी, छूट, निठल्लापन, फ़ुरसत, *राहत*, विश्रांति, शांति, *सुख*, *सुविधा*, ●अवकाश दिवस, ●कार्यांत, ●निद्रा, ●मध्यांतर, ●विराम, ●सप्ताहांत, ■अविश्राम, ■कर्म, ■थकान, ■परिश्रम, ■हलचल.

**विश्राम कक्ष** = वेटिंग रूम.

**विश्राम काल** = मध्यावकाश.

**विश्रामप्रद** *वि* *आनंदप्रद*, आरामदेह, क्लांतिहर, थकान मिटाऊ, नर्मद, *प्रशामक*, फ्रेशनर, शांतिप्रद, संतापहर, *सुखद*, सुहेला/सुहेली, ●प्रशामक, ●मनोरंजक, ■थकाऊ, ■श्रमसाध्य.

**विश्रामशील** = सुप्त.

**विश्रामस्थल** = पांथशाला.

**विश्राव** = आर्तनाद.

**विश्रुत** = प्रसिद्ध, सुना/सुनी.

**विश्रुति** = प्रसिद्धि.

**विश्लथ** = थका/थकी.

**विश्लेषक** = चुनाव अध्येता, भाष्यकार, व्याख्याता, समीक्षक, स्तंभ लेखक.

**विश्लेषक** *सं* अन्वेषी, तत्त्व संधानी, परीक्षक, विभेदक, विश्लेषण कर्ता, व्यवच्छेदक, संधान कर्ता, ●अनुसंधान कर्ता, ●टिप्पणीकार, ●व्याख्याता, ●समीक्षक.

**विश्लेषण** = मनोविश्लेषण, रोग निदान, वाक्य विग्रह.

**विश्लेषण** *सं अध्ययन*, उपोद्‌घात, ऐनालिसिस, चीरफाड़, तत्त्वसंधान, *परीक्षण*, पृथक्करण, मीमांसन, मूलतत्त्वसंधान, *विघटन*, *विच्छेदन*, विभेदन, विवेचन, विसंयोजन, व्यवच्छित्ति, व्यवच्छेद, संख्यान, संभेद, •विवेचना, •संश्लेषण.

**विश्लेषण कर्ता** = भाष्यकार, विश्लेषक.
**विश्लेषणात्मक** = विज्ञानसंगत.
**विश्लोक** = गुमनाम.
**विश्वंकर** = ईश्वर, सृष्टि रचेता.
**विश्वंभर** = इंद्र, ईश्वर, विष्णु.
**विश्वंभरा** = पृथ्वी.
**विश्व** = पृथ्वी, प्रकृति, विश्वीय, सृष्टि, सृष्टीय.
**विश्वक** = व्यापक.
**विश्वकर्ता** = ईश्वर, सृष्टि रचेता.
**विश्वकर्मा** = ईश्वर, बढ़ई, राजगीर, शिल्पकार, सृष्टि रचेता.

**विश्वकर्मा** *सं आविष्कर्ता*, तक्षक, त्वष्टा, देवशिल्पी, लंका निर्माता, शिल्पी, सुरशिल्पी, *स्थपति*.

**विश्वकोश** = ज्ञानकोश.
**विश्वग** = सर्वगामी.
**विश्वगोचर** = सर्वज्ञात.
**विश्वगोलक** = ब्रह्मांड.
**विश्वचक्षु** = सर्वज्ञ.
**विश्वजनीन** = विश्वीय.
**विश्वजय** = विश्वविजय.
**विश्वज्ञान** = दर्शन शास्त्र.
**विश्वदर्शन** = दर्शन शास्त्र.
**विश्वदानी** = दानवीर, दानशील.
**विश्वदेव** = विश्वेदेव.
**विश्वदेवतावाद** = अनेकेश्वरवाद.
**विश्वधाता** = विष्णु.
**विश्वनाथ** = ईश्वर, शिव.
**विश्वनाभि** = सुदर्शन चक्र.
**विश्वनाशक** = प्रलय कर्ता.
**विश्वनाशी** = प्रलयकारी.
**विश्वपूजा** = अनेकेश्वरवाद.
**विश्वभर** = ब्रह्मा.

**विश्वयुद्ध** *सं महायुद्ध*, विश्व संग्राम.

**विश्वरथ** = विश्वामित्र.
**विश्वरूपी** = अनेकाकारीय.
**विश्वविख्यात** = प्रसिद्ध.

**विश्वविजय** *सं* दिग्विजय, विश्वजय, सर्वजय, सर्वदिग्विजय, •अश्वमेध, •साम्राज्य.

**विश्वविजय यज्ञ** = अश्वमेध.

**विश्वविद्यालय** *सं* अकादमी, यूनिवर्सिटी, संस्थान, •खुला विश्वविद्यालय, •महाविद्यालय.

**विश्ववेदा** = ऋषि, दार्शनिक, सर्वज्ञ.
**विश्वव्यापक** = विश्वीय, व्यापक.
**विश्वव्यापी** = व्यापक.
**विश्व संग्राम** = विश्वयुद्ध.
**विश्वसंहार** = प्रलय.
**विश्वसनीय** = असली, आकलित, ऋणयोग्य, छलहीन, ठीक, तथ्यात्मक, तथ्यात्मक, दायित्वपूर्ण, निष्ठावान, परीक्षित, योग्य, लक्ष्यवेधी, विज्ञानसंगत, सत्यपूर्ण, सत्यापित.

**विश्वसनीय** *वि* अमीन, अवलंबनीय, *असंदिग्ध*, *ईमानदार*, एतबारी, कपटहीन, टकसाली, तसल्लीबख़्श, नमकहलाल, निश्छल, निष्ठापूर्ण, *निष्ठावान*, भरोसेमंद, भला/भली, मातबर, विश्वस्त, विश्वासयोग्य, विश्वासोत्पादक, सच्चा/सच्ची, साफ़, *स्थिर*, •अप्रवादित, •छलहीन, •तथ्यात्मक, •परीक्षित, •स्वामीभक्त, ▪अविश्वसनीय, ▪तथ्यहीन, ▪तर्कहीन, ▪संदेहजनक.

**विश्वसनीय मान** = मानक.
**विश्व सुंदरी** = सौंदर्य साम्राज्ञी.
**विश्वसृष्टि** = सृष्टि रचना.
**विश्वस्त** = निष्ठावान, परीक्षित, विश्वसनीय.
**विश्वस्त मित्र** = निस्स्वार्थ मित्र.
**विश्वस्तरीय** = उत्तम, विश्वीय.
**विश्वस्त्रष्टा** = ब्रह्मा.
**विश्वांड** = ब्रह्मांड.
**विश्वा** = पृथ्वी.
**विश्वात्मा** = ईश्वर.

**विश्वानर** = इंद्र.
**विश्वामित्र** = ऋषि सूची, शत्रुहीन.

**विश्वामित्र** *सं* कौशिक, गाधिसुत, गाधेय, गायत्री द्रष्टा, त्रिशंकु याजी, विश्वरथ, •ताड़का, •राम, •वसिष्ठ.

**विश्वा संतान** = विश्वेदेव.
**विश्वास** = आस्तिकतावाद, आस्था, धर्म, भक्ति, मत, वाद, संप्रदाय.

**विश्वास** *सं* अक़ीदत, अक़ीदा, आश्वास, *आस्था*, इतमीनान, एतबार, एतमाद, तसल्ली, धारणा, *निष्ठा*, भरोसा, मान्यता, यक़ीन, यक़ीन, शंकाहीनता, संदेहहीनता, •अंधविश्वास, •आत्मविश्वास, •सहज विश्वास, •भक्ति, ▪अविश्वास, ▪छल, ▪विश्वासघात, ▪संदेह.

**विश्वास अपात्र** = अविश्वसनीय.
**विश्वासघात** = ग़बन, चुग़ली.

**विश्वासघात** *सं* अपघात, कपट, कुघात, कुदाँव, ग़द्दारी, *घात*, *छल*, दग़ा, दग़ाबाज़ी, द्रोह, धोखा, धोखेबाज़ी, निष्ठा परिवर्तन, निष्ठाभंग, फ़रेब, बेईमानी, बेवफ़ाई, भितरघात, मित्‌रघात, मित्रद्रोह, मुख़बिरी, *विद्रोह*, विश्वासभंग, •कृतघ्नता, •चुग़ली, •वचनभंग, •षड्यंत्र, ▪निष्ठा.

**विश्वासघातपूर्ण** *वि अविश्वसनीय*, कपटपूर्ण, झूठा/झूठी, *मायावी*, विश्वासघातात्मक, सकपट, सघात, •निष्ठाहीन, •बेईमान, ▪निष्ठावान.

**विश्वासघातात्मक** = विश्वासघातपूर्ण.
**विश्वासघाती** = कुटिल, ग़द्दार, चुग़लख़ोर, बेईमान.

**विश्वासघाती** *सं* आस्तीन का साँप, ईमानफ़रामोश, कपटी, *कृतघ्न*, *ग़द्दार*, घर का भेदी, घाती, जयचंद, दग़ाबाज़, दोमुँहा, द्रोही, धोखेबाज़, नमकहराम, बेईमान, बेवफ़ा, भेदिया, मित्‌रद्रोही, मीठी छुरी, मुख़बिर, *षड्यंत्रकारी*,

हरामख़ोर, ●ग़द्दार, ●चुग़लख़ोर, ■निष्ठावान, ■स्वामीभक्त.

**विश्वास जीतना** = मनवाना, मनाना.
**विश्वास दिलाना** = मनाना.
**विश्वासपर** = विश्वासी.
**विश्वास पर छोड़ना** = सौंपना.
**विश्वासपूर्ण** = विश्वासी.
**विश्वासप्रद** = आशाप्रद.
**विश्वास प्रदाता** = वचनदाता.
**विश्वासभंग** = विश्वासघात.
**विश्वासयोग्य** = विश्वसनीय.
**विश्वासशील** = विश्वासी.

**विश्वासशील** *वि* *अज्ञानी*, कान का कच्चा, प्रवंचनशील, प्रवंच्य, *विश्वासी*, सहज विश्वासशील, सहज विश्वासी, सीधा/सीधी, ●संदेहहीन, ■बहम का पुतला, ■संदेहशील.

**विश्वासहीन** = निष्ठाहीन, विचलनशील, संदेहशील.
**विश्वासहीनता** = अविश्वास.
**विश्वासातीत** = अतिशयोक्तिपूर्ण.
**विश्वासी** = अंधविश्वासी, आशावादी, आस्तिक, पूजाभावी, मतांध, विश्वासशील.

**विश्वासी** *वि* आश्वस्त, भरोसी, विश्वासपर, विश्वासपूर्ण, *विश्वासशील*, सविश्वास, सीधा/सीधी, ●विश्वासशील, ●संदेहहीन, ■बहम का पुतला, ■संदेहशील.

**विश्वासीय** = मिथकीय.
**विश्वासोत्पादक** = विश्वसनीय.
**विश्वीकरण** = अंतरराष्ट्रीयकरण.

**विश्वीय** *वि* अंतरसंस्कृतीय, अंतरसांस्कृतिक, अखिल, अखिल भौम, अखिल विश्वीय, खगोल, खगोलीय, गोलकीय, जगत, जागतिक, बहुजातीय, बहुसंस्कृतीय, महाविश्वीय, वर्ल्ड, विश्व, विश्वजनीन, विश्वव्यापक, विश्वस्तरीय, वैश्व, सर्व, सर्वदेशीय, सर्वस्थानीय, सार्व, सार्वत्रिक, सार्वदेशिक, सार्वभौम, सार्वभौमिक, सार्वलौकिक, ●अंतरराष्ट्रीय, ●पृथ्वीय, ●सृष्टीय, ■क्षेत्रस्तरीय, ■देशस्तरीय.

**विश्वेदेव** *सं* विश्वदेव, विश्वा संतान, श्राद्ध देवता.

**विश्वेश्वर** = ईश्वर, ब्रह्मा, शिव.

**विष** *सं* गर, गरल, ज़हर, जीवनहर, टाक्सिन, नाशक, पायज़न, प्राणांतक, माहुर, *रस*, *रसायन*, विनाशक, संगर, सुधा, हलाहल, ●मारण, ●साँप, ■अमृत.

**विषघ्न** = चौलाई साग, बहेड़ा.

**विषघ्न** *सं* अविष, ऐंटीडोट, गरघ्न, ज़हदारू, प्रतिविष, विषनाशक, विषहर, विषहर, विषहर औषध, विषांतक, विषापह, ●अमृत, ●अविषाक्त, ●संजीवनी.

**विषज** = विषजन्य.

**विषजन्य** *वि* आविष, टाक्सिक, विषज, ●मलिन, ●विषाक्त, ■स्वच्छ.

**विषतंत्र** = विषहरण विज्ञान.

**विषदंत** *सं* ज़हरीला दाँत, विषैला दाँत, ●डंक.

**विषदंश** = डंक.
**विषधर** = विषाक्त, साँप.
**विषनाशक** = विषघ्न.
**विषपायी** = शिव.
**विषपुच्छ** = बिच्छू.
**विषम** = अबोध्य, असमाकार, असामान्य, एकोत्तरावृत्तिशील, कठिन, छलपूर्ण, दुर्गम, प्रबल, भयानक, भिन्नकोटीय, विपरीत, विरुद्ध, विषमपार्श्व, संकट, सामंजस्यहीन.
**विषम काल** = आपात्काल.
**विषम ज्वर** = तेइया ज्वर.
**विषमतल** = असमतल.
**विषमता** = असमानतावाद, कुपरिस्थिति.

**विषमपार्श्व** *वि* अतुल्य, असदृश्य, *असम*, असमपार्श्व, असममित, असमान, *भिन्न*, विषम, विसम, ●असमांतर, ■समपार्श्व.

**विषमशर** = कामदेव.
**विषमस्तरीय** = असमतल.
**विषय** = उद्देश्य, कथ्य, चर्चा विषय, पाठ्य विषय, प्रकरण, शीर्षक, संभोग.

**विषय** *सं* प्रसंग, *बात*, मसला, माजरा, मामला, वार्ता, विवाद विषय, *वृत्तांत*, शास्त्र प्रसंग, सब्जैक्ट, *समस्या*, सवाल, ●चर्चा विषय, ●ज्वलंत विषय, ●अध्याय, ●कथावस्तु.

**विषयक** *वि* तत्सबंधी, बाबत, मुतअल्लिक़, विषयात्मक, विषयानुकूल, संप्रति, *संबंधित*, संबंधीय, संबद्ध, सामयिक, ●संदर्भीय.

**विषयकामना** = वासना.
**विषय परिवर्तन** = विषयांतर.
**विषयप्रवेश** = भूमिका.
**विषय भोग** = अकौमार्य, भोगविलास.
**विषयभोगपूर्ण** = विलासितापूर्ण.
**विषयभोगवाद** = भोगवाद.
**विषयभोगी** = विलासप्रिय.
**विषयरत** = कार्यरत, विलासप्रिय.
**विषय वस्तु** = कथावस्तु.
**विषय वासना** = आसक्ति.
**विषयवासना रूपी अज्ञान** = वासना.
**विषयवासनाहीनता** = अनासक्ति.
**विषय सारणी** = विषय सूची.

**विषय सूची** *सं* *अतापता*, अध्याय तालिका, टेबल आफ़ कनटैंट्स, लेख तालिका, लेख सूची, विषय सारणी, सूचिका, *सूची*, ●इंडैक्स.

**विषयांतर** = गौण कथा.

**विषयांतर** *सं* विषय परिवर्तन, विषयांतरण, संदर्भ परिवर्तन.

**विषयांतरण** = विषयांतर.
**विषयात्मक** = विषयक.
**विषयानुकूल** = प्रासंगिक, विषयक.
**विषयानुसार ज़िक्र** = उल्लेख.
**विषयाभिरति** = विलासिता, संभोग.
**विषयासक्त** = कामुक, विलासप्रिय.
**विषयासक्ति** = विलासिता.
**विषयासक्तिहीन** = अनासक्त.
**विषयी** = कामुक, ज्ञानेंद्रिय, रसप्रेमी,

लंपट, विलासप्रिय.
**विषयेतर** = अप्रासंगिक.
**विषवमन** = गालीगलौज, निंदा.
**विषहर** = विषघ्न, विषघ्न.
**विषहर औषध** = विषघ्न.

**विषहरण विज्ञान** *सं* अगद, अगदतंत्र, विषतंत्र, ●संजीवनी विद्या.

**विषहीन** = अविषाक्त.
**विषांतक** = विषघ्न.
**विषाक्त** = व्यंग्यात्मक, संक्रामक.

**विषाक्त** *वि* अनिष्टकर, क्षतिकारक, गंदा/गंदी, घातक, ज़हरदार, ज़हरी, ज़हरीला/ज़हरीली, जीवनहर, दुष्ट, नाशक, बुरा/बुरी, भयंकर, *मारक*, मारू, विनाशक, विषधर, विषालु, विषैला/विषैला, सगर, हानिकारक, ●ख़तरनाक, ●मारक, ■पुनर्जीवनदायी.

**विषाण** = उद्दंत, सींग, हाथी बाहर निकला दाँत.
**विषाणुनाशक** = पूयांतक.
**विषाद** = उदासी, निरर्थकता, निराशा, निरुत्साह, पश्चात्ताप, पस्ती, रुदन, शोक.
**विषादपूर्ण** = शोकपूर्ण.
**विषादहीन** = शोकहीन.
**विषादित** = शोकपूर्ण.
**विषादी** = शोकपूर्ण.
**विषापह** = विषघ्न.
**विषायन** = प्रदूषण.
**विषालु** = दुर्गंधपूर्ण, विषाक्त.

**विषुव** *सं* ईक्विनौक्स, क्रांतिपात, दिन रात बराबर, बराबर दिन रात, विषुव दिन, विषुवद्दिन, वैषुवत, ●अयनांत, ●वसंत विषुव, ●शरद विषुव.

**विषुवद रेखा** = भूमध्य रेखा.
**विषुव दिन** = विषुव.
**विषुवद्दिन** = विषुव.
**विषुव रेखा** = भूमध्य रेखा.
**विषुवांश रेखा** = याम्योत्तर रेखा.
**विषैला/विषैला** = विषाक्त.
**विषैला दाँत** = विषदंत.

**विष्** = विस्तार.
**विष्कंभ** = व्यास.
**विष्टप** = स्वर्ग.
**विष्टभ** = ब्रह्मांड.

**विष्ठा** *सं* अन्नकिट, अन्नमल, अपस्कर, अवस्कर, आलाइश, कल्क, *खाद*, गंदगी, ग़िलाज़त, गू, गूय, चिर्क, छीछी, *टट्टी*, पाख़ाना, पुरीष, पैख़ाना, पौटी, भिसटा, *मल*, मैला, लेंड़ी, शकृत, ●गोबर, ●दस्त, ●बीट, ●मलत्याग, ●मूत्र, ●शौचालय.

**विष्णु** = आदित्य सूची, त्रिमूर्ति.

**विष्णु** *सं* अच्युत, असुरारि, इंद्रानुज, ईशान, ईश्वर, उत्तम पुरुष, कमलनयन, गदाधर, गरुडध्वज, चक्रधर, चतुर्मूर्ति, जगदीश, जगन्नाथ, जनार्दन, त्रिलोकीनाथ, नरोत्तम, नारायण, पद्मनाभ, पद्माक्ष, *परमपुरुष*, परमेश्वर, पीतांबर, पुराणपुरुष, *पुरुष*, पुरुष पुरातन, पुरुषोत्तम, भगवान, योगीश्वर, रमाकांत, रमेश, लक्ष्मीकांत, लक्ष्मीपति, विश्वंभर, विश्वधाता, व्यंकटेश्वर, शंखचक्रधारी, शंखधर, शेषशायी, श्रीकांत, श्रीनाथ, श्रीनिवास, श्रीवल्लभ, श्रीश, सनातन, सर्वेश्वर, सुदर्शन, हरि, ●ब्रह्मा, ●लक्ष्मी देवी, ●शिव, ●शेषनाग, ●सुदर्शन चक्र.

**विष्णु अंशी** = दत्तात्रेय, बलराम.
**विष्णु काक** = कोयल.
**विष्णुगोल** = भूमध्य रेखा.
**विष्णुचक्र** = सुदर्शन चक्र.
**विष्णु दस अवतार सूची** = अवतार सूची.
**विष्णुपदी** = गंगा नदी.
**विष्णु पुराण** = पुराण सूची.
**विष्णुपूजक** = वैष्णव संप्रदाय सदस्य.
**विष्णुप्रिया** = तुलसी, लक्ष्मी देवी.
**विष्णुरात** = परीक्षित.
**विष्णुलोक** = मोक्षलोक.
**विष्णु वटी** = शालग्राम बटी.
**विष्णुवाहन** = गरुड़.

**विष्णु शापदाता** = भृगु.
**विष्णुशिला** = शालग्राम बटी.
**विष्वक्** = बहुपार्श्वीय.

**विसंक्रमण** *सं* अदूषणीकरण, इम्यूनाइज़ेशन, कीटनाशन, कीटाणुनाशन, जीवाणु हनन, निर्जीवातुकरण, निर्जीवीकरण, निस्संक्रमण, पूतिरोधन, पूयरोधन, रोगरोधन, रोधन, *वारण*, संक्रमण रोधन, स्टैरलाइज़ेशन, स्वच्छीकरण, ●रोगवारण, ●सुजीविता.

**विसंक्रमित** = संक्रमणरुद्ध.
**विसंक्रामक** = रोग निवारक.
**विसंगत** = अवसरप्रतिकूल, असंगत, असहमत, सामंजस्यहीन.
**विसंगतता** = असामंजस्य.
**विसंगति** = असामंजस्य.
**विसंयोग** = वियोग.

**विसंयोग** *सं* अलगाव, अलहदगी, अवच्छेद, असंगति, कटाव, जुदाई, दरार, बिछुड़न, भेद, विग्रह, विच्छेद, वियुक्ति, वियुति, *वियोग*, *विलगाव*, हटाव, ●असंपर्क, ●तलाक़, ●परित्याग, ●बहिष्कार, ■संगति, ■समागम.

**विसंयोजन** = विश्लेषण.
**विसंयोजनीय** = विलग्नीय.
**विसंयोजित** = विलग्नीय.
**विसंवाद** = असहमति.
**विसंस्तरण** = चिराई.
**विसंस्तरित करना** = चीरना.
**विसम** = असमतल, विषमपार्श्व.
**विसमूहन** = विपंक्तिकरण, विसैन्यीकरण.
**विसमूहित** = विपंक्तिकृत, विसैन्यीकृत.
**विसर्ग** = प्रलय, विसर्ग चिह्न.

**विसर्ग चिह्न** *सं* ः, द्विबिंदु, विसर्ग, ●स्वर मात्रा.

**विसर्जन** = परित्याग, प्रलय, बिखराव, विघटन, विपंक्तिकरण, विलयन.
**विसर्जित** = परित्यक्त, विपंक्तिकृत.
**विसर्प** = ऐग्ज़ीमा.
**विसर्पण** = प्रसार, रेंग.
**विसर्पिका** = खुजली.

**विसर्पी** = संसर्पी.
**विसल** = पीपनी.
**विसाल** = मिलन.
**विसिनी** = कमल ककड़ी.
**विसूरण** = रुदन.
**विसूरणा** = चिंतानुभूति.
**विसृष्ट** = रचित.
**विसृष्टि** = विघटन.

**विसैन्यीकरण** *सं* असैनिकिकरण, असैन्यीकरण, *छँटनी*, रीट्रैंचमैंट, विसमूहन, ●निश्शस्त्रीकरण.

**विसैन्यीकृत** *वि* असैन्यीकृत, विसमूहित, ■सैन्यीकृत.

**विस्कोज़ रेयन** = रासायनिक धागे और वस्त्र.
**विस्टा** = दृश्यावली.
**विस्तरण** = प्रसार.
**विस्तार** = अमूर्त स्थान, दृश्यावली, दृष्टिक्रम, पेटा, प्रसार, ब्योरा, ब्रह्मांड, लंबाई, लैंडस्केप चित्र, व्याख्या.

**विस्तार** *सं* *अंतराल*, आयतन, *क्षेत्र*, गुंजाइश, चौड़ाई, चौड़ान, *तान*, तूल, पसार, पाट, प्रतान, *प्रसार*, प्रस्थ, फैल, फैलाव, फैलावट, बिसात, लंबाई, लंबान, वितान, वषि्, विस्तृति, ●असीमता, ■संकीर्णता.

**विस्तारपूर्ण** = सविस्तार.

**विस्तारपूर्वक** *क्रिवि* अखंडतः, असंक्षिप्ततः, आदि से अंत तक, *आद्योपांत*, आरंभ से अंत तक, तफ़सील से, पूरी तरह, पूर्णतः, बिना घटाए, ब्योरेवार, ब्योरे से, विवरणपूर्वक, विस्तार से, संपूर्णतया, सब कुछ, *सविस्तार*, सिलसिलेवार, ■संक्षेपतः.

**विस्तारवाद** = उपनिवेशन, साम्राज्यवाद.
**विस्तारवादी** = साम्राज्यवादी.
**विस्तारशील** = प्रसारशील, साम्राज्यात्मक.
**विस्तार से** = विस्तारपूर्वक.
**विस्तारहीन** = संकीर्ण.
**विस्तारित** = व्यापक.
**विस्तीर्ण** = असीम, बृहत्, व्यापक.

**विस्तीर्ण** *वि* अज़हद, अज़ीम, *असीम*, कुशादा, खुला/खुली, चौड़ा/चौड़ी, *दराज़*, *दीर्घ*, पसरा/पसरी, पृथुल, प्रशस्त, प्रसृत, फ़राख़, फैला/फैली, फैला पसरा/फैली पसरी, बड़ा/बड़ी, बृहत, बृहद, *भव्य*, लंबा चौड़ा/लंबी चौड़ी, वसीह, वितत, विपुल, विशाल, विस्तृत, *व्यापक*, सुप्रशस्त, सुविशाल, ●प्रसारित, ●मैदानी, ■घिरा/घिरी, ■संकीर्ण.

**विस्तीर्ण करना** = पसारना.
**विस्तीर्ण होना** = फैलना.
**विस्तृत** = अजनाकीर्ण, असीम, बृहत्, मैदानी, विस्तीर्ण, व्यापक, सविस्तार, सृष्टीय.
**विस्तृत करना** = पसारना.
**विस्तृत परिवार इकाई** = कुटुंब.
**विस्तृत भाल** = उन्नत ललाट.
**विस्तृत वर्णन** = ब्योरा.
**विस्तृत होना** = फैलना.
**विस्तृति** = विस्तार.
**विस्थगन** = स्थगन.
**विस्थगित** = स्थगित.
**विस्थापन** = उखड़ाई, विपंक्तिकरण.
**विस्थापना** = उखड़ाई, परित्याग, स्थान परिवर्तन.
**विस्थापित** = उन्मूलित, निर्वासित, विस्थापित जन, सत्ताच्युत.

**विस्थापित** *वि* आवासहीन, उखड़ा/उखड़ी, उखाड़ा/उखाड़ी, उच्छेदित, उजड़ा/उजड़ी, उठा/उठी, उठाया/उठाई, च्युत, निकाला/निकाली, निरावासित, निष्क्रांत, *बेघर*, बेदख़ल, भगाया/भगाई, *भ्रष्ट*, स्खलित, स्थानच्युत, स्थानभ्रष्ट, स्थानांतरित, हटा/हटी, हटाया/हटाई, ●छतहीन, ●निर्गमित, ■पुनर्स्थापित.

**विस्थापित करना** = उखाड़ना, हटाना.

**विस्थापित जन** *सं* *निष्कासित*, परदेशवासी, पुनर्वासित जन, पुरुषार्थी, *प्रवासी*, बिखरे लोग, मुहाज़िर, रिफ़्यूजी, *विस्थापित*, *शरणार्थी*, स्थानांतरित जन.

**विस्पंदन** = झनझनाहट, स्पंदन, स्फुरण.
**विस्पंदन करना** = झनझनाना.
**विस्पंदनशील** = स्पंदनशील.
**विस्फरण** = प्रस्फुटन.

**विस्फार** *सं* उन्मील, उन्मेष, खुलाई, *खोल*, खोलन, *प्रसार*, फैल, फैलन, फैलाव, वर्धन, विस्फारण, स्फारण, ●प्रसार, ●फुलाव, ●व्यापकता.

**विस्फारण** = विस्फार.
**विस्फीति** = फुलाव.
**विस्फुट** = उज्ज्वल.
**विस्फुटन** = प्रस्फुटन.
**विस्फुरण** = स्फुरण.
**विस्फूर्ति** = इड, चुस्ती.
**विस्फोट** = क्रांति विस्फोट, क्रोध, धमाका, फोड़ा, बढ़ोतरी.

**विस्फोट** *सं* उत्प्लोव, उत्स्फोट, ऐक्सप्लोज़न, दगन, धड़ाका, धमाका, फटन, फुटाव, फूटन, फोड़, ब्लास्ट, भड़ाका, स्फोट, ■पिचकन.

**विस्फोटक** = बारूद.
**विस्फोट करना** = फोड़ना.
**विस्फोटनशील** = विस्फोटशील.
**विस्फोट प्रणोदित करना** = दागना.
**विस्फोटव्य** = बारूद.
**विस्फोटशील** = क्रोधी.

**विस्फोटशील** *वि* *ख़तरनाक*, चाजित, दगाऊ, *दहनशील*, दह्य, बारूदी, विस्फोटनशील, ●ख़तरनाक, ●दहनशील.

**विस्फोट संचारित करना** = दागना.
**विस्फोट होना** = फूटना.
**विस्मयंकर** = आश्चर्यजनक.
**विस्मय** = आश्चर्य, चमत्कार, जिज्ञासा, विस्मयोक्ति.
**विस्मय कथन** = विस्मयोक्ति.
**विस्मयकर** = चमत्कारपूर्ण.
**विस्मयकारी** = आश्चर्यजनक, नाटकीय, रोमांचक.
**विस्मयकारी कृत्य** = चमत्कार, स्टंट.
**विस्मयजनक** = आश्चर्यजनक, रंगमंचीय.
**विस्मयपूर्ण** = विस्मयोक्तिपूर्ण.

**विस्मयबोधक** = विस्मयोक्तिपूर्ण.
**विस्मयात्मक** = विस्मयोक्तिपूर्ण.

**विस्मयादि बोधक चिह्न** *सं* !, संबोधन चिह्न, •पूर्णविराम.

**विस्मयोक्ति** *सं* आश्चर्योक्ति, उत्क्रोश, चीख़, पुकार, विस्मय, विस्मय कथन, विस्मयोद्‌गार, सविस्मय कथन, हाँक, •आश्चर्य, •गर्वोक्ति, •चमत्कार, •डींग, •रहस्य.

**विस्मयोक्तिपूर्ण** *वि* आश्चर्यपूर्ण, आश्चर्यात्मक, कुतूहलपूर्ण, विस्मयपूर्ण, विस्मयबोधक, विस्मयात्मक.

**विस्मयोद्‌गार** = विस्मयोक्ति.
**विस्मरण** = असावधानी.

**विस्मरण** *सं* अस्मृति, ग़फ़लत, *भूल*, विस्मृति, •स्मृतिनाश, ▪अनुस्मरण, ▪स्मृतिलाभ.

**विस्मरण अभाव** = अविस्मरण.
**विस्मरण करना** = भूलना.

**विस्मरणशील** *वि* खोया/खोई, ग़ाफ़िल, ध्यानहीन, फ़रामोश, भुलक्कड़, यादफ़रामोश, लापरवाह, •असावधान, ▪सावधान, ▪स्मरणशील.

**विस्मित** = चकित.
**विस्मित करना** = चकराना.
**विस्मृत** = अनभ्यस्त, अप्रचलित, आदिम, गुमनाम.

**विस्मृत** *वि* असंस्मृत, अस्मृत, भुलाया/भुलाई, भूला/भूली, भूला बिसरा/भूली बिसरी, विगत, साफ़, स्मरणातीत, •अप्रचलित, •गुमनाम, ▪लोकप्रिय, ▪स्मृत.

**विस्मृति** = विस्मरण, स्मृतिनाश.
**विहंग** = चंद्रमा, पक्षी, मेघ, सूर्य.
**विहंगम दृश्य** = लैंडस्केप चित्र.
**विहंगमा** = मादा पक्षी.

**विहंगावलोकन** *सं* पूर्णावलोकन, प्रत्यवलोकन, *समीक्षा*, *सर्वे*, सर्वेक्षण, •पुनर्विचार, •सिंहावलोकन, ▪दृष्टिपात.

**विहँडना** = तोड़ना.
**विहँसना** = खिलना, पुलकना, मुस्कराना, हँसना.
**विहँसाना** = हँसाना.
**विहग** = ग्रह, पक्षी.
**विहगा** = मादा पक्षी.
**विहगी** = मादा पक्षी.
**विहगेश्वर** = गरुड़.
**विहत** = जैन मंदिर, हत्याकृत.
**विहरण** = विचरण.
**विहरना** = विचरना.
**विहर्ष** = आनंदातिरेक.
**विहसन** = प्रस्फुटन.
**विहस्त** = निर्बल.
**विहायस गति** = विद्याधर.
**विहार** = आनंदक्रीड़ा, कामकेलि, पिकनिक, बिहार, बौद्ध मठ, भोगविलास, मठ, मनोरंजन, महल, महल्ला, विचरण, विनोद, संभोग, सैरसपाटा.

**विहार** *सं* गोंफा, चैत्य, पगोडा, बौद्ध मंदिर, वट, सुगतालय, *स्तूप*, •मंदिर.

**विहार गृह** = क्रीड़ागृह.
**विहारवापी** = तरण ताल.
**विहारस्थल** = मनोरंजन स्थान.
**विहारी** = रसिक.
**विहास** = मुस्कान.
**विहिंसा** = हिंसा.
**विहिंस्र** = आक्रामक, रुधिरपिपासु.
**विहित** = आचरणीय, कर्मकांडीय, तर्कसंगत, धर्मसंगत, धर्मसम्मत, निदेशित, नैतिक, न्यायसंगत, न्यायानुकूल, पूर्वनिर्धारित, प्रारब्धाधीन, वैध.
**विहितता** = अवश्यंभावना.
**विहित धर्मकर्म** = कर्मकांड.
**विहित नियम** = क़ानून.
**विहिताचार** = शिष्टाचार.
**विहीन** = निम्नकुलीन, रहित.
**विहीनतः** = सिवा.
**विह्वल** = पस्त, भयभीत, भावपूर्ण.
**वीक** = सप्ताह.
**वीक ऐंड** = सप्ताहांत.
**वीकली** = साप्ताहिक.
**वीक्षण** = अवलोकन, आँख, आलक्षण.

**वीक्षा** = अवलोकन, दृश्य अनुभूति.
**वीक्षित** = अवलोकित.
**वीक्षित्र** = व्यू फ़ाइंडर.
**वीक्ष्य** = दृश्यमान.
**वीचि** = लहर, समुद्र तट.
**वीचिहीन** = निश्चल (जल).
**वीची** = समुद्र लहर.
**वीजन** = चँवर, चकोर, पंखा, हाथ पंखा.
**वीज़ल** = लकड़बग्घा.

**वीज़ा** *सं* अनुवेश पत्र, देशप्रवेशानुमति, देशप्रवेशानुमति पत्र, *प्रवेश पत्र*, प्रवेशानुमति, •पासपोर्ट, •यात्रापत्र.

**वीजे** = कार्यक्रम ऐंकर.
**वीटक** = बीड़ा.
**वीटिका** = घुंडी, बीड़ा, बीड़ी.

**वीटो** *सं* निषेध, निषेधक मत, निषेधाधिकार, *वारण*, •विरोध, •वोट, ▪अनुमति, ▪समर्थन.

**वीडियो कैसेट** = वीडियोकैसेट.

**वीडियोकैसेट** *सं* दृश्य कैसेट, वीडियो कैसेट.

**वीडियोफ़ोन** = टेलिफ़ोन.
**वीडियो स्क्रीन** = कंप्यूटर मानिटर.
**वीडी** = यौन रोग.
**वीणापाणि** = नारद.
**वीणावादिनी** = सरस्वती देवी.
**वीत** = गत, निवृत्त.
**वीतकाम** = विरक्त, संन्यासी.
**वीतकामता** = वैराग्य.
**वीतभय** = भयहीन.
**वीतमत्सर** = ईर्ष्याहीन.
**वीतराग** = लालसाहीन, संतोषी.
**वीतरागी** = विरक्त, संन्यासी.
**वीतशंक** = भयहीन.
**वीतशोक** = शोकहीन.
**वीथि** = गलियारा, चित्रशाला, पंक्ति, सड़क.
**वीथिका** = गलियारा, भित्ति चित्र, मध्यवीथी.
**वीथी** = चित्रशाला, छज्जा, दौड़ मार्ग, राशिचक्र, सड़क.
**वीनस** = शुक्र ग्रह.

**वीरंधर** = कवच.

**वीर** = धीर, नायक, भाई, योद्धा, वीर पुरुष, साहसी, सैनिक.

**वीर** *वि* अटल, अडिग, *अभिमानी*, अविचल, उद्‌भट, गर्वी, चंडविक्रम, चंडशक्ति, *जवान*, जाँबाज़, जानदार, जानबाज़, टेढ़ा/टेढ़ी, ढीठ, दिल वाला, दिलावर, दिलेर, धीरवीर, निडर, निर्भय, पक्का/पक्की, पराक्रमी, *पुरुषोचित*, प्रवीर, बंकिम, *बलिष्ठ*, बली, बहादुर, बाँका, बाँकुरा/बाँकुरी, बीका/बीकी, मतवाला/मतवाली, मनचला/मनचली, मरदाना/मरदानी, महाविक्रम, *महावीर*, युद्धवीर, विक्रमशाली, विक्रमी, विक्रांत, विक्रांता, वीरकर्मा, वीरकेसरी, वीरव्रत, वीर्यवान, वीर्यशाली, शमशेर जंग, शुजा, शेरदिल, समरशूर, सरकश, सरफ़रोश, *साहसी*, सिंहविक्रम, सुभट, सुवीर, हठीला/हठीली, हिम्मत वाला, हिम्मती, •अभिमानी, ▪अक्षम, ▪कायर.

**वीरकथा** = साहस कथा.
**वीरकर्मा** = वीर.
**वीरकाव्य** = महाकाव्य.

**वीरकाव्य** *सं* आल्हा, कड़खा, कीर्तिगाथा, पँवाड़ा, विरुदावली, वीरगाथा, शूरश्लोक, संघर्ष कथा, •काव्य.

**वीरकुक्षि** = वीरप्रसू (माता).
**वीरकेसरी** = वीर.
**वीरगति** = युद्धमृत्यु.
**वीरगाथा** = प्रशंसा गीत, महाकाव्य, वीरकाव्य.
**वीरचक्र** = विजयवाहिनी, सेना.
**वीरचर्या** = वीरता.
**वीरजननी** = वीरप्रसू (माता).
**वीरता** = वीर रस.

**वीरता** *सं* अदम्यता, उद्धतता, जवाँमर्दी, जाँबाज़ी, जीवट, ज़ुर्रत, दिलावरी, दिलेरी, *दुस्साहस*, पराक्रम, पानी, पामर्दी, पौरुष, पौरुष्य, *प्रताप*, बहादुरी, बाहुबल, बाहुवीर्य, मरदानगी, विक्रम, वीरचर्या, वीरोचितता, *वीर्य*, *शक्ति*, शूरता, शूरवीरता, शौर्य, सूरमापन, •अभिमान, •दम, •धैर्य, •शक्ति, •साहस, ▪कायरता, ▪भय.

**वीरतापूर्ण** = पुरुषोचित.
**वीरता वर्णन** = वीर रस.
**वीर पुरुष** = नायक.

**वीर पुरुष** *सं* नरवीर, नृसिंह, परंतप, बहादुर, बाँकुरा, बावन वीर, मर्द बच्चा, माई का लाल, *योद्धा*, रणधीर, रणबाँकुरा, रणवीर, रुस्तम, *वीर*, वीरेंद्र, वीरेश, शार्दूल, शूरवीर, शेर, शेरदिल, शेर बच्चा, साहस का पुतला, *सिंह*, सूरमा, *सैनिक*, •वीर स्त्री, ▪कापुरुष, ▪दिखावटी वीर.

**वीरप्रसविनी** = वीरप्रसू (माता).

**वीरप्रसू (माता)** *वि* वीरकुक्षि, वीरजननी, वीरप्रसविनी, वीरप्रसू, वीरमाता, वीरसू, •पुत्रवती.

**वीर भट** = योद्धा.
**वीरभद्र** = मंगल ग्रह.
**वीरमन्य** = डींगबाज़, दिखावटी वीर.
**वीरमाता** = वीरप्रसू (माता).
**वीर योद्धा** = महारथी.
**वीर रस** = नवरस.

**वीर रस** *सं* *उत्साह*, *वीरता*, वीरता वर्णन.

**वीरवार** = बृहस्पतिवार.
**वीरवाह** = रथ.
**वीरव्रत** = वीर.
**वीरशय्या** = रणभूमि.
**वीरशाक** = बथुआ.
**वीरसू** = वीरप्रसू (माता).

**वीर स्त्री** *सं* भवानी, वीरांगना, वीरा, सबला, साहस की पुतली, साहसी स्त्री, *सिंहनी*, •वीर पुरुष.

**वीर स्त्री** = वीर स्त्रीं.
**वीरांगना** = वीर स्त्रीं.
**वीरा** = वीर स्त्रीं.
**वीरान** = आवासीहीन, उजाड़, मरुथलीय, रेहदार.
**वीराना** = एकांत स्थान.
**वीरासन** = योग आसन सूची, रणभूमि.
**वीरुध** = झाड़.
**वीरेंद्र** = महारथी, वीर पुरुष.
**वीरेश** = वीर पुरुष.
**वीरेश्वर** = महारथी.
**वीरोचितता** = वीरता.
**वीर्य** = दम, वीरता, शक्ति.

**वीर्य** *सं* अंड, द्रप्स, *धातु*, नरबीज, पुंस्त्व, पुरुषाणु, *बीज*, मनी, रेतः, वीर्याजन, वीर्याणु, *शुक्र*, शुक्राणु, हीर, ▪रज.

**वीर्यदान** = गर्भदान.
**वीर्यवान** = पुंसक, पुरुषोचित, बलिष्ठ, वीर.
**वीर्यशाली** = वीर.
**वीर्यहीन** = नपुंसक, निर्बल.
**वीर्याजन** = वीर्य.
**वीर्याणु** = वीर्य.
**वीवर वर्ड** = बया पक्षी.
**वीसी** = उपकुलपति.
**वुड** = काष्ठ, लकड़ी, वन.
**वुडन** = काष्ठीय.
**वुडपैकर** = कठफोर.
**वुमैन** = स्त्री.
**वूंड** = व्रण.
**वूल** = ऊन.
**वूलन** = ऊनी.
**वृंत** = बैंगन.
**वृंतफल** = बैंगन.
**वृंताकी** = बैंगन.
**वृंद** = गुच्छा, समूह.

**वृंद** *सं* *कंपनी*, गण, गिरोह, ग़ोल, ग्रुप, *चक्र*, *छत्ता*, जत्था, जमाअत, जमात, जिरगा, जूथ, झुंड, *टीम*, टुकड़ी, टोला, टोली, दल, दस्ता, धाड़, फ़िरक़ा, बंध, बारात, बैंड, बैच, मंडल, मंडली, *माला*, मिल्लत, यूथ, लौट, *वर्ग*, *व्यूह*, *संगत*, *संघ*, *समाज*, *समिति*, समुदाय, *समूह*, *सार्थ*, स्कंध, •टीम, •पंक्ति, ▪एकक.

**वृंदगान** = समूह गायन.
**वृंद गायक** = समूह गायक.
**वृंद गायन** = समूह गायन.

**वृंदा** = तुलसी, राधा.
**वृंदावन** = पौराणिक वन उपवन.
**वृंदावनविहारी** = कृष्ण.
**वृंदीय** = सामूहिक.
**वृक** = गीदड़, भेड़िया.
**वृक देवी** = देवकी.
**वृक धूर्तक** = रीछ.
**वृक्क** = गुरदा.

**वृक्ष** *सं* अग, अगच्छ, क्षितिरुह, गाछ, ट्री, तरु, तरुवर, दरख़्त, द्रु, द्रुम, पत्री, पर्णी, पल्लवी, पादप, पेड़, *पौधा*, बिरवा, रूख, रूखड़ा, विटप, विटपी, शाखी, शिखी, शृंगी, •काष्ठ, •कोटर, •नीड़, •लकड़ी, •लता.

**वृक्ष कुंज** = मरुस्वर्ग.
**वृक्ष क्यारी** = थाला.
**वृक्ष छाल** = छाल.
**वृक्षदल** = पल्लव.

**वृक्ष दूध** *सं* क्षीर, चोप, दुग्ध, *दूध*, दूधिया निर्यास, *रस*, लेटैक्स, •गोंद, •रबड़, •राल.

**वृक्षराज** = पीपल, वटवृक्ष.
**वृक्षवाटिका** = उपवन.
**वृक्षवीथी** = कुंजगली.
**वृक्ष शायिक** = लंगूर.
**वृक्ष शिखर** = टुनगी.
**वृक्षादन** = पीपल.
**वृक्षादनी** = कुल्हाड़ा.
**वृक्षाम्ल** = इमली.
**वृक्षायुर्वेद** = वानस्पतिकी.
**वृजन** = युद्ध.
**वृत्त** = किनारा, चक्र, छंद, छंद चरण, वृत्तांत.
**वृत्त** = अंजीर.
**वृत्त अधिकतम चौड़ाई** = व्यास.
**वृत्तक** = बौद्ध धर्मावलंबी.
**वृत्त केंद्रबिंदु** = केंद्रबिंदु.
**वृत्तचाप** = चक्रचाप.
**वृत्तपरिधि** = परिधि.
**वृत्तपूर्ति** = काव्य समस्या पूर्ति.
**वृत्तलेख** = निजी डायरी.
**वृत्त लेखक** = संवाददाता.
**वृत्तवेद** = धनुर्वेद.
**वृत्तांत** = कथावस्तु, क़िस्सा, घटना, जीवनी, विषय.

**वृत्तांत** *सं* अनुकथन, अहवाल, आख्यान, आख्यायिका, इतिवृत्त, *कहानी*, *क़िस्सा*, कैफ़ियत, खर्रा, घटना वर्णन, चिट्ठा, झाँकी, दास्तान, फ़साना, *बयान*, बीती, *ब्योरा*, माजरा, रपट, रिपोर्ट, रिपोर्ताज, रूदाद, *वर्णन*, वृत्त, हक़ीक़त, हदीस, हवाल, हाल, •कार्य विवरण, •सार संक्षेप.

**वृत्ताकार** = चक्राकार.
**वृत्तात्मक** = वर्णनात्मक.
**वृत्ति** = आचरण, आजीविका, कार्य, क्षमता, चरित्र, जीवनस्तर, धंधा, निर्वाह वृत्ति, परंपरा, परिपाटी, पारिश्रमिक, प्रथा, भत्ता, भाव, मनोवृत्ति, मानदेय, व्यापार, शब्दशक्ति, शैली, सावधिक देय, स्वभाव, हुलिया.
**वृत्तिकादाता** = वृत्तिदाता.
**वृत्तिकार** = व्याख्याता.

**वृत्तिदाता** *सं* अन्नदाता, आक़ा, आजीविका दाता, भरतार, भर्ता, भर्तार, भृतिभर्ता, *यजमान*, वृत्तिकादाता.

**वृत्तिनी** = निजी डायरी.
**वृत्रघ्न** = इंद्र.
**वृत्रहा** = इंद्र.
**वृत्रारि** = इंद्र.
**वृथा** = अनावश्यक, अनुपभोग्य, निष्कारण.
**वृथावाद** = झूठ.
**वृद्ध** = वर्धित, वृद्ध पुरुष.

**वृद्ध** *वि* अवकाशप्राप्त, उम्ररसीद/उम्ररसीदा, गतयौवन/गतयौवना, गतवयस्क/गतवयस्का, गतायु, गलितयौवन/गलितयौवना, ज़ईफ़/जईफ़ा, जर, जरठ, जराग्रस्त, जीर्ण, ज्यायस, डोकरा/डोकरी, ढला/ढली, पका/पकी, *पीर*, पुरखा/पुरखी, बड़ा/बड़ी, बुज़ुर्ग, बुड्ढा/बुड्ढी, बूढ़ा/बूढ़ी, वयोगत, वृद्ध/वृद्धा, सिनरसीद/सिनरसीदा, स्थविर, •जर्जर वृद्ध, •मध्यवयस्क, ▪अल्पायु, ▪जवान.

**वृद्ध अवस्था** = वृद्धावस्था.
**वृद्ध अवस्था वेतन** = पैंशन.
**वृद्धजन** = गुरुजन.

**वृद्धजन** *सं* अच्छे, *गुरुजन*, पुरखे पुरखिन, बड़े, बड़े बूढ़े, बुज़ुर्ग, बुज़ुर्गवार, बुड्ढे बुढ़िया, बूढ़े, सयाने, •अतीत जन, •पूर्वज.

**वृद्धता** = चरम अवस्था, वृद्धावस्था, सेवा निवृत्ति.
**वृद्धताहीन** = चिरयुवा.

**वृद्ध पुरुष** *सं ताऊ*, दद्दा, *दादा*, पितृ, *पीर*, पुरखा, पुराणपुरुष, बाबा, बुज़ुर्ग, बुड्ढा, बुढऊ, बूढ़ा, बूढ़ा खुर्राट, वरिष्ठ नागरिक, *वृद्ध*, शेख़, ▪युवक, ▪शिशु.

**वृद्ध स्त्री** *सं* उमररसीदा, गतयौवना, जीर्णा, डोकरी, *दादी*, पुरखन, बुजुर्गिन, बुड्ढी, बुढ़िया, बूढ़ी, माई, वयोवृद्धा, वृद्धा, ▪युवती.

**वृद्ध होना** = बुढ़ाना.
**वृद्धांगुलि** = अँगूठा.
**वृद्धा** = अँगूठा, मठाधीश स्त्री, वृद्ध स्त्री.

**वृद्धावस्था** *सं* उत्तम वय, चरम काल, चौथा पन, ज़ईफ़ी, जरठता, जरता, जरा, दूसरा बचपन, पीरी, बुज़ुर्गी, बुज़ुर्गीयत, बुढ़ापा, बुढ़ौती, बूढ़ापन, वृद्ध अवस्था, वृद्धता, •मध्यावस्था, •यौवन, •सेवा निवृत्ति.

**वृद्धाश्रम** = संन्यास आश्रम, समाजसेवी संस्था.
**वृद्धि** = अंकुरण, उन्नति, गूमड़, प्रगति, प्रसार, बढ़ोतरी 1, मूल्यवृद्धि, विकास, वेतन वृद्धि, संचयन, सुपरिस्थिति, सूजन.
**वृद्धि** = गुणन कर्म.
**वृद्धि करना** = बढ़ाना.
**वृद्धिकारी** = विकासकारी.
**वृद्धिजीवी** = सूदख़ोर.
**वृद्धिमान** = वृद्धिशील.
**वृद्धिशाली** = वर्धित.
**वृद्धिशील** = प्रसारशील.

**वृद्धिशील** *वि* परिवर्धनशील,

बढ़ता/बढ़ती, बढ़ने वाला, वर्द्धिष्णु, वर्धमान, वर्धिष्णु, वृद्धिमान, संवरणशील, संवर्धनशील, संवर्धिष्णु, ●वर्धित, ■ह्रासशील.

**वृद्धि होना** = बढ़ना.
**वृश्चन** = बिच्छू.
**वृश्चिक** = बिच्छू, मार्गशीर्ष मास, वृश्चिक राशि.
**वृश्चिक राशि (24 अक-22 नवंबर)** = राशि सूची.

**वृश्चिक राशि** *सं* *बिच्छू*, वृश्चिक.

**वृश्चिकेश** = बुध ग्रह.
**वृष** = बैल, शुक्र ग्रह, साँड़.
**वृषध्वज** = गणेश.
**वृषभ** = उत्तम व्यक्ति या वस्तु, बैल, वृष राशि, साँड़.
**वृषभानुजा** = राधा.
**वृषभी** = विधवा.
**वृष राशि (21 अप्रैल-20/21 मई)** = राशि सूची.

**वृष राशि** *सं* अनड्वान, *बैल*, वृषभ.

**वृषल** = घोड़ा, दुराचारी, धर्मच्युत, बैल, वैश्य, शलग़म, शूद्र.
**वृषली** = शूद्र स्त्री.
**वृषांक** = मोर.
**वृषा** = गाय.
**वृषाकपायी** = लक्ष्मी देवी.
**वृषी** = मोर.
**वृष्टि** = अनवरत वर्षा, बारिश.
**वृष्टिकर** = वर्षद.
**वृष्टिकाल** = बरसात.
**वृष्टिहीन** = वर्षाहीन.
**वृष्णि** = साँड़.
**वृष्णिपाल** = गड़रिया, गोप, पशु पालक.
**वृहत्तम** = बृहत्तम.
**वृहत्तर** = बृहत्तर.
**वृहद्रथ** = महारथी.
**वे** = परजन, वह.

**वे** *सर्व* उन, उन्हों, न तुम न हम, विन, वे वस्तु, वे व्यक्ति, ●आप, ●तुम.

**वे और मैं** = हम.
**वेकअप काल** = समय सूचना.
**वेक्षण** = अवलोकन, व्यू फ़ाइंडर.
**वेक्षा** = देवदर्शन.
**वेक्ष्य** = दृश्यमान.
**वेग** = गति वेग माप, द्रुतवेग, प्रवाह, शुक्र ग्रह, संवेग.

**वेग** *सं* गति, *चाल*, तेज़ी, रफ़्तार, रफ़्तार, संचलन गति, संचलन दर, स्पीड, ●प्रबलता, ●रवानी, ●संवेग, ■अप्रगति, ■गतिरोध, ■रगस.

**वेगपूर्वक** = तत्काल, द्रुततः.
**वेगमय** = द्रुत.
**वेग रुद्ध** = मंदित.
**वेगरोधक** = स्पीड ब्रेकर.
**वेगरोधी** = ब्रेक.
**वेगवर्धन** = वेगवृद्धि.
**वेगवान/वेगवती** = द्रुत.
**वेग विमंदित** = मंदित.

**वेगवृद्धि** *सं* आवेगन, उत्त्वरण, उद्गीअरन (गीअर वृद्धि), गतिवर्धन, गतिवृद्धि, त्वरण, द्रुतन, बढ़ावा, वेगवर्धन, ●गत्वरण, ●द्रुतता, ■वेग मंदन.

**वेग वृष्टि** = अतिवर्षा.
**वेगशाली** = द्रुत.
**वेगशील** = द्रुत.
**वेगहीनतः** = मंदतः.
**वेगिनी** = तीव्र नदी, नदी.
**वेगी** = कूरियर.
**वेज** = पारिश्रमिक, वेतन.
**वेट** = तौल, बाट, भार.

**वेटर** *सं* काउंटरमैन, ख़ानसामाँ, छोकरा, परोस कर्मी, परोसने वाला, परोसैया, फ़ुटमैन, बाय, बारमेड, बैरा, मधुबाला, रसोईबरदार, साक़ी, सेवक, ●भोजनालय, ●रसोइया, ●रेस्तोराँ, ●होटल.

**वेटलिफ़्टर** *सं* भारोत्तोलक, ●ऐथ्लीट.

**वेटलिफ़्टिंग** *सं* भारोत्तोलन, ●व्यायाम.

**वेटिंग** = प्रतीक्षा.

**वेटिंग रूम** *सं* प्रतीक्षा कक्ष, रिटायरिंग रूम, लाउंज, विश्राम कक्ष, हाल, ●प्रतीक्षालय, ●स्वागत कक्ष.

**वेणिका** = चोटी.
**वेणिनी** = गायिका.
**वेणी** = चोटी, जलधारा.
**वेणी (जैसेः त्रिवेणी)** = संगम.
**वेणु** = बाँस, बाँसुरी.
**वेणुजाल** = वंशीवन.
**वेणुवन** = वंशीवन.

**वेतन** *सं* उजरत, गुज़ारा, तनख़्वाह, नौकराना, पगार, *पारिश्रमिक*, पे, भृति, वेज, सावधिक पारिश्रमिक, सैलरी, ●आय, ●पैंशन, ●बोनस, ●भत्ता, ●शुल्क.

**वेतन वितरक** *सं* ख़ज़ाँची, बख़्शी, बर्सर, मुनीम, ●कोशाध्यक्ष.

**वेतन वृद्धि** *सं* *उन्नति*, तरक़्क़ी, बढ़त, बढ़ती, *बढ़ोतरी*, वृद्धि, ●पदोन्नति.

**वेतस** = बेंत.
**वेतालग्रह** = भूतबाधा.
**वेताल पूजा** = प्रेतसिद्धि.
**वेताल विद्या** = प्रेतसिद्धि.
**वेताल साधक** = प्रेतसाधक.
**वेताल साधन** = प्रेतसिद्धि.
**वेताली** = दुर्गा.
**वेत्ता** = अध्यात्मज्ञ, अभ्यस्त, ऋषि, ज्ञाता, ज्ञाता, ज्ञानी, दक्ष, विशेषज्ञ, शिक्षित.
**वेत्र** = छड़ी, बेंत.
**वेत्रक** = सरकंडा.
**वेत्रधर** = छड़ीबरदार.
**वेत्रधारक** = छड़ीबरदार.
**वेत्रधारी** = छड़ीबरदार.
**वेत्री** = छड़ीबरदार.
**वेद** = ज्ञान, विदुर.

**वेद** *सं* आगम, आगम निगम, आप्त श्रुति, आप्तागम, आम्नाय, छंदस्कृत, *ज्ञान*, धर्मलक्षण, निगम, ब्रह्म घोष, *शब्दब्रह्म*, श्रुति, ●वेदांत.

**वेद सूची** *सं* *ऋग्वेद*, *यजुर्वेद*, *सामवेद*, *अथर्ववेद*.

**वेद अंग** = वेदांग.

**वेदारंभ** = सोलह संस्कार सूची.
**वेदक** = संज्ञाकर औषध.
**वेदकुशल** = वेदज्ञ.
**वेदगुप्त** = वेदव्यास.

**वेदज्ञ** *सं ज्ञानी*, निगमी, पंडित, वेदकुशल, वेदपारंगत, वेदवादी, वेद विशेषज्ञ, वेदी, श्रोत्रिय, श्रोत्री, सोती, स्नातक.

**वेदत्रय** = तीन वेद.
**वेदत्रयी** = तीन वेद.
**वेदन** = अभिव्यंजन.
**वेदना** = अनुभूति, ज्ञान, पीड़ा, शोक.
**वेदनाहीन** = भावहीन.

**वेदपाठ** *सं पाठ*, ब्रह्मघोष, ब्रह्मयज्ञ, ब्रह्मवाद, ब्रह्मसत्र, महायज्ञ, वेदानुवचन, श्रुतादान, संध्योपासन, •मंत्रपाठ.

**वेदपाठी** = ब्राह्मण.
**वेदपारंगत** = वेदज्ञ.
**वेदपुराण** = धर्मग्रंथ, हिंदू धर्मग्रंथ.
**वेद प्रकट कर्ता** = ब्रह्मा.
**वेदमाता** = दुर्गा.
**वेदयिता** = शिक्षित.
**वेदरहस्य** = उपनिषद.
**वेदवचन** = वेदवाक्य.
**वेदवती (पूर्व जन्म)** = सीता.
**वेदवाक्य** = अखंडनीय वचन, धर्म सिद्धांत, धर्मादेश.

**वेदवाक्य** *सं* ब्रह्म शासन, वेदवचन, वेदाज्ञा, वेदानुशासन, श्रुति निदर्शन.

**वेदवादी** = वेदज्ञ.
**वेदविभाजक** = वेदव्यास.
**वेद विशेषज्ञ** = वेदज्ञ.
**वेदवेदांत** = हिंदू धर्मग्रंथ.
**वेदव्यास** = ऋषि सूची.

**वेदव्यास** *सं* कानीन, *कृष्ण*, कृष्ण द्वैपायन, गंगापुत्र, द्वैपायन, पाराशर, पुराण रचेता, बादरायण, महाभारत रचेता, वादरायण, वेदगुप्त, वेदविभाजक, व्यासदेव, सत्यभारत, सात्यवत, सात्यवतेय.

**वेदांग** *सं* वेद अंग, वेदोपकरण, षडंग.

**वेदांग सूची** *सं कल्प*, *छंद*, *ज्योतिष*, निरुक्त, *व्याकरण*, *शिक्षा*.

**वेदांत** = वेदांत दर्शन.

**वेदांत** *सं* आरण्यक अंतिम भाग, *उपनिषद*, •धर्मग्रंथ, •वेद.

**वेदांत आचार्य** = नारद.
**वेदांतग** = वेदांतवादी.
**वेदांत दर्शन** = षड्दर्शन.

**वेदांत दर्शन** *सं अद्वैतवाद*, ईश्वर और जगत एक हैं, उत्तर मीमांसा, उपनषदीय दर्शन, जगत ही ब्रह्म है, जीव ही ब्रह्म है, बादरायण दर्शन शास्त्र, ब्रह्म मीमांसा, ब्रह्मवाद, ब्रह्म ही परम सत्ता है, *वेदांत*, सृष्टि ही ब्रह्म है.

**वेदांत धर्म** = हिंदू धर्म.

**वेदांतवादी** *सं* अद्वैतवादी, तत्त्वज्ञ, परमार्थवादी, ब्रह्मवादी, वेदांतग, वेदांती, वैदांतिक.

**वेदांती** = वेदांतवादी.
**वेदांश** = आरण्यक.
**वेदाज्ञा** = वेदवाक्य.
**वेदादि बीज** = ओम.
**वेदादि वर्ण** = ओम.
**वेदानुवचन** = वेदपाठ.
**वेदानुशासन** = वेदवाक्य.
**वेदारंभ संस्कार** = उपनयन संस्कार, ब्रह्मचर्य आश्रम प्रवेश.
**वेदिका** = कुरसी, चौकी, मंडप, यज्ञवेदी.
**वे दिन वे बातें** = संस्मरण.
**वेदी** = चबूतरा, ज्ञानी, धर्मगुरु, बुद्धिमान, यज्ञवेदी, विद्याविद्, विद्वान व्यक्ति, वेदज्ञ.
**वेदीगणित** = ज्यामिति.

**वेदीय** *वि* आर्ष, नैगम, नैगमिक, ब्राह्म, वैदिक, श्रौत.

**वेदोपकरण** = वेदांग.
**वेद्धा** = वेधक.
**वेद्य** = इंद्रियगम्य.
**वेध** = अंतर्स्थापना, अनुसंधान, खगोलिकी, लक्ष्यसिद्धि, वेधन.
**वेधक** = चुभनशील, तीक्ष्ण, निशानची, व्यंग्यात्मक.

**वेधक** *सं* छिद्रक, छेत्ता, छेदनहार, *छेदना*, छेदनी, छेदी, बींधने वाला, बींधैया, बोरर, भेदक, भेदी, विद्धक, वेद्धा, वेधी, •कील, •छिद्र, •सुंबा, •सूई.

**वेधकर्म** = खगोलिकी.

**वेधकारी** *वि* अंतरवेधी, अंतर्वेधी, छिद्रकारी, भेदकारी, संभेदकारी.

**वेध चिकित्सा** = ऐकुपंक्चर.
**वेधन** = गड़ाई, लक्ष्यसिद्धि.

**वेधन** *सं* अंतर्छिद्रण, अंतर्छेदन, अंतर्वेधन, अनुवेधन, छिदाई, छिद्रण, छेदन, दुरंध्रण, नाथन, पंक्चरिंग, परफ़ोरेशन, बिंधाई, बींध, भेदन, रंध्रण, विद्धन, वेध, व्रणन, •छेदना, •नोक, •बरमा कर्म, •सूई, ■रुँझाई.

**वेधन करना** = वेधना.
**वेधना** = घोंपना, चुभाना, छेदना.

**वेधना** *क्रि* अंतर्वेधन करना, आरपार करना, गाँसना, *घुसना*, *छेदना*, *धँसना*, धाँसना, *पैठना*, भेदना, विद्ध करना, वेधन करना, •घोंपना.

**वेधनिका** = सूई.
**वेधनी** = अंकुश.

**वेधशाला** *सं* आब्ज़र्वेटरी, खगोल वेधशाला, •तारांगण.

**वेधा** = ब्रह्मा.
**वेधित** = छिद्रित, विद्ध.
**वेधी** = वेधक, हत्यारा.
**वेध्य** = आखेटपात्र.

**वेध्य** *वि* असघन, छीदा/छीदी, छेद्य, भेद्य, *विरल*, •पारगम्य.

**वेपन** = लहराव.
**वेपर** = भाप.
**वेमक** = बुनकर.
**वेमा** = करघा.
**वेरट** = बेर.

**वेला** = काल, जलधारा, बेला तट, लहर, समुद्र तट.
**वेल्लन** = बेलन.
**वेल्लित** = लहराता/लहराती.
**वेल्स** = यूनाइटिड किंगडम क्षेत्र.
**वेव** = लहर.
**वेव लैंथ** = तरंग माप.
**वे वस्तु** = वे.
**वे व्यक्ति** = वे.
**वेश** = घर, छद्मवेश, नाट्यवेश, परिधान, परिधान समुदाय, महल्ला, स्थान, स्थिति, स्वाँग.

**वेश** *सं* अलंकार, आउटफ़िट, कास्ट्यूम, जामा, ड्रैस, *परिधान*, पहनावा, पोशाक, *बाना*, भूषा, भेष, लिबास, *वस्त्र*, वस्त्राभूषण, वेशभूषा, *सज्जा*, साजसज्जा, •वरदी.

**वेश** = वेश्या महल्ला.
**वेशकक्ष** = ड्रैसिंगरूम.
**वेशकार** = दर्ज़ी.
**वेशगृह** = ड्रैसिंगरूम.
**वेशधर** = बहरूपिया.
**वेशधारण करना** = पहनना.

**वेशधारी** *वि* धारक, परिधानधारी, पहनने वाला, -पोश, वरदीधारी, वेशी.

**वेशभूषा** = वेश.
**वेशभूषा सज्जित** = वेशित.
**वेशवधू** = वेश्या.
**वेश विशेष** = वरदी.

**वेशित** *वि* अनग्न, ढँका/ढँकी, परिधानयुक्त, परिधानित, पहना/पहनी, मंडित, वस्त्रधारी, वस्त्राच्छादित, वेशभूषा सज्जित, *सज्जित*, •आभूषित, •वेशधारी, ▪अपरिधानित, ▪नग्न.

**वेशी** = वेशधारी.
**वेश्म** = घर, भवन, वेश्यालय.
**वेश्मस्त्री** = वेश्या.
**वेश्य** = वेश्यालय.
**वेश्यकामिनी** = वेश्या.
**वेश्यांगना** = वेश्या.
**वेश्या** = कुलटा.

**वेश्या** *सं* अज्जका, असमतफ़रोश, असुरा, कंचनी, कसबिन, कसबी, कामलेखा, कुंभा, कोठे वाली, क्रीड़ानारी, ख़ानगी, गणवधु, गणिका, गीशा (जापान), ग्राम्य वल्लभा, चकले वाली, छिनाल, जनपद कल्याणी, तवायफ़, *देवदासी*, देवपत्नी, नगरवधू, नगरांगना, नष्टा, पंथकामिनी, पणयांगना, पणस्त्री, पणांगना, पण्यकामिनी, पण्यस्त्री, पतुरिया, पातुर, पातुरनी, पुंश्चली, पुरनारी, पुरवधू, प्रौस (संक्षिप्त), प्रौस्टीट्यूट, बंधकी, बहुभोग्या, बाई जी, बाज़ारू औरत, बेसवा, बेसा, भोग्या, मंगला मुखी, मंजिका, येशा (जापान), योशा (जापान), यौनकर्मी, रंडी, रामजनी, रूपाजीवा, वडवा, वारकन्या, वारनारी, वारमुख्या, वारयुवती, वारवधू, वारसुंदरी, वारांगना, विलासिनी, वेशवधू, वेश्मस्त्री, वेश्यकामिनी, वेश्यांगना, शालभंजिका, संभोग कर्मी, संभोगधंधी, साधारणी, -सेना (जैसेः वसंतसेना), स्वचारिणी, हट्टविलासिनी, हुस्नफ़रोश, •गायिका वेश्या, •नर्तकी वेश्या, •सस्ती वेश्या, •कालगर्ल, •देवदासी, •पुरुष रखेल, •मुजरा, •स्ट्रीटवाकर.

**वेश्याकर्म** = वेश्यावृत्ति.
**वेश्यागृह** = वेश्यालय.

**वेश्या दलाल** *सं* *दलाल*, दल्ला, पीठमर्द, बंधुल, भड़वा, भार्याट, •कुटना, •कुटनी.

**वेश्या बाज़ार** = वेश्या महल्ला.

**वेश्या महल्ला** *सं* क़सबीख़ाना, *चकला*, *बाज़ार*, वेश (प्रा), वेश्या बाज़ार, शृंगारहाट, •वेश्यालय.

**वेश्यालय** *सं* कसबीख़ाना, केलिगृह, कोठा, *क्रीड़ागृह*, योशीवाड़ा (जापान), वेश्म, वेश्य, वेश्यागृह, वेश्यावास, वेष, •वेश्या महल्ला.

**वेश्यावास** = वेश्यालय.

**वेश्यावृत्ति** *सं* असतमफ़रोशी, छिनालपन, *धंधा*, पेशा, बेसवाई, वेश्याकर्म.

**वेष** = वेश्यालय, स्वाँग.
**वेष्टक** = आवरण पृष्ठ.
**वेष्टन** = डोरी, रस्सी.

**वेष्टन** *सं* आवेष्टन, परिवेष्टन, *मंडन*, रैपिंग, *लपेट*, लिपटाई, •पैकिंग.

**वेष्टित** = अहाताबंद.
**वेष्य** = बहरूपिया.
**वे हैं** = हैं.
**वैंटिलेटर** = रोशनदान.
**वैंप** = खलनायिका.
**वैकल्पिक** = अनवश्यंभावी.

**वैकल्पिक** *वि* अन्य, अवैवश्यक, इख़्तियारी, इच्छाधीन, इच्छित, *उन्मुक्त*, एक या दूसरा, ऐच्छिक, *चयनीय*, मरज़ी का, यह या वह, विकल्पयुक्त, विवेकाधिकारीय, सविकल्प, स्वतंत्र, स्वाधिकारगत, स्वेच्छाचारीय, स्वैच्छिक, •अथवा, •अनिर्धारित, •दो में से एक, ▪अवैकल्पिक.

**वैकल्य** = चिंतानुभूति, विचलन.
**वैकारिक** = परिवर्तनशील.
**वैकालिक** = सायंकालीन.
**वैकुंठ** = मोक्षलोक, स्वर्ग.
**वैकुंठीय** = नैसर्गिक.
**वैकृत्य** = विकृति.
**वैकेंसी** = रिक्त पद.
**वैकेशन** = दीर्घ अवकाश.

**वैक्यूम** *सं* ख़ालीपन, निर्वातं, निर्वात, निर्वातता, निर्वातम, रिक्तम, रिक्ति, शून्यं, •रिक्तता, ▪ठोसपन, ▪भरापन.

**वैक्यूम करना** = बुहारना.
**वैक्यूम फ़्लास्क** = थरमस.
**वैक्स** = मोम.

**वैक्सीन** *सं* चेप, *टीका*, पाछ, फ़स्द, मसूरिका, लस, •इंजैक्शन.

**वैखरी** = वाचा.
**वैगटेल** = खंजन.
**वैगन** = भारयान, माल डिब्बा.

**वैचित्रवीर्य** = धृतराष्ट्र, विदुर.
**वैज** = निरामिष (आहार), निरामिषाहारी.
**वैजयंत** = इंद्र, ध्वज.
**वैजयंती** = अरणि, ध्वज, प्रतीक.
**वैजयंती माला** = पुष्पमाला.
**वैजयिक** = विजयप्रद.
**वैजिटेरियन** = निरामिष (आहार), निरामिषाहारी.
**वैजिटेशन** = वनस्पति.
**वैजी** = निरामिषाहारी.
**वैज्ञानिक** = तर्कसंगत, वस्तुपरक, विज्ञानसंगत.

**वैज्ञानिक** *सं* अध्येता, अनुसंधानी, अन्वेषक, *खोजी*, तत्त्वज्ञानी, प्रमाणवादी, मीमांसक, *विचारक*, विज्ञानी, शास्त्री, साइंटिस्ट, •आविष्कर्ता, •विशेषज्ञ.

**वैज्ञानिक अनुसंधान** = अनुसंधान.
**वैज्ञानिक अन्वेषण** = आविष्कार.
**वैज्ञानिक आविष्कार** = आविष्कार.
**वैज्ञानिक प्रयोग** = प्रयोग.
**वैडनैसडे** = बुधवार.
**वैडिंग** = विवाह.
**वैडिंग कार्ड** = विवाह निमंत्रण, विवाह पत्र.
**वैडिंग रीसैप्शन** = बरात भोज.
**वैतंडिक** = कलहप्रिय, वितंडावादी.
**वैतंडी** = वितंडावादी.
**वैतरणी पार करना** = मरना.
**वैतालिक** = जादूगर, प्रेतसाधक, बंदीजन, बाज़ीगर.
**वैतालिकता** = प्रेतसिद्धि.
**वैतृष्ण्य** = निरर्थकता.
**वैद** = वैद्य.
**वैदग्धी** = हाज़िरजवाब.
**वैदग्ध्य** = कलाप्रेम, विद्वत्ता.
**वैदर** = ऋतु.
**वैदर काक** = वात दिशायंत्र.
**वैदर बैलून** = वात दिशायंत्र.
**वैदर वेन** = वात दिशायंत्र.
**वैदर्भ** = वाग्विलास, वाग्विलासपूर्ण.
**वैदर्भी** = रुक्मिणी.
**वैद हकीम** = चिकित्सक.
**वैदांतिक** = वेदांतवादी.
**वैदिक** = प्राचीन, वेदीय.
**वैदिक धर्म** = हिंदू धर्म.

**वैदिक परंपरा** *सं* अनुश्रव, अनुश्रुति.

**वैदिक भजन** = सूक्त.
**वैदिक यज्ञ** = पशुबलि.
**वैदिकी हिंसा हिंसा न भवति** = पशुबलि.
**वैदुष्य** = विद्वत्ता.
**वैदूर्य** = नीलम, पन्ना.
**वैदेशिक** = विदेशवासी.
**वैदेह** = अंतःपुर दास, सुंदर.
**वैदेह/वैदेही** = सुंदरकाय.
**वैदेह** = बनिया.
**वैदेहक** = बनिया.
**वैदेही** = सीता.
**वैदेहीवल्लभ** = शरीफ़ा.
**वैद्य** = चिकित्सक.

**वैद्य** *सं* आचार्य, कविराज, नाड़िया, बैद, महावैद्य, राजवैद्य, वैद, वैद्यराज, सिद्ध, सिद्धसाधक.

**वैद्यक** = आयुर्वेदिक चिकित्सा, चिकित्सा.
**वैद्यकर्म** = चिकित्सा.
**वैद्यकी** = चिकित्सा.
**वैद्यनाथ** = धन्वंतरि.
**वैद्यराज** = चिकित्सक, धन्वंतरि, विद्वान व्यक्ति, वैद्य.
**वैध** = आचरणीय, तर्कसंगत, धर्मसंगत, धर्मसम्मत, नैतिक, न्यायसंगत, न्यायानुकूल, विधिसंगत, विवादातीत, सत्याधारित.

**वैध** *वि अधिकृत*, *अनुमत*, आईनी, उपयुक्त, क़ानूनसंगत, क़ानूनी, जायज़, *ठीक*, नियमसंगत, मान्य, मुनासिब, लागू, वाजिब, विधानसम्मत, विधिबद्ध, विधिमान्य, विहित, वैधानिक, *संगत*, सही, *स्वीकृत*, •न्यायानुकूल, •संविधानीय, ▪अवैध.

**वैध (संतान)** *वि* अंगज/अंगजा, अंगजात, अजारज, अपना/अपनी, असल, *असली*, आत्मज/आत्मजा, औरस, जायज़, ▪अवैध (संतान).

**वैध अधिकार** = स्वामित्व.
**वैधर्मिक** = अन्यायी, नास्तिक, भिन्नकोटीय.
**वैधर्म्य** = नास्तिकतावाद.

**वैधव्य** *सं* दुहाग, बेवगी, रँड़ापा, •विधवा, ▪सुहाग.

**वैधव्यहीनता** = सुहाग.
**वैध सिक्के** = करंसी.
**वैधानिक** = लोकतांत्रिक, वैध.
**वैधुर्य** = दांपत्य विच्छेद, वियोग.
**वैनगार्ड** = अग्रगामी सेना.
**वैनतेय** = गरुड़.
**वैनाशिक** = नर मकड़ी, बौद्ध धर्मावलंबी.
**वैनाशिक** = होराशास्त्री.
**वैनाशिक तंत्र** = बौद्ध धर्म.
**वैपरीत्य** = असामंजस्य, असामंजस्य.
**वैब** = इंटरनैट.

**वैब पेज** *सं* वैब साइट, साइट, होम पेज, •इंटरनैट, •ई-मेल.

**वैब साइट** = वैब पेज.
**वैभव** = खिलावट, समृद्धि.

**वैभव** *सं* अज़मत, आनबान, आबताब, ऐश्वर्य, गौरव, ग्लैमर, छटा, छब, छवि, जँचाव, दमक, दीप्ति, भव्यता, राजसिकता, रौनक़, विभूति, शान, शानशौक़त, शोभायुक्तता, शौकत, श्री, सजधज, सुषमा, *सौंदर्य*, •तड़कभड़क, •राजसीयता, •सजावट, ▪वैभवहीनता, ▪साधारणता.

**वैभवखंडित** *वि* अपध्वस्त, *अपमानित*, कलंकित, क़लई उतरा, डूबे नाम वाला, *निंदित*, प्रतिष्ठाक्षत, महिमाखंडित, महिमामर्दित, वैभवविमंडित, •निंदित, •बदनाम, •लांछित, •वैभवहीन, ▪वैभवशाली.

**वैभवपूर्ण** = राजसी.
**वैभव प्रदर्शन** = इठलाहट, तड़कभड़क.
**वैभव प्रदर्शन करना** = इतराना.
**वैभवमंडन** = नायक पूजा.
**वैभवशाली** = भव्य, महल जैसा, सुंदर.

**वैभवशाली** *वि* आलीशान, उच्च, *उत्तम*, ऐश्वर्यपूर्ण, गरिमाशाली, गौरवशाली, ग्रांडील, ग्रैंड, ज़ोरदार, ठाटदार, *तेजस्वी*, दमकता/दमकती, *दिव्य*, देदीप्यमान, *भव्य*, महिमान्वित, महिमामंडित,

वैभवखंडित, शानदार, *शालीन*, शुभ्र, श्रीपूर्ण, *समृद्ध*, *स्मरणीय*, ●तड़कभड़कदार, ●राजसी, ●सजावटी, ■वैभवखंडित, ■वैभवहीन, ■साधारण.

**वैभवहीन** *वि* अपश्री, उजड़ा/उजड़ी, *उजाड़*, उतरा/उतरी, कांतिहीन, गतवैभव, ठंडा/ठंडी, निस्तेज, फीका/फ़ीकी, बुझा/बुझी, बेरौनक़, मंदकांति, मलिनप्रभ, विगतवैभव, *विवर्ण*, शोभाहीन, श्रीहत, श्रीहीन, सादा/सादी, *साधारण*, हतवैभव, हतश्री, ●वैभवखंडित, ●साधारण, ■भव्य, ■राजसी, ■वैभवशाली.

**वैभ्राज** = मोक्षलोक.
**वैमत्य** = असहमति.
**वैमनस्य** = शत्रुता.

**वैमनस्य** *सं* अंटी, असद्भाव, असूया, ईर्ष्या, कटाकटी, कटुता, *कड़वाहट*, *कलह*, कशीदगी, कीना, कीनाकशी, *खटास*, *गाँठ*, गाँस, *चुभन*, जलन, तनातनी, तनाव, तुर्शी, दुर्भाव, दुर्भावना, द्वेष, बदमज़गी, *मतभेद*, मन की गाँठ, मनमुटाव, मनोमालिन्य, रंजिश, रंजीदगी, रीस, लागडाट, विद्वेष, वैरभाव, शत्रु भाव, स्पर्धा, होड़ाहोड़ी, ●कलह, ●दुष्कामना, ●प्रतिद्वंद्विता, ●शत्रुता, ■सौमनस्य.

**वैमनस्यपूर्ण** = शत्रुतापूर्ण.
**वैमनस्यहीन** = सौमनस्यपूर्ण.
**वैमनस्यहीनता** = शांतिकाल.
**वैमात्र** = सौतेला/सौतेली, सौतेला भाई.
**वैमात्रक** = सौतेला भाई.
**वैमात्रा** = सौतेली बहन.
**वैमात्री** = सौतेली बहन.
**वैमात्रेय** = सौतेला/सौतेली.
**वैमात्रेयी** = सौतेली बहन.
**वैमानिक** = विमानचालक.
**वैयक्तिक** = चरित्रीय, भावनाधारित, व्यक्तिगत, स्वाभाविक.
**वैयक्तिकता** = द्वैतता, व्यक्तित्व.

**वैयक्तिकता** *सं* अकेलापन, अपनापन, अलग पहचान, अस्मिता, आइडेंटीटी, इकाई, ख़ासियत, निजता, पहचान, विशिष्टता, विशेषता, व्यष्टित्व, शनाख़्त, स्वत्व, ●कंपनी, ●व्यक्तित्व, ■अवैयक्तिकता.

**वैयाकरण** = व्याकरणज्ञ, व्याकरणसंगत.
**वैर** = ईर्ष्या, घृणा, शत्रुता.
**वैर पुरुष** = शत्रु.
**वैरपूर्ण** = शत्रुतापूर्ण.
**वैरभाव** = वैमनस्य.
**वैरशमन** = पुनर्मेल.
**वैरशुद्धि** = पुनर्मेल, प्रतिशोध.
**वैरहीन** = ईर्ष्याहीन.
**वैरागी** = संन्यासी.

**वैरागी** *सं* अभोक्ता, अवधूत, उदासीन, त्यागी, निहंग, बैरागी, यती, *योगी*, विरजा, *संन्यासी*, ●अविलासी, ●तपस्वी, ●संन्यासी, ●साधु, ■रसप्रेमी, ■लोभी, ■सांसारिक.

**वैराग्य** = संन्यास प्रवेश.

**वैराग्य** *सं* अनर्थ बोध, *अनासक्ति*, अलगाव, आसक्तित्याग, इच्छा निवृत्ति, उपरति, उपराम, तर्क दुनिया, त्याग, निरर्थकता बोध, *निवृत्ति*, भग्नासक्ति, मोहत्याग, *मोहभंग*, रागमुक्ति, वितृष्णा, विरक्ति, विरति, वीतकामता, संन्यास, सांसारिकता त्याग, ●अविलासिता, ●निष्काम कर्म, ●वैरागी, ■आसक्ति, ■भोगविलास, ■मोह, ■सांसारिकता.

**वैराग्यपूर्ण** = विरक्त.
**वैराज** = ईश्वर, परमपुरुष, मनु.
**वैराज्य** = पराधीनता.
**वैरी** = शत्रु.
**वैल** = कूप.

**वैलक्रो** *सं* अँकुड़ी पट्टी, *गोखरू*, गोखरू पट्टी, ●ज़िप, ●टेप.

**वैली** = घाटी.
**वैल्कम** = सत्कार, स्वागत.
**वैल्ड** = सोल्डर.
**वैल्ड करना** = झालना.
**वैल्डिंग** = झलाई.
**वैल्थ** = संपत्ति, समृद्धि.
**वैवर्त** = चक्रावर्तन.
**वैवश्यक** = अपरिहार्य, अवैकल्पिक.

**वैवश्यक** *वि* अत्याज्य, *अत्यावश्यक*, अनिवार्य, *अनुबंधित*, *अपरिहार्य*, *आवश्यक*, कंपल्सरी, ज़रूरी, *नियमित*, मज़बूरी, लाजिम, लाज़िमी, विवशतापूर्ण, शर्तिया, ●अनिरसनीय, ●अवैकल्पिक, ■वैकल्पिक.

**वैवस्वत** = वैवस्वत मन्वंतर, सूर्यीय.
**वैवस्वत मनु** = मनु सूची.

**वैवस्वत मनु** *सं* *आदित्य*, *प्रजापति*, प्रलय कालीन मनु, भास्करि, मत्स्य अवतार काल राजा, *मनु*, रविसुत, वर्तमान मनु, विवस्वत, विवस्वान, श्राद्धदेव, सत्यव्रत, सातवाँ मनु.

**वैवस्वत मन्वंतर** *सं* वर्तमान मन्वंतर, वैवस्वत, वैवस्वत्य.

**वैवस्वती** = यमुना नदी.
**वैवस्वत्य** = वैवस्वत मन्वंतर.
**वैवाह** = वैवाहिक.

**वैवाहिक** *वि* पाणिग्रहणीय, विवाह विषयक, विवाहीय, वैवाह, वैवाह्य.

**वैवाहिक रिश्तेदार** = वैवाहिक संबंधी.

**वैवाहिक संबंधी** *सं* इन-लाज, रिश्तेदार, रिश्ते वाले, विवाह संबंधी, वैवाहिक रिश्तेदार, *संबंधी*, *समधी*, ससुराली.

**वैवाह्य** = वैवाहिक.
**वैशंपायन** = ऋषि सूची.
**वैशाख** = भारतीय मास सूची, वैशाख मास.
**वैशाखनंदन** = गधा.

**वैशाख मास** *सं* बैसाख, माधव, राध, वैशाख, शुक्ल.

**वैशाख संक्रांति** = वैशाखी.

**वैशाखी** *सं* फ़सल उत्सव, *बैसाखी*, वैशाख संक्रांति.

**वैशारद** = विद्याविद्.
**वैशारद्य** = विद्वत्ता.
**वैशालीय** = महावीर.

**वैशिष्ट्य** = महत्त्व, व्यक्तित्व.
**वैशेषिक** = विशेष.
**वैशेषिक दर्शन** = षड्दर्शन.
**वैश्य** = द्विज सूची, बनिया.

**वैश्य** *सं* कृषक, *गुप्त*, गुप्ता, गोप्ता, *बनिया*, बीसा, मुख्य वर्ण, लाला, वणिक, विश, वृषल, *व्यापारी*, •ब्राह्मण, •सेठ, •सौदागर.

**वैश्य स्त्री** *सं* अर्या, अर्याणी, बनियानी.

**वैश्रवण** = कुबेर, रावण.
**वैश्व** = विश्वीय, सृष्टीय.
**वैश्वानर** = अग्निदेव, प्राणशक्ति.
**वैश्वीकरण** = अंतरराष्ट्रीयकरण.
**वैषुवत** = विषुव.
**वैषुवतीय** = भूमध्य रेखा.
**वैष्किर** = पक्षीसमूह.
**वैष्णव** = निरामिषाहारी, बेमसाला, वैष्णव संप्रदाय सदस्य.
**वैष्णव धर्म** = वैष्णव संप्रदाय.
**वैष्णव मुख लेपन मिट्टी** = गोपी चंदन.

**वैष्णव संप्रदाय** *सं* नारायणीय धर्म, भागवत धर्म, भागवत संप्रदाय, वैष्णव धर्म, वैष्णवाचार.

**वैष्णव संप्रदाय सदस्य** *सं* भगवद्भक्त, भागवत, विष्णुपूजक, वैष्णव, वैष्णव संप्रदाय सदस्य.

**वैष्णवाचार** = वैष्णव संप्रदाय.
**वैष्णवी** = तुलसी, दुर्गा.
**वैसा/वैसी** = सदृश.
**वैसा नहीं** = भिन्न.
**वैसा ही** = अपरिवर्तित, तुलनीय.

**वैसे** *क्रिवि* उस तरह, उस प्रकार, तदनुरूप, तदनुसार, तैसे, त्यों, •कैसे.

**वैसे ही** = उद्देश्यहीनतः.
**वैस्ट** = पश्चिम दिशा, यूरोप.
**वैस्ट एशिया** = पश्चिम एशिया.
**वैस्प** = भिड़.
**वैस्पर** = सायंकालीन शुक्र.
**वैस्वर्य** = स्वरविकार.
**वैहासिक** = विदूषक.
**वैहिकल** = यान.

**वो** = वह.
**वोट** = मतदान पत्र.

**वोट** *सं मत*, राय, सम्मति, •मतदान पत्र, •मतदान यंत्र, •मतपत्र पेटी, •वीटो.

**वोट डलाई** = निर्वाचन.
**वोटर** = नागरिक, निर्वाचक.
**वोटाधिकारी** = निर्वाचक.
**वोटिंग** = निर्वाचन, मतदान.
**वोटिंग मशीन** = मतदान यंत्र.
**वोडका** = मद्य सूची, मद्य.

**वोडका** *सं* उदका, रूस की राई गेहूँ या आलू से बनी सुरा, रूसी ब्रांडी.

**वोढव्य** = विवाह्य.
**वोढ़ा** = माल डिब्बा, साँड़.
**वोल्कैनो** = ज्वालामुखी.
**वोल्टता** = वोल्टेज.

**वोल्टेज** *सं* विद्युत चालन शक्ति, विद्युत दाब, वोल्टता, •वाटेज, •विद्युत ऊर्जा.

**वोल्टेज रैगुलेटर** = स्टैबिलाइज़र.
**वोल्टेज स्टैबिलाइज़र** = स्टैबिलाइज़र.
**वौइस** = वाचा.
**व्यंकटेश्वर** = विष्णु.
**व्यंग्य** = कटाक्ष, तिरस्कार, व्यंग्य रचना, व्याज प्रशंसा, हास्योक्ति.

**व्यंग्य** *सं* उत्प्रास, *उपहास*, काकु, काकूक्ति, काट, कूट, *चिकोटी*, चुटकी, तंज़, मखौल, विकत्था, व्यंग्य हास, सैटायर, *हँसी*, हास्य, हास्य व्यंग्य, •कटाक्ष, •खिल्ली, •निंदा.

**व्यंग्य कवि** = हास्य कवि.
**व्यंग्यकार** = व्यंग्य लेखक.
**व्यंग्य चित्र** = कार्टून.
**व्यंग्य पात्र** = उपहास पात्र.
**व्यंग्यपूर्ण** = व्यंग्यात्मक.
**व्यंग्य बाण** = कटाक्ष.

**व्यंग्य रचना** *सं* बोली ठोली, *व्यंग्य*, सैटायर, •उपहास, •कटाक्ष.

**व्यंग्य लेखक** *सं* व्यंग्यकार, •उपहास कर्ता.

**व्यंग्य हास** = व्यंग्य.
**व्यंग्यात्मक** = निंदात्मक.

**व्यंग्यात्मक** *वि* अकरुण, उपहासपूर्ण, उपहासात्मक, कटाक्षपूर्ण, कटु, *कठोर*, कड़ा/कड़ी, कसैला/कसैली, काटता/काटती, गहरा/गहरी, चुभता/चुभती, ज़हर बुझा, तंज़िया, *तीक्ष्ण*, तीखा/तीखी, दोमानी, द्व्यर्थक, *निंदात्मक*, निर्दयतापूर्ण, परोक्ष, पैना/पैनी, बनावटी, मर्मवेधी, मर्मांतक, *मारक*, *विषाक्त*, *वेधक*, व्यंग्यपूर्ण, व्यंग्योक्तिपूर्ण, सैटिरिकल, •अपमानजनक, •निंदात्मक.

**व्यंग्यात्मक प्रशंसा** = व्याज प्रशंसा.
**व्यंग्यार्थ** = व्यंजनार्थ.
**व्यंग्योक्ति** = कटाक्ष, हास्योक्ति.
**व्यंग्योक्तिपूर्ण** = व्यंग्यात्मक.
**व्यंजक** = अर्थद्योतक.
**व्यंजन** = व्यंजन अक्षर, स्वादिष्ठ आहार.

**व्यंजन** *सं* डिश, *पकवान*, *प्लेट*, •भोजन, •रेस्तोराँ, •रैसिपी.

**व्यंजन अक्षर** *सं* अक्षर व्यंजन, अस्वर, कचटतप वर्ग तथा यरलव शषसह, वर्ण व्यंजन, *व्यंजन*, व्यंजन वर्ण, •अक्षर, •स्वर अक्षर.

**व्यंजन आवृत्ति** = अनुप्रास.
**व्यंजन तालिका** = मैन्यू.
**व्यंजन पुस्तक** = पाक पुस्तक.
**व्यंजन वर्ण** = व्यंजन अक्षर.
**व्यंजन विधि** = रैसिपी.
**व्यंजन साम्य** = अनुप्रास.
**व्यंजना** = अभिव्यक्ति, व्यंजना शक्ति.
**व्यंजनात्मक** = चित्रात्मक, प्रतीकात्मक, व्यंजनार्थक.

**व्यंजनार्थ** *सं* अंतर्निहित अर्थ, अंतर्भाव, अकथित अर्थ, अभिप्राय, अर्थध्वनि, अव्यक्त भाव, आंतरिक अर्थ, आभास, आशय, इंगित, इंगित अर्थ, *कटाक्ष*, कूट अर्थ, गुप्त अर्थ, गूढ़ अर्थ, *तह*, *ध्वनि*, ध्वन्यार्थ, निहित अर्थ, प्रच्छन्न भाव, बारीक़ अर्थ, मंतव्य, मर्म, वक्रोक्ति, विवक्षित अर्थ, व्यंग्यार्थ, संदर्भार्थ,

*सुझाव*, सूक्ष्म अर्थ, •अभिधार्थ, •अर्थ, •लक्षणार्थ, •शब्दशक्ति.

**व्यंजनार्थक** *वि* अंतर्निहित, अंतर्हित, अकथित, अप्रकट, अशब्दित, *आंतरिक*, आभासित, द्योतित, ध्वनित, ध्वन्य, ध्वन्यार्थक, निहित, व्यंजनात्मक, व्यंजित, सन्निहित, सुविहित, •भावोत्पादक, •लक्षणार्थक, ▪शब्दार्थिक.

**व्यंजना वृत्ति** = व्यंजना शक्ति.

**व्यंजना शक्ति** *सं* अंजना, ध्वनन, व्यंजना, व्यंजना वृत्ति, संप्रत्ययन, •अभिधा शक्ति, •शब्दशक्ति, •सुझाव.

**व्यंजित** = अभिव्यक्त, चिह्नित, व्यंजनार्थक, संकेतित.

**व्यक्त** = अगुप्त, अभिव्यक्त, कथित, दृश्यमान, प्रकट, प्रदर्शित, लिखित (साहित्य), स्पष्ट.

**व्यक्तगणित** = अंकगणित.

**व्यक्ता** = अभिवक्ता.

**व्यक्ति** *सं* अकेला एक आदमी, आदमी, इकाई, जन, नफ़र, बशर, मानस, व्यष्टि, शख़्स, •जना, ▪सब, ▪समाज, ▪समूह.

**व्यक्तिकोश** = हूज़ हू.

**व्यक्तिगत** = एकस्वामीय.

**व्यक्तिगत** *वि* अपना/अपनी, अलग, अस्मितीय, आत्मीय, केवल अपना, ख़ानगी, ख़ास, ज़ाती, जुदा, निज, निजी, निजू, *पृथक*, प्राइवेट, *भिन्न*, विशिष्ट, वैयक्तिक, व्यक्ति विषयक, व्यष्टि विषयक, व्यष्टीय, शख़्सी, स्व, स्वकीय, स्वगत, स्वीय, •अंतरवैयक्तिक, •मेरा/मेरी, ▪सामाजिक, ▪सामूहिक.

**व्यक्तिगत विशिष्ट सत्ता** = व्यक्तित्व.

**व्यक्तिचित्र** = पोर्ट्रेट, संस्मरण.

**व्यक्तित्व** = चरित्र.

**व्यक्तित्व** *सं* अपनत्व, अपना अनोखापन, अपनापन, अलग पहचान, अस्मिता, आइडैंटीटी, *आत्मा*, आपा, खुसूसियत, *चरित्र*, निजी विशेषता, *परिचय*, पहचान, मौलिकता, *वैयक्तिकता*, वैशिष्ट्य, व्यक्तिगत विशिष्ट सत्ता, शख़्सियत, *स्वभाव*, स्वरूप, हस्ती, •अहं तत्त्व, •आदत, •चरित्र, •मनोवृत्ति.

**व्यक्तित्व भंजन** = मनोघात.

**व्यक्तित्व विघटन** = मनोविकार.

**व्यक्तिपरक** = भावनाधारित.

**व्यक्तिपूजा** = नायक पूजा.

**व्यक्ति वर्णन** *सं* रेखाचित्र, *शब्दचित्र*, *संस्मरण*, स्कैच, •चरित्र वर्णन, •नखशिख वर्णन, •शिखनख वर्णन.

**व्यक्तिवाचक संज्ञा** = संज्ञा.

**व्यक्ति विषयक** = व्यक्तिगत.

**व्यग्र** = चिंतित, जल्दबाज़, विचलनशील, संकटग्रस्त.

**व्यग्रकर** = चिंताजनक.

**व्यग्रता** = आतुरता, हड़बड़ी.

**व्यतिक्रम** = उल्लंघन.

**व्यतिक्रांत** = उल्लंघित.

**व्यतिरिक्त** = अतिरिक्त.

**व्यतिरेक** = अतिशयोक्ति अलंकार.

**व्यतीत** = भूतकालीन, मृत.

**व्यतीत** *वि गत*, गया/गई, गुज़रा/गुज़री, तमाम, था/थी, पिछला/पिछली, पुराना/पुरानी, पूरा/पूरी, पूर्ण, बिताया/बिताई, बीता/बीती, *भूत*, विगत, संभूत, समाप्त, सारा/सारी, हुआ/हुई, होता था/होती थी, •घटित, •था/थी, •भूतकालीन, ▪आगामी, ▪आसन्न, ▪भविष्यकालीन.

**व्यतीत होना** = बीतना.

**व्यथन** = रुदन.

**व्यथयिता** = आततायी.

**व्यथा** = अहित, छटपटाहट, दुःख, पीड़ा, शोक.

**व्यथाकथा** = दुःखगाथा.

**व्यथाकर** = यातनाप्रद.

**व्यथाकारी** = करुणाजनक.

**व्यथित** = खेदपूर्ण, दुःखी, पीड़ित, वियोगी.

**व्यथी** = भयभीत.

**व्यपेक्षा** = अपेक्षा, पूर्वानुमान.

**व्यभिचार** = अपराध, दुष्कर्म, बहुगमन.

**व्यभिचारपूर्ण** = परगमनपूर्ण.

**व्यभिचारिणी** = कुलटा.

**व्यभिचारी** = अनेकार्थी, दुराचारी, लंपट.

**व्यभिचारी** = परिवर्तनशील.

**व्यभिचारी भाव** = संचारी भाव.

**व्यय** = घटोतरी, मूल्य, लागत, ह्रास.

**व्यय** *सं* इख़राज, क़ीमत, खपत, ख़र्च, ख़र्चा, सर्फ़, •अपव्यय, •अल्पव्यय, •ओवरहैड्स, •जेबख़र्च, •फुटकर व्यय, •मूल्य, •लागत, •शुल्क, ▪आय, ▪बचत.

**व्यय करना** = ख़र्चना.

**व्यय प्रमाण** = वाउचर.

**व्यय विवरण पत्र** = वाउचर.

**व्ययशील** = अपव्ययी.

**व्ययसाध्य** = महँगा/महँगी.

**व्ययी** = अपव्ययी, ह्रासशील.

**व्यर्थ** = अनावश्यक, अनुपभोग्य, अनुपयोगी, अप्रासंगिक, अर्थहीन, अवांछनीय, अवांछित, असफल, निष्कारण, निरर्थक.

**व्यर्थ उपभोग** = दुरुपभोग.

**व्यर्थ का** = अनुपभोग्य.

**व्यर्थ बात** = बकवास.

**व्यर्थ सामान** = रद्दी.

**व्यर्थ ही** = उद्देश्यहीनतः.

**व्यवच्छित्ति** = विश्लेषण.

**व्यवच्छिन्न** = क्रमहीन.

**व्यवच्छेद** = नाश, परित्याग, विश्लेषण.

**व्यवच्छेदक** = विश्लेषक.

**व्यवच्छेदन** = विच्छेदन.

**व्यवदात** = विशोधित.

**व्यवदान** = विशोधन.

**व्यवधाता** = अड़ंगेबाज़.

**व्यवधान** = अंतराल, अवरोध, आड़, दीवार, बाधा, बाधा, विलंब, विलंब, हस्तक्षेप.

**व्यवधानात्मक** = अवरोधात्मक.

**व्यवसाय** = कंपनी, कर्म, कार्य, धंधा, धंधा, प्रयास, व्यापार, साधना.

**व्यवसाय इतिहास** = कैरियर.

**व्यवसाययुक्त** = बारोज़गार.

**व्यवसायहीन** = बेरोज़गार.

**व्यवसायहीनता** = बेरोज़गारी.

**व्यवसायात्मक** = उद्देश्यपूर्ण.

 (प्रा) प्राचीन शब्द, अब अप्रचलित - *तिरछे* शब्द स्वतंत्र शीर्षक भी हैं •सपर्याय ▪विपर्याय

**व्यवसायी** = उद्योगपति, धंधी, व्यापारी.
**व्यवसायी उपभोक्ता** = क्लायंट.
**व्यवस्था** = क्रम, जजमैंट, धर्मविधि, धर्म सिद्धांत, धर्मादेश, निश्चय, प्रक्रिया, प्रबंध, प्रशासन, लोकव्यवहार नियम, शर्त, शासन.

**व्यवस्था** *सं* *अनुशासन*, आयोजन, आर्डर, इंतज़ाम, क़ायदगी, *क्रम*, तरकीब, तरतीब, तरीक़ा, तामझाम, तुज़ुक, निज़ाम, *प्रबंध*, बंदोबस्त, विधान, *विधि*, विनियम, सूत्र, •नियंत्रण, ▪अराजकता, ▪अव्यवस्था.

**व्यवस्था तंत्र** = नौकरशाही.
**व्यवस्थाता** = प्रशासक, रैफ़री.
**व्यवस्थापक** = प्रबंधक, प्रशासक, विधिज्ञ.
**व्यवस्थापना** = संस्थापना.
**व्यवस्थापिका समिति** = विधान परिषद.
**व्यवस्थापित** = नियंत्रित, प्रबंधित, व्यवस्थित, शासित, संस्थापित.
**व्यवस्थापूर्ण** = व्यवस्थित.
**व्यवस्थाहीन** = अव्यवस्थित, क्रमहीन, क्रमहीन.
**व्यवस्थाहीनता** = अव्यवस्था.
**व्यवस्थित** = क्रमबद्ध, नियंत्रित, नेतायुक्त, प्रबंधित, योजित, शासित.

**व्यवस्थित** *वि* अच्छा/अच्छी, *अनुशासित*, *क्रमबद्ध*, गठित, *ठीक*, ठीकठाक, *नियंत्रित*, निविष्ट, मुरत्तब, यथाक्रम, यथास्थान, योजनाबद्ध, विकल्पित, विधिवत, विनिविष्ट, विन्यस्त, व्यवस्थापित, व्यवस्थापूर्ण, शृंखलित, संगठित, संयत, संयोजित, संविष्ट, संसादित, संहित, समूढ़, सुचारु, सुप्रबंधित, सुव्यवस्थित, सूत्रित, स्थापित, •योजित, •व्यूहबद्ध, •सुनियोजित, •सुशासित, ▪अव्यवस्थित.

**व्यवस्थित अध्ययन** = अनुसंधान, प्रयोग, व्याख्या.
**व्यवस्थिततः** = क्रमशः.

**व्यवस्थित पलायन** *सं* अपयान, अपसरण, अपसर्पण, पश्चसरण, पीछे हटना कर्म, युद्ध अपयान, रिट्रीट, वापसी, हटन, •पलायन, ▪भगदड़.

**व्यवस्थित समूह** *सं* कारवाँ, दल, *पंक्ति*, पलटन, *सभा*, *सार्थ*, *सेना*, ▪भीड़.

**व्यवस्थिति** = स्थिति.
**व्यवहर्ता** = उपभोक्ता.
**व्यवहार** = अनुपालन, अनुभाव, आदानप्रदान, आपसदारी, उपभोग, उपयोग, कार्य, कार्यान्विति, नियम, परंपरा, परिपाटी, मुहावरा, रूटीन, संबंध.

**व्यवहार** *सं* अमल, *आचरण*, *चाल*, निर्वाह, निर्वाह शैली, प्रतिकर्म, *प्रवृत्ति*, बरताव, रवैया, वर्तन, विनय, सुलूक, •आदत, •कर्म, •सद्व्यवहार, •समव्यवहार, •स्वभाव.

**व्यवहार अकुशल** *वि* अज्ञ, अड़ियल, अनजान, *अनाड़ी*, *अनुभवहीन*, अयथार्थवादी, अयाना/अयानी, अविवेकी, आदर्शवादपूर्ण, *आदर्शवादी*, किताबी, ग़ैरदुनियावी, नादान, नासमझ, *रूमानी*, स्वप्नशील, *स्वप्निल*, •दुस्साहसी, •भावुक, ▪विवेकी, ▪व्यवहारकुशल, ▪साध्यवादी.

**व्यवहारकुशल** *वि* अड़ियल नहीं, चतुर, चालाक, दुनियावी, नीतिज्ञ, बुद्धिमान/बुद्धिमती, यथार्थवादी, *विवेकी*, संसारी, समझदार, *सांसारिक*, स्याना/स्यानी, हिकमती, •साध्यवादी, ▪जल्दबाज़, ▪दुस्साहसी, ▪भावुक, ▪व्यवहार अकुशल.

**व्यवहार क्रम** = रूटीन कार्य.
**व्यवहारगणित** = अंकगणित.
**व्यवहार परीक्षा** = परख.
**व्यवहारपूर्ण** = आदानप्रदानपूर्ण.
**व्यवहार रेखा** = मर्यादा, मर्यादा रेखा.
**व्यवहार स्तर** = नैतिकता.
**व्यवहारहीन** = एकांतप्रिय.
**व्यवहारीय** = आदानप्रदानपूर्ण.
**व्यवहार्य** = करणीय, साध्य.
**व्यवहृत** = उपभुक्त.
**व्यष्टि** = व्यक्ति.
**व्यष्टित्व** = वैयक्तिकता.
**व्यष्टि विषयक** = व्यक्तिगत.
**व्यष्टीय** = व्यक्तिगत.
**व्यसन** = कुटेव.
**व्यसनकारी** = कुव्यसनकारक.
**व्यसनी** = आदी, दुराचारी, पापी, मदव्य आसक्त, संयमहीन.
**व्यस्त** = अधोमुख, कार्यरत, व्याप्त.

**व्यस्त** *वि* अनुरक्त, अनुरत, अभिरत, अवकाशहीन, कार्यमग्न, *कार्यरत*, कार्यलीन, जुटा/जुटी, जुता/जुती, तन्मय, *तल्लीन*, निरत, *प्रवृत्त*, बिज़ी, मशग़ूल, मुब्तला, रक्त, रत, रत, राता/राती, लिप्त, लीन, लीन, विनियुक्त, *संलग्न*, संलिप्त, *सक्रिय*, *सन्नद्ध*, *सन्नद्ध*, समुद्यत, ▪अप्रवृत्त, ▪बेरोज़गार, ▪विश्रामशील.

**व्याकरण** = वेदांग सूची, शब्द संधि.

**व्याकरण** *सं* क़ायदा, ग्रामर, पदानुशासन, भाषा अनुशासन, भाषा नियमावली, शब्दशास्त्र, शब्दानुशासन, •भाषा.

**व्याकरण असम्मत** = व्याकरण विरुद्ध.

**व्याकरणज्ञ** *सं* वैयाकरण, व्याकरण ज्ञानी.

**व्याकरण ज्ञानी** = व्याकरणज्ञ.
**व्याकरणविरुद्ध** = व्याकरण विरुद्ध.

**व्याकरण विरुद्ध** *वि* *ग़लत*, व्याकरण असम्मत, व्याकरणविरुद्ध, ▪व्याकरणसंगत.

**व्याकरणसंगत** = व्याकरणसंगत.

**व्याकरणसंगत** *वि* वैयाकरण, व्याकरणसम्मत, व्याकरणसिद्ध, शुद्ध, सही, •मुहावरेदार, ▪बोलचाल की (भाषा), ▪व्याकरणविरुद्ध.

**व्याकरणसम्मत** = व्याकरणसंगत.
**व्याकरणसिद्ध** = व्याकरणसंगत.
**व्याकीर्ण** = विकेंद्रित.

**व्याकुल** = आतुर, उत्तेजित, उथलपुथलपूर्ण, क्रुद्ध, खेदपूर्ण, चिंतित, दुःखी, पीड़ित, भयभीत, लहराता/लहराती.
**व्याकुलता** = भयकंप.
**व्याकुल होना** = छटपटाना.
**व्याकृत** = विकृत (शब्द).
**व्याक्रोश** = शाप.
**व्याख्या** = टिप्पणी, समाधान.

**व्याख्या** *सं* अंतर्भाव, *अध्ययन*, *अर्थ*, अर्थव्याख्या, आख्या, कारिका, कौमुदी, खुलासा, गंभीर अध्ययन, गहन विचार, तत्त्व निर्णय, तफ़सील, तशरीह, द्योतनिका, निरूपणा, *परिभाषा*, प्रवचन, बखान, *ब्योरा*, भाव विस्तार, *भाष्य*, मीमांसा, *वर्णन*, *विचार*, विवरण, विवृति, *विवेचना*, विशद अर्थ, *विस्तार*, व्यवस्थित अध्ययन, संधान, स्टडी, •टिप्पणी, •टीका, •समाधान.

**व्याख्या करना** = समझाना.
**व्याख्याकार** = व्याख्याता.
**व्याख्याता** = लैक्चरर.

**व्याख्याता** *सं* अध्येता, अनुसंधानी, चिंतक, निरूपक, पंडित, प्रतिवक्ता, मनस्वी, मीमांसक, मीमांसाकार, *विचारक*, *विश्लेषक*, वृत्तिकार, व्याख्याकार, व्याख्यायक, शास्त्री, सांख्य, हैतुक, •विवेचक.

**व्याख्यान** = भाषण, वर्णन, शिक्षकीय प्रवचन.
**व्याख्यान शाला** = भाषणकक्ष.
**व्याख्या पुस्तक** = सहायक पुस्तक.
**व्याख्यायक** = व्याख्याता.
**व्याख्यायित** = सहजीकृत.
**व्याघात** = बाधा, मनोघात, विलंब, संकट, हानि.
**व्याघातपूर्ण** = परस्परविरोधी.
**व्याघाती** = अड़ंगेबाज़.
**व्याघोष** = धमाका.
**व्याघ्र** = उत्तम व्यक्ति या वस्तु, बाघ.
**व्याघ्राजिन** = चर्म आसन.
**व्याघ्री** = सिंहनी.

**व्याज** *सं* ऋण व्याज, ऋण शुल्क, कुसीद वृद्धि, ब्याज, *शुल्क*, सूद, •चक्रवृद्धि व्याज, •साधारण व्याज.

**व्याजजीवी** = सूदख़ोर.
**व्याज दाता** = ऋणी.
**व्याज पर व्याज** = चक्रवृद्धि व्याज.
**व्याज प्रशंसक** = खुशामदी टट्टू.

**व्याज प्रशंसा** *सं* ऊपरी प्रशंसा, कपट स्तुति, तंज़, दिखावटी प्रशंसा, नक़ली प्रशंसा, निंदात्मक स्तुति, बनावटी प्रशंसा, विकत्थन, विपरीत लक्षणा, *व्यंग्य*, व्यंग्यात्मक प्रशंसा, व्याज स्तुति, •उपहास, •कटाक्ष, •निंदा.

**व्याज स्तुति** = व्याज प्रशंसा.
**व्याजी** = लुभाव.
**व्याड** = पापी, शिकारी.
**व्याध** = क़साई, बहेलिया, शिकारी.
**व्याधि** = रोग.
**व्याधिकर** = रोगकारक.
**व्याधिग्रस्त** = बीमार.
**व्याध्र** = शिकारी.
**व्यान** = पंचप्राण.
**व्यापक** = दूरगामी, विस्तीर्ण.

**व्यापक** *वि* अभिव्यापक, घेरने वाला, परिव्यापक, परिव्यापी, फैला/फैली, बड़ा/बड़ी, विभूष्णु, विश्वक, विश्वव्यापक, विश्वव्यापी, विस्तारित, *विस्तीर्ण*, विस्तृत, संसारव्यापी, सर्वतोदिक्, सर्वतोवृत्त, सर्वभूत, सर्वव्यापी, सामस्त, सार्वत्रिक, सार्वभौम, सार्वलौकिक, •व्याप्त, •सुलभ, ▪संकीर्ण.

**व्यापक युद्ध** = महायुद्ध.
**व्यापक रोग** = महामारी.
**व्यापक होना** = व्यापना.
**व्यापना** = घेरना, पैठना.

**व्यापना** *क्रि* ओतप्रोत करना, *घेरना*, छाना, *पहुँचना*, पूरना, *फैलना*, *बढ़ना*, भचना, *लपेटना*, व्यापक होना, व्याप्त करना, व्याप्त होना, •उमगना, •पैठना, ▪सिकुड़ना.

**व्यापार** = उद्यम, कंपनी, कर्म, कार्य, गतिविधि, धंधा, प्रयास, संचलन, सौदागरी.

**व्यापार** *सं* कामर्स, कारबार, कारोबार, ट्रेड, तिजारत, *धंधा*, पण्य, बिज़नैस, लेनदेन, वाणिज्य, वृत्ति, व्यवसाय, *सौदागरी*, •अंतर्राष्ट्रीय व्यापार, •आयात व्यापार, •खुदरा व्यापार, •थोक व्यापार, •निर्यात व्यापार, •उद्यम, •उद्योग, •धंधा.

**व्यापार केंद्र** = बाज़ार.
**व्यापार चिह्न** = ट्रेडमार्क.
**व्यापार नाम** = ट्रेडनेम.
**व्यापार बंद** = आम हड़ताल.
**व्यापारहीन** = बेरोज़गार.
**व्यापारिक** = वित्तीय, व्यावसायिक.

**व्यापारिक नगर** *सं* गंज, *बाज़ार*, मंडी.

**व्यापारिक मंदी** *सं* कम माँग, गिरावट, डीप्रैशन, मंदी, माँग कमी, माँदगी, रिसैशन, सस्ता समय, सस्ती, स्लंप, •मूल्य कटौती.

**व्यापारिक महँगाई** *सं* उछाला, उठान, गरानी, तेज़ी, बढ़ती, भारी माँग, महँगाई, मुद्रास्फीति, *मूल्यवृद्धि*, ▪मूल्य कटौती.

**व्यापारी** = बनजारा, बनिया, वितरक, वैश्य, सौदागर.

**व्यापारी** *सं* क्रेता विक्रेता, ख़रीदार बिकवाल, ट्रेडर, ताजिर, धनी, बिज़नैसमैन, मर्चैंट, वणिक, व्यवसायी, *सौदागर*, •दुकानदार, •सेठ, ▪कर्मचारी, ▪ख़रीदार.

**व्यापारी वैश्य** = बनिया.
**व्याप्त** = अधीनित, घिरा/घिरी.

**व्याप्त** *वि* अभिव्याप्त, आकीर्ण, इरा पिरा/इरी पिरी, ओतप्रोत, दिग्व्याप्त, परि-, परिमिलित, परिव्याप्त, पूर्त, पैवस्त, *व्यस्त*, समावृत, •व्यापक, •संसिक्त.

**व्याप्त करना** = व्यापना.
**व्याप्त होना** = व्यापना.

**व्याप्ति** *सं* *अंतर्व्याप्ति*, अभिव्याप्ति,

 (प्रा) प्राचीन शब्द, अब अप्रचलित - *तिरछे* शब्द स्वतंत्र शीर्षक भी हैं •सपर्याय ▪विपर्याय

ओतप्रोतता, दिग्व्याप्तता, परिव्याप्ति.

**व्यामोह** = आसक्ति, भ्रमदर्शन, मोह, वासना.
**व्यायाम** = प्रयास.

**व्यायाम** *सं* ऐथ्लैटिक्स, कसरत, जिम्नैस्टिक्स, पहलवानी, वर्ज़िश, शरीर निर्माण, *श्रम*, •कुश्ती, •जुजित्सू, •जूडो कराटे, •डंड बैठक, •डंडा घोड़ी, •योगाभ्यास, •वेटलिफ़्टिंग.

**व्यायाम शाला** = कुश्ती मैदान, जिमनेज़ियम.
**व्यायामी** = ऐथ्लीट.
**व्याल** = निंदक, भयानक, वन्य, वन्य पशु, साँप, सिंह, हिंस्र जीव.
**व्यालिक** = सँपेरा.
**व्यालोल** = संचलनशील.
**व्यावर्त** = प्रवर्तन, मरोड़.
**व्यावर्तन** = प्रवर्तन.
**व्यावसायिक** = वित्तीय.

**व्यावसायिक** *वि* चालू, तिजारती, बाज़ारू, *लोकप्रिय*, वाणिज्यिक, वाणिज्यीय, व्यापारिक, सस्ता/सस्ती, ■अव्यावसायिक.

**व्यावसायिक इतिहास** = बायोडाटा.

**व्यावहारिक** *वि* अमली, घट्य, बुद्धिमत्तापूर्ण, मुमकिन, *यथार्थ*, युक्तिपूर्ण, लौकिक, विवेकपूर्ण, व्यावहारिकतापूर्ण, शक्य, *संभव*, •आरभ्य, •व्यवहारवादी, •साध्य, ■असाध्य.

**व्यावहारिक ज्ञान** = अनुभव, सामान्य ज्ञान.
**व्यावहारिकतापूर्ण** = व्यावहारिक.
**व्यावहारिक शिक्षा** = प्रशिक्षण.
**व्यावहारी** = आदानप्रदान.
**व्यावृत्त** = अवर्तमान.
**व्यावृत्ति** = अस्वीकृति.
**व्यास** = कथा उद्घोषक, कथावाचक, चौड़ाई, पुरोहित.

**व्यास** *सं कर्ण*, चक्र आधा भाग, चक्र चौड़ाई, चक्रार्ध, डायमीटर, मंड पीठिका (प्रा), विष्कंभ (प्रा), वृत्त अधिकतम चौड़ाई, सूत (प्रा), सूत्र (प्रा), •चक्र, •चापकर्ण, •परिधि, •रेडियस.

**व्यासदेव** = वेदव्यास.
**व्यास माप** = मोटाई माप.
**व्यासारण्य** = पौराणिक वन उपवन.
**व्यासार्ध** = रेडियस.
**व्यासीय** = मठाधीशीय.
**व्याहरण** = उच्चारण, वाचन.
**व्याहृत** = अभिव्यक्त.
**व्याहृति** = वाचन.

**व्याहृति** *सं* ओम् आदि उच्चारण, ओम् भूः ओम् भुवः आदि उच्चारण, *वचन*, सुव्याहृत, •मंत्र.

**व्युच्छित्ति** = विच्छेदन.
**व्युच्छेत्ता** = नाश कर्ता.
**व्युच्छेद** = विच्छेदन.
**व्युत्क्रम** = अपराध, उल्लंघन.
**व्युत्पत्ति** = जन्म, शब्द उद्गम, स्रोत.
**व्युत्पन्न** = जन्मा/जन्मी.
**व्युत्पादन** = शब्द उद्गम.
**व्युपदेश** = बहाना.
**व्यूअर** = व्यू फ़ाइंडर.
**व्यूत** = सिला/सिली.
**व्यूति** = बुनाई.

**व्यू फ़ाइंडर** *सं* दृश्य खोजी, दृश्य संधानी, वीक्षित्र, वेक्षण, व्यूअर.

**व्यूह** = वृंद.

**व्यूह** *सं* आयोजना, क्रमबद्ध समूह, चक्रव्यूह, *दुर्गीकरण*, नियोजन, बिसात, मोरचाबंदी, सेनाक्रम, सेनाव्यूह, सेना स्थिति, सैन्यक्रम, •रणनीति, •व्यूहन, •सामंजस्य.

**व्यूहपृष्ठ** = सेनापृष्ठ.

**व्यूह रचेता** *सं* कूटनीतिज्ञ, पैंतरेबाज़, सफ़आरा.

**व्योका** = एकांतप्रिय.
**व्योम** = आकाश.
**व्योम गंगा** = आकाश गंगा.
**व्योमगामी** = आकाश पिंड, उड्डयनशील, विद्याधर.
**व्योमगुण** = ध्वनि.
**व्योमचर** = आकाश पिंड, देवता, नभचर, पक्षी, विद्याधर.
**व्योमचारी** = आकाश पिंड, नभचर, विद्याधर.
**व्योमध्वनि** = आकाशवाणी.
**व्योमयान** = नभयान, वायुयान.
**व्योहरिया** = महाजन.
**व्रज** = पर्यटन, मार्ग, समूह.
**व्रजन** = गमन, विचरण.
**व्रजित** = गत.
**व्रजी** = पशुसमूह.
**व्रज्या** = पर्यटन, भिक्षाटन, यात्रा, रंगभूमि, संन्यास प्रवेश, सेना प्रयाण.
**व्रज्या ग्रहण** = संन्यास प्रवेश.
**व्रण** = फोड़ा.

**व्रण** *सं आघात*, क्षति, खोंच, घाव, *चीरा*, ज़ख़्म, टाँकी, विदर, वूंड, •कचलोहू, •खुरंड, •चोट, •पूय, •फोड़ा, •मरहम पट्टी करना.

**व्रणचिंतक** = शल्य चिकित्सक.
**व्रणन** = वेधन.
**व्रण पट्टी** = घाव पट्टी.
**व्रणमल** = पूय.
**व्रत** = उपवास, उपवास दिवस, वचन, शपथ, संकल्प, साधना, साहस.
**व्रत उपवास** = धर्मकर्म.
**व्रतचारी** = उपवासी.
**व्रत दिवस** = उपवास दिवस.
**व्रतपारण** = उपवास अंत.
**व्रतभंग** = विचलन.
**व्रतभंजक** = प्रलोभनकारी.
**व्रतलोपक** = प्रलोभनकारी.
**व्रतांत** = उपवास अंत.
**व्रतिनी** = मठवासिनी, साधुनी.
**व्रती** = उपवासी, कौमार्यवान, ब्रह्मचारी, संकल्पशील.
**व्रतोपवास** = उपवास.
**व्राजक** = प्रवासी, साधु.
**व्रातीन** = रोज़ंदार.
**व्रीड़ा** = अपमान, लज्जा.
**व्रीहि** = चावल.
**व्रीहि कंक** = मसूर.
**व्हिसिल** = पीपनी, सीटी.
**व्हिस्की** = मद्य, मद्य सूची.

**व्हिस्की** *सं* सूखे अंकुरित जौ या अन्य अनाज से बनी सुरा.

**व्हीट** = गेहूँ.
**व्हील** = चरखी झूला, पहिया, फिरकी.
**व्हील चेयर** = अपाहिज गाड़ी.
**व्हैन** = कब.
**शंकनीय** = अनवश्यंभावी.
**शंकर** = शिव.
**शंकरवाद** = अद्वैतवाद.
**शंकर शैल** = कैलास.
**शंकरा** = पार्वती.
**शंकराचार्य** = मठाधीश.
**शंकरी** = पार्वती.
**शंका** = आपत्ति, आशंका, चिंता, दुबिधा, प्रश्न, भय, संदेह, समस्या, हिचक.
**शंका आशंका** = विमर्श.
**शंका करना** = पूछना.
**शंकाग्रस्तता** = अविश्वास.
**शंकाग्रस्त होना** = हिचकना.
**शंकाजनक** = संदेहजनक.
**शंका निवारण** = सांत्वना.
**शंकापूर्ण** = संदेहशील.
**शंकाप्रद** = दुबिधाजनक, संदेहजनक.
**शंकालु** = बहम का पुतला, संदेहशील, सावधान.

**शंकालु** *वि* अधार्मिक, अविश्वासी, आस्थाहीन, पूजाहीन, श्रद्धाहीन, हतश्रद्ध, •धर्महीन, •नास्तिक, ▪धर्मशील.

**शंकाशील** = अप्रतिबद्ध, संदेहशील.
**शंका समाधान** = उत्तर, स्पष्टीकरण.
**शंकाहीन** = निश्चिंत, संदेहहीन.
**शंकाहीनता** = विश्वास.
**शंकित** = चिंतित, संदेहशील.
**शंकी** = अप्रतिबद्ध.
**शंकु** = कील, खूँटा, खूँटी, बाण, बाणाग्र, भाला, साल, हुक.
**शंकुला** = सरौता.
**शंकु वृक्ष** = साल.
**शंक्य** = संदेहजनक.

**शंख** *सं* अंबुज, अंभोज, अब्ज, अब्धिज, कंबु, कंबुक, कशिपु, दीर्घनाद, शंबुक, सिंधुज, *सुग्रीव*, •दक्षिणावर्त शंख, •वामावर्त शंख, •कृष्ण, •तुरही, •पूजा, •बिगुल, •विष्णु.

**शंखचक्रधारी** = विष्णु.
**शंखधर** = विष्णु.
**शंखनखी** = घोंघा.
**शंखनाद** = आरंभ संकेत सूची, युद्धनाद.
**शंखलिखित** = न्यायाधीश, परिपूर्ण.
**शंखिनी** = सुंदर स्त्री.
**शंखी** = समुद्र.
**शंगरफ** = लाल.
**शंठ** = अकुशल.
**शंड** = अंतःपुर दास.
**शंबरघ्न** = इंद्र.
**शंबरारि** = इंद्र.
**शंबरी** = जादूगरनी, माया.
**शंबु** = घोंघा.
**शंबुक** = घोंघा, शंख.
**शंबूका** = सीपी.
**शंभु** = शिव.
**शंभुतनय** = स्कंद.
**शंभुनंदन** = गणेश, स्कंद.
**शंसा** = कथन, प्रशंसा.
**शंसी** = बंदीजन.
**शंस्ता** = बंदीजन.
**शऊर** = विवेक, शिष्टाचार.
**शऊरदार** = शिष्ट.
**शक** = आशंका, संदेह.
**शकट** = जोतगाड़ी, यान.
**शकटिका** = बैलगाड़ी.
**शकटी** = खिलौना गाड़ी.
**शकद्वीप** = पौराणिक महाद्वीप.
**शकर** = चीनी.
**शकरकंद** = शकरकंदी.
**शकरकंदी** = सागसब्ज़ी.

**शकरकंदी** *सं* कंदग्रंथि, कंदा, गँजिया, मीठा आलू, वज्रकंद, शकरकंद, •कंदमूल, •खाद्य कंद.

**शकर बादाम** = खूबानी.

**शक संवत** *सं* शकाब्द, शाक काल, शाका, शाके, •विक्रमी संवत.

**शकाब्द** = शक संवत.
**शकार** = विदूषक.
**शकुंत** = गिद्ध, नर पक्षी, नीलकंठ, पक्षी.
**शकुंतिका** = झींगुर, टिड्डी, मादा पक्षी.
**शकुन** = पक्षी, पूर्वलक्षण.

**शकुन** *सं* अग्रसंकेत, आभास, आसार, *चिह्न*, दैवी संकेत, *पूर्वलक्षण*, पूर्वसंकेत, पूर्वाभास, बानक, *लक्षण*, *संकेत*, सगुन, *सूचना*, •अपशकुन, •शुभ शकुन, •पूर्वज्ञान, •भाग्य.

**शकुन अपशकुन विश्वास** = अंधविश्वास.

**शकुनज्ञ** *सं* नैमित्तिक, शकुन विचारक, शाकुनिक, सगुनिया, •ज्योतिषी.

**शकुन विचारक** = शकुनज्ञ.
**शकुन विश्वासी** = अंधविश्वासी.
**शकुनि** = गिद्ध, चील, पक्षी, मुरगा.
**शकुनी** = गौरैया.
**शकृत** = गोबर, विष्ठा.
**शक्कर** = शर्करा.

**शक्कर** *सं* ईख शर्करा, मधुधूलि, *शर्करा*, शूगर, सकर खंडी, सिकता, •कैरेमल, •गुड़, •चीनी, •बूरा.

**शक्करी** = मीठा/मीठी.
**शक्की** = बहम का पुतला, संदेहशील, सावधान.
**शक्ति** = अधिकार, ऊर्जा, क्षमता, तलवार, त्रिशूल, दम, दुर्गा, भाला, माया, वीरता, संवेग, सत्ताधिकार, साहस.

**शक्ति** *सं* *आत्मा*, *ऊर्जा*, ओज, क़ुव्वत, क़ूवत, *क्षमता*, जान, ज़ोर, ताक़त, तेज, *दम*, दाप, पावर, प्राण, बल, रूह, *लोहा*, विभूति, *वीर्य*, सकत, सत्त्व, सार, स्ट्रैंथ, •प्रताप.

**शक्ति अस्त्र** = त्रिशूल.
**शक्तिक्षय** = बलक्षय.
**शक्तिक्षय होना** = दुबलाना.
**शक्तिद** = शक्तिवर्धक.
**शक्तिदायक** = शक्तिवर्धक.
**शक्तिधर** = भालाधारी.
**शक्तिध्वज** = स्कंद.
**शक्तिनाश** = बलक्षय.
**शक्तिनाशक** = बलनाशक.
**शक्तिपरीक्षा** = प्रतियोगिता.
**शक्तिपाणि** = भालाधारी.

**शक्तिपूजक** *सं* *कुलीन*, चक्रेश्वर, तंत्रवादी, *तांत्रिक*, देवीपूजक,

शाक्त, शाक्तिक, शाक्तेय, साकत.

**शक्तिपूजक संप्रदाय** = शाक्त संप्रदाय.

**शक्तिपूजा** = दुर्गापूजा.

**शक्तिपूजा** *सं तंत्रवाद*, शाक्त धर्म.

**शक्तिपूर्ण** = शक्तिशाली, सर्वोच्च.

**शक्तिप्रद** = पोषक.

**शक्ति भर** = यथाक्षमता.

**शक्तिमान** = बलिष्ठ, शक्तिशाली.

**शक्तिवर्धक** = टोनिक, पोषक, स्वास्थ्यप्रद.

**शक्तिवर्धक** *वि* दृढ़कारी, पुष्टिकर, पुष्टिकारक, पुष्टिद, *पोषक*, पौष्टिक, प्राणद, प्राणप्रद, बलकर, बलकारी, बलप्रद, बलवर्धक, बलवर्धन, वाजीकर, शक्तिद, शक्तिदायक, संपोषक, *सारपूर्ण*, स्वास्थ्यकर, हितकर, हितकारी, •स्वास्थ्यप्रद, ■बलनाशक.

**शक्तिवर्धन** = पोषण, सैन्यीकरण.

**शक्तिवर्धन** *सं* पुष्टभूति, *पोषण*, प्राणचय, बलवर्धन, बलवृद्धि, बल संचय, वाजीकरण, शक्तिवृद्धि, शक्ति संचय, संपोषण, संवर्धन.

**शक्ति विभाजन** = ध्रुवीकरण.

**शक्तिवृद्धि** = शक्तिवर्धन.

**शक्तिशाली** = अजेय, प्रभावशाली, बलिष्ठ, सर्वोच्च, सुपोषित.

**शक्तिशाली** *वि* ऊर्जस्वी, ओजस्वी, कड़क, कड़ा/कड़ी, कड़ाके का, करारा/करारी, ज़ोरदार, ताक़तवर, तेज़, *तेजस्वी*, दमदार, प्रचंड, *प्रबल*, बड़ा/बड़ी, बलपूर्ण, बलशाली, बली, मज़बूत, वर्चस्वी, शक्तिपूर्ण, शक्तिमान, शक्तिसंपन्न, शूर, सबल, समर्थ, सशक्त, *सुदृढ़*, •अजेय, •सक्षम, ■अक्षम, ■निर्बल.

**शक्तिशाली औषध** = अचूक औषध.

**शक्ति संचय** = शक्तिवर्धन.

**शक्ति संतुलन** = जयपराजयहीनता.

**शक्तिसंपन्न** = शक्तिशाली.

**शक्तिस्रोत** = कर्मवीर.

**शक्ति हरण** = निश्शस्त्रीकरण.

**शक्तिहीन** = अक्षम, निर्बल.

**शक्य** = व्यावहारिक, संभव, सक्षम, साध्य.

**शक्यता** = क्षमता.

**शक्र** = इंद्र.

**शक्रगोप** = बीर बहूटी.

**शक्रदंती** = ऐरावत.

**शक्रद्रुम** = देवदारु.

**शक्रधनुष** = इंद्रधनुष.

**शक्रलोक** = स्वर्ग.

**शक्राणी** = शची.

**शक्री** = मेघ.

**शक्ल** = आकार, हुलिया.

**शक़्ल सूरत** = मुखमंडल.

**शक्वरी** = उँगली, करधनी.

**शख़्स** = जना, व्यक्ति.

**शख़्सियत** = व्यक्तित्व.

**शख़्सी** = व्यक्तिगत.

**शग़ल** = धंधा, प्रवृत्ति, मनोरंजन, विनोद.

**शगुफ्तगी** = खिलावट.

**शगुफ़्तगी** = प्रस्फुटन.

**शगुफ़्ता** = खिला/खिली, प्रसन्न.

**शगूफ़ा** = चमत्कार, चुटकुला, विचित्र वस्तु.

**शचि** = वाचेंद्रिय.

**शचिनाथ** = इंद्र.

**शचींद्र** = इंद्र.

**शची** = सायंकालीन शुक्र, सुंदर स्त्री.

**शची** *सं* इंद्रा, इंद्राणी, देवता रानी, पुलोमजा, पौलोमी, माहेंद्री, शक्राणी, *सेना*, •इंद्र.

**शची (अवतार)** = द्रौपदी.

**शचीपति** = इंद्र.

**शजरा** = वंशावली.

**शटशटाना** = लपलपाना.

**शठ** = ठग, दुर्जन, दुर्जनतापूर्ण, बटमार.

**शठता** = छल.

**शठ प्पुरुष)** = स्वच्छंद प्रेमी.

**शण** = सन.

**शणतंतु** = सन.

**शत** = सौ.

**शतक** = शताब्दी, सौ, सौ समुदाय.

**शत कोटि** = अरब.

**शतघ्नी** = तोप.

**शतदल** = कमल.

**शतधा** = शत प्रतिशत.

**शतधार** = इंद्रवज्र.

**शतपत्र** = मोर.

**शतपत्रा** = दूर्वा घास.

**शतपद** = कनखजूरा.

**शतपादिका** = कनखजूरा.

**शतपुष्पा** = सोआ, सौंफ.

**शत प्रतिशत** = अवश्यमेव, एकमुश्त, संपूर्णतः, सब.

**शत प्रतिशत** *क्रिवि* अखंडतः, निपट, पूरी तरह, पूर्णतः, पूर्णतया, बीस बिस्वे, शतधा, शतशः, संपूर्णतया, सर्वतः, सर्वशः, सोलह आने, सौ पैसे, सौ फ़ी सदी, हरचंद, •प्रतिशत, •संपूर्णतः.

**शतभिषा** = नक्षत्र सूची.

**शतमख** = इंद्र.

**शतमन्यु** = इंद्र.

**शतमूला** = दूर्वा घास.

**शतरंज** *सं* चतुरंग, चैस, •चौपड़, •शहमात.

**शतरंजित** = बहुरंगा/बहुरंगी.

**शतरंजी** = चादर, दरी.

**शतवन** = नरक.

**शतवार्षिक** = सौ वर्षीय.

**शतविध** = विविध.

**शतशः** = शत प्रतिशत.

**शतानंद** = ऋषि सूची.

**शताब्द** = शताब्दी.

**शताब्दी** = सौ समुदाय.

**शताब्दी** *सं* दस दशक, वर्ष 100, शतक, शताब्द, शती, सदी, सैंचुरी, सौ वर्ष, •दशक, •सहस्राब्दी.

**शताब्दी 10** = सहस्राब्दी.

**शताब्दीय** = सौ वर्षीय.

**शतायु** = चिरजीवी.

**शतावधान** = स्मृतिधरता.

**शती** = शताब्दी, सौ समुदाय.

**शतीय** = सौवाँ/सौवीं.

**शत्रुंजय** = परराष्ट्र जेता.

**शत्रु** = खलनायक, निंदक, प्रतियोगी.

**शत्रु** *सं* अपकर्ता, *अपकारी*, अमित्र, अमीत, अरि, अरिष्ट, अहितू, आँख का काँटा, आँख की किरकिरी, ग़ैर, दुश्मन, द्रोही, द्वेषी, द्वेष्टा, *पर*, *परजन*, *प्रतिद्वंद्वी*, प्रतिपक्षी,

*प्रतियोगी*, *प्रतिवादी*, प्रतिशोधी, बैरी, मुद्दई, रिपु, विद्वेषी, विद्वेष्टा, विपक्षी, *विरोधी*, वैर पुरुष, वैरी, सपत्न, •चुग़लख़ोर, •निंदक, ▪मित्र, ▪हमदर्द.

**शत्रु का दलाल** = विध्वंसोत्तेजक.
**शत्रुघ्न** = परराष्ट्र जेता.

**शत्रुघ्न** *सं* अरिमर्दन, चरत, राम भाई, सौमित्र, •कैकेयी, •भरत, •राम.

**शत्रुघ्न माता** = सुमित्रा.
**शत्रुजय** = परराष्ट्र जय.
**शत्रुजेता** = परराष्ट्र जेता.
**शत्रुता** = युद्ध.

**शत्रुता** *सं* अड़, अड़ाअड़ी, अदावत, अनबन, अनुशय, *अपकार*, अप्रीति, अमित्रता, आँट, इख़्तिलाफ़, कटुता, *कड़वाहट*, कल्क, कसक, गाँस, *घृणा*, तनाव, दुश्मनाई, दुश्मनी, दौर्हृदय, द्रोह, द्वेष, प्रतिपक्षता, *प्रतियोगिता*, बैर, मत्सर, मुख़ालफ़त, युयुत्सा, रंजिश, रिपुता, रिपुभाव, लाग, लागडाट, विद्वेष, *विरोध*, *वैमनस्य*, वैर, •ईर्ष्या, •कलह, •दुष्कामना, •प्रतिद्वंद्विता, •प्रतिशोध, •युद्ध, ▪मित्रता, ▪सहयोग, ▪सौमनस्य.

**शत्रुतापूर्ण** = प्रतियोगितात्मक.

**शत्रुतापूर्ण** *वि* अदावती, ईर्ष्यापूर्ण, *उत्तेजित*, कटुतापूर्ण, तनावपूर्ण, तल्ख़, तिक्त, दुर्भावपूर्ण, दुश्मनाना, द्रोहपूर्ण, द्वेषपूर्ण, ममताहीन, रोषपूर्ण, वैमनस्यपूर्ण, वैरपूर्ण, •प्रतिशोधपूर्ण, •सौतिया, ▪मित्रतापूर्ण, ▪सहयोगपूर्ण.

**शत्रुता समाप्ति** = पुनर्मेल.
**शत्रुदमन** = परराष्ट्र जेता.
**शत्रुनाशन** = उच्चाटन.
**शत्रु भाव** = वैमनस्य.
**शत्रुमर्दन** = परराष्ट्र जेता.
**शत्रुविजय चार उपाय** = नीति चतुष्टय.
**शत्रुविजेता** = परराष्ट्र जेता.

**शत्रुहीन** *वि* अकंटक, अजातशत्रु, अजातारि, अनमित्र, अरिहीन, अशत्रु, असपत्न, निश्शत्रु, *लोकप्रिय*, *विश्वामित्र*, ▪मित्रहीन, ▪शत्रु.

**शनाख़्त** = गुणज्ञता, विवेक, वैयक्तिकता.
**शनालू** = आलूचा.
**शनास** = गुणग्राहक.
**शनि** = ग्रह सूची, नवग्रह सूची, शनि ग्रह, शनिवारत

**शनि ग्रह** *सं* अरुणात्मज, अर्कज, आदित्यसूनु, *काल*, कृतांत, क्रूरलोचन, छायासुत, तरणिसुत, दिनेशात्मज, *दुर्योधन*, नीलवसन, ब्रह्मण्य, भास्करि, मंदग, रविपुत्र, रेवतीभव, *वक्र*, शनि, शनिश्चर, शनैश्चर, संज्ञासुत, सप्तार्चि, सविता सुत, सूरपुत्र, सूर्य-छाया पुत्र, सूर्यनंदन, सूर्यात्मज, सौरि, स्थिरगति.

**शनिवार** = वार सूची.

**शनिवार** *सं* शनि, शनीचर, शनैश्चर, *सप्ताहांत*, सैटरडे.

**शनिवार रविवार** = सप्ताहांत.
**शनिश्चर** = शनि ग्रह.
**शनीचर** = शनिवार.
**शनैः** = मंदतः.
**शनैः शनैः** = मंदतः.
**शनैश्चर** = मंद, शनि ग्रह, शनिवार.
**शन्नाह** = लाइफ़ब्वाय.
**शपथ** = अनुबंध, गारंटी, निष्ठा, बंधक, संकल्प, हठ.

**शपथ** *सं* आन, ओथ, क़सम, क़ौल, दृढ़ प्रतिज्ञा, प्रण, प्रतिज्ञा, भीष्म प्रतिज्ञा, *वचन*, वादा, व्रत, *संकल्प*, सत्यसंकल्प, सौंह, सौगंध, *हठ*, हलफ़, •घोषणा, •दृढ़ वचन, ▪वचनभंग.

**शपथ कर्ता** = शपथ ग्रहीता.

**शपथ ग्रहण** *सं* ओथ टेकिंग, क़समा क़समी, सत्यश्रावण.

**शपथ ग्रहीता** *सं* क़सम खाने वाला, प्रण कर्ता, प्रणी, शपथ कर्ता, शपथ लेने वाला, शपथी, •वचनदाता.

**शपथपत्र** = प्रमाणपत्र.

**शपथपत्र** *सं* अक़्दनामा, अहदनामा, ऐफ़िडैविट, *घोषणा*, घोषणा पत्र, प्रतिज्ञापत्र, वचनपत्र, सशपथ घोषणा, हलफ़नामा, •अशपथ घोषणा, •प्रमाणपत्र.

**शपथभंग** = मिथ्या साक्ष्य.
**शपथ लेने वाला** = शपथ ग्रहीता.
**शपथित** = गारंटीयुक्त.
**शपथी** = शपथ ग्रहीता.
**शपशप** = सटसट, सरसर.
**शपशपाहट** = सटसट, सरसर.
**शप्त** = शापग्रस्त.
**शप्ति** = शाप.
**शफ** = खुर, जड़.
**शफ़क़** = क्षितिज.
**शफर** = मछली.
**शफ़ा** = आरोग्य लाभ, स्वास्थ्य.
**शफ़ाख़ाना** = अस्पताल, क्लीनिक.
**शफ़्फ़ाफ़** = पारदर्शी.
**शब** = रात.
**शबगीर** = झींगुर.
**शबचिराग़** = दीपक.
**शबताब** = चंद्रमा, जुगनूँ, दीपक.
**शबनम** = ओस.
**शबनमी** = मसहरी.
**शबर** = आदिवासी.
**शबरक** = वनवासी.
**शबल** = बहुरंगा/बहुरंगी.
**शबलता** = विविधता.
**शबाब** = उत्कर्ष काल, नवयौवन, यौवन.
**शबिस्तान** = पलंग, शयन कक्ष.
**शबे वस्ल** = मधुयामिनी.
**शब्द** = उपदेश, ओम, कथन, ध्वनि, नाम, बाइबिल, बात, वाचा, शब्दब्रह्म.

**शब्द** *सं* अभिधा, अभिधान, *नाम*, *पद*, लफ़्ज़, *वचन*, वर्ड, *वर्ण*, वर्णात्मक ध्वनि, वाक्, वाग्, वाङ्, वाचिक ध्वनि, वाचिक शब्द, *संज्ञा*, सार्थक ध्वनि, हर्फ़, •अनुकरणज शब्द, •अपभ्रंश शब्द, •अर्धतत्सम शब्द, •तत्सम शब्द, •तद्भव शब्द, •देशज शब्द, •नवरचित शब्द, •फ़ेशनेबल शब्द, •विदेशज शब्द, •पर्याय, •विपर्याय, •सपर्याय.

**शब्द इतिहास** = शब्द उद्‌गम.
**शब्द उत्पत्ति** = शब्द उद्‌गम.

**शब्द उद्‌गम** *सं* उत्पत्ति, उद्‌गम, निरुक्त, निर्वचन, मूल, व्युत्पत्ति, व्युत्पादन, शब्द इतिहास, शब्द उत्पत्ति, शब्द व्युत्पत्ति, शब्दोद्‌गम.

**शब्द उपसमूह** = उपवाक्य.
**शब्द और संगीत** = संगीत.
**शब्दकार** = लेखक.
**शब्दकोश** = थिसारस.

**शब्दकोश** *सं* कोश, कोशग्रंथ, डिक्शनरी, नामानुशासन, शब्दार्थ कोश, •ज्ञानकोश, •थिसारस, •पर्यायकोश, •शब्दावली.

**शब्दगत** = शब्दार्थिक.
**शब्दचतुर** = मनाऊ, वाग्विलासपूर्ण, वाग्विलासी व्यक्ति.
**शब्द चमत्कार** = शब्दालंकार.
**शब्दचातुर्य** = वाग्विलास.
**शब्दचित्र** = व्यक्ति वर्णन.

**शब्दचित्र** *सं* ख़ाका, चिट्‌ठा, *चित्र*, झलकी, झाँकी, मंज़रकशी, रेखाचित्र, वर्णन साहित्य, *संस्मरण*, •बिंब विधान, •व्यक्ति वर्णन.

**शब्दजाल** = वाक्छल, शब्दाडंबर.
**शब्द डाटा चित्र वीडियो संगम** = मल्टीमीडिया.

**शब्द धातु** *सं धातु*, भू आदि धातु, शब्दमूल, शब्द मूल तत्त्व, शब्दयोनि.

**शब्दन** = उच्चारण, वाचन.
**शब्द न्यूनतम घटक** = अक्षर.
**शब्दपाती** = ध्वनिवेधी.

**शब्द पुस्तक** *सं* बोधिका, बोधिनी, वर्डबुक, शब्दबोधिका, शब्दबोधिनी, •अभ्यास पुस्तक, •पाठ्य पुस्तक, •वर्णमाला पुस्तक.

**शब्दपूर्ण** = कोलाहलपूर्ण, शब्दाडंबरपूर्ण.
**शब्द प्रचारक** = ईसा संदेश वाहक.

**शब्द प्रतिशब्द** *क्रिवि* जैसे का तैसा, पूर्णतः, शब्दशः, हर्फ़ बहर्फ़, हूबहू, •आद्योपांत, •सविस्तार.

**शब्दबंध** = पद समुदाय.
**शब्दबहुल** = शब्दाडंबरपूर्ण.
**शब्दबोधिका** = शब्द पुस्तक.
**शब्दबोधिनी** = शब्द पुस्तक.
**शब्दब्रह्म** = ओम, योगध्वनि, वेद.

**शब्दब्रह्म** *सं* अनहद नाद, अनाहत नाद, नादब्रह्म, निनाद, प्रणाद, ब्रह्मज्ञान, लोगोस, *शब्द*, स्वरब्रह्म, •ईश्वर, •ओम, •योगध्वनि.

**शब्दभंडार** = शब्दावली.
**शब्दभेदी** = ध्वनिवेधी.
**शब्दमूल** = शब्द धातु.
**शब्द मूल तत्त्व** = शब्द धातु.
**शब्द योजना** = वाक्य रचना.
**शब्दयोनि** = शब्द धातु.

**शब्द लिंग** *सं* जिंस, नरमादा अंतर, लिंग, लिंगभेद, •नपुंसक लिंग, •पुंल्लिंग, •स्त्रीलिंग, •व्याकरण.

**शब्द वचन** *सं वचन*, *संख्या*, संख्यावाचक शब्द.

**शब्द वचन सूची** *सं* एकवचन, द्विवचन (संस्कृत), बहुवचन.

**शब्द विन्यास** = वर्तनी.
**शब्दवृत्ति** = शब्दशक्ति.
**शब्दवेध** = लक्ष्यसिद्धि.
**शब्दवेधी** = दशरथ, ध्वनिवेधी.
**शब्द व्युत्पत्ति** = शब्द उद्‌गम.
**शब्दशः** = शब्द प्रतिशब्द.

**शब्दशक्ति** *सं* अर्थशक्ति, वृत्ति, शब्दवृत्ति, •अभिधा शक्ति, •लक्षणा शक्ति, •व्यंजना शक्ति.

**शब्दशास्त्र** = व्याकरण.

**शब्द संधि** *सं व्याकरण*, *संधि*, *संयोग*, •व्याकरण, •समास.

**शब्द संपदा** = शब्दावली.
**शब्द संयुजन** = समास.
**शब्द समूह** = बात.
**शब्दसूची** = थिसारस.
**शब्द सौंदर्य** = काव्य अलंकार, शब्दालंकार.
**शब्द सौष्ठव** = शब्दालंकार.

**शब्दहीन** = ध्वनिहीन.
**शब्दहीनता** = अध्वनि.
**शब्दाडंबर** = वाक्छल.

**शब्दाडंबर** *सं अतिशयोक्ति*, अलंकृत भाषा, आडंबर, आडंबरपूर्ण भाषा, घटाटोप, डंबर, तूमार, पुष्पित भाषा, लच्छेदार भाषा, लफ़्फ़ाजी, वाक्याडंबर, वाग्जाल, शब्दजाल, हवा, •वाग्विलास, •शब्दातिरेक, ▪बोलचाल की भाषा.

**शब्दाडंबरपूर्ण** *वि अरोचक*, आडंबरपूर्ण, उच्च, *उबाऊ*, ग्रांडील, *तड़कभड़कदार*, दिखावटी, पुनरुक्तिपूर्ण, *पुष्पित*, प्रभावी, बनावटी, बोझिल, भड़कदार, *भव्य*, लच्छेदार, लफ़्फ़ाज़ीदार, शब्दपूर्ण, शब्दबहुल, *समृद्ध*, साडंबर, •गंभीर, •भाषणात्मक, •वाग्विलासपूर्ण, ▪बोलचाल की (भाषा).

**शब्दाडंबरपूर्ण (भाषा)** = वाग्विलासपूर्ण.
**शब्दाडंबरपूर्ण (लेखक)** = वाग्विलासपूर्ण.
**शब्दाडंबरपूर्ण तर्क** = वाक्छल.
**शब्दाडंबरहीन** = बोलचाल की (भाषा).
**शब्दाडंबरहीन भाषा** = बोलचाल की भाषा.
**शब्दातीत** = अपरिभाष्य, परिपूर्ण, वर्णनातीत.
**शब्दानुशासन** = व्याकरण.
**शब्दायमान** = कोलाहलपूर्ण, गुंजायमान, ध्वनिपूर्ण.
**शब्दार्थ** = अभिधार्थ, अभिधा शक्ति.
**शब्दार्थ कोश** = शब्दकोश.
**शब्दार्थ ग्रहण** = अर्थबोध.
**शब्दार्थ बोध** = अर्थबोध.

**शब्दार्थिक** *वि* अभिधात्मक, अभिधार्थक, कोशगत, कोशीय, *प्रकट*, लफ़्ज़ी, विवक्षित, शब्दगत, शाब्दिक, साफ़, सीधा/सीधी, *स्पष्ट*, स्पष्टार्थक, स्पष्टार्थी, •अर्थद्योतक, •उभयार्थक, •लक्षणार्थक, •संदिग्धार्थी.

**शब्दालंकार** *सं* पद लालित्य, भाषा सौंदर्य, ललित पद, शब्द चमत्कार,

शब्द सौंदर्य, शब्द सौष्ठव, सुंदर भाषा, •अर्थालंकार, •चित्रालंकार.

**शब्दावली** = थिसारस.

**शब्दावली** *सं* पदावली, लुग़ात, वाङ्मय, शब्दभंडार, शब्द संपदा, •थिसारस, •भाषा, •शब्दकोश.

**शब्दित** = अभिव्यक्त, कथित, कथित, लिखित (साहित्य), श्रुतिगम्य.

**शब्दीय** *वि* पद्य, लफ़्ज़ी, शाब्द, शाब्दिक, शाब्दी.

**शब्देंद्रिय** = कान.
**शब्दों का खेल** = हास्योक्ति.
**शब्दों से परे** = वर्णनातीत.
**शब्दोद्गम** = शब्द उद्गम.
**शब्बो** = रजनीगंधा.
**शम** = अनासक्ति, गंभीरता, निवृत्ति.
**शमथ** = धर्मगुरु.
**शमन** = तर्पण, तृप्ति, प्रशमन, प्रसन्नन, प्रेतसाधक, मनुहार, सांत्वना.
**शमला** = शाल.
**शमशीर** = तलवार.
**शमशेर जंग** = वीर.
**शमशेर बहादुर** = तलवारधारी.
**शमा** = प्रेमपात्र/प्रेमपात्रा, प्रेमिका, मोमबत्ती.
**शमारुख़** = सुंदर.

**शमीज़** *सं* अँतरौटा, अंतर्परिधान, •अंडरवीअर, •कुरता, •बनियान.

**शमी धान्य** = मसूर, मूँग.
**शमीपत्रा** = छुईमुई.
**शमोय** = मृगचर्म.
**शम्य** = प्रसीद्य.
**शम्सी** = सूर्यीय.
**शय** = दाँव, शयन.
**शयथ** = अजगर.
**शयन** = दक्षिणायन, निद्रा.

**शयन** *सं* आशयन, पड़न, प्रसरण, फैलन, लेट, लेटन, लेटना कर्म, लोट, लोटन, शय, शाय, •करवट, ▪उपनिषदन, ▪खड़ापन, ▪तिष्ठन.

**शयनकक्ष** *सं* अंतःपुर, आरामगाह, केलिगृह, ख़िलवतख़ाना, ख़्वाबगाह, निशांत, बैडरूम, रात्रिकक्ष, शबिस्तान, शयनागार, स्वप्न निकेतन, •ज़नानख़ाना, ▪ड्राइंगरूम, ▪दीवानख़ाना.

**शयन करना** = सोना.
**शयन काल** = रात.
**शयन गीत** = लोरी.
**शयनवास** = स्लीपिंग सूट.

**शयन शाला** *सं* डारमिटरी, निद्राशाला, रात्रि आवास, रैनबसेरा, शयनालय, सायं निवास, •पांथशाला.

**शयनागार** = शयनकक्ष.
**शयनालय** = शयन शाला.
**शयालु** = अजगर.
**शयित** = लेटा/लेटी.
**शय्या** = खाट, गद्दा, पलंग.
**शरंड** = चतुष्पद, पक्षी, लंपट.
**शर** = बाण, सरकंडा.
**शरअ** = इसलामी विधि.
**शरकांड** = सरकंडा.
**शरण** = आड़, शरणस्थल.

**शरण** *सं* अमान, आश्रय, आसरा, पनाह, बचाव, *रक्षा*, *संरक्षण*, *सहायता*, सहारा, *सुरक्षा*, ▪असुरक्षा, ▪आक्रमण, ▪प्रहार.

**शरण गृह** = अनाथाश्रम.
**शरणदत्त** = शरणागत.

**शरणदाता** *सं* आश्रयदाता, गोप्ता, छिपाने वाला, *परित्राता*, *पालक*, पुश्तपनाह, प्रणतपाल, प्रतिरक्षक, प्रपन्नपाल, बचाने वाला, *मददगार*, रखवाला, शरणागत पालक, शरणागत वत्सल, संरक्षक, *सरपरस्त*, सहायक, हस्तग्राह, ▪शरणार्थी.

**शरणप्राप्त** = शरणागत.

**शरणस्थल** *सं* अगोट, *आड़*, आलंब, आश्रय, आश्रयस्थल, आसरा, ओट, गढ़, गुप्त स्थान, *छत*, छत्रछाया, छाँह, *छाता*, *छाया*, जाए पनाह, ठाँव, ठिकाना, ठौर, *तकिया*, थाँह, थाँह, दुगासरा, पनाहगाह, पनाहघर, रक्षागार, रक्षास्थल, *शरण*, शरण्य, शैल्टर, सर छिपाई जगह, सुरक्षालय, सुरक्षित स्थान.

**शरणहीन** = मित्रहीन, साधनहीन.
**शरणागत** = शरणार्थी.

**शरणागत** *वि* असरिया, आश्रययुक्त, आश्रित, पदाश्रित, पराश्रित, पालित, प्रपन्न, शरणदत्त, शरणप्राप्त, शरणापन्न, समाश्रित.

**शरणागत पालक** = शरणदाता.
**शरणागत वत्सल** = शरणदाता.
**शरणागत व्यक्ति** = शरणार्थी.
**शरणापन्न** = शरणागत.
**शरणार्थी** = विस्थापित जन.

**शरणार्थी** *सं* आश्रयग्राही, आश्रित, मुहाज़िर, रिफ़्यूजी, *शरणागत*, शरणागत व्यक्ति, •विस्थापित जन, ▪शरणदाता, ▪सरपरस्त.

**शरण्य** = शरणस्थल.
**शरत** = सर्दी.
**शरतकालीन** = शीतकालीन.
**शरतृण** = सरकंडा.
**शरत्काल** = सर्दी.
**शरदंड** = सरकंडा.
**शरद** = सर्दी.
**शरद (आश्विन कार्तिक)** = षड् ऋतु सूची.
**शरद ऋतु** = सर्दी.

**शरद विषुव** *सं* जलविषुव, तुला विषुव, तुला संक्रांति, शारदीय विषुव, सितंबर 22/23, •वसंत विषुव.

**शरधर** = तरकस.
**शरफ़** = महानता.

**शरबत** *सं* ठंडाई, पेय, *राब*, शर्बत (विकल्प), सिरप, •अमादक पेय, •शिकंजबीन, •शीतल पेय.

**शरबती** = माधुर्यपूर्ण, मीठा/मीठी, रसीला/रसीली, सुंदर.
**शरबती नीबू** = चकोतरा.
**शरबते दीदार** = देवदर्शन.
**शरभ** = टिड्डा, हाथी शिशु.
**शरभू** = स्कंद.
**शरमाना** = लजाना.

 (प्रा) प्राचीन शब्द, अब अप्रचलित - *तिरछे* शब्द स्वतंत्र शीर्षक भी हैं •सपर्याय ▪विपर्याय

**शरमिंदगी** = खेद, झेंप, पश्चात्ताप.
**शरमिंदा** = लज्जित.
**शरर** = अंगारा, चिंगारी.
**शरवनोद्भव** = स्कंद.
**शरव्य** = लक्ष्य, लक्ष्यकेंद्र.
**शराग्र** = बाणाग्र.
**शराटिका** = टिटिहरी.
**शरापना** = सरापना.
**शराफ़त** = सभ्यता.
**शराब** = मद्य.
**शराबख़ोर** = मद्यप.
**शराबख़ोरी** = मद्यपान.
**शराबघर** = मद्यशाला.
**शराबनोशी** = मद्यपान.
**शराब पार्टी** = पानगोष्ठी.
**शराबबंदी** = मद्यनिषेध.
**शराब भट्ठी** = डिस्टिलरी.
**शराबसाज़** = डिस्टिलर.
**शराबी** = मदिरोन्मत्त, मद्यप, मादक, सुराप्रेमी.
**शराबे तहूर** = नैसर्गिक मद्य.
**शरारत** = चंचलता, चुटकुलेबाज़ी, दंगा, विनोद, हुड़दंग.

**शरारत** *सं* अचगरी, *अप्रैल फ़ूल*, ऊधम, *करतब*, करतूत, कारगुज़ारी, खिलवाड़, खुराफ़ात, छेड़, छेड़छाड़, ठट्ठा, तमाशा, नटखट कृत्य, मज़ाक़, *शैतानी*, शोख़ी, •रैगिंग, •लीला, •विनोद.

**शरारती** = कुटिल, चंचल, दुर्जनतापूर्ण, नटखट, विनोदप्रिय.
**शरारतीपन** = चंचलता.
**शरारा** = अंगारा, चिंगारी.
**शरालि** = टिटिहरी.
**शरालिका** = कुरर.
**शराली** = कुरर.
**शराव** = सकोरा.
**शरासन** = धनुष.
**शरीअत** = इसलामी विधि, धर्मग्रंथ.
**शरीक** = समाविष्ट.
**शरीके हयात** = पत्नी.
**शरीफ़** = कुलीन, पापहीन, विनम्र, शिष्ट, सज्जन, सज्जनतापूर्ण, सदाचारी, सभ्य.
**शरीफ़ आदमी** = कुलीन पुरुष.
**शरीफ़ज़ादा** = कुलीन पुरुष.
**शरीफ़ज़ादा/शरीफ़ज़ादी** = कुलीन.
**शरीफ़ज़ादी** = कुलीन स्त्री.
**शरीफ़ा** = फल.

**शरीफ़ा** *सं* बहुबीज, रामफल, लवनी, वैदेहीवल्लभ, शूगर ऐपल, श्रीफल, सीताफल.

**शरीयत** = इसलामी विधि.
**शरीर** = आकार, क़द क़ामत, चंचल, दुर्जनतापूर्ण, नटखट, विनोदप्रिय, शव.

**शरीर** *सं अंक*, *अंग*, अजिर, अन्नमय कोश, *आकार*, कलेवर, काया, गात, गात्र, घट, जिस्म, तन, तनु, देह, *पिंजरा*, *पिंड*, बदन, *मिट्टी*, मूरत, *मूर्ति*, वपु, हाड़मांस, •उपांग, •क़द क़ामत.

**शरीर अंग** = अंग.
**शरीर अनुपात** = देहानुपात.
**शरीर काठी** = क़द क़ामत.
**शरीरज** = कामदेव.
**शरीर ढाँपना** = पहनना.
**शरीरत्याग** = मृत्यु.
**शरीर त्यागना** = मरना.
**शरीरधारी** = आत्मा.
**शरीर निर्माण** = व्यायाम.
**शरीर पूरा होना** = मरना.
**शरीर भंगिमा** = शरीर मुद्रा.
**शरीर मध्यभाग** = धड़.
**शरीर मल** = देहमल.

**शरीर मुद्रा** *सं* अंगन्यास, अंदाज़, अदा, चारी, *ढाल*, पैतरा, पैर स्थिति, पोज़, बंध, *भंगिमा*, मंडल (प्रा), शरीर भंगिमा, स्थानक (प्रा), *स्थिति*, •अभिनय, •अभिनेता.

**शरीर यात्रा** = जीवन काल.
**शरीरयुक्त** = साकार.
**शरीर रक्षक** = अंगरक्षक.

**शरीर रोम** *सं* अंगरुह, *अयाल*, *ऊन*, कल्ला, फ़र, बाल, रोंगटा, *रोआँ*, रोम, लोम, शूक, सटा (सूअर), •दाढ़ी.

**शरीर वर्ण** = त्वचा रंग.
**शरीर संग** = संभोग.
**शरीर संज्ञा** = अनुभूति.
**शरीरहीन** = निराकार.
**शरीरहीन सिर** = मुंड.
**शरीरांत** = मृत्यु.
**शरीरार्पण** = आत्मबलि.
**शरीरावरण** = त्वचा.
**शरीरी** = आत्मा, जीव, शारीरिक.
**शर्करण** = पगाई.
**शर्करव्य** = कार्बोहाइड्रेट, शर्करोस, स्वीटनर.
**शर्करा** = कण, चीनी, रेत, शक्कर, शर्करोस.

**शर्करा** *सं* कार्बोहाइड्रेट, ग्लूकोस शूक्रोस आदि, घुलनशील मिष्ठ द्रव्य, *शक्कर*, शूक्रोस, •अंगूर शर्करा, •चुकंदर शर्करा, •चुकंदर शर्करोस, •ज्वार शर्करा, •ताड़ शर्करा, •दुग्ध शर्करा, •फल शर्करा, •मकई शर्करा, •मधु शर्करा, •मैन्नोस, •मैपल शर्करा, •मैपिल शर्करा, •यव शर्करा, •यवास शर्करा, •चीनी, •शर्करोस.

**शर्करा पुष्प** = बताशा.

**शर्करोस** *सं* इक्षु शर्करा, शर्करव्य, *शर्करा*, शूक्रोस, सेक्कारोस, •शर्करा.

**शर्ट** = कमीज़.
**शर्त** = दाँव, परंतुक.

**शर्त** *सं* दशा, धारा, *नियम*, पख, पण, *परंतुक*, बदी, *व्यवस्था*, हालत, •अनुबंध, •परंतुक.

**शर्तनामा** = गारंटी कार्ड.
**शर्तबंद** = अनुबंधित.
**शर्त लगाना** = बदना.
**शर्तहीन** = अपरंतुक.
**शर्तिया** = अवश्यंभावी, अवश्यमेव, वैवश्यक.
**शर्बत (विकल्प)** = शरबत.
**शर्म** = लज्जा.
**शर्मगाह** = स्त्री जननेंद्रिय.
**शर्मगीं** = लज्जित.
**शर्मनाक** = अश्लील, लज्जाजनक.
**शर्मसार** = पश्चात्तापी, लज्जित.
**शर्मा** = ब्राह्मण.
**शर्माऊ** = लजीला/लजीली.

**शर्माना (विकल्प)** = लजाना.
**शर्मिंदा** = पश्चात्तापी, लज्जित.
**शर्मीला/शर्मीली** = लजीला/लजीली.
**शर्वर** = अंधकार.
**शर्वरी** = रात.
**शर्वला** = तोमर.
**शल** = कील.
**शलग़म** = सागसब्ज़ी.

**शलग़म** *सं* वृषल, शलजम, शिखामूल, ●खाद्य कंद.

**शलजम** = शलग़म.
**शलभ** = टिड्डा.

**शलभ** *सं* उड़ने वाला कीड़ा, पंखी, *पतंग*, पतंग कीट, पतंगा, पतस, पतिंग, परवाना, फतिंगा, फुनगा, भुनगा, *मच्छर*, मौथ, ●दीपक, ●मोमबत्ती.

**शलल** = साही.
**शलवार** = सलवार.
**शलाका** = उँगली, कुरेदनी, सलाख़, स्तंभ.
**शलाका पुरुष** = मर्यादा पुरुष.
**शलाकापुरुष** = महापुरुष.
**शली** = साही.
**शल्क** = छाल, छिलका, छीलन, मत्स्य शल्क.
**शल्ककंद** = कंदमूल.
**शल्य** = अस्थि, कंटक, कील, भाला, शल्य चिकित्सा.
**शल्यक** = शल्य चिकित्सक.
**शल्यकर्म** = आपरेशन.
**शल्यकार** = शल्य चिकित्सक.

**शल्य चिकित्सक** *सं* जर्राह, डाक्टर, मास्टर आफ़ सर्जरी, व्रणचिंतक, शल्यक, शल्यकार, सर्जन.

**शल्य चिकित्सा** *सं आपरेशन*, चीरफाड़, जराहत, जर्राही, शल्य, शल्यिकी, शल्योपचार, शालाक्य, सर्जरी.

**शल्यतंत्र** = आयुर्वेद आठ अंग.
**शल्यिकी** = शल्य चिकित्सा.
**शल्योपचार** = शल्य चिकित्सा.
**शल्लक** = त्वचा, साही.
**शल्लकी** = चीड़, साही.

**शव** *सं* पार्थिव अवशेष, माटी, *मिट्टी*, मुरदा, मृतक, मृत शरीर, लाश, लोथ, *शरीर*, श्म, ●भस्मावशेष, ●सुरक्षित शव.

**शवच्छेद** = शवपरीक्षा.
**शवच्छेदन** = शवपरीक्षा.

**शवदाह** *सं* अग्निकर्म, अग्निदान, अग्निदाह, चिताकर्म, दाह, दाह संस्कार, मुखाग्नि, ●अस्थिकलश, ●दफ़नाई.

**शवदाह कर्ता** *सं* अग्निद, अग्निदाता, दगहा, दाही.

**शवदाह स्थान** = श्मशान.

**शवपरीक्षा** *सं* चीरफाड़, पोस्टमार्टम, मृतोति परीक्षा, शवच्छेद, शवच्छेदन, शव विच्छेद, ●तथ्यान्वेषण.

**शवपेटी** = ताबूत.

**शवभक्षक** *सं* कौणप, क्रव्याद, पिशाच, पिशिताश, मुरदाख़ोर, मृत मांसभक्षी, शवभक्षी, ●मनुष्यभक्षक.

**शवभक्षी** = शवभक्षक.

**शवयात्रा** *सं* अंतिम यात्रा, *अरथी*, जनाज़ा, *पालकी*, शोकयात्रा.

**शवयात्री** *सं* अरथीवाहक, काँधा देने वाला, जनाज़ाबरदार.

**शव यान** = अरथी.
**शव विच्छेद** = शवपरीक्षा.
**शव संस्कार** = मृतक संस्कार.
**शव समाधि** = दफ़नाई.
**शवसिद्धि** = प्रेतसिद्धि.
**शवाग्नि** = चिताग्नि.
**शवाच्छादन** = कफ़न.
**शवाधि** = क़ब्र.
**शश** = ख़रगोश, छह.
**शशक** = गधा.
**शशधर** = चंद्रमा.
**शशधरमुखी** = सुंदर स्त्री.
**शशपंज** = झेंप.
**शशांक** = चंद्रमा.
**शशांकशत्रु** = राहु.
**शशा** = ख़रगोश.

**शशाद** = गिद्ध, बाज़ गिद्ध.
**शशि** = चंद्रमा.
**शशिकर** = चंद्रकिरण.
**शशिचक्र** = नक्षत्र चक्र.
**शशिचक्र स्थान** = नक्षत्र.
**शशिधर** = शिव.
**शशिपोषक** = शुक्लपक्ष.
**शशिमुख** = सुंदर.
**शशिमुखी** = सुंदर स्त्री.
**शशिवदना** = सुंदर स्त्री, सुंदर स्त्री.
**शशिशोषक** = कृष्णपक्ष.
**शशिसुत** = बुध ग्रह.
**शशी (विकल्प)** = चंद्रमा.
**शशोपंज** = अनिश्चय, दुबिधा, मीनमेख, विमर्श.
**शस्त्र** = उपकरण, तलवार.

**शस्त्र** *सं* अयस, अस्त्र, आयुध, युद्धास्त्र, हथियार, हस्तास्त्र, ●ऐटम बम, ●कृपाण, ●गदा, ●गुलेल, ●डंडा, ●तलवार, ●तोप, ●त्रिशूल, ●धनुष बाण, ●परशु, ●पिस्तौल, ●प्रक्षेपास्त्र, ●बंदूक़, ●बम, ●भाला, ●लाठी, ●आग्नेयास्त्र, ■ढाल.

**शस्त्रकोश** = म्यान.
**शस्त्रजीवी** = सैनिक, सैनिक.
**शस्त्रत्याग** = आत्मसमर्पण.
**शस्त्रधर** = सैनिक.

**शस्त्रधारण** *सं* अभिहार (प्रा), कमरबंदी, तैयारी, युद्धसज्जा, रणसज्जा, शस्त्रसज्जा, शस्त्रीकरण, सन्नद्धन, सिलहबंदी, हथियारबंदी, ●सैन्यीकरण.

**शस्त्रधारी** = शस्त्रसज्जित, सैनिक.
**शस्त्रविद्या** = युद्धविद्या.
**शस्त्रशाला** = शस्त्रागार.
**शस्त्रसज्जा** = शस्त्रधारण, शस्त्रास्त्र.

**शस्त्रसज्जित** *वि* अस्त्रधारी, *कटिबद्ध*, *कमरबंद*, तैयार, लैस, शस्त्रधारी, शस्त्रित, *सज्जित*, *सन्नद्ध*, सशस्त्र, सुसज्जित, हथियारबंद, ●उपकरणयुक्त, ●युद्धसन्नद्ध, ■अशस्त्रीकृत, ■निहत्था/निहत्थी.

**शस्त्रसमर्पण** = आत्मसमर्पण.

 (प्रा) प्राचीन शब्द, अब अप्रचलित - *तिरछे* शब्द स्वतंत्र शीर्षक भी हैं ●सपर्याय ■विपर्याय

**शस्त्रसमूह** = शस्त्रास्त्र.
**शस्त्रहरण** = निशस्त्रीकरण.
**शस्त्रहीन** = अशस्त्रीकृत, निहत्था/निहत्थी.

**शस्त्रागार** *सं* अस्त्रशाला, अस्त्रागार, अस्ला, आयुधशाला, आयुधागार, शस्त्रशाला, सिलहख़ाना, हथियारघर, •तोपख़ाना, •बारूदघर, •शस्त्र निर्माण शाला.

**शस्त्राजीव** = सैनिक, सैनिक.
**शस्त्रायस** = इस्पात.
**शस्त्रास्त्र** = हार्डवेअर.

**शस्त्रास्त्र** *सं* असला, अस्त्रशस्त्र, आर्मामैंट, *उपकरण*, गोलाबारूद, बाँकडोरी, युद्ध उपकरण, युद्ध सामग्री, शस्त्रसज्जा, शस्त्रसमूह, *सज्जा*, साज़सामान, सामाने जंग, सैन्य सामग्री, हरबा हथियार, •युद्ध, •सज्जा.

**शस्त्रित** = शस्त्रसज्जित.
**शस्त्रीकरण** = शस्त्रधारण, सैन्यीकरण.
**शस्त्रीकृत** = युद्धसन्नद्ध.
**शस्य** = अनाज, फल, फ़सल, वनस्पति, शाकशस्य.
**शस्यता** = हरियाली.
**शस्यपूर्ण** = उपवनित, उर्वर, पल्लवयुक्त, सुरम्य, हरियल.
**शस्यपूर्णता** = हरियाली.
**शस्यपूर्ण होना** = लहलहाना.
**शस्यशाली** = आहारसंपन्न.
**शस्यश्यामल** = पल्लवयुक्त, हरियल.
**शस्यश्यामलता** = हरियाली.
**शस्यसंपन्न** = आहारसंपन्न.
**शस्यहीन** = उजाड़.
**शहंशाह** = राजा सूची भारतीय, सम्राट.
**शहंशाही** = महल जैसा, राजतंत्र, राजसी.
**शह** = उकसावा, प्रोत्साहन, सहायता.
**शहज़ादा** = राजकुमार.
**शहज़ादी** = युवराज पत्नी, राजकुमारी.
**शहज़ोरी** = बलात्.
**शहतीर** = मस्तूल.

**शहतीर** *सं* कड़ी, *थूनी*, धरण, धरन, *पोल*, बीम, लट्‌ठा, स्थूणा, •छत, •बँड़ेर, •लिंटर.

**शहतूत** = फल.

**शहतूत** *सं* तूत, तूद, नूद, ब्रह्मकाष्ठ, रेशमकीट खाद्य, सहतूत.

**शहद** *सं* भ्रमरज, मकरंद, मधु, माक्षिक, माक्षीक, सहत, सुधा, हनी, •चीनी, •नमकीनपन, •मोम, •शीरा.

**शहद की मक्खी** = मधुमक्खी.
**शहद छत्ता** = मधुमक्खी छत्ता.

**शहबाला** *सं वर साथी*, सरबाला, सहवर, •वधू सखि.

**शहमात** *सं* पछाड़, *पराजय*, मात, शिकस्त, हार, •शतरंज.

**शहर** = नगर.
**शहर कोतवाल** = नगर प्रशासक.
**शहरगश्त** = गश्ती पहरेदार.
**शहर चारों ओर सड़क** = रिंग रोड.
**शहरपनाह** = दुर्ग परकोटा.
**शहरबदर** = निर्वासित.
**शहर शहर** = हर ओर.
**शहराती** = नगरवासी, नगरीय, नागरतापूर्ण.
**शहरातीपन** = सभ्यता.
**शहरी** = नगरवासी, नगरीय, नागरतापूर्ण.
**शहवत** = विलासिता.
**शहसवार** = घुड़सवार.
**शहादत** = आत्मबलि, युद्धमृत्यु.
**शहीद** = आत्मबलिदानी.

**शहीद दिवस** *सं* (1948), 30 जनवरी, गाँधी बलिदान दिवस.

**शहीदे करबला** = हुसैन.
**शांकर** = बैल.
**शांकरि** = स्कंद.
**शांडिल्य** = ऋषि सूची, बिल्व.
**शांत** = अजनाकीर्ण, अतत्पर, अनासक्त, अनुशासित, अभावुक, अवाचाल, अहिंसक, आशापूर्ण, कोलाहलहीन, गंभीर, घटनाहीन, ध्वनिहीन, निश्चल, निश्चल (जल), निष्क्रिय, प्रशांत, भावहीन, मर्यादापूर्ण, मृत, मौनावलंबी, विनम्र, शांतिपूर्ण, शांतिप्रेमी, संतोषी, सज्जनतापूर्ण, समशीतोष्ण, सुप्त, स्थितप्रज्ञ.
**शांत करना** = छकाना, बहलाना, बुझाना.
**शांतकारी** = प्रशामक.
**शांतगुण** = मृत.
**शांतचित्त** = प्रशांत, विश्रांत, सावधान.
**शांत जल** = स्थिर जल.
**शांततः** = मंदतः.
**शांत रस** = नवरस.

**शांत रस** *सं* निर्वेद, शांति वर्णन.

**शांत स्वभाव** = गंभीरता.
**शांत होना** = बुझना, रुकना.
**शांति** = अकर्म, अध्वनि, अनासक्ति, जल अप्रवाह, धैर्य, प्रशमन, मौन, युद्धांत, राहत, विश्राम, शांतिकाल, सुशासन.
**शांति कपोत** = फ़ाख़्ता.
**शांतिकर** = प्रशामक.
**शांतिकारी** = प्रशामक, प्रशामक औषध.

**शांतिकाल** *सं* अमन, कुशलक्षेम, युद्धहीनता, *युद्धांत*, वैमनस्यहीनता, शांति, *सामंजस्य*, सुखचैन, सुखशांति, *सुरक्षा*, •अनाक्रमण, •संधि, ▪दंगा, ▪युद्ध.

**शांतिद** = प्रशामक.
**शांतिदूत** = फ़ाख़्ता.
**शांतिध्वज** = युद्धविराम.
**शांतिनाथ** = तीर्थंकर सूची.
**शांतिपाठ** = नाटक अंत, स्वस्तिपाठ.
**शांतिपूर्ण** = कोलाहलहीन, प्रशांत, प्रशामक, रक्तपातहीन.

**शांतिपूर्ण** *वि* उपद्रवहीन, निरुपद्रव, निरुपप्लव, पुरअमन, युद्धहीन, शांत.

**शांतिपूर्णता** = अध्वनि.
**शांतिप्रद** = पीड़ाहर औषध, प्रशामक, विश्रामप्रद, सांत्वनाप्रद.
**शांतिप्रिय** = शांतिप्रेमी.
**शांतिप्रियता** = अहिंसा, गांधीवाद.
**शांतिप्रेम** = गांधीवाद.
**शांतिप्रेमी** = अहिंसक, सत्याग्रही.

**शांतिप्रेमी** *सं* अमनपसंद, नरमपंथी, *प्रशांत*, युद्धविरोधी, शांत, शांतिप्रिय, शांतिवादी, •मध्यमार्गी,

■क्रोधी.

**शांतिभंग** = दंगा, फ़ौजदारी, युद्ध.
**शांति वर्णन** = शांत रस.
**शांतिवादी** = शांतिप्रेमी.
**शांति व्यवस्था** = सुशासन.
**शांति संधि** = संधि.
**शांति सम्मेलन** = संधि वार्ता.
**शांति सुव्यवस्था** = सुशासन.
**शांति स्थापना** = युद्धांत.
**शांतिहीन** = उत्तेजित, उपद्रवग्रस्त.
**शांबर** = जादूगर, दानवीय.
**शांबरशिल्प** = जादूगरी.
**शांबरिक** = प्रेतसाधक.
**शांबरी** = जादूगरनी, जादूगरी, मायादर्शन.
**शांभर** = साँभर नमक.
**शांभव** = शैव संप्रदाय सदस्य.
**शाइन** = पालिश.
**शाइस्तगी** = सभ्यता.
**शाइस्ता** = शिष्ट, श्लील, सज्जनतापूर्ण.
**शाकंभरी** = दुर्गा.

**शाकंभरी** *सं* जलप्रदायिनी, शाकदायिनी, शाक देवी.

**शाकंभरीय** = साँभर नमक.
**शाक** = शाकपात, शाकशस्य, सागसब्ज़ी.
**शाक काल** = शक संवत.

**शाक खेत** *सं* कोइड़ार, कोइरार, शाकवाटिका, शाकिनी, सब्जी खेत, हसंती (प्रा).

**शाकजीवी** = शाकोपजीवी.
**शाकट** = गाड़ीवान, जोत पशु.
**शाकटिक** = गाड़ीवान, जोत पशु.
**शाकदायिनी** = शाकंभरी.
**शाक देवी** = शाकंभरी.
**शाकद्रुम** = सागौन.
**शाकपत्र** = सहजन.

**शाकपात** *सं* शाक, साग, हरे पत्ते, •सागसब्ज़ी, •सैलड.

**शाक मिर्च** *सं* कैप्सिकम, पहाड़ी मिर्च, शिमला मिर्च, •मिर्च.

**शाकवाटिका** = शाक खेत.
**शाकवीर** = बथुआ.

**शाकशस्य** *सं* लता पता, शस्य, शाक, सब्ज़ी, साग, सागपात, *सागसब्ज़ी*, *हरियाली*, ■कंदमूल.

**शाकश्रेष्ठ** = बथुआ.
**शाका** = पंचांग, शक संवत.
**शाकाम्ल** = इमली, चूक.
**शाकाहारी** = निरामिषाहारी, शाकोपजीवी.
**शाकिनी** = शाक खेत.
**शाकुंतिक** = बहेलिया.
**शाकुनि** = बहेलिया.
**शाकुनिक** = बहेलिया, शकुनज्ञ.
**शाकुनी** = बहेलिया.
**शाकुलिक** = खलासी.
**शाके** = शक संवत, संवत्सरे.

**शाकोपजीवी** *सं* तृणजीवी, तृणभक्षी, तृणाहारी, शाकजीवी, शाकाहारी, •निरामिषाहारी.

**शाक्त** = तंत्रीय, शक्तिपूजक.
**शाक्ततंत्र** = तंत्रशास्त्र.
**शाक्त धर्म** = शक्तिपूजा.
**शाक्त मत** = वाममार्ग, शाक्त संप्रदाय.

**शाक्त संप्रदाय** *सं* देवीपूजक संप्रदाय, शक्तिपूजक संप्रदाय, शाक्त मत, •शैव संप्रदाय.

**शाक्तागम** = तंत्रशास्त्र.
**शाक्तिक** = तंत्रीय, शक्तिपूजक.
**शाक्तेय** = शक्तिपूजक.
**शाक्यमुनि** = गौतम बुद्ध.
**शाख़** = अंश, पेड़ पौधा क़लम, फाँक, शाखा.
**शाख़चा** = प्रशाखा.
**शाख़चाबंदी** = क़लम लगाई.
**शाखा** = कोटि, जाति, विभाग, शाखा कार्यालय.

**शाखा** *सं* टहनी, डाल, डाली, ब्रांच, भुज, *भुजा*, रोदा, शाख़, •डंठल, •तना, •पल्लव, •प्रशाखा.

**शाखा कार्यालय** *सं* उपशाखा, *एकक*, *चौकी*, पोस्ट, ब्रांच, ब्रांच आफ़िस, *विभाग*, *शाखा*, संभाग.

**शाखा नगर** = उपनगर.
**शाखा नदी** = वितरिका नदी.

**शाखापल्लवहीन तना** = ठूँठ.
**शाखा पुष्पसमूह** = मंजरी.
**शाखाबहुल** = छायादार.
**शाखा मूस** = गिलहरी.
**शाखामृग** = गिलहरी, बंदर.
**शाखामृगी** = बँदरिया.
**शाखित प्रशाखित** = लहलहाता/लहलहाती.
**शाखी** = वृक्ष.
**शागिर्द** = नौसिखिया, प्रशिक्षु, शिष्य.
**शागिर्दाना** = गुरु दक्षिणा, विद्या शुल्क.
**शाटिका** = साड़ी.
**शाटी** = साड़ी.
**शाठ्य** = छल, झूठा बहाना.
**शाण** = कसौटी पत्थर, सान चक्का.
**शाणाश्म** = कोरंडम.
**शाणाश्मा** = कसौटी पत्थर.
**शाणित** = तीक्ष्ण.
**शात** = तीक्ष्ण.
**शाताब्दिक** = सौ वर्षीय.
**शातिर** = अनुभवी, कुटिल, ठग, दक्ष, दुर्जन, नीतिकुशल.
**शातोदर/शातोदरी** = पतली कमर वाला.
**शाद** = आनंदित.
**शादकाम** = पूर्णेच्छ, समृद्ध.
**शादकामी** = आनंद, प्रसन्नता, समृद्धि, सौभाग्य.
**शादमान** = आनंदित, आवासित, प्रसन्न, विनोदप्रिय.
**शादाब** = उपवनित, लहलहाता/लहलहाती, वर्षापूर्ण, समृद्ध.
**शादी** = आनंद, प्रसन्नता, विवाह.
**शादी का दिन** = विवाह दिवस.
**शादी बनाना** = ब्याहना.
**शादी ब्याह** = विवाह रस्म रिवाज.
**शादी रचाना** = ब्याहना.
**शादीशुदा** = विवाहित.
**शाद्वल** = घास मैदान, हरा/हरी, हरियल.
**शाद्वलता** = हरियाली.
**शान** = अभिमान, इठलाहट, डींग, तड़कभड़क, प्रतिष्ठा, प्रसिद्ध व्यक्ति, प्रसिद्धि, वैभव, समृद्धि, सम्मान.
**शानची** = अहंकारी, डींगबाज़, नख़रीला, नवसमृद्ध, सुरुचिमन्यक.
**शानचीपन** = अहंकार.

 (प्रा) प्राचीन शब्द, अब अप्रचलित - *तिरछे* शब्द स्वतंत्र शीर्षक भी हैं •सपर्याय ■विपर्याय

**शानदार** = आश्चर्यजनक, उच्चवित्त, भव्य, महल जैसा, रंगमंचीय, राजसी, वैभवशाली.
**शानदार मकान** = महल.
**शान दिखाना** = इतराना.
**शानशौक़त** = तड़कभड़क, वैभव, समृद्धि.
**शान से दिखाना** = इतराना.
**शाप** = क़हर, पनौती.

**शाप** *सं* अकल्याण कामना, अभिशाप, आक्रोश, कोप, *कोस*, क्रोश, दुरेषणा, बददुआ, वाग्वज्र, व्याक्रोश, शप्ति, श्राप, सराप, •गाली, •दुष्कामना, •बुरी नज़र, ▪आशीर्वाद, ▪कल्याणकामना, ▪वरदान.

**शापग्रस्त** *वि* अभागा/अभागिन, अभागा/अभागी, अभिशप्त, आक्रुष्ट, कमनसीब, शप्त, शापित, श्रापग्रस्त, श्रापित, हतभाग, ▪शापमुक्त.

**शाप देना** = सरापना.
**शाप निवृत्त** = शापमुक्त.

**शापमुक्त** *वि* विशाप, शाप निवृत्त, ▪शापग्रस्त.

**शापास्त्र** = दुर्वासा.
**शापिंग** = बाज़ारदारी.
**शापित** = शापग्रस्त.
**शाफ़ा** = घाव पट्टी, फाहा.
**शाफ़ी** = मृत्यु संवेदना कर्ता.
**शाबान** = हिजरी मास सूची.
**शाबर** = मृगचर्म, वन्य.
**शाबाशी** = प्रोत्साहन.

**शाबाशी** *सं* अभिनंदन, अभिवंदन, *जयजयकार*, *दाद*, *धन्यवाद*, *प्रशंसा*, *प्रोत्साहन*, बढ़ावा, बधाई, वाह वाह, वाहवाही, साधु ध्वनि, साधुवाद, •ताली, •सफलता, ▪उपहास, ▪निंदा.

**शाब्द** = शब्दीय.
**शाब्द बोध** = अर्थबोध.
**शाब्दिक** = शब्दार्थिक, शब्दीय.
**शाब्दिक अर्थ** = अभिधार्थ.
**शाब्दिकता** = अभिधा शक्ति.
**शाब्दी** = मौखिक, शब्दीय.
**शाम** = लेबनान, सायंकाल, सायंकाल में, सीरिया.
**शामक** = प्रशामक औषध, सांत्वनाप्रद.
**शामक औषध** = प्रशामक औषध.
**शाम का** = सायंकालीन.
**शाम का तारा** = सायंकालीन शुक्र.
**शाम को** = सायंकाल में.
**शामत** = क़हर, कुपरिस्थिति, दुर्भाग्य, संकट.
**शामत का मारा** = संकटग्रस्त.
**शामतज़दा** = संकटग्रस्त.
**शामन** = प्रशमन.
**शामलात** = सहकर्म, साझेदारी.
**शामलाती** = सामूहिक.
**शामित्र** = कूलर, पशुबलि, यज्ञ.

**शामियाना** *सं* जनाश्रय, पंडाल, पैविलियन, मँडवा, •क़नात, •तंबू, •मंडप.

**शामियाना दीवार** = क़नात.
**शामिल** = समाविष्ट.
**शामिल करना** = गिनना, जोड़ना.
**शामिल होना** = खेलना.
**शामिलात** = उपस्थिति, मिलीभगत, सहयोग.
**शामी** = यहूदी.
**शाम्य** = आशुतोष, प्रसीद्य, प्रसीद्य.
**शाय** = शयन.

**शायद** *क्रिवि* अनियततः, आशा तो है, कच्चा है, कच्चे तौर पर, कदाचित, कुछ ठीक नहीं, क्या पता, क्या मालूम, न जाने, न मालूम, पता नहीं, संभवतः, स्यात्, स्याद्, हो सकता है, ▪अवश्यमेव.

**शायद कभी** = शायद ही कभी.

**शायद ही कभी** *क्रिवि* अकसर नहीं, इक्के दुक्के, एक दो बार, एकाध बार, कदाचित, छठे चौमासे, थोड़ा बहुत, दो एक बार, बहुत कम, विशेष अवसरों पर, शायद कभी, साल चौमासे, •कब, •कभी कभी, ▪प्रायः.

**शायर** = कवि.
**शायराना** = अतिशयोक्तिपूर्ण, काव्यात्मक, भावपूर्ण, स्वप्निल.
**शायरी** = काव्य.
**शाया** = प्रकाशित, विज्ञापित.

**शायिका** *सं* बर्थ, यान आसन, सीट, स्लीपर, •यान सीट, •स्लंबरैट.

**शायिनी** = स्लंबरैट.
**शारंग** = घोड़ा.
**शारंगधर** = धनुषधारी.
**शारंगपाणि** = धनुषधारी.
**शारंगिका** = सारंगी.
**शारद** = खरीफ़ फ़सल, शीतकालीन.
**शारदा** = दुर्गा, ब्राह्मी, सरस्वती देवी.
**शारदीय** = शीतकालीन.
**शारदीय विषुव** = शरद विषुव.
**शारिका** = कमानचा.
**शारीर** = शारीरिक, शारीरिक.
**शारीरिक** = वासनापूर्ण.

**शारीरिक** *वि* अधिभौतिक, अनात्म, आधिभौतिक, इहलौकिक, *ऐंद्रिक*, कायिक, जिस्मानी, जिस्मी, देहीय, दैह, दैह्य, *भौतिक*, मांसल, शरीरी, शारीर, सौमिक, स्थूल, ▪आत्मिक.

**शार्कर** = दरदराया/दरदराई, दानेदार.
**शार्दूल** = उत्तम व्यक्ति या वस्तु, नायक, प्रसिद्ध व्यक्ति, बाघ, वीर पुरुष.
**शार्प** = तीक्ष्ण.
**शाल** = पुरस्कार सूची, सम्मान उपहार सूची, साल.

**शाल** *सं* ऊनी चादर, दुशाला, शमला, शाल दुशाला, सालू, •ऊन, •ओढ़नी, •फ़र, •सर्दी का मौसम.

**शालक** = विदूषक.
**शालग्राम** = शालग्राम बटी.

**शालग्राम बटी** *सं* गंडकशिला, परमेष्ठी, विष्णु वटी, विष्णुशिला, शालग्राम, शालग्राम वटी, शालिग्राम, शिलाहरि, सालिगराम.

**शालग्राम वटी** = शालग्राम बटी.
**शाल दुशाला** = शाल.
**शालभंजिका** = वेश्या.
**शालवेष्ट** = राल.

**शाला** = कमरा, घर, भवन, संग्रहालय, सभागार.

**शालाकर्म** = भवन निर्माण.

**शालाक्य** = शल्य चिकित्सा.

**शालाक्य** = आपरेशन.

**शालाक्य तंत्र** = आयुर्वेद आठ अंग.

**शालार** = ज़ीना.

**शालि** = खरीफ़ फ़सल, चावल, धान.

**शालिग्राम** = शालग्राम बटी.

**शालिनी** = गृहस्थिन, पत्नी.

**शालिहोत्र** = घोड़ा.

**शाली** = गृहस्थ.

**शालीन** = उच्चवर्गीय, औपचारिक, गृहस्थ, मकान मालिक, लजीला/लजीली, विनम्र, वैभवशाली, शिष्ट, सज्जनतापूर्ण, सुंदर, सुसंस्कृत.

**शालीन** *वि* उपयुक्त, पार्लमैंटरी, *शिष्ट*, शिष्टतापूर्ण, संसदयोग्य, *संसदीय*, सभायोग्य, सभोचित, *सभ्य*, सुसभेय, •शिष्ट, •श्लील.

**शालीन/शालिनी** = कुलीन.

**शालीनता** = सभ्यता.

**शाल्मलि** = सेमल वृक्ष.

**शाल्मलि द्वीप** = पौराणिक महाद्वीप.

**शाल्मली** = नरक.

**शाव** = पशु शिशु.

**शावक** = नवजात पशु, पशु शिशु, शिशु.

**शाशलिक** = कबाब.

**शाश्वत** = अपरिवर्तनीय, अमर, ब्रह्म.

**शाश्वत** *वि* अक्षय, *अक्षर*, *अनंत*, अनवच्छिन्न, अनवरत, अनश्वर, *अनादि*, अनाद्यंत, *अमर*, *अवधिहीन*, अविकारी, अविनाशी, कालातीत, ग़ैरमियादी, चिरंतन, चिर, चिरस्थायी, नित्य, निरंतर, सतत, सदा, सनातन, सर्वकालीन, *स्थायी*, •अटूट, •अनाश्य, •अविराम, •टिकाऊ, ▪अशाश्वत, ▪सावधिक.

**शाश्वत काल** = अनादि अनंत काल.

**शाश्वतता** = अमरता.

**शासक** = अनुशासक, क्षत्रिय, नियंत्रक, राजनेता.

**शासक** *सं* अमीर, *ख़लीफ़ा*, गवर्नर, *दीवान*, धाता, प्रभु, मालिक, मास्टर, राज्य कर्ता, रूलर, रैयतदार, शासन कर्ता, शासन संचालक, शास्ता, हाकिम, हुक्मरान, •कार्यपालिका, •प्रधान मंत्री, •प्रशासक, •राष्ट्रपति, •सरकार, ▪जनता.

**शासक गण** = शासन तंत्र.

**शासक मंडल** = शासन तंत्र.

**शासकहीन** = प्रबंधकहीन.

**शासकीय** *वि* अनुशासनीय, कार्यालयी, गवर्नमैंटी, दफ़्तरी, *दरबारी*, प्रशासकीय, प्रशासनिक, मंत्रालयी, राजकीय, *राष्ट्रीय*, शासनीय, शाही, सरकारी, सार्वजनिक, हुकूमती, •राष्ट्रीय, •सामूहिक.

**शासन** = आज्ञा, नियंत्रण, प्रबंध, शासन तंत्र, सरकार, स्मृतिग्रंथ.

**शासन** *सं* गवर्नमैंट, देश शासन, निज़ामत, निदेशन, नियमन, निर्देशन, मुल्करानी, राज्यकरण, राज्यकर्म, राज्य शासन, *व्यवस्था*, सियासत, •प्रताप, •प्रबंध, •सरकार, •सैनिक शासन.

**शासन अध्यक्ष** *सं* कार्यपालिका अध्यक्ष, प्रधानोत्तम, सरकार अध्यक्ष, •प्रधान मंत्री.

**शासन कर्ता** = शासक.

**शासन केंद्र** = राजधानी.

**शासन तंत्र** = कार्यपालिका, राज्य व्यवस्था, सरकार.

**शासन तंत्र** *सं* तंत्र, *राज्य व्यवस्था*, शासक गण, शासक मंडल, *शासन*, सत्तातंत्र, *सरकार*, हुक्मरान, •गतिविधि केंद्र, •राज्य, ▪जनता, ▪जन साधारण.

**शासनधर** = वायसराय.

**शासनपट** = राज्यादेश.

**शासन पद्धति** = राज्य व्यवस्था.

**शासनपालिका** = कार्यपालिका.

**शासन प्रतिनिधि** = रीजैंट.

**शासनबद्ध** = सुशासित.

**शासन व्यवस्था** = कार्यपालिका.

**शासन संचालक** = शासक.

**शासन संचालन** = प्रशासन.

**शासन संबंधी निर्वाचित मंडल** = संसद.

**शासन समिति** = प्रबंध समिति.

**शासन स्थापना** = परराष्ट्र जय.

**शासनहीन** = अराजकतापूर्ण.

**शासनहीनता** = अराजकता.

**शासनांतर्गत** = पराधीन.

**शासनात्मक** = दंडात्मक.

**शासनिक** = राजनीतिक.

**शासनिक अव्यवस्था** = अराजकता.

**शासनिक सुव्यवस्था** = सुशासन.

**शासनीय** = शासकीय, शास्य.

**शासित** = नियंत्रित, पराधीन, प्रबंधित, संयमित, सुशासित.

**शासित** *वि* अंकुशित, *अनुशासित*, *चालित*, *नियंत्रित*, निरीक्षित, प्रशासित, विधायित, व्यवस्थापित, *व्यवस्थित*, संयंत्रित, •अनुशासित, •प्रबंधित, •शासकीय, •शास्य.

**शास्तर (बोलचाल)** = धर्मग्रंथ.

**शास्ता** = अध्यापक, अनुशासक, गुरु, गौतम बुद्ध, तीर्थंकर, धर्मगुरु, धर्मज्ञानी, विधायक, शासक, सिद्धांतकार.

**शास्त्र** = धर्मग्रंथ, पुस्तक, वाद, विज्ञान, सिद्धांत.

**शास्त्र असंगत** = शास्त्रविरुद्ध.

**शास्त्र आदेश** = धर्मादेश.

**शास्त्रकार** = सिद्धांतकार.

**शास्त्रचर्चा** = शास्त्रार्थ.

**शास्त्रज्ञ** = धर्मज्ञानी, विशेषज्ञ.

**शास्त्रज्ञानी** = धर्मज्ञानी.

**शास्त्रदर्शी** = धर्मज्ञानी.

**शास्त्र पुराण** = धर्मग्रंथ, मिथकावली.

**शास्त्र प्रसंग** = विषय, शास्त्रार्थ.

**शास्त्र रचेता** = सिद्धांतकार.

**शास्त्रवर्जित** = शास्त्रविरुद्ध.

**शास्त्रविचार** = शास्त्रार्थ.

**शास्त्रविद** = धर्मज्ञानी, विद्याविद्.

**शास्त्रविधि** = धर्मविधि, विधिसंहिता.

**शास्त्रविरुद्ध** *वि* अशास्त्रीय, असम्मत, शास्त्र असंगत, शास्त्रवर्जित, स्मृतिविरुद्ध, स्मृत्यपेत, ▪शास्त्रसंगत.

**शास्त्रविहित** = शास्त्रसंगत.
**शास्त्रवेत्ता** = धर्मज्ञानी.
**शास्त्र शिल्पी** = सिद्धांतकार.

**शास्त्रसंगत** *वि* अनुमोदित, प्रमाणदृष्ट, प्रामाणिक, यथाविहित, विधिबोधित, विधिविहित, शास्त्रविहित, शास्त्रसंगत, शास्त्रसम्मत, शास्त्रानुकूल, शास्त्रानुरूप, शास्त्रीय, शास्त्रोक्त, स्मृत्युक्त, *स्वीकृत*, •औपचारिक, •कर्मकांडीय, ▪शास्त्रविरुद्ध.

**शास्त्रसम्मत** = शास्त्रसंगत.
**शास्त्राचरण** = धर्माचरण, धर्माचरण.
**शास्त्रानुकूल** = शास्त्रसंगत.
**शास्त्रानुरूप** = शास्त्रसंगत.
**शास्त्रानुशीलन** = धर्माचरण.
**शास्त्रार्थ** = वादविवाद.

**शास्त्रार्थ** *सं डिबेट*, धर्मसंगीति (प्रा), धार्मिक वादविवाद, महावाद, मुनाजरा, *वादविवाद*, वादानुवाद, शास्त्रचर्चा, शास्त्र प्रसंग, शास्त्रविचार, हेतुवाद, •वितंडावाद.

**शास्त्री** = ज्ञानी, धर्मज्ञानी, विशेषज्ञ, वैज्ञानिक, व्याख्याता, शिक्षित, सिद्धांतकार.
**शास्त्रीय** = तकनीकी, धर्मग्रंथीय, पारिभाषिक, विज्ञानसंगत, शास्त्रसंगत, शास्त्रीय (कला).

**शास्त्रीय (कला)** *वि अकादमिक*, *आदर्श*, उत्कृष्ट, उदात्त, कालजयी, काव्यशास्त्रीय, क्लासिक, *गंभीर*, ग्रीक, नाट्यशास्त्रीय, महाकाव्यीय, *मानक*, रीतिबद्ध, रुचिपूर्ण, शास्त्रीय, संतुलित, संस्कृत, सुघड़, *सुरुचिपूर्ण*, ▪लोक (कला).

**शास्त्रीय नृत्य** *सं* विधिसंगत नृत्य, शास्त्रोक्त विधियुक्त नृत्य, •भारतीय शास्त्रीय नृत्य सूची, •लोकनृत्य.

**शास्त्रीय संगीत रचना** = राग.
**शास्त्रोक्त** = धर्मग्रंथीय, शास्त्रसंगत.
**शास्त्रोक्त विधियुक्त नृत्य** = शास्त्रीय नृत्य.
**शास्य** = नियंत्रणीय.

**शास्य** *वि* अनुशास्य, *आज्ञाकारी*, दम्य, *नम्य*, *नियंत्रणीय*, नियम्य, वश्य, *विनम्र*, विनेय, शासनीय, संयम्य, सुशास्य, सुसाध्य, •आज्ञाकारी, •नियंत्रणीय, •शासित.

**शाह** = उत्तम व्यक्ति या वस्तु, प्रथम स्थानीय, महाजन, मुखिया, राजा सूची भारतीय, सेठ, स्वामी.
**शाह-** = उत्तम.
**शाह आलू** = खूबानी.
**शाहकार** = कालजयी कलाकृति.
**शाहख़र्च** = अपव्ययी.
**शाहजहाँ** = सम्राट.
**शाहजहानाबाद (पूर्व नाम)** = दिल्ली.
**शाहज़ादा** = राजकुमार.
**शाहज़ादी** = राजकुमारी.

**शाह जीरा** *सं* कटजीरा, कालजीरक, काला जीरा, कृष्ण जीरक, कृष्णा, कैरावे, श्याम जीरा, •जीरा.

**शाहदाना** = मुख्य मनका.
**शाहराह** = मुख्य सड़क.
**शाहाना** = उत्तम, महल जैसा, राजसी.
**शाहाना जोड़ा** = वधू वस्त्र.
**शाहानामिज़ाज** = उत्कृष्टता प्रेमी.
**शाहिद** = गवाह, प्रत्यक्षदर्शी, प्रत्यक्ष साक्ष्य.
**शाही** = उच्चवर्गीय, प्रभुसत्ता, राजतांत्रिक, राजसी, राष्ट्रीयकृत, शासकीय, सरकार.
**शाही ख़ानदान** = राज परिवार.
**शाहीन** = गिद्ध.
**शाही पत्थर** = संग मरमर.
**शाही फ़रमान** = राज्यादेश.
**शिंगरफ** = सिंदूर.
**शिंघाण** = ज़ंग.
**शिंजन** = कड़ा.
**शिंजा** = झंकार.
**शिंजित** = झंकृत.
**शिंजिनी** = करधनी, प्रत्यंचा.
**शिंपांज़ी** = चिंपाज़ी.
**शिंबा** = सेम.
**शिंबिका** = मूँग.
**शिंबिनी** = सेम.
**शिंबी** = सेम.
**शिंबी धान्य** = दलहन.

**शिंशप** = शीशम.
**शिंशुपा** = शीशम.

**शिकंजबीन** *सं* तुरंजबीन, नीबू पानी, नीबू शरबत, •शरबत.

**शिकंजा** = चंगुल, नियंत्रण, पकड़.

**शिकंजा** *सं कुत्ता*, ज़ंबूर, *पकड़*, बाँक, *सँड़सा*, •चिमटा, •प्लास, •रिंच.

**शिक़** = तहसील.
**शिक़दार** = तहसीलदार.
**-शिकन** = ढहाने वाला.
**शिकन** = चुन्नट, झुर्री.

**शिकन** *सं* क्रीज़, चुरस, चुस्ता, *झुर्री*, *पपड़ी*, बट, बल, मुड़ापन, मुसन, *मोड़*, सल, सलवट, *सिकुड़न*, •चुन्नट.

**शिकन डालना** = मोसना.
**शिकनी** = भंजन.
**शिकमी** = बँटाईदार.
**शिकरम** = ऊँटगाड़ी, माल डिब्बा.
**शिकवा** = उलाहना, शिकायत.
**शिकस्त** = पराजय, शहमात.
**शिकस्ता** = कुलिखित, पराजित.
**शिकस्तादिल** = भग्नहृदय.
**शिकस्ताहाल** = कंगाल.

**शिकाकाई** *सं* चीकाकाई, दीप्ता, सप्तला, सातला, •रीठा.

**शिकायत** = उलाहना, चुग़ली, निंदा, रोग.

**शिकायत** *सं* अभियोग, *आरोप*, आलोचना, उपालंभ, *उलाहना*, ख़िलाफ़त, गिला, टीकाटिप्पणी, दोषकथन, *निंदा*, परिवाद, *फ़रियाद*, *रोना*, *विरोध*, शिकवा, •आपत्ति, •उलाहना, •चुग़ली, ▪धन्यवाद, ▪प्रशंसा, ▪सिफ़ारिश.

**शिकायत करना** = झींकना.

**शिकायत कर्ता** *सं* अनुयोक्ता, आरोप कर्ता, आरोपी, परिवादी, शिकायतगर, शिकायती, •अभियोगी, •निंदक, ▪प्रशंसक, ▪समर्थक.

**शिकायतगर** = शिकायत कर्ता.
**शिकायती** = शिकायत कर्ता.
**शिकायती टट्टू** = चुग़लख़ोर.
**शिकार** = आखेट, आखेटपात्र, उपहास पात्र, मिथ्या आरोपित व्यक्ति.

**शिकार** *सं* आखेट पशु, मृग, शिकार पशु, सौजा, ■शिकारी.

**शिकारगाह** = आखेट स्थल, मचान.
**शिकार पशु** = शिकार.
**शिकार होना** = प्रेम करना.
**शिकारी** = आखेटजीवी, खोज यात्री.

**शिकारी** *सं* अहेरी, आखेटक, करावल, खेटकी, धनुर्धर, पारधी, मार्गिक, मृगजीवी, मृगयु, मृगव्याध, मृगहा, मृगाजीव, वधिक, वनगोचर, व्याड, व्याध, व्याघ्र, सैयाद, *हत्यारा*, ●आखेट, ●बहेलिया, ■आखेटपात्र, ■शिकार.

**शिक्षक** = अध्यापक, उपदेशक, परामर्श दाता, प्रबोधक.
**शिक्षकीय** = अकादमिक.

**शिक्षकीय प्रवचन** *सं* *अध्यापन*, प्रवचन, लैक्चर, व्याख्यान, ●भाषण.

**शिक्षण** = अध्यापन.
**शिक्षणालयीय** = अकादमिक.
**शिक्षांत** = दीक्षांत.
**शिक्षा** = उपदेश, दंड, धर्म सिद्धांत, परामर्श, वेदांग.

**शिक्षा** *सं* इल्म, ऐजुकेशन, तालीम, दीक्षा, पढ़ाई, पढ़ाई लिखाई, *पाठ*, *बोध*, विद्या, शिक्षादीक्षा, *संस्कार*, सीख, ●उच्चतर माध्यमिक शिक्षा, ●उच्च विद्यालय शिक्षा, ●तकनीकी शिक्षा, ●प्राथमिक शिक्षा, ●प्रौढ़ शिक्षा, ●बाल शिक्षा, ●माध्यमिक शिक्षा, ●मिडिल स्कूल शिक्षा, ●विशेषज्ञ शिक्षा, ●स्नातकीय शिक्षा, ●स्नातकोत्तर शिक्षा, ●स्वशिक्षा, ●हाई स्कूल, ●क्रैश कोर्स, ●प्रशिक्षण, ●रीफ्रैशर कोर्स, ●विज्ञान, ●साक्षरता, ■अज्ञान, ■अशिक्षा.

**शिक्षा अर्जक** = विद्यार्थी.
**शिक्षा अर्जन करना** = पढ़ना लिखना.
**शिक्षा आरंभ** = विद्यारंभ.

**शिक्षा उपाधि** *सं* अलंकार, *उपाधि*, डिगरी, डिग्री, पदवी, विद्या उपाधि, ●अंडरग्रैजुएट उपाधि, ●डिप्लोमा, ●प्रवीणता उपाधि, ●स्नातक उपाधि, ●स्नातकोत्तर उपाधि.

**शिक्षात्मक** = कठोर (दंड), दंडात्मक, शिक्षालयी.
**शिक्षादंभ** = विद्याहंकार.
**शिक्षादाता** = अध्यापक.
**शिक्षादान** = अध्यापन.
**शिक्षादीक्षा** = शिक्षा.
**शिक्षा देना** = पढ़ाना.
**शिक्षा निकेतन** = विद्यालय.
**शिक्षा परिषद** = विद्यालय.
**शिक्षा परीक्षा** = परीक्षा.

**शिक्षा पाठ** *सं* *अध्याय*, *पाठ*, सबक़.

**शिक्षा पाठ्यक्रम** = पाठ्यक्रम.
**शिक्षापूर्ण** = उपदेशपूर्ण, शिक्षाप्रद, शिक्षाप्रद.
**शिक्षाप्रद** = कठोर (दंड).

**शिक्षाप्रद** *वि* ज्ञानद, ज्ञानपूर्ण, ज्ञानप्रद, ज्ञानात्मक, बुद्धिपूर्ण, बोधपूर्ण, *बोधप्रद*, बोधिनी, शिक्षापूर्ण, सबोध, सहायक, सीखपूर्ण, ●उपदेशपूर्ण, ●बोधप्रद.

**शिक्षाभिमान** = विद्याहंकार.
**शिक्षामद** = विद्याहंकार.

**शिक्षार्जन** *सं* *अध्ययन*, *पठन*, पढ़न, पढ़ाई, लर्निंग, लिखाई पढ़ाई, विद्याकर्म, विद्याप्राप्ति, विद्यार्जन, विद्यालाभ, शिक्षालाभ, ●अध्ययन, ●अध्यापन.

**शिक्षार्थी** = विद्यार्थी.
**शिक्षालय** = विद्यालय.
**शिक्षालय सत्र** = अध्ययन सत्र.

**शिक्षालयी** *वि* *अकादमिक*, इल्मी, ऐजुकेशनल, तालीमी, विद्यालयी, शिक्षात्मक, शैक्षिक, स्कूली, ●अकादमिक.

**शिक्षालाभ** = शिक्षार्जन.
**शिक्षा लेना** = सीखना.
**शिक्षा शुल्क** = विद्या शुल्क.
**शिक्षा संस्थान** = विद्यालय.
**शिक्षिका** = अध्यापिका.
**शिक्षित** = अनुशासित, अभ्यस्त, दक्ष, प्रशिक्षित, विद्याविद्, सुसंस्कृत.

**शिक्षित** *वि* अध्यापित, अभिज्ञ, अमूढ़, गुरुमुख, जानकार, जाननहार, जानहार, ज्ञ, *ज्ञाता*, ज्ञानशील, ज्ञानसंपन्न, *ज्ञानी*, तालीमयाफ़्ता, दीक्षित, पढ़ाया/पढ़ाई, पढ़ा लिखा/पढ़ी लिखी, *प्रबुद्ध*, बुध, बुधान, बोधी, भिज्ञ, वाक़िफ़, विज्ञ, विद्य, *विद्याधर*, विद्याप्राप्त, विद्यावान/विद्यावती, विद्वान, विनीत, वेत्ता, वेदयिता, शास्त्री, शिक्षीत, *शिष्ट*, संस्कृत, सविद्य, *साक्षर*, सुजान, सुज्ञानी, सुधी, सुमेधा, *सुसंस्कृत* ●प्रशिक्षित, ●स्वशिक्षित, ■अशिक्षित.

**शिक्षित करना** = पढ़ाना.
**शिक्षीत** = शिक्षित.
**शिक्षु** = प्रशिक्षु, विद्यार्थी.
**शिखंड** = कलगी, मोर पूँछ, लट, शिखा.
**शिखंडिका** = कलगी, शिखा.
**शिखंडिनी** = मोरनी.
**शिखंडी** = मुरगा, मोर, मोर पूँछ, हिजड़ा.

**शिखंडी** *सं* अंबा (पुनर्जन्म), द्रुपदात्मज, पुरुष रूपी स्त्री.

**शिख** = शिखा.
**शिखनख** = शीश-पाद पर्यंत.

**शिखनख वर्णन** *सं* देवता सौंदर्य वर्णन, सरापा, ●नखशिख वर्णन, ●व्यक्ति वर्णन.

**शिखर** = उच्चबिंदु, उच्चभाग, कंगूरा, चरम अवस्था, छत, टुनगी, पर्वत शिखर, भवन शिखर, मुँडेर.
**शिखर की ओर** = ऊपर की ओर.
**शिखर दिशा** = उच्चदिशा.
**शिखरवासिनी** = दुर्गा.

**शिखरशिला** = मेहराब शिखर पत्थर.
**शिखर से शिखर तक दूरी** = तरंग माप.
**शिखरस्थ** = उच्चतम.
**शिखर स्थान** = सम्मान स्थान.
**शिखरिणी** = जूही.
**शिखरित** = पर्वतीय.
**शिखरी** = पर्वत, श्रीखंड.
**शिखरीय** = उच्चतम, ऊँचा/ऊँची, पर्वतीय.
**शिखा** = उच्चबिंदु, कलगी, केश, दीपशिखा.

**शिखा** *सं* अलकपाश, केशपाश, केश शिखा, चुंडी, *चुटिया*, चूड़ा, *चोटी*, शिखंड, शिखंडिका, शिख, शूक, शृंग, सटा, •केशगुच्छ, •चुटिया.

**शिखाकंद** = गाजर.
**शिखाधर** = मोर.
**शिखापाश** = चोटी.
**शिखाबंध** = केशगुच्छ.
**शिखामणि** = चूड़ामणि.
**शिखामूल** = शलग़म.
**शिख़ासूत्र** = चुटिया.
**शिखिनी** = मुरगी, मोरनी.
**शिखींद्र** = आबनूस, तेंदू.
**शिखी** = अग्नि, दीपक, मादा बगला, मुरगा, मोर, वृक्ष, सारस.
**शिखीध्वज** = धुआँ, स्कंद.
**शिखी पुच्छ** = मोर पूँछ.
**शिखीश्वर** = स्कंद.
**शिखीश्वर मास** = कार्तिक मास.
**शितधार** = तीक्ष्ण.
**शिताबी** = चुस्ती.
**शितिसार** = तेंदू.
**शिथिल** = अप्रबल, आलसी, कुप्रबंधित, झोलदार, ढीला/ढीली, तंद्रिल, थका/थकी, निर्बल, प्रयासहीन, लस्तपस्त, हतोत्साहित.
**शिथिलकाय** = जर्जर वृद्ध, थका/थकी.

**शिथिलकाय** *वि* अचेतन, अदृढ, *छकड़ा*, जर्जर, *जीर्णशीर्ण*, जीवनहीन, ढिल्लड़, ढीलमढाला/ढीलमढाली, ढीला/ढीली, ढीला ढाली/ढीली ढाली, थका/थकी, निढाल, लटपटा/लटपटी, लस्त, श्लथ, सुस्त, •थका/थकी, •मंद, •विलंबकारी, ▪अविलंबी, ▪चुस्त, ▪सुदृढ.

**शिथिलकायता** = आलस.
**शिथिल गति** = लस्तपस्त चाल.
**शिथिलता** = आलस, झोल, तंद्रा, निरुत्साह.
**शिथिलन** = बलक्षय.
**शिथिल होना** = दुबलाना.
**शिथिलाना** = थकना, दुबलाना.
**शिथिलानुगामी** = दृढ़मतहीन.
**शिद्दत** = गर्मजोशी.
**शिद्दती** = प्रबल.
**शिप** = पोत.
**शिपयार्ड** = नौका घाट.
**शिप्रा** = नदी सूची भारत उपमहाद्वीप.
**शिफा** = कलगी, लता.
**शिफ़्ट** = पाली.
**शिमला** = हिमाचल प्रदेशः राजधानी.
**शिमला मिर्च** = शाक मिर्च, सागसब्ज़ी.
**शिया** = शीया मत.
**शिर** = सिर.
**शिरकत** = अनेकेश्वरवाद, संबंध, सहकर्म, सहयोग, साझेदारी.
**शिरकवच** = हैल्मेट.
**शिरत्राण** = हैल्मेट.
**शिरपट्ट** = पगड़ी.
**शिरस्त्राण** = हैल्मेट.
**शिरस्थ** = उच्चतम, प्रथम स्थानीय.
**शिरस्य** = उत्तम.
**शिरा** = रुधिरवाहिका.
**शिरा मूल** = नाभि.

**शिरीष** *सं* कर्णपूर, कलिंग, काला सिरस, दलाढक, प्लवग, भंडिल, भंडी, भंडीर, लोमश पुष्प, विप्र, शीतपुष्प, शुकप्रिय, श्याम सुंदर, सप्तभद्र, सिरीस, स्वर्ण पुष्पक.

**शिरोधरा** = ग्रीवा.
**शिरोधार्य** = समर्थनीय, सम्माननीय, स्वीकार्य.
**शिरोबिंदु** = खमध्य.
**शिरोभाग** = उच्चभाग.
**शिरोभूषण** = प्रसिद्ध व्यक्ति, सर्वोच्च सत्ताधारी.
**शिरोमणि** = उच्चतम, उत्तम, उत्तम व्यक्ति या वस्तु, चूड़ामणि, पराकाष्ठागत, प्रथम स्थानीय, प्रधान, प्रसिद्ध व्यक्ति, महाप्रबंधक, सर्वसत्ताधारी, सर्वोच्च सत्ताधारी.
**शिरोरत्न** = चूड़ामणि.
**शिरोरेखा** = उच्चबिंदु.

**शिरोरेखा** *सं* ऊपरी रेखा, पड़ी पाई, शीर्षरेखा, •रेखा, ▪अधोरेखा.

**शिरोवर्ती** = प्रथम स्थानीय.
**शिरोवेष्ट** = पगड़ी.
**शिरोस्थि** = कपाल.
**शिलांत** = कचनार.
**शिला** = चट्टान, चौखट अधोकाष्ठ, तिब्बत, पाषाण, पाषाण पटल, भूटान, सिल.
**शिलाकुट्ट** = छैनी.
**शिलाकुसुम** = शिलाजीत.
**शिला क्षार** = चूना.
**शिलाखंड** = चट्टान.
**शिलाजतु** = गेरू.

**शिलाजीत** *सं* गिरिसार, तैलाख्य, शिलाकुसुम, शिलादद्रु, शिला निर्यास, शैलज, शैलाख्य, शैलेय, सिलाजीत.

**शिलाटक** = परकोटा.
**शिलादद्रु** = शिलाजीत.
**शिला निर्यास** = शिलाजीत.
**शिलान्यास** = संस्थापना.

**शिलान्यास** *सं* अवष्टंभ, *आरंभ*, इष्टिकान्यास, नीवँ रखाई, शिला स्थापना, *संस्थापना*, स्थापना, •भूमिपूजा.

**शिलापट** = चट्टान, नीवँ पत्थर, पाषाण पटल.
**शिलापटी** = चट्टान.
**शिला फलक** = पाषाण पटल.
**शिलालेख** = कालजयी कलाकृति, पुरालेख.
**शिला स्थापना** = शिलान्यास.
**शिलाहरि** = शालग्राम बटी.
**शिलाहारी** = उंछाहारी.
**शिलिंग** = सिक्का सूची
**शिलिका** = सिलखड़ी.
**शिलींध्र** = कुकुरमुत्ता.
**शिलींध्री** = कठफोरिया.

**शिलोंध्र** = कुकुरमुत्ता.
**शिलौंग** = मेघालयः राजधानी.
**शिल्प** = कला, दक्षता, बनावट, शिल्प कृति.

**शिल्प** *सं* आर्ट, *कला*, कारीगरी, कौशल, क्राफ़्ट, दस्तकारी, शिल्पकर्म, शिल्पकारी, सनअत, हस्तकला, हस्तशिल्प, हैंडीक्राफ़्ट, •कढ़ाई, •कपड़ा बुनाई, •कांस्यकर्म, •काष्ठ शिल्प, •कुम्हारगीरी, •दर्ज़ीगीरी, •बढ़ईगीरी, •बरतन कर्म, •बुनाई, •मीनागरी, •लोहार कर्म, •स्वर्णकर्म, •स्वर्णकर्म, •उद्योग, •राजगीरी, •लघु उद्योग, •सभ्यता.

**शिल्पक** = शिल्पकार.
**शिल्पकर्म** = शिल्प.
**शिल्पकर्मी** = शिल्पकार.

**शिल्पकार** *सं* कमेरा, कर्मकार, कर्मार, कर्मी, कारीगर, कारु, कार्मार, दस्तकार, पाणिघ्न (प्रा), भंडिल (प्रा), *विश्वकर्मा*, शिल्पक, शिल्पकर्मी, शिल्पकारक, शिल्पजीवी, शिल्पाजीवी, शिल्पिक, शिल्पी, सनअतगर, *स्थपति*, हस्त कलाकर्मी, हस्त शिल्पी, •कढ़ाई कर्मी, •कांस्यकर्म, •कुंदनसाज़, •कुम्हार, •ज़ड़िया, •दर्ज़ी, •बढ़ई, •बुनकर, •मीनागर, •मूर्तिकार, •मोची, •सुनार, •कुशल श्रमिक.

**शिल्पकारक** = शिल्पकार.
**शिल्पकारी** = शिल्प.

**शिल्प कृति** *सं* काम, कारीगरी, *कृति*, निर्मिति, *शिल्प*, सर्जित कृति, •उत्पाद.

**शिल्पजीवी** = शिल्पकार.
**शिल्पन** = निर्माण, सृजन.
**शिल्पयंत्र** = उपकरण, यंत्र.

**शिल्प शिक्षा** *सं* कारीगरी शिक्षा, प्रविधि शिक्षा, प्रशिक्षा, रोज़गार शिक्षा, •प्रशिक्षण.

**शिल्पाजीवी** = शिल्पकार.
**शिल्पिक** = शिल्पकार.
**शिल्पित** = हस्तनिर्मित.
**शिल्पित करना** = गढ़ना.
**शिल्पी** = कलाकार, कुशल श्रमिक, निर्माता, विश्वकर्मा, शिल्पकार.
**शिल्लक** = रेजगारी.
**शिवंकर** = कल्याणकारी.
**शिवंकरी** = दुर्गा, पार्वती.
**शिव** = ईश्वर, कल्याणकारी, शिवलिंग.

**शिव** *सं* अंतक, *अक्षर*, अघोर, अघोरनाथ, अर्धनारीश्वर, *आशुतोष*, ईशान, ईश्वर, उमेश, कपाली, कामदहन, कामेश्वर, काशीनाथ, कृष्ण (पूर्व जन्म), कैलाशनाथ, कैलासनाथ, गंगाधर, गिरीश, गौरीनाथ, चंद्रशेखर, जगदीश, जटाधर, जटामाली, डमरुवादक, त्रिनेत्र, त्रिपुरारि, त्रिलोकेश, त्रिलोचन, त्रिशूली, त्र्यंबक, दक्षारि, नटराज, *नीलकंठ*, पशुपति, *बहरूपिया*, बाबा विश्वनाथ, भगवान, भूतनाथ, भैरव, भोलानाथ, मंगलेश, महेश, मुंडमाली, यज्ञारि, योगीश्वर, रुद्र, विश्वनाथ, विश्वेश्वर, विषपायी, शंकर, शंभु, शशिधर, श्मशानवासी, सतीश, सदानंद, सदाशिव, सर्वेश्वर, सिद्धेश्वर, सोमनाथ, हर, •काली, •कैलास, •गणेश, •डुगडुगी, •त्रिशूल, •दुर्गा, •नंदी, •नृत्य, •पार्वती, •प्रलय कर्ता, •ब्रह्मा, •भैरव, •मुंडमाला, •रुद्र, •विष्णु, •सती, •स्कंद.

**शिव और ईश्वर एक हैं** = अद्वैतवाद.
**शिवकांता** = पार्वती.
**शिवकीर्तन** = शैव संप्रदाय सदस्य.
**शिवगण अधिपति** = गणेश.
**शिव जन्मदिवस** = शिवरात्रि.
**शिव जी की बारात** = विविधा.
**शिवज्ञ** = शैव संप्रदाय सदस्य.
**शिवता** = मोक्ष.

**शिव त्रिशूल** *सं* *त्रिशूल*, पिनाक, लौहित, शिवशक्ति, शूल, •शिव.

**शिवदिशा** = उत्तर पूर्व दिशा.

**शिवदूती** = दुर्गा.
**शिवधनुष** = दिव्यास्त्र.

**शिवधनुष** *सं* अजगाव, ईशचाप, पिनाक, भवचाप, •इंद्रधनुष, •राम, •सीता, •स्वयंवर विवाह.

**शिवनंदन** = गणेश, स्कंद.
**शिव पत्नी** = सती देवी.
**शिव-पार्वती पुत्र** = गणेश.
**शिव पुराण** = पुराण सूची.
**शिवप्रिय** = धतूरा.
**शिवप्रिया** = भाँग.
**शिवभक्त** = शैव संप्रदाय सदस्य.
**शिव भागवत** = शैव संप्रदाय सदस्य.

**शिवरात्रि** *सं* महाशिवरात्रि, शिव जन्मदिवस.

**शिवलिंग** *सं* लिंग, लिंग देवता, लिंग मूर्ति, *शिव*, •अरघा, •मंदिर.

**शिववल्लभ** = आम वृक्ष.
**शिवशक्ति** = शिव त्रिशूल.
**शिवशेखर** = चंद्रमा.
**शिवसुंदरी** = दुर्गा.
**शिवा** = दुर्गा, पार्वती.
**शिवा** = सधवा.
**शिवाक्ष** = रुद्राक्ष.
**शिवानी** = दुर्गा, पार्वती, सती देवी.
**शिवालय** = श्मशान.
**शिवाला** = मंदिर.
**शिवालिक** = हिमालय.
**शिवालिक श्रेणी** = पर्वत सूची भारत उपमहाद्वीप.
**शिविका** = अरथी, पालकी.
**शिविकावाहक** = पालकी वाहक.
**शिविर** = अधिवेशन, छावनी, तंबू, दुर्ग.
**शिवेष्ट** = बिल्व.
**शिशिर** = शीतकालीन, सर्दी.
**शिशिर (माघ फाल्गुन)** = षड् ऋतु सूची.
**शिशिर ऋतु** = पतझड़.
**शिशिरकाल** = सर्दी.
**शिशिरकालीन** = शीतकालीन.
**शिशिरघ्न** = अग्नि.
**शिशिरता** = शीतलता.
**शिशिरांत** = वसंत.
**शिशिरित** = शीतलित, हिमीकृत.
**शिशिरीय** = शीतकालीन.

**शिशु** = नवजात शिशु, संतान.

**शिशु** *सं* काका, चुन्नू, छुटका/छुटकी, छुटकू, छोटा/छोटी, छोटू, छौना/छौनी, टुन्नू, डब्बू, ढोटा/ढोटी, नन्ना/नन्नी, नन्हा/नन्ही, बच्चा/बच्ची, बबलू, बबुआ, बब्बू, बाछा/बाछी, बाबा, बाल/बाला, बालक/बालिका, बेबी, मुन्ना/मुन्नी, मुन्नू, लल्ला/लल्ली, *लाल*, लाला/लाली, वत्स, शावक, •नवजात शिशु, •संतान, ▪युवक.

**शिशु अवस्था** = शैशव.
**शिशु कुत्ता** = कुत्ता शिशु.
**शिशु गीत** = लोरी.
**शिशु घोड़ा** = घोड़ा शिशु.

**शिशुचर्या** *सं* पालनपोषण, बालचर्या, बालभृत्य.

**शिशु चिकित्सक** *सं* पीडिऐट्रीशियन.

**शिशुजन्म** = प्रसव.
**शिशुता** = शिशुवत्ता, शैशव.
**शिशुत्व** = शिशुवत्ता.
**शिशु दोला** = पालना.
**शिशुनाग** = हाथी शिशु.
**शिशु पक्षाघात** = पोलियो.

**शिशु पक्षी** *सं* चकुला/चकुली, चिंजा/चिंजी, चिड़िया शिशु, *चूज़ा*, चेंटुआ, चैनुआ, पक्षी शिशु.

**शिशु परिचारिका** = बेबीसिटर.
**शिशु पशु** = पशु शिशु.
**शिशु बिल्ली** = बिलैया.
**शिशु भेड़ बकरी** = मेमना.
**शिशु भैंस** = कटिया.
**शिशु मादा गाय** = बछिया.
**शिशु मादा घोड़ा** = बछेड़ी.
**शिशुभार चक्र** = सौर मंडल.
**शिशु मुरगी** = चूज़ा.
**शिशु यान** = बच्चागाड़ी.
**शिशु रोग** = पूतना.

**शिशु रोग** *सं* *पूतना*, बालग्रह, बाल रोग, बालामय.

**शिशुवत** *वि* अकुटिल, अनजान, *अनुभवहीन*, अल्हड़, कमउम्र, कमसिन, *कोमल*, नासमझ, निष्पाप, बालसुलभ, बाला/बाली, बालोचित, भोला/भोली, मासूम, शिशुसुलभ, सरल, सीधा/सीधी, *सुकुमार*, •अवयस्क, •पापहीन, •सरलचित्त, ▪अधम, ▪कुटिल.

**शिशुवत्ता** *सं* अकुटिलता, अयानापन, कमसिनी, कोमलता, नादानी, नासमझी, बचपना, बालकवत्ता, बाल बुद्धि, बालवत्ता, बालसुलभता, बालापन, बालिश्य, बालोचितता, शिशुता, शिशुत्व, सरलता, सीधापन, सुकुमारता, •शैशव, •सरलचित्तता.

**शिशु साँप** = साँप शिशु.
**शिशुसुलभ** = शिशुवत.
**शिशु हंस** = हंस शिशु.
**शिशु हाथी** = हाथी शिशु.
**शिशु हिरन** = मृगछौना/मृगछौनी.
**शिश्न** = पुरुष जननेंद्रिय.

**शिश्न** *सं* आगा, इंद्रिय, कौपीन, पुंश्चिह्न, पुरुषांग, पुरुषेंद्रिय, मूत्रेंद्रिय, लिंग, लिंगेंद्रिय, शेप, शेफ, •गुप्तांग.

**शिष्ट** = अवशिष्ट, उच्चवर्गीय, औपचारिक, कुलीन, मर्यादापूर्ण, मिलनसार, विनम्र, शालीन, शिक्षित, सदस्य, सभ्य, सुसंस्कृत, सौमनस्यपूर्ण.

**शिष्ट** *वि* आचारवान, तमीज़दार, तहज़ीबदार, बाशऊर, बासलीक़ा, भद्र, शऊरदार, शरीफ़, शाइस्ता, *शालीन*, शिष्टतापूर्ण, शिष्टाचारी, शील/शीला, शीलवान, *श्लील*, सद्व्यवहारपूर्ण, सभोचित, *सभ्य*, सलीक़ेदार, सुनीत, सुशालीन, सुशील, *सुसंस्कृत*, सुसभ्य, •औपचारिक, •विनम्र, •सौम्य, ▪असंस्कृत, ▪धृष्ट.

**शिष्टता** = शिष्टाचार, सभ्यता.
**शिष्टतापूर्ण** = आदरपूर्ण, शालीन, शिष्ट.
**शिष्ट व्यवहार शैली** = शिष्टाचार.
**शिष्ट सभा** = विधान परिषद.

**शिष्टाचार** *सं* अदब, ऐटिकेट, कर्टसी, क़ायदा, क़ायदा, क़ायदा, तमीज़, तमीज़, तमीज़, तरीक़ा, तौरतरीक़ा, भद्र व्यवहार, विहिताचार, शऊर, शिष्टता, शिष्ट व्यवहार शैली, *सदाचार*, *सद्व्यवहार*, सलीक़ा, •सत्कार, •सद्व्यवहार, •सभ्यता.

**शिष्टाचारपूर्ण** = औपचारिक.
**शिष्टाचारहीन** = असंस्कृत.
**शिष्टाचारी** = अतिथिपरायण, धर्माचारी, मिलनसार, शिष्ट.
**शिष्य** = अनुगामी दल, धार्मिक शिष्य, विद्यार्थी.

**शिष्य** *सं* चट्टा/चट्टी, चेला/चेली, मुरीद, शागिर्द, •अध्यापक, •मतानुगामी, •विद्यार्थी, ▪गुरु.

**शिष्य मंडली** = कल्ट.
**शीआ** = शीया मत.
**शीकर** = वर्षा बूँद.
**शीघ्र** = आसन्नतः, ऊपरी (दृष्टि), द्रुत.
**शीघ्र आने वाला** = आसन्न.
**शीघ्रकरणीय** = तात्कालिक.
**शीघ्रकारिता** = चुस्ती.
**शीघ्रकारी** = अविलंबी.
**शीघ्र कोर्स** = क्रैश कोर्स.
**शीघ्रग** = द्रुत.
**शीघ्र गति** = द्रुतवेग.
**शीघ्रगामी/शीघ्रगामिनी** = द्रुत.
**शीघ्रतः** = अभी, तत्काल, द्रुततः.
**शीघ्रता** = चुस्ती, जल्दबाज़ी.
**शीघ्रतापूर्वक** = तत्काल, द्रुततः.
**शीघ्रबुद्धि** = कुशाग्रबुद्धि, हाज़िरजवाब.
**शीघ्रबोध** = अंतर्बोध.
**शीघ्र विक्रय** = सेल.
**शीघ्र वितरण** = ऐक्सप्रैस डिलीवरी.
**शीघ्र ही** = आसन्नतः, तत्काल.
**शीघ्रित** = जुगाड़ित.
**शीघ्री** = द्रुत.
**शीट** = काग़ज़ तख़्ता, धातुपटल, प्रूफ़, रैपर.
**शीड्यूल** = डैडलाइन.

**शीड्यूल** *सं* करीकुलम, कार्यक्रम, कार्य योजना, कार्यसूची, कार्यावली, कैलंडर, टाइम टेबल, प्रस्तावित कार्यक्रम, प्रोग्राम, समयबद्ध कार्य, स्कीम, स्कैड्यूल, •एजेंडा, •योजना, •समयसूची.

**शीड्यूलित** *क्रिवि* कार्यक्रमित, तय, *निर्धारित*, निश्चित, निश्चित, विनियत, शीड्यूल्ड, •आसन्न.

**शीड्यूल्ड** = शीड्यूलित.
**शीड्यूल्ड कास्ट** = अनुसूचित जाति.
**शीत** = अतिशीतल, शीतकालीन, शीतलित, सर्दी.
**शीत कंपन** = ठिठुरन.
**शीतक** = फ़्रीज़र.
**शीतकाल** = सर्दी.

**शीतकालीन** *वि* काटता/काटती, चुभता/चुभती, ठंडा/ठंडी, बर्फ़ानी, बर्फ़ीला/बर्फ़ीली, शरतकालीन, शारद, शारदीय, शिशिर, शिशिरकालीन, शिशिरीय, शीत, *शीतल*, सरमाई, सर्द, सर्दी का, सियरा/सियरी, सियराता/सियराती, हेमंती, हैमंत, ▪ग्रीष्मकालीन, ▪हुमसदार.

**शीतच्छाय** = वटवृक्ष.
**शीत ज्वर** = इन्फ़्लूएंज़ा.
**शीतता** = शीतलता.
**शीतन गृह** = कोल्ड स्टोरेज.
**शीतपुष्प** = शिरीष.
**शीतल** = अतत्पर, अतिशीतल, अप्रबल, प्रशांत, मोती, शीतकालीन, शीतलित, संतोषी, स्पर्शानुभूतिहीन.

**शीतल** *वि* अल्पशीतल, कम ठंडा, कूल, कूलिंग, खुनकदार, ठंडा/ठंडी, *मंद*, मातदिल, मृदुल, *सह्य*, *सुखद*, सुहाता/सुहाती, सुहावना/सुहावनी, •गुनगुना/गुनगुनी, ▪गरम, ▪तप्त.

**शीतलक** = कूलर.
**शीतल गोदाम** = कोल्ड स्टोरेज.

**शीतल चीनी** *सं* कंकोल, कंकोलक, कबाब चीनी, कोलक, ध्मांक्षी, सुगंधि मरीचम, •दारचीनी.

**शीतलता** *सं* कम ताप, खुनकी, जाड़ा, ठंड, ठंडक, ठंडापन, ठंढ, ठंढक, निम्नताप, पाला, शिशिरता, शीतता, शीतलता अनुभूति, शीतिमा, *सर्दी*, सर्दी अनुभूति, सियराई, •ठिठुरन, ▪ताप.

**शीतलता अनुभूति** = शीतलता.
**शीतलनाथ** = तीर्थंकर सूची.
**शीतल पेयागार** = पानगृह.
**शीतल मंद समीर** = बयार.
**शीतला** = चेचक.

**शीतला** *सं* अमला, कलशधारिणी, चेचक माई, दिगंबरा, *माता*, मार्जनीभूषणा, शीतला देवी, शीतला माता, सीतला माई.

**शीतला देवी** = शीतला.
**शीतला माता** = चेचक, शीतला.
**शीतलित** = परिरक्षित (आहार), हिमीकृत.

**शीतलित** *वि* एअरकंडीशंड, ठंडा/ठंडी, शिशिरित, शीत, *शीतल*, संशीत, सर्द, •हिमित, ▪तप्त.

**शीतलित्र** = कूलर.
**शीतांशु** = चंद्रमा.

**शीताकुल** *वि* अकड़ा/अकड़ी, ऐंठा/ऐंठी, काँपता/काँपती, जकड़ा/जकड़ी, ठिठुरता/ठिठुरती, पाला मारा/पाला मारी, शीतार्त, शीतार्द्र, सिरसिराता/सिरसिराती, •अतिशीतल, •हिमाहत.

**शीतागार** = कोल्ड स्टोरेज.
**शीताघात** = हिमाघात.
**शीतार्त** = शीताकुल.
**शीतार्द्र** = शीताकुल.
**शीतित्र** = कूलर.
**शीतिमा** = शीतलता.
**शीबा (प्राचीन साम्राज्य)** = यमन.

**शीया मत** *सं* अली समर्थक मत, मुहम्मद उपरांत तीन ख़लीफ़ाओं का विरोध, शिया, शीआ, •इसलाम धर्म.

**शीर** = खीर, दूध.
**शीराँ** = शीरा.
**शीरा** = चाशनी.

**शीरा** *सं* इक्षुरस, गाढ़ा रस, फाणित, शीराँ, •चाशनी, •राब, •शहद.

**शीराज़ी भोज** = दावते शीराज़.

**शीरीं** = मीठा/मीठी.
**शीरींज़बान** = मिष्टभाषी.
**शीरीं ज़बान** = मृदुभाषण.
**शीर्ष** = उच्चतम, उच्चबिंदु, उच्चभाग, ऊँचा/ऊँची, चरम अवस्था, छत, सिर.
**शीर्षक** = आवरण पृष्ठ, उच्चबिंदु, समाचार शीर्षक.

**शीर्षक** *सं* उनवान, *कथ्य*, कृति नाम, टाइटिल, *नाम*, रचना नाम, *विषय*, सिरनामा, सुर्ख़ी, हैडिंग, •उपशीर्षक, •कैप्शन, •नाम.

**शीर्षकाष्ठ** = चौखट शीर्ष.
**शीर्षदिशा** = उच्चदिशा.
**शीर्षभाग** = उच्चभाग, चौखट शीर्ष.
**शीर्षरेखा** = शिरोरेखा.
**शीर्षस्थ** = उच्चतम, उत्तम, उत्तम अवस्था सूचक शब्द सूची, चरम, पराकाष्ठागत, प्रथम स्थानीय.
**शीर्षस्थान** = प्रथम स्थान, मस्तक.
**शीर्षाकाश** = खमध्य.
**शीर्षासन** = योग आसन.
**-शील** = प्रवृत्त.
**शील** = आचरण, चरित्र, निष्ठा, नैतिकता, परंपरा, प्रवृत्त, मर्यादा, सदाचार, सदाचारी, सभ्यता, साधना.
**शील/शीला** = शिष्ट.
**शीलधर** = धर्माचारी.
**शीलधारी** = सदाचारी.
**शीलन** = अभ्यास.
**शीलभंग** = बलात्कार.
**शीलभ्रष्ट** = बलात्कृत.
**शीलवंत** = सदाचारी.
**शीलवंती** = पतिव्रता.
**शीलवती** = पतिव्रता.
**शीलवान** = धर्मशील, धर्माचारी, शिष्ट, सज्जनतापूर्ण, सदाचारी.
**शीलहीन** = अशालीन, असंस्कृत, दुराचारी.
**शीला** = पतिव्रता, सन्नारी.
**शीलाचार** = सदाचार.
**शीलित** = अध्यीत, दक्ष.
**शीली** = धर्मशील, सदाचारी.
**शील्ड** = ढाल, पुरस्कार.
**शीश** = मस्तक, सिर.
**शीशनमन** = विनमन, सिजदा.
**शीश-पाद पर्यंत** *क्रिवि* अज़ सर ता

पा, आपादमस्तक, नखशिख, शिखनख, सरापा, सिर से पैर तक.

**शीशम** = काष्ठ.

**शीशम** *सं* शिंशप, शिंशुपा, सीसो.

**शीश रोम** = केश.
**शीशा** = काँच, दर्पण.
**शीशी** = दूध बोतल, बोतल, मद्य.
**शीशों वाली अलमारी** = शोकेस.
**शुंठि** = सोंठ.
**शुंडक** = डिस्टिलर.
**शुंडा** = सूँड़.
**शुंडा** = कुटनी.
**शुंडार** = आसवन, डिस्टिलर.
**शुंडिका** = सूँड़.
**शुंडी** = हाथी.
**शुंभ नाशिनी** = दुर्गा.
**शुऊर** = गुणज्ञता.
**शुक** = तोता.
**शुक कूट** = बंदनवार.
**शुकदेव** = ऋषि सूची.
**शुकप्रिय** = शिरीष.
**शुकफल** = सेमल वृक्ष.
**शुकादन** = अनार.
**शुकायन** = तीर्थंकर.
**शुकी** = मादा तोता.
**शुक्त** = कर्कश स्वरीय, खट्टा/खट्टी, ख़मीर, ख़मीरा/खमीरी, सिरका.
**शुक्तता** = खटास.
**शुक्ता** = काँजी.
**शुक्ति** = सीपी.
**शुक्तिज** = मोती.
**शुक्र** = ग्रह सूची, नवग्रह सूची, प्रातःकालीन शुक्र, विशोधित, वीर्य, शुक्र ग्रह, शुक्रवार, शुक्राचार्य.
**[शु]क्र कृच्छ्र** = सूज़ाक.
**शुक्रगुज़ार** = कृतज्ञ.
**शुक्रगुज़ारी** = कृतज्ञता.

**शुक्र ग्रह** *सं* एकनयन, मघाभव, *रति*, लक्ष्मीसहज, वीनस, वृष, *वेग*, शुक्र, शुचि, श्वेतरथ, षोडशांशु, सित, •प्रातःकालीन शुक्र, •सायंकालीन शुक्र.

**शुक्रवार** = वार सूची.

**शुक्रवार** *सं* जुम्मा, फ़्राइडे, भृगुवार, शुक्र, शुक्रवासर.

**शुक्रवासर** = शुक्रवार.
**शुक्राचार्य** = ऋषि सूची.

**शुक्राचार्य** *सं* असुरगुरु, असुराचार्य, उशना, *कवि*, *गुरु*, दानवगुरु, दैत्येज्य, धिष्ठ्य, धिष्ण्य, भार्गव, भृगुनंदन, महाकवि, मृत संजीवनी विद्या पारंगत, यजुर्वेद अधिपति ग्रह, योगाचार्य, राक्षसगुरु, लक्ष्मी सहज, शुक्र, षोडशार्चि, संजीवनी विद्याचार्य, ▪बृहस्पति.

**शुक्राणु** = वीर्य.
**शुक्राना** = बख़्शीश.
**शुक्रिया** = धन्यवाद.
**शुक्ल** = गौरवर्ण, विशोधित, वैशाख मास, सफ़ेद.

**शुक्लपक्ष** *सं* उजला पखवाड़ा, उत्तरपक्ष, चांद्र, धवलपक्ष, शशिपोषक, सितपक्ष, सुदी, •पखवाड़ा, ▪कृष्णपक्ष.

**शुक्ल पक्ष अंतिम तिथि** = पूर्णिमा.
**शुक्ला** = सुंदर स्त्री.
**शुक्लाचार** = धर्माचरण.
**शुक्लाचारी** = धर्माचारी.
**शुक्लिमा** = श्वेतिमा.
**शुचि** = अग्नि, आषाढ मास, ज्येष्ठ मास, प्रकाश, शुक्र ग्रह, सजावट.
**शुचिता** = श्वेतिमा, सुजीविता.
**शुजा** = वीर.
**शुतुर** = ऊँट.
**शुतुरगाव** = जिराफ़.

**शुतुरमुर्ग़** *सं* उष्ट्र पक्षी, संगख़्वार.

**शुद** = कृत, घटित, पूर्णकृत, रचित.
**शुदनी** = अवश्यंभावना.
**शुदा** = कृत, घटित, पूर्णकृत.
**शुद्ध** = अनिंदनीय, अमिश्रित, असली, उत्तम, केवल, चमकदार, छलहीन, नहाया/नहाई, परिपूर्ण, विशोधित, व्याकरणसंगत, शुद्धवर्णीय, स्वच्छ.
**शुद्ध आचरण** = सदाचार.
**शुद्धकर्मा** = धर्माचारी.
**शुद्धकृत** = विशोधित.
**शुद्धचित्त** = सरलचित्त.
**शुद्धता** = नैतिकता.
**शुद्धधी** = छलहीन, सरलचित्त.
**शुद्ध मक्खन** = घी.
**शुद्धमनस्क** = सरलचित्त.
**शुद्धवर्ण** = शुद्धवर्णीय.

**शुद्धवर्णीय** *वि अमिश्रित*, असंकर, शुद्ध, शुद्धवर्ण, •उच्चवर्णीय, ▪वर्णसंकर.

**शुद्ध स्वर्ण भाग 1/24** = कैरट.
**शुद्धहृदय** = छलहीन, सरलचित्त.
**शुद्धात्मा** = धर्माचारी.
**शुद्धाशय** = ईमानदार, छलहीन, धर्मशील, सत्यपूर्ण, सरलचित्त.
**शुद्धि** = धर्म परिवर्तन, परिष्कार, मँजाई, मलत्याग, विशोधन.
**शुद्धिकरण** = धर्म परिवर्तन.
**शुद्धिकारी** = रोग निवारक.
**शुद्धीकृत** = विशोधित.
**शुन** = कुत्ता.
**शुनक** = कुत्ता, कुत्ता शिशु.
**शुनाशीर** = इंद्र.
**शुनि** = कुत्ता.
**शुनी** = कुतिया.
**शुबहा** = भ्रम, संदेह.
**शुभंकर** = कल्याणकारी, गंडा तावीज़.

**शुभंकर** *सं* अप्पू, मैस्कौट, शुभचिह्न, सौभाग्य चिह्न, •गंडा तावीज़.

**शुभंकरी** = दुर्गा.
**शुभ** = अनुकूल, अमृतीय, आशाप्रद, कल्याण, कल्याणकारी, देवदूतीय, शुभसूचक, शोभनीय, सफलताप्रद, सुंदर, सौभाग्य, सौभाग्यप्रद, सौभाग्यशाली, हित.
**शुभ अवसर** = मंगलोत्सव.
**शुभ उत्सव** = मंगलोत्सव.
**शुभकर** = कल्याणकारी.
**शुभ कर्म** = सत्कर्म.
**शुभकर्मा** = धर्माचारी.
**शुभकामना** = कल्याणकामना, बधाई.

**शुभकामना** *सं कल्याणकामना*, गुड विशिज़, भला हो, मंगलकामना, शुभेच्छा, हितकामना, •आशीर्वाद, •दुष्कामना, •स्वस्तिवाचन.

**शुभकामनापूर्ण** = बधाई पूर्ण, सद्व्यवहारी, सहयोगपूर्ण.

**शुभकाल** = उत्कर्ष काल, मंगल काल, स्वर्णयुग.
**शुभ ग्रहयोग** = इष्टयोग.
**शुभचिंतक** = मित्र.

**शुभचिंतक** *सं* इष्टचिंतक, *कल्याणकामी*, कल्याणचिंतक, ख़ैरख़्वाह, पुरसाँ, प्रियकांक्षी, प्रियदर्शी, प्रियाकांक्षी, प्रियैषी, भला चाहने वाला, मंगलकामी, महाशय, शुभेच्छुक, सदाशय, सदिच्छुक, सुकृतात्मा, हितकामी, हितचिंतक, हिताकांक्षी, हितार्थी, हितू, हितेच्छु, हितेच्छुक, हितैषी, ●मददगार, ●स्वस्तिपाठक, ■अशुभचिंतक, ■ईर्ष्यालु.

**शुभचिंतन** = कल्याणकामना, सहानुभूति, सौमनस्य.
**शुभचिह्न** = शुभंकर.
**शुभद** = कल्याणकारी, सौभाग्यप्रद, स्वास्थ्यप्रद.
**शुभदर्शन** = सुंदर.
**शुभदर्शना** = सुंदर स्त्री.
**शुभ दिन** = विवाह दिवस.
**शुभदृष्टि** = दयादृष्टि.
**शुभ नक्षत्र** = मंगल काल.
**शुभनाम** = श्रोता नाम.
**शुभन्यु** = कल्याणकारी.
**शुभ मुहूर्त** = मंगल काल.
**शुभ लग्न** = मंगल काल.
**शुभलाभ** = लाभ.
**शुभवाचक** = स्वस्तिपाठक.
**शुभवाचन** = स्वस्तिपाठ.

**शुभ शकुन** *सं* पुण्य शकुन, मंगल, शुभ संकेत, सुसंकेत, ■अपशकुन.

**शुभ शकुनपूर्ण** = शुभसूचक.
**शुभ संकेत** = शुभ शकुन.
**शुभ संदेश** = सुसमाचार.
**शुभ संभावना** = आशा.
**शुभ समाचार** = सुसमाचार.

**शुभसूचक** *वि* अच्छा/अच्छी, *आशाप्रद*, कल्याणसूचक, पुण्यशकुन, मंगलसूचक, मंगलात्मक, मांगलिक, योगक्षेमात्मक, शुभ, शुभ शकुनपूर्ण, *सुखद*, स्वस्तिमान, ●सौभाग्यप्रद, ■अशुभसूचक.

**शुभांग** = सुंदर.
**शुभांगी** = रति, सुंदर स्त्री, सुंदर स्त्री.
**शुभा** = सजावट, सुंदर स्त्री, सुंदर स्त्री, सोआ.
**शुभाकांक्षी** = कल्याणकामी, मित्र.
**शुभागंतुक** = आगंतुक.
**शुभागत** = अतिथि, आगंतुक.
**शुभागमन** = आगमन, स्वागत.
**शुभागमन करना** = आना.
**शुभानुष्ठान** = मंगलोत्सव.
**शुभाभिलाषी** = कल्याणकामी.
**शुभारंभ** = उद्‌घाटन, मंगलाचरण.
**शुभावह** = कल्याणकारी.
**शुभाशीर्वाद** = आशीर्वाद, वरदान.
**शुभाशीष** = आशीर्वाद.
**शुभाशुभ** = उत्थानपतन, भाग्यचक्र.
**शुभासन** = सम्मान स्थान.
**शुभेच्छा** = कल्याणकामना, मित्रता, शुभकामना.
**शुभेच्छुक** = शुभचिंतक.
**शुभ्र** = आबदार, चमकदार, वैभवशाली, शोभनीय, सफ़ेद, सुंदर.
**शुभ्रता** = पालिश.
**शुभ्रा** = सुंदर स्त्री.
**शुमार** = गणना, जोड़ कर्म, संख्या.
**शुरुआत** = आदि, आरंभ.
**शुरुआती** = आदिम, आरंभिक, पहला/पहली, प्रयोगात्मक, प्रारंभिक.
**शुरू** = आदि, आरंभ, आरंभित.
**शुरू में** = सब से पहले.
**शुल्क** = चंदा, पारिश्रमिक, प्रवेश शुल्क, मूल्य, व्याज.

**शुल्क** *सं पारिश्रमिक*, पेमैंट, फ़ी, फ़ीस, *मूल्य*, सेवा देय, ●चंदा, ●पारिश्रमिक, ●भाड़ा, ●वेतन.

**शुल्काध्यक्ष** = करसंग्राहक.
**शुल्ब** = ताँबा.
**शुल्बज** = पीतल.
**शुल्बारि** = गंधक.
**शुश्रूषक** = परिचारक.
**शुश्रूषा** = नर्सिंग, परिचर्या.
**शुषिर** = छिद्रित, छिद्रिल.
**शुष्क** = अनुर्वर, अपठनीय, अभावुक, अरसिक, अरोचक, अविविध, असिंचित, उजाड़, उपवनहीन, कठोर (व्यवहारी), कर्कश स्वरीय, कल्पनाहीन, गद्यात्मक, घीतेलहीन, जलहीन, प्यासा/प्यासी, रसहीन, वर्षाहीन, सारहीन, सूखा/सूखी, सृजनहीन.
**शुष्कक** = ड्रायर.
**शुष्क करना** = सुखाना.
**शुष्कन** = सुखाई.
**शुष्क फल** = मेवा.
**शुष्क होना** = सूखना.
**शुष्कित** = परिरक्षित (आहार).
**शुष्कित्र** = ड्रायर.
**शुष्कीकरण** = सुखाई.
**शू** = जूता.
**शूक** = अनाज बाल, दाढ़ी, नोक, शरीर रोम, शिखा.
**शूकर** = सूअर.
**शूकर क्षेत्र** = सूअरबाड़ा.

**शूकरभक्षक** *सं* सूअरख़ोर, हरामख़ोर, ●गोभक्षक.

**शूकर मांस** *सं* पोर्क, सूअर मांस.

**शूक्रोस** = शर्करा, शर्करोस.
**शूगर** = चीनी, शक्कर.
**शूगर ऐपल** = शरीफ़ा.
**शूगरकेन** = ईख.
**शूगर कैंडी** = मिठाई गोली.
**शूगरकोटिंग** = पगाई.
**शूटिंग** = फ़िल्मांकन.
**शूटिंग स्टेज** = फ़िल्म स्टूडियो.
**शूद्र** = निम्नवर्णीय.

**शूद्र** *सं* अंतवर्ण, अंत्य, अंत्यज, अंत्य वर्ण, अछूत (प्रा), एकजन्मा, चतुर्थ वर्ण, चौथा वर्ण, दासेरक (प्रा), द्विजनौकर, पदज, महतर, वृषल, सेवक, हरिजन (महात्मा गांधी), ●ब्राह्मण.

**शूद्र वर्ण** = अद्विज वर्ण.

**शूद्र स्त्री** *सं* अंत्यजा, वृषली, शूद्रा, शूद्राणी, शूद्री.

**शूद्रा** = शूद्र स्त्री.
**शूद्राणी** = शूद्र स्त्री.
**शूद्री** = शूद्र स्त्री.
**शून्यं** = वैक्यूम.
**-शून्य** = रहित.

 (प्रा) प्राचीन शब्द, अब अप्रचलित - *तिरछे* शब्द स्वतंत्र शीर्षक भी हैं ●सपर्याय ■विपर्याय

**शून्य** = अंतरिक्ष, अडूब, अनस्तित्व, अनुभूतिहीन, अपदार्थ, अभिव्यक्तिहीन, अमूर्त स्थान, आयामहीन बिंदु, आवासीहीन, एकांत स्थान, एकाकीपन, कुछ नहीं, ताराहीन, नष्ट, निराकार, निरर्थक, पोल, पोला/पोली, रिक्त, शून्य प्राप्तांक, शून्य स्थान, सिफ़र, स्पर्शानुभूतिहीन.

**शून्य** *वि अपदार्थ*, अवस्तु, *अस्तित्वहीन*, आयामहीन, कुछ नहीं, •अनस्तित्व, •पोल, ▪यथार्थ, ▪सघन पदार्थ.

**शून्यकृत** = हत्याकृत.
**शून्यतल** = भूमितल.
**शून्यपाल** = रीजैंट.
**शून्यपाल** = वायसराय.

**शून्य प्राप्तांक** *सं अंडा*, *कुछ नहीं*, गोल अंडा, *शून्य*, *सिफ़र*.

**शून्यमूल** = जड़हीन.
**शून्यवाद** = बौद्ध धर्म.

**शून्यवाद** *सं* ज्ञान या सत्य निराधार है, नाशवाद, निहिलिज़्म, •दर्शन शास्त्र.

**शून्यवादी** = बौद्ध धर्मावलंबी.

**शून्य स्थान** *सं अंतराल*, *अनुपस्थिति*, अवकाश, *आकाश*, कुहर, ख़ला, ख़ालीपन, *छिद्र*, जगह, *पोल*, रिक्त स्थान, *शून्य*, सूना, •छिद्र.

**शू पालिश करने वाला** *सं* पालिशिया, *मोची*, शू ब्लैक, शू शाइन.

**शू ब्लैक** = शू पालिश करने वाला.
**शूर** = योद्धा, शक्तिशाली, सूअर.
**शूरता** = वीरता.
**शूरमानी** = दिखावटी वीर.
**शूरम्मन्य** = दिखावटी वीर.
**शूरविद्या** = युद्धविद्या.
**शूरवीर** = नायक, महारथी, योद्धा, वीर पुरुष.
**शूरवीरता** = वीरता.
**शूरश्लोक** = वीरकाव्य.
**शूर्प** = छाज.
**शूर्पकर्ण** = गणेश.

**शूर्पणखा** *सं* कामरूपा, नकटी, पौलस्त्ती, रावण बहन, शूर्पा, सूर्पनखा, •राम, •लक्ष्मण, •सीता.

**शूर्पा** = शूर्पणखा.
**शूल** = कंटक, कील, गठिया, टीस, पीड़ा, भाला, शिव त्रिशूल.
**शूलास्त्र** = त्रिशूल.
**शूलिक** = जल्लाद.
**शूलित** = कँटीला/कँटीली.
**शूली** = भालाधारी.
**शू शाइन** = शू पालिश करने वाला.
**शृंखल** = ज़ंजीर.
**शृंखला** = कंठमाला, करधनी, ज़ंजीर, पंक्ति, परंपरा, बाड़, बेड़ी, माला, लड़ी, वंश, सीरीज़.
**शृंखला कड़ी** = ज़ंजीर कड़ी.
**शृंखला क्रम** = संख्याक्रम.
**शृंखलाबद्ध** = गिरफ़्तार, धारावाहित, बेड़ीबंद.
**शृंखलाहीन** = अनियमित, अयोजित, क्रमहीन, क्रमहीन.
**शृंखलित** = अविराम, क्रमबद्ध, क्रमिक, बेड़ीबंद, व्यवस्थित.
**शृंग** = उच्चबिंदु, उदंत, तुरही, पर्वत शिखर, शिखा, सींग, हाथी बाहर निकला दाँत.
**शृंग मुद्रिका** = अंगुश्ताना.
**शृंगवेर** = अदरक, सोंठ.
**शृंगवेरिका** = गोभी.
**शृंगाट** = सिंघाड़ा.
**शृंगाटक** = टिक्का, सिंघाड़ा.
**शृंगार** = उत्तम व्यक्ति या वस्तु, पावडर, प्रेम, मिलन, शृंगार रस, संभोग, सजावट, सिंगार, सौंदर्य.
**शृंगारकक्ष** = मेकअप रूम.
**शृंगार कथा** = प्रेमकथा.
**शृंगार करना** = सिंगारना.
**शृंगार कर्ता** = ब्यूटीशियन, मेकअप मैन, मेकअप मैन.
**शृंगारजन्मा** = कामदेव.
**शृंगारण** = प्रसाधन.
**शृंगार प्रेमी स्त्री** = छबीली.
**शृंगार मेज़** = ड्रैसिंग टेबल.
**शृंगार रस** = नवरस.

**शृंगार रस** *सं* आदिरस, कामोद्रेक प्राप्ति, प्रेमरस, प्रेमोत्पादकता, रसज्येष्ठ, रसराज, शृंगार, सिंगार, सिंगार रस.

**शृंगारसज्जा** = प्रसाधन.
**शृंगारसज्जित** = प्रसाधित.
**शृंगारहाट** = वेश्या महल्ला.
**शृंगारित** = प्रसाधित, सज्जित.
**शृंगारी** = छबीला/छबीली, मेकअप मैन.
**शृंगी** = पर्वत, वटवृक्ष, वृक्ष.
**शृंगीय** = पर्वतीय.
**शृगाल** = गीदड़.
**शृगालिका** = पलायनवाद, रणत्याग.
**शृतशीत** = पास्तेरित.
**शेअर** = शेयर.

**शेअर** *सं पद*, बैत, शेर, •ग़ज़ल आरंभिक शेअर, •ग़ज़ल समापन शेअर, •छंद.

**शेख़** = धर्माधिकारी, पीर, मठाधीश, मुखिया, वृद्ध पुरुष.
**शेख़ चिल्ली** = डींगबाज़.
**शेख़ चिल्ली का मनसूबा** = दिवास्वप्न.
**शेखावत** = अग्नि.
**शेख़ी** = अहंकार, डींग.
**शेख़ीख़ोर** = अहंकारी, डींगबाज़.
**शेड** = सायबान.
**शेप** = पुरुष जननेंद्रिय, पूँछ, शिश्न.
**शेफ** = पूँछ, शिश्न.
**शेफालिका** = हारसिंगार.
**शेफाली** = हारसिंगार.
**शेम** = लज्जा.
**शेयर** = साझेदारी.

**शेयर** *सं अंश*, पत्ती, बखरा, भाग, भागांश, *शेअर*, साझा, स्टाक, हिस्सा, •डिबैंचर, •पूँजी, •प्रतिभूति, •मूलधन.

**शेयरधारी** *सं* अंशधारी, अंशहारी, अंशी, पत्तीदार, भागहारी, शेयरहोल्डर, स्टौकधारी, •साझेदार.

**शेयर पत्र** *सं* अंशपत्र, शेयर सर्टिफ़िकेट, स्टौक पत्र.

**शेयर पर लाभ** = लाभांश.

**शेयर बाज़ार** *सं* सट्टा बाज़ार,

स्टौक ऐक्सचेंज, स्टौक मार्केट, •तेजड़िया, •मंदड़िया, •मुद्रा बाज़ार.

**शेयर सर्टिफ़िकेट** = शेयर पत्र.
**शेयरहोल्डर** = शेयरधारी.
**शेर** = बाघ, वीर पुरुष, शेअर, सिंह.
**शेर की मौसी** = बिल्ली.
**शेर दरवाज़ा** = फाटक.
**शेरदिल** = वीर, वीर पुरुष, साहसी.
**शेरनी** = सिंहनी.
**शेरपंजा** = बघनखा.
**शेरपा** = कुली.

**शेर बकरी** *सं* अज्ञात परिणाम, चितपट, टौस, *दाँव*, सिक्का उछाल, हार या जीत, •दाँव, •बारी, •रैंडम चयन, •लाटरी.

**शेर बच्चा** = वीर पुरुष.
**शेरवानी** = अचकन.
**शेरो शायरी** = काव्य.
**शेव** = दाढ़ी.
**शेष** = अदत्त, अदत्त, अनष्ट, अपूर्णकृत, अविक्रीत, घटान फल, शेष अंश, शेषनाग.

**शेष अंश** *सं* अवशिष्ट अंश, *अवशेष*, टुकड़ा, टोटा, परिशेष, *बक़ाया*, बचा अंश, बचा खुचा भाग, शेष, शेषांश, •अंश, •कटपीस, •कतरन, •खंड.

**शेषनाग** = आकाश गंगा.

**शेषनाग** *सं अनंत*, अनंतनाथ, अनंतशीर्ष, अहीश, धरणीधर, नागराज, नागेश, नागेश्वर, फणीश्वर, भूमिधर, शेष, सहस्रानन, हरहार, •नाग.

**शेषफल** = घटान फल.
**शेष भुगतान** = बक़ाया.
**शेषशायी** = विष्णु.
**शेषांश** = अविक्रीत, शेष अंश.
**शेषांशीय** = अवशिष्ट.
**शेषान्न** = उच्छिष्ट आहार.
**शेषावतार** = बलराम, लक्ष्मण.
**शेषोक्त** = निम्नोक्त, परिशिष्ट.
**शैंडलीअर** = झाड़ फ़ानूस.

**शैंपू** *सं* केश प्रक्षालन तरल साबुन, बाल धुलाई साबुन, •साबुन.

**शैंपेन** = मद्य सूची, मद्य.

**शैंपेन** *सं* झागदार मदिरा, फेनिल वाइन, •मदिरा.

**शै** = दाँव, वस्तु.
**शैक** = कुटी.
**शैक्षिक** = शिक्षालयी.
**शैख़ुल इसलाम** = ख़लीफ़ा.
**शैड** = उपभवन, ओसारा, सायबान.
**शैतान** = चक्रवात, दुर्जन, दुर्जनतापूर्ण, नटखट.

**शैतान** *सं* अज़ाज़ील, असुर, इबलीस, ईश्वरशत्रु, डैविल, दुरात्मा, पिशाच, पिशुन, प्रलोभन देवता, बीलज़ेबब, मैफ़िस्टोफ़िलीज़, लूसीफ़र, वंचक, सैटन, •मैमन, •राक्षस, •विच, ▪ईश्वर, ▪देवता.

**शैतान की डोर** = मकड़ी धागा.
**शैतानियत भरा** = शैतानी.
**शैतानी** = दानवीय, नाशकारी, शरारत.

**शैतानी** *वि* आसुरी, *छलपूर्ण*, तिलिस्मी, प्रवंचनापूर्ण, मायापूर्ण, *मायावी*, मैफ़स्टोफ़िलीज़ी, राक्षसी, शैतानियत भरा, सम्मोहनपूर्ण, •दानवीय, •भयानक, ▪ईश्वरीय, ▪दिव्य, ▪नैसर्गिक, ▪महान.

**शैथिल्य** = थकान.
**शैदा** = प्रेमासक्त.
**शैदाई** = प्रेमासक्त, प्रेमी, रूमानी.
**शैम्वा** = मृगचर्म.
**शैया** = पलंग.
**शैल** = ढेर, पर्वत, पाषाण.
**शैलखटी** = सिलखड़ी.
**शैलज** = शिलाजीत.
**शैलजा** = गंगा नदी, पार्वती.
**शैलतटी** = घाटी.
**शैल द्रव** = खनिज लावा.
**शैलपटल** = पाषाण पटल.
**शैलपति** = हिमालय.
**शैल बाला** = नदी.
**शैलमूल** = खनिज लावा.
**शैल शिखर** = पर्वत शिखर.
**शैलाख्य** = शिलाजीत.

**शैलाली** = नट, मंचकर्मी.
**शैली** = आदत, नाज़नख़रा, परंपरा, प्रथा, फ़ैशन.

**शैली** *सं* अंदाज़, अदा, क़लम (चित्रकला), घराना (संगीत), *चाल*, ट्रीटमैंट, ढंग, ढब, तरीक़ा, तर्ज़, पद्धति, प्रकार, *रंग*, रीति, विशिष्टता, वृत्ति, स्टाइल, हिस्सा.

**शैलीकार** *सं* रीतिकार, शैलीवादी, स्टाइलिस्ट.

**शैलीवादी** = शैलीकार.
**शैलूष** = अभिनेता, तालधारक, नट, मंचकर्मी, संगीत संचालक.
**शैलूषकी** = नटी.
**शैलूषिका** = अभिनेत्री.
**शैलेंद्र** = हिमालय.
**शैलेय** = पथरीला/पथरीली, पर्वतीय, पाषाणीय, शिलाजीत, सेंधा नमक.
**शैलेश** = हिमालय.
**शैल्टर** = बंकर, शरणस्थल.
**शैल्फ़** = आला, पलेंडी.
**शैल्य** = अनम्य.
**शैव** = शैव संप्रदाय सदस्य.
**शैव धर्म** = शैव संप्रदाय.

**शैव संप्रदाय** *सं* शैव धर्म, शैव मत, •अघोर पंथ, •गोरख पंथ, •नागा संप्रदाय, •पाशुपत संप्रदाय, •लिंगायत संप्रदाय, •वीर शैव संप्रदाय, •शंकरवाद, •शाक्त संप्रदाय, •स्मार्त संप्रदाय.

**शैव संप्रदाय सदस्य** *सं* पांचार्थिक, शांभव, शिवकीर्तन, शिवज्ञ, शिवभक्त, शिव भागवत, शैव.

**शैवाल** = काही.
**शैवालिनी** = नदी.
**शैशव** = प्रारंभिक अवस्था.

**शैशव** *सं* आरंभिक बाल अवस्था, दुधमुँहापन, पूर्ववयस, पोतड़ों के दिन, बाल्य, वत्सिमा, शिशु अवस्था, शिशुता, सुकुमारता, •अवयस्कता, ▪जर्जर वृद्धता.

**शो** = डिस्प्ले, तड़कभड़क, दिखावा, नाटक.

**शोक** = पश्चात्ताप, मातम, विरह वेदना.

**शोक** *सं* अंतर्ज्वाला, अंतर्वेदना, अज़ा, अनुशय, अफ़सोस, अलम, अवसाद, आंतरिक दुःख, उत्ताप, कोफ़्त, क्लेद, *खेद*, ग़म, दर्द, दर्दे दिल, दाह, *दुःख*, दुखड़ा, दुखदर्द, *पीर*, *मनस्ताप*, मनोव्यथा, मलाल, *मातम*, मानसिक पीड़ा, रंज, विषाद, वेदना, व्यथा, संताप, सोज़, हाय, •प्रायश्चित्त, •मृत्यु, •रुदन, ▪आनंद, ▪प्रसन्नता, ▪विनोद, ▪हँसी.

**शोककथा** = दुःखगाथा.
**शोक करना** = पछताना, रोना.
**शोककार्य** = अमंगल कार्य.
**शोकगाथा** = दुःखगाथा.
**शोकगीत** = मरसिया.

**शोकगीत** *सं* *मरसिया*, विरह गीत, सियापा.

**शोकग्रस्त** = दुःखी.

**शोकग्रस्त** *वि* ग़मज़दा, मातमज़दा, मातमनशीं, मातमी, मुहर्रमी, मोहर्रमी, रोने वाला, शोकपीड़ित, शोकमग्न, शोकसंतप्त, शोकातुर, शोकान्वित, शोकाविष्ट, संतप्त, सशोक, सोगवार, •दुःखी, •मातम, •मृत्यु संवेदनात्मक.

**शोकनाशक** = सांत्वनाप्रद.
**शोकपीड़ित** = शोकग्रस्त, शोकपूर्ण.
**शोकपूर्ण** = अश्रुपूर्ण.

**शोकपूर्ण** *वि* *अश्रुपूर्ण*, करुण, त्रासक, दर्दीला/दर्दीली, बिलखता/बिलखती, मातमी, रोता/रोती, विषादपूर्ण, विषादित, विषादी, शोकपीड़ित, शोकमग्न, शोकमय, सोगवार, सोगी/सोगिनी, हृदय विदारक, हृदयस्पर्शी, •दुःखी, ▪मनोरंजक, ▪शोकहीन, ▪सुखद.

**शोकप्रद** = करुणाजनक, दुःखद.
**शोकमग्न** = शोकग्रस्त, शोकपूर्ण.
**शोकमय** = शोकपूर्ण.
**शोकयात्रा** = शवयात्रा.

**शोकविह्वल** = दुःखी.
**शोकसंतप्त** = पश्चात्तापपूर्ण, शोकग्रस्त, शोकग्रस्त.
**शोक संवेदना** = मृत्यु संवेदना.
**शोकहर** = सांत्वनाप्रद.

**शोकहीन** *वि* अचिंतित, अनघ, अनाकुल, अनुद्विग्न, अपशोक, अवसादहीन, अशोक, दुःखहीन, निरवसाद, *निश्चिंत*, निश्शोक, बेग़म, विशोक, विषादहीन, वीतशोक, •अलमस्त, ▪दुःखी, ▪पश्चात्तापपूर्ण, ▪शोकग्रस्त, ▪शोकपूर्ण.

**शोकांत** = दुःखांत नाटक, दुःखांत नाटक.
**शोकाकुल** = वियोगी.
**शोकातुर** = दुःखी, शोकग्रस्त.
**शोकान्वित** = शोकग्रस्त.
**शोकारि** = कदंब.
**शोकार्त** = दुःखी.
**शोकार्त्त व्यक्ति** = मातमदार.
**शोकावसर** = अमंगल कार्य.
**शोकाविष्ट** = शोकग्रस्त.
**शोकिनी** = वियोगिनी.

**शोकेस** *सं* काँच अलमारी, शीशों वाली अलमारी, शोविंडो, सजावटी अलमारी, •डिस्प्ले, •शोरूम.

**शोकोच्छ्वास** = आह.
**शोकोपहत** = दुःखी.
**शोख़** = चटक, छबीला/छबीली, नख़रीला, नख़रीली, नटखट, सुंदर स्त्री.
**शोख़अंदाज़** = नख़रीला.
**शोख़जबान** = धृष्ट.
**शोख़ी** = इठलाहट, चंचलता, नाज़नख़रा, रूपाभिमान, वाक्केलि, शरारत.
**शोच** = खेद, चिंता.
**शोचनीय** = करुणाजनक, चिंताजनक, दुःखद.
**शोडाउन का समय** = निर्णायक अवसर.
**शोण** = मंगल ग्रह.
**शोण/शोणी** = रक्तवर्णीया.
**शोणित** = रुधिर, लाल.
**शोणितप** = रुधिरपायी.

**शोथ** = सूजन.
**शोध** = अनुसंधान, तलाश, विशोधन, शोध लेख.
**शोधक** = अनुसंधान कर्ता, रोग निवारक, विशोधक.
**शोध कर्ता** = अनुसंधान कर्ता.
**शोधन** = भुगतान, विशोधन, संशोधन, समाकलन, स्नान.
**शोधन** = घटान कर्म, भाग कर्म.
**शोधनशील** = आविष्कारशील.
**शोधनात्मक** = सुधारात्मक.
**शोधनी** = झाड़ू.
**शोधपत्र** = भूल सुधार पृष्ठ, शोध लेख.
**शोधपूर्ण** = विद्वत्तापूर्ण.

**शोध लेख** *सं* थीसिस, *निबंध*, पेपर, *प्रबंध*, शोध, शोधपत्र, •निबंध.

**शोधशील** = आविष्कारशील.
**शोधात्मक** = विद्वत्तापूर्ण.
**शोधित** = अनुसंधानित, चुकता, विशोधित, संशोधित.
**शोधित खाँड** = बूरा.
**शोध्य पत्र** = प्रूफ़.
**शोनान (जापानी)** = सिंगापुर.
**शोपीस** = कालजयी कलाकृति.
**शोफ** = गूमड़, सूजन.
**शोफ़र** = ड्राइवर.
**शोबदा** = छल, मायाजाल.

**शोबदा** *सं* *करतब*, करिश्मा, *खेल*, टोटका, ठगोरी, तमाशा, बाज़ी, लटका, *स्टंट*, *हाथ*, •जादू, •हाथ की सफ़ाई.

**शोबदेबाज़** = खेल प्रदर्शक, जादूगर, ठग, दुर्जन, बाज़ीगर, मजमेबाज़.

**शोबदेबाज़** *सं* करतबबाज़, *करतबिया*, *करतबी*, *खिलाड़ी*, टोटकेबाज़, तमाशाई, तमाशेबाज़, •जादूगर, •ठग, •मजमेबाज़.

**शोब्देबाज़** = जुगाड़िया.
**शोभन** = सुंदर.
**शोभना** = सुंदर स्त्री, सुंदर स्त्री.

**शोभनीय** *वि* अच्छा/अच्छी, अलंकृत, उपयुक्त, *कलात्मक*, कल्पनापूर्ण, *चुस्त*, छबीला/छबीली, जँचावदार, *ठीक*, *दिव्य*, दीप्तिमान, फबता/

फबती, फबीला/फबीली, मनियार, राजिव, रौनक़दार, विराजमान, शुभ, शुभ्र, शोभान्वित, शोभायमान, शोभायुक्त, शोभित, श्रीमान, *श्लील*, संस्कृत, सजता/सजती, सरस, सही, *सुंदर*, *सुरुचिपूर्ण*, सुहाता/सुहाती, सुहाना/सुहानी, सुहावना/सुहावनी, •कलात्मक, •संगत, ▪लज्जाजनक, ▪वैभवहीन.

**शोभांजन** = सहजन.
**शोभा** = खिलावट, प्रसिद्ध व्यक्ति, फ़ैशन, सजावट, सौंदर्य.
**शोभाकारी** = सजावटी.
**शोभाचार** = फ़ैशन.
**शोभा देना** = फबना.
**शोभाधर** = सुंदर, सुंदर पुरुष.
**शोभान्वित** = प्रसाधित, शोभनीय, सज्जित.
**शोभान्वित करना** = सजाना, सिंगारना.
**शोभापूर्ण** = उत्सवपूर्ण, दर्शनीय, सुरम्य.
**शोभा बढ़ाना** = आना, सजाना.
**शोभामय** = सुंदर.
**शोभायमान** = शोभनीय.
**शोभायात्रा** = जुलूस, विजय उत्सव.
**शोभायुक्त** = शोभनीय.
**शोभायुक्तता** = वैभव.
**शोभाहीन** = कलाहीन, पतझड़ी, वैभवहीन, सौंदर्यहीन.
**शोभित** = आभूषित, उत्सवपूर्ण, उपस्थित, शोभनीय, सज्जित, सुंदर.

**शोमैनशिप** *सं* *तड़कभड़क*, *दिखावा*, नाटकीयता, प्रदर्शन कौशल, प्रस्तुति कला, भड़कीलापन, भव्य दृश्यता, मंचीयता, •अपव्यय, •तड़कभड़क, •वैभव, •सेल्समैनशिप.

**शोर** = आर्तनाद, कोलाहल, ध्वनि, प्रसिद्धि, हाँका.
**शोर करने वाला** = कोलाहल कर्ता.
**शोरग़ुल** = कोलाहल, हल्लागुल्ला.
**शोरदार** = कोलाहलपूर्ण, हंगामेदार.
**शोरबा** = रसा, रसेदार मांस भाजी व्यंजन.
**शोरबेदार** = रसेदार.
**शोरमचाऊ** = कोलाहलकारी.
**शोर मचाना** = झींकना.
**शोरशराबा** = आर्तनाद, उलाहना, कोलाहल, हल्लागुल्ला, हाँका.

**शोरा** *सं* कार्बनेट, नाइट्रेट, नेट्रान, पाक्य, भूमि लवण, साल्टपीटर, सुरिया खार, स्वर्जी.

**शोरीला/शोरीली** = कोलाहलपूर्ण.

**शोरूम** *सं* ऐंपोरियम, गैलरी, सेल्सरूम, •शोकेस.

**शोला** = अंगारा, कर्मवीर.
**शोविंडो** = शोकेस.
**शोशा** = अंगारा, खंड, चिंगारी, विचित्र वस्तु.
**शोषक** = अवशोषक.

**शोषक** *सं* *दोग्धा*, दोहक, शोषण कर्ता, शोषयिता, •पूँजीपति, ▪शोषित.

**शोषण** = अवशोषण, सुखाई.
**शोषण कर्ता** = शोषक.
**शोषण से रक्षा का अधिकार** = मूल अधिकार सूची.
**शोषयिता** = शोषक.
**शोषित** = सूखा/सूखी.

**शोषित** *वि* दलित, दोहित, *पददलित*, •कंगाल, ▪शोषक.

**शोषित्र** = ड्रायर.
**शोषी** = ड्रायर.
**शोहदा** = गुंडा.
**शोहदापना** = गुंडागर्दी.
**शोहरत** = प्रसिद्धि.
**शोहरती** = प्रसिद्ध.
**शौंगेय** = गरुड़ गिद्ध, बाज़ गिद्ध.
**शौंडिक** = डिस्टिलर.
**शौंडी** = डिस्टिलर.
**शौआल** = हिजरी मास सूची.
**शौक** = मनोघात.
**शौक़** = आसक्ति, इच्छा, उत्साह, कुटेव, फ़ैड, भोजन प्रेम, रुचि, लालसा, विलासिता, सुरुचि.

**शौक़** *सं* अभिरुचि, *खेल*, *ज़ौक़*, दिलचस्पी, दिल बहलाव, दिल्लगी, प्रिय विषय, मनपसंद गतिविधि, मनोविनोद, मशग़ला, *रुचि*, रुझान, *लगन*, विशेष रुचि, शौक़िया रुचि, हाबी, •आदत, •फ़ैड.

**शौकत** = वैभव.
**शौक़ से खाना** = चटखारना.
**शौक़िया (कलाकर्मी)** = ग़ैरपेशेवर (कलाकर्मी).
**शौक़िया रुचि** = शौक़.

**शौक़िया रेडियो आपरेटर** *सं* हैम, हैम रेडियो आपरेटर.

**शौकीन** = सुरुचिसंपन्न (व्यक्ति).
**शौक़ीन** = ग़ैरपेशेवर (कलाकर्मी), छबीला/छबीली, फ़ैड प्रेमी, भोजन प्रेमी, रसप्रेमी, रूमानी, विलासप्रिय, सुराप्रेमी, स्वादप्रेमी.
**शौक़ीनी** = विलासिता, स्वादप्रेम.
**शौक्त** = अम्लीय.
**शौक्तिक** = अम्ल, अम्लीय, मोती.
**शौच** = मलत्याग, स्नान.
**शौच कर्म** = मलत्याग.
**शौच निवृत्ति** = मलत्याग.

**शौचस्थान** *सं* *खेत*, जंगल, *दिशा*, दिशा मैदान, *बाहर*, *मैदान*, •शौचालय.

**शौचागार** = शौचालय.

**शौचालय** *सं* *टट्टी*, टायलेट, पाख़ाना, लैटरीन, शौचागार, संडास, •मूत्रालय, •सफ़ाई कर्मचारी, •सार्वजनिक शौचालय, •स्नानागार.

**शौचालय कर्मी** = सफ़ाई कर्मचारी.
**शौट** = इंजैक्शन, फ़ोटोग्राफ़.
**शौटीर्य** = आत्मबलि.
**शौनिक** = बहेलिया.
**शौप** = कारख़ाना, दुकान.
**शौपकीपर** = दुकानदार.
**शौपिंग सैंटर** = डिपार्टमैंट स्टोर.

**शौपिंग सैंटर** *सं* आर्केड, ऐंपोरियम, *छत्ता*, प्लाज़ा, *बाज़ार*, माल, सुपर बाज़ार, सुपर मार्केट, •डिपार्टमैंट स्टोर.

**शौरि** = वसुदेव.

**शौर्टकट** *सं* छोटा रास्ता, जल्दी का रास्ता, लघुमार्ग, सीधा रास्ता,

•पगडंडी, ■लंबा रास्ता.

**शौर्ट टन (यूके) 1.12** = टन (भार).
**शौर्ट टन 1.1023** = मीट्रिक टन.
**शौर्ट शौर्ट स्टोरी** = लघुकथा.
**शौर्ट स्टोरी** = छोटी कहानी.
**शौर्य** = प्रताप, वीरता.
**शौर्यकला** = युद्धकला.
**शौल्विक** = ठठेरा.
**शौहर** = पति.
**श्फ़ीट्स (जरमन)** = स्विट्ज़रलैंड.
**श्म** = शव.
**श्मशान** = क़ब्रिस्तान.

**श्मशान** *सं* अंतशय्या, दाहभूमि, पितृवन, प्रेतभूमि, प्रेतवन, मरघट, मसान, मुर्दघाट, शवदाह स्थान, शिवालय, •अरथी, •क़ब्रिस्तान, •चिता, •दाहागार.

**श्मशान कर्मी** = चंडाल.
**श्मशान कालिका** = काली.

**श्मशान दीप्ति** *सं* अगिया बैताल, पिशाचिका, प्रेतलीला, मसान ज्योति, •दावा दीप्ति.

**श्मशानपाल** = चंडाल.
**श्मशानवासी** = शिव.
**श्मशानसाधक** = प्रेतसाधक.
**श्मशान साधना** = प्रेतसिद्धि.
**श्मशान सिद्धि** = प्रेतसिद्धि.
**श्मश्रु** = दाढ़ी.
**श्मश्रुकर** = नाई.
**श्मश्रुधर** = दाढ़ीदार.
**श्मश्रुल** = दाढ़ीदार.
**श्यानित्र** = फ़्रीज़र.
**श्याम** = काला/काली, कृष्ण, थाईलैंड धूम्रपूर्ण, नीला/नीली, मेघ, मेघाच्छन्न, श्यामवर्ण, सलेटी.
**श्याम/श्यामा** = नवयुवक/नवयुवती.
**श्यामकंठ** = नीलकंठ.
**श्याम जीरा** = शाह जीरा.
**श्यामता** = नीलिमा.
**श्याम धूप** = अगरु.
**श्यामपत्र** = तमाल.
**श्यामल** = धूम्रपूर्ण, भ्रमर, सलेटी.
**श्यामल/श्यामला** = श्यामवर्ण.
**श्यामल/श्यामली** = श्यामवर्ण.
**श्यामलता** = कालिमा, नीलिमा.
**श्यामला** = जामुन, पार्वती.

**श्यामवर्ण** *वि* घनश्याम, श्याम, श्यामल/श्यामला, श्यामल/श्यामली, श्यामवर्णीय, सँवरिया, साँवर, साँवरा/साँवरी, साँवरिया, साँवला/साँवली, साँवला सलोना/साँवली सलोनी, •कृष्णवर्ण, •गेहुँआ/गेहुँई, ■गौरवर्ण.

**श्यामवर्णीय** = श्यामवर्ण.
**श्याम सुंदर** = शिरीष.
**श्यामसुंदर** = कृष्ण.
**श्यामा** = अमावस रात, काली, तुलसी, नील, मादा कबूतर, राधा, षोडशी, सुंदर स्त्री.
**श्याला** = साला.
**श्यालिका** = साली.
**श्याली** = साली.
**श्येन** = गिद्ध, बाज़ गिद्ध.
**श्येनिका** = मादा गिद्ध.
**श्येनी** = मादा गिद्ध.
**श्रद्ध** = पूजाभावी.
**श्रद्धांजलि** = श्राद्ध.
**श्रद्धा** = अंधविश्वास, आदर, आस्था, निष्ठा, भक्ति, श्राद्ध.
**श्रद्धालु** = अंधविश्वासी, पूजाभावी, भक्त, मतानुगामी.
**श्रद्धावान/श्रद्धावती** = पूजाभावी.
**श्रद्धा सुमन** = पत्रं पुष्पं, बलिवस्तु, समर्पण.
**श्रद्धाहीन** = शंकालु.
**श्रद्धेय** = पूजनीय, सम्माननीय.
**श्रम** = कर्म, तपस्या, परिश्रम, व्यायाम.

**श्रम** *सं* आयास, *उद्यम*, *कर्म*, कामगारी, *परिश्रम*, मज़दूरी, मेहनत, मेहनत मज़दूरी, लेबर, •दासता, •नौकरी, •परिश्रम.

**श्रमकर** = थकाऊ.
**श्रम जल** = पसीना.
**श्रमजीवी** = श्रमिक, सर्वहारा वर्ग.
**श्रम दल** = श्रमिक दल.
**श्रमपूर्ण** = श्रमसाध्य.
**श्रम फल** = पारिश्रमिक.
**श्रमबिंदु** = पसीना.
**श्रमशक्ति** = श्रमिक दल.
**श्रमशील** = परिश्रमी.
**श्रमसाध्य** = कठिन, थकाऊ, पेचीदा डिज़ाइन वाला.

**श्रमसाध्य** *वि* उद्यमपूर्ण, *कठिन*, कड़ा/कड़ी, क्लांतिपूर्ण, *थकाऊ*, दुर्दम, परिश्रमपूर्ण, पौरुषेय, भीषण, *भीष्म*, श्रमपूर्ण, सश्रम, सायास, ■सहज.

**श्रमसाध्य काम** = कठिन कार्य.
**श्रमहीन** = प्रयासहीन.
**श्रमिक** = राज मज़दूर.

**श्रमिक** *सं* अकुशल श्रमिक, कमकर, कमेरा/कमेरन, कर्मकर, कर्मकार, कर्मी, कामगार, क़ुली, मज़दूर, मेहनतकश, लेबरर, श्रमजीवी, •कुशल श्रमिक, •बँधुआ मज़दूर, •अमानीदार, •कारीगर, •कुली, •दास, •नौकर, •राज मज़दूर, •रोज़ंदार, •शिल्पकार.

**श्रमिक अध्यक्ष** = फ़ोरमैन.
**श्रमिक एकता** = मज़दूर संघ.

**श्रमिक दल** *सं* अमला, दल, श्रम दल, श्रमशक्ति, श्रमिक समष्टि, •कर्मचारी दल, •वृंद.

**श्रमिक दिवस** = मई दिवस.
**श्रमिक वर्ग** = सर्वहारा वर्ग.
**श्रमिक संघ** = मज़दूर संघ.
**श्रमिक समष्टि** = श्रमिक दल.
**श्रव** = कर्णभुजा.
**श्रवण** = कान, श्रवण अनुभूति.

**श्रवण** *सं* आकर्णन, आश्रवण, कर्णदान, कर्णार्पण, सुनन, सुनवाई, •कान.

**श्रवण अनुभूति** *सं* कर्णेंद्रिय, *कान*, *श्रवण*, श्रवण शक्ति, श्रवणेंद्रिय, •घ्राण अनुभूति, •दृश्य अनुभूति, ■वाचेंद्रिय.

**श्रवण करना** = सुनना.
**श्रवण प्रतिक्रिया** = हुँकारा.
**श्रवण शक्ति** = श्रवण अनुभूति.
**श्रवणहीन** = बहरा/बहरी.
**श्रवणा** = नक्षत्र सूची.
**श्रवणीय** = श्रोतव्य.

**श्रवणेंद्रिय** = कान, श्रवण अनुभूति.
**श्रवणेंद्रिय (कान)** = ज्ञानेंद्रिय.
**श्रव्य** = श्रुतिगम्य, श्रोतव्य.

**श्रव्य** *वि* आडियो, श्राव्य, सस्वर, •चाक्षुष, •श्रुतिगम्य.

**श्रव्यमान** = श्रुतिगम्य.
**श्रांत** = तंद्रिल, थका/थकी, प्रशांत.
**श्रांति** = थकान.
**श्राद्ध** = पुण्य दिवस.

**श्राद्ध** *सं पिंडदान*, *पितृतर्पण*, पितृयज्ञ, पितृश्राद्ध, *पुण्य दिवस*, बरसी, श्रद्धांजलि, श्रद्धा, •पिंडदान, •पितृतर्पण, •पितृपक्ष.

**श्राद्धदेव** = वैवस्वत मनु.
**श्राद्ध देवता** = ब्राह्मण, यमराज, विश्वेदेव.
**श्राद्धपक्ष** = पितृपक्ष.
**श्राप** = शाप.
**श्रापग्रस्त** = शापग्रस्त.
**श्रापित** = शापग्रस्त.
**श्रावगी** = जैन धर्मावलंबी.
**श्रावण** = बरसात, भारतीय मास सूची, श्रावण मास.
**श्रावण पूर्णिमा** = रक्षा बंधन.

**श्रावण मास** *सं* श्रावण, सावन, हरियाला सावन.

**श्रावणी** = रक्षा बंधन.
**श्राविता** = श्रोता.
**श्राव्य** = श्रव्य, श्रुतिगम्य.
**श्राव्य कैसेट** = आडियोकैसेट.
**श्रिंक** = सिकुड़न.
**श्रिंक करना** = सिकोड़ना.
**श्रिंक होना** = सिकुड़ना.
**श्रिंकिंग** = सिकुड़न.
**श्री** = धन, बिंदी, रोली, लक्ष्मी देवी, वैभव, षड्राग सूची, संपत्ति, सजावट, सौंदर्य.
**श्रीकंठसखा** = कुबेर.
**श्रीकर** = कल्याणकारी, रक्तकमल.
**श्रीकांत** = विष्णु.
**श्रीकाम** = ख्याति इच्छुक.

**श्रीखंड** *सं* गाढ़ी मीठी दही, रसिका, शिखरी, सिखरन, •खीर, •दही, •रबड़ी.

**श्रीगढ़ (पूर्व नाम)** = दिल्ली.
**श्रीगणेश** = आरंभ, आरंभिक कर्म, उद्घाटन, प्रारंभिक अवस्था, संस्थापना.
**श्रीघन** = दही.
**श्रीदामा** = सुदामा.
**श्रीद्रुम** = साल.
**श्रीधाम** = कमल.
**श्रीनंदन** = कामदेव.
**श्रीनगर (ग्रीष्मकालीन राजधानी)** = जम्मू और कश्मीरः राजधानी.
**श्रीनाथ** = विष्णु.
**श्रीनिकेत** = कमल, स्वर्ण.
**श्रीनिकेतन** = मोक्षलोक.
**श्रीनिवास** = मोक्षलोक, विष्णु.
**श्रीपर्णी** = सेमल वृक्ष.
**श्रीपूर्ण** = वैभवशाली.
**श्रीप्रद/श्रीप्रदा** = धनप्रद.
**श्रीप्रदा** = लक्ष्मी देवी.
**श्रीफल** = धन, बिल्व, वारियल वृक्ष, शरीफ़ा.
**श्रीबंधु** = चंद्रमा.
**श्रीभक्ष** = मधुपर्क.
**श्रीमंजरी** = तुलसी.
**श्रीमती** = कुलीन स्त्री, पत्नी.
**श्रीमद्भगवद्गीता** = गीता.
**श्रीमान** = आप, कुलीन पुरुष, पति, महान, शोभनीय.
**श्रीमार्ग** = राजमार्ग.
**श्रीमुख** = सुंदर मुख.
**श्रीरस** = तारपीन.
**श्रीराम** = राम.
**श्रीलंका** = दक्षेस सदस्य सूची, भारत खंड देश क्षेत्र.

**श्रीलंका** *सं* ताम्रद्वीप, ताम्रवर्ण, रत्नद्वीप, लंकद्वीप, लंका, सिंहद्वीप, सिंहल द्वीप, सीलोन, सोने की लंका, •अग्निपरीक्षा, •भारत, •राम, •रावण, •विभीषण, •सीता.

**श्रीलंकाः राजधानी** *सं* कोलंबो.

**श्रीलंकाई** *वि* लंकाई, लंका द्वीपीय, सिंहल, सिंहल द्वीपी, सिंहली, सीलोनी, सैंहल.

**श्रील** = श्लील, सुंदर, सुंदर पुरुष.
**श्रीवल्लभ** = धनाढ्य, विष्णु.
**श्रीवेष्ट** = तारपीन, वार्निश.
**श्रीश** = विष्णु.
**श्रीश्री** = मठाधीश.
**श्रीश्री 1008** = मठाधीश.
**श्रीश्री 108** = मठाधीश.
**श्रीश्री 8** = मठाधीश.
**श्रीसंपन्न** = समृद्ध.
**श्रीहत** = वैभवहीन.
**श्रीहस्तिनी** = सूरजमुखी.
**श्रीहीन** = निर्धन, वैभवहीन.
**श्रुत** = ज्ञात, धर्मग्रंथ, प्रवादित, प्रसिद्ध, सुना/सुनी.
**श्रुतकीर्ति** = प्रसिद्ध.
**श्रुत ग्रंथ** = अपौरुषेय धर्मग्रंथ.
**श्रुतधरता** = स्मृतिधरता.
**श्रुत निष्क्रिय** = विद्या शुल्क.
**श्रुतलेख** = श्रुतिलेख.
**श्रुतादान** = वेदपाठ.
**श्रुति** = अपौरुषेय धर्मग्रंथ, अफ़वाह, कर्णभुजा, कान, ध्वनि, लोककथा, वेद.
**श्रुतिकटु** = संगीतहीन.

**श्रुतिगम्य** *वि* कर्णगोचर, ध्वन्यमान, शब्दित, *श्रव्य*, श्रव्यमान, श्राव्य, *श्रोतव्य*, श्रोत्रगम्य, *स्पष्ट*, •श्रव्य, ■अश्रुतिगम्य.

**श्रुतिधर** = कान.
**श्रुति निदर्शन** = वेदवाक्य.
**श्रुतिप्रिय** = संगीतमय.

**श्रुतिलेख** *सं* इमला, डिक्टेशन, श्रुतलेख, •लेखन.

**श्रुतिहीन** = बहरा/बहरी.
**श्रुवा** = चीड़.
**श्रेढ़ीक्रम** = संख्याक्रम.
**श्रेणी** = करधनी, कोटि, कोटि, ज़ंजीर, पंक्ति, परीक्षा डिवीज़न, परीक्षा डिवीज़न, पर्वतश्रेणी, लड़ी, समाज वर्ग, सीढ़ी, सीरीज़.
**श्रेणीक्रम** = संख्याक्रम.
**श्रेणीबद्ध** = पंक्तिबद्ध.
**श्रेय** = उत्तम, कल्याण, कल्याणकारी, पसंद.

**श्रेय** *सं* कर्तृत्व, कृतित्व, कृतित्वता, प्रशंसनीयता, प्रशंसा अधिकार, सेहरा, •कीर्तिस्व, ■निंदा.

**श्रेयता** = अच्छाई.
**श्रेयस्कर** = कल्याणकारी, बेहतर.
**श्रेयांसनाथ** = तीर्थंकर सूची.

**श्रेयाधिकारी** *वि* अर्घ्य, *प्रशंसनीय*, प्रस्तुत्य, श्लाघनीय, श्लाघ्य.

**श्रेष्ठ** = उत्तम, उत्तम अवस्था सूचक शब्द सूची, परिपूर्ण, प्रथम स्थानीय, सभ्य.
**श्रेष्ठ आश्रमी** = गृहस्थ आश्रमी.
**श्रेष्ठमन्यक** = सुरुचिमन्यक.
**श्रेष्ठाश्रमी** = गृहस्थ आश्रमी.
**श्रेष्ठि** = बनिया.
**श्रेष्ठी** = सेठ.
**श्रोणी** = कटि, नितंब.
**श्रोणीसूत्र** = करधनी.
**श्रोतव्य** = श्रुतिगम्य.

**श्रोतव्य** *वि* मधुर, मीठा/मीठी, मृदुल, श्रवणीय, *श्रव्य*, सुनने योग्य, सुरीला/सुरीली, *सौम्य*, •पठनीय, •रोचक.

**श्रोता** *सं* आडिऐंस, उपश्रोता, श्राविता, सुनने वाला, •सुहृदजन.

**श्रोता गण** = सुहृदजन.
**श्रोतागार** = प्रेक्षागार, सभागार.

**श्रोता घर** *सं* आप का घर, ऐशगाह, दरे दौलत, दहलीज़, दौलतख़ाना, *महल*, ▪वक्ता घर.

**श्रोता नाम** *सं* आप का नाम, इस्म शरीफ़, शुभनाम.

**श्रोत्र** = कान.
**श्रोत्रगम्य** = श्रुतिगम्य.
**श्रोत्रवर्त्म** = कान.
**श्रोत्रिय** = वेदज्ञ.
**श्रोत्री** = वेदज्ञ.
**श्रौत** = यज्ञीय, वेदीय.
**श्रौफ** = मुद्रा व्यापारी.
**श्रौफ़** = महाजन.
**श्लथ** = ढीला/ढीली, थका/थकी, निर्बल, मदिरोन्मत्त, लस्तपस्त, शिथिलकाय.
**श्लाघनीय** = श्रेयाधिकारी.
**श्लाघा** = चाटूक्ति, प्रशंसा.
**श्लाघित** = प्रशंसित.
**श्लाघ्य** = उदाहरणीय, प्रशंसनीय, श्रेयाधिकारी, सम्माननीय.
**श्लिष्ट** = अनेकार्थी, युक्त, श्लेषोक्तिपूर्ण.
**श्लिष्टोक्ति** = श्लेषोक्ति.
**श्लील** = शिष्ट, शोभनीय.

**श्लील** *वि* अनग्न, *नैतिक*, शाइस्ता, श्रील, •शिष्ट, •सभ्य, ▪अश्लील, ▪नग्न, ▪निर्लज्ज.

**श्लेष** = युति, श्लेषोक्ति, स्पर्श, हास्योक्ति.
**श्लेषण** = संश्लेषण.
**श्लेषणा** = संश्लेषण.
**श्लेषयुक्त** = चिपचिपा/चिपचिपी, श्लेषोक्तिपूर्ण.
**श्लेषव्य** = चेपव्य.
**श्लेषहीन** = एकार्थी.
**श्लेषार्थ** = अस्पष्ट (कथन).
**श्लेषार्थक** = अनेकार्थी.
**श्लेषित** = युक्त.
**श्लेषी** = चिपचिपा/चिपचिपी.

**श्लेषोक्ति** *सं* दो अर्थ, दोमानी उक्ति, द्वयर्थक उक्ति, *रहस्य*, वक्रोक्ति, श्लिष्टोक्ति, श्लेष, •वक्रोक्ति अलंकार, •वाक्छल.

**श्लेषोक्तिपूर्ण** *वि* अस्पष्ट, उभयार्थ, उभयार्थक, गोलमटोल, दो अर्थी, दोमानी, द्वयर्थ, द्वयर्थक, द्वयर्थी, द्वि अर्थक, *भ्रामक*, श्लिष्ट, श्लेषयुक्त, *संदिग्ध*, सश्लेष, •अस्पष्ट (कथन), •भ्रामक, •रहस्यपूर्ण, •संदिग्धार्थी.

**श्लेष्म** = कफ.
**श्लेष्मघ्न** = कफनाशक.
**श्लेष्मघ्ना** = केवड़ा.
**श्लेष्महर** = कफनाशक.
**श्लेष्मांतक** = कफनाशक.
**श्लेष्मा ज्वर** = इन्फ़्लूएंज़ा.
**श्लोक** = मंत्र.

**श्लोक** *सं* गाथा, गाथिका, तूणि.

**श्व-** = कुत्ता.
**श्वक** = भेड़िया.
**श्वदंत** = कीला.
**श्वदंष्ट्रा** = गोखरू.
**श्वपाद** = हिंस्र जीव.
**श्वशुर** = ससुर.
**श्वश्रु** = सास.
**श्वसन मुखौटा** = रक्षक मुखौटा.
**श्वसुर** = ससुर.
**श्वसुरालय** = ससुराल.
**श्वान** = कुत्ता.
**श्वानदंश** = कुत्ते का काटा.
**श्वानशाला** = कुत्ताघर.
**श्वानालय** = कुत्ताघर.
**श्वानी** = कुतिया.
**श्वास** = दमा, हाँफ.

**श्वास** *सं* उच्छ्वास, उदान, उसाँस, *दम*, निश्वास, प्रश्वास, प्राण, साँस, •प्राणायाम, •फूँक, •हाँफ.

**श्वास अनुशासन** = प्राणायाम.
**श्वासकास** = दमा.
**श्वास नली** = श्वासवाहिका.
**श्वासयुक्त** = जीवित.

**श्वासयुक्त** *वि* चेतन, ज़िंदा/ज़िंदी, जीता/जीती, *जीवित*, प्राणमय, श्वासवान/श्वासवती, सप्राण, सश्वास, ▪प्राणहीन, ▪श्वासयुकत.

**श्वासरंध्र** = नाक.

**श्वासरंध्र** *सं* गलफड़ा, धमन छिद्र, धमनरंध्र (व्हेल), ब्लोहोल, मछली आदि श्वासरंध्र, मत्स्यरंध्र, •नाक.

**श्वासरुद्ध** *वि* घुटा/घुटी, दमहीन, बेदम, *श्वासहीन*, श्वासावरुद्ध, हाँफता/हाँफती, •श्वासहीन.

**श्वासरोध** = प्राणायाम.

**श्वासरोध** *सं* ऐंजाइना, कंठप्रदाह, कंठावरोध, घरघराहट, घुटन, घुरघुराहट, तांति, दम घुटन, प्राणावरोध, *श्वासावरोध*, साँस की घुटन, •खाँसी, •दमा, •धँसका, •हाँफ, •हिचकी.

**श्वासली** = श्वासवाहिका.
**श्वासवान/श्वासवती** = श्वासयुक्त.

**श्वासवाहिका** *सं* कंठनली, टेंटुआ, नटई, श्वास नली, श्वासली, श्वासिका, श्वासिनी, साँस की नली, •आहार नली, •नाक.

**श्वासहीन** = मृत, श्वासरुद्ध.

**श्वासहीन** *वि* अचेतन, अजीवित, अवसन्न, दमहीन, निरुच्छ्वास, निसाँसा/निसाँसी, निसासी, प्राणहीन, बेदम, विचेतन, ●श्वासरुद्ध, ■श्वासयुक्त.

**श्वासहीनता** = दमा, हाँफ.
**श्वासांत** = मृत्यु.
**श्वासावरुद्ध** = श्वासरुद्ध.
**श्वासावरोध** = श्वासरोध.

**श्वासावरोध** *सं* कंठावरोध, गला घोंट कर हत्या, घोंट, प्राणावरोध, भिंचाई.

**श्वासावरोधक** = वातहीन.
**श्वासिका** = श्वासवाहिका.
**श्वासिनी** = श्वासवाहिका.
**श्वेत** = गौरवर्ण, रजतीय, रुपहला/रुपहली, सफ़ेद.
**श्वेतकुंजर** = ऐरावत.
**श्वेत कुष्ठ** = सफ़ेद दाग़.
**श्वेतकेतु** = केतु.
**श्वेतकेश** = जर्जर वृद्ध, श्वेतकेशी.

**श्वेतकेशी** *वि* पक्वकेश, पलित, पलिती, श्वेतकेश, सफ़ेद बालों वाला, ●स्वर्णकेशी, ■कृष्णकेशी.

**श्वेत गरुत** = हंस.
**श्वेत टंकण** = सुहागा.
**श्वेतता** = श्वेतिमा.
**श्वेतद्वीप** = मोक्षलोक.
**श्वेत धातु** = खड़िया.
**श्वेत ध्वज** = युद्धविराम.
**श्वेतरथ** = शुक्र ग्रह.
**श्वेतवर्ण** = गौरवर्ण.
**श्वेत वर्तिका** = सिगरेट.
**श्वेतवाजी** = इंद्र.
**श्वेतवाहन** = इंद्र.
**श्वेत श्याम इतर सभी रंग** = रंग.
**श्वेतसार** = खैर.
**श्वेतांग** = गौरवर्ण.

**श्वेतांबर** *सं* ढूढ़िया, सितांबर, सितांशुक, ●दिगंबर.

**श्वेता** = फिटकरी.
**श्वेताश्व** = अर्जुन.
**श्वेताश्वतर उपनिषद** = उपनिषद.

**श्वेतिमा** *सं* दूधियापन, धवलता, धवलिमा, धावल्य, *रजतिमा*, शुक्लिमा, शुचिता, श्वेतता, सफ़ेदी, ■कालिमा.

**षंड** = नपुंसक, साँड़.
**षंडाली** = तलैया.
**षंढा** = हिजड़न.
**षट्** = छह.
**षट्क** = छह समुदाय.
**षट्कर्मा** = तान्त्रिक.
**षट्कोण** = षड्भुजीय, षड्भुज.
**षट्कोणीय** = षड्भुजीय.
**षट्चरण** = टिड्डी.
**षट्पद** = कीट, छप्पय.
**षट्पदा** = छप्पय.
**षट्पाद** = कीट, भ्रमर.
**षट्पार्श्व** = घनाकृति.
**षट्शास्त्र** = षड्दर्शन.
**षडंग** = छह समुदाय, वेदांग.
**षडंगिनी** = सेना.
**षडर्तु** = षड् ऋतु.
**षडानन** = स्कंद.
**षडानीक** = घनाकृति.
**षडाम्नाय** = षड्दर्शन.
**षड्** = छह.

**षड् ऋतु** *सं* छः ऋतु, षडर्तु.

**षड् ऋतु सूची** *सं* वसंत (चैत्र वैशाख), ग्रीष्म (ज्येष्ठ आषाढ़), वर्षा (श्रावण भाद्रपद), शरद (आश्विन कार्तिक), हेमंत (मार्गशीर्ष पौष), शिशिर (माघ फाल्गुन).

**षड्ज** = सप्तक स्वर सूची.

**षड्दर्शन** *सं* प्राचीन भारतीय दर्शन, षट्शास्त्र, षडाम्नाय.

**षड्दर्शन सूची** *सं* न्याय दर्शन, मीमांसादर्शन, योगदर्शन, *वेदांत दर्शन*, वैशेषिक दर्शन, सांख्य दर्शन.

**षड्फलक** = घनाकृति.
**षड्भुज** = षड्भुजीय, षड्भुज.

**षड्भुज** *सं* *छप्पय*, षट्कोण, षड्भुज, षड्भुजा, ●छह.

**षड्भुजा** = दुर्गा, षड्भुज.

**षड्भुजाकार** = षड्भुजीय.

**षड्भुजीय** *वि* छपहला/छपहली, षट्कोण, षट्कोणीय, षड्भुज, षड्भुजाकार.

**षड्यंत्र** = कपट रचना.

**षड्यंत्र** *सं* कपट प्रबंध, कपट योजना, गुप्त योजना, *चाल*, पूर्वयोजना, प्लाट, *फंदा*, साज़िश, ●मिलीभगत.

**षड्यंत्र कर्ता** = षड्यंत्रकारी.
**षड्यंत्रकारी** = विश्वासघाती, सहअपराधी.

**षड्यंत्रकारी** *सं* कुचक्री, द्रोही, ध्वंसी, भेत्ता, भेदकारी, भेदी, षड्यंत्र कर्ता, साज़िशी, ●सहअपराधी.

**षड्यंत्रकारी दल** *सं* *गुट*, गुप्त दल, ग्रुप, *चक्र*, धड़ा, सिंडिकेट.

**षड्यंत्रित** = छला/छली.
**षड्रस** = षड् स्वाद, स्वादिष्ट.

**षड्राग** *सं* छह राग, षड् राग.

**षड्राग सूची** *सं* *दीपक*, भैरव, मल्लार, मालकोस, श्री, हिंडोल.

**षड्रेखा** = खरबूजा.
**षड्वर्ग** = छह समुदाय.

**षड् स्वाद** *सं* छह स्वाद, षड्रस.

**षड् स्वाद सूची** *सं* *अम्ल*, कटु, कषाय, तिक्त, मधुर, लवण.

**षण्** = छह.
**षण्मातुर** = स्कंद.
**षण्मासिक** = अर्धवार्षिक.
**षष्टक** = छह समुदाय.
**षष्टम** = छठा/छठी.
**षष्टय** = छह समुदाय.
**षष्टि** = साठ, साठ वर्ष.
**षष्टिक** = साठवाँ/साठवीं.
**षष्टिपूर्ति** = हीरक जयंती.
**षष्ठ** = छठा/छठी.
**षष्ठम** = छठा/छठी.
**षष्ठी** = दुर्गा.
**षाष्ठ** = छठा/छठी.

**षोडश** = सोलह.
**षोडश कर्म** = सोलह संस्कार.
**षोडश भुजा** = दुर्गा.
**षोडश संस्कार** = सोलह संस्कार.
**षोडशांशु** = शुक्र ग्रह.
**षोडशार्चि** = शुक्राचार्य.
**षोडशी** = सुंदर स्त्री.

**षोडशी** *सं* बाला, श्यामा, सोलह वर्ष युवती, •किशोरी, •युवती.

**संकट** = कुपरिस्थिति, जोख़िम, झेंप, हिचक.

**संकट** *सं* अज़ाब, अड़ी, आँच, *आपत्ति*, आपदा, कठिनाई, *ख़तरा*, गर्दिश, गाढ़, जानजोखिम, *जोख़िम*, नाज़ुक हालत, पतला हाल, परेशानी, बला, *बाधा*, बिपदा, बुरी बला, *भीड़*, मुश्किल, मुसीबत, विघ्न, विपत्ति, विपद, विपदा, विषम, व्याघात, शामत, संकुल, संपराय, *समस्या*, साँसत, •आपात्काल, •क़हर, •चिंता, •तूफ़ान, •भय, ▪परित्राण, ▪रक्षा, ▪सुरक्षा.

**संकट काल** = आपात्काल.
**संकटकालीन** = आपात्कालीन.
**संकटकालीन आचार** = आपद्धर्म.

**संकटग्रस्त** *वि असुरक्षित*, आपदाग्रस्त, आपन्न, आफ़त का मारा, कष्टग्रस्त, ख़तरे में पड़ा, घिरा/घिरी, त्रस्त, दुहेला/दुहेली, प्रपन्न, फँसा/फँसी, बदहाल, बेहाल, मुसीबत का मारा, मुसीबतज़दा, विपदाग्रस्त, विपन्न, व्यग्र, शामत का मारा, शामतज़दा, संकटापन्न, सताया/संताई, समापन्न, हैरान, •असुरक्षित, •भयभीत, ▪आरक्षित, ▪रक्षित, ▪सलामत, ▪सुरक्षित.

**संकटग्रस्तता** = संकटावस्था.
**संकट घंटा** = संकट सूचना.

**संकट चिह्न** *सं* काटा, काटे का निशान, *ख़तरा*, खतरे का निशान, ख़तरे की झंडी, खोपड़ी, लाल झंडी, *सावधान*.

**संकटनाशक** = परित्राता.
**संकटनाशन** = परित्राण.
**संकटपूर्ण** = ख़तरनाक.
**संकटपूर्ण घटना** = दुर्घटना.
**संकटप्रद** = ख़तरनाक.
**संकटप्रद वस्तु** = आफ़त की पुड़िया.
**संकट मुक्ति** = जीवन रक्षा.
**संकटमोचक** = परित्राता, पीड़ाहर औषध, रक्षक.
**संकटमोचन** = परित्राण, परित्राता, हनुमान.
**संकट संकेत** = संकट सूचना.
**संकट सूचना** = अपशकुन.

**संकट सूचना** *सं* अलार्म, अलार्म बैल, *आर्तनाद*, ऐसओऐस, ख़तरा घंटी, खतरे की घंटी, *घंटा*, *घंटी*, चीख़, *चेतावनी*, चेतावनी घंटी, चोर घंटी, *बिगुल*, भय संकेत, भेड़िया आया भेड़िया आया, भोंपू, वार्निंग, संकट घंटा, संकट संकेत, साइरन, सिग्नल, *सीटी*, *हार्न*.

**संकट से रक्षा** = बीमा.
**संकट स्थान** = संकटावस्था.
**संकट स्थिति** = संकटावस्था.
**संकटहरण** = परित्राण.
**संकट हर्ता** = परित्राता.
**संकटहीन** = सलामत, सुरक्षित.
**संकटहीनता** = सुरक्षा.
**संकटात्मक** = जोखिमपूर्ण.
**संकटापन्न** = असुरक्षित, संकटग्रस्त.

**संकटावस्था** *सं* आपात् स्थिति, *कगार*, कठिन स्थिति, क़यामत, गहरा पानी, तलवार की धार, *तूफ़ान*, *दलदल*, *भँवर*, *मँझधार*, विपत्ति सागर, विपन्नता, संकटग्रस्तता, संकट स्थान, संकट स्थिति, संगर.

**संकर** = मिश्र धातु, संकरित.
**संकरज** = वर्णसंकर.
**संकर जातीय** = वर्णसंकर.
**संकरण** = अपमिश्रण, प्रजाति परिष्कार.
**संकरता** = खोट.
**सँकरा/सँकरी** = पतला/पतली, संकीर्ण.
**संकरित** = मिलावटी.

**संकरित** *वि* अंतरप्रभव, दोग़ला/दोग़ली, द्विरेता, *मिलावटी*, मिश्रजाति, *मिश्रित*, योनिसंकर, *वर्णसंकर*; संकर, सम्मिश्रित, हाइब्रिड, •प्रजनित, •मिश्रित.

**संकरी** = वर्णसंकर.
**सँकरी घाटी** = दर्रा.
**संकर्षण** = बलराम.
**संकल** = ज़ंजीर.
**संकलक** = संग्रहकार.
**संकलन** = भंडार, संकलन पुस्तक, संग्रह, संहिता, समावेश.
**संकलनकार** = संग्रहकार.

**संकलनकार** *सं* संग्रह कर्ता, संग्रहीता, *संपादक*, संहिताकार.

**संकलन पुस्तक** *सं* अंजलि (जैसेः गीतांजलि), अवली (जैसेः भजनावली), चयनिका, *जातक*, *दीवान*, पिटक, पुष्पांजलि, संकलन, संकलिका, *संग्रह*, •काव्य संकलन, •गीत संकलन, •चालीसा, •भजनावली, •भिन्न टीकावली, •शतक, •सतसई, •सहस्रक, •सूक्ति संकलन.

**संकलन वृत्ति** = परिग्रह.
**संकलनशील** = परिग्रही.
**संकलनशीलता** = परिग्रह.
**संकलन स्थान** = संग्रहालय.
**संकलनीय** = संग्रहणीय.
**संकलिका** = अलबम, संकलन पुस्तक.
**संकलित** = असैंबलित, जुड़ा/जुड़ी, संग्रहित.
**संकल्प** = मनोबल, महत्त्वाकांक्षा, विचार, शपथ, साधना, साहस, हठ.

**संकल्प** *सं* अज़्म, अनुष्ठान, अहद, इरादा, क़ौल, टेक, ठान, दृढ़ निश्चय, धृति, निर्णय, *निश्चय*, पक्का इरादा, प्रण, प्रतिज्ञा, फ़ैसला, *बीड़ा*, भीष्म प्रतिज्ञा, भीष्म व्रत, मनोरथ, *वचन*, व्रत, *शपथ*, •इच्छा, •धैर्य, •मनोबल, •महत्त्वाकांक्षा, •साहस, •हठ, ▪अनिश्चय, ▪दुबिधा, ▪विचलन, ▪हिचक.

**संकल्पना** = काव्य बिंब, प्रारंभिक

अवस्था, बिंब विधान, बिंब विधान.
**संकल्पपूर्ति** = सफलता.
**संकल्पभंग** = विचलन.
**संकल्प शक्ति** = आत्मविश्वास, धैर्य.
**संकल्पशील** = आत्मविश्वासी, आलस्यहीन.

**संकल्पशील** *वि* *अचल*, अचलायमान, अच्युत, अटल, अडिग, अविचल, अविचलित, असमंजसहीन, *आत्मविश्वासी*, आन वाला, इरादे का पक्का, कट्टर, कृतनिश्चय, कृतप्रतिज्ञ, कृतसंकल्प, चट्टानी, टेक वाला, थिर, दुबिधाहीन, दृढ़, दृढ़प्रतिज्ञ, दृढ़व्रत, दृढ़ावलंबी, देवव्रत, धैर्यवान, ध्रुव, *निश्चल*, निष्ठ, *निष्ठावान*, पक्का/पक्की, पाबंद, पायदार, पुख़्ता, पूरा/पूरी, प्रणी, प्रतिज्ञा पालक, बद्धप्रतिज्ञ, बात का धनी, बात का पक्का, बावफ़ा, भीष्मव्रत, *भ्रमहीन*, लगन का पक्का, *लगनशील*, *लौह*, वचन का पक्का, वफ़ादार, वादे का पक्का, व्रती, संशयहीन, सत्यप्रतिज्ञ, सत्यशील, *समर्पित*, सुधीर, सुप्रतिज्ञ, सुस्थिर, *स्थिर*, स्थिरप्रतिज्ञ, •अनम्य, •धीर, ▪आतुर, ▪चंचल, ▪पलायनवादी, ▪विचलनशील.

**संकल्पहीन** = विचलनशील.
**संकीर्ण** = अनुदार, असहनशील, कंजूस, गुटबंद, पतला/पतली, परंपरावादीय, भेदभावपूर्ण, मतांध.

**संकीर्ण** *वि* अबृहद, अल्प, अविशाल, अविस्तीर्ण, अविस्तृत, कुंचित, कोतह, घुटा/घुटी, छोटा/छोटी, तंग, पतला/पतली, बारीक़, बारीक़, भिंचा/भिंची, विस्तारहीन, सँकरा/सँकरी, संकुचित, सीमित, स्थानहीन, •जनाकीर्ण, •संकुचित, ▪विस्तीर्ण.

**संकीर्णहृदय** = असहनशील.
**संकीर्तन** = कीर्तन.
**संकीर्तनकार** = भजनीक.
**संकीर्ति** = प्रसिद्धि.
**संकुंचन** = संकुचन.
**संकुचन** = कमेड़ा, मुँदन.

**संकुचन** *सं* *कसन*, कुंचन, कूँच, दबन, पिचन, *भिंचन*, भिंचाव, भींच, संकुंचन, संकोचन, संहरण, संहार, संहृति, समेट, सम्मीलन, •भिंचन, ▪विस्तारण.

**संकुचित** = अनुदार, असहनशील, मतांध, संकीर्ण, स्वार्थी.
**संकुचित करना** = सिकोड़ना, सिकोड़ना.
**संकुचित जाति भावना** = प्रजातिवाद.
**संकुचित ज्ञान** = अल्पज्ञान.
**संकुचित दृष्टिकोण** = संप्रदायवाद.
**संकुल** = संकट.
**संकुलता** = स्थानाभाव.
**संकेत** = अतापता, उल्लेख, कूट संकेत, निदेश, नीति, पूर्वलक्षण, पूर्वसूचना, भंगिमा, यातायात संकेत, शकुन, साइन बोर्ड, सुझाव, सुराग़, सूचना, सूत्रवाक्य.

**संकेत** *सं* आभास, इंग, इंगित, इंडिकेशन, इशारा, उद्देश, मुद्रा, *संदेश*, सिग्नल, *सूचना*, सैन, हावभाव, •भंगिमा, •सुराग़.

**संकेत अभिनय** = भावाभिनय.
**संकेत अभिनेता** = भावाभिनेता.
**संकेतक** = कर्सर, संकेतात्मक.

**संकेतक** *सं* इंडिकेटर, इंडैक्स, *कर्सर*, *किरण*, झंडा, तीर, सिग्नल, सूई.

**संकेत चिह्न** = स्थानचिह्न.
**संकेततः** = संक्षेपतः.
**संकेतनी** = तर्जनी उँगली.
**संकेतपट** = साइन बोर्ड.
**संकेत वचन** = सूत्रवाक्य.
**संकेत शब्द** = कूटशब्द, कूटशब्द.
**संकेत स्थल** = अभिसार स्थल.

**संकेतात्मक** *वि* द्योतक, *परिचायक*, बोधक, लक्षक, *संकेतक*, सांकेतिक, सूचक, •प्रतीकात्मक.

**संकेतिका** = इंडैक्स, तर्जनी उँगली.
**संकेतित** = लक्षणार्थक.

**संकेतित** *वि* अभिलक्षित, आलक्षित, इंगित, उद्देशित, ज्ञापित, दर्शित, *प्रदर्शित*, बोधित, व्यंजित, संज्ञापित, संज्ञित, सूचित, •आज्ञापित, •निदेशित.

**संकोच** = आपत्ति, झेंप, निरुत्साह, भय, भिंचन, लज्जा, हिचक.

**संकोच** *सं* *अनिच्छा*, अनिच्छुकता, *आशंका*, *उलझन*, ग़ैरत, घबराहट, झिझक, डर, *भय*, लाज, लिहाज़, •झेंप, •हिचक, ▪असंकोच, ▪आत्मविश्वास, ▪निर्लज्जता.

**संकोच करना** = सकुचना.
**संकोचकारी** = संकोची.
**संकोचन** = संकुचन.
**संकोचनी** = छुईमुई.
**संकोचपूर्ण** = संकोची.
**संकोचशील** = संकोची.

**संकोचहीन** *वि* असंकोची, खुला/खुली, ढीठ, निःसंकोच, निस्संकोच, प्रगल्भ, मुक्तकंठ.

**संकोचहीनता** = असंकोच.
**संकोची** = विनम्र.

**संकोची** *वि* झिझकता/झिझकती, झिझकू, *विनम्र*, संकोचकारी, संकोचपूर्ण, संकोचशील, सकुचौहाँ/सकुचौहीं, हिचकता/हिचकती, •लजीला/लजीली, •विनम्र, ▪अहंकारी, ▪धृष्ट, ▪निर्लज्ज.

**संकोप** = रूठन.

**संक्रम** *सं* अयन, एक से दूसरे स्थान तक गमन, *गमन*, गुज़र, *संक्रमण*, संचरण, •पारगमन, •प्रगति, •व्यतीति.

**संक्रमण** = गमन, पारगमन, संक्रम.

**संक्रमण** *सं* इनफ़ैक्शन, छूत, दूषण, *पूयन*, रोगजनन, रोग संक्रमण, संदूषण, संसर्ग, संसर्गण, संस्पर्श, *स्पर्श*, •प्रदूषण.

**संक्रमणकारी** = संक्रामक.

**संक्रमणरुद्ध** *वि* अदूषित, असंक्रमित,

 (प्रा) प्राचीन शब्द, अब अप्रचलित - *तिरछे* शब्द स्वतंत्र शीर्षक भी हैं •सपर्याय ▪विपर्याय

अहानिकर, कीटाणुनष्ट, कीटाणुहीन, डिसिनफ़ैक्टिड, *ताज़ा*, *रक्षित*, रोगाणुनष्ट, रोगाणुमुक्त, विसंक्रमित, संरक्षित, स्टैरिलाइज़्ड, *स्वच्छ*, हानिहीन, •असंक्रामक, •पास्तेरित, •रोग निवारक.

**संक्रमण रोधक** = रोग निवारक.
**संक्रमण रोधन** = विसंक्रमण.

**संक्रमणशील** *वि* गुज़रता/गुज़रती, संक्रामी, •गमनशील.

**संक्रांति** = अयनांत.
**संक्रांतिद्वय चांद्र मास** = क्षयमास.
**संक्रांतिविहीन मास** = मलमास.
**संक्रामक** = रोगकारक.

**संक्रामक** *वि अस्पृश्य*, अस्वच्छ, अस्वास्थ्यकर, इनफ़ैक्शस, कीटाणुवाहक, गंदगीदार, गंदा/गंदी, छुतहा/छुतही, मलिन, रोग संक्रामक, रोगाणुवाहक, वबाई, *विषाक्त*, संक्रमणकारी, संचारी, संवाहक, सुजीविताहीन, स्पर्शाक्रामक, हानिकर, •संक्रमित, ▪असंक्रामक.

**संक्रामक रोग** *सं* छूत, छूत की बीमारी, संचार व्याधि, संचारी रोग, संपर्कज, संसर्गज, संसर्गज रोग, संस्पर्शज रोग, स्पर्शज रोग.

**संक्रामी** = संक्रमणशील.
**संक्रिया** = तकनीक.
**संक्षालित** = विशोधित.
**संक्षिप्त** = छोटा/छोटी, छोटे साइज़ का, सूक्तिवत, सूक्ष्म.

**संक्षिप्त** *वि* कटा/कटी, *कम*, घटा/घटी, छँटा/छँटी, छोटा/छोटी, मुख्तसर, संपादित, सार कथित, सार संक्षिप्त, सार संक्षेपित, सारांशित, *ह्रस्व*, •अपूर्ण, •सूक्तिवत, ▪वर्धित, ▪सविस्तार.

**संक्षिप्त (भाषा)** = सूक्तिवत.
**संक्षिप्त (शैली)** = सूक्तिवत.
**संक्षिप्त कथा** = लघुकथा.
**संक्षिप्त कर्ता** = संक्षेपक.
**संक्षिप्त टीका** = टिप्पणी.
**संक्षिप्ततः** = संक्षेपतः.
**संक्षिप्त विवरण** = सार संक्षेप.
**संक्षिप्त व्याख्या** = टीका.
**संक्षिप्त शब्द** = प्रथमाक्षरी नाम (जैसेः संरासं - संयुक्त.
**संक्षुब्ध** = उपद्रवग्रस्त.
**संक्षेप** = प्रथमाक्षरी नाम (जैसेः संरासं - संयुक्त, सार संक्षेप.

**संक्षेपक** *सं* संक्षिप्त कर्ता, संक्षेप कर्ता, संक्षेप्ता, सार संक्षेप कर्ता, सारांश कर्ता.

**संक्षेप कर्ता** = संक्षेपक.

**संक्षेपतः** *क्रिवि* अधिक क्या बस..., अलक़िस्सा, और क्या बस..., किं बहुना, क़िस्सा कोताह, ग़रज़ यह कि, ग़रज़े, घटा कर, छोटे में, थोड़ा लिखा बहुत समझना, संकेततः, संक्षिप्ततः, संक्षेप में, सटीकतः, सारांशतः, सुतरां, ▪विस्तारपूर्वक.

**संक्षेप में** = संक्षेपतः.
**संक्षेप्ता** = संक्षेपक.
**संक्षोद** = चूर्णन.
**संख्या** = अंक, गणना, जोड़ फल, मात्रा, शब्द वचन.

**संख्या** *सं अंक*, अमाउंट, *गणना*, तादाद, नंबर, परिमाण, *मात्रा*, रक़म, *राशि*, शुमार, •भिन्नांक, •अंक, •अदद, •गणना.

**संख्या अंक** = अंक.
**संख्याक्रम** = अंक कंबीनेशन.

**संख्याक्रम** *सं* आवृत्ति क्रम, चक्रक्रम, लिस्ट क्रम, शृंखला क्रम, श्रेढ़ीक्रम, श्रेणीक्रम, सीरीज़ क्रम, सूचीक्रम.

**संख्यात** = गिना/गिनी.
**संख्यातीत** = अगणनीय.
**संख्यान** = आकलन, विश्लेषण.
**संख्यान** = अंकगणित.
**संख्या पद** = अंक.
**संख्यावाचक शब्द** = शब्द वचन.
**संख्याहीन** = अगणनीय.
**संख्येय** = परिगणनीय.
**संग** = आलिंगन, आसक्ति, परिचय, पाषाण, पाषाण पटल, प्रेम, मिलन, युति, रत्न, संगति, संपर्क, संबंध, सहयोग.
**संग अंदाज़ी** = पत्थर मृत्युदंड.
**संगख़्वार** = शुतुरमुर्ग़.
**संगठन** = एकता, एकीकरण, कंपनी, संस्था, संस्थापना.
**संगठनन** = एकीकरण.
**संगठनहीन** = एकताहीन.
**संगठनहीनता** = एकताहीनता.
**संगठित** = एकजुट, पंक्तिबद्ध, व्यवस्थित, संस्थापित, सैन्यीकृत.
**संगठिततः** = इकट्ठे.
**संगठितता** = एकता.
**संगणक** = कंप्यूटर, कैल्कुलेटर, गणक.
**संगणना** = गणना.
**संगणित्र** = कंप्यूटर, कैल्कुलेटर.
**संगत** = अखंडनीय, अधिकारागत, अनुपातयुक्त, अवसरानुकूल, आकलित, औपचारिक, कुश्ती मैदान, तर्कसंगत, न्यायसंगत, न्यायानुकूल, पारिभाषिक, प्रासंगिक, मठ, मित्रता, मित्र मंडली, मुलाक़ात, विधिसंगत, विनियोज्य, वृंद, वैध, संगति, संदर्भीय, समयानुसार, समर्थनीय, सहमतकारी, साधु मंडली, सामंजस्य, सामंजस्ययुक्त, सुपात्र.

**संगत** *वि अनुकूल*, आप्त, उचित, उपयुक्त, कंपैटिबिल, *ठीक*, दुरुस्त, *युक्त*, *योग्य*, वाजिब, *संबंधित*, समीचीन, सम्यक्, सही, सुसंगत, •भविष्यसंगत, •भूतसंगत, •प्रासंगिक, •शोभनीय, •समयानुसार, ▪असंगत.

**संगत करना** = मिलना जुलना.
**संगतता** = अर्हता.
**संगतरा** = संतरा.
**संगति** = अभिसार, उपस्थिति, एकता, मित्रता, युति, संदर्भ, समागम, सामंजस्य.

**संगति** *सं* उठना बैठना, *कंपनी*, खानपान, खेलकूद, तालमेल, बैठक, मित्र संगति, *मिलन*, मेलजोल, मेलमिलाप, मेलमुलाक़ात, रब्तज़ब्त, राहरस्म, संग, *संगत*, संगसाथ, *संपर्क*, संसर्ग, सट्टाबट्टा, *समागम*,

*समाज*, सम्मिलन, सहचर्य, सहचर्या, सहभाव, साँटी, साथ, *सामंजस्य*, सोसाइटी, सोहबत, हेलमेल, •कुसंगति, •सुसंगति, •दावतबाज़ी, •मित्रता, •मिलनसारता, ▪एकांतवास.

**संगतिए** = मित्र मंडली.
**संगति करना** = मिलना जुलना.
**संगतिपूर्ण** = सामंजस्ययुक्त.
**संगतिया** = अंतरंग मित्र, मित्र, संगी.

**संगतिया** *सं* *वादक*, वाद्यधर, संगती, सपरदाई, साज़िंदा, साथी.

**संगतिहीन** = असंगत.
**संगती** = अंतरंग मित्र, संगतिया.
**संगदिल** = निर्दय.
**संगबार** = पथरीली भूमि.
**संग बारान** = पत्थर मृत्युदंड.
**संगबारी** = पत्थर मृत्युदंड.
**संगम** = आलिंगन, एकता, एकीकरण, खेल प्रतियोगिता, गंगा यमुना संगम, मिलन, मुठभेड़, युति, विवाह, संघ, संपर्क, संभोग, समागम, समान प्रतियोगिता, समारोह.

**संगम** *सं* नदी संगम, प्रयाग, *मिलन*, विलय, वेणी (जैसेः त्रिवेणी), *समागम*, सम्मिलन, •गंगा यमुना संगम, •विलयन, ▪ज्वारनदमुख, ▪डैल्टा, ▪दुआब.

**संगम काल** = झुटपुटा.
**संगमन** = एकीकरण, मिश्रण, विलयन.

**संग मरमर** *सं* मरमर, मार्बल, राजाश्म, शाही पत्थर, •काला संग मरमर, •पाषाण.

**संग मरमरी** = पाषाणीय.
**संगमित** = मिश्रित, युक्त.
**संग मूसा** = काला संग मरमर.
**संग यशब** = जेड.
**संगर** = खाई, ट्रैंच, युद्ध, विष, संकटावस्था, संघर्ष.
**सँगरा** = लीवर.
**संगलन** = पिघलाई.
**सँगवाना** = बटोरना.
**संगसाज़** = मूर्तिकार.
**संगसाज़ी** = मूर्तिकर्म.
**संगसाथ** = आपसदारी, मित्रता, संगति.
**संगसारी** = पत्थर मृत्युदंड.
**संगसी** = सँड़सा.
**सँगाती** = अंतरंग मित्र, संगी.
**संगिनी** = पत्नी, सहेली.
**संगिस्तान** = पथरीली भूमि.
**संगी** = कामुक, पाषाणीय, प्रेमासक्त, मित्र, सहयात्री, सहशायी.

**संगी** *सं* अनीस, अनुगामी/अनुगामिनी, अभिजन, *कंपनी*, कामरेड, जोट, जोड़ीदार, दुसरिहा, दोस्त, पार्श्वचर, बेली, *मित्र*, *मुलाक़ाती*, मेलमिलापी, मेलमुलाक़ाती, मेली, *संगतिया*, सँगाती, संगी/संगिनी, संगीसँगाती, संगीसाथी, सँघाती, सखा, समाजी, सहचर/सहचरी, सहपंथी, साथी/साथिन, सोहबती, हमराह, हमराही, हमसफ़र, हेलीमेली, •मित्र मंडली.

**संगी/संगिनी** = असिस्टैंट, जीवन सहचर, संगी.
**संगीत** = नृत्यगान.

**संगीत** *सं* कंठवाद्य संगीत, गाना बजाना, गायन वादन, गीत संगीत, नृत्य वाद्य गीत, मौसीक़ी, म्यूज़िक, लयपूर्णता, शब्द और संगीत, संगीति, सन्नाद, सुर सामंजस्य, •कंठ संगीत, •लोक संगीत, •वाद्य संगीत, •शास्त्रीय संगीत, •सुगम संगीत, •काव्य, •गायन, •तान, •ताल, •नृत्य, •राग, •लय, •वाद्य वृंद, •स्वरलिपि.

**संगीत अभ्यास** = स्वरसाधना.
**संगीतक** = औपेरा, वाद्यवृंद.
**संगीतकार** = संगीतज्ञ.

**संगीतकार** *सं* उस्ताद, कंपोज़र, *गुरु*, मूसीक़ार, म्यूज़िक डायरैक्टर, राग सृजक, *संगीतज्ञ*, संगीत निर्देशक, संगीत रचेता, संगीत सृजक.

**संगीतग्राम** = सप्तक.
**संगीतज्ञ** = संगीतकार.

**संगीतज्ञ** *सं* कलावंत, मौसीकार, म्यूज़िशियन, *संगीतकार*, •गायक, •नर्तक, •वादक.

**संगीत नाटक** = औपेरा.
**संगीत निर्देशक** = संगीतकार.
**संगीत नृत्य** = नृत्यगान.
**संगीत प्रेमी** = किन्नर.

**संगीतबद्ध** *वि* आयोजित, निर्देशित, *रचित*, लिपित, स्वरलिपित.

**संगीतमय** = काव्यात्मक, मधुर स्वरीय.

**संगीतमय** *वि* आरोहअवरोहशील, कर्णप्रिय, *काव्यात्मक*, *कोमल*, गीतसंगीतमय, गीतात्मक, गीतिमय, *तालबद्ध*, तालमय, नादपूर्ण, निनादित, मंजुघोष, रागबद्ध, रागमय, रागात्मक, लयात्मक, श्रुतिप्रिय, सामंजस्यपूर्ण, सुनाद, सुमधुर, सुरतालमय, सुरीला/सुरीली, •कलात्मक, •काव्यात्मक, ▪संगीतहीन.

**संगीत रचेता** = संगीतकार.
**संगीत वाद्य** = वाद्य.
**संगीत विधान** = राग.
**संगीत शास्त्र आचार्य** = नारद.

**संगीत संचालक** *सं* कंडक्टर, *निदेशक*, बैंड मास्टर, वाद्यवृंद संचालक, शैलूष (प्रा), •वादक.

**संगीत साधना** = स्वरसाधना.
**संगीत सृजक** = संगीतकार.

**संगीतहीन** *वि* कटु, *कठोर*, कड़क, कड़ा/कड़ी, कनसुरा/कनसुरी, कर्कश, कर्णकटु, काटता/काटती, *तालहीन*, तेज़, परुष, बेताला/बेताली, बेमेल, बेसुरा/बेसुरी, रूखा/रूखी, श्रुतिकटु, *सामंजस्यहीन*, सुरहीन, स्वरहीन, •सामंजस्यहीन, ▪संगीतमय.

**संगीति** = संगीत.
**संगीतिका** = औपेरा.
**संगीन** = ख़तरनाक, दंडनीय, बेयोनट.
**संगीसँगाती** = संगी.
**संगीसाथिन** = सहेली.
**संगीसाथी** = मित्र मंडली, संगी, सहयात्री.

**संगीसाथीहीन** = मित्रहीन.
**संगीसाथी होना** = मिलना जुलना.
**संगीहीन** = एकाकी.
**संगूढ़** = मर्मस्थ.
**संगृहीत** = लिया/ली.
**संगृहीता** = संग्रहकार.
**संगे ज़र** = कसौटी पत्थर.
**संगे बुनियाद** = नीवँ पत्थर.
**संगोपनशील** = गोपनशील.
**संगोपनीय** = गोपनीय.
**संगोष्ठी** = परिचर्चा, सभा, सैमिनार.
**संग्रंथित** = ग्रंथित.
**संग्रह** = भंडार, संकलन पुस्तक, संग्रहालय.

**संग्रह** *सं* *अंजलि*, अवली, आकर, आलय, कलक्शन, कोश, *ख़ज़ाना*, गड्डी, *गुच्छा*, गुल्म, *चयन*, टोल, ढेर, प्रचय, *भंडार*, मजमूआ, *माला*, मेला, *विविधा*, संकलन, संचय, *संहिता*, समवाय, समाहार, समुच्चय, समुदाय, *समूह*, •ढेर, •निधि, •बंडल, •भंडार, •विविधा, •संग्रहालय.

**संग्रह कर्ता** = संकलनकार, संग्रहकार.

**संग्रहकार** *सं* एकत्रक, कलक्टर, पारखी, *विशेषज्ञ*, संकलक, *संकलनकार*, संगृहीता, संग्रह कर्ता, संग्रही, संग्रहीता, संग्राही, संचयक, संचयकार, संचयिता, संचयी, सांग्रहिक, •गुणग्राहक, •पुरातत्त्ववेत्ता, •संग्रहपाल.

**संग्रहण** = भंडारण, समावेश.
**संग्रहणी** = अतिसार.

**संग्रहणीय** *वि* असाधारण, इच्छनीय, *उल्लेखनीय*, *ऐतिहासिक*, *चयनीय*, चुनिंदा, पुराना/पुरानी, *प्राचीन*, बहुमूल्य, *महत्त्वपूर्ण*, यादगार, रखने लायक़, *वांछनीय*, संकलनीय, संचनीय, *स्मरणीय*.

**संग्रहपाल** *सं* क्यूरेटर, रखवाला, संग्रहालय अध्यक्ष, संरक्षक, •अभिलेखाध्यक्ष, •भंडारी, •संग्रहकार.

**संग्रह वृत्ति** = परिग्रह.

**संग्रह स्थान** = संग्रहालय.
**संग्रहालय** = अजायबघर, अभिलेखागार, भंडारघर.

**संग्रहालय** *सं* आगार, आलय, गृह, गैलरी, *घर*, डिपो, तोशाख़ाना, *भंडार*, शाला, संकलन स्थान, *संग्रह*, संग्रह स्थान, संग्राहागार, •अजायबघर, •अभिलेखागार, •चिड़ियाघर, •चित्रशाला, •पुस्तकालय, •भंडारघर, •माल गोदाम.

**संग्रहालय अध्यक्ष** = संग्रहपाल.
**संग्रहिका** = अलबम.
**संग्रहित** = जुड़ा/जुड़ी, भंडारित.

**संग्रहित** *वि* *आकलित*, इकट्ठा/इकट्ठा, एकत्र, एकत्रित, चयित, चीता/चीती, चुनिंदा, जमा, जुटाया/जुटाई, जुड़ा/जुड़ी, भरा/भरी, राशित, संकलित, *संचित*, संहत, संहित, समाहित, समुपेत, समूहित, •भंडारित.

**संग्रही** = परिग्रही, संग्रहकार.
**संग्रहीता** = संकलनकार, संग्रहकार.
**संग्राम** = युद्ध.
**संग्राम भूमि** = रणभूमि.
**संग्रामी** = आंदोलनकारी, क्रांतिकारी, युद्धोत्सुक, योद्धा, स्वाधीनता सेनानी.
**संग्राहागार** = संग्रहालय.
**संग्राही** = संग्रहकार.
**संघं शरणं गच्छामि** = बौद्ध धर्मग्रहण.
**संघ** = धर्मसंघ, मज़दूर संघ, राजनीतिक दल, वृंद, संस्था.

**संघ** *सं* यूनियन, *संगम*, *संघटन*, *समागम*, *समाज*, •एकता, •मज़दूर संघ, •महासंघ, •संस्था.

**संघट** = ढेर.
**संघटक** = घटक.
**संघटक अंश** = घटक.
**संघटक तत्त्व** = रासायनिक तत्त्व.
**संघटक संयोजन** = संघटन.
**संघटन** = संघ, सृजन.

**संघटन** *सं* कंबीनेशन, घटन, जुड़ाई, जोड़, बनाई, मिलाई, *योजन*, रचना, संघटक संयोजन, संधान, *संधि*, *संयोजन*, समन्वयन, •असैंबलिंग, •उत्पादन, •रूप प्रदान, •सृजन, ▪विघटन.

**संघटना** = रूप प्रदान.
**संघट्ट** = आघात, टक्कर, मुठभेड़.
**संघट्टना** = अभिसार.
**संघठन** = एकीकरण.
**संघनित होना** = जमना.
**संघपति** = सर्वोच्च सत्ताधारी.
**संघबद्ध** = एकजुट.
**संघबद्धता** = एकता.
**संघभेद** = भेदनीति.
**संघर्ष** = जन आंदोलन, प्रतियोगिता, प्रतिरोध, युद्ध, विवाद.

**संघर्ष** *सं* कशमकश, जद्दो जहद, जूझ, *टक्कर*, द्वंद्व, भिड़ंत, मुहिम, *युद्ध*, संगर, स्ट्रगल, •परिश्रम, •प्रयास, •साधना.

**संघर्ष कथा** = वीरकाव्य, साहस कथा.
**संघर्ष करना** = लड़ना.
**संघर्षशील** = प्रयत्नशील.
**संघर्षस्थल** = रणभूमि.
**संघर्षी** = आंदोलनकारी, क्रांतिकारी, युद्धोत्सुक.
**संघ समूह** = महासंघ.
**संघाटिका** = सिंघाड़ा.
**संघात** = अहित, टक्कर, पक्षाघात, मुठभेड़, युति, युद्ध, वध, हत्या, हिंसा.
**संघातक** = हत्यारा.
**संघातिका** = अरणि.
**सँघाती** = संगी.
**संघाती** = नाशकारी, हत्यारा.
**संघारना** = उजाड़ना.
**संघाराम** = बौद्ध मठ, मठ.
**संघीकरण** = एकीकरण.
**संघीय** = धार्मिक, सामूहिक.
**संघीय सरकार** = केंद्र सरकार.
**संच** = संचयन, सलामती.
**संचनीय** = संग्रहणीय.
**संचय** = अल्पव्यय, ढेर, भंडार, संग्रह, संचयन.
**संचयक** = संग्रहकार.
**संचय करना** = बचत करना.
**संचयकार** = संग्रहकार.

**संचयन** *सं* एकत्रण, कौड़ी कौड़ी

माया जोड़ी, जुड़ाई, निन्यानबे का फेर, वृद्धि, संच, संचय, संचिति, संभरण, सँभाल, संवरण, संवेश, •आय, •कंजूसी, •बचत, •संग्रहण, ▪अपव्यय.

**संचयशील** = परिग्रही.
**संचयहीनता** = अपव्यय.
**संचयिता** = संग्रहकार.
**संचयी** = अल्पव्ययी, कंजूस, परिग्रही, संग्रहकार.
**संचरण** = गमन, पदचर्या, विचरण, संक्रम.
**संचल** = काला नमक, परिवर्तनशील, बहता/बहती, लहराता/लहराती, स्पंदनशील.
**संचलन** = गमन, प्रचलन.

**संचलन** *सं* अयन, इंगन, *क्रिया*, गति, चलन, *चाल*, चेष्टा, जावन्य, जुंबिश, दोलन, रय, रव, रै, *व्यापार*, हरकत, हरारत, *हलचल*, हाल, हिलन, हिलन डुलन, •तरंग, •प्रदोलन, •रवानी, •स्पंदन, ▪अचलता, ▪निश्चलता.

**संचलन गति** = वेग.
**संचलन दर** = वेग.

**संचलनशील** *वि* आंदोलित, क्रियमाण, क्रियाशील, गतिशील, *चंचल*, चल, चलता/चलती, चलायमान, चलित, *चालित*, चालू, परिचालित, प्रचल, लल, व्यालोल, *सक्रिय*, सगति, *सचल*, हरकतदार, हरकती, हिलता/हिलती, •रवानीदार, •लयपूर्ण, ▪अचल, ▪कंपनहीन, ▪निश्चल.

**संचल होना** = हिलना.
**संचलित करना** = हिलाना.
**संचलित होना** = हिलना.
**संचार** = प्रचार, विज्ञापन.

**संचार** *सं* कम्यूनिकेशन, *प्रसार*, संदेश प्रेषण, *संदेशवहन*, संप्रेषण, •पत्र, •प्रचार.

**संचारक** = उत्साहप्रद, कंडक्टर.
**संचार व्याधि** = संक्रामक रोग.
**संचारिणी** = मध्यवीथी.
**संचारी** = उत्साहप्रद, संक्रामक.

**संचारी भाव** *सं* अस्थायी भाव, व्यभिचारी भाव, सहायक भाव, •काव्य भाव, •स्थायी भाव.

**संचारी रोग** = संक्रामक रोग.
**संचालक** = अध्यक्ष, कंडक्टर, कार्यक्रम ऐंकर, निदेशक, नियंत्रक, प्रबंधक, प्रशासक, सर्वोच्च सत्ताधारी.
**संचालक समिति** = प्रबंध समिति.
**संचालकहीन** = प्रबंधकहीन.
**संचालन** = प्रबंध.

**संचालन** *सं* गत्वरण, चलाई, चलौनी, चालन, डुलाई, डुलावन, हिलाई, हिलावन, •गत्वरण, •प्रणोदन, •प्रबंधन.

**संचालन अधिकार** = सत्ताधिकार.
**संचालन कक्ष** = काकपिट.
**संचालन कर्ता** = प्रबंधक.
**संचालन केंद्र** = निदेशालय.
**संचालन मंडल** = प्रबंध समिति.
**संचालन यंत्र** = इंजन.
**संचालन समिति** = प्रबंध समिति.
**संचालना** = प्रेरणा.
**संचालनालय** = निदेशालय.
**संचालित** = चालित, जादूकृत, प्रबंधित, स्पंदनशील.
**संचित** = संग्रहित, स्मृत.

**संचित** *वि* एकत्रित, जमा/जमी, फ़ालतू, बचाया/बचाई, *भंडारित*, भरा/भरी, रखा/रखी, रिज़र्व, संरक्षित, स्टौक्ड, •संग्रहित, ▪व्ययित.

**संचित पुरस्कार** = जैकपौट.
**संचित लाटरी धन** = जैकपौट.
**संचित लाटरी पुरस्कार** = जैकपौट.
**संचित होना** = बढ़ना.
**संचिति** = संचयन.
**संचेतना** = अनुभूति.
**संजय** = विजय.

**संजय** *सं* गावल्गणि, दिव्यदृष्टि, धृतराष्ट्र मंत्री, महाभारत युद्ध द्रष्टा.

**संजवन** = भवन परिसर, महल, हवेली.
**संजा** = पासंग.
**संजात** = जन्मा/जन्मी.
**संजाफ़** = गोट.
**संजीदगी** = गंभीरता.
**संजीदा** = गंभीर, प्रौढ़, मर्यादापूर्ण, विचारित, विवेकी.
**संजीव** = जीवित, सक्रिय.
**संजीवक** = अमृतीय, संज्ञाकर औषध.
**संजीवन** = नवजीवन, मृत संजीवन.

**संजीवनी** *सं* अमिय मूरि, अमृतमूरि, चमत्कारी औषध, जीवनप्रद औषध, जीवनमूरि, जीवनौषध, जीवातु, जीवितेश, मृत संजीवनी, संजीवनी औषध, संजीवनी बूटी, सिद्धरसायन, •अमृत, •विषघ्न.

**संजीवनी औषध** = संजीवनी.
**संजीवनी देना** = बचाना.
**संजीवनी बूटी** = संजीवनी.
**संजीवनी मंत्र** = मृत्युंजय मंत्र.
**संजीवनी विद्याचार्य** = शुक्राचार्य.
**संजेता** = परराष्ट्र जेता.
**संजोग** = संयोग.
**सँजोना** = बटोरना, बढ़ाना, सजाना.

**संजोया** *सं* बायन प्रतिदान, बायन वापसी, •रिटर्न गिफ़्ट.

**संजोया/संजोई** = स्मृत.
**संज्ञ** = अनुभूतिप्रवण, सचेत, स्पर्शानुभूतियुक्त.
**संज्ञक** = अर्थद्योतक, नामक.
**संज्ञा** = अनुभूति, चेतन मन, नाम, शब्द, स्पर्श अनुभूति.

**संज्ञा** *सं* अभिधा, तारीफ़, *नाम*, पहचान, वाचक पद, •सर्वनाम.

**संज्ञा सूची** *सं* क्रियावाचक संज्ञा, भाववाचक संज्ञा, व्यक्तिवाचक संज्ञा, समूहवाचक संज्ञा.

**संज्ञाकर औषध** *सं* ऐनालैप्टिक, बेहोशी हटाना दवा, वेदक, संजीवक.

**संज्ञान** = आत्मज्ञान, ज्ञान, बोध, बोध, बोध, बोधोदय, सम्यक् ज्ञान.
**संज्ञानी** = प्रबुद्ध, बुद्धिमान, विद्याविद्.
**संज्ञापक** = अभिवक्ता, सूचनादाता.

**संज्ञापन** = अभिव्यंजन, ज्ञापन.
**संज्ञापथिता** = अभिवक्ता, सूचनादाता.
**संज्ञापित** = संकेतित.
**संज्ञा संकेतक शब्द** = सर्वनाम.
**संज्ञा सर्वनाम का संबंधवाचक रूप** = कारक.
**संज्ञासुत** = शनि ग्रह.
**संज्ञाहर** = संज्ञाहर औषध, संज्ञाहर औषध.

**संज्ञाहर औषध** *सं* अचेतनक, असंज्ञक, ऐनिस्थैटिक, चेतनाहारी, निस्संज्ञक, बेहोशी लाना दवा, संज्ञाहर, संज्ञाहारी, स्तंभक.

**संज्ञाहारी** = संज्ञाहर औषध.
**संज्ञाहीन** = मृत, स्पर्शानुभूतिहीन.
**संज्ञाहीनता** = निस्संज्ञा.
**संज्ञित** = संकेतित.
**संज्ञी** = अनुभूतिप्रवण, नामक, स्पर्शानुभूतियुक्त.
**संज्ञेय** = ज्ञेय.
**संज्वरित** = ज्वरग्रस्त.
**सँझवाती** = सायंकालीन.
**सँझिया** = डिनर.
**सँझैया** = सायंकालीन.
**सँझोखैं** = सायंकाल में.
**संटी** = छड़ी.
**संड** = रेवड़.
**संड मुसंड** = सुपोषित.
**सँड़सा** = शिकंजा.

**सँड़सा** *सं पकड़*, संगसी, सँड़ासी, सिंडियासी, •चिमटा.

**सँड़सी** = प्लास.
**संडा/संडी** = बलिष्ठ.
**संडास** = शौचालय.
**सँड़ासी** = प्लास, सँड़सा.
**संडी** = हिजड़न.
**संत** = उपदेशक, ऋषि, धर्मज्ञानी, पैग़ंबर, भविष्य वक्ता, मठवासी, सज्जन, सज्जनतापूर्ण, साधु.
**संतति** = कुटुंब, लघुजन, संतान.
**संतति निरोध** = परिवार नियोजन.
**संतप्त** = गरम, दुःखी, पश्चात्तापपूर्ण, शोकग्रस्त.
**संत महात्मा** = साधु.
**संतरई** = गेरुआ.
**संतरा** = फल.

**संतरा** *सं* ओरेंज, गोरक्ष, मधु जंभीरी, मधुर कर्कटी, रंगतरा, वर्धमान, संगतरा.

**संतरी** = द्वारपाल, पहरेदार, रक्षक, सिपाही.
**संतर्ष** = लालसा.
**संतान** = प्रजा, लघुजन.

**संतान** *सं* अगले, *अयाल*, आलऔलाद, आलबाल, आसऔलाद, औलाद, कच्चे बच्चे, *कुटुंब*, कुटुम कबीला, कुलंधर, कुलधर, *गृहस्थी*, चीनीपोटे, चुन्नूमुन्नू, *जातक*, जाता, *टाँड़ा*, दूधपूत, नौनिहाल, पुत्रपुत्री, पुत्रपौत्र, *प्रजा*, बच्चा लोग, बच्चे, बच्चे कच्चे, बरखुरदार, बाबा लोग, बालक बारे, बालगोपाल, बालबच्चे, बेटा बेटी, बेटे पोते, बेटे बेटी, लड़के बाले, *वंश*, *वंशज*, वंशधर, *शिशु*, संतति, •कुटुंब, •वंशावली, ▪गुरुजन, ▪पिता, ▪माता.

**संतान जन्म** *सं* प्रजावृद्धि, संतान प्राप्ति, संतानलाभ, संतानवर्धन.

**संतान परंपरा** = गोत्र.
**संतान प्राप्ति** = संतान जन्म.
**संतान प्रेम** = वात्सल्य रस.
**संतान बहुलता** = बहुजनन.
**संतान मोह** = ममता.
**संतानयुक्त** = संतानवान.
**संतानलाभ** = संतान जन्म.

**संतानवती** *वि* जातपुत्रा, प्रजावती, बच्चों वाली, बालबच्चेदार, बालबच्चे वाली, बालबच्चों वाली, भरी पूरी, हरी भरी, •संतानवान, ▪निस्संतान.

**संतानवर्धन** = संतान जन्म.

**संतानवान** *वि* अयालदार, बच्चेदार, बच्चों वाला, बालबच्चेदार, बालबच्चों वाला, भरा पूरा, संतानयुक्त, ससंतान, •पुत्रवती, •पुत्रवान, •संतानवती, ▪निस्संतान.

**संतान संख्या निर्धारण** = परिवार नियोजन.
**संतान समष्टि** = वंशज समष्टि.
**संतानस्थानीय** = परपालित.
**संतानहीन** = निस्संतान.
**संतानोत्पत्ति** = प्रसव.
**संतानोत्पादन** = जनन.
**संताप** = प्रायश्चित्त, मनस्ताप, शोक.
**संतापहर** = मनोरंजक, विश्रामप्रद, सांत्वनाप्रद.
**संतापी** = पश्चात्तापी.
**संतुलन** = जयपराजयहीनता, सामंजस्य.
**संतुलन भार** = पासंग.
**संतुलनहीन** = अनुपातहीन.
**संतुलित** = अनुपातयुक्त, गंभीर, धीर, निश्चल, विचारित, शास्त्रीय (कला), समपार्श्व, समभार, समशक्तिशाली, सामंजस्ययुक्त, सुडौल, स्थिर.
**संतुष्ट** = कृतज्ञ, छका/छकी, पूर्णेच्छ, प्रसन्न, सुखी.

**संतुष्ट** *वि* कृतकाम, कृतकृत्य, *तृप्त*, धन्य, पूर्णकाम, पूर्णाभिलाष, *पूर्णेच्छ*, फलीभूत, बामुराद, सफलमनोरथ, सुहित, सैटिस्फ़ाइड, •प्रसन्न, •सुखी, ▪अप्रसन्न, ▪असंतुष्ट.

**संतुष्ट करना** = छकाना.
**संतुष्टि** = इच्छापूर्ति, तृप्ति, संतोष.
**संतृप्त** = तृप्त.
**संतृप्ति** = तृप्ति.
**संतोष** = अनिच्छा, इंद्रियनिग्रह, सुख.

**संतोष** *सं* आत्मसंतोष, तसल्ली, तुष्टि, *तृप्ति*, तोष, परितुष्टि, परितोष, *प्रसन्नता*, मनस्तोष, संतुष्टि, सब्र, *सांत्वना*, सुकून, *सुख*, ह्रष्टि, •इच्छापूर्ति, •सफलता, •सुख, ▪अतृप्ति, ▪खेद, ▪प्यास, ▪महत्त्वाकांक्षा, ▪लालसा.

**संतोषजनक** = अर्हतासंपन्न, संतोषप्रद.
**संतोषण** = प्रसन्नन.
**संतोष देना** = छकाना.
**संतोषना** = छकाना.
**संतोषप्रद** = पर्याप्त, प्रसन्नताप्रद.

**संतोषप्रद** *वि* अनुरंजक, तोषक,

तोषी, *प्रसन्नताप्रद*, प्रसादी, प्रियंकर, प्रीतिकर, संतोषजनक, सामकारी, *सुखद*, •लाभप्रद, •सौभाग्यप्रद.

**संतोष प्रदान** = प्रसन्नन.
**संतोषशील** = लालसाहीन, संतोषी.
**संतोषहीन** = असंतोषी.
**संतोषहीनता** = असंतोष.

**संतोषी** *वि* अकाम, अनपेक्ष, अनभिलाष, अनभिलाषी, अनिच्छु, अनीह, अभिलाषाहीन, अलोभी, अलोलुप, अस्पृही, इच्छाहीन, कामनाहीन, *तृप्त*, तोषी, निरपेक्ष, निराकांक्षी, निष्काम, परितोषी, बेनियाज़, मनोरथहीन, *लालसाहीन*, लोभहीन, वीतराग, शांत, *शीतल*, संतोषशील, स्वार्थहीन, ■असंतोषी, ■ईर्ष्यालु, ■लोभी, ■स्वार्थपूर्ण.

**संतोष्य** = प्रसीद्य.
**संत्याज्य** = परित्याज्य.
**संत्रस्त** = भयभीत.
**संत्राण** = परित्राण, मुक्ति.
**संत्राता** = परित्राता, रक्षक.
**संख़ास** = आतंक, पीड़ा, भय, मनोघात.
**संथा** = उपदेश.
**संथाल** = आदिवासी.
**संथाली** = भारत राष्ट्रभाषा.
**संदंशक** = चिमटा.
**संदर्भ** = दृष्टांत, पाद टिप्पणी, प्रकरण, सहायक पुस्तक, स्थानचिह्न.

**संदर्भ** *सं* *अतापता*, कंटैक्स्ट, पूर्वापर संबंध, *प्रकरण*, प्रसंग, *बात*, रैफ़रैंस, वास्ता, *संगति*, *संबंध*, सरोकार, हवाला, •टिप्पणी, •पाद टिप्पणी, •प्रकरण, •विषय, •संबंध.

**संदर्भ ग्रंथ** = संदर्भ पुस्तक.
**संदर्भ परिवर्तन** = विषयांतर.

**संदर्भ पुस्तक** *सं* आकर, आकर ग्रंथ, कोश पुस्तक, रैफ़रैंस बुक, संदर्भ ग्रंथ, सूचना पुस्तक, •इयरबुक, •ज्ञानकोश, •टेलिफ़ोन डायरैक्टरी, •डायरैक्टरी, •थिसारस, •निर्देश पुस्तक, •पथचित्र, •पथ प्रदर्शिका, •पर्यायकोश, •पाक पुस्तक, •प्रक्रिया पुस्तक, •विवरणिका, •शब्दकोश, •सहायक पुस्तक, •हूज़ हू.

**संदर्भयुक्त** = संदर्भीय.
**संदर्भार्थ** = व्यंजनार्थ.
**संदर्भित** = संदर्भीय.

**संदर्भीय** *वि* आनुषंगिक, उपयुक्त, प्रकरणगत, प्रसंगगत, *प्रासंगिक*, बाबत, मुतअल्लिक़, *संगत*, संदर्भयुक्त, संदर्भित, सुसंगत, •गौण, •विषयक, ■विषयांतरपूर्ण, ■सामंजस्यहीन.

**संदर्श** = दृष्टिक्रम.
**संदर्शनी** = प्रदर्शनी.
**संदर्शित** = प्रदर्शित.
**संदल** = चंदन, चटकनी.
**संदला** = चटकनी.
**संदाह** = झुलस.
**संदिग्ध** = अनवश्यंभावी, अनिर्धारित, अपरिभाषित, अस्पष्ट (कथन), ख़तरनाक, दुबिधाजनक, विवादित, श्लेषोक्तिपूर्ण.

**संदिग्ध** *वि* *विचलनशील*, संदेहप्रद, संदेहात्मक, संदेहास्पद, संशयकर, संशयात्मक, •असंदिग्ध, •उभयार्थक, •विवादित, ■असंदिग्ध, ■निर्धारित, ■स्पष्ट.

**संदिग्धबुद्धि** = संदेहशील.
**संदिग्धार्थ** = अस्पष्ट (कथन), संदिग्धार्थी.

**संदिग्धार्थी** *वि* अप्रकट, अस्पष्ट, अस्पष्टवादितापूर्ण, कूट, गूढ़, निगूढार्थ, पेचीदा, मिला जुला/मिली जुली, *रहस्यपूर्ण*, संदिग्धार्थ, सम्मिश्रित, •अपरिभाषित, •अस्पष्ट (कथन), •उभयार्थक, •क्लिष्ट (भाषा), •भ्रामक, ■एकार्थी, ■सटीक.

**संदिष्ट** = प्रमाणसिद्ध.
**संदी** = पलंग.
**संदीप** = आलोकप्रद, दीपक.
**संदीपक** = आलोकक.
**संदीपन** = आलोकन.
**संदीपिका** = सहायक पुस्तक.
**संदीप्त** = आलोकित.

**संदूक़** *सं* अटैची, अटैशी केस, पिटारा, पिटारी, *पेटी*, बक्स, बक्सा, बैग, बाक्स, संदूक़चा, संदूक़ची, संदूक़ड़ी, सपटा, सूटकेस, •असबाब, •कार्टन, •ताला, •सामान.

**संदूक़चा** = संदूक़.
**संदूक़ची** = कैशबाक्स, संदूक़.
**संदूक़ड़ी** = संदूक़.
**संदूषण** = विदूषण, संक्रमण.
**संदूषित** = गंदा/गंदी, प्रदूषित, रोगकारक.
**संदूषितता** = खोट.
**संदृश्य** = चाक्षुष.
**संदेश** = ई-मेल, उपदेश, कथ्य, धर्म सिद्धांत, निदेश, निमंत्रण, निमंत्रण पत्र, पत्र, भोज निमंत्रण, संकेत, सूचना.

**संदेश** *सं* ख़बर, चिट, *पत्र*, पैग़ाम, *बात*, संदेशा, *संवाद*, •ई-मेल, •घोषणा, •निमंत्रण, •मुनादी, •वक्तव्य, •विज्ञापन, •सूचना.

**संदेशदाता** = संदेशवाहक.
**संदेशध्वज** = बैनर.
**संदेशपट** = बैनर.
**संदेश प्रेषण** = संचार.
**संदेशवहन** = संचार.

**संदेशवहन** *सं* चार्य, दूतकर्म, दौत्य, पयंबरी, *पैग़ंबरी*, पैग़ामबरी, सिफ़ारत.

**संदेशवाहक** = पत्रवाहक, पैग़ंबर, प्रतिनिधि.

**संदेशवाहक** *सं* अग्रदूत, क़ासिद, ख़बरुआ, चर, दूत, प्यादा, *प्रतिनिधि*, राजदूत, वार्ताहर, संदेशदाता, संवादवाहक, सफ़ीर, हरकारा, •पत्रवाहक, •पैग़ंबर.

**संदेशवाहिका** = कुटनी.
**संदेशा** = संदेश, सूचना.
**संदेसवा** = पत्र.

**संदेह** = अविश्वास, आशंका.

**संदेह** *सं* अभिशंका, *आशंका*, *दुबिधा*, धड़का, बहम, वितर्क, विभ्रम, शंका, शक, शुबहा, साँसा, हिचकिचाहट, •अविश्वास, ▪आस्था, ▪विश्वास.

**संदेहग्रस्त** = संदेहशील.

**संदेहजनक** *वि* *अज्ञात*, अध्रुव, अप्रामाणिक, *अविश्वसनीय*, आशंकनीय, *दुबिधाजनक*, *भ्रामक*, *विचारणीय*, विवादात्मक, शंकाजनक, शंकाप्रद, शंक्य, •संदिग्ध, ▪तथ्यात्मक, ▪विश्वसनीय.

**संदेह दूर करना** = मनाना.
**संदेह दोला** = दुबिधा, मीनमेख.
**संदेह निवारण** = स्पष्टीकरण.
**संदेहपूर्ण** = संदेहशील.
**संदेहप्रद** = संदिग्ध.
**संदेह मिटाना** = मनाना.
**संदेहशील** = अतत्पर, सावधान.

**संदेहशील** *वि* अनिश्चित, अविश्वासी, आपत्तिशील, चलायमान, *दुबिधाग्रस्त*, नाएतबारा/नाएतबारी, निभरमा/निभरमी, *निष्ठाहीन*, प्रश्नपूर्ण, बदगुमान, बहमी, बेएतबार, *विचलनशील*, विश्वासहीन, शंकापूर्ण, *शंकालु*, शंकाशील, शंकित, शक्की, संदिग्धबुद्धि, संदेहग्रस्त, संदेहपूर्ण, संदेही, संशयग्रस्त, संशयशील, संशयी, सशंका, •चिंतित, •जिज्ञासु, •बहम का पुतला, ▪दुबिधाग्रस्त, ▪विश्वासी.

**संदेहहीन** *वि* अशंकित, अशंकी, असंशयालु, असंशयी, निश्शंक, निस्संदेह, पक्का/पक्की, शंकाहीन, •असंदिग्ध, •भ्रमहीन, •विश्वासी, ▪संदेहशील.

**संदेहहीनतः** = अवश्यमेव.
**संदेहहीनता** = विश्वास.
**संदेहातीत** = असंदिग्ध.
**संदेहात्मक** = संदिग्ध.
**संदेहास्पद** = अनवश्यंभावी, संदिग्ध.

**संदेही** = बहम का पुतला, संदेहशील.
**संदोल** = कर्णफूल.
**संद्रावण** = पिघलाई.
**संध** = युक्त.
**संधा** = आसवन, आसवन, झुटपुटा, युति, सायंकाल.
**संधान** = अध्ययन, अनुसंधान, आविष्कार, आसवन, गुप्तचर्या, झलाई, तलाश, परिष्कार, मिश्रण, युति, रोग निदान, लक्ष्य अभ्यास, लक्ष्य संधान, व्याख्या, संघटन.
**संधानक** = योजक.
**संधान कर्ता** = अनुसंधान कर्ता, विश्लेषक.
**संधानी** = खोजी, प्रयोगशाला, योजक.
**संधा भाषा** = रहस्योक्ति.
**संधि** = अनुबंध, मध्यांतर, युति, शब्द संधि, संघटन, सेंध.

**संधि** *सं* इक़रार, क़रार, मेल, मेलमिलाप, शांति संधि, *संबंध*, *समझौता*, सुलह, •अनुबंध, •मित्रता, •युद्धविराम, •सहअस्तित्व, ▪युद्ध.

**संधिकरण** = आबद्धन.
**संधिकाल** = झुटपुटा.
**संधिग्रंथि** = अवयव संधि.
**संधिजाड्य** = अकड़ाहट.
**संधित** = अनुसंधानित, आसवित, युक्त.
**संधिबंध** = स्नायु.
**संधिभंग** = युद्ध, वचनभंग.
**संधिभेदन** = सेंधमारी.
**संधिराग** = सिंदूर.
**संधिला** = सेंध.
**संधिवात** = गठिया.

**संधि वार्ता** *सं* नैगोशिएशन, परक्रामण, बातचीत, वार्ता, *वार्तालाप*, शांति सम्मेलन, संलाप, समझौता वार्ता, *सौदेबाज़ी*, •नीति कौशल, •शांतिकाल.

**संधिहीन संयोजन** = समास.
**संध्यांश** = युगसंधि.
**संध्या** = झुटपुटा, त्रिसंध्या, संध्योपासना, सायंकाल.
**संध्याकाल** = सायंकाल.
**संध्याकालिक** = सायंकालीन.

**संध्याकालीन** = सायंकालीन.
**संध्या वंदन** = संध्योपासना.
**संध्योपासन** = वेदपाठ.

**संध्योपासना** *सं* *त्रिसंध्या*, संध्या, संध्या वंदन, •पूजा.

**संनिकर्ष** = निकट ही.
**संन्यास** = कर्मफलत्याग, वैराग्य, संन्यास प्रवेश.
**संन्यास आश्रम** = चार आश्रम सूची.

**संन्यास आश्रम** *सं* अंत्याश्रम, दंडाश्रम, प्रव्रज्या, यति धर्म, वृद्धाश्रम, •वानप्रस्थ आश्रम, •वैराग्य, ▪गृहस्थ आश्रम, ▪ब्रह्मचर्य आश्रम, ▪विवाहित जीवन.

**संन्यास आश्रम प्रवेश** = संन्यास प्रवेश.
**संन्यास आश्रमी** = संन्यासी.
**संन्यास ग्रहण** = संन्यास प्रवेश.

**संन्यास प्रवेश** *सं* छुटकारा, तर्के दुनिया, दंडग्रहण, *परित्याग*, परिव्रज्या, प्रव्रजन, प्रव्रज्या ग्रहण, बैराग, वनगमन, *वैराग्य*, व्रज्या, व्रज्या ग्रहण, संन्यास, संन्यास आश्रम प्रवेश, संन्यास ग्रहण, संसारत्याग, •वैराग्य, •सेवा निवृत्ति, ▪भोगविलास.

**संन्यासिनी** = साधुनी.

**संन्यासिनी** *सं* अगेहा, अगेहिनी, परिव्राजिका, मुंडिता, यतिनी, *सती*, सन्न्यासिनी, स्थविरा, •संन्यासी, ▪विधवा.

**संन्यासी** = तपस्वी, मठवासी, योगी, वैरागी.

**संन्यासी** *सं* अंत्याश्रमी, अगेह, अनागार, अनिकेत, अनोकशायी, अमाय, अवधूत, गृहत्यागी, चतुर्थ आश्रमी, *तपस्वी*, त्यागी, त्रिदंडी, दंडाश्रमी, दंडी, न्यासी, परिव्राजक, बाबा, बाबा जी, महात्मा, मुमुक्षु, यति, यायावर, योगारूढ, रक्तांबर, वीतकाम, वीतरागी, *वैरागी*, संन्यास आश्रमी, सन्न्यास आश्रमी, सन्न्यासी, *साधु*, सैकतिक, *स्वामी*,

●घुमक्कड़, ●तपस्वी, ●योगी, ●वानप्रस्थ आश्रमी, ●वैरागी, ●संन्यासिनी, ●साधु, ■गृहस्थ आश्रमी, ■ब्रह्मचर्य आश्रमी.

**संन्यासी लोक** = मोक्षलोक.

**संपति** = आभूषण, आवास भूखंड, धन.

**संपत्ति** *सं* आस्ति, जमापूँजी, ज़रज़मीन, जायदाद, दौलत, *निधि*, *पूँजी*, *पैसा*, प्रौपर्टी, माल, मालमता, मालमत्ता, मिलकीयत, रक़म, *रिक्थ*, वैल्थ, श्री, संपदा, साज़सामान, *साधन*, स्वत्व, हैसियत, ●अचल संपत्ति, ●चल संपत्ति, ●भूसंपत्ति, ●आय, ●निधि, ●मूलधन, ●संसाधन, ●समृद्धि, ●स्वामित्व.

**संपत्ति अधिग्रहण** = कुर्क़ी.

**संपत्तिशाली** = धनाढ्य.

**संपत्ति शास्त्र** = अर्थशास्त्र.

**संपत्तिहीन** = निर्धन, सर्वहारा वर्गीय.

**संपत्तिहीन वर्ग** = सर्वहारा वर्ग.

**संपद** = ख़ज़ाना.

**संपदा** = उत्तम व्यक्ति या वस्तु, पूँजी, संपत्ति.

**संपन्न** = उच्चवित्त, कृत, घटित, पूर्णकृत, पूर्णेच्छ, रचित, सफल, समृद्ध, साधनसंपन्न.

**संपन्नकारी** = धनप्रद.

**संपन्नन** = कार्यान्विति, समापन.

**संपराय** = युद्ध, संकट.

**संपर्क** = परिचय, युति, संगति, संबंध, स्पर्श.

**संपर्क** *सं* कांटैक्ट, पाला, वास्ता, संग, *संगम*, *संबंध*, संसंग, संसर्ग, साबक़ा, सामना, *स्पर्श*, ●परिचय, ●संगति, ■असंपर्क, ■एकाकीपन.

**संपर्कज** = संक्रामक रोग.

**संपर्क जाल** *सं* अंतर्कलाप, अंतर्गुट, अंतर्जाल, अंतर्मंडल, आलजाल, गिरोह, *गुट*, ग्रुप, *चक्र*, जान पहचान, नैटवर्क, मंडली, माफ़िया, संपर्क सूत्र, सिंडिकेट, सूत्रजाल, ●परिचय, ●संपर्क.

**संपर्क सूत्र** = संपर्क जाल.

**संपर्कित** = औनलाइन.

**संपात** = कूद, टक्कर, स्वरावरोह.

**संपादक** = कार्यान्वयक, पत्रकार, संकलनकार, समापन कर्ता.

**संपादक** *सं* ऐडिटर, ऐडिटर इन चीफ़, तंत्री, मुख्य संपादक, ●पत्रकार.

**संपादक कर्म** = संपादन.

**संपादक की क़लम से** = संपादकीय लेख.

**संपादकीय** = संपादकीय लेख.

**संपादकीय लेख** *सं* अग्रलेख, ऐडिटोरियल, लीडर, संपादक की क़लम से, संपादकीय.

**संपादन** = करण, कार्यान्विति, संशोधन, समापन.

**संपादन** *सं* ऐडिटिंग, काटछाँट, *पत्रकारिता*, मार्जन, संपादक कर्म, *संशोधन*, *संस्कार*, सबिंग, *सुधार*, ●पत्रकारिता.

**संपादयिता** = कार्यान्वयक, समापन कर्ता.

**संपादित** = कृत, पूर्णकृत, संक्षिप्त.

**संपाद्य** = करणीय, साध्य.

**संपुंजिका** = किरणस्तंभ.

**संपुट** = अंजलि, आभूषण मंजूषा, कटोरा, घुँघरू, दोना, बंद, मुँदा/मुँदी

**संपुटी** = सकोरा.

**संपुष्ट** = सत्यापित.

**संपुष्ट** *वि* निश्चित, पक्का/पक्की, पुनःपुष्टित, पुष्ट, पुष्टिकृत, पुष्टित, समर्थित, सुनिश्चित, सुप्रतिष्णात, स्थापित, ●अनुमत, ■असंपुष्ट.

**संपुष्टि** = सत्यापन.

**संपुष्टि** *सं* *अनुमोदन*, अनुसमर्थन, ताईद, परिपुष्टि, पुनर्पुष्टि, पुष्टि, स्थिरीकरण, ●मंडन, ●स्वीकृति, ■उपांतरण, ■निरसन, ■मुकरन.

**संपूरक** = अनुपूरक, परिशिष्ट.

**संपूर्ण** = अपरंतुक, अभंजित, अविभक्त, आद्योपांत, परिपूर्ण, पूर्णकृत, भरा/भरी, सकल, सब, सर्वांग संपूर्ण, सविस्तार, सृष्टीय.

**संपूर्ण** *वि* अंशहीन, अक्खा/अक्खी, अक्षत, अखंड, अखिल, अनकटा/अनकटी, कुल, खंडहीन, तमाम, पूरा/पूरी, पूर्ण, *पूर्णांश*, बिल्कुल, *सकल*, *सब*, सब का सब, समग्र, समस्त, समूचा/समूची, सर्व, सर्वस्व, सर्वांग, सर्वांश, साबुत, सारा/सारी, सालिम, ●अविभक्त, ●आद्योपांत, ■आंशिक, ■आधा, ■कुछ, ■विभाजित.

**संपूर्ण इकाई** = एकक.

**संपूर्ण जगत** = जड़ चेतन जगत, सृष्टि.

**संपूर्णतः** *क्रिवि* अखंडतः, अत्यंततः, आमूलचूल, एक दम, *एकबारगी*, जड़ से, पूरी तरह, पूर्णतः, पूर्णतया, बिलकुल, बिल्कुल, मूलतः, मूल से, यकक़लम, यकमुश्त, शत प्रतिशत, संपूर्णतया, समग्रतः, सरासर, सर्वतः, सर्वशः, सर्वांगतः, सैंट पर्सैंट, सोलह आने, हर्फ़ बहर्फ़, ●शत प्रतिशत, ■असंपूर्णतः, ■पद प्रतिपद.

**संपूर्णतया** = विस्तारपूर्वक, शत प्रतिशत, संपूर्णतः.

**संपूर्णता** = कार्यपूर्ति.

**संपूर्ण धरातल** = धरातल.

**संपूर्ण मुख** = मुखमंडल.

**संपूर्त** = पूर्णकृत.

**संपूर्तता** = कार्यपूर्ति.

**संपूर्ति** = अनुपूर्ति, आपूर्ति, कार्यपूर्ति, क्षतिपूर्ति, रसद.

**संपृक्ति** = प्रवृत्ति.

**सँपेरा** *सं* कौशिक, गारुड़िक, चक्राट, जांगलिक, जीवक, नाथ, मारगीर, व्यालिक, सर्पधारक, ●मदारी.

**सँपोला/सँपोलन** = साँप शिशु.

**सँपोलिया** = साँप शिशु.

**सँपोलिया** *सं* नवजात सर्प.

**संपोषक** = प्रायोजक, शक्तिवर्धक.

**संपोषण** = पोषण, शक्तिवर्धन.

**संपोषित** = पालित पोषित, वर्धित.

**संप्रचार** = प्रौपेगैंडा.
**संप्रति**= ओर, वर्तमान में, विषयक.
**संप्रतिपत्ति** = सम्यक् ज्ञान.
**संप्रतीत** = अनुभूत.
**संप्रत्ययन** = व्यंजना शक्ति.
**संप्रदान** = कन्यादान.
**संप्रदाय** = कल्ट, वाद.

**संप्रदाय** *सं* उम्मत, चर्च, *छाप*, धर्म संप्रदाय, फ़िरक़ा, *मत*, मान्यता, *मार्ग*, मिल्लत, यान (बौद्ध), *विश्वास*, •अनुगामी दल, •कल्ट, •धार्मिक जन साधारण.

**संप्रदाय निरपेक्षता** = इहलोकतंत्र वाद.

**संप्रदायवाद** *सं* कम्यूनलिज़्म, धार्मिक भेदभाव, फ़िरक़ापरस्ती, फ़िरक़ाबंदी, भेदभाव, संकुचित दृष्टिकोण, सांप्रदायिकता, •इसलामवाद, •सिखवाद, •हिंदूवाद, •दंगा, ▪राष्ट्रवाद.

**संप्रदायवादी** = असहनशील.

**संप्रदायवादी** *सं* फ़िरक़ापरस्त, सांप्रदायिकतावादी, ▪इहलोकतंत्र वादी, ▪भेदभावहीन.

**संप्रदायागत** = पारंपरिक.
**संप्रदायीय** = धार्मिक.
**संप्रभु** = प्रभुसत्ताधिकारी.
**संप्रभुता** = प्रभुसत्ता.
**संप्रयोग** = अभिमंत्रण, अभिमंत्रण, जादू.
**संप्रवर्तन** = आरंभ, प्रवर्तन.
**संप्रवर्तित** = आरंभित.
**संप्रवास** = आप्रवासन.
**संप्रसिद्ध** = साधित.
**संप्रसिद्धि** = प्रसिद्धि.
**संप्रेरक** = उत्साहप्रद.
**संप्रेषक** = अभिवक्ता.
**संप्रेषण** = अभिव्यंजन, कथन, संचार.
**संप्रेषण करना** = कहना.
**संप्रेषित** = अभिव्यक्त.
**संप्लव** = तरण, मनु प्रलय.
**संप्लवन** = तरण.
**संप्लावी** = तरणशील.
**संफल** = फलयुक्त.
**संबंध** = परिचय, परिवार संबंध, प्रेम, मित्रता, युति, विवाह, संदर्भ, संधि, संपर्क, सामंजस्य.

**संबंध** *सं अनुबंध*, अन्वय, तअल्लुक़, नाता, निसबत, बंधन, रिश्ता, लगाव, लगावट, वास्ता, *व्यवहार*, शिरकत, संग, *संपर्क*, *संयोग*, संसंग, सगाई, सरोकार, सिलसिला, •वंश, •विवाह, •संधि, ▪तलाक़, ▪परित्याग.

**संबंध कारक विभक्ति** *कारक* का/की, के (बहु), केर, केरा/केरी, रा/री, •स्वामित.

**संबंध तोड़ना** = त्यागना.
**संबंधना** = साधारणीकरण.
**संबंधयिता** = विवाह घटक.
**संबंध विच्छेद** = तलाक़, परित्याग.
**संबंध विस्थापना** = परित्याग, मित्रताभंग, विलगाव.
**संबंध स्थापना** = मित्रलाभ.
**संबंधहीन** = असंबंधित.
**संबंधहीनता** = परजन भावना.
**संबंधित** = परिवारीय, प्रासंगिक, प्रासंगिक, विषयक, संगत, सपर्याय, समकोटीय.

**संबंधित** *वि* अनुबद्ध, अनुषक्त, अन्वित, जुड़ा/जुड़ी, वाबस्ता, *संबंधी*, संबद्ध, संयुक्त, •पारस्परिक, ▪असंबंधित, ▪एकाकी, ▪विपरीत.

**संबंधिन** = समधिन.
**संबंधी** = परिवारीय, वैवाहिक संबंधी, संबंधित, समकोटीय, समधी, स्वजन.

**संबंधी** *सं* अज़ीज़, अपना/अपनी, आत्मीय, क़रीबी, कुटुंबी, नज़दीकी, नाती, नातेदार, प्रियजन, रिश्तेदार, सगा/सगी, सगा संबंधी, सबंधु, समीपी, सहबंधु, *स्वजन*, •परिवार.

**संबंधीय** = विषयक.
**संबद्ध** = अत्यावश्यक, आबद्ध, जुड़ा/जुड़ी, प्रासंगिक, विषयक, संबंधित, सपर्याय, समकोटीय, सापेक्ष.
**संबद्धन** = आबद्धन.
**संबद्ध शब्द** = सपर्यायवाची शब्द.
**संबर** = बारेज.
**संबल** = यात्रा आहार.
**संबुद्ध** = विद्याविद्.
**संबोध** = बोध, सम्यक् ज्ञान.
**संबोधक** = भाषणदाता.
**संबोधन** = अभिवादन, उद्बोधन, भाषण.

**संबोधन** *सं* आवाज़, *उद्बोधन*, उबोधन, पुकार, •अभिवादन, •आवाहन.

**संबोधन चिह्न** = विस्मयादि बोधक चिह्न.
**संभक्त** = विलग्न.
**संभर** = रसद.
**संभरण** = आपूर्ति, पालनपोषण, वहन, संचयन.
**सँभल कर** = पद प्रतिपद.
**सँभलना** = निवारना, सुधरना.

**सँभलना** *क्रि उठना*, गिरने से बचना, *टिकना*, टेक लेना, थमना, *बचना*, संयत होना, सधना, सहारा मिलना, सहारा लेना, स्थिर होना, ▪गिरना, ▪डगमगाना, ▪फिसलना, ▪लुढ़कना, ▪हिलना.

**सँभलवाना** = सौंपना.
**सँभला/सँभली** = स्थिर.
**संभव** = व्यावहारिक, साध्य.

**संभव** *वि* कल्पनीय, घटनीय, घट्य, प्रायिक, भवनीय, मुमकिन, शक्य, संभवनीय, संभावनीय, संभावित, संभाव्य, हो सकता है, •व्यावहारिक, •सहज, •साध्य, ▪असंभव.

**संभवतः** = शायद.
**संभवता** = संभावना.
**संभवनाथ** = तीर्थंकर सूची.
**संभवनीय** = संभव.
**संभविष्णु** = भविष्यकालीन.
**संभविष्णुता** = संभावना.
**संभाग** = अंश, विभाग, शाखा कार्यालय.
**संभार** = सज्जा.
**सँभाल** = धारण, प्रबंध, प्रसाधन, रखरखाव, संचयन, संरक्षण, सावधानी.
**सँभालना** = उठाना, झेलना, थामना, निवारना, बचाना, बटोरना, बढ़ाना, लेना.

**सँभालना** *क्रि* अवलंबन होना, आधार

होना, *उठाना*, कंधा देना, कंधा लगाना, गिरने से बचाना, गिरने से रोकना, *थामना*, थामे रखना, धारना, *लेना*, सहारना, सहारा देना, स्थिर करना, ■गिराना.

**सँभाला/सँभाली** = स्थिर.
**संभावना** = पूर्वलक्षण, विकल्प.

**संभावना** *सं* कल्पनीयता, घटनीयता, भविष्णुता, संभवता, संभविष्णुता, साध्यता, ●अवश्यंभावना, ●विकल्प, ●संभव, ●संभावित, ■असंभवता, ■असंभावना.

**संभावना पत्रिका** = विवरणिका.
**संभावनापूर्ण** = आशाप्रद.
**संभावना लक्षण** = पूर्वलक्षण.
**संभावनीय** = संभव.
**संभावित** = प्रतीक्षित, संभव.
**संभाव्य** = प्रमाण्य, बुद्धिग्राह्य, भविष्यकालीन, संभव.
**संभाषण** = भाषण, संवाद.
**संभाषित** = अभिव्यक्त, उक्ति, कथित, बात.
**संभाषी** = कथन कर्ता.
**संभाष्य** = कथन, भाष्य.
**संभीत** = भयभीत.
**संभुक्त** = अनुभूत, उच्छिष्ट, भक्षित.
**संभुक्तशेष** = उच्छिष्ट.
**संभूत** = घटित, जन्मा/जन्मी, भूतकालीन, व्यतीत.
**संभूति** = जन्म.
**संभृत** = उत्पादित, भरा/भरी, लाया/लाई, लिया/ली.
**संभेद** = असामंजस्य, भेदनीति, विश्लेषण.
**संभेदकारी** = वेधकारी.
**संभेदन** = विच्छेदन.
**संभेदी** = रहस्य उद्‌घाटक.
**संभोक्ता** = उपभोक्ता, स्वामी.
**संभोग** = कौमार्यनाश.

**संभोग** *सं* अंगसंग, *अकौमार्य*, उत्संग, ऋतुदान, *कामकेलि*, कामक्रीड़ा, केलि, *जोड़ी*, पशुकर्म, पशु धर्म, प्रसंग, *प्रेम*, भोग, मिथुन, *मिलन*, मेल, मैथुन, रंगरली, *रति*, रतिकर्म, रतिक्रिया, रतिदान, रमण, वस्ल, *विषय*, विषयाभिरति, *विहार*, शरीर संग, शृंगार, *संगम*, *समागम*, सहभोग, सहवास, सहशयन, सुरति, सोहबत, स्त्री पुरुष गमन, स्मर, हमबिस्तरी, ●अकौमार्य, ●बलात्कार, ■कौमार्य.

**संभोग कर्मी** = वेश्या.
**संभोगक्रीड़ा** = कामकेलि.
**संभोगधंधी** = वेश्या.
**संभोगहीनता** = कौमार्य.
**संभोगितता** = अकौमार्य.
**संभोगी** = कामुक.
**संभ्रम** = आश्चर्य, भ्रम, लज्जा.
**संभ्रमी** = चक्रणशील.
**संभ्रांत** = उच्चवित्त, मध्यवित्त, सम्माननीय.
**संभ्रांति** = भ्रमदर्शन.
**संभ्रामक** = भ्रामक.
**संयंता** = अध्यक्ष, नियंत्रक, सर्वोच्च सत्ताधारी.
**संयंत्र** = कारख़ाना.
**संयंत्र गृह** = कारख़ाना.
**संयंत्रित** = बेड़ीबंद, शासित.
**संयंत्री** = इंजीनियर, नियंत्रक.
**संयंत्रीय** = यांत्रिक.
**संयत** = अनुशासित, गंभीर, धीर, नियंत्रित, विचारित, व्यवस्थित, संयमित, स्थिर.
**संयत होना** = सँभलना.
**संयतात्मा** = संयमित.
**संयताहार** = डायटिंग.
**संयताहारी** = अल्पाहारी, डायटर.
**संयतेंद्रिय** = जितेंद्रिय.
**संयम** = अनुशासन, अल्पव्यय, इंद्रियनिग्रह, गंभीरता, तपस्या, धैर्य, ध्यान, ध्यानयोग, नियंत्रण, पथ्याहार, मद्यत्याग.

**संयम** *सं* अनतिरेक, *अनुशासन*, आत्मजय, आत्मनिग्रह, आत्मनियंत्रण, आत्मसंयम, आत्मानुशासन, *ज़ब्त*, तौबा, त्याग, निग्रह, *नियंत्रण*, नियमपालन, निरोध, परहेज़, पाबंदी, बंधन, यम, रोक, रोध, वश, सब्र, स्वनिग्रह, स्वनियंत्रण, स्वानुशासन, ●मर्यादा, ■असंयम, ■आतुरता, ■स्वेच्छाचार.

**संयम भंगकारी** = प्रलोभनकारी.
**संयमभंजक** = प्रलोभनकारी.
**संयम भंजनकारी** = प्रलोभनकारी.
**संयमशील** = संयमित.

**संयमहीन** *वि* अतिचारी, अतिरेकपूर्ण, अतिरेकी, अननुशासित, अनिग्रही, *अनुशासनहीन*, अमर्याद, अमर्यादित, असंयत, असंयमी, उच्छृंखल, बेक़ाबू, लंघनकारी, व्यसनी, ●अनियंत्रित, ●धृष्ट, ●वन्य, ●स्वेच्छाचारी, ■अनुशासित, ■मर्यादापूर्ण, ■संयमित.

**संयमहीनता** = असंयम, कुपथ्याहार.
**संयमित** = नियंत्रित, स्थिर.

**संयमित** *वि* अचंचल, अनुग्र, *अनुशासित*, आत्मजेता, आत्मनिग्रही, आत्मनियंत्रित, आत्मानुशासी, *गंभीर*, *धीर*, निग्रही, नियतात्मा, नियतेंद्रिय, नियम पालक, परहेज़दार, परहेज़ी, पाबंद, *शासित*, संयत, संयतात्मा, संयमशील, संयमी, ससंयम, स्वजित, स्वजेता, स्वनियंत्रित, स्वानुशासित, ●अविलासी, ●सत्त्वगुणी, ■उत्तेजित, ■चंचल, ■संयमहीन.

**संयमित भोजन** = डायटिंग, पथ्याहार.
**संयमी** = अल्पाहारी, अविलासी, कौमार्यवान, जितेंद्रिय, संयमित.
**संयम्य** = नियंत्रणीय, शास्य.
**संयुक्त** = अविभक्त, अविभाज्य, आबद्ध, एकजुट, युक्त, संबंधित, संलग्न, सर्वसहमत.
**संयुक्त अरब अमीरात** = अमीरात.
**संयुक्त कर्ता** = योजक.
**संयुक्ततः** = इकट्ठे.

**संयुक्त परिवार** *सं* *कुटुंब*, जौइंट फ़ेमिली, बड़ा परिवार, बृहद परिवार, साझा परिवार, ■एकक परिवार.

**संयुक्त प्रांत (पूर्व नाम)** = उत्तर प्रदेश.
**संयुक्त प्रांत आगरा और अवध (पूर्व नाम)** = उत्तर प्रदेश.
**संयुक्त ब्रेकफ़ास्ट और लंच** = ब्रंच.

**संयुक्त राज्य** = संयुक्त राज्य अमरीका.

**संयुक्त राज्य अमरीका** *सं* अमरीका, अमेरिका, कोलंबिया (पूर्व नाम), द स्टेट्स, यूऐस (बीज नाम), यूऐसए (बीज नाम), यूनाइटिड स्टेट्स, यूनाइटेड स्टेट्स आफ़ अमेरिका, संयुक्त राज्य, संराअ (बीज नाम), स्टेट्स.

**संयुक्त राष्ट्र संघ** *सं* यूऐनओ, यूनाइटिड नेशंस, यूनाइटिड नेशंस ऑर्गनाइज़ेशन, यूऐनओ, यूनो, राष्ट्र मंडल, राष्ट्र संघ, संरासं, •ऐफ़एओ, •कौमनवैल्थ, •यूनिसैफ़, •यूनैस्को, •सुरक्षा परिषद.

**संयुक्त होना** = जुड़ना.
**संयुक्ति** = युति.
**संयुक्तीकरण** = एकीकरण.
**संयुत** = युक्त.
**संयुति** = आबद्धन, युति.
**संयोग** = पुनर्मिलन, मिलन, युति, विवाह, शब्द संधि, संबंध.

**संयोग** *सं* इत्तिफ़ाक़, चांस, तक़दीर, तुक्का, दैवयोग, *नक्षत्र*, परिस्थितिवशता, बानक, भाग्ययोग, मौक़ा, मौक़े की बात, यदृच्छा, *योग*, संजोग, स्थितिवशता, •अप्रत्याशित लाभ, •अवसर, •भाग्य, ■अवश्यंभावना, ■अवश्यंभावना.

**संयोगजन्य** *वि अनपेक्षित*, आनुषंगिक, इत्तफ़ाक़िया, घटनात्मक, दैवागत, नैमित्तिक, परिस्थितिजन्य, *प्रासंगिक*, संयोगपूर्ण, संयोगागत, स्थितिजन्य, •अनपेक्षित, •आकस्मिक.

**संयोगपूर्ण** = संयोगजन्य.

**संयोगवश** *क्रिवि* अक्रमतः, अटरंडम, अनसोचे, अनायास, अयोजिततः, इत्तिफ़ाक़न, ऐसे ही, तुक्के से, दैववशात, दैवात, परिस्थितिवश, बरबस, बाई चांस, भाग्यवश, भाग्यवशात, यदृच्छया, यूँ ही, विधिवश, विधिवशात, संयोग से, स्थितिवश, •अकस्मात.

**संयोग शृंगार** *सं* प्रेमरस, *मिलन*, रूमान, रोमांस रस, रोमांस वर्णन, •मिलन, ■वियोग शृंगार.

**संयोग से** = संयोगवश.
**संयोगागत** = संयोगजन्य.
**संयोजक** = प्रायोजक, योजक, योजक चिह्न.

**संयोजक** *सं* आयोजक, कनवीनर, *योजक*, •निमंत्रक, •सभा संचालक.

**संयोजन** = आबद्धन, एकीकरण, प्रायोजन, संघटन, संश्लेषण, संस्थापना, समारोह, समावेश.

**संयोजन** *सं* आयोजन, *आवाहन*, एकत्रण, *निमंत्रण*, •संघटन, •संस्थापना, •सभा.

**संयोजना** = परिकल्पना, संस्थापना.
**संयोजित** = युक्त, व्यवस्थित, समाविष्ट.
**संरंजन** = आरंजन.
**संरंजित** = सुरंजित.
**संरक्त** = सुरंजित.
**संरक्षक** = गार्ज़ियन, जीवन रक्षक, परपालक, परित्राता, रक्षक, वारक, शरणदाता, संग्रहपाल, सरपरस्त.
**संरक्षकता** = प्रायोजन.
**संरक्षक दल** = पुलिस.
**संरक्षण** = ऐडवांस बुकिंग, पालनपोषण, प्रायोजन, रखरखाव, रोगवारण, शरण, सरपरस्ती.

**संरक्षण** *सं आशीर्वाद*, कृपा, चौकसी, छत्रछाया, देखभाल, देखरेख, निगरानी, निगहबानी, पासबानी, *रक्षा*, रखवाली, रखाई, सँभाल, *सरपरस्ती*, *सलामती*, साजसँभाल, साथ, *साया*, हिफ़ाज़त, •सुरक्षा, ■संकट.

**संरक्षण करना** = पालना पोसना.
**संरक्षण देना** = पालना पोसना.
**संरक्षणपूर्ण सहायक** = सरपरस्त.
**संरक्षणहीन** = अनाथ.
**संरक्षित** = अनष्ट, पालित पोषित, रक्षित, वर्धित, संक्रमणरुद्ध, संचित.
**संरक्षित/संरक्षिता** = परपालित.
**संरक्षिता** = रक्षक.
**संरचन** = सृजन.
**संरचना** = बनावट.
**संरचनाधीन** = सृजनाधीन.
**संरचित** = रचित.
**संराअ (बीज नाम)** = संयुक्त राज्य अमरीका.
**संराधित** = पूजित.
**संराध्य** = प्रसीद्य.
**संरासं** = संयुक्त राष्ट्र संघ.
**संरोधी** = अड़ंगेबाज़, वारक.
**संलक्षण** = आलक्षण, परीक्षण.
**संलक्षणा** = लक्षणा शक्ति.
**संलग्न** = अत्यावश्यक, गुटबंद, ग्रंथित, व्यस्त, सटा/सटी, सिला/सिली.

**संलग्न** *वि* अनुबद्ध, अनुलग्न, चिपका/चिपकी, जुड़ा/जुड़ी, टँका/टँकी, नत्थी, नद्ध, निबद्ध, निहत, बद्ध, *युक्त*, लगा/लगी, *लग्न*, वाबस्ता, संयुक्त, सटा/सटी, *सन्नद्ध*, सन्निबद्ध, सिला/सिली, •अटका/अटकी, •आबद्ध, •विजड़ित, ■विलग्न.

**संलग्न करना** = लगाना.
**संलग्नता** = एकाग्रता.
**संलग्नीय** = विलग्नीय.
**संलब्ध** = लिया/ली.
**संलय** = डूब, तिरोभाव.
**संलाप** = वार्तालाप, संधि वार्ता.
**संलिप्त** = आलेपित, आसक्त, व्यस्त, संसिक्त.
**संलीन** = मिश्रित.
**संलेप** = पुलटिस, लेप.
**संवत** = विक्रमी संवत, संवत्सर.
**संवत्सर** = पृथ्वी परिक्रमा काल.

**संवत्सर** *सं* अब्द, ईयर, *वर्ष*, वर्ष गणना, संवत, *सन*, •ईसवी संवत, •विक्रमी संवत, •शक संवत, •हिजरी संवत.

**संवत्सर में** = संवत्सरे.
**संवत्सरीय** = वर्षीय.

**संवत्सरे** *क्रिवि* ई, ईपू, एडी, बीसी, वर्षे, वि, विक्रमे, शाके, संवत्सर में, सन में.

**संवर** = चयन.
**संवरण** = चयन, प्रसाधन, संचयन.
**संवरणशील** = वृद्धिशील.
**सँवरना** = सुधरना.
**सँवरा/सँवरी** = प्रसाधित, विकसित, सज्जित, सुसंस्कृत.
**सँवरिया** = प्रेमी, श्यामवर्ण.
**संवर्ग** = गुणन फल, वर्गफल.
**संवर्त** = पृथ्वी आवर्तन, वर्षा मेघ.
**संवर्तमान** = वर्तमान.
**संवर्धन** = पालनपोषण, शक्तिवर्धन.
**संवर्धन करना** = बढ़ाना.
**संवर्धनशील** = वृद्धिशील.
**संवर्धित** = पालित पोषित, लहलहाता/लहलहाती, वर्धित.
**संवर्धित करना** = बढ़ाना.
**संवर्धित होना** = बढ़ना.
**संवर्धिष्णु** = वृद्धिशील.
**संवलय** = झुर्री.
**संवहन** = वहन.
**संवहनीय** = वहनीय.
**संवाद** = गपशप, परिचर्चा, बात, वार्तालाप, विचारविमर्श, संदेश, समाचार, सूचना.

**संवाद** *सं* आलाप, कथोपकथन, डायलौग, नाटकोक्ति, नाट्य संवाद, नाट्योक्ति, बातचीत, संभाषण, •आत्मसात् वचन, •आशु संवाद, •एकल संवाद, •जनांतिक वचन, •अभिनय, •वार्तालाप, •संवाद क्यू.

**संवाददाता** = सूचनादाता.

**संवाददाता** *सं* कौरसपौंडैंट, ज्ञापक, ज्ञापयिता, न्यूज़मैन, पत्र प्रतिनिधि, *प्रतिनिधि*, प्रैस रिपोर्टर, रिपोर्टर, वृत्त लेखक, समाचार लेखक, •पत्रकार, •प्रतिनिधि.

**संवादवाहक** = संदेशवाहक.
**संवादहीन अभिनय** = भावाभिनय.
**संवादी** = कथन कर्ता, घोषणा कर्ता.
**सँवार** = परिष्कार.
**संवारणीय** = गोपनीय.
**सँवारना** = काढ़ना, पढ़ाना, बटोरना, सजाना, सिंगारना, सुधारना.
**सँवारा/सँवारी** = विकसित.
**संवार्य** = निवार्य.
**संवाहक** = वाहक, संक्रामक.
**संवाहित्र** = वातित्र.
**संवाही** = बहता/बहती.
**संवाह्य** = वहनीय.
**संविदा** = अनुबंध.
**संविद्ध** = विद्ध.
**संविधाता** = स्रष्टा.
**संविधातृ** = प्रारब्ध विधाता.
**संविधान** = सृजन.

**संविधान** *सं* आईन, कांस्टिट्यूशन, क़ायदा क़ानून, नियम क़ानून, विधान, *विधिसंहिता*, •राष्ट्र.

**संविधानक** = विधायक.
**संविधान निर्मात्री सभा** = संविधान परिषद.

**संविधान परिषद** *सं* कांस्टिट्यूशन असैंबली, *विधान परिषद*, विधान सभा, संविधान निर्मात्री सभा, संविधान सभा, •संसद.

**संविधान प्रणाली** = विधायिका.
**संविधान व्याख्याता** = विधिज्ञ.
**संविधान सभा** = संविधान परिषद.
**संविधायिका** = विधायिका.
**संविष्ट** = व्यवस्थित, समाविष्ट.
**संविहित** = आज्ञापित.
**संवीक्षक** = प्रेक्षक.
**संवीक्षण** = परीक्षण.
**संवृद्ध** = लहलहाता/लहलहाती.
**संवृद्धि** = बढ़ोतरी.
**संवेग** = गति वेग माप, रवानी.

**संवेग** *सं* ज़ोर, तेज, बल, बहाव, मोमैंटम, *रवानी*, रौ, *वेग*, *शक्ति*, स्यंद, •गति, •वेग.

**संवेद** = ज्ञान, बोध, भाव.
**संवेदन** = अनुभाव, अभिव्यंजन.
**संवेदनपूर्ण** = अनुभूतिप्रवण.
**संवेदनभूति** = साधारणीकरण.
**संवेदनशील** = अनुभूतिप्रवण, अनुभूतिप्रवण, अहिंसक, भावोत्पादक.
**संवेदनशीलता** = अहिंसा, गुणज्ञता, भावुकता.
**संवेदना** = अनुभूति, करुणा, भाव, मृत्यु संवेदना, सहानुभूति, सुरुचि, स्पर्श अनुभूति.
**संवेदनापूर्ण** = अनुभूतिप्रवण, भावपूर्ण, भावुक, सहनशील.
**संवेदनाहीन** = भावहीन, सहानुभूतिहीन.
**संवेदयिता** = मृत्यु संवेदना कर्ता.
**संवेदित** = अनुभूत, अभिव्यक्त.
**संवेश** = परिक्षेत्र, संचयन.
**संवेशी** = पड़ोसी.
**संवैधानिक** = लोकतांत्रिक.
**संवैधानिक सरकार** = लोकतंत्र.
**संशय** = आशंका, जोखिम, दुबिधा, भय, हिचक.
**संशयकर** = संदिग्ध.
**संशयग्रस्त** = भ्रमित, संदेहशील.
**संशयवाद** = अज्ञेयवाद, स्याद्वाद.
**संशयशील** = दुबिधाग्रस्त, संदेहशील.
**संशयहीन** = संकल्पशील.
**संशयात्मक** = असुरक्षित, अस्पष्ट (कथन), दुबिधाजनक, संदिग्ध.
**संशयी** = अतत्पर, दुबिधाग्रस्त, संदेहशील.
**संशीत** = शीतलित.
**संशुद्ध** = विशोधित.
**संशोधन** = परिष्कार, संपादन.

**संशोधन** *सं* इस्लाह, ग़लती ठीक करना कर्म, तरमीम, भूल सुधार, शोधन, *संपादन*, *संस्करण*, *संस्कार*, *सुधार*, •मरम्मत.

**संशोधनवाद** = सुधारवाद.
**संशोधनवादी** = सुधारवादी.
**संशोधनात्मक** = सुधारात्मक.

**संशोधित** *वि उन्नत*, चौकस, *ठीक*, दुरुस्त, परिशोधित, *विशोधित*, शोधित, सही, सुधरा/सुधरी, स्फुट, ▪असंशोधित.

**संश्रित** = सुरक्षित.
**संश्रुत** = सुना/सुनी.
**संश्लिष्ट** = युक्त.
**संश्लेष** = युति.

**संश्लेषण** *सं एकीकरण*, *योजन*, श्लेषण, श्लेषणा, *संयोजन*, संश्लेषणा, समन्वय, समीकरण, सिंथैसिस, •पूर्वपक्ष, •विश्लेषण.

**संश्लेषणा** = संश्लेषण.

**संसंग** = संपर्क, संबंध.
**संसक्त** = आसक्त, युक्त.
**संसक्ति** = आसक्ति.
**संसद** = संसद भवन, सभा.

**संसद** *सं* कांग्रेस (संराअ), डायट (जापान), ड्यूमा (रूस), पार्लियामैंट, राष्ट्रीय निर्वाचित प्रतिनिधि सभा, रीखस्टाड (जरमनी), शासन संबंधी निर्वाचित मंडल, *सभा*, •राज्यसभा, •लोकसभा, •विधान परिषद, •संविधान परिषद, •अधिवेशन, •दरबार, •मंत्रालय.

**संसद अयोग्य** = अशालीन.
**संसद आदि** = विधायिका.

**संसद भवन** *सं* पार्लियामैंट हाउस, *संसद*, सदन, •दरबार.

**संसदयोग्य** = शालीन.
**संसद सदस्य** = सांसद.
**संसदीय** = शालीन.

**संसदीय** *वि* परिषदीय, पारिषद, पारिषदिक, पार्लमैंटरी, विधायी.

**संसदीय प्रणाली** = लोकतंत्र.
**संसनाना** = सनसनाना.
**संसर्ग** = मिलन, युति, संक्रमण, संगति, संपर्क.
**संसर्गज** = संक्रामक रोग.
**संसर्गज रोग** = संक्रामक रोग.
**संसर्गण** = संक्रमण.
**संसर्पण** = प्रसार.
**संसर्पी** = प्रसारशील, सरीसृप.

**संसर्पी** *वि* अपद, उरग, पदहीन, प्रसर्पी, रिंगक, रेंगने वाला, रैप्टीलियन, विसर्पी, सरकने वाला, सरीसर्प (अशुद्ध), सर्पी, सृप, •रेंग, •सरीसृप, •साँप, ▪द्विपद.

**संसादित** = व्यवस्थित.
**संसाधन** = साधन.

**संसाधन** *सं* उपाय, ज़ख़ीरा, रिसोर्सेज़, वसीला, विधा, *साधन*, सामग्री, *स्रोत*, हैसियत, •निधि, •संपत्ति.

**संसाध्य** = करणीय.
**संसार** = आवागमन चक्र, गृहस्थी, जीव समष्टि, पृथ्वी, लोक, सृष्टि.
**संसार आदि कारण** = परमपुरुष.
**संसार छोड़ना** = मरना.
**संसारत्याग** = संन्यास प्रवेश.
**संसार नित्य है** = अनश्वरवाद.
**संसार बंधन** = आवागमन चक्र.
**संसार भोग** = भोगविलास, सांसारिकता.
**संसारभोगी** = विलासप्रिय, सांसारिक.
**संसार माया है** = मायावाद.
**संसारवाद** = इहलोकवाद.
**संसारव्यापी** = व्यापक.
**संसार सागर** = आवागमन चक्र.
**संसार सुंदरी** = सौंदर्य साम्राज्ञी.
**संसार से नाता तोड़ना** = मरना.
**संसार से मुँह मोड़ना** = मरना.
**संसारी** = विलासप्रिय, व्यवहारकुशल, सांसारिक.
**संसारीय** = सृष्टीय.
**संसिक्त** = सिंचित.

**संसिक्त** *वि* अनुरक्त, आलिप्त, इरा पिरा/इरी पिरी, ओतप्रोत, गहरा/गहरी, चकाचक, चोराडोब, तर, तरबतर, परिव्याप्त, पैवस्त, प्रगाढ़, रचा/रची, लिप्त, लीन, संलिप्त, सराबोर, *सिंचित*, सुसिक्त, सेराब, सैचुरेटिड, स्विन्न, •व्याप्त, •सुरंजित, ▪असंसिक्त.

**संसिद्ध** = अभ्यस्त, पूर्णकृत, प्रमाणसिद्ध, साधित.
**संसिद्धि** = कार्यान्विति.
**संसूचक** = अर्थद्योतक.
**संसूचन** = ज्ञापन.
**संसूचना** = सूचना.
**संसृति** = जीव समष्टि, सृष्टि.
**संसृष्ट** = चिरपरिचित, समाविष्ट.
**संसृष्टि** = जीव समष्टि, सृजन, सृष्टि.
**संसेचन** = गर्भदान.
**संस्करण** = प्रसंस्करण, संशोधन.

**संस्करण** *सं* *अंक*, *आवृत्ति*, इंप्रिंट, इशू, ऐडीशन, *छाप*, प्रकाशन, *मुद्रण*, •डीलक्स संस्करण, •नया संस्करण, •प्रथम संस्करण, •विशेषांक.

**संस्कार** = परंपरा, परिष्कार, प्रभाव, प्रसंस्करण, मृतक संस्कार, विशोधन, शिक्षा, संपादन, संशोधन, स्मृति.

**संस्कार** *सं* *कर्म*, *काज*, *कार्य*, *क्रिया*, धर्म संस्कार, रस्म, रीतिरिवाज़, •सोलह संस्कार, •धर्मविधि, •परंपरा, •प्रथा.

**संस्कारक** = विशोधक.
**संस्कारपूर्ण** = उपदेशपूर्ण.
**संस्कार प्रदान** = अध्यापन.
**संस्कारयुक्त** = सुसंस्कृत.
**संस्कार विधि** = कर्मकांड.
**संस्कारहीन** = असंस्कृत.
**संस्कारात्मक** = सुधारात्मक.
**संस्कारीय** = जातीय.
**संस्कारीय स्नान** = अभिषेक.
**संस्कृत** = शास्त्रीय (कला), शिक्षित, शोभनीय, संस्कृत भाषा, सुरुचिसंपन्न (व्यक्ति), सुसंस्कृत.

**संस्कृतज्ञ** *सं* पंडित, संस्कृत ज्ञाता.

**संस्कृत भाषा** *सं* आर्य भाषा, गीर्वाणी, देवभाषा, *देववाणी*, संस्कृत, •अपभ्रंश भाषा, •पाली भाषा, •प्राकृत भाषा, •भारोपीय भाषा.

**संस्कृत से उद्‌भूत** = तद्‌भव (शब्द).

**संस्कृति** *सं* अदब, अमानत, आचारविचार, इतिहास, कला विज्ञान, *चरित्र*, चलन, जातीय व्यवहार, जीवन मूल्य, जीवन शैली, ज्ञान विज्ञान, तहज़ीब, *परंपरा*, *प्रथा*, रीतिरिवाज़, लोकगाथा, वाङ्मय, विरासत, •कला, •धरोहर, •धर्म, •मान्यता, •संगीत, •सभ्यता, •समाज, •साहित्य.

**संस्कृति प्रेम** = सभ्यता.
**संस्क्रिया** = प्रसंस्करण, सृजन.
**संस्तर** = तह, पटल.

**संस्तर** *सं* *पटल*, परत, पर्पटी, स्तर, •पपड़ी.

**संस्तर विभाजन** = चिराई.
**संस्तुत** = पूजित, प्रशंसित, सिफ़ारिशी.

**संस्तुति** = प्रशंसा, सिफ़ारिश, स्तोत्र.
**संस्तुत्य** = पूजनीय.
**संस्थ** = आधारित, निश्चल, स्थित.
**संस्था** = कंपनी, कार्यालय.

**संस्था** *सं* अंजुमन, अधिकरण, अधिष्ठान, आथोरिटी, *आयोग*, आर्गनाइज़ेशन, आलय, इंस्टीट्यूट, इंस्टीट्यूशन, इदारा, ऐसोसिएशन, *कंपनी*, कांग्रेस, काउंसिल, काय, *कार्यालय*, *क्लब*, ग्रुप, जमात, जमीयत, ट्रस्ट, निकाय, निगम, *न्यास*, परिषद, प्रतिष्ठान, प्राधिकरण, बाडी, मंडल, मिल्लत, मिशन, यूनियन, लीग, संगठन, *संघ*, संस्थान, *सभा*, *समिति*, सिंडिकेट, सोसाइटी, हिज्ब, •चंदा, •समाज.

**संस्थाकृत** = संस्थापित.
**संस्थागार** = सभागार.
**संस्थान** = कंपनी, कार्यालय, विश्वविद्यालय, संस्था.

**संस्थापक** *सं* अधिष्ठाता, अधिष्ठापक, आदिकर्ता, आदिपुरुष, न्यासी, प्रणेता, प्रतिष्ठापक, फ़ाउंडर, बनाने वाला, *विधायक*, संस्थापयिता, स्थापयिता, •उद्घाटक, •प्रबंधक, •प्रवर्तक, •स्रष्टा.

**संस्थापकवादी** = आदिसिद्धांतवादी.
**संस्थापन** = धराई.
**संस्थापना** = प्रतिपादन, मूर्ति स्थापना, शिलान्यास.

**संस्थापना** *सं* अधिष्ठापन, अधिष्ठापना, *आरंभ*, गठन, नियोजन, निरोपण, न्यसन, *न्यास*, प्रणयन, *प्रतिष्ठा*, प्रतिष्ठापना, *प्रवर्तन*, प्रस्थापना, प्रारंभ, प्रारब्धि, फ़ाउंडेशन, *योजना*, *रोपण*, विनियोजन, विन्यास, व्यवस्थापना, *शिलान्यास*, श्रीगणेश, संगठन, *संयोजन*, संयोजना, सन्निरोपण, समारंभण, सुप्रतिष्ठा, सूत्रपात, स्थापना, •प्रबंध, •प्रवर्तन.

**संस्थापयिता** = संस्थापक.
**संस्थापित** = अंतर्स्थापित.

**संस्थापित** *वि* अधिष्ठापित, अधिष्ठित, *आरंभित*, आरब्ध, गठित, नियोजित, निरोपित, न्यस्त, प्रतिष्ठापित, *प्रतिष्ठित*, प्रस्थापित, प्रारंभित, बना/बनी, विनियोजित, व्यवस्थापित, संगठित, संस्थाकृत, संस्थित, स्थापित, •उद्घाटित, •संघटित.

**संस्थित** = अनुक्षितिज, आधारित, बैठा/बैठी, संस्थापित, स्थित.
**संस्थिति** = स्थिति.
**संस्पंदन** = गुंजन.
**संस्पर्धा** = प्रतियोगिता.
**संस्पर्श** = प्रभाव, युति, संक्रमण, स्पर्श.
**संस्पर्शज रोग** = संक्रामक रोग.
**संस्पृष्टी** = स्पर्शी.
**संस्मरण** = अनुस्मरण, अभिनंदन ग्रंथ, आत्मकथा, मातम, व्यक्ति वर्णन, शब्दचित्र, स्मृतिलाभ.

**संस्मरण** *सं* *अनुस्मरण*, *आत्मकथा*, इतिवृत्त, ऐसे थे..., चिंतन, पुराचिंतन, पुरानी यादें, यादें, विगत स्मृतिलेख, वे दिन वे बातें, व्यक्तिचित्र, संस्मरण लेख, *स्मृति*, •आत्मकथा, •जीवनी, •निजी डायरी.

**संस्मरण लेख** = संस्मरण.

**संस्मरणात्मक** *वि* अनुस्मरणात्मक, अभिज्ञानात्मक, यादगार, संस्मारणात्मक, स्मरणात्मक, •स्मरणीय.

**संस्मरणीय** = स्मरणीय.
**संस्मारक** = स्मारक.
**संस्मारिका** = कार्यक्रम सूची.
**संस्मार्त** = स्मृत.
**संस्मृति** = अनुस्मरण, स्मृतिग्रंथ.
**संस्वरण** = वाचन.
**संस्वीकरण** = कनफ़ैशन.
**संहत** = युक्त, संग्रहित.
**संहति** = युति, समूह.
**संहनन** = वध.
**संहरण** = जोड़ कर्म, भंडारण, संकुचन.
**संहर्ता** = नाश कर्ता, हत्यारा.
**संहर्षक** = रोमांचक.
**संहार** = असुरवध, उपसंहार, कथा फलागम, क़हर, जनसंहार, नाश, प्रलय, वध, संकुचन, सार संक्षेप, हत्या.
**संहारक** = ध्वंसास्त्र, नाश कर्ता, हत्यारा.
**संहार कर्ता** = नाश कर्ता, हत्यारा.
**संहारकारी** = प्रलयकारी, हत्यारा.
**संहारना** = मारना.

**संहारना** *क्रि* *उड़ाना*, काट गिराना, *काटना*, काम तमाम करना, खपाना, ख़लास करना, ख़ून करना, घात करना, जान निकालना, जान लेना, जान से मारना, ढेर करना, नष्ट करना, निहनना, नेस्तनाबूद करना, प्राण लेना, *बिछाना*, मार गिराना, मार डालना, *मारना*, मिटाना, मौत के घाट उतारना, रास्ते से हटाना, वध करना, सफ़ाया करना, समाप्त करना, साफ़ करना, *हटाना*, हतना, हत्या करना, हनन करना, हनना, हस्ती मिटाना, •फाँसी चढ़ाना, •विष देना, ▪बचाना.

**संहारपूर्ण** = रक्तपातपूर्ण, हिंस्र.
**संहारहीन** = रक्तपातहीन.
**संहारात्मक** = नाशकारी.
**संहारी** = हिंस्र.
**संहारी/संहारिणी** = नाश कर्ता, हत्यारा.
**संहार्य** = खंडनीय, नाश्य, हंतव्य.
**संहित** = अनुपातयुक्त, जुड़ा/जुड़ी, भंडारित, व्यवस्थित, संग्रहित.
**संहिता** = धर्मग्रंथ, विधिसंहिता, संग्रह.

**संहिता** *सं* मनु आदि रचित धर्म शास्त्र, संकलन.

**संहिताकार** = संकलनकार.
**संहृत** = केंद्रित, नष्ट, हत्याकृत.
**संहृति** = संकुचन.
**स-** = और, सहित.
**सआदत** = अच्छाई.
**सआदतमंद** = धर्मशील, सज्जनतापूर्ण, सदाचारी.
**सई सिफ़ारिश** = गिड़गिड़ाहट, चाटूक्ति, मनुहार.

 (प्रा) प्राचीन शब्द, अब अप्रचलित - *तिरछे* शब्द स्वतंत्र शीर्षक भी हैं •सपर्याय ▪विपर्याय

**सऊदी अरब** *सं* *अरब*, अरबिस्तान, अस्सऊदिया (स्थानीय), साऊदी अरब.

**सऊदी अरबः राजधानी** *सं* रियाध.

**सकक्षवासी** = सहनिवासी.
**सकड़ी** = ज़ंजीर.
**सकत** = प्रताप, शक्ति.
**सकता** = योग्यता.
**सक़ता** = समाधि स्थिति.
**सक़ते का आलम** = समाधि स्थिति.
**सकपकाना** = चकराना.

**सकपकाना** *क्रि* अकबकाना, अक़्ल चकराना, अचकचाना, ग़लती लगना, *चकराना*, चकित होना, भरमना, भिन्नाना, भ्रम होना, भ्रमित होना, भ्रांति होना, मतिभ्रम होना, सगबगाना, समझ न पाना, हिराना, •भरमाना, •लजाना, •सकुचाना, •हिचकना.

**सकपकाया/सकपकाई** = चकित.
**सकपकाहट** = झेंप, हिचक.
**सकपट** = विश्वासघातपूर्ण.
**सकर खंडी** = खाँड़, शक्कर.
**सकरा/सकरी** = उच्छिष्ट, कच्चा खाना.
**सकरुणा** = दयापूर्वक, समाज भावी.
**सकल** = अभंजित, अविभक्त, आद्योपांत, थोक में बिकाऊ, संपूर्ण, सब, सर्वांग संपूर्ण, सविस्तार, सृष्टि.

**सकल** *वि* कुल, तमाम, *परिपूर्ण*, पूर्ण, *संपूर्ण*, •अनवशिष्ट, •अविभक्त, •शेषफलहीन.

**सकल जननी** = प्रकृति.
**सकलप्रिय** = लोकप्रिय.
**सकलेंदु** = पूर्ण चंद्रमा.
**सकवा** = साल.
**सकाम** = इच्छुक, उद्देश्यपूर्ण, सार्थक.

**सकाम कर्म** *सं* आसंग, *आसक्ति*, आसक्तिपूर्ण कर्म, कर्मफल आसक्ति, फल इच्छा, फलाकांक्षा, फलाशा, *वासना*, ▪निष्काम कर्म.

**सकारण** = उद्देश्य से, कारणतः.

**सकारण** *वि* अनकस्मात, कारणयुक्त, सनिमित्त, सहेतु, ▪निष्कारण.

**सकारथ** = सार्थक.
**सकारना** = मानना.
**सकारवादी** = आशावादी.

**सकारात्मक** *वि* धनात्मक, रचनात्मक, स्वीकारात्मक, •आशावादी, •प्रेरणाप्रद, ▪नकारात्मक, ▪निराशावादी.

**सकारे** = प्रातःकाल में, समय से पहले.
**सकाल** = प्रातःकाल.
**सकाल ब्रह्मांड** = चार आयाम.

**सकुचना** *क्रि* आगापीछा करना, घबराना, झिझकना, दुबकना, संकोच करना, सकुचाना, *सिकुड़ना*, सिमटना, सोच में पड़ना, *हिचकना*, •सकपकाना.

**सकुचाना** = लजाना, सकुचना.
**सकुचाहट** = लज्जा, हिचक.
**सकुचौहाँ/सकुचौहीं** = संकोची.
**सकुटुंब** = परिवारयुक्त.
**सकुल** = उच्चवर्णीय, परिवारयुक्त, सहवंशी.
**सकुलज** = सहवंशी.
**सकुशल** = अनाहत, सलामत.
**सकुशलता** = सलामती.
**सकृपा** = दयापूर्वक.
**सकेरना** = बटोरना, बुहारना.
**सकेरा** = पाँचा.
**सकेरू** = बुहारने वाला.
**सकेलना** = बटोरना.
**सकैतव** = ठग.
**सकोड़ना** = मोसना.
**सकोतरा** = चकोतरा.

**सकोरा** *सं* करक, कसोरा, कोसा, ढोकसा, परई, परवा, *पाली*, मिट्टी कटोरा, मिट्टी कसोरा, वर्धमान, शराव, संपुटी, सरइया, सराई, सरैया; •कटोरी, •कुल्हड़, •प्लेट.

**सकौमार्य** = कौमार्यवती.
**सक़्क़ा** = पनहार, भिश्ती.
**सक्काक** = लोहार.
**सक्त** = युक्त.
**सक्तु** = सत्तू.
**सक्थि** = अस्थि.
**सक्रम** = क्रमिक.

**सक्रिय** = उत्साही, घटनापूर्ण, घटनाशील, चुस्त, जीवित, जैव, तत्पर, द्रुत, परिश्रमी, व्यस्त, संचलनशील.

**सक्रिय** *वि* उच्चल, *उत्साही*, उमंगपूर्ण, उमंगशील, ऊर्जित, कर्मठ, कर्मशील, कार्यशील, क्रियमाण, क्रियाशील, गतिशील, गत्वर, चल, चालू, *चुस्त*, चेतन, जंगम, जीवंत, *जीवित*, *ताज़ा*, प्राणवान, फुरतीला/फुरतीली, मुस्तैद, संजीव, सगति, *सचल*, सचेतन, सजीव, *सन्नद्ध*, सप्राण, •कार्यरत, •परिश्रमी, •व्यस्त, ▪आलसी, ▪निष्क्रिय, ▪प्रयासहीन.

**सक्रियक** = स्टार्टर.
**सक्रियतः** = प्रयत्नपूर्वक.
**सक्रियता** = गतिविधि, चुस्ती, प्रयास, हलचल.
**सक्षम** = बलिष्ठ, साधनसंपन्न.

**सक्षम** *वि* अकुंठित, कर्मक्षम, क़ाबिल, काम का, कारगुज़ार, कार्यक्षम, *कुशल*, कैपेबल, -क्षम, क्षमताशाली, ज़ोरदार, दमदार, *प्रबल*, *योग्य*, लायक़, शक्य, समरथ, समर्थ, सामर्थ्यवान, •प्रतिभाशाली, •शक्तिशाली, ▪अक्षम, ▪असहाय.

**सक्षमता** = क्षमता.
**सखा** = मित्र, संगी, साढ़ू.
**सखा भाव** = मित्रता.
**सखा वृंद** = मित्र मंडली.
**सख़ासमूह** = मित्र मंडली.
**सखाहीन** = मित्रहीन.
**सखी** = सहेली.
**सख़ी** = दानशील, दानी.
**सख़्त** = अटूट, अनम्य, अबोध्य, असमाधान्य, असह्य, कठिन, कठोर, कठोर (अधिकारी), कठोर (व्यवहारी), कर्कश स्वरीय, कर्मकांडीय, कसा/कसी, ख़तरनाक, खेदहीन, न्यायपर, लचकहीन, सुदृढ़, हठी.
**सख़्त कलामी** = कटुभाषण.
**सख़्त घड़ी** = आपात्काल.
**सख़्तज़बान** = कटुभाषी.
**सख़्त ज़बानी** = कटुभाषण.

**सख़्तजान** = खेदहीन.
**सख़्तदिल** = निर्दय.
**सख़्तपंजा** = अल्पव्ययी, कंजूस.
**सख़्तमिज़ाज** = कठोर (व्यवहारी), क्रोधी.
**सख़्ती** = अत्याचार, अनुशासन, अल्पव्यय.
**सख्य** = मित्रता, सौमनस्य.
**सख्यतापूर्ण** = मित्रतापूर्ण.
**सगति** = संचलनशील, सक्रिय.
**सगबग** = तत्काल, भयभीत.
**सगबगाना** = सकपकाना.
**सगर** = विषाक्त.
**सगरा** = तालाब.
**सगरे** = सब एक साथ.
**सगर्भा** = सगी बहन.
**सगा/सगी** = संबंधी, सहोदर.
**सगाई** = संबंध.

**सगाई** *सं* अँगूठी पहनाई, कुड़माई, *टीका*, ठहरौनी, *तिलक*, मँगनी, रिंग सेरेमनी, वाग्दान, •वररोक, •वाग्दत्त/वाग्दत्त, •विवाह.

**सगा भाई** *सं* माँजाया, मादरज़ाद, *सहज*, *सहोदर*, •भाई, ▪सौतेला भाई.

**सगारंटी** = गारंटीयुक्त.
**सगा संबंधी** = संबंधी.

**सगी बहन** *सं* माँजाई, सगर्भा, सहोदरा, ▪सौतेली बहन.

**सगुण** = भौतिक, लक्षणयुक्त, साकार.
**सगुण पूजा** = मूर्तिपूजा.
**सगुण भक्ति** = मूर्तिपूजा.
**सगुणोपासना** = मूर्तिपूजा.
**सगुन** = शकुन.
**सगुनिया** = शकुनज्ञ.
**सगे संबंधी** = स्वजन.

**सगोत्र विवाह** *सं* अपने गोत्र में विवाह, गोत्रगमन, स्वगोत्र विवाह, •अंतर्प्रजनन.

**सघटना** = घटनापूर्ण.
**सघन** = अनम्य, उर्वर, गहन (वन), गाढ़ा/गाढ़ी, छायादार, छिद्रहीन, जनाकीर्ण, ठोस, पिंडाकार, मेघाच्छन्न, रुद्ध, वर्षद, सुदृढ़.

**सघन** *वि* अभेद्य, अविरल, अशून्य, आकीर्ण, ओतप्रोत, गहन, गहरा/गहरी, घन, घनघोर, घना/घनी, घनिष्ठ, घनेरा/घनेरी, ठस, ठुँसा/ठुँसी, निविड, प्रगाढ़, •गाढ़ा/गाढ़ी, •छिद्रहीन, •ठोस, ▪छिद्रिल, ▪ढीला/ढीली, ▪विरल.

**सघन आवासित** = जनाकीर्ण.
**सघन करना** = जमाना.
**सघन छनाई** = कपड़छनाई.

**सघन पदार्थ** *सं* ठोस पदार्थ, *पिंड*, पिंडा, पिंडी, सौलिड, •पदार्थ, •पदार्थ, ▪शून्य.

**सघन मेघ** = कृष्ण मेघ.
**सघन वन** = गहन वन.
**सघन होना** = जमना.
**सघात** = विश्वासघातपूर्ण.
**सच** = अवश्यमेव, तथ्यात्मक, सत्याधारित.
**सचराचर** = सृष्टि.
**सचल** = चुस्त, ज़ीवित, जैव, द्रुत, बहता/बहती, लहराता/लहराती, संचलनशील, सक्रिय.

**सचल** *वि* *चंचल*, चर, चल, चलाऊ, चलिष्णु, जंगम, मनकूला, •द्रुत, •वहनीय, •संचलनशील, ▪अचल, ▪स्थावर.

**सचल करना** = हिलाना.
**सचल चित्र** = फ़िल्म.
**सचलता** = घुमक्कड़ी.
**सचल दिक्काल** = चार आयाम.
**सचल लवण** = काला नमक.
**सचाई** = ईमानदारी.
**सचित्त** = अनुभूतिप्रवण.
**सचित्र** = चित्रित.

**सचित्र** *वि* इलस्ट्रेटिड, ग्राफ़िक, चित्रसहित, *चित्रित*, *सज्जित*, सुसज्जित, •चित्रात्मक.

**सचिन** = अनुभूतिप्रवण.
**सचिव** = निजी सचिव, परामर्श दाता.

**सचिव** *सं* कार्यालय संचालक, *दीवान*, *मंत्री*, सिकत्तर, सैक्रेटरी, •निजी सचिव.

**सचिव कार्यालय** = सचिवालय.

**सचिवालय** *सं* दफ़्तर, सचिव कार्यालय, सैक्रेटेरिएट, •निदेशालय, •मंत्रालय.

**सचिह्न** = चिह्नित.
**सचेत** = कुशाग्रबुद्धि, जाग्रत, दूरदर्शी, प्रबुद्ध, सावधान, स्पर्शानुभूतियुक्त.

**सचेत** *वि* चेतन, चेतनायुक्त, चेतयुक्त, चैतन्य, चैतन्ययुक्त, *जाग्रत*, *जैव*, बाहोश, संज्ञ, सचेतन, सजीव, होशमंद, •अनुभूतिप्रवण, ▪अचेत, ▪अजैव.

**सचेतक** *सं* उज्जागरक, उद्बोधक, चेतक, चेताने वाला, सावधान कर्ता.

**सचेतता** = चेतना, दूरदर्शिता, सावधानी.
**सचेतन** = अभिव्यक्तिपूर्ण, उत्साही, चुस्त, जवान, जीवित, जैव, प्रबुद्ध, सक्रिय, सचेत, सावधान.
**सचेतनता** = चुस्ती.
**सचेता** = प्रौढ़, बुद्धिमान.
**सचेष्ट** = प्रयत्नशील.
**सचैतन्य** = अनुभूतिप्रवण.
**सच्चरित्र** = धर्माचारी, धर्माचारी, विवाह निष्ठा, सदाचार.
**सच्चरित्रा** = पतिव्रता.
**सच्चर्या** = विवाह निष्ठा.
**सच्चा/सच्ची** = असली, ईमानदार, छलहीन, निष्ठावान, परिपूर्ण, विश्वसनीय, सत्यपूर्ण, सत्याधारित, सरलचित्त.
**सच्चाई** = ईमानदारी.
**सच्चा प्रेम** = प्रेमनिष्ठा.
**सच्चा बहाना** = बहाना.
**सच्चा मित्र** = निस्स्वार्थ मित्र.
**सच्चिदानंद** = ब्रह्म.
**सच्ची कहानी** = जीवनी.
**सछल** = छलपूर्ण.
**सज** = सजावट, सौंदर्य.
**सजग** = दूरदर्शी, सावधान.
**सजगता** = सावधानी.
**सजता/सजती** = शोभनीय.
**सजदार** = तड़कभड़कदार.
**सजधज** = डिस्प्ले, तड़कभड़क, फ़ैशन, वैभव, सजावट, सिंगार.

**सजधज करना** = सजाना.
**सजन** = प्रेमी.
**सजन/सजनी** = प्रेमपात्र/प्रेमपात्रा.
**सजनवा/सजनिया** = प्रेमपात्र/प्रेमपात्रा.
**सजना** = पहनना, प्रेमी, फबना.
**सजनी** = प्रेमिका, सुंदर स्त्री.
**सजबज** = सजावट.
**सजल** = अश्रुपूर्ण, गीला/गीली, तरल, वर्षद, वर्षापूर्ण.

**सजल** *वि* आर्द्र, जलमय, जलयुक्त, *तरल*, पनियल, पनीला/पनीली, पानीदार, सरस, •अश्रुपूर्ण, •गीला/गीली, ▪जलहीन.

**सजल मेघ** = वर्षा मेघ.
**सजा** = सुंदर.
**सज़ा** = दंड, प्रतिशोध.
**सजा/सजी** = प्रसाधित, फ़ैशनानुकूल, बुनावटदार, सज्जित.
**सज़ाए मौत** = मृत्युदंड.
**सजातीय** = समकोटीय.
**सजा धजा/सजी धजी** = प्रसाधित, सज्जित.
**सजाना** = काढ़ना, पहनाना, सिंगारना.

**सजाना** *क्रि* अलंकृत करना, *चमकाना*, तैयार करना, *दमकाना*, *निखारना*, पखारना, परिष्कार करना, फबाना, *बनाना*, मंडना, शोभान्वित करना, शोभा बढ़ाना, सँजोना, सँवारना, सजधज करना, सज्जित करना, साजना, *सिंगारना*, सुंदर बनाना, *सुधारना*, •दमकाना, •पहनाना, •फबना, ▪बिगाड़ना.

**सजाना सँवारना** = सिंगारना.
**सज़ायाफ़्ता** = दंडित.
**सजाव** = सजावट.
**सजावट** = कढ़ाई, झालर, डिस्प्ले, दिखावा.

**सजावट** *सं* आडंबर, *आब*, आबताब, आभा, इंदिरा, चाकचक्य, छटा, छब, छवि, जँचाव, जमाल, जलाल, ज़ीनत, ज़ेब, टीपटाप, ठाट, ठाटबाट, डंबर, धज, धजा, फब, बाँकपन, बान, भव्यता, भूषा, *रंग*, रंगत, रौनक़, लक्ष्मी, विन्यास, विभूषा, शुचि, शुभा, शृंगार, शोभा, श्री, सज, सजधज, सजबज, सजाव, *सज्जा*, साजबाज़, सुंदरता, सुषमा, सुहावनापन, *सौंदर्य*, हवा, हुस्न, •डिस्प्ले, •वैभव, •सज्जा.

**सजावटपूर्ण** = सजावटी.
**सजावटी** = उत्सवपूर्ण, तड़कभड़कदार, पाखंडपूर्ण, बुनावटदार, भव्य, सुंदर.

**सजावटी** *वि* दिखावटी, धजपूर्ण, धजापूर्ण, शोभाकारी, सजावटपूर्ण, हवाई, •भव्य.

**सजावटी अलमारी** = शोकेस.
**सजावटी गिलास** = गुलदान.

**सजावटी छत** *सं* चँदोया, दिखवाटी छत, फ़ाल्स सीलिंग, वितान, •छत चादर.

**सजावटी पट्टी** = लेस.
**सजावन** = प्रसाधन.
**सजा सँवरा/सजी सँवरी** = प्रसाधित.
**सजिना** = सहजन.
**सजिल्द पुस्तक** = हार्डकवर पुस्तक.
**सजी** = सुंदर स्त्री.
**सजी धजी** = छबीली.
**सजीला** = छबीला, सुंदर, सुंदर पुरुष.
**सजीला/सजीली** = छबीला/छबीली.
**सजीली** = छबीली, सुंदर स्त्री, सुंदर स्त्री.
**सजीव** = अभिव्यक्तिपूर्ण, उज्ज्वल, उत्साही, कुशाग्रबुद्धि, चुस्त, जवान, जीवित, जैव, द्रुत, बलिष्ठ, वर्णनात्मक, सक्रिय, सचेत, सावधान, स्पर्शानुभूतियुक्त.
**सजीव जगत** = चेतन जगत.
**सजीवता** = चुस्ती.
**सजीवन** = स्पंदनशील.
**सजीव पदार्थ** = जैव पदार्थ.
**सजीव होना** = जीना.
**सज्जक** = कढ़ाई कर्मी.
**सज्जन** = उपकारी, कुलीन पुरुष, पुरुष, सहनशील.

**सज्जन** *सं* जैंटलमैन, *देवता*, भला आदमी, भला मानस, महाशय, विशुद्धात्मा, शरीफ़, संत, सत्पुरुष, सदाशय, *साधु*, सुरजन, हीरा आदमी, •पुण्यात्म, •सन्नारी, ▪दुर्जन, ▪लंपट.

**सज्जनता** = अहिंसा, सभ्यता.

**सज्जनतापूर्ण** *वि* अच्छा/अच्छी, ऊँचा/ऊँची, जैंटल, देवतातुल्य, देवतास्वरूप, नेक, नेकदिल, नेकनीयत, पाक, पाकदिल, पाकनीयत, *पापहीन*, भद्र, भला/भली, *महान*, शरीफ़, शांत, शाइस्ता, *शालीन*, शीलवान, संत, सआदतमंद, सत्ययुगी, सदाशय, सद्‌गुणी, *सभ्य*, सरल, *साधु*, सीधा/सीधी, सुजान, सुधी, सुशील, सुसभ्य, सुस्वभावी, सुहृदय, हानिहीन, •छलहीन, •पापहीन, •सरलचित्त, ▪कुटिल, ▪दुर्जनतापूर्ण, ▪धृष्ट.

**सज्जा** = कढ़ाई कर्म, डिस्प्ले, नाट्य मेकअप, प्रसाधन, वेश, शस्त्रास्त्र, सजावट, सिंगार.

**सज्जा** *सं* उपस्कर, कीलकाँटा, परिबर्ह, परिष्कर, लवाज़मात, संभार, सज्जा सामग्री, सरो सामान, साज़, साजबाज़, साज़सामान, साज़ो सामान, सामग्री, *सामान*, •गृहसज्जा, •प्रसाधन, •वेश, •सजावट.

**सज्जाकक्ष** = ग्रीनरूम, ड्रैसिंगरूम.
**सज्जाकार** = गृहसज्जाकार, ब्यूटीशियन.
**सज्जाद** = भक्त, साजिद.
**सज्जादा** = नमाज़ दरी.
**सज्जापूर्ण** = सज्जित.
**सज्जा सामग्री** = सज्जा.
**सज्जाहीन** = अनाभूषित.
**सज्जित** = आभूषित, उपाधित, प्रसाधित, युद्धसन्नद्ध, वेशित, शस्त्रसज्जित, सचित्र, सन्नद्ध, सुवेशित.

**सज्जित** *वि* अलंकृत, अलंकृत, *आभूषित*, आमंडित, नोकदार, मंडित, लदा फँदा/लदी फँदी, विशोभित, शृंगारित, शोभान्वित, शोभित, सँवरा/सँवरी, सजा/सजी, सजा धजा/सजी धजी, सज्जापूर्ण, सुशोभित, सुसज्जित, •आभूषित,

•शस्त्रसज्जित, •सुवेशित, ■असज्जित.

**सज्जित करना** = पहनाना, संजाना.
**सज्जित होना** = पहनना.
**सज्जी** = क्षार.

**सज्जी** *सं* पोटाश, भस्म शर्करा, रसी, रासी, सज्जी खार, सर्जिका, सर्जी, स्वर्जी.

**सज्जी खार** = सज्जी.
**सज्ञान** = अनुभूतिप्रवण, विद्याविद्.
**सज्दागुज़ार** = नमाज़गुज़ार.
**सट** = सटसट.
**सटक** = नैचा.
**सटकन** = पलायन.
**सटकना** = भकोसना.
**सटकार** = झटकार.
**सटकारना** = झकझोरना, झटकारना, हाँकना.

**सटना** *क्रि चिपकना*, *छूना*, *जुड़ना*, निकट आना, भिड़ना, *मिलना*, *लगना*, साथ लगना, ■कटना.

**सटपटाना** = डरना.
**सटरपटर** = खटराग, खड़खड़.
**सटसट** = खड़खड़.

**सटसट** *सं* कड़ाक, कमची हवा में चलने की ध्वनि, झन्नाटा, शपशप, शपशपाहट, सट, सटसटाहट, सटाक, सड़सड़ाहट, सड़ाक, सपसप, सपसपाहट, सरसराहट, •सरसर.

**सटसटाना** = लपलपाना.
**सटसटाहट** = सटसट.
**सटा** = अयाल, कलगी, जटा, शिखा.
**सटा/सटी** = बंद, संलग्न.

**सटा/सटी** *वि* अंतररहित, अंतरहीन, अंतरालहीन, अनंतर, अनवच्छिन्न, अनवरत, अपृथक, अविच्छिन्न, छूता/छूती, जुड़ा/जुड़ी, निरंतराल, भिड़ा/भिड़ी, मिला/मिली, लगा/लगी, *संलग्न*, सतत, *स्पर्शी*, •सीमावर्ती, ■पृथक, ■विलग्न.

**सटा (सूअर)** = शरीर रोम.
**सटाई** = भिड़ाई.
**सटाक** = सटसट.
**सटाना** = चिपकाना.

**सटाना** *क्रि* आसपास रखना, उढ़काना, छुआना, जुटाना, *जोड़ना*, नज़दीक लाना, निकट लाना, पड़ोस में लाना, पड़ोसी करना, पास पास करना, पास लाना, भिड़ाना, भेड़ना, *मिलाना*, मुसलसिल करना, *लगाना*, समीप लाना, साँटना, साटना, साथ रखना, हिलगाना, ■काटना.

**सटाल** = सिंह.
**सटासट** = तत्काल, द्रुततः.
**सटीक** = पारिभाषिक, लक्ष्यवेधी, सूक्तिवत.

**सटीक** *वि तथ्यात्मक*, प्रामाणिक, बारीक़, बेचूक, *भ्रमहीन*, भ्रांतिहीन, वस्तुनिष्ठ, वही, *सत्य*, सप्रमाण, सही, सुपरिभाषित, *स्पष्ट*, •पारिभाषिक, •प्रमाण्य, •लक्ष्यवेधी, •संगत, ■संदिग्धार्थी.

**सटीकतः** = संक्षेपतः.
**सटोरिया** = सट्टेबाज़.
**सटोरी** = समाधि स्थिति.
**सट्टा** = अनुबंध, दाँव, सट्टेबाज़ी.
**सट्टाबट्टा** = संगति, सामंजस्य.
**सट्टा बाज़ार** = कोलाहलपूर्ण स्थान, शेयर बाज़ार.

**सट्टेबाज़** *सं* सटोरिया, •जुआरी.

**सट्टेबाज़ी** *सं* फाटका, सट्टा.

**सठियाना** = बुढ़ाना.

**सठियाया/सठियाई** *वि* जराग्रस्त, बचकाना/बचकानी, बालिश, बुढ़ाया/बुढ़ाई, सत्तरा बहत्तरा/सत्तरी बहत्तरी, सिड़ी, •मूर्ख, •सनकी, ■स्वस्थमनस्क.

**सठियायापन** *सं* जरत्व, दूसरा बचपन, बाल वृद्धता, बुढ़ापा, सिड़ीपन, सिड़ीपना, •सनक.

**सड़क** = मार्ग.

**सड़क** *सं* ऐवेन्यु, पंथ, पथ, परिरथ्या, पाथ, पुरमार्ग, *मार्ग*, रास्ता, रोड, वर्त्म, वाट, वीथि, वीथी, सारणी, स्ट्रीट, •गली, •चौराहा, •दोराहा, •पगडंडी, •मुख्य सड़क, •राजमार्ग, •राष्ट्रीय राजमार्ग, •रिंग रोड.

**सड़कछाप** = अपालतू.
**सड़कछाप बैद** = नीम हकीम.
**सड़क पर तमाशा देखने वाला** = तमाशबीन.

**सड़क पार्श्व** *सं किनारा*, *पटरी*, पद्या, पेवमैंट, फुटपाथ, साइडवाक.

**सड़ता/सड़ती** = दुर्गंधपूर्ण, हुमसदार.
**सड़न** = जल अप्रवाह, पूय, पूयन.
**सड़न** = मल.
**सड़ना** = गंधाना.

**सड़ना** *क्रि* उपसना, उबसना, गलना, दूषित होना, *बिगड़ना*, भकरना, *लगना*, •गंधाना, •पूयित होना.

**सड़सड़ाते** = द्रुततः.
**सड़सड़ाहट** = सटसट.
**सड़ा/सड़ी** = अपाच्य, गंदा/गंदी, घिनौना/घिनौनी, दुर्गंधपूर्ण, प्रदूषित.

**सड़ा/सड़ी** *वि* अपथ्य, अशुद्ध, अहितकारी, गला/गली, गलित, दूषित, पलीद, बदबूदार, बुरा/बुरी, मलिन, लगहर, विगलित, विदूषित, सड़ा गला/सड़ी गली, सड़ायँध भरा, सड़ियल, •घिनौना/घिनौनी, •दुर्गंधपूर्ण, •बुसा/बुसी, ■ताज़ा.

**सड़ाक** = द्रुतवेग, सटसट.
**सड़ाक से** = तत्काल.
**सड़ा गला/सड़ी गली** = जीर्णशीर्ण, सड़ा/सड़ी.
**सड़ा नहीं** = ताज़ा.
**सड़ायँध भरा** = सड़ा/सड़ी.
**सड़ियल** = गंदा/गंदी, घिनौना/घिनौनी, दुर्गंधपूर्ण, सड़ा/सड़ी.
**सड़ी गरमी** = नमीदार गरमी.
**सणसूत्र** = सुतली.
**सत** = अर्क़, क़हवा, सातवाँ/सातवीं, सात समुदाय.
**सत-** = सात.
**सतजानु** = कोरनिश.

**सतजुग** = सत्ययुग.
**सतत** = अपरिवर्तनीय, अविराम, आग्रहपूर्ण, नियमित, शाश्वत, सटा/सटी.
**सतत काल** = अनादि अनंत काल.
**सततत:** = लगातार.
**सतत प्रयत्न** = साधना.
**सतपुड़ा श्रेणी** = पर्वत सूची भारत उपमहाद्वीप.
**सतफेरा** = सप्तपदी.
**सतमासा/सतमासी** = अकाल प्रसूत.
**सतयुग** = सत्ययुग.

**सतरंगा/सतरंगी** *वि* इंद्रधनुषी, मयूरपंखी, सात रंग का, •बहुरंगा/बहुरंगी.

**सतर** = पंक्ति.

**सतरह** *सं* 17, सत्तरह, सत्रह, सप्तदश, सोलह जमा एक.

**सतरह जमा एक** = अठारह.
**सतराया/सतराई** = खीजा/खीजी.
**सतरौंहाँ/सतरौंहीं** = क्रोधी.
**सतर्क** = तर्कसंगत, सावधान.
**सतर्कता** = सावधानी.
**सतर्क प्रमाणित** = प्रमाणसिद्ध.
**सतर्क विरोध** = खंडन.
**सतर्क समर्थन** = मंडन.
**सतलज** = नदी सूची भारत उपमहाद्वीप.
**सतवंती** = पतिव्रता.
**सतवाँसा** = अकाल प्रसूत.
**सतसई** = सात सौ समुदाय.
**सतह** = उत्तल, धरातल, फ़र्श.
**सतह पर** = धरातल पर.
**सतही** = अविचारशील, उथला/उथली, ऊपरी (दृष्टि), पाखंडपूर्ण, मूर्खतापूर्ण (कृत्य).
**सतही ज्ञान** = अल्पज्ञान.
**सतहीपन** = चंचलता.
**सताना** = खिजाना, दुखाना, रुठाना, रुलाना.

**सताना** *क्रि* कष्ट देना, कुचलना, तंग करना, त्रासना, *दबाना*, पीड़ा पहुँचाना, *पीसना*, मरदना, मसलना, यंत्रणा देना, रगड़ना, *रौंदना*, हिंसना, •दुखाना, ▪सहलाना.

**सताने वाला** = पीड़ाप्रद.
**सताया/सताई** = संकटग्रस्त.
**सतिया** = स्वस्तिक चक्र.
**सती** = पतिव्रता, संन्यासिनी, सती प्रथा, साधुनी.

**सती देवी** *सं* दक्षजा, दाक्षायणी, पार्वती (पुनर्जन्म), भवानी, शिव पत्नी, शिवानी, सती, •पार्वती, •शिव.

**सती** *सं* अनुमृता, *पतिव्रता*, महासती, सती प्रथा में जली स्त्री, सती माता, सती रानी, सहगामिनी, सहमृता.

**सती (पूर्व जन्म)** = पार्वती.
**सतीत्व** = पतिव्रत.
**सतीत्वभंग** = बलात्कार.
**सतीत्व रक्षा के लिए सामूहिक आत्मदाह** = जौहर प्रथा.
**सतीत्व हरण** = बलात्कार.
**सतीन** = बाँस.

**सती प्रथा** *सं* पति मृत्यु पर आत्मदाह, *सती*, स्वदाह, •आत्मबलि, •जौहर प्रथा.

**सती प्रथा में जली स्त्री** = सती.
**सती माता** = सती.
**सती रानी** = सती.
**सतीव्रता** = पतिव्रता.
**सतीश** = शिव.
**सती साध्वी** = पतिव्रता.
**सती सुलोचना** = सुलोचना.
**सतुआ** = सत्तू.
**सतोगुण** = सत्त्वगुण.
**सतोगुणी** = सत्त्वगुणी.
**सत्** = कल्याणकारी, छलहीन, सत्याधारित.
**सत्कर्ता** = सम्मान कर्ता.
**सत्कर्म** = पुण्य.

**सत्कर्म** *सं* अच्छा काम, कल्याण कर्म, नेक काम, नेकी, भलाई, भलाई का काम, शुभ कर्म, सुकर्म, सुकाज, सुकार्य, सुकृत, सुकृत्य, सुलूक, स्वस्ति कर्म, •उपकार, •दान, •पुण्य, •सदाचार, ▪दुष्कर्म.

**सत्कर्मी** = उपकारी, धर्मचारी.

**सत्कला** = ललित कला.
**सत्कार** = आदर, सम्मान समारोह.

**सत्कार** *सं* अतिथि क्रिया, अतिथि पूजा, अतिथि यज्ञ, अतिथि सेवा, आगतस्वागत, आतिथ्य, आदरसत्कार, आवभगत, क़द्र, ख़ातिर, ख़ातिर तवाजो, ख़ातिरदारी, टहल, तकल्लुफ़, तवज्जोह, देखभाल, *परिचर्या*, पहुनाई, पूछगछ, पूछताछ, फ़रमानी, मुरौवत, लिहाज़, वैल्कम, सत्कार सम्मान, सत्क्रिया, *सम्मान*, सेवा, सेवाटहल, *स्वागत*, स्वागत सत्कार, •अभिवादन, •गरमजोशी, •भोज, •शिष्टाचार, ▪असत्कार, ▪उपेक्षा, ▪औपचारिकता.

**सत्कार अभाव** = असत्कार.
**सत्कारकारी** = अतिथिपरायण.

**सत्कारपूर्ण** *वि* उत्साहपूर्ण, *गरम*, दिली, मधुर, *मित्रतापूर्ण*, सत्कारात्मक, ससत्कार, *सौमनस्यपूर्ण*, हार्दिक, •स्वागतपूर्ण.

**सत्कार समारोह** = सम्मान समारोह.
**सत्कार सम्मान** = सत्कार.
**सत्कारहीन** = उपेक्षापूर्ण.
**सत्कारहीनता** = असत्कार.
**सत्कारात्मक** = सत्कारपूर्ण.
**सत्कार्य** = सम्माननीय.
**सत्कृत** = पूजित.
**सत्कृति** = सद्व्यवहार.
**सत्कृत्य** = पूजनीय.
**सत्क्रिया** = सत्कार.
**सत्त** = निष्कर्ष.

**सत्तर** *सं* 70, सप्तशती, सात गुना दस.

**सत्तरह** = सतरह.
**सत्तरा बहत्तरा/सत्तरी बहत्तरी** = सठियाया/सठियाई.
**सत्ता** = अस्तित्व, सत्ताक्षेत्र, सत्ताधिकार, सत्तापक्ष, सप्ताह, सरकार, सर्वोच्च सत्ता, सात, सात समुदाय.

**सत्ता अपहरण** *सं* कू देता, तख़्तापलट, बलात् सत्ता अपहरण, राजापहरण, राज्य अपहरण,

राज्यापहरण, सत्तापहरण, सत्ता से निष्कासन, •क्रांति, •निष्कासन, •सत्तात्याग, ▪सत्तारोहण.

**सत्ताकेंद्र** = सर्वोच्च सत्ता.

**सत्ताक्षेत्र** *सं* अख़्तियार, *अधिकार*, अधिकार क्षेत्र, अधिकार सीमा, अमलदारी, आधिपत्य, दख़लदारी, *बस*, वश, सत्ता, *सत्ताधिकार*, •कार्यक्षेत्र, •दायित्व, •राज्य.

**सत्ताच्युत** *वि* अपदस्थ, च्युत, निकाला/निकाली, *निष्कासित*, राज्यच्युत, *विस्थापित*, सिंहासन भ्रष्ट, हटा/हटी, •सेवाच्युत, ▪सत्ताभिषिक्त, ▪सत्तासीन.

**सत्तातंत्र** = शासन तंत्र.

**सत्तात्याग** *सं* इस्तीफ़ा, गद्दी त्याग, राजपाट त्याग, राज्यत्याग, राज्य सत्तात्याग, •सत्ताच्युति, ▪सत्तारोहण.

**सत्ताद्रोह** = देशद्रोह.

**सत्ताधारी** = प्रभुसत्ताधिकारी.

**सत्ताधारी पक्ष** = सत्तापक्ष.

**सत्ताधिकार** = सत्ताक्षेत्र.

**सत्ताधिकार** *सं अंकुश*, *अधिकार*, अमलदारी, आथोरिटी, आदेश अधिकार, कमांड, कमान, चलती, *नियंत्रण*, पदाधिकार, पावर, *बस*, बागडोर, मनसब, वश, *शक्ति*, संचालन अधिकार, सत्ता, •दायित्व, ▪अधिकारहीनता.

**सत्ताधीश** = प्रभुसत्ताधिकारी.

**सत्ता नगर** = राजधानी.

**सत्तानाश** = नाश.

**सत्तानिष्ठ** = निष्ठावान.

**सत्तानिष्ठा** = राजभक्ति.

**सत्तापक्ष** *सं* अधिकारी दल, सत्ता, सत्ताधारी पक्ष, सरकार पक्ष, सरकारी दल, •मंत्री मंडल, •राजनीतिक दल, ▪प्रतिपक्ष.

**सत्ता परिवर्तन** = क्रांति.

**सत्तापहरण** = सत्ता अपहरण.

**सत्ता प्रदान** = सृजन.

**सत्ताबोध** = आत्मज्ञान.

**सत्ताभक्त** = निष्ठावान.

**सत्ताभक्ति** = राजभक्ति.

**सत्ताभिषेक** *सं अभिषेक*, *टीका*, टीका लगाई, ताज़पोशी, *तिलक*, तिलकाभिषेक, तिलकार्पण, *पगड़ी*, मुकुट पहनाई, राजगद्दी, राजतिलक, राज्याभिषेक, •अभिषेक, •सत्तारोहण, •सिंहासन.

**सत्तार** = अल्लाह.

**सत्तारूढ़** = सत्तासीन.

**सत्तारोहण** *सं* अधिकार ग्रहण, अधिरोहण, आरोहण, गद्दीनशीनी, तख़्तनशीनी, राज्यारोहण, सिंहासनारोहण, •सत्ताभिषेक, ▪सत्ता अपहरण, ▪सत्ताच्युति, ▪सत्तात्याग.

**सत्ता विरोध** = राजद्रोह.

**सत्ताविरोधी** = विद्रोही.

**सत्ताशाली** = पदासीन, सत्तासीन.

**सत्तासीन** = पदासीन.

**सत्तासीन** *वि अभिषिक्त*, आसनधारी, गद्दीधारी, गद्दीनशीन, तख़्तनशीन, पदस्थ, पदारूढ़, *पदासीन*, राज्यासीन, सत्तारूढ़, सत्ताशाली, समारूढ़, सिंहासनस्थ, सिंहासनासीन, •पदासीन, •शक्तिशाली, •सर्वोच्च, ▪सत्ताच्युत.

**सत्ता से निष्कासन** = सत्ता अपहरण.

**सत्ता स्थापना** = उपनिवेशन.

**सत्तू** *सं* धाना, भुना आटा, सक्तु, सतुआ.

**सत्त्र** (विकल्प) = यज्ञ.

**सत्त्व** = अस्तित्व, दम, पदार्थ, प्राणशक्ति, शक्ति, सत्त्वगुण, सत्य.

**सत्त्वगुण** *सं* उच्चता, सतोगुण, सत्त्व, सात्त्विकता, •रजोगुण, ▪तमोगुण.

**सत्त्वगुणी** *वि* प्रेमपूर्ण, *महान*, सतोगुणी, सत्त्ववान, सद्‌गुणी, सात्त्व, •आदर्शवादी, •जितेंद्रिय, •दिव्य, •धर्मशील, •मर्यादापूर्ण, •संयमित, •सदाचारी.

**सत्त्वदर्शी** = अध्यात्मज्ञ.

**सत्त्वपूर्ण** = सारपूर्ण.

**सत्त्वलोक** = जीव समष्टि.

**सत्त्ववान** = सत्त्वगुणी.

**सत्त्वशाली** = अथकनीय.

**सत्त्व स्थापना** = मूर्ति प्राण प्रतिष्ठा.

**सत्त्वहीन** = सारहीन.

**सत्पथाचार** = धर्माचरण, सदाचार.

**सत्पुत्र** = सपूत.

**सत्पुरुष** = धर्माचारी, सज्जन.

**सत्प्रयोग** = सदुपभोग.

**सत्य** = अप्रवादित, ईश्वर, तथ्यात्मक, धर्म सिद्धांत, यथार्थ, सटीक, सत्याधारित, सिद्धांत.

**सत्य** *सं एक*, कथित सत्य, ट्रुथ, *यथार्थ*, सत्त्व, सत्यवाक्य, साँच, •अर्धसत्य, •कविसत्य, •तथ्य, ▪कल्पना, ▪झूठ.

**सत्य** = अनुबंध.

**सत्य अपलाप** = झूठ, झूठा बहाना.

**सत्यअहिंसावाद** = गांधीवाद.

**सत्यकाम** = ईमानदार, ऋषि सूची, सत्यवादी.

**सत्य के लिए लड़ाई** = सत्याग्रह.

**सत्यघटित** = घटित.

**सत्यतापूर्ण** = सत्याधारित.

**सत्यदर्शी** = विचारक.

**सत्यनिष्ठ** = ईमानदार, न्यायप्रिय, सत्यवादी.

**सत्यनिष्ठा** = ईमानदारी, खेल भावना.

**सत्यपूर्ण** *वि* अच्छा/अच्छी, ईमानदार, ऋतवादी, कपटहीन, खरा/खरी, *छलहीन*, निश्छल, *नैतिक*, *प्रशंसनीय*, भला/भली, *विश्वसनीय*, शुद्धाशय, सच्चा/सच्ची, सरल, सात्त्विक, •छलहीन, •विश्वसनीय, ▪असत्यपूर्ण, ▪संदेहजनक.

**सत्यप्रतिज्ञ** = संकल्पशील.

**सत्यप्रमाणन** = सत्यापन.

**सत्यप्रिय** = सत्यवादी.

**सत्यप्रेमी** = सत्यवादी.

**सत्यभारत** = वेदव्यास.

**सत्यभाषी** = सत्यवादी.

**सत्ययुग** = प्रागितिहास काल.

**सत्ययुग** *सं* कृतयुग, देवयुग, धर्मयुग, सतजुग, सतयुग, *स्वर्णयुग*, ●त्रेतायुग, ●द्वापर युग, ■कलियुग.

**सत्ययुगी** = धर्मशील, पुण्यपूर्ण, प्राचीन, सज्जनतापूर्ण.

**सत्ययुगीन** = प्रागितिहासिक.

**सत्ययौवन** = विद्याधर.

**सत्यलोक** = मोक्षलोक.

**सत्य वक्ता** = सत्यवादी.

**सत्यवचन** = अखंडनीय वचन, सत्यवादी.

**सत्यवाक्य** = सत्य.

**सत्यवादितापूर्ण** = स्पष्टोक्त.

**सत्यवादी** = युधिष्ठिर.

**सत्यवादी** *सं आदर्शवादी*, ऋतंभर/ऋतंभरा, ऋतव्रत, तथ्यभाषी, तथ्यवादी, सत्यकाम, सत्यनिष्ठ, सत्यप्रिय, सत्यप्रेमी, सत्यभाषी, सत्य वक्ता, सत्यवचन, सत्यवान, सत्यव्रत, सत्यशीली, सत्यस्थ, सत्यात्मा, सत्यानुरागी, सत्यालापी, सद्वादी, हरिश्चंद्र, ●स्पष्टवादी, ■असत्यवादी.

**सत्यवान** = सत्यवादी.

**सत्यवृत्ति** = ईमानदारी.

**सत्यव्रत** = वैवस्वत मनु, सत्यवादी, सदाचार.

**सत्यशील** = संकल्पशील, सदाचारी.

**सत्यशीली** = सत्यवादी.

**सत्यश्रावण** = शपथ ग्रहण.

**सत्यसंकल्प** = शपथ.

**सत्यसंध** = जनमेजय.

**सत्यसंधा** = द्रौपदी.

**सत्यसिद्ध** = प्रमाणसिद्ध.

**सत्यस्थ** = सत्यवादी.

**सत्याग्रह** *सं* अन्याय के विरुद्ध शांतिपूर्ण संघर्ष, *असहयोग*, *धरना*, सत्य के लिए लड़ाई, ●स्वाधीनता संग्राम.

**सत्याग्रह कर्ता** = सत्याग्रही.

**सत्याग्रही** *सं* असहयोगवादी, *अहिंसक*, धरना देने वाला, *विरोधी*, *शांतिप्रेमी*, सत्याग्रह कर्ता, ■स्वाधीनता विरोधी.

**सत्याचरण** = आदर्शवाद, धर्माचरण.

**सत्यात्मा** = धर्माचारी, धर्मचारी, सत्यवादी.

**सत्याधारित** *वि* अमिथ्या, *असली*, आप्त, *छलहीन*, *ठीक*, दुरुस्त, पक्का/पक्की, *वैध*, सच, सच्चा/सच्ची, सत्, *सत्य*, सत्यतापूर्ण, सही, साँचा/साँची, हक़ीक़ी, ●अप्रवादित, ●तथ्यात्मक, ●विश्वसनीय, ■असत्यपूर्ण.

**सत्यानाश** = नाश.

**सत्यानास करना** = उजाड़ना.

**सत्यानासी** = नाशकारी.

**सत्यानुरागी** = सत्यवादी.

**सत्यापक** *सं* प्रमाणन कर्ता, प्रमाणपत्र दाता, प्रमाणित कर्ता, मुसद्दिक़, सत्यापन कर्ता, ●सत्यापन.

**सत्यापन** = प्रयोग, साक्ष्य.

**सत्यापन** *सं* अटैस्टेशन, अधिप्रमाणन, तसदीक़, पुष्टिकरण, प्रमाणन, प्रमाणीकरण, *संपुष्टि*, सत्यप्रमाणन, सत्यापना, ●प्रमाण, ●सत्यापक, ●साक्ष्य.

**सत्यापन कर्ता** = सत्यापक.

**सत्यापन पत्र** = प्रमाणपत्र.

**सत्यापना** = सत्यापन.

**सत्यापित** = परीक्षित.

**सत्यापित** *वि* अटैस्टिड, अधिप्रमाणित, जाँचा/जाँची, तस्दीक़शुदा, परखा/परखी, *परीक्षित*, प्रत्यायित, प्रमाणित, प्रमाणीकृत, प्रामाणिक, भरोसेमंद, *विश्वसनीय*, *संपुष्ट*, सनदी, समर्थित, सही, साक्षित, हस्ताक्षरित, ●चैक्ड, ■असत्यापित.

**सत्याभास** = अर्धसत्य, यथार्थाभास.

**सत्यालापी** = सत्यवादी.

**सत्येतर** = असत्य, झूठ.

**सत्र** = अधिवेशन, अध्ययन सत्र, भंडारा, मुहताज़खाना, यज्ञ, सभा.

**सत्रप** = राज्यपाल.

**सत्रह** = सतरह.

**सत्री** = यजमान.

**सत्वर** = द्रुत.

**सत्संकल्प** = उच्चाशय.

**सत्संग** = उपदेश.

**सत्संग** *सं* उपदेश सभा, गोष्ठी, धर्मगोष्ठी, प्रवचन, प्रवचन सभा, साधुसंग, ●पूजा.

**सत्संगति** = सुसंगति.

**सत्सन्निधान** = सुसंगति.

**सत्समागम** = सुसंगति.

**सथरी** = चटाई.

**सद** = सौ.

**सदक़ा** = अभिमंत्रण, गंडा तावीज़, चढ़ावा, दान, नैवेद्य, भिक्षा, वारफेर.

**सदन** = घर, प्रेक्षागार, भवन, संसद भवन, सभागार.

**सदन अध्यक्ष** = सदन संचालक.

**सदन संचालक** *सं अध्यक्ष*, सदन अध्यक्ष, स्पीकर, ●सभापति.

**सदपा** = कनखज़ूरा.

**सदमा** = मनोघात, मातम.

**सदय** = दयालु.

**सदया** = दयापूर्वक.

**सदरंग** = बहुरंगा/बहुरंगी.

**सदर** = प्रधान, मुखिया, सभापति, सर्वोच्च सत्ताधारी.

**सदर दरवाज़ा** = फाटक.

**सदर मजलिस** = दरबारे आम.

**सदर मुक़ाम** = केंद्रस्थान, मुख्यालय, राजधानी.

**सदर सड़क** = मुख्य सड़क.

**सदरे रियासत** = राज्यपाल.

**सदल** = सेनासहित.

**सदलबल** = सेनासहित.

**सदस्य** = राजनीतिक कार्यकर्ता.

**सदस्य** *सं* पार्षद, मैंबर, *शिष्ट*, सभासद, *सभ्य*, ●निर्वाचक, ■मुखिया.

**सदस्यीकरण** = आप्रवेश.

**सदस्यों में वितरण के लिए धन संकलन** = चिट फ़ंड.

**सदा** = अज़ान, अविराम, आवाहन,

फ़रियाद, याचिका, लगातार, शाश्वत, हमेशा.

**सदागम** = स्वागत.

**सदागमन** = स्वागत.

**सदाचार** = धर्माचरण, विवाह निष्ठा, शिष्टाचार, सद्व्यवहार.

**सदाचार** *सं* अख़लाक़, अच्छाई, अच्छा चालचलन, असमत, आचार, उच्च चरित्र, *चरित्र*, चारित्र्य, *धर्म*, नीतिमार्ग, नेकचलनी, पाकदामनी, पाकीज़गी, पारसाई, *मर्यादा*, शील, शीलाचार, शुद्ध आचरण, सच्चरित्र, सत्पथाचार, सत्यव्रत, सन्मार्ग, सही रास्ता, सादत, साधुवृत्ति, सीधी राह, सुचरित्र, सुजनता, सुनय, सुनीति, सुव्रत, सुपंथ, सुपथ, सुमार्ग, सुशीलता, सौधर्म्य, स्वाचरण, •आदर्श, •धर्माचरण, •नैतिकता, •सत्कर्म, •सत्त्वगुण, ▪दुराचार, ▪दुष्कर्म.

**सदाचार परंपरा** = मर्यादा.

**सदाचारिणी** = पतिव्रता.

**सदाचारी** = अविलासी, धर्माचारी.

**सदाचारी** *वि* अच्छा, अनुकरणीय, आचारवान, चरित्रवान, चरित्री, चारुशील, नीतिगामी, नेक, नेकचलन, नेकनाम, पाकदामन, *प्रशंसनीय*, शरीफ़, शील, शीलधारी, शीलवंत, शीलवान, शीली, सआदतमंद, सत्यशील, सद्गुण, सद्धी, सात्त्विक, सादतमंद, सादिक, साधुवृत्त, सुशील, •ईमानदार, •धर्मशील, •निस्स्वार्थ, •पापहीन, •सत्त्वगुणी, ▪दुराचारी, ▪पापी.

**सदात्मा** = उच्चाशय, छलहीन.

**सदानंद** = शिव.

**सदापर्ण** = चिरयुवा, बारहमासी.

**सदापुष्प** = चिरयुवा, बारहमासी.

**सदाप्रसून** = चिरयुवा, बारहमासी.

**सदाफल** = बिल्व, वारियल वृक्ष.

**सदाफली** = जवाकुसुम.

**सदाबहार** = अमर, चिरयुवा, बारहमासी.

**सदाबहार जवानी** = चिरयौवन.

**सदार** = सपत्नीक.

**सदारुह** = लता.

**सदावर्त** = भंडारा.

**सदावर्ती** = दानशील, दानी.

**सदाशय** = ईर्ष्याहीन, उच्चाशय, उदारमनस्क, कल्याणकामी, निरस्वार्थ, विशालहृदय, शुभचिंतक, सज्जन, सज्जनतापूर्ण, सद्व्यवहारी.

**सदाशयता** = कल्याणकामना, सद्व्यवहार.

**सदाशिव** = दयालु, शिव.

**सदा सर्वदा** = हमेशा.

**सदा स्मरण** = अविस्मरण.

**सदिच्छा** = कल्याणकामना.

**सदिच्छुक** = शुभचिंतक.

**सदी** = दीर्घ काल, शताब्दी, सौ.

**सदुक्ति** = उक्ति.

**सदुपदेश** = सुपरामर्श.

**सदुपभोग** *सं* सत्प्रयोग, सदुपयोग, सद्प्रयोग, सुप्रयोग, •उपयोग, ▪दुरुपभोग.

**सदुपयोग** = सदुपभोग.

**सदृश** = पर्यायवाची, लगभग सदृश, समाकार.

**सदृश** *वि* अनन्य, अनुरूप, अन्यारा/अन्यारी, अभिन्न, एकसमान, एक सा, ऐन मैन, तदनुरूप, *तुलनीय*, -नुमा, मानिंद, यथा, वैसा/वैसी, सदृश्य, सधर्मा, सनाभि, सम, समगुण, समरस, समरूप, समलक्षण, समान, समानधर्मा, सरखा/सरखी, सरीखा/सरीखी, सरूप, सा/सी, *सानी*, हम-, हमशक़्ल, हूबहू, •तुलनीय, •लगभग सदृश, •समकोटीय, ▪अनुपम, ▪असदृश, ▪भिन्न, ▪विपरीत.

**सदृश्य** = सदृश.

**सदृश्यता** = सादृश्य.

**सदृश्यता वर्णन** = उपमा.

**सदृश्याभासित** = लगभग सदृश.

**सदेह** = साकार.

**सदैव** = लगातार.

**सदोष** = दुर्गुणी.

**सद्गति** = सुपरिस्थिति, सौभाग्य.

**सद्गति मिलना** = मरना.

**सद्गुण** = अच्छाई, सदाचारी.

**सद्गुणहीन** = दुर्गुणी.

**सद्गुणी** = अच्छा/अच्छी, सज्जनतापूर्ण, सत्त्वगुणी.

**सद्गृहस्थ** = गृहस्थ.

**सद्गृहस्थ/सद्गृहस्थिन** = गृहस्थ आश्रमी.

**सद्गृहस्थिन** = गृहस्थिन.

**सद्ग्रंथ** = धर्मग्रंथ.

**सद्धर्म** = जैन धर्म, बौद्ध धर्म.

**सद्धी** = छलहीन, सदाचारी.

**सद्परामर्श** = सुपरामर्श.

**सद्प्रभाव** = सुसंगति.

**सद्प्रयोग** = सदुपभोग.

**सद्बुद्धि** = बुद्धिमत्ता.

**सद्भाग्य** = सौभाग्य.

**सद्भाव** = कल्याणकामना, मित्रता, सद्व्यवहार, सौमनस्य.

**सद्भावना** = मित्रता, वात्सल्य, सद्व्यवहार, सहानुभूति, सौमनस्य.

**सद्भावनापूर्ण** = सौमनस्यपूर्ण.

**सद्भावपूर्ण** = अनुकूल, मित्रतापूर्ण, सद्व्यवहारी, सिफ़ारिश भरा, सौमनस्यपूर्ण.

**सद्भावी** = कल्याणकामी, सौमनस्यपूर्ण.

**सद्म** = घर, भवन.

**सद्य** = अभी, अभी अभी, आसन्नतः, तत्काल, तात्कालिक, निकट भूतकाल में, वर्तमान काल, वर्तमान में.

**सद्यजातक** = नवजात शिशु.

**सद्यप्रसूता** = प्रसूता.

**सद्यस्क** = ताज़ा, नवरचित, नवीन, निकट भूतकालीन.

**सद्यस्तन** = नवीन.

**सद्रे अदालत** = उच्चतम न्यायालय.

**सद्वयवहारपूर्ण** = शिष्ट.

**सद्वादी** = सत्यवादी.

**सद्विचारी** = उच्चाशय.

**सद्वृत्ति** = सद्व्यवहार.

**सद्व्यवहार** = शिष्टाचार.

**सद्व्यवहार** *सं* अच्छाई, अच्छा बरताव, नेकनीयती, भद्रता, भलाई, भलापन, सत्कृति, *सदाचार*, सदाशयता, सद्भाव, सद्भावना, सद्वृत्ति, •शिष्टाचार, •समव्यवहार, ▪दुर्व्यवहार.

**सद्व्यवहारी** *वि* अच्छा/अच्छी, नेकदिल, नेकनीयत, भद्र, भला/भली, *मित्रतापूर्ण*, *मिलनसार*, शुभकामनापूर्ण, सदाशय, सद्भावपूर्ण, •शिष्ट, •समव्यवहारी, ■दुर्व्यवहारी.

**सधना** = सँभलना, सीखना.
**सधर्मक** = धर्मभाई.
**सधर्मा** = सदृश.
**सधर्मी** = स्वधर्मी.

**सधवा** *सं* घरबसी, जीवत्पत्नी, धन्या, पतिवंती, पतिवती, भाग्यवती, शिवा (प्रा), सनाथा, सभर्तृका, सावित्री (प्रा), सिंदूरतिलका, सुभगा, सुवासिनी, सुहागन, सुहागवती, सुहागिन, सौभाग्यवती, सौवासिनी, •सिंदूर, ■विधवा.

**सधवापन** = सुहाग.
**सधा/सधी** = अभ्यस्त, निश्चल, पालतू, वाग्विलासपूर्ण.
**सधाना** = सिखाना.
**सधापन** = दक्षता.
**सधाव** = दक्षता.
**सध्येय** = उद्देश्यपूर्ण.
**सध्वनि** = ध्वनिपूर्ण.
**सन** = ईसवी संवत, संवत्सर.

**सन** *सं* अंबारी, क्षुमा, गोनी, ज़्रूट, पटवा, पटसन, पटुआ, पट्ट, पट्टशाण, पाट, शण, शणतंतु, सनई, सनपर्णी, •कपास, •टाट, •सुतली.

**सनअत** = उद्योग, धंधा, शिल्प.
**सनअतगर** = शिल्पकार.
**सनअती** = उद्यमीय.
**सनई** = सन.
**सनक** = उन्माद, तीव्रोन्माद, पागलपन, फ़ैड.

**सनक** *सं* दीवानगी, दीवानापन, धुन, *पागलपन*, फ़ितूर, बावलापन, मनमौज, विक्षिप्तता, सनकीपन, •अनर्गलता, •उन्माद, •मनोविकार, •मूर्खता, •सठियायापन, ■स्वस्थमनस्कता.

**सनकाना** = उकसाना, भड़काना.
**सनकी** = फ़ैड प्रेमी, मूडी, सुरुचिमन्यक.

**सनकी** *वि* अजीब, अड़बंगा/अड़बंगी, अनस्थिर, ख़ब्ती, चलायमान, झक्की, दीवाना/दीवानी, *पागल*, फ़ितरती, बहका/बहकी, बावला/बावली, मनमौजी, विक्षिप्त, सिलबिला/सिलबिली, हास्यास्पद, •अनर्गल, •मूडी, •मूर्ख, •सठियाया/सठियाई, •हठी.

**सनकीपन** = सनक.
**सनडे** = रविवार.
**सन डोरी** = सुतली.
**सनत्कुमार** = कौमार्यवान.
**सनद** = अनुमति पत्र, ऋणपत्र, डिप्लोमा, तकिया, दस्तावेज, पट्टा, लाइसैंस.
**सनदी** = सत्यापित.
**सननी** = सानी.
**सनपर्णी** = सन.
**सनम** = देवमूर्ति, प्रेमपात्र/प्रेमपात्रा, मूर्ति.
**सनमकदा** = मंदिर.
**सनमख़ाना** = मंदिर.
**सन में** = संवत्सरे.

**सनशेड** *सं* आफ़ताबी, झाँप, •छज्जा, •सायबान.

**सनसन** = झुनझुनी, सरसर.
**सनसनाते** = द्रुततः.
**सनसनाना** = कुलाँचना, दौड़ना.

**सनसनाना** *क्रि* फनकना, फनफनाना, संसनाना, साँय साँय करना.

**सनसनाहट** = झुनझुनी, द्रुतवेग, सरसर.
**सनसनी** = आतंक, भयकंप, रोमांच, सरसर.
**सनसनीख़ेज़** = अतिशयोक्तिपूर्ण, आश्चर्यजनक, बहुचर्चित, रोमांचक.
**सनसनी जगाना** = सिहराना.
**सनस्ट्रोक** = उष्माघात.
**सन हिजरी** = हिजरी संवत.
**सना** = यमनः राजधानी, हड़पना.
**सना/सनी** = आलेपित.
**सनाई** = आलेपन.
**सनातन** = अमर, ईश्वर, पारंपरिक, प्राचीन, ब्रह्मा, विष्णु, शाश्वत.
**सनातनता** = अमरता.

**सनातन धर्म** *सं* पारंपरिक हिंदू धर्म, •आर्य समाज.

**सनातन धर्मी** *सं* पुराणपंथी, पुरातनपंथी, सनातनी.

**सनातन पुरुष** = मनु.
**सनातनवादी** = परंपरावादी.
**सनातनी** = लक्ष्मी देवी, सनातन धर्मी.
**सनाथा** = सधवा.
**सनाभि** = सदृश.
**सनाय** = विरेचक औषध.
**सनासन** = द्रुततः.
**सनिजस्व** = स्वामित.
**सनिद्र** = तंद्रिल, सुप्त.
**सनिमित्त** = सकारण.
**सनियम** = अपवादहीन.
**सनिश्चय** = अवश्यमेव.
**सनीड़** = सहनिवासी.
**सनी मिट्टी** = गारा.
**सनेतृत्व** = नेतायुक्त.
**सनेहा** = उपहार.
**सनेही** = प्रेमी.
**सन्न** = निरुत्तर.
**सन्नति** = नति, विनमन.
**सन्नद्ध** = कवचित, कार्यरत, युद्धसन्नद्ध, व्यस्त, शस्त्रसज्जित, संलग्न, सक्रिय.

**सन्नद्ध** *वि* आमादा, उठा/उठी, उद्धत, उद्यत, *कटिबद्ध*, *कमरबंद*, जुता/जुती, टंच, *तत्पर*, तुला/तुली, तैनात, तैयार, नधा/नधी, प्रतिबद्ध, प्रस्तुत, प्रोद्यत, मुस्तैद, लैस, *सज्जित*, सुसज्जित, हाज़िर, •कटिबद्ध, •शस्त्रसज्जित, ■पस्त.

**सन्नद्धन** = शस्त्रधारण.
**सन्नयन** = आनयन.
**सन्नाटा** = अध्वनि, सरसर.
**सन्नाद** = संगीत.
**सन्नारी** = कुलीन स्त्री.

**सन्नारी** *सं* भद्रा, भली मानस, शीला, साध्वी, सुशीला, •कुलीन स्त्री, •सज्जन, ■कुलटा.

**सन्नाह** = कवच, कवचित.
**सन्निकट** = आसन्न.

**सन्निध** = उपस्थित.
**सन्निपात** = लंबरेखा.
**सन्निबद्ध** = आबद्ध, संलग्न.
**सन्निभ** = लगभग सदृश.
**सन्नियंता** = नियंत्रक.
**सन्नियोग** = नियोग.
**सन्नियोजन** = प्रवर्तन.
**सन्निरोपण** = संस्थापना.
**सन्निवास** = निवास.
**सन्निविष्ट** = प्रविष्ट.
**सन्निवेश** = घर, देहानुपात, पड़ोस, मित्र मंडली, समूह.
**सन्निवेशित** = अंतर्स्थापित.
**सन्निहित** = आधारभूत, मौलिक (अधिकार), व्यंजनार्थक.
**सन्न्यास** = परित्याग.
**सन्न्यास आश्रमी** = संन्यासी.
**सन्न्यासिनी** = संन्यासिनी.
**सन्न्यासी** = संन्यासी, साधु.
**सन्मार्ग** = सदाचार.
**सन्मित्र** = निस्स्वार्थ मित्र.
**सपटा** = संदूक़.
**सपतित्व** = सुहाग.
**सपत्न** = प्रतिद्वंद्वी, शत्रु.

**सपत्नी** *सं* अधियारिन, बैरन, सहपत्नी, सौकन, सौत, सौतन, •पत्नी.

**सपत्नीक** *क्रिवि* पत्नीसहित, सदार, सभार्य, सहदारा, सहभार्य, ■अपत्नीक.

**सपत्नीत्वपूर्ण** = प्रतियोगितात्मक.
**सपन** = स्वप्न.
**सपना** = आशा, कल्पना, दिवास्वप्न, पूर्वज्ञान, प्रत्याशा, फ़ैंटेसी, भ्रमदर्शन, महत्त्वाकांक्षा, मायादर्शन, मिथ्या आशा, लालसा, सुंदर स्त्री, स्वप्न.
**सपना देखना** = चाहना, ललचना.
**सपनीला/सपनीली** = स्वप्निल.
**सपने दिखाना** = फुसलाना.
**सपने देखता** = स्वप्निल.
**सपनों का देश** = दूरता उक्ति.
**सपनों का देश** = परीलोक.
**सपनों की दुनिया** = दिवास्वप्न.
**सपनों की रानी** = सुंदर स्त्री.
**सपनों के देश में** = सुप्त.
**सपरदाई** = संगतिया.
**सपरिजन** = परिवारयुक्त.
**सपरिधि** = सीमाबद्ध.
**सपरिवार** = परिवारयुक्त.
**सपर्याय** = सपर्यायवाची शब्द.

**सपर्यायवाची** *वि* आनुषंगिक, परस्पर्यायवाची, *संबंधित*, संबद्ध, •पर्यायवाची, ■विपर्यायवाची.

**सपर्यायवाची शब्द** *सं* परस्पर्याय, परस्पर्यायवाची शब्द, संबद्ध शब्द, *सपर्याय*, •पर्यायवाची शब्द.

**सपसप** = सटसट.
**सपसपाना** = लपलपाना.
**सपसपाहट** = सटसट.
**सपाट** = अरोचक, अविविध, आरोहअवरोहहीन, इकरंगा/इकरंगी, मैदानी, समतल, स्पष्टोक्त.
**सपाट मैदान** = समतल भूमि.
**सपाटा** = दौड़ाकी.
**सपाटे से** = द्रुततः.
**सपाप** = पापपूर्ण.
**सपार्श्व** = पार्श्वीय.
**सपीना** = समन.
**सपुष्प** = पुष्पित.

**सपूत** *सं* घर का उजाला, घर का चिराग़, लायक़ बेटा, सत्पुत्र, सुपुत्र, होनहार, होनहार बेटा, •पुत्र, ■कपूत.

**सपोट जाना** = लीलना.
**सपोटना** = हड़पना.
**सपोटू** = बहुभक्ष.
**सपोर्टर** = मतानुगामी.
**सपोला/सपोली** = साँप शिशु.
**सप्त** = सात, सातवाँ/सातवीं, सात समुदाय.
**सप्त ऋषि** = सप्तर्षि.
**सप्तक** = सात, सात समुदाय.

**सप्तक** *सं* अष्टक (पाश्चात्य संगीत), *ग्राम*, संगीतग्राम, सप्तग्राम, सप्तस्वर, सरगम, सात स्वर, सारेगामा, स्वरग्राम, स्वर सप्तक, •स्वरलिपि, •स्वरारोह, •स्वरावरोह.

**सप्तक क्रमिक पाठ** = सरगम अभ्यास.

**सप्तक स्वर सूची** *सं* षड्ज (सा), ऋषभ (रे), गांधार (गा), मध्यम (मा), पंचम (पा), धैवत (धा), निषाद (नि).

**सप्तकोण** = सप्तभुज.
**सप्तकोणीय** = सप्तभुजीय.
**सप्तग्राम** = सप्तक, सात समुदाय.
**सप्तजिह्व** = अग्नि, अग्निदेव.
**सप्तदश** = सतरह.
**सप्तद्वीपा** = पृथ्वी.
**सप्तनाड़िका** = सिंघाड़ा.
**सप्तपदी** = विवाह.

**सप्तपदी** *सं* *परिक्रमा*, परिणाय, फेरा, फेरे, भाँवर, सतफेरा, सात फेरे, •चतुष्पदी, •पाणिग्रहण.

**सप्तपर्णी** = छुईमुई.
**सप्तभद्र** = शिरीष.

**सप्तभुज** *सं* सप्तकोण, सप्तभुजा, सप्तास्त्र, •सात.

**सप्तभुजा** = सप्तभुज.

**सप्तभुजीय** *वि* सप्तकोणीय, सप्ताश्र, सप्ताश्रीय, सप्तास्त्र, सप्तास्त्रीय.

**सप्तम** = सातवाँ/सातवीं.
**सप्तर्षि** = सप्तर्षि मंडल.

**सप्तर्षि** *सं* धाता, सप्त ऋषि.

**सप्तर्षि सूची** *सं* *अंगिरा*, *अत्रि*, क्रतु, पुलस्त्य, पुलह, मरीचि, *वसिष्ठ*.

**सप्तर्षि मंडल** *सं* इंद्ररथ, ऋक्ष, ऋक्षाः, *खटोला*, चित्र शिखंडी, बृहद्रथ, *सप्तर्षि*.

**सप्तला** = चमेली, रीठा, शिकाकाई.
**सप्तवाद** = स्याद्वाद.
**सप्तशत** = सात सौ समुदाय.
**सप्तशती** = सत्तर, सात सौ समुदाय.
**सप्तस्वर** = सप्तक.
**सप्तार्चि** = अग्नि, अग्निदेव, शनि ग्रह.
**सप्तार्णव** = पृथ्वी.
**सप्तालु** = आड़ू.
**सप्ताश्र** = सप्तभुजीय.
**सप्ताश्रीय** = सप्तभुजीय.
**सप्तास्त्र** = सप्तभुज, सप्तभुजीय.
**सप्तास्त्रीय** = सप्तभुजीय.

**सप्ताह** *सं* अठवाड़ा (बोलचाल), दिन 7, वर्ष 52वाँ भाग, वीक, सत्ता, सात दिन, हफ़्ता, •पखवाड़ा, •मास, •वार, •सात.

**सप्ताह 2** = पखवाड़ा.
**सप्ताह 4** = मास.
**सप्ताह 52** = वर्ष.
**सप्ताह में एक बार होने वाला** = साप्ताहिक.
**सप्ताह वार** = वार.
**सप्ताहांत** = अवकाश दिवस, रविवार, शनिवार.

**सप्ताहांत** *सं* अवकाश दिन, छुट्टी, वीक ऐंड, शनिवार रविवार, •अवकाश दिवस.

**सप्रतिद्वंद्विता** = प्रतियोगितात्मक.
**सप्रतिबंध** = प्रतिबंधपूर्ण.
**सप्रभ** = आबदार.
**सप्रमाण** = तथ्यात्मक, सटीक.
**सप्रमाण कथन** = प्रतिपादन.
**सप्रमाण ज्ञान** = प्रमाण, विज्ञान.
**सप्रयत्न** = प्रयत्नपूर्वक, प्रयत्नशील.
**सप्रयास** = प्रयत्नपूर्वक, प्रयत्नशील.
**सप्रयोजन** = उद्देश्य से.
**सप्राण** = चुस्त, जीवित, बलिष्ठ, श्वासयुक्त, सक्रिय.
**सप्राणक** = उत्साहप्रद.
**सप्रेम** = प्रेममय/प्रेममयी.
**सप्लाई** = आपूर्ति, रसद.

**सप्लायर** *सं* आपूरक, आपूर्ति कर्ता, पूरक, पूरयिता, पूर्ति कर्ता, प्रदायक, माँग पूर्ति कर्ता, *विक्रेता*, •दलाल, •वितरक, •स्टौकिस्ट, ▪उपभोक्ता, ▪ख़रीदार.

**सप्लिमैंटरी** = अनुपूरक.
**सफ़** = पंक्ति, फ़र्शी चादर.
**सफ़आरा** = योद्धा, व्यूह रचेता.
**सफगोल** = इसबगोल.
**सफतालू** = आड़ू.
**सफ़दर** = अली, योद्धा.
**सफ़बस्ता** = पंक्तिबद्ध, सैन्यीकृत.
**सफ़र** = गमन, यात्रा, सेना प्रयाण, हिजरी मास सूची.
**सफ़रचंद** = अमरूद, सेब.
**सफ़रजल** = बिल्व.
**सफ़रनामा** = यात्रा वर्णन.
**सफ़रमैना** = अग्रगामी सेना.
**सफ़री पेटी** = नौली.
**सफल** = उत्तीर्ण, गंतव्यप्राप्त, फलयुक्त, बिकाऊ, सौभाग्यशाली.

**सफल** *वि* उद्देश्यपूर्त, कामयाब, कामरान, कारगर, कृतकार्य, कृतकृत्य, कृतार्थ, चरितार्थ, धन्य, धन्यभाग्य, निहाल, पहुँचा/पहुँची, पूर्णकाम, पूर्णमनोरथ, पूर्णाभिलाष, *पूर्णेच्छ*, प्राप्तकाम, प्राप्तमनोरथ, बामुराद, भाग्यशाली, लक्ष्यप्राप्त, लक्ष्यसिद्ध, लब्धकाम, *विजयी*, संपन्न, सफलकाम, सफलताप्राप्त, सफलमनोरथ, सफलीभूत, सर्वार्थसिद्ध, सिद्ध, सिद्धकार्य, सिद्धमनोरथ, सिद्धार्थ, सुकृतार्थ, सुपर हिट, सुर्ख़रू, *सौभाग्यशाली*, हिट, •ईर्षणीय, •उत्तीर्ण, •कृतज्ञ, •गंतव्यप्राप्त, ▪असफल, ▪निराश, ▪पराजित.

**सफलकाम** = पूर्णेच्छ, सफल, सौभाग्यशाली.
**सफलता** = इच्छापूर्ति, फलन, विजय, सौभाग्य.

**सफलता** *सं* अभीष्ट सिद्धि, अर्थसिद्धि, *आलब्धि*, इच्छापूर्ति, इष्टलाभ, उद्देश्यपूर्ति, उपलब्धि, ऋद्धि, कामयाबी, कृतकार्यता, कृतार्थता, धन्यभाग्य, *पहुँच*, *प्राप्ति*, फलप्राप्ति, फलसिद्धि, फलीभूतता, मनोरथपूर्ति, लक्ष्यप्राप्ति, लब्धि, *विजय*, संकल्पपूर्ति, सिद्धकार्यता, सिद्धि, स्वार्थसिद्धि, •अभिमान, •आनंद, •उपहार, •कीर्तिमान, •पुरस्कार, •बधाई, •लाभ, •श्रेय, •संतोष, ▪असफलता, ▪खेद, ▪पराजय.

**सफलता की कुंजी** = सफलता मार्ग.
**सफलता द्वार** = सफलता मार्ग.

**सफलताप्रद** *वि* अचूक, अच्छा/अच्छी, *कल्याणकारी*, कारगर, कार्यसिद्धिप्रद, बेचूक, मांगलिक, रामबाण, *लाभप्रद*, विमोघ, शुभ, सिद्धिद, सिद्धिप्रद, *सौभाग्यप्रद*, हितकर.

**सफलताप्राप्त** = सफल.

**सफलता मार्ग** *सं* *कल*, कुंजी, *गुरुमंत्र*, *चाबी*, *ताली*, *नीतिवाक्य*, *पहुँच*, *प्रवेश द्वार*, प्रवेश मार्ग, *मार्ग*, सफलता की कुंजी, सफलता द्वार, •गुर, •सूत्रवाक्य.

**सफलमनोरथ** = पूर्णेच्छ, संतुष्ट, सफल.
**सफल युक्ति** = जुगत.
**सफल लक्ष्य** = लक्ष्यसिद्धि.
**सफल विद्रोह** = क्रांति.
**सफल होना** = फलना.
**सफलीभूत** = सफल.
**सफ़ा** = काग़ज़ तख़्ता, पृष्ठ, रिक्त, स्पष्ट, स्वच्छ.
**सफ़ाई** = अपराध मुक्ति, दक्षता, धुलाई, पालिश, बहाना, विशोधन, स्नान, स्पष्टीकरण, हाथ की सफ़ाई.

**सफ़ाई कर्मचारी** *सं* जमादार, टंडैल, भंगी/भंगिन, मेहतर/मेहतरानी, शौचालय कर्मी, सफ़ाई कर्मी, •स्वच्छता कर्मी.

**सफ़ाई कर्मी** = सफ़ाई कर्मचारी.
**सफ़ाई पक्ष** = बचाव पक्ष.
**सफ़ाई से** = कुशलतः.
**सफ़ा बात** = स्पष्टोक्ति.
**सफ़ाया** = नाश, वध.
**सफ़ाया करना** = उजाड़ना, संहारना.
**सफाया होना** = उजड़ना.
**सफ़ारत** = राजनय.
**सफ़ारी** = साहस यात्रा.
**सफ़ारी शर्ट** = बुश्शर्ट.
**सफीना** = समन.
**सफ़ीना** = जलयान, नौका.
**सफ़ीर** = यात्री, राजनयिक, संदेशवाहक.
**सफ़ेद** = रजतीय, रुधिरहीन, रुपहला/रुपहली.

**सफ़ेद** *वि* गोरा/गोरी, गौर, दुग्ध, दूधिया, रजत, विमल, शुक्ल, शुभ्र, श्वेत, सित, हंसांशु, •रुपहला/रुपहली, •सफ़ेद चिट्टा, ▪काला/काली.

**सफ़ेद (कपड़ा)** = रंगहीन.

**सफ़ेद कद्दू** = पेठा.
**सफ़ेद चिट्टा** = सूर्यमुखी (वर्ण).
**सफ़ेद चींटी** = दीमक.
**सफ़ेद जोंक्विल** = नरगिस.
**सफ़ेद झंडा** = युद्धविराम.

**सफ़ेद दाग़** *सं* पांडुर, फूल, ल्यूकोडर्मा, श्वेत कुष्ठ, सेंहुँआ, •कुष्ठ रोग.

**सफ़ेद नमक** = समुद्री नमक.
**सफ़ेदपोश** = कुलीन, बुद्धिजीवी, विद्वत्समाज.
**सफ़ेद बालों वाला** = श्वेतकेशी.
**सफ़ेद बुज्जा** = आटि.
**सफ़ेद मिट्टी** = खड़िया.

**सफ़ेद मिर्च** *सं* चंद्रक, दखनी मिर्च, धवली.

**सफ़ेद हाथी** = ऐरावत.
**सफ़ेदा** = आम सूची, काष्ठ.
**सफ़ेदी** = अंडा सफ़ेदी, क़लई, कलई चूना, चूना पुताई, श्वेतिमा.
**सबंधु** = संबंधी, सहवंशी.
**सब** = अभंजित, इकट्ठे, थोक में बिकाऊ, पूर्णकृत, संपूर्ण, सब एक साथ, सविस्तार.
**सब-** = अवर (कर्मचारी), अवर कर्मचारी.

**सब** *वि* एक एक, कुल, तमाम, निखिल, पूरे, प्रत्येक, शत प्रतिशत, *संपूर्ण*, *सकल*, सब कोई, सभी, समस्त, सर्व, सर्वजन, सर्वस्व, सारे, सौ में सौ, हर, हर एक, हर कोई, •अनेक, •बहुत, •समूह, •हम, ▪कुछ, ▪कोई, ▪तुम, ▪तू, ▪मैं, ▪वह.

**सब एक साथ** *क्रिवि* आबाल वृद्ध, इकट्ठे, एक साथ, एक साथ सब, नरनारी, बच्चे बूढ़े, बड़े बूढ़े, मिल कर, सगरे, *सब*, सब के सब, सब कोई, सब मिल कर, सबरे, सभी, समवेततः, समूहतः, समूह में, सर्वतः, साथ, साथ साथ, सामूहिकतः, सामूहिक रूप से, सारे के सारे, हर कोई, ▪अकेले.

**सबकंटिनैंट** = उपमहाद्वीप, दक्षिण एशिया, बृहत्तर भारत.
**सबक़** = अध्याय, दंड, शिक्षा पाठ.
**सब का** = सर्वसहमत, सामूहिक.
**सब काम का** = बहुउपयोगी.
**सब का सब** = ब्योरा, संपूर्ण.
**सब कुछ** = जड़ चेतन जगत, थोक, थोक में बिकाऊ, ब्योरा, विस्तारपूर्वक.
**सब कुछ नश्वर है** = नश्वरवाद.
**सब कुछ लेना** = लूटना.
**सब के लिए** = सब को.
**सब के विपरीत** = धारा के विपरीत.
**सब के सब** = सब एक साथ.
**सब के साथ** = धारा के साथ.
**सब के सामने** = खुले आम.

**सब को** *क्रिवि* एक एक के लिए, एक एक को, प्रति, प्रत्येक को, सब के लिए, हर एक को, ▪एक को.

**सब कोई** = जन साधारण, सब, सब एक साथ.
**सबकौंशस** = अवचेतन मन.
**सब जगह** = हर ओर.
**सब तरफ़** = हर ओर.
**सब देवता** = देवता समूह.
**सबब** = उपलक्ष्य में, कारण.
**सबब से** = कारणतः.
**सब मिल कर** = सब एक साथ.
**सबमैरीन** = पनडुब्बी.
**सबरे** = सब एक साथ.
**सबर्ब** = उपनगर.
**सबल** = प्रबल, बलिष्ठ, शक्तिशाली, सेनासहित.
**सबला** = वीर स्त्री.
**सबलि** = करयोग्य.
**सब लोग** = जन साधारण.
**सबवे** = भूमिगत पारपथ, सुरंग.
**सब से अगला** = अग्रतम.
**सब से अच्छा** = उत्तम.
**सब से अधिक** = अधिकतम.
**सब से कम** = अल्पतम.
**सब से छोटा दिन** = दक्षिण अयनांत.
**सब से ज़्यादा** = अधिकतम.
**सब से दूर** = दूरतम.
**सब से निचला** = निम्नतम.

**सब से पहले** *क्रिवि* अग्रतः, *आगे*, औरों से पहले, *पहले*, पहले पहल, पहले ही, पुरा, पूर्वतः, पूर्वतर, पेशतर, प्रथम, प्रथमतः, प्राक्तन, शुरू में, सर्वप्रथम, सर्वप्रथमतः, •पहले.

**सब से पिछला** = पश्चतम.
**सब से बड़ा** = बृहत्तम.
**सब से बढ़िया** = उत्तम.
**सब से बुरा** = निकृष्ट.
**सब से लंबा दिन** = उत्तर अयनांत.
**सब से लंबी रात** = दक्षिण अयनांत.
**सब से हट कर** = अनुपम, उत्तम.
**सबस्टैंडर्ड** = अवमानक.
**सब हैं** = हैं.
**सबहैडिंग** = उपशीर्षक.
**सबा** = पूर्वपवन, बयार, यमन.
**सबिंग** = संपादन.
**सबील** = प्याऊ.
**सबुद्धि** = विचारित.
**सबूत** = गवाह, प्रमाण.
**सबूही** = मद्य कुंभ.
**सबेरा** = प्रातःकाल.
**सबेरे** = प्रातःकाल में.
**सबोध** = शिक्षाप्रद.
**सब्ज़** = उपवनित, उर्वर, लहलहाता/लहलहाती, समृद्ध, हरा/हरी, हरियल.
**सब्ज़ घोड़ा** = भाँग.
**सब्ज़ बाग़ दिखाना** = ललचाना.
**सब्ज़ा** = आम सूची, हरियाली, हरीतिमा.
**सब्ज़ी** = भाजी, शाकशस्य, सागसब्ज़ी.
**सब्जी खेत** = शाक खेत.
**सब्ज़ीफ़रोश** = सब्ज़ी विक्रेता.
**सब्जी मंडी** = कोलाहलपूर्ण स्थान.
**सब्ज़ी वाला** = सब्ज़ी विक्रेता.

**सब्ज़ी विक्रेता** *सं* कुंजड़ा/कुंजड़िन, खटीक, बक्काल, माली/मालिन, सब्ज़ीफ़रोश, सब्ज़ी वाला, •फल विक्रेता.

**सब्जैक्ट** = विषय.
**सब्बल** = खंती, लीवर.
**सब्र** = धैर्य, संतोष, संयम, सहन.
**सभर्तृका** = सधवा.
**सभा** = अधिवेशन, राजनीतिक दल, व्यवस्थित समूह, संसद, संस्था, सभागार, समारोह.

**सभा** *सं* अंजुमन, *अधिवेशन*,

असैंबली, इजलास, कचहरी, कनवैंशन, कानफ़रैंस, गोठ, गोष्ठी, जलसा, *दरबार*, *पंचायत*, फ़ोरम, बैठक, मजलिस, महफ़िल, मीटिंग, संगोष्ठी, *संसद*, सत्र, *समागम*, सम्मेलन, •अधिवेशन, •कोरम, •जनसभा, •धर्मसभा, •मंच, •संसद, •सभापति, •सैमिनार.

**सभा अयोग्य** = अशालीन.
**सभागार** = प्रेक्षागार.

**सभागार** *सं* आडिटोरियम, बैठकघर, बैठका, *भवन*, शाला, श्रोतागार, संस्थागार, सदन, *सभा*, सभागृह, सभा भवन, हाल, •कम्यूनिटी हाल, •टाउन हाल, •नाट्यागार, •पंचायतघर, •प्रेक्षागार, •भाषणकक्ष, •मंच, •सभास्थल.

**सभागी** = सुंदर स्त्री.
**सभागृह** = सभागार.
**सभाध्यक्ष** = सभापति.

**सभापति** *सं अध्यक्ष*, कार्यक्रम अध्यक्ष, चेयरमैन, प्रैज़िडैंट, मीर, मीरे मजलिस, मीरे महफ़िल, रईस, सदर, सभाध्यक्ष, •सदन संचालक.

**सभा भवन** = सभागार.
**सभायोग्य** = शालीन.
**सभार** = भारयुक्त.
**सभार्य** = सपत्नीक.
**सभासद** = परिषद सदस्य, सदस्य.
**सभा सम्मेलन** = समारोह.

**सभास्थल** *सं* खुला मैदान, जलसागाह, मजलिस, *मैदान*, •मंच.

**सभी** = सब, सब एक साथ.
**सभी ओर** = हर ओर.
**सभी कहीं** = हर ओर.
**सभोचित** = शालीन, शिष्ट.
**सभ्य** = शालीन, शिष्ट, सज्जनतापूर्ण, सदस्य, सुरुचिसंपन्न (व्यक्ति), सुसंस्कृत.

**सभ्य** *वि* अक्रूर, अग्राम्य, अनुद्धत, अनुद्भट, अवन्य, *उन्नत*, *विकसित*, शरीफ़, *शिष्ट*, श्रेष्ठ, सभ्यतापूर्ण, •शिक्षित, •श्लील, •सुसंस्कृत, ▪असंस्कृत, ▪पिछड़ा/पिछड़ी, ▪वन्य.

**सभ्य** = कार्यक्रम ऐंकर.
**सभ्यता** = परंपरा.

**सभ्यता** *सं* अदब क़ायदा, अनादिमता, अप्रागैतिहासिकता, अवन्यता, आचारविचार समष्टि, आदाब, *उन्नति*, जीवन शैली, तमद्दुन, नागरता, *परिष्कार*, *प्रगति*, भद्रता, रहन सहन, शराफ़त, शहरातीपन, शाइस्तगी, शालीनता, शिष्टता, शील, संस्कृति प्रेम, सज्जनता, *समाज भावना*, सामाजिकता, सामाजिक रहन सहन, सामाजिक संगठन, सामूहिक शील, सिविलाइजेशन, *सुखसुविधा*, सुसंस्कृत समाज, •उद्योग, •कृषि, •ग्राम, •नगर, •पुरातत्त्व, •शिल्प, •संस्कृति, ▪वन्यता.

**सभ्यतापूर्ण** = सभ्य.
**सभ्यताहीन** = असंस्कृत.
**समंजस** = सौमनस्य.
**समंदर** = समुद्र.

**समंदर झाग** *सं* अब्धिफेन, अर्णवमल, पिंडीर, फेनिज, सुफेन, हिंडीर.

**समंदरी नमक** = समुद्री नमक.
**समंस** = समन.
**सम** = जिन्न, मैदान, सदृश, समकोटीय, समसंख्यक, समाकार.
**समकक्ष** = समप्रतियोगी, समशक्तिशाली, समाकार.
**समकक्ष कर्ता** = भेदभाव समापक.
**समकर्मा** = समधंधी.
**समकारी** = भेदभाव समापक.

**समकालीन** *वि* एक ही समय का, तुल्यकालीन, युगपद, समवर्ती, समसामयिक, सह-, सहकालीन, सहवर्ती, सामयिक, हमवक़्त, •उत्तरवर्ती, •पूर्ववर्ती, •समवयस्क, ▪असमकालीन.

**समकोटीय** *वि* अन्वयी, *संबंधित*, *संबंधी*, संबद्ध, सजातीय, सम, समवर्गीय, समान, सवर्गीय, सह, सहवंशीय, सहवर्गीय, हम-, हमजिंस, •सजातीय, •सदृश, ▪भिन्न.

**समकोण** = आयत.
**समकोण चतुर्भुज** = आयत.
**समकोण समभुज चतुर्भुज** = वर्ग.
**समकोणीय** = खड़ा/खड़ी.
**समक्ष** = अभिमुख, आसन्न, दृश्यमान.
**समक्षतः** = देखते देखते.
**समगुण** = सदृश.
**समग्र** = अभंजित, अविभक्त, आद्योपांत, संपूर्ण, सर्वांग संपूर्ण.
**समग्रतः** = संपूर्णतः.
**समग्रेंदु** = पूर्ण चंद्रमा.
**समचर** = समव्यवहारी.
**समचिकित्सा** = होम्योपैथी.
**समचित्त** = प्रशांत.
**समचेता** = आत्मविश्वासी, धीर, निष्पक्ष, समव्यवहारी.
**समज्ञा** = प्रसिद्धि.
**समझ** = अनुभव, अनुमान, दक्षता, दृष्टिकोण, बुद्धि, बुद्धिमत्ता, बोध, विचार, समाधान, सहानुभूति, सामंजस्य, सुरुचि.
**समझ के परे** = अज्ञेय.
**समझदार** = दूरदर्शी, प्रौढ़, बुद्धिमान, वयस्क, विचारशील, विवेकी, व्यवहारकुशल.
**समझदारी** = जुगत, बुद्धिमत्ता, विवेक.
**समझ न पाना** = सकपकाना.
**समझना** = जानना, पसीजना, मानना, सोचना.

**समझना** *क्रि* अर्थ ग्रहण करना, अर्थ प्राप्त होना, अर्थ समझ में आना, अवकलना, *आना*, ग्रहण करना, *जानना*, जान लेना, ज्ञान होना, ताड़ना, *देखना*, *पकड़ना*, पता करना, पहचानना, *पाना*, बुद्धि में आना, बुद्धि में बैठना, बूझना, बोध करना, बोध ग्रहण करना, बोध होना, भाँपना, मन में आना, समझ में आना, सूझना, •अध्ययन करना, •जानना.

**समझना बूझना** = सोचना परखना.

**समझ बूझ** = बुद्धि.
**समझबूझ** = अंतर्बोध.
**समझ में आना** = समझना.
**समझ में आना** = समझना.
**समझ में आने लायक़** = बुद्धिग्राह्य.
**समझ में आने वाला** = सहमतकारी.
**समझ में न आने लायक़** = दुरारूढ़.
**समझ से परे** = असमाधान्य, चमत्कारपूर्ण.
**समझा/समझी** = अध्यीत, अनुमानित, ज्ञात, प्रबुद्ध, समाधानित, सहमत.
**समझाई** = परामर्श, प्रशमन.
**समझाई बुझाई** = प्रसन्नन.
**समझाऊ** = मनाऊ.
**समझान** = सामंजस्य.
**समझाना** = पढ़ाना, बहलाना, मनवाना, मनाना, मनुहारना, सिखाना, सुझाना.

**समझाना** *क्रि* खुलासा करना, खोलना, ज्ञात कराना, ज्ञान कराना, दरशाना, *दिखाना*, प्रकाश डालना, बतलाना, *बताना*, बोध कराना, मतलब समझाना, व्याख्या करना, *सिखाना*, *सुझाना*, •पढ़ाना, ▪पूछना, ▪भरमाना.

**समझाना बुझाना** = बहलाना, बहलाना, मनवाना, मनुहारना, सुझाना.
**समझाने वाला** = परामर्श दाता, भाष्यकार.
**समझा बूझा/समझी बूझी** = अध्यीत, समाधानित.
**समझावा** = परामर्श.
**समझौता** = अनुबंध, ठेका, पंचाट, पुनर्मेल, संधि, सामंजस्य, सौदा.

**समझौता** *सं* गिव ऐंड टेक, ठहराव, पटाव, पटौनी, परस्पर सहमति, मतभेद अंत, मिलाप, मेलमिलाप, रफ़ादफ़ा, *समाधान*, *सहमति*, सुलह, *सौदा*, *स्वीकृति*, •पंचाट, •हाँ, ▪मतभेद.

**समझौता कर्ता** = अनुबंधिता.
**समझौता भंग** = वचनभंग.
**समझौतावादी** = अवसरवादी.
**समझौता वार्ता** = संधि वार्ता.
**समतभेद** = असहमत.

**समतल** *वि आरोहअवरोहहीन*, इकसार, उतारचढ़ावहीन, चटियल, चटैल, चपटा/चपटी, चापट, चौपट, चौरस, दबा/दबी, न ऊँचा न नीचा, पटतर, पटपड़, पटेरस, *फ़्लैट*, बराबर, *मैदानी*, सपाट, समस्तर, समान, सरपट, सीधा/सीधी, हमवार, •अनुक्षितिज, •चिकना/चिकनी, •रंदाकृत, ▪असमतल, ▪दुर्गम, ▪पर्वतीय.

**समतल करने वाला** = रदिया.
**समतल पर्वत** = पठार.

**समतल भूमि** *सं* चौपाटी, चौरस मैदान, तल, पटपड़, प्रस्थ, महाप्रस्थ, *मैदान*, सपाट मैदान, समभूमि, सिलपट, ▪असमतल भूमि, ▪घाटी, ▪पर्वत, ▪बीहड़ भूमि.

**समता** = औसत राशि, भेदभावहीनता, सादृश्य, सीध.
**समतावादी** = भेदभावहीन.
**समतोल** = समभार.
**समदना** = देना.
**समदर्शन** = न्याय.
**समदर्शी** = धीर, निष्पक्ष, न्यायप्रिय, समव्यवहारी.
**समदिश** = समांतर.

**समधंधी** *सं* समकर्मा, समव्यवसायी, सहधंधी, हमजिंस, हमपेशा.

**समधन** = समधिन.

**समधिन** *सं* पुत्र या पुत्री सास, संबंधिन, समधन.

**समधियाना** *सं* पुत्र या पुत्री ससुराल.

**समधी** = वैवाहिक संबंधी.

**समधी** *सं* पुत्र या पुत्री ससुर, *संबंधी*.

**समधौरा** = मिलनी.
**समन** = चमेली.

**समन** *सं* अदालती समन, *आवाहन*, उपस्थिति नोटिस, तलबनामा, नोटिस, न्यायिक समन, बुलावा, सपीना, सफ़ीना, समंस, सम्मन.

**समन करना** = बुलाना.
**समनुज्ञात** = अनुमत.
**समन्वय** = आपसदारी, संश्लेषण, सामंजस्य, सौमनस्य.
**समन्वयन** = संघटन.
**समन्वित** = एकजुट.

**समपार्श्व** *वि* उलटा/उलटी, एक सा, जवाबी, दोनों ओर एक सा, बराबर, *विपरीत*, संतुलित, समभुज, सममित, सिमैट्रिकल, •तुलनीय, •सदृश, •समांतर, ▪विषमपार्श्व.

**समप्रतियोगी** *वि* चोट का, जोट, जोड़ का, जोड़ का तोड़, जोड़ीदार, टक्कर का, नूरा, बराबर, बराबर का, बराबरी का, मुक़ाबले का, समकक्ष, समान, समान (प्रतियोगी), *सानी*, हमपल्ला, हमसर, •जयपराजयहीन, •तुलनीय, •समशक्तिशाली.

**समभार** *वि* तुलित, तुल्य, बराबर, संतुलित, समतोल, सममान, समान, *स्थिर*, ▪असमभार.

**समभुज** = समपार्श्व.
**समभुज आयत** = वर्ग.
**समभूमि** = समतल भूमि.
**सममात्र** = समाकार.
**सममान** = समभार.
**सममित** = समपार्श्व.
**समय** = अवधि, अवसर, उत्कर्ष काल, ऋतु, कविसत्य, काल, घड़ी समय, परिस्थिति, सुयोग.
**समय** = अनुबंध.

**समय अपालक** *वि अनियमित*, *अविश्वसनीय*, लापरवाह, लेट लतीफ़, विलंबकारी, सुस्त, •असामयिक, ▪समय पालक.

**समय उपरांत** = समय के बाद.
**समय के बाद** = समयोपरांतीय.

**समय के बाद** *क्रिवि* असामयिकतः, आराम से, उपरांत, उपरांततः, देर में, देरी से, बहुत देरी से, *बाद में*, समय उपरांत, समयोपरांततः,

■समय से पहले.

**समय के साथ** = धारा के साथ.
**समय क्षेत्र** = समयक्षेत्र.

**समयक्षेत्र** *सं* घड़ी क्षेत्र, टाइम जोन, देशसमय, धरती 24 देशांश, समय क्षेत्र.

**समय गति** = कालचक्र.

**समय घोष** *सं* गजर, घंटनाद, *घंटा*, *घड़ियाल*, *टनटन*, डिंगडौंग, नौबत, यामघोष.

**समयधारा** = कालचक्र.
**समय पर नहीं** = बेमौसम.

**समय पालक** *वि* ठीक समय पर आने वाल, *दायित्वपूर्ण*, *नियमित*, निष्ठ, पंक्चुअल, पक्का/पक्की, पाबंद, भरोसेमंद, वक़्त का पाबंद, *सावधान*, •कालजात, •दायत्विपूर्ण, •सावधान.

**समयपूर्व** = पूर्वजात, समय से पहले.
**समयबद्ध** = सावधिक.
**समयबद्ध कार्य** = शीड्यूल.
**समय बीतना** = बीतना.

**समय माप एकक** *सं सैकंड*.

**समय विज्ञान** = होराशास्त्र.
**समय विज्ञानी** = होराशास्त्री.
**समयविपरीत** = असामयिक.
**समय विषयक** = कालीन.
**समय वृद्धि** = मोहलत.
**समय सीमा** = करफ़्यू.

**समय सूचना** *सं* अलार्म, काल सूचना, क्रिंक्रिं, क्रिनक्रिन, *घंटी*, टनन टनन, ट्रिनट्रिन, पुकार, बुलावा, वेकअप काल, साइरन.

**समय से पहला/समय से पहली** = अर्धविकसित.

**समय से पहले** *क्रिवि आगे*, जल्द, जल्दी, *पहले*, पेशतर, प्रथम, सकारे, समयपूर्व, ■समय के बाद.

**समय से पूर्व का** = अर्धविकसित.
**समयहीनता** = अमरता.
**समयाचार** = कालधर्म.

**समयातीतता** = अमरता.
**समयानुकूल** = अवसरानुकूल, समयानुसार.
**समयानुवर्तन** = कालधर्म.

**समयानुसार** *वि* कालानुकूल, कालानुसार, बजा, युगानुकूल, युगानुसार, *संगत*, समयानुकूल, समयोचित, सही, सामयिक, •अवसरानुकूल, •कालजात, •संगत, ■असामयिक.

**समयोचित** = समयानुसार.
**समयोत्तर** = समयोपरांतीय.
**समयोपरांत** = विलंबित, समयोपरांतीय.
**समयोपरांततः** = समय के बाद.
**समयोपरांतता** = विलंब.

**समयोपरांतीय** *वि* अतिकालीन, अवरकालीन, पछेती, पिछला/पिछली, बाद का, *समय के बाद*, समयोत्तर, समयोपरांत, •पछेती (फ़सल), ■पूर्वजात, ■समय से पहले.

**समर** = युद्ध.
**समरक़ंदी तवाज़ा** = दावते समरक़ंद.
**समरक्षिति** = रणभूमि.
**समरथ** = सक्षम.
**समर भूमि** = रणभूमि.
**समरशूर** = वीर.
**समरस** = अपरिवर्तनीय, अविविध, आरोहअवरोहहीन, प्रभावातीत, सदृश, समशीतोष्ण.
**समरांगण** = रणभूमि.
**समरा** = पारिश्रमिक, पुण्यफल.
**समरूप** = सदृश.
**समरूपता** = सादृश्य.
**समर्घ्य** = अर्घदान.
**समर्चनीय** = पूजनीय.
**समर्चित** = पूजित.
**समर्थ** = अभिव्यक्तिपूर्ण, दक्ष, प्रतिभाशाली, बलिष्ठ, योग्य, शक्तिशाली, सक्षम, साधनसंपन्न.
**समर्थक** = पक्षधर, प्रशंसक, प्रायोजक, मंडन कर्ता, मतानुगामी.

**समर्थक** *सं* अनुसमर्थक, *अभिवक्ता*, पैरवीकार, पैरोकार, समर्थन कर्ता, हामी, हिमायती, •अनुमोदक, •प्रस्तावक, ■विरोधी, ■शिकायत कर्ता.

**समर्थता** = क्षमता.
**समर्थन** = अनुमोदन, प्रतिपादन, प्रायोजन, मंडन, मतानुगमन, सरपरस्ती, सहमति, सहयोग, सिफ़ारिश.

**समर्थन** *सं* अनुशंसा, अनुसमर्थन, पैरोकारी, प्रशंसन, *मंडन*, रिकमंडेशन, *सिफ़ारिश*, हिमायत, •अनुमोदन, •कनवैसिंग, ■आपत्ति, ■विरोध, ■वीटो.

**समर्थन कर्ता** = समर्थक.
**समर्थनपूर्ण** = अनुकूल, मंडनात्मक.
**समर्थनात्मक** = प्रशंसात्मक, मंडनात्मक.

**समर्थनीय** *वि* अनुमोदनीय, अनुसमर्थनीय, अभिप्रेय, उचित, उपयुक्त, दुरुस्त, प्रेय, बजा, शिरोधार्य, *संगत*, *स्वीकार्य*, •असमर्थनीय, ■खंडनीय.

**समर्थित** = प्रमाणसिद्ध, संपुष्ट, सत्यापित, सिफ़ारिशी.
**समर्पक** = उपहार दाता.

**समर्पक** *सं* अभ्यर्पयिता, अर्पक, अर्पयिता, दातार, *निवेदक*, निवेदयिता, *प्रदाता*, *भक्त*, समर्पण कर्ता, समर्पयिता.

**समर्पण** = आत्मबलि, आत्मसमर्पण, उपहार, चढ़ावा, दान, पूजा, बलिदान, बलिवस्तु, भक्ति.

**समर्पण** *सं* अभ्यर्पण, अर्ज़दाश्त, अर्पण, अर्पणा, *उपहार*, गिफ़्ट, *चढ़ावा*, तोहफ़ा, नज़र, नज़राना, *निवेदन*, पेशकश, *प्रदान*, प्रस्तुति, भेंट, श्रद्धा सुमन, *सम्मान*, *सलामी*, सौग़ात, •चढ़ावा, •दान, •देवोपहार, •नेग, •बलिदान, •वारफेर, •समर्पक.

**समर्पण कर्ता** = समर्पक.
**समर्पयिता** = उपहार दाता, समर्पक.
**समर्पयिता/समर्पयित्री** = उपहार दाता.
**समर्पित** = आसक्त, उपहृत, निष्ठावान, प्रदत्त, संकल्पशील, हस्तांतरित.

**समर्पित** *वि* अर्पित, दत्त, निवेदित, *प्रदत्त*, ●उपहृत, ■प्राप्त.

**समर्पितता** = भक्ति.
**समर्ह** = अधिकारागत, अर्हतासंपन्न.
**समर्हता** = अर्हता.
**समर्हित** = सुपात्र.
**समलंकार** = उपाधि.
**समलंकृत** = उपाधित, प्रसाधित.
**समलक्षण** = सदृश.
**समलोष्टकांचन** = समव्यवहारी.
**समवंशी** = सहवंशी.
**समवधान** = एकाग्रचित्त.

**समवयस्क** *वि* वय में बराबर, वयस्य, सहजात, हमउम्र, ●समकालीन, ■अग्रज, ■अनुज, ■मझला/मझली.

**समवर्गीय** = समकोटीय.
**समवर्ती** = समकालीन, समांतर.
**समवस्था** = अपरिवर्तन.
**समवस्थित** = बैठा/बैठी.
**समवाय** = संग्रह, समूह.
**समवृत्त** = गोलाकार.
**समवेत** = समाविष्ट.
**समवेततः** = इकट्ठे, सब एक साथ.
**समवेदना** = सहानुभूति.
**समवेश** = वरदी.
**समव्यवसायी** = समधंधी.

**समव्यवहारी** *वि* आत्मौपम, ईमानदार, एकनयन, *न्यायप्रिय*, पक्षपातहीन, समचर, समचेता, समदर्शी, समलोष्टकांचन, समशील, ●निष्पक्ष, ●भेदभावहीन, ●सद्व्यवहारी, ■पक्षपाती.

**समशक्तिशाली** *वि* टक्कर का, बराबर, संतुलित, समकक्ष, समान, ●समप्रतियोगी.

**समशीतोष्ण** *वि* अनतिशय, *आनंदप्रद*, एकरस, न सर्द न गरम, मातदिल, शांत, समरस, *सह्य*, *सुखद*, *सौम्य*, ●स्वास्थ्यप्रद (जलवायु).

**समशील** = आत्मविश्वासी, समव्यवहारी.
**समष्टि** = जनसंख्या, समाज, समूह, सृष्टि.

**समष्टीय** = सामूहिक.

**समसंख्यक** *वि* अविषम, दो से विभाज्य, बराबर, सम, सुषम, स्त्रीराशिक, ■विषम संख्यक.

**समसामयिक** = समकालीन.
**समस्त** = संपूर्ण, सब.
**समस्तर** = समतल.
**समस्थल** = मैदान.
**समस्थित** = समांतर.
**समस्थिति** = अपरिवर्तन.
**समस्या** = काव्य समस्या, गोरखधंधा, दुबिधा, पहेली, प्रश्न, विवाद कारण, विषय, संकट.

**समस्या** *सं* असमंजस, *उलझन*, कठिनाई, *चिंता*, *चुनौती*, जटिलता, जटिल प्रश्न, *दुबिधा*, *प्रश्न*, मसला, मुसीबत, शंका, सवाल, ●गोरखधंधा, ●चर्चा विषय, ●पहेली, ●भूलभुलैयाँ, ■समाधान.

**समस्यागत** = समस्यात्मक.
**समस्यात्मक** = असमाधान्य.

**समस्यात्मक** *वि* असुगम, अस्पष्ट, उलझनपूर्ण, उलझा/उलझी, *कठिन*, कूट, क्लिष्ट, *गंभीर*, गहन, गूढ़, *जटिल*, दुश्वार, पेचीदा, बेढब, *भारी*, विकट, विवादात्मक, समस्यागत, समस्यामूलक, ●चुनौतीपूर्ण, ●दुबिधाजनक, ●भ्रामक, ●श्रमसाध्य, ■सहज.

**समस्यापूर्ति** = काव्य समस्या पूर्ति, समाधान.
**समस्यामूलक** = समस्यात्मक.
**समस्याहीनता** = सहजता.
**समस्वर** = सामंजस्ययुक्त.
**समाँ** = दृश्यावली, रसानुभूति.

**समांतर** *वि* बराबर, समदिश, समवर्ती, समस्थित, समांतरालीय, समानांतर, समित, ●समपार्श्व, ●सीधा/सीधी, ■असमांतर, ■कोणाकार, ■विकर्णयुक्त.

**समांतर कोश** = थिसारस.
**समांतर शब्द** = पर्यायवाची शब्द.
**समांतरालीय** = समांतर.

**समाँ बाँधना** = चकराना.
**समाई** = पेटा.
**समाकलन** = समाशोधन.

**समाकलन** *सं* अदलाबदली, आशोधन, क्लीयरिंग, पटावट, पटौनी, बादला, विनिमय, शोधन, *समाशोधन*, ●भुगतान.

**समाकार** *वि* एक समान, तुल्य, न छोटा न बड़ा, बराबर, *सदृश*, सम, समकक्ष, सममात्र, समान, सम्मित, साइज़ में बराबर, हम-, ●सदृश, ■असमाकार.

**समागत** = पहुँचा/पहुँची.
**समागति** = पहुँच.
**समागम** = भोज, मिलन, संगति, संगम, संघ, संभोग, सभा, समारोह, समारोह, समूह.

**समागम** *सं* इकट्ठ, एकत्रण, जमघट, जमाव, जमावड़ा, जुटाव, जुड़ाव, *मिलन*, मिलाप, *संगति*, *संगम*, *समारोह*, समूहन, सम्मिलन, ●भीड़, ●सभा, ■एकाकीपन.

**समागमन** = आगमन.
**समागम स्थल** = क्लब, चौकड़ीघर.
**समाचरण** = कार्यान्विति.
**समाचार** = समाचार पत्र, सूचना.

**समाचार** *सं* ख़बर, जानकारी, डिस्पैच, न्यूज़, *ब्योरा*, रिपोर्ट, वार्ता, *संवाद*, *सूचना*, हाल, हालात, ●नवीनतम समाचार, ●मुख्य समाचार, ●तथ्य, ●पत्रकारिता, ●प्रैस विज्ञप्ति, ●वृत्तांत, ●शीर्षक, ●सूचना, ■अफ़वाह, ■गप.

**समाचार एजेंसी** = समाचार एजैंसी.

**समाचार एजैंसी** *सं* न्यूज़ एजेंसी, समाचार एजेंसी, समाचार प्रेषक संस्थान, ●पत्रकारिता.

**समाचार जगत** = पत्रकारिता.

**समाचार पत्र** *सं* अख़बार, ऐक्सप्रैस, क्रौनिकल, गज़ट, टाइम्स, डेली, *दैनिक*, न्यूज़, न्यूज़पेपर, *पत्र*,

पब्लिकेशन, पर्चा, पेपर, बुलेटिन, रिपोर्टर, रोज़नामा, *समाचार*, •पत्रिका, •प्रकाशनालय, •संस्करण.

**समाचार पत्र विक्रेता** = पत्र पत्रिका विक्रेता.

**समाचार पाठक** *सं अभिवक्ता*, उद्घोषक, न्यूज़रीडर, *पाठक*, *रीडर*, समाचार ब्रौडकास्टर, •कार्यक्रम उद्घोषक, •टैलिविज़न, •रेडियो.

**समाचार प्रेषक संस्थान** = समाचार एजैंसी.

**समाचार प्रेषण** = पत्रकारिता.

**समाचार ब्रौडकास्टर** = समाचार पाठक.

**समाचार लेखक** = संवाददाता.

**समाचार विज्ञप्ति** = प्रैस विज्ञप्ति.

**समाचार शीर्षक** *सं* आकर्षक समाचार, ताज़ा ख़बर, *शीर्षक*, सिरनामा, सुर्ख़ी, हैडिंग, •नवीनतम समाचार, •शीर्षक.

**समाज** = वर्ण, विद्वत्समाज, वृंद, संगति, संघ, समूह, सुहृदजन.

**समाज** *सं* कम्यूनिटी, गण, जन, जन समाज, जन समुदाय, जनसमूह, *लोक*, समष्टि, सर्वजन, सोसाइटी, •जनता, •जाति, •धर्म, •राष्ट्र, •वर्ण, •संस्कृति, •संस्था, •सभ्यता, •समूह, ■व्यक्ति.

**समाज कल्याण** = समाज सुधार, समाज सेवा.

**समाज कल्याण केंद्र** = समाजसेवी संस्था.

**समाजत** = खुशामद, गिड़गिड़ाहट, प्रसन्नन, फुसलावा, मनुहार.

**समाज दुश्मन** = समाजविरोधी.

**समाजद्वेषी** = जनद्वेषी.

**समाजप्रिय** = मिलनसार.

**समाज प्रेमी** = दावतबाज़, मिलनसार.

**समाज भावना** = सभ्यता.

**समाज भावना** *सं* उपकार भावना, उपकारिता, कल्याणकारिता, जनप्रेम, जनहित भावना, जागरूकता, नवजागरण, *मानव प्रेम*, लोककाम्या, लोक जागरण, लोकप्रेम, लोकानुग्रह, सामाजिकता, सामाजिक भावना, सेवा भाव, •अहिंसा, •मिलनसारता, •समाज सुधार, •समाज सेवा, •सहयोग, •सौमनस्य, ■स्वार्थ.

**समाज भावी** *वि* उपकारक, *क्षमाशील*, लोकभावना युक्त, लोकभावी, लोकसंग्राही, सकरुणा, समाजसेवी, सर्वहित, •कल्याणकारी, •सहयोगपूर्ण, ■समाजविरोधी.

**समाज वर्ग** = वर्ण.

**समाज वर्ग** *सं* कक्षा, कुल, *कोटि*, क्लास, *जाति*, *वर्ग*, श्रेणी, •वर्ण.

**समाजवाद** *सं* फ़ेबियनवाद, सोशलिज़्म, •प्रगतिवाद, •साम्यवाद, ■पूँजीवाद.

**समाजवादी** *सं* सोशलिस्ट, •साम्यवादी.

**समाजविरोधी** *वि* अजागरूक, जनविरोधी, जनहितविरोधी, लोकविरुद्ध, लोकविरोधी, लोकहितविरोधी, लोकापकारी, समाज दुश्मन, ■समाज भावी.

**समाज सुधार** = कुप्रथा उन्मूलन.

**समाज सुधार** *सं* अधिकार प्रदान, *उत्थान*, उद्धार, दलित उद्धार, दलितोद्धार, पतित उद्धार, रिफ़ौर्म, समाज कल्याण, *समाज सेवा*, सामाजिक आंदोलन, *सुधार*, हरिजन उद्धार, •आधुनिकीकरण, •कुप्रथा उन्मूलन.

**समाज सुधारक** = सुधारवादी.

**समाज सेवक** *सं* जनसेवक/जनसेविका, प्रजाहितैषी, लोकहितैषी, लोकोपकारी, सोशल वर्कर, •स्वयंसेवक.

**समाज सेवा** = समाज सुधार.

**समाज सेवा** *सं* जनकल्याण, जनरंजन, जनसुधार, जनसेवा, *जनहित*, प्रजाहित, लोक कल्याण, लोकसेवा, लोकहित, लोकोपकार, समाज कल्याण, सोशल सर्विस, •समाज भावना, •समाज सुधार, ■जनद्वेष.

**समाजसेवी** = समाज भावी, सुधारवादी.

**समाजसेवी संस्था सूची** *सं* अनाथालय, नारी निकेतन, रामकृष्ण मिशन, रैड क्रौस, विधवाश्रम, वृद्धाश्रम, समाज क्ल्याण केंद्र, साल्वेशन आर्मी, सोसाइटी फ़ार प्रीवैंशन आफ़ क्रूएल्टी, स्काउट्स.

**समाजहीन** = एकाकी.

**समाजहीनता** = एकांतवास.

**समाजी** = संगी.

**समाजीकरण** = राष्ट्रीयकरण.

**समाजीय** = सामाजिक, सामूहिक.

**समाज्ञप्त** = आज्ञापित.

**समादत्त** = लिया/ली.

**समादर** = सम्मान.

**समादरणीय** = सम्माननीय.

**समादृत** = सम्माननीय.

**समादेश** = आज्ञा, धर्मादेश, राज्यादेश.

**समाधान** = उत्तर, उपपत्ति, मोहभंग, समझौता, स्पष्टीकरण.

**समाधान** *सं उत्तर*, खुलासा, निपटारा, निर्णय, *निष्कर्ष*, *परिणाम*, फ़ैसला, बुझौवल, *बोध*, *व्याख्या*, समझ, समस्यापूर्ति, सिद्धि, सुलझन, सुलझाव, *हल*, •कूटपठन, •व्याख्या, ■आपत्ति, ■जिज्ञासा, ■पहेली, ■प्रश्न.

**समाधानकृत** = समाधानित.

**समाधानित** *वि* चुका/चुकी, तय, निपटा/निपटी, निबटा/निबटी, बूझा/बूझी, मुका/मुकी, रफ़ादफ़ा, समझा/समझी, समझा बूझा/समझी बूझी, समाधानकृत, सुलझा/सुलझी, *हलित*.

**समाधि** = ध्यान, पिरामिड, योगांग सूची, समाधि चबूतरा, स्मारक.

**समाधि** *सं* तप, *तपस्या*, तारी, *ध्यान*, ध्यानावस्था, प्रणिधान, ●योगाभ्यास.

**समाधि क्षेत्र** = क़ब्रिस्तान.

**समाधि चबूतरा** *सं* *चबूतरा*, चौबुर्ज़ा, चौरा, छतरी, *समाधि*, ●स्मारक.

**समाधित** = समाधिस्थ.
**समाधि प्रदान** = दफ़नाई.
**समाधि भवन** = स्मारक.
**समाधि मंदिर** = स्मारक.
**समाधिमग्न** = समाधिस्थ.

**समाधिस्थ** *वि* एकाग्र, खोया/खोई, डूबा/डूबी, तन्मय, *तल्लीन*, ध्याननिष्ठ, ध्यानपर, ध्यानबद्ध, ध्यानमग्न, ध्यानस्थ, ध्यानावस्थित, बद्धचित्त, बद्धध्यान, ब्रह्मभूत, ब्रह्मलीन, रत, समाधित, समाधिमग्न, *समाविष्ट*, ●आत्मलीन, ●तल्लीन.

**समाधि स्थिति** *सं* कैफ़, सक़ता, सक़ते का आलम, सटोरी, ●ध्यान.

**समान** = जयपराजयहीन, पंचप्राण सूची, पर्यायवाची, पर्यायवाची शब्द, रूठा/रूठी, सदृश, समकोटीय, समतल, समप्रतियोगी, समभार, समशक्तिशाली, समाकार.
**समान (प्रतियोगी)** = समप्रतियोगी.
**समान अधिकार** = न्याय, भेदभावहीनता.
**समान अवसर** = भेदभावहीनता.
**समान कर्ता** = काल, भेदभाव समापक, यमराज.
**समानकारी** = भेदभाव समापक.
**समानता** = उपमा, तुलना, भेदभावहीनता, समान प्रतियोगिता, सादृश्य, साम्यवाद.
**समानता का अधिकार** = मूल अधिकार सूची.
**समानतापूर्ण** = भेदभावहीन.
**समानतावाद** = भेदभावहीनता.
**समानतावादी** = भेदभाव समापक.
**समानधर्मा** = सदृश.
**समाननामा** = सहनाम.

**समान प्रतियोगिता** *सं* काँटे की टक्कर, जवाब, जोट, जोड़, *टक्कर*, *प्रतिद्वंद्विता*, प्रतिबल, बराबर की टक्कर, बराबरी, मुक़ाबला, *संगम*, समानता, सामना, ●जयपराजयहीनता.

**समानयन** = आनयन.
**समानांतर** = समांतर.
**समाना** = जड़ना, भरना.
**समानाधिकारयुक्त** = भेदभावहीन.
**समानाधिकारवाद** = भेदभावहीनता.
**समानार्थ** = पर्यायवाची.
**समानार्थक** = पर्यायवाची.
**समानार्थी** = पर्यायवाची, पर्यायवाची शब्द.
**समानुकूलता** = सामंजस्य.
**समानुकूलन** = उद्विकास.
**समापक** = समापन कर्ता.
**समापत्ति** = उपपत्ति.
**समापन** = वध.

**समापन** *सं* अंजाम, *अंत*, अवसान, आख़िर, इति, उपलब्धि, *उपसंहार*, कर्मांत, कार्यांत, तकमील, तमाम, निपटारा, निपटाव, निर्वाह, *निवृत्ति*, निष्पत्ति, निष्पादन, निस्तार, परिणति, परिसमापन, परिसमाप्ति, पुरौनी, पूर्णता, पूर्ण विराम, पूर्ति, *विराम*, संपन्नन, *संपादन*, समाप्ति, समेटन, सिद्धि, ●उपसंहार, ●परिणाम, ■आरंभ, ■उद्घाटन, ■कार्यान्विति.

**समापन कर्ता** *सं* अंतकारी, कार्य समापक, निर्वाहक, पूर्ण कर्ता, *संपादक*, संपादयिता, समापक, समाप्त कर्ता, *साधक*, ■आरंभ कर्ता.

**समापन्न** = आगत, घटित, पूर्णकृत, प्राप्त, संकटग्रस्त.
**समापादन** = करण.
**समापिका** = पुस्तक अंत.
**समापित** = पूर्णकृत.
**समाप्त** = अनवशिष्ट, अप्रचलित, कृत, दिवालिया, नष्ट, पूर्णकृत, भक्षित, विरामित, व्यतीत, सृजनहीन, हत्याकृत.
**समाप्त करना** = उजाड़ना, मारना, संहारना.
**समाप्त कर्ता** = समापन कर्ता.
**समाप्ततः** = आख़िरकार.
**समाप्तता** = कार्यपूर्ति.
**समाप्त होना** = उजड़ना, रुकना.
**समाप्त होने वाला** = परिगणनीय.
**समाप्ति** = अंत, उपपत्ति, नाश, पुस्तक अंत सूची, विराम, समापन, सीमा, हत्या.
**समाप्य** = नाश्य, परिगणनीय, हंतव्य.
**समाभासित** = लगभग सदृश.
**समामेलन** = एकीकरण, समावेश.
**समायत** = आयत, वर्ग.
**समाया/समाई** = समाविष्ट.
**समारंभ** = आरंभ, आरंभिक कर्म, उद्घाटन, प्रवर्तन, मंगलाचरण.
**समारंभ कर्ता** = आरंभ कर्ता.
**समारंभण** = संस्थापना.
**समारब्ध** = आरंभित.
**समारभ्य** = आरभ्य.
**समाराधक** = प्रेमी.
**समाराधना** = पूजा.
**समाराधित** = पूजित.
**समाराध्य** = पूजनीय.
**समारूढ़** = सत्तासीन.
**समारेख** = ड्राविंग चित्र.
**समारोध** = घेराबंदी.
**समारोपित** = आधारित.
**समारोह** = उत्सव, जयंती, विवाहोत्सव, समागम.

**समारोह** *सं* अनुष्ठान, आयोजन, इजलास, *उत्सव*, कार्यक्रम, जलसा जुलूस, दावत, पर्व, पार्टी, प्रोग्राम, फ़ंक्शन, फ़ैस्टिवल, *मिलन*, मेला, रीसैप्शन, *संगम*, *संयोजन*, *सभा*, सभा सम्मेलन, *समागम*, सम्मेलन, ●बधाई.

**समारोहण** = उत्थान.
**समारोह प्रायोजक** = प्रायोजक.
**समार्थक** = पर्यायवाची.
**समार्थिक** = पर्यायवाची.
**समार्थी** = पर्यायवाची.
**समालब्धि** = उपपत्ति, प्राप्ति.
**समालाप** = तान, वार्तालाप.
**समालोकन** = अवलोकन, आलक्षण, परीक्षण.
**समालोकी** = निष्पक्ष, विचारक.

**समालोचक** = समीक्षक.
**समालोचन** = अवलोकन.
**समालोचना** = समीक्षा.
**समाव** = पेटा.
**समावर्तन** = दीक्षांत, सोलह संस्कार सूची.
**समावाहन** = आवाहन, उद्बोधन.
**समाविद्ध** = विद्ध.
**समाविष्ट** = समाधिस्थ.

**समाविष्ट** *वि* अंगभूत, अंतराविष्ट, अंतर्गत, अंतर्निविष्ट, अंतर्भूत, *अंदर*, आत्मसात, गृहीत, ग्रहीत (विकल्प), दाख़िल, परिग्रहीत, *प्रविष्ट*, भीतर, मिला/मिली, मिलाया/मिलाई, *युक्त*, *योजित*, शरीक, शामिल, संयोजित, संविष्ट, संसृष्ट, समवेत, समाया/समाई, समाहित, समेत, सम्मिलित, *सहित*, हृत, ▪अपवादित, ▪असमाविष्ट.

**समावृत** = घिरा/घिरी, व्याप्त, सुरक्षित.
**समावेश** = आप्रवेश.

**समावेश** *सं* अंतरावेश, *ग्रहण*, दाख़िला, *योजन*, संकलन, संग्रहण, *संयोजन*, समामेलन, समाहार, सम्मिलन, •अंतर्क्षेपण, •अवशोषण, •आप्रवेश, •प्रवेश, •स्वांगीकरण, ▪असमावेश.

**समावेशन** = अंतरर्थापना.
**समावेश स्थान** = पेटा.
**समाशोधन** = समाकलन.

**समाशोधन** *सं* क्लीयरिंग, पटावट, *समाकलन*.

**समाश्रित** = शरणागत, स्थित.
**समाश्वासन** = अभयदान, भयोपशमन, सांत्वना.
**समास** = युति.

**समास** *सं* निर्विकार संयोजन, शब्द संयुजन, संधिहीन संयोजन, •शब्द संधि.

**समासक्त** = युक्त.
**समासन्न** = बैठा/बैठी.
**समासादित** = स्थित.
**समाहरण** = जोड़ कर्म.
**समाहार** = उपपत्ति, उपसंहार, कथा फलागम, जोड़ फल, ढेर, युति, संग्रह, समावेश.
**समाहित** = मिश्रित, युक्त, संग्रहित, समाविष्ट.
**समाहूत** = आवाहित, मँगाया/मँगाई.
**समाहूति** = आवाहन.
**समिंधन** = अग्न्याधान, ईंधन.
**समित** = युक्त, समांतर.
**समितिंजय** = विजेता.
**समितिंजय** = विजयी.
**समिति** = वृंद, संस्था.

**समिति** *सं* अंजुमन, कमिटी, कमेटी, कोंसिल, परिषद, बोर्ड, मंडली, सीनेट, •उपसमिति, •कार्यसमिति, •जाँच समिति, •प्रवर समिति, •विषय समिति.

**समिति** = युद्ध.
**समिध** = अग्नि, जलावन, समिधा.
**समिधा** = जलावन.

**समिधा** *सं* इध्म, *जलावन*, यज्ञकाष्ठ, यज्ञाग्नि ईंधन, समिध, सामग्री, हविष्य ईंधन, होमेंधन, •आहुति, •जलावन, •यज्ञ.

**समिश्र** = मिश्रित.
**समीकरण** = संश्लेषण.
**समीकृत** = जुड़ा/जुड़ी.
**समीक्षक** = विवेचक.

**समीक्षक** *सं* आलोचक, उस्ताद, टिप्पणीकार, पंडित, परीक्षक, पारखी, रिव्यूअर, *विवेचक*, *विश्लेषक*, समालोचक, ▪कलाकार, ▪लेखक.

**समीक्षकीय प्रतिभा** = गुणज्ञता.
**समीक्षण** = अवलोकन, तथ्यान्वेषण, पुनर्विचार.
**समीक्षा** = परख, पुनर्विचार, विचारविमर्श, विवेचना, विहंगावलोकन, सर्वे.

**समीक्षा** *सं* आलोचना, कसौटी, क्रिटिसिज़्म, गुण अवगुण परीक्षा, जाँच, नज़रसानी, निंदा प्रशंसा, *परख*, *परीक्षा*, *मत*, मीमांसा, रिव्यू, *विवेचना*, समालोचना, •आकलन, •कलाकृति, •परख, •पुस्तक.

**समीचीन** = अवसरानुकूल, आवश्यकतानुरूप, न्यायसंगत, प्रासंगिक, संगत.
**समीप** = अनुमानित, आसन्न, निकट ही, लगभग.
**समीपतम** = अंतरंग, अंतरंगतम.
**समीपता** = मिलन.
**समीप लाना** = सटाना.
**समीपवर्ती** = निकट.
**समीपी** = अंतरंग, निकट, पार्श्वीय, संबंधी.
**समीर** = झोंका, बयार, वायु.
**समीरण** = प्रोत्साहन.
**समीहित** = इच्छित.
**समुंदर** = समुद्र.
**समुचित** = आचरणीय, औपचारिक, पर्याप्त, बहुत.
**समुच्चय** = ढेर, संग्रह.
**समुच्चारण** = वाचन.
**समुच्छिष्ट** = उच्छिष्ट.
**समुच्छेता** = नाश कर्ता.
**समुत्कर्ष** = पराकाष्ठा.
**समुत्कर्षक** = उन्नायक.
**समुत्क्रम** = आरोह क्रम.
**समुत्थित** = उपस्थित.
**समुत्पन्न** = जन्मा/जन्मी.
**समुत्पाटक** = उच्छेत्ता.
**समुत्पाटन** = उखड़ाई.
**समुत्पुलक** = रोमांचित.
**समुत्प्रवाह** = उमगाव.
**समुत्सारण** = पहुँचाई.
**समुत्साहन** = प्रोत्साहन.
**समुत्साहित** = उत्साहित.
**समुत्साही** = चुस्त, तत्पर.
**समुत्सुक** = जिज्ञासु.
**समुदय** = आरंभ.
**समुदागम** = सम्यक् ज्ञान.
**समुदाय** = युति, वृंद, संग्रह, समूह.
**समुद्गम** = स्रोत.
**समुद्गार** = उक्ति.
**समुद्दिष्ट** = निदेशित.
**समुद्देश** = निदेश.
**समुद्धर्ता** = उन्नायक, परित्राता.
**समुद्धार** = असुरवध, उन्नति, जीर्णोद्धार, नवीकरण, सुधार.

**समुद्धारक** = उन्नायक.
**समुद्धृत** = यथापूर्वित.
**समुद्बोधन** = उद्बोधन.
**समुद्भेदन** = उद्भेदन.
**समुद्यत** = व्यस्त.
**समुद्यम** = आरंभिक कर्म, उद्यम.
**समुद्योग** = प्रयास.
**समुद्र** = जलतल, भंडार.

**समुद्र** *सं* अंबुधि, अंबुनिधि, अंबुपति, अथाह, अब्धि, अर्णव, उदधि, ऊर्मिमाली, ओशन, कटक, क्षीरधि, गंगाधर, जलधि, जलाकर, जलेश, तिमिकोश, तोयनिधि, दरिया, द्वीपवान, नद, नदींद्र, नदीश, पयोधि, पयोनिधि, पारावार, मकरालय, महार्णव, महासमुद्र, महासागर, महोदधि, मीनालय, यादसांपति, रत्नाकर, लवणोदक, वरुणालय, वारापार, वारिधि, वारींद्र, शंखी, समंदर, समुंदर, सलिलाकर, सागर, सिंधु, सिंधुराज, •अतलांतिक महासागर, •अरब सागर, •उत्तर ध्रुव महासागर, •दक्षिण ध्रुव महासागर, •प्रशांत महासागर, •बंगाल की खाड़ी, •भूमध्य सागर, •हिंद महासागर, •खाड़ी, •जलडमरूमध्य, •तट, •द्वीप, •नदी, •महाद्वीपीय कगार, ▪थल, ▪धरातल, ▪महाद्वीप.

**समुद्र उत्तल** *सं* माध्य समुद्र उत्तल, मीन सी लैवल, समुद्र सतह, समुद्र स्तर, सी लैवल.

**समुद्र कांची** = थल.
**समुद्रकांची** = पृथ्वी.
**समुद्रकांता** = नदी.
**समुद्रगा** = नदी.
**समुद्रज** = प्रवाल, मूँगा, मोती.

**समुद्र तट** *सं* कोस्ट, चौपाटी, जुहू, *तट*, बीच, बीचि तट, *बेला*, वीचि, वेला, सागर तट, सी बीच, स्ट्रैंड, •ज्वार, •तटरेखा, •बहावड़ा, •बेला तट, •भाटा, •महाद्वीपीय कगार.

**समुद्र तल** = समुद्र नितल.

**समुद्र तल पर 15 सैल्सियस ताप पर 1225 किमीघं** = स्वन गति.
**समुद्र तल में उत्तेजना से बनी महोर्मि** = सुनामी.
**समुद्र दीप्ति** = बड़वा दीप्ति.
**समुद्र नवनीत** = चंद्रमा.
**समुद्र नवनीतक** = अमृत.

**समुद्र नितल** *सं* *नितल*, समुद्र तल, समुद्र निम्नतल, सागर तल, •नदी पेटा, ▪समुद्र उत्तल.

**समुद्र निम्नतल** = समुद्र नितल.
**समुद्रनेमि** = पृथ्वी.
**समुद्र पोत** = पोत.

**समुद्र यात्रा** *सं* जलयात्रा, नौका यात्रा, नौयात्रा, *पारण*, समुद्र यान, •विमान यात्रा.

**समुद्र यात्री** = खोज यात्री.
**समुद्र यान** = समुद्र यात्रा.
**समुद्ररोधक दीवार** = डाइक.
**समुद्र लवण** = समुद्री नमक.

**समुद्र लहर** *सं* अर्ण, अर्णव, बीचि, *बेला*, वीची, समुद्री लहर, •ज्वार, •भाटा, •महोर्मि, •लहराग्र, •सुनामी.

**समुद्र सतह** = समुद्र उत्तल.
**समुद्र स्तर** = समुद्र उत्तल.
**समुद्रावृत धरातल** = जलतल.
**समुद्री** = समुद्रीय.
**समुद्री जहाज़** = पोत.
**समुद्री द्वीपसमूह** = द्वीपावली.

**समुद्री नमक** *सं* उदधिसंभव, *जलज*, त्रिकूट, पांशु लवण, सफ़ेद नमक, समंदरी नमक, समुद्र लवण, सागरोत्थ, सामुद्रक, •नमक.

**समुद्री नहर** *सं* कनाल, कैनाल, चैनल, *नहर*.

**समुद्री बेड़ा** = बेड़ा.
**समुद्री मील 0.869** = मील.

**समुद्रीय** *वि* आर्णव, दरियाई, समुद्री, सागरीय, सामुद्र, सामुद्रिक, सिंधुक, सैंधव, ▪तटवर्ती, ▪तटीय, ▪थलीय.

**समुद्री लहर** = समुद्र लहर.
**समुद्रेतर धरातल** = थल.
**समुद्विकास** = उद्विकास.
**समुन्नत** = उन्नत, ऊँचा/ऊँची.
**समुन्नति** = उन्नति.
**समुन्नमित** = उन्नमित.
**समुन्नयन** = उठाई.
**समुन्नाद** = गुंजन.
**समुन्नाय** = उन्नमन.
**समुन्नायक** = उन्नायक.
**समुपकरण** = साधन.
**समुपक्रम** = आरंभिक कर्म, उद्यम.
**समुपनयन** = आनयन, उपनयन संस्कार.
**समुपभोग** = उपभोग.
**समुपयुक्त** = आवश्यकतानुरूप, सामंजस्ययुक्त.
**समुपस्थित** = आसन्न, उपस्थित.
**समुपस्थिति** = आगमन, उपस्थिति, पहुँच.
**समुपागत** = आगत, पहुँचा/पहुँची, लाया/लाई.
**समुपाय** = साधन.
**समुपेत** = संग्रहित.
**समुल्लास** = अध्याय.
**समूचा/समूची** = अभंजित, अविभक्त, आद्योपांत, संपूर्ण, सर्वांग संपूर्ण.
**समूढ़** = व्यवस्थित.
**समूरु** = मृगचर्म.
**समूर्त** = साकार.
**समूल** = आमूलित.
**समूल्य** = सशुल्क.
**समूह** = क़बीला, गुट, जाति, ढेर, बंडल, भंडार, वृंद, संग्रह, सार्थ.

**समूह** *सं* अंबोह, अनी, अनीक, अवली, कटक, *क़बीला*, कलाप, कांड, गण, *गोत्र*, *ग्राम*, ग्रुप, *चक्र*, *छत्ता*, छत्रक, *जाल*, ज़ैल, झुंड, टोला, टोली, तंत्र, *निकर*, निचय, पक्ष, परिकर, पाँत, *पिंड*, पुंज, प्रकर, बैच, यूथ, *राशि*, *लोक*, *वर्ग*, *वृंद*, व्रज, संहति, सन्निवेश, समवाय, समष्टि, *समागम*, *समाज*, समुदाय, सर्ग, *सार्थ*, स्तोम, हिज्ब, •गुट, •जाति, •टीम, •ढेर, •भंडार, •रेवड़, •सार्थ, •सेना, ▪एकक, ▪व्यक्ति.

**समूह अभ्यास** = ड्रिल.
**समूह गान** = कीर्तन, समूह गायन.

**समूह गायक** *सं* *कोरस*, कोरस सिंगर, वृंद गायक, सहगायक, ●गायक दल, ●युगल गायक, ●सहगायक.

**समूह गायन** *सं* *कोरस*, वृंदगान, वृंद गायन, समूह गान, सहगान, सहगायन, सहसंगीत, ●एकल गायन, ●गायन.

**समूह गीत** = कोरस.
**समूहतः** = इकट्ठे, सब एक साथ.
**समूहन** = समागम.
**समूहन निषेध** = निषेधाज्ञा.
**समूह निर्वासन** = जाति निर्वासन.
**समूह पूजा** = कम्यूनियन, कीर्तन.
**समूहबद्ध** = एकजुट, पंक्तिबद्ध.
**समूहबद्धता** = एकता.
**समूह बल** = मनोबल.
**समूह में** = सब एक साथ.
**समूहवाचक संज्ञा** = संज्ञा.
**समूह विशेष बोली** = स्लैंग.
**समूह विशेष भाषा** = स्लैंग.
**समूह वेश** = वरदी.
**समूह संचलन** = जनप्रदर्शन, परेड.
**समूहित** = संग्रहित, सैन्यीकृत.
**समूहीकरण** = राष्ट्रीयकरण.
**समूहीय** = सामूहिक.
**समृद्ध** = आभूषित, उच्चवित्त, उर्वर, पुष्पित, वर्धित, वैभवशाली, शब्दाडंबरपूर्ण, हरियल.

**समृद्ध** *वि* आबाद, खाता पीता/खाती पीती, ख़ानाआबाद, खुशगुज़रान, खुशहाल, ग़नी, धनधान्यपूर्ण, धन्यभाग्य, प्रचुर, फलता फूलता/फलती फूलती, बरखुरदार, भरा पूरा/भरी पूरी, भाग्यवान, भूरिभाग्य, शादकाम, शादाब, श्रीसंपन्न, संपन्न, सब्ज़, समृद्धिशाली, सर्वसंपन्न, *साधनसंपन्न*, सुसंपन्न, ●उच्चवित्त, ●धनाढ्य, ●नवसमृद्ध, ■कंगाल, ■निर्धन.

**समृद्धि** = सौभाग्य.

**समृद्धि** *सं* अच्छी हालत, अतिशयता, अधिकता, अनाभाव, अभ्युत्थान, अभ्युदय, इफ़रात, इशरत, ईशा, *उन्नति*, ऋति, ऋद्धि, ऐश, ऐशो इशरत, ऐश्वर्य, *कल्याण*, ख़ाना आबादी, खुला हाथ, खुशहाली, ठाट, ठाटबाट, नवाबी, पुष्पशय्या, *पैसा*, प्रचुरता, प्राचुर्य, फूलों की सेज, बढ़ती, बरकत, बहुततायत, बहुलता, बाहशाहत, भरमार, भरापूरापन, मालमता, मौज, योगक्षेम, रिद्धि, *वैभव*, वैल्थ, शादकामी, शान, शानशौक़त, सरसाई, सुखसंपत्ति, *सुखसुविधा*, सुखसौभाग्य, सुदशा, सुसंपद, *सौभाग्य*, हैसियत, ●अपव्यय, ●अहंकार, ●आय, ●लाभ, ●संपत्ति, ●सुविधा, ■कंगाली, ■दिवाला.

**समृद्धि काल** = उत्कर्ष काल.
**समृद्धि देवी** = लक्ष्मी देवी.
**समृद्धिप्रद** = धनप्रद.
**समृद्धिशाली** = समृद्ध, सौभाग्यशाली.
**समेट** = संकुचन.
**समेटन** = समापन.
**समेटना** = बटोरना.
**समेत** = युक्त, समाविष्ट.

**समोसा** *सं* तरकून, *सिंघाड़ा*, ●पकौड़ा.

**सम्मग्न** = डूबा/डूबी, बाढ़ग्रस्त.
**सम्मत** = अनुमत, सहमत, सिफ़ारिशी, स्वीकृत.
**सम्मत स्तर** = मानक.
**सम्मतस्तरीय** = मानकयुक्त.
**सम्मति** = अनुमति, परामर्श, मत, विचार, वोट, सहमति, सुझाव, स्वीकृति.
**सम्मति न देना** = ठुकराना.
**सम्मति पत्र** = अनुमति पत्र.
**सम्मति प्रदाता** = अनुमति दाता.
**सम्मतिप्राप्त** = अनुमत, नियमानुकूलित, स्वीकृत.
**सम्मतियोग्य** = स्वीकार्य.
**सम्मत्य** = सहमत्य.
**सम्मन** = समन.
**सम्मर्द** = भीड़.
**सम्मर्दन** = मालिश.

**सम्मर्दी** = घिसनहार.
**सम्माद** = तीव्रोन्माद.
**सम्मान** = उपाधि, पुरस्कार, प्रतिष्ठा, सत्कार, समर्पण.

**सम्मान** *सं* *आदर*, आबरू, इज़्ज़त, गौरव, *नाम*, *प्रतिष्ठा*, *प्रशंसा*, मरतबा, मान, मान्यता, रुतबा, वक़त, शान, समादर, ●उपाधि, ●प्रसिद्धि, ●भारतीय सम्मान सूची, ●महत्त्व, ●मानदेय, ●श्रेय, ■अपमान, ■निंदा, ■बदनामी, ■लांछन.

**सम्मान उपहार सूची** *सं* अंगवस्त्रं, अभिनंदन उपहार सूची, अलंकार, *उपहार*, *उपाधि*, ख़िलअत, *चादर*, *पगड़ी*, पुष्पमाला, प्रशस्ति, *माल्यार्पण*, *शाल*, सरोपा, *सलामी*.

**सम्मान कर्ता** *सं* अभिनंदक, अभिनंदन कर्ता, अभिनंदी, *प्रशंसक*, बधाई दाता, वंदक, सत्कर्ता.

**सम्मान तिलक** *सं* *टीका*, *तिलक*, लाल टीका, विजय तिलक, सुनहरी टीका, ●पुरस्कार, ■लांछन तिलक.

**सम्मान दान** = मानदेय.
**सम्माननीय** = पूजनीय, प्रशंसनीय.

**सम्माननीय** *वि* अच्छा/अच्छी, अनुकरणीय, अभिनंदनीय, *अभिनंदित*, अर्घ्य, अर्चनीय, अर्हंत, अर्ह्य, आदरणीय, *आदर्श*, आराधनीय, आराध्य, आस्थायोग्य, ऊँचा/ऊँची, दृष्टांतीय, नेक, *पूजनीय*, पूज्य, *प्रशंसनीय*, प्रशंस्य, प्रशस्त, बहुमान्य, भदंत, महामान्य, माननीय, मान्य, मान्यवर, मुहतरम, वंदनीय, वंद्य, शिरोधार्य, श्रद्धेय, श्लाघ्य, संभ्रांत, सत्कार्य, समादरणीय, समादृत, सम्मान पात्र, सम्मानयोग्य, सम्मानित, सम्मान्य, स्तुत्य, स्तोतव्य, ●पूजनीय, ●प्रशंसनीय, ■तिरस्कार्य.

**सम्मानपत्र** = अभिनंदन पत्र.
**सम्मान पद** = सम्मान स्थान.

**सम्मान पदक** = पदक.
**सम्मान पात्र** = सम्माननीय.
**सम्मानपूर्ण** = आदरपूर्ण.
**सम्मान प्रदर्शन** = विनमन.
**सम्मान भाव** = आदर.
**सम्मान माला** = पुरस्कार.
**सम्मान में** = उपलक्ष्य में.
**सम्मानयोग्य** = सम्माननीय.
**सम्मानरक्षा युद्ध** = द्वंद्वयुद्ध.

**सम्मान समारोह** *सं* अभिनंदन, अभिनंदन समारोह, इस्तिक़बाल, *सत्कार*, सत्कार समारोह, *स्वागत*, स्वागत सत्कार, स्वागत सम्मान, ●अभिनंदन पत्र.

**सम्मान सूचक** = आदरपूर्ण.
**सम्मान सूचक तू** = आप.

**सम्मान स्थान** *सं* अग्रासन, अदब की जगह, आदर स्थान, उच्चासन, गौरवासन, पहली पंक्ति, शिखर स्थान, शुभासन, सम्मान पद, सम्मानित पद, ●प्रथम स्थान.

**सम्मानहीन** = निम्नकुलीन.
**सम्मानात्मक** = आदरपूर्ण.
**सम्मानित** = उपाधित, पूजित, सम्माननीय.
**सम्मानित पद** = सम्मान स्थान.
**सम्मान्य** = पूजनीय, सम्माननीय.
**सम्मारक** = पुरस्कार.
**सम्मार्जित** = सुसंस्कृत, स्वच्छ.
**सम्मित** = समाकार, सुडौल.
**सम्मिति** = अनुपात.
**सम्मिलन** = आलिंगन, मिलन, मुलाक़ात, युति, विलयन, संगति, संगम, समागम, समावेश.
**सम्मिलित** = एकजुट, समाविष्ट, सर्वसहमत.
**सम्मिलिततः** = इकट्ठे.
**सम्मिश्रण** = मिश्रण.
**सम्मिश्रित** = मिश्रित, संकरित, संदिग्धार्थी.
**सम्मीलन** = संकुचन.
**सम्मुख** = अभिमुख, सीधे.
**सम्मुग्ध** = आसक्त, लुब्ध.
**सम्मूढ़** = भ्रमित, मंदधी.
**सम्मेलन** = अधिवेशन, मिश्रण, सभा, समारोह.
**सम्मोह** = आसक्ति, भ्रम, मोह, वासना.
**सम्मोहक** = आकर्षक, प्रलोभनकारी, प्रलोभनकारी, भ्रामक, मोहक, सुंदर.
**सम्मोहकता** = कैरिज़्मा.
**सम्मोहन** = अभिमंत्रण, वशीकरण, सम्मोहन कर्म, सुंदर, स्तंभन, हिप्नोटिज़्म.
**सम्मोहन करना** = मोहना.

**सम्मोहन कर्म** *सं* आमंत्रण, कामाकर्षण, खींचन, चित्ताकर्षण, ठगोरी, *निमंत्रण*, प्रमोहन, *प्रलोभन*, फुसलाई, भ्रमोत्पादन, मंत्रप्रयोग, मनमोहन, *मोह*, मोहन, मोहिनी साधना, *रोपण*, लोभन, विमोहन, सम्मोहन, *सम्मोहिनी*, *साधन*, ●प्रलोभन.

**सम्मोहनकारी** = अभिमंत्रक.
**सम्मोहनपूर्ण** = मोहक, शैतानी.
**सम्मोहन यंत्र** = वशीकरण यंत्र.
**सम्मोहन शक्ति** = कैरिज़्मा.
**सम्मोहनाशन** = मंत्र काट.
**सम्मोहनास्त्र** = दिव्यास्त्र सूची, वशीकरण यंत्र.
**सम्मोहनी** = जादू, सम्मोहिनी.
**सम्मोहित** = आसक्त, भ्रमित, मोहित, लुब्ध, वशीकृत.
**सम्मोहित करना** = मोहना.
**सम्मोहिनी** = कैरिज़्मा, प्रलोभिनी, माया, सम्मोहन कर्म, सुंदर स्त्री, सौंदर्य.

**सम्मोहिनी** *सं* आकर्षकता, *आकर्षण*, आमंत्रण, कमनीयता, कामाकर्षण, *जादू*, *माया*, मोहिनी, *वशीकरण*, सम्मोहनी, ●कैरिज़्मा.

**सम्मोहिनी विद्या** = जादूगरी.
**सम्मोही** = मोहक.
**सम्यक्** = आकलित, प्रासंगिक, विधिपूर्वक, संगत.
**सम्यक् अवलोकन** = आलक्षण.
**सम्यक् चरित्र** = धर्माचरण.

**सम्यक् ज्ञान** *सं* अतिग्राह, प्रसंख्यान, यथार्थ बोध, संज्ञान, संप्रतिपत्ति, संबोध, समुदागम, सम्यग् बोध, सही ज्ञान, सुबोध, ●अध्यात्म ज्ञान.

**सम्यग् बोध** = सम्यक् ज्ञान.
**सम्राज्ञी** = रानी.
**सम्राज्यीय** = साम्राज्यात्मक.
**सम्राट** = राजा, राजा सूची भारतीय.

**सम्राट** *सं* अधिनाथ, अधिपति, अधिराज, अधीश, एकाधिपति, ऐंपरर, क़ैसर, चक्रवर्ती, जहाँगीर, जहाँपनाह, दिग्विजेता, बादशाह, महामंडलेश्वर, महाराज, महाराजा, महाराजाधिराज, राजाधिराज, शहंशाह, शाहजहाँ, ●राजा, ●साम्राज्य, ■जनता.

**सम्राट पत्नी** = राजा पत्नी.
**सम्राटाधीन क्षेत्र** = साम्राज्य.
**सयाना** = अभिमंत्रक, अभिमंत्रक, प्रेतसाधक.
**सयाना/सयानी** = दूरदर्शी, प्रौढ़, बुद्धिमान, वयस्क, विवेकी.
**सयाने** = गुरुजन, वृद्धजन.
**सरंग** = चतुष्पद.
**सर** = कूप, जल, जलाशय, झील, तालाब, नदी उद्गम, मुखिया, सर्वोच्च सत्ताधारी, सेनापति.
**सरअंजाम** = अंत, कार्यान्विति, प्रबंध.
**सरइया** = सकोरा.
**सरई** = सरकंडा.
**सरकंडा** = मूँज.

**सरकंडा** *सं* कंडा, कांड, मुंज, रामबाण, रामशर, वानीर, वेत्रक, शर, शरकांड, शरतृण, शरदंड, सरई, सरपत, *सरिया*.

**सरकंडा कुरसी** = मोढ़ा.
**सरकंडा गोल कुरसी** = मोढ़ा.
**सरक** = रेंग.
**सरकन** = पलायन, रेंग, लस्तपस्त चाल.
**सरकना** = धँसना, फिसलना, रेंगना.
**सरकने वाला** = संसर्पी.
**सरकश** = अनियंत्रणीय, अवज्ञाकारी, धृष्ट, विद्रोही, वीर.
**सरकशी** = साहस.
**सरकस** = विविधा, सरकस तंबू.

**सरकस** *सं* करतब खेल, बिगटौप, ●नट खेल, ●मनोरंजन, ●रस्सी कलाकार, ●स्टंट.

**सरकस जोकर** = जोकर.
**सरकस झूला** = ट्रैपीज़.

**सरकस तंबू** *सं* बिगटौप, *सरकस*, सरकस स्थान, •शामियाना.

**सरकस स्थान** = सरकस तंबू.
**सरकार** = जनपद आदि, दरबार, रजवाड़ा, राज्य, राज्य व्यवस्था, शासन तंत्र.

**सरकार** *सं* क़ानून व्यवस्था, गवर्नमैंट, तंत्र, बागडोर, राज, *राज्य*, रूल, *लगाम*, *शासन*, *शासन तंत्र*, शाही, सत्ता, सियासत, हुकूमत, हुक्म, •प्रबंध, •प्रशासन, •मंत्री मंडल, •राज्य, •शासक.

**सरकार अध्यक्ष** = शासन अध्यक्ष.
**सरकार दरबार** = दरबार.
**सरकार पक्ष** = सत्तापक्ष.
**सरकार भक्ति** = राजभक्ति.
**सरकारी** = राष्ट्रीयकृत, शासकीय.
**सरकारी आय** = राजस्व.
**सरकारी उद्यम** = साम्यवाद.
**सरकारीकरण** = राष्ट्रीयकरण.
**सरकारी दल** = सत्तापक्ष.
**सरकारी दस्तावेज़ संकलन** = अभिलेखागार.
**सरकारी नौकरी** = राज्य सेवा.
**सरखा/सरखी** = सदृश.
**सरग़ना** = नेता, मुखिया.
**सरगम** = गीत, सप्तक, स्वरलिपि.

**सरगम अभ्यास** *सं* सप्तक क्रमिक पाठ, स्वरसाधन, •स्वरसाधना.

**सरगर्म** = उत्साही, चुस्त.
**सरगर्मी** = गतिविधि, प्रयास, हलचल.
**सरगोशी** = चुग़ली.
**सरचश्मा** = नदी उद्गम.
**सर छिपाई जगह** = शरणस्थल.
**सरज़मीन** = देश, स्वदेश.
**सरज़ोर** = अवज्ञाकारी.
**सरजोश** = रसेदार मांस भाजी व्यंजन.
**सरण** = रेंग.
**सरणि** = पिटा पिटाया रास्ता.
**सरणी** = क्रम, मार्ग.
**सरताज** = अध्यक्ष, बुरक़ा नकाब, सर्वोच्च सत्ताधारी, सितारा कलाकार.
**सरतान** = कैंसर.
**सरता बरता** = दाय विभाजन, बँटाईदारी, साझेदारी.
**सरदर्द** = खटराग.
**सरदार** = अध्यक्ष, अपराध जगत सरदार, उपद्रव नेता, ग्राम मुखिया, टीम नायक, नेता, परिवार अध्यक्ष, प्रबंधक, मुखिया, राजा सूची भारतीय, सर्वोच्च सत्ताधारी, सार्थपति, सिख, सेनापति.
**सरद्वान** = गोतम.
**सरना** = रेंगना.
**सरनाम** = प्रसिद्ध.
**सरनामा** = अभिनंदन पत्र.
**सरनेम** = वंशनाम.
**सरपंच** = ग्राम मुखिया, पंच.

**सरपंच** *सं* पंचायत अध्यक्ष, पंचायत सभापति, पचौर, महरा, *मुखिया*.

**सरपट** = तत्काल, समतल.
**सरपट चलना** = कुलाँचना.
**सरपट चाल** = द्रुतवेग.
**सरपत** = मूँज, सरकंडा.
**सरपरस्त** = गार्ज़ियन, रक्षक, शरणदाता.

**सरपरस्त** *सं* अवलंब, उपकारक, गौडफ़ादर, चारासाज़, तरफ़दार, नवाज़, पृष्ठपोषक, पैट्रन, *पोषक*, प्रश्रयदाता, बेली, *मददगार*, मोहसिन, मौला, *रक्षक*, वाली, संरक्षक, संरक्षणपूर्ण सहायक, सहयोगी, सहाय, सहायक, सहायता कर्ता, सहायता दाता, सहारा, साथी, *सारथी*, हस्तग्राहक, हामी, हिमायती, •क्लायंट, •प्रायोजक, •हमदर्द, ▪प्रतिद्वंद्वी, ▪शत्रु.

**सरपरस्ती** = संरक्षण, सहायता.

**सरपरस्ती** *सं* आश्रय, छत्रछाया, *पोषण*, प्रश्रय, मदद, योगदान, *संरक्षण*, *समर्थन*, *सहयोग*, *सहायता*, सहारा, साथ, हिमायत, •दयादृष्टि, •प्रोत्साहन, •सौमनस्य, ▪असहयोग.

**सरप्राइज़** = आश्चर्य.
**सरफ़राज़ी** = प्रसिद्धि.
**सरफ़रोश** = आत्मबलिदानी, वीर, साहसी.
**सरफ़रोशी** = आत्मबलि, साहस.
**सरबाज़** = सैनिक.
**सरबाला** = शहबाला.
**सरबुलंदी** = प्रसिद्धि.
**सरमस्त** = अकड़बाज़, अलमस्त, अहंकारी, उन्मत्त, मदिरोन्मत्त.
**सरमस्ती** = अलमस्ती.
**सरमाई** = शीतकालीन.
**सरमाएदार** = पूँजीवादी वर्ग.
**सरमाया** = पूँजी, मूलधन.
**सरमायादार** = उद्योगपति, पूँजीपति.
**सरमायादारी** = पूँजीवाद.
**सरमासुत** = कुत्ता.
**सरयू** = नदी सूची भारत उपमहाद्वीप.
**सरराना** = सरसराना.
**सरल** = अतकनीकी, ईमानदार, छलहीन, पठनीय, बोध्य, बोलचाल की (भाषा), शिशुवत, सज्जनतापूर्ण, सत्यपूर्ण, सरलचित्त, सहज, सहजीकृत, सह्य, साधारण, सीधा/सीधी, सुलझा/सुलझी.

**सरलचित्त** *वि* अकुटिल, अचतुर, *अनाड़ी*, अप्रौढ़, अबोध, अयाना/अयानी, अल्हड़, कमसिन, खरा/खरी, नादान, निष्पाप, नेक, नेकदिल, नेकनीयत, भोला/भोली, भोला भाला/भोली भाली, मासूम, विशुद्धात्मा, शुद्धचित्त, शुद्धधी, शुद्धमनस्क, शुद्धहृदय, शुद्धाशय, सच्चा/सच्ची, सरल, सादतमंद, साफ़दिल, सीधा/सीधी, सीनासाफ़, सुशील, सुहृदय, हानिहीन, •छलहीन, •शिशुवत, ▪अधम, ▪कुटिल, ▪छलपूर्ण, ▪पाखंडपूर्ण.

**सरलता** = शिशुवत्ता.
**सरलन** = सहजीकरण.
**सरलीकरण** = सहजीकरण.
**सरलीकृत** = सहजीकृत.
**सरवाइवर** = उत्तरजीवी.
**सरस** = आनंदप्रद, कलात्मक, गीला/गीली, माधुर्यपूर्ण, मीठा/मीठी, रसप्रेमी, रसीला/रसीली, रोचक, शोभनीय, सजल, सुंदर, स्वादिष्ठ.

**सरसता** = मिठास.
**सरसना** = लहलहाना.
**सरसब्ज़** = उपवनित, उर्वर, हरियल.
**सरसर** = कलकल, द्रुततः.

**सरसर** *सं* झनझन, झायँझायँ, निस्वन, भंकार, भायँ भायँ, शपशप, शपशपाहट, सनसन, सनसनाहट, सनसनी, सन्नाटा, साँय साँय, •कलकल, •ध्वज, •बयार, •सटसट.

**सरसर करना** = सरसराना.
**सरसराता/सरसराती** = द्रुत.
**सरसराते** = द्रुततः.
**सरसराना** = कुलाँचना, दौड़ना, फड़फड़ाना.

**सरसराना** *क्रि* सरराना, सरसर करना, सर्रसर्र करना, सर्राटा होना, सलसलाना.

**सरसराहट** = खुजलाहट, छटपटाहट, सटसट.
**सरसरी** = ऊपरी (दृष्टि).
**सरसरी नज़र** = दृष्टिपात.
**सरसाई** = उन्नति, समृद्धि.
**सरसाना** = पालना पोसना.
**सरसिका** = जलाशय, तलैया.
**सरसिज** = कमल, जलाशयज.
**सरसिरुह** = जलाशयज.
**सरसीरुह** = कमल, सारस.
**सरसीला/सरसीली** = रसीला/रसीली.
**सरसेटना** = धिक्कारना.
**सरसों** = तिहलन.

**सरसों** *सं* आसुरी, *काँजी*, कृष्णा, खंजना, तिक्तगंधा, तीव्रा, प्रियंगु, मस्टर्ड, राई, राजी, लाही, सर्षप, सिमसिम, •तिल, •मसाला सूची

**सरसों तेल** = तेल.
**सरसों साग** = सागसब्ज़ी.
**सरसौंहीं** = सुंदर स्त्री.
**सरस्वती** = कला देवी, नदी, ब्राह्मी, भाषा, वाचा, वाचेंद्रिय, सरस्वती नदी, सुंदर स्त्री.

**सरस्वती देवी** *सं* गिरा, गीर्देवी, ज्ञानदा, *देवी*, पारायणी, ब्रह्माणी, *ब्राह्मी*, भारती, वागीशा, वागीश्वरी, वाग्देवी, *वाचा*, वाणी, विद्या देवी, विमला, वीणावादिनी, शारदा, सरस्वती, हंसगामिनी, •कमल, •कला, •ज्ञान, •पार्वती, •ब्रह्मा, •लक्ष्मी देवी, •वीणा, •शिक्षा.

**सरस्वती नदी** *सं* अंतःसलिला, अंतस्सलिला, पारायणी, प्लक्षजाता, प्लक्षा, ब्रह्मनद, ब्रह्मनदी, ब्रह्मपुत्री, *सरस्वती*, सावित्री, सिंधुमाता.

**सरस्वती पूजा** = नाट्य आरंभ, वसंत पंचमी.
**सरहंग** = अवज्ञाकारी, सैनिक.
**सरहंस** = सारस.
**सरहद** = सीमांत, सीमारेखा.
**सरहदी** = सीमावर्ती.
**-सरा** = घर.
**सराई** = सकोरा.
**सराप** = शाप.

**सरापना** *क्रि* अकोसना, कोपना, कोसना, धधकना, *बरसना*, भभकना, शरापना, शाप देना, •गाली देना, ▪असीसना, ▪वर देना.

**सरापा** = नखशिख वर्णन, शिखनख वर्णन, शीश-पाद पर्यंत.
**सराफ़** = बंधक ऋण दाता, मुद्रा व्यापारी.
**सराफ़ख़ाना** = बैंक.
**सराफ़ा** = मुद्रा बाज़ार.
**सराफ़ी पारचा** = हुंडी.
**सराबोर** = गीला/गीली, प्रभावित, रसीला/रसीली, वर्षापूर्ण, संसिक्त.
**सराय** = पांथशाला, होटल.

**सराय** *सं* चट्टी, भठियारख़ाना, मुसाफ़िरख़ाना, सरायख़ाना, सरायघर, •मोटल, •होटल.

**सरायख़ाना** = सराय.
**सरायघर** = सराय.
**सरावगी** = जैन धर्मावलंबी.
**सरासर** = अवश्यमेव, संपूर्णतः.
**सरासरी** = जल्दबाज़ी, हड़बड़ी.
**सराहना** = प्रशंसा.

**सराहना** *क्रि* अच्छा कहना, कलमा पढ़ना, कीर्तिगान करना, गुणगान करना, गुण बखानना, *चढ़ाना*, तारीफ़ के पुल बाँधना, ताली बजाना, दाद देना, नाम फैलाना, प्रशंसक होना, प्रशंसा करना, बखानना, *बढ़ाना*, महिमामंडित करना, वाहवाही करना, स्तुति करना, स्तुति गाना, स्तोत्र पढ़ना, ▪अपमान करना, ▪उपहास करना, ▪निंदा करना.

**सरि** = नदी.
**सरिका** = मोती माला.
**सरित** = नदी.
**सरिता** = नदी, भंडार.
**सरित्सुरंगा** = नाला नाली.
**सरिया** = सरकंडा.

**सरिया** *सं* छड़, बार, लौहशलाका, *सलाख़*, •ऐंगल आयरन, •खंती, •गर्डर, •टी आयरन, •सीख़.

**सरीखा/सरीखी** = सदृश.
**सरीसर्प (अशुद्ध)** = संसर्पी.

**सरीसृप** *सं* उरंगम, उरग, भुजंग, भुजंगम, भुजग, रेंगने वाला जीव, सरीसृप जीव, •कछुआ, •गिरगिट, •गोह, •घड़ियाल, •छिपकली, •डाइनासौर, •साँप.

**सरीसृप जीव** = सरीसृप.
**सरु** = तलवार मूठ.
**सरूढ़ि** = रूढ़िवादितापूर्ण.
**सरूप** = सदृश.
**सरूपता** = सौंदर्य.
**सरूपा** = सुंदर स्त्री, सुंदर स्त्री.
**सरे आम** = खुले आम.
**सरे बाज़ार** = खुले आम.
**सरे शाम** = सायंकाल में.
**सरैया** = सकोरा.

**सरो** *सं* बनझाऊ, विद्या, सर्व, •चीड़.

**सरोकार** = उद्देश्य, संदर्भ, संबंध.
**सरोज** = कमल, जलज, जलाशयज.
**सरोजमुखी** = सुंदर स्त्री.
**सरोजिनी** = कमलसर.

**सरोद** *सं* सुरोद, स्वरोद, •वायलिन, •सितार.

**सरोपा** = सम्मान उपहार.
**सरोरुह** = कमल.
**सरोवर** = जलाशय, झील, तरण ताल, तालाब.
**सरोवरज** = जलाशयज.
**सरोश** = फ़रिश्ता.
**सरोष** = रूठा/रूठी.
**सरो सामान** = सज्जा.
**सरौता** = सरौता.

**सरौता** *सं* शंकुला, सरौंता, सरौती, •पनवाड़ी, •सुपारी.

**सरौती** = सरौता.
**सर्कमफ़रैंस** = परिधि.
**सर्कल** = जनपद आदि, भवन परिसर.
**सर्किट बोर्ड** = मदरबोर्ड.
**सर्किटहाउस** = पांथशाला.
**सर्किल** = चक्र, नगर खंड, मित्र मंडली.
**सर्कुलर** = चक्राकार, चक्रावृत्तिशील.

**सर्कुलर** *सं* गश्ती चिट्ठी, *पत्र*, परिपत्र, •डायरैक्ट मेल, •पैंफ़लेट, •प्रचार.

**सर्कुलेटिंग** = चक्रावृत्तिशील.
**सर्ग** = अध्याय, चेतन जगत, जनन, जीव समष्टि, प्रकृति, फेंक, समूह, सृजन, सृष्टि.
**सर्ग कर्ता** = सृष्टि रचेता.
**सर्गकालीन** = सृष्टिकालीन.
**सर्च** = तलाशी.
**सर्ज** = चीड़, साल.
**सर्जक** = रूप प्रदाता, लेखक, स्रष्टा.
**सर्जन** = उत्पादन, शल्य चिकित्सक, सृजन.
**सर्जनहार** = ईश्वर.
**सर्जना** = कलाकृति, रूप प्रदान.
**सर्जनात्मक** = सृजनशील.
**सर्जरी** = आपरेशन, शल्य चिकित्सा.
**सर्जिका** = सज्जी.
**सर्जित** = रचित.
**सर्जित कृति** = कलाकृति, कृति, शिल्प कृति.
**सर्जी** = सज्जी.
**सर्जोन** = हारमोन.
**सर्टिफ़िकेट** = डिप्लोमा, प्रमाणपत्र.
**सर्तान** = कर्क राशि.
**सर्द** = अतिशीतल, अप्रभावित, उदास, शीतकालीन, शीतलित, हतोत्साहित, हिमीकृत.
**सर्दख़ाना** = कोल्ड स्टोरेज, बर्फ़ख़ाना.
**सर्दाब** = तहख़ाना, बर्फ़ख़ाना, रैफ़्रिजरेटर.
**सर्दी** = ऋतु सूची, खाँसी, ज़ुकाम, शीतलता.

**सर्दी** *सं* जाड़ा, ठंड, शरत, शरत्काल, शरद, शरद ऋतु, शिशिर, शिशिरकाल, शीत, शीतकाल, सर्दी का मौसम, हिमागम, हेमंत, •ऊनी वस्त्र, •खाँसी ज़ुकाम, •ठिठुरन, •शाल, •स्वेटर.

**सर्दी अनुभूति** = शीतलता.
**सर्दी का** = शीतकालीन.
**सर्दी का मौसम** = सर्दी.
**सर्प** = सर्पीय, साँप.
**सर्पछत्र** = कुकुरमुत्ता.
**सर्पछत्री** = कुकुरमुत्ता.
**सर्पण** = प्रसार, रेंग.
**सर्प त्वचा** = केंचुली.
**सर्पदर्शन** = भ्रमदर्शन.
**सर्पधारक** = सँपेरा.
**सर्पभुज** = सारस.
**सर्पशीर्ष** = फन.
**सर्पसत्त्री** = जनमेजय.
**सर्पहा** = गरुड़ गिद्ध.
**सर्पाकार** = मोड़दार, सर्पिल.
**सर्पाक्ष** = रुद्राक्ष.
**सर्पारि** = मोर.
**सर्पिल** = मोड़दार.

**सर्पिल** *वि कुटिल*, घुमावदार, घूमता/घूमती, टेढ़ा मेढ़ा/टेढ़ा मेढ़ी, *परिवर्तनशील*, *पेचदार*, बल खाता/बल खाती, *मोड़दार*, लहरदार, लहराता/लहराती, लहरिया, लहरिल, सर्पाकार, •कारुगेटिड, •मोड़दार, •वक्राकार, ▪सीधा/सीधी.

**सर्पिल मोड़** *सं* अनेक मोड़, ऐस बैंड, पेच दर पेच, पेचोख़म, मोड़ दर मोड़, मोड़ पर मोड़, वक्रातिरेक, साँपन बल, •यू टर्न.

**सर्पी** = संसर्पी.

**सर्पीय** *वि* आहेय, उरगीय, नगीय, नागीय, फणीय, भुजंगीय, भौजंग, सर्प, सार्प.

**सर्पेष्ट** = चंदन.
**सर्फ़** = व्यय.

**सर्फ़िंग** *सं* जल आरोहण, तरंग आरोहण, तरंगक्रीड़ा, लहर आरोहण, लहरक्रीड़ा, वाटर सर्फ़िंग.

**सर्रसर्र करना** = सरसराना.
**सर्रा** = अक्षदंड.
**सर्राटा होना** = सरसराना.
**सर्राटे से** = द्रुततः.
**सर्राटे से जाना** = कुलाँचना.
**सर्राफ़** = महाजन.
**सर्राफ़ा** = मुद्रा बाज़ार.
**सर्राफ़ी** = ऋण व्यवसाय.
**सर्वं खल्विदं ब्रह्मा** = एकेश्वरवाद.
**सर्वहर** = यमराज.
**सर्व** = विश्वीय, संपूर्ण, सब, सरो, सामान्य, सृष्टीय.
**सर्व करना** = परोसना.
**सर्वकामदुघ्** = इच्छद.
**सर्वकाम्य** = बिकाऊ, लोकप्रिय.
**सर्वकाल** = त्रिकाल.
**सर्वकालीन** = बारहमासी, शाश्वत.
**सर्वग** = आत्मा, सर्वगामी.
**सर्वगति** = सर्वगामी.

**सर्वगामी** *वि* विश्वग, सर्वग, सर्वगति, सर्वचर, सर्वतोगामी, सर्वत्रग, सर्वत्रग, सर्वत्रगामी, सार्वत्रिक, सार्वभौमिक, •दूरंगम.

**सर्वगुणसंपन्न** = बहुगुणी.
**सर्वगुणी** = बहुगुणी.
**सर्वग्राही** = लोभी.
**सर्वचर** = सर्वगामी.
**सर्वजन** = जन साधारण, सब, समाज.
**सर्वजनीन** = अगोपनीय, प्रचलित, सर्वज्ञात, सामूहिक.
**सर्वजनीय** = सामाजिक.
**सर्वजय** = विश्वविजय.
**सर्वज्ञ** = अर्हत, ज्ञानी, तीर्थंकर, विद्याहंकारी.

**सर्वज्ञ** *सं* अनेक विषय विद्वान,

ज्ञानगर्भ, ज्ञानीराज, परमज्ञानी, पूर्णज्ञ, बहुज्ञ, बहुविद, बहुश्रुत, महाज्ञानी, महापंडित, महाप्रज्ञ, महामेधा, विज्ञानपति, विज्ञानेश्वर, विदु, विदूत्तम, विबुध, विश्वचक्षु, विश्ववेदा, सर्वज्ञानी, सर्ववेत्ता, सर्वसाक्षी, •ज्ञानी, •बहुगुणी, ▪अल्पज्ञ.

**सर्वज्ञात** = अगुप्त, प्रसिद्ध, लोकप्रिय.

**सर्वज्ञात** *वि* अनवीन, अभिज्ञात, *आम*, जगज़ाहिर, जनश्रुत, *ज्ञात*, *प्रकट*, लोकप्रसिद्ध, लोकविख्यात, विश्वगोचर, सर्वजनीन, सर्वविदित, सार्वजनिक, सार्वजनीन, सार्वलौकिक, सुज्ञात, सुविदित, •अगुप्त, •घोषित, •प्रसिद्ध, ▪गुप्त.

**सर्वज्ञानी** = सर्वज्ञ.

**सर्वतः** = शत प्रतिशत, संपूर्णतः, सब एक साथ.

**सर्वतोगामी** = सर्वगामी.

**सर्वतोदिक्क** = व्यापक.

**सर्वतोभद्र** = कल्याणकारी, नीम, बँगला.

**सर्वतोमुख** = असीम, बहुपार्श्वीय.

**सर्वतोमुखी** = बहुगुणी, बहुपार्श्वीय.

**सर्वतोवृत्त** = व्यापक.

**सर्वत्र** = हर ओर.

**सर्वत्रग** = सर्वगामी.

**सर्वत्रगामी** = सर्वगामी.

**सर्वथा** = अवश्यमेव.

**सर्वदंडधर** = सर्वोच्च सत्ताधारी.

**सर्वदर्शी** = गौतम बुद्ध, तीर्थंकर.

**सर्वदा** = हमेशा.

**सर्वदानी** = दानवीर.

**सर्वदिग्विजय** = विश्वविजय.

**सर्व देवता** = देवता समूह.

**सर्वदेवतावाद** = अनेकेश्वरवाद.

**सर्वदेव स्वीकृति** = अनेकेश्वरवाद.

**सर्वदेशीय** = देशरत्तरीय, विश्वीय.

**सर्व धर्म गुण संग्रह** = दीन इलाही.

**सर्वधर्म समभाव** = इहलोकतंत्र वाद, भेदभावहीनता.

**सर्वधर्म समभावी** = भेदभावहीन.

**सर्वनाम** *सं* संज्ञा संकेतक शब्द, •संज्ञा.

**सर्वनाम सूची** *सं* अन्य पुरुष सर्वनाम, उत्तम पुरुष सर्वनाम, मध्यम पुरुष सर्वनाम.

**सर्वनाम का संबंधवाचक रूप** = कारक.

**सर्वनाश** = क़हर, नाश.

**सर्वनाश करना** = उजाड़ना.

**सर्वनाशी** = नाशकारी.

**सर्वप्रथम** = उत्तम, प्रथम स्थानीय, सब से पहले.

**सर्वप्रथमतः** = सब से पहले.

**सर्वप्रद** = इच्छद.

**सर्वप्रिय** = लोकप्रिय.

**सर्वप्रियता** = लोकप्रियता.

**सर्वभूत** = जीव समष्टि, व्यापक.

**सर्वभूत पितामह** = ब्रह्मा.

**सर्वभूत हित** = जनहित.

**सर्वभोगसह** = बहुउपयोगी.

**सर्वमंगला** = दुर्गा, लक्ष्मी देवी.

**सर्वमान्य** = अनुल्लंघनीय, प्रचलित, लोकप्रिय, विवादातीत.

**सर्वमान्यता** = लोकप्रियता.

**सर्वमिदं** = सृष्टि.

**सर्वरूप** = अभिनेता.

**सर्वरूपी** = कामरूपी.

**सर्ववर्चस्वी** = सर्वसत्ताधारी.

**सर्वविदित** = सर्वज्ञात.

**सर्ववेत्ता** = सर्वज्ञ.

**सर्ववेशी** = नट.

**सर्ववैनाशिक** = बौद्ध धर्मावलंबी.

**सर्वव्यापी** = व्यापक.

**सर्वशः** = शत प्रतिशत, संपूर्णतः.

**सर्वशक्तिमान** = ईश्वर, परमपिता, बलिष्ठ.

**सर्वशक्तिशाली** = सर्वसत्ताधारी.

**सर्वशक्तिसंपन्न** = सर्वसत्ताधारी.

**सर्वश्रेष्ठ** = अनुपम, उत्तम.

**सर्वसंपन्न** = समृद्ध.

**सर्वसंपूर्ण** = परिपूर्ण.

**सर्वसंहार** = प्रलय, यमराज.

**सर्वसंहारी** = हिंस्र.

**सर्वसत्ताधारी** *वि* अग्र, ख़ास, प्रथम, प्रथमाधिकारी, *प्रधान*, प्रभु, *महत्त्वपूर्ण*, *महान*, महाप्रभु, मुअज़्ज़म, मुख्य, शिरोमणि, सर्ववर्चस्वी, सर्वशक्तिशाली, सर्वशक्तिसंपन्न, सर्वाधिकारी, सर्वेश्वर, *सर्वोच्च*, सर्वोपरि, सिरमौर, •महत्त्वपूर्ण, •सर्वोच्च सत्ताधारी.

**सर्वसत्ताशाली** = सर्वेसर्वा, सर्वोच्च सत्ताधारी.

**सर्वसभा** = पंचायत सभा, साधारण सभा.

**सर्वसम्मत** = सर्वसहमत.

**सर्वसहमत** *वि* अविभाजित, अविवादित, *आम*, *एक*, एकज़बान, एकतापूर्ण, एकमत, एकराय, निर्विवाद, परस्पर, *पारस्परिक*, मतभेदहीन, मतैक्यपूर्ण, मिला जुला/मिली जुली, संयुक्त, सब का, सम्मिलित, सर्वसम्मत, सहमतिपूर्ण, *सामूहिक*, •एकजुट, •विवादातीत, •स्वीकृत.

**सर्वसहमति** *सं* अविवाद, आम राय, आम सहमति, इत्तिफ़ाक़, एकमतता, एक राय, मतैक्य, *सहमति*, स्वरैक्य, •एकता, •हाँ, ▪असहमति, ▪तकरार.

**सर्वसाक्षी** = सर्वज्ञ.

**सर्वसाधारण** = जन साधारण, सामान्य.

**सर्वसिद्धि** = इच्छापूर्ति.

**सर्वसुलभ** = सुलभ.

**सर्वस्थानीय** = विश्वीय.

**सर्वस्व** = संपूर्ण, सब.

**सर्वस्व दानी** = दानवीर.

**सर्वस्वीकृत** = विवादातीत.

**सर्वहर** = नाश कर्ता.

**सर्वहारा** = कंगाल.

**सर्वहारा वर्ग** *सं* प्रौलेटेरियट, प्रौलेटेरियन क्लास, मेहनतकश, वर्किंग क्लास, श्रमजीवी, श्रमिक वर्ग, संपत्तिहीन वर्ग, •शोषित, ▪उच्च वर्ग, ▪कुलीन समाज, ▪पूँजीवादी वर्ग.

**सर्वहारा वर्गीय** *वि* असमृद्ध, दरिद्र, *निम्न*, *निर्धन*, संपत्तिहीन, •शोषित, ▪उच्च वर्गीय.

**सर्वहारी** = यमराज.

**सर्वहित** = समाज भावी.

**सर्वांग** = संपूर्ण, सर्वांग संपूर्ण.

**सर्वांगतः** = संपूर्णतः.

**सर्वांगसंपूर्ण** = परिपूर्ण.

**सर्वांग संपूर्ण** *वि* अक्षत, अखंड, अनपंग, अपंगु, अविकल, अविकलांग, तमाम, पूरा/पूरी, पूर्णांग, *संपूर्ण*, *सकल*, समग्र, समूचा/समूची, सर्वांग, साबुत, सारा/सारी, सालिम, ■विकलांग.

**सर्वांगसंपूर्णता** = पारमिता.
**सर्वांगीण** = बहुपार्श्वीय.
**सर्वांगीय** = बहुगुणी, बहुपार्श्वीय.
**सर्वांतक** = नाश कर्ता, यमराज.
**सर्वांश** = संपूर्ण.
**सर्वात्मा** = ब्रह्म.
**सर्वाधिक** = अधिकतम.
**सर्वाधिकार** = कापीराइट.
**सर्वाधिकारयुक्त** = एकस्वामीय.
**सर्वाधिकारी** = अध्यक्ष, महाप्रबंधक, सर्वसत्ताधारी, सर्वोच्च, सर्वोच्च सत्ताधारी, सुपरवाइज़र.
**सर्वाध्यक्ष** = अध्यक्ष, सर्वोच्च सत्ताधारी.
**सर्वार्थ** = जड़ चेतन जगत.
**सर्वार्थसिद्ध** = सफल.
**सर्विंग** = जिमाई.
**सर्विस** = जिमाई, नौकरी.
**सर्विस एजेंसी** = आजीविका कार्यालय.
**सर्विस चार्ज** = पारिश्रमिक.
**सर्विस दाता** = ऐंप्लायर.
**सर्विसिंग** = रखरखाव.
**सर्वीय** = सामूहिक.
**सर्वे** = चुनाव अध्ययन, भूसर्वेक्षण, विहंगावलोकन.

**सर्वे** *सं* *अध्ययन*, पड़ताल, *परीक्षा*, पैमाइश, *समीक्षा*, सर्वेक्षण, •डाटा संकलन, •तथ्यान्वेषण, •मार्केट सर्वे, •विहंगावलोकन.

**सर्वेअर** = भूसर्वेक्षक.
**सर्वेक्षक** = ओवरसीअर, भूसर्वेक्षक.
**सर्वेक्षण** = भूसर्वेक्षण, विहंगावलोकन, सर्वे.
**सर्वेश्वर** = अध्यक्ष, ईश्वर, विष्णु, शिव, सर्वसत्ताधारी, सर्वोच्च सत्ताधारी.
**सर्वेश्वरवाद** = अनेकेश्वरवाद.
**सर्वेसर्वा** = एकाधिकारी, सर्वोच्च सत्ताधारी.

**सर्वेसर्वा** *सं* *कर्ता*, कर्ताधर्ता, कारपरदाज़, पीर बावर्ची भिश्ती ख़र, सर्वसत्ताशाली, •बहुधंधी, •सर्वोच्च सत्ताधारी.

**सर्वैंट** = कर्मचारी, कार्यकर्ता, नौकर.
**सर्वोच्च** = उच्चतम, उत्तम, पराकाष्ठागत, प्रथम स्थानीय, सर्वसत्ताधारी, सर्वोच्च सत्ताधारी.

**सर्वोच्च** *वि* उच्च, *उच्चतम*, क्षमताशाली, प्रथम, प्राथमिक, *महान*, मुख्य, विभूतिमान, शक्तिपूर्ण, *शक्तिशाली*, सर्वाधिकारी, •शक्तिशाली, •सत्तासीन, •सर्वसत्ताधारी.

**सर्वोच्च अधिकारी** = अध्यक्ष, सर्वोच्च सत्ताधारी.
**सर्वोच्च जीव** = मानव.
**सर्वोच्च न्यायालय** = उच्चतम न्यायालय.
**सर्वोच्च पदाधिकारी** = अध्यक्ष.
**सर्वोच्च बौद्ध अधिकारी** = अर्हत.

**सर्वोच्च सत्ता** *सं* उच्चतम सत्ता, कमांड, कमान, सत्ता, सत्ताकेंद्र, सर्वोच्च सत्ताकेंद्र, हाई कमांड, हाई कमान, •राजधानी, •सर्वोच्च सत्ताधारी.

**सर्वोच्च सत्ताकेंद्र** = सर्वोच्च सत्ता.

**सर्वोच्च सत्ताधारी** *सं* अधिस्वामी, *अध्यक्ष*, अमीर, उच्चतम अधिकारी, उच्चाधिपति, ऊपर वाला, कर्ताधर्ता, गणाध्यक्ष, चीफ़, तंत्री, *प्रधान*, प्रधानोत्तम, प्रभु, प्रमुख, प्रीमियर, बड़ा साहब, बड़ी चीज़, बड़ी तोप, बड़ी शह, बादशाह, बौस, महाध्यक्ष, *महानायक*, महाप्रभु, महामंडलेश्वर, महामहिम, महामान्य, महाराजा, महाशासक, मीर, राजाधिराज, शिरोभूषण, शिरोमणि, संघपति, संचालक, संयंता, सदर, सर, सरताज, सरदार, सर्वदंडधर, सर्वसत्ताशाली, सर्वाधिकारी, सर्वाध्यक्ष, सर्वेश्वर, *सर्वेसर्वा*, *सर्वोच्च*, सर्वोच्च अधिकारी, सर्वोपरि, साहब, सिरमौर, सुप्रीम, सुप्रीमो, हाई कमान, हाकिमे आला, •प्रशासक, •राजा, •सभापति, •सर्वसत्ताधारी.

**सर्वोच्च समिति** = कार्यसमिति.
**सर्वोच्च स्थान** = प्रथम स्थान.
**सर्वोत्कृष्ट** = उत्तम.
**सर्वोत्कृष्टता** = पारमिता.
**सर्वोत्तम** = अनुपम, उत्तम, उत्तम अवस्था सूचक शब्द सूची, पराकाष्ठागत.
**सर्वोत्तम कार्यान्विति** = कीर्तिमान.
**सर्वोपयोगी** = बहुउपयोगी.
**सर्वोपरि** = अधिकतम, उच्चतम, उत्तम, पराकाष्ठागत, प्रथम स्थानीय, प्रधान, सर्वसत्ताधारी, सर्वोच्च सत्ताधारी.
**सर्वोपरि लोक** = मोक्षलोक.
**सर्षप** = सरसों.
**सल** = तह, शिकन.
**सलई** = चीड़.
**सलक्षण** = लक्षणयुक्त.
**सलज्ज** = स्त्रियोचित.
**सलना** = बरमा.
**सलवट** = शिकन.
**सलवात** = ईश्वर दया.

**सलवार** *सं* शलवार, •जनाना ढीला पाजामा, •पाजामा.

**सलसलाना** = गुदगुदाना, रेंगना, सरसराना.
**सलसलाहट** = खुजलाहट, गुदगुदी, छटपटाहट, रेंग.

**सलहज** *सं* साला पत्नी, •ननदोई, •साला.

**सलाई** = कुरेदनी, माचिस, सलाख़.
**सलाख़** = सरिया.

**सलाख़** *सं* काँप, *खपची*, छड़, तीली, परिघ, शलाका, सलाई, •खंती, •गर्डर, •बल्ली, •रेल, •सरिया, •सीख़.

**सलात** = नमाज़.
**सलाम** = सलामी.

**सलाम** *सं* सैल्यूट, •नमस्कार.

**सलाम अलैक** = अल्पपरिचय.
**सलामत** = अनाहत, अभंजित, अविकृत, चिकित्सित, स्वस्थ.

**सलामत** *वि* अक्षुण्ण, *अनाहत*,

*कुशल*, चाकचक, चाक़चौकस, चौकस, *ठीक*, ठीकठाक, निरापद, निरापद, निर्भय, बचा/बची, महफ़ूज़, *रक्षित*, विपदाहीन, संकटहीन, सकुशल, सकुशल, सही सलामत, सेफ़, *स्वस्थ*, हानिहीन, ●सुरक्षित, ■आहत, ■नष्ट, ■मृत, ■संकटग्रस्त.

**सलामती** = आत्मरक्षा, कल्याण, जीवन रक्षा, बीमा, संरक्षण, सुपरिस्थिति, सुरक्षा.

**सलामती** *सं* अमान, *कल्याण*, *कुशल*, कुशलक्षेम, कुशलता, कुशलमंगल, क्षेम, ख़ैरियत, मांगल्य, योगक्षेम, *रक्षा*, राज़ीखुशी, संच, सकुशलता, सही सलामती, *सुरक्षा*, सुरक्षितता, हितरक्षा, ●अनाहति, ●कवच, ●गंडा तावीज़, ●जीवन रक्षा, ●परित्राण, ●हैल्मेट, ■आहति, ■दुर्घटना, हिफ़ाज़त.

**सलामी** = उपहार, तोप सलामी, प्रथम स्थानीय, बधाई, समर्पण, सम्मान उपहार सूची, स्वागत समारोह.

**सलामी** *सं* अटैंशन, *सलाम*, सैल्यूट, सैल्यूट मुद्रा, ●तोप सलामी, ●ध्वाभिनंदन.

**सलामी (बल्लेबाज़)** = आरंभ कर्ता.
**सलाह** = उपदेश, परामर्श, सुझाव.
**सलाह देना** = सुझाना.
**सलाह मशविरा** = विचारविमर्श.
**सलाहियत** = दक्षता.
**सलिल** = जल.
**सलिलचर** = जलचर.
**सलिलज** = कमल, जलज.
**सलिलद** = वर्षा मेघ.
**सलिलधर** = मेघ, वर्षा मेघ.
**सलिलाकर** = जलाशय, समुद्र.
**सलिलाशय** = जलाशय, तालाब.
**सलिलेश** = वरुण.
**सलिलोपजीवी** = मछुआरा.
**सलिलोपप्लव** = मनु प्रलय.
**सलीक़ा** = परंपरा, योग्यता, विधि, शिष्टाचार.
**सलीक़ेदार** = शिष्ट.
**सलीपर** = चप्पल.
**सलीब** = क्रूसयंत्र.
**सलीबी** = ईसाई, ईसा मसीह.
**सलीमशाही** = सलीमशाही जूता.

**सलीमशाही जूता** *सं* जूती, तरी, सलीमशाही, ●जूता.

**सलूनो** = रक्षा बंधन.

**सलेट** *सं* सलेट पत्थर की लेखन पटिया, स्लेट, ●तख़्ती.

**सलेट पत्थर की लेखन पटिया** = सलेट.

**सलेट पैंसिल** *सं बत्ती*, वर्ती, *सलेटी*.

**सलेटी** = सलेट पैंसिल.

**सलेटी** *वि* धुँधला/धुँधली, धुमैला/धुमैली, धूमिल, धूम्राभ, धौम्र, श्याम, श्यामल, साँवला/साँवली, सुरमई, हलका काला, ●काला/काली.

**सलैला/सलैली** = फिसलनयुक्त.
**सलोना** = सुंदर.
**सलोना/सलोनी** = लावण्ययुक्त.
**सलोनापन** = नमकीनपन, सौंदर्य.
**सलोनी** = सुंदर स्त्री.
**सल्तनत** = उपनिवेश, प्रबंध, रजवाड़ा, राज्य, साम्राज्य.
**सल्फ़र** = गंधक, रासायनिक तत्त्व सूची.
**सल्फ़र कच्ची धातु** = माक्षिक धातु.
**सल्लकी** = चीड़.
**सव** = यज्ञ.
**सवन** = पिंडदान, यज्ञ.
**सवर्गीय** = समकोटीय.
**सवर्ण** = उच्चवर्णीय, द्विज वर्ण.
**सवर्णज** = उच्चवर्णीय.
**सवाई** = अधिक, उत्तर अवस्था सूचक शब्द सूची, बेहतर, राजा सूची भारतीय.
**सवाब** = पुण्य.
**सवाबी** = धर्माचारी.
**सवाया** = अधिक.
**सवाया/सवाई** = प्रबल, बेहतर.
**सवार** = अश्व सैनिक, घुड़सवार.

**सवार** *सं* असवार, असवारी, आरोही, उतारू, चढ़ैत, *सवारी*, ●यात्री.

**सवारी** = जुलूस, यान, रथ, सवार, सवारी पशु.

**सवारी** *सं* अधिरोहण, अपद चरण, असवारी, आरोहण, चड्ढी, चढ़त, चढ़न, पैदल न चलना कर्म, राइडिंग, रोहण, सवारी गँठाई, ●सवार.

**सवारी गँठाई** = सवारी.
**सवारी गाड़ी** = सवारी यान.

**सवारी पशु** *सं* आरोहण पशु, धोरण, परोहन, वाहन, *सवारी*.

**सवारी यान** *सं* कैरिज, यात्रीयान, सवारी गाड़ी, ■भारयान.

**सवाल** = जिज्ञासा, निवेदन, प्रश्न, याचना, याचिका, विषय, समस्या.
**सवाल जवाब** = जिरह.
**सवालिया निशान** = प्रश्नवाचक चिह्न.
**सवाली** = अपीलार्थी, अभियोगी, निवेदक, निवेदक, प्रश्न कर्ता, भिखारी.
**सवासना** = वासनापूर्ण.
**सविकर्ण** = विकर्णयुक्त.
**सविकल्प** = अनिर्धारित, वैकल्पिक.
**सविकल्पक** = अनिर्धारित.
**सविकार** = परिवर्तनशील.
**सविग्रह** = साकार.
**सविचार** = विचारित.
**सविता** = सूर्य.
**सविता सुत** = शनि ग्रह.
**सवितासुत** = यमराज.
**सविद्य** = शिक्षित.
**सविधि** = न्यायानुकूल.
**सविनय** = विनम्र.
**सविराम** = अनिरंतर.
**सविवेक** = बुद्धिमान, विचारित.
**सविवेक अहं** = अंतरात्मा.
**सविश्वास** = विश्वासी.
**सविस्तार** = विस्तारपूर्वक.

**सविस्तार** *वि* अखंड, अविकल, असंक्षिप्त, *आद्योपांत*, तमाम, *परिपूर्ण*, पूरा/पूरी, ब्योरेदार, भरा/भरी, रत्ती रत्ती, विशद, विस्तारपूर्ण, विस्तृत, *संपूर्ण*, *सकल*, *सब*, सारा/सारी, ●शब्द प्रतिशब्द,

■संक्षिप्त.

**सविस्तार अर्थ** = भाष्य.
**सविस्तार विवरण** = ब्योरा.
**सविस्मय** = जिज्ञासु.
**सविस्मय कथन** = विस्मयोक्ति.
**सवेग** = तत्काल.
**सवेरा** = प्रातःकाल.
**सवैया** = अधिक.
**सव्य** = दाहिना/दाहिनी, बाँयाँ/बाँईं.
**सव्यसाची** = अर्जुन, कृष्ण, दुहत्था/दुहत्थी, बयँहत्था/बयँहत्थी.
**सव्येतर** = दाहिना/दाहिनी.
**सशंक** = चिंतित.
**सशंका** = संदेहशील.
**सशक्त** = उच्चस्वरीय, प्रबल, बलिष्ठ, मार्मिक (उक्ति), शक्तिशाली.
**सशपथ** = गारंटीयुक्त.
**सशपथ घोषणा** = शपथपत्र.
**सशब्द** = ध्वनिपूर्ण.
**सशरीर** = साकार.
**सशस्त्र** = शस्त्रसज्जित.
**सशस्त्र दल** = सेना.
**सशस्य** = लहलहाता/लहलहाती.

**सशुल्क** *वि* क़ीमतदार, क्रीत, निश्शुल्क नहीं, पैसों का, मूल्य युक्त, समूल्य, ■निश्शुल्क.

**सशोक** = दुःखी, शोकग्रस्त, शोकग्रस्त.
**सशोभा** = फ़ैशनानुकूल.
**सश्रम** = श्रमसाध्य.
**सश्लेष** = श्लेषोक्तिपूर्ण.
**सश्वास** = श्वासायुक्त.
**ससंख्य** = परिगणनीय.
**ससंगति** = सामंजस्ययुक्त.
**ससंज्ञ** = अनुभूतिप्रवण, स्पर्शानुभूतियुक्त.
**ससंतान** = जनयित्री, संतानवान.
**ससंदर्भ अनुमान** = आकलन.
**ससंदर्भ चर्चा** = उल्लेख.
**ससंयम** = संयमित.
**ससत्कार** = सत्कारपूर्ण.
**ससम्मान अनुदान** = मानदेय.
**ससा** = ख़रगोश.
**ससीम** = परिगणनीय, सीमाबद्ध.

**ससुर** *सं* पति पिता, पत्नी पिता, श्वसुर, ससुरा, सुसरा, •तायसरा, •दादसरा, •नानसरा, •पीतसरा, •फूफसरा, •मौससरा, •पिता, •सास, ■दामाद, ■पुत्रवधू.

**ससुरा** = ससुर.
**ससुरार** = ससुराल.

**ससुराल** *सं* पति के लिए पत्नी पीहर, पत्नी के लिए पति घर, श्वसुरालय, ससुरार, सासरा, सुसराल, स्वसुराल, •पीहर.

**ससुराल (अपराधी बोलचाल)** = कारागार.
**ससुराली** = वैवाहिक संबंधी.
**ससैन्य** = सेनासहित.
**सस्तर** = मानकयुक्त.
**सस्ता/सस्ती** = अवमानक, कुवेशित, तड़कभड़कदार, बुरा/बुरी, मिलावटी, रंगमंचीय, व्यावसायिक.

**सस्ता/सस्ती** *वि* अल्पमूल्य, *अल्पव्यय*, अव्ययसाध्य, *औसत*, कटौती कृत, कम क़ीमती, कम ख़र्चीला/कम ख़र्चीली, कम दाम का, किफ़ायती, घटा/घटी, चालू, चीप, दो कौड़ी का, बाज़ारू, *बिकाऊ*, मंदा/मंदी, मूल्यहीन, रिआयती, सहँगा/सहँगी, *साधारण*, हलका/हलकी, हीनमूल्य, •निश्शुल्क, •बिकाऊ, •सशुल्क, •साधारण, ■महँगा/महँगी, ■मूल्यातीत.

**सस्तापन** = तड़कभड़क.
**सस्ता भाव** = मूल्य कटौती.
**सस्ता समय** = व्यापारिक मंदी.
**सस्ती** = व्यापारिक मंदी.
**सस्ती बिक्री** = मूल्य कटौती, सेल.
**सस्नेह** = वत्सल.
**सस्पंदन** = स्पंदनशील.
**सस्पैंशन** = सेवा निलंबन.
**सस्मित** = मुस्कराता/मुस्कराती.
**सस्वर** = श्रव्य.
**सस्वाद** = स्वादयुक्त.
**सस्वामी** = स्वामित.

**सस्वार्थ मित्र** *सं* अच्छे समय का मित्र, खाने पीने का यार, दिखावटी मित्र, वक़्त का यार, वक़्त पर काम न आने वाला दोस्त, वक़्ती दोस्त, स्वार्थी मित्र, ■निस्स्वार्थ मित्र.

**सहँगा/सहँगी** = सस्ता/सस्ती.
**सह** = धीर, समकोटीय, सहनशील.
**सह-** = समकालीन, सहित.

**सहअपराधी** *सं* अपराध सहयोगी, अपराधी सहायक, गुरगा, *षड्यंत्रकारी*, सहभागी, सहायक, साझी, साथी.

**सहअस्तित्व** = अहिंसा.

**सहअस्तित्व** *सं* पंचशील, परस्पर निर्वाह, परस्पर सहनशीलता, सहनशीलता, *सामंजस्य*, •गुट निरपेक्षता, ■युद्ध.

**सहआचरण** = सहकर्म.
**सहकर्म** = सहयोग.

**सहकर्म** *सं* अंशदान, कामरेडरी, कोआपरेशन, भागीदारी, योगदान, शामलात, शिरकत, सहआचरण, सहकारिता, सहचर्या, सहभागिता, *सहयोग*, *सहायता*, साझा, साथ, *हाथ*, हिस्सेदारी, •दलकर्म, •परस्परता, •साझेदारी, ■एकल कर्म, ■प्रतिद्वंद्विता.

**सहकर्मचारी** = असिस्टैंट.
**सहकर्मी** = अवर कर्मचारी, असिस्टैंट.
**सहकारिता** = रमैती, सहकर्म.
**सहकारी** = अवर (कर्मचारी), अवर कर्मचारी, असिस्टैंट.
**सहकालीन** = समकालीन.
**सहगान** = समूह गायन.
**सहगामिनी** = सती.
**सहगामी/सहगामिनी** = जीवन सहचर, सहयात्री.
**सहगायक** = समूह गायक.
**सहगायन** = समूह गायन.
**सहगीत** = कोरस.
**सहचर** = अनुगंता, मित्र, सहयात्री.
**सहचर/सहचरी** = जीवन सहचर, संगी.
**सहचरहीन** = एकाकी.
**सहचरी** = पत्नी, सहेली.
**सहचर्य** = उपस्थिति, मित्रता, मिलन, संगति.
**सहचर्या** = आपसदारी, विवाह, संगति,

सहकर्म.

**सहचार** = आपसदारी, सामंजस्य.

**सहज** = अतकनीकी, अनाभूषित, अपौरुषेय, अप्रबल, अल्पोक्तिपूर्ण, गदीला/गदीली, गम्य, घर जैसा, निवार्य, पौप, प्रवाहशील (भाषा), बोध्य, बोलचाल की (भाषा), भाई, लयपूर्ण, लोक (कला), विनम्र, विशालहृदय, सगा भाई, सहजीकृत, सह्य, सामान्य, सुलझा/सुलझी, सुविधाजनक, स्पष्ट.

**सहज** *वि* अकठिन, अक्लिष्ट, अजटिल, आसान, जाना पहचाना/जानी पहचानी, निरापद, निर्वाह्य, सरल, सहल, सादा/सादी, *साधारण*, *साध्य*, सुकर, सुगम, सुशक्य, सुसाध्य, हलका/हलकी, ●अतकनीकी, ●बोध्य, ●व्यावहारिक, ●सुविधाजनक, ■असाध्य, ■कठिन, ■श्रमसाध्य, ■समस्यात्मक.

**सहज आराध्य** = आशुतोष.

**सहजकरणीयता** = सहजता.

**सहजकारी** = मध्यस्थ.

**सहज कार्य** *सं* आसान काम, ख़ाला जी का घर, *खेल*, घर का रास्ता, ठट्ठा, बच्चों का खेल, बाएँ हाथ का खेल, *हँसी*, हँसीखेल, ■कठिन कार्य.

**सहज गणनीय** = कुछ.

**सहजगम्य** = गम्य.

**सहज जीवन** = सुखसुविधा.

**सहज ज्ञान** = अंतर्बोध, अध्यात्म ज्ञान, आत्मज्ञान.

**सहजता** = गंभीरता, सुख.

**सहजता** *सं* अविकटता, आराम, आसानी, कष्टहीनता, निरापदता, निरायासता, परिश्रमहीनता, समस्याहीनता, सहजकरणीयता, सहूलियत, सुकार्यता, सुगमता, सुसाध्यता, हलकापन, ●गम्यता, ●साध्यता, ●सुविधा, ■असाध्यता, ■कठिनता.

**सहज तुष्ट** = आशुतोष.

**सहज दृश्य** = ध्यान आकर्षक.

**सहज धार्मिक** = धर्माचारी.

**सहजन** = सहजीकरण.

**सहजन** *सं* ड्रमस्टिक, मुन्नग, मेचक, शाकपत्र, शोभांजन, सजिना, सहजना, सेजना.

**सहजना** = सहजन.

**सहज पका** = कालजात.

**सहज पठनीय** = पठनीय, सुलिखित.

**सहज पाच्य** = सुपाच्य.

**सहज प्रकृति** = स्वभाव.

**सहज प्राप्य** = सुलभ.

**सहज बुद्धि** = अंतर्बोध.

**सहज भाषा** = जनभाषा, बोलचाल की भाषा.

**सहज मान जाने वाला** = आशुतोष.

**सहज योग्यता** = प्रतिभा.

**सहज वत्सल** = दयालु.

**सहज विकास** = उद्विकास.

**सहज विश्वासशील** = विश्वासशील.

**सहज विश्वासी** = विश्वासशील.

**सहजात** = समवयस्क, सहवंशी.

**सहजात/सहजाता** = जुड़वाँ.

**सहजानुभूति** = अंतर्बोध, आत्मज्ञान.

**सहजीकरण** *सं* बोधगम्यकरण, बोधगम्यन, सरलन, सरलीकरण, *सहजन*, सामान्यीकरण, ●अतिसहजीकरण.

**सहजीकृत** *वि* अगूढ़, *अतकनीकी*, अशास्त्रीय, आसान, व्याख्यायित, सरल, सरलीकृत, *सहज*, सुखग्राह्य, सुगम, ●अतिसहजीकृत, ●बोध्य, ●सहज.

**सहजोदासीन** = अल्पपरिचित.

**सहठ** = आग्रहपूर्ण.

**सहत** = शहद.

**सहतूत** = शहतूत.

**सहदारा** = सपत्नीक.

**सहदेव** = पांडव सूची.

**सहदेव** *सं* आश्विनेय, जयद्वल (अज्ञातवास नाम), तंतिपाल (अज्ञातवास नाम), *पांडव*, सेनी (अज्ञातवास नाम), ●नकुल.

**सहदेशीय** = स्वदेशवासी.

**सहधंधी** = समधंधी.

**सहधर्मिणी** = पत्नी.

**सहधर्मी** = धर्मभाई, पति, स्वधर्मी.

**सहधान्य** = आहारसंपन्न.

**सहन** = आँगन, भवन परिसर.

**सहन** *सं* *ज़ब्त*, *धैर्य*, बरदाश्त, सब्र, सहार, ●अप्रतिरोध.

**सहन करना** = सहना.

**सहनक्षम** = सह्य.

**सहनची** = कोठरी.

**सहन शक्ति** = दम, धैर्य.

**सहनशील** = क्षमाशील, धीर.

**सहनशील** *वि* अच्छा/अच्छी, अप्रतिकारपूर्ण, अप्रतिशोधी, उदार, *कोमल*, ग़मख़्वार, तितिक्षु, *महान*, *मानवीय*, मुलायम, संवेदनापूर्ण, *सज्जन*, सह, सहिष्णु, ●अहिंसक, ●क्षमाशील, ●धीर, ●प्रशांत, ■उग्रवादी, ■क्रोधी.

**सहनशीलता** = सहअस्तित्व.

**सहना** = झेलना.

**सहना** *क्रि* अनदेखी करना, कड़वा घूँट पीना, ग़म खाना, चुप रहना, धीरज रखना, *पीना*, बरदाश्त करना, भोगना, सहन करना, ●क्षमा करना, ●जीना और जीने देना, ●झेलना, ■बदला लेना.

**सहनाम** *वि* तुल्यनामा, नामराशि, समाननामा, सहनामी, हमनाम, ●नामक.

**सहनामी** = सहनाम.

**सहनायक** = उपनायक.

**सहनिर्भर** = सहावलंबी.

**सहनिवासी** *सं* कक्षवासी, रूममेट, सकक्षवासी, सनीड़, सहवासी, हमनशीन, ●छात्रावासी.

**सहनीय** = क्षम्य, सह्य.

**सहपंथी** = संगी, सहयात्री, स्वधर्मी.

**सहपत्नी** = सपत्नी.

**सहपाठी** *सं* एकवर्गीय, क्लासफ़ैलो, गुरुभाई, पीरभाई, सहाध्यायी, ●विद्यार्थी.

**सहपान** = भोज.

**सहपानक** = पानगोष्ठी.
**सहपायी** = सहभोजी.
**सहबंधन** = विवाह.
**सहबंधु** = संबंधी, सहवंशी.
**सहबुद्धि** = विचारित.
**सहभागिता** = सहकर्म, साझेदारी.
**सहभागी** = सहअपराधी, साझेदार.
**सहभागी/सहभागिनी** = जीवन सहचर.
**सहभाजन** = साझेदार.
**सहभार्य** = सपत्नीक.
**सहभाव** = संगति.
**सहभावना** = खेल भावना, सहयोग.
**सहभू** = जुड़वाँ.
**सहभूत** = एकजुट.
**सहभोग** = संभोग.
**सहभोज** = कम्यूनियन, भोज.

**सहभोजी** *वि* सहपायी, हमदस्तर, हमनिवाला, हमप्याला.

**सहमत** = अनुबंधित, तत्पर, निर्धारित, विवादातीत, स्वीकृत.

**सहमत** *वि* क़ायल, तैयार, पटा/पटी, पसीजा/पसीजी, माना/मानी, माफ़िक़, मुत्तफ़िक़, रज़ामंद, राज़ी, विजित, समझा/समझी, सम्मत, •अनुमत, •सर्वसहमत, ▪असहमत, ▪विरुद्ध.

**सहमत करना** = मनवाना, मनाना.
**सहमत करने की क्षमता वाला** = मनाऊ.
**सहमत कराना** = मनवाना.

**सहमतकारी** *वि* अनुकूलकारी, असरदार, ज़ोरदार, *ठीक*, तर्कपूर्ण, *तर्कसंगत*, प्रखर, *प्रबल*, *प्रभावशाली*, प्रभावी, प्रभावोत्पादक, प्रमाणपूर्ण, मन को छूने वाला, मर्मस्पर्शी, मान्य, मुनासिब, *संगत*, समझ में आने वाला, सहमतिकारी, हृदयस्पर्शी, •प्रभावशाली, •मनाऊ, •सहमत्य.

**सहमत न होना** = ठुकराना.
**सहमत होना** = पसीजना, मानना.
**सहमति** = अनुबंध, अनुमति, एकता, पारण, मंडन, समझौता, सर्वसहमति, सौदा, स्वीकृति.

**सहमति** *सं* अनुकूलता, *अनुमोदन*, अन्य का वचन अनुकथन, अन्य का वचन समर्थन, आपसी समझ, क़रार, ठहराव, पटावट, पटौनी, मतैक्य, रज़ामंदी, रजायस, *समर्थन*, सम्मति, *सौदा*, *स्वीकृति*, •अनुबंध, •संपुष्टि, •सर्वसहमति, •हाँ, ▪असहमति, ▪नहीं, ▪मतभेद, ▪विरोध.

**सहमति अप्राप्त** = अस्वीकृत.
**सहमति अप्राप्ति** = अस्वीकृति.
**सहमतिकारी** = सहमतकारी.
**सहमति दाता** = अनुमति दाता.
**सहमति देना** = मानना.
**सहमति न देना** = ठुकराना.
**सहमति पत्र** = गारंटी कार्ड.
**सहमतिपूर्ण** = सर्वसहमत.
**सहमतिप्रद** = सहमत्य.
**सहमति प्रदत्त** = अनुमत.
**सहमतिप्राप्त** = स्वीकृत.
**सहमतियोग्य** = स्वीकार्य.
**सहमतिहीन** = अस्वीकृत.

**सहमत्य** *वि* अकठोर, अदृढ़, अध्रुव, *अनुकूल*, उदार, ढुलमुल, तैयार, *नम्य*, नर्म, पटाऊ, मान्य, माफ़िक़, मिष्ट स्वभावी, मीठा/मीठी, मुलायम, विनम्य, सम्मत्य, सहमतिप्रद, *सौम्य*, •प्रभावशील, •प्रसीद्य, •विशालहृदय, •सहमतकारी.

**सहमा/सहमी** = भयभीत.
**सहमाना** = डराना.
**सहमृता** = सती.
**सहयात्री** = जीवन सहचर.

**सहयात्री** *सं* पदानुग, पार्श्वचर, *संगी*, संगीसाथी, सहगामी/सहगामिनी, सहचर, सहपंथी, साथी, हमराही, हमसफ़र.

**सहयोग** = प्रायोजन, मित्रता, वित्तीय सहायता, सरपरस्ती, सहकर्म, सहायता.

**सहयोग** *सं* इमदाद, कोआपरेशन, *प्रोत्साहन*, बढ़ावा, मदद, *योग*, योगदान, शामिलात, शिरकत, संग, *समर्थन*, *सहकर्म*, सहभावना, *सहायता*, सहारा, *सामंजस्य*, हैल्प, •एकता, •दलकर्म, •परस्परता, •मिलीभगत, ▪असहयोग, ▪ईर्ष्या, ▪प्रतिद्वंद्विता, ▪विरोध.

**सहयोग दाता** = मददगार.
**सहयोगपूर्ण** = मित्रतापूर्ण.

**सहयोगपूर्ण** *वि* अच्छा/अच्छी, *उपकारी*, कोआपरेटिव, दोस्ताना, नेकदिल, प्रेमपूर्ण, भला/भली, *मित्रतापूर्ण*, शुभकामनापूर्ण, सहायतापूर्ण, हितकारी, •उच्चाशय, ▪ईर्ष्यालु, ▪शत्रुतापूर्ण.

**सहयोग भावना** = खेल भावना.
**सहयोग समर्पक** = स्वयंसेवक.
**सहयोगहीनता** = असहयोग.

**सहयोगहीनता** *सं* असहायता, कमज़ोरी, गरीबी, पंगुता, बेकसी, बेचारगी, बेबसी, मजबूरी, लाचारगी, विवशता, सहायता अभाव, सहायताहीनता, साधनहीनता, •असामंजस्य, ▪सहयोग.

**सहयोगी** = अवर (कर्मचारी), अवर कर्मचारी, असिस्टैंट, मददगार, सरपरस्त.
**सहरा** = मरुथल.
**सहराई** = अपालतू, उजाड़, मरुथलीय, वन्य.
**सहराना** = डराना.
**सहरा मरुथल भूमि** = अफ़्रीका.
**सहरी** = प्रातःकालीन.
**सहल** = सहज.
**सहलाऊ** = सांत्वनाप्रद.
**सहलाना** = थपकना.

**सहलाना** *क्रि* थपथपाना, थपेड़ना, परसना, पुचकारना, लाड़ करना, •छूना, •दुलारना, •बहलाना, ▪सताना.

**सहवंशी** *वि* अपना/अपनी, आत्मीय, वंशवर्ती, वंशी, वंशीय, वांशिक, सकुल, सकुलज, सबंधु, समवंशी, सहजात, सहबंधु, सहवंशीय, स्वकुल, स्ववंशी, स्ववंशीय,

■परवंशी.

**सहवंशीय** = समकोटीय, सहवंशी.
**सहवर** = शहबाला.
**सहवर्गीय** = समकोटीय.
**सहवर्ती** = समकालीन.
**सहवास** = संभोग.
**सहवासी** = सहनिवासी, स्वदेशवासी.
**सहवासी/सहवासिनी** = पड़ोसी.
**सहवेदना** = करुणा, मृत्यु संवेदना, सहानुभूति.
**सहशयन** = संभोग.

**सहशायी** *सं* अंकशायी, अंगसंगी, *संगी*, हमबिस्तर.

**सहसंगीत** = समूह गायन.
**सहसंवाद** = वार्तालाप.
**सहसा** = अकस्मात.

**सहसा आगमन** *सं* अवतरण, नमूदारी, प्रकटन.

**सहसा कल्पना** *सं* *उड़ान*, *कल्पना*, कुलाँच, कौंध, परवाज़, भास, मन की कुलाँच, सूझ, ●अंतर्बोध, ●आविष्कार, ●बुद्धि.

**सहसा क्षणिक प्रकाश** = कौंध.
**सहसा परिवर्तन** = क्रांति.
**सहस्र** = हज़ार.
**सहस्रचक्षु** = इंद्र.
**सहस्रधार** = फुहारा, सुदर्शन चक्र.
**सहस्रनयन** = इंद्र.
**सहस्रनेत्र** = इंद्र.
**सहस्रभुजा** = दुर्गा.
**सहस्रलोचन** = इंद्र.
**सहस्रवीर्य** = महारथी.
**सहस्रवेधी** = महारथी.
**सहस्राक्ष** = परमपुरुष.
**सहस्रानन** = शेषनाग.

**सहस्राब्दी** *सं* वर्ष 1,000, शताब्दी 10, हज़ार साल, ●शताब्दी.

**सहस्राब्दीय** = हज़ार वर्षीय.
**सहस्री** = महारथी.
**सहस्वामी** = साझेदार.
**सहाध्यायी** = सहपाठी.
**सहानुभूति** = मित्रता, मृत्यु संवेदना.

**सहानुभूति** *सं* अपनापन, इनसानियत, कसक, ग़मख़्वारी, तरस, *दया*, दर्द, नज़दीकी, निकटता, निजता, बंधुता, भावना, *ममता*, मानवता, *मित्रता*, लगाव, शुभचिंतन, संवेदना, सद्‌भावना, समझ, समवेदना, सहवेदना, *सहायता*, स्नेह, हमदर्दी, हितकामना, ●दयादृष्टि, ●प्रोत्साहन, ●सौमनस्य, ■अत्याचार, ■निर्दयता.

**सहानुभूति कर्ता** = मृत्यु संवेदना कर्ता, हमदर्द.
**सहानुभूतिपूर्वक** = दयापूर्वक.

**सहानुभूतिहीन** *वि* अकोमल, अदयालु, अमम, अविचलित, असंपृक्त, असंवेदनशील, उदासीन, *कठोर*, कठोरहृदय, क्रूर, *जड़*, दयाहीन, निर्मम, निर्मोह, पत्थर, पाषाणहृदय, बेमुरव्वत, भावनाहीन, संवेदनाहीन, हृदयहीन, ●अभावुक, ●कठोर (व्यवहारी), ●भावहीन, ●शत्रुतापूर्ण, ■सहानुभूतिशील, ■हमदर्द.

**सहाय** = रक्षक, सरपरस्त.
**सहायक** = अवर (कर्मचारी), अवर कर्मचारी, असिस्टेंट, उपकारी, नौकर, पक्षधर, परपालक, परित्राता, प्रायोजक, मददगार, मध्यस्थ, रक्षक, शरणदाता, शिक्षाप्रद, सरपरस्त, सहअपराधी.

**सहायक नदी** *सं* उपनदी, नदिका, नदिया, *नदी*, नदी में मिलने वाली नदी, सहायिका, ■वितरिका नदी.

**सहायक पुस्तक** *सं* गाइड, गुटका, *टीका*, प्रदीपिका, प्रबोधनी, बोधनी, व्याख्या पुस्तक, *संदर्भ*, संदीपिका.

**सहायक भाव** = संचारी भाव.
**सहायकहीन** = असहाय.
**सहायता** = अनुग्रह, उपकार, निर्वाह वृत्ति, परित्राण, मित्रता, वित्तीय सहायता, शरण, सरपरस्ती, सहकर्म, सहयोग, सहानुभूति.

**सहायता** *सं* *आशीर्वाद*, आश्रय, इम्दाद, *उपकार*, कृपा, कोआपरेशन, पृष्ठपोषण, बल, भरोसा, मदद, योगदान, शह, *सरपरस्ती*, *सहयोग*, सहारा, *हाथ*, हिमायत, ●प्रोत्साहन, ●मार्गप्रदर्शन, ●शरणदान, ●सहकर्म, ●सौमनस्य, ■अपकार, ■असहयोग.

**सहायता अभाव** = असहयोग, सहयोगहीनता.

**सहायता कर्ता** = मददगार, सरपरस्त.
**सहायता दाता** = मददगार, सरपरस्त.
**सहायता धन** = वित्तीय सहायता.
**सहायतापूर्ण** = मित्रतापूर्ण, सहयोगपूर्ण, सिफ़ारिश भरा.
**सहायतार्थ** = उपलक्ष्य में.
**सहायता वैन** = ऐंबुलैंस.
**सहायताहीन** = असहाय.
**सहायताहीनता** = सहयोगहीनता.
**सहायिका** = सहायक नदी.
**सहार** = धारण, सहन.
**सहारना** = झेलना, झेलना, थामना, सँभालना.
**सहारा** = आधार, धारण, पदाधार, परावलंबन, परित्राता, बैसाखी, मरुथल, लाठी, शरण, सरपरस्त, सरपरस्ती, सहयोग, सहायता.

**सहारा दीवार** *सं* अड़वाल, छल्ली, टेक दीवार, ढासा, धुस्सा, धुस्सा दीवार.

**सहारा देना** = थामना, पालना पोसना, सँभालना.
**सहारा मिलना** = टिकना, सँभलना.
**सहारा लेना** = टिकना, सँभलना.
**सहालग** = साया.

**सहावलंबी** *वि* परस्पर निर्भर, सहनिर्भर, ●परावलंबी, ●स्वावलंबी.

**सहावल** = साहुल.

**सहिजन** *सं* जनप्रिय, ड्रमस्टिक.

**सहित** = युक्त, समाविष्ट.

**सहित** *वि* अविरहित, अविहीन, उपेत, स-, सह-, साथ, ●संग संग, ■रहित, ■सिवा.

**सहिष्णु** = सहनशील.
**सहिष्णुता** = अहिंसा, क्षमा, भेदभावहीनता.

**सही** = अखंडनीय, अच्छा/अच्छी, अधिकारागत, अप्रवादित, अविकृत, उपयोगी, ऊर्ध्वमुख, औपचारिक, करणीय, चयनीय, ठीक, तथ्यात्मक, तर्कसंगत, नैतिक, न्यायसंगत, न्यायानुकूल, परीक्षित, पारिभाषिक, प्रासंगिक, लक्ष्यवेधी, विचारित, विधिसंगत, विनियोज्य, वैध, व्याकरणसंगत, शोभनीय, संगत, संशोधित, सटीक, सत्याधारित, सत्यापित, समयानुसार, सही साइज़ का, सामंजस्ययुक्त, स्वीकृति चिह्न, हस्ताक्षर.

**सही ग़लत** = गालीगलौज, तकरार.

**सही चिह्न** = स्वीकृति चिह्न.

**सही जगह रखा** = क्रमबद्ध.

**सही ज्ञान** = सम्यक् ज्ञान.

**सही तरह** = क्रमशः.

**सही नहीं** = ग़लत.

**सही निशाना** = लक्ष्यसिद्धि.

**सही माप का** = सही साइज़ का.

**सही मार्ग से हटाना** = भटकाना.

**सही मौक़ा** = सुअवसर.

**सही रास्ता** = सदाचार.

**सही समय** = सुअवसर.

**सही समय पर पका** = कालजात.

**सही सलामत** = अनाहत, अभंजित, सलामत.

**सही सलामती** = सलामती.

**सही साइज़ का** *वि* उपयुक्त, *ठीक*, ठीकम ठीक, दुरुस्त, न छोटा न बड़ा, फ़िट, फ़िटिंग, बिल्कुल ठीक, राइट, सही, सही माप का.

**सही साइज़ से छोटा** = साइज़ से छोटा.

**सही स्थान पर** = क्रमबद्ध.

**सहीह** = इसलामी धर्म आदेश.

**सहीह सलामत** = अभंजित.

**सहूलियत** = सहजता, सुविधा.

**सहृदय** = उच्चाशय, गुणग्राहक, भावुक, सौम्य.

**सहृदयता** = कलाप्रेम, गुणज्ञता.

**सहेजना** = बटोरना.

**सहेट** = अभिसार स्थल.

**सहेतु** = सकारण.

**सहेली** *सं* आली, गर्ल फ्रैंड, गुइयाँ, *गोला*, मित्रा, संगिनी, संगीसाथिन, सखी, सहचरी, साथिन, स्वजनी, हला, •मुँहबोली बहन.

**सहोदर** = भाई, सगा भाई.

**सहोदर** *वि* अपना/अपनी, *असली*, आत्मीय, माँजाया/माँजाई, सगा/सगी, हकीकी, ▪सौतेला/सौतेली.

**सहोदरा** = बहन, सगी बहन.

**सह्य** = अप्रबल, कामचलाऊ, कोमल, क्षम्य, गुनगुना/गुनगुनी, शीतल, समशीतोष्ण.

**सह्य** *वि* अकठिन, अपरुष, आसान, गवारा, मृदुल, *वहनीय*, सरल, *सहज*, सहनक्षम, सहनीय, हलका/हलकी, •अप्रबल, ▪असह्य, ▪कठिन, ▪कठोर.

**सह्यात्मजा** = कावेरी नदी.

**सह्याद्रि** = पर्वत सूची भारत उपमहाद्वीप.

**सह्योष्ण** = गुनगुना/गुनगुनी.

**साँकल** = ज़ंजीर, साँकला.

**साँकला** = ज़ंजीर.

**साँकला** *सं* अर्गल, अर्गला, अर्गली, चेन, *ज़ंजीर*, साँकल, सिकड़ी, सिकरी, •चटकनी, •ताला.

**साँकली** = ज़ंजीर.

**सांकेतिक** = प्रतीकात्मक, संकेतात्मक.

**सांख्य** = गणक, विवेचक, व्याख्याता.

**सांख्य** = विचारक.

**सांख्य दर्शन** = षड्दर्शन.

**सांख्य प्रवर्तक** = कपिल.

**सांख्य योग** = ज्ञानयोग.

**सांख्यवाद** *सं* ईश्वर संसार का दृष्टामात्र है, नानात्मवाद, प्रकृति संसार का मूल है.

**सांख्यिकी** *सं* अंकशास्त्र, अंकिकी, आँकड़े, *डाटा*, स्टैटिस्टिक्स, •चार्ट, •डाटा, •डाटाबेस, •तालिका.

**साँग** = लीवर, स्वाँग.

**सांग** = साकार.

**साँगा** = भाला.

**साँगी** = चालक सीट, बहरूपिया.

**सांग्रहिक** = संग्रहकार.

**साँच** = सत्य.

**साँचर नमक** = काला नमक.

**साँचा** = फ़ॉर्मैट.

**साँचा** *सं* *थापा*, मोल्ड, लेप्य, सीग़ा, •कुल्हिया, •ढलाई, •फ़ॉर्मैट.

**साँचा/साँची** = सत्याधारित.

**साँचा ढलाई** = ढलाई.

**साँचिया** = ढलाई कर्मी.

**साँझ** = सायंकाल.

**साँटना** = बाँधना, लगाना, सटाना, सीना.

**साँटिया** = मुनादी वाला.

**साँटी** = ढोलडग्गा, संगति, सामंजस्य.

**साँठ** = ईख.

**साँठगाँठ** = आपसदारी, परगमन, मिलीभगत.

**साँड़** = अपालतू.

**साँड़** *सं* गोनर, नादिया, बलीवर्द, बिजार, वृष, वृषभ, वृष्णि, वोढ़ा, षंड, •गाय, •ढोर, •बैल.

**सांडक** = खेसारी.

**साँड़िया** = ऊँट सवार.

**सांत्वद** = सांत्वनाप्रद.

**सांत्वना** = संतोष.

**सांत्वना** *सं* अभय वचन, आश्वासन, इतमीनान, *करुणा*, ढाढ़स, तसल्ली, *थपकी*, दमदिलासा, दिलासा, पुचकार, बहकावा, बहलावा, *भयोपशमन*, भुलावा, मन बहलाव, *ममता*, *मरहम*, *राहत*, शंका निवारण, शमन, समाश्वासन, •करुणा, •थपकी.

**सांत्वना दाता** = मृत्यु संवेदना कर्ता.

**सांत्वना देना** = बहलाना.

**सांत्वनापूर्ण** = सांत्वनाप्रद.

**सांत्वनाप्रद** *वि* आश्वासपूर्ण, उपशामक, क्लेशापहरक, ढारसपूर्ण, ढारस भरा, तसल्लीबख़्श, दिल बहलाऊ, ध्यान परिवर्तक, बहलाऊ, भुलाऊ, मन बहलाऊ, शांतिप्रद, शामक,

शोकनाशक, शोकहर, संतापहर, सहलाऊ, सांत्वद, सांत्वनापूर्ण, सामकारी, *सुखद*, •प्रशामक, ▪उत्तेजक, ▪दुःखद.

**सांदीपनि** = ऋषि सूची.
**सांदोलन** = आंदोलनात्मक.
**सांद्र** = ठोस.
**साँध** = लक्ष्य संधान.
**सांध्य** = सायंकालीन.
**सांध्य आहार** = डिनर.

**साँप** *सं* अकर्ण, अहि, उरंगम, उरग, कीड़ा, कीर, *कुंडली*, *नाग*, पन्नग, फणधर, फणी, भुजंग, भोगी, मंडली, मणिधर, विषधर, व्याल, सर्प, साँप सँपोला, •अजगर, •कोबरा, •केंचुली, •फुँकार, •बिल, •विष, •सरीसृप, ▪नेवला.

**साँप की छतरी** = कुकुरमुत्ता.
**साँप की तरह चलना** = रेंगना.
**सांपत्तिक** = वित्तीय.
**साँपन बल** = सर्पिल मोड़.

**साँप शिशु** *सं* पोया/पोई, शिशु साँप, सँपोला/सँपोलन, *सँपोलिया*, सपोला/सपोली.

**साँप सँपोला** = साँप.
**सांप्रत** = वर्तमान, वर्तमान में.
**सांप्रदायिक** = धार्मिक.
**सांप्रदायिकता** = संप्रदायवाद.
**सांप्रदायिकतावादी** = संप्रदायवादी.
**साँबर** = साँभर.
**साँभर** = साँभर नमक.

**साँभर** *सं* उडिपी दाल, दक्षिण भारतीय दाल, साँबर, •उत्तपम, •डोसा, •रसम.

**साँभर झील नमक** = साँभर नमक.
**साँभर दाल** = अरहर.

**साँभर नमक** *सं* गज लवण, गड लवण, पांशु लवण, पृथ्वीज, राम लवण, रोमक, शांभर, शाकंभरीय, *साँभर*, साँभर झील नमक, सैंवर.

**साँय साँय** = सरसर.
**साँय साँय करना** = कुलाँचना, सनसनाना.

**सांवत्सर** = पंचांग शास्त्री.
**सांवत्सरिक** = पंचांग शास्त्री, वर्षीय, होराशास्त्री.
**सांवत्सरीय** = वर्षीय.
**साँवर** = श्यामवर्ण.
**साँवरा** = प्रेमी.
**साँवरा/साँवरी** = प्रेमपात्र/प्रेमपात्रा, श्यामवर्ण.
**साँवरिया** = प्रेमी, श्यामवर्ण.
**साँवरी** = प्रेमिका.
**साँवला** = प्रेमी.
**साँवला/साँवली** = प्रेमपात्र/प्रेमपात्रा, श्यामवर्ण, सलेटी.
**साँवला सलोना** = कृष्ण.
**साँवला सलोना/साँवली सलोनी** = श्यामवर्ण.
**साँवलिया** = प्रेमी.
**साँवली** = प्रेमिका.
**साँवाँ** = अनाज.
**सांशयिक** = जोखिमपूर्ण.
**साँस** = दमा, श्वास.
**साँस उखड़ना** = मरना, हाँफना.
**साँस की घुटन** = श्वासरोध.
**साँस की डोर टूटना** = मरना.
**साँस की नली** = श्वासवाहिका.
**साँस की बीमारी** = दमा.
**साँस छूटना** = मरना.
**साँसत** = कुपरिस्थिति, खटराग, दुबिधा, भय, यातना, संकट.
**साँसतघर** = कालकोठरी.
**सांसद** = प्रतिनिधि, राजनेता.

**सांसद** *सं* ऐमपी, कांग्रेसमैन, डेपुटी, पार्लमैंटेरियन, मैंबर आफ़ पार्लिमैंट, संसद सदस्य, सीनेटर, •दरबारी, •प्रतिनिधि, •राजनेता, •विधायक.

**साँस फूलना** = हाँफना.
**साँस रुकना** = मरना.
**साँस रुकने तक** = आयुपर्यंत.
**साँस लेता** = जीवित.
**साँस लेना** = जीना.
**साँसा** = आशंका, भय, संदेह.
**सांसारिक** = इहलौकिक, पृथ्वीय, विलासप्रिय, व्यवहारकुशल.

**सांसारिक** *वि* इहलौकिक, दुनियावी, लौकिक, संसारभोगी, संसारी, *साधारण*, *सामान्य*, •रसिक, ▪असांसारिक, ▪आध्यात्मिक, ▪वैरागी.

**सांसारिक जीवन** = गृहस्थ आश्रम.

**सांसारिकता** *सं* अनुरक्ति, अनुरति, *आसक्ति*, इहलौकिकता, जीव गुण, *प्रवृत्ति*, प्रवृत्ति मार्ग, प्रसक्ति, प्रेमघृणा, भौमिकता, मायामोह, मोहमाया, *राग*, रागद्वेष, *रुचि*, लौकिकता, संसार भोग, सांसारिक सुख भोग, सुखभोग, •भोगविलास, ▪असांसारिकता, ▪तपस्या, ▪वैराग्य.

**सांसारिकता त्याग** = वैराग्य.
**सांसारिकतावाद** = इहलोकवाद.
**सांसारिकता से परे** = स्थितप्रज्ञ.
**सांसारिक प्रेम** = मानव प्रेम.
**सांसारिक सुख भोग** = सांसारिकता.
**सांस्कृतिक** = जातीय.
**सांस्कृतिक धरोहर** = धरोहर.
**सा/सी** = तुलनीय, सदृश.
**साअत** = विवाह मुहूर्त, साइत, साया.
**साइंटिफ़िक** = विज्ञानसंगत.
**साइंटिस्ट** = वैज्ञानिक.
**साइंस** = तकनीक, विज्ञान.
**साइकिऐट्रिस्ट** = मनोविज्ञानी.

**साइकिल** *सं* चक्रयान, चक्री, द्विचक्री, पैरगाड़ी, बाइक, बाइसिकल, •तिपहिया साइकिल, •मोटर साइकिल, •मोटर स्कूटर, •मोपैड.

**साइकी** = मन.
**साइकोथेरेपी** = मनोचिकित्सा.
**साइकोपैथी** = पागलपन, मनोविकार.
**साइकोलाजिकल** = मनोविज्ञानीय.
**साइकोलाजिस्ट** = मनोविज्ञानी.
**साइकोलाजी** = मनोविज्ञान, मनोवृत्ति.
**साइक्लोन** = चक्रवात.
**साइक्लोरामा** = सिनेमा परदा.
**साइक्लोस्टाइल मशीन** = प्रतिलिपित्र.
**साइज़** = माप.

**साइज़** *सं* *आकार*, आकार माप, आयतन, *घेराव*, नाप, परिमाण, *माप*, •जेबी, •फ़ैमिली साइज़, •फ़्री साइज़, •बेबी साइज़.

●लेडीज़ साइज, ●हैंडी साइज़.

**साइज़ में बराबर** = समाकार.

**साइज़ से छोटा** *वि* अनुपयुक्त, *अपर्याप्त*, आकार में छोटा, उटंगा/उटंगी, ऊँचा/ऊँची, ओछा/ओछी, *कम*, कसा/कसी, छोटा/छोटी, तंग, तकलीफ़देह, भींचता/भींचती, सही साइज़ से छोटा, सिकुड़ा/सुकड़ी, ●छोटा/छोटी.

**साइज़ से बड़ा** *वि* अधिक लंबा, आकार से बड़ा, झाँगला/झाँगली, *झोलदार*, ढीला/ढीली, ढीला ढाला/ढीली ढाली, ढीले साइज़ का, नीचा/नीची, बड़ा/बड़ी, लंबा/लंबी, लटकता/लटकती.

**साइट** = वैब पेज.
**साइड** = पार्श्व, भुजा.
**साइडवाक** = सड़क पार्श्व.
**साइड हीरो** = उपनायक.

**साइत** *सं घंटा*, घटी 2.5, *बेला*, साअत, सायत, ●मुहूर्त.

**साइन** = हस्ताक्षर.

**साइन बोर्ड** *सं* नामपट, *संकेत*, संकेतपट, ●नेम्प्लेट, ●नोटिस बोर्ड, ●विज्ञापन पटल.

**साइफ़न** *सं* उलीचनी, निकालनी, वक्र नली, ●अलैंबिक, ●कीप.

**साइबर स्पेस** = इंटरनैट जगत.

**साइबर्ग** *सं* अंग प्रतिरोपण के लिए रचित मानव, रचित मानव, ●क्लोनित जीव, ●रोबट.

**साइमन** = ईसा संदेश वाहक.
**साइरन** = संकट सूचना, समय सूचना.
**साइलैंट** = अनुच्चारित.
**साईं** = पति, साधु, स्वामी.
**साई** = अग्रदेय, बयाना.
**साईस** = कोचवान.
**साउंड** = ध्वनि.
**साउंड रिकार्ड** = रिकार्ड.
**साउथ** = दक्षिण दिशा.
**साउथ-ईस्ट** = दक्षिण पूर्व दिशा.
**साउथ पोल** = दक्षिण ध्रुव.
**साउथ-वैस्ट** = दक्षिण पश्चिम दिशा.
**साऊदी अरब** = सऊदी अरब.
**साए** = साया.
**साकत** = शक्तिपूजक.
**साकल्य वचन** = अखंड पाठ.
**साकांक्ष** = तत्पर.
**साकार** = दृश्यमान, वर्णनात्मक, सुंदरकाय, स्पर्शगम्य.

**साकार** *वि* आकारयुक्त, आकारवान, आकृतियुक्त, आद्यंतयुक्त, आयामयुक्त, आयामी, गोचर, *चाक्षुष*, *ठोस*, दृश्य, *दृश्यमान*, पिंडयुक्त, पिंडी, *प्रकट*, प्रत्यक्ष, *भौतिक*, मुजस्सिम, मूर्त, मूर्तिमान, *यथार्थ*, रूपयुक्त, रूपाकारयुक्त, रूपायित, रूपी, वस्तुगत, वास्तविक, शरीरयुक्त, सगुण, सदेह, समूर्त, सविग्रह, सशरीर, सांग, सायाम, स्थूल, *स्पष्ट*, ●स्पर्शगम्य, ■अनिश्चिताकारीय, ■काल्पनिक, ■निराकार.

**साकार करना** = गढ़ना.
**साकार पूजा** = मूर्तिपूजा.
**साकार रूप** = आकार.
**साकारीकरण** = मूर्तिकर्म.
**साकिन** = आवासी, स्थावर, स्थित.
**साक़ी** = बारटैंडर, वेटर, साक़ी बाला.

**साक़ी बाला** *सं* कलवारन, बारमेड, मद्यबाला, मधुबाला, साक़ी, सुरासुंदरी, होस्टैस, ●मद्यकक्ष, ●मद्य विक्रेता, ●मद्यशाला, ■बारटैंडर.

**साके (जापान)** = मद्य.
**साक्षर** = शिक्षित.

**साक्षर** *वि* अक्षरज्ञ, पढ़ा/पढ़ी, पढ़ा लिखा/पढ़ी लिखी, ●शिक्षित, ■असाक्षर.

**साक्षरता** *सं* अक्षरज्ञान, अलिफ़बेपे (उर्दू), एबीसी, कखग (हिंदी), प्रारंभिक शिक्षा, लिपिज्ञान, ■असाक्षरता.

**साक्षात** = दृश्यमान, वर्णनात्मक.
**साक्षात्कर्ता** = प्रत्यक्षदर्शी, भेंटवार्ता कर्ता.
**साक्षात्कार** = देवदर्शन, मुलाक़ात.
**साक्षित** = सत्यापित.
**साक्षी** = गवाह, प्रत्यक्षदर्शी, प्रत्यक्ष साक्ष्य, साक्ष्य.
**साक्षीपत्र** = प्रमाणपत्र.
**साक्षेप** = आपत्तिजनक.
**साक्ष्य** = टैस्टामैंट, प्रमाण.

**साक्ष्य** *सं* गवाही, दर्श, प्रमाणन, *वाक्य*, *सत्यापन*, साक्षी, ●गवाह, ●शपथपत्र.

**साक्ष्यहीन** = सुराग़हीन.
**साख** = कीर्तिस्व, प्रताप, प्रतिष्ठा.
**साख वाला** = ऋणयोग्य.
**साखी** = गवाह.
**साखू** = साल.
**साग** = शाकपात, शाकशस्य.
**सागपात** = शाकशस्य, सागसब्ज़ी.
**साग पालक** = पालक.
**सागभाजी** = सागसब्ज़ी.
**सागभाजी व्यंजन** = भाजी.
**सागर** = जलाशय, झील, तालाब, भंडार, समुद्र.
**साग़र** = मद्यपात्र.
**सागर ज्योति** = बड़वा दीप्ति.
**सागर तट** = समुद्र तट.
**सागर तल** = समुद्र नितल.

**सागर विलय़न** *सं* नदी विलय, बेला संगम, विलय, सागर संगम, सिंधु संगम, ■स्रोत.

**सागर संगम** = सागर विलय़न.
**सागरीय** = समुद्रीय.
**सागरोत्थ** = समुद्री नमक.
**सागरोद्गार** = ज्वार.
**सागवान** = सागौन.
**सागसब्ज़ी** = शाकशस्य.

**सागसब्ज़ी** *सं* तरकारी, *भाजी*, शाक, सब्ज़ी, सागपात, सागभाजी, ●खाद्य कंद, ●खाद्य पदार्थ, ●शाकपात.

**सागसब्ज़ी सूची** *सं अरवी*, *आँवला*, *आलू*, *कचालू*, कच्चू, *कटहल*, *कद्दू*, *कमरख*, *कमल ककड़ी*, *करेला*, करौंदा, कुंदरू, *गाँठ गोभी*, *गाजर*,

*गोभी*, ग्वार, चुकंदर, चौलाई, *ज़मींकंद*, जीतालू, *टमाटर*, *टिंडा*, टिंडोरा, तुरई, धनिया पात, नाली का साग, *नीबू*, *परवल*, *पालक*, *पुदीना*, *पेठा*, *प्याज़*, फूल गोभी, फ्रैंच बीन, बंद गोभी, *बथुआ*, *बैंगन*, *भिंडी*, *मटर*, *मूली*, मेथी साग, लौकी, *शकरकंदी*, *शलगम*, शिमला मिर्च, सरसों साग, सींगरी, सीताफल, *सेम*.

**सागूदाना** *सं* कुंती दाना, गुमुटी दाना, ताड़दाना, साबूदाना, •कसावा.

**सागौन** *सं* अर्जुनोपम, टीक, द्वारदारु, शाकद्रुम, सागवान, हलीन, •देवदारु, •साल.

**साग्नि प्रतिज्ञा** = दृढ़ वचन.
**साग्रह** = आग्रहपूर्ण.
**साग्रह प्रार्थना** = याचिका.
**साचीन** = पार्श्वीय.
**-साज़** = धंधी.
**साज़** = वाद्य, सज्जा.
**साज़गार** = अनुग्रही.
**साजन** = पति, प्रेमी.
**साजना** = प्रेमी, सजाना.
**साजबाज़** = सजावट, सज्जा.
**साज़बाज** = सामंजस्य.
**साज़बाज़** = मिलीभगत.
**साजसँभाल** = पालनपोषण, प्रबंध, प्रशासन, रखरखाव, वारण, संरक्षण.
**साजसँवार** = परिष्कार, प्रसाधन.
**साजसज्जा** = गृहसज्जा, नाट्य मेकअप, फ़रनीचर, वेश.
**साज़सामान** = चल संपत्ति, शस्त्रास्त्र, संपत्ति, सज्जा, सामान, हार्डवेअर.
**साजसिंगार** = प्रसाधन.
**साज़िंदा** = वादक, संगतिया.

**साजिद** *सं* सज्जाद, सिजदा करने वाला, •सिजदा.

**साज़िश** = मिलीभगत, षड्यंत्र.
**साज़िशी** = छलपूर्ण, षड्यंत्रकारी.
**साज़ो सामान** = सज्जा.
**साझा** = बँटाईदार, शेयर, सहकर्म, साझेदारी.
**साझा/साझी** = सामूहिक.
**साझा परिवार** = संयुक्त परिवार.
**साझाहीन स्वामित्व** = एकस्वामित्व.
**साझी** = सहअपराधी, साझेदार.

**साझेदार** *सं* अंशधर, अंशधारी, अंशभागी, अंशाधिकारी, अंशी, अंसल, पत्तीदार, पार्टनर, बँटाईदार, भागधेय, भागाधिकारी, भागी, भागीदार, सहभागी, सहभाजन, सहस्वामी, साझी, हिस्सेदार, •शेयरधारी.

**साझेदारी** = साझेदारी कंपनी.

**साझेदारी** *सं* अंशाधिकार, पट्टीदारी, पार्टनरशिप, भागाधिकार, भागिता, भागीदारी, शामलात, शिरकत, *शेयर*, सरता बरता, सहभागिता, साझा, हिस्सेदारी, •बँटाईदारी.

**साझेदारी कंपनी** *सं* पार्टनरशिप, पार्टनरशिप कंसर्न, *साझेदारी*, •कंपनी, •लिमिटेड कंपनी.

**साझेदारी का** = सामूहिक.
**साटना** = चिपकाना, लगाना, सटाना.
**साटिनी** = चिकना/चिकनी.

**साठ** *सं* 60, छः गुना दस, षष्टि.

**साठ घड़ी** = पृथ्वी धुरी चक्रण काल.
**साठ दिनीय** = द्विमासिक.
**साठनाठ** = नष्ट.
**साठ वर्ष** = हीरक जयंती.

**साठ वर्ष** *सं* वर्ष 60, षष्टि.

**साठवर्षीय** *वि* साठा, साठा सो पाठा, •पचीस वर्षीय.

**साठवाँ/साठवीं** *वि* 60वाँ, षष्टिक, साठी, हीरक.

**साठा** = साठवर्षीय.
**साठा सो पाठा** = साठवर्षीय.
**साठी** = द्विमासिक, साठवाँ/साठवीं.
**साडंबर** = शब्दाडंबरपूर्ण.

**साड़ी** *सं* अंबर, ज़नाना कटि परिधान, *धोती*, शाटिका, शाटी, •ओढ़नी, •पलाव, •पेटीकोट, •लाँग.

**साड़ी किनारी** = किनारी.
**साड़ी पिन** = ब्रूच.
**साढ़ी** = मलाई.
**साढ़ू** = साढ़ू.

**साढ़ू** *सं* सखा, साढू, साली पति, हमज़ुल्फ़, •साली.

**सात** *सं* 7, छः जमा एक, सत-, सत्ता, सप्त, *सप्तक*, •सातवाँ/सातवीं.

**सात गुना दस** = सत्तर.
**सात जमा एक** = आठ.
**सात दिन** = सप्ताह.
**सात पाँच** = छल, तकरार, बहानेबाज़ी.
**सात पाँच करना** = ठगना.
**सात फेरे** = दृढ़ वचन, विवाह, सप्तपदी.
**सात रंग का** = सतरंगा/सतरंगी.
**सातला** = थूहर, शिकाकाई.
**सात वचन** = विवाह.

**सातवाँ/सातवीं** *वि* 7वाँ, सत, सप्त, सप्तम, •सात.

**सातवाँ आसमान** = सुखधाम, सुखभ्रांति, स्वर्ग.

**सातवाँ मनु** = वैवस्वत मनु.
**सातवें आसमान पर** = आनंदित.
**सात समंदर पार** = दूरता उक्ति.

**सात समुदाय** *सं* सत, सत्ता, सप्त, *सप्तक*, सप्तग्राम, •सात.

**सात सौ समुदाय** *सं* सतसई, सप्तशत, सप्तशती.

**सात स्वर** = सप्तक.
**सातिशयोक्ति** = अतिशयोक्तिपूर्ण.
**सातों दिन** = लगातार.
**सात्त्व** = सत्त्वगुणी.
**सात्त्विक** = निरामिष (आहार), बेमसाला, सत्यपूर्ण, सदाचारी.
**सात्त्विकता** = सत्त्वगुण.
**सात्मविश्वास** = आत्मविश्वासी.
**सात्यवत** = वेदव्यास.
**सात्यवतेय** = वेदव्यास.
**साथ** = आपसदारी, इत्यादि, उपस्थिति, एकजुट, और, मित्रता, मिलन, संगति, संरक्षण, सब एक साथ, सरपरस्ती,

 (प्रा) प्राचीन शब्द, अब अप्रचलित - *तिरछे* शब्द स्वतंत्र शीर्षक भी हैं •सपर्याय ▪विपर्याय

सहकर्म, सहित, सामंजस्य.

**साथ आना** = मिलना.

**साथ में** = भी.

**साथ रखना** = सटाना.

**साथरी** = चटाई.

**साथ लगना** = सटना.

**साथ लाना** = मिलाना.

**साथ साथ** = इकट्ठे, इत्यादि, एकजुट, और, धारा के साथ, भी, सब एक साथ.

**साथ ही** = भी.

**साथ होना** = मिलना.

**साथिन** = पत्नी, सहेली.

**साथी** = अंतरंग मित्र, दंपति, पक्षधर, मददगार, मित्र, संगतिया, सरपरस्त, सहअपराधी, सहयात्री, साम्यवादी, हमदर्द.

**साथी/साथिन** = जीवन सहचर, संगी.

**साद** = गाद.

**सादत** = सदाचार.

**सादतमंद** = पुण्यपूर्ण, सदाचारी, सरलचित्त.

**सादा/सादी** = अनाभूषित, अल्पोक्तिपूर्ण, अविविध, गद्यात्मक, ग्राम्यतापूर्ण, पाखंडहीन, फ़ैशन के बाहर, बेमसाला, वैभवहीन, सहज, साधारण, सौंदर्यहीन, स्वादहीन.

**सादाकार** = पच्चीकार.

**सादाकारी** = पच्चीकारी.

**सादा खाना** = दावते शीराज़.

**सादा टाइप** *सं* पतला, पतले लिखे अक्षर, लाइट, लाइट टाइप, हलका टाइप, •टाइप फ़ेस.

**सादिक** = सदाचारी.

**सादिक़** = उच्चाशय, छलहीन.

**सादी** = हाथी सवार.

**सादृश्य** = उपमा.

**सादृश्य** *सं* अंतरहीनता, अनुरूपता, अभिन्नता, अभेद, एकरूपता, एकसमानता, तादृश्य, तुल्यता, तुल्यरूपता, पूर्ण सादृश्य, प्रतिछाया, *प्रतिबिंब*, प्रतिमा, प्रतिरूपता, भाँति, भेदहीनता, मिलान, मेल, यकसानियत, लाइकनैस, सदृश्यता, समता, समरूपता, समानता, साधर्म्य, साम्य, सारूप्य, सालक्षण्य, •अनुप्रास, •उपमा, •तुलना, •दृष्टांत, •सदृश, •सादृश्याभास, ▪अनुपमता, ▪भिन्नता, ▪विपरीतता, ▪विविधता.

**सादृश्य का आभास देता** = लगभग सदृश.

**सादृश्य प्रदर्शन** = उपमा अलंकार.

**सादृश्य वर्णन** = उपमा अलंकार, बिंब विधान.

**सादृश्याभासित** = लगभग सदृश.

**साध** = मन्नत, लालसा.

**साधक** = अभिमंत्रक, कर्तव्यपरायण, कर्ता, कार्यान्वयक, कौमार्यवान, जादूगर, तपस्वी, भक्त, योगी, समापन कर्ता, साधु.

**साधक** *सं* अभ्यासी, इरादे का पक्का, कट्टर, कर्मयोगी, *घटक*, साधना कर्ता, सिद्धिसाधक, सुधीर, •तपस्वी, •योगी.

**साधक शक्ति** = क्षमता.

**साधन** = अंग, अभिमंत्रण, आजीविका, कच्चा माल, कार्यान्विति, वशीकरण, संपत्ति, संसाधन, सम्मोहन कर्म.

**साधन** *सं* आलंबन, *उपकरण*, उपस्कर, उपाय, औज़ार, *कारक*, कार्य साधन, ज़रिया, *जुगत*, माध्यम, *यंत्र*, युक्ति, रास्ता, राह, वसीला, *संसाधन*, समुपकरण, समुपाय, सामग्री, •उपकरण, •सज्जा, •सामान.

**साधनसंपन्न** = महल जैसा, समृद्ध.

**साधनसंपन्न** *वि* संपन्न, *सक्षम*, समर्थ, •धनाढ्य, ▪साधनहीन.

**साधनहीन** = दिवालिया, निर्धन.

**साधनहीन** *वि* अगतिक, *अनाथ*, अनाश्रय, अनुपाय, अशरण, *असहाय*, असाधन, नाचार, निराश्रय, निरुपाय, पामर, बापुरा/बापुरी, बेघरबार, बेचार, बेचारा/बेचारी, बेबस, बेसहारा, लाचार, विनाथ, शरणहीन, हताश्रय, •अक्षम, •असहाय, •निर्धन, ▪साधनसंपन्न.

**साधनहीनता** = सहयोगहीनता.

**साधना** = अभ्यास, चपराना, तपस्या, परिश्रम, पूर्वाभ्यास, मनवाना, योगाभ्यास, रोकना, लगन, सिखाना.

**साधना** *सं* अचंचलता, अध्यवसाय, अनथक प्रयत्न, *अनुपालन*, *अनुशासन*, अनुशीलन, अभिरति, *अभ्यास*, *उद्यम*, *कर्मयोग*, कर्मशीलता, *गंभीरता*, चेष्टाशीलता, जुटापन, *तपस्या*, दृढ़ता, दृढ़ प्रवृत्ति, धुन, *धैर्य*, ध्रुवता, निरंतर अभ्यास, *निष्ठा*, परिशीलन, *परिश्रम*, *प्रवृत्ति*, मनोयोग, *लगन*, लगातार प्रयत्न, व्यवसाय, व्रत, शील, *संकल्प*, सतत प्रयत्न, सेवन, •प्रयास, •महत्त्वाकांक्षा, •संघर्ष, ▪आलस.

**साधना कराना** = सिखाना.

**साधना कर्ता** = साधक.

**साधनाशील** = प्रयत्नशील.

**साधनीय** = प्रमाण्य.

**साधर्म्य** = सादृश्य.

**साधा/साधी** = साधित.

**साधार** = आकलित, आधारित, तथ्यात्मक, तर्कसंगत, विज्ञानसंगत, स्थित.

**साधार अनुमान** = आकलन.

**साधारण** = अतकनीकी, अनाभूषित, अनौपचारिक, अप्रतिष्ठित, अमनोरंजक, अविविध, आवृत्तिशील, इहलौकिक, कलाहीन, गद्यात्मक, घर जैसा, निम्नवित्त, प्रचलित, फ़ैशन के बाहर, बोलचाल की (भाषा), मध्यमस्तरीय, महत्त्वहीन, रूटीनी, वैभवहीन, सरता/सस्ती, सहज, सांसारिक, सामूहिक, सुलभ, सौंदर्यहीन.

**साधारण** *वि* अगण्य, अनुल्लेखनीय, अविशिष्ट, आड्ंबरहीन, *औसत*, चालू, जनता (बोलचाल), तड़कभड़कहीन, दरमियाना, बाज़ारू, मामूली, मियाना/मियानी, सरल, सादा/सादी, *सामान्य*, हलका/हलकी, •अनौपचारिक, •अप्रतिष्ठित, •प्रचलित.

●मध्यमस्तरीय, ●रूटीनी, ●वैभवहीन, ●सामान्य, ■अनुपम, ■असामान्य, ■उल्लेखनीय, ■चमत्कारपूर्ण, ■दिखावटी, ■विचित्र, ■विशेष.

**साधारण आहार** = दावते शीराज़.

**साधारण आहार दावत** = दावते शीराज़.

**साधारण काम** = रूटीन कार्य.

**साधारणतः** = प्रायः.

**साधारणतया** = प्रायः.

**साधारण व्याज** *सं* केवल मूलधन पर व्याज, ●चक्रवृद्धि व्याज.

**साधारण सभा** *सं* जनरल बौडी, महासमिति, सर्वसभा, ●कार्यसमिति, ●जनसभा.

**साधारणी** = वेश्या.

**साधारणीकरण** *सं* आइडैंटिफ़िकेशन, एकात्मता, ऐकात्म्य, ऐक्य, जैनरलाइज़ेशन, तादात्म्य, प्रत्यारोपण, प्रोजैक्शन, भाव प्रत्यारोपण, भाव संबंधन, संबंधना, संवेदनभूति.

**साधारित** = आधारित.

**साधिका** = कौमार्यवती, तपस्विनी, पुजारिन, मठवासिनी, योगिनी.

**साधिकार** = अधिकृत.

**साधित** = अभिमंत्रित, अभ्यस्त, कृत, पूर्णकृत, प्रमाणसिद्ध, वशीकृत.

**साधित** *वि* अभ्यसित, तैयार, निष्पादित, संप्रसिद्ध, संसिद्ध, साधा/साधी, सिद्ध, ●अभ्यस्त.

**साधु** = उपदेशक, तपस्वी, तीर्थंकर, द्रोण, धर्मज्ञानी, भिखारी, मठवासी, योगी, विशोधित, संन्यासी, सज्जन, सज्जनतापूर्ण.

**साधु** *सं ऋषि*, औलिया, कमंडली, करपात्री, जती, जोगी, *ज्ञानी*, त्यागी, परिव्राजक, *पीर*, फ़क़ीर, बाबा, बाबा जी, बैरागी, भिक्षु, *भिखारी*, महंत, महात्मा, यति, योगारूढ, *योगी*, रमता जोगी, रमता राम, व्राजक, संत, संत महात्मा, सन्न्यासी, साईं, *साधक*, साधु संत, सिद्ध, ●कमंडलु, ●धूनी, ●भभूत, ●वैरागी, ●संन्यासी, ●साधुनी.

**साधुई कुरता** = साधु चोग़ा.

**साधु चोग़ा** *सं* कफ़नी, *कुरता*, कुरती, चोग़ा, चोलना, चोला, साधुई कुरता.

**साधुता** = विवाह निष्ठा.

**साधु देवी** = सास.

**साधुधी** = सास.

**साधु ध्वनि** = शाबाशी.

**साधुनी** *सं* जोगन, जोगिनी, *देवी*, बैरागिन, भगवती, *मठवासिनी*, मैया, व्रतिनी, *संन्यासिनी*, *सती*, साधु स्त्री, साध्वी, ●साधु.

**साधुभाव** = कल्याणकामना.

**साधु मंडली** *सं* अखाड़ा, जमात, *संगत*.

**साधुवाद** = धन्यवाद, प्रशंसा, शाबाशी.

**साधुवादी** = प्रशंसक.

**साधुवृत्त** = सदाचारी.

**साधुवृत्ति** = सदाचार.

**साधुशील** = धर्मशील.

**साधुसंग** = सत्संग.

**साधु संत** = साधु.

**साधुसिद्धि** = योगसिद्धि.

**साधु स्त्री** = साधुनी.

**साध्य** = करणीय, प्रमाण्य, बुद्धिग्राह्य, सहज.

**साध्य** *वि करणीय*, निर्वाह्य, निर्वाह्य, प्राप्य, मुमकिन, *वहनीय*, व्यवहार्य, शक्य, संपाद्य, *संभव*, सिद्ध्य, ●व्यावहारिक, ■असाध्य.

**साध्यता** = संभावना.

**साध्वी** = कौमार्यवती, तपस्विनी, पतिव्रता, मठवासिनी, योगिनी, सन्नारी, साधुनी.

**साध्वीव्रत** = पतिव्रत.

**सानंद** = आनंदित.

**सान** = सान चक्का, सान पत्थर.

**सानगुमान** = अनुमान, सुराग़.

**सान चक्का** *सं* कष, *ख़राद*, पत्थर चक्री, शाण, सान, ●कोरंडम, ●रेती, ●सान पत्थर.

**सान चढ़ा/सान चढ़ी** = तीक्ष्ण.

**सानना** = माँड़ना, लीपना.

**सान पत्थर** *सं* करंड, करंदम, कुरुल, कुरुविंद, निकष, सान, सैकती, ●ख़राद, ●रेगमाल, ●रेती.

**सानिधापा** = अवरोह क्रम, स्वरावरोह.

**सानी** = प्रतियोगी, सदृश, समप्रतियोगी.

**सानी** *सं* तैयार चारा, पोषण मिश्रित चारा, सननी, ●खली.

**सानी नाँद** *सं* आख़ोर, खोर, गवादनी, चरई, चरनी, रनी.

**सानु** = पठार भूमि.

**सानुपात** = अनुपातयुक्त, सुडौल.

**सानुपातिक** = सुडौल.

**सानुप्रास** *वि* अनुप्रासयुक्त, अनुप्रासित.

**सानुबंध** = क्रमिक.

**सानुभव चतुर** = प्रौढ़.

**सानुभूति** = अनुभूतिप्रवण.

**सान्निध्य** = उपस्थिति.

**सापत्नेय** = सौतेला/सौतेली.

**सापत्न्य** = सौतेला भाई.

**सापवाद** = अपवादित.

**सापेक्ष** = अनुपातयुक्त, तुलनात्मक.

**सापेक्ष** *वि* अस्वतंत्र, निर्भर, परस्पर, संबद्ध, ■असापेक्ष.

**सापेक्षता** = सापेक्षता सिद्धांत.

**सापेक्षता सिद्धांत** *सं* थीअरी आफ़ रिलेटिविटी, रिलेटिविटी, सापेक्षता.

**सापेक्ष माप** = अनुपात.

**साप्ताहिक** *वि* प्रतिसप्ताह होने वाला, वीकली, सप्ताह में एक बार होने वाला, हर सप्ताह होने वाला, ●अर्धसाप्ताहिक, ●द्विसाप्ताहिक, ●पाक्षिक, ●मासिक.

**साप्ताहिक देय** *वि* हफ़्ता.

**साप्ताहिक बाज़ार** = पैंठ.

**साफ़** = अंतर्धान, अगोप्य, अनावृत,

अनिंदनीय, अपराधमुक्त, ईमानदार, चुकता, छलहीन, धुला/धुली, नहाया/नहाई, निर्दोष, पापहीन, पालिशदार, भ्रमहीन, मेघहीन, रिक्त, विशोधित, विश्वसनीय, विस्मृत, शब्दार्थिक, सुलझा/सुलझी, सुलिखित, स्पष्ट, स्पष्टोक्त, स्वच्छ.

**साफ़ इनकार** = स्पष्ट अस्वीकृति.

**साफ़ कर जाना** = लीलना.

**साफ़ करना** = चाटना, चुकाना, दमकाना, धोना, निथारना, पोंछना, रिताना, संहारना.

**साफ़ कहने वाला** = स्पष्टवादी.

**साफ़गो** = स्पष्टवादी.

**साफ़ जवाब** = स्पष्ट अस्वीकृति.

**साफ़दिल** = ईमानदार, ईर्ष्याहीन, छलहीन, सरलचित्त.

**साफ़दिली** = ईमानदारी.

**साफ़ न बोलना** = हकलाना.

**साफ़ बात** = स्पष्टोक्ति.

**साफ़ साफ़** = खुले आम, देखते देखते.

**साफ़ सुथरा/साफ़ सुथरी** = धुला/धुली, सुलिखित, स्वच्छ.

**साफ़ा** = पगड़ी.

**साफ़्ट ड्रिंक** = ऐरेटिड वाटर.

**साफ़्टवेअर** = डाटा.

**साफ़्टवेअर** *सं* कंप्यूटर अंकित सामग्री, कंप्यूटर डाटा, कंप्यूटर डाटा प्रोग्राम आदि, •कंप्यूटर प्रोग्राम, •डाटा, •हार्डवेअर.

**साबक़ा** = संपर्क.

**साबर** = मृगचर्म.

**साबाध** = अवरुद्ध.

**साबित** = प्रमाणसिद्ध.

**साबुत** = अभंजित, अविकृत, अविभक्त, संपूर्ण, सर्वांग संपूर्ण.

**साबुन** *सं* साबुन टिकिया, सोप, •कपड़ा साबुन, •वाशिंग सोडा, •स्नान साबुन, •डिटर्जैंट पावडर, •नील, •रीठा, •शिकाकाई, •शैंपू.

**साबुन टिकिया** = साबुन.

**साबुन निकालना** = खँगालना.

**साबुनी** = फिसलनयुक्त.

**साबूदाना** = सागूदाना.

**साभिप्राय** = अर्थयुक्त, उद्देश्यपूर्ण, उद्देश्य से.

**साभिमान** = स्वाभिमानी.

**सामंजस्य** = अनुग्रह, शांतिकाल, संगति, सहअस्तित्व, सहयोग, सौमनस्य.

**सामंजस्य** *सं* अंडरस्टैंडिंग, आपसी समझ, एकरसता, औचित्य, जोड़, ट्यूनिंग, ड्योढ़ान, तालमेल, *तुक*, *पटरी*, पटौनी, परस्पर औचित्य, परस्पर संगति, बैठबिठाव, बैठान, मेल, मेलजोल, मैत्री, *संगत*, *संगति*, संतुलन, *संबंध*, सट्टाबट्टा, समझ, समझान, *समझौता*, समन्वय, समानुकूलता, सहचार, साँटी, साज़बाज, साथ, सुमेल, सुलह, *सुसंगति*, *सौमनस्य*, हिसाब, •परस्परता, •सहयोग, ▪असामंजस्य.

**सामंजस्यपूर्ण** = संगीतमय, सामंजस्ययुक्त.

**सामंजस्ययुक्त** *वि* आपसी, आपसी समझयुक्त, उपयुक्त, जोड़ीदार, *ठीक*, तालमेलपूर्ण, परस्पर, परस्परसंगत, *पारस्परिक*, मैत्रीपूर्ण, *संगत*, संगतिपूर्ण, संतुलित, समस्वर, समुपयुक्त, ससंगति, सही, सामंजस्यपूर्ण, सुसंगत, •तालबद्ध, •व्यवस्थित, •संगत, ▪सामंजस्यहीन.

**सामंजस्य स्थापना** = पुनर्मेल.

**सामंजस्यहीन** = एकताहीन, तालहीन, संगीतहीन.

**सामंजस्यहीन** *वि* अनमेल, अनाप्त, अयुक्त, *असंगत*, कुसंगत, परस्पर असंगत, बेताला/बेताली, बेमेल, *भिन्न*, विषम, विसंगत, •असंगत, •विपरीत, ▪एकजुट, ▪सामंजस्ययुक्त.

**सामंजस्यहीनता** = असामंजस्य.

**सामंत** = जमींदार, दरबारी.

**सामंत** *सं* अमीर, उमराव, ख़ान, जागीरदार, बेग, मनसबदार, महासामंत, मीर, राजानक (प्रा), लार्ड, •जमींदार, •राजा.

**सामंतकालीन** = मध्यकालीन.

**सामंत वर्ग** = उच्चवर्ग.

**सामंतवाद** *सं* सामंतशाही, •प्रतिक्रियावाद, •राजतंत्रवाद.

**सामंतशाही** = सामंतवाद.

**सामंती** = उच्चवर्गीय.

**सामंतीय** = मध्यकालीन.

**साम** = तर्पण, नीति चतुष्टय सूची, प्रसन्नन, भजन, लेबनान, सामनीति, सामवेद, सीरिया, स्तोत्र.

**सामकारी** = संतोषप्रद, सांत्वनाप्रद.

**सामग्री** = कच्चा माल, घटक, पाठ, रसद, संसाधन, सज्जा, समिधा, साधन, सामान.

**साम दाम दंढ भेद** = नीति चतुष्टय.

**सामना** = अगवाड़ा, कमीज़ पल्ला, दृश्याग्र, प्रतिद्वंद्विता, प्रतियोगिता, प्रतिरोध, मुखमंडल, मुठभेड़, युद्ध, वक्ष, संपर्क, समान प्रतियोगिता, सेनाग्र.

**सामना करना** = लड़ना.

**सामना पल्ला** = कमीज़ पल्ला.

**सामनी** = गला रस्सी.

**सामनीति** = तुष्टीकरण.

**सामनीति** *सं* अनुरंजन, *तुष्टीकरण*, *प्रशंसा*, मनौती, मान मनौअल, साम, •दामनीति, ▪दंडनीति, ▪भेदनीति.

**सामने** = अभिमुख, आगे, आगे आगे, आसन्नतः, उपस्थित, उस पार, खुले आम, देखते देखते, निकट ही, सीधे.

**सामने आना** = प्रकटना.

**सामने का शीशा** = विंडस्क्रीन.

**सामने के दाँत** = कृंतक.

**सामने गिरना** = गिड़गिड़ाना.

**सामने रखना** = देना.

**सामने वाला** = अगला/अगली, प्रतियोगी.

**सामने वाला आँगन** *सं* *अगवाड़ा*, अहाता, आगा, फ्रंटयार्ड, बाड़ा, बाहर वाला आँगन, सैट बैक, हाता, •अगवाड़ा, ▪पीछे वाला आँगन.

**सामने से नहीं** = चोरी छिपे.

**सामयिक** = अवसरानुकूल, अविलंबी, कालीन, बहुचर्चित, मौसमी, वर्तमान, विषयक, समकालीन, समयानुसार.
**सामर्थ्य** = अधिकार, क्षमता, दक्षता, प्रतिभा, योग्यता.
**सामर्थ्यवान** = कार्योन्मादी, सक्षम.
**सामर्थ्यशाली** = कार्योन्मादी.
**सामर्थ्यहीन** = अक्षम.
**सामवेद** = तीन वेद सूची, वेद.

**सामवेद** *सं* तीसरा वेद, भजनवेद, साम, स्वरपत्तन, ●वेद.

**सामस्त** = व्यापक.
**सामाजिक** = दर्शक, सामूहिक, सौमनस्यपूर्ण.

**सामाजिक** *वि* अवैयक्तिक, *आम*, नागर, पंचायती, समाजीय, सर्वजनीय, सार्वजनीन, सार्वलौकिक, ●राजनीतिक, ●संस्थानीय, ●सामूहिक, ■वन्य, ■व्यक्तगित, ■समाजविरोधी.

**सामाजिक अशांति** = उपद्रव.
**सामाजिक आंदोलन** = समाज सुधार.
**सामाजिकता** = नैतिकता, सभ्यता, समाज भावना.
**सामाजिक भावना** = समाज भावना.
**सामाजिक रहन सहन** = सभ्यता.
**सामाजिक शांति** = सुशासन.
**सामाजिक संगठन** = सभ्यता.
**सामाजिक समानता** = लोकतंत्र.
**सामान** = असबाब, कच्चा माल, खाद्य पदार्थ, घटक, पे लोड, रसद, लगेज, सज्जा.

**सामान** *सं* *असबाब*, उपस्कर, ग़ल्ला, गुड्स, चीज़ बस्त, जिंस, *पदार्थ*, माल, माल असबाब, मालमता, मालमत्ता, *वस्तु*, साज़सामान, सामग्री, हटैती, ●अदद, ●बंडल, ●लगेज, ●संदूक़, ●हार्डवेअर.

**सामान उतारना** = उतारना.
**सामान बँधाई** = पैकिंग.
**सामान सूची** = सूचीपत्र.
**सामाने जंग** = शस्त्रास्त्र.
**सामान्य** = अतकनीकी, अनौपचारिक, अप्रतिष्ठित, आवृत्तिशील, औसत, पारंपरिक, प्रचलित, बोलचाल की (भाषा), महत्त्वहीन, रूटीनी, लोक (कला), सांसारिक, साधारण.

**सामान्य** *वि* अविशेष, *आम*, ऐरा ग़ैरा/ऐरी ग़ैरी, *औसत*, कोई भी, जनता (बोलचाल), जनरल, जाना पहचाना/जानी पहचानी, *दैनिक*, नित्य प्रतिका, *परिचित*, *प्रचलित*, प्रायभव, प्रायिक, बहुप्रचलित, बाज़ारू, मामूली, सर्व, सर्वसाधारण, *सहज*, सार्व, सार्वजनिक, ●मध्यमस्तरीय, ●व्यापक, ●साधारण, ■अभूतपूर्व, ■असामान्य, ■विचित्र, ■विशेष, ■स्मरणीय.

**सामान्य जन** = जन साधारण.

**सामान्य ज्ञान** *सं* जनरल नौलिज, व्यावहारिक ज्ञान, ●सर्वज्ञातता, ●सामान्य बुद्धि.

**सामान्यतः** = प्रायः, लगभग.
**सामान्यता** = औसत राशि, गंभीरता, गुमनामी.
**सामान्यीकरण** = सहजीकरण.
**सामारीयम** = रासायनिक तत्त्व सूची.
**सामिष** = सामिष (आहार).

**सामिष (आहार)** *वि* आमिष, तामसिक, मांसयुक्त, मांसीय, राक्षसी, सामिष.

**सामिष खाद्य** = खाद्य मांस.
**सामिष पुलाव** = बिरियानी.
**सामिषाहारी** = मांसाहारी.
**सामी** = अरब वासी, यहूदी.
**सामीप्य** = उपस्थिति.
**सामीर्य** = वायु विषयक.
**सामुदायिक** = सामूहिक.
**सामुद्र** = वारियल वृक्ष, समुद्रीय.
**सामुद्रक** = समुद्री नमक.
**सामुद्रिक** = खलासी, जहाज़ी, समुद्रीय.
**सामुराई** = कुश्तीबाज़, योद्धा.
**सामुरी** = जादूगरनी, जादूगरी.
**सामूहिक** = राष्ट्रीयकृत, सर्वसहमत.

**सामूहिक** *वि* अवैयक्तिक, अव्यक्तिगत, *आम*, कुलीय, कौटुंबिक, क़ौमी, गणीय, गुटीय, जनरल, जमाअती, *जातीय*, दलीय, नेशनल, पंचायती, मजमूई, मुश्तरका, *राष्ट्रीय*, लोकीय, वृंदीय, शामलाती, संघीय, सब का, समष्टीय, समाजीय, समूहीय, सर्वजनीन, सर्वीय, साझा/साझी, साझेदारी का, *साधारण*, *सामाजिक*, सामुदायिक, सार्व, सार्वजनिक, सार्वजनीन, हमारा/हमारी, ■एकस्वामीय, ■व्यक्तिगत.

**सामूहिक कारवाई** = जन आंदोलन.
**सामूहिक कीर्तन** = कीर्तन.
**सामूहिक गायन** = कोरस.
**सामूहिकतः** = इकट्ठे, सब एक साथ.
**सामूहिक भूमि** = ग्रामभूमि.
**सामूहिक रूप से** = सब एक साथ.
**सामूहिक रोग** = महामारी.
**सामूहिक शील** = सभ्यता.
**सामूहिकीकरण** = राष्ट्रीयकरण.
**साम्नाय** = नियम, मिथकीय.
**साम्नी** = गला रस्सी.
**साम्य** = अनुग्रह, उपमा, उपमा अलंकार, सादृश्य, सौमनस्य.

**साम्यवाद** *सं* कम्यूनिज़्म, बोल्शेविकवाद, मज़दूरवाद, मार्क्सवाद, लेनिनवाद, वामपंथ, समानता, सरकारी उद्यम, ●प्रगतिवाद, ●वर्गयुद्ध, ●समाजवाद, ■पूँजीवाद.

**साम्यवादी** *सं* कम्यूनिस्ट, कामरेड, *प्रगतिवादी*, मज़दूरवादी, मार्क्सवादी, मार्क्सिस्ट, वामपंथी, साथी, ●समाजवादी, ■पूँजीवादी.

**साम्राजिक** = साम्राज्यात्मक.

**साम्राज्य** *सं* अधिराज्य, एकचक्र, चक्रवर्ती राज्य, सम्राटाधीन क्षेत्र, सल्तनत, ●रजवाड़ा, ●सम्राट, ■उपनिवेश.

**साम्राज्यवाद** *सं* इंपीरियलिज़्म, उपनिवेशवाद, एकछत्राधिकार वाद, गोराशाही, प्रसारवाद, विस्तारवाद, ●दमन, ●राजतंत्रवाद.

**साम्राज्यवादी** *सं* अधितंत्रवादी,

उपनिवेशवादी, प्रसारवादी, विस्तारवादी, •दमनशील.

**साम्राज्यात्मक** *वि* अधितंत्रात्मक, उपनिवेशात्मक, विस्तारशील, सम्राज्यीय, साम्राजिक, साम्राज्यी, •उपनिवेशीय, •शासकीय, ▪लोकतांत्रिक.

**साम्राज्यी** = साम्राज्यात्मक.
**साम्राज्यीय** = औपनिवेशिक.
**सायं** = पीऐम, सायंकाल, सायंकाल में, सूर्यास्त.
**सायंकाल** = त्रिसंध्या सूची, सायंकाल में.

**सायंकाल** *सं* अस्तकाल, दिनांत, दिनास्त, शाम, संधा, संध्या, संध्याकाल, साँझ, सायं, सूर्यास्त काल, •अपराह्न, •गोधूलि बेला, •झुटपुटा, •रात, ▪प्रातःकाल.

**सायंकाल आहार** = डिनर.

**सायंकाल में** *क्रिवि* अँधेरा होने पर, चिराग़ जले, दिन ढले, दिया जले, रात पड़े, शाम, शाम को, सँझोखैं, सरे शाम, सायं, *सायंकाल*, ▪प्रातःकाल में.

**सायंकालिक** = सायंकालीन.

**सायंकालीन** *वि* अस्तकालीन, वैकालिक, शाम का, सँझवाती, सँझैया, संध्याकालिक, संध्याकालीन, सांध्य, सायंकालिक, सायंतन, सूर्यास्तकालीन, ▪प्रातःकालीन.

**सायंकालीन शुक्र** *सं* *रति*, वैस्पर, *शची*, शाम का तारा, हैस्पर, •प्रातःकालीन शुक्र.

**सायंतन** = सायंकालीन.
**सायं निवास** = शयन शाला.
**सायं संध्या** = गोधूलि बेला.
**सायक** = तलवार.
**सायत** = विवाह मुहूर्त, साइत, साया.
**सायबान** = ओसारा, हैंगार.

**सायबान** *सं* *छप्पर*, *छाया*, शेड, शैड, •छज्जा, •बरामदा, •मंडप, •सनशेड.

**सायम** = रोज़ादार.
**साया** = छाया, परछाईं, पीछा, पेटीकोट, प्रभाव, भूत, भूतबाधा, संरक्षण, स्कर्ट.

**साया** *सं* *लगन*, *लग्न*, विवाह काल, सहालग, साअत, साए, सायत, •विवाह, •विवाह मुहूर्त.

**सायाम** = साकार.
**सायास** = अस्वाभाविक, प्रयत्नपूर्वक, श्रमसाध्य.
**सायुज्य** = अद्वैतता, युति.
**सारंग** = घोड़ा, चातक, बगला, मोर, लुंगी, सारंगी, सोहन चिड़िया, हाथी, हिरन.
**सारंगधर** = धनुषधारी.
**सारंगा** = सुंदर स्त्री.
**सारंगिक** = बहेलिया.
**सारंगिका** = सारंगी.

**सारंगी** *सं* *मैना*, शारंगिका, सारंग, सारंगिका, •वायलिन, •सितार.

**सार** = अर्क़, अर्थ, कथ्य, क़हवा, गूदा, दम, निष्कर्ष, मज्जा, शक्ति, सार संक्षेप.
**सार कथित** = संक्षिप्त.
**सारगर्भित** = सारपूर्ण, सूक्तिवत.
**सारणी** = तालिका, पंक्ति, सड़क, सूची.
**सारथी** = कोचवान, नेता, यानचालक, सरपरस्त.

**सारथी** *सं* अधिरथ, नियंता, यंता, रथचालक, रथवान, रथिक, रथी, *सूत*, •कोचवान, •गाड़ीवान, •ड्राइवर, •यानचालक.

**सारथी नगर** = ट्रांसपोर्ट नगर.
**सारना** = घटाना, निवारना.
**सारपूर्ण** = अर्थयुक्त, उपयोगी, पोषक, शक्तिवर्धक, सार्थक, सुदृढ़.

**सारपूर्ण** *वि* अर्थपूर्ण, *ठोस*, मूल्यवान, सत्त्वपूर्ण, सारगर्भित, *सार्थक*, ▪निरर्थक, ▪सारहीन.

**सारभंग** = बलक्षय.
**सारभूत** = मौलिक (अधिकार).
**सारमेय** = कुत्ता.
**सारमेयी** = कुतिया.
**साररूप** = मौलिक (अधिकार).
**सारवान** = अर्थयुक्त, बलिष्ठ, सार्थक.
**सार संक्षिप्त** = संक्षिप्त.

**सार संक्षेप** *सं* *कथ्य*, तात्पर्य, निचोड़, *निष्कर्ष*, फलितार्थ, भावार्थ, मंतव्य, रूपरेखा, लुब्बे लुआब, संक्षिप्त विवरण, संक्षेप, संहार, सार, सारांश, •विहंगावलोकन, ▪ब्योरा.

**सार संक्षेप कर्ता** = संक्षेपक.
**सार संक्षेपित** = संक्षिप्त.
**सारस** = हंस.

**सारस** *सं* अंबुज, अरविंद, कलांकुर, *क्रेन*, गोनर्द, दीर्घग्रीव, देवरात, पंकज, *रसिक*, शिखी, सरसीरुह, सरहंस, सर्पभुज, •हंस.

**सार सैंधव** = सेंधा नमक.
**सारस्वत** = ऋषि सूची.
**सारहीन** = अर्थहीन, खंडनीय, तथ्यहीन, निर्बल, निरर्थक, रसहीन.

**सारहीन** *वि* ख़ाली, जर्जर, *ठनठन*, ठूँठा/ठूँठी, ठोठरा/ठोठरी, तुच्छ, थोथा/थोथी, निचुड़ा/निचुड़ी, *निस्सार*, *फोक*, शुष्क, सत्त्वहीन, •रसहीन, ▪सारपूर्ण.

**सारहीनता** = निरर्थकता.
**सारांश** = सार संक्षेप.
**सारांश कर्ता** = संक्षेपक.
**सारांशतः** = संक्षेपतः.
**सारांशित** = संक्षिप्त.
**सारा** = थोक में बिकाऊ.
**सारा/सारी** = अभंजित, अविभक्त, पूर्णकृत, व्यतीत, संपूर्ण, सर्वांग संपूर्ण, सविस्तार.
**सारा माल बिक्री** = सेल.
**सारिका** = कुटनी, मादा तोता, मैना.
**सारिणी** = उत्स्रोत धारा.
**सारी** = भ्रूभंगिमा, मलाई.
**सारूप्य** = सादृश्य.
**सारे** = सब.
**सारे के सारे** = सब एक साथ.
**सारेगामा** = आरोह क्रम, सप्तक, स्वरारोह.
**सारे में** = हर ओर.

**सार्क (बीज नाम)** = दक्षेस.
**सार्जैंट** = सिपाही, सैनिक.
**सार्थ** = वृंद, व्यवस्थित समूह, समूह.

**सार्थ** *सं* *क़बीला*, काफ़ला (विकल्प), काफ़िला, कारवाँ, कारवान, कैरेवान, *टाँड़ा*, टोली, दल, बनजारा समूह, मंडली, *यात्रा*, यात्री दल, वणिक कटक, वणिक दल, *समूह*, •यानसमूह, •वृंद, •सहयात्रा.

**सार्थक** = अर्थयुक्त, उद्देश्यपूर्ण, उपयोगी, भावोत्पादक, सारपूर्ण.

**सार्थक** *वि* अर्थकर, अर्थान्वित, अव्यर्थ, *उद्देश्यपूर्ण*, कारथ, सकाम, सकारथ, *सारपूर्ण*, सारवान, ■अनुपयोगी, ■निरर्थक, ■फलहीन.

**सार्थक तलाश** = आलब्धि.
**सार्थक ध्वनि** = भाषा, शब्द.

**सार्थपति** *सं* अमीर, काफ़िला सालार, काफ़िले वाला, *नेता*, पण्याजीव, बनजारा सरदार, मीर, मीरे काफ़िला, सरदार, सार्थवाह, •मुखिया, •सौदागर.

**सार्थवान** = अर्थयुक्त.
**सार्थवाह** = सार्थपति.
**सार्प** = सर्पीय.
**सार्य** = अनुच्चारित.
**सार्व** = अर्हत, देशस्तरीय, विश्वीय, सामान्य, सामूहिक, सृष्टीय.
**सार्वकालिक** = चिरयुवा, बारहमासी.
**सार्वजनिक** = अगुप्त, शासकीय, सर्वज्ञात, सामान्य, सामूहिक.

**सार्वजनिक उपवन** *सं* पब्लिक गार्डन, पार्क.

**सार्वजनिकतः** = खुले आम.
**सार्वजनिक यान** = बस.
**सार्वजनिक लाभ** = जनहित.

**सार्वजनिक शौचालय** *सं* जनसुविधा, बंपुलिस, बमपुलिस.

**सार्वजनिक सूचना** = मुनादी.
**सार्वजनीन** = सर्वज्ञात, सामाजिक, सामूहिक.
**सार्वत्रिक** = विश्वीय, व्यापक, सर्वगामी.
**सार्वदेशिक** = देशस्तरीय, विश्वीय.
**सार्वदेशिक रोग** = महामारी.
**सार्वभौम** = देशस्तरीय, प्रसिद्ध, विश्वीय, व्यापक.
**सार्वभौम (उत्तर)** = दिग्गज (दिशा).
**सार्वभौम सत्ता** = प्रभुसत्ता, स्वाधीनता.
**सार्वभौमिक** = विश्वीय, सर्वगामी.
**सार्वमेध** = यज्ञीय.
**सार्वलौकिक** = असीम, लोकप्रिय, विश्वीय, व्यापक, सर्वज्ञात, सामाजिक.
**साल** = काष्ठ सूची, टीस, वर्ष.

**साल** *सं* चीरपर्ण, देवधूप, *राल*, शंकु, शंकु वृक्ष, *शाल*, श्रीद्रुम, सकवा, सर्ज, साखू, •सागौन.

**सालक्षण्य** = सादृश्य.
**सालगिरह** = जन्म दिवस.
**साल चौमासे** = शायद ही कभी.
**सालता/सालती** = चुभनशील.
**सालन** = रसा, रसेदार भाजी, रसेदार मांस भाजी व्यंजन.
**सालना** = चुभना.
**साल पहला दिन** = नववर्ष दिवस.
**सालरस** = राल.
**साल शृंग** = मुँडेर.

**साला** *सं* जोरू का भाई, पत्नी भाई, श्याला, सालार जंग, •जीजा, •सलहज, •साली.

**-साला/-साली** = वर्षीय.
**सालाना** = वर्षीय, वार्षिक.
**साला पत्नी** = सलहज.
**सालार** = सेनापति.
**सालार जंग** = साला, सेनापति.
**सालिगराम** = शालग्राम बटी.
**सालिम** = अभंजित, अविकृत, अविभक्त, संपूर्ण, सर्वांग संपूर्ण.
**सालियाना** = निर्वाह वृत्ति, वर्षदेय.

**साली** *सं* आधी घरवाली, श्यालिका, श्याली, •ननद, •ननदोई, •साढ़ू, •साला.

**साली पति** = साढ़ू.
**सालू** = ओढ़नी, शाल.
**साल्ट** = नमक.
**साल्टपीटर** = शोरा.
**साल्पोक्ति** = अल्पोक्तिपूर्ण.
**साल्वेशन आर्मी** = समाजसेवी संस्था.
**साल्सा** = कैचप.
**सावकाश** = अप्रवृत्त.
**सावज्ञ** = घृणापूर्ण.
**सावधान** = एकाग्रचित्त, गोपनशील, युद्धसन्नद्ध, संकट चिह्न, समय पालक.

**सावधान** *वि* अतंद्र, अनातुर, अनुत्तेजित, अप्रमत्त, अप्रमादी, कार्यनिष्ठ, *कुशल*, खुली आँखों वाला, चाक़, चाक़चौकस, चाक़चौबंद, *चुस्त*, चेतन, चौकन्ना/चौकन्नी, चौकस, जागता/जागती, जागरूक, *जाग्रत*, दत्तचित्त, ध्यानपूर्ण, निस्तंद्र, प्रतिबद्ध, *प्रबुद्ध*, बेदार, भरोसेमंद, *लगनशील*, विवेकपूर्ण, *शंकालु*, शक्की, शांतचित्त, *संदेहशील*, *सचेत*, सचेतन, सजग, सजीव, सतर्क, होशियार, •कर्तव्यपरायण, •परिश्रमी, •सन्नद्ध, ■असावधान, ■आलसी, ■विस्मरणशील.

**सावधान करना** = चेताना.
**सावधान कर्ता** = सचेतक.
**सावधानतः** = पद प्रतिपद.
**सावधानी** = दूरदर्शिता, रखरखाव.

**सावधानी** *सं* अतंद्रा, अनातुरता, अप्रमाद, एहतियात, चौकन्नापन, चौकसी, जागरूकता, जाग्रतता, ज़िम्मेदारी, दत्तचित्तता, *ध्यान*, फ़िक्र, सँभाल, सचेतता, सजगता, सतर्कता, होश, होशियारी, •कर्तव्यनिष्ठा, •दायित्व, •दूरदर्शिता, ■असावधानी, ■आतुरता, ■जल्दबाज़ी, ■हड़बड़ी.

**सावधानीपूर्ण** = ठीक, विचारित.
**सावधानीहीन** = असावधान.
**सावधानीहीनता** = असावधानी.
**सावधि** = सावधिक.
**सावधिक** = नियमित.

**सावधिक** *वि* अवधियुक्त, कालिक, नियत, *निर्धारित*, बँधा/बँधी, बदा/बदी, मियादी, मुद्दती, समयबद्ध, सावधि, ■अवधिहीन,

■शाश्वत.

**सावधिक देय** *वि* अंशदेय, क़िस्त, भागदेय, वृत्ति, ●मासदेय, ●वर्षदेय, ●साप्ताहिक देय.

**सावधिक पारिश्रमिक** = वेतन.
**सावधिक प्रकाशन** = पत्रिका.
**सावन** = बरसात, यज्ञीय, श्रावण मास.
**सावन का महीना** = बरसात.
**सावन भादों** = बरसात.
**सावनी** = झूला तीज.
**सावनी तीज** = झूला तीज.
**सावर्णि मनु** = मनु सूची.
**सावित्र** = सूर्य.
**सावित्री** = पतिव्रता, यमुना नदी, सरस्वती नदी, सूर्यकिरण.
**सावित्री** = सधवा.
**सावित्री सूत्र** = यज्ञोपवीत.
**सावित्रेय** = यमराज.
**सावेश** = क्रुद्ध.
**साश्रु** = अश्रुपूर्ण.
**साष्टांग दंडवत** = दंडवत.

**साष्टांग दंडवत अंग सूची** *सं घुटना*, छाती, दृष्टि, पाँव, *बुद्धि*, *वचन*, *सिर*, *हाथ*.

**साष्टांग प्रणाम** = दंडवत.
**साष्टांग योग** = योगांग.

**सास** *सं* अत्ता, आर्या (प्रा), चारुदेवी (प्रा), पति माता, पत्नी माता, श्वश्रु, साधु देवी (प्रा), साधुधी (प्रा), सासु, सुसरी, ●तायस, ●दादस, ●नानस, ●पीतस, ●फूफस, ●मौलस, ●मौसस, ●दामाद, ●नतोहू, ●पतोहू, ●पुत्रवधू, ●ससुर.

**सासरा** = ससुराल.
**सासु** = सास.

**सासेज** *सं* क़ीमा लंगोछा, क़ुलमा, गुलमा, लंगोछा, ●कबाब, ●टिक्का, ●हैमबर्गर.

**साह** = महाजन, राजा सूची भारतीय, सेठ, स्वामी.
**साहब** = अँगरेज, ईश्वर, उपदेशक, कुलीन पुरुष, छबीला, दक्ष व्यक्ति, प्रबंधक, महाप्रबंधक, मुखिया, सर्वोच्च सत्ताधारी.
**साहबज़ादा** = बड़ा आदमी पुत्र.
**साहबज़ादा (संबोधित व्यक्तिः पुत्र)** = पुत्र.
**साहबज़ादी** = कुलीन स्त्री.
**साहब लोग** = कुलीन समाज.
**साहब सलामत** = अल्पपरिचय.
**साहबी** = अँगरेज विषयक.
**साहबे किताब** = पैग़ंबर, मुहम्मद.
**साहबे ज़बान** = वाग्विलासी व्यक्ति.
**साहबे तदबीर** = दक्ष.
**साहस** = धैर्य.

**साहस** *सं* अटलता, अडिगता, अभय, *आत्मा*, आरभटी (प्रा), *उत्साह*, औसान, कलेजा, *गुरदा*, छाती, जवाँमर्दी, जाँबाज़ी, जाननिसारी, ज़िंदादिली, *जिगर*, जिगरा, जी, जीवट, ज़ुर्रत, ताब, तौफ़ीक़, दमख़म, दिल, दिलावरी, दिलेरी, पराक्रम, पानी, पित्ता, पौरुष, प्राणपणता, बहादुरी, मजाल, मरदानगी, व्रत, *शक्ति*, *संकल्प*, सरकशी, सरफ़रोशी, सिट्टी पिट्टी, स्पिरिट, हिम्मत, हियाव, *हृदय*, हौसला, ●आत्मविश्वास, ●उत्साह, ●दुस्साहस, ●धैर्य, ●मनोबल, ●वीरता, ●संकल्प, ●स्वाभिमान, ■कायरता, ■भय, ■हिचक.

**साहस कथा** *सं* गाथा, वीरकथा, संघर्ष कथा.

**साहस का पुतला** = वीर पुरुष.
**साहस की पुतली** = वीर स्त्री.
**साहस छोड़ना** = डगमगाना, डरना, भागना.
**साहस टूटना** = डरना.
**साहस तोड़ना** = डराना.
**साहसपूर्ण** = पुरुषोचित, साहसी.
**साहसभंग** = भय.

**साहस यात्रा** *सं* अभियात्रा, *अभियान*, ऐडवैंचर, महायात्रा, मिशन, *यात्रा*, सफ़ारी, ●अंतरिक्ष यात्रा, ●खोज यात्रा, ●पर्वतारोहण.

**साहस यात्री** = साहसिक यात्री.
**साहसवर्धन** = प्रोत्साहन.
**साहसहीन** = कायर.
**साहसहीनता** = पलायनवाद.
**साहसिक** = साहसिक यात्री.
**साहसिक यात्री** = खोज यात्री.

**साहसिक यात्री** *सं अभियानी*, ऐडवैंचरर, *घुमक्कड़*, साहस यात्री, साहसिक, *साहसी*, ●अंतरिक्ष यात्री, ●खोज यात्री, ●पर्वतारोही.

**साहसी** = वीर, साहसिक यात्री.

**साहसी** *वि* अकातर, अटल, अत्रस्त, उद्दंड, उद्यमी, कर्मठ, चार गुर्दे वाला, जाँबाज़, जीवटदार, दिलचला, दिलावर, दिलेर, बहादुर, बाँका/बाँकी, बाँकुरा/बाँकुरी, बेधड़क, मनचला/मनचली, *वीर*, शेरदिल, सरफ़रोश, साहसपूर्ण, हिम्मती, ●अभिमानी, ●आत्मविश्वासी, ●दुस्साहसी, ●परिश्रमी, ●भयहीन, ■कायर, ■पलायनवादी, ■भयभीत.

**साहसी स्त्री** = वीर स्त्री.
**साहस्राब्दिक** = हज़ार वर्षीय.
**साहित्य** = पुस्तक, संस्कृति.

**साहित्य** *सं* अदब, *कला*, *काव्य*, गद्य और काव्य, रचना, वाङ्मय, साहित्य जगत, साहित्यिक रचना, ●उपन्यास, ●कविता, ●कहानी, ●काव्य, ●गद्य, ●गीत, ●जीवनी, ●निबंध, ●महाकाव्य, ●लेख, ●शब्दचित्र, ●संस्मरण, ●समीक्षा, ●कला, ●कृति, ●लेखक, ●संस्कृति.

**साहित्य कर्म** = साहित्य सृजन.
**साहित्य कर्मी** = लेखक.
**साहित्य कर्मी होना** = लिखना.
**साहित्यकार** = लेखक.
**साहित्यकार होना** = लिखना.
**साहित्यकारिता** = साहित्य सृजन.

**साहित्य गोष्ठी** *सं* अदबी जलसा, गोष्ठी, मजलिसे अदब, साहित्य सभा, साहित्य सम्मेलन, ●अंताक्षरी, ●कवि सम्मेलन.

**साहित्य जगत** = साहित्य.

**साहित्यजीवी** = लेखक.
**साहित्य नौकर** = लेखक.
**साहित्य पाठक** = पाठक.

**साहित्य प्रेम** *वि* अदबीयत, काव्यप्रेम, काव्य रसिकता, काव्यात्मकता, साहित्य रसिकता, साहित्यिकता, साहित्यिक रुचि.

**साहित्य प्रेमी** *सं* अदबनवाज़, काव्यप्रेमी, काव्यरसिक, *रसिक*, साहित्य रसिक, साहित्यसेवी, •कलाप्रेमी, •पढ़ाकू.

**साहित्य रसिक** = साहित्य प्रेमी.
**साहित्य रसिकता** = साहित्य प्रेम.
**साहित्य लिखना** = लिखना.
**साहित्य लेखक** = लेखक.
**साहित्य लेखन** = साहित्य सृजन.
**साहित्य सभा** = साहित्य गोष्ठी.
**साहित्य सम्मेलन** = साहित्य गोष्ठी.

**साहित्य सृजन** *सं अभिव्यंजन*, प्रकटन, प्रणयन, रचना, राइटिंग, *लेखन*, लेखन कर्म, साहित्य कर्म, साहित्यकारिता, साहित्य लेखन, *सृजन*, •सहवेदना, ■साहित्य चोरी.

**साहित्यसेवी** = पाठक, साहित्य प्रेमी.
**साहित्यिक** = काव्यात्मक.

**साहित्यिक** *वि* अदबी, *काव्यात्मक*, साहित्यीय, •कलात्मक.

**साहित्यिकता** = साहित्य प्रेम.
**साहित्यिक रचना** = साहित्य.
**साहित्यिक रुचि** = साहित्य प्रेम.
**साहित्यीय** = साहित्यिक.
**साहिर** = जादूगर.
**साहिल** = तट, नदी तट.

**साही** *सं* शलल, शली, शल्लक, शल्लकी, सेही.

**साहुल** *सं* अधोलंब, प्रलंब, प्लंब, सहावल, सीसक, *सीसा*, सौल, •राज मज़दूर, •स्थापत्य कला.

**साहू** = महाजन, मुखिया, राजा सूची भारतीय, सेठ, स्वामी.
**साहूकार** = महाजन, सूदख़ोर.
**साहूकारा** = ऋण व्यवसाय.
**साहूकारी** = ऋण व्यवसाय.
**साहूकारी हुंडी** = हुंडी.
**सिंकना** = तपना.
**सिंका/सिंकी** = कुरकुरा (आहार).
**सिंकाई** = भबकारा.
**सिंकिंग** = पस्ती.
**सिंगर** = गायक, गायिका.
**सिंगरफ** = सिंदूर.

**सिंगापुर** *सं* शोनान (जापानी) (1942-1945), सिंहपुर.

**सिंगार** = बानतेल, शृंगार रस, सिंगार.

**सिंगार** *सं* कंघीचोटी, छबि, ज़ीनत, धज, धजा, फब, बनठन, बनाव सिंगार, माँगचोटी, रूपसज्जा, रूपसिंगार, शृंगार, सजधज, *सज्जा*, सिंगारपट्टी, •प्रसाधन, •सजावट.

**सिंगारकक्ष** = मेकअप रूम.
**सिंगार करना** = सिंगारना.
**सिंगारना** = सजाना.

**सिंगारना** *क्रि* अलंकृत करना, तैयार करना, प्रसाधन करना, प्रसाधित करना, *बनाना*, मेकअप करना, शृंगार करना, शोभान्वित करना, सँवारना, *सजाना*, सजाना सँवारना, सिंगार करना, सुंदर बनाना, •केश सँवारना, •पहनाना, •बाल काटना, •शेव करना.

**सिंगारपट्टी** = प्रसाधन, सिंगार.
**सिंगार मेज़** = ड्रैसिंग टेबल.
**सिंगार रस** = शृंगार रस.
**सिंगार सज्जित** = प्रसाधित.
**सिंगारहार** = हारसिंगार.
**सिंगारिया** = ब्यूटीशियन, मेकअप मैन, मेकअप मैन.
**सिंगारी** = ब्यूटीशियन.
**सिंघाड़ा** = समोसा.

**सिंघाड़ा** *सं* जलसूचि, त्रिकोण फल, पानीफल, शृंगाट, शृंगाटक, संघाटिका, सप्तनाड़िका.

**सिंघाण** = नासिका मल.
**सिंघी** = तुरही.
**सिंचन** = अभिषेक, अल्पवर्षा, आर्द्रण, छिड़काव, पोषण.

**सिंचन** *सं* आबपाशी, इरिगेशन, कृषिसिंचन, खेत सिंचाई, *छिड़काव*, जलसिंचन, तराई, भूसिंचन, सिंचाई, सिंचौनी, सींच, सेचन, सेराई, •ट्यूब वैल, •नहर, •बारिश, •रहँट, •फुहार, ■जल अपवहन, ■सुखाई.

**सिंचन करना** = सींचना.
**सिंचनहीन** = असिंचित.
**सिंचा/सिंची** = सिंचित.
**सिंचाई** = सिंचन.
**सिंचाई करना** = सींचना.
**सिंचित** = संसिक्त.

**सिंचित** *वि* आप्लावित, ग़र्क़, गीला/गीली, डूबा/डूबी, तर, पानी लगा, प्लावित, *संसिक्त*, सिंचा/सिंची, सिक्त, सींचा/सींची, सेचित, सेराब, ■असिंचित.

**सिंचीतिका फल** = सेब.
**सिंचौनी** = सिंचन.
**सिंजिनी** = करधनी.
**सिंटैक्स** = वाक्य रचना.
**सिंडिकेट** = कंपनी, गुट, षड्यंत्रकारी दल, संपर्क जाल, संस्था.
**सिंडियासी** = सँड़सा.
**सिंथैटिक वस्त्र सूची** = रासायनिक धागे और वस्त्र.
**सिंथैसिस** = संश्लेषण.
**सिंदूर** = सिंदूरदान.

**सिंदूर** *सं* अरुण, ईंगुर, मंगल्य, मणिराग, शिंगरफ, संधिराग, सिंगरफ, सीमंतक, *सौभाग्य*, हिंगुल, •बिंदी, •रोली, •सधवा, •सुहाग.

**सिंदूरकारण** = सीसा.
**सिंदूरतिलका** = सधवा.

**सिंदूरदान** *सं* माँग भराई, *सिंदूर*.

**सिंदूरी** = लाल.
**सिंध** = सिंधु नदी.
**सिंधिया** = राजा सूची भारतीय.
**सिंधी** = भारत राष्ट्रभाषा.
**सिंधु** = नदी, नदी सूची भारत

उपमहाद्वीप, समुद्र, सिंधु नदी.
**सिंधुक** = समुद्रीय.
**सिंधुज** = शंख, सुहागा, सेंधा नमक.
**सिंधुजात** = मोती.
**सिंधु देश** = भारत.

**सिंधु नदी** *सं* इंडस, इंदु, सिंध, सिंधु.

**सिंधु नदी के निकट मिलने वाला नमक** = सेंधा नमक.
**सिंधुपुष्प** = कदंब, मौलसिरी.
**सिंधुपौर** = गोपुरम.
**सिंधुमाता** = सरस्वती नदी.
**सिंधुमुख** = डेल्टा.
**सिंधुराज** = समुद्र.
**सिंधु लवण** = सेंधा नमक.
**सिंधु संगम** = सागर विलयन.
**सिंधु संभवा** = फ़िटकरी.
**सिंपोज़ियम** = डिबेट.
**सिंप्टम** = पूर्वलक्षण.
**सिंबल** = प्रतीक.
**सिंबा** = सेम.
**सिंबिनी** = सेम.
**सिंबी** = सेम.
**सिंह** = उत्तम व्यक्ति या वस्तु, बाघ, वीर पुरुष, सिंह राशि, सिख.

**सिंह** *सं* अब्बास, अरण्यराज, कुंजरारि, केशी, केसरी, केहरी, गजारि, जानवरों का राजा, नाहर, बबर, मृगराज, मृगारि, मृगेंद्र, लेय, वनराज, व्याल, शेर, सटाल, हरिणेश, •बाघ, •सिंहनी, ▪ख़रगोश, ▪गीदड़, ▪हाथी, ▪हिरन.

**सिंह गति** = अकड़ की चाल.
**सिंहद्वार** = गोपुरम, नगरद्वार, प्रवेश द्वार, फाटक.
**सिंहद्वीप** = श्रीलंका.
**सिंहध्वनि** = चुनौती, युद्धनाद.
**सिंहनाद** = युद्धनाद.
**सिंहनी** = वीर स्त्री.

**सिंहनी** *सं* बाघिन, मादा चीता, मादा बाघ, मादा सिंह, व्याघ्री, शेरनी, •सिंह.

**सिंहपुर** = सिंगापुर.
**सिंहपौर** = नगरद्वार.
**सिंह राशि (21/24 जुलाई-21/23 अगस्त)** = राशि सूची.

**सिंह राशि** *सं* मृगराज, मृगारि, लेय, *सिंह*.

**सिंहल** = टीन, राँगा, श्रीलंकाई.
**सिंहलक** = पीतल.
**सिंहल द्वीप** = श्रीलंका.
**सिंहल द्वीपी** = श्रीलंकाई.
**सिंहली** = श्रीलंकाई.
**सिंहवाहिनी** = दुर्गा.
**सिंहविक्रम** = वीर.
**सिंहाजिन** = चर्म आसन.
**सिंहावलोकन** = पुनर्विचार.

**सिंहासन** *सं आसन*, *कुरसी*, *गद्दी*, *तख़्त*, थ्रोन, *दीवान*, *मंच*, मसनद, राजगद्दी, राजसिंहासन, राजासन, •मुकुट.

**सिंहासन भ्रष्ट** = सत्ताच्युत.
**सिंहासनस्थ** = सत्तासीन.
**सिंहासनारोहण** = मंदिर प्रतिष्ठापना, सत्तारोहण.
**सिंहासनासीन** = सत्तासीन.
**सिंहिका पुत्री** = होलिका.
**सिंहिकासुत** = राहु.
**सिंहोड़** = थूहर.
**सिंहोदर/सिंहोदरी** = पतली कमर वाला.
**सिअरा/सिअरी** = अतिशीतल.
**सिकंदरा** = यातायात संकेत.
**सिकड़ी** = करधनी, ज़ंजीर, साँकला.
**सिकता** = दोमट, रेत, शक्कर.
**सिकता तट** = बेला तट.
**सिकतामय** = रेतीला/रेतीली.
**सिकत्तर** = सचिव.
**सिकरम** = ऊँटगाड़ी.
**सिकरी** = साँकला.
**सिकलीगर** = धिसनहार.
**सिकुड़न** = झुर्री, भिंचन, मुँदन, शिकन.

**सिकुड़न** *सं* अवकुंचन, आकुंचन, श्रिंक, श्रिंकिंग, सिमटन.

**सिकुड़ना** = ठिठुरना, मुँदना, सकुचना.

**सिकुड़ना** *क्रि* श्रिंक होना, सिमटना, •सिकोड़ना, ▪खुलना, ▪व्यापना.

**सिकुड़ा/सिकुड़ी** = गुडीमुडी, मुँदा/मुँदी, लघुकाय.
**सिकुड़ा/सुकड़ी** = साइज़ से छोटा.
**सिकोड़ना** = मोसना.

**सिकोड़ना** *क्रि* छोटा करना, श्रिंक करना, संकुचित करना, संकुचित करना, •पहले से सिकोड़ना, •सिकुड़ना.

**सिकोली** = टोकरा टोकरी.
**सिक्कड़** = करधनी, ज़ंजीर.
**सिक्का** = प्रताप, प्रतिष्ठा, मुहर, मुहर चिह्न.

**सिक्का** *सं* कलदार, टंक, द्रविण, नक़दी, पण, *पैसा*, *रुपया*, लक्ष्मी, •करंसी, •क्रैडिट कार्ड, •जाली सिक्का, •टकसाल, •धन, •नोट, •रेजगारी.

**सिक्का सूची** *सं अठन्नी*, *अधन्ना*, *अधेला*, *अशरफ़ी*, *आना*, इकन्नी, *कौड़ी*, क्वार्टर, *चवन्नी*, छदाम, टका (बांग्ला देश), डालर (संराअ), ड्यूट्श मार्क (जर्मनी), दमड़ी, दिरहम, दीनार, दुअन्नी, धेला, पाई, पैनी, *पैसा*, पैसो, *पौंड*, *मुहर*, युआन (चीन), यूरो (यूरोप), यैन (जापान), रिंगिट (मलेशिया), रीयाल (इटली), *रुपया*, रूबल (रूस), लीरा (इटली), शिलिंग, सैंट.

**सिक्का उछाल** = शेर बकरी.
**सिक्किम** = भारत राज्य प्रदेश.

**सिक्किमः राजधानी** *सं* गंगटोक.

**सिक्खी** = सिख धर्म.
**सिक्त** = गिलगिला/गिलगिली, सिंचित.

**सिख** *सं* ख़ालसा, नानकपंथी, नानकशाही, सरदार, *सिंह*, सिख धर्मावलंबी, •अकाली सिख, •कूका सिख, •निरंकारी सिख, •निहंग सिख, •मज़हबी सिख, •सुथरेशाही सिख.

**सिख गुरु** *सं गुरु*, गुरुसाहब, वाह गुरु.

**सिख गुरु सूची** *सं*

नानकदेव (1469)
अंगददेव (1539-52)
अमरदास (1552-74)
रामदास (1574-81)
अर्जुनदेव (1581-1606)
हरगोविंद (1606-44)
हरराय (1644-61)
हरिकिशन (1661-64)
तेग़ बहादुर (1664-75)
गोविंदसिंह (1675-1708).

**सिख गुरुद्वारा** = गुरुद्वारा.
**सिखतड़** = अप्रशिक्षित, नौसिखिया, प्रशिक्षु.

**सिख धर्म** *सं* अकाल धर्म, नानक पंथ, सिक्खी, •गुरुग्रंथ.

**सिख धर्माधिकारी** *सं* ग्रंथी, *ज्ञानी*, *रागी*, सेवादार, •उपदेशक.

**सिख धर्मावलंबी** = सिख.
**सिखरन** = श्रीखंड.
**सिखलाई** = प्रशिक्षण.
**सिखाई** = अध्यापन, कुपरामर्श, प्रशिक्षण, ब्रेनवाशिंग.
**सिखाना** = पढ़ाना, समझाना, सुझाना.

**सिखाना** *क्रि* अनुभव कराना, अभ्यास कराना, आदी करना, कर के सिखाना, कला सिखाना, ट्रेन करना, तैयार करना, *दिखाना*, प्रशिक्षण करना, प्रशिक्षित करना, *बताना*, *माँजना*, योग्य बनाना, सधाना, *समझाना*, *साधना*, साधना कराना, सिद्ध बनाना, सिद्धहस्त करना, *सुधारना*, हुनर सिखाना, •पढ़ाना, •बताना, ▪सीखना.

**सिगड़ी** = अँगीठी.

**सिगरेट** *सं* धूम्र दंडिका, श्वेत वर्तिका, •चिलम, •पाइप, •बीड़ी, •सिगार, •हुक़्क़ा.

**सिगार** *सं* चुरुट, •बीड़ी, •सिगरेट.

**सिग्नल** = कूट संकेत, यातायात संकेत, संकट सूचना, संकेत, संकेतक.
**सिग्नेचर** = हस्ताक्षर.

**सिजदा** *सं* नमन, नमाज़ सिजदा, रुकूअ, शीशनमन, •साजिद.

**सिजदा करने वाला** = साजिद.
**सिजदागाह** = उपासनालय, मसजिद.
**सिजदा नमाज़** = धर्मकर्म.
**सिझन** = छनछन.
**सिझना** = छनछनाना.
**सिझाना** = उसनाना.
**सिटकिनी** = चटकनी.
**सिटी** = नगर.
**सिटी कार्पोरेशन** = नगर निगम.
**सिटीज़न** = नागरिक.
**सिटीज़नशिप** = नागरिकता.
**सिट्टा** = अनाज बाल, बीजकोश.
**सिट्टी पिट्टी** = साहस, हाज़िरजवाबी.
**सिट्टी पिट्टी गुम करना** = डराना.
**सिड़** = उन्माद, पागलपन.
**सिड़पन** = उन्माद.
**सिड़बिल्ला/सिड़बिल्ली** = अनाड़ी.
**सिड़ी** = उन्मत्त, सठियाया/सठियाई.
**सिड़ीपन** = सठियायापन.
**सिड़ीपना** = उन्माद, सठियायापन.
**सितंबर** = मास सूची.
**सितंबर 22/23** = शरद विषुव.
**सित** = शुक्र ग्रह, सफ़ेद.
**सितकुंजर** = इंद्र, ऐरावत.
**सितपक्ष** = शुक्लपक्ष, हंस.
**सितपुष्प** = काँस घास.
**सितम** = अत्याचार, अन्याय, यातना.
**सितमगर** = अत्याचारी, अन्यायी, आततायी.
**सित माष** = राजमाह.
**सितवारण** = इंद्र.
**सित शिव** = सेंधा नमक.
**सितांबर** = श्वेतांबर.
**सितांशु** = चंद्रमा.
**सितांशुक** = श्वेतांबर.
**सिता** = चाँदी, मिसरी.

**सितार** *सं* त्रितंत्रिका वीणा, सितारा, •एकतारा, •तानपूरा, •वायलिन, •सरोद, •सारंगी.

**सितारा** = आतिशबाज़ी, तारा, नक्षत्र, सितार, सितारा कलाकार, सितारे.

**सितारा कलाकार** *सं* चहेता/चहेती, तारा/तारिका, *नटनागर*, सरताज, सितारा, सिरमौर, स्टार, हस्ती, •वीआईपी.

**सितारादानी** = खगोलिकी.
**सितारे** = उत्तम जनसमूह, प्रारब्ध, भाग्य.

**सितारे** *सं* चमकी, *टिकली*, सितारा, •कुमकुमा, •ज़री, •तड़कभड़क.

**सितारों की गर्दिश** = भाग्यचक्र.
**सितारों की दुनिया** = स्टारडम.
**सितारों से बात करने वाला** = गगनचुंबी.
**सितुही** = सीपी.
**सितून** = ठीहा.
**सितोपल** = खड़िया.
**सिदौसी** = तत्काल.
**सिदीक़** = छलहीन.
**सिद्ध** = अखंडनीय, अनुभवी, अभिमंत्रक, अभिमंत्रित, अभ्यस्त, ऋषि, कपिल, कृत, चिकित्सक, चुकता, जादूगर, तपस्वी, तीर्थंकर, दक्ष, दक्ष व्यक्ति, पक्व, पराजित, पालतू, पूर्णकृत, प्रमाणसिद्ध, भाग्यवाचक, योगी, वैद्य, सफल, साधित, साधु.
**सिद्ध कलाकर्मी** = सिद्ध कलाकार.

**सिद्ध कलाकार** *सं* उस्ताद, कलाकोविद, कलागुरु, कलावंत, गुणी, *गुरु*, पंडित, मास्टर, सिद्ध कलाकर्मी.

**सिद्धकाम** = पूर्णेच्छ.
**सिद्धकार्य** = सफल.
**सिद्धकार्यता** = सफलता.
**सिद्धजल** = माँड़िया.
**सिद्धता** = दक्षता.
**सिद्धदोष** = अपराधी.

**सिद्धदोष** *वि* अपराद्ध, *अपराधी*, कनविक्ट, क़सूरवार, कुसूरवार, ख़तावार, गुनहगार, दोषी, मुजरिम, सिद्धापराध, •अपराधी, •अभियुक्त, ▪ख़ारिज़, ▪निरदोष.

**सिद्ध बनाना** = सिखाना.
**सिद्धमनोरथ** = सफल.
**सिद्धयोगिनी** = जादूगरनी.
**सिद्धरस** = कीमियागर.
**सिद्धरसायन** = संजीवनी.

**सिद्धवस्ति** = एनीमा.
**सिद्धसाधक** = वैद्य.
**सिद्धहस्त** = दक्ष.
**सिद्धहस्त करना** = सिखाना.
**सिद्धहस्तता** = दक्षता.
**सिद्धांत** = आदर्श, क़ानून, दर्शन शास्त्र, दृष्टिकोण, धर्म सिद्धांत, विचारधारा, सूत्रवाक्य.

**सिद्धांत** *सं* उसूल, कृतांत, तंत्र, थ्योरी, धारणा, *नियम*, *मत*, राद्धांत, शास्त्र, *सत्य*, सूत्र, स्थापना, •आदर्श, •धर्म, •सूत्रवाक्य.

**सिद्धांतकार** *सं* *तीर्थंकर*, तैर्थिक, शास्ता, शास्त्रकार, शास्त्र रचेता, शास्त्र शिल्पी, शास्त्री, •दार्शनिक.

**सिद्धांतज्ञ** = धर्मज्ञानी, विशेषज्ञ.
**सिद्धांत ज्योतिष** = खगोलिकी.
**सिद्धांत प्रचार** = प्रौपेगैंडा.
**सिद्धांत वाक्य** = उक्ति, कहावत, नीतिवाक्य.
**सिद्धांतवादी** = आदर्शवादी.
**सिद्धांतहीन** = आदर्शहीन.
**सिद्धांती** = विशेषज्ञ.

**सिद्धांतीय** *वि* *अकादमिक*, उसूली, बौद्धिक, सैद्धांतिक, सौत्र, •विद्वत्तापूर्ण.

**सिद्धापगा** = आकाश गंगा.
**सिद्धापराध** = सिद्धदोष.
**सिद्धार्थ** = पूर्णेच्छ, सफल.
**सिद्धासन** = योग आसन.
**सिद्धि** = इच्छापूर्ति, उपपत्ति, कथा फलागम, कारनामा, कार्यान्विति, जादू, जादूगरी, दक्षता, निश्चय, प्रेतसिद्धि, योगसिद्धि, विजय, सफलता, समाधान, समापन, सुपरिणाम.
**सिद्धिद** = कल्याणकारी, धनप्रद, सफलताप्रद.
**सिद्धिप्रद** = सफलताप्रद.
**सिद्धि विनायक** = गणेश.
**सिद्धिसाधक** = साधक.
**सिद्धि साधन** = प्रमाण.
**सिद्धेश्वर** = योगी, शिव.
**सिद्ध्य** = प्रमाण्य, प्रयोगात्मक, विज्ञानसंगत, साध्य.

**सिधाई** = सीध.
**सिधारना** = जाना, मरना.
**सिनक** = नासिका मल.
**सिनरसीद/सिनरसीदा** = वृद्ध.

**सिनागोग** *सं* यहूदी पूजास्थल, •उपासनालय.

**सिनेमा** = फ़िल्म, फ़िल्म जगत, सिनेमाघर.

**सिनेमाघर** *सं* आडिटोरियम, टाकीज़, थिएटर, बायस्कोप, सिनेमा, सिनेमा हाउस, सिनेमा हाल.

**सिनेमा परदा** *सं* चित्रपट, *परदा*, मूवी स्क्रीन, रजतपट, सिनेमा स्क्रीन, सिनेस्क्रीन, सिल्वर स्क्रीन, स्क्रीन.

**सिनेमा परदा सूची** *सं* 35 मिमी, 70 मिमी, आईमैक्स, थ्री-डी, साइक्लोरामा, सिनेमास्कोप.

**सिनेमास्कोप** = सिनेमा परदा.
**सिनेमा स्क्रीन** = सिनेमा परदा.
**सिनेमा हाउस** = सिनेमाघर.
**सिनेमा हाल** = सिनेमाघर.
**सिनेमैटोग्राफ़ी** = फ़िल्मांकन.
**सिनेस्क्रीन** = सिनेमा परदा.
**सिपर** = ढाल.
**सिपरदार** = रक्षक.
**सिपहसालार** = सेनापति.
**सिपहिया** = सैनिक.
**सिपाही** = पैदल सैनिक, योद्धा, सैनिक.

**सिपाही** *सं* कांस्टेबल, कान्स्टेबिल, *पुलिस*, पुलिस कर्मी, पुलिसमैन, पुलिसिया, मामा (अपराधी बोलचाल), संतरी, सार्जेंट, हवलदार, हवालदार, •गुप्तचर, •थानेदार, •सैनिक, ▪अपराधी, ▪चोर.

**सिपाही दल** = पुलिस.
**सिपुर्द** = पहुँचाया/पहुँचाई, पहुँचाया/पहुँचाई, प्रदत्त, हस्तांतरित.
**सिपुर्द करना** = सौंपना.
**सिपुर्दगी** = डिलीवरी.
**सिप्पा** = उद्देश्य, जुगत, लक्ष्य, स्वार्थ.

**सिप्रा** = करधनी.
**सिफ़त** = लक्षण.
**सिफ़र** = आयामहीन बिंदु, कुछ नहीं, शून्य प्राप्तांक.

**सिफ़र** *सं* 0, *अंडा*, *कुछ नहीं*, ख़ाक, *गोला*, ज़ीरो, *शून्य*.

**सिफ़लिस** = आतशक.
**सिफ़ारत** = राजदूतावास, संदेशवहन.
**सिफ़ारिश** = समर्थन.

**सिफ़ारिश** *सं* *अनुमोदन*, अनुशंसा, पैरवी, *प्रशंसा*, प्रस्तुति, *मंडन*, रिकमंडेशन, संस्तुति, *समर्थन*, •कनवैसिंग, •सुझाव.

**सिफ़ारिश कृत** = सिफ़ारिशी.
**सिफ़ारिशनामा** = परिचय पत्र.

**सिफ़ारिश भरा** *वि* उपकारात्मक, पक्षपातपूर्ण, पुष्टिपूर्ण, *प्रशंसात्मक*, *मंडनात्मक*, *मित्रतापूर्ण*, वकालती, सद्भावपूर्ण, सहायतापूर्ण, *सिफ़ारिशी*, हिमायती, •सहयोगपूर्ण, ▪निंदात्मक.

**सिफ़ारिशी** = सिफ़ारिश भरा.

**सिफ़ारिशी** *वि* अनुशंसित, परामर्शित, *प्रशंसित*, *प्रेषित*, संस्तुत, समर्थित, सम्मत, सिफ़ारिश कृत, सुझाया गया/सुझाया गई.

**सिमटन** = कमेड़ा, मुँदन, सिकुड़न.
**सिमटना** = डरना, मुँदना, लजाना, सकुचना, सिकुड़ना.
**सिमटा/सिमटी** = गुडीमुडी, मुँदा/मुँदी.
**सिमसिम** = तिल, सरसों.
**सिमाना** = सीमारेखा.
**सिमैट्रिकल** = समपार्श्व.
**सिम्त** = ओर, दिशा.
**सिय** = सीता.
**सियरा/सियरी** = अतिशीतल, शीतकालीन, हिमीकृत.
**सियराई** = शीतलता.
**सियराता/सियराती** = शीतकालीन.
**सियराना** = ठिठुरना.
**सिय सुकुमारी** = सीता.
**सिया** = सीता.

**सियापति** = राम.
**सियापा** = मरसिया, शोकगीत.
**सियार** = गीदड़.
**सियारी** = हारसिंगार.
**सियासत** = राजनीति, राज्य व्यवस्था, शासन, सरकार.
**सियासतदाँ** = राजनेता.
**सियासती** = राजनीतिक.
**सियासी** = राजनीतिक.
**सिया सुकुमारी** = सीता.
**सियाही** = अपराध, कालिमा.
**सिर** = उच्चबिंदु, उच्चभाग, केश, टाँट, साष्टांग दंडवत अंग.

**सिर** *सं* उत्तमांग, खोपड़ी, मुंड, मूँड़, मूर्धा, रुंड, शिर, शीर्ष, शीश, ●कपाल, ●पगड़ी, ●फन, ●मस्तक, ●मस्तिष्क, ●मुकुट, ●मुखमंडल, ●सींग, ■खुर, ■चरण, ■पूँछ.

**सिरका** *सं अम्ल*, खट्टा, शुक्त, ●खटास, ●मदिरा.

**सिरकी** = मूँज.
**सिरके जैसा स्वाद** = खटास.
**सिर के बाल** = केश.
**सिरखप** = परिश्रमी.
**सिरगिरी** = कलगी.
**सिर घुटाई** = मुंडन संस्कार.
**सिरचढ़ा** = धृष्ट, लड़बावला/लड़बावली.
**सिर छिपाने की जगह** = वक्त घर.
**सिरजनहार** = निर्माता, ब्रह्मा, सृष्टि रचेता, स्रष्टा.
**सिरजनहारा** = सृष्टि रचेता.
**सिरजनहारा/सिरजनहारी** = स्रष्टा.
**सिरजना** = गढ़ना, बनाना.
**सिर टेक** = सिराश्रय.
**सिरताज** = पति.
**सिरदर्द** = असुविधा, हैंगओवर.
**सिरनामा** = लेखाशीर्षक, शीर्षक, समाचार शीर्षक.
**सिरप** = शरबत.
**सिर पर** = आसन्नतः, ऊपर.
**सिरपेंच** = पगड़ी.
**सिर फुटौअल** = लट्ठमलट्ठा.
**सिरबंद** = पगड़ी.
**सिर भुजा चरण हीन शरीर** = धड़.
**सिरमौर** = उच्चतम, उत्तम, पराकाष्ठागत, प्रथम स्थानीय, प्रधान, सर्वसत्ताधारी, सर्वोच्च सत्ताधारी, सितारा कलाकार.
**सिरसिराता/सिरसिराती** = शीताकुल.
**सिरसिराना** = ठिठुरना.
**सिर सूँघना** = असीसना.
**सिर से पैर तक** = शीश-पाद पर्यंत.
**सिरहन** = तकिया.
**सिरहाना** = आधार सूची, तकिया, सिराश्रय.

**सिरहाना** *सं* पलंग शीर्ष, पाटा, सिरावन, सेरुआ.

**सिर हिलाई** = हुँकारा.
**सिरा** = आदि, उच्चबिंदु, किनारा, छोर, टुनगी, नोक.
**सिरावन** = सिरहाना.

**सिराश्रय** *सं तकिया*, सिर टेक, *सिरहाना*, ●पीठाश्रय.

**सिरी** = रोली.
**सिरीस** = शिरीष.
**सिरे का** = अंतिम.
**सिरे वाला** = पश्चतम.
**सिरोना** = ईंडुरी.
**सिरोही** = कृपाण.
**सिर्फ़** = अमिश्रित, एकमात्र, केवल, विशोधित, ही.
**सिर्फ़ इस बार** = एक बार.
**सिर्फ़ एक** = एकमात्र.
**सिलंडर** = पीपा.

**सिलंडर** *सं बेलन*, रंभ, सिलंडराकार पिंड.

**सिलंडराकार पिंड** = सिलंडर.
**सिल** = चौखट अधोकाष्ठ, नीवँ पत्थर, पाषाण, पाषाण पटल.

**सिल** *सं* पटिया, पेषणी, शिला, सिलौटा, ●चट्टान.

**सिलखड़ी** *सं* घीया पत्थर, शिलिका, शैलखटी, सेलखड़ी, सोपस्टोन, ●सिलिका.

**सिलखड़ी चूर्ण** *सं* टाल्क, टाल्क पाउडर, तालक.

**सिलना** = बाँधना, सीना.
**सिलपट** = चप्पल, समतल भूमि.

**सिल बट्टा** *सं* बट्टा, *बाट*, लोढ़ा.

**सिलबिल** = अकुशल, मूर्ख.
**सिलबिला/सिलबिली** = कुवेशित, सनकी.
**सिलसिला** = क्रम, वंश, संबंध.
**सिलसिलेवार** = क्रमिक, विस्तारपूर्वक.
**सिलसिले से** = क्रमशः.
**सिलहख़ाना** = शस्त्रागार.
**सिलहदार** = सैनिक.
**सिलहबंदी** = शस्त्रधारण.
**सिलहशोर** = सैनिक.
**सिलहारा** = उंछाहारी.
**सिला/सिली** = ग्रंथित, संलग्न.

**सिला/सिली** *वि* आस्यूत, गँठा/गँठी, टँका/टँकी, बद्ध, लगा/लगी, व्यूत, *संलग्न*, स्यूत, ●आबद्ध, ●संलग्न, ■कटा/कटी, ■फटा/फटी.

**सिलाई** = आबद्धन, जिल्दबंदी, स्टिच.

**सिलाई** *सं* गँठाई, जुड़ाई, टँकाई, तुरपाई, सिलाई टँकाई, सिलाई पिराई, सीवन, ●गाँठ, ●दर्ज़ी, ●परिधान, ●बुनाई, ●सूई, ●स्टिच.

**सिलाई उधड़ना** = उधड़ना.
**सिलाई उधेड़ना** = उधेड़ना.
**सिलाई करना** = सीना.
**सिलाई टँकाई** = सिलाई.
**सिलाई पिराई** = सिलाई.
**सिलाजीत** = शिलाजीत.
**सिलिकौन** = रासायनिक तत्त्व सूची.
**सिलियार** = उंछाहारी.
**सिलियारा** = उंछाहारी.
**सिलेबस** = पाठ्यक्रम.

**सिलो** *सं* कुठला, कोठार, *टंकी*, विशाल कुठला, विशाल टंकी, ●खत्ती.

**सिलौटा** = सिल.
**सिल्क** = रेशम धागा, रेशमी वस्त्र.
**सिल्कवर्म** = रेशमकीट.
**सिल्ली** = आधार सूची, ठीहा, धातु पिंड.
**सिल्वर** = चाँदी, रासायनिक तत्त्व सूची.
**सिल्वर जुबिली** = रजत जयंती.
**सिल्वर स्क्रीन** = सिनेमा परदा.
**सिल्वासा** = दादरा और नगर हवेली: राजधानी.

**सिवइयाँ** *सं* जवा, जवे, सिवईं, सिवैयाँ, सीमी, सीवीं, सूत्रिका, सेवइयाँ, सेवईं, •नूडल्स, •फालूदा, •फेनी, •माकरोनी, •सेव.

**सिवईं** = सिवइयाँ.
**सिवा** = अधिक, अनावश्यक, रहित.

**सिवा** *क्रिवि* अलग रख कर, के सिवा, के सिवाय, छुट, छोड़ कर, बग़ैर, बिन-, बिना, बिला-, बे-, विलगतः, विहीनतः, सिवाय, हट कर, हीनतः, •अपवाद, •रहित, ■अतिरिक्त, ■सहित.

**सिवाना** = सीमांत, सीमारेखा.
**सिवाय** = अनावश्यक, रहित, सिवा.
**सिवार** = काही.
**सिविक्स** = नागरिक शास्त्र.
**सिविल** = सिविलियन.
**सिविल इंजीनियर** = स्थपति.
**सिविल वार** = गृहयुद्ध.
**सिविल सर्विस** = राज्य सेवा.
**सिविल सर्वेंट** = राज्य सेवा कर्मी.
**सिविलाइजेशन** = सभ्यता.

**सिविलियन** *सं* अयुद्धक, असैनिक, *नागरिक*, सिविल, सेना अयुद्धक कर्मचारी, ■योद्धा, ■सैनिक.

**सिवैयाँ** = सिवइयाँ, सिवइयाँ.
**सिवैयाँ ईद** = ईदुल फ़ितर.
**सिसकता/सिसकती** = रोता/रोती.
**सिसकना** = कराहना.
**सिसकार** = फुँकार, सिसकी.
**सिसकारना** = उकसाना.

**सिसकी** *सं* सिसकार, सीत्कार, सुबक, सुबकी, सूत्कार, हूक, •आह, •चीत्कार, •रुदन, •हिचकी, ■आर्तनाद.

**सिस्टर** = नर्स.
**सिस्टर्न** = टंकी.
**सिहरन** = कंपन, ज्वर कंपन, ठिठुरन, भयकंप, रोमांच.
**सिहरना** = काँपना, ठिठुरना, डरना, फड़कना, भकभकाना.

**सिहरना** *क्रि* कनकनाना, झन्नाना, *पुलकना*, बाल खड़े होना, भरभराना, रोंगटे खड़े होना, रोमांच होना, रोमांचित होना, •काँपना, •डरना, •फड़कना, •भड़कना.

**सिहरा/सिहरी** = भयभीत, रोमांचित.
**सिहराता/सिहराती** = स्पंदनशील.
**सिहराना** = डराना.

**सिहराना** *क्रि* कँटियाना, काँटे खड़े करना, पुलकाना, पुलकित करना, रोंगटे खड़े करना, रोमांचित करना, सनसनी जगाना, •कँपाना, •डराना, •भड़काना, ■शांत करना.

**सिहरी** = ज्वर कंपन, ठिठुरन, भयकंप, रोमांच.
**सींक** = डंठल.

**सींक** *सं* ईषिका, तूख, •कुरेदनी.

**सींकसलाई** = कंकालमात्र.
**सींका** = डंठल.
**सींकिया** = कंकालमात्र.
**सींग** = उच्चबिंदु, मूँगफली.

**सींग** *सं* ककुद, कूट, खँगुवा, खाँग, विषाण, शृंग, •कलगी, •सिर.

**सींगदाना** = मूँगफली.
**सींगरी** = सागसब्ज़ी.
**सींच** = सिंचन.

**सींचना** *क्रि छिड़कना*, डुबोना, तर करना, तराई करना, पखारना, पनियाना, पानी लगाना, भिगोना, राबना, सिंचन करना, सिंचाई करना, सेराना, ■उलीचना, ■सुखाना.

**सींचा/सींची** = सिंचित.
**सीआईडी** = गुप्तचर.
**सीईओ** = महाप्रबंधक.
**सीऐनजी** = ईंधन गैस.
**सीकड़** = खूँटा.
**सीकर** = अल्पवर्षा, फुहार, बारिश, वर्षा बूँद.
**सीक्यूरिटी** = प्रतिभूति.
**सीक्रेट** = कूटबद्ध, गुप्त, गुप्तचरीय, गुप्त सूचना, गोपनीय, रहस्य.
**सीक्रेट एजेंट** = गुप्तचर.
**सीख** = उपदेश, कुपरामर्श, धर्म सिद्धांत, परामर्श, ब्रेनवाशिंग, शिक्षा.
**सीख़** = सुंबा.
**सीख देना** = सुझाना.
**सीखना** = जानना, पढ़ना लिखना.

**सीखना** *क्रि* अभ्यास करना, कर के सीखना, प्रशिक्षण लेना, मँजना, शिक्षा लेना, सधना, हाथ साधना, हुनर सीखना.

**सीखपूर्ण** = बोधप्रद, शिक्षाप्रद.
**सीखा/सीखी** = अध्यीत, अनुभवी, अभ्यस्त, प्रशिक्षित.
**सीखा सिखाया** = कुशल.
**सीखा सिखाया/सीखी सिखाई** = अभ्यस्त, दक्ष, प्रशिक्षित.
**सीग़ा** = साँचा.
**सीज़न** = ऋतु.
**सीज़र** = तानाशाह.
**सीज़र्स** = कैंची.
**सीजल** = बेहतर.
**सीज़ीयम** = रासायनिक तत्त्व सूची.
**सीझ** = छनछन.
**सीट** = आसन, कुरसी, चौकी, नितंब, मुख्यालय, यान सीट, शायिका.
**सीटना** = धिक्कारना.
**सीटी** = आरंभ संकेत सूची, संकट सूचना.

**सीटी** *सं* पपैया, व्हिसिल, •तुरही, •पीपनी, •बिगुल.

**सीठना** *सं गाली*, गोपाल गाली, मीठी गाली, •विवाह.

**सीठा/सीठी** = रसहीन.
**सीठी** = खली, फोक.
**सीडार** = काष्ठ.
**सीडी** = कंपैक्ट डिस्क.
**सीडेटिव** = प्रशामक औषध.

**सीढ़ी** *सं* नसैनी, श्रेणी, सेनी, सोपान श्रेणी, •छतदार सीढ़ी, •ज़ीना, •पैड़ी, •सीढ़ी डंडा, •सीढ़ीदार स्टूल.

**सीढ़ी क्रम** = आरोह क्रम.

**सीढ़ी डंडा** *सं* अड़डंडा, *डंडा*, पायदान, पाया, सोपानक, •पदाधार, •पैड़ी.

**सीढ़ीदार तट** = घाट.
**सीतला माई** = शीतला.
**सीता** = पतिव्रता, हलरेखा.

**सीता** *सं* अयोनिजा, अवनिसुता, कुमारी, क्षितिजा, जनक दुलारी, जनक सुता, जनकात्मजा, जानकी, धरणिजा, पार्थिवी, भूमिजा, मिथिला राज दुलारी, मैथिली, राम पत्नी, रामप्रिया, रामा, लक्ष्मी, विदेही, वेदवती (पूर्व जन्म), वैदेही, सिय, सिय सुकुमारी, सिया, सिया सुकुमारी, सीता दुखियारी, *सुकुमारी*, •अग्निपरीक्षा, •अशोक वृक्ष, •कुश, •जनक, •मर्यादा रेखा, •मारीच, •मिथिला, •राम, •लव, •वाल्मीकि, •शिवधनुष, •शूर्पणखा, •श्रीलंका, •स्वयंवर विवाह, •स्वर्णमृग, •हनुमान, ▪रावण.

**सीता दुखियारी** = सीता.
**सीतानाथ** = राम.
**सीता पिता** = जनक.
**सीता पुत्र** = लवकुश.
**सीताफल** = कद्दू, शरीफ़ा, सागसब्ज़ी.
**सीतावल्लभ** = राम.
**सीताश्रय** = वाल्मीकि.
**सीत्कार** = फुँकार, सिसकी.
**सीद** = ऋण.
**सीध** = लक्ष्य.

**सीध** *सं* अवक्रता, ऋजुता, कोणहीनता, मोड़हीनता, वक्रहीनता, समता, सिधाई, •समतलता, ▪मोड़, ▪सर्पिलता.

**सीध में** = सीधे.
**सीधा** = सीधा खाना.
**सीधा/सीधी** = अनपका/अनपकी, अनाहतिकारक, अनुघटी, अल्पोक्तिपूर्ण, अहानिकारक, आरोहक्रमिक, ईमानदार, उन्नमित, ऊँचा/ऊँची, ऊर्ध्वमुख, खड़ा/खड़ी, गाय समान, ग्राम्यतापूर्ण, छलहीन, तीखे चढान वाला, दाहिना/दाहिनी, पालतू, प्रतिक्षितिज, बोध्य, विनम्र, विश्वासशील, विश्वासी, शब्दार्थिक, शिशुवत, सज्जनतापूर्ण, समतल, सरलचित्त, सुलझा/सुलझी, स्पष्टोक्त.

**सीधा/सीधी** *वि* अचक्रिल, अवक्र, अवलयित, ऋजु, कोणहीन, दंडाकार, मोड़हीन, वक्रहीन, वलयहीन, सरल, •समतल, •समांतर, ▪अवनमित, ▪मोड़दार, ▪वक्राकार, ▪सर्पिल.

**सीधा अनाज** = सीधा खाना.
**सीधा अर्थ** = अभिधार्थ.
**सीधा आहार** = सीधा खाना.
**सीधा उलटा/सीधी उलटी** = क्रमहीन.
**सीधा क्रम** = आरोह क्रम.

**सीधा खाना** *सं* अनपका प्रदत्त आहार, *अनाज*, अन्नाद्य, *रसद*, रूखा, सीधा, सीधा अनाज, सीधा आहार, •कच्चा खाना, ▪पक्का खाना.

**सीधापन** = शिशुवत्ता.
**सीधा रास्ता** = शॉर्टकट.
**सीधा सादा/सीधी सादी** = छलहीन.
**सीधा हमला** = हड़ताल.
**सीधी** = बोलचाल की (भाषा).
**सीधी ओर** = दाहिने.
**सीधी कारवाई** = हड़ताल.
**सीधी गिनती** = आरोह क्रम.
**सीधी तरफ़** = दाहिने.
**सीधी बात** = स्पष्टोक्ति.
**सीधी बात न करने वाला** = बहानेबाज़.
**सीधी राह** = सदाचार.

**सीधी रेखा** *सं* डंडी, डँड़ीर, डाँड़ी, लकीर, •रेखा.

**सीधुगंध** = मौलसिरी.
**सीधे** = अभी, एकबारगी, तत्काल, धारा के साथ.

**सीधे** *क्रिवि* अवक्रतः, ऋजुतः, ऐन सामने, ठीक सामने, ठीक सीधे, धुर सामने, नाक की सीध मे, बिना मुड़े, बिल्कुल सामने, बिल्कुल सीधे, सम्मुख, सामने, सीध में, सौहँ.

**सीधे ऊपर उड़ सकने वाला वायुयान** = हैलिकाप्टर.
**सीधे नहीं** = चोरी छिपे.
**सीधे हाथ** = दाहिने.
**सीन** = दृश्यावली, नाटक दृश्य.
**सीना** = बाँधना, लगाना, वक्ष.

**सीना** *क्रि* कोकना, गाँठना, *जोड़ना*, टाँकना, टाँका लगाना, टाँचना, बखिया करना, *लगाना*, साँटना, सिलना, सिलाई करना, •काढ़ना, •झालना, •बुनना, ▪उधड़ना, ▪उधेड़ना, ▪काटना.

**सीना ऊपर नीचे गिरना** = धड़कना.
**सीना ऊपर नीचे होना** = धड़कना.
**सीनाज़ोर** = धृष्ट, लड़बावला/लड़बावली, हेकड़ीबाज़.
**सीनाज़ोरी** = हेकड़ी.
**सीनाबंद** = ऐप्रन, जाकट, ब्रा, ब्लाउज़.
**सीनासाफ़** = सरलचित्त.
**सीनियर** = अपर (अधिकारी), वयस्क, वरिष्ठ (कर्मचारी).
**सीनेट** = प्रबंध समिति, समिति.
**सीनेट (संराअ)** = राज्यसभा.
**सीनेटर** = सांसद.
**सीप** = सीपी.
**सीपज** = मोती.
**सीपारा** = पारा.

**सीपी** *सं* पुटिका, महाशुक्ति, मुक्ताप्रसु, मौक्तिक, शंबूका, शुक्ति, सितुही, सीप, सुतही, •मोती.

**सीपीयू** *सं* केंद्र एकक, सैंट्रल प्रौसैसिंग युनिट, •कंप्यूटर.

**सीपोर्ट** = बंदरगाह.
**सी बीच** = समुद्र तट.

**सीमंत** *सं* केश वेष्ट, *फ़र्क़*, *माँग*, •माँग टीका.

**सीमंतोनयन** = सोलह संस्कार सूची.
**सीमंतक** = सिंदूर.
**सीमंत मणि** = माँग टीका.
**सीम** = चाँदी.
**सीमांकक** = अनुबंधकारी.

**सीमांकन** *सं* अवधारण, क्षेत्र निर्धारण, क्षेत्र सीमांकन, परिसीमन, सीमा बंधन, हदबंदी, •घेराई, •चकबंदी.

**सीमांकित** = अहाताबंद.

**सीमांत** = परिक्षेत्र, सीमारेखा, सीमावर्ती.

**सीमांत** *सं* फ्रंटियर, सरहद, सिवाना, सीमांत प्रदेश, सीमाक्षेत्र, ●अंतर्भाग, ●परिक्षेत्र, ■अंतर्क्षेत्र, ■अंतर्भाग.

**सीमांत प्रदेश** = सीमांत.
**सीमांतर क्षेत्र** = सीमेतर क्षेत्र.

**सीमांतरीय** *वि* उधर का, उधरला/उधरली, *पर*, परदेशी, परला/परली, परात्पर, पार का, पारीण, पारीय, बहिर्देशीय, सीमा के बाहर का, सीमातीत, सीमेतर, ●बाह्य, ●सीमावर्ती, ■सीमांतर्गत.

**सीमांतर्गत** *वि* अंदरूनी, भीतरी, सीमा के भीतर का, ■सीमांतरीय, ■सीमावर्ती.

**सीमांतीय** = सीमावर्ती.
**सीमा** = छोर, डैडलाइन, बाड़, मर्यादा, मात्रा, सीमारेखा.

**सीमा** *सं अंत*, इंतिहा, कच्छ, चौहद्दी, *छोर*, टर्मिनस, डाँड़ा, *परकोटा*, *परिखा*, *परिधि*, परिसीमा, फ्रंटियर, बाउंडरी, *बाड़*, *बैरियर*, बार्डर, *मर्यादा*, *मेंड़*, समाप्ति, हद, ●किनारा, ●घेरा, ●तट, ●हाशिया, ■अंतर्देश, ■मध्यभाग.

**सीमा के पार** = सीमा पार.
**सीमा के बाहर का** = सीमांतरीय.
**सीमा के भीतर का** = सीमांतर्गत.
**सीमाक्रांता** = अतिक्रांता.
**सीमाक्षेत्र** = सीमांत.
**सीमा चौकी** = अग्र चौकी.
**सीमातिक्रमण** = अतिक्रमण.
**सीमातीत** = अगणनीय, अपरिभाष्य, असीम, सीमांतरीय.
**सीमा पार** = विदेश.

**सीमा पार** *क्रिवि उधर*, उस तरफ़, *उस पार*, उहाँ, *दूर*, परली तरफ़, परली पार, परे, *वहाँ*, सीमा के पार, सीमा से बाहर.

**सीमा बंधन** = सीमांकन.

**सीमाबद्ध** *वि* आद्यंतयुक्त, ओरछोरयुक्त, घिरा/घिरी, *घेराबंद*, चकबंद, चतुरंत, परिधियुक्त, परिमित, परिमेय, परिसीमित, प्राचीरबद्ध, *बंद*, महदूद, सपरिधि, ससीम, सीमित, ●माप्य, ●सीमांकित, ■असीम.

**सीमा माप** *सं* चहारदीवारी माप, *परिधि माप*, परिमिति, प्राचल, बाह्य भुजा माप, ●माप.

**सीमारेखा** = मर्यादा रेखा.

**सीमारेखा** *सं अंत*, अंतिम सीमा, आघाट, चरम सीमा, टर्मिनस, ठिकाना, परम सीमा, पराकोटि, परिसीमा, प्रत्यंत, फ्रंटियर, बार्डर, भुक्ति, सरहद, सिमाना, सिवाना, *सीमांत*, *सीमा*, हद, ●बाह्य रेखा, ●हाशिया.

**सीमा लंघक** = अतिक्रांता.
**सीमालंघन** = अतिक्रमण.
**सीमावर्ती** = परिक्षेत्रीय.

**सीमावर्ती** *वि अंतिम*, आख़िरी, किनारे का, छोरवर्ती, छोरस्थ, प्रत्यंत, सरहदी, *सीमांत*, सीमांतीय, ●अंतिम, ●तटवर्ती, ●सटा/सटी, ■आंतरिक, ■सीमांतर्गत.

**सीमा शुल्क** = तटकर.
**सीमा से बाहर** = सीमा पार.
**सीमाहीन** = अगणनीय, असीम, निराकार.
**सीमिका** = चींटी, दीमक.
**सीमित** = इतना/इतनी, कम, दुर्लभ, परिगणनीय, संकीर्ण, सीमाबद्ध.
**सीमित देयता कंपनी** = लिमिटेड कंपनी.
**सीमित मात्रा वाला** = परिगणनीय.
**सीमित मार्ग** = टौल मार्ग.
**सीमित स्थान** = स्थानाभाव.
**सीमिया** = जादूगरी.
**सीमी** = सिवइयाँ.
**सीमेतर** = सीमांतरीय.

**सीमेतर क्षेत्र** *सं* अंतर क्षेत्र, दिशांत, दिसावर, देशांत, देशांतर, देसावर, प्रत्यंत, प्रत्यंत क्षेत्र, प्रत्यंतर, बहिर्क्षेत्र, *बाह्यक्षेत्र*, सीमांतर क्षेत्र.

**सीमोल्लंघक** = अतिक्रांता.
**सीमोल्लंघन** = अतिक्रमण.
**सीर** = खुदकाश्त कृषि, हल.
**सीरत** = अच्छाई, लक्षण, स्वभाव.
**सीरध्वज** = बलराम.
**सीरवाह** = हलवाहा.
**सीरा/सीरी** = अतिशीतल, हिमीकृत.
**सीरायुध** = बलराम.
**सीरियल** = धारावाहित, धारावाही, नियमित.
**सीरियल नंबर** = क्रम संख्या.

**सीरिया** *सं* अरम, अश्शाम (अरबी), आरम (प्रा), ईरम (प्रा), शाम, साम.

**सीरियाः राजधानी** *सं* दमिश्क.

**सीरी (पूर्व नाम)** = दिल्ली.
**सीरीज़** = धारावाही.

**सीरीज़** *सं* अवली, ताँता, तारतम्य, धारा, पाँत, *माला*, मेखला, *लड़ी*, शृंखला, श्रेणी, सूत्र, ●क्रम, ●धारावाही.

**सीरीज़ क्रम** = संख्याक्रम.
**सील** = मुहर, मुहर चिह्न, सीलन.

**सीलन** *सं* आक्लेद, क्लेद, चिपचिपापन, नमी, पसेव, सील, ■सूखापन.

**सीलनदार** = वर्षापूर्ण, हुमसदार.

**सीलनदार** *वि* आर्द्र, गीला/गीली, नम, नमीदार, सील भरा, सीला/सीली, ●गीला/गीली, ■सूखा/सूखी.

**सील भरा** = सीलनदार.
**सीला/सीली** = वर्षापूर्ण, सीलनदार.
**सीलिंग** = भीतरी छत.
**सी लैवल** = समुद्र उत्तल.
**सीलोन** = श्रीलंका.
**सीलोनी** = श्रीलंकाई.
**सीवन** = सिलाई, स्टिच.
**सीवन खोलना** = उधेड़ना.
**सीवनी** = सूई.
**सीवर** = भूमिगत नाला नाली.
**सीवार** = काही.
**सीवीं** = सिवइयाँ.

**सीवेज** = भूमिगत नाला नाली.
**सीसक** = ग्रफ़ाइट, साहुल, सीसा.
**सीसफूल** = चूड़ामणि.
**सीसा** = ग्रफ़ाइट, साहुल.

**सीसा** *सं* कहल, कुसुमांजन, ग्रफ़ाइट, चीन पिष्ट, चीन वंग, पिच्चट, ब्रध्न, रीतिपुष्प, लैड, वंगमल, सिंदूरकारण, सीसक, सुरमा, सुवीरज, सौवीरांजन, •ग्रफ़ाइट, •सोल्डर.

**सी सी करना** = हिसहिसाना.
**सीसो** = शीशम.
**सुँघनी** = नसवार.
**सुंडाल** = हाथी.
**सुंदर** = आभूषित, उत्सवपूर्ण, कलात्मक, दर्शनीय, देवदूतीय, नैसर्गिक, प्रसाधित, प्रेम्य, भव्य, रोचक, शोभनीय, सुंदर पुरुष, सुडौल, सुरम्य, सुरुचिपूर्ण, सुवेशित.

**सुंदर** *वि* अंचित, अच्छ, अच्छा, अजमल, अतिरूप, अनघ, अनिंद्य, अनूप, अनोखा, अपीलिंग, अप्सरासमान, अभिराम, अभिरूप, अलंकृत, अलबेला, अलौकिक, *असामान्य*, *आकर्षक*, आकारवान, आलीशान, इंदुवदन, उत्कृष्ट, *उत्तम*, ओजस्वी, कँटीला, कंत, कमनीय, कमलनयन, कमलमुख, क़यामती, कलित, कांत, क़ातिल, काम्य, कुंदन, *कोमल*, कोमलकाय, कोमलांग, खुशगवार, खुशनुमा, खुशशक्ल, ख़ूबसूरत, गजगामी, गुलअंदाम, गुलफ़ाम, गुलबदन, गुलरू, ग्लैमरस, चंचलनयन, चंद्रनयन, चंद्रप्रभ, चंद्रमुख, चंद्रवदन, चारु, चारुदर्शन, चिकना, चितचोर, चित्ताकर्षक, *छबीला*, छरहरा, छविधर, जमील, जलाली, जादुई, ज़ुल्मी, दमकता, *दर्शनीय*, दिलआरा, दिलकश, दिलकुशा, दिलफ़रेब, दिलरुबा, *दिव्य*, दीप्त, *दीप्तांग*, देवदूतसमान, दैवी, धजीला, नयनाभिराम, नाज़ुक, निराला, निरुपम, नीक, नुकीला, नूरा, *नैसर्गिक*, नोकदार, पद्मलोचन, परीजमाल, परीज़ाद, परीरू, पुण्यदर्शन, पुष्पदेह, पुष्पनयन, पुष्पवदन, प्यारा, *प्रशंसनीय*, प्रियंक, *प्रिय*, प्रियदर्शन, प्रियदर्शी, फल्गु, बंधुर, बढ़िया, बला का, बेहतरीन, ब्यूटीफ़ुल, भद्रकाय, भला, भविल, *भव्य*, भामी, भावता, मंजु, मंजुल, मदभरा, मदिर, मधुमय, मधुमान, मधुर, मधुल, मनभावन, मनमोहक, मनमोहन, मनहर, मनियार, मनोज, मनोज्ञ, मनोरम, मनोहर, मनोहारी, *मादक*, *मायावी*, माशूक़, मीनाक्ष, मृगनयन, मृदु, मृदुल, *मोहक*, मोहन, *रम*, रमण, रमणीय, रम्य, रसवंत, रसवान, रसीला, राना, रुचिर, रूपधर, रूपधारी, रूपमय, रूपवंत, रूपवान, रूपशाली, लतीफ़, ललाम, ललित, ललित ललाम, लाखों में एक, लावण्यमय, लुनाईदार, लुभावना, लोचन, वपुमान, वरकाय, वरतनु, वरांग, वरिष्ठ, *वसंती*, वाम, वामनयन, वामलोचन, विधुबदन, विमल, विलोकनीय, विलोल, विशालनयन, वैदेह, *वैभवशाली*, शमारुख़, शरबती, शशिमुख, *शालीन*, शुभ, शुभदर्शन, शुभांग, शुभ्र, शोभन, शोभाधर, शोभामय, शोभित, श्रीलं, सजा, *सजावटी*, सजीला, सम्मोहक, सम्मोहन, सरस, सलोना, *सुंदरकाय*, सुंदर सुरूप, सुकांत, *सुकुमार*, *सुखद*, सुखदर्शन, सुचारु, सुजात, *सुडौल*, सुढार, सुदेह, सुभग, सुमधुर, सुमन, सुमुख, *सुरम्य*, सुरूप, सुललाम, सुश्री, सुषम, सुहाना, सैक्सी, सोहन, सोही, सौंदर्यशाली, *सौम्य*, सौम्याकृति, स्निग्ध, स्वरूपमान, स्वरूपवान, हंसगामी, हसीन, हुस्नमंद, हृदयग्राही, हृद्य, •दर्शनीय, •दीप्तांग, •मोहक, •लावण्ययुक्त, •सुकुमार, •सुडौल, •सुरम्य, ■कुरूप, ■विद्रूप, ■सौंदर्यहीन.

**सुंदरकाय** = सुंदर.

**सुंदरकाय** *वि* आकारवान, चारुदर्शन, छबिधर, छबीला/छबीली, जातरूप, धजीला/धजीली, नुकीला/नुकीली, नोकदार, भद्रकाय, भव्यकाय, भव्यदेह, रूपधर, रूपमान/रूपमती, रूपवंत, वरकाय, वरतनु, वरांग/वरांगना, वरांगी/वरांगिणी, वैदेह/वैदेही, *साकार*, सुंदर शरीरी, सुकाय, सुदेह, सुवपु, सौम्याकार, स्वाकृति, •सुंदर, •सुकुमार.

**सुंदर नयन** *सं* अरविंदनयन, कमलनयन, नयनविशाल, नयनविशाला, नयनारविंद, विशाल नयन, सुदृक्, *सुनयन*, सुनेत्र, •आँख.

**सुंदर पुरुष** *सं* अपोलो, अलबेला, आँख का तारा, कांत, गर्वीला, गुलफ़ाम, चारु, चारुलोचन, *छबीला*, छैला, दिव्य पुरुष, *देवता*, नूरा, प्रियदर्शी, बंकिम, बाँका, मनोज, मनोज्ञ, रमण, रसिया, रसीला, रूपाश्रय, ललित, लोना, वामनयन, शोभाधर, श्रीलं, सजीला, *सुंदर*, सुदर्शन, *सुनयन*, सुलोचन.

**सुंदर बनाना** = काढ़ना, सजाना, सिंगारना.
**सुंदर भाव** = अर्थालंकार.
**सुंदर भाव अलंकार** = अर्थालंकार.
**सुंदर भाषा** = शब्दालंकार.

**सुंदर मुख** *सं* मुखकमल, मुखारविंद, वरानन, श्रीमुख, सुंदर मुखाकृति, •मुखमंडल.

**सुंदर मुखाकृति** = सुंदर मुख.
**सुंदर लोक** = परीलोक.
**सुंदर शरीरी** = सुंदरकाय.
**सुंदर सुरूप** = सुंदर.

**सुंदर स्त्री** *सं* अंकिनी, अंगना, अंबुजाक्षा, अच्छी, अनुदरा, अनोखी, *अप्सरा*, अब्जनयना, अब्जलोचना, *अभिनेत्री*, अभिमानिनी, अरविंदनयना, अलबेली, अलबेली, अल्पमध्यमा, इंदुवदना, उज्ज्वला, उन्मादिनी,

उरस्वती, कँटीली, कजरारी, कजली, कदलीजंघा, कपोती, कबूतरी, कमलनयना, कमलनयना, कमलमुखी, कमलमुखी, कमला, कमलाक्षी, कमलिनी, करभोरू, कलोरी, कल्याणी, कवर गर्ल, कांता, कांता, कामिनी, काम्या, कुरंगनयना, कुरंगिनी, कृशोदरी, कोमलांगना, कोमलांगिनी, कोमलांगी, कोमला, कोहक़ाफ़ की परी, गजगामिनी, ग़ज़ाला, गजिनी, गर्विणी, गर्विता, गर्वीली, गाँव की गोरी, *गुड़िया*, गोरी, गौरी, चंगी, चंचलनयना, चंचला, चंद्रनयना, चंद्रप्रभा, चंद्रमुखी, चंद्रवदना, चंद्रानना, चकोरी, चपला, चाँद का टुकड़ा, चारुदर्शना, चारुलोचना, चिकनी, चित्रिणी, *चूज़ा*, *छबीली*, छमक छल्लो, छरहरी, जमीला, जातरूपा, *जादूगरनी*, जादूभरी, ठगिनी, ड्रीमगर्ल, तनुमध्यमा, तन्वंगिनी, तन्वी, तारिका, दमकती, दमकीली, दामिनी, दिव्या, दीप्तांगिनी, देवकन्या, *देवी*, धजीली, नखरीली, नयना, नवेली, नवोढ़ा, नाज़नीं, नाज़नीन, नाजो, *नायिका*, नितंबिनी, निराली, नीकी, नुकीली, नूरी, नूरी, नैना, नोनी, नौची, पद्मनयना, पद्मलोचना, पद्मलोचना, पद्मिनी, *परी*, परीरू, पाकीज़ा, पीनपयोधरा, पुण्या, पुष्पनयना, पुष्पमुखी, पुष्पवदना, पुष्पवदना, पुष्पांगिनी, पुष्पांगिनी, पुष्पा, पुष्पा, पृथुलोचना, प्यारी, प्रतिमा, प्रमदा, प्रियंका, प्रियदर्शिणी, प्रियरूपा, फुल्लनयना, बाँकी, बाला, बिंबाधरोष्ठा, बिब्बो, बिल्लो, बुत, ब्यूटी, भद्रमुखी, भली, भव्या, भानुमती, भामिनी, भावती, भाविनी, मंगला, मंजुला, मदभरी, मदिरनयना, मदिराक्षी, मधुमती, मधुरा, मनभावनी, मनमोहिनी, मनोग्राहिणी, मनोज्ञा, मनोरमणी, मनोरमा, मनोहारिणी, मादिनी, मानिनी, मायाविनी, माल, *मालती*, मीननयना, मीननयना, मीनाक्षी, *मूर्ति*, मृगनयनी, मृगलोचना, मृगलोचनी, मृगी, मृणालिनी, मृदुला, मोहिनी, *युवती*, रंभा, रमणा, रमणी, रमा, रम्या, रसवंती, रसवती, रसीली, रुचिरा, रूप की रानी, रूपगर्विता, रूपमती, रूपवंती, रूपवती, रूपशालिनी, रूपसी, रूपा, ललामा, ललितलोचना, ललिता, लसीली, लावण्यवती, लुभावनी, लोचना, लोनी, लोलिता, वनिता, वरयुवती, वर सुंदरी, वरांगना, वरांगिका, वरांगिणी, वरानना, वामनयना, वामलोचना, वामा, वामोरु, वारुणी, विधुबदना, विधुबदनी, विधुमुखी, विधुवदना, विधुवदनी, विमला, विलासिनी, विशालनयना, विशालवक्षा, विशालाक्षी, शंखिनी, *शची*, शशधरमुखी, शशिमुखी, शशिवदना, शुक्ला, शुभदर्शना, शुभांगी, शुभा, शुभ्रा, शोख़, शोभना, श्यामा, *षोडशी*, सजनी, सजी, सजीली, सपना, सपनों की रानी, सभागी, *सम्मोहिनी*, *सम्मोहिनी*, सरसौंहीं, *सरस्वती*, सरूपा, सरोजमुखी, सलोनी, सारंगा, सुंदरी, सुकांता, *सुकुमारी*, सुकोमलांगी, सुखदर्शना, सुखदा, सुजाता, सुदर्शना, *सुनयना*, सुनरी, सुप्रभा, सुभगा, सुभागी, सुमंगला, सुमधुरा, सुमध्यमा, सुमना, सुमुखी, सुरंगा, सुरभि, सुरूपा, सुलक्षणा, सुललिता, *सुलोचना*, सुवक्त्रा, सुवक्षिणी, सुवदना, सुवदना, सुशोभना, सुहानी, सोहनी, सोहिनी, सौंदर्य मूर्ति, सौदामनी, सौम्यमुखी, सौम्या, हंसगामिनी, हंसिनी, हरिणलोचना, हरिणी, हसीना, हस्तिनी, *हिरनी*, हूर, हूर की परी, हूरी, हेमा, ●छबीली.

**सुंदरी** = अप्सरा, दुर्गा, परी, मौडल स्त्री, सवैया, सुंदर स्त्री.

**सुंबा** *सं* अवकीलक, छेदनी, टेकुरी, सीख़, सुंबी, सुतारी, सूजा, ●कील, ●वेधक, ●सूआ.

**सुंबी** = नक़्क़ाशी छैनी, सुंबा.
**सु-** = कल्याणकारी.
**सुअटी** = मादा तोता.
**सुअन** = पुत्र.
**सुअना** = तोता.
**सुअनी** = मादा तोता.
**सुअवसर** = भाग्योदय.

**सुअवसर** *सं अवसर*, उपयुक्त अवसर, ऐन मौक़ा, ठीक अवसर, मौक़ा, *योग*, वक़्त, सही मौक़ा, सही समय, सुकाल, सुनहरा अवसर, *सुयोग*, सुसंयोग, ●अवसर, ●सुयोग, ■कुअवसर.

**सुई** = इंजैक्शन.
**सुईस (फ़्राँसीस)** = स्विट्ज़रलैंड.
**सुकंठ** = सुग्रीव.
**सुकथन** = मृदुभाषण.
**सुकथित** = उक्ति.
**सुकथ्य** = उक्ति.
**सुकर** = सहज.
**सुकर्म** = पुण्य, सत्कर्म.
**सुकर्मा** = दक्ष.
**सुकर्मी** = धर्माचारी.
**सुकल्पित** = सुडौल, सुरुचिपूर्ण.
**सुकवा** = प्रातःकालीन शुक्र.
**सुकांत** = सुंदर.
**सुकांता** = सुंदर स्त्री.
**सुकाज** = सत्कर्म.
**सुकानी** = कर्णधार, नाविक.
**सुकाय** = सुंदरकाय.
**सुकार्य** = सत्कर्म.
**सुकार्यता** = सहजता.
**सुकाल** = उत्कर्ष काल, सुअवसर, सुपरिस्थिति, स्वर्णयुग.
**सुकीर्त** = प्रसिद्ध.
**सुकीर्ति** = प्रशंसा, प्रसिद्धि.
**सुकुमार** = कली जैसा, काव्यात्मक, किशोर, कोमल, नम्य, भावोत्पादक, शिशुवत, सुंदर, स्त्रियोचित.

**सुकुमार** *वि कोमल*, कोमलकाय, कोभलांग, गुलफ़ाम, गुलबदन, *गुलाबी*, चिकना/चिकनी, तनु/तन्वी, तन्वी, नाज़ुक, नाज़ुकबदन, पुष्पदेह, पुष्पांग, मखनिया, मुलायम, मृदु, मृदुल, *रेशमी*, सुकोमल, सुमधुर, *सौम्य*, ●सुंदर, ●सुंदरकाय, ■बलिष्ठ, ■सुगठितकाय.

**सुकुमार/सुकुमारी** = सुडौल.
**सुकुमारता** = शिशुवत्ता, शैशव, सौंदर्य.
**सुकुमारी** = किशोरी, बेला, सीता, सुंदर स्त्री, सुंदर स्त्री.

**सुकुमारी** *वि* कोमलांगना, कोमलांगिनी, कोमलांगी, कोमला, गुलअंदाम, गुलफ़ाम, गुलबदन, तन्वंगिनी, तन्वंगी, नाज़नीन, नाजो, पुष्पदेह, पुष्पदेही, पुष्पांगिनी, पुष्पा, सुकोमलांगी.

**सुकून** = राहत, संतोष.
**सुकूनत** = निवासिता.
**सुकृत** = धर्माचारी, पुण्य, सत्कर्म, सुविन्यस्त.
**सुकृतात्मा** = उच्चाशय, शुभचिंतक.
**सुकृतार्थ** = सफल.
**सुकृत्य** = पुण्य, सत्कर्म.
**सुकेत** = उच्चाशय.
**सुकोमल** = कली जैसा, भावोत्पादक, सुकुमार.
**सुकोमलता** = सौंदर्य.
**सुकोमलांगी** = सुंदर स्त्री, सुकुमारी.
**सुक्कान** = नौकर्ण, नौका.
**सुखंकर** = कल्याणकारी.
**सुखंडी** = कंकालमात्र.

**सुखंडी** *सं* अपोषण, कंज़म्प्शन, कमज़ोरी, क्षीणता, दुर्बलता, भुखमरी, मरतैलियापन, सूखा, •कुपोषण, •क्षय रोग, •निर्बलता.

**सुख** = आनंद, कल्याण, तृप्ति, प्रसन्नता, राहत, विश्राम, संतोष, सुविधा.

**सुख** *सं* आराम, चैन, नेमत, मंगल, मसर्रत, *राहत*, *विश्राम*, *संतोष*, *सहजता*, सुगति, *सुविधा*, सौख्य, •प्रसन्नता, •संतोष, •सौभाग्य, ▪दुःख, ▪परिश्रम, ▪पीड़ा.

**सुखकारी** = कल्याणकारी, सुखद.
**सुखग्राह्य** = सहजीकृत.
**सुखचैन** = शांतिकाल, सुखसुविधा, सुशासन.
**सुखद** = आनंदप्रद, उत्सवपूर्ण, कलात्मक, नैसर्गिक, प्रसन्नताप्रद, मधुर स्वरीय, रोचक, वसंती, विश्रामप्रद, शीतल, शुभसूचक, संतोषप्रद, समशीतोष्ण, सांत्वनाप्रद, सुंदर.

**सुखद** *वि* अच्छा/अच्छी, अभिराम, *आनंदप्रद*, आरामदेह, नर्मद, सुखकारी, सुखदायक, सुखदायी/सुखदायिनी, सुखदैन/सुखदैनी, *सुखधाम*, सुखप्रद, सुखाधार, सुखावह, सुहाना/सुहानी, सुहेला/सुहेली, ▪असुविधाजनक, ▪थकाऊ, ▪दुःखद, ▪नारकीय, ▪पीड़ाप्रद, ▪शोकपूर्ण.

**सुखदर्शन** = सुंदर.
**सुखदर्शना** = सुंदर स्त्री.
**सुखदा** = सुंदर स्त्री.
**सुखदायक** = सुखद.
**सुखदायी/सुखदायिनी** = सुखद.
**सुखदुःख अनुभूति साधन** = मन.
**सुखदुःख का साथी** = निरस्वार्थ मित्र.
**सुखदुःखहीनता** = अनासक्ति.
**सुखदैन/सुखदैनी** = सुखद.
**सुखधाम** = कल्याणकारी, मोक्षलोक, सुखद, स्वर्ग.

**सुखधाम** *सं* आनंदधाम, सातवाँ आसमान, सुखवास, सुखसागर, सुखाधार, सुखाश्रय, *स्वर्ग*, स्वर्गधाम, ▪दुःखधाम.

**सुख़न** = उक्ति.
**सुख़नगो** = कवि.
**सुख़नवर** = कवि.
**सुखप्रद** = कल्याणकारी, मनोरंजक, सुखद.
**सुख प्रश्न** = कुशल प्रश्न.
**सुखप्राप्ति** = प्रसन्नता.
**सुखबोध** = सुखभ्रांति.
**सुखभागी** = विलासप्रिय.
**सुखभोग** = कामकेलि, भोगविलास, सांसारिकता.
**सुखभोगी** = रसप्रेमी, रसिक.
**सुखभोजन** = स्वादिष्ठ आहार.
**सुखभ्रम** = सुखभ्रांति.

**सुखभ्रांति** *सं* अत्युल्लास, आनंद भ्रांति, उल्लासानुभूति, कल्याण भ्रांति, गौरव भ्रांति, यूफ़ोरिया, लासानुभूति, सातवाँ आसमान, सुखबोध, सुखभ्रम, सुभ्रांति, हर्षोन्माद, •आत्मानंद, ▪रोगभ्रम.

**सुखमद** = मादक, मादक औषध.
**सुखमय** = नैसर्गिक, सुखी, सुरम्य.
**सुखरात्रि** = मधुयामिनी.
**सुखराशि** = सौभाग्यशाली.
**सुखलिप्सु** = विलासप्रिय.
**सुखलोक** = स्वर्ग.
**सुखवंत** = कल्याणकारी, प्रसन्न, रसिक, सुखी.
**सुखवादी** = भोगवादी.
**सुखवास** = सुखधाम.
**सुखशांति** = शांतिकाल, सुशासन.
**सुखशांति काल** = स्वर्णयुग.
**सुखसंगी** = विलासप्रिय.
**सुखसंपत्ति** = समृद्धि.
**सुख संस्मरण** = अनुस्मरण.
**सुखसागर** = मोक्षलोक, सुखधाम.
**सुखसुविधा** = सभ्यता, समृद्धि.

**सुखसुविधा** *सं* ऐशो आराम, पुष्पशय्या, फूलों की सेज, *वरदान*, सहज जीवन, सुखचैन, सुखसौभाग्य, *सुविधा*.

**सुखसुविधापूर्ण** = महल जैसा.
**सुखसुविधाभोगी** = विलासप्रिय.
**सुखसौभाग्य** = कल्याण, समृद्धि, सुखसुविधा.
**सुखहीन** = अरसिक.
**सुखांत** = अगंभीर नाटक, सुखांत नाटक, सौभाग्य.

**सुखांत नाटक** *सं* कामेडी, सुखांत, हास्यांत, •अगंभीर नाटक, ▪दुःखांत नाटक.

**सुखाई** *सं* अनार्द्रण, *आचूषण*, उड़ाई, निर्जलन, विशुष्कन, शुष्कन, शुष्कीकरण, शोषण, सोख, •निचुड़ाई, ▪आर्द्रण, ▪सिंचन.

**सुखाई यंत्र** = ड्रायर.
**सुखाधार** = सुखद, सुखधाम.
**सुखाना** = औटाना.

**सुखाना** *क्रि* *उड़ाना*, *तपाना*, *निचोड़ना*, पानी उड़ाना, *पोंछना*, *फहराना*, शुष्क करना, सूखा करना, *सोखना*, हवा लगाना, •निचोड़ना, •सोखना, ▪गीला करना, ▪सींचना.

**सुखानी** = नाविक.
**सुखानुभूति** = आनंद.
**सुखाँया/सुखाई** = सूखा/सूखी.
**सुखाया फल** = मेवा.
**सुखावह** = सुखद.
**सुखाश्रय** = सुखधाम.
**सुख़ासक्त** = विलासप्रिय.
**सुख़ासक्ति** = विलासिता.
**सुख़ासक्तिपूर्ण** = विलासितापूर्ण.
**सुखित** = सुखी.
**सुखिया** = सुखी.
**सुखी** = आहारसंपन्न, प्रसन्न.

**सुखी** *वि* खुश, तुष्ट, *संतुष्ट*, सुखमय, सुखवंत, सुखित, सुखिया, *स्वस्थ*, •संतुष्ट, •सौभाग्यशाली, ▪करुणाजनक, ▪दुःखी, ▪निराश, ▪पीड़ित, ▪बीमार.

**सुखी भाव** = प्रसन्नता.
**सुखेच्छा** = विलासिता.
**सुखेच्छुक** = विलासप्रिय.
**सुखोदय** = भाग्योदय.
**सुखोपभोग** = भोगविलास.
**सुखोपभोगी** = विलासप्रिय.
**सुखोष्ण** = गुनगुना/गुनगुनी.
**सुख्यात** = प्रसिद्ध.
**सुख्याति** = प्रसिद्धि.
**सुगंध** = आहार सुवास.

**सुगंध** *सं* इतर, खुशबू, गमक, परिमल, महक, वास, सुगंधि, सुरभि, सुवास, सौरभ, •पुष्प, •सुगंधव्य, ▪दुर्गंध, ▪सड़ायँध.

**सुगंधक** = ककोड़ा.
**सुगंधन करना** = महकाना.
**सुगंध पत्री** = जावित्री.
**सुगंधपूर्ण** = सुगंधित.
**सुगंधपूर्ण होना** = महकना.
**सुगंध फैलाना** = महकना.
**सुगंध बखेरना** = महकना.

**सुगंध लेप** *सं* गंध लेप, पोमेड, फुलेल, *लेप*, •अंगराग, •इत्र.

**सुगंध वर्षा** = सुगंधार्पण.
**सुगंधव्य व्यापारी** = गंधजीवी.
**सुगंध सार** = इत्र.
**सुगंधा** = सोनजूही.

**सुगंधाढ्य** = सुगंधित.

**सुगंधार्पण** *सं* गंध द्रव्य प्रदान, सुगंध वर्षा, •स्वागत.

**सुगंधि** = सुगंध.
**सुगंधिका** = कस्तूरी.
**सुगंधित** = उपवनित, वसंती.

**सुगंधित** *वि* अधिवासित, अनुवासित, *आवासित*, खुशबूदार, गंधित, गमकता/गमकती, परफ़्यूम्ड, बसा/बसी, भीना/भीनी, महकता/महकती, महकदार, महकीला/महकीली, सुगंधपूर्ण, सुगंधाढ्य, सुरभित, *सुवासित*, सौंधा/सौंधी, सौरभ, ▪दुर्गंधपूर्ण.

**सुगंधित तेल** = इत्र.
**सुगंधि मरीचम** = शीतल चीनी.
**सुगठित** = बलिष्ठ, सुगठितकाय, सुविन्यस्त.

**सुगठितकाय** *वि* अकोमल, अकोमलकाय, अकोमलांग, *कठोर*, कड़ंगा/कड़ंगी, कड़ा/कड़ी, कसरती, कसा/कसी, गठित, गठीला/गठीली, चट्टानी, टाँठा/टाँठी, ठस, *ठोस*, डौलेदार, तगड़ा/तगड़ी, दृढ़ांग, पक्का/पक्की, परपूठा/परपूठी, परिपुष्ट, पुख़्ता, पुट्ठेदार, पुष्ट, फ़ौलादी, बजरंग बली, *लौह*, वज्रांग, सुगठित, सुदृढ़काय, *सुपोषित*, हृष्टपुष्ट, •कसा/कसी, •महाकाय, •सुपोषित, ▪कंकालमात्र, ▪सुकुमार.

**सुगठित डाटा समूह** = डाटाबेस.
**सुगढ़** = कलात्मक, सुडौल, सुविन्यस्त.
**सुगत** = प्रबुद्ध, बौद्ध धर्मावलंबी.
**सुगत सिद्धांत** = बौद्ध धर्म.
**सुगतालय** = बौद्ध मठ, विहार.
**सुगति** = सुख, सुपरिस्थिति.
**सुगना** = तोता.
**सुगम** = गम्य, बोध्य, सहज, सहजीकृत.
**सुगमता** = सहजता, सुविधा.
**सुगम्य** = गम्य.
**सुगर्भक** = खीरा.
**सुगाध्य** = गाध्य.

**सुग्गा** = तोता.
**सुग्गी** = मादा तोता.
**सुग्राह्य** = बोध्य.
**सुग्रीव** = वानर सूची, शंख, हंस.

**सुग्रीव** *सं* अरुणात्मज, आदित्यसूनु, कपींद्र, कपीश, रविसुत, रामसखा, वानरेंद्र, सुकंठ, •बाली, •हनुमान.

**सुग्रीव भाई** = बाली.
**सुग्रीवाग्रज** = बाली.
**सुघटित** = सुविन्यस्त.
**सुघट्य** = नम्य.
**सुघड़** = कुशल, छरहरा/छरहरी, शास्त्रीय (कला), सुडौल, सुविन्यस्त.
**सुघड़ई** = बुद्धिमत्ता.
**सुघड़ता** = दक्षता.
**सुघर** = सुडौल.
**सुचरित्र** = सदाचार.
**सुचरित्रा** = पतिव्रता.
**सुचारु** = प्रबंधित, व्यवस्थित, सुंदर.
**सुचालन** = सुप्रबंध.
**सुचालित** = प्रबंधित.
**सुचिंतित** = विचारित.
**सुचित्तता** = गंभीरता.
**सुचित्रित** = चित्रित.
**सुचुटी** = चिमटा.
**सुचेत** = कुशाग्रबुद्धि.
**सुचेता** = उच्चाशय, बुद्धिमान, विशालहृदय.
**सुचेल** = सुवेशित.
**सुच्छाय** = आबदार.
**सुजन** = धर्माचारी.
**सुजनता** = सदाचार.
**सुजनी** = फ़र्शी चादर.
**सुजल** = जलबहुल भूमि, सुरम्य.
**सुजला** = जलबहुल भूमि.
**सुजात** = कुलीन, सुंदर.
**सुजाता** = सुंदर स्त्री, सुंदर स्त्री.
**सुजाति** = उच्चवर्णीय.
**सुजान** = अभ्यस्त, कलाप्रेमी, गुणग्राहक, ज्ञानी, दक्ष, दूरदर्शी, प्रेमी, बुद्धिमान, विद्याविद्, शिक्षित, सज्जनतापूर्ण.
**सुजित** = विजयी.
**सुजीवन** = सुजीविता.

**सुजीविता** *सं* आरोग्यजीविता, शुचिता, सुजीवन, सैनिटेशन, स्वच्छता विज्ञान, स्वच्छता

व्यवस्था, स्वास्थिकी, स्वास्थ्य विज्ञान, हाइजीन, •रोगवारण, •विसंक्रमण, •स्वच्छता, ■प्रदूषण, ■मलिनता.

**सुजीविताहीन** = संक्रामक.
**सुज्ञ** = दक्ष.
**सुज्ञात** = सर्वज्ञात.
**सुज्ञान** = गुणग्राहक.
**सुज्ञानी** = गुणग्राहक, विद्याविद्, शिक्षित.
**सुझाना** = समझाना, समझाना.

**सुझाना** *क्रि* तजवीज़ करना, दरशाना, परामर्श देना, *समझाना*, समझाना बुझाना, सलाह देना, *सिखाना*, सीख देना, सुझाव देना, •दिखाना, •समझाना.

**सुझाया गया/सुझाया गई** = सिफ़ारिशी.
**सुझाव** = अतापता, प्रस्ताव, व्यंजनार्थ.

**सुझाव** *सं* आयडिया, तजवीज़, तदबीर, तरकीब, मति, राय, *विचार*, *संकेत*, सम्मति, सलाह, सूझ, हदीस, हिंट, •अतापता, •परामर्श, •प्रस्ताव, •सिफ़ारिश.

**सुझाव देना** = सुझाना.
**सुटुकना** = भकोसना.
**सुट्टा** = कश.
**सुड़क** = सुड़कन.

**सुड़कन** *सं* चबड़ चबड़, चभड़ चभड़, चिपचिप, जीभ से लपलप कर के पीना कर्म, पिचपच, पिचपिच, लपलप, सुड़क, सुड़की, •चुसकी.

**सुड़कना** *क्रि* चभड़ चभड़ करना, चभड चभड़ पीना, पीते पीते आवाज़ करना, लपलप करना, सुड़सुड़ाना, •ढकोसना.

**सुड़का** = घूँट.
**सुड़की** = सुड़कन.
**सुड़सुड़ाना** = सुड़कना.
**सुडौल** = छरहरा/छरहरी, सुंदर.

**सुडौल** *वि* अंचित, अच्छा/अच्छी, अनिंद्य, *अनुपातयुक्त*, ख़ूबसूरत, *दर्शनीय*, रूपमान, रूपवंत/रूपवंती, वरांग, संतुलित, सम्मित, सानुपात, सानुपातिक, *सुंदर*, सुकल्पित, सुकुमार/सुकुमारी, सुगढ़, सुघड़, सुघर, सुनिर्मित, •दर्शनीय, •सुंदर, ■कुडौल, ■विद्रूप.

**सुढार** = सुंदर.
**सुतंत्र** = धर्मज्ञानी.
**सुत** = आसवित, जन्मा/जन्मी, पुत्र.
**सुत जाना** = दुबलाना.
**सुतना** = दुबलाना.
**सुतप** = तपस्या.
**सुतयाग** = पुत्रेष्टि यज्ञ.
**सुतर** = पारगम्य.
**सुतरां** = इस लिए, संक्षेपतः.

**सुतली** *सं* सणसूत्र, सन डोरी, सूतरी, •सन.

**सुतहार** = बढ़ई.
**सुतही** = सीपी.
**सुता** = पुत्री.
**सुतादान** = कन्यादान.
**सुतार** = बढ़ई.
**सुतारी** = सुंबा.
**सुतार्य** = पारगम्य.
**सुता सुत** = धेवता.
**सुतिनी** = पुत्रवती.
**सुतून** = स्तंभ.
**सुतोष** = आशुतोष.
**सुत्त** = त्रिपिटक भाग.
**सुत्थन** = पाजामा.
**सुथना** = जाँघिया, पाजामा.
**सुथनिया** = जनाना ढीला पाजामा.
**सुथनी** = जनाना ढीला पाजामा.
**सुथरा/सुथरी** = नहाया/नहाई, स्वच्छ.
**सुदर्श** = सुदृश्य.
**सुदर्शन** = दर्शनीय, बोधिसत्त्व, विष्णु, सुंदर पुरुष, सुदर्शन चक्र.
**सुदर्शन चक्र** = दिव्यास्त्र.

**सुदर्शन चक्र** *सं चक्र*, चक्रायुध, विश्वनाभि, विष्णुचक्र, सहस्त्रधार, सुदर्शन, हरिहेति.

**सुदर्शनता** = सौंदर्य.
**सुदर्शनधारी** = कृष्ण.
**सुदर्शना** = पूर्णिमा, सुंदर स्त्री.
**सुदशा** = समृद्धि, सुपरिस्थिति.

**सुदामा** *सं* कृष्ण निर्धन मित्र, श्रीदामा, •कृष्ण.

**सुदी** = शुक्लपक्ष.
**सुदीप** = आलोकप्रद.
**सुदीप्त** = चमकदार.
**सुदीर्घ** = बृहत्तम.
**सुदुर्गम** = गहन (वन).
**सुदूर** = दूरतम.
**सुदूर अतीत** = सुदूर भूतकाल.

**सुदूर भूतकाल** *सं* आदिम काल, इतिहास, चिरकाल, पुराण काल, पूरबल, *प्रागितिहास काल*, *प्राचीन काल*, बहुत प्राचीन काल, सुदूर अतीत, ■निकट भूतकाल.

**सुदूरस्थ** = दूरतम.
**सुदृक्** = सुंदर नयन.
**सुदृढ़** = अखंडनीय, अजेय, अटूट, अनिरसनीय, टिकाऊ, दुर्गीकृत, पुंसक, पुरुषोचित, बलिष्ठ, विजड़ित, शक्तिशाली, सुपोषित.

**सुदृढ़** *वि* अविकारी, *कठोर*, कड़ा/कड़ी, क़ायम, कालजीत, चट्टानी, चाकचक, टाँठा/टाँठी, *टिकाऊ*, ठस, *ठोस*, तगड़ा/तगड़ी, दृढ़, पक्का/पक्की, पायदार, पुख़्त, पुख़्ता, फ़ौलादी, मज़बूत, रुस्त, सख़्त, *सघन*, *सारपूर्ण*, सुसत्त्व, स्ट्रौंग, •अटूट, •टिकाऊ, •बलिष्ठ, ■कोमल, ■नम्य, ■निर्बल, ■शिथिलकाय.

**सुदृढ़काय** = सुगठितकाय.
**सुदृढ़न** = कसन, दुर्गीकरण, पोषण.
**सुदृढ़ वक्ष** = विशाल वक्ष.
**सुदृढ़ीकरण** = कसन.
**सुदृश्य** = दर्शनीय, स्पष्ट.

**सुदृश्य** *वि* उजला/उजली, *प्रकाशित*, सुदर्श, सुप्रकाशित, *स्पष्ट*, •पारदर्शी, ■कुदृश्य.

**सुदृष्टि** = दूरदृष्टियुक्त.
**सुदेह** = सुंदर, सुंदरकाय.
**सुदैव** = सुयोग, सौभाग्य.
**सुदौसी** = प्रातःकाल में.
**सुध** = स्मृतिलाभ, स्मृतिलाभ.
**सुधन्वा** = विदुर.
**सुधबुध** = हाज़िरजवाबी.

**सुधबुधयुक्तता** = चेतना.
**सुधबुधहीन** = अचेत, मदव्यग्रस्त, मदिरोन्मत्त.
**सुधरता/सुधरती** = विकासशील.

**सुधरना** *क्रि* अपना सुधार करना, अपने को सुधारना, आत्मोन्नति करना, *उठना*, उन्नत होना, उन्नति करना, नया अध्याय आरंभ करना, नया पन्ना पलटना, पलटना, *बढ़ना*, *बदलना*, *सँभलना*, सँवरना, ●सुधारना, ■अवनति होना, ■बिगड़ना.

**सुधरा/सुधरी** = उन्नत, जीर्णोद्धृत, जीर्णोद्धृत, बेहतर, मरम्मतकृत, संशोधित, सुसंस्कृत.
**सुधहीन** = अचेत.
**सुधांशु** = चंद्रमा.
**सुधा** = अमृत, कलई चूना, पुत्रवधू, पुष्परस, पृथ्वी, वधू, विष, शहद.
**सुधाकंठ** = कोयल.
**सुधाकर** = चंद्रमा.
**सुधाभोजी** = देवता.
**सुधामय** = अमृतीय.
**सु-धार** = तीक्ष्ण.
**सुधार** = आरोग्य लाभ, उन्नति, जीर्णोद्धार, नवीकरण, परिष्कार, प्रजाति परिष्कार, मरम्मत, विकास, संपादन, संशोधन, समाज सुधार.

**सुधार** *सं* उद्धार, *उन्नति*, नवनिर्माण, नवोन्मेष, पुनरुत्थान, *पुनरुद्धार*, पुनरोदय, पुनर्जागरण, *पुनर्निर्माण*, पुनर्विकास, *प्रगति*, रिफ़ौर्म, रेनेसाँ, *विकास*, समुद्धार, ●क्रांति, ●जीर्णोद्धार, ●नवीकरण, ●परिवर्तन, ●संशोधन, ■अवनति, ■यथापूर्वता.

**सुधारक** = क्रांतिकारी, सुधारवादी.
**सुधारणीय** = कुप्रबंधित.
**सुधारना** = पढ़ाना, सजाना, सिखाना.

**सुधारना** *क्रि* अच्छा करना, अच्छा करना, *उठाना*, उद्धार करना, उन्नत करना, उभारना, परिवर्तन लाना, पुनरुत्थान करना, *बढ़ाना*, *बदलना*, बेहतर करना, विकसित करना, विकास करना, सँवारना, ●जीर्णोद्धार करना, ●नवीकरण करना, ●सुधरना, ■अवनति करना, ■बिगाड़ना.

**सुधार पंथ** = सुधारवाद.
**सुधारपंथी** = सुधारवादी.
**सुधारवाद** = प्रोटैस्टैंट मत.

**सुधारवाद** *सं* कुरीति विरोध, क्रांतिवाद, परंपरा विरोध, परिवर्तनवाद, *प्रगतिवाद*, रिफ़ौर्मेशन, रिवीज़निज़्म, रूढ़िभंजन, रूढ़ि विरोध, रेनेसाँ, संशोधनवाद, सुधार पंथ, ●आधुनिकीकरण, ■आदिसिद्धांतवाद, ■रूढ़िवाद.

**सुधारवादी** = प्रोटैस्टैंट मतावलंबी.

**सुधारवादी** *सं* आंदोलन कर्ता, उद्धारक, उद्धार कर्ता, *उन्नायक*, *क्रांतिकारी*, क्रांतिवादी, दलित उद्धारक, पतितपावन, परिवर्तन कर्ता, परिवर्तनवादी, रूढ़िभंजक, रूढ़िविरोधी, संशोधनवादी, समाज सुधारक, समाजसेवी, सुधारक, सुधारपंथी, ●अग्रगंता, ●आधुनिकतावादी, ●क्रांतिकारी, ■आदिसिद्धांतवादी.

**सुधारस** = अमृत.

**सुधारात्मक** *वि* उत्थानात्मक, उद्धारात्मक, परिष्कारात्मक, विकासात्मक, शोधनात्मक, संशोधनात्मक, संस्कारात्मक, सुधारीय.

**सुधारीय** = सुधारात्मक.
**सुधालेप** = चूना पुताई.
**सुधा शर्करा** = खड़िया.
**सुधि** = स्मृति, स्मृतिलाभ.
**सुधी** = ज्ञानी, प्रतिभाशाली, प्रबुद्ध, विद्याविद्, शिक्षित, सज्जनतापूर्ण.
**सुधीर** = दायित्वपूर्ण, धीर, संकल्पशील, साधक.
**सुधोद्भव** = धन्वंतरि.
**सुधौत** = चाँदी, बर्फ़ीला सफ़ेद.
**सुनंदन** = आनंदप्रद.
**सुनगुन** = कानाफूसी.
**सुनन** = श्रवण.

**सुनना** *क्रि अकनना*, कान देना, ग़ौर करना, ध्यान देना, श्रवण करना, ■अनसुना करना.

**सुनने योग्य** = श्रोतव्य.
**सुनने वाला** = श्रोता.
**सुनने वाले** = सुहृदजन.
**सुनम्य** = नम्य.
**सुनय** = सदाचार.
**सुनयन** = सुंदर नयन, सुंदर पुरुष, हिरन.

**सुनयन** *वि* अंबुजाक्ष, अब्जनयन, अरविंदनयन, कमलनयन, कमलनेत्र, कमलाक्ष, चंचलनयन, चंद्रनयन, चारुलोचन, पद्मनयन, पद्मलोचन, पुष्पनयन, फुल्ललोचन, मदिरनयन, मीननयन, मृगनयन, मृगलोचन, राजीवलोचन, लोलनेत्र, वामनयन, विशालनयन, विशालाक्ष, सुलोचन, हरिणलोचन, ●सुंदर, ●सुनयना.

**सुनयना** = सुंदर स्त्री, सुंदर स्त्री, सुलोचना, हिरनी.

**सुनयना** *वि* अंबुजाक्षा, अब्जनयना, अब्जलोचना, अरविंदनयना, अरविंदनयनी, कमलनयनी, कमलाक्षी, कुरंगनयना, चंचलनयना, चारुलोचना, नयना, नैना, नैनी, पद्मनयना, मदिरनयना, मदिराक्षी, मीनाक्षी, मृगनयनी, मृगनैनी, मृगाक्षी, राजीवलोचना, लोचना, वामनयना, वामाक्षी, विशाललोचना, *सुलोचना*, ●सुनयन.

**सुनरी** = सुंदर स्त्री.
**सुनर्द** = गड़गड़ाता/गड़गड़ाती.
**सुनवाई** = श्रवण.

**सुनवाई** *सं* अपराध परीक्षा, अभियोग परीक्षा, आरोप परीक्षा, *उपस्थिति*, *तारीख़*, पेशी, मुक़दमा सुनवाई, हाज़िरी.

**सुनसान** = अजनाकीर्ण, आवासीहीन, एकांत स्थान.
**सुनसुनी** = झुनझुनी.
**सुनहरा/सुनहरी** = पचासवाँ/पचासवीं,

सुनहला/सुनहली.

**सुनहरा अवसर** = सुअवसर.

**सुनहरा दौर** = उत्कर्ष काल, स्वर्णयुग.

**सुनहरी टीका** = सम्मान तिलक.

**सुनहरी बालों वाला** = स्वर्णकेशी.

**सुनहला/सुनहली** = पचासवाँ/पचासवीं.

**सुनहला/सुनहली** *वि* पीला/पीली, सुनहरा/सुनहरी, सुवर्ण, सुवर्णीय, स्वर्णाभ, स्वर्णिम, हिरण्मय, हेमाभ, हैम, •पीला/पीली, ■रुपहला/रुपहली.

**सुनहलापन** = स्वर्णिमा.

**सुनहला रंग** = स्वर्णिमा.

**सुना/सुनी** *वि* आकर्णित, आश्रुत, कानों सुना, विश्रुत, श्रुत, संश्रुत, सुना गया, ■अनसुना/अनसुनी.

**सुना गया** = सुना/सुनी.

**सुनाद** = संगीतमय.

**सुनाना** = गाना, डाँटना, धिक्कारना, बताना, बाँचना.

**सुनाम** = कीर्तिस्व.

**सुनामी** *सं महोर्मि*, समुद्र तल में उत्तेजना से बनी महोर्मि, •बाढ़, •भूकंप, •समुद्र लहर.

**सुनार** *सं* आभूषणकार, गोल्डस्मिथ, ज़रकार, मणिकार, सुवर्णकार, स्वर्णकार, हेमल, •आभूषण व्यापारी, •कसौटीकार, •गढ़ने वाला.

**सुनारी भार पद्धति** = रत्न भार पद्धति.

**सुना सुनाया/सुनी सुनाई** = प्रवादित.

**सुनियम्य** = नियंत्रणीय.

**सुनिर्धारित** = निर्धारित.

**सुनिर्मित** = कलात्मक, सुडौल.

**सुनिवार्य** = निवार्य.

**सुनिश्चयन** = ऐडवांस बुकिंग.

**सुनिश्चित** = अपरिवर्तनीय, अवश्यंभावी, असंदिग्ध, आरक्षित, इतना/इतनी, निर्धारित, विवादातीत, संपुष्ट.

**सुनीच** = गहरा/गहरी.

**सुनीत** = शिष्ट.

**सुनीति** = विनम्र, सदाचार.

**सुनीला** = अलसी.

**सुनी सुनाई बात** = अफ़वाह.

**सुनेत्र** = सुंदर नयन.

**सुन्न** = अनुभूतिहीन, स्पर्शानुभूतिहीन.

**सुन्नत** = इसलामी विधि, सदाचार, सुन्नी मत.

**सुन्नी मत** *सं* चार यारी, मुहम्मद उपरांत तीन ख़लीफ़ाओं का समर्थन, सुन्नत, •शीया मत.

**सुपंथ** = सदाचार.

**सुपक्व** = अभ्यस्त, कालजात, जर्जर वृद्ध, दक्ष.

**सुपठनीय** = पठनीय, सुलिखित.

**सुपठ्य** = सुलिखित.

**सुपढ़** = सुशिक्षित.

**सुपथ** = सदाचार.

**सुपथ्य** = आहार्य, पथ्याहार, पथ्याहार, सुपाच्य.

**सुपथ्याहार** = पथ्याहार.

**सुपर** = अपर (अधिकारी).

**सुपर ईगो** = अंतरात्मा.

**सुपर कंप्यूटर** *सं* अतितीव्र महँगा कंप्यूटर.

**सुपर बाज़ार** = डिपार्टमैंट स्टोर, शौपिंग सैंटर.

**सुपर मार्केट** = शौपिंग सैंटर.

**सुपरमैन** = अतिमानव.

**सुपरवाइज़र** = फ़ोरमैन.

**सुपरवाइज़र** *सं अध्यक्ष*, इनचार्ज, कार्यदर्शी, कार्येक्षक, निगरान, निगाहबान, निदर्शक, निरीक्षक, निर्देशक, *मुखिया*, सर्वाधिकारी, •अध्यक्ष, •इंस्पैक्टर, •ओवरसीअर, •कार्य प्रभारी.

**सुपर हिट** = लोकप्रिय, सफल.

**सुपरामर्श** *सं* अच्छी सीख, नेक राय, नेक सलाह, भली सलाह, महामंत्र, सदुपदेश, सद्परामर्श, सुमंत्र, हितवाक्य, हितोक्ति, हितोपदेश, हिदायत, ■कुपरामर्श.

**सुपरिचित** = चिरपरिचित, प्रसिद्ध.

**सुपरिणाम** *सं* अच्छा नतीजा, सिद्धि, सुप्रतिफल, सुफल, ■दुष्परिणाम.

**सुपरिनटैंडैंट** = अध्यक्ष.

**सुपरिभाषित** = सटीक.

**सुपरिष्कृत** = सुसंस्कृत.

**सुपरिस्थिति** *सं* अच्छी हालत, उत्कर्ष, *उन्नति*, *कल्याण*, खुशहाली, दुरुस्ती, मंगल, वृद्धि, सद्गति, *सलामती*, सुकाल, सुगति, सुदशा, सुस्थिति, *सौभाग्य*, स्वस्थता, •भाग्योदय, •सुयोग, ■कुपरिस्थिति, ■दुर्भाग्य.

**सुपर्ण** = गरुड़.

**सुपर्णा** = मादा पक्षी.

**सुपाच्य** *वि* अच्छा/अच्छी, पथ्य, *पाच्य*, *पोषक*, बलवर्धक, सहज पाच्य, सुपथ्य, स्वास्थ्यकर, हलका/हलकी, •अगरिष्ठ, •पाचकता वर्धक, ■अपाच्य.

**सुपात्र** *वि अधिकारपूर्ण*, अधिकार भागी, अधिकारी, अधिकारी, उपयुक्त, जोगा/जोगी, पात्र, फ़िट, भागी, -भाजन, मुस्तहक़, *योग्य*, *संगत*, समर्हित, सुयोग्य, हक़दार, हक़दार, •अर्हतासंपन्न, •योग्य, ■अपात्र.

**सुपार** = पारगम्य.

**सुपारी** *सं* अकोट, गुवाक, चिक्कणी, पूगफल, पूगी, •कत्था, •पान, •सरौता.

**सुपार्य** = गाध्य, पारगम्य.

**सुपार्श्वनाथ** = तीर्थंकर सूची.

**सुपुत्र** = सपूत.

**सुपुत्र (संबोधित व्यक्तिः पुत्र)** = पुत्र.

**सुपुष्ट** = बलिष्ठ, सुपोषित.

**सुपुष्पिका** = सौंफ़.

**सुपोषक** = पोषक.

**सुपोषण** = पोषण.

**सुपोषित** = बलिष्ठ, सुगठितकाय.

**सुपोषित** *वि* चाक़चौकस, चाक़चौबंद, टंच, टनमना/टनमनी, टनाटन, ताक़तवर, दृढ़, पक्का/पक्की, पट्ठा/पट्ठी, परिपुष्ट, पाठा/पाठी, पुष्ट, पोषित, *बलिष्ठ*, मुसटंडा/मुसटंडी, रुष्टपुष्ट, रुस्त, लहालह,

लहालोट, *शक्तिशाली*, संड मुसंड, *सुदृढ़*, सुपुष्ट, हट्टा कट्टा/हट्टी कट्टी, हृष्टपुष्ट, ●स्वस्थ, ■कुपोषित, ■निर्बल.

**सुप्त** = घटनाहीन, स्पर्शानुभूतिहीन.

**सुप्त** *वि अचेत*, अजाग्रत, निद्रा देवी की गोद में, निद्रामग्न, निद्रित, प्रसुप्त, लंबायमान, लेटा/लेटी, विश्रामशील, शांत, सनिद्र, सपनों के देश में, सुषुप्त, सोता/साती, सोया/सोई, स्वप्नशील, ●असावधान, ●तंद्रिल, ●निश्चल, ■जाग्रत, ■निद्राहीन.

**सुप्त अवस्था** = निद्रा.
**सुप्त करना** = सुलाना.
**सुप्त चेतना** = अवचेतन मन.
**सुप्त होना** = सोना.

**सुप्ताटन** *सं* तंद्राटन, निद्राचरण, निद्राचारिता, निद्राटन, निद्रा भ्रमण, निशाटन, स्वप्नचारिता, स्वप्नाटन.

**सुप्तावस्था में दृश्य विचार भावनाओं का उदय** = स्वप्न.
**सुप्ति** = तंद्रा, निद्रा.
**सुप्रकाशित** = सुदृश्य.
**सुप्रतिकार** = प्रत्युपकार.
**सुप्रतिज्ञ** = संकल्पशील.
**सुप्रतिफल** = सुपरिणाम.
**सुप्रतिष्ठा** = मूर्ति स्थापना, संस्थापना.
**सुप्रतिष्ठित** = प्रसिद्ध.
**सुप्रतिष्णात** = संपुष्ट.
**सुप्रतीक (उत्तर-पूर्व)** = दिग्गज (दिशा).
**सुप्रबंध** = सुशासन.

**सुप्रबंध** *सं* खुशइंतिज़ामी, सुचालन, सुव्यवस्था, *सुशासन*, सुसंचालन, ■अराजकता, ■अव्यवस्था, ■कुप्रबंध.

**सुप्रबंधित** = प्रबंधित, व्यवस्थित.
**सुप्रबुद्ध** = प्रबुद्ध.
**सुप्रभा** = सुंदर स्त्री.
**सुप्रभात** = प्रभाती.
**सुप्रभाव** = सुसंगति.
**सुप्रमेय** = प्रमाण, माप्य.
**सुप्रयोग** = सदुपभोग.
**सुप्रलाप** = वाग्मिता.
**सुप्रशस्त** = प्रचारित, विस्तीर्ण.
**सुप्रसन्न** = आनंदित.
**सुप्रसाद** = दान, वरदान.
**सुप्रसिद्ध** = प्रसिद्ध.
**सुप्रसिद्धि** = प्रसिद्धि.
**सुप्रिय** = अंतरंग.
**सुप्रीम** = सर्वोच्च सत्ताधारी.
**सुप्रीम कोर्ट** = उच्चतम न्यायालय.
**सुप्रीमो** = सर्वोच्च सत्ताधारी.
**सुफल** = पुण्यफल, फलप्रद, सुपरिणाम, सुरम्य.
**सुफला** = मुनक्क़ा.
**सुफेन** = समंदर झाग.
**सुबंधु** = अंतरंग, अंतरंग मित्र.
**सुबक** = सिसकी.
**सुबकता/सुबकती** = रोता/रोती.
**सुबकी** = सिसकी.
**सुबल** = बलिष्ठ.
**सुबह** = एऐम, प्रातःकाल, प्रातःकाल में, सूर्योदय.
**सुबह का तारा** = प्रातःकालीन शुक्र.
**सुबह की सैर** = प्रातःकालीन विचरण.
**सुबह दम** = प्रातःकाल में.
**सुबह शाम** = लगातार.
**सुबह सवेरे** = प्रातःकाल में.
**सुबह सुबह** = प्रातःकाल में.
**सुबहान** = अल्लाह.
**सुबाहु** = वानर सूची.
**सुबुकदस्त** = दक्ष.
**सुबुकदस्ती** = चुस्ती, हाथ की सफ़ाई.
**सुबुद्धि** = छलहीन, बुद्धिमत्ता, बुद्धिमान.
**सुबू** = मद्यपात्र.
**सुबूही** = सुराही.
**सुबोध** = बोध्य, सम्यक् ज्ञान.
**सुबोध्य** = पौप.
**सुब्रह्मण्य** = स्कंद.
**सुभग** = सुंदर.
**सुभग/सुभगा** = प्रेमपात्र/प्रेमपात्रा.
**सुभगा** = प्रेमिका, सधवा, सुंदर स्त्री.
**सुभट** = महारथी, योद्धा, वीर.
**सुभा** = दूर्वा घास.
**सुभागी** = सुंदर स्त्री.
**सुभागी/सुभागिनी** = सौभाग्यशाली.
**सुभाष** = मिष्टभाषी.
**सुभाषण** = मृदुभाषण.
**सुभाषित** = उक्ति.
**सुभाषी/सुभाषिणी** = मिष्टभाषी, वाग्विलासपूर्ण.
**सुभीता** = सुविधा.
**सुभ्रांति** = सुखभ्रांति.
**सुमंगल** = कल्याण, कल्याणकारी.
**सुमंगला** = सुंदर स्त्री.
**सुमंत** = कूटनीतिकार.
**सुमंत्र** = कूटनीतिकार, सुपरामर्श.
**सुमंद** = मंद, मंदधी.
**सुमति** = प्रौढ़, बुद्धिमान.
**सुमतिनाथ** = तीर्थंकर सूची.
**सुमधुर** = मीठा/मीठी, संगीतमय, सुंदर, सुकुमार.
**सुमधुर भाषी/सुमधुर भाषिणी** = मिष्टभाषी.
**सुमधुरा** = सुंदर स्त्री.
**सुमध्यमा** = सुंदर स्त्री.
**सुमन** = पुष्प, सुंदर.
**सुमना** = चमेली, देवता, मालती, सुंदर स्त्री.
**सुमरण** = अनुस्मरण.
**सुमरन** = पूजा.
**सुमरना** = जपना, पूजना.
**सुमरनी** = जपमाला.
**सुमार्ग** = सदाचार.
**सुमार्गी** = धर्माचारी.
**सुमाली** = वानर सूची.
**सुमित** = सूक्तिवत.

**सुमित्रा** *सं* मित्रा, लक्ष्मणप्रसू, लक्ष्मण माता, शत्रुघ्न माता, ●दशरथ, ●लक्ष्मण.

**सुमिरन** = कीर्तन, जाप.
**सुमुख** = प्रसन्न, सुंदर.
**सुमुखी** = सुंदर स्त्री, सुंदर स्त्री, सुंदर स्त्री.
**सुमेधा** = ज्ञानी, बुद्धिमान, शिक्षित.
**सुमेर** = इराक़.
**सुमेरिया** = इराक़.
**सुमेरु** = उत्तर ध्रुव, जपमाला बड़ा दाना, सुमेरु पर्वत.

**सुमेरु पर्वत** *सं* अमराद्रि, कनकाचल, नगपति, मेरु, सुमेरु, सुरगिरि, स्वर्णशैल, हेमगिरि.

**सुमेल** = सामंजस्य.
**सुयश** = प्रसिद्धि.
**सुयुक्ति** = जुगत.

**सुयोग** = भाग्योदय, मंगल काल, सुअवसर.

**सुयोग** *सं* अनुकूल परिस्थिति, *भाग्य*, समय, सुदैव, सुसंयोग, *सौभाग्य*, •सुअवसर, ▪कुयोग.

**सुयोग्य** = सुपात्र.
**सुयोजित** = योजित.
**सुरंग** = पलीता, बारूदी सुरंग, बिल, भूमिगत पारपथ, भूमिगत रेलमार्ग.

**सुरंग** *सं* अधोमार्ग, ख़ंदक़, खाई, टनल, *परिखा*, भूमिगत मार्ग, सबवे, •सेंध, ▪पुल, ▪फ़्लाईओवर.

**सुरंग नाला** = भूमिगत नाला नाली.
**सुरंगा** = सुंदर स्त्री.

**सुरंजित** *वि* अतिरंजित, गहरा/गहरी, पैठा/पैठी, बसा/बसी, रंजित, रचा/रची, रचा बसा/रची बसी, संरंजित, संरक्त, सुरक्त, •रंगीन, •संसिक्त.

**सुर** = देवता, देवमूर्ति, लय.
**सुर उठाना** = गाना.
**सुरकामिनी** = अप्सरा.
**सुरकेतु** = इंद्र.
**सुरक्त** = सुरंजित.
**सुरक्षक** = रक्षक.
**सुरक्षण** = दुर्गीकरण, वारण.
**सुरक्षा** = जीवन रक्षा, परंतुक, परित्राण, बीमा, रक्षा, शरण, शांतिकाल, सलामती, सुशासन.

**सुरक्षा** *सं* अनापदा, अमन, अमन चैन, अमान, *कल्याण*, *कुशल*, कुशलक्षेम, कुशलता, क्षेम, ख़ैर, ख़ैरियत, निरापदता, भला, योगक्षेम, *रक्षा*, विपदाहीनता, संकटहीनता, *सलामती*, सेफ़्टी, हिफ़ाज़त, •दुर्ग, •पुलिस, •शरण, ▪आतंक, ▪ख़तरा, ▪जोखिम, ▪संकट.

**सुरक्षाकामना** = कल्याणकामना.
**सुरक्षा गारंटी** = अभयदान.
**सुरक्षालय** = शरणस्थल.
**सुरक्षाहीन** = असुरक्षित.
**सुरक्षित** = अनाहत, आरक्षित, कवचित, गुप्त, तालाबंद, दुर्गीकृत, पास्तेरित, रक्षित.

**सुरक्षित** *वि* अनापद, अनुपालित, अभेद्य, अशंक, चाकचक, निरापद, निरुपद्रव, निर्भय, निश्शंक, पक्का/पक्की, परिरक्षित, प्रतिछायित, बचावदार, बेख़तर, भयमुक्त, *भयहीन*, महफ़ूज़, रक्षापूर्ण, *रक्षित*, विपदाहीन, संकटहीन, संश्रित, समावृत, •सलामत, ▪संकटग्रस्त.

**सुरक्षितता** = सलामती.
**सुरक्षित रखना** = बचाना.
**सुरक्षित लेख** = दस्तावेज.
**सुरक्षित स्थान** = दुर्ग, शरणस्थल.
**सुरख़ाब** = चकवा.
**सुरगज** = ऐरावत.
**सुरगण** = देवता समूह.
**सुर गायक** = गंधर्व.
**सुरगिरि** = सुमेरु पर्वत.
**सुरगुरु** = बृहस्पति ग्रह.
**सुरगृह** = मंदिर.
**सुरचाप** = इंद्रधनुष.
**सुरजन** = सज्जन.
**सुर टीप** = तान.
**सुरतक्रीड़ा** = कामकेलि.
**सुरतदूत** = कुटना.
**सुरतदूती** = कुटनी.
**सुरतरंगिनी** = कामुकी.
**सुरतात** = कश्यप.
**सुर तान** = तान.
**सुरतालमय** = संगीतमय.
**सुरति** = कामकेलि, संभोग.

**सुरती** *सं* चबाने का तंबाकू, *तंबाकू*, तंबाकू सूखा पत्ता, *तमाल*, सूखा पत्ता.

**सुरद्रुम** = कल्पवृक्ष, देवदारु.
**सुरद्वेषी** = राक्षस.
**सुरधाम** = स्वर्ग.
**सुरधेनु** = कामधेनु.
**सुरनायक** = इंद्र.
**सुरनारी** = देवी.
**सुरपति** = इंद्र.
**सुरपुर** = स्वर्ग.
**सुरबाला** = देवी.
**सुरभानु** = इंद्र, सूर्य.
**सुरभि** = कदंब, कामधेनु, गाय, चैत्र मास, जायफल, तुलसी, मौलसिरी, सुंदर स्त्री, सुगंध.
**सुरभिकांता** = जूही.
**सुरभि गंध** = तेजपात.
**सुरभित** = उपवनित, वसंती, सुगंधित.
**सुरभिपत्रा** = जामुन.
**सुरभिबाण** = कामदेव.
**सुरभि मास** = चैत्र मास, वसंत.
**सुरमंदिर** = मंदिर.
**सुरमई** = सलेटी.
**सुरमणि** = पारस पत्थर.
**सुरमा** = काजल, सीसा.
**सुरम्य** = आनंदप्रद, उपवनित, सुंदर.

**सुरम्य** *वि* अभिराम, अभिरूप, *अविकृत*, असघन, *आनंदप्रद*, *काव्यात्मक*, खुला/खुली, मंजुल, मनोरम, मनोहर, रमणीक, रमणीय, रम्य, *वन्य*, विचरणीय, शस्यपूर्ण, शोभापूर्ण, *सुंदर*, सुखमय, सुजल, सुफल, हरित, *हरियल*, हरियाला/हरियाली, •उपवनित, •दर्शनीय, •विचरणीय, •हवादार, ▪उजाड़.

**सुरम्य लेख** = ललित निबंध.
**सुरलोक** = स्वर्ग.
**सुरलोक सुंदरी** = अप्सरा, दुर्गा.
**सुरव** = कलध्वनि.
**सुरवाणी** = देववाणी.
**सुरवीथी** = आकाश गंगा.
**सुरशिल्पी** = विश्वकर्मा.
**सुरश्रेष्ठ** = इंद्र, गणेश.
**सुरश्रेष्ठा** = ब्राह्मी.
**सुरसखा** = गंधर्व.
**सुरसदन** = मंदिर.
**सुरसरिता** = गंगा नदी, गोदावरी नदी.
**सुरसा** = तुलसी, सौंफ.
**सुर सामंजस्य** = संगीत.
**सुरसाहब** = इंद्र.
**सुरसिंधु** = मंदाकिनी.
**सुरसुंदरी** = अप्सरा.
**सुरसुरभि** = कामधेनु.
**सुरसुराना** = गुदगुदाना.
**सुरसुराहट** = खुजलाहट.
**सुरसुरी** = आतिशबाज़ी छछूँदर,

खुजलाहट, ज्वर कंपन, झुनझुनी, रोमांच.
**सुरसेनापति** = स्कंद.
**सुरहीन** = संगीतहीन.
**सुरांगना** = अप्सरा, देवी.
**सुरा** = बियर, मदिरा, मद्य.
**सुराकार** = डिस्टिलर.
**सुराग़** = पदचिह्न, पूर्वज्ञान, पूर्वसूचना.

**सुराग़** *सं* अनुगंध, अनुचिह्न, *अवशेष*, *गंध*, गुमान, *चिह्न*, *छाप*, जानकारी, टोह, निशान, निशानी, पीछे छोड़ा चिह्न, बू बास, *संकेत*, सानगुमान, सूत्र, •उँगली छाप, •पदचिह्न, •संकेत.

**सुराग़रसानी** = गुप्तचर्या.

**सुराग़हीन** *वि अज्ञेय*, अनबूझ, अबूझ, अलक्ष्य, *असमाधान्य*, चिह्नहीन, लक्षणहीन, साक्ष्यहीन.

**सुरागाय पूँछ** = चँवर.
**सुरागार** = मद्यशाला.
**सुराग़ी** = गुप्तचर, तथ्यान्वेषक.
**सुरागोष्ठी** = पानगोष्ठी.
**सुराचार्य** = बृहस्पति.
**सुराज** = सुशासन.
**सुराजी** = स्वाधीनता सेनानी.
**सुराजीव** = डिस्टिलर.
**सुराजीवी** = डिस्टिलर.
**सुराज्य** = सुशासन.
**सुराधिप** = इंद्र.
**सुरापान** = पानगोष्ठी, मद्यपान.
**सुरापीथ** = पानगोष्ठी.

**सुराप्रेमी** *सं* पियक्कड़, *पीने वाला*, मदिरा प्रेमी, *मद्यप*, मद्यपायी, मद्यप्रेमी, मद्यरसिक, मद्यसेवी, मधुप, मयकश, मयनोश, मयपरस्त, रिंद, शराबी, शौक़ीन, सुरासेवी, •पयिक्कड़, •मद्यप, ▪परहेज़.

**सुरायुध** = दिव्यास्त्र.
**सुरारि** = राक्षस.
**सुराव** = कलध्वनि.
**सुरावती** = अदिति.
**सुरावारि** = मदिरा.
**सुरा विक्रेता** = मद्य विक्रेता.
**सुराष्ट्रजा** = गोपी चंदन.
**सुरासागर** = पौराणिक सप्तसागर.
**सुरासुंदरी** = साक़ी बाला.
**सुरासुरगुरु** = कश्यप.
**सुरासेवन** = मद्यपान.
**सुरासेवी** = सुराप्रेमी.
**सुराही** = मद्य कुंभ.

**सुराही** *सं* कर्करी, गड़वा, गड़वी, गड़ुई, झंझर, झज्जर, झाझर, झारी, सुबूही, •घड़ा, •जग.

**सुराहीनुमा बोतल** *सं* कंटर, कराफ़े, छागल.

**सुरिया खार** = शोरा.
**सुरीला/सुरीली** = मधुर स्वरीय, श्रोतव्य, संगीतमय.
**सुरुचि** = कलाप्रेम.

**सुरुचि** *सं* अदब, *आँख*, कला रुचि, कसौटी, ज़ौक़, तबीअत, तमीज़, नफ़ासत, निगाह, *पकड़*, *परख*, पहचान, *रुचि*, लताफ़त, *विवेक*, *शौक़*, संवेदना, समझ, •कलाप्रेम, •गुणज्ञता, •रसिकता, •रुचि, •सौंदर्य बोध, ▪कुरुचि.

**सुरुचिपूर्ण** = शास्त्रीय (कला), शोभनीय, सुसंस्कृत.

**सुरुचिपूर्ण** *वि* अभिरूप, *उन्नत*, कलापूर्ण, कलामय, कल्पनापूर्ण, बढ़िया, मनोहर, रुचिपूर्ण, ललाम, ललित, *सुंदर*, सुकल्पित, *सुरुचिसंपन्न*, सौष्ठवपूर्ण, •कलात्मक, ▪कलाहीन, ▪सुरुचिहीन.

**सुरुचिमन्यक** *वि* जाहपरस्त, दंभी, दर्पी, नक्कू, नख़रीला/नख़रीली, नख़रेबाज़, नाकचढ़ाऊ, बाल की ख़ाल निकालने वाला, भद्रमन्यक, शानची, श्रेष्ठमन्यक, *सनकी*, स्नौब, •अहंकारी, •उत्कृष्टता प्रेमी, •गुणग्राहक.

**सुरुचिसंपन्न** = कलात्मक, सुरुचिपूर्ण, सुरुचिसंपन्न (व्यक्ति).

**सुरुचिसंपन्न (व्यक्ति)** *वि* कलारुचिसंपन्न, *गुणग्राहक*, नागर, परिष्कृत, बाज़ौक़, *भावुक*, रसवंत/रसवंती, *रसिक*, रुचिसंपन्न, वररुचि, शौकीन, संस्कृत, *सभ्य*, सुरुचिसंपन्न, *सुसंस्कृत*, सुहृद, *सौम्य*, •गुणग्राहक, •सुरुचिपूर्ण.

**सुरुचिहीन** = अश्लील, कलाहीन, कुडौल, भँड़ौआ.

**सुरुचिहीन** *वि* अप्रिय, *फूहड़*, बेज़ौक़, रुचिहीन, •अगुणज्ञ, ▪सुरुचिसंपन्न.

**सुरूप** = सुंदर.
**सुरूपता** = सौंदर्य.
**सुरूपा** = बेला, सुंदर स्त्री.
**सुरूर** = नशा, नशा.
**सुरेंद्र** = इंद्र.
**सुरेंद्रगोप** = बीर बहूटी.
**सुरेंद्रचाप** = इंद्रधनुष.
**सुरेंद्रलुप्ति** = गंजापन.
**सुरेंद्रलोक** = स्वर्ग.
**सुरेज्य** = बृहस्पति ग्रह.
**सुरेणु** = त्रसरेणु.
**सुरेश** = इंद्र.
**सुरेश्वर** = इंद्र.
**सुरेष्टा** = ब्राह्मी.
**सुरैतिन** = रखेली.
**सुरैया** = झाड़ फ़ानूस, बुंदा.
**सुरोद** = सरोद.
**सुर्ख़** = लाल.
**सुर्ख़रू** = प्रतिष्ठित, प्रसिद्ध, सफल.
**सुर्ख़रूई** = प्रसिद्धि.
**सुर्ख़ होना** = लजाना.
**सुर्ख़ियों में** = मुख्य (समाचार).
**सुर्ख़ी** = नशा, नशा, लालिमा, शीर्षक, समाचार शीर्षक.
**सुर्रा** = आतिशबाज़ी सूची, आतिशबाज़ी सुर्रा, प्रक्षेपास्त्र, रौकेट यान.
**सुलक्कड़** = तंद्रिल.
**सुलक्षणा** = सुंदर स्त्री, सुंदर स्त्री.
**सुलगता/सुलगती** = जलता/जलती.
**सुलगना** = डाँटना, भड़कना.

**सुलगना** *क्रि* अंदर ही अंदर जलना, *जलना*, धीरे धीरे जलना, धुआँ देते जलना, ▪बुझना.

**सुलगाई** = अग्न्याधान.
**सुलगाना** = तपाना, भड़काना.

**सुलगाना** *क्रि* अग्न्याधान करना, आग उठाना, चिंगारी लगाना, *जलाना*, प्रज्वलित करना, बालना, माचिस लगाना, लूकना, ●दहकाना, ■बुझाना.

**सुलझन** = समाधान.

**सुलझना** *क्रि* *खुलना*, गुत्थी सुलझना, निबड़ना, निबरना, ●खुलना.

**सुलझा/सुलझी** = समाधानित.

**सुलझा/सुलझी** *वि* अक्लिष्ट, अजटिल, उलझनहीन, गुत्थीहीन, सरल, *सहज*, साफ़, सीधा/सीधी, ●अनाबद्ध, ●समाधानित, ■भ्रामक.

**सुलझाना** *क्रि* खोलना, गुत्थी सुलझाना, गुलझट निकालना, बल निकालना, ●उधेड़ना, ●खोलना, ■उलझाना, ■फँसाना, ■भरमाना.

**सुलझाव** = समाधान.
**सुलटा/सुलटी** = ऊर्ध्वमुख.
**सुलतान** = मुखिया, राजा, राजा सूची भारतीय.
**सुलताना** = राजा पत्नी, रानी.
**सुलतानी** = उत्तम, राजतंत्र, राजतांत्रिक, राजसी, लाल.
**सुलफ़ा गाँजा** = मदव्य.
**सुलभ** = सुविधाजनक.

**सुलभ** *वि* अंतहीन, अकसर, *अतिरिक्त*, अतिशय, अतीव, अतुलित, अत्यंत, *अत्यधिक*, *अधिक*, अनापशनाप, *आलब्ध*, आसान, *काफ़ी*, घना/घनी, घनेरा/घनेरी, घोर, चकाचक, ज़्यादा, झोली भर, ढेर सारा, तमाम, प्रचुर, *बहुत*, बहुल, बेशी, बेहद, भरपूर, भरा/भरी, भूरि, विपुल, सर्वसुलभ, सहज प्राप्य, *साधारण*, सुलभ्य, ●व्यापक, ■अलभ्य, ■कम, ■दुर्लभ.

**सुलभकोप** = क्रोधी.
**सुलभा** = बेला.
**सुलभ्य** = सुलभ.
**सुललाम** = सुंदर.
**सुललिता** = सुंदर स्त्री.
**सुलह** = पुनर्मेल, संधि, समझौता, सामंजस्य.

**सुलाना** *क्रि* *थपकना*, थपकी देना, निद्रित करना, पौढ़ाना, लोरी गाना, सुप्त करना, ●सोना, ■जगाना.

**सुलाभ** = कल्याण.
**सुलिखित** = पठनीय.

**सुलिखित** *वि* *पठनीय*, पठ्य, पाठ्य, सहज पठनीय, साफ़, साफ़ सुथरा/साफ़ सुथरी, सुपठनीय, सुपठ्य, *स्पष्ट*, स्पष्ट लिखित, *स्वच्छ*, ●लिखित, ●स्पष्ट, ■कुलिखित.

**सुलिपि** = सुलेख.
**सुलूक** = व्यवहार, सत्कर्म.

**सुलेख** *सं* अच्छी लिखाई, किताबत, खुशख़त, पठनीय लिखाई, *मोती*, सुलिपि, सुलेखन, ●लेखन, ■कुलेख.

**सुलेखक** *सं* अक्षरचंचु, कातिब, कैलिग्राफ़र, खुशनवीस, मुंशी, *लिपिकार*, ●प्रतिलिपिक, ●लिपिकार.

**सुलेखन** = सुलेख.
**सुलोचन** = सुंदर पुरुष, सुनयन.
**सुलोचना** = सुंदर स्त्री, सुनयना.

**सुलोचना** *सं* मेघनाद पत्नी, सती सुलोचना, *सुनयना*.

**सुवंशीय** = कुलीन.
**सुवक्ता** = मिष्टभाषी, वाग्विलासी व्यक्ति.
**सुवक्त्रा** = सुंदर स्त्री.
**सुवक्षिणी** = सुंदर स्त्री.
**सुवचन** = उक्ति, मृदुभाषण.
**सुवदना** = सुंदर स्त्री, सुंदर स्त्री.
**सुवना** = तोता.
**सुवपु** = सुंदरकाय.
**सुवर्चल** = काला नमक.
**सुवर्चला** = अलसी, सूरजमुखी.
**सुवर्ण** = अशरफ़ी, उच्चवर्णीय, चटक, द्विज वर्ण, सुनहला/सुनहली, स्वर्ण.
**सुवर्ण कमल** = रक्तकमल.
**सुवर्णकार** = सुनार.
**सुवर्णदा** = सोनजूही.
**सुवर्ण यूथिका** = सोनजूही.
**सुवर्णीय** = सुनहला/सुनहली, स्वर्णीय.
**सुवाग्मी** = बातूनी, वाग्विलासी व्यक्ति.
**सुवास** = आहार सुवास, सुगंध.
**सुवासक** = मसाला.
**सुवासव्य** = मसाला.
**सुवासा/सुवासिनी** = सुवेशित.
**सुवासित** = मसालेदार, सुगंधित, स्वादयुक्त, स्वादिष्ठ.

**सुवासित** *वि* गंधित, छुँका/छुँकी, झालदार, बघारदार, बसा/बसी, बसौंधा/बसौंधी, भीना/भीनी, वासित, सुवासित (आहार), सोंधा/सोंधी, ●मसालेदार.

**सुवासित (आहार)** = सुवासित.
**सुवासिनी** = सधवा.
**सुविकसित** = उन्नत, चरम, लहलहाता/लहलहाती, विकसित.
**सुविचार** = कल्याणकामना.
**सुविचारित** = योजित, विचारित.
**सुविज्ञ** = ज्ञानी.
**सुविज्ञता** = विद्वत्ता.
**सुविदित** = चिरपरिचित, सर्वज्ञात.
**सुविधा** = विश्राम, सुख, सुखसुविधा.

**सुविधा** *सं* आराम, आसानी, छूट, सहूलियत, *सुख*, सुगमता, सुभीता, ●आराम, ■असुविधा, ■कठिनता.

**सुविधाजनक** *वि* अच्छा/अच्छी, *अनुकूल*, आसान, उपयुक्त, *उपयोगी*, काम का, मौज़ूँ, *सहज*, *सुलभ*, सुविधापूर्ण, ■असाध्य, ■असुविधाजनक, ■कठिन.

**सुविधापूर्ण** = सुविधाजनक.
**सुविधावादी** = अवसरवादी.
**सुविधाहीनता** = असुविधा.
**सुविनय** = अनुशासित.

**सुविन्यस्त** *वि* अच्छा/अच्छी, अच्छा बना/अच्छा बनी, *परिपूर्ण*, सुकृत, सुगठित, सुगढ़, सुघटित, सुघड़, सुविहित, ■कुविन्यस्त, ■फूहड़.

**सुविवेचित** = योजित, विवेचित.
**सुविशाल** = विस्तीर्ण.

**सुविहित** = योजित, व्यंजनार्थक, सुविन्यस्त.
**सुवीर** = महारथी, वीर.
**सुवीरज** = सीसा.
**सुवीर्य** = कार्योन्मादी.
**सुवृत्त** = धर्मशील.
**सुवृद्ध** = चरम.
**सुवेश** = सुवेशित.
**सुवेशप्रिय** = छबीला/छबीली.

**सुवेशित** *वि* अच्छा/अच्छी, चारुवेश, विभूषित, विशोभित, *सज्जित*, *सुंदर*, सुचेल, सुवासा/सुवासिनी, सुवेश, सुसज्जित, •छबीला/छबीली, ▪कुवेशित.

**सुव्यवस्था** = सुप्रबंध, सुशासन.
**सुव्यवस्थित** = क्यूबद्ध, क्रमबद्ध, नियंत्रित, योजित, व्यवस्थित.
**सुव्याहृत** = व्याहृति.
**सुव्रतनाथ** = तीर्थंकर सूची.
**सुशक्य** = सहज.
**सुशांत** = निश्चल, प्रशांत, विश्रांत.
**सुशालीन** = शिष्ट.
**सुशासन** = सुप्रबंध.

**सुशासन** *सं अनुशासन*, अमन, अमनो अमान, क़ानून और व्यवस्था, क़ानून व्यवस्था, नियमन, राजनीतिक शांति, रामराज्य, ला ऐंड ऑर्डर, शांति, शांति व्यवस्था, शांति सुव्यवस्था, शासनिक सुव्यवस्था, सामाजिक शांति, सुखचैन, सुखशांति, *सुप्रबंध*, *सुरक्षा*, सुराज, सुराज्य, सुव्यवस्था, सौराज्य, •अनुशासन, ▪अराजकता, ▪अव्यवस्था, ▪कुशासन, ▪क्रांति, ▪दंगा.

**सुशासित** = प्रबंधित.

**सुशासित** *वि* अनुशासनपूर्ण, *अनुशासित*, शासनबद्ध, *शासित*, •व्यवस्थित, •सुनियोजित, ▪अव्यवस्थित, ▪कुशासित.

**सुशास्य** = नियंत्रणीय, शास्य.
**सुशिक्षित** = अभ्यस्त.

**सुशिक्षित** *वि* जिताक्षर, विद्यातीर्थ, विद्याराशि, विद्वान/विदुषी, सुपढ, ▪अशिक्षित.

**सुशीतल** = अतिशीतल.
**सुशीतला** = खीरा.
**सुशीम** = अतिशीतल.
**सुशील** = आदरपूर्ण, मानवोचित, मिलनसार, विनम्र, शिष्ट, सज्जनतापूर्ण, सदाचारी, सरलचित्त, सौमनस्यपूर्ण.
**सुशीलता** = सदाचार.
**सुशीला** = पतिव्रता, सन्नारी.
**सुशृंखलित** = क्रमबद्ध.
**सुशोभना** = सुंदर स्त्री.
**सुशोभित** = बैठा/बैठी, सज्जित.
**सुशोभित होना** = बैठना.
**सुश्रम** = कार्योन्मादी.
**सुश्री** = सुंदर.
**सुश्रूषा** = परिचर्या.
**सुश्लोक** = प्रसिद्ध.
**सुषम** = समसंख्यक, सुंदर.
**सुषमा** = वैभव, सजावट, सौंदर्य.
**सुषिर** = छिद्रिल, पोला/पोली.
**सुषुप्त** = सुप्त.
**सुषुप्ति** = निद्रा.
**सुषेण** = वानर सूची.
**सुसंकेत** = शुभ शकुन.
**सुसंगठित** = सूक्तिवत.
**सुसंगत** = प्रासंगिक, विधिसंगत, संगत, संदर्भीय, सामंजस्ययुक्त.
**सुसंगति** = सामंजस्य.

**सुसंगति** *सं* सत्संगति, सत्सन्निधान, सत्समागम, सद्प्रभाव, सुप्रभाव, ▪कुसंगति.

**सुसंचालन** = सुप्रबंध.
**सुसंपद** = समृद्धि.
**सुसंपन्न** = समृद्ध.
**सुसंबद्ध** = विधिसंगत.
**सुसंयोग** = सुअवसर, सुयोग.
**सुसंवाद** = सुसमाचार.
**सुसंस्करण** = अध्यापन.
**सुसंस्कृत** = शिक्षित, शिष्ट, सुरुचिसंपन्न (व्यक्ति).

**सुसंस्कृत** *वि उन्नत*, *कुलीन*, तहज़ीबदार, तहज़ीबयाफ़्ता, *परिपूर्ण*, परिमार्जित, परिष्कृत, प्रशस्त, प्रशुद्ध, भद्र, मँजा/मँजी, मार्जित, *विकसित*, *शालीन*, *शिक्षित*, *शिष्ट*, सँवरा/सँवरी, संस्कारयुक्त, संस्कृत, *सभ्य*, सम्मार्जित, सुधरा/सुधरी, सुपरिष्कृत, *सुरुचिपूर्ण*, •विनम्र, •शिष्ट, •सभ्य, •सौम्य, ▪अहंकारी, ▪धृष्ट.

**सुसंस्कृत समाज** = सभ्यता.
**सुसज्जित** = कलात्मक, प्रसाधित, युद्धसन्नद्ध, शस्त्रसज्जित, सचित्र, सज्जित, सन्नद्ध, सुवेशित.
**सुसत्त्व** = सुदृढ़.
**सुसभेय** = शालीन.
**सुसभ्य** = मानवोचित, शिष्ट, सज्जनतापूर्ण.
**सुसमय** = उत्कर्ष काल, भाग्योदय.

**सुसमाचार** *सं* अच्छी ख़बर, खुशख़बरी, प्रिय संदेश, प्रियाख्यान, शुभ संदेश, शुभ समाचार, सुसंवाद, •सौभाग्य, ▪कुसमाचार.

**सुसरा** = ससुर.
**सुसराल** = ससुराल.
**सुसरी** = सास.
**सुसह** = धीर.
**सुसाध्य** = शास्य, सहज.
**सुसाध्यता** = सहजता.
**सुसार** = अर्थयुक्त.
**सुसिक्त** = संसिक्त.
**सुसिद्ध** = अभ्यस्त.
**सुस्त** = अतत्पर, आलसी, उदास, निराश, पिछड़ा/पिछड़ी, फिसड्डी, लस्तपस्त, शिथिलकाय, समय अपालक, हतोत्साहित.
**सुस्ती** = आलस, निरुत्साह.
**सुस्थ** = विश्रांत.
**सुस्थित** = विजड़ित.
**सुस्थिति** = कल्याण, सुपरिस्थिति.
**सुस्थिर** = अचल, अवहनीय, निश्चल, प्रशांत, संकल्पशील.
**सुस्ना** = खेसारी.
**सुस्नात** = नहाया/नहाई.
**सुस्पर्श** = कोमल.
**सुस्पष्ट** = स्पष्ट.
**सुस्मरण** = अनुस्मरण.
**सुस्मित** = मुस्कराता/मुस्कराती.

**सुस्मृति** = स्मृतिधरता.
**सुस्वभावी** = सज्जनतापूर्ण.
**सुस्वागतम** = स्वागत.
**सुस्वादु** = स्वादिष्ठ.
**सुहरावर्द** = इराक़.
**सुहस्त** = अभ्यस्त.
**सुहाग** = पति, मिलन.

**सुहाग** *सं* अवैधव्य, अहिवात, वैधव्यहीनता, सधवापन, सपतित्व, *सौभाग्य*, ●पति, ●सिंदूर, ■वैधव्य.

**सुहाग चूड़ा** = सुहाग चूड़ी.

**सुहाग चूड़ी** *सं* सुहाग चूड़ा, हरी चूडी.

**सुहाग जोड़ा** = वधू वस्त्र.
**सुहागन** = सधवा.
**सुहाग मास** = मधुमास.
**सुहाग रात** = मधुयामिनी.
**सुहागवती** = सधवा.
**सुहागा** = मसाला सूची

**सुहागा** *सं* टंकण क्षार, पाचनक, रंगद, रसघ्न, श्वेत टंकण, सिंधुज, ●क्षार, ●सोडा बाइकार्ब.

**सुहागिन** = सधवा.
**सुहाता/सुहाती** = गुनगुना/गुनगुनी, शीतल, शोभनीय.
**सुहाती बात** = मृदुभाषण.
**सुहाना** = फबना, सुंदर.
**सुहाना/सुहानी** = दर्शनीय, नैसर्गिक, मधुर स्वरीय, वसंती, शोभनीय, सुखद.
**सुहानी** = सुंदर स्त्री.
**सुहानी बात** = मृदुभाषण.
**सुहावना/सुहावनी** = कल्याणकारी, गुनगुना/गुनगुनी, नैसर्गिक, मधुर स्वरीय, वसंती, शीतल, शोभनीय.
**सुहावनापन** = सजावट.
**सुहास** = मुस्कान.
**सुहासी/सुहासिनी** = मुस्कराता/मुस्कराती.
**सुहित** = संतुष्ट.
**सुहृद** = ईमानदार, गुणग्राहक, छलहीन, दर्शक, प्रशंसक, मित्र, सुरुचिसंपन्न (व्यक्ति), सुहृदजन, हमदर्द.
**सुहृदजन** = विद्वत्समाज.

**सुहृदजन** *सं* आडिऐंस, उपस्थित गण, उपस्थित जन, कला आस्वादक, कला उपभोक्ता गण, गुणीजन, *जनता*, *दर्शक*, दर्शक गण, पब्लिक, पाठक गण, पाठक संख्या, प्रेमीजन, रसिक गण, रसिक जन, रसिक समाज, श्रोता गण, *समाज*, सुनने वाले, सुहृद, सुहृदजन, हाज़िरीन, ●तमाशबीन, ●दर्शक, ●पाठक, ●श्रोता.

**सुहृदता** = कलाप्रेम, गुणज्ञता.
**सुहृदय** = कलाप्रेमी, गुणग्राहक, रसप्रेमी, रसिक, सज्जनतापूर्ण, सरलचित्त.
**सुहृदयता** = कलाप्रेम.
**सुहृद लाभ** = मित्रलाभ.
**सुहृल्लाभ** = मित्रलाभ.
**सुहेला/सुहेली** = विश्रामप्रद, सुखद.
**सूँघ** = घ्राण अनुभूति.
**सूँघना** = चखना.

**सूँघना** *क्रि* गंध लेना, बू लेना.

**सूँठ** = सोंठ.
**सूँड़** = अंकुर.

**सूँड़** *सं* करभ, नासिका, भुसुंड, शुंडा, शुंडिका, हस्तीकर, हस्तीशुंड, हाथी सूँड़, ●नाक, ●नासा पुट.

**सू** = ओर.

**सूअर** *सं* भूदार, मदार, वराह, शूकर, शूर.

**सूअरख़ोर** = शूकरभक्षक.
**सूअर पालन** = कृषि.

**सूअरबाड़ा** *सं* खोभार, शूकर क्षेत्र.

**सूअर मांस** = शूकर मांस.
**सूई** = दिशा निर्देश, संकेतक.

**सूई** *सं* वेधनिका, सीवनी, सूचि, सूजा, सूजी, ●अंगुश्ताना, ●किरोशिया, ●गोदनी, ●वेधक, ●सिलाई.

**सूई घड़ी** = घड़ी सूची.

**सूई नाका** *सं आँख*, *चश्मा*, छेद, नक्का, *नाका*.

**सूए** = ओर.
**सूक** = प्रातःकालीन शुक्र.
**सूक्त** = उक्ति.

**सूक्त** *सं भजन*, वैदिक भजन, ●मंत्र, ●स्तोत्र.

**सूक्तवाक्य** = कहावत.
**सूक्ति** = उक्ति, फ़िलर.
**सूक्तिपूर्ण** = सूक्तिवत.

**सूक्तिवत** *वि* अल्पोक्त, गठा/गठी, गिने चुने शब्दों में कथित, छोटा/छोटी, *ठोस*, *तीक्ष्ण*, तीखा/तीखी, तुंद, धारदार, नोकीला/नोकीली, पैना/पैनी, प्रखर, मार्मिक, यथावश्यक, *संक्षिप्त*, संक्षिप्त (भाषा), संक्षिप्त (शैली), *सटीक*, सारगर्भित, सुमित, सुसंगठित, सूक्तिपूर्ण, *सूक्ष्म*, सूत्रित, स्वल्प, ●टैलिग्राफ़िक, ●सटीक, ■सविस्तार.

**सूक्तोक्ति** = मंत्रपाठ.
**सूक्ष्म** = अबोध्य, अल्पतम, असमाधान्य, आत्मा, छोटे साइज़ का, तीक्ष्ण, पतला/पतली, पारिभाषिक, पेचीदा डिज़ाइन वाला, प्रतिभाशाली, बारीक़ पिसा, ब्रह्म, सूक्तिवत.

**सूक्ष्म** *वि* अणुक, अणुमात्र, अणुमात्रिक, अतिसूक्ष्म, अत्यल्प, अनीय, *अल्पतम*, अल्पमात्र, क्षुद्र, खुर्द, गंधमात्र, ज़रा सा, ज़र्रा भर, तनिक, तनिक सा, तन्मात्र, तिल भर, बिल्कुल छोटा, महीन, *संक्षिप्त*, सूक्ष्माकार, *ह्रस्व*, ●अदृश्य, ●छोटा/छोटी, ●पतला/पतली.

**सूक्ष्म अर्थ** = व्यंजनार्थ.
**सूक्ष्म उक्ति** = मर्मोक्ति.
**सूक्ष्मकाय** = लघुकाय.
**सूक्ष्म काल** = क्षण.
**सूक्ष्म कालखंड** = क्षण.
**सूक्ष्म ज्ञान** = अध्यात्म ज्ञान.
**सूक्ष्मतम** = अल्पतम.
**सूक्ष्मतम स्वतंत्र कण** = मोलक्यूल.
**सूक्ष्म तर्क** = वितंडावाद.
**सूक्ष्मदर्शित्र** = ख़ुर्दबीन.
**सूक्ष्मदेही** = परमाणु.
**सूक्ष्म धूलि** = त्रसरेणु.

**सूक्ष्मफला** = झड़बेरी.
**सूक्ष्मबदर** = झड़बेरी.
**सूक्ष्मबदरी** = झड़बेरी.
**सूक्ष्म बिंदु** = आयामहीन बिंदु.
**सूक्ष्मबुद्धि** = कुशाग्रबुद्धि.
**सूक्ष्म विश्लेषण** = वितंडावाद.
**सूक्ष्माकार** = छोटे साइज़ का, ठिंगना/ठिंगनी, सूक्ष्म.
**सूखना** = दुबलाना, दुबलाना.

**सूखना** *क्रि* *उड़ना*, *बुझना*, मुरझना, शुष्क होना.

**सूखा** = अवर्षा, कुपोषण, तट, थल, दुर्भिक्ष, सुखंडी.
**सूखा/सूखी** = अरसिक, अरोचक, असिंचित, उजाड़, उपवनहीन, उबाऊ, कुपोषित, घीतेलहीन, जलहीन, पतझड़ी, प्यासा/प्यासी, मुरझाया/मुरझाई, रसहीन, वर्षाहीन.

**सूखा/सूखी** *वि* अनुदक, खुश्क, *जलहीन*, निर्जल, नीरस, प्यासा/प्यासी, रुक्ष, रूखा/रूखी, विरूक्षित, शुष्क, *शोषित*, सुखाया/सुखाई, •जलहीन, •रसहीन, ▪गीला/गीली, ▪सिंचित, ▪सीलनदार.

**सूखा अंगूर** = मुनक्क़ा.
**सूखा अदरक** = सोंठ.
**सूखा आम रस** = आम पापड़.
**सूखा आलूचा** = आलू बुख़ारा.
**सूखा करना** = सुखाना.
**सूखा खजूर** = छुहारा.
**सूखा जवाब** = स्पष्ट अस्वीकृति.
**सूखा दाद** = ऐग्ज़ीमा.
**सूखा नारियल गिरी** = नारियल.
**सूखा पत्ता** = सुरती.
**सूखा पिंड खजूर** = छुहारा.
**सूखा बेदाना अंगूर** = किशमिश.
**सूखी** = अनुर्वर, दुग्धहीन.
**सूखी आँत की रस्सी** = ताँत.
**सूखी चटनी** = बुकनी.
**सूखी ज़मीन** = थल.
**सूखी भाजी** = भूजी.
**सूखे अंकुरित जौ या अन्य अनाज से बनी सुरा** = व्हिस्की.
**सूचक** = अर्थद्योतक, कार्यक्रम उद्घोषक, क्रिया विशेषण, डीटैक्टर, विशेषण, संकेतात्मक, सूचनादाता.
**सूचन** = अभिव्यंजन.
**सूचना** = गुप्त सूचना, घोषणा, तथ्य, वक्तव्य, शकुन, संकेत, समाचार, हैंडबिल.

**सूचना** *सं* आगाही, इत्तला, इनफ़ॉर्मेशन, ख़बर, जानकारी, *ज्ञान*, नोटिस, मालूमात, विज्ञप्ति, *संकेत*, *संदेश*, संदेशा, *संवाद*, संसूचना, *समाचार*, •गुप्त सूचना, •पूर्वसूचना, •प्रैस विज्ञप्ति, •घोषणा, •ज्ञान, •नोटिस बोर्ड, •पैंफ़लेट, •मुनादी, •विज्ञापन, •समाचार, ▪अफ़वाह, ▪दुष्प्रचार.

**सूचना जाल** = सूचना महापथ.

**सूचना तकनीक** *सं* आईटी, इनफ़ॉर्मेशन टैक्नोलाजी, •सूचना महापथ.

**सूचनादाता** = कार्यक्रम उद्घोषक.

**सूचनादाता** *सं* अभिज्ञापक, अभिधायक, आख्याता, ख़बरुआ, ज्ञापक, ज्ञापन कर्ता, ज्ञापयिता, *विज्ञापक*, संज्ञापक, संज्ञापयिता, *संवाददाता*, सूचक, सूचना देने वाला, •चुग़लख़ोर, •प्रवक्ता, •संवाददाता.

**सूचना देना** = बताना.
**सूचना देने वाला** = सूचनादाता.
**सूचनापट** = नोटिस बोर्ड.
**सूचना पत्र** = पैंफ़लेट, हैंडबिल.
**सूचना पुस्तक** = संदर्भ पुस्तक.

**सूचनापूर्ण** *वि* जानकारीपूर्ण, ज्ञानप्रद, द्योतक, बोधक, सूचनाप्रद.

**सूचनाप्रद** = सूचनापूर्ण.
**सूचना प्रदान** = ज्ञापन.

**सूचना महापथ** *सं* इनफ़ॉर्मेशन हाईवे, इलैक्ट्रोनिक सूचना जाल, सूचना जाल, •इंटरनैट, •कंप्यूटर, •सूचना तकनीक.

**सूचनायुक्त** = ज्ञानी.
**सूचनावली** = प्रपत्र.

**सूचना विज्ञान** *सं* इन्फ़ौर्मैटिक्स, जानकारी विज्ञान, ज्ञानिकी.

**सूचि** = सूई.
**सूचिका** = विषय सूची.
**सूचित** = ज्ञानी, संकेतित.
**सूचित करना** = बताना.
**सूचिवेध** = ऐकुपंक्चर.
**सूची** = चटकनी, तालिका, विषय सूची, सूचीपत्र.

**सूची** *सं* चिट्‌ठा, *डायरैक्टरी*, *तालिका*, फ़र्द, फ़ेहरिस्त, बीजक, लिस्ट, सारणी, •इंडैक्स.

**सूचीकर्म** = कढ़ाई कर्म.
**सूचीक्रम** = संख्याक्रम.
**सूचीतुंड** = मच्छर.

**सूचीपत्र** *सं* कैटलाग, मालसूची, विवरण पुस्तक, सामान सूची, *सूची*, •विवरणिका.

**सूचीमुख** = कोणाकार, तीक्ष्ण.
**सूच्यग्र** = कुश घास, नोक.
**सूजन** = गूमड़.

**सूजन** *सं* *अर्बुद*, वरम, वृद्धि, शोथ, शोफ, सोज़िश, स्फीति, •अर्बुद, •गूमड़.

**सूजन होना** = सूजना.
**सूजना** = मुटाना, रूठना.

**सूजना** *क्रि* *उभरना*, *फूलना*, *बढ़ना*, भरभराना, सूजन होना, •उपड़ना, •दबकना, •पिचकना, ▪दबकना.

**सूजा** = चरखा तकला, सुंबा, सूई.
**सूजा/सूजी** = अप्रसन्न, रूठा/रूठी.

**सूज़ाक** *सं* गनोरिया, पूय मेह, शुक्र कृच्छ्र, सोजाक, •यौन रोग.

**सूजी** = रवा, सूई.
**सूझ** = अंतर्बोध, अतापता, कल्पना, सहसा कल्पना, सुझाव.
**सूझना** = जानना, समझना.
**सूझबूझ** = अंतर्बोध, कल्पना, बुद्धि.
**सूट** = कोट पतलून, परिधान समुदाय, मुक़दमा.

**सूटकेस** = संदूक़.
**सूटा** = कश.
**सूत** = चारण, धागा, बंदीजन, यानचालक, सारथी, सूती धागा.

**सूत** *सं* इंच 1/10, इंच 1/16, इंच 1/8.

**सूत** = व्यास.
**सूत 10** = इंच.
**सूत 16** = इंच.
**सूत 8** = इंच.
**सूत कातना** = कातना.
**सूतधार** = बढ़ई.
**सूतना** = चिकनाना, बटना.
**सूतरी** = सुतली.
**सूतिका** = दाई, प्रसूता.

**सूती** *वि* कपासी, कपासीय, काटन, ●ऊनी, ●रेशमी.

**सूती कपड़ा** = कपास वस्त्र.

**सूती धागा** *सं* कपास सूत, काता, डोरा, *डोरी*, तागा, *धागा*, *सूत*, सूत्र.

**सूत्कार** = सिसकी.
**सूत्र** = करधनी, कहावत, क़ानून, गुर, तंतु, धर्म सिद्धांत, धागा, नियंत्रण, न्यायवाक्य, लड़ी, व्यवस्था, सिद्धांत, सीरीज़, सुराग़, सूती धागा, सूत्रवाक्य.
**सूत्र** = व्यास.
**सूत्रकर्म** = कताई.
**सूत्रकार** = कताई कर्मी, राजगीर.
**सूत्रजाल** = संपर्क जाल.
**सूत्रधर** = कठपुतली वाला, बढ़ई.
**सूत्रधार** = कठपुतली वाला, बढ़ई, मंच निर्देशक.

**सूत्रधार** *सं* कथक, कुंतल, तंत्री, *नट*, *नटनागर*, नटवर, नाट्यकार, निर्देशक, प्रधान अभिनेता, सूत्री, ●कठपुतली, ●नटनागर, ●नाटक, ●मंच निर्देशक.

**सूत्रधार पत्नी** *सं* *नटी*.

**सूत्रपात** = आरंभ, संस्थापना.
**सूत्र पुष्प** = कपास.
**सूत्रबद्ध** = ग्रंथित, परिवारीय.
**सूत्रयंत्र** = चरख़ा.
**सूत्रवाक्य** = न्यायवाक्य.

**सूत्रवाक्य** *सं* आदेश, आप्तोक्ति, *गुरुमंत्र*, *निदेश*, *नियम*, *बात*, *मंत्र*, *वक्तव्य*, *संकेत*, संकेत वचन, *सिद्धांत*, सूत्र, स्थापना, ●उपदेश, ●गुर, ●न्यायवाक्य, ●मुहावरा.

**सूत्रिका** = सिवइयाँ.
**सूत्रित** = व्यवस्थित, सूक्तिवत.
**सूत्री** = मंच निर्देशक, सूत्रधार.
**सूथार** = बढ़ई.
**सूद** = व्याज, हत्या.

**सूदख़ोर** *सं* अर्थपिशाच, *कंजूस*, कुसीदजीवी, मक्खीचूस, *महाजन*, वृद्धिजीवी, व्याजजीवी, साहूकार.

**सूद दर सूद** = चक्रवृद्धि व्याज.
**-सूदन** = हत्यारा.
**सूदन** = वध.
**सूदनी** = हत्यारिन.
**सूदित** = हत्याकृत, हत्याकृत.
**सूना** = मृत्यु दंड स्थल, शून्य स्थान.
**सूना/सूनी** = अनुभूतिहीन, आवासीहीन, उदास, ताराहीन, पल्लवहीन, मरुथलीय, रिक्त, विवर्ण.
**सूनापन** = अमूर्त स्थान, एकाकीपन.
**सूनी** = आखेटजीवी.
**सूनु** = धेवता, पुत्र, पोता.
**सूनू** = धेवती, पुत्री, पोती.
**सूप** = छाज, रसा.

**सूप** *सं* अख़नी, झारा, पाटेज, ब्रौथ, यख़नी, *रसा*, ●रसम, ●रसा, ●स्टौक, ●स्ट्यू.

**सूपकार** = रसोइया.
**सूपविद्या** = पाककला.
**सूपशास्त्र** = पाककला.
**सूफ़ियाना/सूफ़ियानी** = अनाभूषित.
**सूफ़ी** = धर्मशील, सूफ़ी मतावलंबी.

**सूफ़ी मत** *सं* प्रेमवाद, सूफ़ीवाद.

**सूफ़ी मतावलंबी** *सं* सूफ़ी, ●साधु.

**सूफ़ीवाद** = सूफ़ी मत.
**सूबा** = प्रांत/प्रदेश.
**सूबाई** = प्रदेशीय.
**सूबेदार** = राज्यपाल.
**सूम** = अल्पव्ययी.
**सूमी** = कंजूसी.
**सूय** = यज्ञ.
**सूरः** = सूरा.
**सूर** = धर्मगुरु
**सूरज** = धूप, सूर्य.
**सूरजमुखी** = तिहलन सूची, सूर्यमुखी (वर्ण).

**सूरजमुखी** *सं* आदित्यभक्ता, दिवाकर, श्रीहस्तिनी, सुवर्चला, सूर्यमुखी, हुरहुल.

**सूरत** = अध्याय, आकार, मुखमंडल लक्षण, सूरा.
**सूरत आशना** = अल्पपरिचित.
**सूरत आशनाई** = अल्पपरिचय.
**सूरदास** = अंधा/अंधी.
**सूरदास प्रधान रस** = वात्सल्य रस.
**सूरन** = ज़मींकंद
**सूरपुत्र** = शनि ग्रह.
**सूरमा** = योद्धा, वीर पुरुष.
**सूरमापन** = वीरता.

**सूरा** *सं* (संख्या 114), सूरः, सूरत, ●आयत, ●क़ुरान.

**सूराख़** = छिद्र.
**सूराख़दार** = छिद्रिल.
**सूरि** = पुजारी, बृहस्पति ग्रह.
**सूरी** = गुरु, विद्वान व्यक्ति, सेठ.
**सूर्प** = छाज.
**सूर्पनखा** = शूर्पणखा.
**सूर्य** = आदित्य सूची, नवग्रह.

**सूर्य** *सं* अंबरमणि, अंशुमान, अंशुमाली, अरुण, अर्क, अर्चिमान, अर्यमा, *आदित्य*, आफ़ताब, कमलबंधु, कमलिनीकांत, कमलिनी कुल वल्लभ, खज्योति, गगन मणि, ग्रहाधीश, चंडरश्मि, चंडांशु, चित्रभानु, जगच्चक्षु, जगदीप, तरणि, दिनकर, दिनक़ांत, दिनमणि, दिनमान, दिनेश, दिवाकर, नभोमणि, प्रकाश कर्ता, प्रभाकर, भानु, भास्कर, मरीची, मार्तंड, मिहिर, रवि, विहंग, सविता, सावित्र, सुरभानु, सूरज, हेममाली, ●ग्रह, ●चंद्रमा, ●तारा, ●तेजोमंडल, ●पृथ्वी, ●सौर मंडल.

 (प्रा) प्राचीन शब्द, अब अप्रचलित - *तिरछे* शब्द स्वतंत्र शीर्षक भी हैं ●सपर्याय ■विपर्याय

**सूर्य ऊर्जा** = सौर ऊर्जा.
**सूर्यकर** = सूर्यकिरण.
**सूर्यकांत** = स्फटिक.
**सूर्यकांत मणि** = आतशी शीशा, स्फटिक.
**सूर्यकाल** = दिन.

**सूर्यकिरण** *सं* अंशु, अर्क, अर्ककर, तपनांशु, रविकर, सावित्री, सूर्यकर, सूर्यरश्मि, सूर्यांशु, ●चंद्रकिरण.

**सूर्य-कुंती पुत्र** = कर्ण.
**सूर्यगति यंत्र** = धूपघड़ी.
**सूर्यग्रह** = राहु केतु.

**सूर्यग्रहण** *सं* रविग्रह, सूर्यपर्व, ■चंद्रग्रहण.

**सूर्य चंद्रमा पृथ्वी तथा ग्रह उपग्रह** = सौर मंडल.
**सूर्य-छाया पुत्र** = शनि ग्रह.
**सूर्य द्वारा राशि में प्रवेश काल** = लग्न.
**सूर्यनंदन** = वरुण, शनि ग्रह.
**सूर्य नमस्कार** = योग आसन.
**सूर्य परिक्रमा** = पृथ्वी परिक्रमण.
**सूर्यपर्व** = सूर्यग्रहण.
**सूर्य पुत्री** = यमुना नदी.
**सूर्य प्रकाश** = धूप.
**सूर्य प्रणाली** = सौर मंडल.
**सूर्यप्रिया** = कुंती.
**सूर्य भाई** = ऐरावत.
**सूर्यमणि** = आतशी शीशा, प्रिज़्म.
**सूर्यमार्ग** = राशिचक्र.
**सूर्यमुखी** = सूरजमुखी, सूर्यमुखी (वर्ण).

**सूर्यमुखी (वर्ण)** *वि* चंद्रमुखी (वर्ण), चिट्टा/चिट्टी, सफ़ेद चिट्टा, *सूरजमुखी*, सूर्यमुखी.

**सूर्ययंत्र** = धूपघड़ी.
**सूर्यरश्मि** = सूर्यकिरण.
**सूर्यवार** = रविवार.
**सूर्यशक्ति** = सौर ऊर्जा.
**सूर्य-संज्ञा पुत्र** = यमराज.
**सूर्यस्थान** = राशि.
**सूर्यहीन** = धूपहीन.
**सूर्यांत** = ब्लैक होल.
**सूर्यांशु** = सूर्यकिरण.
**सूर्या** = वधू.

**सूर्यातप** = धूप.
**सूर्यात्मज** = यमराज, शनि ग्रह.
**सूर्यालोक** = धूप.
**सूर्यावर्त** = ब्राह्मी.

**सूर्यास्त** *सं* अस्तंगति, अस्त, *गमन*, *झुटपुटा*, डूबन, *ढलान*, दिनांत, दिवसांत, निम्नलोच, सायं, ●अंधकार, ●रात, ●सायंकाल, ■सूर्योदय.

**सूर्यास्त काल** = सायंकाल.
**सूर्यास्तकालीन** = सायंकालीन.
**सूर्यास्त दिशा** = पश्चिम दिशा.
**सूर्यास्त-सूर्योदय काल** = रात.

**सूर्यीय** *वि* भानव, मैत्र, वैवस्वत, शम्सी, सोलर, सौर, हेलीक.

**सूर्योदय** = बोधोदय.

**सूर्योदय** *सं* अरुणोदय, *उत्थान*, *उदय*, उद्गम, उषा, *झुटपुटा*, तड़का, नवोदय, निशांत, पूर्वोदय, पौ, भिनसार, भोर, सुबह, ●दिन, ●प्रकाश, ●प्रातःकाल, ■अंधकार, ■सूर्यास्त.

**सूर्योदय काल** = प्रातःकाल.
**सूर्योदयकालीन** = प्रातःकालीन.
**सूर्योदय दिशा** = पूर्व दिशा.
**सूर्योदय देश** = जापान.
**सूर्योदय-सूर्यास्त काल** = दिन.
**सूर्योदय-सूर्योदय काल** = पृथ्वी धुरी चक्रण काल.
**सूलता/सूलती** = चुभनशील, पीड़ाप्रद, पीड़ित.
**सूलना** = चुभना, दुखना.
**सूली** = क्रूसयंत्र.
**सूलीयंत्र** = क्रूसयंत्र.
**सूवा** = फीजीः राजधानी.
**सूसू** = मूत्र.
**सृंखला** = ज़ंजीर.
**सृग** = माला, लड़ी.
**सृगालिका** = पलायन.
**सृजक** = रूप प्रदाता, सृष्टि रचेता, स्रष्टा.
**सृजन** = आविष्कार, उत्पादन, साहित्य सृजन.

**सृजन** *सं* अभिनव सृष्टि, अभिसर्ग, अभिसृष्टि, अस्तित्व प्रदान, *उत्पादन*, *कृति*, कृतिकर्म, *क्रिया*, गढ़न, घटन, *जनन*, तामीर, नवनिर्माण, नवरचना, नवसृष्टि, *निर्माण*, बनाई, रचना, रचना कर्म, विधान, विरचन, विरचना, शिल्पन, *संघटन*, संरचन, *संविधान*, संसृष्टि, संक्रिया, सत्ता प्रदान, सर्ग, सर्जन, *सृष्टि*, सृष्टिकर्म, ●आविष्कार, ●कल्पना, ●प्रसंस्करण, ●स्रष्टा, ■अनुकरण, ■तोड़फोड़, ■नाश, ■भंजन.

**सृजन करना** = बनाना.
**सृजन कर्ता** = स्रष्टा.
**सृजनशील** = उत्पादनशील.

**सृजनशील** *वि* *उर्वर*, कल्पनात्मक, कल्पनापूर्ण, कल्पनाप्रवण, कल्पनाशील, कविहृदय, कारयित्री (प्रतिभा), काल्पनिकतापूर्ण, धनात्मक, निर्माणशील, प्रसवधर्मी, रचनात्मक, रचनाधर्मी, रचनाशील, सर्जनात्मक, सृजनात्मक, स्वप्नशील, *स्वप्निल*, ●आविष्कारशील, ●कलात्मक, ■नाशकारी, ■प्रलयकारी, ■सृजनहीन.

**सृजनशीलता** = कारयित्री प्रतिभा.

**सृजनहीन** *वि* अनुत्पादक, अनुत्पादनशील, *अनुर्वर*, असृजनशील, असृजनात्मक, अस्रष्टा, ख़लास, थका/थकी, बीता/बीती, रचनाहीन, रीता/रीती, *वंध्य*, शुष्क, समाप्त, ●ऊसर, ●कल्पनाहीन, ■सृजनशील.

**सृजनात्मक** = सृजनशील.
**सृजनात्मकता** = कारयित्री प्रतिभा.
**सृजनात्मक प्रतिभा** = कारयित्री प्रतिभा.

**सृजनाधीन** *वि* उत्पादनाधीन, निर्माणाधीन, निर्माणाधीन, बनता/बनती, रचनाधीन, संरचनाधीन, ●अपूर्णकृत.

**सृत्वा** = स्रष्टा.
**सृप** = संसर्पी.
**सृष्ट** = कृत, घटित, रचित.

**सृष्टि** = कलाकृति, कृति, जड़ चेतन जगत, जीव समष्टि, प्रकृति, ब्रह्मांड, सृजन, सृष्टि रचना.

**सृष्टि** *सं* अखिल, अखिल विश्व, अगजग, अधिलोक, आलम, ईश्वरीय सृष्टि, कायनात, *कृति*, खुदाई, चराचर जगत, जग, जगत, *जहाँ*, जहान, त्रिभुवन, त्रिलोक, *दिक्काल*, दुनिया, निखिल, निसर्ग, प्रपंच, फैलाव, भुवन, यह सब, यूनिवर्स, *लोक*, वर्ल्ड, विश्व, संपूर्ण जगत, संसार, संसृति, संसृष्टि, *सकल*, सचराचर, समष्टि, सर्ग, सर्वमिदं, ●जड़ चेतन जगत, ●पृथ्वी, ●ब्रह्मांड, ●लोक.

**सृष्टि अंत** = प्रलय.
**सृष्टिकर्ता** = ईश्वर, ब्रह्मा.
**सृष्टिकर्म** = सृजन.

**सृष्टिकाल** *सं* अज़ल, आदिकाल, आदिम काल, आरंभ काल, प्रथम काल, प्रारंभ काल, रचना काल, सृष्टि रचना काल.

**सृष्टिकालीन** *वि* अनगढ़, *आदिम*, आद्य, *आरंभिक*, पुरातन, *प्रागितिहासिक*, प्रागैतिहासिक, प्राथमिक, *प्रारंभिक*, सर्गकालीन, ●ऐतिहासिक, ■आधुनिक, ■प्रलयकालीन, ■भविष्यकालीन, ■वर्तमान.

**सृष्टिचक्र** = आवागमन चक्र.
**सृष्टि पालक पोषक** = दक्ष प्रजापति.

**सृष्टि रचना** *सं* अभिसृष्टि, आदिसर्ग, आदिसृष्टि, *आरंभ*, भूतसर्ग, लोकसृष्टि, लोकादि, विश्वसृष्टि, *सृष्टि*, ■प्रलय.

**सृष्टि रचना काल** = सृष्टिकाल.

**सृष्टि रचेता** *सं* आदिकर्ता, कर्तार, ख़ालिक़, जगत्कर्ता, धाता, भूतकर्ता, रचेता, लोककर्ता, लोकस्रष्टा, विधाता, विरंचि, विश्वंकर, विश्वकर्ता, *विश्वकर्मा*, सर्ग कर्ता, सिरजनहार, सिरजनहारा, सृजक, *स्रष्टा*, ●ईश्वर, ●ब्रह्मा, ■प्रलय कर्ता.

**सृष्टि विचार** = अध्यात्म ज्ञान.
**सृष्टि ही ब्रह्म है** = वेदांत दर्शन.

**सृष्टीय** *वि* अखिल विश्वीय, जागतिक, निखिल, वर्ल्ड, विश्व, विस्तृत, वैश्व, *संपूर्ण*, संसारीय, सर्व, सार्व, ●ब्रह्मांडीय, ●विश्वीय.

**सेंकना** = तापना.
**सेंगरा** = लीवर.
**सेंतना** = बटोरना.
**सेंतमेंत का** = निश्शुल्क.
**सेंथी** = भाला.
**सेंद्रिय** = अनुभूतिप्रवण.
**सेंद्रिय जगत** = चेतन जगत.
**सेंद्रिय ज्ञान** = अनुभूति.
**सेंद्रिय पदार्थ** = जैव पदार्थ.

**सेंध** *सं* ओंडा, कूमल, खानिक, नक़ब, रख़ल, *संधि*, संधिला, ●डकैती, ●बिल, ●सुरंग.

**सेंध चोरी** = सेंधमारी.

**सेंधमार** *सं* कारुचौर, कुंभिल, खानिल, *चोर*, नक़बज़न, सेंधिया, ●चोर, ●डाकू.

**सेंधमारी** *सं* नक़बज़नी, संधिभेदन, सेंध चोरी, ●चोरी, ●डकैती.

**सेंधा** = सेंधा नमक.

**सेंधा नमक** *सं* एरिण, खनिज नमक, खनि नमक, नादेय, माणिबंध, लवणोत्तम, लाल नमक, लाहौरी नमक, शैलेय, सार सैंधव, सिंधुज, सिंधु नदी के निकट मिलने वाला नमक, सिंधु लवण, सित शिव, सेंधा, सैंधव, स्वादुशुद्ध, ●नमक.

**सेंधिया** = सेंधमार.
**सेंधी** = ताड़ी.
**सेंहुँआ** = सफ़ेद दाग़.
**सेंहुड़** = थूहर.
**से** = बरास्ता.

**से** *क्रिवि आगे*, आरंभ से, सों, ●स्रोत, ■अंत, ■ओर, ■को, ■तक, ■पर्यंत.

**सेकड़ा** = अंकुश.
**सेक्कारोस** = शर्करोस.
**सेक्ता** = पनहार.
**सेक्त्र** = डोल.
**सेचन** = सिंचन.
**सेचित** = सिंचित.
**सेज** = गद्दा, पलंग.
**सेजना** = सहजन.
**सेजरिया** = पलंग.
**सेज्या** = पलंग.
**सेठ** = कुबेर, बनिया, महाजन.

**सेठ** *सं* अमीर, *उद्योगपति*, उमराव, *कुबेर*, चेट्टी, जगतसेठ, थैलीशाह, धनकुबेर, धनपति, धनाढ्य व्यक्ति, धनी, धनेश्वर, धन्ना सेठ, नगरसेठ, *पूँजीपति*, पैसे वाला, भूमेश, महाढ्य, महासेठ, मीर, मोटा असामी, रईस, लक्ष्मीपति, शाह, श्रेष्ठी, साह, साहू, सूरी, सेठिया, सेठी, ●अरबपति/करोड़पति, ●महाजन, ●सौदागर, ■ग़रीब.

**सेठ पत्नी** = सेठानी.
**सेठ रईस** = कुलीन समाज.
**सेठ स्त्री** = सेठानी.

**सेठानी** *सं* सेठ पत्नी, सेठ स्त्री, ●सेठ.

**सेठिया** = महाजन, सेठ.
**सेठी** = सेठ.
**सेढ़** = नौका पाल.
**सेतु** = पुल, बारेज.
**सेतुबंध** = पुल, बाँध.
**सेत्र** = ज़ंजीर.
**सेनप** = सेनापति.
**सेनांग** = सेना विभाग.
**सेना** = थलसेना, व्यवस्थित समूह, शची.

**सेना** *सं* अक्षौहिणी, अनी, अनीक, अनीकिनी, उर्दू, कटक, *चक्र*, चतुरंगिणी, चमू, जत्था, जयवाहिनी, ट्रुप, दल, दलबल, ध्वजवाहिनी, पताकिनी, पलटन, पृतना, फ़ोर्स, फ़ौज, फ़ौज फर्राटा, बल, महाकटक, मिलिटरी, यूथ, रिसाला, लशकर, लाव लश्कर, वरूथिनी, वाहिनी, *विजयवाहिनी*,

वीरचक्र, षडंगिनी, सशस्त्र दल, *सैन्य*, •अश्वसेना, •कमांडो दस्ता, •गजसेना, •गुरिल्ला सेना, •छत्रसेना, •तोपसेना, •थलसेना, •नभसेना, •नौसेना, •पदसेना, •रथसेना, •रिज़र्व सेना, •अनुशासन, •छावनी, •रक्षा सेवा.

-सेना (जैसेः वसंतसेना) = वेश्या.
**सेना अयुद्धक कर्मचारी** = सिविलियन.
**सेनाक्रम** = व्यूह.

**सेनाग्र** *सं* अगली पंक्ति, अग्रभाग, *अग्रयान*, अग्रानीक, फ़्रंट, सामना, सेनामुख, •अग्रगामी सेना, •युद्धाग्र, •सेनापार्श्व, ▪सेनापृष्ठ.

**सेनाचर** = सैनिक.

**सेना चार अंग** *सं* चतुरंग.

**सेना चार प्राचीन अंग सूची** *सं* *अश्वसेना*, *गजसेना*, पदातिक सेना, रथसेना. रथकेना

**सेना चौकी** *सं* अड्डा, आगार, कटक, *चौकी*, ठिकाना, डेरा, *थाना*, पोस्ट, बेस, •चैकपोस्ट, •छावनी.

**सेना छावनी** = छावनी.
**सेना दल** = सेना विभाग.
**सेनादार** = सेनापति.
**सेनाधिनाथ** = सेनापति.
**सेनाधिप** = सेनापति.
**सेनाधिपति** = सेनापति.
**सेनाधीश** = सेनापति.
**सेनाध्यक्ष** = सेनापति.
**सेनानायक** = सेनापति.
**सेनानी** = सेनापति, स्कंद.
**सेनापति** = स्कंद.

**सेनापति** *सं* कमांडैंट, चमूपति, जनरल, दंडनायक, दलप, दलपति, दलीप, *नायक*, फ़ील्ड मार्शल, फ़ौजदार, बलमुख्य, बलाग्र, बलाध्यक्ष, रावत, वाहिनीश, सर, सरदार, सालार, सालार जंग, सिपहसालार, सेनप, सेनादार, सेनाधिनाथ, सेनाधिप, सेनाधिपति, सेनाधीश, सेनाध्यक्ष, सेनानायक, सेनानी, सेनापाल, सेना संचालक, सैन्याध्यक्ष, •कप्तान, •कर्नल, •जनरल, •नायक, •नौसेनापति, •ब्रिगेडियर, •महासेनापति, •मेजर, •लैंस नायक, •लैफ़्टिनैंट, •विंग कमांडर, •सार्जैंट, •नेता, •योद्धा, •सैनिक, •सैनिक अधिकारी.

**सेना पलायन** = रणत्याग.

**सेनापार्श्व** *सं* पक्ष, बग़ली दस्ता, बाज़ू, •सेनाग्र.

**सेनापाल** = सेनापति.

**सेनापृष्ठ** *सं* पश्चभाग, पार्ष्णि (प्रा), पृष्ठानीक, व्यूहपृष्ठ, ▪युद्धाग्र, ▪सेनाग्र.

**सेना पृष्ठरक्षक** = पृष्ठरक्षक सेना.

**सेना प्रयाण** *सं* *अभियान*, कूच, पयाम, प्रयाण, *प्रस्थान*, *यान*, युद्धयात्रा, रवानगी, व्रज्या, सफ़र, •आक्रमण.

**सेना प्रशिक्षु** = कैडेट.
**सेनाभंग** = रणत्याग.
**सेना भरती** = भरती.
**सेनामुख** = सेनाग्र.

**सेना विभाग** *सं* जत्था, टुकड़ी, टोली, दल, दस्ता, मिसिल, यूनिट, लाम, सेनांग, सेना दल, स्कंध.

**सेनाव्यूह** = व्यूह.
**सेना शिविर** = छावनी.
**सेना संचालक** = सेनापति.
**सेनासज्जा** = सैन्यीकरण.

**सेनासहित** *वि* दलबल सहित, सदल, सदलबल, सबल, ससैन्य.

**सेना स्थिति** = व्यूह.
**सेनी** = सीढ़ी.
**सेनी (अज्ञातवास नाम)** = सहदेव.
**सेफ़** = तिजोरी, सलामत.
**सेफ़्टी** = सुरक्षा.
**सेफ़्टी मैच** = माचिस.
**सेब** = फल.

**सेब** *सं* ऐपल, पालु, सफ़रचंद, सिंचीतिका फल.

**सेम** = दलहन सूची, लोबिया, सागसब्ज़ी.

**सेम** *सं* छीमी, शिंबा, शिंबिनी, शिंबी, सिंबा, सिंबिनी, सिंबी.

**सेमर** = सेमल वृक्ष.
**सेमल** = सेमल वृक्ष.

**सेमल वृक्ष** *सं* अपूरणी, कंटकद्रुम, कंटकारि, तुलिनी, तूद, तूलिनी, *दीर्घायु*, दुरारोहा, धारिणी, नरमा, पिच्छा, मोचा, वयस्था, विज्जल, शाल्मलि, शुकफल, श्रीपर्णी, सेमर, सेमल.

**सेमीफ़ाइनल** *वि* अंतिम से पहला, *उपांतिम*, •फ़ाइनल.

**सेर** *सं* किलोग्राम.933, छटाँक 16, तोला 80, पाव 4, पौंड 2.06.

**सेर 1/16** = छटाँक.
**सेर 1/80** = तोला.
**सेर 40** = मन (भार).
**सेर 5** = पंसेरी.
**सेराई** = आर्द्रण, सिंचन.
**सेराना** = भरना, सींचना.
**सेराब** = वर्षापूर्ण, संसिक्त, सिंचित.
**सेरीयम** = रासायनिक तत्त्व सूची.
**सेरुआ** = सिरहाना.
**सेल** = नौका पाल, बिक्री, मूल्य कटौती.

**सेल** *सं* कटौती, क्लीयरैंस सेल, *मूल्य कटौती*, रिबेट, शीघ्र विक्रय, सस्ती बिक्री, सारा माल बिक्री.

**सेल करना** = बेचना.
**सेलखड़ी** = सिलखड़ी.
**सेलर** = खलासी, जहाज़ी.
**सेलेनीयम** = रासायनिक तत्त्व सूची.

**सेल्समैन** *सं* किरानी, विक्रय कर्मी, *विक्रेता*, •क्लर्क, •दुकानदार.

**सेल्समैनशिप** *सं* पटाना कला, बिक्री कला, बेचना कला, विक्रय कला, विक्रेता कला, •शोमैनशिप.

**सेल्सरूम** = शोरूम.

**सेव** *सं* बेसन लच्छा, •सिवइयाँ.

**सेवइयाँ** = सिवइयाँ.
**सेवईं** = सिवइयाँ.
**सेवक** = नाविक, नौकर, परिचारक, भक्त, भगत, वेटर, शूद्र.
**सेवक/सेविका** = कार्यकर्ता.
**सेवक जन** = कर्मचारी दल.
**सेवकाई** = नौकरी.
**सेवन** = उपभोग, उपयोग, भक्षण, साधना.
**सेवन कर्ता** = उपभोक्ता.
**सेवनी** = जूही.
**सेवनीय** = उपभोग्य.
**सेवा** = उपकार, नर्सिंग, नौकरी, परिचर्या, भक्ति, सत्कार.
**सेवा आवेदन पत्र** = आवेदन पत्र.
**सेवा उपासना** = पूजा.
**सेवा कर्ता** = परिचारक.
**सेवाग्रहण** = कार्यग्रहण.

**सेवाच्युत** *वि* अपदस्थ, अपदस्थीकृत, अलग, अलहदा, च्युत, डिस्मिस्ड, त्यक्त, पदच्युत, पदनिरस्त, बरख़ास्त, बरतरफ़, बर्ख़ास्त, *मुक्त*, सेवामुक्त, स्थानच्युत, हटा/हटी, •छँटनीकृत, •निलंबित, •रिटायर्ड, •सत्ताच्युत, •स्थानापन्न, ▪नियुक्त.

**सेवाच्युति** *सं* अपदस्थीकरण, अलगाव, आजीविका हरण, च्युति, छुट्‌टी, जीविका हरण, निकाला, *निष्कासन*, पदच्युति, पदभ्रंश, बरख़ास्तगी, बरतरफ़ी, मौक़ूफ़ी, सेवामुक्ति, •छँटनी, •पदत्याग, •सेवा निलंबन, •सेवा निवृत्ति, ▪नियुक्ति.

**सेवाटहल** = नर्सिंग, परिचर्या, सत्कार.
**सेवात्याग** = पदत्याग.
**सेवादार** = नौकर, परिचारक, सिख धर्माधिकारी.
**सेवादारनी** = परिचारिका.
**सेवा देय** = शुल्क.

**सेवा निलंबन** *सं* निलंबन, पद से अस्थायी च्युति, मुअत्तली, मौक़ूफ़ी, सस्पैंशन, •पदावनति, •सेवा च्युति, ▪नियुक्ति.

**सेवानिवृत्त** = रिटायर्ड.

**सेवा निवृत्ति** *सं* अवकाश प्राप्ति, *निवृत्ति*, बुढ़ापा, रिटायरमैंट, वृद्धता, •त्यागपत्र, •पैंशन, •भविष्य निधि, •वृद्धावस्था, •सेवा च्युति, ▪नियुक्ति.

**सेवा निवृत्ति आय** = पैंशन.
**सेवा पोत** = लाइफ़बोट.
**सेवा बंदगी** = पूजा.
**सेवा भाव** = समाज भावना.
**सेवाभावी** = आज्ञाकारी.
**सेवामुक्त** = सेवाच्युत.
**सेवामुक्ति** = सेवाच्युति.
**सेवा मूल्य** = पारिश्रमिक.
**सेवायोजक** = ऐंप्लायर.
**सेवारत** = बारोज़गार.
**सेवा शुश्रूषा** = परिचर्या.
**सेवाश्रम** = ईसाई मठ.
**सेवा सुश्रूषा** = नर्सिंग.
**सेविंग** = बचत.
**सेविंग्स** = बचत.
**सेविका** = नर्स, नौकरानी.
**सेवित** = उपभुक्त, पूजित.
**सेविता** = उपभोक्ता.
**सेवी** = उपभोक्ता, परिचारक, भक्षक, विलासप्रिय.
**सेव्य** = आहार्य, उपभोग्य, पाच्य, पूजनीय.
**सेव्या** = आँवला.
**सेश्वर** = आस्तिक.
**सेहत** = स्वास्थ्य.
**सेहतमंद** = स्वस्थ.
**सेहतयाब** = चिकित्सित.
**सेहरा** = श्रेय.
**सेही** = साही.
**सेह्र** = जादूगरी.
**सैंक्चुअरी** = अभयारण्य.
**सैंचुरी** = शताब्दी, सौ समुदाय.
**सैंट** = इत्र, सिक्का सूची
**सैंट 100** = डालर.
**सैंट पर्सैंट** = संपूर्णतः.
**सैंटर** = केंद्रबिंदु, केंद्रस्थान, नगर खंड.

**सैंटर टेबल** *सं* काफ़ी टेबल, चाय मेज़, *चौकी*, टी टेबल, तिपाई.

**सैंटिग्रेड** = सैल्सियस, सैल्सियस क्रम.
**सैंटिमैंट** = भाव.
**सैंटिमैंटल** = भावुक.
**सैंटिमैंटलिज़्म** = भावुकता.

**सैंटीमीटर** *सं* मीटर 1/100, मीटर शतांश.

**सैंटीमीटर 100** = मीटर.

**सैंटीलीटर** *सं* लीटर.01, लीटर शतांश.

**सैंट्रल** = केंद्रीय, देशस्तरीय.
**सैंट्रल आफ़िस** = मुख्यालय.
**सैंट्रल इंडिया (पूर्व नाम)** = मध्यप्रदेश.
**सैंट्रल प्रोविंसेज़ (पूर्व नाम)** = मध्यप्रदेश.
**सैंट्रल प्रोविंसेज़ ऐंड बरार (पूर्व नाम)** = मध्यप्रदेश.
**सैंट्रल प्रोसैसिंग युनिट** = सीपीयू.
**सैंड** = रेत.
**सैंडपेपर** = रेगमाल.

**सैंडविच** *सं* भरवाँ सलाइस, •डबल रोटी, •स्लाइस.

**सैंडिल** *सं* पाँवरी, फ़र्शी जूता, •चप्पल.

**सैंधव** = घोड़ा, समुद्रीय, सेंधा नमक.
**सैंपल** = नमूना.
**सैंयाँ** = प्रेमी.
**सैंवर** = साँभर नमक.
**सैंसर** = सैंसरशिप.

**सैंसर** *सं* निगहबान, नैतिकता रक्षक, पर्यवेक्षक, सैंसर कर्ता.

**सैंसर कर्ता** = सैंसर.

**सैंसरशिप** *सं* काटछाँट, ज़बानबंदी, मनाही, रोक, *सैंसर*, •निषेध, •वाचा प्रतिबंध, ▪अभिव्यक्ति अधिकार.

**सैंसस** = जनगणना.
**सैंसेशन** = अनुभूति.
**सैंहल** = श्रीलंकाई.
**सैंहिकेय** = राहु केतु.
**सैंहिकेय कबंध** = केतु.
**सैंहिकेय शीर्ष** = राहु.
**सै** = सौ.
**सैकंड** = क्षण, दूसरा/दूसरी, द्वितीय स्थानीय, समय माप एकक.

**सैकंड** *सं क्षण*, *पल*, मिनिट 1/60, •घंटा.

**सैकंड 2/135** = निमिष.
**सैकंड 24** = पल.
**सैकंड 60** = मिनिट.
**सैकंड क्लास** = द्वितीय श्रेणी.
**सैकंड डिवीज़न** = द्वितीय श्रेणी.

**सैकंड हैंड** *वि* इस्तेमालशुदा, *उच्छिष्ट*, *उपभुक्त*, जूना/जूनी, दूसरी बार विक्रेय, *परित्यक्त*, पुराना/पुरानी, •उपभुक्त, •जीर्णोद्धृत, •पुराना/पुरानी, ▪नवरचित, ▪नवीन.

**सैकंडहैंड नहीं** = नवरचित.
**सैकंडिंग** = अनुमोदन.
**सैकड़ा** = सौ.
**सैकड़े** = प्रतिशत.
**सैकड़ों** = अत्यधिक.
**सैकत** = दोमट, धूलिमय, बेला तट, रेतीला/रेतीली.
**सैकतिक** = संन्यासी.
**सैकती** = दोमट, सान पत्थर.
**सैक्टर** = जनपद आदि, नगर खंड.
**सैक्यूलर** = इहलोकतांत्रिक, भेदभावहीन.
**सैक्यूलरिज़्म** = इहलोकतंत्र वाद, इहलोकवाद.
**सैक्रेटरी** = सचिव.
**सैक्रेटेरिएट** = सचिवालय.
**सैक्शन** = अनुभाग, जनपद आदि, नगर खंड, नियम धारा.
**सैक्सी** = सुंदर.
**सैक्सी नाच में नर्तकी द्वारा निर्वसनन** = स्ट्रिपटीज़िंग.
**सैचल** = स्कूल बस्ता.
**सैचुरेटिड** = संसिक्त.
**सैटन** = शैतान.
**सैट बैक** = सामने वाला आँगन.
**सैटरडे** = शनिवार.
**सैटलाइट** = उपग्रह, कृत्रिम उपग्रह.
**सैटायर** = व्यंग्य, व्यंग्य रचना.
**सैटिंग** = जड़ाई.
**सैटिरिकल** = व्यंग्यात्मक.
**सैटिस्फ़ाइड** = संतुष्ट.
**सैटी** = दीवान.
**सैडल** = ज़ीन.
**सैदगाह** = आखेट स्थल.
**सैद्धांतिक** = अव्यावहारिक, धर्मज्ञानी, विद्वत्तापूर्ण, सिद्धांतीय.
**सैद्धांतिकता** = अव्यावहारिक ज्ञान, आदर्शवाद, नैतिकता.
**सैन** = बाज़ गिद्ध, संकेत.
**सैनिक** = आंदोलनकारी, कमांडो, छापामार दल, नभसैनिक, पहरेदार, पैदल सैनिक, वीर पुरुष, सैन्य.

**सैनिक** *सं* असिजीवी, अस्करी, आयुधजीवी, आयुधजीवी, गण, चमूचर, चर, जवान (भारत), जीआई (संराअ), पलटनिया, फ़ौजी, बहादुर (नेपाल), भट, भरत (प्रा), *योद्धा*, योधा, लशकरी, लाल कुरती (ईस्ट इंडिया कंपनी), विक्रांता, *वीर*, शस्त्रजीवी, शस्त्रजीवी, शस्त्रधर, शस्त्रधारी, शस्त्राजीव, शस्त्राजीव, सरबाज़, सरहंग, सार्जैंट, सिपहिया, *सिपाही*, सिलहदार, सिलहशोर, सेनाचर, सोल्जर, •अश्व सैनिक, •कमांडो, •कमांडो, •गुरिल्ला सैनिक, •छाता सैनिक, •नभसैनिक, •नौसैनिक, •पैदल सैनिक, •योद्धा, •रंगरूट, •सिपाही, •सेनापति, ▪सिविलियन.

**सैनिक अभियान** = आक्रमण.
**सैनिक अभ्यास** = ड्रिल.
**सैनिक खात** = ट्रैंच.
**सैनिक छात्र** = कैडेट.
**सैनिक तैयारी** = सैन्यीकरण.
**सैनिक प्रशासन** = सैनिक शासन.
**सैनिक बंकर** = बंकर.

**सैनिक शासन** *सं* मार्शल ला, सैनिक प्रशासन, •अनुशासन, •तानाशाही राज्य, ▪अराजकता.

**सैनिक शिक्षा** = धनुर्वेद.
**सैनिक शिविर** = छावनी.
**सैनिक सुलह** = युद्धविराम.
**सैनिकीकरण** = सैन्यीकरण.
**सैनिटेशन** = सुजीविता.
**सैन्य** = थलसेना, सेना.

**सैन्य** *वि* जंगी, फ़ौजी, मार्शल, मिलिटरी, लश्करी, *सैनिक*.

**सैन्यक्रम** = व्यूह.
**सैन्यसज्जा** = सैन्यीकरण.
**सैन्य सामग्री** = शस्त्रास्त्र.
**सैन्य सेवा** = रक्षा सेवा.
**सैन्याध्यक्ष** = सेनापति.

**सैन्यीकरण** *सं* लामबंदी, *शक्तिवर्धन*, शस्त्रीकरण, सेनासज्जा, सैनिक तैयारी, सैनिकीकरण, सैन्यसज्जा, हथियारबंदी, •दुर्गीकरण, •भरती.

**सैन्यीकृत** *वि* उपेत, एकत्रित, *पंक्तिबद्ध*, मिलिटराइज़्ड, रैजिमैंटिड, लामबंद, संगठित, सफ़बस्ता, समूहित, •दुर्गीकृत, •पंक्तिबद्ध, ▪विसैन्यीकृत.

**सैपर्स** = अग्रगामी सेना.
**सैप्सिस** = पूयन.
**सैफ़** = तलवार.
**सैफ़ायर** = नीलम.
**सैफ़ी** = जपमाला.
**सैफ़ोलाजी** = चुनाव अध्ययन.
**सैबटेज** = तोड़फोड़.
**सैबोटाज (विकल्प)** = तोड़फोड़.

**सैमिनार** *सं* अध्ययन गोष्ठी, अध्ययन सभा, गोष्ठी, ज्ञानगोष्ठी, वर्कशाप, संगोष्ठी, •परिचर्चा, •सभा.

**सैमिनारी** = ईसाई मठ.
**सैमीकोलन** = अर्धविराम.
**सैमेस्टर** = अध्ययन सत्र.
**सैयद** = इमाम.
**सैयदुश् शुहदा** = हुसैन.
**सैयाँ** = पति.
**सैयाद** = बहेलिया, शिकारी.
**सैयारा** = ग्रह.
**सैयारी** = घुमक्कड़ी.
**सैयाही** = घुमक्कड़ी.
**सैरंध्र** = दास.
**सैरंध्रिका** = अंतःपुर दासी, दासी.
**सैरंध्री** = अंतःपुर दासी, दासी.
**सैरंध्री (अज्ञातवास नाम)** = द्रौपदी.
**सैर** = पर्यटन, मंदवेग, विचरण, सैरसपाटा.
**सैर करना** = टहलना.
**सैरगाह** = विचरण मार्ग.

सैरबाग़ = क्रीड़ा उपवन.
सैरसपाटा = पर्यटन, पिकनिक.

**सैरसपाटा** *सं* अवकाश यात्रा, आमोदयात्रा, आमोद विहार, तफ़रीह, भ्रमण, मनोरंजन यात्रा, *विहार*, सैर, सैल, ●पर्यटन, ●पिकनिक, ■खोज यात्रा.

सैरिंध्रिका = अंतःपुर दासी.
सैरि = कार्तिक मास.
सैल = अनुभाग, केबिन, विचरण, सैरसपाटा.
सैलर = विक्रेता.
सैलरी = वेतन.
सैला = काष्ठपटल.
सैलानी = पर्यटक.
सैलानी पर्वतीय नगर = पर्वतीय नगर.
सैलाब = बाढ़.
सैलाबी = जलतल.
सैली = छीलन.
सैलून = चित्रशाला, नृत्यशाला, पानगृह सूची, प्रेक्षागार.
सैलूलर टेलिफ़ोन = टेलिफ़ोन.
सैल्फ़ इंप्रूवमैंट = आत्मोन्नति.
सैल्फ़ ऐजुकेशन = स्वशिक्षा.
सैल्फ़हैल्प = आत्मोन्नति.
सैल्यूट = सलाम, सलामी.
सैल्यूट मुद्रा = सलामी.
सैल्सियस = सैल्सियस क्रम.

**सैल्सियस** *सं* ताप माप एकक, सैंटिग्रेड, ●फ़ैरेनहाइट क्रम.

**सैल्सियस क्रम** *सं* सी, सैंटिग्रेड, *सैल्सियस*, ●तापमान, ●फ़ैरेनहाइट क्रम.

सैशन = अधिवेशन, अध्ययन घंटा.
सैशे = पैकेज.
सों = से.
सोंटा = लोबिया.

**सोंटा** *सं* घोंटा, चोब, चोबा, *डंडा*, बोंटना, *मूसल*, सोंटी, ●ढेंकी, ●हथौड़ा.

सोंटी = सोंटा.
सोंठ = मसाला सूची

**सोंठ** *सं* आर्द्रज, कफारि, नागर, नागरक, महौषध, शुंठि, शृंगवेर, सूँठ, सूखा अदरक, सौंठ, ●अदरक.

सोंधा/सोंधी = सुवासित.
सोंफ = सौंफ.
सो = इस लिए, वह.

**सोआ** *सं* कारवी, छत्रा, भूरिपुष्पा, मिशी, मिश्रेया, शतपुष्पा, शुभा, सोया.

सो कर उठना = जागना.
सोख = अवशोषण, चुसकी, सुखाई.
सोखना = चूसना, सुखाना.

**सोखना** *क्रि खींचना*, *चूसना*, जज़्ब करना, *पीना*, ●सुखाना.

सोखपत्र = ब्लाटिंग पेपर.
सोखा = भूतहंता.
सोखाई = अवशोषण, भूत निवारण.
सोख़्ता = ब्लाटिंग पेपर.
सोख़्ता = दग्ध, दुःखी, वियोगी.
सोख़्तादिल = भग्नहृदय.
सोगवार = मातमदार, शोकग्रस्त, शोकपूर्ण.
सोगवारी = मृत्यु संवेदना.
सोगी/सोगिनी = शोकपूर्ण.
सोच = चिंता, दृष्टिकोण, पश्चात्ताप, मत, विचार.
सोचना = पछताना, हिचकना.

**सोचना** *क्रि* अक़्ल दौड़ाना, अवगाहना, ऊहना, *देखना*, विचार करना, विचारना, *समझना*, ●परिचर्चा करना, ●सोचना परखना.

**सोचना परखना** *क्रि* आगापीछा सोचना, उलटपलट कर देखना, गुनना, ग़ौर करना, घुनना, चिंतन करना, चिंतन मनन करना, जाँचना परखना, तर्कानुतर्क करना, *तौलना*, दिमाग़ लगाना, *देखना*, निरखना, परखना, *मथना*, मनन करना, मनोमंथन करना, लौट पलट कर सोचना, विचारना, विचारविमर्श करना, विमर्श करना, समझना बूझना, सोचना विचारना, सोचना समझना, सोच विचार करना.

सोचना विचारना = सोचना परखना.
सोचना समझना = सोचना परखना.
सोच में पड़ना = सकुचना.
सोच विचार = विमर्श.
सोचविचार = दुबिधा, परिचर्चा, विचारविमर्श, विवेचना.
सोच विचार करना = सोचना परखना.
सोच समझ = विमर्श.
सोचा विचारा/सोचा विचारी = पूर्वविचारित, विचारित.
सोचा विचारा/सोची विचारी = योजित.
सोचा समझा/सोचा समझी = पूर्वविचारित, विचारित.
सोचा समझा/सोची समझी = अध्यीत, योजित.
सोज़ = ताप, मरसिया, शोक.
सोजाक = सूज़ाक.
सोज़िश = सूजन.
सोटा = डंडा.
सोटी = छड़ी.
सोडा = ऐरेटिड वाटर, क्षार, सोडा बाइकार्ब.
सोडा फ़ाउनटेन = पानगृह.

**सोडा बाइकार्ब** *सं* बाइकार्बनेट, सोडा, सोडियम बाइकार्बनेट, ●सुहागा.

सोडा वाटर = ऐरेटिड वाटर.
सोडियम क्लोराइड = नमक.
सोडियम बाइकार्बनेट = सोडा बाइकार्ब.
सोडीयम = रासायनिक तत्त्व सूची.
सोढा = धीर.
सोढी = धीर.
सोता = उत्स्रोत धारा, नदी उद्गम, निर्झर, भंडार, स्रोत.
सोता/साती = सुप्त.
सोती = वेदज्ञ.
सोते से उठाना = जगाना.
सोत्कंठ = पश्चात्तापपूर्ण.
सोत्प्रास = अतिशयोक्तिपूर्ण.
सोत्संग = पश्चात्तापपूर्ण.
सोद्देश्य = उद्देश्य से.
सोद्यम = प्रयत्नशील.
सोधना = चुकाना.
सोन = नदी सूची भारत उपमहाद्वीप.
सोन- = स्वर्णीय.

**सोन किरवा** = जुगनूँ.
**सोनचंपा** = चंपा.
**सोनचिरि** = नटी, नर्तकी, नर्तकी वेश्या.
**सोनजर्द** = सोनजूही.
**सोन जूही** = सोनजूही.

**सोनजूही** *सं* अजथ्या, नाग पुष्पिका, पीतयूथिका, पीतयूथी, पीतिका, पीली जूही, *युवती*, सुगंधा, सुवर्णदा, सुवर्ण यूथिका, सोनजर्द, सोन जूही, स्वर्ण यूथी, स्वर्णाह्वा, हेम पुष्पिका, हेम यूथिका, हैमा.

**सोना** = उत्तम व्यक्ति या वस्तु, स्वर्ण.

**सोना** *क्रि* आँख मुँदना, आँख लग जाना, निद्रित होना, नींद आना, पौढ़ना, *लेटना*, शयन करना, सुप्त होना, •सुलाना, ▪जागना.

**सोना (फूल)** = मुँदना.
**सोना चाँदी** = चाँदी सोना, धन.
**सोना चाँदी तार** = ज़री.
**सोना चाँदी तार गोटा** = गोटा.
**सोना तार** = ज़री.
**सोनापुर** = स्वर्ग.
**सोने का** = स्वर्णीय.
**सोने की चिड़िया** = भारत.
**सोने की लंका** = श्रीलंका.
**सोप** = साबुन.
**सोपस्टोन** = सिलखड़ी.
**सोपाधिक** = उपाधित.
**सोपान** = ज़ीना.
**सोपानक** = सीढ़ी डंडा.
**सोपान कक्ष** = ज़ीना.
**सोपान तट** = घाट.
**सोपान पट** = पैड़ी.
**सोपान पथ** = ज़ीना.
**सोपान पद्धति** = ज़ीना.
**सोपान श्रेणी** = सीढ़ी.

**सोफ़ा** *सं* कोच, तीन सीट वाली गद्देदार कुरसी, •गद्दा, •लव सीट.

**सोफ़िस्ट्री** = कुतर्क.
**सोम** = अमृत, आकार, चंद्रमा, सोमरस, सोमवार.
**सोमग्रह** = चंद्रग्रहण.
**सोमदेव** = चंद्रमा.
**सोमधारा** = आकाश गंगा, स्वर्ग.

**सोमनाथ** = शिव.
**सोमपत्र** = कुश घास.
**सोमरक्ष** = गंधर्व.

**सोमरस** *सं अमृत*, देवता पेय, देवमादन, महाभिषव, सोम, •भाँग, •मद्य.

**सोमवल्ली** = गज पिप्पली, गिलोय, ब्राह्मी.
**सोमवार** = वार सूची.

**सोमवार** *सं* चंद्रवार, मनडे, सोम.

**सोमवीथी** = नक्षत्र चक्र.
**सोमवृक्ष** = खैर.
**सोमहोता** = अत्रि.
**सोमांशु** = चंद्रकिरण.
**सोमीय** = चंद्रीय.
**सोया** = सोआ.
**सोया/साई** = असावधान.
**सोया/सोई** = मुँदा/मुँदी, सुप्त, स्पर्शानुभूतिहीन.
**सोयाबीन** = दलहन.

**सोयाबीन** *सं* चीन माष.

**सोल** = जूता तला.
**सोलर** = सूर्यीय.
**सोलर ऐनर्जी** = सौर ऊर्जा.

**सोलह** *सं* **16**, नौसत, पंदरह जमा एक, षोडश.

**सोलह आने** = अवश्यमेव, शत प्रतिशत.
**सोलह जमा एक** = सतरह.
**सोलह-पचीस वर्ष अवस्था** = नवयौवन.
**सोलह वर्ष तक अवस्था** = बचपन.
**सोलह वर्ष युवती** = षोडशी.

**सोलह संस्कार** *सं* षोडश कर्म, षोडश संस्कार.

**सोलह संस्कार सूची** *सं* अंत्येष्टि, अन्नप्राशन, उपनयन, कर्णवेध, केशांत, गर्भाधान, चूड़ाकर्म, जातकर्म, नामकर्म, निष्क्रमण, पुंसवन, विद्यारंभ, विवाह, वेदारंभ, समावर्तन, सीमंतोनयन.

**सोलह आने** = संपूर्णतः.
**सोल्जर** = सैनिक.
**सोल्डर** = राँगा.

**सोल्डर** *सं* झाल, टाँका, टाँकी, टाँच, धातु जोड़, वैल्ड, •टीन, •सीसा.

**सोल्डर करना** = झालना.
**सोल्लास** = आनंदित, उत्सवपूर्ण.
**सोवरेनिटी** = प्रभुसत्ता.
**सोशल** = अतिथिपरायण.
**सोशल कस्टम** = प्रथा.
**सोशल वर्कर** = समाज सेवक.
**सोशल सर्विस** = समाज सेवा.
**सोशलिज़्म** = समाजवाद.
**सोशलिस्ट** = समाजवादी.
**सोसाइटी** = संगति, संस्था, समाज.
**सोसाइटी फ़ार प्रीवेंशन आफ़ क्रूएल्टी** = समाजसेवी संस्था.
**सोऽहं** = आत्मज्ञान.
**सोहन** = रेती, सुंदर.

**सोहन चिड़िया** *सं* घोंघ, घोरार, बस्टर्ड, सारंग, हुकना.

**सोहनी** = निराई, सुंदर स्त्री.
**सोहबत** = मित्रता, संगति, संभोग.
**सोहबती** = संगी, सौमनस्यपूर्ण.
**सोहान** = रेती.
**सोहिनी** = सुंदर स्त्री.
**सोहिल** = विवाहोत्सव.
**सोही** = सुंदर.
**सौंग** = गीत.
**सौंगस्टर** = गायक.
**सौंगस्ट्रैस** = गायिका.
**सौंचर नमक** = काला नमक.
**सौंजा** = वन्य पशु.
**सौंठ** = सोंठ.
**सौंड़** = लिहाफ़.
**सौंतना** = लपलपाना.
**सौंदर्य** = काव्य अलंकार, वैभव, सजावट.

**सौंदर्य** *सं अंगदीप्ति*, अंगेट, अच्छाई, *अपील*, आकर्षकता, *आकर्षण*, आभा, कमनीयता, कशिश, कोमलकायता, कोमलता, कोमलांगता, खिंचाव, खुशनुमाई, खूबसूरती, ग्लैमर, चारुता, छबि, छवि, *जादू*, ज़ेब, दीप्ति, नज़ाक़त, नफ़ासत, *नमक*, निकाई, प्रियदर्शनता, फबन, ब्यूटी, मधुरता,

मनोरमता, मनोहरता, माधुर्य, मृदुलता, मोहिनी, रंगरूप, रमणीयता, रानाई, रूप, रूपमत्ता, रूपरंग, रूपसंपदा, रौनक़, लालित्य, लावण्य, लुनाई, विभा, शृंगार, शोभा, श्री, सज, *सम्मोहिनी*, सरूपता, सलोनापन, सुंदरता, सुकुमारता, सुकोमलता, सुदर्शनता, सुरूपता, सुषमा, सौष्ठव, हुस्न, ●अंगदीप्ति, ●परी, ●प्रियता, ●सुंदर, ●सुडौलता, ■कुरूपता.

**सौंदर्य अनुपात** = देहानुपात.
**सौंदर्य अनुभूति** = सौंदर्य बोध.

**सौंदर्य प्रतियोगिता** *सं* ब्यूटी कंटैस्ट, रूप प्रतियोगिता, ●देहानुपात, ●सौंदर्य साम्राज्ञी.

**सौंदर्य प्रसाधन** = प्रसाधन.

**सौंदर्य बोध** *सं* इंद्रियानुभूति, सौंदर्य अनुभूति, सौंदर्यानुभव, सौंदर्यानुभूति, सौहृद, ●सुरुचि.

**सौंदर्य मान** = रूपाभिमान.
**सौंदर्य माप** = देहानुपात.
**सौंदर्य मूर्ति** = सुंदर स्त्री.
**सौंदर्य वर्णन** = नखशिख वर्णन.
**सौंदर्यशाली** = सुंदर.

**सौंदर्य साम्राज्ञी** *सं* ब्यूटी क्वीन, भारत सुंदरी, मिस इंडिया, मिस यूनिवर्स, मिस वर्ल्ड, रूप की रानी, रूप रानी, विश्व सुंदरी, संसार सुंदरी, ●सौंदर्य प्रतियोगिता.

**सौंदर्यहीन** = कुरूप.

**सौंदर्यहीन** *वि* अनभिराम, अनभिरूप, अनाकर्षक, अरमणीय, अरम्य, अरूप, असुंदर, आकर्षणहीन, फीका/फीकी, मामूली, रूखा/रूखी, रूपहीन, शोभाहीन, सादा/सादी, *साधारण*, ●कुडौल, ●कुरूप, ●सुडौल, ■आकर्षक, ■सुंदर.

**सौंदर्यात्मक** = कलात्मक.
**सौंदर्यानुभव** = सौंदर्य बोध.
**सौंदर्यानुभूति** = सौंदर्य बोध.
**सौंदर्यानुभूतिपूर्ण** = कलात्मक.

**सौंधना** = महकाना.
**सौंधा/सौंधी** = सुगंधित, स्वादिष्ठ.
**सौंपना** = बाँटना.

**सौंपना** *क्रि* ज़िम्मे करना, थमाना, *देना*, पकड़ाना, भरोसे पर देना, *रखना*, विश्वास पर छोड़ना, सँभलवाना, सिपुर्द करना, ■उगाहना, ■पाना, ■लेना.

**सौंपा/सौंपी** = पहुँचाया/पहुँचाई, हस्तांतरित.
**सौंपान** = डिलीवरी.
**सौंफ** = मसाला सूची, सौंफ.

**सौंफ** *सं* अनीसून, मधुरा, मधुरिका, मुखशोधक, शतपुष्पा, सुपुष्पिका, सुरसा, सोंफ, सौंफ, ●इलायची, ●मुलेठी.

**सौंह** = शपथ.

**सौ** *सं* 100, एकड़े पर बिंदी दो, दस गुना दस, शत, शतक, सद, सदी, सै, सैकड़ा.

**सौकन** = सपत्नी.
**सौकरायण** = ऋषि सूची.
**सौ करोड़** = अरब.
**सौकीन** = विलासप्रिय.
**सौकृत्य** = कल्याण.
**सौख्य** = सुख.
**सौगंध** = शपथ.
**सौगंधिक** = गंधजीवी.
**सौगत** = बौद्ध धर्मावलंबी.
**सौगतिक** = बौद्ध धर्मावलंबी.
**सौग़ात** = उपहार, समर्पण.
**सौचिक** = दर्ज़ी.
**सौजन्य** = अनुग्रह, दया, प्रायोजन.
**सौजा** = शिकार.
**सौत** = सपत्नी.
**सौतन** = सपत्नी.
**सौति** = कर्ण.
**सौतिया** = प्रतियोगितात्मक.

**सौतेला/सौतेली** *वि* विमातृज/विमातृजा, वैमात्र, वैमात्रेय, सापत्नेय, ■सहोदर.

**सौतेला भाई** *सं* भिन्नोदर, विमातृज, वैमात्र, वैमात्रक, सापत्न्य, ■सगा भाई.

**सौतेली बहन** *सं* वैमात्रा, वैमात्री, वैमात्रेयी, ■सगी बहन.

**सौतेली माँ** = सौतेली माता.

**सौतेली माता** *सं* दुमाता, दूसरी माँ, मतेई, विमाता, सौतेली माँ.

**सौत्र** = सिद्धांतीय.
**सौत्रिक** = बुनकर.
**सौदा** = अनुबंध, ठेका, समझौता, सहमति.

**सौदा** *सं* *अनुबंध*, क़रार, ट्रांज़ैक्शन, ठहराव, पटाव, पटौनी, बार्गेन, *समझौता*, *सहमति*, *स्वीकृति*, ●बयाना.

**सौदाई** = उन्मत्त, प्रेमासक्त, प्रेमी, लगनशील.
**सौदागर** = व्यापारी.

**सौदागर** *सं* क्रेता विक्रेता, ख़रीदार बिकवाल, ट्रेडर, मर्चैंट, मर्चैंडाइजर, वणिक, *व्यापारी*, ●दुकानदार, ●व्यापारी, ■ख़रीदार.

**सौदागरी** = व्यापार.

**सौदागरी** *सं* क्रय विक्रय, ख़रीद फ़रोख़्त, खरीद बेच, ट्रेडिंग, दुकानदारी, पणन, पण्यन, *बाज़ार*, *बाज़ारदारी*, मार्केटिंग, लिवाली निकाली, लिवाली बिकवाली, लेवा बेची, वाणिज्य, *व्यापार*, ●बाज़ार, ●बिक्री, ●वस्तु विनिमय, ■बाज़ारदारी.

**सौदामनी** = सुंदर स्त्री.
**सौदामिनी** = मेघविद्युत, विद्युल्लेखा.
**सौदा लेना** = ख़रीदना.
**सौदेबाज़ी** = पंचाट, संधि वार्ता.

**सौदेबाज़ी** *सं* किचकिच, झकझक, तोलमोल, दरबंदी, भावताव, मोलतोल, मोलभाव, ●वादविवाद, ●वार्तालाप.

**सौध** = घर, चाँदी, चूना, छत, भवन, महल, राजमहल.
**सौधकार** = राजगीर.

 (प्रा) प्राचीन शब्द, अब अप्रचलित - *तिरछे शब्द स्वतंत्र शीर्षक भी हैं* ●सपर्याय ■विपर्याय

**सौधर्म्य** = सदाचार.
**सौपर्णेय** = गरुड़.
**सौ पैसे** = शत प्रतिशत.
**सौ फ़ी सदी** = अवश्यमेव, शत प्रतिशत.
**सौबलेयी** = गांधारी.
**सौ बार** = अनेकदा.
**सौभद्र** = अभिमन्यु, बहेड़ा.
**सौभद्रेय** = अभिमन्यु.
**सौभाग्य** = अप्रत्याशित लाभ, कल्याण, प्रसन्नता, मिलन, वरदान, समृद्धि, सिंदूर, सुपरिस्थिति, सुयोग, सुहाग.

**सौभाग्य** *सं* अच्छा भाग्य, अच्छा वक़्त, अच्छा समय, अनुकूल दैव, अभ्युदय, *कल्याण*, कुशलक्षेम, क्षेम, खुशक़िस्मती, खुशनसीबी, धन्यभाग्य, नेकबख़्ती, बढ़ती, बरकत, भला, भलाई, *भाग्य*, मंगल, मांगल्य, *लाभ*, *वरदान*, शादकामी, शुभ, सद्गति, सद्भाग्य, *सफलता*, *समृद्धि*, सुखांत, सुदैव, *हित*, •आनंद, •बधाई, ▪दुर्भाग्य.

**सौभाग्य उदय** = भाग्योदय.
**सौभाग्यकांक्षिणी** = विवाहाकांक्षिणी.
**सौभाग्य काल** = उत्कर्ष काल.
**सौभाग्य चिह्न** = शुभंकर.
**सौभाग्य दुर्भाग्य** = भाग्यचक्र.
**सौभाग्यप्रद** = कल्याणकारी, सफलताप्रद.

**सौभाग्यप्रद** *वि* अच्छा/अच्छी, *उपकारी*, *कल्याणकारी*, कल्याणप्रद, भाग्यप्रद, *लाभप्रद*, शुभ, शुभद, सौभाग्यसूचक, •कल्याणकारी, •लाभप्रद, •शुभसूचक, •संतोषप्रद, ▪दुर्भाग्यप्रद.

**सौभाग्यवती** = सधवा.
**सौभाग्यशाली** = सफल.

**सौभाग्यशाली** *वि* उदितभाग्य, करम का धनी, कल्याणी/कल्याणिनी, कामरान, क़िस्मत का धनी, खुशक़िस्मत, खुशनसीब, तक़दीर वाला, नसीब वाला, बड़भागी/बड़भागिन, भाग्यवान, भाग्यशाली, शुभ, *सफल*, सफलकाम, समृद्धिशाली, सुखराशि, सुभागी/सुभागिनी, •कृतज्ञ, •प्रसन्न, •सुखी, ▪दुर्भाग्यशाली.

**सौभाग्यसूचक** = सौभाग्यप्रद.
**सौभाग्योदय** = भाग्योदय.
**सौम** = चंद्रीय.
**सौमनस्य** = अनुग्रह, सामंजस्य.

**सौमनस्य** *सं* अच्छाई, अद्वेष, गुडविल, प्रीति भाव, *प्रेम*, बंधुता, मधुरता, मित्र भाव, मिष्टता, मृदुता, मेल, मैत्री, शुभचिंतन, सख्य, सद्भाव, सद्भावना, समंजस, समन्वय, *सामंजस्य*, साम्य, सौमित्र्य, सौहार्द, स्नेह भाव, •सहयोग, •सहानुभूति, •सहायता, ▪घृणा, ▪वैमनस्य, ▪शत्रुता.

**सौमनस्यपूर्ण** = सत्कारपूर्ण.

**सौमनस्यपूर्ण** *वि* द्वेषहीन, प्रेमपूर्ण, भद्र, भला/भली, मधुर, *मित्रतापूर्ण*, *मिलनसार*, वैमनस्यहीन, *शिष्ट*, सद्भावनापूर्ण, सद्भावपूर्ण, सद्भावी, *सामाजिक*, सुशील, सोहबती, •अनुकूल, •विनम्र, •शत्रुहीन, •शिष्ट, •सत्कारपूर्ण, •स्वागतपूर्ण, ▪ईर्ष्यालु, ▪शत्रुतापूर्ण, ▪सहानुभूतिहीन.

**सौमिक** = शारीरिक.
**सौमित्र** = लक्ष्मण, शत्रुघ्न.
**सौमित्र्य** = सौमनस्य.
**सौ में** = प्रतिशत.
**सौ में सौ** = सब.
**सौम्य** = अप्रबल, कल्याणकारी, कोमल, दयालु, प्रशांत, प्रसन्न, बुध ग्रह, मंदस्वरीय, मधुर स्वरीय, मर्यादापूर्ण, मार्गशीर्ष मास, विनम्र, श्रोतव्य, समशीतोष्ण, सहमत्य, सुंदर, सुकुमार, सुरुचिसंपन्न (व्यक्ति).

**सौम्य** *वि* अकठोर, अघोर, *कोमल*, जैंटल, नर्म, मिष्ट, मीठा/मीठी, मुलायम, मृदु, मृदुल, *विनम्र*, सहृदय, स्निग्ध, स्नेही, •अप्रबल, •गंभीर, •विनम्र, •शिष्ट, ▪असौम्य, ▪कर्कश, ▪क्रोधी, ▪धृष्ट, ▪निर्दय.

**सौम्यतः** = दयापूर्वक.

**सौम्यता** *सं* कोमल स्वभाव, मिष्टता, मीठापन, मुलायमियत, मृदुलता, स्निग्धता, •अहिंसा, •कुलीनता, •गंभीरता, •प्रशांतता, •विनम्रता, •सज्जनता, •सौमनस्य, ▪असौम्यता, ▪धृष्टता, ▪प्रबलता.

**सौम्यमुखी** = सुंदर स्त्री.
**सौम्यवार** = बुधवार.
**सौम्या** = ब्राह्मी, सुंदर स्त्री.
**सौम्याकार** = सुंदरकाय.
**सौम्याकृति** = सुंदर.
**सौम्यायन** = उत्तरायण.
**सौम्यी** = चाँदनी.
**सौर** = सूर्यीय.

**सौर ऊर्जा** *सं* सूर्य ऊर्जा, सूर्यशक्ति, सोलर ऐनर्जी, सौरशक्ति.

**सौर जगत** = सौर मंडल.
**सौर ज्योतिशचक्र** = राशिचक्र.
**सौर दिवस** = अहोरात्र, पृथ्वी धुरी चक्रण काल.
**सौरभ** = सुगंध, सुगंधित.
**सौरभेयी** = गाय.

**सौर मंडल** *सं* शिशुमार चक्र (प्रा), सूर्य चंद्रमा पृथ्वी तथा ग्रह उपग्रह, सूर्य प्रणाली, सौर जगत, •ग्रह, •सूर्य.

**सौर वर्ष** = पृथ्वी परिक्रमा काल.
**सौरशक्ति** = सौर ऊर्जा.
**सौराज्य** = सुशासन.
**सौराष्ट्र** = गुजरात.
**सौराष्ट्री** = गोपी चंदन.
**सौराष्ट्रीय** = गुजराती.
**सौरि** = शनि ग्रह.
**सौर्टिड** = क्रमबद्ध.
**सौल** = साहुल.
**सौलखिया** = अरबपति/करोड़पति.
**सौलिड** = ठोस, पिंड, सघन पदार्थ.
**सौ लीटर** = किलोलीटर.
**सौवर्चल** = काला नमक.
**सौवर्ण** = स्वर्णीय.
**सौ वर्ष** = शताब्दी.

**सौ वर्षीय** *वि* शतवार्षिक, शताब्दीय, शताब्दिक, •पचास वर्षीय, •पचीस वर्षीय, •वार्षिक, •हज़ार वर्षीय.

**सौवाँ/सौवीं** *वि* 100वाँ, शतीय.

**सौवासिनी** = सधवा.
**सौविद** = अंतःपुर दास.
**सौवीर** = काजल, बेर.
**सौवीरांजन** = सीसा.
**सौवेनिर** = कार्यक्रम सूची.
**सौष्ठव** = सौंदर्य.
**सौष्ठवपूर्ण** = कलात्मक, सुरुचिपूर्ण.
**सौष्ठवहीन** = कुडौल, रंगमंचीय.

**सौस** *सं* *चटनी*, डिप, ड्रैसिंग, रैंच, •कैचप, •चटनी.

**सौ समुदाय** *सं* एक सौ, शतक, *शताब्दी*, शती, सैंचुरी.

**सौहँ** = सीधे.
**सौहार्द** = एकता, मित्रता.
**सौहार्दपूर्ण** = एकजुट.
**सौहार्द्य** = कल्याणकामना, मित्रता, सौमनस्य.
**सौहृद** = सौंदर्य बोध.
**स्कंद** = स्प्रिंग.

**स्कंद** *सं* अंबिकेय, इंद्रसेनानी, उमानंदन, कांत, कार्तिकेय, कुमार, गंगापुत्र, गांगेय, पार्वतीनंदन, ब्रह्मण्य, भवानीनंदन, भवानीसुत, मयूरकेतु, मयूररथ, मयूरवाहन, मयूरेश, महिषार्दन, मातृनंदन, मुरुगन, रुद्रतेज, वर्हियान, वर्हीवाहन, शंभुतनय, शंभुनंदन, शक्तिध्वज, शरभू, शरवनोद्भव, शांकरि, शिखीध्वज, शिखीश्वर, शिवनंदन, षडानन, षण्मातुर, सुब्रह्मण्य, सुरसेनापति, सेनानी, *सेनापति*, *स्वामी*, स्वामी कार्तिक, स्वामीकुमार, •गणेश, •पार्वती, •शिव.

**स्कंदजननी** = पार्वती.
**स्कंद पुराण** = पुराण सूची.
**स्कंध** = अध्याय, कंधा, तना, थोक, पार्श्व, वृंद, सेना विभाग.
**स्कंध आवरण** = ओढ़नी.
**स्कंध प्रदेश** = महावत सीट.
**स्कंधमणि** = गंडा तावीज़.
**स्कर्ट** = फ्राक.

**स्कर्ट** *सं* घेरा, *साया*, •पेटीकोट, •लहँगा.

**स्कल्पचर** = मूर्ति.
**स्काई लाइन** = क्षितिज रेखा.
**स्काईस्क्रेपर** = गगनचुंबी भवन.
**स्काउट** = पुरोगंता.

**स्काउट** *सं* गाइड, स्काउट संस्था सदस्य, •गर्ल गाइड.

**स्काउट दल** = अग्रगामी सेना.
**स्काउट संस्था सदस्य** = स्काउट.
**स्काउट्स** = समाजसेवी संस्था.
**स्काच** = मद्य.
**स्काटलैंड** = यूनाइटिड किंगडम क्षेत्र.
**स्कार्पियन** = बिच्छू.
**स्कार्फ़** = बिब, रूमाल.

**स्कार्फ़** *सं* फ़ूलार, बाबुश्का, स्टोल, •ओढ़नी, •मफ़लर, •रूमाल.

**स्कालर** = विद्यार्थी, विद्वान व्यक्ति.
**स्कालरशिप** = छात्रवृत्ति, विद्वत्ता.
**स्किन** = त्वचा.

**स्की** *सं* हिम पादुका, हिम फलक, •सर्फ़िंग बोर्ड, •स्केट.

**स्कीम** = परिकल्पना, शीड्यूल.
**स्कीमा** = परिकल्पना.
**स्कूटर** = मोटरबोट, मोटर स्कूटर.

**स्कूबा डाइविंग** *सं* अंतर्जल डाइविंग, स्नोर्कलिंग.

**स्कूल** = वाद, विचारधारा, विद्यालय.
**स्कूल टीचर** = अध्यापक.

**स्कूल बस्ता** *सं* *बस्ता*, सैचल, स्कूल बैग, •थैला.

**स्कूल बैग** = स्कूल बस्ता.
**स्कूल मास्टर** = अध्यापक.
**स्कूलिंग** = अध्यापन.
**स्कूली** = शिक्षालयी.

**स्केट** *सं* पहिएदार जूते, स्केट्स, •दुपहिया स्केट, •पहिया स्केट, •बर्फ़ स्केट, •स्की.

**स्केटिंग रिंक** *सं* आइस रिंक, रिंक, •खेल मैदान.

**स्केट्स** = स्केट.
**स्केबीज़** = खुजली.
**स्केल** = तराज़ू पलड़ा, माप उपकरण.
**स्कैंडल** = घोटाला.
**स्कैंडीयम** = रासायनिक तत्त्व सूची.
**स्कैच** = व्यक्ति वर्णन.
**स्कैड्यूल** = शीड्यूल.
**स्कैम** = घोटाला.
**स्कैरैब** = गुबरैला.
**स्कोर** = खेल रन, गणना.
**स्क्रिप्ट** = लिपि.
**स्क्रीन** = आड़, कंप्यूटर मानिटर, यवनिका, सिनेमा परदा.
**स्क्रू** = पेच, प्रौपैलर.
**स्क्रू ड्राइवर** = पेचकस.
**स्क्वायर** = महल्ला, वर्ग.
**स्क्विब** = आतिशबाज़ी छछूँदर.

**स्क्वीज़ी** *सं* पोंछा, रबड़ पोंछा, वाइपर, स्क्वीजी, •पोंछा.

**स्क्वैश** = फलरस.
**स्खलन** = पतन, प्रवंचन, लड़खड़ाहट, विचलन, ह्रास.
**स्खलनकारी** = प्रलोभनकारी.
**स्खलनशील** = विचलनशील.
**स्खलित** = अस्थिर, लक्ष्यच्युत, विचलित, विस्थापित, हकला/हकली.
**स्खलित गति** = लड़खड़ाहट.
**स्खलितगति** = लड़खड़ाता/लड़खड़ाती.
**स्टंट** = शोबदा.

**स्टंट** *सं* अद्भुत कार्य, कमाल, *करतब*, करिश्मा, *चमत्कार*, *दुस्साहस*, विस्मयकारी कृत्य, •करतब, •बाज़ीगरी, •शोबदा, •सरकस.

**स्टंट कलाकार** = स्टंटमैन.

**स्टंटमैन** *सं* *करतबिया*, स्टंट कलाकार.

**स्टड** = कफ़ लिंक्स, जूता नाल.

**स्टड** *सं* उभरी फुल्लीदार कील, गुलमेख़, पुष्पलक, फुलिया, फुल्ली.

**स्टडी** = अध्ययन, अध्ययन कक्ष.

व्याख्या.
**स्टडी करना** = पढ़ना लिखना.
**स्टब** = कूपन.
**स्टर्लिंग** = पौंड.
**स्टाइल** = शैली.
**स्टाइलिस्ट** = शैलीकार.
**स्टाक** = थोक, पूँजी, रसद, शेयर.
**स्टाफ़** = कर्मचारी, कर्मचारी दल.
**स्टाफ़ सदस्य** = कार्यकर्ता.
**स्टार** = तारा, प्रसिद्ध व्यक्ति, सितारा कलाकार.

**स्टारडम** *सं* ग्लैमर, ग्लैमर की दुनिया, चमकदमक, धूम, *नाम*, *प्रसिद्धि*, लाइमलाइट, सितारों की दुनिया.

**स्टार्टर** *सं* गत्वरक, गत्वरक, गत्वरण उपकरण, गत्वरित्र, चालक, चालन उपकरण, चालित्र, प्रचालित्र, प्रेरक, प्रेरक, सक्रियक, •कूक, •ट्रिगर, •स्वचालित्र.

**स्टार्टर सूची** *सं कूक*, *घोड़ा*, *चाबी*, *ट्रिगर*, *बटन*, वाइंडर, स्विच.

**स्टाल** = अस्तबल, खोखा, पशुशाला, बूथ.
**स्टिकर** = लेबल.
**स्टिकी** = चिपचिपा/चिपचिपी.

**स्टिच** *सं* टाँका, टाँच, *धागा*, सिलाई, सीवन, •धागा, •सिलाई.

**स्टिचिंग** = जिल्दबंदी.
**स्टिल** = डिस्टिलरी.
**स्टिल्ट** = लमघोड़.
**स्टीम** = भाप.
**स्टीयरिंग** = कर्णधारण.
**स्टीयरिंग कमिटी** = प्रबंध समिति.

**स्टीयरिंग व्हील** *सं* दिशा नियंत्रण चक्र, *हत्था*, हैंडल, •मोटरगाड़ी.

**स्टील** = इस्पात.
**स्टूडियो** = अध्ययन कक्ष, फ़िल्म स्टूडियो.
**स्टूडैंट** = विद्यार्थी.
**स्टूडैंट्स होस्टल** = छात्रावास.

**स्टूल** *सं चौकी*, तिपहिया या चौपहिया ऊँची चौकी, पीठहीन ऊँची चौकी, •चौकी.

**स्टेज** = मंच, रंगमंच.
**स्टेज प्ले** = नाटक.
**स्टेट** = प्रांत/प्रदेश, रजवाड़ा, राज्य.
**स्टेटमैंट** = बयान, वक्तव्य.
**स्टेटमैंट आफ़ अकाउंट** = लेखाचिट्ठा.
**स्टेट्स** = संयुक्त राज्य अमरीका.
**स्टेट्समैन** = राजनेता.
**स्टेडियम** = महागार.

**स्टेडियम** *सं* कोलोशियम, प्रेक्षास्थान, •खेल मैदान, •महागार.

**स्टेनलैस** = दाग़वारक.
**स्टेनलैस धातु** = प्लैटीनम.
**स्टेनलैस मिश्रातु** = इस्पात.

**स्टेनलैस स्टील** *सं* अकलुष इस्पात, अमल इस्पात, काललोह.

**स्टेपल करना** = लगाना.
**स्टेबल** = अस्तबल, पशुशाला.
**स्टेशन** = नगर, रेलवे स्टेशन.

**स्टेशन** *सं* अड्डा, गाड़ी मिलना स्थान, टर्मिनस, टेशन, ठिकाना, परिवहन स्थल, यानस्थल, वाहनस्थल, स्टौप, हाल्ट, •ट्रांसपोर्ट नगर, •बंदरगाह, •बस डिपो, •बस स्टौप, •रेलवे स्टेशन, •वेटिंगरूम, •हवाई अड्डा.

**स्टेशनरी** *सं* क़लम पैंसिल, काग़ज़ पत्तर, लेखन उपस्कर, लेखन सामग्री, •आलपिन, •इरेज़र, •क़लम, •क़लमदान, •काग़ज़, •क्रेयन, •क्लिप, •ड्राइंग पिन, •दवात, •निब, •नोटबुक, •पैंसिल, •फ़ाइल, •स्टैपल, •स्टैपलर, •स्याही.

**स्टैंड** = आधार, आधार सूची, काउंटर, टेकनी, बूथ.
**स्टैंडर्ड** = प्रचलित, मानक, मानकयुक्त.
**स्टैंडर्ड टाइम** = घड़ी समय.
**स्टैंप** = डाक टिकट, मुहर.
**स्टैंसिल पेपर** = प्रतिलिपित्र.
**स्टैंसिल पैन** = प्रतिलिपित्र.
**स्टैच्यू** = मूर्ति.
**स्टैटिस्टिक्स** = सांख्यिकी.

**स्टैनो** = निजी सचिव.
**स्टैनोग्राफ़र** = निजी सचिव.
**स्टैपलिंग** = जिल्दबंदी.

**स्टैबिलाइज़र** *सं नियंत्रक*, विद्युत दाब नियामक, विद्युत दाब स्थिरक, वोल्टेज रैगुलेटर, वोल्टेज स्टैबिलाइज़र.

**स्टैमिना** = दम.
**स्टैरलाइज़र** = कीटाणुनाशक.
**स्टैरलाइज़ेशन** = विसंक्रमण.
**स्टैरिलाइज़्ड** = संक्रमणरुद्ध.
**स्टोन** = पाषाण.
**स्टोनडस्ट** = बजरी.
**स्टोर** = दुकान.
**स्टोर हाउस** = भंडारघर.
**स्टोरिंग** = भंडारण.
**स्टोरी** = कहानी, मंज़िल.
**स्टोर्क** = बगला.
**स्टोल** = ओढ़नी, स्कार्फ़.

**स्टोव** *सं* कुकिंग स्टोव, *चूल्हा*, •ओवन, •चूल्हा.

**स्टोवेज** = पेटा.
**स्टौक ऐक्सचेंज** = शेयर बाज़ार.
**स्टौक कीपर** = स्टौकिस्ट.
**स्टौकधारी** = शेयरधारी.
**स्टौक पत्र** = शेयर पत्र.
**स्टौक मार्केट** = शेयर बाज़ार.
**स्टौकिंग्स** = मोज़े.
**स्टौकिस्ट** = वितरक.

**स्टौकिस्ट** *सं* डिस्ट्रीब्यूटर, *भंडारी*, *वितरक*, स्टौक कीपर, •जमाख़ोर, •वितरक, •सप्लायर.

**स्टौक्ड** = संचित.
**स्टौप** = बस स्टौप, विराम, स्टेशन.
**स्टौप करना** = रोकना.
**स्टौपगैप व्यवस्था** = जुगत.
**स्टौप वाच** = घड़ी सूची.
**स्टौपेज** = विराम.
**स्टौर्म** = तूफ़ान.
**स्ट्रगल** = संघर्ष.

**स्ट्रा** *सं नली*, नाड़ी, •नलवा, •नली, •बोतल.

**स्ट्राइक** = हड़ताल.

**स्ट्राबैरी** = फल.
**स्ट्रिप** = पट्टी.

**स्ट्रिपटीज़िंग** *सं* अपरिधानन, *निर्वसनन*, सैक्सी नाच में नर्तकी द्वारा निर्वसनन, स्ट्रिपिंग, •नग्नता, ■अनावरण.

**स्ट्रिपिंग** = स्ट्रिपटीज़िंग.
**स्ट्रीट** = गली, महल्ला, सड़क.
**स्ट्रीटकार** = ट्रामगाड़ी.
**स्ट्रीम** = जलधारा.
**स्ट्रेन करना** = छानना.
**स्ट्रैंड** = बेला तट, समुद्र तट.
**स्ट्रैंथ** = दम, शक्ति.

**स्ट्रैचर** *सं* बिस्तरनी, बिस्तरी, •अपाहिज गाड़ी, •ऐंबुलैंस.

**स्ट्रैटिजी** = रणनीति.
**स्ट्रोक** = पक्षाघात.
**स्ट्रौंग** = बलिष्ठ, सुदृढ़.
**स्ट्रौंगबाक्स** = तिजोरी.

**स्ट्रौंगरूम** *सं* जौंरा भौंरा, धारणिक, मज़बूत कोठरी, वज्रकोष्ठ, वाल्ट.

**स्ट्रौनशीयम** = रासायनिक तत्त्व सूची.
**स्तंब** = गुच्छा.
**स्तंभ** = अप्रगति, आधार सूची, खूँटा, तना, थूनी, पक्षाघात, पैडस्टल.

**स्तंभ** *सं* कालम, खंभा, थमला, पिलर, मथोला, रंभ, शलाका, सुतून, स्थूण, स्थूणा, •छज्जा, •नीवँ, •बरामदा, •मीनार.

**स्तंभक** = संज्ञाहर औषध.
**स्तंभन** = संज्ञाहर औषध.

**स्तंभन** *सं* कीलन, थंभन, बंधन, मंत्राविष्टन, विजड़न, सम्मोहन, स्तब्धन.

**स्तंभ लेखक** *सं* कालमकार, कालम लेखक, टिप्पणीकार, फ़ीचर लेखक, *विश्लेषक*, •पत्रकार.

**स्तंभित** = अवरुद्ध, चकित, वाचारुद्ध, विरामित.
**स्तंभित करना** = चकराना.
**स्तनंधय** = दुधमुँहा/दुधमुँही, स्तनपायी.

**स्तन** *सं अंग*, आंचल, उर, उरसिज, उरोज, ऊधस्, कुच, छाती, जिस्म, जोबन, थन (पशु), दुग्धाशय, *दूध*, दूधी, पयोधर, बदन, *यौवन*, *वक्ष*, वक्षोज, •थन, •धड़, •वक्ष, •स्तनाग्र, •हृदय.

**स्तन चूचुक** = स्तनाग्र.

**स्तनपान** *सं आचूषण*, चुबलाई, दुग्धपान, स्तन्यपान, •चुबलाई, •स्तन्यदान.

**स्तनपायी** *वि* स्तनंधय, स्तन्यप, स्तन्यपायी.

**स्तनयित्नु** = मेघ गर्जन.
**स्तनाकार** = उन्नतोदर.

**स्तनाग्र** *सं* कुचाग्र, *घुंडी*, *चुसनी*, चूची, चूचुक, ढिपनी, ढेपनी, स्तन चूचुक, •उरोज.

**स्तनावरण** = ओढ़नी.
**स्तन्य** = दूध.
**स्तन्यदात्री** = धाय माँ.

**स्तन्यदान** *सं* दुग्धदान, दूध पिलाई, •धाय माँ, •माता, •स्तनपान, ■स्तनत्याग.

**स्तन्यप** = स्तनपायी.
**स्तन्यपान** = स्तनपान.
**स्तन्यपायी** = दुधमुँहा/दुधमुँही, स्तनपायी.
**स्तबक** = गुच्छा, पुष्पगुच्छ.
**स्तब्ध** = अचेत, अवरुद्ध, चकित, निरुत्तर, भयभीत, वाचारुद्ध, विरामित.
**स्तब्ध करना** = चकराना.
**स्तब्धन** = स्तंभन.
**स्तर** = जीवनस्तर, फ़र्श, मानक, विकास अवस्था, संस्तर.
**स्तर मान** = मानक.
**स्तरयुक्त** = मानकयुक्त.
**स्तरीय** = मानकयुक्त.
**स्तवक** = बंदीजन.
**स्तवन** = पूजा.
**स्तान** = देश.
**स्तुत** = अभिनंदित, पूजित, प्रचारित, प्रशंसित, प्रसिद्ध.
**स्तुति** = नाट्य आरंभ, पूजा, प्रशंसा, प्रशंसा गीत, भजन, मंत्र, स्तोत्र.
**स्तुति करना** = सराहना.
**स्तुति कर्ता** = भक्त.
**स्तुति गाना** = सराहना.
**स्तुतिगायक** = प्रचारक, प्रशंसक, प्रशंसागायक.
**स्तुति गीत** = स्तोत्र.
**स्तुति मंत्र** = स्तोत्र.
**स्तुत्य** = प्रशंसनीय, सम्माननीय.
**स्तूप** = उच्चबिंदु, केशगुच्छ, टीला, ढेर, विहार, स्मारक.

**स्तूप** *सं* अवशेष स्तूप, चैत्य, पगोडा, बुद्धावशेष स्तूप, रत्नगृह, •अस्थिकलश, •पिरामिड.

**स्तूपाकार** = उन्नतोदर.
**स्तेन** = चोर, चोरी, लुटेरा.
**स्तेय** = चोर, चोरी, चोरी माल.
**स्तैन्य** = चोरी.
**स्तोक** = चातक.
**स्तोतव्य** = पूजनीय, सम्माननीय.
**स्तोता** = प्रचारक, प्रशंसक, प्रशंसागायक, भक्त.
**स्तोत्र** = प्रशंसा गीत, मंत्र.

**स्तोत्र** *सं* अभिवंदना, आस्ताव, ऋग, कीर्तिगान, गाथ, *गीत*, *प्रशंसा गीत*, वंदना, संस्तुति, साम, स्तुति, स्तुति गीत, स्तुति मंत्र, स्तोम, •मंत्र, •सूक्त.

**स्तोत्र पढ़ना** = सराहना.
**स्तोम** = ढेर, यज्ञ, समूह, स्तोत्र.
**स्तोमीय** = यज्ञीय.
**स्त्यान** = कठोर.

**स्त्रियोचित** *वि* अपरुष, *कोमल*, ज़नाना, दयापूर्ण, नाज़ुक, नारीत्वपूर्ण, नारीसुलभ, नार्युचित, प्रेमपूर्ण, भगिनीत्वपूर्ण, ममतामय, मातृत्वपूर्ण, लजालु, *विनम्र*, सलज्ज, *सुकुमार*, स्त्रीसुलभ, स्त्र्युचित, •स्त्रैण, ■पुरुषोचित.

**स्त्रींद्रिय** = स्त्री जननेंद्रिय.
**स्त्री** = जनयित्री, पत्नी, मादा.

**स्त्री** *सं* अंगना, अंजना, अंजनी, अबला, आदमज़ादी, आदमन, औरत, ज़नानी, जनी, तिय, तिया,

 (प्रा) प्राचीन शब्द, अब अप्रचलित - *तिरछे* शब्द स्वतंत्र शीर्षक भी हैं •सपर्याय ■विपर्याय

त्रिया, नार, नारी, बीबी, बीरबानी, मनुजा, मनुजी, मनुष्या, महिला, *मादा*, मानवी, मानुषी, रमणी, ललना, लुगाई, लेडी, वनिता, वामा, वुमैन, हौवा की बेटी, ●पत्नी, ●पुरुष, ●मादा.

**स्त्रीकाम** = विवाहकांक्षी.
**स्त्री कुसुम** = रज.
**स्त्रीगामी** = लंपट.
**स्त्रीचंचल** = लंपट.
**स्त्रीचिह्न** = स्त्री जननेंद्रिय.
**स्त्रीछल** = तिरिया चरित्तर.

**स्त्री जननेंद्रिय** *सं* उल्ब, उल्व, *जननेंद्रिय*, भग, मणिक, मदनगृह, मदनालय, योनि, रंध्र, शर्मगाह, स्त्रींद्रिय, स्त्रीचिह्न, ●पुरुष जननेंद्रिय.

**स्त्री जातीय** = स्त्रीलिंगीय.
**स्त्री देवता** = देवी.
**स्त्री धर्म** = रजस्राव.
**स्त्री धर्मिणी** = रजस्वला.
**स्त्रीपुर** = ज़नानख़ाना.
**स्त्रीपुरुष** = दंपति.
**स्त्रीपुरुष गमन** = संभोग.
**स्त्री प्रधान अध्यापक** = प्रधान अध्यापक.
**स्त्रीप्रिय** = आम वृक्ष.
**स्त्रीप्रेम** = पत्नीव्रत.
**स्त्री मठाधीश** = मठाधीश स्त्री.

**स्त्री मद्य विक्रेता** *सं* करिकारिणी, कलवारिन, कलारन, कलारिन, कलालन, कलालिन, ●मद्य विक्रेता.

**स्त्री माया** = तिरिया चरित्तर.

**स्त्रीय** *वि* ज़नाना, नारीय, ●स्त्रैण, ■पुरुषीय.

**स्त्रीरज** = रज.
**स्त्रीराशिक** = समसंख्यक.
**स्त्रीलंपट** = लंपट.
**स्त्रीलिंग** = स्त्रीलिंगीय.
**स्त्रीलिंगी** = स्त्रीलिंगीय.

**स्त्रीलिंगीय** *वि मादा*, *स्त्री*, स्त्री जातीय, स्त्रीलिंग, स्त्रीलिंगी, ●शब्द, ■पुंल्लिंगीय.

**स्त्री वक्ष तंग परिधान** = अँगिया, ब्लाउज़.
**स्त्रीवित्त** = दहेज.
**स्त्रीव्रत** = पत्नीव्रत.
**स्त्रीसुलभ** = स्त्रियोचित.
**स्त्रीसेवा** = पत्नीव्रत.
**स्त्रैण** = नपुंसक.

**स्त्रैण** *वि* ज़नख़ा/ज़नख़ी, ज़नाना/ज़नानी, मेहरा, ●स्त्रियोचित, ■पुंसक.

**स्त्रैण पुरुष** = हिजड़ा.
**स्त्र्युचित** = स्त्रियोचित.
**स्थंडिलशायी** = भूमिशायी.
**स्थ** = आधारित, स्थित.

**स्थगन** *सं* अधिस्थगन, ऐडजर्नमैंट, टाल, निलंबन, पोस्टपोनमैंट, प्रास्थगन, विस्थगन, ●विलंब, ■कार्यान्विति, ■द्रुतता.

**स्थगित** = अकृत, अवरुद्ध.

**स्थगित** *वि* अधिस्थगित, अधूरा/अधूरी, अनिष्पन्न, अनिष्पादित, *अवरुद्ध*, आस्थगित, ऐडजर्न्ड, टला/टली, पोस्टपोन्ड, मुल्तवी, मौक़ूफ़, रुका/रुकी, रोका/रोकी, विस्थगित, ●विलंबित, ■कृत, ■पूर्णकृत.

**स्थपति** = ग्राम मुखिया, राजगीर, विश्वकर्मा, शिल्पकार, स्थानीय शासक.

**स्थपति** *सं* अभियंता, इंजीनियर, गजधर, निर्माण अभियंता, *निर्माता*, मेमार, वास्तुकार, सिविल इंजीनियर, स्थापत्य कर्मी, ●निर्माण ठेकेदार, ●निर्माता, ●विश्वकर्मा.

**स्थपति कर्म** = स्थापत्य कला.
**स्थल** = क्षेत्र, घर, तट, थल, मैदान, स्थान.
**स्थल खंड** = महाद्वीप.
**स्थलचारी** = थलचर.
**स्थल चित्र** = लैंडस्केप चित्र.
**स्थल मार्ग** = थलमार्ग.
**स्थलयान** = थलयान.
**स्थलवर्त्म** = थलमार्ग.
**स्थलसंयोजक** = थलडमरुमध्य.
**स्थलसेना** = थलसेना.
**स्थली** = थल, पृथ्वी, फ़र्श.
**स्थलीय** = थलचर, थलीय, पृथ्वीय, स्थानीय.
**स्थविर** = अचल, ऋषि, मठाधीश, वृद्ध.
**स्थविरा** = मठवासिनी, मठाधीश स्त्री, संन्यासिनी.
**स्थाणु** = ठूँठ.
**स्थान** = अंतराल, अतिरिक्त स्थान, क्षेत्र, नगर, पता, पद, महल्ला, लोक, स्थिति.

**स्थान** *सं अंतराल*, *कहाँ*, *क्षेत्र*, गाह, जगह, ठाँव, ठाँह, ठिकाना, ठौर, थाँह, *दिशा*, *देश*, प्रदेश, मुक़ाम, *वेश*, स्थल, ●अमूर्त स्थान, ●कहाँ.

**स्थान अभाव** = स्थानाभाव.
**स्थानक** = पैंतरा.
**स्थानक** = शरीर मुद्रा.
**स्थान की कमी** = स्थानाभाव.
**स्थान ग्रहण करना** = बैठना.

**स्थानचिह्न** *सं अतापता*, निशान, पता चिह्न, *पहचान चिह्न*, *मील का पत्थर*, लैंडमार्क, संकेत चिह्न, *संदर्भ*, ●पता, ●पता निर्देश.

**स्थानच्युत** = विस्थापित, सेवाच्युत.
**स्थानत्याग** = पदत्याग.
**स्थानपति** = स्थानीय शासक.
**स्थानपति** = थानेदार.
**स्थान पर** = अथवा.
**स्थान परिवर्तन** = प्रतिस्थापना.

**स्थान परिवर्तन** *सं* नई जगह, पता परिवर्तन, विस्थापना, *स्थानांतरण*, ●पुनर्स्थापना, ●विस्थापन.

**स्थानपाल** = स्थानीय शासक.
**स्थानपालन** = स्थानीय शासन.
**स्थानप्राप्ति** = नियुक्ति.
**स्थानभ्रष्ट** = विस्थापित.
**स्थान विवरण** = पथ प्रदर्शिका.
**स्थानस्थ** = आधारित, नियुक्त.
**स्थानहीन** = संकीर्ण.
**स्थानहीनता** = स्थानाभाव.
**स्थानांतर** = स्थानांतरण.
**स्थानांतरण** = प्रतिस्थापना, स्थान परिवर्तन.

**स्थानांतरण** *सं* अंतरण, ट्रांसफ़र,

तबादला, बदली, स्थानांतर, •प्रतिस्थापना, •विस्थापन, •स्थान परिवर्तन, •स्थानापन्न व्यक्ति.

**स्थानांतरित** = पुनर्स्थापित, विस्थापित.
**स्थानांतरित जन** = विस्थापित जन.
**स्थानाधिपति** = स्थानीय शासक.
**स्थानाध्यक्ष** = स्थानीय शासक.
**स्थानाध्यक्षता** = स्थानीय शासन.

**स्थानापन्न** *वि अंतरिम*, एवज़ी, ऐक्टिंग, औफ़िशिएटिंग, *कामचलाऊ*, कार्यकारी, कार्यवाहक, कार्यवाही, नायब, वर्किंग, •कार्य प्रभारी.

**स्थानापन्न व्यक्ति** *सं* एवज़ी, डमी, *प्रतिनिधि*, प्रतिपुरुष, *मुख़तार*, ▪पदाधिकारी.

**स्थानाभाव** *सं* कम स्थान, भिंचापन, संकुलता, सीमित स्थान, स्थान अभाव, स्थान की कमी, स्थानहीनता, •अतिरिक्त स्थान, •जनाकीर्णता, •संकीर्णता.

**स्थानिक** = स्थानीय.
**स्थानिक** = थानेदार.
**स्थानी** = स्थानीय शासक.
**स्थानीय** = क्षेत्रीय.

**स्थानीय** *वि* देशज, प्रादेशिक, भौमिक, लोकल, स्थलीय, स्थानिक, •क्षेत्रीय, •स्वदेशी, ▪विदेशी.

**स्थानीय अधिकार** = फ्रैंचाइज.
**स्थानीय अधिकारी** = फ्रैंचाइजी.
**स्थानीय उत्पादक** = फ्रैंचाइजी.
**स्थानीय उत्पादन विक्रय सर्वसिंग अधिकार** = फ्रैंचाइज.
**स्थानीय उत्पादन विक्रय सर्वसिंग अधिकारी** = फ्रैंचाइजी.
**स्थानीय बाज़ार** = पैंठ.
**स्थानीय भाषा** = बोली.
**स्थानीय विक्रेता** = फ्रैंचाइजी.

**स्थानीय शासक** *सं* कार्यचिंतक (प्रा), दंडाधिप (प्रा), स्थपति (प्रा), स्थानपति, स्थानपाल (प्रा), स्थानाधिपति (प्रा), स्थानाध्यक्ष, स्थानी (प्रा), *स्थानीय शासन*, स्थानेश्वर (प्रा), •जनपद प्रशासक, •जनपद प्रशासक, •नगर प्रशासक, •नगर प्रशासक, •प्रशासक, •महापौर, •राज्यपाल, •सरपंच.

**स्थानीय शासन** = स्थानीय शासक.

**स्थानीय शासन** *सं* स्थानपालन, स्थानाध्यक्षता, •प्रशासन.

**स्थाने** = अथवा.
**स्थानेश्वर** = थानेदार, स्थानीय शासक.
**स्थाप** = विराम.
**स्थापत्य** = स्थापत्य कला.
**स्थापत्य कर्मी** = स्थपति.

**स्थापत्य कला** *सं* कारीगरी, निर्माण कला, मेमारी, वास्तु, वास्तुकला, वास्तुशिल्प, स्थपति कर्म, स्थापत्य, •भवन निर्माण, •वास्तुशास्त्र, •सभ्यता, •स्मारक.

**स्थापत्य कला उपदेशक** = अत्रि.
**स्थापत्य वेद** = वास्तुशास्त्र.
**स्थापत्य शास्त्र** = वास्तुशास्त्र.
**स्थापन** = आवासन, धराई.
**स्थापना** = अंतर्स्थापना, तर्क, धराई, धर्म सिद्धांत, प्रतिपादन, मूर्ति स्थापना, वाद, शिलान्यास, संस्थापना, सिद्धांत, सूत्रवाक्य.
**स्थापना सत्य** = मूर्ति प्राण प्रतिष्ठा.
**स्थापयिता** = संस्थापक.
**स्थापित** = अंतर्स्थापित, आधारित, नियुक्त, निर्धारित, प्रमाणसिद्ध, विजड़ित, व्यवस्थित, संपुष्ट, संस्थापित, स्थित.
**स्थापित करना** = टिकाना.
**स्थापित होना** = टिकना.
**स्थाप्य** = प्रमाण्य.
**स्थायिक** = स्थावर.
**स्थायित्व** = अमरता, धैर्य.
**स्थायी** = अनाश्य, अनिरसनीय, अपरिवर्तनीय, अमर, टिकाऊ, नियमित, शाश्वत.

**स्थायी** *सं* गीत टेक, गीत स्थायी, टेक, ध्रुव, मुखड़ा, मुख ताल, ▪अंतरा.

**स्थायी आवास करना** = बसना.

**स्थायी भाव** *सं* मुख्य भाव, रस प्रमुख अंग, •काव्य भाव, •संचारी भाव.

**स्थायी वास करना** = बसना.
**स्थाल** = थाला, परात.
**स्थाली** = थाली, नाँद.

**स्थावर** *वि* अगंता/अगंत्री, अगंतुक, अग, अगतिक, अगम, अगमनशील, अजंगम, कूट, गड़ा/गड़ी, ग़ैरमनकूला, जड़ा/जड़ी, जड़ित, थिर, दृढ़, दृढ़स्थ, दृढ़ित, फ़िक्स, फ़िक्स्ड, बँधा/बँधी, *विजड़ित*, साकिन, स्थायिक, स्थाविर, *स्थित*, •अवहनीय, •टिकाऊ, •सुदृढ़, ▪अस्थिर, ▪वहनीय, ▪सचल.

**स्थावर संपत्ति** = अचल संपत्ति, भूसंपत्ति.
**स्थाविर** = स्थावर.
**स्थास्नु** = स्थित.
**स्थित** = अपरिवर्तनीय, अवरुद्ध, आधारित, गतिरुद्ध, निर्धारित, निष्ठावान, बैठा/बैठी, विजड़ित, स्थावर, स्थिर.

**स्थित** *वि* अधिष्ठित, अभिस्थित, अवधारित, अवस्थित, आधानित, आलंबित, आसीन, क़ायम, खड़ा/खड़ी, जमा/जमी, टिका/टिकी, तिष्ठित, थित, धरा/धरी, धृत, निर्भर, निष्ठ, निष्ठित, न्यस्त, *प्रतिष्ठित*, प्रस्थ, प्रस्थापित, बहाल, बैठा/बैठी, मुनहसिर, मौक़ूफ़, रखा/रखी, -वर्ती, वाक़य, विन्यस्त, संस्थ, संस्थित, समाश्रित, समासादित, साकिन, साधार, स्थ, स्थापित, स्थास्नु, •स्थिर, ▪लटकता/लटकती.

**स्थित करना** = रखना.
**स्थितप्रज्ञ** = अनासक्त, गंभीर.

**स्थितप्रज्ञ** *वि* अनुत्तेज्य, असांसारिक, आत्मस्थ, उत्तेजनाहीन, घृणाप्रेमातीत, तटस्थ, द्वंद्वातीत, प्रसांत, यतचित्त, रागद्वेषहीन, शांत,

सांसारिकता से परे, स्थिरचित्त, स्थिरधी, स्थिरात्मा, *स्वस्थ*, •अनासक्त, •ईर्ष्याहीन, •जितेंद्रिय, •धीर, •संयमित, ■क्रोधी, ■चंचल.

**स्थितप्रज्ञता** = गंभीरता.
**स्थिति** = दृष्टिकोण, पद, परिस्थिति, योग आसन, शरीर मुद्रा.

**स्थिति** *सं* अवस्थिति, *आधार*, आश्रय, जगह, जा, ठाँह, ठिकाना, थाँह, थान, *दिशा*, *पता*, *वेश*, व्यवस्थिति, संस्थिति, *स्थान*, •अचलता, •उपस्थिति, •स्थितता.

**स्थितिजन्य** = संयोगजन्य.
**स्थितिवश** = संयोगवश.
**स्थितिवशता** = संयोग.
**स्थितिविशेष** = अपवाद.
**स्थिर** = अचल, अनासक्त, अनुबंधित, अमर, अवहनीय, आशापूर्ण, टिकाऊ, दायित्वपूर्ण, निर्धारित, निश्चल, निश्चल (जल), निष्ठावान, प्रभावातीत, प्रौढ़, विरामित, विश्वसनीय, संकल्पशील, समभार.

**स्थिर** *वि* अनुद्वेलित, अविचलित, जमा/जमी, टिका/टिकी, *नियंत्रित*, लड़खड़ाता नहीं, संतुलित, सँभला/सँभली, सँभाला/सँभाली, संयत, *संयमित*, *स्थित*, •अचल, •स्थित, •स्थिर जल, ■अस्थिर, ■उत्तेजित.

**स्थिर करना** = रोकना, सँभालना.
**स्थिरगति** = शनि ग्रह.
**स्थिरचित्त** = गंभीर, धीर, प्रशांत, स्थितप्रज्ञ.

**स्थिर जल** *सं* खड़ा पानी, ठहरा पानी, निश्चल जल, प्रवाहहीन जल, शांत जल, •जल अप्रवाह, •तटवर्ती प्रवाहहीन जल, ■प्रवाह.

**स्थिरण** = विराम.
**स्थिरता** = अप्रगति, गंभीरता, जल अप्रवाह, धैर्य, विवेक.
**स्थिर तारा** = ध्रुव तारा.
**स्थिर दृष्टि** = ताक.
**स्थिरधी** = धीर, स्थितप्रज्ञ.
**स्थिरपद** = आमूलित.
**स्थिरपुष्प** = मौलसिरी.
**स्थिरपुष्पी** = मौलसिरी.
**स्थिरप्रतिज्ञ** = संकल्पशील.
**स्थिरबुद्धि** = धीर.
**स्थिरमनस्क** = प्रशांत.
**स्थिरमनस्कता** = गंभीरता.
**स्थिरयौवन** = विद्याधर.
**स्थिर होना** = ठहरना, रुकना, सँभलना.
**स्थिरात्मा** = स्थितप्रज्ञ.
**स्थिरानुराग** = प्रेमनिष्ठा.
**स्थिरीकरण** = संपुष्टि.
**स्थूण** = ठीहा, थूनी, मस्तूल, स्तंभ.
**स्थूणा** = ठीहा, तना, थूनी, शहतीर, स्तंभ.
**स्थूल** = अजैव, अतकनीकी, अपरिष्कृत, इहलौकिक, ठोस, भौतिक, शारीरिक, साकार.
**स्थूल अर्थ** = अभिधार्थ.
**स्थूलकाय करना** = मुटियाना.
**स्थूलकाय होना** = मुटाना.
**स्थूलतः** = लगभग.
**स्थूलता** = मूर्खता, मोटाई माप.
**स्थूलता माप** = मोटाई माप.
**स्थूलपत्र** = द्रोण.
**स्थूलबुद्धि** = मंदधी.
**स्थूल विषय** = अजैव पदार्थ.
**स्थूलोच्च्य** = असमतल.
**स्थूलोदर** = तोंदू.
**स्थैर्य** = धैर्य.
**स्थौरण** = भंडारण.
**स्थौरा** = थोक.
**स्थौरी** = भार पशु.
**-स्ना (जैसेः घृतस्ना)** = नहाया/नहाई.
**स्नाउट बीटल** = घुन.
**स्नात** = अभिषिक्त, नहाया/नहाई.
**स्नातक** = ग्रैजुएट, नहाया/नहाई, वेदज्ञ, स्नातक उपाधि.

**स्नातक उपाधि** *सं* ग्रैजुएशन, बीए, स्नातक, •पोस्टग्रैजुएट उपाधि.

**स्नातकोत्तर** = पोस्टग्रैजुएट.
**स्नातकोत्तर उपाधि** = पोस्टग्रैजुएट उपाधि.
**स्नान** = बानतेल.

**स्नान** *सं* गुस्ल, नहान, शोधन, शौच, सफ़ाई, •आचमन, •तौलिया, •प्रसाधन, •स्नानागार.

**स्नानकक्ष** = स्नानागार.
**स्नानघर** = स्नानागार.
**स्नान सूट** = स्विमिंग कास्ट्यूम.

**स्नानागार** *सं* ग़ुस्लख़ाना, टायलेट, बाथ, बाथरूम, स्नानकक्ष, स्नानघर, स्नानालय, हमाम, •ड्रैसिंगरूम, •शौचालय.

**स्नानाभिषिक्त** = अभिषिक्त.
**स्नानाभिषेक** = अभिषेक.
**स्नानालय** = स्नानागार.

**स्नायु** *सं* अस्थिबंधन, कंडरा, पट्ठा, पुट्ठा, संधिबंध, •नस, •मांस, •मांसपेशी.

**स्निग्ध** = ख़स्ता, घीतेलयुक्त, चिपचिपा/चिपचिपी, फिसलनयुक्त, सुंदर, सौम्य.
**स्निग्धजीरक** = इसबगोल.
**स्निग्धता** = सौम्यता.
**स्निग्धबीज** = इसबगोल.
**स्निग्धव्य** = घी तेल.
**स्नूपरस्कोप** = बगिंग उपकरण.
**स्नेह** = घी तेल, तेल, प्रेम, मित्रता, लाड़, वात्सल्य, सहानुभूति.
**स्नेह करना** = प्रेम करना.
**स्नेहनिवृत्ति** = विलगाव.
**स्नेहपात्र** = अनुग्रह पात्र, लाड़ला/लाड़ली.
**स्नेहपात्र/स्नेहपात्रा** = प्रेमपात्र/प्रेमपात्रा.
**स्नेहपाश** = आलिंगन.
**स्नेहबद्ध** = प्रेमासक्त.
**स्नेहभाजन** = अनुग्रह पात्र.
**स्नेह भाव** = मित्रता, सौमनस्य.
**स्नेहमय** = वत्सल.
**स्नेहसार** = मज्जा.
**स्नेहा** = प्रेमिका.
**स्नेहालिंगन** = आलिंगन.
**स्नेहिनी** = प्रेमिका.
**स्नेहिल** = प्रेममय/प्रेममयी.
**स्नेही** = दयालु, प्रेममय/प्रेममयी, प्रेमी, मित्र, वत्सल, सौम्य.
**स्नैक्स** = उपाहार, जंक फ़ूड.
**स्नैप** = फ़ोटोग्राफ़.
**स्नो** = हिम.
**स्नोइंग** = हिमपात.
**स्नोर्कलिंग** = स्कूबा डाइविंग.

नवसमृद्ध, सुरुचिमन्यक.

**स्पंज** *सं* इस्पंज, इस्फ़ंजा, मुरदा बादल, ●डस्टर, ●पोंछा, ●रबड़.

**स्पंदन** = कंपन, गुंजन, झनझनाहट, हृदय स्पंदन.

**स्पंदन** *सं* *कंपन*, *धकधक*, धड़कन, पंदन, परिस्पंदन, प्रकंपन, विकंपन, विस्पंदन, हलन, हिलन, ●नाड़ी, ●फहराव, ●स्फुरण, ●स्फुरण, ●हृदय,

**स्पंदनशील** = अभिव्यक्तिपूर्ण, चुस्त.

**स्पंदनशील** *वि* उछलता/उछलती, उठता बैठता/उठती बैठती, उल्लल, चल, चलता/चलती, चलित, चालू, जानदार, टिकटिकाता/टिकटिकाती, डिबडिबाता/डिबडिबाती, धकधकाता/धकधकाती, धड़कता/धड़कती, फड़कता/फड़कती, फुरफुराता/फुरफुराती, लल, विस्पंदनशील, संचल, संचालित, सजीवन, सस्पंदन, सिहराता/सिहराती.

**स्पंदन होना** = फड़कना.
**स्पंदित करना** = फड़काना.
**स्पंदित होना** = फड़कना.
**स्पगलम** = इसबगोल.
**स्पर्द्धा (विकल्प)** = प्रतियोगिता.
**स्पर्धा** = ईर्ष्या, प्रतिद्वंद्विता, प्रतियोगिता, वैमनस्य.
**स्पर्धी** = ईर्ष्यालु, प्रतिद्वंद्वी.
**स्पर्श** = संक्रमण, संपर्क.

**स्पर्श** *सं* छुअन, छूत, परस, श्लेष, *संपर्क*, संस्पर्श.

**स्पर्श अनुभूति** *सं* *अनुभूति*, छुअन, *संज्ञा*, संवेदना, स्पर्शानुभूति, स्पर्शेंद्रिय, ●घ्राण अनुभूति, ●त्वचा, ●दृश्य अनुभूति.

**स्पर्शक** = स्पर्शिता.
**स्पर्श करना** = छूना.

**स्पर्शगम्य** *वि* अनुभूत्य, इंद्रियगम्य, *ठोस*, *भौतिक*, *यथार्थ*, *लक्षणयुक्त*, *साकार*, स्पर्शगोचर, *स्पर्श्य*, *स्पष्ट*, ●इंद्रियगम्य, ●यथार्थ, ●साकार, ■स्पर्शागोचर.

**स्पर्शगोचर** = स्पर्शगम्य.
**स्पर्शज रोग** = संक्रामक रोग.
**स्पर्शलज्जा** = छुईमुई.
**स्पर्शहीन** = स्पर्शानुभूतिहीन.
**स्पर्शाक्रामक** = संक्रामक.

**स्पर्शागोचर** *वि* अगोचर, अदैहिक, अनुभवातीत, *अपदार्थ*, अभौतिक, अवास्तविक, इंद्रियातीत, वस्तुशून्य, वायवी, स्पर्शातीत, हवाई, ●अज्ञेय, ●इंद्रियातीत, ■यथार्थ, ■स्पर्शगम्य.

**स्पर्शातीत** = स्पर्शागोचर.
**स्पर्शानुभूति** = स्पर्श अनुभूति.

**स्पर्शानुभूतियुक्त** *वि* चैतन्य, *जाग्रत*, *जैव*, संज्ञ, संज्ञी, *सचेत*, सजीव, ससंज्ञ, ●स्पर्शगम्य, ■स्पर्शानुभूतिहीन.

**स्पर्शानुभूतिहीन** *वि* *अनुभूतिहीन*, अपस्पर्श, असंज्ञ, ठंडा/ठंडी, निर्भाव, *शीतल*, *शून्य*, संज्ञाहीन, सुन्न, *सुप्त*, सोया/सोई, स्पर्शहीन, ●स्पर्शागोचर, ■स्पर्शानुभूतियुक्त.

**स्पर्शित** *वि* छुआ/छुई, मृष्ट, स्पृष्ट, ■अस्पर्शित.

**स्पर्शिता** *वि* छूने वाला, स्पर्शक, *स्पर्शी*, स्रप्टा.

**स्पर्शी** = सटा/सटी, स्पर्शिता.

**स्पर्शी** *वि* चुंबी (जैसेः गगनचुंबी), छूता/छूती, निकटस्थ, मिला/मिली, लगा/लगी, विचुंबी, संस्पृष्टी, स्पृश, ●सटा/सटी.

**स्पर्शेंद्रिय** = त्वचा, स्पर्श अनुभूति.
**स्पर्शेंद्रिय (त्वचा)** = ज्ञानेंद्रिय.
**स्पर्श्य** = स्पर्शगम्य.

**स्पर्श्य** *वि* स्पृश्य, ■अस्पर्श्य.

**स्पष्ट** = अगोप्य, अनावृत, अपरंतुक, एकार्थी, दृश्यमान, पारिभाषिक, प्रकट, प्रत्यक्ष दृष्ट, प्रदर्शित, प्रमाण्य, बोध्य, भ्रमहीन, वर्णनात्मक, शब्दार्थिक, श्रुतिगम्य, सटीक, साकार, सुदृश्य, सुलिखित, स्पर्शगम्य, स्पष्टोक्त.

**स्पष्ट** *वि* अक्लिष्ट, *अगुप्त*, अगुह्य, अपरोक्ष, अभ्रांत, *असंदिग्ध*, खुला/खुली, ज्वलंत, निर्दिष्ट, *निर्धारित*, निश्चित, परिभाषित, परिव्यक्त, *पारदर्शी*, *प्रकट*, *प्रकाशित*, फ़ाश, *बोध्य*, भ्रांतिहीन, विमल, विशद, व्यक्त, सफ़ा, *सहज*, साफ़, *सुदृश्य*, सुस्पष्ट, हस्तामलकवत, ●अगोप्य, ●ज्ञात, ●दृश्यमान, ●पठनीय, ●पारदर्शी, ●बोध्य, ●भ्रमहीन, ■कुदृश्य, ■क्लिष्ट (भाषा), ■गुप्त, ■धुँधला/धुँधली, ■भ्रामक, ■रहस्यपूर्ण, ■संदिग्ध.

**स्पष्ट अर्थ** = अभिधार्थ.

**स्पष्ट अस्वीकृति** *सं* इनकार, कोरा जवाब, जवाब, टका सा जवाब, दो टूक इनकार, दो टूक जवाब, साफ़ इनकार, साफ़ जवाब, सूखा जवाब, स्पष्ट उत्तर, ●वक्र उत्तर, ■पूर्ण अनुमति.

**स्पष्ट उत्तर** = स्पष्ट अस्वीकृति.
**स्पष्टता** = ईमानदारी, पालिश.
**स्पष्टन** = स्पष्टीकरण.
**स्पष्ट बात** = स्पष्टोक्ति.
**स्पष्टभाषी** = स्पष्टवादी.
**स्पष्ट लिखित** = सुलिखित.
**स्पष्ट वक्ता** = स्पष्टवादी.
**स्पष्ट वचन** = स्पष्टोक्ति.
**स्पष्टवादितापूर्ण** = स्पष्टोक्त.

**स्पष्टवादी** *वि* अक्खड़, खुले दिल वाला, ज़बानदराज़, बेबाक, मुँहफट, मुखर, साफ़ कहने वाला, साफ़गो, स्पष्टभाषी, स्पष्ट वक्ता, ●कटुभाषी, ●धृष्ट, ●सत्यपूर्ण, ●सत्यवादी.

**स्पष्टार्थक** = शब्दार्थिक.
**स्पष्टार्थी** = शब्दार्थिक.
**स्पष्टीकरण** = उत्तर, बहाना.

**स्पष्टीकरण** *सं* आपत्ति निवारण, तसल्ली, निराकरण, भ्रमनाशन, भ्रमनाशन, भ्रम निवारण, भ्रांति

निवारण, शंका समाधान, संदेह निवारण, सफ़ाई, *समाधान*, स्पष्टन, •मनवाई, •मोहभंग, ▪आपत्ति, ▪ग़लतफ़हमी.

**स्पष्टोक्त** *वि* अविभूषित, क्लीअर, खुला/खुली, बनावटहीन, बेलाग, बेलाग लपेट, सत्यवादितापूर्ण, सपाट, साफ़, सीधा/सीधी, *स्पष्ट*, स्पष्टवादितापूर्ण, •पाखंडहीन.

**स्पष्टोक्ति** *सं* खरी खरी, खरी खोटी, दो टूक बात, बेलगाम बात, सफ़ा बात, साफ़ बात, सीधी बात, स्पष्ट बात, स्पष्ट वचन.

**स्पाइरल** = स्पाइरलाकार.

**स्पाइरल** *सं* अनुचक्र, अनुचक्रिल चक्र, अनुचक्रिल वृत्त, कुंडलाकार चक्र, केंद्रापसारी चक्र, चक्करदार कमानी, *पेच*, पेच जैसी आकृति, •अवचक्र, •उच्चक्र, •कुंडली, •चक्र.

**स्पाइरलाकार** *वि* कुंडलाकार, कुंडलित, कुंडलीदार, घूमता/घूमती, चक्करदार, चक्रिल, पेंचदार, पेचिल, रिकार्डाकार, स्पाइरल, •चक्राकार, •मोड़दार.

**स्पाई** = गुप्तचर.
**स्पार्क** = चिंगारी.
**स्पिरिट** = प्रेरणा, मद्य, मद्य सूची, साहस.
**स्पीकर** = भाषणदाता, सदन संचालक.
**स्पीकर फ़ोन** = टेलिफ़ोन.
**स्पीच** = भाषण, वाचा.
**स्पीड** = गति वेग माप, वेग.
**स्पीड पोस्ट** = कूरियर व्यवस्था.

**स्पीड ब्रेकर** *सं* अड़ंगा, गतिरोधक, गतिरोधित्र, गतिरोधी, निरोधक, प्रगतिरोधक, वेगरोधक, •अवरोधक, •ब्रेक.

**स्पूतनिक** = कृत्रिम उपग्रह.
**स्पून** = चम्मच.
**स्पूल** = कैसेट.
**स्पृश** = स्पर्शी.
**स्पृश्य** = स्पर्श्य.
**स्पृष्ट** = उच्छिष्ट, स्पर्शित.
**स्पृहणीय** = वांछनीय.
**स्पृहा** = इच्छा.
**स्पृहाहीन** = इच्छाहीन, विरक्त.
**स्पृह्य** = ईर्षणीय.
**स्पेशल** = विशेष.
**स्पेशलिस्ट** = चिकित्सीय विशेषज्ञ, विशेषज्ञ.
**स्पेस** = अंतराल, अंतरिक्ष, अमूर्त स्थान.
**स्पेसमैन** = अंतरिक्ष यात्री.
**स्पेसशिप** = अंतरिक्ष यान.
**स्पेस स्टेशन** = अंतरिक्ष पत्तन.
**स्पैक्टेकल्स** = चश्मा.
**स्पैक्टेक्यूलर** = भव्य.
**स्पैक्ट्रम** =, रंग.
**स्पैक्ट्रम रंग** = रंग.
**स्पैटुला** = पलटा.
**स्पैनर** = रिंच.
**स्पैल** = अभिमंत्रण.
**स्पोक** = अरा, रेडियस.
**स्पोर्ट** = खेल.
**स्पोर्ट्समैन/स्पोर्ट्सवुमैन** = खिलाड़ी.
**स्पौंसर** = प्रायोजक.
**स्पौंसरशिप** = प्रायोजन.
**स्प्नमय** = स्वप्निल.
**स्प्रष्टा** = स्पर्शिता.
**स्प्रिंग** = उत्स्रोत धारा.

**स्प्रिंग** *सं* कमानी, *स्कंद*, •कमानी स्प्रिंग, •कुंडली स्प्रिंग, •दचका स्प्रिंग.

**स्प्रिंगबोर्ड** = डाइविंग बोर्ड.
**स्प्रिंगी** = गदीला/गदीली.

**स्फटिक** *सं* काचमणि, केलास, फटिक, बिल्लौर, *बिल्लौरी काँच*, मणिकाच, मणिभ, रत्नोपल, सूर्यकांत, सूर्यकांत मणि, स्फटिक मणि, •काँच, •प्रिज़्म.

**स्फटिकप्रभ** = पारदर्शी.
**स्फटिक मणि** = स्फटिक.
**स्फटिका** = फिटकरी.
**स्फार** = फुलाव.
**स्फारण** = विस्फार.
**स्फाल** = प्रदोलन.
**स्फ़ीअर** = गोला.
**स्फीत** = वर्धित.
**स्फीति** = फुलाव, सूजन.
**स्फुट** = उन्नत, खिला/खिली, फटा/फटी, विविध, संशोधित.
**स्फुटन** = अंकुरण, उज्ज्वलन, प्रस्फुटन.
**स्फुटफल** = घनफल.
**स्फुटित** = उज्ज्वल, खिला/खिली.
**स्फुत्कार** = फुँकार.
**स्फुरण** = अंकुरण, प्रस्फुटन.

**स्फुरण** *सं* परिस्फुरण, प्रस्फुरण, फड़, फड़क, फड़कन, *फड़फड़*, फड़फड़ाहट, फड़फड़ी, फरहरी, फुरफुर, फुरफुरी, फुरहरी, लहरन, विस्पंदन, विस्फुरण, स्फुलन, •फड़फड़, •स्पंदन.

**स्फुरण होना** = फड़फड़ाना.
**स्फुरित होना** = फड़फड़ाना.
**स्फुलन** = प्रस्फुटन, स्फुरण.
**स्फुलिंग** = चिंगारी.
**स्फूर्त** = अथकनीय, अविलंबी, चुस्त, द्रुत, वर्धित.
**स्फूर्ति** = इड, उद्‌बोधन, चुस्ती.
**स्फूर्तिदायक** = उत्साहप्रद, स्फूर्तिप्रद.

**स्फूर्तिप्रद** *वि* प्राणद, प्राणप्रद, स्फूर्तिदायक, •उत्साहप्रद.

**स्फूर्तिहीन** = अतत्पर, जर्जर वृद्ध, हतोत्साहित.
**स्फोट** = अर्बुद, खिलावट, धमाका, भावोत्पादन, विस्फोट.
**स्फोटक** = बारूद.
**स्फोटशील** = क्रोधी.
**स्फोटिका** = फुंसी.
**स्मगलर** = तस्कर.
**स्मगलिंग** = तस्करी.
**स्मगल्ड** = तस्कृत.
**स्मय** = मुस्कान, हँसी.
**स्मयी** = मुस्कराता/मुस्कराती.
**स्मर** = कामदेव, प्रेम, संभोग.
**स्मरण** = अनुस्मरण, जाप, पूजा, स्मृति, स्मृतिलाभ.
**स्मरण करना** = जपना, पढ़ना लिखना.
**स्मरण जप** = जाप.
**स्मरण पत्र** = रिमाइंडर.
**स्मरण पत्रक** = रिमाइंडर.
**स्मरण शक्ति** = स्मृतिधरता.
**स्मरणशीलता** = स्मृतिधरता.

**स्मरणा** = स्मृति.
**स्मरणातीत** = विस्मृत.
**स्मरणात्मक** = संस्मरणात्मक.
**स्मरणिका** = डायरी, निजी डायरी.
**स्मरणी** = जपमाला.
**स्मरणीय** = उल्लेखनीय, ऐतिहासिक, निर्णायक, प्रशंसनीय, प्रसिद्ध, विशेष, वैभवशाली, संग्रहणीय.

**स्मरणीय** *वि अमिट*, अविस्मरणीय, चिरस्मरणीय, यादगार, संस्मरणीय, स्मर्तव्य, स्मर्य, ●असामान्य, ●आश्चर्यजनक, ●उल्लेखनीय, ●ऐतिहासिक, ●महत्त्वपूर्ण, ●विचित्र, ●विशेष, ●संग्रहणीय, ●संस्मरणात्मक, ■विस्मरणीय.

**स्मर दुर्मद** = प्रेमासक्त.
**स्मर्तव्य** = स्मरणीय.
**स्मर्य** = स्मरणीय.
**स्मारक** = स्मृतिचिह्न.

**स्मारक** *सं क़ब्र*, चैत्य, ज़ियारतकदा, *तकिया*, तुरबत, दरगाह, निशान, निशानी, *भवन*, मक़बरा, मज़ार, मैमोरियल, मौनुमैंट, यादगार, *रोज़ा*, संस्मारक, *समाधि*, समाधि भवन, समाधि मंदिर, *स्तूप*, स्मृति मंदिर, ●क़ब्रिस्तान, ●पिरामिड, ●रोज़ा, ●स्तूप, ●स्मृतिचिह्न, ■खँडहर टीला.

**स्मारक कोर्स** = रीफ़्रैशर कोर्स.
**स्मारण पत्र** = रिमाइंडर.
**स्मारणी** = ब्राह्मी.
**स्मारिका** = अलबम, कार्यक्रम सूची.
**स्मार्ट** = कुशाग्रबुद्धि, चुस्त, बुद्धिमान.
**स्मार्टनैस** = चुस्ती.
**स्मार्त** = स्मृत.
**स्माल पौक्स** = चेचक.
**स्मित** = मुस्कान.
**स्मितशाली** = मुस्कराता/मुस्कराती.

**स्मृत** *वि* अनुस्मृत, अविस्मृत, मन में संचित, याद, *संचित*, संजोया/संजोई, संस्मार्त, स्मार्त, स्मृतिशेष, ●स्मरणीय, ■विस्मृत.

**स्मृति** = कंप्यूटर मैमरी, धरोहर, धर्मग्रंथ, निजी डायरी, परंपरा, संस्मरण, स्मृतिग्रंथ, स्मृतिचिह्न, हिंदू धर्मग्रंथ, हिंदू विधि संहिता.

**स्मृति** *सं* अतीत ज्ञान, *अनुभव*, चेत, याद, याददाश्त, *संस्कार*, सुधि, स्मरण, स्मरणा, ●अविस्मरण, ●इतिहास, ●धरोहर, ●वंशचिह्न, ●स्मृतिचिह्न, ■विस्मरण.

**स्मृति क्षमता** = कंप्यूटर मैमरी.

**स्मृतिग्रंथ** *सं* (संख्या 18), आप्त श्रुति, आप्तागम, *शासन*, संस्मृति, *स्मृति*, स्मृतिशास्त्र, ●धर्मग्रंथ, ●मनुस्मृति, ●याज्ञवल्क्य स्मृति, ●वसिष्ठ स्मृति, ●व्यासस्मृति.

**स्मृतिचिह्न** = उपहार, वंशचिह्न.

**स्मृतिचिह्न** *सं* निशानी, *प्रतीक*, यादगार, *स्मारक*, *स्मृति*, ●अवशेष, ●उपहार, ●धरोहर, ●वंशचिह्न, ●स्मारक.

**स्मृतिधर** *सं* अवधानी, कंठधर, कंठस्थ कर्ता, कंठाग्र कर्ता, याद रखने वाला, हाफ़िज़.

**स्मृतिधरता** *सं* अच्छी स्मरणशक्ति, अवधान, कंठधरता, दृष्टधरता, *धारण*, धारण शक्ति, धारणा शक्ति, याददाश्त, शतावधान, श्रुतधरता, सुस्मृति, स्मरण शक्ति, स्मरणशीलता, स्मृतिशक्ति, हाफ़िज़ा.

**स्मृतिनाश** *सं अज्ञान*, *भूल*, विस्मृति, स्मृतिभ्रम, स्मृतिलोप, ●अज्ञान, ●विस्मरण, ■स्मृतिलाभ.

**स्मृति पुराण** = धर्मग्रंथ.
**स्मृतिभ्रम** = स्मृतिनाश.
**स्मृति मंदिर** = स्मारक.
**स्मृति में** = उपलक्ष्य में.
**स्मृति में अंकित करना** = रटना.

**स्मृतिलाभ** *सं* अनुचिंतन, अनुबोध, अनुबोध, अभिज्ञान, पुनः स्मरण, पुनः स्मृति, पुनर्स्मरण, प्रतिबोध, प्रत्यभिज्ञान, फिर से आई याद, यादआवरी, रीकग्नीशन, रीकलक्शन, रीकाल, *संस्मरण*, सुध, सुध, सुधि, स्मरण, ■विस्मरण, ■स्मृतिनाश.

**स्मृतिलोप** = स्मृतिनाश.
**स्मृतिवन** = क़ब्रिस्तान.
**स्मृतिवर्धनी** = ब्राह्मी.
**स्मृतिविद** = धर्मज्ञानी.
**स्मृतिविरुद्ध** = शास्त्रविरुद्ध.
**स्मृतिशक्ति** = स्मृतिधरता.
**स्मृतिशास्त्र** = स्मृतिग्रंथ.
**स्मृतिशेष** = मृत, स्मृत.
**स्मृत्यपेत** = शास्त्रविरुद्ध.
**स्मृत्युक्त** = शास्त्रसंगत.
**स्मोक स्क्रीन** = धूम्र आवरण.
**स्मोकिंग** = धूम्रपान.
**स्मोक्ड** = अपारदर्शी.
**स्यंद** = रथ, संवेग.
**स्यंदन** = द्रुतवेग, यान, रथ.
**स्यमीक** = बाँबी.
**स्यात्** = शायद.
**स्याद्** = शायद.

**स्याद्वाद** *सं* अनेकांतवाद, संशयवाद, सप्तवाद, ●जैन धर्म.

**स्याना/स्यानी** = अनुभवी, कुटिल, प्रौढ़, व्यवहारकुशल, स्वार्थी.
**स्यानापन** = बुद्धिमत्ता.
**स्यापा** = मातम.
**स्याम** = थाईलैंड.
**स्यार** = गीदड़.
**स्याह** = अनिष्टकारी, अशुभसूचक, काला/काली, कृष्णवर्ण, दुराचारी.
**स्याहकार** = पापी, लंपट.
**स्याहकारा** = कुलटा.
**स्याहकारी** = अपराध, दुराचार, पाप.
**स्याहचश्म** = उपेक्षापूर्ण.
**स्याहदिल** = अशुभचिंतक.
**स्याह पड़ना** = झुलसना.
**स्याहपोश** = मृत्यु संवेदना कर्ता.
**स्याहा** = कैशबुक.
**स्याही** = काजल, कालिख, कालिमा, दुर्गुण, लांछन.

**स्याही** *सं* अंजन, इंक, मसि, *रंग*, रोशना, ●क़लम, ●मुद्रण, ●लेखन.

**स्याहीदान** = दवात.
**स्याही सोख़्ता** = ब्लाटिंग पेपर.
**स्यूत** = सिला/सिली.

**स्यूसाइड** = आत्महत्या.
**स्त्रव** = स्राव.
**स्त्रवण क्षेत्र** = जलक्षेत्र.
**स्त्रवणशील** = स्रावशील.
**स्त्रवना** = रिसना.
**स्त्रष्टा** = ईश्वर, उत्पादक, कलाकार, निर्माता, प्रजापति, ब्रह्मा, लेखक, सृष्टि रचेता.

**स्त्रष्टा** *सं आविष्कर्ता*, *उत्पादक*, -क, -कर, कर्ता/कर्त्री, कर्तार, कर्मी, ख़ालिक, -गर, -गीर, *जनक*, *जनयिता*, *निर्माता*, *पिता*, प्रणेता, *प्रवर्तक*, बनाने वाला, बनावनहार, बनावनहारा/बनावनहारी, मेमार, रचनाकार, रचयिता/रचयित्री, रचेता, विधाता, विरचेता, संविधाता, सर्जक, सिरजनहार, सिरजनहारा/सिरजनहारी, सृजक, सृजन कर्ता, सृत्वा, •कलाकार, •ब्रह्मा, •विश्वकर्मा, •संस्थापक, ▪नाश कर्ता.

**स्राव** = निर्यास.

**स्राव** *सं क्षरण*, चुअन, चूचुहाहट, च्यवन, च्युति, झरन, टपकन, द्रवण, पात, प्रस्राव, रिसन, रिसाव, स्त्रव, •उमगाव, •क्षरण.

**स्रावशील** *वि* उत्सर्जनशील, क्षरणशील, चुहचुहाता/चुहचुहाती, चूता/चूती, च्यवनशील, टपकता/टपकती, द्रप्स, पसीजता/पसीजती, रिसता/रिसती, स्त्रवणशील, स्रावी.

**स्रावहीन** = रुद्ध.
**स्रावी** = स्रावशील.
**स्त्रुवा** = कलछा, कलछी.
**स्त्रोत** = आरंभ, खान, नदी उद्‌गम, संसाधन.

**स्त्रोत** *सं* आगार, *आरंभ*, आलय, *उत्थान*, उत्पत्ति, उत्पत्ति स्थान, उत्प्रवाह, उत्स, उत्स्रोत, उद्‌गम, उद्‌भव, *खान*, *जन्म*, धाम, निकास, *निर्गम*, पैदाइश, प्रभव, *भंडार*, मूल, मूल स्त्रोत, व्युत्पत्ति, समुद्‌गम, सोता, •आदि, •से, ▪अंत, ▪नाश, ▪सीमा.

**स्त्रोतस्विनी** = नदी.
**स्त्रोता** = नदी.
**स्त्रोताधारित** = अप्रवादित.
**स्त्रोतोद्‌भव** = ग्रफ़ाइट.
**स्त्रौव** = यज्ञीय.
**स्लंप** = व्यापारिक मंदी.

**स्लंबरैट** *सं* शायिनी, स्लीपर, स्लीपरैट, स्लीपरैट, स्लीपिंग चेयर, •शायिका.

**स्लम** = गंदी बस्ती.
**स्लाइड** = रिपटना, रैंप.

**स्लाइस** *सं* डबल रोटी पतली काट, •डबल रोटी, •फाँक, •सैंडविच.

**स्लिप** = कूपन.
**स्लिप नौट** = फंदा.
**स्लिपर** = चप्पल.
**स्लीपर** = शायिका, स्लंबरैट.
**स्लीपरैट** = स्लंबरैट, स्लंबरैट.
**स्लीपिंग चेयर** = स्लंबरैट.

**स्लीपिंग सूट** *सं* नाइट सूट, शयनवास, •नाइट गाउन.

**स्लीव** = आस्तीन.
**स्लेज** = स्लैज.
**स्लेट** = सलेट.
**स्लेव** = दास, पराधीन.
**स्लेवरी** = दासता.

**स्लैंग** *सं* आपसी भाषा, *कूटभाषा*, गुट भाषा, गुप्त भाषा, रहस्य भाषा, विशेष भाषा, समूह विशेष बोली, समूह विशेष भाषा, •जनभाषा, •भाषा.

**स्लैक्स** = जनाना ढीला पाजामा.

**स्लैज** *सं* ट्रौइका, बर्फ़गाड़ी, स्लेज, हिमयान, •कुत्ता स्लैज, •दोपटिया स्लैज, •यंत्र स्लैज, •हिरन स्लैज.

**स्लैब** = काउंटर.
**स्लौट** = खाँचा.

**स्लौट मशीन** *सं* चोर मशीन, जुआ यंत्र, •रूलेट व्हील.

**स्व** = परिवारीय, मैं, व्यक्तिगत, स्वरचित.

**स्वकथा** = आत्मकथा.
**स्वकर्मी** = स्वधंधी, स्वनियोजित.
**स्वकल्याण** = स्वार्थ.
**स्वकामी** = स्वार्थी.
**स्वकीय** = मेरा/मेरी, व्यक्तिगत, स्वरचित.
**स्वकीया** = स्वपत्नी.
**स्वकुल** = सहवंशी.
**स्वकृत** = प्राकृतिक, स्वरचित.
**स्वकेंद्रित** = आत्मलीन.
**स्वगत** = चरित्रीय, व्यक्तिगत.
**स्वगत कथन** = आत्मसात् वचन.
**स्वगोत्र विवाह** = सगोत्र विवाह.
**स्वगोपन** = लुकाछिपी.
**स्वगौरव** = स्वाभिमान.
**स्वघात** = आत्महत्या.
**स्वघाती** = आत्मघाती.
**स्वघोषित अधिकार** = दावा.
**स्वचयन** = स्वयंवर विवाह.
**स्वचल** = यंत्रचालित.
**स्वचारिणी** = वेश्या.
**स्वचालित** = यंत्रचालित.
**स्वचालिततः** = यंत्रचालिततः.
**स्वचालित यंत्र** = रोबट.
**स्वचालितवत** = यंत्रचालिततः.
**स्वचिंतन** = आत्मनिरीक्षण.
**स्वच्छंद** = अनियंत्रणीय, उन्मुक्त, दुराचारी, निरंकुश, परगमनपूर्ण, वन्य, वशातीत, स्वेच्छाचारी.
**स्वच्छंदता** = अप्रतिबंध, अलमस्ती, स्वेच्छाचार, हेकड़ी.

**स्वच्छंद प्रेमी** *सं* छलिया (पुरुष), छली/छलिनी, ठग/ठगिनी, तितली (स्त्री), निष्ठाहीन प्रेमी, फ़्लर्ट, बहुगामी/बहुगामिनी, भँवरा/तितली, भ्रमर (पुरुष), मधुमक्खी (स्त्री), रसिक बलमा (पुरुष), रसिया (पुरुष), विप्रलंभी (पुरुष), शठ पुरुष), •लंपट.

**स्वच्छ** = अस्पर्शित, धुला/धुली, धूलिहीन, नहाया/नहाई, पारदर्शी, पारस्तेरित, मेघहीन, विशोधित, संक्रमणरुद्ध, सुलिखित.

**स्वच्छ** *वि* अकलुष, अच्छा/अच्छी, अदूषित, अमलिन, अवदात, *उज्ज्वल*, कीटाणुहीन, *चमकदार*,

धुला/धुली, धौला/धौली, निखरा/निखरी, निर्मल, *निष्कलंक*, पंकहीन, *पवित्र*, पाक, पावन, मलहीन, मार्जित, लिपा पुता/लिपी पुती, विमल, शुद्ध, सफ़ा, सम्मार्जित, साफ़, साफ़ सुथरा/साफ़ सुथरी, सुथरा/सुथरी, ●पवित्र, ■गंदा/गंदी.

**स्वच्छक** = स्वच्छता कर्मी.
**स्वच्छ करना** = धोना.
**स्वच्छ करने वाला** = स्वच्छता कर्मी.
**स्वच्छ कर्ता** = स्वच्छता कर्मी.

**स्वच्छता कर्मी** *सं* स्वच्छक, स्वच्छ करने वाला, स्वच्छ कर्ता, ●धोबिन, ●धोबी, ●सफ़ाई कर्मचारी.

**स्वच्छता विज्ञान** = सुजीविता.
**स्वच्छता व्यवस्था** = सुजीविता.
**स्वच्छित** = विशोधित.
**स्वच्छीकरण** = विसंक्रमण.
**स्वच्छीकृत** = धुला/धुली, विशोधित.
**स्वज** = स्वयंभुव.

**स्वजन** *सं* अज़ीज़, अपने, अपने लोग, अपने सगे, अभिजन, आत्मजन, आत्मीय जन, आपस वाले, *कुटुंब*, कुटुंब क़बीला, कुटुंबी, कुनबे वाले, कुलजन, ख़ानदान वाले, जातपाँत, जाति बिरादरी, ज्ञातिजन, निकट संबंधी, परिजन, *परिवार जन*, बंधुजन, बंधुबांधव, बांधव, बिरादरी वाले, भाईबंद, रिश्तेदार, वंशजन, वंश वाले, *संबंधी*, सगे संबंधी, हमारे अपने, ●जाति, ●परिवार, ●प्रजाति, ●वंश, ■परजन.

**स्वजनता** = परिवार संबंध.

**स्वजन भावना** *सं* अधिकारपूर्णता, अपनत्व, अपनापन, अपनापा, अपनायत, अपना होना भाव, आत्मीयता, *आपसदारी*, कुलबंधुता, कुलभावना, *डोर*, नज़दीकी, निजता, निजत्व, निजीपन, पारिवारिकता, बंधुता, बंधुत्व, बंधुभाव, बांधवता, बांधवधुरा, बांधव्य, भाईचारा, भाईबंदी, भ्रातृत्व, *ममता*, ममत्व, मायामोह, *मित्रता*, मेरापन, *मोह*, मोहमाया, मोहमाया, यगानगी, *राग*, लगावट, *वात्सल्य*, वाबस्तगी, हमारापन, ●परिवार संबंध, ■निर्दयता, ■परजन भावना.

**स्वजन व्यवहार** = आपसदारी.
**स्वजनी** = सहेली.
**स्वजनीय** = घर जैसा.
**स्वजन्मा/स्वजन्मी** = स्वयंभुव.
**स्वजा** = पुत्री.
**स्वजात** = स्वयंभुव.
**स्वजित** = संयमित.
**स्वजीवनी** = आत्मकथा.
**स्वजेता** = संयमित.
**स्वज्ञान** = आत्मज्ञान.
**स्वतंत्र** = अनवरुद्ध, अनियंत्रणीय, अप्रतिबंधित, अमिश्रित, असापेक्ष, गुटनिरपेक्ष, छंदहीन, मुक्त, वशातीत, वैकल्पिक, स्वनियोजित, स्वशासित, स्वाधीन.
**स्वतंत्र कर्ता** = स्वाधीनता सेनानी.
**स्वतंत्र चयन** = स्वयंवर विवाह.
**स्वतंत्र चिंतक** = आज़ादख़याल.
**स्वतंत्रचेता** = आज़ादख़याल, उदारमनस्क.
**स्वतंत्र छंद** = मुक्तक.
**स्वतंत्रता** = अप्रतिबंध, अभिव्यक्ति अधिकार, आत्मविश्वास, मुक्ति, स्वाधीनता, स्वावलंबन.
**स्वतंत्रता आंदोलन** = स्वाधीनता संग्राम.
**स्वतंत्रता का अधिकार** = मूल अधिकार सूची.

**स्वतंत्रता दिवस** *सं* (1947), 15 अगस्त, इंडिपैंडैंस डे, यौमे आज़ादी, स्वाधीनता दिवस, ●राष्ट्र जयंती.

**स्वतंत्रता संग्राम** = स्वाधीनता संग्राम.
**स्वतंत्रता सेनानी** = स्वाधीनता सेनानी.
**स्वतंत्र विचार वाला** = आज़ादख़याल.
**स्वतः** = यंत्रचालिततः.
**स्वतःचालित** = यंत्रचालित.
**स्वतः स्फूर्त** = स्वरचित.
**स्वतत्त्व** = आत्मज्ञान.
**स्वत्व** = अधिकार, आत्मज्ञान, वैयक्तिकता, संपत्ति, स्वामित्व.
**स्वत्वपत्र** = पट्टा.
**स्वत्व शुल्क** = रायल्टी.
**स्वत्व हरण** = अधिग्रहण.
**स्वत्वाधिकार** = कापीराइट, पेटेंट, स्वामित्व.
**स्वत्वाधिकार शुल्क** = रायल्टी.
**स्वत्वाधिकारी** = प्रभुसत्ताधिकारी, स्वामी.
**स्वदमन** = आकांक्षादमन.
**स्वदर्शन** = आत्मज्ञान.
**स्वदर्शी** = आत्मज्ञानी.
**स्वदारा** = स्वपत्नी.
**स्वदाह** = जौहर प्रथा, सती प्रथा.
**स्वदेश** = भारत.

**स्वदेश** *सं* अपना देश, अपना राष्ट्र, अपनी धरती, *घर*, जन्मभूमि, *देश*, पितृभूमि, भूमि, मातृभूमि, मादरे वतन, मुल्क, वतन, सरज़मीन, स्वराष्ट्र, ●जन्मस्थान, ●निवास, ●मूलस्थान, ●राष्ट्र, ■विदेश.

**स्वदेशज** = स्वदेशवासी.
**स्वदेशद्रोह** = देशद्रोह.
**स्वदेश प्रेम** = देशभक्ति.
**स्वदेश प्रेमी** = देशभक्त.
**स्वदेशबंधु** = स्वदेशवासी.

**स्वदेशवासी** *सं* देसवाल, मुल्की, वतनी, सहदेशीय, सहवासी, स्वदेशज, स्वदेशबंधु, *स्वदेशी*, हममुल्क, हमवतन, ■परदेशवासी.

**स्वदेशागत** = गृहागत.
**स्वदेशी** = स्वदेशवासी.

**स्वदेशी** *वि* अपना/अपनी, आत्मीय, देशी, पारिवारिक, मुल्की, *राष्ट्रीय*, वतनी, स्वदेशीय, स्वादेशिक, ●क्षेत्रीय, ●राष्ट्रीय, ●स्थानीय, ■अंतरराष्ट्रीय, ■परदेशीय, ■विदेशी.

**स्वदेशीय** = स्वदेशी.

**स्वधंधी** *सं* अपना धंधा करने वाला व्यक्ति, फ़्रीलांसर, स्वकर्मी, स्वनियोजक, स्वार्जक, स्वोपार्जक, ●स्वावलंबी.

**स्वधर्म** = कर्तव्य, दक्षता.
**स्वधर्मच्युत** = जाति निर्वासित.

**स्वधर्मच्युति** = कर्तव्यच्युति.
**स्वधर्मत्याग** = धर्म परिवर्तन.
**स्वधर्मस्थ** = कर्तव्यपरायण.
**स्वधर्मावलंबी** = स्वधर्मी.

**स्वधर्मी** *वि* सधर्मी, सहधर्मी, सहपंथी, स्वधर्मावलंबी, हममज़हब, ▪परधर्मी.

**स्वन** = ध्वनि.

**स्वन गति** *सं* ध्वनि गति, समुद्र तल पर 15 सैल्सियस ताप पर 1225 किमीघं, •अवस्वन गति, •परास्वन गति, •माख संख्या.

**स्वन माप** *सं* डैसिबल, ध्वनि माप, •माप.

**स्वनामधन्य** = प्रसिद्ध.
**स्वनारी** = स्वपत्नी.
**स्वनाश** = आत्मनाश.
**स्वनाशक** = आत्मघाती.
**स्वनाशी** = आत्मघाती.
**स्वनिक** = ध्वनिक.
**स्वनिग्रह** = संयम.
**स्वनियंत्रण** = आकांक्षादमन, संयम.
**स्वनियंत्रित** = संयमित, स्वशासित.
**स्वनियुक्त** = स्वनियोजित.
**स्वनियोजक** = स्वधंधी, स्वनियोजित.

**स्वनियोजित** *वि* अपना धंधा करने वाला, आत्मनिर्भर, आत्मावलंबी, फ़्रीलांसर, स्वकर्मी, स्वतंत्र, स्वनियुक्त, स्वनियोजक, स्वयमीश्वर, *स्वाधीन*, *स्वावलंबी*, स्वोपार्जक, •शिल्पकार, •स्वधंधी, ▪परावलंबी.

**स्वनिरीक्षण** = आत्मनिरीक्षण.
**स्वनिर्भरता** = स्वावलंबन.
**स्वनिर्वाह** = स्वावलंबन.
**स्वनिवेदन** = प्रार्थना.

**स्वपत्नी** *सं* अपनी पत्नी, स्वकीया, स्वदारा, स्वनारी, स्वभार्या, ▪परस्त्री.

**स्वप्न** = दिवास्वप्न, दूरता उक्ति, परिकल्पना, महत्त्वाकांक्षा.

**स्वप्न** *सं* *कल्पना*, ख़्वाब, *भ्रम*, मन की उड़ान, *विचार*, सपन, सपना, सुप्तावस्था में दृश्य विचार भावनाओं का उदय, •दिवास्वप्न, •दुःस्वप्न, •अयथार्थता, •इच्छा, •निद्रा.

**स्वप्नचारिता** = सुप्ताटन.
**स्वप्न जगत** = दिवास्वप्न.
**स्वप्नदर्शक** = स्वप्नद्रष्टा.
**स्वप्न दर्शन** = दिवास्वप्न.
**स्वप्नदर्शी** = आशावादी, महत्त्वाकांक्षी.
**स्वप्नद्रष्टा** = भविष्यवादी.

**स्वप्नद्रष्टा** *सं* अयथार्थवादी, कल्पनाकार, मन की उड़ान लेने वाला व्यक्ति, स्वप्नदर्शक.

**स्वप्न निकेतन** = शयनकक्ष.
**स्वप्न फल विश्वास** = अंधविश्वास.
**स्वप्नभंग** = निराशा, निरुत्साह.
**स्वप्नभंजक** = हतोत्साहक.
**स्वप्न भीति** = दुःस्वप्न.
**स्वप्नयुग** = स्वर्णयुग.
**स्वप्नलोक** = दिवास्वप्न.
**स्वप्नवादी** = भविष्यवादी.
**स्वप्नशील** = जवान, व्यवहार अकुशल, सुप्त, सृजनशील, स्वप्निल.
**स्वप्नसात** = सुप्त.
**स्वप्नाटन** = सुप्ताटन.
**स्वप्नातीत** = असंभव.
**स्वप्निल** = अयथार्थ, मायावी, व्यवहार अकुशल, सृजनशील.

**स्वप्निल** *वि* अतिस्वप्न, *काव्यात्मक*, खोया/खोयी, मग्न, *रूमानी*, शायराना, सपनीला/सपनीली, सपने देखता, स्वप्नमय, स्वप्नशील, •व्यवहार अकुशल.

**स्वप्निलता** = नशा, भावुकता.
**स्वप्रशंसा** = आत्मप्रशंसा.
**स्वबल** = आत्मविश्वास.
**स्वबलिदान** = आत्मबलि.
**स्वबीज** = आत्मा.
**स्वबोध** = आत्मज्ञान.
**स्वभार्या** = स्वपत्नी.
**स्वभाव** = आदत, लक्षण, व्यक्तित्व.

**स्वभाव** *सं* अंतःप्रकृति, अपनापन, आंतरिक गुण, आत्मता, आत्मरूप, *आत्मा*, आत्मीय रूप, *आदत*, आपा, ख़ासियत, ख़िसलत, गुण, *चरित्र*, चित्त वृत्ति, ज़ेह्नीयत, तबियत, नेचर, *प्रकृति*, फ़ितरत, *भाव*, मनस्कता, *मनोवृत्ति*, मानसिकता, मिज़ाज, मूल प्रवृत्ति, वृत्ति, सहज प्रकृति, सीरत, स्वरस, *हृदय*, •आचरण, •व्यक्तित्व.

**स्वभावगत** = चरित्रीय, स्वाभाविक.
**स्वमंथन** = आत्मनिरीक्षण.
**स्वमन्यता** = अहंकार.
**स्वमोहित** = आत्ममोहग्रस्त.
**स्वयं** = मैं.
**स्वयं उत्पन्न** = स्वयंभुव.
**स्वयंजात** = स्वयंभुव.
**स्वयंप्रभु** = स्वाधीन.
**स्वयं भाव** = आत्मज्ञान.
**स्वयंभुव** = ईश्वर, ब्रह्मा.

**स्वयंभुव** *वि* आत्मोद्‌भूत, खुदरौ, स्वज, स्वजन्मा/स्वजन्मी, स्वजात, स्वयं उत्पन्न, स्वयंजात, स्वयंभू, स्वयंभूत, स्वायंभुव, •ईश्वर, •जन्मा/जन्मी, •ब्रह्मा.

**स्वयंभू** = अकृषित (अनाज), अपौरुषेय, कामदेव, ब्रह्म, स्वयंभुव.
**स्वयंभूत** = स्वयंभुव.
**स्वयं रानी** = रानी.
**स्वयंवर** = स्वयंवर विवाह.

**स्वयंवर विवाह** *सं* पतिचयन, वरचयन, वरण, स्वचयन, स्वतंत्र चयन, स्वयंवर, •पृथ्वीराज संयोगिता, •प्रेमविवाह, •राम सीता, •शिवधनुष, ▪अरेंज्ड मैरिज.

**स्वयंवह** = यंत्रचालित.
**स्वयं शिक्षा** = स्वशिक्षा.
**स्वयंसेवक** = राजनीतिक कार्यकर्ता.

**स्वयंसेवक** *सं* अवैतनिक कार्यकर्ता, वालंटियर, सहयोग समर्पक, •समाज सेवक.

**स्वयमीश्वर** = स्वनियोजित.
**स्वर** = गायक, ध्वनि, लय, वाचा, स्वर अक्षर.

**स्वर अक्षर** *सं*

अआइईउऊऋएऐओआअः, अक्षर स्वर, वर्ण स्वर, स्वर, •दीर्घ मात्रा, •व्यंजन अक्षर, •ह्रस्व मात्रा, •ह्रस्व मात्रा चिह्न.

**स्वर अक्षर कोश क्रम** *सं* अअःअआइईउऊऋएऐओऔ.

**स्वर अवरोह** = स्वरावरोह.
**स्वर आरोह** = स्वरारोह.
**स्वर आरोह अवरोह** = आरोह अवरोह.
**स्वर आलाप** = तान.
**स्वरकंपन** = गूँज.
**स्वरक** = कथन कर्ता.
**स्वरक्षय** = फटा स्वर, स्वरविकार.
**स्वरक्षा** = आत्मरक्षा.
**स्वरग्राम** = सप्तक, स्वरलिपि.

**स्वरचित** *वि* अपना/अपनी, स्व, स्वकीय, स्वकृत, स्वतः स्फूर्त, स्वलिखित, •मौलिक.

**स्वर छेड़ना** = बजाना.
**स्वरण** = अभिव्यंजन, वाचन.
**स्वरदाता** = कथन कर्ता.
**स्वर देना** = कहना.
**स्वरदोष** = स्वरविकार.
**स्वरपत्तन** = सामवेद.
**स्वर बैठना** = भर्राना.
**स्वरब्रह्म** = ओम, योगध्वनि, शब्दब्रह्म.
**स्वरभंगिमा** = कंठध्वनि.

**स्वरमात्रा** *सं मात्रा*, •दीर्घ मात्रा, •प्लुत मात्रा, •ह्रस्व मात्रा.

**स्वरयंत्र** = कंठ.
**स्वरयोजना** = लय.
**स्वररचना** = राग.
**स्वररोध** = फटा स्वर.

**स्वरलिपि** *सं* गीतक्रम, नोटेशन, सरगम, स्वरग्राम, •लय, •संगीत, •सप्तक, •स्वरारोह.

**स्वरलिपित** = संगीतबद्ध.

**स्वरविकार** *सं* वाणीदोष, विकार, वैस्वर्य, स्वरक्षय, स्वरदोष, •तुतलाहट, •नैंकना स्वर, •फटा स्वर, •हकलाहट.

**स्वरविधान** = राग.

**स्वरविस्तार** = तान.
**स्वरवेधी** = ध्वनिवेधी.
**स्वरसंक्रम** = आरोह अवरोह.
**स्वरस** = रस, स्वभाव.
**स्वर सप्तक** = सप्तक.
**स्वरसरिता** = आरोह अवरोह.
**स्वरसाधन** = सरगम अभ्यास, स्वरसाधना.

**स्वरसाधना** *सं अभ्यास*, कंठ साधना, तैयारी, रब्त, रियाज़, संगीत अभ्यास, संगीत साधना, स्वरसाधन, •सरगम अभ्यास.

**स्वरहीन** = वाचाहीन, संगीतहीन.
**स्वरहीनता** = अध्वनि.
**स्वराज** = स्वाधीनता.
**स्वराजी** = स्वाधीनता सेनानी.
**स्वराज्य** = स्वाधीनता.
**स्वराज्य आंदोलन** = स्वाधीनता संग्राम.

**स्वरारोह** *सं* आरोह, उठान, चढ़ाव, सारेगामा, स्वर आरोह, •संगीत, •सप्तक, ▪स्वरावरोह.

**स्वरावरोह** *सं* अवरोह, उतार, पात, संपात, सानिधापा, स्वर अवरोह, ▪स्वरारोह.

**स्वराष्ट्र** = स्वदेश.
**स्वरित** = अभिव्यक्त, कथित, कथित.
**स्वरित करना** = कहना.
**स्वरूप** = अनुसार, आकार, फलस्वरूप, बनावट, व्यक्तित्व, हुलिया.
**स्वरूपमान** = सुंदर.
**स्वरूपवान** = सुंदर.
**स्वरूपी** = लगभग सदृश.
**स्वरैक्य** = सर्वसहमति.
**स्वरोत्पादन** = उच्चारण.
**स्वरोद** = सरोद.
**स्वरोदय** = उच्चारण.
**स्वरोध** = आकांक्षादमन.
**स्वर्ग** = सुखधाम.

**स्वर्ग** *सं* अक्षयलोक, अगिर, अदन, अपरलोक, अमरधाम, अमरपुर, अमरलोक, अमरालय, अमरावती, अमृतलोक, आनंदलोक, इंद्रपुरी, इंद्रलोक, ऊर्ध्वलोक, *कैलास*, गार्डन आफ़ ईडन, जन्नत, ताविष, त्रिदशालय, त्रिदिव, त्रिविष्टप, दिव्यलोक, देवता लोक, देवलोक, द्यावा, द्युलोक, *नाक*, निसर्ग, पुण्यलोक, फ़िरदौस, बहिश्त, *बाग़े अदन*, बाग़े बिहिश्त, मंदर, मंदार, विष्टप, वैकुंठ, शक्रलोक, सातवाँ आसमान, *सुखधाम*, सुखलोक, सुरधाम, सुरपुर, सुरलोक, सुरेंद्रलोक, सोनापुर, सोमधारा, स्वर्गधाम, स्वर्गलोक, हैवन, •आदम, •नैसर्गिक, •परलोक, •मृत्यु, •मोक्ष, ▪नरक, ▪पृथ्वी.

**स्वर्ग गंगा** = आकाश गंगा.
**स्वर्गगत** = मृत.
**स्वर्ग जाना** = मरना.
**स्वर्गतरु** = कल्पवृक्ष.
**स्वर्गतुल्य** = नैसर्गिक.
**स्वर्ग देवता** = इंद्र.
**स्वर्गद्वार** = वसंत विषुवं.
**स्वर्गधाम** = सुखधाम, स्वर्ग.
**स्वर्ग निवासी** = देवता.
**स्वर्गलोक** = स्वर्ग.
**स्वर्गवाणी** = आकाशवाणी, भविष्यवाणी.
**स्वर्गवास** = मृत्यु.
**स्वर्गवास होना** = मरना.
**स्वर्गवासी** = मृत.
**स्वर्गवासी होना** = मरना.
**स्वर्गसम** = नैसर्गिक.
**स्वर्ग समान** = नैसर्गिक.
**स्वर्ग सिधारना** = मरना.
**स्वर्ग सुरा** = नैसर्गिक मद्य.
**स्वर्ग स्त्री** = अप्सरा.
**स्वर्गापगा** = आकाश गंगा.
**स्वर्गारूढ़** = मृत.
**स्वर्गिक** = नैसर्गिक.
**स्वर्गीय** = ईश्वरीय, देवदूतीय, नैसर्गिक, मृत.
**स्वर्गोपम** = उपवनित, दिव्य, नैसर्गिक.
**स्वर्ग्य** = अतिप्राकृतिक, नैसर्गिक.
**स्वर्जी** = शोरा, सज्जी.
**स्वर्ण** = अशरफ़ी, पचास वर्षीय, स्वर्णीय.
**स्वर्ण-** = पचासवाँ/पचासवीं.

**स्वर्ण** *सं* अग्निशेखर, *अमर*, कंचन, कटक, कनक, कलधौत, कांचन, कुंदन, गोल्ड, गौर, ज़र, महाधातु, रुक्म, लोहोत्तम, श्रीनिकेत, सुवर्ण,

*सोना*, हिरण्य, हेम, •आभूषण, •चाँदी, •पारस पत्थर.

**स्वर्णकमल** = रक्तकमल.
**स्वर्णकार** = सुनार.
**स्वर्णकाल** = उत्कर्ष काल, स्वर्णयुग.
**स्वर्णकेश** = स्वर्णकेशी.
**स्वर्ण केशयुक्त** = स्वर्णकेशी.

**स्वर्णकेशी** *वि* गोल्डी, सुनहरी बालों वाला, स्वर्णकेश, स्वर्ण केशयुक्त, हिरण्यकेश, •श्वेतकेशी.

**स्वर्णचूड़** = नीलकंठ.

**स्वर्ण जयंती** *सं* अर्धशताब्दी, अर्धशताब्दी जयंती, अर्धशती, गोल्डन जुबिली, *पचास वर्ष*.

**स्वर्ण परीक्षा** = कसौटी कर्म.
**स्वर्ण पुष्पक** = शिरीष.
**स्वर्ण माप एकक** = रत्न भार माप एकक.
**स्वर्णमृग** = आखेट चारा, कपट रचना, मारीच.

**स्वर्णमृग** *सं* कपटमृग, कांचनमृग, काल्पनिक मृग, मायामृग, *मारीच*, •आड़, •छद्मवेश, •प्रलोभन, •मरीचिका, •सीता.

**स्वर्णयुग** = उत्कर्ष काल, सत्ययुग.

**स्वर्णयुग** *सं* अच्छा वक़्त, अच्छे दिन, *उत्कर्ष काल*, उन्नति काल, काल्पनिक स्वर्णयुग, कृतयुग, वसंत काल, विकास काल, शुभकाल, सुकाल, सुखशांति काल, सुनहरा दौर, स्वप्नयुग, स्वर्णकाल, स्वर्णयुग कल्पना, •उत्कर्ष काल.

**स्वर्णयुग कल्पना** = स्वर्णयुग.
**स्वर्णयूथी** = सोनजूही.
**स्वर्णशैल** = सुमेरु पर्वत.
**स्वर्ण सिक्का** = अशरफ़ी.
**स्वर्णसिद्धि** = कीमियागरी.
**स्वर्णाभ** = सुनहला/सुनहली.
**स्वर्णाभता** = स्वर्णिमा.
**स्वर्णाश्म** = कसौटी पत्थर.
**स्वर्णाह्वा** = सोनजूही.
**स्वर्णिम** = पचासवाँ/पचासवीं, सुनहला/सुनहली, स्वर्णीय.

**स्वर्णिमा** *सं* सुनहलापन, सुनहला रंग, स्वर्णाभता, •पीतिमा, •रजतिमा, •लालिमा.

**स्वर्णी** = स्वर्णीय.

**स्वर्णीय** *वि* कांचन, गोल्डन, सुवर्णीय, सोन-, सोने का, सौवर्ण, *स्वर्ण*, स्वर्णिम, स्वर्णी, हेमवर्ण, •रजतीय.

**स्वर्सरिता** = आकाश गंगा.
**स्वलिखित** = स्वरचित.
**स्वलीन** = अंतर्मनस्क, आत्मलीन.
**स्वल्प** = छोटा/छोटी, सूक्तिवत.
**स्वल्पदर्शी** = अदूरदर्शी.
**स्वल्पदृग** = अदूरदर्शी.
**स्वल्पदेह** = ठिंगना/ठिंगनी.
**स्वल्पभाषी** = वाक्संयमी.

**स्वल्पभाषी** *वि* अज्ञापक, अमुखर, अल्पभाषी, अल्पवादी, कमगो, कमबोला/कमबोली, कमसुख़न, *गंभीर*, चुप्पा/चुप्पी, मितभाषी, *वाक्संयमी*, •अंतर्मनस्क, •अवाचाल, •मौनावलंबी, •वाचारुद्ध, •वाचाहीन, ▪बातूनी.

**स्वल्पव्यय** = अल्पव्ययी.
**स्वल्पाहारी** = अल्पाहारी, डायटर.
**स्वल्पेच्छ** = लालसाहीन.
**स्ववंशी** = सहवंशी.
**स्ववंशीय** = सहवंशी.
**स्वशासन** = स्वाधीनता.

**स्वशासित** *वि* खुदमुख्तार, *मुक्त*, स्वतंत्र, स्वनियंत्रित, ▪पराधीन.

**स्वशिक्षण** = स्वशिक्षा.

**स्वशिक्षा** *सं* आत्मशिक्षा, गुरुहीन शिक्षण, सैल्फ़ ऐजुकेशन, स्वयं शिक्षा, स्वशिक्षण.

**स्वशिक्षित** *वि* अगुरु, अताई, गुरुहीन, निगुरा/निगुरी, •शिक्षित.

**स्वश्लाघा** = अहंकार, डींग.
**स्वसंज्ञ** = अनुभूतिप्रवण.
**स्वसंयमी** = अविलासी.
**स्वसम्मान** = स्वाभिमान.
**स्वसा** = बहन.
**स्वसुखाय** = स्वेच्छया.
**स्वसुराल** = ससुराल.
**स्वस्ति** = आशीर्वाद.
**स्वस्तिक** = कल्याणकारी, रंगोली, स्वस्तिक चक्र, स्वस्तिपाठक.

**स्वस्तिक चक्र** *सं* सतिया, स्वस्तिक, स्वस्तिका.

**स्वस्ति कर्म** = सत्कर्म.
**स्वस्तिका** = स्वस्तिक चक्र.
**स्वस्तिद** = कल्याणकारी.

**स्वस्तिपाठ** *सं* कल्याण पाठ, कल्याण वाचन, नांदीपाठ, शांतिपाठ, शुभवाचन, स्वस्ति वचन, स्वस्तिवाचन, स्वस्त्ययन, •आशीर्वाद, •एवमस्तु.

**स्वस्तिपाठक** *सं* कल्याण वाचक, नांदीपाठक, मंगलवादी, शुभवाचक, स्वस्तिक, स्वस्तिमुख, स्वस्तिवाचक, •कल्याणकामी, •पुरोहित, •शुभचिंतक.

**स्वस्तिपूर्ण** = आशीर्वादात्मक.
**स्वस्तिमान** = शुभसूचक.
**स्वस्तिमुख** = बंदीजन, स्वस्तिपाठक.
**स्वस्ति वचन** = स्वस्तिपाठ.
**स्वस्तिवाचक** = बंदीजन, स्वस्तिपाठक.
**स्वस्तिवाचन** = आशीर्वाद, स्वस्तिपाठ.
**स्वस्त्ययन** = मंगल कलश, स्वस्तिपाठ.
**स्वस्थ** = अनाहत, अम्लान, अविकृत, चिकित्सित, बलिष्ठ, मरम्मतकृत, विश्रांत, सलामत, सुखी, स्थितप्रज्ञ.

**स्वस्थ** *वि* अगद, अच्छा/अच्छी, अच्छा बिच्छा/अच्छी बिच्छी, अनातुर, अनामय, अरुग्ण, अरोग, आरोग्यपूर्ण, चंगा/चंगी, चलता फिरता/चलती फिरती, चाक़, चाक़चौकस, चुस्त दुरुस्त, चौकस, टंच, टनाटन, *ठीक*, ठीकठाक, तंदुरुस्त, ताज़ादम, दुरुस्त, निरामय, निरोग, नीरोग, भला चंगा/भली चंगी, रोगहीन, *सलामत*, सेहतमंद, हृष्टपुष्ट, •चिकित्सित, •सुपोषित, •स्वस्थमनस्क, •स्वास्थ्यप्रद, ▪निर्बल, ▪बीमार, ▪रोगी.

**स्वस्थचित्त** = स्वस्थमनस्क.
**स्वस्थता** = सुपरिस्थिति.
**स्वस्थमनस्क** = आत्मविश्वासी, प्रशांत, विवेकी.

**स्वस्थमनस्क** *वि* अप्रमत्त, अप्रमादी, अविक्षिप्त, चंगा/चंगी, पागल नहीं, मनोविकारहीन, स्वस्थचित्त, होश हवास वाला, ▪उन्मत्त, ▪पागल, ▪मनोविकारग्रस्त, ▪सठियाया/सठियाई.

**स्वस्य** = एकस्वामीय.
**स्वहित** = स्वार्थ.
**स्वहित साधन** = आपाधापी.
**स्वाँग** = छद्मवेश, नाटक, नाट्यवेश.

**स्वाँग** *सं* नक़ल, परिवर्तित वेश, भेष, भेस, रूपांतर, *वेश*, वेष, साँग.

**स्वाँगी** = बहरूपिया.
**स्वांगीकृत करना** = अपनाना.
**स्वांतःसुखाय** = स्वेच्छया.
**स्वांत** = मन.
**स्वाइवल रौड** = अक्षदंड.
**स्वाकृति** = सुंदरकाय.
**स्वागत** = अभिवादन, सत्कार, सम्मान समारोह.

**स्वागत** *सं अगवानी*, अगुआई, अभिनंदन, *अभिवादन*, आरता, *आरती*, इस्तिक़बाल, खुशामदीद, रीसैप्शन, वैल्कम, शुभागमन, सदागम, सदागमन, सुस्वागतम, •अर्घदान, •चरण प्रक्षालन, •पुष्पवर्षा, •मधुपर्क, •माल्यार्पण, •मिलनी, •वधू स्वागत, •वरस्वागत, •सत्कार, •सुगंधार्पण, ▪प्रतीक्षा, ▪विदा.

**स्वागत अधिकारी** *सं* रीसैप्शनिस्ट, स्वागत कर्मी, स्वागताध्यक्ष, स्वागतिक, •स्वागत.

**स्वागत कक्ष** *सं* आगमन कक्ष, प्रवेशकक्ष, मिलनकक्ष, रीसैप्शन रूम.

**स्वागत कर्मी** = स्वागत अधिकारी.
**स्वागतकारी** = अतिथिपरायण.
**स्वागत के लिए आगे बढ़ना कर्म** = अगवानी.
**स्वागत तोरण** = स्वागत द्वार.
**स्वागत द्वार** = प्रवेश द्वार, फाटक.

**स्वागत द्वार** *सं* तोरण, नांदीक, मार्ग तोरण, स्वागत तोरण, •बंदनवार.

**स्वागतपूर्ण** = घर जैसा.

**स्वागतपूर्ण** *वि* अभिनंदनपूर्ण, उत्साहपूर्ण, उमंगपूर्ण, *गरम*, प्रेमपूर्ण, *मित्रतापूर्ण*, हार्दिक, •मित्रतापूर्ण, •सत्कारपूर्ण, •सौमनस्यपूर्ण.

**स्वागत बारात** = वरयात्रा स्वागत.
**स्वागत सत्कार** = सत्कार, सम्मान समारोह.

**स्वागत समारोह** *सं* अभिनंदन, अभिनंदन समारोह, *सलामी*, •बंदनवार, ▪विदा समारोह.

**स्वागत सम्मान** = सम्मान समारोह.
**स्वागताध्यक्ष** = स्वागत अधिकारी.
**स्वागताभिलाषी** = निमंत्रक.
**स्वागतिक** = स्वागत अधिकारी.
**स्वाचरण** = सदाचार.
**स्वातंत्र्य** = स्वाधीनता.
**स्वाति** = नक्षत्र सूची.
**स्वातिपंथ** = आकाश गंगा.
**स्वातिसुत** = मोती.
**स्वाद** = आहार सुवास, रुचि.

**स्वाद** *सं* आस्वाद, चसक, ज़ायक़ा, टेस्ट, मज़ा, *रस*, रसानुभव, *रसानुभूति*, *रुचि*, लज़्ज़त, लुत्फ़, स्वादानुभव, •कटु स्वाद, •कसैलापन, •खटास, •चरपरापन, •नमकीनपन, •मिठास.

**स्वाद आनंद** = चटखारा.
**स्वाद आनंद लेना** = चटखारना.
**स्वाद चखना** = चखना.
**स्वादज्ञ** = आस्वादक.
**स्वादन** = आस्वादन.
**स्वाद परीक्षक** = आस्वादक.

**स्वादप्रेम** *सं* चखास, चटखोरापन, चटास, चटोरापन, चसका, *चाट*, जिह्वा लोलुपता, जिह्वालौल्य, रसप्रेम, रसिकता, रहचटा, लज़्ज़तपसंदी, शौक़ीनी, स्वाद लोलुपता, •भोजन प्रेम.

**स्वादप्रेमी** *वि* चटोरा/चटोरी, जिभला/जिभली, जिह्वल, जिह्वा लोलुप, जिह्वा लोलुप, रसकामी, *रसप्रेमी*, रसलोभी, रसवंत/रसवंती, रसाश, *रसिक*, *रसिक*, रसिया, रसयि, लज़्ज़तपसंद, शौक़ीन, स्वादलोलुप, •भोजन प्रेमी.

**स्वादयुक्त** *वि आवासित*, बाज़ायक़ा, बालज़्ज़त, *मसालेदार*, रसयुक्त, सस्वाद, *सुवासित*, •स्वादिष्ठ, ▪स्वादहीन.

**स्वाद लेना** = चखना, चाटना.
**स्वादलोलुप** = स्वादप्रेमी.
**स्वाद लोलुपता** = स्वादप्रेम.
**स्वादव्य** = मसाला.
**स्वादहीन** = अरोचक, बेमसाला.

**स्वादहीन** *वि* अरस, अलोना/अलोनी, अस्वादिष्ट, आनंदहीन, निस्स्वादु, नीरस, फीका/फीकी, बेज़ायक़ा, बेमज़ा, बेस्वाद, *रसहीन*, रूखा/रूखी, विरस, सादा/सादी, •कुस्वादिष्ठ, •बेमसाला, •रसहीन, ▪चरपरा/चरपरी, ▪मसालेदार, ▪स्वादयुक्त, ▪स्वादिष्ठ.

**स्वादानुभव** = स्वाद.
**स्वादान्न** = स्वादिष्ठ आहार.
**स्वादिष्ट** = मसालेदार.
**स्वादिष्ट (विकल्प)** = स्वादिष्ठ.
**स्वादिष्ठ** = आहार्य.

**स्वादिष्ठ** *वि* अच्छा/अच्छी, *आनंदप्रद*, आस्वाद्य, उम्दा, क्षुधोत्तेजक, ज़ायक़ेदार, दिलचस्प, बढ़िया, भीना/भीनी, मज़ेदार, *मसालेदार*, मुँह में पानी लाने वाला, रसदार, रसपूर्ण, रसभीना, रसमय, रसाल, रसीला/रसीली, *राजसी*, रुचिकर, *रोचक*, लज़ीज़, लज़्ज़तदार, लुभावना/लुभावनी, षड्रस, सरस, *सुवासित*, सुस्वादु, सौंधा/सौंधी, स्वादिष्ट (विकल्प), स्वादु, स्वाद्य, हृद्य, •मसालेदार, •मसालेदार, •मीठा/मीठी,

●रसीला/रसीली, ●स्वादयुक्त, ■कुस्वादिष्ठ, ■स्वादहीन.

**स्वादिष्ठ आहार** *सं* अच्छा खाना, तर माल, दावत, देवता आहार, देवाहार, नेमत, बढ़िया खाना, माल, *व्यंजन*, सुखभोजन, स्वादान्न.

**स्वादी** = आस्वादक.
**स्वादु** = महुआ, स्वादिष्ठ.
**स्वादुफल** = खजूर वृक्ष.
**स्वादुफला** = अंगूर, मुनक्का.
**स्वादुमूल** = गाजर.
**स्वादुरसा** = किशमिश, मुनक्का.
**स्वादुशुद्ध** = सेंधा नमक.
**स्वादेंद्रिय** = जीभ.
**स्वादेंद्रिय (जीभ)** = ज्ञानेंद्रिय.
**स्वादेशिक** = स्वदेशी.
**स्वाद्य** = आहार्य, स्वादिष्ठ.
**स्वाधिकार** = प्रभुसत्ता.
**स्वाधिकारगत** = वैकल्पिक.
**स्वाधीन** = स्वनियोजित.

**स्वाधीन** *वि* अपरतंत्र, अपरवश, अपराधीन, आज़ाद, खुदमुख्तार, *मुक्त*, स्वतंत्र, स्वयंप्रभु, स्वायत्त, ●उन्मुक्त, ●स्वशासित, ■पराधीन.

**स्वाधीनता** = अभिव्यक्ति अधिकार, पूर्ण अनुमति, मुक्ति, स्वावलंबन, स्वेच्छा.

**स्वाधीनता** *सं* अपना राज, अपनी सरकार, अपराधीनता, आज़ादी, आटोनमी, इन्डिपैंडैंस, उन्मुक्तता, खुदमुख्तारी, फ़्रीडम, बंधनहीनता, बादशाहत, मनमर्ज़ी, मनमानी, *मुक्ति*, सार्वभौम सत्ता, स्वतंत्रता, स्वराज, स्वराज्य, स्वशासन, स्वातंत्र्य, स्वायत्तता, ●अनियंत्रण, ●प्रभुसत्ता, ●स्वावलंबन, ●स्वेच्छा, ■दासता, ■पराधीनता, ■परावलंबन.

**स्वाधीनता आंदोलन** = स्वाधीनता संग्राम.
**स्वाधीनता दिवस** = स्वतंत्रता दिवस.

**स्वाधीनता प्राप्ति** *सं* आज़ादी, उन्मुक्ति, छुटकारा, दासता मुक्ति, बंधन मुक्ति, *मुक्ति*.

**स्वाधीनता विजेता** = स्वाधीनता सेनानी.

**स्वाधीनता संग्राम** *सं* जंगे आज़ादी, स्वतंत्रता आंदोलन, स्वतंत्रता संग्राम, स्वराज्य आंदोलन, स्वाधीनता आंदोलन, ●असहयोग आंदोलन, ●अहिंसा आंदोलन, ●ग्राम सुधार आंदोलन, ●डांडी कूच, ●नमक सत्याग्रह, ●भारत छोड़ो आंदोलन, ●रचनात्मक आंदोलन, ●शिक्षा प्रसार आंदोलन, ●सत्याग्रह, ●हिंसक आंदोलन, ●खादी, ●चरख़ा, ●जनप्रदर्शन, ●धरना, ●बहिष्कार.

**स्वाधीनता सेनानी** *सं* आज़ादी का दीवाना, *क्रांतिकारी*, बाग़ी, *विद्रोही*, संग्रामी, सुराजी, स्वतंत्र कर्ता, स्वतंत्रता सेनानी, स्वराजी, स्वाधीनता विजेता, ●आत्मबलिदानी, ●देशभक्त.

**स्वाध्यायशील** = अध्ययनशील.
**स्वाध्यायी** = अध्ययनशील, बुद्धिजीवी.
**स्वानुशासन** = संयम.
**स्वानुशासनहीनता** = असंयम.
**स्वानुशासित** = संयमित.
**स्वान्नभोजी** = स्वावलंबी.
**स्वापी** = प्रशामक औषध.
**स्वाभाविक** = मौलिक (अधिकार).

**स्वाभाविक** *वि* अकृत्रिम, *आंतरिक*, क़ुदरती, ख़िसलती, निजी, *प्राकृतिक*, फ़ितरती, भीतरी, मनोवृत्तिगत, मनोवृत्तीय, *मानसिक*, मिज़ाजी, वैयक्तिक, स्वभावगत, ●अविचारित, ●चरित्रीय, ●पाखंडहीन, ●प्राकृतिक, ■अयथार्थ, ■अस्वाभाविक, ■दिखावटी.

**स्वाभिमान** *सं अभिमान*, आत्मगौरव, आत्ममहिमा, आत्मसम्मान, आत्माभिमान, आपा, खुद्दारी, ग़ैरत, पानी, स्वगौरव, स्वसम्मान, ●आत्मविश्वास, ●साहस, ●स्वावलंबन, ■आत्मनिंदा, ■पश्चात्ताप.

**स्वाभिमानी** *वि* आत्ममानी, आत्माभिमानी, *उन्नतमस्तक*, खुद्दार, ग़ैरतदार, ग़ैरतमंद, ग़ैरती, पानीदार, साभिमान, ●उन्नतमस्तक, ●स्वावलंबी, ■विनम्र.

**स्वामित** *वि* अधिकारांतर्गत, किसी का/किसी की, क्रीत, ख़रीदा/ख़रीदी, सनिजस्व, सस्वामी, स्वामीय, स्वामीयुक्त, ●एक स्वामीय, ●मेरा/मेरी, ■उधार का, ■पराया/पराई, ■भाड़ाकृत, ■स्वामीहीन.

**स्वामिता** = ज़मींदारी.
**स्वामित्व** = प्रभुसत्ता.

**स्वामित्व** *सं अधिकार*, अधिभोग, अपनापन, अमल दख़ल, आत्मीयता, आधिपत्य, इख़्तियार, इजारेदारी, ऐश्य, ऐश्वर्य, क़ब्ज़ा, क़ाबू, दख़ल, निजत्व, निजस्व, *नियंत्रण*, प्रभुत्व, मालिकाना, मालिकी, मिल्कीयत, वैध अधिकार, स्वत्व, स्वत्वाधिकार, हक़, ●एकाधिकार, ●पट्टेदारी, ●शेयर, ●संपत्ति, ●साझेदारी, ●स्वत्व.

**स्वामिनी** = परिवार अध्यक्षा.

**स्वामिनी** *सं* अधीश्वीरी, ईश्वरी, *देवी*, भगवती, मलिका, मालकिन, *रानी*, ●स्वामी, ■नौकरानी.

**स्वामी** = आज्ञादाता, ईश्वर, ऐंप्लायर, कुलीन पुरुष, गुरु, दासस्वामी, धर्मगुरु, पति, परिवार अध्यक्ष, प्रभुसत्ताधिकारी, मकान मालिक, रब्बी, संन्यासी, स्कंद.

**स्वामी** *सं* अधिकारी, अधिपति, अधीश, अधीश्वर, असामी, ईश, ईश्वर, ओनर, धनी, धारक, नाथ, नाह, *पति*, प्रभु, प्रौपराइटर, भागी, भोक्ता, मालिक, मास्टर, *यजमान*, लार्ड, वली, वल्लभ, वाली, शाह, संभोक्ता, साईं, साह, साहू, स्वत्वाधिकारी, हक़दार, ●साझेदार, ●स्वामिनी, ■दास, ■नौकर.

**स्वामी कार्तिक** = स्कंद.
**स्वामीकुमार** = स्कंद.

**स्वामी दयानंद** *सं* आर्य समाज संस्थापक, दयानंद.

**स्वामी दयानंद द्वारा स्थापित सुधार संस्था** = आर्य समाज.
**स्वामी बनना** = ख़रीदना.

**स्वामीभक्त** *सं* *चरणदास*, ताबेदार, दासानुदास, प्रभुभक्त, बंदा/बंदी, •कर्तव्यपरायण, •देशभक्त, •विश्वसनीय.

**स्वामीभक्ति** *सं* नमकहलाली, प्रभुभक्ति, वफ़ादारी, •निष्ठा, ▪विश्वासघात.

**स्वामीभक्तिपूर्ण** = निष्ठावान.
**स्वामीय** = स्वामित.
**स्वामीयुक्त** = स्वामित.

**स्वामीहीन** *वि* अनीश, अनीश्वर, अस्वामी, *मुक्त*, लावारिस, •अनाथ, ▪स्वामित.

**स्वायंभुव** = अत्रि, मनु सूची, स्वयंभुव.
**स्वायंभुव मनु (पूर्व जन्म)** = दशरथ.
**स्वायंभुवी** = ब्राह्मी.
**स्वायत्त** = स्वाधीन.
**स्वायत्तता** = स्वाधीनता.
**स्वायत्त सरकार** = राज्य.
**स्वारोचिष मनु** = मनु सूची.
**स्वार्जक** = स्वधंधी.
**स्वार्जित (संपत्ति)** = अनानुवंशिक.

**स्वार्थ** *सं* अंतर्निहित स्वार्थ, *अर्थ*, आत्महित, ग़रज़, टिप्पस, नफ़्स, निहित स्वार्थ, मतलब, सिप्पा, स्वकल्याण, स्वहित, *हित*, •आपाधापी, •लोभ, •हित, ▪उपकार, ▪जनहित, ▪समाज भावना.

**स्वार्थचिंतक** = स्वार्थी.
**स्वार्थ टकराव** = वर्गयुद्ध.
**स्वार्थत्यागी** = निरस्वार्थ.
**स्वार्थपंडित** = अवसरवादी, स्वार्थी.
**स्वार्थपर** = स्वार्थपूर्ण, स्वार्थी.
**स्वार्थपरक** = स्वार्थपूर्ण, स्वार्थी.
**स्वार्थपरकता** = परिग्रह.
**स्वार्थपरायण** = स्वार्थी.

**स्वार्थपूर्ण** *वि* आपाधापीपूर्ण, करुणाहीन, छीनाझपटीपूर्ण, प्रतियोगितापूर्ण, लिप्सापूर्ण, *वन्य*, स्वार्थपर, स्वार्थपरक, •कंजूस, •लोभी, •स्वार्थी, ▪दानशील, ▪निस्स्वार्थ, ▪संतोषी.

**स्वार्थवादी** = अवसरवादी.
**स्वार्थसाधक** = स्वार्थी.
**स्वार्थ साधन** = आपाधापी.
**स्वार्थसिद्धि** = आपाधापी, सफलता.
**स्वार्थहीन** = अपरिग्रही, उद्देश्यहीन, उपकारपूर्ण, निरस्वार्थ, संतोषी.
**स्वार्थांध** = स्वार्थी.
**स्वार्थी** = अवसरवादितापूर्ण, कृतघ्न, दलबदलू, धनलोलुप, लोभी.

**स्वार्थी** *वि* *अधम*, *अनुदार*, असद्, आत्मग्राही, इकलखुरा/इकलखुरी, *कंजूस*, कमीना/कमीनी, क्षुद्राशय, खुदग़रज़, खुदपरस्त, छोटे दिल वाला, *निर्दय*, बुरा/बुरी, मतलबी, लालची, संकुचित, स्याना/स्यानी, स्वकामी, स्वार्थचिंतक, स्वार्थपंडित, स्वार्थपर, स्वार्थपरक, स्वार्थपरायण, स्वार्थसाधक, स्वार्थांध, हीनाशय, •अनुदार, •अवसरवादी, •लोभी, •स्वार्थपूर्ण, ▪दयालु, ▪निस्स्वार्थ, ▪विशालहृदय.

**स्वार्थीपन** = कंजूसी.
**स्वार्थी मित्र** = सस्वार्थ मित्र.
**स्वालंबतितता** = स्वावलंबन.

**स्वावलंबन** *सं* अनावलंबन, अपना हाथ जगन्नाथ, आज़ादी, आत्मनिर्भरता, आत्मावलंबन, खुदमुख़्तारी, पर्याप्त आय, स्वतंत्रता, स्वनिर्भरता, स्वनिर्वाह, *स्वाधीनता*, स्वालंबतितता, स्वाश्रय, स्वोपजीविता, •आत्मविश्वास, •सहावलंबन, •स्वाभिमान, ▪परावलंबन, ▪बेरोज़गारी.

**स्वावलंबी** = स्वनियोजित.

**स्वावलंबी** *वि* आत्मनिर्भर, आत्मावलंबी, खुदमुख़्तार, स्वान्नभोजी, स्वोपजीवी, •बारोज़गार, •सहावलंबी, •स्वधंधी, ▪परावलंबी.

**स्वाश्रय** = स्वावलंबन.
**स्वास्थिकी** = सुजीविता.

**स्वास्थ्य** *सं* तंदुरुस्ती, शफ़ा, सेहत, हैल्थ, •स्वस्थ, ▪रुग्णता.

**स्वास्थ्यकर** = शक्तिवर्धक, सुपाच्य, स्वास्थ्यप्रद.
**स्वास्थ्यकर आहार** = पथ्याहार.

**स्वास्थ्य दशा** *सं* अवस्था, अहवाल, कुशलक्षेम, कैफ़ीयत, ख़बर, जी, तबीअत, दशा, हाल, हालचाल, हालत, •आरोग्य लाभ, •चुस्ती, ▪रोग.

**स्वास्थ्यप्रद** = चिकित्साकारी, पोषक.

**स्वास्थ्यप्रद** *वि* अच्छा/अच्छी, अनुप्राणक, ऊर्जाप्रद, चेतनाप्रद, जीवनप्रद, पुष्टिप्रद, *पोषक*, पौष्टिक, बलप्रद, बलवर्धक, लाभकर, *शक्तिवर्धक*, शुभद, स्वास्थ्यकर, स्वास्थ्यवर्धक, हितकर, हितकारी, •पोषक, •सुजीवितापूर्ण, ▪रोगकारक.

**स्वास्थ्य प्रदान** = चिकित्सा.
**स्वास्थ्य प्रश्न** = कुशल प्रश्न.
**स्वास्थ्यलाभ** = आरोग्य लाभ.
**स्वास्थ्य वर्धक** = स्वास्थ्यप्रद.
**स्वास्थ्य विज्ञान** = सुजीविता.
**स्वास्थ्यहर** = रोगकारक.
**स्वाह** = दग्ध, नष्ट, राख.
**स्वाहकरण** = दहन.
**स्वाहाकार** = आहुति.
**स्वाहापति** = अग्निदेव.
**स्वाहाप्रिय** = अग्नि.
**स्विच** = स्टार्टर.

**स्विट्ज़रलैंड** *सं* श्फ़ीट्स (जरमन), सुईस (फ़्राँसीस), स्वित्सेरा (इतालवी), स्वीज़रलैंड, स्वीस, हेलवेशिया (लैटिन), •आल्प्स पर्वत.

**स्वित्सेरा (इतालवी)** = स्विट्ज़रलैंड.
**स्विन्न** = संसिक्त.
**स्विम सूट** = स्विमिंग कास्ट्यूम.
**स्विमिंग** = तैराकी.

**स्विमिंग कास्ट्यूम** *सं* स्नान सूट,

स्विम सूट, स्विमिंग सूट, •बिकिनी.

**स्विमिंग पूल** = तरण ताल.
**स्विमिंग सूट** = स्विमिंग कास्ट्यूम.

**स्विस नाइफ़** *सं* गंज का चाकू, बहुमुखी चाकू, •चाकू छुरी.

**स्वीकरण** = आदान, नियमानुकूलन, पारण.
**स्वीकरणीय** = स्वीकार्य.
**स्वीकर्ता** = अनुमति दाता.
**स्वीकार** = स्वीकृत, स्वीकृति.
**स्वीकार करना** = अपनाना.
**स्वीकारना** = अपनाना.
**स्वीकारात्मक** = सकारात्मक.
**स्वीकारोक्ति** = कनफ़ैशन.

**स्वीकारोक्ति** *सं* अंगीकृति, अपराध स्वीकृति, आत्मस्वीकृति, इक़बाल, इक़बाले जुर्म, *कनफ़ैशन*, *स्वीकृति*, •शपथपत्र.

**स्वीकार्य** = अर्हतासंपन्न, तर्कसंगत, नैतिक, न्यायसंगत, पसंद, पारंपरिक, मनोग्राह्य, वांछनीय, समर्थनीय.

**स्वीकार्य** *वि* अच्छा/अच्छी, अनुज्ञेय, अनुमतियोग्य, अभिप्रेय, अभीष्ट, इष्ट, उचित, उपयुक्त, *ठीक*, दुरुस्त, *प्रिय*, प्रेय, बजा, मान्य, मुनासिब, वाजिब, शिरोधार्य, सम्मतियोग्य, सहमतियोग्य, स्वीकरणीय, •आचरणीय, •न्यायसंगत, •स्वीकृत, ▪अवैध, ▪अस्वीकार्य, ▪आपत्तिजनक.

**स्वीकृत** = अधिकृत, अनुमत, असंदिग्ध, चुना/चुनी, नियमानुकूलित, निर्धारित, निर्विरोध, परीक्षित, पसंद, पारंपरिक, प्रचलित, प्रसिद्ध, लोकप्रिय, विवादातीत, वैध, शास्त्रसिद्ध.

**स्वीकृत** *वि* अंगीकृत, *अनुमत*, अभिसम्मत, चयित, चीता/चीती, चुना/चुनी, *पसंद*, पास, मंज़ूर, मक़बूल, माना/मानी, सम्मत, सम्मतिप्राप्त, *सहमत*, सहमतिप्राप्त, स्वीकार, •अनुमत, •नियमानुकूलित, •सर्वसहमत, •स्वीकार्य, •हाँ, ▪अस्वीकृत.

**स्वीकृति** = अनुमति, आदान, आस्तिकतावाद, पसंदगी, पारण, समझौता, सहमति, सौदा, स्वीकारोक्ति.

**स्वीकृति** *सं* *अनुमति*, मरज़ी, सम्मति, *सहमति*, स्वीकार, *हाँ*, हामी, •संपुष्टि, ▪अस्वीकृति, ▪आपत्ति, ▪नहीं, ▪मतभेद.

**स्वीकृति अस्वीकृति अनुसंधान** = परख.

**स्वीकृति चिह्न** *सं* ✓, टिक मार्क, पसंद चिह्न, सही, सही चिह्न, ▪अस्वीकृति चिह्न.

**स्वीकृति दाता** = अनुमति दाता.
**स्वीकृति न देना** = ठुकराना.
**स्वीकृति प्रदान** = नियमानुकूलन.
**स्वीज़रलैंड** = स्विट्ज़रलैंड.
**स्वीट डिश** = डिज़र्ट.

**स्वीटनर** *सं* मधुरव्य, *मिठास*, मीठा, शर्करव्य, •चीनी.

**स्वीटहार्ट** = प्रेमपात्र/प्रेमपात्रा.
**स्वीय** = एकस्वामीय, चरित्रीय, व्यक्तिगत.
**स्वीस** = स्विट्ज़रलैंड.

**स्वेच्छया** *क्रिवि* अपनी इच्छा से, आत्मसुखाय, इच्छानुकूलतः, इच्छार्थ, खुशी खुशी, मनचाहे, मन मर्जी से, स्वसुखाय, स्वांतःसुखाय, स्वेच्छार्थ, ▪बलात्, ▪विवशतः.

**स्वेच्छा** = अधिकार.

**स्वेच्छा** *सं* आज़ादी, इच्छुकता, छूट, मनमर्ज़ी, मनमानी, यदृच्छा, *स्वाधीनता*, स्वेच्छानुकूल कर्म क्षमता, स्वैराचार, •प्रेरणा, •स्वावलंबन, ▪पराधीनता, ▪विवशता.

**स्वेच्छा कर्मी** = स्वेच्छाचारी.
**स्वेच्छाचार** = एकतंत्र.

**स्वेच्छाचार** *सं* अतिचार, अमर्यादा, आज़ादी, उच्छृंखलता, छूट, मनमर्ज़ी, मनमानी, मर्यादाहीनता, यथेच्छाचार, स्वच्छंदता, स्वैराचार, •असंयम, •उल्लंघन, •तानाशाही, ▪अनुशासन, ▪संयम.

**स्वेच्छाचारिणी** = कुलटा.
**स्वेच्छाचारिता** = एकतंत्र, एकतंत्रवाद, तानाशाही राज्य, हेकड़ी.
**स्वेच्छाचारी** = तानाशाह, दुराचारी, निरंकुश, लंपट, हेकड़ीबाज़.

**स्वेच्छाचारी** *वि* अंकुशहीन, अतिरेकी, अननुशासित, अनिग्रही, *अनियंत्रित*, *अनुशासनहीन*, अमर्यादित, उग्र, उच्छृंखल, उद्दाम, कदाचारी, *चंचल*, चंड, जंगली, नियमहीन, *निरंकुश*, निर्मर्याद, निश्शील, बिगड़ैल, बेक़ाबू, बेलगाम, मन का मालिक, मरज़ी का मालिक, मर्यादाहीन, *मुक्त*, यथेच्छाचारी, *वन्य*, स्वच्छंद, स्वेच्छा कर्मी, स्वैराचारी, •धृष्ट, •वन्य, •संयमहीन, ▪गंभीर, ▪नियंत्रति, ▪मर्यादापूर्ण.

**स्वेच्छाचारीय** = वैकल्पिक.
**स्वेच्छानुकूल कर्म क्षमता** = स्वेच्छा.
**स्वेच्छापूर्णता** = पूर्ण अनुमति.
**स्वेच्छार्थ** = स्वेच्छया.
**स्वेच्छाहीनतः** = विवशतः.
**स्वेच्छाहीनता** = परावलंबन.
**स्वेच्छित** = इच्छित.

**स्वेटर** *सं* कार्डिगन, पुलोवर, *पोलो शर्ट*, •ऊन, •कमीज़, •सर्दी.

**स्वेद** = पसीना.
**स्वेदन** = आसवन.
**स्वेदनिका** = अलैंबिक.
**स्वेदांबु** = पसीना.
**स्वेदित्र** = अलैंबिक.
**स्वैच** = घड़ी सूची.
**स्वैच्छिक** = इच्छित, वैकल्पिक.
**स्वैर** = लंपट.
**स्वैराचार** = कुशासन, स्वेच्छा, स्वेच्छाचार.
**स्वैराचारी** = निरंकुश, स्वेच्छाचारी.
**स्वैरिणी** = कुलटा.
**स्वोत्थ** = अपौरुषेय.
**स्वोपजीविता** = स्वावलंबन.
**स्वोपजीवी** = स्वावलंबी.

**स्वोपार्जक** = स्वधंधी, स्वनियोजित.
**हँकड़ाना** = हाँकना.
**हँकराव** = आवाहन, चुनौती.
**हँकरावा** = आवाहन, हाँका.
**हँकवा** = हाँका.
**हंका** = प्रोत्साहन.
**हँकार** = आवाहन.
**हँकारना** = पुकारना, पुकारना, ललकारना, हाँकना.
**हँकारा** = प्रोत्साहन, हाँका.
**हँकावा** = हाँका.
**हँकिया** = कोचवान, यानचालक, हाँके वाला.
**हंगामा** = उत्तेजना, उलाहना, कोलाहल, दंगा, हुड़दंग.
**हंगामाहीन** = कोलाहलहीन.
**हंगामेदार** = कोलाहलपूर्ण.

**हंगामेदार** *वि* अशांत, *कोलाहलपूर्ण*, तुमुल, धमालदार, शोरदार, हल्लागुल्लापूर्ण, हल्लागुल्लेदार, हुड़दंगपूर्ण, ●ध्वनिपूर्ण.

**हंगार** = हैंगार.
**हंजा** = दासी.
**हंटर** = चाबुक.
**हंडना** = लुढ़कना.
**हंडा** = कलश, घड़ा.
**हँडिया** = देगचा.
**हंडिया** = घड़ा.

**हँडिया** *सं* उखा, कुंभी, छोटा घड़ा, टोकनी, पतुकी, पिठरी, हाँड़ी, ●लोटा.

**हंत** = हत्याकृत.

**हंतव्य** *वि* घात्य, *नाश्य*, प्रहंतव्य, मारणीय, मारने योग्य, वध्य, संहार्य, समाप्य, हत्यायोग्य, हननीय, हन्य, हिंस्य, ●हत्याकृत, ■अहंतव्य.

**हंता** = नाश कर्ता, हत्यारा.
**हंतु** = यमराज.
**हंतुकाम** = हत्या इच्छुक.
**हंस** = आत्मा, धर्मगुरु, नर बतख़, बतख़.

**हंस** *सं* कलकंठ, *कलनाद*, *कलहंस*, चक्रांग, जालपाद, धवलपक्ष, मानसचारी, मानसौका, श्वेत गरुत, *सारस*, सितपक्ष, *सुग्रीव*, हंसक, हंसा.

**हंसक** = हंस, हंस शिशु.
**हंसकांता** = मादा हंस.
**हंसगामिनी** = सरस्वती, सुंदर स्त्री.
**हंसगामी** = सुंदर.
**हँसता/हँसती** = उत्सवपूर्ण.

**हँसता/हँसती** *वि* अट्टहासी, आनंदशील, आनंदी, किलकता/किलकती, खिलखिल, खिलखिलाता/खिलखिलाती, गद्गद, प्रफुल्ल, मस्त, मुक्तहासी, मौजी, *लट्टू*, लहालोट, लोटपोट, *विनोदी*, हासशील, हास्यशील, ■अश्रुपूर्ण, ■रोता/रोती.

**हँसना** = खिलना, पुलकना, हुलसना.

**हँसना** *क्रि* अट्टहास करना, क़हक़हा लगाना, किलकना, किलकारना, किलकिलाना, खिलखिल करना, खिलखिलाना, *खिलना*, ठठाना, ठहाका लगाना, दाँत फाड़ना, *पुलकना*, बतीसी दिखाना, लोटना पोटना, लोटपोट होना, लोटम पोट होना, विहँसना, ●मुस्कराना, ■कराहना, ■रोना.

**हँसमुख** = अलमस्त, चुटकुलेबाज़, बहिर्मनस्क, मित्रतापूर्ण, मिलनसार, विनोदप्रिय.
**हँसमुखता** = अलमस्ती.
**हंसराज** = राजहंस.

**हँसली** *सं* कंठा, कंठाभूषण, तौक़, ●कंठमाला.

**हंस लोहक** = पीतल.
**हंसवाहन** = ब्रह्मा.

**हंस शिशु** *सं* शिशु हंस, हंसक, हंसा.

**हंसांशु** = सफ़ेद.
**हंसा** = राजहंस, हंस, हंस शिशु.
**हँसाई** = खिल्ली, तिरस्कार, निंदा.
**हँसाऊ** = हँसोड़, हास्यप्रद.
**हँसाना** = गुदगुदाना.

**हँसाना** *क्रि* बिहँसाना, मनोरंजित करना, विहँसाना, हरषाना, ●गुदगुदाना, ■दुःख देना, ■रुलाना.

**हँसाने वाला** = हँसोड़.
**हंसिका** = मादा हंस.
**हंसिनी** = मादा हंस, सुंदर स्त्री.
**हँसिया** = दराँती.

**हँसिया** *सं* *दराँती*, दाँती, परसिया, लवनी, ●घसियारा, ●दराँती, ●राँपी.

**हँसी** = अट्टहास, उपहास, खिल्ली, तिरस्कार, निंदा, मुस्कान, व्यंग्य, सहज कार्य.
**हंसी** = मादा हंस.

**हँसी** *सं* *आनंद*, आमोद, उछाह, उल्लास, किलक, लास, स्मय, हाँसी, हास, हास्य, ●उपहास, ●कटाक्ष, ●खिल्ली, ●खीस, ●गुदगुदी, ●चुटकुला, ●मुस्कान, ●वाक्केलि, ●व्यंग्य, ■आह, ■मातम, ■रुदन, ■शोक.

**हँसीखुशी** = आनंद, मनोरंजन, विनोद.
**हँसीखेल** = आनंदक्रीड़ा, मनोरंजन, सहज कार्य.
**हँसीठट्ठा** = वाक्केलि.
**हँसीठिठोली** = चकल्लस, चुटकुलेबाज़ी.
**हँसीदार** = हास्यप्रद.
**हँसीमज़ाक़** = चकल्लस, विनोद.
**हँसी में खँसी** = आनंद भंग.
**हँसैया** = हँसोड़.
**हँसोड़** = चुटकुलेबाज़, बहिर्मनस्क, विट, विदूषक, विनोदप्रिय, हास्य अभिनेता, हास्य लेखक.

**हँसोड़** *सं* हँसाऊ, हँसाने वाला, हँसैया, हँसोड़ा/हँसोड़ी, ●उपहास कर्ता, ●चुटकुलेबाज़, ●विदूषक, ●हासी.

**हँसोड़पन** = वाक्केलि.
**हँसोड़ा/हँसोड़ी** = विट, विदूषक, विनोदप्रिय, हँसोड़.
**हक़** = अधिकार, अल्लाह, दावा, नेग, पारिश्रमिक, रिक्थ, स्वामित्व.
**हक़ताला** = अल्लाह.
**हक़दार** = उत्तराधिकारी, सुपात्र, सुपात्र,

स्वामी.

**हक़ नाहक़** = उद्देश्यहीनतः

**हक़परस्त** = आस्तिक, न्यायप्रिय.

**हक़परस्ती** = न्याय.

**हकबक** = वाचारुद्ध.

**हकला/हकली** *वि* अटकता/अटकती, *अबोध्य*, अस्पष्ट, रुकता/रुकती, स्खलित, हकलाता/हकलाती, हकलाहा/हकलाही.

**हकलाता/हकलाती** = अस्पष्ट (उच्चारक), हकला/हकली.

**हकलाती आवाज़** = हकलाहट.

**हकलाना** *क्रि* अटक अटक कर बोलना, *अटकना*, गलबल करना, गलबलाना, रुक रुक कर बोलना, साफ़ न बोलना, •तुतलाना.

**हकलापन** = हकलाहट.

**हकलाहट** *सं* वाणी स्खलन, हकलाती आवाज़, हकलापन, •तुतलाहट, •स्वरविकार.

**हकलाहा/हकलाही** = हकला/हकली.

**हक़ारत** = अपमान, घृणा, तिरस्कार.

**हक़ीक़त** = तथ्य, यथार्थता, वृत्तांत.

**हक़ीक़ी** = असली, ईश्वरीय, यथार्थ, सत्याधारित, सहोदर.

**हकीम** = चिकित्सक.

**हकीम** *सं* यूनानी चिकित्सक, लुक़मान.

**हकीमी** = यूनानी चिकित्सा.

**हक़ीर** = अधम.

**हक़ूक़ (बहु)** = अधिकार.

**हकूमत** = नियंत्रण.

**हक़्क़ानियत** = आस्तिकतावाद.

**हक़्क़ानी** = ईश्वरीय.

**हक्का बक्का/हक्का बक्की** = चकित, वाचारुद्ध.

**हगन** = मलत्याग.

**हगाई** = मलत्याग.

**हचकना** = लचकना.

**हचका** = धचका, हचकोला.

**हचकोला** *सं* झकोरा, झकोला, झटका, झटकोला, झड़ाका, हचका, •धचका.

**हज** = हजयात्रा.

**हज करने वाला** = हाजी.

**हजयात्रा** *सं* मक्का मदीना यात्रा, हज, •तीर्थयात्रा, •हाजी.

**हजयात्री** = हाजी.

**हज़रत** = पैग़ंबर, महान, महापुरुष, मुहम्मद.

**हज़रत आदम** = आदम.

**हज़रत ईसा** = ईसा मसीह.

**हज़रत मुहम्मद** = मुहम्मद.

**हज़रत मूसा** = मूसा.

**हज़रत मूसा के ज़माने का** = प्राचीन.

**हजाम** = नाई.

**हजामगीरी** = क्षौरकर्म.

**हजामत** = केश कर्तन, क्षौरकर्म.

**हज़ार** *सं* 1,000, किलो-, सहस्त्र.

**हज़ार वर्षीय** *वि* सहस्त्राब्दीय, साहस्त्राब्दिक, •वार्षिक, •सौ वर्षीय.

**हज़ार साल** = सहस्त्राब्दी.

**हज़ारहा** = अनेकदा.

**हज़ारी** = गेंदा.

**हज़ारी बज़ारी** = अपालतू.

**हज़ारों** = अत्यधिक.

**हजो** = आत्मप्रशंसा, निंदा.

**हज्जाम** = नाई.

**हट** = कुटी.

**हटक** = अस्वीकृति.

**हटकन** = चाबुक.

**हटकना** = ठुकराना.

**हट कर** = अनुपम, उत्तम, दूर, पृथक, भिन्न, विलग्न, सिवा.

**हटन** = व्यवस्थित पलायन.

**हटना** = मुकरना.

**हटबया** = फेरी वाला.

**हटमैंट** = बैरक.

**हटवार** = दुकानदार.

**हटा/हटी** = पृथक, विलग्न, विस्थापित, सत्ताच्युत, सेवाच्युत.

**हटाई** = निष्कासन.

**हटाना** = उखाड़ना, उजाड़ना, घटाना, छाँटना, त्यागना, निकालना, पोंछना, बुहारना, मारना, विलगाना, संहारना, हिलाना.

**हटाना** *क्रि* अलग करना, *उखाड़ना*, *उजाड़ना*, *उठाना*, खदेड़ना, खिसकाना, *धकेलना*, *निकालना*, निरावासित करना, बेदख़ल करना, भगाना, विस्थापित करना, हड़काना, *हिलाना*, •उखाड़ना, •त्यागना, ▪टिकाना, ▪बसाना.

**हटापन** = पार्थक्य.

**हटाया/हटाई** = विस्थापित.

**हटाव** = विसंयोग.

**हटैती** = सामान.

**हटौती** = अस्थिपंजर.

**हट्ट विलासिनी** = वेश्या.

**हट्टविलासिनी** = वेश्या.

**हट्टा कट्टा/हट्टी कट्टी** = बलिष्ठ, सुपोषित.

**हट्टी** = दुकान.

**हठ** = आग्रह, उन्माद, प्रणय कोप, शपथ.

**हठ** *सं* अड़, अडिगता, अविचलता, *आग्रह*, आन, आनबान, ऐंठ, ज़िद, टर, टेक, दुराग्रह, दृढ़ता, *धैर्य*, प्रण, *बात*, बान, *शपथ*, *संकल्प*, •पूर्वग्रह, ▪दुबिधा, ▪प्रार्थना.

**हठ करना** = ठिनकना.

**हठ कामुक** = बलात्कारी.

**हठधर्मिता** = अवज्ञा.

**हठधर्मी** = अनुदार, रूढ़िवादितापूर्ण.

**हठपूर्ण** = आग्रहपूर्ण.

**हठमतपूर्ण** = मतांध.

**हठमति** = हठी.

**हठयोग** *सं* तारक, *योग*, हठविद्या, •तपस्या, •योग.

**हठवाद** = रूढ़िवाद.

**हठविद्या** = हठयोग.

**हठ संभोग** = बलात्कार.

**हठात** = अकस्मात.

**हठी** = उन्मत्त, जीर्ण (रोग), मतांध.

**हठी** *वि* अटल, अडिग, अड़ियल, *अनम्य*, अविचल, आग्रही, आनबान वाला, आन वाला, उग्र, उत्कट, कट्टर, *कठोर*, कड़ा/कड़ी, कड़ियल, गब्बर, गहेला/गहेली, चट्टानी, ज़िद्दी/ज़द्दिन, ढीठ,

दुराग्रही, दृढ़, पक्का/पक्की, फ़ैनैटिक, बंददिमाग़, बज़िद, बहरा/बहरी, बेढब, मगरा/मगरी, मचला/मचली, मतवाला/मतवाली, रगीला/रगीली, वशेतर, *विवेकहीन*, सख़्त, हठमति, हठीला/हठीली, •अनम्य, •आदी, •उन्मत्त, •एकनिष्ठ, •मतांध, •सनकी, ▪विवेकी.

हठीला = उग्रवादी, योद्धा.
हठीला/हठीली = अपराजित, जीर्ण (रोग), वीर, हठी.
हड़ = मसाला सूची

**हड़** *सं* पथ्या, पाचनी, हरड़, हरीतकी, हर्र, •कसैलापन, •बहेड़ा.

**हड़कंप** = आतंक, उत्तेजना, क्रांति विस्फोट, धक्कमधक्का, भगदड़, भयकंप, हड़बड़ी.
**हड़क** = लालसा.
**हड़कना** = ललचना.
**हड़काना** = उकसाना, डराना, भड़काना, हटाना.

**हड़ताल** *सं* कशमकश, कामबंदी, चक्का जाम, *बंद*, बंध, *विरोध*, विरोध प्रदर्शन, सीधा हमला, सीधी कारखाई, स्ट्राइक, •आम हड़ताल, •भूख हड़ताल, •कारख़ाना, •घेराव, •तोड़फोड़, •दंगा, •धरना.

**हड़तालतोड़िया** *सं* काली भेड़, *ग़द्दार*, गुरगा, पिट्ठू, मज़दूर दुश्मन, मालिकों का पिट्ठू, ▪हड़ताली.

हड़तालिया = हड़ताली.

**हड़ताली** *सं* धरना दाता, धरना देने वाला, *धरनैत*, हड़तालिया, •आंदोलनकारी, ▪हड़तालतोड़िया.

हड़प = ग़बन.
हड़प जाना = लीलना.

**हड़पना** *क्रि* चट कर जाना, *ठूँसना*, डाटना, *ढकोसना*, धाँसना, *भकोसना*, भसकना, सना, सपोटना, •निगलना, •लीलना.

**हड़पू** = बहुभक्ष.
**हड़बड़ाहट** = हड़बड़ी.
**हड़बड़िया** = जल्दबाज़.

**हड़बड़ी** *सं* खलबल, खलबलाहट, खलबली, घबराहट, *जल्दबाज़ी*, बदहवासी, बौखलाहट, भड़भड़ी, भागदौड़, भ्रमितता, भ्रांति, मारामार, मारामारी, व्यग्रता, सरासरी, हड़कंप, हड़बड़ाहट, हबड़दबड़, *हलचल*, हलबली, हालडोल, हालाहाली, •गतिविधि, •धक्कमधक्का, ▪सावधानी.

**हड़बौंग** = हुड़दंग.
**हड़ावल** = अस्थिपंजर.
**हड़ियल** = कंकालमात्र.
**हड़ौती** = अस्थिपंजर.
**हड्डियाँ निकल आना** = दुबलाना.
**हड्डी** = वंश.
**हड्डी** = अस्थि.
**हड्डी चूरा** = खाद
**हड्डी पसली** = अस्थिपंजर.
**हत** = अवरुद्ध, आहत, पस्त, बलात्कृत, मृत, हत्याकृत.
**हत** = गुणित.
**हतक** = अपमान.
**हतक इज़्ज़त** = मानहानि.
**हतकौमार्य** = कौमार्यनष्ट.
**हतचित्त** = पागल, मदव्यग्रस्त.
**हतज्ञान** = अचेत.
**हतना** = संहारना.
**हतप्रभ** = प्रतिभाहीन.
**हतप्रमाद** = प्रेरित.
**हतबल** = निर्बल.
**हतबुद्धि** = भ्रमित.
**हतभाग** = शापग्रस्त.
**हतभाग्य** = असफल, कंगाल, दुःखी, दुर्भाग्यशाली.
**हतभाग्यता** = दुर्भाग्य.
**हतमान** = अपमानित.
**हतमानस** = मदिरोन्मत्त.
**हतवैभव** = वैभवहीन.
**हतश्रद्ध** = शंकालु.
**हतश्री** = कंगाल, दिवालिया, दुर्भाग्यशाली, मुरझाया/मुरझाई, वैभवहीन.
**हतसंपद** = दिवालिया.
**हतहृदय** = पस्त, भग्नहृदय.
**हता/हती** = था/थी.
**हतादर** = अपमानित.
**हतावशेष** = मरणासन्न.
**हताश** = दुर्भाग्यशाली, निराश, हतोत्साहित.
**हताशा** = उत्साहभंग, ऐंटीक्लाईमैक्स, निराशा, पस्ती.
**हताश्रय** = असहाय, बेघर, विवश, साधनहीन.
**हति** = अहित, चोट, मृत्यु, हत्या.
**हते** = थे.
**हतोत्साह** = हतोत्साहित.
**हतोत्साहक** = निराशाजनक.

**हतोत्साहक** *वि* *अंधकारपूर्ण*, अप्रेरक, अप्रेरणाप्रद, अप्रोत्साहक, *अशुभसूचक*, उत्साहभंजक, निराशापूर्ण, निरुत्साहक, स्वप्नभंजक, ▪उत्साहप्रद, ▪प्रेरणाप्रद.

**हतोत्साहन** = अमंत्रणा.

**हतोत्साहित** *वि* अजीवंत, अतेज, अनुत्साह, अनुत्साही, अप्रतिभ, अवसादित, उत्साहहीन, उमंगहीन, कुंठित, *जड़*, ठंडा/ठंडी, ढीला/ढीली, तेजहीन, थका/थकी, निढाल, *निराश*, *निरुत्साह*, निरुत्साहित, निश्चेष्ट, पसमंद, पसमाँदा/पसमाँदी, पस्तहिम्मत, प्रेरणाहीन, फीका/फीकी, बुझा/बुझी, बेजान, बेदम, बेदिल, भग्नोत्साह, *मंद*, मनोहत, मरा/मरी, माँदा/माँदी, मायूस, मुर्दादिल, विप्रलब्ध, शिथिल, सरद, सुस्त, स्फूर्तिहीन, हताश, हतोत्साह, हिरासाँ, •थका/थकी, •पस्त, •भग्नहृदय, •विचलित, ▪उत्साही, ▪सक्रिय.

**हतौजा** = अप्रतिष्ठित, प्रतिभाहीन.
**हत्था** = आधार सूची, थापा, मूठ, स्टीयरिंग व्हील, हस्ताश्रय.

**हत्था** *सं* दस्ता, बाज़ू, हत्थी, हैंडल, •मूठ, •स्टीयरिंग व्हील, •हस्ताश्रय.

 (प्रा) प्राचीन शब्द, अब अप्रचलित - *तिरछे* शब्द स्वतंत्र शीर्षक भी हैं •सपर्याय ▪विपर्याय

**हत्थी** = दस्ताना, मूठ, हत्था.
**हत्प्रभ** = निरुत्तर.
**हत्या** = आखेट, आफ़त की पुड़िया, जनसंहार, हिंसा.

**हत्या** *सं* अपघात, अपराधपूर्ण मारण, अपहत्या, अलक्रत, अवघात, क़त्ल, ख़ून, *घात*, निहनन, प्रहनन, प्राणाघात, प्राणातिपात, प्राणोच्छेद, बध, मर्डर, मारण, *मृत्यु*, *वध*, संघात, संहार, समाप्ति, सूद, हति, हनन, *हिंसा*, •आत्महत्या, •जीवहत्या, •मानवघात, •श्वासावरोध, •हत्यारा, ▪अहिंसा, ▪करुणा.

**हत्या इच्छुक** *वि* क्रूर, खूँख़ार, जिघत्सु, जिघांसु, नाशक, *नाशकारी*, परघाती, मारणेच्छुक, मारणोत्सुक, वधकाम, हंतुकाम, हननशील, हिंसापूर्ण, *हिंस्र*, •आत्मघाती, •नाशकारी, •रुधिरपायी, •रुधिरपिपासु, •हत्यारा.

**हत्या करना** = संहारना.
**हत्या कर्ता** = हत्यारा.
**हत्याकांड** = जनसंहार.

**हत्याकृत** *वि* अपहत, अर्दित, अस्तित्वनष्ट, उच्छिन्न, क्षत, ध्वस्त, *नष्ट*, नाबूद, निहत, नेस्तनाबूद, प्रहत, बिसमिल, मक़तूल, मटियामेट, मारा/मारी, वधकृत, वधित, विदीर्ण, विध्वस्त, विनिघ्न, विनिहत, विप्रहत, विहत, शून्यकृत, संहृत, समाप्त, सूदित, सूदित, हंत, हत, हिंसित, •हंतव्य.

**हत्यापूर्ण** = रक्तपातपूर्ण, रुधिरपिपासु.
**हत्यायोग्य** = हंतव्य.
**हत्यारा** = शिकारी.

**हत्यारा** *सं* अपघाती, आततताई, उन्माथ, क़ातिल, ख़ूनी, गारतगर, घातकी, घातिया, घाती, *जल्लाद*, जीवांतक, नाशक, नाशी, निकंदन, निसूदन, निहंता, परिघाती, पारधी, प्रमाथी, प्रहारी, प्राणांतक, बधिक, मर्दक, -मर्दन, *मारने वाला*, -मोटन (जैसेः गजमोटन), वधक, वध कर्ता, वधिक, विनाशक, विनिपाती, वेधी, संघातक, संघाती, संहर्ता, संहर्ता, संहारक, संहार कर्ता, संहारकारी, संहारी/संहारिणी, -सूदन, हंता, हत्या कर्ता, हर्ता, हलाकू, हिंसक, हिंसीर, *हिंस्र*, ह्रासक, •छुरेबाज़, •जल्लाद, •रुधिरपायी, •हत्या इच्छुक, •हत्यारिन, ▪रक्षक.

**हत्यारिन** *सं* घातिनी, -घ्नी, नाशिनी, मर्दिनी, सूदनी, हननी, •हत्यारा.

**हत्यास्थल** *सं* क़त्लगाह, *घटनास्थल*, वधस्थल.

**हत्याहीन** = रक्तपातहीन.
**हथउधार** = रोकड़ उचंत.
**हथकंडा** = कुचाल, छल, बटमारी, मिलीभगत.

**हथकड़ी** *सं* लौहबंध, हैंडकफ़, •बेड़ी.

**हथकड़ीबंद** = बेड़ीबंद.
**हथकल** = पेचकस.
**हथगोला** = हैंड ग्रेनेड.
**हथछुट** = आक्रामक.
**हथछोड़** = आक्रामक.
**हथफेर** = हाथ की सफ़ाई.
**हथलपका** = उठाईगीर.
**हथलपकी** = उठाईगीरी.
**हथवाँस** = नौकर्ण.
**हथसार** = गजशाला.
**हथसाल** = गजशाला.

**हथिनी** *सं* इभी, करेणु, कुंजरा, कुंजरी, गजा, गजिनी, गजी, धेनुका, *नर्तकी*, नागांगना, पद्मिनी, मलाका, मादा हाथी, वशा, हस्तिनी, •हाथी.

**हथियाना** = छीनना.
**हथियार** = उपकरण, शस्त्र.
**हथियार उतराई** = निश्शस्त्रीकरण.
**हथियारघर** = शस्त्रागार.
**हथियारबंद** = युद्धसन्नद्ध, शस्त्रसज्जित.
**हथियारबंदी** = शस्त्रधारण, सैन्यीकरण.
**हथेली** = अंजलि.

**हथेली** *सं* करतल, करतली, कलाई-उँगली मूल आंतरिक पाणि, तल, *ताल*, पाणि, पाणितल, प्रतल, हस्ततल, •अंजलि.

**हथेली छाप** = थापा.
**हथेली ध्वनि** = ताली.
**हथेली पर रख कर काम करने योग्य मिनीकंप्यूटर** = पामटौप.
**हथेली फैलाव** = बालिश्त.
**हथौटी** = दक्षता, हाथ की सफ़ाई.

**हथौड़ा** *सं* कुट, घन, ठुकन्ना, द्रघण, मलठ, *मुँगरा*, मुद्गर, मैलट, मोगरा, हथौड़ी, हैमर, •कील, •ठीहा, •बसूली.

**हथौड़ा मारना** = ठोंकना.
**हथौड़ी** = हथौड़ा.
**हथौड़े** = हार्डवेअर.
**हद** = छोर, डैडलाइन, मर्यादा, सीमा, सीमारेखा.
**हद दर्जे का** = पराकाष्ठागत.
**हदबंदी** = सीमांकन.
**हदीस** = आज्ञा, इसलामी धर्म आदेश, उपदेश, कहानी, धर्मविधि, धर्मादेश, वृत्तांत, सुझाव.
**हदुष्कामना** = कल्याणकामना.
**हनन** = ठुंकाई, वध, हत्या.
**हनन** = गुणन कर्म.
**हनन करना** = संहारना.
**हननशील** = हत्या इच्छुक.
**हनना** = संहारना.
**हननी** = हत्यारिन.
**हननीय** = हंतव्य.
**हनी** = शहद.
**हनीमून** = मधुमास.
**हनु** = जबड़ा.
**हनुमंत** = हनुमान.
**हनुमत** = हनुमान.
**हनुमान** = वानर सूची.

**हनुमान** *सं* अंजन, अंजनासुत, अंजनीनंदन, अनिलकुमार, अनिलात्मज, अर्जुनध्वज, आंजनेय, कपि, कपींद्र, कपीश, *किशोर*, किशोरनंदन, केसरी किशोर, पवनकुमार, पवनपुत्र, पवनसुत, बजरंग, बजरंग बली, *महावीर*,

मारुति, रामदूत, राम भक्त हनुमान, लंकादाही, वानरेंद्र, वायुपुत्र, वायुसुत, संकटमोचन, हनुमंत, हनुमत, हनुवंत, हनूमान (विकल्प), ●बाली, ●राम, ●लंकादहन, ●वानर, ●सीता, ●सुग्रीव.

**हनुमानव** = मिसिंग लिंक.
**हनुवंत** = हनुमान.
**हनू** = जबड़ा.
**हनूमान (विकल्प)** = हनुमान.
**हनोई** = वियतनामः राजधानी.
**हन्य** = हंतव्य.
**हप्पा** = ग्रास, रोटी.
**हफ़ीज़** = अल्लाह.
**हफ़्ता** = सप्ताह, साप्ताहिक देय.
**हब** = पहिया नाभि.
**हबकना** = भकोसना.
**हबड़दबड़** = हड़बड़ी, हलचल.
**हबश देश** = अफ़्रीका.
**हबशी/हबशन** = नीग्रो.
**हबस** = नीग्रो.
**हबीब/हबीबा** = प्रेमपात्र/प्रेमपात्रा.
**हब्स** = नमीदार गरमी.
**हम** = जनता, वर्तमान काल.
**हम-** = सदृश, समकोटीय, समाकार.

**हम** *सर्व* आप और मैं, तुम और मैं, न तुम न वे, मैं और तुम, मैं और वह, मैं और वे, यह और मैं, ये और मैं, वह और मैं, वे और मैं, हम लोग, हम सब, ●तुम, ●यह, ●ये, ●वह, ●सब, ●हम.

**हमउम्र** = समवयस्क.
**हमजिंस** = समकोटीय, समधंधी.
**हमज़ुल्फ़** = साढ़ू.
**हमजोली** = बालमित्र.
**हमदर्द** = दयालु, मददगार, मृत्यु संवेदना कर्ता.

**हमदर्द** *सं* अनुकंपी, ग़मख़्वार, ग़मगुसार, दर्दमंद, दर्दी, दुःख बँटाने वाला, दोस्त, *मित्र*, सहानुभूति कर्ता, साथी, सुहृद, हितैषी, ●दयालु, ●सरपरस्त, ■शत्रु.

**हमदर्दी** = मृत्यु संवेदना, सहानुभूति.
**हमदस्तर** = सहभोजी.
**हम दो** = दंपति.
**हम दोनों** = दंपति.
**हमनशीन** = सहनिवासी.
**हमनाम** = सहनाम.
**हमनिवाला** = सहभोजी.
**हमपल्ला** = समप्रतियोगी.
**हमपेशा** = समधंधी.
**हमप्याला** = सहभोजी.
**हमबिस्तर** = सहशायी.
**हमबिस्तरी** = संभोग.
**हममज़हब** = स्वधर्मी.
**हममानी** = पर्यायवाची.
**हममुल्क़** = स्वदेशवासी.
**हमराह** = संगी.
**हमराही** = जीवन सहचर, संगी, सहयात्री.
**हमला** = आक्रमण, डकैती, प्रहार.
**हमलावर** = अतिक्रांता, आक्रांता, डाकू, प्रहारक.
**हम लोग** = हम.
**हमवक़्त** = समकालीन.
**हमवतन** = स्वदेशवासी.
**हमवार** = समतल.
**हमवारी रंदा** = रंदा.
**हमशक़्ल** = सदृश.
**हमसफ़र** = संगी, सहयात्री.
**हम सब** = जनता, हम.
**हम सब का** = हमारा/हमारी.
**हमसर** = समप्रतियोगी.
**हमसाया** = पड़ोसी.
**हम हैं** = हैं.
**हमाम** = स्नानागार.
**हमारा/हमारी** = मेरा/मेरी, सामूहिक.

**हमारा/हमारी** *वि* हम सब का, ■तुम्हारा/तुम्हारी.

**हमारापन** = स्वजन भावना.
**हमारी मंदाकिनी** = आकाश गंगा.
**हमारे अपने** = स्वजन.
**हमाल** = कुली.
**हमाहमी** = आपाधापी.
**हमीर हठ** = दृढ़ वचन.
**हमेल** = कंठमाला.
**हमेश** = हमेशा.
**हमेशा** = लगातार.

**हमेशा** *क्रिवि* अविरामतः, उठते बैठते, कल आज और कल, दिन रात, निरंतर, निशि दिन, बराबर, बेचूक, बेनागा, युग युग, रात दिन, सदा, सदा सर्वदा, सर्वदा, हमेश, हमेशा हमेशा, हर दम, हर बार, ●प्रायः, ●बारंबार, ●लगातार, ■एक बार, ■कभी नहीं.

**हमेशा हमेशा** = हमेशा.
**हयंद** = घोड़ा.
**हय** = घोड़ा.
**हय मेध** = अश्वमेध.
**हयवाहन** = कुबेर.
**हया** = घूँघट, परदानशीनी, लज्जा.
**हयात** = जीवन.
**हयादार** = लजीला/लजीली.
**हयालय** = अस्तबल.
**हयी** = घोड़ी.
**हयेष्ट** = जई, जौ.
**-हर** = मोहक.
**हर** = अपहर्ता, नाश कर्ता, प्रलय कर्ता, भिन्नांक, शिव, सब, हल.
**हर एक** = सब.
**हर एक को** = सब को.

**हर ओर** *क्रिवि* अंदर बाहर, अगजग में, इधर उधर, उत्तर दक्षिण पूरब पश्चिम, ऊपर नीचे अंदर बाहर, कहीं भी, कोने कोने में, गली गली, गाँव गाँव, चतुर्दिक्, चतुर्दिश्, चप्पे चप्पे में, चहुँ ओर, चहुँ दिश, चारों ओर, चौगिर्द, जगह जगह, जहाँ तहाँ, जिधर तिधर, तीनों लोक में, दर दर, दस दिशाओं में, दिग्दिगंत में, द्वारे द्वारे, धरती आकाश में, नगर नगर, नगरी नगरी, नीचे ऊपर, बाहर भीतर, यत्र तत्र, यहाँ वहाँ, शहर शहर, सब जगह, सब तरफ़, सभी ओर, सभी कहीं, सर्‌वत्र, सारे में, हर कहीं, हर जगह, हर तरफ़, ●ओर, ■कहीं कहीं.

**हरकत** = गतिविधि, प्रयास, संचलन.
**हरकतदार** = संचलनशील.
**हरकत में आना** = हिलना.
**हरकती** = संचलनशील.
**हर कहीं** = हर ओर.
**हर काम का** = बहुउपयोगी.
**हरकारा** = कूरियर, संदेशवाहक.

**हर काल** = त्रिकाल.
**हर कोई** = जन साधारण, सब, सब एक साथ.
**हरगिज़ नहीं** = कभी नहीं.
**हरगिज़ नहीं** = नहीं.
**हरगोविंद** = गोविंद सिंह, सिख गुरु सूची.
**हरचंद** = अनेकदा, किसी भी क़ीमत पर, शत प्रतिशत.
**हर छठे महीने होने वाला** = अर्धवार्षिक.
**हर जगह** = हर ओर.
**हरजाई** = कुलटा, लंपट.
**हरजाना** = अर्थदंड.
**हरजोता** = आटि.
**हरड़** = हड़.
**-हरण** = नाश कर्ता, प्रलयकारी.
**हरण** = अधिग्रहण, अपहरण, चोरी, छीन, ज़ब्ती, लूट.
**हरण** = घटान कर्म.
**हरण कर्ता** = अपहर्ता, चोर.
**हर तरफ़** = हर ओर.
**हर तरह** = किसी भी क़ीमत पर.
**हर तरह का** = विविध.
**हर तीसरे दिन होने वाला** = एकोत्तरावृत्तिशील.
**हर तीसरे महीने होने वाला** = त्रैमासिक.
**हर दम** = हमेशा.
**हर दिन** = प्रतिदिन, लगातार.
**हर दिन होने वाला** = दैनिक.
**हरना** = चुराना, छीनना, लूटना.
**हरनौटा/हरनौटी** = मृगछौना/मृगछौनी.
**हर पखवाड़े होने वाला** = पाक्षिक.
**हरपरवेरी** = गंडा तावीज़.
**हर पल** = लगातार.
**हरफ़न मौला** = बहुगुणी.
**हर बार** = अनेकदा, हमेशा.
**हरबा हथियार** = शस्त्रास्त्र.
**हरबोंग** = अव्यवस्था.
**हरबोंग पुर** = कुशासन.
**हरम** = ऐश्वर्य भवन, गुंबद, ज़नानख़ाना, महल.
**हरमसरा** = ज़नानख़ाना, महल.
**हर महीने होने वाला** = मासिक.
**हरमोनिया** = हारमोनियम.
**हरयाणा** = हरियाणा.
**हरयाना** = हरियाणा.
**हरराय** = सिख गुरु सूची.
**हर रोज़** = लगातार.
**हरषना** = हुलसना.
**हरषाना** = हँसाना.
**हरषाना (विकल्प)** = हुलसाना.
**हरसखा** = कुबेर.
**हर सप्ताह होने वाला** = साप्ताहिक.
**हरसर्ज** = हारमोन.
**हरसिंगार** = हारसिंगार.

**हरहर** *सं* भरभर, हरहराहट, •तरंग, •प्रवाह, •बाढ़.

**हरहराना** *क्रि उफनना*, हरहराहट करना, हुमगना, हुमचना.

**हरहराहट** = हरहर.
**हरहराहट करना** = हरहराना.
**हरहार** = शेषनाग.
**हर हाल में** = अवश्यमेव.
**हरहूरा** = मुनक़्क़ा.
**हरा** = वर्णाली रंग सूची.
**हरा/हरी** = अपक्व, अम्लान, चुरा/चुरी, छायादार, ताज़ा, मनोरंजित.

**हरा/हरी** *वि* नीलपीत, नीला पीला/नीली पीली, *पलाश*, पीतनील, पीला नीला/पीली नीली, शाद्वल, सब्ज़, हरा, हरित, *हरियल*, हरियाला/हरियाली, •हलका हरा.

**हरा आम** = कच्चा आम.
**हरा कच्चा आम** = कच्चा आम.
**हराक्ष** = रुद्राक्ष.
**हराना** = जीतना, थकाना.

**हराना** *क्रि* आक्रांत करना, आसमान दिखाना, *उधेड़ना*, काला टीका लगाना, *गिराना*, *चढ़ना*, चित करना, *छकाना*, जय करना, *जीतना*, झंडा गाड़ना, तारे दिखाना, *थकाना*, दाँत खट्टे करना, धूल चटाना, नीचा दिखाना, पछाड़ना, पटकना, पटकनी खिलाना, पटकी देना, पराजित करना, पराभूत करना, पिदाना, *पीटना*, बाज़ी पलटना, *बिछाना*, मात करना, मात देना, *मारना*, मुँह की खिलाना, मैदान मारना, *लिटाना*, विजयी होना, विजित करना, ▪हारना.

**हराने वाला** = परराष्ट्र जेता, विजेता.
**हरापन** = हरीतिमा.
**हरा भरा/हरी भरी** = अम्लान, उपवनित, जवान, पल्लवयुक्त, मनोरंजित, लहलहाता/लहलहाती, वसंती, हरियल.
**हराभरापन** = हरियाली.
**हरा भरा होना** = लहलहाना.
**हराम** = अनैतिक, धर्मनिषिद्ध (आहार), निषिद्ध, परगमन, पाप.
**हरामकार** = दुराचारी, पापी, लंपट.
**हरामकारी** = दुराचार.
**हरामख़ोर** = कामचोर, परावलंबी, परावलंबी व्यक्ति, रिश्वतख़ोर, विश्वासघाती, शूकरभक्षक.
**हरामख़ोरी** = कृतघ्नता, भ्रष्टाचार.
**हरामज़ादा/हरामज़ादी** = अवैध (संतान).
**हरामी** = अवैध (संतान), दुराचारी, दुर्जन.
**हराया/हराई** = पराजित.
**हरारत** = उत्तेजना, गतिविधि, प्रयास, संचलन.
**हरावल दस्ता** = अग्रगामी सेना.
**हरास** = निराशा, निरुत्साह.
**हरि** = कृष्ण, राम, विष्णु.
**हरि आरण्य** = हरियाणा.
**हरिकिशन** = सिख गुरु सूची.
**हरिचंदन** = कल्पवृक्ष, केसर.
**हरिचाप** = इंद्रधनुष.
**हरिजन (महात्मा गांधी)** = शूद्र.
**हरिजन उद्धार** = समाज सुधार.
**हरिजन भेद** = अस्पृश्यता.
**हरिण** = हिरन.
**हरिणलोचन** = सुनयन.
**हरिणलोचना** = सुंदर स्त्री.
**हरिणांक** = चंद्रमा.
**हरिणी** = सुंदर स्त्री.
**हरिणेश** = सिंह.
**हरित** = अनथका/अनथकी, अम्लान, मूँग, लहलहाता/लहलहाती, सुरम्य, हरा/हरी.
**हरित क्रांति** = कृषिभूमि सुधार.
**हरित मणि** = पन्ना, फ़ीरोज़ा.
**हरिता** = हलदी.
**हरिदर्भ** = कुश घास.

**हरिद्रंजनी** = हलदी.
**हरिद्रा** = हलदी.
**हरि धाम** = मोक्षलोक.
**हरिपद** = मोक्षलोक.
**हरिप्रिय** = कदंब.
**हरिप्रिया** = लक्ष्मी देवी.
**हरिमंथ** = चना.
**हरिमा** = हरीतिमा.
**हरियल** = उपवनित, उर्वर, छायादार, सुरम्य, हरा/हरी.

**हरियल** *वि* गुंजान, गुंजार, पर्णिल, लहराता/लहराती, लहलह, लहलहाता/लहलहाती, वनस्पतियुक्त, शस्यपूर्ण, शस्यश्यामल, शाद्वल, सब्ज़, *समृद्ध*, सरसब्ज़, हरा भरा/हरी भरी, हरियाला/हरियाली, •उपवनित, •उर्वर, •वर्षापूर्ण, ▪उजाड़, ▪शस्यहीन.

**हरिया** = हलवाहा.
**हरियाई** = हरियाली.
**हरियाणा** = भारत राज्य प्रदेश.

**हरियाणा** *सं* हरयाणा, हरयाना, हरि आरण्य (प्रा), हरियाना, हर्यारण्य (प्रा), •भारत राज्य प्रदेश सूची.

**हरियाणाः राजधानी** *सं* चंडीगढ़.

**हरियान** = गरुड़.
**हरियाना** = हरियाणा.
**हरियाला/हरियाली** = उपवनित, सुरम्य, हरा/हरी, हरियल.
**हरियाला बन्ना** = वर.
**हरियाला सावन** = श्रावण मास.
**हरियाली** = घास मैदान, शाकशस्य, हरीतिमा.

**हरियाली** *सं* उपवनयुक्तता, वनस्पतियुक्तता, शस्यता, शस्यपूर्णता, शस्यश्यामलता, शाद्वलता, सब्ज़ा, हराभरापन, हरियाई, •वन, •हरीतिमा, ▪उजाड़पन.

**हरियाली तीज** = झूला तीज.
**हरियाली सड़क** = कुंजगली.
**हरिवल्लभा** = जवाकुसुम.
**हरिवाहन** = इंद्र.
**हरिश्चंद्र** = सत्यवादी.
**हरिसखा** = गंधर्व.
**हरिसिंगार** = हारसिंगार.
**हरिहरात्मक** = दक्ष प्रजापति.
**हरिहूति** = बीर बहूटी.
**हरिहेति** = सुदर्शन चक्र.
**हरि हेति हुति** = चकवा.

**हरी इमली** *सं* कच्ची इमली, कटारा, खटारा, •इमली.

**हरीकेन लैंप** = लालटेन.
**हरी चूडी** = सुहाग चूड़ी.
**हरी झंडी** = आरंभ संकेत.
**हरीतकी** = हड़.

**हरीतिमा** *सं* सब्ज़ा, हरापन, हरिमा, *हरियाली*, •नीलिमा, •पीतिमा, •हरियाली.

**हरी भरी** = संतानवती.
**हरेणु** = हिरनी.
**हरे पत्ते** = शाकपात.
**हरेव** = मंगोलिया.
**हरैना** = जुआ, हल अँकुड़ी.
**हर्गिज़** = अवश्यमेव.
**हर्ज** = हानि.
**हर्जा** = हानि.
**हर्जाना** = क्षतिपूर्ति.
**हर्ता** = अपहर्ता, चोर, नाश कर्ता, लुटेरा, हत्यारा.
**हर्फ़** = अक्षर, दुर्गुण, शब्द.
**हर्फ़ बहर्फ़** = शब्द प्रतिशब्द, संपूर्णतः.
**हर्म्य** = ऐश्वर्य भवन, छत, ज़नानख़ाना, नरक, महल, राजमहल.
**हर्यश्व** = इंद्र.
**हर्यारण्य** = हरियाणा.
**हर्र** = हड़.
**हर्राफ़ा** = कुलटा.
**हर्ष** = आनंद, आनंदातिरेक, प्रसन्नता, रोमांच.
**हर्षक** = रोमांचक.
**हर्षजनक** = आनंदप्रद.
**हर्षद** = आनंदप्रद, नैसर्गिक, प्रसन्नताप्रद, मनोरंजक.

**हर्षध्वनि** *सं* आनंद ध्वनि, आनंदोद्‌गार, कलरव, चहक, चहचहा, नंदिघोष, हर्षनाद, हर्षोद्‌गार, हुलहुल, हुलहुली.

**हर्षनाद** = हर्षध्वनि.
**हर्षपूर्ण** = उत्सवपूर्ण
**हर्षप्रद** = मनोरंजक
**हर्षवर्धक** = आनंदप्रद.
**हर्षवर्धन** = आनंदप्रद.
**हर्षविभोर** = आनंदित, आनंदित.
**हर्षविभोर होना** = हुलसना.
**हर्ष शोक आदि मनोविकार** = भाव.
**हर्षातिरेक** = आनंदातिरेक.
**हर्षाना** = हुलसाना.
**हर्षान्वित** = आनंदित.

**हर्षाश्रु** *सं* आनंद अश्रु, आनंद जल, आनंदाश्रु, खुशी के आँसू, •आँसू.

**हर्षित** = आनंदित, प्रसन्न, मदिरोन्मत्त, मनोरंजित, रोमांचित.
**हर्षित करना** = हुलसाना.
**हर्षुल** = आनंदप्रद.
**हर्षोत्कर्ष** = आत्मानंद, आनंदातिरेक.
**हर्षोद्‌गार** = हर्षध्वनि.
**हर्षोन्मत्त** = आनंदित.
**हर्षोन्माद** = सुखभ्रांति.
**हर्षोल्लास** = आनंद.
**हलंत** = हल चिह्न.
**हल** = उपपत्ति, पेटा, समाधान, हल चिह्न.

**हल** *सं* कुंतल, लंगल, लांगल, सीर, हर, •जुआ, •ट्रैक्टर.

**हल अँकुड़ी** *सं* अँकुड़ी, अँगुसी, अगवाँसी, कटेहर, कुड़, खोंपी, पाथा, हरैना.

**हलक़** = कंठ.
**हलकर्म** = जुताई.
**हलक़ा** = कार्यक्षेत्र, क्षेत्र, घेरा, नगर खंड.
**हलका/हलकी** = अडूब, अनथका/अनथकी, अनाभूषित, अप्रतिष्ठित, अप्रबल, अविचारशील, अश्रुतिगम्य, काग़ज़ी, कोमल, गैसीय, घीतेलहीन, चंचल, ढीला/ढीली, निवार्य, पतला (द्रव), पाच्य, पौप, बेमसाला, मंदस्वरीय, मनोरंजित, सस्ता/सस्ती, सहज, सह्य, साधारण, सुपाच्य.

**हलका/हलकी** *वि* अगरिष्ठ, अगुरु,

अल्पभार, *कम*, पोर्टेबल, फूल सा, •भारहीन, •वहनीय, ■भारी.

**हलका करना** = उतारना.
**हलका काला** = सलेटी.
**हलका टाइप** = सादा टाइप.
**हलकापन** = सहजता.
**हलका लाल** = गुलाबी.
**हलकी** = अनुर्वर.
**हलकी चोट** = टकोर.
**हलकी बारिश** = अल्पवर्षा.
**हलकोरा** = लहर.
**हल घोड़ा** = हल पशु.
**हलचल** = उत्तेजना, उथलपुथल, उपद्रव, क्रांति विस्फोट, गतिविधि, जन आंदोलन, धक्कमधक्का, प्रयास, संचलन, हड़बड़ी.

**हलचल** *सं* अफ़रातफ़री, आवाजाही, *उथलपुथल*, *गतिविधि*, गहमागहमी, गुलगपाड़ा, घमरौल, चकराचकरी, चटापटी, चहलपहल, भागदौड़, भागमभाग, मारामार, मारामारी, रवारवी, रेलपेल, लगाभगी, सक्रियता, सरगर्मी, हबड़दबड़, •धक्कमधक्का, •हड़बड़ी, ■विराम, ■विश्राम.

**हलचलपूर्ण** = उत्तेजित, उपद्रवग्रस्त, कोलाहलपूर्ण.
**हल चलाना** = जोतना.

**हल चिह्न** *सं* ्, हलंत, *हल*.

**हल जुआ** *सं* *जुआ*, जुआठा, जूआ, धुर, युगंधर, •जुआ.

**हलजुता** = ग्रामवासी, हल पशु, हलवाहा.
**हलजुता/हलजुती** = ग्राम्यतापूर्ण.
**हलद** = हलदी.
**हलद हात** = बानतेल.
**हलदिया** = पीला/पीली, पीलिया.
**हलदी** = मसाला सूची

**हलदी** *सं* कांचनी, गौरा, पिंगा, पीतचंदन, पीता, भद्रा, रंजनी, रजनी, हरिता, हरिद्रंजनी, हरिद्रा, हलद.

**हलदी तेल** = बानतेल.

**हलधर** = बलराम, हल पशु.
**हलन** = स्पंदन.
**हल न चला** = अहलित.

**हल पशु** *सं* हल घोड़ा, हलजुता, हलधर, हल बैल, हलभृत, हालिक, •जोत पशु.

**हलफ़** = शपथ.
**हलफ़नामा** = शपथपत्र.

**हल फाल** *सं* अँकुड़ी फाल, कुंसी, कुशिक, कृषक, *फल*, फाल.

**हलबली** = हड़बड़ी.
**हल बैल** = हल पशु.
**हलभृत** = हल पशु.
**हलभृति** = कृषि.
**हलराता/हलराती** = मदिरोन्मत्त.
**हलराव** = मद झूम.

**हलरेखा** *सं* कूँड़, खूड़, जोत, जोत रेखा, धारी, लांगल रेखा, *सीता*, •मेंड़.

**हलवा** *सं* हलुआ, •सिंधी हलवा, •सोहन हलवा.

**हलवाई** *सं* भक्षकार, मोदककार, •रसोइया.

**हलवाई दुकान** = मिठाई दुकान.
**हलवाहा** = खेत मज़दूर.

**हलवाहा** *सं* कृषक, जोतदार, जोतनहार, धुरंधर, सीरवाह, हरिया, हलजुता, हाली, •किसान.

**हलवाही** = जुताई.
**हला** = सहेली.
**हलाक** = नाश.
**हलाकू** = जल्लाद, हत्यारा.
**हलायुध** = बलराम.
**हलाल** = आचरणीय, धर्मसंगत, धर्मसम्मत, नैतिक.
**हलाहल** = विष.
**हलित** = समाधानित.

**हलित** *वि* कर्षित, कृषित, कृष्ट, जुता/जुती, फालकृष्ट, फालाहत, ■अहलित.

**हली** = बलराम.

**हलीन** = केवड़ा, सागौन.
**हलीप्रिया** = ताड़ी.
**हलीमक** = केवड़ा.
**हलुआ** = हलवा.
**हलोनी** = मंथनपात्र.
**हलोरना** = छपछपाना, झकझोरना, फटकना.
**हल्य** = गाध्य.
**हल्लन** = भूकंप.
**हल्ला** = आक्रमण, कोलाहल, छापा, डकैती, प्रहार, ब्लिट्ज़, युद्धनाद, हल्लागुल्ला.
**हल्लागुल्ला** = कोलाहल, हल्लागुल्ला.

**हल्लागुल्ला** *सं* कौआ रोर, ग़दर, गलगंज, गुलगपाड़ा, घमरौल, टिटिहा रोर, डंबर, डामर, धमाचौकड़ी, धूम, बमचख, बावैला, बोंग, मौजमस्ती, रामरोला, शोरग़ुल, शोरशराबा, हल्ला, हल्लागुल्ला, हाहा हूहू, हाहू, होहल्ला, •अलमस्ती, •कोलाहल, •हुड़दंग, ■शांति.

**हल्लागुल्लापूर्ण** = हंगामेदार.
**हल्लागुल्लेदार** = हंगामेदार.
**हवन** = यज्ञ.
**हवनकुंड** = यज्ञकुंड.
**हवन पात्र** = यज्ञकुंड.
**हवनवेदी** = यज्ञवेदी.
**हवलदार** = सिपाही.
**हवस** = इच्छा, कुटेव, जिजीविषा, लोभ, वासना, विलासिता.
**हवा** = अफ़वाह, अहंकार, गठिया, छल, ट्रैंड, तड़कभड़क, दिखावा, पक्षाघात, परिस्थिति, पाखंड, प्रतिष्ठा, प्रसिद्धि, फूँक, फ़ैड, बयार, बुलबुला, भूत, भूतबाधा, वायु, शब्दाडंबर, सजावट.
**हवाइयाँ उड़ना** = डरना.
**हवाई** = अडूब, अतिशयोक्तिपूर्ण, अयथार्थ, अव्यावहारिक, आतिशबाज़ी सुर्रा, उड्डयनशील, काल्पनिक, तथ्यहीन, द्रुत, पाखंडपूर्ण, भारहीन, भुतहा/भुतही, मायावी, रौकेट यान, वायु विषयक, सजावटी, स्पर्शागोचर.

**हवाई अड्डा** *सं* एअरपोर्ट, एयरपोर्ट (विकल्प), ऐरोड्रोम, विमान पत्तन, •अंतरिक्ष पत्तन, •उड़ान पट्टी,

•हैंगार, •हैलिपोर्ट.

**हवाई उड़ान** = फ़ैंटेसी.
**हवाई छतरी** = पैराशूट.
**हवाई जहाज़** = वायुयान.
**हवाई पट्टी** = उड़ान पट्टी.
**हवाई बाण** = प्रक्षेपास्त्र, रौकेट यान.
**हवाई महल** = दिवास्वप्न, फ़ैंटेसी.
**हवाई मार्ग** = नभमार्ग.
**हवाई मुरगा** = वात दिशायंत्र.
**हवाई शैड** = हैंगार.
**हवा के कान कतरना** = कुलाँचना.
**हवा के मानिंद** = द्रुततः.
**हवा खाना** = टहलना.
**हवाख़ोरी** = विचरण.
**हवाखोरी करना** = टहलना.
**हवादान** = रोशनदान.
**हवादार** = अड़ूब.

**हवादार** *वि अनवरुद्ध*, खिड़कीदार, खुला/खुली, चौड़ा/चौड़ी, *ताज़ा*, वातपूर्ण, वातोढ़, वायवी, वायुपूर्ण, •खुला/खुली, •तूफ़ानी.

**हवा देना** = दहकाना.
**हवा निकला** = पंक्चरित.
**हवापानी** = जलवायु.
**हवाबाज़** = आत्मप्रशंसक, पैराशूटिस्ट, विमानचालक.
**हवाबाज़ी** = छल.
**हवा भरना** = कूकना.
**हवा भरा** = अड़ूब, न्यूमैटिक.
**हवा महल** = महल.
**हवा में उड़ना** = कुलाँचना.
**हवाल** = वृत्तांत.
**हवा लगाना** = सुखाना.
**हवालदार** = सिपाही.
**हवाला** = अतापता, पता निर्देश, संदर्भ.

**हवालात** *सं* कोतवाली, *थाना*, लौकअप, •कारागार, •क़ैदी, •नज़र क़ैद.

**हवाला देना** = मिलवाना.
**हवाला देने वाला** = परिचायक.
**हवास** = हाज़िरजवाबी.
**हवा से बात करते** = द्रुततः.
**हवा से बातें करना** = कुलाँचना, दौड़ना.
**हवा होना** = कुलाँचना, दौड़ना.

**हवि** = यज्ञ.
**हवित्री** = यज्ञकुंड.
**हविदाता** = यज्ञहोता.
**हविर्धानी** = कामधेनु.
**हविर्भोजी** = अग्निदेव, देवता.
**हविर्मंथ** = अरणि.
**हविर्याजी** = यज्ञ पुरोहित.
**हविष्य** = घी.
**हविष्य ईंधन** = समिधा.
**हविस** = उत्साह, लालसा.
**हवेली** = महल, राजमहल.

**हवेली** *सं* क़िला, गढ़, गढ़ी, चतुश्शाला, चहारदीवारी वाला मकान, *जागीर*, संजवन, •महल.

**हव्यवाहन** = पीपल.
**हव्यार्पण** = आहुति.
**हव्वा** = हौवा.
**हशीश** = चरस.
**हश्र** = परिणाम, प्रलय.
**ह ष श स** = अंताक्षर क्रम, अवरोह क्रम.
**हसंती** = शाक खेत.

**हसन** *सं* अली पुत्र, फ़ातिमा पुत्र, मुहम्मद धेवता, •हुसैन.

**हसमुख** = अलमस्त, चुटकुलेबाज़, बहिर्मनस्क, मित्रतापूर्ण, मिलनसार, विनोदप्रिय.
**हसरत** = लालसा.
**हसरती** = इच्छुक.
**हसीन** = सुंदर.
**हसीना** = सुंदर स्त्री.
**ह से अ तक** = अवरोहक्रमिक.
**हस्त** = नक्षत्र सूची, हाथ, हाथ पंजा.
**हस्तकमल** = हाथ पंजा.

**हस्तकमल** *सं* कमलपाणि, करकमल, करपंकज, करपद्म, पंकजपाणि, पद्मपाणि, पाणिपंकज, हस्तारविंद, •चरणकमल, •हाथ.

**हस्तकला** = शिल्प.
**हस्त कलाकर्मी** = शिल्पकार.
**हस्तकुशल** = दक्ष.
**हस्त कौशल** = हाथ की सफ़ाई.
**हस्तक्षेप** = क़ताकलामी.

**हस्तक्षेप** *सं* टोक, टोकाटाकी, दख़लंदाज़ी, दस्तंदाज़ी, *बाधा*, मुदाख़लत, रोकटोक, व्यवधान, •क़ताकलामी.

**हस्तक्षेपक** *सं* दख़लंदाज़, दस्तंदाज़, नकघुसना, बीच में पड़ने वाला, मान न मान मैं तेरा मेहमान, हस्तक्षेप कर्ता.

**हस्तक्षेप कर्ता** = हस्तक्षेपक.
**हस्तगत** = दायागत, प्राप्त.
**हस्तगत होना** = पाना.
**हस्तग्रह** = पाणिग्रहण.
**हस्तग्रहण** = पाणिग्रहण.
**हस्तग्राह** = परित्राता, शरणदाता.
**हस्तग्राहक** = रक्षक, सरपरस्त.
**हस्ततल** = हथेली.
**हस्तत्र** = दस्ताना.
**हस्तत्राण** = दस्ताना.

**हस्तनिर्मित** *वि* एक एक कर के बना, छोटे पैमाने पर बना, शिल्पित, हाथ से बना, ▪यंत्रोत्पादित.

**हस्तप्रद** = रक्षक.
**हस्तप्रदत्त** = हस्तांतरित.
**हस्तमिलाप** = हैंडशेक.

**हस्तरेखा** *सं* हस्तलेख, *हाथ*, हाथ का लिखा, हाथ की लकीर, •आयुरेखा, •भाग्यरेखा, •मृत्युरेखा, •हस्तरेखा शास्त्र.

**हस्तरेखा वाचक** = हस्तरेखाविद.
**हस्तरेखा वाचन** = हस्तरेखा शास्त्र.

**हस्तरेखाविद** *सं ज्योतिषी*, पामिस्ट, हस्तरेखा वाचक, •भविष्य वक्ता.

**हस्तरेखा विद्या** = हस्तरेखा शास्त्र.

**हस्तरेखा शास्त्र** *सं* पामिस्ट्री, हस्तरेखा वाचन, हस्तरेखा विद्या, •ज्योतिष, •भविष्य वाचन.

**हस्तलाघव** = दक्षता, हाथ की सफ़ाई.
**हस्तलेख** = हस्तरेखा.
**हस्तवाम** = बाँयाँ/बाँईं.
**हस्तशिल्प** = शिल्प.
**हस्त शिल्पी** = शिल्पकार.
**हस्तहीन** = लूला/लूली.

**हस्तांगुलि** = हाथ उँगली.
**हस्तांजलि** = अंजलि.
**हस्तांतरण** = डिलीवरी.
**हस्तांतरित** = पहुँचाया/पहुँचाई, प्रदत्त.

**हस्तांतरित** *वि* अर्पित, दत्त, दिया/दी, *प्रदत्त*, *समर्पित*, सिपुर्द, सौंपा/सौंपी, हस्तप्रदत्त, ▪प्राप्त.

**हस्ताक्षर** = प्रसिद्ध व्यक्ति.

**हस्ताक्षर** *सं* दस्तख़त, सही, साइन, सिग्नेचर, •दस्तावेज, •पत्र.

**हस्ताक्षरहीन** = नामहीन (रचना).
**हस्ताक्षरित** = सत्यापित.
**हस्तागति** = प्राप्ति.
**हस्तागमन** = प्राप्ति.
**हस्ताग्र** = अग्रहस्त, हाथ उँगली.
**हस्तामलकवत्** = प्रत्यक्ष दृष्ट, स्पष्ट.
**हस्तारविंद** = हस्तकमल.
**हस्तालिंगन** = हैंडशेक.
**हस्तावाप** = दस्ताना.

**हस्ताश्रय** *सं हत्था*, हाथ टेक, हैंडल, •कुरसी, •पीठाश्रय.

**हस्तास्त्र** = शस्त्र.
**हस्ताहस्ति** = हाथापाई.
**हस्तिदंती** = मूली.
**हस्तिनी** = सुंदर स्त्री, हथिनी.
**हस्तिमुख** = गणेश.
**हस्तिशाला** = गजशाला.
**हस्ती** = अस्तित्व, जीवन, प्रतिष्ठा, प्रसिद्ध व्यक्ति, यथार्थता, व्यक्तित्व, सितारा कलाकार, हाथी.
**हस्तीकर** = सूँड़.
**हस्तीनख** = रैंप.
**हस्ती मिटना** = उजड़ना.
**हस्ती मिटाना** = संहारना.
**हस्तीशुंड** = सूँड़.
**हस्तेंद्रिय (हाथ)** = कर्मेंद्रिय.
**हस्पताल** = अस्पताल.
**हस्ब** = अनुसार.
**हहरना** = काँपना.
**हहराना** = काँपना.
**हहलना** = काँपना.
**हहलाना** = काँपना, ठिठुरना, डराना.
**हाँ** = अनुमति, अवश्यमेव, स्वीकृति, हुँकारा.

**हाँ** *मु* अच्छा, अच्छा जी, अलबत्ता, अवश्य, ओके, क्यों नहीं, खुशी से, ज़रूर, जी, जी हाँ, *ठीक*, ठीक है, तय रहा, पक्का, पक्का है, बहुत अच्छा, बहुत खूब, बिल्कुल, बेशक, *बेहतर*, भले, यस, हाँ जी, हाँ हाँ, हाँ हाँ हाँ, •अनुमति, •पारण, •मंडन, •संपुष्टि, •समझौता, •समर्थन, •सहमति, •स्वीकृति, ▪नहीं, ▪निषेध, ▪विरोध.

**हाँक** = आवाहन, चुनौती, विस्मयोक्ति.

**हाँकना** *क्रि* पशु चालन करना, सटकारना, हँकड़ाना, हँकारना, •कोंचना.

**हाँ कहलवाना** = मनवाना.

**हाँका** *सं* आखेट ध्वनि, आखेट हाँका, *कोलाहल*, खदेड़, खेदा, गुलगपाड़ा, डमर, *ढमढम*, बावैला, रोला, शोर, शोरशराबा, हँकरावा, हँकवा, हँकारा, हँकावा, होहल्ला, •आखेट.

**हाँके वाला** *सं* करावल, करौल, *ढोलची*, विरावक, हँकिया.

**हाँ जी** = हाँ.
**हाँ जी हाँ जी** = चाटूक्ति.
**हाँड़** = घड़ा.
**हाँडी** = मंथनपात्र.
**हाँड़ी** = घड़ा, हँडिया.

**हाँफ** *सं* बेदमी, *श्वास*, श्वासहीनता, हैंफ, •दमा, •श्वासरोध.

**हाँफता/हाँफती** = श्वासरुद्ध.
**हाँफना** = थकना.

**हाँफना** *क्रि* तेजी से साँस लेना छोड़ना, दम उखड़ना, दम फूलना, बेदम होना, साँस उखड़ना, साँस फूलना, हौंकना, •खाँसना.

**हाँ में हाँ मिलाने वाला** = खुशामदी टट्टू.
**हाँसी** = उपहास, हँसी.
**हाँ हाँ** = हाँ.
**हाँ हाँ हाँ** = हाँ.
**हाइजीन** = सुजीविता.
**हाइड्रोजन** = रासायनिक तत्त्व सूची.
**हाइड्रोजन बम** = ऐटम बम.
**हाइपोटैन्यूज़** = कर्णभुजा.
**हाइफ़न** = योजक चिह्न.
**हाइब्रिड** = संकरित.
**हाइलाइटित** = अधोरेखांकित.
**हाइवे** = राजमार्ग.
**हाई** = अपर (अधिकारी).
**हाई कमांड** = सर्वोच्च सत्ता.
**हाई कमान** = सर्वोच्च सत्ता, सर्वोच्च सत्ताधारी.
**हाई कमिश्नर** = राजनयिक.
**हाई कमीशन** = राजदूतावास.
**हाई कोर्ट** = उच्च न्यायालय.
**हाईबाल** = काकटेल.
**हाईलाइट** = मुख्य आकर्षण, मुख्य कथा.
**हाउस** = घर, भवन.
**हाउस आफ़ कामंस (ब्रिटेन)** = लोकसभा.
**हाउस आफ़ लाड्‌र्स (ब्रिटेन)** = राज्यसभा.
**हाउसिंग** = घर.
**हाकर** = पत्र पत्रिका विक्रेता, फेरी वाला.
**हाकिम** = अल्लाह, प्रबंधक, प्रभुसत्ताधिकारी, शासक.
**हाकिमे आला** = सर्वोच्च सत्ताधारी.
**हाजत** = आवश्यकता, इच्छा.
**हाजतमंद** = आवश्यकताग्रस्त, निवेदक, परावलंबी.
**हाजतरफ़ाई** = मलत्याग.
**हाजती** = आवश्यकताग्रस्त, निवेदक, भिखारी.
**हाज़मा** = पाचन, पाचन शक्ति.
**हाज़मेदार** = पाचकता वर्धक.
**हाज़िर** = आगत, उपस्थित, सन्नद्ध.
**हाज़िर करना** = परोसना.
**हाज़िरजवाब** = हाज़िरजवाब व्यक्ति.

**हाज़िरजवाब** *वि* तर्रार, *तीक्ष्ण*, तेज़, प्रगल्भ, *विट*, विदग्ध, वैदग्धी, शीघ्रबुद्धि, •कुशाग्रबुद्धि, •हास्यप्रद.

**हाज़िरजवाब व्यक्ति** *सं* तत्कालधी, प्रत्युत्पन्नमति, *विट*, *हाज़िरजवाब*, •बतरसिया, ▪स्वल्पभाषी.

**हाज़िरजवाबी** *सं चुस्ती*, तत्काल बुद्धि, प्रगल्भता, प्रत्युत्पन्न मति,

प्रत्युत्पन्नमतित्व, प्रागल्भ्य, विदग्धता, सिट्टी पिट्टी, सुधबुध, हवास, •बुद्धिमत्ता, ■अंतर्मनस्कता, ■अवाचालता.

**हाज़िराई** = जादूगर.
**हाज़िरात** = प्रेतसिद्धि.
**हाज़िराती** = अभिमंत्रक, प्रेतसाधक.
**हाज़िरी** = उपस्थिति, उपस्थिति गणना, सुनवाई.
**हाज़िरीन** = सुहृदजन.

**हाजी** *सं* हज करने वाला, हजयात्री, •तीर्थयात्री, •हजयात्रा.

**हाट** = दुकान, पैंठ, बाज़ार.
**हाट लाइन** = टेलिफ़ोन.
**हाटहाउस** = ग्रीनहाउस.
**हाड़** = अस्थि.
**हाड़मांस** = शरीर.
**हाता** = नाश कर्ता, परिसर, सामने वाला आँगन.
**हातिम** = दानवीर.
**हाथ** = अंकुर, अग्रहस्त, तमाचा, दाँव, बारी, भाग्यरेखा, मूठ, शोबदा, सहकर्म, सहायता, साष्टांग दंडवत अंग सूची, हस्तरेखा, हाथ पंजा.

**हाथ** *सं* कंधा-मध्यमिका छोर तक हाथ, डंड, पूरा हाथ, बाँह, बाज़ू, बाहु, भुज, *भुजा*, हस्त, •कमलपाणि, •कलाई, •कुहनी, •पंख, •पहुँचा, •पैर.

**हाथ (कर्म)** = इंद्रिय सूची.
**हाथ (ताश)** = बारी.
**हाथ 2/3** = फ़ुट.
**हाथ अँगूठा** = अँगूठा.

**हाथ उँगली** *सं* अग्रकर, करशाखा, करशूक, हस्तांगुलि, हस्ताग्र, •पैर उँगली.

**हाथ उठा कर बदन तोड़ना मरोड़ना कर्म** = अँगड़ाई.
**हाथ का मैल** = आय.
**हाथ का लिखा** = हस्तरेखा.
**हाथ की लकीर** = प्रारब्ध लेख, हस्तरेखा.
**हाथ की सफ़ाई** = दक्षता, पाकेटमारी.

**हाथ की सफ़ाई** *सं* सफ़ाई, सुबुकदस्ती, हथफेर, हथौटी, हस्त कौशल, हस्तलाघव, •बाज़ीगरी.

**हाथख़र्च** = जेबख़र्च.
**हाथगाड़ी** = ठेलागाड़ी.
**हाथघड़ी** = घड़ी सूची
**हाथ छाप** = थापा.
**हाथ टेक** = हस्ताश्रय.
**हाथ ठेला** = ठेलागाड़ी.

**हाथ पंखा** *सं पंखा*, बीजन, बीजना, ब्यजन, वीजन, •पंखा.

**हाथ पंजा** *सं* उँगली सहित पंजा, *कर*, *ताली*, *दस्त*, पंजा, पाणि, हस्त, *हस्तकमल*, *हाथ*, हाथ पंजा और उँगली, •पैर पंजा, •अंजलि, •उँगली, •चरण, •नख, •हथेली.

**हाथ पंजा और उँगली** = हाथ पंजा.
**हाथ पकड़ना** = ब्याहना.
**हाथ पकड़ाई** = पाणिग्रहण.
**हाथ पाँव फूलना** = डगमगाना, भागना, हिचकना.
**हाथ पीले होना** = ब्याहना.
**हाथ-पैर पंजा व्यायाम** = डंड.
**हाथ-पैर पंजे के सहारे शरीर उत्थान** = डंड.
**हाथ पैर पटकना** = छटपटाना.
**हाथ फैलाने वाला** = भिखारी.
**हाथबंबा** = चाँपाकल.
**हाथ मलना** = पछताना.
**हाथ मारना** = लीलना.
**हाथ मिलाई** = हैंडशेक.
**हाथ में लिया** = आरंभित.
**हाथ में लेना** = करना.
**हाथ लगना** = ढुँढ़ना, पाना.
**हाथ लगाना** = छूना.
**हाथ साधना** = सीखना.
**हाथ साफ़ करना** = लीलना.
**हाथ से बना** = हस्तनिर्मित.
**हाथाछाँटी** = बेईमानी.
**हाथापाई** = फ़ौजदारी.

**हाथापाई** *सं* कुश्तमकुश्ता, गुत्थमगुत्था, झपटाझपटी, झोंटाझोंटी, *धक्कामुक्की*, धौलधप्पड़, पाणिघात, *फ़ौजदारी*, मारपीट, मारामारी, मुक्कमुक्का, मुक्केबाज़ी, मुष्टामुष्टि, हस्ताहस्ति, •दंगा, •पिटाई, •फ़ौजदारी, •लट्ठमलट्ठा.

**हाथाबाँही** = कुश्ती.
**हाथी** = दिग्गज, मोटा/मोटी.

**हाथी** *सं ऐरावत*, कंजर, करि, करींद्र, कुंजर, गजंद, गजराज, जंबो, दंती, *नाग*, नागेंद्र, मंदार, मतंग, महानाद, मातंग, वाहन, शुंडी, सारंग, सुंडाल, हस्ती, •घोड़ा, •रुनझुन, •हथिनी, ■सिंह.

**हाथी कनपटी से बहने वाला रस** = हाथी मद.
**हाथी काठी** = हौदा.
**हाथीख़ाना** = गजशाला.
**हाथीघर** = गजशाला.
**हाथी घोड़ा** = ख़िलौना.
**हाथी दंती** = मूली.
**हाथीदाँत** = हाथी बाहर निकला दाँत.

**हाथीदाँत** *सं अस्थि*, आइवरी, गजास्थि, नाग दंत.

**हाथी बाहर निकला दाँत** *सं उद्दंत*, *कुंज*, गजदंत, टस्क, नागदंत, विषाण, शृंग, *हाथीदाँत*, •उद्दंत.

**हाथी मद** *सं* कादंबरी, गंडकुसुम, गजदान, गज मद, मद, मदजल, मदवारि, मस्ती, हाथी कनपटी से बहने वाला रस.

**हाथी मल्ल** = ऐरावत.

**हाथीवान** *सं* अंकुशधारी, अंकुशी, आंकुशिक, आधोरण, गजचालक, गजपाल, गजवान, गजारोह, गड़दार, पीलवान, फ़ीलवान, महाउत, महावत, हास्तिक, •घुड़सवार, •सवार.

**हाथी शिशु** *सं* इभपोट/इभपोटा, इभपोट/इभपोटी, करभ/करभा, करभ/करभी, करभक/करभिका, करभक/करभी, कलभ/कलभा, नगौका, शरभ, शिशुनाग, शिशु हाथी.

**हाथी सवार** *सं* गजारोही, गजी,

मतंगी, सादी, हास्तिक.

**हाथी सूँड़** = सूँड़.
**हाथी सेना** = गजसेना.
**हादसा** = घटना, दुर्घटना.
**हानि** = अकल्याण, अवनति, अहित, दुर्गुण, नाश, विलब्धि, ह्रास.

**हानि** *सं* अकाज, अनर्थ, *अहित*, आँच, *आघात*, कमी, क़सर, क्षति, गँवाई, घटी, घाटा, चपत, चपेट, *चोट*, झटका, टोटा, नुकसान, बट्टा, व्याघात, हर्ज, हर्जा, हेठ, •दिवाला, •व्यापार, ▪लाभ.

**हानिकर** = अनिष्टकारी, दुर्भाग्यप्रद, संक्रामक.
**हानिकरण** = अपकार.
**हानिकारक** = अनिष्टकारी, अपाच्य, कुव्यसनकारक, जोखिमपूर्ण, रोगकारक, विषाक्त.
**हानिकारी** = अनिष्टकारी.
**हानिपूर्ण** = अनिष्टकारी.
**हानिप्रद** = अनिष्टकारी, आहतिकारक, दुर्भाग्यप्रद, रोगकारक.

**हानिप्रद** *वि* अलाभप्रद, अहितकर, क्षतिकर, क्षतिकारी, क्षतिप्रद, घाटे का, नुकसानदेह, •दुर्भाग्यप्रद, •लाभहीन, ▪लाभप्रद.

**हानि लाभ** = उत्थानपतन, भाग्यचक्र.
**हानि संभावना** = आशंका, जोखिम.
**हानिहीन** = अहानिकारक, क्षम्य, गाय समान, पीड़ाहीन, संक्रमणरुद्ध, सज्जनतापूर्ण, सरलचित्त, सलामत.
**हाप करना** = कूदना.
**हापस्कौच** = इक्कल दुक्कल.
**हापुस** = आम.
**हाफ़ टाइम** = बारी, मध्यांतर.
**हाफ़नीयम** = रासायनिक तत्त्व सूची.
**हाफ़ पैंट** = निकर.
**हाफ़िज़** = अल्लाह, क़ुरान कंठधर, परित्राता, रक्षक, स्मृतिधर.
**हाफ़िज़ा** = स्मृतिधरता.
**हाबी** = शौक़.
**हामी** = मतानुगामी, समर्थक, सरपरस्त, स्वीकृति.
**हामी भरना** = पसीजना.
**हाय** = आर्तनाद, आह, यातना, शोक.
**हायण** = वर्षीय.
**हायतौबा** = आर्तनाद.
**हायनिक** = वर्षीय.
**हायर** = भाड़ा.

**हायर परचेज़** *सं* क़िस्तों पर ख़रीद, भाड़ा क्रय, भाड़ा ख़रीद.

**हायसिंथ** = गोमेद.
**हाय हाय** = आर्तनाद.
**हाय हाय करना** = रोना.
**हार** = कंठमाला, पटकनी, पराजय, पुरस्कार सूची, पुष्पमाला, माला, शहमात.
**हारजीत** = उत्थानपतन, भाग्यचक्र.
**हारजीतहीन** = जयपराजयहीन.
**हारजीतहीनता** = जयपराजयहीनता.
**हारना** = दुबलाना, बुढ़ाना, भागना.

**हारना** *क्रि* उट्ठी बोलना, *कटना*, *गिरना*, चीं बोलना, छक्के छूटना, झुकना, डिगना, धूल चाटना, नमना, पछड़ना, पड़ना, पराजित होना, पिटना, मात खाना, मैदान हारना, ▪जीतना, ▪पीछे धकेलना, ▪हराना.

**हारमोन** *सं* न्यासर्ज, रसर्ज, सर्जोन, हरसर्ज, •नर हारमोन, •मादा हारमोन.

**हारमोनियम** *सं* हरमोनिया, •धमन वाद्य सूची.

**हार या जीत** = अंतिम फ़ैसला, निर्णायक अवसर, शेर बकरी.

**हारसिंगार** *सं* खरकपत्रक, गुल ज़ाफ़री, पारिजात, प्रजापत, रजनीहासा, शेफालिका, शेफाली, सिंगारहार, सियारी, हरसिंगार, हरिसिंगार.

**हारा/हारी** = असफल, कंगाल, निराश, पराजित, पराधीन, विचलित.
**हाराकीरी** = आत्मबलि.
**हारावल** = अग्रगामी सेना.
**हारिद्र** = पीतिमा.
**-हारी** = मोहक.
**हारी** = बटमार, लाने वाला.
**हारीत** = ऋषि सूची, कबूतर, फ़ाख़्ता.
**हार्डकवर** = हार्डकवर पुस्तक.

**हार्डकवर पुस्तक** *सं* लायब्रेरी ऐडिशन, सजिल्द पुस्तक, हार्डकवर.

**हार्ड ड्रिंक** = मद्य.

**हार्डवेअर** *सं* औज़ार, कीलकाँटा, ढला माल, धातु उत्पाद, नट बोल्ट, नल नली, पाइप, पेचकस आदि, प्लंबिंग, फ़िटिंग सामान, फ़िटिंग्स, यंत्रोपकरण, *शस्त्रास्त्र*, साज़सामान, हथौड़े, •कंप्यूटर, •साफ़्टवेअर.

**हार्दिक** = अंतरंग, अभिव्यक्तिपूर्ण, भावपूर्ण, मित्रतापूर्ण, सत्कारपूर्ण, स्वागतपूर्ण.

**हार्दिकतः** *क्रिवि* अंतरंगतः, अंतरंग से, अंदर अंदर, अंदर से, आंतरिकतः, तहे दिल से, पूरी तरह, पूर्णतः, भीतर से, मनतः, मन लगा कर, मनसा, मन से, हृदय से, •क्षमतापूर्वक, •स्वयंसेवकतः.

**हार्दिकता** = गर्मजोशी.
**हार्न** = बिगुल, संकट सूचना.

**हार्न** *सं* कार हौर्न, पमपम, पौंपौं, भौंपू.

**हार्बर** = बंदरगाह.
**हार्रा** = कृषिभूमि.

**हार्वेस्टर** *सं* कंबाइन, क्रौपर, रीपर, •ट्रैक्टर.

**हार्स** = घोड़ा.
**हाल** = कंपन, कमरा, चित्रशाला, धचका, निकट भूतकाल, प्रदोलन, लहराव, वर्तमान काल, वर्तमान में, वृत्तांत, वेटिंग रूम, संचलन, सभागार, समाचार, स्वास्थ्य दशा.
**-हाल (जैसेः ननिहाल)** = घर.
**हाल का** = निकट भूतकालीन.
**हालचाल** = कुशल प्रश्न, स्वास्थ्य दशा.
**हालडोल** = उथलपुथल, धक्कमधक्का, लहराव, विचलन, हड़बड़ी.
**हालत** = शर्त, स्वास्थ्य दशा.
**हाल में** = आसन्नतः, वर्तमान में.

**हाल में** = निकट भूतकाल में.
**हालरा** = झोंका, लहर.
**हाल ही** = अभी, निकट भूतकाल में.
**हाल ही का** = नवीन.
**हाल ही में** = अभी अभी, आसन्नतः.
**हालाँकि** = यद्यपि.
**हाला** = मदिरा, मद्य.
**हालाडोला** = लहराव.
**हालात** = परिस्थिति, समाचार.
**हालाहाली** = उथलपुथल, हड़बड़ी.
**हालिक** = किसान, ग्राम्यतापूर्ण, हल पशु.
**हाली** = निकट भूतकाल, वर्तमान, हलवाहा.
**हालीवुड** = फ़िल्म जगत.
**हाल्ट** = विराम, स्टेशन.
**हावभाव** = अनुभाव, नाज़नख़रा, भंगिमा, भाव अभिव्यक्ति, संकेत.
**हावभावपूर्ण** = नख़रीला.
**हावभाव प्रदर्शन** = अभिनय.
**हावला बावला** = उन्मत्त, पागल.
**हावी** = प्रभावशाली, विजयी.
**हाशिया** = छोर.

**हाशिया** *सं किनारा*, *चौखटा*, *पट्टी*, परदाज़, •छोर, •पैराग्राफ़ हाशिया, •सीमारेखा.

**हास** = अट्टहास, उपहास, खिलावट, निंदा, विकास, हँसी.
**हास उत्पादक** = हास्यप्रद.
**हास उपहास** = उपहास.
**हासदी** = अगंभीर नाटक.
**हास परिहास** = वाक्केलि.
**हासपूर्ण** = हास्यप्रद.
**हासशील** = हँसता/हँसती.
**हासहीन** = अरसिक.
**हासिल** = अर्जित, आलब्ध, उपपत्ति, घटान फल, निष्कर्ष, प्राप्त, भाग फल, लभ्य.
**हासिल करना** = लेना.
**हासिल ज़रब** = गुणन फल.
**हासिल तकसीम** = भाग फल.
**हासिल होना** = पाना.
**हास्तिक** = हाथीवान, हाथी सवार.
**हास्पिटल** = अस्पताल.
**हास्य** = अगंभीर नाटक, उपहास्य, खिल्ली, चकल्लस, प्रसन्नता, व्यंग्य, हँसी, हास्यप्रद.

**हास्य अभिनेता** *सं* कामेडियन, *जोकर*, प्रहासी, मसख़रा, *विदूषक*, *हँसोड़*, •भाँड़.

**हास्य कवि** *सं* पैरोडीकार, व्यंग्य कवि.

**हास्य कविता** = पैरोडी.
**हास्यकार** = हास्य लेखक.
**हास्यजनक** = हास्यप्रद.
**हास्य नाटक** = अगंभीर नाटक.
**हास्य पात्र** = उपहास पात्र, विदूषक.
**हास्यपूर्ण** = मनोरंजक.
**हास्यप्रद** = उपहास्य.

**हास्यप्रद** *वि* कामिक, गुदगुदाऊ, *प्रिय*, मज़ाक़िया, लोटपोटकारी, हँसाऊ, हँसीदार, हास उत्पादक, हासपूर्ण, हास्य, हास्यजनक, हास्यात्मक, हास्योत्पादक, •उपहास्य, ▪करुणाजनक, ▪गंभीर, ▪पीड़ाप्रद.

**हास्यप्रिय** = बहिर्मनस्क, विनोदप्रिय.
**हास्यप्रेमी** = विनोदप्रिय.
**हास्य रस** = नवरस.

**हास्य रस** *सं* कामेडी, हास्य वर्णन, हास्योत्पादन.

**हास्यरसिक** = विनोदप्रिय.

**हास्य लेखक** *सं* प्रहासी, मसख़रा, *विट*, *हँसोड़*, हास्यकार.

**हास्य वर्णन** = हास्य रस.
**हास्य विनोद** = वाक्केलि.
**हास्य व्यंग्य** = व्यंग्य.
**हास्यशील** = हँसता/हँसती.
**हास्य सखा** = विदूषक.
**हास्यहीन** = अरसिक.
**हास्यांत** = सुखांत नाटक.
**हास्यात्मक** = हास्यप्रद.
**हास्यास्पद** = उपहास्य, कुवेशित, सनकी.

**हास्योक्ति** *सं कटाक्ष*, चुटकी, छेपटी, परिहास, परिहासोक्ति, *बोली*, मज़ाक़, मसख़रा उत्तर, मसख़री, मसख़री भरी उक्ति, वक्रोक्ति, विनोदोक्ति, *व्यंग्य*, व्यंग्योक्ति, शब्दों का खेल, श्लेष, •चकल्लस, •चुटकुला, •मर्मोक्ति.

**हास्योत्पादक** = हास्यप्रद.
**हास्योत्पादन** = हास्य रस.
**हाहा** = अट्टहास.
**हाहाकार** = आर्तनाद, चीत्कार.
**हाहारव** = चीत्कार.
**हाहा हीही** = अट्टहास.
**हाहा हूहू** = अट्टहास, कोलाहल, हल्लागुल्ला.
**हाहू** = हल्लागुल्ला.
**हिंग** = हींग.
**हिंगु** = हींग.
**हिंगुदी** = बैंगन.
**हिंगुल** = सिंदूर.
**हिंगुली** = बैंगन.
**हिंचाई** = कर्षण.
**हिंट** = सुझाव.
**हिंटरलैंड** = परिक्षेत्र.
**हिंडक** = पर्यटक.
**हिंडीर** = समंदर झाग.
**हिंडोल** = षड्राग.
**हिंडोला** = चरखी झूला, चरखी झूला डोली, झूला, पालना.
**हिंडोली** = डोली.
**हिंताल वृक्ष** = खजूर वृक्ष.
**हिंद** = भारत, भारतीय.
**हिंदचीन** = हिंदचीन अंतरीप.

**हिंदचीन अंतरीप** *सं* इंडोचाइना, हिंदचीन.

**हिंद महासागर** *सं* इंडियन ओशन, बह्रे हिंद, •बंगाल की खाड़ी.

**हिंदवाना** = तरबूज.
**हिंदवी** = उर्दू भाषा, भारतीय, हिंदी भाषा, हिंदी विषयक.
**हिंदसा** = अंक, अंतरराष्ट्रीय अंक.
**हिंदी** = भारत राजभाषा सूची, भारत राष्ट्रभाषा सूची, भारतीय, हिंदी भाषा, हिंदी विषयक.
**हिंदी अंक** = देवनागरी अंक.

**हिंदी भाषा** *सं* खड़ी बोली, भारत राजभाषा, *भाषा*, हिंदवी, हिंदी, हिंदुस्तानी, •उर्दू भाषा, •खड़ी बोली, •ब्रजभाषा, •भोजपुरी भाषा,

●राजस्थानी भाषा, ●हरियाणवी भाषा.

**हिंदी विषयक** *वि* हिंदवी, हिंदी.

**हिंदु (विकल्प)** = हिंदू धर्मावलंबी.
**हिंदुस्तान** = भारत.
**हिंदुस्तानी** = भारतीय, हिंदी भाषा.
**हिंदुस्थान (विकल्प)** = भारत.
**हिंदू** = हिंदू धर्म विषयक, हिंदू धर्मावलंबी.

**हिंदू धर्म** *सं* ब्राह्मण धर्म, वर्णाश्रम धर्म, वेदांत धर्म, वैदिक धर्म, ●आर्य समाज, ●तंत्रवाद, ●ब्रह्म समाज, ●वैष्णव संप्रदाय, ●शैव संप्रदाय, ●सनातन धर्म, ●उपनिषद, ●गीता, ●पुराण, ●वेद.

**हिंदू धर्मग्रंथ** *सं* गीता उपनिषद, रामायण महाभारत, वेदपुराण, वेदवेदांत, *स्मृति*.

**हिंदू धर्म विषयक** *वि* हिंदू, हिंदू धर्मीय.

**हिंदू धर्मावलंबी** *सं* हिंदु (विकल्प), हिंदू.

**हिंदू धर्मीय** = हिंदू धर्म विषयक.
**हिंदू प्रणाली** = दशम लव प्रणाली.
**हिंदू विधि** = हिंदू विधि संहिता.

**हिंदू विधि संहिता** *सं* *अर्थशास्त्र*, मनुस्मृति, याज्ञवल्क्य स्मृति, *स्मृति*, हिंदू विधि.

**हिंदेशिया** = इंडोनेशिया.
**हिंदोल** = चरखी झूला.
**हिंदोला** = चरखी झूला, चरखी झूला डोली, झूला, पालना.
**हिंदोस्ताँ** = दक्षिण एशिया, बृहत्तर भारत, भारत.
**हिंदोस्तान** = भारत.
**हिंदोस्तानी** = भारतीय.
**हिंसक** = मारक, रुधिरपिपासु, हत्यारा.
**हिंसक बलिदान** = पशुबलि.
**हिंसना** = सताना.
**हिंसा** = अत्याचार, आखेट, चोट, जनसंहार, प्रतिशोध, प्रहार, फ़ौजदारी, हत्या.

**हिंसा** *सं* *अत्याचार*, *आक्रमण*, *घात*, तशद्दुद, मारण, विहिंसा, संघात, *हत्या*, ●आखेट, ■अहिंसा, ■करुणा, ■क्षमा.

**हिंसात्मक** = अनिष्टकारी, हिंस्र.
**हिंसापूर्ण** = रक्तपातपूर्ण, हत्या इच्छुक, हिंस्र.
**हिंसा प्रतिहिंसा** = प्रतिशोध, फ़ौजदारी.
**हिंसारु** = रुधिरपिपासु, हिंस्र जीव.
**हिंसालु** = आखेटजीवी, रुधिरपिपासु.
**हिंसाहीन** = अहिंसक, रक्तपातहीन.
**हिंसित** = हत्याकृत.
**हिंसीर** = हत्यारा.
**हिंस्य** = हंतव्य.
**हिंस्र** = आक्रामक, क्रुद्ध, दानवीय, नाशकारी, बाघ, यातनाप्रद, रुधिरपिपासु, वन्य, हत्या इच्छुक, हत्यारा, हिंस्र जीव.

**हिंस्र** *वि* कराल, *ख़तरनाक*, ख़ूँख़ार, घातक, ध्वंसक, *नाशकारी*, प्रणाशक, *मारक*, विध्वंसक, विनाशक, संहारपूर्ण, संहारी, सर्वसंहारी, हिंसात्मक, हिंसापूर्ण, ●निर्दय, ●भयानक, ●रक्तपातपूर्ण, ●वन्य, ■अहिंसक, ■दयालु.

**हिंस्र जीव** *सं* ख़ूँख़ार जानवर, दरिंदा, वन्य जीव, व्याल, श्वपाद, हिंसारु, *हिंस्र*, हिंस्राः, ●मनुष्यभक्षक.

**हिंस्रता** = आतंकवाद.
**हिंस्राः** = हिंस्र जीव.
**हिकमत** = गुर, चिकित्सा, जुगत, बुद्धिमत्ता, यूनानी चिकित्सा.
**हिकमती** = कुचाली, कुटिल, कूटनीतिपूर्ण, दक्ष, दक्ष व्यक्ति, व्यवहारकुशल.
**हिक़ारत (विकल्प)** = अपमान, घृणा, तिरस्कार.
**हिक्का** = हिचकी.

**हिचक** *सं* अटकन, अड़चन, अधृति, अधैर्य, अनिर्णय, *अनिश्चय*, असंकल्प, असंकल्प, असमंजस, अस्थिरता, आगापीछा, कच्चापन, कमज़ोरी, खलबली, घबराहट, झिझक, टालमटोल, ठिठक, डगमगाहट, डर, डिगन, बेकली, शंका, *संकट*, *संकोच*, संशय, सकपकाहट, सकुचाहट, हिचकिचाहट, हिचिर मिचिर, ●ख़तरा, ●चिंता, ●दुबिधा, ●धकधक, ●बिदकन, ●भय, ●विचलन, ●संकोच, ■धैर्य, ■निश्चय, ■संकल्प, ■साहस.

**हिचकता/हिचकती** = अतत्पर, अप्रतिबद्ध, संकोची.
**हिचकना** = बिदकना, सकुचना.

**हिचकना** *क्रि* *अटकना*, आगापीछा करना, *उलझना*, कच्चा पड़ना, कमज़ोर पड़ना, *काँपना*, घबराना, *चूकना*, झिझकना, *ठहरना*, ठिठकना, *डरना*, *रुकना*, शंकाग्रस्त होना, *सोचना*, हाथ पाँव फूलना, हिचकिचाना, ●डगमगाना, ●बिदकना, ●सकपकाना, ■करना.

**हिचकिचाता/हिचकिचाती** = अतत्पर.
**हिचकिचाना** = बिदकना, हिचकना.
**हिचकिचाहट** = बिदकन, संदेह, हिचक.

**हिचकी** *सं* धिग्घी, हिक्का, हिलकी, हीक, हुचकी, हुड़क, हुड़का, हुड्डुक, हूक, होड़का, ●रुदन, ●श्वासरोध, ●सिसकी.

**हिचकू** = अतत्पर.

**हिचहाइकर** *सं* अल्पव्यय यात्री, बैकपैकर.

**हिचहाइकिंग** *सं* अल्पव्यय यात्रा, बैकपैकिंग, ●पदचर्या, ●पदयात्रा.

**हिचिर मिचिर** = हिचक.

**हिजड़न** *सं* नरमानिका, पोटा, मुस्तंडी, षंढा, संडी, हिजड़ी, ●हिजड़ा, ■मादा.

**हिजड़ा** = अंतःपुर दास.

**हिजड़ा** *सं* अपुरुष, क्लीव, ख़ोजा, ख़्वाजा, ख़्वाजासरा, छक्का, ज़नख़ा, ज़न्नत की चिड़िया, नर दारा, बृहन्नला, *शिखंडी*, स्त्रैण पुरुष, हीज़, ●अंतःपुर दास, ●नपुंसक, ●हिजड़न, ■नर.

**हिजड़ी** = हिजड़न.
**हिजरी** = हिजरी संवत.

**हिजरी मास सूची** *सं* मुहर्रम, सफ़र, रबीउल अव्वल, रबीउल आख़िर, ज़मादी 1, ज़मादी 2, रज़ब, शाबान, रमज़ान, शौआल, ज़ीक़ाद, जूलहिज्ज.

**हिजरी संवत** *सं* आरंभ 15 जुलाई 622, इसलामी संवत, मुहम्मद हिजरत संवत, सन हिजरी, हिजरी, हिज्री, •विक्रमी संवत, •संवत्सर.

**हिजली बादाम** = काजू.
**हिजाब** = परदानशीनी, बुरक़ा नकाब, लज्जा.
**हिज्जे** = वर्तनी.
**हिज्ब** = राजनीतिक दल, संस्था, समूह.
**हिज्री** = हिजरी संवत.
**हिट** = सफल.
**हिटलर** = तानाशाह.
**हिडिंबापति** = भीम.
**हित** = उपकार, कल्याण, सौभाग्य, स्वार्थ.

**हित** *सं* अच्छा, *अर्थ*, इष्ट, *कल्याण*, फ़ायदा, भला, भलाई, *लाभ*, शुभ, •जनहित, ▪अहित, ▪हानि.

**हितकर** = अनुग्रही, उपकारपूर्ण, उपयोगी, कल्याणकारी, चिकित्साकारी, शक्तिवर्धक, सफलताप्रद, स्वास्थ्यप्रद.
**हितकामना** = शुभकामना, सहानुभूति.
**हितकामी** = कल्याणकामी, शुभचिंतक.
**हितकाम्या** = कल्याणकामना.
**हितकारक** = अनुग्रही.
**हितकारी** = अनुग्रही, उपकारपूर्ण, उपयोगी, कल्याणकारी, दानशील, पोषक, मित्रतापूर्ण, शक्तिवर्धक, सहयोगपूर्ण, स्वास्थ्यप्रद.
**हितचिंतक** = शुभचिंतक.
**हितचिंतन** = कल्याणकामना.
**हित मित्र** = निस्स्वार्थ मित्र.
**हित में** = उपलक्ष्य में.
**हितरक्षा** = सलामती.
**हितवाक्य** = सुपरामर्श.
**हित संघर्ष** = वर्गयुद्ध.
**हित साधन** = आपाधापी.
**हिताकांक्षा** = कल्याणकामना.
**हिताकांक्षी** = कल्याणकामी, शुभचिंतक.
**हितार्थी** = शुभचिंतक.
**हितावह** = कल्याणकारी.
**हिताहित** = उत्थानपतन, भाग्यचक्र.
**हितू** = शुभचिंतक.
**हितेच्छा** = कल्याणकामना.
**हितेच्छु** = शुभचिंतक.
**हितेच्छुक** = शुभचिंतक.
**हितैषिता** = मित्रता.
**हितैषी** = अनुग्रही, मित्र, मित्रतापूर्ण, शुभचिंतक, हमदर्द.
**हितैष्णा** = कल्याणकामना.
**हितोक्ति** = सुपरामर्श.
**हितोपदेश** = सुपरामर्श.
**हिदायत** = आज्ञा, इसलामी धर्म आदेश, उपदेश, औषध पत्र, निदेश, परामर्श, सुपरामर्श.
**हिदायतनामा** = प्रक्रिया पुस्तक.
**हिना** = मेहँदी.
**हिनाबंदी** = मेहँदी लगाई.

**हिप्नोटिज़्म** *सं* अमल, मामूल, मिस्मरेज़म, मैस्मराइज़िंग, मैस्मरिज़्म, मोह निद्रा, सम्मोहन, हिप्नोसिस, •कल्पना, •भ्रमदर्शन.

**हिप्नोटिज़्म कर्ता** = हिप्नोटिज्म कर्ता.

**हिप्नोटिज्म कर्ता** *सं* मैस्मरिस्ट, हिप्नोटिज़्म कर्ता, हिप्नोटिस्ट.

**हिप्नोटिस्ट** = हिप्नोटिज्म कर्ता.
**हिप्नोसिस** = हिप्नोटिज़्म.
**हिप्पो** = दरियाई घोड़ा.
**हिप्पोपोटामस** = दरियाई घोड़ा.
**हिफ़ाज़त** = आत्मरक्षा, रक्षा, संरक्षण, सलामती 1, सुरक्षा.
**हिफ़्ज़** = कंठस्थ.
**हिब्रू** = यहूदी.
**हिब्रू ईश्वर** = जेहोवा.
**हिमंचल** = हिमाचल प्रदेश.
**हिम** = तुषार, हिमपात.

**हिम** *सं* जमा पानी, तुहिन, नीहार, प्राकृतिक हिम, *बर्फ़*, स्नो, •तुषार.

**हिमक** = फ़्रीज़र.
**हिमकारी** = फ़्रीज़र.
**हिमकुटी** = इगलू.
**हिमकूट** = हिमालय.
**हिमकृत** = हिमीकृत.
**हिमगिरि** = हिमालय.
**हिमगृह** = इगलू.
**हिमगौर** = बर्फ़ीला सफ़ेद.
**हिमघात** = हिमाघात.
**हिमध्वस्त** = हिमाहत.

**हिमपात** *सं* ख़राब मौसम, *तुषार*, स्नोइंग, *हिम*, हिमवर्षा, हिमानी, •ओला, •बारिश.

**हिम पादुका** = स्की.
**हिमप्रस्थ** = हिमालय.
**हिम फलक** = स्की.
**हिमयान** = स्लैज.
**हिमरश्मि** = बुध ग्रह.
**हिमवंत** = हिमालय.
**हिमवर्षा** = हिमपात.
**हिमवान** = हिमालय.
**हिम शैल** = हिमालय.
**हिमश्वेत** = बर्फ़ीला सफ़ेद.
**हिमांत** = वसंत.
**हिमांबु** = ओस.
**हिमांशु** = कपूर, चंद्रमा.
**हिमाक़त** = अकड़, अविवेक, मूर्खता.
**हिमागम** = सर्दी.

**हिमाघात** *सं* तुषाराघात, तुहिनाघात, फ़्रॉस्टबाइट, शीताघात, हिमघात, ▪उष्माघात.

**हिमाघातग्रस्त** = हिमाहत.
**हिमाचल** = हिमाचल प्रदेश, हिमालय.
**हिमाचल प्रदेश** = भारत राज्य प्रदेश.

**हिमाचल प्रदेश** *सं* हिमंचल, हिमाचल, •भारत राज्य प्रदेश सूची.

**हिमाचल प्रदेशः राजधानी** *सं* शिमला.

**हिमाद्रि** = हिमालय.
**हिमानी** = हिमपात.
**हिमायत** = प्रतिपादन, मंडन, मतानुगमन, समर्थन, सरपरस्ती, सहायता.
**हिमायती** = पक्षधर, मंडन कर्ता, मतानुगामी, रक्षक, समर्थक, सरपरस्त,

सिफ़ारिश भरा.
**हिमारि** = अग्नि.
**हिमारुण** = हिमाहत.
**हिमार्त** = हिमाहत.
**हिमार्दित** = हिमाहत.
**हिमालय** = पर्वत सूची भारत उपमहाद्वीप.

**हिमालय** *सं* अगेंद्र, अचलाधिप, अद्रिराज, अद्रीश, गिरिपति, गिरींद्र, गिरीश, तुषारालय, तुहिन शैल, तुहिनाचल, नगपति, नगाधिप, नगाधिराज, नगेंद्र, नगेश, पर्वतराज, पर्वतेश्वर, शिवालिक, शैलपति, शैलेंद्र, शैलेश, हिमकूट, हिमगिरि, हिमप्रस्थ, हिमवंत, हिमवान, हिम शैल, हिमाचल, हिमाद्रि, हिमालय पर्वत, •तिब्बत, •देवदारु, •विंध्याचल.

**हिमालयजा** = गंगा नदी, पार्वती.
**हिमालय जैसा** = गगनचुंबी.
**हिमालय पर्वत** = हिमालय.
**हिमालयी** = अतिशीतल.

**हिमालयी** *वि* हैम, हैमवत, हैमालय, •आल्पसीय, •पर्वतीय.

**हिमाहत** *वि* तुषाराघातग्रस्त, तुहिनाहत, पाला मारा, हिमध्वस्त, हिमाघातग्रस्त, हिमारुण, हिमार्त, हिमार्दित, हिमोपहत, •शीताकुल.

**हिमिका** = ओस, तुषार.
**हिमित** = परिरक्षित (आहार), हिमीकृत.

**हिमित** *वि* आश्यान, जमा/जमी, जमाया/जमाई, ठंडा ठार/ठंडी ठार, फ़्रोज़न, रैफ़्रिजरेटिड, हिमीभूत, हिम्य, •शीतलित, ▪डीफ़्रौस्टित.

**हिमित्र** = फ़्रीज़र.

**हिमीकृत** *वि* आइस्ड, कोल्ड, जमाया/जमाई, ठंडा/ठंडी, ठंडा ठार/ठंडी ठार, फ़्रोज़न, रैफ़्रिजरित, शिशिरित, *शीतलित*, सर्द, सियरा/सियरी, सीरा/सीरी, हिमकृत, *हिमित*, हिम्य, •परिरक्षित (आहार).

**हिमीभूत** = हिमित.
**हिमीभूत ओस** = तुषार.
**हिमीभूत जल** = बर्फ़.
**हिमीय** = अतिशीतल.
**हिमोपल** = ओला.
**हिमोपहत** = हिमाहत.
**हिम्मत** = प्रयास, साहस.
**हिम्मत अफ़ज़ाही** = प्रोत्साहन.
**हिम्मत छोड़ना** = डगमगाना, भागना.
**हिम्मतपस्त** = पस्त.
**हिम्मत पस्त होना** = डरना.
**हिम्मतपस्ती** = पस्ती.
**हिम्मत बढ़ाना** = बहलाना.
**हिम्मत वाला** = वीर.
**हिम्मत हारना** = डगमगाना, डरना.
**हिम्मती** = वीर, साहसी.
**हिम्य** = हिमित, हिमीकृत.
**हिय** = मन, हृदय.
**हिया** = मन.
**हियाव** = साहस.
**हिरणी** = हिरनी.
**हिरण्मय** = सुनहला/सुनहली.
**हिरण्य** = चाँदी, धन, धातु, पदार्थ, स्वर्ण.
**हिरण्यकशिपु अवतार** = रावण.
**हिरण्यकेश** = स्वर्णकेशी.
**हिरण्यगर्भ** = ब्रह्मा.
**हिरण्यदा** = पृथ्वी.
**हिरण्यधनु पुत्र** = एकलव्य.
**हिरदय** = मन.

**हिरन** *सं* अजिन, ऋश्य, एण, कुरंग, प्लवंग, मृग, मृडीक, सारंग, *सुनयन*, हरिण, हिरना, •कस्तूरी मृग, •बारहसिंगा, •मरीचिका, •हिरनी, ▪सिंह.

**हिरन गति** = द्रुतवेग.
**हिरन पाश** = पाश.
**हिरन शिशु** = मृगछौना/मृगछौनी.
**हिरना** = गुमना, हिरन.
**हिरनी** = सुंदर स्त्री.

**हिरनी** *सं* एणी, कुरंगी, ग़ज़ाला, मादा हिरन, मृगी, *सुनयना*, हरेणु, हिरणी.

**हिरनौटा/हिरनौटी** = मृगछौना/मृगछौनी.
**हिरफ़तबाज़** = कुटिल.
**हिर फिर कर** = बारंबार.
**हिराना** = गँवाना, गुमना, भटकना, भरमाना, सकपकाना.
**हिरासत** = आत्मसमर्पण, गिरफ़्तारी.
**हिरासती** = गिरफ़्तार.
**हिरासाँ** = भयभीत, हतोत्साहित.
**हिर्स** = ईर्ष्या, प्रतिद्वंद्विता, प्रतियोगिता, लालसा.
**हिर्साहिर्सी** = अनुकरण, प्रतिद्वंद्विता.
**हिल** = पहाड़ी.
**हिलकना** = कराहना.
**हिलकी** = हिचकी.
**हिलकोरा** = झोंटा, लहर.
**हिलगाना** = सटाना.
**हिलता/हिलती** = छकड़ा, लड़खड़ाता/लड़खड़ाती, लहराता/लहराती, संचलनशील.
**हिलन** = कंपन, लड़खड़ाहट, लहराव, विचलन, संचलन, स्पंदन.
**हिलन डुलन** = संचलन.
**हिलना** = काँपना, डगमगाना, डरना, डोलना, नाचना, फड़कना, भकभकाना, रेंगना, लड़खड़ाना, लहरना.

**हिलना** *क्रि* आंदोलित होना, *उठना*, *चलना*, जगना, जुलना, डुलना, *डोलना*, थलकना, मसकना, *लहरना*, विचलना, संचल होना, संचलित होना, हरकत में आना, हिलना डुलना, •डोलना, •बहना, •रेंगना, ▪रुकना.

**हिलना डुलना** = झूलना, हिलना.
**हिलना डोलना** = जीना.
**हिलमोचिका** = बथुआ.
**हिल स्टेशन** = पर्वतीय नगर.
**हिलाई** = मिश्रण, संचालन.
**हिलाऊ** = भयानक.
**हिलाना** = उकसाना, कँपाना, घोटना, छपछपाना, जगाना, झकझोरना, झुलाना, डिगाना, डुलाना, निथारना, फड़काना, फेंटना, भड़काना, हटाना.

**हिलाना** *क्रि* अशांत करना, आंदोलित करना, *उठाना*, गति देना, चपलाना, चलाना, *डुलाना*, डोलाना, दुलाना, लहराना, संचलित करना, सचल करना, *हटाना*, हिलाना डुलाना, •कँपाना, •छपकना, •झकझोरना, •फेंटना,

●हटाना, ■टिकाना, ■रखना.

**हिलाना डुलाना** = झुलाना, डुलाना, हिलाना.
**हिलाल** = दूज का चाँद.
**हिलाली ईद** = ईदुल फ़ितर.
**हिलावन** = संचालन.
**हिलोर** = आनंद, उत्साह, नशा, लहर.
**हिलोरना** = छपछपाना, झकझोरना.
**हिलोरा** = झोंटा, प्रवाह, लहर.
**हिल्लोल** = मद झूम, महोर्मि, लहर.
**हिसहिस** = फुँकार.
**हिस हिस करना** = हिसहिसाना.
**हिसहिसाना** = छनछनाना.

**हिसहिसाना** *क्रि* सी सी करना, हिस हिस करना.

**हिसहिसाहट** = फुँकार.
**हिसाब** = अंकगणित, अल्पव्यय, गणना, गणितशास्त्र, जोड़ कर्म, दर, पारिश्रमिक, बचत, मूल्य, लेखा, लेखाशीर्षक, सामंजस्य.
**हिसाब करना** = गिनना, जोड़ना.
**हिसाब किताब** = आदानप्रदान, बजट, लेखा, लेखाचिट्ठा.
**हिसाबदाँ** = गणितज्ञ.
**हिसाबदार** = लेखापाल.
**हिसाब बही** = बहीखाता.
**हिसाब में** = उधार का.
**हिसाब में लेना** = गिनना.
**हिसाब लगाने वाला** = गणक.
**हिसाबी** = लेखापाल.
**हिसार** = दुर्ग, दुर्ग परकोटा, परकोटा.
**हिस्टरी** = इतिहास.
**हिस्सा** = अंग, अंश, खंड, घटक, नगर खंड, पुरज़ा, शेयर, शैली.
**हिस्सा बँटाई** = दाय विभाजन.
**हिस्सा बाँट** = दाय विभाजन.
**हिस्सा लेना** = खेलना.
**हिस्सेदार** = साझेदार.
**हिस्सेदारनी** = उत्तराधिकारिणी.
**हिस्सेदारी** = बँटाईदारी, सहकर्म, साझेदारी.
**हींग** = मसाला सूची

**हींग** *सं* उग्रगंध, पिण्याक, हिंग, हिंगु, ●लहसुन.

**हींच** = कर्षण.
**हींचना** = घसीटना.

**ही** *क्रिवि* अनेतर, और नहीं, कुल, *केवल*, खालिस, फ़क़त, *बस*, महज़, मात्र, सिर्फ़, ●यही, ●वही, ■अतिरिक्त, ■और, ■भी.

**हीक** = हिचकी.
**हीज़** = हिजड़ा.
**हीट** = ताप.

**हीटर** *सं* तापक, तापित्र, ●एअरहीटर, ●कनवैक्टर, ●फ़ायरप्लेस, ●रूम हीटर, ●रेडिएटर, ●सोलर हीटर, ■कूलर.

**हीटस्ट्रोक** = उष्माघात.
**हीडोनिया (मनोविज्ञान)** = आनंदातिरेक.
**हीन** = अधम, अनुपयोगी, अप्रतिष्ठित, अयोग्य, अवमानक, असफल, आवश्यकताग्रस्त, कंगाल, कम, दुःखी, बुरा/बुरी, महत्त्वहीन, मिलावटी, रहित, ह्रासशील.
**हीन आपत्ति** = मीनमेख.
**हीनकुल** = निम्नकुलीन.
**हीनकोश** = दिवालिया.
**हीनक्रम** = अवरोह क्रम.
**हीनचरित** = दुराचारी.
**हीनतः** = सिवा.
**हीनतर** = बदतर.
**हीनबल** = अक्षम, कुपोषित, निर्बल.
**हीनबुद्धि** = मंदधी.
**हीनमति** = अज्ञानी, मंदधी.
**हीनमूल्य** = सस्ता/सस्ती.
**हीनयोनि** = निम्नकुलीन.
**हीनवंश** = निम्नकुलीन.
**हीन वर्ण** = अद्विज वर्ण.
**हीनस्तरीय** = अवमानक, बुरा/बुरी.
**हीनांग** = लँगड़ा लूला/लँगड़ी लूली.
**हीनांशु** = अंधकारपूर्ण, कुदृश्य.
**हीनाशय** = स्वार्थी.
**हीबेरनिया** = आयरलैंड.
**हीमिया** = अभिमंत्रण, प्रेतसिद्धि.
**हीमियागर** = प्रेतसाधक.
**हीर** = वीर्य.
**हीरक** = साठवाँ/साठवीं, हीरा.

**हीरक जयंती** *सं* डायमंड जुबिली, षष्टिपूर्ति, *साठ वर्ष*.

**हीरा** = उत्तम व्यक्ति या वस्तु, प्रसिद्ध व्यक्ति.

**हीरा** *सं* अविक, कुलिश, डायमंड, मणिराज, वज्र, वज्रमणि, हीरक, ●कार्बन.

**हीरा आदमी** = सज्जन.
**हीरो** = कथा नायक, पुरस्कार विजेता, प्रसिद्ध व्यक्ति, मर्यादा पुरुष, महापुरुष.
**हीरोइन** = नायिका.
**हीरोवर्शिप** = नायक पूजा.
**हीलहुज्जत** = तकरार, वितंडावाद.
**हीला** = आजीविका, झूठा बहाना, धंधा.
**हीला हवाला** = बहानेबाज़ी, मीनमेख.
**हीलीयम** = रासायनिक तत्त्व सूची.
**हीलेगर** = बहानेबाज़.
**हीलेबाज़** = बहानेबाज़.
**हीलेबाज़ी** = अस्पष्टवादिता.
**हीले हवाले करने वाला** = बहानेबाज़.
**हीही** = अट्टहास.
**हुंकार** = गर्जन, गर्वोक्ति, चुनौती, युद्धनाद, हुँकारा.
**हुँकारना** = ललकारना.
**हुंकारना** = गरजना, गुर्राना, पुकारना.

**हुँकारा** *सं* श्रवण प्रतिक्रिया, सिर हिलाई, *हाँ*, हुंकार, हूँ.

**हुंडी** = गुल्लक, दानपेटी, बिक्री बिल.

**हुंडी** *सं* *खोखा*, *टीप*, दर्शनी हुंडी, महाजनी हुंडी, रुक़्क़ा, सराफ़ी पारचा, साहूकारी हुंडी.

**हुंडी बाज़ार** = मुद्रा बाज़ार.
**हुआ/हुई** = कृत, घटित, जन्मा/जन्मी, तथ्यात्मक, था/थी, व्यतीत.
**हुआ करता था/हुआ करती थी** = था/थी.
**हुआ करता है/हुआ करती है** = है.
**हुआ करते थे** = थे.
**हुआ करूँगा/हुआ करूँगी** = होऊँगा/होऊँगी.
**हुआ करेंगे/हुआ करेंगी** = होंगे/होंगी.
**हुआ करेगा/हुआ करेगी** = होगा/होगी.
**हुआ था/हुई थी** = था/थी.
**हुए** = थे.
**हुक** = लटकन छल्ला.

**हुक** *सं* अँकड़ी, अँकसी, अंकुड़ा,

अँकुड़ी, आँकुड़ा, आँकुड़ी, काँटा, शंकु, •अँकुसी.

**हुकना** = सोहन चिड़िया.
**हुकुरपुकुर** = आशंका, हृदय कंप.
**हुकुरहुकुर** = हृदय कंप.
**हुकूमत** = प्रताप, सरकार.
**हुकूमती** = शासकीय.

**हुक़्क़ा** *सं* गड़गड़ा, गुड़गुड़ी, •चिलम, •धूम्रपान, •निगाली, •नैचा, •पाइप, •सिगरेट.

**हुक़्क़ा चिलम** = चिलम.
**हुक़्क़ा नय** = नैचा.
**हुक़्क़ा निगाली** = निगाली.
**हुक़्क़ापानीबंद** = जाति निर्वासन.
**हुक्म** = अधिकार, आज्ञा, जजमैंट, फ़तवा, सरकार.
**हुक्म उदूल** = अवज्ञाकारी.
**हुक्म उदूली** = अवज्ञा.
**हुक्म का बंदा** = चरणदास.
**हुक्मनामा** = आज्ञापत्र, राज्यादेश.
**हुक्मबरदार** = आज्ञाकारी.
**हुक्मरान** = शासक, शासन तंत्र.
**हुक्मी** = लक्ष्यवेधी.
**हुचकी** = लटई, हिचकी.
**हुजूम** = जनाकीर्णता, भीड़.
**हुज़ूरी** = खुशामद.
**हुज्जत** = कलह, तकरार, विवाद.
**हुज्जतबाज़** = तकरारिया.
**हुज्जती** = कलहप्रिय, तकरारिया.
**हुड़क** = हिचकी.
**हुड़कता/हुड़कती** = रोता/रोती.
**हुड़का** = हिचकी.

**हुड़दंग** *सं* अकांड तांडव, *अलमस्ती*, उछलकूद, उठापटक, उत्पात, *उपद्रव*, ऊधम, क़लंदरी, कुदक्कड़ी, कूदफाँद, खुराफ़ात, ग़दर, घमरौल, चौकड़ी, धमगजर, धमाचौकड़ी, धींगामस्ती, धूम, मसख़री, मस्ती, मौज, *शरारत*, हंगामा, हड़बौंग, हुल्लड़, •विनोद, •हल्लागुल्ला, •होली.

**हुड़दंगई** *सं* आफ़त, उत्पाती, *नटखट*, *नटखट*, नटखटिया, बला, हुड़दंगा, हुड़दंगिया, हुड़दंगी, •कोलाहलकारी.

**हुड़दंगपूर्ण** = हंगामेदार.
**हुड़दंगा** = हुड़दंगई.
**हुड़दंगिया** = हुड़दंगई.
**हुड़दंगी** = हुड़दंगई.
**हुड़ियाल** = भेड़ा.
**हुड़ुक** = चातक.
**हुड्ड** = असंस्कृत, नौसिखिया, मूर्ख.
**हुड्डुक** = हिचकी.
**हुताशन** = अग्नि.
**हुति** = पुरोडाश, बलिदान, बलिवस्तु.
**हुदहुद** = कठफोर.
**हुनर** = कला, दक्षता, योग्यता.
**हुनरमंद** = दक्ष.
**हुनरमंदी** = दक्षता.
**हुनर सिखाना** = सिखाना.
**हुनर सीखना** = सीखना.
**हुब्ब** = प्रेम.
**हुमक** = इठलाहट.
**हुमगना** = हरहराना.
**हुमच** = इठलाहट.
**हुमचना** = उमगना, चौंकना, हरहराना, हुलसना.
**हुमचाना** = हुलसाना.
**हुमस** = नमीदार गरमी.

**हुमसदार** *वि* ऊमसदार, गरम और नम, गिजगिजा/गिजगिजी, गीला/गीली, घुटा/घुटी, *बंद*, लथपथ, *वातहीन*, सड़ता/सड़ती, *सीलनदार*, •ग्रीष्मकालीन, ▪शीतकालीन.

**हुरहुल** = सूरजमुखी.
**हुलकी** = मिचलाहट.
**हुलराता/हुलराती** = मदिरोन्मत्त.
**हुलराना** = दुलारना.

**हुलसना** *क्रि* अंग न समाना, आनंद आना, आनंद करना, आनंदना, आनंद मनाना, आनंद लूटना, आनंद लेना, आनंदित होना, *उछलना*, उमँगना, उमड़ना, कपड़ों में न समाना, कलेजा बल्लियों उछलना, गद्‌गद होना, *चहचहाना*, चिरकना, चुहचुहाना, *नाचना*, निहाल होना, *पुलकना*, प्रसन्न होना, फूल कर कुप्पा होना, फूला न समाना, बाग़ बाग़ होना, मगन होना, मज़े मारना, मस्त होना, मस्ती करना, रमना, लहराना, *लहलहाना*, *हँसना*, हरषना, हर्षविभोर होना, हुमचना, •हुलसाना, ▪रोना.

**हुलसा/हुलसी** = आनंदित.

**हुलसाना** *क्रि* आनंद देना, आनंदित करना, उमगाना, उमड़ाना, उमहाना, उल्लसित करना, खुश करना, पुलकित करना, प्रसन्न करना, रमाना, लहराना, हरषाना (विकल्प), हर्षाना, हर्षित करना, हुमचाना, •हुलसना, ▪रुलाना.

**हुलसाव** = लाड़.
**हुलसित** = आनंदित.
**हुलसी** = उत्साह.
**हुलहुल** = हर्षध्वनि.
**हुलहुली** = हर्षध्वनि.
**हुलास** = आनंद, उत्साह, नसवार.
**हुलासक** = मनोरंजक.
**हुलासदानी** = नसवारदानी.

**हुलिया** *सं आकार*, आकृति, गुण, चेहरा, चेहरा मोहरा, छवि, डौल, पहचान, फ़ीचर्स, *बनावट*, रंगरूप, रूप, रूप आकार, *लक्षण*, वृत्ति, शक्ल, स्वरूप, •आकार, •पहचान चिह्न, •मुखमंडल, •शरीर.

**हुल्लड़** = दंगा, हुड़दंग.
**हुसना** = रजनीगंधा.

**हुसैन** *सं* अली पुत्र, इमाम हुसैन, फ़ातिमा पुत्र, मुहम्मद धेवता, शहीदे करबला, सैयदुश् शुहदा, •हसन.

**हुसैन पिता** = अली.
**हुस्न** = सजावट, सौंदर्य.
**हुस्नफ़रोश** = वेश्या.
**हुस्नमंद** = सुंदर.
**हूँ** = हुँकारा.

**हूँ** *क्रि* मैं हूँ, वर्तमान हूँ, होता हूँ/होती हूँ, •है.

**हूँकना** = कराहना, गुर्राना.
**हूँगा/हूँगी** = होऊँगा/होऊँगी.
**हूँसना** = धिक्कारना.
**हूक** = टीस, सिसकी, हिचकी.

**हूकना** = चुभना, दुखना.

**हूज़ हू** *सं* *डायरैक्टरी*, परिचय पुस्तक, परिचायिका, व्यक्तिकोश, •डायरैक्टरी.

**हूटना** = बिछुड़ना.
**हूठा** = अँगूठा.
**हूत** = आवाहित.
**हूति** = आवाहन.
**हूबहू** = शब्द प्रतिशब्द, सदृश.
**हूर** = अप्सरा, परी, सुंदर स्त्री.
**हूर की परी** = सुंदर स्त्री.
**हूराहूरी** = दीवाली उत्सव समूह.
**हूरिस्तान** = परीलोक.
**हूरी** = सुंदर स्त्री.
**हूल** = टीस, नोक, बाणाग्र.
**हूलना** = कोंचना, चुभाना.
**हूला** = घोंप.
**हूश** = धृष्ट, मूर्ख.
**हूहू** = अट्टहास.
**हृत** = अपहृत, चुरा/चुरी, छला/छली, समाविष्ट.
**हृतमानस** = अचेत.
**हृति** = अपहरण.
**हृत्कंपन** = हृदय कंप.
**हृत्स्पंद** = हृदय स्पंदन.
**हृत्स्पंदन** = हृदय स्पंदन.
**हृत्स्फोट** = हृदयभंजन.
**हृदयंगमन** = रट्टा.
**हृदय** = अंतरात्मा, अंतर्भाग, आत्मा, प्रेमिका, प्रेमी, मध्य, मन, साहस, स्वभाव.

**हृदय** *सं* उर, कलेजा, छाती, जी, दिल, मर्म, *मर्मस्थल*, मर्मस्थान, हिय, •धकधक, •भाव, •मन, •वक्ष.

**हृदय/हृदया** = प्रेमपात्र/प्रेमपात्रा.

**हृदय कंप** *सं* *धकधक*, धकधकाहट, धकधकी, धड़क, धड़का, धुकधुकी, धुकुरपुकुर, हुकुरपुकुर, हुकुरहुकुर, हृत्कंपन, हृदय कंपन, हौलदिल, •आशंका, •चिंता.

**हृदय कंपन** = हृदय कंप.
**हृदय क्षोभ** = चिंता.
**हृदय गति** = हृदय स्पंदन.
**हृदय गति रुकना** = मरना.
**हृदयग्राही** = प्रलोभनकारी, मोहक, रोचक, सुंदर.
**हृदयज** = पुत्र.
**हृदयनिकेतन** = कामदेव.
**हृदय परिवर्तन** = मत परिवर्तन.
**हृदयभंजक** = निराशाजनक.

**हृदयभंजन** *सं* भावनाघात, भावाघात, मनभंजन, *मनोघात*, मर्मभेदन, मर्मवेधन, हृत्स्फोट, हृदय विदारण, हृदयवेधन, •दुःख, •शोक.

**हृदयवल्लभ/हृदयवल्लभा** = प्रेमपात्र/प्रेमपात्रा.
**हृदयवान** = दयालु.
**हृदय विदारक** = करुणाजनक, शोकपूर्ण.
**हृदय विदारण** = हृदयभंजन.
**हृदयवेधन** = हृदयभंजन.
**हृदयवेधी** = करुणाजनक.
**हृदयसम्राट** = लोकप्रिय.
**हृदयसम्राट/हृदयसम्राज्ञी** = प्रेमपात्र/प्रेमपात्रा.
**हृदय से** = हार्दिकतः.
**हृदयस्थ प्राण** = प्राणशक्ति.
**हृदयस्थल** = वक्ष.
**हृदय स्पंद** = हृदय स्पंदन.

**हृदय स्पंदन** *सं* *जीवन*, दिल की धड़कन, धड़कन, *स्पंदन*, हृत्स्पंद, हृत्स्पंदन, हृदय गति, हृदय स्पंद, हृल्लास, •रुधिर प्रवाह, •रोमांच, •हृदय कंप.

**हृदय स्पंदित होना** = धड़कना.
**हृदयस्पर्शी** = अभिव्यक्तिपूर्ण, करुणाजनक, भावपूर्ण, शोकपूर्ण, सहमतकारी.
**हृदयहीन** = कठोर (व्यवहारी), निर्दय, यातनाप्रद, सहानुभूतिहीन.
**हृदया** = प्रेमिका, प्रेमिका.
**हृदयानुराग** = प्रेम.
**हृदयालु** = दानशील, भावुक.
**हृदयी** = दयालु.
**हृदयेश** = प्रेमी, प्रेमी.
**हृदयेशा** = प्रेमिका.
**हृदयेश्वर** = प्रेमी, प्रेमी.
**हृदयेश्वर/हृदयेश्वरी** = प्रेमपात्र/प्रेमपात्रा.
**हृदयेश्वरी** = पत्नी, प्रेमिका.
**हृद्गत** = प्रिय.
**हृद्गम** = इच्छित.
**हृद्य** = अंतरंग, इच्छित, कपित्थ, प्रिय, मोहक, लाड़ला/लाड़ली, सुंदर, स्वादिष्ठ.
**हृल्लास** = हृदय स्पंदन.
**हृषित** = प्रसन्न, मनोरंजित.
**हृषीक** = ज्ञानेंद्रिय.
**हृषीकेश** = कृष्ण.
**हृष्ट** = अनथका/अनथकी, आनंदित, प्रसन्न.
**हृष्टपुष्ट** = बलिष्ठ, सुगठितकाय, सुपोषित, स्वस्थ.
**हृष्टरोमा** = रोमांचित.
**हृष्टि** = आनंदातिरेक, रोमांच, संतोष.
**हेंगा** = पटरा.
**हेंगा** = पाँचा.
**हेंहें** = अट्टहास.
**हेअरकट** = केश कर्तन.

**हेअरक्लिप** *सं* *क्लिप*, *चिमटा*, *चिमटी*, पिन, हेअरपिन, •चुटीलना, •जूड़ा पिन.

**हेअरड्रैसिंग** = केश कर्तन.
**हेअरपिन** = जूड़ा पिन, हेअरक्लिप.

**हेकड़ी** *सं* अंधेर, अंधेर खाता, अंधेरगर्दी, अनाचार, चौधराहट, ज़बरदस्ती, ठकुराहट, तानाशाही, दबंगता, धींगाधींगी, धींगी, धौंस, धौंसपट्टी, मनमानापन, मनमानी, सीनाज़ोरी, स्वच्छंदता, स्वेच्छाचारिता, हेकड़ीबाज़ी, •अकड़, ▪आज्ञाकारिता, ▪कायरता.

**हेकड़ीदार** = हेकड़ीबाज़.
**हेकड़ीबाज़** = अहंकारी.

**हेकड़ीबाज़** *वि* अकड़ने वाला, *अकड़बाज़*, अकड़ू, अशिष्ट, अशील, ऐंठू, ज़बरदस्त, ज़ोरावर, टर्रू, दबंग, सीनाज़ोर, *स्वेच्छाचारी*, हेकड़ीदार, हैकड़, •अकड़बाज़, •कर्कश, •धृष्ट, •निरंकुश, ▪विनम्र, ▪सौम्य.

**हेकड़ीबाज़ी** = हेकड़ी.

**हेच** = अधम, अनुपयोगी.
**हेठ** = हानि.
**हेठा/हेठी** = अनुज, अनुपयोगी, अप्रतिष्ठित, अयोग्य, निम्नकुलीन.
**हेठी** = अपमान, मानहानि.
**हेड** = गोवृंद.
**हेड़ी** = गोवृंद, पशुसमूह.
**हेति** = चोट.
**हेतु** = उद्देश्य, उपलक्ष्य में, कारण, तर्क, बहाना.
**हेतुक** = तर्कवेत्ता.
**हेतुतः** = उपलक्ष्य में, कारणतः.
**हेतुवाद** = वादविवाद, शास्त्रार्थ.
**हेतुशास्त्र** = तर्कशास्त्र.
**हेतुशून्यता** = निरर्थकता.
**हेतूपक्षेप** = प्रतिपादन.
**हेतूपन्यास** = प्रतिपादन.
**हेत्वाभास** = कुतर्क.
**हेत्वाभासीय** = कुतर्कीय.
**हेमंत** = सर्दी.
**हेमंत (मार्गशीर्ष पौष)** = षड् ऋतु सूची.
**हेमंती** = शीतकालीन.
**हेम** = बुध ग्रह, स्वर्ण.
**हेम कंदल** = प्रवाल, मूँगा.
**हेमकोश्या** = प्यूपा.
**हेमगिरि** = सुमेरु पर्वत.
**हेम पुष्पिका** = सोनजूही.
**हेममाली** = सूर्य.
**हेम यूथिका** = सोनजूही.
**हेमरेणु** = त्रसरेणु.
**हेमल** = कसौटी पत्थर, सुनार.
**हेमवर्ण** = स्वर्णीय.
**हेमवल** = मोती.
**हेमांग** = चंपा.
**हेमा** = सुंदर स्त्री.
**हेमाभ** = सुनहला/सुनहली.
**हेय** = अधम, अयोग्य, महत्त्वहीन.
**हेयरपिन बैंड** = तीखा मोड़.
**हेरंब** = गणेश.
**हेरंबजननी** = दुर्गा, पार्वती.
**हेरना** = ताकना.
**हेरफेर** = उथलपुथल, कुचाल, परिवर्तन, मीनमेख.
**हेराना** = गुमना.
**हेराफेरी** = अव्यवस्था, ग़बन, घोटाला, छल, भ्रष्टाचार.

**हेरोइन** *सं* मारफ़ीन पावडर, •अफ़ीम, •मारफ़ीन.

**हेलना** = उपेक्षा.
**हेलमेल** = आपसदारी, संगति.
**हेलवेशिया (लैटिन)** = स्विट्ज़रलैंड.
**हेला** = आवाहन, खेल, मनोरंजन, लीला.
**हेलीक** = सूर्यीय.
**हेलीमेली** = संगी.

**हैं** *क्रि* वर्तमान हैं, वे हैं, सब हैं, हम हैं, होते हैं, •है, ▪था/थी.

**हैंकी** = रूमाल.

**हैंगओवर** *सं* अगली सुबह, खुमार, पिछली रात नशा, भारीपन, मदातंक, सिरदर्द, •मदालस.

**हैंगार** *सं* विमान घर, विमान शैड, *सायबान*, हंगार, हवाई शैड, •पार्किंग स्थल, •हवाई अड्डा.

**हैंडआउट** = प्रैस विज्ञप्ति.
**हैंड कंपोज़िंग** = टाइपसैटिंग.
**हैंडकफ़** = हथकड़ी.
**हैंडकरचीफ़** = रूमाल.
**हैंड ग्रेनेड** = बम.

**हैंड ग्रेनेड** *सं* मोलोतोव काकटेल, हथगोला, •बम.

**हैंडपंप** = चाँपाकल.
**हैंडफ़ोन** = टेलिफ़ोन.

**हैंडबिल** *सं* इश्तिहार, नोटिस, पत्रक, *परचा*, परची, लीफ़लैट, *सूचना*, सूचना पत्र, •परचा, •पैंफ़लेट, •पोस्टर, •विज्ञापन.

**हैंडबुक** = प्रक्रिया पुस्तक.
**हैंडबैग** = बटुआ.

**हैंडबैग** *सं* पर्स, *बटुआ*, •ब्रीफ़केस.

**हैंडल** = आधार सूची, मूठ, स्टीयरिंग व्हील, हत्था, हस्ताश्रय.

**हैंडशेक** *सं* करस्पर्श, हस्तमिलाप, हस्तालिंगन, हाथ मिलाई, •अंजलिबद्धन, •नमस्कार.

**हैंडीक्राफ़्ट** = शिल्प.
**हैंफ** = हाँफ.

**है** = उपस्थित, जीवित, वर्तमान.

**है** *क्रि* घटता है, घटित होता है, जीवित है, रहता है, वर्तमान है, हुआ करता है/हुआ करती है, होता है, होता है/होती है, होना वर्तमान काल रूप, •हूँ, •हैं, •होना, ▪था/थी, ▪होगा/होगी.

**हैकड़** = हेकड़ीबाज़.
**हैक्टेयर** = हैक्टैर.

**हैक्टैर** *सं* एकड़ 2.471, वर्ग किलोमीटर 0.01, वर्ग गज 11,959.9, वर्ग मीटर 10,000, हैक्टेयर.

**हैक्टैर 0.4047** = एकड़.
**हैक्टोलीटर** = किलोलीटर.
**हैच** = फ़र्शी द्वार.

**हैज़ा** *सं* उलटी दस्त, क़ै दस्त, दस्त क़ै, विशूचिका, •आहार विषायन, •मिचलाहट, •वमन, •वमित पदार्थ.

**हैट** = टोप.

**हैट ट्रिक** *सं* तीन बार लगातार जीत, •कीर्तिमान.

**हैड** = लेखाशीर्षक.
**हैड आफ़ द डिपार्टमैंट** = विभागाध्यक्ष.
**हैड आफ़ द फ़ैमिली** = परिवार अध्यक्ष.
**हैड आफ़िस** = मुख्यालय.
**हैडफ़ोन** = टेलिफ़ोन.
**हैड मास्टर** = प्रधान अध्यापक.
**हैडिंग** = शीर्षक, समाचार शीर्षक.
**हैतुक** = व्याख्याता.
**हैदराबाद** = आंध्र प्रदेशः राजधानी.
**हैदराबाद (पूर्वनाम)** = आंध्र प्रदेश.
**हैदराबाद (विलुप्त राज्य)** = आंध्र प्रदेश.
**हैन** = मादा पक्षी, मुरगी.
**हैबत** = आतंक.
**हैबतनाक** = रक्तपातपूर्ण.
**हैबिट** = आदत.
**हैमंत** = शीतकालीन.
**हैम** = शौक़िया रेडियो आपरेटर, सुनहला/सुनहली, हिमालयी.
**हैमन** = मार्गशीर्ष मास.

**हैमर** = हथौड़ा.
**हैम रेडियो आपरेटर** = शौक़िया रेडियो आपरेटर.
**हैमवत** = हिमालयी.
**हैमवती** = गंगा नदी.
**हैमा** = सोनजूही.
**हैमालय** = हिमालयी.
**हैमोरोइड** = बवासीर.
**हैरत** = आश्चर्य.
**हैरतअंगेज़** = आश्चर्यजनक, भव्य.
**हैरान** = चकित, थका/थकी, दुबिधाग्रस्त, पागल, भ्रमित, लज्जित, संकटग्रस्त.
**हैरानी** = आश्चर्य, भ्रम, लज्जा.
**हैलास** = ग्रीस.

**हैलिकाप्टर** *सं* काप्टर, चौपर, सीधे ऊपर उड़ सकने वाला वायुयान.

**हैलूसिनेशन** = मायादर्शन.
**हैल्थ** = स्वास्थ्य.
**हैल्दी** = बलिष्ठ.
**हैल्प** = सहयोग.

**हैल्मेट** *सं* कटाह, कूँड़, *खोल*, घूघ, झिलम, झिलम टोप, झिलमी, *टोप*, तवा, लोहा टोपी, शिरकवच, शिरत्राण, शिरस्त्राण, •कवच, •ढाल, •रक्षक मुखौटा.

**हैवन** = स्वर्ग.
**हैवरसैक** = रकसैक.
**हैवान** = जानवर, वन्य पशु.
**हैवानी** = रक्तपातपूर्ण, वन्य.
**हैसबैस** = वितंडावाद.
**हैसियत** = क्षमता, जीवनस्तर, प्रतिष्ठा, योग्यता, संपत्ति, संसाधन, समृद्धि.
**हैसियतदार** = प्रतिष्ठित.
**हैस्पर** = सायंकालीन शुक्र.

**होंगे/होंगी** *क्रि* आएँगे/आएँगी, हुआ करेंगे/हुआ करेंगी, •होगा/होगी.

**होंठ** = बरतन चोंच.

**होंठ** *सं* अधर, अधरौष्ठ, ओंठ, ओष्ठ, दंतच्छद, *मुँह*, रदछद, लब, •चोंच, •मुँह.

**होंठ कोर** *सं* अधर कोर, ओष्ठ कोर, बाछ.

**होंठ चाटना** = चटखारना.
**होंठ पर लाना** = कहना.
**होंठ बाल** = मूँछ.
**होंठी** = कगार, बरतन चोंच.

**होऊँगा/होऊँगी** *क्रि* आऊँगा/आऊँगी, हुआ करूँगा/हुआ करूँगी, हूँगा/हूँगी, •होगा/होगी.

**हो कर** = बरास्ता.
**हो कर रहेगा** = अवश्यंभावी.
**होगा/होगी** = भविष्यकालीन.

**होगा/होगी** *क्रि* आएगा/आएगी, हुआ करेगा/हुआ करेगी, होना भविष्यकाल रूप, •होंगे/होंगी, •होऊँगा/होऊँगी, •होना, ▪था/थी, ▪था/थी, ▪है.

**होगा/होगी ही** = अवश्यंभावी.
**होज़** = होज़ियरी.
**होज़ियरी** = अंडरवीअर.

**होज़ियरी** *सं* मोज़े बनियान कपड़ा, होज़.

**होटल** = रेस्तोराँ.

**होटल** *सं* लौजिंग ऐंड बोर्डिंगहाउस, *सराय*, •भोजनकक्ष, •मोटल, •वेटर, •सराय, •होस्टल.

**होठों से घिरा मुँह** = मुँह.
**होड़** = खेल प्रतियोगिता, चुनौती, दाँव, प्रतिद्वंद्विता, प्रतियोगिता.
**होड़का** = लालसा, हिचकी.
**होडा** = डाकू, लुटेरा.
**होड़ाहोड़ी** = प्रतिद्वंद्विता, प्रतियोगिता, वैमनस्य.
**होडी** = बेड़ा.
**होढ़** = चोरी माल.
**होतव्यता** = अवश्यंभावना.
**होता** = अग्निदेव, यज्ञ पुरोहित, यज्ञहोता, यज्ञहोता.
**होता/होती** = घटनाशील.
**होता था/होती थी** = था/थी, व्यतीत.
**होता रहने वाला** = आवृत्तिशील.
**होता हूँ/होती हूँ** = हूँ.
**होता है** = है.
**होता है/होती है** = है.
**होते थे** = थे.

**होते हवाते** = आख़िरकार, कभी भविष्य में.
**होते हैं** = हैं.
**होते होते** = आख़िरकार, कभी भविष्य में, नवीनतम समाचार.
**होत्र** = यज्ञ.
**होत्री** = यजमान, यज्ञ पुरोहित, यज्ञहोता, यज्ञहोता.
**होनहार** = अवश्यंभावना, अवश्यंभावी, प्रतिभाशाली बालक, प्रारब्ध, विकासशील, सपूत.
**होनहार बेटा** = सपूत.
**हो न हो** = अवश्यमेव.
**होना** = जीना, बीतना.
**होना भविष्यकाल रूप** = होगा/होगी.
**होना भाव** = क्रिया.
**होना भूतकाल रूप** = था/थी.
**होना वर्तमान काल रूप** = है.
**होनी** = अवश्यंभावना, अवश्यंभावी, अस्तित्व, घटना, जन्म, जीवन, दुर्घटना, प्रारब्ध.
**होने तक** = इस बीच.
**होने वाला** = भविष्यकालीन.
**होने ही वाला** = आसन्न.
**होम** = आहुति, खेल गोल, घर, यज्ञ.
**होमकल्प** = कर्मकांड.
**होमकुंड** = यज्ञकुंड.
**होम पेज** = वैब पेज.

**होमवर्क** *सं* अनुशीलन, काम, गृहकार्य, घर का काम, घर पर करने को दिया गया अभ्यास, पढ़ाई, •घरेलू कामकाज, •विद्यालय.

**होमि** = अग्निदेव.
**होमी** = यज्ञहोता.
**होमेंधन** = समिधा.

**होम्योपैथी** *सं* समचिकित्सा, होम्योपैथी चिकित्सा.

**होम्योपैथी चिकित्सा** = होम्योपैथी.
**होरा** = घंटा, घड़ी समय, होराशास्त्र.
**होराविद** = होराशास्त्री.

**होराशास्त्र** *सं* काल गणना, काल ज्योतिष, काल निर्णय, काल निर्धारण विद्या, काल मापन, घटिका विज्ञान, *ज्योतिष*, समय

विज्ञान, होरा, •पंचांग शास्त्र.

**होराशास्त्री** *सं* कालज्ञ, काल ज्योतिषी, काल विज्ञानी, घटिका विज्ञानी, मौहूर्तिक, वात्सरिक, वैनाशिक (प्रा), समय विज्ञानी, सांवत्सरिक, होराविद, •पंचांग शास्त्री.

**होरिल** = नवजात पशु.
**होरी** = होली.
**होर्डर** = जमाख़ोर.
**होलमीयम** = रासायनिक तत्त्व सूची.
**होलसेल** = थोक में.
**होलसेलर** = थोक व्यापारी.

**होलिका** *सं* ढुंढा, ढूँढला, येलम्मा, सिंहिका पुत्री, •होली.

**होली** *सं* फाल्गुन पूर्णिमा, *रंग*, रंगरंगीली होली, रंगोत्सव, होरी, •नटखटपन, •हुड़दंग, •होलिका.

**होली कम्यूनियन** = कम्यूनियन.
**होली फ़ादर** = पोप.
**होली मदर** = मरियम.
**होल्कर** = राजा सूची भारतीय.
**होल्डर** = पैन.
**होश** = चेतना, बोध, विवेक, सावधानी.
**होश गँवाना** = प्रेम करना.
**होशमंद** = सचेत.
**होशमंदी** = बुद्धिमत्ता.
**होश हवास वाला** = स्वस्थमनस्क.
**होशियार** = अनुभवी, जुगाड़िया, दक्ष, प्रौढ़, बुद्धिमान, सावधान.
**होशियार करना** = चेताना.
**होशियारी** = अनुभव, करतब, जुगत, दक्षता, दूरदर्शिता, बुद्धिमत्ता, विवेक, सावधानी.
**हो सकता है** = शायद, संभव.
**होस्ट** = मेज़बान.

**होस्टल** *सं* बोर्डिंग, बोर्डिंगहाउस, •होटल.

**होस्टलवासी** = छात्रावासी.
**होस्टैस** = साक़ी बाला.
**होहल्ला** = कोलाहल, हल्लागुल्ला, हाँका.
**होहो** = अट्टहास.
**हौं** = मैं.
**हौंकना** = धौंकना, हाँफना.
**हौंस** = विलासिता.
**हौआ** = डरावा.
**हौचपौच** = अनर्गल, कुलिखित, क्रमहीन, विविधा.
**हौज़** = जलाशय.

**हौज़** *सं* अंबुधि, अहरी, उदपुर, कुंड, कुंडा, जलकुंड, *टंकी*, दह, प्रपा, प्राचीर कुंड, हौद, •टब, •तालाब, •पशु पानी हौज़.

**हौज़काज़ी (बोलचाल)** = काँजीहाउस.
**हौताशन कोण** = दक्षिण पूर्व दिशा.
**हौद** = पशु पानी हौज़, हौज़.

**हौदा** *सं* अंबारी, अम्मारी, हाथी काठी, •ज़ीन, •महमिल.

**हौबा** = ननिहाल.
**हौराइजोंटल बार** = डंडा घोड़ी.
**हौल** = आतंक.
**हौलदिल** = चिंतित, भयभीत, हृदय कंप.
**हौलदिला** = कायर.
**हौलनाक** = भयानक.
**हौले** = पद प्रतिपद.

**हौवा** *सं* आदम पत्नी, आदिनारी, ईव, प्रथम स्त्री, हव्वा, •आदम.

**हौवा की बेटी** = स्त्री.
**हौस** = वासना.
**हौसला** = उत्साह, मनोबल, महत्त्वाकांक्षा, साहस.
**हौसला अफ़ज़ाही** = प्रोत्साहन.
**हौसले पस्त होना** = डरना.
**हौसले वाला** = धीर.
**ह्नोता** = असत्यवादी.
**ह्द** = झील.
**ह्रसित** = घटाया/घटाई.
**ह्रस्त** = संक्षिप्त.

**ह्रस्त** *वि* क्षयित, क्षीण, क्षुण्ण, गिरा/गिरी, च्युत, छिन्न, छीजा/छीजी, जीर्ण, ढलका/ढलकी, *भ्रष्ट*, विच्युत, ह्रासगत, •नष्ट, •ह्रासशील, ▪उन्नत.

**ह्रस्व** = घटाया/घटाई, ठिंगना/ठिंगनी, नीचा/नीची, सूक्ष्म.

**ह्रस्व** *वि* अर्धमात्रिक, एकमात्रिक, छोटा/छोटी, लघु, ह्रस्व मात्रायुक्त.

**ह्रस्व मात्रा** *सं* अर्धमात्रा, एक मात्रा, छोटी मात्रा, लघु मात्रा, •स्वर मात्रा, ▪दीर्घ मात्रा.

**ह्रस्व मात्रा चिह्न** *सं* ।, ल.

**ह्रस्व मात्रायुक्त** = ह्रस्व.
**ह्रादिनी** = मेघविद्युत, विद्युल्लेखा.
**ह्रास** = अवनति, घटोतरी, ढहन, नाश.

**ह्रास** *सं* अपकर्ष, अपक्षय, अपचय, अवसाद, कटौती, क्षय, *क्षरण*, क्षिति, गिरावट, घटती, घटन, *घटोतरी*, च्युति, छीज, छीजन, जर, ढलक, ढलन, *ढहन*, *पतन*, भ्रंश, *व्यय*, स्खलन, *हानि*, •ज़ंग, •नाश, ▪उन्नति, ▪बढ़ोतरी, ▪विकास, ▪सुधार.

**ह्रासक** = हत्यारा, ह्रासकारी.
**ह्रासकर** = ह्रासकारी.

**ह्रासकारी** *वि* क्षयकारी, क्षरणकारी, जर्जरकारी, ह्रासक, ह्रासकर, •नाशकारी, ▪विकासकारी.

**ह्रासगत** = ह्रस्त.
**ह्रासन** = अपमिश्रण.
**ह्रासरोधन** = वारण.
**ह्रासशील** = अवनतिशील.

**ह्रासशील** *वि अवनतिशील*, कटता/कटती, क्षयशील, क्षयिष्णु, क्षयी, क्षीण, गिरता/गिरती, घटता/घटती, जर्जर, जाता/जाती, जीर्ण, डूबता/डूबती, ढलता/ढलती, नाशशील, पतनशील, पतनोन्मुख, बिगड़ता/बिगड़ती, *मरणासन्न*, मरता/मरती, मिटता/मिटती, रुग्ण, लुप्तप्राय, विपन्न, व्ययी, हीन, ह्रासी, •अवनतिशील, •ह्रस्त, ▪उदीयमान, ▪विकासशील, ▪वृद्धिशील, ▪सृजनाधीन.

**ह्रासी** = ह्रासशील.
**ह्रित** = प्रवंचित.
**ह्री** = लक्ष्मी देवी.
**ह्लाद** = आनंद, खिलावट.
**ह्लादक** = आनंदप्रद, मनोरंजक.
**ह्लादित** = आनंदित, प्रसन्न, मनोरंजित.

*अरविंद कुमार कुसुम कुमार के विशाल डाटाबेस से*

*रचनाधीन कोश*

**- हिंदी-अँगरेजी थिसारस.** हर वर्ग के हिंदी भाषी के लिए आज अँगरेजी भाषा का सम्यक् ज्ञान आवश्यक हो गया है. विश्वज्ञान को आत्मसात करने और विदेशों से संपर्क के लिए हमारे पास अँगरेजी सुलभ साधन है. अपनी सीमित अँगरेजी शब्दसंपदा को बढ़ाना आज हिंदी-विरोध नहीं, बल्कि हमारी क्षमताओं का विकास है. हिंदी-अँगरेजी कोश इस में सहायक नहीं हो पाते. अकेली अँगरेजी के थिसारसों का उपयोग पाठक न जानता है, न सही तरह से कर पाता है, न उसे अपने संदर्भ से जोड़ पाता है. उसे चाहिए ऐसा द्विभाषी थिसारस जो हिंदी शब्दों के सामने न सिर्फ़ अनेक हिंदी विकल्प रखे, बल्कि उन से भी ज़्यादा अँगरेजी शब्द पेश करे, ताकि वह अपने काम की अँगरेजी पा सके.

**- अँगरेजी-हिंदी थिसारस.** दिन रात हमें अँगरेजी शब्दावली से काम पड़ता है और उस के लिए हिंदी शब्दावली की तलाश रहती है. लेकिन हमारी तलाश अपंग रहती है. द्विभाषी कोश हैं. लेकिन उन की अपनी सीमाएँ हैं. उन का काम अर्थ बताना है, दूसरी भाषा के कई शब्द देना नहीं. प्रस्तावित द्विभाषी थिसारस पाठक को शब्दों के जगमग मणि भंडार में खड़ा कर देंगे. एक ही भाव के लिए अँगरेजी और हिंदी के अनेक शब्द. पत्रकारों, अनुवादकों, विज्ञापनकर्मियों और हिंदी अधिकारियों के लिए वरदान. अँगरेजी जानने वालों को हिंदी शब्दसंपदा बढ़ाने का सहज साधन.

**- भारत के लिए बिल्कुल अपना अँगरेजी थिसारस.** संसार में अँगरेजी थिसारसों की कमी नहीं है. लेकिन वे सभी अमरीकी या ब्रिटिश पाठकों को ध्यान में रख कर बनाए गए हैं. भारतीय अँगरेजी पाठक के लिए अँगरेजी थिसारस असंतोषजनक सिद्ध होते हैं. वे विश्वज्ञान को हमारे संदर्भों से नहीं जोड़ते. हम ने अपने द्विभाषी डाटा को पूरी तरह अंतरराष्ट्रीय रखते हुए, उस में भारतीय आवश्यकताओं का पूरा ध्यान रखा है. इसे दो संस्करणों में उपलब्ध कराने का विचार है. उच्च स्तर का अधिक शब्दों वाला संस्करण और भारतीय स्कूलों के लिए अलग से छोटा संस्करण.

--*प्रस्तुति* से